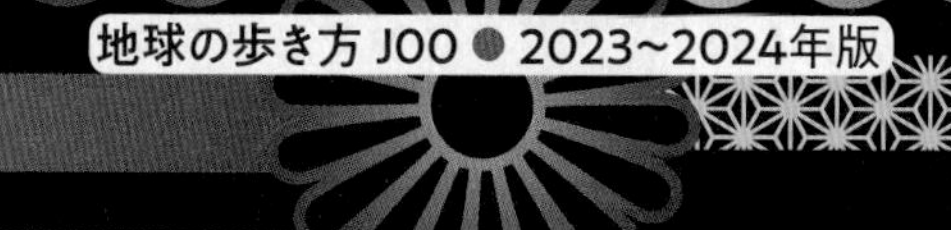

日本
NIPPON

●地球の歩き方編集室●

JAPAN  CONTENTS

特集 すごいニッポン 王道の旅・特別な旅

展望花畑四季彩の丘 P.109（北海道）

羽黒山 P.205（山形県）

横浜中華街 P.356（神奈川県）

河口湖 P.377 と富士山 P.376（山梨県）

白川郷合掌造り集落 P.532（岐阜県）

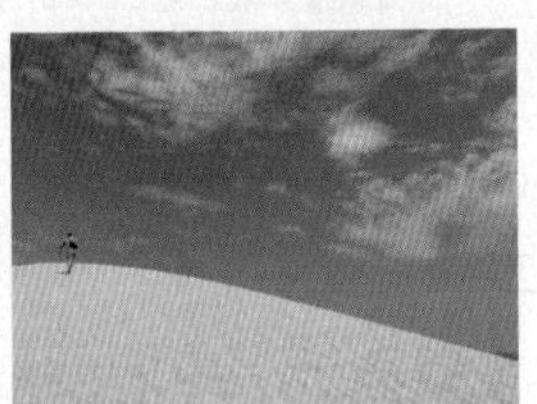
鳥取砂丘 P.724（鳥取県）

熊本城 P.918(熊本県)

高千穂峡 P.952(宮崎県)

玉取崎展望台 P.995(沖縄県)

歩き方の使い方

都道府県のプロフィール

統計局の都道府県別人口「国勢調査」(2020年10月1日現在)を記載

都道府県章または県旗など47都道府県を代表するマーク

全国都道府県市区町村別面積調(2022年1月1日時点)による面積(小数点以下四捨五入)を記載

都道府県庁所在地

※誌面説明用のサンプルです

鉄道路線図・地図記号

路線図は一部の県を除き、主要駅、乗り換え駅などおもな駅のみ記載しています

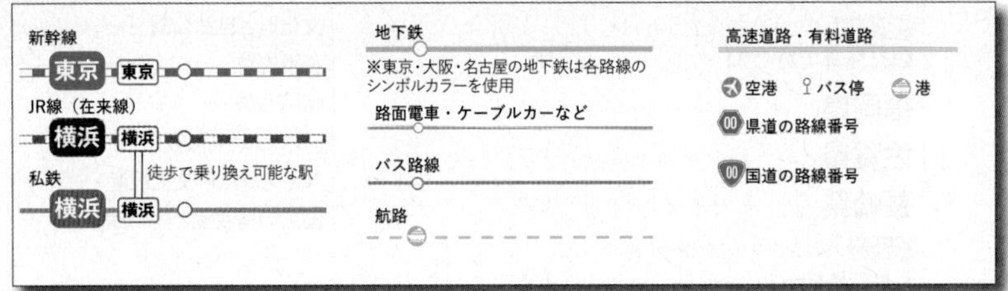

※記号・誌面説明用のサンプルです

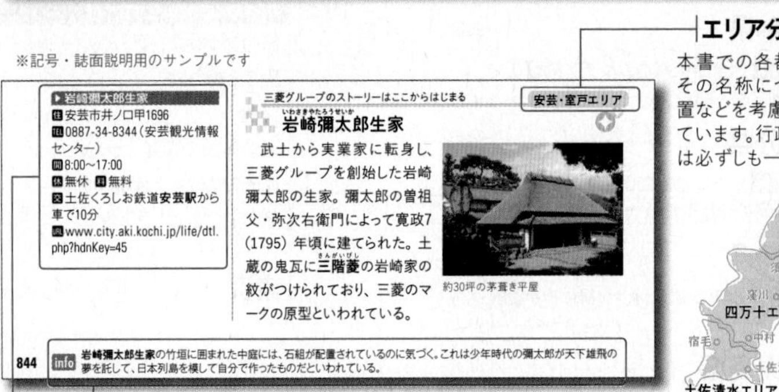

岩崎彌太郎生家
住 安芸市井ノ口甲1696
TEL 0887-34-8344（安芸観光情報センター）
開 8:00～17:00
休 無休 料 無料
交 土佐くろしお鉄道安芸駅から車で10分
URL www.city.aki.kochi.jp/life/dtl.php?hdnKey=45
三菱グループのストーリーはここからはじまる
岩崎彌太郎生家
安芸・室戸エリア
武士から実業家に転身し、三菱グループを創始した岩崎彌太郎の生家。彌太郎の曽祖父・弥次右衛門によって寛政7(1795)年頃に建てられた。土蔵の鬼瓦に三階菱の岩崎家の紋がつけられており、三菱のマークの原型といわれている。
約30坪の茅葺き平屋
844
info 岩崎彌太郎生家の竹垣に囲まれた中庭には、石組が配置されているのに気づく。これは少年時代の彌太郎が天下雄飛の夢を託して、日本列島を模して自分で作ったものだといわれている。

エリア分け

本書での各都道府県エリア分けとその名称については、観光地の位置などを考慮し、本書独自で設定しています。行政区分や土地の慣習とは必ずしも一致いたしません。

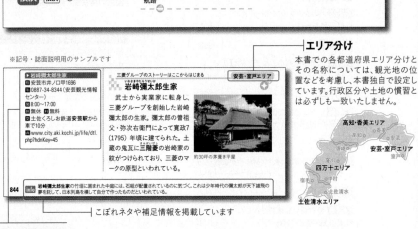

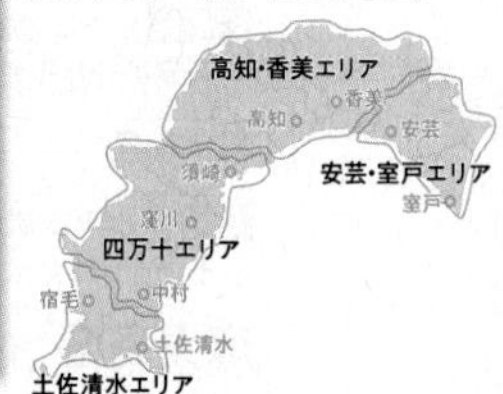

こぼれネタや補足情報を掲載しています

データ欄の記号

住 住所　TEL 電話番号

開 開館時間・営業時間

休 休館・定休日。祝日にはいわゆる「国民の休日(祝日法第3条第2項による休日)」も含まれます。お盆期間や大型連休の休業、振替休日などは取材時に判明したもののみを記載しています

料 個人で訪れる「おとなひとり分」のみ記載しています。子供料金や各種割引料金などは各公式サイトなどをご参照ください

交 最寄り駅や最寄りバス停などからのおもなアクセス方法を示しています。鉄道については鉄道会社(略称)と駅名を表記、路線名は省略しました。複数の鉄道会社が乗り入れる駅は原則としてJRを中心に1社のみを掲載しています。バスにおいては運行団体、バス会社名は省略しています。

URL ウェブサイト(https://と末尾の/(スラッシュ)は省略)

モデルルート

各都道府県の王道観光コースを1泊2日で巡るプランを紹介しています。公共交通機関は2022年4月現在のデータをもとに作成しています。地方の交通時刻はしばしば変更されますので、ご旅行の際は必ず事前に確認してください。

1泊2日で巡る
和歌山県
1日目

GOAL
熊野本宮大社
峰の湯温泉
START
白浜
新宮
紀伊勝浦
那智

9:00 JR白浜駅
駅前ではパンダの像がお出迎え
バス20分

9:30 日本最古の温泉のひとつ ▶P.632
白浜温泉の崎の湯で太平洋を望む
波打ち寄せる露天岩風呂で、まずは太平洋の絶景を満喫しよう。
バス4分

10:20 ダイナミックな大岩壁
三段壁で洞窟探検 ▶P.632
階段状に削られた約50mの断崖。熊野水軍の秘密基地だったという洞窟も見学できる。
バス12分

11:30 アドベンチャーワールド ▶P.630
で思いきり楽しもう
まずはパンダに会いに行こう。ランチにもパンダをイメージしたメニューが揃っている。
煮込みパンダハンバーグ

県南部を旅
温泉、熊野
もちろん海
充実のプラ

イルカショーや
許すかぎり楽し
バス10分

14:30 JR白浜駅
特急「くろし
橋杭岩を眺
特急1時間45分
沿線随一の景
てすぐ。見逃さ

16:15 JR紀伊勝浦駅
生まぐろの町
紀伊勝浦
送迎バス or 送迎船

18:00 太平洋の絶
露天風呂

おすすめ！泊まるならココ
日本最大級の規模を誇る温泉リゾート
洞窟露天風呂のスケール感は圧巻のひと言

ホテル浦島（うらしま）
宿泊客は港の桟橋から送迎船で本館へ（送迎バスで直接向かうこともある）。「忘帰洞」と「玄武洞」というふたつの大洞窟風呂の迫力は圧倒的で、南紀勝浦温泉のシンボル的存在だ。また夕食は生まぐろ食べ放題のバイキングから個室での会席料理まで、様々なプランが用意されている。
狼煙半島全体がホテルの敷地となっている

忘帰洞か
太平洋の
も楽しめる

624

※誌面説明用のサンプルです

■本書の特徴

本書は、北海道から沖縄県まで日本の47都道府県を網羅したガイドブックです。各都道府県のプロフィールとともに、各地の代表的な観光地、名産品やグルメなど、地域の新たな魅力を発見していただけるように構成しています。

■掲載情報のご利用にあたって

編集部では、できるだけ最新で正確な情報を掲載するように努めていますが、現地の規則や手続きなどがしばしば変更されたり、またその解釈に見解の相違が生じることがあります。このような理由に基づく場合、または弊社に重大な過失がない場合は、本書を利用して生じた損失や不都合などについて、弊社は責任を負いかねますのでご了承ください。また、本書をお使いいただく際は、掲載されている情報やアドバイスがご自身の状況や立場に適しているか、すべてご自身の責任でご判断のうえご利用ください。

■取材および調査期間

この本は2021年8月～2022年2月（一部は6月）の取材、調査を基に編集されています。記載の住所、料金（見どころなどはおとなひとり分の料金のみ記載）などのデータは時間の経過とともに変更が生じることが予想されます。また、新型コロナウイルス感染症拡大防止のため、営業時間等の変更や臨時休業などが実施される可能性があります。ご旅行の際には、事前に最新の情報を入手されることをおすすめします。

■発行後の更新情報について

発行後に変更された掲載情報や訂正箇所は『地球の歩き方』ホームページの「更新・訂正情報」で、可能な限り案内しています（ホテル・レストラン料金の変更等は除く）。また、「サポート情報」もご旅行の前にお役立てください。

URL book.arukikata.co.jp/support/

ジェネラルインフォメーション

日本の基本情報

❖国旗
白地に太陽を象徴する赤丸が描かれ、縦横比は2:3。一般的に日の丸と呼ばれるが法律上は日章旗という。明治3(1870)年に制定された。

❖国歌
平成11(1999)年に制定された国旗及び国歌に関する法律(通称国旗・国歌法)により「君が代」が国歌として規定された。

❖国花
法律で定められていないが、桜が日本を象徴する花として国民に広く親しまれている。菊は皇室の象徴とされる。

❖国鳥
公式には決められていないが、日本鳥学会が昭和22(1947)年にキジを国鳥に選定した。

❖国蝶
国鳥と同じく、公式なものではないが、日本昆虫学会が昭和32(1957)年にオオムラサキを選定した。

❖日本の面積
37万7973.74km^2　※令和4(2022)年全国都道府県市区町村別面積調(2022年4月1日時点)

❖日本の首都
首都を定める法的根拠はないが、国会議事堂が置かれている東京都が首都であると一般的に認識されている。

❖日本の人口
1億2530万9千人　※総務省統計局　令和4(2022)年1月1日現在

❖日本国総理大臣
岸田文雄(第100代)

祝祭日

❖ 国民の祝日

元日	1月1日	年のはじめを祝う。
成人の日	1月の第2月曜日	おとなになったことを自覚し、みずから生き抜こうとする青年を祝いはげます。
建国記念の日	政令で定める日（2月11日）*	建国をしのび、国を愛する心を養う。
天皇誕生日	2月23日	天皇の誕生日を祝う。
春分の日	春分日（3月20日か21日のいずれか）*	自然をたたえ、生物をいつくしむ。
昭和の日	4月29日	激動の日々を経て、復興を遂げた昭和の時代を顧み、国の将来に思いをいたす。
憲法記念日	5月3日	日本国憲法の施行を記念し、国の成長を期する。
みどりの日	5月4日	自然に親しむとともにその恩恵に感謝し、豊かな心をはぐくむ。
こどもの日	5月5日	こどもの人格を重んじ、こどもの幸福をはかるとともに、母に感謝する。
海の日	7月の第3月曜日	海の恩恵に感謝するとともに、海洋国日本の繁栄を願う。
山の日	8月11日	山に親しむ機会を得て、山の恩恵に感謝する。
敬老の日	9月の第3月曜日	多年にわたり社会につくしてきた老人を敬愛し、長寿を祝う。
秋分の日	秋分日（9月22日か23日のいずれか）*	祖先をうやまい、なくなった人々をしのぶ。
スポーツの日	10月の第2月曜日	スポーツを楽しみ、他者を尊重する精神を培うとともに、健康で活力ある社会の実現を願う。
文化の日	11月3日	自由と平和を愛し、文化をすすめる。
勤労感謝の日	11月23日	勤労をたっとび、生産を祝い、国民たがいに感謝しあう。

内閣府ホームページより
・「国民の祝日」は、休日とする。
・「国民の祝日」が日曜日に当たるときは、その日後においてその日に最も近い「国民の祝日」でない日を休日とする。
・その前日及び翌日が「国民の祝日」である日（「国民の祝日」でない日に限る）は、休日とする。
*編集部補足

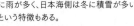

気候

▶服装と持ち物
→P.1032

北海道は亜寒帯（冷帯）、本州・四国・九州は温帯、沖縄などの南西諸島は亜熱帯に属する。また、本州では太平洋側は夏に雨が多く、日本海側は冬に積雪が多いという特徴もある。

北海道（札幌）の気温と降水量

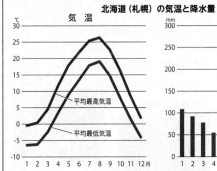

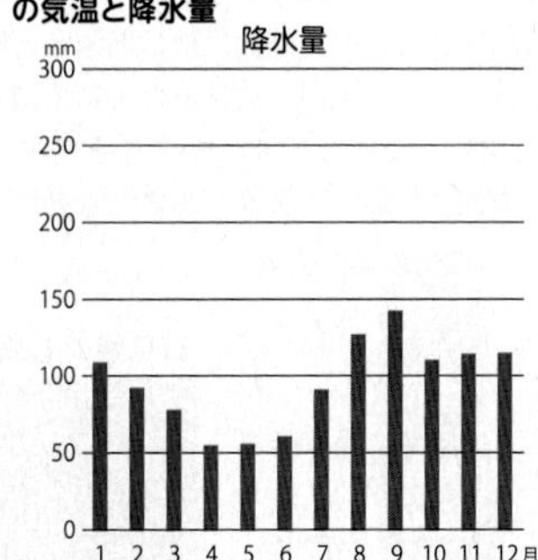

東京の気温と降水量

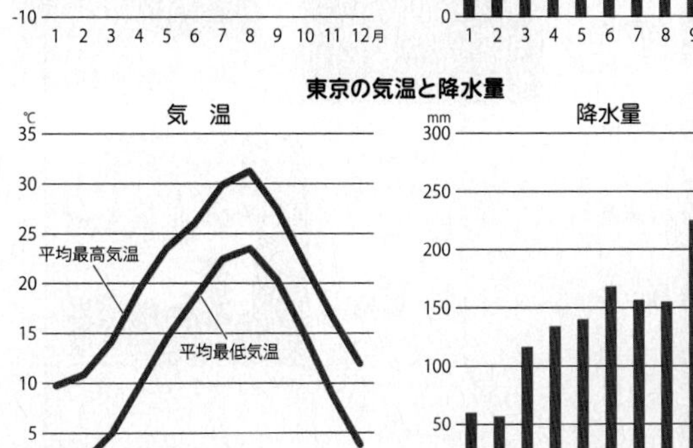

沖縄（那覇）の気温と降水量

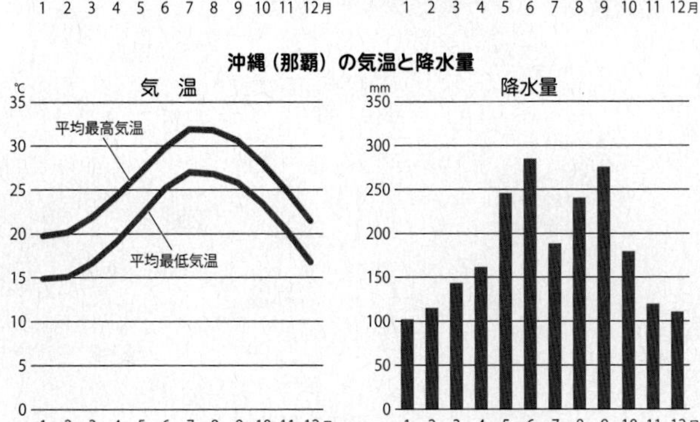

※気象庁気象統計情報より

安全とトラブル

日本の治安のよさは世界でもトップレベル。一方で自然災害は比較的多く、台風や豪雨などにより、公共交通機関の計画運休が実施されることがあるので、気象情報をチェックしよう。また、地震による被害も想定されている。地震が起きたときの行動を確認しておこう。

●警察・消防・救急

110（警察）　**118**（海上保安庁）

119（消防・救急）

旅に役立つ　日本地図で「旧国名」を知る

五畿七道と令制国

五畿七道は古代律令制における広域の行政区分。政治の中心であった都の周辺の5つの国を**五畿**、都から地方へ延びる道を**七道**（後に北海道が加えられて八道）と呼んだ。**令制国**は七道をさらに細かく分けた地方行政区分で、明治時代以降は**旧国名**と呼ばれるようになった。陸前高田や大和高田、安芸高田など同一地名の混同を避けるために旧国名が冠される市町村も多い。ほかにも因幡と美作を結ぶJR因美線、豊後と肥後とを結ぶJR豊肥本線などの路線名、ご当地食材（飛騨牛や豊後サバ）など広範囲に使われており、本書でも頻出するので覚えておくと何かと便利。

	旧国名	現都府県
西海道	筑前	福岡県
	筑後	
	肥前	佐賀県
		長崎県
	壱岐	
	対馬	
	肥後	熊本県
	豊前	福岡県
		大分県
	豊後	
	日向	宮崎県
	薩摩	鹿児島県
	大隅	

	旧国名	現都府県
山陰道	丹後	京都府
	丹波	
		兵庫県
	但馬	
	因幡	鳥取県
	伯耆	
	出雲	島根県
	石見	
	隠岐	
山陽道	播磨	兵庫県
	美作	岡山県
	備前	
	備中	
	備後	広島県
	安芸	
	周防	山口県
	長門	

石見銀山 ▶P.744

丹波篠山黒豆 ▶P.659

備中国分寺 ▶P.690

伊予柑 ▶P.815

	旧国名	現都府県
南海道	紀伊	三重県
		和歌山県
	淡路	兵庫県
	阿波	徳島県
	讃岐	香川県
	伊予	愛媛県
	土佐	高知県

	旧国名	現都府県
畿内	山城	京都府
	摂津	兵庫県
		大阪府
	河内	
	和泉	
	大和	奈良県

越前ガニ ▶P.467

飛騨牛 ▶P.527

国営ひたち海浜公園 ▶P.245

下総醤油 ▶P.311

志摩スペイン村 ▶P.558

武蔵一宮氷川神社 ▶P.301

北陸道

旧国名	現都府県
佐渡	新潟県
越後	新潟県
越中	富山県
能登	石川県
加賀	石川県
越前	福井県
若狭	福井県

東山道

旧国名	現都府県
陸奥	青森県
陸奥	岩手県
陸中	秋田県
陸中・陸前	岩手県
陸前	宮城県
羽後	秋田県
羽前	山形県
岩代	福島県
磐城	福島県
磐城	宮城県
下野	栃木県
上野	群馬県
信濃	長野県
飛騨	岐阜県
美濃	岐阜県
近江	滋賀県

東海道

旧国名	現都府県
常陸	茨城県
下総	茨城県
下総	千葉県
上総	千葉県
安房	千葉県
武蔵	埼玉県
武蔵	東京都
武蔵	神奈川県
相模	神奈川県
甲斐	山梨県
伊豆	静岡県
駿河	静岡県
遠江	静岡県
三河	愛知県
尾張	愛知県
伊勢	三重県
志摩	三重県
伊賀	三重県

旅に役立つ ベストシーズン

日本 イベントカレンダー

行事

12月

冬至
12月22日頃の冬至は1年で最も日が短くなる日。カボチャを食べたり、ゆず湯に入る習慣がある。

クリスマス
12月25日はイエスの誕生を祝うキリスト教の祝日。日本ではキリスト教徒以外も、ケーキを食べたり、パーティーをするイベントとして定着した。

大晦日
12月31日は1年の最後を締めくくる日。縁起を担いで年越しそばを食べる風習があり、寺では除夜の鐘がつかれる。

1月

初詣
年が明けてから最初の寺社への参拝で、新年の無事と平安を願う。

成人の日
1月15日の小正月は、元服の儀が行われていたことから、成人の日はながらくこの日に行われていた。現在は1月の第2日曜になっている。令和4（2022）年から成人年齢は18歳に引き下げられたが、各地方自治体で行われている成人の日の式典は、対象年齢を20歳で継続する所がほとんど。

2月

節分
立春の前日で2月3日頃。豆まき行事を行う。恵方を向いて無言で太巻きを食べる恵方巻きの行事は近年全国的に行われるようになってきた。

雪まつり
雪まつりやかまくらまつりなど、北海道、東北地方を中心に多くの雪にまつわるイベントが開かれる。

バレンタインデー
もともとはキリスト教由来の行事で、2月14日に大切な人に贈り物をする習慣。日本では女性が好きな男性にチョコレートを贈るイベントとして定着した。

3月

春のお彼岸
春分の日を中日とした前後3日、計7日。墓参りや法要などを行い、先祖の供養をする。

雛まつり
3月3日は桃の節句。女子の成長と幸せを願い、雛人形を飾る。

花見
平安時代以来日本人は桜の花を特別に愛でてきた。開花時期には、多くの人が桜の名所に集まる。

開花時期

- ロウバイ 12月中旬〜2月
- ナノハナ 2〜4月
- スイセン 12〜4月
- ウメ 1〜3月
- 桜 3〜4月

スポーツ

12月

有馬記念
12月末に中山競馬場で行われる競馬のG1レース。競走馬は人気投票によって選ばれるため、その年を代表する馬が勢揃いし、大いに盛り上がる。

格闘技
年末新年にかけては、総合格闘技やボクシング、プロレスといった格闘技のイベントが多く開かれる。

1月

ニューイヤー駅伝
例年1月1日に群馬県で行われる実業団による駅伝の日本一決定戦。

箱根駅伝
例年1月2・3日にかけて行われる関東の大学による駅伝大会。アマチュアによるスポーツ大会としては高校野球の甲子園と並んで最も人気が高い。

リーグワン
ラグビーの社会人リーグは、2022年から再編成され、新たにリーグワンとしてスタート。3つのディビジョンに分かれている。2022年シーズンは、1月上旬に開幕し、レギュラーシーズンは5月上旬まで。5月下旬に上位によるプレーオフトーナメントが行われた。

2月

Jリーグ
サッカーのプロリーグでJ1〜J3の3つのディビジョンに分かれており、J1には18チームが所属。J1リーグは例年2月下旬頃から12月上旬頃まで行われる。リーグ戦と並行して、リーグカップ、天皇杯というふたつのカップ戦が行われているほか、前年の好成績チームはAFCアジア・チャンピオンズ・リーグにも参戦し、アジア王者を目指す。

3月

東京マラソン
例年3月初旬に行われるマラソン大会。第1回大会は2007年と歴史は短いが、毎年参加抽選の倍率が10倍以上の人気を誇る。

日本各地では、一年を通じてさまざまな行事やイベントが行われている。ここでは主要な行事とスポーツイベント、季節の花の開花時期を挙げてみた。プランニングの参考にしてほしい。

行事

4月

エイプリルフール

4月1日は嘘をついてもよい日とする風習があるエイプリルフール。新聞などのメディアが悪意のない嘘の記事を書くこともある。

灌仏会

4月8日は花まつりこと灌仏会（かんぶつえ）。釈迦の誕生日とされる日だ。寺では甘茶が振るまわれることが多い。

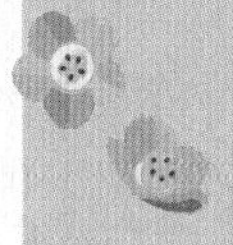

5月

ゴールデンウイーク

4月末から5月上旬にかけては祝日が多く、土・日も含めるとまとまった休みになる。この時期は気候もよく、行楽地はたいへんなにぎわいを見せる。

端午の節句

5月5日は端午の節句。男子の成長と幸せを願うため、五月人形や鯉のぼりを飾る。

母の日

5月第2日曜は母の日。母親に感謝し、カーネーションを贈る風習がある。

6月

ホタル狩り

ホタルが見られるのは、地域にもよるが、おおむね5～8月にかけて。

父の日

6月第3日曜は父の日。父親に感謝し、プレゼントを贈る風習がある。

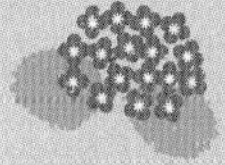

7月

七夕

7月7日は七夕。五節のひとつで、願いごとを書いた短冊を笹の葉に吊るす習慣がある。旧暦7月である8月に祝う地域もある。

海開き

地方により海水浴場の営業期間は、それぞれ異なる。本州の海水浴場の多くは7～8月頃だが、なかには6月に海開きを行う所もある。沖縄県では3～4月から。

夏休み

公立小中学校の夏休みは、地域によって違いはあるが、7月20日頃から8月31日までのところが多い。

開花時期

ネモフィラ	4～5月
シバザクラ	4～5月下旬
ツツジ	4月中旬～5月中旬
フジ	4月下旬～5月中旬
ラベンダー	5～7月
バラ	5月中旬～6月上旬
ハナショウブ	6月～7月中旬
アジサイ	6～7月
ハス	7～8月
ヒマワリ	7～9月
ヒガンバナ	7月中旬～10月中旬

スポーツ

プロ野球 ペナントレース

セ・パ両リーグ、各6チームずつの12チームで行われる。レギュラーシーズンは3月末から10月上旬にかけて。各リーグ上位3チームによるクライマックスシリーズを経て日本シリーズは10月末頃に行われる。

春の甲子園

年2回行われる高校野球の全国大会で3月中旬から4月上旬頃に行われる。選考委員会によって出場校が決められるためセンバツと呼ばれる。出場校は32チームと夏の大会よりも少ない。

プロ野球 交流戦

プロ野球では通常同リーグ同士でしか対戦しないが、5月下旬から6月上旬にかけては、交流戦と称して、異なるリーグ同士のチームによる対戦が行われる。

日本ダービー

正式名称は東京優駿。毎年5月末に東京競馬場で行われる競馬のG1レース。最強の三歳馬を決めるレースであり、有馬記念と並ぶ日本競馬最大のイベント。

バレーボール

6・7月頃に国際大会であるネーションズリーグが行われる。予選ラウンドの会場のひとつとして日本でも試合が行われることが多い。国内リーグのVリーグは例年10月中旬から4月中旬に各地で行われる。

ラグビー国際試合

ラグビーの国別代表では、7月と10月はウインドウマンスと呼ばれており、北半球のチームと南半球のチームの国際試合が行われる。ラグビー日本代表もこの時期に他国の代表を招いたり、海外へ遠征試合を行う。

都市対抗野球

社会人野球の全国大会。会場は例年東京ドームで、7月にトーナメント形式で行われる。

日本 旅に役立つ ベストシーズン イベントカレンダー

行事

8月

お盆
8月13〜16日はお盆。先祖の霊を迎え入れ、もてなす行事で、盆踊りや送り火などが行われる。地域によっては7月13〜16日に行われる。

夏祭り
盆踊りや花火大会など、7〜8月は各地で特色のある祭りが開催される。

夏フェス
7〜8月はロック・イン・ジャパンやフジロックフェスティバル、サマーソニックなど、各地で野外音楽フェスが目白押し。

9月

月見
9月（旧暦8月）の満月は中秋の名月と呼ばれる。この日はススキを飾り、お団子を食べる風習がある。

秋のお彼岸
秋分の日を中日とした前後3日、計7日。墓参りや法要などを行い、先祖の供養をする。

10月

紅葉狩り
9〜11月にかけては、落葉樹の葉が赤や黄に美しく染まる時期。紅葉の名所には多くの人が見物に訪れる。

ハロウィーン
10月31日はハロウィーン。キリスト教圏の祭りだが、日本では仮装を楽しむ日として定着しつつある。

11月

文化の日
11月3日は文化の日。この日には多くの博物館や美術館が無料になったり、特別なイベントが行われる。

七五三
11月15日は七五三。3歳、5歳、7歳の子供の成長を祝う日で、寺社へ七五三詣を行う。

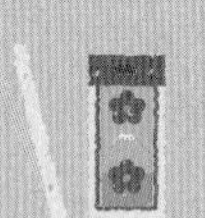

開花時期

ハス	7〜8月
ヒマワリ	7〜9月
コスモス	8〜11月
ヒガンバナ	7月中旬〜10月中旬
アメジストセージ	8月下旬〜11月中旬
キク	9〜11月
ダリア	9月中旬〜10月

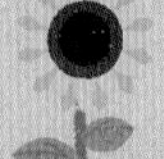

スポーツ

夏の甲子園
年2回行われる高校野球の全国大会で、8月上旬から8月下旬頃に行われる。出場校は地区大会の優勝校で全49チーム。

Bリーグ
バスケットボールのプロリーグ。B1〜B3の3つのディビジョンに分かれている。B1は24チームを東地区、中地区、西地区の3地区に分けてリーグ戦が行われ、上位チームがプレーオフに進出する。レギュラーシーズンは9月末頃から5月上旬にかけて。プレーオフは5月中旬から下旬にかけて行われる。

モトGP
オートバイの世界選手権、モトGPの日本グランプリは例年9月頃。モビリティリゾートもてぎで開催される。

テニス
女子テニスのWTAツアー、パン・パシフィック・オープンは例年9月頃、男子テニスのATPツアー、ジャパン・オープンは10月頃。有明テニスの森公園で開催される。

プロ野球 日本シリーズ
プロ野球のセ・パ両リーグでクライマックス・シリーズを制した2チームが対戦する、その年の日本一を決める大会。10月下旬の開催。全7戦で先に4勝したチームが年間王者となる。

WEリーグ
2021年から女子サッカーのプロリーグ、WEリーグがスタート。リーグ戦は10月頃から6月頃にかけて各地で行われる。

フォーミュラ1
自動車レースの最高峰、F1の日本グランプリは例年10月頃。鈴鹿サーキットで開催される。

フィギュアスケート
フィギュアスケートのNHK杯は、ISUグランプリシリーズを構成する世界大会。毎年11月の開催で、会場は毎年変更される。

特集
すごいニッポン 王道の旅・特別な旅

王道の旅 0

徒歩を楽しむ

江戸の面影を追う 東海道五拾三次

日本で最初の旅ブームが起きたのは江戸時代といわれる。
大名が行った参勤交代が有名だが
平和で文化が成熟してくる時代とあって
庶民も寺社詣でなど、遠出をするようになったのだ。
歌川広重の浮世絵連作『東海道五拾三次』を参考に
今もなお日本の大動脈として君臨する
東海道の今と昔を辿ってみる。

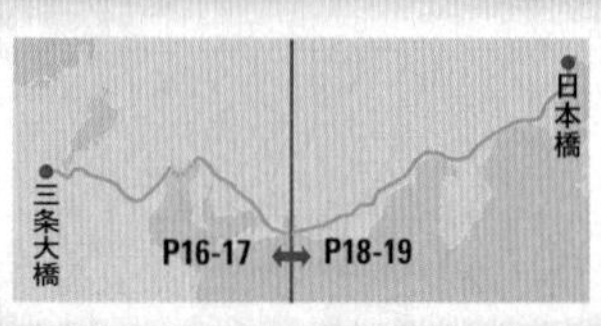

東山を借景に山裾には京の町並み、鴨川の上に三条大橋が架かる。この辺りは処刑場だったところで、石田三成や近藤勇がさらし首となった。寺や五重塔などが描かれているが、広重自身が赴いたことがなく、想像で描かれているという説が有力

現在の三条大橋は昭和25（1950）年4月に完成したもの。橋の付近には旅行記の古典『東海道中膝栗毛』の主人公、弥次さんと喜多さんの像がある

江戸時代の旅

江戸時代の旅の基本は徒歩。日の出から日没までひたすら歩く。東海道五拾三次の500km近い距離を約2週間で歩いていたそう。例えば戸塚～小田原（約40km）など、1日平均で40～50kmを歩いていたとか。

三条大橋

【五十三】大津　【五十二】草津　【五十一】石部　【五十】水口　【四十九】土山　【四十八】坂下　四十七 関　【四十六】亀山　【四十五】庄野

起点 三条大橋 さんじょうおおはし

東海道五拾三次の西の起点。現在の京都市東山区周辺。

四十七 関 せき

鈴鹿峠の東側の麓にあった宿場町。現在の三重県亀山市周辺。

徳川家光の時代から創業約380年、深川屋の銘菓「関の戸」をぜひ！

早朝の本陣の様子。本陣とは大名など身分が高い人のための宿泊施設のこと。出発に向けて準備をする使用人たちの慌ただしさを表現している

関宿 P.559には本陣が伊藤家と川北家のふたつあり、作中の本陣がどちらなのかは不明。この辺りは現在、国の重要伝統的建造物群保存地区に選定されており、伊藤家があった場所には主屋、川北家には石碑が建っている。関まちなみ資料館や旅籠玉屋歴史資料館など展示施設も豊富だ

 歌川広重、歌川芳盛の作品は国立国会図書館、東京都立図書館蔵

現在の熱田神宮 P.515の本宮。「伊勢神宮に次ぐ」といわれる由緒があり、初詣には200万人を超える人が訪れている

東海道の旅

江戸時代には東海道でも旅としての往来が始まった。しかし莫大な費用がかかるため、大名行列であったり限られた豪商にしかできなかった。そこで一般の人でも旅行ができるようなシステム「講」が生まれた。講とは所属している人が定期的に集まってお金を出し合い代表者の旅費とする、今でいう共済制度に近いものだ。旅の行き先は神社仏閣が多く、富士講や伊勢講、善光寺講などが有名。代表者が行くのだからみやげを持ち帰ったり、御利益を分け合うという文化も生まれた。金融機関が発達した今でも、地域的繋がりの密接な山梨県では「無尽」という同様のシステムが生きている。

馬を奉納する「馬の塔」という神事の様子が描かれている。この地域に見られた特徴的な行事だったが現在は行われてない

四十一 宮みや（熱田）

宮宿は熱田神宮の門前町として栄え、旅籠屋数は東海道で最も多かった。現在の愛知県名古屋市熱田区。

御油宿の西端から赤阪宿の東端までの約600mにわたって271本の松の木が立ち並ぶ「御油の松並木」が残っている。松並木は東海道をはじめ五街道の各所に見られたが、現存している松並木は数少ない

中央に描かれている男女の躍動感が秀逸な浮世絵。これは宿屋の女が旅人を呼び込む様子で、彼女らは「留め女」と呼ばれていた。宿の中では土間で足を洗う旅人の姿がある

三十五 御油ごゆ

ひとつ京都寄りにある赤阪宿との間隔はおよそ2km。東海道の宿場の中で最も短い。現在の愛知県豊川市御油町。

【四十四】石薬師
【四十三】四日市
四十二 桑名
四十一 宮
【四十】鳴海
【三十九】池鯉鮒
【三十八】岡崎
【三十七】藤川
【三十六】赤阪
三十五 御油
【三十四】吉田
【三十三】二川
【三十二】白須賀
【三十一】新居

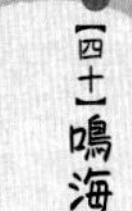

四十二 桑名くわな

熱田から桑名まで七里（約27km）の渡しで発展した京都寄りの港町。桑名藩の城下町でもあった。現在の三重県桑名市。

港にそびえる桑名城が描かれている。桑名は数々の妖刀を生み出したとされる刀工、村正ゆかりの地でもある。村正にまつわる伝説や噂が江戸時代の旅人たちの間でされていたそうだ

桑名城は現在、石垣のみ。七里の渡しの船着き場跡には伊勢神宮遙拝用の一の鳥居が残っている

桑名名物といえばハマグリ。道中の空腹を満たした「安永餅」も食べておきたい

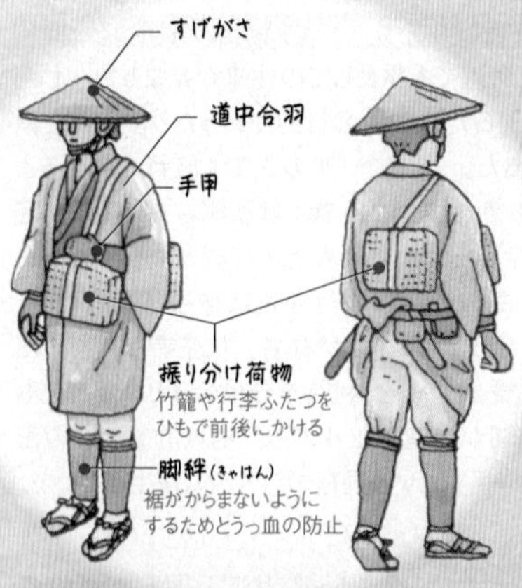

江戸時代の旅支度

江戸時代の徒歩旅行において、荷物を軽く少なくすることは現代以上に大切。身分や性別により異なるが、暑さや雨を凌ぐ笠をかぶり、脚絆(きゃはん)や手甲で素肌を出さずに怪我を防ぐという点など現代でも通じる格好かもしれない。文化7（1810）年刊行の『旅行用心集』は、この時代のガイドブックといえるもの。薬や提灯などの必需品のほか、針と糸や耳かきなど、細かい携行品リストが記載されている。

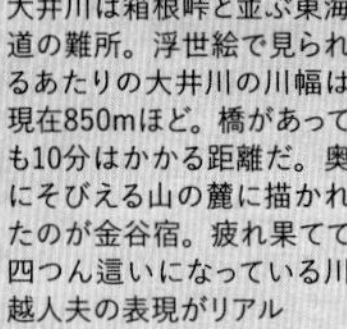

大井川は箱根峠と並ぶ東海道の難所。浮世絵で見られるあたりの大井川の川幅は現在850mほど。橋があっても10分はかかる距離だ。奥にそびえる山の麓に描かれたのが金谷宿。疲れ果てて四つん這いになっている川越人夫の表現がリアル

架橋はもとより渡し船も幕府が禁止していたため、荷物や人を担いで川を渡る人夫が活躍した。手を引く、背負う、肩車、台に載せるなど運搬の方法も豊富。料金は人夫1名48文～98文で渡る日の水量で異なった。ちなみに当時そば一杯分が16文
安藤広重
『富士三十六景』より

二十四 金谷 かなや

大井川の京都寄りの宿場。江戸寄りにあった島田宿と同様に増水で足止めになる旅人の宿場として栄えた。現在は両宿とも静岡県島田市にある。

島田宿の南には明治12（1879）年に架けられた世界一の長さを誇る木造歩道橋「蓬莱橋」がある。島田宿大井川川越遺跡では復元された川会所や宿屋を見学できる

【十六】由比
【十七】興津
【十八】江尻
【十九】府中
二十 鞠子
【二十一】岡部
【二十二】藤枝
【二十三】島田
二十四 金谷
【二十五】日坂
【二十六】掛川
【二十七】袋井
【二十八】見附
【二十九】浜松
【三十】舞阪
【三十一】新居

二十 鞠子 まりこ

『東海道五拾三次』の初摺では「丸子」、後摺では「鞠子」に変更されている。現在の静岡市駿河区丸子周辺にあたる。

大きな茅葺き屋根の茶店。「名ぶつとろろ汁」の看板が立てかけられ、店内ではふたりの男がとろろ汁を掻き込んでいる。とろろ汁は『東海道中膝栗毛』の弥次さん、喜多さんも注文した。松尾芭蕉も「梅若葉丸子の宿のとろろ汁」という句を詠んでいる

とろろ汁を提供する店は現在も旧丸子宿周辺に点在する。浮世絵の茶店と断定はできないが戦国時代創業の老舗丁子屋も有名店

日本橋 P.342 の真ん中に埋め込まれている日本国道路元標

日本橋

Goal

[二]品川

[三]川崎

[三]神奈川

[四]保土ヶ谷

[五]戸塚

[六]藤沢

[七]平塚

[八]大磯

[九]小田原

[十]箱根

[十一]三島

[十二]沼津

[十三]原

[十四]吉原

浮世絵にも描かれている三嶋大社 P.504 は奈良時代の文書にも記録がある古社。山林・農業の神様と商工・漁業の神様を祀っている

早朝に宿を発った旅の御一行が、三嶋大社の大鳥居の前を過ぎる様子が描かれている浮世絵。背景の朝霧が薄く描かれ、奥行きを表現している。中央には駕籠（庶民でも利用できる乗り物）と馬子（馬を引き旅客や貨物を運送する人。馬借ともいう）の2組が箱根峠へと向かっている

十一 三島 みしま

東西に東海道、北に甲州街道、南に下田街道が延びる要所として栄えた。現在の静岡県三島市。

起点 日本橋 にほんばし

東海道の東の起点、日本橋は、五街道（東海道、中山道、日光街道、奥州街道、甲州街道）すべての起点でもある。地名の由来になっている橋は徳川家康の命によって作られた。現在の東京都中央区にある。

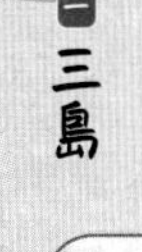

橋を渡る大名行列、たもとでは行商人が交錯する活気ある町角。初摺（上）と後摺（下）で人物の数や色も変わっている。版画ならではの妙味だ。

江戸時代の様子を再現した箱根関所 P.361

十 箱根 はこね

大井川とともに東海道随一の難所として知られていた。現在の神奈川県箱根町。

入り鉄砲出女を取り締まる関所。江戸時代において関所破りは親殺しなどに匹敵する重罪のひとつ
歌川芳盛
『東海道名所風景』より

現在の橋は明治44（1911）年に完成したもの。20代目に当たるとされており、日本の道路の起点として「日本国道路元標」が橋の中央に埋め込まれている。欄干の装飾も見事、真上を通るのは首都高速道路。景観の復元を目指し地下移設計画が進行中

畑宿～甘酒茶屋付近は江戸時代の石畳が一部残っている

水をたたえる芦ノ湖を左、険しい箱根峠を右に配していることから三島寄りの風景。滝廉太郎作曲の『箱根八里』では天下の嶮と表現されており、その過酷さがうかがえる

info **入り鉄砲**（いりてっぽう）は江戸への鉄砲の持ち込み、**出女**（でおんな）とは江戸の屋敷に住んでいる大名の妻や娘がこっそり江戸から出ていくこと。江戸幕府は諸大名の謀反を恐れてこのふたつを厳しく取り締まっていた。

鉄道で日本縦断

北と南の始発・終着駅
わっかない
稚内
友好都市締結
平成24.4.28
まくらざき
枕崎

稚内駅の案内板

ローカル線、ときどき特急

16泊17日 西大山から稚内へ

旅の楽しみのひとつが「移動」にある。
普段の生活圏を抜け、異文化に飛び込むワクワク感。
なかでも、目的地に少しずつ近づく鉄道旅行こそ王道といっていい。
車窓が楽しめて、地方の暮らしや文化の息吹も感じられる……。
新幹線や特急もいいけれど、ローカル線もまた魅力的だ。

START！

JR最南端の西大山駅

1日目 西大山 鹿児島中央 宮崎 日豊本線 枕崎ここまで JR九州
2日目 別府 豊肥本線 熊本
3日目 武雄温泉 博多 長崎本線 島原
4日目 松江 山陰本線 鳥取 因美線 JR西日本
5日目 下関 広島 山陽本線 岡山
6日目 松山観光港 松山 高知 土讃線 高松 JR四国
7日目 三ノ宮 大阪 鳴門 和歌山
8日目 京都 大津 奈良 敦賀 湖西線 名古屋 伊賀上野 東海道本線 JR東海
9日目 金沢 富山 北陸本線 高山 高山本線

JR最北端の稚内駅

稚内駅のホーム北端に「日本最北端の駅」の表記がある

17日間の旅、運賃は？

旅程に基づき運賃を試算してみた。乗車区間や距離により途中下車できないこともあるが、最安で運賃の合計は9万7980円､特急料金は3万6990円､合計で13万4970円となった。下車のたびに切符を買い直すと運賃は2万3730円高くなる。

旅の楽しみ方

この特集では、西大山から稚内まで、令和4（2022）年5月の時刻表に基づき実際に旅行ができるプランを提案している。各県で一度は降車し、名所をひとつ見る、名物もひとつGetというルールだ。弾丸旅行なので、現地滞在は少なめ。通しで旅をするもよし、ブロックごとに攻めて完乗を目指すもよし。地球の歩き方らしい旅をアレンジしてほしい。

沖縄県について　沖縄県にはゆいレールという鉄道がありますが、今回の企画では取り上げていません。

8:36発
西大山駅
鹿児島県
8:54着 9:01発
指宿駅
10:17着 11:50発
鹿児島中央駅
宮崎県
14:02着 14:36発
宮崎駅
大分県
17:41着 17:44発
大分駅
17:52着
別府駅
JR指宿枕崎線
JR指宿枕崎線
JR日豊本線
特急きりしま
JR日豊本線 特急にちりん
JR日豊本線
特急ソニック
1日目 西大山駅≫別府駅
JR線で日本最南端の駅は鹿児島県指宿枕崎線の西大山駅。初日は別府温泉を目指す
駅前のお店で買える到着証明書
西大山駅のオリジナルコースター
西大山駅
西大山駅はJR日本最南端の駅。無人駅だが「幸せを届ける黄色いポスト」が設置されている。
近くにあるみやげ物屋「かいもん市場 久太郎」ではJR日本最南端の駅到着証明書を購入できる。
前泊は指宿で
指宿は
砂むし風呂が有名!!
付近の源泉から熱水が海岸へ流れ出している摺ヶ浜海岸では砂の中に全身を埋めて蒸し温める砂むし風呂P.976が楽しめる。
名物!地獄蒸し
別府駅
源泉数、湧出量ともに日本一の別府温泉P.934で1日の疲れを癒やそう!
ご当地スパイスマキシマム味
駅前にある日向夏ポスト!
宮崎駅
宮崎駅でマキシマムポテトスティックやヨーグルッペP.947を購入!
3日目 武雄温泉駅≫松江駅
いよいよ九州に別れを告げて本州上陸! 出雲の国まで一気に行くぞ!
博多ラーメン
ごぼう天うどん
博多駅
明太子せんべいめんべい
櫛田神社へ参拝
博多駅は九州の玄関口。グルメの町として知られ、ラーメンやごぼう天うどん、もつ鍋など盛りだくさん。
ランチは唐戸市場周辺で!
下関駅
関門トンネル人道入口
KANMON PEDESTRIAN TUNNEL ENTRANCE
源平最後の決戦が繰り広げられた壇ノ浦古戦場跡P.764へ。近くには本州と九州をつなぐ関門橋P.764が架かる。
JR佐世保線&長崎本線&鹿児島本線
JR鹿児島本線
JR鹿児島本線&山陽本線
JR山陽本線
JR山口線 特急スーパーおき
武雄温泉駅
福岡県
博多駅
小倉駅
山口県
下関駅
新山口駅
島根県
松江駅
7:03発
8:15着 12:03発
13:24着 13:33発
13:49着 15:31発
16:38着 17:21発
21:03着

列車の時刻は令和4(2022)年5月の時刻表でシミュレートしています。ご旅行の際は最新の情報をお確かめください。
JR九州では令和4(2022)年9月23日にダイヤ改正を行います。

7:51発 別府駅 熊本県 11:12着 熊本駅 13:40発 熊本港 長崎県 15:10着 16:10発 島原駅 17:16着 17:22発 諫早駅 佐賀県 19:03着 19:10発 肥前山口駅 19:28着 武雄温泉駅

JR豊肥本線&日豊本線 熊本フェリー 島原鉄道 JR長崎本線 JR佐世保線

長崎県 松浦鉄道 日本最西端の駅
東経129度34分に位置する**たびら平戸口駅**は日本最西端の駅。駅舎の一部が鉄道資料館となっており、無料で見学できる。

2日目 別府駅≫武雄温泉駅

大分から、熊本、佐賀武雄温泉へ

熊本駅

難攻不落の城として名高い**熊本城**P.918へ。熊本地震によって甚大な被害を受け、復旧・復元作業が行われている。

島原駅

昭和39(1964)年に復元された**島原城**P.907。城の内部は歴史資料館となっている。

武雄温泉駅

武雄温泉P.882は**嬉野温泉**P.882と双璧をなす佐賀の名湯。2022年9月には新幹線も開通予定。

松江駅

現存12天守のうちのひとつに数えられる**松江城**P.743。夜間は22時までライトアップも行われる。

岡山駅

日本三名園のひとつ**岡山後楽園**P.689から**岡山城**P.693を望む。

4日目 松江駅≫広島駅

中国地方をぬけて広島まで

鳥取駅

鳥取へ来たなら広大な景色が広がる**鳥取砂丘**P.724は外せない!

広島駅

翌朝に**原爆ドーム**P.708へ。世界平和を祈ろう。

JR山陰本線 JR因美線 特急スーパーいなば JR山陽本線

松江駅 10:06発 鳥取県 鳥取駅 12:38着 14:00発 岡山県 岡山駅 15:45着 18:10発 広島県 広島駅 20:56着

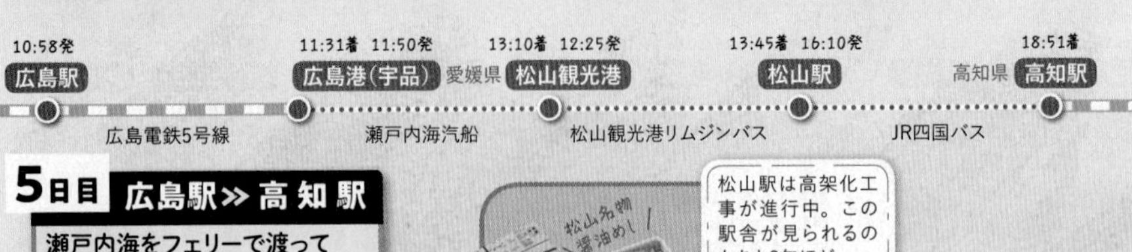

5日目 広島駅≫高知駅

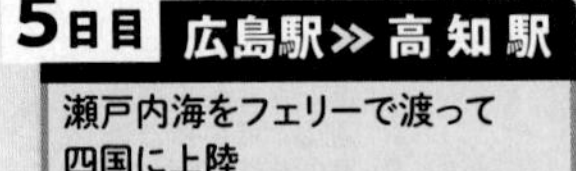

瀬戸内海をフェリーで渡って四国に上陸

広島港(宇品)

松山観光港からは広島港、呉港、小倉港行きのフェリーが発着している。

松山観光港

松山駅は高架化工事が進行中。この駅舎が見られるのもあと2年ほど。

松山駅

名物の三津浜焼き

高知駅前の3志士像

高知駅

三津浜の町並み JR松山駅から徒歩18分ほどの松山市駅から、伊予鉄道高浜線で約15分の三津駅下車。松山の海の玄関口として栄えた三津浜地区には、レトロな建物が多く残り、散策が楽しい。

ひろめ市場P.839は屋台村風の市場。高知の名物料理が気軽に楽しめる。

7日目 和歌山駅≫京都駅

一旦大阪に戻ってから天王寺駅乗り換えで大和路線で奈良へ。三重、滋賀を経て京都を目指す。

和歌山駅

小鯛雀寿し

和歌山城P.631は和歌山駅から徒歩約15分。バスも多く出ている。

天極堂の葛もち

JR奈良駅

柿の葉ずし

風格ある建築の奈良駅の旧駅舎は**奈良市総合観光案内所**P.590になっている。

伊賀上野駅

伊賀名物豆腐田楽

大津駅

ふなずしと日本酒のセット

近江ちゃんぽんP.605

京都駅

和歌山駅	奈良県 奈良駅	京都府 加茂駅	三重県 伊賀上野駅	柘植駅	滋賀県 大津駅	京都府 京都駅
10:15発	12:03着 13:20発	13:34着 13:40発	14:16着 16:19発	16:36着 16:46発	17:51着 19:02発	19:12着

路線：JR阪和線紀州路快速&大和路線(天王寺駅で乗り換え)／JR関西本線／JR関西本線／JR関西本線／JR草津線／JR琵琶湖線

7:00発 高知駅
9:21着 12:05発 香川県 高松駅
13:04着 13:04発 徳島県 徳島駅
13:40着 鳴門駅
16:00発 高速鳴門
17:29着 18:54発 兵庫県 三ノ宮駅
19:22着 22:16発 大阪府 大阪駅
23:56着 和歌山県 和歌山駅
JR土讃線特急南風&JR予讃線特急しまんと
JR高徳線 特急うずしお
JR鳴門線
徒歩
JR四国バス（降車は三宮）
JR神戸線快速
JR阪和線 関空快速&紀州路快速
多度津駅で特急南風から特急しまんとに乗り換え。
6日目 高知駅≫和歌山駅
四国を縦断してバスで鳴門海峡を渡り、関西方面へ。
神戸名物 ひっぱりだこ飯
三ノ宮駅
うどんダシ入りのキャラメル
高松駅
高速鳴門のバス乗り場はJR鳴門駅に隣接。車窓から鳴門海峡P.784を眺めよう。
南京町P.666は三ノ宮駅から徒歩10分ほど。
和歌山方面の阪和線は大阪駅の1番乗り場から。
大阪駅
なると金時のジェラート
鳴門鯛の刺し身
鳴門駅
日本三大水城のひとつ、高松城跡がある玉藻公園P.806へは高松駅から徒歩約5分。
和歌山駅
8日目 京都駅≫富山駅
湖西線と北陸本線を乗り継いで福井県を縦断。さらに進んで石川県の金沢駅へ。
輪島朝市弁当
ひがし茶屋街P.456や兼六園P.454などを回るなら金沢駅から「城下まち金沢周遊バス」が便利。
太秦ロケ弁当
100年以上の歴史がある鯛鮨
金沢駅
風情ある祇園界隈の路地のひとつ、切通し。
敦賀駅
京都駅
氣比神宮P.478へは駅から徒歩約15分。
白えびビーバー
ますのすし
富山駅
富山地鉄の路面電車が直角に交わる富山駅。
JR湖西線&北陸本線新快速
JR北陸本線
JR北陸本線
IRいしかわ鉄道&あいの風とやま鉄道
京都駅 8:19着
福井県 敦賀駅 9:50着 11:37発
福井駅 12:29着 13:12発
石川県 金沢駅 14:43着 16:43発
富山県 富山駅 17:42着
王道の旅❶ 鉄道で日本縦断 西大山から稚内へ

9日目 富山駅≫富士駅

特急ひだで名古屋まで一気に移動。東海道線を乗り換えつつ、静岡県東部の富士駅へ。

ナナちゃん人形
身長6m10cm、季節に合わせたコーディネートで知られる名古屋駅のシンボル。待ち合わせスポットとしても親しまれている。

名古屋駅

だるまのみそかつヒレ重

カフェモカ味のぴよりんも

優しく持って帰ってほしいぴよ

名古屋駅の人気スイーツ、**ぴよりん**。愛らしい姿に癒やされる人続出。SNSでも話題。

高山駅

高山名物みたらし団子

飛騨牛しぐれ寿司

飛騨高山の古い町並P.533は高山駅から徒歩圏内。**高山陣屋**P.538にも立ち寄りたい。

富士駅

富士宮焼きそばのカップ麺

団子の月もなか

豊橋駅、浜松駅、静岡駅で乗り換えて富士駅に到着。明朝に備えて長旅の疲れを癒やそう。

11日目 十日町駅≫大宮駅

新潟から埼玉まで。水上駅13:14発の上越線に乗るなら新前橋駅で両毛線に乗り換えて高崎駅へ。

高崎駅

高崎駅構内と駅ビルには峠の釜めしの**おぎのや**、鳥めし弁当の**登利平**のほか、高崎パスタの**スパゲティー専科はらっぱ**などの有名店が入る。群馬県の名産、逸品が集まる**群馬いろは**P.278もある。

はらっぱのモッツアレラチーズのボロネーゼ

おおみや焼肉めし

水上駅

水上名物生どら

みなかみ18湯P.283のひとつ、水上温泉は駅から徒歩圏内。

大宮駅

武蔵一宮氷川神社P.301は大宮駅から徒歩15分。約2kmの参道が続く。

新潟県から群馬県に入って最初に通る**土合**（どあい）**駅**は日本一のモグラ駅として知られている。地下約70mにホームがあり、462段の階段を上がって地上へ。

北越急行ほくほく線　JR上越線　JR上越線　JR高崎線

十日町駅 11:12発
六日町駅 11:27着 11:31発
群馬県 水上駅 12:55着 14:20発
高崎駅 15:24着 16:11発
埼玉県 大宮駅 17:29着

10日目 富士駅 ≫ 十日町駅

特急ふじかわで甲府へ。甲府駅〜松本駅間は13:27発の特急あずさを使うと乗り換えなしで行ける。

松本駅と**松本城**P.398の間にはカエルまつりで有名な**縄手通り**や、蔵の街として知られる**中町**がある。

甲府駅北口の広場にある**藤村記念館**は明治時代に建てられた睦沢学校校舎を移築したもの。

十日町は**越後妻有大地の芸術祭**P.406で知られる現代アートの町。駅周辺にもアート作品が点在。

12日目 大宮駅 ≫ 成田駅

上野東京ラインと総武線で首都圏を横断。東京駅〜成田駅間は成田エクスプレスも利用できる。

東京駅丸の内口にあるKITTE丸の内。屋上庭園からは東京駅を一望できる。

横浜駅から京浜東北線で1駅の桜木町駅で下車し、**YOKOHAMA AIR CABIN**に乗って**横浜みなとみらい21**P.353まで空中散歩。

翌朝に**成田山新勝寺**P.316へ。参道には朝から営業しているお店もある。

10:14発 成田駅 — 12:35着 14:04発 茨城県 水戸駅 — 16:56着 翌8:53発 栃木県 那須塩原駅 — 10:31着 10:41発 福島県 郡山駅 — 11:26着 12:14発 福島駅 — 14:25着 山形県 山形駅

JR成田線&常磐線（我孫子駅、土浦駅で乗り換え）／JR常磐線&水戸線&宇都宮線&東北本線（友部駅、小山駅、宇都宮駅で乗り換え）／JR東北本線（黒磯駅、新白河駅で乗り換え）／JR東北本線／JR奥羽本線（庭坂駅、米沢駅で乗り換え）

13日目 成田駅≫那須塩原駅

常磐線と水戸線で茨城県を横断して栃木県へ。東北本線で北上していく。

水戸駅

水戸印籠弁当

郡山駅の海苔のりべん

水戸駅の北口には水戸黄門 助さん格さんの像が立つ。

那須塩原駅

乳製品や畜産加工品など那須塩原ならではのおみやげが買える。

14日目 那須塩原駅≫山形駅

いよいよ東北エリアに。福島県を縦断したら奥羽本線で山形県へ。

福島駅

福島駅東口の広場に福島市出身の作曲家、古関裕而（こせきゆうじ）のモニュメントがある。

栄屋本店の冷やしラーメン

山形駅

山形県郷土館「文翔館」P.207や山形城跡などがある霞城（かじょう）公園は山形駅から徒歩圏内。

16日目 盛岡駅≫新函館北斗駅

朝いちばんの田沢湖線を逃すと14時台まで大曲行きはないのでがんばって早起きしよう。新青森駅からは新幹線で北海道に上陸。

弘前駅

津軽めんこい懐石弁当 ひとくちだらけ

BRICK A-FACTORYのアップルパイ

比内地鶏の鶏めし

角館駅

角館の武家屋敷通りP.184は駅からちょうどいい散策コース

弘前城P.132のある**弘前公園**や隣接の**津軽藩ねぷた村**など弘前市中心部には見どころが多い。

新函館北斗駅

JR田沢湖線／JR田沢湖線／JR奥羽本線／JR奥羽本線／JR奥羽本線／JR北海道新幹線

盛岡駅 5:20発 — 秋田県 角館駅 6:28着 10:00発 — 大曲駅 10:20着 10:24発 — 秋田駅 11:13着 11:40発 — 青森県 弘前駅 14:21着 16:15発 — 新青森駅 16:57着 17:32発 — 北海道 新函館北斗駅 18:29着

8:55発	10:22着 12:45発	13:30着 13:47発	14:33着 14:43発	14:50着 18:37発	20:07着
山形駅	宮城県 仙台駅	小牛田駅	岩手県 一ノ関駅	平泉駅	盛岡駅

JR仙山線　JR東北本線　JR東北本線　JR東北本線　JR東北本線

15日目 山形駅 ≫ 盛岡駅

仙台駅周辺を散策したら、東北本線を乗り継いで平泉へ。

仙台駅

加熱機能付きの牛たん弁当

仙台駅隣接の高層ビルAER（アエル）の31階展望テラスからの眺め。

仙台駅から徒歩約5分の**仙台朝市**は地元の新鮮素材を扱う商店街。グルメスポットも充実。

仙台の福の神 仙臺四郎

商売繁盛の神様として仙台市内の飲食店はじめ、多くの店で写真が飾られている。幕末から明治にかけて実在した人物で、彼が訪れた店は繁盛したという。

平泉駅

世界遺産中尊寺と毛越寺のスタンプ

平泉名物のわんこそば

中尊寺P.149や**毛越寺**P.149など、平泉の世界遺産巡りには駅のレンタサイクルや巡回バス「るんるん」が便利。

盛岡駅

17日目 新函館北斗駅 ≫ 稚内駅

特急列車や快速、普通列車を乗り継いで北海道を一気に移動。最北端の稚内駅へ。

新函館北斗駅

北広島駅

南千歳駅

ほっきめし

新千歳空港駅と札幌駅などを結ぶ快速エアポートも停車する南千歳駅は石勝線の起点でもある。

旭川駅

蝦夷わっぱミックス

旭川駅の南側を流れる忠別川。近くには北彩都ガーデンも広がる。

稚内駅

西大かに弁当

総移動距離3000km以上。17日間かけて日本最北端の稚内駅に到着。

P.20、21、29稚内駅写真提供：JR北海道

JR函館本線&室蘭本線&千歳線 特急北斗　JR千歳線 快速エアポート　JR千歳線　JR函館本線　JR函館本線 特急ライラック　JR宗谷本線 特急サロベツ

新函館北斗駅	南千歳駅	北広島駅	白石駅	岩見沢駅	旭川駅	稚内駅
7:57発	10:53着 10:57発	11:14着 11:20発	11:36着 11:41発	12:18着 12:25発	13:25着 13:35発	17:23着

王道の旅 2

花を愛でる

一生に一度は見るべき 桜の名所7選

暖かい風が吹き、心が軽くなる季節。
桜は華やぎとともにやってくる。
卒業式や入学式、出会いや別れ。
人生の節目と桜が深くつながっている人も多いだろう。
満開を過ぎ、潔く散っていく姿。
ちょっと泣けてくるのは、ああ、日本人だからかなあ。

1 吉野山（よしのやま） ▶P.594 奈良県

満開時期：3月下旬～4月上旬

シロヤマザクラを中心に約200種3万本の桜が密集している。ひと目に千本見える豪華さから"一目千本桜"と呼ばれている。かつて豊臣秀吉もこの地で花見に興じたと伝えられている。

花見の歴史

桜の花見が始まったのは平安時代初期、嵯峨天皇が行ったと伝わっている。それ以前は梅の花見が盛んだったようだ。余談だが令和の元号も、『万葉集』にある梅花の宴で詠まれた和歌32首の序文を典拠にしている。平安中期の『源氏物語』にも桜花の宴が書かれるなど、貴族の行事として発展した。時代が下って安土桃山時代には、天下人の豊臣秀吉が吉野の花見や醍醐の花見など、大規模な花見を催している。庶民の楽しみとして花見が一般的になるのは、江戸時代になってからのことだ。

満開の桜の下で食事を楽しむ

2 姫路城（ひめじじょう） ▶P.664 兵庫県

満開時期：3月下旬〜4月上旬

国宝・姫路城は大天守保存修理を終え、白鷺にたとえられる美しい白壁がいっそう輝くようになった。この城には桜の上品な彩りがよく似合う。

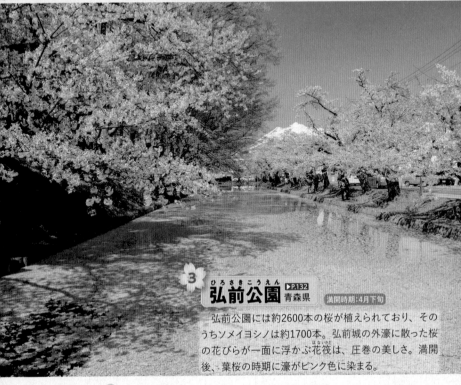

3 弘前公園（ひろさきこうえん） ▶P.132 青森県

満開時期：4月下旬

弘前公園には約2600本の桜が植えられており、そのうちソメイヨシノは約1700本。弘前城の外濠に散った桜の花びらが一面に浮かぶ花筏（はないかだ）は、圧巻の美しさ。満開後、葉桜の時期に濠がピンク色に染まる。

ソメイヨシノの60年

ソメイヨシノに関してまことしやかに囁かれているのが寿命60年説。しかし、弘前公園内にある最長寿のソメイヨシノは明治15（1882）年に植樹されたもので、樹齢は140年。しかも毎年美しい花を咲かせている。適切に手入れをすれば、長生きするのである。では60年という寿命にまったく根拠がないかというと、そうとも言い切れない。ソメイヨシノが特定の病害虫に弱いのは確かで、手入れをしないと40年ほどで樹勢は衰える。近年はソメイヨシノに替わって別の品種を植えることも進められている。

4 千鳥ヶ淵（ちどりがふち） 東京都

旧江戸城の内濠に並ぶ桜で知られている。近隣には靖国神社に標本木が、市ヶ谷〜飯田橋にかけては外濠土手に桜並木と見どころがいっぱい。100万人を超える人出でにぎわう。

満開時期：3月下旬〜4月上旬

千代田区観光協会 URL visit-chiyoda.tokyo

5 あさひ舟川（ふなかわ） 富山県

ソメイヨシノは65年ほど前に地元の有志が舟川の堤防に植えたもの。桜に合わせて農家がチューリップを開花させた。残雪の朝日岳を借景として、カラフルな春の訪れとなる。

満開時期：4月上旬〜4月中旬

朝日町観光協会 URL www.asahi-tabi.com

6 五稜郭（ごりょうかく） ▶P.116 北海道

満開時期：4月下旬

ソメイヨシノを中心に1500本の桜が見られる北海道有数のお花見スポット。星型の城郭がピンク色に染められる姿は、隣接する五稜郭タワーの展望台で楽しめる。

外国に渡った桜

桜は日本文化の象徴として、国際的に認知される存在。そのため日本から友好の印として寄贈され、植樹されることも多い。なかでも最もよく知られるのはアメリカ合衆国、ワシントンD.C.のポトマック河畔の桜並木だろう。そのほかカナダのバンクーバーやスウェーデンのストックホルムの桜も有名だ。海外の桜の名所では、開花時期に合わせてジャパン・フェスティバルを催すところも多い。桜を楽しむばかりでなく、日本の伝統文化やポップカルチャーを知る絶好の機会となっている。

7 高遠城址公園（たかとおじょうしこうえん） 長野県

▶P.403

満開時期:3月下旬〜4月上旬

マメザクラとエドヒガンの交配種の「タカトオコヒガンザクラ」で有名な公園。少し小ぶりで赤みのある花は、その美しさから天下第一の桜と称される。長野県天然記念物。

ワシントンD.C.のポトマック川

ストックホルムの王立公園

温泉

湯巡りはなぜこれほどまでに愛されるのか

歴史に学ぶ 温泉の文化

旅の醍醐味のひとつに温泉がある。
大浴場でゆったりと心身を癒やし、さらに土地の美食を楽しむ。
湯治なら湯の成分や効能にこだわることもあるだろう。
このような習慣は、いつからできたのか?
なぜ日本人は温泉好きなのか?
奥深い温泉の秘密と歴史に迫る。

監修
石川理夫(いしかわ・みちお)さん
温泉評論家、日本温泉地域学会会長。著書は『本物の名湯ベスト100』(講談社現代新書)、『温泉巡礼』(PHP研究所)など多数。近著に『温泉の日本史』(中公新書)がある。

日本最古の温泉と日本三古湯

日本最古の温泉、道後温泉

日本の文献に見られる最古の温泉の記述は、奈良時代の和銅5(712)年に完成した『古事記』。允恭天皇の時代の記述にある「故、其軽太子者、流於伊余湯也」という文章がこれにあたる。皇太子の軽太子が伊余湯に流刑にされたという意味だが、ここにある伊余湯とは伊予の湯、つまり**道後温泉** ▶P.820 だと考えられている。これが道後温泉が日本最古の温泉であるというゆえんだ。允恭天皇の時代は、中国の史書と対応させると5世紀後半と考えられている。

『古事記』に次いで養老4(720)年に完成した『日本書紀』にも温泉についての記述が複数ある。631年に舒明天皇が津国有馬湯に幸す、639年に舒明天皇が伊予湯宮に行幸された、658年に斉明天皇が紀温湯(白浜温泉)に幸すとそれぞれ書かれている。こうしたことから、**道後温泉** ▶P.820、**有馬温泉** ▶P.666、**白浜温泉** ▶P.632 は、日本三古湯と呼ばれている。これらの温泉はいずれも天皇、皇族にゆかりがあるのが興味深い。いずれも3

白浜温泉・崎(さき)の湯の古代湯壺跡(中央の窪地)

『魏志倭人伝』に見られる入浴行為

『古事記』の成立に先立つ400年以上前の3世紀末、中国で書かれた『魏志倭人伝』には倭人についての項目で、人が死んだときに関して次のような記述が見られる。「已葬挙家詣水中澡浴以如練沐」(埋葬が終わると、一家総出で喪服を着て、水の中に入って身をすすぎ清める)。練沐(れんもく)とは服を着て沐浴を行う中国の風習であることから、倭人も服を着たまま川に入り、身をきれいにしたのだろう。これは葬儀にまつわる記述だが、倭人は湯浴み着(ゆあみぎ)を着たまま入浴していたのではないかと推測できる。

～4ヵ月にわたって逗留しているが、天皇が長期にわたって都を離れられることは、統治が安定してきたためだろう。

また、『日本書紀』には天武12（685）年に天武天皇が束間温湯に行幸を計画したと思われる記述もあり、これも含めると日本四古湯ということになる。束間温湯は長野県松本市の美ヶ原温泉であると考えられている。

温泉の登場と庶民の利用

出雲湯村温泉共同浴場跡

「温泉」という言葉は天平5（733）年に完成した『出雲国風土記』で初めて文献に登場する。『風土記』は各地の風土や情勢を朝廷に報告するための資料なので、『古事記』と『日本書紀』のような天皇の記録とは異なり、一般庶民の暮らしを知る手がかりになる。『出雲国風土記』にある**玉造温泉** ▶P.746 についての記述には、老若男女が集って宴会をやり、温泉を楽しみ、温泉の効能がすばらしいから神の湯としてあがめているとある。当時から温泉は、天皇などの権力者だけでなく、庶民も親しんでいたことがわかる記述だ。ここからは庶民にとっての温泉は、かなり早い段階で宴会が結び付いていたこともわかる。当時の温泉は、今みたいに車でさっと行って帰ってこられるようなものではなく、わざわざ旅をして行くもの。夜は暇になるので、大勢でにぎわい、宴会を催してたというのは自然なことだったのだろう。

仏教が広めた温泉文化

弘法大師が発見したと伝わる修善寺温泉独鈷（とっこ）の湯

歴史ある温泉宿のなかには「開湯1300年」「弘法の湯」といったキャッチフレーズを目にするが、実は弘法大師が温泉を発見したという確かな記録はなく、真相はわからない。ただ、人里離れた山の中に自然に湧いている温泉を発見したのは、修験道の行者や、山林修行を行っていた僧たちであったということは間違いない。弘法大師も山林修行をしたという意味ではその代表格なので、庶民に慕われた高僧が見つけたという伝説が生まれたのだろう。

仏教は、温泉の発見だけでなく、入浴作法の普及にも大きな貢献をしている。東大寺正倉院文書にある『仏説温室洗浴衆僧経』という経典は、いわば仏教の入浴マニュアルであり、日本の入浴作法の規範となったのだ。

また寺院には、寺が温泉を開発し、境内に泉源をもっているところもあり、寺湯という。有名なのは新潟県の出湯温泉。今も境内には共同浴場があり、地元の人は本堂などにお参りをしてから温泉に入る。ほかにも日光湯元温泉の温泉寺、別府の**鉄輪温泉** ▶P.935 の永福寺、長門湯本温泉の大寧寺という古刹が現在も泉源をもっている。

出湯温泉華報寺（けほうじ）境内の共同湯

王朝文学にゆかりの温泉

物語や日記、和歌など王朝文学が花開いた平安時代。文学作品にはいろいろな温泉が出てきている。有名なところでは紫式部の『源氏物語』の第三帖「空蝉」と第四帖「夕顔」に伊予の湯桁（道後温泉）に関する記述が見られる。当時伊予の湯桁は、数の多いたとえに用いられるくらい有名で、第三帖ではたくさんの碁石を数える様子を伊予の湯桁の数にたとえられている。第四帖では、光源氏が伊予の湯桁がいくつあるのかを伊予介に尋ねようかと思ったことが書かれている。

では、実際に紫式部のような宮廷文学を担った女性たちが直接温泉に行っていたのかというと、正確にはわかっていない。ただ、紫式部ゆかりの寺で、藤原道綱母の『蜻蛉日記』にも登場する**石山寺** ▶P.612 には、石山温泉という冷泉が湧いている。この冷泉はラドン泉で、キュリー夫妻のラジウム発見以降に初めて温泉だとわかるのだが、石山寺に参拝していた人はこの湧水でみそぎをしていた。そのため、この放射能泉の冷泉を紫式部や藤原道綱母など錚々たる女流文学者たちは温泉とは知らずに浴びていたのかもしれない。

『今昔物語集』に見る温泉の地獄と極楽

平安後期に書かれた『今昔物語集』には、越中国（富山県）の立山地獄に堕ちた人を僧侶が供養するという話が載っている。立山地獄は、日本で最高所に湧く泉源。熱気が激しく、有毒ガスも噴出する地獄を思わせる光景から、罪を犯して亡くなった人は、立山地獄に墜ちると信じられていた。一方で同じ『今昔物語集』には、極楽のような温泉にまつわるエピソードもあり、両極端な世界が温泉という共通点で結ばれているのがおもしろい。

激しい噴気が地獄を彷彿させる立山地獄谷

『日本書紀』の「束間温湯(つかまのゆ＝筑摩の湯)」と考えられる美ヶ原温泉の共同浴場「白糸の湯」

夢のお告げで「明日の正午に観音様が湯浴みに現れる」とされた温泉に人々が集まり、観音様をお迎えするため、温泉を極楽浄土のように美しく飾り立て待っていた。すると、夢で知らされた観音様とまったく同じ姿形をした男が温泉に現れる。観音様に間違えられたその人は、縁を感じて出家するという内容だ。その温泉の名前は『今昔物語集』では欠字になっており分からないが、鎌倉時代の『宇治拾遺物語』にも同じ話が載っており、そこには信濃国筑摩湯と書かれている。筑摩湯とは『日本書紀』にある束間温湯であり、現在の美ヶ原温泉のことだ。

湯治と温泉宿

「湯治」とは日本で生まれた言葉（国字）であり、中国にはこのような言葉はなかった。最初は薬草を入れた湯や海水を自邸に運んで入ることを湯治と呼んだが、平安後期から温泉を利用した湯治が加わっていく。平安時代なので京都に一番近い**有馬温泉** ▶P.666 が平安貴族の温泉リゾートになっていった。藤原実資の日記『小右記』には、時の権力者、藤原道長が療養のため有馬に向かうのに、大勢の貴族たちが一緒に行く様を、「追従でしかない」と、皮肉を込めて書き記している。

鎌倉時代の貴族、藤原定家の『明月記』には、貴族でにぎわう有馬温泉の様子が書かれており、自身も何度か足を延ばしている。滞在した宿の名前まで記しているのは日本の温泉史として画期的なこと。宿の経営は、貴族がサイドビジネスとして出資していたり、熊野信仰の僧尼が絡んでいたりした。藤原定家が有馬に滞在しているとき、雨が降っていたため泉源浴場に行けなかったが、宿の使用人がわざわざ温泉を汲んできてくれたというエピソードが書かれている。

鎌倉・室町時代と箱根

これまでの時代で触れてきた温泉は西日本が中心だったが、鎌倉時代になると東国の温泉も注目されるようになってくる。東日本で有名な温泉は**箱根** ▶P.359 、**草津** ▶P.280 、**伊香保** ▶P.281 など。特に箱根は、幕府の本拠地がある鎌倉から朝廷のある京都へ向かう要衝として、大きくクローズアップされるようになった。箱根湯本で温泉に入って一息ついてから本格的に箱根の山を越えるというわけだ。こうして箱根湯本は宿場町として発展していく。

源頼朝発見伝説がある草津温泉の共同浴場「御座之湯(ござのゆ)」。古い泉源「白旗の湯」は源氏の白旗にちなんでいる

また、この時代は、歌人文人はわりと自由に移動できたので、湯治の合間に寺社詣や詩作をしたり、草津と伊香保の「はしご湯治」といった慣行も生まれている。歌人、文人による文学を通して東国の温泉が紹介されるようになったのだ。

『山中温泉縁起絵巻』に見る温泉街の発達

奈良時代に高僧の行基が発見したと伝わる**山中温泉** ▶P.458 。江戸時代に復元された『山中温泉縁起絵巻(やまなかおんせんえんぎえまき)』には、温泉街ができつつある中世室町時代の姿を描いたもの。絵巻には子供が頭に物を載せて売りに来ており、琵琶法師も見られる。これらは優れた温泉地の大事な要素。お風呂に入って、食べて、寝て、退屈すると、必要になるのがショッピングとエンターテインメント。そして中世のエンターテイナーといえば琵琶法師さんというわけだ。とはいえ、山中温泉という温泉街の原点はやはり湯船。泉源地にあり、これを核にして広場になって人が集まり、もてなしのメニュー、食文化や娯楽の文化が生まれ、まわりに店や宿ができて、温泉街が発達していくという、その典型が描かれている。

中世の温泉街の姿がいきいきと描写されている　『山中温泉縁起絵巻』(医王寺蔵)

戦国時代の温泉と隠し湯

戦乱の時代になると温泉は、リハビリセンターとして、傷兵を回復させるという大事な役割を果たした。戦国大名の武田信玄は、**草津温泉** ▶P.280 を手中に収めると、6〜9月に一般人の入浴を禁止して、その間農兵や地侍に独占的に使用させていた。草津温泉の独占は軍事的な判断にもとづく措置だった。

当時、信玄は関東の入口・上州(群馬県)でも上杉謙信と攻防を繰り広げており、来る合戦で自陣営の将兵に負傷者が出た場合に備えて、一大温泉療養センターを確保することが目的であった。そのためには草津のハイシーズンといわれる夏場の期間、一般の湯治者を閉め出す必要があったのである。

武田信玄は、戦国大名の中でも特に隠し湯を多く所有していたことで有名な存在。当たり前だが、草津のような有名すぎる温泉地では隠し湯とはならない。隠し湯とは、限られた人にしか知られていないような人里離れた湯治場のことだ。隠し湯で重要となる温泉の効能は、刀傷や骨折、打撲といった合戦での傷に効果があるということ。信玄の隠し湯として知られている温泉としては山梨県身延町の下部温泉、甲府市の湯村温泉、北斗市の増富ラジウム温泉などがある。

信玄の隠し湯として知られる増富ラジウム温泉。大岩の裂け目からラドンを含んで自然湧出する源泉(放射能泉)湯つぼで冷泉浴する

有馬温泉駅近くにある豊臣秀吉像

秀吉と有馬温泉

天下人の豊臣秀吉は都から近い**有馬温泉** ▶P.666 のパトロンとして活躍している。頻繁に湯治に訪れ、伏見城が落成した文禄3(1594)年には、最初の御殿まで建設しているほどだ。重要なのは、秀吉は単なる温泉好きに留まらず、有馬温泉が火事で焼けたり、地震で壊れたりすると、泉源の改修工事に奉行を任命して、きっちり復興作業をし、源泉を大事に守ったという点。有馬温泉が江戸時代を通じて無事に維持運営できたのは秀吉のおかげだとして、有馬の人々は豊臣秀吉を有馬温泉第3の復興者として今も感謝している。

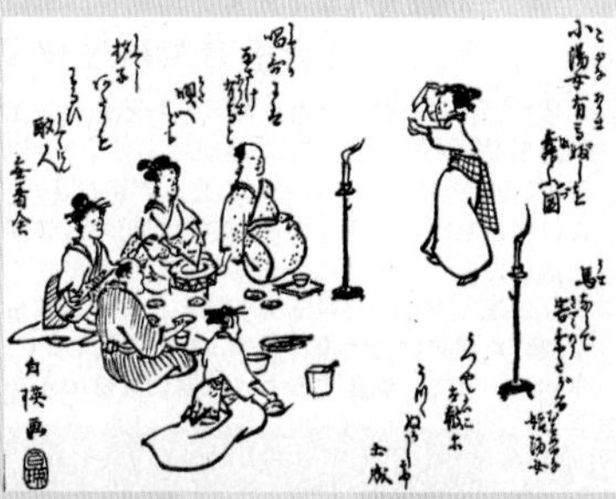

『滑稽(こっけい)有馬紀行』に描かれる有馬の湯女

『有馬山温泉小鑑(こかがみ)』。湯女が浴場の采配を振るっている様子が描かれている

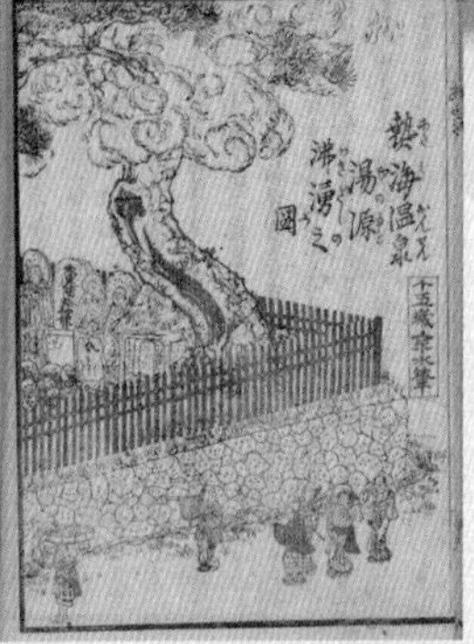

江戸時代に描かれた『熱海温泉図彙（ずい）』に見られる熱海温泉の大湯噴騰図

有馬温泉には湯女（ゆな）と呼ばれるようになった女性たちがいた。湯女というと遊興的なイメージがあるが、これらは江戸前期にはやった湯女風呂からきた誤解。有馬温泉の湯女は、都から貴人が来たときなどは、特別に接待などで碁の相手や琴を弾くなどの芸事もしていたようだが、彼女たちの一番の役割は、ひとつしかない元湯という共同浴場で入浴の采配をふるうこと。客が湯に入ったり、出たりするタイミングを告げ、滞りなくみんなが温泉を楽しめるように目を配っていたのだ。

熱海と温泉デリバリー

江戸幕府を開いた徳川家康は、京都に赴く道中で**熱海**（あたみ） ▶P.497 に逗留している。温泉の効果を気に入った家康は、大坂まで5樽もの湯を運ばせたり、周りの要人にも熱海湯治を勧めたという。こうした対応は、歴代将軍に引き継がれ、熱海の名声が定着するようになった。庶民とは異なり将軍自身は、簡単には旅行ができない。そのため熱海の湯を江戸城まで運ばせる御汲湯（おくみゆ）が定例行事となった。お湯は清浄なものだから地面につけてはいけなかったそうで、最初はずっと熱海から江戸城まで駆け足で運んでいたが、後に船で運ばれるようになった。このようにして熱海の湯は、将軍御用達のブランドを確立。江戸市中でも湯が小売りされるようになり、現地まで温泉に行けない江戸っ子も、熱海などの名湯を銭湯で気軽に楽しめるようになった。

伝統の入浴法とは？

日本人は伝統的に裸混浴で入浴するというのは実は誤解。確かに江戸後期には裸混浴もあったが、むしろ日本の伝統は湯浴み着を着用しての入浴作法で、江戸後期までそれが続いていたのだ。古代ローマ帝国もそうだが文化が爛熟すると風紀が緩く、退廃的になっていく。それが文化文政年間（1804～1830年）の日本でも起こり、手ぬぐいひとつで隠すという現在のスタイルが混浴別浴を問わず広がっていった。つまり湯浴み着の1000年以上の伝統に比べて、たかだか200年ほどの伝統でしかない。しかも、道後温泉をはじめ西日本の有名な温泉地には、男女別浴がとても多い。日本は昔から男女混浴の裸混浴をしていたわけではないということは、日本を訪れるインバウンドの観光客のためにももっと知られてよいことだろう。タトゥーをしている人のためにも、もっと楽しい湯浴み着を普及させてもよいのではないだろうか。伝統という言葉を使いながらあまりにも男性本位な入浴作法は改め、本来の伝統に回帰し、新たな入浴文化を考える時期にさしかかっているのかもしれない。

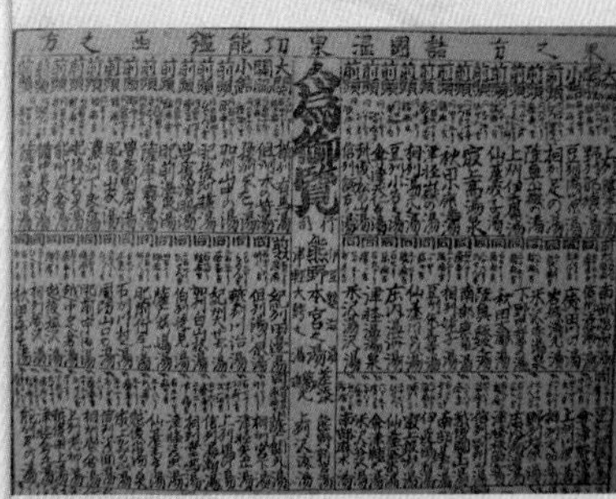
東之方　諸國温泉功能鑑　西之方

江戸時代に流行した効能本位の温泉ランキング「諸国温泉功能鑑」

江戸時代の温泉ブランド「箱根七湯」を紹介した『七湯の枝折(しおり)』に描かれる、箱根湯本温泉の共同浴場「惣湯（そうゆ）」

江戸後期の『滑稽有馬紀行』に描かれる有馬温泉。湯浴み着を着用して混浴している

温泉利用の革命、一夜湯治

現在では一般的な1泊2日の温泉旅行というのは、江戸時代後期になって始まったもの。そもそも湯治は最低でも7日、最大3週間で、それくらいしないと湯治効果は得られないと考えられており、世界的には現在でもそうした考え方が主流だ。湯治の効果に疑問がある一夜湯治が誕生したのが**箱根湯本** ▶P.359 。江戸期には伊勢参りが大人気で、たくさんの庶民がお金を積み立てて行っていた。江戸から伊勢参りへの帰りに箱根湯本に泊まって温泉と宴会を楽しんでもらい、お金を落としてもらうことを画策したのだ。これに真っ向から反対したのが小田原の宿場で、そんなことをされては泊まる人がいなくなると、奉行に訴え出て裁判沙汰になった。政治力がものをいったのか、結局一夜湯治は認められることになり、現在に続く娯楽・歓楽型の温泉利用が始まったのだった。

明治以降の温泉

温泉の楽しみ方は、おおむね江戸期までに確立したといってよいだろう。しかし、明治以降にも画期的なことがいくつか起きている。ひとつめは、今までは自然に湧いていた源泉を利用した温泉だったのが、ボーリング技術によって温泉が湧いていなかった場所でも掘削して温泉開発ができるようになったということ。

ふたつめが、温泉の個人利用が広がったこと。もともと温泉というのは地域の共

ジブリ映画のモデルともいわれる渋温泉の金具屋

鉄道網の整備と温泉建築

神々が訪れる温泉宿を舞台にした宮崎駿監督の『千と千尋の神隠し』。そのモデルとされる温泉旅館はたくさんあるが、各地に残る旅館建築はどういう経緯で流行したのだろう。実はこうした木造3階、木造4階建てといった巨大な旅館の存在は、江戸時代ではなく、明治以降に建てられたもの。鉄道網が整備され、都会から来たたくさんのお客さんを満足させるサービスと設備を整えたという背景があるのだ。大事なのはそこに日本の職人の匠の技が活かされており、来てくれたお客さんに楽しんでもらえる伝統技術を旅館建築にあしらっている点。映画がベルリン映画祭の金熊賞を獲得したように、風情ある温泉街は、日本を訪れる外国人観光客を多くひきつけている。

下呂温泉湯之島館

塔之沢温泉環翠楼

有財産、みんなのものだったが、掘削して温泉が出たら、掘った人が温泉の所有者と考えられるようになった。温泉宿に内湯ができ、便利になった反面で、皆が競って温泉を掘った結果、お互いのお湯を減らすという結果を招いた。熱海にある七湯のひとつ大湯間歇泉は、1日8回噴出していたが、だんだん噴出する数を減らし、大正期には枯渇してしまっている。

3つめが鉄道網の整備によって、都会から多くの人が訪れ、温泉地の大型旅館化が進んだこと。例えば国登録有形文化財になっている**渋温泉** ▶P.397 の**金具屋斉月楼** ▶P.390 は昭和11(1936)年の完成で、鉄道整備による都会からの顧客目当てに建てられたという。同じく登録有形文化財の**下呂温泉** ▶P.534 の**湯之島館** ▶P.528 は昭和6(1931)年、高山線の開業に合わせて建てられたものだった。皇女和の宮が泊まった**箱根** ▶P.359 ・塔之沢温泉の環翠楼も、宿自体は古いが、大正13(1924)年にリニューアルされたもの。これも東海道線の全通を見越してのことだろう。温泉にとって鉄道普及の影響は大きく、鉄道省が出していた『温泉案内』はロングセラーを記録し、大正9(1920)年から終戦まで版を重ねたほどだった。

以上、駆け足ながら日本の温泉史を見てきた。文化的背景を理解することで、よりいっそう温泉巡りが楽しくなることだろう。

おすすめ

昔ながらの風情がある温泉街

- 銀山(ぎんざん)温泉 ▶P.203
- 伊香保温泉 ▶P.281
- 渋温泉 ▶P.397
- 別所(べっしょ)温泉 ▶P.398
- 山中温泉 ▶P.458
- 山代(やましろ)温泉 ▶P.458
- 城崎(きのさき)温泉 ▶P.668

テレビドラマ『おしん』にも登場した銀山温泉

おすすめ

歴史と風情のある共同浴場

- 山代温泉の古総湯(こそうゆ) ▶P.458
- 山中温泉 ▶P.458 の総湯「菊の湯」
- 城崎温泉のまんだら湯 ▶P.668
- 武雄(たけお)温泉の元湯 ▶P.882
- 別府の竹瓦(たけがわら)温泉 ▶P.935
- 野沢温泉の大湯(長野県下高井郡野沢温泉村)

山中温泉の総湯「菊の湯」

歴史

城はこう見る 天守

日本で最初に本格的な天守をもったのは織田信長が築いた安土城といわれている。安土城の天守（天主）が完成したのは天正7（1579）年の安土桃山時代で、それ以前の戦国時代の城は基本的に天守をもたなかった。信長とほぼ同時代を生きた上杉謙信の居城・春日山城、武田信玄の躑躅ヶ崎館、朝倉義景の一乗谷館にはいずれも天守はなかったと考えられている。

信長は安土城の天守に実際に住んでいたといわれるが、それ以降の天守に住居としての機能はなく、城の最後の防衛拠点という軍事的側面と権力を見せつける象徴的側面のふたつを果たしていた。しかし、江戸時代に入り世の中が落ち着くと軍事的な役割は必要なくなり、松本城など一部の天守には、月見櫓のように風流を楽しむ建物が増築されている。

現存12天守

江戸時代もしくはそれ以前に建てられた天守は全国で12しか残っておらず、現存12天守といわれている。そのうち5つが国宝で、国宝5天守という。

城	型	
松本城（長野県）	※層塔型 連結複合式	▶P.398
犬山城（愛知県）	※望楼型 複合式	▶P.516
彦根城（滋賀県）	※望楼型 複合式	▶P.611
姫路城（兵庫県）	※望楼型 連立式	▶P.664
松江城（島根県）	※望楼型 複合式	▶P.743
弘前城（青森県）	層塔型 独立式	▶P.132
丸岡城（福井県）	望楼型 独立式	▶P.474
備中松山城（岡山県）	層塔型 複合式	▶P.689
丸亀城（香川県）	層塔型 独立式	▶P.803
松山城（愛媛県）	層塔型 連立式	▶P.821
宇和島城（愛媛県）	層塔型 独立式	▶P.826
高知城（高知県）	望楼型 独立式	▶P.839

※国宝5天守

望楼型と層塔型

天守の形は、大きく望楼型と層塔型の2種類がある。入母屋造の屋根に上から望楼を載せたような形なのが望楼型。層塔型とは、階が上がるごとに少しづつ小さい建物が重なったような形になっている。

上の層と下の層で形が違っており、屋根の上に別の建物を載せたように見える。初期の天守によく見られる。（犬山城）

同じ構造をした建物を積み上げた形。江戸期に入ってからの天守はほとんどが層塔型。（名古屋城）

復元天守、復興天守、模擬天守

現存天守以外の天守は、過去にあった天守を史料をもとに復元した復元天守、過去に天守があった場所に建っているが、もとの姿がわからないため、他の城などを参考に建てられた復興天守、本来は天守がなかった城郭の中に建てられたり、城以外の場所に建てられた模擬天守がある。復元天守はさらに、内部まで忠実に再現されている木造復元天守と、外観のみを忠実に再現し、内部はコンクリートなど現代の建築材を用いた外観復元天守に分けられる。

- **木造復元天守**
  白石城 ▶P.172、大洲城 ▶P.823 など
- **外観復元天守**
  和歌山城 ▶P.631、熊本城 ▶P.918 など
- **復興天守**
  大阪城 ▶P.646、小田原城 ▶P.359 など
- **模擬天守**
  岐阜城 ▶P.534、今治城 ▶P.828 など

天守の種類

天守は、櫓や小天守など付随する建物によって、独立式、複合式、連結式、連結複合式、連立式の5つの種類に分けることができる。

独立式

天守に付随する建物がない形式。

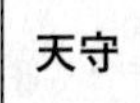

現存12天守で独立式は弘前城、丸岡城、丸亀城、宇和島城、高知城

弘前城

複合式

天守に櫓や小天守が直にくっついている形式。

現存12天守で複合式は彦根城、犬山城、松江城、備中松山城

彦根城

連結式

大天守に小天守が渡櫓や橋台で結ばれている形式。

熊本城

現存12天守に連結式のものはない。

連結複合式

複合式と連結式の両方の特徴をもっている形式。

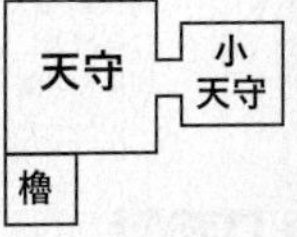

現存12天守で連結複合式は松本城のみ

松本城

連立式

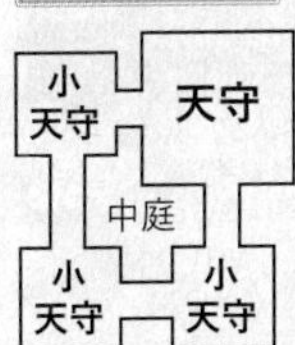

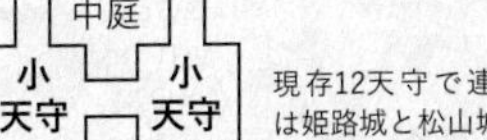

大天守と2つ以上の小天守や隅櫓が、渡櫓で結ばれる形式で、建物で囲まれた中庭ができるのが特徴。

現存12天守で連立式は姫路城と松山城

姫路城　写真提供:姫路市

三重櫓

天守ではないが、三重櫓は最も格式の高い櫓。江戸城は明暦3（1657）年の明暦の大火で焼失以降は富士見櫓を代用天守として利用するなど、天守をもたない城にとっては、天守の代わりとなる建物だった。現存する三重櫓は8城12基のみ。最も高い熊本城の宇土櫓（19.1m）は、現存天守の中で比べても、姫路城（31.5m）、松本城（25.3m）、松江城（22.4m）、松山城（20m）に次ぐ高さを誇る。

江戸城の代用天守といわれる富士見櫓

御殿

大坂の陣が終わり太平の世の中になると、天守は権威の象徴としての役割は果たしたものの、城に不可欠な建物ではなくなっていた。戦がなくなった世の中で城に求められたのは、政治を執り行う政庁と藩主の住居の機能を併せもつ御殿だった。現存する城内御殿は天守よりもさらに少なく貴重な存在だ。

現存御殿

現存する城内御殿は4つ。二条城は国宝に指定されており、高知城は本丸に現存の天守と御殿、両方が残っている唯一の城だ。

二条城 二の丸御殿 京都府

▶P.576

6棟が雁行形に立ち並ぶ御殿で、部屋数は33室。内部は狩野派による障壁画や、豪華絢爛な欄間彫刻などによって装飾されている。

二条城の二の丸御殿は、徳川慶喜による大政奉還の意思表明という、歴史的事件の舞台になっている。
写真提供:京都市 元離宮二条城事務所

高知城 本丸御殿 高知県 ▶P.839

天守と御殿が並ぶ高知城の本丸。廊下門や多門櫓、黒鉄門などの建築物が残っており、いずれも国の重要文化財に指定されている。江戸時代の本丸の姿を現在に留める貴重な城だ。 写真提供:(公財)高知県観光コンベンション協会

高知城本丸御殿は懐徳館と呼ばれている。現在見られるのは、享保12(1727)年の大火で焼失後に再建されたもの。藩主の御座所として使われた上段ノ間は他の部屋よりも座敷が一段高くなっている。

掛川城 二の丸御殿 静岡県 ▶P.495(脚注)

7棟からなる書院造。現在見られるのは嘉永7(1854)年の地震で倒壊した後に再建されたもの。本丸には木造復元天守が建っている。

川越城 本丸御殿 埼玉県

川越市にある東日本に現存する唯一の本丸御殿。現在見られるのは嘉永元(1848)年に建てられたもので、玄関、大広間、家老詰所が残っている。

復元御殿

城内御殿は天守ほど復元されておらず、できたのはすべて21世紀に入ってからのもの。

名古屋城 本丸御殿 愛知県 ▶P.514

天守とともに国宝に指定されていた名古屋城本丸御殿。昭和20（1945）年の空襲により焼失したが、実測図や写真などの史料が豊富に残っており、平成30（2018）年に忠実に復元された。 写真提供:名古屋城総合事務所

徳川家光上洛の際、御座所となった上洛殿上段の間。本丸御殿のなかでも最も豪華な装飾を見ることができる。狩野派絵師による障壁画の実物は、西之丸御蔵城宝館で収蔵、公開されている。 写真提供:名古屋城総合事務所

熊本城 本丸御殿 熊本県 ▶P.918

明治10（1877）年の西南戦争で焼失したが、本城築城400年を記念して平成20(2008)年に再建された。昭君之間は、大広間の中で最も格式が高い。中国の故事に出てくる王昭君の絵で装飾されている。 写真提供:熊本城総合事務所

佐賀城 本丸御殿 佐賀県 ▶P.886

佐賀城本丸御殿は日本で最初に復元された本丸御殿。平成16(2004)年に復元され、佐賀県立佐賀城本丸歴史館として、幕末、維新期の佐賀をテーマにした展示を行っている。
写真提供:佐賀県観光連盟

城郭内の庭園

城郭内には、御殿と対になるように庭園が造られていた。本丸にあるものは本丸庭園、二の丸では二の丸庭園というように呼ばれている。日本三名園の偕楽園 ▶P.244、兼六園 ▶P.454、岡山後楽園 ▶P.689のような城郭外に作られた大名庭園ほどの広大さはないが、御殿に付随する庭園だけあって、細部にわたり意匠が凝らされている。

二条城 ▶P.576
特別名勝:二条城二の丸庭園

名古屋城 ▶P.514
名勝:名古屋城二之丸庭園
写真提供:名古屋城総合事務所

和歌山城 ▶P.631
名勝:西之丸庭園（紅葉渓庭園）
写真提供:公益社団法人 和歌山県観光連盟

徳島城 ▶P.789
名勝:旧徳島城表御殿庭園

石垣

天守や御殿ほどのインパクトはないが、石垣は近世城郭の隠れた主役。いくつかの種類があるので、覚えておくと新たな視点が加わり、よりいっそう城巡りが楽しくなることだろう。初期は加工していない自然石を積み上げていく野面積という方法が用いられていたが、後に接続部を加工し、間詰石を積む打込接が登場。その後さらに、間詰め石がないように石を加工した切込接が登場するようになった。

	野面積（のづらづみ）	打込接（うちこみはぎ）	切込接（きりこみはぎ）
布積（ぬのづみ） 横目が揃っている			
乱積（らんづみ） 横目が不揃い			

算木積み

石垣の隅は最も崩れやすい所。当初は大きな自然石を使うなどしていたが、徐々に工法が確立。長方形の石を長辺と短辺が互い違いになるように交互に積み上げることで強度を増している。

石の長短が異なるよう、交互に積み重なっている

大阪城の蛸石

鏡石

鏡石とは、他の石に比べて明らかに大きな石材のこと。城の石垣に巨石を用いることで、城主は自身の権力や財力を誇示していたのだ。大阪城にある蛸石や名古屋城にある清正石などが有名。

多様な石垣に彩られた金沢城

加賀前田藩の居城であった金沢城 ▶P.455 。加賀藩は外様大名の中で最高の石高100万石を誇る大大名。天守は慶長7（1602）年の雷により焼失しているが、江戸幕府からあらぬ疑いをかけられないように、その後も建て直されることはなかった。天守はないものの、金沢城は多種多様な石垣を見ることができ、別名石垣の博物館と呼ばれるほど。江戸時代を通じて石垣の修復が繰り返されたことで、ほかに見られないほど種類豊富な石垣が見られるようになった。

右が切込接、左が打込接になっているほか、配置する石の色にもこだわりを感じる

近世以外の城

日本の城といえば、天守と石垣に代表される近世城郭が圧倒的に有名。しかし、古代や中世、近代にだって魅力的な城はたくさんある。時代によって異なる城とその特徴を見てみよう。

古代山城

鬼城山（鬼ノ城）▶P.691
写真提供：岡山県観光連盟

古代の山城で、九州から瀬戸内地方にかけて分布。山に土や石で城壁が巡らされている。中世、近世の山城のように本丸、二ノ丸といった曲輪によって区画されていない。

古代城柵

大和朝廷が東北地方で築いた施設。蝦夷に対する軍事拠点を兼ねた行政府として機能した。築地塀や材木塀で囲まれ、中には政庁や役所、倉庫、兵士の住居などが築かれていた。

国指定史跡 払田柵跡 ▶P.192
写真提供：秋田県大仙市

中世城館と山城

鎌倉時代や室町時代の武士は城ではなく、平地の城館に住んでいた。城館の防御施設は堀程度と、守備力はそれほど高くはなかった。戦国時代に入っても、基本的に城館に住むことに変わりなく、戦時には城館の背後にある山城に籠もって戦っている。中世の山城はあくまで戦時を想定した防御のための設備で、住居としての機能をもつようになったのは16世紀中頃から。

鑁阿寺 ▶P.266 は鎌倉時代の武士の城館、足利氏館跡に建っている。周囲は水堀で囲まれている

月山富田城跡 ▶P.749
尼子氏が本拠とした難攻不落の山城として名高い

グスク

今帰仁城跡 ▶P.999

沖縄では本土とは異なる築城文化があり、沖縄における城のことをグスクという。14〜15世紀には高い石垣をもつグスクが数多く作られており、世界遺産に登録されている5つのグスクもこの時代のもの。

星形城郭

幕末になって西洋からの築城技術が導入されて築かれるようになった近代城郭。星形の先端はそれぞれ堡塁になっており、死角のない砲撃が可能になっている。

五稜郭公園＆五稜郭タワー ▶P.116

歴史

古墳 世界遺産と特別史跡

3世紀から7世紀にかけては古墳時代と呼ばれており盛んに古墳が造られた時代。日本全国には16万基もの古墳があるといわれ、なかには内部に彩色されたものや、絵画が残されたものなど、非常にバリエーション豊かだ。古墳は比較的狭いエリアに集中して築かれていることが多く、史跡公園として整備されているものも少なくない。博物館が併設された古墳群もあり、出土品を見学したり、古墳について体系的に学ぶことができるスポットもある。

百舌鳥(もず)・古市(ふるいち)古墳群

大阪府 ▶P.648

仁徳天皇陵古墳。大仙陵古墳、大山古墳とも呼ばれる。写真提供：堺市

堺市の百舌鳥古墳群と、羽曳野市と藤井寺市にまたがる古市古墳群のふたつの古墳群からなり、令和元（2019）年にはユネスコの世界文化遺産にも登録されている。とりわけ有名なのは、日本最大の古墳として知られる仁徳天皇陵古墳で、墳丘は長さ約486mもある。仁徳天皇陵古墳のすぐ近くには、令和3（2021）年に百舌鳥古墳群ビジターセンターがオープンし、隣接する大仙公園にある堺市博物館でも、常設展「百舌鳥古墳群と堺の歴史・文化」が行われている。

大仙公園内にある堺市博物館

西都原(さいとばる)古墳群

宮崎県 ▶P.955

319基の古墳が集まっており、鬼の窟(いわや)古墳や13号墳では内部見学もできる。敷地内には宮崎県立西都原考古博物館、西都原ガイダンスセンターこのはな館、古代生活体験館があるなど学習施設も充実している。考古博物館にはVR体験メニューがあり、バーチャルで古墳世界を体験することができる（2022年7月現在休止中）。瓊瓊杵尊(ににぎのみこと)の墓との伝承がある男狭穂塚(おさほづか)古墳、木花咲耶姫(このはなさくやひめ)の墓といわれる女狭穂塚(めさほづか)古墳は宮内庁によって管理されている。

11月の古墳祭の時期には300万本のコスモスがいっせいに咲き誇る

岩橋千塚古墳群（いわせせんづか） 和歌山県

前山Ａ46号墳墳丘
写真提供：和歌山県立紀伊風土記の丘

将軍塚古墳の石室内
写真提供：和歌山県立紀伊風土記の丘

850基を超える古墳が集まる国内最大級の古墳群。紀伊風土記の丘にあり、園内には1周約3kmの周遊路も整備され、途中には将軍塚の名で知られるB53墳や大日山35号墳といった大規模な古墳が見られる。石室内が見られる古墳もある。出土品の多くは紀伊風土記の丘資料館で収蔵、展示している。

○ **和歌山県立紀伊風土記の丘**
住 和歌山市岩橋141　TEL 073-471-6123
開 9:00～16:30
休 月曜（祝日の場合は翌日）、年末年始、展示替期間
料 190円（毎月1日は無料）
交 JR**田井ノ瀬駅**から徒歩約20分
URL www.kiifudoki.wakayama-c.ed.jp

埼玉古墳群（さきたま） 埼玉県

▶P.305

埼玉県の名前の由来となった行田市埼玉（さきたま）にあり、大型古墳11基が密集している。円墳の丸墓山古墳は直径105m、高さ17.2m。石田三成が忍城を水攻めにしたときに陣を張ったといわれており、墳丘に上って周囲を見渡すことができる。稲荷山古墳は出土品が一括して国宝に指定されており、敷地内にある埼玉県立さきたま史跡の博物館で見ることができる。特に金錯銘鉄剣（きんさくめいてっけん）は古墳時代を代表する考古学資料として有名。将軍山古墳は内部が展示館になっており、複製の横穴式石室で埋葬の様子が見られる。

石田三成にゆかりがある丸墓山古墳

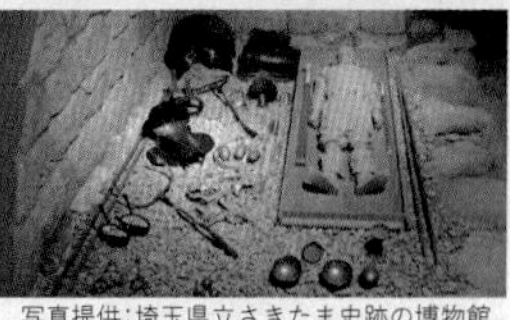
将軍山古墳展示館では石室内部の様子が再現されている
所有：文化庁　写真提供：埼玉県立さきたま史跡の博物館

○ 風土記の丘構想と古墳 ○

風土記の丘とは、史跡の整備と活用を図る目的で全国に作られた施設。史跡公園と資料館が同じ場所にあるのが最大の特徴。風土記の丘第1号は昭和41（1966）年にオープンした宮崎県の西都原風土記の丘。埼玉古墳群はさきたま風土記の丘、岩橋千塚古墳群は紀伊風土記の丘に含まれている。風土記の丘の史跡は古墳時代のものに限らないが、古墳に関するものが多い。

熊本県立装飾古墳館 ▶P.52 は肥後古代の森の資料館　写真提供：熊本県立装飾古墳館

○ **なす風土記の丘**　栃木県
URL www.nasufudoki.com

○ **房総風土記の丘**
千葉県立房総のむら　千葉県 ▶P.321
URL www2.chiba-muse.or.jp/MURA/

○ **甲斐風土記の丘**
山梨県曽根丘陵公園　山梨県
URL www.sonekyuryo.jp

○ **近江風土記の丘**　滋賀県
URL www.biwako-visitors.jp/spot/detail/733

○ **近つ飛鳥風土記の丘**　大阪府
URL www.chikatsu-asuka.jp

○ **みよし風土記の丘**　広島県
URL www.pref.hiroshima.lg.jp/site/rekimin

○ **八雲立つ風土記の丘**　島根県
URL www.yakumotatu-fudokinooka.jp

○ **肥後古代の森**　熊本県
URL kofunkan.pref.kumamoto.jp/kodainomori

○ **宇佐風土記の丘**　大分県
URL www.pref.oita.jp/site/rekishihakubutsukan

個性的な形を楽しむ古墳

色彩豊かな装飾古墳に、盛り土をしていない積石塚、岩盤に穴を掘った横穴墓など、古墳には実にさまざまなバリエーションがある。カギ穴型の前方後円墳だけにとどまらない、個性派の古墳を見ていこう。

装飾古墳

装飾古墳とは、石室や石棺などに線や文様などが描かれた古墳のこと。日本各地で見られる様式だが、特に九州に集中している。装飾古墳は、史跡保護の観点から内部見学できなかったり、できても日時や人数を限定して公開している場合が多い。常時見学できない重要な装飾古墳の多くは、近くの博物館などでレプリカを展示しているので、そちらも必見。

日本の装飾古墳の頂点と呼ばれる鮮やかさ
写真はレプリカ。写真提供:王塚装飾古墳館

◇王塚（おうづか）古墳 福岡県 特別史跡

日本の装飾古墳のなかで最多の6色が用いられている。文様は同心円文や三角文といった抽象的、幾何学的なものから、騎馬像や大刀、盾といった写実的なものまでさまざま。実物は通常、年に2度の特別公開のときのみ見学可能だが、併設される王塚装飾古墳館でレプリカが見学可。

○王塚装飾古墳館

住 嘉穂郡桂川町寿命376　TEL 0948-65-2900
開 9:00～16:30　休 月曜（祝日の場合は翌日）、年末年始
料 330円　交 JR**桂川駅**から徒歩約8分
URL www.town.keisen.fukuoka.jp/ouzuka/index.html

◇チブサン古墳 熊本県

3色で装飾されたチブサン古墳の石屋形

ふたつ並んだ円文が女性の乳房のように見えることからチブサン古墳と名がついたといわれる。6世紀に造られた装飾古墳で、見学は2022年7月現在、土・日曜・祝日の1日2回のみ有料で公開している。古墳の近くに石屋形のレプリカがあるほか、熊本県立装飾古墳館にも石室全体のレプリカが展示されている。

住 山鹿市城字西福寺
TEL 0968-43-1145（山鹿市立博物館）
開 土・日曜・祝日の10:00と16:00の1日2回で1回10人限定　休 月～金曜
料 100円
交 **山鹿バスセンター**から車で約5分。または徒歩約30分
URL www.city.yamaga.kumamoto.jp/www/contents/1264125462844/

◇熊本県立装飾古墳館

実物大のレプリカを多数展示する
写真提供:熊本県立装飾古墳館

全国に約700基ある装飾古墳のうち、熊本県には約200基がある。劣化を防ぐため、見学できる時期が限られることが多い装飾古墳だが、ここでは実物大のレプリカを多数展示しており、心ゆくまで鑑賞可能。博物館は肥後古代の森の中核施設で、周囲には岩原古墳群や岩原横穴墓群など、多くの史跡がある。

住 山鹿市鹿央町岩原3085
TEL 0968-36-2151
開 9:30～17:15
休 月曜（祝日の場合は翌日）、年末年始　料 430円
交 **山鹿バスセンター**から車で約10分
URL kofunkan.pref.kumamoto.jp

◇虎塚（とらづか）古墳 茨城県

東日本を代表する装飾古墳
写真提供:ひたちなか市教育委員会

ひたちなか市の埋蔵文化財調査センターに隣接している長さ56.5mの前方後円墳で、東日本にある装飾古墳のなかでも特に有名。石室壁画は年に春と秋の2回の一般公開でしか見学できないが、調査センター内の展示室に実物大のレプリカが展示されている。

○ひたちなか市埋蔵文化財調査センター

住 ひたちなか市中根3499
TEL 029-276-8311
開 9:00～17:00　休 月曜（祝日の場合は翌日）、年末年始、館内整理日
料 無料　交 ひたちなか海浜鉄道**中根駅**から徒歩約30分
URL hitachinaka-maibun.jp

明日香村の古墳群

奈良県 ▶P.594

奈良県明日香村は、古墳時代の終わりから飛鳥時代にかけて築かれた終末期古墳が多く残る土地。キトラ古墳と高松塚古墳は、極彩色の壁画が石室内に描かれていることで有名。他の地域の装飾古墳とは系統が異なることから、壁画古墳と呼ばれている。

石舞台古墳（いしぶたい） 特別史跡

巨大な天井石は推定77トンと64トン

写真提供:明日香村教育委員会

巨石を積み上げて造られた古墳。もともとは1辺50mの墳丘をもつ方墳だったが、何らかの理由で盛り土が失われたため、石室が剥き出しになっている。日本最大級の横穴式石室で、死者が埋葬される墓室は長さ約7.6m、幅約3.5m、高さ約4.7m。墓室と外部を繋ぐ通路である羨道（せんどう）は長さが約11.5m、幅約2.2m。石室に使われている巨石は30数個あり、総重量は2300トンと推定されている。7世紀初頭に造られたと考えられており、被葬者については、蘇我馬子が有力視されている。

高松塚古墳（たかまつづか） 特別史跡

極彩色の壁画は国宝に指定されている

写真提供:明日香村教育委員会

7世紀末～8世紀初頭に築かれた終末古墳。石室には極彩色の壁画が描かれており、特に西面に描かれた女史群像は「飛鳥美人」として有名。壁画の劣化を防ぐため、石室は解体、運搬されたうえで保存管理されており、年数回公開されている。隣接する高松塚壁画館では壁画の模写や石槨（せっかく）の模型が見学できる。

キトラ古墳 特別史跡

南壁には四神の朱雀が描かれている

写真提供:明日香村教育委員会

高松塚古墳に続いて発見された壁画古墳。石室の壁面には四つの方位を守る四神（青龍、朱雀、白虎、玄武）や獣頭人身の十二支、天井には本格的な天文図が描かれている。壁画の保護のため、石室は取り外されたうえで保存管理されている。キトラ古墳壁画体験館 四神の館では期間限定で実物の公開をしているほか、常時壁画の高精細映像や石室の模型を展示している。

積石塚

野田院古墳（のたのいん） 香川県

標高400mに築かれており、見晴らしがよい

写真提供:善通寺市教育委員会

積石塚とは、盛り土でなく石を積み上げて墳丘を造った古墳のこと。なかでも、香川県善通寺市にある野田院古墳は、前方後円墳の方墳の部分が盛り土、円墳の部分が積石塚という珍しい形の古墳。3世紀後半の築造で、全長44.5m。積石塚の後円部は直径21m、高さ約2mある。

住 善通寺市善通寺町
開 見学自由
交 JR**善通寺駅**から車で約30分
URL www.city.zentsuji.kagawa.jp/soshiki/50/digi-m-culture-detail-008-index.html

横穴墓

吉見百穴（よしみひゃくあな） 埼玉県 ▶P.306

吉見百穴は住居という説もあった

横穴墓とは斜面に横穴を掘って造られた墳墓のこと。古墳は年代が下るにつれ小型化、群集化が進み、古墳時代の後期になると墳丘をもたない埋葬施設である横穴墓が登場し、9世紀前半くらいまで造られた。古墳時代に造られたにもかかわらず、墳丘をもたないために、狭い意味での古墳には含まれない。吉見百穴は、6世紀末～7世紀後半にかけて造られた横穴墓群。百穴とあるが、現在確認できる横穴の数だけでも219基ある。吉見百穴の横穴墓に自生しているヒカリゴケは国の天然記念物に指定されている。

四隅突出型墳丘墓

西谷墳墓群（にしだに） 島根県

突出部を含めた全長は50mを超す

写真提供:出雲弥生の森博物館

西谷墳墓群は、弥生時代後期から奈良時代にかけての墳墓が残る史跡。とりわけ6基残る四隅突出型墳丘墓が有名で、弥生時代に出雲の国を治めた王の墓と考えられている。四隅突出型墳丘墓は狭い意味での古墳には含まれないが、古墳時代に先行する重要な墳墓だ。

○ **出雲弥生の森博物館**
住 出雲市大津町2760
TEL 0853-25-1841　開 9:00～17:00
休 火曜（祝日の場合は翌日）、年末年始
料 無料
交 一畑電車**大津町駅**から徒歩約20分
URL www.city.izumo.shimane.jp/yayoinomori

復元古墳でありし日を想う

現在見られる古墳の多くは緑に覆われ、まるで森のように木々が生い茂っているものもある。こうした古墳から築造当時の姿を思い浮かべるのは難しい。しかし、なかには表面を覆う葺石(ふきいし)を吹き直し、無数の複製埴輪を配置する形で復元された古墳も少ないながら存在する。造られた時代の姿を取り戻した古墳を間近で見ると、古代の息吹をより身近に感じられることだろう。

森将軍塚古墳(もりしょうぐんづかこふん) 長野県

山上に築かれた壮大な古墳

写真提供：千曲市教育委員会

全長約100mの前方後円墳。山の尾根に沿って築かれていることから、左右対称になっておらず、少し曲がった形状が特徴的。墳丘には上ることができ、見晴らしもよい。山の麓には、森将軍塚古墳館がある。

○ 千曲市森将軍塚古墳館

住 千曲市大字屋代29-1　TEL 026-274-3400
開 9:00～17:00（最終入場16:30）　※古墳は終日公開
休 月曜（祝日を除く）、祝日の翌日、年末年始
料 300円　交 しなの鉄道**屋代駅**から徒歩約25分
URL www.city.chikuma.lg.jp/soshiki/rekishibunkazaicenter/mori_shogunzuka/index.html

保渡田古墳群(ほどたこふんぐん) 群馬県

並ぶ埴輪が訪れる人を古代世界へと誘う

写真提供：かみつけの里博物館

井出二子山古墳、八幡塚古墳、薬師塚古墳の3つの古墳からなる古墳群。八幡塚古墳は当時の姿に復元され、人形埴輪や動物埴輪も並ぶ。隣接するかみつけの里博物館では、古墳が築かれた時代が詳しく解説されている。

○ かみつけの里博物館

住 高崎市井出町1514　TEL 027-373-8880
開 9:30～17:00（最終入場16:30）　※古墳は終日公開
休 火曜（祝日を除く）、祝日の翌日、年末年始　料 200円
交 JR**高崎駅**からバスで約25分の**秋葉前**下車、徒歩約5分
URL www.city.takasaki.gunma.jp/docs/2014010701664

牽牛子塚古墳(けんごしづかこふん) 奈良県

復元され2022年3月から公開

写真提供：明日香村教育委員会

飛鳥時代の女帝、斉明天皇の墓とされている終末期の古墳。大王（天皇）の陵墓にしか用いられない八角墳で、対辺約22m。近くの模型広場には古墳の断面模型が置かれており、展望広場からの眺めもすばらしい。

住 高市郡明日香村越　開 見学自由
交 近鉄**飛鳥駅**から徒歩約10分
URL asukamura.com/topics/3685

五色塚古墳(ごしきづかこふん) 兵庫県 ▶P.663

明石海峡に面してたたずむ

写真提供：一般財団法人神戸観光局

五色塚古墳は、兵庫県最大を誇る全長194mの前方後円墳。4世紀後半頃、この地を支配した豪族が権威の象徴として建てたと考えられる。墳丘に上ることもでき、明石海峡大橋や淡路島の眺望が楽しめる。

住 神戸市垂水区五色山4丁目　TEL 078-707-3131
開 9:00～17:00
休 12～3月の月曜（祝日の場合は翌日）、年末年始
交 山陽電鉄**霞ヶ丘駅**から徒歩約5分。またはJR**垂水駅**・山陽電鉄**山陽垂水駅**から徒歩約10分　URL goshikiduka.org

三ツ城古墳（みつじょう） 広島県

1号古墳は広島県にある古墳で最大。墳丘に上ることもできる

撮影：井手三千男、写真提供：東広島市教育委員会

5世紀前半頃に築かれた古墳で、1号古墳から3号古墳の3基がある。1号古墳は築造当初の姿に復元整備され、全長は92m。墳丘は三段になっていて、各段には円筒埴輪列がめぐる。墳丘の上には動物や甲冑、家などの形象埴輪が立てられている。古墳全体に使われている埴輪は1800本余り。古墳の周囲は三ツ城近隣公園として整備されている。

○ **三ツ城古墳パネル展示室**
住 東広島市西条中央7-24
開 土・日曜・祝日10:00～16:00　※古墳は終日公開
休 月～金曜、年末年始　料 無料
交 JR**西条駅**からバスで約5分の**中央図書館前**下車、徒歩約5分
URL www.city.higashihiroshima.lg.jp/soshiki/kyoikuiinkaishogaigakushu/3/2/4174.html

茶臼山古墳（ちゃうすやま） 山口県

瀬戸内海を望むように築かれている

4世紀末～5世紀初めに造られた全長90mの前方後円墳。被葬者は当時この地を支配した豪族だと考えられている。1991年の発掘調査後、当時の姿に復元整備されており、古墳上には、円筒埴輪だけでなく、家形などの形象埴輪も見られる。後円部の竪穴式石室からは、明治時代に大鏡が発見されており、出土品の多くが併設する資料館で展示されている。

○ **茶臼山古墳資料館**
住 柳井市柳井1194-2
開 10:00～16:30　※古墳は終日公開
休 月曜（祝日の場合は翌日）、年末年始
料 無料　交 JR**柳井駅**からバスで約10分の**大屋東**下車、徒歩約5分
URL www.city-yanai.jp/site/bunkazai/chausuyama-kohun.html

牛伏古墳群（うしぶし） 茨城県

牛伏4号墳は上ることも可能

写真提供：水戸市教育委員会

くれふしの里古墳公園内にある古墳群で、前方後円墳6基、帆立貝形前方後円墳1基、円墳9基と16基の古墳が群集している。なかでも牛伏4号墳は埴輪が配列される形で復元されており、当時の姿をうかがい知ることができる。園内にそびえる「はに丸タワー」は上ることができ、屋上は展望スペースになっている。

○ **くれふしの里古墳公園**
住 水戸市牛伏町201-2　開 見学自由
交 JR**水戸駅**からバスで約35分の**大足**下車、徒歩約15分
URL www.city.mito.lg.jp/001486/001423/p001512.html
▶**はに丸タワー**
開 4～9月9:00～17:00　10～3月9:00～16:00
休 1/1～3　料 無料

志段味古墳群（しだみ） 愛知県

帆立貝形の志段味大塚古墳は復元され埴輪が並ぶ

写真提供：名古屋市教育委員会

志段味古墳群は、4世紀前半～7世紀にかけて築かれた古墳が分布している。歴史の里 しだみ古墳群として整備され、中核施設である「体感！しだみ古墳群ミュージアム」（SHIDAMU）は2019年のオープン。志段味大塚古墳は当時の姿に復元され、約500本の埴輪が並べられている。

○ **体感！しだみ古墳群ミュージアム**
住 名古屋市守山区大字上志段味字前山1367　TEL 052-739-0520
開 9:00～17:00（最終入場16:30）
※古墳は終日公開　休 月曜（祝日の場合は翌日）、12/29～1/3
料 無料（展示室200円）
交 ゆとりーとライン**上志段味駅**から徒歩約7分
URL www.rekishinosato.city.nagoya.jp

ナガレ山古墳 奈良県

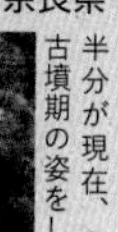
半分が現在、もう半分が古墳期の姿をしている

写真提供：河合町教育委員会

全長105mの前方後円墳。東半分は当時の姿に復元され、西半分は草に覆われたまま。ひとつの古墳で、過去と現在両方の姿を見ることができる。県営馬見丘陵公園の敷地内にあり、墳丘に上ることも可能。古墳から出土した埴輪などは、河合町中央公民館の文化財展示室で見学可。

○ **県営馬見丘陵公園**
住 北葛城郡河合町佐味田
開 3～5・9・10月8:00～18:00
6～8月8:00～19:00
11～2月8:00～17:00　休 無休
料 無料　交 近鉄**五位堂駅**からバスで約15分の**馬見丘陵公園**下車、徒歩約5分。または近鉄**池部駅**から徒歩約25分
URL www.town.kawai.nara.jp/kanko/kanko_rekishi/1/3477.html

建築

旅に誘う美しいデザイン 日本の現代建築

昔ながらの木造建築に注目が行きがちな日本の建築だが、実は世界的に活躍する建築家を数多く輩出する現代建築大国・日本としても知られている。日本が誇る建築家たちの作品を通して、改めて日本の現代建築のすばらしさに触れてみよう。

東京カテドラル聖マリア大聖堂

東京都文京区にあるカトリック教会の大聖堂で昭和39（1964）年の完成。8枚のコンクリート製の曲面板からできており、上から見ると十字架の形になっている。内壁はコンリート打ちっぱなしながら、天井から降り注ぐ外光が厳かな雰囲気を醸し出している。

日本のモダニズムを代表する傑作建築

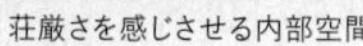
荘厳さを感じさせる内部空間

住 東京都文京区関口3-16-15
TEL 03-3941-3029
開 9:00～17:00
休 無休
交 地下鉄**江戸川橋駅**から徒歩約15分
URL catholic-sekiguchi.jp

設計者 **丹下健三**（1913～2005年）
▶1987年プリツカー賞受賞
代表作に広島平和記念資料館本館▶P.709、香川県庁舎、代々木体育館、東京都庁▶P.342など

東京体育館

東京都渋谷区にある体育館で、現在の建物は平成2（1990）年に完成。最大9308席のメインアリーナはUFOに例えられる奇抜な外観が印象的だ。高さを抑えるため地面の下に埋まるように建っており、内部に入ると、外観からは想像できないほどの空間的な広がりが感じられる。

巨大な建築なのに周囲に圧迫感を感じさせないようデザインされている

住 東京都渋谷区千駄ヶ谷1-17-1
TEL 03-6380-4832
開 開催されるイベントによって異なる。見学ツアーなどは行っていない
交 JR**千駄ケ谷駅**または地下鉄**国立競技場駅**から徒歩すぐ
URL www.tef.or.jp/tmg

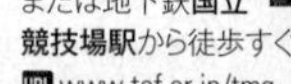

東京オリンピック・パラリンピックでは卓球会場として利用された

設計者 **槇文彦**（1928年～）
▶1993年プリツカー賞受賞
代表作にスパイラル（東京都港区）、代官山ヒルサイドテラス、幕張メッセなど

プリツカー賞と日本人建築家

プリツカー賞とは昭和54（1979）年に創設された建築界のノーベル賞ともいわれる建築家にとって最も名誉のある賞。原則としては、毎年1名の建築家に授与されるが、共同で作業するふたりが選ばれることもある。令和4（2022）年までの受賞者に日本人は8人おり、アメリカ合衆国と並んで国別では世界最多を誇っている。

淡路夢舞台（あわじゆめぶたい）

安藤忠雄がグランドデザインをした淡路島北端にある複合リゾート施設。百段苑をはじめ、敷地内にはさまざまな庭園が設けられ、全体として回遊式庭園になっている。周囲の自然を背景として取り込んでおり、訪れる季節や天候によってさまざまな表情を見せる。

建築と自然が一体となった大パノラマ

斜面に沿って百の花壇が並ぶ百段苑

住 兵庫県淡路市夢舞台2　TEL 0799-74-1000　開 休 施設による
交 **三ノ宮バスターミナル**からバスで45分の**淡路夢舞台**下車、徒歩すぐ
URL www.yumebutai.co.jp

設計者 **安藤忠雄**（あんどうただお）（1941年～）　▶1995年プリツカー賞受賞
代表作に住吉の長屋、水の教会（北海道占冠村）、光の教会（大阪府茨木市）、ベネッセハウスミュージアム ▶P.809、地中美術館 ▶P.809 など

金沢21世紀美術館（かなざわせいきびじゅつかん） ▶P.455

石川県の兼六園周辺文化の森にあり、平成16（2004）年に完成した。ガラス張りの円形の建物で、明るく開放感にあふれる。展示室は白い立方体で、それぞれ大きさの異なる立方体が、円形の建物のなかに配置されるという構造になっている。

さまざまな現代アートの展示に対応するようデザインされている
金沢21世紀美術館 外観
撮影：石川幸史　写真提供：金沢21世紀美術館

外壁はガラス張りになっており、明るく開放感にあふれる
金沢21世紀美術館 内観
撮影：渡邉修　写真提供：金沢21世紀美術館

設計者 **SANAA**（サナア）
妹島和世と西沢立衛の建築ユニット。
代表作にディオール表参道、熊野古道なかへち美術館（和歌山県田辺市）、海の駅なおしま、ニュー・ミュージアム・オブ・コンテンポラリー・アート（アメリカ合衆国）、ルーヴル美術館ランス別館（フランス）など

妹島和世（せじまかずよ）（1956年～）　▶2010年プリツカー賞受賞
代表作にすみだ北斎美術館、JR日立駅 ▶P.242 など

西沢立衛（にしざわりゅうえ）（1966年～）　▶2010年プリツカー賞受賞
代表作に豊島美術館 ▶P.809、十和田市現代美術館 ▶P.139 など

レンゾ・ピアノと関西国際空港ターミナルビル

テフロン製の白い帆が、美しい曲線を強調している
写真提供：関西エアポート株式会社

レンゾ・ピアノはイタリアを代表する建築家で、代表作はパリのポンピドゥー・センターや、ロンドンのザ・シャードなど。日本では銀座メゾン・エルメス、熊本県天草市の牛深ハイヤ大橋などを手がけているが、とりわけ有名なのが関西国際空港旅客ターミナルビル。曲線構造が優美で美しく、天井に張られた白い帆は、吹き出し口からの風を建物全体に行きわたらせるほか、天井から照射される光を反射させ、柔らかい間接照明とする役割も果たしている。

▶関西国際空港旅客ターミナルビル　住 大阪府泉佐野市泉州空港北1番地　URL www.kansai-airport.or.jp

みんなの森 ぎふメディアコスモス

知、絆、文化の拠点として設計された岐阜市民の憩いの場

平成27（2015）年完成。岐阜市立中央図書館と市民活動交流センター、展示ギャラリー、ホール、カフェなどからなる複合文化施設。中央図書館の天井は、岐阜の山並みと呼応するように波打っており、天井からつり下がるグローブと呼ばれるオブジェが、内部を優しい光で包み込む。

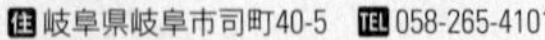

住 岐阜県岐阜市司町40-5　TEL 058-265-4101
開 9:00～21:00（中央図書館は9:00～20:00）※自由見学は開館時間内に1階総合案内で随時受付け　休 毎月最終火曜（祝日の場合は翌日、年末年始と重なる場合は前週の火曜）、12/31～1/3　交 JR**岐阜駅**からバスで約10分の**岐阜市役所・メディアコスモス**下車、徒歩約3分
URL www.g-mediacosmos.jp

設計者 伊東豊雄（1941年～）
▶2013年プリツカー賞受賞
代表作に風の塔（横浜市西区）、せんだいメディアテーク、今治市伊東豊雄建築ミュージアム［スティールハット、シルバーハット］、ケリングビル［旧TOD'S表参道ビル］、台中国家歌劇院（台湾）など。

岐阜産の東濃ひのきを使った格子天井と、巨大な傘のようなグローブが独特の空間を造り出している

静岡県
富士山世界遺産センター ▶P.496

静岡県産の富士ひのきを使用した木格子で覆われた展示棟　写真提供：静岡県観光協会

展望ホールからは額縁に収められたような富士山の姿が眺められる　写真提供：静岡県観光協会

静岡県富士宮市にあり、富士山の世界遺産登録から4年後の平成29（2017）年にオープンした。中央の展示棟は逆円錐型をしており、水盤を反射することで、富士の姿が水面に現れる。展示棟の内側は螺旋スロープになっており、富士登山を疑似体験しながら展示を見て回ることができる。

設計者 坂茂（1957年～）　▶2014年プリツカー賞受賞
代表作に大分県立美術館 ▶P.938、JR女川駅（宮城県女川町）、ポンピドゥー・センター・メス（フランス）、ラ・セーヌ・ミュジカル（フランス）など

アートに満ちたゴミ処分場

舞洲工場は、テーマパークに見まがう独創的な姿をしたゴミ処分場。斬新すぎるこの建物を設計したのは、オーストリア出身のフリーデンスライヒ・フンデルトヴァッサー（1928～2000年）だ。遊び心あふれるデザインとお堅いイメージのあるゴミ処分場の取り合わせは一見奇妙に映るが、直線を嫌い、自然のもつデザイン性に着目した建築家と、環境への配慮を重視した施設の組み合わせは、自然への敬意という点で一致している。工場のデザインは技術、エコロジーと芸術の調和をコンセプトにしている。

道路からもよく目立つ

▶舞洲工場
住 大阪府大阪市此花区北港白津1-2-48
TEL 06-6463-4153　開 見学ツアーは予約制で10:00、13:00、15:00発。所要約90分　料 無料
休 日曜・祝日　交 JR**西九条駅**からバスで約25分の**此花大橋西詰**下車、徒歩すぐ
URL www.osaka-env-paa.jp

北九州市立美術館本館

昭和49(1974)年完成。ふたつの突き出した直方体が印象的な美術館は、カテドラル(大聖堂)をイメージして設計された。市民には丘の上の双眼鏡という名で親しまれている。北九州市には磯崎新設計の公共施設が多く、中央図書館や北九州国際会議場なども設計している。

住 福岡県北九州市戸畑区西鞘ヶ谷町21-1 TEL 093-882-7777
開 9:30〜17:30(最終入場17:00) 休 月曜(祝日の場合は翌日)、年末年始 交 JR**小倉駅**からバスで約30分の**北九州市立美術館**下車、徒歩すぐ URL kmma.jp

設計者 磯崎 新(1931年〜)
▶2019年プリツカー賞受賞
代表作にアートプラザ(大分県大分市)、水戸芸術館、つくばセンタービル、ロサンゼルス現代美術館(アメリカ合衆国)など

緑に囲まれた丘の上に建つ斬新な建築物
写真提供:北九州市立美術館

シンメトリーが美しい内部
写真提供:北九州市立美術館

ル・コルビュジエと国立西洋美術館

ピロティ、自由な立面など、ル・コルビュジエ自身が近代建築に挙げた5つの要点が具体化されている
©国立西洋美術館

ル・コルビュジエ(1887〜1965年)は、モダニズムを代表する世界的巨匠。彼の手がけた17の資産は、「ル・コルビュジエの建築作品ー近代建築運動への顕著な貢献ー」として平成28(2016)年にユネスコの世界文化遺産に登録されている。東京・上野にある国立西洋美術館の建物は、世界遺産を構成する17資産のひとつだ。

▶**国立西洋美術館**
住 東京都台東区上野公園7-7
TEL 050-5541-8600(ハローダイヤル)
開 9:30〜17:30(金・土曜9:30〜20:00) 最終入場は30分前
休 月曜(祝日の場合は翌平日)、年末年始(その他臨時休館日あり。詳細はウェブサイトで確認)
交 JR**上野駅**から徒歩1分 URL www.nmwa.go.jp

三角形の天窓から自然光が差し込む19世紀ホール
©国立西洋美術館

天井の高低に変化がある本館2階展示室
©国立西洋美術館

産業

幻想的な孤高の建造物
魅せる工場夜景

無機質で風景になじまないと、何かと嫌われがちな工場群。
しかし夜のとばりが降りると、その表情が一変する。
ライトアップではない、操業しているからこその「生きた」顔。
吐き出される水蒸気、立ち上る炎、低く唸るボイラー音。
私たちの経済を、生活を支える姿は、巨大な要塞のようでもあり
ときに、温かいぬくもりさえ感じることがある。
まばゆい光を放つ、工場夜景を心ゆくまで眺めてみよう。

千葉市
⊙千葉県

千葉港に沿って工場や食品コンビナートが築かれている。町のランドマーク、千葉ポートタワー P.320 では、地上113mからの景色が楽しめる。タワーの南に見えるJFEスチール東日本製鉄所は琥珀色の工場夜景として有名。

養老川臨海公園付近からの眺め

千葉ポートタワー展望台にて

旅のヒント　クルーズ

▶千葉ポートサービス
工場夜景クルーズを催行。定期便は4～11月の第2･4土曜に千葉みなと旅客船さん橋から出航。所要約70分。要予約。
TEL 043-205-4333　URL www.chiba-port.com

千葉ポートサービスのクルーズ船からの眺め

工場夜景の魅力

観光地には、きれいな風景や自然の美がつきものだが、このところのトレンドは人工的なもの。地下トンネル、ダム、橋、廃墟などもそのひとつだろう。なかでも、深夜でも操業している工場の美しさは今やバスツアーやクルーズが企画されるほどの人気。いくつか巡れば、コンビナートなどの集合体として、あるいは単体の工場として、個性も楽しめる。

工場夜景がブームとなったことで、積極的に観光資源として活用する動きも出てきた。現在「全国工場夜景都市協議会」には、12都市が参加し、情報発信をしている。

URL kojoyakei.info

撮影のコツ

夜景の撮影なのでシャッタースピードは長めになる。手ぶれ防止に三脚は必須だ。設定を簡単に済ますなら、カメラの撮影モードを絞り優先にして、絞り値（F値）をF8前後に。感度はISO100や200など低感度にしておくこと。

⊙福岡県

北九州市

　関門海峡に面し、九州の玄関口として栄えたきた北九州市。明治34（1901）年に八幡製鉄所が操業を開始して以来の日本を代表する鉄の町だ。展望スポットからは工場と市街地が一体化した、スケールの大きな眺めを楽しむことができる。

上の写真は三菱マテリアル九州工場。小倉港発の工場夜景クルーズで眺めよう。左・下の写真はクルーズのひとコマ。夕方からトワイライトタイム、そして漆黒の空に浮かぶ工場と、さまざまな表情が楽しめる

旅のヒント クルーズ

▶関門汽船
小倉港発は第1·2·3·5土·日曜、門司港発が第4土·日曜。どちらも4～9月は19:00頃発、10～3月は18:30頃発。所要時間は小倉港発が約1時間50分、門司港発が約1時間30分。要予約。
TEL 093-331-0222　URL www.kanmon-kisen.co.jp

苅田バイオマス発電所

高塔山公園からの眺め

工場夜景見学の注意

工場は私有地であるため中に入っての撮影はできない。公共交通機関でのアクセスは悪く、夜間の撮影となるのでツアーに参加するか、車で行くのが現実的だ。周囲は夜間でも大型トラックが行き交うので細心の注意を。また、夜間の人通りが少ないエリアということも考慮すること。

川崎市

⊙神奈川県

東京都の南に接している川崎市。臨海部は京浜工業地帯として数多くの工場が建ち並ぶ。工場地帯は7つの島と16の運河で形成されており、夜景スポットが非常に多い。効率良く回るなら、バスツアーや屋台船クルーズがオススメ。▶P.360

千鳥橋付近からの眺め

旅のヒント ツアー

▶川崎市観光協会
川崎市観光協会のウェブサイトでは工場夜景のツアーが紹介されている
URL www.k-kankou.jp

市営埠頭は市バスを降りてすぐ

昼間は釣り人の姿も

市営埠頭付近

◎兵庫県
尼崎市

尼崎市は兵庫県南東部、大阪市のすぐ西に位置しており、ものづくりのまちとして発展してきた。工場群は市街地に近いためアクセスがよい。迫力のある写真を撮ることができる。

旅のヒント バスツアー
定期的な工場見学ツアーはないが、バスツアーが不定期に催行される。

太いパイプが印象的な関西熱化学

潮見公園展望台付近からの工場群

◎北海道
室蘭市

釣り針のように海に突き出た絵鞆半島のある室蘭市。室蘭港は三方を丘陵に囲まれている天然の良港で、港の周囲には工場が並んでいる。起伏に富んだ展望スポットが多く、さまざまな角度からの夜景が楽しめる。

旅のヒント クルーズ
▶スターマリン
ナイトクルージングは4～11月に1日1便運行。出発時刻は日没時間に応じて変動する。要予約。
TEL 0143-27-2870 URL star-marine.co.jp

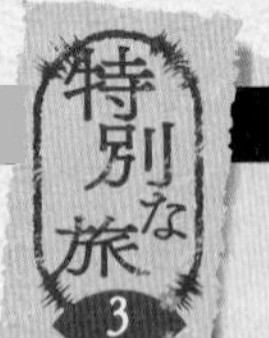

アート

日本発祥

体験型美術館“トリックアート”で不思議世界へ

1枚の絵の前に立ったり、寝転がったり。
絵と一体化すれば、おもしろPHOTOが簡単に撮れる！
世界の名所も、恐竜とのツーショットもここなら実現、
自然と笑顔になれるスポットをご紹介。

ゴッホさんと
目を合わせて
絵画と
一体化してみよう

危ない！
サメに食べられちゃう！

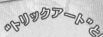

凶暴なサメの口元に
乗るなんてありえない！
しかもここは崖っぷち

写真を回転！

実は画の上に寝転んで
足を口元に開くのだ

足をピタリと付けるのがポイント

少し離れたところから撮ろう

右へ動いたり、
左へ寄ったり。
撮影の角度も工夫して

“トリックアート”とは

平面画が「立体」に見えたり、角度によって別の絵のような印象になるなど目の錯覚を利用したアート。見るだけではなく触ったり中に入ったり「体験」できる美術館や飛び出して見える路上アートが人気。

表情も大切、
俳優になったつもりで
チャレンジ

ヨーロッパでも日本でも昔から人気のだまし絵

だまし絵とは、ひとつの図像に別の見え方が隠されていたり、現実的にあり得ない物体が描かれたりと、目の錯覚を利用した絵のこと。西洋では絵画のほか、教会建築の一部としても用いられた。江戸期には庶民の娯楽として人気を集めた。

昔

『受胎告知』
ヤン・ファン・エイク
15世紀中頃の作品。大理石の彫刻が立っているように描かれているが、実は板に描かれた油彩画

昔も今も
手描きアート

『見た目は怖いが、とんだいい人だ』
歌川国芳
弘化4（1847）年の浮世絵。寄せ絵という手法。人をたくさん描き込み、全体として別の大きな人物を描いた

“トリックアート” MAP

Ⓜ美術館　Ⓟおもなパブリックアート

福井駅

えさし藤原の郷

豊後高田路上アート

談合坂SA

豊田上郷SA
上り線

深山峠アートパーク
トリックアート美術館 Ⓜ

秋田ふるさと村
ワンダーキャッスル Ⓜ

Ⓜ えさし藤原の郷
トリックアート 平安の館

Ⓜみちのく伊達政宗歴史館
トリックアート 特別展

那須とりっくあーとぴあ
▶トリックアートの館
▶トリックアート迷宮？館
▶ミケランジェロ館

とりっくあーとぴあ日光 Ⓜ

高尾山
トリックアート美術館

東京
トリックアート迷宮館

東映太秦映画村
太秦トリックアートの館

Ⓟ 福井駅

談合坂 SA Ⓟ

龍宮城スパホテル 三日月
トリックアート「夢」

神戸トリックアート
不思議な領事館 Ⓜ

Ⓟ
豊田上郷
SA

横浜
トリックアートクルーズ

白浜エネルギーランド
トリックアートハウス

熱海トリックアート迷宮館

ハウステンボス Ⓜ
スーパートリックアート

豊後高田路上アート

注目　3つの館 オモシロ作品の連続で大興奮！

那須とりっくあーとぴあ

“トリックアート”は、昭和59（1984）年に劔重和宗（けんじゅうかずむね）が創造した壁画制作が原点。その中心となる施設が、那須とりっくあーとぴあ。劔重が1992年に造ったトリックアートの館は、現存する最古のトリックアート美術館だ。触って、遊んで、写真を撮って、参加して完成するアートを友だちや家族と楽しんで！

住 栃木県那須郡那須町高久甲5760
TEL 0287-62-8388
開 9:30～17:00（8月9:00～17:30）
休 無休
料 1300円、2館共通2100円、3館共通2800円
交 JR**那須塩原駅**から車で30分。または那須湯本行きバスで**田代小学校前**下車、徒歩約20分
URL www.trick-art.jp

トリックアートの館

建物の構造を利用した「いたずら」が隠されているよ。絵本の中に入り込んで物語を体験しよう！

トリックアート迷宮?館

ファンタジーやマジックいっぱいのエリア。クイズを解いて迷宮から脱出！ 魔法の世界を制覇しよう！

ミケランジェロ館

イタリア・ルネサンスの3大巨匠の作品がモチーフ。ヴァティカンのシスティーナ礼拝堂をトリックアートで再現！

“トリックアート”の制作現場を見てみよう！

那須とりっくあーとぴあには、アトリエ（制作工房）があり、制作スタッフが新作を描いている現場も見学できる。これが立体に？ 生きた動物？ 不思議絵画の謎解きができるかも！

マジシャンになったつもりで制作してるんですよ。お客様が参加して、写真を撮って「エッ?」と驚く仕掛け、マジックならタネを描いています。思いっきり騙されて、非日常を楽しんでほしいですね。友だちや家族と写真を見て大爆笑！ なら大成功！ です。
企画制作部斉藤高志さん談

info “トリックアート”（TrickArt）はフランス語の**トロンプルイユ**（Trompe-l'œil=目をだますという意味）技法を原点に、劔重和宗が創作した絵画技法。“トリックアート”という言葉は和製英語で、彼が創業した株式会社エス・デーが所有する登録商標だ。

動物園・水族館

わざわざ行く価値のある 希少動物観察ガイド

動物園、水族館で人気の動物のなかには、キリンやゾウ、ライオンのように比較的多くの施設で見られるもののほかに、飼育する施設が少なく、狙って行かなければ見られない貴重な動物もいる。国内での飼育施設が限られた珍しい動物を紹介しよう。

ジャイアントパンダ

ジャイアントパンダは世界中で愛されている白黒の色をした珍しい熊。体長は1.2〜1.7mほどで体重は100kgほど。中国中部の高地に生息しており、竹やタケノコを主食としている。前足の指は5本がまっすぐ並んでいるが、親指の付け根と小指のさらに外にも第6、第7の指ともいわれる肉球のような突起があり、竹をつかむことができる。

見学できる施設▶上野動物園 ▶P.336／アドベンチャーワールド ▶P.630／神戸市立王子動物園 URL www.kobe-ojizoo.jp

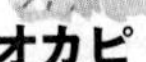

オカピ

コンゴ民主共和国の熱帯雨林に生息しており、「森の貴婦人」と呼ばれる。明治34（1901）年にイギリスの探検家ハリー・ジョンストンが発見するまで、実在が疑われる幻の動物だった。尻から足にかけてはシマウマによく似た縞模様があるが、分類としてはキリンの仲間で、舌は長いということもキリンと共通している。

見学できる施設▶上野動物園 ▶P.336／よこはま動物園ズーラシア ▶P.360／横浜市立金沢動物園 URL www.hama-midorinokyokai.or.jp/zoo/kanazawa

コビトカバ

普通のカバは体長3m、体重2.5トンほどだが、コビトカバの体長は1.6m、体重250kgほど。カバに比べると陸上での生活が長く、カバの祖先の体型を残している。例えば普通のカバは目と鼻と耳が頭の上面に出っ張っており、その部分のみ水面から出せるようになっているが、そうした特徴はコビトカバには見られない。

見学できる施設▶上野動物園 ▶P.336／いしかわ動物園 URL www.ishikawazoo.jp／東山動植物園 ▶P.522／NIFREL URL www.nifrel.jp／神戸どうぶつ王国 URL www.kobe-oukoku.com

世界三大珍獣

世界三大珍獣と呼ばれる動物は、ジャイアントパンダ、オカピ、コビトカバ。いずれも国内で展示する動物園は数ヵ所と少ないが、上野動物園ではコンプリートされており、すべてを見ることができる。ボンゴを入れて世界四大珍獣とも呼ばれるが、2022年5月現在、日本でボンゴを飼育する動物園は存在しない。

コアラ

オーストラリア東部の森林地帯に住んでいる。毒性のあるユーカリの葉を常食としているが、葉に栄養は少なく、消化にエネルギーを使うため、一日のほとんどを木の上で寝て過ごす。腹部に袋がある有袋類の動物で、子供を袋の中で育てる。袋は下向きについているが、袋の口は閉じられるので子供が落ちることはない。

見学できる施設▶埼玉県こども動物自然公園 URL www.parks.or.jp/sczoo/guide/000/000199.html ／多摩動物公園 URL www.tokyo-zoo.net/zoo/tama ／横浜市立金沢動物園 URL www.hama-midorinokyokai.or.jp/zoo/kanazawa ／東山動植物園 ▶P.522／神戸市立王子動物園 URL www.kobe-ojizoo.jp ／淡路ファームパーク　イングランドの丘 URL www.england-hill.com ／鹿児島市平川動物公園 URL hirakawazoo.jp

ゴリラ

ニシゴリラとヒガシゴリラの2種類があり、現在日本で飼育されているのはすべてニシゴリラ。霊長類最大級の動物で、握力は推定500kg。性格は穏やかで、食性は植物が中心。13歳頃になったオスは背中の毛が銀色になり、シルバーバックと呼ばれる。シルバーバックをリーダーに複数のメスとその子供たちで群れを作って行動する。

見学できる施設▶千葉市動物公園 ▶P.320／上野動物園 ▶P.336／浜松市動物園 URL hamazoo.net ／東山動植物園 ▶P.522／日本モンキーセンター URL www.j-monkey.jp ／京都市動物園 URL www5.city.kyoto.jp/zoo

セスジキノボリカンガルー

ニューギニア島東部の熱帯雨林に分布する木の上で生活するカンガルー科の動物。普通のカンガルーに比べて体に丸みがあり、後肢はそれほど発達していない。一方で、前肢と爪が発達しており木に登ることができる。全長は60cmほどとコアラと同じくらいの大きさ。主食は木の葉で、そのほか木の実や花なども食べる。

見学できる施設▶よこはま動物園ズーラシア ▶P.360

ゴールデンライオンタマリン

赤味を帯びた金色の毛とライオンのようなたてがみが印象的な小型のサル。体長は34～40cmで、体長よりも長い尻尾をもっている。生息地はブラジル太西洋岸の熱帯雨林。日本で唯一、浜松市動物園で2匹が飼育されている。2匹とも平均寿命の10～16歳を大きく超えて20歳前後（2022年4月現在)とかなりの長寿を誇っている。

見学できる施設▶浜松市動物園 URL hamazoo.net

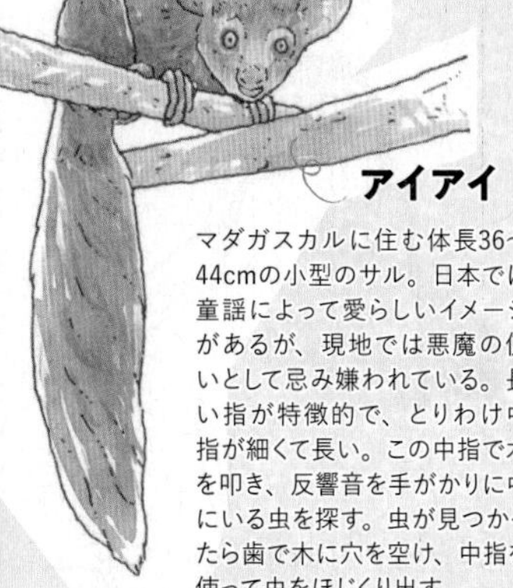

アイアイ

マダガスカルに住む体長36～44cmの小型のサル。日本では童謡によって愛らしいイメージがあるが、現地では悪魔の使いとして忌み嫌われている。長い指が特徴的で、とりわけ中指が細くて長い。この中指で木を叩き、反響音を手がかりに中にいる虫を探す。虫が見つかったら歯で木に穴を空け、中指を使って虫をほじくり出す。

見学できる施設▶上野動物園 ▶P.336

テングザル

その名の通り天狗のような長い鼻が特徴のサル。東南アジアのボルネオ島（カリマンタン島）に住む固有種。鼻はオスの方が長く、長いほどメスに対して魅力的であるとも、大きな声を出すための共鳴管ともいわれている。葉を主食としており、消化を効率的に行うためにウシやヒツジのように反芻を行う唯一の霊長類でもある。

見学できる施設▶よこはま動物園ズーラシア ▶P.360

学名はニッポニア・ニッポン。体長は75cmほどで、翼を広げた長さは130cmほど。かつては日本全土の里山で見られたが、一度日本においては絶滅している。中国から譲渡されたトキによる人工繁殖で数を増やし、2008年からは野生復帰のための放鳥を実施。放鳥された個体同士による繁殖も確認されている。

見学できる施設▶トキの森公園 ▶P.413／いしかわ動物園 URL www.ishikawazoo.jp

魚を取るときに、ずっと動かずに水面に上がる魚を待ち構えていることから動かない鳥としてSNSを中心に話題になった。大きなクチバシとつぶらなまん丸の瞳が愛らしい。鳴くことはほとんどないが、クチバシを叩いて音を出し、仲間とコミュニケーションをとったり、求愛行動を行う。生息地はアフリカ東部から中央部にかけての湿地帯。

見学できる施設▶那須どうぶつ王国 ▶P.267／千葉市動物公園 ▶P.320／上野動物園 ▶P.336／掛川花鳥園 URL k-hana-tori.com／神戸どうぶつ王国 URL www.kobe-oukoku.com／松江フォーゲルパーク ▶P.749／高知県立のいち動物公園 ▶P.841

ニュージーランドの国鳥として知られる体長25〜50cmの鳥。ダチョウやレアのような飛べない鳥の仲間の中では最も小さく、細長いクチバシと茶色くフワフワした毛のような羽がかわいらしい。長く発達したクチバシで虫を捕食する。キウイフルーツは、外観がよく似ていることから鳥のキーウィにちなんで名付けられた。

見学できる施設▶天王寺動物園 ▶P.655

アデリーペンギン属のペンギンで、体長75cmほど。顎の下あたりに黒い羽毛のラインがあり、ヒゲのように見えることからこの名が付けられた。英語ではチンストラップ（帽子のあごひも）ペンギンという。ペンギンのなかでは個体数は多いが、南極近辺と同じ飼育環境を整えることが難しく、日本で飼育されている場所は限られている。

見学できる施設▶名古屋港水族館 ▶P.521／アドベンチャーワールド ▶P.630／長崎ペンギン水族館 ▶P.897脚注

エトピリカ

ニシツノメドリ（パフィン）と同じウミスズメ科に属する海鳥で、北海道を含む北大平洋、北極海に生息している。エトピリカという名前は、アイヌの言葉で「美しいクチバシ」を意味している。夏には目の上に金色の飾り羽が生えてくる。泳ぎが得意で、翼を使って水の中を俊敏に泳ぎ回る。水中餌やりを行う水族館も多い。

見学できる施設▶アクアマリンふくしま ▶P.225／アクアワールド茨城県大洗水族館 ▶P.246／鴨川シーワールド ▶P.319／葛西臨海水族館 URL www.tokyo-zoo.net/zoo/kasai／海遊館 ▶P.649

ニシツノメドリ（パフィン）

体長30〜40cmほどの鳥で、カラフルなクチバシとピエロのような目で愛嬌たっぷり。ペンギンに似ているが、南半球に生息するペンギンに対してパフィンは北半球に生息しており、飛べないペンギンに対してパフィンは飛ぶことができ、種としてはまったく別の生き物。ただし泳ぎが得意ということでは共通している。

見学できる施設▶那須どうぶつ王国 ▶P.267

コウテイペンギン（エンペラーペンギン）

18種あるペンギン科のなかで最大を誇り、全長100〜130cmほど。繁殖地は南極大陸。夏は海で生活するが、秋になると産卵のため内陸に50kmも移動し、ブリザードが吹き荒れる−60°Cという過酷な環境で抱卵、子育てを行う。また、鳥類で最も優れた潜水能力をもち、水深560m以上、30分近くも潜ることができる。

見学できる施設▶名古屋港水族館 ▶P.521／アドベンチャーワールド ▶P.630

アデリーペンギン

体長60〜70cmと中型のペンギン。マンガのような目が印象的だが、白目に見える部分は、アイリングといわれる白い羽毛。南極大陸を繁殖地とするのはコウテイペンギンとアデリーペンギンの2種類のみ。コウテイペンギンとは異なり、沿岸の岩場で繁殖するために子育ての環境はコウテイペンギンほど過酷ではない。

見学できる施設▶横浜・八景島シーパラダイス ▶P.360／名古屋港水族館 ▶P.521／海遊館 ▶P.649／アドベンチャーワールド ▶P.630

ある動物に特化した動物園・水族館

普通の動物園は、いろいろな動物が一度に見られるもの。種類の多さを自慢にしているところが多いものだ。しかし、ひとつの種類、ひとつのカテゴリーの生き物に特化して集めているところも少なくない。最初は同じように見えても、それぞれの個体の違いがわかってくる！　楽しい瞬間だ。

サメ…アクアワールド茨城県大洗水族館 ▶P.246／**クジラ・イルカ…**太地町立くじらの博物館 ▶P.637／**ペンギン…**長崎ペンギン水族館 ▶P.897脚注／**霊長類…**日本モンキーセンター URL www.j-monkey.jp／**ワニ…**熱川バナナワニ園 URL bananawani.jp／**クラゲ…**鶴岡市立加茂水族館 ▶P.206／**ゾウ…**市原ぞうの国 ▶P.325

ラッコ

北太平洋に生息するイタチ科の動物。おなかに石を載せ、手に持った貝を叩きつけて割ることができる。日本では1980年代にラッコブームが起き、最盛期には国内で100頭以上が飼育される水族館の人気者だった。現在は輸入規制などにより数を減らしており、国内ではふたつの水族館で3頭のみが公開されている。

見学できる施設▶鳥羽水族館 ▶P.553／海の中道海洋生態科学館 URL marine-world.jp

シロイルカ（ベルーガ）

北極海に生息する真っ白い体をしたイルカで、体長は4mほど。いつも笑っているようにみえる愛嬌のある顔で、鳴き声もかわいいことから、水族館での人気が高い。とりわけ口から泡の輪を吹き出すバブルリングで有名。哺乳類ながら脱皮を行い、年に1回、古くなった皮膚を岩などに擦りつけてはがし落とす。

見学できる施設▶鴨川シーワールド ▶P.319／横浜・八景島シーパラダイス ▶P.360／名古屋港水族館 ▶P.521／しまね海洋館 ▶P.751

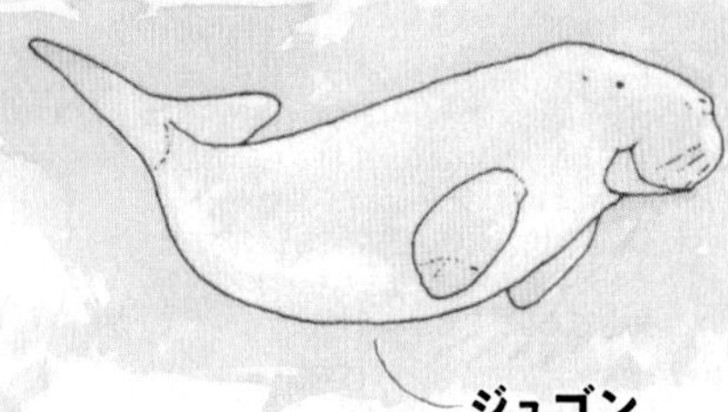

ジュゴン

マナティーと同じカイジュウ目に属する海生動物。インド洋と太平洋に生息し、日本でも沖縄近海で見られる。ジュゴンは海底に生えている海藻を食べるため、水面に浮く水草を食べるマナティーに比べて口が下向き。尾びれはジュゴンがイルカのような中央がへこんだ三角形なのに対し、マナティーは長円形のしゃもじ型。

見学できる施設▶鳥羽水族館 ▶P.553

ジンベエザメ

世界最大の魚類で、体長は12mほど。これまで確認されている最大のものでは18mにもなる。名前の由来は白い斑点のある背面が着物の甚平に似ているからで、英語名はホエール・シャークという。大きな体とは裏腹に性格はおとなしい。主食はプランクトンで、大量の海水を飲み込み、エサだけ漉して食べるという濾過摂食を行う。

見学できる施設▶のとじま水族館 ▶P.461／海遊館 ▶P.649／かごしま水族館 URL ioworld.jp／沖縄美ら海水族館 ▶P.996

シャチ

海洋生物の食物連鎖の頂点に立つ動物で、天敵が存在しないことから「海の王者」ともいわれる。映画『ジョーズ』のモデルといわれるホホジロザメですらシャチに捕食されることもある。体長は6mほどで、イルカやクジラと同じ哺乳類。高い知能をもっており、水族館ではシャチによるパフォーマンスを見ることができる。

見学できる施設▶鴨川シーワールド ▶P.319／名古屋港水族館 ▶P.521

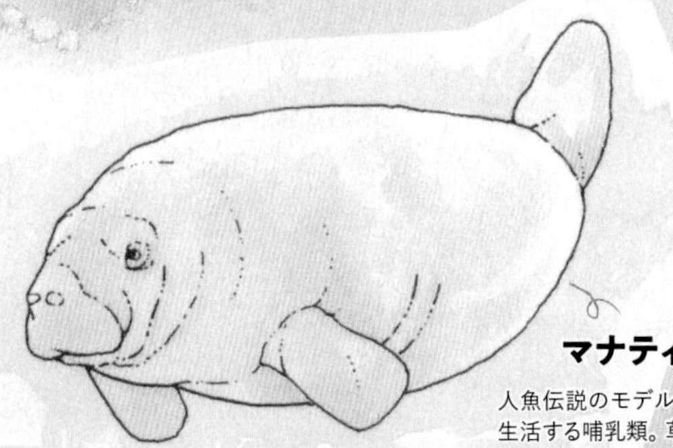

マナティー

人魚伝説のモデルとなったことで知られる水中で生活する哺乳類。草食性で水草を主食としている。体長は2.5～4.5mで、体重は300～1000kg。3種あり、日本で飼育されているのは熱川バナナワニ園がアマゾンマナティーで、鳥羽水族館がアフリカマナティー、新屋島水族館と海洋博公園マナティー館がアメリカマナティー。

見学できる施設▶熱川バナナワニ園 URL bananawani.jp／鳥羽水族館 ▶P.553／新屋島水族館 ▶P.807／海洋博公園マナティー館 URL oki-park.jp/kaiyohaku/

マンタ

マントを広げているような姿から名前が付けられた。オニイトマキエイ（ジャイアントマンタ）とナンヨウマンタの2種があり、オニイトマキエイは大きいものは全長7mと、エイの仲間で最大。2種は近年まで同じ種だと考えられていた。アクアパーク品川にはナンヨウマンタが、美ら海水族館では両種が飼育されている。

見学できる施設▶アクアパーク品川 URL www.aqua-park.jp/aqua/index.html／沖縄美ら海水族館 ▶P.996

目当ての動物を検索！

日本動物園水族館協会（JAZA）のウェブサイトでは、飼育している動物の検索ができるので、見たい動物があるときは探してみよう。ただし、日本動物園水族館協会に所属してない施設については、検索結果に出てこない。また、研究のためなどで飼育はしているが、展示はされていないこともあるので注意が必要。飼育している施設がわかったら、改めてその施設のウェブサイトを見るなどして実際に展示にしているか確認するとよい。

日本動物園水族館協会 URL www.jaza.jp/animal

特別な旅 5

陶磁器

本物を知る旅 焼き物の里を訪ねる

器が好きで、陶磁器を買いに旅行をする、という人も多いはず。
世界でも評価の高い日本の陶磁器。
産地によって、作家によって、個性ある風情を楽しんだり、
何よりも実用的なおみやげとしても、思い出に残るものだ。
でも、買い物だけでは物足りない。
美しい器が生まれる、その土地の歴史や自然を丸ごと味わい、
さらには人に出会い、器の旅を楽しんでほしい。

有田焼 ◉ 佐賀県

李荘窯（りそうがま）

日本の磁器の大量生産を支えた国指定遺跡の泉山磁石場 P.888

窯があるのは有田に焼き物を伝えた李参平（りさんぺい）の住居跡。ショールームにはモダンな器も数あれど、寺内さんが語りだしたのは、今は使われなくなった泉山磁石場P.888のこと。「これがあるから、有田なんです」。17世紀初頭から諸国大名や遠くヨーロッパで称賛された有田焼を支えたのが、泉山磁石場の陶石だ。今では熊本県天草産の陶石を使っているが「泉山磁石場は聖地。この陶石を使える環境を整えたいのです」。江戸時代と同じように石と向き合っていくことを考えたい、という寺内さん。思いは熱く、深い。
「有田といえば白でしょう。陶石にもいろいろ等級があるのですが、はねられた石をデザインで解決できないか、そんな取り組みもしています。サスティナブル、エシカルも大事でしょ?」とお茶目に笑うところは、さすが。現代のトレンドと伝統をしっかり繋ぐ、これからの取り組みに期待したい。

ショールームで、石片を手に解説する寺内信二さん。工房も同じところにある

▶李荘窯
住 西松浦郡有田町白川1-4-20
TEL 0955-42-2438
開 8:30～17:00
休 土･日曜･祝日
予 ショールーム、工房見学とも要予約
URL www.risogama.jp
交 JR有田駅から車で10分

陶祖、李参平ゆかりの窯として知られる天狗谷窯跡

陶石を粉砕する唐臼が再現されている。動力は川の水で動く水車

のぞき見されて、技術が漏れないように工房には「トンバイ塀」が立てられた

狛犬も灯籠も有田焼の陶山神社 P.888

無料の常設展も見応えがある佐賀県立九州陶磁文化館 P.886

実用的な器も多い

事務所の2階にあるショールーム

市の中心部にあるギャラリー李荘庵

染め付けの器は有田焼の真骨頂

▶ 李荘庵

住 西松浦郡有田町岩谷川内1-3-7
開 10:00～16:00
休 不定休（李荘窯まで問い合わせを）
交 JR**有田駅**から徒歩10分

備前焼 ◉ 岡山県

もりとうすいえん
森陶翠園

無骨に見える窯だが1時間に20度上げるという繊細な作業を行うことができる。1週間～10日かけて火を入れ、さますのに1週間。年に1、2回の勝負のとき。藤田さんの窯にて

備前焼の里として知られる伊部駅から数分のところ、Kaiというモダンなギャラリーに森大雅さんの作品が並ぶ。一緒にギャラリーを運営するのは馬場さんと藤田さん。この日は藤田さんの窯に火を入れたので、交代で薪をくべていた。備前は釉薬を使わず絵付けもしないので、木炭を入れたり、わらを巻いてラインを作ったりして表情を出す。置く位置や土でも印象が変わる。

「800年ぐらい前から途切れずにやってる方法で、そのストーリー性も好きなんです」。ゴツゴツした酒器、溶岩がまんまるになったような花器、ユニークな作品も得意。「常に変化を感じていたい、旅人でありたいんです」。実際に旅をするのも好きという。取材をした日の週末からはスイスへの旅。23kgの荷物に作品を詰めて、今度は何を見つけてくるのだろうか。

祖父（風来）の窯を継いだ大雅さん。工房も見学できる

▶ BIZEN gallery Kai

住 備前市伊部1506-1
TEL 0869-92-4853
開 10:00～16:00
休 不定休　URL bizen-gallerykai.com
交 JR伊部駅から徒歩4分

▶ 森陶翠園

住 備前市伊部1749
TEL 0869-64-3231
開 10:00～16:00
休 不定休　URL taiga-mori.com
交 JR伊部駅から徒歩3分

江戸時代の共同窯、伊部南大窯跡。東側窯跡は全長53.8mと国内最大級の半地下式の登り窯。破片に江戸の面影が

窓が大きく明るいギャラリー。伊部駅から徒歩4分と利便性も抜群。森さん、藤田祥さん、馬場隆志さんとも海外にも作品を発信する新進気鋭の作家

不老川沿いにれんが造りの赤い煙突が旅情を誘う。狛犬や金色に見える屋根瓦も備前焼という天津（あまつ）神社にも立ち寄りたい

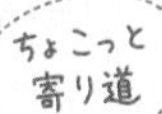

ちょこっと寄り道

UDO

伊部駅に併設されたカフェ。森さんの器はランチのオープントーストに使用。自家焙煎のコーヒーもおいしい。

フルーツショートケーキのセット 1485円

▶UDO
住 備前市伊部1657-7（JR伊部駅1階）
開 10:00〜17:00（ランチ11:00〜14:00）
休 不定休

唐津焼 ◉ 佐賀県

隆太窯（りゅうたがま）

奥から隆さん、太亀さん、息子の健太さん。親子三代が並んで作業する

焼き物の里として名高い唐津。駅から15分ほど車を走らせると、隆太窯の看板が見える。あいにく雨が落ちそうな天気だったが、やわらかい緑が広がる、美しく不思議な空間だ。「昔は、もっと田んぼがあって、みかん畑があってきれいだった」と話すのは父の中里隆さん。外の緑も太陽の向きも、古い木材で作った工房にしっくりとなじむ独特のたたずまい。室内に流れる洋楽と鳥のさえずりがセッションをしている。

「日本の器は、焼き物があったり、漆があったり。色も黒でも白でも同じ食卓に合わせられる。そこがおもしろい」（太亀さん）。そういえば洋食は前菜からコーヒーカップまでモチーフを揃えることが多い。

「唐津焼は伝統ある焼き物ですが、もう少し軽やかに考えたいのです。日本の食卓は多彩、チーズも皿に乗せたいし、パスタも食べたいでしょ」

唐津の地にあって「使い方や伝統にはこだわらない」という太亀さん。緑あふれる里山から生み出される新作が楽しみだ。

ひょうひょうとして自然体の太亀さん

▶隆太窯

住 唐津市見借4333-1

TEL 0955-74-3503

開 10:00～17:00　休 水·木曜

URL www.ryutagama.com

交 JR唐津駅から車で15分

窓が大きく光あふれる作業場

せせらぎの奥にギャラリーがある

普段づかいしてこそ、いつもの食卓が豊かになる器

和でも洋でもないギャラリー。ステンドグラスがしっくり生きる

◉推薦人　**荒川正明さん**
学習院大学教授、専門は日本陶磁史。現地を訪れ、器を見て、職人さんと話し、おいしいものに出合うことがモットー。「読者のみなさんには、本物に触れて、その背景も楽しんでほしい。いい器で食べれば、何倍もおいしいですよ」。著書に『唐津やきものルネサンス』(新潮社、共著)、『やきものの見方』(角川書店)など。

特別な旅 6

酒造り

造りを知って旨く飲む！日本酒蔵

普段はなかなか
知ることができない酒造り。
その歴史とともに
造りを見学できる酒蔵を
紹介しよう。

黄桜（きざくら）

⊙京都府

黄桜といえば「カッパ」。カッパカントリーと伏水蔵のふたつをハシゴできる。見学&美酒を楽しもう！

見どころ1 黄桜 伏水蔵

創業は大正14（1925）年。初代の松本治六郎氏が生家の家業だった清酒製造業から独立し、黄桜を立ち上げる。既存の概念にとらわれず、業界に先駆けて全国CMを手がけたり、次々に新たな商品開発を意欲的に行う。平成27（2015）年には新施設・伏水蔵をオープン。日本酒だけではなく同時に地ビールの酒造りも見学できる施設として人気。

伏水蔵に併設のレストラン。御膳や会席料理とともに常時20種類以上の黄桜のお酒が味わえる

歴代の黄桜CMが楽しめるギャラリー

ガラス越しに秘伝の麹造りも見学できる。わかりやすい解説付き

楽しんでね！

花きざくら純米吟醸
「きざくら」花酵母を使用。軽快で柔らかい味

黄桜S 純米大吟醸
骨格のあるうま味が特徴。気分が華やかになる香りも

華祥風 大吟醸 黄桜
きれいな甘みがあり、すっきりと喉越しがいい

飲み飽きないお酒だよ

見どころ2 キザクラ カッパカントリー

酒蔵から直接届けられる鮮度がいい日本酒を、お手頃価格で楽しめる黄桜酒場。酒が進む料理の数々や、自社の酒粕を使ったつまみも魅力。落ち着いた雰囲気でゆったり過ごせる。河童記念館も併設。

地ビールもおいしいよ。一杯目にぜひ!

実はビールも人気

日本酒とともに人気なのが平成7(1995)年に京都初の地ビールとして誕生した「京都麦酒」などの数々。多彩な味の約20種類が揃う。

河童記念館

河童にまつわるさまざまな資料を集めた展示室

昔の酒造りの風景を再現したジオラマ

かつて使われていた酒造用道具の数々
開10:00～16:00 休月曜(祝日を除く)

名物キャラクター、カッパの誕生

懐かしいでしょ。会いに来てね

2代目の松本司朗氏がマンガ『かっぱ天国』(作・清水崑)と出会い、昭和30(1955)年からキャラクターに起用した。ちなみに2代目は元水球選手で学生時代のあだ名が「河童」だったとか。

ショップ

ショップでは日本酒や地ビールなどを販売

レストラン

旧本店蔵を活用した趣ある地酒レストラン。できたて地ビールや数々の日本酒を楽しめる

一番人気の「竜馬御膳」(1100円)はお造りや炊き合わせ、出し巻き、焼き魚などのおかずが豊富。「あらごし純米にごり酒」「しぼりたて吟醸生酒」「涼の樽酒」の飲み比べセットは各60mℓで700円

▶黄桜 伏水蔵

住京都市伏見区横大路下三栖梶原町53
TEL075-644-4488 開10:00～16:00(予約は3日前までに2名より可。10名以上の場合は1週間前)
休レストランのみ土・日曜・祝日 交京阪**中書島駅**、近鉄**桃山御陵前駅**から徒歩20分(送迎バスあり※要予約)

▶キザクラ カッパカントリー 黄桜酒場

住京都市伏見区塩屋町228
TEL075-611-9919
開11:30(土・日曜・祝日11:00)～14:30、17:00～21:30(L.O.昼30分前、夜40分前) 休年末年始
交京阪**中書島駅**、近鉄**桃山御陵前駅**から徒歩7～8分

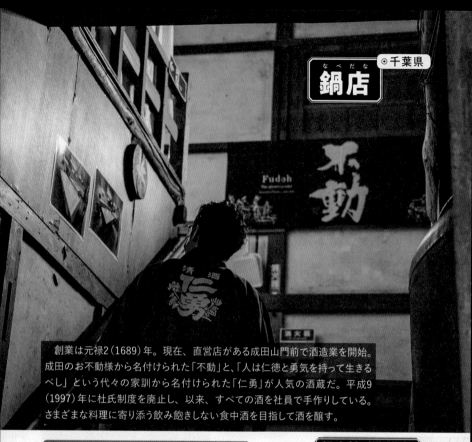

⊙千葉県

鍋店（なべだな）

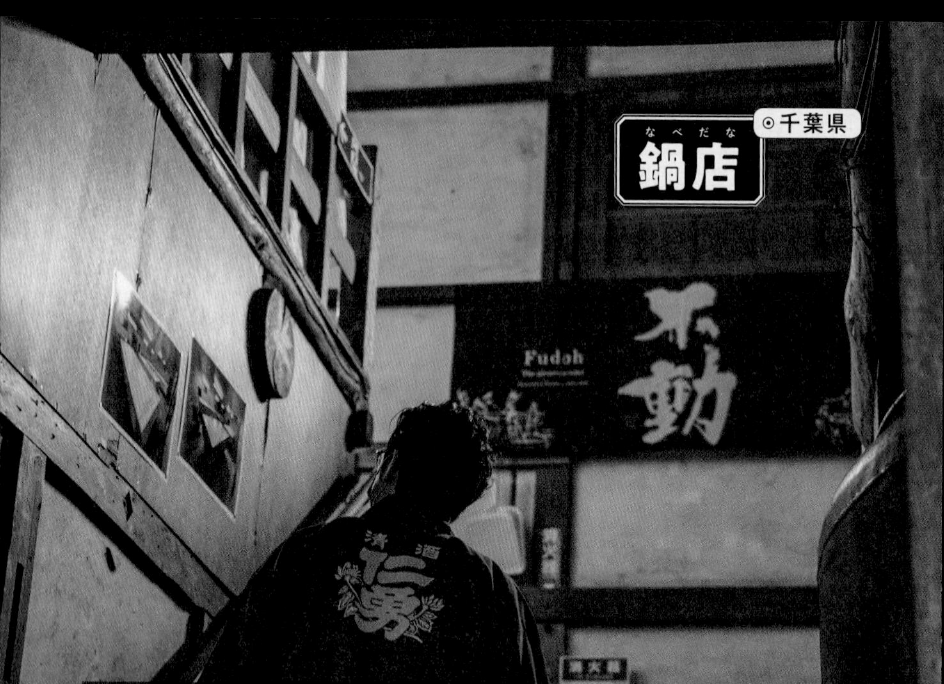

創業は元禄2（1689）年。現在、直営店がある成田山門前で酒造業を開始。成田のお不動様から名付けられた「不動」と、「人は仁徳と勇気を持って生きるべし」という代々の家訓から名付けられた「仁勇」が人気の酒蔵だ。平成9（1997）年に杜氏制度を廃止し、以来、すべての酒を社員で手作りしている。さまざまな料理に寄り添う飲み飽きしない食中酒を目指して酒を醸す。

見どころ1 酒蔵見学、おすすめは12月！

日本酒は、酒米を洗って浸漬するところから、いや玄米を精米するところから、各蔵のこだわりがある。麹を造ること、酒母を造ること、続いて大きなタンクで仕込む三段仕込み。でき上がった酒を絞ることも、蔵でやり方が違う。

鍋店では9月後半から仕込みが始まる。年間を通して蔵の見学ができるが、訪れるなら仕込みの見られる冬がいい。「12月ならひととおりの新酒ができているので試飲も楽しめますよ」（店長森山さん）

▶ 鍋店神崎酒造蔵 見学

住 香取郡神崎町神崎本宿1916　TEL 0478-79-0161
料 見学は有料（1週間以上前にウェブサイトから要予約）
交 JR**下総神崎駅**から徒歩15分
URL www.nabedana.co.jp/tour.php

写真右：大きな年代物の梁が支える、醪を混ぜる櫂入れ場。趣のある空間でイベントが行われることもある
写真左：ホウロウの貯蔵タンクも60年ぐらい前のもの。製造メーカーもないため大切に使っている

鍋店神崎酒造蔵

鍋店では、蔵のVRや造りについての情報を積極的に発信している

100年以上前に建てられた鍋店神崎酒造蔵

成田といえばウナギ！
駿河屋

創業の江戸時代から地元で愛される人気のウナギ屋。幻の「供水うなぎ」と下総醤油や三河味醂（白九重味醂）を使った秘伝のたれを使用し、備長炭でていねいに焼き上げたウナギが絶品だ。

特上うな重（肝吸付）5280円には、ぜひスッキリした「仁勇生」(300ml 1100円)を合わせたい

▶駿河屋
住 成田市仲町359（成田山新勝寺総門脇）
TEL 0476-22-1133
開 11:00（土・日曜祝日10:00）～16:00(L.O.)
休 木曜
交 JR**成田駅**・京成**京成成田駅**から徒歩13分

鍋屋源五右衛門

直営店

創業の地を生かし、大正11（1922）年に建築された総ヒノキの土蔵造りを再び改装した直営店。趣がある店内では「不動」「仁勇」や直営店限定酒のほか、店頭では自家製甘酒なども販売する。

▶直営店 鍋屋源五右衛門
住 成田市本町338
TEL 0476-22-2847
開 9:00～16:00　休 水曜
交 JR**成田駅**・京成**京成成田駅**から徒歩12分

道の駅
発酵の里こうざき

全国で初の「発酵」がテーマの道の駅。地元だけではなく全国の発酵食品を豊富に取り揃えている。

酒粕、味噌醤油、漬物などラインアップは豊富

住 香取郡神崎町松崎855
TEL 0478-70-1711
開 9:00～18:00　休 無休
交 JR**下総神崎駅**からタクシーで約7分

鍋店神崎酒造蔵試飲コーナー

試飲どころか
本腰を入れて
飲んでしまいそう！
仁勇

ところ2 試飲コーナーやショップも充実

神崎酒造では、柔らかい口当たりの「不動 吊るししぼり 無濾過 純米大吟醸生原酒」、五味のバランスがいい「仁勇 純米酒」、軽快で華がある「不動 純米大吟醸 生原酒 山田錦33%」など数種類が試飲可能。日本酒を使用した「仁勇ソルベ」や「仁勇みるく」もおすすめ。

「何でも聞いてください。あなた好みの酒をセレクトします!」と笑顔で話す、気さくなこうざき東蔵店店長の森山学さん。料理にも造形が深く酒に合うつまみの相談もバッチリ

47都道府県 旅先で飲みたい旨い酒の決定版!
おいしい酒図鑑

◎北海道
上川大雪【かみかわたいせつ】
上川大雪酒造
2017年創業の酒蔵。道産の酒米と大雪山系の天然水で造る、穏やかな香りとキレが心地良い地域限定の日本酒。

◎青森県
陸奥八仙【むつはっせん】
八戸酒造
「世界酒蔵ランキング2021」で第1位に選ばれた注目蔵。青森産の米を使った香り豊かな芳醇旨口タイプ。

◎岩手県
AKABU【あかぶ】
赤武酒造
30代の若手杜氏が造る岩手の注目株。花を思わせるチャーミングな香りとタイトな酸味のバランスが秀逸。

◎宮城県
伯楽星【はくらくせい】
新澤醸造店
宮城を代表する「食中酒」の先駆者。軽やかなうま味で喉越しが良く、洗練された飲み口も美しい。

◎秋田県
一白水成【いっぱくすいせい】
秋田美酒 福禄寿酒造
創業は元禄元(1688)年。この酒は現蔵元が平成18(2006)年に立ち上げたブランド。果実のような香りが魅力的。

◎山形県
東光【とうこう】
小嶋総本店
安土桃山時代創業の老舗蔵。香り高く豊かなうま味があり普段の晩酌やハレの日に料理とともにゆっくり飲みたい。

◎福島県
寫樂【しゃらく】
宮泉銘醸
福島が誇るスター銘柄。上質な甘味と引き締まった酸味のバランスがすばらしい。特に山菜や野菜と好相性。

◎茨城県
来福【らいふく】
来福酒造
さまざまな酒米や酵母を意欲的に使う、ラインナップが豊富な銘柄。総じてコンパクトで上品な甘味が特徴的。

◎栃木県
仙禽【せんきん】
せんきん
元ソムリエの蔵元が造る甘酸っぱい日本酒の先駆者。仕込み水と同じ水脈の田んぼで育った酒米のみを使用。

◎群馬県
群馬泉【ぐんまいずみ】
島岡酒造
文久3(1863)年の創業以来、山廃酛(やまはいもと)で酒を醸し続ける。どっしりしたうま味とドライな後味が特徴。熱燗が◎。

◎埼玉県
鏡山【かがみやま】
小江戸鏡山酒造
平成19(2007)年に復活した川越に唯一残る酒蔵。フルーティーな香りとふくらみのあるうま味や甘味が魅力的。

◎千葉県
鳴海【なるか】
東灘醸造
千葉外房の漁港がある勝浦の酒蔵が醸す。フレッシュで爽快な飲み口が特徴。海の幸と合わせて飲みたい。

◎東京都
江戸開城【えどかいじょう】
東京港醸造
東京23区に唯一残る港区のビル街にある酒蔵。洗練された華やかな酒質が実に都会的。ハレの日が似合う。

◎神奈川県
残草蓬莱【ざるそうほうらい】
大矢孝酒造
鮮度がいい緻密な酒質で根強いファンに支持される酒。低アルコールタイプから燗酒向きまで種類は豊富。

◎山梨県
青煌【せいこう】
武の井酒造
名水として名高い八ヶ岳の伏流水と花酵母の「つるばら酵母」を使用した酒を醸す。爽快で香り高い。

◎長野県
十六代九郎右衛門【じゅうろくだいくろうえもん】
湯川酒造店
標高936mの寒冷な土地に位置する酒蔵。骨格のあるうま味と柔らかい口当たりが特徴。冷酒でも燗でも。

◎新潟県
〆張鶴【しめはりつる】
宮尾酒造
文政2(1819)年創業。地元と全国の愛好家に支持されている銘柄。ほのぼのしたうま味があり後味は軽くて淡麗。

◎富山県
羽根屋【はねや】
富美菊酒造

富山産の米と仕込み水を使用したラインナップを展開。華やぐ香りと優しい甘味がありエレガントな印象。

◎石川県
加賀鳶【かがとび】
福光屋
金沢の華麗な食文化を背景に、前田家お抱えの火消し部隊「加賀鳶」連中の生きの良い様を表現した辛口でキレのある味わい。

◎福井県
黒龍【こくりゅう】
黒龍酒造
福井を代表するトップブランド。なめらかで上質な米のうま味が口にうれしい。特に魚介類との相性が抜群。

◎静岡県
白隠正宗【はくいんまさむね】
高嶋酒造
「造るより飲むのが好き」という大酒飲みの蔵元が造るだけあり、飲み飽きしない量が飲めるドライな酒質。

◎愛知県
長珍【ちょうちん】
長珍酒造

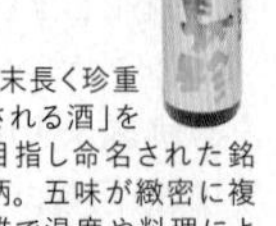

「末長く珍重される酒」を目指し命名された銘柄。五味が緻密に複雑で温度や料理によって表情を変える酒。

◎岐阜県
初緑【はつみどり】 奥飛騨酒造
果実の様な華やかな香りと酸味と甘みの味わいをともに感じる、水と緑に囲まれた山里のお酒。香りを楽しみたい。

◎三重県
作【ざく】 清水清三郎商店
華やかでさわやかに感じる香りとうま味を感じながら、シャープな後味が感じられる酒。季節限定もおすすめ。

◎京都府
坤滴【こんてき】 東山酒造

鳥取田中農場の山田錦で造る特別純米酒。厚みのある味わいと柔らかい後口が特徴の酒。

◎奈良県
みむろ杉【みむろすぎ】 今西酒造
酒の神が鎮まる酒造り発祥の地にある酒蔵。透明感があり絹のようになめらか。だし汁が生きた繊細な料理と合う。

◎滋賀県
不老泉【ふろうせん】 上原酒造
全国の酒蔵では珍しい時間をかけて上槽する「木槽天秤搾り」を全量に採用。うま味たっぷり柔らかい口当たり。

◎和歌山県
黒牛【くろうし】 名手酒造店
スタンダードで定番の味わい。食中酒として甘味と酸味が映える。冷やしてもお燗にしてもおいしい酒。

◎大阪府
片野桜【かたのさくら】 山野酒造
香り味わいとも濃醇で、米の甘みうま味をしっかり出す造りをする酒蔵で、大阪と京都と奈良の県境にある。

◎兵庫県
龍力【たつりき】 本田商店
地元兵庫産山田錦にこだわる蔵。華やかな香りというよりは、強い味わい。飲むほどに包容力を感じてくる酒。

◎岡山県
酒一筋【さけひとすじ】 利守酒造
「地米・地の水・地の気候風土」で醸してこそ真の地酒という信念で幻の酒米「雄町」を復活させた酒。

◎広島県
神雷【しんらい】 三輪酒造

標高500mの寒冷な気候と広島に伝わる軟水醸造法より「米味豊かで清涼感のある味わい」を目指す。

◎鳥取県
諏訪泉【すわいずみ】 諏訪酒造
冷やしても、お燗をしてもおいしい純米酒。食事と一緒でも、酒だけでも楽しめる飲みあきしない酒。

◎島根県
月山【がっさん】 吉田酒造
華がありフレッシュだけど味わいもあり、あとからふわっと感じる、もう1杯飲んでみたくなるそんな酒。

◎山口県
獺祭【だっさい】 旭酒造
日本酒を越えた香りと味わいを表現し、海外での評価も高いブランド。世界のさまざまな料理との相性を楽しめる。

◎徳島県
芳水【ほうすい】 芳水酒造
吉野川水系の仕込み水を使ってスッキリとさわやかに仕上げた定番の酒。川魚によく合う。

◎香川県
勇心【ゆうしん】 勇心酒造
原料はオール香川産。食事とともに楽しむお酒を目指す。長年お米の総合利用研究に取り組んでいる。

◎愛媛県
石槌【いしづち】 石鎚酒造
家族中心で造る酒蔵。食事と一緒に楽しめるお酒を作っており、3杯目からおいしくなるお酒。

◎高知県
酔鯨【すいげい】 酔鯨酒造
香りおだやか、飲んだ時のうま味が土佐料理との相性がいい。飲むほどにおいしさを感じる酒。

◎福岡県
庭のうぐいす【にわのうぐいす】 山口酒造場
「おかわりしたくなる酒」を追求し、時代に合った酒を醸す。築260年の母屋には小売販売所、四季折々の室礼も。

◎佐賀県
七田【しちだ】 天山酒造
自然豊かな山里にたたずむ蔵。天山系の中硬水で仕込んだ酒は上品で穏やかな香りが特徴。うま味のある食事とともに。

◎長崎県
福田【ふくだ】 福田酒造
平戸島にある酒蔵。地元の原料米を使って兄弟が力を合わせて酒造りをする。ハーモニーを楽しめる酒。

◎熊本県
産土【うぶすな】 花の香酒造
和水町（なごみまち）で最高の酒造りを目指す神田清隆社長の哲学や想いを表現したお酒。

◎大分県
八鹿【やつしか】 八鹿酒造
創業元治元（1864）年。安心安全とともに高品質な酒造りで、国内だけでなく国外での評価も高い。

◎宮崎県
駒（麦焼酎）【こま】 柳田酒造
創業明治35（1902）年。小規模ながら個性的な焼酎造りを得意とし全国の焼酎ファンから支持される。

◎鹿児島県
天賦【てんぶ】 西酒造
鹿児島にうまい日本酒あり。歴史は始まったばかりだがうまさへの追求は他の蔵の数倍情熱を感じるお酒。

◎沖縄県
残波（泡盛）【ざんぱ】 比嘉酒造

沖縄本島読谷村にある焼酎蔵。泡盛の中でも香りもやさしく軽やかな味わい。ロックで氷の音とともに楽しんで。

特別な旅 7

酒造り

世界が認める 日本のウイスキーを知る

ガイアフロー 静岡蒸溜所（しずおかじょうりゅうしょ） ⊙静岡県

静岡在住のアメリカ人建築家デレック・バストン氏とのコラボレーションで、日本と西洋文化の融合を実現。静岡で育った杉やヒノキをふんだんに使って建設された蒸溜所だ

蒸溜所見学

ウイスキーは、日本酒のように仕込みに季節がない。1年中いつでも作業風景を見学できるので旅程も立てやすいだろう。ガイアフロー静岡蒸溜所は、あらゆる工程が見学できて、解説も非常にわかりやすい。ウイスキー初心者ならまずは訪れておきたい蒸溜所だ。

マッシュタン（糖化槽）で糖分を抽出する。ここでは1時間ぐらいかかる。麦汁ができる様子も観察できる

麦芽の材料となる大麦を焼津の農家に依頼。まだ割合は少ないが静岡産の原料にもこだわっている

静岡のウイスキーだから旨い、を目指しています

中村大航社長

桶は、静岡産とアメリカのオレゴンパイン（米松）を使っている。日本酒樽づくりで定評のあるメーカーに特注

奥にあるグリーンの機械がセパレーター（分別機）で廃業した軽井沢蒸留所から移設したもの。エンジのモルトミルは古い英国製

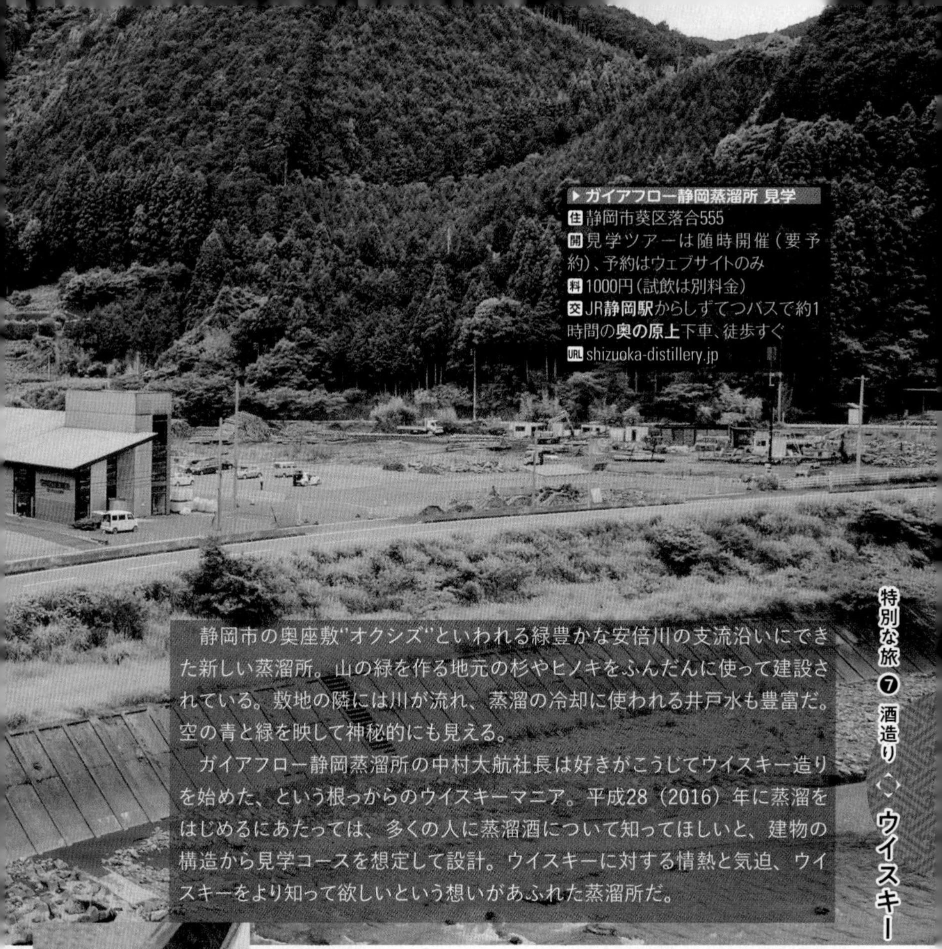

▶ガイアフロー静岡蒸溜所 見学
住 静岡市葵区落合555
開 見学ツアーは随時開催(要予約)、予約はウェブサイトのみ
料 1000円(試飲は別料金)
交 JR**静岡駅**からしずてつバスで約1時間の**奥の原上**下車、徒歩すぐ
URL shizuoka-distillery.jp

静岡市の奥座敷"オクシズ"といわれる緑豊かな安倍川の支流沿いにできた新しい蒸溜所。山の緑を作る地元の杉やヒノキをふんだんに使って建設されている。敷地の隣には川が流れ、蒸溜の冷却に使われる井戸水も豊富だ。空の青と緑を映して神秘的にも見える。

ガイアフロー静岡蒸溜所の中村大航社長は好きがこうじてウイスキー造りを始めた、という根っからのウイスキーマニア。平成28(2016)年に蒸溜をはじめるにあたっては、多くの人に蒸溜酒について知ってほしいと、建物の構造から見学コースを想定して設計。ウイスキーに対する情熱と気迫、ウイスキーをより知って欲しいという想いがあふれた蒸溜所だ。

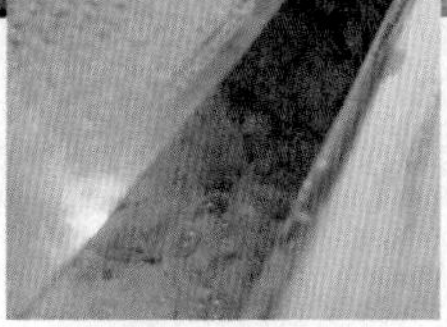

静岡産の杉でできたウォッシュバック(発酵槽)で発酵させる。ブクブクと泡の出る状態を確認!

初溜釜では薪による直火蒸溜方式を採用。200年以上前の技術で、世界でもここだけの方式だ。このあと、隣の蒸気による間接加熱で再溜する

蒸溜に使うポットスチルは、スコットランド製をメインに軽井沢蒸留所のものを導入

熟成庫は熟成に必要な寒暖差が得られるよう自然光が入るように設計された。ウイスキーの香りがあふれ期待も高まる

ちょこっと寄り道

かき氷とウイスキー? Cafe BOSCO

蒸溜所の向かいにあるパスタやリゾットの店。地元の農家直送の野菜を使ったサラダがおいしい。かき氷も評判、ウイスキーとのマリアージュを楽しもう!

▶Cafe BOSCO
住 静岡市葵区落合742
TEL 090-4254-7878
開 11:00～17:00
休 月·火曜

◎兵庫県

ホワイトオークあかしウイスキー

江井ヶ嶋酒造

平石幹郎社長

蒸溜所見学

瀬戸内海に面した兵庫県明石市。木造の日本酒の酒蔵の隣に白い建物がひときわ目立つ。「神鷹」というブランドの日本酒蔵としても有名だが、大正8（1919）年にはすでに事業の多角化を目指して日本酒以外の酒類の製造免許を申請。当時の甲類焼酎を作りながらの出発だった。

長い年月の間には地ウイスキーのブームもあったが、ウイスキーが売れない時代も長く続き、辞めていくメーカーもあった。「やめるとモルトが途切れる。だから最小の蒸溜でモルトを造り続けてきた。昭和36（1961）年に導入したポットスチルから数えて3代目、今使っているポットスチルは国産です」（平石幹郎社長）。

貯蔵はシェリー樽とオーク樽を半分ずつ。兵庫県の木材を使って樽を製造してもらったり、地元の農家さんと大麦の栽培にも取り組んでいる。一歩先を歩きながら誠実な酒造り、この精神がうまいウイスキーを生み出す。

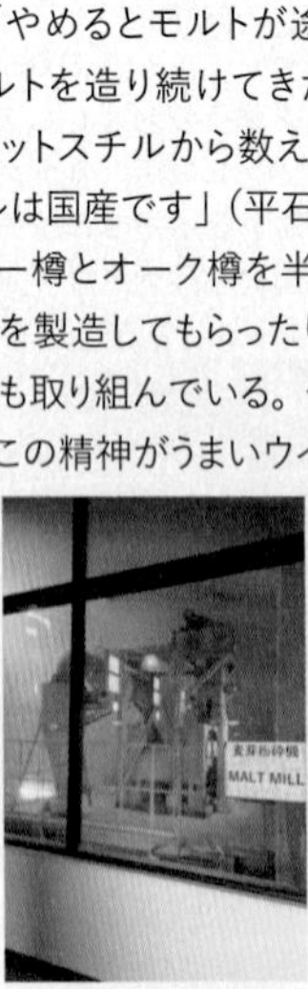

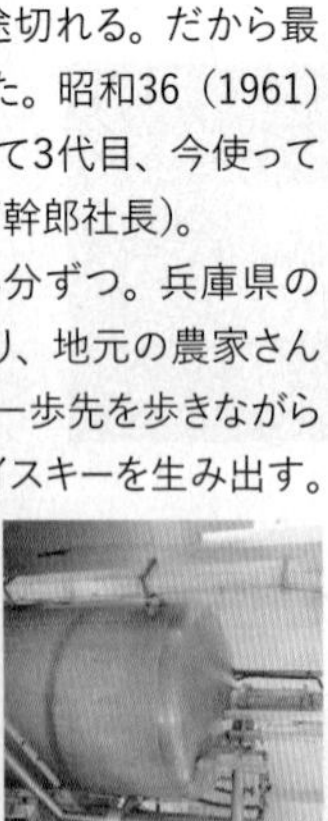

左は麦芽粉砕機。麦芽のハスク（穀皮）を破損なく理想的な粒径にする。右は糖化槽。温水を入れ、発芽した麦芽に含まれる酵素によって糖化していく。甘い麦の香りがひろがる

糖化した麦汁に酵母を加えて発酵させる発酵タンク。発酵液はもろみといい、アルコール度数は7％ほど

蒸溜所長 中村裕司さん

ポットスチルは国産の三宅製作所製。手前が初溜用（1回目）、奥が再溜用（2回目）

ちょこっと寄り道

明石焼とハイボール
富川

知る人ぞ知る明石焼の名店。ふわっとした卵焼きに、ハイボールがよく合う。

▶富川
住 明石市大久保町938-10
TEL 078-946-2775
開 17:00～20:00
(土・日曜11:00～13:00、17:00～20:00)
休 木曜　交 山陽電鉄**西江井ヶ島駅**から徒歩5分

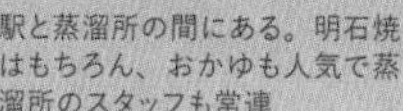
駅と蒸溜所の間にある。明石焼はもちろん、おかゆも人気で蒸溜所のスタッフも常連

再溜時の蒸溜の泡。この時点で65度くらいのアルコールになる

奥の棚にあるのがバーボン樽、手前の大きいものがシェリー樽。広い敷地に3カ所樽貯蔵庫がある

蒸溜所に隣接した貯蔵庫にも来てください

あかしウイスキーの樽での味わいの違いを楽しめる

ポットスチルを見ながら試飲できるのは、蒸溜所ならではの楽しみ

▶ホワイトオーク あかしウイスキー見学
住 明石市大久保町西島919
TEL 078-946-1001(本社総務部)
開 見学は原則として週に数回(ウェブサイトから要予約)
料 無料
交 山陽電鉄**西江井ヶ島駅**から徒歩10分
URL www.ei-sake.jp

●監修

寺田好文さん(ウイスキー執筆)
浜松市内の酒問屋に勤務後、酒のおいしさを世に広めるべくサケオフィステラダを設立。蔵元のコンサルティング、講演、教養講座など幅広く活躍中。

山内聖子さん(日本酒執筆)
呑む文筆家・唎酒師。東京有楽町の日本酒バー「后バー有楽」にて毎週木曜日に日替り女将として登場。著書に『蔵を継ぐ』(双葉社)、『いつも、日本酒のことばかり。』(イースト・プレス)など。

他にもある 見学のできる蒸溜所

▶ニッカウヰスキー北海道工場 余市蒸溜所(北海道)
住 余市郡余市町黒川町7-6
TEL 0135-23-3131
FAX 0135-23-3137(予約専用)
URL www.nikka.com/distilleries/yoichi

▶宮城峡蒸溜所(宮城県) ▶P.171

▶安積蒸溜所(福島県)
住 郡山市笹川1-178
TEL 024-945-0261
URL www.sasanokawa.co.jp

▶サントリー白州蒸溜所(山梨県) ▶P.385

▶マルス信州蒸溜所(長野県)
住 上伊那郡宮田村4752-31
TEL 0265-85-0017
FAX 0265-85-0018
URL www.hombo.co.jp/company/kura/shinshu.html

▶三郎丸蒸留所(富山県)
住 砺波市三郎丸208
TEL 0763-32-3032
URL www.wakatsuru.co.jp/saburomaru

▶キリン御殿場ディスティラリー 富士御殿場蒸溜所(静岡県)
住 御殿場市柴怒田970
TEL 0550-89-4909
URL www.kirin.co.jp/experience/factory/gotemba

▶長濱蒸溜所(滋賀県)
住 長浜市朝日町14-1
TEL 0749-63-4300
URL www.romanbeer.com/viewing

▶サントリー山崎蒸溜所(大阪府) ▶P.652

▶岡山蒸溜所(岡山県)
住 岡山市中区西川原185-1
TEL 086-270-8111
URL www.doppokan.jp

▶SAKURAO DISTILLERY(広島県)
住 廿日市市桜尾1-12-1
TEL 0829-32-2111
URL www.sakuraodistillery.com

▶嘉之助蒸溜所(鹿児島県)
住 日置市日吉町神之川845-3
TEL 099-201-7700
URL kanosuke.com

▶日置蒸溜所 マルス津貫蒸溜所(鹿児島県)
住 南さつま市加世田津貫6594
URL www.hombo.co.jp/company/kura/mars-tsunuki.html

地図で読み解く ニッポン

ご当地グルメ図鑑

伝統ある郷土料理から注目の新名物まで、
ご当地に行ったらぜひ食べたい、
気軽にトライできそうなグルメをご紹介。

西日本

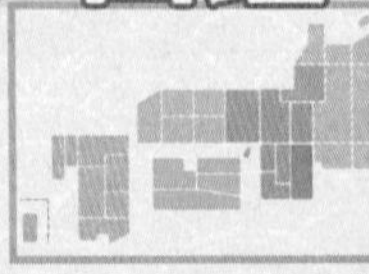

瓦そば ▶P.758

赤天 ▶P.737

島根県　山口県　広島県

棒ラーメン ▶P.857

小倉発祥焼うどん ▶P.859

シシリアンライス ▶P.875

お好み焼き ▶P.701

佐賀県　長崎県　福岡県　大分県　愛媛県

トルコライス ▶P.893

いきなり団子 ▶P.911

とり天 ▶P.929

焼豚玉子飯

焼豚の上に半熟の目玉焼きがのった今治のソウルフード。

高知県　熊本県　宮崎県

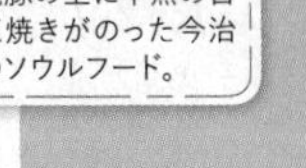

天草ちゃんぽん ▶P.915脚注

鹿児島県

チキン南蛮 ▶P.947

沖縄県

沖縄県

沖縄そば ▶P.985

タコライス ▶P.985

鹿児島県

温たまらん丼 ▶P.967

油ゾーメン

素麺を豚肉などの具材と炒めた奄美大島の郷土料理。だし汁を入れるのが特徴。

牛骨ラーメン
▶P.719
デミカツ丼
▶P.683
岡山県
津山ホルモンうどん ▶P.687
ボルガライス
▶P.471
福井県
鳥取県
岡山県
明石焼
▶P.659
兵庫県
京都府
滋賀県
サラダパン
▶P.605
にしんそば
▶P.569
骨付鳥
▶P.797
香川県
大阪府
奈良県
伊勢うどん
▶P.545
三重県
徳島県
和歌山県
高知県
フィッシュカツ
▶P.779
津ぎょうざ
直径約15cmというビッグサイズの揚げぎょうざ。給食のメニューが始まり。
和歌山ラーメン
▶P.623
奈良県
鍋焼きラーメン
▶P.833
串こんにゃく
▶P.587
天理ラーメン ▶P.587
大阪府
串カツ
▶P.641
たこ焼き
▶P.641

地図で読み解くニッポン

ご当地グルメ図鑑

東日本

十和田バラ焼き ▶P.126

青森県

横手やきそば ▶P.183

秋田県

冷やしラーメン ▶P.200

山形県

焼きまんじゅう ▶P.275

ハントンライス ▶P.452

富山ブラック ▶P.434

石川県

富山県

イタリアン ▶P.409

新潟県

福島県

金沢カレー ▶P.452

おやき ▶P.389

群馬県

栃木県

高山ラーメン ▶P.527

手羽先 ▶P.509

鶏(けい)ちゃん ▶P.531

岐阜県

長野県

五平餅 ▶P.389

埼玉県

ゼリーフライ ▶P.297

山梨県

東京都

鳥もつ煮 ▶P.371

神奈川県

味噌カツ ▶P.509

愛知県

愛知県

静岡県

静岡おでん ▶P.491

富士宮やきそば ▶P.491

青森県

岩手県

じゃじゃ麺

▶P.143

白石温麺 ▶P.164

宮城県

ふくしま餃子

福島県 ▶P.215

茨城県

笠間いなり寿司

▶P.240

千葉県

勝浦タンタンメン®

▶P.311

もんじゃ焼き

▶P.329

北海道

チャーメン

こんがりと焼き色を付けた中華麺に具だくさんのあんかけをのせた稚内の名物。

スパカツ

釧路のソウルフード。スパゲティミートソースにトンカツをオン！ レストラン泉屋が発祥。

スープカレー

具材がたくさん入った粘り気の少ないスープ状のカレー。札幌が発祥。

ちくわパン

▶P.99

エスカロップ

タケノコ入りのバターライスに薄切りのトンカツをのせ、デミグラスソースをかけた根室の名物。

半身揚げ

▶P.101

帯広豚丼

肉の部位、焼き方やタレなどお店によってさまざま。帯広市内に200軒以上のお店があるとか。

栃木県

宇都宮餃子®

▶P.257

佐野ラーメン

▶P.257

ニュータンタンメン

▶P.350

しらす丼

▶P.347

神奈川県

新鮮、うまい！活気あふれる

ニッポンの名物

朝市へ！

地元で取れた農産物や、漁師手作りの魚介の干物。威勢のいい掛け声に、思わず買いすぎてしまうかも！

タコは能登の名物

高価な輪島塗も箸なら安い！

わらじのミニチュア100円

輪島朝市

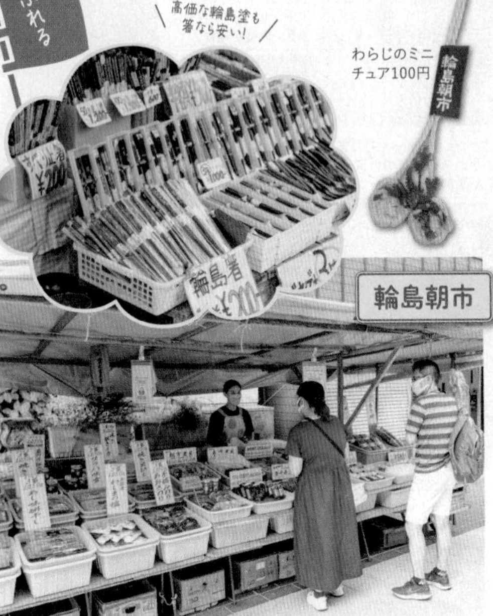

試食ができる店も多い

呼子朝市

日本三大朝市
呼子朝市通り
YOBUKO MORNING MARKET STREET

路地の両側に店が並ぶ。イカやアジの干物にサザエはその場でつぼ焼きに

四大

日本三大朝市

「日本三大朝市」は諸説あり、一般に下記のうちどれか3ヵ所を指す。ほかにも朝市は多くあり、特に土・日曜は温泉街などに市が立つことも。地元の生産者から買う新鮮な特産物と人情は旅のよい思い出になるだろう。

▶輪島朝市　石川県 ▶P.461

1000年以上の歴史があるという能登の市。水揚げ日本一のフグにちなんで「フグバーガー」はいかが。

開 8:00～12:00
休 毎月第2・第4水曜、1/1～1/3

▶呼子朝市　佐賀県 ▶P.883

江戸時代にルーツをもつ市。なんといっても呼子名物のイカが主役。いかプレスせんべいも人気。

開 7:30～12:00
休 1/1

▶宮川朝市　岐阜県

飛騨高山の古い町並みがよく似合う朝市。伝統野菜を中心に、名物の赤カブ漬けが並ぶ。食べ歩きにみたらし団子を。

開 7:00（冬期8:00）～12:00
休 無休

▶勝浦朝市　千葉県

400年の歴史ある朝市。月の前半は下本町で、後半は仲本町で開催。勝浦といえばカツオ。5月にはイベントもある。

開 6:00～11:00
休 水曜、1/1

北海道

北海道

HOKKAIDO

人口
522.5万人（全国8位）
面積
8万3424km²（全国1位）
道庁所在地
札幌市
道花
ハマナス

北海道
札幌市

北海道観光PRキャラクターキュンちゃん
エゾシカやご当地のかぶりものを身につけて北海道の魅力を伝える観光PRキャラクター。丸い耳とつぶらな瞳が特徴のエゾナキウサギ

ハマナス
耐寒性が強く海岸などに自生する

北海道は日本の国土の約22%を占める島。北海道本島と利尻島P.113**や礼文島**P.113**など508の島で構成されている。ほぼ中央を天塩山地、大雪山系、日高山脈が走り、最高峰の旭岳は標高2291m。北緯41～45°と日本最北に位置することから高山の植生が見られる。広大な平野や盆地では大規模な農業や酪農が営まれ、生産量日本一の野菜や穀物も多い。周囲は太平洋、オホーツク海、日本海に囲まれ、豊かな海の幸は北海道最大の魅力でもある。**

旅の足がかり

札幌市

北海道の道庁所在地で政治・経済の中心。人口は約196万1500人と道内の人口の約38%が集中している。北海道のメイン空港となる新千歳空港は隣接する千歳市にあり、札幌駅までJRで約40分。JR札幌駅～すすきのにかけてホテルや飲食店が集中している。札幌や小樽はもとより、道内各地への観光の拠点。

旭川市

北海道のほぼ中央に位置する、人口約33万の札幌に次ぐ第2の都市。北海道を代表する観光スポット、**旭川市旭山動物園**P.112、富良野、美瑛の拠点となる都市で、旭川空港へは本州各地からフライトがある。空港から旭川市内へ35分程度で行けるほか、美瑛・富良野方面への直行バスもある。

函館市

北海道の南西にのびる、渡島（おしま）半島に位置する道南の中心都市。**函館山**P.113が海に突き出すようにそびえ、美しい夜景で知られる。教会や明治期の洋風建築が多く異国情緒が漂う町並み、**函館朝市**P.114、**五稜郭公園**P.116などが見どころ。北海道で唯一、本州と新幹線で結ばれている。

釧路市

道東観光の拠点となる太平洋に面した港町。背後には日本一広い**釧路湿原**P.110が広がる。たんちょう釧路空港から湿原展望台まで車で20分ほどと、大自然が間近。夕日の美しい町としても知られている。いろいろなご当地グルメも釧路の魅力で、**釧路和商市場**P.116の「勝手丼」が人気。

地理と気候

道南の函館と道北の稚内は約630km離れている。道央と呼ばれる内陸部、道東と呼ばれる釧路や知床、オホーツク海沿いと日本海沿いなど地域により、同じ日でも天気や気温がまったく異なることもある。

【夏】 一般的に北海道の夏は湿度が低いためさわやかで、30℃を超える日が数日ある程度。ただし、近年は真夏日が何日も続いたりすることも。

【冬】 最も寒い1月下旬～2月下旬の最低気温はマイナス20℃ぐらいになることがある。オホーツク海沿いの海岸では例年、流氷が着岸する。

アクセス

東京から ▸▸▸	所要時間
飛行機 羽田空港▸新千歳空港	1時間35分
飛行機 羽田空港▸函館空港	1時間20分
新幹線 東京駅▸新函館北斗駅（はやぶさ）	3時間57分
青森から ▸▸▸	**所要時間**
飛行機 青森空港▸新千歳空港	50分
新幹線 新青森駅▸新函館北斗駅（はやぶさ）	1時間
フェリー 青森港▸函館港	3時間40分
大阪から ▸▸▸	**所要時間**
飛行機 伊丹空港▸新千歳空港	1時間45分
飛行機 関西空港▸新千歳空港	1時間55分

県内移動

▸札幌から函館へ

新千歳空港から約40分。便数は少ないが札幌丘珠空港からも約40分。

特急**北斗**で約3時間20分。1〜2時間に1便程度の運行。

北海道中央バスや**北海道バス**などが運行。所要約5時間20分。便数も多く、夜行便もある。

▸▸▸アクセス選びのコツ

離島も含め14ヵ所の空港があり、全国主要都市とを結ぶ新千歳空港のほか、函館空港、釧路空港、稚内空港も道内移動の起点となる。

北海道中央バスをはじめ、**道北バス**、**道南バス**ほか、多くのバス会社が道内主要都市間を結ぶ。

太平洋側の航路は苫小牧港東港と西港、日本海側の航路は小樽港に発着する。

交通路線図

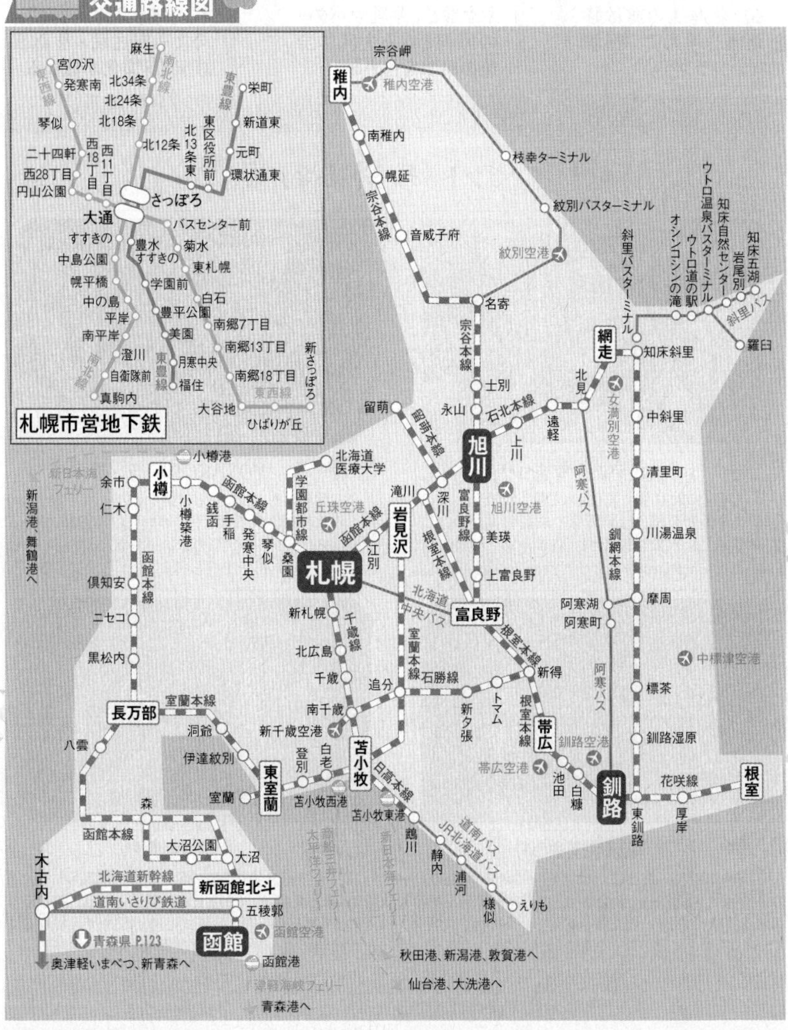

北海道

北海道はここがすごい

一

日本の国土の22%を占める面積

北海道は九州と四国を合わせたぐらいの大きさがあり、東側と西側では東京と大阪がすっぽり入ってしまうほど離れている。北海道の旅は移動距離を考えて、無理のないプランを。

二

農作物、生乳、魚介日本一がたくさん！

農作物ではジャガイモ、大豆、小麦、タマネギ、アスパラガスなどが日本一の生産量。魚介はホタテ、サンマ、ホッケ、サケなど。牛乳やバターの原料となる生乳は全国の55%を占める。

三

北海道にしかない豊かな歴史と文化

2021年に「北海道・北東北の縄文遺跡群」が世界遺産に登録。縄文文化以降、独自の擦文（さつもん）文化が生まれ、アイヌ文化へと発展。今でも先住民・少数民族アイヌ文化が伝わる。

イベント・お祭り・行事

① さっぽろ雪まつり

2月上旬に札幌で開催される雪と氷の祭典。メイン会場となる大通公園には大雪像や市民雪像が並び、すすきの広場には氷像が設置され、各種イベントが開催される。夜はプロジェクションマッピングやライトアップが幻想的。

② YOSAKOIソーラン祭り

例年、札幌の大通公園など20ヵ所を舞台に6月上旬に開催されるビッグイベント。約280のチームがそれぞれ、ソーラン節のフレーズの入った曲に合わせ、手に持った鳴子を打ち鳴らしながら演舞する。

③ 函館港まつり

例年8月1～5日にかけて開催される函館の夏の一大イベント。花火大会にはじまり、約2万人が参加する「ワッショイはこだて」のパレードでは、「函館イカ踊り」などを踊りながら町を練り歩く。

④ まりも祭り

天然記念物の阿寒湖のマリモを保護する目的ではじまった祭り。10月上旬に開催される。アイヌの人によりマリモを迎える儀式と送り儀式が行われるほか、松明行進やアイヌ古式舞踊なども見られる。

必ず食べたい 名物グルメ

ジンギスカン

ラム肉やマトン肉をドーム型の専用鍋で焼いて食べる、札幌から広まった郷土料理。鍋の周りに野菜を置いて、肉から出た脂で焼くのが地元流。

海鮮丼

魚介が豊富な北海道のどこにでもある、イクラや新鮮な魚介をのせた丼。特に港町では、近海で取れる魚介たっぷりの名物海鮮丼が味わえる。

ザンギ

鳥の唐揚げのことを北海道では「ザンギ」と呼ぶ。釧路の**とり松**が発祥といわれている。釧路にはザンギに甘辛のタレをかけた「ザンタレ」というご当地グルメもある。タコの唐揚げを「タコザンギ」というなど唐揚げ全般に使われる。

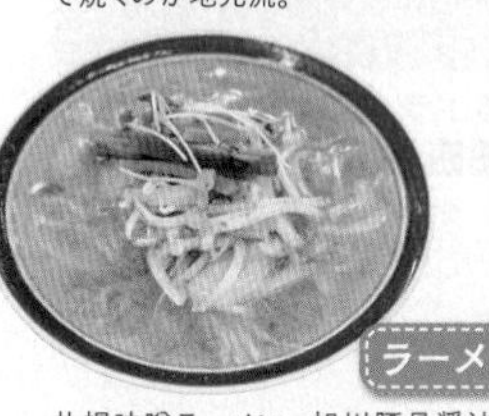

ラーメン

札幌味噌ラーメン、旭川豚骨醤油ラーメン、函館塩ラーメンが北海道3大ラーメン、それに釧路醤油ラーメンを加えて北海道4大ラーメンと呼ばれる。ほかにもご当地ラーメンが多数ある。

地元っ子愛用 ローカル味

ビタミンカステーラ

100年以上前から作られている、北海道のソウルフード的おやつ。水分量が少なくパサパサしているので、牛乳などと一緒に食べるのがおすすめ。

ようかんパン

羊羹がコーティングされたパンで、コンビニやスーパーなどで売られている。丸形やツイスト型、中にクリームの入ったものなどバリエーションも豊富。

ちくわパン

穴にツナマヨネーズを詰めたちくわが入ったロールパン。パンとちくわの相性がクセになる。

リボンナポリン

明治44(1911)年から道民に愛されている炭酸飲料。2021年に110周年を記念してパッケージもリニューアル。

もらえば笑顔 定番みやげ

白い恋人

チョコレートをサクサクのラング・ド・シャでサンドした**ISHIYA**の看板商品。ホワイトチョコとブラックチョコの2種類がある。

マルセイバターサンド

レーズン入りのホワイトチョコレートとバターで作ったクリームを、厚めのビスケットでサンド。**六花亭**のロングセラー商品。

三方六

2色のチョコで白樺の木肌に見立てたバウムクーヘンを八つ割にした**柳月**の人気商品。十勝産小麦、バターや砂糖も北海道産を使用。

匠の技が光る 伝統工芸

木彫りグマ

アイヌの伝統工芸のひとつ。鮭をくわえた「鮭喰い熊」が代表的だが、いろいろなポーズがある。阿寒湖アイヌコタンにはアイヌの人々による木彫り作品を扱う店が並ぶ。

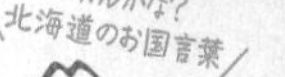

ワカルかな? 北海道のお国言葉

なまらうまくて思わずかわさる

Ans. とてもおいしくて思わず言ってしまう

2泊3日で巡る 北海道 王道コース（富良野・美瑛・小樽・札幌）

新千歳空港から北海道中心部の人気コースをぐるりドライブ！

1日目

9:00 旭川空港　予約したレンタカーをピックアップ

車 25分

9:30 行動展示で大人気の
旭川市旭山動物園へ ▶P.112

水槽を泳ぐカバ、ペンギン、アザラシや、ホッキョクグマが人気。

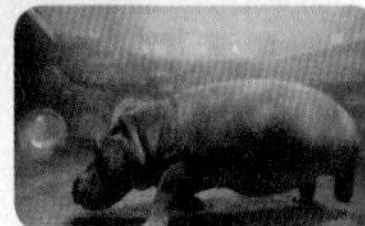

3時間ぐらいの見学で次へと移動しよう。

車 10分

12:40 **あさひかわラーメン村**でランチ

旭川の人気ラーメン店、8店舗が集まるスポット。各店ミニラーメンがあるので食べ比べも楽しめる。
住 旭川市永山11-4
TEL 0166-48-2153
URL www.ramenmura.com

旭川ラーメンの元祖、天金

車 50分

14:20 **白金 青い池**で ▶P.109
青の世界を堪能

美瑛を代表する人気スポット。ミルキーブルーの池は絶景だ。青いソフトクリームも要チェック。

車 20分

15:20 美瑛の丘をドライブして ▶P.109
展望花畑四季彩の丘を目指す

美瑛の丘がカラフルな花でストライプに彩られる四季彩の丘。十勝岳連峰の眺めもいい。

車 45分

旭川市内のホテル着

2日目

8:00 旭川市内のホテルを出発

車 60分

9:00 **ファーム富田**の ▶P.109
花絶景を眺める

ファーム富田の花畑は北海道を代表する観光スポット。レインボーの花畑「彩りの畑」の見頃は7月下旬。

車 150分

13:30 クラーク博士と
さっぽろ羊ヶ丘展望台

札幌郊外にある展望スポットで大きなクラーク博士像がシンボル。季節によって放牧された羊を見ることができる。
開 9:00〜17:00（季節により変動）
休 無休　料 530円
URL www.hitsujigaoka.jp

車 20分

14:30 札幌駅周辺でレンタカーを返却

おすすめ！泊まるならココ

ホテルを拠点に地域を渡り歩く新スタイル

フェアフィールド・バイ・マリオット・北海道南富良野（ほっかいどうみなみふらの）

シモンズ製のベッドは快適な寝心地

令和4（2022）年6月23日に「道の駅南ふらの」に隣接してオープン。アウトドアショップも開業し、観光やグルメ、アクティビティの拠点として利用できる。客室はシンプルなツインとダブル。道の駅内のレストランでは鹿肉カレー、ジャガイモ料理など、地元の食材を使ったメニューが味わえる。

ホテルは自然になじんだ3階建てで全78室

住 空知郡南富良野町幾寅555-1
TEL 06-6743-4750（9:00〜18:00、日曜・祝日、年末年始を除く）
交 **道の駅南ふらの**バス停から徒歩2分
料 1泊1室1万4520円〜（最大2名まで宿泊可）
URL www.marriott.co.jp/ctsfm

徒歩15分

15:00
札幌のシンボル
札幌市時計台で記念撮影 ▶P.111
札幌に来たならマストの観光スポット。道を挟んだビルの2階にも撮影スポットがある。

徒歩5分

15:45
さっぽろテレビ塔と記念撮影
大通公園を散策 ▶P.111

テレビ塔から大通公園を眺めたら、公園内を散策。緑が多く、噴水や花壇の花に癒やされる。

徒歩5分＋市電20分＋ロープウエイ12分

17:30
もいわ山展望台からの
夜景をうっとり

山頂からの夜景は日本新3大夜景のひとつ。札幌市街の街明かりが宝石のように輝く。
URL mt-moiwa.jp

ロープウエイ12分＋市電20分＋徒歩5分

19:00
すすきので
札幌グルメに舌鼓

北海道最大の歓楽街すすきのには、さまざまな飲食店が集中。

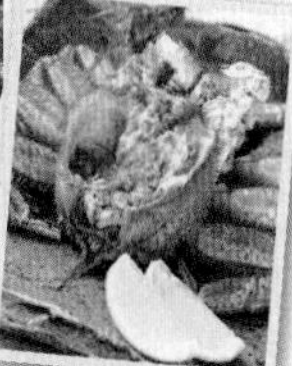

海鮮やジンギスカン、シメにはパフェと、食べ歩きが楽しめる。

3日目

小樽駅前の大通り

8:30 JR札幌駅

鉄道40分

9:10 JR小樽駅

徒歩15分

9:25
小樽運河を眺め ▶P.112
遊歩道を散策

小樽駅から手宮線跡地や旧銀行建築の建物などを眺めながら、小樽運河を眺められる浅草橋へ。

徒歩5分

10:30
幻想的な光に包まれる
ステンドグラス美術館 ▶P.114

小樽芸術村にある美術館のひとつで、壁一面にステンドグラスが飾られ、教会にいるような雰囲気。

徒歩8分

12:00
ランチは**なるとの半身揚げ**

小樽のソウルフード、若鶏の半身揚げといえば「なると」。カラッと揚がった鶏肉はジューシー。若鶏定食1250円。
▶**若鶏時代なると**
住 小樽市稲穂3-16-13
開 11:00～23:00 休 無休
URL otaru-naruto.jp

徒歩15分

13:00
堺町通り散策して
北一硝子三号館へ ▶P.115

堺町通りには小樽ガラスやスイーツの店が並ぶ。北一硝子三号館にはあらゆるガラス製品が集結。

徒歩15分

15:00 JR小樽駅

鉄道90分

16:30 JR新千歳空港駅

新千歳空港でおみやげをゲット！

おすすめ！泊まるならココ

朝里川温泉にある蔵をイメージ
小樽旅亭 蔵群（おたるりょてい くらむれ）

客室はモダンで上質なプライベート空間

小樽から車で30分ほどの朝里川温泉にある。中庭を囲んで回廊でつながった蔵のような客室は全室温泉付き。こだわりの調度品に囲まれ、床に座ってくつろげるようになっている。大浴場には露天風呂も完備。小樽を中心に選りすぐりの道産食材を使った夕食は五感を刺激してくれる。

ここでしか食べられない一品を追求した料理

住 小樽市朝里川温泉2-685
TEL 0134-51-5151
交 JR**小樽築港駅**から車で20分（無料シャトルバスあり）
料 1泊2食付き2名で8万5800円～
URL www.kuramure.com

2泊3日で巡る 北海道 道東コース（知床・阿寒湖・釧路湿原）

世界遺産の知床で大自然を満喫し、摩周湖、阿寒湖、釧路湿原を巡る道東のハイライト。

ウトロ
オシンコシンの滝
知床峠
知床ネイチャークルーズ
START
女満別空港
屈斜路湖
摩周湖
阿寒湖
納沙布岬
釧路市湿原展望台
細岡展望台
たんちょう釧路空港
和商市場
GOAL

1日目

9:00 女満別空港（めまんべつ） 予約しておいたレンタカーで出発

車 60分

10:00 どこまでも真っ直ぐな **天に続く道**をドライブ

国道334号と224号線を走る、18kmの直線ルート。地平線まで続く道を爽快ドライブ。絶景写真が撮れる展望台もある。

車 20分

10:35 水しぶきを浴びる **オシンコシンの滝**

海沿いにあり、森から2本になって流れ落ちるダイナミックな滝を下から眺められる。

車 25分

11:10 世界遺産**知床五湖** ▶P.108 高架木道をウォーク

クマザサの中に付けられた高架木道は段差がなく歩きやすい。片道約20分で知床五湖のひとつ、一湖まで行くことができる。

車 20分

▶**海鮮料理番屋**
住 斜里町ウトロ香川180
TEL 0152-24-3055
開 11:00〜14:00、17:00〜20:30
休 不定休

12:30 **ウトロ**で**海鮮**ランチ

ボタンエビ、カニ、イクラ、カレイやタコ、カニの卵などがのった贅沢な海鮮丼3000円。

車 5分

14:30 知床観光船**おーろら**で **知床沿岸クルーズ** ▶P.109

カムイワッカの滝航路（所要約1時間30分）に乗船。オホーツク沿岸の断崖や滝、ヒグマの姿が見られることも。

知床エリアの宿に宿泊

2日目

7:45 ウトロ温泉から出発

車 30分

8:15 **知床峠**から**羅臼岳** **国後島**を眺める

知床横断道路の最高地点にある知床峠は、目の前に羅臼岳が大きくそびえる。天気がよければ海の向こうに国後島が見える。

車 25分

おすすめ！泊まるならココ

眺望、温泉、旬の海の幸を楽しめる知床の拠点

北こぶし知床（きたこぶししれとこ） ホテル&リゾート

露天風呂付きデラックスツインの客室

「流氷を見渡せるサウナ」もある

ウトロ港を見下ろす好ロケーションにあり、ほとんどの部屋は大きな窓の外に海が広がり、冬は流氷が眺められる。自慢の温泉を展望大浴場と露天風呂で楽しめるほか、流氷と木の洞窟をイメージした広いサウナもある。夕食はビュッフェ形式のダイニング、またはグリルレストランで、知床の旬の味を堪能できる。

住 斜里郡斜里町ウトロ東172
TEL 0152-24-3222（平日10:00〜18:00）
交 **ウトロ温泉バスターミナル**から徒歩5分
料 スタンダードツイン1泊2食付き1人1万5000円〜
URL www.shiretoko.co.jp

9:00 **知床ネイチャークルーズ**で
シャチやクジラをウォッチ ▶P.109

羅臼から根室海峡をクルーズ。夏季のクルーズでは時期によりイルカ、シャチ、クジラなどが見られる。所要約2時間30分

車 140分

15:00 断崖の上の**展望台**から
摩周湖の絶景を眺める ▶P.110

断崖の上に摩周第一展望台と第三展望台があり、荒々しい摩周岳や、摩周湖ブルーの美しい水を眺められる。

車 60分

16:30 **阿寒湖アイヌコタン**で ▶P.110
アイヌアートに触れる

通りの両側にアイヌ伝統工芸品の木彫りや、アイヌ文様を刺繍した小物などを販売する店が並ぶ。

徒歩 数分

17:30 **阿寒湖温泉**の宿にチェックイン

徒歩 数分

20:00 **アイヌ**の**伝統舞踊**と ▶P.110
幻想的な**デジタルアート**を鑑賞

アイヌシアターイコロでは毎日、アイヌ古式舞踊や、舞踊とデジタルアートが融合した「ロストカムイ」を上演。

徒歩 数分

阿寒湖温泉の宿に宿泊

3日目

9:00 **阿寒湖観光汽船**で ▶P.110
マリモを見に行く

阿寒湖を船で約1時間25分のクルーズ。途中でチュウルイ島に立ち寄り、天然記念物のマリモを見られる。

車 75分

11:45 **釧路和商市場**で ▶P.116
My海鮮丼**「勝手丼」**を作る!

ずらりと並ぶ魚介から好きな具材を選んで、自分だけの海鮮丼「勝手丼」を作って食べよう！

車 30分

13:15 展望台遊歩道を歩いて
広い**釧路湿原**を眺める ▶P.110

湿原展望台遊歩道を一周。途中のサテライト展望台からは地平線まで続く湿原の雄大な景色が広がる。

車 20分

14:45 たんちょう釧路空港

便数が少ないので帰りの便は要チェック&レンタカー返却

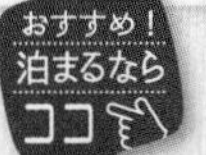

阿寒湖畔にあるワンランク上の上質な宿
あかん鶴雅別荘 鄙の座

湖に面した「湖の座スイート」の客室

全5タイプある客室はすべて露天風呂付きのスイートルームという、鶴雅グループのなかでもトップクラスの宿。客室以外にも温泉大浴場があり、内風呂には岩盤浴を完備。7階の露天風呂からは阿寒湖が一望できる。夕食は季節感のある見た目も美しい料理。特別なものを除きドリンクも追加料金なしでいただける。

7階にある露天風呂「石室の湯 金の弓」

住 釧路市阿寒町阿寒湖温泉2-8-1
TEL 0154-67-5500
交 **阿寒バスターミナル**から徒歩3分（送迎あり）
料 1泊2食付き1人3万9850円～
URL www.hinanoza.com

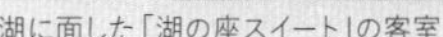

北海道の歩き方

稚内・利尻・礼文
礼文島 稚内
利尻島
紋別
名寄
網走
富良野・美瑛・旭川
旭川
知床半島と周辺
小樽と
積丹半島周辺
美瑛
阿寒摩周
国立公園
富良野
小樽
札幌
札幌と周辺
帯広
釧路
釧路・阿寒・
摩周湖
苫小牧
室蘭
十勝・帯広
函館
函館と道南

▶北海道さっぽろ観光案内所
住札幌市北区北6条西4丁目
（JR札幌駅西コンコース北口）
TEL 011-213-5088
開10:00～17:30　休年末年始
URL www.sapporo.travel

▶札幌地下鉄
南北線、東西線、東豊線の3路線がある。さっぽろ駅に東西線と東豊線、大通駅には3路線が乗り入れており、JR札幌駅に直結している。
料210～380円（乗車区間による）
URL www.city.sapporo.jp/st

▶札幌市電
路線はループ状になっていて外回り、内回りの2路線が循環。狸小路、すすきの停留所などでは地下鉄に乗り継ぎできる。
料1回200円（地下鉄の乗り継ぎ330円～）
URL www.stsp.or.jp

レトロな車両から「シリウス」と呼ばれる最新型もある札幌市電

▶小樽国際インフォメーションセンター
住小樽市色内2-1-20
（運河プラザ内）
TEL 0134-33-1661
開9:00～18:00　休無休
交JR**小樽駅**から徒歩10分
URL otaru.gr.jp
このほか、JR小樽駅構内にも案内所がある

札幌と周辺

支笏湖は透明度が高く何度も水質日本一に選ばれている

北海道の経済の中心で、観光の拠点としても便利なのが札幌。札幌から道内各地へ列車やバスで行くことができる。札幌から日帰りで行ける観光スポットは、小樽のほか、札幌の奥座敷と呼ばれる定山渓（じょうざんけい）温泉、さらに支笏（しこつ）湖、**洞爺湖** P.115、登別温泉などがある。

▶新千歳空港から札幌の中心まで
札幌駅まで新千歳空港駅からエアポートライナーで37分。バスで約1時間。

小樽と積丹（しゃこたん）半島周辺

積丹半島の絶景スポット、神威岬は先端まで遊歩道がある

連続テレビ小説『マッサン』の舞台、ニッカウヰスキー余市蒸溜所

札幌から約40kmの**小樽**は、かつて北海道の中心として栄えた町。運河や歴史ある建物が見どころになっている。小樽の東に**ニッカウヰスキー余市蒸溜所**のある**余市（よいち）**があり、その先は積丹半島。積丹ブルーと呼ばれる美しい海と、夏のウニが名物だ。

▶札幌～小樽のアクセス
JR線（函館本線）　札幌駅から**快速エアポート**で小樽駅まで約32分。普通列車で48～50分。
バス　札幌駅前ターミナルから小樽駅前まで**高速おたる号**が10～30分間隔で運行。所要約1時間、料金680円。

足を延ばせば

山を眺めながらドライブするのも楽しい

羊蹄山がそびえるニセコ　積丹半島の南に位置するニセコエリアは、羊蹄山の山裾に広がるリゾート。夏は川や山でのアクティビティ、冬はスキーが楽しめる。湯量豊富な温泉が湧き、温泉自慢の宿も多い。そのニセコのシンボルが標高1898mの羊蹄山。美しい山容から蝦夷富士と呼ばれる北海道の名山だ。
URL www.niseko-ta.jp

info 新千歳空港駅からの**快速エアポート**は札幌駅を経由して**小樽駅**まで行く便が2～3便に1便があるので、先に小樽を観光をするのもいい。URL www.jrhokkaido.co.jp/airport

富良野・美瑛・旭川

田園風景が広がる美瑛の丘

北海道の中心地にあたるエリア。北から南へ旭川〜美瑛〜富良野と国道237号線沿いに続いている。**富良野**は上富良野町、中富良野町、富良野市の総称である。富良野の**ファーム富田**P.109、美瑛の**白金 青い池**P.109、旭川の**旭川市旭山動物園**P.112と、北海道のハイライトが集中する人気のエリアだ。

▶旭川空港から道央の各町へ

旭川駅へは旭川電気軌道バスで35分。**ふらのバスラベンダー号**は美瑛駅まで15分、富良野まで約1時間。

▶旭川駅から富良野・美瑛へ

JR富良野線が運行。美瑛、美馬牛(びばうし)、上富良野、中富良野、富良野などに停車する。旭川から美瑛まで約20分、富良野まで約1時間10分。

プチ雑学

花人街道のガーデンのひとつで眺めのいい日の出公園

絶景フラワーロード　美瑛・富良野から占冠にかけての国道237号線沿いには、ファーム富田を始めとする花畑が点在し「花人街道」の愛称で親しまれている。また、大雪〜富良野〜十勝の約250kmは「北海道ガーデン街道」と名付けられ、旭川の上野ファーム、富良野の風のガーデン、十勝の紫竹ガーデンP.114など、北海道の代表的な8つのガーデンが点在する。

函館と道南

大沼は北海道唯一の国定公園

道南の拠点は**函館**。函館は青森と**青函トンネル**で結ばれ、新幹線で行くことができる本州から最も近い北の大地だ。

函館空港から市内へはシャトルバスで約20分。空港と函館市街の間に**湯の川温泉**があり、近郊の**大沼**は湖と**駒ヶ岳**の美しい景観が広がるネイチャースポット。同じく**渡島(おしま)半島**には松前、江差(えさし)など歴史的な見どころもある。

▶新函館北斗駅（新幹線）から市内へ

北海道新幹線

北海道新幹線の終着駅、新函館北斗駅から函館の中心にあるJR函館駅へは**はこだてライナー**で20分。函館で乗り継いで札幌方面へ行く場合も、いったん函館駅へ行かなくてはならない。

▶JR富良野駅横 インフォメーションセンター
住 富良野市日の出町1-30
TEL 0167-23-3388（ふらの観光協会）
開 9:00〜18:00　休 無休
URL www.furanotourism.com

▶美瑛観光案内所
住 上川郡美瑛町本町1-2-14（四季の情報館内）
TEL 0166-92-4378
開 6〜9月8:30〜19:00
5·10月8:30〜18:00
11〜4月8:30〜17:00
休 年末年始
交 JR**美瑛駅**から徒歩2分
URL www.biei-hokkaido.jp

▶旭川観光物産情報センター
住 旭川市宮下通8-3-1（JR旭川駅東コンコース）
TEL 0166-26-6665
開 6〜9月8:30〜19:00
10〜5月9:00〜19:00
休 12/31〜1/2
URL www.atca.jp/kankou

▶函館市観光案内所
住 函館市若松町12-13（JR函館駅構内）
TEL 0138-23-5440
開 9:00〜19:00　休 年末年始
URL www.hakobura.jp

▶函館空港総合案内所
住 函館市高松町511（国内線ターミナル1階到着ロビー）
TEL 0138-57-8881
開 8:00〜19:30頃　休 無休

▶函館市電
路線は2系統あり、湯の川温泉〜函館駅前〜十字街〜函館どつく前、または十字街〜谷地頭を結ぶ。ベイエリア、元町、五稜郭など、観光スポットへの足として便利。
料 1回券210〜260円、1日券600円

観光の足にも便利な函館市電

▶北斗市観光案内所
住 北斗市市渡1-1-1 北斗市観光交流センター内（JR新函館北斗駅に隣接）
TEL 0138-84-1147
開 9:00〜19:00　休 無休
URL hokutoinfo.com

info 札幌と富良野を結ぶ観光列車**フラノラベンダーエクスプレス**が1日1往復（2022年は6/18〜8/14は毎日、6/11·12と8/20〜28は土·日曜）運行。（札幌7:53 発→ 富良野9:49 着、富良野駅16:51 発→札幌 18:50着）。URL www.jrhokkaido.co.jp

十勝・帯広

上士幌町の日本一広いナイタイ高原牧場

北海道の13%を占める十勝は**帯広**を中心に北十勝、南十勝に分けられる。**大雪山**(たいせつさん)や**日高山脈**の山々と海に挟まれて広がる大平原は農業や酪農が盛んで、パッチワークのような田園風景や牧場風景は、北海道のイメージそのもの。最南端には**襟裳岬**(えりも)がある。

釧路・阿寒・摩周湖

阿寒観光汽船と雄阿寒岳

北海道のなかでもワイルドな自然に触れることができる道東エリア。南は太平洋に面した釧路、北はオホーツク海に面した網走、東は日本本土最東端の**納沙布岬**(のさっぷ)と海の絶景が広がる。いっぽう内陸部には**阿寒湖**P.110、**摩周湖**P.110、**屈斜路湖**(くっしゃろこ)といった湖が点在する秘境。原生林の森は野生動物の宝庫だ。

▶たんちょう釧路空港からのアクセス

釧路市街へは高速連絡バスで45分。阿寒湖温泉へ空港連絡バスで1時間15分。

知床半島と周辺

ウトロ側にある知床五湖

羅臼側のネイチャークルーズ

道東の北東部、海に突き出す知床半島は平成17(2005)年にユネスコの世界遺産に登録された。

知床の拠点となる町は**ウトロ**と**羅臼**(らうす)。半島の北と南にあり、**知床横断道路**(国道334号線)で結ばれている。

ウトロ側は**知床五湖**P.108散策や**知床半島沿岸クルーズ**、羅臼側はシャチやクジラを見る**ネイチャークルーズ**P.109で、知床の自然を体感できる。

観光砕氷船おーろら

オホーツク海の流氷　例年1月下旬に、ロシアのジャンタル諸島あたりで生まれ、オホーツク海に向かって広がる流氷。2月の最盛期には海全体が氷に覆われ、真っ白な流氷原となる。この時期、流氷の海をクルーズする砕氷船が運航される。網走発の「網走流氷観光砕氷船おーろら」と、紋別発の「流氷観光船ガリンコ号」だ。

▶とかち観光情報センター
住 帯広市西2条南12丁目(JR帯広席駅エスタ東館2階)
TEL 0155-23-6403
開 9:00～18:00頃　休 年末年始
URL obikan.jp

▶帯広空港からのアクセス
連絡バスで帯広駅バスターミナルまで約40分。市内の主要ホテルを巡回するルートもある。

▶釧路市観光案内所
住 釧路町北大通14丁目(JR釧路駅内)
TEL 0154-22-8294
開 9:00～17:30　休 12/29～1/3
URL ja.kushiro-lakeakan.com

▶阿寒湖まりむ館 観光インフォメーションセンター
住 阿寒町阿寒湖温泉2-6-20
TEL 0154-67-3200
開 9:00～18:00(年末年始は短縮)
休 無休
交 **阿寒湖バスセンター**から徒歩約5分
URL ja.kushiro-lakeakan.com

▶JR摩周駅観光案内所
住 川上郡弟子屈町朝日1-7-26
TEL 015-482-2642
開 5～10月9:00～17:00
11～4月10:00～16:00　休 無休
URL www.masyuko.or.jp

▶知床ウトロ観光案内所
住 斜里郡斜里町ウトロ西186-8(道の駅うとろ・シリエトク内)
TEL 0152-24-2639
開 5～10月8:30～18:00
11～4月9:00～17:00
休 12/29～1/3
交 **ウトロ温泉バスターミナル**から徒歩約5分
URL www.shiretoko.asia

▶知床羅臼観光案内所
住 目梨郡羅臼町本町361-1(道の駅知床・らうす内)
TEL 0153-87-3330
開 4～9月9:00～17:00
10～3月10:00～16:00
休 12/28～1/5
交 JR**知床斜里駅**から車で約90分
URL rausu-shiretoko.com

▶知床五湖のマイカー規制
8月1～25日(予定)のハイシーズンは、知床五湖の駐車場までマイカーで行くことができない。ウトロ温泉バスターミナル、または途中の知床自然センターからシャトルバス利用となる。

info **屈斜路湖**は周囲57kmある日本最大のカルデラ湖。中央に浮かぶ**中島**は、淡水湖の島としては日本最大。**道の駅ぐるっとパノラマ美幌峠**(URL hokkaido-michinoeki.jp/michinoeki/2502)の上の展望台から湖全体が一望できる。

▶**女満別空港からのアクセス**

空港連絡バスで網走バスターミナルまで約35分。ウトロ（ウトロ温泉バスターミナル）へは**知床エアポートライナー**（季節運航）のバスで約2時間10分。

稚内・利尻・礼文

利尻島、オタトマリ沼からの利尻山

北海道最北端の**稚内**は、宗谷海峡を隔ててロシアのサハリンと対峙する地。**宗谷岬**P.114は北緯45度31分22秒で「日本本土最北端の地の碑」が立つ。稚内の西の海上には**利尻島**P.113、**礼文島**P.113が浮かぶ。利尻山がそびえる絶景の利尻島、高山植物が多く「花の浮島」と呼ばれる礼文島へは、稚内からフェリーで行くことができる。

▶**利尻・礼文島へのフェリー**

稚内フェリーターミナルからハートランドフェリーが利尻島の鴛泊港、礼文島の沓形港を結んでいる。利尻島の鴛泊港～利尻島の香深港のフェリーも運航。うまくつなげば稚内から日帰りも可能。

▶**道東エリアの空港**

道東への入口は、たんちょう釧路空港または女満別空港。釧路や釧路湿原、阿寒湖は釧路空港が便利だが、屈斜路湖、摩周湖、知床へは女満別空港のほうが近い。東側の羅臼や根室は根室中標津空港も利用できる。

▶**稚内市観光案内所**

住 稚内市中央3-6-1 キタカラ1階（JR稚内駅直結）
TEL 0162-24-1216
開 10:00～18:00　休 12/31～1/5
URL www.welcome.wakkanai.hokkaido.jp

▶**利尻富士町観光案内所**

住 利尻郡利尻富士町鴛泊字港町235（鴛泊港フェリーターミナル海の駅おしどまり内）
TEL 0163-82-2201
開 4/15～10月8:00～18:30
休 11月～4/14　URL rishirifuji.jp

▶**礼文島観光案内所**

住 礼文郡礼文町香深村字（香深フェリーターミナル）
TEL 0163-86-2655
開 4月～10月中旬8:00～17:00
休 10月下旬～3月
URL www.rebun-island.jp

見どころMAP

宗谷岬 P.114
P.113 礼文島
P.113 利尻島
P.109 知床の流氷
P.108 知床五湖
P.116 博物館網走監獄
展望花畑 P.109 四季彩の丘
P.112 旭川市旭山動物園
P.109 ファーム富田
白金 青い池 P.109
摩周湖 P.110
阿寒湖 P.110
P.116 ナイタイ高原牧場
積丹半島 P.115
釧路湿原 P.110
釧路和商市場 P.116
ばんえい十勝 P.116
P.115 洞爺湖
紫竹ガーデン P.114
星野リゾート トマム 雲海テラス P.112

小樽市中心部

竜宮通り
運河プラザ
小樽運河 P.112
中央通り
小樽駅
小樽芸術村 P.114
日銀通り
寿司屋通り
函館本線
北一硝子三号館 P.115
0　500m

函館市中心部

P.116 五稜郭公園
五稜郭タワー P.116
函館本線
函館市電
函館駅
函館朝市 P.114
P.115 旧函館区公会堂
金森赤レンガ倉庫 P.115
函館山 P.113
0　2km

札幌市中心部

函館本線
札幌駅
地下鉄東豊線
P.111 札幌市時計台
大通公園 P.111
地下鉄東西線
札幌市電
さっぽろテレビ塔 P.111
すすきの駅
地下鉄南北線
札幌市円山動物園
0　2km

info **帯広競馬場**の入口にある**とかちむら**には農産物の直売所と飲食店やショップがある。**ばんえい十勝**P.116開催日以外も営業している（店舗により異なる、水曜定休）。URL www.tokachi-mura.com

北海道の見どころ

富良野・美瑛・旭川

ZOOM UP!

まるでフラワーカーペット 富良野・美瑛で色彩の波を体感!

大地を覆う花の絨毯はまさにザ・北海道、
スケールの大きさに圧倒される。
短い夏に一気に訪れる絶景を堪能しよう。

知床半島と周辺

ZOOM UP!

海と山の動物が共生する 知床の自然を満喫しよう

陸にはヒグマやエゾシカ、海にはアザラシやシャチなど野生動物の楽園、知床。
冬は流氷観光も楽しめる。

世界遺産・知床を歩いて楽しむ

知床五湖（しれとこごこ）

知床半島にある5つの湖の総称。入口から一湖まで行く高架木道と、五湖すべてを巡れる地上遊歩道がある。事前に散策時期や方法の確認を。

住 斜里郡斜里町岩宇別549
TEL 0152-24-3323（知床五湖フィールドハウス） 開 4月下旬〜11月上旬（予定）の8:00〜18:30（季節により変動）
休 期間中無休
交 ウトロ温泉バスターミナルから車で20分
URL www.goko.go.jp

ラベンダー畑ブームの先駆者

ファーム富田（ふぁーむとみた）

斜面に広がる北海道を代表するガーデン。12もの花畑があり、虹色の**彩りの畑**やラベンダー畑が美しい。見頃は6月下旬～8月上旬。

住 空知郡中富良野町基線北15
TEL 0167-39-3939
開 入場自由
園内施設は8:30～18:00（施設、季節による）
休 無休（臨時休園あり）
交 JR**中富良野駅**から車で5分（ラベンダーシーズン中はJR**ラベンダー畑駅**から徒歩7分）
URL www.farm-tomita.co.jp

偶然生まれた青の絶景

白金 青い池（しろがねあおいいけ）

土石流を堰き止める**砂防施設**に美瑛川の水が溜まった池。温泉成分を含んでおり、太陽光が当たると青く輝く。池沿いに約100mの遊歩道が整備されている。

住 上川郡美瑛町白金
TEL 0166-94-3355（道の駅びえい「白金ビルケ」） 開 入場自由
交 JR**美瑛駅**から車で20分
URL biei-shiroganeaoiike.business.site

美瑛の丘を象徴するガーデン

展望花畑四季彩の丘（てんぼうはなばたけしきさいのおか）

「丘のまち美瑛」の丘陵地帯を覆うスケールの大きなガーデン。広い園内は**トラクターバス**で巡ることも。

住 上川郡美瑛町新星第3
TEL 0166-95-2758
開 8:40～17:30（季節による）
休 無休（施設による）
料 7～9月は500円
交 JR**美瑛駅**から車で15分
URL www.shikisainooka.jp

『北の国から』のロケ地 五郎の石の家

富良野には『北の国から』のロケ地が点在。黒板五郎が最後まで住んだ「石の家」や、敷地内に「最初の家」もある。

住 富良野市東麓郷1
TEL 0167-23-3388（ふらの観光協会）
開 4月中旬～11月初旬の9:30～18:00（季節により変動）
休 期間中無休 料 500円
交 JR**富良野駅**から車で25分

流氷ウォークも体験できる

知床の流氷（しれとこのりゅうひょう）

1月下旬～3月にかけての厳冬期、北からの使者がオホーツク海を南下し、海は白い流氷原となる。ウトロでは**流氷ウォーク**、羅臼では**流氷クルーズ**を開催。

▶流氷ウォーク®
住 斜里郡斜里町ウトロ西187-8
TEL 0152-22-5522
開 2～3月（流氷の状況による）
料 6000円（前日までに要予約）
交 道の駅うとろ シリエトク集合
URL www.shinra.or.jp

▶流氷・バードウオッチング
住 TEL URL 下記の知床ネイチャークルーズ参照
開 1月下旬～3月中旬
料 4400円～

流氷ウォーク

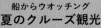

船からウオッチング

夏のクルーズ観光

ウトロでは知床半島沿いに断崖や滝を眺める観光船の運航、羅臼では根室海峡でシャチやクジラを観察するアニマルウオッチングクルーズが楽しめる。

▶知床観光船おーろら
住 斜里郡斜里町ウトロ東107 TEL 0152-24-2146（道東観光開発）
開 4月下旬～10月下旬（秘境知床岬航路は6～9月） 料 3300円（秘境知床岬航路6800円） 交 **ウトロ温泉バスターミナル**から徒歩8分
URL www.ms-aurora.com/shiretoko/sightseeing

▶知床ネイチャークルーズ【クジラ・イルカ・バードウオッチング】
住 目梨郡羅臼町本町2 TEL 0153-87-4001 開 4月下旬～10月中旬
料 8800円～ 交 **羅臼営業所**バス停から徒歩10分 URL www.e-shiretoko.com

ZOOM UP!

道東の美景を巡る 釧路湿原・阿寒湖・摩周湖

ラムサール条約で保護されている釧路湿原、
マリモで有名な阿寒湖、どこまでも深いブルーをたたえる摩周湖。
タンチョウが飛来する地を訪ねよう。

展望台から大湿原を眺める

釧路湿原（くしろしつげん）

地平線まで続く日本一広い釧路湿原。展望台からはその大きさを実感できる。約1時間で1周できる遊歩道も整備されている。

▶釧路市湿原展望台
住 釧路市北斗6-11　TEL 0154-56-2424
開 4〜9月8:30〜18:00
10〜3月9:00〜17:00　休 無休
料 480円　交 JR**釧路駅**から車で30分

展望とマリモ、アイヌ文化

阿寒湖（あかんこ）

マリモが生育する道東の秘湖。湖畔の阿寒湖温泉にはアイヌコタンがあり、工芸品や舞踊でアイヌ文化に触れられる。

マリモを見に行くクルーズが人気

道の両側に店が並ぶアイヌコタン

▶阿寒湖観光汽船
住 釧路市阿寒町阿寒湖温泉1-5-20
TEL 0154-67-2511
開 5月〜9月下旬8:00〜16:00
料 2000円　交 **阿寒湖バスセンター**から徒歩10分
URL www.akankisen.com

▶阿寒湖アイヌコタン
住 釧路市阿寒町阿寒湖温泉アイヌコタン
TEL 0154-67-2727（アイヌシアターイコロ）　開 アイヌコタンの見学自由（公演は有料）
交 **阿寒湖バスセンター**から徒歩10分
URL www.akanainu.jp

摩周ブルーの水をたたえる

摩周湖（ましゅうこ）

周囲約20kmの断崖に囲まれたカルデラ湖。最大水深210mあり、深いブルーの水が神秘的。第一と第三展望台から眺められる。

▶摩周第一展望台
住 川上郡弟子屈町弟子屈原野
TEL 015-482-1530（摩周湖レストハウス）
開 見学自由（駐車場500円）
交 JR**摩周駅**から車で約20分

開拓史がかいま見られる 北の100万都市 札幌 ZOOM UP!

札幌と周辺

北海道の中心都市・札幌。
都心に横たわる緑豊かな大通公園を歩き、
シンボルの時計台やテレビ塔を観光しよう。

展望台から市内を一望

緑を眺めながら散策を

大通公園の東にそびえ立つ展望スポット
さっぽろテレビ塔

昭和32（1957）年に完成した高さ147.2mの電波塔。エレベーターで約90mにある展望台フロアに上ると、大通公園や藻岩山（もいわやま）など郊外まで一望。

住 札幌市中央区大通西1
TEL 011-241-1131
開 9:00～22:00（最終入場21:50）
※イベントにより時間変更あり
休 年に3回ほど点検のため休業
料 展望台1000円
交 地下鉄**大通駅**から徒歩1分
URL www.tv-tower.co.jp

今も動く日本最古の振り子時計
札幌市時計台

北海道大学の前身、札幌農学校の演武場だった建物。毎正時に鐘が鳴る。館内1階は歴史資料室、2階のホールには、時計台と同型の展示時計が見られる。

住 札幌市中央区北1西2
TEL 011-231-0838
開 8:45～17:10（最終入場17:00）
休 無休　料 200円
交 JR**札幌駅**から徒歩7分
URL sapporoshi-tokeidai.jp

緑と水の都会のオアシス
大通公園

市街を北と南に分ける火防線だった、東西約1.5kmの公園。約4700本の木々が植えられ、噴水やオブジェが点在。「さっぽろ雪まつり」など季節のイベントも多数開催。

住 札幌市中央区大通西1～12
TEL 011-251-0438（大通公園管理事務所）
開 入場自由
交 地下鉄**大通駅**から徒歩すぐ

足を延ばせば

「チセ（家屋）」を再現した伝統的コタン

ウポポイでアイヌ文化を体感

白老町にある、国立アイヌ民族博物館と国立民族共生公園などからなるウポポイ（民族共生象徴空間）。アイヌ民族の歴史を学び、アイヌ古式舞踊の見学や体験をとおしてアイヌ文化に触れられる。カフェではアイヌ料理も食べられる。

住 白老郡白老町若草町2-3
TEL 0144-82-3914
開 9:00～18:00（曜日・季節による）　休 月曜（祝日の場合は翌平日）
料 1200円（特別展示や一部体験メニューは別途）
交 JR**白老駅**から徒歩10分
URL ainu-upopoy.jp

多彩な資料を展示
写真提供：（公財）アイヌ民族文化財団

小樽の繁栄を物語る歴史的建造物

小樽運河（おたるうんが）

大正から昭和にかけて、北海道経済の中心として栄えた小樽。海からの物資運搬のために大正12(1923)年、小樽運河が整備された。全長約1140mあり、運河沿いの遊歩道から倉庫群を眺めながら散策できるほか、**運河クルーズ**でも楽しめる。小樽駅から運河へ続く**色内大通り**（いろない）周辺はかつての金融地区で、重厚な銀行の建物が点在する。

ガス灯が配された運河沿い

生き生きとした動物たちが見られる

旭川市旭山動物園（あさひかわしあさひやまどうぶつえん）

自然に近い環境で、生き物の魅力を最大限引き出す工夫を凝らした**行動展示**が人気。プールで泳ぐカバやホッキョクグマをアクリル板を隔てて間近に見られるほか、空を飛ぶようなペンギンなど、動物本来の生態を観察できる。同じ地域に暮らす種類の違う動物を、同じ飼育場で展示する共生展示も。冬季の積雪期はペンギンの散歩が見られる。

水深3mの大プールを優雅に泳ぐカバ

2021年にリニューアルオープン

星野リゾート　トマム 雲海テラス（ほしのりぞーと とまむ うんかいてらす）

標高1239mの**トマム山**の山頂付近にある、雲海のビュースポット。令和3(2021)年にはメインデッキがリニューアルオープンし、張り出した展望スポットからは雄大な眺めが広がる。施設内には雲海をテーマにしたカフェもオープン。周辺にはほかにも6つのユニークなデッキがあり、さまざまなスタイルで展望を楽しめる。冬季は霧氷（むひょう）テラスとなる。

クラウドバーから眺める、眼下に流れる雲海

▶小樽運河
住 小樽市港町5
TEL 0134-32-4111（小樽市観光振興室）
開 見学自由
交 JR**小樽駅**から徒歩15分
URL otaru.gr.jp/shop/otarucanal
▶小樽運河クルーズ
TEL 0134-31-1733
開 11:00〜18:00（季節による）
休 1/1
料 1500円（デイクルーズ）
1800円（ナイトクルーズ）
URL otaru.cc

小樽運河クルーズ

▶旭川市旭山動物園
住 旭川市東旭川町倉沼
TEL 0166-36-1104
開 2022年度開園期間
4/29〜10/15 9:30〜17:15
10/16〜11/3 9:30〜16:30
最終入場は16:00
11/11〜4/9 10:30〜15:30
最終入場は15:00
休 2022年は11/4〜10、12/30〜2023年1/1
料 1000円
交 JR**旭川駅**からバスで約40分の**旭山動物園**下車、徒歩1分。札幌からは日帰りの定期観光バスも運行している
URL www.city.asahikawa.hokkaido.jp/asahiyamazoo

▶星野リゾート　トマム 雲海テラス
住 勇払郡占冠村字中トマム
TEL 0167-58-1111
開 2022年5/11〜10/14 5:00〜7:00（下り最終8:00、時期による）
休 期間中無休（荒天時運休）
料 ゴンドラ往復1900円（リゾナーレトマム ザ・タワー宿泊者は無料）
交 JR**トマム駅**から車で5分（無料シャトルバス利用可）
URL www.snowtomamu.jp/summer/unkai

info **小樽運河**の南半分は埋め立てられて幅20mほどしかないが、北側は当時のままの約40mある。運河のビュースポット、**浅草橋**から運河沿いを歩いて北運河まで15分ほど。

ふたつの海に挟まれた美しい夜景

函館と道南

函館山（はこだてやま）

日没後10～30分がベスト。混み合うので早めに

函館山は陸とつながったかつての島で標高334m。そのため山頂からは函館港と津軽海峡に挟まれたくびれ部分が見下ろせ、夜になると海の間に函館市街の灯りがキラキラと輝き、その美しさから**100万ドルの夜景**といわれる。日中は函館市街の向こうに駒ヶ岳や横津岳の山並みが眺められる。山頂には展望台、展望レストランやショップなどもある。

利尻富士がシンボルの島

稚内・利尻・礼文

利尻島（りしりとう）

オタトマリ沼と利尻富士

周囲63kmのほぼ丸い形をした島で、中央に標高1721mの**利尻山**がそびえる。美しいシルエットは**利尻富士**とも呼ばれ、島内各所からはもちろん、海を隔てた礼文島や本島沿岸から眺められる。島を一周する道路があり、オタトマリ沼、姫沼といった美しい沼が点在。利尻昆布とウニが名産。鴛泊（おしどまり）港と沓形（くつがた）港のフェリーターミナルと空港がある。

高山植物に彩られる花の浮島

稚内・利尻・礼文

礼文島（れぶんとう）

島の北部にある澄海岬

日本最北の離島、礼文島は稚内の西約60kmに浮かぶ、南北約30kmの細長い島。

花の浮島として知られ、レブンウスユキソウ、レブンアツモリソウほか固有種を含め、約300種類の植物が自生。島内には7本のトレッキングルートがあり、春から秋にかけてはハイカーでにぎわう。**澄海岬**（すかいみさき）や**スコトン岬**など絶景スポットも多数ある。

▶函館山

▶函館山ロープウエイ

住 函館市元町19-7

TEL 0138-23-3105（総合案内）

開 4/25～10/15 10:00～22:00
10/16～4月下旬10:00～21:00
所要約3分。上り最終便は終発のそれぞれ10分前

休 無休（10月中旬に法定整備点検のため運休期間あり）

料 片道1000円　往復1500円

交 函館市電**十字街**停留場から徒歩10分。山頂まではバスも運行（冬期は通行止）

URL 334.co.jp

▶利尻島

住 利尻郡利尻富士町・利尻町

TEL 0163-82-2201（利尻富士町観光案内所）

TEL 0163-84-2349（利尻町観光案内所）

交 **稚内港**から鴛泊港へハートランドフェリーで1時間40分。飛行機は新千歳空港（ANA、季節運行）と丘珠空港（JAL）が運航、所要約50分　※鴛泊から礼文島の香深港へ45分

URL www.rishiri-plus.jp

本場利尻島の利尻昆布

▶礼文島

住 礼文郡礼文町

TEL 0163-86-1001(礼文島観光協会)

交 **稚内港**から香深港へハートランドフェリーで1時間55分
※香深港から利尻島の鴛泊へ45分

URL www.rebun-island.jp

人気のトレッキングルート、桃岩展望台コースは所要約3時間40分

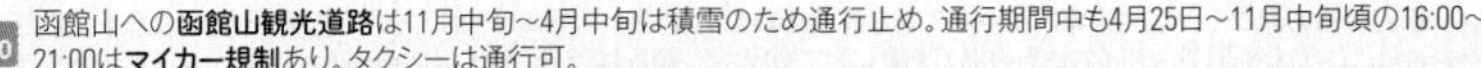
info 函館山への**函館山観光道路**は11月中旬～4月中旬は積雪のため通行止め。通行期間中も4月25日～11月中旬頃の16:00～21:00は**マイカー規制**あり。タクシーは通行可。

ステンドグラスの輝きに包まれる

小樽と積丹半島周辺

小樽芸術村

ステンドグラス美術館、似鳥美術館、旧三井銀行小樽支店、西洋美術館の4館からなる。ステンドグラス美術館にはイギリスの教会にあったステンドグラス約100点を展示。似鳥美術館は多彩な日本画や洋画のほか、ルイス・C・ティファニーのステンドグラスなどが見られる。

倉庫全体が幻想的な雰囲気

▶小樽芸術村
住 小樽市色内1-3-1
TEL 0134-31-1033
開 5～10月9:30～17:00
11～4月10:00～16:00
最終入場は30分前
休 11～4月の水曜（祝日の場合は翌日）、臨時休館あり
料 2900円（4館共通券）
交 JR小樽駅から徒歩10分
URL www.nitorihd.co.jp/otaru-art-base

海鮮丼の店や函館みやげが揃う

函館と道南

函館朝市

函館駅に隣接した市場で、海産物や野菜を販売する250以上の店舗と、海鮮丼の店が並ぶどんぶり横丁、イートインできるフードコートなどがある。どんぶり横丁には海鮮丼自慢の店が約20店舗あり、名物の活イカやウニ、ホタテ、イクラがのった豪華な丼が味わえる。

昭和31（1956）年に現在の場所に移転

▶函館朝市
住 函館市若松町9-19
TEL 0138-22-7981（函館朝市協同組合連合会）
開 6:00～15:00頃（店舗による）
休 店舗による
交 JR函館駅から徒歩1分
URL www.hakodate-asaichi.com

朝市の味処 茶夢の五色丼（1850円）。小鉢もたくさん付く

十勝平野に広がるカラフルな花畑

十勝・帯広

紫竹ガーデン

故紫竹昭葉さんが手がけた花畑で、十勝平野の1500坪という広大な敷地にテーマ別の22の花畑がある。150mの宿根ボーダーガーデン、パレット花壇などがあり、約2500種の花々が咲き誇る。レストラン&カフェでは十勝食材を使った弁当やバラのソフトクリームなどを提供。

東屋のまわりのリボン花壇

▶紫竹ガーデン
住 帯広市美栄町西4線107
TEL 0155-60-2377
開 4/22～11/3 8:00～17:00
休 期間中無休
料 1000円
交 とかち帯広空港から車で30分。またはJR帯広駅から車で40分
URL shichikugarden.com

宗谷海峡を挟んでサハリンと対峙する日本最北端の岬

稚内・利尻・礼文

宗谷岬

岬の先端、北緯45度31分22秒の場所に高さ5.44mの日本最北端の地の碑があり、人気の記念写真スポットになっている。岬の背後には宗谷岬平和公園と宗谷丘陵が広がり、黒牛が放牧された牧草地帯に50基を超える風力発電機が並ぶ。

「日本最北端の地」の碑

▶宗谷岬
住 稚内市宗谷村宗谷岬
TEL 0162-24-1216（稚内観光協会）
開 入場自由
交 JR稚内駅からバスで約50分の宗谷岬下車、徒歩すぐ
URL www.welcome.wakkanai.hokkaido.jp

宗谷丘陵と風力発電機

info 函館朝市の駅二（えきに）市場内の中央にある元祖活いか釣堀では、仕掛けの付いた竿を借りて水槽で泳ぐイカを釣り上げることができる。釣ったイカはその場で刺身にしてもらえる。値段は時価。URL asaichi-ekini.com

噴火活動が続く洞爺湖有珠山ジオパーク　札幌周辺

洞爺湖（とうやこ）

洞爺湖温泉が観光の拠点

周囲約42kmのカルデラ湖で中央に中島が浮かぶ。南岸には**洞爺湖温泉**、背後には活火山の**有珠山**（うすざん）がそびえ、ロープウェイの展望台からは湖が一望。**洞爺湖汽船**でクルーズも楽しめる。

▶洞爺湖
住 虻田郡洞爺湖町
交 JR**洞爺湖駅**からバスで約26分の**洞爺湖温泉**下車、徒歩すぐ
URL www.laketoya.com
▶洞爺湖汽船
TEL 0142-75-2137
開 9:00～16:30（季節による）
休 無休　料 1420円
URL www.toyakokisen.com
▶有珠山ロープウェイ
住 有珠郡壮瞥町字昭和新山184-5
TEL 0142-75-2401
開 8:15～17:30（季節による）
休 無休（点検運休あり）
料 往復1800円
URL usuzan.hokkaido.jp

あらゆる小樽ガラスが揃う　小樽と積丹半島周辺

北一硝子三号館（きたいちがらすさんごうかん）

小樽のメインストリート、堺町通りにある

ランプの製造から始まった**小樽ガラス**の代名詞とも言える北一硝子。明治期の漁業用倉庫を利用した店内は和・洋のフロア、カントリープラザからなり、食器からアクセサリーまで多様な製品を販売。

▶北一硝子三号館
住 小樽市堺町7- 26
TEL 0134-33-1993
開 8:45～18:00　休 無休
料 無料
交 JR**南小樽駅**から徒歩8分
URL kitaichiglass.co.jp

積丹ブルーの海が広がる絶景スポット　小樽と積丹半島周辺

積丹半島（しゃこたんはんとう）

神威岬の入口から続く遊歩道

日本海に突き出した半島。先端にある絶景スポットの**神威岬**（かむいみさき）は**積丹ブルー**と呼ばれる美しい海に囲まれ、遊歩道の突端からは海から突き出す神威岩が望める。6～9月の積丹ウニが有名。

▶積丹半島
▶神威岬
住 積丹郡積丹町草内
TEL 0135-44-3715（積丹町観光協会）
開 通行可能な時間帯は8:00～19:00（季節・天候による）
休 冬期閉鎖あり
交 JR**余市駅**から車で1時間
URL www.kanko-shakotan.jp

函館ベイエリアの観光&ショッピングスポット　函館と道南

金森赤レンガ倉庫（かねもりあかれんがそうこ）

レトロな赤レンガ倉庫群

函館湾のベイエリアにある明治期に建てられた倉庫群。**金森洋物館**、**BAYはこだて**、**函館ヒストリープラザ**、**金森ホール**などからなる。建物内はみやげ物屋を中心にカフェ、ギャラリーなどがある。

▶金森赤レンガ倉庫
住 函館市末広町13-9
TEL 0138-27-5530
開 9:30～19:00　休 無休
交 函館市電**十字街**停留場から徒歩5分
URL hakodate-kanemori.com

レトロな元町の坂の上のシンボル　函館と道南

旧函館区公会堂（きゅうはこだてくこうかいどう）

2021年4月にリニューアルオープン

明治43(1910)年に建てられた、明治期を代表する**擬洋風建築**。1階に食堂や事務所、2階は大広間と当時の家具が置かれた貴賓室などがある。ベランダからは函館湾が一望できる。

▶旧函館区公会堂
住 函館市元町11-13
TEL 0138-220-1001
開 4～10月9:00～18:00
（土・日・月曜9:00～19:00）
11～3月9:00～17:00
最終入場は30分前
休 12/31～1/3（臨時休館あり）
料 300円
交 函館市電**末広町**停留場から徒歩7分
URL hakodate-kokaido.jp

info **積丹ブルー**は、神威岬の手前にある**島武意**（しまむい）**海岸**でも見ることができる。階段で海岸まで下りることができ、透明度の高い海と奇岩の絶景を楽しめる。

函館と道南

星形の要塞を見下ろす展望スポット

五稜郭公園&五稜郭タワー

五稜郭は元治元(1864)年に完成した星形の西洋式城塞。幕末の箱館戦争の舞台となり、大正時代に公園として整備された。**五稜郭タワー**の展望室からは五稜郭公園全体を見渡せる。

春は桜の名所としても知られる

十勝・帯広

地平線まで広がる日本一広い牧場

ナイタイ高原牧場

東京ドーム358個分の広さがある牧場。夏は約250頭の牛が約10の群れに分かれて放牧されている。最上部にある**ナイタイテラス**からは牧場と十勝平野が一望できる。

牛が小さく見えるほどの広さ

十勝・帯広

観客も一緒に走って応援できる

ばんえい十勝

開拓期の農耕馬の力比べから始まったとされる**ばんえい競馬**。サラブレッドの約2倍もあるばん馬が、重い鉄そりをひいてふたつの障害物を越えてゴールする、世界で唯一の競馬だ。

迫力満点のレースを間近で観戦

釧路・阿寒・摩周湖

勝手丼が名物の釧路の台所

釧路和商市場

鮮魚店を中心に約50店舗が営業する市場。自分の好きな海鮮丼を作れる**勝手丼**が名物で、ご飯を購入してから、魚介の切り身を販売する店で好きな具材を選んで作る。

勝手丼の具材は4店舗で販売

知床半島と周辺

当時の刑務所の生活がわかる

博物館網走監獄

旧網走刑務所の建物を、広大な敷地に移築・復原した博物館。明治45(1912)年に建てられた放射状の舎房および8棟が国の重要文化財、6棟が有形文化財に登録されている。

旧網走監獄の舎房

▶五稜郭公園&五稜郭タワー

▶五稜郭公園
住 函館市五稜郭町
TEL 0138-31-5505
開 4~10月5:00~19:00
11~3月5:00~18:00
休 無休　料 無料(有料施設あり)
交 函館市電**五稜郭公園前**停留場から徒歩15分

▶五稜郭タワー
TEL 0138-51-4785
開 9:00~18:00
休 無休　料 900円(1·2階は無料)
URL www.goryokaku-tower.co.jp

▶ナイタイ高原牧場
住 河東郡上士幌町字上音更128-5(ナイタイテラス)
TEL 01564-7-7272(上士幌町観光協会)
開 4月下旬~10月下旬7:00~18:00
(6~9月7:00~19:00)
休 11月~4月中旬　料 無料
交 JR**帯広駅**から車で1時間15分
URL www.kamishihoro.jp/sp/naitai

▶ばんえい十勝
住 帯広市西13条南9
TEL 0155-34-0825
開 レースの開催日はウェブサイトを確認
交 JR**帯広駅**からバスで11分の**帯広競馬場前**下車。または駅から車で7分
URL banei-keiba.or.jp

▶釧路和商市場
住 釧路市黒金町13-25
TEL 0154-22-3226
開 8:00~17:00
休 日曜
料 市場は無料
交 JR**釧路駅**から徒歩3分
URL www.washoichiba.com

▶博物館網走監獄
住 網走市呼人1-1
TEL 0152-45-2411
開 9:00~17:00(季節による)
最終入場は1時間前
休 年末年始　料 1500円
交 JR**網走駅**から車で6分
URL www.kangoku.jp

info **五稜郭公園**では敵を防ぐための工夫がなされた石垣を間近に見られ、五稜郭を設計した**武田斐三郎**の碑や、平成22(2010)年に復元された**箱館奉行所**(URL hakodate-bugyosho.jp)などがあり、五稜郭の歴史や箱館戦争について学べる。

東北

東北地方は
新鮮なフルーツが盛りだくさん

6月にピークを迎えるサクランボ狩り

どうせ行くなら、
魅力UPの時期がいい
シーズンと旅先を
Check!

青森県 **奥入瀬渓流** ▶P.132

十和田湖を源流とする奥入瀬は東北を代表する景勝地。四季を通じて楽しめるが、とりわけおすすめなのは新緑に包まれる春。

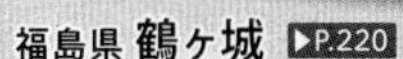

福島県 **鶴ヶ城** ▶P.220

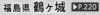

鶴ヶ城には1000本の桜が植えられており、天守閣との取り合わせがピクチャレスク。夜にはライトアップもされる。

おすすめ
春

気持ちがよすぎて
眠くなるニャ

岩手県 **小岩井農場** ▶P.151

岩手山の裾野に広がる小岩井農場。雪が解けて春が始まると、農場は緑であふれかえり、さまざまな花が咲き乱れる。

夏

福島県
五色沼自然探勝路 ▶P.221

夏でも涼やかな高原地域の景勝地。さまざまな色に映る五色沼を眺めながら、1時間30分ほどのハイキングを楽しもう。

青森県 **恐山** ▶P.131

宇曽利湖は、日本三大霊場のひとつ恐山にあるカルデラ湖。流れ出た硫黄が残り、幻想的な色に包まれることも。

山形県 **羽黒山** ▶P.205

出羽三山のひとつ羽黒山。参道である2446段の石段を上りながら本殿へと詣でれば、心が清められることだろう。

秋

岩手県 **猊鼻渓** ▶P.153

砂鉄川が石灰岩を浸食して作られた約2kmの渓谷。秋の船下りは、紅葉が水面に映り込み、特に美しい。

宮城県 **宮城蔵王キツネ村** ▶P.174

キツネは秋から冬にかけて毛が生え替わり、フワフワの冬毛に変身。写真を撮るならこの時期がオススメだ。

冬

イルミネーションが
まぶしいニャ

山形県 **山形蔵王** ▶P.203

全国的にも珍しい氷が付いた木々、樹氷が見られる山形蔵王。大自然が作り出したアートに酔いしれる。

宮城県
SENDAI 光のページェント ▶P.160

12月の上旬から大晦日にかけて、仙台市中心部のケヤキ並木にはイルミネーションが施され、幻想的に輝く。

秋田県
乳頭温泉郷 ▶P.185

寒い冬を心の底から温めてくれる温泉。ブナ林に囲まれた自然のなか、七つの名湯を巡ってみよう。

Pick Up 東北

テーマのある旅

1
8月2日

青森ねぶた祭

▶P.124

ねぶたと呼ばれる、明かりを灯した巨大な灯籠を山車に乗せて青森市内を練り歩く祭り。毎年のべ200万人以上の観光客でにぎわう。

開催時期:毎年8/2～7

アクセス

青森駅から秋田駅まで
▶JR奥羽本線**特急つがる**で**2時間45分**

鉄道利用で全制覇!

夏の東北6大祭り

8月上旬の東北は伝統ある夏祭りが目白押し! 東北3大祭りに数えられる「青森ねぶた祭」、「秋田竿燈まつり」、「仙台七夕まつり」に、「山形花笠まつり」、「盛岡さんさ踊り」、「福島わらじまつり」を加えた東北6大祭りのモデルルートを紹介。「福島わらじまつり」のみ開催日が毎年変動するので気をつけよう。

2
8月3日

秋田竿燈まつり

▶P.178

五穀豊穣などを願う秋田市の伝統行事。提灯をつるした竿燈を額や腰にのせる妙技を見ることができる。

開催時期:毎年8/3～6

アクセス

秋田駅から盛岡駅まで
▶秋田新幹線**こまち**で
1時間40分

info 車で祭りの会場へ行く場合、多くが近隣の**コインパーキング**を利用することとなるが、どこも**満車**で駐車できないこともしばしば。祭りの開催期間だけ1時間5000円もの高額料金を設定している駐車場も散見されるので注意が必要だ。

3
8月4日

盛岡さんさ踊り

▶P.142

世界一の太鼓数で行われる祭り。力強い太鼓の音に合わせて総勢2万人が目抜き通りを練り歩く光景は圧巻だ。

開催時期:毎年8/1～4

アクセス
盛岡駅から福島駅まで
▶東北新幹線**やまびこ**で**1時間40分**

4
8月5日

福島わらじまつり

▶P.214

江戸時代から400年以上続く羽黒神社の例祭。長さ12mもの巨大わらじを担ぎ、市街を練り歩く光景がこの祭りのハイライトだ。

開催時期:8月第1金～日曜
(2022年は8/5～7、2023年は8/4～6)

アクセス
福島駅から山形駅まで
▶山形新幹線**つばさ**で
1時間5分

5
8月6日

山形花笠まつり

▶P.196

県下最大級の祭り。笠を持ち華やかな衣装に身を包んだ踊り手が「ヤッショマカショ」の掛け声とともに躍動感ある笠回しを披露する。

開催時期:毎年8/5～7

アクセス
山形駅から仙台駅まで
▶JR仙山線で**1時間10分**

6
8月7日

仙台七夕まつり

▶P.160

例年200万人以上を動員するお祭り。アーケード街に施された飾り付けを鑑賞しながら散策しよう。

開催時期:毎年8/6～8

info **郡山**では福島わらじまつりと同じ日程で**郡山うねめまつり**が開催される。この祭りのシンボルは日本最大級の直径3.3mの**和太鼓**。迫力ある重音が響き渡り、町全体が熱気に満ちあふれる。

青森県

AOMORI

青森市

青森県

人口
123.8万人（全国31位）
面積
9646km²（全国8位）
県庁所在地
青森市
県花
リンゴ

いくべぇ®
青森県のAの形がかたどられている、あおもり観光マスコットキャラクター
©青森県観光連盟
青観連第145号

リンゴ
開花は4~5月頃。品種によって淡い桃色から白色までさまざま

本州の最北部、「みちのく」の最も「奥」にある青森県。40市町村で構成されている。太平洋側は南部地方、日本海側は津軽地方と呼ばれ、それぞれ異なる歴史や文化が育まれてきた。秋田県にまたがる白神山地P.133**、秋田県との県境には十和田湖**P.132**があり、西には岩木山**P.131**、中央には八甲田連峰**P.134**がそびえ、北には北海道とを隔てる津軽海峡へといたる、原生林や景勝地が数多く残されている自然豊かな地だ。**

旅の足がかり

青森市

江戸時代に開港し、北前船の通運で栄えた町。明治初期、弘前県が八戸県などを合併した際、ここに県庁所在地が置かれ、県名も青森県となった。青函航路の発着港でもあり、北海道と本土を結ぶ物流の拠点としても栄えた。青函トンネル開通により、青函連絡船は廃止されたが民間による青函航路はいまも本州と北海道を結ぶ大動脈だ。市内には、縄文時代屈指の遺跡でもある**三内丸山遺跡**P.130もあり、何千年も前から人々の営みが行われてきたことを示している。

弘前市

津軽氏が治める弘前藩の城下町として江戸時代に発展した。市の北西には霊峰として古くから崇拝されてきた**岩木山**P.131がそびえたつ。弘前はリンゴの県として有名な青森県のなかでも、特に栽培が盛んなことでも知られ、明治時代以来、その品質が高く認められてきた。岩木山の麓に広がるリンゴの果樹園は、弘前を象徴する光景となっている。

八戸市

八戸は岩手県北部にまでまたがる南部地方の中心都市。縄文時代の遺跡が数多く見つかっており、古くから人が住んでいたことがわかっているが、馬淵川と新井田川に挟まれた現在の八戸中心部ができあがったのは、江戸時代になって八戸藩が成立した頃のこと。以来「三八城（みやぎ）」と呼ばれる八戸城の城下町として発展してきた。

地理と気候

本州最北の県であり、北海道南部とも共通する冷涼な気候。県の南北を奥羽山脈が貫き、その中心にそびえるのが八甲田連峰。東側の南部地方と西側の津軽地方では、降水量が大きく異なっている。

【夏】「やませ」と呼ばれる太平洋側からの季節風が冷たく湿った空気を運んでくるため、南部地方は涼しく比較的多湿。津軽地方は高温となり乾燥している。

【冬】日本海側から吹く季節風により大雪となることが多く、特に八甲田山麓の酸ヶ湯（すかゆ）周辺は日本有数の豪雪地域。南部地方は乾燥し晴天の日が続く。

P.122～139 写真提供：青森県観光連盟　青森観光コンベンション協会　弘前市　八戸市博物館　十和田奥入瀬観光機構

アクセス

東京から ▸▸▸		所要時間
飛行機	羽田空港▶青森空港	1時間20分
新幹線	東京駅▶新青森駅（はやぶさ）	3時間20分
高速バス	バスタ新宿▶青森駅	11時間

北海道から ▸▸▸		所要時間
飛行機	新千歳空港▶青森空港	50分
新幹線	新函館北斗駅▶新青森駅（はやぶさ）	1時間
フェリー	函館港▶青森港	3時間40分

岩手から ▸▸▸		所要時間
新幹線	盛岡駅▶新青森駅（はやぶさ）	1時間
鉄　道	盛岡駅▶八戸駅（いわて銀河鉄道）	1時間50分
JR線	久慈駅▶八戸駅	1時間50分

秋田から ▸▸▸		所要時間
JR線	秋田駅▶青森駅（特急つがる）	2時間40分
JR線	大館駅▶弘前駅	45分

宮城から ▸▸▸		所要時間
新幹線	仙台駅▶八戸駅（はやぶさ）	1時間20分
高速バス	仙台駅▶青森駅	5時間

県内移動

▶青森駅から弘前駅へ

奥羽本線の普通列車で約45分。便数は少ないが、特急**つがる**や快速でも行ける。

▶新青森駅・青森駅から八戸駅へ

新青森駅から八戸駅まで新幹線なら約25分。青い森鉄道なら青森駅から約1時間30分。

▸▸▸アクセス選びのコツ

青い森鉄道　岩手県の**いわて銀河鉄道**に乗り入れており、八戸駅から乗り換えなしで、二戸駅、盛岡駅へ行ける。また、JR大湊線に乗り入れる快速**しもきた**は、八戸駅と大湊駅を約1時間40分で結ぶ。

JR在来線特急　奥羽本線の特急**つがる**は青森駅と秋田駅を約2時間40分で結ぶ。青森県内では、新青森駅、浪岡駅、弘前駅、大鰐温泉駅、碇ケ関駅に停車し、1日3便の運行。五能線経由で青森駅、弘前駅と秋田駅を結ぶ**リゾートしらかみ** P.135 P.191は1日3便の運行。

東京方面や仙台行きのバスが多く、**弘南バス**や**十和田観光バス**のほか、岩手県の**岩手県北バス**など隣県のバス会社も乗り入れる。県内主要都市間を結ぶ路線はほとんどない。

青森空港は羽田、新千歳、伊丹空港への便が多い。三沢空港は羽田空港に1日4便。伊丹空港と札幌丘珠空港に1便ずつ運行。

北海道方面は津軽海峡を渡り、函館へ向かうフェリーのほか、八戸と苫小牧を結ぶ便もある。

交通路線図

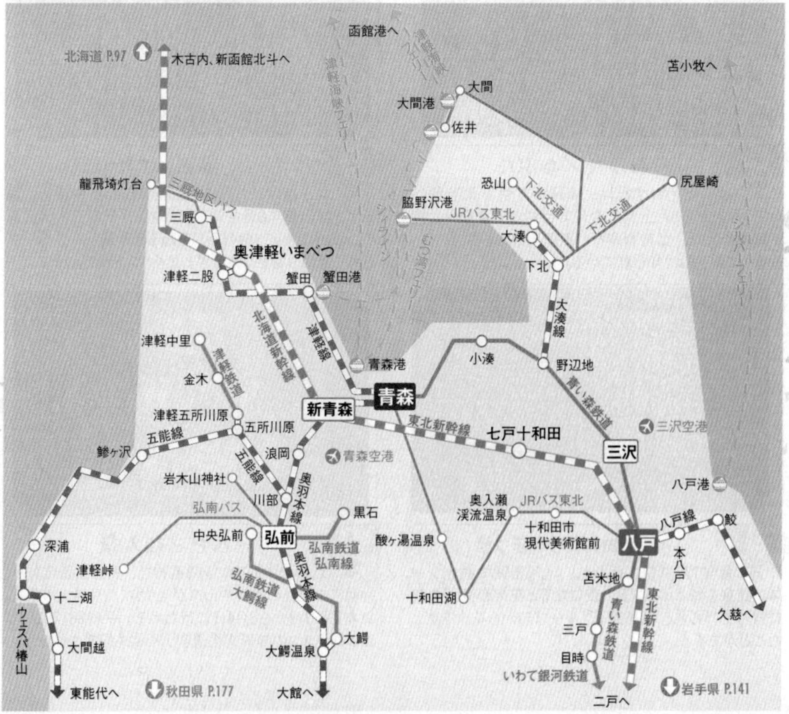

青森県

うちの県はここがすごい

一 世界一を誇った長いトンネル

青森県から北海道へいたる津軽海峡トンネルは、実に27年もの年月をかけて掘られたトンネル。貫通時は世界最長のトンネルであり、海底トンネルとしては現在も最長だ。

二 リンゴだけじゃない果実の王国

りんご県と呼ばれることもあるほどリンゴのイメージが強い青森県だが、あんずやカシスの国内生産量も日本一。青森ではあんずは梅のようにシソ漬けにされることも多い。

三 日本一大きな砂丘?猿ヶ森砂丘

下北半島の太平洋岸に広がる猿ヶ森砂丘は鳥取砂丘の3倍もの面積を誇る日本一大きな砂丘。ただ、ほぼ全域が防衛装備庁の管理下なので、観光は現実的ではない。

イベント・お祭り・行事

① ねぶた/ねぷた

ねぶた/ねぷたは、津軽地方や下北半島各地で7月末から8月上旬にかけて行われる夏祭り。特に青森ねぶた、弘前ねぷた、五所川原立佞武多(たちねぷた)がよく知られている。

② 黒石よされ

よされは、おもに青森県に伝わる民謡で、黒石よされは毎年8月中旬に行われ、「日本三大流し踊り」の流し踊り、櫓の周りを廻る廻り踊り、グループで踊る組踊りを軸にさまざまなイベントが行われる。

③ 十和田湖湖水まつり

毎年7月中旬に行われ、十和田湖の観光シーズン到来を彩るイベント。夜になると花火が湖上の空に打ち上げられ、湖を渡るクルーズ船から花火を楽しむことができる。

④ 八戸三社大祭

八戸の中心街にある龗神社、長者山新羅神社、神明宮の三社の神輿や山車が練り歩く八戸最大の祭礼。毎年7月31日から8月4日に行われる。平成28(2016)年にはユネスコの無形文化遺産リストにも記載された。

じゃっぱ汁

じゃっぱは「雑把」とも書き、魚の内臓や骨などを指す。津軽地方の郷土料理で、タラのアラを煮出し、ネギや大根と一緒にして味噌仕立てで食べる。タラのだしのうま味が野菜に染みこみ、身体を温めてくれるひと品。

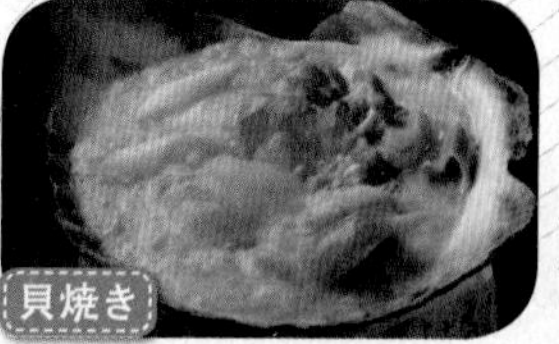

貝焼き

東津軽では「貝焼き味噌」、下北半島では「味噌貝焼き」と呼ばれる。ホタテの貝殻の上にだし汁、味噌、ホタテの身、卵などを乗せて貝殻を下から焼く。

大間マグロ

津軽海峡がある青森は、沿岸で取れるマグロ、特に大間のマグロが有名。竜飛や小泊、三厩（みんまや）でもマグロが上がる。夏の終わりから年末までがシーズン。深浦もマグロ漁で知られ、こちらは通年楽しめる。

いちご煮

だしのなかにアワビとウニを入れて煮たもの。八戸を中心にした南部地方のおもてなし料理で、ぜいたくな食材をふんだんに使った上品な味。レトルトはおみやげの定番にもなっている。

南部せんべい

小麦粉を練った南部名物で、通常の白せんべいのほか、くるみやゴマを入れたものやリンゴ、ココア味のものも。せんべい汁にするのも一般的で、鍋用商品も売られている。八戸せんべい汁はB-1グランプリ®でも優勝した。

地元っ子愛用 ローカル味

アップルスナック

青森で定番のお菓子といえばこのアップルスナック。ジョナゴールドの甘みを引き出したレッド、王林に軽く塩を合わせたグリーンなど、品種ごとに楽しめるのも人気の秘訣だ。

もらえば笑顔 定番みやげ

気になるリンゴ

リンゴの産地青森ではさまざまなアップルパイが作られている。弘前市の**ラグノオささき**の「気になるリンゴ」は「ふじ」の食感を生かしたまま丸ごと1個シロップに漬け、パイ生地で包んだアップルパイ。

イギリストースト

山型パンにマーガリンとグラニュー糖がサンドされたイギリストースト。ユニオンフラッグがあしらわれたパッケージは青森県に行けばどこでも見かける、まさに定番の一品だ。

こぎん刺し

津軽地方では木綿が貴重で麻を使った衣服が一般的だったが、これに木綿糸を使って刺繍をしたものがこぎん刺し。弘前市の技能の継承、発展を目的にこぎん研究所が作られ、製品の販売も行っている。

八幡馬

八戸市を中心に作られている木彫り馬の民芸品・郷土玩具。明治時代には作られていたとみられ、「日本三駒」のひとつになっている。

ワカルかな？ 青森のお国言葉

せばだばまいねびょん（津軽弁）

Ans. それならばダメだよね

1泊2日で巡る 青森県

GOAL 青森　弘前　十和田市現代美術館　奥入瀬渓流　八戸 START　三戸

レンタカーを使って青森、八戸、弘前の3大都市に奥入瀬まで行く1泊2日の欲張りなルート。青森や八戸と奥入瀬を結ぶJRバスもあるが夏期限定で便も少ないので、レンタカーを使うと時間を有効に使える。

1日目

9:00 JR八戸駅でレンタカーをピックアップ

御城印ももらえます！

車 15分

9:15 中世城郭の風情漂う東北の名城 **八戸根城へ** ▶P.135

土塁に囲まれた中世城郭で、石垣が積まれた戦国以降とは違ったたたずまい。

車 25分

10:40 **種差海岸**を一望できる **葦毛崎展望台へ** ▶P.138

緑の芝生が美しい波打ち際の展望台。

車 5分

11:00 弁財天の御利益で金運アップ **蕪嶋神社**を参拝 ▶P.138

ウミネコの大繁殖地としても知られている。

車 20分

12:00 **八食センター**でランチ ▶P.138

新鮮なお寿司が人気！

車 40分

13:30 現代アートを堪能 **十和田市現代美術館** ▶P.139

体験型の作品がたくさん詰まった美術館。

車 40分

15:40 マイナスイオンを浴びながら **奥入瀬渓流**を散策 ▶P.132

渓流を全部歩けば4～5時間。ハイライトなら2時間程度。時間と体力を考えて歩こう。

徒歩 2時間 ＋ 車 10分

19:00 奥入瀬渓流館付近に宿泊 夕食は名物**十和田バラ焼き**で！

牛バラ肉とタマネギを甘辛いソースで焼いた名物のバラ焼き。奥入瀬渓流温泉や子ノ口などでも食べられる。

海原を望む波打ち際の露天風呂が有名。客室はすべてオーシャンビュー!!

夕食は素材を生かした自慢の海鮮料理

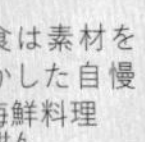

黄金崎不老ふ死温泉

不老ふ死温泉という名前は、「ここで養生すれば、老いたり弱ったりしない」という創立者の願いから。海に面した露天風呂を求めて多くの宿泊客が訪れる。なかでも見渡す限りが黄金色に染まる夕日を眺めながらの入浴が格別。地元の網元から仕入れた海の幸を味わえる夕食も人気だ。

住 西津軽郡深浦町大字艫作字下清滝15
TEL 0173-74-3500
交 JRウェスパ椿山駅から送迎バス（要予約）
料 1名1万1550円（朝夕食付き）～
URL www.furofushi.com

鉄分を多く含む赤褐色の湯

奥入瀬の森のなかにある秘湯
蔦温泉
奥入瀬渓流の入口にある蔦温泉は、12世紀にはすでに温泉小屋があったともいわれ、詩人の大町桂月（1869〜1925年）は繰り返しこの温泉を訪れ、晩年にはついに本籍も移してここに移り住んだ。温泉は旅館として営業しているが、日帰り入浴も可能。奥入瀬や十和田湖を歩いたあと、この湯を訪れる人は多い。

2日目

9:00 奥入瀬渓流館から出発

車 80分

10:30 豊かだった縄文の世界を知る
国特別史跡 **三内丸山遺跡** ▶P.130

世界遺産にも登録されている縄文遺跡。ど迫力な巨大掘立柱を自分の目で見てみよう。

徒歩 5分

11:35 **青森県立美術館**で ▶P.136
シャガールの「アレコ」と対面

美術館は遺跡の隣にあり、一緒に回るのにぴったり。

車 20分

13:00 **青森魚菜センター**で ▶P.136
のっけ丼ランチ

好きな具材をどんどんのせて！

徒歩 10分

14:01 JR青森駅

青森駅周辺でレンタカーを返却

鉄道 42分

14:43 JR弘前駅

バス 15分 ＋ 徒歩 5分

弘前城がある弘前公園は国内屈指の桜の名所！

15:15 日本最北の現存天守
弘前城 ▶P.132

天守は幕府を刺激しないようサイズも控えめに造られた2代目。

バス 15分 ＋ 徒歩 5分

17:00 JR弘前駅

弘前の繁華街は弘前城とJR弘前駅の間にある。少し早い夕食は海のうまみがギュッと詰まったじゃっぱ汁を！

弘前から立ち寄りたい
鶴の舞橋がある
富士見湖パーク
弘前で少し時間に余裕があれば、JR五能線直通列車で40分ほどのところにある陸奥鶴田に立ち寄ってみよう。JR東日本「大人の休日倶楽部」のテレビCMで青森の新絶景と一躍有名になった鶴の舞橋へは、駅からタクシーを使う人が多い。「大人の休日倶楽部パス」の開催日には、タクシーの料金が半額またはそれ以下になる「特別料金タクシー」が運行されている。

おすすめ！泊まるならココ

青森県屈指の温泉リゾート、古牧温泉の独特の泉質を堪能
星野(ほしの)リゾート　青森屋(あおもりや)

毎日祭りのショーが上演される「みちのく祭りや」

古牧温泉は、とろみのある独特の泉質でも知られ、憧れの休日を過ごせる温泉地として愛されてきた。現在は星野リゾートが運営しており、スコップ三味線や津軽こぎん刺しといった青森らしい体験、ストーブ馬車や花見こたつといったその季節ならではのアクティビティなどチェックインからチェックアウトまで楽しめるプランがいっぱい。

まるで池の上に浮かんでいるような露天風呂「浮湯」

住 三沢市古間木山56
TEL 0570-073-022（予約）
交 JR三沢駅から徒歩15分
料 1万9000円〜（2名1室利用時1名あたり）
URL hoshinoresorts.com/ja/hotels/aomoriya

青森県の歩き方

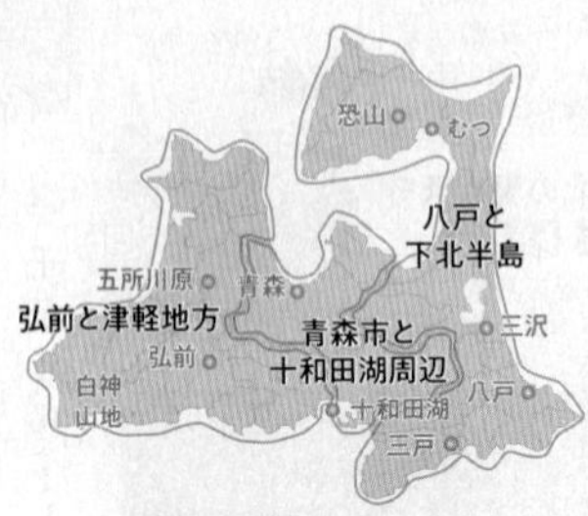

▶**青森県観光情報センター**
住 青森市安方1-1-40（青森県観光物産館アスパム館内）
TEL 017-734-2500
開 4～10月9:00～19:00
11～3月9:00～18:00
休 2/23、24、12/31
交 JR**青森駅**から徒歩8分
URL aomori-tourism.com

▶**あおもり観光情報センター**
住 青森市石江字高間140-2（JR新青森駅2階）
TEL 017-752-6311
開 8:30～19:00
（12/31・1/1 8:30～17:00） 休 無休
URL www.atca.info
このほか、JR青森駅前に青森市観光交流情報センターがある

▶**シィライン**
5～9月は1日2便、10～4月は青森～佐井が1便、青森～脇野沢が1便の運航
URL www.sii-line.co.jp
※2023年5月31日をもって運行終了を予定

▶**むつ湾フェリー**
4月下旬から11月上旬の間、1日2便就航しており、冬期は運休
URL www.mutsuwan-ferry.jp

▶**弘前市観光案内所**
住 弘前市表町1-1（JR弘前駅1階）
TEL 0172-26-3600
開 8:45～18:00 休 無休
URL www.hirosaki-kanko.or.jp

青森市と十和田湖周辺

県庁所在地であり、県最大の人口を有する青森市は、**八甲田連峰**（はっこうだ）P.134の北、津軽地方の東に位置する都市。現在の青森市の繁栄の元となったのは江戸時代に**弘前藩**がここに港を開いたこと。明治に入り県庁が置かれて名実ともに県の中心となった。

青い森鉄道

青森港と下北半島とを結ぶシィライン

北海道・東北新幹線の**新青森駅**は市の西側にある。青森駅、弘前駅とはJR奥羽本線により結ばれている。**青森駅**からは津軽半島方面へのJR津軽線、三沢、八戸方面への**青い森鉄道**が乗り入れている。

秋田県との県境にある**十和田湖**P.132へは、4月中旬から11月中旬まで八甲田山麓、**酸ヶ湯温泉**P.134を経由してJRバス**みずうみ号**が1日2便運行。

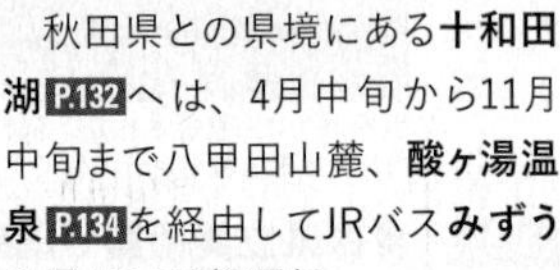

▶青森空港から市内中心部へ

JR東日本バスの空港連絡バスが青森市の中心部を通って青森駅までを結んでいる。所要約35分。

▶青森港と下北半島を結ぶシィライン

函館への青函航路が発着する青森港からシィラインが運航しており、**仏ヶ浦**P.139への遊覧船が出る佐井（さい）港まで約2時間30分で行くことができ、陸を回るより早い。

▶むつ湾フェリー

津軽半島～下北半島間をショートカットできるフェリーで津軽半島の蟹田と下北半島の脇野沢を1時間で結ぶ。カーフェリーなので、車で青森をぐるりと回るなら検討したい路線。

弘前と津軽地方

リンゴの花と岩木山

県西部にあった**津軽藩**は弘前市を中心に発展した藩で、現在でも津軽地方として独自の文化圏を形成している。日本海側は海岸沿いにJR**五能線**P.135が走っており、川部駅で奥羽本線と合流、そのまま全便が弘前駅に乗り入れている。

info 弘前から十和田湖方面へは公共交通機関がないが、**弘前⇔十和田周遊観光バス**という**弘南バス**によるツアーがある。4月下旬～11月上旬の土・日曜・祝日に最少催行人数2人から運行。URL www.konanbus.com/travel.html

弘南鉄道

弘前駅はJR奥羽本線のほか、黒石方面への**弘南鉄道**弘南線が出ている。津軽地方各地への路線バスもその多くは弘前駅が起点だが、徒歩で5分ほどの弘前バスターミナルに発着する便もある。2kmほど西に離れた中央弘前駅からは、**大鰐温泉**P.137方面へ弘南鉄道大鰐線が出ている。

奥津軽いまべつ駅は北海道新幹線の停車駅で、JR津軽線の津軽二俣駅と接続。またJR津軽線下りの終点、三厩駅から町営バスで**龍飛崎**P.135まで行くことができる。

▶青森空港から弘前へ

弘南バスの空港連絡バスが空港と弘前駅、弘前バスターミナルを結んでいる。所要約55分。

八戸と下北半島

三陸復興国立公園・種差海岸

県東部は古くは**南部藩**に属し、津軽藩とは違った文化を育んできた。中心となる八戸市は青森市に次ぐ人口がある。

町の中心は**本八戸駅**の南側で、交通の起点である八戸駅からはJR八戸線でふたつ目の駅。**八戸駅**には東北新幹線が停車するほか、**青い森鉄道**が乗り入れている。北は三沢、青森へと延び、南は三戸を経由して岩手県の**いわて銀河鉄道**に接続し、盛岡まで直通運転が行われている。

下北半島方面へは青い森鉄道の野辺地駅からJR大湊線が運航。下北半島の公共交通はかなり限定的だが、下北交通のバスがある。

▶三沢空港から八戸へ

三沢駅、本八戸駅を経て八戸中心街への空港連絡バスが出ている。飛行機の到着に合わせて運行、所要約55分。

日本全国津々浦々～道の駅めぐり～

青森と弘前の間にある

なみおか アップルヒル

国道7号線浪岡バイパスにある道の駅なみおかは、りんご園を併設した道の駅。秋の収穫のシーズンはもぎ取り体験ができる。アップルパイをはじめとしたリンゴ関連商品も充実。地元の玄米を練り込んだ立ち食いそばも人気がある。

▶龍飛岬観光案内所「龍飛館」
住 東津軽郡外ヶ浜町字三厩龍浜59-12（旧奥谷旅館）
TEL 0174-31-8025
開 9:00～16:00（最終入場15:30）
休 11月中旬～4月中旬の水曜、年末年始
交 JR三厩駅からバスで30分の**龍飛漁港**下車、徒歩すぐ
URL ameblo.jp/tappikankou

▶はちのへ総合観光プラザ
住 八戸市尻内町字館田1-1（JR八戸駅ビル中2階）
TEL 0178-27-4243
開 9:00～19:00　休 12/31
URL visithachinohe.com

▶三沢市観光案内所
住 三沢市大字犬落瀬字古間木355-2（三沢駅前交流プラザみーくる2階）
TEL 0176-27-0337
開 4～10月9:00～17:00
11～3月9:00～16:45
休 月曜、12/29～1/3
URL kite-misawa.com

▶下北市観光案内所
住 むつ市下北町4-3（JR下北駅前広場内）
TEL 0175-34-9095
開 9:00～19:00　休 無休
URL mutsu-kanko.jp

八戸のバスターミナル

八戸の高速バスターミナルは、JR小中野駅から北へ徒歩約10分のショッピングセンター、ラピア内にある。これとは別に、路線バスはその多くがJR本八戸駅から南へ徒歩約10分の八戸中心街ターミナルを起終点としている。ターミナル然とはしておらず、中心街にある5つの停留所をまとめてターミナルと呼んでいる。

**▶道の駅
なみおか アップルヒル**
住 青森市浪岡大字女鹿沢字野尻2-3
TEL 0172-62-1170
開 おみやげコーナー
3/16～11/15 9:00～19:00
11/16～3/15 9:00～18:00
休 1/1
交 JR浪岡駅から徒歩約20分
URL www.applehill.co.jp

info **青い森ワンデーパス**は、青い森鉄道が1日乗り放題になるおトクなパス。週末や祝日、夏休み、年末年始などに利用でき、2100円。駅の券売機のほか、コンビニの端末でも購入可能。URL aoimorirailway.com/archives/otoku-ticket/1dp

青森県の見どころ

▶三内丸山遺跡

▶三内丸山遺跡センター

住 青森市三内字丸山305
TEL 017-766-8282
開 9:00～17:00
(6～9月とGW期間9:00～18:00)
最終入場は30分前
休 毎月第4月曜（祝日の場合は翌日）、12/30～1/1　料 410円
交 JR**青森駅**からバスで約30分の**三内丸山遺跡前**下車、徒歩すぐ
URL sannaimaruyama.pref.aomori.jp

板状土偶と呼ばれる土偶が多く発見されている

世界遺産に登録された縄文時代の集落遺跡

青森市と十和田湖周辺

三内丸山遺跡（さんないまるやまいせき）

約40ヘクタールの広大な遺跡

平成4（1992）年に発見された**大規模集落遺跡**で、令和3(2021)年に世界遺産に登録された。

縄文時代前期～中期（約5900～4200年前）の竪穴（たてあな）建物跡や掘立柱（ほったてばしら）建物跡（いずれも大型含む）、墓、捨て場、道路などが調査され、集落全体の様子や当時の自然環境などが判明している。保存後は整備が進み、敷地内には復元された大型掘立柱建物（六本柱）や大型竪穴建物、竪穴建物などが建ち並んでいる。遺跡のガイダンス施設の**縄文時遊館**では出土した土器や土偶を展示している。体験工房では土偶作りや再生琥珀のペンダント作りなども体験できる。

見どころMAP

P.139 大間崎
P.139 仏ヶ浦
P.131 恐山
P.135 龍飛崎
太宰治記念館「斜陽館」P.137
津軽三味線会館 P.137
P.133 高山稲荷神社
P.137 中町こみせ通り
P.135 津軽鉄道
P.133 鶴の舞橋
P.131 岩木山
P.135 JR五能線
白神山地（十二湖コース）P.133
浅虫温泉 P.136
P.139 三沢市寺山修司記念館
P.139 青森県立三沢航空科学館
八甲田連峰 P.134
酸ヶ湯温泉 P.134
十和田市現代美術館 P.139
P.137 大鰐温泉
奥入瀬渓流 P.132
十和田湖 P.132
種差海岸 P.138
P.138 国史跡三戸城跡 城山公園

青森市
青函連絡船メモリアルシップ八甲田丸 P.136
P.134 ねぶたの家 ワ・ラッセ
青森駅
新青森駅
津軽線
奥羽本線
東北新幹線
青森魚菜センター P.136
棟方志功記念館 P.136
青い森鉄道
三内丸山遺跡 P.130
青森県立美術館 P.136
青森中央IC
青森自動車道
0　2km

弘前市
岩木川
弘前城 P.132
中央弘前駅
弘前駅
奥羽本線
弘南鉄道大鰐線
P.134 弘前市りんご公園
0　2km

八戸市
蕪嶋神社 P.138
P.137 館鼻岸壁朝市
八食センター P.138
陸奥湊駅
東北新幹線
八戸線
本八戸駅
八戸駅
八戸根城 P.135
櫛引八幡宮 P.138
0　5km

info **三内丸山遺跡**では、新潟県の糸魚川から運ばれた**ヒスイ**や、北海道の十勝や山形県の**月山黒曜石**、岩手県の**琥珀**が出土したことから、広範囲にわたって他の地域との交流があったことが判明している。

津軽富士の異名をもつ信仰の山

弘前と津軽地方

岩木山

ニッコウキスゲが咲くベンセ湿原と岩木山

津軽各地から山並みが眺められ、古来崇敬を集めた山。標高1625mの青森県最高峰であり、その優美な姿から**津軽富士**とも呼ばれている。岩木山をご神体とし、山頂に奥宮をもつ津軽一宮、**岩木山神社**をはじめ、山中から山麓にかけて数々の寺社がある。周囲には人々を助ける鬼の伝説も残っており、鬼沢地区にある**鬼神社**では愛らしい姿で人々を見守る鬼の像も見られる。

昭和40（1965）年には**津軽岩木スカイライン**が開通、シャトルバスとリフトを使って頂上近くまで行けるようになった。麓に点在する温泉と合わせて訪れるのもいい。

▶岩木山

▶岩木観光物産案内所（岩木山観光協会）
住 弘前市大字百沢字裾野124
TEL 0172-83-3000
開 9:00～16:00
休 11月～4月中旬の日曜
交 JR**弘前駅**から車で30分
URL www.iwakisan.com

岩木山神社の例祭の様子

高野山、比叡山と並ぶ日本三大霊場のひとつ

八戸と下北半島

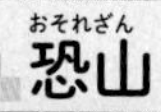

恐山

死者の魂がたどり着く恐山

恐山は「死ねばお山に行く」と言い伝えられ、現世と来世をつなぐ山でありつづけてきた。カルデラ湖である**宇曽利湖**を取り囲むように8つの峰が並んでいる。淡い青さをたたえる湖を囲む白砂の浜は、極楽浄土にたとえられる。

この地に最澄の弟子である**慈覚大師円仁**が霊場を開いたのは貞観4（862）年のことだといわれている。現在は曹洞宗の霊場となっており、死者を供養する霊場として下北半島のみならず日本各地から参詣客が訪れ、**賽の河原**には人々が積み上げげた石があちこちで見られる。**恐山菩提寺**の境内には**湯小屋**があり、参拝客に開放されている。

▶恐山

開 入場自由
交 JR**下北駅**からバスで45分の**恐山**下車、徒歩すぐ

▶恐山菩提寺
住 むつ市田名部宇曽利山3-2
TEL 0175-22-3825
開 6:00～18:00
休 11～4月　料 500円
URL osorezan.or.jp

賽の河原に積み上げられた石

極楽浜はまるで天国のような美しさ

info **寺山修司**『田園に死す』で有名になった恐山の**イタコ**だが、高齢化が進み、人数も減っている。恐山にイタコが入るのは7月の大祭と10月上旬の秋詣り。なお、菩提寺とは関係がなく、寺ではイタコに関する問い合わせには答えていない。

▶十和田湖

▶十和田ビジターセンター
住 十和田市大字奥瀬字十和田湖畔休屋486
TEL 0176-75-1015
開 9:00～16:30
休 水曜（4月下旬～5月下旬、7月下旬～10月下旬の期間は無休）、12/29～1/3
交 JR**八戸駅**からバスで2時間15分の**十和田湖**下車、徒歩5分

御前ヶ浜に立つ「乙女の像」

▶奥入瀬渓流

▶奥入瀬渓流館
住 十和田市大字奥瀬字栃久保183
TEL 0176-74-1233
開 4月中旬～11月中旬9:00～17:30 冬期9:00～16:30
休 無休　料 無料
交 JR**八戸駅**からバスで1時間31分の**奥入瀬渓流館**下車、徒歩すぐ
URL oirase-towada.jp

心洗われる風景

▶弘前城

▶弘前公園
住 弘前市下白銀町1
TEL 0172-33-8739
開 9:00～17:00 (4/23～5/5 7:00～21:00)　休 無休
料 320円（弘前城本丸·北の郭）※11/24～3/31は無料
交 JR**弘前駅**からバスで15分の**市役所前**下車、徒歩5分
URL www.city.hirosaki.aomori.jp/gaiyou/shisetsu/park

2月に行われる雪燈籠まつりの様子

雄大なカルデラ湖

青森市と十和田湖周辺

十和田湖（とわだこ）

旧瞰湖台からは湖を一望できる

秋田県にまたがる広さ約60㎢、水深327mの、火山の活動により生まれたカルデラ湖。古くから青龍が棲む霊場として巡礼の地となっており、南岸の休屋には十和田青龍権現が祀られる**十和田神社**が鎮座している。ホテルや観光施設もこの周辺に多い。春から秋にかけては水上をゆく遊覧船に乗って湖を眺めるのも気持ちがいい。

自然林を歩いてパワーチャージ

青森市と十和田湖周辺

奥入瀬渓流（おいらせけいりゅう）

奥入瀬渓流本流にかかる唯一の滝の銚子大滝

十和田湖から流れでた奥入瀬川は、八戸の北で太平洋へと注ぎこむ。上流の14kmほどを奥入瀬渓流といい、自然林の中を歩く散策路が整備されている。安定した流量が豊かな自然を育み、まるで緑のトンネルを歩いているような気分にさせてくれる。特に**雲井の流れ**バス停から奥入瀬橋にいたるエリアは、絵画のような美しさ。

東北唯一の現存天守

弘前と津軽地方

弘前城（ひろさきじょう）

桜の木々に囲まれた三重天守の弘前城

江戸時代に津軽氏が居城し弘前藩の藩庁が置かれた城。明治時代になると城主は去り、藩庁としての機能も失われ、その後は**弘前公園**として一般開放された。

弘前公園は日本を代表する桜の名所。その美しさは日本一との呼び声も高く、4月下旬から5月上旬に行われる**弘前さくらまつり**の期間は多くの観光客が訪れる。

info **弘前城**は石垣修理のため、天守そのものを別の場所にそのまま移動させたことが話題となった。2022年3月現在も修理作業が続いており、天守が元の位置に戻るのは2025年度以降の予定。

世界遺産の原生林を歩く

弘前と津軽地方

白神山地(十二湖コース)

しらかみさんち(じゅうにここーす)

青池に続く道の途中にある鶏頭場(けとば)の池

青森県と秋田県にまたがる世界遺産、白神山地。東アジア最大級、人の手が入っていない原生的な**ブナ自然林**がたいへん貴重だ。白神山地のなかではアクセスしやすい**十二湖の森**は、原生林のなかに33もの池が点在し、野鳥から昆虫まで豊かな生態系が維持されている。コバルトブルーに輝く青池周辺の散策コースを歩けば1時間半ほど。

千本鳥居で知られる神社

弘前と津軽地方

髙山稲荷神社

たかやまいなりじんじゃ

大蛇のように千本鳥居が連なる

日本海を見下ろす山頂にある霊験あらたかな神社。鎌倉時代から室町時代にかけてこの地域を統治していた豪族によって建てられたとされる。この神社のハイライトは龍神宮から神明社へと続く道。いくつもの鳥居がくねくねと立ち並び、**千本鳥居**と呼ばれている。鳥居は祈願成就のお礼として奉納されたもので、その数は200基を超えるという。

日本一長い木造三連太鼓橋

弘前と津軽地方

鶴の舞橋

つるのまいはし

冬には一面に銀世界が広がる

富士見湖に架かる全長300mの木造三連の太鼓橋。"ながいき"の橋ということで、渡りきると、長寿の加護をいただける橋として人気を集めている。風のない晴れた日にしか見られない、岩木山が湖面に映る**津軽の逆さ富士**で知られ、JR東日本のCMロケ地にもなった。橋の近くには丹頂鶴自然公園と富士見湖パークがあり散策にも適している。

▶白神山地(十二湖コース)
住 西津軽郡深浦町松神ほか
開 入場自由
▶白神十二湖エコ・ミュージアム
住 西津軽郡深浦町大字松神松神山1-3
TEL 0173-77-3113 開 9:00〜17:00
休 月曜(祝日の場合は翌日)、年末年始 料 無料
交 JR**十二湖駅**から徒歩20分

トレッキング初心者にも人気の青池
写真提供:深浦町(2点)

▶髙山稲荷神社
住 つがる市牛潟町鷲野沢147-1
TEL 0173-56-2015
開 9:00〜17:00
休 無休 料 無料
交 JR**五所川原駅**からバスで約40分の**高山神社入口**下車後、タクシーで5分または徒歩1時間
URL takayamainari.jp

社殿の天井絵

▶鶴の舞橋
住 北津軽郡鶴田町廻堰大沢81-150
TEL 0173-22-6211(鶴の舞橋観光施設)
開 入場自由
交 JR**陸奥鶴田駅**からタクシーで10分

GW期間中は「鶴の舞橋桜まつり」が行われる

info **白神山地ビジターセンター**は西目屋村の村役場前にあり、白神山地のブナ林を中心とする生態系を知るのにピッタリ。さまざまなハイキングコースの案内も行っている。弘前からバスで1時間。URL www.shirakami-visitor.jp

大型ねぶたを展示する博物館　青森市と十和田湖周辺

ねぶたの家 ワ・ラッセ

躍動感あふれる作品

「青森ねぶた祭」の保存伝承を目的として平成23（2011）年に開館した博物館。2階まで吹き抜けになった広大なホールには幅9m、奥行き7m、高さ5mのねぶたが4台飾られている。館内は**ねぶた囃子**が流れ、祭りさながらの雰囲気を楽しめる。

県の中央を南北に貫く16の峰々　青森市と十和田湖周辺

八甲田連峰

国内屈指の豪雪地帯

十和田湖の北から津軽海峡近くまで連なる峰々。国内屈指の豪雪地帯で、世界最大の遭難のひとつとされる**雪中行軍遭難事件**がおこったのもこの山中だった。また多くの湿原があることでも知られ、**田茂萢**山頂の湿原には、シーズン中に多くの人が訪れる。

国民保養温泉地第1号の歴史ある温泉宿　青森市と十和田湖周辺

酸ケ湯温泉

強い酸性を示す白濁した硫黄泉

340年ほど前に開湯した歴史ある温泉地。非常に山奥にも関わらず、江戸時代の頃から湯治場として広く知られている。160畳もの総ヒバ造りの大浴場「**ヒバ千人風呂**」が有名で、混浴だが男女別にエリアが区切られており、湯浴み着で入浴すれば女性でも安心。

リンゴの甘い香りに包まれる公園　弘前と津軽地方

弘前市りんご公園

リンゴの木と岩木山

岩木山P.131を一望できる広大な敷地に、80種約2300本のリンゴが栽植されている公園。**生産体験園**では、花摘み、実すぐりなどの作業体験ができるほか、園路を自由に散策することができる。8月から11月にかけては有料でもぎ取り体験も可能だ。

▶ねぶたの家 ワ・ラッセ
住 青森市安方1-1-1
TEL 017-752-1311
開 9〜4月9:00〜18:00
5〜8月9:00〜19:00
最終入場は30分前
休 8/9·10、12/31、1/1　料 620円
交 JR**青森駅**から徒歩すぐ
URL www.nebuta.jp/warasse

ひときわ目立つモダンな深紅の博物館

▶八甲田連峰
▶八甲田山雪中行軍遭難資料館
住 青森市幸畑阿部野163-4
TEL 017-728-7063
開 4〜10月9:00〜18:00
11〜3月9:00〜16:30
休 12/31、1/1、2/24·25　料 270円
交 JR**青森駅**からバスで約30分の**幸畑墓苑**下車、徒歩すぐ
URL www.moyahills.jp/koubataboen

雪中行軍遭難事件の資料が展示されている

▶酸ケ湯温泉
住 青森市荒川南
荒川山国有林酸湯沢50
TEL 017-738-6400
開 大浴場7:00〜18:00
玉の湯9:00〜17:00
最終入場は30分前
休 無休　料 日帰り入浴1000円
交 JR**青森駅**からバスで約1時間40分の**酸ケ湯温泉**下車。または無料送迎バス（宿泊者限定）で1時間
URL www.sukayu.jp

▶弘前市りんご公園
住 弘前市清水富田寺沢125
TEL 0172-36-7439
開 9:00〜17:00
休 無休　料 無料
交 JR**弘前駅**からバスで約20分の**常盤坂入口**下車、徒歩7分

毎年11月に行われる「りんごトラック市」

info 八甲田連峰の田茂萢岳は、**八甲田ロープウェー**で山頂付近まで直接行くことができる。乗り場へは、青森駅から酸ケ湯、十和田湖方面のJRバスに乗り、「八甲田ロープウェー駅前」で下車。URL www.hakkoda-ropeway.jp

車窓に広がる絶景を楽しめる観光列車　**弘前と津軽地方**

JR五能線とリゾートしらかみ

日本海沿岸を走るリゾートしらかみ

JR五能線P.191は青森県と秋田県を結ぶ在来線。観光列車**リゾートしらかみ**への乗車もおすすめ。車窓観光に加え、下車して海岸を散策できたり、津軽三味線による『津軽じょんから節』など民謡の生演奏が行われたりと、イベントが盛りだくさんだ。

日本唯一の階段国道がある津軽北端の地　**弘前と津軽地方**

龍飛崎

海の向こうに北海道が見える

源義経が北海道に渡った伝説が残る**三厩**。龍飛崎はその最北端にのびる岬だ。漁港周辺の国道339号線の一部は車やバイクが通れない**階段国道**として知られている。**龍飛埼灯台**の向こうにははるか北海道の大地が見わたせる。

津軽に冬の訪れを告げるストーブ列車　**弘前と津軽地方**

津軽鉄道

極寒の津軽平野を走るディーゼル車

津軽鉄道は津軽五所川原駅から津軽中里駅まで南北を結ぶ全長およそ20kmの路線。12月から3月の冬期限定で、客車内の暖房に石炭焚きのダルマストーブを用いる観光列車、**ストーブ列車**が運行される。昭和風情が色濃く残っている旧型の車両も趣深い。

ていねいに復原された中世の城郭　**八戸と下北半島**

八戸根城

東北を代表する名城のひとつ

根城は南北朝時代に築城され、17世紀に廃城となるまで**根城南部氏の拠点**だった城。石垣や天守がなく、中世の城の雰囲気をよく残している。安土桃山時代の建物を中心に復原されており、敷地隣の**八戸市博物館**では根城に関する展示が行われている。

▶リゾートしらかみ

TEL 050-2016-1600（JR東日本）
開 1日最大6便運行。運行日は公式サイトで要確認
料 普通乗車券+座席指定席券530円。五能線フリーパス3880円
URL www.jreast.co.jp/railway/joyful/shirakami.html

変化に富んだ風景を楽しみたい

▶龍飛崎

住 東津軽郡外ヶ浜町三厩龍浜
TEL 0174-31-8025(龍飛岬観光案内所)
開 入場自由
交 JR**三厩駅**からバスで30分の**龍飛漁港**下車、徒歩すぐ

龍飛埼灯台

▶津軽鉄道

住 五所川原市字大町7-5（津軽五所川原駅）
TEL 0173-35-7743
URL tsutetsu.com

▶ストーブ列車

開 12～3月の1日3往復運行（12月の平日は1日2往復）
料 乗車券+500円（片道）

石炭は車掌や添乗員が補充する

▶八戸根城

▶根城の広場

住 八戸市根城根城47
TEL 0178-41-1726
開 9:00～17:00（最終入場16:30）
休 月曜（第1月曜と祝日の場合を除く）、祝日の翌日、年末年始
料 250円（八戸市博物館共通券400円）
交 JR**八戸駅**からバスで15分の**根城**下車、徒歩5分

復元された主殿

info 八戸市の中心部にある**八戸城**は別名**三八城**（みやぎ）と呼ばれ、現在は**三八城公園**、**三八城神社**となっている。元は根城の支城だったとされるが、江戸時代の八戸藩成立時に藩主の南部直房はここを藩庁とし、城下町が発展した。

▶青森県立美術館
住 青森市安田字近野185
TEL 017-783-3000
開 9:30～17:00（最終入場16:30）
休 毎月第2·第4月曜（祝日の場合は翌日）、年末年始　料 510円
交 JR**青森駅**からバスで30分、**県立美術館前**下車、徒歩すぐ
URL www.aomori-museum.jp

▶棟方志功記念館
住 青森市松原2-1-2
TEL 017-777-4567
開 4～10月9:00～17:00
11～3月9:30～17:00
休 月曜（祝日とねぶた祭り期間を除く）、年末年始　料 550円
交 JR**青森駅**からバスで約15分の**棟方志功記念館通り**下車、徒歩5分
URL munakatashiko-museum.jp

池泉回遊式の日本庭園も見応えがある

▶青森魚菜センター
住 青森市古川1-11-16
TEL 017-763-0085
開 7:00～16:00
休 火曜（GW期間や8月のねぶた祭り開催期間などを除く）
料 食事券10枚組2000円
交 JR**青森駅**から徒歩5分
URL nokkedon.jp

古川市場の名でもよく知られている青森魚菜センター

▶青函連絡船メモリアルシップ八甲田丸
住 青森市柳川1-112-15地先
TEL 017-735-8150
開 4～10月9:00～19:00
（最終入場18:00）
11～3月9:00～17:00
（最終入場16:30）
休 11～3月の月曜、12/31、1/1、3月第2週の月～金曜　料 510円
交 JR**青森駅**から徒歩5分
URL aomori-hakkoudamaru.com

国鉄時代の車両

▶浅虫温泉
住 青森市浅虫
TEL 017-752-2935（浅虫温泉観光案内所）
交 JR**青森駅**から青い森鉄道**浅虫温泉駅**まで約20分。またはバスで約55分
URL www.asamushi.com

シャガールの大作は必見！　青森市と十和田湖周辺

青森県立美術館（あおもりけんりつびじゅつかん）

この美術館の見どころは、**マルク・シャガール**作のバレエ背景画『**アレコ**』だ。1点あたり縦9m、横15mもの大作で全4幕のうち3点が美術館の中心にある大ホールで展示されている。

三内丸山遺跡からすぐの場所

20世紀を代表する巨匠の美術館　青森市と十和田湖周辺

棟方志功記念館（むなかたしこうきねんかん）

木の風合いを活かした**木版画**を特徴とする棟方志功の作品を収蔵する美術館。数ヵ月ごとに作品をすべて入れ替えるため、何度行っても新たな作品と出合うことができる。

版画のほか肉筆画や油絵も展示する

のっけ丼発祥の地　青森市と十和田湖周辺

青森魚菜センター（あおもりぎょさいせんたー）

海鮮丼のネタを自分で選んで好きなだけ盛り付けることができる「**のっけ丼**」を提供する市場として知られている。市場のおばちゃん手作りの卵焼きや、あら汁も魅力的だ。

好みのネタを乗せよう

最終航行の大役を務めた青函連絡船　青森市と十和田湖周辺

青函連絡船メモリアルシップ八甲田丸（せいかんれんらくせんめもりあるしっぷはっこうだまる）

八甲田丸は青森港と函館港を結ぶ**鉄道連絡船**として活躍した客貨船。青函トンネル開通に伴う終航まで23年7ヵ月間運航された。現在は青森港に係留する博物館船となっている。

全長132m、船幅18mの客貨船

「東北の熱海」の異名を持つレジャー基地　青森市と十和田湖周辺

浅虫温泉（あさむしおんせん）

麻を蒸すために使われたのでその名がついた浅虫温泉。青森湾の北東岸にあり、海水浴やSUP、カヤックも楽しめる。また、海づり公園のほか、イルカのショーが人気の**浅虫水族館**もある。

慈覚大師によって発見された温泉地

info **青森県立美術館の『アレコ』**は、残り1点に関してもアメリカの**フィラデルフィア美術館**から長期借用しているので、4幕すべてがそろっている（借用は2023年までの予定）。

太宰治の生家 **弘前と津軽地方**

太宰治記念館「斜陽館」(だざいおさむきねんかん「しゃようかん」)

地元で知らない人はいない大豪邸

太宰が中学生になるまで生活していた屋敷。父は衆議院議員や貴族院議員を務めた地元の名士だった。現在は太宰に関する資料を展示する記念館となっている。

▶太宰治記念館「斜陽館」
住 五所川原市金木町朝日山412-1
TEL 0173-53-2020
開 4~9月9:00~17:30
10~3月9:00~17:00
最終入場は30分前
休 12/29 料 600円
交 津軽鉄道**金木駅**から徒歩7分
URL www.city.goshogawara.lg.jp/kyouiku/bunka/syayokan.html

直筆原稿や、愛用のマントなどが展示されている

生演奏や三味線体験も **弘前と津軽地方**

津軽三味線会館(つがるしゃみせんかいかん)

迫力ある生演奏

津軽地方で150年の間育まれてきた津軽三味線の歴史が学べる施設。太宰治記念館からすぐのところにある。1日5回、地元の**三味線奏者**による生演奏が楽しめる。

▶津軽三味線会館
住 五所川原市金木町朝日山189-3
TEL 0173-54-1616
開 4~11月9:00~17:00
休 12~3月 料 600円
交 津軽鉄道**金木駅**から徒歩7分
URL www.city.goshogawara.lg.jp/kyouiku/bunka/syamisenkaikan.html

津軽三味線のルーツを学べる展示室

木造アーケードが続く町並み **弘前と津軽地方**

中町こみせ通り(なかまちこみせどおり)

色鮮やかな装飾が施されている

雁木造り(がんぎづくり)と呼ばれる技法を用いた木造のアーケードが続く風情ある観光地。通り沿いには酒蔵や、国の重要文化財にも指定されている豪商の旧邸宅などが軒を連ねる。

▶中町こみせ通り
住 黒石市中町
交 弘南鉄道**黒石駅**から徒歩10分
▶津軽こみせ駅
TEL 0172-59-2080
開 8:30~17:15 休 火曜、1/1
URL tsugarukomise.jimdofree.com

江戸時代の面影を残す木造のアーケード

もやしでも有名、津軽屈指の温泉郷 **弘前と津軽地方**

大鰐温泉(おおわにおんせん)

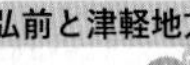

川沿いに民宿が立ち並ぶ

大鰐温泉は、弘前からのアクセスもよく、保温に優れた泉質もあり多くの湯治客を集めてきた。地熱を利用した食品も昔から作られ、巨大な**大鰐温泉もやし**は人気のブランド食材だ。

▶大鰐温泉
▶鰐come
観光案内所を併設した温泉施設
住 南津軽郡大鰐町
大字大鰐字川辺11-11
TEL 0172-49-1126
開 9:00~22:00 休 毎月第3木曜
交 JR**大鰐温泉駅**から徒歩すぐ
URL www.wanicome.com

大鰐温泉もやしをふんだんに使った特製うまか丼

日本有数の規模を誇る朝市で食べ歩き **八戸と下北半島**

館鼻岸壁朝市(たてはながんぺきあさいち)

7時頃には多くの人であふれかえる

毎週日曜の朝にだけ八戸の館鼻漁港に突如出現する全長800mの**巨大朝市**。朝市では海産物をはじめ、総菜から手工芸品まであ りとあらゆるものが売られている。

▶館鼻岸壁朝市
住 八戸市新湊3
TEL 070-2004-6524
開 3月中旬~12月の毎週日曜
夜明け~9:00頃
休 3~12月の月~土曜、1月~3月中旬
交 JR**陸奥湊駅**から徒歩10分
URL minatonichiyouasaichikai.com

イカドンは神出鬼没の怪しげなキャラクター

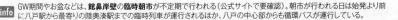

info GW期間やお盆などは、**館鼻岸壁**の**臨時朝市**が不定期で行われる(公式サイトで要確認)。朝市が行われる日は始発より前に八戸駅から最寄りの陸奥湊駅までの臨時列車が運行されるほか、八戸の中心部からも循環バスが運行している。

日本では珍しい天然の芝生に覆われた海岸　八戸と下北半島

種差海岸

蕪嶋神社から続く三陸復興国立公園の一部ともなっている海岸。葦毛崎展望台から海岸沿いに5kmほどの遊歩道が延びており、景色がよいトレッキングが楽しめる。

海辺に咲くニッコウキスゲ

ウミネコが飛び交う丘の上の神社　八戸と下北半島

蕪嶋神社

蕪島は日本有数の**ウミネコ**の繁殖地。石段を上がった丘の上には永仁4（1296）年に創建された蕪嶋神社がそびえる。最盛期になると約3万羽ものウミネコが周囲に飛び交う。

特に金運の御利益を授かれる

約60店舗が軒を並べる巨大市場　八戸と下北半島

八食センター

日本屈指の港、八戸港で水揚げされた新鮮な魚介を中心に**八戸の名物**が揃う市場。センター内には加工品や地酒を扱う店舗もあり、おみやげ探しにも最適だ。

買った食材を炭火焼きですぐに食べられる「七厘村」

南部一之宮の異名をもつ　八戸と下北半島

櫛引八幡宮

南部藩総鎮守として南部家のあつい保護を受けてきた神社。国宝館に納められた赤糸威鎧と白糸威褄取鎧は必見。細かな装飾が各所に施された本殿も見応えがある。

南部藩を見守ってきた神社

北奥羽の雄、三戸南部家の居城跡　八戸と下北半島

国史跡三戸城跡 城山公園

室町時代後期から江戸時代初期まで三戸南部家の居城だったと伝わる三戸城の城跡公園。青森県南部を代表する桜の名所でもある。**三戸町立歴史民俗資料館**では御城印も購入できる。

資料館併設の三戸城温故館

▶種差海岸

▶種差海岸インフォメーションセンター
住 八戸市大字鮫町字棚久保14-167
TEL 0178-51-8500
開 4～11月9:00～17:00
12～3月9:00～16:00
休 12/29～1/3　料 無料
交 JR**種差海岸駅**から徒歩3分
URL www.tanesashi.info

センター内は種差海岸周辺の自然や文化についての展示も豊富

▶蕪嶋神社
住 八戸市鮫町鮫56-2
TEL 0178-34-2730
開 4～9月9:00～17:20
10～3月9:00～16:50
休 無休　料 無料
交 JR**鮫駅**から徒歩15分
URL kabushimajinja.com

ウミネコと狛犬

▶八食センター
住 八戸市河原木神才22-2
TEL 0178-28-9311
開 9:00～18:00
休 水曜、1/1　料 無料
交 JR**八戸駅**からバスで10分の**八食センター**下車、徒歩すぐ
URL www.849net.com

駐車場は1500台収容なので車でも安心

▶櫛引八幡宮
住 八戸市八幡字八幡丁3
TEL 0178-27-3053
開 入場自由（社務所8:30～17:30）
休 無休　料 無料
交 JR**八戸駅**からタクシーで10分
URL www.kushihikihachimangu.com

国指定重要文化財の本殿

▶国史跡三戸城跡 城山公園
住 三戸郡三戸町梅内字城ノ下
開 入場自由
交 青い森鉄道**三戸駅**からバスで約10分の**三戸町役場前**下車、徒歩15～20分

三戸城の搦手にあたる鍛冶屋跡門

info **蕪嶋神社**の参詣中に時折、頭上から落ちてくる**ウミネコのフン**は、あたるとさらなる幸運がもたらされる吉兆とされている。とはいえ洋服を汚したくない参拝者のために、ふもとには無料貸出の傘が数本設置されている。

一度見たら忘れない現代アート　八戸と下北半島

十和田市現代美術館

草間彌生《愛はとこしえ十和田でうたう》撮影：小山田邦哉

この美術館の特徴はひとつの作品に対してひとつの独立した展示室が割り当てられていること。**草間彌生**や**奈良美智**など現代の日本を代表するアーティストの作品を鑑賞できる。

航空の町の科学館　八戸と下北半島

青森県立三沢航空科学館

数多くの飛行機が展示されている

航空と科学に加え、宇宙をテーマにした科学館。館内と屋外の大空ひろばを合わせて**18機の航空機**を展示。特に世界で1機の**ホンダジェット技術実証機**を常設展示している。

「言葉の錬金術師」の歩みをたどる　八戸と下北半島

三沢市寺山修司記念館

「寺山修司を探せ！」がコンセプト

戦後日本を代表する**反骨の表現者、寺山修司**。この記念館では短歌・詩・シナリオなどの文筆、映画監督・劇団主宰など多種多様な仕事の足跡を紹介している。

トルコのカッパドキアを彷彿とさせる奇岩群　八戸と下北半島

仏ヶ浦

奇岩が織りなす絶景が広がる

青い空と海のなか、緑に覆われた独特の模様をもつ白い奇岩が2kmにわたって連なる仏ヶ浦。バスなどはなく、**自家用車**か**遊覧船**でしか訪れることができない。

下北半島の最北、マグロで知られる港町　八戸と下北半島

大間崎

弁天島にそびえる大間埼灯台
提供：大間町観光協会（2点）

大間町は本州の最北端の町。岬からは600m沖合に浮かぶ**弁天島**と**大間埼灯台**、さらに向こうには函館も見わたせる。有名なマグロの漁期はだいたい7月から年末年始にかけて。

▶十和田市現代美術館
住 十和田市西二番町10-9
TEL 0176-20-1127
開 9:00～17:00（最終入場16:30）
休 月曜（祝日の場合は翌日）、年末年始　料 1800円
交 JR**八戸駅**からバスで40分の**十和田市現代美術館前**下車、徒歩すぐ
URL towadaartcenter.com

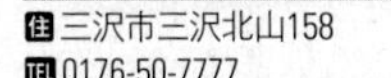
▶青森県立三沢航空科学館
住 三沢市三沢北山158
TEL 0176-50-7777
開 9:00～17:00（最終入場16:30）
休 月曜（祝日の場合は翌日）、12/30～1/1　料 510円
交 青い森鉄道**三沢駅**からタクシーで15分
URL kokukagaku.jp

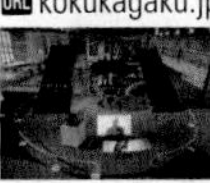

はやぶさ2の原寸大レプリカ

▶三沢市寺山修司記念館
住 三沢市大字三沢字淋代平116-2955
TEL 0176-59-3434
開 9:00～17:00（最終入場16:30）
休 月曜（祝日の場合は翌日）、12/29～1/3　料 550円
交 青い森鉄道**三沢駅**からタクシーで約20分
URL www.terayamaworld.com

▶仏ヶ浦
住 下北郡佐井村長後
開 入場自由
▶仏ヶ浦観光遊覧船
住 下北郡佐井村字八幡堂28
TEL 0175-38-2244
開 定期遊覧船が佐井港から1日2便。詳細はウェブサイトを確認
休 11月～4月下旬、荒天時
料 往復2500円
交 佐井港まで**青森港**から高速船で2時間30分
URL hotokegaura.jp

片道30分の船旅

▶大間崎
住 下北郡大間町大間大間平17-1
TEL 0175-37-2111（大間町役場）
開 入場自由　交 JR**大湊駅**から車で1時間10分。または函館（北海道）から海峡フェリーで90分

水揚げされる大間のマグロ

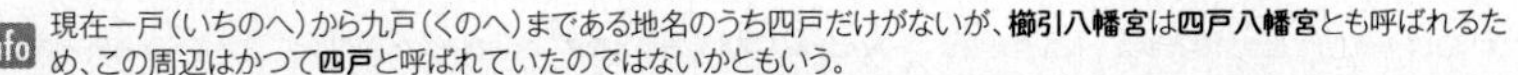
info 現在一戸（いちのへ）から九戸（くのへ）まである地名のうち四戸だけがないが、**櫛引八幡宮**は**四戸八幡宮**とも呼ばれるため、この周辺はかつて**四戸**と呼ばれていたのではないかともいう。

岩手県

IWATE

岩手県

人口
121.1万人（全国32位）
面積
1万5275km²（全国2位）
県庁所在地
盛岡市
県花
キリ

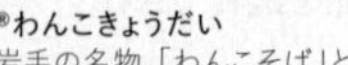

®わんこきょうだい
岩手の名物「わんこそば」と「漆器」がモチーフで5きょうだい
©いわて観光キャンペーン推進協議会

キリ
紫色の花が咲く
「紫桐」がシンボル

本州一の広さを誇り、東西にふたつの山岳地、北上高地と奥羽山脈を擁し、その山岳地に挟まれる形で盆地平野が広がる。県内は大きく4つに分けられ、山・海、歴史ある遺跡群、民話、温泉などそれぞれ異なる特徴をもっているため、ひとつの県のなかでさまざまな楽しみ方ができる。また、宮沢賢治や石川啄木などの詩人が生まれた土地としても有名。首相の輩出数が都道府県堂々の3位という輝かしい成績を更新中。

旅の足がかり

盛岡市

周囲を美しい山々で囲まれた盆地で、北上川、中津川、雫石川の三川が流れ、明治・大正時代に建てられたレトロな建造物が点在している。宮沢賢治ゆかりのスポットや**盛岡冷麺**P.143、じゃじゃ麺など盛岡発祥グルメも見逃せない。**小岩井農場**P.151のある雫石、トレッキングが楽しめる**八幡平**P.151などの県央エリアは、盛岡を起点とするとアクセスがよく行きやすい。県北エリアの内陸部へは盛岡から鉄道が通っているので一緒に旅のプランが組める。

一関市

県南部に位置し、宮城県、秋田県に隣接している。**猊鼻渓**P.153や**厳美渓**P.153、**栗駒山**P.174など風光明媚な観光名所が点在している美しい町で、世界遺産に登録された町**平泉**P.148、歴史テーマパーク**歴史公園えさし藤原の郷**P.150などがある奥州市への観光拠点にもなっている。新幹線や高速道路が通っており、各地からのアクセスもスムーズ。

宮古市

県東部、三陸海岸沿いの町で三陸海岸を代表する町のひとつ。本州最東端のトドヶ崎があり、宮古市を境に北部は海岸段丘が発達、南部はリアス海岸となっている。海岸線には三陸海岸を縦貫する**三陸鉄道**P.147があり、久慈駅から盛駅までをつなぐ。久慈市をはじめとする北三陸は、NHK朝の連続テレビ小説『あまちゃん』のロケ地としても有名だ。

地理と気候

岩手県は南北に長い楕円形のような形で、内陸部の大部分は山岳丘陵地帯で占められ、西側に奥羽山脈、東側には北上高地が広がっている。そのふたつの山の間を北上川が流れ、その流域に平野が広がっている。

【夏】 猛暑日を記録するほどの暑さとなることもあるが、最低気温が25°C以上の熱帯夜になることは稀。内陸部は湿った南風の影響により、夜間は曇りとなることが多い。

【冬】 内陸は1日の寒暖の差が大きく季節風の影響を受けて雪が多く降るが、沿岸部は比較的雪が少ない。また、内陸の平野部や沿岸では晴天となることが多い。

P.140～157 写真提供：岩手県観光協会　花巻観光協会　一般社団法人東北観光推進機構　宮古観光文化交流協会　宮古市　平泉観光協会

アクセス

東京から ▶▶▶	所要時間
新幹線 東京駅▶盛岡駅（はやぶさ、こまち）	2時間10分
高速バス バスタ新宿▶盛岡駅	7時間40分

宮城から ▶▶▶	所要時間
新幹線 仙台駅▶盛岡駅（はやぶさ、こまち）	40分
JR線 気仙沼駅▶一ノ関駅	1時間40分
高速バス 仙台駅▶盛岡駅	2時間30分

青森から ▶▶▶	所要時間
新幹線 新青森駅▶盛岡駅（はやぶさ）	1時間
鉄道 八戸駅▶盛岡駅（青い森鉄道）	1時間40分
高速バス 青森駅▶盛岡駅	2時間50分
高速バス 弘前駅▶盛岡駅	2時間15分

秋田から ▶▶▶	所要時間
新幹線 角館駅▶盛岡駅（こまち）	50分
JR線 大館駅▶盛岡駅	3時間30分
JR線 横手駅▶北上駅	1時間20分
高速バス 大館駅▶盛岡駅	2時間20分

県内移動

▶盛岡から遠野へ

快速**はまゆり**で1時間30分。普通列車なら約1時間50分。

岩手県交通バスの釜石行きまたは大船渡行きに乗って約1時間50分。どちらも1日1〜2便程度。

▶盛岡駅から平泉駅へ

東北本線の一ノ関行きで約1時間30分。新幹線で18分の北上駅で東北本線に乗り換えれば平泉駅まで約30分。

▶▶▶アクセス選びのコツ

- 花巻空港には新千歳空港、名古屋（小牧）空港、伊丹空港などから1日3〜4便。福岡空港、神戸空港からは1日1便。
- いわて銀河鉄道は青森県の青い森鉄道に乗り入れており、八戸駅とを結ぶ直通列車がある。
- **岩手県交通**や**岩手県北バス**が仙台や東京方面への高速バスを運行。県内路線では盛岡から沿岸部の久慈、宮古、釜石を結ぶ路線がある。

県内交通のハブとなる盛岡駅

交通路線図

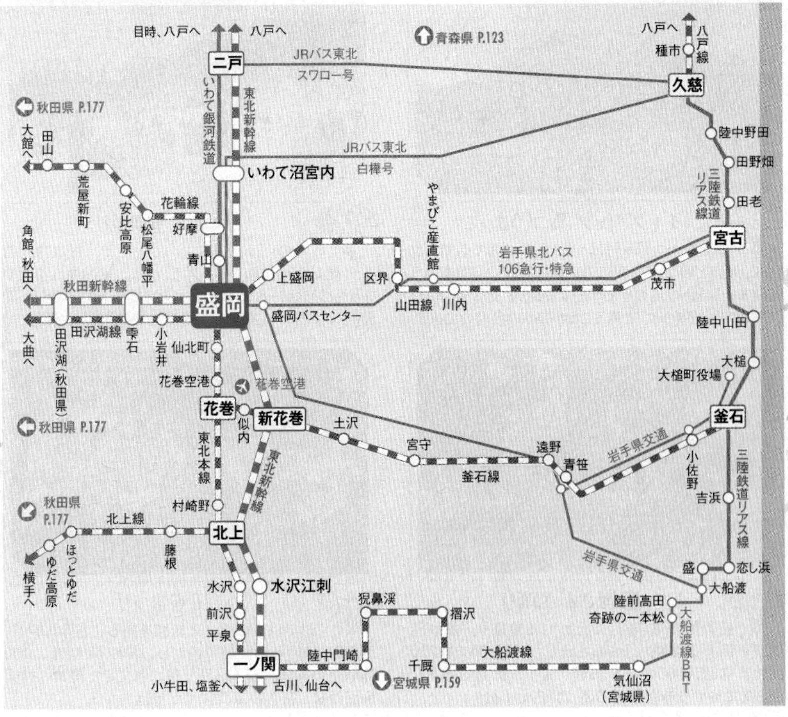

目時、八戸へ
八戸へ
青森県 P.123
八戸へ
八戸線
種市
二戸
JRバス東北 スワロー号
久慈
いわて銀河鉄道
東北新幹線
秋田県 P.177
大館へ
田山
荒屋新町
安比高原
松尾八幡平
花輪線
好摩
JRバス東北 白樺号
いわて沼宮内
陸中野田
田野畑
三陸鉄道リアス線
田老
宮古
やまびこ産直館
岩手県北バス 106急行・特急
青山
上盛岡
区界
茂市
角館、秋田へ
秋田新幹線
盛岡
山田線
川内
盛岡バスセンター
陸中山田
大曲へ
田沢湖線
田沢湖（秋田県）
雫石
小岩井
仙北町
大槌
大槌町役場
花巻空港
花巻空港
花巻
似内
新花巻
土沢
釜石
秋田県 P.177
宮守
遠野
青笹
岩手県交通
小佐野
東北本線
東北新幹線
釜石線
吉浜
三陸鉄道リアス線
村崎野
秋田県 P.177
北上線
北上
ほっとゆだ
ゆだ高原
藤根
横手へ
岩手県交通
盛
恋し浜
大船渡
水沢
水沢江刺
陸前高田
猊鼻渓
摺沢
奇跡の一本松
前沢
大船渡線BRT
平泉
陸中門崎
大船渡線
一ノ関
千厩
気仙沼（宮城県）
小牛田、塩釜へ
古川、仙台へ
宮城県 P.159

岩手県

うちの県はここがすごい

一 びっくりドンキー発祥の地

ハンバーグでおなじみのファミリーレストラン「びっくりドンキー」の原点になった店「べる」は盛岡市にあり、今も営業している。店内には当時のメニューが飾られている。

二 ビールの原料ホップ生産量日本一

県内陸部の町、遠野市。半世紀以上前からビールの主原料となるホップを生産しているが、栽培面積が実は全国1位。大手ビール会社、キリンビールでも使用されている。

三 大谷翔平を生んだ野球王国

大谷翔平(エンゼルス)、菊池雄星（ブルージェイズ)、佐々木朗希(ロッテ)、剛速球投手として知られる3人は岩手出身。好投手が多い理由のひとつに中学時代からの育成方法が挙げられている。

イベント・お祭り・行事

① チャグチャグ馬コ(うまっこ)

あでやかな飾り付けとたくさんの鈴で装飾された100頭ほどの馬が滝沢市の蒼前神社から盛岡市の八幡宮まで14kmの道のりを行進する祭り。馬が歩くたびに鈴が“チャグチャグ”と鳴ることが祭りの名前の由来。

©いわて雪まつり実行委員会

② いわて雪まつり

みちのく5大雪まつりのひとつで、毎年約30万人の観光客が訪れるビッグイベント。期間中は花火やステージショー、雪像など見どころがめじろ押し。開催地は雫石町・盛岡市・滝沢市で毎年2月に開催。

③ 盛岡さんさ踊り

盛岡市で毎年8月に行われる夏祭り。藩政時代から伝わる盆踊り「さんさ踊り」は4日間で約250団体、約3万6000人の参加者が集い、太鼓を叩きながらあでやかな衣装で踊る姿は見応え十分。

④ 花巻まつり

430年以上の歴史と伝統を誇る花巻市の祭り。毎年9月に行われ、各町内から山車が繰り出し、100基以上の神輿、昔から踊り継がれてきた鹿踊・神楽権現舞など花巻の伝統文化が披露される。

必ず食べたい 名物グルメ

わんこそば

盛岡市・花巻市の郷土料理。一口分の温かいそばを「わんこ（お椀）」に入れて食べるもので、食べ終わるたび給仕がお椀にそばを継ぎ足し、客がお椀に蓋をするまで続く食事スタイル。

盛岡冷麺

平壌にルーツをもつ盛岡の名物麺料理。小麦粉とでんぷんから作られたツルっとした口当たりのコシのある麺と、牛骨などで取った冷たいスープ、トッピングのキムチが特徴的。

海鮮丼

瓶ドン

三陸海岸で取れた新鮮な魚介類が食べられる丼。宮古市では新鮮なウニやいくら、ホタテ、メカブなどを牛乳瓶の中に詰め、詰めた海鮮を自ら盛り付けて食べる**瓶ドン**P.145が人気。

じゃじゃ麺

盛岡3大麺のひとつで、うどん状の平麺に炒めた甘辛い肉味噌とキュウリなどをのせ、おろしショウガやニンニク、ラー油などをかけて食べる。中国東北部のジャージャー麺がルーツ。

地元っ子愛用 ローカル味

福田パン

盛岡のソウルフード。50種類以上ある具材の中から好きなものを選び、コッペパンに挟んでもらう。甘い系と総菜系があり、あんこにバターをプラスしたあんバターが一番人気。

トロイカのチーズケーキ

北上市にあるロシア料理の名店**トロイカ**で作られているホームメイドのチーズケーキ。自社チーズ工房のカッテージチーズをふんだんに使ったとろけるような食感が人気。

山田の醤油

三陸の山田町発祥の甘い醤油で、コクがあり素材の味を引き立てる。刺身はもちろん、煮物や卵かけごはん、焼き魚など、どんな料理にも合う万能調味料。

もらえば笑顔 定番みやげ

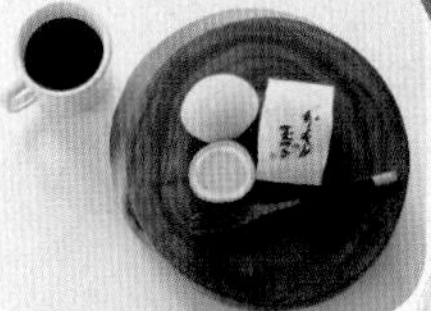

かもめの玉子

大船渡市**さいとう製菓**の郷土銘菓。黄味あん、カステラ生地、ホワイトチョコの3重層でバランスの取れた心安らぐ味わい。岩手県内の直営店、東北全域のみやげ物店などでも購入できる。

三陸海宝漬

三陸で取れためかぶを醤油漬けにし、三陸産の貴重な煮あわび、いくらをトッピングした贅沢な逸品。温かいごはんにかけて食べるのがおすすめ。

匠の技が光る 伝統工芸

南部鉄器

盛岡市と奥州市で作られる伝統工芸品。17世紀頃から作られてきた鉄鋳物の総称で、茶釜や急須、鉄瓶、キャンドルスタンドなど、生活用具が作られている。

岩谷堂箪笥

奥州市の岩谷堂地区で作られている伝統工芸品。箪笥に施された美しい飾り金具が特徴的。近年は、小物雑貨や小物家具など幅広く展開。

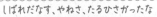

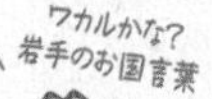

しばれだなす、やねさ、たるひさガったたな

Ans. 今朝はとても寒かったから、屋根につららが下がったねえ

1泊2日で巡る 岩手県

八幡平
小岩井農場
盛岡
宮古
GOAL
花巻
遠野
釜石
平泉
一ノ関
START

日本で2番目の広さを誇る岩手県、多彩な見どころが県内各地に点在しているため、2日で楽しむなら欲張らずエリアを2～3ヵ所に絞ろう。

1日目

9:00 JR一ノ関駅

鉄道 10分

9:10 JR平泉駅

バス 5分

9:15 奥州藤原氏三代ゆかりの寺
中尊寺を参拝 ▶P.149

中尊寺は初代清衡が造営。金色堂は国宝第一号で、創建当時の姿を残す唯一の建造物。

徒歩 15分

10:45 **毛越寺**で ▶P.149
浄土を表す平安時代の庭園を散策

奥州藤原氏二代基衡・三代秀衡が造営。平安時代の優雅な浄土庭園が復元・整備されている。

徒歩 5分

平泉駅前にある世界遺産平泉ポスト！

11:35 平泉駅周辺で
岩手名物
わんこそばを食べる

平泉のわんこそばは、最初に24杯分のそばが運ばれてくる盛りだし式のわんこそば。

自分のペースでゆっくり食べられる！

鉄道 10分

12:55 JR一ノ関駅

新幹線30分

13:25 JR新花巻駅

バス5分

14:30 **宮沢賢治記念館**で ▶P.156
賢治ゆかりの品々に触れる

宮沢賢治に関する芸術作品や研究論文に触れられる。

賢治の世界が広がる

©花巻市

徒歩 10分

15:00 **宮沢賢治イーハトーブ館** ▶P.156

宮沢賢治に関する芸術作品や研究論文が多数揃う。

徒歩 10分

16:00 **宮沢賢治童話村**で ▶P.156
賢治の童話の世界を体感

宮沢賢治の童話の世界が楽しく学べる「楽習」施設。フォトジェニックスポットが多数あり。

不思議な世界にワクワク！

バス 5分

16:40 JR新花巻駅

花巻南温泉峡行き無料送迎シャトルバスに乗車。山の神温泉で下車。

バス 45分

17:25 東北屈指の**花巻南温泉峡**で ▶P.150
癒やされる

花巻市の西部に「花巻12湯」と呼ばれる温泉地があり、そのうち花巻南温泉峡は7湯。豊沢川沿いに温泉宿が点在する。宿泊は「山の神温泉 優香苑」で。

おすすめ！泊まるならココ

四種の源泉を贅沢に使用した源泉かけ流しの天然温泉

木のぬくもりが感じられる純和風の客室

川のせせらぎが聞こえる大露天風呂

山の神温泉 優香苑

宮大工が手掛けた匠の技と木のぬくもりが随所に感じられる温泉旅館で、さまざまな趣のある6種の風呂があり、花巻温泉最大級の露天風呂は男女合わせて50畳の広さを誇る。肌に心地よいとろみのついた湯に浸かりながら花巻の雄大な自然と星空が存分に楽しめる。

住 花巻市下シ沢字中野53-1
TEL 0198-29-4126
交 JR花巻駅からバスで山の神温泉下車、徒歩すぐ
料 1泊2食付き2万800円～
URL www.yuukaen.jp

朝風呂は究極の贅沢

温泉宿に泊まるメリットはいろいろあるが、醍醐味のひとつが翌朝の一番風呂。澄み切った空気が頭も体もすっきりさせる。場所によっては朝日が見えたり川のせせらぎが聞こえたり……。日帰りでは味わえない最高の贅沢。

2日目

9:00 JR花巻駅

鉄道40分

9:40 JR盛岡駅

春は車窓からこんな景色が！

バス34分＋徒歩3分

10:20 **小岩井農場**で ▶P.151
動物と触れ合い&グルメを堪能

総面積3000ヘクタールの民間総合農場の一部、約40ヘクタールを観光客に開放している。動物との触れ合いやさまざまな体験プログラムなど大人も子供も1日遊べる観光スポット。

徒歩3分＋バス34分

13:45 JR盛岡駅
県北バスの「106特急」バスで宮古駅へ。途中休憩で「道の駅 やまびこ館」に寄る。

バス90分

15:15 JR宮古駅

バス20分

15:35 絶景海岸 **浄土ヶ浜**で ▶P.153
「極楽浄土」の光景に出会う

三陸を代表する景勝地で、江戸時代に和尚が訪れ「さながら極楽浄土のごとし」と言ったことからこの名が付いたといわれている。

バス15分

16:15 小さなサッパ船に乗って
青の洞窟探検へ ▶P.153

バス15分

17:30 JR宮古駅
新鮮なウニが入った宮古名物
「瓶ドン」にトライ ▶P.143

宮古の新鮮な食材を牛乳瓶に詰めたどんぶりの具で、ごはんにかけて食べる斬新なスタイル。
URL kankou385.jp/special_kiji/4482

遠野物語だけじゃない

高清水展望台

高清水展望台は石上山の麓に広がる高清水高原にある。写真家にも人気の絶景スポットで、遠野盆地が一望できる。田植えの時期には水の張った田んぼが湖のように見える不思議な光景が広がる。9月下旬から10月にかけては早朝に雲海が見える日もあり、通年を通して絶好の撮影スポット。

おすすめ！泊まるならココ

13の客室はすべて趣の異なる造りで全室露天風呂付きの贅沢湯宿

露天風呂付きのモダン和洋室（天望棟・次郎の庵）

渚亭（なぎさてい）たろう庵（あん）

太平洋が一望できる天望露天風呂

三陸復興国立公園の切り立った断崖絶壁とリアス式海岸を一望できる絶景湯宿。全室に露天風呂がありプライベート空間が充実。客室露天風呂以外に、屋上に展望露天風呂などもある。三陸で取れた新鮮な海産物や地元野菜などをふんだんに取り入れた創作料理も人気。

住 宮古市田老字青砂里164-1
TEL 0193-87-2002
交 三陸鉄道**新田老駅**から徒歩約30分。無料送迎タクシー（前日までに要予約）で5分
料 1泊2食付き3万250円～
URL www.tarou-an.jp

岩手県の歩き方

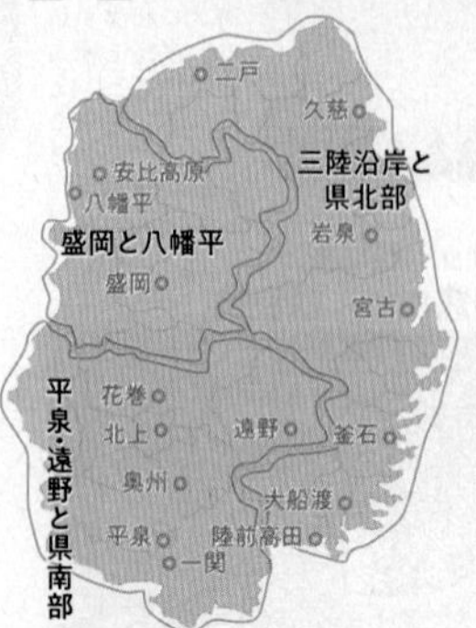

▶盛岡観光コンベンション協会
住 盛岡市中ノ橋通1-1-10（プラザおでって2階）
TEL 019-604-3305
開 9:00～17:00　休 毎月第2火曜
交 岩手銀行赤レンガ館P.155向かい
URL hellomorioka.jp

▶八幡平市観光協会
住 八幡平市柏台1-28（松尾八幡平ビジターセンター内）
TEL 0195-78-3500
開 8:30～17:15　休 年末年始
交 JR**盛岡駅**からバスで1時間20分の**柏台**下車、徒歩10分
URL www.hachimantai.or.jp

▶しずくいし観光協会
住 雫石町寺の下46-3（JR雫石駅前、雫石銀河ステーション1階）
TEL 019-692-5138
開 10:00～17:30
休 日曜・祝日、年末年始
URL shizukuishi-kanko.gr.jp

▶花巻観光協会
住 花巻市大通り1丁目1-43-2（JR花巻駅構内）
TEL 0198-29-4522
開 4～9月9:00～13:00、14:00～18:00
10～3月9:00～13:00、14:00～17:30
URL www.kanko-hanamaki.ne.jp

岩手県の由来

昔、岩手には悪事を働く鬼がいた。困った里人は「三ツ石」の神様にお願いしたところ、鬼を三つの大石に縛りつけてしまった。びっくりした鬼は許しを請い三ツ石に手形を押して逃げ去ったことから「岩の手形」岩手と呼びようになったという。※由来は諸説あり

盛岡と八幡平

マリオス展望台からの岩手山

盛岡市　**南部藩**が築いた城下町・**盛岡市**。石川啄木や宮沢賢治ゆかりのスポットのほか、貴重な歴史的建造物が点在している。

八幡平市　盛岡市内から車で約45分の**八幡平**。大自然を堪能しながら名湯・秘湯巡りを楽しんだり、トレッキングで汗を流したり、アウトドア派にぜひ訪れてほしいエリアのひとつだ。

▶花巻空港から町の中心まで

いわて花巻空港から盛岡中心部までは空港アクセスバスでおよそ45分、花巻市内までは車で10分ほど。JR東北本線の花巻空港駅は空港から4km離れており、アクセスバスで約7分。花巻駅へのバスは出ていないので花巻空港駅で乗り換え。最寄り駅は南に約1.6kmの釜石線の似内（にたない）駅。

グルメ

定番は白せんべいと胡麻、ピーナッツ

南部せんべい　八戸や二戸、盛岡で昔から食べられていた素朴なせんべい。最近では進化したせんべいが登場。小松製菓が作る割ったせんべいをチョコでコーティングした「チョコ南部」が話題。

平泉・遠野と県南部

平泉町にある達谷窟毘沙門堂

平泉町や一関市、遠野市を含む岩手県南部地域は、歴史的価値の高い建造物が点在している。また**花巻**（はなまき）や**一関**（いちのせき）、西和賀町（にしわがまち）などは文豪たちが愛した湯の郷としても有名。

ブランド食材

県南部は黒毛和牛の生産が盛んで前沢牛をはじめ、江刺牛、奥州牛など全国屈指のブランド牛が飼育されている。

前沢牛は三大和牛のひとつとされる

遠野では焼肉といえばジンギスカン

info　岩手ゆかりの人々は、詩人・石川啄木、童話作家・宮沢賢治、第19代内閣総理大臣・原敬、教育者・新渡戸稲造、毎日新聞社社長・上田常隆、言語学者・金田一京助など、多くの著名人を輩出している。

花巻市　理想郷・岩手県をイーハトーブと呼んだ**宮沢賢治**ゆかりの地。

遠野市　**『遠野物語』**の舞台として知られる民話の里。説話や信仰、習慣といった伝承がこの地ならではのものとして多数残っている。

平泉町　**世界遺産平泉**P.148では奥州藤原氏3代、100年にわたる黄金文化や歴史に触れることができる。

三陸沿岸と県北部

5列に連なる屏風のような断崖「鵜の巣断崖」

三陸特有の美しい海岸が特徴で、200mもの断崖が連なる**北山崎**、**鵜の巣断崖**P.154、景勝地の**浄土ヶ浜**P.153など自然が織りなす美しい景観が点在している。最近は景観を楽しむだけではなく、**三陸ジオパーク**や**みちのく潮風トレイル**など、自然を歩く旅のフィールドとしても注目を集めている。

また、東日本大震災で被災した現場や遺構を訪ね、自然の脅威や津波から命を守るために必要なことを学ぶ場所にもなっている。

足を延ばせば

三陸海岸の美しい海岸線を巡るルートも人気

みちのく潮風トレイル　東日本大震災からの復興プロジェクトの取り組みのうちのひとつ。青森県の八戸市から福島県の相馬市までの太平洋沿岸地域およそ1000kmを歩いて旅ができるロングトレイル。

URL tohoku.env.go.jp/mct

日本全国津々浦々～道の駅めぐり～

たろう　宮古市田老（たろう）地区、国道45号線沿いにある道の駅。宮古の野菜や海産物、旬の果物が揃う産地直売所、総合観光案内所、食堂、コンビニなどが集う。善助屋食堂では田老のご当地グルメ「どんこ(エゾイソアイナメのこと)唐揚げ丼」が食べられる。真崎わかめを使ったわかめラーメンも人気。

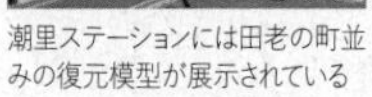
潮里ステーションには田老の町並みの復元模型が展示されている

田老産の新鮮な魚や野菜、果物、菓子などが揃う、たろう産直組合の「とれたろう」

▶遠野市観光協会
住 遠野市新穀町5-8(JR遠野駅前)
TEL 0198-62-1333
開 8:30～17:30　休 1/1、12/31
URL tonojikan.jp

▶平泉観光協会
住 平泉町平泉泉屋61-7
TEL 0191-46-2110
開 8:30～17:00　休 無休
URL hiraizumi.or.jp

▶釜石観光総合案内所
住 釜石市鈴子町22-4
ホテルフォルクローロ三陸釜石
(JR釜石駅隣接)
TEL 0193-22-5835
開 9:00～18:00　休 年末年始
URL kamaishi-kankou.jp

▶宮古駅前総合観光案内所
住 宮古市宮町1-1-80
TEL 0193-62-3534
開 9:00～18:00　休 1/1
URL www.kankou385.jp

▶駅前観光交流センター YOMUNOSU(久慈市)
住 久慈市中央3-58
TEL 0194-52-7777
開 9:00～21:30　休 1/1
URL www.kuji-kankou.com

被災したままの状態を見ることができる震災メモリアルパーク中の浜

盛から久慈までの海岸線を縦貫する三陸鉄道　©三陸鉄道

▶道の駅たろう
住 宮古市田老2-5-1
TEL 0193-77-3305
開 9:00～17:00(店舗による)
休 店舗による
交 三陸道**田老南IC**から車で3分。または三陸鉄道**新田老駅**から徒歩約8分
URL www.city.miyako.iwate.jp/taro-shisho/michinoeki_tarou_1.html

info **岩手県の世界遺産**は、**平泉**「平泉-仏国土(浄土)を表す建築・庭園及び考古学的遺跡群-」、釜石市にある**橋野鉄鉱山**を含む「明治日本の産業革命遺産 製鉄・製鋼、造船、石炭産業」、一戸町の**御所野遺跡**を含む「北海道・北東北の縄文遺跡群」の3つ。

岩手県の見どころ ZOOM UP!

平泉・遠野と県南部

世界遺産 平泉で極楽浄土を想う

平泉には平安時代の寺院や庭園、考古学的遺跡群が多く残っている。それらが現世における浄土を象徴的に表しているとして世界文化遺産に登録された。中尊寺の金色堂だけではなく、周辺の遺跡も巡って心を癒やそう。

金色堂を保護するために建てられた新覆堂。この中に絢爛豪華な金色堂がある © 中尊寺（P148・149）

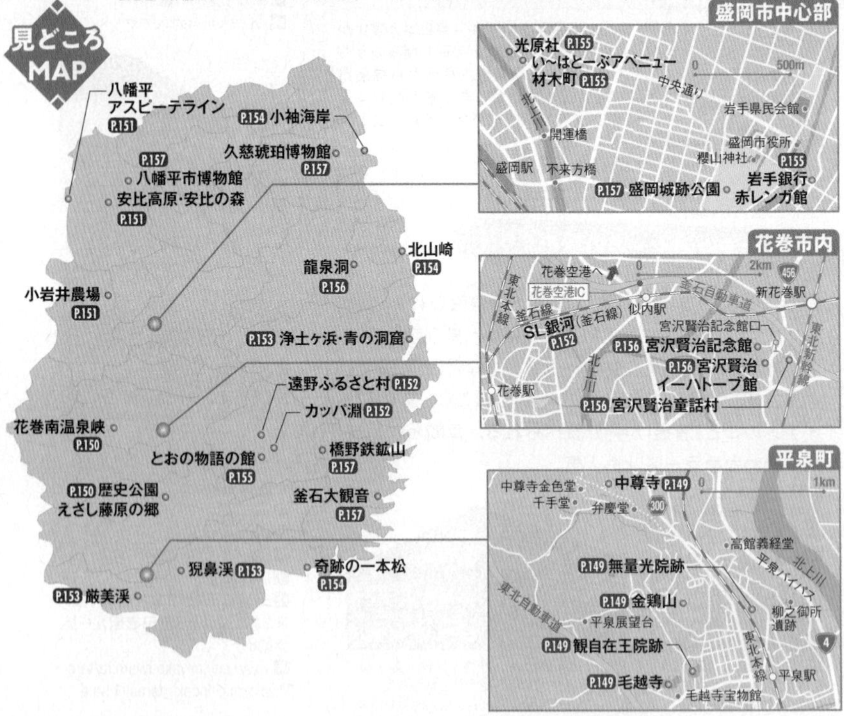

見どころMAP

八幡平アスピーテライン P.151
P.154 小袖海岸
久慈琥珀博物館 P.157
P.157 八幡平市博物館
安比高原・安比の森 P.151
北山崎 P.154
龍泉洞 P.156
小岩井農場 P.151
P.153 浄土ヶ浜・青の洞窟
遠野ふるさと村 P.152
カッパ淵 P.152
花巻南温泉峡 P.150
橋野鉄鉱山 P.157
とおの物語の館 P.155
P.150 歴史公園えさし藤原の郷
釜石大観音 P.157
猊鼻渓 P.153
奇跡の一本松 P.154
P.153 厳美渓

盛岡市中心部

光原社 P.155
い～はとーぶアベニュー材木町 P.155
中央通り
北上川
岩手県民会館
開運橋
盛岡市役所
櫻山神社 P.155
盛岡駅
不来方橋
P.157 盛岡城跡公園
岩手銀行赤レンガ館
0 500m

花巻市内

花巻空港へ
花巻空港IC
東北本線
釜石線
釜石自動車道
新花巻駅
SL銀河（釜石線）P.152
似内駅
宮沢賢治記念館口
P.156 宮沢賢治記念館
P.156 宮沢賢治イーハトーブ館
北上川
東北新幹線
花巻駅
P.156 宮沢賢治童話村
0 2km

平泉町

中尊寺金色堂
中尊寺 P.149
千手堂
弁慶堂
高館義経堂
P.149 無量光院跡
平泉バイパス
北上川
東北自動車道
P.149 金鶏山
柳之御所遺跡
平泉展望台
P.149 観自在王院跡
東北本線
P.149 毛越寺
平泉駅
毛越寺宝物館
0 1km

info レンタサイクルでのんびり平泉を巡るのもおすすめ。高低差が少なく、女性でも楽々サイクリングが楽しめる。中尊寺から毛越寺までは自転車で約10分、自転車はJR平泉駅構内のレンタサイクル店で借りられる。

月見坂と呼ばれている表参道はすがすがしい杉林や秋の紅葉が見事

極楽浄土を象徴する装飾が施された金色堂

中尊寺

11世紀後半の東北地方では戦乱が続き、多くの人が亡くなった。奥州藤原氏初代の**清衡**(きよひら)が平和の祈りを込めて金色堂をはじめ、さまざまな堂塔や庭園を造営し、20年の歳月をかけて中尊寺を完成させた。国宝第一号に指定された金色堂は、数ある中尊寺のお堂のなかで**極楽浄土**の世界を仏堂全体で表している。はるかシルクロードからもたらされた夜光貝を用いた繊細な螺旋(らでん)細工、当地名産の金と漆など、まさに平泉黄金文化の象徴だ。

明治42(1909)年に再建された中尊寺本堂

住 西磐井郡平泉町平泉衣関202　TEL 0191-46-2211
開 3/1～11/3 8:30～17:00、11/4～2月8:30～16:30
休 無休　料 800円
交 JR**平泉駅**から巡回バスるんるんで10分、またはJR**一ノ関駅**から**イオン前沢**行きバスで25分の**中尊寺**下車、徒歩15分　URL www.chusonji.or.jp

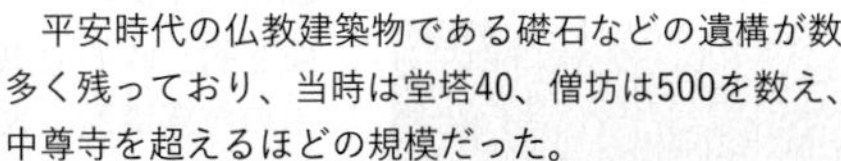

仏の世界を現世に再現した浄土庭園

毛越寺

平安時代の仏教建築物である礎石などの遺構が数多く残っており、当時は堂塔40、僧坊は500を数え、中尊寺を超えるほどの規模だった。

仏の世界を地上に再現しようとした毛越寺の浄土庭園は浄土式庭園の代表作で、およそ800年前の世界を感じることができる貴重な場所。

大泉が池を中心に、美しい海岸線を表す**洲浜**(すはま)、断崖の姿の**築山**(つきやま)など自然の景観を取り入れた作庭技法が随所に見てとれる。池に水を引き入れるための水路の**遣水**(やりみず)は、平安時代の唯一の遺構。この遣水を舞台に盃を浮かべ、流れに合わせて和歌を詠む**曲水の宴**が開催されている。

住 西磐井郡平泉町平泉字大沢58　TEL 0191-46-2331
開 3/5～11/4 8:30～17:00、11/5～3/4 8:30～16:30
休 不定休　料 700円　交 JR**平泉駅**から徒歩10分。または巡回バスるんるんで3分の**毛越寺**下車、徒歩すぐ

1. 平安時代の優雅な歌遊び「曲水の宴」 2. 健康祈願、當病平癒に御利益がある毛越寺の本堂 3. 庭園の中心となる大泉が池

観自在王院跡

二代基衡の妻が建立したといわれている浄土庭園。当時は大小ふたつの阿弥陀堂が建っており、その内壁には京都の霊地名所が描かれていたといわれている。

平泉の中心に据えられていたとされる

住 西磐井郡平泉町平泉字志羅山地内
開 入場自由　交 JR**平泉駅**から徒歩8分

金鶏山

伝説では「奥州藤原氏秀衡が一晩で築いた造り山」。山頂には経塚がある。

秀衡が雌雄一対の「黄金の鶏」を山に埋めたなど、数々の伝説が残る

住 西磐井郡平泉町平泉字花立地内
開 入場自由　交 JR**平泉駅**から巡回バスるんるんで6分の**悠久の里**下車、登山口まで徒歩5分

無量光院跡

奥州藤原氏三代秀衡が建立した寺院跡。建物の中心線は金鶏山と結ばれ、その稜線上に夕日が沈むように設計されている。

平等院鳳凰堂を模して建立された浄土庭園の最高傑作

住 西磐井郡平泉町平泉字花立地内
開 入場自由　交 JR**平泉駅**から巡回バスるんるんで16分の**無量光院跡**下車、徒歩すぐ

▶ 歴史公園えさし藤原の郷
住 奥州市江刺岩谷堂字小名丸86-1
TEL 0197-35-7791
開 3～10月9:00～17:00
11～2月9:30～16:00
最終入場は1時間前
休 1/1 料 1000円
交 JR**水沢江刺駅**から車で約15分
URL www.fujiwaranosato.com

十二単や平安貴族に変身できる着付け体験が人気

日中とは異なる幻想的な雰囲気

▶ 花巻南温泉峡
住 花巻市
TEL 0198-29-4522（花巻観光協会）
開 休 料 施設により異なる
交 JR**花巻駅**からバスで20～30分
URL www.kanko-hanamaki.ne.jp

川のせせらぎに癒やされる渓流温泉峡

豊沢川沿いの絶景が楽しめる大沢温泉の露天風呂

平安時代を再現した歴史テーマパーク

平泉・遠野と県南部

歴史公園えさし藤原の郷（れきしこうえんえさしふじわらのさと）

奥州藤原氏初代清衡誕生の地に作られた歴史テーマパーク。広大な園内には平安時代の建造物を再現したものが120棟点在し、奥州藤原氏が住んでいた平泉の居城、**伽羅御所**（きゃらのごしょ）は平安時代の寝殿造りの様式を再現した日本で唯一の建造物。政治や重要な儀式が行われていた**政庁**、東北の武士の館**経清館**（つねきよかん）、大和朝廷時代に造られた城柵、創建当時の**金色堂**などどれも忠実に再現されている。

奥州藤原氏が住んでいた平泉の居城「伽羅御所」

十二単や束帯、女官装束など平安貴族になれる変身プランも人気。紅葉の時期には寝殿造りの建物を再現した「伽羅御所」や美しい庭園などが**ライトアップ**され、園内は幻想的な雰囲気に包まれる。

ひっそりとたたずむみちのくの秘湯

平泉・遠野と県南部

花巻南温泉峡（はなまきみなみおんせんきょう）

花巻にある12の温泉地が集まる**花巻温泉峡**。そのうち7つの温泉がある豊沢川（とよさわがわ）沿いのエリアが花巻南温泉峡だ。

どの温泉も緑豊かな山々に囲まれたロケーションにあり秘湯といった趣。

宮沢賢治が愛した鉛温泉「藤三旅館」の白猿の湯

山の神温泉の**優香苑**P.144には花巻温泉郷最大級の大露天風呂があり、男女合わせて50畳以上の広さを誇る。また、**大沢温泉**には200年前の建物を利用した湯治宿があり、昔ながらの共同炊事場で料理をすることができる。宮沢賢治がこの湯が好きで足しげく通っていたことでも有名だ。

info **歴史公園えさし藤原の郷**では5日前までに予約をすれば秀衡公や義経が食したであろう平安時代の食事を再現した**平安時代食**の特別膳も食べることができる。URL www.fujiwaranosato.com/heian-meal

美しい大自然が満喫できる高原リゾート

盛岡と八幡平

安比高原・安比の森

あっぴこうげん・あっぴのもり

標高1304mの前森山と1328mの西森山に広がる国内屈指の高原リゾート。

前森山が一望できる**安比の森**ではドッグラン、恐竜パーク、グランピンクなどのアクティビティが楽しめる。**安比雲海ゴンドラ**に乗れば1300mの頂から幻想的な雲海を眺められる。

安比高原の雲海発生率は70%以上と高確率！（過去3年の平均値）

▶安比高原・安比の森

▶安比の森
住 八幡平市安比高原
TEL 0195-73-6995
開 入場自由（施設による）
交 JR**安比高原駅**から徒歩30分
URL www.appi.co.jp

▶安比雲海ゴンドラ
住 八幡平市安比高原
TEL 0195-73-5111
開 7:00～15:00（季節・曜日による変動あり）
休 11月上旬～2月中旬（予定）
料 往復1800円
URL www.appi.co.jp

130年以上の歴史を誇る日本最大級の総合民間農場

盛岡と八幡平

小岩井農場

こいわいのうじょう

岩手山麓に広がる約3000ヘクタールの敷地に約2300頭の牛が暮らし、自社ブランド製品を製造販売している。観光エリアまきば園では、農場ならではの体験やアクティビティ、グルメが楽しめる。人気のアクティビティは**ファームトラクターライド**。風を感じながら森と牧草地、さらにまきば園No.1の絶景スポット、100年杉林道を巡る。

上丸牛舎は小岩井農場酪農発祥の地

▶小岩井農場
住 岩手郡雫石町丸谷地36-1
TEL 019-692-4321
開 9:00～17:00
休 季節により休園日あり
料 800円
交 JR**盛岡駅**前からバスで35分の**小岩井農場まきば園**下車、徒歩すぐ
URL www.koiwai.co.jp/makiba

雄大な自然を満喫できるファームトラクターライド

八幡平のお手軽トレッキングコース

盛岡と八幡平

八幡平アスピーテライン

はちまんたいあすぴーてらいん

八幡平を横断する全長約27kmのドライブルート。八幡平の頂上付近や湿原などには歩きやすい遊歩道が整備され、気軽にトレッキングが楽しめる。高山植物や野鳥の観察はもちろん、遊歩道沿いには大小さまざまな湖沼が点在していて、雪解けの様子が龍の目のように見える**鏡沼**（八幡平ドラゴンアイ）が観光客に大人気。

5月中旬～6月中旬にかけて出現する八幡平ドラゴンアイ

▶八幡平アスピーテライン
住 八幡平市
TEL 0195-78-3500（八幡平市観光協会）
開 4月中旬～11月上旬（夜間通行止め期間あり）
交 JR**盛岡駅**からバスで1時間45分の**八幡平頂上**下車、徒歩15分
URL www.hachimantai.or.jp

日本で唯一のアスピーテ火山の火口湖「八幡沼」

info **小岩井農場**では子供も体験できる乗馬体験やポニーのエサやり、バター作り教室などもある。また、普段は立ち入ることのできない非公開エリアや国の重要文化財に指定された牛舎を巡るガイドツアーも人気。

多くのカッパが住んでいたという言い伝えが残る

平泉・遠野と県南部

カッパ淵

遠野は民話の里として知られており、**オシラサマ**や**カッパ伝説**、**座敷わらし**ゆかりの場所が点在するが、そのひとつが**常堅寺**の裏を流れるカッパ淵。かつて多くのカッパが住んでいて人々にいたずらをしたという言い伝えがあり、淵のそばには乳神を祀った小さな祠もある。赤い布で乳をかたどった供え物をすると母乳の出がよくなるといわれている。

今にもカッパが出てきそうなうっそうとした雰囲気

▶ カッパ淵

住 遠野市土淵町土淵
TEL 0198-62-1333(遠野市観光協会)
開 入場自由
交 JR**遠野駅**からバスで15分の**足洗川**下車、徒歩5分
URL tonojikan.jp

淵のそばにたたずむ乳神を祀る祠

江戸～明治時代の民家を移築した

平泉・遠野と県南部

遠野ふるさと村

江戸中期から明治中期にかけて造られた茅葺屋根の**曲り家**（母屋と厩がL字型で一体化している家）を移築しそのままの形を見ることができる。

囲炉裏を囲んで聴く昔話、村内の清流でのヤマメのつかみ取り、遠野の野山で採取した花や草の根の染料を使った草木染めなど体験プログラム（要予約）も充実している。

江戸末期に建てられた「川前別家」

▶ 遠野ふるさと村

住 遠野市附馬牛町上附馬牛5-89-1
TEL 0198-64-2300
開 3～10月9:00～17:00
11～2月9:00～16:00
休 無休　料 550円
交 JR**遠野駅**から車で20分
URL www.tono-furusato.jp

村内は昔ながらの遠野の集落を再現している

宮沢賢治の『銀河鉄道の夜』がモチーフ

平泉・遠野と県南部

SL銀河

2014年から釜石線の花巻～釜石間で運転を開始した観光列車。盛岡市の交通公園に展示保存されていた**C58型**を復元した蒸気機関車を使用。

車体には**『銀河鉄道の夜』**に登場する星座や動物が描かれているほか、列車の内装は宮沢賢治が活躍した大正から昭和のレトロな世界観で統一されている。（※SL銀河は2023年春、運行終了予定）

春は桜を見ながらの列車旅が楽しめる

▶ SL銀河

TEL 050-2016-1600(JR東日本お問い合わせセンター)
開 土･日曜を中心に不定期運行。基本的に片道運行（土曜が花巻発釜石行きの場合、日曜は釜石発花巻行き）
料 840円（料金は花巻～釜石の指定席料金、別途乗車券が必要）
URL www.jreast.co.jp/railway/joyful/galaxysl.html

info **常堅寺**の境内には一対の**狛犬**があるが、頭部に円形状のくぼみがあってそこに水が溜まるとカッパの皿のようにみえることから、**カッパ狛犬**と呼ばれている。

岩手が誇る名勝・日本百景

平泉・遠野と県南部

猊鼻渓（げいびけい）

高さ100mの断崖の間を舟で下る

砂鉄川（さてつがわ）が石灰岩を侵食してできた渓谷。2kmにわたる渓谷の両岸には高さ**100mの断崖**がそびえている。谷を川から眺めることができる舟下りが観光客に人気で、船頭が竿一本で運行する唯一の舟下りとしても有名。

春は満開の藤、紅葉が水面に映える秋、水墨画の世界へ誘ってくれる冬など四季折々の姿が楽しめる。

▶猊鼻渓舟下り

住 一関市東山町長坂字町467
TEL 0191-47-2341(げいび観光センター)
開 8:30～15:00(季節による変動あり)
12～2月はこたつ船が運航
休 無休(悪天候時は欠航になる場合あり)
料 1800円
交 JR**猊鼻渓駅**から徒歩5分
URL www.geibikei.co.jp

奇岩が連なるダイナミックな景観

平泉・遠野と県南部

厳美渓（げんびけい）

厳美渓は一関で人気ナンバー1の観光スポット

栗駒山から一関市内へと流れる磐井川（いわい）の浸食により、奇岩、怪岩、深淵、滝などが2kmにわたって形成された渓谷で国の名勝、天然記念物に指定されている。渓谷に沿って遊歩道が整備されているのでゆっくりと散策が楽しめる。

また、厳美渓名物の**空飛ぶかっこうだんご**は観光客に大人気。

▶厳美渓

住 一関市厳美町滝の上
TEL 0191-21-8413(一関市市役所観光物産課)
開 入場自由
交 JR**一ノ関駅**からバスで20分の**厳美渓**下車、徒歩すぐ
URL iwatetabi.jp/spot/detail.spn.php?spot_id=763

「空飛ぶかっこうだんご」のかご

海の青と白い岩肌のコントラストが絶妙

三陸沿岸と県北部

浄土ヶ浜・青の洞窟（じょうどがはま・あおのどうくつ）

海の青に松の緑と白い岩肌が美しい景勝地

波風に浸食された真っ白な火山岩がそびえる姿が特徴的で、あまりの美しさに「**さながら極楽浄土のごとし**」と宮古山常安寺（みやこさんじょうあんじ）の霊鏡竜湖和尚（れいきょうりゅうここおしょう）が言ったことが名前の由来。

人気のサッパ船（小型船）で行く**青の洞窟**ツアーでは浄土ヶ浜湾内にある名所、剣ノ山、賽の河原、血の池など、目の前で遊覧できる。

▶浄土ヶ浜・青の洞窟

▶浄土ヶ浜
住 宮古市日立浜町
TEL 0193-62-2111(宮古市観光課)
開 入場自由
交 JR**宮古駅**からバスで20分の**奥浄土ヶ浜**下車、徒歩すぐ
URL www.city.miyako.iwate.jp/kanko/jyoudogahama.html

▶青の洞窟(サッパ遊覧船)
住 宮古市日立浜町32-4
TEL 0193-63-1327(浄土ヶ浜マリンハウス)
開 8:30～17:00　休 12～2月
料 1500円
交 JR**宮古駅**からバスで15分の**浄土ヶ浜ビジターセンター**下車、徒歩10分
URL j-marine.com

info **空飛ぶかっこうだんご**は厳美渓の甘味処、**郭公屋**(かっこうや)の対岸にある東屋にあるかごにお金を入れると郭公屋にかごが届き、今度はかごの中に団子とお茶が入って戻ってくる仕組み。

奇岩が連なる景観が美しい

三陸沿岸と県北部

小袖海岸（こそでかいがん）

通称**あまちゃん街道**（県道268号線）沿いの海岸で、つりがね洞やかぶと岩など、断崖絶壁や奇岩が点在、つりがね洞一帯は小袖海岸を代表する景勝地として知られている。また、素潜り漁でウニやアワビを取る海女の北限として知られる海岸でもあり、**小袖海女センター**では期間限定で海女の素潜り実演を見学できる。

小袖海岸を代表する奇岩「つりがね洞」

▶小袖海岸
住 久慈市長内町
TEL 0194-66-9200（久慈市観光物産協会）
開 入場自由
交 JR**久慈駅**からバスで30分の**小袖海岸**下車、徒歩すぐ
URL www.kuji-kankou.com
▶小袖海女センター
住 久慈市宇部町24-110-2
TEL 0194-54-2261
開 9:00～17:00　休 12/29～1/3
交 JR**久慈駅**からバスで30分の**小袖海岸**下車、徒歩5分

大迫力の断崖絶壁

三陸沿岸と県北部

北山崎（きたやまざき）

北山崎を楽しむなら**サッパ船クルーズ**がおすすめ。真下から仰ぎ見る北山崎の高さ200mの断崖絶壁は圧巻のスケール！　ベテラン漁師が操るサッパ船で海に出れば、まるで遊園地のアトラクションのようなスリル満点の体験が待っている。ツアーは所要60分、北三陸の大自然が楽しめるマリンアドベンチャー。

高さ200mもの大断崖が8kmにわたって続く

▶北山崎
住 下閉伊郡田野畑村北山
開 入場自由
交 三陸鉄道**田野畑駅**から車で約25分
▶北山崎サッパ船アドベンチャーズ
住 下閉伊郡田野畑村机142-3（机漁港）
TEL 0194-37-1211（NPO法人 体験村·たのはたネットワーク）
開 9:00～17:00（要予約）
休 無休　料 3800円
交 三陸鉄道**田野畑駅**から車で10分（観光乗り合いタクシーあり。要予約）
URL tanohata-taiken.jp

震災復興のシンボル

三陸沿岸と県北部

奇跡の一本松（きせきのいっぽんまつ）

東日本大震災の津波により、高田松原（たかたまつばら）で唯一耐え残った**奇跡の一本松**。翌年には枯死が確認され、現在はモニュメントとして**高田松原津波復興祈念公園国営追悼・祈念施設**に保存整備され、復興のシンボルとして親しまれている。公園内には**東日本大震災津波伝承館**と**道の駅高田松原**が設置されている。

復興のシンボルとして保存管理されている

▶奇跡の一本松
▶高田松原津波復興祈念公園国営追悼·祈念施設「奇跡の一本松」
住 陸前高田市気仙町土手影180
TEL 0192-22-8911
開 4～9月9:00～18:00
10～3月9:00～17:00
休 無休　料 無料
交 大船渡線BRT**奇跡の一本松駅**から徒歩10分
URL takatamatsubara-park.com
▶東日本大震災津波伝承館
住 陸前高田市気仙町字土手影180（高田松原津波復興祈念公園内）
TEL 0192-47-4455
開 9:00～17:00（最終入場16:30）
休 12/29～1/3、臨時休館日
料 無料
交 JR大船渡線BRT**奇跡の一本松駅**から徒歩すぐ
URL iwate-tsunami-memorial.jp

info **小袖海女センター**1階はみやげ物店で2階は海女の歴史を紹介する展示コーナー、3階は久慈の名物が食べられる軽食スペース、そして屋上は小袖海岸が一望できる展望スペースになっている。

出版社から民芸品のセレクトショップになった
盛岡と八幡平

光原社（こうげんしゃ）

中庭には資料室や喫茶店がある

宮沢賢治が名付け、『**注文の多い料理店**』を世に出した出版社。賢治の死後は柳宗悦や棟方志功がここに集い、社交場となった。現在はオリジナル漆器や全国各地の焼き物、松本で作られた家具などを扱っている。

▶光原社
住 盛岡市材木町2-18
TEL 019-622-2894
開 夏期10:00～18:00
冬期10:00～17:30
休 毎月15日(土･日曜･祝日の場合は翌平日)
料 無料
交 JR**盛岡駅**から徒歩10分
URL morioka-kogensya.sakura.ne.jp

6つのモニュメントが賢治の世界を表現
盛岡と八幡平

い～はとーぶアベニュー材木町（いーはとーぶあべにゅーざいもくちょう）

400年以上前から続く人気のよ市

北上川沿いに約50店舗が店を構える商店街。石の採掘場で休む賢治が表現された彫刻『**石座**』、夜になると淡い光が点滅する『**星座**』、賢治作曲の『**星めぐりの歌**』が流れるチェロのオブジェ、シルクロードがモチーフの『**絹座**』など、6つのモニュメントが賢治の世界へ誘う。

▶い～はとーぶアベニュー材木町
住 盛岡市材木町
TEL 019-623-3845(材木町商店街振興組合)
開 休 店舗による
料 無料
交 JR**盛岡駅**から徒歩10分
URL iwatetabi.jp/spot/detail.spn.php?spot_id=1032

威風堂々とした盛岡のランドマーク
盛岡と八幡平

岩手銀行赤レンガ館（いわてぎんこうあかれんがかん）

レトロでモダンな岩手銀行赤レンガ館の外観

東京駅の設計で知られる**辰野金吾**が設計した建築としては東北地方に唯一残る建築。明治44(1911)年の開業から平成24(2012)年まで銀行として使用されてきた。シャンデリア、欄間装飾など明治からの名残を感じることができる。

▶岩手銀行赤レンガ館
住 盛岡市中ノ橋通1-2-20
TEL 019-622-1236
開 10:00～17:00(最終入場16:30)
休 火曜、12/29～1/3
料 300円
交 JR**盛岡駅**からバスで10分の**盛岡バスセンター前**下車、徒歩すぐ
URL www.iwagin-akarengakan.jp

『遠野物語』の世界に浸れる
平泉・遠野と県南部

とおの物語の館（とおのものがたりのやかた）

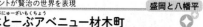

昔話を観たり聞いたりできる昔話蔵

『**遠野物語**』の世界観を体験できるスポット。座敷わらしや雪女などの物語を映像や音声でわかりやすく解説する**昔話蔵**や著者の柳田国男が遠野で定宿としていた**高善旅館**、晩年を過ごした**旧柳田国男隠居所**がおもな見どころ。

▶とおの物語の館
住 遠野市中央通り2-11
TEL 0198-62-7887
開 9:00～17:00
休 無休(2月中旬にメンテナンス休館あり)
料 510円
交 JR**遠野駅**から徒歩8分
URL www.city.tono.iwate.jp/index.cfm/48,23855,166,1,html

info **い～はとーぶアベニュー材木町**で4～11月の毎週土曜に、**材木町よ市**が開催される。400mもある商店街の路上に野菜や果物、漬物などの店が所狭しと並び、市ならではの安い価格で販売されるとあって、いつも大にぎわいだ。

童話の世界を楽しく学べる

平泉・遠野と県南部

宮沢賢治童話村

宮沢賢治の童話がモチーフの体験型施設。おもに7つの施設から構成されており、どの施設もファンタジックな趣向を凝らした作り。メインとなるのは**賢治の学校**。学校内は5つのゾーンに分けられており、不思議な空間を体験できる。

3枚の鏡で構成された巨大な万華鏡「宇宙の部屋」

▶宮沢賢治童話村

住 花巻市高松26-19
TEL 0198-31-2211
開 8:30～16:30
休 12/28～1/1
料 350円　※童話村敷地内、賢治の教室は入館無料
交 JR**新花巻駅**からイトーヨーカドー方面行きのバスで5分の**賢治記念館口**下車、徒歩5分
URL www.kanko-hanamaki.ne.jp

宮沢賢治が愛用した品々を見ることができる

平泉・遠野と県南部

宮沢賢治記念館

宮沢賢治が当時よく訪れた**胡四王山**に建つ記念館で、生涯における作品や研究をはじめ、人となりや思想までいろいろな角度から賢治を知ることができ、家族や知人など賢治の周辺も詳細に紹介されている。

胡四王山の中腹に建つ記念館

▶宮沢賢治記念館

住 花巻市矢沢1-1-36
TEL 0198-31-2319
開 8:30～17:00
休 12/28～1/1　料 350円
交 JR**新花巻駅**からイトーヨーカドー方面行きのバスで5分の**賢治記念館口**下車、徒歩15分
URL www.city.hanamaki.iwate.jp/miyazawakenji/kinenkan/index.html

宮沢賢治関連の蔵書は約2万冊

平泉・遠野と県南部

宮沢賢治イーハトーブ館

宮沢賢治に関する数多くの蔵書や研究論文などを閲覧することができる。アニメーションの上映や企画展も行っている。売店「**猫のじむしょ**」では、賢治の作品集や研究書などの書籍、オリジナルグッズを販売している。

1階の展示室は標本箱を思わせる展示ケースが特徴的

▶宮沢賢治イーハトーブ館

住 花巻市高松1-1-1
TEL 0198-31-2116
開 8:30～17:00
休 12/28～1/1　料 無料
交 JR**新花巻駅**からイトーヨーカドー方面行きのバスで5分の**賢治記念館口**下車、徒歩5分
URL www.kenji.gr.jp

世界でも有数の透明度を誇る地底湖

三陸沿岸と県北部

龍泉洞

日本三大鍾乳洞のひとつ、龍泉洞は宇霊羅山の麓にある天然の鍾乳洞で、洞内総延長はわかっているだけで4088m、そのうち700mが公開されている。現在8つの地底湖が見つかっており、そのうち3つが公開中。

湖の色は洞窟の名前と相まってドラゴンブルーと呼ばれる

▶龍泉洞

住 下閉伊郡岩泉町岩泉字神成1-1
TEL 0194-22-2566
開 8:30～17:00
休 無休　料 1100円
交 JR**盛岡駅**から龍泉洞行きバスで2時間15分の**龍泉洞前**下車、徒歩すぐ
URL www.iwate-ryusendo.jp

info 花巻市では「賢治の学校」「宮沢賢治記念館」のほか、「花巻市博物館」や「花巻新渡戸記念館」にも入場できる**共通入館券**を販売している。4館有効が1000円、3館が800円、2館が550円とお得。

不来方（こずかた）城とも呼ばれた盛岡城の旧跡　盛岡と八幡平

盛岡城跡公園

花崗岩で築かれた石垣が特徴的

当時の**城の石垣が残る公園**で、春は桜、秋の紅葉など四季折々の景色が楽しめる。宮沢賢治や石川啄木も訪れた歴史あるこの地は今では市民の憩いの場として親しまれている。

▶盛岡城跡公園
住 盛岡市内丸
TEL 019-639-9057
開 入場自由
交 JR**盛岡駅**からバスで5分の**盛岡城跡公園前**下車、徒歩すぐ
URL www.city.morioka.iwate.jp/kurashi/midori/koen/1010491.html

市の歴史・文化・暮らしを紹介した博物館　盛岡と八幡平

八幡平市博物館

松尾釜石環状列石出土の土偶

松尾釜石環状列石出土の**土偶**、国内でも珍しい絵暦「**田山暦**」や漆産業についての紹介、昭和初期から高度経済成長期の暮らしぶりがわかる生活道具と写真資料展示もある。

▶八幡平市博物館
住 八幡平市叺田230
TEL 0195-63-1122
営 9:00～16:30（最終入場16:00）
休 月曜（祝日の場合は翌平日）、年末年始　料 210円
交 JR**荒屋新町駅**から徒歩10分。または東北自動車道**安代IC**から車で3分
URL www.city.hachimantai.lg.jp/soshiki/hakubutsukan/1273.html

魚を抱いた観音様　三陸沿岸と県北部

釜石大観音

内部の展望台からの眺め

魚を抱いた白亜の魚籃観音像でその全高は48.5m。釜石湾を一望できる高台に立ち、内部の11～12階にある**展望台**からは陸中海岸国立公園の雄大なリアス海岸を望むことができる。

▶釜石大観音
住 釜石市大平町3-9-1
TEL 0193-24-2125
開 9:00～17:00
休 12/29～31　料 500円
交 JR**釜石駅**から平田方面行きバスで11分の**釜石観音入口**下車、徒歩10分
URL kamaishi-daikannon.com

日本最古の洋式高炉跡　三陸沿岸と県北部

橋野鉄鉱山

2015年、世界遺産に登録された

近代製鉄の父・大島高任の指導のもと作られた現存する日本最古の洋式高炉跡。採掘、運搬、製鉄に至る一連の工程がわかる遺跡として残っており、**国史跡**に指定されている。

▶橋野鉄鉱山
住 釜石市橋野町第2地割15
TEL 0193-54-5250（橋野鉄鉱山インフォメーションセンター）
開 入場自由（冬季は積雪のため、見学困難）
交 JR**釜石駅**から車で50分。またはJR**遠野駅**から車で35分
URL www.city.kamaishi.iwate.jp/docs/2020030600160

国内唯一の琥珀専門の博物館　三陸沿岸と県北部

久慈琥珀博物館

白亜紀の地層で琥珀採掘体験

古墳時代にはすでに久慈産の琥珀が朝廷に運ばれたほど古い歴史がある。博物館には9000万年前の久慈の様子を再現した**ジオラマ**や、実際に使用していた**坑道跡**を見ることができる。

▶久慈琥珀博物館
住 久慈市小久慈町19-156-133
TEL 0194-59-3821
開 9:00～17:00（最終入場16:30）
休 12/31、1/1、2月末日
料 500円
交 JR**久慈駅**から車で約10分。または山根・岩瀬張方面行きバスで13分の**琥珀博物館入口**下車、徒歩25分
URL www.kuji.co.jp/museum

info **久慈琥珀博物館**では恐竜時代の地層から琥珀を探す本格体験や、手作業で琥珀を削り、勾玉やペンダントを作る琥珀玉づくり体験ができる。また、世界中の琥珀を扱う久慈琥珀本店があり、国内随一の品揃えを誇る。

宮城県

MIYAGI

人口
230.2万人（全国14位）
面積
7282km²（全国16位）
県庁所在地
仙台市
県花
ミヤギノハギ

むすび丸
仙台・宮城観光PRキャラクターむすび丸 承認番号03047号

ミヤギノハギ
歌枕の宮城野の萩にちなんで命名された秋の名花。7〜9月にかけて紅紫色の花を咲かせる

東北一の商業都市である仙台市を中心に35市町村からなる宮城県。北上川や阿武隈(あぶくま)川といった河川が貫流し、流域に平野が広がっている。東は太平洋に面し、石巻港や気仙沼港など全国有数の水揚げ高を有する漁港が多い。西は奥羽山脈に接し、栗駒山 P.174 や蔵王連峰（宮城蔵王 P.168）などの山々がそびえる。2011年の東日本大震災では石巻市など太平洋沿岸部を中心に甚大な被害を受けた。2022年現在も復旧、復興作業が続いている。

旅の足がかり

仙台市

仙台市は「杜の都」の雅称をもつ東北地方で唯一の政令指定都市。県中央部に位置しており、宮城県全体を二分するように東西方向に延びている。都市としての歴史は、慶長5(1600)年の伊達政宗による仙台城の建設と城下町の整備に始まる。伊達政宗は「独眼竜」の異名をもつ仙台藩初代藩主。数々の武功によって、その名を全国にとどろかせ、繁栄の礎を築いた。現在も市内に**仙台城跡** P.166 や**大崎八幡宮** P.167 など、伊達家ゆかりの地が残っている。

白石市

白石市は宮城県内の市としては最南端にあたり、福島駅から白石蔵王駅まで新幹線で所要10分。奥州街道の要衝として古くから栄え、江戸時代には伊達家の臣下である片倉氏が統治する城下町として発展した。西側には山形県との県境になっている蔵王連峰がそびえ、春から秋はハイキングやドライブ、冬はスノーレジャーが盛ん。

石巻市

県北東部に位置する全国でも有数の水産都市。東部は太平洋に面しており、三陸沖は200種類以上の魚介類が取れる日本を代表する漁場になっている。仙台からは列車で所要1時間30分ほどと日帰りでの旅行も可能だ。東日本大震災の津波で大きな被害を受けた。市内には**旧大川小学校** P.175 など、惨状を物語る震災遺構が点在している。

地理と気候

夏季は、太平洋からの海風の影響で厳しい暑さにはなりにくく、過ごしやすい。冬季は西の山間部は多雪地域であるが、東の平野部は雪は少なく晴れの日が多い。

【夏】8月の平均気温は25°C前後と快適。最高気温が30°Cを超える日は全国に比べ少ない。台風の接近数も少なく、穏やかな日が続く。

【冬】冬は奥羽山脈をこえる季節風の影響で、県内西部は寒さが厳しい豪雪地帯になる。県内東部は比較的降雪が少ないものの、平均気温が2〜3°Cと全国の中でも低い。

P.158〜175 写真提供：宮城県観光プロモーション推進室　仙台七夕まつり協賛会　公益財団法人仙台観光国際協会　大崎八幡宮　瑞鳳殿　円通院　瑞巌寺

アクセス

東京から ▶▶▶	所要時間
新幹線 東京駅▶仙台駅（はやぶさ）	1時間30分
JR線 東京駅▶仙台駅（特急ひたち）	4時間30分
高速バス バスタ新宿▶仙台駅	5時間10分

大阪から ▶▶▶	所要時間
飛行機 伊丹空港▶仙台空港	1時間25分
高速バス 大阪梅田▶仙台駅	11時間50分

山形から ▶▶▶	所要時間
JR線 山形駅▶仙台駅（快速）	1時間15分
高速バス 山交ビル▶仙台駅	1時間15分

岩手から ▶▶▶	所要時間
新幹線 盛岡駅▶仙台駅（こまち）	40分
高速バス 盛岡駅▶仙台駅	2時間30分

県内移動

▶仙台駅から石巻駅へ

各駅停車の仙石線で約1時間20分。東北本線から仙石線へと乗り入れる仙石東北ラインで約1時間。途中で松島や塩竈などを観光するなら仙石線の利用が便利。

▶仙台から鳴子温泉へ

古川駅まで新幹線で約15分。陸羽東線の快速に乗り換えて鳴子温泉駅まで約40分。

宮交バスが仙台駅から鳴子温泉車湯まで1日1便運行。所要約1時間30分。

▶▶▶アクセス選びのコツ

常磐線の特急**ひたち**の仙台行きは1日2便運行。阿武隈急行線は福島駅と県南部の槻木（つきのき）駅を結ぶ。

東北地方のほとんどの主要都市から便がある。仙台駅の高速バス乗り場は駅周辺に点在しており、繁華街の広瀬通一番町を経由する便も多い。

伊丹空港、中部空港、新千歳空港の便が比較的多い。広島空港、福岡空港の便もある。

交通路線図

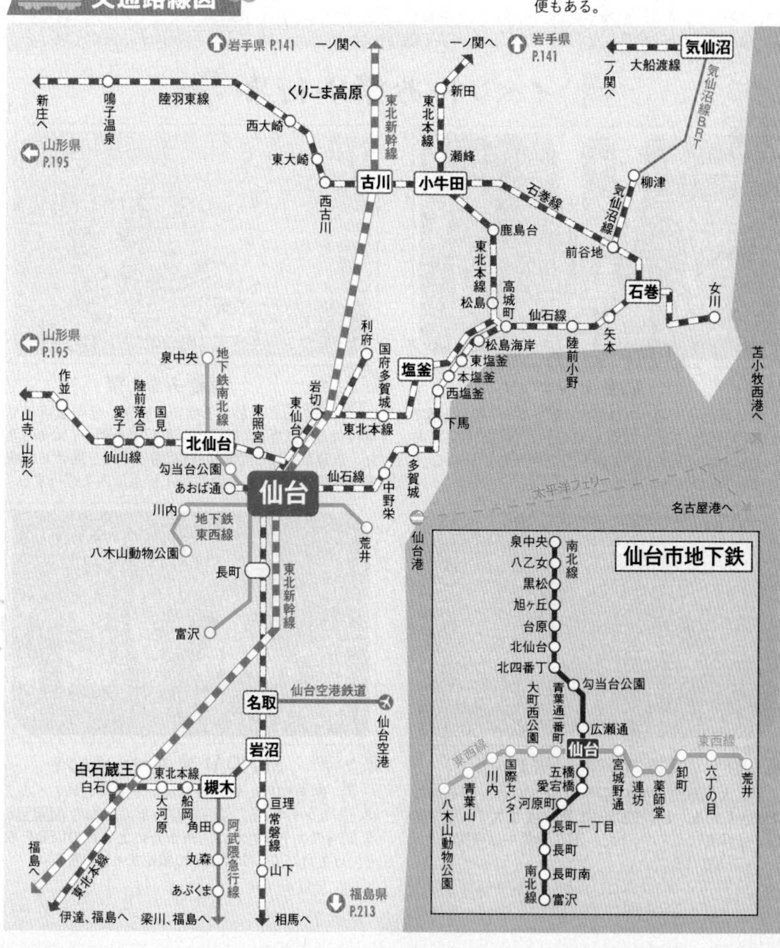

宮城県

うちの県はここがすごい

一 日本フィギュアスケート発祥の地

仙台市の青葉公園にある五色沼は、日本におけるフィギュアスケート発祥の地とされている。冬季オリンピック金メダリストの羽生結弦や荒川静香など仙台ゆかりのスケーターも多い。

二 日本一大きな観音像

仙台市にある仙台大観音 P.170 は全長100mにも及ぶ日本一大きな観音像。ちなみに日本一大きな仏像は茨城県の牛久大仏 P.249、世界最大の観音像は中国にある南山海上観音聖像。

三 日本一低い山

日本一高い山は富士山だが、日本一低い山は宮城県にある。仙台湾に面する日和山は標高3mの山。東日本大震災による地盤沈下によって大阪府の天保山を下回り登録された。

イベント・お祭り・行事

① 仙台七夕まつり

東北三大祭りのひとつ。アーケード街 P.169 では華やかな七夕飾りで埋め尽くされ、開催期間である8月6日から8日には約200万人の観光客が訪れる。

写真提供：仙台七夕まつり協賛会

② 塩竈みなと祭

海の日に行われる祭典。戦後、港町塩竈の産業復興と疲れきった市民の元気回復を願って始められた。志波彦神社と鹽竈神社 P.167 の神輿を乗せた御座船を先頭に100隻もの供奉船が松島湾内を巡行する。

③ おおがわら桜まつり

大河原町は桜の名所として知られ、白石川堤に咲き乱れる、およそ8kmにも及ぶ桜並木「一目千本桜」は写真映えスポットだ。開花期間中は夜間のライトアップもされる。

④ SENDAI 光のページェント

例年12月上旬から31日まで開催されるイルミネーションイベント。仙台市都心部の定禅寺通 P.169 と青葉通のケヤキ並木に、数十万に上る数のLEDを取り付けて点灯する仙台の冬の風物詩として名高い。

必ず食べたい 名物グルメ

牛タン

焼鳥屋の店主が洋食店で食べたタンシチューから着想を得て牛タン焼きが考案された。定食には麦飯とテールスープが付いてくる。

牡蠣

宮城県は広島県に次いで牡蠣の生産量が第2位。松島から南三陸にかけて幅広く養殖が行われており、小ぶりながらもクリーミーな味わいが特徴。県内にある牡蠣小屋で堪能しよう。

ホヤ

ホヤはその姿形から海のパイナップルとも呼ばれる海の珍味。宮城県は国内生産の約8割を占めている。調理方法は刺身や塩辛など。海を凝縮したうま味が日本酒によく合う。

ずんだ

枝豆やそら豆をペースト状にすりつぶしたもの。牛タンと笹かまに並び仙台三大名物の一角を担う。砂糖を加え甘味にしたあんを用いるずんだ餅が有名。ずんだシェイクやずんだアイスなどは食べ歩きにも適している。

地元っ子愛用 ローカル味

たまご酒

日本酒と卵、砂糖を使った和製リキュール。昔は仙台の城下町で風邪薬としても重宝されていた。現在は伊達家御用蔵だった**勝山酒造**が生産している。

油麩

名前の通り、植物油で揚げた麸。独特の食感と風味のよさが特徴で、普段の料理に幅広く利用できる。特にカツ丼のカツの代わりに油麩を使ったご当地B級グルメ「油麩丼」がおすすめ。

もらえば笑顔 定番みやげ

萩の月

ご当地銘菓の代名詞と言っても過言ではない日本を代表する定番みやげ。ふんわりカステラ生地で濃厚なカスタードクリームを包んだお菓子で、老若男女に愛されている。

笹かまぼこ

名前の由来は、その形状が笹の葉に似ていることから。当初は「木の葉かまぼこ」や「手のひらかまぼこ」など呼称が曖昧だったが、伊達家の家紋「竹に雀」に笹があしらわれていることから名付けられたこの名前が浸透した。

匠の技が光る 伝統工芸

こけし

東北地方の温泉地のおみやげとして江戸時代から明治時代に浸透した木製の人形玩具。戦後は民芸品として評価されるようになった。現在宮城県のこけしは鳴子こけしをはじめ5系統に分類される。

仙台箪笥

江戸時代末期から製造されはじめた工芸品。タンスの色や金具の装飾などいたるところに伊達の粋を盛り込んでいる。

ワカルかな? 宮城のお国言葉

庭さビッキいきなり出ては、たんまげたっちゃ

Ans. 庭に蛙が急に出てきて驚いたよ

1泊2日で巡る 宮城県

鳴子温泉 GOAL
松島
塩竈
石巻
仙台 START

1日目は仙台～塩竈～松島の史跡や神社仏閣巡りでパワーチャージ。2日目は石巻と鳴子温泉へ。新旧の文化を鑑賞して、最後は温泉でリフレッシュ!!

1日目

9:00 JR仙台駅

バス20分

9:20 **仙台城跡**で ▶P.166
伊達政宗公騎馬像を見よう

仙台のシンボル「伊達政宗公騎馬像」は必見!記念撮影も忘れずに。

バス20分

10:25 宮城県が誇る国宝 ▶P.167
大崎八幡宮を参拝

言わずと知れた仙台の総鎮守。スポーツ選手もあやかる勝ち運の御利益をゲット!

バス20分

11:35 JR仙台駅

緑に癒やされる～

鉄道30分

12:05 JR本塩釜駅周辺で
絶品海鮮ランチ

塩竈市は日本でも有数の寿司屋激戦区。高級店でもランチならリーズナブルに食べることができる。

徒歩10分

13:20 陸奥国一宮**鹽竈神社**へ ▶P.167

境内は急な石段を上った高台にあり、松島湾を一望できる。

徒歩20分

14:00 塩竈から松島まで優雅に
日本三景クルーズ ▶P.163

松島は古くから詩歌に詠まれていた名勝。潮風を感じながら移りゆく風景を感じよう。

遊覧船50分

15:00 伊達家ゆかりの
瑞巌寺と**円通院**へ
▶P.168 ▶P.173

松島は政宗ゆかりの瑞巌寺や、政宗の孫、光宗の菩提寺である円通院など伊達家ゆかりの名刹が鎮座する。

徒歩10分

17:00 **松島の橋**巡りと ▶P.168
サンセット

朱色の3本の橋は縁結びのパワースポット

夕日に照らされる絶景も美しい。

徒歩10分

18:00 松島を一望できる
松島一の坊の露天風呂でゆったりと

おすすめ! 泊まるならココ

客室や露天風呂から松島の絶景を味わえる温泉リゾート
オールインクルーシブの料金プランも魅力的

松島(まつしま) 一の坊(いちのぼう)

松島のパノラマが広がる露天風呂

広い庭園とその先に続く松島を一望できる温泉リゾート。施設内の食事やドリンク、スパなどリラクゼーション施設の利用料金は、宿泊代金にほぼ含まれているので安心だ。露天風呂からは、松島の島々を眺めながらの入浴を楽しめる。朝5時から開放しているので、日の出を眺めながらの入浴も可能だ。

オーシャンビューの客室が人気

住 宮城郡松島町高城字浜1-4
TEL 0570-05-0240
交 JR松島駅から徒歩15分(送迎バスあり)
料 2名7万円～(オールインクルーシブ)
URL www.ichinobo.com/matsushima/

日本三景クルーズが楽しめる**松島遊覧船**

松島を心ゆくまで楽しむなら、遊覧船は外せない。現在3社が運行しており、予約割り引きなどのプランもある。3社とも松島の発着場は松島海岸レストハウス。それぞれの窓口が隣り合っているので注意しよう。いずれも所要50分ほどのコースで、毎正時に出発する。会社によって松島と塩竈を結ぶ航路や、牡蠣鍋クルーズ、ライトアップクルーズなど特別コースが充実している。

▶丸文松島汽船
TEL 022-354-3453 料 1500円～
URL www.marubun-kisen.com

▶松島島巡り観光船
TEL 022-354-2233 料 1500円～
URL www.matsushima.or.jp

▶ニュー松島観光船
TEL 022-355-0377 料 1500円～
URL www.newmatsu.jp

2日目

10:10 JR松島海岸駅

鉄道45分

10:55 JR石巻駅

石巻マンガロードにあるモニュメント

徒歩15分

11:10 ▶P.174

石ノ森萬画館で石ノ森の世界観に浸る

『仮面ライダー』などの作者として知られる石ノ森章太郎は宮城県出身。館内には石ノ森の原画などが展示されている。

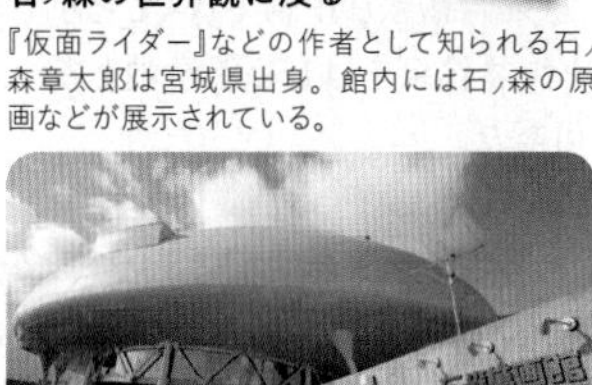

徒歩5分

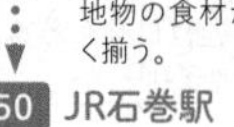

12:30 **いしのまき元気いちば**で特産品を買おう ▶P.175

石巻復興のシンボルのひとつ。地物の食材が多く揃う。

ランチもここで

徒歩15分

13:50 JR石巻駅

鉄道2時間

小牛田(こごた)駅で陸羽東線に乗り換え。

16:00 JR鳴子温泉駅

レトロな温泉街

タクシー10分

16:10 伝統工芸の歴史を学びに **日本こけし館へ** ▶P.172

鳴子といえばこけし! 実演コーナーで職人の技を見学できるほか絵付け体験も可能。

徒歩20分

17:00 パノラマが広がる**鳴子峡** ▶P.172

雄大な自然が残る鳴子峡。散策やトレッキングコースが整備されている。

徒歩20分

18:00 宮城屈指の名湯 **鳴子温泉**でリフレッシュ ▶P.172

鳴子温泉郷はなんと370以上の源泉数を誇る一大温泉地!

おすすめ! 泊まるならココ

山奥にぽつんとたたずむ温泉宿
秘湯好きにはたまらない空間でのんびり過ごせる

峩々温泉(がが おんせん)

蔵王エコーラインP.168から県道255号線に入ってすぐのところにある温泉地。江戸時代からマタギや山伏の湯治場として利用されていた。鮮度の高い源泉温泉は、入れば美肌効果、飲めば胃腸によいと評判だ。内湯や露天風呂でゆったりとした時間を過ごすことができる。

住 柴田郡川崎町大字前川字峩々1
TEL 0224-87-2021
交 JR白石蔵王駅からバスでアクティブリゾーツ宮城蔵王下車。そこから送迎バスで約20分(要予約)
料 1泊2食付き2万円～
URL gagaonsen.com

山々に囲まれた一軒宿。満点の星空を見ながらの露天風呂は忘れられない思い出になる

宮城県の歩き方

▶**仙台市観光情報センター**
住 仙台市青葉区中央1-1-1
(JR仙台駅2階ぴゅうプラザ内)
TEL 022-222-4069
開 8:30〜19:00　休 年末年始
URL www.sentabi.jp

▶**塩竈市観光案内所**
住 塩竈市海岸通15-1
(JR本塩釜駅構内)
TEL 022-362-2525
開 10:00〜16:00　休 無休
URL www.kankoubussan.shiogama.miyagi.jp

▶**松島観光協会**
住 宮城郡松島町松島字町内98-1
TEL 022-354-2618
開 4〜11月8:30〜17:00
12〜3月8:30〜16:30　休 無休
交 JR**松島海岸駅**から徒歩7分
URL www.matsushima-kanko.com

▶**白石市観光案内所(白石駅)**
住 白石市字沢目137
TEL 0224-26-2042
開 9:00〜17:30　休 無休
URL shiroishi.ne.jp

▶**蔵王町観光案内所**
住 刈田郡蔵王町
遠刈田温泉仲町33
TEL 0224-34-2725
開 9:00〜17:00　休 無休
交 JR**白石駅**からバスで約50分の**遠刈田温泉**下車、徒歩1分
URL www.zao-machi.com

仙台と周辺

仙台駅のペデストリアンデッキ

仙台が旅の拠点。新幹線が停車する仙台駅周辺は長距離バスも発着している。仙台市内はJR線や市営地下鉄、観光周遊バス**るーぷる仙台**など市街交通網が充実しており、**青葉城**P.166をはじめ、主要な見どころへのアクセスは良好。**松島町**や**塩竈**(しおがま)**市**など近郊の町へは仙台駅からJR線で行くことができる。

秋保温泉P.172や作並(さくなみ)温泉をはじめ温泉地も多く、仙台市から日帰り旅行も可能だ。

▶**仙台空港から町の中心まで**

仙台市の南部にある名取市と岩沼市にまたがって位置する仙台空港。仙台駅まではJR東北本線に乗り入れる仙台空港アクセス線で所要25分(快速17分)。バスで35分。

便利情報

仙台駅前から出発する

るーぷる仙台　瑞鳳殿や本丸会館、大崎八幡宮など仙台の見どころを周遊するバス。9:00〜16:00の間に20分ごとに運行している。1日券を買うと見どころの割引特典あり。地下鉄共通1日券もある。
料 1回乗車260円　1日券630円
URL loople-sendai.jp

蔵王と県南エリア

蔵王連峰に抱かれた御釜

西側をJR東北本線、真ん中を阿武隈(あぶくま)急行線、東側をJR常磐線が通る。東西をつなぐ列車はないので注意。このエリアの名所として知られる**御釜**P.168へは白石(しろいし)駅からバスが運行しているほか、仙台駅や山形駅からもバスが運行している。

おみやげ

滋味あふれるおいしさ

白石温麺(しろいしうーめん)　白石市のご当地乾麺。油を使わない手延製法を忠実に受け継いだ素朴な味わい。約9cmほどと短いので、茹でやすく食べやすい。コンパクトで値段も手頃とおみやげにも最適だ。わかめ粉やカレー粉を練り込んだ変わり種も人気。

info 宮城県の有名人として名前が挙がる**サンドウィッチマン**。地元愛が強く、**みやぎ絆大使**など数多くの役職を担っている。**狩野英孝**も栗原市の出身。タレント活動の傍で実家の**神社**の神職も務めている。

日本全国津々浦々～道の駅めぐり～

鳴子温泉郷に行くときに立ち寄りたい

あ・ら・伊達な道の駅
大崎市の国道47号線沿いにある道の駅。年間300万人以上が来館する全国有数の動員数を誇る。農産物直売場では朝取れの野菜や、精米したてのブランド米を購入できる。

大崎と県北エリア

栗駒山に咲く高山植物

新幹線の停車駅がある大崎市を中心とした仙台市以北の内陸エリア。1000年の歴史を持つ**鳴子温泉郷**P.172を筆頭に温泉地が点在し、湯治場として栄えた。

岩手県と秋田県の3県にまたがる**栗駒山**P.174は春から秋にかけて美しい花畑となる。南北をJR東北本線、東西をJR陸羽東線（りくうとうせん）とJR石巻線が運行しているが、東西をつなぐ路線は1時間に1本程度と少ないので旅の計画は念入りに。

グルメ

知る人ぞ知る隠れた銘菓

栗団子　大崎市にある鳴子温泉の名物。栗の甘露煮をもちで包み、みたらし餡をたっぷりかけたもの。地元の茶屋では熱々のできたてを味わえる。

三陸エリア

石巻市、女川町（おながわちょう）、気仙沼市（けせんぬま）、南三陸町を中心に構成されるエリア。東日本大震災でもっとも被害が大きかった地域のひとつ。 仙台から女川町まではJR仙石線とJR石巻線で行くことができる。気仙沼市、南三陸町を結ぶ路線は東日本大震災の影響で廃線となり、沿岸部を走行する柳津駅（やないづ）～気仙沼駅間はBRT（専用道バス）が定期運行している。

ブランド食材

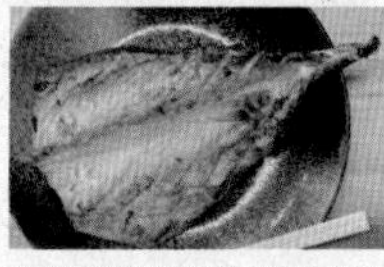
金華さばの干物

金華さば　金華山周辺の海域で取れる真さば。大きさや脂の乗り具合など基準が厳格なため、水揚げ量が少なく、幻の魚ともいわれる。

▶あ・ら・伊達な道の駅
住 大崎市岩出山池月下宮道下4-1
TEL 0229-73-2236
開 4～11月9:00～18:00　12～3月9:00～17:00
休 年末年始
交 東北自動車道**古川IC**から車で23分。またはJR**池月駅**から徒歩3分
URL www.ala-date.com

▶古川駅総合観光案内所
住 大崎市古川駅大通1-7-35
TEL 0229-24-0062
開 9:00～17:00　休 無休
URL www.mo-kankoukousya.or.jp

▶栗原市観光物産協会
住 栗原市志波姫新熊谷284-3（JRくりこま高原駅前）
TEL 0228-25-4166
開 9:00～18:00　休 無休
URL kurihara-kb.net

BRTとは
バス高速輸送システム（Bus Rapid Transit）の略。通常のバスは一般道路沿いを運行するが、BRTは専用車線や専用道路を導入している場合が多く、遅延が少ない。気仙沼線BRTと気仙沼駅から岩手県の盛駅を結ぶ大船渡線BRTは東日本大震災によって廃線となったJRの線路敷を一部利用している。

気仙沼駅に停車する車両

▶石巻観光協会 駅前案内所
住 石巻市穀町14-1
TEL 0225-24-6228
開 8:30～17:00　休 年末年始
URL i-kanko.com

▶南三陸観光案内所
住 本吉郡南三陸町志津川字五日町201-5
TEL 0226-22-4669
開 9:30～16:30　休 年末年始
交 南三陸さんさん商店街P.175内
URL www.m-kankou.jp

info **伊達男**や**伊達メガネ**など、「粋」や「見栄」を意味する**伊達**。政宗が死装束を着て豊臣秀吉に謁見したことや、政宗やその家来が華美な格好で戦地に赴いたエピソードに由来する説もあるが、**立てる**という動詞が語源だ。

宮城県の見どころ

仙台市を一望できる

仙台と周辺

仙台城跡

天守台にある伊達政宗公騎馬像

伊達政宗の命によって築城された仙台城。**青葉城**とも呼ばれ、270年にわたって藩政の中心だった。

明治時代以降は陸軍用地となり多くの建築物が解体され、残っていた大手門などの建造物もほとんどが仙台大空襲によって焼失した。現在、一帯は公園として整備され、石垣と再建された大手門の**脇櫓**と大手門北側土塀を見ることができる。

公園内には仙台を代表するシンボル**伊達政宗公騎馬像**があり、夜間にはライトアップも行われる。周囲は高台となっており、仙台の町並みを一望できる。**本丸会館**では仙台城のかっこいい御城印も販売されている。

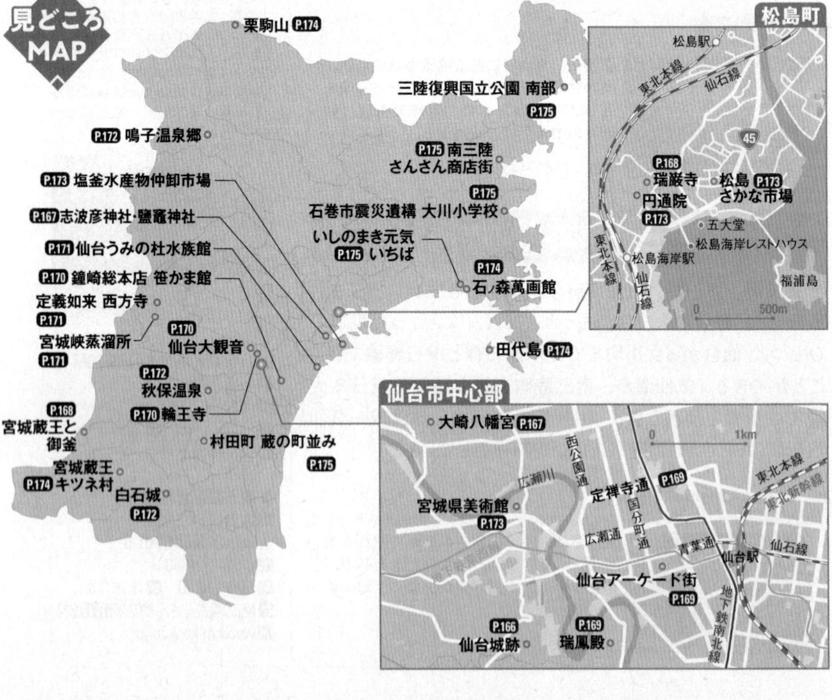

▶仙台城跡
開 入場自由
交 地下鉄**国際センター駅**から徒歩15分
▶青葉城本丸会館
住 仙台市青葉区川内1
TEL 022-222-0218
開 平日8:30～17:00
土·日曜·祝日8:00～17:00
休 無休
URL honmarukaikan.com
▶青葉城資料展示館
開 4～10月9:00～16:30
11～3月9:00～16:00
最終入場は30分前
休 無休　料 700円

青葉城資料展示館の内部

見どころMAP

栗駒山 P.174
三陸復興国立公園 南部 P.175
P.172 鳴子温泉郷
P.175 南三陸さんさん商店街
P.173 塩釜水産物仲卸市場
P.175 石巻市震災遺構 大川小学校
P.167 志波彦神社·鹽竈神社
いしのまき元気いちば P.175
P.171 仙台うみの杜水族館
P.174 石ノ森萬画館
P.170 鐘崎総本店 笹かま館
定義如来 西方寺 P.171
宮城峡蒸溜所 P.171
P.170 仙台大観音
田代島 P.174
P.172 秋保温泉
P.170 輪王寺
P.168 宮城蔵王と御釜
村田町 蔵の町並み P.175
宮城蔵王 P.174 キツネ村
白石城 P.172

松島町
松島駅
東北本線
仙石線
45
P.168 瑞巌寺
松島 P.173 さかな市場
円通院 P.173
五大堂
松島海岸レストハウス
松島海岸駅
福浦島
0 500m

仙台市中心部
大崎八幡宮 P.167
0 1km
西公園通
広瀬川
定禅寺通 P.169
東北本線
東北新幹線
宮城県美術館 P.173
国分町通
広瀬通
青葉通
仙台駅
仙石線
仙台アーケード街 P.169
地下鉄南北線
P.166 仙台城跡
P.169 瑞鳳殿

info 公園に隣接する**青葉城資料展示館**は実物資料やジオラマ、映像などを通して、仙台城の歴史を学ぶことができる施設。VR機材を使って、仙台城の面影を視覚化できる**仙台城VRゴー**も楽しめる。

凛と張り詰めた空気が漂う仙台の総鎮守

仙台と周辺

大崎八幡宮

黒塗りに鮮やかな装飾が映える拝殿

仙台城築城の際に、伊達政宗の命によって戌亥（北西）の位置に移した大崎八幡宮。以来**仙台の総鎮守**として特に戌年、亥年生まれの守護神として尊崇されている。桃山建築の傑作ともいわれる国宝の社殿が見どころ。拝殿は総黒漆塗りの落ち着いた雰囲気ながら、屋根や斗栱には意匠を凝らした鮮やかな装飾が施されている。

祭神の応神天皇は勝ち運の御利益で知られる神様。スポーツ選手からの信奉もあつく、参道の奥にある長床には、仙台が拠点のサッカーや野球などスポーツ選手が必勝を祈願した絵馬が並んでいる。

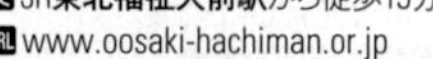
▶ 大崎八幡宮
住 仙台市青葉区八幡4-6-1
TEL 022-234-3606
開 9:00～18:00
休 無休　料 無料
交 JR**東北福祉大前駅**から徒歩15分
URL www.oosaki-hachiman.or.jp

毎年9月に行われる例大祭

いにしえより崇敬されてきた陸奥国一宮

仙台と周辺

志波彦神社・鹽竈神社

鹽竈神社の唐門と回廊。奥には左右宮拝殿が見える

鹽竈神社は松島湾を望む高台に鎮座する**陸奥国一宮**。創建は不詳だが、平安時代初期の書物の記載から、奈良時代以前から信仰されていたことが判明している。

平成14(2002)年には本殿や拝殿、四足門など多くの建造物が国の重要文化財に指定された。社殿構成は「**別宮・左宮・右宮**」と珍しい類例で、別宮には主祭神の鹽土老翁神、左宮に武甕槌神、右宮に経津主神を祀っている。併設の博物館は名刀**来国光**や**雲生**などの国宝を収蔵する。

志波彦神社は延喜式にも大社として記された由緒ある神社。明治時代に仙台市の岩切地区から鹽竈神社境内に遷座した。

▶ 志波彦神社・鹽竈神社
住 塩竈市一森山1-1
TEL 022-367-1611
開 3～10月5:00～18:00
11～2月5:00～17:00
休 無休　料 無料
交 JR**本塩釜駅**から徒歩15分
URL www.shiogamajinja.jp
▶ **鹽竈神社博物館**
開 4～9月8:30～17:00
10・11・2・3月8:30～16:30
12・1月8:30～16:00
休 冬期に不定休　料 200円

見ごたえある楼門

志波彦神社の拝殿

info 毎年1月14日に**大崎八幡宮**で行われる**松焚祭**（まつたきまつり）は300年の歴史をもつ冬の仙台の風物詩。境内で正月飾りを焼き、御神火にあたって一年の無病息災や家内安全を祈願するお祭り。他地域では一般的に**どんと焼き**と呼ばれる。

東北随一の古刹

仙台と周辺

瑞巌寺

本堂は入母屋造本瓦葺で国宝に指定

9世紀はじめに天台宗の寺として開創されたと伝わる古刹。山号を含めた正式名称は松島青龍山瑞巌円福禅寺といい、現在は臨済宗妙心寺派に属する禅宗寺院だ。

現存する建物は伊達政宗が完成させたもので、桃山美術を今に伝える貴重な建造物であることから、本堂、庫裡および廊下が国宝に指定されている。本堂にある金地濃彩の襖絵は必見。なかでも「室中（**孔雀の間**）」の装飾は見事で、3面にわたって季節の移ろいが描かれている。瑞巌寺の南側、境内を離れた海岸沿いにある**五大堂**への参拝も忘れずに。

本堂孔雀の間を彩る、狩野左京の襖絵

▶瑞巌寺

住 宮城郡松島町松島町内91
TEL 022-354-2023
開 4～9月8:30～17:00
3·10月8:30～16:30
2·11月8:30～16:00
12·1月8:30～15:30
最終入場は30分前
休 無休　料 700円
交 JR**松島海岸駅**から徒歩15分
URL www.zuiganji.or.jp

松島のシンボル五大堂

すかし橋を渡って五大堂を参拝

エメラルドグリーンの水をたたえる

蔵王と県南エリア

宮城蔵王と御釜

周囲約1kmの火口湖

御釜は刈田岳、熊野岳（蔵王山）、五色岳の3つの山々に囲まれた**火口湖**。釜のような形状からその名前がつけられた。季節や時間、気温など、さまざまな条件によって湖水の色が変化することから**五色沼**とも呼ばれている。湖水は強酸性のため生物は生息していない。

御釜へは宮城県と山形県をつなぐ**蔵王エコーライン**と有料道路の**蔵王ハイライン**から行ける。冬期は積雪のため、11月からGW直前まで閉鎖されるので注意。開通直後は雪の壁、夏は新緑、秋は紅葉を楽しみながらドライブできる山岳観光道路として知られ、途中にある展望台からの風景も美しい。

▶御釜

住 刈田郡蔵王町蔵王国定公園内
TEL 0224-34-2725（蔵王町観光案内所）
開 入場自由
休 11月上旬～4月下旬
料 蔵王ハイライン550円（夜間無料）
交 JR**白石蔵王駅**からバスで約1時間30分の**蔵王刈田山頂**下車、徒歩すぐ

道中はさわやかなドライブを楽しめる

滝見台展望台

info **瑞巌寺**の南側、海岸沿いに位置する**五大堂**も伊達政宗が造営したもので、松島のシンボルともいえるお堂。東北地方で現存する最古の桃山建築であり、軒まわりの蟇股（かえるまた）には方位に従って十二支の彫刻があしらわれている。

極彩色の装飾が美しい霊廟

仙台と周辺

瑞鳳殿（ずいほうでん）

現在の建物は戦後に再建されたもの

仙台藩祖の**伊達政宗**の霊廟。寛永13（1636）年に没した政宗の遺命を受けて、第2代藩主の忠宗によって翌年に建てられた。

瑞鳳殿の周辺には伊達忠宗の霊廟である**感仙殿**（かんせんでん）、伊達綱宗の霊廟である**善応殿**（ぜんのうでん）といった伊達家三藩主の霊廟や資料館があり、一帯が経ヶ峯（きょうがみね）伊達家墓所として仙台市指定史跡となっている。

▶瑞鳳殿
住 仙台市青葉区霊屋下23-2
TEL 022-262-6250
開 9:00～16:50（12・1月～16:20）最終入場は20分前
休 12/31（資料館は12/31、1/1）
料 570円
交 JR**仙台駅**からバスで約15分の**瑞鳳殿前**下車、徒歩7分
URL www.zuihoden.com

感仙殿（手前）と善応殿が並ぶ

緑あふれる目抜き通り

仙台と周辺

定禅寺通（じょうぜんじどおり）

定禅寺通のケヤキ並木

青葉通と共に、**杜の都**と言われる仙台を象徴する目抜き通り。

700mほどの4列のケヤキ並木で、新緑や紅葉と四季折々で楽しむことができる。道路の中央が遊歩道になっており、コーヒーを飲みながらゆったりと散歩するのも楽しい。12月にはケヤキ並木がライトアップされる**SENDAI光のページェント**P.160が行われる。

▶定禅寺通
住 仙台市青葉区国分町2丁目付近
交 地下鉄**勾当台公園駅**から徒歩すぐ

遊歩道にある彫刻

東北一の商店街

仙台と周辺

仙台アーケード街（せんだいあーけーどがい）

呼び込みの声が飛び交う仙台の初売り
写真提供：仙台商工会議所（2点）

仙台駅から**ハピナ名掛丁**（なかけちょう）**商店街**、**クリスロード商店街**、**マーブルロードおおまち商店街**が東西に走り、トの字になるように南北には**サンモール一番町商店街**と**ぶらんど～む一番町商店街**、**一番町四丁目商店街**が延びる。日用品店から飲食店、おみやげショップまで揃うのでとても便利。商店街から外れた小路にはレトロな雰囲気が漂う居酒屋が並ぶ。

▶仙台アーケード街
住 仙台市青葉区中央周辺
仙台市青葉区一番町周辺
交 JR**仙台駅**から徒歩3分
URL nakakecho.jp
URL www.clisroad.jp
URL sendai-ohmachi.com
URL sunmall-ichibancho.com
URL www.vlandome.com
URL www.ban-bura.com

ドーム型なので悪天候でも快適

info 年初に行われる旧仙台藩領内の一大行事、**仙台初売り**にも行ってみたいところ。江戸時代から続く商習慣として国から認められ、特例として他地域より豪華な景品を付けることができる。人気店になると12/30頃から並ぶ人もいるそうだ。

東北屈指の美しさを誇る日本庭園

仙台と周辺

輪王寺

輪王寺は伊達持宗によって嘉吉元(1441)年に創建された曹洞宗の寺。山号は金剛寶山。

中央に池を配し、北西に三重塔がそびえる日本庭園は東北屈指の美しさ。四季を通して寺院と自然の調和を満喫することができる。毎月1日と15日には三重塔で釈迦如来坐像の開帳も行われる。

睡蓮の花が咲く池と三重塔

▶輪王寺

住 仙台市青葉区北山1-14-1
TEL 022-234-5327
開 8:00～17:00(最終入場16:30)
休 無休　料 300円
交 JR**北仙台駅**からバスで約10分の**輪王寺前**下車、徒歩すぐ。またはJR**北仙台駅**から徒歩15分
URL rinno-ji.or.jp

静寂に包まれた雪景色も趣深い

住宅街に突如現れる大観音

仙台と周辺

仙台大観音

大観密寺境内にある**日本一大きな観音像**で、正式名称は仙台天道白衣大観音。

周囲一帯の都市開発を進めていた実業家によって約40億円もの建設費をかけて平成3(1991)年に完成した。観音像の内部(胎内)の拝観も可能で、エレベーターで上がった先にある展望窓からは、仙台市内や太平洋を一望できるパノラマが広がる。

日本で一番大きい観音像

▶仙台大観音

住 仙台市泉区実沢字中山南31-36
TEL 022-278-3331
開 10:00～16:00
休 無休
料 胎内拝観料500円
交 JR**仙台駅**からバスで約30分の**仙台大観音前**下車、徒歩すぐ
URL daikannon.com

マンションの間から姿をのぞかせる

笹かまぼこ作りが体験できる

仙台と周辺

鐘崎総本店 笹かま館

販売ブースやレストランも揃うアミューズメント施設。笹かまぼこや揚げかまの手作り体験が人気だ。スタッフがていねいに教えてくれるので子どもも安心して楽しめる(小学生以上対象)。**ぷっくら焼きコーナー**では好みの焼き加減で笹かまぼこを焼いて食べることも可能。製造ラインを窓越しに見学できるツアーも行っている(2022年3月現在休止中)。

大人気の笹かまぼこ作り体験

▶鐘崎総本店 笹かま館

住 仙台市若林区鶴代町6-65
TEL 022-238-7170
開 9:30～18:00　休 1/1
料 無料(体験教室は有料、要予約)
交 地下鉄**荒井駅**からバスで10分の**卸町東五丁目**下車、徒歩すぐ
URL www.kanezaki.co.jp

工場に隣接している

info **仙台大観音**へは仙台駅から**バス**で、**中山七丁目**や**中山八丁目**で途中下車して徒歩で向かうのもおすすめ。住宅街にそびえるミステリアスな大観音を写真に収めることができる。

東北最大級の水族館

仙台と周辺

仙台うみの杜水族館

せんだいうみのもりすいぞくかん

天井から日差しが降り注ぐ巨大水槽

仙台港の近くにある東北最大級の水族館。入場口のすぐ先にある**「いのちきらめくうみ」**は幅14m、高さ7.5mの2階まで続く巨大水槽。三陸の海をイメージして作られ、50種類約3万匹の生物が優雅に泳ぐ。

約1000人を収容できる**うみの杜スタジアム**で行われるイルカとアシカのパフォーマンスも人気だ。

縁結びや子宝に御利益がある

仙台と周辺

定義如来 西方寺

じょうぎにょらい さいほうじ

五重塔は「定義さん」のシンボル

宝永3（1706）年に創建した浄土宗の寺院。地元の人からは、親しみを込めて**定義さん**の愛称で親しまれている。境内には、山門など5つの登録有形文化財や子育観音など見どころも多く、特に約30mの五重の塔は必見。門前町は参拝後の食べ歩きにぴったり。名物の**三角あぶらあげ**は定義を代表する名物グルメで、1日1万食も売れる日もある。

ジャパニーズウイスキーの草分け的存在

仙台と周辺

宮城峡蒸溜所

みやぎきょうじょうりゅうじょ

蒸溜所の中心にそびえるキルン塔

日本のウイスキーの父、竹鶴政孝によって北海道の余市に次ぐ第2の蒸溜所として昭和44(1969)年に建設された。

敷地の中心部にある独特な形をした屋根が特徴的な建物は、本場スコットランドの蒸溜所にもある**キルン塔**とよばれる麦芽の乾燥塔。現在は使われていないが、蒸溜所ならではの趣ある景観はシンボルとなっている。

▶仙台うみの杜水族館
住 仙台市宮城野区中野4-6
TEL 022-355-2222
開 9:00～17:30（時期によって変動あり、最終入場は30分前）
休 無休　料 2400円
交 JR**中野栄駅**から徒歩約15分
URL www.uminomori.jp/umino

ツメナシカワウソのくるり

▶定義如来 西方寺
住 仙台市青葉区大倉字上下1
TEL 022-393-2011
開 7:45～16:15
休 無休　料 無料
交 JR**仙台駅**からバスで約1時間15分の**定義**下車、徒歩5分
URL jogi.jp

山門は国の有形文化財

▶宮城峡蒸溜所
住 仙台市青葉区ニッカ1番地
TEL 022-395-2865
交 JR**作並駅**からシャトルバスで5分（土･日曜･祝日の営業日と臨時運行日のみ）
URL www.nikka.com/distilleries/miyagikyo
見学ツアー　9:00～15:30の30分おき（12:00を除く）に出発
料 無料（土･日曜、祝日のみ有料ツアーあり）
ギフトショップ
開 9:15～16:30（最終入場16:15）
休 年末年始

蒸溜棟に並ぶ蒸溜器ポットスチル

info **宮城峡蒸溜所**の無料ガイドツアー（公式サイトから要予約）では蒸溜棟や貯蔵庫を見学するほか、ウイスキーの試飲も可能。蒸溜所限定のボトルが売られているショップにも行っておきたい。

政宗も愛した歴史ある湯

仙台と周辺

秋保温泉（あきうおんせん）

仙台市西部の名取川の渓谷沿いに位置する、高級旅館から素泊まりのリーズナブルな宿まで立ち並ぶ温泉。開湯の時期は不詳だが『古今和歌集』にも「秋保の里」の名が詠まれている。仙台市街から車で30分程とアクセスもよい。周辺には**磊々峡**（らいらいきょう）や**秋保大滝**、**二口峡谷**（ふたくちきょうこく）など自然を満喫できる見どころも点在している。

名取川と温泉街

城を借景に甲冑を着て記念撮影！

蔵王と県南エリア

白石城（しろいしじょう）

平成7(1995)年に完成した木造の復元天守。忠実に再現された天守閣は、シンプルながらも凛としたたたずまいが美しい。最上階の3階は物見櫓の役割を兼ねた作りになっているため眺望もよく、自然の豊かな白石の町並みを一望できる。甲冑を着ながら場内で写真撮影をするオプションもあり、日本だけでなく海外からの観光客にも人気だ。

白石城がある益岡公園は桜の名所

泉質豊富な温泉地

大崎と県北エリア

鳴子温泉郷（なるこおんせんきょう）

鳴子、東鳴子、川渡（かわたび）、中山平、鬼首（おにこうべ）の5つのエリアからなる鳴子温泉郷。日本にある10種類の泉質のうち7種類が集まる屈指の温泉地だ。旅の拠点となる鳴子温泉駅周辺には温泉宿が集まり、足湯や共同浴場もある。赤や黄色の美しい紅葉に染まる名勝として知られる鳴子峡をはじめ、**日本こけし館**や**鬼首**の**間欠泉**など見どころも多い。

紅葉が色づく鳴子峡

▶秋保温泉

▶秋保・里センター（観光案内所）
住 仙台市太白区秋保町湯元字寺田原40-7
TEL 022-304-9151
開 9:00～18:00　休 無休
交 JR**仙台駅**からバスで30～50分の**秋保・里センター**下車、徒歩すぐ
URL akiusato.jp

迫力満点の秋保大滝

▶白石城
住 白石市益岡町1-16
TEL 0224-24-3030
開 4～10月9:00～17:00
11～3月9:00～16:00
最終入場は30分前
（2022年9月まで復旧工事のため見学不可）
休 12/28～31　料 400円
交 JR**白石蔵王駅**からタクシーで5分
URL www.shiro-f.jp

甲冑着付け体験もできる（要予約）
写真提供：白石市・蔵王町

▶鳴子温泉郷
住 大崎市鳴子温泉
TEL 0229-82-2102（鳴子温泉郷観光協会）
URL www.naruko.gr.jp

▶日本こけし館
住 大崎市鳴子温泉字尿前74-2
TEL 0229-83-3600
開 4～12月8:30～17:00
休 1～3月　料 400円
交 JR**鳴子温泉駅**から徒歩35分
URL www.kokesikan.com

▶鬼首かんけつ泉
住 大崎市鳴子温泉鬼首字吹上12
TEL 0229-86-2233
開 9:00～18:30
休 12～3月、不定休（平日は営業していないことが多いので、公式サイトで要確認）　料 500円
交 JR**鳴子温泉駅**からバスで20分の**かんけつ泉**下車、徒歩2分
URL kanketsusen.com

info **作並温泉**は秋保温泉と双璧をなす仙台市内の温泉地。その歴史は古く、行基が東北地方巡行の際に発見したという言い伝えが残っている。温泉地周辺には**西方寺**P.171や**宮城峡蒸溜所**P.171など見どころが盛りだくさん。

近現代の芸術作品を多く展示する美術館　仙台と周辺

宮城県美術館

広瀬川のほとりにある美術館

昭和56（1981）年に本館、平成2（1990）年に佐藤忠良記念館が開館。日本の近代以降の作品、宮城県および東北地方ゆかりの作品、また、カンディンスキーやクレーなど海外作家の作品を所蔵している。ものを作る楽しみを体験することができる創作室も備えている。

▶宮城県美術館
住 仙台市青葉区川内元支倉34-1
TEL 022-221-2111
開 9:30～17:00（発券は16:30まで）
休 月曜（祝日の場合は翌平日）
料 300円
交 地下鉄**国際センター駅**から徒歩3分
URL www.pref.miyagi.jp/site/mmoa

隣接する佐藤忠良記念館の内部

活気あふれる港の市場でショッピング　仙台と周辺

塩釜水産物仲卸市場

人が行き交う活気ある場内

塩釜港で水揚げされた新鮮な魚介類がずらりと並ぶ市場。場内では商品を購入するだけでなく、飲食も可能で、ネタを自由に好きなだけ乗っける**マイ海鮮丼**が人気だ。旬の食材を扱った食堂市場や買った新鮮な海鮮を焼くことができるスペースもある。

▶塩釜水産物仲卸市場
住 塩竈市新浜町1-20-74
TEL 022-362-5518
開 平日3:00～13:00
土曜3:00～14:00
日曜・祝日6:00～14:00
休 水曜　料 無料
交 JR**東塩釜駅**から徒歩15分
URL www.nakaoroshi.or.jp

マグロを捌く様子

色彩豊かな庭園が人気　仙台と周辺

円通院

参道の紅葉

円通院は伊達政宗の孫、伊達光宗の菩提寺として正保4(1647)年に建てられた。紅葉の名所として知られ、10月下旬から11月中旬にかけて見頃を迎える。なかでも心字池と観音菩薩が住む補陀落山を中心にした庭園は、東北屈指の美しさ。

▶円通院
住 宮城郡松島町松島字町内67
TEL 022-354-3206
開 平日9:00～15:30
土・日曜・祝日9:00～16:00
休 無休　料 300円
交 JR**松島海岸駅**から徒歩5分
URL www.entuuin.or.jp

色彩豊かな厨子が所蔵されている

豊かな三陸の海の幸が集う市場　仙台と周辺

松島さかな市場

マグロの解体ショーが行われることも

松島海岸にほど近く、国道45号線から少し入ったところにある**魚市場**。マグロをはじめカキやホヤ、金華さばなど、約1500種類以上もの魚介を販売している。1階はショッピングエリアで、2階はショッピングのほか、食事が楽しめるスペースとなっている。

▶松島さかな市場
住 宮城郡松島町
松島字普賢堂4-10
TEL 022-353-2318
開 平日9:00～16:00
土・日曜・祝日8:00～16:00
休 無休　料 無料
交 JR**松島海岸駅**から徒歩10分
URL www.sakana-ichiba.co.jp

国道45号線からすぐのところにある

info **塩釜港**は日本有数の生マグロの水揚げ量を誇り、なかでもメバチマグロの漁獲高は日本一。塩釜水産物仲卸市場から徒歩5分の**塩竈市魚市場**では、マグロの水揚げのある日の8:00頃からセリが行われ、2階からその様子を見学できる。

宮城蔵王キツネ村

100匹以上が生息するキツネの楽園

蔵王と県南エリア

屋外で放し飼いにされているキツネに**餌やり**や**撮影**ができるほか、仔ギツネの抱っこ体験が可能な施設。誰しも一度は憧れた、もふもふの毛並みを享受できるだけあって大人気だ。秋から冬にかけては冬毛に生え変わり、ますます愛くるしい姿になる。

敷地内でくつろぐキツネ

栗駒山

奥羽山脈の女王の異名を持つ

大崎と県北エリア

宮城、岩手、秋田の三県にまたがる1600mの山。ファミリーから上級者まで楽しめるさまざまな**登山コース**が設けられており、紅葉シーズンにはバスが運行する。中腹にある世界谷地湿原はニッコウキスゲの大群生など多様な高山植物を鑑賞することができる。

山肌を彩る紅葉

石ノ森萬画館

「漫画の王様」石ノ森章太郎の作品を展示する

三陸エリア

『サイボーグ009』『仮面ライダー』など世に数々の名作を生み出した石ノ森章太郎の作品や原画を展示する美術館。頻繁に行われる他の漫画家の企画展やアニメの創作が体験できるマルチメディア工房など、さまざまな角度から漫画の可能性を学ぶことができる。

仮面ライダーの世界　©石森プロ・東映

田代島

住民より猫の数が多い島

三陸エリア

人口が100人に満たない田代島には130匹以上の**地域猫**が生息している。大漁をもたらす神様として漁業を生業としている島民から大切にされてきた。港周辺には民宿やロッジがあり宿泊も可能。神社や港など島のあちこちで猫と触れ合うことができる。

港でくつろぐにゃんこ

▶宮城蔵王キツネ村
住 白石市福岡八宮字川原子11-3
TEL 0224-24-8812
開 3/16～11月9:00～17:00
12月～3/15 9:00～16:00
最終入場は30分前
休 水曜　料 1000円
交 JR**白石駅**からタクシーで20分
URL zao-fox-village.com

仔ギツネも飼育されている

▶栗駒山
▶ジオパークビジターセンター
住 栗原市栗駒松倉東貴船5
TEL 0228-24-8836
開 3～11月9:00～1700
12～2月9:00～16:00
休 火曜（祝日の場合は翌平日）、年末年始
交 JR**白石駅**からタクシーで20分

雲海が広がる山頂

▶石ノ森萬画館
住 石巻市中瀬2-7
TEL 0225-96-5055
開 3～11月9:00～18:00
12～2月9:00～17:00
最終入場は30分前
休 毎月第3火曜、12～2月の火曜（祝日の場合は翌日）　料 900円
交 JR**石巻駅**から徒歩12分
URL www.mangattan.jp/manga

1964年に連載を開始した『サイボーグ009』©石森プロ

▶田代島
住 石巻市田代浜
交 JR**石巻駅**からバスで15分の**中央一丁目**下車、徒歩すぐの**石巻中央発着所**から網地島ラインで40～50分の**大泊港**または**仁斗田港**下船
▶網地島ライン
TEL 0225-93-6125
開 1日3往復　休 1/1
料 石巻～田代島1250円
URL ajishimaline.com

info **石ノ森章太郎**は石巻市の隣にある**登米市**生まれ。学生時代に映画を観に行っていたという思い出の地である石巻に**石ノ森萬画館**が建設された。石巻駅から**石ノ森萬画館**へ続く約1kmの道には、キャラクターのモニュメントが並んでいる。

宮城県初の重要伝統的建造物群保存地区　**蔵王と県南エリア**

村田町 蔵の町並み

豪商の邸宅「やましょう記念館」

江戸時代に**商都**として栄えた村田町。町の中心部には、当時の栄華を伝える荘厳な店蔵と門が一対となって軒を連ねる景観が現在も残っており、内部を見学できる施設もある。

震災の爪痕が色濃く残る、慰霊・追悼の場　**三陸エリア**

石巻市震災遺構 大川小学校

当時の惨状を物語る校舎

東日本大震災の津波に襲われた小学校。児童74名と教職員10名の尊い命が失われた。津波によって破壊された校舎は、石巻市によって**震災遺構**として保存されている。

石巻・三陸ブランドの鮮魚や地物の野菜が揃う施設　**三陸エリア**

いしのまき元気いちば

2017年にオープンした商業施設

1階は石巻港から直送される魚介類や地物の野菜が並ぶ**物販コーナー**。2階の広々としたフードコートでは世界三大漁場、金華山沖の魚介を使用した料理を堪能できる。

津波から復興した景勝地　**三陸エリア**

三陸復興国立公園 南部

迫力満点の潮吹岩

宮城、岩手、青森の三県にまたがる**三陸復興国立公園**。その南部にある**岩井崎**は海を一望できる景勝地のひとつだ。**潮吹岩**や**龍の松**などユニークな見どころも多い。

南三陸町復興のシンボル　**三陸エリア**

南三陸さんさん商店街

店舗の設計は建築家の隈研吾

震災やコロナ禍といった危機を乗り越えて、飲食店や鮮魚店など計28店舗が営業をしている商店街。ランチは贅沢なご当地海鮮丼の**南三陸キラキラ丼**を味わいたい。

▶ 村田町 蔵の町並み

▶ヤマニ邸(蔵の観光案内所)
住 柴田郡村田町大字村田字町31
TEL 0224-87-6990
開 9:00～17:00　休 年末年始
交 JR**仙台駅**からバスで約45分の**村田町役場前**下車、徒歩すぐ
URL yamani.main.jp

店蔵を活用した観光案内所

▶ 石巻市震災遺構 大川小学校

住 石巻市釜谷字韮島94
TEL 0225-24-6315
開 9:00～17:00(最終入場16:30)
休 水曜(祝日の場合は翌日)、12/29～1/3　料 無料
交 JR**石巻駅**からタクシーで45分
URL www.city.ishinomaki.lg.jp/ruins

令和3(2021)年に公開された大川震災伝承館

▶ いしのまき元気いちば

住 石巻市中央2-11-11
TEL 0225-98-5539
開 物販コーナー9:00～19:00
　フードコート11:00～20:00
休 1/1(詳細は公式サイトを確認)
料 無料
交 JR**石巻駅**から徒歩12分
URL genki-ishinomaki.com

近海で取れた海産物が並ぶ

▶ 三陸復興国立公園 南部

▶気仙沼市階上観光協会
住 気仙沼市波路上岩井崎3-2
TEL 0226-27-5410
開 9:00～16:00　休 不定休
交 JR**陸前階上駅**から徒歩30分
URL hashikami-kanko.jp

津波の被害を受けた龍の松

▶ 南三陸さんさん商店街

住 本吉郡南三陸町志津川字五日町201-5
TEL 0226-25-8903(商店街事務局)
開 休 店舗によって異なる
交 JR**柳津駅**または**前谷地駅**からBRTで**志津川駅**下車、徒歩すぐ
URL www.sansan-minamisanriku.com

イースター島から贈られたモアイ像

info **南三陸町**は昭和35(1960)年のチリ地震による津波で被害を受けて以来、**チリ**と友好関係を結んでいる。その友好の証として**イースター島**から贈られてきた本物の**モアイ像**が、商店街内に展示されている。

秋田県 AKITA

秋田市

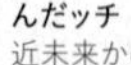

秋田県

んだッチ
近未来から秋田をPRするためにやって来た、なまはげ型の子どもロボット
©2015秋田県んだッチ
承認番号R040082号

人口
96万人（全国38位）
面積
1万1638km²（全国6位）
県庁所在地
秋田市
県花
フキノトウ

フキノトウ
味噌汁の具や天ぷらとしても県民に親しまれる食材

東北地方北西部の日本海側に位置する秋田県。角館の武家屋敷P.184をはじめ、有形・無形の文化財が数多くある。世界遺産でもある白神山地P.187をはじめ東北ならではの自然景観を体感できるエリアが多く、男鹿半島の夕日、八幡平のパノラマなど、自分の足で絶景スポットを発見できるのも魅力。秋田といえば温泉、お米、日本酒。白いにごり湯で有名な乳頭温泉郷P.185は、温泉好きなら一度は行ってみたいとあこがれる山奥の秘湯だ。

旅の足がかり

角館（仙北市）

仙北市に属する小さな町だが、秋田を代表する観光地であり、秋田新幹線も停車する。現在も藩政時代の町割が踏襲され、武士の居住区だった内町には武家屋敷が並び、町人の居住地だった外町には蔵を備えた商家が点在している。このように歴史的な町並みが残ることから「みちのくの小京都」と呼ばれている。春は**武家屋敷通り**P.184にシダレザクラ、桧木内川（ひのきないがわ）堤にソメイヨシノが咲き誇り、全国的に有名な桜の名所となっている。

秋田市

県庁所在地である秋田市は、秋田藩（久保田藩）の城下町であり、歴代藩主・佐竹氏の居城だった久保田城の跡地は**千秋公園**P.188となっている。夜は旭川沿いの秋田随一の繁華街、川反通りの居酒屋でおいしい地酒と郷土料理に舌鼓を打つのもよい。東北三大まつりのひとつ、**竿燈まつり**P.178の開催地としても知られ、期間中は多くの見物客でにぎわう。

大館市

県北部を代表する都市、大館市は、世界中のセレブからも人気の高い、愛らしい秋田犬のふるさと。駅前の**秋田犬の里**P.189など、秋田犬に合えるスポットがあり、おみやげにしたい秋田犬グッズも多い。また、弁当箱に代表される**大館曲げわっぱ**P.179の産地でもあり、**わっぱビルヂング**P.190では製作体験もできる（要予約）。

地理と気候

西側は日本海に面しており、気候区分は日本海側気候に分類される。春、秋は暖かな陽気の日が多くすごしやすい。沿岸部冬季の降水量はそれほど多くないが、日照時間が極端に少ない特徴をもつ。

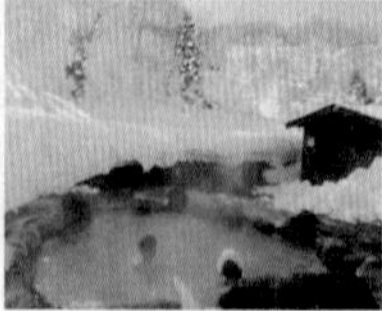

【夏】沿岸部は日照時間が多く晴れる日が多い。フェーン現象が発生すると猛暑になることも。奥羽山脈沿いは雨が多い。

【冬】国内有数の豪雪県であり、県内全域が豪雪地帯、さらに内陸部の多くの地域が特別豪雪地帯に指定されている。

P.176～193 写真提供：秋田県観光連盟　田沢湖・角館観光協会　増田町観光協会　にかほ市観光協会　秋田観光コンベンション協会　男鹿なび　大仙市　大館市　JOMON ARCHIVES

アクセス

東京から ▸▸▸	所要時間
飛行機 羽田空港▶秋田空港	1時間10分
飛行機 羽田空港▶大館能代空港	1時間10分
新幹線 東京駅▶秋田駅（こまち）	3時間37分
高速バス バスタ新宿▶秋田駅	8時間30分

宮城から ▸▸▸	所要時間
新幹線 仙台駅▶秋田駅（こまち）	2時間20分
高速バス 仙台駅▶秋田駅	3時間30分

山形から ▸▸▸	所要時間
JR線 酒田駅▶秋田駅（特急いなほ）	1時間30分
JR線 新庄駅▶横手駅	1時間25分

青森から ▸▸▸	所要時間
JR線 青森駅▶秋田駅（特急つがる）	2時間40分

県内移動

▶秋田駅から大館駅へ

奥羽本線で約1時間20分。

▶秋田駅から角館駅へ

秋田新幹線で約45分。在来線なら大曲駅経由で約1時間30分。

▶大館駅から角館駅へ

JR鷹ノ巣駅で秋田内陸縦貫鉄道に乗り換え。急行**もりよし**に乗れば角館駅で新幹線に接続する。

▸▸▸アクセス選びのコツ

- 新潟駅（新潟県）～酒田駅（山形県）～秋田駅を結ぶ羽越本線の特急**いなほ**が便利。奥羽本線で青森駅とを結ぶ特急**つがる**も運行する。五能線経由で秋田駅と弘前駅、青森駅を結ぶ**リゾートしらかみ** P.135 P.191 も人気。
- 秋田中央交通などが能代、横手などの県内路線を運行している。
- 秋田空港へは羽田、伊丹、新千歳、中部空港からの便がある。大館能代空港は羽田空港便のみ運航。
- 新日本海フェリーが苫小牧～秋田～新潟～敦賀を結ぶ。

交通路線図

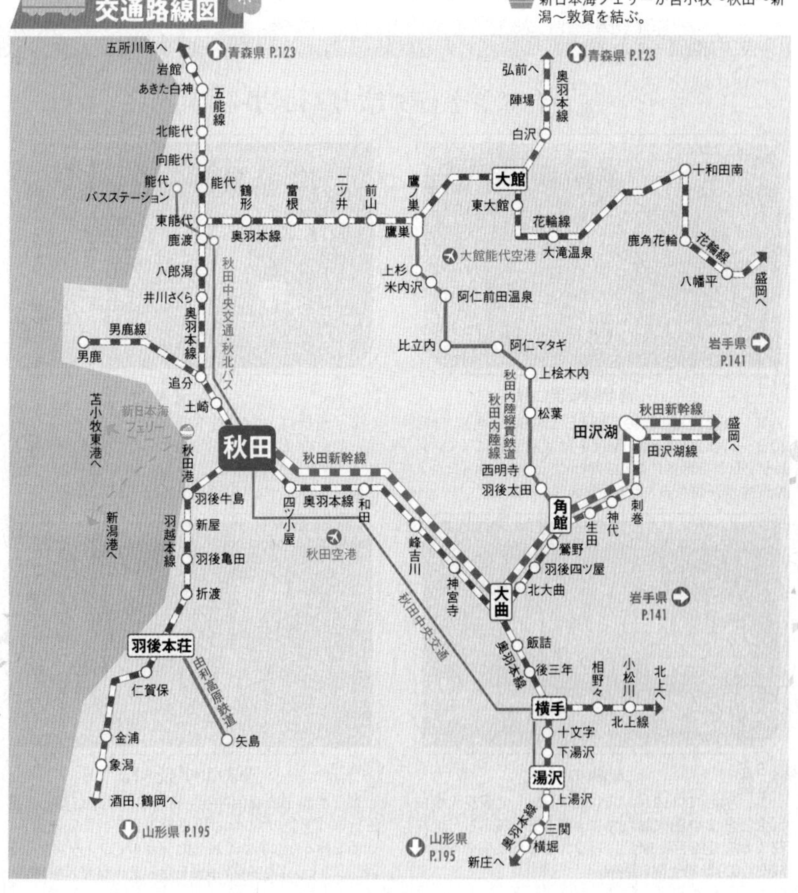

秋田県

うちの県はここがすごい

一 重要無形民俗文化財の数が日本一

風習やお祭りなど無形の文化を対象とする重要無形民俗文化財の数が日本一。男鹿のナマハゲ、秋田の竿燈、西馬音内の盆踊りなど特色ある17の伝統行事や民俗技術が指定されている。

二 湧出量日本一の温泉

名湯・秘湯の宝庫、秋田県。なかでも八幡平にある玉川温泉P.190は1分間あたりの湧出量9000ℓと、1ヵ所からの湧出量では日本一を誇る。また、pH1.2という強酸性でも日本一。

三 世界一の大太鼓

北秋田市の綴子(つづれこ)神社で毎年7月に開催される綴子大太鼓祭りで使用される直径3.71mの大太鼓はギネス認定された世界一の大太鼓。普段は近くの「大太鼓の館」に展示されている。

イベント・お祭り・行事

① 角館桜まつり

東北屈指の桜の名所として知られる角館で4月20日～5月5日に開催。期間中は武家屋敷に咲くシダレザクラと桧木内川堤の約2kmにわたるソメイヨシノの桜並木が訪れる人々の目を楽しませる。

② 竿燈まつり

たくさんの提灯を下げた竿燈を手のひら、額、肩、腰にのせてバランスを保つ。夏の病気や邪気を払う眠り流し（ねぶりながし）の行事に由来し、東北三大祭りのひとつ。8月3～6日に秋田市で開催。

③ 大曲の花火

明治43（1910）年に始まった、全国花火競技大会。全国の花火師たちによる工夫を凝らした創作花火が夜空を百花繚乱に彩る。昼の部と夜の部から成る。8月最終土曜に開催。

④ なまはげ柴灯まつり

男鹿市の真山神社で行われる「柴灯祭」と民俗行事「男鹿のナマハゲ」を組み合わせた観光行事。松明を持ったなまはげが迫力満点のパフォーマンスを繰り広げる。2月の第2土曜を含む金～日曜に開催。

必ず食べたい 名物グルメ

きりたんぽ鍋

つぶしたご飯を杉の棒に巻き付けて焼いた「たんぽ」を鶏肉、きのこ、セリなどの野菜と一緒に煮込む醤油ベースのごちそう鍋。出汁に比内地鶏を使うとさらに本格的。

稲庭うどん

湯沢市の稲庭地区で古くから作られてきた細麺のうどん。「手綯い」という手延べ方法により、細いながらもコシが強く、つるりとなめらかなのど越しの麺ができあがる。

比内地鶏

名古屋コーチン、薩摩地鶏と並ぶ日本3大ブランド地鶏のひとつ。引き締まった肉質で、焼き鳥や親子丼で味わえる。きりたんぽ鍋に欠かせない食材でもある。

しょっつる鍋

秋田近海で取れる魚、ハタハタを原料とする男鹿特産の魚醤「しょっつる」で味付けする鍋。具材は新鮮なハタハタ、旬の野菜、豆腐など。ハタハタは秋田県の県魚でもある

もらえば笑顔 定番みやげ

さなづら

凝縮した山ブドウの果汁を天然の寒天でゼリー状に固めたお菓子。山ぶどうの甘酸っぱく濃厚な風味が口の中にひろがる。付属の楊枝で切り分けて食べる。

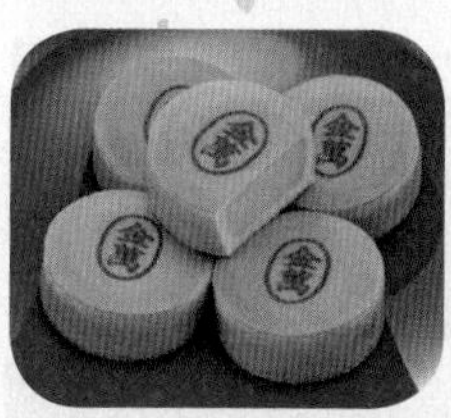

金萬

ふわふわのカステラ生地の中に白あんが入っている、ひと口サイズのお菓子。真空パック入り、個包装入り、生タイプとあり、生タイプは秋田市内の直営店と一部販売店のみで買えるレア商品。

地元っ子愛用 ローカル味

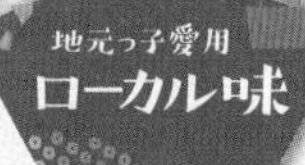

いぶりがっこ

「がっこ」とは漬物のこと。日照時間が少ない秋田県では、天日干しが必要なたくあんの代わりに、屋内でいぶした大根をぬか漬けにする。パリパリした食感と芳醇な薫香が特徴。

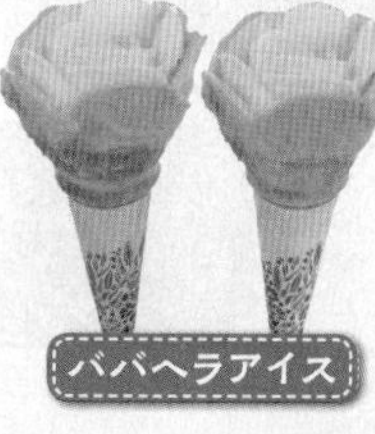

ババヘラアイス

夏になると、パラソルつきの屋台で販売されるピンク×イエローのアイス。ヘラを使ってバラの花のように盛り付けてくれる。ピンクはイチゴ、イエローはバナナ風味。

匠の技が光る 伝統工芸

大館曲げわっぱ

秋田杉の最も木目が美しい部分を薄くそぎ、熱湯につけて柔らかくし、型にあわせて曲げ、乾燥させることによって作り上げる、大館の特産品。調湿・抗菌作用があり、ご飯をおいしく保てる。

樺細工

ヤマザクラの樹皮で作る工芸品。藩政時代の角館で下級武士の内職として発展した。茶筒、茶道具などが定番だが、新しい感性で作られたアクセサリーなどもある。

ワカルかな？
秋田のお国言葉

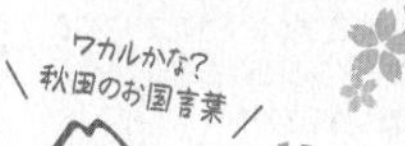

がっこだばあるからけ

Ans. 漬物ならあるから食べていきなさい

1泊2日で巡る 秋田県

1日目

1日目は江戸時代の面影が残る角館散策からスタートして、田沢湖へ。人気の秘湯、乳頭温泉郷で1泊し、翌日は横手へ向かう。

9:00 JR角館駅

交番も武家屋敷風!

徒歩15分

9:15 **武家屋敷通りを散策** ▶P.184

武家屋敷特有の黒板塀が続く

徒歩6分

9:23 **角館歴史村 青柳家で武士の暮らしを体感** ▶P.184

格調高い薬医門がシンボルの、武家屋敷通りを代表するスポット。

徒歩2分

10:10 **角館樺細工伝承館で伝統の技を知る** ▶P.192

角館の伝統的工芸品、樺細工について展示。伝統工芸士の実演コーナーもある。

徒歩14分

10:50 **あきた角館 西宮家**

大正時代に建てられた母屋と5つの蔵があり、北蔵と米蔵では食事や買い物を楽しめる。

徒歩4分

11:20 **角館グルメのランチ**

御狩場焼、角館そばなどご当地グルメから秋田名物までバリエーション豊富。

徒歩3分

12:30 **赤レンガ蔵の安藤醸造**

味噌、醤油を醸造する老舗でおみやげ探し。蔵座敷も公開されている。

徒歩15分

12:57 JR角館駅

鉄道13分

13:10 JR田沢湖駅

徒歩1分

13:25 **バスで田沢湖をぐるり** ▶P.185

羽後交通の路線バス、田沢湖一周線に乗って車窓から景色を楽しむ。

バス90分

14:32 田沢湖畔バス停

バス30分

15:05 **にごり湯の秘湯乳頭温泉郷** ▶P.185

秋田を代表するにごり湯の秘湯。時間に余裕があれば湯巡りも楽しみたい。宿泊は「鶴の湯温泉」で。

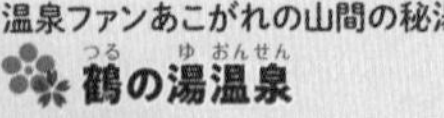

温泉ファンあこがれの山間の秘湯 鶴の湯温泉

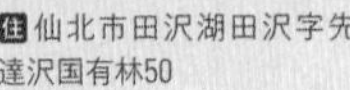

白湯が源泉の混浴露天風呂

囲炉裏のある本陣の客室

囲炉裏で味わう名物の山の芋鍋

秋田を代表する秘湯、乳頭温泉郷のなかでも特に人気の高い温泉宿。現在客室となっている茅葺屋根の長屋は、2代目秋田藩主、佐竹義隆が湯治に訪れた際に、警護の従者の詰め所として使われたもの。泉質の異なる白湯、黒湯、中の湯、滝の湯の4つの源泉を8つの風呂で楽しめる。

住 仙北市田沢湖田沢字先達沢国有林50
TEL 0187-46-2139
交 JR田沢湖駅からバスでアルパこまくさ下車。アルパこまくさから送迎あり
料 1泊9830円～
URL www.tsurunoyu.com

東北の耶馬渓と称される
抱返り渓谷
車で回れば、田沢湖近くにある抱返り渓谷もプランに組み込める。紅葉の名所としても有名で、渓谷沿いに約1.5km、片道所要30分程度の遊歩道が整備されている。

2日目

9:04 アルパこまくさバス停

バス 40分

10:26 JR田沢湖駅

新幹線 24分

11:15 JR大曲駅
在来線の奥羽本線に乗り換え

鉄道 30分

11:45 JR十文字駅

徒歩 12分

12:00 ご当地ラーメンのランチ
十文字中華そば

十文字中華そばの元祖店、マルタマで至福の一杯。URL marutama-jumonji.co.jp

徒歩 12分

12:53 JR十文字駅前バス停

バス 8分

13:01 増田の**中七日町通り** ▶P.186 を散策

豪雪地帯ならではの重厚な内蔵を残す商家の町並み。

徒歩 1分

13:02 増田の観光物産センター
蔵の駅 ▶P.186
伝統的建築物を観光案内所&物産店として使用。内蔵も公開。

徒歩1分

13:30 佐藤又六家

今も現役で使用される増田地区最古の店蔵。

徒歩 7分

14:30 世界に誇る日本のカルチャー 横手市増田**まんが美術館**をチェック ▶P.193

「マンガの原画」をテーマにした美術館。40万枚以上のマンガの原画を保存。

タクシー 17分

16:00 「秋田」がつまったテーマパーク
秋田ふるさと村 ▶P.191

秋田各地の特産品がずらりとそろう「ふるさと市場」でおみやげ探し。

軽食コーナーでは横手焼きそばも食べられる。

冬ならではの奇観
森吉山(もりよしざん)の樹氷
北秋田市の森吉山は、山形県の蔵王、青森県の八甲田とともに、日本3大樹氷観賞地として有名。森吉山阿仁スキー場では「スノーモンスター」と呼ばれる大迫力の樹氷を観賞できる。

おすすめ！泊まるならココ

みちのくの小京都・角館の伝統的な蔵に泊まる
和(わ)のゐ 角館(かくのだて)

秋田藩主・佐竹本家の直臣を祖とする西宮家の武士蔵、ガッコ蔵、町人町にある反物蔵という3軒の蔵を快適にステイできるようにリノベーション。どの蔵も2階建てで、1階は囲炉裏を囲むリビング、2階はベッドルームという広々としたつくり。チェックインは角館駅隣接の同経営のホテル、フォルクローロ角館で。

住 仙北市角館町中菅沢14（ホテルフォルクローロ角館）
TEL 0187-53-2774
交 JR角館駅から徒歩9～13分
料 1泊朝食付き1万5500円（2人利用時のひとり分料金）
URL familio-folkloro.com/wa-no-i/kakunodate

武士蔵の2階寝室。どの蔵もシモンズのベッドにエアウィーブが敷かれ、極上の寝心地

反物蔵の1階。夜は囲炉裏を囲んで秋田のお酒を飲みながら語り合うのもよい

秋田県の歩き方

▶仙北市観光情報センター「角館駅前蔵」
住 仙北市角館町上菅沢394-2（JR角館駅前）
TEL 0187-54-2700
開 4〜9月9:00〜18:00
10〜3月9:00〜17:30　休 12/31
1個500円の手荷物預かりサービス、冬期の長靴無料貸し出しサービス、傘の無料貸し出しサービスがある。
URL tazawako-kakunodate.com/ja/shops/320

▶秋田市まちなか観光案内所
住 秋田市大町1-2-37
TEL 018-824-8686
開 4〜10月9:00〜19:00
11〜3月9:00〜18:00
休 年末年始
交 JR秋田駅から徒歩15分

▶男鹿駅観光案内所
住 男鹿市船川港船川字新浜町1-1
TEL 0185-24-2100
開 9:00〜17:00　休 無休
手荷物一時預りサービス（有料）あり

▶相乗りタクシー なまはげシャトル
定額・定時制の相乗りタクシー（要予約）。JR男鹿駅、真山エリア、雲昌寺、男鹿温泉、男鹿水族館GAO、入道崎に乗り換えなしでアクセスできる。1日7往復運行。予約は電話か下記ウェブサイトから。
TEL 0185-24-2100
URL oganavi.com/namahage_shuttle/ja

角館・田沢湖エリア

秋田新幹線が停まる角館駅

武家屋敷通り P.184周辺に見どころがまとまっている**角館**は、徒歩またはレンタサイクルで回るのがちょうどよい。角館から田沢湖、大曲へ行くには新幹線の利用が便利。JR田沢湖駅前からは**田沢湖** P.185行き、**乳頭温泉郷** P.185行きのバスが出ている。田沢湖、乳頭温泉郷は列車とバスでアクセスできるが、複数の見どころを回るなら車があるほうがベター。角館駅、田沢湖駅周辺にレンタカーオフィスがある。

グルメ

御狩場焼　角館城主であった佐竹北家のお殿様が、狩りで捕えた獲物で作らせた肉料理に由来する御狩場焼は角館の名物。味噌、山椒、酒などを混ぜた御狩場味噌で味付けされている。

お殿様も愛した角館グルメ

秋田市と男鹿半島・鳥海山

絶景ドライブを楽しめる男鹿半島

秋田市内のおもな見どころは秋田駅から1.5km圏内にあるので、徒歩での散策が十分可能。日本海に突き出た**男鹿半島**では**寒風山回転展望台** P.187、**入道崎** P.193など絶景を楽しむドライブがおすすめ。車がないなら、男鹿半島の主要な見どころへ直行する**なまはげシャトル**（左記）か路線バスを利用できる。

山形県との県境に連なる標高2236mの**鳥海山**の周辺は、**鳥海ブルーライン** P.187と鳥海パノラマラインのふたつの絶景ドライブルートが整備されている。

グルメ

石焼料理　男鹿半島で味わえる石焼料理は、熱した石を新鮮な魚介類を入れた木桶に入れて煮立たせながら調理する豪快なおもてなし料理。漁師料理にヒントを得て考案されたという。

魚介のだしが絶妙に効いた繊細な味わい

info 秋田空港からのアクセス　JR秋田駅西口までリムジンバスで所要約40分。空港から角館、乳頭温泉、男鹿半島、横手など各地に予約制の乗り合いタクシー（エアポートライナー）が運行している。URL www.akita-airport.com

日本全国津々浦々〜道の駅巡り〜

「道の駅おが」なまはげの里オガーレ

JR男鹿駅と船川港の近くにある。男鹿漁師直送の魚介を購入したり、男鹿の食材で作るご当地グルメや特製ジェラートを味わえる。

大館と県北部・八幡平

角館と鷹巣を結ぶ秋田内陸線

県北部は自然豊かで広範囲。大館能代空港近隣の大館市、岩手県との県境にあり秘湯が点在する**八幡平**を含む鹿角市を中心とする内陸部と、日本海側の**能代＆白神山地**に分けられる。八幡平の温泉へ公共交通でアクセスする場合は、時期によりバス事情が異なるので、旅館のウェブサイトなどで確認のこと。

グルメ

きりたんぽ　きりたんぽの発祥地は鹿角とされている。マタギが猟で山に入る際に、木の棒に握ったご飯を囲炉裏で焼いたものを携帯食として持って行き、熊鍋に入れて食べていたという。

米どころならではの郷土食

横手・湯沢と県南エリア

かまくらが有名な横手市

秋田県南部の主要都市は、かまくらで有名な横手市。横手市の南端にある増田町は、内蔵を備えた商家の町並みを残す**中七日町通り** P.186 や**横手市増田まんが美術館** P.193 などがあり、秋田県南部を代表する観光地となっている。稲庭うどんの発祥地、湯沢市は温泉が多い。

グルメ

日本三大焼きそばのひとつに挙げられる、**横手やきそば**、ちぢれ麺が特徴であるご当地ラーメンの**十文字中華そば**、日本三大うどんのひとつである**稲庭うどん**など、おいしい麺料理の宝庫。

目玉焼きと福神漬けを添える横手やきそば

▶「道の駅おが」なまはげの里オガーレ
住 男鹿市船川港船川字新浜町1-19
TEL 0185-47-7515
開 9:00〜17:00
休 2・3月の第3水・木曜、1/1〜3
交 JR**男鹿駅**から徒歩3分
URL michinoekioga.co.jp

▶大館能代空港からのアクセス
JR鷹ノ巣駅までリムジンバスで所要約20分、JR大館駅まで所要約53分。秋田市へはJR鷹ノ巣駅で奥羽本線、角館へはJR鷹ノ巣駅に隣接する鷹巣駅で秋田内陸縦貫鉄道に乗り換える。能代、八幡平、十和田湖方面などへ予約制の乗り合いタクシーが運行している。
URL onj-airterminal.com

▶大館市観光案内所
住 大館市御成町1-13-1
TEL 0186-57-8120
開 9:00〜17:00　休 年末年始
URL www.dodasuka.com
秋田犬の里 P.189 内にある。レンタサイクル（有料）あり。

▶北秋田市観光案内所
住 北秋田市松葉町3-1（鷹巣駅前）
TEL 0186-62-1851
開 9:00〜17:00
休 年末年始
URL www.kitaakita-kankou.jp

▶鹿角花輪駅前観光案内所
住 鹿角市花輪下中島144
TEL 0186-22-0108
開 4〜11月9:00〜17:00
12〜3月9:00〜16:00
休 12/31〜1/2

▶横手市観光情報センター
住 横手市駅前町5-1（JR横手駅東口総合ラウンジ内）
TEL 0182-33-7111（横手市観光協会）
開 9:00〜18:00　休 無休
URL www.yokotekamakura.com

横手市ふれあいセンター かまくら館
かまくら祭りで有名な横手市。横手市ふれあいセンターかまくら館には、-10°Cに保たれたかまくら室があり、一年中かまくら体験ができる。
住 横手市中央町8-12
TEL 0182-33-7111
開 9:00〜17:00　休 12/29〜1/3
休 JR**横手駅**から徒歩10分

info 秋田市中心市街地の主要スポットを巡回する**秋田市の中心市街地循環バス（ぐるる）**は9:00〜17:00に21本運行。1周約20分。1日乗車券300円、1回乗車券100円。秋田駅西口・東口バス案内所で販売。

凛とした空気みなぎる「みちのくの小京都」　角館・田沢湖エリア

角館の武家屋敷通り

400年前の区画と武家屋敷が残り、日本らしい情緒が漂う角館観光の中心となる通り。**みちのくの小京都**とも呼ばれる城下町を整備したのは元和6(1620)年から角館地方を治めていた蘆名義勝。

家臣の住む**内町**と町人が住む**外町**に分けられ、内町では、城に近い北側から順に位の高い家臣の屋敷が置かれた。

上級武士の**石黒家**は黒板塀、薬医門、欄間の亀の透かし彫りなどに格式の高さが感じられる。ほかに**青柳家**、岩橋家、河原田家、小田野家、松本家の武家屋敷があり見学できる。

江戸時代の面影を感じる人気観光地

ひときわ目をひく、青柳家の薬医門

▶角館の武家屋敷通り

▶武家屋敷 石黒家

住 仙北市角館町表町下丁1
TEL 0187-55-1496
開 9:00～17:00　休 無休
料 400円
交 JR角館駅から徒歩25分
URL www.hana.or.jp/~bukeishi

▶角館歴史村 青柳家

住 仙北市角館町表町下丁3
TEL 0187-54-3257
開 4～11月9:00～17:00
12～3月9:00～16:30
休 無休　料 500円
交 JR角館駅から徒歩20分
URL www.samuraiworld.com

雪国ならではの内蔵を資料館として開放している、外町史料館 たてつ

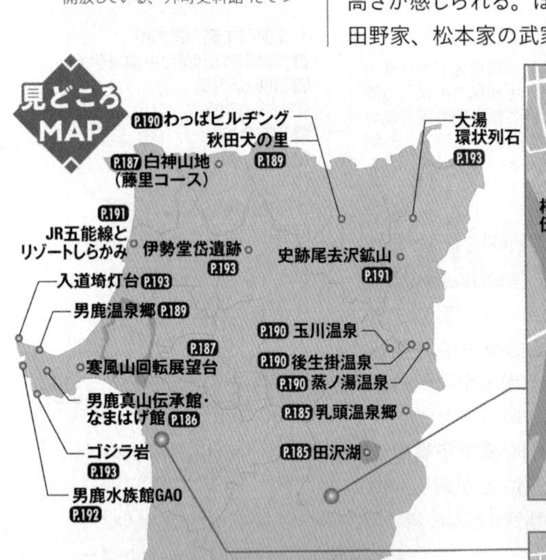

info **角館の武家屋敷通り**は桜の名所として知られ、4月下旬から5月上旬はシダレザクラが美しい。このシダレザクラは佐竹北家に輿入れした三条西家の娘が京都から持参した苗木が起源と伝わる。桜まつり期間には一部ライトアップもされる。

秘湯ファンあこがれの温泉郷

角館・田沢湖エリア

乳頭温泉郷（にゅうとうおんせんきょう）

十和田・八幡平国立公園内の乳頭山山麓にある温泉の総称。鶴の湯、妙乃湯、黒湯、蟹場、孫六、大釜、休暇村乳頭温泉郷の7つの一軒宿からなる。ブナの原生林の中に点在する温泉は秘湯の誉れ高く、また自然の美しさ、宿の風情、良質のにごり湯などからもファンは多い。

濃厚な乳白色のにごり湯が温泉ファンを惹きつける　写真提供：乳頭温泉組合（右下除く3点）

最も歴史が古い温泉宿の**鶴の湯** P.180、茶色のにごり湯「金の湯」で有名な**妙乃湯**、野趣あふれる露天風呂の**黒湯温泉**など、それぞれが秘湯の魅力にあふれている。

妙乃湯の雪見風呂

▶乳頭温泉郷
住 仙北市田沢湖田沢先達
TEL 0187-46-2244（乳頭温泉組合）
開 休 料 施設による
交 JR**田沢湖駅**から乳頭温泉行きバスで38～48分の**妙乃湯温泉前**などで下車
URL nyuto-onsenkyo.com

味わいのある茅葺き屋根がシンボルの黒湯温泉

ブナの森に囲まれた休暇村乳頭温泉郷の露天風呂

コバルトブルーに輝く神秘の湖

角館・田沢湖エリア

田沢湖（たざわこ）

日本一深い湖である田沢湖は円形の**カルデラ湖**で、最大水深は423.4m。その湖水は吸い込まれるように深いコバルトブルーで、周囲の山々に映えて非常に美しい。伝説に彩られ、パワースポットが点在する神秘的な雰囲気を湛えた湖だ。

1周約40分で田沢湖を巡る遊覧船も人気

また、田沢湖は、永遠の美を望んで龍に姿を変えた辰子（たつこ）姫伝説でも知られる。湖畔にはその伝説にちなんだ**たつこ像**や**御座石（ござのいし）神社**、**鏡石**などがあり、縁結びに御利益がある**漢槎宮（かんさぐう）（浮木（うきき）神社）**などもある。また湖の酸性化により絶滅した固有種クニマスを展示する**田沢湖クニマス未来館**も必見。かつては独特の丸木舟で漁が行われていた。

▶田沢湖
住 仙北市田沢湖
TEL 0187-43-2111（仙北市田沢湖観光情報センター「フォレイク」）
開 入場自由
交 JR**田沢湖駅**から乳頭温泉行きまたは田沢湖一周線のバスで12分の**田沢湖畔**下車、徒歩すぐ
URL www.city.semboku.akita.jp/sightseeing/spot/04_tazawako.html

▶田沢湖遊覧船
田沢湖レストハウスが運航する遊覧船。田沢湖レストハウス前の白浜を出発し、40分で1周する。ルートは白浜→潟尻→白浜。
TEL 0187-43-0274
開 4月下旬～11月上旬の9:00、11:00、13:00、15:00発（夏休み期間は増便あり） 料 520円～
URL tazawako-resthouse.jp

湖沿いには御座石神社、鏡石、浮木神社などのパワースポットがある（写真は御座石神社）

info **クニマス**は平成22（2010）年に、過去に放流した山梨県の西湖（さいこ）で生存が確認され、**クニマス再発見**と話題になった。田沢湖の水質が改善されないため、クニマスの再導入は果たされていない。

迫力満点のなまはげを体験！

秋田市と男鹿半島・鳥海山

男鹿真山伝承館・なまはげ館

真山地区に伝わるなまはげ習俗を体感できる貴重な施設

大晦日の晩に「怠け者はいねえが! 泣く子はいねえが!」と叫びながら家々を訪ね、悪行を戒めて歩く**男鹿のナマハゲ**は国の重要無形民俗文化財に指定され、ユネスコの無形文化遺産にも登録された男鹿半島に伝わる伝統行事。乱暴なふるまいと恐ろしい姿から鬼のように思われがちだが、厄災を祓い、吉事をもたらす来訪神である。

男鹿半島の典型的な曲家民家を利用した**男鹿真山伝承館**では、古いしきたりに即した迫力満点のなまはげ行事の再現を目前で見学できる。隣接の**なまはげ館**では、男鹿半島各地の面や衣装の展示、なまはげの資料映像などを見られる。

▶男鹿真山伝承館・なまはげ館

▶男鹿真山伝承館
住 男鹿市北浦真山字水喰沢80
TEL 0185-33-3033（真山神社）
開 9:00～16:30（時期により変動）
休 3～12月の平日
料 770円
なまはげ館と共通入場券は880円（4～11月）、1100円（12～3月）
交 JR**男鹿駅**から乗り合いタクシー「なはまげシャトル」で約25分
URL www.namahage.ne.jp

▶なまはげ館
住 男鹿市北浦真山字水喰沢
TEL 0185-22-5050
開 8:30～17:00　休 無休
料 550円　※男鹿真山伝承館と共通入場券あり
URL namahage.co.jp/namahagekan

なまはげについて詳しく紹介するなまはげ館

雪国に栄えた蔵をもつ町並み

横手・湯沢と県南エリア

増田の中七日町通り

明治から昭和初期に建てられた内蔵をもつ家屋が並ぶ中七日町通り

秋田県有数の商業地として栄え、また豪雪地帯でもあった増田には、**内蔵**という独特の建築様式が残っている。国の重要伝統的建造物群保存地区に選定されている**中七日町通り**には明治から昭和期の商家の町屋が軒を連ね、増田の繁栄を今に伝えている。

重厚な扉周りの意匠は見どころのひとつ

内蔵とは文字通り家屋の中にある蔵のこと。建造された時代や用途によりさまざまなスタイルがあり、そのバリエーションや凝った意匠が見どころ。現在19棟の家屋が公開されており、見学すれば雪国が生んだ生活の知恵とその機能美に触れることができる。

▶増田の中七日町通り

▶増田の町並み案内所ほたる
住 横手市増田町上町53
TEL 0182-45-5541
開 9:00～17:00
休 12/29～1/3
交 JR**十文字駅**からバスで10分の**四ツ谷角**下車、徒歩すぐ
URL masuda-matta.com

▶観光物産センター 蔵の駅
住 横手市増田町増田字中町103
TEL 0182-45-5541
開 9:00～17:00
休 12/29～1/3
交 JR**十文字駅**からバスで10分の**増田蔵の町**下車、徒歩1分
URL masuda-matta.com

info **なまはげ**の一連の流れを見てみれば、ただ暴れまわるのではなく、家長との問答や駆け引きなどに洗練された作法があることがわかる。ただし、そうとわかっていても怖いので、体験には覚悟を決めて参加しよう。

360°のパノラマを満喫！

秋田市と男鹿半島・鳥海山

寒風山回転展望台

かんぷうざんかいてんてんぼうだい

山頂からは男鹿半島を一望できる。男鹿半島をドライブするなら必ず立ち寄りたい絶景スポット

男鹿半島の付け根に位置する**寒風山**は、標高355mの山。

山頂の展望台内部にはレストランやみやげ店ほか、**男鹿半島・大潟ジオパーク**に関する展示ホールなども。4階が回転展望台で、約13分間で1回転する。男鹿半島をはじめ、大潟村や白神山地、鳥海山などを一望できる。

青い日本海を眼下に山岳ドライブ

秋田市と男鹿半島・鳥海山

鳥海ブルーライン

ちょうかいぶるーらいん

鳥海山は山頂に雪を頂く姿が富士山に似ているため、出羽富士とも呼ばれる

秋田県にかほ市と山形県遊佐町を、鳥海山5合目を経由して結ぶ約34.9kmの**山岳道路**。逆になった「く」の字型で、海岸から一気に1100mまで駆け上り、再び海岸に下りる。鳥海山の森と草原を縫って走り、最高地点の鉾立展望台では青く輝く日本海に飛島、佐渡島、男鹿半島を見渡す絶景が待っている。

神々しささえ感じる太古の森に触れる

大館と県北部・八幡平

白神山地（藤里コース）

しらかみさんち（ふじさとこーす）

白神山地の原生的なブナ林を体感できる岳岱自然観察教育林

秋田県北西部と青森県南西部にまたがる白神山地は原生ブナ林が広がる世界遺産。貴重な自然に出合えるコースがいくつかあるが、白神山地世界遺産センター藤里館を起点に車でスポットを巡る**藤里コース**が人気。岳岱(たけだい)自然観察教育林では一周1時間程度のブナ林散策路が整備されている。

▶寒風山回転展望台

住 男鹿市脇本富永字寒風山62-1
TEL 0185-25-3055
開 8:30～17:00（最終入場16:40）
休 12月上旬～3月中旬
料 550円
交 JR**羽立駅**からタクシーで15分
URL www.akita-chuoukotsu.co.jp/kanpuzan/index.html

標高355mの寒風山の頂上にある回転式の展望台

▶鳥海ブルーライン

住 にかほ市
TEL 0184-43-6608（にかほ市観光協会）
休 11月上旬～4月下旬は道路が冬期閉鎖　料 無料
交 JR**象潟駅**から鉾立展望台まで車で30分
URL www.nikaho-kanko.jp

紅葉シーズンはすばらしい眺め

▶白神山地（藤里コース）

▶白神山地世界遺産センター藤里館
住 山本郡藤里町藤琴里栗63
TEL 0185-79-3005
開 3～11月9:00～17:00
12～2月10:00～16:00
休 火曜（祝日の場合は翌日）、年末年始、12～2月の月・火曜（祝日の場合は火・水曜）　料 無料
交 JR**二ツ井駅**から真名子行きバスで33分の**湯の沢温泉入口**下車、徒歩3分
URL www.shirakami-fujisatokan.jp

白神山地の自然について学ぶことができる

info 象潟（きさかた）駅から鉾立（ほこだて）を経て大平山荘まで行く完全予約制の登山バス、**鳥海ブルーライナー**は6～10月上旬に運行。車がなくても絶景ドライブを楽しめる。URL www.nikaho-kanko.jp/blueliner.html

笑顔がつなぐ「スマイルレール」　角館・田沢湖エリア

秋田内陸縦貫鉄道 秋田内陸線

秋田県の内陸部を縦断し、鷹巣駅と角館駅を結ぶ約94.2kmの鉄道。阿仁銅鉱山の鉱石輸送のため戦前に敷設された鉄道がルーツ。秋田内陸線資料館がある阿仁合駅、温泉を併設した阿仁前田温泉駅などユニークな駅もある。

阿仁川を渡る大又川橋梁は絶景

▶秋田内陸縦貫鉄道 秋田内陸線
TEL 0186-82-3231
開 角館駅始発6:33
角館着最終19:00
休 無休　料 170～1700円
URL www.akita-nairiku.com

7～9月上旬は沿線5ヵ所で車窓から観賞できる田んぼアートを実施

四季折々の色合いに染まる美しい日本庭園　角館・田沢湖エリア

国指定名勝 旧池田氏庭園

東北三大地主として知られる池田家の広大な日本庭園。庭園が整備されたのは大正時代で、千秋公園（下記参照）を手がけた造園家、**長岡安平**の設計による。庭木も見事で、紅葉時は特に美しい。高さ4mの雪見灯籠は日本最大級。

美しい日本庭園と白亜の洋館が大正浪漫を感じさせる

▶国指定名勝 旧池田氏庭園
住 大仙市高梨字大嶋1
TEL 0187-63-8972（大仙市文化財課）
開 9:00～16:00（最終入場15:30）
休 月曜（祝日の場合は翌日）、11月中旬～4月下旬
料 300円
交 JR**大曲駅**から車で約10分
URL www.city.daisen.lg.jp/docs/2013110400095

紅葉の名所として親しまれている

秋田の歴史と文化を伝える城址公園　秋田市と男鹿半島・鳥海山

千秋公園

秋田藩主、佐竹氏の**久保田城**跡を整備し、土塁と堀で囲まれた城の特徴を活かした日本式庭園。復元された城の御隅櫓、表門などが藩政時代の雰囲気を今に伝える。園内に育つ植物の種類も多様で、特に約700本の桜が開花する桜まつりが有名。

久保田城の表門

▶千秋公園
住 秋田市千秋公園1
TEL 018-888-5753（秋田市建設部公園課）　開 入場自由
交 JR**秋田駅**からポケットパークまで徒歩10分、二の丸まで徒歩15分
URL www.city.akita.lg.jp/kurashi/doro-koen/1003685/index.html

5月中旬～下旬頃にはつつじまつりが行われる

現代に復活した「あきた舞妓」　秋田市と男鹿半島・鳥海山

あきた文化産業施設「松下」

千秋公園内にある、大正時代創業の**旧割烹松下**。その美しい木造和風建築のたたずまいを再利用し、秋田の繁華街、**川反**で古くから活躍してきた川反芸者の心意気を受け継ぐあきた舞妓と気軽に触れ合える**あきた舞妓劇場**が人気を集めている。

秋田のおもてなし文化を発信する

▶あきた文化産業施設「松下」
住 秋田市千秋公園1-3
TEL 018-827-3241
交 JR**秋田駅**から徒歩15分
URL www.matsushita-akita.jp
▶あきた舞妓劇場
開 土曜お昼の部11:30～13:30、土曜昼下がりの部14:30～16:00
※お昼の部は要予約。土曜以外は貸切利用のみ受付
料 お昼の部5000円、昼下がりの部2000円（当日2200円）

info **秋田内陸線**の**阿仁合駅**併設の里山レストラン&カフェ**こぐま亭**は、四季折々の地元の素材を使った完全予約制の**マタギの笑EMI御膳**で人気を集めている。URL www.akita-nairiku.com/others/restaurant.php

重厚な明治期の銀行を保存　秋田市と男鹿半島・鳥海山

秋田市立赤れんが郷土館（あきたしりつあかれんがきょうどかん）

随一の繁華街、川反通りの近くに建つ

明治45（1912）年完成の**旧秋田銀行本店**を利用した資料館。赤れんがを主体に白のタイルや男鹿石も使用した外観はルネサンス様式を基調とし、内部は天井の手の込んだ化粧漆喰（スタッコ）装飾や、モダンなシャンデリアが壮麗な雰囲気を漂わせている。

▶秋田市立赤れんが郷土館
住 秋田市大町3-3-21
TEL 018-864-6851　開 9:30～16:30
休 年末年始、展示替え期間（不定期）　料 210円
交 JR**秋田駅**から徒歩15分
URL www.city.akita.lg.jp/kanko/kanrenshisetsu/1003617/index.html

愛くるしい秋田犬と交流できるスポット　秋田市と男鹿半島・鳥海山

秋田犬ステーション（あきたいぬすてーしょん）

秋田県立美術館P.192なども入る複合施設、「エリアなかいち」1階にある
©ONE FOR AKITA

秋田犬の**保護活動**を行う「ONE FOR AKITA」による運営。秋田犬へのストレスを考慮して、直接触れ合うことはできないが、写真を撮ったり、オリジナルグッズの購入ができ、売り上げの一部は秋田犬の保護活動に使用される。

▶秋田犬ステーション
住 秋田市中通1-4-3
　エリアなかいち1階
TEL 018-807-2535（ONE FOR AKITA）
開 11:00～13:00、13:30～18:00
休 月・水・金曜、年末年始
料 無料
交 JR**秋田駅**から徒歩10分
URL www.saveakita.or.jp/ofa/station

秋田犬に会えるのは土・日曜の11:00～11:30、12:10～13:00、13:30～14:00、14:40～15:00。公式サイトで要確認
©ONE FOR AKITA

なまはげづくしの温泉郷　秋田市と男鹿半島・鳥海山

男鹿温泉郷（おがおんせんきょう）

なまはげの湯に浸かれば、疲れも吹き飛びそう（元湯雄山閣）

「熱の湯」ともいわれ、美肌の湯としても知られる男鹿温泉は、江戸時代に秋田藩主も訪れていた由緒ある温泉地。

なまはげと和太鼓を融合させた勇壮な郷土芸能**なまはげ太鼓**の定期公演が行われ、これが目当ての客も多い。

▶男鹿温泉郷
住 男鹿市北浦湯本字草木原
TEL 0185-33-3191（男鹿温泉郷協同組合）
開 休 料 施設による
交 JR**男鹿駅**から乗り合いタクシー「なまはげシャトル」で約20分
URL e-ogaonsen.com
▶なまはげ太鼓（男鹿温泉交流会館五風）
住 男鹿市北浦湯本字草木原21-2
TEL 0185-33-3191
開 なまはげ太鼓のライブは20:30から30分程度、スケジュールは公式サイトで要確認
料 600円
URL e-ogaonsen.com/taiko

秋田犬発祥の地で秋田犬について学ぼう！　大館と県北部・八幡平

秋田犬の里（あきたいぬのさと）

建物の前には忠犬ハチ公の像が立っている。大館市はハチの出生地

日本で最も有名な秋田犬「**忠犬ハチ公**」にちなんで、大正時代の渋谷駅舎をモデルにした建物内には、秋田犬ミュージアムのほか、秋田犬を見ることができる展示室、秋田犬グッズがずらりと並んだショップなどがある。

▶秋田犬の里
住 大館市御成町1-13-1
TEL 0186-59-4649
開 9:00～17:00　休 12/31、1/1
料 無料
交 JR**大館駅**から徒歩1分
URL akitainunosato.jp
▶秋田犬展示室
開 9:30～16:45
休 月曜（祝日の場合は翌日）

info 世界の有名人にも愛され、注目が集まる**秋田犬**だが、繁殖者の高齢化や、殺処分、血統の劣化などの問題を抱えており、正当な秋田犬の頭数は減少している。

伝統的工芸品「大館曲げわっぱ」を中心に広がる輪　大館と県北部・八幡平

わっぱビルヂング

江戸時代に武士の内職として広まったという秋田の伝統的工芸、**大館曲げわっぱ**。1階にある**柴田慶信商店**のギャラリー&ショップでは多種多様な曲げわっぱ製品を見ることができ、その美しさと機能性を再確認させられる。

定番のデザインにさりげなく現代のテイストを加えた品も

日本一の湧出量と酸性度を誇る　大館と県北部・八幡平

玉川温泉

pH1.2という**日本一の強酸性**の温泉をもつ玉川温泉は「療養、癒しの湯」として知られ湯治客が多く訪れる。湯治場の雰囲気が強い一軒宿の玉川温泉のほか、同じ源泉で近代的な設備の姉妹館、新玉川温泉がある。

源泉の濃度別に分かれた浴槽。かなり酸性が強いので、長湯は禁物

美肌作用がある泥風呂が人気!　大館と県北部・八幡平

後生掛温泉

「馬で来て足駄で帰る後生掛」とうたわれる後生掛温泉は、箱蒸風呂や打たせ湯、蒸気サウナ風呂など7つの湯があり、なかでも地下1000mからの泥を含んでいる**泥風呂**は温湿布作用、美肌作用があるといわれ女性に人気。

標高1000mの八幡平国立公園内にある一軒宿の温泉

八幡平最古の伝統の蒸かし湯　大館と県北部・八幡平

蒸ノ湯温泉

標高1100mの高所にある一軒宿の温泉。「ふけの湯」の名称は地熱を利用した蒸かし湯から。蒸かし湯は**オンドル**と呼ばれ、温かい地面にゴザを敷いて横になる湯治が昔から行われてきた。今もなお敷地には、利用可能なオンドル小屋がある。

桝をモチーフとした男女混浴の枡風呂

▶わっぱビルヂング
住 大館市御成町1-12-27
TEL 0186-59-7123（柴田慶信商店）
開 休 店舗による
交 JR**大館駅**から徒歩約3分
URL wappa-building.com

世界の曲げ物を集めたミュージアムスペースもある

▶玉川温泉
住 仙北市田沢湖玉川字渋黒沢
TEL 0187-58-3000
開 日帰り入浴10:00～15:00（最終入場14:30）
休 11月30日～4月中旬（新玉川温泉は営業）
料 日帰り入浴800円
交 JR**田沢湖駅**から玉川線バスで1時間15分の**玉川温泉**下車、徒歩すぐ。冬期は新玉川温泉下車
URL www.tamagawa-onsen.jp

玉川温泉の源泉である「大噴」

▶後生掛温泉
住 鹿角市八幡平熊沢国有林内
TEL 0186-31-2221
開 日帰り入浴9:00～14:00（土・日曜ほか特定日9:00～15:00）最終入場は1時間前
料 日帰り入浴800円
休 無休（メンテナンス等による臨時休館あり）
交 JR**田沢湖駅**から車で1時間30分
URL www.goshougake.com

▶蒸ノ湯温泉
住 鹿角市八幡平熊沢国有林内
TEL 0186-31-2131
開 日帰り入浴10:00～15:00
休 11月～4月下旬
料 日帰り入浴700円
交 JR**田沢湖駅**から車で1時間30分
URL www.fukenoyu.jp

枡風呂の隣にある樽風呂

info **玉川温泉**は包丁が一晩で溶けてしまうといわれるほどの**強酸性**。浴槽もほとんどが源泉50%以下となっている。空気中にも酸性の蒸気が漂い、貴金属のアクセサリーは変色し、スマホなどの精密機械も故障してしまうことがあるという。

廃墟感が圧倒的な近代化産業遺産

大館と県北部・八幡平

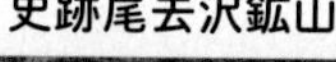

史跡尾去沢鉱山（しせきおさりざわこうざん）

鉱山の遺構を保存、一般公開している

1300年前に開山したといわれる**日本最大級の鉱山跡**。産出した金が東大寺大仏の鋳造や中尊寺金色堂に使われたという言い伝えもある。昭和53(1978)年の閉山後は史跡となり、800kmに及ぶ坑道の一部（約1.7km)を見学したり、砂金採りや天然石掘りなども体験できる。

▶史跡尾去沢鉱山
住 鹿角市尾去沢獅子沢13-5
TEL 0186-22-0123
開 4～10月9:00～17:00
11～3月9:00～15:30
休 無休
料 1000円
交 JR**鹿角花輪駅**からタクシーで10分
URL www.osarizawa.jp

いつかは乗りたい絶景ローカル線

大館と県北部・八幡平

JR五能線とリゾートしらかみ（じぇいあーるごのうせんとりぞーとしらかみ）

あきた白神駅～岩館駅間

JR五能線は、秋田県の東能代駅と青森県の川部駅を結ぶローカル線P.135。海岸線を走る絶景路線として知られる。**リゾートしらかみ**は、絶景区間での徐行運転や下車できる長時間停車など観光に特化した列車で、秋田駅、青森駅が始発終着駅となっている。

▶リゾートしらかみ
TEL 050-2016-1600（JR東日本）
開 1日最大6本運行。運行日は公式サイトで要確認
料 普通乗車券+座席指定席券（530円）。五能線フリーパス3880円
URL www.jreast.co.jp/railway/joyful/shirakami.html

リゾートしらかみの売店車両

秋田の魅力がぎっしり詰まったテーマパーク

横手・湯沢と県南エリア

秋田ふるさと村（あきたふるさとむら）

ARトリックアートやデジタル技術を駆使したプロジェクションマッピングなどを楽しめるワンダーキャッスル

秋田県立近代美術館や秋田の「技」に出合える**工芸展示館**、かまくらをイメージした**プラネタリウム**などの施設があり、秋田らしい工芸品の制作体験もできる。秋田県で最大級のおみやげ売場、ふるさと市場には全域のみやげ物が揃う。

▶秋田ふるさと村
住 横手市赤坂字富ケ沢62-46
TEL 0182-33-8800
開 9:30～17:00
休 1月中旬に10日間
料 無料（一部有料施設あり）
交 JR横手駅から朝日が丘線のバスで15分の**秋田ふるさと村**下車、徒歩すぐ
URL www.akitafurusatomura.co.jp

15分で村内を一周するマックストレイン（冬期運休）

地球のエネルギーを間近に感じる景勝地

横手・湯沢と県南エリア

小安峡大噴湯（おやすきょうだいふんとう）

アーチ橋と湯気を立てる峡谷

小安峡温泉郷を流れる皆瀬川の峡谷の底に、「シューッ」と音を立てながら蒸気が吹き出す場所があり**大噴湯**と呼ばれている。これは皆瀬川の急流が谷を浸食して、マグマにより熱せられた地下水が通る亀裂が露出したもの。4月下旬～11月中旬は川沿いの遊歩道から鑑賞できる。

▶小安峡大噴湯
住 湯沢市皆瀬新処
TEL 0183-47-5080（小安峡温泉総合案内所）
開 入場自由（河川増水の危険がある時は遊歩道の通行不可）
交 JR湯沢駅から湯沢・小安線のバスで50分の**川原湯**下車、徒歩2分
URL www.city-yuzawa.jp/site/yuzawatrip/736.html

info **秋田ふるさと村**の**もぐもぐ広場**や**ふるさと料理館**ではご当地グルメの**横手やきそば**や**稲庭うどん**、**比内地鶏ラーメン**など地元が誇る名店の味を気軽に食べることができる。

今日に受け継がれる角館の伝統工芸を紹介　**角館・田沢湖エリア**

角館樺細工伝承館

樺細工はヤマザクラの樹皮を用いて作られる角館の伝統的工芸品。館内には樺細工を中心に工芸品の展示や販売コーナーがあり、樺細工の製作実演、制作体験なども行われる。

春はシダレザクラが咲き乱れる入口の門

▶角館樺細工伝承館
住 仙北市角館町表町下丁10-1
TEL 0187-54-1700
開 4～11月9:00～17:00
12～3月9:00～16:30
最終入場は30分前
休 年末年始　料 300円
交 JR**角館駅**から徒歩20分
URL www.city.semboku.akita.jp/sightseeing/densyo/index.html

遺跡に秘められた古代史のロマンを感じる　**角館・田沢湖エリア**

国指定史跡 払田柵跡

約1200年前の古代の城柵遺跡。東北地方に居住していた蝦夷を支配するために建てられた。古文書などにその記述はなく、今もなお謎が多く残る平安時代初期の遺跡。

外柵は全長3600mにおよぶ

▶国指定史跡 払田柵跡
住 大仙市払田
TEL 0187-63-8972(大仙市文化財課)
開 入場自由
交 JR**大曲駅**から車で12分
URL www.city.daisen.lg.jp/docs/2013110600150

外柵南門から延びる道の先に外郭南門と石塁がある

秋田の夏を彩る竿燈まつりを再現　**秋田市と男鹿半島・鳥海山**

秋田市民俗芸能伝承館

東北三大祭りのひとつ秋田竿燈まつり P.178 をはじめ、三吉梵天祭や秋田万歳など、秋田市の伝統行事や芸能を紹介。実物大の竿燈が展示されており、手に持って体験することもできる。

実物の竿燈を展示

▶秋田市民俗芸能伝承館
住 秋田市大町1-3-30
TEL 018-866-7091
開 9:30～16:30
休 年末年始
料 100円（隣接の旧金子家住宅も見学できる）
交 JR**秋田駅**から徒歩15分
URL www.city.akita.lg.jp/kanko/kanrenshisetsu/1003644/index.html

藤田嗣治の大作『秋田の行事』が圧巻！　**秋田市と男鹿半島・鳥海山**

秋田県立美術館

秋田の資産家、平野政吉が収集した藤田嗣治の作品が基幹。高さ3.65m、幅20.50mの大壁画『**秋田の行事**』は秋田の風俗伝統を大胆に描き、見る人を圧倒する。

世界的建築家、安藤忠雄による設計

▶秋田県立美術館
住 秋田市中通1-4-2
TEL 018-853-8686
開 10:00～18:00
休 不定休
料 310円（特別展開催時は変更の場合あり）
交 JR**秋田駅**から徒歩10分
URL www.akita-museum-of-art.jp

ホッキョクグマの豪太が待っている！　**秋田市と男鹿半島・鳥海山**

男鹿水族館GAO

日本海の海際という絶好のロケーション。人気のホッキョクグマやゴマフアザラシ、秋田県の県魚「ハタハタ」など約400種1万点の生き物と出合える。高さ8m・幅15mの**男鹿の海大水槽**は圧巻。

男鹿の海大水槽

▶男鹿水族館GAO
住 男鹿市戸賀塩浜
TEL 0185-32-2221
開 9:00～17:00(時期により変更あり。入館は1時間前まで)
休 不定休（公式サイトで要確認）
料 1100円
交 JR**男鹿駅**から相乗りタクシー「なまはげシャトル」で45～60分
URL www.gao-aqua.jp

info **秋田市民俗芸能伝承館**に隣接する**旧金子家住宅**は、藩お抱えの商人町に建てられた店舗兼住宅で、幕末に建てられた土蔵や防火のために置かれた天水甕など見どころが満載。時代劇の世界さながらの奥ゆかしい雰囲気を体験できる。

北緯40度に立つ高さ約28mの灯台　秋田市と男鹿半島・鳥海山

入道埼灯台

北緯40度のモニュメントと灯台

男鹿半島の西北端に位置する入道崎は、日本海に突き出た絶景の岬。シンボルである白と黒の入道埼灯台は上に登って景観を臨むことができる展望台になっている。

男鹿半島の人気スポット　秋田市と男鹿半島・鳥海山

ゴジラ岩

まるで日本海からゴジラが姿を現したかのよう

男鹿半島南西端の**潮瀬崎**にある、その名のとおりゴジラの横顔そっくりに見える岩。夕焼けの時刻に訪れると、真っ赤な空に浮かび上がるシルエットを撮影することができる。

縄文時代のミステリーがここに　大館と県北部・八幡平

大湯環状列石

ふたつのストーンサークルが並んでいる

野中堂環状列石と万座環状列石のふたつからなる縄文時代後期の遺跡。出土した大量の縄文土器などを、隣接した**大湯ストーンサークル館**で見ることができる。

世界遺産に登録された縄文時代の遺跡　大館と県北部・八幡平

伊勢堂岱遺跡

祭祀が行われていたと考えられている

平成4(1992)年に発見された、おもに4つの環状列石と掘立柱建物跡、土坑墓などからなる縄文時代後期の遺跡。**伊勢堂岱縄文館**で出土品や解説映像を見ることができる。

マンガの世界に思いっきり浸る!　横手・湯沢と県南エリア

横手市増田まんが美術館

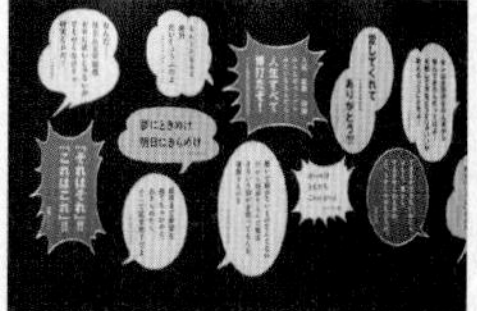
名場面が書かれた「名台詞ロード」

マンガの原画をテーマにした本格的美術館。原画収蔵数は40万枚以上。歴代の有名作品の貴重な原画を間近に見られるほか、さまざまなイベントや企画展示も行われている。

▶入道埼灯台
住 男鹿市北浦入道崎昆布浦
TEL 090-1931-9706
開 9:00〜16:00(4月中旬〜10/15の土・日曜・祝日9:00〜16:30)
休 11月上旬〜4月上旬
料 300円
交 JR**男鹿駅**から相乗りタクシー「なまはげシャトル」で1時間
URL www.tokokai.org/tourlight/tourlight01

▶ゴジラ岩
住 男鹿市船川港本山門前
TEL 0185-24-2100(男鹿駅観光案内所)
開 入場自由
交 JR**男鹿駅**からタクシーで15分

▶大湯環状列石
住 鹿角市十和田大湯字万座27
開 4月中旬〜9月9:00〜17:30
10月9:00〜16:30
11/1〜11月中旬9:00〜16:00
休 11月中旬〜4月中旬
料 無料
交 JR**鹿角花輪駅**から大湯温泉行きバスで35分の**大湯環状列石前**下車、徒歩すぐ

▶大湯ストーンサークル館
住 鹿角市十和田大湯字万座45
TEL 0186-37-3822
開 4〜10月9:00〜18:00
11〜3月9:00〜16:00
休 11〜3月の月曜(祝日の場合は翌日)
料 無料(展示ホール320円)
URL www.city.kazuno.akita.jp

▶伊勢堂岱遺跡

▶伊勢堂岱縄文館
住 北秋田市脇神字小ケ田中田100-1
TEL 0186-84-8710
開 9:00〜17:00(最終入場16:00)
休 月曜(祝日の場合は翌日)、年末年始　料 無料
交 秋田内陸縦貫鉄道**縄文小ヶ田駅**から徒歩10分
URL www.city.kitaakita.akita.jp/isedotai

▶横手市増田まんが美術館
住 横手市増田町増田字新町285
TEL 0182-45-5569
開 10:00〜18:00(最終入場17:30)
休 毎月第3火曜(祝日の場合は翌日)
料 無料
交 JR**十文字駅**から草の台または禁行きバスで8分の**増田蔵の駅**下車、徒歩8分
URL manga-museum.com

info **横手市増田まんが美術館**には、常設展のほか、約2万5000冊のマンガを自由に閲覧できるライブラリー、オリジナルグッズが揃ったミュージアムショップ、マンガカフェ(コラボメニューがあることも)など、ファンにはうれしい施設が目白押しだ。

山形県

YAMAGATA

人口
106.8万人（全国36位）
面積
9323km²（全国9位）
県庁所在地
山形市
県花
ベニバナ

きてけろくん
横顔が山形県の形をしている。「きてけろ」は山形弁で「来てください」の意
承認番号03031

ベニバナ
口紅などの原料として江戸時代に山形県で栽培が盛んに行われていた

東北地方の日本海側に位置する山形県。数々の名峰に囲まれ、県の中央を最上川が流れる豊かな自然が魅力で、俳聖松尾芭蕉をも魅了した。川沿いに南から置賜（おきたま）地方、村山地方、最上地方、庄内地方の4つの地方に大きく分けられる。方言や郷土料理などそれぞれ異なる文化を形成しているので、その違いを楽しみながら観光するのも楽しい。フルーツ王国として認知されており、なかでもさくらんぼは全国生産量の7割を占める。

旅の足がかり

山形市

県の中部東に位置する人口約25万人の県庁所在地。市内中心部は内陸性気候の影響で夏は猛暑日が多く、冬は積雪量こそ少ないが氷点下に達する。市南部の**蔵王** P.203 はスキーリゾートとしても知られる豪雪地帯だ。町の歴史は、南北朝時代に建てられた山形城を中心に、江戸時代以降に徳川家康から57万石の領地を認められた最上義光（もがみよしあき）が城下町を整備したのが始まり。明治になり、山形城は廃城となり、天守は取り壊されたが水濠や石垣が残っている。

酒田市

県の北西部に位置し、隣の鶴岡市とともに庄内地域の中核を担う。古くから交易の中継地としての役割を果たしていた。江戸時代になると、米やベニバナを京都へ運ぶ西廻り航路が整備され一層の発展を遂げた。**山居倉庫** P.204 は明治時代に建設された米の貯蓄倉庫で、市を代表する観光地となっている。港町文化のひとつ酒田舞娘も有名。

米沢市

県の南東部にある山形県の玄関口。新幹線では東京駅から約2時間で到着する。置賜地域最大の町で、江戸時代に上杉氏の城下町として繁栄した。現在も上杉謙信を祀る**上杉神社** P.207 や、ゆかりの宝物を展示する博物館などが点在している。米沢牛が市を代表する特産で、舘山りんご、米沢鯉と共に「米沢の味ABC」としてPRしている。

地理と気候

盆地特有の内陸性気候の影響で、夏は蒸し暑く、冬は寒い地域がほとんど。昼夜の気温差も激しい。酒田や鶴岡などは日本海側気候に属し、夏は穏やかで冬は厳しい寒さが続くことが多い。

【夏】 盆地にある町では連日猛暑になることが多い。なかでも山形市は平成19（2007）年までの74年間もの間、日本の最高気温の記録を塗り替えられることがなかったほど。

【冬】 置賜地域や庄内地域、村山地域の北部は豪雪地帯。山形市中心部は積雪は少ないものの、積雪地域と同程度の気温まで下がる。

アクセス

東京から ▶▶▶	所要時間
飛行機 羽田空港▶山形空港	1時間
飛行機 羽田空港▶庄内空港	1時間
新幹線 東京駅▶山形駅（つばさ）	2時間40分
高速バス バスタ新宿▶山形駅	6時間30分
高速バス 東京駅▶鶴岡駅エスモールBT	7時間

大阪から ▶▶▶	所要時間
飛行機 伊丹空港▶山形空港	1時間15分
高速バス 大阪駅▶山形駅	11時間40分

宮城から ▶▶▶	所要時間
高速バス 仙台駅▶山交ビルBT	1時間
JR線 仙台駅▶山形駅（快速）	1時間20分

新潟から ▶▶▶	所要時間
JR線 新潟駅▶酒田駅（特急いなほ）	2時間10分

秋田から ▶▶▶	所要時間
JR線 秋田駅▶酒田駅（特急いなほ）	1時間20分

BT:バスターミナル

県内移動

▶山形駅から新庄駅へ

新幹線で約45分。在来線の奥羽本線で約1時間15分。

▶山形から鶴岡へ

新庄駅まで奥羽本線、余目駅まで陸羽西線、鶴岡駅まで羽越本線を乗り継いで約3時間。

山交ビルバスターミナルから山形駅を経由し、鶴岡エスモールバスターミナルまで約2時間。1～3時間に1便程度の運行。酒田まで行く便もある。

▶▶▶アクセス選びのコツ

山形空港は大阪伊丹空港便が1日3便、羽田と名古屋小牧空港便が1日2便。新千歳空港便が1日1便。庄内空港は羽田空港とを結ぶ便が1日4便運航。

日本海沿岸の新潟と秋田を結ぶ羽越本線の特急**いなほ**は、山形県内ではあつみ温泉駅、鶴岡駅、余目駅、酒田駅、遊佐駅に停車する。

主要都市から仙台への便が出ている。特に山形～仙台の路線は便数が非常に多い。秋田や福島といった隣県とを結ぶバス路線はほとんどない。

山形県唯一の有人島の飛島へは酒田港から定期船で行くことができる。冬期は強風のため何日も運休になることがある。

交通路線図

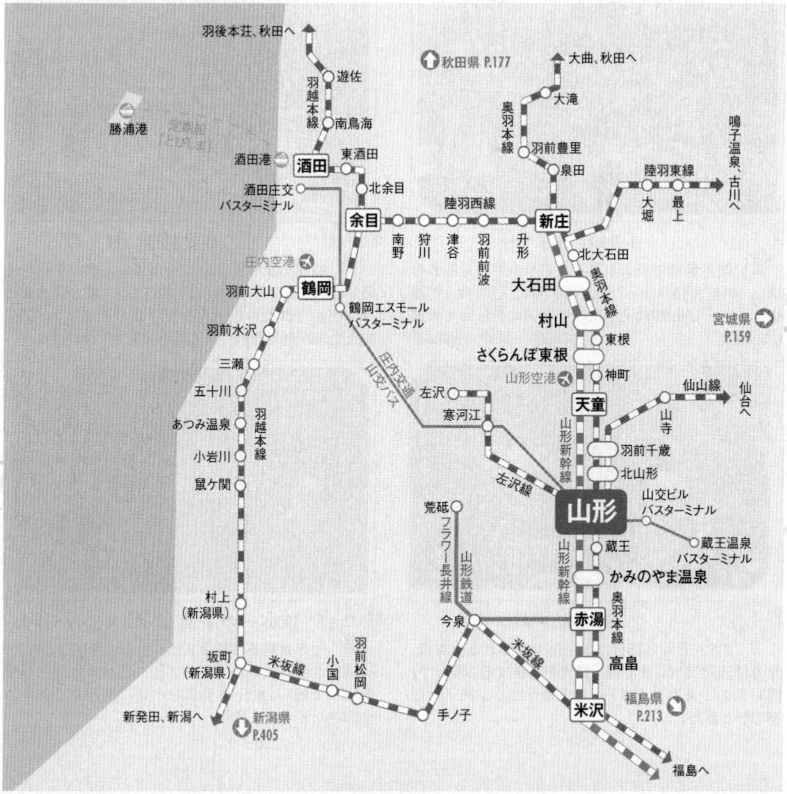

羽後本荘、秋田へ
秋田県 P.177
大曲、秋田へ
遊佐
羽越本線
南鳥海
勝浦港
定期船「とびしま」
酒田港
酒田
東酒田
北余目
酒田庄交バスターミナル
余目
陸羽西線
南野
狩川
津谷
羽前前波
升形
新庄
奥羽本線
大滝
羽前豊里
泉田
陸羽東線
大堀
最上
鳴子温泉、古川へ
北大石田
庄内空港
鶴岡
羽前大山
鶴岡エスモールバスターミナル
大石田
村山
東根
さくらんぼ東根
山形空港
神町
宮城県 P.159
羽前水沢
三瀬
五十川
あつみ温泉
小岩川
鼠ケ関
庄内交通 山交バス
左沢
寒河江
左沢線
天童
山形新幹線
山寺
仙山線
仙台へ
羽前千歳
北山形
山形
山交ビルバスターミナル
蔵王温泉バスターミナル
荒砥
フラワー長井線
山形鉄道
蔵王
かみのやま温泉
赤湯
高畠
米沢
今泉
米坂線
村上（新潟県）
坂町（新潟県）
小国
羽前松岡
手ノ子
新発田、新潟へ
新潟県 P.405
福島県 P.213
福島へ

山形県

うちの県はここがすごい

一 サクランボ収穫量日本一

サクランボの国内生産量の7割以上を占める山形県。寒暖差が激しい気候に加え、台風があまり上陸しないなどの条件が適した要因とされる。高級ブランド「佐藤錦」も山形発祥。

二 芋煮への情熱

芋煮会は9月下旬〜10月上旬に河川敷に鍋や材料を持ち寄って行われる県民には欠かせない年間行事。この時期になると鍋やゴザなどのレンタルと食材のセットがスーパーなどで販売される。

三 国内初の学校給食

明治時代に山形県鶴岡町（現・鶴岡市）の大督寺内にある私立忠愛小学校が貧困児童を対象に無償で支給したのが学校給食の始まり。跡地がある大督寺には記念碑が立っている。

イベント・お祭り・行事

① 山形花笠まつり

県内各地で行われる花笠祭りの中でも最大の祭り。例年8月5日から7日に開催され、笠を持った踊り手たちが、掛け声とともに花笠音頭に合わせて大通りを進む。

画像提供：山形県花笠協議会

② 天童桜まつり

将棋のまち天童市で一番盛り上がりを見せる祭りのひとつ。毎年4月に開催され、甲冑や着物姿に身を包んだ武者や腰元たちが将棋の駒となり、プロ棋士たちが対局を行う「人間将棋」が行われる。

③ 新庄まつり

8月24日から26日に新庄市で行われる山車祭。起源は江戸時代にまで遡る豊作を祈願するお祭りで、極彩色の山車行列がずらりと大通りに並ぶ様子は圧巻のひと言だ。

④ 日本一の芋煮会フェスティバル

山形が誇る芋煮会文化を世界に発信するために開催される秋の一大イベント。6.5mの大鍋と重機を用いて約3万食分の芋煮を一気に調理する光景は全国的な知名度を誇る。

芋煮

里芋を主役にこんにゃくや野菜、肉を入れた鍋料理。東北各地で食べることができるが、発祥は村山地域の中山町とされる。県内でも地域や家庭、店舗によって味付けや具材が異なるので食べ比べてみよう。

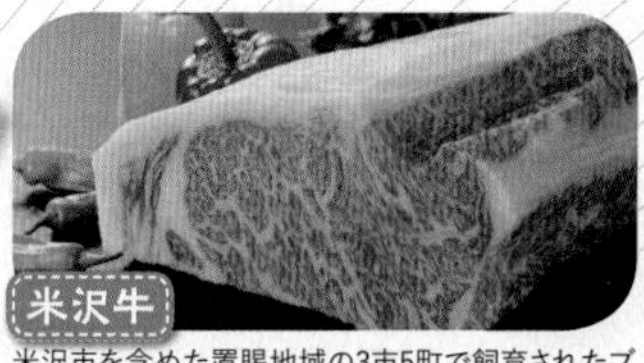

米沢牛

米沢市を含めた置賜地域の3市5町で飼育されたブランド和牛。夏の猛暑と冬の極寒によって育てられた雌牛で、きめの細かい霜降りと良質な脂が特徴だ。米沢駅周辺には米沢牛専門の料理店がひしめく。

山形だし

キュウリやナスなどの夏野菜と青ジソやミョウガなどの香味野菜を刻み、醤油などで和えたもの。村山地域の郷土料理で、ご飯や冷奴の上に載せて食べる。夏バテで食欲がないときでも、箸がすすむ一品だ。

玉こんにゃく

醤油味の丸いこんにゃくで「玉こん」の愛称で知られている山形県民が大好きなファストフード。県内の観光地やお祭りなどで店頭販売されているほか、スーパーでも売られている。

おしどり ミルクケーキ

国内で初めて粉ミルクの開発に成功した**日本製乳株式会社**の商品で、粉ミルクの製造過程で出る副産物を加工したお菓子。ケーキとあるが、飴のような硬さで、生乳のコクと旨味が凝縮されている。かわいいパッケージも人気。

鳥中華

そばつゆに使われる和風だしのスープにコシのある中華麺を合わせた麺料理。鶏肉、天かす、海苔などをトッピングして食べる。

さくらんぼきらら

山形県産のサクランボが丸ごと一粒入った見た目も華やかなゼリー。通年販売しており、賞味期限も製造日から約半年なのでおみやげに適している。

のし梅

完熟梅と寒天、砂糖を練りこんでシート状にした梅羊羹を干したもの。江戸時代初期創業の和菓子屋**佐藤屋**の看板商品だ。梅羊羹を干すことで生まれるもっちりとした食感が特徴で、地元産の完熟梅由来の甘酸っぱさが癖になる。

天童将棋駒

天童市は将棋駒の生産シェアのほとんどを占める。駒は天然の漆を用いた躍動感あふれる文字が特徴。プロのタイトル戦で用いられるものはさらに高価な値段がつくこともある。

山形鋳物

山形市周辺で生産される工芸品。発祥は平安時代まで遡り、薄物で繊細な肌触りが特徴だ。茶釜や鉄瓶などの生活工芸品が主流で、「日本一の芋煮会フェスティバル」で使われる大きな鉄鍋は特注で作ったもの。

ワカルかな?
山形のお国言葉
まま、け!(最上弁)
Ans. ご飯食べなさい!

1泊2日で巡る 山形県

酒田
鶴岡
羽黒山
START
銀山温泉
立石寺
山形
米沢
GOAL

悠久の時を紡ぐ神社仏閣と、明治・大正時代の建築物を巡る旅。1日目は鶴岡と酒田周辺を巡る。2日目は山形市や米沢へ。夜は米沢牛を堪能しよう。

1日目

9:40 JR鶴岡駅

バス40分

10:30 森の中に溶け込むようにそびえる
羽黒山五重塔 ▶P.205

樹齢1000年といわれる爺杉と五重塔。

バス15分

11:35 出羽三山の祭神を祀る
三神合祭殿 ▶P.205

国内最大級の茅葺屋根の建築物。国指定重要文化財に登録されている。

バス50分

12:50
致道博物館で ▶P.208 レトロな建築を鑑賞

明治期の擬洋風建築をはじめ、江戸時代の多層民家を見学できる。

多層民家も見ごたえあり！

バス15分

14:20 JR鶴岡駅

鉄道20分

14:40 JR酒田駅

バス15分

15:15 『おしん』のロケ地にもなった
山居倉庫 ▶P.204

四季で違った表情を見せる酒田の象徴「山居倉庫」。周辺のそぞろ歩きも楽しい。

バス15分

16:00 JR酒田駅

途中にある新庄市は祭りで有名！

鉄道2時間

18:20 JR大石田駅

バス20分

18:40
銀山温泉で ▶P.203 一日の疲れを癒やそう!

『千と千尋の神隠し』の世界を彷彿とさせる銀山温泉。夜の温泉街は幻想的な雰囲気が漂う。宿泊は「能登屋旅館」で。

おすすめ！泊まるならココ

大正ロマンあふれる銀山温泉にたたずむ老舗旅館。建物が国の重要文化財に登録されている

木造3階建のシックなたたずまい

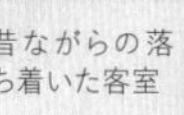

昔ながらの落ち着いた客室

能登屋旅館（のとやりょかん）

銀山川に面した温泉街沿いにある能登屋旅館。大浴場のほかにふたつの露天風呂や洞窟風呂など異なる風呂に入ることができ、温泉の効能は神経痛や皮膚病など多岐にわたる。夕食は地元食材を贅沢に使った会席料理。尾花沢牛のしゃぶしゃぶや鯉の洗いなど尾花沢でしか味わえない料理を堪能できる。

住 尾花沢市大字銀山新畑446
TEL 0237-28-2327
交 JR大石田駅から送迎バス（要予約）
料 1泊2食付き2万1050円～
URL www.notoyaryokan.com

2446段にチャレンジ！
羽黒山の石段

時間に余裕があれば、羽黒山五重塔から三神合祭殿へは石段を上って参拝したい。所要約1時間と厳しい道のりだが、緑深い杉並木がとても幻想的。途中には風情あるお茶屋さんや、縁結びの御利益で知られる埴輪姫神社が鎮座する。

2日目

7:50 JR大石田駅

鉄道 80分

立石寺名物 力こんにゃく

9:15 JR山寺駅

徒歩 5分

10:25 松尾芭蕉も訪れた
立石寺 ▶P.202

断崖にそびえる寺院群。山形観光のハイライトだ。

徒歩 5分

11:10 JR山寺駅

鉄道 20分

11:30 JR山形駅

ランチは駅周辺で

バス 10分

12:40 山形市民の憩いの場
山形県郷土館「文翔館」 ▶P.207

ヨーロッパの城と見違えるほど荘厳な旧県庁舎。

バス10分

14:05 JR山形駅

新幹線 35分

14:40 JR米沢駅

山形の玄関 米沢駅

徒歩 20分

15:00 日本酒の製造法を学べる
東光の酒蔵へ ▶P.209

東北最大級の酒造資料館。隣接する直営店では試飲もできる。

徒歩 10分

16:00 上杉謙信ゆかりの地を歩く
上杉神社と ▶P.207
米沢市上杉博物館 ▶P.211

上杉謙信を祀る神社とゆかりの宝物を所蔵する博物館へ。

徒歩 10分

貴重な史料がたくさん！

18:00 **米沢牛ディナー** ▶P.197

日本三大和牛のひとつとして名高い米沢牛。今日のディナーは、すき焼きか焼肉かステーキで決まり！

冬だけではない
蔵王の楽しみ方

蔵王P.203は冬のシーズンだけでなく、春から夏はハイキング、秋は紅葉狩りと年間を通して自然を満喫できる。なかでも蔵王連峰一帯が鮮やかに染まる紅葉は、県内随一の名所として知られている。

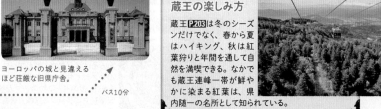

断崖絶壁の渓谷にたたずむ一軒宿。
知る人ぞ知る秘湯「姥湯温泉」でリラックス

桝形屋（ますがたや）

福島県との県境に位置する秘湯の宿。ここの露天風呂では乳白色のやさしい硫黄泉に浸かりながら、昼は山景、夜は満点の星空を楽しむことができる。日帰りの温泉利用も可能だが、対向車とのすれ違いが難しい険道が続くので注意しよう。宿泊者限定で、最寄り駅から無料送迎バスが運行している。

住 米沢市大沢姥湯1
TEL 090-7797-5934
交 JR峠駅から送迎バス（要予約。宿泊者のみ）
料 1泊2食付き1万3900円～（クレジットカード不可）
URL www.ubayuonsen.com/

露天風呂は混浴と女性専用のふたつ。時間によって入れ替えがある

山形県の歩き方

▶山形市観光案内センター
住 山形市城南町1-1-1
霞城セントラル1階
(JR山形駅西口前)
TEL 023-647-2266
開 8:30~19:00　休 無休
URL yamagatakanko.com

▶山交バスフリー乗車券
山形市と周辺地域で山交バスが運行する区間が1日乗り放題になる。蔵王方面は範囲外なので注意。スマホの画面に表示して使うタイプの「バスもり!」もある。
料 1000円
URL www.yamakobus.co.jp

▶米沢観光案内所
住 米沢市丸の内1-4-13(米沢城跡)
TEL 0238-21-6226
開 9:00~17:00　休 12~3月
交 上杉神社P.207参道沿い
URL yonezawa.info

NHK連続テレビ小説『おしん』
昭和58（1983）年から昭和59（1984）年にかけて放送された国民的テレビドラマ。明治から昭和の激動を生き抜いた女性に焦点を置いた物語で、平均視聴率50%を記録した。山形県は主人公のおしんが幼少期を過ごした故郷であり、県内を観光する上で欠かせないキーワードになっている。

山形市と村山エリア

駅ビル「S-PAL」がある山形駅東口

県庁所在地の**山形市**を中核とした7市7町で構成される地域。シティホテルが立ち並ぶ山形駅前大通りにある**山交ビル**が中長距離バスの発着地で、**山形蔵王**P.203や鶴岡、宮城県の仙台、東京とを結ぶ路線などが運行。在来線の奥羽本線は運行本数が1時間に1本程度と少ないので注意。**銀山温泉**P.203や**天童市将棋資料館**P.207など山形市周辺の見どころの多くは、山形新幹線も停車する。山形市内は山交バスが運行しており、1日乗り放題の乗車券も販売している。

▶山形空港から町の中心まで

東根市にある山形空港（おいしい山形空港）から山形駅までバスで約35分。飛行機の発着に合わせて運行している。

ブランド食材

佐藤錦　山形県はサクランボの一大産地。なかでも「佐藤錦」は人気銘柄だ。一粒食べるだけで、糖度の高い果汁が口いっぱいに広がる。日持ちがしないので、販売所からクール便で送ろう。

その美しさから真夏の宝石ともいわれている

グルメ

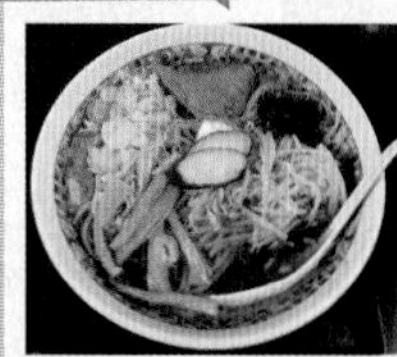

冷やしラーメン　コンビニでも見かけるようになった冷やしラーメンは山形市にあるそば屋が発祥。麺もスープも具材も冷やされており、氷を浮かべていることもある。醤油ベースのスープが基本だが、味噌味やピリ辛など種類も豊富だ。

山形の暑い夏にぴったりのB級グルメ

米沢と置賜エリア

米沢駅

県南部に位置する山形新幹線の玄関口。エリアの南部にある**米沢市**を中核として、3市5町で構成されている。およそ75%が森林地帯となっており、四季を通して雄大な自然を楽しめる。米沢市郊外へは車の利用が便利。

info 盆地特有の内陸性気候によって季節の寒暖差が激しい山形市。夏の酷暑をしのぐため、**冷やしラーメン**や**冷やしシャンプー**など**冷やし文化**と呼ばれる独自の文化が育まれている。

足を延ばせば

「東光」で知られる小嶋総本店の販売所

酒蔵めぐり　山形県は50以上の蔵元がひしめく全国有数の酒どころ。山々に囲まれた立地が名水をもたらし、銘酒の数々を育んでいる。蔵元によっては酒蔵見学が可能なところや販売所を併設しているところもあるので調べてみよう。

酒田・鶴岡と庄内エリア

酒田にある山居倉庫

酒田市と**鶴岡市**の2市に加え3町で構成される県北西部の地域。以前は東京駅から酒田駅まで陸路で5時間以上を要したので、陸の孤島とも呼ばれていたが、平成3(1991)年に**庄内空港**が開港してからは首都圏からのアクセスが容易になった。酒田駅と鶴岡駅は羽越(うえつ)本線で結ばれており、運行本数は1時間に1、2本程度。

▶庄内空港（おいしい庄内空港）から町の中心まで

庄内空港は酒田市の南部にあり、羽田空港便が1日4便運航している。飛行機の発着に合わせて連絡バスが運行されており、酒田駅まで約30分、鶴岡駅まで約25分。

プチ雑学

羽黒山の五重塔

修験道　出羽三山P.205 P.208や鳥海山P.210は神が宿る霊峰として、古くから信仰の対象になっていた山々。これまで数多くの修験者（山伏）がこの地で修行を重ねてきた。緑が深い山中には荘厳な寺社がたたずみ、幻想的な雰囲気が漂う。

新庄と最上(もがみ)エリア

最上川の川下り

山形県北東部のエリア。山形新幹線の最終駅のある新庄市を拠点にしよう。**最上峡**P.206や、**大蔵村の棚田**P.210など日本の原風景が多く残る。南北に奥羽本線、陸羽東線(りくうとうせん)と陸羽西線(りくうさいせん)が東西に延びているが運行数は少ない。時間の制約なく巡るならレンタカーの利用がおすすめ。

プチ雑学

紅葉が美しい肘折温泉

温泉王国　山形県は新庄市を除いた全市町村から温泉が湧き出る温泉王国。県内の温泉地は130以上あり、さまざまな泉質の温泉を楽しむことができる。

庄内浜のうまいもの

山形県で海に面しているのが酒田・鶴岡と庄内エリア。県内唯一の重要港湾に指定されている酒田港は古くからベニバナや米を上方や江戸に送る拠点として発展した。1月上旬から2月上旬に取れる寒ダラは絶品。郷土料理の「寒鱈汁」は、味噌風味のあら汁で、冬の庄内の風物詩となっている。

体の芯から温まる寒鱈汁

▶酒田駅前観光案内所
住 酒田市幸町1-10-1（ミライニ内）
TEL 0234-24-2454
開 9:00～19:00　休 年末年始
URL sakata-kankou.com

▶鶴岡市観光案内所
住 鶴岡市末広町3-1
（鶴岡駅前 マリカ東館2階）
TEL 0235-25-7678
開 9:00～17:30　休 無休
URL www.tsuruokakanko.com

▶つるおか1日乗り放題券
鶴岡市街中心部から距離別に3つの範囲に分けられたバス乗り放題チケット。加茂水族館までなら中距離、羽黒山までなら全域のコースを選ぼう。
料 Aコース（近距離）500円
Bコース（中距離）1000円
Cコース（全域）2000円

▶庄内空港
住 酒田市浜中字村東30-3
TEL 0570-050-141
URL www.shonai-airport.co.jp

▶もがみ情報案内センター
山形県北部の最上8市町村（新庄市、金山町、最上町、舟形町、真室川町、大蔵村、鮭川村、戸沢村）の観光情報を提供。
住 新庄市多門町1-2
（JR新庄駅直結「ゆめりあ」1階）
TEL 0233-28-8881
開 9:00～18:00　休 無休
URL kanko-mogami.jp

info 世界各地を巡ったイギリス人旅行作家**イザベラ・バード**（1831～1904年）は明治時代に日本各地を訪れている。彼女はその際に立ち寄った米沢と置賜エリアの原風景を「**東洋のアルカディア（理想郷）**」と絶賛した。

▶宝珠山 立石寺
住 山形市山寺4456-1
TEL 023-695-2843
開 8:00～17:00
休 無休（奥之院は冬期閉鎖）
料 300円
交 JR**山寺駅**から登山口まで徒歩6分
URL www.rissyakuji.jp

本堂に相当する根本中堂

五大堂からの眺望

松尾芭蕉の名句が生まれた古刹

山形市と村山エリア

宝珠山 立石寺（ほうじゅさん りっしゃくじ）

山頂にそそり立つ奇岩の上に鎮座する納経堂が印象的なお寺。松尾芭蕉の名句「**静かさや岩にしみ入る蝉の声**」が詠まれた地としてあまりにも有名だ。

左の赤い建造物が納経堂、右は開山堂

本尊は薬師如来で、慈覚大師によって貞観2（860）年に創建された。悪縁を絶ち切り良縁を結ぶ寺として知られ、通称**山寺**（やまでら）と呼ばれている。登山口から奥之院まで続く1015段ある石段を上がるコースが一般的。頂上まで上るには40分～1時間ほどかかるので、スニーカーなど履き慣れた靴で参拝しよう。山頂にある**五大堂**は断崖に突き出すように建てられたお堂で、パノラマが広がる境内随一の景勝地となっている。

見どころMAP

飛島 P.211
鳥海山 P.210
十六羅漢岩 P.210
玉簾の滝 P.209
P.204 山居倉庫
幻想の森 P.211
鶴岡市立加茂水族館 P.206
最上峡 P.206
スタジオセディック庄内オープンセット P.210
湯殿山総本寺瀧水寺大日坊 P.208
四ヶ村の棚田 P.210
銀山温泉 P.203
月山 P.208
湯殿山 P.205
東根観光果樹園 P.204
天童市将棋資料館 P.207
宝珠山立石寺 P.202
山形
P.207 山形県郷土館「文翔館」
P.211 蔵王温泉大露天風呂
P.203 山形蔵王
P.211 白川湖の水没林
高畠ワイナリー P.209
P.209 湯の沢温泉
P.209 小野川温泉
P.209 滑川温泉
P.209 大平温泉
P.209 白布温泉郷
五色温泉 P.209
P.209 新高湯温泉
姥湯温泉 P.209

鶴岡市内
鶴岡駅
羽越本線
致道博物館 P.208
47
345
山形自動車道
羽黒山五重塔
0 5km
P.205 羽黒山（三神合祭殿）

米沢市中心部
奥羽本線
住之江町通り
大町通り
上杉神社 P.207
旭町通り
米沢駅
米沢市上杉博物館 P.211
山形新幹線
酒造資料館東光の酒蔵 P.209
最上川
0 500m
米坂線

info 山形名物、**玉こんにゃく** P.197 は**立石寺**が発祥。開山した慈覚大師が中国から漢方薬として持ち帰ったとされる。石段を上る活力が湧き出ることから、立石寺の玉こんにゃくは**力こんにゃく**と呼ばれ、登山口周辺で販売されている。

極寒の大自然が生んだ絶景

山形市と村山エリア

山形蔵王（やまがたざおう）

幻想的な銀世界が広がる

山形県と宮城県の県境に位置する**蔵王連峰**（ざおうれんぽう）。その山頂付近では、世界的に希少な**樹氷原**（じゅひょうげん）を見ることができる。

樹氷とは過冷却にある霧が常緑の針葉樹に着氷することででき、限られた条件下でしか発生しない。1月の下旬から3月の上旬にかけて見頃を迎える。山頂付近は曇りや雪の日が多く、1週間のうち2〜3日しか快晴にならないので、絶景を楽しむなら連泊しておきたいところ。シーズン中は夜間のライトアップも行われる。

蔵王温泉スキー場は豊富な積雪量と良質なパウダースノーが魅力。樹氷を見ながら滑ることができるコースもある。

大正ロマンあふれる温泉街

山形市と村山エリア

銀山温泉（ぎんざんおんせん）

粉雪舞う冬の温泉街

江戸時代に栄えた**延沢銀山**（のべさわぎんざん）の採掘とともに歴史を歩んだ温泉地。昭和初期に建てられた洋風の木造多層建築が銀山川の両岸に立ち並ぶ。シックな旅館の外装に施された鏝絵（こてえ）と呼ばれる鮮やかなレリーフも見ごたえがあるほか、温泉街には足湯や共同浴場などもある。泉質は微かな塩味を含んだ硫黄泉。皮膚病や婦人病、冷え性などに対して効果があるのもありがたい。

少し足を延ばせば白銀の滝や延沢銀山遺跡など近辺の見どころも豊富だ。例年5月から10月までの毎週末には、**花笠踊り**が温泉街の橋の上で披露される。

▶山形蔵王

▶蔵王ロープウェイ

住 山形市蔵王温泉229-3
TEL 023-694-9518
開 山麓線8:30〜17:00
山頂線8:45〜16:45
休 無休
料 地蔵山頂駅まで往復3000円
樹氷高原駅まで往復1500円
交 JR**山形駅**からバスで45分の**蔵王温泉バスターミナル**下車、徒歩10分
URL zaoropeway.co.jp

人気の樹氷原コース

麓には温泉宿が集まる

▶銀山温泉

住 尾花沢市大字銀山新畑
TEL 0237-28-3933(銀山温泉観光案内所)
開 休 料 施設により異なる
交 JR**大石田駅**からバスで35分の**銀山温泉**下車、徒歩5分
URL www.ginzanonsen.jp

温泉街にある足湯

白銀の滝

info 樹氷を形成する代表的な樹木、**アオモリトドマツ**。近年、温暖化と温暖化に伴う害虫被害で枯れてしまい、急速に減少していることが問題となっている。

フルーツ王国で果物狩り

山形市と村山エリア

東根観光果樹園（ひがしねかんこうかじゅえん）

東根市は果樹の栽培が盛ん。なかでもサクランボの生産量は全国の市町村で1位。**さくらんぼ東根駅**前には、**佐藤錦**の生みの親である佐藤栄助翁の功績をたたえてブロンズ像が立っている。市内には20を超える**観光果樹園**があり、3月上旬から5月下旬はイチゴ、4月下旬から7月上旬はサクランボ、8月から10月にかけては桃やブドウ、10月から12月はリンゴ狩りを楽しめる。生産量日本一を誇るラ・フランスも10月から12月に旬を迎えるが、追熟が必要な果物なので果物狩りはしていない。食べごろのものは果樹園の直売所で販売されている。

たわわに実ったサクランボ

山形県が生産量日本一を誇るラ・フランス

▶東根観光果樹園

▶東根観光情報センター
住 東根市さくらんぼ駅前1-1
TEL 0237-41-1200
開 8:30～20:00　休 無休
交 JR**さくらんぼ東根駅**から徒歩すぐ
URL www.higashine.com

直売所ならではの新鮮な果実

さくらんぼ東根駅

国の史跡にも指定されている米保管倉庫

酒田・鶴岡と庄内エリア

山居倉庫（さんきょそうこ）

明治時代に建てられた土蔵造りの米の保管倉庫。現在は12棟が残っており、そのうちの9棟が1万800トンの米を貯蔵できる米倉庫として活用されている。令和3（2021）年には国の史跡に指定された（米倉庫としての使用は2022年度末で終了予定）。その他2棟は**酒田市観光物産館**、1棟は**庄内米歴史資料館**として改築されている。倉庫の西側には、夏の日差しや冬の季節風による気温の変化を防ぐためのケヤキ並木が続いており、散歩道としても有名。国民的ドラマ**『おしん』**や、平成20（2008）年にアカデミー賞の外国語映画賞を受賞した映画**『おくりびと』**のロケ地にもなっている。

フォトジェニックなケヤキ道

▶山居倉庫

住 酒田市山居町1-1-20
TEL 0234-24-2233（酒田観光物産協会）
開 見学自由
交 JR**酒田駅**からバスで10分の**山居倉庫前**下車、徒歩すぐ
▶庄内米歴史資料館
TEL 0234-23-7470
開 9:00～17:00
休 12/29～2月　料 300円

フジの花と山居倉庫

雪化粧を纏った姿

info **サクランボ狩り**の予算は、品種やコースによるが、30分大人料金で2000円程度。4月下旬～5月はハウスでサクランボ狩りを楽しめる。予約必須のところもあるので、東根市観光物産協会のウェブサイト（URL www.higashine.com）を確認しよう。

修験道を中心とした山岳信仰の霊山

酒田・鶴岡と庄内エリア

羽黒山（はぐろさん）

幻想的な銀世界が広がる

出羽三山の主峰である**月山**（がっさん）の北西に位置する標高414mの山。

バス停のある随神門（ずいしんもん）から山道を歩いて数分のところに高さ29mの**五重塔**が杉木立に溶け込むようにそびえている。天慶元(938)年に平将門の創建と伝えられており、神仏習合の形態だった**羽黒山**（はぐろさん）に残る数少ない仏教建築のひとつ。昭和41(1966)年には国宝に指定された。

五重塔から山頂まで続く石段はなんと2446段。途中に難所があるので履き慣れたスニーカーや長靴で上ろう。山頂に到達すると、国内最大級の茅葺き屋根と鮮やかな朱色の社殿が目を引く**三神合祭殿**（さんじんごうさいでん）が鎮座している。

▶羽黒山

▶三神合祭殿
住 鶴岡市羽黒町手向羽黒山33
TEL 0235-62-2355
開 8:30～16:30
休 無休　料 無料
交 JR**鶴岡駅**からバスで45分の**羽黒山頂**下車、徒歩すぐ。または**羽黒随神門**下車、徒歩1時間
URL www.dewasanzan.jp

冬の五重塔

語るなかれ聞くなかれの山

酒田・鶴岡と庄内エリア

湯殿山（ゆどのさん）

紅葉に染まる湯殿山の遠景

湯殿山は古来「**語るなかれ聞くなかれの山**」と呼ばれ、目にしたものも、一切口外せず、参拝者に聞いてはならないのが慣わし。同山の湯殿山の北の中腹の川沿いにある**湯殿山本宮**では、靴を脱ぎ裸足になり、お湯が湧き出る岩場を歩いて参拝する。

周辺や神社の詳細については「語るなかれ聞くなかれ」の慣習を尊び、あえて記載しない。境内などの撮影も厳禁なので注意しよう。かの松尾芭蕉も、『おくの細道』における湯殿山に関しては多くを記述せず、「**語られぬ 湯殿にぬらす 袂**（たもと）**かな**」という句を残すのみとなっている。

▶湯殿山

▶湯殿山神社本宮
住 鶴岡市田麦俣六十里山7
TEL 0235-54-6133
開 5月上旬～11月上旬8:30～16:00
休 11月中旬～4月下旬　料 500円
交 JR**鶴岡駅**から特定日限定シャトルバスで1時間30分
URL www.dewasanzan.jp

裸足になってお祓いを受けてから参拝する

大鳥居から本宮までシャトルバスが運行している

info 出羽三山は**月山**、**羽黒山**、**湯殿山**の総称。これら三山を巡ることは古くから死と再生をたどる**生まれかわりの旅**として信仰の対象とされていた。

クラゲの展示種類数世界一を誇る水族館

酒田・鶴岡と庄内エリア

鶴岡市立加茂水族館（つるおかしりつかもすいぞくかん）

鶴岡市の海岸沿いにある山形県唯一の水族館。展示している**クラゲ**の種類は60種類を超え、その飼育、展示の種類ともに世界一を誇る。

最大の見どころは、**クラゲドリームシアター**と呼ばれる直径5mの水槽。約1万匹のミズクラゲが巨大な水槽内でたゆたう光景はここでしか見ることができない。

幻想的な空間が広がるクラゲドリームシアター

ほかにも庄内地方に生息する海や川の生き物約140種類を展示しており、アシカやアザラシといった水族館のアイドルに出合えるのも楽しい。併設しているレストランではクラゲラーメンやクラゲアイスなどクラゲを使用したグルメが人気だ。

▶鶴岡市立加茂水族館

住 鶴岡市今泉字大久保657-1
TEL 0235-33-3036
開 9:00～17:00（最終入場16:00）
休 無休　料 1000円
交 JR**鶴岡駅**からバスで40分の**加茂水族館**下車、徒歩すぐ
URL kamo-kurage.jp

さまざまなクラゲが展示されている

キタゾウアザラシのなおみ

壮大な景色が広がる峡谷で舟下り

新庄と最上エリア

最上峡（もがみきょう）

日本三大急流にも数えられる**最上川**は日本を代表する一級河川。その中流域は風光明媚な渓谷が15kmにもおよび、最上峡と呼ばれている。

川沿いを走る国道47号線をドライブするだけでも十分楽しめるが、最上川の景色を存分に味わうなら**舟下り**がおすすめ。船頭が鍛え上げた自慢の舟歌や訛りたっぷりの解説を聞きながら、両岸から次々に迫るダイナミックな絶景を満喫できる。

冬は一幅の水墨画を思わせる景観

そばや弁当付きのプランもある

ドラマ『おしん』で、主人公の少女が親元を離れ奉公へ出るために筏で川を下る名シーンもここで撮影された。

▶最上峡舟下り

船下りを運営する会社はふたつあり、経路や最寄り駅も異なるので要注意。荒天による欠航や臨時休業の場合があるので運行状況は事前に調べておこう。

▶最上峡芭蕉ライン観光
住 最上郡戸沢村大字古口86-1
TEL 0233-72-2001
開 季節によって便数に変動あり。詳細は公式サイトを確認
料 片道2500円　往復3900円
交 JR**古口駅**から徒歩5分
URL www.blf.co.jp

▶最上川舟下り義経ロマン観光
住 最上郡戸沢村大字古口字高屋3112-1
TEL 0234-57-2148
開 平日10:00、11:30、13:00、14:30
土・日曜・祝日、夏休み10:00～15:00の毎正時
料 片道2400円　往復3900円
交 JR**高屋駅**から徒歩すぐ
URL mogamigawa.jp

info 松尾芭蕉の名句のひとつ「**五月雨を 集めて早し 最上川**」が詠まれたのは現在の**大石田町**付近。当初は「五月雨を 集めて涼し 最上川」と詠んでいたが、激流の川下りを体験したあとに「早し」に改めたエピソードが有名。

国の重要文化財にも指定されている

山形市と村山エリア

山形県郷土館「文翔館」

まるで宮殿のようなたたずまい

大正5（1916）年に山形県県庁舎および県会議事堂として建てられた建築物。英国近世復興様式で巨額の予算を投じて竣工した。

昭和50（1975）年に県庁舎としての機能が移転されて以降は文化財として保存され、平成7（1995）年から一般に開放されている。細やかなレリーフなど内装も豪華で、中庭や知事室は映画のロケ地にもなった。

▶山形県郷土館「文翔館」
住 山形市旅篭町3-4-51
TEL 023-635-5500
開 9:00～16:30
休 毎月第1·第3月曜（祝日の場合は翌日）、年末年始
料 無料
交 JR**山形駅**からバスで10分の**山形市役所前**下車、徒歩すぐ
URL www.gakushubunka.jp/bunsyokan

内部の装飾も美しい

将棋の聖地にある博物館

山形市と村山エリア

天童市将棋資料館

駒工人が製作した作品の数々がずらりと並ぶ

藤井聡太5冠（2022年6月現在）の大躍進で盛り上がりを見せている将棋界。天童市は将棋の生産のほとんどを占めるいわば**将棋の聖地**だ。

天童駅の1階にある天童市将棋資料館には、北インドのチャトランガや中国の秦将棋など世界の将棋のほか、駒工人が製作した駒が展示されている。

▶天童市将棋資料館
住 天童市本町1-1-1
TEL 023-653-1690
開 9:00～18:00（最終入場17:30）
休 毎月第3月曜（祝日の場合は翌日）、年末年始
料 320円
交 JR**天童駅**から徒歩すぐ
URL bussan-tendo.gr.jp/museum

チェスなど世界の将棋も展示

戦国時代に名を馳せた上杉謙信を祀る神社

米沢と置賜エリア

上杉神社

強力な勝ち運を授かれる上杉神社

上杉謙信を祀る上杉神社は、米沢城本丸跡に建つ。広い境内の中心には厳かな流造の社殿が鎮座し、祭神ゆかりの勝ち運をいただきに多くの参拝者が訪れる。また、上杉家伝来の優品を展示している宝物殿の**稽照殿**も必見。現在、一帯は松岬公園と呼ばれ、「**なせば成る**」の名言で有名な上杉鷹山を祀る摂社の松岬神社など、見どころも多い。

▶上杉神社
住 米沢市丸の内1-4-13
TEL 0238-22-3189
開 入場自由　休 無休
交 JR**米沢駅**からバスで15分の**上杉神社前**下車、徒歩5分
URL www.uesugi-jinja.or.jp
▶稽照殿
開 9:30～16:00（最終入場15:45）
休 8月を除く毎月第2水曜、7月の展示替え期間（第2水～金曜）、11/26～3月中旬（2月第2土·日曜の雪灯籠祭り期間を除く）
料 700円

info 上杉神社の祭神、**上杉謙信**は越後（新潟県）の戦国大名。謙信の死後、養子の景勝が後継となり、豊臣秀吉に仕え、会津を本拠にしていた。その後関ケ原の戦いで徳川家に破れ、**米沢藩**へ減封となったため、この地に藩祖が祀られている。

貴重な即身仏を拝観できる

酒田・鶴岡と庄内エリア

湯殿山総本寺瀧水寺大日坊

ゆどのさんそうほんじりゅうすいじだいにちぼう

大同2(807)年に空海が開山し、その弟子である渡海が開基と伝えられる真言宗の寺院。湯殿山は古くより女人禁制だったため、女性のための**湯殿山礼拝所**として建立したのが起源とされる。ここは即身仏(脚注info参照)が安置されている日本でも数少ない寺。天明3(1783)年に96歳で即身仏となった真如海上人(しんにょかいしょうにん)を拝観できる。

御衣をまとった真如海上人の即身仏

▶湯殿山総本寺瀧水寺大日坊

住 鶴岡市大網字入道11

TEL 0235-54-6301

開 8:00~17:00(最終入場16:30)

休 無休　料 500円

交 JR**鶴岡駅**からタクシーで40分

URL www.dainichibou.or.jp

所狭しと並んだ変化百体観音

出羽三山の主峰

酒田・鶴岡と庄内エリア

月山

がっさん

出羽三山のなかで標高1984mと最も高い月山。登山が可能な時期は6月下旬~10月上旬。それ以外のシーズンは道路も封鎖される。バスの終点がある8合目周辺は**弥陀ヶ原**(みだがはら)と呼ばれ、100種を超える**高山植物の宝庫**だ。周囲には1周約1時間の遊歩道が整備されており、散策を楽しめる。山頂には推古元(593)年創建の**月山神社本宮**が鎮座している。

頂上からは雲海に囲まれた鳥海山を望める

▶月山

▶**月山神社本宮**

住 東田川郡庄内町立谷沢字本沢31

TEL 090-8921-9151

開 7・8月7:00~16:00

休 9~6月　料 500円

交 JR**鶴岡駅**からバスで1時間30分の**月山8合目**下車、徒歩2時間30分

URL www.dewasanzan.jp

ニッコウキスゲが咲き乱れる遊歩道

明治期の擬洋風建築が残る

酒田・鶴岡と庄内エリア

致道博物館

ちどうはくぶつかん

昭和25(1950)年、郷土文化向上のため、旧庄内藩主酒井家より伝来の文化財および土地・建物が寄付され創立した。館内には、明治創建の擬洋風建築の重要文化財**旧西田川郡役所**(2022年6月現在工事中)と重要文化財**旧鶴岡警察署庁舎**の2棟と江戸時代に建てられた多層民家、重要文化財**旧渋谷家住宅**が移築保存されている。

淡い青色が特徴的な旧鶴岡警察署庁舎

▶致道博物館

住 鶴岡市家中新町10-18

TEL 0235-22-1199

開 3~11月9:00~17:00
12~2月9:00~16:30
最終入場は30分前

休 12~2月の水曜、12/28~1/4

料 800円

交 JR**鶴岡駅**からバスで10分の**致道博物館前**下車、徒歩すぐ

URL www.chido.jp

旧西田川郡役所

info 日本には現在18体の**即身仏**が確認されており、そのうち8体が山形県にある。即身仏になろうとする僧侶は、生身のまま土中に埋まった箱に入り、木の実などの最低限の食事で命をつなぎ、ひたすら読経を重ねる苦行を行う。

東北最大級の酒造資料館　米沢と置賜エリア

しゅぞうしりょうかん　とうこうのさかぐら
酒造資料館 東光の酒蔵

木桶が並ぶ仕込み蔵

蔵元の小嶋総本店は安土桃山時代からの老舗。江戸時代には米沢藩御用酒屋と由緒ある酒蔵で現在に続く。酒造資料館は蔵造りの建物で、酒蔵をリノベーションしたもの。広々とした館内では日本酒の伝統的な製法を展示や音声案内を通して学ぶことができる。

山峡の温泉パラダイス　米沢と置賜エリア

よねざわはっとう
米沢八湯

米沢八湯最奥の姥湯温泉

米沢市内とその郊外にある8つの名湯、**秘湯の総称**。北から小野川（おのがわ）、湯の沢、五色、滑川（なめがわ）、白布（しらぶ）、大平（おおだいら）、新高湯、姥湯（うばゆ）と続く。公共交通機関でのアクセスが難しい温泉宿もあるので、温泉地巡りを存分に楽しみたいなら車を利用しよう。

ぶどう畑にたたずむ醸造所　米沢と置賜エリア

たかはたわいなりー
高畠ワイナリー

鮮やかな花々で彩られるワイナリー

ブドウの名産地として知られる高畠町のワイナリー。赤、白、スパークリングはもちろん、極甘口ワインやサクランボワインなどさまざまな果実酒を生産している。施設内のワイナリーショップで試飲ができるほか貯蔵庫や、ワインタンクなども見学可能。

弘法大師が発見した名瀑　酒田・鶴岡と庄内エリア

たますだれのたき
玉簾の滝

周辺は木々が生い茂る幻想的な空間

玉簾の滝は空海が発見し、命名したとされる。滝の数が日本一多い山形県において、高さ63mは直瀑としては随一だ。雨天後は水量が増え、水しぶきも多いので、カッパを持参しておこう。ゴールデンウィーク期間と夏休み期間には夜間ライトアップも行われる。

▶酒造資料館 東光の酒蔵

住 米沢市大町2-3-22
TEL 0238-21-6601
開 平日9:30～16:00
　土·日曜·祝日9:00～16:30
休 1·2月の火曜、12/31、1/1
料 300円
交 JR**米沢駅**からバスで15分の**大町一丁目**下車、徒歩すぐ
URL www.sake-toko.co.jp

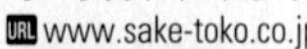

資料館の内部

▶米沢八湯

住 米沢市郊外に点在
開休料 施設により異なる
交 JR**米沢駅**からタクシーで30分～1時間

▶高畠ワイナリー

住 東置賜郡高畠町大字糠野目2700-1
TEL 0238-40-1840
開 4～12月9:00～17:00
　1～3月10:00～16:30
休 1～3月の水曜、年末年始
料 無料
交 JR**高畠駅**から徒歩10分
URL www.takahata-winery.jp

ショップでお気に入りを見つけよう

▶玉簾の滝

住 酒田市升田52-1
TEL 0234-26-5759(酒田市交流観光課)
開 入場自由
交 JR**酒田駅**からタクシーで最寄りの駐車場まで40分。駐車場から徒歩10分

ライトアップの様子

info **東光の酒造資料館**に併設されている酒販売処では、酒蔵限定酒の購入や**無料試飲**も可能。また、独自開発した酒粕エキスを配合した化粧品も販売している。

多くの映画を撮影してきた屋外セット

酒田・鶴岡と庄内エリア

スタジオセディック 庄内オープンセット

月山山麓に位置し、映画の撮影のために建てられたセットを一般公開している撮影所。88ヘクタールもの広大な敷地内には漁村、宿場町、山間集落などの趣の異なるセットが点在する。これまで『**おくりびと**』や『**るろうに剣心**』といった数々の作品が撮影された。

日本の原風景が広がる
©Studio SEDIC (2点)

山形県と秋田県にまたがる霊峰

酒田・鶴岡と庄内エリア

鳥海山

鳥海山は日本百名山や日本百景のひとつに数えられる標高2236mの霊峰で、その美しさから出羽富士とも称される。夏は高山植物、秋は紅葉を楽しみながらの散策がおすすめ。山頂には出羽国一宮である**鳥海山大物忌神社**の山頂御本殿が鎮座している。

朝日に照らされた鳥海山のシルエットが日本海上に映し出される「影鳥海」

波浪の激しい海岸にある磨崖仏

酒田・鶴岡と庄内エリア

十六羅漢岩

遊佐町にある**22体の磨崖仏**の総称。地元にある海禅寺住職が水難事故に遭った漁師の供養と海上安全を願って明治元(1868)年に完成させた。この規模の磨崖仏が海沿いにあるのは日本でも数少ない。磨崖仏が夕日に照らされる時間帯がおすすめ。

岩礁に刻まれた仏像群

未来に残したい日本の風景

新庄と最上エリア

四ヶ村の棚田

大蔵村の四ヶ村地区は東北随一の大スケールを誇る棚田が全国的に有名。総面積は120ヘクタールにも及ぶ。春は水を張った田んぼ、夏は燦々と降り注ぐ太陽の下で育つ稲、秋は金色に輝く稲穂と季節ごとに移りゆく姿が美しい。冬はあたり一面が銀世界となる。

日本の棚田百選にも選ばれている

▶スタジオセディック 庄内オープンセット

住 鶴岡市羽黒町川代字東増川山102
TEL 0235-62-4299
開 4月下旬～9月9:00～17:00
10月～11月中旬9:00～16:00
最終入場は1時間前
休 11月中旬～4月下旬
料 1300円
交 JR**鶴岡駅**からタクシーで30分
URL openset.s-sedic.jp

敷地内には古民家も

▶鳥海山

▶鳥海山大物忌神社 山頂御本殿

住 飽海郡遊佐町吹浦字鳥海山1
TEL 0234-77-2301（吹浦口之宮社務所）
開 7月上旬～8月7:00～18:00
休 9～6月下旬　料 無料
交 各登山口から徒歩5～6時間

7合目にある鳥海湖

▶十六羅漢岩

住 飽海郡遊佐町吹浦西楯
TEL 0234-72-5666（遊佐鳥海観光協会）
開 見学自由
交 JR**吹浦駅**からタクシーで5分
URL www.yuzachokai.jp/view/jurokurakaniwa

日本海とのコントラストが美しい

▶四ヶ村の棚田

住 最上郡大蔵村南山
TEL 0233-75-2111（大蔵村役場）
開 見学自由
交 JR**新庄駅**からタクシーで35分
URL www.vill.ohkura.yamagata.jp/kanko_bunka_sports/kankojoho/yonkasonnotanada

肘折温泉の朝市

info 四ヶ村から車で15分ほどにある、**肘折**（ひじおり）**温泉**にも足を運びたい。ここは泉質もさることながら、地元産の野菜や手作りの惣菜などが旅館の軒先に並ぶ朝市も名物。通りのあちこちから地元のおばちゃんと観光客の会話が聞こえてくる。

強酸性の硫黄泉でリフレッシュ　山形市と村山エリア

蔵王温泉大露天風呂

日中は混み合うので朝がおすすめ

蔵王温泉は47の源泉から1日8700トンと豊富な湯量が自慢の温泉地。なかでも蔵王温泉大露天風呂は人気のスポットだ。硫黄の香りが漂う白濁した温泉に浸かることができる。

1カ月間限定の絶景　米沢と置賜エリア

白川湖の水没林

春の雪解け水がダムに流れ込んで出現する**水没林**。田植えによる放水までの短い期間しか見ることができない。**白川ダム湖岸公園**内にはオートキャンプ場も隣接している。

朝霧がかかるとより幽美な雰囲気に

上杉家ゆかりの宝物を展示する　米沢と置賜エリア

米沢市上杉博物館

写真映えする館内

米沢城の二の丸跡に位置する市立博物館。狩野永徳が描いた「上杉本洛中洛外図屏風」や武家文書として初めて国宝となった「上杉家文書」など宝物の数々が収蔵されている。

自然が広がる山形県唯一の有人離島　酒田・鶴岡と庄内エリア

飛島

海辺に咲くトビシマカンゾウ

酒田市の北西方向に39kmの日本海上に位置する**山形県唯一の有人離島**。手付かずの自然が残っており、島の散策やバードウオッチング、海釣りなどレジャーで多くの人が訪れる。

巨大天然杉が群生する秘境　新庄と最上エリア

幻想の森

湾曲した幹が特徴的な老杉

生命力あふれる木々が生い茂る秘境。1周約20分の散策路はウッドチップが敷き詰められているので道から外れる心配もない。古木から発せられる大地の力を感じよう。

▶蔵王温泉大露天風呂
住 山形市蔵王温泉荒敷853-3
TEL 023-694-9417
開 9:30～17:00
休 11月中旬～4月中旬
料 600円
交 JR**山形駅**からバスで40分の**蔵王温泉**下車、徒歩18分
URL www.jupeer-zao.com/roten

▶白川湖の水没林
▶白川ダム湖岸公園
住 西置賜郡飯豊町数馬218-1
TEL 0238-86-2411（飯豊町観光協会）
開 入場自由（水没林が見られるのは4月中旬～5月中旬）
交 東北中央自動車道**米沢北IC**から車で40分
URL www.town.iide.yamagata.jp/012/suiboturinn.html

カヌー体験も可能

▶米沢市上杉博物館
住 米沢市丸の内1-2-1
TEL 0238-26-8001
開 9:00～17:00（最終入場16:30）
休 12～3月の月曜（祝日の場合は翌平日）、5～11月の第4水曜、年末
料 410円（企画展は別料金）
交 JR**米沢駅**からバスで15分の**上杉神社前**下車、徒歩すぐ
URL www.denkoku-no-mori.yonezawa.yamagata.jp

▶飛島
住 酒田市飛島
TEL 0234-26-5759（酒田市交流観光課）
交 **酒田港**から定期船で45分
URL sakata-kankou.com/feature/tobishima/top

周囲10km、約200人の島民が暮らす飛島

▶幻想の森
住 最上郡戸沢村古口土湯
TEL 0233-72-2110（戸沢村観光物産協会）
開 入場自由
交 JR**古口駅**から車で約30分。冬期は車両通行不可
URL www.kankoh.vill.tozawa.yamagata.jp

樹齢千年以上の天然杉が群生する

info **飛島**は酒田港から定期便が1日に1往復しており、日帰りで観光することも可能。旅館や民宿も数件ある（事前に電話で問い合わせを）ので、宿泊すればゆっくりとした時間が流れる飛島を十分に満喫できる。

福島県

FUKUSHIMA

福島市

人口
183.3万人(全国21位)
面積
1万3784km²(全国3位)
県庁所在地
福島市
県花
ネモトシャクナゲ

福島県復興シンボルキャラクター
キビタン
県鳥「キビタキ」がモチーフ

ネモト
シャクナゲ
吾妻山、安達太良山に群生している

磐梯山や野口英世など、雄大な自然と偉人のふるさとである福島県。南北に走る奥羽山脈と阿武隈高地により、西から会津地方、中通り、浜通りに分けられ、各エリアで歴史、文化、気候が異なる。会津藩時代の面影を残す会津地方は、歴史的・文化的な見どころが多く、中通りは三春滝桜P.219、花見山公園P.225など、花の名所がある。浜通りは千年以上の歴史を誇る「相馬野馬追」P.214で有名。

旅の足がかり

会津若松市

福島県内陸側の**会津地方**最大の都市。戦国時代から続いた会津藩の城下町で、町のシンボルは**鶴ヶ城**P.220。最後の藩主は徳川家とゆかりの深い松平容保(かたもり)で、幕末の戊辰戦争では新政府軍と旧幕府軍との熾烈な戦いの場となる。白虎隊の悲劇で知られる**飯盛山**P.222や会津藩士が学んだ**會津藩校日新館**P.223など幕末の歴史を伝える史跡が多い。**七日町通り、野口英世青春通り**P.222は歴史的家屋を転用したカフェやショップが並ぶレトロストリート。

郡山市

首都圏からのアクセスもよい**中通り**と呼ばれる東北本線と東北道沿いのエリアの主要都市である郡山は、西の会津・猪苗代方面、東のいわき方面へと鉄道と道路が分岐する福島県最大の交通の要。郡山市に隣接する三春町にあるのが、日本三大桜のひとつで、全国的に有名なシダレザクラ、**三春滝桜**P.219。期間限定の絶景を見るため多くの人が訪れる。

いわき市

浜通りと呼ばれる太平洋沿岸地域で最大の都市。茨城県に接する県の南部に位置しており、JR常磐線や高速バスなど首都圏からのアクセスもよい。市の面積は福島県最大で、人口も最多。**スパリゾートハワイアンズ**P.225、**アクアマリンふくしま**P.225など、1日中楽しめる大型レジャー施設が充実している。東北のなかでも温暖で過ごしやすい気候。

地理と気候

県を奥羽山脈と阿武隈高地が縦断し、気候が東西で異なる。内陸の会津地方は日本屈指の豪雪地帯である一方、海に面した浜通りは冬も比較的暖かく、雪もほとんど降らない。

【夏】中通りと会津地方の山間部では、さほど暑くはないが、盆地である会津若松周辺は蒸し暑くなる。浜通りはそれほど気温が上がらず過ごしやすい。

【冬】中通りと会津地方は冷たい風が吹き、会津地方は豪雪地帯となる。浜通りは晴天が多く乾燥し、雪がほとんど降らない。

P.212～229 写真提供:福島県観光物産交流協会　会津若松観光ビューロー　裏磐梯観光協会　大内宿観光協会　東山温泉観光協会　一般社団法人猪苗代観光協会　喜多方観光物産協会　福島市　飯坂温泉観光協会　柳津観光協会

アクセス

東京から ▸▸▸	所要時間
新幹線 東京駅▶郡山駅(やまびこ、つばさ)	1時間20分
JR線 上野駅▶いわき駅(特急ひたち)	2時間20分
鉄道 浅草駅▶会津田島駅(東武)	3時間30分
高速バス バスタ新宿▶会津若松駅前BT	4時間30分
宮城から ▸▸▸	**所要時間**
新幹線 仙台駅▶郡山駅(やまびこ)	40分
JR線 仙台駅▶福島駅	1時間20分
高速バス 仙台駅▶福島駅	1時間10分
高速バス 仙台駅▶いわき駅	3時間
高速バス 仙台駅▶会津若松駅前BT	2時間25分
山形から ▸▸▸	**所要時間**
新幹線 米沢駅▶福島駅(つばさ)	35分
茨城から ▸▸▸	**所要時間**
JR線 水戸駅▶郡山駅	3時間10分
新潟から ▸▸▸	**所要時間**
JR線 新津駅▶会津若松駅	2時間30分

BT:バスターミナル

県内移動

▶郡山から会津若松へ

磐越西線で約1時間20分。快速**あいづ**は1日3便運行で所要1時間6分。

福島交通、常磐交通、会津バスが合わせて1時間に1便程度運行。所要約1時間30分。会津若松駅を経由し、鶴ヶ城が終点。

▶郡山からいわきへ

磐越東線で約1時間30分。1～2時間に1便程度。

福島交通、会津バスが合わせて1時間に1～2便運行。JRいわき駅まで約1時間30分。

▸▸▸アクセス選びのコツ

JR線　浜通りは常磐線、中通りは東北本線と新幹線、会津は磐越西線が走る。東北新幹線は福島駅で山形新幹線と分岐する。

会津鉄道　西若松駅が始発駅だが、栃木県の野岩鉄道、東武線にも乗り入れ鬼怒川温泉駅や東武日光駅、浅草駅まで行ける。会津田島駅が乗り換え駅。

郡山、会津若松、いわき、福島の4都市から東京方面への高速バスが多く運行。仙台行きの便もある。県内路線も比較的多い。

福島空港への便は伊丹空港と新千歳空港の1日1便ずつ。

交通路線図

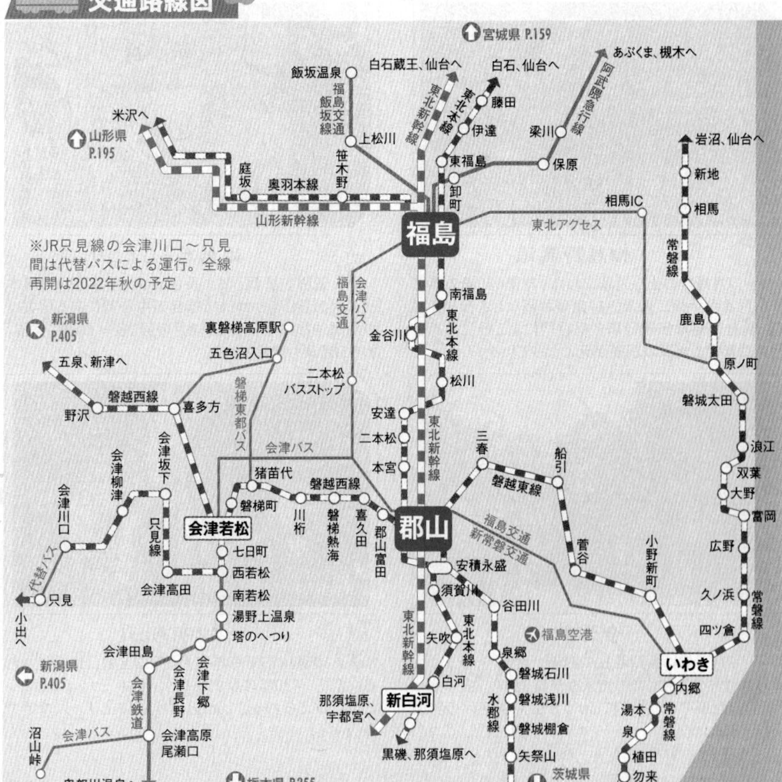

福島県

うちの県はここがすごい

一

日本酒のおいしさ日本一

日本酒好きの間で評価が高い福島のお酒。福島県は、全国新酒鑑評会の金賞受賞数が9回連続日本一（2022年現在）。2020酒造年度は17の蔵元が出品した17銘柄が金賞を獲得した。

二

フルーツ大好き!

福島県は、1世帯当たりの生鮮果物購入数量が95kgと全国1位。特に特産の桃に対する思いも強く、桃の支出金額も日本一だ。フルーツ愛が日本一強い県民といっていいだろう。

三

日本一長いボディスライダー

いわき市の温泉施設、スパリゾートハワイアンズP.225にあるボディスライダー「ビッグアロハ」は長さ283m、高低差40.5mともに日本一。高さは10階建てのビルに相当しスリル満点。

イベント・お祭り・行事

① 相馬野馬追

7月最終の土～月曜にわたり総勢400騎の甲冑騎馬武者が行列、競馬、神旗争奪戦などを繰り広げる、勇壮華麗な伝統行事。平将門による野生の馬を敵兵に見立てた軍事訓練が元になっている。

② 福島わらじまつり

健脚を祈願して、長さ12m、重さ2トンの日本一の大わらじをかついで福島市中心部にある信夫山の羽黒神社に奉納する。8月の第1金～日曜に開催。わらじ音頭も披露される。

③ 会津まつり

9月下旬に会津若松で開催。メインベントは会津藩ゆかりの人物に扮した人々がねり歩く「会津藩公行列」。開催の3日間は町じゅうが会津藩時代の雰囲気にそまる。

④ 松明あかし

須賀川市で毎年11月の第2土曜日に開催される火祭り。430年の歴史があり、日本三大火祭りのひとつに数えられる。10m近い松明に上り、人の手で点火する。

必ず食べたい 名物グルメ

喜多方ラーメン

全国的な知名度を誇る、福島を代表するラーメン。喜多方市は朝から営業する店が多く、「朝ラー」をする人も多い。澄んだスープに各店こだわりのチャーシューをトッピング。

ソースカツ丼

会津若松の名物は、ボリューム満点のソースカツ丼。ごはんの上に千切りキャベツをしいて、その上にソースにたっぷり浸したカツをのせる。各店で味が異なるので食べ比べてみたい。

そば

会津地方はそばの生育に適していることから、各地でおいしいそばが食べられる。写真は大内宿のねぎそば。

ふくしま餃子

福島市の名物グルメは野菜たっぷりでもっちりとした「ふくしま餃子」。円盤状に並べて焼き上げるので、円盤餃子とも呼ばれている。

もらえば笑顔 定番みやげ

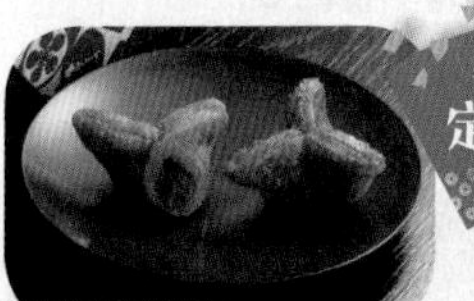

家伝ゆべし

福島県のゆべしは、こしあん入りの伝統菓子。ゆべし生地であんを包み、3方をつまんだ独特の形は、鶴が翼を広げた姿に見立てている。

ままどおる

バターを使った生地でミルク味のあんを包み込んだ焼き菓子。コーヒーにも日本茶にも合う。「ままどおる」とはスペイン語で「お乳をのむ子」というイメージで付けられている。

地元っ子愛用 ローカル味

いかにんじん

細く切ったスルメとニンジンを醤油、日本酒、みりんなどを合わせた漬け汁にひと晩漬けて作る。サラダ感覚で食べられて日本酒やごはんにぴったり。福島市周辺の郷土料理。

日本酒

おいしい米ときれいな水に恵まれた福島の酒は日本一おいしいといわれる。各地に酒蔵があるので、試飲してお気に入りを見つけたい。

匠の技が光る 伝統工芸

赤べこ

首がゆらゆらゆれる牛をかたどった会津地方の郷土玩具で、魔除け、幸福をもたらすといわれる縁起物。会津柳津が発祥の地といわれている。

三春駒

坂上田村麻呂が蝦夷遠征中にどこからともなく現れた木馬に助けられたという伝説に由来し、子供の健やかな成長を願う「子育木馬」として古くから親しまれている。

ワカルかな？
福島のお国言葉

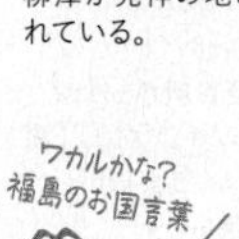

うちのばっちのとこのとうみぎくれっから、うちさやべ

Ans. 私の末っ子のところのとうもろこしあげるから、私の家においで

1泊2日で巡る 福島県

1日目

会津藩時代の伝統的な町並みと史跡を残す会津若松を起点に、東山温泉、喜多方、大内宿など会津地方の代表的な見どころを巡る。

9:15 JR会津若松駅

バス 5分

9:20 白虎隊士の魂が眠る**飯盛山** ▶P.222

悲劇の最期を遂げた少年隊士たちの墓前に手を合わせる。

徒歩 2分

10:00 飯盛山の中腹に立つ **円通三匝堂**を参拝 ▶P.228

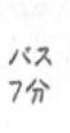

世界的にも珍しい、二重らせん構造の木造建築物。通称「会津さざえ堂」。

バス 7分

11:30 **会津武家屋敷**で ▶P.223 会津武士の暮らしを知る

復元された家老屋敷には人形を使って当時の生活の様子が再現されている。

バス 13分

11:45 **鶴ヶ城**の天守閣から市内を一望 ▶P.220

戊辰戦争の激しい戦火を耐え抜いた赤瓦の名城。

徒歩 20分

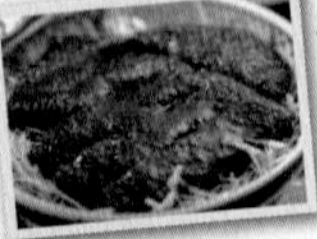

ソースの味は各店オリジナル!

13:00 会津若松名物の **ソースカツ丼**のランチ ▶P.215

徒歩 10分

14:00 **七日町通り・野口英世青春通り**をぶらぶら ▶P.222

ショップやカフェに改装された歴史的な建物が軒を連ねる。

徒歩 3分

15:40 **末廣酒造**で ▶P.228 おみやげ探し&お茶

蔵喫茶 杏の水出しコーヒー!

老舗造り酒屋の蔵を見学できる。併設の「蔵喫茶 杏」は蔵を利用した和モダンなカフェ。

バス 25分

17:15 会津若松の奥座敷 **会津東山温泉へ** ▶P.222

川沿いに温泉旅館が立ち並ぶ雰囲気のある温泉街。宿泊は「向瀧」で

足湯で気軽に温泉を満喫

登録有形文化財の建物で古き良き日本の温泉宿の風情を楽しめる

向瀧(むかいたき)

旬の地元食材で会津の歴史を舌で楽しむ

文化財に登録される東山温泉のシンボル

中庭に灯された「雪見ろうそく」

東山温泉を代表する老舗旅館。江戸時代に会津藩指定保養所として利用されていた「きつね湯」を譲り受け1873年に開業。建物は国の登録有形文化財で、客室の内装は畳敷きの純和風。昔ながらの温泉宿の風情を味わえる。福島県出身の野口英世も母シカと宿泊したことがあり、彼が書き残した書が残る。

住 会津若松市東山町大字湯本字川向200
TEL 0242-27-7501
交 JR会津若松駅から周遊バスあかべぇ、ハイカラさんで**東山温泉駅**下車、徒歩1分
料 1泊1万9950円～
URL www.mukaitaki.com

赤べこ伝説発祥の地
会津やないづ
JR只見線 P.223 沿線の会津やないづ(会津柳津)は赤べこの発祥地。慶長6(1611年)の大地震の際、この地で信仰を集める福満虚空蔵菩薩圓蔵寺の再建を手助けしてくれた赤い牛の伝説がその起源とされている。絵付け体験ができる施設や温泉もある、かわいらしい町だ。

2日目

9:00 東山温泉

バス20分

9:57 JR会津若松駅

磐越西線の新津方面の列車に乗車。

鉄道26分

10:21 JR喜多方駅

徒歩10分

10:31 喜多方 蔵のまちでレトロな蔵巡り ▶P.224

古くは江戸時代から建つ重厚で美しい蔵を回ってみよう。

徒歩5分

11:30 喜多方ラーメンのランチ ▶P.215

澄んだスープとチャーシューが特徴。朝から開いている店も多い。

徒歩14分

12:27 JR喜多方駅

会津若松駅で会津鉄道会津田島行きの快速列車に乗り換え。

鉄道1時間

13:28 湯野上温泉駅

バス20分

湯野上温泉駅は茅葺きの駅舎

14:20 昔話の中にでてくるような 大内宿 ▶P.221

約500mにわたり茅葺き屋根の家が並ぶかつての宿場町。

徒歩すぐ

14:40 大内宿名物 ねぎそばにトライ!

長ネギ1本を箸代わりにして食べるそば。
写真は三澤屋の高遠そば。

ネギは新鮮なので辛くない

バス20分

15:35 美しい自然に囲まれた 湯野上温泉へ ▶P.228

素朴であたたかい、日本のふるさとのような温泉地で旅の疲れを癒やそう。駅の隣には無料の足湯「親子地蔵の湯」がある。

※17:05湯野上温泉発の電車に乗れば、17:49会津田島発のリバティ会津に乗って浅草まで帰れる。

新緑と紅葉の時期の景観はみごと
塔のへつり

湯野上温泉のひと駅隣が最寄り駅の「塔のへつり」は、100万年という長い年月をかけて自然が作り上げた南会津を代表する景勝地。繰り返す川の浸食と風化によって峡谷の岩肌がユニークな形に削られ、塔のような形の奇岩や天然の遊歩道となり、見どころとなっている。

おすすめ! 泊まるならココ

裏磐梯の自然に囲まれた北欧スタイルの温泉リゾートホテル
ホテリ・アアルト

フィンランドの湖にも似た、エメラルド色の沼に面した大浴場

101号室は内湯もある、離れのスイートルーム

秋元湖や五色沼など裏磐梯の自然を満喫できる魅力的な立地。築40年の山荘を、「自然と身近に暮らす」という裏磐梯と共通の文化をもつ北欧のスタイルにリニューアル。敷地内には、源泉かけ流しの温泉も。内湯から続く露天風呂は、美しい森の景色に囲まれている。食事は地元で採れる旬の会津伝統野菜を味わえる。

住 耶麻郡北塩原村大字檜原字大府平1073-153
TEL 0241-23-5100
交 JR猪苗代駅からバスで秋元湖入口下車、徒歩2分。またはJR猪苗代駅から送迎バスが1日1往復運行(要予約)
料 1泊3万円~
URL hotelliaalto.com

福島県の歩き方

▶会津若松駅観光案内所
住 会津若松市駅前町1-1
TEL 0242-32-0688
開 9:00～17:30　休 無休
URL www.aizukanko.com

**▶まちなか周遊バス
ハイカラさん、あかべぇ**
主要観光スポットを回りながら会津若松市の中心部を1周するバス。会津若松駅から反時計回りで運行する青い車体の「ハイカラさん」、その逆回りで赤い車体の「あかべぇ」の2路線。
料 1日券600円　1回券210円

まちなか周遊バス「あかべぇ」

▶桧原湖遊覧船
裏磐梯最大の湖、桧原湖に浮かぶ島々の間をゆったりと巡る。船上からは磐梯山の荒々しい爆裂口を眺めることができる。裏磐梯のさまざまな魅力を紹介する船内アナウンス付き。
TEL 0241-37-1111（裏磐梯レイクリゾート）
開 4月下旬～11月上旬に運行
料 1400円
URL www.lakeresort.jp/cruise

季節によってさまざまな景色を楽しめる

会津若松と周辺（会津）

会津若松のシンボル、鶴ヶ城

見どころが充実する会津エリアの起点は**会津若松**。首都圏からは郡山でJR磐越西線に乗り換えてアクセスするのが一般的だ。

喜多方 P.224は会津若松から鉄道で約16分だが、1時間に1本と運行本数が少ないので乗り遅れに注意。会津若松は見どころが比較的、駅の近くにまとまっていて、観光用周遊バス（左記欄外参照）の利用が便利。南会津の**大内宿** P.221、**湯野上温泉** P.228へは、東武鉄道にも接続する会津鉄道で。奥会津の美しい自然の中を走るJR**只見線** P.223は、**霧幻峡の渡し** P.228、**会津柳津**（やないづ） P.217など沿線の見どころも多い。

グルメ

こづゆ　会津若松の郷土料理で、キクラゲや根菜など具沢山のすまし汁。会津藩のごちそう料理として特別な日に食べられていた。また、会津地方はそばの生育に適していることから、各地でおいしいそばが食べられる。

会津塗のお椀でいただく

猪苗代湖（いなわしろこ）・磐梯山（ばんだいさん）

宝の山と謳われた磐梯山

福島のシンボルである**磐梯山**とそのふもとの**猪苗代湖**周辺は、**磐梯吾妻スカイライン** P.226など絶景を楽しめるドライブルートでのアクセスがおすすめ。エメラルド色に輝く**五色沼**は磐梯山北側の裏磐梯エリアにある。この辺りは車での移動が一般的だが、路線バスでのアクセスも可能。その場合は**五色沼自然探勝路** P.221周辺に行き先を絞るとよいだろう。

足を延ばせば

中津川渓谷　五色沼から延びる磐梯吾妻レークライン沿いにある中津川渓谷は、澄んだ水が流れる美しい渓谷で、裏磐梯有数の紅葉の名所として知られている。見ごろは10月後半。

清流が心地よい

info **会津若松駅の観光案内所**は、会津東山温泉、芦ノ牧温泉の協賛ホテル宿泊者限定で、荷物を1個400円で宿泊ホテルへ運んでくれるサービス、**手ぶらでまちなか観光**の受付場所になっている。URL www.aizukanko.com/spot/832

福島・郡山（中通り）

福島市はおいしい桃の産地

JR東北本線が縦断し、**福島市**と**郡山市**は東北新幹線が停車する。特に郡山は会津若松、猪苗代、いわきへと分岐する鉄道と道路の要衝で、ここでレンタカーを借りる人も多い。二本松、須賀川も東北本線が停車するが、本数は1時間に1〜2便程度。

▶福島空港から郡山方面へ

郡山駅までは福島交通のリムジンバスで所要約40分。会津若松駅、いわき駅行きも郡山駅前で乗り継ぎとなる。

グルメ

ご当地ラーメンが豊富な福島県

福島市のご当地グルメは**ふくしま餃子**P.215。加えて白河市名物の**白河ラーメン**も人気が高い。中太のちぢれ麺に澄んだ醤油ベースのスープが特徴。

足を延ばせば

国の天然記念物に指定されている

中通りをいろどる春の絶景、三春滝桜

4月上旬〜中旬に見ごろを迎える三春滝桜は、日本三大桜のひとつに数えられる樹齢1000年以上、樹高13.5mという大スケールのシダレザクラ。開花期間中はJR三春駅から臨時バスが運行する。

いわきと太平洋岸（浜通り）

アクアマリンふくしまの蛇の目ビーチ

太平洋沿岸に面する浜通りは、JR常磐線と常磐自動車道、国道6号線が縦断する。中心都市は**いわき市**。常磐線は2020年に全線復旧したが、1時間に1本程度の運行なので、車の利用が便利。原発被害のため一部入れないエリアもあるが、懸命な復興作業が進められている。福島第一原子力発電所周辺の道路は一部交通規制あり。

グルメ

漁港が多い沿岸部ならでは

沿岸エリアで味わいたいのが、新鮮な**海鮮丼**。取れたてのサンマをミンチにしてネギ、ショウガ、味噌で味付けして平たく焼き上げる**サンマのポーポー焼き**という郷土料理もある。

▶福島市観光案内所
住 福島市栄町1-1（JR福島駅西口）
TEL 024-531-6428
開 9:00〜18:00　休 無休
URL www.f-kankou.jp

▶郡山市観光案内所
住 郡山市燧田195（JR郡山駅2階）
TEL 024-924-0012
開 9:00〜17:30　休 無休
URL www.kanko-koriyama.gr.jp

松尾芭蕉も立ち寄った福島の名湯

飯坂温泉P.229にある「鯖湖湯（さばこゆ）」は、松尾芭蕉が『おくの細道』で立ち寄ったと伝えられる歴史ある名湯。日本最古の木造共同浴場として長年親しまれていた姿が復元されている。

飯坂温泉共同浴場のシンボル

東日本大震災の記憶を繋ぐ施設がオープン

東日本大震災で大きな被害を受けた浜通り地区。当時の状況や、復興への取り組みを伝えるための施設が、いわき市と双葉町に開館した。大震災の記憶を風化させないためにも、ぜひ足を運んでみたい。

▶いわき震災伝承みらい館P.227
▶東日本大震災・原子力災害伝承館P.229

情報発信の拠点にもなっている東日本大震災・原子力災害伝承館

▶いわき市総合観光案内所
住 いわき市平田町38-16（JRいわき駅コンコース自由通路）
TEL 0246-23-0122
開 10:00〜18:00　休 1/1
URL kankou-iwaki.or.jp

info NHK連続テレビ小説『**エール**』の主人公のモデルとなった**古関裕而**（こせきゆうじ）は「オリンピックマーチ」、高校野球のテーマソング「栄冠は君に輝く」などを生んだ昭和を代表する名作曲家。出身地である福島市に**古関裕而記念館**がある。

福島県の見どころ

▶鶴ヶ城
住 会津若松市追手町1-1
TEL 0242-27-4005
開 8:00～17:00(最終入場16:30)
休 無休
料 410円
天守閣・麟閣共通券520円
交 JR**会津若松駅**から観光バス「ハイカラさん」で20分の**鶴ヶ城入口**下車、徒歩5分
URL www.tsurugajo.com

▶会津うつしかがみ
日没から21時頃まで鶴ヶ城を美しいグラデーションカラーでライトアップ。季節に合わせ「桜」「葉影」「水」「星」「紅葉」「雪」など透かし模様も投影される。

カラーは季節により変わる

日本100名城®、ふくしま三城のひとつ

会津若松と周辺(会津)

鶴ヶ城(つるがじょう)

桜の名所としても知られる会津若松市のシンボル。日本で唯一、赤瓦でふかれた天守閣は、藩政時代の美しい城の姿を今に伝える。

寛永20(1643)年からは会津松平家の居城となり、慶応4(1868)年1月に始まった**戊辰戦争**では新政府軍の砲撃に1ヵ月以上耐え**難攻不落の名城**と呼ばれた。昭和40(1965)年に再建された天守内部は**若松城天守閣郷土博物館**となっており、天守閣からは会津若松の町や**飯盛山** P.222が望める。

戊辰戦争では激しい攻防戦が繰り広げられた

雪化粧した冬の姿も美しい

info 鶴ヶ城の起源は14世紀末に遡るとされる。当初は**黒川城**と呼ばれたが、16世紀末に秀吉により移封された**蒲生氏郷**により町の名が黒川から若松と改められ、黒川城は氏郷の幼名(鶴千代)と家紋にちなんで**鶴ヶ城**と改名された(諸説あり)。

五色に輝く神秘の沼々

猪苗代湖・磐梯山

五色沼自然探勝路

ごしきぬましぜんたんしょうろ

バックに磐梯山が控えるビューポイント、るり沼

五色沼は、磐梯山の噴火によって作られた大小30にもなる色とりどりの湖沼の総称。水に含まれる火山性物質により、それぞれの沼がコバルトブルー、エメラルドグリーンなどさまざまな色に見える。

沼の色は、季節や天候、時間帯によって少しずつ異なる

五色沼には片道約4km程の**自然探勝路**が設けられ、柳沼、青沼、瑠璃沼、毘沙門沼、弁天沼、深泥(みどろ)沼、赤沼などを回ることができる。探勝路の一端の「五色沼入口」にある、**裏磐梯ビジターセンター**では五色沼や周辺の自然について知ることができる。

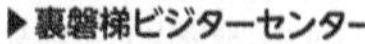

▶五色沼自然探勝路

開 入場自由

交 JR**猪苗代駅**からバスで30分の**五色沼入口**下車、徒歩5分。柳沼側の入り口は、**裏磐梯高原駅**下車、徒歩1分

▶裏磐梯ビジターセンター

住 耶麻郡北塩原村大字桧原字剣ケ峯1093-697

TEL 0241-32-2850

開 4～11月9:00～17:00
12～3月9:00～16:00

休 火曜（祝日の場合は翌日）、GWと海の日～8月31日は無休

料 無料

URL urabandai-vc.jp

エメラルドグリーンに輝く沼を眺めながらのハイキング

タイムスリップして江戸時代の旅人気分に

会津若松と周辺（会津）

大内宿

おおうちじゅく

昔話に出てくるような茅葺屋根の家屋が並ぶ

南会津の山間部に位置する大内宿は30軒以上の茅葺き屋根の民家が軒を連ねる。かつて日光と会津を結んだ下野街道(しもつけかいどう)（会津西街道）に位置し、参勤交代の大名も投宿する宿場町としてにぎわった。

屋根は住民たちの手によって手入れされている

現在は民家の多くがみやげ物屋やレストランなどに使われている。また、大内宿名物の**ねぎそば**P.215こと、高遠そばも味わえる。

復元された本陣跡には**大内宿町並み展示館**があり、当時の生活用具などが多数展示されている。宿場の奥にある小高い丘は見晴台になっており、江戸時代の宿場町そのままの風景を写真に残せる。

▶大内宿

住 南会津郡下郷町大字大内

TEL 0241-68-3611（大内宿観光案内所）

開 休 料 施設による

交 会津鉄道**湯野上温泉駅**から乗り合いバス「猿游号」で20分。または車で約10分

URL www.ouchi-juku.com

▶レトロバス猿游号

会津鉄道の湯野上温泉駅と大内宿を往復する乗り合いバス。会津鉄道との共通割引券もある。

TEL 0242-75-2321（広田タクシー）

開 9:00～14:55（12～3月は10:15～14:55）の1時間に1便程度

料 1日券1100円

URL london-taxi.jp/busroute.html#saruyu_anchor

冬は豪雪地帯となる。冬ならではの景観を楽しみに訪れる人も多い

info 福島県のシンボル、磐梯山は、北側が**裏磐梯**、南側は**表磐梯**と呼ばれている。猪苗代湖から望む穏やかな磐梯山（表磐梯）、五色沼周辺から眺める荒々しい裏磐梯と同じ山だが印象が異なる。

白虎隊の悲劇の舞台となった山

会津若松と周辺(会津)

飯盛山(いいもりやま)

町を一望する小高い山で、慶応4(1868)年の会津戦争(戊辰戦争)の際、生き残った白虎隊が自害した悲劇の地として知られている。山頂には自刃した白虎隊19士の墓のほか、会津各地で戦死した白虎隊の墓、殉死した女性たちを弔う会津藩殉難烈婦の碑や、**会津さざえ堂**P.228などがある。毎年春と秋に白虎隊慰霊祭で剣舞が奉納される。

白虎隊十九士の墓に手を合わせに来る人も多い

▶飯盛山

住 会津若松市一箕町大字八幡弁天下
TEL 0242-23-8000(会津若松観光ビューロー)
開 入場自由
交 JR**会津若松駅**から周遊バス「あかべぇ」で4分の**飯盛山下**下車、徒歩1分

▶スロープコンベア

開 3~11月8:00~17:00
休 12~2月 料 250円

動く歩道を乗り継いで山頂へ行ける

レトロ・ストリートを気ままに散歩!

会津若松と周辺(会津)

七日町通り・野口英世青春通り(なのかまちどおり・のぐちひでよせいしゅんどおり)

明治から大正、昭和初期の建築が軒を連ねる通り。**七日町通り**は城下の西の玄関に位置し、会津一の繁華街としてにぎわった。

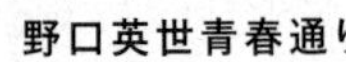
野口英世青春通りには少年だった野口英世が手のやけどの手術を受けた**旧会陽医院**があり、現在は**野口英世青春館**となっている。

野口英世青春通りに立つ、野口英世青春館(左)
写真提供:企画キャップ

▶七日町通り・野口英世青春通り

住 会津若松市七日町周辺
開 休 料 施設による
交 七日町通りはJR**七日町駅**から徒歩1分。野口英世青春通りは駅から徒歩12分

▶七日町観光案内所

住 会津若松市七日町5-7
TEL 0242-23-9611
開 10:00~16:00 休 不定休
ショップとカフェを併設。荷物預かり(300円)、新選組の羽織り着用サービスもある。

情緒あふれるいにしえの温泉郷

会津若松と周辺(会津)

会津東山温泉(あいづひがしやまおんせん)

会津の奥座敷として知られる東山温泉は、約1300年前に行基(ぎょうき)上人(しょうにん)が三本足のカラスに導かれて発見したと伝わる由緒ある温泉郷。かつては**天寧寺(てんねいじ)の湯**と呼ばれ、会津藩の保養地としてにぎわった。温泉街を流れる湯川沿いには、会津藩時代の旅館などが見られる。また、ここに逗留した与謝野晶子や竹久夢二らの記念碑も残る。

川沿いにある東山温泉足湯処

絶景の露天風呂を備えたホテルも

▶会津東山温泉

住 会津若松市東山町湯本
TEL 0242-27-7051(会津東山温泉観光協会)
開 休 料 施設による
交 JR**会津若松駅**から周遊バス「あかべぇ」で15分、または「ハイカラさん」で35分の**東山温泉駅**下車、徒歩すぐ
URL www.aizu-higashiyama.com

東山芸妓による歌と踊りは江戸時代から受け継がれている

info **会津東山温泉**に次いで会津若松からアクセスのよい温泉地が**芦ノ牧温泉**。こちらも行基により発見された歴史のある温泉地で、渓谷の美しい自然に囲まれた露天風呂を楽しむことができる。**大内宿**P.221へも近い。URL www.aizu-ashinomaki.jp

会津の歴史が詰まった歴史ミュージアム

会津若松と周辺(会津)

あいづぶけやしき

会津武家屋敷

歴史的場面を再現した人形ジオラマなどもあり、往時の生活ぶりをうかがい知ることができる

会津藩家老の**西郷頼母**の屋敷を復元。伝統建築や資料館などを配した大規模な歴史ミュージアムパーク。西郷頼母の家老屋敷は、木造畳敷きの壮大な武家屋敷で、藩主を接待した**御成の間**や家老の寝室、**奥一の間**など38もの部屋がある。

白虎隊も学んだ日本有数の先進藩校

会津若松と周辺(会津)

あいづはんこう にっしんかん

會津藩校 日新館

鎧兜を身に着けたまま泳ぐ訓練が行われた水練水馬池

藩の人材育成を目的に享和3(1803)年に開校された會津藩校。上級藩士の子弟は10歳になると日新館に入学し、論語など古典の素読のほか、弓術、砲術、医学、天文学なども学んだ。孔子を祀る大成殿や上級学問所であった大学、武道場、日本で初となる水泳プール(水練水馬池)など史料をもとに昭和62(1987)年に復元された。

絶景の秘境路線

会津エリア〜新潟県

じぇいあーるただみせん

JR只見線

アーチが美しい第一只見川橋梁
写真提供:奥会津郷土写真家 星 賢孝

会津若松駅と新潟県の小出駅を結ぶ約135.2kmの鉄道路線。

山深い只見川の渓谷を縫うように走り、春の桜、夏の緑、秋の紅葉、冬の雪と四季折々の風景を車窓から楽しめる。なかでも特に人気が高いのが、**第一只見川橋梁**だ。国道沿いに撮影スポットがあり、橋梁と列車がコラボしたすてきな写真が撮れる。

▶会津武家屋敷

住 会津若松市東山町大字石山字院内1
TEL 0242-28-2525
開 4〜11月8:30〜17:00
12〜3月9:00〜16:30
休 冬期に不定休　料 850円
交 JR**会津若松駅**から周遊バス「あかべぇ」で11分の**会津武家屋敷前**下車、徒歩すぐ
URL bukeyashiki.com

家老屋敷の中庭

▶會津藩校 日新館

住 会津若松市河東町南高野字高塚山10
TEL 0242-75-2525
開 9:00〜17:00(最終入場16:00)
休 無休　料 620円
交 JR**広田駅**から徒歩18分。または**若松駅前バスターミナル**から河東・湊線バスで28分の**會津藩校日新館**下車、徒歩約1分
URL nisshinkan.jp

「論語」や「大学」などを学ぶ素読所

▶JR只見線

TEL 050-2016-1600(JR東日本)
開 会津若松駅〜会津川口駅間を1日6往復。会津川口駅〜只見駅を1日6往復(代行バス)、只見駅〜小出駅間を1日3往復
※2022年秋に全線再開通予定
料 会津若松〜会津川口1170円
会津川口〜只見510円(代行バス)
只見〜小出990円
URL tadami-line.jp

▶第一只見川橋梁ビューポイント

「道の駅 尾瀬街道みしま宿」から徒歩10分の所に撮影ポイントがある。月〜土曜は道の駅まで三島町の町営バスが1日1往復運行。会津宮下駅8:10発、道の駅尾瀬街道みしま宿10:20、13:20発。道の駅からのバスは要予約。
URL www.mishima-kankou.net

info **白虎隊**は、戊辰戦争の際に年齢別に編成された4部隊のうち、最も若いグループで、16〜17歳の少年約300名で編成されていた。そのうちの約90名が日新館に通う会津藩士の子弟だった。

歴史の風格あふれる「蔵のまち」 会津若松と周辺(会津)

喜多方 蔵のまち

ラーメンが有名な喜多方は、約4000棟もの蔵が点在し、**蔵のまち**としても知られている。蔵は味噌や醤油、酒の醸造のほか、蔵座敷として日常生活にも使われている。現在はショップなどに利用された蔵も多く、**レトロ横丁商店街**と**おたづき蔵通り**周辺では、蔵に立ち寄りながらの町歩きが楽しめる。

豪商、甲斐家が大正時代に建てた旧甲斐家蔵住宅は蔵のまちのシンボル

▶喜多方 蔵のまち
住 喜多方市
TEL 0241-24-5200(喜多方観光物産協会)
開 休 料 施設による
交 レトロ横丁商店街はJR**喜多方駅**から徒歩7分。おたづき蔵通りはJR**喜多方駅**から喜多方市まちなか循環線東廻りのバスで8分の**喜多方東高校前**下車、徒歩2分
URL www.kitakata-kanko.jp

重要伝統的建造物群保存地区に指定

高原にある澄みきったせき止め湖 猪苗代湖・磐梯山

猪苗代湖

日本で4番目(淡水湖では3番目)に大きい湖で、面積は約103km²、最大深度は93.5m。湖面に磐梯山を映すことから**天鏡湖**の別名がある。穏やかな砂浜は子供連れで湖水浴を楽しむにも最適。ウインドサーフィンなどウオータースポーツの基地としても人気がある。湖水は酸性が強く、透明度は高いが生息する魚類は少ないのが特徴。

ところどころに砂浜があり、夏は湖水浴を楽しめる

▶猪苗代湖
住 耶麻郡猪苗代町長浜
TEL 0242-62-2048(猪苗代観光協会)
開 入場自由
交 JR**猪苗代駅**からバスで10分の**長浜**下車、徒歩すぐ
URL www.bandaisan.or.jp

ウインドサーフィンをはじめとするマリンスポーツも盛ん

1000円札にも描かれた偉大な医学者について学べる 猪苗代湖・磐梯山

野口英世記念館

猪苗代湖のほとりに生まれた野口英世(1876～1928年)は、黄熱病や梅毒の研究で世界的に知られる細菌学者。彼の業績を記念して昭和14(1939)年に開設された博物館では多くの写真や彼の遺品、ロボットなどを使い、彼の生涯と研究についてわかりやすく紹介している。**野口英世の生家**も彼が過ごした当時のままに保存されている。

使用した実験器具などの展示

野口英世が研究した細菌を解説
写真提供:公益財団法人 野口英世記念会

▶野口英世記念館
住 耶麻郡猪苗代町大字三ツ和字前田81
TEL 0242-65-2319
開 4～10月9:00～17:30
11～3月9:00～16:30
最終入場は30分前
休 12/29～1/3 料 800円
交 JR**猪苗代駅**から長浜方面行きバスで7分の**野口英世記念館前**下車、徒歩1分
URL www.noguchihideyo.or.jp

info そばの栽培に適した会津地方は、各地でおいしいそばを食べられる。なかでも**そばの里**として知られる喜多方市山都町の**宮古地区**では、つゆを使わずそばそのものの味を楽しむ**水そば**を食べることができる。

毎年20万人が訪れる花の名所

福島・郡山（中通り）

花見山公園（はなみやまこうえん）

花が咲き誇る春は文字通り「桃源郷」の様相を呈する

福島周辺で知らない人がいない花の名所。里山の斜面が淡いグラデーションで染まる花見山公園の風景は、まさに**桃源郷**そのもの。春になると、さまざまな種類の桜をはじめ梅やハナモモ、モクレンなど約70種類もの花々が少しずつ時期をずらして咲き競う。公園内には約30分、45分、60分で回れる見学コースが設けられている。

▶花見山公園
住 福島市渡利
TEL 024-526-0871（花見山情報コールセンター）※3月中旬～4月下旬の8:00～17:00
開 入場自由
交 JR**福島駅**から渡利南回りバスで11分の**花見山入口**下車、徒歩15分。桜の季節は臨時バス「花見山号」が運行される
URL www.hanamiyama.jp

桜のほか、レンギョウ、ボケなど70種類もの花々が咲く

一歩足を踏み入れれば南国のビーチ！

いわきと太平洋岸（浜通り）

スパリゾートハワイアンズ（すぱりぞーとはわいあんず）

プールにも温泉水を使用している

いわき湯本温泉の湯を利用した複合温泉**アミューズメント施設**。中心となるウォーターパークは巨大なドーム内にあり、流れるプールやウォータースライダーなどがある。流れるようなフラダンスや情熱的なタヒチアンダンスなど、毎日昼と夜の2回催されるフラガールたちのステージは必見。

▶スパリゾートハワイアンズ
住 いわき市常磐藤原町蕨平50
TEL 0570-550-550
開 10:00～22:00（最終入場21:00）
休 1/31～2/3ほか不定休
料 3750円
交 JR**湯本駅**から送迎バスで15分
URL www.hawaiians.co.jp

長さ、高低差日本一のボディスライダー、ビッグアロハ

豊かな福島の海を体感！

いわきと太平洋岸（浜通り）

アクアマリンふくしま（あくあまりんふくしま）

片側に親潮に棲む魚、もう片側に黒潮に棲む魚を見ることができる大型水槽、潮目の海

暖かい黒潮と冷たい親潮。福島沖を流れ、海に豊かさをもたらしているこのふたつの潮流が出合う**潮目**（しおめ）をテーマにした水族館。ふたつの大水槽に挟まれた三角トンネルで体験する**潮目の海**ではカツオやイワシなど潮目に集まるさまざまな魚の姿を見ることができる。タッチプールや釣り体験などプログラムも豊富。

▶アクアマリンふくしま
住 いわき市小名浜字辰巳町50
TEL 0246-73-2525
開 3/21～11/30 9:00～17:30
12/1～3/20 9:00～17:00
最終入場は1時間前
休 無休　料 1850円
交 JR**泉駅**から小名浜・江名方面行きバスで15分の**イオンモールいわき小名浜**下車、徒歩5分
URL www.aquamarine.or.jp

魚が群れが泳ぐ「サンゴ礁の海」

info 昭和初期に養蚕から花卉栽培に移った農家のひとり、阿部伊勢次郎氏は「家の前の雑木山を花の山にすれば美しい山になる」と思い付き、花木を植えていった。いつしか見学希望者が多く訪れるようになり、1959年に**花見山公園**が開園された。

平安絵巻のような寝殿造りの拝殿がある　**会津若松と周辺(会津)**

新宮熊野神社

天喜3(1055)年に源頼義による勧請とされる、**熊野三山**P.628を祀った神社。拝殿「長床」は、吹き抜けの広間に太いケヤキの円柱が44本並ぶ壮大な寝殿造りの形式をふんだ建築で平安末期建立とされる。境内には樹齢800年といわれるご神木の大銀杏が立つ。

国の重要文化財に指定されている拝殿「長床」があることで有名

▶新宮熊野神社

住 喜多方市慶徳町新宮字熊野2258
TEL 0241-23-0775
開 8:30～17:00
(12～3月の土・日曜・祝日9:00～16:00)
休 12～3月の平日　料 300円
交 JR**喜多方駅**から車で10分
URL www.kitakata-kanko.jp/category/detail.php?id=60

大銀杏の葉が黄金色に色付く秋がベストシーズン

重要文化財の皇族の別邸　**猪苗代湖・磐梯山**

天鏡閣

この地の風景に魅せられた有栖川宮威仁親王により、明治41(1908)年に建てられたルネッサンス様式の洋館。大正天皇が皇太子時代に滞在した際、猪苗代湖を鏡に例えて李白の詩句「明湖落天鏡」から天鏡閣と命名した。館内で明治のドレス試着体験などもできる。

気品漂う白い木造の洋館

▶天鏡閣

住 耶麻郡猪苗代町翁沢字御殿山1048
TEL 0242-65-2811
開 5～10月8:30～17:00
11～4月9:00～16:30
最終入場は30分前
休 無休　料 370円
交 JR**猪苗代駅**からバスで10分の**長浜**下車、徒歩約5分
URL www.tif.ne.jp/tenkyokaku

雪が積もった姿も美しい

サルバドール・ダリのコレクションはアジア最大級　**猪苗代湖・磐梯山**

諸橋近代美術館

シュールレアリスムの巨匠サルバドール・ダリを中心に、ルノワール、マチス、ピカソ、シャガールなど、実業家の諸橋廷蔵氏が収集した作品が展示されている。美術館の建物は厩舎をイメージしたもので、会津磐梯高原の風景に自然に溶け込んでいる。

ヨーロッパの城のような美術館

▶諸橋近代美術館

住 耶麻郡北塩原村大字桧原字剣ヶ峯1093-23
TEL 0241-37-1088
開 9:30～17:00(最終入場16:30)
休 11月上旬～4月下旬
料 1300円
交 JR**猪苗代駅**から裏磐梯高原行きバスで28分の**諸橋近代美術館前**下車、徒歩1分
URL dali.jp

まるでアリゾナ?　吾妻連峰を縦走する天空のドライブロード　**福島・郡山(中通り)**

磐梯吾妻スカイライン

福島市の高湯温泉から標高約1600mの浄土平を経て土湯峠にいたる、全長約29kmの高原のドライブルート。吾妻連峰を縫って走るルート沿いには自然の雄大さを実感する絶景が続く。紅葉の名所天狗の庭や遊歩道がある**浄土平**など、吾妻八景を訪ねてみよう。

吾妻連峰を縫うように走る

▶磐梯吾妻スカイライン

住 福島市町庭坂字高湯～福島市土湯温泉町字鷲倉山
開 料 通行無料
休 11月中旬～4月中旬
交 東北自動車道**福島西IC**から車で約20分

浄土平周辺では高山植物を愛でながらのハイキングができる

info 桧原湖、小野川湖、秋元湖のほとりを縫うように走る**磐梯吾妻レークライン**、磐梯山の山麓を縦断するように走る**磐梯山ゴールドライン**も絶景を楽しめるドライブルートとして人気。いずれも通行期間は4月中旬～11月中旬。

悠久の時が作り上げた自然の造形美　**福島・郡山（中通り）**

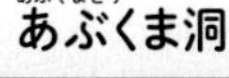

あぶくまどう
あぶくま洞

高さ29mの洞窟にさまざまな形の鍾乳石を見ることができる滝根御殿

昭和44（1969）年、石灰岩採掘中に発見された全長約600mの鍾乳洞。洞内最大のホール**滝根御殿**は、教会堂のような神々しさ。**月の世界**では幻想的な照明演出も楽しめる。一般コースから分岐する探検コースもあり、冒険気分を味わえる。

▶あぶくま洞
住 田村市滝根町菅谷字東釜山1
TEL 0247-78-2125
開 夏期8:30～17:00
冬期8:30～16:30
休 無休　料 1200円
交 JR**神俣駅**から車で7分
URL abukumado.com

『智恵子抄』の智恵子が「ほんとの空」がある山と呼ぶ　**福島・郡山（中通り）**

あだたらやま
安達太良山

ロープウェイ駅から徒歩5分の所にある薬師岳パノラマパークから望む山頂

日本百名山のひとつ、安達太良山は標高1700mの活火山。ロープウェイ山頂駅から1時間30分ほどの登山で山頂に到着できる。高山植物や紅葉の名所であり、万葉集や高村光太郎の『智恵子抄』に詠まれたことでも知られる。

▶安達太良山
▶あだたら山ロープウェイ
住 二本松市奥岳温泉
TEL 0243-24-2141
開 8:30～16:30
休 12～3月の冬期運休のほか、水曜に不定休、夏休み期間と10月は無休
料 片道1050円
交 JR**二本松駅**から車で30分
URL www.adatara-resort.com/green/express.stm

東日本大震災の記憶や教訓を後世に語り継ぐ　**いわきと太平洋岸（浜通り）**

いわきしんさいでんしょうみらいかん
いわき震災伝承みらい館

東日本大震災の記憶を後世に伝えるための施設

地震と津波、さらに原発事故という未曽有の災害に見舞われたいわき。その経験を風化させず、後世に伝えることを目的とした施設。実際の津波の映像や、パネル展示などで震災経験を可視化し、タッチパネルやハンズオン展示で災害への備えについて学べる。

▶いわき震災伝承みらい館
住 いわき市薄磯3-11
TEL 0246-38-4894
開 9:00～17:00（最終入場16:30）
休 月曜（祝日の場合は翌平日）、年末年始　料 無料
交 JR**いわき駅**から江名経由泉駅前行きバスで27分の**灯台入口**下車、徒歩3分
URL memorial-iwaki.com

炭鉱の町の文化と歴史を知る　**いわきと太平洋岸（浜通り）**

いわきしせきたん・かせきかん ほるる
いわき市石炭・化石館ほるる

化石展示室では世界的にも珍しい化石やスズキリュウの復元骨格を展示

いわきと結びつきが深い、化石と炭鉱の歴史を扱った博物館。恐竜ブームの火付け役となった首長竜**フタバスズキリュウ**のほか、坑夫の人形を使い炭坑内の様子を時代ごとに再現した**模擬坑道**などがおもな見どころ。

▶いわき市石炭・化石館ほるる
住 いわき市常磐湯本町向田3-1
TEL 0246-42-3155
開 9:00～17:00（最終入場16:30）
休 毎月第3火曜（祝日の場合は翌日）、1/1　料 660円
交 JR**湯本駅**から徒歩10分
URL www.sekitankasekikan.or.jp

info あぶくま洞からほど近い所にある**入水鍾乳洞**は、本格的な**ケイビング**が楽しめる全長900mの鍾乳洞。A、B、Cの3コースがあり、Bコースは冷たい水に浸かりながら懐中電灯やロウソクのあかりを頼りにちょっぴりハードな**洞窟探検**を楽しめる。

受け継がれる酒造りの魂

会津若松と周辺(会津)

末廣酒造(すえひろしゅぞう)

嘉永3(1850)年創業の老舗の酒蔵。**嘉永蔵**は大部分が文化財に指定されていて、酒蔵見学もできる。併設カフェで仕込み水でいれたコーヒー、大吟醸を使ったシフォンケーキなどを味わえる。

嘉永3年創業の由緒ある造り酒屋

だまし絵のような江戸時代の不思議建築

会津若松と周辺(会津)

円通三匝堂(会津さざえ堂)(えんつうさんそうどう(あいづさざえどう))

寛政8(1796)年建立の三層六角形の観音堂で、高さは約16.5m。内部に階段はなく、上る人と下る人がすれ違うことがない一方通行の**二重らせん通路**があって巻貝の殻を彷彿とさせる。

飯盛山中にある隠れた人気スポット

“会津”の地名発祥の伝承がある

会津若松と周辺(会津)

伊佐須美神社(いさすみじんじゃ)

崇神(すじん)10(紀元前88)年創祀。伊弉諾尊(いざなぎのみこと)、伊弉冉尊(いざなみのみこと)、大毘古命(おおひこのみこと)、建沼河別命(たけぬかわわけのみこと)の4柱を祀る、**会津の総鎮守**。宝物殿には重要文化財の朱漆金銅装神輿(しゅうるしこんどうそうしんよ)や木造狛犬一対が保管されている。

歴代会津藩主も崇敬した由緒ある神社

四季折々の渓谷美を楽しめる、心休まる温泉街

会津若松と周辺(会津)

湯野上温泉(ゆのかみおんせん)

湯野上温泉駅に隣接した、静かな温泉郷。大川渓谷の深い谷沿いにあり、古くから湯治場としてにぎわった。温泉街は阿賀川(あががわ)沿いにあり、川を見渡す風光明媚な露天風呂が多い。

豊富な湯量で知られる湯野上温泉

霧の中をゆっくりと進む幻想的な渡し舟の旅

会津若松と周辺(会津)

霧幻峡の渡し(むげんきょうのわたし)

夏の朝夕に霧に包まれることが多く「霧幻峡」と呼ばれる**只見川の渓谷**。かつてこの両岸を結んでいた渡し舟が観光用に復活した。手漕ぎの和舟に乗って只見川を周遊できる。

まるで幻の中にいるような絶景
写真提供:奥会津郷土写真家 星 賢孝

▶末廣酒造
住 会津若松市日新町12-38
TEL 0242-27-0002
開 10:00〜16:30(酒蔵見学ツアーは11:00〜16:00の毎正時発)
休 毎月第2水曜　料 無料
交 JR**会津若松駅**から周遊バス「ハイカラさん」で12分の**大和町**下車、徒歩1分
URL www.sake-suehiro.jp

▶円通三匝堂(会津さざえ堂)
住 会津若松市一箕町八幡滝沢155
TEL 0242-22-3163
開 4〜11月8:15〜日没
12〜3月9:00〜16:00
休 無休　料 400円
交 JR**会津若松駅**から周遊バス「あかべぇ」で4分の**飯盛山下**下車、徒歩5分
URL www.sazaedo.jp

▶伊佐須美神社
住 大沼郡会津美里町宮林甲4377
TEL 0242-54-5050
開 9:00〜16:00
休 無休　料 無料
交 JR**会津高田駅**から徒歩約25分。または**若松駅前バスターミナル**から永井野行きバスで43分の**横町**下車、徒歩3分
URL isasumi.or.jp

▶湯野上温泉
住 南会津郡下郷町大字湯野上
TEL 0241-68-2818(湯野上温泉観光協会)
開 休 料 施設による
交 会津鉄道**湯野上温泉駅**が最寄り駅
URL yunokami.com

▶霧幻峡の渡し
住 大沼郡三島町早戸
TEL 0241-42-7211(金山町観光物産協会/平日)
TEL 0241-54-2855(金山町観光情報センター/土・日曜・祝日)
開 7:00〜日没
休 11月中旬〜4月下旬(5日前までに要予約)
料 3名まで6000円(4名以上1名あたり1800円)
散策付き3名まで8000円(4名以上1名あたり2500円)
交 JR**早戸駅**から徒歩2分
URL www.mugenkyo.info

info 会津という地名の由来は、古事記に登場する、北陸道筋を平定した**大彦命**(オオヒコノミコト)と東海道筋を平定した**建沼河別命**(タケヌナカワワケノミコト)親子が出合った場所を**相津**としたという話からきているという。

修験の場でもあった神秘の滝　猪苗代湖・磐梯山

達沢不動滝（たつさわふどうたき）

森林浴を楽しめるパワースポット

豪快な男滝と隣接する優美な女滝の対比が印象的な名瀑。男滝は高さ10m、幅16mで、水のカーテンのように岩肌を流れ落ちる。滝元には不動尊が祀られている。

奥州3名湯のひとつ　福島・郡山（中通り）

飯坂温泉（いいざかおんせん）

駅のすぐ近くに立つ波来湯

福島駅から福島交通飯坂線（飯坂電車）で20分ほどでアクセスできる温泉郷。温泉街には今も地元の人々に愛される共同浴場が9つあり、外湯巡りも楽しめる。

「特撮の神様」円谷英二監督のすべてがここに　福島・郡山（中通り）

円谷英二ミュージアム（つぶらやえいじみゅーじあむ）

スタジオをジオラマで再現

『ゴジラ』『ウルトラマン』などのヒットを連発し、「特撮の神様」と称された円谷英二監督の偉業をたどることができる。特撮メイキング映像や再現した初代ゴジラスーツなどは必見。

リカちゃんになりきって楽しめる夢のお城　福島・郡山（中通り）

リカちゃんキャッスル（りかちゃんきゃっする）

歴代のリカちゃんが勢ぞろい

リカちゃんの博物館と人形の製造工程を見学できるオープンファクトリーを併設したテーマパーク。ドレスレンタルでリカちゃんになりきって城内やロマンティックなお庭を見学、散策できる。

原子力災害の記録と教訓を未来へ継承・発信する　いわきと太平洋岸（浜通り）

東日本大震災・原子力災害伝承館（ひがしにほんだいしんさい・げんしりょくさいがいでんしょうかん）

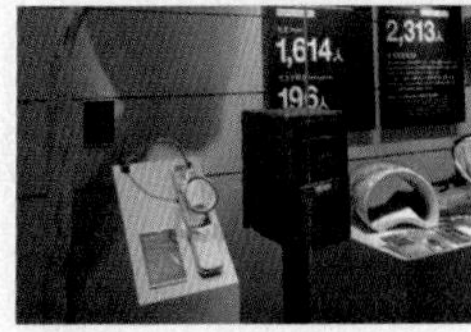

津波の恐ろしさを伝える展示物

東日本大震災と原子力災害の教訓を後世に伝える伝承施設。導入部は約5分間の動画が流れるシアター形式。展示は時系列に従い、写真や映像を多用し、臨場感をもって解説。

▶達沢不動滝
住 耶麻郡猪苗代町達沢
開 降雪時を除き入場自由
交 JR**猪苗代駅**から車で30分。滝まで徒歩10分

周辺を原生林に囲まれ、神秘的なオーラを放つ

▶飯坂温泉
▶飯坂温泉観光協会
住 福島市飯坂町十綱町3
TEL 024-542-4241
開 9:00～18:00　休 無休
交 飯坂線**飯坂温泉駅**から徒歩すぐ
URL iizaka.com
▶共同浴場
開 6:00～22:00（最終入場21:40）
休 浴場により異なる（公式サイトで確認）
料 200～300円

▶円谷英二ミュージアム
住 須賀川市中町4-1
TEL 0248-73-4407
開 9:00～17:00
休 火曜、12/29～1/3
料 無料
交 JR**須賀川駅**から徒歩20分。またはJR**須賀川駅**からバスで7分の**須賀川中町**下車、徒歩2分
URL s-tette.jp/museum

▶リカちゃんキャッスル
住 田村郡小野町小野新町中通51-3
TEL 0247-72-6364
開 10:00～16:00（最終入場15:30）
休 月曜（その他特別休館あり。来場前にウェブサイトで確認）
料 800円
交 JR**小野新町駅**から徒歩10分
URL liccacastle.co.jp

▶東日本大震災・原子力災害伝承館
住 双葉郡双葉町大字中野字高田39
TEL 0240-23-4402
開 9:00～17:00（最終入場16:30）
休 火曜（祝日の場合は翌平日）、年末年始　料 600円
交 JR**双葉駅**からシャトルバスで6分
URL www.fipo.or.jp/lore

info 日本の特撮映画の礎となった**円谷英二**は須賀川出身。**須賀川特撮アーカイブセンター**では特撮の撮影で使用した人形や模型などの貴重な資料が保存されていて、一部ガラス張りになっている収蔵庫を見学することができる。

東北が舞台となった映画

『フラガール』（福島県）

2006年公開　監督：李相日

昭和41（1966）年、福島県いわき市に誕生した東北最大のリゾート施設、常磐ハワイアンセンター（現・**スパリゾートハワイアンズ**P.225）。当時、この施設の建設は北国を常夏の楽園に変える壮大なプロジェクトだった。その誕生から成功するまでの実話をもとに描いた本作は、興行収入15億円超を記録。炭鉱の閉鎖が迫り、廃れゆく故郷を救おうと立ち上がった炭鉱の娘たちの奮闘が描かれ、キネマ旬報ベスト・テン第1位、日本アカデミー賞最優秀作品賞受賞など、その年の各賞を総なめにした。

クライマックスで蒼井優、南海キャンディーズのしずちゃんらが本格的なフラダンスを披露するスパリゾートハワイアンズはじめ、過酷なレッスンが行われた常磐音楽舞踏学院（**古殿町公民館**）、フラダンスの初披露とハワイアンセンターの宣伝を兼ねて踊った会場（**小名浜市民会館、小名浜公民館、小名浜漁協**）など、いわき市内にはロケ地が点在する。さらには東京から講師として招かれた元カリスマダンサー、松雪泰子扮する平山まどかが初めて登場する田舎道（**四倉の農道**）、車酔いした橋（**新運橋**）の情報もスパリゾートハワイアンズの公式サイトに公開され、感動したファンが訪れているという。

町、家族、そして自分のために舞台に立った娘たちの奇蹟は時代を越えて語られる。その後、東日本大震災で被害を受けたスパリゾートハワイアンズの営業再開に向けて奮闘するスタッフやフラガールたちの姿と、46年ぶりに復活したフラガールたちによる全国キャラバンを追ったドキュメンタリー『がんばっぺフラガール！』も2011年に公開された。

『るろうに剣心 京都大火編』（山形県）

2014年公開　監督：大友啓史

平成24（2012）年の第1作を皮切りに、平成26（2014）年に『京都大火編』『伝説の最期編』、平成28（2020）年に『最終章 The Final』『最終章 The Beginning』と、和月伸宏の原作漫画を実写映画化した人気シリーズ。ロケ地は多方面にわたるが、シリーズの中でも50億円超えの最高興行収入を上げた『京都大火編』のおもなロケ地は山形県に集中している。

英国近世復興様式で知られる**文翔館**P.207は外観はじめ、建物内部や中庭を使用。知事室は大久保利通の執務室として撮影された。そのシーンは現地でも写真付きで紹介されている。

そのほか、厳粛な気配に包まれた森の中にたたずむ酒田市山楯の**小物忌神社**、三浦涼介扮する沢下条張とのスピーディな気迫あふれる戦闘が繰り広げられた**鳥海山大物忌神社**P.210も、映画そのままの雰囲気を残す。

佐藤健演じる緋村剣心はかつて「人斬り抜刀斎」と恐れられた凄腕の暗殺者。新時代を迎えて「不殺の誓い」を立て、流浪人として穏やかな日々を送っていたが、やがて日本の命運を懸けた過酷な戦いに身を投じていく。

その壮絶なアクションは毎回話題になるが、本作では藤原竜也演じる志々雄真実と対峙し、神木隆之介演じる瀬田宗次郎と一戦を交える名シーンが**スタジオセディック 庄内オープンセット**P.210で撮影。同作のセットは現存している。そのほか『おくりびと』『十三人の刺客』『峠 最後のサムライ』など数多くの作品が、セットとともに紹介されている。

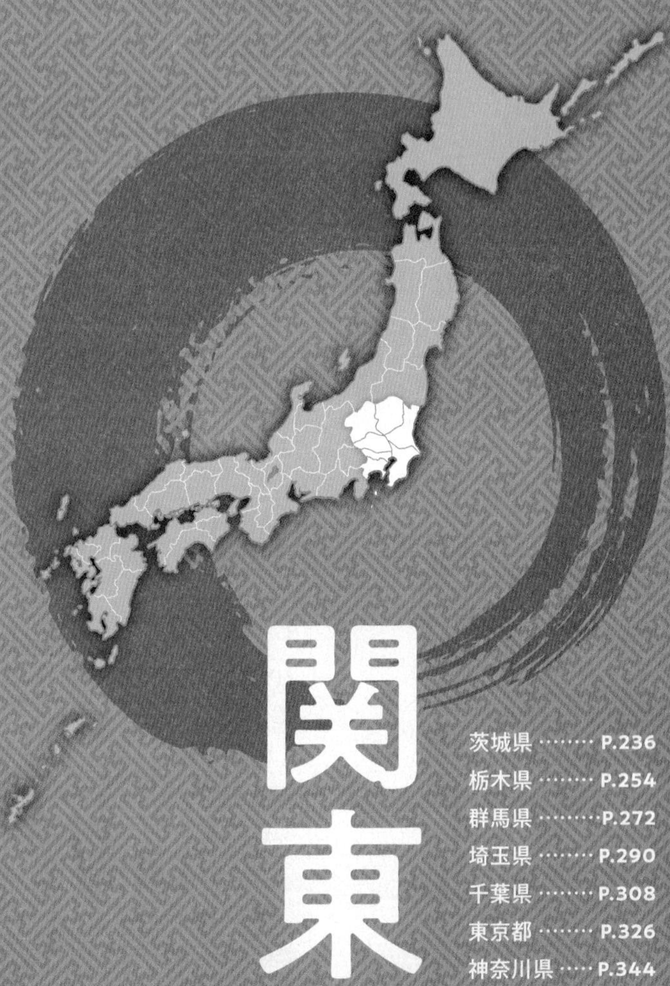

関東

春
夏
秋
冬
関東の
ココが
いちばん!
どうせ行くなら、
魅力UPの時期がいい
シーズンと旅先を
Check!
東京の飲食店の数は
全国ダントツのおよそ8万店
寡黙な大将が握ってくれる江戸前寿司！
おすすめ
夏
夏といえば
尾瀬だニャ!

群馬県 尾瀬 ▶P.282

唱歌でも知られる景勝地。尾瀬国立公園として群馬県、福島県、新潟県、栃木県の4県にまたがっている。

埼玉県 川越氷川神社 ▶P.303

縁結びの神社として知られる川越氷川神社。夏には限定行事の縁むすび風鈴が行われ、境内が2000個以上の風鈴で飾られる。

神奈川県 江の島 ▶P.357

湘南の海に浮かぶ江の島は、本土と橋でつながる観光スポット。対岸には砂浜が広がり、海水浴客やサーファーであふれている。

春

東京都 **上野恩賜公園** ▶P.336

江戸時代から親しまれる桜の名所。見頃が異なるさまざまな種類の桜が植えられているので、長い期間花見が楽しめる。

茨城県
国営ひたち海浜公園 ▶P.245

ネモフィラでも有名だが、先んじて春の訪れを伝えてくれるスイセンも美しい。園内のスイセンの丘には、早咲きのスイセンが咲き乱れる。

栃木県
あしかがフラワーパーク ▶P.271

四季折々の花に包まれるが、園のシンボルといえば大藤。4月中旬～5月中旬には「ふじのはな物語～大藤まつり～」が開かれる。

秋

東京都 **国営昭和記念公園** ▶P.343

年間800種の花が見られる昭和記念公園。11月には黄葉紅葉まつりが開かれ、イチョウ並木による黄金のトンネル楽しめる。

神奈川県
芦ノ湖 ▶P.359

箱根エリアで最も早く紅葉が始まるのが芦ノ湖。堂々とした富士山の姿と紅葉を一度に眺めることができる。

群馬県 **宝徳寺** ▶P.287

宝徳寺は床に景色が移り込む床もみじが見ることができる。春、夏にも公開されるが、やはり紅葉が浮かび上がる秋は格別だ。

冬

御利益ありそうだニャ

千葉県
成田山新勝寺 ▶P.316

成田山は、江戸時代の頃から成田参詣で人気を博した関東を代表する寺。初詣や節分には特に多くの人でにぎわう。

埼玉県 **三十槌の氷柱** ▶P.295

1月中旬から2月中旬にかけて見られる大自然のオブジェ。夜はライトアップされ、幻想的な雰囲気を醸し出す。

茨城県**大洗磯前神社** ▶P.246

大洗磯前神社の神磯の鳥居は日の出の名所として有名な場所。茨城名物のあんこう鍋も冬が本場だ。

Pick Up 関東 テーマのある旅

ウマ娘@東京競馬場 東京都

© Cygames, Inc.

実在した名馬たちをモチーフとしたクロスメディアコンテンツ『ウマ娘プリティーダービー』。アニメやアプリゲームなどが爆発的な人気を誇る。劇中には、架空のレース場である東京レース場も登場する。東京競馬場は、日本ダービーや天皇賞（秋）など数々のビッグレースが行われる競馬場。乗馬体験や子供向け遊具などもあり、近年はカップルや家族連れ客も多い。

スタンド西側からの全景の再現度も高い

▶東京競馬場
住 東京都府中市日吉町1-1
TEL 042-363-3141
開 競馬開催日9:00～17:00
休 競馬開催日以外
交 京王**府中競馬正門前駅**から徒歩約2分
URL www.jra.go.jp

アニメ、マンガの舞台となった ゆかりの地へ

アニメやマンガは日本が誇る文化のひとつ。実在する町を舞台にする作品も少なくない。ファンなら一度は行っておきたいあの町、あの場所をシーンとともに紹介する。

クレヨンしんちゃん@春日部 埼玉県

© 臼井儀人／双葉社

ACTION COMICS
新クレヨンしんちゃん
臼井儀人
1

日本一有名な幼稚園児、野原しんのすけを中心に繰り広げられる日常を描いたギャグマンガ。1990年に連載が開始され、1992年にアニメ化された。2010年からは『まんがタウン』で『新クレヨンしんちゃん』が連載されている。舞台は埼玉県春日部市。マンガに登場するスーパー、サトーココノカドーのモチーフとなったイトーヨーカドー春日部店の3階には、しんちゃんも待ってるゾ！

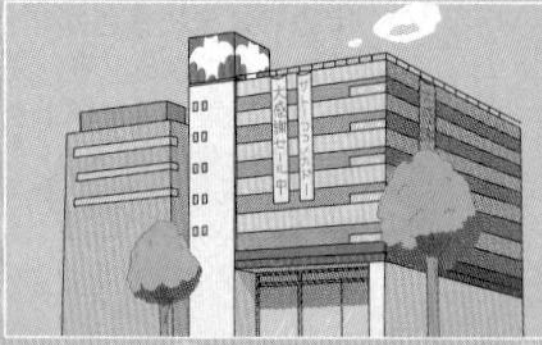
アニメに登場する「サトーココノカドー」

イベントで「サトーココノカドー」になった「イトーヨーカドー春日部店」
※期間限定のため現在は終了

info ララガーデン春日部の3階にある**嵐を呼ぶブリブリシネマスタジオ**はしんちゃんのデザインが施されたゲームセンター。関連アイテムがディスプレイされているクレーンゲームやしんちゃん達と写真が撮れるフォトスポットなど盛りだくさん。

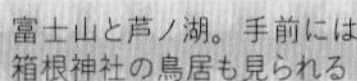

富士山と芦ノ湖。手前には
箱根神社の鳥居も見られる

芦ノ湖上空に浮遊する使徒

『エヴァンゲリオン』シリーズ@箱根　神奈川県

©カラー

巨大人型兵器「エヴァンゲリオン」のパイロットとなった少年少女と、謎の敵「使徒」との戦いを描いたアニメ作品。作品のおもな舞台となる架空の都市「第3新東京市」は箱根町がモデルとなっており、箱根湯本駅や桃源台駅といった実在する地名も登場。芦ノ湖 ▶P.359 もそのひとつで、名シーン「ヤシマ作戦」の舞台となった。

神奈川県　海街diary@鎌倉

©吉田秋生／小学館

吉田秋生原作のコミック。『月刊フラワーズ』にて、2006年8月号から2018年8月号まで不定期連載され、2015年には実写映画化もされた。おもな舞台は鎌倉、江の島エリア。原作では江ノ電 ▶P.355 が描かれることが多く、ぜひとも乗ってみたい。主人公である香田家の4姉妹が暮らす極楽寺や七里ヶ浜海岸、稲村ヶ崎海岸などフォトジェニックな見どころが多いのも魅力的だ。

極楽寺駅は香田家4姉妹が利用する最寄駅

七里ヶ浜と由比ヶ浜の間にある稲村ヶ崎

info **箱根湯本駅**構内にはエヴァンゲリオンの商品に特化したみやげ物屋**箱根湯本 えゔぁ屋**がある。箱根限定グッズやエヴァ初号機をイメージしたオリジナルソフトクリームなどを販売している。

茨城県

IBARAKI

茨城県

水戸市

人口
286.7万人（全国11位）
面積
6097km²（全国24位）
県庁所在地
水戸市
県花
バラ

ねば～る君
「納豆」と「茨城」そして世界中の「子どもたち」を応援するために生まれた納豆の妖精　©Office710 / MIRIM

バラ
イバラの城を築いて敵を退治した武人の説話が由来

関東の北東部に位置し、44の市町村からなる。北西県境に、県内最高峰の八溝山（やみぞさん）（1022m）があり、山地は南下して筑波山（877m）P.248に至る。中央部～南西部は広い平野で耕地面積は広大で、メロンをはじめ、生産量日本一の青果物が多い。東部は太平洋に面し、約190km続く海岸線に漁港や、マリンリゾート地がある。日本で2番目に大きな湖の霞ヶ浦P.249など、自然が変化に富む一方で、宇宙開発の拠点都市、つくば市を有する一面ももつ。

旅の足がかり

水戸市

県の中央部に位置する県庁所在地。市名の由来は、古来、海や川の出入口を「みと」と呼んだためで、那珂川と千波湖にはさまれた台地に市の中心がある。江戸時代に御三家の水戸徳川家が置かれた地で、**偕楽園**P.244、**弘道館**P.245といった徳川家ゆかりの史跡が点在している。2代藩主の水戸光圀（1628～1700年）、9代藩主徳川斉昭（1800～1860年）、斉昭の子で徳川15代将軍の慶喜（1837～1913年）は、「水戸の三名君」と称えられる。

写真提供：偕楽園公園センター

つくば市

県の南部にあるつくば市は、**筑波山**P.248が市の北端に位置しており、筑波山観光の玄関口となっている。1960年代に始まった国家プロジェクトにより、国内最大の研究学園都市として「最先端の科学のまち」と呼ばれ発展を続けている。市内には筑波大学やJAXAなど、国や民間の機関が集まり、現在約2万人の研究者が従事している。

©JAXA

鹿嶋市

県の南東部に位置する鹿嶋市は、霞ヶ浦の一部の北浦、東は鹿島灘にはさまれた、細長い地形をしている。常陸国一宮の**鹿島神宮**P.249が鎮座し、古くより参拝者でにぎわう。Jリーグの鹿島アントラーズのホームタウンで、カシマサッカースタジアムがあるほか、砂浜が続く鹿島灘にはマリンレジャーを楽しむポイントもある。

写真提供：鹿島神宮

地理と気候

県境の北は福島県、西は栃木県、南は千葉県と埼玉県に接している。年平均気温約14℃。夏は降水量が多く多湿で、冬は降水量が少なく乾燥する太平洋側特有の気候の影響を受ける。

【夏】晴れた暑い日が続く。海に面した地域では、北東から涼しい風が吹き、比較的過ごしやすい。積乱雲の影響で、強い雨、雷、突風が起きることがある。

【冬】西高東低の気圧配置が強く影響すると、山間部で降雪があり、県南部では冷たく乾燥した強い北西風「筑波おろし」が吹くことがある。

P.236～253 写真提供：茨城県　フォトライブラリー

アクセス

東京から ▸▸▸	所要時間
JR線 東京駅▶水戸駅（特急ひたち）	1時間15分
鉄道 秋葉原駅▶つくば駅（つくばエクスプレス）	45分
JR線 東京駅▶古河駅	1時間15分
高速バス 東京駅▶水戸駅	2時間10分
高速バス 東京駅▶鹿島神宮	2時間
高速バス 東京駅▶つくばセンター	1時間45分

栃木から ▸▸▸	所要時間
JR線 小山駅▶水戸駅	1時間30分
鉄道 茂木駅▶下館駅（真岡鐵道）	1時間10分

千葉から ▸▸▸	所要時間
JR線 香取駅▶鹿島神宮駅	20分
JR線 柏駅▶土浦駅（特急ときわ）	22分

福島から ▸▸▸	所要時間
JR線 いわき駅▶水戸駅（特急ひたち）	1時間10分

県内移動

▶水戸からつくばへ

常磐線で土浦駅まで約45分、土浦駅でつくばセンター行きのバスに乗り換えて約25分。

関東鉄道バスのつくば行き**TMライナー**で約1時間20分。2時間に1便程度と便数は多くない。

▶水戸駅から古河駅へ

常磐線上りで友部駅で水戸線に乗り換えて栃木県の小山駅まで行き、宇都宮線に乗り換え。所要約2時間。

▸▸▸アクセス選びのコツ

茨城空港から神戸空港と新千歳空港に1日2便、福岡、那覇へは1日1便が運航。茨城空港へは水戸駅からバスで40分、石岡駅から35分。

関東鉄道（関鉄バス）や**茨城交通**、**JRバス関東**が水戸～東京路線を運行しており、経由地により所要時間が異なる。鹿島神宮～東京駅の路線は10～20分おきと頻発している。

商船三井フェリーが大洗港と苫小牧港を結ぶ。大洗港フェリーターミナルへは水戸駅からシャトルバスが運行している。大洗駅からは循環バス大洗海遊号のサンビーチルートで行ける。

交通路線図

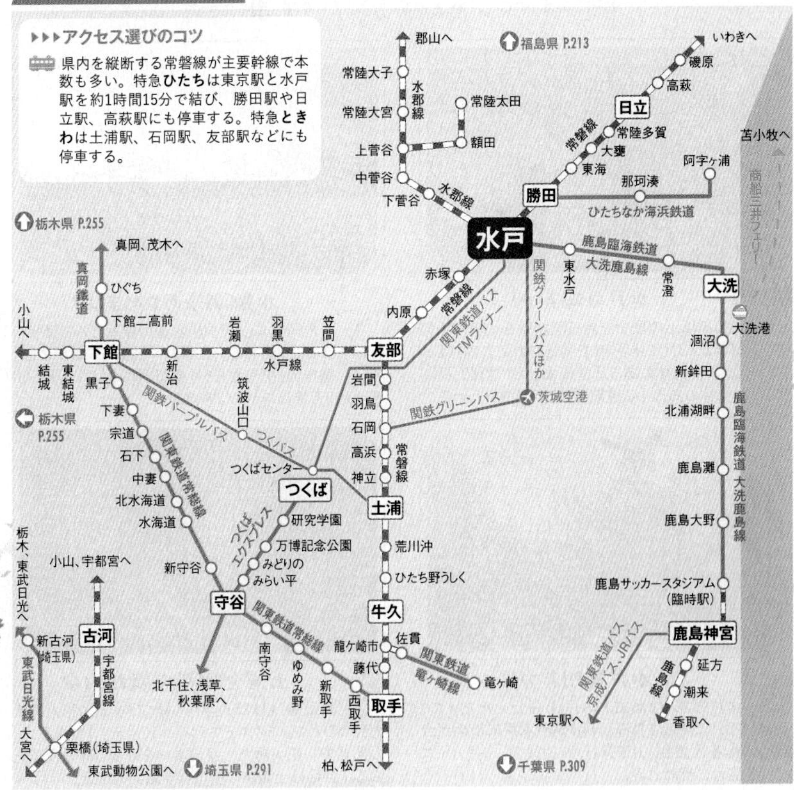

茨城県

うちの県はここがすごい

一 世界で最も高い青銅製の大仏像

像高120m（うち台座は20m）の牛久大仏は、青銅製立像で高さ世界一の大仏で、ギネス世界記録に登録されている。県南の牛久市にあり、奈良の大仏が手のひらに乗ってしまうほどの大きさ。

二 メロン生産量日本一

県南東部の鉾田市はメロン生産量日本一の産地。太平洋に面した温暖な気候を利用して、表面に網目のあるネットメロンを栽培する。旬は4～10月。メロン狩りができる観光農園も多い。

三 ビール生産量日本一

アサヒやキリンといった、大手ビールメーカーの大規模工場が立地しているほか、日本を代表するクラフトビールの「常陸野ネストビール」など、地ビールも多数生産している。

イベント・お祭り・行事

① 水戸の梅まつり

120年以上の歴史を誇る茨城県を代表する祭りで、毎年2～3月に水戸市で開催される。約100品種、3000本の梅林のある「偕楽園」と、約60品種、800本の梅林のある「弘道館」の2会場で行われる。

② 水郷潮来あやめまつり

江戸時代に、利根川水運の要衝として繁栄した潮来市で開催される。会場の「水郷潮来あやめ園」では、毎年5月中旬から6月中旬頃にかけて、約500種、100万株のあやめが咲き誇る。

③ 水戸黄門まつり

水戸藩第2代藩主・水戸光圀公をたたえて、毎年7～8月に開催される。千波湖や水戸市街地が会場となり、花火大会、山車巡行、神輿渡御、市民カーニバルが盛大に行われる。

④ 土浦全国花火競技大会

大正14（1925）年から続く日本三大花火競技大会のひとつ。「スターマイン」「10号玉」「創造花火」の部門で、花火師たちが日本一を競って秋の夜空を飾る。会場は土浦市の桜川畔学園大橋付近。

必ず食べたい 名物グルメ

あんこう

親潮と黒潮が交わる茨城沖で水揚げされるあんこうは、冬の味覚の代表格。淡白な白身は味わい深く、コラーゲンもたっぷり。11～3月が旬。あんこう鍋は身、皮、肝などが入った醤油や味噌仕立ての鍋物。

常陸牛

見た目も美しい高級霜降り牛肉。茨城県内の指定生産者が育てた黒毛和牛で、牛枝肉取引規格AまたはBの4等級以上に格付けされた牛肉のみに「常陸牛」の銘柄が与えられる。

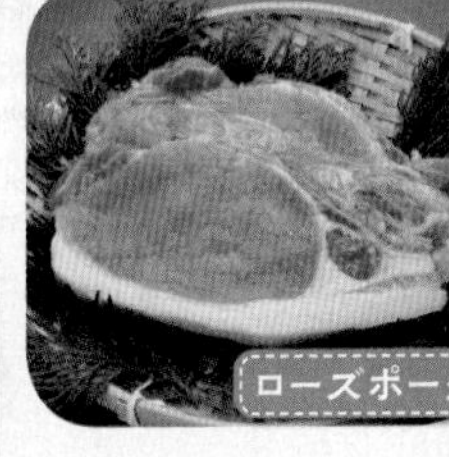

ローズポーク

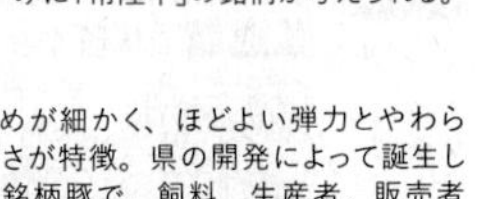

きめが細かく、ほどよい弾力とやわらかさが特徴。県の開発によって誕生した銘柄豚で、飼料、生産者、販売者を限定している。名称の「ローズ」は県花であるバラに由来する。

常陸秋そば

県北の金砂郷産のものは特に人気が高い。ネギ、大根、ゴボウなどを入れた具だくさんの温かい汁に、冷たいそばをつけて食べる「つけけんちん」は、県北の郷土料理。

もらえば笑顔 定番みやげ

納豆

明治期に水戸駅が開通し、全国に広まった水戸納豆は小粒なのが特徴。「そぼろ納豆」は切り干し大根と納豆を合わせて漬け込んだもの。そのままで温かいご飯に、酒のつまみに、お茶漬けにもおすすめ。

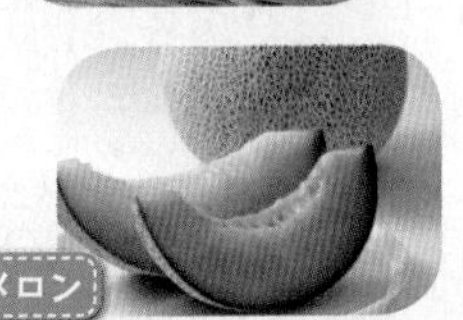

メロン

メロン生産量日本一を誇る茨城県。旬は4～10月と長く、大玉でジューシーなメロンが手頃な価格で流通している。メロンを使用した見た目もかわいいスイーツも豊富に揃う。

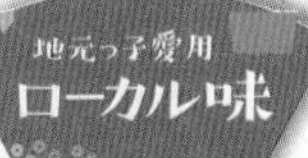

地元っ子愛用 ローカル味

おみたまヨーグルト

酪農が盛んな県央の小美玉市。**小美玉ふるさと食品公社**がつくるヨーグルト製品は、搾りたて生乳をたっぷり使用した、さわやかなコクがクセになる味わい。大粒の金柑や梅のグラッセがまるごと入ったヨーグルトもある。

常陸野ネストビール

県央の那珂市で、文政6(1823)年から酒蔵を営む**木内酒造**がつくるクラフトビール。茨城県産の「福来みかん」を原料にした「だいだいエール」など、定番ラインアップは約15種類。

匠の技が光る 伝統工芸

結城紬

奈良時代に朝廷へ献上されていた織物にルーツをもつ。本場結城紬は、ユネスコの無形文化遺産リストに掲載、国の重要無形民俗文化財に登録されている。

笠間焼

江戸時代中期に、信楽の陶工・長右衛門に指導を受けた久野半右衛門が、現在の笠間市箱田で窯を築いたのが起源。丈夫で日常づかいでき、自由な作風が魅力の焼き物。

ワカルかな？ 茨城のお国言葉

さぼってねーで、しみじみやれ

Ans. さぼってないで、真剣にやりなさい

2泊3日で巡る 茨城県

水戸市を旅の起点にして巡る県央の旅。1日目は水戸藩ゆかりの歴史スポットと笠間焼のふるさとをサイクリング。2日目は海沿いの観光スポットとグルメを堪能!

1日目

9:00 JR水戸駅

駅北口の「水戸黄門 助さん格さん像」前で記念撮影。

徒歩10分

9:10 水戸藩士たちの気風を **弘道館**で体験する ▶P.245

敷地内の「正庁」、「至善堂」、「正門」は国の重要文化財。

弘道館所蔵

徒歩5分

10:30 徳川御三家の居城 **水戸城跡**を歩く ▶P.250

散策ルート「水戸学の道」に沿って、大手橋、大手門、二の丸角櫓、薬医門を見学。

写真提供:水戸市教育委員会

徒歩10分

12:00 JR水戸駅

途中JR友部駅で水戸線に乗り換え。

鉄道25分

12:30 JR笠間駅

JR笠間駅前の観光案内所でシェアサイクル「かさまCYCLING」(事前登録が必要)P.242を借りる。

登り坂があるので、電動アシスト付き自転車を利用!

自転車10分

12:40 日本三大稲荷のひとつ **笠間稲荷神社**を参拝 ▶P.246

五穀豊穣、商売繁栄の御利益で信仰を集める神社で開運祈願。

徒歩すぐ

13:10 門前通りで**笠間名物**のランチ

名物の「笠間いなり寿司」をほおばる。栗スイーツも見逃せない。

笠間市は日本有数の栗の生産地

自転車10分

14:30 **笠間工芸の丘**や周辺で笠間焼のアートにふれる ▶P.250

ロクロや手びねり体験も

笠間工芸の丘で陶芸体験(要予約)をするもよし、おしゃれなカフェやギャラリーが集まる「ギャラリーロード」へ行くもよし、自転車でスイスイ巡る!

自転車10分

17:15 JR笠間駅

シェアサイクルを返却。途中JR友部駅で常磐線に乗り換え。

鉄道25分

18:00 JR水戸駅

水戸市内で宿泊。

おすすめ! 泊まるならココ

自転車を楽しむサービスが至れり尽くせり「ハマる輪泊」が合言葉の駅ビル直結ホテル

愛車を壁にディスプレイできる客室もある

星野(ほしの)リゾートBEB5土浦(つちうら)

2020年10月にオープンした星野リゾート初の「自転車を楽しむホテル」。JR土浦駅の駅ビル「プレイアトレ土浦」の3～5階にあり、駅の改札前がホテルのエントランス。レンタサイクルや、サイクリングコースの提案など、旅先で自転車を楽しむためのサービスがとことん充実している。

飲食物持ち込みOKのカフェラウンジ

住 土浦市有明町1-30プレイアトレ土浦3階
TEL 0570-073-022(星野リゾート予約センター)
交 JR土浦駅直結
料 6600円～(2名1室利用時1名の料金、税別)
URL hoshinoresorts.com/ja/hotels/beb5tsuchiura

写真提供：偕楽園公園センター

早起きして偕楽園へ

日本三名園のひとつ偕楽園P.244は、2月中旬～9月30日までは6:00から開園（それ以外の期間は7:00）している。すがすがしい庭園をゆったり歩ける朝の散歩はおすすめ。

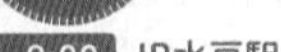

2日目

9:00 JR水戸駅

鉄道5分

9:10 JR勝田駅

バス15分

写真提供：国営ひたち海浜公園

9:30 **国営ひたち海浜公園**で ▶P.245
四季の折々の自然を満喫

海風を感じながら季節の花々や、遊園地でアトラクションを楽しむ。

アトラクションの数も豊富！

写真提供：国営ひたち海浜公園

バス15分

12:20 ひたちなか海浜鉄道勝田駅

鉄道15分

12:40 ひたちなか海浜鉄道那珂湊駅

徒歩15分

13:00 **那珂湊おさかな市場**で ▶P.250
新鮮な地魚料理を堪能

那珂湊港に隣接した観光魚市場で、新鮮な海の幸のランチに舌鼓。

茨城の地魚を食べよう！

徒歩20分

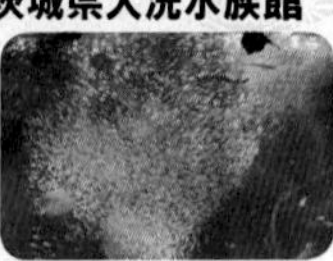

14:30 サメの飼育種数・日本一！ ▶P.246
アクアワールド茨城県大洗水族館

約60種類ものサメを飼育中。茨城の海を表現した、1万5000匹のイワシが泳ぐ大水槽も圧巻。

タクシー5分

16:30 **大洗磯前神社・神磯の鳥居**で
旅の安全を感謝する ▶P.246

交通安全、厄除けなどに御利益がある神さまを参拝。海側へ階段を降りると、岩礁に神磯の鳥居が立つ。日の出の名所で朝は特に絶景。

参拝したら神磯の鳥居へ！

17:00 大洗で宿泊

3日目

大洗の町を楽しむ

鹿島灘に面した海辺のリゾート・大洗。温泉宿も多く、ゆっくり町歩きするのもおすすめ。町のシンボル「大洗マリンタワー」の地上55mにある展望室からは絶景の大海原を楽しめる。

スイーツ&グルメ

茨城の特産品が集結

JR水戸駅直結の駅ビル、エクセルみなみ3階には、茨城ブランドを集めたセレクトショップ「茨城味撰倶楽部」をはじめ、郷土の味覚が勢ぞろい。旅先で買い忘れたおみやげはここでチェック。

茨城味撰倶楽部

おすすめ！泊まるならココ

県北の名湯・袋田温泉の渓流沿いにたたずむ宿

袋田温泉 思い出浪漫館

久慈川支流の滝川沿いにあり、渓流のせせらぎや、奥久慈の豊かな自然を間近に感じる客室、露天風呂、大浴場が自慢。源泉かけ流しの湯は肌ざわりもやわらかで、美肌効果を求めて訪れる女性客も多い。奥久慈しゃもや大子米など、地元名産の食材を使用した料理も楽しめる。

住 久慈郡大子町袋田978
TEL 0295-72-3111
交 JR袋田駅からタクシーで5分
料 1万6100円～（1泊2食付き、1名の料金、税込）
URL www.roman-kan.jp

滝川のせせらぎが耳に心地よい露天風呂

寒暖差の大きい奥久慈は食材の宝庫

茨城県の歩き方

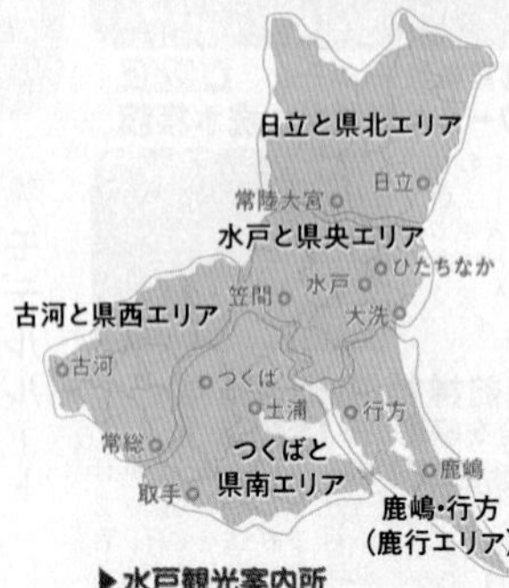

▶水戸観光案内所
住 水戸市宮町1-1-1
(JR水戸駅構内北口側)
TEL 029-221-6456
開 9:00～19:00　休 12/29～1/3
URL mitokoumon.com

▶かさまCYCLING
笠間市内にあるサイクルポート(駐輪場)で、スマートフォンを利用して借りられるシェアサイクル(電動アシスト付自転車)。利用は事前の会員登録が必要。
開 8:30～17:00(返却は17時以降も可能)
料 60分まで300円、以降30分ごとに100円
URL www.kasama-kankou.jp/page/dir000082.html

ローカル鉄道

水戸駅～JR鹿島神宮駅間の16駅を結ぶ**鹿島臨海鉄道大洗鹿島線**は、大洗を舞台にしたアニメ『ガールズ&パンツァー』に登場したことで、ファンの注目を集めるローカル線。
一方、**ひたちなか海浜鉄道湊線**は、大正2（1913）年に開通した歴史の長い鉄道。勝田駅～阿字ヶ浦駅間の14.3kmを結ぶ短い路線で、ひたちなか市のみを運行している。いずれも海辺の観光スポットへのアクセスに便利な路線だ。

鹿島臨海鉄道大洗鹿島線

水戸と県央エリア

写真提供:国営ひたち海浜公園

県庁所在地の**水戸市**を中心とした、**笠間市**、**ひたちなか市**、**大洗町**などのエリア。水戸が旅の起点。水戸駅にはJR常磐線をはじめ、JR水郡(すいぐん)線などが乗り入れている。水戸徳川家ゆかりの見どころは駅北側に広がり、徒歩や路線バスで巡ることができる。ひたちなかや、大洗などの海沿いの見どころへは、鹿島臨海鉄道大洗鹿島線、ひたちなか海浜鉄道湊線を利用したローカル線の旅も楽しい。

▶茨城空港から水戸市内まで

茨城空港から水戸駅までは、高速バスで約40分（一般道ルートは約70分）。茨城空港の駐車場は無料で利用可能。

おみやげ

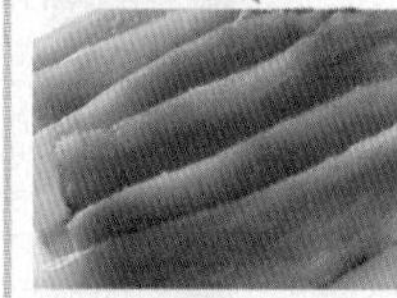

干しいも　明治期後半に静岡県から伝わった干しいもづくりは、今やひたちなか市が生産量日本一。潮風を受けながら、天日に干された干しいもは、自然な甘みがあり、やわらかな食感。

国内シェアの9割が茨城県産

日立と県北エリア

神峰山（日立市）から海を望む

太平洋側の北茨城市、高萩(たかはぎ)市、日立市、山あいに見どころが多い常陸太田(ひたちおおた)市、大子町(だいごまち)などのあるエリア。

太平洋側は常磐線特急**ひたち**、**ときわ**の利用が便利。

山あいのエリアへは、「奥久慈(おくくじ)清流ライン」の愛称をもつ**水郡線**(すいぐんせん)でアクセス可能。海側と山間部とは、車を利用すればアクセスがよく、両方を気軽に巡ることができる。

足を延ばせば

JR日立駅　「海の見える駅」として、世界の美しい駅舎のひとつに名を連ねる。デザイン監修は、日立市出身の建築家、妹島和世氏。ガラス張りの橋上駅舎は開放感に満ちていて、構内にはカフェも併設する。

朝日を望む景色は特に人気

info **県土に占める耕地の割合が日本一**の茨城県。出荷量日本一を誇る農産物には、メロン、ピーマン、レンコン、水菜、チンゲンサイ、小松菜、栗、鶏卵などがある。

日本全国津々浦々～道の駅巡り～

食事処では納豆付きの朝定食も人気。展望室から望む筑波山の景観がすばらしい

しもつま

納豆工場を併設する珍しい道の駅。下妻産大豆を100%使用した藁入り納豆など10種類を常時販売。商品名の「福よ来い」は、施設がある国道294（ふくよ）号線に由来している。

つくばと県南エリア

つくば霞ヶ浦りんりんロード P.249脚注

土浦市、牛久市、つくば市などのエリアで、**筑波山** P.248、**霞ヶ浦** P.249、日本の宇宙開発の拠点、**JAXA筑波宇宙センター** P.248などの見どころがある。

東京都心からつくばへは、秋葉原駅とつくば駅とを最短45分で結ぶ、**つくばエクスプレス**の利用が便利。筑波山へは、つくば駅発着の直行筑波山シャトルバスが運行している。

古河と県西エリア

レトロな町並みが残る桜川市真壁

古河市、結城市、下妻市、桜川市など、**筑波山** P.248の西に関東平野が広がるエリア。JR水戸線、JR宇都宮線、関東鉄道常総線でアクセスするほか、最寄駅から離れた見どころもあるため、車での移動が便利。平野の中央に流れる鬼怒川流域は、結城紬の発祥地。またこのエリアは、幕末に日本が初めて海外へ輸出した日本茶「さしま茶」の産地でもある。

鹿嶋・行方（鹿行エリア）

鹿島神宮の本宮拝殿
写真提供 鹿島神宮

鹿嶋市、潮来市、神栖市、行方市、鉾田市などのあるエリア。鹿島臨海鉄道大洗鹿島線でアクセスできる。**鹿島神宮** P.249や、カシマサッカースタジアム、霞ヶ浦と北浦がつくる水郷風景、観光農園でのメロン狩りなどを楽しめる。また海岸線では、海水浴や釣り、マリンスポーツが楽しめる。

▶道の駅しもつま
住 下妻市数須140
TEL 0296-30-5294
開 9:00～18:00
納豆工場は月・水・金曜の午前中見学可能（無料）
休 無休
交 常磐道**谷和原IC**から車で40分
URL www.michinoeki-shimotsuma.jp

▶つくば総合インフォメーションセンター観光案内所
住 つくば市吾妻1-8-10
（TXつくば駅前BiViつくば1階）
TEL 029-879-5298
開 8:30～18:30 休 12/29～1/3
URL ttca.jp

水戸黄門の由来

水戸藩第2代藩主の徳川光圀は、藩主時代に領内を巡り、領民思いの治世をおこなった。その業績は脚色されて、後世に『水戸黄門漫遊記』という講談が生まれた。印籠シーンでおなじみの人気テレビドラマシリーズ「水戸黄門」は、この講談が下地になっている。「黄門」とは官位の中納言の中国風呼び名で、光圀の官位が中納言だったことが由来だ。

黄門さまゆかりの地を歩いて巡る

そんな光圀の生誕の地に建つ「黄門神社」と、隠居生活を送った「西山御殿（西山荘）」とを結ぶウオーキングコースがある。県央の水戸市・那珂市、県北の常陸太田市を歩く全長約30kmのコースで、光圀ゆかりの地や、3市の見どころを巡ることができる。

3市広域ウオーキングマップ
URL www.city.mito.lg.jp/001433/003463/p024129.html

黄門さまゆかりの地を漫遊

▶鹿嶋市観光案内所
住 鹿嶋市宮下4-1-2
（JR鹿島神宮駅構内）
TEL 0299-82-7730
開 9:00～17:00
（土・日曜・祝日9:00～16:00）
休 12/29・30
URL www.sopia.or.jp/kashima-kanko

info **鹿島神宮**から約2.5km西に位置する**大船津**には、北浦（霞ヶ浦の一部）の水上に、**西の一之鳥居**が立っている。この地は、古くから水運が盛んで、船で鹿島神宮を訪れる参拝者も多かった。

茨城県の見どころ

3000本の梅が咲き誇る日本三名園

水戸と県央エリア

偕楽園

梅の別名・好文木を邸の名にした好文亭

天保13（1842）年、水戸藩第9代藩主**徳川斉昭**が造営した庭園で、岡山の後楽園、金沢の兼六園と並ぶ**日本三名園**のひとつ。

約100品種3000本の梅林が広がる国内屈指の梅の名所で、園内には、斉昭自らが設計し別邸とした**好文亭**、千波湖の絶景を眼下に望む**仙奕台**などの見どころが点在している。斉昭は日を定めて偕楽園を領民に開放していた。毎年2月中旬～3月末頃に**梅まつり**P.238、9月に**萩まつり**が開催され、季節の風物詩となっている。

また、偕楽園に隣接して斉昭と第2代藩主徳川光圀を祀る**常磐神社**が鎮座している。

▶偕楽園
住 水戸市常盤町1-3-3
TEL 029-244-5454
開 2月中旬～9月6:00～19:00
10月～2月中旬7:00～18:00
休 無休　料 300円
交 JR**水戸駅**からバスで20分の**好文亭表門入口**下車、徒歩5分
URL ibaraki-kairakuen.jp

▶好文亭
開 2月中旬～9月9:00～17:00
10月～2月中旬9:00～16:30
休 12/29～31　料 200円

早春は梅の香に包まれる
写真提供：偕楽園公園センター（2点）

見どころMAP

筑波山周辺
男体山
女体山
筑波山 P.248
ガマ洞窟
筑波山ロープウェイ
筑波観光鉄道ケーブル
筑波山神社 P.248
大御堂
0 500m

P.252 茨城県天心記念五浦美術館
奥久慈温泉郷 P.252
袋田の滝 P.247
五浦海岸 P.251
P.252 花貫渓谷
竜神大吊橋と P.247 竜神峡
御岩神社 P.247
笠間稲荷神社 P.246
笠間工芸の丘 P.250
国営ひたち海浜公園 P.245
つむぎの館 P.253
真壁の町並み P.253
板谷波山記念館 P.253
いばらきフラワーパーク P.251
古河歴史博物館 P.253
予科練平和記念館 P.252
JAXA筑波宇宙センター P.248
霞ケ浦 P.249
P.253 カシマサッカーミュージアム
牛久大仏 P.249
鹿島神宮 P.249
牛久シャトー P.251
ミュージアムパーク茨城県自然博物館 P.251

水戸市中心部
112
349
水戸城二の丸展示館
大手門
50
水戸芸術館
那珂川
茨城県立歴史館 P.250
京成百貨店
弘道館 P.245
偕楽園 P.244
P.250 水戸城跡
徳川ミュージアム
常磐線
水戸駅
千波湖
茨城県近代美術館
駅南中央通り
桜川
0 1km

大洗町周辺
那珂湊おさかな市場 P.250
海門橋
アクアワールド茨城県大洗水族館 P.246
鹿島臨海鉄道大洗鹿島線
涸沼川
P.252 大洗町幕末と明治の博物館
P.246 大洗磯前神社
神磯の鳥居
大洗駅
めんたいパーク
0 1km

info 偕楽園に隣接する**千波湖**。周囲3kmの湖岸では、人々が散歩やジョギングを楽しんでいる。偕楽園と千波湖周辺を合わせると、ニューヨークのセントラルパークと並ぶほどの世界最大級の公園となる。

海辺に広がる215ヘクタールの広大な公園 水戸と県央エリア

国営ひたち海浜公園

花の見頃は公式サイトでチェックできる
写真提供:国営ひたち海浜公園（3点）

7つの異なるエリアからなる公園で、四季ごとに咲く花々や、遊園地などのアトラクションを楽しめる。海を望む**みはらしエリア**は人気の撮影スポット。春にはブルーの花を咲かせるネモフィラや、夏は鮮やかなライムグリーンで、秋になると紅葉するコキアなどが丘一面を彩っている。

プレジャーガーデンエリアでは、ジェットコースターや、海抜100mの高さから太平洋を一望できる観覧車があり、子供から大人まで楽しめる。広大な園内はシーサイドトレイン（1日券600円）や、レンタルサイクル（3時間450円）での移動が便利だ。

▶国営ひたち海浜公園
住 ひたちなか市馬渡字大沼605-4
TEL 029-265-9001
開 9:30～17:00（季節により変動）
休 火曜（祝日の場合は翌平日。季節により変動あり）
料 450円（春のネモフィラ、秋のコキアの見頃時期は700円）
交 JR**勝田駅**からバスで15分の**海浜公園西口**または**海浜公園南口**下車、徒歩すぐ
URL hitachikaihin.jp

海風を感じながら自然を満喫

遊び疲れたらカフェでひと休み

第15代将軍徳川慶喜が幼少期に学んだ藩校 水戸と県央エリア

弘道館

至善堂御座の間　弘道館所蔵（3点）

水戸藩第9代藩主・徳川斉昭が天保12(1841)年に開設した**藩校**で、日本最大の規模を誇る教育施設だった。

藩政改革の一環に、優れた人材の育成を強く掲げた斉昭は、藩士とその子弟を学ばせる藩校を水戸城の三の丸に開設した。入学は15歳、卒業制度はなく生涯教育を原則とした。

創建当時の建物の多くは、明治元(1868)年の藩内の抗争や、空襲により焼失したが、弘道館の中心的建物で、藩主臨席のもと文武の試験が行われた**正庁**、その奥にある**至善堂**のほか、藩主の来館や特別行事のみに開門された**正門**が現存している。

▶弘道館
住 水戸市三の丸1-6-29
TEL 029-231-4725
開 2/20～9/30 9:00～17:00
10/1～2/19 9:00～16:30
※梅まつり期間は原則17:00まで
休 12/29～31　料 400円
交 JR**水戸駅**から徒歩8分
URL www.ibarakiguide.jp/kodokan.html

毎年2月中旬から3月下旬頃は梅の季節で、「梅まつり」が開催される

正庁の外観

info **ひたちなか市**には『**素敵な明日のために**』（歌/本田美奈子、作詞/秋元康、作・編曲/後藤次利）という市の**公式ソング**がある。楽曲に合わせた振り付けもあり、夏祭りではダンスパレードコンテストも行われ、市民に歌い継がれている。

初夏は藤、秋は菊の花の名所としても名高い

水戸と県央エリア

笠間稲荷神社

かさまいなりじんじゃ

商売繁栄などの御利益で信仰を集める

日本三大稲荷のひとつに数えられる古社。飛鳥時代、孝徳天皇の御代、白雉(はくち)2(651)年創建と伝わる。

本殿には**三頭八方睨みの龍**や**牡丹唐獅子**と名付けられた見事な彫刻が施されており、江戸末期の名匠たちによる見事な装飾は見逃せない。門前町は御神木の「胡桃」にあやかった、胡桃まんじゅうやいなり寿司などが名物。

▶笠間稲荷神社

住 笠間市笠間1

TEL 0296-73-0001

開 入場自由

交 JR**笠間駅**から徒歩20分、または「笠間周遊バス」で10分の**稲荷神社**下車、徒歩すぐ

URL www.kasama.or.jp

大絵馬や奉納額が納められた絵馬殿は、明治期の建築物

サメの飼育種数は日本一

水戸と県央エリア

アクアワールド茨城県大洗水族館

あくあわーるどいばらきけんおおあらいすいぞくかん

精悍な顔つきのシロワニ

世界の海の生物を約580種、6万8000点飼育している水族館。館のシンボルであるサメの飼育種数は全国一で、その数は2021年現在約60種。館内では、日本最大級の専用水槽で泳ぐマンボウや、約1万体のミズクラゲが浮遊する展示ゾーンが楽しめる。2021年には世界で5園館目となるシロワニの幼魚が誕生し、精力的に繁殖研究を進めている。

▶アクアワールド茨城県大洗水族館

住 東茨城郡大洗町磯浜町8252-3

TEL 029-267-5151

開 9:00～17:00(最終入場16:00、季節によって変動)

休 無休(6、12月に休館日あり)

料 2000円

交 ひたちなか海浜鉄道**那珂湊駅**からバスで7分。または鹿島臨海鉄道**大洗駅**からバスで15分

URL www.aquaworld-oarai.com

愛嬌たっぷりのマンボウ

「大洗さま」の名で親しまれる福の神

水戸と県央エリア

大洗磯前神社

おおあらいいそさきじんじゃ

昇る朝日と神磯の鳥居

斉衡(さいこう)3(856)年創建の神社で、御祭神に大己貴命(おおなむちのみこと)、少彦名命(すくなひこなのみこと)を祀る。大洗町の丘の上に建ち、交通安全、厄除け、家内安全などの御利益で信仰を集める。

社殿の前を海側へ行くと、御祭神降臨の地と伝わる海中の岩の上に**神磯(かみいそ)の鳥居**が立ち、神秘的な景観が広がっている。日の出の時刻には、1年を通して多くの写真愛好家が集まる。

▶大洗磯前神社

住 東茨城郡大洗町磯浜町6890

TEL 029-267-2637

開 4～9月5:30～18:00
10～3月6:00～17:00

休 無休

料 無料

交 鹿島臨海鉄道**大洗駅**から海遊アクアワールド・大洗ルートのバスで18分の**大洗磯前神社下**下車、徒歩すぐ

URL oarai-isosakijinja.net

info **みつだんご**は大洗の名物おやつ。小麦粉で作った団子に、甘辛いタレをたっぷりからめて、きな粉をまぶして食べる。見た目はみたらし団子のようだが、小麦ベースの団子は餅より軽い食べ応え。

観瀑台から眺める壮観な滝の流れは見事

日立と県北エリア

袋田の滝（ふくろだのたき）

秋は紅葉に彩られる

県北西部に位置する袋田の滝は、那智の滝、**華厳滝**P.264と並ぶ**日本三名瀑**のひとつ。

高さ120m、幅73mの大きさで、四段からなる大岩壁を、飛沫を上げて流れ落ちるさまは圧巻。春の新緑、夏の涼やかさ、秋の紅葉、冬の氷瀑と季節ごとに姿を変える美しさを楽しめることから**四度（よど）の滝**の別名で讃えられる。

近年パワースポットとして注目を集める

日立と県北エリア

御岩神社（おいわじんじゃ）

葵の御紋の御幕がかかる拝殿

御岩山（おいわさん）に鎮座する神仏混淆（こんこう）を色濃く残す神社。全山に188柱の祭神を祀る。

御岩山は古代より山岳信仰の聖地で、奈良時代に編纂された『常陸國風土記（ひたちのくにふどき）』にも記され、江戸時代には水戸の歴代藩主が参拝した。現在も心願成就、家内安全などを祈願する参拝者が後を絶たない。

歩行者専用の吊橋としては国内最大級

日立と県北エリア

竜神大吊橋と竜神峡（りゅうじんおおつりばしとりゅうじんきょう）

ダイナミックな景観に圧倒される

深いV字の渓谷が美しい竜神峡は、竜の棲家の伝説が残る渓谷。

竜神大吊橋は、渓谷に建設された竜神ダムの上に架かる橋で、全長375m、湖面からの高さは100mある。

橋上からは四季折々のパノラマと、はるかに下方に水を湛えるダムの迫力ある絶景を楽しめる。鯉のぼりまつりや灯篭まつりなど季節のイベントも催される。

▶袋田の滝
住 久慈郡大子町袋田
TEL 0295-72-0285(大子町観光協会)
開 5〜10月8:00〜18:00
11月8:00〜17:00
12〜4月9:00〜17:00 休 無休
料 300円(観瀑台入場料)
交 JR**袋田駅**からバスで10分の**滝本**下車、徒歩10分
URL www.daigo-kanko.jp

深緑に映える滝の流れ

▶御岩神社
住 日立市入四間町752
TEL 0294-21-8445
開 6:00〜17:00
社務所9:00〜17:00
休 無休 料 無料
交 JR**日立駅**からバスで35分の**御岩神社前**下車、徒歩すぐ
URL www.oiwajinja.jp

楼門と樹齢約600年の三本杉

▶竜神大吊橋と竜神峡
▶竜神大吊橋
住 常陸太田市天下野町2133-6
TEL 0294-87-0375(水府物産センター)
開 8:30〜17:00(最終入場16:40)
休 12/29〜1/3(天候により通行制限あり)
料 320円
交 JR**常陸太田駅**からバスで40分の**竜神大吊橋**下車、徒歩すぐ
URL ohtsuribashi.ryujinkyo.jp

info **袋田の滝**がある**大子地区**は、**桜田門外の変**で、井伊直弼暗殺の現場指揮をとった水戸藩士・**関鉄之助**が事件後にかくまわれていた場所。現在その地に建つ**袋田温泉 思い出浪漫館**P.241の入口付近では、鉄之助の歌碑を見ることができる。

▶筑波山
住つくば市筑波1
TEL 029-869-8333(つくば観光コンベンション協会)
開入場自由
交つくばエクスプレス**つくば駅**から筑波山シャトルバスで40分の**筑波山神社入口**下車
URL www.mt-tsukuba.com

筑波山ロープウェイ

▶筑波山神社
住つくば市筑波1
TEL 029-866-0502
開入場自由
交つくばエクスプレス**つくば駅**から筑波山シャトルバスで40分の**筑波山神社入口**下車、徒歩10分
URL www.tsukubasanjinja.jp

江戸後期造営の荘厳な随神門

▶JAXA筑波宇宙センター
住つくば市千現2-1-1
開10:00〜16:00(ミュージアムショップは〜16:30)
休12/29〜1/3、施設点検日など不定休　料無料(入場はウェブサイトから事前予約が必要)
交つくばエクスプレス**つくば駅**からバスで6分の**物質材料研究機構**下車、徒歩すぐ
URL visit-tsukuba.jaxa.jp
▶説明員による展示館ガイド(無料)
JAXAの宇宙開発の歴史や楽しい小ネタなど、展示エリアごとに説明員が案内する。開始時間は上記ウェブサイトで確認できる。
※有料の見学ツアーは2022年3月現在休止中

関東平野を一望できる霊峰　つくばと県南エリア

筑波山（つくばさん）

男体山（なんたいさん）(標高871m)と、**女体山**（にょたいさん）(標高877m)のふたつの峰からなる、日本百名山のひとつ。古くより信仰の山として知られ、山そのものが御神体とされる。

朝夕で山肌の色を変える美しさから「紫峰」の別名をもつ筑波山

比較的気軽に山歩きを楽しめるのが魅力のひとつで、6つのハイキングコースが整備されているほか、ケーブルカーやロープウエイで山頂近くにアクセスできる。

御祭神を筑波山の東西ふたつの峰に祀る　つくばと県南エリア

筑波山神社（つくばさんじんじゃ）

筑波山神社は、古来信仰の山として知られる霊峰・筑波山を御神体として仰ぐ古社。山の南側の標高約270mに位置する。山腹の社殿は拝殿にあたり、御本殿は**男体山**と**女体山**のふたつの頂上に建つ。男体山にイザナギノミコト、女体山にイザナミノミコトの夫婦二神を祀ることから、縁結び、夫婦和合などの御利益で信仰を集める。

山腹に鎮座する拝殿　写真提供:筑波山神社(2点)

日本の宇宙開発の現場を身近に体験　つくばと県南エリア

JAXA筑波宇宙センター（じゃくさつくばうちゅうせんたー）

日本で最大規模の宇宙開発の拠点。東京ドーム約12個分に及ぶ敷地内には、研究開発のための建物が並ぶ。

敷地内の展示館**スペースドーム**には、人工衛星やロケットエンジンなど、開発用の試験モデルや実物大の模型などが、その役割の詳しい説明書きとともに展示されている。

「きぼう」日本実験棟の実物大模型　©JAXA

info つくば市のイメージキャラクターの**フックン船長**は、宇宙飛行士型ふくろうロボット。「ふくろう」はつくば市の鳥で、自然や智恵の象徴を表し、「ロボット・宇宙飛行士」は、つくば市が科学技術の町であることを表したもの。

古くからの景勝地

つくばと県南エリア

霞ヶ浦（かすみがうら）

シラウオやワカサギの「帆引き網漁」に使われていた帆引き船

琵琶湖に次いで全国2位の広さを誇る。湖面積は220km²。流入河川が多く、さまざまな魚種が生息し、冬季には水鳥も多く渡来する。夏から秋頃にかけて、**帆引き船**という船を見ることができる。帆引き船は明治期に考案された漁船で、現在は観光用として操業され、見学船から見学できる。

▶霞ヶ浦
住 土浦市川口2-13（土浦港）
TEL 029-824-2810（土浦市観光協会）
開 入場自由
交 JR**土浦駅**から徒歩9分

つくば霞ヶ浦りんりんロード

筑波山地域と、霞ヶ浦を周回する全長約180kmのサイクリングコース。安全な環境や地元の受け入れ体制など、一定の水準を満たしたルートとして、令和元（2019）年に、国指定のナショナルサイクルルートに選定されている。距離や、巡るルートによって、7つのコースが提案されている。

霞ヶ浦と筑波山の絶景が望める

青銅製立像として像高世界一の大仏

つくばと県南エリア

牛久大仏（うしくだいぶつ）

春の浄土庭園　写真提供：牛久大仏

平成4（1992）年に完成した巨大な阿弥陀如来像。像高120m（うち台座は20m）で、ギネス世界記録に登録されている。大仏さまの胎内は5階構造になっており、2階は写経ができる**知恩報徳（ちおんほうとく）の世界**、3階は約3400体の胎内仏を安置する**蓮華蔵（れんげぞう）世界**などのほか、5階にある展望台からは関東平野を一望できる。

▶牛久大仏
住 牛久市久野町2083
TEL 029-889-2931（牛久大仏管理事務所）
開 3～9月9:30～17:00（土・日曜・祝日9:30～17:30）10～2月9:30～16:30
休 無休
料 800円（庭園のみ500円）
交 JR**牛久駅**からバスで34分の**牛久大仏**下車、徒歩すぐ
URL daibutu.net

朝廷や武将、剣豪らの崇敬を集めた

鹿嶋・行方（鹿行エリア）

鹿島神宮（かしまじんぐう）

朱塗の楼門　写真提供 鹿島神宮（2点）

神武元（紀元前660）年の創建と伝わる常陸国一宮である。御祭神に日本建国・武道の神**武甕槌大神（たけみかづちのおおかみ）**を祀り、必勝祈願、武道上達、厄除けなどの御利益で信仰を集めている。神宮から約2.5km西に位置する**西の一之鳥居**は高さ18.5m、幅22.5mと水上鳥居として日本最大。歌川広重の『六十余州名所図会（ろくじゅうよしゅうめいしょずえ）』にもその情景が描かれている。

▶鹿島神宮
住 鹿嶋市宮中2306-1
TEL 0299-82-1209
開 入場自由
交 JR**鹿島神宮駅**から徒歩10分
URL kashimajingu.jp

徳川家康によって寄進された奥宮

info 筑波山地域と、霞ヶ浦を周回する、**つくば霞ヶ浦りんりんロード**は、沿線11ヵ所にレンタサイクルスポットがあり、指定の施設で貸出、返却することができる。URL www.ringringroad.com

美しい庭園は無料で散策できる

水戸と県央エリア

茨城県立歴史館

県の歴史を紹介する博物館と歴史的資料などを保管する文書館からなる。茨城の歴史を概観できる常設展、年1～2回の特別展、年4～5回の企画展などが開催される。庭園には、県内から移築された明治期の洋風建築などが建ち、秋のイチョウ並木は見事。

庭園に建つ旧水海道小学校本館

▶茨城県立歴史館
住 水戸市緑町2-1-15
TEL 029-225-4425
開 博物館9:30～17:00
庭園2/20～9/30 6:00～19:00
10/1～2/19 7:00～18:00
休 月曜（祝日の場合は翌日）、12/29～1/1、ほか不定休
料 160円（企画展開催時350円、特別展開催時610円）
交 JR**水戸駅**からバスで10分の**歴史館偕楽園入口**下車、徒歩2分
URL rekishikan-ibk.jp

令和に大手門、二の丸角櫓の復元が完成

水戸と県央エリア

水戸城跡

那珂川と千波湖にはさまれた、舌状台地の先端に鎌倉初期に築かれ慶長14（1609）年から水戸徳川家の居城となった。城跡には、安土桃山時代建立の**薬医門**のほか、旧三の丸に建つ**弘道館**P.245、地形を巧みに利用した空堀や土塁を見ることができる。

堂々たる風格の大手門と大手橋
写真提供：水戸市教育委員会

▶水戸城跡
住 水戸市三の丸2
TEL 029-306-8132（水戸市役所歴史文化財課）
開 入場自由
交 JR**水戸駅**から徒歩10分
URL mitokoumon.com/facility/historic/mitojoato
▶水戸城二の丸角櫓
開 9:30～16:00　休 12/29～1/3
料 無料
交 JR**水戸駅**から徒歩20分

朝どれの地元の魚介類を扱う専門店が集まる

水戸と県央エリア

那珂湊おさかな市場

那珂湊漁港に隣接している観光魚市場。茨城県の県魚・ヒラメをはじめ、アンコウ、カレイ、カツオなど、取れたての旬の地魚や干物など地元ならではの水産加工品を手頃な価格で購入できる。場内には、新鮮な海鮮料理が自慢の食事処や寿司店も軒を連ねる。

豊富な魚介類は新鮮さが自慢

▶那珂湊おさかな市場
住 ひたちなか市湊本町19-8
TEL 029-212-8900（那珂湊おさかな市場事務局）
開 休 店舗により異なる
交 ひたちなか海浜鉄道**那珂湊駅**から徒歩10分
URL www.nakaminato-osakanaichiba.jp

アート・自然・食を楽しめる複合施設

水戸と県央エリア

笠間工芸の丘

笠間芸術の森公園内にある複合施設で、笠間焼の手づくり体験工房や、作品を展示販売するギャラリー、地元産食材を使用したスイーツを食べられるカフェがある。**ふれあい工房**では、インストラクターの指導のもと、皿や食器をつくる陶芸体験ができる。

自由な作風が笠間焼の魅力

▶笠間工芸の丘
住 笠間市笠間2388-1
TEL 0296-70-1313
開 10:00～17:00
休 月曜（祝日の場合は翌日）
料 無料（陶芸体験は別途）
交 JR**笠間駅**から笠間周遊バスで15分の**工芸の丘陶芸美術館**下車、徒歩3分
URL www.kasama-crafthills.co.jp
▶陶芸体験（要予約）
休 月・火曜
料 ロクロコース4400円
手ひねりコース2640円
絵付けコース1650円
※いずれも送料別途

info 茨城グルメの代表格・**常陸牛**。県内で食用牛の飼育がはじまったのは、約190年前のこと。水戸藩第9代藩主・**徳川斉昭**が、現在の水戸市郊外に**桜野牧**（さくらのまき）という牧場を作らせ、牛を飼育したのが最初。

「関東の松島」の別名をもつ北茨城の絶景地　日立と県北エリア

五浦海岸（いづらかいがん）

五浦海岸から見る六角堂と太平洋

波の浸食が作る浦や磯、断崖絶壁が続く景勝地。近代日本美術の創始者・**岡倉天心**が愛した地として知られ、「日本の渚百選」にも選ばれている。岬の高台には**五浦岬公園**があり、天心が思索の場として岩礁に建てた朱塗の**六角堂**や、美しい五浦の海を俯瞰できる。

明治中期の煉瓦造り建築が国の重要文化財　つくばと県南エリア

牛久シャトー（うしくしゃとー）

事務室（現本館）は、国の重要文化財
写真提供：牛久シャトー株式会社

明治36（1903）年に開かれた、日本初の本格的**ワイン醸造場**。園内には、創業者・神谷傳兵衛（でんべえ）の記念館、築100年以上の旧貯蔵庫を改装したフレンチレストラン、バーベキュー施設、オリジナルワインやビール、茨城の特産品を購入できるショップがある。

茨城の自然と花々を五感で楽しむ　つくばと県南エリア

いばらきフラワーパーク（いばらきふらわーぱーく）

約900種ものバラを楽しめる

県花のバラを中心に、森や丘からなる敷地内で四季の花々が楽しめる。園内には花に関するさまざまなアクティビティを行うアトリエ、「バラ農家に招かれる」がコンセプトのレストラン、バラをモチーフにした商品を販売するマーケットなどがある。

趣向を凝らした迫力ある展示が人気を集める　古河と県西エリア

ミュージアムパーク 茨城県自然博物館（みゅーじあむぱーく いばらきけんしぜんはくぶつかん）

松花江マンモスの骨格化石

自然、生命、宇宙の進化をはじめ、地元茨城を取り巻く環境などを、標本やジオラマ、映像をふんだんに駆使して展示している。春にはソメイヨシノが咲き誇る広場など、野外施設も充実。隣接する菅生沼（すがおぬま）は、冬季に約300羽のコハクチョウが飛来することで知られている。

▶五浦海岸
住 北茨城市大津町五浦
TEL 0293-43-1111（北茨城市商工観光課）
開 入場自由
交 JR**大津港駅**からタクシーで6分。北茨城市巡回バス五浦線でも行けるが、火、木、金曜のみ1日6便運行（祝日、年末年始は運休）
URL www.kitaibarakishi-kankokyokai.gr.jp
▶六角堂
開 休 季節により異なる（詳細は公式サイトで要確認）
料 400円
URL rokkakudo.izura.ibaraki.ac.jp

▶牛久シャトー
住 牛久市中央3-20-1
TEL 029-873-3151
開 神谷傳兵衛記念館、オエノンミュージアム10:00～16:00
レストラン11:30～15:00、17:30～21:30
バーベキュー11:30～21:30
ショップ10:00～18:00
休 年末年始、施設点検日（ショップ、レストラン、バーベキューは月曜）
交 JR**牛久駅**から徒歩8分
URL www.oenon.jp/ushiku-chateau

▶いばらきフラワーパーク
住 石岡市下青柳200
TEL 0299-42-4111
開 3～11月9:00～17:00
12月～2月9:00～16:00
最終入場は30分前
※イルミネーション開催時は営業時間が異なるため事前確認が必要
休 火曜（祝日の場合は翌平日）、12/31～1/1
料 900円（バラシーズン1200円）
交 JR**石岡**駅からバスで30分の**フラワーパーク前**下車、徒歩2分
URL flowerpark.or.jp

▶ミュージアムパーク 茨城県自然博物館
住 坂東市大崎700
TEL 0297-38-2000
開 9:30～17:00（最終入場16:30）
休 月曜（祝日の場合は翌日）、12/28～1/1
料 540円（企画展開催時750円）
交 つくばエクスプレス**守谷駅**からバスで30分の**自然博物館入口**下車、徒歩10分
URL www.nat.museum.ibk.ed.jp

info 牛久シャトーを創設した**神谷傳兵衛**は、明治13（1880）年に、浅草でにごり酒を一杯売りする「みかはや銘酒店」を始めた。のちにこの店は日本初の西洋式バー、**神谷バー**となり、現在も浅草で営業中。URL www.kamiya-bar.com

明治天皇の等身大銅像を安置する

水戸と県央エリア

大洗町幕末と明治の博物館

昭和4(1929)年創立の、美しい松林に囲まれた博物館。明治天皇、大正天皇や皇族ゆかりの品々、水戸藩士や幕末維新の志士たちの書画と書簡、郷土資料を展示している。

松の木が立つ博物館の外観

▶大洗町幕末と明治の博物館

住 東茨城郡大洗町磯浜町8231-4
TEL 029-267-2276
開 9:00～17:00(最終入場16:30)
休 水曜(祝日の場合は翌日)、年末年始　料 500円
交 鹿島臨海鉄道**大洗駅**から循環バス海遊号で6分の**幕末と明治の博物館入口**下車、徒歩すぐ
URL www.bakumatsu-meiji.com

五浦を愛した画家たちの作品を展示

日立と県北エリア

茨城県天心記念五浦美術館

近代日本美術の創始者・**岡倉天心**の書簡、遺品をはじめ、横山大観など五浦ゆかりの画家たちの作品を常設展示。眺望のよいカフェや展望ロビーもあり、海を見ながらくつろげる。

美しい五浦の地に建つ美術館

▶茨城県天心記念五浦美術館

住 北茨城市大津町椿2083
TEL 0293-46-5311
開 9:30～17:00(最終入場16:30)
休 月曜(祝日の場合は翌日)、年末年始
料 190円(企画展は別途)
交 JR**大津港駅**からタクシーで5分。北茨城市巡回バス五浦線でも行けるが、火、木、金曜のみ1日6便運行(祝日、年末年始は運休)
URL www.tenshin.museum.ibk.ed.jp

山間の清流沿いに、温泉地が点在する

日立と県北エリア

奥久慈温泉郷

茨城の最高峰・八溝山の麓の大子町を流れる久慈川上流には袋田温泉、月居温泉、大子温泉といったいで湯が点在。**袋田の滝**P.247に近く、合わせて訪れたい。

奥久慈りんごを浮かべた風呂は、秋から冬の風物詩

▶奥久慈温泉郷

住 久慈郡大子町大子
TEL 0295-72-0285(大子町観光協会)
開 休 料 各施設による
交 最寄り駅のJR**常陸大子駅**へはJR**水戸駅**から水郡線で約1時間20分
URL www.daigo-kanko.jp

初夏は新緑、秋は紅葉が映える渓谷

日立と県北エリア

花貫渓谷

急流で知られる花貫川上流の渓谷で、清流や滝を見ながら散策が楽しめる。渓谷には長さ約60mの**汐見滝吊り橋**が架かり、汐見滝と樹木が織りなす渓谷美は見事。

紅葉に彩られた汐見滝吊り橋

▶花貫渓谷

住 高萩市中戸川大能地区
TEL 0293-23-2121(高萩市観光協会)
開 入場自由
交 JR**高萩駅**からタクシーで30分
URL www.takahagi-kanko.jp/page/page000028.html

写真家・土門拳による予科練生たちの記録も展示

つくばと県南エリア

予科練平和記念館

戦時中、予科練(海軍飛行予科練習生)の拠点であった阿見町では、飛行兵を目指して少年たちが訓練生活を送っていた。当時の写真や資料で命や平和の尊さを継承する。

空がよく見える窓を大きく取った建物

▶予科練平和記念館

住 稲敷郡阿見町大字廻戸5-1
TEL 029-891-3344
開 9:00～17:00(最終入場16:30)
休 月曜(祝日の場合は翌日)、12/29～1/3　料 500円
交 JR**土浦駅**からバスで15分の**阿見坂下**下車、徒歩3分
URL www.yokaren-heiwa.jp

info 水戸藩2代藩主・水戸光圀が、隠居後の日々を過ごした県北の常陸太田市にある**西山御殿**。光圀は隠居後も、30歳のときに着手した『大日本史』の編纂にあたりながら、領内の巡検を行い、領民と親交を深めていたという。

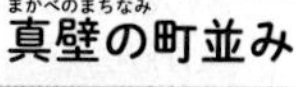

江戸から昭和初期の建物が残る　**古河と県西エリア**

まかべのまちなみ
真壁の町並み

伊勢屋旅館は明治中期の建物

桜川市の真壁地区は、江戸時代の城下町の町割(区画)がほとんど変わらずに残っている。土蔵や門、商家など102棟の歴史的建築物が国の登録文化財に指定されている。

▶真壁の町並み
住 桜川市真壁町真壁
TEL 0296-55-1159(桜川市商工観光課)
開 入場自由
交 JR**岩瀬駅**からバスで20分の**下宿**(しもじゅく)下車、徒歩すぐ
URL www.kankou-sakuragawa.jp

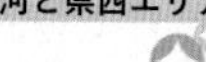

古河城出城跡に建つ博物館　**古河と県西エリア**

こがれきしはくぶつかん
古河歴史博物館

建物は著名な建築賞を2度受賞した

雪の結晶を研究した古河藩主・土井利位(どいとしつら)による『**雪華図説**(せっかずせつ)』などを展示。利位に仕え、蘭学者としても名高い、鷹見泉石(たかみせんせき)にまつわる資料の展示が特に充実している。

▶古河歴史博物館
住 古河市中央町3-10-56
TEL 0280-22-5211
開 9:00～17:00(最終入場16:30)
休 月曜、毎月第4金曜、祝日の翌日、年末年始　料 400円
交 JR**古河駅**から徒歩15分
URL www.city.ibaraki-koga.lg.jp/soshiki/rekihaku/top.html

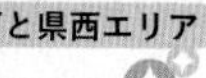

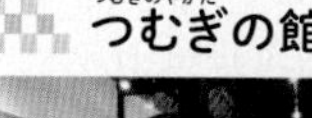

結城紬の産地問屋「奥順」が営む　**古河と県西エリア**

つむぎのやかた
つむぎの館

常時200点以上の結城紬を展示

ユネスコの無形文化遺産リストに記載されている**結城紬**がテーマの総合施設。敷地内の古民家や蔵造り建物では、着物の展示や、歴史資料の紹介をしているほか、手仕事体験などもできる。

▶つむぎの館
住 結城市結城12-2
TEL 0296-33-5633
開 10:00～16:00
(土・日曜・祝日10:00～17:00)
休 火・水曜、年末年始
料 無料(資料館は200円)
交 JR**結城駅**から徒歩15分
URL www.yukitumugi.co.jp

東京・田端にあった工房を移築して展示　**古河と県西エリア**

いたやはざんきねんかん
板谷波山記念館

木造瓦ぶき平家建ての板谷波山生家

下舘(しもだて)(現在の筑西市)出身の板谷波山(1872～1963年)は、陶芸家として初の文化勲章を受賞した**近代陶芸の名匠**。生家跡に建つ記念館では窯、ロクロ、道具類や端正な作品を鑑賞できる。

▶板谷波山記念館
住 筑西市甲866-1
TEL 0296-25-3830
開 10:00～18:00(最終入場17:30)
休 月曜(祝日の場合は翌日)、12/28～1/4
料 210円
交 JR**下館駅**から徒歩10分
URL www.itayahazan.jp

Jリーグの強豪、鹿島アントラーズの軌跡　**鹿嶋・行方(鹿行エリア)**

かしまさっかーみゅーじあむ
カシマサッカーミュージアム

ジーコ氏の名言が通路の壁を飾る
©KASHIMA ANTLERS

鹿島アントラーズのホームスタジアム内に併設の博物館。ジーコ氏ほかレジェンド選手のスパイクや優勝カップなどの展示や最新の技術を用いた体験型アトラクションも人気。

▶カシマサッカーミュージアム
住 鹿嶋市神向寺後山26-2 茨城県立カシマサッカースタジアム内
TEL 0299-84-1155
開 10:00～20:00
(土・日曜・祝日10:00～18:00)
※試合やイベントによる変更あり
休 無休(臨時休館あり)
料 310円
交 JR**鹿島神宮駅**からタクシーで10分
URL www.antlers.co.jp/museum

桜川市真壁では、毎年2月初旬から3月初旬に**真壁のひなまつり**が行われている。町なかの約160軒が参加して、各家々に雛人形を飾り、寒い時期に町を訪れる人へのおもてなしとしている。

栃木県

TOCHIGI

栃木県

宇都宮市

人口
193.3万人（全国19位）

面積
6408km²（全国20位）

県庁所在地
宇都宮市

県花
ヤシオツツジ

とちまるくん
©栃木県
栃木県庁前のトチノキ生まれ。元気と笑顔がチャームポイント

ヤシオツツジ
4～5月に栃木の山々に咲く春のシンボル

県庁所在地である宇都宮を中心に、14市11町からなる内陸県の栃木。県の面積は関東地方最大で、農業産出額は全国9位、製造業も12位の産業県。首都圏への物流拠点にもなっている。また、世界遺産を有する日光国立公園をはじめ、県内には8つの自然公園があり、四季折々の花畑は多くの観光客を集めている。また、鬼怒川や那須、塩原など温泉郷も有名。首都圏から日帰り旅行もできることから、車で訪れる人も多い。

旅の足がかり

宇都宮市

県庁所在地で栃木県中部に位置する北関東最大の都市。歴史的には蝦夷（えぞ）平定のためにこの地に入った豊城入彦命（とよきいりひこのみこと）が開祖とされる。1600年以上前に創建されたといわれる宇都宮二荒山神社の社務職を兼ねた武将、宇都宮氏がこの地を治め、宇都宮城の城下町として古くから栄えてきた。宇都宮で産出される大谷石は、江戸時代以降、多くの建物に使われ、この町の雰囲気を今も形成している。また、現在は「餃子の街」「ジャズの街」としても知られている。

日光市

世界遺産**日光の社寺**P.262が世界的に知られる栃木県最大の観光地。鎌倉時代以降に日光権現を祀る山々が知られるようになり、江戸時代には山岳信仰の聖地・日光山の門前町、徳川家の廟地となった。明治時代には多くの外国人が訪れ、現在も多くの近・現代建築の洋館が残る。**中禅寺湖**P.264や**華厳滝**P.264、温泉郷もあり、ここだけでも数日楽しめる。

那須塩原市

関東地方最北部に位置する那須塩原市。開湯1200年を超える塩原温泉や、明治時代に建てられた貴族の洋館が残る黒磯エリア、酪農が盛んな那須野が原エリアなど、見どころは多い。江戸時代以前は不毛の台地とされていた地域だが、明治以降に那須疏水が整備されると、避暑地として多くの貴族や要人が入植し、急速に発展した。

地理と気候

北西部には白根山や男体山、東部には八溝山地が連なり、中央から南部は平野部。年間平均気温は12～14℃だが、北部では5℃ほど低い。夏は雷雨が多く、冬は乾燥した晴れの日が多い。

【夏】夏の雷の多さでは全国1位という栃木県。中～南部は日中は30℃を超える日も珍しくないが、北部では夏でも25℃前後。訪れるときは1枚上着があるといい。

【冬】降水量は少なく、乾燥した晴れが多いが冷え込みは厳しく「男体おろし」などと呼ばれる季節風が吹く。特に日光・那須などの北部は南部に比べて寒くなる。

アクセス

東京から ▸▸▸	所要時間
新幹線 東京駅▶宇都宮駅（やまびこ、つばさ）	48分
鉄　道 浅草駅▶東武日光駅（東武）	1時間50分
高速バス バスタ新宿▶佐野新都市	1時間40分

埼玉から ▸▸▸	所要時間
ＪＲ線 大宮駅▶宇都宮駅	1時間20分
鉄　道 南栗橋駅▶東武宇都宮駅（東武）	1時間40分

群馬から ▸▸▸	所要時間
ＪＲ線 前橋駅▶小山駅	1時間40分

茨城から ▸▸▸	所要時間
ＪＲ線 水戸駅▶宇都宮駅	2時間20分
高速バス 水戸駅▶宇都宮駅	2時間

福島から ▸▸▸	所要時間
新幹線 福島駅▶宇都宮駅（つばさ）	41分
鉄　道 西若松駅▶鬼怒川温泉駅（会津鉄道）	2時間3分

県内移動

▶宇都宮から足利へ

小山駅で両毛線の高崎行きに乗り換えて所要1時間30分～2時間。東武宇都宮駅発の場合は栃木駅で両毛線に乗り換える。

▶益子・真岡から宇都宮へ

益子駅、真岡駅から東武宇都宮駅行きバスが運行。真岡駅からは石橋駅行きのバスも出ている。

▸▸▸アクセス選びのコツ

JR線　東北新幹線と宇都宮線が都心とを結ぶ。宇都宮線と高崎線は大宮駅で分かれるが、都内から乗車するときは乗り間違えないように気をつけたい。東武線に乗り入れる特急**きぬがわ**や特急**日光**も運行している。

東武鉄道　浅草駅を起点に栃木県を縦断するのが日光線と鬼怒川線。東武日光行きの特急**けごん**、鬼怒川温泉行きの特急**きぬ**が運行されている。浅草駅と東武動物公園駅を結ぶのが東京スカイツリーラインこと伊勢崎線。東武宇都宮駅が起点の東武宇都宮線は新栃木駅が終点だが、ほとんどの便が埼玉県の南栗橋駅まで乗り入れている。

交通路線図

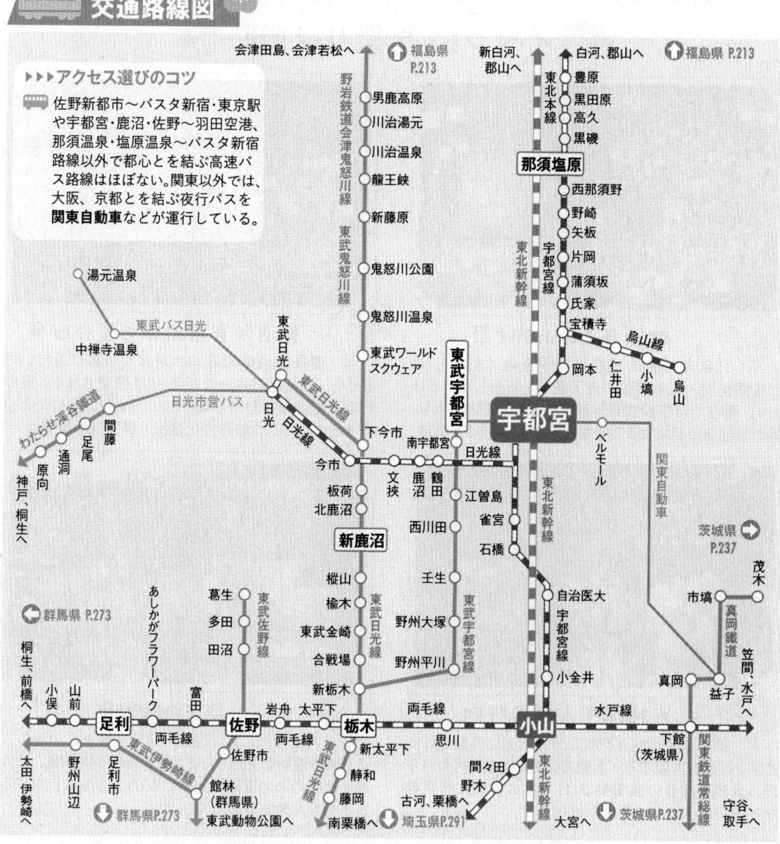

栃木県

うちの県はここがすごい

一 イチゴの生産量 半世紀以上、日本一!

イチゴ生産量が半世紀以上全国1位を誇る栃木県。「とちおとめ」や「スカイベリー」など栃木発の品種も多い。栃木県農業大学校には「農業経営学部いちご学科」まで存在する。

二 ギネスブック認定 世界最長の並木道

日光街道、日光例幣使(れいへいし)街道、会津西街道にまたがる日光杉並木は、山手線一周より長い全長37km。ギネスブックにも登録されており、1万2000本の杉が植えられている。

三 四季折々の 花畑があちこちに

自然豊かな栃木では年間を通じてさまざまな花が楽しめる。菜の花(真岡市)やミツマタ群生地(茂木町)、フジ(足利)、ニッコウキスゲ(日光)など、多くの人が花見を楽しむ。

イベント・お祭り・行事

① 那須烏山の山あげ祭

1560年に烏山城主の那須資胤(すけたね)が疫病防除・五穀豊穣・天下泰平を祈願したのが始まり。現在では移動式野外歌舞伎舞踊の形態となり、国の重要無形民俗文化財となっている。毎年7月開催。

② 鹿沼今宮神社祭の屋台行事

慶長13(1608)年の大旱ばつの際に雨乞いの祭りを三日三晩続けたのが祭りの起源とされる。豪華な囃子屋台が各町から奉納され、踊りとともに町を巡行する。ユネスコ無形文化遺産。毎年10月開催。

③ 百物揃千人武者行列

徳川家康の柩が久能山から日光に移動されたときの行列を再現する一大絵巻。春秋の2回行われるが、大規模な春の渡御祭では、3基の神輿に鎧武者など約1200人が従う壮大な行列。

④ 益子の陶器市

大正時代に人間国宝・濱田庄司がこの地に入り、民藝運動を実践したことで知られる益子焼。毎年春と秋に行われる陶器市は、60万人もの人出を誇る日本でも人気の陶器市のひとつ。

必ず食べたい 名物グルメ

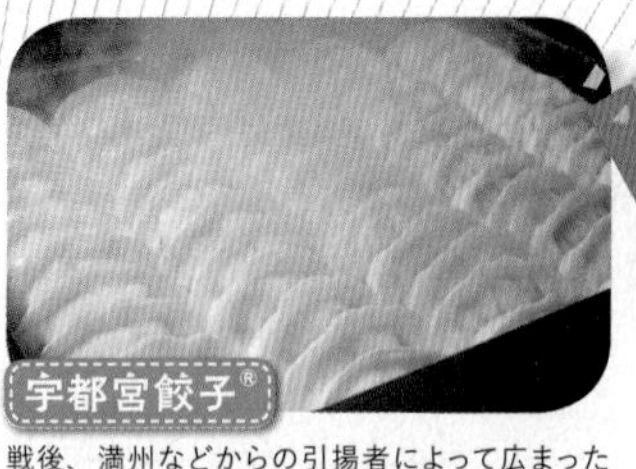

宇都宮餃子®

戦後、満州などからの引揚者によって広まったいわれる宇都宮餃子。主な特徴は野菜多め、昔ながらの店では白菜を使うところが多い。白酢多め、または酢だけで食べる人が多いのも宇都宮流。

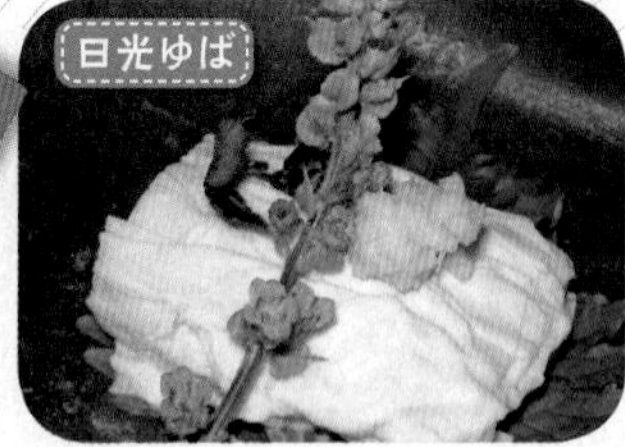

日光ゆば

日光ゆばは「湯波」と書き、ふたつに折るように掬い上げるため、京都の湯葉よりも厚みがあり、間に豆乳が残るのが特徴。ゆば懐石を出す店で気軽にランチも楽しめる。

ポテト入り焼きそば

主に県南地域で食されるB級グルメ。栃木市では「じゃがいも入り焼きそば」、足利市では「ポテト入り焼きそば」と呼ばれている。栃木・足利両市で提供する店舗が数多くある。

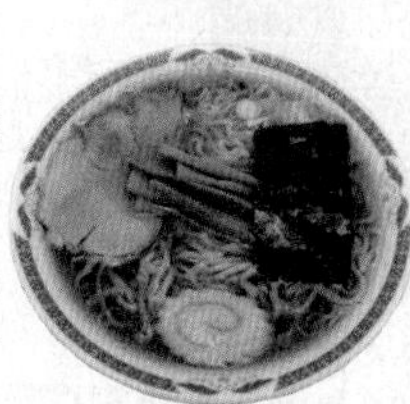

佐野ラーメン

醤油ベースの澄んだスープに、コシのあるちぢれ麺が基本の佐野ラーメン。毎日食べても飽きないシンプルさが特徴だ。麺やスープの店ごとのバリエーションも楽しみたい。

もらえば笑顔 定番みやげ

日光甚五郎煎餅

創業1907年の日光の老舗煎餅店。バターオイルと塩で味付けされた煎餅は、ひと味変わった飽きのこないお菓子。このほかチーズや梅ざらめなどの変わり種フレーバーも人気。

日光ようかん

ゆばと並ぶ日光の名物がひとくち羊羹。参拝客が増えた江戸時代に人気だったという。1804年創業の**湯沢屋**のほか、日光の参道には老舗から新しい店まで10店ほど提供する店がある。

地元っ子愛用 ローカル味

関東・栃木レモン

戦後、甘いものが贅沢という時代に誕生したレモン牛乳。レモン果汁は入っておらず、ほんのり甘酸っぱいレモン色の乳飲料。当時の製造元は廃業したが、**栃木乳業**が継承し、復活した。

宇都宮みんみん餃子

1958年創業の宇都宮餃子の人気店**宇都宮みんみん**の冷凍餃子は栃木県内のスーパーでも購入できる。お店で食べるのと同じように、焼・揚・水で調理できる。

匠の技が光る 伝統工芸

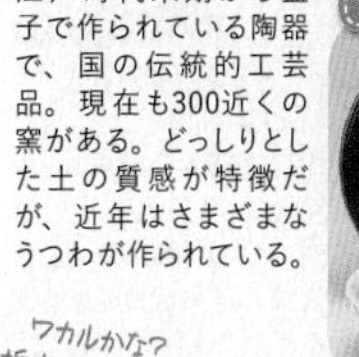

益子焼

江戸時代末期から益子で作られている陶器で、国の伝統的工芸品。現在も300近くの窯がある。どっしりとした土の質感が特徴だが、近年はさまざまなうつわが作られている。

黄ぶな

宇都宮市の郷土玩具。昔、天然痘が流行したときに田川で釣れた黄色のフナを食べたところ快癒したという伝説がある。現在も厄除けとして、張り子などが作られている。

ワカルかな？ 栃木のお国言葉

おーい、だいじかい？

Ans. おーい、大丈夫かい？

1泊2日で巡る 栃木県

1泊2日の駆け足で回る初栃木なら、まずは日光・那須エリアへ。世界遺産、温泉、建築などを堪能して、シメは名物の餃子!

1日目

9:00 JR日光駅または東武日光駅

バス5分

9:10 家光の眠る大猷院と三仏堂へ ▶P.263

日光山輪王寺

315基もの灯籠が印象的な国宝・大猷院と日光最大の木造建築・三仏堂を参拝。

徒歩5分

10:20 江戸の職人の粋が詰まった徳川幕府の聖地 **日光東照宮** ▶P.263

平成の大修理を終えて、きらびやかさが一層引き立つ境内は見どころたくさん。

徒歩5分

12:00 パワースポット **日光二荒山神社**で ▶P.263 縁結びの運試し!

縁結び祈願スポットがあちこちに。「良い縁ハート投げ」などの運試しもできる。

バス10分

13:10 表参道で**湯波ランチ**&おみやげショッピング

日光名物の湯波懐石や食べ歩きグルメなども充実。参道にはみやげ物屋が建ち並ぶ。

徒歩5分

15:00 JR日光駅または東武日光駅前

バス50分

15:50 滝つぼに落ちる ▶P.264 水しぶきを浴びる迫力の**華厳滝**

エレベーターで観瀑台まで降りると、滝つぼは目の前! 虹がかかればラッキー!

徒歩10分

16:20 中禅寺湖畔にあるモダンな ▶P.264 **イタリア大使館別荘**で絶景を

中禅寺湖の散策を楽しみながら、イタリア大使館別荘へ。モダンな建築にうっとり。

夕暮れ時の中禅寺湖!

徒歩15分

17:30 **中禅寺温泉**の旅館にチェックイン

お湯に浸かってのんびり疲れを取ろう。

おすすめ! 泊まるならココ

ヘレン・ケラーやアインシュタインも訪れた歴史ある日本のクラシックホテル

日光金谷ホテル(にっこうかなや)

クラシックな調度品で整えられた客室

各館は登録有形文化財となっている

日本を代表するクラシックホテル。国内外の王室、宮家など数々の要人が利用してきた。新館などの増築を経てなお、そのノスタルジックなたたずまいは旅人の憧れとなっている。レストラン利用のみも可能で、開業当時から受け継がれた名物「虹鱒のソテー金谷風」や「大正コロッケット」も楽しめる。

住 日光市上鉢石町1300
TEL 0288-54-0001
交 JR**日光駅**から奥細尾・中禅寺温泉・湯元温泉行のバスで約5分の**神橋**下車、徒歩数分。または**東武日光駅**からシャトルバスあり
料 2万4410円〜(1室2名利用時の1名料金)
URL kanayahotel.co.jp/nkh

地産地消の 那須の「なすべん」ランチ

「なすべん」とは「那須の内弁当」の略で道の駅「友愛の森」ほか那須町の飲食店で提供されるランチプレート。9種の那須産食材を使った料理を9種の器で提供するなどのルールがある。那須の新鮮な食材を味わえる。

2日目

9:00 JR日光駅または東武日光駅前

レンタカーをピックアップしてドライブ。

車 2時間

11:00 **アートビオトープ那須**で ▶P.259
幻想的な水庭を訪れる

予約しておいた「水庭見学&ランチツアー」へ。施設内の現代アートも鑑賞。

車 15分

13:30 **道の駅「明治の森・黒磯」**で
地元の名産&おみやげショッピング

新鮮野菜に加えて、チーズやヨーグルトなど乳製品が充実しているのは那須ならでは。

ハムやベーコンもおすすめ

徒歩 1分

14:45 明治後期の洋風建築が美しい
旧青木家那須別邸 ▶P.268

季節によっては菜の花やヒマワリなどが洋館を彩り、SNS映えスポットに。

車50分

16:10 巨大な地下空間にびっくり ▶P.267
大谷石の採石場 **大谷資料館**

まるで神殿のような広がりを見せる大谷石の採石場。寒いので一枚羽織るものを。

幻想的な光が差し込む教会ゾーン

車 15分

18:00 旅の総仕上げは
行列必至の**宇都宮餃子**で ▶P.257

「宇都宮みんみん本店」は予約不可。餃子メニューは焼・揚・水の3種。全部食べたい！

徒歩 15分

19:00 JR宇都宮駅

宇都宮駅東口には主要レンタカー会社のオフィスが集まっているので車を返却。

もう1泊するなら 陶芸の町 益子へ

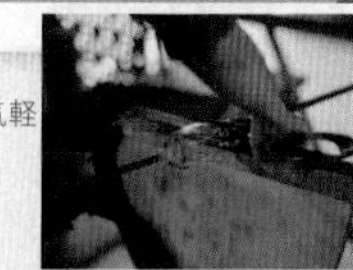

プラス1日で、益子方面にも足を延ばすことができる。宇都宮から益子は車で約40分。益子の中心部・城内坂には多くの陶器や古道具の店が建ち並ぶ。民芸好きならぜひ訪れたい。

おすすめ！泊まるならココ

アートと自然が織りなす心が豊かになる空間

時間が経つのを忘れるような静かな客室

アートビオトープを象徴する約5000坪の「水庭」。宿泊せずともぜひ訪れたい

陶芸やガラススタジオで気軽にアート体験を楽しめる

アートビオトープ那須(なす)

アートをテーマに人々が集うコロニーをコンセプトにしたカルチャーリゾート。広大な自然に囲まれた敷地内には坂茂氏設計の14棟のヴィラが点在。レストランでは「25マイルフード」をテーマに、土地の歴史や風土に根ざした料理が提供される。宿泊客以外でもレストランやカフェは利用可能。予約すれば水庭の見学ツアーも可。

住 那須郡那須町高久乙道上2294-5
TEL 0287-74-3300
交 JR那須塩原駅から車で30分。事前予約制の無料シャトルバスあり
料 1泊6万6000円～
URL artbiotop.jp

栃木県の歩き方

▶**宇都宮市観光案内所**
住 宇都宮市川向町1-23
(JR宇都宮駅構内)
TEL 028-636-2177
開 8:30〜20:00　休 12/29〜1/3
URL www.utsunomiya-cvb.org

▶**宇都宮市循環バスきぶな「ぎょうざ食べ歩きっぷ」**
宇都宮市内の循環バス「きぶな」の1日乗り降り自由の乗車券と、宇都宮餃子会加盟店のうち1店舗で使える餃子食べ歩き券(300円分)がセットになっている。
料 500円(ぎょうざ食べ歩きっぷ)
170円(きぶな1回乗車)

市内観光に便利な循環バス

▶**日光市観光案内所**
URL www.nikko-kankou.org
東武日光駅構内
住 日光市松原4-3
TEL 0288-53-4511
開 8:30〜17:00　休 無休
JR日光駅構内
住 日光市相生町115-1
開 9:30〜17:00　休 無休

▶**世界遺産めぐり手形**
日光山内の見どころを巡回する「世界遺産めぐりバス」と東武バスのJR&東武日光駅〜西山道〜蓮華石区間が1日乗り放題になる。
料 600円(JR・東武日光駅で購入できる)

宇都宮と周辺

旅の拠点となるJR宇都宮駅

県央にある県庁所在地、宇都宮。東北新幹線やまびこ、なすの、山形新幹線つばさの停車駅。また都内からは宇都宮線直通の湘南新宿ライン、上野東京ラインでもアクセスできる。宇都宮を拠点に、日光線が鹿沼(かぬま)や日光へ、宇都宮線が那須塩原、黒磯へ運行している。

餃子とジャズとカクテルの街　宇都宮といえば、静岡県の浜松市と毎年1位を争う**餃子の街**としても有名だが、渡辺貞夫など数々のプレイヤーを輩出した**ジャズの街**、**カクテルの街**としても近年アピールしている(下記コラム参照)。

プチ雑学

1974年創業の老舗バー「パイプのけむり」

餃子のイメージが強い宇都宮だが、市内にはジャズライブハウスが点在し、毎晩どこかでライブを楽しめる。またショットバーも多く、さまざまなオリジナルカクテルを楽しめるカクテルの街でもある。

日光・那須エリア

世界遺産観光の拠点となるJR日光駅

日本を代表する**世界遺産**エリアで、栃木県きっての観光地が県北の**日光・那須**に代表される県北地域だ。

東京からのアクセス　東北新幹線やまびこ、なすのが那須塩原駅に停車する。東京駅から所要約1時間20分程度。東京から日光へは浅草駅始発で東武日光線・鬼怒川線で東武日光駅や鬼怒川温泉駅、龍王峡駅、川治温泉駅など、このエリアの主要な観光地にアクセスできる。特急なら東武日光駅までは2時間弱。

広大な那須エリア　高原の別荘地として知られる**那須**は広範なエリアで、おもに黒磯を含む那須塩原市、那須烏山(からすやま)市、那須郡を指す。大自然のトレッキングや家族連れで楽しめるスポットが多いが、公共交通機関よりレンタカーの利用が便利なエリアだ。

info 栃木の名産といえばイチゴが思い浮かぶが、それ以前からさまざまな織物の名産地としても名高い。鹿沼市の**野州麻**(やしゅうあさ)、足利市の**足利織物**、真岡市の**真岡木綿**、小山市の**結城紬**が特に有名。

日本全国津々浦々～道の駅めぐり～

展望台もある「道の駅しもつけ」。地元グルメも充実

県内に25の道の駅がある栃木。新鮮な農産物が買えるのはもちろん、露天風呂やグランピング施設を併設したものなど、どこもさまざまな趣向をこらしている。車で旅をするならぜひ立ち寄りたい。

足利と県南エリア

織姫公園から望む足利市

県南エリアの観光地が**足利**、**佐野**、**栃木市**。長い歴史に育まれた史跡や社寺が多く、都心から最も近いエリア。東北新幹線やまびこで小山（おやま）まで行けば、足利、佐野、栃木とも両毛線でアクセスできる。また、浅草から東武伊勢崎線で直接足利市駅に行くこともできる。

グルメ

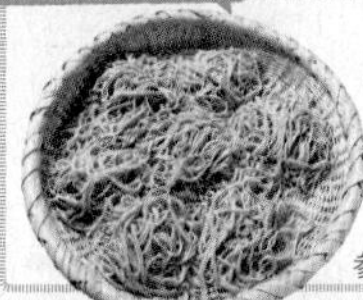

出流（いづる）そば　栃木市の出流町には、古くから巡礼寺として知られる出流山満願寺がある。参拝客にふるまったのがはじまりという「出流そば」は知る人ぞ知るこのあたりの名物。

参道には今も7軒のそば屋がある

真岡（もおか）・益子（ましこ）と県東エリア

焼き物の産地・益子

SLで有名な真岡市と益子町、茂木町（もてぎまち）などからなる芳賀郡（はがぐん）を中心とした県東エリア。のどかな自然の風景とゆったりと時間が流れる。益子町は全国的に有名な陶器の産地で、小さな町ながら観光客が絶えない。町内の交通手段が少ない県東エリアは車での旅が便利。

グルメ

日本一のイチゴを楽しみたいならシーズンは1月～5月初旬まで。イチゴ狩りもこの時期だけのアトラクションだ。秋はブドウや梨狩りができるところもある。

イチゴ狩りは県南・県東エリアが盛ん

▶道の駅しもつけ
住 下野市薬師寺3720-1
TEL 0285-38-6631
開 9:00～18:00
休 毎月第1・第3水曜、1/1～3
交 北関東道**宇都宮上三川IC**から車で約16分
URL www.kanpi-shimotsuke.co.jp

▶道の駅もてぎ
住 芳賀郡茂木町大字茂木1090-1
TEL 0285-63-5671
開 9:00～18:00（季節、施設により異なる）
休 毎月第1・第3火曜
交 真岡鐵道**茂木駅**から徒歩12分
URL www.motegiplaza.com

▶足利市観光交流館「あし・ナビ」
住 足利市南町4256-9（東武足利市駅構内）
TEL 0284-73-3631
開 8:00～18:00　休 無休
URL ashikaga-kankou.jp

▶佐野駅前交流プラザ「ぱるぽーと」
住 佐野市若松町481-49
TEL 0283-27-0005
開 9:00～19:00　休 無休
URL www.sano-palport.jp

▶栃木市観光案内所
住 栃木市倭町14-1
TEL 0282-25-2356
開 9:00～17:00　休 年末年始
交 JR**栃木駅**から徒歩約15分
URL www.tochigi-kankou.or.jp

▶関東やきものライナー
東京の秋葉原と茨城県の笠間、栃木県の益子を結ぶ茨城交通の高速バス。1日3～4便で詳細は茨城交通のウェブサイトで確認。
料 2150円
URL www.ibako.co.jp

▶真岡市観光協会
住 真岡市荒町1105-1（久保記念観光文化交流館）
TEL 0285-82-2012
開 9:00～18:00
休 火曜（祝日の場合は翌日）、12/29～1/3
交 真岡鐵道**真岡駅**から徒歩15分
URL kubokinen.net

▶益子町観光協会
住 芳賀郡益子町益子1539-2（真岡鐵道益子駅構内）
TEL 0285-70-1120
開 8:30～17:15　休 年末年始
URL mashiko-kankou.org

info **日光二荒山神社**と**宇都宮二荒山神社**。ふたつの二荒山神社があるが、実はまったく別物。日光は**ふたらさんじんじゃ**と読み、宇都宮は**ふたあらやまじんじゃ**と読み、祀っている神様も違う。

栃木県の見どころ

日光・那須エリア

家康ゆかりの日光 豪華絢爛な寺社に詣でる

日本各地から名工と呼ばれる職人たちを集め
技術の粋の限りを凝らして造られた日光の社寺。
濃緑から純白の雪景色まで、四季折々に表情を変える。

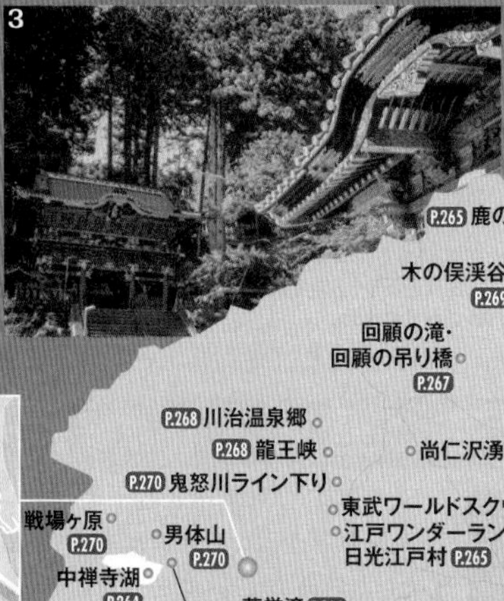

1. 霊獣や故事にちなむ508体の彫刻が施された国宝・陽明門
2. 国宝・唐門。小規模ながら本社の表門で彫刻数も611体
3. 輪王寺大猷院の入口となる二天門。ここを進むと夜叉門へと続く

見どころMAP

那須どうぶつ王国 P.267
鹿の湯 P.265
那須平成の森 P.267
木の俣渓谷 P.269
回顧の滝・回顧の吊り橋 P.267
旧青木家那須別邸 P.268
川治温泉郷 P.268
龍王峡 P.268
尚仁沢湧水 P.271
鬼怒川ライン下り P.270
東武ワールドスクウェア P.265
江戸ワンダーランド 日光江戸村 P.265
戦場ヶ原 P.270
男体山 P.270
那珂川町馬頭広重美術館 P.270
中禅寺湖 P.264
華厳滝 P.264
古峯神社 P.271
足尾銅山 P.268
大谷資料館 P.267
大谷寺 P.270
宇都宮
濱田庄司記念益子参考館 P.269
真岡鐵道 P.271
あしかがフラワーパーク P.271
蔵の街 とちぎ P.269
佐野厄よけ大師 P.269

日光東照宮周辺

日光二荒山神社 P.263
日光東照宮 P.263
日光山輪王寺 P.263
神橋
日光金谷ホテル
大谷川
119
日光宇都宮道路
東武日光駅
JR日光駅
0 1km

足利市中心部

足利織姫神社 P.271
鑁阿寺 P.266
北仲通り
足利学校 P.266
八雲神社
昭和通り
両毛線
渡良瀬橋 P.266
伊勢神社
渡良瀬川
中橋
足利駅
東武伊勢崎線
足利市駅
田中橋
0 500m

info 500以上の彫刻がある陽明門は別名**日暮しの門**とも呼ばれる。その彫刻のひとつに**四睡**という豊干禅師が弟子と虎とともに眠る彫刻がある。禅における悟りの境地を表したものだという。

江戸の技術を結晶させた霊廟

日光東照宮（にっこうとうしょうぐう）

徳川家の初代将軍である家康を御祭神として祀った霊廟でもある神社。現在の社殿群はその多くが三代将軍家光により1636年に建て替えられた。境内55棟の建物のうち、8棟が国宝、34棟が重要文化財となっている。唐門や五重塔をはじめ見どころは多いが、特に有名なのが東廻廊にある国宝、**眠り猫**と神厩舎にある重要文化財、**三猿の彫刻**。

急ぎ足の見学でも最低1時間は必要。音声ガイドや公認ガイドを利用して、じっくりと巡るのもおすすめだ。

住 日光市山内2301
TEL 0288-54-0560
開 4～10月9:00～17:00
10～3月9:00～16:00
最終入場は30分前
休 無休　料 1300円
宝物館とセット券2100円
音声ガイド500円（預り金別途500円、返却時返金）
公認ガイド2時間6000円
交 東武**東武日光駅**からバスで10分の**ホテル清晃苑前**下車、徒歩5分
URL www.toshogu.jp

三仏堂と家光の廟所は必見

日光山輪王寺（にっこうざんりんのうじ）

勝道上人による四本龍寺の建立が始まりとされる日光山輪王寺は本堂の三仏堂や大猷院（たいゆういん）をはじめとした堂塔の総称。3代将軍家光公を祀った大猷院は「東照宮を凌いではならない」という命で造られたという。

また、日光山最大の木造建造物、三仏堂には**日光三所権現本地仏**として千手観音（男体山）、阿弥陀如来（女峰山）、馬頭観音（太郎山）が祀られている。

住 日光市山内2300
TEL 0288-54-0531
開 4～10月8:00～17:00
11～3月8:00～16:00
最終入場は30分前　休 無休
料 900円（ほかセット券もあり）
交 東武**東武日光駅**からバスで15分の**勝道上人像前**下車すぐ
URL rinnoji.or.jp

秋の紅葉も美しい三仏堂

境内のパワースポットへ

日光二荒山神社（にっこうふたらさんじんじゃ）

日光山内の入口にかかる木造朱塗りの美しい神橋をもつ日光二荒山神社。1200年以上前に勝道上人が開いた日光山信仰の始まりとなった古社で、御神体は**男体山**（二荒山）。縁結びの神である大己貴命（おおなむちのみこと）を主祭神として祀るため、良縁・開運祈願のスポットとしても知られる。

住 日光市山内2307
TEL 0288-54-0535
開 4～10月8:00～17:00
11～3月9:00～16:00　休 無休
料 無料　交 東武**東武日光駅**からバスで15分の**大猷院・二荒山神社前**下車、徒歩すぐ
URL www.futarasan.jp

日光の神社としてはシンプルな安土桃山様式の拝殿。2代将軍秀忠によるもの

日光山内への入り口となる幻想的な神橋

世界遺産「日光の社寺」

日光東照宮、日光二荒山神社、日光山輪王寺は、古くからの山岳信仰と、神道・仏教・徳川家墓所が複合した宗教的霊地の文化的価値を認められ、世界遺産「日光の社寺」として平成11（1999）年にユネスコの世界遺産として登録された。

info 参拝でいただける**御朱印**。日光東照宮だけでも**東照宮**、**奥宮**、**本地堂**といくつもあり、日光山内すべてをまわると20近くになる。期間限定のものもあるので、これを機に**御朱印帳**を入手してみるのもおすすめ。

男体山の噴火が生んだ風光明媚な湖

日光・那須エリア

中禅寺湖（ちゅうぜんじこ）

約2万年前に**男体山** P.270 の噴火によってできた中禅寺湖。周囲約25km、最大水深163m。四季折々の草花が訪れる人の目を楽しませる。夏でも涼冷なため、明治から昭和初期には外国人の避暑地としても人気で、湖畔には各国大使館をはじめ多くの外国人別荘が建てられた。

湖畔では初夏はツツジ、秋は紅葉を楽しめる

イタリア大使館別荘記念公園

建築家で外交官でもあった**アントニン・レーモンド**の設計で昭和3（1928）年に建てられた。湖の景観を最大限に生かしたつくりで、杉皮で組まれた内外の模様が美しい。近隣には**英国大使館別荘記念公園**もあり、こちらも一般開放されている。

モダンな雰囲気が漂う自然と調和する建物

日本三大名瀑のひとつ

日光・那須エリア

華厳滝（けごんのたき）

男体山 P.270 のふもと日光国立公園内にある華厳滝。**中禅寺湖**の水が高さ97mの岩壁を一気に落下する大瀑布で、**日本三大名瀑**にも数えられている。

滝の爆音と春夏秋冬で景色を変える周囲の自然が美しい

滝つぼ付近にある観瀑台までは有料のエレベーターがあり、水しぶきを感じられるほど間近で見ることができ、迫力満点。新緑の季節はもちろん、紅葉や細い小滝がブルーアイスのように彩る様子も絶景。ちなみに**明智平展望台**（あけちだいら）からは、華厳滝、中禅寺湖、男体山を同時に一望できる。

▶ **中禅寺湖**

住 日光市中宮祠
TEL 0288-22-1525（日光市観光協会）
開 入場自由
交 JR·東武**日光駅**から中禅寺湖温泉行きバスで約45分の**中禅寺温泉**下車、徒歩5分
URL www.nikko-kankou.org/spot/12

▶ **イタリア大使館別荘記念公園**

住 日光市中宮祠2482
TEL 0288-55-0880（日光自然博物館）
開 5/1～11/10 9:00～17:00
11/11～30·4月9:00～16:00
休 4月の月曜（祝日の場合は翌日）、12～3月
料 300円（英国大使館別荘記念公園との共通券あり）
交 別荘記念公園までバスで約45分の**中禅寺温泉**下車、徒歩35分。4～11月は**遊覧船、立木観音**下車、徒歩10分
URL www.nikko-nsm.co.jp

杉皮の組み合わせ模様で装飾されたイタリア大使館別荘の書斎

▶ **華厳滝エレベーター**

住 日光市中宮祠
TEL 0288-55-0030
開 5～11月8:00～17:00
12～2月9:00～16:30
3·4月9:00～17:00
休 無休　料 570円
交 JR·東武**日光駅**から中禅寺温泉行きバスで約45分の**中禅寺温泉**下車、徒歩5分
URL kegon.jp

晴天時は滝に虹がかかる

info **明智平展望台**へは、明智平駅から出ている**明智平ロープウェイ**（URL www.nikko-kotsu.co.jp/ropeway）で約3分。または華厳の滝入口から日光駅行きのバスで**馬返**下車、そこから湯本温泉行きバスに乗り換えて**明智平**下車。

江戸時代にタイムトリップできるテーマパーク　日光・那須エリア

江戸ワンダーランド 日光江戸村

本物の江戸を再現したような園内

広大な敷地に街道や宿場、忍者の里、武家屋敷など、実物さながらの**江戸の町並み**が再現されたテーマパーク。江戸人たちとの触れ合いや江戸職業体験、江戸人変身体験などを通して江戸時代の文化を体感できる。芝居小屋や歴史・文化を学べる展示館など、施設も充実。正月や節句など歳時記に合わせたイベントも行われている。

▶江戸ワンダーランド 日光江戸村
住 日光市柄倉470-2
TEL 0288-77-1777
開 3/20～11/30 9:00～17:00
12/1～3/19 9:30～16:00
休 水曜（祝日、夏休み・春休み期間を除く）、1/16～31
料 4800円
交 JR**日光駅**から無料送迎バスで30分。または東武**鬼怒川温泉駅**から路線バスで約22分
URL edowonderland.net

変身して江戸人になりきろう

精巧なミニチュア巡りで世界一周の旅　日光・那須エリア

東武ワールドスクウェア

凱旋門。左にはサグラダ・ファミリア

世界建築博物館のようなテーマパーク。現代日本、日本、アメリカ、エジプト、ヨーロッパ、アジアの6つのゾーンからなる園内には、世界遺産48物件を含む22の国と地域の102点もの建造物がミニチュアで再現されている。また、4～5月には170種1200本のシャクナゲが広がる庭園、**シャクナゲパーク**も多くの人でにぎわう。

▶東武ワールドスクウェア
住 日光市鬼怒川温泉大原209-1
TEL 0288-77-1055（予約センター）
開 3/20～11/30 9:00～17:00
12/1～3/19 9:30～16:00
休 無休 料 2800円
交 東武**東武ワールドスクウェア駅**から徒歩すぐ
URL tobuws.co.jp

25分の1サイズの東京スカイツリー®

大名たちも訪れた1300年続く湯治場　日光・那須エリア

鹿の湯

硫黄泉の白濁した湯が特徴

7世紀前半に開湯されたといわれる那須温泉元湯・鹿の湯。狩りをしていた狩野三郎行広（かりのさぶろうゆきひろ）が射損じた鹿を追って山奥に入ったところ、鹿が温泉で傷を癒やしていたというのが由来とされる。泉質は単純酸性硫黄温泉で、神経痛や筋肉痛、関節痛をはじめ、さまざまな効能があるとされる。腰まで1分、胸まで1分、首まで1分を15分繰り返す**短熱浴**が推奨されている。

▶鹿の湯
住 那須郡那須町湯本181
TEL 0287-76-3098
開 8:00～18:00（最終入場17:30）
休 無休　料 500円
交 JR**黒磯駅**からバスで**那須湯本温泉**下車、徒歩2分
URL shikanoyu.jp

温泉のすぐそばを流れる湯川

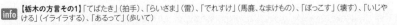

info **【栃木の方言その1】**「てばたき」（拍手）、「らいさま」（雷）、「でれすけ」（馬鹿、なまけもの）、「ぼっこす」（壊す）、「いじやける」（イライラする）、「あるって」（歩いて）

ザビエルも讃えたという日本最古の学校

足利と県南エリア

足利学校

あしかががっこう

日本最古の総合大学といわれる学校の史跡。創建については奈良、平安、鎌倉など諸説あるが、最古の記録は室町中期以後。おもに儒学や兵学、医学を学ぶ場所で、戦国時代も学問の灯を絶やすことなく、3000人以上の学徒を輩出した。現在の建物は多くが復元だが、孔子廟や衆寮、菜園場など当時の暮らしがうかがえる。

「學校」と掲げられたシンボル的な門

茅葺き屋根で寄棟造りの方丈

▶足利学校
住 足利市昌平町2338
TEL 0284-41-2655
開 4～9月9:00～17:00
10～3月9:00～16:30
最終入場は30分前
休 毎月第3水曜、年末
料 420円
交 東武**足利市駅**から徒歩15分
URL www.city.ashikaga.tochigi.jp/site/ashikagagakko

鑁阿寺からもほど近い

地元で「大日さま」と呼び親しまれる

足利と県南エリア

鑁阿寺

ばんなじ

建久7(1196)年、鎌倉時代に足利義兼が建立した真言宗大日派の本山。4万㎡もの敷地には足利氏邸宅跡があり、本尊である大日如来を祀る本堂は国宝、鐘楼と一切経堂は国の重要文化財に指定されている。県指定文化財の多宝堂や御霊屋、太鼓橋など建築的にも見どころは多い。春は桜、秋には樹齢600年の大銀杏が黄金色に色づき、さらに美しさを増す。

国宝の本堂。当時最新であった禅宗様の建築様式

▶鑁阿寺
住 足利市家富町2220
TEL 0284-41-2627
開 入場自由(日曜・祝日のみ開館の一切経堂は300円)
交 東武**足利市駅**から徒歩10分
URL ashikaga-bannaji.org

太鼓橋のある楼門

ヒット曲で一躍有名スポットに

足利と県南エリア

渡良瀬橋

わたらせばし

渡良瀬川で南北に分かれる足利市。市内は12本の橋でつながれており、そのひとつが渡良瀬橋。三角形の集合体で構成されるトラス橋で、ここから沈む夕日と橋のシルエットの美しさは往年のヒット曲**『渡良瀬橋』**でも歌われている。橋北側のたもとには『渡良瀬橋の歌碑』が設置されている。燃えるような夕焼けは夏が見えやすい。

夕日に浮かび上がる渡良瀬橋のシルエット

▶渡良瀬橋
住 足利市通3丁目
児童公園南の歩道上(歌碑)
TEL 0284-43-3000(足利市観光協会)
開 入場自由
交 東武**足利市駅**から徒歩15分
URL ashikaga-kankou.jp/spot/watarasebashi

渡良瀬橋の歌碑と渡良瀬橋

info **足利学校**は史跡だけでなく、貴重な書籍を多く保存している。秋の気候のよい時期に行われる曝書(書籍を広げて風を通し、湿気を取り、虫食いやしみ、糸切れなどの保存状態の確認)は、足利の風物詩だ。

モダンアートのような巨大地下空間　宇都宮と周辺

大谷資料館（おおやしりょうかん）

地下に広がる採掘場は巨大空間

宇都宮北西の大谷町付近で採れる**大谷石**（おおやいし）。耐火性があり軽いことから万能石ともいわれ、旧帝国ホテル本館にも使われた。ここではその採掘場を見学できる。地下に広がる巨大空間は、神殿のような幻想的な雰囲気。ロケ地としてもよく使用される。

餌やり体験やパフォーマンスも必見！　日光・那須エリア

那須どうぶつ王国（なすどうぶつおうこく）

ワオキツネザルも間近で見られる

マヌルネコやスナネコ、ライチョウなど希少動物を含む600頭種の動物たちに出合える。園内はオットセイのパフォーマンスなどが楽しめる**王国タウン**と大自然の中でアルパカやヒツジ、ラクダ、馬などと触れ合える**王国ファーム**、ふたつのエリアからなる。

那須御用邸に残る豊かな自然の森　日光・那須エリア

那須平成の森（なすへいせいのもり）

花の季節から雪景色まで年中楽しめる

上皇陛下御在位20年の節目に那須御用邸用地のおよそ半分が移管され、平成23(2011)年5月に一般向けに開園した森。ミズナラの自然林が広がり、希少種をはじめ多くの動植物が生息している。気軽に散策を楽しめる**ふれあいの森**とガイドウオーク(要予約)付きの**学びの森**がある。

「振り返らずにいられない」美しさが名前の由来　日光・那須エリア

回顧の滝・回顧の吊り橋（みかえりのたき・みかえりのつりばし）

塩原を代表する渓谷の名勝地

尾崎紅葉の『**金色夜叉**』でも紹介された名勝地。箒川にかかる高さ30m、全長100mの回顧の吊り橋を渡ったところにある観瀑台からは、繊細な絹糸のような落差53mの滝が見える。新緑、紅葉、雪景色と四季折々に変化する周囲の風景とともに楽しみたい。

▶大谷資料館
住 宇都宮市大谷町909
TEL 028-652-1232
開 4～11月9:00～17:00
12～3月9:30～16:30
最終入場は30分前
休 12～3月の火曜（祝日の場合はその翌日）、12/26～1/1
料 800円
交 JR**宇都宮駅**から大谷・立岩行きバスで30分の**資料館入口**下車、徒歩5分
URL oya909.co.jp

▶那須どうぶつ王国
住 那須郡那須町大島1042-1
TEL 0287-77-1110
開 10:00～16:30（日によって異なる）
最終入場は30分前
休 水曜、冬期は不定休のため要確認
料 2400円（12月～3月中旬は王国タウンのみ1400円）
交 東北自動車道**那須IC**から車で30分
URL nasu-oukoku.com

▶那須平成の森
住 那須郡那須町高久丙3254（那須平成の森フィールドセンター）
TEL 0287-74-6808
開 9:00～16:30（5・8・10月～17:00）
休 水曜（祝日の場合は翌日）
※GW、お盆、年末年始は無休
料 無料
交 東北自動車道**那須IC**から車で約30分
URL nasuheisei-f.jp

拠点となるフィールドセンター

▶回顧の滝・回顧の吊り橋
住 那須塩原市関谷字西山国有林
TEL 0287-32-4000（塩原温泉観光協会）
開 入場自由
交 JR**那須塩原駅**からバスで約30分の**もみじ谷大吊橋**下車、徒歩5分
URL www.siobara.or.jp/viewtaki.html

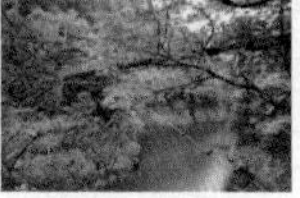
回顧の吊り橋

info【栃木の方言その2】「てれんこてれんこ」（やるきがない様子）、「おにむし」（クワガタ）、「おっかく」（折る、割る）、「ぶすくれる」（ふてくされる）、「おしゃらくして」（お洒落して）

明治21(1888)年建造の豪奢な近代建築

日光・那須エリア

旧青木家那須別邸

明治時代、ドイツ公使や外務大臣を務めた**青木周蔵**が那須に建てた別荘。設計はドイツで建築を学び、七十七銀行本店なども手がけた松ヶ崎萬長。道の駅「明治の森・黒磯」敷地内にあり、買い物や食事も楽しめる。

ドイツ様式の工法を取り入れた貴重な近代建築として国の重要文化財に指定

▶旧青木家那須別邸

住 那須塩原市青木27
TEL 0287-63-0399（道の駅「明治の森・黒磯」管理事務所）
開 4～9月9:00～17:30
10～3月9:00～16:30
休 月曜（祝日の場合は翌日）、12/29～1/3　料 200円
交 JR**黒磯駅**からバスで20分の**青木別荘前**下車、徒歩すぐ
URL www.city.nasushiobara.lg.jp/soshikikarasagasu/shogaigakushuka/bunkazai/2/6/2636.html

「日本の鉱都」と呼ばれ近代化を支えた

日光・那須エリア

足尾銅山

日本の近代化を下支えする産業として、20世紀初頭には日本の銅産出量の40%を担ってきた銅山で、昭和48(1973)年の閉山まで約400年にわたり稼働した。閉山後の坑道を一部開放した足尾銅山では、銅山の歴史や役割を学べる。

当時の雰囲気をそのまま残す薄暗い坑道

▶足尾銅山

住 日光市足尾町通洞9-2
TEL 0288-93-3240
開 9:00～17:00(トロッコ最終16:15)
休 無休　料 830円
交 JR**日光駅**からバスで53分の**銅山観光前**下車、徒歩すぐ
URL www.nikko-kankou.org/spot/28

トロッコ電車に乗って坑内を見学

江戸時代に開湯した谷あいの静かな温泉郷

日光・那須エリア

川治温泉郷

男鹿川と鬼怒川が交わる渓谷にたたずむ温泉郷。湯はアルカリ性単純泉で、ケガや神経痛などに効能があるという。中心部にある川治ふれあい公園では「むすびの湯」「かわじいの湯」ふたつの足湯を無料で楽しめる。龍王峡にも近く、日光の自然を満喫できる。

足湯も楽しめる

▶川治温泉郷

住 日光市川治温泉川治
TEL 0288-22-1525(日光市観光協会)
開 休 料 施設により異なる
交 野岩鉄道**川治湯元駅**から徒歩10分。または東武**鬼怒川温泉駅**から車で約15分
URL www.nikko-kankou.org/spot/53

紅葉シーズンは観光客でにぎわう

紅葉シーズンはハイカーでにぎわう

日光・那須エリア

龍王峡

2200万年前の海底火山の噴火で出た火山岩が鬼怒川の流れで侵食されてできた渓谷。およそ3kmに及ぶ巨大な奇岩と鬼怒川の流れが織りなす自然美はまさに絶景。川治温泉からは起伏の少ない遊歩道が整備されており、ハイキングも人気。

龍が暴れたような形から名付けられた

▶龍王峡

住 日光市藤原1357
TEL 0288-76-4111（日光市藤原観光課）
開 入場自由
交 野岩鉄道**龍王峡駅**から徒歩3分
URL ryuokyo.org

紅葉シーズンが人気

info 栃木は日本有数の**雷が多い県**。これは県北西部に連なる山々（下野山地と足尾山地）と県中央～南東部に広がる平地という地形のため。太平洋上から湿った南風が壁のような連山にぶつかり、大量の積乱雲を発生させるためだという。

ターコイズブルーの清流　日光・那須エリア

木の俣渓谷

水深がある部分がターコイズブルーに

那珂川の支流、木の俣川は濁りのない清流の美しさからフォトスポットとしても話題。巨岩吊橋とターコイズブルーの清流が特によく知られている。渓谷に沿うように広場や遊歩道、トイレなどが整備された**木の俣園地**があり、1日水遊びやハイキングを楽しめる。

▶木の俣渓谷
住 那須塩原市百村
TEL 0287-62-7156（那須塩原市産業観光部商工観光課）
開 入場自由
交 JR**黒磯駅**からバスで25分の**木の俣**下車、徒歩すぐ
URL www.city.nasushiobara.lg.jp/soshikikarasagasu/shokokankoka/kankospotselection/2/2775.html

1000年以上の歴史がある関東三大師　足利と県南エリア

佐野厄よけ大師

大晦日～初詣の時期は多くの人が訪れる

厄除けや方位除けで有名な寺。初詣に限らず祈祷のために遠方から足を運ぶ人も多い。正式名称は春日岡山転法輪院惣宗官寺。藤原秀郷が天慶7（944）年に奈良の僧侶、宥尊上人を招いたのが始まりとされ、徳川将軍家とも縁が深く、境内には葵の家紋が見られる。

▶佐野厄よけ大師
住 佐野市金井上町2233
TEL 0283-22-5229
開 8:30～17:00（年末年始は変則）
休 無休　料 無料
交 JR**佐野駅**から徒歩15分。または東武**佐野市駅**から徒歩10分
URL sanoyakuyokedaishi.or.jp

おみくじ発祥の地として知られる

江戸の歴史が町並みに残る　足利と県南エリア

蔵の街 とちぎ

蔵の街並みを眺める遊覧船もある

江戸時代には日光例幣使街道の宿場街として栄えた栃木市。巴波川を利用した江戸との舟運の集積地として発展したことから人や物の集まる商都となり、見世蔵や白壁の土蔵が多く残る。**蔵の街大通り**や**嘉右衛門町伝建地区**などをぶらりと歩くと往時の雰囲気がうかがえる。

▶蔵の街 とちぎ
▶とちぎ蔵の街観光館
住 栃木市万町4-1
TEL 0282-25-0560
開 9:00～17:00
休 12/29～1/3　料 無料
交 JR**栃木駅**から徒歩15分

現在も街なかで蔵が活用されている

人間国宝・濱田庄司の古今東西の収集品を観る　真岡・益子と県東エリア

濱田庄司記念益子参考館

風格ある大きな長屋門の入り口

民藝運動を推進した中心的人物として、柳宗悦らと活動し、益子焼を国内外に広めた濱田庄司の自邸の一部を活用した美術館。世界各地を旅した濱田が収集した品々が展示されている。広い庭園には大谷石の蔵や茅葺き屋根の家屋や登り窯などが点在する。

▶濱田庄司記念益子参考館
住 芳賀郡益子町益子3388
TEL 0285-72-5300
開 9:30～17:00（最終入場16:30）
休 月曜（祝日の場合は翌日）、年末年始　料 800円
交 JR**宇都宮駅**からバスで50分の**益子参考館入口**下車、徒歩5分
URL mashiko-sankokan.net

明治初期の製陶の作業場だった建物を移築した工房

info **益子**のローカルフード、**ビルマ汁**。ニンジン、ナス、インゲン、豚バラなどを煮込み、トマトとカレー粉で味付けされたスパイシーな夏のスープだ。町内のいくつかの飲食店で提供されている。URL www.mashiko-burma.com

弘法大師の作と伝わる千手観音がある

宇都宮と周辺

大谷寺(おおやじ)

覆いかぶさるような岩肌を背後に抱く大谷寺。本堂には、岩壁に彫られた**磨崖仏像**が10体あり、国の重要文化財となっている。本尊の千手観音は日本最古の石仏でもある。

高さ27mの平和観音も見どころ

▶大谷寺
住 宇都宮市大谷町1198
TEL 028-652-0128
開 4〜9月8:30〜16:30
10〜3月9:00〜16:30
休 木曜、12/26〜31　料 500円
交 JR**宇都宮駅**から大谷·立岩行きバスで約30分の**大谷観音前**下車、徒歩2分
URL www.ooyaji.jp

歌川広重の浮世絵と隈研吾の建築を堪能

日光·那須エリア

那珂川町馬頭広重美術館(なかがわまちばとうひろしげびじゅつかん)

歌川広重の肉筆画や版画など栃木出身の実業家、青木藤作氏が収集した4000点以上のコレクションを収蔵。伝統的で落ち着きのある美術館の設計は世界的建築家、**隈研吾**氏による。

地元産の八溝杉や烏山和紙を利用

▶那珂川町馬頭広重美術館
住 那須郡那珂川町馬頭116-9
TEL 0287-92-1199
開 9:30〜17:00(最終入場16:30)
休 月曜(祝日を除く)、祝日の翌日(土·日曜を除く)、年末年始
料 500円
交 JR**氏家駅**から馬頭車庫行きバスで55分の**室町**下車、徒歩約3分。またはJR**烏山駅**からコミュニティバスで約40分の**室町**下車、徒歩3分
URL www.hiroshige.bato.tochigi.jp

季節ごとに異なる表情の風景をゆったりと愛でる

日光·那須エリア

鬼怒川ライン下り(きぬがわらいんくだり)

奇岩が織りなす鬼怒川の渓谷を、船頭さんの巧みな櫂さばきで豪快に下る約40分の川下り。川沿いには高さ100mもの巨岩、**楯岩**(たていわ)があり、周辺は四季折々の美しい風景が見られる。

秋は燃えるような紅葉の中を下る

▶鬼怒川ライン下り
住 日光市鬼怒川温泉大原1414
TEL 0288-77-0531
開 4月中旬〜11月下旬8:00〜17:00
休 11月下旬〜4月中旬
料 2900円
交 東武**鬼怒川温泉駅**から徒歩5分
URL linekudari.com

古くから山岳信仰の対象だった聖山

日光·那須エリア

男体山(なんたいさん)

標高2486m、日光連山を代表する山。山自体が信仰の対象とされ、**日光二荒山神社** P.263 の奥宮が山頂にある。毎年7月31日〜8月7日まで男体山登拝講社大祭が行われる。

男体山の噴火によりできた中禅寺湖

▶男体山
住 日光市中宮祠
TEL 0288-22-1525(日光市観光協会)
開 4/25〜11/11(開山期間)
交 JR·東武**日光駅**から湯元温泉行きバスで約50分の**二荒山神社中宮祠**下車、徒歩1分
URL www.nikko-kankou.org/spot/14

奥日光に広がる美しい湿原

日光·那須エリア

戦場ヶ原(せんじょうがはら)

男体山の噴火によりできた堰止湖が湿原化した戦場ヶ原。350種にのぼる植物が自生し、野鳥も多く棲息する。展望ポイントが各所にあり、自然を楽しむハイキングコースとして人気。

見頃は6月中旬〜8月上旬、9月下旬〜10月上旬

▶戦場ヶ原
住 日光市中宮祠
TEL 0288-22-1525(日光市観光協会)
開 入場自由
交 JR·東武**日光駅**から湯元温泉行きバスで約65分の**三本松**下車、徒歩1分
URL www.nikko-kankou.org/spot/10

info 下館〜茂木間を運行する**真岡鐵道**。間近でその雄姿を見たいなら、茂木にある**道の駅もてぎ** P.261 がおすすめ。線路ぎりぎりまで近づくことができる穴場スポット。食事やおみやげショッピングも◎。

日本の名水百選に認定された湧き水　日光・那須エリア

尚仁沢湧水（しょうじんざわゆうすい）

森林浴ハイキングができる

高原山の原生林の土壌でろ過された水が、地上に湧き出している湧水群。年間を通じて水温が11°Cに保たれている。近隣の名水パークでは導水した湧水をくめる。

▶尚仁沢湧水
住 塩谷郡塩谷町上寺島1614
TEL 0287-45-2211（塩谷町産業振興課）
開 入場自由
交 JR**矢板駅**からタクシーで30分
URL www.town.shioya.tochigi.jp/info/141

花と光の楽園　足利と県南エリア

あしかがフラワーパーク（あしかがふらわーぱーく）

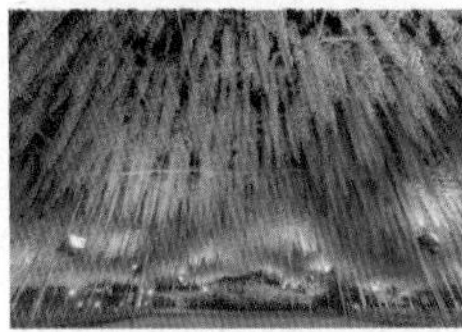

藤のトンネルは栃木県天然記念物

花のテーマパーク。特に人気の高い大藤の棚は樹齢160年、2本で16万房と日本最大で、妖艶な姿は圧巻の見ごたえ。4月中旬からの**大藤まつり**は多くの人でにぎわう。

▶あしかがフラワーパーク
住 足利市迫間町607
TEL 0284-91-4939
開 10:00～17:00(花の季節により特別時間設定あり)
休 2月の第3水・木曜、12/31
料 400～2000円（花の咲き具合により変動）
交 JR**あしかがフラワーパーク駅**から徒歩3分
URL www.ashikaga.co.jp

恋人の聖地にも選ばれた縁結びの神　足利と県南エリア

足利織姫神社（あしかがおりひめじんじゃ）

山の中腹にあり、眺望も楽しめる

足利の産業である機織を司る神を祀る神社として宝永2（1705）年に建造された。産業振興、縁結びに御利益があるとされる。美しい朱塗りの社殿は国の登録有形文化財。

▶足利織姫神社
住 足利市西宮町3889
TEL 0284-22-0313（問い合わせは平日のみ）
開 入場自由
交 JR**足利駅**から徒歩20分。または東武**足利市駅**から徒歩15分
URL www.orihimejinjya.com

天狗の御朱印がいただける　足利と県南エリア

古峯神社（ふるみねじんじゃ）

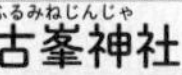

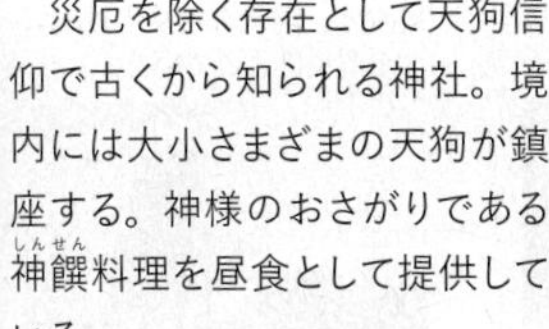

「天狗の宿」で参籠（宿泊）もできる

災厄を除く存在として天狗信仰で古くから知られる神社。境内には大小さまざまの天狗が鎮座する。神様のおさがりである神饌（しんせん）料理を昼食として提供している。

▶古峯神社
住 鹿沼市草久3027
TEL 0289-74-2111
開 8:00～17:00
休 無休　料 無料
交 JR**鹿沼駅**からバスで66分の終点**古峯神社**下車すぐ
URL furumine-jinjya.jp

現役時代と変わらないSLが走る　真岡・益子と県東エリア

真岡鐵道（もおかてつどう）

春は満開の桜と菜の花の風景

旧国鉄時代に使用されていたSLを復活させ、平成6（1994）年から土・日曜を中心に**C12形**のSLを運行している真岡鐵道。四季折々の花の間を駆け抜ける姿も見どころ。

▶真岡鐵道SLもおか
住 真岡市台町2474-1
TEL 0285-84-2911
開 年間を通じて土・日曜を中心に運行　※車両検査による不定期の運休あり
料 SL整理券500円(下記ウェブサイトより要予約)、普通運賃は別途
交 真岡鐵道**真岡駅**ほか、沿線各駅から乗車可
URL www.moka-railway.co.jp

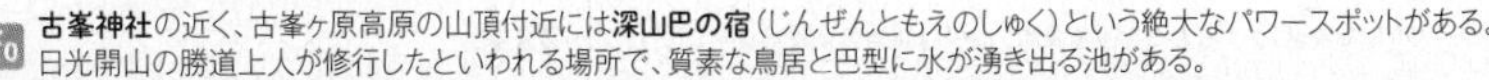

info **古峯神社**の近く、古峯ヶ原高原の山頂付近には**深山巴の宿**（じんぜんともえのしゅく）という絶大なパワースポットがある。日光開山の勝道上人が修行したといわれる場所で、質素な鳥居と巴型に水が湧き出る池がある。

群馬県

GUNMA

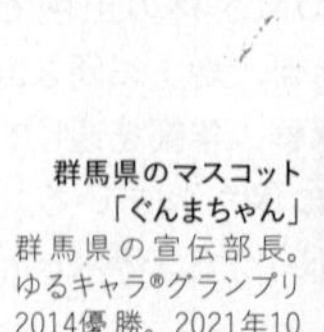

群馬県のマスコット「ぐんまちゃん」
群馬県の宣伝部長。ゆるキャラ®グランプリ2014優勝。2021年10月にアニメ化され関東と関西で放映された
©群馬県ぐんまちゃん 00167-01

人口
193.9万人（全国18位）
面積
6362km²（全国21位）
県庁所在地
前橋市
県花
レンゲツツジ

レンゲツツジ
赤城神社の参道や湯の丸高原などがレンゲツツジの名所

前橋市

頭を南東に「つる舞う形」と呼ばれる群馬の地形は、南の平地と北・西の山地に分けられる。県南部は関東平野の北側にあたり、利根川が悠々と流れる農業地帯だ。県の西側と北側には、浅間山 **P.283****、三国山脈など、起伏に富んだ山々がそびえ、関東一の温泉県・群馬にふさわしい、草津、伊香保、みなかみ、万座、四万など有名な温泉を湧かせる火山がある。県のまんなかには「へそのまち」とも呼ばれる渋川市がある。**

旅の足がかり

高崎市

「関東と信越つなぐ高崎市」と上毛かるたで詠まれる高崎市は、江戸時代より信濃（長野）、越後（新潟）をつなぐ中山道、信州街道、三国街道が交わり、利根川の支流・烏川が物資を江戸に運び、陸運、海運の中継地として繁栄を極めた。現在も、関越自動車道、上信越自動車道が走る。鉄道網の歴史も古く、おもな路線が高崎をターミナルとして東西に広がり発展した。現在は、上越新幹線と北陸新幹線の分岐駅であり、県の四方八方に延びる8つの鉄路の発着地で、群馬経済の中心地となっている。

前橋市

県庁所在地の前橋は、群馬県の中央部、関東平野の北側に位置する行政と文化の中心。歴史を刻むカトリック教会や木造の迎賓館・臨江閣などが点在する歴史薫る町。西にはライバルの高崎市、東には繊維産業で栄えた桐生市や伊勢崎市、東には企業城下町の太田市、外国人労働者の受け入れが盛んな大泉町など、現代の群馬をけん引する町に囲まれている。

みなかみ町

群馬観光といえば温泉は切り離せない。観光入込客数県内2位のみなかみ温泉郷。みなかみ町を流れる利根川の支流周辺には露天風呂が魅力的な18の温泉地が点在し、それらをまとめ、**みなかみ18湯** **P.283** と呼ばれる。利根川の上流ではリバーアクティビティ、ユネスコエコパーク登録の谷川岳山麓ではハイキング、高崎駅と水上を結ぶSL鉄道の旅などが楽しめる。

地理と気候

南の平地と北西の山地からなる群馬県。夏は、太平洋の湿気を吸った南風が山にぶつかり積乱雲ができ、雷が発生。冬は、日本海側で雪を降らせた乾いた風が「空っ風」として吹き降ろす。

【夏】8月の平均気温は30°C前後。最近では、温められた南風とヒートアイランド現象、フェーン現象も加わって、都市部では猛暑日が続くこともある。

【冬】季節風の影響で北部の山間部は降雪が多く寒くなる。県南部の平野部には、三国山脈で雪を降らせた、風速10～20mの冷たく乾いた「空っ風」が吹く。

 P.272～289 写真提供：ググっとぐんま写真館　（一社）草津温泉観光協会　（一社）四万温泉協会

アクセス

東京から ▸▸▸		所要時間
新幹線	東京駅▶高崎駅(とき)	50分
JR線	新宿駅▶高崎駅	1時間45分
鉄道	浅草駅▶赤城駅(東武)	1時間50分
高速バス	バスタ新宿▶前橋バスセンター	3時間20分

埼玉から ▸▸▸		所要時間
新幹線	大宮駅▶高崎駅(とき)	24分
JR線	高麗川駅▶高崎駅	1時間30分
鉄道	久喜駅▶館林駅(東武)	29分

栃木から ▸▸▸		所要時間
JR線	小山駅▶高崎駅	2時間
鉄道	足尾駅▶桐生駅(わたらせ渓谷鐵道)	1時間20分

長野から ▸▸▸		所要時間
新幹線	軽井沢駅▶高崎駅(あさま、はくたか)	20分
路線バス	軽井沢駅▶草津温泉	1時間25分

県内移動

▶高崎から前橋へ

JR両毛線で15分。

高崎駅発のバスは井野駅、新前橋駅、群馬県庁などを経由して前橋駅まで所要約40分。1時間に1便程度の運行。

▶桐生から前橋へ

JR両毛線で約40分。上毛電鉄なら西桐生駅から中央前橋駅まで約1時間。中央前橋駅とJR前橋駅の間は徒歩約15分。シャトルバスなら約8分。

▸▸▸アクセス選びのコツ

JR線　高崎線と宇都宮線は間違えやすいので(P.291の路線図参照)、大宮駅に着く前に行き先をきちんと確認しよう。特急**草津**は上野駅と長野原草津口駅を約3時間で結ぶ。高崎駅、新前橋駅、渋川駅、中之条駅にも停車する。

東武線　浅草駅と赤城駅を結ぶ特急**りょうもう**は、館林駅、太田駅、新桐生駅などに停車する。

高崎、前橋と東京都心部を結ぶ路線は**日本中央バス**が運行。前橋バスセンターから1日7便程度の運航。みなかみや伊香保温泉と東京を結ぶ路線は**関越交通**が運行する。

交通路線図

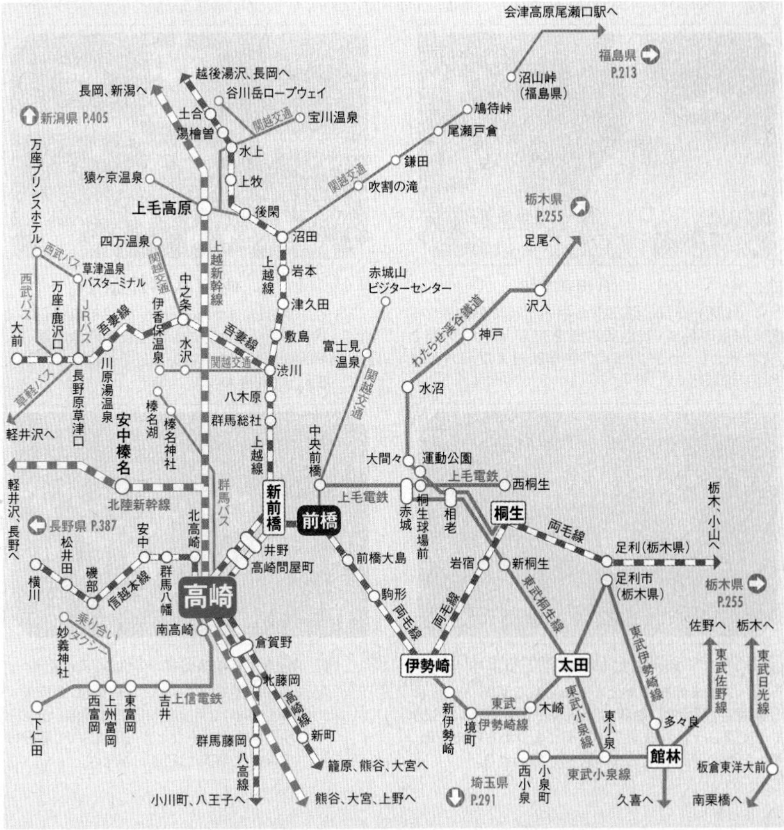

群馬県

うちの県はここがすごい

一 温泉自然湧水量日本一

毎分3万2300リットル、1日にドラム缶23万本分のお湯が湧き出ている草津温泉P.280。天下の名湯は、「日本三大薬湯」、「日本三名泉」にも選ばれ、群馬県を代表する温泉だ。

二 だるまの生産量日本一

「縁起だるま」、「福だるま」と呼ばれる高崎だるまの特徴は、眉は鶴で、ひげは亀を表している。年間90万個の出荷は日本一で、全国のだるまの大半を生産。少林山の達磨寺が有名。

三 郷土かるたの発行部数が日本一

群馬県民ならだれもが、読み札を唱えられる「上毛かるた」は累計発行部数151万部と全国の郷土かるたの中では発行部数日本一。毎年、小中学生がかるた大会でしのぎを削る。

イベント・お祭り・行事

① 沼田まつり

8月3～5日に沼田市の中心市街で開催される関東屈指の夏祭り。大天狗面を300人の女性で担ぐ「天狗みこし」が迫力満点。毎年20万人以上の人が市街を埋め尽くす。

② 桐生八木節祭り

8月の第1金曜から3日間、桐生市の中心部で開催される群馬県最大級の祭。全日本八木節競演大会、神輿渡御、鉾の曳き違いなどが行われ、50万人を超える人出でにぎわう。

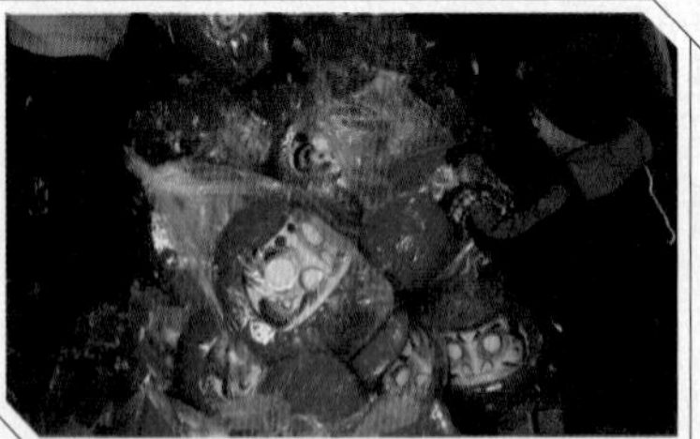

③ 高崎七草大祭だるま市

だるま発祥の地として知られる高崎市の少林山達磨寺P.286で、毎年1月6日の午後から7日の夕方まで夜通し行われる星祭大祈祷にまつわる伝統行事。能・狂言の奉納、だるまの販売が行われる。

④ 榛名湖イルミネーションフェスタ

師走の榛名湖を飾るイルミネーションと花火がロマンティック。毎年12月上旬～下旬に開催。光のトンネルやクリスマスツリーなどが出現し、20万個のLEDライトで彩られた湖畔は圧巻の美しさ。

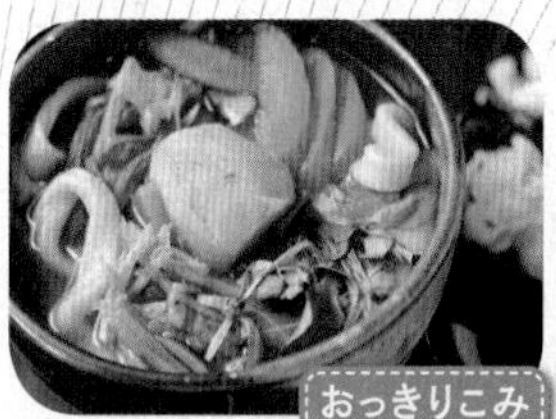

おっきりこみ

大根やニンジンと一緒に、幅広の生うどんを一緒に煮込んだもの。味付けは醤油が一般的。打ち粉が溶けた独特の汁のとろみが体を芯から温めてくれる。養蚕農家を中心に食べられてきた郷土料理。

焼きまんじゅう

小麦粉で作った素まんじゅうを竹串にさし、濃厚な甘いみそだれを塗って香ばしく焼いたもの。起源は江戸末期といわれ、「味噌付けまんじゅう」と呼ばれていた。

高崎パスタ

交通の要所である商業都市・高崎は、パスタの町としても有名。高崎のパスタNo.1を決定する「キング・オブ・パスタ」のイベントが人気。群馬県産食材を使ったものが好評だ。

もらえば笑顔
定番みやげ

水沢うどん

「日本三大うどん」のひとつ。こしの強い透明感のあるうどんで喉ごしのよさが自慢。400年の歴史を持ち水沢の水で打ったもの。だしつゆがセットされたものが売られている。

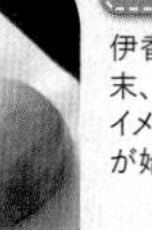

温泉まんじゅう

伊香保温泉が温泉まんじゅう発祥の地。明治の末、伊香保の菓子店が源泉「黄金の湯」の色をイメージした「湯の花まんじゅう」を売り出したのが始まり。伊香保では名店が軒を競う。

ガトーフェスタ ハラダのラスク

行列に並んでもほしいラスクとして有名な「グーテ・デ・ロワ」はメイド・イン高崎だ。道の駅「ららん藤岡」内の直営店では、薄いラスクにレーズンクリームを挟んだ「グーテ・デ・レーヌ」が人気。

地元っ子愛用
ローカル味

みそパン

甘じょっぱいみそを挟んだパン。沼田市の店が考案し県内に広まる。地元のスーパーの棚には、形はさまざまだが独特なみそパンが陳列される。

七味唐辛子

創業100年以上、明治時代から富岡で続く**吉田七味店**。風味が自慢の七味唐辛子は地元民愛用の品。富岡製糸場の女工さんが帰省の際に購入したという伝統の一品。

匠の技が光る
伝統工芸

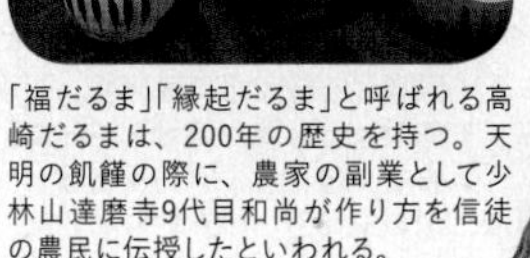

縁起だるま

「福だるま」「縁起だるま」と呼ばれる高崎だるまは、200年の歴史を持つ。天明の飢饉の際に、農家の副業として少林山達磨寺9代目和尚が作り方を信徒の農民に伝授したといわれる。

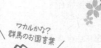

松井ニット技研

桐生の織物の伝統を継ぐ**松井ニット技研**の製品は世界的に有名。ニューヨークの美術館では、松井ニット技研のスカーフの売り上げがミュージアムショップ5年連続1位を獲得。

ワカルかな？
群馬のお国言葉

はーけるんきゃ

Ans. もう帰るのですか？

1泊2日で巡る 群馬県

1日目

草津温泉
浅間山
榛名神社
高崎
富岡
START & GOAL

レンタカーを使って、1日目はパワスポや草津温泉、2日目は世界遺産や大自然を巡るドライブを楽しもう！　スタート&ゴールは高崎駅。

8:30 JR高崎駅
レンタカーをピックアップして出発。

車 60分

9:30 パワースポットの**榛名神社** ▶P.288

縁結びに御利益がある

榛名山がご神体の榛名神社は1400年の歴史をもつ神社。パワースポットの行者渓にも足を延ばして運気アップを。
榛名湖を右手に眺め、天神峠（1090m）経由で、県道28号線（高崎東吾妻線）を北上。郷原から国道145号線に入り「道の駅あがつま峡」へ。

車 45分

11:15 **道の駅あがつま峡**でひと息入れる

「耶馬渓しのぐ吾妻峡」とうたわれる吾妻峡P.286の渓谷美は群馬随一。道の駅から続く整備された遊歩道を15分ほど歩いてみよう。

車 60分

12:30 **草津温泉**に到着 ▶P.280

自然湧出量日本一！

宿の駐車場に車を入れ、荷物を預け散策へ出発！　まずは、湯けむり立ち上る草津のシンボル「湯畑」へ。無料の足湯「湯けむり亭」でリフレッシュ。

徒歩 5分

13:00 温泉街でランチ
草津グルメの筆頭は日本そば。湯畑近くにも名店が。テイクアウト派には、群馬県産の食材を使った焼き鳥やソーセージがおすすめ。

徒歩15分

大露天風呂で湯浴みを楽しもう

14:00 **西の河原露天風呂**
溶岩がゴロゴロした湯川や温泉が湧き出す池などがある西の河原公園は「湯畑」に次ぐ草津の名所。
URL sainokawara.com

徒歩 5分

15:30 **西の河原通り**を散歩
草津のメインストリート、西の河原通りを散歩しながら「湯畑」方面に戻る。途中、名物の温泉まんじゅうや湯上りプリンを味わってひと休み。

徒歩 20分

16:30 湯畑近くの**熱乃湯**で ▶P.280
湯もみを見学

飛び入り参加ができる湯もみ体験

大正ロマンの雰囲気いっぱいの建物では、長い板でお湯をかき混ぜて湯の温度を下げる湯もみを、ショー形式で見学できる。

徒歩 10分

18:00 宿に戻り休息
草津の歴史を紡ぐ老舗の宿に泊まるのもよいが、草津には個性的でリーズナブルな宿も多い。

徒歩 10分

20:00 ライトアップされた**湯畑**へ ▶P.280
幻想的な光景が広がるロマンティックな湯畑を見物がてら夜散歩。

昼間の喧騒が嘘みたい

世界に通ずる旅館のおもてなし
別邸仙寿庵（べっていせんじゅあん）

和風建築の粋を集めた個室の食事処

大浴場からは清流谷川の大自然パノラマ

すべての部屋に源泉かけ流しの露天風呂を備えた高級旅館。四季が味わえる上質な料理とていねいなおもてなし。谷川岳を借景し、谷川の渓谷沿いの立地もすてき。

ルレ・エ・シャトー加盟の名門旅館

住 利根郡みなかみ町谷川614
TEL 0278-20-4141
交 JR水上駅からタクシーで10分。送迎バスあり（要予約）
料 1泊2食付き（1名）4万5580円〜
URL www.senjyuan.jp

2日目

志賀草津高原ルート
▶P.288

運転が得意なら、志賀草津道路から万座温泉を経由するルートがおすすめ。志賀草津道路は冬季通行止めになる山岳道路。日本一標高の高い国道としても有名。涼しい風を受けてのドライブがすがすがしい。

9:00 高原ドライブに出発

森の中を走る心地よい万座ハイウエイから草津道路経由で鬼押出しハイウエイへ。

車 60分

浅間山の雄姿がすばらしいドライブコースを楽しもう！

10:00 噴火でできた溶岩台地 鬼押出し園を散策 ▶P.284

浅間山の山容を楽しみながら溶岩の大地を歩いてみよう。初夏には高山植物が咲き乱れ、9月からは紅葉が美しい。
冬の鬼押出し園は雪と溶岩石のコントラストが美しい。

白糸ハイランドウエイを経て県道43号線経由で、碓井軽井沢ICから上信越道を使い富岡ICで降りる。

車 90分

12:15 富岡に到着

市営駐車場に車を停めて町歩き開始。

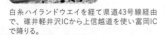

12:30 富岡B級グルメ散歩

こんにゃくを揚げたコンカツや群馬名物の焼きまんじゅう、シルクソフトクリームなど、テイクアウトグルメが充実。

徒歩 10分

13:30 世界遺産の富岡製糸場 ▶P.281

約40分のガイド付きツアーがおすすめ。富岡製糸場の歴史や見逃せない見どころなどをじっくり解説してくれる。

車 10分

15:00 こんにゃくパークで工場見学 ▶P.289

群馬県の名産品こんにゃくの手作り体験は興味深い。無料のバイキングも楽しい。

車 45分

17:30 JR高崎駅

富岡ICから上信越道、藤岡JCT経由で関越道を高崎へ。途中、藤岡パーキングエリア（ハイウェイオアシスららん藤岡）で上州豚や上州牛を使ったメンチカツなどで小腹を満たす。高崎駅でレンタカーを返却。

人気のテーマパーク

こんにゃくパーク

コンニャクイモの生産が全国の90%以上を占める群馬県。今ではいろいろなスイーツにも加工されるこんにゃくだが、こんにゃくパークではその製造過程や、こんにゃくを利用したメニューが無料で味わえると評判。

おすすめ！泊まるならココ

日本最古の湯宿建築が圧巻

四万温泉 積善館

山荘の大正モダン客室

元禄の湯

季節の会席料理（イメージ）

元禄時代の創業、330年続く歴史的な旅館。敷地内には、贅を楽しむ「佳松亭」、国の重要文化財「山荘」、日本最古の木造湯宿建築「本館」が点在。さまざまな用途の建物が魅力的。レトロな元禄の湯での湯治を楽しもう。

住 吾妻郡中之条町四万4236
TEL 0279-64-2101
交 JR**中之条駅**からバスで40分の**四万温泉**下車、徒歩すぐ。タクシーなら20分。
料 1泊2食付き(2名)1万8500円~(本館)
URL www.sekizenkan.co.jp

群馬県の歩き方

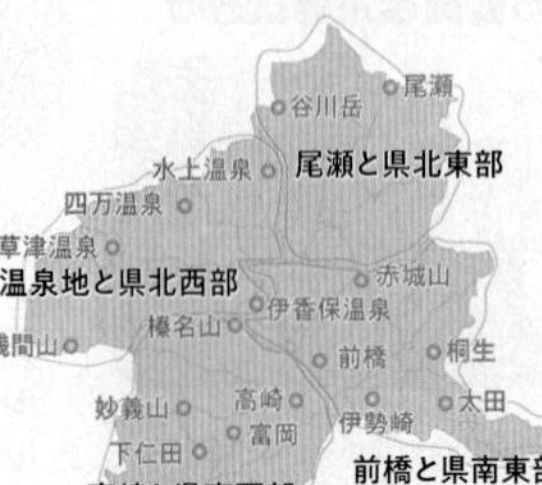

▶**草津温泉観光協会**
住 吾妻郡草津町草津28
(草津温泉バスターミナル1階)
TEL 0279-88-0800
開 9:00〜17:00 休 無休
URL www.kusatsu-onsen.ne.jp

▶**群馬いろは**
住 高崎市八島町222 Esite高崎2階
TEL 027-321-0067
開 9:00〜21:00
(日曜・祝日9:00〜20:00)
休 無休

▶**高崎駅観光案内所**
住 高崎市八島町222
TEL 027-327-9333
開 9:00〜19:00 休 無休
URL www.takasaki-kankoukyoukai.or.jp

▶**まちなか観光物産館「お富ちゃん家(ち)」**
住 富岡市富岡1151-1
TEL 0274-67-0103
開 9:00〜17:00 休 12/29〜31
交 上信電鉄**上州富岡駅**から徒歩約8分
URL www.tomioka-silk.jp/shop/souvenir/detail/Otomi-chan-chi.html

▶**下仁田町観光案内所**
住 甘楽郡下仁田町大字馬山3766-11
TEL 0274-67-7500
開 9:00〜12:00、13:00〜16:00
休 水曜
交 上信電鉄**千平駅**から徒歩約12分
URL kanko.shimonita.jp

温泉地と県北西部

草津温泉の湯畑

群馬観光の目玉である温泉。**草津**P.280、**伊香保**P.281、**みなかみ18湯**P.283、**四万**P.282の各温泉へは、新幹線と在来線、エリアによっては路線バスの組み合わせになる。いずれの場合も**高崎駅**が起点。上野発の在来線特急と路線バスの組み合わせは乗り換えが少ない。草津温泉、伊香保には、新宿からの直通バスが1日7〜9便あり便利。車では関越自動車道の**渋川伊香保IC**が草津、伊香保、四万への玄関口。

▶高崎からのアクセス

群馬県最大のターミナルが高崎。上越・北陸新幹線が乗り入れる。上越線に乗り換え伊香保、草津、四万へ。水上以外は最寄り駅から、JRバス(草津線)、関越交通バスを利用。

便利情報

おみやげ探しに便利

群馬いろは　高崎駅構内の「群馬いろは」には、群馬の伝統工芸品から県内屈指の名店が集まっていて、おみやげ探しに便利なスポット。富岡製糸場ゆかりの絹グッズのほか、県産の新鮮な野菜や果物、地域の銘菓や知る人ぞ知る逸品が多数揃っている。

高崎と県南西部

富岡製糸場

西には**妙義山**(みょうぎ)P.289などの関東山地があり、**下仁田**(しもにた)から**高崎**にかけては近郊野菜の生産地。

世界遺産の**富岡製糸場**P.281はこの地域で最大の観光スポット。富岡製糸場へは、高崎駅から上信電鉄で上州富岡駅で下車。所要約40分。

おみやげ

富岡には製糸場にちなんだおみやげがいっぱい！　国産シルク100%のボディタオル、肌がしっとりするシルク石鹸。富岡製糸場の東置繭所にある売店では、シルク100%のスカーフ、れんがモチーフのネクタイなども販売している。

東置繭所

info　つぶらな瞳とおちょぼ口、緑の帽子がかわいい、群馬のマスコットキャラクターが**ぐんまちゃん**P.272。ゆるキャラ®グランプリでも大人気！　特技は変身で、ある時は富岡製糸場の工女さん、ある時ははっぴを着て温泉のPRにと大忙し。

日本全国津々浦々～道の駅巡り～

楽しい遊園地を併設

ららん藤岡

上信越道藤岡ICに近接する群馬県で人気を博す道の駅。地元の名産グルメが勢揃いし、神津牧場のジャージーソフトクリームが絶品。おみやげにはガトーフェスタ ハラダのレーズンクリームのラスクが人気。遊園地が併設されテーマパークのよう。

前橋と県南東部

群馬県庁から見た赤城山

赤城山P.289を望む県庁所在地・**前橋**を経由して、繊維産業で栄え、レトロな建物が見応えある**桐生**（きりゅう）、**伊勢崎**（いせさき）へは高崎発のJR両毛（りょうもう）線利用で。**わたらせ渓谷鐵道**P.287の始点は桐生駅。赤城山や赤城神社へのバスターミナルもある。

グルメ

ひもかわうどん

群馬は小麦栽培に絶好の気候条件、かつ関東ローム層の土壌が良質な小麦の生育を助け、小麦が主食となり粉食文化が根付いた。定番の「おっきりこみ」や「焼きまんじゅう」だけでなく、**桐生のひもかわうどん、館林のうどん、太田の焼きそば、伊勢崎のもんじゃ**など、この地の名物を味わってみよう。

尾瀬と県北東部

秋の尾瀬

新潟との県境にそびえる**谷川岳**山麓と、福島との県境をわける**尾瀬**P.282は絶好のハイキングエリア。**谷川岳**P.284へは水上駅からJR上越線で。尾瀬の玄関口鳩待峠へは、JR沼田駅から関越交通のバスが運行(冬期運休)する。

便利情報

ニッコウキスゲ

尾瀬のベストシーズン　尾瀬は豪雪地帯でもあり、5月の連休時には雪が残ることもある。ハイキングなら6月以降がおすすめ。初夏にかけてはミズバショウが美しい。紅葉シーズンは10月中旬まで。それ以降は雪がちらつくこともある。

▶道の駅ららん藤岡
住 藤岡市中1131-8
TEL 0274-24-8220
開 9:00～21:00(店舗による)
休 店舗による
交 上信越道**藤岡IC**に隣接
URL www.laranfujioka.com

名物、神津牧場のジャージーソフトクリーム

▶前橋駅観光案内所
住 前橋市表町2-29-16
TEL 027-221-0167
開 9:00～18:00　休 無休
URL www.maebashi-cvb.com

▶桐生市観光情報センター「シルクル桐生」
住 桐生市本町5-354 1F
TEL 0277-32-4555
開 9:00～18:00　休 12/29～1/3
交 JR**桐生駅**から徒歩約10分
URL kiryu-walker.net

▶伊勢崎駅前インフォメーションセンター
住 伊勢崎市曲輪町8-1
TEL 0270-61-8008
開 9:00～18:00
休 月曜(祝日の場合は翌日)、12/29～1/3
URL isesaki-kankou.com

▶利根沼田広域案内所
住 利根郡みなかみ町月夜野1756(JR上毛高原駅構内)
TEL 0278-62-3089
開 7:30～16:30　休 年末年始
URL www.enjoy-minakami.jp

▶尾瀬山の鼻ビジターセンター
住 利根郡片品村戸倉898-9
TEL 027-220-4431(尾瀬保護財団)
開 5月中旬～10月下旬7:00～18:00
休 10月下旬～5月中旬
交 JR**沼田駅**から尾瀬戸倉でバスを乗り換えて約2時間の**鳩待峠**下車、徒歩約50分
URL www.oze-fnd.or.jp

尾瀬の散策前に立ち寄りたい山の鼻ビジターセンター

info **かかあ天下**は、本来は養蚕・絹織物を支え、家庭を支えた群馬の女性をたたえた言葉。「うちのかあちゃんは天下一」の意味からきた言葉だそう。

温泉ランキング1位の常連、日本の名湯

温泉地と県北西部

草津温泉（くさつおんせん）

温泉街の中心に位置する湯畑は、草津温泉のシンボル

草津よいとこ薬のいで湯と、全国にその名を知られる草津温泉には、日本武尊（やまとたけるのみこと）や源頼朝の開湯伝説が残る。源泉は熱くて入れないので、効能を水で薄めることなく温度を下げて入浴できるように、草津名物の**湯もみ**が考案された。

熱乃湯（ねつのゆ）　「草津よいとこ〜一度はおいで〜」の草津節をうたいながら湯をもむ実演ショーが楽しめる施設。約180cmの板で湯をかき混ぜて高温の湯を冷ます「湯もみ」には、熱い源泉の温度を下げるだけでなく、湯を柔らかくする効果もある。

▶草津温泉
住 吾妻郡草津町草津28（草津温泉観光協会）
TEL 0279-88-0800
開 休 料 施設による
交 JR**長野原草津口**からバスで約25分の**草津温泉バスターミナル**下車、徒歩すぐ
URL www.kusatsu-onsen.ne.jp

▶熱乃湯
住 吾妻郡草津町草津414
TEL 0279-88-3613
開 湯もみと踊りショー9:30、10:00、10:30、15:30、16:00、16:30
休 無休　料 600円
交 **草津温泉バスターミナル**から徒歩5分

熱乃湯はガス灯が灯り、レトロ感がいっぱい

info 草津バスターミナルから100mほど下ったところにある湯畑では、**湯花**をとっている。湯花は硫黄が沈殿したもので、それを乾燥させたものが**湯の花**。湯に戻すと硫黄泉のようになり、おみやげとして売られている。

万葉集にも読まれた日本の名湯

温泉地と県北西部

伊香保温泉

ライトアップされた紅葉の時期の河鹿橋

365段の石段と「黄金の湯」と「白銀の湯」の源泉で知られる伊香保温泉は日本で最も古い温泉リゾートともいわれる。町の中心は**石段街**で、石段の左右には老舗旅館やみやげ物店などが立ち並ぶ。名物の石段は、長篠の戦いで敗れた武田勝頼が負傷兵の療養のために源泉を効率よく配給できるように、真田昌幸に命じて作らせたといわれる。石段の頂上には、いで湯を神としてまつる伊香保神社がある。足を延ばして紅葉の名所、朱塗りの**河鹿橋**や、自噴するお湯を**源泉湧出口観覧所**で見学できる露天風呂へも行きたい。

日本の近代化を支えた官営模範器械製糸工場

高崎と県南西部

富岡製糸場

入り口正面にある東置繭所

生糸の大量生産を可能にした富岡製糸場は、明治政府が総力を挙げて建設した日本初の本格的な器械製糸工場。平成26(2014)年に世界遺産に登録された。近代的な製糸技術を導入し、作業が効率化、省力化され、おもな働き手が女性だったことから女性活躍の場となった。

赤れんがの外観が美しく、創業時の面影を今に伝える、**西置繭所**と**東置繭所**は、富岡製糸場の主要建物で原料の繭を保管するためのもの。繭から生糸をとる作業が行われていた操糸所は、工女300人が一度に作業できる世界最大級のものだった。見どころや歴史について解説してくれる**ガイドツアー**（約40分･有料）を利用したい。

▶伊香保温泉

住 渋川市伊香保町伊香保541-4（渋川伊香保温泉観光協会）
TEL 0279-72-3151
開 休 料 施設による
交 JR**渋川駅**からバスで約25分の**伊香保温泉**下車、石段街まで徒歩約5分
URL www.ikaho-kankou.com

ライトアップされた石段街

伊香保露天風呂

▶富岡製糸場

住 富岡市富岡1-1
TEL 0274-67-0075（富岡製糸場総合案内所）
開 9:00～17:00（最終入場16:30）
休 12/29～31
料 1000円、音声ガイド200円
交 上信電鉄**上州富岡駅**から徒歩15分
URL www.tomioka-silk.jp/tomioka-silk-mill

▶ガイドツアー

開 9:30、10:30、11:30、13:00、14:00、15:00発（各回上限15名まで）
社宅76の東側のテントに集合
※出発時刻の変更や参加人数の上限等の最新情報は公式サイトを要確認
休 無休　料 200円

繰糸所内の自動繰糸機

info 日本各地にある美人の湯は泉質に美肌効果があるものをさすことが多い。草津温泉と伊香保温泉のちょうど真ん中あたりにある**川中温泉**は、和歌山県の**龍神温泉**P.635、島根県の**湯の川温泉**とともに**日本三美人の湯**といわれる。

ジブリアニメのモデルになったともいわれる

温泉地と県北西部

四万(しまおんせん)温泉

多くの文豪が滞在した湯元四萬舘

緑あふれる山間、四万川のせせらぎの聞こえる自然豊かな温泉地。上毛かるたには、「世のちり洗う四万温泉」と読まれ、家族連れで楽しむ温泉として注目されてきた。

元禄創業の**積善館**P.277は、日本最古の木造湯宿建築物として県の重要文化財。500年の歴史を持つ**四万たむら**は、10万坪の敷地に自家源泉と7つの湯殿をもつ。井伏鱒二や太宰治に愛された**湯元四萬舘**(ゆもとしまかん)では、四万川の清流を眺めながら客室専用風呂が楽しめる。お気に入りの宿を見つけ、山間の自然の中でのんびりとした滞在を楽しみたい。

▶ 四万温泉
住 吾妻郡中之条町四万4379(四万温泉協会)
TEL 0279-64-2321
開 休 料 施設による
交 JR**中之条駅**からバスで約40分の**四万温泉**下車、徒歩すぐ
URL nakanojo-kanko.jp/shima

創業500年を超える四万温泉の老舗、四万たむら

山間にある四万温泉の新湯地区

4県にまたがる国立公園

尾瀬と県北東部

尾瀬(おぜ)

ニッコウキスゲと尾瀬のシンボル木道

群馬、福島、新潟、栃木の県境周辺に広がる尾瀬は、日本最大規模の**山地湿原**である。

四方を2000m級の峰々に囲まれ、海抜1400mの地点にある盆地状の尾瀬湿原は、冬は大量の雪に覆われる厳しい自然条件下で、堆積物が分解されぬままで泥炭化が進む。このため希少な植生と生物の宝庫となっている。

有名な**ミズバショウ**や**ニッコウキスゲ**、尾瀬で発見された**オゼソウ**、**オゼコウホネ**などの植物が見られる。尾瀬のシンボルの**木道**(もくどう)は登山者から湿原を守るために作られた。ダムや観光道路の建設計画が持ち上がった尾瀬だが、自然保護運動の先駆けの地として、尾瀬の自然は今も守られている。

▶ 尾瀬
住 利根郡片品村鎌田3964(片品村観光協会)
TEL 0278-58-3222
開 入場自由
休 10月下旬~5月中旬
料 無料(公衆トイレはチップ制)
交 JR**沼田駅**からバスで約1時間30分の**尾瀬戸倉**下車。鳩待峠や大清水行きのバスに乗り換え
URL oze-katashina.info

ミズバショウと残雪の至仏山

朝焼けの燧(ひうち)ヶ岳と尾瀬ヶ原

info 日本ではあまり普及していない飲泉(飲む温泉)だが、医学的には飲泉は内臓に局所的に作用する効果があるそうだ。四万温泉の**塩之湯飲泉所**、伊香保温泉の**伊香保温泉飲泉所**などが有名だ。

個性的な露天や美肌効果満点の温泉群

温泉地と県北西部

みなかみ18湯
（みなかみじゅうはちゆ）

水上高原ホテル200の露天風呂

上越国境の山々の麓、利根川とその支流周辺に点在する18の温泉の総称。公共交通で行きやすく味自慢の宿が多い**水上温泉**をはじめ、野趣あふれる露天風呂が人気の**宝川温泉**P.284、美肌効果のある美人の湯で有名な**猿ヶ京温泉**、**谷川岳**P.284の雄大な自然が楽しめる**谷川温泉**など群馬県を代表する温泉地。

乳白色のお湯の温泉郷

温泉地と県北西部

万座温泉
（まんざおんせん）

万座プリンスホテルの露天風呂

上信越高原国立公園内、標高1800mの高地にある万座温泉は、夏は避暑、冬はスキーとリゾート感がいっぱい。日本屈指の硫黄含有量を誇り、代謝促進の効果がある名湯としても名高い。9つの温泉巡りができる**万座温泉日進舘**や雄大なパノラマが楽しめる**万座プリンスホテル**など、絶景の露天風呂の宝庫で、宿ごとの露天風呂巡りを楽しめる。

天明の大噴火と農作物への大打撃

温泉地と県北西部

浅間山
（あさまやま）

紅葉の時期の浅間山

長野県との県境にそびえる標高2568mの浅間山は活火山だ。たおやかで美しい現在の姿からは想像できないが、天明3(1783)年の**天明の大噴火**では、火炎を噴き上げ猛火が山を焼いた。火山灰は、関東一円、東北地方にまで及んだ。この噴火により農作物の収穫が激減し多くの人が飢えて命を落とし、**天明の大飢饉**の一因にもなったといわれている。

▶みなかみ18湯

住 利根郡みなかみ町月夜野1744-1（みなかみ町観光協会）
TEL 0278-62-0401
開 休 料 施設による
交 水上温泉へはJR**水上駅**から徒歩。各温泉地により異なる
URL minakamionsen.com

猿ヶ京温泉エリアにはカヤックも楽しめる猿ヶ京赤谷湖も

▶万座温泉

住 吾妻郡嬬恋村万座温泉
TEL 0279-97-4000（万座温泉観光協会）
開 休 料 施設による
交 JR**万座・鹿沢口駅**からバスで45分の**万座バスターミナル**下車、万座プリンスホテルまで徒歩約5分
URL www.manzaonsen.gr.jp

万座高原ホテルの露天風呂

▶浅間山

住 吾妻郡嬬恋村1053-26（浅間山北麓ビジターセンター）
TEL 0279-86-3000
開 入場自由（指定登山道以外立ち入り禁止）
交 上信越自動車道**碓氷・軽井沢IC**から白糸ハイランドウェイ経由で車で約50分
URL www.asamaen.tsumagoi.gunma.jp

真っ白に雪化粧した浅間山

info 小麦粉に鉱泉水と砂糖を加えて作る**鉱泉せんべい**は、世界中でみられる温泉地の名物。鉱泉せんべいで有名な**磯部温泉**だが、江戸幕府が17世紀半ばに出した絵図に最初に温泉マークが描かれたのも磯部温泉。

芸術的な奇岩がおもしろい

温泉地と県北西部

鬼押出し園（おにおしだしえん）

「突然鬼が暴れだし、真っ赤な舌を出して襲ってきた」と表現された、**浅間山**P.283の天明の大噴火。猛威をふるった**鬼押出し溶岩**は、現在「鬼押出し園」として整備され観光スポットに。**浅間山北麓ジオパーク**として認定され、高山植物や紅葉が美しい園内を歩くと、ユニークな形の奇岩が園路の両側にそびえ、大自然の圧巻な風景が広がる。

浅間山と浅間山観音堂

▶鬼押出し園
住 吾妻郡嬬恋村鎌原1053
TEL 0279-86-4141
開 8:00～17:00(最終入場16:30)
休 無休　料 650円
交 JR**軽井沢駅**からバスで40分。またはJR**万座・鹿沢口駅**からバスで約25分の鬼押出し園下車、徒歩すぐ
URL www.princehotels.co.jp/amuse/onioshidashi/

岩場の紅葉も美しい

奥利根の渓谷に広がる国内屈指の大露天風呂

尾瀬と県北東部

宝川温泉（たからがわおんせん）

利根川の支流、宝川のほとりにある、日本最大級といわれる4つの露天風呂が並び、豊富な源泉かけ流しの湯が楽しめる温泉。東国征伐の途中、病に倒れた日本武尊（やまとたけるのみこと）が白鷹に導かれ発見し、湯につかると病が癒えたという伝説をもつ。330m²もの広さを持ち、川のような混浴露天風呂は、**子宝の湯**とも呼ばれる。

宝川山荘の大露天風呂

▶宝川温泉
住 利根郡みなかみ町藤原1899
TEL 0278-75-2614
開 休 料 施設による
交 JR**水上駅**から湯の小屋行きのバスで**宝川入口**下車、徒歩30分
URL www.takaragawa.com

ライトアップが美しい冬の宝川温泉

日本百名山をロープウエイで楽しもう!

尾瀬と県北東部

谷川岳（たにがわだけ）

「水上、谷川スキーと登山」と上毛かるたにうたわれる谷川岳。麓の**土合口**（どあいぐち）から**谷川岳ロープウエー**で標高1500mの**天神平**へは季節を問わず10分ほど。標高を重ね刻々と変わる車窓からの眺めを楽しもう。秋の紅葉は特に見事。終点の天神平からは谷川連峰の雄大な風景が楽しめる。スキーシーズンには天神平にスキー場がオープン。

中央分水嶺にある日本百名山

▶谷川岳
▶谷川岳ロープウエー
住 利根郡みなかみ町湯桧曽吹山国有林
TEL 0278-72-3575
開 8:00～17:00(土・日曜7:00～17:00)
休 無休（11月点検期間あり）
料 往復2100円
交 JR**水上駅**から谷川岳ロープウェー行きバスで終点下車、徒歩すぐ
URL www.tanigawadake-rw.com

天神平から谷川岳を望む

info **上毛かるたでうたわれる偉人①「平和の使徒(つかい) 新島襄」** 安中藩士の家に生まれ、21歳でアメリカに密航。神学を学び帰国し、キリスト教の布教活動に従事。同志社英学校(現同志社大学)を設立。弟子たちが日本人による初の安中教会を創立。

コバルトブルーの湖面が印象的　温泉地と県北西部

奥四万湖（おくしまこ）

ダムの堤防を望む公園には散策路も
写真提供:(一社)四万温泉協会

四万温泉の最も奥に位置するダム湖の奥四万湖は、**四万ブルー**と呼ばれる真っ青な湖面で有名。コバルトブルーの湖ができる理由は、土壌や温泉成分の流入、透明度など諸説ある。山々の紅葉と湖面の青さのコントラストは見事。カヌーでの水上散歩も魅力的。

▶奥四万湖
住 吾妻郡中之条町四万4400-27
TEL 0279-64-2321（四万温泉協会）
開 入場自由（カヌーは要予約。持ち込みの場合は要申請）
交 関越道**渋川伊香保IC**から車で1時間20分
URL nakanojo-kanko.jp/shima/spots/okushimako

高山植物が咲き競う天空の湖　温泉地と県北西部

野反湖（のぞりこ）

7月頃はノゾリキスゲが湖岸に咲く

長野県、新潟県との県境近く、野反ダムの建設でできたダム湖。上信越高原国立公園内にあり、標高が高い湖の周りは高山植物の宝庫。初夏には、この土地固有の**ノゾリキスゲ**の群落がみられる。釣りやトレッキングなどが楽しめるキャンプ場が人気。

▶野反湖
住 吾妻郡中之条町国有林内
TEL 0279-75-8814（中之条町観光協会）
開 入場自由
交 JR**長野原草津口駅**から野反湖行きバスで1時間15分の終点下車、徒歩すぐ
URL nakanojo-kanko.jp

都会では見られない星空が観察できる　温泉地と県北西部

県立ぐんま天文台（けんりつぐんまてんもんだい）

ライトアップされたモニュメントと雲海

自然豊かな群馬県には星空の鑑賞スポットに事欠かないが、山に囲まれ、町の灯が届かずに美しい星空が観察できるのが、**高山村**にある県立天文台。国内最大級の望遠鏡を備え、日中は太陽の観察やイベント、夜間は望遠鏡での本格的な天体観測が体験できる。

▶県立ぐんま天文台
住 吾妻郡高山村中山6860-86
TEL 0279-70-5300
開 10:00～17:00
休 月曜（祝日の場合は翌日）
料 300円
交 JR**渋川駅**からタクシーで25分
URL www.astron.pref.gunma.jp

150cm望遠鏡での観望

水流の中の緑のじゅうたんが幻想的　温泉地と県北西部

チャツボミゴケ公園（ちゃつぼみごけこうえん）

天然記念物に指定されている

酸性水質の流れの中に生育する**苔の仲間**のチャツボミゴケ。旧群馬鉄山の跡地、鉄鉱石の露天掘りが行われていた穴地獄と呼ばれる水流の中が群生地となり、岩肌を覆う神秘的で幻想的な光景が広がる。遊歩道も整備され、散策ができる。

▶チャツボミゴケ公園
住 吾妻郡中之条町大字入山13-3
TEL 0279-95-5111
開 4月下旬～9月8:45～15:30
10･11月8:45～15:00
休 冬期ほかシーズン中に不定休
料 600円
交 JR**長野原草津口駅**からタクシーで45分
URL chatsubomigoke.web.fc2.com

info **上毛かるたでうたわれる偉人②「心の灯台 内村鑑三」**　高崎藩の江戸屋敷に生まれる。札幌農学校（現北海道大学農学部）でクラーク博士の「少年よ大志を抱け！」という言葉とキリスト教に出会い渡米。日露戦争時には「非戦論」を主張した平和主義者。

吾妻峡

関東の「耶馬渓」と称される

温泉地と県北西部

上毛かるたにも読まれる**国の名勝**・吾妻峡は、吾妻川中流にある約2.5kmにわたる渓谷。文化財保護の観点から八ッ場ダム建設予定地が移動したため、美しい渓谷は水没を免れた。ミツバツツジ、新緑、紅葉と、季節ごとに渓谷の両岸を彩る木々や花が美しい。

紅葉の季節の吾妻峡

少林山達磨寺

冬の群馬の風物詩、少林山達磨寺のだるま市

高崎と県南西部

少林山とだるまの関係は、開祖が心の字をまねて一筆のだるまを描いたことから始まる。9代目の和尚が紙の張り抜きだるまの作り方を信徒に教え、だるまの生産が始まった。この地のだるま生産は全国の8割を占め、正月の**だるま市**では福だるまを求める人でにぎわう。

だるま市は例年1月6・7日に開催される

群馬サファリパーク

餌やり体験が楽しい

高崎と県南西部

貴重な**ホワイトタイガー**をはじめ、アジア、アフリカ大陸などから集めた約100種1000頭羽の動物が、広大な敷地に本来の生態系に近い形で飼われている。車内からエサやりができるバスなどに乗車して動物たちの野生に近い姿を観察してみよう。

ホワイトタイガー

桐生織物記念館

「西の西陣、東の桐生」とうたわれた機どころ

前橋と県南東部

養蚕が盛んな群馬県にあって絹織物の歴史は古く西陣からも技術を学んだ。明治期には海外の需要にこたえ高級絹織物の**羽二重**を作り出し、外貨を稼ぐ輸出品になり、桐生は**織都**として繁栄した。**桐生織物記念館**には貴重な織機などが展示され、歴史が学べる。

レトロな桐生織物記念館

▶ 吾妻峡
住 吾妻郡東吾妻町松谷
TEL 0279-70-2110（（一社）東吾妻町観光協会）
開 入場自由
交 JR**長野原草津口駅**からタクシーで約20分
URL www.town.higashiagatsuma.gunma.jp/www/kankou/contents/1204103468186/index.html

「耶馬溪P.939しのぐ吾妻峡」と上毛かるたで読まれる名所

▶ 少林山達磨寺
住 高崎市鼻高町296
TEL 027-322-8800
開 入場自由（社務所:9:00〜17:00）
交 JR**高崎駅**からタクシーで15分。またはJR**群馬八幡駅**から徒歩18分
URL www.daruma.or.jp

だるま供養

▶ 群馬サファリパーク
住 富岡市岡本1
TEL 0274-64-2111
開 3〜10月9:30〜17:00
11〜2月9:30〜16:00
（土・日曜・祝日9:30〜16:30）
最終入場は1時間前
休 水曜（夏休み、年末年始、GWなどを除く）、時期により水曜以外の休園日あり
料 2700円
交 上信電鉄**上州富岡駅**からタクシーで15分
URL www.safari.co.jp

▶ 桐生織物記念館
住 桐生市永楽町6-6
TEL 0277-43-7272
開 10:00〜17:00
休 毎月最終土・日曜　料 無料
交 JR**桐生駅**から徒歩5分
URL kiryuorimonokinenkan.com

桐生織の歴史を学ぶ

info **上毛かるたでうたわれる偉人③「和算の大家 関孝和」** 藤岡藩生まれで江戸幕府に仕えた。日本独自の数学である「和算」の発展に貢献。円周率や球の体積の計算方法を生み出し、ニュートン、ライプニッツとともに世界の三大数学者といわれた。

「床もみじ」で有名 前橋と県南東部

宝徳寺

新緑の「床もみじ」も美しい

秋の紅葉の時期にもみじが本堂の床に映る**床もみじ**で有名。1450年頃に創建された臨済宗の古刹。周囲の山々と調和した境内には、100本以上のもみじが植えられており、季節ごとの美しさが見事。夏の風鈴祈願（風鈴まつり）やお地蔵様も人気。

▶宝徳寺
住 桐生市川内町5-1608
TEL 0277-65-9165
開 9:00～16:00
休 無休（御朱印は火・金曜対応不可）
料 拝観料は季節により変動
交 東武**相老駅**からタクシーで15分
URL www.houtokuji.jp

渡良瀬川の渓谷美が楽しめるトロッコ列車 前橋と県南東部

わたらせ渓谷鐵道

紅葉とトロッコわたらせ渓谷号

桐生駅から栃木県の間藤駅までの44.1kmを結ぶローカル線。もともとは足尾銅山の銅鉱石を運ぶものだったが、平成元(1989)年3月に第3セクターのわたらせ渓谷鐵道が誕生。窓ガラスのない**トロッコわたらせ渓谷号**では、風を感じながら四季折々の渓谷の絶景が楽しめる。

▶わたらせ渓谷鐵道
住 みどり市大間々町大間々（大間々駅）
TEL 0277-72-1117
開 7:30～17:10 休 無休
URL www.watetsu.com
▶トロッコ列車（わっしー号）
開 4～11月の土・日曜・祝日1日2往復
12～3月の土・日曜・祝日1日1往復
トロッコわたらせ渓谷号は4～11月の土・日曜・祝日に1日1往復
料 普通乗車券とトロッコ整理券520円、1日フリーきっぷ1880円

東洋のナイアガラと呼ばれる豪快な滝 尾瀬と県北東部

吹割の滝

「滝は吹割 片品渓谷」と上毛かるたで読まれる

国の天然記念物および名勝に指定されている吹割の滝は長い年月を経て、片品川の川底が侵食されてできたもの。大きな岩が割れたように見えることから、吹割の滝と命名された。高さ7m、幅30mの滝の周辺には**遊歩道**が整備され、豪快な流れと四季折々の渓谷美が堪能できる。

▶吹割の滝
住 沼田市利根町追貝
TEL 0278-25-8555（沼田市観光案内所）
開 入場自由
休 冬期は遊歩道閉鎖
交 JR**沼田駅**から鎌田・尾瀬戸倉行きバスで約40分の**吹割の滝**下車、徒歩10分
URL numata-kankou.jp/fukiwarenotaki

利根川の急流下りを楽しもう！ 尾瀬と県北東部

利根川ラフティング

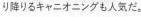

迫力満点のラフティング

パドルを操りながら大型のゴムボートで急流を下るラフティングは、スリル満点のアクティビティだ。水上は**関東ナンバーワン**のラフティングスポット。水量の安定する夏がおすすめ。滝を滑り台のように滑り降りるキャニオニングも人気だ。

▶利根川ラフティング
住 利根郡みなかみ町
TEL 0278-62-0401（みなかみ町観光協会）
▶カッパCLUB
住 利根郡みなかみ町寺間18
TEL 0278-72-1372
開 4月中旬～10月8:00～18:00
休 11月～4月中旬
料 コースによるが予算8000円～
交 JR**水上駅**から車で10分。無料送迎（要予約）あり
URL www.kappa-club.com

info 高崎の町を見守るように建つ**大白衣観音**は、高崎の実業家・**井上保三郎**により慰霊と高崎の発展を願って昭和11（1936）年に建てられた。その長男・**房一郎**は高崎の文化芸術の発展に尽力。親子揃って高崎の発展に尽くした。

水澤観音の門前にはうどん店が軒を並べる　温泉地と県北西部

水沢うどん街道

水澤観音の参拝者に供された水沢うどん。参道（県道15号線）沿いには水沢うどんの店が10数店ほど軒を並べる。手ごね、足踏みで作る手打ち麺はこしが強くツルツル。

日本三大うどんのひとつ

▶水沢うどん街道
住 渋川市伊香保町水沢
TEL 0279-72-3151（渋川伊香保温泉観光協会）
開 休 店舗による
交 JR**渋川駅**からバスで**水澤観音**下車、徒歩すぐ

水澤観音

日本一の標高を走る山岳道路　温泉地と県北西部

志賀草津高原ルート

長野県の志賀高原から渋峠近くの日本国道最高地点を通り、群馬県草津にいたる高原道路。池塘が美しい絵画的な**芳ヶ平湿原**やごつごつした草津白根山の山岳風景を楽しもう。

山田峠からの展望

▶志賀草津高原ルート
住 吾妻郡中之条町草津白根国有林内（日本国道最高地点）
TEL 269-33-1107（草津町・山ノ内町広域宣伝協議会）
開 通行自由
休 11月中旬頃～4月下旬頃
URL www.town.kusatsu.gunma.jp

中世ヨーロッパの町並みを再現したテーマパーク　温泉地と県北西部

ロックハート城

スコットランドの古城を移築再現した城内は、多彩なテーマのミュージアム。500着以上のドレスから選んで試着できる「プリンセスドレス体験」撮影が大人気。

3年をかけて英国から移築された

▶ロックハート城
住 吾妻郡高山村中山5583-1
TEL 0279-63-2101
開 9:00～17:00（最終入場16:30）
休 無休　料 1100円
交 JR**沼田駅**からタクシーで15分。または中山本宿行きバスで約20分の**ロックハート城前**下車、徒歩すぐ
URL lockheart.info

美しい山容の上毛三山のひとつと湖&縁結び祈願　高崎と県南西部

榛名山と榛名神社

雅な榛名富士と榛名湖の風景に癒やされたら、1500年余りの歴史を持つ榛名神社へ。長い参道の奥にある社殿のご祭神は縁結びの神様なので、恋愛成就の参詣者が絶えない。

榛名山と榛名湖

▶榛名神社
住 高崎市榛名山町849
TEL 027-374-9050
開 入場自由（社務所9:00～16:00）
交 JR**高崎駅**から榛名湖行きバスで約1時間10分の**榛名神社**下車、徒歩15分
URL www.haruna.or.jp

明治から昭和、レトロな鉄道の魅力がいっぱい　高崎と県南西部

遊歩道「アプトの道」とめがね橋

碓氷峠鉄道文化むらから廃線跡を旧熊ノ平駅まで歩く「アプトの道」。途中の山間にそびえる赤れんが造りのめがね橋の雄姿を見て、アプト式蒸気機関車が走っていた頃にタイムスリップ。

めがね橋こと碓氷第三橋梁

▶めがね橋
住 安中市松井田町坂本
TEL 027-382-1111（安中市観光経済課）
開 入場自由
交 JR**横川駅**に隣接する碓氷峠鉄道文化むらから徒歩約2時間
URL www.city.annaka.lg.jp/kanko-spot/megane_hiking.html

info 義理人情に厚いといわれる群馬県人。強きをくじき弱きを助ける県民の代表といえば、沼田藩の悪政に命をかけて立ち上がった**杉木茂左衛門**や渡世人でありながら、大飢饉が起こった際に私財を投じて人々を救った**国定忠治**が挙げられる。

こんにゃく生産日本一。楽しくおいしく学べる人気スポット　**高崎と県南西部**

こんにゃくパーク

バイキングコーナーが人気

群馬が誇るこんにゃくの製造ラインが見学でき、映像や展示パネルでいろいろ学べる、楽しさとおいしさいっぱいのテーマパーク。無料の試食コーナーが評判。

▶こんにゃくパーク
住 甘楽郡甘楽町小幡204-1
TEL 0274-60-4100
開 9:00～18:00（最終入場17:00）
休 無休　料 無料
交 上信電鉄**上州福島駅**からタクシーで10分
URL konnyaku-park.com

奇岩・奇勝の上毛三山のひとつと開運の神社　**高崎と県南西部**

妙義山と妙義神社

妙義山の紅葉

険しい岩山が作る独特の山容、**日本の三奇勝**に選ばれる妙義山。神社はその山体を祀り、中世以来、武人・庶民の崇拝を受けてきた。開運、出世運、勝負運に縁起がいい。

▶妙義神社
住 富岡市妙義町妙義6
TEL 0274-73-2119
開 入場自由
交 JR**松井田駅**からタクシーで約10分
URL www.myougi.jp
▶妙義神社宝物殿
開 9:00～17:00　休 12/20～1/10
料 200円

ノスタルジックなSLの旅でタイムスリップ　**高崎と県南西部**

SLみなかみ SLよこかわ

D51やC61の機関車が走る

レトロ感あふれる蒸気機関車の旅の始発は高崎駅。横川に向かうSLよこかわと水上に向かうSLみなかみ。現存する貴重なSL列車で、群馬の自然を車窓から楽しむ昔の鉄道旅を。

▶SLみなかみ SLよこかわ
住 高崎市八島町222（JR高崎駅）
TEL 0273-26-9022
開 週末を中心に不定期運行
料 高崎～水上 片道1520円
高崎～横川 片道1040円
URL www.jreast.co.jp/railway/joyful/slgunma.html

「裾野は長し赤城山」と詠まれた上毛三山のひとつ　**前橋と県南東部**

赤城山と赤城神社

赤城神社

古くから信仰を集めてきた赤城山。山頂のカルデラ湖、大沼の湖面に突き出た小鳥ヶ島にある赤城神社。境内からは大沼と周囲の峰々が一望できる。「子授けの願い」をかなえるといわれる。

▶赤城神社
住 前橋市富士見町赤城山4−2
TEL 027-287-8202
開 入場自由
交 JR**前橋駅**からバスで約1時間15分の**赤城山ビジターセンター**下車（直通バスは土･日曜･祝日のみ運行）、徒歩約15分
URL akagijinja.jp

川場村産のブランド食材で作る絶品フーズ　**尾瀬と県北東部**

道の駅 川場田園プラザ

1日楽しめるほど施設が充実

群馬県を代表する道の駅。地場産の素材で敷地内の工房で作るのはハムやソーセージ、ビール、パン、スイーツなど。ダントツ人気は飲むヨーグルト。遊べるスポットも充実している。

▶道の駅 川場田園プラザ
住 利根郡川場村萩室385
TEL 0278-52-3711
開 9:00～17:00（店舗による）
休 店舗により異なる
交 関越道**沼田IC**から車で10分
URL www.denenplaza.co.jp

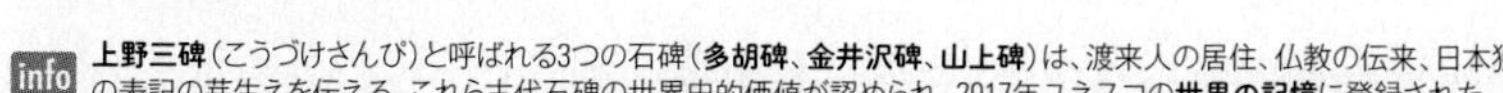
info **上野三碑**（こうづけさんぴ）と呼ばれる3つの石碑（**多胡碑、金井沢碑、山上碑**）は、渡来人の居住、仏教の伝来、日本独自の表記の芽生えを伝える。これら古代石碑の世界史的価値が認められ、2017年ユネスコの**世界の記憶**に登録された。

埼玉県

SAITAMA

人口
734.5万人（全国5位）
面積
3798km²（全国39位）
県庁所在地
さいたま市
県花
サクラソウ

コバトン　さいたまっち
埼玉県のマスコット

サクラソウ
さいたま市の田島ヶ原に自生地がある

東京都の北に隣接する埼玉県。かつては現在の東京都、川崎市、横浜市とともに武蔵国と呼ばれていた。観光地としては、小江戸と称される蔵造りの町並みが残る川越、雄大な自然を楽しめる秩父が有名だが、鉄道博物館P.299やさいたま市大宮盆栽博物館P.302など、大人の知的好奇心を刺激する見どころも多い。穏やかな気候と水に恵まれた関東地方有数の穀倉地帯で、うどんの消費量は香川県に次ぐ第2位と、隠れたうどん県でもある。

旅の足がかり

川越市

室町時代より太田道灌（どうかん）が築城した川越城の城下町として栄える。江戸時代は徳川家と近しい川越藩の下、川越街道と新河岸川の舟運を通じて江戸へ物資を供給する「江戸の台所」として商業が発展した。江戸との結びつきが強く、関東大震災や空襲を経た東京では見ることのできない江戸の面影を残していることから「小江戸」と称される。**蔵造りの町並み**P.298が続く一番街を中心とした町並みの散策や特産のサツマイモスイーツの食べ歩きが人気。

秩父市

県西部の秩父山地に囲まれた盆地に発展した秩父市の歴史は古く、慶雲5(708）年には和同開珎の由来となる和銅が発掘されたという記録が残る。農業とともに養蚕が盛んで、秩父銘仙や味噌、くるみだれで食べるそばなど多彩な特産品と食文化が残っている。山間部の荒川源流にはいくつものダムが設けられ、首都圏の水がめとなっている。

さいたま市

大宮市、浦和市、与野市、岩槻市が合併して生まれた、埼玉県の県庁所在地である政令指定都市。埼玉県における商業の中心地で、さいたまスーパーアリーナ、埼玉スタジアム2002などの大型競技施設や**鉄道博物館**P.299、**武蔵一宮氷川神社**P.301などの観光スポットもある。**さいたま市大宮盆栽美術館**P.302がある大宮盆栽村は国際的にも注目されている。

地理と気候

西部は山地で東部は平野。内陸性気候で寒暖の差が大きい。夏はかなりの高温で、雷の発生が多い。冬は空気が乾燥し低温となる。秩父地方は朝晩、夏冬の気温差が激しい。

【夏】夏にはフェーン現象が起こり、酷暑となる日がある。熊谷市では平成30（2018）年7月に国内観測史上最高の41.1°Cを記録。

【冬】冬は北西の季節風が強く、晴れの日が多い。気温は内陸のため12～2月の間では最低気温がマイナスになることも多い。

P.290～307 写真提供：秩父観光協会　鴻巣市観光協会　行田おもてなし観光局

アクセス

東京から ▸▸▸	所要時間
JR線 東京駅▶大宮駅	31分
JR線 新宿駅▶大宮駅	30分
鉄道 北千住駅▶春日部駅（東武）	30分
鉄道 西武新宿駅▶本川越駅（西武）	45分
JR線 八王子駅▶川越駅	1時間
高速バス 羽田空港▶大宮駅	1時間30分

千葉から ▸▸▸	所要時間
鉄道 柏駅▶大宮駅（東武）	1時間
JR線 新松戸駅▶南浦和駅	28分

栃木から ▸▸▸	所要時間
新幹線 宇都宮駅▶大宮駅（やまびこなど）	25分
鉄道 栃木駅▶南栗橋駅（東武）	40分
JR線 小山駅▶大宮駅	40分

群馬から ▸▸▸	所要時間
新幹線 高崎駅▶大宮駅（とき、あさまなど）	32分
鉄道 館林駅▶東武動物公園駅（東武）	25分

県内移動

▶大宮駅から秩父方面へ

高崎線で熊谷駅まで行き、秩父鉄道に乗り換えて秩父駅まで約2時間。埼京線で池袋駅まで行って西武池袋線の特急**ちちぶ**に乗り換えて西武秩父駅まで約2時間。

▸▸▸アクセス選びのコツ

京浜東北線と埼京線、高崎線と宇都宮線の運行形態は慣れないとやや複雑。高崎線の熊谷駅、宇都宮線の久喜駅や栗橋駅に行く時は行き先に注意しよう。

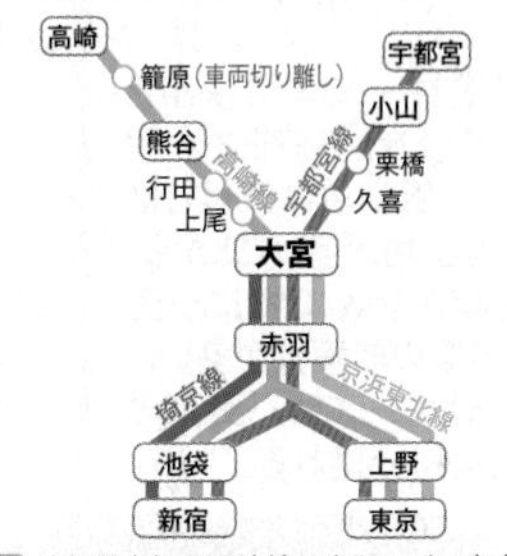

埼玉県内始発の路線は少ないが、東京や横浜発の新潟、長野方面や東北方面のバスに途中乗車できることも。主要都市間を結ぶ中・長距離路線はほとんどないが、並行する鉄道路線間を結ぶバス路線は比較的充実している。

交通路線図

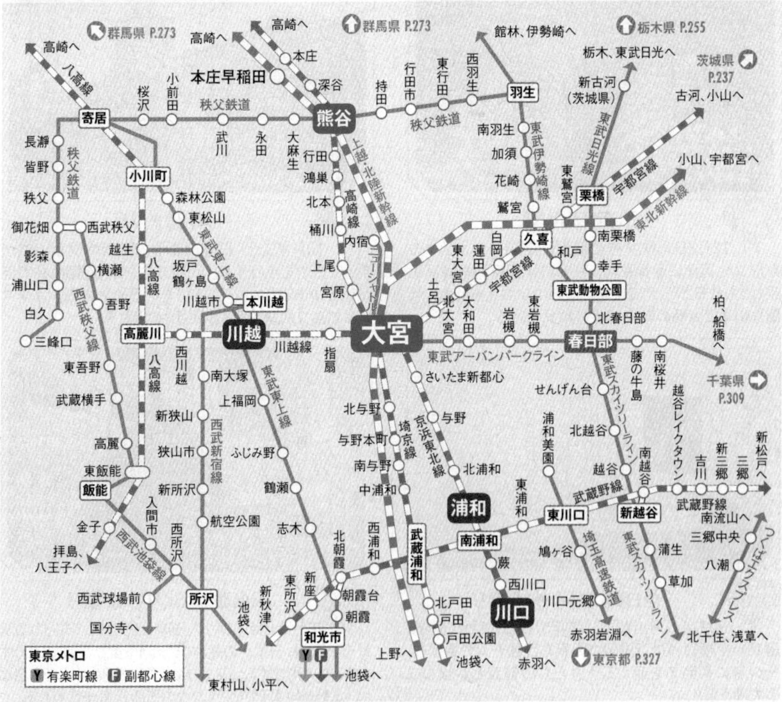

東京メトロ
Y 有楽町線　F 副都心線

埼玉県

うちの県はここがすごい

一 快晴日数が日本一

平成21～30年の快晴日数の合計が567日で全国1位。穏やかな気候と平坦な土地が多いことから、農業が盛んで特に小麦と野菜の収穫量が多い。近年はヨーロッパ野菜の生産も注目される。

二 河川の面積日本一

荒川、利根川の2大河川を有する埼玉県は、県土を占める河川面積割合が日本一である「川の県」。鴻巣市と吉見町付近の荒川の川幅は全国1位の2537m。

三 自転車発祥の地

江戸時代末期に「世界最古の自転車」といわれる陸船車が発明された自転車発祥の地。保有台数も全国トップクラスで、利根川沿いに日本一長い約170kmのサイクリングロードが通る。

イベント・お祭り・行事

① 秩父夜祭

12月3日に秩父神社P.304で開催。ユネスコの無形文化遺産に登録され、京都の祇園祭、飛騨高山祭とともに日本三大曳山祭のひとつに数えられる、壮麗な山車と大輪の花火が冬の秩父を彩る。

② 川越まつり

10月第3土・日曜に開催。豪華絢爛な山車が蔵造りの町を曳行する。川越氷川神社P.303の神幸祭が起源であるとされ、約370年の歴史がある。ユネスコの無形文化遺産に登録されている。

③ 春日部大凧あげ祭り

江戸川の河川敷で、毎年5月3日と5日に開催。縦15m、横11mの百畳敷の大凧を百数十人で揚げる。その年に初節句を迎える子供たちの健康と幸福な成長を願う祭り。

④ 鴻巣びっくりひな祭り

江戸時代からひな人形の生産地として知られる鴻巣市で開催。日本一の高さのピラミッド型ひな壇に1800体ものひな人形を飾る。同じくひな人形の生産地として有名なさいたま市岩槻区では流しひなの伝統行事が行われる。

必ず食べたい 名物グルメ

川幅うどん

埼玉県は古くから小麦の生産が盛ん。武蔵野うどんをはじめ、各地に個性的なご当地うどんがある。鴻巣市の川幅うどんは川幅日本一にちなんだ幅広な麺。

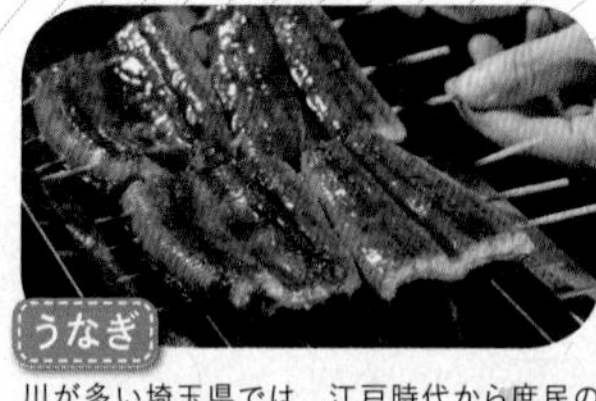

うなぎ

川が多い埼玉県では、江戸時代から庶民のタンパク源としてうなぎがよく食べられていた。なかでも浦和はうなぎのかば焼き発祥地として知られている。

豚みそ丼

秩父のご当地グルメ。秩父の特産である豚の味噌漬けを香ばしく焼き、ご飯の上にトッピング。見た目はボリューム満点だが意外にぺろりと食べられる。

サツマイモ

川越のサツマイモは江戸時代から有名で、江戸の人々にも愛されていた。サツマイモを使ったさまざまなスイーツやドリンクがある。

地元っ子愛用 ローカル味

もらえば笑顔 定番みやげ

彩果（さいか）の宝石

果汁をふんだんに使用してフルーツそのままの味を閉じ込めた、美しい形のゼリー。ちょっとしたプレゼントやお世話になった人へのおみやげに。

十万石饅頭

埼玉のローカルCMでおなじみ。新潟産コシヒカリとつくね芋から作られるしっとりとした皮でこしあんを包んだシンプルな饅頭のおいしさは、巨匠・棟方志功のお墨付き。

コエドビール

川越発のクラフトビールで、スーパーなどでも販売されている。川越特産のサツマイモから作られる「紅赤」は香ばしい甘みが特徴のプレミアムエール。

草加せんべい

全国に名の知れたシンプルでスタンダードなせんべい。米どころであり、醤油の産地である千葉県野田市に近い草加市で江戸時代から作られている。

匠の技が光る 伝統工芸

足袋

ドラマで有名になった行田市の足袋。江戸時代から生産が始まり、最盛期は国内シェアの8割を占めていた。柄物、ランニング用などさまざまな種類がある。

小川和紙

和紙のふるさととして知られる小川町。伝統的な紙漉き製法で作られる細川紙をはじめ、美しい折り紙や便箋など、さまざまな和紙製品が作られている。

ワカルかな？
埼玉のお国言葉

渋沢栄一って、埼玉出身だったん？

Ans. 渋沢栄一って、埼玉出身だったの？

1泊2日で巡る 埼玉県

1日目

江戸情緒漂う小江戸・川越を散策した後は、西武線で秩父へ移動。温泉宿に泊まり、2日目は長瀞のダイナミックな自然を満喫。

長瀞 GOAL
秩父
三十槌の氷柱
浦山ダム
川越 START

9:00 JR川越駅

バス10分

9:10 川越の総鎮守
川越氷川神社に参拝 ▶P.303

縁結びで有名な神社はすてきなフォトスポットもいっぱい。

徒歩12分

10:00 **菓子屋横丁**でお芋スイーツ食べ歩き

芋けんぴ

懐かしの駄菓子や川越特産のサツマイモで作るスイーツを売る店が並ぶ。
URL koedo.or.jp/spot_003

徒歩2分

11:00 重厚な蔵造りの町並み
一番街を散策 ▶P.298

重要伝統的建造物群保存地区に指定される、川越を代表する景観。

徒歩すぐ

11:30 **時の鐘**で記念撮影 ▶P.298

江戸時代から時を知らせてきた川越のシンボル。

12:00 川越名産の
うなぎランチ

江戸時代から食べられていた川越名物。

徒歩1分

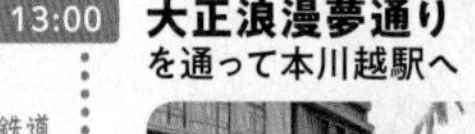

13:00 **大正浪漫夢通り**を通って本川越駅へ

1920年代の大正レトロな雰囲気が漂う石畳の商店街。

鉄道77分＋徒歩15分

15:10 **羊山公園**から ▶P.300
秩父市街を一望

春は芝桜の丘で有名な公園。見晴らしの丘は有名アニメのオープニングに登場。

徒歩15分＋送迎バス10分

16:10 江戸時代創業の
新木鉱泉旅館に宿泊

西武秩父駅から送迎バスで移動。おいしい料理とトロトロの温泉で旅の疲れを癒やそう。

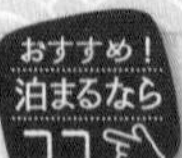

赤ちゃんも入れる美肌の湯が自慢の民芸の宿
新木鉱泉旅館（あらきこうせんりょかん）

なめらかな泉質で「卵水」とも呼ばれる自慢の湯

文政10（1827）年創業の秩父最古の鉱泉宿。現在も創業からの建物を使用、黒光りする梁や手すりに民芸の趣を感じ取れる。秩父七湯の御代の湯として9代にわたり大切に守られてきた温泉は、まるで美容液に浸かっているかのようななめらかなお湯で赤ちゃんの初温泉浴にもおすすめ。料理は秩父の特産品を交えた、心のこもった山のごちそう。

秩父の沢煮を中心とした、バランスのよい朝食

住 秩父市山田1538
TEL 0494-23-2641
交 西武**西武秩父**駅からバスで**金昌寺**下車、徒歩5分。西武秩父駅、秩父鉄道秩父駅から送迎あり（宿泊者のみ。要予約）
料 1泊7980円～
URL www.onsen-yado.net

幻想的な
秩父の雲海
秩父市街を一望できる秩父ミューズパークにある「旅立ちの丘」は、都心からいちばん近い雲海スポットとして人気。雨が降った日の翌日早朝に見られることが多い。

2日目

9:00 秩父鉄道秩父駅

徒歩5分

9:05 秩父の総鎮守**秩父神社** ▶P.304
徳川家康が寄進した本殿の美しい彫刻にも注目してみよう。

徒歩5分

10:20 秩父鉄道秩父駅

バス17分

10:37 荒川の源流**浦山ダム**を見学 ▶P.305
ダム内部や資料館が一般開放されている。見学後、名物のダムカレーでちょっと早めのランチ。

ダム資料館1階のさくら湖食堂へ

バス17分

12:30 秩父鉄道秩父駅
土・日曜は11:58発

鉄道22分

12:52 秩父鉄道長瀞駅
土・日曜は12:22着

徒歩4分

13:00 長瀞観光のハイライト
長瀞ラインくだり ▶P.299
和船の上から岩畳を満喫。急流ポイントはスリル満点!

徒歩5分

14:00 まるで雪！　天然氷の
ふわふわかき氷

絶大な人気を誇る阿左美冷蔵のかき氷。夏は行列覚悟で。
▶阿左美冷蔵
TEL 0494-66-1885(寶登山道店)
TEL 0494-62-1119(金崎本店)
URL www.instagram.com/asamireizou

徒歩10分

15:30 **宝登山**を散策 ▶P.301

宝登山ロープウェイで山頂まで約5分の空中散歩を楽しめる。

徒歩20分＋鉄道20分

18:00 秩父鉄道秩父駅
秩父市内で**秩父グルメ**のディナー

ボリューム満点の豚みそ丼やわらじカツ、くるみだれで食べるそばやホルモンなどバリエーション豊富。

冬に行きたい秩父の絶景
三十槌の氷柱

三峯神社P.301へ行く途中にある三十槌(みそつち)のキャンプ場にできる幅30m、高さ10mの氷柱は岩肌から湧き出る湧水が凍結することによって生まれる冬の絶景。

おすすめ！泊まるならココ
小江戸川越の観光拠点にぴったり
川越東武ホテル(かわごえとうぶ)

ベッドはイギリスの最高級ブランドのスランバーランド

川越駅からペデストリアンデッキで結ばれている

令和2(2020)年6月にオープン。川越駅西口の複合施設U_PLACEの7～11階にあり、アクセス良好。内装は小江戸川越をイメージした和モダンな雰囲気で、機能性を重視しながらも、落ち着いてくつろげる空間。朝食は、2階のレストラン「川越薪火料理 in the park」が用意する、埼玉の食材を使用した和洋食のビュッフェ。

住 川越市脇田本町8-1
TEL 049-241-0111
交 JR**川越駅**西口から徒歩2分。駅直結連絡通路あり
料 1泊5000円～
URL www.tobuhotel.co.jp/kawagoe2020

埼玉県の歩き方

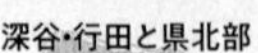
深谷・行田と県北部
深谷 行田 熊谷 長瀞 久喜 秩父 川越と周辺 さいたま市と周辺 秩父エリア 川越 大宮 越谷 飯能 所沢 和光 川口

▶川越駅観光案内所
住 川越市脇田町24-9
（JR川越駅構内）
TEL 049-222-5556
開 9:00～16:00
休 無休
URL www.koedo.or.jp

▶小江戸巡回バス
川越駅西口から発車し、蔵の街や川越氷川神社、喜多院や菓子屋横丁などの川越の観光名所を回る観光路線バス。
料 1回券200円　1日券500円

▶小江戸川越一日乗車券
東武バスウエストが運行する川越中心部の一般路線バスと、「小江戸名所めぐりバス」が1日乗り放題。
料 1日券400円

▶秩父観光情報館
住 秩父市野坂町1-16-15
（西武秩父駅前）
TEL 0494-21-2277
開 9:00～17:00
休 毎月第2・第4月曜、年末年始
URL www.chichibuji.gr.jp

▶秩父フリーきっぷ
西武線各駅～西武秩父駅の往復乗車券、西武鉄道の芦ヶ久保～西武秩父駅間と秩父鉄道の野上・長瀞～三峰口駅間が2日間乗り放題の切符がセット。協賛施設や協賛店での割引あり。
料 西武池袋駅発2350円
西武新宿駅発2350円
URL www.seiburailway.jp

▶秩父路遊々フリーきっぷ
秩父鉄道全線が1日乗り放題。土・日曜・祝日、SL運行日を中心に発売。通年利用可能なデジタル版（1500円）もある。協賛施設や協賛店での割引あり。
料 1600円
URL www.chichibu-railway.co.jp

川越と周辺

川越駅東口

埼玉県の南部を走る**西武新宿線**、**東武東上線**の沿線にあたるエリア。

川越観光の目玉となる蔵造りの町並みはJR・東武東上線**川越駅**、西武新宿線**本川越駅**から1～2kmほど離れたところにある。路線バスなどでアクセスできるが、時間により渋滞が激しい。時間に余裕があれば、約1kmにわたる商店街**クレアモール**やフォトジェニックな**大正浪漫夢通り**を歩く徒歩でのアクセスもおすすめ。

足を延ばせば

隣接工場直送のサイボク製品が味わえる！

SAIBOKU　川越市の隣街、日高市に本社がある「豚のテーマパーク」サイボク。本社エリアには「ミートショップ」「野菜直売所」「レストラン」「温泉館」「アスレチック」などの複合施設があり1日中楽しめる！
交 西武**狭山市駅**からバスで**サイボク**下車
URL www.saiboku.co.jp

秩父エリア

秩父の玄関口、西武秩父駅

西武秩父線の**西武秩父駅**と、秩父鉄道の**秩父駅**があり、両駅の間は1駅分ほど離れていることに注意。西武秩父駅と連絡するのは歩いて5分の秩父鉄道**御花畑**（おはなばたけ）**駅**となる。秩父市内の見どころへは駅から徒歩やバスでアクセスできるが、効率よく回るなら車の利用が便利。岩畳や**長瀞ラインくだり**P.299で有名な**長瀞**（ながとろ）の見どころは秩父鉄道の長瀞駅から徒歩圏内。

グルメ

小昼飯（こぢゅうはん）
秩父地方で、古くから農作業の合間など小腹がすいたときに食べられてきた秩父の伝統郷土料理。地元で取れる小麦や味噌などを使った素朴な料理が多彩。みそポテト、みそおでんなどは飲食店などで味わうことができる。

みそおでん

みそポテト

info 西武秩父駅に隣接する**西武秩父駅前温泉 祭の湯**は品揃え豊富なおみやげ売り場、秩父グルメも食べられるフードコートも併設する日帰り温泉施設。秩父観光の締めくくりに温泉で癒やされたり、おみやげ探しができる便利な存在。

日本全国津々浦々～道の駅めぐり～

ずりあげうどんの提供は平日11:00～14:00、土・日曜・祝日15:00まで（3月19日～5月末は平日10:30～14:30、土・日曜・祝日15:30まで）

果樹公園あしがくぼ
入間市と秩父市を結ぶ国道299号線沿いにあり、芦ヶ久保駅からも徒歩圏内の道の駅。「ずりあげうどん」をはじめ、地元の新鮮食材を使った秩父の郷土料理を味わえる。

さいたま市と周辺

さいたまスーパーアリーナ

新幹線や多数の在来線が発着する**大宮駅**は県最大のターミナル駅。**武蔵一宮氷川神社**P.301に参拝後、隣接する**大宮公園**を抜け、**さいたま市大宮盆栽美術館**P.302などがある**大宮盆栽村**まで行くとちょうどよい散策コースとなる。

グルメ

埼玉県産の野菜を使用

大宮ナポリタン　鉄道の町として栄えたさいたま市大宮区のご当地グルメは鉄道マンたちに親しまれていたナポリタン。大宮のテーマカラーである「オレンジ」にちなんでいる。大宮駅周辺の飲食店で味わえる。

深谷・行田（ぎょうだ）と県北部

2021年の田んぼアート

深谷市に点在する渋沢栄一関連の史跡は最寄りの深谷駅から遠く、タクシーや車を利用するのが妥当。

観光地として近年注目される行田市中心部の最寄り駅は秩父鉄道の**行田市駅**だが、市内に散在する見どころを回るには、JR高崎線の**行田駅**から1時間に1本運行する**行田市市内循環バス**の観光拠点循環コースの利用が便利。

グルメ

ゼリーのフライではない

ゼリーフライ　行田エリアのご当地グルメ。おからを油で揚げたコロッケのようなもので、小判型であることから「銭（ぜに）フライ」と呼ばれていたものがなまってゼリーフライと呼ばれるようになったという。

▶道の駅 果樹公園あしがくぼ
住 秩父郡横瀬町大字芦ヶ久保1915-6
TEL 0494-21-0299
開 直売所9:00～17:00（3/19～5/31 8:30～18:00）
休 年末年始
交 西武**芦ヶ久保駅**から徒歩5分
URL ashigakubo210299.wixsite.com/michinoekiashigakubo

▶さいたま新都心観光案内所
住 さいたま市中央区上落合2（JRさいたま新都心駅東西自由通路内）
TEL 048-600-0070
開 10:00～18:00　休 12/28～1/3
URL www.stib.jp

▶大宮駅観光案内所
住 さいたま市大宮区錦町630（JR大宮駅構内）
TEL 048-644-1144
開 9:00～19:00（スタッフ常駐時間10:00～13:30、14:30～18:30）
休 年末年始　URL www.stib.jp

▶浦和観光案内所
住 さいたま市浦和区高砂1-16-12（JR浦和駅直結アトレ浦和South Area）
TEL 048-883-1055
開 10:00～18:30　休 12/28～1/3
URL www.stib.jp

▶深谷市観光協会
住 深谷市西島町3-1-8（JR深谷駅構内）
TEL 048-575-0015
開 9:00～17:00　休 12/29～1/3
URL www.fukaya-ta.com

▶JR行田駅前観光案内所
住 行田市壱里山町12-1
TEL 048-550-1611
開 3～11月9:30～16:30
12～2月10:00～16:00
休 12/29～1/3
URL www.gyoda-kankoukyoukai.jp

▶行田市市内循環バス
5つのコースがあり、行田市を網羅している。観光拠点循環コースは、JR行田駅→水城公園→古代蓮の里→さきたま古墳公園→忍城バスターミナルと行田の主要な観光スポットを回る。
URL www.city.gyoda.lg.jp/soshiki/shiminseikatubu/kotsu_taisaku/gyomu/doro_kotsu/kokyokotsu/3260.html

info **熊谷**銘菓の**五家宝**（ごかぼう）は、棒状に固めたおこしに、きな粉をまぶした江戸時代発祥の伝統和菓子。地元の菓子店はもちろん、高崎線の駅のキオスクなどでも販売されている。

埼玉県の見どころ

▶蔵造りの町並み
住 川越市幸町、元町周辺
TEL 049-222-5556（川越駅観光案内所）
開 見学自由（有料施設あり）
交 JR・東武**川越駅**、西武**本川越駅**からバスで3～6分の**仲町**下車、徒歩すぐ。または駅から徒歩10～22分
URL www.koedo.or.jp

川越で最古の蔵造り建築である大沢家住宅は民芸品店として活用されている

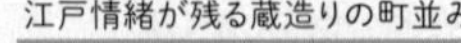

江戸情緒が残る蔵造りの町並み

川越と周辺

蔵造りの町並み（くらづくりのまちなみ）

川越藩の城下町で商人の町として栄えた川越。川越駅から約2kmの所にある**一番街**周辺には、**蔵造り**の商家が残り、**小江戸**と呼ばれる江戸風の町並みが残っている。

火災に強い重厚な蔵造りの店が並ぶ

明治26(1893)年の川越大火の際に焼失を逃れた土蔵造りの店にならい、同様の家が建てられるようになった。一番街から延びる**鐘つき通り**に立つ**時の鐘**も焼失を繰り返し現在は4代目。現在も1日に4回鳴る鐘の音は「残したい“日本の音風景100選”」に選ばれている。

6:00、12:00、15:00、18:00に鐘が鳴る

見どころMAP

P.299 長瀞ラインくだり
P.301 宝登山
渋沢栄一記念館 P.302
足袋とくらしの博物館 P.307
P.307 忍城址（行田市郷土博物館）
古代蓮の里 P.305
さきたま古墳公園 P.305
P.307 SLパレオエクスプレス
P.306 国営武蔵丘陵森林公園
小川町和紙体験学習センター P.304
P.306 聖神社
P.306 吉見百穴
P.307 東武動物公園
P.302 首都圏外郭放水路
P.303 川越氷川神社
P.306 五千頭の龍が昇る聖天宮
三峯神社 P.301
浦山ダム P.305
P.298 蔵造りの町並み
P.307 造幣さいたま博物館
P.306 高麗神社
P.300 ムーミンバレーパーク＆メッツァビレッジ
トーベ・ヤンソンあけぼの P.304 子どもの森公園
P.303 角川武蔵野ミュージアム
P.304 ジョンソンタウン
P.300 狭山丘陵
西武園ゆうえんち P.303
P.303 所沢航空発祥記念館

秩父市中心部
秩父駅
秩父神社 P.304
140
299
ウニクス秩父
秩父鉄道
秩父札所巡り（秩父札所連合会） P.305
御花畑駅
秩父市役所
羊山公園 P.300
西武秩父駅
秩父観光情報館
西武秩父線
0 500m

大宮駅周辺
P.302 さいたま市大宮盆栽美術館
大宮公園駅
鉄道博物館 P.299
ニューシャトル
東北・上越・北陸新幹線
高崎線
宇都宮線
北大宮駅
武蔵一宮氷川神社 P.301
東武アーバンパークライン
大宮駅
0 1km

info 江戸時代初期から立つ**時の鐘**は、商人にとって時を知るためにとても重要な存在。町の3分の1を焼き尽くした**川越大火**のあと、その翌年には再建された。銘文には寄付者のひとりとして**渋沢栄一**の名前も刻まれている。

国の天然記念物、長瀞の「岩畳」を舟の上から観賞　**秩父エリア**

長瀞ラインくだり

船頭さんのガイドで長瀞の地形や歴史に親しむことができる

荒川上流の約6kmにわたる**長瀞渓谷**は、海底から隆起した結晶片岩が浸食されてできた**岩畳**と呼ばれる景勝地を有し、国の名勝、天然記念物に指定されている。

和舟に乗って全長600mにわたる岩畳を観賞する**長瀞ラインくだり**は、大正時代から続く、秩父地方を代表する人気観光アトラクション。当日、長瀞駅近くの本部で申し込みをすると、送迎バスで乗船場所へ。自然が作り上げた雄大な景観を楽しめる約20分の船旅の途中には、スリリングな急流スポットも。1、2月はこたつに入りながら長瀞渓谷を一周する**ぽかぽかこたつ舟**の運航となる。

▶長瀞ラインくだり
住 秩父郡長瀞町長瀞489-2
TEL 0494-66-0950
開 3月上旬～12月上旬の9:00～16:00頃に随時運航
休 12月上旬～3月上旬
料 1800円～
交 秩父鉄道**長瀞駅**から徒歩すぐ
URL www.chichibu-railway.co.jp/nagatoro
▶ぽかぽかこたつ舟
岩畳周辺を約20分遊覧する。
開 1･2月の10:00～15:00頃に随時運航
料 1000円

秩父のダイナミックな自然を体感できる、定番のアトラクション

大人も子供も楽しめる日本最大規模の鉄道博物館　**さいたま市と周辺**

鉄道博物館

車両ステーション中央の転車台

日本最大級の鉄道ジオラマ

館内を車両･歴史･仕事･科学･未来の5つのステーションに分け、鉄道をさまざまなテーマで発見、体感、体験、実験、創造することができる鉄道博物館。

本館1階は、博物館のメイン展示室となる**車両ステーション**。鉄道開業以降の歴史的価値のある36両の実物車両が展示され、中に入ることができる車両も多い。本館2階の日本最大級の**鉄道ジオラマ**も必見。南館は鉄道の仕事、未来、歴史について展示している。運転体験などの有料体験プログラムは抽選制で、入館後に「てっぱく抽選アプリ」から抽選に参加する。

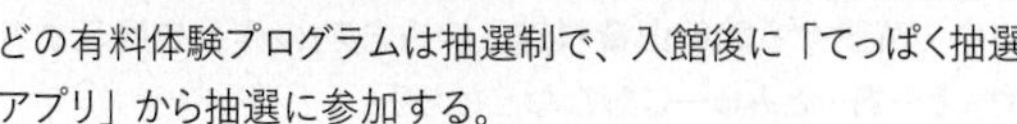

▶鉄道博物館
住 さいたま市大宮区大成町3-47
TEL 048-651-0088
開 10:00～17:00（最終入場16:30）
休 火曜、年末年始
料 1330円（前売り1230円）
チケットはあらかじめコンビニで購入する必要がある。
交 ニューシャトル**鉄道博物館駅**から徒歩1分
URL www.railway-museum.jp

懐かしい車両もいっぱい

信号や制限速度を守りながら約300mの線路を運転できるミニ運転列車

info 秩父エリアの物産店や道の駅で販売されている**しゃくし菜漬け**は、秩父地方で古くから栽培されているチンゲンサイのような見た目をした雪白体菜（せっぱくたいさい）の漬物。塩味が控えめでクセがなく、サラダ感覚で食べられる。

埼玉で味わえるフィンランドの雰囲気

川越と周辺

ムーミンバレーパークとメッツァビレッジ

フィンランドの景観に似ているという宮沢湖の湖畔に整備された公園。

ムーミンの物語の世界感を体感できるテーマパークの**ムーミンバレーパーク**と、食事やピクニック、北欧雑貨のショッピングを楽しめる無料エリアの**メッツァビレッジ**に分かれている。湖をレンタルカヌーで遊覧するカヌー体験(2000円)も楽しい。

© Moomin Characters™

ムーミン一家が住むムーミン屋敷などが再現

映画『となりのトトロ』の舞台のひとつといわれる

川越と周辺

狭山丘陵

埼玉県と東京都にまたがる約3500ヘクタールの丘陵地。**多摩湖**と**狭山湖**の水源保護林を中心に8つの公園と自然に親しむ複数の施設がある。

公益財団法人トトロのふるさと基金が指定管理をしている所沢市の**埼玉県狭山丘陵いきものふれあいの里センター**では、狭山丘陵について学んだり、自然観察会などの体験プログラムに参加できる。

里山を歩いて多彩な生態系に触れてみよう

芝桜のシーズンは多くの人が訪れる

秩父エリア

羊山公園

めん羊を扱う種畜場があったことが名前の由来で、現在も敷地内の牧場で羊が飼育されている。40万株以上の芝桜が植えられた**芝桜の丘**が見頃を迎えるのはゴールデンウイーク前後。秩父市街を見渡せる**見晴しの丘**や武甲山について解説する**武甲山資料館**、棟方志功の作品を展示する**やまとーあーとみゅーじあむ**などもある。

4月中旬～5月上旬が見頃の芝桜の丘

▶ムーミンバレーパークとメッツァビレッジ

▶メッツァビレッジ
住 飯能市宮沢327-6
TEL 0570-03-1066
開 平日10:00～18:00
土･日曜･祝日10:00～19:00
休 店舗により異なる
交 JR**飯能駅**からメッツァ行きバスで終点下車、徒歩5分
URL metsa-hanno.com

▶ムーミンバレーパーク
開 平日10:00～17:00
土･日曜･祝日10:00～18:00
休 不定休
料 3200円(前売り3000円)

北欧風のショップやカフェなど商業施設が並ぶメッツァビレッジ

▶狭山丘陵

▶埼玉県狭山丘陵いきものふれあいの里センター
住 所沢市荒幡782
TEL 04-2939-9412
開 9:00～17:00
休 月曜(祝日を除く)、祝日の翌日、年末年始 料 無料
交 西武**下山口駅**から徒歩15分
URL ikifure.info

トトロの森

狭山丘陵の里山の自然環境を保全するため、トトロのふるさと基金が買い取った雑木林。2022年5月現在、1～59号地まである。

▶羊山公園

住 秩父市大宮6360
TEL 0494-26-6867(秩父市役所地域整備部･都市計画課)
開 入場自由
料 無料(芝桜の季節は300円)
交 西武**西武秩父駅**、秩父鉄道**御花畑駅**から徒歩20分

▶武甲山資料館
住 秩父市大宮6176
TEL 0494-24-7555 開 9:00～16:00
休 火曜(祝日を除く)、12/29～1/3
料 210円 URL www.bukohzan.jp

▶やまとーあーとみゅーじあむ
住 秩父市大宮6175-1
TEL 0494-22-8822
開 10:00～16:00
休 火曜、冬期休業あり 料 700円

info **羊山公園**を設計した**本多静六**は久喜市出身で、日比谷公園をはじめとする数多くの公園を設計し「**日本の公園の父**」と呼ばれた。苦学して東京大学教授となり、"**四分の一天引き貯金法**"で財を成した**貯金王**としても知られる。

関東最強ともいわれるパワースポット　**秩父エリア**

三峯神社（みつみねじんじゃ）

江戸時代に建てられた拝殿

標高約1100mの秩父多摩甲斐国立公園に鎮座する古社。日本武尊が伊弉諾尊（いざなぎのみこと）と伊弉册尊（いざなみのみこと）を祀ったことが起源とされる。明治時代の神仏分離まで神仏習合で、**天台修験**（てんだいしゅげん）の関東総本山として東国武士や徳川将軍家からも篤く信仰されていた。参道には秩父グルメを味わえる食堂や**秩父宮記念三峰山博物館**などがあり周辺の散策も楽しめる。

秩父の自然を満喫できるプチトリップ　**秩父エリア**

宝登山（ほどさん）

宝登山ロープウェイで山頂まで5分で到達

長瀞駅前の交差点に立つ大鳥居が宝登山の入り口。山麓には秩父神社、三峯神社とともに秩父3社に数えられる**宝登山神社**が鎮座する。

標高497mの山頂までは眺望を楽しめる**宝登山ロープウェイ**が通じていて、四季折々の花が出迎えてくれる。サルやヤギにエサを与えることができる**宝登山小動物公園**、宝登山神社の奥宮などもある。

大宮の地名の由来にもなった、由緒正しい古社　**さいたま市と周辺**

武蔵一宮氷川神社（むさしいちのみやひかわじんじゃ）

昭和15（1940）年に造られた朱塗りの楼門

埼玉、東京、神奈川を中心に祀られる**氷川神社の総本社**で、全国に16ある勅祭社（ちょくさいしゃ）のひとつでもある格式ある神社。

ヤマタノオロチ退治の神話で知られる須佐之男命（すさのおのみこと）とその妻である稲田姫命（いなだひめのみこと）、彼らの息子で因幡（いなば）の白兎の神話で知られる大己貴命（おおなむちのみこと）（大国主命（おおくにぬしのみこと））の3神を主神に祀り、創建は2400年以上前とされる。

▶三峯神社
住 秩父市三峰298-1
TEL 0494-55-0241
開 入場自由（社務所9:00～16:00）
交 秩父鉄道**三峰口駅**からバスで約50分の終点**三峯神社**下車、徒歩10分
URL www.mitsuminejinja.or.jp

▶秩父宮記念三峰山博物館
TEL 0494-55-0241
開 9:00～16:00
休 火曜、12～3月　料 300円

本殿や山門は極彩色の彫刻で彩られ、神秘的なオーラを放っている

▶宝登山

▶宝登山神社
住 秩父郡長瀞町長瀞1828
TEL 0494-66-0084
開 入場自由
交 秩父鉄道**長瀞駅**から徒歩14分
URL www.hodosan-jinja.or.jp

▶宝登山ロープウェイ
住 秩父郡長瀞町長瀞1766-1
TEL 0494-66-0258
開 9:40～16:30（季節により増便あり）
休 無休（定期検査あり）
料 片道490円
交 秩父鉄道**長瀞駅**から徒歩20分
URL hodosan-ropeway.co.jp

▶宝登山小動物公園
住 秩父郡長瀞町長瀞2209-6
TEL 0494-66-0959
開 9:40～16:30
休 無休　料 500円
交 宝登山ロープウェイ**山頂駅**から徒歩7分
URL hodosan-ropeway.co.jp

▶武蔵一宮氷川神社
住 さいたま市大宮区高鼻町1-407
TEL 048-641-0137
開 3・4・9・10月5:30～17:30
5～8月5:00～18:00
11～2月6:00～17:00
休 無休　料 無料
交 JR**大宮駅**から徒歩15分
URL www.musashiichinomiya-hikawa.or.jp

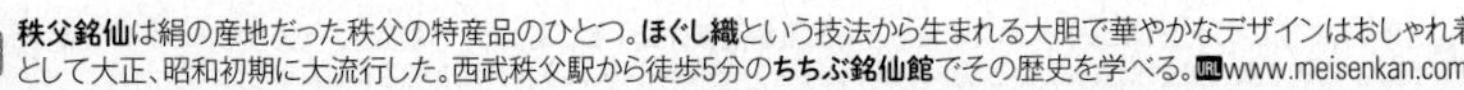
info **秩父銘仙**は絹の産地だった秩父の特産品のひとつ。**ほぐし織**という技法から生まれる大胆で華やかなデザインはおしゃれ着として大正、昭和初期に大流行した。西武秩父駅から徒歩5分の**ちちぶ銘仙館**でその歴史を学べる。URL www.meisenkan.com

埼玉を水害から守るために造られた地下神殿

さいたま市と周辺

首都圏外郭放水路

埼玉県東部の低平地域を洪水から守るために造られた、世界最大級の**地下放水路**。増水した河川の水は越流堤、巨大な筒状の立坑、地下50mのトンネル、調圧水槽を経て江戸川に排水される。調圧水槽は長さ177m、幅78m、高さ18mに及ぶ巨大な空間で、59本の柱が天井を支えている。施設が稼働しない日に見学ツアーを実施している。

地下神殿と呼ばれる調圧水槽
写真提供:国土交通省江戸川河川事務所

海外からも注目される盆栽の魅力に触れる

さいたま市と周辺

さいたま市大宮盆栽美術館

さいたま市北区の**盆栽町**は、関東大震災後に盆栽に適した土地を求めて東京から移住した盆栽業者がいちから作り上げた町で、現在も広い敷地を構えた盆栽園が集まり、**大宮盆栽村**と呼ばれている。多くの名品を所蔵し、盆栽文化を発信する大宮盆栽美術館では、盆栽の見方や大宮盆栽村の歴史について学ぶことができる。

約60点の名盆栽を鑑賞できる屋外の盆栽庭園

新一万円札の顔、渋沢栄一について深く学べる

深谷・行田と県北部

渋沢栄一記念館

深谷市出身で、近代日本経済の父と呼ばれる渋沢栄一について展示する資料室。見学は予約制で、写真や直筆の手紙などの展示物を見学できる。講義室では本人そっくりの**渋沢栄一アンドロイド**による「道徳経済合一説」についての講義を聞くことができる(要予約)。彼の生地である**旧渋沢邸「中の家」**は青淵公園を西へ10分ほど歩いた所にある。

現代によみがえったかのような渋沢栄一アンドロイド ©深谷市

▶首都圏外郭放水路
住 春日部市上金崎720(龍Q館)
TEL 048-747-0281
開 見学ツアーは下記ウェブサイトから予約制
休 施設点検日
料 インペラ探検コース4000円
立坑体験コース3000円
ポンプ堪能コース2500円
地下神殿コース1000円
交 東武**南桜井駅**から車で7分。徒歩なら25~30分。またはコミュニティバスで**龍Q館**下車
URL gaikaku.jp

▶龍Q館
TEL 048-746-0748
開 9:30~16:30(最終入場16:00)
休 月曜、年末年始 料 無料

▶さいたま市大宮盆栽美術館
住 さいたま市北区土呂町2-24-3
TEL 048-780-2091
開 3~10月9:00~16:30
11~2月9:00~16:00
最終入場は30分前
休 木曜(祝日を除く)、年末年始、ほか臨時休館あり 料 310円
交 JR**土呂駅**から徒歩5分
URL www.bonsai-art-museum.jp

大宮盆栽村には6つの盆栽園があり、見学や購入ができる

▶渋沢栄一記念館
住 深谷市下手計1204
TEL 048-587-1100
開 9:00~17:00
見学は事前予約制。ウェブサイトの見学予約システムから2日前までに要予約
休 年末年始、施設点検日
料 無料
交 JR**深谷駅**からタクシーで20分
URL www.city.fukaya.saitama.jp/shibusawa_eiichi

▶旧渋沢邸「中の家」
住 深谷市血洗島247-1
TEL 048-587-1100(渋沢栄一記念館)
開 9:00~17:00(最終入場16:30)
休 年末年始 料 無料
※2023年3月まで改修工事のため見学に制限あり

info JR大宮駅西口の**大宮ソニックシティ**2階にある**埼玉県物産観光館「そぴあ」**では、埼玉県を代表するおみやげを販売している。世界的な賞を多数受賞している秩父のウイスキー、**イチローズモルト**が入荷することも。

家族の神々が祀られる川越の総鎮守　川越と周辺

川越氷川神社（かわごえひかわじんじゃ）

本殿は県の重要文化財に指定

創建1500年以上の格式があり、歴代の川越城主もあつく崇敬した神社。縁結びのパワースポットとしても有名で、釣り竿で釣り上げる**鯛みくじ**や、1日20体限定の**縁結び玉**など、魅力的なデザインの授与品が充実している。夏は色とりどりの**縁むすび風鈴**が飾られる。

▶川越氷川神社
住 川越市宮下町2-11-3
TEL 049-224-0589
開 入場自由（社務所8:00～18:00）
交 JR**川越駅**、西武**本川越駅**から埼玉医大行きバスで7～10分の**川越氷川神社**下車、徒歩すぐ
URL www.kawagoehikawa.jp

色鮮やかな2000個以上の風鈴が涼を呼ぶ「縁むすび風鈴」は夏の風物詩

昭和の世界を満喫できるテーマパーク　川越と周辺

西武園ゆうえんち（せいぶえんゆうえんち）

昭和30年代の町並みを再現

園内で流通するのは西武園通貨。昭和の町並みを再現した**夕日の丘商店街**ではショーや買い物、食事を楽しめる。

レッツゴー！レオランドは手塚治虫の作品をテーマにしたアトラクションが集まるエリア。迫力満点の**ゴジラ・ザ・ライド 大怪獣頂上決戦**も見逃せない。

▶西武園ゆうえんち
住 所沢市山口2964
TEL 04-2929-5354
開 9:00～17:00（季節により変動）
休 不定休
料 4400円（1日レヂャー切符）
交 西武**西武園ゆうえんち駅**から徒歩すぐ
URL www.seibu-leisure.co.jp/amusementpark

日本の航空発祥の地に建つ、航空をテーマとした博物館　川越と周辺

所沢航空発祥記念館（ところざわこうくうはっしょうきねんかん）

飛行機やヘリコプターなどを多数展示

日本初の飛行場の跡地である**所沢航空記念公園**内にあり、空を飛ぶ仕組み、所沢飛行場の歴史などについて楽しく学ぶことができる。模擬操縦体験ができるフライトシミュレータ、低重力体験装置のスペースウォーカーといった体験展示は大人も楽しめる。

▶所沢航空発祥記念館
住 所沢市並木1-13
所沢航空記念公園内
TEL 04-2996-2225
開 9:30～17:00（最終入場16:30）
休 月曜（祝日の場合は翌平日）、年末年始　料 520円
交 西武**航空公園駅**から徒歩8分
URL tam-web.jsf.or.jp

公園内でひときわ目立つ建物

本との出合いを楽しめるミュージアム　川越と周辺

角川武蔵野ミュージアム（かどかわむさしののみゅーじあむ）

本棚劇場のプロジェクションマッピングが見もの　©角川武蔵野ミュージアム

隈研吾氏デザイン監修の巨大な岩のような建物の中は、図書館、美術館、博物館が融合した文化複合施設。4～5階の吹き抜けに3万冊もの本が並ぶ**本棚劇場**、さまざまなテーマの本を自由に閲覧できる**ブックストリート**など、本好きなら何時間でも過ごせる空間だ。

▶角川武蔵野ミュージアム
住 所沢市東所沢和田3-31-3
ところざわサクラタウン内
TEL 0570-017-396（ところざわサクラタウン）
開 10:00～18:00（金・土曜～21:00）最終入場は30分前
休 毎月第1・第3・第5火曜（祝日の場合は翌日）
料 展示により異なる
交 JR**東所沢駅**から徒歩10分
URL kadcul.com

info **川越氷川神社**の近くにある**ヤオコー川越美術館**は、埼玉を代表するスーパー、ヤオコーの私設美術館。世界的に有名な建築家、伊東豊雄氏の設計で、洋画家・三栖右嗣（みすゆうじ）の作品を展示する。ラウンジではヤオコーのおはぎも味わえる。

北欧の童話作家トーベ・ヤンソンの想いが息づく森の公園　川越と周辺

トーベ・ヤンソンあけぼの子どもの森公園

フィンランドの童話作家、**トーベ・ヤンソン**と飯能市との手紙のやり取りによって1997年に誕生した公園。自然豊かな森の中に、きのこの形をした家やとんがり屋根の水浴び小屋などがあり、童話の世界のような景色が広がる。公園の世界観にぴったりのカフェもある。

絵本の中のような景色が広がる憩いの公園

白い平屋の米国風家屋が立ち並ぶアメリカンな一角　川越と周辺

ジョンソンタウン

アメリカ進駐軍のジョンソン基地に駐屯する軍人の住宅地となって保存されている一角。白い平屋のアメリカ式住宅が立ち並び、一部はレストランやカフェ、個性的な雑貨や家具のショップとなっていて、一般に開放されている。

まるでアメリカの郊外のような雰囲気
写真提供：ジョンソンタウン

ユネスコの無形文化遺産リスト記載の「細川紙の技術」を発信　川越と周辺

小川町和紙体験学習センター

小川町は古くから和紙の生産が盛んで、特に原料に楮のみを使用する**細川紙**は国の重要無形文化財であるとともにユネスコの無形文化遺産リストに記載されている。昭和11（1936）年に和紙の研究施設として設立されたこの施設では、伝統の手漉き和紙作りを体験できる。

1300年の伝統を誇る小川和紙

県の有形文化財に指定される秩父の総鎮守　秩父エリア

秩父神社

秩父を開拓したといわれる**知知夫彦命**などを祀る。美しい極採色の彫刻がほどこされた社殿は徳川家康が寄進したもので、江戸時代初期の建築様式をよく留めている。12月3日は江戸時代から続く盛大な**秩父夜祭**P.292の会場となり、多くの人が訪れる。

本殿の彫刻「つなぎの龍」

▶トーベ・ヤンソンあけぼの子どもの森公園
住 飯能市大字阿須893-1
TEL 042-972-7711
開 9:00～17:00
（土・日曜・祝日9:00～21:00）
休 月曜（祝日の場合は翌平日）、年末年始　料 無料
交 西武**元加治駅**から徒歩20分
URL hanno-city.info/akebono

土・日曜・祝日の日没から21:00はライトアップされる
©(2022)Moomin Characters/R&B

▶ジョンソンタウン
住 入間市東町1-6-1
TEL 開 休 店舗による
交 西武**入間市駅**から徒歩約18分
URL johnson-town.com
住宅地のため、住人の迷惑にならないように配慮しながら町並み、雰囲気を楽しもう。

トレーラーハウスのカフェ

▶小川町和紙体験学習センター
住 比企郡小川町大字小川226
TEL 0493-72-7262
開 9:00～16:00
休 火曜、年末年始
料 無料（紙漉き体験は1000円～、要予約）
交 東武**小川町駅**から徒歩10分
URL www.town.ogawa.saitama.jp/0000003753.html

製紙工業試験場として建てられた歴史ある建造物

▶秩父神社
住 秩父市番場町1-3
TEL 0494-22-0262
開 夏期5:00～20:00
冬期6:00～20:00
休 無休　料 無料
交 秩父鉄道**秩父駅**から徒歩3分。または西武**西武秩父駅**から徒歩15分
URL www.chichibu-jinja.or.jp

info 道の駅おがわまちに併設されている**埼玉伝統工芸会館**では埼玉県指定の伝統的手工芸品の展示や体験プログラムを実施。10:00～15:00は予約不要で**小川和紙**の紙漉きを体験できる。URL www.saitamacraft.com

自然豊かな秩父エリアに点在する34の寺院を巡礼　秩父エリア

秩父札所巡り（ちちぶふだしょめぐり）

4番金昌寺の山門にある2mの大わらじ

鎌倉時代に始まったとされる秩父札所巡りは、江戸時代には庶民の間でも大流行。札所1番の**四萬部寺**（しまぶじ）から34番の**水潜寺**（すいせんじ）までは約100km。秩父の自然の中を歩けるのも魅力で、特に**長尾根みち**と呼ばれる20番岩之上堂から25番久昌寺（きゅうしょうじ）までのルートは人気が高い。

荒川水系浦山川に設置された多目的ダム　秩父エリア

浦山ダム（うらやまだむ）

最大出力5000kWの水力発電も行う

重力式コンクリートダムとしては日本第2位の堤高156mを誇る。ダムについて学べる資料館**うららぴあ**にはダムカレーやダムラーメンを出す食堂もあり、観光スポットとしても人気。ダム湖は**秩父さくら湖**として親しまれ、釣りやカヤックを楽しめる。

全国屈指の規模の古墳群　深谷・行田と県北部

さきたま古墳公園（さきたまこふんこうえん）

石田三成の忍城攻めの舞台にもなった

県名発祥の地である行田市埼玉（さきたま）には、5世紀後半から7世紀中頃にかけて造られた古墳が密集している。公園の敷地内に9基の古墳があるほか、**埼玉県立さきたま史跡の博物館**では発掘された国宝の鉄剣を展示。**はにわの館**では埴輪制作も体験できる。

行田市のシンボル、古代蓮と田んぼアートを観賞　深谷・行田と県北部

古代蓮の里（こだいはすのさと）

古代蓮は6月下旬～8月上旬が見頃

1400～3000年前の地層から出土した種から発芽した行田蓮（古代蓮）を中心に、さまざまな花が植えられた公園。隣接する**古代蓮会館**は、行田の自然について紹介する展示室があり、展望台からは、7月中旬～10月中旬に見頃を迎える**田んぼアート**を鑑賞できる。

▶秩父札所巡り
住 秩父市、横瀬町、小鹿野町ほか
TEL 0494-25-1170（秩父札所連合会事務局）
開 納経時間
3～10月8:00～12:00、12:30～17:00
11～2月8:00～12:00、12:30～16:00
休 無休　料 御朱印300円
交 西武**西武秩父駅**からバスなど（お寺による）
URL chichibufudasho.com

▶浦山ダム
住 秩父市荒川久那4041
TEL 0494-23-1431
開 入場自由
交 秩父鉄道**浦山口駅**から徒歩20分
URL www.water.go.jp/kanto/arakawa
▶うららぴあ
開 9:00～17:00
休 年末年始　料 無料

▶さきたま古墳公園
住 行田市埼玉　開 入場自由
交 JR**吹上駅**からバスで約15分の**産業道路**下車、徒歩15分。またはJR**行田駅**から循環バスで約25分の**埼玉古墳公園**下車、徒歩2分
▶埼玉県立さきたま史跡の博物館
住 行田市埼玉4834
TEL 048-559-1111
開 9:00～16:30（7・8月～17:00）最終入場は30分前
休 月曜、年末年始、ほか臨時休館あり　料 200円
URL sakitama-muse.spec.ed.jp
▶はにわの館
住 行田市埼玉5239-2
TEL 048-559-4599
開 9:00～16:30（制作受付は14:30まで）
休 月曜（祝日の場合は翌日）、祝日（土・日曜を除く）の翌日、年末年始
料 ねんど1kg600円～
URL www.ikiiki-zaidan.or.jp/haniwa

▶古代蓮の里
住 行田市大字小針2375-1
開 入場自由
交 JR**行田駅**から循環バスで約19分の**古代蓮の里**下車、徒歩すぐ
URL www.ikiiki-zaidan.or.jp/kodaihasu
▶古代蓮会館（展望室）
TEL 048-559-0770
開 9:00～16:30（最終入場16:00）古代蓮の季節は7:00～16:30
休 月曜（祝日の場合は翌日）、祝日（土・日曜を除く）の翌日、年末年始　※ハスの開花期は無休
料 400円

info **さきたま古墳公園**に隣接する**浅間塚**（せんげんづか）**古墳**の上に建つ、**前玉**（さきたま）**神社**は、1500年以上前の創建とされ、**埼玉**という地名の由来となった神社といわれている。URL sakitama-jinja.com

朝鮮半島にゆかりのある神社　川越と周辺

高麗神社（こまじんじゃ）

天智5(666)年に朝鮮半島から渡来した高句麗（こうくり）王族、**若光**（じゃっこう）を祀り、その子孫が現在も神社を護り継ぐ。参拝後に総理大臣になった政治家が6人もいることから、**出世明神**としても知られる。

出世、子孫繁栄の御利益で有名

豪華絢爛、圧倒的スケールの道教寺院　川越と周辺

五千頭の龍が昇る聖天宮（ごせんとうのりゅうがのぼるせいてんきゅう）

台湾の個人が、お告げによりこの地に建てた**台湾のお宮**。台湾の宮大工を招き15年をかけ建立した建物は幅50m、高さ25mという壮大な造り。鮮やかな色彩は本場台湾を思わせる。

まるで台湾にいるような気分になれる

体を動かして遊べる憩いの場　川越と周辺

国営武蔵丘陵森林公園（こくえいむさしきゅうりょうしんりんこうえん）

日本初の国営公園。東京ドーム65個分の広大な園内には、季節の花が咲く都市緑化植物園やアスレチックなどが設けられ、大人も子供も楽しめる。レンタサイクルで汗を流すのも気持ちがいい。

アイスランドポピーの花畑

219もの穴があるミステリアスな岩山　川越と周辺

吉見百穴（よしみひゃくあな）

古墳時代の末期に死者を埋葬するために造られた**横穴墓群**。第二次世界大戦末期には軍需工場が造られた。平野部で自生するのは珍しい国指定天然記念物のヒカリゴケを鑑賞できる。

古代の集合墓地だったと考えられている

日本最古の流通貨幣の材料となった和銅を祀る　秩父エリア

聖神社（ひじりじんじゃ）

慶雲5(708)年にこの地で銅が発見されたことから、日本初の流通貨幣、**和同開珎**（わどうかいちん）が発行された。これにちなみ、古くから金運をもたらす銭神様として知られる。近くに和銅の掘り跡がある。

小さな神社だが、参拝客は多い

▶高麗神社
住 日高市新堀833
TEL 042-989-1403
開 入場自由（社務所8:30～17:00）
交 JR**高麗川駅**から徒歩20分
URL komajinja.or.jp

入口に立つのは魔除けの将軍標（チャンスン）

▶五千頭の龍が昇る聖天宮
住 坂戸市塚越51-1
TEL 049-281-1161
開 10:00～16:00
休 無休　料 500円
交 東武**若葉駅**からバスで約6分の**戸宮交差点前**下車、徒歩4分
URL www.seitenkyu.com

350種類のお守りや、台湾のみやげも販売されている

▶国営武蔵丘陵森林公園
住 比企郡滑川町山田1920
TEL 0493-57-2111
開 3～10月9:30～17:00
11月9:30～16:30
12～2月9:30～16:00
休 6/1～7/20・12月・1/4～2/28の月曜（祝日の場合は翌平日）、12/31、1/1、1月第3月～金曜（公式サイトで要確認）　料 450円
交 東武**森林公園駅**から立正大学行きバスで約7分の**滑川中学校**下車、徒歩5分（土・日曜・祝日は直通バスあり）
URL www.shinrinkoen.jp

▶吉見百穴
住 比企郡吉見町大字北吉見324
TEL 0493-54-4541
開 8:30～17:00（最終入場16:30）
休 無休　料 300円
交 東武**東松山駅**から鴻巣免許センター行きでバスで約5分の**百穴入口**下車、徒歩5分
URL www.town.yoshimi.saitama.jp/soshiki/shogaigakushuk/7/909.html

▶聖神社
住 秩父市黒谷2191
TEL 0494-24-2106
開 入場自由
交 秩父鉄道**和銅黒谷駅**から徒歩5分
URL www.wadoh.co.jp/wado1300/index.htm

info 埼玉が海だった約1500万年前に生息していたとされる海獣**パレオパラドキシア**の化石の多くが秩父で見つかっており、長瀞町の**埼玉県立自然の博物館**（URL shizen.spec.ed.jp）、小鹿野町の**おがの化石館**で展示されている。

秩父の広大な自然の中を走る
秩父エリア

SLパレオエクスプレス

舟が行き交う荒川橋梁も通過する

運転日に1日1往復する、秩父鉄道が運行する**SL列車**。熊谷駅から三峰口駅までの56.8kmを片道約2時間40分かけてゆっくり走る。見どころが多い長瀞、秩父から乗車するのもおすすめ。

財布の中のコインをぐっと身近に感じられる
さいたま市と周辺

造幣さいたま博物館

本物の和銅開珎や大判・小判も!

貨幣や勲章を製造する**造幣局さいたま支局**に併設された博物館。お金の歴史や製造工程について学べる。

休館日を除く平日は工場も無料で見学できる。

動物園と遊園地が融合したハイブリッドレジャーランド
さいたま市と周辺

東武動物公園

世界に250頭ほどしかいないホワイトタイガー

動物園はホワイトタイガーをはじめ約120種類、1200頭の動物を飼育。遊園地のアトラクションは絶叫系も充実し、大人も子供も楽しめる。夏は**スーパープール**も営業。

映画『のぼうの城』のモデルとなった行田のシンボル
深谷・行田と県北部

忍城址(行田市郷土博物館)

再建された天守代わりの御三階櫓

室町時代に成田氏が築城した忍城は、石田三成の水攻めに耐えた**浮き城**として知られる。忍城の歴史や足袋産業について展示する**行田市郷土博物館**と一体になっている。

行田の特産品、足袋について学んでみよう
深谷・行田と県北部

足袋とくらしの博物館

熟練の職人による足袋作りを見学

日本遺産に選ばれた行田の**足袋産業**の歴史について詳しく知ることができる。職人による足袋づくりの実演紹介も。毎月第2日曜は足袋作り体験(要予約)を実施。

▶SLパレオエクスプレス
住 熊谷駅、長瀞駅、秩父駅など
TEL 048-580-6363
開 土·日曜·祝日を中心に運行(スケジュールはウェブサイトで確認)
料 指定席券740円(事前予約制。普通運賃は別途必要)
URL www.chichibu-railway.co.jp/slpaleo

かつては小学校に展示されていたC58363を復活

▶造幣さいたま博物館
住 さいたま市大宮区北袋町1-190-22
TEL 048-645-5899
(土·日曜·祝日048-645-5990)
開 9:00~16:30(最終入場16:00)
休 毎月第3水曜、年末年始
料 無料
交 JR**さいたま新都心駅**から徒歩12分
URL www.mint.go.jp

▶東武動物公園
住 南埼玉郡宮代町須賀110
TEL 0480-93-1200
開 9:30~17:30(季節により変動)
休 1/1、1月の火·水曜、2月の火·水·木曜、6月の水曜
料 1800円
交 東武**東武動物公園駅**から徒歩10分
URL www.tobuzoo.com

▶忍城址(行田市郷土博物館)
住 行田市本丸17-23
TEL 048-554-5911
開 9:00~16:30(最終入場16:00)
休 月曜(祝日を除く)、祝日の翌日(土·日曜を除く)、毎月第4金曜、年末年始 料 200円
交 秩父鉄道**行田市駅**から徒歩11分。またはJR**行田駅**から循環バスで**忍城址·郷土博物館前**下車、徒歩すぐ
URL www.city.gyoda.lg.jp/soshiki/syogaigakusyubu/kyodohakubutsukan/index.html

▶足袋とくらしの博物館
住 行田市行田1-2
TEL 048-552-1010
開 土·日曜10:00~15:00
休 月~金曜、お盆期間、12月中旬~1月上旬 料 200円
交 秩父鉄道**行田市駅**から徒歩5分。またはJR**吹上駅**からバスで**商工センター前**下車、徒歩1分
URL www.tabigura.net/tabihaku.html

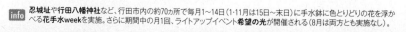

info **忍城址**や**行田八幡神社**など、行田市内の約70カ所で毎月1~14日(1·11月は15日~末日)に手水鉢に色とりどりの花を浮かべる**花手水week**を実施。さらに期間中の月1回、ライトアップイベント**希望の光**が開催される(8月は両方とも実施なし)。

千葉県 CHIBA

千葉市

人口
628.4万人（全国6位）
面積
5157km²（全国28位）
県庁所在地
千葉
県花
菜の花

千葉県PRマスコットキャラクター
チーバくん
平成22（2010）年の千葉国体のマスコットに起用され、翌年には千葉県のマスコットに
千葉県許諾第B499-1

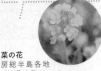

菜の花
房総半島各地には菜の花の見どころがいっぱい

関東平野の一部をなす千葉県は、東と南を太平洋に、西を東京湾に囲まれた半島で、総延長530㎞を超える美しい海岸線と豊かな自然に恵まれた地。温暖な気候は多くの農産物をもたらし、変化に富んだ漁場ではさまざまな魚介類が水揚げされている。観光スポットが数多くあり、新鮮な魚などグルメを楽しめるのも大きな魅力だ。成田国際空港や幕張メッセ、東京ディズニーリゾート®**P.317****、東京アクアラインなど、日本を代表する施設も多い。**

旅の足がかり

千葉市

県の県庁所在地で人口約98万人の政令指定都市。JR東日本の千葉駅は中央・総武緩行線のほか、京葉線、内房線・外房線など多くの路線が乗り入れ、千葉都市モノレールや京成電鉄が隣接する旅の起点となる駅。千葉駅の周辺には大型商業施設やホテル、オフィスビルなどが立ち並ぶ。博物館や美術館、動物園などの見どころも多数あり、観光も楽しいところ。

海浜幕張（千葉市美浜区）

日本最大級コンベンション施設、幕張メッセを擁する新都心。周辺にはホテルも多い。最寄り駅のJR京葉線・海浜幕張駅は東京駅から快速で30分とアクセスがよい。外房線も乗り入れているため、館山と南房総エリアの安房鴨川駅まで直通または乗り換え1回で行くことができる。

成田国際空港

日本の空の玄関口。国際線のふたつのターミナルに加えLCC専用のターミナルがあるため国内線でも利用する機会が多い。JR成田線と京成本線が乗り入れ、**成田山新勝寺****P.316**がある成田駅へは約10分、成田から小江戸・佐原へは約30分、佐倉へは約10分で行ける北総エリアの観光拠点。

地理と気候

「平らな県」として知られる平坦な地形。県最高峰愛宕山の標高が408m。47都道府県で最高標高地点が500m以下なのは千葉県だけだ。山があるのは県南部房総半島。北部一帯は下総台地と呼ばれるエリアで、標高は20～50mのなだらかな土地。

【夏】東京湾岸や内陸部の夏はかなり暑くなるが、太平洋岸は海から涼しい風が吹き付けるので、それほど高温にはならない。

【冬】県北部は「筑波おろし」といわれる北風が吹いてかなり寒くなる。沿岸部は暖流である黒潮の影響で極端に寒くはならないが、特に南房総は、霜が降りることがないので真冬でも露地野菜や生花の生産ができる。

アクセス

東京から ▸▸▸	所要時間
JR線 東京駅▶銚子駅（特急しおさい）	1時間50分
JR線 東京駅▶千葉駅	40分
高速バス 東京駅▶木更津駅	約1時間

県内移動

▶千葉駅から房総半島へ

館山と南房総エリアへ行くには、千葉駅を起点に東京湾側を走る内房線と、太平洋側を走る外房線のいずれかを利用する。

▶松戸駅から柏駅へ

常磐線快速（上野東京ライン）と東京メトロ千代田線直通の常磐線各駅停車が並走している。

交通路線図

▸▸▸アクセス選びのコツ

東京駅と安房鴨川駅を結ぶ特急**わかしお**は、外房線では茂原駅、上総一ノ宮駅、勝浦駅などに停車する。東京駅と君津駅を結ぶ特急**さざなみ**は、内房線では五井駅、木更津駅に停車する。

成田空港以外で東京とを結ぶバス路線は木更津、君津、銚子などが比較的便数が多い。

千葉県

うちの県はここがすごい

一

日本一の水揚げ高を誇る漁港がある

銚子港は10年連続で水揚げ高第1位。銚子港の沖合は黒潮（暖流）と親潮（寒流）がぶつかる潮目にあたることから、多品種の魚が取れ、国内屈指の好漁場となっている。

二

日本一大きな石製大仏座像

鋸山の日本寺P.319にある薬師瑠璃光如来（やくしるりこうにょらい）は一枚岩に彫刻した大仏で高さ31.02m（奈良の大仏の2倍以上）。原型は1783 年に3年かけて岩山を彫刻したもの。

三

日本有数の国際空港がある

昭和53(1978)年、新東京国際空港として開港。平成16（2004）年に民営化して「成田国際空港」に改称された。3つのターミナルを擁し、国際線旅客数、発着便数など国内最大。

イベント・お祭り・行事

① 佐原の大祭

毎年夏と秋に行われる関東三大山車祭りのひとつ。お囃子の音とともに、総ケヤキづくりの本体に重厚な彫刻を施し、上部に4mもの人形を載せた山車が何台も町を練り歩く。ユネスコ無形文化遺産に認定。

② 成田祇園祭

成田山新勝寺の祭礼「成田山祇園会」と、周辺の町が一体となって行われる夏祭り。10台の山車と屋台、御輿が練りだし、お囃子に合わせて若者たちが威勢よく踊る様は迫力満点。見物客は約45万人。

③ 大原はだか祭り

9月23、24日にいすみ市大原で行われる江戸時代から続く祭り。五穀豊穣と大漁を願って、さらしに股引き姿の男たちが神輿を担いで海に入り、神輿を上下に動かしながらもみ合う「汐ふみ」は迫力満点。

④ 茂原七夕祭り

毎年7月に茂原駅周辺商店街で行われる七夕祭りで、80万人もの来場者でにぎわう。市民が多数参加する「もばら阿波おどり」や「YOSAKOI鳴子おどり」など数多くのイベントと華やかな飾り付けが人気。

必ず食べたい 名物グルメ

なめろう

房総の郷土料理。漁師が不安定な船上で取れたての魚をまな板の上で薬味と一緒に叩いて料理したのが始まり。皿をなめるほど旨いことからこの名がついた。

勝浦タンタンメン®

寒い冬に、海から上がった地元の漁師や海女さんが冷えた体を温める料理として定着。胡麻ではなく醤油ベースでラー油たっぷり。豚ひき肉と玉ねぎをトッピングするのが特徴。

くじら料理

日本で4ヵ所しかない捕鯨基地のひとつ、南房総の和田漁港で水揚げされるツチクジラは昔から地元民の貴重なたんぱく源。料理店では竜田揚げやユッケなど、豊富なメニューが楽しめる。

もらえば笑顔 定番みやげ

鯛せんべい

パリっとした食感の甘いせんべい。横から見るとタイが水中で泳ぐ姿にみえるように、反りをつける工程は手作業だ。タイの姿も美しい創業100年**亀屋本店**の郷土色豊かな銘菓。

ぴーなっつ最中

落花生の形の最中にピーナッツの甘煮入りのあんが詰まった銘菓。成田山表参道にある明治32（1899）年創業の**なごみの米屋**の逸品。贈答用にかわいらしい落花生型の化粧箱もある。

房州産びわゼリー

南房総は長崎県の茂木と並ぶ国内の2大産地のひとつ。実が大きくみずみずしい「房州びわ」を使った**道の駅とみうら枇杷倶楽部**オリジナルのゼリーは、ビワのおいしさをぎゅっと凝縮。

地元っ子愛用 ローカル味

下総醤油

今も木桶仕込みにこだわり、厳選された国産原料だけを使う。蔵に住みついている微生物に熟練の蔵人たちの技が加わった、芳醇な香りとまろみのあるおいしい醤油。

ピーナッツバター

国内の落花生生産量のシェア80％近くを誇る千葉県で、中心的な産地が八街市。ここの良質なピーナッツを使った、人気のローカルスーパー**ナリタヤ**オリジナルの粒入りピーナッツバター。

匠の技が光る 伝統工芸

房州うちわ

丸亀うちわ、京うちわと並ぶ日本三大うちわのひとつ。竹の丸みを生かした「丸柄」が特徴。48〜64等分に割いた骨を糸で編んで作られる半円の格子模様の窓が美しい。

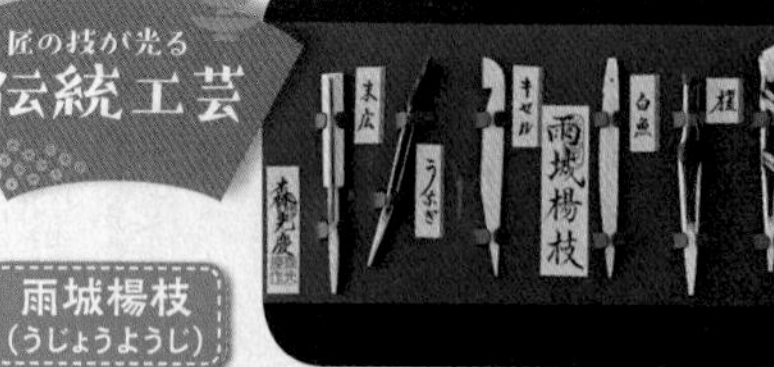

雨城楊枝（うじょうようじ）

香りよく良質なクロモジの木が取れる君津市久留里に伝わる楊枝作り。久留里城の別名「雨城」を冠した楊枝は、樹皮を活かし素朴ながら、細工が繊細で形もバリエーション豊か。

ワカルかな？ 千葉のお国言葉

そりゃおいねーよ！

Ans. それはいけないよ！

1泊2日で巡る 千葉県

START 佐原
成田
銚子
千葉
GOAL

レトロな町並みと海の幸グルメが楽しめる人気県。鉄道旅行なら北総エリア&銚子散策がおすすめ。

※2022年3月現在の時刻表を元に作成

1日目

9:00 京成成田駅

徒歩13分

9:15 「成田のお不動さま」
成田山新勝寺へ ▶P.316

正月三が日の参詣者数が300万人を超え、全国にその名を知られる関東屈指の名刹。

JR・京成成田駅から新勝寺までの参道は、食べ物屋やみやげ物屋がずらりと並ぶ。ランチには名物のウナギを。

徒歩15分

老舗和菓子店でショッピングも楽しみ

成田駅から新勝寺に続く表参道には数多くのウナギ屋が軒を連ねる。

11:15 JR成田駅

バスは成田空港の第1・第2ターミナルからも便があるがJR・京成成田駅からのほうが便が多い。

バス30分

11:45 **航空科学博物館は** ▶P.321
空のロマン満載

実物展示やシュミレーター体験で時間が経つのがあっという間。

バス30分

14:41 JR成田駅

鉄道30分

JR成田線の列車は1時間に1本程度。

> 香取神宮へのアクセスに便利
> ### 佐原循環バス
> JR佐原駅から香取神宮へは約5km離れている。佐原循環バス（休日周遊ルート）は土・日曜・祝日に1時間に佐原駅2番乗り場から1～2本の運行。1回300円または1日フリー乗車券で500円。香取神宮まで所要約15分。

15:12 JR佐原駅

バス13分 or タクシー11分

小江戸・佐原に到着
まずは千葉有数のパワースポットへ

15:30 全国に400社ある香取神社の総本社
香取神宮 ▶P.321

現在の社殿は江戸時代に造営。昭和52（1977）年には国の重要文化財に指定されている。

バス13分 or タクシー11分

門前で名物の厄落しだんごを

総門の手前にある要石

17:15 JR佐原駅

宿泊は「佐原商家町ホテル NIPPONIA」で。

徒歩12分

おすすめ！泊まるならココ

小江戸・佐原の風情を楽しむのにぴったりなレトロとモダンが融合したおしゃれなホテル

モダンな家具を配した古民家

和の器に盛られたフレンチ

佐原商家町（さわらしょうかまち）ホテル NIPPONIA（にっぽにあ）

町全体がひとつのホテルというコンセプトで、築100年以上の商家など、3つの棟が町に点在する全13室からなる宿泊施設。歴史ある客室に泊まり、地元食材をふんだんに使ったフレンチに舌鼓。小江戸を感じる佐原を散策する癒やし旅を堪能できる。

住 香取市佐原イ1708-2 KAGURA棟
TEL 0120-210-289（VMG総合窓口）
交 JR佐原駅から徒歩12分
料 1泊2食付き2万7104円～
URL www.nipponia-sawara.jp

2日目

10:00 **レトロな佐原の町**をそぞろ歩き ▶P.317

小野川沿いに土蔵造りの商家や町家が並び、まるでタイムスリップしたかのよう。これらは今でも実際に使われている。

実測で日本地図を作った偉人
伊能忠敬記念館

伊能忠敬記念館には実際に使われた測量器具や測量図が展示されている。

徒歩10分

商家造りの旧宅
伊能忠敬旧宅

記念館と川を挟んだ向かいには旧宅があり、内部を見学できる。

川から町を眺める
小江戸さわら舟めぐり

「サッパ舟」といわれる観光船に乗り、船頭さんの案内で川から町を観光。

12:13 JR佐原駅

鉄道45分

12:58 JR銚子駅

銚子駅周辺で**海の幸ランチ**

海の幸を楽しもう

徒歩すぐ 銚子電鉄銚子駅

14:05 レトロな列車に乗って出発!
銚子電鉄 ▶P.322

市民だけではなく観光客にも人気の銚子電鉄。

鉄道20分

14:25 銚子電鉄犬吠駅

銚子ジオパークの見学

銚子ジオパークの構成要素のひとつ、国指定天然記念物である白亜紀浅海堆積物を見学。

URL www.choshi-geopark.jp

徒歩10分

15:00 国内に16しかない「登れる灯台」
犬吠埼灯台 ▶P.322

犬吠埼灯台の99段のらせん階段を上って太平洋のパノラマを満喫。

徒歩20分

16:00 銚子電鉄外川駅

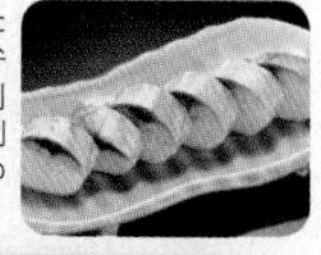

時間に余裕があれば外川駅周辺、古き良き漁村の面影を残す町散策を楽しもう。

徒歩30分

17:30 大迫力の断崖絶壁 **屏風ケ浦** ▶P.322

歌川広重が浮世絵にも残したといわれる40～50mも続く断崖。夕暮れ時もおすすめ。銚子マリーナからバスで銚子駅へ。

バス11分

18:36 JR銚子駅

おなかがすいたら銚子駅の駅弁「銚子の鯖ずし」を買って特急列車内で食べるのもおすすめ。

鉄道80分

19:58 JR千葉駅

おすすめ！泊まるならココ

豊富なアトラクションで一年中ウォーターパラダイス
龍宮城（りゅうぐうじょう）スパホテル三日月（みかづき）

ホテル三日月全景

本館「龍宮亭」と新館「富士見亭」のふたつの宿泊棟と温泉テーマパーク「スパ棟」、子供が喜ぶ「お祭りランド」からなる楽しさ満載の温泉旅館。「富士見亭」にある「純プラチナ風呂」や最上階の絶景を見下ろす階段状の段々風呂「天の川」などユニークなお風呂は大人も楽しめる。

屋内プールは一年中楽しめる

住 木更津市北浜町1
TEL 0438-41-8111
交 JR**木更津駅**から無料シャトルバスが運行
料 1泊2食付き1万6500円～
URL www.mikazuki.co.jp/ryugu

千葉県の歩き方

柏と東葛エリア
佐原
柏
成田と北総エリア
成田
銚子
千葉市とベイエリア
千葉
銚子と九十九里エリア
木更津
茂原
木更津と内房エリア
大原
館山と南房総エリア
館山

▶千葉県公式観光物産サイト
公益社団法人 千葉県観光物産協会
まるごとeちば
URL maruchiba.jp

ギネスに認定されたモノレール

千葉市中央区を走る千葉都市モノレールは懸垂型のモノレールとして世界最長の営業距離をもつ（15.2km）。車輪にはゴムタイヤを使用しているので騒音や振動がほとんどなく、揺れも少ない。

▶千葉市観光情報センター
住 千葉市中央区新千葉1-1-1（JR千葉駅前広場内）
TEL 043-224-3939
開 10:00～18:00（土･日曜･祝日10:00～17:00）
休 12/28～1/3
URL www.chibacity-ta.or.jp

▶かしわインフォメーションセンター
住 柏市柏1-1-11 ファミリかしわ3階（JR柏駅東口前）
TEL 04-7128-5610
開 9:00～19:00 休 12/28～1/3
URL www.kamon.center

▶成田市観光案内所
住 成田市花崎町839（JR成田駅構内）
TEL 0476-24-3198 開 8:30～17:15
休 無休 URL www.nrtk.jp

成田国際空港から町の中心まで

空港にはJR成田線と京成本線が乗り入れており、成田駅へは約10分。千葉駅へは直通で約40分で到着する。

千葉市とベイエリア

幕張メッセと遠くに富士山を望む

県庁所在地の**千葉市**を中心に、県内でもっとも発展したエリア。**東京ディズニーリゾート®** P.317やメッセ会場がある**幕張新都心** P.320、大型ショッピングセンターが集まる南船橋もこのエリアに。都心からのアクセスが良く、東京からの日帰りも可能。

プチ雑学

日本1号店の「IKEA Tokyo-Bay」

南船橋エリア今昔

現在「三井ショッピングパーク ららぽーとTOKYO-BAY」P.320がある土地には昭和30～52（1955～77）年まで大型レジャー施設の「船橋ヘルスセンター」があり、おおいににぎわった。また、現在「IKEA Tokyo-Bay」がある場所には、平成5(1993)年から平成14(2002)年まで、世界最大の屋内スキー場「ららぽーとスキードームSSAWS(ザウス)」があった。

柏と東葛（とうかつ）エリア

関東三弁天のひとつ、柏市の布施弁天

東京に隣接するエリアで、**東葛**とよばれることもある。歴史を感じる神社仏閣や江戸川沿いの情緒ある風景、手賀沼（てがぬま）湖畔の自然などが魅力。中心となる**柏市**はポップカルチャー発信地としても知られる。

成田と北総エリア

小江戸、佐原の町並み

成田空港からほど近い**成田山新勝寺** P.316や、情緒ある町並みが楽しめる小江戸、**佐原** P.317などがある。LCCなどを利用して**成田空港**から入るなら、素通りするのはもったいない観光スポットがたくさんある。電車での観光におすすめのエリア。

info メッセ会場がある**海浜幕張駅**の周辺にはホテルが多数あるので、ここを旅の起点にするのもいい。**特急わかしお**号を利用すれば、乗り換えなしでわずか1時間で館山まで行くこともできる。

銚子と九十九里エリア

銚子のつりきんめは地域ブランド

四季を通じて国内有数の水揚げ量を誇る漁港をもつ**銚子**。漁港周辺で新鮮な魚に舌鼓を打ちたい。

太平洋に面し、66kmもの海岸線が続く**九十九里浜**は、遠浅で砂浜が広く海がきれいなため海水浴客に絶大な人気がある。また、2020東京オリンピックのサーフィン競技会場にもなったほど、サーフィンの聖地としても知られている。

木更津と内房エリア

春の風物詩、マザー牧場「春の大斜面・西」に咲き誇る菜の花

東京の都心から**東京湾アクアライン**P.325を使えばわずか1時間で行けるのがこの内房エリア。**マザー牧場**P.319や**東京ドイツ村**P.325、**市原ぞうの国**P.325など、ファミリーで楽しめるアミューズメントがめじろ押しだ。

館山と南房総エリア

800種1万1000点の海の生き物がいる鴨川シーワールド

県内で最も人気のある観光エリアといえば南房総だ。自然豊かで風光明媚なこのエリアは温暖な気候で一年を通して多くの観光客が訪れる。海の一大テーマパーク、**鴨川シーワールド**P.319をはじめ、新鮮な魚介料理や里山カフェなど遊んでも食べても満足できること間違いなし。車を利用して1泊はしたいエリア。

便利情報

東京湾アクアラインを通って木更津方面へ

高速バスを利用しよう

東京から千葉を訪れるなら、高速バスの利用も選択肢に入れておこう。東京都心方面から幕張メッセのほか、木更津、館山、安房鴨川などに便がある。東京駅八重洲口から木更津金田バスターミナルへは40分ほどで行くことができ、1時間に1～2便程度と便数も多い。鴨川シーワールドを通る路線(東京駅～亀田病院)も便利。

千葉県のマスコット「チーバくん」

平成19 (2007) 年に「夢半島千葉国体」のマスコットとして誕生した「チーバくん」P.308。多くの人気を集めたことから平成23 (2011) 年から県のマスコットキャラクターになった。左を向いた姿が千葉県の形をしている。生みの親はJR東日本「Suica」のペンギンキャラクターの作者としても知られる千葉県出身の坂崎千春さん。

ダンスも得意なチーバくん

▶**銚子観光案内所**
住 銚子市西芝町1438
(JR銚子駅構内)
TEL 0479-22-1544
開 8:45～17:00 休 無休
URL www.choshikanko.com

▶**市原市観光案内所**
住 市原市五井中央西1-2-1
野村屋青柳ビル1階
(JR五井駅西口)
TEL 0436-26-0066 開 9:00～17:00
休 月曜(祝日の場合は翌日)、
年末年始
URL ichihara-kankou.or.jp

▶**木更津市観光案内所**
住 木更津市富士見1-2-1
(JR木更津駅西口前スパークルシティ木更津1F)
TEL 0438-22-7711
開 9:00～17:00
休 12/29～1/3
URL www.kisarazu.gr.jp

▶**JR安房鴨川駅前案内所**
住 鴨川市横渚945-2
TEL 04-7092-0086
開 8:30～17:00 休 無休
URL www.chiba-kamogawa.jp

▶**館山駅西口観光案内所**
住 館山市北条
TEL 0470-22-2000
開 9:30～17:00 休 無休
URL tateyamacity.com

info 横須賀市の久里浜港と富津市の金谷港を約40分で結ぶ**東京湾フェリー**。車やバイクを載せることができるのでとても便利。また、港の駐車場に車を置いて人だけ乗ることもでき、その場合は片道800円で乗船できる。URL www.tokyowanferry.com

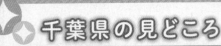

▶成田山新勝寺
住 成田市成田1
TEL 0476-22-2111
開 入場自由
交 JR**成田駅**から徒歩10分
URL www.naritasan.or.jp

野外で修業する護摩祈祷、柴灯大護摩供(さいとうおおごまく)

成田山では四季折々の花を楽しめる

由緒正しい真言宗智山派の大本山

成田と北総エリア

成田山新勝寺

1000年以上の歴史を持ち、年間1000万人以上の参拝者が訪れる全国屈指の寺院。広大な境内には豊かな自然や数多くの堂塔伽藍があり、パワースポットにもなっている。

初詣の参拝者数は全国トップクラス

本尊は不動明王で、**成田のお不動さま**、**成田不動**と呼ばれて広く親しまれている。成田山にとって最も重要な**御護摩祈祷**は開山以来続けられ、護摩木を焼き尽くすことで人々の心の迷いを絶ち、すべての願いを成就させるよう祈願するもの。成田山新勝寺と、JR成田駅・京成成田駅とを結ぶ参道沿いには150以上の甘味処やおみやげ店が並ぶ。

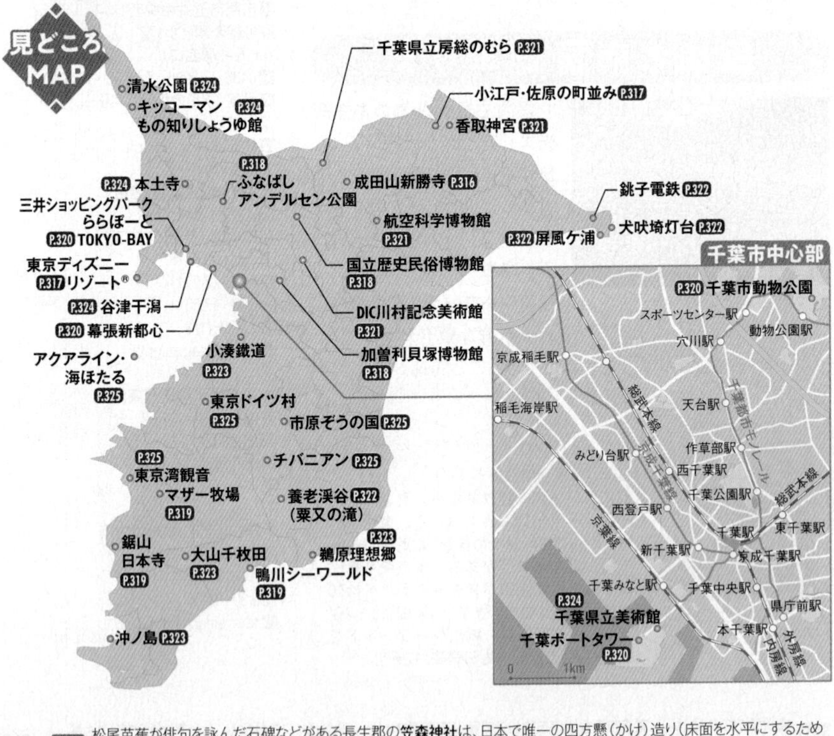

見どころMAP

清水公園 P.324
キッコーマン もの知りしょうゆ館 P.324
千葉県立房総のむら P.321
小江戸・佐原の町並み P.317
香取神宮 P.321
P.324 本土寺
P.318 ふなばしアンデルセン公園
成田山新勝寺 P.316
三井ショッピングパーク ららぽーと TOKYO-BAY P.320
銚子電鉄 P.322
航空科学博物館 P.321
P.322 屏風ケ浦
犬吠埼灯台 P.322
東京ディズニーリゾート® P.317
国立歴史民俗博物館 P.318
P.324 谷津干潟
DIC川村記念美術館 P.321
P.320 幕張新都心
加曽利貝塚博物館 P.318
小湊鐵道 P.323
アクアライン・海ほたる P.325
東京ドイツ村 P.325
市原ぞうの国 P.325
チバニアン P.325
東京湾観音 P.325
マザー牧場 P.319
養老渓谷(粟又の滝) P.322
鋸山日本寺 P.319
大山千枚田 P.323
鵜原理想郷 P.323
鴨川シーワールド P.319
沖ノ島 P.323

千葉市中心部
P.320 千葉市動物公園
スポーツセンター駅
動物公園駅
穴川駅
京成稲毛駅
稲毛海岸駅
天台駅
総武本線
千葉都市モノレール
作草部駅
みどり台駅
京成千葉線
西千葉駅
千葉公園駅
西登戸駅
京葉線
千葉駅
東千葉駅
新千葉駅
京成千葉駅
千葉みなと駅
千葉中央駅
県庁前駅
P.324 千葉県立美術館
本千葉駅
千葉ポートタワー P.320
外房線
内房線
0 1km

info 松尾芭蕉が俳句を詠んだ石碑などがある長生郡の**笠森神社**は、日本で唯一の四方懸(かけ)造り(床面を水平にするために、長い柱で固定し、床下を支える建築様式)の観音堂で、国の重要文化財。URL kasamori-ji.or.jp

夢と魔法の国にでかけよう

千葉市とベイエリア

東京ディズニーリゾート®

東京ディズニーリゾートの象徴「シンデレラ城」©Disney

東京ディズニーランド®と**東京ディズニーシー®**の異なるふたつのテーマで構成された世界的人気のリゾート施設。5つのディズニーホテルのほか、JR京葉線舞浜駅に直結する東京ディズニーリゾート内の大型複商業施設**イクスピアリ**もあり、つねににぎわいをみせている。リゾート内には移動に便利なモノレールが走り、車内や窓など、あらゆるところに人気のキャラクター・ミッキーマウスがあしらわれ、どこにいてもディズニーの世界に浸ることができる。連日多くのファンが訪れる、一大テーマリゾート。

この記事は、2022年2月10日現在の情報に基づいています。掲載した情報は予告なく内容が変更になる場合があります。2022年2月10日時点において、東京ディズニーリゾート®では、安全対策を実施して運営しています。写真の一部に、ソーシャルディスタンスの確保やマスク着用など、現在の対策と異なるシーンがございます。健康と安全のための基本的考え方、最新の情報については、東京ディズニーリゾート・オフィシャルウェブサイトをご確認ください。

▶東京ディズニーリゾート®
住 浦安市舞浜
TEL 0570-00-8632
開 オフィシャルウェブサイト参照
休 無休　料 7900円～
交 JR**舞浜駅**から徒歩6分
URL www.tokyodisneyresort.jp

人気のパレード「ドリーミング・アップ!」

モノレールの窓もミッキー

北総の小江戸、佐原を散策

成田と北総エリア

小江戸・佐原の町並み

サッパ舟(1300円)に乗って水郷の町を観光

江戸時代、水運を生かし、**江戸優り**とうたわれるほど繁栄した佐原。

江戸の文化を独自に昇華し、今なお江戸の面影を残す**小野川沿岸**は歴史景観が認められ、平成8(1996)年、関東で初めて国の重要伝統的建造物群保存地区に選定された。

いろいろな楽しみ方ができるが、小野川から町並みを眺める、**小江戸さわら舟めぐり**にはぜひ乗ってみたい。江戸時代に測量による正確な日本地図を作成した**伊能忠敬**の記念館も見逃せない。所蔵する「伊能忠敬関係資料」は国宝だ。

▶小江戸・佐原の町並み
住 香取市佐原
TEL 0478-50-1212(香取市役所商工観光課)
開 見学自由(有料施設あり)
交 JR**佐原駅**から町並み観光中心地の小野川まで徒歩10分
URL www.city.katori.lg.jp/sightseeing/index.html

▶伊能忠敬記念館
住 香取市佐原イ1722-1
TEL 0478-54-1118
開 9:00～16:30
休 月曜(祝日を除く)、年末年始
料 500円

伊能忠敬記念館

info 千葉市の昭和の森公園に隣接する**ホキ美術館**は、アートのようなモダンな外観の建物の中に、写真と見間違えるような絵画が並ぶ。世界初の**写実絵画専門美術館**で、技術の高さを堪能できる。URL www.hoki-museum.jp

日本最大級の縄文貝塚へ

千葉市とベイエリア

加曽利貝塚博物館
かそりかいづかはくぶつかん

遺跡のなかでも特に重要で国宝に相当する**特別史跡**に指定されている**国内唯一の貝塚**。北と南の貝塚を合わせると日本最大級の大きさとなる。常設展示では貝塚からの出土品が見られるほか、発掘調査当時のまま保存された竪穴住居跡や貝層の断面を観察できる野外観覧施設、復元された竪穴住居がある集落などがあり、おおいに縄文時代に浸ることができる。

南貝塚／貝層断面観覧施設

加曽利E式土器
写真提供:千葉市立加曽利貝塚博物館

▶加曽利貝塚博物館
住 千葉市若葉区桜木8-33-1
TEL 043-231-0129
開 9:00〜17:00(最終入場16:30)
休 月曜(祝日の場合は翌平日)、年末年始　料 無料
交 千葉都市モノレール**桜木駅**から徒歩15分
URL www.city.chiba.jp/kasori/index.html

竪穴住居の復元集落
写真提供:千葉市立加曽利貝塚博物館

アンデルセンの故郷を体感しよう

柏と東葛エリア

ふなばしアンデルセン公園
ふなばしあんでるせんこうえん

船橋の姉妹都市、デンマークのオーデンセ市出身の世界的な童話作家・アンデルセンの名前を冠し、年間入場者数が80万人を超える大人気の公園。広大な園内には花々が咲き誇る公園があり、**フィールドアスレチック**、動物との**ふれあい広場**、体験アトリエがある**子ども美術館**など、魅力あるゾーンに分かれており、一日中楽しめる。

風車はアンデルセン公園のシンボル

▶ふなばしアンデルセン公園
住 船橋市金堀町525
TEL 047-457-6627
開 9:30〜16:00(季節による)
休 月曜(祝日を除く)、12/29〜1/1
料 900円
交 新京成**三咲駅**からバスで15分
URL www.park-funabashi.or.jp/and

子ども美術館の創作体験

先史から現代までの資料が日本一揃う

成田と北総エリア

国立歴史民俗博物館
こくりつれきしみんぞくはくぶつかん

日本の歴史や文化のなかでもとくに生活史について研究・展示している国立の歴史博物館。**歴博**(れきはく)の愛称で親しまれている。

先史・古代から現代までの日本の時代を6つに分け、人々の生活の変遷を複製資料やジオラマなどを使ってわかりやすく展示している。

第一展示室「最終氷期に生きた人々」

▶国立歴史民俗博物館
住 佐倉市城内町117
TEL 050-5541-8600(ハローダイヤル)
開 3〜9月9:30〜17:00
10〜2月9:30〜16:30
最終入場は30分前
休 月曜(祝日の場合は翌日)、12/27〜1/4
料 600円(企画展示は別料金)
交 京成**京成佐倉駅**から徒歩18分
URL www.rekihaku.ac.jp

緑豊かな佐倉城址の一角に位置する

info 暮れの風物詩、有馬記念で有名な**中山競馬場**。東京競馬場、阪神競馬場、京都競馬場と並ぶ日本の4大主場のひとつだ。レース観戦だけでなく、季節ごとに咲き誇る花々も見どころ。URL www.jra.go.jp/facilities/race/nakayama

花と動物たちのエンターテインメント・ファーム
木更津と内房エリア

マザー牧場（まざーぼくじょう）

1一面に咲く季節の花の絨毯も楽しみのひとつ 2春は羊の赤ちゃんにも会える

牧羊犬と羊飼いのコンビネーションが注目の**ひつじの大行進**や、モコモコの羊が毛刈りであっという間にすっきりとした姿になる**シープショー**など見どころがいっぱい。ガイドと一緒にトラクタートレインに乗って専用エリアをめぐる**マザーファームツアーDX**や乳牛の手しぼり体験も人気。

▶マザー牧場
住 富津市田倉940-3
TEL 0439-37-3211
開 平日9:30〜16:30
土・日曜・祝日9:00〜17:00
（季節による）
休 1月と12月に数日不定休
料 1500円
交 JR**君津駅**からバスで30〜40分
URL www.motherfarm.co.jp

「こぶたのレース」。ミニブタと選手が一緒にゴールを目指す！

イルカやシャチの躍動感あるショーを楽しもう
館山と南房総エリア

鴨川シーワールド（かもがわしーわーるど）

イルカの大ジャンプは迫力満点

アシカお得意の見事なボールさばき

海辺に大規模施設をもつ日本有数の水族館。800種1万1000点の海の生き物を飼育展示している。人気は動物たちが繰り広げるパフォーマンスの数々。**イルカ**や**シャチ**の大ジャンプは迫力満点。**アシカ**のコミカルな演技には子供も大人も釘付けだ。イルカにサインを出したり、笑うアシカと記念撮影ができるふれあい体験もぜひ。

▶鴨川シーワールド
住 鴨川市東町1464-18
TEL 04-7093-4803
開 9:00〜16:00（曜日や季節による）
休 不定休 料 3000円
交 JR**安房鴨川駅**から無料送迎バスで約10分
URL www.kamogawa-seaworld.jp

シーワールドのエントランス

関東最古の天皇の命による祈願所
館山と南房総エリア

鋸山 日本寺（のこぎりやま にほんじ）

地獄のぞきは岩場に突き出た迫力満点の展望台

標高329mの鋸山をロープウェーで山頂駅に登ると、33万㎡に及ぶ日本寺の境内が広がる。自然豊かな参道には2639段の石段が連なり、途中、点在する巨大な観音像や大仏、千五百羅漢は見応え十分だ。切り立った絶壁や、展望台から望む東京湾、伊豆半島など、関東一円を見晴らす絶景は感動もの。スリル満点の**地獄のぞき**にも挑戦したい。

▶鋸山 日本寺
住 安房郡鋸南町元名184-4
TEL 0470-55-1103
開 8:00〜16:00（冬期は日没まで）
休 無休 料 700円
交 JR**浜金谷駅**から鋸山ロープウェーまで徒歩10分、**山頂駅**から徒歩5分
URL www.nihonji.jp

日本一大きな座像石仏、薬師瑠璃光如来

info **館山市立博物館本館・館山城**は3層4階の天守閣風建物で、八犬伝の資料や錦絵を展示している。館山城ゆかりの『**南総里見八犬伝**』は江戸時代に滝沢馬琴が著した今も人気の長編小説。

房総の魅力500選にも選定

千葉市とベイエリア

千葉市動物公園

立ち姿のレッサーパンダ、**風太くん**で話題になった動物公園。飼育種数が日本屈指のサル類をはじめ、100種以上の動物がいる。令和3（2021）年にはチーターの子ども6頭が誕生し、親子の姿も見られる。動物へのエサやりや乗馬などを体験できるふれあい動物の里ではBBQもできるなど、さまざまに楽しめる。

疾走するチーター「フラッシュ」

国内最大級のショッピングセンター

千葉市とベイエリア

三井ショッピングパーク ららぽーとTOKYO-BAY

昭和56(1981)年に船橋ヘルスセンターの跡地に作られた。ファッション、グルメ、映画をはじめとするアミューズメントなど、多彩にゾーン分けされた約440店もの専門店で構成された**ショッピングスポット**。また、複数のイベントスペースが設けられ、多くのイベントが催されている。

ららぽーとのフラッグシップ1号店

千葉港のシンボルタワー

千葉市とベイエリア

千葉ポートタワー

昭和61(1986)年、千葉県の人口500万人突破記念に建てられたランドマークタワー。ハーフミラーガラスで覆われた壁面には周囲の風景が映り込み、さまざまな表情をみせる。「**日本夜景遺産**」に認定、「**恋人の聖地**」にも選ばれたデートスポット。地上113mの展望台からは東京湾を一望。

ハーフミラーガラスの壁面には太陽や雲の動きも映る

「就・遊・学・住」を兼ね備えた副都心

千葉市とベイエリア

幕張新都心

羽田空港と成田空港のほぼ中間に位置する計画都市で就業、居住人口ともに日本一の規模を誇る副都心。平成元（1989）年にオープンした日本を代表する複合コンベンション施設の**幕張メッセ**があり、**ZOZOマリンスタジアム**などのスポーツ施設も充実。

大規模な見本市が開かれる幕張メッセ

▶千葉市動物公園

住 千葉市若葉区源町280
TEL 043-252-1111
開 9:00〜16:30（最終入場16:00）
休 水曜（祝日の場合は翌日）、年末年始　料 700円
交 千葉都市モノレール**動物公園駅**から徒歩1分
URL www.city.chiba.jp/zoo

園の人気者、ニシゴリラの「モンタ」

▶三井ショッピングパーク ららぽーとTOKYO-BAY

住 船橋市浜町2-1-1
TEL 0570-012784
開 10:00〜20:00（店舗･曜日による）
休 無休（臨時休館日あり）
交 JR**南船橋駅**から徒歩5分
URL mitsui-shopping-park.com/lalaport/tokyo-bay

休日は多くの人でにぎわう

▶千葉ポートタワー

住 千葉市中央区中央港1
TEL 043-241-0125
開 6〜9月9:00〜21:00
10〜5月9:00〜19:00
最終入場は30分前
休 年末年始のほか年間5日ほど
料 420円
交 JR**千葉みなと駅**から徒歩12分
URL chiba-porttower.com

きらきら光る工場の夜景

▶幕張新都心

住 千葉市美浜区･習志野市
開 各施設による
交 JR**海浜幕張駅**から徒歩
▶幕張メッセ
TEL 043-296-0001
開 8:00〜20:00（イベントによる）
URL www.m-messe.co.jp

ロッテマリーンズの本拠地、ZOZOマリンスタジアム

info 千葉港の桟橋から出発する**千葉港めぐり観光船**は海から千葉の工業地帯を眺めることができる気軽な遊覧船。特に4〜11月の第2･4土曜の夜に催行される工場夜景を眺めるクルーズは大人気だ。URL www.chiba-port.com

千葉県有数の紅葉の名所　成田と北総エリア

香取神宮（かとりじんぐう）

屋根は檜の樹皮を用いた檜皮葺(ひわだぶき)

神武18(紀元前643)年の創建と伝えられる日本屈指の名社。『日本書紀』に登場する**経津主大神**（ふつぬしのおおかみ）を祀る。境内には老杉がうっそうと茂り、黒漆塗の荘厳な御殿とともに神秘的な雰囲気が漂う。宝物殿には約200点もの文化財を所蔵。

▶香取神宮
住 香取市香取1697
TEL 0478-57-3211
開 入場自由
授与所、御朱印受付8:30～17:00
宝物館8:30～16:30　休 無休
交 JR**佐原駅**からタクシーで10分。
または各種バスで12～15分
URL katori-jingu.or.jp

朱色が目を引く表参道正面の大鳥居

江戸時代にタイムトリップ　成田と北総エリア

千葉県立房総のむら（ちばけんりつぼうそうのむら）

16軒中8軒の商家の2階は展示室

房総の伝統的な生活様式や技を直接体感できる博物館。昔ながらの町並みや農村を再現し、武家や商家、農家の様子を紹介。**年間約400種類の体験や実演**のほか、四季折々の祭りや民族芸能などの催しも実施。県内各地から出土した考古遺物も展示している。

▶千葉県立房総のむら
住 印旛郡栄町龍角寺1028
TEL 0476-95-3333
開 9:00～16:30
休 月曜(祝日の場合は翌日)、
年末年始　料 300円
交 JR**安食駅**からバスで10分
URL www2.chiba-muse.or.jp/MURA/

鍛冶屋体験

航空関係のすべてをまるごと体感　成田と北総エリア

航空科学博物館（こうくうかがくはくぶつかん）

実際に動かせる、747-400の大型模型

成田国際空港近くにある**日本初の航空専門博物館**。実際に使われていた旅客機の胴体や客室など、実物パーツを展示。ジャンボジェットの大型模型を後部のコックピットで**操縦体験**できる（要整理券・有料)。5階展望展示室からは空港を離着陸する航空機が間近に。

▶航空科学博物館
住 山武郡芝山町岩山 111-3
TEL 0479-78-0557
開 10:00～17:00(最終入場16:30)
休 月曜(祝日の場合は翌日)、
12/29～31　料 700円
交 JR**成田空港駅、空港第2ビル駅**からバスで約15分
URL www.aeromuseum.or.jp

博物館の正面玄関

都会の喧騒から離れて世界の名画を堪能　成田と北総エリア

DIC川村記念美術館（でぃーあいしーかわむらきねんびじゅつかん）

美術館前に広がる池の眺望や、自然豊かな散策路も楽しみたい
写真提供:DIC川村記念美術館

佐倉市郊外の広大な庭園のなかに建つ美術館。17世紀の巨匠レンブラントをはじめ、ルノワールなどの印象派作品、ピカソ、シャガール、ステラ、ロスコなど欧米の20世紀美術、また日本の現代美術作家による重要作品も多数収蔵。

▶DIC川村記念美術館
住 佐倉市坂戸631
TEL 050-5541-8600
開 9:30～17:00(最終入場16:30)
休 月曜(祝日の場合は翌日)、
年末年始、メンテナンス期間
料 企画展など展示内容による
交 JR**佐倉駅**、**京成佐倉駅**から無料送迎バスで20～30分
URL kawamura-museum.dic.co.jp

info **勝浦市**で開催される**ビッグひなまつり**は、徳島県勝浦町から約7000体のひな人形を譲り受けたのがはじまり。**遠見岬神社**の60段の石段に、約1800体の人形が並べられる様は圧巻。夜間はライトアップも。

経営危機もユニークな試みで回避

銚子と九十九里エリア

銚子電鉄

「銚電」と呼ばれ、市民だけでなく観光客にも人気の6.4kmの路線。廃線を寸前で食い止めた**ぬれ煎餅**の販売や、**駅名のネーミングライツ**導入（銚子駅を「絶対にあきらめない銚子駅」、君ヶ浜駅を「ロズウェル君ヶ浜駅」ほか）など、ユニークな試みを続ける。

醤油工場脇にずらりと並んだ車両

▶銚子電鉄
住 銚子市新生町2-297（仲ノ町駅構内）
TEL 0479-22-0316
開 5～21時台まで朝·夕方を除き1時間に1便運行。物販は24時間オンライン購入可能
料 銚子～外川350円
※交通系ICカードは使用不可
交 JR**東京駅**から特急しおさいでJR銚子駅まで約2時間
URL www.choshi-dentetsu.jp

起死回生の「ぬれ煎餅」

「東洋のドーバー」と呼ばれる海崖の景勝地

銚子と九十九里エリア

屏風ケ浦

長年の海水の侵食によって形成された自然地形で、銚子市から旭市の**飯岡刑部岬**まで約10kmにわたって続く海抜約50mの断崖絶壁。

銚子マリーナ海水浴場から延びる**屏風ケ浦遊歩道**は海と断崖絶壁を楽しめるおすすめのビュースポット。

雄大なスケールの雨上がりの屏風ケ浦

▶屏風ケ浦
住 千葉県銚子市潮見町
TEL 0479-22-1544（銚子市観光協会）
開 入場自由
交 銚子電鉄**外川駅**から徒歩30分。銚子マリーナ海水浴場から遊歩道を利用
URL www.choshikanko.com

浸食で削られた荒々しい岩壁に斜陽があたる

全国に16しかない「のぼれる灯台」のひとつ

銚子と九十九里エリア

犬吠埼灯台

明治7（1874）年、英国人灯台技師リチャード・ヘンリー・ブラントンの設計によって完成した**西洋式灯台**。

大型1等レンズを使用した光は約36km離れた海上からも認識できる。令和2（2020）年には国の重要文化財に指定された。

銚子半島の最東端、太平洋に面した岬

▶犬吠埼灯台
住 銚子市犬吠埼
TEL 0479-25-8239
開 3～9月8:30～17:00（GWと8/10～19 8:30～17:30）10～2月8:30～16:00
休 無休（荒天時休館）
料 300円
交 銚子電鉄**犬吠駅**から徒歩10分

千葉県有数の紅葉の名所

木更津と内房エリア

養老渓谷（粟又の滝）

夏は川遊びも楽しめる養老渓谷。点在する6つの滝のなかでも**粟又の滝**は美しく幻想的な大滝で、100mに渡ってゆるやかに岩肌を流れ落ちる。養老川沿いに遊歩道も整備されている。紅葉の名所としても知られ、関東で最も遅い12月上旬まで紅葉が見られることでも知られている。

紅葉の時期はたくさんの人が訪れる

▶養老渓谷
住 市原市朝生原～大多喜町粟又
開 入場自由
交 いすみ鉄道·小湊鐵道**上総中野駅**もしくは小湊鐵道**養老渓谷駅**から小湊バスで15分の**粟又ノ滝**下車、徒歩2分
URL www.otakikankou.net

その姿から「末広がりの滝」とも

info **ぬれ煎餅**をはじめ**線路の石の缶詰**や**鯖威張るカレー**など、独創性に富んだ**銚子電鉄のオリジナルグッズ**はおみやげに人気。往復すれば元が取れる1日乗車券、**弧廻手形**は700円。

房総の里山を疾走するトロッコ列車　**木更津と内房エリア**

小湊鐵道

トロッコ列車は定員制。要予約で整理券も必要

無人駅が多く、のどかな風景とレトロな車体が特徴。切符のやりとりは車掌さんと行うなど、昔ながらの情景に出合えるのが魅力だ。

クリーンディーゼルを搭載した**トロッコ列車**は、かつて小湊鐵道で活躍した蒸気機関車を再現。窓なし車両は開放感たっぷり。

東京からいちばん近い美しい棚田　**館山と南房総エリア**

大山千枚田

大小375枚の水田に稲が実り、青金に輝く様は圧巻

階段状に連なる3.2ヘクタールの棚田で「日本の棚田100選」に認定されている。国内で唯一、雨水だけで耕作を行なっている**天水田**で、強粘土質の土壌を活かして作られる米は甘みや粘り気が強い。トウキョウサンショウウオや野性のランなど、貴重な動植物も数多く生息している。

歌人、与謝野晶子も愛した理想郷　**館山と南房総エリア**

鵜原理想郷

美しい自然造形に惹かれ、多くの人が訪れる

太平洋の荒波が生んだ野趣に富む**リアス海岸**。海岸性の植物が岬の先端まで生い茂り、雄々しい風景に潤いを与えている。美しい自然景観のなか、一周約2.3kmの**ハイキングコース**をのんびりと歩いてみたい。

岩場と砂浜が混在するネイチャーアイランド　**館山と南房総エリア**

沖ノ島

約30分で島をぐるっと一周できる

館山湾の南側に位置する、高さ12.8m、周囲約1kmの歩いて渡ることができる小さな**無人島**。海は透明度が高く、サンゴが生息する北限域として知られている。多様な海洋生物に出合えるスノーケリングやダイビングの体験も実施している。

▶小湊鐵道
住 市原市五井中央東1-1-2(五井駅)
TEL 0436-21-6771
開 5:30(始発)～23:30(終発)
料 1日フリー乗車券1840円
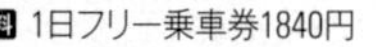
※交通系ICカードは使用不可
URL www.kominato.co.jp

観光のメインは養老渓谷

▶大山千枚田
住 鴨川市平塚540
開 入場自由
交 JR**安房鴨川駅**から平塚本郷行きバスで約30分の**大山千枚田入口**下車、徒歩20分
▶棚田倶楽部
TEL 04-7099-9050
開 9:00～16:00
休 火曜(祝日の場合は翌日)
URL senmaida.com

秋から冬にかけてライトアップされる

▶鵜原理想郷
住 勝浦市鵜原
TEL 0470-73-6641
(勝浦市観光商工課観光係)
開 入場自由
交 JR**鵜原駅**から徒歩13分
URL www.city.katsuura.lg.jp/info/207

岬の先端、手弱女平（たおやめひら)の鐘付きベンチ

▶沖ノ島
住 館山市富士見1563
TEL 0470-22-3346(館山市経済観光部観光みなと課)
開 入場自由
交 JR**館山駅**からバスで12分の**館山航空隊下車**、徒歩30分
URL www.city.tateyama.chiba.jp/tosikeikaku/page000206.html

info **小湊鐵道**は市原市の**五井駅**から房総半島の真ん中にある大多喜町の**上総中野駅**を結んでいる。上総中野駅で接続しているすみ市の**大原駅**までのびている路線が**いすみ鉄道**。ローカル線を乗り継いで房総半島縦断の鉄道の旅ができる。

▶谷津干潟
住 習志野市谷津
開 入場自由
▶谷津干潟自然観察センター
住 習志野市秋津5-1-1
TEL 047-454-8416
開 9:00～17:00
休 月曜（祝日の場合は翌平日）、年末年始、施設管理日
料 380円
交 京成**谷津駅**、JR**南船橋駅**から徒歩20分
URL www.seibu-la.co.jp/yatsuhigata

▶千葉県立美術館
住 千葉市中央区中央港1-10-1
TEL 043-242-8311
開 9:00～16:30
休 月曜（祝日の場合は翌日）
料 300円（企画展・特別展は別途）
交 JR**千葉みなと駅**から徒歩10分
URL ww2.chiba-muse.or.jp/www/ART

▶本土寺
住 松戸市平賀63
TEL 047-346-2121
開 9:00～16:30（最終入場16:00）
休 無休　料 500円
交 JR**北小金駅**から徒歩10分
URL www.hondoji.net

▶キッコーマンもの知りしょうゆ館
住 野田市野田110
キッコーマン食品野田工場内
TEL 04-7123-5136
開 9:00～16:00（詳しくは電話で問い合わせのこと）
休 GW、お盆期間、年末年始ほか
交 東武**野田市駅**から徒歩3分
URL www.kikkoman.co.jp/enjoys/factory/noda
※2022年6月現在休館中

▶清水公園
住 野田市清水906
TEL 04-7125-3030
開 各施設による
休 無休（ただし園内の有料施設は季節などによる）
料 無料（フィールドアスレチックなど施設により有料）
交 東武**清水公園駅**から徒歩10分
URL www.shimizu-kouen.com

多彩で身近な自然に親しむ　千葉市とベイエリア

谷津干潟（やつひがた）

ラムサール条約登録湿地で、自然観察センターからは干潟が一望できる。常駐しているレンジャーによる野鳥解説や自然観察会など、さまざまなプログラムを体験できる。

干潟に飛来する野鳥を間近で観察

千葉県ゆかりの画家の作品を多数所蔵　千葉市とベイエリア

千葉県立美術館（ちばけんりつびじゅつかん）

広い敷地内を進むとエントランス脇に近代洋画の先駆者、浅井 忠の像がみえてくる。県ゆかりの美術家ほか、梅原龍三郎、ミレー、コローなど著名画家の作品を数多く収蔵。

近隣には緑豊かな公園が広がる

千葉県を代表する「花の寺」　柏と東葛エリア

本土寺（ほんどじ）

日蓮上人によって本土寺と名付けられた日蓮宗の本山。現在は5万本のアジサイの名所として**あじさい寺**、秋の鮮やかな紅葉から**紅葉の寺**と呼ばれる。季節ごとに多くの参拝者が訪れ、にぎわいをみせる。

6月中旬からアジサイと花菖蒲が見ごろ

しょうゆのすべてがわかるミュージアム　柏と東葛エリア

キッコーマンもの知りしょうゆ館（きっこーまんものしりしょうゆかん）

香り高いしょうゆができるまでを、映像視聴と実際の製造工程を見学しながら学ぶことができる。イートインコーナー**まめカフェ**ではしょうゆソフトクリーム（有料）などを楽しめる。

もの知りしょうゆ館は野田工場内にある

自然と友だち！　自然と触れ合える公園　柏と東葛エリア

清水公園（しみずこうえん）

明治27（1894）年に開園。花の名所として知られ、2000本のソメイヨシノと2万株のツツジが咲き乱れる。500種の色とりどりの花々が四季を彩る自然公園で、**フィールドアスレチック**や**BBQ**も楽しめる。

子供が楽しめるアスレチックも充実

info 小説『野菊の墓』や演歌『矢切の渡し』で有名な**矢切の渡し**は、江戸時代初期から続く松戸市矢切と柴又を結ぶ渡し舟。代々世襲制で現在も運行が続けられている。

日本の地名がはじめて地質年代に　木更津と内房エリア

チバニアン（ちばにあん）

養老川沿いにある約77万年前の**地層**。地質年代の境界がよくわかる地層として、令和2(2020)年に国際基準となり「千葉の時代」を意味する「チバニアン」と呼ばれるようになった。

市原市田淵の地磁気逆転地層

動物たちと触れ合えるワンダーランド　木更津と内房エリア

市原ぞうの国（いちはらぞうのくに）

約70種400頭の動物と触れ合える**体験型動物園**。ゾウの飼育数は国内最多。絵を描いたり、サッカーをするゾウを見ることができる。ゾウの鼻にぶら下がるアトラクションも体験可能。

ショーを観賞したあとは「ぞうさんリフト」を体験

季節ごとに楽しめる花と緑のテーマパーク　木更津と内房エリア

東京ドイツ村（とうきょうどいつむら）

広大な敷地に四季折々の花々が咲く千葉を代表する花名所のひとつ。ドイツの田園風景を再現した**テーマパーク**内では、観覧車や各種アトラクションも楽しめる。イルミネーションも必見。

ドイツのようなのどかな風景

東京湾やスカイツリーまで見渡せる　木更津と内房エリア

東京湾観音（とうきょうわんかんのん）

恒久平和を願い、大坪山山頂に建立された高さ56mの観音像で、頂上まで上ると絶景が一望できる。胎内は**20階、314段**の階段からなり、階段の途中に安置された多数の仏像を参拝しながら登っていく。

東京湾の船の安全を見守る観音像

東京湾に浮かぶ巨大パーキング　木更津と内房エリア

アクアライン・海ほたる（あくあらいん・うみほたる）

神奈川県川崎市と千葉県木更津市を結ぶ東京湾アクアライン上にある**パーキングエリア**。食事、ショッピング、アミューズメントなどの施設が揃う。パノラマビューを目的に訪れる観光客も多い。

展望デッキも完備の人工島

▶チバニアン

住 市原市田淵1157
開 見学自由
交 小湊鐵道**月崎駅**から徒歩30分
▶チバニアンビジターセンター
TEL 0436-96-2755
開 4～9月9:00～17:00
10～3月9:00～16:00
休 木曜（祝日の場合は休前日に振替）、12/29～1/3

▶市原ぞうの国

住 市原市山小川937
TEL 0436-88-3001
開 10:00～16:00（最終入場15:30）
休 不定休（ウェブサイトのカレンダーを参照）
料 2200円
交 小湊鐵道**高滝駅**から予約制無料送迎バスで10分
URL zounokuni.com

▶東京ドイツ村

住 袖ケ浦市永吉419
TEL 0438-60-5511
開 9:30～17:00（最終入場16:00）
休 無休（荒天時臨時休園）
料 800円、別途駐車料金1000円
交 JR**袖ケ浦駅**からバスで34分
URL t-doitsumura.co.jp

大人気のイルミネーション（冬期）

▶東京湾観音

住 富津市小久保1588
TEL 0439-65-1222
開 8:00～17:00（最終入場16:00）
休 無休　料 500円
交 JR**佐貫町駅**から徒歩30分
URL www.t-kannon.jp

▶アクアライン・海ほたる

住 木更津市中島地先1
TEL 0438-41-74018
開 入場自由（ショップなどは各店舗による）
休 無休
交 東京・川崎方面からは**川崎浮島JCT**から9.5km、千葉方面からは**木更津金田IC**から5.7km。JR**川崎駅**、JR**木更津駅**から路線バスも運行
URL www.umihotaru.com

info 館山市を代表する戦争遺跡のひとつ、**館山海軍航空隊赤山地下壕跡**（通称:赤山地下壕）もおすすめ。総延長約1.6kmあり、全国的にみても大きい地下壕。入り口でヘルメットを借りて入壕もできる。

東京都

TOKYO

人口
1404.8万人（全国1位）
面積
2194km^2（全国45位）
都庁所在地
新宿区
県花
ソメイヨシノ

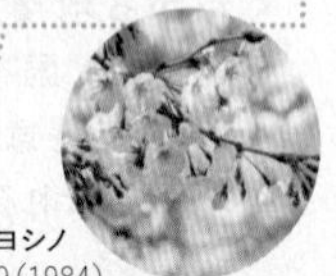

東京（新宿区 都庁所在地）

（島嶼部）

みんくる®
都営バスのマスコット。名前の由来は「みんなのくるま」「都民の車」を縮めたもの

ソメイヨシノ
昭和59（1984）年6月、「都の花選考会」で決定された

江戸時代から日本の中心として発展を続けてきた東京都は、特別区の23区と26市5町8村の行政区域で構成されている。政治・経済・文化などさまざまな分野で日本の心臓であり、全国最多となる約1405万人が住まう。日本列島のほぼ中央にあり、関東地方南部に位置する。太平洋上に浮かぶ伊豆諸島P.337などの火山島群や小笠原諸島P.337も東京都に属しており、西部山岳エリアには標高2000mを超える雲取山があるなど、バラエティに富んだ地形が特徴。

旅の足がかり

東京駅

JR東日本の在来線と新幹線各路線、JR東海の東海道新幹線、地下鉄（東京メトロ）丸ノ内線が発着。1日当たりの列車発着本数は約4100本ほどで、日本を代表するターミナル駅のひとつ。プラットホーム数は日本一。東京駅前に2023年開業予定の「東京ミッドタウン八重洲」の地下2階に「バスターミナル東京八重洲」（第1期エリア）が2022年9月17日に先行オープン。

羽田空港

旅客ターミナルは3つ。第1ターミナルは日本航空、日本トランスオーシャン航空、スカイマーク。第2ターミナルは全日空、エア・ドゥ、ソラシドエアと国際線。第3ターミナルは国際線が発着。スターフライヤーは路線によって第1か第2を使用する。

バスタ新宿

高速バス発着所、タクシー乗降場などを集約したターミナル。「新宿南口交通ターミナル」が正式名称。4階が高速バスターミナルになっており、東京都を含めた39都府県を結ぶバスを運行。3階には東京観光情報センターがある。

竹芝客船ターミナル

大島や三宅島など**伊豆諸島**と**小笠原諸島（父島）**P.337を結ぶ客船が発着。また、納涼船の発着場にもなっている。アクセスは、JR浜松町駅北口から徒歩8分、ゆりかもめ竹芝駅から徒歩1分。

写真提供：東海汽船

地理と気候

東京23区から多摩東部と伊豆諸島は太平洋側気候、多摩西部は中央高地式気候、小笠原諸島は南日本気候に属する。年平均気温は約15℃、都心部の年間降雨量は1500mm前後。

【夏】6月下旬〜7月中旬頃までは梅雨。夏季は30℃を超え、高温多湿。明け方の最低気温が25℃以下にならない熱帯夜が増加している。

【冬】12月以降は低温となり、コートが必要。年に1〜2回、雪が降ることもあるが、積雪になることはまれ。北西の季節風が強く乾燥した晴天が多い。

アクセス

神奈川から ▸▸▸	所要時間
新幹線 新横浜駅▶東京駅（のぞみ、ひかり）	18分
鉄　道 横浜駅▶渋谷駅（東急）	30分
鉄　道 箱根湯本駅▶新宿駅（小田急）	1時間30分

大阪から ▸▸▸	所要時間
飛行機 伊丹空港▶羽田空港	1時間10分
新幹線 新大阪駅▶東京駅（のぞみ）	2時間30分
高速バス 大阪梅田▶バスタ新宿	8時間

都内移動

▶東京駅から浅草駅へ

山手線内回り上野方面で1駅の神田駅で東京メトロ銀座線に乗り換えで終点の浅草駅で下車。所要約20分ほど。

▸▸▸アクセス選びのコツ

山手線沿線に東京駅、品川駅、渋谷駅、新宿駅、池袋駅、上野駅などのターミナル駅が点在している。

新宿駅直結のバスタ新宿、東京駅の八重洲南口とそこから徒歩5分ほどの八重洲鍛冶橋が高速バスのメインターミナル。渋谷駅は渋谷フクラス1階から高速バスが発着する。

羽田空港に各地からの便が発着。千葉県の成田空港へは都心から鉄道や高速バスで1時間前後。

交通路線図

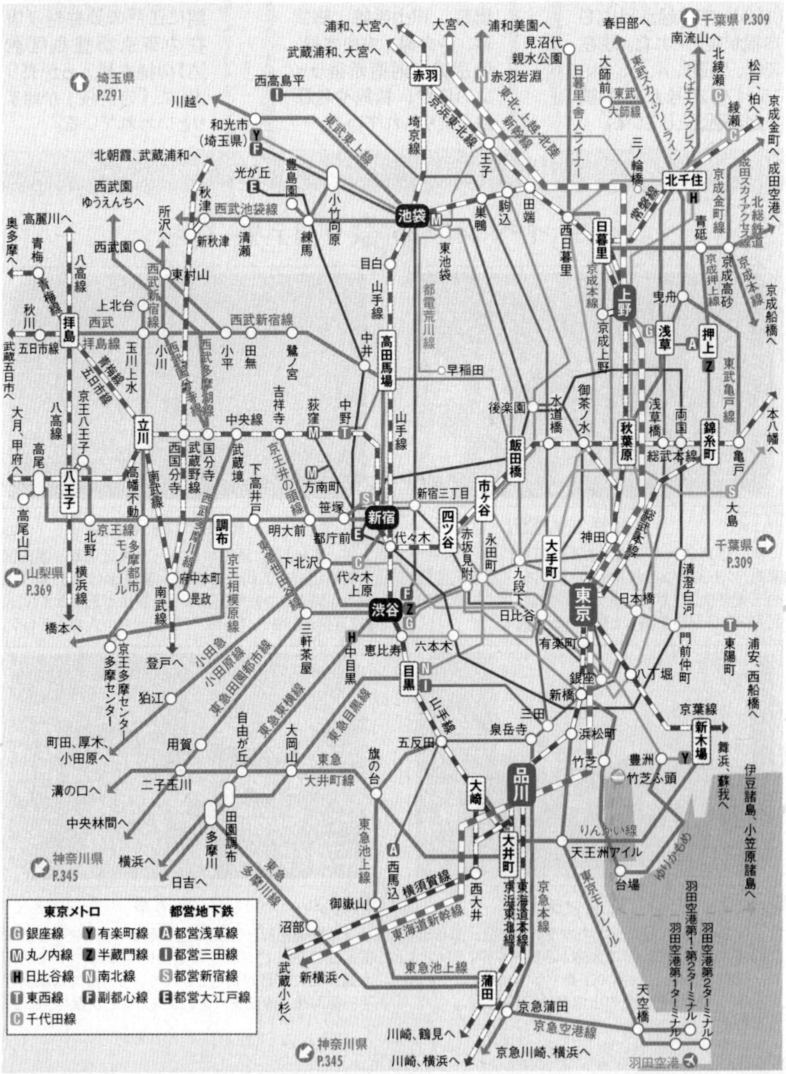

埼玉県 P.291
千葉県 P.309
山梨県 P.369
神奈川県 P.345

東京メトロ
- Ⓖ 銀座線
- Ⓜ 丸ノ内線
- Ⓗ 日比谷線
- Ⓣ 東西線
- Ⓒ 千代田線
- Ⓨ 有楽町線
- Ⓩ 半蔵門線
- Ⓝ 南北線
- Ⓕ 副都心線

都営地下鉄
- Ⓐ 都営浅草線
- Ⓘ 都営三田線
- Ⓢ 都営新宿線
- Ⓔ 都営大江戸線

東京都

うちの都はここがすごい

一 道の起点となる日本橋

江戸幕府は、東海道・甲州街道・奥州街道・日光街道・中山道を整備。慶長9（1604）年に起点として日本橋が定められた。現在では、国道1、4、6、14、15、17、20号が日本橋を起点P.342としている。

二 世界一の乗降客 新宿駅

1日の平均乗降客数約353万人（2017年）と世界一でギネス世界記録認定。JR山手線、総武線、中央線、中央本線、埼京線、湘南新宿ラインのほか、私鉄や地下鉄も乗り入れている。

三 ソメイヨシノ発祥の地

東京都の花に指定されているソメイヨシノは東京生まれ。江戸時代中期に江戸の染井村（現在の東京都豊島区駒込）の植木職人らが売り出した「吉野桜」が始まりといわれている。

イベント・お祭り・行事

① 江戸三大祭り

江戸時代から伝わる「神田祭」（神田神社・写真）、山王祭（日枝神社）、深川祭（富岡八幡宮）の三大祭り。江戸の町人は、「神輿深川、山車神田、だだっ広いが山王様」と称したという。

② 隅田川花火大会

毎年7月に隅田川沿い（台東区浅草・墨田区向島周辺）の河川敷で開催。享保18（1733）年「両国の川開き」で打ち上げられた花火が起源とされる。約2万発が打ち上げられ、100万人もの人でにぎわう。

③ 東京マラソン

2007年にスタートしたマラソン大会。毎年3月に開催される。2013年の大会からワールドマラソンメジャーズに加入し、世界の主要マラソン大会のひとつになった。2019年大会の出場者は3万7952人。

④ 酉の市

開運招福・商売繁盛を願うお酉さまは、武蔵国足立郡花又村（現在の足立区花畑町）にある花畑大鷲神社に起源があるとされている。市では縁起熊手、福財布、破魔矢（あたり矢）などが授与される。

必ず食べたい 名物グルメ

江戸前寿司

文政年間（1800年代初頭）に江戸の寿司職人だった華屋與兵衛（はなやよへい）が確立したといわれている。元々は江戸の前、つまり東京湾（江戸湾）で取れた魚をネタにした寿司を意味していた。

もんじゃ焼き

東京下町生まれの粉もの。「もんじやき（文字焼き）」が訛って「もんじゃ焼き」になったといわれている。月島の「もんじゃストリート」には、もんじゃ焼きの専門店が軒を連ねている。

親子丼

宝暦10（1760）年創業の鶏料理店**玉ひで**発祥。明治24（1891）年、鳥すきの肉と割下を卵でとじていたお客がいて「親子煮」と呼ばれていた。それを5代目店主の妻がご飯の上に乗せたのが始まり。

深川めし

味噌で煮込んだアサリとネギをご飯にかけた漁師料理。江戸時代、漁師の町として栄えた深川では良質なアサリがたくさん取れた。手早く作れて栄養価の高い「深川めし」は、漁師の日常食だった。

もらえば笑顔 定番みやげ

東京ばな奈「見ぃつけたっ」

きめ細かくしっとりとしたスポンジ生地で、バナナをていねいに裏ごししたバナナカスタードクリームを包んだお菓子。平成3（1991）年に誕生、以来人気を集め、東京駅のおみやげの売上1位。

リーフパイ

銀座ウエストは、昭和22（1947）年創業の銀座の老舗洋菓子店。フレッシュなバターを練り込んだ小麦粉生地を256層に折りたたみ、一つひとつ職人が手作業で木の葉型に成形している。

地元っ子愛用 ローカル味

歌舞伎揚

歌舞伎の家紋入り生地を揚げ、甘口醤油タレで味付けした揚げせんべい。製造元である**天乃屋**（武蔵村山市）が「歌舞伎とせんべい、両方の伝統文化を伝えたい」という思いを込めて命名。

ホッピー

昭和23（1948）年、赤坂で製造販売を開始した低アルコール飲料（アルコール度数約0.8%）。日本人独特の酒文化・焼酎との割り飲料のパイオニア的存在。割り方次第で多様な味わいが楽しめる。

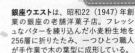

匠の技が光る 伝統工芸

江戸切子

天保5（1834）年に、江戸大伝馬町のビードロ屋加賀屋久兵衛がガラスの表面に彫刻したのが初と伝えられている。明治14（1881）年に切子指導者の英国人から日本人十数名が指導を受け、江戸切子の伝統的ガラス工芸技法が確立された。

江戸小紋

武士の礼装である裃（かみしも）から発達。参勤交代で江戸に集まる各藩の武士たちが他所の藩との区別を象徴するため特定の柄を定めて各藩の「定め柄」とした。

ワカルかな？ 東京のお国言葉

ごきげんよう

Ans. 出会ったときや別れのときに使う東京の山の手言葉

1泊2日で巡る 東京都

1日目

週末旅行でも楽しめる1泊2日東京モデルルートをご紹介！ 東京観光のテッパン巡りの合間にはグルメ&ショッピングを楽しんで。

8:00 創建当時の姿に蘇った
東京駅からスタート ▶P.340

南北ふたつのドームをもつレトロモダンな駅舎。内部の見事なレリーフも必見。

徒歩5分

8:10 大手門から**皇居**内を散策 ▶P.335

写真提供：宮内庁

都心でありながら緑豊かで静かな皇居内をのんびりと散策してみよう。

徒歩10分＋地下鉄1分＋徒歩3分

9:20 老舗が集まる道の起点
日本橋を見学 ▶P.342

日本の道路網の始点である日本橋周辺は老舗が集まるエリア。

橋の中央の欄干に青銅製の麒麟像

地下鉄3分＋徒歩8分

10:30 伝統芸能の殿堂 ▶P.339
歌舞伎座でおみやげをチェック

地下2階にある「木挽町広場」で旅の記念になるオリジナル商品を購入。

徒歩8分

11:10 新鮮な魚介類が味わえる
築地場外市場でランチ ▶P.338

世界から観光客が集まる市場で、買い物や海鮮丼、江戸前寿司などグルメを堪能。

築地ならではの鮮度とボリューム！

徒歩3分

12:00 オリエンタルな雰囲気漂う
築地本願寺へ ▶P.339

一見するとお寺とは思えない個性的な外観。併設のカフェで休憩も可能。

東京メトロ日比谷線の築地駅から7つ目の上野駅で下車。

地下鉄11分＋徒歩1分

13:00 広大な**上野恩賜公園**を ▶P.336
自分流に楽しんでみよう

園内散歩、美術鑑賞、動物園。自分らしい過ごし方ができるスポットへ。

徒歩2分

14:30 激安店が並ぶ
アメ横商店街で ▶P.340
ショッピングを満喫

にぎわう商店街の雰囲気を楽しみつつ、お菓子や雑貨などをお買い物。

地下鉄6分＋徒歩3分

15:30 東京最古の寺 **浅草寺**と ▶P.334
仲見世をぶらぶら

浅草寺と仲見世通りを歩いて、東京下町情緒を味わってみよう。

バス11分＋徒歩1分

17:30 大都会のビューを楽しめる ▶P.335
東京スカイツリータウン®へ

下町のランドマーク、東京スカイツリーでパノラマビューとディナーを楽しんで。

ソラマチ商店街

©TOKYO-SKYTREE ©TOKYO-SKYTREETOWN

9:00 都会のオアシス **明治神宮** ▶P.338

渋谷区にありながら自然豊かな明治神宮は、パワースポットとしても有名。

地下鉄6分＋徒歩5分

10:00 **東京ジャーミイ・トルコ文化センター** ▶P.341

日本最大のイスラム教の礼拝堂。祝日と週末は人数関係なく予約なしでも日本語ガイドが付く。

バス15分

12:00 地上約230mから東京を眺める! **SHIBUYA SKY** ▶P.341

東京の町並みを360°眺めたら、渋谷スクランブルスクエアでランチを。

バス20分＋徒歩5分

14:00 東京のシンボル ▶P.339 **東京タワー**のパノラマビュー

23区内で最も高い位置にある神社もある。

メインデッキからの景観は大迫力!

バス35分

15:30 東京シティビューを満喫 **レインボーブリッジ** ▶P.336

下層の遊歩道からは、東京タワーやお台場の景色を楽しめる。

バス17分＋徒歩10分

写真提供:東京港埠頭（株）

17:00 ウオーターフロントに広がる **お台場海浜公園** ▶P.336

自由の女神が見守る公園。ウインドサーフィンのレンタルもある。
ゆりかもめに乗って豊洲駅まで行き、東京メトロ有楽町線で1駅の月島駅へ。

鉄道18分＋地下鉄2分

18:00 月島で東京名物 **もんじゃ焼き**ディナー ▶P.329

旅のラストは月島。もんじゃ焼きで東京旅のおいしい思い出作りを。

おすすめ! 泊まるならココ

重要文化財の東京駅舎にステイ

東京ステーションホテル

駅舎ドームが望める「ドームサイドコンフォートキング」

大正4（1915）年、東京丸の内駅舎内に開業した。ホテルのインテリアは、英国の会社が担当。洗練されたヨーロピアンクラシックスタイル。松本清張の『点と線』をはじめ、小説の舞台にもなってきた。チェックイン時に渡される「館内ツアーガイド」を元に館内をじっくり見学してみたい。

住 千代田区丸の内1-9-1 TEL 03-5220-1111
交 JR**東京駅**丸の内南口改札直結
料 1室4万5940円～ URL www.tokyostationhotel.jp

130年以上にわたって世界の賓客を迎えてきた

帝国ホテル 東京

初代会長・渋沢栄一の精神は今も受け継がれている

明治23（1890）年、海外からの賓客をお迎えする「日本の迎賓館」として開業した。スタッフは総勢2000人。ベルスタッフ、コンシェルジュ、ランドリーなど、各分野における達人たちが安心で快適な滞在をサポートする。上質なサービスとホスピタリティは、130年以上にわたり世界のゲストに愛されてきた。

住 千代田区内幸町1-1-1 TEL 03-3504-1111
交 地下鉄**日比谷駅**A13番出口から徒歩すぐ
料 1室7万円～ URL www.imperialhotel.co.jp

東京都の歩き方

▶**東京観光情報センター**
最新情報は公式サイトで確認
URL www.gotokyo.org

都庁
住 新宿区西新宿2-8-1
東京都庁第一本庁舎1階
（地下鉄都庁前駅直結）
TEL 03-5321-3077
開 9:30～18:00 休 無休

羽田空港
住 大田区羽田空港2-6-5
（羽田空港第3ターミナル2階）
TEL 03-6428-0653
開 24時間 休 無休

バスタ新宿 P.326
住 渋谷区千駄ヶ谷5-24-55
（バスタ新宿3階）
TEL 03-6274-8192
開 6:30～23:00 休 無休

京成上野
住 台東区上野公園1-60
（京成上野駅改札口前）
TEL 03-3836-3471
開 8:00～18:30 休 無休

多摩（立川）
住 立川市柴崎町3-1-1
（エキュート立川3階）
TEL 042-527-8611
開 10:00～21:30（日曜·祝日～21:00）
休 無休

▶**八王子インフォメーションセンター**
住 八王子市旭町1-1
（JR八王子駅前）
TEL 042-622-1900
開 10:00～19:00 休 無休
URL www.hkc.or.jp

高尾山口観光案内所
住 八王子市高尾町2241
（京王高尾山口駅舎内）
TEL 042-673-3461
開 4～11月8:00～17:00
12～3月8:00～16:00 休 無休

東京23区

東京23区の人口は、969万7569人。（東京都総務局統計部：2022年5月時点）。23区は次の4つのエリアに大別される。

都心3区　千代田区、中央区、港区
副都心4区　渋谷区、新宿区、豊島区、文京区
23区西部　品川区、目黒区、大田区、世田谷区、杉並区、練馬区、板橋区、北区、中野区
23区東部　足立区、葛飾区、荒川区、台東区、墨田区、江東区、江戸川区

▶**羽田空港から町の中心まで**

京急線で品川駅まで最短11分、品川駅から東京駅まで山手線で13分。東京モノレールで浜松町駅まで最短13分、浜松町駅から東京駅まで山手線で7分。リムジンバスで新宿駅西口またはバスタ新宿まで25～30分。

ブランド食材

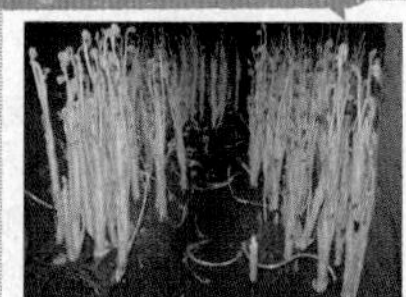
地下で栽培される東京ウド
写真提供：（公財）東京都農林水産振興財団

江戸東京野菜　江戸時代以降、市中や近郊で栽培され、江戸・東京市民の食生活を支えてきた伝統野菜が今も作られている。谷中ショウガ、東京ウド、早稲田ミョウガなどが代表的。

多摩地域

高尾山から望む都心

東京23区の西側に位置する多摩地域は、26市と3つの町（瑞穂町、日の出町、奥多摩町）と1村（檜原村（ひのはらむら））の30市町村で構成される。八王子市から東側は23区の**ベッドタウン**であり、**高尾山** P.341 や**深大寺** P.343 など人気が高い観光スポットもある。

プチ雑学

小平名産のブルーベリー
写真提供：（公財）東京都農林水産振興財団

ブルーベリー栽培発祥の地　新鮮な生のブルーベリーを大消費地に供給可能な小平市で、昭和43（1968）年に農産物としての栽培が日本で初めてスタート。現在、小平市内の農家で摘み取り農園や直売を行っており、洋菓子屋や和菓子屋が多彩なブルーベリー商品を販売している。

info 首都圏の調査「住みたい街」で上位にランキングされる**吉祥寺**は武蔵野市に位置する。三鷹市とまたがる**井の頭恩賜公園**は桜の名所としても知られる。

日本全国津々浦々～道の駅めぐり～

取れたての新鮮な地元野菜や果物も並ぶ

八王子滝山

東京都で唯一の道の駅。野菜や果物、卵など、八王子産のフレッシュな食品を中心に扱っている。八王子の食材を楽しめるフードコートが人気。

▶道の駅 八王子滝山
住 八王子市滝山町1-592-2
開 9:00～19:00　休 無休
交 中央自動車道**八王子IC**から車で約5分
URL www.michinoeki-hachioji.net

八王子の限定商品やみやげ物も扱う

伊豆諸島（島嶼部）

大島の三原山

伊豆諸島P.337の大島、利島、新島、式根島、神津島（こうづしま）、三宅島、御蔵島（みくらじま）、八丈島、青ヶ島の9島に人が定住している。スノーケリングなど海のアクティビティやトレッキングなど楽しみ方は多彩。温泉も豊富。

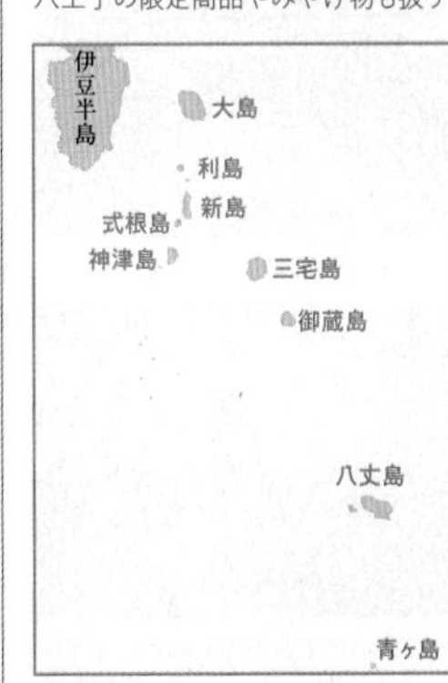

▶東京11アイランドガイド
URL www.tokyo-islands.com
東京諸島観光連携推進協議会の公式サイト。伊豆諸島の9島と小笠原諸島の父島、母島の観光情報を網羅。

グルメ

独特な香りとうまみをもつ

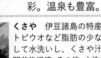

くさや　伊豆諸島の特産品。ムロアジやトビウオなど脂肪の少ない魚を腹開きにして水洗いし、くさや汁（塩汁）に10時間前後浸漬。その後、水洗いして日干しに。食塩濃度が8～10%と低いため、腐敗や発酵が起こり独特の強い匂いを放つ。

小笠原諸島（島嶼部）

小笠原諸島P.337は、東京都心から南約1000kmの太平洋上に位置する30余の島々で構成される。民間人が暮らしているのは、父島と母島の2島。独特な自然の価値が認められ、平成23(2011)年に世界自然遺産に登録された。

島内の移動　父島・母島の島内移動は、レンタカー、レンタバイクのほか、免許不要のアシスト付きレンタサイクルもある。いずれも台数が限られているため、早めに予約を。父島では、村営バスが利用可能。運賃200円、1日券は大人500円。父島から母島へは、ははじま丸（URL www.izu-syotou.jp）で2時間。

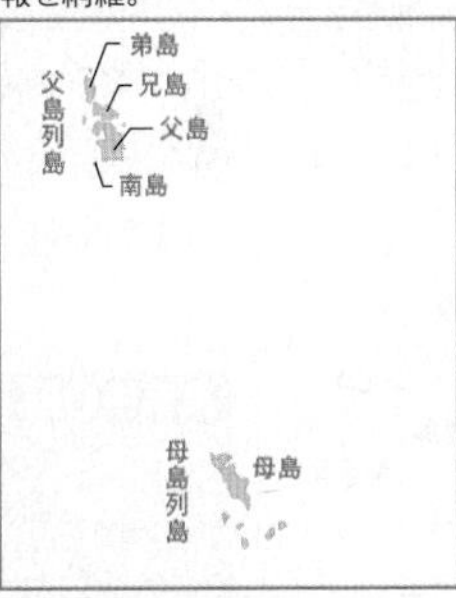

▶小笠原村観光協会
住 小笠原村父島字東町
商工観光会館内
TEL 04998-2-2587
開 8:00～12:00、13:30～17:00（定期船おがさわら丸停泊中は昼休みなし）
休 無休
交 父島**二見港**から徒歩6分
URL www.ogasawaramura.com

足を延ばせば

写真提供：小笠原村観光局

扇池　父島から船で20分、南島にある扇池は白砂のビーチが広がる美しい入り江。自然環境保護のため、南島に上陸できるのは1日最大100人、滞在時間は2時間と決められており、上陸には東京都自然ガイドの同行が必要。
石灰岩の侵食でできた岩場

info **小笠原諸島**は、パッションフルーツやマンゴー、パパイヤなどトロピカルフルーツの産地。また、小笠原は国産コーヒー発祥の地でもあり、父島のカフェ数店では貴重なコーヒーを味わえる。

▶浅草寺
住 台東区浅草2-3-1
TEL 03-3842-0181
開 4～9月6:00～17:00
10～3月6:30～17:00
休 無休　料 無料
交 地下鉄**浅草駅**1番出口から徒歩5分
URL www.senso-ji.jp

ご本尊を祀る本堂（観音堂）

仲見世は日本最古の商店街のひとつ

浅草の観音様。東京最古の仏教寺院

台東区（東京23区）

浅草寺（せんそうじ）

1400年近い歴史をもつ東京都内で最古の寺。ご本尊は、世間の生きとし生けるものの音声を観じ、その苦しみを除き、願いを聞いて安楽を与えてくれる仏様「**聖観世音菩薩**」。戦後に再建された本堂は、急勾配の屋根をもつ入母屋（いりもや）造り。本堂の東に建つ朱塗りの**二天門**は、江戸時代初期の古建築として貴重であり、国の重要文化財に指定されている。現在の二天門は、慶安2(1649)年の創建で、平成22(2010)年に改修を終え、創建当初の姿がよみがえった。二天門をくぐった近くには、三社様（さんじゃさま）と称される**浅草神社**（重要文化財）がある。

入母屋造りの宝蔵門（仁王門）

浅草のシンボルでもある雷門（風雷神門）

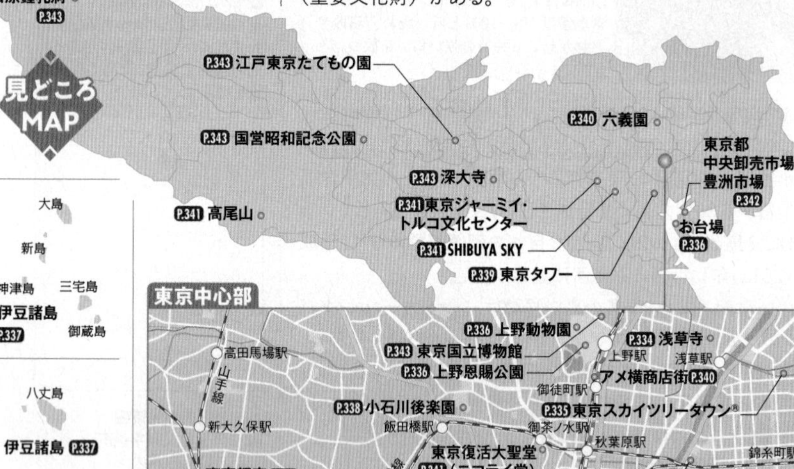

info 昭和の雰囲気漂う**レトロな喫茶店巡り**が楽しめる**浅草**。おすすめは浅草の**新仲見世商店街**の中にある昭和2（1927）年開店の**ハトヤ**。玉子サンドとホットケーキが人気。

タワーを中心に豊富な施設が集まる

墨田区(東京23区)

東京スカイツリータウン®

(とうきょうすかいつりーたうん)

東京下町のランドマーク ©TOKYO-SKYTREE

東京スカイツリー®を中心に商業施設の**東京ソラマチ®**、エンタメ系**プラネタリウム「天空」in 東京スカイツリータウン®**、芸術的な展示が楽しめる**すみだ水族館**などから構成されるタワーのある街。

634mと自立式電波塔として世界一の高さを誇る**東京スカイツリー®**は、地上350mの**展望台**と450mの**天望回廊**のふたつの展望台を備えている。タワー内には、カフェやレストラン、ショップなどもある。タワーの足元には、300以上のテナントが集合する商業施設、東京ソラマチがある。「粋」「雅」「幟」と日替わりでライティングされる夜間のスカイツリーも必見。

明治天皇以降の天皇陛下のお住い

千代田区(東京23区)

皇居

(こうきょ)

大手門渡櫓門は皇居東御苑開園に伴い、1965年に復元
写真提供:宮内庁

徳川幕府の居城だった**江戸城**が明治元(1868)年に皇居となった。明治天皇以降、現在の天皇陛下までの歴代の天皇のお住いである**御所**をはじめ、天皇陛下の御公務や諸儀式の場である**宮殿**、昭憲皇太后(明治天皇の皇后)以来、歴代の皇后が引き継ぐ養蚕のための施設の**紅葉山御養蚕所**(もみじやまごようさんじょ)、宮内庁庁舎などがある。

日本古来の建築美を生かした宮殿は、そのほとんどが国産の建築資材を用いて建てられた。周囲には、一般公開されている庭園や江戸城の遺構などもあり、年中行事である一般参賀には国内外から多くの人が訪れる。

▶東京スカイツリータウン®

住 墨田区押上1-1-2
TEL 0570-55-0634(東京スカイツリーコールセンター)
開 休 料 施設・店舗により異なる
交 東武**とうきょうスカイツリー駅**、地下鉄**押上駅**から徒歩すぐ
URL www.tokyo-skytreetown.jp

▶天望台

開 10:00~21:00(最終入場20:00)
休 無休
料 スカイツリー天望台 当日 平日2100円(休日2300円)

東京スカイツリー天望回廊は空中散歩気分を楽しめる ©TOKYO-SKYTREE

ソラマチ商店街には多彩な施設が揃う
©TOKYO-SKYTREETOWN

▶皇居

住 千代田区千代田1-1
TEL 03-5223-8071(宮内庁管理部管理課参観係)
開 9:00~11:15、12:30~14:45
※当日受付は先着各回300名
休 日・月曜・祝 料 無料
交 地下鉄**二重橋駅**6番出口から徒歩6分
URL sankan.kunaicho.go.jp/guide/koukyo.html

二重橋と呼ばれる皇居正門鉄橋
(写真提供:宮内庁)

info **東京スカイツリー®**からの東京ビューを満喫した後は、**浅草**までのんびりお散歩してみては。浅草駅までは徒歩20分ほど。浅草寺や仲見世に立ち寄り、下町ならではの老舗グルメを味わってみたい。絶景×下町で2倍楽しめる。

自然と動物に癒やされる下町のオアシス

台東区（東京23区）

上野恩賜公園・上野動物園

うえのおんしこうえん・うえのどうぶつえん

明治維新の指導者、西郷隆盛像の高さは370.1cm

明治6(1873)年の太政官布達により、日本で初めて公園に指定された。通称は**上野公園**であり、上野の森とも呼ばれる都民のオアシス。約53ヘクタールという広大な園内には、桜をはじめ多彩な花々や樹木が四季を彩る。園内には、**上野動物園**のほか、**東京国立博物館**や**国立科学博物館**、**国立西洋美術館**など、多くの文化施設もある。

上野動物園　明治15（1882）年に農商務省所管の博物館付属施設として開園した、**日本初の動物園**。昭和47（1972）年には、日中国交回復を記念し**ジャイアントパンダ**が来園。今もパンダは絶大な人気を誇る。

港区、品川区、江東区にまたがるウォーターフロント

港区（東京23区）

お台場

おだいば

日没後はライトアップされる。イベント時には特別ライトアップも

神津島の砂を敷き詰めたビーチ
写真提供：東京湾埠頭（株）

ペリーの黒船など外国船の来航に備えて江戸湾に備えられた海上砲台。現在は、第3台場が公園、第6台場は史跡として残っている。

レインボーブリッジ　港区の海岸3丁目と台場1丁目を結ぶ吊橋で橋の長さは798m。首都高速11号台場線と臨港道路、臨海新交通システム「ゆりかもめ」からなる複合交通施設になっている。正式名称は東京港連絡橋。

お台場海浜公園　ウオーターフロントに広がる公園。約800mに及ぶ人工海浜**おだいばビーチ**があり、ウインドサーフィン（レンタルあり）などウオータースポーツも楽しめる。

▶上野恩賜公園・上野動物園

▶上野恩賜公園
住 台東区上野公園
TEL 03-3828-5644（上野恩賜公園管理所）
開 5:00〜23:00
休 無休　料 無料
交 JR**上野駅**公園口からすぐ
URL www.kensetsu.metro.tokyo.lg.jp/jimusho/toubuk/ueno/index_top.html

▶上野動物園
住 台東区上野公園9-83
TEL 03-3828-5171
開 9:30〜17:00（最終入場16:00）
休 月曜（祝日の場合は翌日）、12/29〜1/1　料 600円
※最新情報は公式サイトで確認
交 JR**上野駅**公園口から徒歩5分
URL www.tokyo-zoo.net/zoo/ueno

不忍池の蓮の見頃は7月上旬から8月下旬

▶お台場

▶レインボーブリッジ遊歩道
住 港区海岸3-33-19
開 4〜10月9:00〜21:00
11〜3月10:00〜18:00
最終入場は30分前
休 毎月第3月曜(祝日の場合は翌日)
料 無料
交 ゆりかもめ**お台場海浜公園**駅から徒歩15分

▶お台場海浜公園
住 港区台場
TEL 03-5531-0852（お台場海浜公園管理事務所）
開 休 料 施設・店舗による
交 ゆりかもめ**お台場海浜公園**駅、りんかい線**東京テレポート駅**から徒歩すぐ
URL www.tptc.co.jp/park/01_02

日本とフランスの友好関係を表す自由の女神像

info **レインボーブリッジ**には**遊歩道**が設けられている。南北2つのルートのうち、ノースルートからは都心の高層ビル群、サウスルートからはお台場から富士山まで眺められる。

大自然と絶景が楽しめる離島群

島嶼部

伊豆諸島（いずしょとう）

伊豆大島の三原山お鉢

八丈島のフリージアは3月が見頃

東京都心の南、富士火山帯に属する**火山島群**。伊豆半島の南東方向、伊豆大島から孀婦岩までの間にある100余の島で構成される。島々は**火山**または**カルデラ式海底火山**の外輪山が海面より高くなったもの。今も火山活動が続いている島もある。すべての島が温暖多雨の海洋性気候。

東京から最も近い**伊豆大島**には、竹芝旅客ターミナルから高速ジェット船の利用で最短1時間45分。島のシンボルである**三原山**は壮大。ほかにも、7つの温泉がある**八丈島**、火山が造り出したダイナミックな景観が広がる**三宅島**など、魅力的な島々が揃っている。

世界遺産に登録された自然の宝庫

島嶼部

小笠原諸島（おがさわらしょとう）

父島の小港海岸

父島のウェザーステーション展望台

東京都心から南へ約1000km。小笠原諸島は太平洋上に散在する30余の島々からなる。**亜熱帯海洋性気候**に属し、年間を通して気温の変化が比較的少ないが、台風の常襲地帯でもある。

主島である**父島**にも空港はなく、東京との間におおむね6日に1便運航している定期船**おがさわら丸**が片道24時間で結ぶ。民間人が居住しているのは父島と母島で人口は父島が約2100人、母島が約450人。特異な歴史と文化をもつ小笠原諸島では、農業・漁業が盛んだが大自然を活かしたエコツアーの先進地として、観光業に携わる人も多い。

▶伊豆諸島

▶東海汽船

竹芝旅客ターミナル～三宅島～御蔵島～八丈島、竹芝～大島～利島～新島～式根島～神津島、熱海～大島、などの定期便を運航している。

TEL 03-5472-9999

URL www.tokaikisen.co.jp

伊豆大島の波浮港見晴台
写真提供：東海汽船

▶小笠原諸島

TEL 03-5776-2422(小笠原村観光局)

URL www.visitogasawara.com

▶おがさわら丸(小笠原海運)

竹芝旅客ターミナルより運航。

TEL 03-3451-5171

開 週1便11:00発（スケジュールは公式サイトで要確認）

料 片道2万5770円～

URL www.ogasawarakaiun.co.jp

▶小笠原ビジターセンター

住 小笠原村父島西町

TEL 04998-2-3001

開 おがさわら丸入港日から出港日の8:30～17:00　料 無料

自然や歴史、文化を紹介する小笠原ビジターセンター
写真提供：小笠原村観光局

人気のホエールウォッチングツアー
写真提供：小笠原村観光局

info 竹芝客船ターミナルと大島を最短1時間45分で結ぶ**高速ジェット船**（ジェットフォイル）。ジェットエンジンで海水を吹き出し、空気の代わりに海水から揚力を得て飛ぶ「海のジェット機」。時速約80kmだが波の影響を受けず、ほとんど揺れない。

食に関わる専門市場で買物&グルメ

中央区(東京23区)

築地場外市場（つきじじょうがいしじょう）

築地市場が平成30(2018)年に豊洲に移転した後も約400もの専門店が営業している。鮮魚や肉、野菜といった生鮮食品のほか、包丁など調理ツールや食器類などを扱う店もあり、飲食店も充実した世界的に見ても珍しい**食の総合市場**。新鮮な魚介を使った寿司店が数多くあり、築地ならではのグルメが堪能できる。

フレッシュな水産物を揃えた店は築地ならではは

四季折々美しい水戸徳川家の庭園

文京区(東京23区)

小石川後楽園（こいしかわこうらくえん）

江戸時代初期、寛永6（1629）年に水戸徳川家の初代藩主である頼房（よりふさ）が江戸の中屋敷（なかやしき）に造った庭園。2代目藩主の光圀（みつくに）の時代に完成した。かつて舟遊びに使われたという池を中心とした**回遊式築山（つきやま）泉水庭園**で、日本と中国の名所に見立てた見事な眺めが堪能できる。夏は660株のハナショウブ、秋はイロハモミジの紅葉が美しい。

琵琶湖を表現した景色を造り出した大泉水

明治天皇と昭憲皇太后を祭神とする

渋谷区(東京23区)

明治神宮（めいじじんぐう）

明治天皇・昭憲皇太后を祭神とし、大正9（1920）年に創建された。東京ドーム15個分の豊かな杜（もり）は、人工の杜。

令和2(2020)年に鎮座百年祭を迎え、記念事業の一環として建築家、隈研吾の設計で**明治神宮ミュージアム**を開館。明治天皇が乗車された六頭曳儀装車や愛用された重厚な机など、ゆかりの品々が展示されている。

三間社流造、総檜素木造の本殿

▶築地場外市場

住 中央区築地4-16-2

開 原則として東京卸売市場の開場日、休業日に準じている

休 店舗により異なる(おもな休業日は水・日曜・祝日)

交 地下鉄**築地市場駅**A1出口から徒歩1分。または地下鉄**築地駅**1・2番出口から徒歩2分

URL www.tsukiji.or.jp

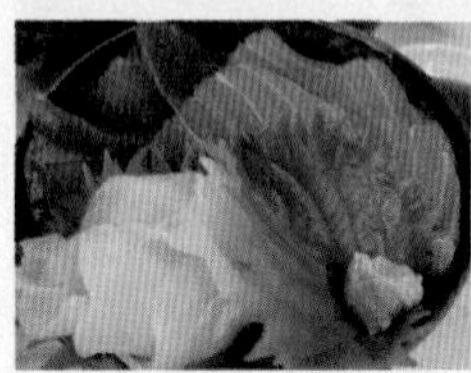

買物だけでなくグルメも築地の楽しみ

▶小石川後楽園

住 文京区後楽1-6-6

TEL 03-3811-3015

開 9:00～17:00(最終入場16:30)

休 無休　料 300円

交 地下鉄**飯田橋駅**C3番出口から徒歩3分。またはJR**水道橋駅**西口から徒歩5分(東門)

URL www.tokyo-park.or.jp/park/format/index030.html

明の儒学者朱舜水が設計したといわれる石橋、円月橋

▶明治神宮

住 渋谷区代々木神園町1-1

TEL 03-3379-5511

開 日の出～日の入り(12/31は終夜参拝可)

休 無休　料 無料

交 JR**原宿駅**表参道口から徒歩1分

URL www.meijijingu.or.jp

▶明治神宮ミュージアム

TEL 03-3379-5875

開 10:00～16:30(最終入場16:00)

休 木曜(祝日の場合は開館)

料 1000円

▶明治神宮御苑

開 3～5・7～10月9:00～16:30
6月8:00～17:00(土・日曜～18:00)
11～2月9:00～16:00

休 無休　料 500円

info 築地場外市場には、水産・青果の仲卸業者が出店する生鮮市場「**築地魚河岸**」がある。3階のフードコート「**魚河岸食堂**」は老舗の味を気軽に楽しめる。職人技を学べるセミナーなどイベントも開催。

伝統芸能・歌舞伎を専門に上演する
中央区（東京23区）

歌舞伎座

2013年4月に開場した最新機能を備えた歌舞伎座

明治22（1889）年に開場した歌舞伎専門劇場。400年以上の歴史をもつ伝統芸能を上演している。平成25（2013）年に建て替えられ、5代目となる歌舞伎座がお目見えした。

地下2階にある**木挽町広場**では、俳優グッズのほか、歌舞伎の世界観を表現した雑貨や歌舞伎座銘菓など、バラエティ豊富なおみやげを販売している。お食事処や喫茶室もある。

メトロポリス東京のシンボル的存在
港区（東京23区）

東京タワー

大都会東京を象徴するタワー

昭和33（1958）年に竣工した333mの総合電波塔。高さ150mの**メインデッキ**、250mの**トップデッキ**（トップデッキツアー参加者のみ入場可）とふたつの展望台があり、メトロポリス東京の迫力ある眺望を堪能できる。

メインデッキの2階には東京23区内で最も高所に位置する神社、**タワー大神宮**もある。

オリエンタルな雰囲気漂う開かれたお寺
中央区（東京23区）

築地本願寺

オリエンタルムード漂う建物

京都の西本願寺を本山とする浄土真宗本願寺派の関東における拠点。

インドなどアジアの古代仏教建築を模した外観をはじめ、オリエンタルな雰囲気漂う内装などが特徴。**本堂**と**大谷石**P.269**の石塀**、**門柱**は国の重要文化財に指定されている。ショップやティーラウンジ、カフェを併設している。

▶歌舞伎座
住 中央区銀座4-12-15
TEL 03-3545-6800
開 休 料 公演により異なる
交 地下鉄**東銀座駅**3番出口から徒歩すぐ
URL www.kabuki-za.co.jp
▶木挽町広場
開 10:00～18:30（店舗による）
休 不定休

オリジナルグッズやおみやげを揃えた木挽町広場

▶東京タワー
住 港区芝公園4-2-8
TEL 03-3433-5111
開 9:00～23:00（最終入場22:30）
※営業時間は変更になる場合がある
休 無休
料 1200円（メインデッキ）
交 地下鉄**赤羽橋駅**赤羽橋出口から徒歩7分
URL www.tokyotower.co.jp
▶トップデッキツアー
開 9:00～22:15の15分おき（見学可能時間は22:45まで）
料 3000円（メインデッキの入場料込み）
※要予約、時間指定制

▶築地本願寺
住 中央区築地3-15-1
TEL 0120-792-048
開 6:00～16:00
休 無休 料 無料
交 地下鉄**築地駅**1番出口直結
URL tsukijihongwanji.jp

ご本尊は立ち姿の阿弥陀如来。本堂は広く荘厳

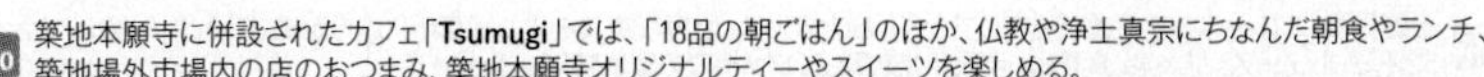
info 築地本願寺に併設されたカフェ「Tsumugi」では、「18品の朝ごはん」のほか、仏教や浄土真宗にちなんだ朝食やランチ、築地場外市場内の店のおつまみ、築地本願寺オリジナルティーやスイーツを楽しめる。

創建当時の姿に蘇ったレトロな名建築

千代田区(東京23区)

東京駅丸の内駅舎

大正3(1914)年12月に開業した日本の玄関口であり、国指定重要文化財。"近代建築の父"といわれる**辰野金吾**が設計を担当。平成24(2012)年には創建当時の姿に復原された。高さ30mを超える南北ふたつのドーム内を彩る美しいレリーフは必見。

日本を代表するレンガ建築のひとつ

▶東京駅丸の内駅舎
住 千代田区丸の内1-9-1
開 休 料 施設による
交 JR**東京駅**丸の内側

ドーム内のレリーフは創建時の意匠に復原された

活気あふれる下町の激安商店街

台東区(東京23区)

アメ横商店街

アメ横として全国的に知られる下町の商店街。約500mの通りに海産物や菓子、輸入食材のほか、ファッションや雑貨など400もの店舗が並び活気にあふれる。B級グルメの食べ歩きも楽しい。年末には、新年用の生鮮食品などを買い求める人たちで通りは大にぎわいとなる。

集客数・知名度ともに全国屈指の商店街

▶アメ横商店街
住 台東区上野4
TEL 03-3832-5053(アメ横商店街連合会)
開 休 店舗により異なる
交 JR**上野駅**不忍口から徒歩3分。またはJR**御徒町駅**北口から徒歩3分
URL www.ameyoko.net

食品はもちろん、衣料品や雑貨なども安く入手可能

国の特別名勝に指定されている

文京区(東京23区)

六義園

元禄15(1702)年、5代将軍徳川綱吉の側用人、柳澤吉保が7年の歳月をかけて造成した**回遊式築山泉水庭園**。庭園を巡りながら四季折々の景色を楽しむことができ、特にツツジの名所として有名だ。また桜や紅葉の時期にはライトアップもされる。

小高い築山や池が造られている
写真提供:公益財団法人東京都公園協会

▶六義園
住 文京区本駒込6-16-3
TEL 03-3941-2222
開 9:00～17:00(最終入場16:30)
※最新情報は公式サイトで確認
休 年末年始 料 300円
交 JR**駒込駅**南口から徒歩7分
URL www.tokyo-park.or.jp/park/format/index031.html

初夏のツツジが美しい
写真提供:公益財団法人東京都公園協会

歴史に残る名勝負の舞台となった

墨田区(東京23区)

両国国技館

日本の国技である相撲の聖地として知られ、大相撲東京場所が年3回開かれる。入口には昔の取り組みの様子を描いた絵画や優勝杯などを展示。併設の**相撲博物館**では錦絵や番付、化粧廻しなど相撲に関する資料を収集・展示している。

格闘技の試合、コンサート会場にもなる

▶両国国技館
住 墨田区横網1-3-28
TEL 03-3623-5111(日本相撲協会)
開 10:00～16:00
休 土・日曜・祝日
料 無料(東京本場所中は大相撲観覧券が必要)
交 JR**両国駅**西口から徒歩1分
URL www.sumo.or.jp/Kokugikan
▶**相撲博物館**
TEL 03-3379-5875
開 10:00～16:30(最終入場16:00)
休 土・日曜・祝日
料 無料(東京本場所中は大相撲の観覧券が必要)

info 上野界隈にはレトロな喫茶店が現存している。おすすめは、上野駅東口のマルイ裏手にある**珈琲 王城**。スパゲティ(ナポリタン・ミートソース)が人気。食後は、炭火手焼珈琲を。アメ横での買物帰りにぴったり。

緑青をまとったドーム屋根が特徴　**千代田区（東京23区）**

東京復活大聖堂（ニコライ堂）

とうきょうふっかつだいせいどう（にこらいどう）

緑青のドーム屋根が特徴的

高さ38mのドーム屋根が特徴的なビザンティン様式の聖堂。通称はニコライ堂。イエス・キリストの復活を記憶する**復活大聖堂**として明治24（1891）年に竣工した。鹿鳴館を手掛けた建築家、**ジョサイア・コンドル**が実施設計を担当。国指定重要文化財。

▶東京復活大聖堂（ニコライ堂）
住 千代田区神田駿河台1-3
TEL 03-3285-6879
開 夏期13:00～16:00
　冬期13:00～15:30
休 月曜、冠婚葬祭時　料 300円
交 地下鉄**新御茶ノ水駅**B1番出口から徒歩2分
URL nikolaido.org

日本最大の美しいモスク　**渋谷区（東京23区）**

東京ジャーミイ・トルコ文化センター

とうきょうじゃーみい・とるこぶんかせんたー

半ドームがあるアーチが連なる入口

イスラム教礼拝堂としては日本で最大。オスマン朝のモスクを再現しており、ステンドグラスやアラベスク模様が美しい。5人以上であれば日本語ガイドが付く（要予約）。併設の**トルコ文化センター**1階のショップでトルコのお菓子や紅茶、雑貨などを購入可能。

▶東京ジャーミイ・トルコ文化センター
住 渋谷区大山町1-19
TEL 03-5370-0760
開 10:00～18:00
　（金曜14:00～18:00）
休 無休　料 無料
交 地下鉄**代々木上原駅**から徒歩5分
URL tokyocamii.org/ja
※見学の際には、女性はストールかスカーフを持参し、長袖・長ズボン、ロングスカート等、露出の少ない服装を。男性も、ハーフパンツやタンクトップは避けること

渋谷の上空約230mの展望施設　**渋谷区（東京23区）**

SHIBUYA SKY

しぶやすかい

渋谷スクランブルスクエア内にあり、360°見渡せる展望デッキ
写真提供：渋谷スクランブルスクエア

渋谷スクランブルスクエアの14階から45階の移行空間の**SKY GATE**、屋外展望空間**SKY STAGE**、46階の屋内展望回廊、**SKY GALLERY**の3つのゾーンで構成される体験型展望空間。上空約230mから360°の絶景を眺められる。

▶SHIBUYA SKY
住 渋谷区渋谷2-24-12
TEL 03-4221-0229
開 10:00～22:30（最終入場21:30）
休 無休
料 2000円（ウェブチケット1800円）
交 **渋谷駅**直結・直上
URL www.shibuya-scramble-square.com/sky
※営業時間は変更となる場合があるので、事前に公式サイトで確認を

四季を通じて楽しめる、豊富な登山コース　**八王子市（多摩地域）**

高尾山

たかおさん

ケーブルカーとリフトの終点、高尾山駅。紅葉の見頃は例年11月中旬から12月初旬頃

都心からアクセスがよく、年間を通じて多くの観光客や登山者でにぎわう。標高は599mで山頂から富士山や丹沢山系の山々を一望できる。古くから修験道の霊場とされた。**ケーブルカー**や**リフト**のほか数多い登山ルートも魅力。

▶高尾山
住 八王子市高尾町
TEL 042-620-7378（八王子市産業振興部観光課）
開 入場自由
交 京王**高尾山口駅**から山頂まで1号路で徒歩約100分
▶ケーブルカー
開 8:00～17:45（季節・曜日により変動）　休 無休
料 片道490円　往復950円
URL www.takaotozan.co.jp
▶リフト
開 5～11月9:00～16:30
　12～4月9:00～16:00　休 無休
料 片道490円　往復950円
URL www.takaotozan.co.jp

info 東京復活大聖堂の正式名称は「日本ハリストス正教会教団東京復活大聖堂」だが、日本にロシア正教を伝道した**ニコライ・カサートキン**（Nikolai Kasatkin）大主教にちなみ、明治時代から「ニコライ堂」と呼ばれている。

東京オリンピック・パラリンピックの主会場

新宿区（東京23区）

国立競技場

東京2020オリンピック・パラリンピックのメイン会場。日本を代表する建築家である**隈研吾**氏らが設計した。軒庇には47都道府県の国産木材が使われている。

写真提供：独立行政法人日本スポーツ振興センター

江戸時代から続く日本の道の起点

中央区（東京23区）

日本橋

徳川家康の命により慶長8（1603）年に架橋。翌年に五街道の起点となり、今も**日本の道路の起点**となっている。現在の橋は20代目で明治44（1911）年に完成。国指定重要文化財。

橋の真ん中には「日本国道路元標」が埋め込まれている

完成当時「白亜の殿堂」と呼ばれた

千代田区（東京23区）

国会議事堂

昭和11（1936）年に**帝国議会議事堂**として建設。一般公開されており、参議院の参観ロビーでは建物模型や議員席のレプリカ、明治天皇がお座りになった席などを見学できる。

正面に向かって左側が衆議院、右側が参議院

地上202mから望む絶景ビュー

新宿区（東京23区）

東京都庁

平成3（1991）年、丸の内から新宿の現庁舎に移転。**丹下健三**氏が設計を担当した。202mの最上階に位置する**展望室**からは東京タワーやスカイツリーなど、大都会の眺望を堪能できる。

パリのノートルダム大聖堂がモチーフ

人気グルメも楽しめる「東京の台所」

江東区（東京23区）

東京都中央卸売市場 豊洲市場

2018年に築地から移転した、水産物や青果を取り扱う**総合市場**。敷地は築地市場の17倍、約40万m^2と広大で、4つのエリアで構成されている。**マグロの競り見学**は人気が高く、事前抽選制。

閉鎖型施設で万全の品質管理

▶国立競技場
住 新宿区霞ヶ丘町10-1
TEL 03-5843-1300
交 地下鉄**国立競技場駅**A2出口から徒歩1分。またはJR**千駄ケ谷駅**、JR**信濃町駅**から徒歩5分
URL www.jpnsport.go.jp/kokuritu
▶見学ツアー
TEL 0570-050800
開 11:00～18:00（時期によって変動あり） 料 1400円
URL ticket.kokuritu-tours.jp

▶日本橋
住 中央区日本橋1-1
開 見学自由
交 地下鉄**三越前駅**B5・B6出口から徒歩1分

▶国会議事堂（見学ツアー）
本会議が開かれる日は、開会予定時刻の1時間前から散会までの間は見学不可。
▶参議院見学ツアー
住 千代田区永田町1-7-1
TEL 03-5521-7445
開 9:00～16:00の毎正時発
休 土・日曜・祝日 料 無料
交 地下鉄**永田町駅**1番出口から徒歩3分
URL www.sangiin.go.jp
▶衆議院見学ツアー
※2022年3月現在、一般の見学不可
住 千代田区永田町1-7-1
TEL 03-3581-5111
開 8:00～17:00（最終受付16:00）土・日曜・祝日9:30、10:30、11:30、13:00、14:00、15:00
休 無休 料 無料
交 地下鉄**国会議事堂前駅**1番出口から徒歩3分
URL www.shugiin.go.jp

▶東京都庁展望室
住 新宿区西新宿2-8-1
TEL 03-5320-7890
開 10:00～17:30（最終入場17:00）
休 不定休 料 無料
交 地下鉄**都庁前駅**直結
URL www.yokoso.metro.tokyo.lg.jp

▶東京都中央卸売市場 豊洲市場
住 江東区豊洲6-6-1
TEL 03-3520-8205
開 5:00～15:00
マグロ競り5:45～6:15（交代制）
飲食・物販は店舗により異なる
休 日曜・祝日、休市日
料 無料
交 ゆりかもめ**市場前駅**から徒歩すぐ
URL www.toyosu-market.or.jp

info **豊洲市場**内には飲食店が39店舗あり、ほとんどが早朝5:00から営業。ランチが終わる頃に閉店する店が多いので、早起きして豊洲グルメを味わってみよう。

日本で最も長い歴史をもつミュージアム　台東区(東京23区)

東京国立博物館（とうきょうこくりつはくぶつかん）

日本初の公園、上野恩賜公園内にある

明治5(1872)年の湯島聖堂博覧会を始まりとする、日本で最も長い歴史をもつ博物館。日本や東洋の美術、**法隆寺の宝物**など、国宝や重要文化財を含む約12万件を所蔵。

▶東京国立博物館
住 台東区上野公園13-9
TEL 050-5541-8600
開 9:30～17:00(最終入場16:30)
休 月曜(祝日の場合は翌日)、年末年始、臨時休館あり
料 1000円(特別展は別途)
交 JR**上野駅**公園口から徒歩10分
URL www.tnm.jp

山岳信仰で栄え多くの修験者が訪れた　奥多摩町(多摩地域)

日原鍾乳洞（にっぱらしょうにゅうどう）

ライトアップされた「死出の山」付近

総延長1270m、高低差134m。埼玉県秩父市の瀧谷洞（ろうこくどう）と並び関東地方で最大級の規模を誇る鍾乳洞。江戸時代には山岳信仰のメッカとされていた。**東京都指定天然記念物。**

▶日原鍾乳洞
住 西多摩郡奥多摩町日原1052
TEL 0428-83-8491
開 4～11月9:00～17:00
12～3月9:00～16:30
休 12/30～1/3　料 800円
交 JR**奥多摩駅**からバスで35分の終点**日原鍾乳洞**下車、徒歩5分(土·日曜·祝日は**東日原**下車、徒歩25分)
URL ww.nippara.com/nippara/syounyuudou/syounyuudou.html

江戸から昭和の建築史をたどる　小金井市(多摩地域)

江戸東京たてもの園（えどとうきょうたてものえん）

ミュージアムショップやカフェも併設
写真提供:江戸東京たてもの園

江戸・東京に存在した建物を集めた博物館。東京都指定有形文化財の**三井八郎右衛門邸**、近代建築の発展に貢献した**前川國男邸**など、貴重な建物を移築・復元している。

▶江戸東京たてもの園
住 小金井市桜町3-7-1
TEL 042-388-3300
開 4～9月9:30～17:30
10～3月9:30～16:30
最終入場は30分前
休 月曜(祝日の場合は翌日)
料 400円
交 JR**武蔵小金井駅**北口からバスで5分の**小金井公園西口**下車、徒歩5分
URL www.tatemonoen.jp

東京ドームの39倍もの広さ　立川市·昭島市(多摩地域)

国営昭和記念公園（こくえいしょうわきねんこうえん）

敷地面積180ヘクタールと東京ドームの39倍もの広さ

昭和天皇在位50年記念事業として、昭和58(1983)年に立川飛行場跡地に建設された。約1500本の桜、**4万本のひまわり**、**550万株のコスモス**など、季節ごとに花々が咲き誇る。

▶国営昭和記念公園
住 立川市緑町3173
TEL 042-528-1751
開 3～9月9:30～17:00
10～2月9:30～16:30
※時期により変更あり
休 12/31、1/1、1月の第4月曜とその翌日　料 450円
交 JR**西立川駅**から徒歩2分
URL www.showakinen-koen.jp

門前には名物·深大寺そばの店が並ぶ　調布市(多摩地域)

深大寺（じんだいじ）

現在の本堂は1919年に再建

起源は奈良時代、正式名称は天台宗別格本山浮岳山昌楽院（ふがくさんしょうらくいん）深大寺。国宝に指定された**白鳳仏**(釈迦如来像)や国重要文化財である**梵鐘**（ぼんしょう）など貴重な寺宝が安置されている。

▶深大寺
住 調布市深大寺元町5-15-1
TEL 042-486-5511
開 9:00～17:00　休 無休
料 無料(釈迦堂は300円)
交 京王**調布駅**からバスで20分の終点**深大寺**下車、徒歩1分
URL www.jindaiji.or.jp

info 深大寺がある調布市は、漫画家**水木しげる**氏が暮らした街。命日である11月30日を「**ゲゲゲ忌**」とし、調布市名誉市民の水木しげる氏ゆかりの地を巡るイベントを開催している。

神奈川県

KANAGAWA

神奈川県

人口
923.7万人（全国2位）

面積
2416km²（全国43位）

県庁所在地
横浜市

県花
山ゆり

横浜市

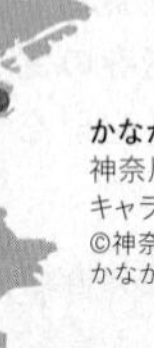

かながわキンタロウ
神奈川県公式のPRキャラクター
©神奈川県
かながわキンタロウ#25

山ゆり
丹沢や箱根など県内各地で花を咲かせる

関東南西部、首都圏の一角をなす。人口は隣接する東京都に次ぐ第2位で、全国で唯一、政令指定都市が3市（横浜、川崎、相模原）ある。羽田空港は多摩川を渡ったすぐ先、横浜港など大きな港を擁し、新幹線をはじめ鉄道交通の便もよいため、産業も非常に盛んで県内総生産は第4位。都市化が進む一方、自然も豊かで森林は約40%を占め、海岸線は約430 kmにも及ぶ。横浜をはじめ、鎌倉や湘南、箱根など、日本を代表する観光地も数多く、温暖で風光明媚な県。

旅の足がかり

横浜市

人口約377万人で全国市区町村１位の大都市。日本有数の港湾都市であり商工業都市。幕末に開港した横浜港は令和2（2020）年にはコンテナ港湾としての効率性が世界一になっている。横浜駅に乗り入れる鉄道事業者はJRを含む6社で日本最多、複雑な駅構造はガウディ建築に例えられることも。一方で地域を南北に結ぶ交通網は東西に比べ少なく、同じ市内でも訪問する場所によっては新宿、渋谷、品川といった東京のターミナル駅を拠点にしたほうが便利なことも。

藤沢市

相模湾に面した湘南地域に位置し、地域最大の人口を有する。市内には**江の島**P.357や片瀬海岸があり、いわゆる「観光地としての湘南」の中心。藤沢駅はJRと小田急線、江ノ電が接続し、交通の利便性が高く、鎌倉や県央部への拠点。海に近く自然豊かで、都心への通勤圏内でもある。都会的な住環境や教育環境も併せ持つことから人口が増加し続けている。

小田原市

県西部に位置し、箱根観光の拠点として知られている。小田原駅ではJR東海道線と新幹線、小田急線と、**箱根登山鉄道**P.359が接続し、道了尊の名で親しまれる古刹、**大雄山最乗寺**P.361への私鉄も発着する。戦国時代には小田原北条氏の城下町で、独自に外国との貿易をするなどおおいに栄えた。**小田原城**P.359は難攻不落の名城として有名。

地理と気候

相模湾は暖かい黒潮の影響を受けており、これに面した平野部は丹沢や箱根の山々が西と北にひかえているため温暖。年間雨量も多めの典型的な太平洋側気候となっている。

【夏】6～8月の平均気温は24.4°Cで高温多湿。熱帯夜もたびたびある。また、秋にかけて台風が通過することも多く豪雨になることも。

【冬】沿岸部は乾燥した晴天の日が続き暖かい。県央の内陸部から北の山地、箱根などは積雪もあり、氷点下になる日もある。

P.344～361 写真提供:横浜観光情報　公益社団法人藤沢市観光協会　鎌倉市観光協会　横須賀市　箱根町観光課　臨済宗建長寺派宗務本院　鶴岡八幡宮　江ノ島電鉄株式会社　葉山町　相模原市観光協会　小田原市　平塚市観光協会　座間市観光協会　相模川ふれあい科学館 アクアリウムさがみはら　公益財団法人小田原文化財団　湯河原町観光課　横浜・八景島シーパラダイス　よこはま動物園ズーラシア　ホテルニューグランド　富士屋ホテル　株式会社崎陽軒　株式会社ありあけ　株式会社豊島屋　大山阿夫利神社　大雄山最乗寺　Key Memory

アクセス

東京から ▶▶▶	所要時間
新幹線 東京駅▶新横浜駅(のぞみ、ひかり、こだま)	17分
鉄　道 渋谷駅▶横浜駅（東急）	28分
鉄　道 羽田空港第1・第2ターミナル駅▶横浜駅（京急）	22分
JR線 八王子駅▶横浜駅	1時間
JR線 東京駅▶鎌倉駅	1時間
鉄　道 新宿駅▶箱根湯本駅（小田急）	1時間30分
高速バス バスタ新宿▶箱根桃源台	2時間20分
静岡から ▶▶▶	**所要時間**
新幹線 静岡駅▶新横浜（ひかり）	40分
JR線 熱海駅▶横浜駅	1時間20分

県内移動

▶横浜駅から新横浜駅へ

八王子方面行きの横浜線が横浜駅に乗り入れており、新横浜駅まで所要約15分。東神奈川駅で乗り換えの場合もある。地下鉄**ブルーライン**の快速なら8分。

▶小田原駅から箱根方面へ

箱根登山鉄道で箱根湯本駅まで所要約15分。新宿駅発の**ロマンスカー**も乗り入れている。

伊豆箱根バスは小田原駅から箱根湯本、大涌谷などを経由し、芦ノ湖方面へ向かう。

▶▶▶アクセス選びのコツ

横浜～東京都心はJR線、私鉄各線ともに多くの路線が走る。武蔵小杉駅と川崎駅が主要経由地。

高速バスは横浜駅東口を起点に東海、関西、東北などの主要都市への便が発着する。

交通路線図

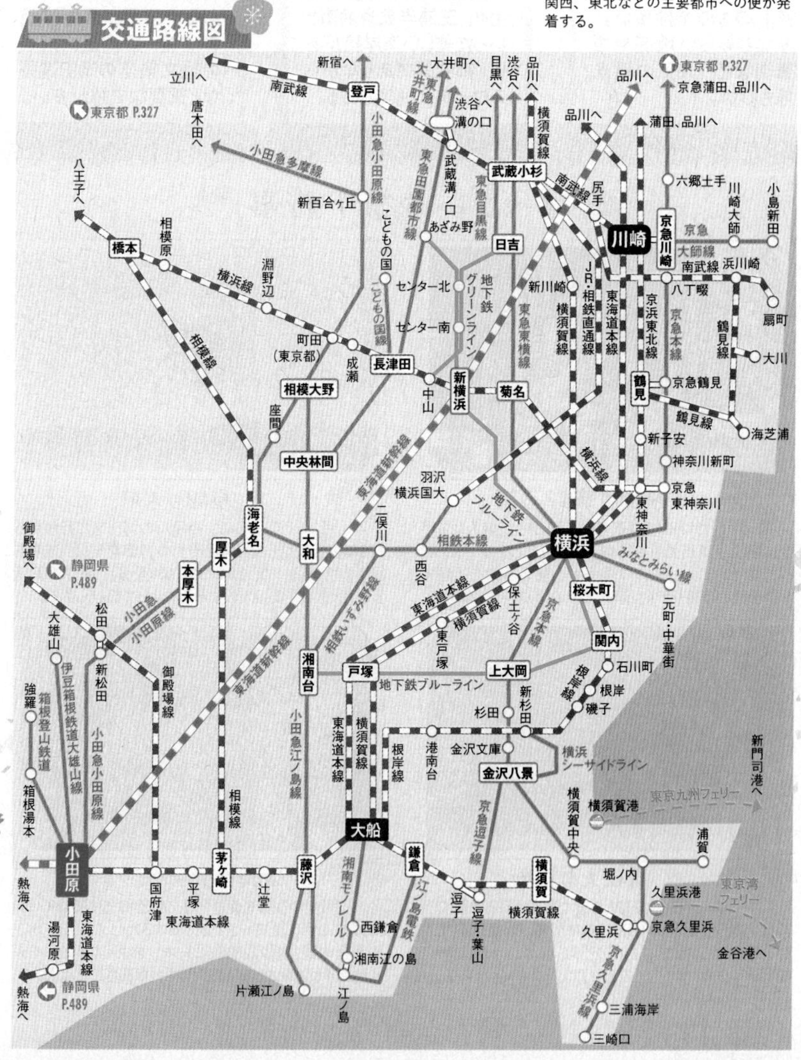

神奈川県

うちの県はここがすごい

一 発祥の宝庫「横浜」

安政元(1859)年に日本で最初に外国に開港した横浜には、欧米文化の入口だったため「発祥」のものが数多い。みなとみらい地区や中華街など、人気の観光地も多い。

二 首都圏で都会なのに自然もいっぱい

東京に次ぐ人口があり、県域のほとんどが都心への通勤圏。一方で丹沢や大山といった緑豊かな山々、三浦半島や湘南といった美しい海岸線があり、都会的でありながらスローライフも楽しめる。

三 歴史的に重要な地が多い

開国の港町横浜はもちろん、一時代を築いた鎌倉をはじめ、日本初の戦国大名の城下町である小田原、黒船来航の浦賀、国内最大規模の縄文集落の岡田遺跡など重要な史跡が多い。

イベント・お祭り・行事

① 横浜中華街 春節

中国では旧暦の正月を春節と呼び盛大に祝うが、横浜中華街でも春節燈花という美しいランタンや提灯のイルミネーションで彩られ、店の繁栄を祈願する獅子舞いが練り歩く。春節だけの特別料理も楽しみ。

② 座間の大凧

毎年5月4・5日に、相模川の河川敷で行われる200年以上続く伝統行事。男児の初節句を祝い成長を願う「祝い凧」で、13m四方(100畳分)、重さ1000kgという大凧が約100人の引き手によって揚げられる。

③ 箱根大名行列

毎年11月3日に旧東海道で再現される参勤交代の大名行列。昭和10(1935)年に開催された温泉博覧会をきっかけに始まり、往時の扮装をした人々が約6㎞を練り歩く。先頭の露払いの掛け声「下に下に」が有名。

④ 湘南ひらつか七夕まつり

戦災の復興を促進するため昭和26(1951)年に始まった。仙台、愛知一宮と並ぶ日本3大七夕祭りとされる。平塚宿の跡「湘南スターモール」を中心に500本を超す竹飾りが設置される。最大のものは高さ10m以上ある。

必ず食べたい 名物グルメ

シウマイ

明治41年(1908)年に初代横浜駅（現在の桜木町駅）で開業した**崎陽軒**が、昭和3(1928)年に横浜の新名物を作ろうと折詰で発売。シューマイではなく「シウマイ」の表記は独自のもの。

しらす丼

しらすは傷みやすいが、黒潮からの暖水が入る相模湾は水深が浅い沿岸域で漁をすることができ、短時間で水揚げが可能。そのため新鮮な生しらすを使ったどんぶりが提供できる。

ラーメン

横浜開港でやってきた中国人が「南京街（現在の中華街）」を作り、そこから全国にラーメン文化が広まる。サンマーメン、平塚タンメン、川崎タンタンメン、家系と独自の進化も。

地元っ子愛用 ローカル味

豚肉の味噌漬

江戸時代、イノシシ肉を好まない武士たちに何の肉かわからないよう味噌を塗って出したのが始まりという説もあるが、実際には保存食として厚木一帯に根付いたもの。

もらえば笑顔 定番みやげ

ありあけハーバー

老若男女問わず「ありあけのハーバー～」と歌うCM曲を知らない神奈川っ子はいないといわれる。船の形をしたマロンケーキで、柳原良平画伯によるパッケージも横浜らしい。

三浦野菜 鎌倉野菜

三浦半島や鎌倉近辺で、温暖な気候のもと地産地消されてきた野菜が1990年代後半頃から料理人たちに注目されブランド化。しかし生産量が少なく、地域外にはあまり出回らない。

鳩サブレー

鶴岡八幡宮の鳩の形をした**豊島屋**のサブレー。しっかりとした甘さと強いバター感が特徴。明治末期に初代店主が外国人からもらったビスケットをヒントに作ったとされる。

かまぼこ

江戸時代、小田原では沿岸漁業が盛んだったが、遠くまで運べなかったため、練り物にして運んだのが始まり。特に参勤交代で箱根宿に泊まる大名達に評判となって広まった。

匠の技が光る 伝統工芸

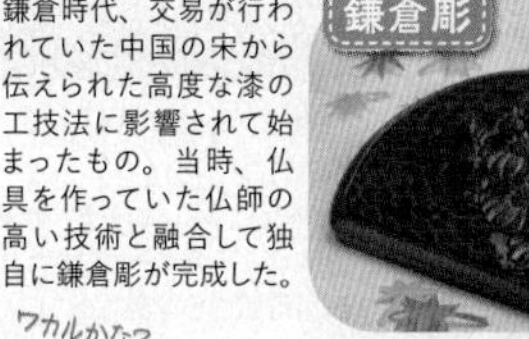

鎌倉彫

鎌倉時代、交易が行われていた中国の宋から伝えられた高度な漆の工技法に影響されて始まったもの。当時、仏具を作っていた仏師の高い技術と融合して独自に鎌倉彫が完成した。

寄木細工

異なる木材の色の組み合わせで模様を作る工芸品。起源は平安時代で、江戸時代に駕籠舁き（かごかき）の副業として盛んになった。箱根駅伝の往路優勝校に贈られるトロフィーも寄木細工。

ワカルかな？ 神奈川のお国言葉

したっけ、かたすっていってたじゃん

Ans. だから、片付けるって言っていたでしょう

1泊2日で巡る 神奈川県

1日目

START 横浜
GOAL 藤沢
江ノ島
鎌倉
小田原
箱根
芦ノ湖

1日目は横浜市内をじっくり観光。みなとみらい21から中華街、山下公園などを徒歩で巡る。2日目は鎌倉と江の島で古都と海の風景を楽しむ神奈川メインルート。

10:00 JR横浜駅

鉄道3分＋徒歩4分

▶P.353

10:10 **横浜ランドマークタワー** から横浜港を一望

69階展望フロアスカイガーデンからはみなとみらいからベイブリッジまで横浜港を一望できる。

徒歩6分

10:40 **クイーンズスクエア横浜へ**

数百もの店舗が入った連続するモール内を散歩。

徒歩7分

11:00 入場無料の遊園地 ▶P.353 **よこはまコスモワールドへ**

世界最大の時計型観覧車「コスモクロック21」にはぜひ乗ってみたい。

徒歩3分

11:30 YOKOHAMA AIR CABIN 運河パーク駅 ▶P.353

2021年に開通したばかりのロープウエイで、みなとみらいをしばし空中散歩。

ロープウエイ5分

11:35 YOKOHAMA AIR CABIN 桜木町駅

みなとみらい21がよく見える!

徒歩1分

11:40 JR桜木町駅

鉄道7分

11:50 JR石川町駅

徒歩10分

12:00 **横浜中華街**でランチ ▶P.356

極彩色の門が中華街の入口

14:00 **山手地区**と ▶P.356 **元町ショッピングストリート**へ

古い洋館が残る山手地区を巡りながら港の見える丘公園へ。オシャレな洋館カフェでお茶も。

徒歩10分

16:00 横浜港に面した **山下公園**を散歩 ▶P.356

大さん橋からの横浜港も絶景

山下公園を歩いたら、山下臨港線プロムナードに沿って、横浜税関や神奈川県庁などのレトロ建築や、大型クルーズ船も発着する大さん橋などに立ち寄りながらのんびり歩く。

徒歩60分

17:00 歴史的建造物をモールに ▶P.353 リノベーションした**赤レンガ倉庫**へ

横浜赤レンガ倉庫は2022年5月9日～12月頃まで改修のため順次休館あり。

徒歩5分

18:30 みなとみらいの夜景の名所 運河に架かる**万国橋**の景色を

横浜中心部のホテルで宿泊

予算や好みでホテルを選ぼう。ちょっと贅沢に眺望を楽しむならみなとみらい地区の高級ホテル、リーズナブルに泊まりかつ横浜ナイトを楽しむなら関内・伊勢佐木町地区、横浜らしい老舗ホテルのホテルニューグランド（下記）は元町・中華街駅が最寄り。いずれも2日目朝の出発点、横浜駅までは電車で3～8分程度。

横浜港のシンボルである日本を代表するクラシックホテル

ホテルニューグランド

鮮やかな青い絨毯が印象的な本館の大階段

山下公園の正面に建つ
写真提供（2点）：ホテルニューグランド

海を望む名所「山下公園」の真向かいに建つ港町横浜のランドマーク。関東大震災からの復興の象徴として昭和2（1927）年に開業。歴史的建造物である本館と眺望抜群の18階建てタワー館からなる。また、ドリアやナポリタン、プリン・ア・ラ・モードはこのホテルで誕生しており、本館1階「ザ・カフェ」で発祥の味を楽しめる。

住 横浜市中区山下町10
TEL 045-681-1841
交 みなとみらい線**元町・中華街駅**から徒歩1分。またはJR**石川町駅**から徒歩13分
料 タワースタンダードツイン（1室）4万8070円～
URL www.hotel-newgrand.co.jp

2日目

北鎌倉駅から散策スタート

9:00 JR横浜駅

鉄道18分

9:20 JR北鎌倉駅

徒歩15分

9:40 **鎌倉五山**第一位の**建長寺**を参拝 ▶P.354

臨済宗・建長寺派の大本山、建長寺を参拝。帰りは北鎌倉の情緒を楽しみながら駅へ。

徒歩15分

10:25 JR北鎌倉駅

鉄道3分

10:29 JR鎌倉駅

徒歩1分

10:30 鎌倉随一のにぎやかな通り**小町通り**を散策 ▶P.355

徒歩30分

11:00 源頼朝ゆかりの神社**鶴岡八幡宮**を参拝 ▶P.355

山々に囲まれた鶴岡八幡宮は四季折々の花が咲くことでも有名。

徒歩10分

12:00 江ノ電鎌倉駅

江ノ電で長谷駅へ

鉄道5分

12:05 長谷駅周辺で**ランチ**

長谷駅の周辺でしらす丼や鎌倉野菜のランチコースなどで昼食。

徒歩6分

13:00 **鎌倉大仏**として知られる高徳院へ ▶P.355

与謝野晶子が「美男におわす」と和歌に歌った鎌倉大仏。

徒歩7分

13:45 8世紀建立の**長谷寺**を参拝 ▶P.355

庭園と巨大な観音像で知られる長谷寺。高台の境内からは湘南の海も望める。

徒歩6分

14:30 江ノ電長谷駅

鉄道9分

14:40 おしゃれな湘南海岸**七里ヶ浜**を散策

七里ヶ浜駅で下車してみて！

七里ヶ浜周辺を散策しつつ、江ノ電の走る風景も楽しもう。

鉄道7分

15:10 江ノ電江ノ島駅

徒歩15分

15:30 富士山と海岸を望む湘南のシンボル**江の島**を散歩 ▶P.357

海岸線からすぐにぽっかりと浮かぶ江の島。島内には見どころやみやげ物店などがいっぱい。

徒歩8分

18:00 片瀬海岸周辺で夕暮れ間近の**湘南海岸**を眺める

天気がよければ沈む夕日にシルエットになる富士山も見える。小田急片瀬江ノ島駅から帰路へ。

鉄道7分

19:00 小田急藤沢駅

もう1泊できるなら

箱根一周旅行へ

藤沢駅からなら小田原経由で箱根湯本へ約1時間、箱根登山電車から箱根登山ケーブルカーを乗り継ぎ箱根ロープウェイへ。途中、大涌谷P.359に立ち寄り、再びロープウェイで芦ノ湖P.359へ行き、遊覧船観光を楽しめば、ほぼ1日コース。日帰り温泉にも立ち寄れるが、もちろん1泊してゆっくりするのも一興。

おすすめ！泊まるならココ

日本を代表するリゾートホテルの先駆け

富士屋（ふじや）ホテル

クラシカルな外観は優美ながら威風堂々

写真提供：富士屋ホテル

明治11（1878）年創業の老舗ホテルで、日本を代表するリゾートホテルの先駆け。クラシカルな木造の本館は登録有形文化財に指定されている。昭和天皇や世界各国の王族、多くの著名人が泊まった格式の高さでも知られ、増改築を重ねた和洋折衷の壮大な建築群はすばらしい。

花御殿ヘリテージルーム菊の客室

住 足柄下郡箱根町宮ノ下359
TEL 0460-82-2211
交 箱根登山鉄道**宮ノ下駅**から徒歩約7分
料 フォレスト・ウイング フォレストサイドツイン2万2000円～（ルームオンリー1室2名利用の1名の料金）
URL www.fujiyahotel.jp

神奈川県の歩き方

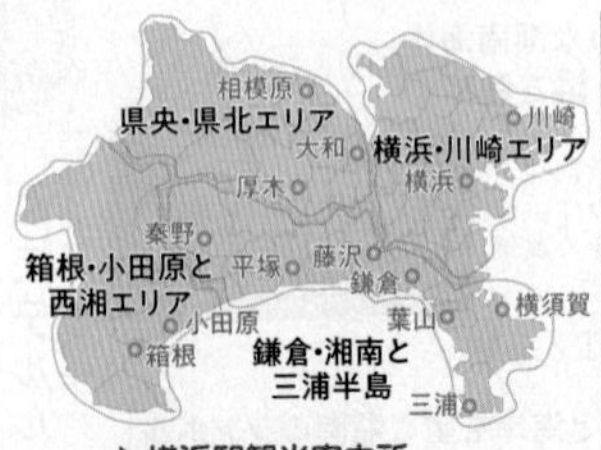

▶横浜駅観光案内所
住 横浜市西区南幸1-1-1（JR横浜駅西口直結のJR横浜タワー 2階）
TEL 045-620-9926
開 10:00～17:00　休 無休
※手荷物預かり休止中
URL www.welcome.city.yokohama.jp

▶桜木町駅観光案内所
住 横浜市中区桜木町1-1（JR桜木町駅南改札正面）
TEL 045-211-0111
開 10:00～17:00　休 無休

▶川崎市観光案内所
住 川崎市川崎区駅前本町26-1 アトレ川崎3階（JR川崎駅北口通路）
TEL 044-200-2022
開 平日9:00～20:00
土・日曜・祝日9:00～19:00
休 無休
URL www.k-kankou.jp

▶鎌倉市観光総合案内所
住 鎌倉市小町1-1-1（JR鎌倉駅東口みどりの窓口横）
TEL 0467-22-3350
開 9:00～17:00　休 無休
URL www.trip-kamakura.com

▶横須賀市観光案内所
住 横須賀市若松町2-25（京急横須賀中央駅東口改札前）
TEL 046-822-8301
開 9:30～17:00　休 12/31～1/3
URL yokosuka-kanko.com

▶藤沢市観光センター
住 藤沢市片瀬海岸2-20-13
TEL 0466-22-4141
開 8:30～17:00　休 無休
交 小田急**片瀬江ノ島駅**から徒歩1分
URL www.fujisawa-kanko.jp

横浜・川崎エリア

レトロな建築が点在する横浜港エリア

県東部、東京と連続する大都市圏を形成。両市を合わせた面積は県全体の24％ほどだが、人口は58％近くも占める。都心への通勤圏であるため交通網が充実。歴史的にも県の大部分が**相模国**（さがみのくに）だったのに対し、横浜市の一部を除いて東京都と埼玉県と同じ**武蔵国**（むさしのくに）に属していた。歴史的には幕末以降に重要な役割を果たし、都市型観光地が多い。

▶羽田空港から町の中心まで　京急空港線エアポート急行で京急川崎駅まで15分、横浜駅まで28分。リムジンバスならYCAT（横浜シティ・エア・ターミナル）まで30～35分。

グルメ

日本有数のラーメン激戦地　市内の有名中華料理店発祥の「サンマーメン」などもあるが、昭和以降、新たに生まれた川崎の「ニュータンタンメン」や、横浜の「家系」など、ここを発祥に全国的に有名になったラーメンに注目が集まり、聖地として店を巡る人たちもいる。

家系ラーメンは濃厚な豚骨スープが特徴

鎌倉・湘南と三浦半島

江の島は湘南海岸のシンボル

12世紀末に鎌倉幕府が開かれ、政権の中心地だった**鎌倉**P.354は、歴史を伝える神社仏閣や史跡が残る。ここから相模湾沿いに西へ連なるのが**湘南海岸**。戦後から海を舞台とした若者文化の中心で、現在も人気は高い。鎌倉から南へ続く**三浦半島**には、横須賀や逗子（ずし）、**葉山**P.357、三浦と、風光明媚で歴史ある町が広がる。

おみやげ

鎌倉発のアパレルブランド「KEY MEMORY」の服は海に似合う
URL keymemory.co.jp

若者に人気の観光地が多く、近年は都会でありながらスローライフが送れることから若い世代の移住も盛ん。これに伴い新しい才能が作りだす、ファッション、生活雑貨、スイーツなどのローカルブランドが続々誕生。センスがよく、高品質であることから注目を集めている。

info 神奈川全体をひとつのエリアとして巡る旅はある意味特殊。交通網が**新宿**、**渋谷**、**品川**といった都内のターミナルを起点に東西に発達しているので、**東京を起点**に県内スポットを個別に行き来するのが一般的。

足を延ばせば

黒船来航の歴史を伝えるペリー記念館内のジオラマ

日本を変えたすごい港町「浦賀」 P.358
有名な観光地が多い神奈川ではやや影が薄いものの、三浦半島の浦賀は実はすごい港町。江戸時代鎖国前の豊臣政権下では家康自らスペイン商船を入港させ、幕末にはペリー率いる黒船が来航し、太平洋を横断した咸臨丸が出港。浦賀ドックが造られ造船国日本のパイオニアに。これらの史跡巡りは首都圏から日帰りでも楽しめる。

県央・県北エリア

穏やかな風景が広がる津久井湖畔

県央地区は、県内でも古くから人が暮らしてきた地域で、相模川の河岸段丘(かがんだんきゅう)を中心に石器〜古墳時代の重要な遺跡が残る。その後、農業が盛んになり、北の山地からの林産物、湘南からの海産物の集積地として栄えた。相模一宮の**寒川神社**(さむかわ)や**大山阿夫利神社**(あふり) P.358、日向薬師(ひなたやくし)などの古い寺社、さらに**相模湖**と**津久井湖** P.358、**丹沢**(たんざわ)の山々の自然に温泉と魅力は多彩。

足を延ばせば

お守りのパワーがすごいと評判

寒川神社　春分と秋分の日には富士山に、冬至には箱根の神山に向かって日が沈むことから、太陽エネルギーが集中する聖なる地といわれる寒川神社。全国で唯一の八方除（はっぽうよけ）はあらゆる災厄から身を守り、福徳円満を招くことからパワースポットとして人気。交通安全、厄除のお祓いもある。

箱根・小田原と西湘(せいしょう)エリア

難攻不落の名城とうたわれた小田原城

かつては天下の嶮(けん)と呼ばれ東海道の難所だった**箱根** P.359は、戦後の西武と小田急の各グループによる「箱根山戦争」とも呼ばれる観光開発競争で、今や日本を代表する温泉観光地となっている。観光交通網も発達し、旅がしやすい。起点である**小田原**は、戦国時代に後北条氏の日本有数の城下町として発展、**小田原城** P.359はじめ史跡が多い。

足を延ばせば

初夏に5万株のサツキが咲く「さつきの郷」

湯河原温泉郷　小田原より西の真鶴や湯河原は、東京の奥座敷として知られる。万葉の時代から多くの文人や画家に愛されてきて、その足跡をたどる旅もでき、温泉も楽しめる。

▶相模湖観光案内所
住 相模原市緑区与瀬1183
（JR相模湖駅ロータリー前）
TEL 042-649-0661
開 8:30〜11:30、12:30〜17:00
休 年末年始
URL sagamiko.info

▶津久井湖観光センター
住 相模原市緑区太井1274
TEL 042-784-6473
開 9:00〜17:00　休 年末年始
交 JR**橋本駅**からバスで25分の**津久井湖観光センター前**下車、徒歩すぐ
URL www.tsukui.ne.jp/kankou

▶伊勢原駅観光案内所
住 伊勢原市伊勢原1-1-5
（小田急マルシェ伊勢原2階）
TEL 0463-95-5333
開 9:00〜17:00　休 無休
URL isehara-kanko.com

▶寒川神社
住 高座郡寒川町宮山3916
TEL 0467-75-0004
開 8:00〜17:00　休 無休
料 無料
交 JR**宮山駅**から徒歩5分
URL samukawajinjya.jp

▶小田原駅観光案内所
住 小田原市栄町1-1-9
（小田原駅東西自由連絡通路）
TEL 0465-22-2339
開 9:00〜17:00　休 無休
URL www.odawara-kankou.com

▶箱根町総合観光案内所
住 足柄下郡箱根町湯本706-35
（箱根湯本駅向かい）
TEL 0460-85-5700
開 9:00〜17:45　休 無休
URL www.hakone.or.jp

▶湯河原町駅前観光案内所
住 足柄下郡湯河原町宮下661
（JR湯河原駅ロータリー内）
TEL 0465-63-5599
開 8:30〜17:15　休 1/1
URL www.yugawara.or.jp

info 神奈川県内は鉄道網がよく発達しているので、移動ロスが少なく1日で多くの場所を訪問できる。ただし、有名観光エリアが多く、各地の見どころもそれぞれ豊富なので、きちんと絞ったスケジュール作りがおすすめ。

神奈川県の見どころ

ZOOM UP!

横浜・川崎エリア

港の風を感じて 横浜のハイカラ文化を楽しむ

海が近く緑も多い開放的な雰囲気が横浜のいいところ。港から足を延ばせば山下公園、横浜中華街、元町や山手。横浜の名所を繋いで歩いて、明治大正の文化を体験！

桜木町駅

横浜港大さん橋

見どころMAP

相模湖と津久井湖 P.358
P.360 川崎の工場夜景
P.360 川崎大師
相模川ふれあい科学館アクアリウムさがみはら P.361
よこはま動物園 P.360 ズーラシア
P.358 大山阿夫利神社
P.357 三笠公園
P.360 横浜・八景島シーパラダイス
P.358 ヴェルニー公園
P.358 猿島
大雄山最乗寺 P.361
新江ノ島水族館 P.360
江の島 P.357
葉山 P.357
小田原城 P.359
P.358 浦賀
久里浜 P.358
小田原文化財団江之浦測候所 P.361

横浜市中心部

横浜駅
横浜みなとみらい21 P.353
横浜ランドマークタワー
桜木町駅
P.356 山下公園
P.353 日本大通り
日ノ出町駅
関内駅
元町・中華街駅
P.356 横浜中華街
P.356 元町
P.356 山手地区
みなとみらい線
京浜東北線
地下鉄ブルーライン
京急本線

箱根

強羅駅
箱根ロープウェイ
彫刻の森美術館 P.361
大涌谷 P.359
箱根登山鉄道
箱根湯本駅
箱根湯本温泉 P.359
箱根駒ケ岳ロープウェイ
芦ノ湖 P.359
箱根関所 P.361

鎌倉市内

北鎌倉駅
円覚寺 P.354
浄智寺 P.354
横須賀線
建長寺 P.354
P.355 銭洗弁財天宇賀福神社
寿福寺 P.354
鶴岡八幡宮 P.355
浄妙寺 P.354
小町通り P.355
鎌倉駅
高徳院
P.355 長谷
江ノ電 P.355
長谷寺
長谷駅
江ノ島電鉄

info 山下公園 P.356 には数多くの記念碑がある。代表的なのは、童謡の歌碑「かもめの水兵さん」や童謡「赤い靴はいてた女の子」の像のほか、アメリカ・サンディエゴ市から寄贈された「水の守護神」など。

「キング」と呼ばれる神奈川県庁本庁舎（左）と「クイーン」と呼ばれる横浜税関の建物

日本で初めて作られた西洋式街路

日本大通り（にほんおおどおり）

横浜スタジアムがある**横浜公園**から、国際客船ターミナルの**大さん橋**手前を結ぶ日本初の西洋式街路。昭和初期の名建築でトランプになぞられた愛称のある**神奈川県庁本庁舎**（キング）、**横浜税関**（クイーン）、**横浜市開港記念会館**（ジャック）の横浜三塔が点在する。

日本大通り
交 みなとみらい線**日本大通り駅**から徒歩すぐ

▶神奈川県庁本庁舎
住 横浜市中区日本大通1　TEL 045-210-1111
開 8:30～17:15（6階の歴史展示室と屋上展望台）
休 日曜・祝日、年末年始
URL www.pref.kanagawa.jp/docs/rb2/cnt/f380088

▶横浜税関（横浜税関資料展示室）
住 横浜市中区海岸通1-1　TEL 045-210-1111
開 10:00～16:00　休 年末年始
URL www.customs.go.jp/yokohama/museum/tenjishitsu.htm

▶横浜市開港記念会館
住 横浜市中区本町1-6※改修のため2024年3月まで休館

みなとみらいの新しい顔YOKOHAMA AIR CABIN（上）と横浜赤レンガ倉庫（2022年5～12月頃まで改修予定）

魅力的な観光スポット満載のベイエリア

横浜みなとみらい21（よこはまみなとみらいにじゅういち）

かつての倉庫やドックなど、国際港の歴史を伝える遺構がオシャレなスポットにリノベーションされたエリア。

高さ296mの超高層ビル**横浜ランドマークタワー**には地上273mにある絶景の展望フロア**スカイガーデン**がある。令和3（2021）年には、全長635mの都市型ロープウェイ**YOKOHAMA AIR CABIN**も開通。大観覧車**コスモクロック21**があり、入場料なしで気軽に楽しめる遊園地**よこはまコスモワールド**、開港当時のレトロな建物に個性的なショップが集まる**横浜赤レンガ倉庫**など、必見のスポットが満載。

▶横浜ランドマークタワー
住 横浜市西区みなとみらい2-2-1　TEL 045-222-5015
交 JR**桜木町駅**から徒歩5分。またはみなとみらい線**みなとみらい駅**から徒歩3分　URL www.yokohama-landmark.jp

▶スカイガーデン
開 10:00～21:00（最終入場20:30）　休 無休　料 1000円

▶YOKOHAMA AIR CABIN
TEL 045-319-4931　開 平日10:00～21:00　土・日曜・祝日10:00～22:00　休 無休　料 片道1000円、往復1800円
交 JR**桜木町駅**から徒歩1分　URL yokohama-air-cabin.jp

▶よこはまコスモワールド
住 横浜市中区新港2-8-1　TEL 045-641-6591
開 11:00～21:00（曜日、季節変動あり）　休 無休　料 無料（アトラクションごとに料金あり）
交 JR**桜木町駅**から徒歩10分。またはみなとみらい線**みなとみらい駅**から徒歩2分　URL cosmoworld.jp

▶コスモクロック21
開 10:00～21:00（曜日、季節変動あり）休 無休　料 900円

▶横浜赤レンガ倉庫
住 横浜市中区新港1-1　開 休 店舗・施設による
交 JR**桜木町駅**から徒歩15分。またはみなとみらい線**みなとみらい駅**から徒歩12分　URL www.yokohama-akarenga.jp

info **横浜駅**から**横浜みなとみらい21**へは電車やバスだけではなく**シーバス**（船）でも行き来できる。路線は横浜駅東口桟橋～ハンマーヘッド～ピア赤レンガ～山下公園。10:00～17:00の間に毎時1～2本。360～700円。URL www.yokohama-cruising.jp

歴史とトレンドが重なり合う 古都鎌倉

ZOOM UP!

坂道を登って古刹を訪ねる。
振り返ればキラキラと光る青い海。
帰りは江ノ電の駅前で、
名物のスイーツを。
こんなに楽しい町歩きができるところ
ほかにないかも！

建長寺三門は三間二重門として東日本最大といわれている。重厚感あるぶ厚い軒唐破風の上層は見応えがある。安永4(1775)年の再建、国の重要文化財に指定されている

鎌倉時代に伝わった禅宗の5つの寺院

鎌倉五山（かまくらござん）

禅宗は鎌倉時代に伝わり、以降、武士や庶民に広まった日本仏教のひとつ。鎌倉にも多くの禅宗寺院が建てられたが、うち禅宗のひとつの**臨済宗**で寺格が上の５つの寺を鎌倉五山と呼ぶ。第一位から第五位の順で、**建長寺**、**円覚寺**、**寿福寺**、**浄智寺**、**浄妙寺**となっている。

建長寺は緑豊かな山中に伽藍が建つ臨済宗建長寺派の大本山。円覚寺は元寇で戦死した両国兵士を分け隔てなく弔うために創建。北条政子ゆかりの寿福寺は、自然豊かな参道の美しさが鎌倉一と言われる。山間の狭い平地に作られた浄智寺には、周囲の山肌にやぐらと呼ばれる石仏や石塔を安置するため掘った横穴が残る。浄妙寺はかつて広大な敷地を擁し、現在は石窯ガーデンテラスなどで人気だ。

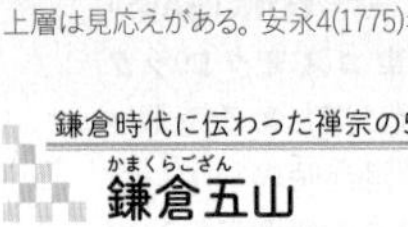

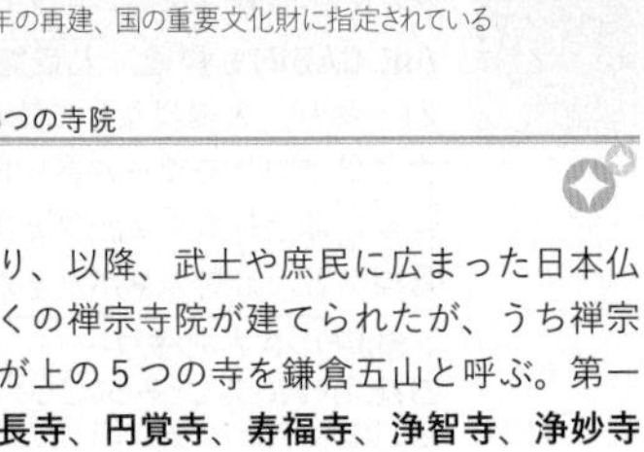

1. 鎌倉五山のうち建長寺、円覚寺、浄智寺は、緑豊かな北鎌倉エリアにある　2.北鎌倉から寿福寺や鎌倉中心部へ、よく整備されたハイキングコースを歩くのも楽しい

▶建長寺
住 鎌倉市山ノ内8
TEL 0467-22-0981
開 8:30～16:30　休 無休　料 500円
交 JR**北鎌倉駅**から徒歩15分
URL www.kenchoji.com

▶円覚寺
住 鎌倉市山ノ内409　TEL 0467-22-0478
開 3～11月8:00～16:30
12～2月8:00～16:00　休 無休
料 500円　交 JR**北鎌倉駅**から徒歩1分
URL www.engakuji.or.jp

▶寿福寺
住 鎌倉市扇ガ谷1-17-7
交 JR**鎌倉駅**から徒歩10分
URL www.trip-kamakura.com/place/168.html

▶浄智寺
住 鎌倉市山ノ内1402
TEL 0467-22-3943
開 9:00～16:30　休 無休　料 200円
交 JR**北鎌倉駅**から徒歩8分
URL jochiji.com

▶浄妙寺
住 鎌倉市浄明寺3-8-31
TEL 0467-22-2818
開 9:00～16:30
休 無休　料 100円
交 JR**鎌倉駅**から八幡宮方面行きバスで**浄明寺**下車、徒歩2分
URL trip-kamakura.com/place/183.html

info 鎌倉の有名古寺には、五山のほか、あじさい寺として知られる**明月院**、竹林の美しい**報国寺**、北条重時創建の**極楽寺**、壮大な岩窟庭園の**瑞泉寺**などがある。

花の寺としても名高い長谷寺と鎌倉大仏は鎌倉観光のハイライトのひとつ

鎌倉大仏と長谷寺がある丘の町

長谷（はせ）

鎌倉の中心部東側に位置する長谷は、相模湾を望む丘陵地。静かな住宅街である一方、鎌倉大仏として名高い**高徳院**、日本最大級で高さ9.1mの木造の観音菩薩像と花の寺として知られる**長谷寺**がある人気エリア。長谷駅とこれらを結ぶ長谷通りとその周辺には、小さいながらもクオリティの高い店が点在している。

▶**高徳院(鎌倉大仏)**
住 鎌倉市長谷4-2-28　TEL 0467-22-0703　開 4～9月8:00～17:30(最終入場17:15)　10～3月8:00～17:00(最終入場16:45)　休 無休　料 300円
※2022年2月現在、大仏内に入れる胎内拝観は中止中　交 江ノ電**長谷駅**から徒歩7分　URL www.kotoku-in.jp

▶**長谷寺**
住 鎌倉市長谷 3-11-2　TEL 0467-22-6300
開 3～9月8:00～17:30　10～2月8:00～17:00　最終入場は30分前
休 無休　料 400円　交 江ノ電**長谷駅**から徒歩5分
URL www.hasedera.jp

舞殿から大石段を経て本宮(上宮)へいたる

源頼朝ゆかりの神社

鶴岡八幡宮（つるがおかはちまんぐう）

源頼朝の先祖である源頼義により、康平6(1063)年に京都の石清水八幡宮から密かに勧請され**鶴岡宮**として祀られた。治承4(1180)年、鎌倉に入った頼朝が今の地に遷した。源氏の氏神、幕府の守護社として武家に崇敬された。

住 鎌倉市雪ノ下2-1-31
TEL 0467-22-0315
開 6:00～20:30　休 無休
料 無料(境内施設は別途)
交 JR**鎌倉駅**から徒歩10分
URL www.hachimangu.or.jp

鎌倉駅と鶴岡八幡宮を結ぶ

鎌倉随一の観光ストリート

小町通り（こまちどおり）

鎌倉駅東口から、赤い鳥居を入り口として北に向かう360mほどの道沿いに、観光客向けの飲食店やみやげ物店がぎっしりと連なっている。季節を問わず多くの人々でにぎわう。店頭グルメとスイーツの宝庫としても人気。

住 鎌倉市小町1～2丁目ほか
開 休 店舗による
交 JR**鎌倉駅**から徒歩3分
URL www.kamakura-komachi.com

鎌倉有数の人気スポットだ

金運アップのパワースポット

銭洗弁財天 宇賀福神社（ぜにあらいべんざいてん うがふくじんじゃ）

源頼朝が、夢枕に立った人頭蛇身の水神、宇賀福神のお告げで建立したといわれる。洞窟の中の奥宮で沸くのは**鎌倉五名水**のひとつである銭洗水。洗ったお金は保管せず、拭いて財布に戻して使うのがよいとされる。

住 鎌倉市佐助2-25-16
TEL 0467-25-1081　開 8:00～16:30
休 無休　料 無料
交 JR**鎌倉駅**から徒歩25分

鎌倉高校前駅は海辺にある美しい駅

古都鎌倉と江の島を走る人気電車

江ノ電（えのでん）

鎌倉から長谷、七里ガ浜、江の島を経て藤沢を結ぶ。沿線に名所旧跡が多いだけではなく、走る姿そのものが湘南を代表する風景。世界的人気のアニメ『**SLAM DUNK**』のオープニングでは海に面した踏切を走り過ぎる電車が描かれ、国際的にも有名になった。**稲村ヶ崎駅**から**腰越駅**間は海沿いを走り、車窓が美しい。

住 藤沢駅～鎌倉駅
料 200～310円
URL www.enoden.co.jp

info 鎌倉から長谷や江の島方面へ、**江ノ電**を使った観光には1日乗り放題の乗車券**のりおりくん**(800円)がお得。電車の利用だけでなく、沿線施設には提示で割引があるところも。URL www.enoden.co.jp/tourism/ticket/noriorikun

世界最大級のチャイナタウン

横浜・川崎エリア

横浜中華街

よこはまちゅうかがい

およそ200m四方ほどの範囲に、**中華レストラン**や**中国雑貨**の店など600店舗以上がひしめく。風水思想に基づいて建てられた町の入口を示す極彩色の門（牌楼）や、カラフルな看板、中国寺院など、実際に中国に来たような異国情緒を味わえる。豚まんや中華菓子などのテイクアウトグルメも多く、最近は占いの町としても人気。

夜の中華街は異国情緒たっぷり

▶横浜中華街
交みなとみらい線**元町・中華街駅**から徒歩すぐ。またはJR**石川町駅**から徒歩5～10分
開休店舗による
▶ChinaTown80（横浜中華街観光案内所）
住横浜市中区山下町80 横濱ディアタワー1階（朝暘門そば）
TEL045-681-6022
開10:00～19:00（金・土曜・祝前日10:00～20:00）
休無休

横浜の代名詞でもある日本初の臨海公園

横浜・川崎エリア

山下公園

やましたこうえん

関東大震災の瓦礫で海を埋め立てて昭和5（1930）年に開園。

横浜港に面した部分の長い長方形をした7万4000㎡の広大な園内には、約160種1900株が植えられた**未来のバラ園**、さまざまな記念碑のほか、昭和5（1930）年に竣工の国の重要文化財の貨客船**氷川丸**が博物館船として停泊している。夏季のアイスクリーム屋台も名物。

美しく花が咲き誇る未来のバラ園

▶山下公園
住横浜市中区山下町279
開入場自由
交みなとみらい線**元町・中華街駅**から徒歩2分
▶氷川丸
TEL045-641-4362
開10:00～17:00（最終入場16:30）
休月曜（祝日の場合は翌日）、臨時休館日あり　料300円
URL hikawamaru.nyk.com
※新型コロナウイルス蔓延防止のため、2022年2月3日より内部は当面休館

横浜カルチャーを生んだ商店街と旧居留地

横浜・川崎エリア

元町と山手地区

もとまちとやまてちく

中華街南側に広がる小高い丘の上が山手地区。横浜港の開港後、海を望むこの地が外国人居留地となった。明治42（1909）年建造の**山手資料館**をはじめ、多くの洋館が残されている。居留地と港を結ぶ**元町ショッピングストリート**は外国人を顧客とする店舗が増えて発展。1970年代後半には**ハマトラ**という一大ファッションブームの発信地となった。

山手の洋館イギリス館と港の見える丘公園のバラ園

▶元町と山手地区
▶山手資料館
住横浜市中区山手町247 山手十番館庭内
TEL045-622-1188
開11:00～16:00（最終入場15:30）
休月曜（祝日の場合は翌日）、年末年始　料210円
交みなとみらい線**元町・中華街駅**から徒歩6分。JR**石川町駅**から徒歩16分
▶元町ショッピングストリート
住開休店舗による
交みなとみらい線**元町・中華街駅**から徒歩すぐ。またはJR**石川町駅**から徒歩2分
URL www.motomachi.or.jp

info みなとみらいと桜木町駅をはさんだ反対側は、対極をなす雰囲気の**野毛**（のげ）と呼ばれる昔ながらの盛り場地帯。気取らない居酒屋や小さなバー、ジャズクラブなどがあり、昭和にタイムスリップしたかのよう。

湘南の海と富士山を望む絶景で知られる

鎌倉・湘南と三浦半島

江の島（えのしま）

島への橋を渡ると仲見世通りが始まる

長く続く砂浜から、海に向かって突き出す砂州の先端に浮かぶ小島。島内に鎮座する江島（えのしま）神社を中心に、みやげ物店や食事処が並ぶ。その周りには一般住宅が多く、ひとつの町になっている。シンボルの**江の島シーキャンドル**をはじめ、明治のイギリス人貿易商に由来する庭園**江の島サムエル・コッキング苑**、**江の島岩屋**など見どころが数多く点在する。

御用邸のある別荘地として名高い風光明媚な町

鎌倉・湘南と三浦半島

葉山（はやま）

富士山や江の島を望む長者ヶ崎海岸

相模湾に面した丘陵に位置しており、晴れた日には伊豆半島や富士山までを望める絶景の地。

古くから別荘地として知られ、明治27（1894）年から皇族がご静養される**葉山御用邸**があるほか、隣接する**葉山しおさい公園**は、美しい庭園を眺めながら茶室でゆっくりくつろぐことができる。

横須賀港に面したふたつの公園

鎌倉・湘南と三浦半島

三笠公園とヴェルニー公園（みかさこうえんとヴぇるにーこうえん）

港に面して作られた三笠公園

明治以降、日本有数の軍港として整備されてきた横須賀港。現在も日本の海上自衛隊とアメリカ海軍の基地が置かれている。町の中心部からほど近い海沿いには**三笠公園**があり、戦艦「三笠」が**記念艦**「三笠」として保存公開されている。その北側、基地となっている港を望む場所には、日本の近代化に貢献したフランス人技術者の名に由来するバラの名所**ヴェルニー公園**があり、多くの艦船が浮かぶ圧巻の風景が見られる。

▶江の島
住 藤沢市江の島
交 江ノ電**江ノ島駅**から徒歩15分。または小田急**片瀬江ノ島駅**から徒歩10分。湘南モノレール**湘南江の島駅**から徒歩16分
URL www.fujisawa-kanko.jp

▶江島神社（奉安殿）
TEL 0466-22-4020
開 8:30～16:30
休 無休　料 200円
URL enoshimajinja.or.jp

▶江の島シーキャンドル（展望灯台）
開 9:00～20:00（最終入場19:30）
休 無休　料 500円
URL enoshima-seacandle.com

▶江の島サムエル・コッキング苑
開 9:00～20:00（最終入場19:30）
休 無休　料 200円
※2022年10月以降17:00まで無料、17:00から500円
URL enoshima-seacandle.com

▶葉山
住 三浦郡葉山町
交 JR**逗子駅**、京急**逗子・葉山駅**からバスで15～25分（行き先による）
URL www.town.hayama.lg.jp

▶三笠公園とヴェルニー公園

▶三笠公園
住 横須賀市稲岡82
TEL 046-824-6291
開 4～10月8:00～21:00
10～3月9:00～20:00
交 京急**横須賀中央駅**から徒歩15分
URL www.kanagawaparks.com/mikasa

▶記念艦「三笠」
TEL 046-822-5225
開 4～9月9:00～17:30
3･10月9:00～17:00
11～2月9:00～16:30
最終入艦は30分前
休 12/28～31　料 600円
URL www.kinenkan-mikasa.or.jp

▶ヴェルニー公園
住 横須賀市汐入町1-1
TEL 046-845-6600　開 入場自由
交 JR**横須賀駅**から徒歩1分
URL www.kanagawaparks.com/verny

info 港とともに発展してきた横須賀の町。**どぶ板通り**は第二次世界大戦後、米軍兵を顧客とする店で栄えた。現在は横須賀発祥のジャケット**スカジャン**の店のほか、**よこすか海軍カレー**や**ヨコスカネイビーバーガー**などご当地グルメを提供する飲食店が増えた。

▶猿島
住 横須賀市猿島1
交 猿島航路が出港する三笠桟橋までJR**横須賀駅**から徒歩30分、京急**横須賀中央駅**から徒歩15分
▶猿島行きの渡船
TEL 046-825-7144
開 3～10月9:30～17:00
11～2月9:30～16:00
休 無休
料 往復1500円＋入園料500円
島内ツアー600円（30分）
URL sarushima.jp

▶浦賀
住 横須賀市浦賀
URL uraga.yokosuka-kanko.com
▶ペリー記念館
住 横須賀市久里浜7-14
TEL 046-834-7531
開 9:00～16:30
休 月曜（祝日の場合は翌日）、年末年始　料 無料
交 JR**久里浜駅**からバスで7分の**ペリー記念碑**下車、徒歩すぐ
▶浦賀の渡し
住 横須賀市浦賀
TEL 046-825-7144
開 7:00～17:00　休 無休
料 400円　URL ponponsen.jp.

▶相模湖と津久井湖
▶相模湖
住 相模原市緑区与瀬ほか
URL sagamiko.info
交 JR**相模湖駅**から徒歩10分
▶相模ダム
住 相模原市緑区与瀬239
開 見学自由
▶津久井湖
住 相模原市緑区太井ほか
URL www.tsukui.ne.jp/kankou
交 JR**橋本駅**からバスで25分の**津久井湖観光センター前**下車、徒歩すぐ
▶城山ダム
住 相模原市緑区城山2-9-1
開 見学自由

▶大山阿夫利神社
住 伊勢原市大山355
TEL 0463-95-2006
開 9:00～16:30（土・日曜～17:00）
休 無休　料 無料
交 小田急**伊勢原駅**からバスで約25分の**大山ケーブル駅**下車、徒歩約15分の**山麓駅**から大山ケーブルで**山上駅**下車、徒歩すぐ
URL www.afuri.or.jp

東京湾唯一の自然島　**鎌倉・湘南と三浦半島**

猿島（さるしま）

横須賀港の沖合に浮かぶ周囲1.6kmほどの島。周囲のほとんどは岩場だが、船が着く桟橋のすぐ近くに砂浜があり、バーベキューも楽しめる。島の内部には巨大なレンガの**遺構**や**トンネル**、かつての**弾薬庫**などが緑に埋もれながら続き、まるで秘密基地のよう。

幕末以降、首都防衛の要衝だった猿島

ペリーの黒船が来航した開国の港町と上陸の町　**鎌倉・湘南と三浦半島**

浦賀と久里浜（うらがとくりはま）

リアス海岸の天然の良港、浦賀。嘉永6（1853）年にはアメリカのペリー提督が軍艦4隻を率いて来航。上陸した久里浜には**ペリー公園**と、資料を展示する**ペリー記念館**がある。

また、浦賀は造船の町としても栄え、100年以上稼働していた**浦賀ドック**もある。

湾口を行き来するポンポン船と呼ばれる「浦賀の渡し」

大自然いっぱいのレジャーエリア　**県央・県北エリア**

相模湖と津久井湖（さがみことつくいこ）

相模湖は昭和22（1947）年に完成した**相模ダム**、津久井湖は昭和40（1965）年完成の**城山ダム**により誕生した。湖畔の公園ではピクニックやバーベキューが楽しめる。近くには自然を満喫して遊べる複合レジャー施設のほかキャンプ場も多く点在する。

相模湖畔の嵐山の頂上からの紅葉

富士山に次ぐ庶民の参詣講が江戸時代に流行した　**県央・県北エリア**

大山阿夫利神社（おおやまあふりじんじゃ）

標高1252mの大山は古代より山岳信仰の対象で、江戸時代には**大山詣で**が庶民に大ブームとなった。山頂に阿夫利神社の本社が鎮座、中腹の下社まではケーブルカーで登れる。参詣本道は**こま街道**と呼ばれ、名産の大山こまを売る店や名物の豆腐料理店が並ぶ。

雲海に浮かぶ幻想的な姿

info 浦賀の港を挟んだ**西叶神社**（URL kanoujinja.p1.bindsite.jp）で勾玉を授かり、**東叶神社**ではお守り袋を授かって勾玉を入れると、縁結びが「かなう」といわれる。両社を結ぶのは昔ながらのポンポン船（渡し舟）。

北条氏の拠点で難攻不落の名城　箱根・小田原と西湘エリア

小田原城（おだわらじょう）

市制20周年記念に復興された天守閣

天正18（1590）年の小田原合戦の舞台となった城。**難攻不落**と言われた城に籠城する北条氏に対し、豊臣秀吉は奇策を使いつつ開城までは約100日に及んだ。現在の天守閣は、昭和35（1960）年に江戸時代の姿に復興されたもの。最上階からは相模湾が一望にできる。

▶小田原城
住 小田原市城内6-1
TEL 0465-22-3818
開 9:00～17:00（最終入場16:30）
休 12月の第2水曜、12/31、1/1
料 510円
交 JR・小田急ほか**小田原駅**から徒歩10～15分
URL odawaracastle.com

小田原城主で戦国時代の名将、北条早雲

日本を代表する一大温泉リゾート地への玄関　箱根・小田原と西湘エリア

箱根湯本温泉（はこねゆもとおんせん）

川沿いに温泉宿が建ち並ぶ箱根湯本

箱根の温泉地は深い山の中に点在するが、さまざまな交通手段で結ばれ、首都圏からは日帰り観光が可能なほど交通至便。その中心が**箱根登山鉄道**の**箱根湯本駅**で、新宿から小田急の特急ロマンスカーや一般電車も直接乗り入れ、駅前にはみやげ物店が軒を連ねる。

▶箱根湯本温泉
住 足柄下郡箱根町湯本
TEL 0460-85-5700（箱根町総合観光案内所）
交 小田急**箱根湯本駅**から徒歩すぐ
URL www.hakone.or.jp
▶箱根登山鉄道
TEL 0465-32-6823（平日9:00～17:00）
料 小田原駅から箱根湯本駅まで320円など
URL www.hakone-tozan.co.jp

白い煙を上げる箱根山火山活動の噴気孔群　箱根・小田原と西湘エリア

大涌谷（おおわくだに）

山肌から白い煙が立ち込める

箱根が火山であることを最も実感できる場所。散策道を通って見学可能（火山活動の状況により範囲は変わる）。噴気孔群から年中噴きだす白いガスには硫黄分が含まれ、独特の匂いも立ちこめる。温泉の湧き出すところでは、名物の**黒たまご**が作られている。

▶大涌谷
住 足柄下郡箱根町箱根仙石原
TEL 0460-84-5201
開 9:00～17:00（インフォメーションセンターは16:00まで）
休 無休　料 無料
交 箱根ロープウェイ**大涌谷**駅から徒歩すぐ
URL www.kanagawa-park.or.jp/owakudani
※たまご蒸し場を近くで見られる大涌谷自然研究路は、2022年6月現在予約制

観光施設が充実した箱根火山のカルデラ湖　箱根・小田原と西湘エリア

芦ノ湖（あしのこ）

湖上に建つ箱根神社の鳥居と富士山

約3100年前の火山活動で起きた水蒸気爆発によって、崩れた山の土砂が川を堰き止めて生まれたとされる湖。湖畔にはさまざまなレジャー施設やみやげ物店が軒を連ね、湖を巡る**遊覧船**も人気が高い。南岸からは富士山が湖面に映る絶景**逆さ富士**も見ることができる。

▶芦ノ湖
住 足柄下郡箱根町元箱根
交 箱根ロープウェイ**桃源台駅**から徒歩すぐ。またはJR小田原駅からバスで50分の**箱根・芦ノ湖はなをり前**下車、徒歩すぐ

info **芦ノ湖**はもともと**箱根権現**（現在の箱根神社）の神域で、山伏が禊を行っていた。また、かつて九つの頭をもった龍が棲み、**万巻上人**（まんがんしょうにん）の祈祷で降伏、**九頭龍明神**として祀られたという伝説もある。

海に面した水族館を中心とする複合型レジャー施設　横浜・川崎エリア

横浜・八景島シーパラダイス

4つのテーマ施設で構成される日本最大級の水族館**アクアリゾーツ**をメインとして、日本唯一の海上コースターがある遊園地**プレジャーランド**のほか、レストラン、ホテルなどもあるレジャー施設。

イワシの群泳きらめく大水槽

日本最大級を誇る横浜市営の動物園　横浜・川崎エリア

よこはま動物園ズーラシア

園内は世界の気候帯、地域別に8つのゾーンに分かれ、世界一周の動物旅行を楽しめる。世界中の野生動物を展示、飼育、繁殖させており、絶滅危惧種も多い。敷地面積は国内最大級。

アフリカのサバンナを再現したエリア

霊験あらたか「厄除けのお大師さま」として親しまれる　横浜・川崎エリア

川崎大師

正式名は**平間寺**。故郷を追われ、川崎で漁師をしていた平間兼乗という武士が、弘法大師の木像を海中から網で揚げたのが始まり。**厄除け大師**として知られ、初詣客の多さは日本有数。

関東の厄除け大師として名高い

未来的な絶景で話題沸騰　横浜・川崎エリア

川崎の工場夜景

京浜工業地帯の中心である川崎市の湾岸地帯は、製油所や化学精製所をはじめとした大規模な工場が広がる。日没後はSF映画の世界のごとき圧倒的な夜景が見られ人気が高い。

未来都市のようで幻想的

「えのすい」の愛称で親しまれる人気施設　鎌倉・湘南と三浦半島

新江ノ島水族館

江の島へ渡る橋に近い片瀬海岸に面して建つ。相模湾の海中を再現した**相模湾大水槽**は迫力満点。深海生物やクラゲの展示でも有名で、イルカやウミガメ、カワウソなど種類豊富。

本当に海の中にいるような気分になる

▶横浜・八景島シーパラダイス
住 横浜市金沢区八景島
TEL 045-788-8888
開 平日10:00～17:00
土・日曜・祝日10:00～19:30（季節・曜日、施設による）
休 無休
料 ワンデーパス（水族館＋アトラクション）5600円
交 金沢シーサイドライン**八景島駅**から徒歩すぐ
URL www.seaparadise.co.jp

▶よこはま動物園ズーラシア
住 横浜市旭区上白根町1175-1
TEL 045-959-1000
開 9:30～16:30（最終入場16:00）
休 火曜（祝日の場合は翌日）、12/29～1/1　料 800円
交 相鉄**鶴ヶ峰駅**、相鉄**三ツ境駅**、JR**中山駅**からバスで15分の**よこはま動物園**下車、徒歩すぐ
URL www.hama-midorinokyokai.or.jp/zoo/zoorasia

▶川崎大師
住 川崎市川崎区大師町4-48
TEL 044-266-3420
開 4～9月5:30～18:00
10～3月6:00～17:30
（毎月21日5:30～17:30）
休 無休　料 無料
交 京急**川崎大師駅**から徒歩8分
URL www.kawasakidaishi.com

▶川崎の工場夜景
TEL 044-544-8229（川崎市観光協会）
URL kojoyakei.info/area/kawasaki.php
川崎の工場夜景はツアーで船の上から眺めるのが一般的。下記は乗り合い屋形船ツアーの例
▶川崎工場夜景屋形船クルーズ
TEL 044-544-8229（問い合わせ：川崎市観光協会）
開 3～9月18:30発、10～2月17:30発
所要約3時間（要予約）
料 4000円
交 JR**川崎駅**東口の川崎日航ホテル前集合
URL www.chohachi.co.jp

▶新江ノ島水族館
住 藤沢市片瀬海岸2-19-1
TEL 0466-29-9960
開 3～11月9:00～17:00
12～2月10:00～17:00
最終入場16:00
休 無休　料 2500円
交 小田急**片瀬江ノ島駅**から徒歩3分
URL enosui.com

info **川崎大師**の150mほどの短い参道は**仲見世通り**と呼ばれ、飲食店やみやげ物店がぎっしり並んでいる。店先で長い飴を短く切る**とんとこ飴**や、せんべいを大きな海苔で巻いた**大師巻**が名物。

淡水魚専門の珍しい水族科学館　県央・県北エリア

相模川ふれあい科学館 アクアリウムさがみはら

113kmの流れを長さ40mに凝縮

相模川上流から下流までを表現した魚たちが泳ぐ**長さ40mの水槽**があり、展示の生物は約100種類に及ぶ。水路が目の前に広がり、水上に浮かんでいるように見える建物も美しい。

▶相模川ふれあい科学館 アクアリウムさがみはら
住 相模原市中央区水郷田名1-5-1
TEL 042-762-2110
開 9:30～16:30（最終入場16:00）
休 月曜（祝日の場合は翌日、春休み、夏休み、GW、年末年始を除く）
料 450円
交 JR**相模原駅**からバスで約30分の**ふれあい科学館前**下車、徒歩すぐ
URL sagamigawa-fureai.com

江戸時代の関所を完全に復元した歴史施設　箱根・小田原と西湘エリア

箱根関所

遠見番所から見る関所と芦ノ湖

江戸の治安維持のために元和5（1619）年に芦ノ湖畔に設けられたと伝わる関所。江戸から出ていく女性をとりわけ監視していた。平成16（2004）年に江戸時代の姿に**完全復元**された。

▶箱根関所
住 足柄下郡箱根町箱根1
TEL 0460-83-6635
開 3～11月9:00～17:00
12～2月9:00～16:30
休 無休　料 500円
交 JR**小田原駅**からバスで約55分（小田急**箱根湯本駅**から約40分）の**箱根関所跡**下車、徒歩2分。または箱根芦ノ湖遊覧船**箱根関所跡港**から徒歩2分
URL www.hakonesekisyo.jp

大自然と芸術が調和する屋外型美術館　箱根・小田原と西湘エリア

彫刻の森美術館

箱根の自然の中にアートが点在する
写真：アナパ・パシフィック／小山田浩明

約7万㎡の緑の庭園に世界の彫刻家の作品約120点を展示する、昭和44（1969）年に開館した日本初の野外美術館。**ピカソ館**も人気が高い。敷地内の源泉を使用した**足湯**もある。

▶彫刻の森美術館
住 箱根町二ノ平1121
TEL 0460-82-1161
開 9:00～17:00（最終入場16:30）
休 無休　料 1600円
交 箱根登山鉄道**彫刻の森駅**から徒歩2分
URL www.hakone-oam.or.jp

天狗伝説が残る幽境の地の曹洞宗の寺院　箱根・小田原と西湘エリア

大雄山最乗寺

紅葉やアジサイの名所としても知られる

曹洞宗では**永平寺** P.475、総持寺に次ぐ格式ある古刹。開基は室町時代中期の応永元（1394）年。樹齢500年以上のうっそうとした杉林の中に伽藍が点在し、神秘的な雰囲気。

▶大雄山最乗寺
住 南足柄市大雄町1157
TEL 0465-74-3121
開 6:00～16:00
（授与品等は9:00～16:00）
休 無休　料 無料
交 伊豆箱根鉄道**大雄山駅**からバスで約10分の**道了尊**下車、徒歩約10分
URL www.daiyuuzan.or.jp

相模湾を一望するモダンなアートスポット　箱根・小田原と西湘エリア

小田原文化財団 江之浦測候所

冬至の日の出の軸線に合わせた隧道に沿う「光学硝子舞台」　©小田原文化財団

気象を観測する施設ではなく、国内外へ**文化芸術**を発信する拠点。構想に10年、建設に10年を要したという建物は周囲の自然と見事に調和し、敷地のどこからも絶景を生み出している。

▶小田原文化財団 江之浦測候所
住 小田原市江之浦362-1
TEL 0465-42-9170
開 10:00～13:00、13:30～16:30
見学日の2日前までに予約が必要
休 火・水曜、年末年始ほか臨時休館日あり
料 3300円
交 JR**根府川駅**から無料送迎バスで約8分（予約時に申し込む）
URL www.odawara-af.com/ja/enoura

info 東京方面から箱根を周遊するなら**箱根フリーパス**がお得。新宿から小田原までの小田急線往復のほか、箱根域内のさまざまな乗り物が利用でき、約70の施設で優待も受けられる。発売額は駅によって異なる。

関東が舞台となった映画

『心が叫びたがってるんだ。』

（埼玉県）

アニメ：2015年公開　監督：長井龍雪
実写：2017年公開　監督：熊澤尚人

平成23（2011）年にフジテレビ系列「ノイタミナ」枠で放送された、人気テレビアニメ『あの日見た花の名前を僕達はまだ知らない。』（『あの花』）のメインスタッフが再結集して制作したオリジナル新作。過去のトラウマから、喋るとおなかが痛くなる女子高生がふれあい交流会の実行委員に任命され、ミュージカルに取り組むことに。悩める高校生たちの葛藤と成長を描いた青春群像劇で、『あの花』と同じく、『心が叫びたがってるんだ。』（『ここさけ』）も埼玉県**秩父市**が舞台となっている。

『あの花』でも実在する建物などが数多く登場し、ファンの間で“聖地巡礼”と称したロケ地巡りが人気となったが、『ここさけ』も公開直後から秩父市を訪れる多くの観光客で話題となった。作品の公式ホームページでもロケ地マップを公開。**秩父高校**、**ジョナサン秩父店**、**秩父市役所**、**秩父宮記念市民会館**、**秩父市立病院**、**みはらしの丘**、**旧秩父橋**ほか、**公園橋通り**、**黒門通り**、**番場通り**、さらには**横瀬駅**や札所10番**大慈寺**など秩父郡横瀬町まで、広範囲にわたるロケ地が紹介されている。

ファンにとってうれしかったのは自治体や鉄道会社など地元企業が作品を盛り上げ、秩父鉄道では上映記念列車を運行、西武鉄道では『あの花』とコラボした上映記念乗車券などが発売されたこと。また、劇中に登場する架空のバス停を再現した標識が、横瀬町のモデルとなった場所に設置される粋な計らいもあった。

その2年後にはヒロインに芳根京子、主演にSexy Zoneの中島健人が起用された実写版が公開。リアルなロケ地での撮影が多くのファンを喜ばせた。

『花束みたいな恋をした』

（東京都）

2021年公開　監督：土井裕泰

東京を舞台にした映画は数多くあるが、『東京ラブストーリー』『カルテット』などの人気ドラマを手がけた坂元裕二が脚本を手がけ、令和3（2021）年に興行収入38億円を超える大ヒットを記録した本作もそのひとつ。おもなロケ地となったのは**日活調布撮影所**や**角川大映スタジオ**などの撮影所を有し、多くの映画・映像関連企業が拠点を構える“映画のまち”**調布市**。昔から映画やドラマのロケ地を積極的に誘致していたこともあり、昭和30年代には“東洋のハリウッド”とも称されていた。

菅田将暉、有村架純演じるカップルの5年にわたる甘く切ない恋模様は多くの共感を呼び、公開直後からその聖地を巡ろうと、多くの人々が調布市を訪れた。ロケ地マップも調布市役所や調布駅前の観光案内所などで配布。5階のブックセンターでもロケが行われた**調布PARCO**を起点に、メインビジュアルでも使用されている**多摩川サイクリングロード**、信号待ちでのキスシーンが印象的な**御塔坂橋交差点**、ふたりが初詣に訪れ仔猫を拾った**道生**（みちおい）**神社**、待ち合わせ場所として使われた**調布駅**などが紹介された。

調布市のほかにも、劇中に登場する**手作りのパン木村屋**も実在するベーカリー。世田谷・千歳烏山駅近くにあり、公開後は聖地巡りをするファンでにぎわった。

甲信越

春 夏 秋 冬

甲信越のココがいちばん！

どうせ行くなら、
魅力UPの時期がいい
シーズンと旅先を
Check!

夏でも涼やかな甲信越で
大人な旅行を

森に囲まれた白州蒸溜所で飲むハイボール

おすすめ 冬

長野県
地獄谷野猿公苑
▶P.396

ニホンザルは英語ではスノーモンキーと呼ばれている。雪景色の中、温泉に入る姿は世界的に知られている。

山梨県 河口湖 ▶P377

富士五湖のひとつ、河口湖。冬は澄んだ空気のおかげで、ただでさえ近くの富士山がさらにはっきりと見える。

春

新潟県 **高田城址公園** ▶P.416

周囲を含めて4000本の桜が咲き誇る。日本三大夜桜といわれるように、ライトアップされ、水堀に浮かび上がる姿も美しい。

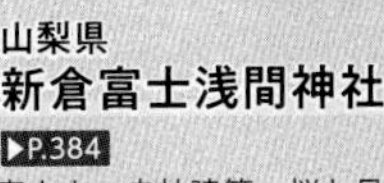

山梨県
新倉富士浅間神社 ▶P.384

富士山、寺社建築、桜と日本が誇る美が競演した景観はインパクト抜群。外国人からの人気も非常に高い。

長野県
入笠すずらん山野草公園 ▶P.401

入笠山では5月中旬から6月中旬まで120万本のスズランが花を咲かせる。上品な香りと可憐な花を楽しもう。

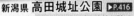

夏

山梨県
昇仙峡 ▶P.377

昇仙峡は、清流と奇岩が織りなす独特の景観が広がる渓谷。国の特別名勝にも指定されており、日本一の渓谷美ともいわれる。

新潟県
北沢浮遊選鉱場跡 ▶P.413

苔に覆われた鉱山跡で、宮崎駿監督の『天空の城ラピュタ』の世界に入り込んだよう。ライトアップも楽しめる。

長野県 **明神池** ▶P.399

神が降り立つ土地とされる上高地。明神池は清らかな緑と水に包まれる神域で、もやが出るといっそう神秘さを増す。

秋

長野県 **奈良井宿** ▶P.400

中山道沿いの奈良井宿は往時の町並みが保存された宿場町。紅葉に包まれた宿場町は風情たっぷり。

山梨県 **西沢渓谷** ▶P.380

秩父多摩甲斐国立公園内にある景勝地、西沢渓谷。シャクナゲの美しい5月と紅葉の美しい秋が特に人気が高い。

新潟県 **佐渡島** ▶P.412

野生のトキを最も見つけやすい時期は、群れで行動し田が刈り取られている秋。野生が見られなくても、トキの森公園で窓越しに観察できる。

Pick Up 甲信越 テーマのある旅

富士山

▶P.376 ▶P.496

山梨県、静岡県

難易度 ☆☆☆☆★

登山シーズン：7月上旬～9月上旬

富士山はいわずと知れた日本一の山。6つある登山道のなかでも、富士スバルライン5合目から出発する吉田ルートは登山者の半数が利用するビギナー向け。所要時間は登りで平均7時間、下りは4時間程度。登りには売店や救護所、山小屋が多くあるため万が一の時も安心できる。ただしルートの異なる下りは数が少ないので注意。トレッキングは5合目周辺が人気。距離ごとにコースが設定されており初心者でも気軽に楽しめるが、標高が2300m前後と高所なので油断は禁物だ。

多くの観光客でにぎわう5合目

標高3776m

山地が国土の約75%を占める日本。そのなかでも甲信越地方は特に雄大な山々が多い地域だ。ここでは憧れの富士山と難易度が比較的簡単な甲信越地方の山々を紹介する。

富士山頂からのご来光

日本の秀峰へいざ挑戦 山歩きのすすめ

info 日本における**山岳遭難者数**は年間およそ**3000人**で、その半数を**60歳以上**が占める。登山計画を立てる際には、滑落などの危険ポイントや、トラブル発生時に途中から下山できるルート（**エスケープルート**）などを事前に把握することが大切だ。

長野県 **木曽駒ヶ岳**

難易度 ☆☆★★★

登山シーズン：7月上旬～10月上旬

宝剣山と千畳敷カール

標高2956mの木曽駒ヶ岳は中央アルプス最高峰。駒ヶ岳ロープウェイで2600m付近の千畳敷まで上がり、そこから頂上を目指す。所要時間は往復4時間程度と短く、登山デビューに適している。千畳敷には、カール ▶P.403 と呼ばれる氷河期の氷食作用によって形成された椀型の地形が残る。カール内の遊歩道は1周約40分と、親子連れでもトレッキングを楽しめる。冬にはスノーシューで散策できるツアーも開催される。

弥彦山 新潟県

難易度 ☆★★★★

登山シーズン：4～10月

希少なカタクリの花が自生する

新潟駅から約1時間ほどの距離にある弥彦山。山全体が越後一宮の彌彦神社 ▶P.415 の神域となっており、山頂には御祭神夫婦を祀っている御神廟が鎮座している。標高は東京スカイツリー®と同じ634mと低く、子供の登山デビューにもおすすめの一座。メジャーなコースは彌彦神社から登る表参道コースで、山頂までの所要時間は1時間30分ほど。

トレッキングの場合、山稜には弥彦山スカイライン（冬期は閉鎖）が通り、麓から山頂付近まで弥彦山ロープウェイも運行しているため行きはロープウェイ、帰りは徒歩で下山も可能。山頂から麓の弥彦神社までは40分と負担が少ないのも初心者にぴったり。山頂駐車場にある「パノラマタワー」と呼ばれる回転昇降式の展望塔からは、佐渡島 ▶P.412 まで望むことができる。

山頂には放送局の送信所が設置されている

登山道のススキと富士山。ここは茶色だけど林に入れば紅葉が楽しめる

鎖場に張り付いて、振り返れば富士山！ 絶景なり

秋の乾徳山。あまり有名ではないけれど、関東のハイカーのなかでは人気がある。富士の景色と紅葉、そして岩場とバリエーションがあり、お楽しみ満載の山だ。JR塩山駅から8時30分のバスで乾徳山登山口へ。9時過ぎに歩き始めて、戻りのバス停に14時50分着。鎖場があるので初心者向きではないかもしれないが、日帰りハイクにおすすめしたい。（by あつし）

info ほとんどの**登山道**は**登りと下りが同一の対面通行**になっており、登山者同士のすれ違いが発生する。見ず知らずの人であってもすれ違う人には**あいさつ**を心がけよう。狭い道で譲り合う際は、車と同様に**登り**の人が原則的に**優先**される。

山梨県

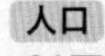

YAMANASHI

山梨県

人口
81万人（全国42位）
面積
4465km²（全国32位）
県庁所在地
甲府市
県花
フジザクラ

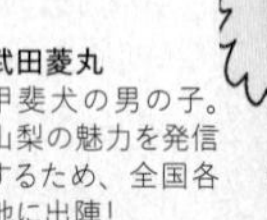

武田菱丸
甲斐犬の男の子。山梨の魅力を発信するため、全国各地に出陣！
©HISHIMARU TAKEDA

フジザクラ
4〜5月にかけて富士の裾野を彩る

甲府市を中心に13市5郡（8町6村）からなる。南には富士山、西には八ヶ岳、南アルプスの山脈が連なり、東には奥秩父山地が埼玉県との間を隔てて広がっている。地理的には中部地方にあるものの、行政や経済、生活面では広域関東圏の一部に位置づけされることも多く、長野県と合わせて甲信地方と呼ばれることも。日本屈指のフルーツ王国として知られ、戦国武将・武田信玄が治めた地としても有名。

旅の足がかり

甲府市

山梨県のほぼ中央、市街地は甲府盆地の中心に位置。甲斐守護職であった武田信玄の父、信虎によって基盤が築かれ、信玄の時代にさらに堤防建設や領国統治のための法律などが整えられた。この頃、甲斐国の府中という意味から、甲府と命名。戦国時代には武田氏の本拠地として、江戸時代には甲州街道の宿場町としても栄えた。広大な自然に囲まれながらも、新宿から特急列車、中央自動車道を利用して1時間半程度と都心に近いのが魅力。

富士吉田市

富士山の麓、富士登山の拠点となる市。江戸時代から富士信仰の聖地として栄え、現在は一大レジャー施設・**富士急ハイランド**P.383、すぐ隣の町には**河口湖**P.377や**山中湖**P.379などの観光スポットを擁する観光地として知られている。**新倉富士浅間神社**P.384や**北口本宮富士浅間神社**P.384など、富士山関連の見どころが多く点在している。

北杜市

山梨県北西部、八ヶ岳南麓に広がる県内最大の面積を誇る市。かつて北巨摩郡に所属していた8町村が合併して誕生した。冷涼な山岳高原地にあり、牧歌的光景が広がる清里や小淵沢などをはじめとする高原リゾートとして人気がある。甲府駅から長野県へと抜けるJR中央本線、中央自動車道が通っていて、都心からのアクセスも良好。

地理と気候

5都県に囲まれた内陸県。甲府盆地を囲むように南アルプス、八ヶ岳などの山々が連なり、全体の面積の約8割が森林で占められている。降水量が少ない内陸性の気候で、日照時間の長さは日本一。

【夏】盆地部は高い山脈によって気流が遮られるため暑さが顕著だが、八ヶ岳山麓や富士山麓の高原地帯は冷涼で過ごしやすい。

【冬】全体的に１日の寒暖差が大きいのが特徴。盆地部は朝晩冷えても日中には気温が上がるため比較的温暖だが、高原地帯の冬は冷え込みが厳しい。

 P.368〜385 写真提供：山梨県　甲府市　富士吉田市　笛吹市　（一社）山中湖観光協会

アクセス

東京から ▶▶▶	所要時間
JR線 新宿駅▶甲府駅（特急かいじ）	1時間30分
JR線 新宿駅▶河口湖駅（特急富士回遊）	2時間
高速バス バスタ新宿▶甲府駅	1時間50分
高速バス 東京駅▶富士急ハイランド	1時間50分
高速バス 羽田空港▶甲府駅	3時間

長野から ▶▶▶	所要時間
JR線 松本駅▶甲府駅（特急あずさ）	1時間10分
JR線 小諸駅▶小淵沢駅	2時間20分

静岡から ▶▶▶	所要時間
JR線 静岡駅▶甲府駅（特急ふじかわ）	2時間15分
高速バス 静岡駅▶甲府駅	2時間
路線バス 御殿場駅▶河口湖駅	1時間15分

愛知から ▶▶▶	所要時間
高速バス 名古屋駅▶甲府駅	4時間30分

県内移動

▶甲府から富士山（富士吉田）へ

中央線で大月駅まで行き、富士急行線に乗り換えて富士山駅まで所要約2時間。大月駅からは河口湖駅とを結ぶ**富士山ビュー特急**P.373も運行。

富士急バスが甲府駅南口または北口から2時間に1便程度の運行。富士山駅まで約1時間30分。

▶富士山周辺のバス路線

富士急バスが河口湖、本栖湖、西湖などの周遊バスを運行している。河口湖路線は便数も比較的多く観光に便利。1日フリーパスもある。

▶▶▶アクセス選びのコツ

新宿駅と甲府駅を結ぶ特急**かいじ**は山梨県内では大月駅、塩山駅、山梨市駅、石和温泉駅に停車。新宿駅と長野県の松本駅を結ぶ特急**あずさ**は甲府駅の先は韮崎駅と小淵沢駅に停車する。中央線から富士急行線に乗り入れる特急**富士回遊**は新宿駅と河口湖駅を2時間弱で結ぶ。平日3便、土・日曜・祝日4便の運行。静岡駅と甲府駅を結ぶ身延線の特急**ふじかわ**は1日7便程度の運行。

甲府駅を起点とする**山梨交通**と河口湖周辺を起点とする**富士急行バス**がメイン。箱根の芦ノ湖から河口湖へは御殿場プレミアム・アウトレットで乗り換え。

交通路線図

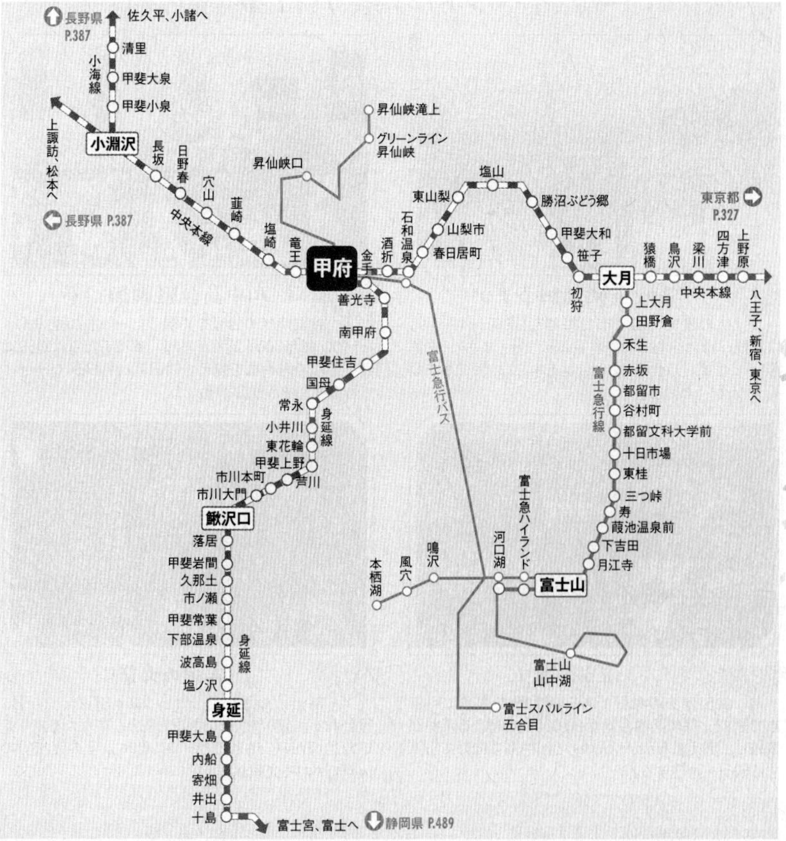

長野県 P.387 ／ 佐久平、小諸へ ／ 小海線 ／ 清里 ／ 甲斐大泉 ／ 甲斐小泉 ／ 小淵沢 ／ 上諏訪、松本へ ／ 長坂 ／ 日野春 ／ 穴山 ／ 韮崎 ／ 中央本線 ／ 長野県 P.387 ／ 塩崎 ／ 竜王 ／ 甲府 ／ 昇仙峡口 ／ 昇仙峡滝上 ／ グリーンライン昇仙峡 ／ 金手 ／ 酒折 ／ 石和温泉 ／ 春日居町 ／ 山梨市 ／ 東山梨 ／ 塩山 ／ 勝沼ぶどう郷 ／ 甲斐大和 ／ 笹子 ／ 初狩 ／ 大月 ／ 猿橋 ／ 鳥沢 ／ 梁川 ／ 四方津 ／ 上野原 ／ 中央本線 ／ 東京都 P.327 ／ 八王子、新宿、東京へ ／ 善光寺 ／ 南甲府 ／ 甲斐住吉 ／ 国母 ／ 常永 ／ 小井川 ／ 東花輪 ／ 甲斐上野 ／ 芦川 ／ 市川本町 ／ 市川大門 ／ 身延線 ／ 鰍沢口 ／ 落居 ／ 甲斐岩間 ／ 久那土 ／ 市ノ瀬 ／ 甲斐常葉 ／ 下部温泉 ／ 波高島 ／ 塩ノ沢 ／ 身延線 ／ 身延 ／ 甲斐大島 ／ 内船 ／ 寄畑 ／ 井出 ／ 十島 ／ 富士宮、富士へ ／ 静岡県 P.489 ／ 富士急行バス ／ 上大月 ／ 田野倉 ／ 禾生 ／ 赤坂 ／ 都留市 ／ 谷村町 ／ 都留文科大学前 ／ 十日市場 ／ 東桂 ／ 三つ峠 ／ 寿 ／ 葭池温泉前 ／ 下吉田 ／ 月江寺 ／ 富士急行線 ／ 富士山 ／ 富士急ハイランド ／ 河口湖 ／ 鳴沢 ／ 風穴 ／ 本栖湖 ／ 富士山山中湖 ／ 富士スバルライン五合目

山梨県

うちの県はここがすごい

一

日本のワイン発祥地

明治時代、フランスからワイン造りの技術を持ち帰ったふたりの青年が、勝沼市に国内初のワイン会社を設立したのが始まり。今では県内に約80もの個性的なワイナリーが点在する。

二

全国随一のフルーツ王国

年間の日照時間が長く、降水量が少ないことから、果物栽培に適した山梨県。ブドウ、モモ、スモモ、カリンの生産量は全国1位、なかでもモモ、スモモは全国の30%以上を占める。

三

人口あたりの寿司店数全国1位

県内の寿司屋の数は10万人あたり29.5店舗でトップ。駿河湾から甲府へと運ばれた魚介を日持ちさせるため、古くから酢やタレなどを用いた寿司文化が発展したといわれている。

イベント・お祭り・行事

1 笛吹市桃源郷春まつり

桃の産地、笛吹市で毎年3月下旬〜4月下旬に開催。市内全域がピンク色に染まり、まさに"桃源郷"へと化す。八代ふるさと公園を中心に、さまざまなイベントが行われる。

2 川中島合戦戦国絵巻

戦国時代の合戦を再現した一般参加型のイベントで、毎年800人近くが参加。参加者たちは鎧兜に身を包んで刀や槍を携え、武田軍と上杉軍に分かれて合戦絵巻を繰り広げる。

3 信玄公祭り

武田信玄の命日である4月12日を中心に甲府市で開催。毎年県内各地から1000人を超える軍勢が集結し、燃え盛るかがり火のもと川中島に向けて出陣する様子を再現する。

4 吉田の火祭り

富士山の閉山祭りとして毎年8月26、27日に行われる。400年以上の歴史があり、町なかを練り歩いた神輿が奉安されると同時に90本以上の大松明に火が灯される光景は圧巻。

必ず食べたい
名物グルメ

ほうとう

味噌仕立ての汁に、小麦粉で練った太めの平打ち麺とカボチャなどの野菜をたっぷり加えて煮込んだ郷土料理。武田信玄が考案した陣中食であったともいわれている。

吉田のうどん

コシが強い麺が特徴で、つゆは醤油と味噌をブレンドしたものが一般的。好みで「すりだね」と呼ばれる特製薬味を加える。付け合わせはキャベツと甘辛く煮付けた馬肉が定番。

おざら

ほうとうに使用するよりやや細めの麺を冷水にさらしてしめ、たくさんの具材が入った温かい醤油ベースのつゆに付けて食べる。のど越しがよく、夏場に人気の一品。

鳥もつ煮

レバーやハツ、砂肝などの鳥もつを甘辛く濃厚な醤油ダレで照り煮した甲府独自の料理。甲府市内のそば店が戦後間もない頃に考案し、その後甲府市全域に広まっていった。

もらえば笑顔
定番みやげ

月の雫

山梨特産の甲州ブドウが丸ごと一粒、糖衣に包まれている銘菓（9月上旬〜11月下旬限定販売）。蜜の甘さとブドウの酸味が絶妙に混ざり合い、何ともいえない甘酸っぱさが香りとともに口の中に広がっていく。

桔梗信玄餅

きな粉がまぶされたお餅に特製の濃厚な黒蜜をかけて食べる和菓子。山梨でお盆の時期に食べる安倍川餅をヒントに開発された。桔梗信玄餅を使ったスイーツも数多い。

富士山グッズ

日本最高峰である富士山を擁する山梨県には、富士山グッズがいっぱい。シフォン富士のふじフォン（写真左上）など、富士山を模したスイーツやグルメも人気を集めている。

地元っ子愛用
ローカル味

甲州ワイン

甲州ブドウから作られる山梨を代表する白ワイン。柑橘系のほのかな香りが特徴で、辛口が一般的。和食との相性もよく、近年は世界からも注目を集めている。また山梨県ではマグナムサイズよりも大きい一升瓶サイズのワインも販売されている。

ビミサン

県民の食卓に欠かせない万能調味料。本醸造醤油とかつお節のだしを合わせた、甘さ控えめのつゆで、濃縮5倍が特徴。煮物、炒め物にはもちろん、揚げ物や漬物の下味にと何にでも使える。

匠の技が光る
伝統工芸

甲州印伝

400年以上もの伝統を誇る、鹿革に漆で模様を描いた皮工芸品。小桜やショウブなどをモチーフにした繊細なデザインが美しく、近年は色・柄ともにモダンな印象のものも人気がある。

ワカルかな？
山梨のお国言葉

昨日はわるかったじゃん。悪く思うちょし

Ans. 昨日はごめんなさい。悪く思わないでね

1泊2日で巡る 山梨県

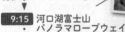

富士山の壮大な姿を望む富士五湖周辺で自然の造形美やグルメを堪能。県随一の景勝地で知られる昇仙峡へも足を延ばす。

昇仙峡
GOAL
勝沼ぶどうの丘
甲府
石和温泉
河口湖
鳴沢氷穴
START

1日目

9:00 富士急行河口湖駅

河口湖を一望できる

徒歩12分

9:15 河口湖富士山パノラマロープウェイ

ロープウェイ3分

9:20 **天上山公園山頂で絶景を堪能&ハイキング** ▶P.378

ロープウェイで標高1075mの展望台へ。展望台で目の前に迫る富士山の姿を堪能したら、ハイキングを楽しみながら下山する。

徒歩50分

10:50 富士急行河口湖駅

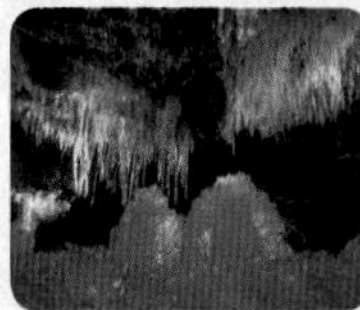

富士山の火山活動によって誕生した、神秘の地下空間へ。ツアーに参加して、氷柱が積み重なる洞窟内を散策する。

バス30分＋徒歩5分

11:30 **鳴沢氷穴で見学コースに参加** ▶P.378

洞窟の中は夏でもひんやり

徒歩5分＋バス30分

13:00 富士急行河口湖駅

徒歩10分

13:10 **河口湖散策&ご当地グルメランチ** ▶P.377

富士山と湖が織り成す絶景を楽しみながら、湖畔を散策。

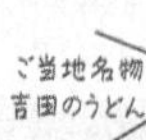

ご当地名物 吉田のうどん

徒歩30分

15:30 **河口湖 音楽と森の美術館でオルゴールの世界を堪能** ▶P.379

欧風の町並みが広がる敷地内には絶好の撮影スポットが点在している。

バス5分

17:00 河口湖自然生活館バス停

星のや富士でグランピング

大自然に抱かれたキャビンで、優雅なひとときを。

大自然を優雅に楽しみたい人にぴったりのグランピング 森に包まれ、心身ともにリチャージ

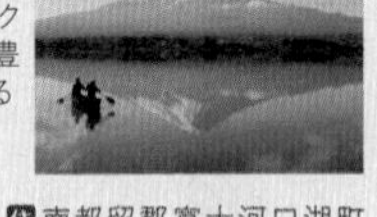

森や湖でのアクティビティも豊富に揃っている

星のや富士

森の斜面にたたずむ、日本初のグランピングリゾート。木立に隠れるようにして並ぶキャビンは外と内が一体化した造りで、眼下には河口湖と富士山麓の雄大な景色が広がっている。グランピングマスターの指導でピザを焼いたり、燻製を作るアクティビティのほか、コースディナーを堪能することも。

住 南都留郡富士河口湖町大石1408
TEL 0570-073-066（星のや総合予約）
交 富士急行河口湖駅からタクシーで18分
料 1泊10万1000円～
URL hoshinoya.com/fuji

広々としたテラスでくつろぎの時間を過ごせる

2日目

9:00 富士急行河口湖駅

バス 57分

10:00 JR石和温泉駅

鉄道 7分

10:10 JR甲府駅

バス 1時間

11:10 昇仙峡 滝上バス停

絵になる風景が広がる

徒歩 すぐ

11:15 緑と清水に癒やされながら **昇仙峡**を散策 ▶P.377

渓谷沿いには見どころが点在。遊歩道が整備されているので、体力に応じてコースを選ぼう。

徒歩 すぐ

13:00 絶景を見ながら **ほうとう**ランチ

昇仙峡はほうとうの名店多し

徒歩 5分

13:50 グリーンライン昇仙峡バス停

バス 40分

14:40 JR甲府駅

徒歩すぐ

14:45 **甲州夢小路**を散策 ▶P.383

甲府城下町を再現したレトロな路地でおみやげ探し。

徒歩 すぐ

15:35 JR甲府駅

鉄道 18分

15:55 JR勝沼ぶどう郷駅

バス 5分

16:00 **甲州市勝沼ぶどうの丘**で ▶P.385 ワイン堪能&温泉満喫

気になる銘柄のワインを思う存分テイスティング。旅の締めくくりは温泉で。

甲府盆地が見渡せる！

バス 5分

18:00 JR勝沼ぶどう郷駅

富士山ビュー特急で 富士山を間近に楽しむ旅

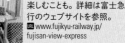

大月駅と河口湖を約45分で結ぶ観光列車。その名の通り、富士山を眺めるための列車で、木のぬくもりを感じる居心地のよい空間で特別なひとときが過ごせる。

富士山に一番近い鉄道として知られる特急

1号車は全席指定でフリードリンク付き。特製スイーツや富士山麓の食材をふんだんに使った駅弁(要予約)を楽しむことも。詳細は富士急行のウェブサイトを参照。

URL www.fujikyu-railway.jp/fujisan-view-express

広いテーブル付きのくつろげる車内

高原リゾートでゆったりとした時間を感じながらグルメ、アクティビティを満喫

八ヶ岳(やつがたけ)ホテル風(ふう)か

標高992mの高原にひっそりと立つ隠れ家リゾート。日本では珍しいオールインクルーシブスタイルの宿で、食事に加えてレストランやバーでのドリンク、スイーツなどがすべて無料で楽しめる。露天風呂や図書館、リラクゼーションサロンなども完備。客室は和モダンから温泉付きスイートまで10タイプある。

住 北杜市小淵沢町字上の原3989-1
TEL 0551-36-6414
交 JR**小淵沢駅**からタクシーで8分
料 1泊オールインクルーシブ1万6000円～
URL www.hotel-fuuka.jp

ロビーから中庭に続くスペースにある「星見のテラス」。満天の星空を眺めながらくつろげる

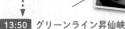

山梨県の歩き方

▶甲府市観光案内所
住 甲府市丸の内1-2-14
TEL 055-226-6978
開 9:00〜18:00
(4〜11月の土・日曜・祝日9:00〜19:00)
休 12/29〜1/3
交 JR**甲府駅**南口から徒歩1分
URL kofu-tourism.com

宝石の街、甲府

江戸時代に上質な水晶が多く採掘されたことから研磨・加工技術が発達した山梨県。なかでも甲府は国内有数のジュエリー出荷量を誇り、「宝石の街」として知られている。現在も多くのクリエーターたちがこの地に集まり、次々と新しい作品を生み出している。

▶富士吉田市観光案内所
住 富士吉田市上吉田2-3-6
TEL 0555-22-7000
開 9:00〜17:00(7・8月〜18:00)
休 12/29〜1/3
交 富士急行**富士山駅**から徒歩1分
URL fujiyoshida.net

▶河口湖周遊バス オムニバス
河口湖周遊のほか、西湖や富岳風穴、本栖湖などを網羅するルートがあり、2日間乗り降り自由の共通フリークーポンもある。
料 1回券160円〜、2日券1500円

河口湖周遊ルートは赤い車体が目印

甲府と周辺

紅葉の名所としても人気の昇仙峡
(写真提供:山梨県)

山梨県のほぼ真ん中に位置する県庁所在地、**甲府**。甲府盆地の中心に市街地が広がり、北に八ヶ岳、南に富士山、西に南アルプス連峰を望む。名物グルメの宝庫でもあり、市内には郷土料理を提供する店が点在。東京方面からの特急列車が停車する甲府駅の先には避暑地として知られる清里(きよさと)や小淵沢(こぶちさわ)があり、身延山(みのぶさん)へ向かう身延線、県随一の景勝地・**昇仙峡**(しょうせんきょう) P.377などの見どころを結ぶバスが走る。

プチ雑学

信玄公を御祭神として祀る武田神社

武田信玄 「風林火山」で知られる甲斐国の武将・武田信玄。信玄堤を築いて新田開発を行うなど、発展に大きく貢献した。この治水技術の名残が現在も機能している。そんな山梨には武田神社P.384をはじめ、武田信玄ゆかりのスポットが数多くある。

富士山と富士五湖周辺

富士山を望む絶景スポットが点在

山梨県南東部、静岡との県境にそびえる**富士山**P.376の麓に位置するエリア。東京方面からのアクセスが良好で、中央線の大月駅で富士急行線に乗り換え河口湖駅へ。**河口湖**P.377や**富士急ハイランド**P.383行きの高速バスも頻繁に運行している。エリア内の移動は周遊バスが便利。また、河口湖駅周辺にはレンタサイクルショップが点在している。

おみやげ

毎年秋にはハタオリマチフェスティバルが開催される

織物の産地として1000年以上の歴史を誇る、富士吉田。富士山の湧き水を利用した色鮮やかな染色技術で知られ、デザイン性の高い製品を産出している。

info **吉田のうどん**の硬さは繊維業が盛んだった歴史に理由がある。織物の機械を動かす女性たちのために昼食作りは男性が担当。腹持ちのよいうどんを作ろうと力強く練ったため、コシの強い麺に仕上がったのだという。

石和（いさわ）温泉と勝沼周辺

春になると一帯が桃色に染まる

甲府盆地東部に広がるエリア。フルーツ農園が数多く、ワインの産地でもある。春は桃源郷と化し、北部には森林浴で人気の**西沢渓谷**も。おもな見どころはほぼ中央線沿いに点在している。

プチ雑学

ブドウ収穫量全国1位を誇る山梨県。特に勝沼周辺には、ブドウ狩りが楽しめる観光農園が数多くある。品種にもよるが旬は、8月上旬～10月中旬頃。

ブドウ狩りは食べ放題または買い取り方式

清里・小淵沢・韮崎

清泉寮P.381のジャージー牧場

八ヶ岳山麓に広がる高原リゾート。牧場などの牧歌的な光景が楽しめる一方、隠れ家カフェや美術館、ショップなども数多い。公共交通は充実していないので、車での移動がおすすめ。

グルメ

ジャージー牛からとれた牛乳を使った乳製品が人気。清泉寮名物のソフトクリームをはじめ、八ヶ岳山麓にはチーズケーキや飲むヨーグルトなど、さまざまな乳製品が販売されている。

濃厚でコクのある味わいが人気のソフトクリーム

身延山と県南西部

多くの人々が訪れる身延山久遠寺

山梨県南西部、富士川沿いに広がるエリア。日蓮宗の総本山として知られる**身延山**P.382を擁し、東には富士山、西には南アルプスの山脈が南北に連なる。甲府駅から駿河湾へ向かってJR身延線（運行本数は1時間に2～3本）が延び、おもな見どころへは各駅から市内バスが運行している。

グルメ

みのぶゆば　日蓮宗総本山を抱える身延では、僧侶たちの貴重なたんぱく源として湯葉が普及。700年経った今も「みのぶゆば」として、門前町などの飲食店で提供されている。

滋味に富む名物のゆば丼

▶笛吹市 石和温泉駅観光案内所
住 笛吹市石和町松本177-1
TEL 055-231-5500
開 9:00～17:00（土・日曜・祝日～18:00）　休 年末年始
URL www.isawa-kankou.org

談合坂SA

上野原市にある中央自動車道のサービスエリア。全国3位の利用者数を誇る。ゴールデンウィークやお盆、年末年始になると、15kmほど東京寄りにある小仏トンネル付近で大きな渋滞が発生しやすいので、休憩はここで済ませよう。

下り方面の施設

▶小淵沢駅観光案内所
住 北杜市小淵沢町854-22
TEL 0551-30-7866(北杜市観光協会)
開 9:00～17:00　休 無休
URL www.hokuto-kanko.jp

▶清里駅前観光総合案内所「あおぞら」
住 北杜市高根町清里3545
TEL 0551-30-7866
開 4月下旬～11月下旬9:00～17:00
11月下旬～4月中旬10:00～16:00
休 無休
URL kiyosato.gr.jp

キャンプの聖地

山梨周辺を舞台にしたアウトドア漫画『ゆるキャン△』のアニメ化や、コロナ禍における三密回避のレジャーとして人気に拍車がかかったキャンプブーム。雄大な富士山を望むサイトや湖畔サイト、温泉地に隣接するサイトなど、キャンプ場のバリエーションが豊富なのも山梨県ならでは。大自然の中で優雅なひとときを過ごすグランピングができる場所も多い。

キャンプ場が隣接するほったらかし温泉

info 海なし県山梨で、寿司といえば、甘いタレをぬった**甲州寿司**が一般的。駿河湾で取れた魚介を日持ちさせるための古くからの知恵で、鮮度のよい魚介が手に入るようになった今でも昔ながらの伝統の味が受け継がれている。

山梨県の見どころ

▶富士山

▶富士山五合目

住 富士吉田市上吉田小御岳下5617

TEL 090-2152-2305(富士山五合目観光協会)

開 入場自由

交 富士急行**富士山駅**または**河口湖駅**からバスで終点**富士スバルライン五合目**下車、徒歩すぐ

▶富士山世界遺産センター

住 南都留郡富士河口湖町船津6663-1

TEL 0555-72-0259

開 9:00~17:00 休 無休

交 富士急行**河口湖駅**からバスで**富士山世界遺産センター**下車、徒歩すぐ

URL www.fujisan-whc.jp

富士山を360°の方角から見られる巨大オブジェ

さまざまな角度で楽しめる日本一の山

富士山と富士五湖周辺

富士山(ふじさん)

河口湖から望む富士山

車で富士山の間近に迫れる富士山五合目

山梨と静岡にまたがる、日本最高峰の富士山。登山は無理でも“富士山に行きたい!”という人におすすめなのが、標高2305mにある**富士山五合目(吉田口)**。計4つの登山ルートのひとつ、吉田ルートの登山口で、河口湖から続く約24kmの**富士スバルライン**の終点に位置する。展望台やレストハウス、ショップなどがあり、観光客にも人気。六合目までのハイキングコースもある。

知識を深めたいなら、麓にある**富士山世界遺産センター**へ。巨大オブジェなど迫力の展示で、楽しく学びながら富士山の魅力に迫ることができる。

見どころMAP

P.385 まきば公園
サンメドウズ清里 P.380
P.381 清泉寮
萌木の村 P.381
中村キース・ヘリング美術館 P.382
星野リゾート リゾナーレ八ヶ岳 P.382
清春芸術村 P.385
西沢渓谷 P.380
サントリー白州蒸溜所 P.385
ハイジの村 P.381
P.377 昇仙峡
恵林寺 P.380
P.384 ほったらかし温泉
P.383 山梨県立美術館
甲州市勝沼ぶどうの丘 P.385
桔梗信玄餅工場テーマパーク P.385
P.378 忍野八海
山中湖花の都公園 P.379
山中湖 P.379
P.382 身延山
身延山久遠寺 P.382
P.376 富士山(富士山五合目)

甲府市
P.384 武田神社
信玄ミュージアム
武田通り
山梨大学
穂坂路
山梨県立科学館
0 500m
甲府駅
甲州夢小路 P.383
中央本線

河口湖・西湖周辺
河口湖 P.379
音楽と森の美術館
P.384 富士大石ハナテラス
P.377 河口湖
P.384 新倉富士浅間神社
西湖いやしの里根場 P.383
小海公園
P.378 天上山公園
西湖
河口湖駅
下吉田駅
月江寺駅
P.383 富士急ハイランド
富士急ハイランド駅
富士山世界遺産センター
富士山駅
富士吉田IC
P.378 富岳風穴
鳴沢氷穴 P.378
0 5km
P.384 北口本宮冨士浅間神社

info 一生に一度は富士山で御来光を見ておきたいもの。山頂での御来光を拝むなら山小屋に宿泊するのが一般的だ。登山慣れしていない場合はツアーの利用がおすすめ。

全国観光地百選渓谷の部、1位を誇る絶景

甲府と周辺

昇仙峡(しょうせんきょう)

地殻変動で生じた断層を流れ落ちる仙娥滝

国の特別名勝で、日本遺産にも認定されている県随一の景勝地。約6kmにわたり、奇岩、奇石と清流が織りなす渓谷美を楽しめる。

渓谷沿いには、落差30mの断崖を流れ落ちる**仙娥滝**(せんがたき)や天然のアーチ門、直立約180mもの真っ白な岩肌が目を引く**覚円峰**(かくえんぼう)など、見どころが点在。遊歩道が整備されているので、体力に合わせて散策を楽しもう。滝上バス停から遊歩道を下るコースが疲労も少ない。春から夏にかけては新緑、秋には紅葉も見られ、景観美に彩りを添える。また、滝上流には**ロープウェイ**乗り場もあり、富士山も見える絶景ポイントへと上ることもできる。

▶昇仙峡
住 甲府市高成町
TEL 055-287-2158(昇仙峡観光協会)
開 入場自由
交 JR**甲府駅**からバスで**昇仙峡口**や**滝上**などで下車、徒歩すぐ
URL www.shosenkyo-kankoukyokai.com
▶昇仙峡ロープウェイ
TEL 055-287-2111
開 4~11月9:00~17:30
12~3月9:00~16:30
休 悪天候時ほか不定休
料 片道700円　往復1300円
URL www.shousenkyo-r.jp

風化水食を受けてできた覚円峰

紅葉で色づく昇仙峡の天鼓林

観光スポット満載の湖畔リゾート

富士山と富士五湖周辺

河口湖(かわぐちこ)

さまざまなアクティビティが楽しめるのも河口湖ならでは

湖畔にはキャンピングサイトが点在

世界遺産富士山の構成資産にもなっている**富士五湖**のなかで最も北に位置し、1周約19kmと最も長い湖岸線をもつ河口湖。湖面に映る**逆さ富士**でも知られ、国内に限らず海外からの観光客も多く訪れる。周辺は富士五湖のなかで最も観光開発が進んでいるエリア。湖畔には温泉旅館やホテル、観光施設、飲食店などが立ち並ぶ。遊覧船でのクルーズやカヌー、ウェイクボードなどのアクティビティのほか、周囲にはバーベキューやキャンプなどが楽しめる施設も充実。**ブラックバス・フィッシング**のメッカとしても知られていて、多くの釣り人たちを惹きつけている。

▶河口湖
住 南都留郡富士河口湖町
TEL 0555-72-3168(富士河口湖町観光課)
開 入場自由
交 富士急行**河口湖駅**から徒歩すぐ
URL fujisan.ne.jp
▶河口湖遊覧船天晴(あっぱれ)
TEL 0555-72-0029
開 9:00~16:30(季節により変動)
休 無休　料 1000円
URL www.fujigokokisen.jp

紅葉で有名な河口湖北岸の「紅葉回廊」

info **谷崎潤一郎**の代表作『細雪』には河口湖が登場するが、実際に湖畔のホテルに滞在したことがあり、その際に河口湖の情景を執筆したとされている。湖畔の**小海公園**には文学碑があり、小説の一節が直筆で刻まれている。

世界遺産にも登録されている神秘の湧水

富士山と富士五湖周辺

忍野八海（おしのはっかい）

透明度抜群の湧池では魚たちの姿も鮮明

富士山の雪解け水が地下の溶岩の間で長年かけて濾過され、澄み切った水となって湧き出した神秘的な湧水池。富士信仰の禊ぎの場としての歴史があり、善悪を見分けるという鏡池、一杯の水を乞う行者を断ってしまったために池の水が濁ってしまった濁池など、古くからの伝承が残っている。また、湧池は八海一の湧水量と景観を誇る。

青木ヶ原樹海にある神秘の地下空間

富士山と富士五湖周辺

富岳風穴・鳴沢氷穴（ふがくふうけつ・なるさわひょうけつ）

氷柱の天然の彫刻美が楽しめる鳴沢氷穴

富士山の火山活動によって誕生した**溶岩洞**。長さ201m、高さ5～8mの横穴が続く**富岳風穴**では、さまざまな形状の溶岩が見られる。一方、**鳴沢氷穴**は、地下へ向かって狭いトンネルが続く**竪穴式**の洞窟。1周約150mの環状になっていて、地下21mまで下ると、天井から染み出した水滴によってできた氷柱が積み重なる光景が広がる。

大パノラマが満喫できる絶景スポット

富士山と富士五湖周辺

天上山公園（てんじょうやまこうえん）

秋は紅葉で色鮮やかに染まる

河口湖畔の乗り場から、標高1075mの展望台へ**ロープウェイ**で3分。周辺には絶好の撮影スポットである**天上の鐘**や太宰治の名作『御伽草子』の**カチカチ山**にまつわるスポットなどがあり、絶景を堪能しながらのハイキングが楽しめる。また、7～8月には約10万本のアジサイが見頃を迎え、ハイキングコースにシックな彩りを添える。

▶忍野八海

住 南都留郡忍野村忍草
TEL 0555-84-4221（忍野村観光案内所）
開 入場自由
交 富士急行**富士山駅**からバスで**忍野八海入口**下車、徒歩すぐ
URL www.vill.oshino.yamanashi.jp

水深の青さが見事な「お釜池」

▶富岳風穴・鳴沢氷穴

URL www.mtfuji-cave.com

▶富岳風穴
住 南都留郡富士河口湖町西湖青木ヶ原2068-1
TEL 0555-85-2300
開 9:00～17:00
休 無休（冬期不定休）　料 350円
交 富士急行**河口湖駅**からバスで**風穴**下車、徒歩すぐ

▶鳴沢氷穴
住 南都留郡鳴沢村8533
TEL 0555-85-2301
開 休 料 富岳風穴と同じ
交 富士急行**河口湖駅**からバスで**氷穴**下車、徒歩すぐ

ぽっかり穴を開ける富岳風穴

▶天上山公園

▶河口湖富士山パノラマロープウェイ
住 南都留郡富士河口湖町浅川1163-1
TEL 0555-72-0363
開 平日9:30～16:00
　土・日曜・祝日9:30～17:00
休 無休
料 片道500円　往復900円
交 富士急行**河口湖駅**から徒歩15分
URL www.mtfujiropeway.jp

info 「富士には月見草がよく似合う」という一節で知られる、**太宰治**の『**富嶽百景**』。その舞台となったのが、富士山を背景に河口湖を見下ろす**御坂峠の天下茶屋**。今も太宰治が滞在した部屋が保存されている。

富士五湖のなかで最も富士山に近い

富士山と富士五湖周辺

山中湖(やまなかこ)

ダイヤモンド富士でも有名

標高約1000mの高原地にあり、夏は避暑地としても人気。SUPやカヌーなどのアクティビティや**水陸両用バスKABA**でクルーズが楽しめる。湖畔はサイクリングロードが整備されていて、レンタサイクルを楽しむことも。秋には紅葉祭り、冬にはワカサギ釣りが楽しめるほか、ダイヤモンド富士を鑑賞することも。年間を通してさまざまな体験ができる。

▶山中湖
住 南都留郡山中湖村
TEL 0555-62-3100(山中湖観光協会)
開 入場自由
交 富士急行**富士山駅**からバスで**山中湖**などで下車、徒歩すぐ
URL lake-yamanakako.com
▶水陸両用バスKABA
TEL 0555-73-8181
開 10:00～15:15(季節により便の増減あり)
休 不定休
料 2300円(7/20～8/31 2500円)
URL www.kaba-bus.com/yamanakako

富士山と花々の美しい共演が楽しめる

富士山と富士五湖周辺

山中湖花の都公園(やまなかこはなのみやここうえん)

8月中旬はヒマワリの大輪で一面が覆われる

富士山を背景に、30万㎡もの広大な花畑が広がる公園。春はチューリップ、夏はヒマワリ、秋にはコスモスというように季節の花が作り出す風景は、まるで大きな花の絨毯のよう。公園内をサイクリングできるほか、水と花のテーマパーク**清流の里**など見どころも多い。**フローラルドーム**では珍しい熱帯植物を鑑賞することができる。

▶山中湖花の都公園
住 南都留郡山中湖村山中1650
TEL 0555-62-5587
開 4/16～10/15 8:30～17:30
10/16～4/15 9:00～16:30
休 12～3月中旬の火曜
料 600円(4/16～10/15)
360円(10/15～11月と3/16～4/15)
無料(12/1～3/15)
交 富士急行**富士山駅**からバスで**花の都公園**下車、徒歩すぐ
URL www.hananomiyakokouen.jp

初夏はネモフィラが見頃

欧風の景色が広がるオルゴール美術館

富士山と富士五湖周辺

河口湖音楽と森の美術館(かわぐちこおんがくともりのびじゅつかん)

園内にはフォトジェニックなスポットが点在

数々の歴史的なオルゴールをはじめ、自動演奏機や世界最大級の**ダンスオルガン**など展示している体感型美術館。富士山を望む草花あふれる敷地内には、ヨーロッパ風の家々が立ち並ぶ。オルゴール箱の絵付けやドレスをレンタルしてプリンセス体験ができるほか、コンサートなども随時開催している。

▶河口湖音楽と森の美術館
住 南都留郡富士河口湖町河口3077-20
TEL 0555-20-4111
開 10:00～17:00(最終入場16:00)
休 火･水曜　料 1800円
交 富士急行**河口湖駅**からレトロバスで**河口湖音楽と森の美術館前**下車、徒歩すぐ
URL kawaguchikomusicforest.jp

世界最大規模のダンスオルガン

info 富士山麓に点在する5つの湖の総称、**富士五湖**は、山梨県出身で富士山麓電気鉄道(**現富士急行**)などを設立して地域一帯の開発に貢献し、文筆家、政治家としても活躍した**堀内良平**(1870～1944年)が命名した。

滝や奇岩が織りなす渓谷をゆったりハイキング　石和温泉と勝沼周辺

西沢渓谷（にしざわけいこく）

秩父多摩甲斐国立公園内にある、国内屈指の景勝地。エメラルドグリーンに輝く名瀑、**七ツ釜五段の滝**や吸い込まれそうに青い**三重の滝**など、渓谷沿いに数々の絶景が見られる。渓谷内には散歩道が設けられていて、マイナスイオンをたっぷり浴びながらゆったり散策することが可能。5月はシャクナゲ、秋には紅葉も楽しめる。

落差30m、5段になって流れる七ツ釜五段の滝

美しい庭園でも知られる信玄公の菩提寺　石和温泉と勝沼周辺

恵林寺（えりんじ）

元徳2(1330)年に**夢窓国師**（むそうこくし）が開山した臨済宗の寺で、戦国武将・**武田信玄の菩提寺**。武田不動尊とも称される、信玄公が自らを模刻させたという不動明王像のほか、ゆかりの品を集めた**信玄公宝物館**など、信玄公にまつわる見どころが多い。なお、境内奥には信玄公が眠る墓所があり、毎月12日の命日にのみ一般公開されている。

県の重要文化財に指定されている三門

夏には絶景、冬はスキーを楽しめる　清里・小淵沢・韮崎

サンメドウズ清里（さんめどうずきよさと）

ウインターシーズンは初心者から上級者まで楽しめる**スキー場**。合計8つのコースのほか子供専用エリアもある。ウインターシーズン以外は眺望抜群の**清里テラス**として営業。手前に清里高原、奥に富士山を望む絶景を目の前にソファでくつろぎながら、ゆったりとしたひとときを過ごすことができる。山頂にはカフェやドッグランも併設している。

すがすがしい天空の世界が広がる

▶西沢渓谷
住 山梨市三富川浦
TEL 0553-22-1111(山梨市観光協会)
開 入場自由　※2022年6月現在、七ツ釜五段の滝は周辺の橋改修中のため間近での見学不可
休 12/1～4/28
交 JR**山梨市駅**からバスで**西沢渓谷入口**下車、徒歩すぐ

新緑で彩られる渓谷

▶恵林寺
住 甲州市塩山小屋敷2280
TEL 0553-33-3011
開 8:30～16:30
休 無休　料 500円
交 JR**塩山駅**からバスで**恵林寺前**下車、徒歩すぐ
URL erinji.jp
▶信玄公宝物館
開 9:00～17:00
休 12～3月の木曜　料 500円

国の名勝に指定されている美しい庭園

▶サンメドウズ清里
住 北杜市大泉町西井出8240-1
TEL 0551-48-4111
交 JR**清里駅**からタクシーで7分
URL www.sunmeadows.co.jp
▶スキーリフト
開 シーズン中の8:30～16:30
休 無休　料 1日券4500円～
▶パノラマリフト
開 5月下旬～11月9:00～16:00
休 無休　料 1800円(往復のみ)

パノラマリフトに乗って空中散歩

info 数々のパワースポットが点在することで知られる**身延山**P.382。なかでも年に2回だけ現れる“**ダイヤモンド富士**”は特別。3月中旬と9月下旬～10月初旬のほんの数日だけ、山頂から富士山頂上に朝日が輝く姿が見られる。

牧場風景が広がる人気の宿泊観光施設

清里・小淵沢・韮崎

清泉寮（せいせんりょう）

広大な牧場で草を食むジャージー牛

戦後日本の復興に貢献したアメリカ人**ポール・ラッシュ博士**が昭和初期に青少年育成の場として建設したのが始まり。現在はグルメ、ショップ、アクティビティが楽しめる観光スポットとして一般公開されている。ジャージー種の牛乳を使ったソフトクリームやスイーツも試したい。自然を活かした体験プログラムやイベントなども多数ある。

森の中に広がるメルヘンの世界

清里・小淵沢・韮崎

萌木の村（もえぎのむら）

敷地内には高原の草花が咲き誇る

八ヶ岳南麓の大自然に囲まれて、個性あふれるレストランやカフェ、ミュージアム、体験施設など約30店舗が点在する複合施設。村中心の広場の小高い丘にはメルヘンチックなメリーゴーラウンドもあり、ランドスケープデザイナー、ポール・スミザー氏によって設計された庭では、高原に自生する草花の四季折々の姿を楽しむことができる。

ハイジの世界観に浸る

清里・小淵沢・韮崎

ハイジの村（はいじのむら）

4月には色鮮やかなチューリップが咲き誇る

人気アニメ**『アルプスの少女ハイジ』**の舞台であるスイス、アルプスの大自然を体感できる場所。北に八ヶ岳、西に南アルプスを望む広大な園内に色とりどりの花畑が広がり、ゆったりと散策が楽しめる。忠実に再現した山小屋や宿泊施設クララ館など、ハイジの世界観を満喫できる。スイスの名物チーズフォンデュを提供するレストランもある。

▶清泉寮
住 北杜市高根町清里3545
TEL 0551-48-2111
開 9:00～18:00（季節により変動）
休 無休　料 無料
交 JR清里駅からタクシーで5分
URL www.seisenryo.jp

▶ポール・ラッシュ記念館
TEL 0551-48-5330
開 10:00～17:00（最終入場16:30）
休 水・木曜　料 500円

見晴らしのいい展望テラスもある

▶萌木の村
住 北杜市高根町清里3545
TEL 0551-48-3522
開 5～11月10:00～18:00
12～4月10:00～17:00
（各施設による）
休 各施設による
料 有料施設あり
交 JR清里駅から徒歩8分
URL www.moeginomura.co.jp

クラフトビールが楽しめる店も

▶ハイジの村
住 北杜市明野町浅尾2471
TEL 0551-25-4700
開 9:00～18:00（季節により変動）
休 1～3月の火曜
料 710円
交 JR韮崎駅から茅ヶ岳みずがき田園行きバスで**ハイジの村**下車、徒歩すぐ
URL www.haiji-no-mura.com

色とりどりのバラを鑑賞できる

info **ジャージー牛**とは英仏海峡にあるジャージー島原産の牛のこと。小型でありながら丈夫で、ポール・ラッシュ博士によって連れてこられた。**八ヶ岳山麓の牧場**で飼育され、濃厚な牛乳を使った製品が人気を集めている。

キース・ヘリングの世界を体感　清里・小淵沢・韮崎

中村キース・ヘリング美術館
(なかむらきーす・へりんぐびじゅつかん)

1980年代のアメリカを代表するアーティスト、**キース・ヘリング**（1958～1990年）。独特なビジュアルコミュニケーションを確立し、混沌とする社会へとメッセージを投げかけた彼の作品は現在も多くの人に支持を得ている。この美術館は、「闇から希望へ」をテーマに設計され、ヘリング作品の放つエネルギーを体感することができる。

生命力あふれる「スカイステージ」

▶中村キース・ヘリング美術館
住 北杜市小淵沢町10249-7
TEL 0551-36-8712
開 9:00～17:00（最終入場16:30）
休 2月に冬期閉館あり
料 1500円
交 JR小淵沢駅からタクシーで8分
URL www.nakamura-haring.com

闇の空間の先に広がる希望の展示室

日帰りでも楽しめる森の中の非日常空間　清里・小淵沢・韮崎

星野リゾート リゾナーレ八ヶ岳
(ほしのりぞーと りぞなーれやつがたけ)

遊びと癒やしが詰まった**体験型ワインリゾート**。ヨーロッパの雰囲気漂うおしゃれな空間にカフェやショップ、レストランが軒を連ね、宿泊者以外でも立ち寄りで楽しむことができる。常時さまざまなイベントが開催されていて、乗馬やウインタースポーツなどのアクティビティも満載。子供から大人まで大自然を満喫できる。

夏にはマルシェもオープン

乗馬体験も楽しめる

▶星野リゾート リゾナーレ八ヶ岳
住 北杜市小淵沢町129-1
TEL 0570-073-055（リゾナーレ統合予約センター）
開 施設による
休 無休　料 施設による
交 JR小淵沢駅から送迎バスで5分
URL risonare.com/yatsugatake

ワインテイスティングもできる

春は桜、秋は紅葉の美しさでも知られる　身延町と県南西部

身延山
(みのぶさん)

日本仏教三大霊山のひとつとして数えられる身延山。麓には日蓮宗総本山として知られる**身延山久遠寺**（くおんじ）が立つ。鎌倉時代に創建され、境内には静寂な空気が漂う。裏の乗り場から**身延山ロープウエイ**に乗れば、約7分で標高1153mの山頂へ。東は富士山、南は駿河湾、北は南アルプスを見渡す大パノラマが一望できる。

奥之院思親閣の仁王門©身延山久遠寺

絶景を楽しみながら山頂へ

▶身延山
▶身延山久遠寺
住 南巨摩郡身延町身延3567
TEL 0556-62-1011
開 4～9月5:00～17:00
10～3月5:30～17:00
休 無休　料 無料（宝物館300円）
交 JR身延駅からバスで身延山下車、徒歩5分
URL www.kuonji.jp
▶身延山ロープウエイ
住 南巨摩郡身延町身延字上の山4226-2
TEL 0556-62-1081
開 平日10:00～15:00
土・日曜・祝日9:30～15:00
休 不定休
料 片道860円　往復1500円
URL www.minobusanropeway.co.jp

info **富士急ハイランド**は絶叫マシンだけでなく、お化け屋敷「**戦慄迷宮**」の怖さも世界屈指。怖さのあまり途中でリタイヤする人が続出している。

ショップ&グルメが集うレトロな路地 **甲府と周辺**

甲州夢小路（こうしゅうゆめこうじ）

個性的な店が軒を連ねている

明治、大正、昭和初期のレトロな**甲府城下町**を再現した町並み。石畳の情緒あふれる路地に、ギャラリーやショップ、飲食店など20店舗近くが軒を連ねる。明治時代初期まで、200年以上にわたって時刻を知らせていた**時の鐘**も再現されている。

▶甲州夢小路
住 甲府市丸の内1-1-25
TEL 055-298-6300
開 休 店舗による
交 JR**甲府駅**から徒歩2分
URL koshuyumekouji.com

ミレーの豊富なコレクションで知られる **甲府と周辺**

山梨県立美術館（やまなしけんりつびじゅつかん）

特別展も年4回開催されている

ミレーの美術館として知られるように、19世紀のフランス人画家・ジャン=フランソワ・ミレーの作品を数多く収蔵。代表作『**種をまく人**』のほか、コローやテオドール・ルソーなど、同時期に活躍した**バルビゾン派**画家の貴重な作品の数々を見ることができる。

▶山梨県立美術館
住 甲府市貢川1-4-27
TEL 055-228-3322
開 9:00～17:00（最終入場16:30）
休 月曜（祝日を除く）、祝日の翌日、年末年始、臨時休館あり
料 520円（特別展は別途）
交 JR**甲府駅**からバスで**山梨県立美術館**下車、徒歩すぐ
URL www.art-museum.pref.yamanashi.jp

日本有数の絶叫マシンが勢揃い **富士山と富士五湖周辺**

富士急ハイランド（ふじきゅうはいらんど）

ひねりながら落下する高飛車

富士山の裾野にある巨大アミューズメントパーク。「キング・オブ・コースター」として知られる**FUJIYAMA**や最大落下角度121度の**高飛車**など、世界記録にも認定された世界一の絶叫コースターをはじめ、非日常が味わえる数々のアトラクションが揃っている。

▶富士急ハイランド
住 富士吉田市新西原5-6-1
TEL 0555-23-2111
開 9:00～18:00（季節により変動）
休 無休
料 1日フリーパス6300円
交 富士急行**富士急ハイランド駅**から徒歩すぐ
URL www.fujiq.jp

お化け屋敷も人気

失われた日本一美しい集落を再現した **富士山と富士五湖周辺**

西湖いやしの里根場（さいこいやしのさとねんば）

タイムトリップしたかのような空間が広がる

その昔、日本一美しいと称されながらも台風の影響で一夜にして消滅した**根場集落**（ねんばしゅうらく）を再現。茅葺屋根の民家20棟が点在し、原風景に囲まれながら陶芸、釘彫金やちりめん細工などの伝統工芸品や民芸品作り体験、郷土料理が楽しめる。特産品を扱う店も充実。

▶西湖いやしの里根場
住 南都留郡富士河口湖町西湖根場2710
TEL 0555-20-4677
開 3～11月9:00～17:00
　12～2月9:30～16:30
最終入場は30分前
休 無休　料 500円
交 富士急行**河口湖駅**からレトロバスで**西湖いやしの里根場**下車、徒歩すぐ
URL saikoiyashinosatonenba.jp

富士山を借景に四季折々の絶景が楽しめる

info **バルビゾン派**とは1830～70年頃、フランスのバルビゾン村に滞在し、自然風景やそこに暮らす人々を描いた画家たちのこと。ミレーはコローやルソーと並ぶ中心的存在のひとりで、風景画や農民画を写実的に描いたことで知られる。

信玄公ゆかりの品や史跡が残る 甲府と周辺

武田神社（たけだじんじゃ）

戦国時代の名将、武田信玄を御祭神として祀る神社。大正8(1919)年に建てられて以来、**甲斐の国の総鎮護**として信仰を集めている。宝物殿にある風林火山の旗指物（はたさしもの）は必見。

勝ち運の御神徳がある

▶武田神社
住 甲府市古府中町2611
TEL 055-252-2609
開 入場自由
交 JR**甲府駅**からバスで**武田神社**下車、徒歩すぐ
URL www.takedajinja.or.jp
▶**宝物殿**
開 9:30～16:00
休 水曜（祝日の場合は翌日）
料 300円

眺望抜群の高台で開放気分に浸る 甲府と周辺

ほったらかし温泉（ほったらかしおんせん）

富士山を望む「**こっちの湯**」と眼下に甲府盆地、右手に富士山を一望できる「**あっちの湯**」がある。いずれも立地を活かした開放感たっぷりの露天風呂で、夜は満天の星空が楽しめる。

真正面に富士山が見える「こっちの湯」

▶ほったらかし温泉
住 山梨市矢坪1669-18
TEL 0553-23-1526
開 日の出1時間前～22:00（最終入場21:30）
休 無休　料 800円
交 JR**山梨市駅**からタクシーで10分
URL www.hottarakashi-onsen.com

甲府盆地の夜景が楽しめる「あっちの湯」

富士の裾野に鎮座する屈指のパワースポット 富士山と富士五湖周辺

北口本宮富士浅間神社（きたぐちほんぐうふじせんげんじんじゃ）

日本武尊（やまとたけるのみこと）がこの地で富士山を遥拝し、大鳥居を建てたのが始まり。後に**浅間大神**（あさまのおおかみ）を祀る神殿が建てられた。現在は、登拝者が安全を祈って訪れる場所としても知られる。

本殿は国の重要文化財

▶北口本宮富士浅間神社
住 富士吉田市上吉田5558
TEL 0555-22-0221
開 入場自由
交 富士急行**富士山駅**からバスで**浅間神社前**下車、徒歩すぐ
URL www.sengenjinja.jp

富士山と桜を望む絶景スポット 富士山と富士五湖周辺

新倉富士浅間神社（あらくらふじせんげんじんじゃ）

新倉山の中腹に鎮座する、赤い大鳥居と五重塔（忠霊塔）が印象的な神社。398段の階段を上ると視界が開け、富士山の雄大な姿を一望できる。**桜の名所**としても有名。

桜の時期は多くの人でにぎわう

▶新倉富士浅間神社
住 富士吉田市浅間2-4-1
TEL 0555-23-2697
開 入場自由
交 富士急行**下吉田駅**から徒歩5分
URL www.arakurafujisengen.com

グルメ&ショップが楽しめるおしゃれな空間 富士山と富士五湖周辺

富士大石ハナテラス（ふじおおいしはなてらす）

草花あふれる敷地内に、山梨の特産品や雑貨を扱う店が9店舗点在。富士山と河口湖を一望できるテラスなども整備されていて、ゆったりと買い物や食事が楽しめる。

草花に囲まれた散策路もある

▶富士大石ハナテラス
住 南都留郡富士河口湖町大石1477-1
開 店舗による
休 無休
交 富士急行**河口湖駅**からバスで**河口湖生活館**下車、徒歩2分
URL www.fujioishihanaterasu.com

目の前に絶景が広がる好立地

info 甲州、勝沼周辺には約80ものワイナリーが点在している。好きなワイナリーを選んで自由に巡りたいのであれば、**ワインタクシー**が便利。詳細はウェブサイト（URL yamanashiwinetaxi.com）を確認しよう。

甲州ワインを思う存分楽しめる複合施設　石和温泉と勝沼周辺

甲州市勝沼ぶどうの丘

約2万本のワインが貯蔵

ワインショップ、飲食店、温泉などが点在。地下ワインカーヴでは、タートヴァン（試飲容器）を購入すれば、約200種類のワインを好きなだけ試飲することができる。

▶甲州市勝沼ぶどうの丘
住 甲州市勝沼町菱山5093
TEL 0553-44-2111
交 JR**勝沼ぶどう郷駅**から徒歩15分
URL budounooka.com
▶地下ワインカーヴ
開 9:30～17:30（最終入場17:00）
休 無休
料 1520円（タートヴァン）

ワインとともにバーベキューも楽しめる

工場見学からお買い得品まで　石和温泉と勝沼周辺

桔梗信玄餅工場テーマパーク

桔梗信玄餅の製作工程を間近で見学

甲州銘菓、**桔梗信玄餅**の工場。大人気の**お菓子の詰め放題**にも挑戦できる。桔梗信玄ソフト+(プラス)などが食べられるカフェや賞味期限が迫ったお菓子を半額以下で買えるアウトレットもある。

▶桔梗信玄餅工場テーマパーク
住 笛吹市一宮町坪井1928
TEL 0553-47-3700（代表）
開 9:00～17:00　休 無休
料 お菓子の詰め放題220円
交 JR**石和温泉駅**からタクシーで5分
URL kikyouya.co.jp

高原に放たれたかわいい動物たちと触れ合える　清里・小淵沢・韮崎

まきば公園

近くまで寄って触れ合うことも

八ヶ岳南麓に広がる広大な牧場の一部を一般開放。羊やヤギ、ウサギなどの動物たちと触れ合える。地元食材を使ったレストランで、牧場グルメも堪能したい。

▶まきば公園
住 北杜市大泉町西井出8240-1
TEL 0551-38-0220
開 4月中旬～11月上旬9:00～17:00
休 月曜（祝日の場合は翌日）、11月中旬～4月上旬
料 無料
交 JR**清里駅**からタクシーで10分
URL www.yatuboku.jp/makiba-home

名水からこだわりの原酒を生み出す"森の蒸溜所"　清里・小淵沢・韮崎

サントリー白州蒸溜所

森の中にひっそりとたたずむ蒸溜所

木々に囲まれた工場で、世界でも類を見ない多彩な原酒の造り分けの様子が見学できる。ウイスキーの歴史・文化が学べる博物館やショップ、レストラン（現在休業中）なども併設している。

▶サントリー白州蒸溜所
住 北杜市白州町鳥原2913-1
TEL 0551-35-2211
開 9:00～16:30（最終入場16:00）
休 年末年始、工場休業日（臨時休業あり）
料 無料（要予約）、有料ツアーあり（要予約）
交 JR**小淵沢駅**からタクシーで15分
URL www.suntory.co.jp/factory/hakushu

有料ツアーではガイドの説明を聞きながらのテイスティングが楽しめる

自然×建築の調和とアートをゆったり堪能　清里・小淵沢・韮崎

清春芸術村

外観が特徴的なラ・リューシュ

小学校跡地に、**清春白樺美術館**、エッフェルの建築を再現した**ラ・リューシュ**、自然光の美しさを最大限に利用した**光の美術館**など、建築物や彫刻が点在している。

▶清春芸術村
住 北杜市長坂町中丸2072
TEL 0551-32-4865
開 10:00～17:00（最終入場16:30）
休 月曜（祝日の場合は翌日）、年末年始
料 1500円
交 JR**長坂駅**からタクシーで6分
URL www.kiyoharu-art.com

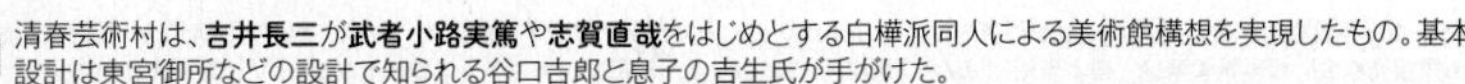
info 清春芸術村は、**吉井長三**が**武者小路実篤**や**志賀直哉**をはじめとする白樺派同人による美術館構想を実現したもの。基本設計は東宮御所などの設計で知られる谷口吉郎と息子の吉生氏が手がけた。

長野県

NAGANO

長野県

長野市

人口
204.8万人（全国16位）
面積
1万3562km²（全国4位）
県庁所在地
長野市
県花
りんどう

アルクマ
信州をクマなく歩きまくり、信州の魅力を世の中にクマなく広めるPRキャラクター
©長野県アルクマ
22-0010

りんどう
9～11月頃に紫色の美しい花を咲かせる

かつて信濃国（しなののくに）であったことから「信州」の名でも知られる長野県。本州のほぼ真ん中に位置する8つの県に囲まれた内陸県で、3大都市圏からのアクセスがよいことから避暑地としても人気が高い。3つのアルプスをはじめとする標高2000～3000m級の山脈に囲まれた山岳県でありながら、内部にも山々や盆地が点在。それらの地理的要素に加え、歴史的背景が加わり、同じ県内であっても地域によって風土や文化がまったく異なる。

旅の足がかり

長野市

県北部の中心都市。県庁所在地であり、県下最大の人口を誇る。もともと**善光寺**P.394の門前町として、また、北国(ほっこく)街道の宿場町として発展した。戦国時代には武田信玄と上杉謙信による川中島の戦いをはじめ、多くの舞台となり、支配者がめまぐるしく変わった。平成9（1997）年に北陸新幹線が開業、平成27（2015）年には金沢まで延びたことで、さらに東京、大阪方面からのアクセスが良好に。平成10(1998)年の第18回冬季オリンピックの開催地としても知られている。

松本市

長野市に次ぐ人口第2の都市で、明治9（1876）年まで県庁が置かれていた。**松本城**P.398を中心に栄えた旧城下町で、市内には多くの史跡が点在。明治初期には日本でいち早く小学校を開校、官立旧制高等学校を招致するなど、古くから教育に熱心であった地でもある。今も文化を大切にする風土は受け継がれ、さまざまなイベントが開催されている。

諏訪市

大正から昭和初期にかけて、製糸業で栄えた地域。戦後は「東洋のスイス」と呼ばれ、精密機械工業の中心地として発展していった。諏訪盆地のほぼ中心に位置し、東京や名古屋からも車で2時間程度とアクセスがよく、**諏訪湖**P.395をはじめ、**霧ヶ峰高原**P.399や**諏訪大社**P.395などの見どころを抱えていることから、観光地としても人気がある。

地理と気候

東西に狭く、南北に長い地形。3000m級の山々や、盆地が複雑に点在しているため、隣接していても行き来が容易でない場所も数多い。また、気候風土は地域によってかなり異なる。

【夏】全体的に冷涼で過ごしやすい。長野や松本市などの盆地部では日中に気温が上がることも珍しくないが、朝晩は涼しい。

【冬】北部～中部、東部には豪雪地帯と呼ばれる地域もある一方、南部で大雪が降ることは珍しい。とはいえ冬の冷え込みはかなり厳しい。

P.386～403 写真提供：公益財団法人ながの観光コンベンションビューロー　諏訪地方観光連盟　（一社）塩尻市観光協会　諏訪市　茅野市　遠山郷観光協会　松本城管理課　南木曽観光協会　別所温泉旅館組合　上田市マルチメディア情報センター　上高地観光旅館組合

アクセス

東京から ▸▸▸	所要時間
新幹線 東京駅▶長野駅（かがやき）	1時間20分
新幹線 東京駅▶軽井沢駅（はくたか）	1時間5分
JR線 新宿駅▶松本駅（特急あずさ）	2時間40分
高速バス バスタ新宿▶長野駅	4時間40分
愛知から ▸▸▸	**所要時間**
JR線 名古屋駅▶長野駅（特急しなの）	3時間
JR線 豊橋駅▶飯田駅（特急伊那路）	2時間33分
高速バス 栄駅▶長野駅	5時間30分
高速バス 名鉄バスセンター▶松本BT	3時間30分
富山から ▸▸▸	**所要時間**
新幹線 富山駅▶長野駅（かがやき）	46分

BT:バスターミナル

県内移動

▶長野駅から木曽方面へ

長野駅から木曽福島駅までは特急**しなの**が便利。7:00〜19:00までの毎正時に出発。所要1時間30分。

▶長野から白馬へ

長野駅から篠ノ井線で松本駅まで行き大糸線に乗り換えて白馬駅まで。所要約3時間30分。

アルピコ交通の直通バスが1〜2時間に1便程度の運行。所要約1時間。

▸▸▸アクセス選びのコツ

長野駅〜松本駅間は篠ノ井線と信越本線にまたがるが、普通列車でもほとんどの場合乗り換えが不要。

JR飯田線は便数が少ないので、南信地域の伊那や飯田はバスの移動がメイン。東京や名古屋とを結ぶ便も多い。

信州まつもと空港は伊丹空港のほか、福岡空港や新千歳空港発着の便がある。空港から松本のバスターミナルまでシャトルバスが運行している。

交通路線図

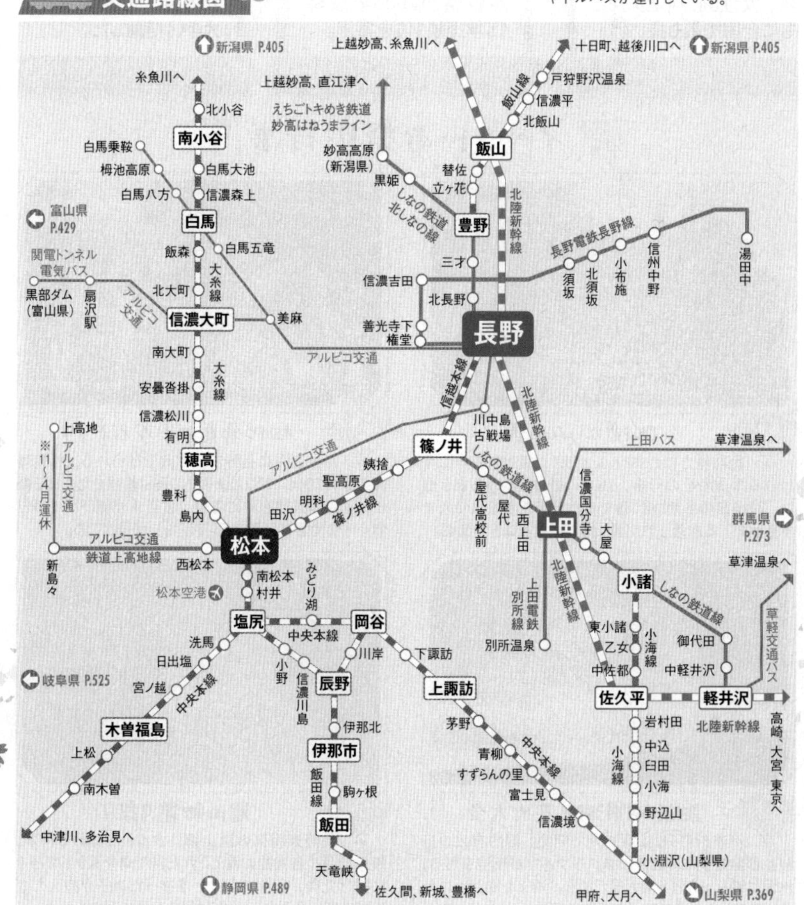

長野県

うちの県はここがすごい

一 健康寿命全国1位

国民健康保険中央会が行った統計によると、「日常生活動作が自立している期間の平均」を指標とした平均自立期間（健康寿命）は男性81.1年、女性84.9年と男女ともに全国で最も長い。

二 移住したい都道府県全国1位

豊かな自然と大都市へのアクセスの良さで知られる長野県。『田舎暮らしの本』（宝島社）が行っている「移住したい都道府県ランキング」で、長野県が2006年以降15年連続1位を獲得。

三 博物館・美術館の数全国1位

文部科学省が3年ごとに実施している社会教育調査によると、2018年の長野県内にある博物館・美術館の数は計345館で全国最多。2位の北海道、3位の東京都を大きく引き離した。

イベント・お祭り・行事

① 御柱(おんばしら)祭

諏訪地方に1200年以上続く、寅と申の年に行われる諏訪大社の行事。16本の御柱を山から曳き出し、2社4宮の各境内に建てる。氏子たちを乗せたまま急坂を下る木落しや川越しなど、見どころが満載。

② 松代藩真田十万石まつり

毎年10月に長野市松代町で行われる、松代藩真田家の10代、250年あまりに及ぶ善政をたたえる祭り。当時の衣装を身に着け、数百人が城下町を練り歩く「松代藩真田家十万石行列」が見どころ。

③ 諏訪湖祭湖上花火大会

例年8月15日に諏訪湖で開催。国内有数の打ち上げ数を誇り、数々のスターマインが夜空を彩る。水面に映し出される姿も見どころ。湖上を約2kmにわたって流れる大ナイアガラ瀑布で締めくくられる。

④ 遠山郷霜月祭り

長野県南部の遠山郷に古くから伝わる神事。毎年12月、各神社に備えられた釜で湯を沸かして神々に捧げた後、天狗の面などを被った神子が煮えたぎる湯に素手を入れ、周囲に振りかけて邪気を払う。

必ず食べたい 名物グルメ

信州そば

高冷地での栽培に適しているため、古くから栽培されてきたそば。そば切り（現在のそば）に関しては諸説あるが、中山道沿いの本山宿（塩尻市）が発祥地ともいわれている。

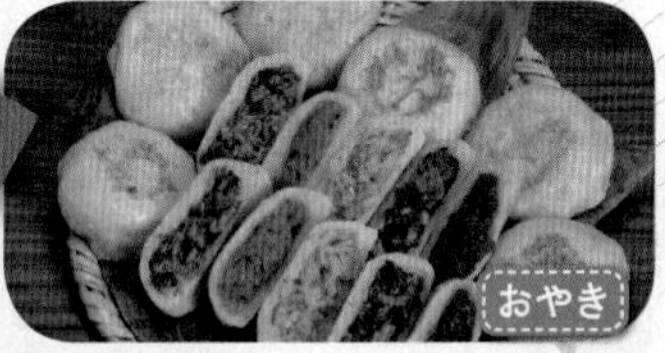

おやき

代表的な郷土料理のひとつ。小麦やそばなどの粉を水で溶いて練った生地に、ナスの味噌煮や野沢菜漬けの煮物などの調理具材を包んだもの。蒸したり焼いたりして食べる。

五平餅

炊き立てのご飯を米粒の形状が残っている程度につぶして楕円形や団子形にして固め、串に刺したもの。味噌だれ（クルミ、ゴマ入りのものも）をつけて炭火であぶって食べる。

もらえば笑顔 定番みやげ

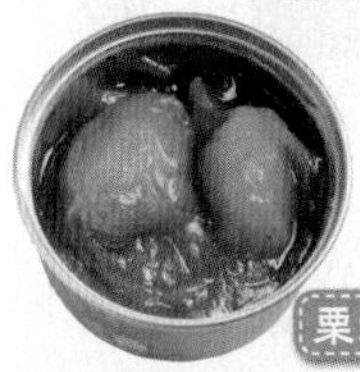

栗かのこ

栗の名産地として知られる小布施の名物菓子。蜜漬けにした栗を丸ごと栗のあんに混ぜたもので、栗の風味とおいしさが一缶にぎっしりと詰まっている。

雷鳥の里

50年以上のロングセラーを誇る、県鳥でもある雷鳥をイメージして作られた銘菓。さくっとした歯触りの欧風せんべいの間にまろやかなクリームがサンドされている。

地元っ子愛用 ローカル味

牛乳パン

戦後の貧しい時代に「栄養のあるパンを子供たちに」と売り出されたのが始まり。ふわふわ生地に牛乳クリームがたっぷり挟まっていて、どこか懐かしさを感じる優しい甘さが特徴。

野沢菜茶漬け

野沢温泉村を中心に栽培されてきた野沢菜。おもに漬物にして食べられてきた。その野沢菜漬けをフリーズドライにした商品で、ふりかけの定番として多くの県民に愛されている。

信州みそ

米麹と大豆で作られる、山吹色でさっぱりとしたうま味と豊かな芳香が特徴の辛口味噌。鎌倉時代に宋から伝わり、戦国時代に普及、現在県内に100軒以上もの味噌蔵が点在。

匠の技が光る 伝統工芸

木曽漆器

旧木曽郡楢川村（現塩尻市）とその周辺で製造される漆器。木地には木曽五木と呼ばれる良材、原料木には天然漆を使用。長く使用するほど艶が増し、丈夫になっていくのが特徴。

お六櫛

木曽路・藪原宿で280年以上も前から作られてきた、頑強なミネバリの木で作られる梳き櫛。櫛の使い心地を決定づける1本1本の梳き歯には、熟練の職人の技が詰まっている。

ワカルかな？ 長野のお国言葉

ごしたいけど、ずく出して行って来ず！

Ans. すごく大変だけど、やる気出して行って来るか

1泊2日で巡る 長野県

1日目

北から南へ縦断し、善光寺、安曇野、松本城、諏訪湖といった王道観光スポットを巡る。自然、温泉、史跡と盛りだくさん。

9:00 JR長野駅

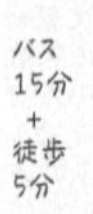

バス15分＋徒歩5分

写真提供：善光寺

9:20 **開運願って善光寺参り** ▶P.394

絶対秘仏が祀られた仏教寺院を参拝。極楽の錠前に触れると幸せになれるという「お戒壇巡り」にもチャレンジ。

徒歩5分

10:30 **仲見世通りでおみやげゲット**

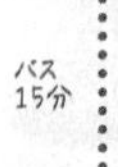

写真提供：善光寺

参拝後は、山門から続く仲見世通りでおみやげ探し。定番の七味唐辛子も要チェック。

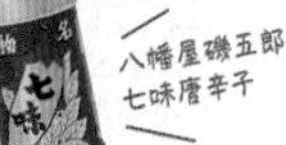

八幡屋礒五郎の七味唐辛子

バス15分

11:00 JR長野駅

バス70分

12:10 JR信濃大町駅

鉄道15分

12:30 **穂高駅で自転車レンタル＆信州そばランチ**

田園風景が広がる安曇野をサイクリング。フォトジェニックなスポットも点在。

自転車15分

13:45 **大王わさび農場でグルメ＆撮影タイム** ▶P.401

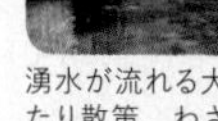

湧水が流れる大農園をゆったり散策。わさびグルメも見逃せない。

わさびソフトクリーム

自転車15分

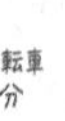

15:30 **碌山美術館でアートに浸る** ▶P.402

ヨーロッパの教会のような外観がひときわ目を引く美術館に立ち寄り、日本近代彫刻の先駆者、荻原守衛の作品を鑑賞。

自転車5分

17:00 JR穂高駅

自転車の返却はここで

タクシー10分

17:10 **穂高温泉郷で宿泊** ▶P.393

北アルプスの麓、安曇野を望む小高い山間に広がるエリア。自慢の露天風呂でゆったり旅の疲れを癒やしたい。

国の登録有形文化財でもある自家源泉自慢の宿に宿泊
明治～昭和初期の世界へタイムトリップ

昭和初期の姿を残す、4階建ての木造建築

歴史の宿 金具屋

中央にそびえる「斉月楼」をはじめ、文化財の棟は昭和11（1936）年に建てられたもの。宮大工ならではの荘厳な造りでありながら、いたる所に“遊び”が取り入れられている。源泉100%かけ流しの温泉も自慢のひとつ。4つの自家源泉と8つの浴場があり、泉質も趣向も違うさまざまな温泉が楽しめる。

レトロな雰囲気が魅力的な浪漫風呂

住 下高井郡山ノ内町平穏2202
TEL 0269-33-3131
交 長野電鉄**湯田中駅**からバスで**渋温泉**下車、徒歩2分
料 1泊2食付き1万7600円～
URL www.kanaguya.com

2日目

大糸線の車窓も楽しめる

8:15 JR穂高駅

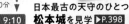

鉄道30分

8:45 JR松本駅

徒歩20分

9:10 日本最古の天守のひとつ
松本城を見学 ▶P.398

外観を見学したら、国宝にも指定されている天守群の構造を内部からもチェック。

アーチ型の花頭窓

徒歩20分

10:30 JR松本駅

鉄道60分

11:30 JR奈良井駅

徒歩7分

11:40 **奈良井宿**を散策 ▶P.400

どこを切り取っても絵になる風景が広がる。古民家を改装したカフェやショップに立ち寄りながらの散策が楽しい。

ランチもここで!

徒歩7分

13:20 JR奈良井駅

鉄道50分

JR塩尻駅で特急あずさに乗り換え。

14:10 JR上諏訪駅

徒歩5分

14:20 **諏訪湖**で ▶P.395
遊覧船&足湯を満喫

湖畔には遊歩道も整備されていて、足湯など無料で楽しめるスポットも充実している。

諏訪湖一周遊覧船すわん

徒歩10分

16:00 **片倉館**で ▶P.395
話題の千人風呂を体験

諏訪湖畔に建つ、大正ロマン漂う建物内へ。ゆったり温泉に浸り、リフレッシュ。

レトロ装飾が美しい千人風呂

安曇野をサイクリング

北アルプスからの名水に恵まれ、のどかな田園風景が続く安曇野には、フォトジェニックなスポットが点在。道路脇には古くから集落を見守ってきた守り神・道祖神が600体以上も祀られている。自転車をレンタルして自由気ままに繰り出せば、きっとすてきな風景に出合えるに違いない。

おすすめ! 泊まるならココ

「神の降り立つ地」ともいわれる山岳リゾートで、大自然に包まれてながら優雅なひとときを

上高地帝国ホテル(かみこうちていこく)

日本初の本格的な山岳リゾートホテルとして昭和8(1933)年に開業。赤い三角屋根と丸太小屋風の外観は当時から変わらず、扉の向こうにはホテルのシンボルであるマントルピースを中心に、木のぬくもりを感じる空間が広がっている。レストランなど施設も充実で、大自然に抱かれた優雅な滞在が楽しめる。

住 松本市安曇上高地
TEL 0263-95-2001
交 松本電鉄**新島々駅**からバスで**帝国ホテル前**下車、徒歩すぐ
料 1泊1室3万5090円～
URL www.imperialhotel.co.jp/j/kamikochi

2022年からはサステナブルなホテルへの取り組みをさらに推進

長野県の歩き方

▶長野市観光情報センター
住 長野市栗田字北河原1038-4（JR長野駅構内東西自由通路）
TEL 026-226-5626
開 9:00〜18:00（12/30〜1/3 10:00〜15:00）
休 無休
URL www.nagano-cvb.or.jp

▶軽井沢観光会館
観光案内所のほか、軽井沢鉄道ミニ博物館や見どころを紹介する視聴覚スペース、テレワーク室もある。
住 北佐久郡軽井沢町軽井沢739-2
TEL 0267-42-5538
開 9:00〜17:00　休 年末
交 旧軽井沢銀座通り P.398にある
URL karuizawa-kankokyokai.jp

旧軽井沢商店街にあるレトロな外観の建物

▶新幹線上田駅観光案内所
住 上田市天神 上田駅お城口側
TEL 0268-26-5001
開 9:00〜18:00
休 12/29〜1/3
URL www.city.ueda.nagano.jp/site/kankojoho

長野市と北信エリア

長野市郊外の戸隠の絶景

北信の玄関口となるのが**長野市**。東京、金沢方面からの新幹線が乗り入れ、松本、伊那などの中信、南信へは篠ノ井（しののい）線、佐久、小諸などの東信方面へは、しなの鉄道などが延びる。市街地は循環バスや市営バスが巡回していて、**善光寺** P.394をはじめ、**戸隠神社** P.396など、おもな見どころはほぼ網羅。長野電鉄を利用すれば、小布施町（おぶせまち）や**渋温泉** P.397などへも公共交通機関のみで楽に移動できる。

おみやげ

八幡屋礒五郎　元文元（1736）年創業の老舗。辛味と香りの調和のとれた七味は独特の味わいで古くから善光寺みやげとして人気がある。

定番の七味缶のほかスパイスチョコなども人気

軽井沢と東信エリア

レトロな町並みが広がる別所温泉

長野行きの北陸新幹線が**軽井沢駅、佐久平駅、上田駅**に停車するため、東京方面からのアクセスは良好。避暑地として人気の軽井沢町内は循環バスで移動できるが、1〜2時間に1本と便数は少ないので注意が必要。

プチ雑学

懐古園にはさまざまな文化施設が点在

城下町 小諸　懐古園 P.397を中心とする城下町として栄え、多くの文人たちを惹きつけてきた小諸。最近では、テレビアニメ『あの夏で待ってる』『ろんぐらいだぁす！』など、アニメの聖地巡礼で訪れる人も多い。北陸新幹線が停車する軽井沢、佐久平、上田のいずれの駅からも在来線で15〜20分の位置。

info 北信濃の支配権をめぐり、甲斐国（現山梨県）の武田信玄と越後国（現新潟県）の上杉謙信との間で行われた川中島（現長野市）の戦い。**川中島古戦場史跡公園**として整備され、一般に公開されている。

松本と中信エリア

穂高連峰を映し出す上高地の大正池

西に標高3000m級の**北アルプス**、東に**美ヶ原高原**P.397といった山地に囲まれたエリア。東京、名古屋を結ぶちょうど中間にあり、東京方面から特急**あずさ**、名古屋、長野方面からは特急**しなの**が松本駅に乗り入れている。路線は1時間に1本程度と少ないので旅の計画は念入りに。

グルメ

山賊焼　鶏のもも肉を1枚丸ごと豪快に揚げた山賊焼。塩尻市の飲食店がルーツで、現在では市内ではもちろん、松本市の多くの飲食店でも提供されている。

豪快にかぶりつくのが地元流

諏訪・蓼科エリア

真夏でも涼しい高原地帯

諏訪湖P.395を中心とした諏訪盆地。その先には、縄文時代の史跡で知られる**八ヶ岳**(やつがたけ)山麓、避暑地として人気の**蓼科**(たてしな)や**霧ヶ峰高原**P.399などの大自然が広がっている。諏訪湖周辺は比較的動きやすいが、高原地帯を結ぶバスは数が限られているので旅の計画は念入りに。タクシーは駅周辺で手配できる。

足を延ばせば

ビーナスライン　茅野市から美ヶ原高原までの高原地帯を駆け抜ける約76㎞の絶景ドライブルート。優美な曲線を描きながら上がっていくことから、ギリシャ神話の女神にちなんで名付けられたとも。

蓼科湖、霧ヶ峰高原などの見どころが点在

木曽・伊那エリア

四季折々の色で染まる天竜峡

中山道の宿場が点在する**木曽**と、中央アルプス、南アルプスの荘厳な景色が広がる**伊那**。険しい峠や谷間が入り組んだ地形で、独特の風土や文化が息づいている。松本、塩尻、諏訪方面とはJRなどで結ばれているが、本数はそれほど多くない。

アルプスを望む穂高温泉郷

安曇野市西部にある、北アルプスの豊かな自然に恵まれた温泉郷。ペンションから割烹旅館、豪華ホテルまで、さまざまな宿泊施設が揃っている。

温泉自慢の宿が点在

▶松本市観光案内所
住 松本市深志1-1
(JR松本駅構内)
TEL 0263-32-2814
開 9:00～17:45
休 12/29～1/3
URL www.matsumoto-tca.or.jp

▶安曇野市観光情報センター
住 安曇野市穂高5952-3
(JR穂高駅ロータリー向かい)
TEL 0263-82-9363
開 4～10月9:00～17:30
11～3月9:00～17:00
休 年末年始
URL azumino-e-tabi.net

▶諏訪市観光案内所
住 諏訪市諏訪1-1-18
(JR上諏訪駅内)
TEL 0266-58-0120
開 9:00～17:30
休 年末年始
URL www.suwakanko.jp

秘境の里、遠山郷

長野県最南端に位置する、山と渓谷に囲まれた秘境の里。"神々が舞い降りる不思議の谷"ともいわれ、山村独特の風土が今も受け継がれている。

霜月祭りの様子

▶木曽おんたけ観光局
住 木曽郡木曽町福島2012-5
(JR木曽福島駅前)
TEL 0264-25-6000
開 8:30～17:30　休 12/29～1/3
URL www.kankou-kiso.com

info 日本を代表する映画監督·脚本家の小津安二郎氏がこよなく愛した茅野市**蓼科**。蓼科湖から2kmほど上ったところに山荘**無藝荘**(むげいそう)がある。小津氏はここで『東京暮色』以降、没するまでの7作のシナリオを執筆した。

長野県の見どころ

▶ 善光寺
住 長野市大字長野元善町491-イ
TEL 026-234-3591
開 入場自由(本堂は4:30~16:30、季節による)
休 無休
交 JR**長野駅**からバスで**善光寺大門**下車、徒歩5分
URL www.zenkoji.jp

「定額山」の額が掲げられた仁王門

山門へ続く仲見世通り

1400年も昔から多くの参拝者を惹きつけてきた　長野市と北信エリア

善光寺(ぜんこうじ)

国宝指定「撞木造り」の本堂　写真提供:善光寺(3点)

「一生に一度は善光寺参り」で有名な、無宗派の仏教寺院。男女、身分の区別なく、お参りすればだれもが極楽浄土へ行けるとのことで日本各地から参拝者が訪れる。本尊は日本最古の**一光三尊阿弥陀如来**(いっこうさんぞん)で、仏教伝来の際に百済から日本へと伝えられた。絶対秘仏である本尊の代わりに前立本尊を公開する御開帳が開催される。本堂瑠璃壇の戸帳奥には本尊が安置されており、壇床下の回廊を巡って**極楽の錠前**に触れると真上の本尊に伝わり、往生の際に極楽浄土へと導いてくれるといわれている。

info 諏訪湖周辺の美術館や博物館をはじめとする多くの見どころを巡るには、**サイクリング**が最適。上諏訪駅や観光施設、宿泊施設などでレンタルできる。詳細は URL cycling.suwa-tourism.jp/suwa-guideで検索。

「御神渡り」や「諏訪湖の花火」で知られる県最大の湖　諏訪・蓼科エリア

諏訪湖（すわこ）

高台から見た諏訪盆地と諏訪湖

諏訪盆地の中心に位置する周囲約16kmの湖。寒い冬に湖面が凍結して盛り上がり、氷の道が現れる珍しい現象、**御神渡り**（おみわたり）で知られ、諏訪大社上社から対岸の下社へ向かって神が通った跡との言い伝えも。最近では、大ヒットしたアニメ映画に登場する湖のモデルともいわれ、話題となった。

湖畔には、アール・ヌーヴォーを代表するガラス工芸品の数々を所蔵する**北澤美術館**をはじめ、数々の美術館や博物館が点在している。サイクリングロードが整備されているので、自転車をレンタルして巡るのもおすすめ。

古事記にも登場する日本最古の神社のひとつ　諏訪・蓼科エリア

諏訪大社（すわたいしゃ）

本殿を持たない、独特の様式をもつ本宮

全国各地にある諏訪神社の総本社。諏訪湖周辺に**上社**（本宮、前宮）、**下社**（秋宮、春宮）の4つの境内があり、御神木や御山を御神体としている。社殿の周囲には御柱と呼ばれる4本の柱が立てられていて、7年目ごとに行われる神事**御柱祭**（おんばしらさい）P.388で立て替えられる。

深さなんと1.1m!　大理石造りの天然温泉の大浴場　諏訪・蓼科エリア

片倉館（かたくらかん）

装飾が美しい大理石造りの千人風呂

大正から昭和初期に製糸産業で財を成した片倉財閥が、地域住民の社交の場として建設した施設。ロマンあふれる内観で、一度に100人が入れるほどの広さで、**千人風呂**と呼ばれる大浴場の底には玉砂利が敷き詰められ、周囲の壁には彫刻やステンドグラスなどの装飾が散りばめられている。

▶諏訪湖
交 JR**上諏訪駅**から徒歩8分
▶諏訪湖観光汽船
湖を一周する遊覧船。ワカサギ釣りなどのアクティビティも。
住 諏訪市湖岸通り3-1-27
TEL 0266-52-0739
開 9:30～15:30の間、約1時間ごとに運航（季節による）
休 無休　料 920円
交 JR**上諏訪駅**から徒歩8分
URL www.suwako-kanko.com
▶北澤美術館
住 諏訪市湖岸通り1-13-28
TEL 0266-58-6000
開 4～9月9:00～18:00
10～3月9:00～17:00
休 無休（臨時休館あり）
料 1000円
交 JR**上諏訪駅**から徒歩8分
URL kitazawa-museum.or.jp

厳冬の中行われる御神渡りの神事

▶諏訪大社
開 入場自由
URL suwataisha.or.jp
▶上社本宮
住 諏訪市中洲宮山1
TEL 0266-52-1919
交 JR**上諏訪駅**からバス「かりんちゃんライナー」で30分の**上社**下車、徒歩すぐ
▶上社前宮
住 茅野市宮川2030
TEL 0266-72-1606
交 JR**茅野駅**からタクシーで10分
▶下社春宮
住 諏訪郡下諏訪町193
TEL 0266-27-8316
交 JR**上諏訪駅**から徒歩15分
▶下社秋宮
住 諏訪郡下諏訪町5828
TEL 0266-27-8035
交 JR**上諏訪駅**から徒歩10分

▶片倉館（千人風呂）
住 諏訪市湖岸通り4-1-9
TEL 0266-52-0604
開 10:00～20:00（最終入場19:30）
休 毎月第2·第4火曜
料 750円
交 JR**上諏訪駅**から徒歩8分
URL www.katakurakan.or.jp

info 明治から大正時代にかけて、諏訪地方における製糸業で財をなした**片倉財閥**。ちなみに山本茂実作の『あ>野麦峠』は野麦峠を越え、製糸工場へ働きに出た岐阜県飛騨地方の若い娘たちの姿を描いたノンフィクション文学。

雪景色のなか温泉に入るニホンザルで話題に

長野市と北信エリア

地獄谷野猿公苑（じごくだにやえんこうえん）

ニホンザルの興味深い生態を間近で観察できる施設。険しく切り立った崖に囲まれ、噴泉が絶えず噴煙を上げる光景から地獄谷と呼ばれるようになった地にあり、冬には1mを超える雪に覆われる。その寒さをしのぐため、温泉に入って温まる**野生ザル**の姿が話題になった。観光客のみならず、多くの研究者や写真家たちをひきつけている。

温泉に気持ちよく浸かる野生の猿たち

▶地獄谷野猿公苑

住 下高井郡山ノ内町大字平穏6845
TEL 0269-33-4379
開 4～10月頃8:30～17:00
11～3月頃9:00～16:00
休 無休　料 800円
交 長野電鉄**湯田中駅**からバスで**スノーモンキーパーク**下車、徒歩35分
URL jigokudani-yaenkoen.co.jp

仲良く遊ぶ子ザルたち

神話の時代に歴史を遡る、由緒ある神社

長野市と北信エリア

戸隠神社（とがくしじんじゃ）

2000年余りの歴史を刻む、奥社、中社、宝光社、九頭龍（くずりゅう）社、火之御子社の5社からなる神社。戸隠山は天照大神が「天の岩戸」を開いた際に岩戸が飛来してできたとの伝説があり、**天の岩戸開き**神事ゆかりの神々を中心に祀っている。また、神社に関わる史料や宝物を展示した中社の青龍殿では、戸隠信仰の歴史を学ぶことができる。

奥社へ向かって樹齢400年の杉並木が500m続く

▶戸隠神社

住 長野市戸隠3506
TEL 026-254-2001
開 9:00～17:00
休 無休
料 施設による
交 JR**長野駅**からバスで**戸隠宝光社**、**戸隠中社**、**戸隠奥社入口**下車、徒歩すぐ

2kmの参道の先にたたずむ奥社

葛飾北斎肉筆画の大作が集結

長野市と北信エリア

北斎館と岩松院（ほくさいかんとがんしょういん）

「冨嶽三十六景」などで知られる江戸時代の浮世絵師・葛飾北斎。83歳の頃に初めて小布施を訪れ、地元の豪農で豪商だった高井鴻山（たかいこうざん）の庇護を受けて、多くの大作を残した。北斎館では、祭屋台に描かれた天井絵をはじめ、ここでしか見られない数々の肉筆画などを展示。約2km先の岩松院では、迫力ある「**八方睨み鳳凰図**」が見られる。

岩松院本堂大間の天井に描かれた「八方睨み鳳凰図」

▶北斎館と岩松院

▶北斎館
住 上高井郡小布施町大字小布施485
TEL 026-247-5206
開 9:00～17:00（最終入場16:30）
休 12/31　料 1000円
交 長野電鉄**小布施駅**から徒歩12分
URL hokusai-kan.com

▶岩松院
住 上高井郡小布施町雁田
TEL 026-247-5504
開 4～10月9:00～16:30
11月9:00～16:00
12～3月9:30～15:30
休 無休（臨時休館あり）
料 500円
交 長野電鉄**小布施駅**からタクシーで10分
URL www.gansho-in.or.jp

info 江戸時代、交通と経済の要所として栄えた**小布施**。人、もの、情報が集まる文化の中心地として、多くの文人墨客を惹きつけた。俳人・**小林一茶**もそのひとりで、**岩松院**の庭には一茶が句を詠んだ**蛙合戦の池**がある。

散策や外湯巡りが楽しいレトロな町並み

長野市と北信エリア

渋温泉（しぶおんせん）

9ヵ所ある外湯ではそれぞれ異なる泉質と雰囲気を味わえる

1300年も前から多くの湯治客をひきつけてきた温泉街。大正～昭和初期に建てられた木造建築が多く、タイムトリップしたかのような風景が続く。源泉の本数が37ヵ所と湯量に恵まれ、全施設で100%源泉かけ流しを満喫できるのも魅力。苦（九）労を流すといわれる**9つの外湯めぐり**と呼ばれる外湯巡りがを楽しむことができる。

▶渋温泉
住 下高井郡山ノ内町平穏
TEL 0269-33-2921(渋温泉旅館組合)
開 休 料 施設による
交 長野電鉄**湯田中駅**からバスで**渋温泉入口**または**渋温泉和合橋**で下車、徒歩すぐ
URL www.shibuonsen.net

切り傷などに効能が期待される三番湯

史跡、文化施設を有する広大な公園

軽井沢と東信エリア

小諸城址懐古園（こもろじょうしかいこえん）

徳川家達筆『懐古園』の大額が掲げられた三の門

約400年前、豊臣秀吉の天下統一で小諸城主となった仙石秀久（せんごくひでひさ）が築いた城。城下町より低い位置にある全国でも珍しい**穴城**で、三の門や石垣などが当時の姿のまま残っている。現在は懐古神社を含む**懐古園**として整備され、園内には藤村（とうそん）記念館や小山敬三美術館などの文化施設のほか、動物園、遊園地などがあり、家族で楽しめる。

▶小諸城址懐古園
住 小諸市丁311
TEL 0267-22-0296
開 9:00～17:00(施設による)
休 12月～3月中旬の水曜
料 共通券500円
散策券300円
交 JR**小諸駅**から徒歩3分

散策が楽しい園内。春は桜、秋は紅葉で染まる

真夏でも涼しい高原をドライブ&散策

軽井沢と東信エリア

美ヶ原高原（うつくしがはらこうげん）

短～遠距離までさまざまなトレイルがある

長野県のほぼ中央、標高2000m付近に2市1町をまたいで広がる高原。牛の放牧地でもある山上周辺には数々のトレイルが整備されていて、四季折々の植物を楽しみながらのトレッキングが人気。また、4万坪にも及ぶ広大な敷地内に350点あまりの彫刻を野外展示している**美ヶ原高原美術館**があり、美しい大自然とのコラボレーションが楽しめる。

▶美ヶ原高原
交 JR**松本駅**、JR**上諏訪駅**、JR**茅野駅**、またはJR**佐久平駅**から車で1時間～1時間30分
▶美ヶ原高原美術館
住 上田市武石上本入美ヶ原高原
TEL 0268-86-2331
開 9:00～17:00
休 11月上旬～4月下旬
料 1000円
URL www.utsukushi-oam.jp

季節、時刻によって表情を変える彫刻群

info 日本だけでなく世界でもヒットした名曲『**上を向いて歩こう**』は、第2次世界大戦中に**小諸**に疎開していた作詞家・放送作家の**永六輔**氏が、**小諸城址・懐古園**を散歩していたときの思い出から作詞したもの。

話題のカフェ&ショップが集う人気スポット

軽井沢と東信エリア

旧軽井沢銀座通り

食べ歩き&ショッピングが楽しめる、**軽井沢定番のスポット**。歴史ある老舗店から最新メディアで話題の人気店まで、約700mにわたってさまざまな**ショップ**や**飲食店**が軒を連ねている。フォトジェニックなスポットも数多く、ぶらり歩きが楽しい。旧軽井沢を経由して碓氷峠頂上付近の見晴台へ向かう季節限定の路線バスも運行している。

散策が楽しい旧軽井沢銀座通り

▶旧軽井沢銀座通り
住 北佐久郡軽井沢町軽井沢
TEL 0267-42-5538(軽井沢観光会館)
開 休 料 施設による
交 JR**軽井沢駅**からバスで**旧軽井沢**下車、徒歩3分
URL karuizawa-kankokyokai.jp

木造のレトロな外観が印象的な観光会館

町歩きが楽しい歴史ある温泉街

軽井沢と東信エリア

別所温泉

1400年以上の歴史を誇り、**信州最古の温泉地**ともいわれている別所温泉。神社仏閣が多く点在していることから、昔から信州の鎌倉といわれ、人々に愛されてきた。清少納言が記した『枕草子』に、“美人の湯”としても登場している。外湯が3ヵ所あり、その風情漂う外観も見どころ。ふたつの足湯とともに、町歩きをしながらの湯巡りが楽しい。

湯けむりのなかの散策が楽しい温泉街

▶別所温泉
住 上田市別所温泉1853-3
TEL 0268-38-3510(別所温泉観光協会)
開 休 料 施設による
交 上田電鉄**別所温泉駅**から徒歩すぐ
URL www.bessho-spa.jp

町なかには歴史的建造物が点在

桜の名所としても知られる

松本と中信エリア

松本城

戦国時代に築かれた深志城が始まり。後に小笠原氏が深志を松本と改め、城郭と城下町の整備を進めた。大小ふたつの天守と3つの櫓からなる**連結複合式天守**で、現存する五重六階の城の中では日本最古。大天守と乾小天守、渡櫓は戦国時代末期、月見櫓と辰巳附櫓は江戸時代初期に築かれたため、構造が異なる点が興味深い。

国宝にも指定されている天守群

重厚な黒門一の門

▶松本城
住 松本市丸の内4-1
TEL 0263-32-2902
開 8:30～17:00(最終入場16:30)
休 12/29～31　料 700円
交 JR**松本駅**から徒歩約20分。または松本周遊バスで**松本城・市役所前**下車、徒歩すぐ
URL www.matsumoto-castle.jp

平穏な時代に建てられたことを象徴する月見櫓

info “幕末の天才奇人”とも呼ばれる**佐久間象山**は、坂本龍馬や勝海舟、吉田松陰などに多大な影響を与えた人物。江戸時代後期に松代藩の武士の子として生まれ、朱子、兵学などを極め、西洋学問の第一人者として活躍した。

"鏡池"とも呼ばれる神秘の池

松本と中信エリア

明神池（みょうじんいけ）

静寂の中、周囲の木々を映し出す明神池

穂高（ほたか）神社奥宮の境内にあり、一之池と二之池の大小ふたつの池からなる。周囲には静寂さが漂い、朝もやに包まれた早朝はより神秘的な姿に。**明神岳からの伏流水**が湧き出ているため冬でも凍結せず、常に周囲の木々を映し出しながら透明感あふれる水をたたえている。毎年10月8日には御船神事として穂高神社奥宮例大祭が行われる。

▶明神池
住 松本市安曇上高地
TEL 0263-95-2433（上高地インフォメーションセンター）
開 入場自由
交 松本電鉄**新島々駅**からバスで1時間5分の**上高地バスターミナル**下車、徒歩1時間

自然が生み出した岩石群が美しい二之池

高山植物が咲き誇るなかでのトレッキングが人気

諏訪・蓼科エリア

霧ヶ峰高原（きりがみねこうげん）

ニッコウキスゲで染まる高原

高原植物を間近で観察

本州のほぼ中心、3つの市町にまたがって広がる標高1600mの高原。諏訪湖から上昇気流に乗って運ばれてきた水蒸気が明け方に冷やされ、霧が発生することから「霧ヶ峰」と名付けられた。車山、八島ヶ原、踊場（池のくるみ）の**3つの大湿原**があり、レンゲツツジやニッコウキスゲなど、四季折々の植物が草原を色鮮やかに染め上げる。

▶霧ヶ峰高原
住 諏訪市霧ヶ峰
TEL 0266-52-4141（諏訪市役所観光課）
開 入場自由
交 JR**上諏訪駅**からバスで**霧ヶ峰**または**八島湿原**、**車山高原**下車、徒歩すぐ

▶霧ヶ峰夏山リフト
住 諏訪市霧ヶ峰強清水
TEL 0266-52-4141（諏訪市役所観光課）
開 7月上旬～8月下旬9:00～16:30
休 強風、濃霧発生時
料 片道200円　往復360円
交 JR**上諏訪駅**からバスで**強清水**下車、徒歩すぐ

国宝に指定されている2体の土偶は必見

諏訪・蓼科エリア

茅野市尖石縄文考古館（ちのしとがりいしじょうもんこうこかん）

八ヶ岳西麓にある縄文時代中期の200を超える竪穴住居跡に隣接する博物館。その遺跡から発掘された出土品の数々を展示している。なかでも、近年になって市内のほかの遺跡から偶然見つかった2体の土偶、**縄文のビーナス**と**仮面の女神**は必見。それぞれ縄文時代中期、後期前半に作られたもので、いずれも国宝に指定されている。

ほぼ完存で出土した高さ34㎝の「仮面の女神」

▶茅野市尖石縄文考古館
住 茅野市豊平4734-132
TEL 0266-76-2270
開 9:00～17:00（最終入場16:30）
休 月曜（祝日の場合は翌日）、12/29～1/3
料 500円
※遺跡は入場自由
交 JR**茅野駅**からバスで**尖石縄文考古館**下車、徒歩すぐ

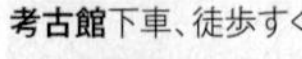

完全な形で埋められていた縄文のビーナス

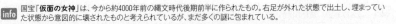

info 国宝「**仮面の女神**」は、今から約4000年前の縄文時代後期前半に作られたもの。右足が外れた状態で出土し、埋まっていた状態から意図的に壊されたものと考えられているが、まだ多くの謎に包まれている。

四季折々で表情を変える絶景の渓谷

木曽・伊那エリア

名勝 天龍峡（めいしょう てんりゅうきょう）

天竜川の浸食によって生み出された、約2kmにわたり絶景が連なる峡谷。いたるところに奇岩や巨岩が点在し、夏は新緑、秋は紅葉に彩られ、雪に覆われた冬には水墨画のような光景を描き出す。峡谷沿いには遊歩道が整備されていて、一周1時間程度で散策することができる。また、絶景の中をゆったり下る**天竜ライン下り**が人気。

秋には峡谷一帯が黄金に染まる

▶名勝 天龍峡
住 飯田市川路4756-21
TEL 0265-27-2946（観光案内所）
開 入場自由
交 JR**天竜峡駅**から徒歩すぐ
URL tenryukyou.com

「そらさんぽ天龍峡」からは鉄橋を渡るJR飯田線の姿も

江戸時代の情緒ただよう町並みを散策

木曽・伊那エリア

奈良井宿（ならいじゅく）

江戸と京都を結ぶ中山道。そのちょうど中間に位置する宿場町として栄えた。南北約1kmに広がる、現存する**日本最長の宿場町**としても知られ、千本格子の家々や旅籠の軒灯など、江戸時代の面影を色濃く残す町並みが広がっている。道沿いには郷土料理や菓子、民芸品を扱うショップなどが軒を連ね、歴史を感じながら散策が楽しめる。

江戸時代の風情が残る町並み

▶奈良井宿
住 塩尻市奈良井
TEL 0264-34-3160（奈良井宿観光案内所）
開 入場自由
休 料 施設による
交 JR**奈良井駅**から徒歩5分
URL www.naraijuku.com

総檜造りの太鼓橋。夜にはライトアップも

山深い木曽谷にたたずむ江戸時代の宿場町

木曽・伊那エリア

妻籠宿（つまごじゅく）

中山道69次の42番目にあたる宿場。伊那街道と交差する要衝として、古くからにぎわいを見せていた。役人によって街道の様子を記録した調査書『大概帳（たいがいちょう）』によると、江戸時代には本陣、脇本陣に加え、旅籠31軒があったという。庶民が守るべき禁令を示した**高札場**や**妻籠宿本陣**、**脇本陣奥谷**などが復元され、当時の町並みを今に伝えている。

街道沿いにはみやげ屋やカフェが軒を連ねる

▶妻籠宿
住 木曽郡南木曽町吾妻
TEL 0264-57-3123（妻籠観光協会）
開 入場自由
休 料 施設による
交 JR**南木曽駅**からバスで**妻籠**または**妻籠橋**、**尾又橋**下車、徒歩すぐ
URL tsumago.jp

国の重要文化財に指定されている脇本陣奥谷

info 『破壊』『夜明け前』などで知られる、信州木曽の中山道**馬籠**P.536（現岐阜県）出身の詩人・小説家、**島崎藤村**。**妻籠宿**にある脇本陣奥谷は、藤村の初恋の相手「ゆふ」さんの嫁ぎ先としても知られている。

どこか懐かしい風景が広がる癒やしのオアシス　**松本と中信エリア**

大王わさび農場

湧き水を利用した畑が一面に広がる

北アルプスからの豊富な湧き水を利用した、日本最大規模のわさび農場。広大な園内には散策路が整備されていて、**水車小屋**や**橋**、**桜並木**などフォトジェニックなスポットが点在している。また、オリジナルのわさびグルメやグッズが揃ったショップやレストランも充実している。

▶大王わさび農場
住 安曇野市穂高3640
TEL 0263-82-2118
開 8:00～17:00　休 無休
料 無料
交 JR**穂高駅**から「あづみ野周遊バス」で**大王わさび農場**下車、徒歩すぐ
URL www.daiowasabi.co.jp

名物のわさびコロッケ

高原のさわやかな風を感じてのんびり散策　**諏訪・蓼科エリア**

蓼科湖

紅葉に映える蓼科湖

白樺やカラマツの林に囲まれてたたずむ**高原の湖**。澄み切った空気に水面に映し出される木々など、これまで多くの文化人をひきつけてきた。湖畔には飲食店やショップもあり、ゆったり散策が楽しめるほか、周囲にはキャンプ場もあり、自然を十分に満喫できる。

▶蓼科湖
住 茅野市北山蓼科
TEL 0266-67-2222（蓼科観光協会）
開 入場自由
交 JR**茅野駅**からバスで**蓼科湖前**下車、徒歩すぐ

地元の名産品などが揃う道の駅もある

高原植物に囲まれてのお手軽トレッキングが人気　**諏訪・蓼科エリア**

入笠すずらん山野草公園&入笠湿原

「恋人の聖地」にも認定されている展望台

ゴンドラで標高1780mの山頂駅へ。周辺には四季折々の花が咲き誇る**山野草公園**、さらにその先に春は120万本のスズランの群生、夏は150種類にも及ぶ山野草で知られる**入笠湿原**が広がっている。紅葉で彩られた秋の早朝には、ご来光で黄金に染まる雲海の姿も。

▶入笠すずらん山野草公園
住 諏訪郡富士見町富士見6666-703
TEL 0266-62-5666
交 JR**富士見駅**からタクシーで10分（毎日1往復無料シャトルバスあり）
URL www.fujimipanorama.com
▶富士見パノラマリゾート・ゴンドラ
開 8:30～16:00（季節による）
休 11月中旬～4月下旬
料 片道1100円　往復1700円

空中散歩の途中で見られる「縞枯れ現象」も必見　**諏訪・蓼科エリア**

北八ヶ岳ロープウェイ

坪庭の先には雲の上の世界が開けている

大型ロープウェイに乗って約7分で標高2237mの山頂駅へ。その先には、四季折々の高原植物が自生する坪庭が広がり、1周30～40分の散策路を巡ってゆったりと鑑賞することができる。また、山頂駅の展望台からは**日本アルプスの大パノラマ**が広がる絶景ポイントになっている。

▶北八ヶ岳ロープウェイ
住 茅野市北山4035-2541
TEL 0266-67-2009
開 9:00～17:00（季節、曜日による）
休 4月、11月下旬～12月中旬
料 片道1200円　往復2100円
交 JR**茅野駅**からバスで**北八ヶ岳ロープウェイ**下車、徒歩すぐ
URL www.kitayatu.jp

100人乗りの大型ロープウェイで山頂駅へ

info 岩波書店の創始者・**岩波茂雄**氏（1881～1946年）は諏訪市出身。岩波書店が出版している全書籍を所蔵する日本唯一の専門図書館、**信州風樹文庫**が市内にあり、今でも常時、勉強会などが開催されている。

戦争の悲劇を後世に語り継ぐ貴重な遺跡　**長野市と北信エリア**

松代象山地下壕

第2次世界大戦時、政府各省をこの地に移すという計画のもと、軍部により極秘で造られた**地下壕**。巨額を費やし約8割が完成したが、利用されずに終戦を迎えた。一部が公開されている。

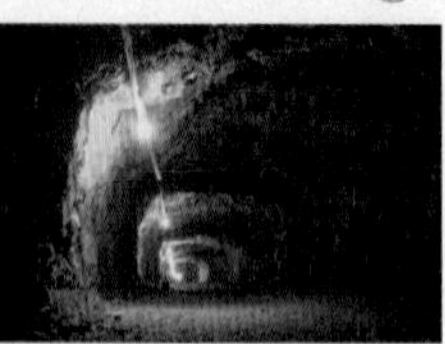
全長10km余りに及ぶ地下壕

▶松代象山地下壕
住 長野市松代町西条479-11
TEL 026-224-8316(長野市観光振興課)
開 9:00～16:00
休 毎月第3火曜　料 無料
交 JR**長野駅**からバスで**松代八十二銀行前**下車、徒歩20分

真田10万石の城下町として発展した当時を伝える　**長野市と北信エリア**

真田邸

九代藩主・真田幸教が義母・貞松院の住まいとして1864年に建てた**城外御殿**。江戸末期の御殿建築様式を今に伝える貴重な建物で、四季折々で表情を変える座観式庭園も必見。

隠居後は幸教も住まいとした

▶真田邸
住 長野市松代町松代1
TEL 026-215-6702
開 4～10月9:00～17:00
11～3月9:00～16:30
最終入場は30分前
休 年末年始　料 400円
交 JR**長野駅**からバスで**松代駅**下車、徒歩5分
URL sanadahoumotsukan.com

周辺には旧松代藩鐘楼など数々の史跡が点在

周囲の自然と調和したランドスケープ・ミュージアム　**長野市と北信エリア**

長野県立美術館

長野県ゆかりの画家や日本画家**東山魁夷**の作品を収蔵し、約2ヵ月ごと展示替えしながら公開。コレクション展、企画展のほか、自由に入れる無料ゾーンが充実している。

屋上広場に設けられた風テラス

▶長野県立美術館
住 長野市箱清水1-4-4
TEL 026-232-0052
開 9:00～17:00(最終入場16:30)
休 水曜、年末年始　料 700円(企画展は各展で料金が異なる)
交 長野電鉄**善光寺下駅**から徒歩15分
URL nagano.art.museum

風景の一部となるように設計されている

「軽井沢の日常」がコンセプトのおしゃれな空間　**軽井沢と東信エリア**

ハルニレテラス

ハルニレの木立のなかにたたずむ、16のおしゃれで個性的な**ショップ**や**カフェ**が集まる"小さな街"。川のせせらぎ、さわやかな風を感じながら、ゆったりとしたひと時が過ごせる。

テラスでの食事やティータイムも人気

▶ハルニレテラス
住 北佐久郡軽井沢町星野2148
TEL 050-3537-3553
開 休 店舗による
交 JR**軽井沢駅**からバスで**星野温泉トンボの湯**下車、徒歩2分
URL www.hoshino-area.jp/shop

安曇野のシンボルでもある西欧教会風の建物が印象的　**松本と中信エリア**

碌山美術館

安曇野出身で日本近代彫刻の先駆者、**荻原守衛(碌山)**の作品や資料を中心に、交流のあった高村光太郎や戸張孤雁などの彫刻を展示。鋳造体験教室も開催している。

県内の小中学生、教師らの協力でし昭和33(1958)年に開館

▶碌山美術館
住 安曇野市穂高5095-1
TEL 0263-82-2094
開 3～10月9:00～17:00
11～2月9:00～16:10
最終入場30分前
休 11～4月の月曜(祝日の場合は翌日)、12/21～31　料 700円
交 JR**穂高駅**から徒歩7分
URL rokuzan.jp

数々の彫刻が並ぶ碌山館

info **ハルニレテラス**のすぐ近く、木漏れ日に包まれるようにしてたたずむ**軽井沢高原教会**。軽井沢のシンボル的存在でもあり、挙式などで利用されていないときには自由に礼拝堂内を見学できる(10:00～17:00)。URL www.karuizawachurch.org

絶景に囲まれて白馬の涼風を感じながらリラックス

松本と中信エリア

白馬岩岳マウンテンリゾート

（はくばいわたけまうんてんりぞーと）

岩岳山頂から北アルプスの絶景を望む人気スポット。飲み物や軽食が楽しめる**山頂テラス**のほか、**展望ラウンジ**などがあり、開放的な気分に浸れる。冬はスキー場として人気。

テラスで特別なひと時を

▶白馬岩岳マウンテンリゾート
住 北安曇郡白馬村北城12056
TEL 0261-72-2474
開 施設による
休 3月下旬～4月下旬、11月中旬～12月中旬
料 施設による
交 JR**白馬駅**から無料シャトルバスが運行（繁忙期のみ）
URL iwatake-mountain-resort.com

大自然のなかで心あたたまるちひろの世界に浸る

松本と中信エリア

安曇野ちひろ美術館

（あづみのちひろびじゅつかん）

子供の幸せと平和を願い続けた絵本画家、**いわさきちひろ**。彼女にとって心のふるさとであった安曇野で、ちひろの作品をはじめ世界の絵本画家の作品に出合える。

自然に溶け込む美術館

▶安曇野ちひろ美術館
住 北安曇郡松川村西原3358-24
TEL 0261-62-0772
開 4～11月10:00～17:00
3月10:00～16:00
休 水曜、12～2月、臨時休館あり
料 900円
交 JR**信濃松川駅**からタクシーで5分
URL chihiro.jp/azumino

『窓ぎわのトットちゃん』の世界を再現した広場

一周約40分の散策路には絶景ポイントが点在

木曽・伊那エリア

千畳敷カール

（せんじょうじきかーる）

中央アルプスの絶景地。**ロープウェイ**で標高2612mまで上がると、目の前に四季折々の高原植物で彩られたカール（氷河の浸食で形成された半円形の窪地）が広がっている。

花々に覆われたカール

▶千畳敷カール
▶駒ヶ岳ロープウェイ
住 駒ヶ根市赤穂1
開 8:00～17:00（季節による）
休 不定休（定期点検、悪天候時など）
料 ロープウェイ往復2540円
交 JR**駒ヶ根駅**からバスで45分の**しらび平駅**下車、徒歩すぐ
URL www.chuo-alps.com

桜の名所として知られる名城

木曽・伊那エリア

高遠城址

（たかとおじょうし）

戦国大名・武田氏の拠点だったことでも知られる城跡に**高遠閣**などが建てられ、公園として整備。春には約1500本もの桜が咲き誇り、園内をピンク色へと染め上げる。

200畳敷の大広場を備えた高遠閣

▶高遠城址
住 伊那市高遠町東高遠
TEL 0265-94-2556（高遠商工観光課）
開 入場自由（さくらまつり期間中は制限あり）
交 JR**伊那北駅**からバスで**高遠駅**下車、徒歩15分

桜とのコラボが美しい桜雲橋

満天の星空で知られる天空の楽園

木曽・伊那エリア

ヘブンスそのはら

（へぶんすそのはら）

ゴンドラで約15分、標高1400mの山頂へ。星空を満喫できるナイトツアーが人気を集めている。日中は絶景を楽しみながら散策やトレッキング、日帰りグランピングなどができる。

満天の星空が広がる

▶ヘブンスそのはら
住 下伊那郡阿智村智里3731-4
TEL 0265-44-2311
開 9:00～16:00（ナイトツアーは17:00～）
休 不定休（公式サイトで要確認）
料 ゴンドラ往復2300円
交 JR**飯田駅**またはJR**中津川駅**からタクシーで35分
URL mt-heavens.com

info 日本を代表する現代アーティスト、**草間彌生**。出身地である長野県松本市の**松本市美術館**のエントランスには、ポップで鮮やかなデザインが印象的な巨大彫刻作品**「幻の華」**が設置されている。URL matsumoto-artmuse.jp

新潟県

NIIGATA

新潟県

新潟市

人口
220.1万人（全国15位）

面積
1万2584km²（全国5位）

県庁所在地
新潟市

県花
チューリップ

チューリップ
チューリップの切り花出荷量日本一

トッキッキ
新潟県の鳥「トキ」がモチーフの「とっぴー」と「きっぴー」
©新潟県

本州中北部の日本海側に位置し、30市町村からなる新潟県。日本一の長さを誇る信濃川は、越後山脈から田んぼの広がる新潟平野を悠々と流れ日本海へと注ぎ込む。この河口に位置するのが新潟市。流域には縄文中期の火焔型土器が発掘されたことで有名な長岡市や十日町市などがある。5県と接しているが、県境は山脈となっており、越後湯沢をはじめ冬季はスキーのメッカ。沖合には、金山で知られる佐渡島が浮かんでいる。

旅の足がかり

新潟市

人口78万3422人（2021年12月現在）、本州日本海側で最大の都市。江戸時代に北前船の寄港地として栄え、安政5（1858）年に締結された日米修好通商条約により開港された5港のひとつとなった。明治時代に入ると県庁が置かれ、急速に近代化が進められた。昭和に入ると鉄道が引かれ、満州国など大陸進出の拠点となった。昭和57(1982)年に上越新幹線が開通。新津市、豊栄市、亀田町など近隣14市町村と合併し、平成19（2007）年に政令指定都市となった。

湯沢町

周辺の魚沼市、南魚沼市、十日町市、津南町などとともに雪国観光圏を構成する町のひとつ。上越新幹線の越後湯沢駅があることから、冬季のスキーリゾートの玄関口となっている。近年はこのエリアにある十日町市を中心に、**越後妻有大地の芸術祭**P.406が開催され、アートでも注目を集めている。**FUJI ROCK FESTIVAL**P.406は夏の風物詩。

佐渡島

新潟県の西、日本海に位置する島。面積は854.76km²で、日本では沖縄本島に次ぐ大きな島。『古事記』にも登場する歴史ある場所で、海に浮かぶ文化の交差点として独特の芸能が育まれていった。世阿弥が流されてきたことで能楽が発展し、30もの野外能舞台がある。起伏に富んだ海岸線は美しく、5〜6月にトビシマカンゾウが満開を迎える大野亀は絶景。

地理と気候

日本海側に面した275kmもの長い海岸線に沿って、信濃川や阿賀野川など河川が作りだした平野が広がり、県境は急峻な山岳地帯。夏は蒸し暑く、冬は寒い高温多湿の気候。

【夏】梅雨時の6〜7月中旬はたくさんの雨が降る。8月は比較的晴天が続くが、フェーン現象により異常な高温になることがある。

【冬】西高東低の冬型の気圧配置となると、曇天が続く。県の7割が豪雪地帯で、冬季は北西からの季節風が吹き込み、山間部では大雪となる。新潟市などは比較的積雪は少ない。

P.404〜421 写真提供：新潟県観光協会　村上市観光協会　十日町市観光協会　魚沼市観光協会　上越市観光コンベンション協会　糸魚川市観光協会　佐渡市役所　寺泊観光協会

アクセス

東京から ▶▶▶	所要時間
新幹線 東京駅▶新潟駅（とき）	2時間
高速バス 池袋駅▶万代シティバスセンター	5時間20分
高速バス 池袋駅▶直江津駅	5時間50分

大阪から ▶▶▶	所要時間
飛行機 伊丹空港▶新潟空港	1時間10分
高速バス 大阪駅▶新潟駅	9時間30分

山形から ▶▶▶	所要時間
JR線 酒田駅▶新潟駅（特急いなほ）	2時間
高速バス 山形駅▶万代シティバスセンター	3時間40分

福島から ▶▶▶	所要時間
JR線 会津若松駅▶新津駅	2時間40分

県内移動

▶新潟から直江津へ

信越本線から妙高はねうまラインに乗り入れる特急**しらゆき**で約2時間。1日5便の運行。新幹線の場合は長岡駅で乗り換え。

新潟駅から直江津駅まで約2時間40分。高田駅が終点の便もある。

▶▶▶アクセス選びのコツ

上越新幹線と在来線の信越本線がメインライン。広い県なので、ローカル線や第3セクターの鉄道も多い。

新潟市の**万代シティバスセンター**や直江津駅が起点。東京方面は池袋発着の路線が多い。富山や山形など隣県への便もあるが1日2便程度と少ない。

佐渡汽船が新潟港〜両津港、直江津港〜小木港の佐渡島航路を運行。新潟港〜両津港の航路にはジェットフォイル（高速船）も運航。所要1時間7分。

新潟空港は伊丹空港とを結ぶ便が多い。ほかにも新千歳、福岡空港便も1日3〜4便程度運行している。

交通路線図

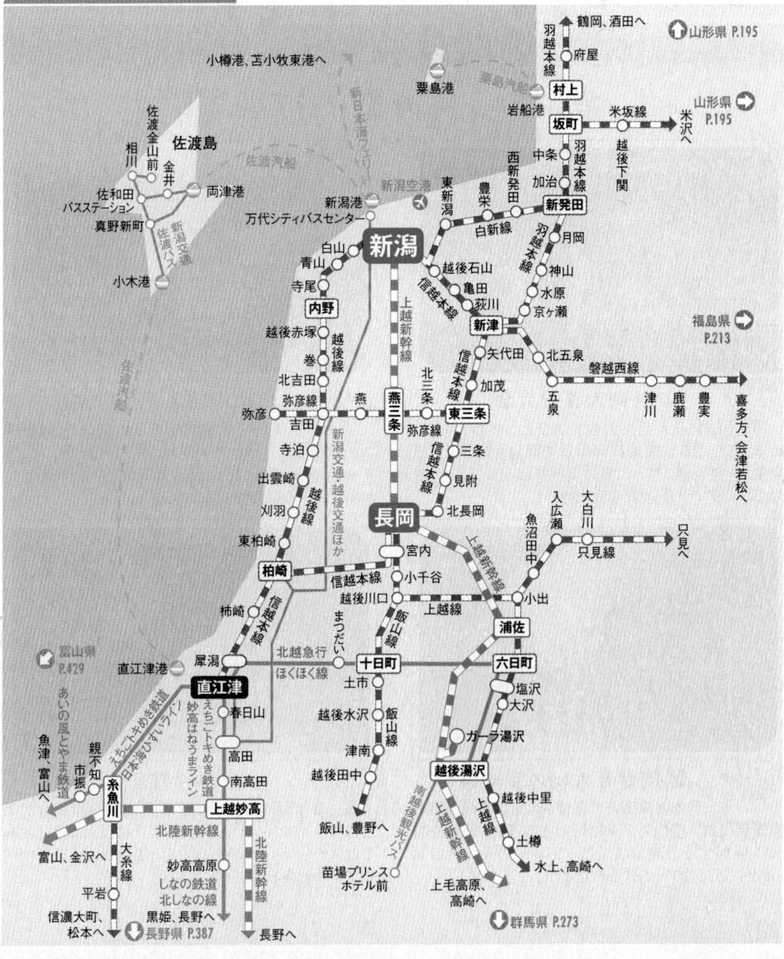

鶴岡、酒田へ
山形県 P.195
小樽港、苫小牧東港へ
新日本海フェリー
粟島港
粟島汽船
羽越本線 府屋 村上 岩船港 坂町 米坂線 越後下関 米沢へ
山形県 P.195
佐渡島 佐渡金山前 相川 金井 佐和田バスステーション 両津港 真野新町 小木港
佐渡汽船 新潟交通佐渡バス
中条 加治 西新発田 新発田 豊栄 東新潟 白新線
新潟空港 新潟港 万代シティバスセンター
新潟 白山 青山 寺尾 内野 越後石山 亀田 荻川 信越本線 新津
月岡 神山 水原 京ヶ瀬 北五泉 五泉 磐越西線 津川 鹿瀬 豊実 喜多方、会津若松へ
福島県 P.213
越後赤塚 巻 越後線 北吉田 弥彦線 弥彦 吉田 燕 燕三条 北三条 東三条 矢代田 加茂
上越新幹線
寺泊 出雲崎 刈羽 東柏崎 柏崎 三条 見附 北長岡 長岡 宮内
新潟交通・越後交通ほか
佐渡汽船
入広瀬 大白川 魚沼田中 只見線 只見へ
信越本線 小千谷 越後川口 上越線 小出 浦佐 飯山線
柿崎 直江津港 犀潟 北越急行 ほくほく線 まつだい 十日町 六日町 塩沢 大沢 ガーラ湯沢 越後湯沢
富山県 P.429
直江津 春日山 高田 南高田 上越妙高 土市 越後水沢 津南 越後田中 飯山、豊野へ
えちごトキめき鉄道 日本海ひすいライン 妙高はねうまライン
あいの風とやま鉄道 魚津、富山へ 市振 親不知 糸魚川 富山、金沢へ
北陸新幹線 大糸線 平岩 信濃大町、松本へ
妙高高原 しなの鉄道 北しなの線 黒姫、長野へ 長野へ
長野県 P.387
南越後観光バス 苗場プリンスホテル前 上越新幹線 上毛高原、高崎へ 上越線 越後中里 土樽 水上、高崎へ
群馬県 P.273

新潟県

うちの県はここがすごい

一 日本一の長さを誇る信濃川

全長367kmの一級河川。新潟県を南北に横断し、新潟平野を抜けて日本海に注ぎ込む。長野県（信濃）から流れてくることから「信濃川」と呼ばれる。長野県内では「千曲川」と呼ばれている。

二 お米の生産量日本一

令和2（2020）年の新潟県のお米の生産量は66万6800トン。国内で生産されるお米のうち約8%を占めている。新潟米を代表するコシヒカリは粘りと甘みが強いの特徴。米菓やお酒も名産品。

三 日本のスキー発祥の地

明治44(1911)年、軍事視察に訪れたオーストリア・ハンガリー帝国のレルヒ少佐が上越市高田でスキー指導を行ったのが日本のスキーの始まり。金谷山スキー場にはその記念碑が立つ。

イベント・お祭り・行事

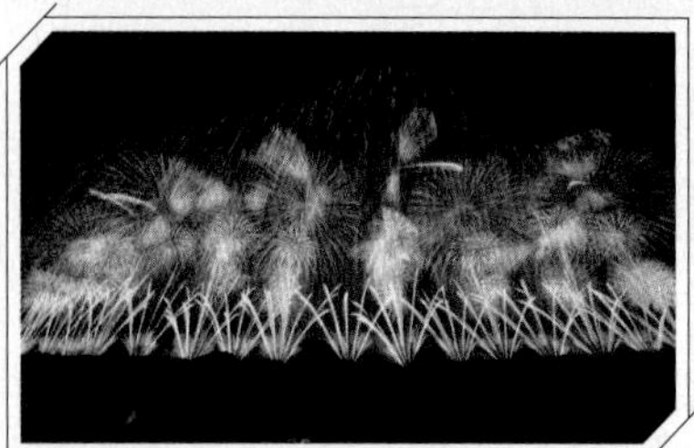

① 長岡大花火大会

「日本三大花火大会」のひとつに数えられ、毎年8月2、3日に信濃川河川敷で開催される。正三尺玉3連発や幅1.7kmに及ぶ復興祈願花火フェニックスなど、ダイナミックな花火大会。

©宇宙大使☆スター

② FUJI ROCK FESTIVAL

「フジロック」の愛称で知られる、日本の野外ロックフェスティバルの先駆け。国内外200組以上のアーティストが呼ばれ、毎年7月下旬または8月上旬に苗場スキー場P.416で開催される。

③ 越後妻有大地の芸術祭

十日町市と津南町で開催される世界最大級の国際芸術祭。国内外の芸術家たちの作品が里山を舞台に展開する。清津峡渓谷トンネルの「Tunnel of Light」は常設アート作品のひとつ。

④ つなん雪まつり

毎年3月中旬に開催。約2000個もの灯篭が夜空に舞う「スカイランタン」が最大の見どころ。会場ではステージイベントのほか、出店もあり、ご当地グルメが味わえる。

のっぺ

サトイモ、ニンジン、ゴボウ、こんにゃく、鶏肉（または鮭）などを煮込んだ汁料理。サトイモのとろみが特徴。お正月には各家庭で作られ、冠婚葬祭にも必ず出てくる。

へぎそば

南魚沼地方発祥のそば。この地方は昔から織物の産地として知られ、そこで使われていた布海苔（ふのり）をつなぎとしている。一口ずつ丸めた「手振り」という盛り方で供される。

わっぱ飯

杉のうすい板をつかった弁当箱「わっぱ」に、ご飯と食材を入れて蒸した料理。ご飯はだしで炊き込み、具材はカニや鮭、イクラなどの新鮮な海の幸がふんだんに使われている。

タレかつ丼

揚げたての一口サイズのかつを甘辛い醤油たれにくぐらせ、炊きたてのご飯の上にのせただけのシンプルなかつ丼。卵でとじたカツ丼より、新潟ではこちらのほうが一般的。

地元っ子愛用
ローカル味

もも太郎

新潟の夏の永遠の定番。昭和20年代から**セイヒョー**が生産しているかき氷バー。「リンゴ果汁を含みながら、イチゴ味をうたい、ももを名乗る」というスタンスがSNSでも話題に。

もらえば笑顔
定番みやげ

笹団子

あんこの入ったよもぎ団子を笹の葉でくるんで縛り蒸したもの。かつてはひじきやきんぴらなどの煮物が入ったものもあり、端午の節句に各家庭で作られていた。

サラダホープ

「ハッピーターン」などで知られる**亀田製菓**が生産している、細長いひと口サイズの塩味あられ。新潟県民にとってはいつも戸棚に入っている定番米菓だが、ほぼ県内でしか販売されていない。

地酒

新潟県には約90の酒蔵があり、全国3位の日本酒生産量を誇る。端麗辛口が特徴とされることが多い。「越の三梅」として人気が高いのが、「越乃寒梅」「雪中梅」「峰乃寒梅」。

燕三条の金属加工品

写真提供：燕市産業史料館

スプーンやフォークなど国内で生産された金属洋食器のシェアは90%。その技術力や品質が認められ、ノーベル賞授与式の晩餐会で使用されるカトラリーの生産を行うなど、国内外でも高く評価されている。

三角だるま

髭のはえたおどけた表情がかわいらしい、赤や青の円錐形の郷土人形。出産や新築などの縁起物。現在は、阿賀野市の水原でのみ生産されている。

ワカルかな？
新潟のお国言葉

なじらね？

Ans.（味や湯加減、調子など）どうですか？／ご機嫌いかがですか？

1泊2日で巡る 新潟県

とにかく細長い新潟県。アート、縄文、神社、マンガ、温泉と新潟のエッセンスを駆け足で。レンタカーを使えば時間は相当節約できる。

新潟 GOAL 月岡温泉 彌彦神社 長岡 十日町 清津峡 越後湯沢 START

1日目

7:30 JR越後湯沢駅

バスで約25分清津峡入口下車。バス停からトンネルまで徒歩約30分（秋の紅葉シーズンなどには清津峡までの直行バスも運行）。

バス30分＋徒歩30分

8:30 渓谷美と現代アートが融合 ▶P.406

清津峡渓谷トンネル

柱状節理の渓谷と秋の紅葉で知られる清津峡。750mのトンネルの先には不思議な写真が撮れる見晴台が！「越後妻有大地の芸術祭」の常設アート作品。

断崖絶壁!!

徒歩30分＋バス30分

13:00 JR越後湯沢駅

車窓からの風景にも注目！

鉄道60分

14:00 JR十日町駅

徒歩10分

14:15 ランチに**へぎそば**をいただく ▶P.407

創業100年の元祖「小嶋屋総本店」をはじめ、十日町はへぎそばの名店揃い。

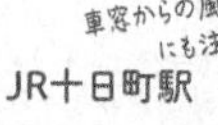

徒歩10分

15:00 いつでもモダンアート

越後妻有里山現代美術館 MonET（モネ） ▶P.414

国内外の芸術家による前衛的な作品が並ぶ。中庭の水盤がすでにアート作品！

徒歩10分

カフェやショップもあり！

16:00 ここが火焔型土器のふるさと

十日町市博物館 ▶P.416

雪国の暮らしがわかる博物館。そして充実の縄文展示！

これが国宝指定番号1「縄文雪炎」！

徒歩10分

17:00 JR十日町駅

北越急行ほくほく線で六日町駅まで行き、JR上越線に乗り換え。

鉄道100分

19:00 JR長岡駅

宿泊は長岡駅周辺で。

おすすめ！泊まるならココ

温泉、料理、建築、庭園……
日本のすばらしさを味わえる静かな宿

ロビーには囲炉裏が切られ、向こうには日本庭園

大浴場「翁の湯」。奥には開放感のある露天風呂

高志の宿 高島屋

明治天皇が休憩に立ち寄られたという新潟屈指の名旅館。母屋は江戸時代に建てられた築270年の庄屋屋敷で、国の登録有形文化財にも指定。竹林や老松、四季折々の花が彩る庭園も見事。地元産の食材をふんだんに使い料理長の繊細な技が光る伝統日本料理にもぜひ舌鼓を打ちたい。

住 新潟市西蒲区岩室温泉678甲
TEL 0256-82-2001
交 JR新潟駅から車で40分、JR燕三条駅から車で30分（燕三条駅で無料送迎あり。要予約）
料 1泊2万3650円～（別途入湯税150円）
URL takasimaya.co.jp

上杉家の隠し湯
松之山温泉
草津、有馬と並び「日本三大薬湯」にも数えられる名湯。塩分が強く湯冷めしにくく、美肌効果も大。開湯は約700年前、鷹が傷を癒やしていたという伝説が残る。北越急行まつだい駅よりバスで25分、十日町駅から車で50分。

2日目

7:00 JR長岡駅

鉄道70分：JR信越本線で東三条駅まで行き、JR弥彦線に乗り換える。

8:15 JR弥彦駅

徒歩15分

縁結びの御利益がある!?

8:30 **彌彦神社** ▶P.415

2000年の歴史をもつ越後一宮。厳かな杉の参道を抜けると国の登録文化財にも指定されている風格ある拝殿が！

徒歩15分

11:30 JR弥彦駅

鉄道75分：JR弥彦線で吉田駅まで行き、JR越後線に乗り換えて新潟駅へ。

13:00 JR新潟駅

徒歩10分

今も昔もかわらない

13:15 **萬代橋** ▶P.417

悠々と流れる信濃川にかかる橋は新潟市のシンボル！

徒歩5分

ランチに
新潟B級グルメ代表

13:30 **イタリアン！**

「イタリアン」とは、太麺の焼きそばにトマトソースがかかった新潟のソウルフード。万代シティバスセンターにある「みかづき万代店」で。

徒歩5分

いざマンガの聖地へ！ ▶P.420

14:00 **新潟市マンガ・アニメ情報館**

マンガ・アニメの世界を体験できるミュージアム。おなじみの人気キャラクターがいっぱい。

徒歩30分

レトロエリアでひと休み

15:30 **沼垂テラス商店街** ▶P.409

雑貨店を散策しながら、カフェでコーヒーやスイーツを。

徒歩15分

17:15 JR新潟駅

鉄道20分

17:50 JR豊栄駅

バス20分

18:15 美人になれる温泉**月岡温泉** ▶P.420

豊栄駅からシャトルバスで移動。旅のしめくくりは新潟の奥座敷でゆったりと。浴衣を着て温泉街の散歩もおすすめ！

新潟駅からも近いおしゃれエリア
沼垂(ぬったり)テラス商店街
かつて「沼垂市場通り」と呼ばれていたところで、趣のある古い長屋が並ぶ。2010年頃から若いアーティストの工房やショップ、カフェが入居するようになり、現在では新潟屈指のおしゃれエリアとなっている。毎月第1日曜日には朝市も開かれる。

開 10:00～17:00頃（店舗による）
交 JR新潟駅からバスで約7分　URL nuttari.jp

おすすめ！泊まるならココ

目の前に幻想的な絶景が広がる雲上の温泉宿
まつだい芝峠温泉(しばとうげおんせん) 雲海(うんかい)

露天風呂から眺める雲海。まさに絶景！

標高380m、芝峠の高台に立つ温泉旅館。広々とした露天風呂「雲海の湯」からは、米どころ新潟らしい棚田や、八海山、巻磯山、苗場山が脈々と続く魚沼連邦の大パノラマがが一望。特に雲海が広がる日は、まるで雲の上にいるかのような幻想的な景色が広がる。十日町や津南町から仕入れた食材を中心に心を込めて供される会席料理も自慢。

高台に立つモダンな外観の旅館

住 十日町市蓬平11-1
TEL 025-597-3939
交 北越急行**まつだい駅**から車で約7分（無料送迎あり）
料 1泊 1万2800円～（別途入湯税150円）
URL shibatouge.com

新潟県の歩き方

▶新潟駅万代口観光案内センター
住 新潟市中央区花園1-1-1
TEL 025-241-7914
開 9:00～18:00　休 年末年始
URL www.nvcb.or.jp

▶新潟市観光循環バス
新潟駅を起点に、万代シティ、古町、北方文化博物館などを周遊。運行は30分間隔。（季節により増減便あり）。
料 1回券200円　1日券500円

▶にいがたレンタサイクル
新潟駅前の石宮公園地下駐車場など市内20ヵ所でレンタル可能。これを使えば繁華街の古町や沼垂（ぬったり）テラスへもらくらく足をのばせる。
料 初回登録料200円、1回6時間まで300円（以降1時間ごとに100円）
URL ssl.niigata-furumachi.jp/rentacycle

▶水上バス　信濃川ウォーターシャトル
信濃川の河口付近のみなとぴあ～道の駅·新潟ふるさと村を運航。所要25分の周遊便もある。冬期は予約運航のみ。
料 乗船区間により300～1100円
URL www.watershuttle.co.jp

▶長岡駅観光案内所
住 長岡市城内町2-794-4（長岡駅2階改札口前）
TEL 0258-36-3520
開 9:00～17:30　休 12/31～1/2
URL nagaoka-navi.or.jp

新潟市と下越地方

郊外には田んぼが広がる新潟市

新潟県の県庁所在地、**新潟市**。上越新幹線の終点でもあり、下越地方の旅はここが出発点。信濃川をはさみ市街地が広がっており、新潟駅側の**万代**（ばんだい）はバスターミナルなどがある交通の拠点。対岸の**古町**（ふるまち）と周辺はかつての花街としてにぎわった町並みの面影を残す。また新潟市から**月岡温泉**P.420や岩室温泉、**彌彦神社**P.415へも足をのばしてみるのもいい。さらに北には城下町の風情が残る**村上市**、風光明媚な**笹川流れ**P.417がある。

▶新潟空港から町の中心まで

空港から新潟駅までは、新潟交通の直通リムジンバスで所要25分。路線バスで所要35分。万代シティバスセンターも経由する。

グルメ

新潟市の寿司　日本海の沖合で取れた新鮮な地魚、そして日本一のコシヒカリ。おいしい寿司の条件が揃った新潟市は、食通もうなる寿司の激戦区。海鮮丼もおすすめ。

魚醤で味わうのもあり

長岡と中越地方

東京からもアクセスのよいスキー場

中越地方最大の都市は、越後長岡藩の城下町だった**長岡市**。近年観光のメインとして盛り上がっているのが、十日町市を中心とする**魚沼地方**。芸術祭が開かれる文化的な土地柄で、縄文時代の火焔型土器も発掘されている。冬季はウインタースポーツのメッカとなる。

グルメ

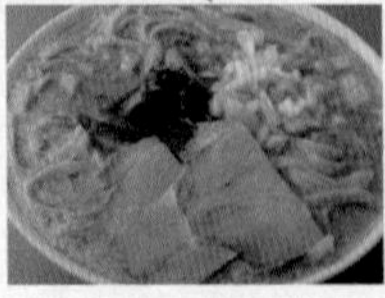

新潟5大ラーメン　個性あふれる５つのご当地ラーメン。中越地方は「燕三条背脂」と「長岡生姜醤油」。ほかに「新潟あっさり醤油」「新潟濃厚味噌」「三条カレーラーメン」がある。

背脂たっぷりのラーメン

info 高度成長期の日本を率いた政治家、**田中角栄**。ロッキード事件によって失脚したが、いまだ根強い人気を誇り、近年再評価が高まっている。上越新幹線の浦佐駅前にはおなじみの挨拶をする姿の銅像が建っている。

日本全国津々浦々〜道の駅めぐり〜

阿賀野川沿いにある「阿賀の里」

新潟ふるさと村
新潟市の信濃川沿いにある道の駅で、特産品からグッズまで品揃えの豊富さが魅力。

阿賀の里　阿賀野川ライン下りP.415の発着所でもある道の駅。ラーメンもおいしいと評判。

上越市と上越地方

高田城の三重櫓

戦国武将・上杉謙信が居城を構えていた上越地方。中心となる**上越市**は近世の文化の面影が残る土地柄。港町の**直江津**（なおえつ）と、江戸時代に**高田城**P.416が築かれた城下町、**高田**などのエリアからなる。さわやかな散策が楽しめる**妙高高原**P.419はハイキングにぴったり。富山県境に近い糸魚川（いといがわ）は、日本列島の裂け目、**フォッサマグナ**P.421が走る。

グルメ

「謙信寿司」の異名もある

笹寿司　笹の上にご飯とおかずをのせた郷土料理。上杉謙信が川中島の合戦に出陣したときに、村人たちが献上したものが始まりと伝えられる。

佐渡地方

民謡、佐渡おけさ

日本海の沖合に浮かぶ**佐渡島**。アクセスは、新潟港からジェットフォイル（高速船）かカーフェリーで**両津港**へ行くのが最も一般的。4月下旬〜10月は、直江津港から**小木港**行きジェットフォイルも運航している。島内観光はレンタカーがあると便利。

ブランド食材

渋抜きをして甘くする

おけさ柿　佐渡の秋の名物。種がなく食べやすいことから「越後の七不思議」に次ぐ不思議ということで「八珍柿」とも呼ばれる。まろやかな甘みと、とろけるような食感が特徴。

▶道の駅 新潟ふるさと村
住 新潟市西区山田2307
TEL 025-230-3030
開 9:00〜17:00　休 無休
交 北陸自動車道**新潟西IC**から車で3km
URL furusatomura.pref.niigata.jp

▶道の駅 阿賀の里
住 東蒲原郡阿賀町石間4301
TEL 0254-99-2121
開 9:00〜16:00
（土・日曜・祝日9:00〜17:00）
休 無休
交 磐越自動車道**三川IC**から車で10分。またはJR**東下条駅**から徒歩40分
URL aganosato.com

▶高田駅前観光案内所
住 上越市仲町4-1-1
TEL 025-521-5140
開 10:00〜16:00　休 12/31、1/1
URL joetsukankonavi.jp

▶直江津駅前観光案内所
住 上越市東町459-1
TEL 025-539-6515
開 4〜10月9:30〜17:00
11〜3月10:00〜17:00
休 12/31、1/1

▶佐渡観光情報案内所
住 佐渡市両津湊353
（佐渡汽船ターミナル内）
TEL 0259-27-5000
開 4〜10月9:30〜17:00
11〜3月10:00〜17:00
休 12/31、1/1
URL www.visitsado.com

▶新潟港〜両津港の船便
TEL 0570-200310（佐渡汽船）
URL www.sadokisen.co.jp
ジェットフォイル
開 1日5〜9便、所要1時間5分
料 片道6470円　往復1万1700円
カーフェリー
開 1日5〜7便、所要2時間30分
料 片道2380円〜

▶直江津港〜小木港の船便
ジェットフォイル
開 4/29〜10月の1日2便、所要1時間15分
料 片道6680円　往復1万1700円

▶佐渡定期観光バス
両津港の船の発着に合わせて運行される観光バス。施設の入場料も込み。午前半日コースは佐渡博物館や佐渡歴史伝説館など、午後半日コースはトキの森公園や佐渡金山などを巡る。
料 午前3600円　午後4900円
URL www.sado-bus.com/sightseeing

info **佐渡おけさ**は、新潟県の盆踊大会では必ず流れるキラーチューン。大正時代に全国的に大ヒットした。東京・高円寺の阿波おどり大会も、最初は「高円寺ばか踊り」として佐渡おけさにあわせて踊っていたらしい。

新潟県の見どころ

ZOOM UP!

落ちそうで落ちない！佐渡でたらい舟に乗る！

佐渡地方

流された天皇や知識人が伝えた京の貴族文化、
金山が幕府の天領であったことによりもち込まれた江戸の武家文化、
北前船によって流れ込んだ町人文化、
これらが融合し日本の縮図ともいわれる文化が育まれてきた佐渡島。
能楽や鬼太鼓、佐渡おけさなどこの島ならではの芸能はいまも健在。
真っ青な海と岩礁が続くダイナミックな自然も見どころのひとつ。

五穀豊穣や大漁を祈る鬼太鼓（おんでこ）

北前船の集落として栄えた宿根木

見どころMAP

新潟市中心部

P.417 萬代橋
沼垂テラス商店街
新潟市マンガ・アニメ情報館 P.420
万代シテイ
新潟伊勢丹
信濃川
0 200m
越後線
新潟駅

上越市

信越本線
直江津駅
越後五智国分寺 P.421
えちごトキめき鉄道
日本海ひすいライン
関川
上越IC
春日神社
春日山駅
春日山城跡 P.421
北陸自動車道
上越JCT
上信越自動車道
えちごトキめき鉄道
妙高はねうまライン
高田駅
高田城
高田城址公園 P.416
北陸新幹線

P.413 佐渡金山
トキの森公園 P.413
北沢浮遊選鉱場跡 P.413
マリンピア日本海 P.417
小木のたらい舟 P.413
笹川流れ P.417
瀬波温泉 P.415
城下町・村上 P.418
北方文化博物館 P.420
月岡温泉 P.420
瓢湖水きん公園 P.417
SLばんえつ物語 P.420
阿賀野川ライン下り P.415
P.415 彌彦神社
燕市産業史料館 P.418
五頭温泉郷 P.420
寺泊魚の市場通り P.419
馬高縄文館 P.418
新潟県立歴史博物館 P.418
越後妻有里山現代美術館 MonEt（モネ） P.414
赤城山西福寺（開山堂） P.421
P.414 星峠の棚田
魚沼の里 P.419
十日町市博物館 P.416
親不知・子不知 P.419
P.421 奥只見湖
フォッサマグナミュージアム P.421
妙高高原 P.419
苗場スキー場 P.416

info 佐渡島の海岸線にある**大野亀**。海から突き出した標高167mの**一枚岩**で、**日本三大巨岩**のひとつにも数えられる景勝地。一面に黄色い花が咲く**トビシマカンゾウ**の見頃は5月下旬～6月中旬。

餌を食べるトキが目の前に!

天然記念物トキの姿が目の前に

トキの森公園（ときのもりこうえん）

国の特別天然記念物トキの保護活動の歴史や野生復帰への取り組みを学ぶことができる。**トキふれあいプラザ**には大型のケージがあり、飛翔、採餌、巣作りなど自然に近いトキの姿を観察できる。観察通路からはトキの姿を間近で見ることができる。特に朝夕の餌付けの時間は、目の前でトキを見られるチャンス！

住 佐渡市新穂長畝383-2
TEL 0259-22-4123
開 8:30〜17:00（最終入場16:30）
休 12〜2月の月曜（祝日の場合は翌日）、年末年始　料 400円
交 **両津港**からバスで約20分の**トキの森公園**下車、徒歩1分
URL www.city.sado.niigata.jp/site/tokinomori/1161.html

道遊の割戸は山を切り崩した跡

江戸時代のゴールドラッシュ史跡

佐渡金山（さどきんざん）

佐渡島で金山が発見されたのは慶長6(1601)年のこと。この世界最大級の金銀山は天領とされ、江戸幕府の繁栄を財政面で支えた。平成元（1989）年の操業休止まで388年間に採掘された金は78トン、銀は2330トンに及んだ。坑道の見学コースは江戸時代を再現した**宗太夫坑**と近代産業遺跡群が残る**道遊坑**のふたつがある。

住 佐渡市下相川1305
TEL 0259-74-2389
開 4〜10月8:00〜17:30
　11〜3月8:30〜17:00
休 無休
料 900〜1400円(コースにより異なる)
交 **両津港**からバスで1時間の**相川**下車。相川から車で5分
URL www.sado-kinzan.com

どことなく漂うジブリ感

廃墟マニア垂涎の近代産業遺産

北沢浮遊選鉱場跡（きたざわふゆうせんこうばあと）

山の斜面にあらわれる緑の蔦に覆われた巨大な建造物は、まるで古代遺跡のようだが、昭和に建てられたもの。戦時下にあった昭和12（1937)年、佐渡金山で採掘された鉱石を選り分けるために建設された。当時の処理量は東洋一。その工場跡や発電所跡は朽ち果てており、もはやアニメを彷彿とさせる世界……。

住 佐渡市下相川北沢町239
TEL 0259-74-2389
開 見学自由
交 **両津港**からバスで1時間の**相川**下車。相川から車で5分
URL www.visitsado.com/spot/detail0091

佐渡名物、ゆらゆら揺れるたらい舟

小木のたらい舟（おぎのたらいぶね）

たらい舟は岩礁の多い小木海岸で、サザエ、アワビ、ワカメなどを取るために明治時代に考案された。たらい舟は杉と竹でできており、縦180cm横140cm深さ55cmの楕円形。意外なほど安定しており、女船頭さんと大人が3人乗っても簡単には転覆したりはしない。たらい舟はゆっくりと進み一周約10分。

▶**力屋観光汽船**
住 佐渡市小木町1935
TEL 0259-86-3153
開 3月〜10月下旬8:20〜17:00
10月下旬〜11月下旬8:20〜16:30
11月下旬〜2月9:00〜16:00
休 無休　料 700円
交 **小木港**から徒歩5分
URL park19.wakwak.com/~rikiyakankou

info 昭和63（1988）年から続く佐渡島の夏の風物詩的野外フェス、**アース・セレブレーション**。太鼓芸能集団「**鼓童**」を中心に、国内外アーティストのパフォーマンスやワークショップが開催される。URL www.earthcelebration.jp

雲海が広がる幻想的な田園風景

長岡と中越地方

星峠の棚田

にほんの里100選に選ばれた十日町市の松之山・松代地域の棚田。約200枚の田んぼが山の斜面に並ぶ姿は、まさに「米どころ新潟」を象徴する絶景だ。NHK大河ドラマ『天地人』のオープニング映像を記憶している人も多いだろう。

「水鏡」となった棚田に雲海が広がる晩秋の早朝

一番の見頃は晩秋。稲刈りが終わった田んぼに水が張られると「水鏡」となる。早朝、運がよければ雲海が現れることもある。秋以外にも、田んぼに水が張られ新緑が美しい春、青々とした稲が広がる夏など四季を通じてさまざまな姿を楽しめる。

▶星峠の棚田

住 十日町市峠1513
TEL 025-597-3442(松代・松之山温泉観光案内所)
開 見学自由(私有地なので勝手に立ち入らないように)
休 除雪をしないため、冬季は車の進入不可
交 関越自動車道**六日町IC**または北陸自動車道**上越IC**から車で国道253号線を約1時間
URL www.tokamachishikankou.jp/spot/hoshitougenotanada

緑に覆われた夏の棚田
写真提供:(社)十日町市観光協会

現代アートに触れられるトリエンナーレのメイン会場

長岡と中越地方

越後妻有里山現代美術館 MonET(モネ)

自然と人々との共生を掲げ、3年に一度開催される**越後妻有大地の芸術祭** P.406の中心会場となる美術館。半屋外のコンクリートの回廊とガラス張りの建築は、原広司氏の作品。さらに建物に囲まれた水盤はレアンドロ・エルリッヒ氏によるもので、建築と空が映り込む不思議な作品。美術館の2階の回廊から水面に映る建物の影と水盤に描かれた建物がピタリと一致するポイントがあるので探してみよう。

水盤に建築と空が映り込み、美術館の建物自体がアートとなっている

館内では、名和晃平氏らの作品が常設されているほか、この美術館ならではのミュージアムショップも要チェック。

▶越後妻有里山現代美術館 MonET(モネ)

住 十日町市本町6-1
TEL 025-761-7766
開 10:00~17:00(最終入場16:30)
休 火・水曜(祝日の場合は翌日)
料 常設展示800円、特別企画展1000円(常設展示含む)
※芸術祭期間中は変更あり
交 北越急行**十日町駅**から徒歩10分。または関越自動車道**六日町IC**から車で約50分
URL www.echigo-tsumari.jp

「エアリアル」ニコラ・ダロ

「movements」目

info 「国境の長いトンネルを抜けると雪国であった」で有名な川端康成の代表作『**雪国**』。この作品のモデルは**越後湯沢**。川端が執筆のため逗留した宿、**高半**では現在もホテルの中に当時の部屋が保存されている。URL www.takahan.co.jp

緑結びの御利益で知られる越後屈指の古社
新潟市と下越地方

彌彦神社（やひこじんじゃ）

弥彦山を背に立つ彌彦神社拝殿

2400年以上の歴史を有する越後一宮。現在は**弥彦**（やひこ）と呼ばれているが、古くは**伊夜比古神社**（いやひこ）と記され、「いやひこ」と呼ばれていた。

境内には樹齢400年を超える古木が並び、霊験あらたかな空気が漂う。現在の拝殿は、大正5(1916)年に再建されたもの。ここでの礼拝方法は他の神社と異なり、**二礼四拍手一礼**。

▶彌彦神社
住 弥彦村弥彦2887-2
TEL 0256-94-2001
開 8:30〜18:00
休 無休　料 無料
交 JR**弥彦駅**から徒歩約15分
URL www.yahiko-jinjya.or.jp

冬、雪に覆われた参道

日本百景のひとつ、風光明媚な奥阿賀の渓谷
新潟市と下越地方

阿賀野川ライン下り（あがのがわらいんくだり）

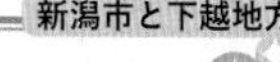

静かな川面を航行するイザベラ・バード号

新緑萌える春、深い緑に覆われる夏、紅葉に彩られる秋、山が雪が降り積もり水墨画のような冬……。四季折々の絶景を堪能できる舟下りの旅。

舟は**道の駅「阿賀の里」**から発着。約40分かけて、温泉街の風情をゆっくりと楽しむことができる。冷暖房完備の**イザベラ・バード号**も就航し、ますます快適な船旅となった。

▶阿賀野川ライン下り
▶道の駅「阿賀の里」
住 阿賀町石間4301
TEL 0254-99-2121
開 平日9:00〜16:00
土・日曜・祝日9:00〜17:00
休 無休
交 JR**東下条駅**から徒歩約40分。遊覧船を予約していれば駅から送迎あり（要予約）
URL aganosato.com
咲花温泉巡り
開 9:00〜15:00の1時間毎、所要40分
料 2000円
※河川の状況により運航スケジュールが変わるので、事前に公式サイトをチェック

露天風呂に浸かりながら日本海の夕陽を眺める
新潟市と下越地方

瀬波温泉（せなみおんせん）

日本海を一望できる露天風呂

村上市街から南西へ2km、日本海に面して十数軒の温泉旅館が建ち並ぶ温泉街。

石油試削中の明治37(1904)年に発見された温泉で、湯量豊富なナトリウム塩化物泉の源泉が特徴だ。以来100年以上、夕日が美しい温泉として、多くの人たちに愛されてきた。温泉卵を作れる噴湯（ふんとう）公園のほか、日帰り入浴施設や無料の足湯などもある。

▶瀬波温泉
住 村上市瀬波温泉
TEL 0254-52-2656（観光案内所）
開 休 料 施設による
交 JR**村上駅**から車で約10分。または日本海東北自動車道**村上瀬波温泉IC**から車で約10分
URL www.senami.or.jp

源泉の温度は95℃。温泉卵作り体験もできる

info 令和4(2022)年北京オリンピック、スノーボードで金メダルを獲得した**平野歩夢**。父親が村上市の瀬波温泉にスケートパークを運営しており、ここで練習していた。令和元(2019)年に**村上市スケートパーク**としてリニューアル。

国宝の火焔型土器「縄文雪炎」を収蔵

長岡と中越地方

十日町市博物館

雪国の歴史と文化を考察した博物館。積雪期に使う用具や越後縮の紡織用具などをジオラマで展示している。

岡本太郎も衝撃を受けたという火焔型土器

最大の見どころは新潟県で唯一の国宝にして国宝指定第1号の**縄文雪炎**。約5500～4500年前、縄文時代中期に作られた火焔型土器で、十日町市の笹山遺跡から出土したものだ。

▶十日町市博物館
住 十日町市西本町1-448-9
TEL 025-757-5531
開 9:00～17:00(最終入場16:30)
休 月曜(祝日の場合は翌平日)、12/28～1/3　料 500円
交 JR**十日町駅**から徒歩10分
URL www.tokamachi-museum.jp
「縄文雪炎」の展示期間は要確認

令和2(2020)年にリニューアル
写真提供:十日町市博物館

春は新緑、夏はフジロック、秋は紅葉も楽しめる

長岡と中越地方

苗場スキー場

標高900mにある国内最大級のスキー場。乾いた良質の雪で知られ、ワールドカップも開催されたバリエーションに富んだコースは、初心者から上級者まで楽しめる。

苗場スキー場と苗場プリンスホテル

夏は**FUJI ROCK FESTIVAL**P.406のほか、国内最長の5481mの**ドラゴンドラ**から眺める春の新緑と秋の紅葉はまさに絶景。冬には松任谷由実によるコンサートが毎年開かれている。

▶苗場スキー場
住 南魚沼郡湯沢町三国202
TEL 025-789-4117
開 8:00～20:30(季節により変動)
休 営業期間中は無休
料 苗場エリア1日リフト券5200円ほか(季節により変動)
交 JR**越後湯沢駅**からバスで約45分(宿泊者専用バスもある)
URL www.princehotels.co.jp/ski/naeba

ドラゴンドラと紅葉

外堀に咲くハスの花も見物

上越市と上越地方

高田城址公園

慶長19(1614)年に徳川家康の六男、松平忠輝公の居城として築城された高田城。外堀は自然の河川を利用し、天守閣も石垣もなしという珍しい城郭。天守閣の代わりに建てられたのが**三重櫓**(築城当初は二重櫓)。現在ある三重櫓は平成5(1993)年に再建されたもの。春には園内周辺を含め約4000本の桜が咲き誇り、夏には外堀を大輪のハスが埋め尽くす。

満開の桜がライトアップ

▶高田城址公園
住 上越市本城町44-1
TEL 025-526-5111(都市整備課 公園管理係)
開 入場自由
交 えちごトキめき鉄道**高田駅**から徒歩15分

外堀に咲くハスの花も見物

info 長岡市にある**越乃雪本舗大和屋**が作る和菓子の**越の雪**は**日本三大銘菓**のひとつ。安永7(1778)年に長岡藩主に献上したのが始まり。餅米の寒晒し粉に和三盆糖をあわせたもの。茶席で喜ばれている。URL www.koshinoyuki-yamatoya.co.jp

アーチが美しい新潟市のシンボル　新潟市と下越地方

萬代橋（ばんだいばし）

万代シティと古町を結ぶ

信濃川にかかる御影石と6連アーチの橋。現在の橋は3代目にあたり、昭和4(1929)年にかけられたもの。昭和初期の大規模な**コンクリートアーチ橋**が残る貴重な建築として国の重要文化財にも指定されている。今でも新潟市の中心で交通の要所。

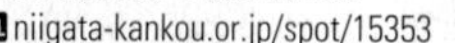
▶萬代橋
住 新潟市中央区万代
開 入場自由
交 JR**新潟駅**から徒歩約15分
URL niigata-kankou.or.jp/spot/15353

信濃川と新潟市街の夜景

ショーだけでなく勉強にもなる体験型水族館　新潟市と下越地方

マリンピア日本海（まりんぴあにほんかい）

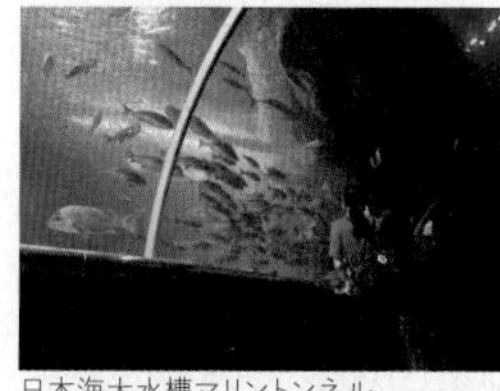
日本海大水槽マリントンネル

日本海側屈指の規模を誇る水族館。ドルフィンスタジアムで行われるイルカショーでは、イルカの体や生態についても説明してくれる。

注目は**日本海大水槽**。マリントンネルでは、日本海に生息する魚たちを海底散歩気分で観察することができる。

▶マリンピア日本海
住 新潟市中央区西船見町5932-445
TEL 025-222-7500
開 10:00～17:00（最終入場16:30）
休 12/29～1/1、3月の第1木曜日とその翌日　料 1500円
交 JR**新潟駅**からバスで20分の**水族館前**下車、徒歩すぐ
URL www.marinepia.or.jp

5000羽もの白鳥が飛来する白鳥の湖　新潟市と下越地方

瓢湖水きん公園（ひょうこすいきんこうえん）

雪をかぶった山並みも美しい瓢湖

瓢湖は阿賀野市水原（あがのしすいばら）にある、白鳥の渡来地として有名な人造湖。白鳥は、毎年10月上旬から3月下旬まで瓢湖に滞在し、11月下旬頃のピークには5000羽を超える白鳥が見られる。毎日、9時、11時、15時の1日3回**白鳥おじさん**によるえさやりが行われている。

▶瓢湖水きん公園
住 阿賀野市水原313-1
TEL 0250-62-2690（公園管理事務所）
開 入場自由
交 JR**水原駅**から徒歩30分。またはタクシーで5分
URL agano-spot.com/archives/landmark/87

白鳥おじさんのえさやりの時間に寄ってくる白鳥たち

日本海がつくりあげた自然美　新潟市と下越地方

笹川流れ（ささがわながれ）

国道345号線のドライブがおすすめ

11km続く海岸線に荒波に削られた奇岩や洞窟が並び、その下には日本屈指の透明度をほこる海が広がる。

国の名勝および天然記念物にも指定され、**日本百景のひとつ**にも数えられる景勝地。遊覧船も運航されており、カモメの餌付け体験もできる。

▶笹川流れ
住 村上市寒川～浜新保
TEL 0254-53-2258（村上市観光協会）
開 入場自由
交 JR**桑川駅**、**今川駅**、**越後寒川駅**から徒歩5分。または日本海東北自動車道**村上瀬波温泉IC**から車で30分
URL www.city.murakami.lg.jp/site/kanko/sasagawanagare.html

絶景の夕日スポットでもある

info 新潟市の**万代シティバスセンター**にある変哲もない立ち食いそば店**万代そば**。ここのカレーは**バスセンターのカレー**とも呼ばれる新潟を代表するB級グルメ。真っ黄色でスパイシー。途中で卓上ソースをかけて味変を楽しむのが通の食べ方。

「美しいまちなみ大賞」に輝く村上藩の城下町

新潟市と下越地方

城下町・村上

村上藩の城下町として栄えた町で、武家町や商人町などの古い町並みがかつての面影を今に伝えている。町を流れる三面川は鮭の遡上で知られ、城下町の大町にある鮭製品の名店**千年鮭きっかわ**の店内には塩引き鮭を吊るす光景が見られる。

日本海に沈む夕日は絶景

▶城下町・村上
住 村上市大町周辺
開 見学自由(有料施設あり)
交 JR**村上駅**から徒歩約20分
URL www.sake3.com

町歩きも楽しい

世界最高峰の金属加工技術

新潟市と下越地方

燕市産業史料館

江戸時代から現代へ、約400年の間脈々と受け継がれる燕の**金属産業**の歴史を紹介する史料館で、人間国宝や現代作家の作品を展示。

体験工房館では、ぐい呑み製作やスプーンの酸化発色など豊富なモノづくり体験ができる。

日本初の「産業」を冠した史料館

▶燕市産業史料館
住 燕市大曲4330-1
TEL 0256-63-7666
開 9:00～16:30(体験受付は16:00まで)
休 月曜(祝日の場合は翌日)、年末年始 料 400円
交 JR**燕三条駅**から車で5分
URL tsubame-shiryoukan.jp

職人の技術に挑戦!

雪国新潟の歴史を実物大ジオラマで再現

長岡と中越地方

新潟県立歴史博物館

総面積1万m^2という巨大な歴史博物館で展示は「新潟県のあゆみ」「雪とくらし」「米づくり」など5つのテーマに分かれている。世界有数の豪雪地帯、高田の**雁木通り**を再現しているほか、春夏秋冬の縄文人の暮らしを再現するジオラマは圧巻。

「雪とくらし」雪下ろしの風景ジオラマ

▶新潟県立歴史博物館
住 長岡市関原町1丁目字権現堂2247-2
TEL 0258-47-6130
開 9:30～17:00(最終入場16:30)
休 月曜(祝日の場合は翌日)、12/28～1/3 料 520円
交 JR**長岡駅**からバスで約40分の**博物館前**下車、徒歩すぐ
URL nbz.or.jp

「縄文人の世界」冬の狩り

縄文ファンは必見!

長岡と中越地方

馬高縄文館

火焔型土器が初めて出土した史跡「**馬高・三十稲場遺跡**」の史料を紹介。

重要文化財に指定されている火焔型土器や土偶などが展示されているが、その物量と豊富な史料は圧巻。レプリカに触ることもできる。

多数の火焔型土器が並ぶ
写真提供:新潟県長岡市教育委員会

▶馬高縄文館
住 長岡市関原町1丁目3060-1
TEL 0258-46-0601
開 9:00～17:00(最終入場16:30)
休 月曜(祝日の場合は翌日)、12/28～1/3 料 200円
交 JR**長岡駅**からバスで25分の**関原南**下車、徒歩5分
URL www.museum.city.nagaoka.niigata.jp/umataka

info 16文キック! 身長209cm、日本プロレス史上最大の巨体を誇った**ジャイアント馬場**。新潟県立三条実業高校を卒業後、読売巨人軍の投手となるが怪我のため野球を断念し、力道山に直訴してプロレスラーに転身した。

八海山の麓にある酒蔵のテーマパーク　**長岡と中越地方**

魚沼の里（うおぬまのさと）

緑の中に建つ八海山雪室

新潟の銘酒**八海山**で知られる八海醸造が運営するお酒と食をテーマにした複合施設。雪国の暮らしと文化が体験できる**八海山雪室**（ゆきむろ）では、説明を聞きながら日本酒を試飲できるコーナーや選りすぐりのキッチン用品を揃えたショップも併設している。

▶魚沼の里
住 南魚沼市長森426-1
TEL 0800-800-3865
開 休 店舗・施設による
交 JR**五日町駅**から車で10分。またはJR**浦佐駅**から車で15分
URL www.uonuma-no-sato.jp

雪室には大量の雪が蓄えられた雪中貯蔵庫がある

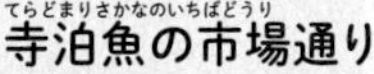
海岸沿いの魚の市場通りは、通称「魚のアメ横」　**長岡と中越地方**

寺泊魚の市場通り（てらどまりさかなのいちばどうり）

大型鮮魚店が並ぶ魚の市場通り

日本海沿いの国道402号線に11軒もの大きな鮮魚店が軒を連ねているのが、魚の市場通り。魚のイキのよさと豊富な品揃えで、魚を買い求めるお客さんでいつもいっぱい。

串刺にした旬の魚やイカ、ホタテなどを炭火で焼いた**浜焼き**は寺泊の名物。

▶寺泊魚の市場通り
住 長岡市寺泊下荒町
TEL 0258-75-3363（寺泊観光協会）
開 8:30～17:00　休 無休
料 無料
交 JR**長岡駅**からバスで1時間10分の**魚の市場通り**下車、徒歩すぐ
URL www.teradomari-kankou.com

あつあつの浜焼きはぜひ味わってみたい名物

四季折々の表情を見せる　**上越市と上越地方**

妙高高原（みょうこうこうげん）

秋、真っ赤に染まる高谷池

連なる山並みの下に湖や沼が広がるハイキングにぴったりのさわやかな高原エリア。ドイツトウヒの森や牛が牧草をはむ**笹ヶ峰**、ミズバショウが花開く**いもり池**、落差55mの**苗名滝**（なえなたき）などがある。日本百名山にも数えられる**火打山**（ひうちやま）の高谷池の紅葉は絶景。

▶妙高高原
交 えちごトキめき鉄道**妙高高原駅**が最寄り駅。車なら上信越自動車道**妙高高原IC**から各施設へ
URL myokotourism.jp
▶妙高高原観光案内所
住 妙高市大字田口309-1
TEL 0255-86-3911
開 9:00～17:00　休 無休
交 えちごトキめき鉄道**妙高高原駅**に隣接

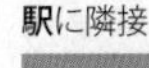

緑がまぶしい、いもり池

親と子が省みることができないほどの絶壁　**上越市と上越地方**

親不知・子不知（おやしらず・こしらず）

崖の高さは300～400m

北アルプスの北端が日本海に落ち込む**断崖絶壁**。かつては北陸街道で最大の難所で、多くの旅人が命を落としたという。壇ノ浦の戦いの後、越後に落ちのびた平頼盛（よりもり）を追いかけた妻がここで子を波にさらわれたという伝説が由来ともいわれる。

▶親不知・子不知
住 糸魚川市大字市振
TEL 025-553-1785（糸魚川市観光案内所）
開 入場自由
交 えちごトキめき鉄道**親不知駅**から徒歩20分。または北陸自動車道**親不知IC**から車で5分
URL niigata-kankou.or.jp/spot/8643

info 元帥海軍大将の**山本五十六**は旧越後長岡藩士の息子として生まれた。ハーバード大学留学を経たのち軍人として出世、連合艦隊司令長官として真珠湾奇襲攻撃を指揮した。山本自身は三国同盟や日米開戦に強く反対していた。

マンガとアニメの体験型テーマパーク

新潟市と下越地方

新潟市マンガ・アニメ情報館

赤塚不二夫、高橋留美子、**高野文子**など新潟ゆかりのマンガ家やアニメクリエーターを紹介。キャラクターの等身大フィギュアのほか人気キャラクターと遊べるコーナーや声優体験なども。

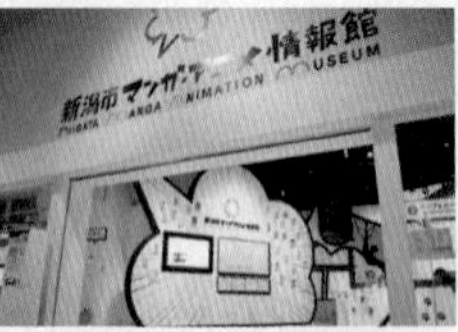

万代シティの中にあるアニメの聖地

▶新潟市マンガ・アニメ情報館
住 新潟市中央区八千代2-5-7
TEL 025-240-4311
開 平日11:00～19:00
土・日曜・祝日10:00～19:00
休 1/1　料 200円
交 JR**新潟駅**から徒歩約15分
URL museum.nmam.jp

キャラクターの花野古町と笹団五郎が新潟を案内

ここはお館様の屋敷なのか!?

新潟市と下越地方

北方文化博物館

伊藤家という越後随一の豪農の館。**百畳敷の大広間**が『鬼滅の刃』の柱合(ちゅうごう)会議の舞台にそっくりだと話題になった。

5月には庭園の藤棚が紫色の花を咲かせる。

大広間の向こうに見事な庭園が

▶北方文化博物館
住 新潟市江南区沢海2-15-25
TEL 025-385-2001
開 4～11月9:00～17:00
12～3月9:00～16:30
休 無休　料 800円
交 **万代シティバスセンター**から沢海経由秋葉区役所行きバスで約50分の**上沢海博物館前**下車、徒歩2分
URL hoppou-bunka.com

機関車に揺られ「森と水のロマン鉄道」の旅

新潟市と下越地方

SLばんえつ物語

新津(にいつ)駅～福島県の会津若松駅を運行する観光列車。機関車はC57-180号機で、白煙を上げて阿賀野川に沿いながら緑の山々を抜けていく。4号車は**展望車**となっている。

貴婦人の名にふさわしい瀟洒な機関車

▶SLばんえつ物語
TEL 050-2016-1600(JR東日本お問い合わせセンター)
開 4～11月の土・日曜・祝日を中心に1日1往復
料 乗車券のほか指定席券が必要
URL www.jreast.co.jp/railway/joyful/c57.html

普通車はクラシックなボックス席

新潟の奥座敷。美人の湯として知られる名湯

新潟市と下越地方

月岡温泉

越後平野の東、新発田(しばた)市にある新潟を代表する名湯で、開湯は大正4(1915)年。泉質は弱アルカリ性の含硫黄泉で「**美人の湯**」として有名。レトロな町並みが続く温泉街の散歩も楽しい。

エメラルドグリーンの美人の湯

▶月岡温泉
住 新発田市月岡温泉546-1
TEL 0254-32-2975、0254-32-3151(月岡温泉旅館共同組合)
開 休 料 施設による
交 JR**豊栄駅**からシャトルバスが運行。または磐越自動車道**安田IC**から車で30分
URL www.tsukiokaonsen.gr.jp

新潟最古の歴史ある名湯

新潟市と下越地方

五頭温泉郷

弘法大師ゆかり開湯1200年の**出湯温泉**、大正初期の建築と庭園が自慢の「環翠楼(かんすいろう)」がある開湯680年の**村杉温泉**など10軒の旅館が集まる。泉質は日本有数の天然ラジウム温泉。

静かな森に囲まれた今板温泉

▶五頭温泉郷
住 阿賀野市村杉
TEL 0250-61-3003(五頭温泉郷旅館協同組合)
開 休 料 施設による
交 JR**水原駅**からバスで25分の**今板温泉**、バスで27分の**村杉温泉(環翠楼入口)**下車。または磐越自動車道**安田IC**から車で20分
URL gozu.jp

info 新潟市の繁華街、**古町**のアーケードは通称**ドカベンロード**。水島新司による人気野球マンガ『ドカベン』のキャラクター銅像が並んでいる。「**明訓**」という名前の高校は、新潟市に実在し、平成3(1991)年に甲子園に出場している。

越後のミケランジェロ、石川雲蝶の彫刻は必見　長岡と中越地方

赤城山西福寺(開山堂)

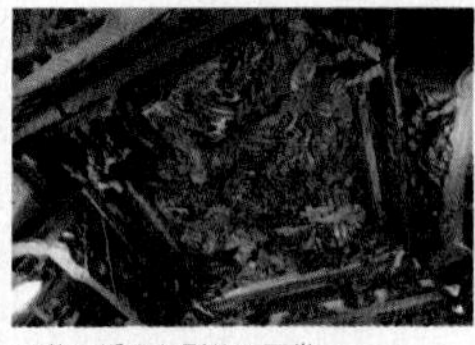
天井の透かし彫りは圧巻

創建は天文3(1534)年、室町後期に開かれた古刹。安政4(1857)年にできた**開山堂**には、幕末の名彫物師・**石川雲蝶**による見事な彫刻「道元禅師猛虎調伏の図」が残されている。

▶赤城山西福寺(開山堂)
住 魚沼市大浦174
TEL 025-792-3032
開 9:00〜16:00(最終入場15:40)
休 無休　料 500円
交 JR**浦佐駅**から車で約10分
URL www.saifukuji-k.com

秋の紅葉の名所　長岡と中越地方

奥只見湖

紅葉の奥只見湖をいく遊覧船

昭和35(1960)年に完成した日本屈指の巨大人造湖。日本の紅葉百選に選ばれる紅葉スポットとして知られる。1周約40分の**遊覧船**でゆったりとした船旅を楽しめる。

▶奥只見湖遊覧船
住 魚沼市湯之谷芋川字大鳥1317-3
TEL 025-795-2242
開 9:30〜15:30
休 不定休
料 1200〜1500円(コースにより変動)
交 JR**浦佐駅**からバスで60〜75分の**奥只見ダム**下車。または関越自動車道**小出IC**から車で奥只見シルバーライン経由50分
URL okutadami.co.jp/boat

名将・上杉謙信をしのぶ　上越市と上越地方

春日山城跡

上杉謙信の銅像

戦国武将・**上杉謙信**が居城とした山城。複雑な地形を巧みに利用し、難攻不落と言われた。本丸跡近くには再建された毘沙門堂が、中腹には謙信の銅像が立つ。

▶春日山城跡
住 上越市大字中屋敷ほか
TEL 025-545-9269(文化行政課)
開 入場自由
交 えちごトキめき鉄道**春日山駅**駅から徒歩40分。バスなら5〜8分の**中屋敷**下車、徒歩20分。または**春日山荘前**下車、徒歩15分
URL joetsukankonavi.jp/spot/detail.php?id=133

流罪となった親鸞聖人ゆかりの古刹　上越市と上越地方

越後五智国分寺

上杉謙信により再建された

天平13(741)年、聖武天皇の勅願により、日本全国に建てられた国分寺のひとつ。本尊は五智如来。境内には三重塔や親鸞聖人が暮らしていた**竹之内草庵**がある。

▶越後五智国分寺
住 上越市五智3-20-21
TEL 025-543-3069
開 入場自由(本堂の参拝は4月〜11月中旬の9:00〜12:00)
交 えちごトキめき鉄道**直江津駅**から徒歩20分。またはバスで6分の**五智国分寺裏門**下車、徒歩5分
URL www5c.biglobe.ne.jp/~etigo

日本列島の成り立ちの秘密に迫る　上越市と上越地方

フォッサマグナミュージアム

日本列島誕生の物語

フォッサマグナや糸魚川で取れるヒスイについて学ぶことができる**糸魚川ユネスコ世界ジオパーク**の拠点。日本列島の誕生を200インチの大型スクリーン映像で紹介。

▶フォッサマグナミュージアム
住 糸魚川市一ノ宮1313
TEL 025-553-1880
開 9:00〜17:00(最終入場16:30)
休 12/28〜1/4、12月〜2月の月曜と祝日の翌日
料 500円
交 JR**糸魚川駅**から美山公園・博物館線のバスで約10分の**フォッサマグナミュージアム**下車、徒歩すぐ
URL fmm.geo-itoigawa.com

info 新潟県にある**神社の数**は4700社あまりで**日本一**。新潟県は明治時代まで日本一の人口を誇っていた。これは越後に流された親鸞聖人による浄土真宗の教えによって、間引きがあまり行われなかったことがひとつの理由とも。

甲信越が舞台となった映画

『犬神家の一族』（長野県）

1976年、2006年公開　監督：市川崑

名匠、市川崑監督の代表作品。昭和51（1976）年版は70年代中頃から80年代にかけて一大ブームとなった角川映画の記念すべき初作品でもある。原作は名探偵、金田一耕助を主人公とした横溝正史の同名小説で、石坂浩二扮する飄々とした金田一の名探偵ぶりは好評を博し、以後シリーズ化された。

舞台となった犬神家の屋敷は、長野県安曇野市にある**旧飯田家**。文化7（1810）年の建築で、国の登録有形文化財にも指定されている。昭和61（1986）年までは造り酒屋だったという。

架空の町、那須の町並みは**上田市**で、金田一が宿泊し、横溝正史本人が主人役として登場した那須ホテルは佐久市にある**井出野屋旅館**で撮影された。築約100年の趣ある建物で、本作のロケ地と知り訪れる宿泊客も多いという。

金田一が大滝秀治扮する神主に会いに行く那須神社は大町市にある国宝・**仁科神明宮**。湖の風景は**青木湖**、**木崎湖**、**仁科三湖**の3ヵ所で撮影された。不気味な白マスクを着け、犬神佐清（スケキヨ）になりすましていた青沼静馬が殺され、水面に足だけ突き出した状態で発見された衝撃シーンは、青木湖のキャンプ場近くで撮影。後に何度もパロディ化されただけに、映画を知らずとも、そのシーンを知る人は多いだろう。

本作はその年、日本映画配給収入第2位の15億5900万円の大ヒットを記録。キネマ旬報ベスト・テン読者選出第1位、報知映画賞作品賞など多数の賞を獲得する高評価を得た。

平成18（2006）年版も石坂浩二が主演を務め、大滝秀治、加藤武は旧作とほぼ同一の役柄で出演している。本作が市川監督の遺作となった。

『ゆれる』（山梨県、新潟県）

2006年公開　監督：西川美和

平成4（2002）年の監督デビュー作『蛇イチゴ』が称賛され、『ディア・ドクター』『永い言い訳』『すばらしき世界』などでも数多くの映画賞を受賞してきた俊英、西川美和監督の出世作。幼なじみの女性が転落死したことを機に湧き出た、対照的な兄弟の心の闇に潜む憎しみと愛と葛藤を丹念に描く。

メインとなったロケ地は山梨県富士吉田市。弟の猛を演じたオダギリジョーと、兄の稔を演じた香川照之の緊張感あふれる地方裁判所のシーンは昭和5（1930）年に竣工され、当時の雰囲気のまま県の有形文化財として指定されている**山梨県庁別館**で撮影された。法廷シーンは**富士吉田市議会議場**、**市役所**には取調室や拘留所面会室、**市立病院**には病院と拘置所、**富士五湖聖苑**には火葬場のセットが組まれた。主人公らの実家として民家や、稔とふたりの父が営むガソリンスタンド、**横町バイパス**や**市道中央通り線**なども使用されている。

物語の重要なカギとなる、事件が起こった吊り橋のロケ地は長野県との県境に近い、新潟県津南町にある**見倉橋**。長さ48m、幅1.2mの、今では珍しい木製の吊り橋で、新潟の橋50選に選定されている。橋下に広がる中津川渓谷は絶景で、このあたりは綾瀬はるか主演のNHKドラマ『精霊の守り人』の撮影地にも使われた。

北陸

春
夏
秋
冬
北陸の
ココが
いちばん!

どうせ行くなら、
魅力UPの時期がいい
シーズンと旅先を
Check!

日本海に面する北陸は
魚介類の宝庫!

地物の魚を使った贅沢な海鮮料理を堪能しよう

トロッコ電車
乗りたいニャー
おすすめ
秋

富山県
黒部峡谷トロッコ電車
▶P.437

普通客車とリラックス客車の2種類がある。普通客車は窓がないので、景観をダイナミックに堪能できる。

石川県 那谷寺 ▶P.462

那谷寺は白山信仰を古くから受け継いできた古刹。白い山肌と色鮮やかな紅葉のコントラストが美しい。

錦のような
美しさだニャ

福井県 九頭竜湖 ▶P.480

九頭竜湖は川をせき止めて造られたロックフィル式の人工湖。周囲一帯は九頭竜川の侵食によってできた峡谷となっている。

春

ぜいたくな眺めだニャ

福井県 **氣比神宮** ▶P.478

日本三大木造鳥居に数えられる大鳥居とともに、春になると桜が咲き誇る越前國一之宮。拝殿のすぐそばには縁結び桜がある。

富山県
魚津の蜃気楼 ▶P.434脚注

蜃気楼は限られた条件下でしか見ることができない自然現象。例年3月下旬から6月上旬までの間に十数回出現する。

石川県 **金沢城公園** ▶P.455

金沢城は100万石を誇った大大名、加賀藩前田家の居城。兼六園と並んで北陸を代表する桜の名所として人気。

夏

富山県 **相倉・菅沼合掌造り集落**
▶P.438

世界遺産に登録されている合掌造り集落。冬の幻想的な雰囲気も捨てがたいが、夏こそ日本の原点ともいえる光景が広がっている。

福井県
かつやま恐竜の森
▶P.480

かつやま恐竜の森は日本一の恐竜化石発掘数を誇る勝山市にあるテーマパーク。白亜紀前期の石を割る化石発掘体験が人気。

石川県
ひがし茶屋街
▶P.456

浴衣や着物をレンタルして風情ある町家通りをそぞろ歩き。甘味処がたくさんあるのでハシゴするのもおすすめ。

冬

福井県 **日本海さかな街**
▶P.479

冬の荒波に揉まれ、身が引き締まった魚介類が並ぶ海鮮市場。飲食店では若狭ふぐや越前ガニなどの高級食材も市場価格で味わえる。

石川県 **兼六園** ▶P.454

金沢の冬といえば雪吊り。雪の重さで枝が折れないようにするためのものだ。日本三名園の兼六園では11月1日から施され、3月に外される。

富山県 **雨晴海岸** ▶P.444

海越しに望む立山連峰の大パノラマが美しいフォトスポット。2月には連峰の山頂のみならず山肌にも積雪が見られる。

Pick Up 北陸 テーマのある旅

① 福井県 三方五湖レインボーライン

▶P.477

三方五湖とは三方湖、水月湖、菅湖、久々子湖、日向湖の5つの湖の総称。湖はすべてつながっており、それぞれ微妙に異なる色をしている。5つの湖を見渡せる山頂までの道路が三方五湖レインボーライン。ダイナミックな自然に癒やされながらドライブを楽しもう。

湖と山が連なる贅沢な眺め

潮風が心地よい シーサイドドライブ

日本海沿岸には息をのむほど美しい絶景が数多くある。特に名高い名勝を巡りながら、北陸3県を制覇しよう。

柱状節理の岩が続く東尋坊

不安定な足場が続くので要注意

② 東尋坊 福井県

▶P.473

福井県北部の坂井市にある東尋坊は、打ち寄せる荒波によって削られた断崖が続く景勝地。パワスポ好きなら東尋坊から3kmほど離れた雄島にも行っておきたい。島全体が島内に鎮座する大湊神社の御神体となっており、神様が宿る島として昔は上陸が禁じられていた。

info 日本海沿岸のドライブは、道路からの眺めはすばらしいが**急なカーブ**も多い。普段から運転に慣れている人でもスピードには注意が必要だ。

スピードを落として安全にドライブ

③ 千里浜なぎさドライブウェイ

▶P.463

石川県

日本で唯一、波打ち際を颯爽とドライブできる約8kmの砂浜。日本海と美しい砂浜をバックに愛車を撮影するドライバーの姿も多い。砂が白く乾いていたり、ぬかるみ過ぎていたりする場所はスタックする危険があるので近づかないように。

季節によってさまざまな顔を見せる

④ 白米千枚田

▶P.458

石川県

輪島市白米町の国道249号線沿いにある棚田で、日本初の世界農業遺産「能登の里山里海」を代表する景観。道の駅が隣接するが、駐車スペースは少ないので注意。道の駅では棚田の米を使ったおにぎりを販売している。

⑤ 雨晴海岸

富山県

▶P.444

歌人大伴家持も愛した絶景

国道415号線沿いの海岸。氷見市から富山市方面に向かう正面には富山湾越しに立山連峰を望むことができる。道の駅雨晴の展望デッキからのパノラマもカメラに収めたい。

⑥ 新湊大橋

富山県

富山新港に架かる全長3.6kmの橋

新湊大橋は日本海側最大の2層構造の斜張橋。富山新港の開発によって東西に分断されてしまった湾口に架けられた。橋の西側に帆船海王丸を一般公開している海王丸パーク▶P.444や新湊きっときと市場▶P.444がある。

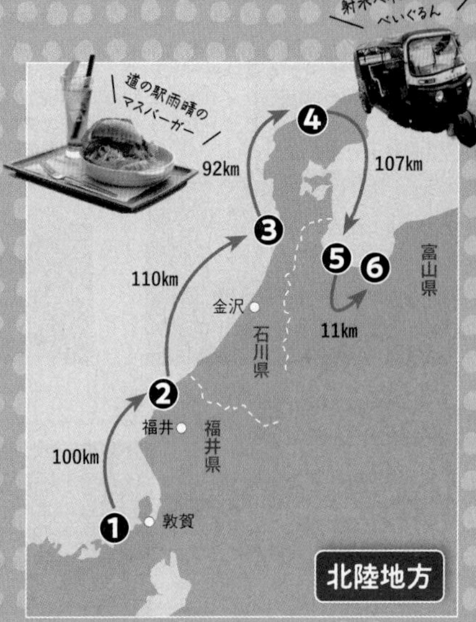

info 千里浜なぎさドライブウェイの走行後はタイヤなどが汚れがちになる。千里浜IC付近にある道の駅のと千里浜では足回りの簡易洗浄が無料でできるので便利。

富山県

TOYAMA

人口	103.5万人（全国37位）
面積	4248km²（全国33位）
県庁所在地	富山市
県花	チューリップ

きときと君
立山をモチーフにした
元気とやまマスコット
©富山県総交3第26号

チューリップ
チューリップ球根
の生産日本一

北陸3県の北に位置し、北は日本海、ほか三方は山脈で囲まれた富山県。氷河時代からの動植物が生息し、貴重な自然や景観が息づく立山連峰、日本一深いV字形に刻み込まれた黒部峡谷など、豊かな自然に恵まれている。また、富山湾は豊富な魚介が水揚げされることで有名。なかでも魚津から滑川にかけては幻想的な光を放ちながら押し寄せるホタルイカの大群、蜃気楼が見える海岸などでも知られている。

旅の足がかり

富山市

北には魚介の豊富な富山湾、東には雄大な立山連峰、西には山村地帯、南には豊かな田園風景や森林が広がる大自然に囲まれ、市内を流れる大小の川で結ばれた文化圏を形成。江戸時代には越中売薬の独特の商法で、「くすりのとやま」として全国に知られるようになった。新鮮な海と山の幸が味わえる日本随一のグルメシティでもあり、古くから受け継がれる**越中おわら風の盆**P.430などの伝統文化、ガラス工芸などのアートでも注目を浴びている。

高岡市

加賀藩前田氏の城下町として栄えた地で、伝統工芸や文化・芸能が発達。なかでも高岡銅器は有名で、市内には鋳物産業のシンボルともいえる**高岡大仏**P.444がどっしりと構え、発祥の地である**金屋町**地区P.442には格子造りの家々が軒を連ねる。前田利長の菩提寺である**瑞龍寺**P.440や高岡城址が整備された**高岡古城公園**P.442など、歴史的見どころも多い。

黒部市

県北東部、富山湾から北アルプスまで細長く広がる地で、沿岸部から扇状地、高山帯まで標高差3000mもの変化に富む。トロッコ電車で知られる**黒部峡谷**P.437をはじめ、谷間に広がる**宇奈月温泉**P.434など、山、清流、緑に囲まれた大自然が魅力。名水を活かしたグルメも見逃せない。山間部は、富山県屈指の豪雪地帯としても知られている。

地理と気候

高低差4000mの変化に富んだ地形で、海越しに3000m級の山々が見られるのは高岡市から氷見市にかけての海岸のみ。山岳部は日本屈指の豪雪地帯として知られている。

【夏】梅雨の前半は比較的穏やかだが、後半は前線の北上に伴って大雨になることが多く、梅雨が明けた後は晴れて蒸し暑い日が続く。

【冬】上空に寒気が流れ込むと大雪となり、海上では風が強く吹き、「寄り回り波」と呼ばれる富山湾特有の高い波が打ち寄せることも。

P.428～445 写真提供：とやま観光推進機構　富山市観光協会　高岡市　氷見市　南砺市　魚津市

アクセス

東京から ▸▸▸	所要時間
飛行機 羽田空港▶富山空港	1時間
新幹線 東京駅▶富山駅（かがやき）	2時間10分
高速バス バスタ新宿▶富山駅	6時間30分
大阪から ▸▸▸	**所要時間**
高速バス 梅田ターミナル▶富山駅	5時間30分
愛知から ▸▸▸	**所要時間**
JR線 名古屋駅▶富山駅（特急ひだ）	4時間
高速バス 名古屋駅▶富山駅	3時間45分
石川から ▸▸▸	**所要時間**
新幹線 金沢駅▶富山駅（かがやき）	18分
鉄道 金沢駅▶高岡駅（IRいしかわ鉄道）	40分
高速バス 金沢駅▶富山駅	1時間
岐阜から ▸▸▸	**所要時間**
JR線 高山駅▶富山駅（特急ひだ）	1時間30分
高速バス 白川郷▶高岡駅	2時間40分

県内移動

▶富山市内の交通

富山市内の電車とバスが1日乗り放題になる**市内電車・バス１日ふりーきっぷ**の利用が便利（富山駅から片道280円の区間に限る）。

料 650円　URL www.chitetsu.co.jp

▶富山から立山方面へ

立山のほか宇奈月温泉などへのアクセスは、富山地鉄の全線で利用できる**鉄道線・市内電車１日フリーきっぷ**の利用がお得。

料 2600円（冬期2100円）

URL www.chitetsu.co.jp

▸▸▸アクセス選びのコツ

- 名古屋と富山を結ぶ特急**ひだ**は富山県内では猪谷駅、越中八尾駅、早星駅、西戸山駅に停車する。あいの風とやま鉄道の**あいの風ライナー**は金沢駅から石動駅、高岡駅、小杉駅、富山駅、滑川駅、魚津駅、黒部駅、入善駅に停車し、泊駅とを結ぶ。
- **富山地鉄バス**などが東京方面や関西、名古屋方面のバスを運行。隣県では金沢行きの便が多い。
- 富山空港と羽田空港間に1日3便運行。
- 冬期は県のほとんどが降雪地帯になる。県外から車で行く際にはスタッドレスタイヤを忘れずに。

交通路線図

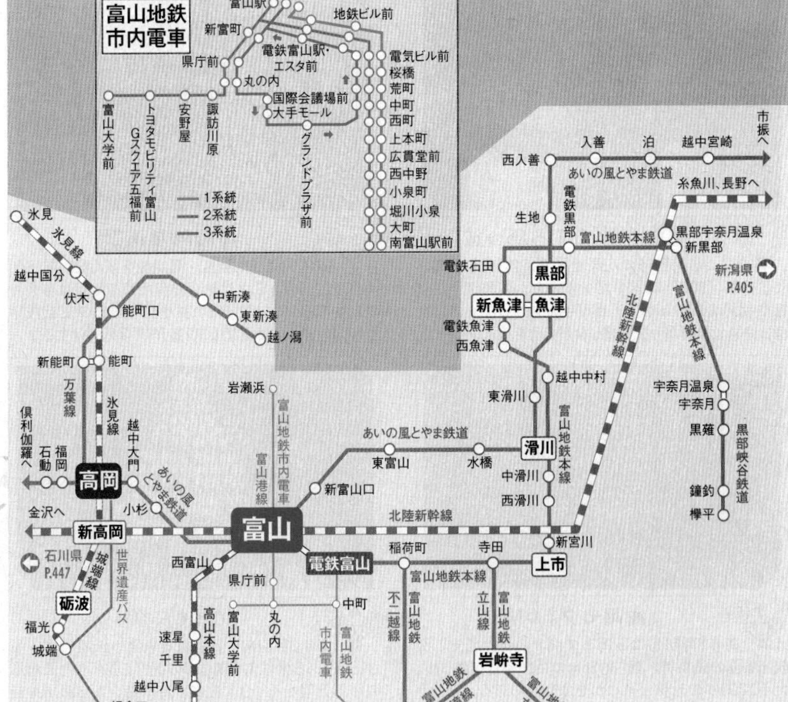

富山県

うちの県はここがすごい

一 持ち家1住宅当たりの広さ日本一

総務省の調査によると、持ち家住宅率は富山が秋田県に次ぐ2位。持ち家の広さでは富山が全国1位で、全国平均41.49畳であるのに対し、富山県は53.83畳と最も広い。

二 蜃気楼の発生率日本一

大気中で光が屈折し、虚像が現れる蜃気楼。気温や風などの条件が揃うことで出現する。魚津市では、多いときには年間40回以上を観測。なかでも5月に多く観測されている。

三 医薬品の生産額全国1位

江戸時代に「くすりのとやま」として全国に名を馳せた富山。医薬品産業のさらなる発展や育成・振興により、生産金額、人口1人あたりの医薬品製造従業者数ともに全国1位を誇る。

イベント・お祭り・行事

① 越中八尾 おわら風の盆

富山市南西部の八尾地区で毎年9月に開催される行事。300年以上の歴史があり、哀愁漂う三味線や胡弓の調べにのせ、踊り手たちがしなやかな女踊りや勇壮な男踊りを披露しながら町を流し歩く。

② 高岡御車山祭

毎年5月1日に開催。高岡城を築く際、前田利長が豊臣秀吉から受け継いだ御所車を町民に与えたのが始まり。この御所車に鉾を立て高岡の工芸技術で装飾を施した華麗な山車7基が市街を巡行する。

③ 高岡七夕まつり

毎年8月初旬に高岡市で開かれる、歴史と伝統ある夏の風物詩。高さ約20mの巨大七夕をはじめ、大小1000本の七夕が町なかを華やかに彩る。夜はライトアップされ、辺り一帯が幻想的な風景に。

④ たてもん祭り

毎年8月初旬に行われる魚津の伝統行事。高さ16mもある大柱に90あまりの提灯を吊るした三角形の船形万燈をそり台に立て、海岸沿いから諏訪神社境内へ向かって豪快に曳き回す。

必ず食べたい 名物グルメ

富山湾鮨

「天然の生け簀(いけす)」とも呼ばれる富山湾の多種多様な旬の地魚を新鮮なまま用い、富山産のおいしい米で握った“富山に来た人だけが堪能できる”極上寿司。

寒ブリ

大量の氷水で沖じめにして漁港に運ばれる富山湾のブリは鮮度抜群。なかでも氷見漁港で水揚げされる「ひみ寒ブリ」は最高級ブランドで、脂たっぷりのとろけるような食感。

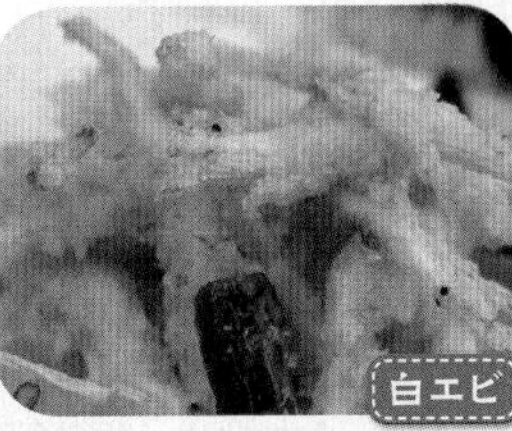

白エビ

淡いピンク色の姿が輝くように美しいことから「富山湾の宝石」とも呼ばれるほど。独特のトロリとした食感と濃厚な甘みが特徴で、刺身をはじめ各種料理に使われる。

ホタルイカ

春、産卵のため深海から群れをなして富山湾へとやって来るホタルイカは、まるまると肥えて食べ頃に。はじけるような食感とワタのうま味が口の中に広がる。

地元っ子愛用 ローカル味

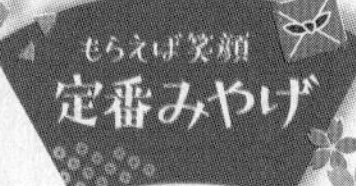

もらえば笑顔 定番みやげ

ます寿司

江戸時代から受け継がれてきた富山を代表する郷土料理。「わっぱ」と呼ばれる木製の曲物に笹の葉を敷いて酢飯を詰め、酢漬けしたサクラマスの切り身を並べた押し寿司。

麦芽水飴

苦い薬を飲みやすくするために薬売りが持ち歩いていたとされる100％天然の水飴。今も砂糖を用いず、粉砕した麦芽を使用して発酵させるという昔ながらの製法で作られている。

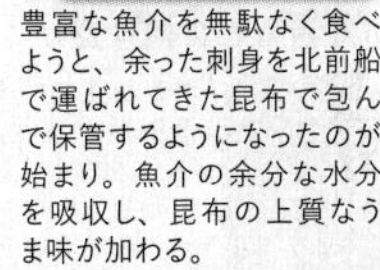

刺身の昆布締め

豊富な魚介を無駄なく食べようと、余った刺身を北前船で運ばれてきた昆布で包んで保管するようになったのが始まり。魚介の余分な水分を吸収し、昆布の上質なうま味が加わる。

巻きかまぼこ

新鮮な魚介と伝統の技で発展した富山独自のかまぼこ。北海道から運ばれてきた昆布ですり身を巻いたのが始まりで、味、見た目のよさから食卓に欠かせない一品となっている。

匠の技が光る 伝統工芸

高岡銅器

江戸時代初期に加賀藩前田氏が鋳物師を呼び寄せたのが始まり。その後、主力産業として発達し、世界で認められるまでに成長した。ちなみに国内の寺で見られる梵鐘のほとんどは高岡産。

越中和紙

五箇山和紙、八尾和紙、蛭谷和紙の総称。もともとは薬を包む紙として富山の薬売りとともに発展。産地によって少しずつ異なるが、丈夫さが特徴で障子紙や半紙などに使われる。

ワカルかな？
富山のお国言葉

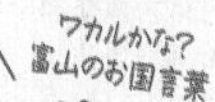

こんフクラギ、きときとや。さいさいきのどくな

Ans. このブリの幼魚、新鮮だね。毎回、ありがとうね

1泊2日で巡る 富山県

トロッコ電車で黒部峡谷の大自然を堪能し、富山市内でアートや歴史的町並み、グルメを楽しむおなかも心も満たされる旅。

1日目

9:50 富山地鉄電鉄富山駅

鉄道1時間40分

11:30 富山地鉄宇奈月温泉駅

立山連峰が見える!

徒歩3分

12:00 黒部峡谷鉄道宇奈月駅

黒部峡谷トロッコ電車で出発 ▶P.437

トロッコ電車の種類は2タイプ。そのうちのひとつ、普通客車はオープン型（窓なし）で開放感たっぷり!

トロッコ1時間20分

13:30 黒部峡谷鉄道欅平駅

徒歩3分

駅内の展望レストランでご当地グルメを堪能

白エビのかき揚げやブラックラーメンなど、富山名物が味わえる。

14:00 奥鐘橋、人喰岩などの絶景巡り

欅平駅周辺には景勝地が点在。四季折々の景色を楽しみながら、峡谷沿いを散策。

徒歩すぐ

歩く人が岩に飲み込まれるように見える人喰岩

15:20 黒部峡谷鉄道欅平駅

トロッコ1時間20分

車窓からは壮大な景色が広がる

16:40 黒部峡谷鉄道宇奈月駅

徒歩約8分

16:50 宇奈月温泉でグルメと温泉を堪能 ▶P.434

黒部川の峡谷沿いに広がる温泉街へ。"美肌の湯"として知られる温泉で、1日の疲れを癒やし、魚介＆山が融合した旬の料理を堪能。宿泊は「黒部峡谷 宇奈月温泉 延楽」で

大自然が広がる

立山黒部アルペンルート

3000m級の北アルプスの峰々を貫く、37.2㎞にわたる山岳観光ルートP.436。ケーブルカーやロープウェイなど6つの交通機関を利用して、気軽に訪れることができる。長野県側へ通り抜けもできるが、立山駅を拠点に日帰りで訪れることも可能。富山駅から立山駅までは富山地鉄で所要約1時間。

標高の高いところでは7月上旬まで残雪が残る

おすすめ! 泊まるならココ

雄大な黒部峡谷の景色に抱かれ、極上の温泉と富山湾の幸を堪能

全室峡谷に面している。露天風呂付きの部屋も

黒部峡谷 宇奈月温泉 延楽（くろべきょうこく うなづきおんせん えんらく）

昭和12（1937）年の創業以来、多くの文人墨客たちを魅了してきた老舗宿。さりげなく飾られた茶花など、館内全体からあるがままの姿を大切にした創業当時からのこだわりが見られる。趣向の違う露天風呂ふたつと男女各大浴場を完備。料理は部屋出しにも対応していて、白エビや寒ブリなど旬の味が楽しめる。

自慢の料理は各種コースから選べる

住 黒部市宇奈月温泉347-1
TEL 0765-62-1211
交 富山地鉄**宇奈月温泉駅**から徒歩3分。またはJR**黒部宇奈月温泉駅**から無料送迎バス（要予約）で20分
料 1泊2食付き3万2050円～
URL enraku.com

2日目

8:50 富山地鉄 宇奈月温泉駅

鉄道 1時間10分

10:00 JR富山駅

徒歩 10分

10:10 富岩運河環水公園から岩瀬地区へ
富岩運河をクルーズ ▶P.439

環水公園から富岩水上ラインに乗り、立山連峰の壮大な景色を眺めながら、北前船交易で栄えた湊町・岩瀬地区へ。

観光船 1時間

11:10 岩瀬カナル会館

徒歩 10分

11:20 レトロな町並みが広がる
北前舟廻船問屋街へ ▶P.440

江戸時代から明治時代にかけ、北前船の寄港地および船主集落として栄えた地区を散策。当時の暮らしぶりを伝える町家も見学したい。

ランチには、新鮮な魚介を使った海鮮丼を堪能。

市電 40分

13:30 現代ガラスアートを鑑賞
富山市ガラス美術館 ▶P.439

ガラスの町、富山ならではの美術館で、さまざまなガラスアートの魅力に触れる。

バス 20分

15:00 **富山県美術館**で ▶P.439
現代アートを堪能

オノマトペから生み出された遊具が点在する屋上庭園にも立ち寄りたい。

美術館のシンボル

三沢厚彦
«Animal 2017-01-B»
富山県美術館所蔵
撮影：小杉善和

徒歩 15分

17:00 JR富山駅
駅周辺でご当地グルメを堪能

ホタルイカは外せない！

駅周辺には飲食店が多数点在。旅の最後は、数々の名物グルメでおなかを満たそう。

「富山ぶりかにバス」で行く
氷見グルメ巡り

富山駅から新湊きっときと市場P.444やひみ番屋街P.445などのグルメスポットをつなぐ観光定期路線バス「富山ぶりかにバス」が運行している。便利でお得なだけでなく、車窓から日本海や立山連峰の絶景を楽しめることでも人気。詳細はURL www.chitetsu.co.jp

おすすめ！泊まるならココ

日本の原風景が残る、世界遺産の宿に滞在
昔話の世界へタイムトリップした気分に

五箇山合掌の宿 庄七

相倉合掌造り集落内の築220年の合掌造りの宿。高さ約11mの2階建てで、天井が高い1階部分が客室になっている。1泊6人以下または2組限定なので、伝統建築のよさを味わいながらのゆったりとした滞在が可能。また、昔話に出てくるような囲炉裏を囲み、語り部と一緒に味わう郷土料理も格別。

住 南砺市相倉421
TEL 0763-66-2206
交 JR**新高岡駅**から世界遺産バスで**相倉**下車、徒歩すぐ
料 1泊2食付き1万6500円～
URL www.syo-7.jp

6～10畳の客室が計4室あり、人数によって襖を外し、二間続きの大部屋として利用することも

富山県の歩き方

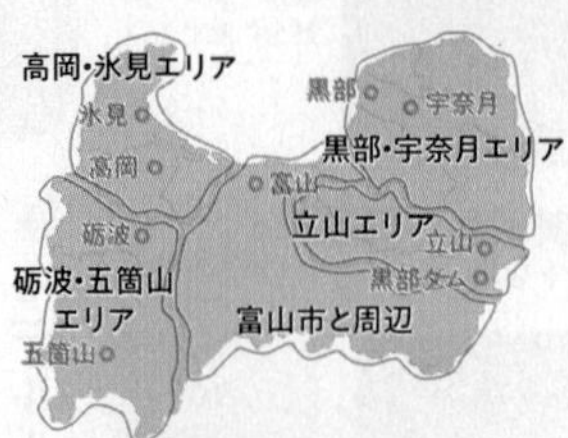

▶**とやま観光案内所**
住 富山市明輪1-230(富山駅構内)
TEL 076-431-3255
開 8:00～20:00　休 無休
URL www.info-toyama.com

▶**富山市まちなか観光案内所**
甲冑の着付けや着物体験、騎馬武者体験なども行っている。
住 富山市本丸1-45
TEL 076-439-0800
開 9:00～18:30
休 年末年始
交 JR**富山駅**から徒歩10分
URL www.toyamashi-kankoukyoukai.jp

侍になりきって富山城をバックにポーズ！

▶**黒部市地域観光ギャラリー**
住 黒部市若栗3212-1
(黒部宇奈月温泉駅に隣接)
TEL 0765-57-2851
開 9:00～19:00　休 無休
URL www.kurobe-unazuki.jp

宇奈月温泉
黒部川の渓谷沿いに広がる温泉地。日本有数の透明度を誇る弱アルカリ性単純温泉で、「美肌の湯」としても知られている。渓谷沿いに、旅館やホテルなどが点在している。

山あいにたたずむ絶景の温泉街

富山市と周辺

市内各地を網羅している路面電車

富山市内　北陸新幹線が乗り入れている**富山駅**を中心に、南北が**路面電車**で結ばれている。富山駅と市中心市街地を循環する環状線は、町なかを約28分で1周。美術館や観光施設などの見どころを巡る、観光に便利な周遊バスも運行している。また、市中心部には23ヵ所の自転車の貸し出しステーションがあり、気軽にレンタルすることができる。

富山市周辺　越中八尾の近郊へは富山地鉄（富山地方鉄道）が走っている。

▶**富山空港から町の中心まで**
富山市内の南側に位置しており、富山駅まで空港連絡バスで所要約20分。飛行機の到着に合わせて運行している。

グルメ

富山ブラック　真っ黒なスープが特徴的なラーメン。戦後、ご飯のおかずとなるように考案されたのが始まりで、濃厚でだしのうま味がよく効いた醤油スープは一度食べたら癖になる味わい。

具材は各店によって少しずつ異なる

黒部・宇奈月エリア

トロッコ電車でのみアクセス可能な黒部峡谷

富山県北東、山岳部に位置するエリア。V字形に深く刻み込まれた**黒部峡谷** P.437 周辺には手つかずの大自然が残り、富山湾沿いにはホタルイカやカニ、蜃気楼で有名な**魚津**（うおづ）や**滑川**（なめりかわ）などの港町が点在している。

足を延ばせば

春になると大量のホタルイカが押し寄せることで有名な滑川。幻想的に光るその姿を間近で見学できるツアー P.442 も催行されている。

ホタルイカ漁の様子

info　蜃気楼がよく見える場所として知られる**魚津**。3月下旬～6月上旬のよく晴れて微風が吹いている日、気温が上昇する11～16時頃にかけて見られる。経田（きょうでん）漁港周辺の海岸線には**しんきろうロード**が整備されている。

立山エリア

四季折々の表情が楽しめる

長野県に隣接する**北アルプス**の峰々が連なるエリア。3000m級の山々の間を37.2kmにわたって山岳観光ルートが続く。ロープウェイやケーブルカー、トロリーバスなどを乗り継ぎ、山の奥地にたたずむ景勝地を気軽に訪れることができる。

高岡・氷見エリア

新湊から氷見へ続く海沿いには景勝地が点在

北西部、富山湾沿いに広がるエリア。絶品の魚介と古くからの伝統工芸や祭りで知られ、瑞龍寺など歴史的見どころも多い。エリアの中心となる**高岡駅**までは北陸新幹線が乗り入れている新高岡駅から1駅とアクセスもよい。**氷見**へはJR氷見線、射水(いみず)市の**新湊**(しんみなと)へは路面電車タイプの高岡軌道線で結ばれている。

グルメ

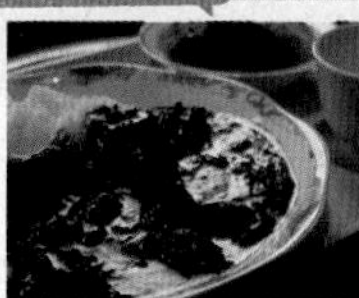

富山県一の水揚げを誇り、絶品グルメで知られる氷見。海鮮はもちろん、氷見産の煮干しを使って作る「氷見カレー」や「氷見うどん」など、ご当地グルメの宝庫としても知られている。

多くのカレー好きを唸らせてきた氷見カレー

砺波(となみ)・五箇山(ごかやま)エリア

日本の原風景が残る五箇山

県南西部の山岳地帯があるエリア。山間には世界遺産に登録されている**合掌造り集落**P.438があり、門前町として栄えた井波は伝統工芸が息づく「木彫りの町」としても知られている。高岡駅から砺波を経由し城端(じょうはな)駅まで列車が運行しているが、本数は少ない。各町や村へのアクセスはバスが便利。

ブランド食材

五箇山豆腐　山から流れる名水を使って作られる豆腐。「寝るときに枕にした」、「つまづいて生爪をはがした」といった逸話が残るほど水分が少なく、濃厚な味わいが特徴。刺身や揚げ出しなどにしてよく食べられる。

縄で縛っても崩れないほどの硬さ

雪の大谷ウォーク

標高2450mにある室堂周辺は、世界でも有数の豪雪地帯として知られている。なかでも「大谷」は地形的に積雪が多く、深さ20mを超えることも。通行用に除雪した道路脇には、巨大な雪の壁が続く。その間を歩く「雪の大谷ウォーク」が人気。4月中旬～6月中旬限定で、立山駅からケーブルカーとバスを乗り継いで行き、室堂で体験できる。

20m近くにまで達する雪壁

▶高岡駅観光案内所
住 高岡市下関町6-1
TEL 0766-23-6645
開 9:00～19:00　休 年末年始
URL www.takaoka.or.jp

▶氷見市観光協会
住 氷見市伊勢大町1-12-18（JR氷見駅構内）
TEL 0766-74-5250
開 9:00～17:00　休 年末年始
URL himinavi.jp

▶世界遺産バス
高岡駅から新高岡駅を経由し、五箇山の合掌造り集落を結ぶバス。集落内の各見どころにも停車するので、各地を巡りながら日帰りで訪れることも可能。
URL www.kaetsunou.co.jp/company/sekaiisan

情緒漂う“水の都”内川

新湊の市街地を流れる内川。小舟が行き交う川沿いに古い家屋が軒を連ねる光景から、“日本のヴェニス”とも呼ばれる。海王丸パークP.444から内川遊覧船も出ている。

小型船が係留されている内川

info **砺波市**は国内最大の**チューリップ球根**の産地。毎年4月下旬から5月上旬にかけて**チューリップフェア**が行われ、赤やピンク、黄色の色とりどりの花のじゅうたんが市内のあちらこちらに現れる。URL fair.tulipfair.or.jp

富山県の見どころ

ZOOM UP!

立山エリア

3000m級の山岳風景を満喫

立山黒部アルペンルート

富山県側の立山駅、
長野県側の扇沢駅のふたつの出入り口を
ケーブルカー、ロープウェイなど6つの乗り物がつなぐ。
途中には、多くの景勝地が点在し、
気軽な散策から
本格的なトレッキングまで、
さまざまなスタイルで
雄大な大自然を
満喫することができる。

info アルペンルートをより楽しみたいのであれば、**山岳ロッジ**や**民宿**に1泊するのもいい。室堂、弥陀ヶ原、黒部湖畔などに10数軒の宿泊施設があり、快適に滞在できる。季節によってはかなり混み合うので、早めの予約を。

絶景が次から次へと現れる魅惑の山岳ルート

立山黒部アルペンルート

大観峰と黒部平の間を結ぶ全長1.7kmのロープウェイ

標高3000m級の峰々が連なる北アルプスを貫く、総延長37.2km、最大高低差1975mに及ぶ山岳観光ルート。バスやロープウェイで「登山」をしなくても気軽に山岳風景が楽しめ、6種類の乗り物に乗れることも人気の要因。珍しいトンネルトロリーバスの乗車も楽しい体験だ。

1 弥陀ヶ原

弥陀ヶ原は、ラムサール条約にも登録されている貴重な湿原。地獄に落ちた餓鬼が飢えをしのぐために田植えをしたという伝説に由来する「ガキの田」と呼ばれる約3000個もの小さな水たまりが点在し、独特の景観を生み出している。

2 室堂

高山植物が咲く夏、「北アルプスで最も美しい火山湖」と称されるみくりが池（左ページ写真）をはじめ、高さ20mに迫る雪の壁がそびえる雪の大谷(春)など、見どころ満載。

3 大観峰

アルペンルート随一の眺望を誇り、標高2316mの高さから黒部湖や後立山連峰の絶景が見下ろせる。動く展望台とも呼ばれるロープウェイからの景色も最高。

▶立山黒部アルペンルート
TEL 076-481-1500（立山黒部総合案内センター）
開 6:30～18:00頃に運行（季節により変動）
休 12月～4月上旬
料 立山駅～室堂まで所要約70分、3160円、室堂から扇沢まで約90分6140円
URL www.alpen-route.com

4 黒部ダム

総貯水量約2億トンを誇る巨大な黒部ダム。湖畔には遊歩道が巡らされていて、約186mという高さ日本一のえん堤を歩いて渡ることも。毎秒10トン以上の水を放出する、迫力満点の観光放水も人気。

新緑、紅葉と季節ごとにフォトスポットとなる黒部峡谷トロッコ電車が通る鉄橋

黒部峡谷トロッコ電車

黒部川の浸食によってV字形に深く刻み込まれた長さ86kmの大峡谷。水源からの高低差はなんと3000m。そんな険しい谷へのアクセスはトロッコ電車のみ。宇奈月駅からガタゴトとトロッコ電車に揺られて約1時間20分、ふたつの乗降停車駅を経由し、約20km先の欅平駅へとたどり着く。沿線には景勝地が点在し、散策のほか露天風呂や足湯も楽しめる。

住 黒部市黒部峡谷口11
TEL 0765-62-1011（黒部峡谷鉄道お客さまセンター）
開 8:00～18:00頃に運行（季節により変動、4月中旬～5月初旬は一部区間のみ） 休 12月～4月上旬
料 宇奈月～欅平往復3960円
交 富山地鉄**宇奈月温泉駅**から徒歩すぐ
URL www.kurotetu.co.jp

相倉・菅沼合掌造り集落

山あいの集落で日本の原風景に出合う

砺波・五箇山エリア

相倉・菅沼合掌造り集落（あいのくら・すがぬまがっしょうづくりしゅうらく）

雪に覆われ静寂がただよう菅沼集落

富山県南西端、5つの谷間に点在する40の小さな集落から成る**五箇山**。険しい山々に囲まれ、冬には2mを超える雪が降り積もる。そんな豪雪地帯ならではの建築様式、急勾配の茅葺屋根が特徴の合掌造り家屋が今も多く点在している。**相倉**と**菅沼**の2集落が平成7（1995）年に世界遺産に登録された。相倉集落には、17～20世紀前半の合掌造りの家屋が20棟。相倉集落から南西に約11km離れた菅沼集落には9棟の家屋のほか、土蔵や水車小屋などの建築物が点在。かつて橋はなく、“籠の渡し”を使用しなくては対岸へ渡れなかったため、秘境的雰囲気が漂っている。

▶相倉・菅沼合掌造り集落
住 南砺市相倉/菅沼
TEL 0763-66-2123（世界遺産相倉合掌造り集落保存財団）
TEL 0763-67-3008（菅沼世界遺産保存組合）
交 JR**新高岡駅**から相倉集落へは世界遺産バスで**相倉口**下車、徒歩5分。菅沼集落へは世界遺産バスで**菅沼**下車、徒歩1分

▶五箇山総合案内所
住 南砺市上梨754
TEL 0763-66-2468
開 9:00～17:00　休 無休
交 JR**新高岡駅**から世界遺産バスで**上梨**下車、徒歩すぐ
URL gokayama-info.jp

田園風景が広がる相倉集落

五箇山総合案内所

合掌造りの知恵や暮らし、伝承文化に触れる

砺波・五箇山エリア

国指定重要文化財 村上家（くにしていじゅうようぶんかざい むらかみけ）

約350年前に建てられた、五箇山で最も古い合掌家屋のひとつで、当時の建築様式がそのまま残されている。また、五箇山の暮らしについて囲炉裏を囲みながら当主が説明。この地に伝わる民謡『**こきりこ**』も鑑賞できる（要予約）。

ささらを打ち鳴らして唄い踊る

▶国指定重要文化財 村上家
住 南砺市上梨742
TEL 0763-66-2711
開 9:00～16:00（季節により変動）最終入場は20分前
休 火・水曜、12/15～2月　料 300円
交 JR**新高岡駅**から世界遺産バスで**上梨**下車、徒歩すぐ
URL www.murakamike.jp

古式な様式を残す一重4階の造り

旧家ならではの重厚な内部が見学できる

砺波・五箇山エリア

国指定重要文化財 岩瀬家（くにしていじゅうようぶんかざい いわせけ）

約300年前に8年かけて建てられた、日本最大の**5階建て合掌造り家屋**。江戸時代、この地で製造されていた火薬の原料を加賀藩へ納める塩硝上煮役（えんしょうじょうにやく）を務めた旧家で、ケヤキ材をふんだんに用いた重厚な内部や屋根裏、庭園を見学できる。

明治時代までは36人もの大家族が居住

▶国指定重要文化財 岩瀬家
住 南砺市西赤尾857-1
TEL 0763-67-3338
開 4～11月9:00～17:00
12～3月9:00～16:00
休 木曜（祝日を除く）　料 300円
交 JR**新高岡駅**から世界遺産バスで**西赤尾**下車、徒歩すぐ
URL www.iwaseke.jp

info **相倉集落**および、**菅沼集落**では年間を通じて限定された期間、日没頃から**ライトアップ**が実施され、集落一帯が幻想的な姿に。日中とは趣の異なる光景が楽しめる。

ガラスの街からグラスアートの魅力を発信

富山市と周辺

富山市ガラス美術館（とやましがらすびじゅつかん）

美術館が入っている「TOYAMAキラリ」

1950年以降の国内外の現代グラスアートを中心に、400点以上の作品を収蔵。建築家・隈研吾氏が設計を手がけた複合施設**TOYAMAキラリ**内にあり、6階の**グラス・アート・ガーデン**では現代ガラス作家の巨匠デイル・チフーリ氏の空間芸術が堪能できる。施設内には、市立図書館、カフェ、ショップもあり、誰もが気軽に楽しめる。

新視点からアート×デザインの魅力を伝える

富山市と周辺

富山県美術館（とやまけんびじゅつかん）

さまざまな遊具で遊べる屋上庭園「オノマトペの屋上」

ピカソや**ミロ**、**藤田嗣治**など、20世紀初頭～現在までの国内外のアーティストによる作品やポスター、椅子などのデザイン作品を展示している。館内にはレストラン、カフェ、ショップのほか、図書コーナーなども完備。屋上には、佐藤卓氏が設計したオノマトペ（擬音語・擬態語）から生み出された遊具が置かれた遊び場が広がっている。

自然と人が調和した富山市のオアシス

富山市と周辺

富岩運河環水公園（ふがんうんがかんすいこうえん）

水辺に姿を映し出す天門橋

旧舟だまりを利用した、親水文化公園。運河沿いには芝生広場が整備されていて、気持ちよく散歩できる。また、園内には公園を一望できる展望塔を備えた**天門橋**や水のカーテンが美しい**泉と滝の広場**、野鳥観察ができる**あいの島**などが点在している。幻想的なイルミネーションが楽しめる、日没～22:00のライトアップはデートにも最適。

▶富山市ガラス美術館
住 富山市西町5-1
TEL 076-461-3100
開 9:30～18:00（金・土～20:00）
休 毎月第1・第3水曜
料 200円（企画展は別途）
交 JR**富山駅**から市電で**グランドプラザ前**電停または**西町**電停下車、徒歩1～2分
URL toyama-glass-art-museum.jp

県産材を取り入れた開放的な内観

▶富山県美術館
住 富山市木場町3-20
TEL 076-431-2711
開 9:30～18:00
屋上庭園8:00～22:00
休 水曜（祝日の場合は翌日）
料 300円（企画展は別途）
交 JR**富山駅**からバスで**富山県美術館**下車、徒歩すぐ
URL tad-toyama.jp

富岩運河の脇に立つ　©小川重雄

▶富岩運河環水公園
住 富山市湊入船町
TEL 076-444-6041
開 入場自由
天門橋展望塔9:00～21:30
交 JR**富山駅**から徒歩9分
URL www.kansui-park.jp

▶富岩水上ライン
環水公園から中島閘門を通り、北前船交易で栄えた港町、岩瀬を結ぶ運河クルーズ。岩瀬発や環水公園周遊コースなどもある。
TEL 076-482-4116
開 4月中旬～11月中旬
料 片道1700円
URL fugan-suijo-line.jp

運河クルーズで水辺空間を堪能

info 昭和初期の土木技術の完成度の高さを示すものとして、国の重要文化財に指定されている**中島閘門**（なかじまこうもん）。高低差2.5mもある水位を二対の扉で調節している"水のエレベーター"を体験できるのは日本で唯一ここのみ。

富山藩前田家の居城跡

富山市と周辺

富山城(富山市郷土博物館)

とやまじょう(とやましきょうどはくぶつかん)

国の登録有形文化財にも登録されている建物

戦国時代に築城された富山城跡に1954年、戦争復興のシンボルとして建立。3重4階建ての城郭を模した建物で、現在は**郷土博物館**として公開されている。富山城をめぐり繰り広げられた一向一揆や戦国武将たちの攻防、明治の廃城を経て現在にいたるまで、400年以上にわたる歴史を紹介。4階の天守展望台からは市街を一望することができる。

北前船交易で栄えたレトロな町並みを散策

富山市と周辺

北前船廻船問屋街

きたまえぶねかいせんどんやがい

当時の面影が残る廻船問屋の町家

長さ30mもの馬場家のトオリニワ

江戸から明治時代に、日本海交易で活躍した北前船の寄港地・船主集落として栄えた岩瀬地区。今でも当時の町並みが残り、レトロな雰囲気を醸し出している。なかでも明治11(1878)年頃に建てられた廻船問屋の町家で国の重要文化財にもなっている**森家**、江戸後期から活躍し、北陸の**五大北前船主**に数えられている**馬場家**は必見。

壮大な伽藍配置で知られる禅宗寺院建築

高岡・氷見エリア

瑞龍寺

ずいりゅうじ

全国でも珍しい鉛板葺きの屋根が特徴の仏殿

2代目加賀藩主、前田利長の菩提寺で、3代目の利常が寛文3(1663)年まで約20年もの歳月をかけて建立。総重量47トンともいわれる仏殿の屋根を覆う**鉛瓦**、狩野安信筆の百花草が天井に描かれた**法堂内外陣**など、見どころが多い。山門、仏殿、法堂が国宝、総門、禅堂、大庫裏、回廊、大茶堂が国の重要文化財に指定されている。

▶富山城(富山市郷土博物館)

住 富山市本丸1-62
TEL 076-432-7911
開 9:00〜17:00(最終入場16:30)
休 年末年始、展示替えなどによる臨時休館あり
料 210円(特別展は別途)
交 JR**富山駅**から徒歩10分
URL www.city.toyama.toyama.jp/etc/muse

数々の史料やパネルなどで城の歴史を紹介

▶北前船廻船問屋街

▶森家

住 富山市東岩瀬町108
TEL 076-437-8960
開 9:00〜17:00(最終入場16:30)
休 12/28〜1/4
料 100円(馬場家共通券180円)
交 富山地鉄**東岩瀬**駅から徒歩10分
URL www.city.toyama.toyama.jp/kyoikuiinkai/shogaigakushuka/morike.html

▶馬場家

住 富山市東岩瀬町107-2
TEL 076-456-7815
開 9:00〜17:00(最終入場16:30)
休 12/28〜1/4
料 100円(森家共通券180円)
交 富山地鉄**東岩瀬**駅から徒歩10分
URL www.city.toyama.toyama.jp/kyoikuiinkai/shogaigakushuka/babake.html

▶瑞龍寺

住 高岡市関本町35
TEL 0766-22-0179
開 2/1〜12/9 9:00〜16:30
12/10〜1/31 9:00〜16:00
最終入場は30分前
休 無休 料 500円
交 JR**高岡駅**から徒歩10分
URL www.zuiryuji.jp

総門、山門、仏殿の一直線上に並ぶ法堂

info 高岡は、『**ドラえもん**』を生み出した**藤子・F・不二雄**氏の出身地。高岡駅北の**ウイング・ウイング高岡前広場**や**駅前交通広場**、**高岡おとぎの森公園**など、市内各地にドラえもんに会えるスポットが点在している。

富山県ゆかりの作家や作品の魅力を発信　富山市と周辺

高志の国文学館

富山ゆかりの作品が並ぶ大書架

富山県は、**万葉歌人・大伴家持**が223首もの歌を詠んだ万葉ゆかりの地。富山を舞台とした文学作品も多く、多数の作家を輩出している。ゆかりの作家の直筆原稿や作品、大伴家持の生涯を描いたデジタル絵巻などの展示を通じて、万葉の時代から続く富山の文学を紹介。

町なかで気軽に世界の名画を鑑賞　富山市と周辺

ギャルリ・ミレー

アーケード街に面した入口

富山市中心部のアーケード街にある美術館。**ミレー**をはじめ、コロー、ドービニー、デュプレなど**バルビゾン派**の作品や写実主義の先駆者クールベの作品など53点を収蔵している。散歩がてらふらりと立ち寄り、本物の世界名画を鑑賞できる気軽さが人気。

四季折々の景色を楽しみながら歴史遊覧　富山市と周辺

松川遊覧船

春には桜のアーチが登場する

富山城址公園近くの橋のたもとを起点に、約30分かけて松川を往復する**歴史クルーズ**。船長のガイドで加賀百万石の支藩・富山藩の歴史をたどりながら、水上からの景色をゆったりと楽しむ。春には、両岸に**約460本のソメイヨシノ**が咲き誇る絶景も見られる。

富山の薬の歴史が学べる　富山市と周辺

池田屋安兵衛商店

昔ながらの方法で丸薬造りに挑戦

胃腸薬の**越中反魂丹**をはじめ、日本の伝統薬を中心に和漢薬や薬草を製造販売。客の話を聞き、それぞれの症状や体質、体力に応じて調剤する**"座売り"**を今も行っている。無料で丸薬製造体験ができるほか、併設レストランの薬都では健康膳が食べられる。

▶高志の国文学館
住 富山市舟橋南町2-22
TEL 076-431-5492
開 9:30～18:00（最終入場17:30）
休 火曜（祝日を除く）、祝日の翌日、年末年始　料 200円（企画展は各展により異なる）
交 JR**富山駅**から徒歩15分
URL www.koshibun.jp

富山食材を使ったフランス料理店も併設

▶ギャルリ・ミレー
住 富山市中央通り2-1-20
TEL 076-423-7220
開 10:00～17:00（最終入場16:30）
休 月曜、祝日の翌日（土・日曜を除く）、年末年始、展示替えなどによる臨時休館あり
料 300円
交 市電**中町**電停から徒歩5分
URL www.gmillet.jp

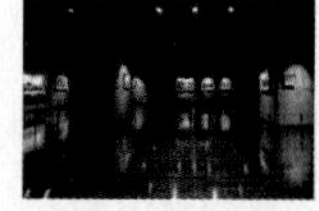
異国情緒が感じられる館内

▶松川遊覧船
住 富山市本丸1-34（乗り場:松川茶屋）
TEL 076-425-8440
開 10:00～17:00（季節により変動）
休 月曜、祝日の翌日、12月～3月中旬、天候などにより臨時運休あり
料 1600円（桜の開花時期2000円）
交 JR**富山駅**から徒歩10分
URL matsukawa-cruise.jp

遊覧船が発着する松川茶屋

▶池田屋安兵衛商店
住 富山市堤町通り1-3-5
TEL 076-425-1871
開 9:00～18:00
休 無休　料 無料
交 市電**西町**電停下車、徒歩2分
URL www.hangontan.co.jp
▶薬都
TEL 076-425-1873
開 11:30～14:00（ラストオーダー13:30）
休 火・水曜、年末年始
健康膳は1日前までに要予約

info 富山の薬売りの歴史は江戸時代に遡る。2代藩主・前田正甫（まさとし）が携帯していた**反魂丹**を腹痛で苦しむ大名に与えると、たちまち回復。その噂が広まり、歴代藩主は「富山のくすり」の保護育成に努めるようになった。

富山湾の神秘に触れて学べる施設

富山市と周辺

ほたるいかミュージアム

道の駅**ウェーブパークなめりかわ**併設の体験型博物館。ホタルイカの発光ショーが見られる観客一体型のシアターや、海の生き物を触ることができる**深海不思議の泉**などがあり、ホタルイカの生態や棲息する富山湾の神秘について楽しく学ぶことができる。

網を揺らして発光の様子を観察

▶ほたるいかミュージアム
住 滑川市中川原410
TEL 076-476-9300
開 9:00〜17:00(最終入場16:30)
休 6/1〜3/19の火曜
料 6/1〜3/19 620円
3/20〜5/31 820円
交 とやま鉄道**滑川駅**から徒歩8分
URL hotaruikamuseum.com

ホタルイカが押し寄せる滑川の海岸にある

五色の小石が一面に散りばめられた海岸

黒部・宇奈月エリア

ヒスイ海岸

東西約4kmにわたって続く、日本でも珍しい小石の海岸。**ヒスイの原石**が打ち上げられることが名前の由来。荒い波の翌日には、ヒスイを探す人々の姿も。また、日本海を美しいグラデーションで染める夕日スポットとしても人気。

透明度の高い海が広がる

▶ヒスイ海岸
住 富山県新川郡朝日町宮崎境海岸
開 入場自由
交 とやま鉄道**越中宮崎駅**から徒歩すぐ

一面が色とりどりの小石で覆われている

市内中心にある自然豊かな水濠公園

高岡・氷見エリア

高岡古城公園

慶長14(1609)年に加賀前田家二代当主前田利長が築いた**高岡城**があった場所に整備された公園。3つの水濠に囲まれた広大な敷地内には、神社や博物館、動物園、飲食店などが点在。桜をはじめとするさまざまな樹木が茂り、四季折々の景観が楽しめる。

春になると園内は桜色に染まる

▶高岡古城公園
住 高岡市古城1-9
TEL 0766-20-1563
開 入場自由
交 JR**越中中川駅**から徒歩4分
URL www.kojyo.sakura.ne.jp

園内には彫刻が点在している

格子造りの古い家並みと石畳が見事に調和

高岡・氷見エリア

金屋町

加賀前田家2代当主前田利長に鋳物造りを奨励されて以来、**高岡鋳物**発祥の地として栄えた町。約500m続く石畳の道脇に**千本格子**と呼ばれる格子造りの家が軒を連ね、風情ある町並みを作り出している。現在も鋳物の地として知られ、製作体験ができる工房も点在。

フォトジェニックなスポットが多く点在

▶金屋町
住 高岡市金屋町
TEL 0766-20-1301(高岡市観光交流課)
開 見学自由
交 JR**高岡駅**から加越能バスで**金屋**下車、徒歩すぐ

風情あふれる町並み

info ホタルイカ漁を観光船から見学する**ほたるいか海上観光**が毎年4月〜5月上旬に開催されている。富山県ならではの定置網漁を間近で見られる人気のツアーで、夜明け前に**ほたるいかミュージアム**(上記)から出発。

400年の伝統を誇る鋳造に挑戦　高岡・氷見エリア

能作（のうさく）

ぐい呑みなどの錫製品が製作できる

大正5(1916)年創業の鋳物メーカー。現在はインテリア用品などにも幅を広げ、技術力とデザイン性の高さから国内外で注目を浴びている。ガイドの案内で職人技を観察できる工場見学のほか、本格的な**鋳物製作体験**ができる。能作の器で食事が楽しめるカフェを併設。

「まんがワールド」の発信拠点　高岡・氷見エリア

氷見市潮風ギャラリー（藤子不二雄Ⓐアートコレクション）（ひみししおかぜぎゃらりー（ふじこふじおえーあーとこれくしょん））

ギャラリー周辺で出会えるプロゴルファー猿 ©藤子スタジオ

氷見市は、『忍者ハットリくん』や『怪物くん』で知られる**藤子不二雄Ⓐ**氏の出身地。原画展示やデジタルまんがスクリーンなどで作品の魅力を伝える**潮風ギャラリー**を中心に、藤子不二雄Ⓐ氏が生み出したキャラクターの数々に出会えるスポット、**まんがワールド**が広がっている。

パワースポットとしても注目の癒やしの空間　砺波・五箇山エリア

瞑想の郷（めいそうのさと）

製作に3年半かかった4m四方の曼荼羅

利賀村上畠集落の頂にたたずむ神秘的な郷。ダイナミックな庭園、**花曼茶羅**を中心に、ネパールの僧侶によって描かれた巨大な曼荼羅を四方に掲げた**瞑想の館**や展示室、宿泊施設などが点在。ヨガや瞑想などのイベントもあり、心身ともにリフレッシュできる。

「日本遺産」認定の井波彫刻で彩られた　砺波・五箇山エリア

真宗大谷派 井波別院瑞泉寺（しんしゅうおおたにはいなみべついんずいせんじ）

大正7（1918)年に再建された太子堂

北陸の浄土真宗信仰の中心として、明徳元(1390)年に本願寺5代綽如（しゃくにょ）上人によって開かれた寺。以来、木彫のまち、井波の中心として歴史を刻み続け、**太子堂**をはじめ、**大門**(山門)、**式台門**(勅使門)など、いたるところに木彫彫刻の技と美を見ることができる。

▶能作
住 高岡市オフィスパーク8-1
TEL 0766-63-0001
開 10:00～18:00
(カフェはラストオーダー17:30)
休 年始年末　料 無料
交 JR**新高岡駅**から世界遺産バスで**能作前**下車、徒歩すぐ
URL www.nousaku.co.jp
▶見学ツアー
ツアーは所要約30分。開始時間は公式サイトで要確認、要予約。
休 日曜・祝日、ほか土曜に不定休

▶氷見市潮風ギャラリー（藤子不二雄Ⓐアートコレクション）
住 氷見市中央町3-4
TEL 0766-72-4800
開 10:00～17:00
休 12/29～1/3　料 200円
交 JR**氷見駅**からバスで**氷見中央**下車、徒歩すぐ
URL himi-manga.jp

ギャラリーには氷見を描いた貴重な複製原画なども

▶瞑想の郷
住 南砺市利賀村上畠101
TEL 0763-68-2324
開 9:00～16:00
休 水曜ほか冬期休館あり
料 600円
交 JR**越中八尾駅**から利賀村行きバスで約50分の**総合センター**で下車。利賀線バスに乗り換えて**上畠**下車、徒歩20分
URL toga-meisou.com

▶真宗大谷派 井波別院瑞泉寺
住 南砺市井波3050
TEL 0763-82-0004
開 9:00～16:30
休 無休　料 500円
交 JR**砺波駅**から加越能バスで**瑞泉寺前**下車、徒歩2分
URL inamibetuin-zuisen-ji.amebaownd.com

大門に施された井波彫刻

info **藤子不二雄Ⓐ**(本名:安孫子素雄)氏は住職の息子として氷見市に生まれた後、高岡市へ。そこでのちの**藤子・F・不二雄**(本名:藤本弘)氏に出会い、高校卒業後しばらくしてから上京。多くの人気マンガを生み出した。

帆船「海の貴婦人」を中心に広がるベイエリア　高岡・氷見エリア

海王丸パーク

商船学校の練習船として昭和初期に進水して以来、**106万海里（地球約50周分）**も航海してきた海王丸を一般公開。年10回行われる総帆展帆では、純白に輝くすべての帆が広げられる。

白い船体が青空に映える

富山湾の豊富な海産物が集結　高岡・氷見エリア

新湊きっときと市場

新鮮な海の幸が集まる市場。「きっときと」は富山弁で「新鮮な」という意味。みやげ物屋のほかレストランなどの飲食スペースもあり、旬の魚の刺身や海鮮丼、定食などが味わえる。

おみやげ探しにもぴったり

浜から立山連峰の雄大な景色が眺められる　高岡・氷見エリア

雨晴海岸

源義経が岩に隠れてにわか雨が晴れるのを待ったという言い伝えが残る海岸。浜から眺める立山連峰の眺めに感動し、**万葉歌人・大伴家持**が多くの歌を詠んだことでも有名。

富山湾越しに立山連峰が広がる

"日本一の美男"とも呼ばれる銅の大仏　高岡・氷見エリア

高岡大仏

銅器の生産日本一である**高岡のシンボル**的存在。約800年前に建立されて以来、再建を繰り返して現在の姿に。日没になるとライトアップされ、幻想的な姿が闇に浮かび上がる。

奈良、鎌倉と並ぶ日本三大仏のひとつ

日本で初めて発掘調査が行われた洞窟遺跡　高岡・氷見エリア

大境洞窟住居跡

灘浦海岸に面する岸壁に形成された奥行き35mの洞窟。大正7（1918）年に縄文中期から中世までの6つの文化層が発見され、**土器や石器、人骨**などが多数出土した。国の指定史跡。

関連資料を氷見市立博物館で展示

▶海王丸パーク
住 射水市海王町8
TEL 0766-82-5181
開 入場自由（船内は9:30〜17:00）
交 万葉線**海王丸駅**から徒歩10分
URL www.kaiwomaru.jp

▶日本海交流センター
開 3〜6・9・10月9:00〜17:00
7・8月9:00〜18:00
11〜2月9:00〜16:30
休 水曜（祝日の場合は翌日）、年末年始　料 無料

▶新湊きっときと市場
住 射水市海王町1
TEL 0766-84-1233
開 9:00〜17:00（季節により変動）
休 無休　料 無料
交 万葉線**東新湊駅**から徒歩10分
URL kittokito-ichiba.co.jp

事前予約で昼セリの様子を見学することも

▶雨晴海岸
住 高岡市太田
TEL 0766-20-1547（高岡市観光協会）
開 入場自由
交 JR**雨晴駅**から徒歩5分

美しい夕日が見られる絶景スポットとしても知られている

▶高岡大仏
住 高岡市大手町11-29
TEL 0766-23-9156（大仏寺）
開 見学自由（大仏台座下回廊は6:00〜18:00）
休 無休　料 志納
交 JR**高岡駅**から徒歩10分
URL www.takaokadaibutsu.xyz

▶大境洞窟住居跡
住 氷見市大境196（白山社背後）
開 入場自由
交 JR**氷見駅**から市内バスで**大境**下車、徒歩5分

info 2月14日のバレンタインデーに進水したことから、「恋人の聖地」としても知られる海王丸。**愛むすび・愛鍵**をはじめ、**幸せの鐘**や**タイムベル**など、船内および周辺には幸せのパワースポットが点在する。

氷見グルメが一堂に集う人気スポット　**高岡・氷見エリア**

氷見漁港場外市場 ひみ番屋街（ひみぎょこうじょうがいいちば ひみばんやがい）

みやげ物を探しつつ食べ歩きも楽しい

漁港直送の新鮮な海の幸を扱う専門店や飲食店が集まった**場外市場**。漁師の作業小屋「番屋」をイメージした空間で、思う存分“氷見の味”が楽しめる。足湯も併設している。

▶氷見漁港場外市場 ひみ番屋街
住 氷見市北大町25-5
TEL 0766-72-3400
開 店舗による　休 無休
交 JR**氷見駅**からバスで**ひみ番屋街**下車、徒歩すぐ
URL himi-banya.jp

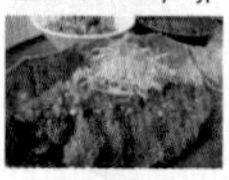
氷見牛グルメも豊富に揃う

情緒あふれる町並みを散策しながら井波彫刻を堪能　**砺波・五箇山エリア**

八日町通り（ようかまちどおり）

木彫り作品を鑑賞しながら歩こう

日本遺産に認定されている**木彫の町**、井波（いなみ）の中心を貫く通り。**瑞泉寺** P.443へ続く石畳沿いに工房が軒を連ね、各所に伝統工芸の技術と美が散りばめられている。

▶八日町通り
住 南砺市井波
TEL 0763-82-2539（井波交通広場観光案内所）
開 見学自由
交 JR**砺波駅**から加越能バスで**井波中央**下車、徒歩すぐ

バスの標識や看板も木彫り

大自然が織りなす絶景　**砺波・五箇山エリア**

庄川峡（しょうがわきょう）

峡谷に広がる絶景

五箇山から砺波市南部にわたって続く峡谷。**遊覧船**では山間を縫うようにして流れる**庄川**に癒やされながら、四季折々で表情を変える大自然を満喫できる。秋には一帯が紅葉で色づく。

▶庄川峡
▶庄川遊覧船
住 砺波市庄川町小牧73-5
TEL 0763-82-0220
交 JR**高岡駅**からバスで**小牧**下車、徒歩すぐ
URL www.shogawa-yuran.co.jp
小牧ダム付近の乗り場から大牧温泉までの間を往復する約1時間のコースと途中の長崎橋で引き返す2つのコースがある。
大牧温泉コース
開 8:30、10:30、14:30、16:35（冬期減便、時期による変動あり）
休 無休　料 2800円
長崎橋コース
開 9:50、13:20発（時期による変動あり）
休 無休　料 1200円

江戸時代から続く伝統の紙すきに挑戦！　**砺波・五箇山エリア**

五箇山和紙（ごかやまわし）

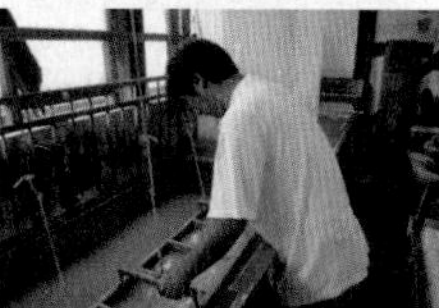
作業の工程を詳しく説明してくれる

八尾和紙、蛭谷和紙とともに「越中和紙」として知られる五箇山和紙。職人の繊細な技が見学できるほか、オリジナルデザインを用いた**和紙作り体験**（要予約）もできる。

▶五箇山和紙
住 南砺市下梨148
TEL 0763-66-2016
開 8:15～17:00
休 火曜、12～4月の日曜・祝日
料 無料（紙漉き体験は別途）
交 JR**新高岡駅**から世界遺産バスで**下梨**下車、徒歩5分
URL www1.tst.ne.jp/gokawasi
相倉集落 P.438内でも紙すき体験ができる

ユネスコ無形文化遺産の城端曳山祭を体感　**砺波・五箇山エリア**

城端曳山会館（じょうはなひきやまかいかん）

祭りで使う曳山を間近で見られる

江戸時代の祭礼形式を今も受け継ぐ重要な行事、**城端曳山祭**。曳山や庵屋台の展示やビデオ放映などを通じて、絵巻を見ているような荘厳な雰囲気を体感できる。

▶城端曳山会館
住 南砺市城端579-3
TEL 0763-62-2165
開 9:00～17:00　休 年末年始
料 520円
交 JR**城端駅**から徒歩13分

info 氷見の沿岸北部に広がる**能登半島国定公園 氷見温泉郷**。立山連峰を望む海岸沿いに約20軒の旅館や民宿が点在していて、新鮮な魚介料理と温泉、目の前に広がる絶景を楽しむことができる。

石川県 ISHIKAWA

金沢市

人口
113.3万人（全国33位）
面積
4186km²（全国35位）
県庁所在地
金沢市
県花
クロユリ

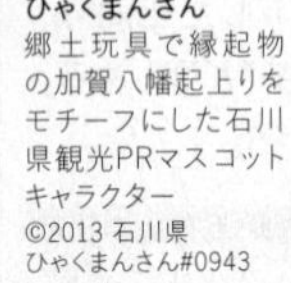

ひゃくまんさん
郷土玩具で縁起物の加賀八幡起上りをモチーフにした石川県観光PRマスコットキャラクター
©2013 石川県 ひゃくまんさん#0943

クロユリ
白山で見られる高山植物

本州のちょうど中央に日本海に面して広がる石川県。県の北部は能登半島となって大きく日本海へ突き出しているため海岸線は長く、約580kmにもおよぶ。そんな南北に細長く延びる石川県では、江戸時代に加賀百万石として栄えた加賀地方と、昔ながらの農業や漁業が今も受け継がれ、日本の原風景が残る場所として世界農業遺産にも登録されている能登地方とで、南北によって大きく特徴が異なる。

旅の足がかり

金沢市

江戸時代には加賀藩前田家の城下町として栄えた、北陸有数の都市。交通網や商工業が発展し、高い利便性を誇る一方、海や山などの自然に恵まれ、戦災や大きな災害を免れたために今も藩政時代からの美しい町並みが残っている。伝統工芸、芸能をはじめとする文化、歴史、美しい景観が息づく観光都市として、国内外から多くの人々を引き付けている。平成21（2009）年にはクラフト＆フォークアート部門で評価され、ユネスコの創造都市に認定された。

小松市

小松空港を擁する第3の都市。三代加賀藩主前田利常が小松城に隠居し、産業や文化が発展した。県内随一の工業都市である一方、九谷焼などの伝統工芸の産地でもある。また、「勧進帳」の舞台となった関所・安宅（あたか）の関があり、江戸時代から続く「曳山子供歌舞伎」が今も受け継がれていることから、“歌舞伎のまち”としても知られている。

輪島市

能登半島の北西、豊かな緑と海に囲まれた町。北前船の寄港地として栄え、江戸時代以降は漆器業でも知られるように。長い年月をかけて確立され受け継がれてきた輪島塗の技法は、工芸品にとどまらず美術品としても高い評価を得ている。奥能登観光の拠点の町でもあり、千年以上続く**輪島朝市**P.461は人気スポットのひとつとなっている。

地理と気候

丘陵・低山地が連なる能登地方、山岳地帯と山地、平野が広がる加賀地方と大きくふたつに分けられる。降水量が多く、冬でも「ブリ起こし」と呼ばれる雷が発生。

【夏】 能登地方はやや涼しいが、加賀の平野部では平均最高気温が30°Cを超えることもあり、さらに湿気が加わり蒸し暑さが続く。

【冬】 能登地方は北陸でも雪が比較的少ないエリアだが、加賀地方は曇りや雨の日が多く、山岳地では豪雪に見舞われることも。

P.446～463 写真提供：石川県観光連盟　白山市観光連盟　近町市場商店街振興組合　輪島市　和倉温泉観光協会

アクセス

東京から ▸▸▸	所要時間
飛行機 羽田空港▶小松空港	1時間
飛行機 羽田空港▶能登空港	1時間
新幹線 東京駅▶金沢駅（かがやき）	2時間30分
高速バス バスタ新宿▶金沢駅	8時間30分

大阪から ▸▸▸	所要時間
ＪＲ線 大阪駅▶金沢駅（特急サンダーバード）	2時間40分
高速バス 大阪駅▶金沢駅	6時間

愛知から ▸▸▸	所要時間
ＪＲ線 名古屋駅▶金沢駅（特急しらさぎ）	3時間
高速バス 名鉄バスセンター▶金沢駅	4時間

富山から ▸▸▸	所要時間
新幹線 富山駅▶金沢駅（かがやき）	22分
高速バス 富山駅▶金沢駅	1時間
鉄　道 高岡駅▶金沢駅（あいの風とやま鉄道）	40分

県内移動

▶金沢から能登半島へ

IRいしかわ鉄道の津幡駅で乗り換えだが、特急**能登かがり火**は金沢駅から各線に乗り入れて和倉温泉駅までを約1時間で結ぶ。1日5便程度の運行。同様のルートを観光列車の**花嫁のれん**も週末を中心に1日2便の運行しており、所要1時間30分。

能登空港経由で輪島方面行きの北鉄バスが出ている。1～2時間に1便程度の運行で金沢駅から輪島マリンタウンまで約2時間30分。

▸▸▸アクセス選びのコツ

大阪駅と富山駅を結ぶ特急**サンダーバード**は石川県内では大聖寺駅、加賀温泉駅、小松駅、松任駅に停車する。名古屋駅と金沢駅を結ぶ特急**しらさぎ**も石川県内では同様のルートを運行。IRいしかわ鉄道はほとんどの便が富山県のあいの風とやま鉄道に乗り入れており、富山駅、泊駅、黒部方面へ運行している。

東京、大阪、名古屋のほか、隣県では富山とを結ぶ便が多いが、福井県とを結ぶ便は芦原温泉～金沢を除き、ほとんどない。岐阜県の高山、白川郷と金沢を結ぶ便もある。

小松空港は羽田、福岡便がメイン。福井県へのアクセスにも便利。能登空港は羽田空港とを結ぶ便が1日2便。

交通路線図

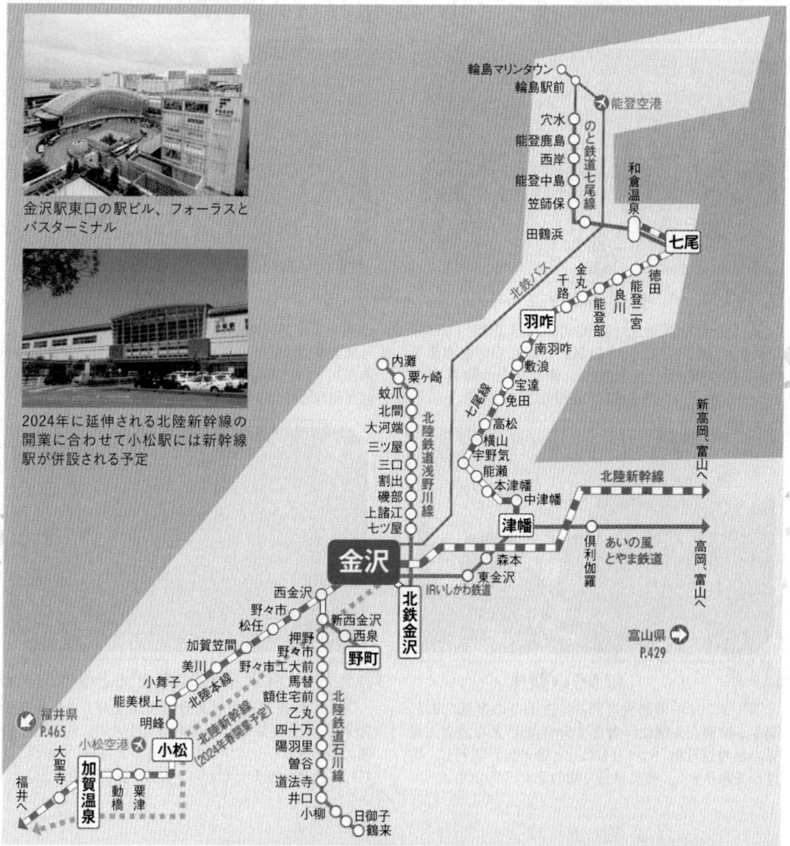

金沢駅東口の駅ビル、フォーラスとバスターミナル

2024年に延伸される北陸新幹線の開業に合わせて小松駅には新幹線駅が併設される予定

輪島マリンタウン
輪島駅前
能登空港
穴水
能登鹿島
西岸
能登中島
笠師保
のと鉄道七尾線
田鶴浜
和倉温泉
七尾
北鉄バス
徳田
能登二宮
良川
能登部
金丸
千路
羽咋
南羽咋
敷浪
宝達
免田
七尾線
高松
横山
宇野気
能瀬
本津幡
中津幡
津幡
北陸新幹線
新高岡、富山へ
倶利伽羅
あいの風とやま鉄道
高岡、富山へ
森本
東金沢
IRいしかわ鉄道
内灘
粟ヶ崎
蚊爪
北間
大河端
三ツ屋
三口
割出
磯部
上諸江
七ツ屋
北陸鉄道浅野川線
金沢
北鉄金沢
西金沢
新西金沢
西泉
野町
押野
野々市
野々市工大前
馬替
額住宅前
乙丸
四十万
陽羽里
曽谷
道法寺
井口
小柳
日御子
鶴来
北陸鉄道石川線
野々市
松任
加賀笠間
美川
小舞子
能美根上
北陸本線
明峰
北陸新幹線（2024年春開業予定）
小松空港
小松
粟津
動橋
加賀温泉
大聖寺
福井へ
富山県 P.429
福井県 P.465

石川県

うちの県はここがすごい

一 日本伝統工芸展入選者数全国最多

伝統工芸の保護と育成、普及を目的に毎年開催される日本伝統工芸展。石川県の入選者は62人で、県別で全国トップ（2020年）。ちなみに石川県には36品目の伝統的工芸品がある。

二 菓子消費量日本トップ

中枢都市を対象とした調査で、全国の菓子消費量は金沢市がトップ。藩政時代からの茶の湯文化により、和菓子をはじめとする菓子文化が広く浸透しているのが理由と考えられる。

三 金沢カレーに代表されるカレー王国

金沢カレーで有名な石川県。人口10万人あたりのカレー屋の全国平均が3.71軒であるのに対し石川県は8.47軒。2位の東京都6.18軒をはるかに上回る全国最多となった。

イベント・お祭り・行事

©金沢市

① 金沢百万石まつり

初代加賀藩主・前田利家が天正11（1583）年に金沢城に入城し、今の金沢の礎を築いた偉業をしのんで毎年6月上旬に開催。豪華で壮大な百万石行列をはじめ、各種イベントが繰り広げられる。

② 青柏祭

ユネスコ無形文化遺産にも記載されている、七尾市の大地主（山王）神社の春祭り。高さ12m、重さ20トン、車輪直径2mという日本一巨大な曳山3台が町なかを巡行し、神社へと奉納される。

③ ほうらい祭り

約800年の歴史を誇る、白山市の金劔宮の秋祭り。神輿を先頭に、身の丈5mもの巨大な武者人形をのせた造り物（つくりもの）と獅子舞が随行し、町なかを練り歩く。夜には造り物のライトアップも。

④ 白米千枚田あぜのきらめき

世界農業遺産「能登の里山里海」を代表する白米千枚田が毎年10月中旬～3月中旬、約2万5000個のイルミネーションで彩られる。日没後、徐々に点灯し、色合いを変えながらきらめく様子は幻想的。

必ず食べたい 名物グルメ

加能ガニ

香箱ガニ

身がぎっしりと詰まっていて、カニ本来のうま味が堪能できる加納ガニ（ズワイガニのオス）は冬の味覚の王様。メスは香箱ガニと呼ばれ、濃厚で甘味のある甲羅の中の卵が人気。

かぶら寿司

©金沢市

塩漬けしたかぶら（カブ）に塩漬けしたブリを挟み、米糀に漬けて発酵させた冬の味覚。正月には欠かせない一品で、カブの食感と風味、ブリのうま味がほどよく調和している。

治部煮

小麦粉をからませた鴨（鶏）肉をすだれ麩、しいたけ、青菜などの野菜と一緒に甘めのだし汁で煮た料理。料亭などでは治部椀と呼ばれる浅い器に盛り付けて出される。

©金沢市

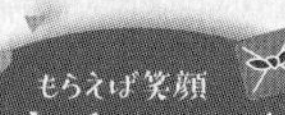

もらえば笑顔 定番みやげ

©金沢市

和菓子

藩政期に庶民にまで茶の湯が浸透した金沢では、菓子文化が発展。古くから愛され続ける老舗の看板商品からデザインに凝った和菓子まで、さまざまな和菓子が揃っている。

加賀八幡起上り人形

金沢に古くから伝わる郷土玩具。八幡さん（応神天皇）誕生のときの産着姿をもとに作られたもので、"七転び八起き"にちなみ、持っていると幸運を呼び込むといわれている。

匠の技が光る 伝統工芸

加賀友禅

加賀五彩と呼ばれる藍、臙脂（えんじ）、草、黄土、古代紫の美しい色彩を用い、草花などを描いた絵画調の柄が特徴。京友禅と異なり、金箔、絞り、刺繍など染色以外の技法は用いない。

地元っ子愛用 ローカル味

いしり

真イカの内臓を塩で漬け込み、2～3年かけて自然発酵させた魚醤。能登町のみで生産されている産地限定品で、刺身や煮物の隠し味、郷土料理などに広く使われている。

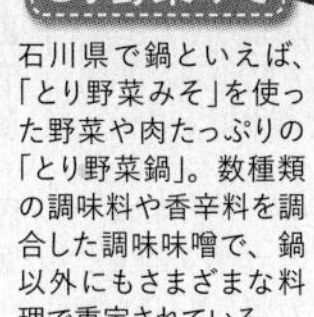

とり野菜みそ

石川県で鍋といえば、「とり野菜みそ」を使った野菜や肉たっぷりの「とり野菜鍋」。数種類の調味料や香辛料を調合した調味味噌で、鍋以外にもさまざまな料理で重宝されている。

九谷焼

江戸時代初期に九谷村で誕生。鮮やかな発色と濃厚な色使いの青手、屏風画のような筆使いの色絵、細かい描き込みに金が散りばめられた赤絵などさまざまな絵付け様式がある。

輪島塗

124にも及ぶ工程を経て、職人たちの手作業により生み出される輪島市産の漆器。丈夫であるだけでなく、光沢感と沈金、蒔絵などの繊細な装飾が施された美しさが魅力。

ワカルかな? 石川のお国言葉

えーな!　いじっかしー

Ans. あーもう! うっとうしいなあ

1泊2日で巡る 石川県

1日目

見どころ満載の金沢を堪能した後は、レンタカーを借りて能登半島へ。自然が織り成す絶景や海鮮グルメを楽しみ、伝統工芸体験にも挑戦。

9:00 JR金沢駅

鼓門がお出迎え!

バス 15分

9:15 日本三名園のひとつ
兼六園へ ▶P.454

相対する景観が見事に調和した、美しい名園をのんびり散策。

時雨亭と舟之御亭

徒歩 5分

10:30 ▶P.455
金沢21世紀美術館でアートの世界を体感

発見でいっぱいのアートに浸る

パトリック・ブラン《緑の橋》2004 撮影：中道淳／ナカサアンドパートナーズ 写真提供：金沢21世紀美術館

レアンドロ・エルリッヒ《スイミング・プール》2004 撮影：渡邊修 写真提供：金沢21世紀美術館

徒歩 5分

12:00 **金沢城公園を散策**
▶P.455

広大な公園内には加賀百万石の栄華を伝える建物が点在。

徒歩 14分

12:30 **近江町市場で海鮮ランチ** ▶P.457

金沢を代表する市場へ。イートイン席もあり、その場でグルメが味わえる。

旬の海鮮がたっぷり!!

©金沢市

徒歩 14分

14:00 **ひがし茶屋街を散策** ▶P.456

和情緒あふれるカフェやショップに立ち寄りながらぶらり歩きを楽しもう。

©金沢市

バス 7分 + 徒歩 7分

16:00 JR金沢駅周辺でレンタカーを借りる

車 90分

17:30 **和倉温泉に宿泊** ▶P.460

能登半島への玄関口、七尾湾沿いに広がる温泉地で、ゆったり"海の温泉"に浸り、魚介グルメを思う存分堪能。

おすすめ！泊まるならココ

"聖域の岬"ともいわれる奥能登の最先端で目の前に広がる絶景をひとり占め

"聖域の岬"のまさに先端にプライベート感を大切にした客室棟が並ぶ

日が暮れてランプが灯されると、あたり一面が幻想的な雰囲気に包まれる

よしが浦温泉（うらおんせん） ランプの宿（やど）

昔は船でしか行けなかった、奥能登の最先端にたたずむ秘湯。洞窟風呂や露天風呂付離れなどリゾート感にあふれ、能登半島の旬の食材を使った料理も好評。"聖域の岬"と呼ばれる敷地内には青の洞窟、パワーホールなどのパワースポットが点在し、まさに神秘の光景に包まれた滞在が体験できる。

住 珠洲市三崎寺家10-11
TEL 0768-86-8000
交 能登空港から車で1時間30分
料 1泊2食付き2万2000円～
URL www.lampnoyado.co.jp

2日目

8:40 和倉温泉

車 18分

▶P.461

9:00 **のとじま水族館で海中世界へ**

海中散歩を満喫。ジンベエザメにもご対面。

車 60分

12:00 **輪島朝市で能登丼ランチ** ▶P.461

活気あふれる市場で、能登の美食がぎゅっと詰まった名物の能登丼を堪能。

能登牛のステーキ丼!

車 3分

13:00 **輪島工房長屋で** ▶P.461 **輪島塗りの絵付け体験**

プロの職人に教わりながら、伝統工芸に挑戦。

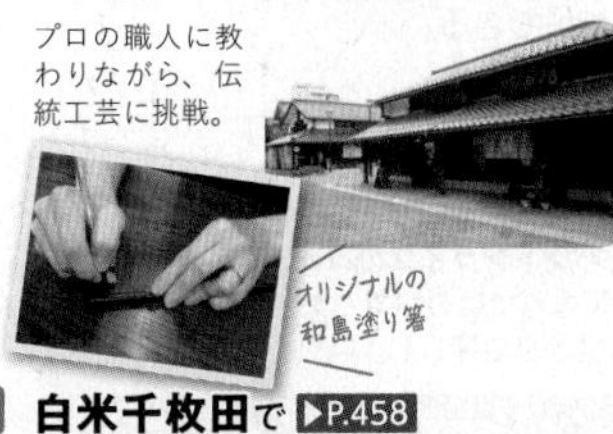

オリジナルの和島塗り箸

車 14分

13:50 **白米千枚田で** ▶P.458 **日本の原風景に出会う**

世界農業遺産の「能登の里山里海」。海と棚田とのコントラストを楽しんで!

車 40分

岬の先端にある禄剛埼灯台。撮影スポットとしても人気。

15:30 能登半島の最先端 **禄剛崎へ** ▶P.463

車 30分

16:20 **見附島で記念撮影** ▶P.463

まるで軍艦が向かってくるかのように見える絶好の撮影スポット。

車 90分

18:00 **千里浜なぎさドライブウェイ** ▶P.463

波の音をバックミュージックにどこまでも続く砂の海岸をドライブできる。

車 40分

19:00 JR金沢駅でレンタカーを返却

七尾湾の絶品寿司グルメ

「天然のいけす」とも呼ばれ、多種多様な魚介類が水揚げされる七尾湾。能登の里山や立山連峰からのミネラル豊富な地下水が流れ込んでいるため、餌となるプランクトンや小魚などが豊富で絶好の漁場となっている。そんな七尾だから味わえるのが、旬の魚介を使った絶品寿司。七尾市、和倉温泉街には数多くの寿司店が点在していて、好漁場ならではの新鮮ネタを提供している。

金沢を代表する料亭旅館で魯山人をも唸らせた加賀料理を堪能

山乃尾（やまのお）

明治23（1890）年創業の老舗旅館。初代主人はかの北大路魯山人が「北陸一等の名物男、金沢の国賓、茶会の偉材」と称した数寄者で、各地から多くの美食家たちを惹きつけてきた。1棟1棟が離れというぜいたくな空間で、情緒あるひがし茶屋街の町並みや庭園を眺めながら至福のひとときが過ごせる。

住 金沢市東山1-31-25
TEL 076-252-5171
交 JR金沢駅からタクシーで所要15分
料 1泊2食付き4万5300円~
URL yamanoo.jp

加賀野菜や地元食材をふんだんに使った料理が人気。季節ならではの絶品料理が楽しめる

石川県の歩き方

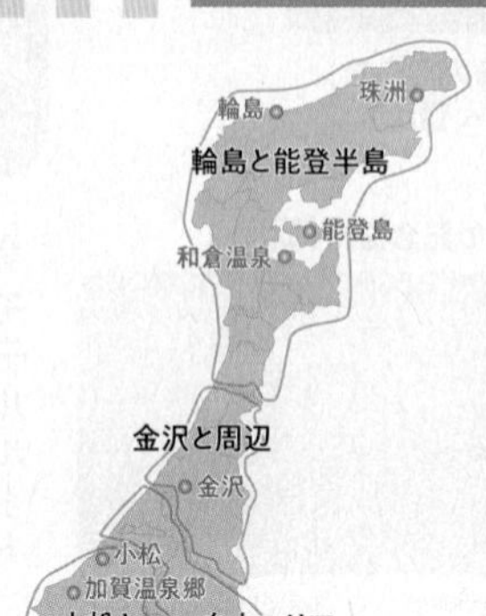

▶**金沢駅構内観光案内所**
住 金沢市木ノ新保町1-1
TEL 076-232-6200
開 8:30～20:00　休 無休
URL www.kanazawa-kankoukyoukai.or.jp

▶**金沢中央観光案内所**
住 金沢市南町4-1
金沢ニューグランドビル1階
TEL 076-254-5020
開 10:00～21:00　休 無休
交 JR**金沢駅**から市内バスで**南町・尾山神社**下車、徒歩3分

▶**城下まち金沢周遊バス**
左回りと右回りのコースがあり、おおむね15分ごとの運行。
料 1乗車200円　1日券600円

▶**加賀市観光情報センター**
住 加賀市作見町ヲ6-2
（JR加賀温泉駅構内）
TEL 0761-72-6678
開 8:45～17:30　休 無休
URL www.tabimati.net

▶**加賀周遊バス キャンバス**
1日または2日間の周遊乗車券で全ルートに使え、乗り降り自由。
料 1日券1100円
URL www.kaga-canbus.jp

▶**こまつ観光物産ネットワーク**
住 小松市土居原町710
こまつ芸術劇場うらら内
（JR小松駅前）
TEL 0761-21-8208
開 9:00～17:30　休 年末年始
URL www.komatsuguide.jp

金沢と周辺

能楽の鼓をイメージしたJR金沢駅の「鼓門」

かつて**加賀百万石**の城下町だった**金沢**には見どころが満載。主要観光スポットは**金沢城公園** P.455を中心に半径2km圏内に集約されているので、旅慣れていない人でも歩きやすい。

北陸新幹線が乗り入れている**金沢駅**から観光エリアへは市内の主要スポットを巡る**城下まち金沢周遊バス**や路線バスが運行している。徒歩と組み合わせて効率よく巡ろう。また、市内にサイクルポートが約70ヵ所あり、どこで借りてどこで返してもよい公共シェアサイクル**まちのり**も便利。電動アシスト付きの自転車なので、坂道も楽に移動することができる。

グルメ

スパイシーで濃厚なルーにビッグサイズのトンカツをトッピングした**金沢カレー**、オムライスに魚のフライをのせ、ケチャップとタルタルソースで味付けした**ハントンライス**のほか、ばい貝や赤巻き、冬限定の**カニ面**といった金沢ならではのおでんダネが魅力の**金沢おでん**など、金沢にはご当地グルメが目白押し！

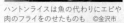

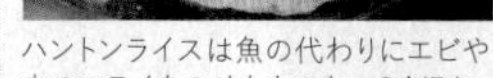
ハントンライスは魚の代わりにエビや肉のフライをのせたものも　©金沢市

香箱ガニの甲羅に身、卵、ミソを詰めた「カニ面」は贅沢なおでん種　©金沢市

小松と加賀温泉郷

撮影スポットが多く、風情あふれる那谷寺

石川県南西部、日本海に面して広がるエリア。空の玄関口である**小松空港**を擁し、石川県屈指の温泉街が点在する。北陸新幹線が乗り入れている金沢駅からもアクセスがよく、宿泊先として人気が高い。**加賀温泉郷**の拠点となるのはJR**加賀温泉駅**で、そこから各温泉地行きの路線バスが運行。複数の温泉地や観光スポットを巡るのであれば、JR加賀温泉駅を起点に循環している**キャンバス**が便利。

info **加賀野菜**とは、金沢市で生産される野菜のうち、金沢市農産物ブランド協会が認定した品種のこと。**加賀れんこん**や**源助だいこん**など15品目が認定されている。URL www.kanazawa-kagayasai.com

▶小松空港からの各地へのアクセス

バス　リムジンバスで金沢駅まで所要約40分。小松駅までバスで所要12分。

鉄道　小松駅から金沢駅まで特急列車で20分（普通列車は30分）。加賀温泉駅まで特急列車で約10分（普通列車は13～20分）。

輪島と能登半島

能登に残る日本唯一の揚浜塩田

石川県北端、日本海に突き出たエリア。日本の原風景を今に伝える景勝地が点在し、**能登の里山里海**としてユネスコの世界農業遺産に登録されている。金沢方面からの鉄道が通じているのは穴水駅まで。その先は路線バスが各地とを結んでいるが、本数が少なく、公共交通機関で巡るのはかなり大変。能登半島全体を巡るにはレンタカー利用がいちばんだが、**和倉温泉**P.460や**輪島**を拠点に定期観光バスを利用するのもいい。

▶のと里山空港からのアクセス　空港から輪島までバスで約30分。金沢駅行きバスも出ている。

グルメ

コウバコ（香箱）ガニがたっぷりのったカニ丼

能登丼　奥能登産の魚介やブランド肉、伝統保存食のみを使ったオリジナリティあふれる能登丼は食べておきたい一品。能登産の器、箸を利用するなど食器にもこだわりが見られる。

白山エリア

霊山として崇められる白山

日本三名山の**白山**のふもとに広がるエリア。市全域が県内最大の河川・手取川（てとりがわ）の流域にあり、市全体が**白山手取川ジオパーク**として日本ジオパークに認定されている。鉄道が走っているのは鶴来（つるぎ）駅まで。その先は路線バスが走っているが、本数が限られているので、効率よく巡るにはレンタカーまたはタクシーを利用するといい。白山市周辺の観光であれば、観光連盟（欄外参照）のレンタサイクル（電動アシスト付きあり）が便利。

おみやげ

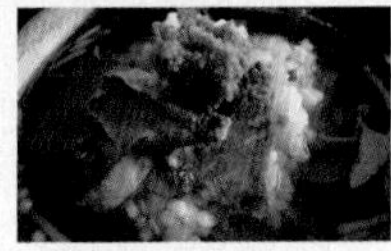
お茶漬けにしてもおいしい

ふぐの子　加賀の発酵食文化を受け継ぐ白山市美川。フグの卵巣を毒が抜けるまで塩と糠で漬けた珍味が、昔ながらの製法で作られている。毒抜きのメカニズムがまだ科学的に解明されていないことから、"奇跡の発酵食"ともいわれている。

小松うどん

松尾芭蕉も好んで食し、江戸時代、加賀藩御用達品として将軍や大名にも贈られたという小松うどん。細めでほどよいコシがある麺とあっさり味のだしの相性が抜群で、小松市内の約70店舗で提供。

具材は店によって異なる

▶**和倉温泉駅観光案内所**
住 七尾市石崎町タ55-3
TEL 0767-62-0900
開 9:00～16:00　休 1/1
URL nn-dmo.or.jp

▶**道の駅輪島 ふらっと訪夢 わじま観光案内センター**
住 輪島市河井町20-1-131
TEL 0768-22-1503
開 8:30～17:00　休 無休
交 北鉄バス**輪島駅**から徒歩すぐ
URL wajimanavi.jp

▶**北陸鉄道定期観光バス**
和倉温泉を出発して輪島朝市や白米千枚田を巡るコースや金沢駅発のプランもある。
TEL 076-234-0123（北陸鉄道予約センター）
URL www.hokutetsu.co.jp

▶**白山市観光連盟**
住 白山市鶴来本町4丁目ヌ85
TEL 076-259-5893
開 8:30～17:15（日～17:00）
休 年末年始
交 北陸鉄道**鶴来駅**から徒歩1分
URL www.urara-hakusanbito.com

加賀料理

加賀百万石ならではの食文化を色濃く反映した郷土料理で、江戸と京都の東西の食文化が融合し、独自のおもてなし料理として発展。料理は見て食べて楽しむものという考えから、九谷焼や漆器などの美しい器に盛って出されるのも特徴。

加賀野菜や地元食材をふんだんに使った料理が人気　©金沢市

info **金沢の三文豪**といえば、**徳田秋聲**（しゅうせい）、**泉鏡花**、**室生犀星**の3人。日本の近代文学史に欠かせない作家で、金沢城公園すぐそばの**白鳥路**（はくちょうろ）には三文豪が揃って並ぶ像が立っている。

石川県の見どころ

▶兼六園
住 金沢市兼六町1
TEL 076-234-3800
開 3月〜10/15 7:00〜18:00
10/16〜2月8:00〜17:00
休 無休　料 320円
交 JR**金沢駅**からバスで**兼六園下・金沢城**下車、徒歩すぐ
URL kenrokuen.or.jp

紅葉山とも呼ばれる築山の山崎山

雪吊りされた木々が湖面に映し出される

加賀百万石の栄華を今に伝える大名庭園

金沢と周辺

兼六園

園のほぼ中心に位置する霞ケ池

茨城県水戸市の偕楽園、岡山県岡山市の後楽園と並んで**日本三名園**のひとつに数えられる。

加賀前田家歴代藩主により、約180年の長い年月をかけて造られた。約3万4600坪の広大な敷地内に池や曲水、築山などが点在し、各所に立ち寄りながら全体を楽しめる構造になっている。名前の由来は、六勝（宋時代の書物『洛陽名園記』に記されている共存が難しいとされる6つの景観）をすべて兼ね備えていることから。相対する景観が見事に調和し、対照の美を醸し出している。また、四季折々の美しさが楽しめることでも知られ、幻想的な光景へと姿を変える夜のライトアップ（定期的に開催）も人気。

金沢市中心部

金沢駅
金沢駅通り
北陸本線
0　500m
P.460 国指定重要文化財 志摩
P.459 主計町茶屋街
P.457 近江町市場
ひがし茶屋街 P.456
浅野川
P.459 尾山神社
金沢城公園 P.455
長町友禅館 P.460
長町武家屋敷界隈 P.456
犀川
百万石通り
兼六園 P.454
P.455 金沢21世紀美術館
成巽閣 P.455
P.457 国立工芸館
P.460 鈴木大拙館
P.459 にし茶屋街
P.459 石川県立歴史博物館
P.456 妙立寺

見どころMAP

禄剛崎 P.463
輪島朝市 P.461
白米千枚田 P.458
見附島 P.463
輪島工房長屋 P.461
別所岳スカイデッキ「能登ゆめてらす」 P.461
のとじま水族館 P.461
和倉温泉 P.460
千里浜なぎさドライブウェイ P.463
倶利迦羅不動寺 P.457
白山比咩神社 P.463
P.462 粟津温泉
P.462 片山津温泉
加賀伝統工芸村 ゆのくにの森 P.462
P.462 石川県九谷焼美術館
那谷寺 P.462
山中温泉 P.458
白山市白峰 P.463
山代温泉 P.458

info **加賀百万石**として知られる加賀藩の初代藩主は尾張出身の**前田利家**。江戸時代に入り、社会が安定すると軍事よりも文化に力が注がれるようになり、現在へと続く数々の美術・工芸技術を生み出した。

誰もが楽しめる、体感型現代アートの数々

金沢と周辺

金沢21世紀美術館（かなざわにじゅういっせいきびじゅつかん）

プール内から見上げる感覚が味わえる「スイミング・プール」(レアンドロ・エルリッヒ／2004年制作) 撮影:渡邉修
(写真提供:金沢21世紀美術館)

まちに開かれた美術館を建築コンセプトに2004年にオープンして以来、これまでの美術館の概念を覆す展示手法が話題となり、国内トップクラスの人気を誇る"金沢=アート"発信の中心的存在に。"新しい価値を提案する"現代アートを見て感じて、体感できる工夫がされている。いちばんの見どころは**レアンドロ・エルリッヒ**作の『**スイミング・プール**』。建物もユニークで、正面はなく、街へ向かって水平に広がっていくような円形の構造になっている。多くのガラスを利用することで、異なる空間にいながらも互いを感じる不思議な感覚が味わえるように設計されている。

加賀百万石の栄華がしのばれる

金沢と周辺

金沢城公園（かなざわじょうこうえん）

天明8 (1788)年に再建された石川門

天正11(1583)年に前田利家が入城して以来、明治初期まで加賀藩**前田家の居城**であった城跡を整備した宏大な公園。江戸時代からの姿を残す石川門、三十間長屋に加え、河北門やいもり堀、玉泉院丸庭園などが次々と復元整備され、当時の姿が蘇りつつある。

兼六園内に立つ前田家奥方の豪華御殿

金沢と周辺

成巽閣（せいそんかく）

装飾が見事な謁見の間

13代加賀藩主・**前田斉泰**（なりやす）が文久3(1863)年、母親にあたる12代齊廣の正妻・隆子(眞龍院)のために建てた邸宅。金沢城から巽（東南）の方角にあるため、当初は巽御殿と呼ばれていた。細部にわたり、加賀藩の工芸技術を駆使した豪華装飾で彩られている。

▶金沢21世紀美術館

住 金沢市広坂1-2-1
TEL 076-220-2800
交 JR**金沢駅**からバスで**広坂・21世紀美術館**下車、徒歩すぐ
URL www.kanazawa21.jp

▶展覧会ゾーン
開 10:00~18:00(金・土~20:00)
休 月曜(祝日の場合は翌日)、年末年始
料 内容、時期により異なる

▶交流ゾーン
開 9:00~22:00 休 無休 料 無料

人間の知覚体験に働きかける「ブルー・プラネット・スカイ」(ジェームズ・タレル／2004年制作) 撮影:中道淳／ナカサアンドパートナーズ
(写真提供:金沢21世紀美術館)

▶金沢城公園

住 金沢市丸の内1-1
TEL 076-234-3800
開 3月~10/15 7:00~18:00
10/16~2月8:00~17:00
※日没~21:00に毎日ライトアップを実施 休 無休
料 無料(菱櫓などは有料)
交 JR**金沢駅**からバスで**兼六園下・金沢城**または**広坂・21世紀美術館**下車、徒歩すぐ
URL www.pref.ishikawa.jp/siro-niwa/kanazawajou

▶成巽閣

住 金沢市兼六町1-2
TEL 076-221-0580
開 9:00~17:00(最終入場16:30)
休 水曜 (祝日の場合は翌日)、12/29~1/2
料 企画展700円 特別展1000円
交 JR**金沢駅**からバスで**県立美術館・成巽閣**下車、徒歩1分
URL www.seisonkaku.com

鮮やかな色が配された群青の間

info 数多くの美術館が点在する金沢には、**小さな美術館限定**の御朱印帖ならぬ"**ごミュ印帖**"がある。市内を巡る際に持ち歩き、各館のオリジナルスタンプを集めるのも楽しい。ミュージアムショップなどで販売している。

茶屋文化が今も続く趣のある町並み

金沢と周辺

ひがし茶屋街

美しい出格子と石畳が続く街並みに、和情緒あふれるカフェやショップが点在。もともとは文政3(1820)年に加賀藩12代藩主の**前田斉広**が城下町に点在していた茶屋をまとめて茶屋街を造ったのがはじまりで、現在も江戸時代からの伝統的建造物が立ち並ぶ。どこを切り取っても絵になる風景が続き、散策するだけでも楽しい。

フォトジェニックなスポットが点在。着物のレンタルショップも多い ©金沢市

土塀が続く昔ながらの町並み

金沢と周辺

長町武家屋敷界隈

加賀藩士・中級武士たちの屋敷跡が多く残るエリア。石畳の小路に土塀が続き、江戸時代へとタイムトリップしたような気分が味わえる。11代にわたって御馬廻組番頭、奉公職を歴任した**野村家**の屋敷跡や池泉回遊式庭園が美しい**旧加賀藩士高田家**の屋敷跡などが一般公開されていて、内部を見学することができる。

土塀を雪から守るための「こも」は金沢の風物詩 ©金沢市

あちこちに仕掛けが潜む別称“忍者寺”

金沢と周辺

妙立寺

第3代加賀藩主、**前田利常**が寛永20(1643)年に、金沢城近くの祈願所を移築創建した日蓮宗の寺院。万が一の場合の**出城**としての役割もあったため、建物全体が複雑な構造になっていて、隠し階段や隠し部屋、落とし穴など敵をあざむくための仕掛けがいたるところに設けられている。内部の見学は、ガイド付きツアー(要予約)でのみ可能。

一見、通常の廊下や階段に見えても実は……

▶ひがし茶屋街

住 金沢市東山
TEL 076-232-5555(金沢市観光協会)
開 見学自由
交 JR**金沢駅**から市内バスで**橋場町**下車、徒歩6分

茶屋一帯が国の重要伝統的建造物保存地 ©金沢市

▶長町武家屋敷界隈

交 JR**金沢駅**からバスで**香林坊**下車、徒歩5分

▶武家屋敷跡 野村家

住 金沢市長町1-3-32
TEL 076-221-3553
開 4～9月8:30～17:30
10～3月8:30～16:30
最終入場は30分前
休 1/1･2、12/26･27 料 550円
URL www.nomurake.com

▶旧加賀藩士高田家跡

住 金沢市長町2-6-1
TEL 076-263-3640(金沢市足軽資料館) 開 9:30～17:00
休 無休 料 無料

落水などが見事な野村家の庭 ©金沢市

▶妙立寺

住 金沢市野町1-2-12
TEL 076-241-0888
開 9:00～16:00 休 不定休
料 1000円※未就学児拝観不可
交 JR**金沢駅**からバスで**広小路**下車、徒歩3分
URL www.myouryuji.or.jp

寺院と出城の機能を持っていた

info **お茶屋**とは、江戸時代に裕福な商人や町衆の男性が夜な夜な集い、芸妓の舞や三味線などの遊芸を楽しんだ場所。金沢の茶屋文化には「**一見さんお断り**」のしきたりがあり、今も見学可能な施設以外は紹介なしでは入れない。

常に活気であふれる"グルメ"の宝庫

金沢と周辺

近江町市場（おうみちょういちば）

9時頃になると人々で大にぎわいに

旬の魚介がずらりと並ぶ

約300年にわたり「**おみちょ**」の愛称で親しまれている金沢市民の台所。狭い小路に新鮮な旬の魚介や野菜、総菜、おみやげなどを扱う約170店舗が軒を連ね、にぎわいを見せている。目の前で調理してくれる店やイートイン席のある店もあり、その場で旬のグルメを味わえる。人気の品は昼前に売れ切れてしまうので、午前中に訪問を。

▶近江町市場
住 金沢市上近江町50
TEL 076-231-1462（近江町市場商店街振興組合）
開 休 店舗による
交 JR**金沢駅**から徒歩15分、またはバスで**武蔵ヶ辻・近江町市場**下車、徒歩すぐ
URL ohmicho-ichiba.com

テイクアウトも可能

日本で唯一の工芸・デザイン専門の国立美術館

金沢と周辺

国立工芸館（こくりつこうげいかん）

国立工芸館外観（写真：太田拓実）

東京国立近代美術館工芸館が国立工芸館として令和2（2020）年10月に移転オープンした。日本で唯一、工芸・デザインを専門とする国立美術館で、陶磁、ガラス、漆工、木工、竹工、染織、金工、人形、デザインなど、各分野にわたる作品約4000点を収蔵。日本における近・現代工芸の発信地として、体系的にコレクションの充実を図っている。

▶国立工芸館
住 金沢市出羽町3-2
TEL 050-5541-8600（ハローダイヤル）
開 9:30～17:30（最終入場17:00）
休 月曜（祝日の場合は翌日）、年末年始、展示替期間
料 展覧会により異なる
交 JR**金沢駅**からバスで**広坂・21世紀美術館**下車、徒歩8分
URL www.momat.go.jp/cg

橋本真之《果樹園－果実の中の木もれ陽、木もれ陽の中の果実》1978-88年（写真：太田拓実）

約1300年の歴史を誇る日本三不動尊のひとつ

金沢と周辺

倶利迦羅不動寺（くりからふどうじ）

弘法大師奉安といわれる不動明王を祀る本堂

高野山真言宗の別格本山。養老2（718）年に元正天皇の勅願で渡来したインドの高僧・**善無畏三蔵法師**（ぜんむいさんぞうほうし）が倶利迦羅不動明王の姿を彫刻して奉安したのが始まりといわれ、奥之院に祀られているその本尊が7年ごとに開帳され、大法要が行われる。弘仁3（812）年には弘法大師も同体の不動尊を奉安したといわれ、この御前立（おまえだち）不動尊は本堂に安置されている。

▶倶利迦羅不動寺
住 河北郡津幡町倶利迦羅リ-2
TEL 076-288-1451
開 9:00～17:00
休 無休　料 無料
交 JR**津幡駅**からタクシーで20分。西之坊鳳凰殿へは駅からタクシーで15分
URL www.kurikara.or.jp

寝殿造りの西之坊鳳凰殿

info 地名にもなっている**倶利迦羅**とは、サンスクリット語で「**剣に黒龍が巻き付いた不動尊像**」という意味。インドの高僧・善無畏三蔵法師が彫って奉安した**倶利迦羅不動寺**の本尊に由来する。

松尾芭蕉も愛した美しい湯の町

小松と加賀温泉郷

山中温泉（やまなかおんせん）

景勝地として知られる**鶴仙渓**（かくせんけい）に沿って広がる温泉街。渓谷沿いには約1.3kmの遊歩道が続き、総ひのき造りの**こおろぎ橋**やS字の曲線が美しい**あやとりはし**など見どころが点在し、芭蕉ゆかりのスポットも数多い。温泉街の中心を走る**ゆげ街道**には山中漆器や九谷焼などのギャラリーやショップ、カフェが並び、ゆったり散策できる。

風情ある「ゆげ街道」

多くの文化人に愛された和情緒あふれる温泉街

小松と加賀温泉郷

山代温泉（やましろおんせん）

湯の曲輪（ゆのがわ）と呼ばれる、総湯を中心に広がる温泉情緒あふれる温泉街。1300年の歴史を誇る北陸随一の古湯で、与謝野晶子、泉鏡花、北大路魯山人といった文化人らを魅了してきた。明治時代の総湯を復元した**古総湯**や魯山人が半年間滞在した**いろは草庵**、**石川県九谷焼美術館** P.462など見どころも多い。

湯守寺として知られる薬王院温泉寺

日本海を望む棚田が広がる

輪島と能登半島

白米千枚田（しろよねせんまいだ）

「日本の原風景」を今に伝える場所として、日本初の世界農業遺産に認定された**能登の里山里海**の代表的なスポット。日本海に面した急斜面に1004枚もの棚田が連なり、今も一部で**苗代田**（なわしろだ）と呼ばれる昔ながらの農法で稲作が行われている。田植え前の水が引かれた棚田や黄金色の稲穂で覆われる秋など、四季ごと異なる風景にも注目。

稲と海の見事なコントラスト

▶山中温泉

住 加賀市山中温泉
TEL 00761-78-0330（山中温泉観光協会）
開 休 料 施設による
交 JR**加賀温泉駅**からバスで**山中温泉**下車、徒歩すぐ
URL www.yamanaka-spa.or.jp

絶景の露天風呂を備えた宿が点在

▶山代温泉

住 加賀市山代温泉
TEL 0761-77-1144（山代温泉観光協会）
URL yamashiro-spa.or.jp

▶古総湯

住 加賀市山代温泉18-128
TEL 0761-76-0144
開 6:00〜22:00
休 毎月第4水曜の6:00〜12:00
料 500円
交 JR**加賀温泉駅**からバスで**山代温泉**下車、徒歩2分

▶魯山人寓居跡 いろは草庵

住 加賀市山代温泉18-5
TEL 0761-77-7111
開 9:00〜17:00 休 水曜
料 560円
交 JR**加賀温泉駅**からバスで**山代温泉**下車、徒歩6分
URL iroha.kagashi-ss.com

▶白米千枚田

住 輪島市白米町99-5
TEL 0768-23-1146（輪島市産業部観光課）
開 見学自由
交 のと鉄道**穴水駅**からバスで**道の駅 輪島ふらっと訪夢**で下車。バスを乗り換え**白米千枚田**下車、徒歩すぐ
URL senmaida.wajima-kankou.jp

夕陽で朱色に染まる水田も美しい

info 平成23（2011）年、日本初の**世界農業遺産**に認定された**能登の里山里海**とは、伝統的な農林漁法や製塩法、伝統工芸技術、古くから伝わる農耕にまつわる文化・祭礼、里山景観など、能登で育まれてきた暮らしそのものを指す。

昔ながらのお茶屋や割烹が並ぶエリア　金沢と周辺

にし茶屋街（にしちゃやがい）

夕暮れには三味線の音色が聞こえてくる ©金沢市

文政3(1820)年に加賀藩から公許された**花街**(かがい)のひとつ。出格子が美しい茶屋建築が立ち並び、カフェやショップに立ち寄りながらの散策が楽しい。金沢の茶屋街で最も芸の町・金沢を感じられる場所で、夕暮れになると華やかに着飾った芸妓たちに出会うことも。

▶にし茶屋街
住 金沢市野町
TEL 076-232-5555(金沢市観光協会)
開 見学自由
交 JR**金沢駅**からバスで**広小路**下車、徒歩3分
▶金沢市西茶屋資料館
島田清次郎に関する資料のほか、お茶屋の様子が再現されている。
住 金沢市野町2-25-18
開 9:30～17:00
休 無休　料 無料

国指定重要文化財でもある神門は必見　金沢と周辺

尾山神社（おやまじんじゃ）

異色の門として知られる神門 ©金沢市

明治6(1873)年に旧加賀藩士たちが建てた、加賀藩祖**前田利家**公と正室**お松の方**を祀る神社。和漢洋の三洋式を混用した独特の神門で知られている。最上階にギヤマン（ステンドグラス）をはめ込んだ珍しい造りで、そこから放たれる御神灯はかつて日本海を航行する船の標でもあった。

▶尾山神社
住 金沢市尾山町11-1
TEL 076-231-7210
開 授与所8:30～18:00
休 無休 料 無料
交 JR**金沢駅**からバスで**南町・尾山神社**下車、徒歩3分
URL www.oyama-jinja.or.jp

入母屋造屋根瓦葺きの拝殿 ©金沢市

川沿いに細い路地と風情ある茶屋建築が続く　金沢と周辺

主計町茶屋街（かずえまちちゃやがい）

夕暮れになると一層、情緒あふれる ©金沢市

金沢三茶屋街のひとつ。浅野川沿いに続く落ち着いた雰囲気のエリアで、日中でも陽があたらない「**暗がり坂**」や作家・五木寛之が命名した「**あかり坂**」など、情緒あふれるスポットが点在。文豪・**泉鏡花**の故郷でもあり、生家跡地には記念館が立っている。

▶主計町茶屋街
住 金沢市主計町
TEL 076-232-5555(金沢市観光協会)
開 見学自由
交 JR**金沢駅**から市内バスで**橋場町**下車、徒歩5分
▶泉鏡花記念館
TEL 076-222-1025
開 9:30～17:00(最終入場16:30)
休 火曜(祝日の場合は翌日)、年末年始　料 310円

誰もが楽しく歴史や文化に触れられる　金沢と周辺

石川県立歴史博物館（いしかわけんりつれきしはくぶつかん）

創建当時の姿を忠実に復元

国の重要文化財にも指定されている、1909～1914年築のれんが造りの建物が印象的。原始から近代まで約17万点余りの史料を所蔵し、歴史と民俗をテーマに展示している。大型スクリーンによる映像やジオラマ、模型などもあり、体感しながら石川県の歩みを学べる。

▶石川県立歴史博物館
住 金沢市出羽町3-1
TEL 076-262-3236
開 9:00～17:00(最終入場16:30)
休 年末年始ほか不定休
料 300円
交 JR**金沢駅**からバスで**出羽町**下車、徒歩5分
URL www.ishikawa-rekihaku.jp

江戸時代の町並みを再現したジオラマ

info 石川県石川郡美川町(現白山市)出身の作家・**島田清次郎**(1899～1930年)。**にし茶屋街**で貸座敷を営む母の下で周囲の大人や若者を見て育った経験が、かの有名なベストセラー小説**『地上』**を生み出した。

伝統美が光る加賀友禅を見て学んで体験

金沢と周辺

長町友禅館

ながまちゆうぜんかん

金沢が誇る**加賀友禅**の魅力を満喫できる施設。海外からの来館者も多い。多くの着物や工芸品などを展示紹介しているほか、本友禅の各種彩色体験ができる。事前予約をすれば、多数の商品から選品し、購入も可能。売店には手描きの染額や工芸品の数々が並ぶ。

着物や染軸など多くの手描き友禅が勢揃い

江戸時代のお茶屋が見学できる貴重な建物

金沢と周辺

国指定重要文化財 志摩

くにしていじゅうようぶんかざい しま

文政3(1820)年に建てられた**お茶屋**をそのまま保存して一般に公開。2階が客間というお茶屋特有の構造で、押入れや間仕切り壁もなく、遊芸を主体とした優雅な造りになっている。1、2階の各部屋を巡り、細部までにこだわったおもてなし空間を見学できる。

座り遊芸を鑑賞した前座敷

鑑賞にとどまらず、思索へと導いてくれる場

金沢と周辺

鈴木大拙館

すずきだいせつかん

金沢市出身の仏教哲学者・鈴木大拙(1870～1966年)の考えや足跡を伝える施設。3つの棟と3つの庭からなる空間を回遊することで、考えや心に触れ、学び、そして自らの思考につなげるという、鈴木大拙の世界を体感できる造りになっている。設計は谷口吉生氏。

水鏡の庭の一角に立つ思索空間

シラサギ伝説が残る海の温泉

輪島と能登半島

和倉温泉

わくらおんせん

豊富な海の幸で知られる**七尾湾**沿いに広がる温泉地。**"海の温泉"**ならではの豊富な塩分が含まれた湯で、江戸時代、加賀藩主により広まって以来、多くの人々を魅了してきた。料理自慢の旅亭や絶景自慢の宿など数十軒点在。海沿いには景勝地も多く、散策が楽しい。

開湯伝説にちなんだシラサギのブロンズ像

▶長町友禅館

住 金沢市長町2-6-16

TEL 076-264-2811

開 9:30～17:00

休 火・水曜、12～2月(体験予約を除く)

料 350円(体験プログラムは別途)

交 JR**金沢駅**からバスで**香林坊**下車、徒歩8分

URL www.kagayuzen-club.co.jp

建物の2階に受付がある

▶国指定重要文化財 志摩

住 金沢市東山1-13-21

TEL 076-252-5675

開 3～11月9:30～17:30
12～2月9:30～17:00

休 無休　料 500円

交 JR**金沢駅**からバスで**橋場町**下車、徒歩4分

URL www.ochaya-shima.com

藩政の面影を残すひがし茶屋街に建つ

▶鈴木大拙館

住 金沢市本多町3-4-20

TEL 076-221-8011

開 9:00～17:00(最終入場16:30)

休 月曜(祝日の場合は翌日)、年末年始　料 310円

交 JR**金沢駅**からバスで**本多町**下車、徒歩4分

URL www.kanazawa-museum.jp/daisetz

©鈴木大拙館
学習空間から外部回廊を抜け思索空間へ

▶和倉温泉

住 七尾市和倉町

TEL 0767-62-1555(和倉温泉観光協会)

開 休 料 施設による

交 JR**和倉温泉駅**からタクシーで5分

URL www.wakura.or.jp

温泉街には七尾湾を一望する足湯もある

info 金沢駅～和倉温泉駅間を観光列車「**花嫁のれん**」が運行している。輪島塗や加賀友禅をイメージしたデザインの車体で、車窓を楽しみながら能登ならではの食事も楽しめる。詳細はJR西日本(URL www.jr-odekake.net/railroad/kankoutrain)。

海洋動物や魚たちとの触れ合いが楽しい　**輪島と能登半島**

のとじますいぞくかん
のとじま水族館

海中を散歩しているかのような気分に

ジンベエザメがいることでも知られる、日本海側屈指の規模を誇る水族館。能登半島近海に生息、回遊する魚を中心に飼育、展示している。イルカ、アシカなどのショーのほか、餌やりや触れ合い、裏側探検などの体験型イベントが充実していて、1日中楽しめる。

スカイウォークと七尾湾の絶景が楽しめる　**輪島と能登半島**

べっしょだけすかいでっき「のとゆめてらす」
別所岳スカイデッキ「能登ゆめてらす」

開けた展望台は絶好の撮影スポット

のと里山海道の**別所岳サービスエリア**内にある**展望台**。上下線どちらからでも行くことができる。空中遊歩しているような細長い回廊をたどっていくと突如目の前が開け、七尾湾を一望する空間が登場。能登島や和倉温泉はもちろん、晴れた日には立山連峰まで見ることができる。

毎日活気にあふれる日本三大朝市のひとつ　**輪島と能登半島**

わじまあさいち
輪島朝市

売り手と直接会話できるのも楽しい

1000年以上の歴史を誇る盛大な朝市。**朝市通り**と呼ばれる約360mの通りに200以上もの露店が立ち並び、新鮮な魚介や野菜、加工食品、手作り民芸品などを販売している。買った干物を自分で焼いて食べられる**炭火焼きコーナー**もあり、常に大勢でにぎわっている。

伝統の輪島塗の魅力に触れる　**輪島と能登半島**

わじまこうぼうながや
輪島工房長屋

輪島塗について学び、体験できる長屋

輪島塗に関わる5つの工房が集まる職人長屋。ギャラリーなどで輪島塗の作品を鑑賞できるほか、漆器作りの様子の見学、輪島塗の絵付け技法である**沈金**（ちんきん）や**蒔絵**（まきえ）を体験してオリジナルの箸などを作ることができる。輪島塗のお椀などがずらりと並ぶ漆器店も併設。

▶のとじま水族館
住 七尾市能登島曲町15-40
TEL 0767-84-1271
開 3/20～11月9:00～17:00
12月～3/19 9:00～16:30
最終入場は30分前
休 12/29～31　料 1890円
交 JR**和倉温泉駅**からバスで**のとじま臨海公園**下車、徒歩すぐ
URL www.notoaqua.jp

空飛ぶイルカが見られるトンネル水槽

▶別所岳スカイデッキ「能登ゆめてらす」
住 七尾市中島町田岸
TEL 0767-78-1021（別所岳サービスエリア）
開 3/15～5/15 7:00～17:00
5/16～9/15 6:00～19:00
9/16～12/15 7:00～17:00
12/16～3/14の土·日曜·祝日、年末（12/28～31）9:00～16:30
休 12/16～3/14の平日
料 無料
交 **のと里山空港**から車で15分

▶輪島朝市
住 輪島市河井町1-115
TEL 0768-22-7653（輪島市朝市組合）
開 8:00～12:00頃
休 第2·4水曜
交 北鉄バスで**輪島駅前**下車、徒歩10分
URL asaichi.info

9時頃から混み始める

▶輪島工房長屋
住 輪島市河井町4-66-1
TEL 0768-23-0011
開 9:00～17:00（体験受付15:30まで）
休 水曜　料 無料（体験は別途）
交 JR**穴水駅**から北鉄バスで**輪島駅前**下車、徒歩9分
URL ringisland.jp/nagaya

箸作りに挑戦

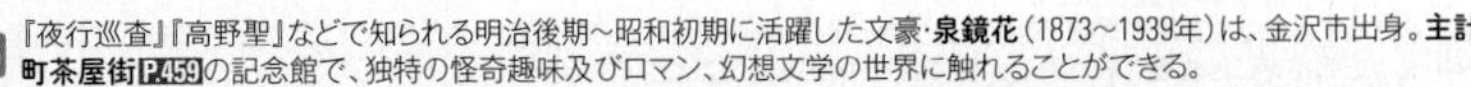
info 『夜行巡査』『高野聖』などで知られる明治後期～昭和初期に活躍した文豪·**泉鏡花**（1873～1939年）は、金沢市出身。**主計町茶屋街**P.459の記念館で、独特の怪奇趣味及びロマン、幻想文学の世界に触れることができる。

「おっしょべ恋物語」が語り継がれる恋人の聖地
小松と加賀温泉郷

粟津温泉

奈良時代、**泰澄大師**によって開湯されて以来、多くの湯治客を魅了し続けてきた温泉地。各宿泊施設が自家掘りの源泉をもち、それぞれ泉質や泉温が異なっている。

町の中心には風情ある総湯がある

湖畔沿いを湯気に包まれて散策
小松と加賀温泉郷

片山津温泉

霊峰白山を望む**柴山潟**の湖畔に広がる温泉地。屋形船やサイクリングなどのアクティビティのほか、週末や祝日には柴山潟でのサップ、カヤック体験なども楽しめる。

共同浴場「総湯」からは柴山潟を一望

洞窟巡りで魂が清く生まれ変わるといわれる
小松と加賀温泉郷

那谷寺

養老元(717)年に泰澄によって開創された、**自然智**を今に伝える白山信仰の寺。境内には奇岩遊仙境をはじめ、三重塔、楓月橋などが点在し、山水画のような風景が広がる。

奇岩遊仙境が水面に映る

50種類以上もの体験教室が勢揃い
小松と加賀温泉郷

加賀伝統工芸村 ゆのくにの森

小川が流れる村内に古民家が点在し、それぞれの館で輪島塗沈金、九谷焼のろくろ回し、金箔貼りなど、50種類の工芸が予約なしで楽しめる。茶室や飲食店もある。

ほとんどの工芸体験が30分～1時間で楽しめる

誕生から現代芸術としての九谷焼まですべてを網羅
小松と加賀温泉郷

石川県九谷焼美術館

石川県を代表する伝統工芸品・九谷焼を展示紹介。365年以上に及ぶ歴史とその間に生み出されたさまざまな絵付け様式など学びながら、名品をじっくり鑑賞できる。

見応えのある作品が数多い

▶粟津温泉
住 小松市粟津町
TEL 0761-65-1834(粟津温泉観光協会)
開 休 料 施設による
交 JR**粟津駅**からバスで**粟津温泉**下車、徒歩すぐ
URL www.awazuonsen.com

▶片山津温泉
住 加賀市片山津温泉
TEL 0761-74-1123(片山津温泉観光協会)
交 JR**加賀温泉駅**からバスで**総湯前**下車、徒歩すぐ
URL www.katayamazu-spa.or.jp
▶片山津温泉 総湯
開 6:00～22:00 休 無休
料 460円

8月に毎晩湖畔で打ち上がる花火は夏の風物詩

▶那谷寺
住 小松市那谷町ユ122
TEL 0761-65-2111
開 9:15～16:00
休 無休 料 600円
交 JR**粟津駅**からバスで**那谷寺**下車、徒歩8分
URL natadera.com

岩壁に寄り添うようにして建つ本殿

▶加賀伝統工芸村 ゆのくにの森
住 小松市粟津温泉ナ-3-3
TEL 0761-65-3456
開 9:00～16:30(最終入場15:30)
休 木曜 料 550円(体験は別途)
交 JR**加賀温泉駅**からタクシーで20分
URL www.yunokuni.jp/mori

館はどれも古民家風の趣のあるたたずまい

▶石川県九谷焼美術館
住 加賀市大聖寺地方町1-10-13
TEL 0761-72-7466
開 9:00～17:00(最終入場16:30)
休 月曜(祝日を除く)
料 560円
交 JR**大聖寺駅**から徒歩8分
URL www.kutani-mus.jp

info **自然智**とは小さな草庵や洞窟の中で、自然から得られる生まれながらの智恵を求める行のこと。古くから自然智の道場であった那谷寺には**岩屋**と呼ばれる洞窟があり、内部を巡ることができる。

日の出とともに海に浮かび上がる姿も幻想的　輪島と能登半島

見附島（みつけじま）

撮影スポットとしても人気がある

軍艦が岸に向かって迫ってくるかのような姿から**軍艦島**とも呼ばれる、高さ28mの岩。引き潮時に現れる踏み石を渡って岩近くまで歩いていくことができる。夜はライトアップされる。

▶見附島
住 珠洲市宝立町鵜飼
TEL 0768-82-7776（珠洲市観光交流課）
開 入場自由
交 JR**穴水駅**から北鉄バスで**見附島口**下車、徒歩5分

打ち寄せる波のすぐ横を爽快にドライブ　輪島と能登半島

千里浜なぎさドライブウェイ（ちりはまなぎさどらいぶうぇい）

日本で唯一、普通車で走行できる砂浜

砂の粒子が細かく締め固まっているため、波打ち際をドライブするという映画のワンシーンのような体験ができる。車を停めて、水遊びやバーベキューを楽しむことも。

▶千里浜なぎさドライブウェイ
住 羽咋市千里浜町
TEL 0767-22-1225（石川県羽咋土木事務所）
TEL 0767-22-1118（羽咋市商工観光課）
開 入場自由（天候によって通行規制あり）
交 JR**羽咋駅**から徒歩20分。または、のと里山海道**千里浜IC**から車ですぐ

能登半島最先端にあるロマンチックスポット　輪島と能登半島

禄剛崎（ろっこうざき）

岬の先端には白亜の灯台が立つ

能登半島の最先端、ちょうど外浦と内浦の接点に位置する岬で、周囲には美しい岩礁が点在。海から昇る朝日と海に沈む夕日が同じ場所で見られることでも知られている。

▶禄剛崎
住 珠洲市狼煙町イ-51
TEL 0768-82-7776（珠洲市観光交流課）
開 入場自由
交 JR**穴水駅**から北陸バスで**すずなり館前**下車。バスを乗り換えて**狼煙**下車、徒歩4分

古くから霊山信仰の聖地として知られる　白山エリア

白山比咩神社（しらやまひめじんじゃ）

厳かな雰囲気に包まれた社殿

白山を御神体とする、全国に約3000社もある白山神社の総本宮。養老元(717)年に泰澄が開山したのを機に広まった白山信仰の拠点でもある。国宝、**剣銘吉光**を所蔵。

▶白山比咩神社
住 白山市三宮町ニ105-1
TEL 076-272-0680　開 入場自由
交 北陸鉄道**鶴来駅**からバスで**一の宮**下車、徒歩10分
URL www.shirayama.or.jp

▶宝物館
開 9:00～16:00
11月9:30～15:30
休 12～3月　料 300円

樹齢1000年以上の杉がそびえる表参道

伝統的建造物が建ち並ぶ古い町並みを散策　白山エリア

白山市白峰（はくさんししらみね）

カフェや民芸品店もある

日本屈指の豪雪地帯ならではの独特の建築様式が残り、国の重要伝統的建造物群保存地区に選定されている地域。江戸から明治時代に建てられた民家が軒を連ねている。

▶白山市白峰
住 白山市白峰
TEL 076-259-2721（白峰観光協会）
開 見学自由
交 北陸鉄道**鶴来駅**からバスで**白峰**下車、徒歩すぐ
URL shiramine.info

『日本書記』にも登場する**菊理媛神**（くくりひめのかみ）は**白山比咩神社**の御祭神。黄泉の国との境界で口論となった伊弉諾尊（いざなぎのみこと）と伊弉冉尊（いざなみのみこと）を仲直りさせたとして、**"縁結びの神"**としても知られている。

福井県

FUKUI

人口
76.7万人（全国43位）
面積
4191km²（全国34位）
県庁所在地
福井市
県花
水仙

水仙
越前水仙の名で知られるほど有名。12~1月ごろに越前海岸一帯に咲き誇る

左からラプト、サウタン、ティッチー
ジュラチック王国の出身。不思議なトンネルを通って福井の地にたどり着いた。ジュラチック©FUKUI / psp

三方を山に囲まれ、日本海に面して広がる福井。変化に富む海岸沿いには東尋坊P.473**をはじめとする景勝地が点在し、昔ながらの光景を残した町並みや歴史的スポットなどの見どころが多い。県の中央を南北に分断するように峠が連なり、古くは峠の尾根を境に越前と若狭(わかさ)の2つの国に分かれていた。現在は北陸トンネルの開通で行き来が容易になったが、今でも東側に位置する越前には金沢、西側の若狭には京都の影響が色濃く残っている。**

旅の足がかり

福井市

3つの大河川に囲まれた平野に位置し、古くから穀倉地帯として発展。中世には朝倉氏が**一乗谷**P.474に居を構え、小京都と呼ばれるほどの栄華を極めた。その後、織田信長から越前八郡を与えられた戦国大名・柴田勝家によって北ノ庄（現福井市中心部）に城下町が築かれ、本格的な町づくりが始まったとされている。1940年代の福井空襲、続く福井地震で壊滅的な打撃を受けるも、「不死鳥」をまちのシンボルに劇的な復興を遂げた。

敦賀市

若狭湾に大きく張り出た敦賀半島と54kmに及ぶ海岸線が天然の良港を形成し、古くから港町として発展。江戸時代には北前船貿易の中継地として、明治時代にはロシア、ヨーロッパ、中国などとを結ぶ玄関口としても栄えた。豊かな自然と新鮮な海の幸に恵まれ、日本三大松原のひとつ気比の松原をはじめとする景勝地も数多く点在する。

勝山市

「恐竜のまち」として知られる勝山市。福井県東部の山間に位置し、恐竜化石発掘数日本一を誇る。世界三大恐竜博物館のひとつといわれる**恐竜博物館**P.472をはじめ、恐竜の世界が体感できる**かつやま恐竜の森**P.480など、市内には恐竜関連の観光スポットが点在している。日本有数の豪雪地帯でもあり、冬にはスキーなどのアクティビティも楽しめる。

地理と気候

峠を境に、北側の嶺北（旧越前国）と南側の嶺南（旧若狭国）からなり、周囲には小さな無人島が60近くもある。寒暖の差が激しく、四季の変化がはっきりしている。

【夏】 28°Cを超える日はあまりないが、近年では35°C近くの猛暑日も。湿気が高く、やや蒸し暑さを感じることも。

【冬】 内陸部は特に雪が多く、全国屈指の大雪地帯になっている。一方、日本海沿岸部は対馬暖流の影響で冬でも比較的暖かく、雪は少ない。

P.464～481 写真提供：福井県観光連盟　永平寺町　越前町観光連盟　大野市

アクセス

東京から ▶▶▶	所要時間
高速バス　バスタ新宿▶福井駅	9時間
大阪から ▶▶▶	**所要時間**
JR線　大阪駅▶福井駅（特急サンダーバード）	2時間
高速バス　大阪駅▶福井駅	3時間30分
石川から ▶▶▶	**所要時間**
JR線　金沢駅▶福井駅（特急しらさぎ）	46分
高速バス　小松空港▶福井駅	1時間
滋賀から ▶▶▶	**所要時間**
JR線　米原駅▶敦賀駅（新快速）	45分
JR線　米原駅▶福井駅（特急しらさぎ）	1時間5分
京都から ▶▶▶	**所要時間**
JR線　東舞鶴駅▶敦賀駅	1時間
愛知から ▶▶▶	**所要時間**
JR線　名古屋駅▶福井駅（特急しらさぎ）	2時間30分
高速バス　名古屋駅▶福井駅	3時間

県内移動

▶福井から東尋坊へ

えちぜん鉄道三国芦原線で三国駅または三国港まで行きバスに乗り換え。所要約1時間10分。北陸本線の芦原温泉駅からもバスが出ている。

▶福井駅から永平寺へ

越福井駅からえちぜん鉄道勝山永平寺線で永平寺口で京福バスに乗り換え。所要約40分。

福井駅東口から**永平寺ライナー**が1時間に1便程度運行。所要約30分。

▶▶▶アクセス選びのコツ

大阪駅と金沢駅を結ぶ特急**サンダーバード**は福井県内では敦賀駅、武生駅、鯖江駅、福井駅、芦原温泉駅に停車。米原駅で新幹線に連絡する。名古屋駅と金沢駅を結ぶ特急**しらさぎ**も同じ駅に停車する。

京福バスや**福井鉄道バス**が福井駅東口から東京、大阪へいずれも1日2便程度。名古屋～福井間は**名鉄バス**の便が比較的多い。

越前海岸や敦賀半島、三方五湖へは車の方が便利。内陸部は豪雪地帯なので冬期はスタッドレスタイヤやチェーンを必ず装着しよう。

最寄りの空港は石川県の小松空港。おもに羽田空港とを結ぶ便が多いほか、福岡便も1日4便程度運航。

交通路線図

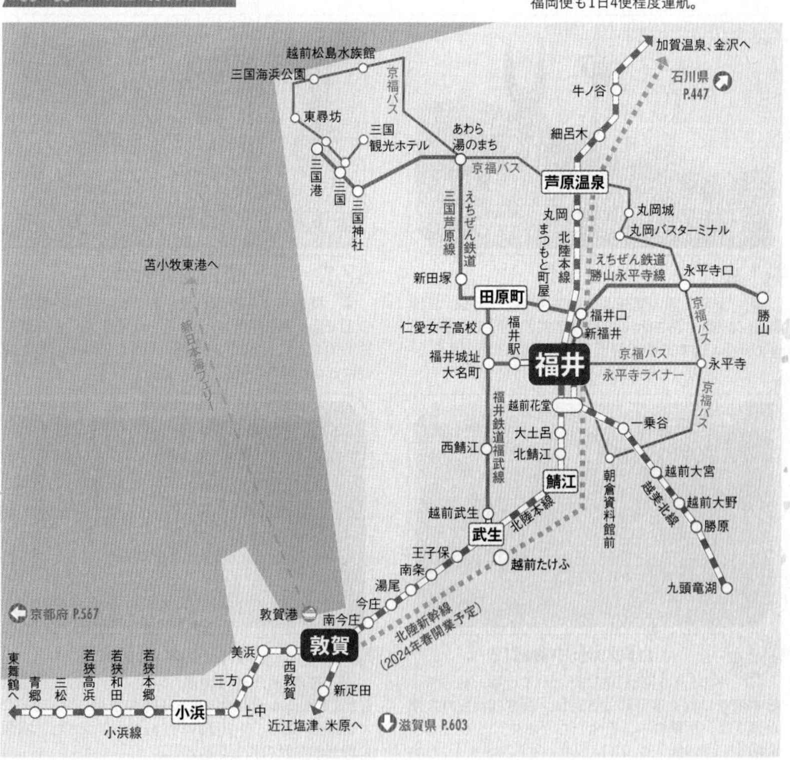

福井県

うちの県はここがすごい

一

幸福度ランキング4回連続日本一

「全47都道府県別幸福度ランキング2020年度版」によると、2014年、2016年、2018年版に続いて1位。教育環境の充実や雇用の安定などが幸福度向上に貢献したと評価されている。

二

発掘された恐竜化石が日本一

これまで日本で見つかった化石の約8割は福井県の勝山市で発掘されたもの。さらに日本独自の恐竜として世界で認められた新種9種のうち5種は勝山市で見つかっている。

三

コシヒカリ発祥の地

人気ブランド米のコシヒカリは福井県農事試験場で誕生したもの。その後、栽培に関わった新潟県との間に含まれていた「越国」(こしのくに)にちなみ、「越の国に光輝く米」との願いから名付けられた。

イベント・お祭り・行事

① 三国祭

湊町三国の繁栄と心意気を今に伝える、三国神社の例祭。高さ6mもの巨大な武者人形を乗せた山車が6基、笛太鼓のお囃子とともに町内を練り歩く。

② 勝山左義長まつり

勝山市で平安時代から続く小正月の行事。櫓の上で赤い長襦袢姿の大人たちが子供たちと一緒に独特のおどけ仕草でお囃子に合わせて浮かれる。最後はどんど焼きを開催。

③ 日向の水中綱引き

毎年1月の第3日曜に行われる行事。日向湖と日本海をつなぐ運河に太さ30cm、長さ40mもの大綱が渡され、極寒の中、若者たちが水中に飛び込んで綱切りを競い合う。

④ 永平寺大燈籠流し

毎年8月下旬に開催。河川で行われる燈籠流しとしては日本一の規模。永平寺の僧侶ら約150人による読経のあと、約1万個の燈籠が川に流され、水面に幻想的な光の帯を創り出す。

必ず食べたい 名物グルメ

越前ガニ

福井県の漁港で水揚げされる雄のズワイガニ。「カニの中の王様」とも称される高級食材で、全国唯一の皇室献上ガニとしても知られる。上品な甘さとみずみずしさ、濃厚な味噌が特徴。

越前おろしそば

在来種の小粒のそばの実を殻ごと石臼で挽いた粉を使用するため見た目が黒く、うま味・風味ともに強いのが特徴。辛味大根の大根おろしとだしをかけたり、つけ汁にして食べたりする。

ソースカツ丼

県民のソウルフード。大正2（1913）年に老舗洋食店の店主がドイツ仕込みのウスターソースを日本人向けに考案したのが始まりとか。揚げたてのカツを秘伝のソースに浸け、ご飯にのせて食べる。

地元っ子愛用 ローカル味

油揚げ

福井で油揚げといえば、厚揚げのこと。消費量全国1位というほどの人気食材で、表面を炙って大根おろしと醤油で食べるのが定番。味噌汁、煮物など、さまざまな料理にも登場する。

もらえば笑顔 定番みやげ

小鯛のささ漬け

新鮮なレコンダイ（小鯛）を塩と米酢でしめ、笹の葉を添えて杉樽に詰めた伝統料理。京の都へ海産物を送っていた若狭地方ならではの歴史を物語る一品で、今も昔ながらの製法で作られている。

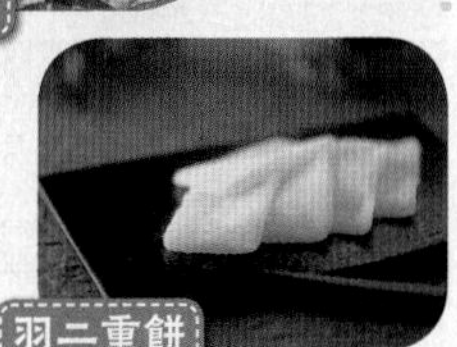

羽二重餅

一大産地として名を馳せた羽二重織にちなんだ銘菓。基本の材料は餅粉と砂糖、水あめで、その名のとおり、絹のようにきめが細かくとろけるような舌ざわりが特徴。

水ようかん

大正から昭和にかけての丁稚奉公時代に食べられていたことから、「丁稚ようかん」とも呼ばれている。甘さ控えめで、みずみずしく、ツルンとしたのど越しのよさが人気。

匠の技が光る 伝統工芸

越前漆器

約1500年前、献上された黒塗りの椀の出来映えに感動した継体天皇が、漆器作りを奨励したのが始まりといわれている。後に蒔絵の技術が導入され、それまでの堅牢さに華麗な装飾性が加わった。

越前打刃物

南北朝時代に京都の刀匠が来住し、農民たちのために鎌を作ったことが始まりとされる。その歴史と技術が認められ、昭和54（1979）年に刃物産地としては全国初の伝統工芸品に指定された。

ワカルかな？
福井のお国言葉

うまそうな菓子や、1個おっけの

Ans. おいしそうな菓子ね、1個ちょうだい

1泊2日で巡る 福井県

福井県を代表する見どころを巡る王道の旅。海鮮&ご当地グルメも堪能し、北陸屈指の温泉街・あわら温泉でゆったり癒やされる。

1日目

8:00 JR福井駅

鉄道60分

9:15 えちぜん鉄道勝山駅

バス15分

9:45 **福井県立恐竜博物館で太古の世界へタイムトリップ** ▶P.472

世界最大規模を誇る恐竜博物館で、太古の世界を体感。実物大の恐竜骨格や巨大ジオラマなど、見どころが満載。

バス15分

11:40 えちぜん鉄道勝山駅

鉄道30分

12:25 えちぜん鉄道永平寺口駅

バス15分

13:20 **永平寺門前町でランチ**

永平寺名物の精進料理やごま豆腐、永平寺そばなどを提供する店がズラリ！

精進料理を堪能

徒歩すぐ

©大本山永平寺

14:30 奥山にたたずむ曹洞宗大本山 **永平寺を拝観** ▶P.475

100人余の僧たちが修行する禅道場で、仏殿など拝観。時間があれば、坐禅も体験したい。

バス15分

16:00 えちぜん鉄道永平寺口駅

鉄道55分

17:00 えちぜん鉄道あわら湯のまち駅

浴衣で温泉街をさんぽ

徒歩すぐ

17:10 **あわら温泉に宿泊** ▶P.475

どの温泉宿も駅から近くて便利。ゆったり宿で温泉を楽しんだ後は、足湯や屋台が集う横丁を散策してみては。

足を延ばして 越前大野城へ

雲海で有名な越前大野城。えちぜん鉄道勝山駅から越前大野駅まで30分の距離なので、時間があればぜひ訪れたい。寺院や武家屋敷などが点在する城下町の散策も楽しい。雲海が目的であれば早朝、越前大野城の西、約1kmにある犬山からの展望がおすすめ。

おすすめ！泊まるならココ

歴史が息づく老舗旅館で自家源泉の温泉で癒やされ地元食材を生かした郷土料理に舌鼓

美しい庭園が目の前に広がる露天風呂

伝統旅館のぬくもり 灰屋

明治17(1884)年創業。優美な日本建築を感じる陣屋風の玄関を抜けると、各天井や丸柱で彩られた和モダンなロビー、そしてその先には四季折々で表情を変える日本庭園が広がっている。客室は純和風から庭園付き離れをはじめ、リニューアルした和洋室など全50室。大浴場には庭石が美しい露天風呂のほか、岩盤浴も。

陣屋のような趣のある外観

住 あわら市温泉2-205
TEL 0776-78-5555
交 JR芦原温泉駅から無料送迎車で10分
料 1泊2食付き1万8700円～
URL www.haiya.jp

2日目

クルーズ船から絶景を堪能！

9:00 えちぜん鉄道 あわら湯のまち駅

バス20分

9:40 **東尋坊**で ▶P.473
散策&遊覧船クルーズ

断崖絶壁を上から眺めた後は、遊覧船でクルーズ。海上からのまた違った景色が楽しめる。

徒歩すぐ

11:00 **東尋坊商店街**を
散策&海鮮ランチ

迫力満点の東尋坊を楽しんだあとは、近くの商店街へ。新鮮な海鮮料理でおなかを満たそう。

バス10分

12:30 レトロな町並みが広がる
三国湊を散策 ▶P.473

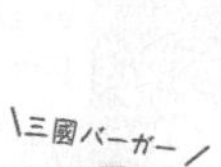

三國バーガー

写真映えスポットがいっぱい。町家を改装したカフェなどにも立ち寄りたい。

バス15分

13:40 えちぜん鉄道三国駅

鉄道50分

14:30 JR福井駅

バス30分

15:00 **一乗谷朝倉氏遺跡**で ▶P.474
栄華を極めた時代をしのぶ

繁栄していた時代の姿が徐々に明らかになっている、戦国の城下町跡へ。数々の史跡を巡り、当時の様子を思い描こう。

バス30分

18:00 JR福井駅
おみやげ探しと名物グルメ

ソースカツ丼と越前そば

駅周辺には恐竜スポットが数多く点在。駅チカグルメも見逃せない。

レンタカーで
福井西部の海岸沿いをドライブ

三方五湖などの景勝地をはじめ、敦賀、美浜、小浜などの港町が点在する福井県西部。古くは「若狭国」と呼ばれていたエリアで、グルメの地としても知られている。拠点となる敦賀駅などで車をレンタルし、絶景が楽しめる三方五湖レインボーラインをドライブしてみよう。各港町では、海鮮グルメなどを堪能したい。

おすすめ！泊まるならココ

宿坊と旅館の両方のよさを兼ね添え
さらに禅の心に触れられる特別な宿

永平寺親禅の宿 柏樹関

永平寺のすぐ近くに、令和元（2019）年7月にオープン。永平寺を見学するだけでは物足りないという人にとっておきの宿で、旅館のような快適な設備とサービスのなか、宿坊のような坐禅や朝課（朝のおつとめ）、写経など、禅の世界を体験できる。レストランでは、精進料理と越前の銘酒を堪能することも。

住 吉田郡永平寺町志比6-1
TEL 0776-63-1188
交 えちぜん鉄道**永平寺口駅**からバスで**永平寺**下車、徒歩5分
料 1泊2食付き2万円～
URL www.hakujukan-eiheiji.jp

大窓から永平寺川と参道を望む客室。越前和紙や越前焼がさりげなく取り入れられている

福井県の歩き方

▶ウェルカムセンター（福井市観光案内所）
鉄道、バスの切符販売や宿泊先への手荷物配送、雨具や自転車のレンタルなども行っている。
住 福井市中央1-2-1（JR福井駅西口「ハピリン」ビル前）
TEL 0776-20-5348
開 8:30〜19:00　休 無休
URL fuku-iro.jp

県最大のカニ祭り
越前ガニの水揚げの約7割を誇る越前町。毎年11月中旬頃、県最大のカニの祭典「越前かにまつり」が開かれる。会場では、新鮮な越前ガニや海鮮グルメなどが味わえる。

やや小さめのセイコガニ（越前ガニのメス）の丼は大人気

▶あわら湯のまち駅観光案内所
住 あわら市温泉1-1-1
TEL 0776-77-2279
開 9:00〜18:00　休 年末年始
URL awara.info

▶東尋坊観光案内所
住 坂井市三国町安島64-1-166
TEL 0776-82-5515
開 9:00〜17:00　休 年末年始
交 **東尋坊**バス停から徒歩2分
URL www.mikuni.org

▶丸岡城観光情報センター
住 坂井市丸岡町霞町3-1-3（一筆啓上茶屋内）
TEL 0776-66-5880
開 9:00〜17:00　休 年末年始
URL kanko-sakai.com
交 丸岡城 P.474 バス停前

福井市と周辺

各路線が乗り入れる福井駅

旅の拠点となるのが福井市。主要エリアへのアクセスもよく、福井駅からは県の東西を結ぶ**北陸本線**をはじめ、東尋坊やあわら温泉へと向かう**えちぜん鉄道**や九頭竜湖まで続く**越美北線**（えつみほくせん）などが走っている。小松空港や東京、大阪などからの高速バスも発着。福井市内はバスのほか路面電車も走っているので、行き先に合わせて上手に利用したい。駅周辺で自転車をレンタルすることもできる。

▶小松空港から町の中心まで

石川県西部にある小松空港から福井駅まで、リムジンバス小松空港線で所要約1時間。空港から市内バスで所要12分の小松駅からだと特急で所要32分。

プチ雑学

高さ6mもの巨体が30分ごとに動く

恐竜広場　駅前の恐竜広場には実物大の動く恐竜モニュメントやトリックアート、足跡化石などが点在している。夜には駅西側の壁がライトアップされ、闇の中に巨大な恐竜たちが照らし出される。

東尋坊（とうじんぼう）エリア

日本随一の名勝・東尋坊

福井屈指の観光エリア。海岸沿いには日本海の荒波に立ち向かうように**東尋坊** P.473 などの断崖が続き、少し内陸には「関西の奥座敷」とも呼ばれる湯の街、**あわら温泉** P.475 がある。いずれも福井市からのアクセスが良好で、電車やバスを利用しても1時間、車なら30分程度でほとんどの場所へ行ける。

ブランド食材

三国港で水揚げされた甘エビ

3〜6月と9・10月に旬を迎える三国港の甘エビとガサエビ。とろけるような食感と口の中に広がる甘みが特徴で、港周辺の飲食店などでは豪華エビ丼が味わえる。

info 福井県を代表する高級グルメ、**越前ガニ**。漁が解禁されるのは毎年11月6日〜3月20日と決まっている。おいしいカニが目当てであれば、この時期を目指して食べに行こう。

永平寺・大野エリア

散策が楽しい越前大野城下町

福井県東南部、山間に広がるエリア。国内屈指の展示を誇る**福井県立恐竜博物館**P.472や日本曹洞宗の大本山である**永平寺**P.475、幻想的な雲海で知られる**越前大野城**P.475などが点在している。福井駅からJR越美北線、えちぜん鉄道などが出ていてアクセスもよい。

グルメ

永平寺名物のごま豆腐

永平寺門へと続く前町には、精進料理や名物のごま豆腐料理、永平寺そばを食べられる店が軒を連ねている。参拝後にぜひ立ち寄ってみよう。

▶**大野市観光協会**
住 大野市元町10-23
TEL 0779-65-5521
開 8:30～17:00　休 年末年始
交 JR**越前大野駅**から徒歩10分
URL www.ono-kankou.jp

恐竜のまち勝山

日本国内の恐竜の化石の約8割が発掘されている勝山市には、恐竜関連のオブジェがいっぱい。勝山駅や県立恐竜博物館付近などで出合うことができる。

恐竜博士のオブジェ

鯖江(さばえ)と越前海岸

スイセンの名所としても知られる越前海岸

豊富な海の幸と伝統の職人技で知られるエリア。海岸沿いには絶景が点在し、越前漆器や越前和紙などの伝統が受け継がれている。公共交通機関を利用する場合は**鯖江駅**や**武生(たけふ)駅**を拠点に巡ることになるが、**越前海岸**へはバスの便が限られているので旅の計画は念入りに。

グルメ

ご飯の味付けやソースは店によって異なる

ボルガライス　武生の名物グルメ。オムライスの上にカツをのせ、特製ソースをたっぷりとかけたボリューム満点のメニューで、定番から中華風、手軽に食べられる棒状のものまで、さまざまなバージョンがある。

▶**鯖江市観光案内所**
住 鯖江市日の出町1-2
(JR鯖江駅構内)
TEL 0778-51-2229
開 10:00～18:00　休 年末年始
URL www.city.sabae.fukui.jp/kanko

▶**越前市観光案内所**
住 越前市府中1-2-3
(JR武生駅前センチュリープラザ内)
TEL 0778-24-0655
開 9:00～16:00　休 年末年始
URL welcome-echizenshi.jp

若狭路ご膳とは

地元産の米やジビエ、海の幸など、この地域ならではの食材を使った昼食ご膳。敦賀、小浜、高浜などの飲食店や民食などで提供している。

海の幸が堪能できる若狭路ご膳

敦賀・小浜エリア

高台から望む三方五湖

若狭湾沿いに広がる、「御食国(みけつくに)」として古くから美食が発展したエリア。魚介グルメはもちろん、海水浴に最適な人気のビーチも多く、**三方五湖**P.477をはじめとする絶景が楽しめる。**敦賀駅**から**美浜**、**小浜**などを通って京都府へと抜けるJR小浜線が東西を結んでいる。

▶**敦賀観光案内所**
住 敦賀市鉄輪町1-1-19
(JR敦賀駅隣接)
TEL 0770-21-8686
開 8:00～19:00　休 無休
URL www.turuga.org

▶**若狭おばま観光案内所**
住 小浜市駅前町6-1(JR小浜駅前)
TEL 0770-52-3844
開 3～11月9:00～18:00
12～2月9:00～17:00
休 年末年始
URL www.wakasa-obama.jp

info 古代から海産物や塩などを都に送り、朝廷の食を支えた**若狭地方**。**へしこ**などの製作技法や伝統的な行事、宿場町などが「海と都をつなぐ若狭の往来文化遺産群―御食国若狭と鯖街道」として日本遺産に認定されている。

福井県の見どころ

▶福井県立恐竜博物館
住 勝山市村岡町寺尾51-11かつやま恐竜の森内
TEL 0779-88-0001
開 9:00～17:00（最終入場16:30）
休 毎月第2·第4水曜、年末年始
料 730円
交 えちぜん鉄道**勝山駅**からバスで**恐竜博物館**下車、徒歩すぐ
URL www.dinosaur.pref.fukui.jp

建物は黒川紀章氏による設計

44体の恐竜全身骨格も必見

世界三大恐竜博物館のひとつ　　永平寺·大野エリア

福井県立恐竜博物館（ふくいけんりつきょうりゅうはくぶつかん）

4500㎡もの広大なドーム形空間に千数百もの標本や化石、恐竜骨格、復元模型などが展示されていて、楽しく学びながら太古の世界が体感できる。

本物のような動きを見せるティラノロボット

3つあるゾーンのうちのひとつ、**恐竜の世界**に展示されている44体の恐竜骨格のうちフクイラプトルやアロサウルスなど10体は、実物の骨の化石を使ったもの。恐竜が生存していた中生代の情景を実物大に再現した巨大ジオラマや、CGを使った迫力ある姿を体感できる**ダイノシアター**などもあり、失われた恐竜時代へとタイムトリップすることができる。日本最大の恐竜化石発掘現場へ向かい、発掘体験をするツアーも催行されている。

見どころMAP

info 恐竜博物館内のカフェDINO CAFEには恐竜をモチーフにしたメニューが勢揃い。恐竜の足型を模したバンズに肉汁たっぷりのハンバーグが挟まった**恐竜バーガー**や恐竜クッキーがのった**ティラノパフェ**など、見た目にも楽しい。

自然が織りなす造形美

東尋坊エリア

東尋坊

断崖絶壁が続く圧巻の風景

日本随一の奇勝としても知られ、迫力満点の断崖絶壁が約1kmにわたって続く景勝地。サスペンスドラマのクライマックスといえば、ここを思い浮かべる人も多いだろう。東尋坊の**柱状節理**の大きさは日本最大級で、地質学的にも珍しく、国の天然記念物にも指定されている。名前の由来は、**平泉寺**P.476にいた同名の悪僧侶から。恋敵の僧に断崖から突き落とされた無念から怨霊となって大波と化し、岩壁を激しく打ち殴り続けたという伝承が残っている。日本海をバックに巨岩が朱色に染まる夕暮れ時の景色も美しく、「日本の夕陽百選」にも選出された。

東尋坊から北東へと続く海岸線沿いの景勝地

東尋坊エリア

越前松島

フォトジェニックなスポットが満載

小島が織りなす美しい風景が、陸前（宮城県）の松島に似ていることから「越前松島」と名付けられた。散策コースがいくつかあり、間近で景観美が楽しめる。すぐ隣の**越前松島水族館**は、体験体感型の水族館で、海の生き物たちを間近に見ることができる。

港町として栄えたレトロな町並みを散策

東尋坊エリア

三国湊

レンタサイクルでの町巡りもおすすめ

東尋坊の南、約3kmに位置する町。江戸時代には**北前船**の寄港港として栄え、今もレトロな洋館や町家などが連なる街並みが残っている。えちぜん鉄道**三国駅**を中心に旧家や寺院などの見どころが集っていて、ショップやカフェに立ち寄りながらの散策が楽しい。

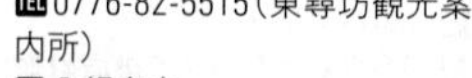
▶東尋坊
住 坂井市三国町
TEL 0776-82-5515（東尋坊観光案内所）
開 入場自由
交 JR**芦原温泉駅**からバスで**東尋坊**下車、徒歩5分
▶東尋坊観光遊覧船
TEL 0776-81-3808
開 4～10月9:00～16:00
11～3月9:00～15:30
※海上状況により発着場所の変更、欠航の場合あり
休 12/29～1/31　料 1500円
URL www.toujinbou-yuransen.jp
▶東尋タワー
海抜100m、地上55mの高さの展望台から東尋坊を一望できる。
住 坂井市三国町東尋坊
TEL 0776-81-3700
開 9:00～17:00　休 無休
料 500円
URL www.tojinbo.net

水面から見上げる断崖も圧巻

▶越前松島
住 坂井市三国町崎
開 入場自由
交 JR**芦原温泉駅**からバスで**越前松島水族館前**下車、徒歩すぐ
▶越前松島水族館
住 坂井市三国町崎74-2-3
TEL 0776-81-2700
開 9:00～17:30（夏期延長、冬期短縮あり。最終入場は30分前）
休 無休　料 2000円
URL www.echizen-aquarium.com

▶三国湊
住 坂井市三国町
TEL 0776-43-0753（三国駅観光案内所）
開 見学自由（有料施設あり）
交 えちぜん鉄道**三国駅**から徒歩すぐ

info 三国湊の中心に立つ大正ロマン漂う建物は、大正時代に建てられ昭和46（1971）年まで銀行として使われていた**旧森田銀行本店**。現存する福井県最古の鉄筋コンクリート建築で、国の有形文化財に登録されている。

戦国城下町で当時の繁栄の様子をしのぶ

福井市と周辺

一乗谷朝倉氏遺跡

1万人以上が住んでいた城下町跡

戦国時代、5代103年にわたり越前を支配した**朝倉氏**。文化人としても優れていた5代目、朝倉義景の時代、**一乗谷文化**が花開いた。天下統一の戦いの中で織田信長に敗れ町は焼き払われてしまうが、昭和42(1967)年から発掘が本格的に進められ、当時の姿がよみがえった。278ヘクタールにもおよぶ山間に数々の史跡が点在する。

▶一乗谷朝倉氏遺跡
住 福井市城戸ノ内町28-37
TEL 0776-41-2330
開 入場自由
交 JR**福井駅**からバスで**復原町並**下車、徒歩すぐ
▶復原町並
開 9:00～17:00(最終入場16:30)
休 12/28～1/4 料 330円
URL www3.fctv.ne.jp/~asakura
▶無料シャトルバス「朝倉ゆめまる号」
遺跡内の主要スポットを巡る無料シャトルバスが4～11月の土·日曜·祝日に運行。レンタサイクルも無料で貸し出している。

屋敷との一体感が見事な名勝庭園

福井市と周辺

名勝 養浩館庭園

水面の光が天井に映る御座ノ間

四季折々の変化が楽しめる

福井城下、北の外堀沿いにある、江戸時代初期から中期を代表する**水の庭園**。数寄屋造りの屋敷を備える回遊式林泉庭園で、福井藩主松平家の別邸として使われた場所。江戸時代には**"御泉水屋敷"**と称されていた。かつての藩主と同じ目線で、座敷からゆったりと風光明媚な庭と池を眺めることができる。

▶名勝 養浩館庭園
住 福井市宝永3-11-36
TEL 0776-20-5367(福井市文化振興課)
開 3/1～11/5 9:00～19:00
11/6～2月9:00～17:00
最終入場は30分前
休 年末年始 料 220円
交 JR**福井駅**から徒歩15分
URL www.fukuisan.jp/ja/yokokan

期間限定でライトアップも

春には約400本のソメイヨシノが咲き誇る

東尋坊エリア

丸岡城

石瓦で葺かれた二層三階の独立式望楼型天守

戦国時代の天正4(1576)年、織田信長の命で柴田勝家が甥の勝豊に築かせた城。国内に現存する天守のなかで北陸地方に唯一残るのが丸岡城で、国の重要文化財にも指定されている。城を支える石垣には、すき間が多く排水にすぐれた**"野づら積み"**方式が用いられている。春には天守が桜の木々に囲まれ、期間限定で夜間ライトアップも行われる。

▶丸岡城
住 坂井市丸岡町霞町1-59
TEL 0776-66-0303
開 8:30～17:00(最終入場16:30)
休 無休 料 450円
交 JR**芦原温泉駅**からバスで**丸岡城**下車、徒歩すぐ
URL maruoka-castle.jp

窓から絶景が望める天守最高階の天井の間

info 日本と福井の文化の粋が集められた**養浩館**では、期間限定のライトアップのほか、お茶会や越前抹茶碗作り、越前焼の鉢を用いた盆栽作りなどの体験イベントも開催されている。詳細はウェブサイトを参照。

湯巡りや町歩きが楽しい温泉街

東尋坊エリア

あわら温泉

趣のある温泉自慢の宿が点在

アットホームな雰囲気の湯けむり横丁

明治16（1883）年に偶然発見されてから温泉街として発展し、**関西の奥座敷**と呼ばれて多くの文人墨客たちに愛されてきた。74本の源泉があり、各施設がそれぞれを保有しているため、異なる泉質や効能が楽しめる。駅前から続く**湯けむり横丁**には昔ながらの屋台形式の店が軒を連ね、ノスタルジックな空間を作り出している。

荘厳な雰囲気に包まれた日本曹洞宗の大本山

永平寺・大野エリア

永平寺

老杉に囲まれて立つ唐門
©大本山永平寺

道元禅師が寛元2（1244）年に開山した、坐禅修行の道場。約33万㎡もの広大な敷地に**七堂伽藍**を中心とした大小70あまりの殿堂楼閣が立ち並び、100人を超える修行僧たちが日々修行に励んでいる。道元禅師を祀る御真廟である**承陽殿**や本尊の釈迦牟尼仏を祀る**仏殿**、230枚もの天井画で覆われた**傘松閣**（さんしょうかく）など、見どころが多い。

朝霧とともに出現する、天空の城で話題に

永平寺・大野エリア

越前大野城

年に数回、条件が重なると現れる"天空の城"

四方を山々に囲まれた**大野盆地**の中心、標高約249mの**亀山**の頂上に立つ城。

天正4（1576）年頃、織田信長より大野郡の3分の2を与えられた金森長近（かなもりながちか）により築かれた。雲海に包まれると亀山だけが雲の上に顔を出し、まるで雲の上に浮いているかのような幻想的な姿を年に数回見せることから、**"天空の城"**として話題を集めている。

▶あわら温泉
住 あわら市温泉
交 えちぜん鉄道**あわら湯のまち駅**から徒歩すぐ
▶情報処「おしえる座ぁ」
あわら湯のまち駅内にある観光案内所。
住 あわら市温泉1-1-1
TEL 0776-77-1877
開 8:30～17:15　休 年末年始
URL awara.info

駅前の広場では足湯が楽しめる

▶永平寺
住 吉田郡永平寺町志比5-15
TEL 0776-63-3102
開 8:30～16:30（最終入場16:00）
休 無休　料 500円
交 えちぜん鉄道**永平寺口駅**からバスで**永平寺**下車、徒歩5分
URL daihonzan-eiheiji.com

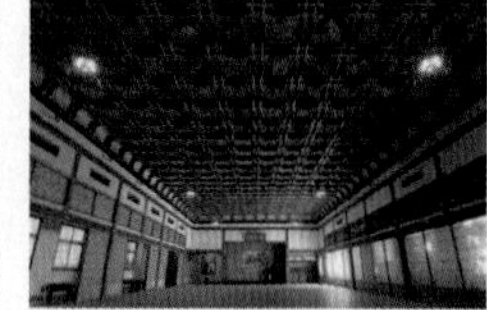
傘松閣2階の絵天井の間
©大本山永平寺

▶越前大野城
住 大野市城町3-109
TEL 0779-66-1111（大野市観光交流課）
開 4～9月9:00～17:00
10·11月9:00～16:00
休 12～3月　料 300円
交 JR**越前大野駅**から登城口（南口）まで徒歩15分
URL www.onocastle.net

町を見下ろすようにして立つ天守閣

info **天空の城・越前大野城**が出現するのは10月～4月末頃。11月頃が最も見られる確率が高く、前日の湿度が高く、さらに前日との気温差が大きく、風が弱いなどの条件が重なった日の明け方～9:00頃がチャンス。

越前大野城の麓に広がる街並み

永平寺・大野エリア

越前大野城下町（えちぜんおおのじょうかまち）

400年以上前、京の都を模して造られた趣のある街並みから、**"北陸の小京都"**とも呼ばれる越前大野。各宗派の寺院が南北に約16宇連なる**寺町通り**をはじめ、幕末大野藩の再建に大きく貢献した家老の屋敷を復元した**武家屋敷旧内山家**など、数々の史跡が点在している。今も昔ながらのスタイルで続く、七間通りの朝市も見逃せない。

寺が軒を連ねる寺町通り

七間朝市の様子

杉木立と苔に包まれた、静寂の空間が広がる

永平寺・大野エリア

白山平泉寺旧境内（はくさんへいせんじきゅうけいだい）（平泉寺白山神社（へいせんじはくさんじんじゃ））

霊峰**白山**への参拝拠点として、養老元(717)年に開かれた霊場。最盛期には48社36堂、6000もの僧坊が存在した。明治初期、神仏分離令により寺号を廃止し白山神社に。かつては現在の境内の10倍以上もの広さであったことが判明し、今も発掘調査が進められている。発掘された出土品は**歴史探遊館まほろば**に展示されている。

大木に囲まれて静かに立つ拝殿

苔で覆われた石畳の参道が続く

さまざまな角度から越前焼に触れられる

鯖江と越前海岸

福井県陶芸館（ふくいけんとうげいかん）

日本六古窯（にほんろっこよう）のひとつに数えられる越前焼のすばらしさを、見て作って使って楽しめる施設。鎌倉時代の穴窯を参考にして築いた**九右衛門窯**のジオラマや数々の作品が展示されている。体験教室では、越前の粘土を使って実際に茶碗などの作品を作ることができるほか、隣接の**越前古窯**（こよう）**博物館**では越前焼の器で抹茶も楽しめる。

巨大な大壺に直接手を触れて感じることも

▶越前大野城下町

▶武家屋敷旧内山家

住 大野市城町10-7

TEL 0779-65-6122

開 9:00～16:00（日･祝～17:00）

休 12/27～1/4　料 300円

交 JR**越前大野駅**から徒歩約13分

▶七間朝市

住 大野市元町七間通り

TEL 0779-69-9520（越前大野七間朝市振興協議会）

開 春分の日～12月7:00～11:00頃

休 1月～春分の日

交 JR**越前大野駅**から徒歩12分

▶白山平泉寺旧境内

住 勝山市平泉寺町平泉寺

TEL 0779-88-8111（勝山市商工文化課）

開 入場自由

交 えちぜん鉄道**勝山駅**からバスで**平泉寺白山神社前**下車、徒歩すぐ

▶白山平泉寺歴史探遊館まほろば

住 勝山市平泉寺町66-2-12

TEL 0779-87-6001

開 9:00～17:00（最終入場16:30）

休 年末年始　料 無料

白山平泉寺歴史探遊館まほろば

▶福井県陶芸館

住 丹生郡越前町小曽原120-61

TEL 0778-32-2174

開 9:00～17:00（最終入場16:30）

休 祝日の翌日（土･日曜を除く）、月曜、12/28～1/4

料 300円（体験教室は別途）

交 JR**武生駅**からバスで**陶芸村口**下車、徒歩15分

URL www.tougeikan.jp

陶芸教室では手びねりや電動ろくろ体験ができる

info 江戸時代の蘭学医で、『解体新書』を翻訳したことでも知られる**杉田玄白**は若狭国小浜藩（現小浜市）出身。生まれは江戸（現東京都）だが、幼少の頃に小浜へ移り、江戸で開業するまでの間、**小浜藩医**として勤めた。

世界三大めがね産地で、その職人技に触れる
鯖江と越前海岸

めがねミュージアム（めがねみゅーじあむ）

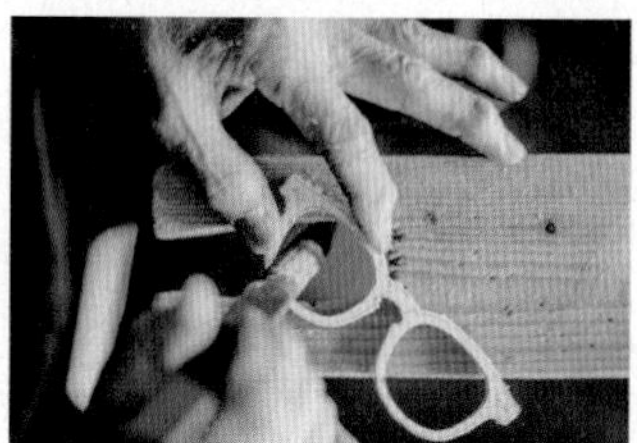
体験教室で世界でひとつのフレーム作りに挑戦

日本製めがねフレームのおよそ95%のシェアを誇る福井県。なかでも**鯖江市**は、その高い技術と品質のよさで、世界的にも知られている。明治時代に農家の冬期の副業としてスタートしたのが始まり。100年前の機材が展示されたコーナーや日本のめがねの歴史を学ぶコーナーが常設されているほか、工房でオリジナルのめがね作りが体験できる。

▶めがねミュージアム
住 鯖江市新横江2-3-4 めがね会館
TEL 0778-42-8311
開 10:00～19:00
休 水曜（祝日を除く）、年末年始
料 無料
交 JR**鯖江駅**から徒歩10分
URL www.megane.gr.jp/museum

豊富な種類を誇るめがねショップ

1500年の歴史を誇る越前和紙の産地
鯖江と越前海岸

越前和紙の里（えちぜんわしのさと）

越前和紙に関するさまざまな施設が点在

越前和紙の産地として知られる五箇地区。全長230mの美しい街並みに**パピルス館**、**卯立（うだつ）の工芸館**、**紙の文化博物館**など越前和紙に関連する施設が点在し、紙漉き体験や見学、資料展示など通じて、和紙の文化に触れることができる。敷地内にある**越前和紙産地組合**の直売店には和紙製品が豊富に揃っており、選ぶのに困ってしまうほど。

▶越前和紙の里
住 越前市新在家町8-44
TEL 0778-42-1363
開 9:00～16:00
休 火曜、年末年始
料 無料（各種体験メニュー別途）
交 JR**武生駅**からバスで**和紙の里**下車、徒歩すぐ
URL www.echizenwashi.jp

工芸館では和紙作りの工程を見学できる

5つの湖がかもしだす色合いが神秘的
敦賀・小浜エリア

三方五湖（みかたごこ）

青のグラデーションが美しい三方五湖

丘陵の谷間にちりばめられたように点在する**5つの湖**。異なる水深と塩分濃度によりそれぞれ違う色に見えることから、**“五色の湖”**とも呼ばれている。その雄大な景観を一望できるのが、標高約400mにある**レインボーライン山頂公園**。山頂までの道のり、**三方五湖レインボーライン**も爽快な気分を味わえるドライブルートとして人気だ。

▶三方五湖
▶レインボーライン山頂公園
住 三方上中郡若狭町気山18-2-2
TEL 0770-45-2678
開 夏期9:00～17:00
冬期9:00～16:30
最終入場は30分前 休 無休
料 900円（リフト、ケーブル込み）
交 JR**美浜駅**からタクシーで13分。第1駐車場からリフトまたはケーブルで上る
URL www.mikatagoko.com

山頂公園には絶景を望む足湯も

info 越前市出身の絵本作家、**かこさとし**氏（1926～2018年）。同氏監修のもとで整備された**武生中央公園**には、代表作である**『からすのパンやさん』**や**『だるまちゃん』**シリーズなどをモチーフにした遊びの世界が広がっている。

情緒豊かな街並みが魅力

敦賀・小浜エリア

熊川宿(くまがわじゅく)

古民家を利用したショップやカフェが軒を連ねる

若狭湾で取れたサバなどの海の幸を京都へと運んだ**鯖街道**の宿場町。交通の要として、天正17（1589）年に豊臣秀吉に重用された若狭の領主、**浅野長政**によって造られた。番所や蔵屋敷跡など、昔ながらの町並みを残し、重要伝統的建造物群保存地区に指定されている。役所だった建物を改築した**宿場館**では、熊川宿と鯖街道の歴史を学べる。

奇岩、洞門が連なる若狭湾を代表する景勝地

敦賀・小浜エリア

名勝蘇洞門(めいしょうそとも)

遊覧船に乗って奇岩を間近で観察

水面に光を反射して輝く洞門

内外海(うちとみ)半島北側の海岸にある海蝕洞。約6kmにわたって続く断崖に、地獄門、夫婦亀岩、白糸の滝などと名付けられた数々の奇岩、洞門、洞窟が点在し、見事な景観を造り出している。**若狭フィッシャーマンズワーフ**から出航する遊覧船では、日本海の荒波が創り上げた自然の造形美を巡る約60分のクルージングが楽しめる。

パワースポットとしても知られる

敦賀・小浜エリア

氣比神宮(けひじんぐう)

朱色の柱が印象的な拝殿

大宝2（702）年に建てられたと伝えられる、北陸道総鎮守の越前國一之宮。境内社の角鹿(つぬが)神社は「敦賀」の地名発祥地ともされ、地元では**けいさん**と呼ばれて親しまれている。参道にそびえる、高さ11m近くに達する朱塗りの大鳥居は、**日本三大木造鳥居**のひとつ。境内に湧く**長命水**は神々の御神徳が宿る神水として、参拝者を引き付けている。

▶熊川宿

▶宿場館

住 三方上中郡若狭町熊川30-4-2
TEL 0770-62-0330
開 夏期9:00～17:00
冬期9:00～16:00
休 月曜、年末年始　料 200円
交 JR**上中駅**からバスで**若狭熊川**下車、徒歩すぐ
URL kumagawa-juku.com

若狭と近江の境にあった熊川番所

▶名勝蘇洞門

▶若狭フィッシャーマンズワーフ

ショップ、レストラン、休憩スペース等あり。遊覧船は1日5便運航。
住 小浜市川崎1-3-2
TEL 0770-52-3111
開 4～11月8:30～17:00
12～3月9:00～17:00　休 無休
交 JR**小浜駅**からタクシーで5分
URL www.wakasa-fishermans.com

▶蘇洞門めぐり遊覧船

開 3～11月9:30 11:00 12:30 14:00 15:30発
休 12～2月　料 2200円

海の幸が詰まった近海丼

▶氣比神宮

住 敦賀市曙町11-68
TEL 0770-22-0794
開 4～9月5:00～17:00
10～3月6:00～17:00　休 無休
交 JR**敦賀駅**からバスで**氣比神宮前**で下車、徒歩すぐ
URL kehijingu.jp

参道にそびえる大鳥居

info **鯖街道**の起点として知られる**小浜**。脂たっぷりの大ぶりのサバを炭火で焼いた**浜焼き**をはじめ、**鯖ずし**や**へしこ**などのサバを使ったグルメが充実している。

四季を感じながら"創る"活動を通じて交流できる場所　東尋坊エリア

金津創作の森

吹きガラスなどを体験できるガラス工房

緑あふれる広大な敷地内に美術館やガラス工房、創作工房のほか、アートにちなんだショップやレストラン、アーティストたちのアトリエが点在。美術館**アートコア**では随時企画展が開かれているほか、工房では陶芸やガラス工芸や竹細工の体験ができる。

▶金津創作の森
住 あわら市宮谷57-2-19
TEL 0776-73-7800
開 9:00～17:00
企画展10:00～17:00
休 月曜（祝日の場合は翌日）、年末年始
料 無料（企画展、各種体験コースは別途）
交 JR**芦原温泉駅**からタクシーで10分
URL sosaku.jp

のんびりとした空気が流れる透明感抜群の無人島　敦賀・小浜エリア

水島

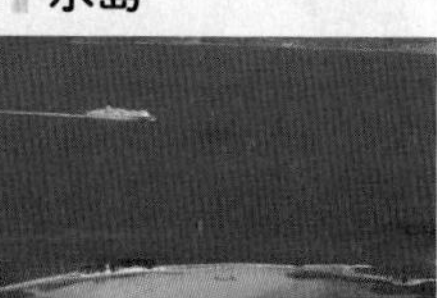
青のグラデーションが美しい

色ヶ浜沖に浮かぶ、7、8月だけ観光船で渡ることのできる無人島。エメラルドグリーンの海と細長く伸びた白浜のコントラストが美しく、南国のリゾート島を思わせる。遠浅の海で泳いだり、ビーチでのんびりくつろいだり、ゆったりとした時間が楽しめる。

▶水島
住 敦賀市色ヶ浜
TEL 0770-21-8686(敦賀観光案内所)
交 JR**敦賀駅**からバスで**色ヶ浜**下車、徒歩3分の港から渡し船で10分
▶水島渡し船(夏期のみ)
開 7月中旬～8月下旬に運航
料 1300円　※運航時間や料金の詳細については要確認
URL irohama-mizusima.com

島との間を行き来するのは渡し舟のみ

"御食国"ならではの食の歴史・文化に触れる　敦賀・小浜エリア

御食国若狭おばま食文化館

食の文化を伝えるミュージアム

朝廷に塩や海産物などを献上した**"御食国"**の歴史と食文化を伝える施設。ミュージアムのほかキッチンスタジオもあり、事前予約で地元食材を使った料理教室に参加することもできる。また、同館2階の若狭工房では伝統の若狭塗や若狭和紙、めのう細工作りを体験できる。

▶御食国若狭おばま食文化館
住 小浜市川崎3-4
TEL 0770-53-1000
開 3～10月9:00～18:00
11～2月9:00～17:00
若狭工房の最終受付は1時間前
休 水曜（祝日を除く）、12/28～1/5
料 無料
交 JR**小浜駅**からタクシーで5分
URL www1.city.obama.fukui.jp/obm/mermaid

体験型ミュージアム

新鮮な海の幸が集結した巨大市場　敦賀・小浜エリア

日本海さかな街

多くの人でにぎわうさかな市場

敦賀港直送の魚介が並ぶ鮮魚店をはじめ、水産加工品や珍味、銘菓の専門店、敦賀名物の海鮮丼、寿司、焼き鯖などが味わえる飲食店など約60店舗が軒を連ねる、**日本海側最大級の海鮮市場**。場内には威勢のいい売り子の声が響き、常に活気に満ちている。

▶日本海さかな街
住 敦賀市若葉町1-1531
TEL 0770-24-3800
開 10:00～17:30頃
休 年に11日間ほど不定休
料 無料
交 JR**敦賀駅**からバスで**日本海さかな街**下車、徒歩すぐ
URL www.sakanamachi.info

色鮮やかな大きな看板が目印

info 京の都に塩や海産物などを献上する**"御食国(みけつくに)"**のひとつだった若狭。なかでも鯖を多く運んだことから、小浜から京都・大原を結ぶ街道は**鯖街道**と呼ばれ、熊川宿を含む街道が日本遺産に認定されている。

季節によって姿を変える美しい景観　永平寺・大野エリア

九頭竜湖（くずりゅうこ）

九頭竜川をせき止めて造られた巨大なダム湖。瀬戸大橋のモデルとして架けられた、**夢のかけはし**と九頭竜湖、周囲を囲む雄大な山岳風景との見事な調和が美しい。

四季折々の景色が楽しめる

BBQガーデンや屋台も！　家族揃って1日遊べる　永平寺・大野エリア

かつやま恐竜の森（かつやまきょうりゅうのもり）

広大な森の中に、実物大の恐竜44頭が潜んでいる**かつやまディノパーク**や遊具が揃った広場など、恐竜にちなんだ遊び場が点在。**どきどき恐竜発掘ランド**では化石発掘体験もできる。

子供たちに人気の化石発掘体験

伝統の職人技を見て・学んで・体験する　鯖江と越前海岸

うるしの里会館（うるしのさとかいかん）

越前漆器が生産されることでも知られる鯖江市。数々の展示や実演見学を通じて、その歴史や製造工程が学べる。絵付け、沈金、拭き漆体験も可能。ショップも充実している。

熟練の技を間近で見られる

先端の展望台からはどこまでも広がる日本海を一望　鯖江と越前海岸

越前岬（えちぜんみさき）

日本海に突き出すように海抜130mの断崖がそそり立つ、越前海岸随一の景勝地。荒々しい波と風によってできた岩礁が見られ、岬の上には白亜の**灯台**が立っている。

海食作用でできた岩礁が連なる

自然が造り上げた大きなトンネル　鯖江と越前海岸

鳴鳥門（こちょうもん）

日本海から吹き付ける荒波と風により、長年をかけて形成された大きな**洞穴**。以前は下を国道が通っていたが、現在は車両の通行は不可で遊歩道が整備されている。

自然の大トンネルを潜ってみよう

▶九頭竜湖
住 大野市箱ケ瀬
TEL 0779-66-1111（大野市観光交流課）
開 入場自由
交 JR**九頭竜湖駅**からダムサイトまでタクシーで10分

秋には辺り一面が黄金色に染まる

▶かつやま恐竜の森
住 勝山市村岡町寺尾51-11
TEL 0779-88-8777
開 7:00〜20:00　休 12/29〜1/2
料 無料（有料施設あり）
交 えちぜん鉄道**勝山駅**からバスで**恐竜博物館**下車、徒歩すぐ
URL kyoryunomori.net
▶かつやまディノパーク
開 9:00〜17:00（最終入場16:30）
※季節により時間変更あり。事前にウェブサイトで確認を
休 夏休み期間を除く毎月第2・第4水曜、11月下旬〜3月下旬　料 600円
URL www.dinopark.jp

▶うるしの里会館
住 鯖江市西袋町40-1-2
TEL 0778-65-2727
開 9:00〜17:00
休 毎月第4火曜（祝日の場合は翌日）、12/29〜1/3
料 無料（各種体験コースは有料）
交 JR**鯖江駅**からバスで**うるしの里会館**下車、徒歩すぐ
URL www.echizen.or.jp

ショップにはさまざまな商品が並ぶ

▶越前岬
住 丹生郡越前町血ケ平
TEL 0778-37-1234(越前町観光連盟)
開 入場自由
交 JR**福井駅**からバスで**水仙ランド入り口**下車、徒歩15分

岬には一年中水仙が楽しめる庭園も

▶鳴鳥門
住 丹生郡越前町梨子ケ平
TEL 0778-37-1234(越前町観光連盟)
開 入場自由
交 JR**福井駅**からバスで**鳴鳥門**下車、徒歩すぐ

夕暮れ時の光景も美しい

info 県花でもある**スイセンの名所**として知られる**越前海岸**。12〜2月にかけて急斜面に野生のスイセンが咲き誇り、日本海とのコントラストも相まって実に見事な景観を作り出す。開花期間中には**水仙まつり**も開催される。

岩面にレリーフ風に掘られた珍しい観音像　鯖江と越前海岸

岩本観音（いわもとかんのん）

住宅街に突如現れる観音像群

町なかにそそり立つ高さ14mの岩面に、横一列に11体の観世音菩薩像が並んでいる。作者等は明らかになっていないが、江戸中期頃の作ではないかと考えられている。

▶岩本観音
住 丹生郡越前町江浜35
TEL 0778-37-1234(越前町観光連盟)
開 見学自由
交 JR**武生駅**からバスで**江波**下車、徒歩5分

数々のアクティビティで大自然を堪能　鯖江と越前海岸

ツリーピクニックアドベンチャーいけだ（つりーぴくにっくあどべんちゃーいけだ）

爽快感あふれるメガジップライン

メガジップラインでの空中滑空や木々の上を渡り歩くディスカバリーコース、ラフティングでの川下りなど、迫力満点のアクティビティが満載。自然に囲まれたロッジでの宿泊もできる。

▶ツリーピクニックアドベンチャーいけだ
住 今立郡池田町志津原28-16
TEL 0778-44-7474
開 10:00～17:00
休 火曜
料 施設により異なる。メガジップラインは3700円
交 JR**武生駅**からタクシーで約30分
URL picnic.ikeda-kibou.com

フォトジェニックスポットとしても人気　鯖江と越前海岸

かずら橋（かずらばし）

木々に囲まれた吊り橋

緑豊かな渓谷に架かる、全長44mのツタで作られた吊り橋。踏み板の間隔が広く、その隙間から眼下約12m下を流れる足羽川（あすわがわ）が見える。歩くたびにゆらゆらと揺れてスリル満点。

▶かずら橋
住 今立郡池田町土合皿尾14-7-1
TEL 0778-44-6878(そばの郷 池田屋)
開 3月下旬～12月上旬9:00～17:00
休 12月上旬～3月下旬頃
料 300円
交 JR**武生駅**からタクシーで約30分

途中で足がすくんでしまうほどのスリル感

ノスタルジーと出合える場所　敦賀・小浜エリア

敦賀赤レンガ倉庫（つるがあかれんがそうこ）

アメリカの石油会社の倉庫を改装

明治から昭和初期にかけ、ヨーロッパへとつながる国際都市として栄えた敦賀を象徴する建物。当時の街並みや人々の暮らしを再現した**ジオラマ館**や**レストラン館**を備えている。

▶敦賀赤レンガ倉庫
▶レストラン館
住 敦賀市金ケ崎町4-1
TEL 0770-47-6612
開 9:30～22:00（店舗による）
休 水曜（祝日の場合は翌日）、12/30～1/2
交 JR**敦賀駅**からバスで**赤レンガ倉庫前**下車、徒歩すぐ
URL tsuruga-akarenga.jp
▶ジオラマ館
開 9:30～17:30（最終入場17:00）
休 水曜（祝日の場合は翌日）、12/30～1/2　料 400円

国際港として栄えた敦賀港の歴史を紹介　敦賀・小浜エリア

人道の港 敦賀ムゼウム（じんどうのみなと つるがむぜうむ）

大正～昭和初期の建物を復元

シベリアで家族を失ったポーランド孤児、**杉原千畝**（すぎはらちうね）氏が発給した「**命のビザ**」で救われたユダヤ難民たちが上陸した敦賀港。数々の資料などを通じて、命と平和の尊さを伝えている。

▶人道の港 敦賀ムゼウム
住 敦賀市金ヶ崎町23-1
TEL 0770-37-1035
開 9:00～17:00（最終入場16:30）
休 水曜（祝日の場合は翌日）、年末年始　料 500円
交 JR**敦賀駅**からバスで**金ケ崎緑地**下車、徒歩6分
URL tsuruga-museum.jp

info 日本海側のほぼ中央に位置する敦賀市。天然の良港を擁し、明治から昭和初期にかけて、シベリア鉄道を介してヨーロッパと日本を結ぶ国際港としての役割を担っていた。**敦賀ムゼウム**は、当時の建物を復元したもの。

北陸が舞台となった映画

『劔岳 点の記』（富山県）

2009年公開　監督：木村大作

『八甲田山』『駅 STATION』などの撮影で知られる名カメラマン、木村大作が新田次郎の同名小説を実写映画化。明治末期、日本地図の完成を急ぐ陸軍の命を受け、前人未到の雪山・**劔岳**に挑んだ男たちの実話を木村自身が企画し、初めてメガホンをとった。

当時の測量隊とほぼ同じ行程をたどり、実際の劔岳、**立山連峰**各所でロケを敢行。その過酷すぎる撮影は語り草になっている。CGや空撮に頼らない迫力ある映像は観る者を圧倒する。撮影の様子はドキュメンタリー映画『劔岳 撮影の記 標高3000メートル、激闘の873日』にも収められている。

本編のほとんどが山岳測量のシーンだが、山麓パートは富山県富山市、上市町、立山市で撮影された。富山駅として使われたのはレトロ感あふれる駅舎が印象的な**岩峅寺**（いわくらじ）**駅**。立山町の**芦峅寺**（あしくらじ）の宿坊には木造3階建て、築90年以上の大岩館が見立てられた。

測量隊が出発するシーンで使われた**芦峅雄山神社**は、うっそうとした杉の大木に囲まれ、境内は荘厳な雰囲気が漂う。上市町には登山基地として使われた**馬場島**、岩に掘られた不動明王像や、雪の中で滝に打たれた修行僧も登場した真言密宗の大本山、**大岩山日石寺**などロケ地が点在する。また、立山温泉のロケ地として使われた**浮田家住宅**は国の重要文化財に指定されている。

本作は興行収入25億8000万円の大ヒットを記録。日本アカデミー賞などその年の数多くの映画賞を受賞した。

『夜叉』（福井県）

1985年公開　監督：降旗康男

前項『劔岳 点の記』の木村大作監督がカメラマンとして携わった作品で、本作の降旗康男監督とは名コンビで知られる。ちなみに降旗監督の遺作で、最後のタッグとなった16本目、平成29（2017）年公開の岡田准一主演作『追憶』も北陸（富山県）が舞台となっている。

主人公はヤクザ稼業から足を洗い、今は小さな漁港で漁師として暮らす高倉健演じる中年の男、修治。その隠された壮絶な過去と揺れ動く愛を描いた本作は、**三方五湖**P.477の穏やかな**日向湖**と若狭湾に面した、福井県三方郡**美浜町**が舞台となっている。四方を海と山に囲まれた、ひなびた漁村の風情は今もなお、その面影を残す。

若狭湾と日向湾をつなぐ小さな石造りの**日向橋**は内海と外海、都会と村、現在と過去、任侠と堅気を隔てる境界線を象徴する、重要な役割を担っている。今は架け替えられ見た目は新しくなってはいるが、その造詣は旧橋を踏襲していてファンを喜ばせる。

冒頭、田中邦衛演じる啓太の息子が旅立つシーンをはじめ、田中裕子演じる蛍子が村に流れ着くシーンや、ビートたけし演じる矢島が包丁片手に仁王立ちするシーンなど、印象に残る数々の名シーンがこの橋で撮影された。

また、その起点となる**敦賀駅**も、大阪と日向をつなぐ重要なロケ地のひとつ。ここでもラスト、蛍子を柱の陰から見送る修治を映し、強烈な印象を残す。降旗&木村&高倉のコンビネーションが光る、昭和を代表する一本。

東海

春 夏 秋 冬

東海のココがいちばん！

どうせ行くなら、
魅力UPの時期がいい
シーズンと旅先を
Check!

日本ウイスキー界のホープ
静岡ガイアフロー蒸溜所

ツアーのあとは希少ボトルを飲み比べ♫

おすすめ
夏

三重県
英虞湾
▶P.555

狭い湾が複雑に入り組んだ日本有数のリアス海岸。取れたてのサザエや伊勢エビなどの海鮮グルメも堪能したい。

幻想的で
感動するニャ

静岡県 堂ヶ島 ▶P.502

西伊豆にある堂ヶ島は美しい海に奇岩が連なる名勝。クルーズで行ける天窓洞は「日本の青の洞窟」として話題。

金シャチは
エビフリャー
みたいだミャー

愛知県 名古屋城
▶P.514

セミの大合唱が響く盛夏の名古屋城。7月には隣接するドルフィンズアリーナで大相撲の七月場所が開催される。

芝桜の上を
歩いてみたいニャ

春

愛知県 **茶臼山高原** ▶P.520

夏はバーベキュー、冬はスキーと四季を通して楽しめる茶臼山高原。5月上旬頃から40万株の芝桜が競うように咲き始める。

岐阜県 **付知峡** ▶P.537

御嶽山系の山々から注がれる雪解け水を水源とした風光明媚な峡谷。春に旬を迎える幻の川魚イワナは必食の逸品だ。

静岡県 **三保松原** ▶P.500

冠雪の富士山と山裾、寄せては返す駿河湾の波、緑濃い松林が織りなす景勝地。古くは『万葉集』にも詠まれている。

三重県 **御在所ロープウエイ** ▶P.553

御在所岳の山上と麓を結ぶロープウエイ。10月中頃から山頂の木々が色づき、11月下旬まで山を下るように紅葉が伝播する。

秋

愛知県 **足助 香嵐渓** ▶P.518

11月に香嵐渓を紅く染め上げる約4000本のモミジ。夜間はライトアップも行われる。

岐阜県 **奥飛騨温泉郷** ▶P.533

新穂高温泉中尾高原と鍋平園地を結ぶ北アルプス大橋。両脇には艶やかに染まった山がそびえ、正面に冠雪した北アルプスが見える。

冬

静岡県 **河津温泉** ▶P.501

2月上旬から花を咲かせる河津桜。周辺の山が冬の装いをしているなか、足早い春の訪れを知らせてくれる。

岐阜県 **白川郷合掌造り集落** ▶P.532

急勾配の茅葺き屋根が特徴的な合掌造りの民家集落。あたり一面が銀世界となる冬の白川郷は言葉を失うほど美しい。

Pick Up 東海 テーマのある旅

TOYOTA
TOYOTAの
最新の技術が
学べるよ

車の仕組みや最新テクノロジーを学べる展示

ずらりと新車が並ぶショールーム

トヨタ会館

愛知県

世界のTOYOTAの環境・安全技術などが学べる企業展示館。新型車の展示のほか、車の生産工程を映像でみることができる。愛知県内にはトヨタ産業技術記念館▶P.521やトヨタ博物館▶P.523、トヨタの黎明期をたどることができるトヨタ鞍ケ池記念館などもあり、車好きならずとも巡ってみたい。

▶トヨタ会館
住 豊田市トヨタ町1　TEL 0565-29-3345
開 9:30～17:00　休 日曜、GW、夏期連休、年末年始等
料 無料　交 愛知環状鉄道**三河豊田駅**から徒歩20分。またはバスで**トヨタ会館**下車、徒歩すぐ　URL toyota.co.jp

産業の最先端を学ぶ 企業施設見学

中京工業地帯と東海工業地域が連なり、日本経済の屋台骨を支えている東海地方。いくつかの企業は展示施設や工場を一般公開している。大人から子供まで楽しめる最先端技術を見学しよう。

ニッポンのすごい技術を知ろう

職人による絵付け作業が見られる

ノリタケの森

愛知県

ノリタケは愛知県名古屋市に本社を置く世界最大級の高級陶磁器メーカー。陶磁器以外にも工業用砥石の生産も行っており、売り上げの多くを占める。名古屋駅から徒歩圏内にあるノリタケの森は一般に開放されている産業観光施設。クラフトセンターでは、生地の製造から絵付けまでの工程を見学できるほか、ミュージアムでは色鮮やかな花瓶やディナー皿を展示している。子供から大人まで楽しめる絵付け体験コーナーも人気がある。

▶ノリタケの森
住 名古屋市西区則武新町3-1-36
TEL 052-561-7114　開 9:00～19:00　休 無休
料 無料　交 JR**名古屋駅**から徒歩10分。または地下鉄**亀島駅**から徒歩5分　URL www.noritake.co.jp
▶クラフトセンター・ノリタケミュージアム
開 10:00～17:00　休 月曜（祝日の場合は翌平日）、年末年始　料 500円

info **新型コロナウイルス**の影響で2022年7月現在、多くの工場で**一般見学ができない**。見学を予定している場合は事前にウェブサイトで確認するか窓口に**問い合わせ**をしておくこと。

憧れのグランドピアノが間近に！

職人がていねいに作り上げる工程を見学できる

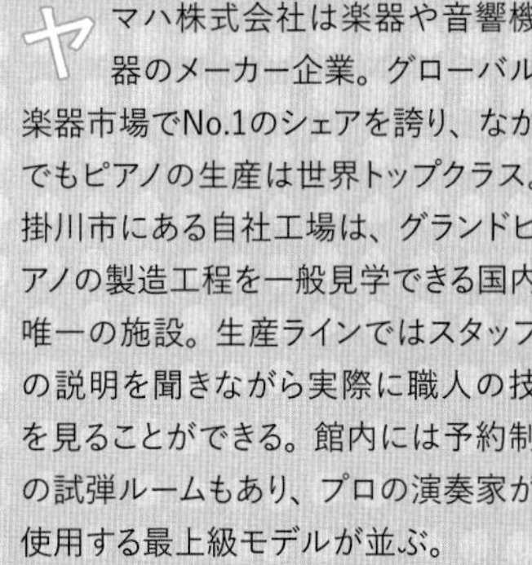

ヤマハ掛川工場　静岡県

ヤマハ株式会社は楽器や音響機器のメーカー企業。グローバル楽器市場でNo.1のシェアを誇り、なかでもピアノの生産は世界トップクラス。掛川市にある自社工場は、グランドピアノの製造工程を一般見学できる国内唯一の施設。生産ラインではスタッフの説明を聞きながら実際に職人の技を見ることができる。館内には予約制の試弾ルームもあり、プロの演奏家が使用する最上級モデルが並ぶ。

ハンマーの硬さや弾力を手作業で調整する

▶ヤマハ掛川工場

住 掛川市領家1480　TEL 0537-24-8069
開 見学は予約制10:00～11:30、13:30～15:00
休 土・日曜・祝日、年末年始、GW、夏季休暇など
料 無料　交 天竜浜名湖鉄道**桜木駅**から徒歩8分
URL www.yamaha.com

モンテール　岐阜県

直売菓子のショッピングが楽しみ！

直売店限定販売のバウムクーヘン

モンテールはスーパーやコンビニでよく見かけるシュークリームやエクレアでおなじみの洋菓子メーカー。工場は岐阜県、茨城県、岡山県にあるが、岐阜県の美濃加茂工場のみ見学が可能だ。厳格な衛生管理を行っているため、見学者は専用通路から見下ろして製造工程を見学する。併設の工場直売店では、ほぼ全商品ラインアップするモンテールスイーツや直売店ならではの焼き菓子などのおみやげも購入できる。（2022年7月現在新型コロナウイルスにより工場見学中止中、直売店は営業）。

コンベアを流れるシュークリーム

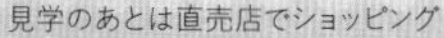

見学のあとは直売店でショッピング

▶モンテール 美濃加茂工場（直売店）

住 美濃加茂市蜂屋台1-5-1
TEL 0574-24-5818（直売店）
TEL 0570-200-221（工場専用ダイヤル）
開 10:00～17:00（直売店）　休 1/1·2
交 JR**美濃太田駅**からタクシーで約10分
URL www.monteur.co.jp
※工場見学については、公式サイト及び専用ダイヤルにて要確認

info 工場好きなら日本でも指折りの規模と美しさを誇る三重県**四日市市の工場夜景**も押さえておきたい。**夜景クルーズ**が運行しており、休日や大型連休は全便満席になることもあるほどの人気ぶりだ。

静岡県

SHIZUOKA

人口
363.3万人（全国10位）

面積
7777km²（全国13位）

県庁所在地
静岡市

県花
ツツジ

ふじっぴー
静岡県のシンボル
富士山がモチーフ
©静岡県

ツツジ
駿府城公園や
小室山公園、渋川つつじ公園
など、ツツジの名所が多い

かつての東海道五十三次のうち二十二次を擁し、現在も道路や鉄道の結節点で海港も多く、交通の便のよさを発展の礎としてきた。第一次産業から六次産業までまんべんなく盛んで県内総生産は17兆円を超える（全国10位）。県域内での標高差は日本一で、地域で気候の差はあるが、暖かい黒潮が入り込む駿河(するが)湾沿いは温暖で住みやすい印象が強い。旧令制国の伊豆、駿河、遠江(とおとうみ)の3国にあたり、方言、文化、住民意識などに大きな違いがある。

旅の足がかり

静岡市

県のほぼ中央に位置する県庁所在地。かつては駿府(すんぷ)と呼ばれた。人口約69万人の政令指定都市で、面積は約1411km²と全国5番目だが、多くは森林で、7%ほどしかない市街地に人口の約91%が集中する。弥生時代の**登呂遺跡**P.505に代表される先史からの歴史をもつ。徳川家康が幼年期から多くの時間を過ごし、晩年には江戸幕府の補助的機関である大御所政権を**駿府城**P.502に置き、以降、政治、外交の中枢として江戸、上方と並ぶ大きな影響力をもってきた。

沼津市

県の東部の中心都市。古代には氏姓国があり、近世には沼津藩の城下町、江戸時代以降は東海道の宿場町と港町として栄えた。東海道本線が開通した明治以降は鉄道の要所となり、東京から近くて温暖な気候から政財界や文人が別邸を建て、皇室も**沼津御用邸**P.501を構えた。東海道新幹線の三島駅開業後は三島市と交通ハブの役目を分け合っている。

浜松市

県の西部、太平洋沿岸部を中心に、市域は天竜川中流域まで広がり、面積は1558km²と日本で2番目に広い自治体で、人口も静岡市をしのぐ約79万人の政令指定都市。徳川家康はじめ歴代城主の多くが江戸幕府の重鎮となり、出世城とも呼ばれる**浜松城**P.503の城下として発展。ホンダが発祥し、スズキが本社を置く一大工業都市となった。

地理と気候

東に富士山、北部に南アルプスと山岳が多く、県域の64%以上が森林で残りの平地に人口の多い市街地が密集する。地域差は大きいが、黒潮が直接影響するため本州でも非常に温暖。

【夏】8月の平均気温は25°C前後で極端に暑くなることは少ないが、西部は気温が高め。秋にかけ台風の上陸は多い。

【冬】寒気の影響を受けにくく、最寒期でも日中は10°Cを超えることがほとんど。雪は降っても積もることはまれ。

P.488～505 写真提供：沼津市　静岡県観光協会　浜松・浜名湖ツーリズムビューロー　静岡県郷土工芸品振興会　有限会社春華堂　株式会社バンデロール　株式会社竹茗堂茶店　MOA美術館　來宮神社　日本平観光協会　熱海市　伊東市観光課　するが企画観光局　河津町観光協会　大井川鐵道　三島スカイウォーク　清水町観光案内所「わくら柿田川」　土肥観光協会　梅原トシカヅ　静岡浅間神社

アクセス

北海道から ▸▸▸		所要時間
飛行機	新千歳空港▶静岡空港	1時間50分
東京から ▸▸▸		**所要時間**
新幹線	東京駅▶静岡駅（ひかり）	1時間
JR線	東京駅▶熱海駅	1時間50分
JR線	東京駅▶伊豆急下田駅（特急踊り子）	2時間30分
高速バス	バスタ新宿▶沼津駅	3時間
高速バス	バスタ新宿▶浜松駅	4時間30分
高速船	大島▶熱海港	45分
神奈川から ▸▸▸		**所要時間**
JR線	松田駅▶沼津駅	1時間15分
路線バス	強羅駅▶御殿場駅	43分
愛知から ▸▸▸		**所要時間**
新幹線	名古屋駅▶浜松駅（ひかり）	30分
JR線	豊橋駅▶浜松駅	35分
高速バス	名古屋駅▶静岡駅	3時間50分
山梨から ▸▸▸		**所要時間**
JR線	甲府駅▶静岡駅（特急ふじかわ）	2時間20分
路線バス	河口湖駅▶御殿場駅	1時間10分
福岡から ▸▸▸		**所要時間**
飛行機	福岡空港▶静岡空港	1時間25分

県内移動

▶浜松駅から静岡駅へ

新幹線で20～30分。在来線で約1時間15分。おもに平日の朝と夜に運行される**ホームライナー**なら約1時間。

▶静岡駅から清水駅へ

JR東海道線で約10分。

▸▸▸アクセス選びのコツ

東海道線　県を東西に縦断しているが、主要都市間の移動は並走する東海道新幹線の利用がメイン。沼津～三島、静岡～清水など隣接するエリア間は本数も多く便利。

その他の特急列車　東京駅から熱海駅を経由し伊豆急線に乗り入れて伊豆急下田駅、伊豆箱根鉄道に乗り入れて修善寺駅とを結ぶ特急**踊り子**は1日4便程度。静岡駅と山梨県の甲府駅を結ぶ特急**ふじかわ**は1日7便程度の運行。

ローカルバス　県西部エリアは**遠鉄バス**、中部エリアは**静鉄バス**、東部と伊豆は**伊豆箱根バス**や**東海バス**などが網羅している。伊豆半島は観光に便利なバス路線もある。

高速バス　**JR東海バス**など東名と新東名高速道路を行き来する路線もあるが、浜松駅や静岡駅を経由する便は少ない。バスタ新宿や東京駅から発着する路線の方が便利。長野県とは県境を接しているが高速バスの便はない。

駿河湾フェリーは清水港と土肥港を結び駿河湾を横断する。伊豆大島など、伊豆諸島へのフェリーや高速船は熱海港や伊東港、下田港から運航している。

静岡空港（富士山静岡空港）へは新千歳空港、那覇空港のほか、出雲や九州からの便がある。愛知県の中部国際空港から浜松へはシャトルバスも出ている。

交通路線図

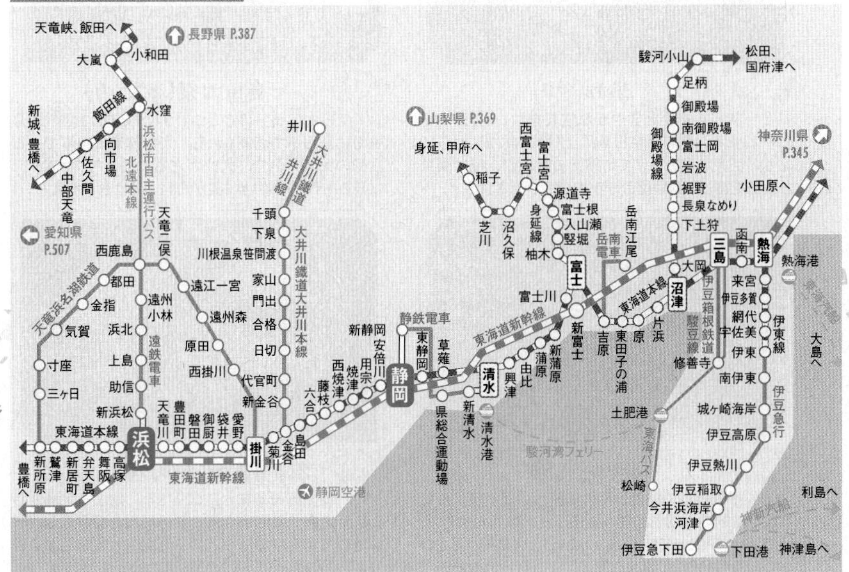

静岡県

うちの県はここがすごい

一 とにかく交通の便がよい

日本の大動脈、東京～大阪間を結ぶ鉄道、幹線道路などはその総距離の約3分の1が静岡県内。新幹線駅は6駅、東名高速道路と新東名高速道路のインターチェンジは39ヵ所。

二 富士山の恩恵がたくさん

富士山が雲で見えているかないか、山頂の雲のかかり方がどうかなどで県民は天気を予想する。富士山に降った雨や雪が伏流水となり、溶岩原で数十年を経てろ過された湧水が一般水道水になる。

三 生産や水揚げ量日本一が多い

農林水産省の統計で、普通温州ミカン、ワサビ、温室メロンなどが生産量日本一、キハダマグロ、カツオなどが水揚げ量日本一、経済産業省の統計でピアノ、プラモデルなどが出荷額日本一。

イベント・お祭り・行事

① 浜松まつり

初子の誕生と健やかな成長を願い5月3～5日に行われる。昼間は中田島凧上げ会場で2帖から10帖もの巨大な凧を揚げて町同士の合戦が、夜は豪華な装飾を施した御殿屋台が市内で曳き回される。

② 島田大祭(帯まつり)

日本三奇祭のひとつとされ、3年に1度の10月中旬に島田市で開催される。大井神社の神事である渡御の大名行列で、大奴が左右に差した2本の木刀に帯を吊るして練り歩く姿が奇祭と呼ばれるゆえん。

③ 雛のつるし飾り

伊豆稲取の独自の春の伝統。高価な雛人形に代え、着物の端切れで様々なモチーフの人形を作り、紐で繋げて吊るして飾ったのが始まり。素盞嗚（すさのお）神社の118段の階段を使った飾りはとりわけ圧巻。

④ 沼津夏まつり・狩野川花火大会

戦後復興事業として1948年に始まった歴史ある花火大会。中心部を流れる狩野川を会場とし、市街地のど真ん中で打ち上げる全国でも類を見ないもの。7月最終土・日曜の2日間にわたり開催。

必ず食べたい 名物グルメ

静岡おでん

牛すじだしの真っ黒な煮汁で、具をすべて串刺しにして煮る。サバとイワシの皮も骨も使った練り物である黒はんぺんがタネの代表。青のりとダシ粉をかけていただくのが独特。

富士宮やきそば

第1回B-1グランプリ®で優勝したB級グルメの先駆け。コシのある麺を、肉かす（豚の脂身）、キャベツとともにラードで炒め、最後にイワシやサバの削り粉をかける。

浜松餃子

浜松市は人口ひとりあたりの餃子店の数が日本一。一世帯あたりの年間購入額では日本一を競う。茹でもやしが盛られているのが特徴とされ、キャベツを中心としてあっさり味ながら豚肉のコクが効いている。

深海魚料理

日本最深の湾、駿河湾は深海魚や深海生物の宝庫で、沼津や戸田の港で水揚げされる。有名なのが節足動物では世界最大のタカアシガニ。一杯丸ごと茹で上げられた姿は迫力満点。

もらえば笑顔 定番みやげ

うなぎパイ

浜松市の老舗菓子店、**春華堂**が昭和36（1961）年に発売した静岡を代表する銘菓。「夜のお菓子」のキャッチフレーズは有名。ブランデーとマカダミアナッツを加えた高級な「V.S.O.P.」もある。

地元っ子愛用 ローカル味

のっぽパン

キリンのキャラクターで知られる昭和53（1978）年に沼津ベーカリー（現**バンデロール**）から発売された菓子パンで、34cmの長いパンにクリームをサンド。一時販売終了となったが県民の熱望で復活。現在はさまざまな味がある。

安倍川もち

安倍川近くの茶店に立ち寄った徳川家康が、献上されたきな粉餅を気に入り命名したとされる。旅人が渡し船を待つ間の甘味として評判が広がり、東海道の名物として今に至る。

ウス茶糖

グラニュー糖と抹茶の風味を活かし、隠し味にシナモンを加えた飲みもので、元祖は老舗の茶葉店の**竹茗堂**。あられ菓子の入った「うす茶あられ」もある。

匠の技が光る 伝統工芸

駿河竹千筋細工

静岡周辺では古くから竹が暮らしに使われ、登呂遺跡P.505にも痕跡が残る。江戸時代に武士の内職として竹細工が作られ、19世紀に岡崎藩士の技も伝わり東海道の名物となった。

富士山金剛杖

修験者や巡礼者が持っていた八角や四角の白木の杖が、江戸時代の富士講（富士山信仰）の流行とともに富士登山者も用いるように。現在も各山小屋で記念の焼印を入れてくれる。

ワカルかな？ 静岡のお国言葉

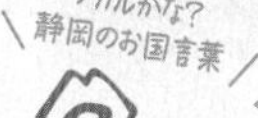

ちいとばかしこばによりゃいいら（駿河方言）

Ans. ちょっとだけ隅に寄ったらいいよ

※静岡県は伊豆、東部･中部（駿河）、西部（遠州）で方言が大きく異なります

1泊2日で巡る 静岡県

静岡県を東から西へ横断する旅。1日目は熱海を出発し、沼津港でランチ、富士宮で富士山を学ぶ。2日目は静岡市と浜松市の二大都市の魅力をたっぷりと楽しもう。

富士山 富士宮 1日目 START 沼津 熱海 静岡 日本平 修善寺 2日目 GOAL 舘山寺温泉 浜松 新居関所 中田島砂丘 河津 下田

1日目

9:00 JR熱海駅

鉄道 2分 JR伊東線でひと駅の移動。

9:05 JR来宮駅

徒歩 5分

9:10 樹齢2千年の大クスの木があるパワースポット**來宮神社** ▶P.497

木の周りを一周すると寿命が1年延びるといわれている。

徒歩 5分

9:50 JR来宮駅

鉄道 2分 + バス 7分 JR熱海駅でA81のバスに乗り換え。

10:10 眺望がすばらしい「海の見える美術館」**MOA美術館へ** ▶P.504

国宝や重要文化財を含む約3500点を所蔵し、相模湾の絶景パノラマも楽しめる。

バス 7分 + 鉄道 20分

12:00 JR沼津駅

バス 18分

12:20 駿河湾の海の幸を**沼津港へ** ▶P.499

駿河湾特産のサクラエビやシラス、アジがのったぬまづ丼は絶品。

バス 18分

13:30 JR沼津駅

鉄道45分

14:25 JR富士宮駅

徒歩 10分

14:35 富士山信仰の中心地**富士山本宮浅間大社** ▶P.496

境内からはご神体である富士山も望める。この神社の敷地となっている富士山の山頂は静岡県にも山梨県にも属さない。

徒歩 5分

15:00 世界遺産としての富士山の魅力を伝える**静岡県富士山世界遺産センター** ▶P.496

富士山の歴史、文化、自然などを多角的に知ることができる。

徒歩 8分

16:10 JR富士宮駅

鉄道 45分 特急ふじかわで移動。

17:00 JR静岡駅

バス 35分

17:40 絶景の地の老舗名門ホテル**日本平ホテル**

到着時にまだ空が明るい季節で、天気がよければ夕日に染まる美しい富士山が楽しめる。

富士山と駿河湾を望む絶景の名勝に建つ伝統ホテル

日本平(にっぽんだいら)ホテル

すばらしいロケーションに恵まれたホテルの全景

世界遺産の三保松原を眼下に、駿河湾越しの富士山という絶景を、いちばん美しい位置から眺望できることで有名。昭和39(1964)年開業の老舗だが、平成24(2012)年には自然環境と共生する国際水準のホテルに全面リニューアル。「風景美術館」をコンセプトに、景色を際立たせる1万5千坪の庭園、散りばめられたアート作品と、上質かつ贅沢な空間が広がっている。

客室からの眺めも絶品（日本平ツイン）

住 静岡市清水区馬走1500-2
TEL 054-335-1131
交 JR静岡駅からバスで35分
料 1泊2万600円～(日本平ツイン1室2名朝食付の1名料金)
URL www.ndhl.jp

2日目

9:00 日本平

ロープウェイ5分

9:05 徳川家康公を祀るきらびやかな
久能山東照宮 ▶P.497

日光より古く、日本でいちばん最初に作られた東照宮で、当時の技術を集めた社殿は国宝。

ロープウェイ5分＋バス35分

12:00 JR静岡駅

バス5分

12:05 かつて日本最大の天守台があった城跡
駿府城公園を散策したら ▶P.502
園内で**静岡おでん**のランチ

駿府城は徳川家康が幼少期を過ごした城で、将軍職を退いた後も移り住み大御所政治の舞台となった。

バス5分

13:20 JR静岡駅

新幹線30分

新幹線ひかり（1時間に1便程度）なら20分。

13:50 JR浜松駅

バス15分

14:05 1年中祭りの熱気を味わえる
浜松まつり会館 ▶P.503(脚注info)

ケンカ凧に御殿屋台と呼ばれる浜松まつりの迫力が1年中体験できる。

徒歩3分

南遠大砂丘を構成し、鳥取砂丘、九十九里浜とともに日本三大砂丘に数えられる中田島砂丘。

14:30 大規模な砂丘の風紋が美しい
中田島砂丘 ▶P.503

バス15分＋鉄道15分

JR浜松駅で東海道本線下り豊橋方面に乗り、4駅目で下車。

15:40 JR新居町駅

徒歩10分

16:00 日本で唯一現存する関所
新居関所 ▶P.500

江戸の治安を守り「入鉄砲と出女」を取り締まり、女性に厳しかった箱根に対し、新居はおもに武器を見張った。

タクシー20分

17:30 レジャー施設が充実の温泉地
舘山寺温泉 ▶P.500

浜名湖畔の風光明媚な場所に湧く舘山寺温泉は浜名湖遊覧の基地。日帰り温泉を楽しもう。

もう1泊できるなら
伊豆半島の旅

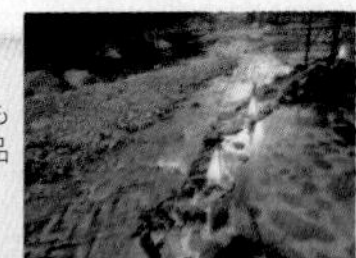

レトロな街並みが残る下田のペリーロードは、黒船で来航したペリーの一行が歩いた道

1日目の來宮神社を訪ねた後は、来宮駅から展望列車リゾート21に乗って下田港P.498へ。開国の史跡巡りや自然景観を楽しんで、夕方前に電車で河津駅へ行き、バスに乗り換え天城越えP.499をして修善寺P.501の温泉で1泊。翌朝は散策後、沼津港P.499に向かうといい。

おすすめ！泊まるならココ

川端康成が『伊豆の踊子』を執筆した天城山中、いで湯の宿

愛好家たちにも認められた絶品の露天風呂

湯本館（ゆもとかん）

川端が踊り子を見つめていたという有名な階段

湯ヶ島は天城山中の狩野川渓流沿いにある静かな温泉場。湯本館は昔ながらの日本式旅館で、狩野川に面して源泉かけ流しの露天風呂がある。ノーベル賞作家の文豪 川端康成はこの宿をこよなく愛し、小説『伊豆の踊子』に登場する学生が踊り子を眺めていた階段によく座っていた。

住 伊豆市湯ケ島1656-1
TEL 0558-85-1028
交 伊豆箱根鉄道**修善寺駅**からバスで30分の**西平橋**下車、徒歩1分
料 1泊1万6500円～（1室2名朝夕食付きの1名料金）
URL www.yumotokan-izu.jp

静岡県の歩き方

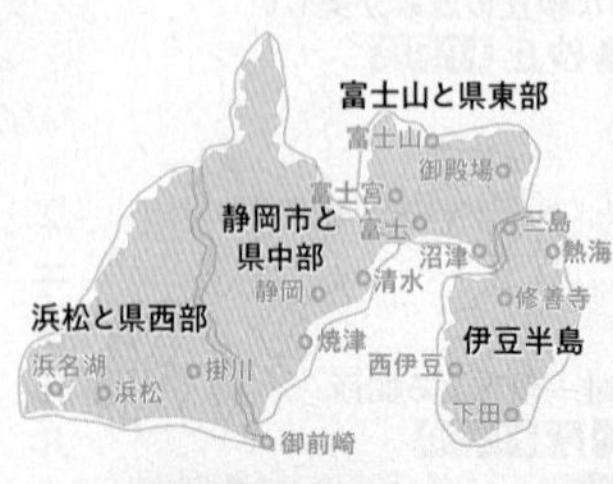

▶熱海市観光協会
住 熱海市渚町2018-8
(親水公園レインボーデッキ内)
TEL 0557-85-2222
開 9:00〜17:00 休 無休
交 JR**熱海駅**から徒歩約15分
URL www.ataminews.gr.jp

▶伊豆市観光案内所
住 伊豆市柏久保631-7
(伊豆箱根鉄道修善寺駅構内)
TEL 0558-99-9501
開 9:00〜17:15 休 無休
URL kanko.city.izu.shizuoka.jp

▶伊東市観光案内所
住 伊東市湯川3-12-1
(JR伊東駅構内)
TEL 0557-37-6105
開 9:00〜17:00 休 無休
URL itospa.com

▶富士山御殿場・はこね観光案内所
住 御殿場市新橋1940-10
(JR御殿場駅箱根乙女口)
TEL 0550-83-4770
開 9:00〜17:00 休 無休
URL gotemba.jp

▶富士宮市観光協会
住 富士宮市中央町16-1
(JR富士宮駅構内)
TEL 0544-27-5240
開 9:00〜17:00
(土・日曜・祝日10:00〜16:00)
休 年末年始
URL fujinomiya.gr.jp

▶NPO法人沼津観光協会
住 沼津市大手町1-1-1
(沼津駅ビル アントレ2階)
TEL 055-964-1300
開 9:00〜18:00 休 年末年始
URL numazu-mirai.com

伊豆半島

風光明媚な熱海は近年旅先としてブームに

東に**熱海**P.497と**伊東**P.504、南に**下田**、西は**土肥**(とい)P.504、中央には**天城**(あまぎ)**湯ヶ島**や**修善寺**P.501など、全国的に有名な温泉地が多く点在。100万年ほど前に南から島がプレート移動してきて本州と衝突してできた半島で、各地に貴重な景観が残り、ユネスコの**世界ジオパーク**に認定されている。美しい海と緑の大自然に囲まれ、名所旧跡も数多く、首都圏からも近く、人気の高い旅先。

グルメ

伊豆半島といえば新鮮な海の幸。東海岸の相模湾の金目鯛や、下田の伊勢エビ、西海岸の駿河湾のサクラエビやシラスと実に豊富。天城山の清流で育ったわさびでいただく。

金目鯛の煮付け

富士山と県東部

富士山を望む市街地が広がる沼津

日本一高い**富士山**P.496からの豊富な湧き水や、日本一深い駿河湾の海の幸、美しい景観といった大自然からの貴重な恩恵も受けている。世界遺産でもある富士山信仰に由来する見どころも数多く、東海道の要所ゆえに交通の便もよい。富士山の山麓ほぼ南半分、施工時特例市の**沼津市**と**富士市**を中心に市街地が連なって、県内でも大きな都市圏が構成されている地域。市街地は一帯化しているが、旧令制国では**三島市**は伊豆、沼津は市街地を含む北側が東部(駿河)で南は伊豆に含まれていた。地元民に境界の強い意識はとくにない。

グルメ

B-1グランプリ®第1回優勝の**富士宮やきそば**を筆頭に、B級ご当地グルメが多い。富士市の**つけナポリタン**、裾野市の**すその水ギョーザ**、三島市の**みしまコロッケ**、沼津市の**甘たれコッペパンサンド**とまさに宝庫!

みしまコロッケは箱根山麓で取れた馬鈴薯を使用

info 静岡東部には富士山関連の伝説が多く、『**竹取物語**』もそのひとつ。富士市には、かぐや姫の生誕地と伝わる竹やぶが残る『**竹取公園**』(岳南電車比奈駅から徒歩20分)がある。当初の物語ではかぐや姫は月ではなく富士山に帰った。

静岡市と県中部

日本平から見る夕暮れの清水港

県庁所在地の静岡市は、有名な弥生時代の**登呂遺跡**P.505があるように古くから人が暮らし、とりわけ江戸時代には家康から徳川家代々優遇され繁栄した。日本武尊（やまとたける）ゆかりの**日本平**P.497、東照宮のなかでいちばん最初に造られた**久能山東照宮**P.497、東海道の旧跡など歴史的見どころが多い。東京と名古屋の中間点として交通も至便。

▶富士山静岡空港からのアクセス

空港から静岡駅までバスで約50分。藤枝駅まで約35分。島田駅行きバスは金谷駅、新金谷駅を経由して約30分。

便利情報

富士山静岡空港の航空機

旅の起点　県内は東西を新幹線と東名・新東名高速道路が横断し、都市間移動は便利。よほどの山間部を除き観光後に夕食を取ってからでも同日中移動が可能で、効率的なスケジュール作りができる。鉄道では時間がかかる地域からは富士山静岡空港の利用も便利。北海道、山陰、九州・沖縄などから航空便がある。

浜松と県西部

浜松のランドマーク「アクトシティ」

もともとは**遠州**（えんしゅう）で、静岡市を中心とする駿河（するが）とは異なる令制国。習慣や言葉にも違いが大きい。古刹の**遠州三山**P.500、日本初の本格木造復元された**掛川城**（下記脚注info参照）、井伊家発祥の地、**井伊谷**（いいのや）P.503といった数多くの史跡のほか、**中田島**（なかたじま）をはじめとする**南遠大砂丘**P.503や**浜名湖**P.500と、自然も豊か。

足を延ばせば

御殿場の乙女峠から見た富士山

河口湖と富士山（山梨県）

静岡と山梨をまたいで富士山を一周

静岡県と山梨県にまたがってそびえる富士山は「どちらが表で裏か」論争をはじめ、両県が競っていて観光的にも分断されているイメージがあるが、実際には静岡側から山梨側へ、あるいはその逆も行き来は容易で、とくに東側の御殿場と山中湖・河口湖を結ぶバスは本数も多く便利。特急バスなら御殿場駅～河口湖駅は50分ほど、一般バスでも1 時間15分ほどだ。西側にも富士や富士宮と富士五湖経由で河口湖駅を結ぶバスがある。繋げば富士山の裾野をぐるりと一周する旅ができる。いずれも**富士急バス**が運行。

▶静岡県観光協会（県全体）
住 静岡市駿河区南町14-1 水の森ビル2階
TEL 054-202-5595
開 8:30～17:15
休 土・日曜・祝日、年末年始
交 JR**静岡駅**から徒歩2分
URL hellonavi.jp

▶静岡市総合観光案内所
住 静岡市葵区黒金町49-1（JR静岡駅北口）
TEL 054-253-1170
開 9:00～17:45　休 12/29～1/1
URL www.visit-shizuoka.com

▶静岡市清水駅前観光案内所
住 静岡市清水区辻1丁目1-3-103（アトラス清水駅前1階）
TEL 054-367-9613
開 9:00～17:45（土・日曜・祝日の13:00～14:00は休み）
休 12/29～1/3

▶静岡鉄道・静鉄バス 電車バス1日フリー券
静岡鉄道の電車と静鉄バスの規定区間が1日乗り放題となり静岡市内の観光に便利。静岡駅前バス案内所等で購入可能。
TEL 054-252-0505（静鉄バス）
料 1380円
URL www.justline.co.jp/ticket/dayfree

▶浜松市観光 インフォメーションセンター
住 浜松市中区砂山町265-16（JR浜松駅南口）
TEL 053-452-1634
開 9:00～19:00　休 無休
URL hamamatsu-daisuki.net

▶富士急バス
TEL 0550-82-1333（御殿場）
開 9:00～18:00
TEL 0555-72-6877（山梨／河口湖）
開 9:00～17:30
URL www.fujikyubus.co.jp

何泊必要？
見どころの非常に多い県全体を数日で回るのは、よほどピンポイントで結ばないと難しいし、交通が便利なぶん逆に忙しい旅程になりがち。伊豆、富士山、静岡、浜松とエリアを絞って各2泊くらいがちょうどいい。

info　良妻賢母の妻、**千代**の物語が描かれた司馬遼太郎の小説**『功名が辻』**で知られる**山内一豊**の居城でもあった**掛川城**。安政元（1854）年の大地震で倒壊したが、平成6（1994）年に木造天守閣として日本で初復元された。JR掛川駅から徒歩8分。

静岡県の見どころ

▶富士山

▶富士登山
登山ルートは下記の通り。()内は登山口
吉田ルート(山梨県:富士スバルライン五合目)
須走ルート(静岡県須走口五合目)
御殿場ルート(静岡県:御殿場口新五合目)
富士宮ルート(静岡県:富士宮口五合目)
開 開山時期は決まっており、山梨県側の吉田ルートが7/1で、他ルートは7/10、閉山は9/10(気象や残雪等による変更もあり)

▶富士山本宮浅間大社
住 富士宮市宮町1-1
TEL 0544-27-2002
開 4～9月5:00～20:00
3·10月5:30～19:30
11～2月6:00～19:00
休 無休 料 無料
交 JR**富士宮駅**から徒歩約10分
URL fuji-hongu.or.jp

▶静岡県富士山世界遺産センター
住 富士宮市宮町5-12
TEL 0544-21-3776
開 9:00～17:00(7·8月～18:00)
最終入場は30分前
休 毎月第3火曜 料 300円
交 JR**富士宮駅**から徒歩8分
URL mtfuji-whc.jp

日本人の心のふるさと

富士山(ふじさん)

標高3776.12m、日本一高い山である富士山は、静岡県と山梨県にまたがってそびえる活火山。諸説あるが誕生はおよそ10万年前とされ、活発な活動と休止を繰り返し、現在のように優美な姿の独立峰となった。

静岡県富士山世界遺産センターの展望ホールから富士山を正面に望む

日本の象徴、日本人の心のふるさとともいわれ、古来より信仰の対象となっている。平成25(2013)年に「富士山・信仰の対象と芸術の源泉」として世界遺産に登録された。静岡県側には富士宮市に富士山を神体山として祀る**富士山本宮浅間大社**があり、山頂には奥宮が鎮座、8合目以上は社有地とされ静岡県にも山梨県にも含まれない。平成29(2017)年には本宮近くに**静岡県富士山世界遺産センター**がオープンした。

info 世界遺産「富士山-信仰の対象と芸術の源泉」のガイダンス施設として、静岡県と同じく山梨県側にも河口湖町に**山梨県立富士山世界遺産センター** P.376 がある。URL www.fujisan-whc.jp

雄大な富士山を望む景勝地と最初の東照宮

静岡市と県中部

日本平と久能山東照宮

日本平の展望施設「夢テラス」から見る富士山

静岡市中心部の西側の標高307mの有度山の山頂一帯が日本平。日本武尊が遠征中、この地で争いを平定した後、頂上から四方を眺めたという伝説から名が付いたとされる。山頂にはシンボル施設**日本平夢テラス**があり、眼下に清水港、さらに駿河湾越しに富士山と伊豆半島を望むことができる。標高216mの久能山までは、山頂からロープウェイで結ばれており、ここには徳川家康本人の遺命により、元和3（1617）年に創建された**最初の東照宮**がある。国宝指定の本殿は漆の赤、金や極彩色の装飾がされ豪華絢爛。境内の博物館では貴重な家康公の日常品などが見られる。

日本を代表する一大温泉街

伊豆半島

熱海温泉

山裾にへばりつくように広がる熱海市街

霊験あらたかと人気の來宮神社

伊豆半島の北東の付け根、相模湾に面する温泉街で、和歌山県の白浜温泉P.632、大分県の別府温泉P.934などと**日本三大温泉**のひとつに数えられることもある。

開湯は奈良時代の天平21（749）年。江戸時代には徳川家康御用達の湯として全国に名を馳せ、昭和30年代には新婚旅行のメッカとなった。近年は昭和期のレトロな雰囲気で人気復活。

中心部の山の手に鎮座する**來宮神社**も日本屈指のパワースポットとして全国的な人気となっており、境内の推定樹齢2100年以上のご神木、**大楠の木**はとくに有名。

▶日本平と久能山東照宮

▶日本平夢テラス
住 静岡市清水区草薙600-1
TEL 054-340-1172
開 9:00～17:00（土～21:00）
休 毎月第2火曜（祝日の場合は翌平日）、12/26～31　料 無料
交 JR**静岡駅**からバスで約40分
URL nihondaira-yume-terrace.jp

▶日本平ロープウェイ
TEL 054-334-2026
開 日本平発9:10～16:50、久能山発9:20～17:00の20分毎
休 無休
料 片道700円、往復1250円
交 JR**静岡駅**からバスで50分の**日本平ロープウェイ**下車、徒歩すぐ
URL ropeway.shizutetsu.co.jp

▶久能山東照宮
住 静岡市駿河区根古屋390
TEL 054-237-2438
開 9:00～17:00
休 無休　料 500円
（博物館との共通券800円）
交 日本平ロープウェイで5分の**久能山**下車、徒歩すぐ
URL www.toshogu.or.jp

国宝指定の東照宮本殿はきらびやか

▶熱海温泉
交 JR**熱海駅**が最寄り駅

▶熱海観光案内所
住 熱海市田原本町11-1
（熱海駅ビル「ラスカ熱海」1F）
TEL 0557-81-5297
開 9:00～20:00（変更あり）
休 ラスカ熱海の休館に準ずる
（臨時休館あり）
URL www.ataminews.gr.jp

▶來宮神社
住 熱海市西山町43-1
TEL 0557-82-2241
開 9:00～17:00
休 無休　料 無料
交 JR**來宮駅**から徒歩約5分
URL kinomiya.or.jp

info 日本平の絶景ベストポジションは、山頂より700mほど市街地側（手前）にある老舗ホテル、**日本平ホテル**P.492といわれている。宿泊者でなくてもテラスラウンジやレストランの利用が可能。

溶岩流の丘陵地に広がる美しい別荘地

伊豆半島

伊豆高原（いずこうげん）

伊豆半島の東端、伊東市街地の南にある緑豊かな丘陵地に、温泉付き別荘やレストラン、ハンディクラフトショップ、私設の小さな美術館や博物館が点在。

緑の円錐形が印象的な火山の大室山

シンボル的存在が**大室山**。円錐形をした標高580mの小さな火山で、毎年早春に700年以上続く山焼きが行われるため草に覆われた姿が独特。山頂にはリフトで気軽に登れ、周辺のパノラマを楽しめる。麓にはサボテンと動物のテーマパーク、**伊豆シャボテン公園**がある。海側は大室山の噴火で海に流れ込んだ溶岩が作った**城ケ崎海岸**が有名で、途中にある吊り橋も楽しめる自然研究路が人気。

城ケ崎海岸の遊歩道は絶景を楽しめる

温泉地としても知られる開国の港

伊豆半島

下田港（しもだこう）

幕末の嘉永6（1853）年、アメリカのペリー率いる黒船艦隊が**浦賀**P.358に入港し、開国を迫り、ついには久里浜に上陸した。翌年、**日米和親条約**が締結されて下田は即時開港された。下田港を中心に七里（約28km）以内は外国人が自由に歩けたため、下田は国際都市としてにぎわった。その面影を残す建物が残る小道**ペリーロード**や、交渉の場所となった**了仙寺**のほか、その境内にある**MoBS黒船ミュージアム**ではその歴史をわかりやすく展示。日本で最初の米国総領事館が開設された**玉泉寺**など見どころは多い。

ペリー一行が行進したことから名が付いたペリーロード

日米和親条約附録「下田条約」が締結された了仙寺

▶伊豆高原

交 伊豆急**伊豆高原駅**、JR**伊東駅**からバスで各見どころへ

▶大室山リフト

住 伊東市富戸1317-5
TEL 0557-51-0258
開 3/16～9/30 9:00～17:15
10/1～3/5 9:00～16:15
3/6～3/15 9:00～16:45
休 無休　料 700円（往復）
交 JR**伊東駅**または伊豆急**伊豆高原駅**からバスで**シャボテン公園・大室山**下車、徒歩すぐ
URL omuroyama.com

▶伊豆シャボテン公園

住 伊東市富戸1317-13
TEL 0557-51-1111
開 3～10月9:00～17:00
11～2月9:00～16:00
最終入場は30分前
休 無休　料 2400円
交 JR**伊東駅**または伊豆急**伊豆高原駅**からバスで**シャボテン公園・大室山**下車、徒歩3分
URL izushaboten.com

▶城ケ崎海岸

開 入場自由
交 伊豆急**城ヶ崎海岸駅**から徒歩約35分

▶下田港

▶了仙寺

住 下田市3-12-12
TEL 0558-22-0657
開 入場自由
交 伊豆急**伊豆急下田駅**から徒歩約15分
URL ryosenji.net

▶MoBS 黒船ミュージアム

住 下田市3-12-12
TEL 0558-22-2805
開 8:30～17:00（最終入場16:40）
休 12/24～26　料 500円
交 伊豆急**伊豆急下田駅**から徒歩約15分
URL www.mobskurofune.com

▶玉泉寺

住 下田市柿崎31-6
TEL 0558-22-1287
開 8:00～16:30　休 無休
料 無料（境内のハリス記念館は500円）
交 伊豆急**伊豆急下田駅**から徒歩約25分
URL www.izu-gyokusenji.or.jp

info **下田港**は伊豆半島最南端に近く、出ればすぐに太平洋、三方を山に囲まれた天然の良港で、閉鎖的開港地として最適だった。駅近くからロープウェイで**寝姿山**（ねすがたやま）に登ると様子がよくわかる。

踊り子や遊女も歩いた美しい山道　**伊豆半島**

あまぎごえ(しもだかいどう)

天城越え（下田街道）

歌の歌詞でもおなじみの浄蓮の滝

伊豆半島の中央部を覆う深い天城連山（最高峰は万三郎岳の1406m）。三島から下田まで南北をつなぐ約60kmの**下田街道**の難所にあたるが、**浄蓮の滝**や**旧天城トンネル**（**天城隧道**）などすばらしい景観が連続する美しい山道で、川端康成の『**伊豆の踊子**』や松本清張の『**天城越え**』などの小説、名曲『**天城越え**』などの舞台となってきた。

富士山の絶景が広がる高原と世界遺産の名瀑　**富士山と県東部**

あさぎりこうげんとしらいとのたき

朝霧高原と白糸の滝

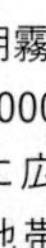
富士山の溶岩と雪解け水が作る美しい白糸の滝

朝霧高原は標高700～1000mの富士山西麓に広がる広大な草原地帯で、全域からすばらしい富士山の眺望が望めることで知られ、逆さ富士が見られる**田貫湖**は有名。現在は酪農が盛ん。南の入口にある**白糸の滝**は富士山の雪解け水が岩盤から湧き出るもので、幅150m高さ20m、独特のアーチ状で優美な雰囲気がある。

深海魚も揚がる駿河湾随一のグルメ港　**富士山と県東部**

ぬまづこう

沼津港

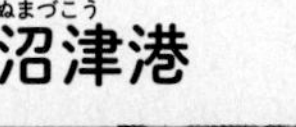

日本有数の水揚げのある沼津港のせり

駿河湾は日本一深く、黒潮が直接流れ込むため沼津港には近海魚から深海魚まで多種多様な魚介類が水揚げされる。魚市場は**沼津魚市場INO**という観光複合施設となっており、競りの様子も見学できる。周辺は飲食店街で、新鮮な海の幸を使った**海鮮丼**が名物。世界で唯一シーラカンスの冷凍標本を展示する**沼津港深海水族館**もある。

▶天城越え（下田街道）

▶浄蓮の滝
住 伊豆市湯ケ島892-14
開 入場自由
交 伊豆箱根鉄道**修善寺駅**からバスで約40分（伊豆急**河津駅**からバスで50分）の**浄蓮の滝**下車、徒歩2分

▶旧天城トンネル（天城隧道）
住 伊豆市湯ケ島
開 入場自由
交 伊豆箱根鉄道**修善寺駅**からバスで約42分の**水生地下**下車、徒歩約25分

旧天城トンネルは多くの文芸や歌の舞台

▶朝霧高原と白糸の滝

▶田貫湖
住 富士宮市佐折634-1
開 入場自由
交 JR**富士宮駅**からバスで約40分の**田貫湖キャンプ場**下車、徒歩すぐ
URL www.city.fujinomiya.lg.jp/kankou/llti2b00000018ga.html

▶白糸の滝
住 富士宮市上井出273-1
開 入場自由
交 JR**富士宮駅**からバスで約30分の**白糸の滝観光案内所**下車、徒歩すぐ
URL www.city.fujinomiya.lg.jp/kankou/llti2b00000018ez.html

▶沼津港

▶沼津港深海水族館
住 沼津市千本港町83
TEL 055-954-0606
開 10:00～18:00（最終入場17:30）
休 無休　料 1600円
交 JR**沼津駅**からバスで約18分の**沼津港**下車、徒歩3分
URL www.numazu-deepsea.com

防災と展望施設を兼ねた水門「びゅうお」

info **沼津港**の湾口には、東海地震の津波避難施設として建てられた**大型展望水門びゅうお**があり、通常は展望施設として開放されている。駿河湾や富士山の絶景が楽しめる穴場。URL numazukanko.jp/spot/10020

青い海と空、緑の松原に富士山が映える名勝

静岡市と県中部

三保松原

駿河湾に突き出した握りこぶしの腕のような形の**三保半島**にある景勝地。約5kmの海岸に推定3万本の松が生え、中心にある羽衣の松の近くにはガイダンス施設**みほしるべ**がある。世界遺産にも登録されているほか、大沼(北海道)、**耶馬溪**P.939(大分県)の**日本新三景**、**虹の松原**P.885(佐賀県)、気比の松原(福井県)とともに**日本三大松原**にも数えられる。

松原と海越しに見る富士山

花や紅葉など四季の風景も楽しめる情緒ある古刹

浜松と県西部

遠州三山

旧遠江国(遠州)にある3つの古刹で、いずれも袋井市内にある。神亀2(725)年創建で厄除け観音として知られる高野山真言宗・**法多山**尊永寺。応永8(1401)年開山の徳川家康ゆかりの曹洞宗・秋葉總本殿**可睡斎**。真言宗智山派の医王山**油山寺**(通称あぶらやま)は大宝元(701)年開基で、眼病平癒の霊験があらたかとされる。

山全体が霊域の広い境内を持つ油山寺

豊かな魚介に恵まれた汽水湖と東海道の関所

浜松と県西部

浜名湖と新居関所

もともとは淡水湖で明応7(1498)年の地震と高潮で海と隔てられていた砂州が決壊し、外海と通じて**汽水湖**となった。海水と淡水両方の生物が生息し、その種類は全国一とも。観光地としては遊園地やテーマパークもある東岸の**舘山寺温泉**が有名。南岸にある**新居関所**は当時の建物が残る関所として日本唯一。東海道では最も厳しい関所だったという。

新幹線から見える風景としてもおなじみの浜名湖

▶三保松原
住 静岡市清水区三保
開 入場自由
交 JR**清水駅**からバスで25分の**三保松原入口**下車、徒歩15分
URL miho-no-matsubara.jp

三保半島の対岸にある清水港にはエスパルスドリームプラザがあり、ちびまる子ちゃんランドなどが入っている(下記脚注info参照)

▶遠州三山
▶法多山尊永寺
住 袋井市豊沢2777
TEL 0538-43-3601
開 入場自由
交 JR**愛野駅**から徒歩30～40分。またはJR**袋井駅**からタクシーで10分
URL www.hattasan.or.jp
▶秋葉總本殿可睡斎
住 袋井市久能2915-1
TEL 0538-42-2121
開 8:00～16:30 休 無休
料 500円(拝観志納料)
交 JR**袋井駅**からバスで12分の**可睡斎入口**下車、徒歩すぐ
URL www.kasuisai.or.jp
▶医王山油山寺
住 袋井市村松1
TEL 0538-42-3633
開 8:00～16:30 休 無休
料 無料
交 JR**袋井駅**からタクシーで10分
URL yusanji.jp

▶浜名湖と新居関所
▶舘山寺温泉
住 浜松市西区舘山寺町
開休料 施設による
交 JR**浜松駅**からバスで50分の**浜名湖パルパル**下車、徒歩すぐ
URL www.kanzanji.gr.jp
▶新居関所
住 湖西市新居町新居1227-5
TEL 053-594-3615
開 9:00～16:30
休 8月以外の月曜(祝日の場合は翌日)、12/26～1/2 料 400円
交 JR**新居町駅**から徒歩8分
URL www.city.kosai.shizuoka.jp/kanko_bunka_sports/kankospot/9675.html

info **三保松原**がある**三保半島**は波の静かな湾を作り出し、これが**清水港**となっている。市街地に近いところには**エスパルスドリームプラザ**というモールがあり、併設の**ちびまる子ちゃんランド**が人気。URL www.dream-plaza.co.jp

神秘の岬と小さな湾が連続する美しい海岸線

伊豆半島

大瀬崎と三浦（おせざきとさんうら）

富士山との景色が絶品の大瀬崎

沼津港から南へ続く入り組んだ風光明媚な海岸線の**静浦**、**内浦**、**西浦**を合わせ三浦と呼び、近傍には**沼津御用邸記念公園**や**伊豆三津（みと）シーパラダイス**などの見どころがある。駿河湾に突き出した細い岬が**大瀬崎**で、先端にある小さな**神池**は淡水という神秘的な場所。

自然豊かな移住先として人気の海沿いの地

伊豆半島

戸田（へだ）

御浜岬が作り出す波静かな戸田の港

三方を山に囲まれ、最深2500mの駿河湾と隔てる砂嘴（さし）である**御浜岬（みはまさき）**が作り出す湾は古くから天然の良港。タカアシガニをはじめとする深海魚漁が盛ん。海越しの雄大な富士山の絶景と温泉で知られ、御浜岬には**戸田造船郷土資料博物館・駿河湾深海生物館**がある。

早咲きの河津桜と七滝で知られる湯の里

伊豆半島

河津温泉（かわづおんせん）

河津桜の咲く風景は春の風物詩

2月上旬には開花し始めるピンク色の**河津桜**の並木と、黄色い菜の花の風景は全国的に有名。河津川一帯から海岸線にかけ、地上約30mまで噴き上げる自噴泉のある**峰温泉**などの7つの温泉が点在。さらに奥の天城峠方面には、**河津七滝（ななだる）**と呼ばれる滝が連なる。

多くの文豪たちに愛された伊豆最古の湯

伊豆半島

修善寺温泉（しゅぜんじおんせん）

情緒ある修善寺は川沿いの温泉地

桂川（修善寺川）のほとりに温泉宿が建ち並ぶ。**伊豆の京都**とも呼ばれる風情ある町並みは、平安時代に弘法大師が独鈷（法具）を用いて岩を砕いて開湯したという伊豆で最も古い歴史ゆえ。地名は大同2（807）年開基の**修禅寺**に由来。文豪たちにもこよなく愛された。

▶大瀬崎と三浦

▶沼津御用邸記念公園
住 沼津市下香貫島郷2802-1
TEL 055-931-0005
開 9:00～16:30　休 12/29～1/3
料 100円（西附属邸込み410円）
交 JR**沼津駅**からバス約15分の**御用邸**下車、徒歩すぐ
URL www.numazu-goyotei.com

▶伊豆三津シーパラダイス
住 沼津市内浦長浜3-1
TEL 055-943-2331
開 9:00～17:00（最終入場16:00）
休 無休　料 2200円
交 JR**沼津駅**からバス約35分の**伊豆三津シーパラダイス**下車、徒歩すぐ
URL www.mitosea.com

▶大瀬崎
交 JR**沼津駅**から江梨までバスで約65分。下車後、予約制の戸田行き乗り合いデマンドタクシー（戸田交通 TEL 0558-94-3456）で約5分

▶戸田

交 伊豆箱根鉄道**修善寺駅**からバスで約50分の**戸田**下車

▶戸田造船郷土資料博物館・駿河湾深海生物館
住 沼津市戸田2710-1
TEL 0558-94-2384
開 9:00～16:30
休 水曜、祝日の翌日、年末年始
料 200円
交 **戸田**バス停から徒歩30分。またはタクシーで5分

▶河津温泉

交 伊豆急**河津駅**が最寄り駅

▶峰温泉大噴湯公園
住 賀茂郡河津町峰446-1
TEL 0558-34-0311
開 9:00～16:00
休 火・金曜　料 無料

▶河津七滝
釜滝、エビ滝、蛇滝、初景滝、カニ滝、出合滝、大滝の7カ所。
開 入場自由

▶修善寺温泉

交 伊豆箱根鉄道**修善寺駅**からバスで約8分の**修善寺温泉**下車

▶修禅寺
住 伊豆市修善寺964
TEL 0558-72-0053
開 8:30～16:00
休 無休　料 無料
交 **修善寺温泉**バス停から徒歩約5分
URL shuzenji-temple.com

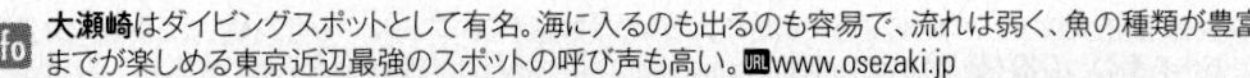
info **大瀬崎**はダイビングスポットとして有名。海に入るのも出るのも容易で、流れは弱く、魚の種類が豊富。初心者から上級者までが楽しめる東京近辺最強のスポットの呼び声も高い。URL www.osezaki.jp

ノスタルジックな港町と奇岩海岸クルーズ　伊豆半島

松崎と堂ヶ島

江戸時代に建てられた**なまこ壁**の建物が続くレトロな雰囲気の**松崎**。そのいくつかは資料館やギャラリーなどで内部の見学もできる。北に続く海岸にある**堂ヶ島**は、太古の火山活動が残した奇岩が連なっていて、冒険気分のショートクルーズで巡るのが人気。

なまこ壁の町並みがレトロで美しい

熱海から気軽に行くことができる小さなレジャーアイランド　伊豆半島

初島

熱海市の相模湾沖10kmほどに浮かぶ**静岡県唯一の有人島**。面積は0.5km²に足らない小島で、人口は約200人。熱海港からの定期高速船で30分ほどと気軽に行け、島内には新鮮な海の幸を提供する小さな食堂街や、キャンプ場、植物庭園、日帰り温泉などがある。

東京からも日帰り可能なレジャーの離島

天下人が余生を送った巨大な城の跡と元服の社　静岡市と県中部

駿府城公園と静岡浅間神社

徳川家康は人生で最も長い期間を過ごした**駿府**の地に壮大な城を築いた。城郭史上最大の天守台には比類のない天守が建てられた記録が残る。天守は焼失し、現存しないが、一部の建物が復元されている。城の北西には家康が元服した由緒ある古社の**静岡浅間神社**がある。

静岡浅間神社は社殿が色鮮やか

SLの動態保存で知られる絶景ローカル線　静岡市と県中部

大井川鐵道

JR金谷駅から大井川に沿って北上するローカル線。千頭駅までの**大井川本線**と、さらに山の奥、井川駅までの日本で唯一のアプト式鉄道の**井川線**の2路線。昭和51(1976)年から日本で初めてSLの動態保存を始め、日本で唯一季節を問わずほぼ毎日運転。

SLと大井川の景色が豊かな旅情を生む

▶松崎と堂ヶ島

▶松崎

交 伊豆急**伊豆急下田駅**からバスで約50分。または伊豆箱根鉄道**修善寺駅**からバスで約1時間40分の**松崎**下車

URL izumatsuzakinet.com

▶堂ヶ島マリン

堂ヶ島クルーズ船の運航会社。いくつかのコースがあり、時間や目的に合わせて選べる。

住 賀茂郡西伊豆町仁科2060

TEL 0558-52-0013

開 10:00～16:00(状況による変動あり)

休 無休　※運航は海の状況による

URL izudougasima-yuransen.com

▶初島

交 JR熱海駅からバスで約15分の**熱海港**下車後、高速船で約30分

▶富士急マリンリゾート(定期高速船運行)

TEL 0557-81-0541

開 熱海港発7:30～17:20、初島発8:00～17:50に1日10便(季節による変動あり)

料 往復2640円

URL www.hatsushima.jp

▶駿府城公園と静岡浅間神社

▶駿府城公園

住 静岡市葵区駿府城公園1-1

TEL 054-251-0016

開 見学自由(東御門、巽櫓など園内施設は有料)

交 JR**静岡駅**から徒歩15分

URL sumpu-castlepark.com

▶静岡浅間神社

住 静岡市葵区宮ケ崎町102-1

TEL 054-245-1820

開 入場自由

交 JR**静岡駅**からバス約8分の**赤鳥居 浅間神社入口**下車、徒歩すぐ

URL www.shizuokasengen.net

▶大井川鐵道

住 島田市金谷東2-1112-2

TEL 0547-45-4112

料 150～1840円(SL・ELは別途急行料金が必要)

URL daitetsu.jp

▶SLの予約・運行、その他案内 大鉄営業部

TEL 0547-45-4112

開 9:00～17:00　休 無休

info 大井川鐵道の**奥大井湖上駅**は湖の中に浮かぶような秘境駅。沿線の千頭駅からバス約40分の**寸又峡**(すまたきょう)**温泉**には青いダム湖に架かる**夢のつり橋**(URL yumenotsuribashi-sumatakyo.com)もあり、いずれも絶景として大人気。

美しい砂の絶景が見られる長く連なる大砂丘　浜松と県西部

南遠大砂丘

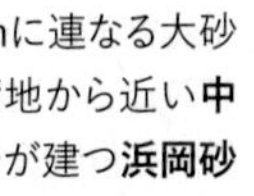

浜岡砂丘は風が強く美しい風紋も見られる

御前崎から浜松まで遠州灘に沿って約30kmに連なる大砂丘で、浜松市街地から近い**中田島砂丘**や原発が建つ**浜岡砂丘**などが有名。鳥取砂丘、鹿児島県の吹上浜（九十九里浜のことも）と**日本三大砂丘**に数えられる。スケールが大きく砂漠としてロケによく使われる。

出世城とも呼ばれる徳川家康が過ごした名城　浜松と県西部

浜松城

出世城と呼ばれる城は浜松市民の自慢

徳川家康が若き日の17年間を過ごし、天下人になって以降、歴代城主の多くが後に幕府の重鎮となったことから**出世城**と呼ばれる。野面積みの石垣も有名。現在の天守は昭和33(1958)年に復興されたもので、内部は家康ゆかりの品々などが展示された資料館。

昭和の鉄道風景をそのまま残すノスタルジックなローカル線　浜松と県西部

天浜線（天竜浜名湖鉄道）

浜名湖沿いの佐久米駅では海鳥が集まる

JR掛川駅とJR新所原駅を結び、天竜区や浜名湖北部を走るローカル鉄道。旧国鉄の二俣線が前身で、登録有形文化財や近代化産業遺産に指定された昭和期建造の駅舎や転車台などがそのまま使われており、**鉄道遺産の宝庫**と呼ばれる。沿線ののどかな車窓も人気。

譜代大名中最大の石高を彦根藩で与えられた井伊家のふるさと　浜松と県西部

井伊谷

名園と呼ばれる龍潭寺の庭は小堀遠州の作

井伊谷は江戸時代に彦根藩主になった大河ドラマ『**おんな城主直虎**』で知られる井伊氏発祥の山あいの静かな村。見どころは井伊家歴代の菩提寺で、天平5(733)年に行基が開いた**龍潭寺**のほか、全長1kmを超える2億5千万年前の鍾乳洞**竜ヶ岩洞**などがある。

▶南遠大砂丘

▶中田島砂丘
住 浜松市南区中田島町ほか
開 入場自由
交 **JR浜松駅**からバス約20分の**中田島砂丘**下車
URL www.inhamamatsu.com/japanese/activity/nakatajima-dune.php

▶浜岡砂丘
住 御前崎市池新田9124
開 入場自由
交 **JR菊川駅**からバスで約50分の**浜岡営業所**下車、徒歩約20分
URL www.city.omaezaki.shizuoka.jp/soshiki/shokokanko/kankospot/sakyu.html

▶浜松城
住 浜松市中区元城町100-2
TEL 053-457-0088
開 8:30～16:30（最終入場16:20）
休 12/29～31　料 200円
交 **JR浜松駅**からバスで約5分の**市役所南**下車、徒歩約6分
URL www.entetsuassist-dms.com/hamamatsu-jyo

▶天浜線（天竜浜名湖鉄道）
住 浜松市天竜区二俣町阿蔵114-2
TEL 053-925-2276
開 掛川駅始発6:30、終発22:34
新所原駅始発5:58、終発22:40
料 掛川～天竜二俣710円、新所原～天竜二俣1010円など
URL www.tenhama.co.jp

レトロな転車台も現役だ

▶井伊谷

▶龍潭寺
住 浜松市北区引佐町井伊谷1989
TEL 053-542-0480
開 9:00～17:00（最終入場16:30）
休 8/15、12/22～27
料 500円
交 天竜浜名湖鉄道**金指駅**またはは**気賀駅**からタクシーで約5分
URL www.ryotanji.com

▶竜ヶ岩洞
住 浜松市北区引佐町田畑193
TEL 053-543-0108
開 9:00～17:00
休 無休　料 1000円
交 **JR浜松駅**から奥山行きバスで約1時間（天竜浜名湖鉄道**金指駅**からバスで約15分）の**竜ヶ岩洞入口**下車、徒歩7分
URL www.doukutu.co.jp

info 毎年5月3～5日開催の**浜松まつり**P.490の大凧上げは**中田島砂丘**近くの凧上げ会場で行われる。砂丘の入口には大凧や御殿屋台を展示する**浜松まつり会館**（開9:00～16:30 休無休 料400円 URL matsuri.entetsuassist-dms.com）がある。

優れた美術コレクションと海と山の180°の大パノラマ　伊豆半島

MOA美術館

相模灘を一望にする高台に建つ美術館。国宝3点、重要文化財67点という豊富な収蔵品には、尾形光琳の作『**紅白梅図屏風**』、野々村仁清の作『**色絵藤花文茶壺**』など有名なものも多い。

自然と一体化した建築もすばらしい

昭和の面影を残すレトロな町並みが風情豊かな温泉街　伊豆半島

伊東温泉

江戸時代は将軍家に湯が献上されていた。漂着した英国人航海士の**三浦按針**が、徳川家康の命を受け、日本初の洋式帆船を作った地でもある。大正から昭和にかけて多くの文人墨客に愛された。

相模湾の向こうに初島と伊豆大島

実際に使用した反射炉としては日本唯一の現存する世界遺産　伊豆半島

韮山反射炉

内部の天井に熱を反射させ高温を作り、鉄を溶かすための炉。江戸時代末期、押し寄せる外国からの脅威に対抗して大砲を作るため、韮山代官の**江川英龍**が幕府の命を受けて造った。

茶畑の麓にある韮山反射炉

温暖な気候に恵まれた風光明媚な海沿いの温泉郷　伊豆半島

土肥温泉

西伊豆の港町の温泉。金山もあり、江戸時代には全盛期、明治以降は佐渡に次ぐ産出量を誇った。宿が並び松林が続く砂浜の海岸は、西伊豆では最大規模。恋愛の聖地の**恋人岬**と**旅人岬**がある。

恋人岬は駿河湾の夕景スポットでもある

源頼朝から崇敬され、地名の由来ともなった伊豆国一宮　伊豆半島

三嶋大社

奈良や平安時代の文献にも記録が残る古社。東海随一の神格を誇り、**三嶋大明神**と称され、中世以降は武士の崇敬を集め、伊豆に流されていた源頼朝は源氏再興を祈願し、旗揚げを行った。

鎌倉殿たちにも崇敬された伊豆国一之宮

▶MOA美術館
住 熱海市桃山町26-2
TEL 0557-84-2511
開 9:30～16:30（最終入場16:00）
休 木曜（祝日を除く）、展示替え日
料 1600円
交 JR**熱海駅**からバスで約7分の**MOA美術館**下車、徒歩すぐ
URL www.moaart.or.jp

▶伊東温泉
交 JR**伊東駅**が最寄り駅
▶観光文化施設 東海館
昭和の和風旅館建築を文化施設として公開。
住 伊東市東松原町12-10
TEL 0557-36-2004
開 9:00～21:00（最終入場20:00）
休 毎月第3火曜（祝日の場合は翌日）、1/1　料 200円
交 JR**伊東駅**から徒歩10分
URL itospa.com/spot/detail_52002.html
▶三浦按針メモリアルパーク
住 伊東市渚町6　開 入場自由
交 JR**伊東駅**から徒歩15分

▶韮山反射炉
住 伊豆の国市中字鳴滝入268-1
TEL 055-949-3450
開 3～9月9:00～17:00
10～2月9:00～16:30
最終入場は30分前
休 8月以外の毎月第3水曜（祝日の場合は翌日）　料 500円
交 伊豆箱根鉄道**伊豆長岡駅**から徒歩30分。または土・日曜・祝日に運行する周遊バス「歴バスのる～ら」で約8分（運行日はウェブサイト等で要確認）
URL www.city.izunokuni.shizuoka.jp/bunka_bunkazai/manabi/bunkazai/hansyaro

▶土肥温泉
交 伊豆箱根鉄道**修善寺駅**からバスで45分の**土肥温泉**下車。または**清水港**から土肥港まで駿河湾フェリーで70分
▶伊豆市土肥観光案内所
住 伊豆市土肥2657-6 松原公園内
TEL 0558-98-1152
開 9:00～17:00
休 水曜（繁忙期を除く）
URL www.toi-annai.com

▶三嶋大社
住 三島市大宮町2-1-5
TEL 055-975-0172
開 入場自由
交 JR**三島駅**から徒歩15分
URL www.mishimataisha.or.jp

info 世界文化遺産登録にともない、**韮山反射炉**の裏側にある茶畑に短いウオーキングロードが整備され、頂上の展望台からは富士山と反射炉、**ふたつの世界遺産を同時に見渡せる**ようになった。

雄大な富士山の全景を望む日本一の歩行者専用吊橋　伊豆半島

三島スカイウォーク（みしますかいうぉーく）

スリリングな吊り橋からの景色は絶品

長さ400mは歩行者専用吊橋で日本最長。正式名は**箱根西麓・三島大吊橋**で、橋の上からは富士山や駿河湾、伊豆の山並みなど、すばらしい眺望を楽しむことができる。

▶三島スカイウォーク
住 三島市笹原新田313
TEL 055-972-0084
開 9:00～17:00
休 無休　料 1100円
交 JR**三島駅**からバスで20分の**三島スカイウォーク**下車、徒歩すぐ
URL mishima-skywalk.jp

富士山の雪が数十年を経て湧き出る日本一短い一級河川　富士山と県東部

柿田川湧水群（かきたがわすうすいぐん）

清流の名がふさわしい青く澄んだ湧水
※一般公開の遊歩道からはこのアングルでは見られません

沼津から三島へ続く住宅街の真ん中、道路沿いに富士山の雪解け水が湧き出し、わずか約1.2kmの清流となって本流の**狩野**（かの）**川**に注ぐ。青く澄んだ水が砂を巻き上げ湧き出る光景は圧巻。

▶柿田川湧水群
▶柿田川公園
住 駿東郡清水町伏見72-1
TEL 055-981-8224
開 入場自由
交 JR**三島駅**からバスで約15分の**柿田川湧水公園前**下車、徒歩1分
URL www.kakitagawa-kanko.jp/sightseeing/kakitagawa

日本で初めて確認された弥生時代の水田跡の遺構　静岡市と県中部

特別史跡 登呂遺跡（とくべつしせき とろいせき）

登呂遺跡は教科書で学んだ人も多い

1世紀頃（弥生時代後期）のものと推定されている**集落水田の遺跡**で、静岡市の住宅地密集地の中にある**国の特別史跡**。公園として当時の住居などが復元され、隣には博物館がある。

▶特別史跡 登呂遺跡
▶登呂遺跡公園
開 入場自由
交 JR**静岡駅**からバスで10分の**登呂遺跡**下車、徒歩すぐ
▶登呂博物館
住 静岡市駿河区登呂5-10-5
TEL 054-285-0476
開 9:00～16:30
休 月曜（祝日を除く）、祝日の翌日、12/26～1/3　料 300円
URL www.shizuoka-toromuseum.jp

火防の霊験で有名な雲海に浮かぶ神秘的な神社　浜松と県西部

秋葉山本宮秋葉神社（あきはさんほんぐうあきはじんじゃ）

まさに幽境の山中に堂々と鎮座している

御神体である標高866mの秋葉山の山頂付近、深い山中の幽境の地にある。日本全国約400社以上の秋葉神社や秋葉大権現の事実上の信仰起源。江戸時代には**参拝ブーム**でにぎわった。

▶秋葉山本宮秋葉神社
住 浜松市天竜区春野町領家841
TEL 053-985-0111
開 6:00～21:00（社務所9:00～17:00）
休 無休　料 無料
交 遠鉄**西鹿島駅**からバスで約40分の**秋葉神社前**下車、徒歩1分
URL www.akihasanhongu.jp

技術大国日本を世界に知らしめる元となった　浜松と県西部

佐久間ダム（さくまだむ）

ハイキングとして中部天竜駅から歩くのもよい

天竜川中流に昭和31（1956）年に完成したダム。日本の大型土木建築の高い技術を確立し、世界に知らしめた。ダム湖の**佐久間湖**は新緑や紅葉が楽しめる。ダムの隣に佐久間電力館がある。

▶佐久間ダム
▶佐久間電力館
住 浜松市天竜区佐久間町佐久間2552-3
TEL 053-965-1350
開 9:00～16:30
休 8月以外の月曜（祝日の場合は翌日）、12/28～1/3
料 無料（ダムカードあり）
交 JR**中部天竜駅**からタクシーで10分。または新東名**浜松浜北IC**から車で約70分
URL www.jpower.co.jp/learn/facilities/sakuma.html

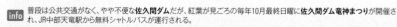

普段は公共交通がなく、やや不便な**佐久間ダム**だが、紅葉が見ごろの毎年10月最終日曜に**佐久間ダム竜神まつり**が開催され、JR中部天竜駅から無料シャトルバスが運行される。

愛知県

AICHI

●名古屋市

人口
754.2万人(全国4位)
面積
5173km²(全国27位)
県庁所在地
名古屋市
県花
カキツバタ

いこまいまい

あいちゅん

県政150周年記念ロゴマーク

カキツバタ
在原業平(ありわらのなりひら)が知立市でカキツバタの美しさに感動し歌を詠んだという言い伝えから

中部地方最大の都市、名古屋市を中心に54の市町村からなる。西は平坦な濃尾平野が広がり、東は美濃三河高原の山々が連なる。南部は伊勢湾や三河湾に知多半島と渥美半島が突き出ており、エビやアサリ類の漁獲量が多い。名古屋市や豊田市は中京工業地帯の中心地でもあり、ものづくりが盛ん。戦国時代には大きな戦や国盗りの舞台となり、織田信長、豊臣秀吉、徳川家康ら「武将のふるさと」として、城や古戦場跡など多くの歴史的遺産も残っている。

旅の足がかり

名古屋市

首都圏と関西圏の間に位置する交通の要所であり、中部地方を結びつける中枢都市。台地には古代の集落跡も残されており、創祀113年と伝わる**熱田神宮**P.515周辺にできた町として拓け始めた。慶長20(1615)年には徳川家康が**名古屋城**P.514を築城。ここに清洲の士民が移り住み、次第に市街地となった。その後も、尾張藩の城下町として発展。名古屋城をはじめとして、三英傑として知られる織田信長、豊臣秀吉、徳川家康ゆかりの地も多い。

犬山市

名古屋市の北に位置し、岐阜県との県境もある。市内西側は平地、東は山地になっており、木曽川の流れによってできた渓谷は飛騨木曽川国定公園の一部。江戸時代には**犬山城**P.516の城下町として発展した。近隣には明治の頃の建造物などを集めた**博物館 明治村**P.523のほか、野外民族博物館リトルワールド、日本モンキーセンターなどもある。

岡崎市

名古屋市の東、県のほぼ中央に位置する。矢作川の支流が市内に20本もあり、この水を利用した工場や水田地帯が多い。JR岡崎駅は中心部から離れた場所にあり、名鉄「東岡崎駅」周辺が市内の中心で、**岡崎城**P.520など観光名所も多い。徳川家康が生まれた地として知られ、江戸時代には東海道の宿場町として栄えた。八丁味噌の産地でもある。

地理と気候

平野部では夏季は高温・多雨、冬季は少雨・乾燥。渥美半島や知多半島南部は、黒潮の影響で四季を通じて温和な気候だが、内陸部は比較的冷涼で、冬は厳しい冷え込みとなる。

【夏】8月の平均気温は30°C前後だが、濃尾平野では最高気温が35°Cを超えることもある。台風の上陸数が多く、梅雨と秋に降水量が増す。

【冬】濃尾平野では乾いた冷たい風が吹くが、降雪は少ない。西部の尾張地方は季節風による降雪が見られ、雪が降り積もることもある。

アクセス

東京から ▸▸▸		所要時間
新幹線	東京駅▶名古屋駅(のぞみ)	1時間40分
高速バス	バスタ新宿▶名古屋	6時間30分

大阪から ▸▸▸		所要時間
新幹線	新大阪駅▶名古屋駅(のぞみ)	50分
鉄　道	大阪難波駅▶近鉄名古屋駅(近鉄)	2時間10分
高速バス	大阪駅▶名古屋駅	3時間30分

岐阜から ▸▸▸		所要時間
JR線	岐阜駅▶名古屋駅(新快速)	20分
JR線	高山駅▶名古屋駅 (特急ひだ)	2時間30分

三重から ▸▸▸		所要時間
鉄　道	近鉄四日市駅▶近鉄名古屋駅(近鉄)	35分
JR線	桑名駅▶名古屋駅	30分

県内移動

▶名古屋駅から豊橋駅へ

新幹線で20～30分。東海道線の快速で約1時間。名鉄本線の特急または急行で1時間前後。

▶名古屋駅から豊田市駅へ

名古屋駅から地下鉄東山線で1駅目の伏見駅で地下鉄鶴舞線に乗り換え。鶴舞線は名鉄豊田線に乗り入れており、約45分で豊田市駅に到着。または名鉄本線で知立駅まで行き名鉄三河線に乗り換えると1時間前後で豊田市駅に着く。

▸▸▸アクセス選びのコツ

- 中部国際空港は名鉄線で名古屋駅までアクセス可能。名古屋空港(小牧空港)はバスで名古屋、栄などに行ける。
- 土・日曜・祝日と毎月8日限定で使用可能な**ドニチエコきっぷ**は名古屋市営地下鉄と市内バスが1日乗り放題で620円というお得なチケット。
- 高速バスは名古屋駅新幹線口のバスターミナルのほか、**名鉄バスセンター**、**栄バスターミナル**などがある。名古屋駅からあおなみ線で1駅の、ささしまライブ駅近くのバス停もよく利用されている。

交通路線図

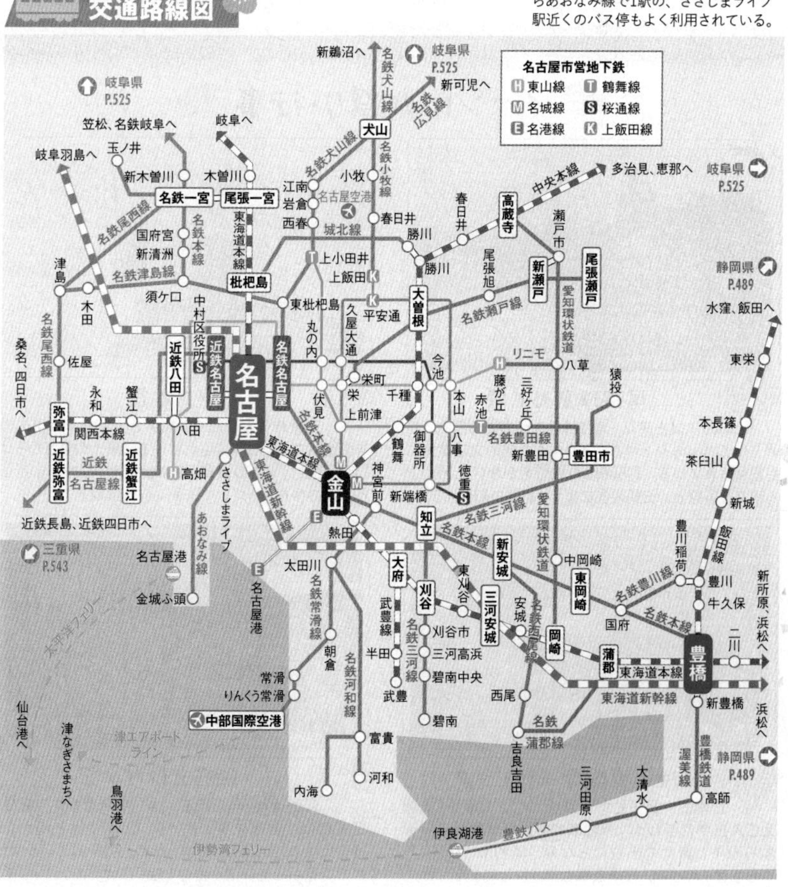

愛知県

うちの県はここがすごい

一 自動車生産数日本一

豊田市には、世界有数の自動車メーカー、トヨタの本社がある。豊田市には本社工場をはじめ4つの工場があり、全国で生産される普通乗用車の3分の1が愛知県産。自動車保有台数も全国一。

二 稲荷寿司発祥の地

諸説あるが、豊川稲荷P.516が発祥の地ともいわれる。お稲荷さんに備えてあった油揚げにご飯を詰めて寿司にしたのが始まりとされ、江戸時代後半には門前町で参拝客に販売されていた。

三 世界最大のプラネタリウム

名古屋市科学館の天文館にあるプラネタリウムは、ドーム内径35mという巨大なもので、ギネスにも認定されている。リクライニングシートも完備され、迫力ある星空を堪能できる。

イベント・お祭り・行事

① 尾張津島天王祭

600年以上続く、津島神社の伝統ある祭礼。日本三大川祭りのひとつで、ユネスコの無形文化遺産にも記載されている。約500個の提灯をかかげた船が出る幽玄な宵祭と、王朝絵巻のような朝祭で知られる。

② 三谷祭

元禄時代から続く由緒ある祭りで、蒲郡市の無形民俗文化財に指定されている。最大の見どころは「海中渡御」。4台の豪華な山車が掛け声とともに曳かれ、海の中を渡っていく様子は迫力満点。

③ おりもの感謝祭一宮七夕まつり

日本三大七夕まつりのひとつで、100万人を超える人出でにぎわう。一宮市で盛んな織物業に関連する牽牛と織女の伝説にちなみ、昭和31（1956）年から始まったもの。絢爛豪華な飾りつけで知られる。

④ 国府宮はだか祭

起源は767年に遡る、古い伝統をもつ神事で、正式には「儺追神事」という。江戸時代末頃から、神男に触れて厄落としをするため、何千人というはだかの男達が壮絶な揉み合いを繰り広げるようになった。

味噌カツ

とんかつに、愛知県らしい豆味噌ベースの甘めのタレをかけたもの。串カツもある。各店で調味料を工夫し、独自のタレを作り出している。

ひつまぶし

うなぎの蒲焼を短冊状に刻んで、おひつに入れた熱々のご飯の上にのせたもの。1杯目はそのまま、2杯目は薬味を散らし、3杯目はだし（またはお茶）をかけていただく。

手羽先

軽く下味をつけて素揚げした鶏の手羽先を、甘辛タレにつけ、ゴマとコショウをかけたシンプルな料理。2度揚げすることで中はふっくら、外はカリッと仕上がる。

味噌煮込みうどん

赤味噌（豆味噌）を使っただし汁で、うどんを煮込んだもの。一般的なモチモチしたうどんとは違い、独特の噛みごたえがある麺で、土鍋で煮立った様子が食欲をそそる。

台湾ラーメン

激辛の鶏ガラスープがクセになる名古屋オリジナルのラーメン。にんにくや唐辛子とひき肉を一緒に炒めたものをトッピング。ニラやもやしも入っている。

写真提供：公益財団法人名古屋観光コンベンションビューロー

もらえば笑顔
定番みやげ

ういろう

米粉に砂糖を加えて、蒸した和菓子。羊羹とは違うもっちりとした食感が特徴。全国で作られているが、東海地方で9割の生産量を誇ることから、名古屋名物といえる。

写真提供：公益財団法人名古屋観光コンベンションビューロー

エビせんべい

エビの漁獲量が多い愛知県らしいせんべい。取れたてのエビをその日のうちに加工し、さまざまな味や形のせんべいにする。エビの風味が高く、軽い口触りで食べやすい。

地元っ子愛用
ローカル味

しるこサンド

ほんのりとした甘さの「あん」を、塩味がきいたビスケットではさんだお菓子。昭和41(1966)年の誕生以来、地元で愛されている懐かしの味。

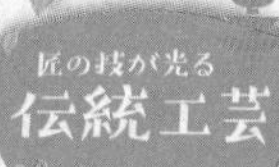

尾張七宝

七宝焼とは金属の表面にガラス質の釉薬をのせて焼き上げたもの。1800年代に、名古屋市に住む梶常吉が、この技法を発見・改良したのが尾張七宝の始まりとされる。

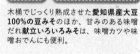

豆みそ　献立いろいろみそ

木桶でじっくり熟成させた**愛知県産大豆100%の豆みそ**のほか、甘みのある味噌だれ**献立いろいろみそ**は、味噌カツや味噌おでんにも便利。

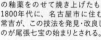

ワカルかな？
愛知のお国言葉

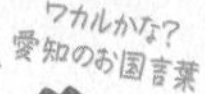

どえりゃーうみゃーエビフリャー食べてみて

Ans. すごくおいしいエビフライを食べてみて

1泊2日で巡る 愛知県

見どころが集中する名古屋市は1日かけてじっくり巡り、残りの日程で犬山や岡崎など周辺部に出かけるのがおすすめ。

1日目

9:00 JR名古屋駅

地下鉄15分

9:15 金シャチが目印
壮大な天守をもつ**名古屋城** ▶P.514

名古屋観光で外せないのが名古屋城。本丸御殿内部の装飾が見事。

バス20分

10:40 **徳川美術館**で ▶P.519
江戸の歴史と文化を知る

建物自体も歴史がある美術館。敷地内の大名庭園、徳川園も散策できる。

バス&地下鉄35分

12:15 **大須観音**を参拝した後 ▶P.515
大須商店街周辺でランチ

徒歩3分

12:30

矢場町まで足を伸ばして「矢場とん」で味噌カツランチもいい。

大須商店街の巨大招き猫

商店街散策も楽しみ！

地下鉄30分

14:30 凛とした空気の中
熱田神宮を参拝 ▶P.515

年間650万人もの参拝客が訪れる神社。広大な神宮の木々にも癒やされる。

地下鉄35分

15:30 シャチのトレーニングや
イルカパフォーマンスもある
名古屋港水族館 ▶P.521

イベントなどは事前に時間確認を。大規模なので時間に余裕を持って訪れたい。

日本では珍しいエンペラーペンギン

地下鉄40分

18:30 名古屋駅周辺のホテルに宿泊

名古屋駅の 地下街でグルメ

全国でも有数の地下街がある名古屋。名古屋駅の新幹線口にある地下街「エスカ」には、味噌煮込みうどん、味噌カツ、きしめん、ひつまぶしなど、代表的な「なごやめし」を食べられる店が勢揃いしている。

おすすめ！泊まるならココ

100年の歴史をもつクラシックホテル
蒲郡（がまごおり）クラシックホテル

格調高く華麗な城郭風建築

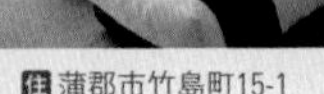

海側のツインルーム

お城のような外観でありながら、内部はアールデコ様式の優雅な内装。海側の部屋からは、天然記念物の竹島や三河湾を一望できる。皇族が利用されたという部屋もある。竹島の対岸、海沿いの標高30mほどの高台に建ち、春には桜やツツジが咲き誇る庭園も見事。

住 蒲郡市竹島町15-1
TEL 0533-68-1111
交 JR蒲郡駅から徒歩20分。またはタクシーで5分
料 1泊9500円～
URL gamagori-classic-hotel.com

夜のライトアップも美しい
オアシス21とテレビ塔

名古屋の繁華街「栄」にある、立体型公園「オアシス21」と「テレビ塔」周辺は、ガラスの大屋根などがライトアップされるフォトジェニックスポット。テレビ塔をバックに撮影するのがベストポジション。

2日目

8:00 名鉄名古屋駅

鉄道50分

9:00 **国宝犬山城**の天守から大パノラマを一望 ▶P.516

今も木造りの内部に入ると、往時の雰囲気が伝わってくる。

徒歩5分

10:00 国宝の茶室**如庵**がある日本庭園**有楽苑** ▶P.516

如庵は国宝茶席三名席のひとつ。重要文化財の書院や復元された茶室もある。

徒歩5分

11:00 江戸時代の町割りが今も残る**犬山城下町**を散策 ▶P.516

カフェに入ったり、田楽や五平餅の食べ歩きも楽しい。

鉄道1時間

日本100名城®のひとつ。展望室からの眺望は抜群。

12:15 徳川家康生誕の地**岡崎城** ▶P.520

徒歩3分

八丁味噌を使った味噌煮込みうどんにトライ。

13:00 カクキュー八丁味噌の食事処**岡崎カクキュー八丁村**でランチ ▶P.523

徒歩3分

14:00 **まるや八丁味噌**の味噌の蔵見学 ▶P.523

木の桶を使った昔ながらの味噌づくりの現場を見学。

鉄道30分

15:30 歴代将軍の位牌が安置された**大樹寺** ▶P.520

将軍たちの位牌の高さは、それぞれの将軍の背の高さと同じといわれている。

ハートの絵馬がある
三光稲荷神社

犬山城の麓にある三光稲荷神社ではピンクの絵馬で縁結びを祈願できる。お参りをしたら古い建物も残る城下町へ。レトロなカフェやレストランもあり、観光シーズンには人力車も走る。

文人墨客の定宿として古くから愛された宿
灯屋 迎帆楼（あかりや げいはんろう）

木曽川沿いにたたずむ宿

プレミアムスイートの部屋

大正8（1919）年から続く老舗で、創業時は木曽川を行き交う人々のための料理旅館だった。モダンな要素も取り入れリニューアルしており、全10室の部屋は半露天風呂付き。美肌効果のある白帝の湯で、貸切風呂も予約可能。

犬山城を望む貸切風呂

住 犬山市犬山北古券41-6
TEL 0568-61-2204
交 名鉄**犬山遊園駅**から徒歩約15分。または名鉄**犬山駅**からタクシーで5分（タクシー代は宿負担）
料 1泊4万4000円（2食付き）～
URL www.geihanro.co.jp

愛知県の歩き方

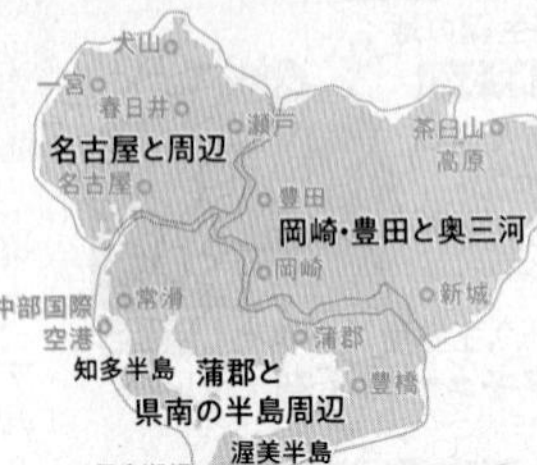

▶名古屋市観光案内所
住 名古屋市中村区名駅1-1-4（JR名古屋駅構内）
TEL 052-541-4301
開 9:00～19:00（1/2・3～17:00）
休 無休
URL www.nagoya-info.jp

▶なごや観光ルートバス メーグル
トヨタ産業技術記念館、名古屋城、徳川美術館・徳川園といった見どころのほか、中心部のテレビ塔なども通る周遊バス。平日は30分～1時間、土・日曜・祝日は20～30分ごとに運行。月曜は運休。ドニチエコきっぷや1日乗車券なども使用可能（地下鉄全線24時間券は不可）。
料 1回券210円　1日券500円

▶名古屋市交通局の割引乗車券
市バスや地下鉄に1日何度でも自由に乗車できる。ドニチエコきっぷは、土・日曜・祝日と毎月8日にバス・地下鉄全線で使用できる。
料 ドニチエコキップ620円
バス・地下鉄全線1日券870円
地下鉄全線24時間券760円
バス全線1日券620円
URL www.kotsu.city.nagoya.jp

▶犬山駅観光案内所
住 犬山市犬山字富士見町14
TEL 0568-61-6000
開 9:00～17:00　休 12/30～1/3
URL inuyama.gr.jp

▶瀬戸観光案内所
住 瀬戸市栄町45 パルティせと1階（名鉄尾張瀬戸駅前）
TEL 0561-84-1997
開 10:00～17:00　休 12/28～1/4
URL www.setomachi.com

名古屋と周辺

名古屋駅周辺

名古屋が旅の拠点。新幹線が停車する**名古屋駅**は、ホテルやショップが入った高層ビルが林立し、長距離バスも発着するターミナルになっている。

JR線、名鉄線、市営地下鉄、市バス、なごや観光ルートバス**メーグル**など交通網は充実しており、市内の見どころへのアクセスは問題ない。

周辺では、県北部の犬山市へは名鉄犬山線で。焼き物で有名な瀬戸方面は名鉄瀬戸線で行くことができる。

▶中部国際空港（セントレア）からのアクセス

知多半島にある中部国際空港

名古屋駅までは、名鉄線の特急**ミュースカイ**で所要28分。名古屋駅から名鉄犬山線や岐阜方面へ乗換なしで行くことができる空港線もあり、準急で犬山駅まで約1時間30分。

▶名古屋（小牧）空港から名古屋の中心まで

空港からシャトルバスで栄まで約20分。名古屋駅まで約30分。栄経由で名鉄バスセンターや名古屋城近くの愛知県庁へ行くバス路線もある。

便利情報

老舗が並ぶ義直ゾーン

金シャチ横丁　名古屋城を出てすぐにあるグルメストリート。味噌煮込みうどんなど、定番「なごやめし」の老舗が集まる「義直ゾーン」と、新しい名古屋の食を追求する「宗春ゾーン」に分かれている。エビせんや地酒などのショップもある。
開 義直ゾーン10:30～17:30（店舗による）
宗春ゾーン11:00～22:00（店舗による）
URL kinshachi-y.jp

グルメ

標準的なモーニング　写真提供：©なごやめし普及促進協議会

モーニング　喫茶店で飲み物を頼んだだけで、トーストや卵などが付いてくる朝だけのサービス。名古屋名物として知られるが、発祥は愛知県北部の一宮市ともいわれ、岡崎市や隣県の岐阜市などでも広く親しまれている。トーストにあんをトッピングするなど、さまざまなオプションを用意している店もある。

info 名古屋駅に隣接する**ミッドランドスクエア**44～46階にある屋外展望台**スカイプロムナード**からは、360°の大パノラマで名古屋市内を見渡すことができる。夜も営業しているので夜景鑑賞もOK。URL www.midland-square.com/sky-promenade

日本全国津々浦々～道の駅めぐり～

国道259号線沿いにある

田原めっくんはうす
自慢のメロンをはじめ、野菜や花の産地として知られる田原市の「道の駅田原めっくんはうす」では、地元の農産物がお買い得。ミニメロンパフェや人気の野彩ドレッシングを試してみたい。

蒲郡と県南の半島周辺

篠島近くの松島

名古屋の南、**知多半島**には名鉄常滑線、河和線、知多新線のほか、JR武豊線も通っており、名古屋からのアクセスは良好。

三河湾沿岸の**蒲郡**や**豊橋**はJR東海道線が通る。県南東部の**渥美半島**周辺へは豊橋から渥美線が走っている。

グルメ

トラフグの刺身

三河湾の海の幸　三河湾はトラフグ、エビ、タコ、アサリなど、さまざまな海の幸の宝庫。この地方特産の大アサリを使った焼き大アサリや大アサリ丼といったグルメも味わってみたい。新鮮なエビを使ったエビせんも種類豊富。三河湾の豊かな栄養を吸収した、香り高い海苔も作られている。

しらすたっぷりの丼

しらす丼　南知多や渥美半島など三河湾沿岸は、日本有数の「しらす」の漁獲量を誇っており、地元では取れたてのしらすを蒸してのせた「しらす丼」が食べられる。旬は春と秋。

岡崎・豊田と奥三河

秋には見事な紅葉で彩られる足助の香嵐渓

足助P.518や**松平郷**P.518がある県中央部の**豊田市**方面へは名古屋から地下鉄直通の名鉄豊田線、**岡崎市**方面はJR東海道線と名鉄本線が運行している。**長篠城址**P.523や**鳳来寺山**P.518などの名所がある**奥三河**と呼ばれる県北東部へは、豊橋から豊川を経由して北へ走るJR飯田線で行くことができる。**茶臼山高原**P.520へはレンタカーが便利。

▶道の駅 田原めっくんはうす
住 田原市東赤石5-74
TEL 0531-23-2525
開 9:00～19:00　休 無休
交 豊橋鉄道**三河田原駅**からバスで**渥美病院**下車、徒歩5分
URL tahara-michinoeki.com

新鮮な産直野菜がお値打ちな田原めっくんはうす

▶ナビテラス（蒲郡市観光交流センター）
住 蒲郡市元町1-3（蒲郡駅前）
TEL 0533-68-2526
開 9:00～17:00　休 12/31～1/3
URL www.gamagori.jp

▶豊橋観光案内所
住 豊橋市花田町西宿（豊橋駅構内）
TEL 0532-33-9531
開 9:00～18:00　休 1/1
URL www.honokuni.or.jp

▶豊川市観光案内所
住 豊川市旭町8
TEL 0533-89-2411
開 10:00～15:00　休 12/29～31
交 名鉄**豊川稲荷駅**から徒歩3分
URL www.toyokawa-map.net

きしめん
名古屋名物として知られる、平たい麺が特徴の「きしめん」は、名古屋駅の新幹線や在来線のホームでも食べられる。安価ながらも、しっかりだしの効いたつゆで、店によっては揚げたての天ぷらをのせることも可能。

たっぷりのかつお節がのる

▶岡崎市観光案内所
住 岡崎市明大寺本町4-70（名鉄東岡崎駅構内北口前）
TEL 0564-25-7767
開 9:00～17:00　休 12/29～1/3
URL okazaki-kanko.jp

info 稲荷寿司と巻き寿司のセットを**助六**と呼んだのは、名古屋が最初といわれる。歌舞伎に登場する色男「助六」の恋人「揚巻」にちなみ、揚げ寿司（稲荷寿司）と巻き寿司をファンが役者に差し入れしたことから「助六」の名が付いたのだそう。

▶名古屋城
住 名古屋市中区本丸1-1
TEL 052-231-1700
開 9:00～16:30
本丸御殿の最終入場16:00
休 12/29～1/1　料 500円
交 JR**名古屋駅**から観光ルートバスメーグルで約20分の**名古屋城**下車すぐ。または地下鉄**市役所駅**から徒歩5分
URL www.nagoyajo.city.nagoya.jp

金鯱雄
写真提供：名古屋城総合事務所（2点とも）

黄金の鯱をいただく大天守をもつ名城

名古屋城

名古屋城の天守閣内部は閉館中

慶長20(1615)年、徳川家康によって建てられたもので、天守の**金鯱**、絢爛豪華な**本丸御殿**など、徳川家の威信をかけた壮大な城。江戸260年を通じて、**尾張徳川家**の居城として栄えた。国宝第一号にもなったが、空襲により多くが焼失。平成30(2018)年に本丸御殿は江戸時代の資料をもとに復元された。昭和34(1959)年に再建された天守閣は、設備の老朽化などにともない、2022年6月現在は閉館中。

城内では、**名古屋おもてなし武将隊**と**徳川家康と服部半蔵忍者隊**が毎日出迎えてくれて、週末にはサムライ・ニンジャショーも開催している。

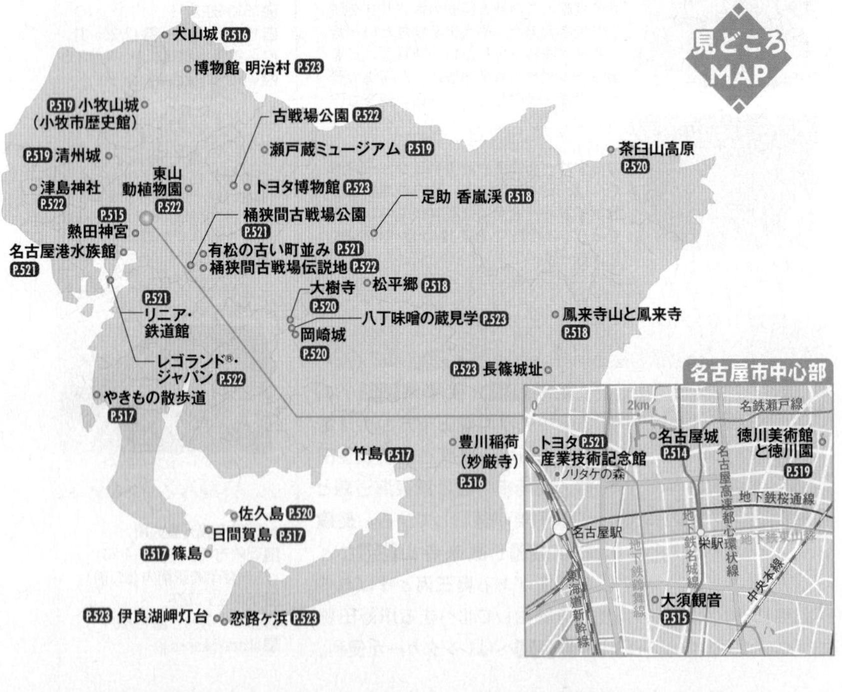

見どころMAP

犬山城 P.516
博物館 明治村 P.523
P.519 小牧山城（小牧市歴史館）
古戦場公園 P.522
瀬戸蔵ミュージアム P.519
茶臼山高原 P.520
P.519 清州城
津島神社 P.522
東山動植物園 P.522
トヨタ博物館 P.523
足助 香嵐渓 P.518
P.515 熱田神宮
桶狭間古戦場公園 P.521
名古屋港水族館 P.521
有松の古い町並み P.521
桶狭間古戦場伝説地 P.522
大樹寺 P.520
松平郷 P.518
P.521 リニア・鉄道館
八丁味噌の蔵見学 P.523
岡崎城 P.520
鳳来寺山と鳳来寺 P.518
レゴランド®・ジャパン P.522
P.523 長篠城址
やきもの散歩道 P.517
竹島 P.517
豊川稲荷（妙厳寺） P.516
佐久島 P.520
日間賀島 P.517
P.517 篠島
P.523 伊良湖岬灯台
恋路ヶ浜 P.523

名古屋市中心部
0　2km
名鉄瀬戸線
トヨタ産業技術記念館 P.521
ノリタケの森
名古屋城 P.514
徳川美術館と徳川園 P.519
名古屋高速都心環状線
地下鉄桜通線
名古屋駅
栄駅
地下鉄東山線
地下鉄名城線
地下鉄鶴舞線
東海道新幹線
中央本線
大須観音 P.515

info **名古屋城**東門近くの**二の丸茶亭**では、9:00～11:00限定で**金シャチモーニング**を味わえる。ドリンク（抹茶、コーヒー、オレンジジュース）と、金箔ホイップ付きのオリジナル金シャチトーストがセットで500円（パンがなくなり次第終了）。

日本三大観音のひとつ、大須のシンボル

名古屋と周辺

大須観音（おおすかんのん）

2度焼失したが、昭和45(1970)年に再建された本堂

大須観音として親しまれているが、真言宗の別格本山で、寺号は北野山真福寺宝生院（きたのさんしんぷくじほうしょういん）。

元弘3（1333）年、岐阜県羽島市に創建され、慶長17（1612）年に徳川家康が現在の場所に移転。

寺宝は、神人より授けられたという**鬼面**や**僧伽梨衣**（そうぎゃり）、菅原道真自筆の自画像、仏涅槃図など。国宝『古事記』の最古写本を含む本朝三文庫といわれる1万5000巻もの貴重な古典蔵書は、**大須本**として知られる。

扇や人形、歯や入れ歯などを、それぞれ納める塚があり、供養祭も行われる。

▶大須観音
住 名古屋市中区大須2-21-47
TEL 052-231-6525
開 本堂6:00～19:00
休 無休　料 無料
交 JR**名古屋駅**からバスで10分の**大須観音**下車すぐ。または地下鉄**大須観音**駅から徒歩すぐ
URL www.osu-kannon.jp

大須商店街
大須観音の東側に、約1200の店舗などが並ぶ。さまざまな文化を受け入れる「ごった煮」の雰囲気が魅力の商店街で、なかには織田信長の父、信秀が開基した万松寺もある。

商店街入り口

三種の神器のひとつ「草薙神剣」を祀る

名古屋と周辺

熱田神宮（あつたじんぐう）

拝殿を抜けると一番奥に本殿がある

武家に篤く信仰されていたという別宮

草薙神剣（くさなぎのみつるぎ）を授かった日本武尊（やまとたけるのみこと）が亡くなられた後、妃である宮簀媛命（みやずひめのみこと）が、神剣を熱田の地に祀ったとされ、その113年が創建年といわれている。**熱田さん**の名で崇敬を集める名社で、伊勢神宮に次ぐ国家鎮護の神宮。

広大な境内には、樹齢1000年を超える大楠が生い茂り、静かな参道は清浄な空気に満ちている。織田信長が奉納した**信長塀**（のぶながべい）と呼ばれる築地塀も残る。これは、永禄3(1560)年の桶狭間出陣前に熱田神宮で必勝祈願をし、大勝したため奉納されたもの。**宝物館**は、全国から寄せられた6000点以上の貴重な品々を収蔵する。

▶熱田神宮
住 名古屋市熱田区神宮1-1-1
TEL 052-671-4151
開 入場自由
交 名鉄**神宮前駅**から徒歩3分。または地下鉄**伝馬町駅**、**神宮西駅**から徒歩7分
URL www.atsutajingu.or.jp
▶宝物館、剣の宝庫 草薙館
開 9:00～16:30
休 毎月最終水曜とその翌日（草薙館は毎月最終火曜）、年末年始
料 500円

熱田神宮 清水社
社殿の奥に水が湧いているため「お清水さま」と呼ばれている。御祭神は水をつかさどる神様が祀られており、この水で眼を洗えば眼がよくなり、肌を洗えば肌が綺麗になると伝えられている。

水の神様、清水社

info **熱田神宮**の境内には、名古屋名物きしめんが食べられる**宮きしめん**がある。シンプルなきしめんからエビの天ぷらがのった豪華なものや定食まで多種多様。ソフトクリーム付きの**宮クリームぜんざい**などの甘味は神宮店限定。

国宝5城のひとつで、現存最古の天守をもつ城

名古屋と周辺

犬山城

木曽川沿いの断崖に建つ

後方を木曽川に守られた小高い山の上に建つ**後堅固**の城。

天文6(1537)年、織田信長の叔父、織田信康による創建とされる。**犬山城下町**と一体となり、交易や政治、経済の要衝として重要な拠点となった。

築城当時の木材が今も多く残り、城内を歩くと木が軋む音が鳴り、床板の隙間も歴史を感じさせる。天守最上階は廻廊に囲まれており、天気のよい日には、木曽川や濃尾平野、御嶽山、岐阜城、名古屋駅のビル群などを一望できる。

石垣からの侵入者を防いだ**石落とし**のほか、天守の屋根にある8枚の**桃瓦**が魔除けの役割を果たしている。

商売繁盛の御利益で知られる日本三大稲荷

蒲郡と県南の半島周辺

豊川稲荷(妙厳寺)

彫刻が見事な景雲門

通称「豊川稲荷」と呼ばれているが、神社ではなく曹洞宗の寺院で、正式名は**妙厳寺**。

稲を荷ない、白狐に跨って現れたという霊神、**豊川吒枳尼眞天**を祀る。

室町時代の創建以降、戦国武将や文人の信仰を集め、福徳開運の善神として人気も高い。

広大な境内には、豊臣秀吉の念持仏と伝えられる不動明王と文殊菩薩が祀られた**万堂**(禅堂)など、90余りの塔やお堂が建ち、霊狐塚には祈願成就のお礼として奉納された大小1000もの狐像が並んでいる。参拝者の願い事が書かれたのぼりは、数の多さを表す**千本のぼり**と呼ばれる。

▶犬山城

住 犬山市犬山北古券65-2
TEL 0568-61-1711
開 9:00～17:00(最終入場16:30)
休 12/29～31 料 550円
交 名鉄**犬山駅**から徒歩20分
URL inuyama-castle.jp

▶日本庭園・有楽苑

庭園内にある国宝の茶室「如庵」は、織田信長の弟、有楽齋が建てたもの。重要文化財旧正伝院書院や古図を復元した元庵もあり、四季折々の景観が楽しめる。

住 犬山市御門先1
TEL 0568-61-4608
開 9:30～17:00(最終入場16:30、季節により変動)
休 水曜(祝日の場合は翌日)、12/29～1/1、ほかメンテナンス日(不定期) 料 1200円
交 犬山城から東へ徒歩10分ほど

左:重要文化財 旧正伝院書院
右:国宝 如庵
(提供:名古屋鉄道株式会社)

▶豊川稲荷(妙厳寺)

住 豊川市豊川町1
TEL 0533-85-2030
開 5:00～18:00
御本殿、奥の院、万堂7:30～15:30
休 無休 料 無料
交 JR**豊川駅**、名鉄**豊川稲荷駅**から徒歩5分
URL www.toyokawainari.jp

春・秋の祭典が行われる奥の院

霊狐塚

info **豊川稲荷**の門前町にあるメインストリートには、飲食店やみやげもの店など100軒以上の店が並んでいる。おみやげにもいい**宝珠まんじゅう**のほか、この地発祥ともいわれる**豊川稲荷寿司**は具材のバリエーションが豊富。

＼あなたの声をお聞かせください！／

毎月合計３名様 読者プレゼント

1. 地球の歩き方オリジナル御朱印帳

2. 地球の歩き方オリジナルクオカード（500 円）

いずれかおひとつお選びください。

★応募方法

下記 URL または QR コードにアクセスして
アンケートにお答えください。

URL https://www.arukikata.co.jp/guidebook/enq/japan23

★応募の締め切り

2024年8月31日

絶景の夕陽に青い海と空、おいしい海の幸　**蒲郡と県南の半島周辺**

ひまかじまとしのじま
日間賀島と篠島

篠島の夕日

知多半島の先端に並ぶように浮かぶふたつの小島。釣りや海水浴のほか、レンタサイクルで島内を巡るのも楽しい。名物のタコや**トラフグ**料理の店もあり、新鮮で豊富な海の幸を味わえる。旬を迎える10～3月に取れる天然トラフグは、本場ならではのお値打ち価格。1日かけて、ゆっくり両島を回るのもいい。

▶日間賀島と篠島
交 名鉄**河和駅**から徒歩約7分の**河和港**から高速船で日間賀島まで約20分。篠島まで約30分。
名鉄**河和駅**からバスで約30分の**師崎港**から高速船で篠島まで約10分、日間賀島まで約10分。
▶日間賀島
住 知多郡南知多町日間賀島
TEL 0569-68-2388（日間賀島観光協会）
URL www.himaka.net
▶篠島
住 知多郡南知多町篠島
TEL 0569-67-3700（篠島観光協会）
URL www.shinojima-aichi.com

景勝地として知られる蒲郡のパワースポット　**蒲郡と県南の半島周辺**

たけしま
竹島

蒲郡のシンボル、竹島

長さ387mの橋で結ばれているが、本土とは違った植生をもつことから、国の天然記念物に指定されている。

島内に5つある神社の中心は、日本七弁財天の「竹島弁財天」を祀る**八百富**(やおとみ)**神社**。縁結びや開運、安産の御利益があるとされ、すべての神社にお参りすれば「一生の幸い」が得られるという。本土側には**竹島水族館**などもある。

▶竹島
▶八百富神社
住 蒲郡市竹島町3-15
TEL 0533-68-3700
開 入場自由（社務所9:00～17:00）
交 JR**蒲郡駅**から徒歩15分
URL www.yaotomi.net
▶竹島水族館
住 蒲郡市竹島町1-6
TEL 0533-68-2059
開 9:00～17:00（最終入場16:30）
休 火曜（GW、夏休み期間は除く、祝日の場合は翌日）、6月の第1水曜、12/31　料 500円

大鳥居をくぐって竹島へ

レンガ造りの煙突や常滑の町並みを一望　**蒲郡と県南の半島周辺**

やきものさんぽみち
やきもの散歩道

明治期の土管と昭和初期の焼酎瓶が並ぶ土管坂

常滑(とこなめ)駅から2分ほど歩くと、壁の上に顔をのぞかせた巨大招き猫の**とこにゃん**が出迎えてくれる。道沿いの壁に陶製の招き猫が並ぶ**とこなめ招き猫通り**を抜けると**陶磁器会館**があり、ここが散歩道のスタート地点。土管や焼酎瓶が積まれた**土管坂**や、昭和49(1974)年まで使われていた日本最大級の登窯などを見ながらゆっくり散策できる。

▶やきもの散歩道
住 常滑市栄町
TEL 0569-34-8888（常滑市観光プラザ）
開 入場自由
交 名鉄**常滑駅**から徒歩5分
URL www.tokoname-kankou.net

39体の招き猫が並ぶ招き猫通り

info 豊田市の**足助**P.518の町から1kmほど東にある**足助城**は、足助の町並みを見下ろす事ができる山城で、城跡公園足助城として整備されている。高櫓・長屋・物見矢倉・厨などが復元されている。URL asukejo.com

密教の道場としても栄えた奥三河の霊山

岡崎・豊田と奥三河

鳳来寺山と鳳来寺

大宝3(703)年、岩肌が露出した美しい山に、**理趣（利修）仙人**が真言宗の鳳来寺を開いたとされる。

江戸時代には**鳳来山東照宮**も建てられ、石段が続く参道には、徳川家光が建立した**仁王門**、樹齢800年で樹高日本最大級の**傘スギ**も立つ。紅葉の名所として知られ、愛知の県鳥で「声の仏法僧」として親しまれる**コノハズク**の生息地としても有名。

鳳来寺山の眺望

▶鳳来寺
住 新城市門谷字鳳来寺1
TEL 0536-29-0829（新城市観光協会）
開 入場自由
交 JR**本長篠駅**からバスで8分の**鳳来寺**下車、鳳来寺石段まで徒歩20分

鳳来寺本堂に続く1425段の石段

趣ある古い町並みが残る紅葉の名所

岡崎・豊田と奥三河

足助 香嵐渓

宿場町として栄えた足助の町には、江戸末期以前の町家の**旧田口家住宅**を中心に、白壁の土蔵、格子戸、黒い板壁などが残り、蔵が連なる美しい路地は**マンリン小路**と呼ばれている。秋には4000本もの紅葉が赤や黄色に染まる**香嵐渓**も有名で、応永34(1427)年に創建された**香積寺**の禅師が紅葉を植えたのが始まりと伝えられる。

足助川からの町並み

▶足助 香嵐渓
住 豊田市足助町飯盛
TEL 0565-62-1272（足助観光協会）
開 見学自由
交 名鉄**東岡崎駅**または**豊田市駅**からバスで**香嵐渓**下車、徒歩3分
URL asuke.info

蔵が連なるマンリン小路

徳川300年のルーツとなった松平氏発祥の地

岡崎・豊田と奥三河

松平郷

元和5(1619)年に家康を合祀した**松平東照宮**から松平氏の墓所がある高月院にかけてのエリアが、**松平郷園地**として整備されている。四季折々の自然と触れ合うことができる園内には、室町時代を思い起こさせる**室町堀**や**冠木門**、松平家の資料を展示する**松平郷館**、少し離れた**展望テラス**では名古屋や鈴鹿山脈などを一望できる。

松平氏の菩提寺高月院

▶松平郷
住 豊田市松平町赤原13
TEL 0565-77-8089（松平観光協会）
開 10:00～15:00（松平郷館）
休 水曜（松平郷館）　料 無料
交 名鉄**豊田市駅**からバスで30分の**松平郷**下車、徒歩5分
URL www.matsudairagou.jp
▶松平東照宮
開 入場自由
拝殿内
開 9:00～16:00　料 200円

松平郷園地と初代親氏の像

info **鳳来寺**の歩き方は、鳳来寺バス停付近→鳳来寺石段→仁王門→傘スギ→本堂→奥の院までで約1時間30分。眺望のいい瑠璃山に行って戻るとさらに約3時間。11月の紅葉まつりの頃には、山頂付近まで行く臨時バスもでる。詳細など要確認。

御三家筆頭尾張徳川家に受け継がれる宝物を観ることができる　名古屋と周辺

徳川美術館・徳川園（とくがわびじゅつかん・とくがわえん）

武具や刀剣が並ぶ新館第1展示室

徳川家康の遺品をはじめ、1万点余りの所蔵品には、国宝の「**源氏物語絵巻**」、千代姫の婚礼道具「**初音の調度**（はつねのちょうど）」など、日本の伝統文化を伝える逸品が揃う。隣接する**徳川園**は、尾張徳川家の大曽根屋敷を起源とする池泉回遊式の日本庭園。

織田信長の天下取りの出発点　名古屋と周辺

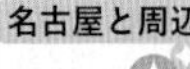

清洲城（きよすじょう）

清洲城と朱色の大手橋

戦国末期、天下平定を目指す武将たちの重要拠点にもなった城。現在の建物は平成元(1989)年に再建されたもの。天主閣では、織田信長の偉業を中心に、秀吉や家康など武将たちとの関わりや**清須会議**の様子などを紹介。最上階からは、濃尾平野を一望できる。

「麒麟の城」とも呼ばれ、家康が改修した山城　名古屋と周辺

小牧山城（小牧市歴史館）（こまきやまじょう（こまきしれきしかん））

上空から見た小牧山

桶狭間の戦いに勝利した織田信長が、永禄6(1563)年、美濃攻略の拠点として築いたもので、安土城の前身ともいわれる。小牧山全体が城の機能を果たしており、天正12(1584)年の**小牧・長久手の戦い**では織田信雄、徳川家康の連合軍が改修し、陣城とした。

古い歴史をもつ瀬戸焼や往時の瀬戸の町を知る　名古屋と周辺

瀬戸蔵ミュージアム（せとぐらみゅーじあむ）

近代以降の展示

やきものの町として栄えてきた瀬戸の魅力を発信する複合施設。2階・3階の博物館ではモロと呼ばれるやきもの工場、石炭窯や煙突が再現されているほか、1000年余りの歴史をもつ瀬戸焼の歴史が学べる。1階の窯元直販ショップでは瀬戸焼を扱う。

▶徳川美術館・徳川園

▶徳川美術館

住 名古屋市東区徳川町1017
TEL 052-935-6262
開 10:00～17:00（最終入場16:30）
休 月曜（祝日の場合は直後の平日）、12月中旬～年始
料 1400円
（徳川園との共通券1550円）
交 JR**名古屋駅**からバスで30分の**徳川園新出来**下車、徒歩3分。またはJR**大曽根駅**南口から徒歩10分
URL www.tokugawa-art-museum.jp

▶徳川園

開 9:30～17:30（最終入場17:00）
休 月曜（祝日の場合は翌日）、年末年始　料 300円
URL www.tokugawaen.aichi.jp

▶清洲城

住 清須市朝日城屋敷1-1
TEL 052-409-7330
開 9:00～16:30
休 月曜(祝日の場合は翌日)、年末
料 300円
交 名鉄**新清洲駅**から徒歩15分
URL kiyosujyo.com

桜と清洲城

▶小牧山城（小牧市歴史館）

住 小牧市堀の内1-1
TEL 0568-72-0712
開 9:00～16:30（最終入場16:15）
休 毎月第3木曜（祝日の場合は翌日）、12/29～1/3　料 100円
交 名鉄**小牧駅**から徒歩20分
URL komaki-kanko.jp/komakiyama1563

山頂の模擬天守閣は、小牧山城や土器などの展示がある小牧市歴史館

▶瀬戸蔵ミュージアム

住 瀬戸市蔵所町1-1
TEL 0561-97-1190
開 9:00～17:00（最終入場16:30）
休 年末年始、ほか月1回程度の臨時休館あり
料 520円
交 名鉄**尾張瀬戸駅**から徒歩5分
URL www.city.seto.aichi.jp/docs/2011031500092/

info かつて**清洲城**周辺は愛知県西部の**尾張国の中心**だったが、周辺で水害が多発することなどを理由に、徳川家康が大規模な引っ越しを敢行。これを**清洲越し**といい、家臣、町人、100を超える神社・仏閣などが**名古屋**に移転した。

信号もコンビニもないアートの島で、ゆったり過ごす　蒲郡と県南の半島周辺

佐久島（さくしま）

　三河湾の真ん中に位置しており、面積の80%が里山という小さな島。豊かな自然に触れながら島のあちこちにある**現代アート**を巡ったり、新鮮な魚介類を使った大アサリ丼やタコしゃぶといった名物料理を楽しむこともできる。

作品名「おひるねハウス」
制作南川祐輝

▶佐久島
住 西尾市一色町佐久島
TEL 0563-72-9607（西尾市佐久島振興課）
交 名鉄**西尾駅**からバスで30分の**一色さかな広場・佐久島行き船乗り場**下車、**一色港**から高速船で佐久島（東港、西港）まで25分
URL sakushima.com

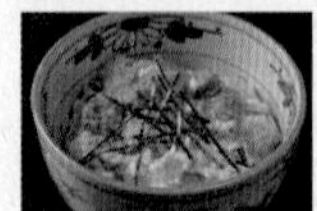
大アサリ丼

徳川家康が生まれ、天下統一の拠点とした城　岡崎・豊田と奥三河

岡崎城（おかざきじょう）

　15世紀に西郷氏によって造られた砦のような城が起源とされる。享禄4(1531)年に家康の祖父、**松平清康**が現在の場所に移転し、岡崎城と呼ばれるようになった。明治には城郭の大部分が取り壊されたが、昭和34(1959)年にほぼ昔どおりの外観に復元された。

岡崎城と桜
写真提供：岡崎市（2点とも）

▶岡崎城
住 岡崎市康生町561-1
TEL 0564-22-2122
開 9:00～17:00（最終入場16:30）
休 12/29～31　料 200円
交 名鉄**東岡崎駅**から徒歩15分
URL okazaki-kanko.jp/okazaki-park/feature/okazakijo/top

からくり時計塔

徳川歴代将軍の等身大位牌が安置された　岡崎・豊田と奥三河

大樹寺（たいじゅじ）

　文明7(1475)年に松平親忠（ちかただ）が創建し、松平家や徳川家の菩提寺として知られる。室町末期の様式も美しい**多宝塔**は、天文4(1535)年に松平清康が建立したもの。松平家と徳川家の位牌、木造徳川家康坐像などのほか、家康お手植えと伝わるシイの木も残る。

大樹寺本堂

▶大樹寺
住 岡崎市鴨田町字広元5-1
TEL 0564-21-3917
交 名鉄**東岡崎駅**からバスで15分の**大樹寺**下車、徒歩5分
URL home1.catvmics.ne.jp/~daijuji
▶宝物拝観
開 9:00～16:00
休 無休　料 400円

歴代将軍の等身大位牌

四季を感じながらハイキングやスキーも楽しめる　岡崎・豊田と奥三河

茶臼山高原（ちゃうすやまこうげん）

　愛知と長野にまたがる標高1415mの茶臼山は、愛知県最高峰の山。春には、向かいの萩太郎山に6種類の芝桜が咲き、**天空の花回廊**ができる。360°のパノラマを望む展望台もあり、新緑や紅葉を愛でながらハイキングを楽しめる。冬はスキー場もオープンする。

春は芝桜でピンクに染まる

▶茶臼山高原
住 北設楽郡豊根村坂宇場字御所平70-185
TEL 0536-87-2345
交 JR**東栄駅**から車で36km
URL www.chausuyama.jp
▶観光ペアリフト
開 4月下旬～11月上旬
　平日11:00～16:00
　土・日曜・祝日9:00～16:30
料 片道500円　往復800円

info **大樹寺**の本堂から山門、総門を通して、その真ん中、はるか南方に**岡崎城**が見えるように伽藍の配置が工夫されている。この岡崎城と大樹寺を結ぶ約3kmの直線を**ビスタライン**といい、徳川家と大樹寺の関係の深さがうかがえる。

研究と創造の精神、モノづくりの大切さを伝える　名古屋と周辺

トヨタ産業技術記念館

トヨタ産業技術記念館提供

トヨタグループ発祥の地の工場を、産業遺産として保存・活用した博物館。繊維機械と自動車を中心に、今も動かせる機械の展示や実演などで、わかりやすく紹介している。

▶トヨタ産業技術記念館
住 名古屋市西区則武新町4-1-35
TEL 052-551-6115
開 9:30～17:00（最終入場16:30）
休 月曜（祝日の場合は翌日）、年末年始　料 500円
交 名鉄**栄生駅**から徒歩3分。または観光ルートバスメーグルで**トヨタ産業技術記念館**下車、徒歩すぐ
URL www.tcmit.org

海の王者シャチの迫力を感じることができる　名古屋と周辺

名古屋港水族館

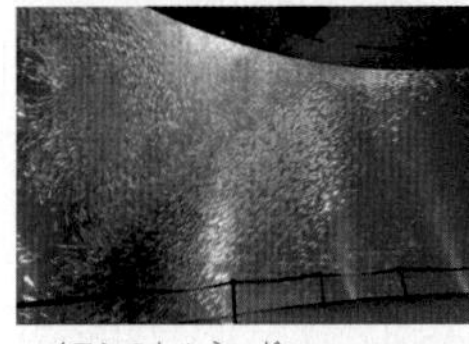
マイワシのトルネード

幻想的な**マイワシのトルネード**、クラゲの展示コーナーの**くらげなごりうむ**など、5万匹の海の生き物を鑑賞可能。イルカパフォーマンスやシャチの公開トレーニングも必見。

▶名古屋港水族館
住 名古屋市港区港町1-3
TEL 052-654-7080
開 9:30～17:30（季節により変動）最終入場は1時間前
休 月曜（祝日の場合は翌日）
料 2030円
交 地下鉄**名古屋港駅**から徒歩5分
URL nagoyaaqua.jp

新幹線から超電導リニアまで、高速鉄道の進歩を紹介　名古屋と周辺

リニア・鉄道館

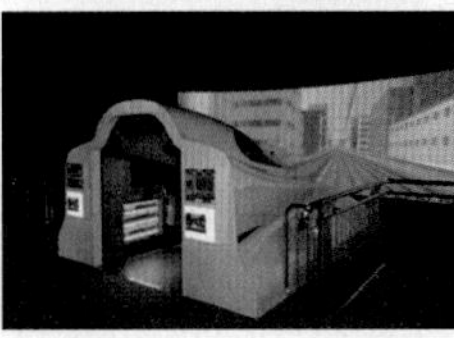
新幹線シミュレーター「N700」

東海道新幹線を中心に39の実物車両を展示。精巧な鉄道ジオラマのほか、東海道新幹線の実物大運転台でスクリーンを使った**運転体験**（別途利用料が必要）もできる。

▶リニア・鉄道館
住 名古屋市港区金城ふ頭3-2-2
TEL 052-389-6100
開 10:00～17:30（最終入場17:00）
休 火曜（祝日の場合は翌日）等、休館日の詳細は公式サイトを要確認　料 1000円
交 あおなみ線**金城ふ頭駅**から徒歩約2分
URL museum.jr-central.co.jp

戦国時代の重要な転換点となった桶狭間の戦いの舞台　名古屋と周辺

桶狭間古戦場公園

織田信長と今川義元の銅像

桶狭間の戦いの中心地で今川義元最後の場所といわれており、戦いを表現したジオラマ公園もある。徒歩3分ほどのところに**桶狭間古戦場観光案内所**も開設されている。

▶桶狭間古戦場公園
住 名古屋市緑区桶狭間北3丁目
TEL 052-755-3593（桶狭間古戦場観光案内所）
開 入場自由
交 名鉄**有松駅**からバスで10分の**桶狭間古戦場公園**下車、徒歩2分
URL okehazama.net

旧東海道沿いの江戸情緒あふれる町並み　名古屋と周辺

有松の古い町並み

有松の町並み（井桁屋）

旧東海道沿いには、江戸時代の豪商や町家が並ぶ。伝統工芸品の**有松・鳴海絞り**でも知られ、絞問屋の**岡家住宅**が見学（土・日曜のみ）できるほか、**有松・鳴海絞会館**では実演が見られる。

▶有松の古い町並み
住 名古屋市緑区有松
開 見学自由
交 名鉄**有松駅**から徒歩5分
URL www.arimatsunomachi.com

▶有松・鳴海絞会館
住 名古屋市緑区有松3008
TEL 052-621-0111
開 9:30～17:00（実演16:30まで）
休 年末年始、ほか臨時休館日
料 300円（2階展示室）
URL shibori-kaikan.com

info **愛知県**ゆかりの**ノーベル賞受賞者**は、野依良治、小林誠、益川敏英、下村脩、赤﨑勇、天野浩、大隅良典、吉野彰の8人もいる。2021年には、好奇心を育む場として**名古屋市科学館**に**あいち・ノーベル賞受賞者記念室**も設けられた。

家族みんなで遊べるファミリーリゾート　名古屋と周辺

レゴランド®・ジャパン

テーマが異なる8つのエリアがあり、レゴ®ブロックやレゴ®モデルを使って遊んだり、40を超える乗り物やショー、アトラクションを楽しむこともできる。**水族館シーライフ名古屋**も併設。

レゴ®ニンジャゴー・ワールド

動物の種類は日本一、植物散策も楽しめる　名古屋と周辺

東山動植物園

広大な敷地に約500種の動物、約7000種もの植物が集まっている。充実した**コアラ舎**が有名で、イケメンゴリラで人気の**シャバーニ**や珍しい動物にも出合える。

ニシゴリラ「シャバーニ」

織田、豊臣、徳川ら戦国武将や大名からも崇拝された　名古屋と周辺

津島神社

欽明元(540)年の鎮座と伝えられ、御祭神は建速須佐之男命。京都の八坂神社と並ぶ天王社として崇められ、全国に3000以上ある**津島神社の総本社**でもある。

正門のような入母屋造の楼門

近隣にも数々の史跡が残る、伝説の戦いの舞台　名古屋と周辺

桶狭間古戦場伝説地

桶狭間の戦いで今川義元が討ち取られた最後の場所といわれ、国指定の史跡となっている。江戸時代に建てられた、今川義元が戦死した場所を示す**七石表**という石碑なども立つ。

今川義元の墓

羽柴(豊臣)秀吉と徳川家康が激烈な戦いを繰り広げた　名古屋と周辺

古戦場公園

天正12(1584)年の**小牧・長久手の戦い**跡地で国の史跡に指定されている。園内には、武将の塚や郷土資料室がある。北へ約1kmの**色金山歴史公園**内には、家康が腰掛けたという床机石も残る。

長久手古戦場公園（長久手市所蔵）

▶レゴランド®・ジャパン
住 名古屋市港区金城ふ頭2-2-1
TEL 0570-05-8605
開 10:00～(閉園時間は日によって異なる)
休 不定休　料 4600円～
交 あおなみ線**金城ふ頭駅**から徒歩5分
URL www.legoland.jp

▶東山動植物園
住 名古屋市千種区東山元町3-70
TEL 052-782-2111
開 9:00～16:50(最終入場16:30)
休 月曜(祝日の場合は翌日)、年末年始　料 500円
交 地下鉄**東山公園駅**から徒歩3分
URL www.higashiyama.city.nagoya.jp

国の重要文化財に指定されている温室

▶津島神社
住 津島市神明町1
TEL 0567-26-3216
開 入場自由
交 名鉄**津島駅**から徒歩15分
URL tsushimajinja.or.jp

尾張造の拝殿と楼門

▶桶狭間古戦場伝説地
住 豊明市栄町南舘11
TEL 0562-92-8317（豊明市生涯学習課文化財保護係）
開 入場自由
交 名鉄**中京競馬場前駅**から徒歩5分
URL www.city.toyoake.lg.jp/2001.htm

▶古戦場公園
住 長久手市武蔵塚204
TEL 0561-62-6230
開 入場自由　交 リニモ**長久手古戦場駅**から徒歩3分
URL www.city.nagakute.lg.jp/soshiki/kurashibunkabu/shogaigakushuka/4/kosennzyousaiseibi/index.html

▶色金山歴史公園
公園内の茶室では、季節の和菓子と抹茶をいただける。
住 長久手市岩作色金37-1
開 9:30～16:00
休 月曜(祝日の場合は翌日)、年末年始
料 無料(抹茶体験250円)
URL www.city.nagakute.lg.jp/kanko_bunka_sports/5/5/index.html

info **桶狭間古戦場伝説地**と**桶狭間古戦場公園** P.521 は、距離1km強で徒歩15分くらい。この辺りで桶狭間の戦いがあったとされるが、進軍ルートや今川義元の本陣・最後の地などについては諸説あり、今も確定していない。

本物の価値を残し、伝える　名古屋と周辺

博物館 明治村

帝国ホテル中央玄関

明治期の建造物を中心に移築、公開する野外博物館。重要文化財ほか、数々の文化財を間近に見学することができる。フランク・ロイド・ライト設計の**帝国ホテル中央玄関**は必見。

自動車の歴史を学び、世界の車の進化と文化をたどる　名古屋と周辺

トヨタ博物館

クルマ館2階の展示（提供:トヨタ博物館）

日・米・欧の代表的な車両約140台を見ながら、ガソリン自動車の歴史をたどることができる。ポスターやおもちゃなど、自動車にまつわる文化資料の展示もある。

「恋人の聖地」に認定された砂浜と白亜の灯台　蒲郡と県南の半島周辺

恋路ヶ浜と伊良湖岬灯台

柔らかなカーブを描く砂浜

島崎藤村の抒情詩『**椰子の実**』の舞台になったことでも有名な恋路ヶ浜は、美しく湾曲した砂浜。渥美半島先端の伊良湖岬灯台は、昭和4（1929）年に建てられたもの。

味噌煮込みうどん、味噌カツなどに欠かせない味噌　岡崎・豊田と奥三河

八丁味噌の蔵見学

カクキューの史料館展示

江戸時代初期から八丁村（現在の岡崎市八帖町）で造られることからその名のついた**八丁味噌**。旧東海道を挟んで建つ**まるや**と**カクキュー**の2軒では、味噌蔵見学ができる。

武田と徳川が奪いあった戦国末期の城の跡　岡崎・豊田と奥三河

長篠城址

牛渕橋から見た長篠城址

1508年に菅沼元成が築城し、ふたつの川と堀を利用した天然の要害として防御を誇った。建物は残っていないが、長篠城や合戦について知ることができる**長篠城址史跡保存館**がある。

▶博物館 明治村
住 犬山市字内山1
TEL 0568-67-0314
開 3～7・9・10月9:30～17:00
8月10:00～17:00
11月9:30～16:00
12～2月10:00～16:00
休 不定休　料 2000円
交 名鉄**犬山駅**から明治村行きバスで約20分の終点下車、徒歩すぐ。または**名鉄バスセンター**、**栄オアシス21**からバスで65～82分
URL www.meijimura.com

▶トヨタ博物館
住 長久手市横道41-100
TEL 0561-63-5151
開 9:30～17:00（最終入場16:30）
休 月曜（祝日の場合は翌日）、年末年始　料 1200円
交 JR**名古屋駅**からバスで1時間15分の**トヨタ博物館前**下車、徒歩5分。またはリニモ**芸大通駅**から徒歩約5分
URL toyota-automobile-museum.jp

▶恋路ヶ浜と伊良湖岬灯台
住 田原市伊良湖町
TEL 0531-23-3516（渥美半島観光ビューロー）
開 入場自由（灯台への入場不可）
交 豊橋鉄道**三河田原駅**からバスで50分の**恋路ヶ浜**下車、徒歩約5分。恋路ヶ浜から伊良湖岬灯台まで徒歩15分

伊良湖岬灯台

▶八丁味噌の蔵見学
交 名鉄**岡崎公園前駅**から徒歩1分

▶まるや
住 岡崎市八帖町字往還通52
TEL 0564-22-0678
開 9:00～12:00、13:00～16:20
休 年末年始、お盆など　料 無料
URL www.8miso.co.jp/kojo.html

▶カクキュー八丁味噌（八丁味噌の郷）
住 岡崎市八帖町字往還通69
TEL 0564-21-1355
開 10:00～16:00
休 12/31、1/1　料 無料
URL www.kakukyu.jp/facilities

▶長篠城址史跡保存館
住 新城市長篠字市場22-1
TEL 0536-32-0162
開 9:00～17:00（最終入場16:30）
休 火曜（祝日の場合は翌日）、年末年始　料 220円
交 JR**長篠城駅**から徒歩8分

info 愛知県出身のスポーツ選手といえば、メジャーリーグでも大活躍した**イチロー**選手。生誕地の**豊山町**には、少年時代からのイチローコレクションを公開した**I-fain（アイ・ファイン）**という展示ルームもある。URL www.btr.co.jp

岐阜県 岐

GIFU

岐阜市

岐阜県

人口
197.9万人（全国17位）
面積
1万621km²（全国7位）
県庁所在地
岐阜市
県花
れんげ草

ミナモ
清流の国、岐阜県の川の水面に住む妖精
©岐阜県 清流の国ぎふ・ミナモ #1027

れんげ草
古くから水田の緑肥として栽培され、蜂蜜の重要な蜜源植物としても利用されている

7つの県に囲まれた内陸県で、本州のほぼ中央に位置し、日本の人口重心がある。変化に富んだ自然に恵まれ、県土の約8割が豊かな森林となっている。北部の飛騨地域は、御嶽山、乗鞍岳、奥穂高岳など、標高3000m級の山が連なる山岳地帯だが、高山市は盆地にある。南部の美濃地域には、濃尾平野が広がり、長良川、木曽川、揖斐(いび)川の三大河川が流れる。なかでも長良川中流は「日本の名水百選」に選ばれた清流として知られる。

旅の足がかり

岐阜市

岐阜県南部、濃尾平野の北に位置する。織田信長はこの地を拠点にして勢力を増し、「岐阜」の名を全国に広めたといわれる。市内には緑豊かな金華山がそびえ、信長ゆかりの**岐阜城**P.534や寺院、館跡などが残る。その北側には清流長良川が流れ、このあたりは、1300年以上の歴史をもつ**ぎふ長良川の鵜飼**P.535や長良川温泉もある風光明媚なエリア。岐阜駅周辺はオフィスや商業施設が立ち並び、繁華街・歓楽街としても知られる柳ヶ瀬と呼ばれる地区もある。

高山市

岐阜県北部、飛騨地方の中心都市。「飛騨の古都」とも呼ばれる市街には、江戸時代の古い町並みのほか、幕府直轄時代に使われた**高山陣屋**P.538も残る。高山市は日本一大きな面積をもつ市として知られるが、その90％以上が森林。山や川、渓谷、峠などの自然が豊かで、北アルプスの懐に抱かれた**奥飛騨温泉郷**P.533では四季の景観を堪能できる。

白川村

県北西部に位置する白川村は、富山県や石川県とも接する県境の村。飛騨地方の中でも、険しい山ひだに囲まれた地域で、日本有数の豪雪地帯として知られる。こうした気候や生活様式から生まれた**白川郷の合掌造り集落**P.532は、世界遺産にも登録されている。村の大部分をしめる豊かな山林は、白山国立公園、天生（あもう）県立自然公園になっている。

地理と気候

太平洋側と日本海側の中間に位置し、山岳地帯が多い北部と平野が多い南部では、気候が異なる。美濃地方や飛騨南部は夏季に高温となることもあるが、県北部は冬の寒さが厳しい。

【夏】 8月の平均気温は岐阜市で28°C前後、北の高山市で24°C前後。中部から南部では最高気温が40°Cを超える厳しい暑さになることもある。

【冬】 2月の平均気温は岐阜市で6°C前後、北の高山市では0°C前後。北部では最低気温がマイナス10°C以下になり、積雪が多い所もある。

P.524～541 写真提供：岐阜市 （一社）岐阜県観光連盟

アクセス

東京から ▶▶▶	所要時間
新幹線 東京駅▶岐阜羽島駅(ひかり)	2時間
高速バス バスタ新宿▶高山濃飛バスセンター	5時間30分

愛知から ▶▶▶	所要時間
新幹線 名古屋駅▶岐阜羽島駅(ひかり、こだま)	10分
JR線 名古屋駅▶岐阜駅(新快速)	20分
JR線 名古屋駅▶多治見駅(快速)	35分
JR線 名古屋駅▶高山駅(特急ひだ)	2時間30分
高速バス 名古屋駅▶高山濃飛バスセンター	2時間35分

富山から ▶▶▶	所要時間
JR線 富山駅▶高山駅(特急ひだ)	1時間30分
高速バス 高岡駅▶白川郷	2時間10分

長野から ▶▶▶	所要時間
JR線 塩尻駅▶多治見駅(特急しなの)	1時間40分
高速バス 松本駅▶平湯温泉	1時間40分

県内移動

▶岐阜から高山へ

特急**ひだ**で約2時間～2時間20分。普通列車なら美濃太田駅で乗り換えて約2時間30分。

名鉄岐阜駅から約2時間で高山濃飛バスセンターを結ぶ。岐阜バスと濃飛バスの運行で1日6便程度。

▶岐阜から多治見へ

高山本線と太多線を乗り継ぐより、東海道本線で名古屋駅まで行き、中央本線に乗り換える方が早い上、特急**しなの**も利用できる。

▶岐阜から郡上八幡へ

高山本線で美濃太田駅で長良川鉄道に乗り換えて約2時間30分。

名鉄岐阜駅から郡上八幡駅(八幡駅前)まで約1時間30分。

▶▶▶アクセス選びのコツ

新幹線で岐阜市内に向かうなら岐阜羽島駅で乗り換えるより、のぞみが停車する名古屋駅で東海道線に乗り換えて岐阜駅に行く方が早い。

岐阜バスが名鉄岐阜～関～新宿の夜行を運行しているほか、高山～新宿は1日5便(昼行のみ)程度の運行。ほかの地域へは名古屋まで出たほうが選択肢が広がる。

交通路線図

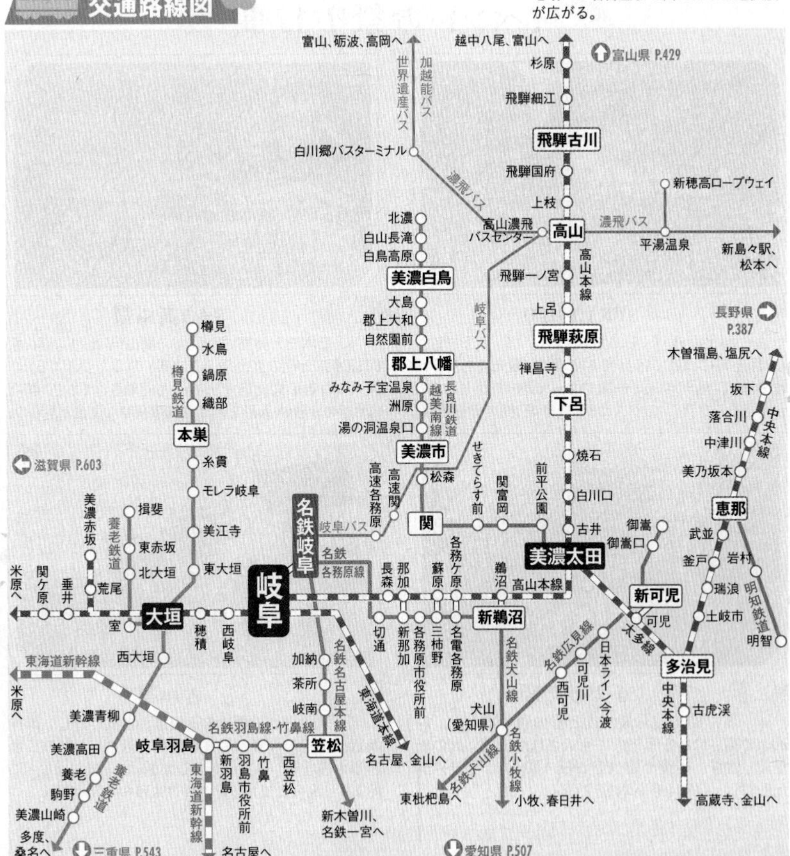

岐阜県

うちの県はここがすごい

一
流しそうめん発祥の地

郡上市の飲食店「阿弥陀ヶ滝荘」が、元祖・流しそうめん発祥の地のひとつ。日本の滝100選にも選ばれた阿弥陀ヶ滝P.541の近くにあり、湧き水を使った岩の流し場を囲んでいただく形式。

二
日本一の刃物生産量

関市は鎌倉時代に刀鍛冶が誕生し、多くの刀匠を抱える一大産地として発展した。今も刃物生産量は日本一。「関の孫六」ら伝統技能が受け継がれており、日本有数の名刀の産地でもある。

三
日本一滝の多い町

下呂市小坂町は日本一滝の多い町。豊富な雨量と落差の大きい渓流、町の97%が山林という環境もあり、落差5m以上の滝だけでも200ヵ所あまり。滝巡りツアーもある。

イベント・お祭り・行事

① 郡上おどり

郡上八幡（ぐじょうはちまん）で、7月中旬から9月上旬にかけて行われる盆踊り。観光客も見るだけでなく、地元の人と一緒になって踊りを楽しむことができる。クライマックスは8月半ば4日間の徹夜踊り。

② 秋の高山祭

日本三大美祭に数えられる高山祭は、春の高山祭（山王祭）と秋の高山祭（八幡祭）のふたつがある。ユネスコの無形文化遺産リストにも記載されており、精巧な動きのからくり人形をのせた絢爛豪華な屋台が見もの。

③ 手力の火祭

江戸時代から続く炎と音の勇壮な祭り。約20mの高さにある滝花火に点火された後は、火の粉が降り注ぎ、半鐘や爆竹音が鳴り響く中、飾り神輿が乱舞し、祭りは最高潮を迎える。

④ 古川祭

飛騨古川の歴史ある例祭。古式ゆかしい御神輿行列、見事な細工の屋台行列、起こし太鼓の三大行事からなる。勇壮な起こし太鼓は、「打ち出し」に始まり、深夜まで大太鼓と付け太鼓の攻防が続く。

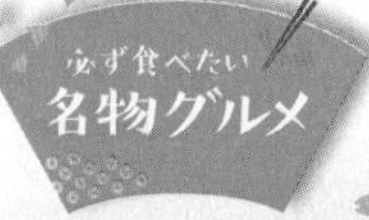

鮎

清流長良川の鮎は、平成27(2015)年に世界農業遺産に認定されており、良質で味がいいと評判。特に郡上地域で取れた天然鮎は「郡上鮎」と呼ばれ、食通にも知られる。

高山ラーメン

鶏ガラベースのあっさり醤油味のスープに極細のちぢれ麺が特徴。シンプルで気取らない味で、タレを合わせてから煮込むスープが、ほかのラーメンとは違う。

飛騨牛

柔らかくとろけるような食感の霜降り肉は、ステーキでもすき焼きでもおいしい。厳しい基準をクリアした黒毛和種の牛肉だけが「飛騨牛」と名のることができる。

朴葉寿司

殺菌や防かび作用があることで知られる大きな朴葉に、酢飯と具材をのせて包んだ郷土料理。昔から田植えや山仕事での昼ごはんとして重宝された。

地元っ子愛用 ローカル味

鶏ちゃんみそ

下呂や郡上周辺の家庭料理「鶏（けい）ちゃん」を手軽に味わえる味噌だれ。塩辛さをおさえたマイルドもある。鶏ちゃん醤油、塩鶏ちゃんもあり、さまざまな料理に使うことができる。

明宝ハム

良質な国産の豚もも肉だけを使い、細かい筋を取り除くなどていねいな作業を重ねて作ったハム。今も郡上の明宝で作られており、味のよさから贈答品としても人気を集めている。

もらえば笑顔 定番みやげ

栗きんとん

恵那地方の名物で、秋を代表する和菓子。厳選された国産の栗に少量の砂糖のみを加えて炊き上げたもの。自然で素朴ながらも、栗の風味を最大限楽しめる逸品。

朴葉味噌

味噌にネギやきのこなどを混ぜ、朴葉にのせて焼く。香ばしい朴葉と味噌の香りが食欲をそそる。ごはんにのせて食べるほか、飛騨牛などと一緒に焼くこともある。

匠の技が光る 伝統工芸

飛騨春慶

400年前の名工が、木目の美しさに惹かれて作り上げたという透漆塗り。透明感をもつ独特の深い色調で、塗師によって各々秘伝の製法を持つため、微妙に色合いが異なる。

美濃和紙

1300年以上の歴史を誇る和紙。独自の漉き方のため、均一でムラがなく、薄いが丈夫。本美濃和紙は、平成26(2014)年にユネスコの無形文化遺産リストに記載されている。

ワカルかな？
岐阜のお国言葉

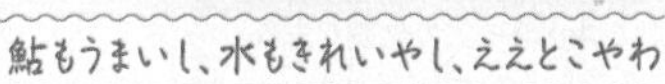

鮎もうまいし、水もきれいやし、ええとこやわ

Ans. 鮎もおいしいし、水もきれいだし、いいところだね

1泊2日で巡る 岐阜県

北部の飛騨地方で1日、それ以外のエリアを組み合わせて1日という日程で考えるとわかりやすい。山あいの滝などレンタカーが便利な場所もある。

1日目

8:50 高山濃飛バスセンター

バス50分

9:40 日本の原風景を堪能する
白川郷を散策 ▶P.532

豊かで厳しい自然とともに生きる知恵を感じることができる。
写真提供：岐阜県白川村役場

徒歩散策

10:10 大規模な合掌造り
和田家内部を見学 ▶P.532

江戸中期、300年以上前に建てられたもの。
写真提供：岐阜県白川村役場

シャトルバス6分 or 徒歩20分

11:00 中世の山城があった
荻町城跡展望台 ▶P.532

台地の上の展望台は、合掌造りの集落を見渡せる絶景ポイント。

シャトルバス6分 or 徒歩20分

11:40 白川郷バスターミナル

バス50分

12:30 高山濃飛バスセンター

徒歩5分

12:40 古い町並みが残る
さんまち通り周辺 ▶P.533

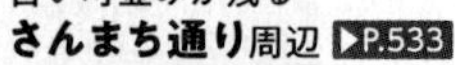

飛騨高山の特産品の店をのぞきつつ散策。周辺で飛騨牛ランチ。

徒歩5分

からくり人形や見事な彫り物など、飛騨の匠の技が凝縮された屋台が並ぶ。

14:30 飛騨の匠の技を知る
高山祭屋台会館 ▶P.538

高山祭屋台会館で祭りの豪華な屋台を見てから櫻山八幡宮で参拝を。

徒歩10分

15:30 江戸時代のお役所**高山陣屋** ▶P.538

蔵や台所もあり、当時の暮らしぶりを知ることもできる。

玄関を入ったところにある、青海波の文様が美しい床の間。

罪人を裁く御白洲

徒歩10分

16:30 JR高山駅

鉄道41分

17:15 下呂温泉の**湯之島館**へ

小高い山の中腹に建つ、文人たちにも愛された温泉宿。

徒歩20分

下呂温泉の町並みを望む広大な庭園をもち鳥のさえずりを聴きながら露天風呂を楽しめる

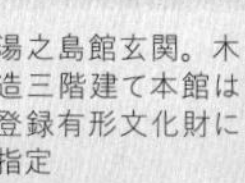

湯之島館玄関。木造三階建て本館は登録有形文化財に指定

湯之島館（ゆのしまかん）

飛騨の山並みが楽しめる展望露天風呂

昭和6（1931）年創業で、下呂温泉が「湯ノ島」と呼ばれていた頃からの歴史ある温泉宿。広大な庭園は創業当時のまま。展望台から下呂の温泉街を一望でき、露天風呂や大浴場からは飛騨の山並みを眺めることができる。昭和の風情が残る本館や別館のほか、平成に建てられた景山荘などの施設がある。

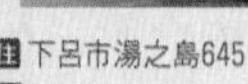

住 下呂市湯之島645
TEL 0576-25-4126
交 JR下呂駅から徒歩20分。送迎バスあり
料 1泊2万6000円～（2食付き）
URL www.yunoshimakan.co.jp

高山に泊まるなら
高山の朝市へ
宮川沿いにたつ宮川朝市と、高山陣屋前の広場で行われる陣屋朝市のふたつがある。朝7:00（冬は8:00）から正午まで開かれていて、取れたての新鮮野菜、漬物、味噌などが並んでいる。

2日目

9:30 下呂温泉

徒歩5分

9:40 **温泉寺と下呂発温泉博物館へ** ▶P.534

下呂温泉の白鷺伝説が残る寺にお参り。科学と文化の両面から温泉を紹介する博物館も見てみたい。

徒歩1分

10:25 気軽に温泉を楽しめる **足湯巡り**

スイーツを食べながら浸かれる足湯など、いろいろなタイプがある。

徒歩5分

12:00 下呂温泉周辺で**ランチ**

このあたりの郷土料理「鶏ちゃん」を食べてみたい。

徒歩5分

13:19 JR下呂駅

鉄道80分

14:39 JR岐阜駅

バス20分

山頂には眺望がいいガラス張りのレストランもある。

15:00 山頂へ楽々登れる **ぎふ金華山ロープウェー** ▶P.536

ロープウェー5分

15:10 リスたちと遊べる **リス村** ▶P.536

餌やりをしながらリスと触れ合える。

徒歩2分

16:00 金華山山頂に建つ **岐阜城** ▶P.534

期間限定で夜間パノラマ夜景も楽しめる。

ロープウェー5分＋徒歩15分

17:45 伝統の技を見る **ぎふ長良川の鵜飼** ▶P.535

1300年以上続く漁法。国重要無形民俗文化財に指定されており、日本遺産の構成文化財にも認定されている。

日本三大桜のひとつ
根尾谷淡墨桜（ねおだにうすずみざくら）

薄いピンクの蕾から満開になると白い花、散りゆく頃には淡い墨色を帯びることから淡墨桜と呼ばれている。樹齢1500年を超えるとされ、作家の宇野千代が熱心に保護を訴えたことでも知られる。

おすすめ！泊まるならココ

北アルプスの主峰「槍ヶ岳」を望む奥飛騨の秘湯
槍見の湯 槍見舘（やりみのゆ やりみかん）

風情あふれる吹き抜け民芸造りのロビー

野趣あふれる露天風呂

奥飛騨の蒲田川沿いにたたずむ、古民家づくりの一軒宿。「源泉湯宿を守る会」会員の良質なかけ流しの名湯で8つの湯を備える。奥飛騨で数軒しかない「飛騨牛料理指定店」でもあり、特選飛騨牛の鉄板ステーキや朴葉味噌ステーキのほか、岩魚の炭焼きなど食事も充実。自家製の果実酒は女性に好評。

住 高山市奥飛騨温泉郷神坂587
TEL 0578-89-2808
交 高山濃飛バスセンターからバスで**中尾高原口**下車、徒歩5分
料 1泊1万8850円～
URL yarimikan.com

岐阜県の歩き方

▶岐阜市観光案内所
住 岐阜市橋本町1丁目
（JR岐阜駅2階）
TEL 058-262-4415
開 8:30～19:30 休 無休
URL www.gifucvb.or.jp

▶西美濃観光案内所
住 大垣市高屋町1-145
（大垣駅ビル アピオ2F内）
TEL 0584-75-6060
開 10:00～17:00 休 12/29～1/3
URL www.ogakikanko.jp

郡上のやな漁

川に木や竹でスノコのような台を作って鮎を取る漁で、夏から秋にかけての郡上の風物詩。この時期なら新鮮な郡上鮎が味わえる。

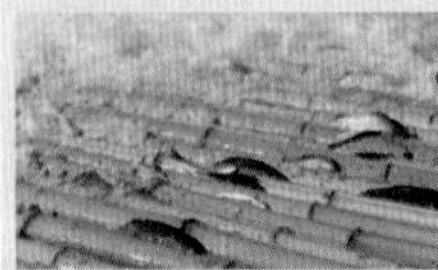
間近で見学することもできる

▶郡上八幡駅観光案内所
レトロな駅舎内にあり、カフェも併設する。
住 郡上市八幡町城南町188-54
TEL 0575-67-9039
開 9:00～17:00 休 無休
URL ekisya-cafe.com

▶中津川観光案内所
住 中津川市栄町1-1 にぎわいプラザ1階（JR中津川駅前）
TEL 0573-62-2277
開 8:30～18:00 休 12/29～1/3
URL nakatsugawa.town

岐阜市と周辺

岐阜駅前の信長像

水の都と呼ばれる大垣市

岐阜市　県南西部の旅の拠点。岐阜駅には、JR東海道本線のほか、飛騨地方と結ぶ高山本線、名古屋や中部国際空港と連絡する名鉄線も停車し、長距離バスも発着している。岐阜市内は市内バス路線が充実しており、**岐阜城**P.534が建つ**金華山**の山麓へも市内バスで行くことができる。

大垣と周辺　**大垣城**P.539や**関ケ原古戦場**P.536へはJR東海道線が走り、養老の滝や養老天命反転地がある**養老公園**P.539へは、養老鉄道が運行している。

足を延ばせば

朱塗りの三重塔

岐阜公園　金華山山麓の岐阜公園は、11月頃には黄葉や紅葉で染まる。岐阜城の城主、斎藤道三（城主の時代は稲葉山城と呼ばれた）や織田信長の居所があったとされ、信長の居所跡は名所として整備復元された。大正6（1917）年に建てられた朱塗りの三重塔も金華山に彩を添えている。

郡上周辺と県南東部

郡上八幡城

雄大な渓谷美を誇る恵那峡

郡上八幡と周辺　県中部、うだつの上がる町並みのある**美濃市**や郡上おどりで有名な**郡上八幡**へは、**美濃太田**から北へ向かう長良川鉄道で行くことができる。岐阜市から高山へ抜ける岐阜バスも運行している。

中津川と周辺　県南東部を走るJR中央本線は、**恵那**や**多治見**、**中津川**などで停車し、恵那からは城跡が残る岩村方面へ明智鉄道が延びている。山間部の滝や峡谷などは車が必須。宿場町として知られる観光名所の**馬籠宿**P.536へは、中津川駅からバスを利用する。

info **大垣市**は、俳聖・**松尾芭蕉**が『**おくの細道**』の紀行を終えた**むすびの地**としても知られる。この地で最後の句を書き、旅を終え、伊勢に船出した場所には、江戸時代後半に建てられた**住吉燈台**が残っている。

日本全国津々浦々～道の駅めぐり～

美濃焼のカップなども並ぶ

志野・織部
陶磁器生産量日本一を誇る土岐市にある道の駅。織部焼をはじめとした美濃焼の器などが並ぶ。卸売商社の小売店が集まる「織部ヒルズ」にも隣接。名物「竹皮羊羹」など、このエリアの特産品も扱っている。

高山と飛騨地方

高山の古い町並みで飛騨牛握りの店に並ぶ人

高山　飛騨地方の旅の拠点は、温泉地の下呂や古い町並みで知られる高山で、岐阜駅から富山へ向かうJR高山本線が停車する。長距離バスも発着する高山のバスセンターから、白川郷や**奥飛騨温泉郷**P.533、新穂高へは、濃尾バスが運行している。1時間に1本程度の路線も多いので、旅の計画は念入りに。

冬の白川郷

白川郷　高山からのほか、金沢駅や富山駅、名古屋駅からも高速バスが運行している。

グルメ

素朴な家庭料理 鶏ちゃん

鶏(けい)ちゃん　下呂や郡上あたりの郷土料理で、味噌や醤油などのタレに漬け込んだ鶏肉をキャベツと炒めたもの。家庭料理として始まったもので、地域や各家庭によって、タレや野菜など、さまざまなバリエーションがある。

香ばしく焼いた五平餅

五平餅(ごへいもち)　潰したごはんを板切れに巻き付け、タレをつけて焼いた五平餅は、かつて山仕事をする人たちのお弁当としても重宝されたという。地域によって、醤油、味噌など、タレに違いがあり、くるみ味噌を使ったものもおいしい。

高山のみたらし団子

みたらし団子　飛騨地方の郷土料理。この地方のものは、全国的によく見かける甘辛のあんをかけた「みたらし団子」とは違い、醤油を塗ってあぶり焼きにしたお団子。焼き方やタレは店によってさまざまなので食べ比べも楽しみ。高山陣屋の隣にも「陣屋だんご店」がある。

▶道の駅 志野・織部
住 土岐市泉北山町2-13-1
TEL 0572-55-3017
開 9:00～18:00　休 1/1
交 中央自動車道**土岐IC**から車で約5分。またはJR**土岐市駅**から美濃焼団地行きバスで約15分の**志野・織部**下車、徒歩すぐ
URL shino-oribe.co.jp

▶飛騨高山観光案内所
住 高山市花里町5-51
(JR高山駅東口)
TEL 0577-32-5328
開 4～10月8:30～18:30
11～3月8:30～17:00
休 無休
URL www.hidatakayama.or.jp

▶岐阜高山線往復券＋高山市内循環線1日フリー券
岐阜～高山の高速バス往復に高山市内循環バス「さるぼぼバス」の1日券がセットになったお得なチケット。
料 5400円
URL www.gifubus.co.jp/rosen/tickets

▶白川郷観光案内所
住 大野郡白川村荻町1086
(白川郷バスターミナル内)
TEL 05769-6-1013
開 9:00～17:00　休 無休
URL shirakawa-go.gr.jp

▶下呂市総合観光案内所
住 岐阜県下呂市幸田1357
(JR下呂駅前)
TEL 0576-25-4711
開 8:30～17:30　休 無休
URL www.gero-spa.com

高山のライトアップ
12～2月にかけて、宮川にかかる中橋を中心に市街地がライトアップされる。中橋の赤い欄干と雪の白さが印象的な冬ならではの景色を楽しむことができる。

高山の中橋周辺

info 映画『**君の名は。**』の舞台として使われた**飛騨古川駅**のほか、岐阜県にはアニメ映画のロケ地も多い。作者が高山市出身という『**氷菓**』の舞台は**高山市**がモデル。高山の宮川朝市や古い町並みなどが登場している。

岐阜県の見どころ

日本の原風景、農村の文化や暮らしを感じる

高山と飛騨地方

白川郷合掌造り集落

（しらかわごうがっしょうづくりしゅうらく）

雪の合掌造り集落

険しい山々に囲まれた白川村は、日本有数の豪雪地帯で、かつては冬季に閉ざされる秘境と呼ばれていた。今では交通網も整い、東海北陸自動車道（白川郷IC）からアクセス可能。雪に包まれた冬の白川郷には幻想的な景色が広がる。三角の茅葺き屋根で知られる合掌造りの家は、積雪が多く重い雪が降る、この地の自然状況に適した構造。**荻町城跡展望台**から集落を一望でき、国の重要文化財である**和田家**など、内部見学可能な合掌造りの家もある。世界遺産への登録では、建物や景観だけでなく、厳しい自然の中で必要とされた、住民同士の助け合いが高く評価されたといわれている。

▶白川郷合掌造り集落
住 岐阜県大野郡白川村
TEL 05769-6-1013(白川郷観光協会)
交 JR**高山駅**からバスで50分の**白川郷**下車、徒歩すぐ
URL shirakawa-go.gr.jp

▶国指定重要文化財 和田家
住 大野郡白川村荻町997
TEL 05769-6-1058
開 9:00～17:00 休 不定休
料 400円

合掌造りの屋根の葺き替え
写真提供：岐阜県白川村役場（2点とも）

info **白川郷の合掌集落**にある天然温泉**白川郷の湯**のほか、「子宝の湯」として知られる**大白川温泉しらみずの湯**、白山国立公園内にある野趣あふれるかけ流し天然露天風呂の**大白川露天風呂**に立ち寄るのもいい。

江戸から明治にかけての風情を感じることができる

高山と飛騨地方

飛騨高山の古い町並（ひだたかやまのふるいまちなみ）

多くの人が訪れる古い町並

大新町にある日下部民藝館

宮川の東に残る江戸時代の町家建築が並ぶ町並みで、出格子がはまる落ち着いた色合いの家が軒を連ねる。

旧高山城南側の上一之町、上二之町、上三之町などを合わせて**三町**と呼び、観光の中心は、豪商たちの屋敷が残るさんまち通り周辺の**古い町並**。杉の葉を玉にした**酒ばやし**が店先に下がる造り酒屋のほか、味噌蔵、老舗の料理店、版画店などが並び、**みたらし団子**P.531や飛騨牛串焼きなどの地元グルメも盛りだくさん。昔ながらの人力車が行き交うこともある。三町の北側には、明治からの貴重な家が残り、国指定重要文化財なども並ぶ。

露天風呂から北アルプスの景色を堪能できる

高山と飛騨地方

奥飛騨温泉郷（おくひだおんせんごう）

新穂高の湯

雪の平湯温泉

北アルプスの懐にあり、大自然の恵みを受けた湯量豊富な露天風呂で知られる5つの温泉地からなる温泉郷。

最も歴史ある**平湯温泉**（ひらゆ）は、甲州の武田家臣が飛騨へ攻め込んだときに発見したといわれる、伝説の名泉。乗鞍岳（のりくら）の麓にあり、江戸時代には北陸の諸大名の疲れを癒やす宿場にもなったという。平家の落武者伝説を残す**福地温泉**、にぎやかで湯量豊富な**新平湯温泉**、庶民的な宿が多く渓流釣りも盛んな**栃尾温泉**、北アルプス登山口のひとつ、穂高連峰山麓に広がる**新穂高温泉**と、温泉地によって違った顔をもっている。

▶飛騨高山の古い町並
TEL 0577-32-3333（高山市観光課）
開 見学自由（有料施設あり）
交 JR**高山駅**から徒歩12分
URL www.hidatakayama.or.jp

▶日下部民藝館
住 高山市大新町1-52
歴史ある日下部家を当時のまま一般公開。
TEL 0577-32-0072
開 10:00～17:00
休 火曜（祝日の場合は翌日）
料 500円
URL www.kusakabe-mingeikan.com

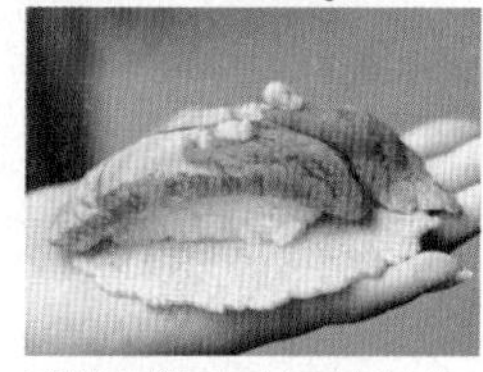
飛騨牛にぎりのテイクアウトも人気

奥飛騨クマ牧場
100頭あまりのクマを年中見学できる。「おやつやり体験」や、子熊を抱っこして記念撮影も可能。新平湯温泉から車で10分。
住 高山市奥飛騨温泉郷一重ヶ根2535
TEL 0578-89-2761
開 夏期8:00～17:00
冬期8:00～16:30
休 無休　料 1100円
交 **高山濃飛バスセンター**から約1時間20分の**クマ牧場前**下車、徒歩5分
URL kumabokujyo.com

たくさんのクマに会える

▶奥飛騨温泉郷
住 高山市奥飛騨温泉郷村上1689-3
TEL 0578-89-2614（奥飛騨温泉郷観光協会）
開休料 施設による
交 JR高山駅前の**高山濃飛バスセンター**から平湯温泉行き、新穂高ロープウェイ行きのバスが出ている
URL www.okuhida.or.jp

info **飛騨高山の古い町並**では、名物**飛騨牛**の**にぎり寿司**が食べられる。テイクアウトの店がいくつも出ており大人気。最高級のトロさしを使っていたり、甘めのタレがかかっていたり、店ごとに特色がある。

日本三名泉のひとつに数えられる天下の名泉

下呂温泉（げろおんせん）

平安時代に発見された歴史ある名湯で、京都五山の僧や林羅山（はやしらざん）によって**「有馬や草津に並ぶ名泉のひとつ」**と讃えられた。温泉が止まってしまった時には、薬師如来が白鷺に姿を変えて傷を癒やし、新たな源泉を村人に教えたという伝説もある。

開放感あふれる温泉、噴泉池

アルカリ性温泉特有のトロトロとした肌触りから**美人の湯**とも呼ばれている。温泉街を流れる飛騨川の河川敷には、名物の**噴泉池（ふんせんち）**があり、開放的なロケーションで源泉かけ流しのお湯を堪能できる。3つの共同浴場や無料の足湯、加盟旅館などで利用可能な**湯めぐり手形**もあり、色々な楽しみ方が可能。

湯めぐり手形で温泉巡りも楽しい

▶下呂温泉
住 下呂市湯之島
TEL 0576-24-1000
開 休 料 施設による（湯めぐり手形は1300円）
交 JR**下呂駅**から徒歩5分
URL www.gero-spa.com

▶温泉寺
白鷺に化身し、温泉の湧出を知らせた白鷺伝説の薬師如来が祀られた寺。
住 下呂市湯之島680
TEL 0576-25-2465
開 入場自由（日没まで開門）
交 JR**下呂駅**から徒歩15分
URL www.onsenji.jp

▶下呂発温泉博物館
科学と文化の両面から温泉を紹介。歩行浴が楽しめる足湯もある。
住 下呂市湯之島543-2
TEL 0576-25-3400
開 9:00～17:00（最終入場16:30）
休 木曜（祝日の場合は翌日）
料 400円
交 JR**下呂駅**から徒歩10分
URL www.gero.jp/museum

斎藤道三、織田信長の居城として知られる

岐阜城（ぎふじょう）

北に**長良川**、南に**金華山**の大岩壁という地形から、**「美濃を制するものは天下を制す」**とまでいわれ、難攻不落の城として知られる。

岐阜城の天守

戦国時代には**斎藤道三（どうさん）**の居城（稲葉山城（いなばやまじょう））だったが、永禄10（1567）年に**織田信長**が城主となり、岐阜城と改名。天下統一の志を掲げる信長は、岐阜城を息子の信忠に譲るまで、**楽市楽座**の保護などに力を注ぎ、城下町はおおいににぎわった。現在の城は昭和31（1956）年に復元されたもの。楼上の展望台からは、眼下に長良川や御嶽山、乗鞍岳、養老山脈などを一望にでき、期間限定で夜景を楽しめる。

岐阜城からの夜景

▶岐阜城
住 岐阜市金華山天守閣18
TEL 058-263-4853
開 9:30～16:30（季節により変動）
休 無休　料 200円
交 JR**岐阜駅**からバスで15分の**岐阜公園・歴史博物館前**下車、ぎふ金華山ロープウェーP.536に乗り、**山頂駅**下車、徒歩8分

難攻不落の城

天守へ続く山道

info 江戸時代、仏像を彫り続けながら全国を巡った僧、**円空**は、岐阜県（当時の美濃国）の生まれ。5000体もの円空仏のうち1300体以上が岐阜に残る。円空が滞在した**飛騨千光寺**では64体もの円空仏と書画などを見ることができる。

清流長良川を幽玄な篝火が彩る伝統の漁法

岐阜市と周辺

ぎふ長良川の鵜飼

何羽もの鵜をあやつる鵜匠　撮影：別所隆弘

1300年以上前から行われていた伝統漁法。織田信長は客人のおもてなしに鵜飼を披露したほか、江戸時代には将軍家の庇護を受けた。現在は皇室専用の御料場もある。**鵜舟**に乗って**鵜匠**が最大12本もの手縄を巧みにさばきながら鵜を操っていく。鵜を家族のように大切にする、鵜匠と鵜の絆によって生まれる熟練の技だ。

▶ぎふ長良川の鵜飼
▶鵜飼観覧船
住 岐阜市湊町1-2
TEL 058-262-0104
開 5/11～10/15の18:15、18:45、19:15 ※要予約。御料鵜飼や2回制の時期など、時間が異なることもあるので要確認
休 9/12、10/16～5/10
料 3200～3500円
交 JR**岐阜駅**からバスで30分の**長良橋**下車、徒歩1分
URL www.ukai-gifucity.jp/Ukai

標高2000mを超える絶景を気軽に楽しめる

高山と飛騨地方

新穂高ロープウェイ

北アルプスを見渡せる西穂高口駅展望台

日本で唯一の2階建てのゴンドラで、第1ロープウエイと第2ロープウエイを合わせた全長は約3200m。

標高2156mの**西穂高口駅展望台**からは、西穂高岳や槍ヶ岳など、北アルプスの山々を360°の大パノラマで見渡せる。**西穂高口駅**の外には、原生林の樹間を縫う散策コースも整備されており、年間20日間ほどだが**星空鑑賞便**も運行される。

▶新穂高ロープウェイ
住 高山市奥飛騨温泉郷新穂高温泉
TEL 0578-89-2252
開 新穂高温泉駅～西穂高口駅
4～11月8:30～16:45
(8・10月の土・日曜・祝日8:00～16:45)
12～3月9:00～16:15
休 無休
料 新穂高温泉駅～西穂高口駅
片道1700円　往復3000円
交 JR**高山駅**からバスで約1時間30分の**新穂高**下車、徒歩すぐ
URL shinhotaka-ropeway.jp

雄大な山脈を見渡せる

飛騨国の一宮として多くの神々を祀る

高山と飛騨地方

飛騨一宮水無神社

鳥居横には樹齢およそ800年という大杉が立つ

御歳大神を主祭神とし、飛騨一円の神々を奉祀する神社。

水無神の御神体山とされる霊山、**位山**には、**宮川**の源流があり、農作物に実りをもたらす作神様として信仰されている。位山には、初期の古墳のような巨石群もあり、神秘的な霊場だったと考えられている。毎年4月3日には女性の幸せを祈願する**生きびな祭り**も行われる。

▶飛騨一宮水無神社
住 高山市一之宮町5323
TEL 0577-53-2001
開 入場自由
交 JR**高山駅**からバスで15分の**飛騨一之宮**下車、徒歩4分
URL minashijinjya.or.jp

絵馬殿

info 高山から40kmほど北東の**飛騨市神岡町**には、ノーベル物理学賞受賞で知られる**ニュートリノ**の観測装置**スーパーカミオカンデ**をはじめ、研究施設が集まっている。町には研究の魅力を伝える**カミオカラボ**という展示施設もある。

岐阜の町を見下ろしながら金華山に登る

岐阜市と周辺

ぎふ金華山ロープウェー

岐阜城P.534が建つ金華山の麓、岐阜公園の乗り場から標高329mの山頂までは4分ほど。全長は599.43m、高低差255.43mで、全国一の急傾斜角をもつ。山頂駅には、展望台や展望レストランのほか、リスと遊ぶことができる**リス村**もある。

混雑時には毎時10分おきに運行

東軍と西軍が激突した最大級の合戦の舞台

岐阜市と周辺

関ケ原古戦場

令和2(2020)年に開館した**岐阜関ケ原古戦場記念館**。その展望室からは、激戦が繰り広げられた**決戦地**、石田三成陣跡の**笹尾山**をはじめ、関ケ原の全景を見渡せる。記念館や関ヶ原駅前観光交流館などでレンタサイクルを借り、記念館を拠点に古戦場一帯の史跡を巡るのも楽しい。

家紋入りの旗が立つ決戦地

食べ歩きも楽しい江戸の面影を残す宿場町

郡上周辺と県南東部

馬籠宿

江戸初期に整備された街道、**中山道**の中ほどに位置する宿場町。文豪・島崎藤村の生家跡は、本陣、問屋、庄屋を兼ねた旧家で、**藤村記念館**になっている。水車や石畳の坂道、見晴台といったスポットを散策したり、団子型の五平餅やおやきなど、食べ歩きも楽しみ。

馬籠宿の水路の水で回る水車

ダム建設によって生み出された四季折々の渓谷美

郡上周辺と県南東部

恵那峡

大正13(1924)年、**大井ダム**の完成によってできた**人造湖**で、両岸に奇岩や怪石が並ぶ名勝でもある。桜が咲く春、紅葉の秋など、四季折々の景観を遊覧船で楽しむこともできる。ダムと湖を巡る散策路や公園も整備されていて、家族で楽しめる恵那峡ワンダーランドもある。

秋の恵那峡と遊覧船

▶ぎふ金華山ロープウェー
住 岐阜市千畳敷下257
TEL 058-262-6784
開 3/16〜10/16 9:00〜18:00
10/17〜3/15 9:00〜17:00
(1/1のみ5:00〜17:00)
GW、夏休み期間など、時期によりナイター営業あり
休 無休
料 片道630円　往復1100円
ナイター営業は往復のみ900円
交 JR**岐阜駅**からバスで15分の**岐阜公園・歴史博物館前**下車、徒歩3分
URL kinkazan.co.jp

▶関ケ原古戦場
住 不破郡関ケ原町大字関ケ原1202(決戦地)
開 入場自由
交 JR**関ケ原駅**から徒歩20分
▶岐阜関ケ原古戦場記念館
住 不破郡関ケ原町関ケ原894-55
TEL 0584-47-6070
開 9:30〜17:00(最終入場16:30)
休 月曜(祝日の場合は翌平日)、12/29〜1/3　料 500円
交 JR**関ケ原駅**から徒歩10分
URL sekigahara.pref.gifu.lg.jp

▶馬籠宿
住 中津川市馬籠
TEL 0573-69-2336(馬籠観光協会)
開 入場自由(有料施設あり)
交 JR**中津川駅**からバスで25分の**馬籠**下車。または高速バスで**中央道馬籠**下車、徒歩15分
URL kiso-magome.com
▶藤村記念館
TEL 0573-69-2047
開 4〜11月9:00〜17:00
12〜3月9:00〜16:00
最終入場は15分前
休 12〜2月の水曜　料 500円
URL toson.jp

▶恵那峡
住 恵那市大井町恵那峡
TEL 0573-32-1790(恵那峡ビジターセンター)
開 入場自由
交 JR恵那駅からバスで15分の**恵那峡**下車、徒歩10分
▶恵那峡遊覧船
TEL 0573-25-4800
開 4〜11月9:00〜16:00毎時発
12〜3月10:00〜15:00毎時発
休 増水、荒天時　料 1500円
URL www.tohsyoh.jp/ship

info **関ケ原の戦い**は、豊臣秀吉亡き後、**毛利輝元**と**石田三成**率いる西軍と**徳川家康**率いる東軍に分かれて戦った、天下分け目の決戦。東西の軍勢は同等と思われたが、西軍には裏切りや動けない軍もあり、実際には東軍の兵力が多かったとされる。

フォトスポット満載の絶景を誇る山城　郡上周辺と県南東部

苗木城跡（なえぎじょうあと）

雲海に包まれた苗木城跡

戦国時代に築かれた山城で、川と山頂の標高差は約170m。明治維新により廃城となったが、天守跡に整備された展望台は、恵那山や木曽川、中津川市街を一望できる絶景スポット。自然のままの巨岩を利用した石垣の年代によって異なる積み方も見どころ。

SNSで一躍有名になった世界屈指の美しい池　郡上周辺と県南東部

名もなき池（なもなきいけ）

透き通った水面と鯉が印象的

フランスの画家モネの絵に似ていることから、**モネの池**とも呼ばれる。根道（ねみち）神社参道にある貯水池で、灌漑用に整備された人口の池。花苗販売業社がスイレンを植えたり、地元の人が錦鯉を入れたりといった偶然が重なり、スイレンが咲き鯉が泳ぐ優雅な池に。

「森林浴の森 日本100選」にも選ばれた　郡上周辺と県南東部

付知峡（つけちきょう）

ダイナミックに流れる観音滝

春は新緑、夏はキャンプ、秋は紅葉と、季節ごとに変化する自然を楽しめる。

約860mの遊歩道では、所々に咲く花を楽しみながら、木々の中を歩くことができる。**不動滝**の滝つぼや川は、川底が見えるほどに透き通り、遊歩道沿いには**観音滝**と**仙樽（せんだる）の滝**もある。

紅葉の季節も美しい山城　郡上周辺と県南東部

郡上八幡城（ぐじょうはちまんじょう）

紅葉の時期の天守

永禄2(1559)年、遠藤盛数（もりかず）が八幡山に敷いた陣が城の起源とされる。現在の天守は、昭和8(1933)年に大垣城を参考に造られた**日本最古の木造再建城**。10～3月の早朝に堀越峠から望む城は、雲海に浮かぶ**天空の城**として人気が高い。城下町の古い家並みも散策したい。

▶苗木城跡
住 中津川市苗木
開 入場自由
交 JR**中津川駅**からバスで15分の**苗木**下車、徒歩30分

▶苗木遠山史料館
城の麓にあり、城の復元模型や資料を展示。城跡を案内するガイドの受付も行っている。（事前予約制）
TEL 0573-66-8181
開 9:30～17:00（最終入場16:30）
休 12/27～1/5　料 330円
URL www.city.nakatsugawa.lg.jp/museum/t/index.html

▶名もなき池
住 岐阜県関市板取448
TEL 0581-57-2111（板取事務所）
開 入場自由
交 JR岐阜駅からバスで1時間10分の**ほらどキウイプラザ**下車。バスを乗り換えて20分の**モネの池前**下車、徒歩3分
URL sekikanko.jp/spot_post/162

水草や鯉も泳ぐ「名もなき池」

▶付知峡
住 中津川市付知町6-39（付知峡不動公園）
TEL 0573-82-4737（付知町観光協会）
開 入場自由
交 JR**中津川駅**から車で約30km
URL www.tsukechi.jp

不動公園の遊歩道

▶郡上八幡城
住 郡上市八幡町柳町一の平659
TEL 0575-67-1819
開 3～5・9・10月9:00～17:00
6～8月8:00～18:00
11～2月9:00～16:30
休 12/20～1/10　料 320円
交 長良川鉄道**郡上八幡駅**からバスで10分の**城下町プラザ**下車、徒歩20分
URL hachiman-castle.com

info **岐阜県ゆかりの有名人**といえば、マラソン金メダリストの高橋尚子、俳優陣では綾野剛や伊藤英明、ファッションデザイナー山本寛斎、タレントの清水みちこ、歌手のLiSAや野口五郎らがいる。

江戸時代からの主要な建物が残る唯一の陣屋　高山と飛騨地方

高山陣屋（たかやまじんや）

執務をしていた御用場と御役所

飛騨国が江戸幕府の直轄領だった176年間、代官や郡代が執務をした場所。重要な行事で使われた49畳の大広間のほか、取り調べや判決を言い渡すのに使われた**御白洲**（おしらす）、茶室付きの居間、台所、蔵など、江戸時代の姿が再現されている。陣屋前では**朝市**も開かれる。

大銀杏と三重塔がそびえる、高山の名寺　高山と飛騨地方

飛騨国分寺（ひだこくぶんじ）

飛騨国分寺本堂

天平18(746)年、聖武天皇の勅願によって建立され、開基は**行基菩薩**（ぎょうきぼさつ）と伝えられる。室町中期建築の本堂は、重要文化財の本尊薬師如来と聖観世音菩薩のほか、円空上人作の弁財天などを納める。樹齢1250年を超える大銀杏は、秋になると黄一色に染まる。

彫刻、人形など、最高の職人技が詰まった屋台を観られる　高山と飛騨地方

櫻山八幡宮と高山祭屋台会館（さくらやまはちまんぐうとたかやままつりやたいかいかん）

櫻山八幡宮

秋の高山祭を主催する櫻山八幡宮に併設された高山祭屋台会館では、実物の屋台を鑑賞できる。**高山祭**P.526**の屋台**は、大和朝廷に職人を送り出していた頃から続く、**飛騨の匠**たちの技と心が結集されたもので、江戸時代後期に花開いた逸品として称賛されている。

匠の技が生き飛騨の奥座敷とも呼ばれる城下町　高山と飛騨地方

飛騨古川の古い町並み（ひだふるかわのふるいまちなみ）

瀬戸川と白壁土蔵街

白壁土蔵（しらかべどぞう）が続く石造の**瀬戸川**沿いは、川を泳ぐ約1000匹もの**鯉**とともに、まさに絵になる通り。碁盤の目のような町には、出格子（でごうし）や軒下に雲形梁をもつ匠の技が生きた町家が残る。縁結びの**三寺まいり**で知られる円光寺、真宗寺、本光寺を訪ねて回るのもいい。

▶高山陣屋
住 高山市八軒町1-5
TEL 0577-32-0643
開 3～10月8:45～17:00
11～2月8:45～16:30
休 12/29・31、1/1　料 440円
交 JR**高山駅**から徒歩10分
URL jinya.gifu.jp

天保3（1832）年に再建された高山陣屋表門

▶飛騨国分寺
住 高山市総和町1-83
TEL 0577-32-1395
開 入場自由
（受付9:00～16:00）
休 受付12/31、1/1ほか　料 300円
交 JR**高山駅**から徒歩5分
URL hidakokubunji.jp

鐘楼門と樹齢1250年以上といわれる大銀杏

▶櫻山八幡宮と高山祭屋台会館

▶櫻山八幡宮
住 高山市桜町178
TEL 0577-32-5100
開 入場自由
交 JR**高山駅**から徒歩20分
URL www.hidahachimangu.jp

▶高山祭屋台会館
TEL 0577-32-5100
開 3～11月9:00～17:00
12～2月9:00～16:30
屋台展示は4台ずつで年3回の入れ替え制　休 無休
料 1000円（桜日光館と共通）

高山祭屋台会館館の展示

▶飛騨古川の古い町並み
住 飛騨市古川町壱之町
TEL 0577-73-2111（飛騨市商工観光部観光課）
開 見学自由
瀬戸川の鯉は冬期には越冬のため増島城跡の池に移されている
交 JR**飛騨古川駅**から徒歩5分
URL www.hida-kankou.jp/spot/1269

info 赤い顔をした**さるぼぼ**は、縁結びや安産、子供の健やかな成長を願う縁起物で、飛騨の定番みやげのひとつ。**飛騨国分寺**の**満願成就の棚**には、願いが叶い役目を終えた「さるぼぼ」が納められ、年1回供養される。

日本三大仏のひとつで、乾漆仏としては日本最大　岐阜市と周辺

岐阜大仏（正法寺）

岐阜県重要文化財の岐阜大仏

天保3(1832)年に開眼供養が行われ、約38年をかけて造られたといわれる。高さ13.7mの大仏の内部には、平安時代後期の作と推定される薬師如来像が安置されている。

▶岐阜大仏（正法寺）
住 岐阜市大仏町8
TEL 058-264-2760
開 9:00～17:00
休 無休　料 200円
交 JR**岐阜駅**からバスで15分の**岐阜公園・歴史博物館前**下車、徒歩3分
URL www.gifu-daibutsu.com/wp

明朝様式と和様が融合した大仏殿

桜並木の名所としても知られる城郭の資料館　岐阜市と周辺

墨俣一夜城

墨俣一夜城と秀吉の展示がある
写真提供：大垣市教育委員会

永禄9(1566)年、木下藤吉郎（のちの豊臣秀吉）が、一夜にして砦のような城を築いたと伝えられる。平成3(1991)年には、その跡に天守をもつ城が建てられ、**歴史資料館**となっている。

▶墨俣一夜城
住 大垣市墨俣町墨俣1742-1
TEL 0584-62-3322
開 9:00～17:00（最終入場16:30）
休 月曜（祝日の場合は翌日）、年末年始　料 200円
交 JR**大垣駅**または**岐阜駅**からバスで35分の**墨俣**下車、徒歩12分
URL www.city.ogaki.lg.jp/0000000723.html

西美濃の要塞といわれた4層の天守をもつ城　岐阜市と周辺

大垣城

大垣城と藩主戸田氏の像
写真提供：大垣市教育委員会

関ケ原の戦いで、西軍・石田三成の本拠地にもなった城。太平洋戦争の戦火で焼失したが、かつては水堀を幾重にも巡らせた堅固な城で、現在の3倍以上の敷地をもつ要塞だった。

▶大垣城
住 大垣市郭町2-52
TEL 0584-74-7875
開 9:00～17:00（最終入場16:30）
休 火曜（祝日の場合は翌日）、年末年始　料 200円
交 JR**大垣駅**から徒歩7分
URL www.ogakikanko.jp/spot/ogakijyo

日本の滝100選に選ばれた滝　岐阜市と周辺

養老の滝と養老公園

紅葉の時期の養老の滝

養老の滝は、文人墨客にも親しまれてきた名瀑。養老公園内には、滝とともに、神社や寺、橋、菊水泉などの見どころを巡ることができる散策路が整備されている。

▶養老公園
住 養老郡養老町高林1298-2
TEL 0584-32-0501
開 9:00～17:00（施設により異なる）
休 月曜（祝日の場合は翌日）、12/29～1/3
料 無料（有料施設あり）
交 養老鉄道**養老駅**から養老公園まで徒歩10分、養老の滝までは徒歩1時間。土・日曜・祝日のみ養老駅からの無料シャトルバスあり
URL www.yoro-park.com

体で体験できるアート　岐阜市と周辺

養老天命反転地

養老天命反転地記念館

アーティスト荒川修作とパートナーのマドリン・ギンズが造りあげた**アート空間**。体を使い、バランスをとりながら巡ると、予想できない不思議な体験ができる。養老公園内にある。

▶養老天命反転地
住 TEL 開 休 交 養老公園（上記）参照
料 770円～

「極限で似るものの家」
© 1997 Estate of Madeline Gins. Reproduced with permission of the Estate of Madeline Gins.

info **大垣**は地下水が豊かで、古くから**水の都**と呼ばれている。この名水を利用して明治時代から作られ始めたのが大垣名物の**水まんじゅう**。夏の風物詩ともいえる和菓子で、冷たい氷水に並べた姿は涼しげ。

商売繁盛、家内安全の御利益で知られる　岐阜市と周辺

千代保稲荷神社と門前町

おちょぼさんの愛称で親しまれ、御利益があるとされる**月末**には多くの人が参拝する。参道の門前町は、川魚料理や漬物、**串カツ**、草餅など、120軒ほどの店が軒を連ねる。

千代保稲荷神社
写真：海津市商工観光課提供

世界最大級の淡水魚水族館　岐阜市と周辺

世界淡水魚園水族館アクア・トト ぎふ

長良川の上流から下流までの自然環境が再現されており、そこに生きる淡水魚たちを観察できる。アマゾン川に生息する巨大魚**ピラルクー**など、世界の淡水魚も泳ぐ。

長良川上流の「滝壺の魚」の水槽

江戸～明治時代に造られた商家が軒を連ねる　郡上周辺と県南東部

うだつの上がる町並み

美濃市、小倉山城の城下町。**うだつ**とは、火事が多かった江戸時代に屋根の両端に造られるようになった防火壁のこと。隣家からの延焼を防ぐためのもので、鬼瓦などものっている。

資料館にもなっている旧今井家住宅

大和高取城、備中松山城と並ぶ日本三大山城　郡上周辺と県南東部

岩村城跡

高低差180mの地形を利用した堅固な山城で、織田信長の叔母**おつや**が女城主として領地を治めていた。歴史を感じさせる商家やナマコ壁が残る城下町も散策したい。

壮大な石垣群が残る本丸跡
写真：恵那市観光協会提供

本堂内の厨子に安置される2本の角をもつシャレコウベ　郡上周辺と県南東部

念興寺の「鬼の首」

平安時代、付近を荒らした瓢ヶ岳に住む鬼を、藤原高光が退治したという。後に、粥川太郎右衛門が寺の住職に、供養のため**鬼の首**を授けたと伝わっている。

「鬼の首」が安置される念興寺

▶千代保稲荷神社
住 海津市平田町三郷1980
TEL 0584-66-2613
開 入場自由
交 名鉄**新羽島駅**またはJR**岐阜羽島駅**からバスで25分の**お千代保稲荷**下車、徒歩すぐ
URL www.chiyohoinari.or.jp

▶世界淡水魚園水族館 アクア・トト ぎふ
住 各務原市川島笠田町1453
TEL 0586-89-8200
開 平日9:30～17:00
土・日曜・祝日9:30～18:00
最終入場は1時間前
休 河川環境楽園の休園日
料 1540円
交 JR**那加駅**からバスで25分の**河川環境楽園**下車、徒歩すぐ
URL aquatotto.com

▶うだつの上がる町並み
住 美濃市加治屋町1959-1
TEL 0575-35-3660（美濃市観光協会）
開 見学自由
交 長良川鉄道**美濃市駅**から徒歩約10分
URL minokanko.com

江戸時代から続く造り酒屋の小坂家

▶岩村城跡
住 恵那市岩村町字城山
TEL 0573-43-3231（恵那市観光協会岩村支部）
開 入場自由
交 明智鉄道**岩村駅**から徒歩約45分
URL onna-jyoushu.iwamura.jp

▶念興寺の「鬼の首」
▶念興寺
住 郡上市和良町沢897-2
TEL 0575-77-2125
開 9:00～16:00（鬼の首の拝観は要予約）
休 火曜、行事等による不定休
料 250円
交 長良川鉄道**郡上八幡駅**からタクシーで25分

info 脚本家、映画監督、エッセイストの**北川悦吏子**の出身地は、岐阜県**美濃加茂市**。NHKの連続テレビドラマ**『半分、青い』**では、恵那市の**岩村城下町**のほか、自身が通った県立**加茂高等学校**もロケ地となった。

春はツツジ、秋は紅葉が美しい景勝地

郡上周辺と県南東部

鬼岩公園（おにいわこうえん）

巨岩が重なる鬼岩公園

花崗岩の巨石や怪石が多く、高さ10mの**蓮華岩**（れんげいわ）からは絶景を堪能できる。約800年前に**関の太郎**という鬼人が悪行を尽くしたが、改心し、福鬼となったという伝説が**鬼岩**の名の由来。

▶鬼岩公園
住 瑞浪市日吉町
TEL 0574-67-0285
開 入場自由。岩穴くぐりツアーと御朱印もある
交 JR**土岐市駅**からタクシーで15分
URL www.oniiwaonsen.com

不思議な美しさを感じる

郡上周辺と県南東部

多治見市モザイクタイルミュージアム（たじみしもざいくたいるみゅーじあむ）

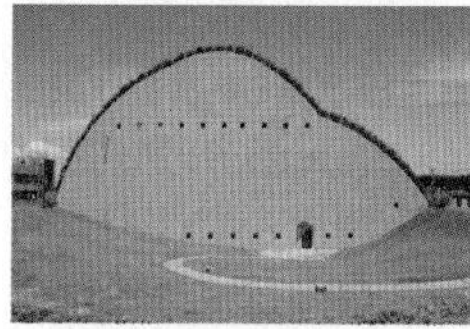
©Akitsugu Kojima

小ぶりで多種多様な色や形をもつ、モザイクタイルの魅力を感じることができる。土を取る場所から着想を得たという不思議な外観は、建築家、藤森照信によるもの。

▶多治見市モザイクタイルミュージアム
住 多治見市笠原町2082-5
TEL 0572-43-5101
開 9:00～17:00（最終入場16:30）
休 月曜（祝日の場合は翌日）、12/29～1/3 料 310円
交 JR**多治見駅**からバスで17分の**モザイクタイルミュージアム**下車、徒歩3分
URL www.mosaictile-museum.jp

4階展示室
©HAYASHI Masashi

葛飾北斎が浮世絵「諸国瀧廻り」で描いた名瀑

郡上周辺と県南東部

阿弥陀ヶ滝（あみだがたき）

白山信仰の修行の場でもあった

岐阜県名水50選、日本の滝100選に選ばれ、約60mという落差は東海一。この滝で護摩修行をしていた僧の前に阿弥陀如来が現れたことから、この名がついたといわれる。

▶阿弥陀ヶ滝
住 郡上市白鳥町前谷
TEL 0575-82-5900（白鳥観光協会）
開 入場自由
交 長良川鉄道**北濃駅**から車で5km
URL www.kankou-gifu.jp/spot/detail_3466.html

雲上の絶景バスドライブで標高2700mの大自然へ

高山と飛騨地方

乗鞍スカイライン（のりくらすかいらいん）

シャトルバスを下車して散策を楽しむ

長野県との境にまたがる乗鞍岳を走る**観光山岳道路**で、貴重な自然を保護するため一般車両の通行は不可。畳平（たたみだいら）周辺は高山植物の宝庫で、散策道も整備されている。

▶乗鞍スカイライン
住 高山市丹生川町
TEL 0577-78-2345（飛騨乗鞍観光協会）
開 5･6･10月7:00～18:00
7･8･9月 3:30～18:00
（夏季限定ご来光バスあり）
休 11/1～5/14（道路閉鎖期間）
料 片道1400円　往復2500円
交 JR**高山駅**からバスで50分～1時間の**ほおのき平**または**平湯温泉バスターミナル**下車。乗鞍スカイラインを走るシャトルバスに乗り換えて45分～1時間の**乗鞍畳平**下車、徒歩すぐ
URL norikuradake.jp

日本一標高が高い鍾乳洞

高山と飛騨地方

飛騨大鍾乳洞&大橋コレクション館（ひだだいしょうにゅうどう&おおはしこれくしょんかん）

蒼白の鍾乳石が美しい「竜宮の夜景」

全長約800mにおよぶ洞窟で、3つに区分されている。このあたりは2億5千万年前には海だったといわれ、洞内にはねじれて垂れ下がる**ヘリクタイト**という珍しい鍾乳石もある。

▶飛騨大鍾乳洞&大橋コレクション館
住 高山市丹生川町日面1147
TEL 0577-79-2211
開 4～10月8:00～17:30
11～3月9:00～16:30
最終入場は30分前
休 無休　料 1100円
交 JR**高山駅**からバスで28分の**鍾乳洞口**下車。バス停から無料シャトルバスで送迎
URL www.syonyudo.com

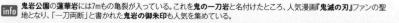

info **鬼岩公園**の**蓮華岩**には7mもの亀裂が入っている。これを**鬼の一刀岩**と名付けたところ、人気漫画『**鬼滅の刃**』ファンの聖地となり、「一刀両断」と書かれた**鬼岩の御朱印**も人気を集めている。

三重県

MIE

三重県

津市

人口
177万人（全国22位）
面積
5774km²（全国25位）
県庁所在地
津市
県花
ハナショウブ

兎ノ助
うさぎの忍者。三重県の耳寄り情報を素早く届けてくれる
三重県応援キャラクター兎ノ助
©T- entertainment/Play set products

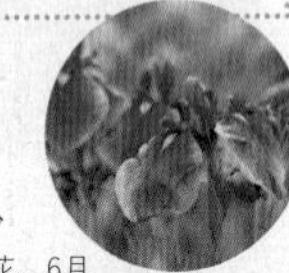

ハナショウブ
アヤメ科の花。6月に見頃を迎える。伊勢神宮の勾玉池が有名。

紀伊半島東部、太平洋側に位置し、南北に細長い。県の中央を流れる櫛田川に沿って東西に中央構造線が走るため、地形は南北で大きく異なる。北部は鈴鹿山脈などの山地のほか、盆地、平野も広がり、海岸線は単調。対して、南部は紀伊山地が海岸に迫り、平地が少ない。南部の志摩半島は日本を代表するリアス海岸で、この辺りでは漁業も盛ん。湾には大小60もの島が浮かび、複雑な海岸線と相まった絶景を見せてくれる。

旅の足がかり

伊勢市

三重県東部に位置する。**伊勢神宮**P.551の鳥居前町として古代から発展し、江戸時代には「お伊勢さん参り」のため全国各地から数多くの参拝者が訪れた。今も三重県を代表する観光都市で、伊勢エビやアワビといった海産物にも恵まれている。伊勢神宮や**伊勢河崎の町並み**P.558のほか、**二見浦の夫婦岩**P.552など、歴史と文化を感じさせる名所や旧跡が多い。海沿いには水族館の**伊勢シーパラダイス**P.558もあり、伊勢志摩国立公園への玄関口にもなっている。

鳥羽市

三重県南東部、伊勢湾口の鳥羽港を中心に、漁業基地として発展。海苔、カキ、伊勢エビ、サザエ、アワビなどが特産品として知られ、素潜りで漁をする伝統的な海女漁も継承されている。観光名所の**ミキモト真珠島**P.558やイルカ島のほか、答志島、神島といった島巡りも魅力的。絶景を望める伊勢志摩スカイラインやパールロードの起点でもある。

伊賀市

三重県の北西部に位置する。滋賀県、奈良県、京都府に接するため、古くから京都や奈良と伊勢を結ぶ交通の要所として栄えた。江戸時代には、伊勢神宮参拝者の宿場町となり、幕府隠密として活躍した伊賀忍者の拠点だったことでも知られる。**伊賀上野城**P.557近くには、**伊賀流忍者博物館**P.557や松尾芭蕉生誕300年を記念して建てられた俳聖殿もある。

地理と気候

全体に温暖だが、平野部、山間部、盆地部によって異なる。山脈が連なる北部は、冬に降雪があり、伊賀の盆地では寒暖の差が大きい。南部の尾鷲地方は国内有数の多雨地帯。

【夏】8月の平均気温は28°C前後、最高気温が32°C前後。伊賀の盆地では、40°C近くまで気温が上がることもある。台風の接近も比較的多い。

【冬】鈴鹿山麓から上野盆地にかけては寒さが厳しい地域で、1月の平均気温が3°C前後。北部の山麓では1mをこえる大雪の記録もある。

アクセス

東京から ▸▸▸		所要時間
高速バス	バスタ新宿▶伊勢市駅	9時間

大阪から ▸▸▸		所要時間
鉄　道	大阪難波駅▶伊勢市駅（近鉄）	1時間44分
高速バス	梅田駅▶津駅	3時間30分

愛知から ▸▸▸		所要時間
鉄　道	近鉄名古屋駅▶伊勢市駅（近鉄）	1時間20分
JR線	名古屋駅▶伊勢市駅	1時間30分
高速バス	名古屋駅▶津駅	1時間30分
フェリー	中部空港▶津なぎさまち	45分

京都から ▸▸▸		所要時間
鉄　道	京都駅▶伊勢市駅（近鉄）	2時間
JR線	加茂駅▶亀山駅	1時間20分
高速バス	京都駅▶四日市駅	1時間50分

和歌山から ▸▸▸		所要時間
JR線	新宮駅▶津駅（特急南紀）	2時間40分

県内移動

▶三重県の鉄道網

JR線と近鉄線が東西に延び、県東では2線がほぼ並行して進む地域もある。伊勢志摩以北の路線は10～20分に1便は運行しており、鉄道での移動も問題ない。

▶津から伊勢へ

近鉄線の特急で伊勢市駅まで約30分。またはJR紀勢本線で松阪駅まで行き、近鉄線に乗り換えても約30分。

▶津から伊賀上野へ

伊勢鉄道で河原田駅まで約30分。関西本線に乗り換え亀山駅まで約20分。さらに乗り換えて伊賀上野駅まで約45分。近鉄線と伊賀鉄道なら伊勢中川駅、伊賀神戸駅乗り換えで2時間～2時間30分。

▸▸▸アクセス選びのコツ

JR線　和歌山県の新宮駅と名古屋駅を結ぶ特急**南紀**は三重県内では紀伊長島駅、三瀬谷駅、多気駅、松阪駅、津駅、鈴鹿駅、四日市駅、桑名駅に停車する。

近鉄線　特急**しまかぜ**は大阪難波駅、京都駅、近鉄名古屋駅の3つのルートから賢島駅を結び、三重県内では近鉄四日市駅、伊勢市駅、宇治山田駅などに停車する。大阪難波駅と近鉄名古屋駅を結ぶ特急**ひのとり**や、**アーバンライナー**も便利。

交通路線図

三重県

うちの県はここがすごい

一 真珠養殖発祥の地

伊勢志摩地方で、日本で初めて養殖アコヤガイによる真珠の生産に成功。1800年代、天然真珠が乱獲により絶滅の危機に瀕したため、御木本幸吉が真珠の養殖を始めた。

二 伊勢エビ漁獲量日本一

漁獲量、産出額ともに日本一に輝いている。「伊勢エビ」の名前の由来は「伊勢で多く取れるから」といわれるが、「磯エビ」や「威勢がいいエビ」が由来という説もある。

三 海女の人数が日本一

鳥羽と志摩では、約600人の海女が活躍しており、その数は日本一。鳥羽市の「海士潜女神社」に祀られている「お弁」は海女の始祖。倭姫命にアワビを献上したと伝えられている。

イベント・お祭り・行事

① 石取祭

祭車で鉦（かね）や太鼓を打ち鳴らす「叩き出し」と呼ばれる瞬間の音もすさまじく、「日本一やかましい祭り」ともいわれる。40台余りの祭車が列を作り町を練って、春日神社への渡祭を行う。

② 上野天神祭

400年余りの歴史をもつ秋祭り。神輿行列のほか、角をもつ悪鬼や子供が扮する八天など、さまざまな面を付けた数十体の鬼が練り歩く鬼行列、絢爛豪華なだんじり（楼車）で知られる。

③ 伊勢神宮 神楽祭

春と秋のそれぞれ3日間、鮮やかな装束をまとった舞人が、笛や笙、太鼓などの流麗な雅楽に合わせて舞を披露する。内宮神苑の特設舞台を使い、広く参拝者にも公開される。

④ なばなの里イルミネーション

花まつりやホタルまつりなど、季節ごとにイベントがある「なばなの里」。冬には国内最大級の幻想的な光のイベント「イルミネーション」が開催され、「光の回廊」は最大の見どころ。

必ず食べたい 名物グルメ

松阪牛

選び抜かれた血統の牛をゆっくり成長させる松阪牛。霜降りのきめ細かさは「肉の芸術品」と呼ばれるほどで、上質な脂と相まって柔らかな甘みが感じられる。

てこね寿司

カツオなど、赤身のヅケを薬味と一緒に酢飯にのせた海鮮丼。祝い事やもてなしにふるまわれるという志摩地方の郷土料理で、店により味付けや具材はさまざま。

伊勢エビ

高級食材として知られるエビの王様。体長20〜30cmほどで、立派な触覚を持つ。漁の時期は10〜4月頃。これ以外は産卵期で、禁漁の地区が多く、味も落ちるといわれる。

伊勢うどん

極太の柔らか麺に、濃厚な甘辛タレをかける独特なうどん。伊勢参りの長旅で疲れた参拝者のために、胃腸に優しいものをという心遣いから、柔らかいうどんになったという。

もらえば笑顔 定番みやげ

しぐれ蛤

産卵前の大きな蛤を選び、たまり醤油で煮しめた桑名名物。10月頃、時雨の季節に作るものは味がいいため「しぐれ蛤」と名づけられた。日持ちするのでおみやげにもいい。

赤福餅

伊勢名物として知られる「赤福餅」は、餅の上にこしあんをのせたもの。宝永4（1707）年創業の300年以上の歴史をもつ老舗で、切妻屋根の堂々とした**赤福本店**は明治10年の建物。

地元っ子愛用 ローカル味

お福アイスマック

北海道産の小豆きたろまんを使ったアイスで、あっさりとした甘さ。「伊勢名物お福餅」で知られる、江戸時代に創業した**御福餅本家**のもので二見の本店でも食べられる。

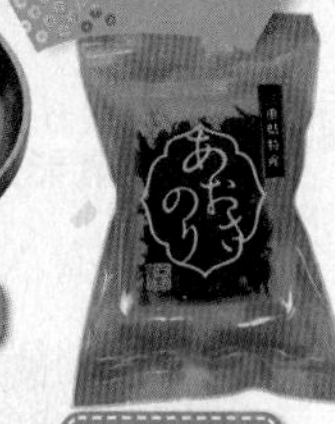

あおさのり

天ぷらや味噌汁、酢の物に入れることも多い。佃煮の原料にもなる。伊勢湾、英虞湾、熊野灘沿岸などの比較的穏やかな湾内で育てられ、三重県産は約60%を占める。

匠の技が光る 伝統工芸

伊賀焼

高い美意識をもって作られた古伊賀焼は、日本文化を代表する焼き物として知られる。現在も、茶陶だけでなく、料理を引き立ててくれる土鍋や食器が焼かれている。

©（公社）三重県観光連盟

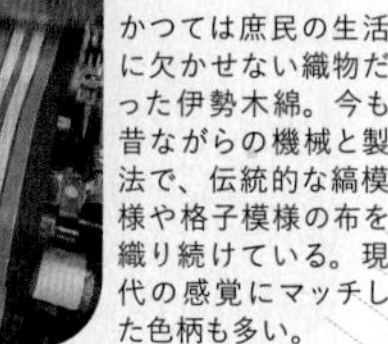

伊勢木綿

かつては庶民の生活に欠かせない織物だった伊勢木綿。今も昔ながらの機械と製法で、伝統的な縞模様や格子模様の布を織り続けている。現代の感覚にマッチした色柄も多い。

ワカルかな？
三重のお国言葉

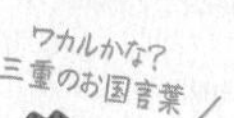

うちゃー、あおさのりよっかーあるよって、まーくれるわ

Ans. うちには、あおさのりがたくさんあるから、まああげるわ

1泊2日で巡る 三重県

1日目

START & GOAL
伊勢神宮　鳥羽
賢島

最大の見どころともいえる伊勢神宮関連のお参りにどれくらい時間をかけるのか決めよう。神宮巡りは、内宮だけ参拝することも可能。

9:00 JR鳥羽駅

鉄道25分

9:25
お伊勢参りの前に訪れたい
夫婦岩と二見興玉神社 ▶P.552

5～7月頃は夫婦岩の間から日の出を見ることもできる。

鉄道30分＋徒歩5分

10:25
内宮の前に訪れたい
伊勢神宮の外宮へ ▶P.551

衣食住の神様にお参り。別宮も訪れたい。

徒歩5分

10:50
遷宮がよくわかる ▶P.551
式年遷宮記念せんぐう館へ

神様のお引越し「式年遷宮」や神宮のことを知ろう。

バス25分

11:40
特別な神社
伊勢神宮の内宮へ ▶P.551

神宮では年間1500回ものお祭りを行っているというから驚き。

徒歩15分

13:00
おかげ横丁・おはらい町で名物ランチ
▶P.551

てこね寿司や伊勢うどんを食べて、おみやげも探そう。

徒歩10分

14:30
導きの神様が祀られる
猿田彦神社
▶P.551

技芸の上達を助けてくれるという佐瑠女神社にも参拝。

徒歩10分

15:30
月の満ち欠けや暦を司る神
「月読尊」を祀る月讀宮 ▶P.551

4つの宮が集まっている別宮。ズラリと宮が並ぶ独特な姿は壮観。

鉄道1時間10分

17:20 近鉄賢島駅
賢島で夕景にうっとり

「日本の夕日百選」にも選ばれた夕暮れの英虞湾沿岸を散策。宿泊は「志摩観光ホテル ザ クラシック」で。

おすすめ！泊まるならココ

伊勢志摩サミットの会場にもなった眺望抜群のホテル
志摩観光ホテル ザ クラシック

客室からは英虞湾を望める

英虞湾に浮かぶ最大の島、賢島に建つホテル。大小60もの島々が浮かぶという英虞湾を望む抜群の立地。昭和26(1951)年から続く老舗ホテルで、モダンクラシックな室内は落ち着いた雰囲気。平成28(2016)年の伊勢志摩サミットで首脳が利用したというスイートルームは、昭和を代表する建築家・村野藤吾氏が照明や家具まで設計している。

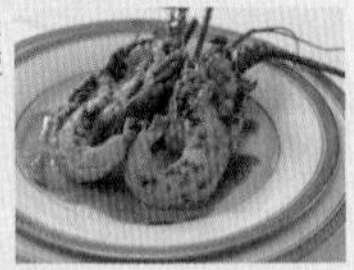

地元で取れた伊勢エビを使った逸品

住 志摩市阿児町神明731
TEL 0599-43-1211
交 近鉄賢島駅から無料シャトルバス
料 1泊3万5100円～
URL www.miyakohotels.ne.jp/shima

2日目

御座白浜海水浴場

英虞湾の南に突き出た志摩半島にあり、白い砂と透き通った海で「快水浴場百選」にも選ばれている。近鉄鵜方駅からバスまたは近鉄賢島駅から定期船で行くことができる。

（写真提供：（公社）三重県観光連盟）

9:30 のんびりゆったり **賢島エスパーニャクルーズ** ▶P.555

スペイン風の船で風光明媚な英虞湾を周遊。

タクシー15分

10:45 最高の絶景ポイント **横山展望台へ** ▶P.555

高台から見る英虞湾の景色に感動！

（写真提供：志摩市）

タクシー10分

11:25 近鉄志摩横山駅

鉄道30分

12:00 近鉄鳥羽駅周辺で**贅沢**ランチ

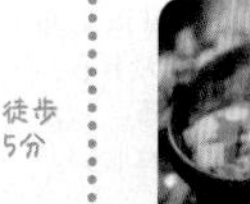

新鮮な海の幸や松阪牛などを使ったメニューを堪能。

徒歩5分

13:30 イルカにも会えるクルーズ **鳥羽湾めぐりとイルカ島** ▶P.556

イルカ島ではアシカやイルカのショーも楽しめるが、今回のプランではイルカ島に寄らずに「真珠島・水族館前」にて下船。

徒歩5分

14:15 真珠養殖の奥深さを知る **ミキモト真珠島** ▶P.558

海女さんの素潜り実演や美しいパールジュエリーの展示もある。

徒歩5分

15:30 日本屈指の規模を誇る**鳥羽水族館** ▶P.553

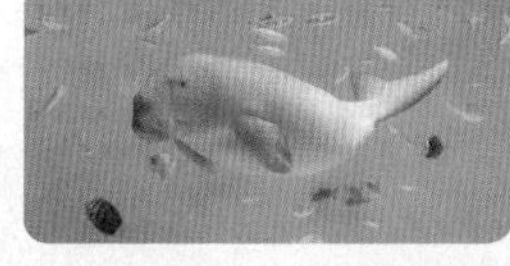

ジュゴンやマナティーなど珍しい海の生きものがたくさん！

紅葉の季節に行きたい三重の名湯

湯の山温泉

御在所岳の麓にあり、三滝川河畔の豊かな自然に囲まれた静かな温泉地。傷ついた鹿が傷を癒やしたという伝説があり、文豪や歌人にも愛された。

おすすめ！泊まるならココ

すべての客室がオーシャンビューの露天風呂付きスイートルーム

御宿（おやど）The Earthジ・アース

部屋のデッキからの眺望は抜群

伊勢志摩国立公園内、原生林に囲まれた岬に建つ。風や波の音など大自然を感じることができる立地で、各部屋から伊勢志摩の海を一望できる。16室の部屋は、すべてスイート仕様で、自家源泉「龍の栖温泉」の露天風呂付き。屋上展望台から圧倒的な景観を堪能できる。

伊勢志摩国立公園内の高台に建つ

住 鳥羽市石鏡町中ノ山龍の栖
TEL 0599-21-8111
交 近鉄**鳥羽駅**から送迎バス
料 1泊4万1800円～
URL www.the-earth.in

三重県の歩き方

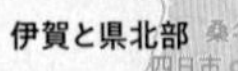

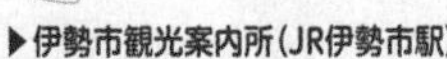

▶伊勢市観光案内所(JR伊勢市駅)
住 伊勢市吹上1-1-4
TEL 0596-65-6091
開 9:00～17:30　休 無休
URL ise-kanko.jp

▶伊勢鳥羽みちくさきっぷ
指定区間内の三重交通のバスなら自由に乗車でき、観光施設の割引もある。バスセンターなどで購入可能。
料 1日券1200円　2日券1800円
　ワイド2日券2600円
URL www.sanco.co.jp

▶鳥羽市観光案内所
住 鳥羽市鳥羽1-8-13
(近鉄鳥羽駅構内)
TEL 0599-25-2844
開 9:00～17:30　休 無休
URL www.tobakanko.jp

▶津駅前観光案内所
住 津市羽所町700アスト津1階
TEL 059-246-9020
開 10:00～18:00　休 月曜(祝日の場合は翌日)、年末年始
URL www.tsukanko.jp

餅街道

桑名から伊勢までの参宮街道には、参拝客に愛されてきた名物の餅菓子がいくつもあり、「餅街道」とも呼ばれる。きな粉をまぶしてあんを入れたもの、草餅、焦げ目をつけたものなど、バリエーション豊富。

よく知られた伊勢の赤福餅

伊勢志摩と周辺

鳥羽行きのJR参宮線

おかげ横丁

伊勢神宮P.550のほか、**鳥羽**や志摩の**英虞湾**P.555周辺など、三重観光の中核となるのが、県南東部の伊勢志摩地方。近鉄が、名古屋・大阪方面から伊勢、鳥羽、志摩への直通列車を走らせており、このエリアへのアクセスは良好。JR参宮線は多気駅から伊勢市駅を経由して鳥羽駅まで運行している。伊勢神宮の内宮と外宮は特急**神都ライナー**のほか、いくつかのバス路線が通る。**CANばす**は、伊勢神宮の内宮、外宮、夫婦岩、鳥羽水族館などを結ぶ周遊バス。

おみやげ

朔日餅　伊勢の赤福本店で、お正月を除く毎月一日のみ買うことができる。この餅菓子は、毎月一日にひと月の無事を感謝し、神宮にお参りする「朔日参り」の参拝客のためにできたもの。

月ごとに替わり、写真は10月の栗餅

グルメ

津市にはうなぎの専門店が20軒以上あり、炭火焼きの香ばしくてコクのある、うなぎ料理を楽しむことができる。しかも比較的お値打ちというのもうれしい。

香ばしくておいしいうな丼

伊賀と県北部

伊賀上野城

県北東部は、桑名から岐阜県へ抜ける養老鉄道のほか、JRや近鉄が運行している。

名古屋と大阪を結ぶJR関西本線と、亀山駅から和歌山駅に至るJR紀勢本線、伊勢中川駅から名古屋駅に至る近鉄名古屋線が通り、この幹線からあちこちに支線が出ている。見どころによっては近鉄線の駅が最寄りだ

info 近鉄は、伊勢志摩地方の観光スポットをお得に巡ることができる**まわりゃんせ**、参拝に関連する区間のバス乗り放題がついた**伊勢神宮参拝きっぷ**、**近鉄週末フリーパス**など、お得なきっぷも発売している。URL www.kintetsu.co.jp/kanko

松尾芭蕉生誕300年記念に建てられた俳聖殿は伊賀上野城の近くにある

ったり、JR線の方が短時間で目的地に行けたりするので、下調べの際に注意しよう。**御在所岳**(ございしょだけ)方面へは近鉄四日市駅から湯の山線、**伊賀上野城**P.557はJR伊賀上野駅や近鉄大阪線から伊賀鉄道が延びている。

グルメ

豆腐田楽　魚介類を食べることができない内陸の伊賀地方で貴重なタンパク源だった豆腐。自家製の味噌をぬって香ばしく焼いた豆腐田楽は、お正月など人が集まる時にふるまう料理でもあった。

食欲そそる豆腐田楽

熊野市と県南部

丸山千枚田

県南部、**尾鷲**(おわせ)や**熊野**へはJR紀勢本線(きせいほんせん)が通り、特急南紀号も運行している。海岸近くを走る区間も多く、特に熊野市駅から東側は海岸線に沿うような路線。台風の影響を受けやすいので運行情報に注意したい。紀勢線の多気(たき)から新宮の間は1時間に1便程度と少ないので旅の計画は念入りに。

足を延ばせば

熊野古道 浜街道　熊野市から海沿いに七里御浜を行き、和歌山県の新宮にある熊野速玉大社を目指す参詣道。松本峠や馬越峠のような起伏はなく、平坦ではあるが距離が長い。獅子岩など東紀州特有の大自然スポットや道の駅など立ち寄り場所も多数。

熊野市の松本峠から七里御浜を望む

獅子岩

日本全国津々浦々～道の駅めぐり～

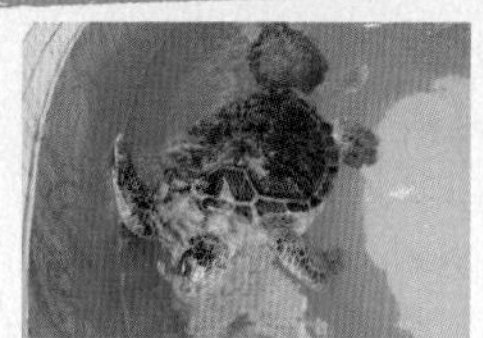
ウミガメのプール

紀宝町ウミガメ公園

熊野古道伊勢路のひとつ、浜街道の南部にある道の駅。特産品を販売する物産館のほかに、保護・飼育するウミガメを無料で観察でき、土・日曜・祝日には甲羅を触ったりできる有料イベントもある。

▶伊賀上野観光インフォメーションセンター
住 伊賀市上野丸之内122-4
(だんじり会館内)
TEL 0595-26-7788
開 8:30～17:15　休 12/29～1/1
交 伊賀鉄道**上野市駅**から徒歩5分
URL www.igaueno.net

▶お休み処四十三茶屋観光案内所(四日市)
住 四日市市安島1-1-56
四日市観光物産ホール内
(近鉄四日市駅構内)
TEL 059-357-0381
開 10:00～19:00　休 年末年始
URL kanko-yokkaichi.com

▶桑名市物産観光案内所
住 桑名市有楽町59
TEL 0594-21-5416
開 9:00～17:00　休 12/29～1/3
交 JR**桑名駅**東口から徒歩1分
URL kanko.city.kuwana.mie.jp

御在所SA
地元の食材を使った人気のおみやげのほか、三重県特産のあおさのりが入ったラーメンや四日市名物のトンテキなども食べられる。

▶熊野市観光案内所
住 熊野市井戸町654-1
(JR熊野市駅前)
TEL 0597-89-2229
開 9:00～18:00　休 12/29～1/3
URL kumano-kankou.com

▶東紀州観光手帖(東紀州地域振興公社)
東紀州の観光情報を発信するウェブサイト
TEL 0597-89-6172
URL kumanokodo-iseji.jp

▶道の駅 紀宝町ウミガメ公園
住 南牟婁郡紀宝町井田568-7
TEL 0735-33-0300
開 3～10月8:30～19:00
11～2月8:30～18:00　休 無休
交 JR**熊野市駅**から新宮駅行きバスで30分の**井田舞子**下車、徒歩すぐ
URL umigamekouen.com

ウミガメ公園入口

info **めはり寿司**は、熊野古道で知られる東紀州に伝わる郷土料理。握り飯を浅漬けの大きな高菜の葉で包んだシンプルなもので、素朴でやさしい味。山作業などの合間に食べる弁当用に作られたとのこと。

三重県の見どころ

ZOOM UP!

一生に一度は訪れたい 伊勢神宮で 日本の心と歴史を学ぶ

伊勢志摩と周辺

皇室の御祖神とされる天照大御神を祀る神宮。由緒あるたたずまいながら、お伊勢さんとして親しまれ、いつの時代もお参りをする人が絶えないところだ。

1

1. 伊勢神宮で、最も重要なお祭り神嘗祭（かんなめさい）の様子　2. 静寂な空気に包まれる外宮の境内　3. 月読宮、月読荒御魂宮、伊佐奈岐宮、伊佐奈弥宮の順に参拝する

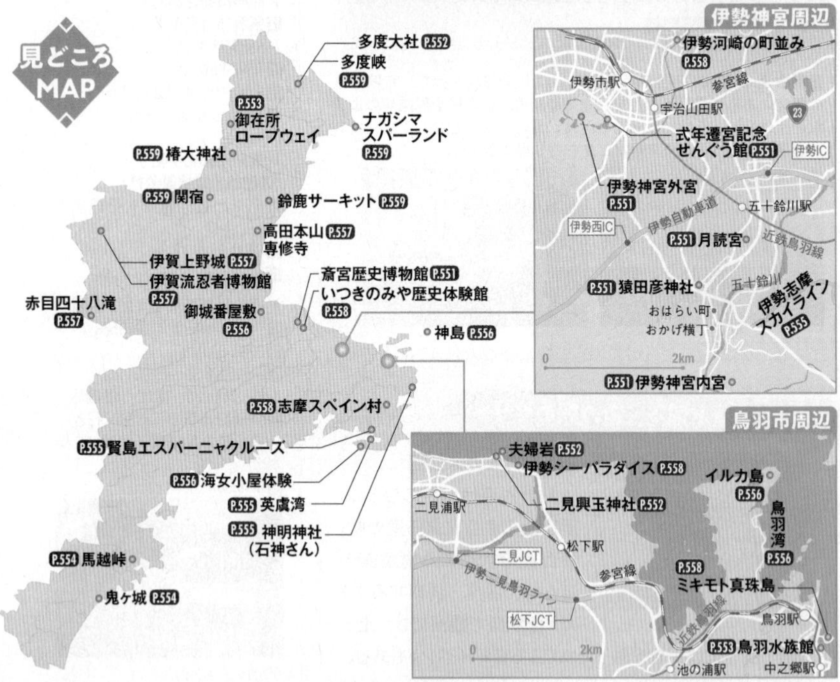

info 昔からの順序にならった伊勢参りをするなら、まずは二見浦での禊の代わりに二見興玉神社（夫婦岩）で「浜参宮」を。その後、伊勢神宮の外宮に参拝してから内宮へ。さらに猿田彦神社、朝熊岳金剛證寺まで出向く。

1. 古事記にも記され、伊勢神宮との関わりも深い猿田彦神社　2. 外宮の敷地内にあるせんぐう館では社殿建築をわかりやすく展示　3.多くの人でにぎわうおかげ横丁。赤福本店や伊勢うどんのふくすけなどの名店が並ぶ

日本の心を映すたたずまい

伊勢神宮（いせじんぐう）

一般に「伊勢神宮」と呼ばれるが、正式には**神宮**（じんぐう）という。皇室の御祖神とされる**天照大御神**（あまてらすおおみかみ）を祀る**内宮**（ないくう）と、衣食住や産業の守護神を祀る**外宮**（げくう）を中心に、125もの宮社が鎮座する。社殿はヒノキの神明造で、ふたつの正宮と、14の別宮では20年に一度、社殿を建て替え御神体を遷す**式年遷宮**が行われる。

内宮の鳥居前にあるのは**おはらい町**。江戸時代には御師（おんし）と呼ばれる人々が居を構え、自分たちの抱える参拝者に神楽をあげていたそうだ。おはらい町の中ほどには、江戸から明治にかけての建築が再現された**おかげ横丁**がある。

内宮　2000年ほど前、第11代垂仁天皇の時代に創建された内宮は、三種の神器のひとつである**八咫鏡**（やたのかがみ）が御神体。**五十鈴川**（いすずがわ）にかかる宇治橋を渡り、長い参道を歩いていくと、内宮の中心となる正宮のほか、ふたつの別宮に参拝できる。

外宮　内宮創建から約500年後、天照大御神の食事を司る神として、丹波国から**豊受大御神**（とようけのおおみかみ）を迎え入れ、外宮が創建された。これ以来、外宮では、天照大御神をはじめ相殿神、別宮の神々に、朝と夕の2度食事を供える儀式が続いている。

月読宮　内宮別宮の月読宮は**月読尊**（つきよみのみこと）が御祭神。宮域には月読宮を含めて内宮別宮が4社あり、社殿が4つ並ぶ光景は見応えがある。

TEL 0596-24-1111（神宮司庁）
開 内宮・外宮・別宮共通
1～4・9月5:00～18:00　5～8月5:00～19:00
10～12月5:00～17:00
休 無休　料 無料　URL www.isejingu.or.jp

▶**内宮**
住 伊勢市宇治館町1
交 JR**伊勢市駅**または近鉄**五十鈴川駅**からバスで15～20分の**内宮前**下車、徒歩すぐ

▶**外宮**
住 伊勢市豊川町279
交 JR**伊勢市駅**から徒歩5分

1300年以上も続く遷宮の儀式を学ぶ

式年遷宮記念 せんぐう館（しきねんせんぐうきねん せんぐうかん）

20年に一度、内宮・外宮の正殿、別宮の社殿、御装束神宝を造り替える**式年遷宮**などの展示があり、日本の伝統的な技や精神文化、神宮について知ることができる。

住 伊勢市豊川町前野126-1　TEL 0596-24-1111（神宮司庁）
開 9:00～16:30（最終入場16:00）
休 毎月第2・第4火曜（祝日の場合は翌日）　料 300円
交 JR**伊勢市駅**から徒歩5分　URL www.sengukan.jp

600年以上の斎宮の歴史をたどる

斎宮歴史博物館（さいくうれきしはくぶつかん）

斎宮の居室を再現した展示

史跡斎宮跡の一角に建つ博物館。伊勢神宮に仕えた未婚の皇女、斎王の暮らしや儀礼などを、映像や復元模型で知ることができる。遺跡発掘調査に関する展示もある。

住 多気郡明和町竹川503　TEL 0596-52-3800
開 9:30～17:00（最終入場16:30）
休 月曜（祝日を除く）、祝日の翌日（土・日曜を除く）、年末年始　料 340円　交 近鉄**斎宮駅**から徒歩15分
URL www.bunka.pref.mie.lg.jp/saiku

みちひらきの神様に参拝

猿田彦神社（さるたひこじんじゃ）

物事が始まる時に出現し、すべてをよい方向に導いてくれる猿田彦大神を祀る神社。古事記や日本書紀にも「国初のみぎり天孫をこの国土に**啓行**（みちひらき）になられた」と記載されている。拝殿正面、かつて神殿があった場所にたつ方角を刻んだ八角形の石柱は、道を開いてもらおうと、願をかける人も多い。

道を開いてくれるという方位石

住 伊勢市宇治浦田2-1-10
TEL 0596-22-2554
開 入場自由
交 近鉄**五十鈴川駅**から徒歩20分。またはバスで6分の**猿田彦神社前**下車、徒歩すぐ
URL www.sarutahikojinja.or.jp

info 神宮でのお参りの仕方は次の通り。最初に手水舎で手を洗い、口をすすぐ。これは禊を簡略化した儀式。神前では姿勢を正し、二拝二拍手一拝で参拝。日々の感謝を神様に伝えてから、個人的なお願いをするのが礼儀。

神門とされる夫婦岩が立つ聖地

伊勢志摩と周辺

二見興玉神社 夫婦岩

かつては二見浦に参拝し、身を清める禊をしてから伊勢神宮へお参りしたという。御祭神は、導きの神として知られる**猿田彦大神**で、開運や家内安全などの御利益があるとされる。沖合700mほどの海中には、猿田彦大神ゆかりの霊石、**興玉神石**が鎮座しており、**夫婦岩**は、岩の間から昇る**日の大神**とこの興玉神石を拝む鳥居の役割を担っている。夫婦岩の間から日が昇るのは5～7月頃で、仲睦まじくふたつの岩が並ぶ姿から夫婦円満や良縁成就を願う人も訪れる。境内には、「無事かえる、若がえる」など御利益のある二見蛙や満願蛙も置かれている。

霊峰富士山が日の下に重なる

▶ 二見興玉神社
住 伊勢市二見町江575
TEL 0596-43-2020
開 入場自由
交 JR**二見浦駅**から徒歩15分。またはJR**伊勢市駅**、近鉄**宇治山田駅**からCANばすで50分の**夫婦岩東口**下車、徒歩5分
URL futamiokitamajinja.or.jp

二見興玉神社の本殿

二見蛙などカエルの像も多い

北伊勢地方の総氏神

伊賀と県北部

多度大社

5世紀後半、雄略天皇の頃に創建された神社で、本宮には、伊勢神宮の御祭神である天照大御神の第3皇子、**天津彦根命**を祀っている。このため、伊勢神宮との関係が深く、**「お伊勢参らばお多度もかけよ、お多度かけねば片参り」**と謡われ、多くの参拝客が訪れる。別宮では、天津彦根命の子神である天目一箇命を祀っており、二柱とも天候を司る神とされ、古くから雨乞いや日和乞いなどが行われてきた。摂社の**美御前社**は、鮮やかな朱に塗られた社殿。女性特有の病気や耳、鼻、口などの病の治癒にご加護があるとされ、御前に穴のあいた石をお供えして願う人も多い。

静寂に包まれた境内

▶ 多度大社
住 桑名市多度町多度1681
TEL 0594-48-2037
開 入場自由（授与所8:30～17:00）
交 養老鉄道**多度駅**から徒歩20分
URL tadotaisya.or.jp

多度祭での上げ馬神事

流鏑馬祭の様子

info 映画『ビルマの竪琴』を監督した**市川崑**と、『おもひでぽろぽろ』などジブリアニメの演出・監督の**高畑勲**は伊勢市出身。テレビドラマの演出で知られる**和田勉**は松阪市出身、国際的にも評価が高い**小津安二郎**監督は少年時代を松阪市で過ごした。

飼育種類数日本一の水族館

伊勢志摩と周辺

鳥羽水族館（とばすいぞくかん）

ラッコのキラとメイ

熱帯に広がるサンゴ礁の海を再現

昭和30（1955）年開館の歴史ある水族館。開館時には50ほどだった飼育種が、平成25（2013）年には1200種を超え日本一となった。

アフリカマナティーの飼育展示や水中にある透明チューブをウオーキングできる**海獣の王国**のほか、**伊勢志摩の海・日本の海**のコーナーでは小型のクジラ、スナメリの愛らしい姿に合うこともできる。巨体をゆらしながらパフォーマンスを行う**セイウチふれあいタイム**も人気が高く、これを目当てに来館する観光客もいるほど。そのほか**へんな生きもの研究所**ではダイオウグソクムシや「ワン」と鳴くイヌガエルなど珍しい生物も展示している。

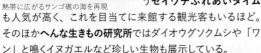

御在所の大自然を味わい尽くす

伊賀と県北部

御在所ロープウエイ（ございしょろーぷうえい）

ゴンドラから見える絶景

御在所岳山麓にある湯の山温泉駅から、標高1180mの山上公園駅まで約15分の空中散歩。ゴンドラからは**伊勢湾**や遠く**アルプス連山**が眺められる。また、御在所岳は花崗岩で形成され、珍岩、奇岩と変わった形の岩を見ることができる。山上公園の整備された散策路を使えば、標高1212mの御在所岳山頂までの散策も手軽。もっと簡単に山頂まで行きたい場合は観光リフトも利用可能だ。

春は花、夏は避暑とアカトンボ、秋の紅葉など、時々の自然を堪能しながらのハイキングは格別。冬には樹氷の景色を眺めながらスキーやそり遊びを楽しむこともできる。

▶鳥羽水族館
住 鳥羽市鳥羽3-3-6
TEL 0599-25-2555
開 9:00～17:00
7/20～8/31 8:30～17:30
最終入場は1時間前
休 無休
料 2500円
交 JR・近鉄**鳥羽駅**から徒歩10分
URL www.aquarium.co.jp
▶セイウチふれあいタイム
開 11:00、14:00より約10分
▶アシカショー
開 10:00、11:30、13:00、15:30より約15分
▶ペンギン散歩
開 12:00より約10分
※ショーは天候や動物の体調により変更、中止となる場合がある

多彩な演技が見られるアシカショー

▶御在所ロープウエイ
住 三重郡菰野町湯の山温泉
TEL 059-392-2261
開 4～11月9:00～17:20（下り最終）
12～3月9:00～16:20（下り最終）
休 不定休　料 2450円
交 近鉄**湯の山温泉駅**からバスで10分の**湯の山温泉・御在所ロープウエイ前**下車、徒歩すぐ
URL www.gozaisho.co.jp
▶観光リフト
開 4～11月9:30～17:00（下り最終）
12～3月9:30～16:00（下り最終）
休 不定休
料 頂上駅まで片道350円、往復650円、1日フリー券1000円

冬には樹氷も見られる

info 人間ほどの小型クジラの**スナメリ**は、頭が丸いキュートな姿で**鳥羽水族館**の人気者。伊勢湾や三河湾などの海岸近くに姿を見せることもある。鳥羽水族館では、研究と繁殖に取り組んでおり、世界で初めて飼育下の繁殖に成功している。

石畳の参詣道を通り、馬越峠までハイキング

熊野市と県南部

馬越峠（まごせとうげ）

熊野古道P.628の中でも、伊勢から熊野三山を目指すルートを**伊勢路**といい、平安時代の歌謡集『梁塵秘抄（りょうじんひしょう）』にも登場。「**伊勢へ七度、熊野へ三度**」ともいわれ、江戸時代には、伊勢神宮参拝の後、熊野詣に行くための参詣道として利用された。

馬越峠の石畳

伊勢路には数種のルートがあるが、山歩き初心者でも比較的歩きやすいのが馬越峠のコース。尾鷲ヒノキが凛と立つ中に続く石畳が美しく、途中に**夜泣き地蔵**などもある。**道の駅海山**を出発し、馬越峠の展望台から尾鷲市の眺望を楽しんだ後、急な上りになるが、さらに**天狗倉山**へも足を延ばせば、山頂の大岩から360°の大パノラマを望める。

七里御浜を歩く浜街道ルートもある

▶馬越峠
住 北牟婁郡紀北町～尾鷲市
TEL 0597-25-2666（三重県立熊野古道センター）
開 入場自由
交 道の駅海山へはJR**尾鷲駅**からバスで16分の**鷲毛**下車、徒歩10分

伊勢路のひとつ、八鬼山越え

浜街道P.549の獅子岩

波が作り出した断崖絶壁の世界遺産

熊野市と県南部

鬼ヶ城（おにがじょう）

長い年月をかけて、風雨や波に削られてできた絶景は世界遺産「紀伊山地の霊場と参詣道」にも登録されており、山頂の城跡にある展望台からは海や海岸線が一望できる。

断崖絶壁の小道

周囲の海岸沿いを歩けば、**千畳敷**をはじめとした雄大な洞窟や奇岩が見られ、海の上の断崖絶壁の小道を散策しながら大自然の作り出した景観を楽しむこともできる。

鬼ヶ城の名前は、平安時代に鬼として恐れられていた海賊、金平鹿（こんへいか）がここを根城にしていたことに由来する。かつては**鬼の岩屋**と呼ばれており、坂上田村麻呂が討伐したとされる。山頂には戦国時代に築かれた城跡も残っている。

▶鬼ヶ城
住 熊野市木本町
TEL 0597-89-0100（熊野市観光協会）
開 入場自由
交 JR**熊野市駅**からバスで5分の**鬼ヶ城東口**下車、徒歩すぐ
URL onigajyo.jp

奇岩 鬼ヶ城

info 『少年探偵団』シリーズなどの探偵小説で人気を集めた**江戸川乱歩**は、明治27（1894）年に名張市で生まれた。鳥羽造船所に1年2ヵ月ほど勤務しており、この時期の体験が活かされた作品もあるという。鳥羽には**江戸川乱歩館**もある。

伊勢志摩国立公園の絶景ポイント　伊勢志摩と周辺

英虞湾（あごわん）

横山展望台から（写真提供：志摩市）

湾内に大小さまざまな60もの島が浮かぶ複雑な地形の英虞湾は、真珠やアオサノリの一大産地。標高140mの高さにある**横山展望台**（横山天空カフェテラス）からは、美しい英虞湾を一望できる。サミットの会場となった**賢島**（かしこじま）は、鉄道橋で本州と繋がっており、アクセスもよい。

伊勢志摩の絶景が楽しめるドライブウェイ　伊勢志摩と周辺

伊勢志摩スカイライン（いせしますかいらいん）

伊勢湾を一望できる

伊勢から鳥羽までを結ぶ全長16.3kmの有料道路で、伊勢志摩の美しい眺望が楽しめる。道中にいくつかある展望台は、伊勢湾の眺めや街の夜景を眺められる絶景スポット。ほかにも記念ハガキを送ることができる**天空のポスト**や山頂広場、展望足湯などがある。

豪華な遊覧船に乗って英虞湾周遊　伊勢志摩と周辺

賢島エスパーニャクルーズ（かしこじまえすぱーにゃくるーず）

島の間を抜けて周遊

スペインの大航海時代に使われた船をモチーフにした遊覧船**エスペランサ**で英虞湾を50分ほど周遊するツアー。船内2階では飲み物を買うこともでき、より優雅なクルーズを楽しめる特別室「イサベラ」（運賃のほかに特別室料金が必要）も用意されている。

海女さんゆかりのパワースポット　伊勢志摩と周辺

神明神社（石神さん）（しんめいじんじゃ（いしがみさん））

境内にある石神さん

天照御大神を祀っている神明神社は鳥羽市**相差**（おうさつ）の氏神様。**石神さん**の愛称で親しまれる境内社の**石神社**は、女性の願いをひとつ叶えてくれるパワースポット。縁結びや安産など、女性関連の御利益も多いとされ、古くから海女さんのみならず参拝者が県内外から訪れる。

▶英虞湾

▶横山展望台
住 志摩市阿児町鵜方875-20
開 入場自由
交 近鉄**鵜方駅**から徒歩40分。またはタクシーで10分。近鉄**賢島駅**からタクシーで15分

▶横山天空カフェテラス（カフェ・ミラドール志摩）
開 9:00〜16:30　休 不定休
URL mirador.puebloamigo.jp

▶横山ビジターセンター
展望台下にある施設。伊勢志摩国立公園や海女漁業についての展示解説が見られる。
住 志摩市阿児町鵜方875-24
TEL 0599-44-0567　開 9:00〜16:30
休 火曜（祝日の場合は翌日）、年末年始　料 無料

▶伊勢志摩スカイライン
住 伊勢市〜朝熊山上〜鳥羽市
TEL 0596-22-1810（伊勢料金所）
開 7:00〜19:00（8月〜20:00）
休 無休
料 軽・普通自動車1270円ほか
交 伊勢自動車道**伊勢西IC**から車で内宮方面へ約5分
URL www.iseshimaskyline.com

▶賢島エスパーニャクルーズ
住 志摩市阿児町神明752-11
TEL 0599-43-1023
開 9:30〜15:30
休 無休　料 1700円
交 近鉄**賢島駅**から徒歩2分
URL shima-marineleisure.com

特別室イサベラ

▶神明神社（石神さん）
住 鳥羽市相差町1385
TEL 0599-33-6873
開 入場自由
交 JR・近鉄**鳥羽駅**からバスで45分の**相差 石神さん前**下車、徒歩5分
URL ishigamisan-shinmei.com

神明神社の社殿

info 鳥羽市には、縁結びの神様「**かぶらこさん**」（**伊射波神社**）、女性特有の病や安産の神様「**彦瀧さん**」（**彦瀧大明神**）、女性の願いを叶えてくれる「**石神さん**」（**神明神社**）がおられ、すべてお参りすると、御利益が増すともいわれる。

白いカルスト地形と青い海のコントラストが美しい

伊勢志摩と周辺

神島(かみしま)

鳥羽港から北東約14km、愛知県の伊良湖岬から西に3.5kmほどに位置する。周囲3.9kmの小さな島で、その名のとおり、神が支配する島と昔から信じられてきた。三島由紀夫の純愛小説『**潮騒**』の舞台になったことで知られ、映画のロケ地にもなっている。

沿岸に広がるカルスト地形
（写真提供：鳥羽市）

▶神島
住 鳥羽市神島
TEL 0599-25-1157（鳥羽市観光課）
交 JR・近鉄**鳥羽駅**から徒歩約7分の**鳥羽マリンターミナル**から定期船で約40分

伊良湖から撃つ大砲の弾道を確認した監的哨跡（写真提供：鳥羽市）

現役の海女さんがいる、鳥羽と志摩ならではの体験

伊勢志摩と周辺

海女小屋体験(あまごやたいけん)

海女小屋とは、海女さんが道具や磯着を洗ったり、漁で冷えた体を温めてくつろぎながら仲間と休憩する場所。海女小屋体験では、取れたての**サザエ**や**伊勢海老**などを炭火で焼いてもらって食べながら、海女さんにさまざまな話を聞くことができる。

海女さんによる火おこし

▶海女小屋体験
原則要予約。営業時間と料金は公式サイトや予約時に要確認
▶海女小屋体験施設 さとうみ庵
住 志摩市志摩町越賀2279
TEL 0599-85-1212
開 基本2日前までの予約制。
休 3～9月は海女さんが漁に出る期間なので予約不可
交 近鉄**鵜方駅**からバスで1時間の**あづり浜**下車、徒歩3分
URL satoumian.com
▶海女小屋 相差かまど
住 鳥羽市相差町1238
TEL 0599-33-7453
開 ランチ11:30～14:00ほか完全予約制　休 不定休
交 JR・近鉄**鳥羽駅**からバスで45分の**相差（石神さん）**下車、徒歩5分
URL osatsu.org

島が点在する湾を巡り、イルカたちと触れ合う

伊勢志摩と周辺

鳥羽湾めぐりとイルカ島(とばわんめぐりといるかじま)

鳥羽湾の景色を遊覧船に乗って楽しむクルーズ。途中で立ち寄る**イルカ島**では、イルカやアシカのショーを見たり、イルカにタッチしたり、エサをあげたりしてイルカたちと触れ合える。島の山頂にある展望台は、鳥羽湾を一望できるスポット。

龍宮城をモチーフにした遊覧船で巡る

▶鳥羽湾めぐりとイルカ島
住 鳥羽市鳥羽1-2383-51
TEL 0599-25-3145
開 9:30～15:30（時期により変動）
休 1月中旬～2月上旬
料 2000円
交 JR・近鉄**鳥羽駅**から鳥羽マリンターミナル遊覧船のりばまで徒歩約7分
URL shima-marineleisure.com

今も暮らしが営まれる武家屋敷

伊勢志摩と周辺

御城番屋敷(ごじょうばんやしき)

江戸時代、松坂城の警護を任された紀州藩士たちが暮らしていた**組屋敷**。現存する長屋の武家屋敷としては最大規模で、国指定重要文化財になっている。この武家屋敷には、藩士の子孫が今も暮らしながら維持管理を行っており、屋敷の一部が一般向けに公開されている。

松坂城跡から見た御城番屋敷

▶御城番屋敷
住 松阪市殿町1385
TEL 0598-26-5174
開 10:00～16:00
休 月曜（祝日の場合は翌日）、年末年始　料 無料
交 JR**松阪駅**から徒歩15分

かまどなどが残る内部の様子

info 『古事記伝』を記した江戸時代の国学者として知られる**本居宣長**は、享保15(1730)年、松阪の木綿商の家に生まれた。松阪市には**本居宣長記念館**、**本居宣長旧宅**、**本居宣長ノ宮**などがあるので、御城番屋敷とともに訪れてみたい。

貴重な国宝文化財をもつ歴史ある寺院　伊勢志摩と周辺

高田本山専修寺

親鸞聖人の木像を安置する須弥壇

親鸞聖人が開山した真宗高田派の本山寺院で、本堂にあたる**如来堂**には快慶作の阿弥陀如来像を安置する。如来堂と780畳もの広さの**御影堂**は国宝の建造物で、内部装飾は豪華絢爛。寺院所蔵の親鸞直筆の『西方指南抄』と『三帖和讃』も国宝に指定されている。

▶高田本山専修寺
住 津市一身田町2819
TEL 059-232-4171
開 山門6:00～18:00
御影堂・如来堂6:00～15:30
休 無休　料 無料
交 JR**一身田**（いしんでん）**駅**から徒歩5分
URL www.senjuji.or.jp

夏頃に咲き誇るハスと御影堂

「白鳳城」とも呼ばれる伊賀のランドマーク　伊賀と県北部

伊賀上野城

映画やドラマのロケに使われている

天正13(1585)年、筒井定次が築いた城郭を**藤堂高虎**が拡張、修築した。天守閣は慶長17(1612)年の大暴風で倒壊したが、外堀には東西の大手門や櫓が築かれた。昭和10(1935)年に復興の現天守閣は木造三層で、約30mの高石垣は大阪城と並び日本一の高さを誇る。

▶伊賀上野城
住 伊賀市上野丸之内106
TEL 0595-21-3148
開 9:00～17:00（最終入場16:45）
休 12/29～31　料 600円
交 伊賀鉄道**上野市駅**から徒歩10分
URL igaueno-castle.jp

天守閣の様子

知られざる忍者の知恵と技を知る　伊賀と県北部

伊賀流忍者博物館

忍術実演ショー

見た目は普通の農家だが、火薬の作り方や忍術の秘伝を守るため、内部にはどんでん返しや隠し階段などのからくりがあり、これらを見学できる。

また、本物の武器や道具を使った迫力満点の忍術実演ショー（別料金）は見もの。

▶伊賀流忍者博物館
住 伊賀市上野丸之内117
TEL 0595-23-0311
開 平日10:00～16:00
土・日曜・祝日10:00～16:30
最終入場は30分前
休 12/29～1/1　料 800円
交 伊賀鉄道**上野市駅**から徒歩10分
URL www.iganinja.jp

刀隠し

美しい渓谷の自然と歴史ある忍者修行の里　伊賀と県北部

赤目四十八滝

紅葉に包まれた滝

四季折々の滝川の景観が楽しめる散策コースがいくつかあり、豊かな自然と触れあえるエコツアーも実施されている。千本以上の竹灯で赤目渓谷をライトアップする秋冬限定のイベント「**幽玄の竹あかり**」も人気。忍者修行の里でもあり、伊賀流忍術の修行体験もできる。

▶赤目四十八滝
住 名張市赤目町長坂671-1
TEL 0595-64-2695（赤目四十八滝渓谷保勝会）
開 4～11月8:30～17:00
12～3月9:00～16:30
休 1～3月の木曜、12/28～31
料 500円
交 近鉄**赤目口駅**からバスで11分の**赤目滝**下車、徒歩すぐ
URL www.akame48taki.com
▶忍者修行体験
開 10:30、13:30より約1時間30分（要予約）　料 3000円

info 俳聖として知られる松尾芭蕉は、伊賀上野に生まれ、20歳代で京都や江戸に出た。伊賀上野城近くには、芭蕉筆の巻物などを収蔵する**芭蕉翁記念館**や**芭蕉翁生家**のほか、帰郷した時に訪れたという**蓑虫庵**などもある。

真珠にまつわる見どころがたくさん

伊勢志摩と周辺

ミキモト真珠島

御木本幸吉が世界初の真珠の養殖に成功した島。鳥羽湾から歩いて渡ることができる島では、**真珠博物館**や**御木本幸吉記念館**、海女さんの潜水実演などを見学できる。

パールジュエリーを買える店舗もある

至近距離で触れ合える体験型水族館

伊勢志摩と周辺

伊勢シーパラダイス

アザラシや**イルカ**、**アシカ**やカワウソなどの水生哺乳類と間近で触れ合えるのがこの水族館の大きな魅力。水槽を見ながらくつろげるスペースもあり、大人も子供も楽しめる。

セイウチと記念撮影

明るいスペインを感じながら夢のような時間を過ごす

伊勢志摩と周辺

志摩スペイン村

スペインをモチーフにした複合リゾート施設で、本格的な**フラメンコショー**も見どころのひとつ。園内にはSNS映えするスポットが数多くあり、日常とは違う特別な一枚を撮影できる。

華やかなパレード

斎宮が栄えた平安時代にタイムスリップ

伊勢志摩と周辺

いつきのみや歴史体験館

十二単・直衣の試着、平安時代のボードゲーム、**盤双六**や**貝覆い**などの遊びや手作り体験ができる。館外の「斎宮跡10分の1史跡全体模型」にも立ち寄ってみたい。

斎王が乗った輦（こし）の復元

伊勢の台所として栄えた商人の町

伊勢志摩と周辺

伊勢河崎の町並み

江戸時代から、伊勢参りに来る人たちの物資を供給する**伊勢の台所**として栄えた町。勢田川と並行して走る**河崎本通り**沿いには、切妻屋根の町家や蔵が並ぶ。

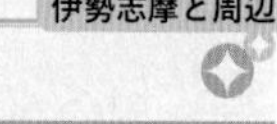

勢田川沿いに蔵が並ぶ

▶ミキモト真珠島

住 鳥羽市鳥羽1-7-1
TEL 0599-25-2028
開 9:00～17:00（12月～16:30）季節により変動。繁忙期は延長あり。最終入場1時間前
休 12月の第2火曜より3日間
料 1650円
交 JR近鉄**鳥羽駅**から徒歩5分
URL www.mikimoto-pearl-museum.co.jp

▶伊勢シーパラダイス

住 伊勢市二見町江580
TEL 0596-42-1760
開 9:00～17:00（季節により変動）
休 12月に2日間　料 1950円
交 JR**二見浦駅**から徒歩20分
URL ise-seaparadise.com

ツメナシカワウソと握手体験

▶志摩スペイン村

住 志摩市磯部町坂崎
TEL 0599-57-3333
開 9:30～17:00（季節・曜日により変動あり）
休 冬期、6月末に休園あり
料 1日パスポート5400円
交 近鉄**鵜方駅**から直通バスで20分
URL www.parque-net.com

▶いつきのみや歴史体験館

住 多気郡明和町斎宮3046-25
TEL 0596-52-3890
開 9:30～17:00(入館は30分前)
休 月曜（祝日を除く）、祝日の翌日、年末年始
料 無料
交 近鉄**斎宮駅**から徒歩すぐ
URL www.itukinomiya.jp

▶伊勢河崎の町並み

▶伊勢河崎商人館

住 伊勢市河崎2-25-32
TEL 0596-22-4810
開 9:30～17:00
休 火曜（祝日の場合は翌日）
料 350円
交 近鉄**宇治山田駅**から徒歩15分
URL www.isekawasaki.jp

歴史ある伊勢河崎商人館

info 志摩地方の海女さんが磯着につけた格子柄、**ドーマン**は、たくさんの目で魔物を怯ませるためのおまじない。星印の**セーマン**は、星が一筆書きで必ず最初に戻ってくることから、潜っても戻ってこられるという願掛けだった。

お伊勢参りでにぎわった宿場町
伊賀と県北部

関宿（せきじゅく）

右手前は旅籠玉屋歴史資料館

江戸から明治の時代に建てられた家々が200棟以上も並び、日本の道百選にも選ばれた。**旅籠玉屋歴史資料館**や**関まちなみ資料館**もあり、銘菓、関の戸も味わえる。

伊勢国の一宮
伊賀と県北部

椿大神社（つばきおおかみやしろ）

32神が祀られた本殿

よい方向に導いてくれるという猿田彦大神の本宮で、地元では**椿さん**の愛称で親しまれている。猿田彦大神の妻神が祀られた別宮もあり、縁結びの神としても知られる。

豊かな自然の中で水遊びやホタル観察ができる
伊賀と県北部

多度峡（たどきょう）

多度峡の天然プール

夏は天然プールで水遊び、秋は紅葉で彩られる。高さ25mの**みそぎ滝**は、多度大社の禊場でもあった。6月上旬から梅雨ごろには、ゲンジボタルを見ることもできる。

F1日本グランプリも開催される
伊賀と県北部

鈴鹿サーキット（すずかさーきっと）

レーシングコース

F1日本GP、鈴鹿8耐など、数々のレースで知られるサーキット。中心となるレーシングコースのほか、**鈴鹿サーキットパーク**やホテルもあり、テーマパークとしても楽しめる。

60ものアトラクションがある国内最大の遊園地
伊賀と県北部

ナガシマスパーランド（ながしますぱーらんど）

たくさんのアトラクションが並ぶ

絶叫系をはじめ、たくさんのアトラクションを楽しめる。夏には**ジャンボ海水プール**が開かれ、種類豊富なプールとスライダーが人気。子供向け設備も充実している。

▶関宿
TEL 0595-97-8877(亀山市観光協会)
交 JR**関駅**から徒歩5分
▶旅籠玉屋歴史資料館
住 亀山市関町中町444-1
TEL 0595-96-0468
開 9:00～16:30(最終入場16:00)
休 月曜(祝日の場合は翌日)、12/29～1/3　料 300円(関まちなみ資料館と共通)
▶関まちなみ資料館
住 亀山市関町中町482
TEL 0595-96-2404
開 休 料 旅籠玉屋歴史資料館と共通

▶椿大神社
住 鈴鹿市山本町1871
TEL 059-371-1515
開 5～10月5:00～19:00
11～4月5:00～18:00
休 無休　料 無料
交 近鉄**四日市駅**からバスで1時間の**椿大神社**下車、徒歩すぐ
URL tsubaki.or.jp

境内にある「かなえ滝」

▶多度峡
住 桑名市多度町多度
TEL 0594-48-2702(多度町観光協会)
開 入場自由(天然プールは夜間利用不可)
交 東名阪道**桑名東IC**から車で20分

▶鈴鹿サーキット
住 鈴鹿市稲生町7992
TEL 059-378-1111
交 近鉄**白子駅**からバスで20分の**鈴鹿サーキット**下車、徒歩すぐ
URL www.suzukacircuit.jp
休 不定休　料 2000円(サーキットチャレンジャーは別途1600円)
▶鈴鹿サーキットパーク
開 10:00～17:00(イベントによって変動あり)

▶ナガシマスパーランド
住 桑名市長島町浦安333
TEL 0594-45-1111(代表)
開 9:00～17:00(季節により変動)
休 1、6月頃の各平日にメンテナンス休業あり　料 5500円
交 近鉄**桑名駅**からバスで20分の**長島温泉**下車すぐ。または名古屋駅の**名鉄バスセンター**からバスで50分
URL www.nagashima-onsen.co.jp

info 人気作家**三浦しをん**のベストセラー小説『神去なあなあ日常』の神去村は、父であり日本文学者の三浦佑之(すけゆき)の出身地、**津市美杉町(旧美杉村)**がモデル。また美杉町は、ライフネット生命保険の創業者、出口治明の出身地でもある。

東海が舞台となった映画

『幕が上がる』（静岡県）

2015年公開　監督：本広克行

劇作家・平田オリザの処女作となる青春小説を『踊る大捜査線』シリーズの本広克行監督が映画化。人気アイドルグループ、ももいろクローバーZを主演に迎え、黒木華扮するワケあり新任教師の指導の下、弱小高校演劇部が全国大会を目指し奮闘する姿を描く。

全編のほぼ9割の撮影が静岡県**富士市**中心に行われた。舞台となった静岡県立富士ヶ丘高校のロケ地では、統廃合で今は使われなくなった**静岡県立庵原高校**の校舎を使用。正門、体育館、職員室は**静岡県立富士宮北高校**で撮影されている。

百田夏菜子演じる部長のさおりが、演劇強豪校からの転校生、有安杏果演じる中西を部員に引き込む過程は**岳南電車**の**吉原駅**、**比奈駅**、**原田駅**で撮影。バックに映る工場など、製紙工業の街として栄えた、富士市ならではの風景が広がる。ふたりが本を探しに来た**富士市立中央図書館**には、ももクロメンバー全員のサインが飾られている。

演劇大会会場となった**富士宮文化会館**や、**函南文化センター**、**イオンタウン富士南店**などの施設ほか、土手や田んぼ道などのロケ地マップはフィルムコミッション富士が作成し公開。撮影で使われた**炭焼きレストランさわやか富士錦店**はじめ、ケータリング協力店まで紹介されているのがうれしい。

本作はモノノフ（ももクロファン）、演劇ファンでなくとも楽しめると高評価を獲得。報知映画賞、日本アカデミー賞など多くの映画賞を受賞している。

『君の名は。』（岐阜県）

2016年公開　監督：新海誠

興行収入250億円を突破、邦画歴代第2位（2022年現在第3位）、全世界414億円強と、空前の大ヒットとなったアニメ作品。受賞・ノミネート歴も凄まじく、世界のメディアからも絶賛された、日本映画史に残る作品となった。

1990年代からロケ地やモデルとなった場所を訪れる“聖地巡礼”はアニメファンを中心に行われてきたが、この年、ユーキャン新語・流行語大賞のトップテンに「聖地巡礼」が選出されるほど、本作を機に空前の大ブームとなった。

本作ロケ地は東京、岐阜、長野と広範囲に分布するが、なかでも新海誠監督が舞台となった架空の糸守町を「飛騨地方をイメージした」と発言したこともあり、岐阜県**飛騨市**とのタイアップが実現。飛騨市役所観光課ではロケ地を公式ウェブサイトで紹介し、人気を集めた。

ヒロイン三葉が巫女を務める宮水神社のモデルとされる神社は複数あるが、**飛騨古川**P.538の**気多若宮神社**と、高山城跡近くの**飛騨山王宮日枝神社**がファンの間で人気。飛騨古川町にはほかにも、主人公・瀧たちが降り立った**飛騨古川駅**、糸守町について調べに行った**飛騨市図書館**、奥寺先輩と司が五平餅を食べた**味処古川**などがあり、実名で登場するタクシー会社では聖地巡礼コースを企画・販売していた。

また三葉を探す道中で登場する飛騨市宮川町落合のバス停は角川駅近くに実在する。まさに映画によって地域活性化が促進された成功事例だろう。

関西

春 夏 秋 冬 関西のココがいちばん！

どうせ行くなら、魅力UPの時期がいいシーズンと旅先をCheck!

食欲そそるツミな香りがたまらない

安くてうまい大阪のたこ焼き屋さん

奈良県 曽爾高原 ▶P.601

10月から11月にかけて風になびく金色のススキが見頃を迎える曽爾高原。星空が美しいことでも知られる。

伽藍と紅葉がお互いを引き立ててるニャ

兵庫県 書写山圓教寺 ▶P.670

1000年以上の歴史を紡いできた天台宗の寺院。ロープウェイからのパノラマや静寂な空気が漂う摩尼殿からの風景がおすすめ。

滋賀県 比叡山延暦寺

▶P.611

世界文化遺産に登録されている比叡山延暦寺。点在する堂宇と美しい紅葉を楽しみながら名僧の歩んだ道を踏みしめて歩こう。

京都府 **東寺** ▶P.581

創建1200年の古刹。五重塔にも負けない風格がある樹齢120年のシダレザクラは空海の不二の教えから不二桜と名付けられた。

春

兵庫県 **淡路島** ▶P.667

淡路島 国営明石海峡公園のチューリップをはじめ花の名所が多い淡路島。春にしか味わえない新玉ねぎのステーキは絶品。

奈良県
大和葛城山
▶P.600

大和葛城山はツツジの名所で、5月に見頃を迎える。炎々と燃え盛るように染め上がった山肌は一目百万本と称されるほど。

マイナスイオンで
癒やされるニャ

夏

大阪府 **箕面大滝** ▶P.650

箕面大滝は落差33mの迫力あふれる滝。秋の紅葉が有名だが、木々が生い茂り涼やかな滝に心洗われる夏も人気。

京都府 **鴨川** ▶P.577

鴨川の納涼床は夏を代表する風物詩。二条から五条の西岸に設置され、涼やかな風にあたりながら飲食を楽しめる。

冬

飛び込みは危険なので
絶対にしちゃダメニャ

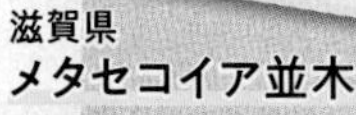

滋賀県
メタセコイア並木
▶P.613

ロマンティックな光景が広がる並木道。四季を通して異なる表情を見せるが、樹氷のように雪化粧をまとった冬の姿も美しい。

和歌山県 **串本** ▶P.632

本州最南端からの日の出を見ようと大勢の人が訪れる名スポット。条件がそろえば海霧が発生し、幻想的な朝焼けになる。

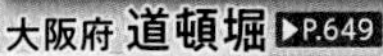

大阪府 **道頓堀** ▶P.649

多くの店が軒を連ねる大阪の繁華街。新年のカウントダウンなど、おめでたいイベントのときは大衆のボルテージが最高潮に。

Pick Up 関西 テーマのある旅

湖の上を飛んでるみたいに楽しい**フライボート**

3～5mの高さまで上昇するフライボード

滋賀県

日本最大の湖でビッグフィッシュを狙おう

滋賀県といえば豊富な水を湛える琵琶湖 ▶P.610 。湖畔クルーズで優雅に水面を眺めるのも魅力的だがレイクレジャーも盛ん。SUPやウェイクボード、ゲームフィッシングなど幅広く行われている。県の条例に基づき、釣り上げたブルーギルやブラックバスのリリースは禁止されているので注意しよう。

テーマパークや動物園など 体験型スポット

寺社や庭園、明治時代の洋館など、古くからの建物が多く残る関西圏では、王道の観光スポットに注目が浴びがち。ここでは視点を変えて観劇やアクティビティ、動物と触れ合えるスポットを紹介しよう。

京都府

着物に着替えて町屋歩き

1000年を超える歴史の中で育まれた文化が息づく京都。南座 ▶P.579 や京都観世会館 ▶P.580 での鑑賞をはじめ、宇治茶道場「匠の館」 ▶P.582 や時代劇が撮影される東映太秦映画村 ▶P.581 など幅広いジャンルを楽しめる。清水寺 ▶P.576 周辺は着物をレンタルして観光する人も多い。

info 京都ならではの楽しみのひとつ、**お座敷遊び**は一見さんお断りの閉ざされた文化だったが、イベントや**南座** P.579 での公演を通して一般の観光客にも**花街文化**を体験できる機会が増えている。

和歌山県

ぬいぐるみのようなパンダに癒やされよう

西牟婁郡白浜町にあるアドベンチャーワールド ▶P.630 は、国内でジャイアントパンダを飼育している3つの動物園のうち飼育数が最も多い。県南部に位置する太地町には太地町立くじらの博物館 ▶P.637 もあり、ふれあい体験やショーを通してクジラやイルカと交流できる。

ジンベイザメが優雅に泳ぐ海遊館

ジンベエザメのお食事タイムは1日2回!

大阪府

年中無休で公演が行われるなんばグランド花月

商都大阪にはハリウッド映画の世界を体感できるユニバーサル・スタジオ・ジャパン ▶P.647 や週末限定のパーソナルバックヤードツアーが大人気の海遊館 ▶P.649 、「笑いの殿堂」なんばグランド花月 ▶P.652 など見どころが盛りだくさん。“食いだおれの街”でおいしい粉もんにも巡り会いたい。

兵庫県

マイカーでも
サファリバスでも
動物に接近!

檻に囲まれた乗り物で巡るSAFARI THE RIDE

姫路セントラルパーク ▶P.670 は、自家用車で動物を間近に見るサファリや遊園地に加え、夏はプール、冬はスケートとアクティブに楽しめるスポット。ユニークなのは、ゴンドラで眺めるスカイサファリ。上空から見る動物の様子は普段動物園では見られない貴重な姿だ。

餌やりの際は鹿を焦らさないように。時として襲ってくる場合がある

奈良県

奈良市街の東一帯に広がる奈良公園 ▶P.593 には、春日大社 ▶P.597 の神の使いとされるおよそ1200頭もの鹿が生息している。路上で販売されている鹿せんべいで交流を図ろう。人間も鹿せんべいを食べてもいいが、決しておいしいものではない。鹿に食べてもらうことをすすめる。

info 兵庫県にある**宝塚大劇場** P.667 は宝塚歌劇団の本拠地。花、月、雪、星、宙の5つの組があり、公演はその組ごとに行われる。ダンスの花組、芝居の月組などそれぞれの組によって強みやコンセプトが異なっている。

京都府

KYOTO

京都府

人口
257.8万人（全国13位）

面積
4612km²（全国31位）

府庁所在地
京都市

府花
シダレザクラ

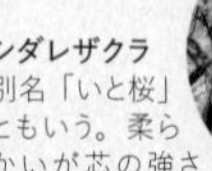

まゆまろ
京都府広報監を務める。名前は絹の原料となっている「まゆ」から
©京都府
まゆまろ#21013

シダレザクラ
別名「いと桜」ともいう。柔らかいが芯の強さももつ京都人になぞらえた

「千年の都」京都市を筆頭に、26市町村からなる京都府。全体的に山がちの府で、京都、福知山、亀岡など盆地が点在して都市となっている。東は滋賀県と接しており、琵琶湖から流れ出た水は宇治川として府内を流れ、大阪府との境でもある大山崎で桂川、木津川と合流して淀川となる。北は丹波高地、丹後山地となり、日本海にいたる。舞鶴港は日本海有数の港であり、海軍の基地としても栄えた。

旅の足がかり

京都市

延暦13（794）年に平安京を都として以来、1000年以上にわたり日本の首都であり続けた都市。中世以降、武士が主導権を握るようになると相対的な地位は低下していき、江戸幕府が開かれると政治の中心は江戸へ、商業の中心は大坂へと移ったが、天皇や公家は京都に残り公家文化も存続していった。明治維新以降は皇室や公家の多くは去り京都は古都となったが、その文化の集積度もあり、現代においては多くの大学がキャンパスを置く大学都市としての側面も強い。

宇治市

京都市に次ぐ第2の都市。応神天皇の皇子、菟道稚郎子（うじのわきいらつこ）がここに菟道宮（うじのみや）を築いたといい、有史以来の歴史をもつ。歴史的な見どころも多く、**平等院** P.582や菟道宮があった場所に建てられたという宇治上神社は世界遺産にもなっている。宇治茶はお茶が日本に伝わって以来、高級茶の代表的な存在であり続けている。

福知山市

福知山は福智山とも書かれ、明智光秀が築いた城を中心に発展してきた。かねてより丹波方面から京、大坂への交通の要衝だった城下町。現在も京都丹後鉄道で丹後半島とつながっており、山陰本線で京都へ、福知山線で大阪へ直結している。与謝野町、宮津市にまたがる大江山連峰には酒呑童子に代表される鬼の伝説がいくつも残っている。

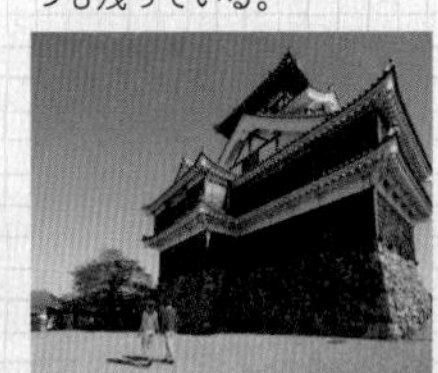

地理と気候

京都盆地をはじめとして、府内では山あいの盆地に町が作られることが多いため、夏冬の寒暖差が大きく、秋の早朝には霧が発生しやすい。日本海側は丹波山地に湿った季節風が吹く。

【夏】 山がちな地域のためフェーン現象が起こりやすく、暑い空気が町に吹きこむ。京都市にはいくつもの川が流れ、周囲には琵琶湖もあるため高温多湿の日が続く。

【冬】 盆地には冷気がたまり、風もあまり吹かないので大阪や神戸などと比べて厳しい寒さとなりやすい。北部は日本海に面しているため雪が多い。

P.566～583写真提供：宮内庁京都事務所　環境省京都御苑管理事務所　（公社）京都府観光連盟　京都市メディア支援センター　宇治市
京都府北部地域連携都市圏振興社　嵯峨嵐山おもてなし推進協議会　アサヒビール大山崎山荘美術館　清水寺　石清水八幡宮

アクセス

東京から ▸▸▸	所要時間
新幹線 東京駅▶京都駅(のぞみ)	2時間12分
高速バス バスタ新宿▶京都駅	8時間

大阪から ▸▸▸	所要時間
新幹線 新大阪駅▶京都駅(のぞみ)	13分
鉄道 大阪梅田駅▶京都河原町駅(阪急)	43分
鉄道 淀屋橋駅▶出町柳駅(京阪)	1時間
JR線 関西空港駅▶京都駅(関空特急はるか)	1時間20分

滋賀から ▸▸▸	所要時間
JR線 大津駅▶京都駅	10分

奈良から ▸▸▸	所要時間
鉄道 近鉄奈良駅▶京都駅(近鉄)	35分

府内移動

▶京都駅から天橋立へ

京都駅から特急**はしだて**を使えば所要約2時間10分。特急を使わずに行けば料金は安くなるが乗り継ぎも含めて3時間15分～4時間ほどかかる。

京都駅から丹海高速バスで所要約2時間。鉄道より早く運賃も安い。

▸▸▸アクセス選びのコツ

地下鉄烏丸線　竹田駅から近鉄京都線に乗り入れており、新田辺駅や近鉄奈良駅まで直通運転している。

京都1日観光チケット　京阪線の石清水八幡宮駅～出町柳駅、中書島駅～宇治駅と石清水八幡宮参道ケーブルが1日乗り放題。中書島、丹波橋、祇園四条、三条、出町柳の各駅で販売しており900円。

京都駅周辺の高速バス乗り場はいくつかあり、メインとなるのが京都駅北側の烏丸口や南側の八条口。大阪空港行きと関西空港行きはどちらも南側の八条口に発着する。

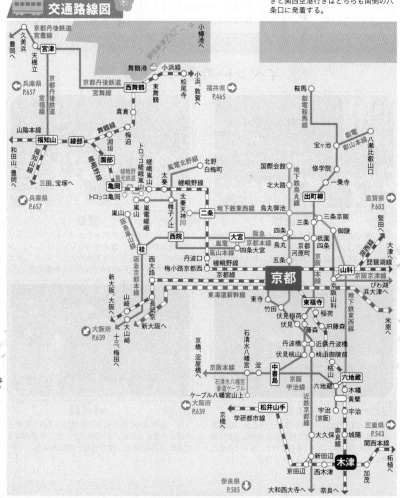

交通路線図

京都府

うちの府はここがすごい

一 国宝、重要文化財となった建築物数

太平洋戦争で大きな被害を受けなかったことから、京都には重要な建築物が多く残る。国宝が52件、重要文化財は247件(令和4年現在)もあり、その大半が京都市に集中している。

二 水力発電所発祥の地

明治時代に琵琶湖から京都市内、宇治川へと引かれた琵琶湖疏水。京都市左京区には、日本初の本格的な水力発電所である蹴上発電所が取りつけられ現在も稼働中だ。

三 京野菜の産地

神社仏閣が多く精進料理が発達した京都では昔からさまざまな野菜が栽培されてきた。賀茂なすや九条ねぎ、万願寺とうがらしなど、京都から各地に広まって定着した京野菜も多い。

イベント・お祭り・行事

① 祇園祭

古くは祇園会と呼ばれた、八坂神社の7月の祭礼。貞観11（869）年、疫病の退散を願って神輿を送ったことにはじまる。神輿渡御と山鉾巡行には特に多くの人々が集まる。

② 葵祭

1500年も続く京都を代表する5月の祭。正式には賀茂祭といい、源氏物語にも記されている。京都御所を出発した行列は下鴨神社へ、さらに上賀茂神社へと向かう。王朝絵巻さながらの優雅な行列だ。

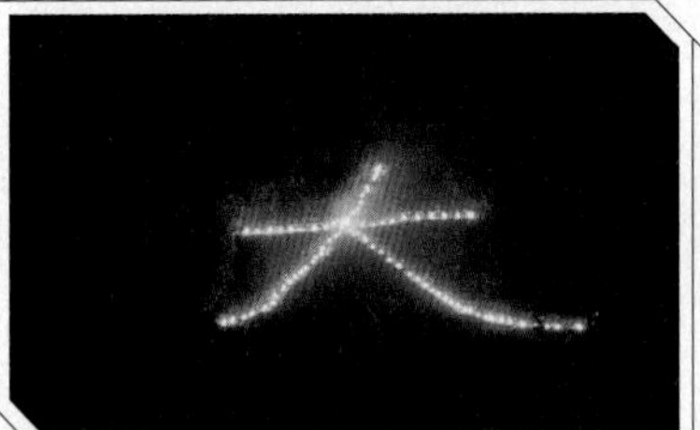

③ 五山送り火

毎年8月16日に行われる五山送り火。盆が終わり、帰ってきていた精霊を再びあの世へと送る行事で、京都市内の6つの山に点火される。なかでも東山如意ヶ嶽に灯される大文字送り火が有名。

④ 時代祭

毎年10月に行われる平安神宮の大祭で京都三大祭りの最後を彩る。明治維新を先頭に平安遷都まで遡る、8つの時代、20の行列が町に連なる。

必ず食べたい 名物グルメ

鱧（ハモ）

ウナギ目ハモ科に分類される魚で夏の京料理を代表する味覚。皮を切らないように細かい切りこみを入れて小骨を切断する「骨切り」と呼ばれる難易度が高い下処理を行う。おもに湯引きしたものを酢味噌や梅肉で味わう。

にしんそば

関西風のだしが効いたかけそばに身欠きニシンの甘露煮を載せたもの。身欠きニシンは頭と内臓を取り除いた干物で、流通が発達していない時代には保存に適した市民の貴重なタンパク源となっていた。

黒ちくわ

精進料理

お寺の多い京都では、京野菜や丹波大豆の湯葉や豆腐を使った精進料理が発達してきた。宿坊や寺に併設されたレストランなどで繊細な味を楽しむことができる。宇治で味わえる黄檗宗（おうばくしゅう）の普茶料理も精進料理だ。

丹後半島はイカやカキ、カニなど新鮮な魚介もさることながら、ちくわやかまぼこなど練り物も有名。特に宮津の黒ちくわは濃厚な青魚のうま味が感じられ、あぶると香ばしさが一段と増す逸品だ。

地元っ子愛用 ローカル味

白味噌

京都では甘い白味噌がスーパーなどにずらりと並ぶ。西京味噌とも呼ばれ、魚や肉を漬け込む際にも必須の素材。

オリソース

オリソースとは、ソースタンクの底に沈殿した部分。昭和5（1930）年創業の**ツバメ食品**が商品化し、京都定番の調味料に。スパイスたっぷりの超辛口でうま味も濃厚だ。

もらえば笑顔 定番みやげ

生八ッ橋

京都みやげの定番、生八ッ橋は小豆だけではなくさまざまなあんや、コンフィを包むのが今どきのスタイル。**nikiniki**のカレ・ド・カネールは、季節ごとの素材を使ったおしゃれな生八ッ橋。

よーじやのあぶらとり紙

明治37（1904）年創業の化粧品ブランド、**よーじや**。あぶらとり紙は1920年代に生まれ、以来1世紀にわたって京都の人々に愛されてきた。9cm四方の使いやすい手帳サイズ。

匠の技が光る 伝統工芸

清水焼

かつて清水寺の門前に工房があったことからその名で呼ばれる。現在は、山科区の清水焼団地が清水焼の郷として多くの工房が集まる。手びねりや絵付け体験ができるアトリエも多い。

丹後ちりめん

©丹後織物工業組合

独特の凹凸が生地に独特の表情を生み出す織物、ちりめん。なかでも丹後ちりめんはその最高級品として珍重されてきた。京丹後市や与謝野町は昔ながらの製法を守り続ける全国7割シェアの一大産地。

ワカルかな？ 京都のお国言葉

かぶらのたいたん、よぉあじしゅんでておいしゅおした

Ans.かぶの煮物は味が染み込んでいておいしかったです

1泊2日で巡る 京都府

1日目

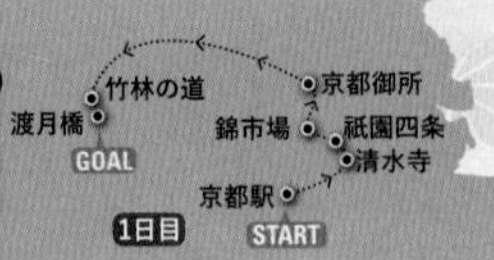

1日目に京都市中心部と嵐山を巡り、2日目には宇治や伏見へ。京都市内と宇治は、JR線と京阪線で結ばれており、プランに合わせて使い分けよう。

9:00 JR京都駅

バス15分+徒歩10分

清水の舞台を見に

9:30 **清水寺へ** ▶P.576

京都にいることが実感できる眺めはマスト！

帰りは三年坂、二年坂へ！

徒歩15分

10:15 **祇園四条**界隈を散策

京都らしい建物が並ぶ祇園をぶらぶら歩こう。

徒歩5分

11:00 **錦市場**でおみやげ探し ▶P.578

京都の台所とも呼ばれる錦市場でおみやげをゲット。

徒歩10分

12:00 四条烏丸周辺で**京料理**ランチ

ここまでが繁華街の中心

地下鉄6分+徒歩5分

皇室や公家の息づかいを感じられる

13:15 **京都御苑へ** ▶P.574

市民の憩いの場ともなっている京都御苑。

地下鉄10分+鉄道10分+徒歩20分

竹林浴で体と心を癒やそう！

15:45 **竹林の小径へ** ▶P.581

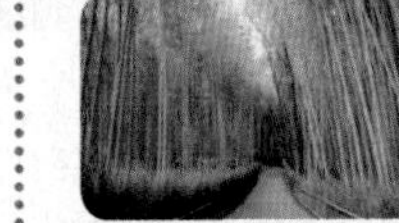

不思議と落ち着いた気分になれる小径。

徒歩10分

季節ごとに違った雰囲気が味わえる

16:30 **渡月橋** ▶P.581

数々の映画やドラマに使われた橋をこの目で。

徒歩12分+鉄道17分

18:00 JR京都駅近くのHotel Imagine Kyotoで宿泊

徒歩4分

おすすめ！泊まるならココ

7人まで同じ料金で泊まれる！
JR京都駅から徒歩4分のライフスタイル型ホテル

京都らしいおしゃれなエントランス

Hotel Imagine Kyoto

京都らしい旅館の要素に、ホテル、ゲストハウスの機能を加えた新スタイルの宿泊施設。シェアスペースにはIHキッチンやコインランドリーも。全室に和室を併設しており、ヘアビューロンのストレート・カール・ドライヤーが完備されているなど、女子向けの細かな配慮がうれしい。チェックアウトは12:00まで可能。

仲間と一緒に泊まるのにぴったり

住 京都市南区東九条北烏丸町19-1
TEL 075-632-9825
交 JR京都駅から徒歩4分
料 1泊2万円～（1～7名素泊まり）
URL www.hotelimagine.jp

2日目

GOAL 京都タワー
START 京都駅
伏見稲荷大社
2日目
伏水酒蔵小路
宇治橋
平等院
石清水八幡宮

9:00 JR京都駅

鉄道5分＋徒歩2分

9:10 真っ赤な千本鳥居に感動
伏見稲荷大社に参拝 ▶P.577

京都駅からJR奈良線で稲荷駅へ。

鉄道25分＋徒歩10分

10:45 そのままJR奈良線で宇治へ！
平等院鳳凰堂へ ▶P.581

平等院のほとりにかかる宇治橋も風情がある。

宇治の町を散策！カフェでお茶しよう

のんびりした町を歩こう。次の石清水八幡宮へは京阪線で。

茶団子はマストだよ！

鉄道30分＋ケーブルカー3分＋徒歩10分

15:15 数々の名将が戦勝祈願に訪れた
石清水八幡宮へ ▶P.582

短い旅だがケーブルカーからの景色もすばらしい。

ケーブルカー3分＋鉄道8分＋徒歩15分

16:00 京阪中書島駅から日本酒蔵が並ぶ
伏見の町を散策

昔ながらの雰囲気が残る酒蔵が軒を連ねる。

伏水酒蔵小路で利き酒比べ ▶P.577

伏見の銘酒が一堂に集結！

徒歩11分＋鉄道12分＋徒歩3分

17:30
京都タワーから夜景を眺める ▶P.578

眼下には夜の京都がどこまでも広がる。

平安時代の風情が感じられる
宇治を歩く

平等院など、京都市内からは失われた平安時代の建物が残る宇治。源氏物語「宇治十帖」の舞台でもある。紫式部像や源氏物語ミュージアムを訪れて、平安の物語の世界に想いを馳せるのも楽しい。

おすすめ！泊まるならココ

せわしない日々の生活から離れて テレビのない静かな環境で宿坊を体験

平成23（2011）年に建て替え済みで、近代的な外観

南禅会館（なんぜんかいかん）

由緒ある神社仏閣に泊まることができるのは京都ならではの体験。南禅寺P.577に併設された南禅会館は、和室のほか、ベッドがある洋室も用意。朝の静かな南禅寺の雰囲気を味わえるのもうれしい。朝のおつとめや坐禅体験にも参加できるので、事前に希望を伝えておこう。

朝食もちろん精進料理（1000円）

住 京都市左京区南禅寺福地町86
TEL 075-771-2846
交 地下鉄蹴上駅から徒歩10分
料 1泊1万6000円～（2名素泊まり）
URL www.nanzenji.or.jp

京都府の歩き方

▶京都総合観光案内所「京なび」
住 京都市下京区烏丸通塩小路下る（京都駅ビル2階）
TEL 075-343-0548
開 8:30～19:00　休 無休
URL ja.kyoto.travel

**▶市内周遊バス
スカイホップバス京都**
乗り降り自由の観光バス。桜や紅葉の季節を中心に運行（冬期運休）。京都駅の烏丸口を出発し、錦市場、二条城、金閣寺、京都御所、銀閣寺、三十三間堂などを経由する。
料 12時間有効券2500円
24時間有効券3600円
URL skyhopbus.com/kyoto

▶K'LOOP
京都駅を中心に京都市内を巡る乗り降り自由のバス。週末や祝日を中心に運行している。祇園や平安神宮などの鴨川エリア方面に行く清水ループ、二条城と金閣寺に行く金閣寺ループ、伏見稲荷、東寺に行く伏見稲荷ループがあり、京都駅八条口で接続している。
料 1回券500円　1日券1500円
URL kloop.jp

▶スカイバス京都
京都駅烏丸口を出発し、京都市内を60～90分かけて1周する。週末や祝日に運行する冬期を除いて、ほぼ毎日運行。途中下車はできず、解説を聞きながらオープントップバスから見どころを見学する。
開 季節による　料 2000円
URL スカイバス京都.jp

京都市内

京都観光の起点、京都駅

京都駅　JRの路線は**京都駅**を中心に京都線、琵琶湖線、奈良線、嵯峨野線などが放射状に延びており、近鉄京都線もターミナルは京都駅。中・長距離バスも乗り場は北側の**烏丸口**と南側の**八条口**に分かれており、どちらから出るのか確認しておこう。

京都市を南北に走る京阪線

大阪からの私鉄各線　大阪方面からはJRを使わずに**京阪線**や**阪急線**を使うと繁華街の中心に直接入ることができる。**四条河原町**周辺には京阪線の**祇園四条駅**、阪急線の**京都河原町駅**がある。

市内バス　市内の移動はバスの使い勝手がよいが、道路が渋滞することもしばしば。バスを乗り継いでもいいが、最寄りの駅まで鉄道で行ってそこからバスを使うと、移動時間がより短くなる。各鉄道会社は市バスと組み合わせた割安チケットを発売している。

町の風景に溶けこむ嵐電の車両

嵐山方面へ　町の中心から嵐山方面へは、各所からバスもあるがかなり時間がかかる。京都駅からはJR嵯峨野線、四条大宮、北野白梅町から**京福嵐山線**（**嵐電**）があるほか、桂駅で乗り換えとなるが阪急嵐山線でもアクセスできる。

洛北方面へ　北山より北の洛北エリアへは、地下鉄烏丸線や叡山電鉄（叡電）で最寄り駅まで行き、必要に応じてバスに乗り継ぐ。叡電は京阪線と出町柳駅で接続している。

伏見方面へ　伏見は、現在は京都市に属しているが、もともと独立した町として発展してきた。京都市中心部からはJR奈良線、京阪線が利用できるほか地下鉄烏丸線が直接乗り入れる近鉄京都線の利用も便利だ。

▶大阪伊丹空港から町の中心まで

京都駅へのリムジンバスの利用が便利。京都駅まで所要1時間弱。空港から大阪モノレールを使って南茨木駅で阪急京都線に乗り換え、あるいは門真市駅で京阪線に乗り換えて市の中心部へ直接入る方法もある。

info **関西国際空港**から京都方面へは**関空特急はるか**が利用できるほか、バスも活用できる。福知山や舞鶴など府北部へは大阪駅やなんばでバスを乗り継ぐ手もある。

宇治と府南部

京都駅から宇治へはJR奈良線が便利

京都市の南に位置する**宇治市**は有史以来の歴史を持つ町。度重なる戦乱で江戸時代以前の建物があまり残っていない京都市内とは対照的に、平安期以来の建物も残っている。**JR奈良線**、**京阪宇治線**の駅が宇治の中心部にあり、京都、大阪方面からのアクセスが便利だ。近鉄京都線は京都駅から宇治市西部、京田辺市を経由し奈良へと向かう。南西の大阪方面へは北から阪急京都線、JR京都線、京阪本線が走っている。

足を延ばせば

3つの川が合流する要衝にある

天王山　織田信長を打ち取った明智光秀が、西国から引き返してきた羽柴秀吉と戦った天王山は、京都府と大阪府の境にある。大阪府側にはサントリーの山崎蒸溜所P.652もあり、一緒に回るのにちょうどよい。また、アサヒビール大山崎山荘美術館P.582から天王山の山頂へのハイキングコースは、本能寺の変から秀吉が覇権を握るまでをたどる「秀吉の道」として整備されている。

▶宇治市観光センター
住 宇治市宇治塔川2
TEL 0774-23-3334
開 9:00〜17:00（変更される場合あり）　休 年末年始
交 平等院P.581から徒歩約3分
URL www.kyoto-uji-kankou.or.jp
ほかにJR宇治駅前、京阪宇治駅前、近鉄大久保駅構内にも宇治市観光協会の観光案内所がある。

▶京阪石清水八幡宮駅前観光案内所
住 八幡市八幡高坊8-7
TEL 075-981-1141
開 9:00〜17:00
休 2·6〜10月の月曜（祝日を除く）、年末年始
URL www.kankou-yawata.org

▶京田辺市駅ナカ案内所
住 京田辺市河原食田2-3（近鉄新田辺駅構内）
TEL 0774-68-2810
開 9:00〜17:00　休 年末年始
URL kankou-kyotanabe.jp
ほかにJR京田辺駅近くの京田辺市観光協会1階にも観光案内所がある。

福知山と丹後半島

盆地に広がる福知山の町

京都府北部は**丹波**（たんば）と呼ばれ、京都と密接に関わりながらも独自の歴史を紡いできた。京都や大阪からの交通の結節点となるのは**福知山**。福知山から日本海岸へは**京都丹後鉄道**（**丹鉄**（たんてつ））が走り、宮津、舞鶴のほか豊岡（兵庫県）への路線がある。また、平成27（2015）年に京都縦貫自動車道が全通し、舞鶴や**天橋立**P.583といった丹後半島周辺へは、京都や大阪からの直通バスでのアクセスも格段に便利になった。バス路線は丹後海陸交通の路線（**丹海バス**（たんかい））が中心。

▶福知山観光案内所
住 福知山市駅前町439（JR福知山駅北口）
TEL 0773-22-2228
開 9:00〜18:00　休 12/29〜1/3
URL dokkoise.com

▶丹後観光情報センター
住 宮津市字文珠314-2（丹鉄天橋立駅前、天橋立ターミナルセンター内）
TEL 0773-22-2228
開 9:00〜18:00　休 無休
URL www.amanohashidate.jp

200円バスを活用しよう

丹後半島の京丹後市、宮津市、伊根町、与謝野町では、丹海バスの全路線200円バスが運行中。3つのエリアに分かれており、エリアをまたぐと200円加算される仕組み。エリアは丹後半島西側の京丹後市、東側は与謝の海病院を境に北と南に分かれている。乗車距離を考えてもとてもお得で、観光客でも使いやすい。
URL www.tankai.jp/routebus

日本全国津々浦々〜道の駅めぐり〜

道の駅に併設された巨大な海鮮市場

舞鶴港とれとれセンター
日本海側最大級の海鮮市場を擁する道の駅。地元産のカキや丹後とり貝、新鮮な魚介類はもちろん、舞鶴かまぼこや宮津のちくわなどの名物がある。海鮮市場では買った魚がその場で食べられる。

▶道の駅 舞鶴港とれとれセンター
住 舞鶴市字下福井905
TEL 0773-75-6125
開 9:00〜18:00　休 水曜
交 **JR西舞鶴駅**から徒歩25分
URL toretore.org

info **海の京都天橋立・伊根フリーパス**は、福知山から宮津、西舞鶴、豊岡までの京都丹後鉄道全線（特急自由席含む）と、宮津から伊根までの丹海バス、天橋立の観光船、天橋立傘松公園ケーブルカーが乗り放題。1日3550円、2日4550円。

歴代天皇がお住まいになった御所を中心とした公園

京都市内

京都御苑

13世紀の光厳天皇即位から、明治天皇が江戸に移るまで内裏となっていた京都御所を中心に、公家の邸宅も並ぶ町となっていたもの。応仁の乱などにより荒廃したが、豊臣秀吉や徳川の時代に宮家や公家の邸宅が御所周辺に集められ、公家町が形成された。明治時代になり、公家町が荒廃した後、京都府に御所保存・旧観維持の御沙汰がくだされ、屋敷の撤去や樹木植栽整備等が進められ、現在の京都御所が形成されていった。京都御所や**京都仙洞御所**は、今でも皇室によって使われている。現在残る**紫宸殿**をはじめとする建造物は、幕末に古式に倣って建て直されたものだ。平成28(2016)年より通常一般公開されており、予約がなくても見学できるようになった。

南側から眺めた京都御所

▶京都御苑
住 京都市上京区京都御苑
TEL 075-211-6364
開 入場自由
交 地下鉄**今出川駅**から徒歩5分
URL fng.or.jp/kyoto
▶京都御所
TEL 075-211-1215
開 宮内庁公式サイトを参照
休 月曜(祝日の場合は翌日)、12/24～1/4、行事などの日
料 無料
URL sankan.kunaicho.go.jp

京都御所のガイドツアーの集合場所になっている参観者休所

「禁門の変」と舞台ともなった京都御苑の蛤御門

info 京都仙洞御所は**ガイドツアー**でのみ見学可能。ウェブサイト、郵送、窓口で予約をしておこう。当日は、空きがある場合のみ毎日11:00からの先着順で窓口での申し込みができる。URL sankan.kunaicho.go.jp/guide/sentou.html

日本庭園の傑作

京都市内

桂離宮(かつらりきゅう)

日本庭園の傑作と名高い回遊式庭園

江戸時代初期に八条宮智仁親王(はちじょうのみやとしひと)が過ごした桂別業を基礎に、数十年をかけて造営された。八条宮の離宮として利用されたが、江戸時代を通して美しい庭園として知られ、明治に入って宮内庁が管理を引き継いだ。

御幸門をくぐって御幸道からさらに進むと、奥行きを感じさせる庭園の全景が一気に飛び込んでくる。目の前にあるのは天橋立に見立てて造られた池と砂州。さらに進んで庭園の中ほどにある**松琴亭**(しょうきんてい)は、離宮のなかでも最も重要な茶屋で、ここからの眺めは柱や欄干によって切り取られたひとつの絵のように美しい。

北山の緑にたたずむ金の楼閣

京都市内

金閣寺(きんかくじ)

舎利殿は、四季折々でさまざまな姿を見せる　鹿苑寺 蔵

室町幕府の第3代将軍、足利義満が住まいとした**北山殿を由来**とする寺院。義満の法名をとって鹿苑寺と名付けられ、自身が創建した相国(しょうこく)寺の**山外塔頭寺院**(さんがいたっちゅうじいん)となった。

金閣寺の通称は、池の前に建つ金箔で覆われた舎利殿に由来する。この舎利殿は、さわらの薄い板（こけら）を重ねたこけら葺の屋根、2層と3層を覆う純金は漆で塗られた上から貼られ、義満の栄華を今に伝えている。

昭和25(1950)年に放火により焼失したが、昭和30(1955)年に再建された。明治時代に解体修理した際に、図面をはじめ詳細な資料が残されており、ほぼ元通りの姿に復元できた。

▶桂離宮

住 京都市西京区桂御園
TEL 075-211-1215（宮内庁京都事務所参観係）
開 公式サイト、郵送、窓口で要予約、9:00～16:00の毎正時発のガイドツアーにて見学。当日枠は先着順で窓口での申し込みができる
休 月曜（祝日の場合は翌日）、12/24～1/4、行事などの日
料 1000円
交 阪急**桂駅**から徒歩20分
URL sankan.kunaicho.go.jp

後水尾上皇が離宮に入られるために造られた御幸門

賞花亭は別名「峠の茶屋」とも呼ばれている

▶金閣寺

住 京都市北区金閣寺町1
TEL 075-461-0013
開 9:00～17:00
休 無休　料 400円
交 地下鉄**北大路駅**からバスで10分の**金閣寺道**下車、徒歩5分
URL www.shokoku-ji.jp/kinkakuji

バス1日券とバス・地下鉄1日券

京都市内を縦横無尽に走っているのがバス。京都市バス、京都バス、JRバスに1日に4回以上乗る予定なら1日券の利用が便利だ。ただし、桂、大原、貴船はエリア外となる。また、バス、地下鉄合わせて6回以上乗るなら、バス・地下鉄1日券を買おう。地下鉄は路線が少ないが、移動時間は確実に短くなるのでうまく組み合わせて使おう。上記3社のバスに加え、京阪バス、京都市営地下鉄でも使うことができ、桂、大原もエリアに入る。また、どちらの1日券も見どころなどでの優待が受けられる。

info **山外塔頭寺院**とは本院とは別の場所に造られた隠居後の庵を寺にしたもの。金閣寺や銀閣寺P.576の本院である**相国寺**は臨済宗相国寺派の大本山の寺院で永徳2（1382）年に創建された。

▶清水寺
住 京都市東山区清水1-294
TEL 075-551-1234
開 6:00~18:00(季節による)
休 無休　料 400円
交 JR**京都駅**からバスで15分の**五条坂**下車、徒歩10分
URL www.kiyomizudera.or.jp

音羽の滝も訪れるのを忘れずに

▶二条城
住 京都市中京区二条通堀川西入二条城町541
TEL 075-841-0096
開 8:45~17:00(最終入場16:00)
休 12/29~31　料 800円
交 地下鉄**二条城前駅**から徒歩すぐ
URL nijo-jocastle.city.kyoto.lg.jp
▶二の丸御殿
開 8:45~16:10
料 1300円(入場料込み)
休 1·7·8·12月の火曜、12/26~1/3

江戸時代初期に造られた東南隅櫓

大政奉還の意思表明が行われた二の丸御殿

▶銀閣寺
住 京都市左京区銀閣寺町2
TEL 075-771-5725
開 3~11月8:30~17:00
12~2月9:00~16:30
休 無休　料 500円
交 JR**京都駅**からバスで35分の**銀閣寺道**下車、徒歩5分
URL www.shokoku-ji.jp/ginkakuji

檜の舞台から眺める絶景

京都市内

清水寺(きよみずでら)

東山三十六峰のひとつ、音羽山の中腹にある。南都仏教にゆかりをもち、平安遷都期以来の長い歴史を誇る京都最古の寺院のひとつ。13mもの高さにある**清水の舞台**であまりにも有名な檜舞台をもつ本堂は、寛永6(1629)年に焼失したあと、徳川家光の寄進により再建されたもの。現在も法会(ほうえ)の際に芸能の奉納に用いられる。

清水の檜舞台に一度は上ってみたいもの

明治時代には離宮としても利用された

京都市内

二条城(にじょうじょう)

徳川家康が将軍上洛時の宿泊所として築いた城。家康と豊臣秀頼との会見の舞台にもなった。慶応3(1867)年には二の丸御殿で徳川慶喜による**大政奉還**の意思表明が行われている。明治時代になると廃城、京都府庁として使われ、その後宮内庁管轄となった。京都市に昭和14(1939)年に下賜され、管理するようになって一般公開されている。

二の丸御殿　写真提供:京都市 元離宮二条城事務所(3点)

落ち着いたたたずまいは東山文化の粋

京都市内

銀閣寺(ぎんかくじ)

室町幕府の第8代将軍、足利義政が建てた山荘、**東山殿**を元とした寺院。金閣寺とともに相国寺(しょうこくじ)の山外塔頭寺院となっている。義政の死後、法名から**慈照寺**(じしょうじ)と名づけられた。創建時の建物がほぼ失われた金閣寺に対して、銀閣寺には観音殿や東求堂がオリジナルの形のまま残されており、東山文化を今に伝えるよすがとなっている。

わび·さびの文化である東山文化の象徴　慈照寺 蔵

info **鴨川**の二条~五条にかけての西岸では、5月から9月まで**納涼床**が設置される。一般的に「**ゆか**」と呼ばれ、川辺で涼やかな風にあたりながら食事や飲み物を楽しむことができる。

川の両側に広がる町並みは京都を象徴する風景　京都市内

鴨川（かもがわ）

夏になると設置される鴨川の納涼床

流域により**賀茂川**、あるいは**加茂川**と書かれることもある。栈敷ヶ岳（さじきがたけ）付近を源流とし、京都市街を縦断するように流れ、鳥羽で桂川に注ぎ込む。河川敷は人々が憩いの時間を過ごす定番スポット。鴨川の名の通り、カモはもちろん、さまざまな野鳥が見られる。

亀山法皇が設立した京都を代表する禅寺　京都市内

南禅寺（なんぜんじ）

江戸時代の名建築と称えられる三門

臨済宗南禅寺派の大本山。亀山法皇の勅願寺だったのが始まり。日本三大門のひとつに数えられる三門や国宝となっている**方丈**、小堀遠州（こぼりえんしゅう）の作の**庭園**など見ごたえも十分だ。秋になると300本ものカエデが色づき、夜間ライトアップも行われる。

全国に3万社あるともいわれる稲荷社の本宮　京都市内

伏見稲荷大社（ふしみいなりたいしゃ）

商売繁昌や家内安全の御利益がある

標高233mの稲荷山麓にある**稲荷神社の総本宮**。『枕草子』や『今昔物語』にも描写され、古くから多くの参拝者を集めてきた。明応8（1499）年に再建されたという本殿のほか、安土桃山時代、江戸時代の建物がいくつも残されている。

銘酒処18の酒蔵が集結した日本酒ワンダーランド　京都市内

伏水酒蔵小路（ふしみさかぐらこうじ）

酒瓶がずらりと並ぶ酒蔵カウンター

伏見の銘酒18蔵、120銘柄にも及ぶ日本酒を飲みながらそれに合わせた料理が心置きなく楽しめる大人のフードコート。23mもの長さの**酒蔵カウンター**で飲み比べをしたり、テナント店をはしごしながらさまざまな料理とのマリアージュを楽しむこともできる。

▶鴨川
開 見学自由
交 京阪本線および鴨東線**七条**、**清水五条**、**祇園四条**、**三条**、**神宮丸太町**、**出町柳**の各駅が便利
URL www.kyoto-yuka.com（京都鴨川納涼床協同組合）

ふたつの川が合流する出町柳の通称「鴨川デルタ」

▶南禅寺
住 京都市左京区南禅寺福地町86
TEL 075-771-0365
開 3～11月8:40～17:00
12～2月8:40～16:30
最終入場は20分前
休 12/28～31
料 方丈庭園600円、三門600円、南禅院400円
交 地下鉄**蹴上駅**から徒歩10分
URL nanzenji.or.jp

京都が誇る紅葉の名所のひとつ

▶伏見稲荷大社
住 京都市伏見区深草薮之内町68
TEL 075-641-7331
開 入場自由
（授与所8:00～17:30）
交 JR**稲荷駅**から徒歩すぐ
URL inari.jp

豊臣秀吉によって寄進されたと伝わる楼門

▶伏水酒蔵小路
住 京都市伏見区納屋町115～平野町82-2
TEL 075-601-2430
開 11:00～22:00
休 無休　料 無料
交 京阪**伏見桃山駅**から徒歩8分
URL www.fushimi-sake-village.com

十八蔵のきき酒セット

info **南禅寺**境内にある南禅院と方丈庭園の間にある**水路閣**は、明治時代に造られた**導水橋**。琵琶湖疏水が境内を通ることになるため、周囲の景観に溶け込んだ設計となっており、人気のフォトスポットとなっている。

「にしき」と呼ばれ親しまれている京の台所　京都市内

錦市場(にしきいちば)

四条河原町に近い錦天満宮から西に延びる市場。**平安時代**にはここに市が立ったといい、江戸初期に魚問屋が幕府から公認され、1770年代には市場として公認された。

道幅3mの細い通りに店がひしめく

▶錦市場
住 京都市中京区西大文字町609
TEL 075-211-3882（京都錦市場商店街振興組合）
開 休 店舗による
交 阪急**烏丸駅**から徒歩3分
URL www.kyoto-nishiki.or.jp

湯葉や豆腐を販売する店もある

江戸時代から続く京都きっての繁華街　京都市内

先斗町通(ぽんとちょうどおり)

四条通から三条近くまで、風情ある細い路地にさまざまなスタイルの飲食店が並ぶ**花街**および**歓楽街**。夜になると店の明かりもあいまってますます魅力的な雰囲気になる。

夜は一段と風情がアップする

▶先斗町通
住 京都市中京区石屋町～柏屋町一帯
開 休 店舗による
交 阪急**京都河原町駅**から徒歩3分
URL www.ponto-chou.com

鴨川沿いには夏になると納涼床が設置される

京文化を学べる博物館　京都市内

京都文化博物館(きょうとぶんかはくぶつかん)

京都の歴史や美術工芸などを紹介する京都理解にぴったりの博物館。名作映画が見られるフィルムシアターも。旧日本銀行京都支店の別館は後に東京駅を手がけることになった**辰野金吾**(たつのきんご)の設計。

明治時代に建てられた別館

▶京都文化博物館
住 京都市中京区東片町623-1
TEL 075-222-0888
開 10:00～19:30（最終入場19:00）
休 月曜（祝日の場合は翌日）、12/28～1/3　料 500円
交 京阪**祇園四条駅**から徒歩10分
URL www.bunpaku.or.jp

別館内部の様子

日本最大のマンガ専門博物館　京都市内

京都国際マンガミュージアム(きょうとこくさいまんがみゅーじあむ)

江戸時代から現在にいたるまでのマンガ資料を、海外のものも含め幅広く収集、公開する博物館。その数なんと約30万点にも及び、心ゆくまでマンガを読みふけることができる。

マンガの歴史も学べるメインギャラリー
画像提供:京都国際マンガミュージアム

▶京都国際マンガミュージアム
住 京都市中京区烏丸通御池上ル
TEL 075-254-7414
開 10:30～17:30（最終入場17:00）
休 火・水曜（祝日の場合は翌日）、年末年始　料 900円
交 地下鉄**烏丸御池駅**から徒歩2分
URL www.kyotomm.jp

外の芝生にもマンガ本を持ち出して読むことができる

京都市街で最も高い建造物　京都市内

京都タワー(きょうとたわー)

昭和39（1964）年、京都駅前に**「まちなかの灯台」**をイメージして建てられた。高さ100mのところにある展望室からは京都三山に囲まれた京都盆地の全容を見渡せる。

高さ131mのランドマーク

▶京都タワー
住 京都市下京区烏丸通七条下る東塩小路町 721-1
TEL 075-361-3215(平日10:00～17:00)
開 日によって異なる（公式サイト確認のこと）
休 無休　料 800円
交 JR**京都駅**から徒歩2分
URL www.kyoto-tower.jp

古都の夜景も楽しめる

info **錦市場**での**食べ歩き**は他の通行人の衣服を汚すなどのトラブルにつながることもあるので、イートインスペースの協力店舗の活用をお願いしている。詳しくは錦市場公式サイト（URL www.kyoto-nishiki.or.jp）より確認。

蒸気機関車がずらりと並ぶ圧巻の扇形車庫 京都市内

京都鉄道博物館

歴代のSLが展示されている扇形車庫

日本最大級の鉄道博物館。明治生まれでアメリカ製の**義経号**から現在も活躍する新幹線500系まで揃う。**扇形車庫**にはSLが納まっており、**転車台**ともども現在も使われている。

▶京都鉄道博物館
住 京都市下京区観喜寺町
TEL 0570-080-462
開 10:00~17:00(最終入場16:30)
休 水曜(春・夏休み、祝日を除く)、年末年始など 料 1200円
交 JR**梅小路京都西駅**から徒歩すぐ
URL www.kyotorailwaymuseum.jp

昔懐かしい車両に出合える

シダレザクラは京都屈指の撮影スポット 京都市内

円山公園

ライトアップされる祇園しだれ桜

かつて寺社などが所有していた地を整備して造られた京都最古の公園。園内にたたずむ**祇園しだれ桜**は特に夜桜の美しさで知られている。そばのひょうたん池と石橋の景観にも目を向けたい。

▶円山公園
住 京都市東山区円山町
TEL 075-561-1350(京都市都市緑化協会) 開 入場自由
交 京阪**祇園四条駅**から徒歩10分
URL kyoto-maruyama-park.jp

ひょうたん池にかかる太鼓橋

祇園の中心を南北に貫く風情ある通り 京都市内

花見小路通

建仁寺の参道の役割も果たしている

祇園の三条から建仁寺まで続く南北約1kmのメインストリート。特に**茶屋街**として昔ながらの風情をよく残しているのは、四条通から南の地区で、多くの観光客でにぎわう。

▶花見小路通
住 京都市東山区祇園町周辺
開 休 店舗による
交 京阪**祇園四条駅**から徒歩3分

四条通との交差点にある花見小路通の道標

年末恒例の吉例顔見世興行で知られる 京都市内

南座

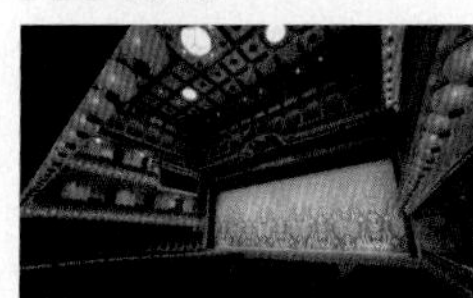
どの席からでも舞台が見やすい
写真提供:松竹(2点)

江戸時代初期から現在まで続き、日本最長の歴史をもつ**劇場**。歌舞伎を中心に、松竹新喜劇やOSK日本歌劇団のレビューなどさまざまな公演が行われている。

▶南座
住 京都市東山区四条大橋東詰
TEL 075-561-1155
開 休 料 公演により異なる
交 京阪**祇園四条駅**から徒歩すぐ
URL www.shochiku.co.jp

地上4階 地下1階の建物

数多くの国宝や重文を収蔵 京都市内

京都国立博物館

まるで宮殿のような明治古都館(改修工事のため現在展示は休止中)

明治初期以来、散逸する危機にあった京都の文化財を保護するために設置された。本館にあたる**明治古都館**は120年以上の歴史があり、建物そのものも重要文化財だ。

▶京都国立博物館
住 京都市東山区茶屋町527
TEL 075-525-2473(テレホンサービス)
開 9:30~17:00(最終入場16:30)
※特別展期間中は変更の場合あり
休 月曜(祝日の場合は翌日)、年末年始
料 700円(特別展は別料金)
交 京阪**七条駅**から徒歩7分
URL www.kyohaku.go.jp

平常展示や特別展が開催される平成知新館

info 花見小路通など祇園周辺では**舞妓さん**に遭遇することもあるが、いきなりカメラを向けたりするのは**マナー違反**。また周辺のほとんどの小道は私道で、撮影行為そのものが禁止されている。撮影禁止の場所には看板が出ている。

所狭しと並ぶ観音立像　京都市内

三十三間堂（さんじゅうさんげんどう）

平安末期に建てられた蓮華王院（れんげおういん）の本堂。現在の建物は鎌倉時代に建てられたもの。本堂の中央に**千手観音坐像**が安置され、左右に1001体の**千手観音立像**が並んでいる。

33の柱間があることが名前の由来
（写真提供：妙法院）

▶三十三間堂
住 京都市東山区三十三間堂廻町657
TEL 075-561-0467
開 4/1～11/15 8:30～17:00
11/16～3/31 9:00～16:00
最終入場は30分前
休 無休　料 600円
交 京阪**七条駅**から徒歩7分
URL www.sanjusangendo.jp

上賀茂神社とともに葵祭を行う　京都市内

下鴨神社（しもがもじんじゃ）

上賀茂神社とともに、有史以前からの歴史がある。上賀茂神社、宇治市の宇治上神社とあわせて、神社として**世界遺産**「古都京都の文化財」を構成している。

正式名称を賀茂御祖（かもみおや）神社という

▶下鴨神社
住 京都市左京区下鴨泉川町59
TEL 075-781-0010
開 6:30～17:00
休 無休　料 無料
交 京阪**出町柳駅**から徒歩12分
URL www.shimogamo-jinja.or.jp

京都が原野だった名残、糺（ただす）の森の参道が続く

京都最大の能楽堂　京都市内

京都観世会館（きょうとかんぜかいかん）

京都に来たら、**能**はぜひ見ておきたいところ。なかでも規模が大きく定期公演が行われているのが京都観世会館。初心者向けの公演やアマチュアによる無料公演も行われている。

京都観世会館の能舞台

▶京都観世会館
住 京都市左京区岡崎円勝寺町44
TEL 075-771-6114
開 休 料 公演による
交 地下鉄**東山駅**から徒歩5分
URL www.kyoto-kanze.jp

客席はすべて椅子席で、どこからでも見やすい

大原にたたずむ趣ある寺院　京都市内

三千院（さんぜんいん）

比叡山の麓、大原の里にある水と緑に囲まれた寺院。往生極楽院は、平安時代建立とも伝わる素朴なお堂で、堂内の**阿弥陀三尊像**は平安末の銘があり、国宝となっている。

江戸初期に修築された聚碧園（しゅうへきえん）

▶三千院
住 京都市左京区大原来迎院町540　TEL 075-744-2531
開 9:00～17:00（冬期短縮）
休 無休　料 700円
交 地下鉄**国際会館駅**からバスで22分（叡電**八瀬比叡山口駅**からバスで15分）の**大原**下車、徒歩10分
URL www.sanzenin.or.jp

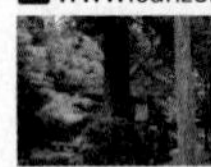

重要文化財に指定されている往生極楽院

赤い灯籠が並ぶ参道は人気のフォトスポット　京都市内

貴船神社（きふねじんじゃ）

水を司る龍神、高龗神（たかおかみのかみ）を祀る神社として、太古以来崇敬されてきた。縁結びの神社としても知られ、平安時代の歌人**和泉式部**が参拝した際に詠んだ歌も残されている。

石段には灯籠が並ぶ

▶貴船神社
住 京都市左京区鞍馬貴船町180
TEL 075-741-2016
開 5～11月6:00～20:00
12～4月6:00～18:00
休 無休　料 無料
交 叡電**貴船口駅**からバスで5分の**貴船**下車、徒歩5分
URL kifunejinja.jp

御神水は良質な天然水で飲用可能

info 永六輔が作詞し、昭和40（1965）年に発表された『**女ひとり**』は、日本のご当地ソングの先がけともいわれている。舞台となった**三千院**は一躍注目され、多くの人が**大原**を訪れるようになった。

東海道新幹線から見える五重塔は京都のシンボル　京都市内

東寺(とうじ)

ひょうたん池から眺める五重塔

平安京遷都の2年後に**西寺**とともに造られた寺院。西寺は荒廃したが、東寺は豊臣秀頼による**金堂**や、徳川家光による日本一の高さを誇る**五重塔**が再建され、国宝となっている。

▶東寺
住 京都市南区九条町1番地
TEL 075-691-3325
開 8:00～17:00（最終入場16:30）
休 無休
料 金堂、講堂500円
交 近鉄**東寺駅**から徒歩10分
URL toji.or.jp

豊臣秀頼によって再建された金堂

時代劇をはじめ、特撮やアニメイベントも充実のテーマパーク　京都市内

東映太秦映画村(とうえいうずまさえいがむら)

ちゃんばら実演や忍者ショーも楽しい

数々の時代劇が撮影される東映京都撮影所を一般公開した**映画テーマパーク**。長屋から芝居小屋までを再現した江戸の町や、和洋折衷の建物が並ぶ明治通りなど、どれも雰囲気たっぷり。

▶東映太秦映画村
住 京都市右京区太秦東蜂岡町10
TEL 0570-064349
開 9:00～17:00（季節による）
休 1月中旬　料 2400円
交 嵐電**太秦広隆寺駅**から徒歩5分
URL www.toei-eigamura.com

江戸の町が再現された巨大空間

葛飾北斎の版画にもなった、嵐山を代表する光景　京都市内

渡月橋(とげつきょう)

新緑の渡月橋

鎌倉時代の亀山上皇が、橋の上を月が渡っているように見えると詠んだのが名前の由来であり、有名な光景として**浮世絵**でも取り上げられる。橋の両岸や中ノ島には、カフェが点在している。

▶渡月橋
住 京都市右京区嵯峨中ノ島町
開 入場自由
交 嵐電**嵐山駅**から徒歩3分

桜の季節も多くの人でにぎわう

竹のパワー感じる空間　京都市内

竹林の小径(ちくりんのこみち)

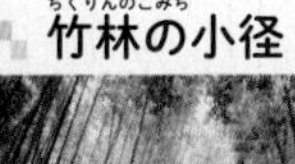

時折吹くそよ風が心地よい

渡月橋から歩いて10分のところにあり、ていねいに手を入れられた**竹の林**のなかを歩くことができる。約400mと短い道だが、季節を問わず青々と茂る竹の生命力が感じられる。

▶竹林の小径
住 京都市右京区嵯峨天龍寺芒ノ馬場町
開 入場自由
交 嵐電**嵐山駅**から徒歩10分

人力車で行くこともできる

10円玉にも描かれている　宇治と府南部

平等院(びょうどういん)

極楽の宝池に浮かぶ宮殿をイメージした鳳凰堂　©平等院（2点）

平安時代の貴族・藤原道長が宇治にもっていた別荘を、子の頼通が寺院としたもの。**鳳凰堂**は後の戦災でも焼失せず、藤原氏の栄華を伝える唯一の貴重な遺産となっている。

▶平等院
住 宇治市宇治蓮華116
TEL 0774-21-2861
開 8:30～17:30（最終入場17:15）
休 無休　料 600円
交 JR**宇治駅**から徒歩10分
URL www.byodoin.or.jp

本尊の阿弥陀如来坐像が堂内に安置される

info **保津川下り**のルート沿いには**嵯峨野観光鉄道**の**トロッコ列車**が走っている。川下り始発の亀岡へはJR山陰本線のほか、トロッコ列車から保津川を眺めながら行くのもおすすめだ。URL www.sagano-kanko.co.jp

おいしいお茶を学べる

宇治と府南部

宇治茶道場「匠の館」

京都府茶業会議所が運営する**宇治茶専門店**。抹茶、玉露、煎茶のおいしい淹れ方を日本茶インストラクターから教えてもらえる。予約すれば茶香服（聞き茶）もできる。

温度を変えながら宇治茶を味わう

伊勢神宮に次ぐ格式高き社

宇治と府南部

石清水八幡宮

貞観元(859)年に清和天皇の神託によって**宇佐神宮** P.936から八幡大神をここに移座したことに始まる。伊勢の神宮とともに二所宗廟とされ、清和源氏の隆盛以降、必勝祈願に武将たちが訪れた。

京都の裏鬼門を守る神社

クロード・モネの連作を収蔵する

宇治と府南部

アサヒビール大山崎山荘美術館

大阪の実業家、加賀正太郎が建てた山荘をベースとした美術館。フランス印象派の画家クロード・モネの『**睡蓮**』連作をはじめ、約1000点の作品を収蔵している。

テューダー・ゴシック様式を基調とした山荘

一休禅師の息遣いが今も感じられる

宇治と府南部

酬恩庵一休寺

一休さんとして知られる室町時代の僧侶、一休宗純が住んでいた酬恩庵。一休寺と通称されている。一休禅師が生前に建てたという御廟がある。本堂は室町時代の貴重な唐様建築。

新緑の方丈庭園

ダイナミックな自然美を感じられる川下り

福知山と丹後半島

保津川下り

桜の春、緑夏、紅葉の秋、雪の冬と、四季折々の保津峡の自然美を舟の上から堪能できる川下り。**日本で最も古い川下り**で、熟練の船頭さんが巧みな竿さばきで雄大な保津峡をすり抜けていく。

川下りしながら紅葉狩りも楽しめる

▶宇治茶道場「匠の館」

住 宇治市宇治又振17-1
TEL 0774-23-0888
開 11:00〜17:00
休 水曜、8/14〜16、年末年始
料 喫茶メニュー各800円
交 京阪**宇治駅**から徒歩5分
URL www.ujicha.or.jp

宇治川のほとりで気軽に楽しめる

▶石清水八幡宮

住 八幡市八幡高坊30
TEL 075-981-3001
開 6:00〜18:00
休 無休　料 無料
交 京阪**石清水八幡宮駅**から参道ケーブルで**八幡宮山上駅**下車、徒歩5分
URL iwashimizu.or.jp

御神木の大楠

▶アサヒビール大山崎山荘美術館

住 乙訓郡大山崎町銭原5-3
TEL 075-957-3123（総合案内）
開 10:00〜17:00（最終入場16:30）
休 月曜（祝日の場合は翌日）、年末年始　料 900円
交 JR**山崎駅**から徒歩約10分
URL www.asahibeer-oyamazaki.com

クロード・モネの『睡蓮』

▶酬恩庵一休寺

住 京田辺市薪里ノ内102
TEL 0774-62-0193
開 9:00〜17:00
休 無休　料 500円
交 近鉄**新田辺駅**からタクシーで5分
URL www.ikkyuji.org

少年時代の一休像

▶保津川下り乗船場

住 亀岡市保津町下中島2
TEL 0771-22-5846
開 3/10〜12月中旬9:00〜15:00の毎正時発　※土・日曜・祝日は満席になり次第出発、9:00発の便は運休する日あり
12月中旬〜3/9の10:00〜14:30に4便
休 荒天時、年末年始　料 4100円
交 JR**亀岡駅**から徒歩8分
URL www.hozugawakudari.jp

info **一休寺**で作られている**一休寺納豆**は、糸引き納豆とは異なり、麹菌を使って豆を発酵させる製法で作られている。寺では古くからこの形の納豆が作られてきた。ご飯のお供や、酒のアテにもぴったり。

酒呑童子伝説が残る大江山の麓に建つ博物館　**福知山と丹後半島**

日本の鬼の交流博物館

巨大な鬼瓦が出迎えてくれる
©福知山市教育委員会（2点）

世界でも珍しい、**鬼をテーマにした博物館**。**大江山**には鬼伝説があり、館内では伝説にまつわる資料や面が展示されている。世界の鬼についての展示も充実している。

日本三景のひとつに数えられる　**福知山と丹後半島**

天橋立

天橋立ビューランドからの眺望

長さ3.6kmにわたる細長い砂州に、5000本にも及ぶ松が生い茂っている。丹後観光情報センターで自転車を借りれば片道約20分。**天橋立ビューランド**や**傘松公園**からの展望がよい。

「お伊勢さまのふるさと」として愛されてきた神社　**福知山と丹後半島**

元伊勢籠神社

籠神社の拝殿

古くは吉佐宮と呼ばれ、天照大神と豊受大神がこの地より**伊勢神宮**P.551へお遷りになられたことから、「**元伊勢**」として知られている。境内は撮影禁止なので注意。

どこか懐かしみがある町並み　**福知山と丹後半島**

ちりめん街道

江戸末期から昭和初期の建物が並ぶ

正絹といえば必ずその名があがる**丹後ちりめん**。街道を歩くと現在もときおり機音を聞くことができる。旧加悦町役場庁舎には観光協会があり、手織り体験や工房巡りツアーの予約もできる。

湾に沿って舟屋が並ぶのどかな光景　**福知山と丹後半島**

伊根の舟屋

独特の景観をもつ伊根の舟屋

入り江に沿って230軒もの舟屋がずらりと並ぶ伊根。**ガイドツアー**に参加すれば、内部見学や漁の体験も可能。ツアー以外での舟屋への立ち入りは控えよう。

▶日本の鬼の交流博物館
住 福知山市大江町仏性寺909
TEL 0773-56-1996
開 9:00～17:00（最終入場16:30）
休 月曜（祝日の場合は翌日）、祝日の翌日、12/28～1/4　料 330円
交 丹鉄**大江駅**からバス（平日のみ）で約20分の**大江山の家**下車、徒歩2分。タクシーなら約15分
URL www.city.fukuchiyama.lg.jp/onihaku

さまざまな鬼面が展示されている

▶天橋立
住 宮津市中野～文殊
開 見学自由（有料施設あり）
交 丹鉄**天橋立駅**から徒歩10分
▶丹後観光情報センター P.573

股のぞきをすれば空に架かる橋のように見える

▶元伊勢籠神社
住 宮津市字大垣430
TEL 0772-27-0006
開 7:30～16:30（社務所9:00～16:00）
休 無休　料 無料
交 丹鉄**天橋立駅**からバスで30分の**元伊勢籠神社**下車、徒歩すぐ
URL www.motoise.jp

奥宮・眞名井神社では豊受大神を主祭神として祀る

▶与謝野町観光協会
住 与謝郡与謝野町加悦1060
旧加悦町役場庁舎内
TEL 0772-43-0155
開 9:00～17:00　休 年末年始
交 丹鉄**与謝野駅**からバスで約20分の**ちりめん街道**下車、徒歩すぐ
URL yosano-kankou.net

旧尾藤家住宅は屋内が見学できる

▶伊根の舟屋
住 与謝郡伊根町
TEL 0772-32-0277（伊根町観光協会）
交 丹鉄**天橋立駅**からバスで1時間の**伊根**下車、徒歩すぐ。海上タクシーでの遊覧はひとり1000円
URL www.ine-kankou.jp

伊根の湾内を行く海上タクシー

info **東舞鶴**は旧日本海軍の町。旧鎮守府を中心にした**舞鶴赤れんがパーク**や、海軍ゆかりの港をめぐる**遊覧船**などがある。海軍御用達の宿、**松栄館**は現在レストランとなり、オリジナルレシピを再現した**海軍カレイライス**などが楽しめる。

奈良県 NARA

人口
132.4万人（全国29位）
面積
3691km²（全国40位）
県庁所在地
奈良市
県花
奈良八重桜

せんとくん
奈良県マスコットキャラクター。平城遷都1300年祭で登場
©NARA pref.
奈せ第21-042号

奈良八重桜
『小倉百人一首』にも詠われた奈良の花

人口35万を越える中核市の奈良市から、人口が400人に満たない野迫川村まで、計39の市町村で構成される奈良県。旧大和国をほぼ踏襲し、県の全域に史跡や神社仏閣が点在する。世界中から観光客が訪れる一方で、北中部の奈良盆地は大阪や京都からのアクセスがよく、ベッドタウンとして発展を続けている。他方、南部の吉野地方は大峯の山々が連なり、今も豊かな自然と独特の文化、風俗が守られている。

旅の足がかり

奈良市

県北部に位置する県庁所在地であり、人口約35万人を数える中核市。**奈良公園**P.593や**平城宮跡**P.597、西の京など、県内の主要な見どころの多くが奈良市内にあり、年間1千万人以上の観光客が訪れる。また市域は東西に広く、県東部の山間部にある**柳生の里**P.598や、月ヶ瀬梅林、また平城宮跡より西に位置する西大寺や秋篠寺なども市域に含まれる。なお奈良公園など市内中心部には、春日大社の神使とされる鹿が生息し、市街地でも野生の鹿を見かけることができる。

橿原市（かしはら）

県中部の中心都市で、人口は奈良市に次ぐ約12万人。近鉄線で大阪、京都、名古屋の各方面と結ばれているので交通の便がよい。奈良および大阪のベッドタウンとして発展する一方、**橿原神宮**P.600をはじめ大和三山、藤原宮跡など神社仏閣や史跡が多く、飛鳥観光の玄関口でもある。また国の重要伝統的建造物群保存地区である**今井町**P.599も市内に。

十津川村

県の最南端に位置する、**日本一広い村**。東京23区より広いが、人口はわずか3000人に過ぎない。古くは十津川郷と呼ばれ、朝廷に味方するため幾度も出兵した歴史を持つ。戊辰戦争にも従軍し、その功績により維新後は村内の全戸が士族となった。村内はほぼ山林で、熊野川に沿って走る国道168号線が和歌山県の熊野地方とを結んでいる。

地理と気候

北中部の奈良盆地と東部の大和高原、南部の紀伊山地に大別され、気候も地域で大きく異なる。奈良盆地は瀬戸内海式気候に近く、年間を通して降水量は少ないが、南部は太平洋側気候で雨量も多い。

【夏】奈良盆地も山間部も暑さが厳しい。また南に行けば行くほど雨量が増え、前線停滞時や台風通過時などは土砂災害にも注意が必要。

【冬】奈良盆地は空気が乾燥し、朝晩はかなり冷え込む。また大和高原や紀伊山地はしばしば積雪し、洞川温泉など標高の高い地域へ行く際は冬装備が必須。

P.584～601 写真提供：一般財団法人奈良県ビジターズビューロー（撮影P.586東大寺修二会：木村昭彦、P.591不動七重の滝・P.595興福寺：矢野建彦、P.593東大寺：三好和義） 奈良県産業振興総合センター 一般財団法人 公園財団平城宮跡管理センター 奈良市 橿原市 五條市 宇陀市 天川村 十津川村 上北山村（撮影：三橋直人） 一般社団法人吉野ビジターズビューロー 柳生観光協会 曽爾村観光協会

アクセス

東京から ▶▶▶		所要時間
高速バス	バスタ新宿▶JR奈良駅	8時間20分

愛知から ▶▶▶		所要時間
鉄　道	近鉄名古屋駅▶大和八木駅（近鉄）	1時間50分
高速バス	名鉄バスセンター▶JR奈良駅	2時間50分

大阪から ▶▶▶		所要時間
鉄　道	大阪難波駅▶近鉄奈良駅（近鉄）	38分
鉄　道	大阪難波駅▶大和八木駅（近鉄）	30分
ＪＲ線	天王寺駅▶王寺駅	20分
鉄　道	大阪阿部野橋駅▶橿原神宮前駅（近鉄）	35分

京都から ▶▶▶		所要時間
ＪＲ線	京都駅▶奈良駅	45分

県内移動

▶奈良市から県北中部各地へ

近鉄線　近鉄奈良駅から橿原、飛鳥方面へは大和西大寺駅乗り換えで橿原線が便利。

JR線　JR線は法隆寺のある斑鳩や山辺の道などへ行く際に利用する。奈良市内のターミナルの場所が違うので、行き先に応じて使い分けたい。

▶奈良市から県東部へ

県東部の大和高原へは、名阪国道および国道165号線がメインルート。冬期はかなり冷え込み凍結・積雪する日もあるので、運転には注意が必要。

▶県北中部から吉野地方へ

県南部の吉野地方は、鉄道で行けるのは吉野山まで。

国道168号線には本数は少ないものの、大和八木駅と和歌山県の新宮駅とを結ぶバスがある。なお洞川温泉へは国道309号線が通じているが、近鉄下市口駅からのバスも通年運行している。

国道168号線および169号線が2大幹線で、快適なドライブが楽しめる。

交通路線図

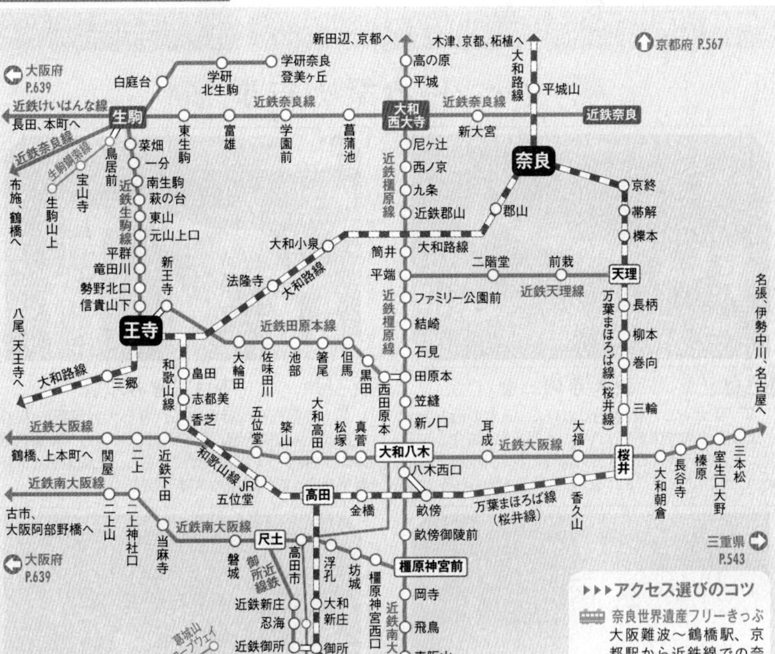

▶▶▶アクセス選びのコツ

奈良世界遺産フリーきっぷ　大阪難波～鶴橋駅、京都駅から近鉄線での奈良往復と、奈良市内中心部・法隆寺周辺の奈良交通のバス、指定エリア内の近鉄線が乗り放題になる1日券。1日コースが1530円。2日コースや吉野エリアも含むタイプもある。

大和路快速　大阪駅と奈良駅を約50分で結ぶ。奈良県内では王寺駅や法隆寺駅などにも停車する。

奈良県

うちの県はここがすごい

一 全国有数の金魚の町 大和郡山市

大和郡山市は江戸時代から金魚の養殖が盛んで、日本有数の出荷量を誇る。市内のいたる所に養殖池があり、毎年8月には「全国金魚すくい選手権大会」も開催されている。

二 日本の食文化 発祥の地

清酒や漬け物、日本茶に豆腐など、奈良県が発祥とされる食べ物はたくさんある。うどんや饅頭、さらには牛乳を飲む習慣も奈良がルーツとされ、調べればきりがないほど。

三 靴下の生産量 日本一

国産靴下の生産シェアの5～6割を占める奈良県。なかでも広陵町は日本一の靴下の町で、春と秋の2回、町内の靴下メーカーが出品する「靴下の市」が開催されている。

イベント・お祭り・行事

① 東大寺修二会

東大寺二月堂P.593において、日常の過ちを十一面観音の前で懺悔し、人々の幸福を願う法会。二月堂に上る練行衆（れんぎょうしゅう）の足元を照らすため、大松明に火が灯される「お松明」で知られる。

② 春日若宮おん祭

毎年12月に行われる、春日大社P.597の摂社である若宮の例大祭。平安時代末に関白・藤原忠通によって始まって以来の歴史をもち、五穀豊穣と天下泰平を願ってさまざまな神事や芸能が奉納される。

③ 若草山焼き

江戸時代末期に、放火による延焼を防ぐため始まった行事。後に東大寺や興福寺、春日大社の神仏と習合し、先人の鎮魂と奈良全体の防火、世界の平和を祈念している。毎年1月の第4土曜に行われる。

④ けまり祭

大化改新ゆかりの地である談山神社P.599の祭りで、中大兄皇子と中臣鎌足が、けまりを通じて交誼を結び、大化改新につながったという故事に由来する。毎年、4月29日と11月3日の2回開催されている。

必ず食べたい 名物グルメ

柿の葉寿司

鮭や鯖などの切り身を柿の葉で包んだ押し寿司。柿は紀の川周辺地域の名産で、葉には殺菌・防腐効果があるとされる。多くの製造元から発売されており、自宅で作る人も多い。

串こんにゃく

吉野地方の名産で、地元産こんにゃく芋から作られた串こんにゃくが、国道168・169・309号線沿いの道の駅などで売られている。黒滝村の「黒滝こんにゃく芋」は特に有名。

天理ラーメン

天理市で学生や天理教の信者向けに提供されたのがきっかけとされるご当地ラーメン。豚骨スープの濃厚な味わいで、豚肉や白菜、ニラなどの具がたっぷり入っているのが特徴。

奈良漬

平城京で発掘された木簡に記載が見られる、記録上では日本で最も古い歴史をもつ漬け物。白瓜の粕漬けが有名だが、近年はキュウリやナス、スイカなどさまざまな種類がある。

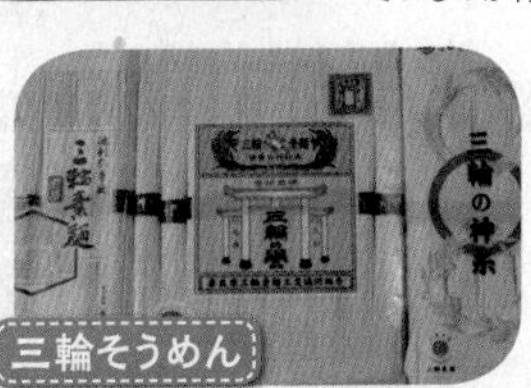

三輪そうめん

桜井市など三輪地域で古くから作られている、昔ながらの製法を守る手延べそうめん。おみやげのほか大神神社周辺では専門店も多く、多くの店では温かいにゅうめんも食べられる。

大阿太高原の梨

大淀町の大阿太高原で栽培される二十世紀梨で、日露戦争の勝利を記念して「勝利梨（かちどきなし）」の名前で売られていたこともある。秋には国道370号線沿いに農家直営の売店が並ぶ。

地元っ子愛用 ローカル味

ごろごろ水

名水百選にも選ばれている、洞川温泉に湧く名水。石灰岩の地層から湧き出る弱アルカリ性の軟水で、飲用はもちろん料理用としても人気が高い。設備の整った取水場もある。

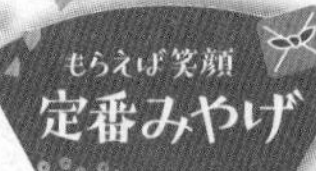

陀羅尼助丸

役行者が製法を広めたといわれるオウバクを主成分とした胃腸薬で、「だらにすけ」または「だらすけ」とも呼ばれる。天川村や吉野町など各地で製造、販売されている。

匠の技が光る 伝統工芸

奈良筆

空海が唐から製造技術を持ち帰ったとされる日本の毛筆のルーツであり、国産最古の毛筆「天平筆」は正倉院御物。今も大和郡山市などで作られ、伝統の技法が守られている。

高山茶筅

生駒市高山は日本で唯一の茶せんの産地。室町時代中期に、茶道の創始者・村田珠光の求めで鷹山宗砌が作ったのが始まりとされ、現在も60種類以上の茶せんが手作りで作られている。

ワカルかな？
奈良のお国言葉

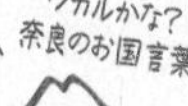

このお餅、ぺちゃこくてもむないわ

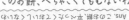

Ans. このお餅、平べったくておいしくないわ

1泊2日で巡る 奈良県

1日目は奈良公園周辺と西の京、2日目は山辺の道から飛鳥、吉野を巡る。歩く距離が長いので、自分のペースに合わせて調整しよう。

START 奈良 / 山辺の道 / 高松塚古墳 / 吉野 GOAL / 十津川

1日目

9:00 近鉄奈良駅

鹿の遊ぶ**奈良公園**を ▶P.593
ゆっくり散策して東大寺へ

鹿と触れ合いながら猿沢の池を一周したあとは、興福寺の境内を歩こう。

徒歩30分

奈良国立博物館は ▶P.600
仏像ファンならぜひ

国宝・重文など数々の名品の見学には1時間30分ほど時間をみておきたい。秋には正倉院展の開催も。

11:00 大仏さまが鎮座する
東大寺の**大仏殿**へ ▶P.593

みやげ物店の並ぶ通りを歩くと、南大門が目の前に。さらに進むと大仏殿だ。

徒歩15分

12:00 奈良市街を一望できる
若草山 ▶P.597

時間と体力があれば、山の上まで歩いてみよう。

若草山にも鹿がいるよ！

徒歩10分

13:00 朱塗りの回廊が印象的な ▶P.597
奈良の守り神 **春日大社**

昼食には境内の「春日荷茶屋」で、名物の「万葉粥」をいただきたい。

昆布だしと白味噌仕立てのお粥

バス30分

15:00 鑑真和上が創建した
唐招提寺を拝観 ▶P.598

有名な鑑真和上坐像の「御身代わり像」は開山堂に安置されている。

徒歩10分

16:00 東西2つの塔が並ぶ
白鳳伽藍が美しい**薬師寺** ▶P.598

本尊の薬師如来像に日光・月光菩薩像は白鳳時代の傑作。

バス30分＋徒歩10分

18:00 **奈良ホテル**で優雅なひと時を

おすすめ！泊まるならココ

古都・奈良で最高の格式と伝統を誇り、“関西の迎賓館”と称されるクラシックホテル

本館は1909年に建てられた桃山御殿風檜造

奈良(なら)ホテル

明治42（1909）年の開業以来、あまたの賓客を受け入れてきた“関西の迎賓館”。洋室が基本ながら、本館は瓦葺き木造2階建ての和洋折衷建築で、設計者は東京駅を手がけた辰野金吾と片岡安。メインダイニング「三笠」では伝統のフランス料理のほか、奈良ならではの朝食「茶がゆ定食」も人気が高い。

創業以来のメインダイニング「三笠」

住 奈良市高畑町1096
TEL 0742-26-3300
交 近鉄**近鉄奈良駅**から徒歩15分。またはJR**奈良駅**から徒歩25分
料 1泊4万3560円～
URL www.narahotel.co.jp

“野猿（やえん）”で空中散歩

山深い十津川村で、かつては村民の貴重な交通手段として使われていた人力ロープウェイ「野猿（やえん）」。今は観光用として「ホテル昴」敷地内など2カ所に設置されているので、十津川村を訪れたら気軽に空中散歩にチャレンジしてみよう。

2日目

9:00 JR奈良駅

鉄道20分

9:30 JR巻向（まきむく）駅

檜原神社から山辺の道へ。大神神社までの短い距離だが、古道歩きが楽しめる。

日本最古の道
山辺の道を歩く ▶P.595

歩きやすい服装で

山辺の道の途中
日本最古の神社
大神神社をお参り

大神神社を参拝したら、参道を歩いて三輪駅へ。駅周辺には三輪素麺の店が多い。

あったかおだしのにゅうめん

徒歩100分

11:45 JR三輪駅

鉄道20分

三輪駅から乗り換え3回で飛鳥駅へ。駅前ではレンタサイクルが借りられる。

12:30 近鉄飛鳥駅

徒歩15分

12:45 壁画で有名な
高松塚古墳を見学 ▶P.594

隣接する壁画館で、壁画の模写を見ることができる。

徒歩15分

柿の葉寿司でちょっとひと息

13:40 近鉄飛鳥駅

鉄道50分

14:30 修験道の一大拠点 **吉野**へ ▶P.594

吉野山へは吉野駅からロープウェイ（金～月曜のみ運行）、または徒歩（金峯山寺まで歩いて約40分ほど）で。時間の許すかぎり散策を楽しみたい。

関西随一の
霧氷・樹氷の名所
高見山

三重県との県境にそびえ、“関西のマッターホルン”と呼ばれる高見山（標高1248.4m）は、近くの三峰山と並ぶ霧氷・樹氷の名所。冬季は登山者も多く、週末には臨時の「霧氷バス」も運行されている。

おすすめ！泊まるならココ

古民家再生の第一人者である、東洋文化研究家アレックス・カー氏が手がけた宿

大森（おおもり）の郷（さと）

築100年になる廃校の教員住宅をフルリノベーションした宿泊施設で、湯泉地温泉近くの山間の集落にある。部屋は2人部屋「行仙」と4人部屋「焼峰」の2室のみで、十津川産の木材がふんだんに使われた室内は木のぬくもりに満ちている。村のほぼ中心に位置しているので、観光の拠点にも最適。

住 吉野郡十津川村大字武蔵487
TEL 080-2543-5552
交 **十津川村役場**バス停から車で約10分
料 1泊素泊まり（自炊のみ）7000円～
URL www.totsukawa-stay.com

落ち着いたたたずまいの外観。「大森」および部屋名は、集落を囲む峰の名前に由来する

奈良県の歩き方

▶奈良市総合観光案内所
住 奈良市三条本町1082（JR奈良駅前）
TEL 0742-27-2223
開 9:00〜21:00 休 無休
URL narashikanko.or.jp

▶近鉄奈良駅観光案内所
住 奈良市東向中町28（近鉄ビル1階）
TEL 0742-24-4858
開 9:00〜21:00 休 無休

張り子の虎

信貴山・朝護孫子寺のシンボルである虎は、聖徳太子が寅の年、寅の日、寅の刻に毘沙門天を感得し、のちの物部氏との戦いを勝利に導いたとの伝説に由来する。境内ではいたるところに張り子の虎が飾られているほか、信貴山への入口にあたるJR王寺駅のホームにも虎のモニュメントが飾られている。

朝護孫子寺の張り子の虎

▶法隆寺ｉセンター
住 生駒郡斑鳩町法隆寺1-8-25
TEL 0745-74-6800
開 8:30〜18:00 休 無休
交 JR**法隆寺駅**からバスで**法隆寺参道**下車、徒歩すぐ
URL horyuji-ikaruga-nara.or.jp

奈良市と周辺

近鉄奈良駅は奈良公園の最寄り駅

奈良公園P.593の玄関駅となるのは**近鉄奈良駅**または**JR奈良駅**だが、奈良公園に近いのは近鉄奈良駅。興福寺や東大寺、春日大社など、おもな見どころへは徒歩が便利で、車で訪れても基本的にはどこかの駐車場に停めることになる。

またバスは市内中心部を循環する**ぐるっとバス**など多くの系統が運行されているが、どのバスも原則として近鉄奈良駅、JR奈良駅の両方を経由する。**東大寺**P.593などへは**東大寺大仏殿・春日大社前**バス停が便利。なお**薬師寺**P.598や**唐招提寺**P.598のある西ノ京や、**平城宮跡歴史公園**P.597などへは近鉄線で行けるほか、バスのアクセスもよい。

便利情報

寺院を模した旧奈良駅舎

奈良市総合観光案内所　昭和9（1934）年に建てられた旧奈良駅舎の建物を利用。経済産業省認定「近代化産業遺産」に選ばれている名建築で、建物内にはスターバックスコーヒーも入居している。

斑鳩・生駒・葛城

生駒山上遊園地

法隆寺P.592のある**斑鳩**へは、JR大和路線の**法隆寺駅**が最寄り駅。また県西部の**生駒山**へは、近鉄奈良線の生駒駅からケーブルカーが運行されている。**葛城・五條**（ごじょう）方面は**王寺駅**が玄関駅となるが、JR和歌山線は本数が多くないので、利用する際はダイヤを確認すること。車であれば京奈和（けいなわ）自動車道が便利。

グルメ

奈良といえば日本酒

日本酒発祥の地　現在の清酒の醸造技術の基礎は、室町時代に奈良市郊外の正暦寺で確立したとされることから、奈良は清酒発祥の地といわれる。奈良盆地を中心に30近い蔵元があり、濃醇甘口の酒が多いのが特徴。蔵の見学や試飲のできる酒造もある。

info 世界遺産 **法隆寺地域の仏教建造物**の構成資産は、法隆寺と法起寺の2寺。また世界遺産 **古都奈良の文化財**の構成資産は、東大寺、興福寺、春日大社、元興寺、唐招提寺、薬師寺の6社寺および平城宮跡、春日山原始林。

日本全国津々浦々～道の駅巡り～

国道168号線沿いにある道の駅十津川郷

十津川郷
日本一広い村・十津川村のほぼ中央にあり、ドライバーにとってはオアシス的存在。館内には特産品の売店や蕎麦店のほか、駐車場の一角に温泉足湯がある。また土・日曜には朝市が開催される。村立歴史民俗資料館や共同浴場も近い。

山辺(やまべ)・飛鳥(あすか)・宇陀(うだ)

近鉄橿原神宮前駅

山辺の道 P.595へは併走するJR桜井線が便利。また**飛鳥** P.594はレンタサイクルで巡る人が多い。**宇陀・大和高原**エリアは近鉄大阪線の各駅からバスを利用することになるが、車での移動なら名阪(めいはん)国道(国道25号線)と国道165号線がメインルート。

おみやげ

これが吉野本葛

吉野本葛　宇陀・吉野地方の名産である吉野本葛。葛餅や胡麻豆腐など、奈良のグルメに欠かせない高級食材だが、みやげ物店や道の駅などで買うことができ、価格もリーズナブル。粉末のほか固形タイプのものも売られている。

吉野・奥吉野

鉄道で行けるのは吉野エリアのみで、南部の**奥吉野**地方は車での移動が基本となる。南北に縦断する国道168号線および169号線と、**天川村**(てんかわむら)に向かう国道309号線が基本ルートとなり、いずれも快適なドライブが楽しめる。また、国道168号線には日本一走行距離の長い路線バスも走っているほか、**洞川**(どろがわ)**温泉** P.596や**大台ヶ原** P.596へもバスの便があり、主要な観光スポットは公共交通機関でも行くことができる。

足を延ばせば

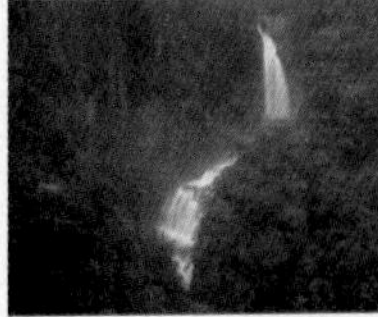
不動七重の滝

不動七重の滝　修験道の開祖・役行者に仕えていたとされる鬼のゆかりの地である、下北山村前鬼にある滝。豪快に七段に流れ落ちる滝の総落差は150mを越え、蒼く澄んだ水が美しい。「日本の滝百選」にも選ばれている。

▶道の駅 十津川郷
住 吉野郡十津川村小原225-1
TEL 0746-63-0003
開 9:00～17:00　休 無休
交 近鉄**大和八木駅**から新宮行きバスで約3時間30分の**十津川村役場前**下車、徒歩3分
URL www.michinoeki-totsukawago.com

▶桜井観光案内所
住 桜井市大字桜井190-2（近鉄桜井駅構内）
TEL 0744-44-2377
開 9:00～15:00　休 12/29～1/3
URL sakurai-kankou.jimdo.com

▶かしはらナビプラザ観光案内所
住 橿原市内膳町1-6-8
TEL 0744-47-2270
開 9:00～19:00　休 無休
交 近鉄**大和八木駅**から徒歩約3分
URL www.kashihara-kanko.or.jp

▶飛鳥総合案内所「飛鳥びとの館」
住 高市郡明日香村越6-3（近鉄飛鳥駅前）
TEL 0744-54-3240
開 8:30～17:00　休 年末年始
URL asukamura.com

日本一長い距離の路線バス

近鉄大和八木駅と和歌山県のJR新宮駅とを結ぶ奈良交通の八木新宮線は、全長169.8km、停留所の数はなんと168。高速道路を使わない路線バスでは日本一の走行距離を誇る。「168バスハイク乗車券」を利用すれば途中下車が可能なので、観光にも便利。

総乗車時間は約6時間30分を超える

▶吉野町観光案内所
住 吉野郡吉野町吉野山41-3（近鉄吉野駅前）
TEL 0746-39-9237
開 9:00～16:00
休 年末年始
URL yoshino-kankou.jp

info 世界遺産 **紀伊山地の霊場と参詣道**の構成資産のうち、吉野山、金峯山寺、吉野水分神社、金峯神社、吉水神社、大峰山寺、大峯奥駈道（オオヤマレンゲ自生地、仏経嶽原始林）、玉置神社、小辺路（一部）などが奈良県内にある。

奈良県の見どころ

飛鳥時代の仏教文化を今に伝える

斑鳩・生駒・葛城

法隆寺

聖徳太子ゆかりの地・斑鳩に7世紀始めごろ創建された、古都・奈良を代表する仏教寺院。

現存する世界最古の木造建築である金堂と五重塔

中心となる**西院伽藍**は、釈迦三尊像を安置する**金堂**や**五重塔**などが配置され、7世紀後半に焼失・再建されたものの、現存する世界最古の木造建造物群である。また**夢殿**を中心とする**東院伽藍**は、**聖徳太子**の暮らした**斑鳩宮**の跡地とされ、奈良時代に聖徳太子を供養するために建立されている。なお飛鳥時代の傑作とされる**百済観音像**や、やはり飛鳥時代の作で当時の建築様式を伝える貴重な遺産である**玉虫厨子**などは、収蔵されている**大宝蔵院**で見ることができる。

▶法隆寺
住 生駒郡斑鳩町法隆寺山内1-1
TEL 0745-75-2555
開 2/22～11/3 8:00～17:00
11/4～2/21 8:00～16:30
休 無休　料 1500円
交 JR**法隆寺駅**から徒歩約20分。またはバスで約5分の**法隆寺参道**下車
URL horyuji.or.jp
※西院伽藍と東院伽藍は500mほど離れていて、大宝蔵院は西院伽藍の隣にある。また東院伽藍に隣接して、半跏思惟像で有名な中宮寺がある（拝観料が別途必要）URL www.chuguji.jp

夢殿は奈良時代に建てられた

見どころMAP

正倉院

東大寺の北側には、聖武天皇および光明皇后ゆかりの宝物を収蔵する正倉院がある。外観の見学は月～金曜の10:00～15:00（土・日・祝、年末年始は休み）。宝物を公開する「正倉院展」は、毎年秋に奈良国立博物館で開催されている。
URL shosoin.kunaicho.go.jp

info 明治維新後の明治11（1878）年、**法隆寺**は宝物約300点を皇室に献納し、下賜された1万円で堂宇の修築を行っている。このとき献納された**『聖徳太子絵伝』『菩薩半跏像』**などの宝物は、現在は**東京国立博物館**の**法隆寺宝物館**に所蔵されている。

古都・奈良のシンボル的存在　**奈良市と周辺**

東大寺

“大仏さん”こと盧舎那仏像

奈良時代に聖武天皇によって建立された。現在は華厳宗の大本山。正式名は金光明四天王護国之寺。

“奈良の大仏さん”こと盧舎那仏が安置されている**大仏殿**(金堂)を中心に、**修二会**(お水取り)の執り行われる舞台造の**二月堂**や、現存する奈良時代の建築である**法華堂**(三月堂)などがある。法華堂には**不空羂索観音像**など奈良時代に造られた貴重な仏像が安置されているほか、**東大寺ミュージアム**にも仏像など多くの寺宝が展示されている。**南大門**も重源上人によって宋からもたらされた鎌倉時代の建築様式(大仏様)や**金剛力士像**で名高い。

鹿がたわむれる広大な公園　**奈良市と周辺**

奈良公園

浮見堂のある浅茅ヶ原園地

鹿は公園全域で見かける

奈良市中心部から**若草山**、**春日山原始林**までを含む都市公園。開園は1880年で、隣接する興福寺や奈良国立博物館などを合わせると660ヘクタールにもなる。公園内はエリアごとに名称があり、猿沢池周辺が**猿沢池園地**、浮見堂のある鷺池周辺が**浅茅ヶ原園地**、東大寺南大門の南側一帯が**春日野園地・浮雲園地**と呼ばれる。

また春日大社の神使とされる約1100頭の鹿が暮らしているが、隣接する社寺や市街地などとの間に境界はなく、自由に行き来している。なお、**鹿は国の天然記念物**であり、故意に傷つけると法により罰せられることがあるので要注意。

▶東大寺
住 奈良市雑司町406-1
TEL 0742-22-5511
交 近鉄**近鉄奈良駅**、JR**奈良駅**からバスで**東大寺大仏殿・春日大社前**下車、徒歩5分
URL todaiji.or.jp
▶大仏殿
開 4〜10月7:30〜17:30
11〜3月8:00〜17:00
休 無休　料 600円
▶法華堂
開 8:30〜16:00
休 無休　料 600円
▶戒壇院戒壇堂
開 8:30〜16:00
休 無休　料 600円
※2023年7月頃まで修復のため拝観停止中。代わりに戒壇院千手堂が拝観できる
▶東大寺ミュージアム
開 4〜10月9:30〜17:30
11〜3月9:30〜17:00
最終入場は30分前
休 無休　料 600円

大仏殿は近代以前の木造建造物では世界最大級

▶奈良公園
住 奈良市芝辻町543(奈良公園事務所)
TEL 0742-22-0375
開 入場自由
交 近鉄**近鉄奈良駅**から徒歩すぐ
URL www3.pref.nara.jp/park
※鹿は野生動物であり、いつどんな行動を起こすかわからない。不用意に近づいたり、子供だけで近づいたりしないよう注意すること。また公園での鹿せんべい以外の餌やりや、ゴミ捨ては禁止されている(鹿がゴミを食べて死ぬことがある)

車を運転する場合は、鹿の飛び出しにも注意

info **春日大社**の背後に広がる**春日山原始林**は、遊歩道が整備され気軽に散策が楽しめるが、平安時代に伐採が禁じられたため、現在も原生林に近い植生が守られている。**国の特別天然記念物**であり**世界遺産**にも登録されている。

1400年前の都を歩く

山辺・飛鳥・宇陀

飛鳥

かつて"飛鳥"と呼ばれた**明日香村**一帯は、聖徳太子が活躍した時代から約100年間、日本の政治・文化の中心だった。国の仕組みが整えられ、初めて本格的に仏教文化を受け入れた時代でもある。

明日香村のシンボル的存在、石舞台古墳

当時の建造物は残っていないが、石造物や古墳などに往時をしのぶことができる。代表的な史跡は、蘇我馬子の墓と伝えられる**石舞台古墳**や、壁画で有名な**高松塚古墳**と**キトラ古墳**、飛鳥時代の代表的寺院だった**川原寺跡**、祭祀の場と推測される**酒船石遺跡**など。飛鳥寺や橘寺などの古寺も多く、徒歩やレンタサイクルでのんびりと巡りたい。

かつての大寺院の跡である川原寺跡

桜の名所として全国的に名高い

吉野・奥吉野

吉野

世界遺産 **大峯奥駈道**の起点となる修験道の聖地であり、日本を代表する桜の名所。役行者によって開かれた**金峯山寺**を中心に、**吉水神社**や**如意輪寺**などの神社仏閣、みやげ物店や旅館、宿坊などが建ち並ぶ。

金峯山寺の国宝・蔵王堂

南北朝時代には南朝方の**行宮**が置かれて歴史の表舞台に登場したほか、歌人・**西行**が隠棲して多くの和歌を詠むなど文学史上にも大きな足跡を残している。

春は山全体が桜で埋め尽くされる

春の桜の季節は特ににぎわうが、山麓の下千本から中千本、上千本、そして最奥部の奥千本と順に咲いていくので、1ヵ月近くにわたり花見を楽しむことができる。

▶飛鳥

住 高市郡明日香村
交 近鉄**飛鳥駅**から徒歩。または近鉄**橿原神宮前駅**、**飛鳥駅**から明日香周遊バス
URL www.asukakyo.jp

▶石舞台古墳

住 高市郡明日香村島庄254
開 8:30～17:00(最終入場16:45)
休 無休　料 300円
URL www.asuka-park.go.jp

▶高松塚壁画館

住 明日香村大字平田439
TEL 0744-54-3340
開 9:00～17:00(最終入場16:30)
休 12/29～1/3　料 300円

▶キトラ古墳壁画体験館「四神の館」

住 高市郡明日香村大字阿部山67
TEL 0744-54-5105
開 3～11月9:30～17:00
12～2月9:30～16:30
休 12/29～1/3　料 無料

▶川原寺跡

住 高市郡明日香村川原1109
TEL 0744-54-2043
開 9:00～17:00
休 無休　料 300円
URL kawaharadera.com

▶酒船石遺跡(亀形石造物)

住 高市郡明日香村岡
開 3～11月8:30～17:00
12～2月9:00～16:00
休 年末年始　料 300円

▶吉野

住 吉野郡吉野町吉野山
交 近鉄**吉野駅**から徒歩。または吉野大峯ケーブル**吉野山駅**下車
URL www.yoshinoyama-sakura.jp
(吉野山観光協会)

▶吉野大峯ケーブル

TEL 0746-39-9254
開 通常期は金・土・日・月曜の9:20～17:20に運行。観桜期は増発のうえ毎日運行される
料 450円
URL www.yokb315.co.jp

▶金峯山寺

TEL 0746-32-8371
開 8:30～16:00
休 無休　料 800円
URL www.kinpusen.or.jp

▶吉水神社

TEL 0746-32-3024
開 9:00～17:00
休 無休　料 600円(書院)
URL www.yoshimizu-shrine.com

▶如意輪寺

TEL 0746-32-3008
開 9:00～16:00
(桜の季節は8:30～17:00)
休 無休　料 500円
URL nyoirinji.com

info **八経ヶ岳**(はっきょうがたけ)は近畿地方の最高峰で、標高1915m。山頂近くにある国の天然記念物である**オオヤマレンゲ**の自生地と**仏経嶽原始林**(シラビソとトウヒの原始林)は、世界遺産である**大峯奥駈道**の構成資産である。

国宝・阿修羅像は必見

奈良市と周辺

興福寺（こうふくじ）

手前の南円堂は西国三十三所の第9番札所

藤原氏の氏寺として建立され、平安時代から戦国末期にかけて絶大な権勢を誇った**法相宗（ほっそうしゅう）**の寺院。幾度も火災に見舞われたが復興し、1210年築の北円堂（ほくえんどう）をはじめ、東金堂（とうこんどう）や五重塔などが国宝に指定されている。2018年には中金堂が再建された。また**国宝館**は多くの寺宝を有し、なかでも**阿修羅像**は日本の彫刻美術の最高傑作として名高い。

日本最古の道

山辺・飛鳥・宇陀

山辺の道（やまのべのみち）

のんびりと古道歩きが楽しめる

春日山の麓と三輪山の麓を結ぶ、『古事記』や『日本書紀』にも登場する古道。

道沿いには**石上神宮（いそのかみ）**や**大神神社（おおみわ）**、**景行天皇陵（けいこう）**など多くの神社や古墳、史跡があり、歴史を感じる散策路として人気が高い。よく歩かれているのは天理駅～桜井駅間の約16kmで、併走するJR桜井線をうまく利用すれば、さらに短い区間を歩くこともできる。

女性の信仰を集めた“女人高野”

山辺・飛鳥・宇陀

室生寺（むろうじ）

紅葉の美しい国宝の本堂

奈良時代末期に興福寺の僧によって創建された山岳寺院。

江戸時代には真言宗の寺となり、女性の参拝が許されたことから**“女人高野（にょにんこうや）”**と呼ばれるようになった。

平安時代前期の築とされる金堂や五重塔、同じく平安前期の作である釈迦如来立像や十一面観音立像など多くの国宝を有するほか、シャクナゲやツツジの名所としても知られる。

▶興福寺
住 奈良市登大路町48
TEL 0742-22-7755
開 9:00～17:00（最終入場16:45）
休 無休
料 国宝館700円、東金堂300円、中金堂500円
交 近鉄**近鉄奈良駅**から徒歩約5分。またはJR**奈良駅**から徒歩約15分
URL www.kohfukuji.com

▶山辺の道
URL www3.pref.nara.jp/miryoku/aruku/1195.htm
▶石上神宮
住 天理市布留町384
TEL 0743-62-0900
開 5:30～17:30（季節により変動）
休 無休　料 無料
交 JR**天理駅**から徒歩30分
URL www.isonokami.jp
▶大神神社
住 桜井市三輪1422
TEL 0744-42-6633
開 入場自由
交 JR**三輪駅**から徒歩5分
URL oomiwa.or.jp
▶景行天皇陵
住 天理市渋谷町
開 見学自由
交 JR**柳本駅**から徒歩30分
URL www.kunaicho.go.jp/ryobo/guide/012/index.html

▶室生寺
住 宇陀市室生78
TEL 0745-93-2003
開 4～11月8:30～17:00
　12～3月9:00～16:00
休 無休　料 600円
交 近鉄**室生口大野駅**からバスで約15分の**室生寺**下車
URL murouji.or.jp
▶宝物殿
開 4～11月9:00～16:30
　12～3月9:30～15:30
最終入場は30分前
休 無休　料 400円

五重塔は法隆寺に次いで古い

info 王寺町の**明神山**は標高273.6mの低山だが、山頂に360°の大パノラマが楽しめる**展望台**が設けられている。東大寺、法隆寺、比叡山、大峯山、そして百舌鳥・古市古墳群と、**5つの世界遺産が見える**ことで人気が高い。

標高800mの高所にある温泉街

吉野・奥吉野

洞川温泉

修験道の聖地・大峯山の登山口に位置する温泉地。温泉街には旅館や、胃腸薬**陀羅尼助丸**P.587を販売する店などが軒を連ね、独特の雰囲気を醸し出している。**みたらい渓谷**や**五代松鍾乳洞**など観光スポットも多く、夏季は観光客のほか参詣者や修験者、林間学校の生徒たちでにぎわう。また積雪する冬季は雪遊びで訪れる家族連れも多い。

独特の情緒がある洞川温泉

▶洞川温泉
住 吉野郡天川村洞川13-1
TEL 0747-64-0333（大峯山洞川温泉観光協会）
開 休 料 施設による
交 近鉄**下市口駅**からバスで約1時間10分の**洞川温泉**下車、徒歩約5分
URL www.dorogawaonsen.jp

▶**五代松鍾乳洞**
TEL 0747-64-0188（ごろごろ茶屋）
開 9:30～11:30、13:30～15:50
休 水曜、12月～3月下旬、荒天時
料 450円

五代松鍾乳洞

足がすくむほどの迫力

吉野・奥吉野

谷瀬の吊り橋

十津川村の上野地と対岸の谷瀬とを結ぶ、高さ54m、長さ297mの**歩行者専用吊り橋**。

吊り橋ができるまでは川原の丸太橋を行き来していたが、大水のたびに流され困っていた大字谷瀬の人々が資金を出し合い、昭和29（1954）年に完成した。悲願の生活用の吊り橋であり、今では人気の観光スポットとなっている。

スリル満点の谷瀬の吊り橋

▶谷瀬の吊り橋
住 吉野郡十津川村上野地・谷瀬
開 入場自由
※駐車場（有料）あり。深夜・早朝に騒ぎながらの通行は控えること
交 JR**五条駅**からバスで約1時間35分の**上野地**下車、徒歩すぐ
URL totsukawa.info/joho/kanko/index.html

八木新宮線のバスの乗客は、休憩停車中に吊り橋を歩ける

幻想的な光景が広がる名峰

吉野・奥吉野

大台ヶ原

台高山脈の南部、三重県との県境にまたがる**台地状の山地**で、標高1695mの**日出ヶ岳**が最高峰。初心者でもトレッキングが楽しめる山として人気が高く、断崖絶壁の**大蛇嵓**や、トウヒの立ち枯れの森が広がる**正木峠**など、幻想的な光景が随所に見られる。**日本有数の多雨地域**なので、天候には要注意。日本百名山にも選ばれている。

立ち枯れの森が広がる正木峠から山頂を望む

▶大台ヶ原
住 吉野郡上北山村小橡
開 入場自由
休 冬期（11月下旬～4月下旬は大台ヶ原ドライブウェイが通行止めになり、バスも運休する）
交 JR**金橋駅**から徒歩約10分のイオンモール橿原から奈良交通バスで約3時間25分（1日1往復、4月下旬～11月下旬の運行）の**大台ヶ原**下車、展望台まで徒歩約8分。近鉄**大和八木駅**、**橿原神宮前駅**からも乗降可能
URL vill.kamikitayama.nara.jp/kanko/tanoshimu/odaigahara

info 昔は山全体が原生林に覆われていた**大台ヶ原**だが、台風や鹿による食害などが原因で、現在の姿になった。登山者に人気の立ち枯れの風景ではあるが、実は衰退した山の姿であり、近年は再生への取り組みも進められている。

古都・奈良を守り続ける　**奈良市と周辺**

春日大社

特別参拝で拝観できる本殿前の中門

奈良時代に平城京の守り神として創建された、全国に約3000社ある春日神社の総本社。藤原氏の氏神であり、春日造の本殿は20年ごとに建て替えまたは修復を行う**式年造替**の伝統が守られている。また境内の**春日荷茶屋**では名物の**万葉粥**が味わえる。

奈良市街を一望する　**奈良市と周辺**

若草山

ゲートから山上までは徒歩20～30分

奈良公園の東端にそびえる標高342mの山。山腹は芝で覆われ、山頂部には鶯塚古墳がある。南北2ヵ所の入口から気軽に登れるが、奈良奥山ドライブウェイで山頂まで車で直接行くこともできる。毎年1月に行われる**山焼き**は、奈良を代表する行事として名高い。

奈良の昔と今が調和する町　**奈良市と周辺**

ならまち

入り組んだ路地に町家が点在する

昔ながらの古い町並みにカフェやショップなどが集まる人気エリア。「ならまち」という行政上の地名があるわけではなく、元興寺周辺の町並みを総称して呼ばれている。**奈良町からくりおもちゃ館**、**奈良市ならまち格子の家**などの見学施設も点在する。

現代によみがえる奈良の都　**奈良市と周辺**

平城宮跡歴史公園

復原された第一次大極殿院大極門

平城宮跡の保存・活用を目的として整備された国営公園。**朱雀門**、**第一次大極殿**、**東院庭園**が復原されているほか、平城宮跡資料館、平城宮いざない館などの展示施設がある。また現在も調査が進められ、2022年3月には第一次大極殿院大極門の復原が完了している。

▶春日大社
住 奈良市春日野町160
TEL 0742-22-7788
開 3～10月6:30～17:30
11月～2月7:00～17:00
休 無休　料 無料
交 JR**奈良駅**、近鉄**近鉄奈良駅**からバスで**春日大社本殿**下車、徒歩すぐ
URL kasugataisha.or.jp
▶回廊内の御本殿特別参拝
開 9:00～16:00
休 毎月1・11・21日ほか春分、秋分、祭典など不定期　料 500円
▶春日荷茶屋
TEL 0742-27-2718
開 10:00～16:00

▶若草山
住 奈良市雑司町
TEL 0742-22-0375(奈良公園事務所)
開 3月第3土曜～12月第2日曜
9:00～17:00
休 12月の第2月曜～3月の第3金曜
料 150円
交 JR**奈良駅**、近鉄**近鉄奈良駅**からバスで**大仏殿春日大社前**下車、徒歩約15分
URL www.pref.nara.jp/56577.htm#itemid9270

▶ならまち
交 近鉄**近鉄奈良駅**、JR**奈良駅**から徒歩10～20分
URL narashikanko.or.jp/feature/naramachi
▶奈良町からくりおもちゃ館
TEL 0742-26-5656
開 9:00～17:00
休 水曜（祝日の場合は翌々日）、年末年始　料 無料
URL karakuri-omochakan.jimdofree.com
▶奈良市ならまち格子の家
TEL 0742-23-4820
開 9:00～17:00
休 月曜（祝日の場合は翌日）、年末年始　料 無料

▶平城宮跡歴史公園
住 奈良市二条大路南3-5-1
TEL 0742-36-8780
開 休 公園内各展示施設による
料 無料
交 近鉄**大和西大寺駅**南口からぐるっとバスで**朱雀門ひろば**下車。徒歩なら駅から約20分。または近鉄**近鉄奈良駅**、JR**奈良駅**からバスで**朱雀門ひろば前**下車
URL www.heijo-park.jp

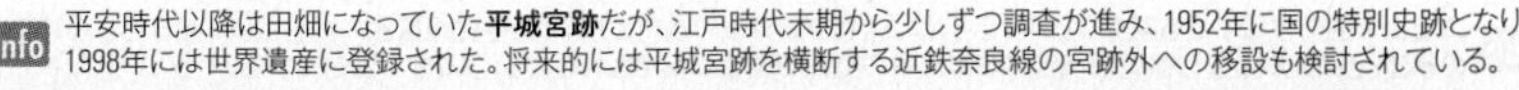
info 平安時代以降は田畑になっていた**平城宮跡**だが、江戸時代末期から少しずつ調査が進み、1952年に国の特別史跡となり、1998年には世界遺産に登録された。将来的には平城宮跡を横断する近鉄奈良線の宮跡外への移設も検討されている。

▶薬師寺
住奈良市西ノ京町457
TEL0742-33-6001
開8:30~17:00(最終入場16:30)
休無休　料800円または1100円(時期による。詳細は公式サイトを参照のこと)
交近鉄**西ノ京駅**から徒歩1分
URL yakushiji.or.jp

「凍れる音楽」と評される東塔

▶唐招提寺
住奈良市五条町13-46
TEL0742-33-7900
開8:30~17:00(最終入場16:30)
休無休　料1000円
交近鉄**西ノ京駅**から徒歩約10分。または近鉄**近鉄奈良駅**、JR**奈良駅**よりバスで唐招提寺下車(奈良駅方面への乗車は唐招提寺東口より)
URL toshodaiji.jp

南大門が拝観入口

▶柳生の里
交近鉄**近鉄奈良駅**、JR**奈良駅**からバスで約50分の**柳生**下車、徒歩約3分
URL www.yagyukanko.com

▶旧柳生藩家老屋敷
住奈良市柳生町155-1
TEL0742-94-0002
開9:00~17:00(最終入場16:30)
休12/27~1/4　料350円

▶芳徳禅寺
住奈良市柳生下町445
TEL0742-94-0204
開4~10月9:00~17:00
11~3月9:00~16:00
休無休　料200円

▶朝護孫子寺
住生駒郡平群町信貴山2280-1
TEL0745-72-2277
開9:00~17:00
休無休　料無料
交JR**王寺駅**よりバスで約22分の**信貴大橋**下車、徒歩5分
URL sigisan.or.jp

現代によみがえった白鳳伽藍　奈良市と周辺

薬師寺(やくしじ)

西の京を代表する法相宗(ほっそうしゅう)の寺院。白鳳(はくほう)時代に藤原京に創建され、平城京への遷都に伴い現在地に移転した。度重なる火災により、現存する奈良時代築の建物は**東塔**のみだが、1970年代以降のお写経勧進(かんじん)による白鳳伽藍復興により、現在は堂宇(どうう)の多くが再建されている。

大池越しに伽藍を望む

鑑真和上坐像で名高い名刹　奈良市と周辺

唐招提寺(とうしょうだいじ)

唐僧・**鑑真**(がんじん)によって天平宝字(てんぴょうほうじ)3(759)年に創建された、律宗(りっしゅう)(南都六宗のひとつ)の総本山。奈良時代に建てられた金堂や講堂(ともに国宝)など多くの文化財を有する。同じく国宝の**鑑真和上坐像**(がんじんわじょうざぞう)は、日本最古の肖像彫刻とされ、毎年6月5~7日のみ公開されている。

本尊の盧舎那仏坐像が安置されている金堂

剣聖・柳生家ゆかりの地　奈良市と周辺

柳生の里(やぎゅうのさと)

柳生新陰流(しんかげりゅう)の創始者である**柳生石舟斎**(せきしゅうさい)を生んだ柳生家の故郷。石舟斎が天狗を一刀のもとに切り捨てたところ、真っ二つに割れた石だけが残っていたとの伝説で名高い**一刀石**をはじめ、旧柳生藩の**家老屋敷**、柳生一族が眠る**芳徳善寺**(ほうとくぜんじ)などの見どころが点在する。

柳生石舟斎が斬ったとされる一刀石

毘沙門天を祀る聖徳太子ゆかりの寺　斑鳩・生駒・葛城

朝護孫子寺(ちょうごそんしじ)

戦国武将・松永久秀の居城である**信貴山城**(しぎさんじょう)があった信貴山の中腹にあり、国宝『**信貴山縁起絵巻**(しぎさんえんぎえまき)』で知られる真言宗の古刹。聖徳太子の創建と伝わり、舞台造の本堂には太子が信仰した毘沙門天が祀られている。シンボルである**張り子の虎**P.590でも有名。

毘沙門天を祀る本堂。戒壇巡りもできる

info **二上山**の麓に位置する**当麻寺**(たいまでら)は、謡曲や歌舞伎の題材ともなった**中将姫伝説**の舞台として知られる。612年の創建と伝わり、金堂の弥勒菩薩像は日本最古の塑像で国宝に指定されるなど、多くの寺宝を有する。

過去の繁栄ぶりを今に伝える　山辺・飛鳥・宇陀

今井町

「今井まちや館」周辺の町並み

堺と並ぶ戦国時代の**環濠都市**の代表格。豊かな財力と軍事力を誇った**寺内町**であり、織田信長とも抗争を繰り広げた。現在も古い町並みが残り、**今西家住宅**など9件が国の重要文化財に指定されており、町並み全体が国の重要伝統的建造物群保存地区に選ばれている。

ボタンの名所として名高い　山辺・飛鳥・宇陀

長谷寺

慶安3(1650)年築の本堂

伊勢神宮へと通じる街道沿いの初瀬の地にある、西国三十三所の第8番札所。古くから**花の御寺**として紫式部や松尾芭蕉ら文人たちに愛され、『源氏物語』など多くの古典文学に描かれた。本尊の十一面観音立像が安置されている本堂は、国宝に指定されている。

藤原鎌足ゆかりの紅葉の名所　山辺・飛鳥・宇陀

談山神社

秋は境内が紅葉に包まれる

藤原（中臣）鎌足を祀る神社で、桜井市南部の多武峰にある。鎌足の死後、中大兄皇子と鎌足が大化改新のため密談をした地に十三重塔が建立されたのを創始とし、神仏混交の時代は**妙楽寺**と称していた。紅葉の名所であり、毎年11月には**けまり祭**が開催される。

弥勒磨崖仏で知られる　山辺・飛鳥・宇陀

大野寺

宇陀川越しに望む磨崖仏

役行者によって開かれ、空海が堂宇を建立したと伝わる真言宗室生寺派の寺。

宇陀川対岸の岩壁に鎌倉時代に線刻された**弥勒磨崖仏**は、高さが13.8mもあり、国内で最も高い磨崖仏として名高い。またシダレザクラの名所としても知られる。

▶今井町
住 橿原市今井町
交 近鉄**八木西口駅**から徒歩約5分。またはJR**畝傍駅**から徒歩約8分
URL www.city.kashihara.nara.jp/kankou/own_imai/kankou/imaichou
▶今西家住宅
※見学は要予約
TEL 0744-25-3388（十市県主今西家保存会）
開 10:00～17:00（最終入場16:30）
休 月曜（祝日の場合は翌日）
料 500円
URL www.imanishike.or.jp

▶長谷寺
住 桜井市初瀬731-1
TEL 0744-47-7001
開 4～9月8:30～17:00
3·10·11月9:00～17:00
12～2月9:00～16:30
休 無休　料 500円
交 近鉄**長谷寺駅**から徒歩15分
URL hasedera.or.jp

春は境内をボタンが埋め尽くす

▶談山神社
住 桜井市多武峰319
TEL 0744-49-0001
開 8:30～17:00（最終入場16:30）
休 無休　料 600円
交 JR**桜井駅**からバスで約27分の**談山神社**下車、徒歩6分
URL tanzan.or.jp

本殿は日光東照宮のモデルともいわれる

▶大野寺
住 宇陀市室生大野1680
TEL 0745-92-2220
開 8:00～17:00
休 無休　料 300円
交 近鉄**室生口大野駅**から徒歩7分

春には見事なシダレザクラが見られる

info 奈良県の北東端に位置する**月ヶ瀬**は梅の名所として知られ、毎年2～3月には五月川の渓谷沿いに1万本の梅が咲き誇り、**"梅まつり"**も開かれる。また**大和茶**の産地でもある。奈良市内ではあるが、中心部からは車で1時間程度かかる。

正倉院展の会場

奈良市と周辺

奈良国立博物館

明治28(1895)年の開館で、2000点近い美術品を収蔵する。旧本館（現・**なら仏像館**）は片山東熊の設計で、国指定重要文化財。新館では毎年秋に**正倉院展**が開催される。

なら仏像館（旧本館）

▶奈良国立博物館
住 奈良市登大路町50
TEL 050-5542-8600(ハローダイヤル)
開 9:30～17:00(最終入場16:30)
※最新情報は公式サイトを確認
休 月曜（祝日の場合は翌日）、12/28～1/1　料 700円
交 近鉄**近鉄奈良駅**から徒歩約15分
URL www.narahaku.go.jp

奈良県内唯一の遊園地

斑鳩・生駒・葛城

生駒山上遊園地

標高642mの生駒山の山上にあり、昭和4(1929)年に開園した歴史ある遊園地。**飛行塔**は現存する大型遊具では国内最古とされ、土木学会推奨土木遺産に認定されている。

レトロな飛行塔

▶生駒山上遊園地
住 生駒市菜畑2312-1
TEL 0743-74-2173
開 3月中旬～11月10:00～17:00(夏期のナイター営業日は20:00まで)
休 木曜（春休み、夏休み期間を除く）、12月～3月中旬
料 無料（乗り物、アトラクション等は別途）
交 近鉄**生駒駅**から生駒ケーブルで**生駒山上駅**から徒歩すぐ
URL www.ikomasanjou.com

ツツジの名所として名高い

斑鳩・生駒・葛城

大和葛城山

金剛山地の代表的な山のひとつで、標高959m。山頂一帯の葛城高原は、春はツツジ、秋はススキの名所として知られる。山頂の**葛城高原ロッジ**では宿泊も可能。

秋は山頂一帯がススキの原となる

▶大和葛城山
▶葛城高原ロッジ
住 御所市櫛羅2569
TEL 0745-62-5083
交 近鉄**近鉄御所駅**からバスで約20分の**葛城登山口駅**から葛城山ロープウェイで**葛城山上駅**下車、徒歩約15分。または**葛城登山口駅**から徒歩約2時間
URL www.katsuragikogen.co.jp

神武天皇を祀る

山辺・飛鳥・宇陀

橿原神宮

神武天皇が橿原宮を築いたとされる**畝傍山**の麓に、明治23(1890)年に創建された旧官幣大社。神武天皇陵が隣接し、正月三が日の参拝者数は100万人を超え、奈良県内で最も多い。

外拝殿と畝傍山　写真提供:橿原神宮

▶橿原神宮
住 橿原市久米町934
TEL 0744-22-3271
開 季節による
休 無休　料 無料
交 近鉄**橿原神宮前駅**から徒歩約10分
URL kashiharajingu.or.jp

紀の川沿いの商家町

山辺・飛鳥・宇陀

五條新町

江戸時代に商家町として発展し、国の重要伝統的建造物群保存地区に選定される古い町並みが残る。慶長12(1607)年築の**栗山家住宅**は、建築年代が判る民家では日本最古の建築。

五條新町の町並み

▶五條新町
交 JR**五条駅**から徒歩約15分
URL www.city.gojo.lg.jp/soshiki/bunka/1/2
▶まちなみ伝承館
住 五條市本町2-7-1
TEL 0747-26-1330
開 9:00～17:00
休 水曜（祝日の場合は翌日）、12/25～1/5　料 無料
URL www.narakko.jp/gojomachinami

info 国鉄時代、和歌山線**五条駅**と紀勢線**新宮駅**とを結ぶ**五新線**の建設が進められ、計画断念後も長らく路線予定地跡の一部をバスが走っていた。現在も五條新町や国道168号線の近くに、高架橋や橋梁、トンネルなどの遺構が残されている。

吉野葛で知られる城下町　山辺・飛鳥・宇陀

宇陀松山

松山街道の町並み

古くから薬草や**吉野葛**の産地として知られ、江戸時代の薬草園である**森野旧薬園**で名高い。松山街道沿いの町並みは国の重要伝統的建造物群保存地区に選ばれている。

▶宇陀松山
住 宇陀市大宇陀区拾生1846(松山地区まちづくりセンター「千軒舎」)
TEL 0745-87-2274
交 近鉄**榛原駅**からバスで約20分の**大宇陀**下車、徒歩すぐ
URL aknv.city.uda.nara.jp/matuyama/index.htm
▶森野旧薬園
住 宇陀市大宇陀上新1880
TEL 0745-83-0002
開 9:00～17:00
休 不定休　料 300円
URL www.morino-kuzu.com/kyuyaku

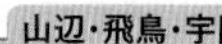

関西屈指のススキの原　山辺・飛鳥・宇陀

曽爾高原

秋の曽爾高原

三重県との県境にそびえる、標高1037mの**倶留尊山**のふもとに広がる高原。例年10～11月には、一面が雄大なススキの草原となり、多くのハイカーが訪れる。

▶曽爾高原
住 宇陀郡曽爾村太良路
開 入場自由
交 名阪国**道針IC**から車で約45分。10～11月のみ近鉄**名張駅**(三重県)から直行バスあり
URL sonimura.com/sightseeing/1

女人禁制を守る修験道の聖地　吉野・奥吉野

大峰山寺

大峯奥駈道の霊場

大峯奥駈道の最奥部、山上ヶ岳（標高1719m）の山頂に鎮座する。近くには宿坊や**"覗き"**と呼ばれる行場もある。現在の本堂は元禄4(1691)年の再建で、国指定重要文化財。

▶大峰山寺
住 吉野郡天川村洞川703
開 戸開式5/3～戸閉式9/23
交 近鉄**下市口駅**からバスで約1時間10分の**洞川温泉**下車、徒歩4時間
URL www.dorogawaonsen.jp/sightseeing/128

神武天皇ゆかりの霊場　吉野・奥吉野

玉置神社

霧立ちこめる玉置神社

神武天皇が東征の折に兵を休めて武運を祈ったと伝わる、**熊野三山**の奥の院。世界遺産・大峯奥駈道の構成資産でもある。御神木・**神代杉**は樹齢3000年を誇る奈良県指定天然記念物。

▶玉置神社
住 吉野郡十津川村玉置川1
TEL 0746-64-0500
開 入場自由
交 **十津川温泉**バス停から車で約40分
URL www.tamakijinja.or.jp

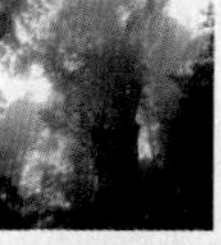
御神木の神代杉

フランス仕込みのアウトドア施設　吉野・奥吉野

空中の村

木々の間に設けられた網の吊り橋

フランス人移住者が設計し、フランスの技術で作られた**アウトドアスポット**。吊り橋やツリーハウスなどが設置され、森林のなかでのんびりと過ごすことができる。

▶空中の村
住 吉野郡十津川村大字小川112(21世紀の森・紀伊半島森林植物公園内)
TEL 0746-62-0567
開 9:00～17:00(最終入場16:00)
休 火曜、8/20、12/1～2月末、雨天時
料 平日2000円
(土・日曜・祝日2500円)
交 **十津川温泉**バス停から車で約30分
URL kuuchuu-no-mura.com

info **十津川村**には硫黄泉の**湯泉地温泉**と、ナトリウム-炭酸水素塩・塩化物泉の**十津川温泉**、含硫黄-ナトリウム炭酸水素塩泉の**上湯温泉**の3つの温泉地がある。いずれも共同浴場、宿泊施設とも、すべて源泉かけ流しで、加水・消毒は一切なし。

滋賀県

SHIGA

滋賀県

人口
141.4万人（全国26位）
面積
4017km²（全国38位）
県庁所在地
大津市
県花
石楠花（シャクナゲ）

うぉーたん
湖国・滋賀をアピールするために誕生した、琵琶湖の水の妖精。特技はヨットとウィンドサーフィン
滋賀県イメージキャラクター うぉーたん

石楠花
日野町の石楠花は国の天然記念物

かつての近江国であり、大津市をはじめ19市町で構成される。周囲を山々に囲まれ、海には接していないものの、日本一の湖・琵琶湖が面積の6分の1を占める"湖国"である。古くから交通の要衝として重要視され、幾度となく戦乱が繰り広げられた一方で、地の利を生かして近江商人が活躍、数多くの企業や経済人を輩出してきた。また神社仏閣も多く、琵琶湖が生んだ豊かな食文化にも恵まれている。

旅の足がかり

大津市

県庁所在地で人口約34万人を数える中核市。天智天皇の時代に近江大津宮がおかれ、壬申の乱や源平の争乱の舞台となるなど、しばしば日本の歴史で重要な役割を果たしてきた。市内に歴史遺産は多く、世界遺産「古都京都の文化財」に含まれる**比叡山延暦寺**P.611も大津市内にある。一方で琵琶湖南部の沿岸に沿って市街地が広がり、京都や大阪のベッドタウンとしても発展している。なお冬季は北部の比良山系で積雪が多く、ウインタースポーツも盛んに行われている。

近江八幡市

近江商人発祥の地として名高い、人口約8万人の町。日牟禮（ひむれ）八幡宮を中心に広がる旧市街には多くの商家が残るほか、建築家ウィリアム・メレル・ヴォーリズゆかりの地でもあり、国の重要伝統的建造物群保存地区に選定されている。また近江牛や近江米の主要な産地としても知られ、琵琶湖唯一の有人島である**沖島**P.617も市域にある。

長浜市

人口約11万人を数える湖北地方の中心都市。羽柴秀吉が築いた長浜城の城下町を骨格とし、江戸時代は北国街道の宿場町として栄えた。近年は旧市街の古い町並みが**黒壁スクエア**P.614として脚光を浴びている。また平成の大合併により、北部の豪雪地域が長浜市に編入されたほか、小谷城跡や賤ヶ岳古戦場なども市域に含まれるようになった。

地理と気候

周囲を山々に囲まれ海がないため、県全体としては内陸性気候である。ただ比較的温暖な南部に対し、北部は日本海側気候に近く、近畿地方では最も積雪の多い豪雪地帯となる。

【夏】 近畿地方の他の府県と同じく、夏はかなり暑くなるものの、琵琶湖があるため京都や大阪に比べると若干過ごしやすい。

【冬】 雪が降りやすく、北上するに従って寒くなり、積雪も増える。ただ南部でも盆地の信楽は、特に寒さが厳しいことで知られる。

P.602～619 写真提供：公益社団法人びわこビジターズビューロー　米原市　公益社団法人びわ湖大津観光協会
一般社団法人近江八幡観光物産協会　公益社団法人長浜観光協会　一般社団法人東近江市観光協会　びわ湖高島観光協会
信楽町観光協会　彦根城運営管理センター　株式会社黒壁

アクセス

東京から ▸▸▸	所要時間
新幹線 東京駅▶米原駅（ひかり）	2時間10分
高速バス バスタ新宿▶南草津	7時間

京都から ▸▸▸	所要時間
新幹線 京都駅▶米原駅（ひかり）	20分
JR線 京都駅▶大津駅	所要10分

福井から ▸▸▸	所要時間
JR線 福井駅▶米原駅（しらさぎ）	1時間10分
JR線 敦賀駅▶米原駅	55分

岐阜から ▸▸▸	所要時間
新幹線 岐阜羽島駅▶米原駅（ひかり）	12分
JR線 大垣駅▶米原駅	35分

三重から ▸▸▸	所要時間
JR線 柘植駅▶草津駅	50分

県内移動

▶大津から琵琶湖周辺の各地へ

東海道線の愛称　県内の米原駅から西のJR西日本エリアでは東海道本線の名称は米原～京都間を**琵琶湖線**、京都～大阪間を**京都線**、大阪～神戸間を**神戸線**の愛称が使用されており、ホームの行き先表示や乗換案内にも使用される。

琵琶湖線の新快速　県内の新幹線の駅が米原駅のみであり、特急列車もほとんど停車しない滋賀県では、在来線の**新快速**が圧倒的に便利。大津から近江八幡や彦根、長浜方面への交通手段は、琵琶湖線の新快速ほぼ一択である。

湖西線　琵琶湖西岸を縦貫する湖西線にも新快速が走っているが、琵琶湖線ほど本数は多くない。なお湖西線の列車は大津駅には停車せず、少し北に離れた大津京駅を発着するので要注意。琵琶湖線と湖西線の乗り換えは、京都府の**山科駅**まで行く必要がある。

名神高速道路を軸とした高速道路網は充実している。また湖西路も、国道161号のバイパスである琵琶湖西縦貫道路が快適に走れる。

▶大津から湖東の内陸部へ

JR線の走らない湖東の平野部は、近江鉄道が主要な町を結んでいる。ただ湖東三山などの観光地を巡るには、現実的には車がないと厳しい。

交通路線図

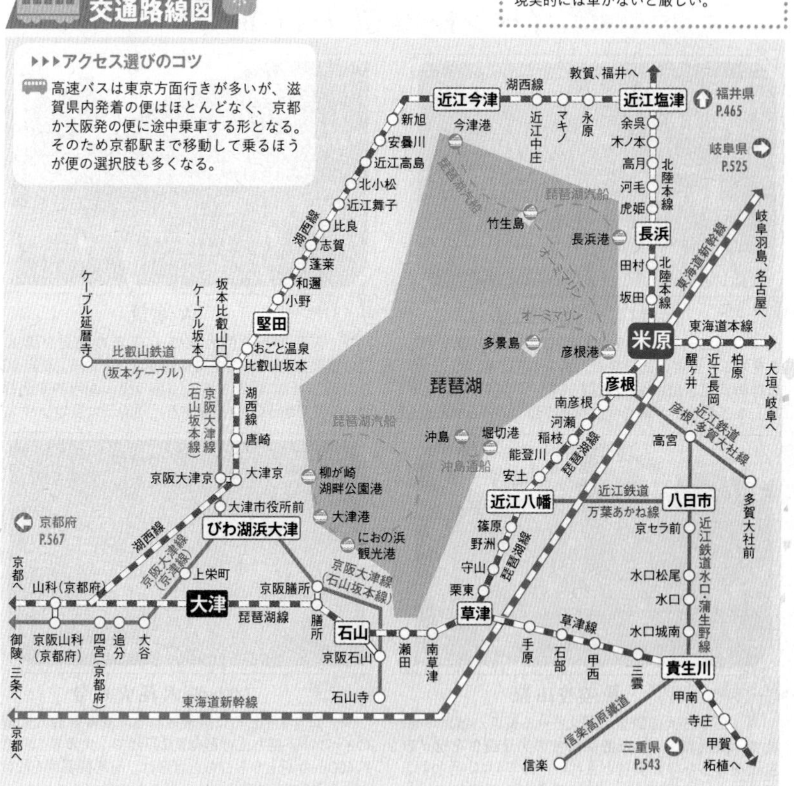

滋賀県

うちの県はここがすごい

一 日本一大きな湖 琵琶湖

琵琶湖の面積は滋賀県の約6分の1に相当し、貯水量は約275億トン。これは琵琶湖の水を利用している淀川流域の1450万人の水使用量、約11年分にも相当する。

二 琵琶湖は淡水魚の宝庫

琵琶湖で生息する淡水魚類の種類は、外来種を除くと約60種（全国で約280種）で、琵琶湖だけに生息する固有種も10数種にのぼる。貴重な生態系が維持された淡水魚の宝庫だ。

三 積雪の記録で世界一!

伊吹山山頂の測候所で昭和2（1927）年2月14日に観測された積雪11m82cmは、現在も破られていない世界記録。また旧余呉町は近畿地方以西で唯一、特別豪雪地帯に指定されている。

イベント・お祭り・行事

① 日吉大社山王祭

桓武天皇が二基の神輿を寄進して以来の歴史を有する、日吉大社の祭礼。毎年4月12～14日に7基の神輿が担ぎ出され、「花渡り式」や「宵宮落とし神事」など勇壮かつ華やかな行事が繰り広げられる。

② 大津祭

天孫神社の例大祭で、400年の歴史を誇り、国の重要無形民俗文化財に指定されている。例年10月の第2土日に開催され、13基の曳山が市内を巡行し、各所でからくりを披露する。湖国三大祭のひとつ。

③ 長浜曳山祭

日本三大山車祭に数えられる長浜八幡宮の祭礼で、長浜城主だった豊臣秀吉の男子誕生を祝って曳山を作ったのが発祥とされる。毎年4月に行われ、曳山の上で演じられる「こども歌舞伎」は必見。

④ びわ湖大花火大会

毎年8月上旬に開催される、滋賀県最大の夏のイベント。打ち上げ数は約1万発で、大津港の沖合約400mの湖上から打ち上げられ、有料観覧席も設けられる（2022年度はコロナ禍のため開催中止）。

必ず食べたい 名物グルメ

鮒鮓（ふなずし）

琵琶湖の固有種であるニゴロブナを使った熟れ鮓。平安時代にはすでに作られていたといわれる伝統料理で、塩漬けのあとご飯に漬けて発酵させる。独特の臭いが特徴。

近江ちゃんぽん

半世紀以上も前に彦根で生まれたご当地麺。ルーツ店である**ちゃんぽん亭総本家**は和風醤油の黄金だしに、野菜や豚肉などの具材がたっぷりと入った「近江ちゃんぽん」の名称で地域名物として親しまれている。

赤こんにゃく

近江八幡の郷土料理で、三二酸化鉄によって赤く染められたこんにゃく。織田信長が赤く染めさせたなど、赤い理由には諸説あるが、食べ方は普通のこんにゃくと変わらない。

近江牛

彦根藩で作られた味噌漬けの肉「反本丸（へいぽんがん）」をルーツとし、400年の歴史をもつブランド和牛。おもに湖東エリアで飼育され、とろけるような脂質や香りのよさが自慢。

地元っ子愛用 ローカル味

サラダパン

湖北・木之本に創業昭和26（1951）年の**つるやパン**が、昭和35（1960）年以来発売を続ける看板商品。マヨネーズであえたたくわん漬を挟んだコッペパンで、今や滋賀県を代表するソウルフード。

堅ボーロ

長浜で愛されて120年、**元祖堅ボーロ本舗**の看板商品。パン生地を2度焼き、ショウガと砂糖で味付けしている。長浜城の石垣をイメージした形が特徴で、絶妙の堅さと甘さ。

もらえば笑顔 定番みやげ

丁稚羊羹

近江出身の丁稚たちがみやげに買ったといわれる羊羹。海がないため入手が難しかった寒天の代わりに、小麦粉を使って作るのが特徴で、お手頃価格かつ素朴な味わいで今も人気が高い。

ふくみ天平

明治5（1872）年創業の**たねや**の代表銘菓。「最上のおいしさはつくりたて」という考えから、あんと最中種が別々に包装されている。いただく直前に合わせる、手づくり最中。

匠の技が光る 伝統工芸

信楽焼

狸の置物で有名な焼き物だが、日本六古窯のひとつに数えられ、器や皿、茶器など幅広く作られている。自然な風合いや土のぬくもりの感じられる、素朴な味わいが特徴。

淡水真珠

草津市志那地区は日本の淡水真珠発祥の地。イケチョウガイを母貝とし、昭和初期から平湖や柳平湖で生産されている。ピンクやオレンジなど個体によって少しずつ色が異なる。

このいかい魚、あんないから食べへんた

Ans. この大きい魚、おいしくないから食べなかった

1泊2日で巡る 滋賀県

1日目

1日目は大津市内を京阪大津線で、2日目は琵琶湖東岸をJR線で巡る。琵琶湖とともに育まれた近江の文化を心ゆくまで堪能したい。

マキノ　海津大崎　サニービーチ　長浜　彦根城　近江八幡　GOAL　比叡山　日吉大社　大津　START

9:00 京阪びわ湖浜大津駅

鉄道17分

9:20 大津市内の神社仏閣巡りは紫式部ゆかりの**石山寺**から ▶P.612

平安の昔から現代まで、とにかく人気の高い石山寺。山門の東大門は国の重要文化財だ。

鉄道20分

10:45 近江八景にも描かれた**三井寺（園城寺）**を参拝 ▶P.613

"三井の晩鐘"で名高い古刹。時間があれば隣の大津市歴史博物館も見学しよう。

琵琶湖疏水がすぐ近くを流れている

鉄道13分

12:30 京阪坂本比叡山口駅

徒歩すぐ

12:35 **比叡山**と**日吉大社**の門前町**坂本**で名物の**蕎麦**をいただく

穴太積みの石垣が印象的な比叡山延暦寺の門前町。

ぜひ味わいたい本家鶴㐂そば

徒歩10分

全国の日吉神社・山王神社の総本社。西本宮だけでなく東本宮の参拝も忘れずに。

14:00 滋賀県屈指の紅葉の名所**日吉大社**を参拝 ▶P.613

徒歩5分

15:00 比叡山坂本ケーブル 坂本駅

所要20分

15:20 天台宗の聖地**比叡山延暦寺**へ ▶P.611

東塔地区を参拝。根本中堂は大改修工事中で、修復の様子も含めて見学できる。

琵琶湖も見えるよ！

ケーブルカー10分＋徒歩10分

17:30 京阪坂本比叡山口駅

鉄道20分

18:30 **ミシガンクルーズ**で ▶P.610 夜景とディナーを満喫

夜は琵琶湖汽船の「ミシガン」で優雅なクルージング。船内でディナーも楽しめる（運航日要確認）。宿泊は「HOTEL 講 大津百町」で。

徒歩11分

おすすめ！泊まるならココ

"街に泊まって、食べて、飲んで、買って"大津の魅力を五感で楽しむ新次元の宿

アルネ・ヤコブセンのチェアが置かれた室内

2018年のグッドデザイン賞を受賞

HOTEL 講（こう） 大津百町（おおつひゃくちょう）

大津市内の商店街に残る築100年以上の町屋をフルリノベーションして誕生した、まったく新しいコンセプトの"商店街ホテル"。旧東海道沿いや商店街に7棟が点在し、飾らない町の息づかいを感じつつ、ラグジュアリーな時間を過ごすことができる。雑誌『自遊人』を手がける（株）自遊人が運営している。

住 大津市中央1-2-6
TEL 0570-001-810（12:00～17:00）
交 JR大津駅から徒歩7分
料 1泊素泊まり9900～6万円（税別･サービス料込）
URL hotel-koo.com

夏は琵琶湖で泳ごう

琵琶湖の夏は“海水浴”ならぬ“湖水浴”。真水なのでベタつかず、快適に過ごせる。遊泳場は沿岸各地にあるが、高島市の「マキノサニービーチ」は環境省選定「快水浴場百選」に選ばれ、周囲の景観もよく人気が高い。

2日目

9:00 JR大津駅

鉄道 40分

琵琶湖線（東海道本線）の新快速で彦根駅下車。彦根城は駅から徒歩約15分。

10:00 国宝**彦根城天守**から **琵琶湖の絶景を一望** ▶P.611

晴れていれば比良山地の山並みもはっきり見える。“ひこにゃん”にも会えるかな？

時間があれば回遊式庭園・玄宮園も見学しよう。

鉄道 22分

12:00 JR長浜駅

徒歩 5分

12:05 **黒壁スクエア**で **焼鯖そうめんのランチ** ▶P.614

これぞ湖北の味！

町並み散策を楽しんだら、長浜名物「焼鯖そうめん」を味わいたい。農家に嫁いだ娘のもとに焼鯖を届ける、「五月見舞い」という風習に由来する。「翼果楼」など長浜市内の飲食店で食べられる。

鉄道40分

14:40 JR近江八幡駅

バス 10分

15:00 **ラ コリーナ 近江八幡**で **人気のバームクーヘンを** ▶P.619

持ち帰りのバームクーヘンはもちろん、カフェでは焼きたてが楽しめる。

焼きたてがおいしい！

バス 6分

16:00 **近江商人ゆかりの 近江八幡を散策** ▶P.614

お屋敷や土蔵が建ち並ぶ八幡堀。船で堀めぐりを楽しむこともできる。

時間があれば新町通りにも足を運びたい。

バス 6分

18:00 JR近江八幡駅

近江牛の専門店でディナー

近江八幡駅前で軒を連ねる近江牛の専門店で、本場の味を堪能しよう。

湖畔の桜並木が美しい 奥琵琶湖の絶景

海津大崎（かいづおおさき）

奥琵琶湖の岩礁地帯である海津大崎は、約800本のソメイヨシノが約4kmにわたって咲き誇る桜の名所。見頃は4月上旬から中旬と近畿地方では遅く、「日本のさくら名所百選」にも選ばれている。

おすすめ！泊まるならココ

滋賀県随一の歴史と格式を誇る、琵琶湖を望むラグジュアリーホテル

琵琶湖（びわこ）ホテル

1934年以来、数多くの賓客を迎えてきた、大津市で最も格式の高いホテル。1998年に柳が崎から現在の浜大津に移転、近代的なリゾートホテルに生まれ変わった。大津港から徒歩5分と観光の拠点に最適で、客室は全室がレイクビュー。湖を望む天然温泉「瑠璃温泉るりの湯」で、旅の疲れを癒やしたい。

住 大津市浜町2-40
TEL 077-524-7111
交 JR大津駅から徒歩10分（無料シャトルバスで5分）。または京阪びわ湖浜大津駅から徒歩5分
料 1泊2食付2万700円～
URL www.keihanhotels-resorts.co.jp/biwakohotel

“Resort&Relax”をコンセプトに、抜群のロケーションを誇る。和洋レストラン・バーも充実

滋賀県の歩き方

▶大津駅観光案内所オーツリー
住 大津市春日町1-3 ビエラ大津
TEL 077-522-3830
開 9:00～18:00
休 年末年始
URL www.otsu-guide.jp

▶びわ湖1日観光チケット
料 700円
URL www.keihan.co.jp

延暦寺と蕎麦

仏教の修行のひとつ「五穀断ち」の品目の中に蕎麦がなかったことから修行僧の貴重な栄養源として重宝されていた。比叡山の門前町・坂本にある「本家鶴㐂そば」は滋賀県が誇る老舗。入母屋造の母屋は築130年を越え、国の登録有形文化財となっている。

重厚感ある店舗

▶JRマキノ駅構内観光案内所
住 高島市マキノ町西浜1209-8
TEL 0740-28-1188
開 9:00～17:00
休 12/29～1/3
URL takashima-kanko.jp

大津と周辺

JR大津駅

大津市の玄関駅は**JR大津駅**だが、おもな見どころへは京阪電鉄大津線の**びわ湖浜大津駅**が便利。大津港がすぐ近くにあり、**石山寺**P.612や**三井寺**P.613、坂本へも乗り換えなしで行けるほか、**近江神宮**P.615や**大津市歴史博物館**P.618も沿線にある。

なおJR大津駅とびわ湖浜大津駅は徒歩で15分ほど離れているため、乗り換えの場合はJRと京阪の駅が隣接しているJR膳所(ぜぜ)駅と京阪膳所駅、またはJR大津京駅と京阪大津京駅を利用するとよいだろう。京阪電鉄大津線では1日乗り放題の**びわ湖1日観光チケット**もあるので便利。

便利情報

一部で道路上を走る大津線電車

京阪大津線　京都から大津へ行くにはJR線が一般的だが、京阪大津線でも行くことができる。京都市営地下鉄東西線に乗り入れていて、三条京阪駅からびわ湖浜大津駅まで、乗り換えなしでわずか22分。途中の山越え区間では旧東海道に沿って走り、ちょっとした旅気分が味わえる。

湖西エリア

一年中楽しめるマキノ高原

京都駅と福井県の敦賀駅を結ぶ湖西(こせいせん)線が便利。**安曇川(あどがわ)駅**または**近江今津駅**、**マキノ駅**が旅の拠点となる。また比良山地の西側を走る国道367号線、いわゆる**鯖街道**(若狭街道)は快適なドライブが楽しめるが、バスの便数は少なく利用しづらい。

便利情報

今津航路の就航船「びわ湖光秀号」

竹生島クルーズ　琵琶湖汽船が運航している竹生島クルーズは、今津港・長浜港と竹生島を結んでいる。各港との往復だけでなく、今津港～竹生島～長浜港間を横断する「びわ湖横断航路」もあり、観光に便利。

info 近江国一宮の**建部大社**(たけべたいしゃ)は、日本武尊の后が日本武尊を祀ったのが創始とされ、天武天皇の時代に現在地に遷された。毎年8月17日に行われる**船幸祭**は、大津三大祭りのひとつに数えられている。京阪唐橋前駅から徒歩約15分。

日本全国津々浦々〜道の駅巡り〜

農家が再現された農村田園資料館

アグリパーク竜王

動物ふれあい広場や観光農園、スワンボードなどがあり、まるでテーマパークのよう。かつての農村での暮らしや近江牛の歴史などを学べる農村田園資料館も併設されている。

湖南・湖東エリア

湖東の旅は近江鉄道が便利

近江八幡P.613や**彦根城**P.611など、琵琶湖沿岸沿いの観光地へはJR琵琶湖線が便利。またJR草津線や近江鉄道、信楽高原鐵道を利用すれば、**多賀大社**P.616、**信楽**P.615などへもアクセスできる。ただ**大本山永源寺**P.616や湖東三山など、鉄道沿線から離れた見どころへ行くには、車の方が効率よく回れる。

おみやげ

器や皿、湯飲みなどもたくさんある

信楽焼（しがらきやき） 信楽には信楽焼を販売するみやげ物店や窯元直営店などがたくさんある。また、滋賀県立陶芸の森には信楽焼振興協議会が直営店があり、手頃な価格で信楽焼が購入できる。

湖北エリア

JR米原駅

米原市と**長浜市**がエリアになるが、北陸本線へは新快速が琵琶湖線から直通しているので、アクセスはよい。ただ**米原駅**以東のJR線(東海道本線)はJR東海の管轄となるため、必ず乗り換えが必要。また米原駅は新幹線の停車駅でもあるので、米原駅を旅の起点にするのもよい。なお湖北・湖西エリアは冬は積雪地帯でもあるため、車で旅する場合はスタッドレスタイヤが必須。

グルメ

秋は栗おこわ

駅弁「湖北のおはなし」 鴨ローストや海老豆、赤カブなど、湖北の味が詰まった名物駅弁。近江米で炊き上げられたおこわは、四季折々の旬の味が楽しめる。米原駅構内の売店で購入できるほか、予約すれば米原駅発着列車の号車デッキまで配達も可能。URL www.izutsuya.cc

▶道の駅 アグリパーク竜王
住 蒲生郡竜王町山之上6526
TEL 0748-57-1311
開 9:00〜17:00
農村田園資料館10:00〜15:30（4〜10月の土·日曜·祝日9:30〜16:00）
休 月曜（祝日の場合は翌平日）
交 JR**近江八幡駅**から竜王ダイハツ前行きバスで20分の**アグリパーク竜王前**下車、徒歩6分
URL www.aguri-p.com

▶近江八幡駅北口観光案内所
住 近江八幡市鷹飼町
TEL 0748-33-6061
開 9:00〜17:00 休 年末年始
URL www.omi8guide.com

▶安土駅観光案内所
住 近江八幡市安土町上豊浦1303
TEL 0748-46-4234
開 9:00〜17:00 休 年末年始
URL www.facebook.com/Azuchi.tour.info

▶彦根市観光案内所
住 彦根市古沢町40-7（JR彦根駅構内）
TEL 0749-22-2954
開 9:00〜17:00 休 12/29〜31
URL www.hikoneshi.com

ヴォーリズ建築

近江八幡を中心に活動したアメリカ人建築家、ウィリアム・メレル・ヴォーリズ（1880〜1964年）。伝道者でもあったため教会建築が多く、また学校も多く手がけた。洋風でありながら日本の町並みに調和した彼の建築は、今も滋賀県内各地に残り、地域の人々に愛されている。

豊郷小学校旧校舎

▶米原駅観光案内所
住 米原市米原1016
TEL 0749-51-9082
開 9:00〜17:00 休 年末年始
URL kitabiwako.jp

▶長浜駅観光案内所
住 長浜市北船町1-5
TEL 0749-63-7055
開 9:15〜16:45 休 年末年始
URL kitabiwako.jp

info 東海道本線は1889年に全通するまでの一時期、長浜〜大津間を船で結んでいた。琵琶湖畔に明治15（1882）年に建てられた旧長浜駅舎（現・長浜鉄道スクエア）は、航路連絡していた当時の名残であり、現存する日本最古の駅舎建築である。

▶琵琶湖

▶大津港(琵琶湖汽船)

住 大津市浜大津5-1-1
TEL 0570-052-105(ナビダイヤル)
開 9:00~17:00 休 無休
料 2400円~(コースによる)
交 JR**大津駅**から徒歩15分。または京阪**びわ湖浜大津駅**から徒歩3分
URL www.biwakokisen.co.jp

比叡山ドライブウェイから遠望

大津港に停泊中のクルーズ船

滋賀の文化を育んだ母なる湖

大津と周辺

琵琶湖(びわこ)

古くは**淡海**(あふみ)、**近江の海**(おうみのうみ)と呼ばれた琵琶湖。面積、貯水量とも**日本最大の淡水湖**であり、近畿地方の水瓶としての役割を果たし続けている。その豊かな水資源と生態系を守るため、昭和54(1979)年にはリンを含む家庭用合成洗剤の使用を禁ずる条例も制定された。

大津港を発着する外輪船「ミシガン」は琵琶湖のシンボル

琵琶湖を一望できる展望スポットは各地にあるが、より近くで琵琶湖の魅力に触れるなら、**琵琶湖汽船**が運航する各種観光船を楽しみたい。南部のみを巡る60~90分のコースから、1日かけて琵琶湖に浮かぶ4島を巡るコース、ナイトクルージングまで、さまざまなメニューが用意されている。

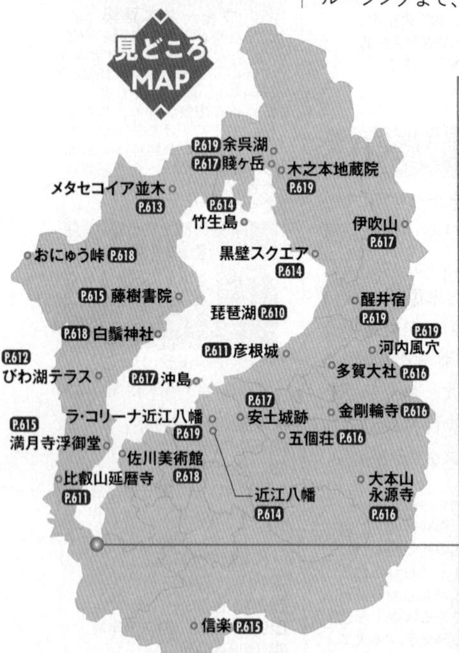

info 近江八景とは中国の**瀟湘**(しょうしょう)**八景**を手本として選ばれた、近江国の8つの優れた風景のこと。江戸時代初期にはすでに選ばれていたといわれ、歌川広重が浮世絵に描いたことなどにより、広く知られるようになった。(次ページへ➡)

1200年の歴史を誇る天台宗の聖地

大津と周辺

比叡山延暦寺(ひえいざんえんりゃくじ)

根本中堂は改修工事中だが拝観は可能

弁慶が担いだという伝説の残る、西塔地区のにない堂

伝教大師**最澄**によって開かれた天台宗の総本山。標高848mの比叡山の山上全域を境内とし、**東塔、西塔、横川**の3つのエリアに数多くの堂宇(どうう)が建ち並ぶ大寺院。

開山以来、日本の仏教史上に大きな影響力をもち続け、法然や親鸞、日蓮など他の宗派を興した多くの名僧を輩出した。

現存する建物は織田信長による焼き討ち以降の再建となるが、国宝の**根本中堂**(こんぽんちゅうどう)(2016年より10年間の予定で改修工事中)をはじめ多くが文化財に指定されており、1994年に世界遺産に登録された。山内は非常に広く、すべてのエリアを巡るなら最低でも半日は必要。

▶比叡山延暦寺
住 大津市坂本本町4220
TEL 077-578-0001
URL www.hieizan.or.jp
▶東塔地区
開 3~11月8:30~16:30
12月9:00~16:00
1·2月9:00~16:30
(巡拝受付は30分前まで)
休 無休
料 1000円(東塔·西塔·横川共通券)
交 坂本ケーブルの**ケーブル延暦寺駅**から徒歩約10分。また京都方面からも叡山ケーブル·ロープウェイでアクセスできる
▶西塔·横川地区
開 3~11月9:00~16:00
12月9:30~15:30
1~2月9:30~16:00
(巡拝受付は30分前まで)
休 無休
料 1000円(東塔·西塔·横川共通券)
交 山内シャトルバスを利用

横川地区は紅葉の名所としても名高い

国宝の天守閣を擁する湖国の名城

湖南·湖東エリア

彦根城(ひこねじょう)

琵琶湖のほとりに建ち、天守からは琵琶湖を望める

徳川四天王の一人である**井伊直政**を藩祖とする、彦根藩35万石の居城。

琵琶湖のほとりに築かれた平山城で、大津城から移築されたといわれる天守は唐破風や花頭窓などを配し、独特の優美な外観で知られる。

日本に5城しかない、天守が国宝に指定されている城のひとつであり、**附櫓**(つけやぐら)と**多聞櫓**(たもんやぐら)の2棟も国宝。平成4(1992)年には世界遺産の暫定リストにも掲載された。また城内には**彦根城博物館**や大名庭園である**玄宮園**(げんきゅうえん)などの見どころもある。なお幕末の大老·井伊直弼(いいなおすけ)が少年期を過ごした**埋木舎**(うもれぎのや)も、城のすぐそばに現存する。

▶彦根城
住 彦根市金亀町1-1
TEL 0749-22-2742
開 8:30~17:00(最終入場16:45)
休 無休
料 800円(玄宮園も込み)
交 JR**彦根駅**から徒歩約15分
URL hikonecastle.com
▶彦根城博物館
開 8:30~17:00(最終入場16:30)
休 不定休(公式サイトを参照)
料 500円
彦根城との共通券1200円
URL hikone-castle-museum.jp

玄宮園から眺める天守も美しい

info **近江八景**は石山秋月(石山寺)、三井晩鐘(三井寺)、堅田落雁(満月寺浮御堂)、瀬田夕照(瀬田の唐橋)、粟津晴嵐(大津湖岸なぎさ公園)、唐崎夜雨(唐崎神社)、比良暮雪(比良山)、矢橋帰帆(現在の草津市にかつて存在した港町)。

▶石山寺
住 大津市石山寺1-1-1
TEL 077-537-0013
開 8:00～16:30（最終入場16:00）
休 無休　料 600円（本堂内陣は別途500円）
交 京阪**石山寺駅**から徒歩10分
URL www.ishiyamadera.or.jp

日本最古の多宝塔も国宝

▶滋賀県立琵琶湖博物館
住 草津市下物町1091
TEL 077-568-4811
開 9:30～17:00（最終入場16:00）
休 月曜（祝日を除く）、臨時休館あり　料 800円
交 JR**草津駅**からバスで**琵琶湖博物館**下車、徒歩すぐ
URL www.biwahaku.jp

かつて琵琶湖を航行していた丸子船の模型

▶びわ湖テラス
住 大津市木戸1547-1
TEL 077-592-1155
交 JR**志賀駅**からバスで10分の**びわ湖バレイ前**下車、徒歩すぐ
URL www.biwako-valley.com
▶ロープウエイ
開 夏期9:00～17:00
（11月9:30～16:30）
冬期8:30～16:30
下り最終17:00
休 年数回の定期休業期間あり
料 往復3500円（11月・冬期は3000円）、夏期はホーライリフト、打見リフトも乗車可能

「Café 360」へは打見山からリフトで

『源氏物語』が生まれた寺
大津と周辺

石山寺（いしやまでら）

琵琶湖の南、瀬田川のほとりの巨大な硅灰石（けいかいせき）の上に築かれた真言宗の古刹。国宝の本堂や多宝塔など多くの文化財を有する。平安時代には皇族・貴族の間で“**石山詣**”が人気を呼び、多くの文学作品に登場するほか、紫式部も石山寺に参篭の際に**『源氏物語』**のインスピレーションを得たとされる。西国三十三所観音霊場の第13番札所。

紅葉に包まれる本堂。国宝に指定されている

琵琶湖の神秘が分かる
大津と周辺

滋賀県立琵琶湖博物館（しがけんりつびわこはくぶつかん）

400万年の歴史をもつといわれる古代湖・琵琶湖を体感できる博物館。大昔に琵琶湖周辺にいたゾウの祖先と考えられている**ツダンスキーゾウ**の半身半骨の標本や、再現された湖畔の葦原など、どの展示も見応え充分。また淡水の生き物展示としては日本最大級の水族展示で、**ビワコオオナマズ**など多数の淡水生物を見ることができる。

迫力あるツダンスキーゾウの標本

滋賀県随一のビュースポット
大津と周辺

びわ湖テラス（びわこてらす）

琵琶湖が一望できる標高1100mの**びわ湖バレイ**にある展望施設。比良山系（ひらさんけい）の打見山（うちみやま）山頂部に設けられた**The Main**と、蓬莱山山頂の**Café 360**の2施設からなり、広々としたテラス席から圧倒的な大パノラマが堪能できる。なお冬季のびわ湖バレイは、京阪神からいちばん近い本格的スキー場となるが、打見山側の「The Main」のみ冬も営業する。

打見山「The Main」のグランドテラス

info **柳が崎湖畔公園**に建つ桃山風破風造の**びわ湖大津館**は、昭和9（1934）年に**琵琶湖ホテル**として建てられたもの。大阪市中央公会堂を手がけた**岡田信一郎**（死去後は弟の捷五郎）の設計で、大津市の有形文化財に指定されている。

近江八景に描かれた名刹

大津と周辺

三井寺（みいでら）

春は桜に包まれる。境内は広い

正式名称は**長等山園城寺**（ながらさんおんじょうじ）。第5代の天台座主（ざす）・円珍によって859年に中興された、天台寺門宗の総本山。延暦寺との**"山門寺門"**（さんもんじもん）の抗争や源平の争乱など、幾度もの焼き討ちに遭いながらも復興したことから、**"不死鳥の寺"**と呼ばれている。国宝の金堂をはじめ、近江八景**"三井の晩鐘"**（ばんしょう）で知られる鐘楼など多くの文化財を有する。

▶三井寺
住 大津市園城寺町246
TEL 077-522-2238
開 8:00～17:00（最終入場16:30）
休 無休　料 600円
交 京阪**三井寺駅**から徒歩7分
URL miidera1200.jp

大門は国の重要文化財

山王信仰の総本宮

大津と周辺

日吉大社（ひよしたいしゃ）

西本宮の本殿（右）と拝殿（左）

全国に約3800社あるとされる**日吉・日枝・山王神社の総本宮**。

天台宗の護法神であると同時に、京の都の鬼門にあたることから、**都の守り神**として信仰を集めてきた。境内は東西ふたつの本宮からなり、西本宮には大己貴神（おおなむちのかみ）、東本宮には大山咋神（おおやまくいのかみ）が祀られている。建造物の多くが文化財に指定されており、紅葉の名所としても名高い。

▶日吉大社
住 大津市坂本5-1-1
TEL 077-578-0009
開 9:00～16:30
休 無休　料 300円
交 京阪**坂本比叡山口駅**から徒歩約10分。またはJR**比叡山坂本駅**から徒歩約20分
URL hiyoshitaisha.jp

紅葉の季節にはライトアップも行なわれる

四季折々の美しさに魅了される

湖西エリア

メタセコイア並木（めたせこいあなみき）

紅葉時の美しさは格別

県道小荒路牧野沢線の2.4kmにわたって植えられた、約500本ものメタセコイアの並木。昭和56（1981）年に始まった学童農園**「マキノ土に学ぶ里」**整備事業の一環で、マキノ町果樹生産組合が植樹したのが始まりで、地域の人々の継続した取り組みによって現在のような見事な並木道が誕生した。今や高島市随一の観光スポットとなっている。

▶メタセコイア並木
住 高島市マキノ町蛭口～牧野
TEL 0740-33-7101（びわ湖高島観光協会）
開 見学自由
交 JR**マキノ駅**から高島市コミュニティバスで**マキノピックランド**下車、徒歩すぐ

冬の並木も風情がある

info 第三高等学校（現・京都大学）ボート部によって作られ、多くの歌手に歌われた名曲**"琵琶湖就航の歌"**。歌碑は琵琶湖沿岸の各地に立てられているが、歌が誕生した地である**高島市今津町**には**琵琶湖就航の歌資料館**もある。

▶ 近江八幡

▶白雲館観光案内所

住 近江八幡市為心町元9-1
TEL 0748-32-7003
開 9:00〜17:00　休 12/29〜1/3
交 JR**近江八幡駅**からバスで約8分の**大杉町白雲館前**下車、徒歩すぐ
URL www.omi8.com

ヴォーリズの旧居であるヴォーリズ記念館

近江商人のふるさと

湖南・湖東エリア

近江八幡（おうみはちまん）

琵琶湖の原風景が広がる水郷めぐり

安土桃山時代に八幡城を中心に城下町が築かれ、天領となった江戸時代は商家町として発展した歴史をもつ。**八幡堀**（はちまんぼり）や**新町通り**、日牟禮（ひむれ）八幡宮に**ヴォーリズ建築**など見どころが多く、駅周辺には近江牛の名店が軒を連ねている。また干拓事業で減少していた市街北部の葦地帯を守るため、昭和50年代に始まった**"水郷めぐり"**も人気が高い。

▶ 黒壁スクエア

交 JR**長浜駅**から徒歩5分
URL www.kurokabe.co.jp

▶黒壁ガラス館

住 長浜市元浜町12-38
TEL 0749-65-2330
開 10:00〜17:00　休 無休

ガラス細工が並ぶガラス館の館内

町並み再生の先駆けとなった町

湖北エリア

黒壁スクエア（くろかべすくえあ）

黒壁一號館　黒壁ガラス館

黒壁三號館　黒壁オルゴール館

長浜の旧市街の中心、北国街道（ほっこくかいどう）沿いに建ち並ぶ伝統的建造物群22店舗が、ガラス工房やショップ、カフェなどに活用されている。町並み再生の契機となった黒壁一號館 **黒壁ガラス館**（旧第百三十国立銀行長浜支店）を中心に、リノベーションされた伝統的建造物を活用した多くの店舗が軒を連ねる、湖北地方随一の観光スポットである。

▶ 竹生島

住 長浜市早崎町1664-1
TEL 0749-63-4410
開 9:30〜16:30　休 無休
料 600円（乗船券が別途必要）
交 長浜・今津・彦根の各港から連絡船で約25〜40分
URL www.chikubushima.jp

船を降りると参道は目の前

船でしか行けない湖上の聖地

湖北エリア

竹生島（ちくぶしま）

大弁才天を祀る宝厳寺の本堂

古くより信仰を集める**"神の島"**。琵琶湖では沖島に次いで大きく、島の南部に**都久夫須麻神社**（つくぶすま）と西国三十三所札所の**宝厳寺**（ほうごんじ）がある。多くの文化財を有するが、なかでも国宝の**唐門**は桃山様式の代表的遺構として名高い。島への航路は琵琶湖汽船とオーミマリンの2社が運航していて、1時間前後の滞在時間が取れるようになっている。

info 琵琶湖の水を京都市内に運ぶために、県境部をトンネルで貫いて作られた**琵琶湖疏水**。完成は明治23（1890）年で、生活・農業用水のほか発電や舟運などにも役立てられた。現在は大津〜蹴上間を結ぶ観光船**びわ湖疏水船**が運航されている。

アニメにもなった"かるたの聖地"

大津と周辺

近江神宮

マンガ『ちはやふる』の舞台

『小倉百人一首』の第一首の作者であり、近江大津宮を開いた**天智天皇**を祭神として1940年に創建された。競技かるた大会の会場として知られ、また天皇が漏刻（水時計）を初めて作らせた人物であることから、境内には日時計などの昔の時計がいくつも設置されている。

▶近江神宮
住 大津市神宮町1-1
TEL 077-522-3725
開 6:00〜18:00
休 無休　料 無料
交 京阪**近江神宮前駅**から徒歩10分
URL oumijingu.org

楼門前に設置された日時計

文人墨客に愛された湖上の楼閣

大津と周辺

満月寺浮御堂

琵琶湖のシンボル的存在である浮御堂

琵琶湖の湖上に建てられ、近江八景**"堅田の落雁"**で名高い満月寺の仏堂。松尾芭蕉や葛飾北斎など多くの文人墨客が訪れ、芭蕉の「**鎖あけて月さし入れよ浮御堂**」はよく知られている。現在の浮御堂は室戸台風後の1937年に再建されたもので、国の登録有形文化財。

▶満月寺浮御堂
住 大津市本堅田1-16-18
TEL 077-572-0455
開 8:00〜17:00
（12月8:00〜16:30）
休 無休　料 300円
交 JR**堅田駅**からバスで**出町**下車、徒歩7分

仏堂へ続く石橋は約17mある

近江聖人の私塾兼住居跡

湖西エリア

藤樹書院

熊沢蕃山らの門人が学んだ藤樹書院

"近江聖人"と呼ばれた日本の陽明学の祖、**中江藤樹**（1608〜1648年）の私塾跡。現在の建物は明治15(1882)年に再建されたものだが、往時の雰囲気をよく伝えている。案内所兼休憩所である**良知館**が隣接するほか、少し離れた場所に**近江聖人中江藤樹記念館**がある。

▶藤樹書院
住 高島市安曇川町上小川211
TEL 0740-32-4156（良知館）
開 9:00〜16:30
休 無休　料 無料
交 JR**安曇川駅**からバスで**藤樹書院前**下車、徒歩すぐ

▶近江聖人中江藤樹記念館
住 高島市安曇川町上小川69
TEL 0740-32-0330
開 9:00〜16:30
休 月曜（祝日を除く）、祝日の翌日、年末年始　料 300円

"タヌキ"で名高い陶器の町

湖南・湖東エリア

信楽

町のそこかしこに窯元の工房がある

"タヌキの置物"で知られ、日本六古窯のひとつに数えられる信楽焼の産地。町内には多くの窯元があり、陶器の町らしい趣深い町並みの散策が楽しめる。作品を見るなら、観光協会が入居する**信楽伝統産業会館**や、美術館などがある滋賀県立陶芸の森に足を運びたい。

▶信楽
▶甲賀市信楽伝統産業会館
住 甲賀市信楽町長野1203
TEL 0748-82-2345
開 9:00〜17:00
休 木曜（祝日の場合は翌日）
料 無料
交 信楽高原鐵道**信楽駅**から徒歩3分
URL www.city.koka.lg.jp/2119.htm

登り窯が各地に残る

info 湖南エリアの**甲賀市**は、**甲賀流忍者**のふるさととして名高い。甲賀五十三家の筆頭であった甲賀望月氏本家の旧邸であり、多くの巧妙なからくりが施された**甲賀流忍術屋敷**や、忍術体験が楽しめる**甲賀の里忍術村**などの見学施設がある。

近江有数の商人町

湖南・湖東エリア

五個荘

今も田園地帯に囲まれる五個荘は、江戸時代の半ばまで典型的な農村だったが、近世以降は数多くの近江商人を輩出した。現在も**金堂町**には、商家と農家住宅が共存する古い町並みが残り、国の重要伝統的建造物群保存地区に選定されている。

掘割に鯉が泳ぐ金堂の町並み

滋賀県屈指の紅葉の名所

湖南・湖東エリア

大本山永源寺

南北朝時代の近江守護・六角氏頼が、名僧・**寂室元光**を迎えて創建した臨済宗の古刹。瑞石山と愛知川に挟まれた山中に、方丈（本堂）を中心として堂宇が建ち並んでいる。寂室元光が中国から持ち帰った茶の実がルーツとされる**政所茶**でも名高い。

禅宗寺院らしい風格ある山門

湖東三山に数えられる古刹

湖南・湖東エリア

金剛輪寺

聖武天皇の時代に行基によって創建され、第3代天台座主・円仁によって再興されたと伝わる天台宗の寺院。国宝の本堂をはじめ多くの文化財を有し、木像の**大黒天半跏像**（重要文化財）は日本最古の大黒天。**"血染めのもみじ"**と呼ばれる紅葉の美しさでも知られる。

紅葉と三重塔

参拝者の絶えない"お多賀さん"

湖南・湖東エリア

多賀大社

古くより**"お多賀さん"**と呼ばれ親しまれた、滋賀県を代表する神社。天照大神の親にあたる伊邪那岐大神と伊邪那美大神を祀り、江戸時代には**「お伊勢参らばお多賀に参れ、お伊勢お多賀の子でござる」**と唄われるほどの信仰を集めた。全国から参拝者が訪れている。

縁結びと長寿の御利益がある

▶五個荘

▶ぷらざ三方よし 観光案内所
住 東近江市五個荘塚本町279
TEL 0748-48-6678
開 9:00〜17:00
休 月曜（祝日を除く）、祝日の翌日、年末年始
交 JR**能登川駅**からバスで**ぷらざ三方よし**下車、徒歩すぐ
URL www.higashiomi.net

見学可能な近江商人屋敷も点在

▶大本山永源寺
住 東近江市永源寺高野町41
TEL 0748-27-0016
開 9:00〜16:00
休 無休　料 500円
交 近江鉄道**八日市駅**からバスで35分の**永源寺前**下車、徒歩すぐ
URL eigenji-t.jp

境内の紅葉

▶金剛輪寺
住 愛知郡愛荘町松尾寺874
TEL 0749-37-3211
開 8:30〜17:00
休 無休　料 600円
交 JR**稲枝**（いなえ）**駅**からタクシーで15分
URL kongourinji.jp

国宝の大悲閣本堂

▶多賀大社
住 犬上郡多賀町多賀604
TEL 0749-48-1101
開 8:00〜16:00
休 無休　料 無料
交 近江鉄道**多賀大社前駅**から徒歩10分
URL www.tagataisya.or.jp

豊臣秀吉の寄進をもとに造られた太閤橋

info **"湖東三山"**とは湖東エリアにある**金剛輪寺**、**西明寺**、**百済寺**の3寺の総称で、いずれも1200年以上の歴史を誇り、多くの寺宝を有する天台宗の古刹。近隣の大本山永源寺とともに、紅葉の名所として名高い。

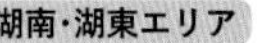

琵琶湖唯一の有人島　湖南・湖東エリア

沖島（おきしま）

日本で唯一、離島振興法の適用を受ける湖の島

近江八幡の沖合約1.5kmに位置する琵琶湖最大の島であり、約250人が定住している。橋などで陸地と結ばれている島をのぞき、**日本で唯一の湖の有人島**である。名物の**鮒鮓**（ふなずし）や、スジエビと大豆を煮込ん**だえび豆**などの郷土料理でも知られる。

天下人・信長の夢のあと　湖南・湖東エリア

安土城跡（あづちじょうあと）

石垣だけが残る城跡は、1周45～90分

標高199mの安土山に築かれた**織田信長**の居城跡。築城時は絢爛豪華な天守閣があったとされるが、本能寺の変ののち焼失し、現在は石垣しか残っていない。城跡から東に徒歩15分ほどの距離にある近江風土記（ふどき）の丘に、**滋賀県立安土城考古学博物館**などがある。

天下分け目の古戦場　湖北エリア

賤ヶ岳（しずがたけ）

眼下に琵琶湖の絶景が広がる

羽柴秀吉と柴田勝家が天下分け目の戦いを繰り広げ、とりわけ加藤清正ら**“賤ヶ岳の七本鎗（しちほんやり）”**の活躍で名高い、標高421mの山。山頂へはリフトで簡単に登れるが、徒歩でも1時間ほどで登ることができ、南に琵琶湖、北に余呉湖、東に伊吹山を望む絶景が満喫できる。

初心者にも人気の百名山　湖北エリア

伊吹山（いぶきやま）

琵琶湖はもちろん、比良の山並みまで望める

日本百名山に選定されている湖北の名峰で、標高1377m。往復で7時間ほどかかるものの、初心者向けの山として人気が高い。また**伊吹山ドライブウェイ**が山頂近くの9合目まで通じているので、車またはバスで気軽に登ることもできる。山頂からの琵琶湖の眺めは格別。

▶沖島
住 近江八幡市沖島町
TEL 0748-33-9779（沖島コミュニティセンター）
開 入場自由
料 連絡船片道500円
交 JR**近江八幡駅**からバスで**堀切港**下車、連絡船で約10分

島の港は琵琶湖漁業を支える拠点

▶安土城跡
住 近江八幡市安土町下豊浦
TEL 0748-46-6594（安土城保勝会）
開 9:00～16:00（季節による）
休 無休　料 700円
交 JR**安土駅**から徒歩約25分
URL www.azuchi-nobunaga.com
▶滋賀県立安土城考古博物館
TEL 0748-46-2424
開 9:00～17:00（最終入場16:30）
休 月曜（祝日の場合は翌日）、12/28～1/4
料 500円（企画展開催中は600円）
URL azuchi-museum.or.jp

▶賤ヶ岳
▶賤ヶ岳リフト
住 長浜市木之本町大音
TEL 0749-82-3009
開 4月中旬～10月9:00～17:00
11月9:00～16:00
休 12月～4月中旬
料 片道500円　往復900円
交 JR**木ノ本駅**からバスで**大音**下車、徒歩6分
URL www.shizugatakelift.jp

リフトで気軽に山頂へ

▶伊吹山登山口
住 米原市上野
開 9:00～17:00　休 無休
料 300円（入山協力金）
交 JR**近江長岡駅**からバスで**伊吹登山口**下車。また夏期のみJR**米原駅**・**関ヶ原駅**（岐阜県）から伊吹山ドライブウェイのバスが運行
URL kitabiwako.jp/spot/spot_322
▶伊吹山ドライブウェイ
TEL 0584-43-1155
開 8:00～20:00（季節による）
休 11月下旬～4月下旬
料 普通車・軽乗用車3140円
URL www.ibukiyama-driveway.jp

info **比良山地**の最高峰である**武奈ヶ岳**（標高1214m）は、琵琶湖が一望できる山として人気が高く、冬の積雪期はスノーシューハイクを楽しむ人が多い。登山口は東西両側にあるほか、蛇谷ヶ峰など比良山系の他の峰々とを結ぶ縦走路もある。

湖都・大津の歴史が学べる
大津と周辺

大津市歴史博物館

三井寺のすぐ北側にあり、大津の歴史や文化が詳しく学べる博物館。数多く所蔵する**大津絵**や、大津市内の神社仏閣などをテーマにした企画展が定期的に開催されている。

大津市の歴史が学べる常設展示

▶大津市歴史博物館
住 大津市御陵町2-2
TEL 077-521-2100
開 9:00～17:00(最終入場16:30)
休 月曜(祝日を除く)、祝日の翌日(土・日曜を除く)、12/27～1/5、館内点検期間
料 330円(企画展は別途)
交 京阪**大津市役所前駅**から徒歩5分。またはJR**大津京駅**から徒歩15分
URL rekihaku.otsu.shiga.jp

明智光秀ゆかりの寺
大津と周辺

西教寺

紅葉の名所である天台真盛宗の総本山。織田信長の比叡山焼き討ちによる焼失後、**明智光秀**が復興に尽力したといわれ、境内には光秀や光秀の妻・熙子の墓もある。

琵琶湖に向かって開かれた唐門

▶西教寺
住 大津市坂本5-13-1
TEL 077-578-0013
開 9:00～16:30
休 無休　料 500円
交 京阪**坂本比叡山口駅**から徒歩約20分。またはJR**比叡山坂本駅**からバスで**西教寺**下車、徒歩5分
URL saikyoji.org

国指定重要文化財の本堂

3人の巨匠の美術を一同に
大津と周辺

佐川美術館

日本画家の**平山郁夫**と彫刻家の**佐藤忠良**、そして陶芸家の**十五代樂吉左衛門・直入**氏の3名の作品を収蔵する美術館。延暦寺の西塔にあった国宝の梵鐘も所蔵している。

水に浮かぶように建てられた美術館

▶佐川美術館
住 守山市水保町北川2891
TEL 077-585-7800
開 9:30～17:00(最終入場16:30)
休 月曜(祝日の場合は翌日)、年末年始　料 常設展1000円(企画展開催時は変更あり
交 JR**堅田駅**からバスで**佐川美術館前**下車、徒歩すぐ
URL www.sagawa-artmuseum.or.jp

関西有数の紅葉・雲海スポット
湖西エリア

おにゅう峠

林道小入谷線を上りきった福井県との県境に位置する峠で、**紅葉・雲海スポット**として人気が高い。道端の狭い林道であり、訪れる際は事前に天候や道路情報をチェックすること。

見事な紅葉と雲海が見られる

▶おにゅう峠
住 高島市朽木小入谷
TEL 0740-33-7101(びわ湖高島観光協会)
開 入場自由
交 JR**安曇川駅**から車で約1時間10分

延命長寿の神様
湖西エリア

白鬚神社

全国に約300社ある白鬚(白髭)神社の総本社。有名な湖中の大鳥居は、古来より屏風絵などに描かれていたことから、昭和12(1937)年に実際に建てられたもの(1981年に再建)である。

幻想的な湖上の大鳥居

▶白鬚神社
住 高島市鵜川215
TEL 0740-36-1555
開 入場自由
交 JR**近江高島駅**からタクシーで5分。または徒歩約40分
URL shirahigejinja.com

本殿は国の重要文化財

info 人や動物、神仏などがユーモラスに描かれ、江戸時代には定番のみやげだった**大津絵**。大津市の中心部には、かつての江若鉄道の廃線跡が整備された遊歩道"**大津絵の道**"があり、通りのそこかしこに大津絵が描かれている。

平成27(2015)年オープンの超人気スポット　**湖南・湖東エリア**

ラ コリーナ近江八幡（らこりーな おうみはちまん）

藤森照信氏が設計した建物も話題

老舗和菓子店**たねや**とバームクーヘンが有名な**クラブハリエ**のフラッグシップ店。

和洋菓子のショップやカフェ・カステラ専門店などが併設されている。

▶ラ コリーナ近江八幡
住 近江八幡市北之庄町615-1
TEL 0748-33-6666
開 9:00～18:00　休 1/1
交 JR**近江八幡駅**からバスで**北之庄 ラ コリーナ前**下車、徒歩すぐ
URL taneya.jp/la_collina

関西有数の規模を誇る鍾乳洞　**湖南・湖東エリア**

河内風穴（かわちのかざあな）

入口は狭いが中は広い

総延長が約10kmにも及ぶ、関西では最大規模を誇る**鍾乳洞**。公開されているのはごく一部だが、“大広間”と呼ばれる空間は天井高が20mもあり、驚くほどの広さ。

▶河内風穴
住 犬上郡多賀町河内宮前
TEL 0749-48-0552
開 夏期9:00～18:00
冬期9:00～17:00
最終入場は1時間前
休 大雨・積雪時
料 500円
交 JR**彦根駅**から車で25分

清水が湧く静かな宿場町　**湖北エリア**

醒井宿（さめがいしゅく）

地蔵川に沿って趣深い町並みが残る

中山道の61番目の宿場町で、湧水**居醒の清水**（いさめのしみず）を源流とする地蔵川に沿って昔ながらの町並みが残されている。地蔵川で見られる水草、**梅花藻**（ばいかも）は7月下旬～8月下旬が見頃。

▶醒井宿
住 米原市醒井
開 入場自由
交 JR**醒ヶ井駅**から徒歩約10分

湧水「居醒の清水」

大縁日は10万人もの参拝者でにぎわう　**湖北エリア**

木之本地蔵院（きのもとじぞういん）

木曽義仲や足利尊氏も参拝した

眼の仏様として知られる時宗の寺。庭園に住む**“身代り蛙”**は参拝者の眼が治るよう、片目を閉じているといわれる。毎年8月の**大縁日**では、門前に多くの露店が並ぶ。

▶木之本地蔵院
住 長浜市木之本町木之本944
TEL 0749-82-2106
開 8:00～17:00
休 無休　料 無料
交 JR**木ノ本駅**から徒歩5分

冬のワカサギ釣りのメッカ　**湖北エリア**

余呉湖（よごこ）

賤ヶ岳から余呉湖をのぞむ

琵琶湖の北に位置する、周囲約6.4kmの小さな湖。フナやモロコなどが多く生息する淡水魚の宝庫であり、とりわけ冬は**ワカサギ釣り**の名所として多くの釣り客を集める。

▶余呉湖
住 長浜市余呉町
開 入場自由
交 JR**余呉駅**から徒歩約5分

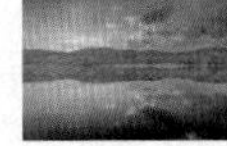
冬の余呉湖

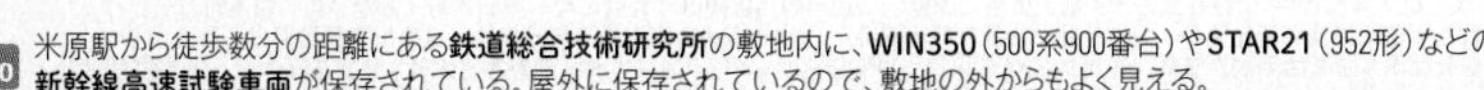
info 米原駅から徒歩数分の距離にある**鉄道総合技術研究所**の敷地内に、**WIN350**（500系900番台）や**STAR21**（952形）などの**新幹線高速試験車両**が保存されている。屋外に保存されているので、敷地の外からもよく見える。

和歌山県

WAKAYAMA

和歌山県

人口	92.3万人（全国40位）
面積	4725km^2（全国30位）
県庁所在地	和歌山市
県花	ウメ

和歌山市

わかぱん
パンダのキャラクター。笹ではなく和歌山のフルーツが好物。和歌山観光PRシンボルキャラクター

ウメ
収穫数日本一を誇る和歌山のシンボル。

かつて“紀州”と呼ばれた紀伊国の東部の一部をのぞく大半を県域とし、紀伊半島の南西部に長い海岸線をもつ。和歌山市をはじめ30市町村で構成されるが、人口は紀の川沿いの6市町で6割を占めるなど北部に偏っている。農林水産業が盛んな一方、白浜や南紀勝浦など近畿を代表する温泉地を擁するほか、高野山P.630や熊野三山P.628など世界遺産にも登録されている聖地が多く、観光業も県の経済を支える柱となっている。

旅の足がかり

和歌山市

県の北部、紀の川の河口に位置する県庁所在地。面積はさほど広くないが、人口は35万人を越え、県の総人口の4割近くを占める。戦国期は雑賀衆（さいかしゅう）などが勢力を張り、羽柴秀吉による太田城の水攻めはよく知られている。江戸時代は紀州徳川家55万5000石の城下町として発展、八代将軍吉宗を輩出した。**友ヶ島**P.631や**和歌浦**P.633などの景勝地のほか、斜面に建物が建ち並ぶ景観が人気を呼び、“日本のアマルフィ”と呼ばれる雑賀崎なども市域になる。

田辺市

県南部の中心都市で、人口は約7万人。武蔵坊弁慶の出身地といわれ、紀伊田辺駅前には弁慶の像が立つ。平成17（2005）年に旧本宮町など4町村と合併した結果、面積が1027km^{2}という全国の市区町村では28番目、近畿地方では最大の市になった。**熊野本宮大社**P.629をはじめ熊野古道（**中辺路**P.631）、**龍神温泉**P.635など、市内に多くの観光地がある。

白浜町

温泉と**アドベンチャーワールド**P.630のパンダで全国的な知名度を誇る、近畿地方屈指の観光地。人口は約2万人と決して多くはないものの、羽田空港からの直行便が就航する南紀白浜空港があり、交通の便はよい。観光業が中心の町ではあるが、近年はサテライトオフィスの誘致にも積極的であり、“ワーケーションの聖地”として脚光を浴びている。

地理と気候

沿岸部は太平洋側気候であり、一年を通じて温暖である。一方で面積の7割を山林が占め、山間部では積雪することも珍しくない。年間を通して日照時間は長いものの、南部は降水量も非常に多い。

【夏】温暖なイメージがあるが、中南部は海風の影響もあり猛暑になることは滅多にない。また台風がしばしば通過し、災害級の大雨に見舞われることもある。

【冬】海岸沿いは比較的温暖で、雪が降ることも少ない。しかし標高の高い山間部は寒く、とりわけ標高1000m近い高地にある高野山は雪国並みに冷え、積雪も多い。

P.620～637 写真提供：公益社団法人和歌山県観光連盟　田辺市観光振興課　九度山町　有田川町　みなべ町　白浜町
一般社団法人湯浅町観光協会　公益社団法人龍神観光協会　一般社団法人南紀串本観光協会　古座川町観光協会
一般社団法人那智勝浦観光機構　熊野本宮観光協会　NPO法人日ノ岬・アメリカ村　熊野本宮大社　熊野速玉大社　熊野那智大社

アクセス

東京から ▸▸▸		所要時間
飛行機	羽田空港▶南紀白浜空港	1時間
高速バス	東京駅▶和歌山駅	10時間
高速バス	バスタ新宿▶新宮駅	9時間40分

大阪から ▸▸▸		所要時間
鉄　道	なんば駅▶和歌山市駅（南海）	1時間
鉄　道	なんば駅▶極楽橋駅（南海）	1時間20分
JR線	天王寺駅▶和歌山駅	1時間15分
JR線	新大阪駅▶白浜駅（特急くろしお）	2時間30分
高速バス	大阪駅▶白浜バスセンター	3時間30分

愛知から ▸▸▸		所要時間
JR線	名古屋駅▶新宮駅（特急南紀）	3時間30分
高速バス	名古屋駅▶新宮駅	4時間

奈良から ▸▸▸		所要時間
JR線	王子駅▶橋本駅	1時間15分
路線バス	大和八木駅▶新宮駅	6時間30分

三重から ▸▸▸		所要時間
JR線	津駅▶新宮駅（特急南紀）	2時間30分

徳島から ▸▸▸		所要時間
フェリー	徳島港▶和歌山港	2時間

県内移動

▶和歌山市から高野山へ

和歌山駅から和歌山線で橋本駅まで約1時間。橋本駅から南海高野線とケーブルカーで高野山駅まで約1時間。南海高野線には全車座席指定の特急**こうや**が運転されているが、和歌山線は各駅停車のみ。

▶和歌山市から県南部へ

和歌山駅から特急**くろしお**で白浜駅まで約1時間30分、紀伊勝浦駅まで約3時間。白浜駅以南は特急、普通列車とも本数が極端に少なくなるので注意すること。

▶熊野本宮大社方面へ

山間部の熊野本宮大社（田辺市旧本宮町）方面へは、紀伊田辺駅または新宮駅からバスを利用する。紀伊田辺～熊野本宮大社間は所要約1時間40分～2時間(南紀白浜空港を発着する便もある)。また新宮～熊野本宮大社間は約1時間。どちらも1日あたり7～8往復運行されている。

▸▸▸アクセス選びのコツ

名古屋と新宮を結ぶ**三重交通**のバスは1日5便程度で昼行のみ。夜行バスは**和歌山バス**と**南海ウイングバス南部**が大阪なんば経由で東京方面への夜行バスを運行している。

羽田空港と南紀白浜空港を結ぶ便が1日3便程度。和歌山市を中心に観光するなら大阪府の関西空港が便利。空港から和歌山駅までリムジンバスで所要約40分。鉄道なら日根野駅で乗り換え。

南海フェリーが和歌山港と徳島港を結んでいる。

交通路線図

和歌山県

うちの県はここがすごい

一 パンダの飼育数日本一

白浜のアドベンチャーワールドには、なんとパンダが7頭も。他には東京の上野動物園に5頭、神戸の王子動物園に1頭いるだけなので、実に半数以上が和歌山県にいることに。

二 日本きってのフルーツ王国

日本一はミカンだけじゃない！　柿や梅、イチジクの収穫量も日本一で、スモモは2位、キウイとレモンは3位。和歌山県は全国屈指の果物王国なのである。

三 和の味付けを生んだ地

和歌山県をルーツとする食文化は非常に多く、日本料理に最も重要な味噌、醤油、鰹節はいずれも和歌山県生まれ。また、高野豆腐もその名の通り高野山が発祥の地だ。

イベント・お祭り・行事

写真提供：熊野那智大社

① 那智の扇祭り

熊野の神々が年に一度、御滝本へと里帰りをするという熊野那智大社の神事。例年7月14日に氏子たちが大松明を担いで飛瀧神社へと下る「御火行事」から“那智の火祭り”とも呼ばれている。

② 和歌祭

毎年5月に行われる紀州東照宮の渡御行列。江戸時代初期から続く祭りで、東照宮の急な石段を下る「神輿おろし」は必見。田辺祭、粉河祭とともに「紀州三大祭」のひとつに数えられる。

③ 田辺祭

熊野三山の別宮的存在として参詣者の信仰を集めた世界遺産・鬪雞（とうけい）神社で、毎年7月24、25日に開催される例大祭。450年以上の歴史をもち、「おかさ」と呼ばれる笠鉾8基が旧市街を巡行する。

④ SHIRAHAMA 花火ラリー

白良浜海水浴場で毎年開催される花火大会。2022年は7月17日～8月28日の毎日曜日に、1回約400発の花火を打ち上げる分散型の花火ラリーを開催。各回毎にテーマがあり、毎回違った趣向で楽しめる。

ミカン

有田地域で栽培される温州みかんは、温暖で昼夜の温度差が少ない気候条件により、甘みが強いのが特徴。また貯蔵庫で熟成させた「下津蔵出しみかん」は、まろやかな食味の最高級品として名高い。

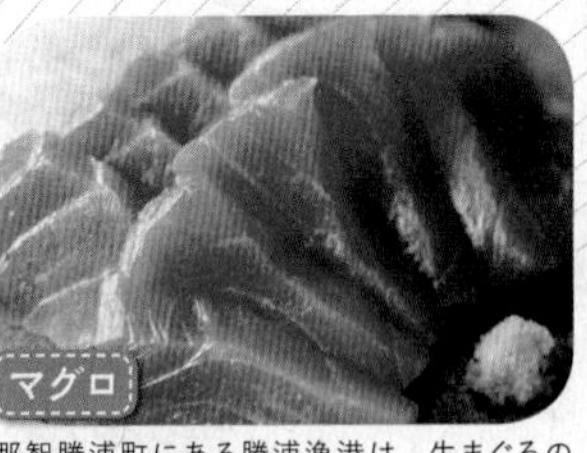

マグロ

那智勝浦町にある勝浦漁港は、生まぐろの水揚げ（はえ縄漁法）で日本一。また串本町にある近畿大学水産研究所の大島実験場は、世界で初めてマグロの完全養殖に成功した"近大マグロ"の養殖場として知られる。

熊野牛

平安時代に、熊野詣の巡礼者たちの荷物を運んでいた牛がルーツであると伝わる。但馬牛との交配による品種改良で誕生した黒毛和牛の最高品種で、軟らかな肉質と豊かな風味が人気。

和歌山ラーメン

和歌山市内の屋台のラーメンを起源とする、和歌山のソウルフード。地元では"中華そば"と呼ばれる。豚骨醤油味が基本で、サイドメニューに鯖寿司とゆで卵がある店が多い。

金山寺（径山寺）味噌

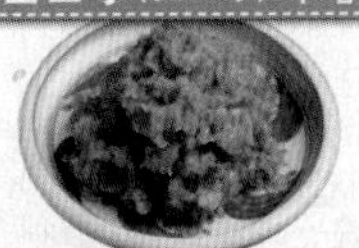

鎌倉時代の僧・心地覚心が、修行先である中国の径山寺から持ち帰り、紀州の地で製法を広めたとされる嘗め味噌。瓜やナス、ショウガなどが入っていて、ご飯のおともに、また酒肴として最適。

湯浅醤油

湯浅は日本の醤油発祥の地。金山寺味噌の製造中に樽に溜まった液体が醤油の起源といわれ、現在も数軒が昔ながらの伝統の製法を守り、原料にもこだわりながら時間をかけて醤油を醸造している。

地元っ子愛用
ローカル味

グリーンソフト

和歌山市内の老舗茶店**玉林園**が昭和33(1958)年から販売している、抹茶ソフトクリームの元祖。アヒルの"グリンちゃん"が目印で、オンラインショップでも購入可能。

ナカタのパン

和歌山県民なら知らない人はいない、明治36(1903)年創業の**名方製パン**。看板商品の「天然酵母のコッペパン」をはじめ、各種菓子パンはスーパーマーケットやネットショップなどで買える。

紀州漆器

下地に柿渋と煤を合わせたものを塗る渋地椀で、江戸時代に海南市の黒江が一大産地として発展した。"黒江塗"とも呼ばれ、日本三大漆器のひとつに数えられる。

紀州へら竿

竹で作られたヘラブナ釣り用の釣り竿。橋本市の伝統工芸品で、1本ずつ手作りであり、完成までに1年以上かかる。ヘラブナ釣りの醍醐味が味わえる竿として愛好者が多い。

ワカルかな？
和歌山のお国言葉

友達とつれもて勉強しよらおもたけど、できやんかった

Ans. 友達と一緒に勉強しようと思ったけど、できなかった

1泊2日で巡る 和歌山県

県南部を旅行するなら、パンダと温泉、熊野三山だけは外せない。もちろん海の幸もしっかり味わう、充実のプランをご紹介。

1日目

9:00 JR白浜駅

駅前ではパンダの像がお出迎え

バス20分

9:30 日本最古の温泉のひとつ ▶P.632
白浜温泉の崎の湯で太平洋を望む

波打ち寄せる露天岩風呂で、まずは太平洋の絶景を満喫しよう。

バス4分

10:20 ダイナミックな大岩壁
三段壁で洞窟探検 ▶P.632

階段状に削られた約50mの断崖。熊野水軍の秘密基地だったという洞窟も見学できる。

バス12分

11:30
アドベンチャーワールド ▶P.630で思いきり楽しもう

まずはパンダに会いに行こう。ランチにもパンダをイメージしたメニューが揃っている。

煮込みパンダハンバーグ

バス10分

イルカショーやサファリワールドなど、時間の許すかぎり楽しみたい。

14:30 JR白浜駅
特急「くろしお」の車窓から橋杭岩を眺める ▶P.632

パンダくろしお

沿線随一の景勝地・橋杭岩は串本駅を発車してすぐ。見逃さないように！

特急1時間45分

16:15 JR紀伊勝浦駅
生まぐろの町、▶P.637 南紀勝浦温泉に到着

勝浦といえばマグロ！

駅周辺はマグロ料理の店が並ぶ。宿へは送迎バスまたは桟橋から送迎船で。

送迎バス or 送迎船

18:00 太平洋の絶景が広がる
ホテル浦島で疲れを癒やす

日本最大級の規模を誇る温泉リゾート
洞窟露天風呂のスケール感は圧巻のひと言

狼煙半島全体がホテルの敷地となっている

ホテル浦島（うらしま）

宿泊客は港の桟橋から送迎船で本館へ（送迎バスで直接向かうこともある）。「忘帰洞」と「玄武洞」というふたつの大洞窟風呂の迫力は圧倒的で、南紀勝浦温泉のシンボル的存在だ。また夕食は生まぐろ食べ放題のバイキングから個室での会席料理まで、さまざまなプランが用意されている。

忘帰洞からは太平洋の絶景も楽しめる

住 東牟婁郡那智勝浦町勝浦1165-2
TEL 0735-52-1011
交 JR紀伊勝浦駅から徒歩6分の観光桟橋より送迎船で約5分
料 1泊2食付1万1500円（税別）～
URL www.hotelurashima.co.jp

蒼く澄んだ神秘の滝

手つかずの自然が残る古座川の源流域には多くの滝があるが、なかでも「ハリオの滝」と「植魚の滝」は息をのむほどの透明度で、全国の滝愛好家にとって憧れの名瀑だ（訪れるにはトレッキングと渡渉の装備が必要）。車で訪れたい。

2日目

9:00 JR紀伊勝浦駅

バス停からの参道は467段の階段！しっかり踏みしめて歩こう。

バス30分

9:30 **熊野三山参拝**は**熊野那智大社**から ▶P.629

那智滝への自然崇拝から誕生した聖地。社殿は那智山の中腹にある。

徒歩15分

10:30 これぞパワースポット **那智滝**を参拝 ▶P.629

落差日本一の那智滝は、滝そのものが御神体。真下の拝所まで行くことができる。

バス17分

11:20 JR那智駅

バス35分

12:15 熊野川の河口に鎮座する **"新宮"こと熊野速玉大社** ▶P.629

他の二社とは違って市街地にあり、周辺には寿司店など飲食店が多い。

バス1時間

14:30 厳かな雰囲気に包まれた **熊野本宮大社**を参拝 ▶P.629

本殿までは158段の石段を歩く。上がると休憩施設はないので、ひと休みするなら参道入口の「熊野もうで餅」へ。

バス25分

17:00 **湯の峰温泉**で ▶P.635 世界遺産の**"つぼ湯"**体験

日によっては湯の色が7回変化する"つぼ湯"。貸切なので、順番待ちのときは湯筒で温泉ゆで卵を作ってみよう。

10分くらいで作れるよ！

遊覧船でめぐる南紀随一の景勝地

紀の松島

勝浦湾の周辺約17kmにわたり、大小130もの島々が点在する景勝地。勝浦観光桟橋から遊覧船に乗れば、30分～1時間で"ラクダ岩"や"ライオン岩"などの奇岩を間近に眺められる。

おすすめ！泊まるならココ

世界遺産の温泉地・湯の峰温泉で数多の文人墨客に愛された老舗旅館

旅館あづまや

フランスで文化大臣も務めた作家のアンドレ・マルローが宿泊し、「これぞ日本の宿」と賞賛したことで知られる、湯の峰温泉の名旅館。3つの自家源泉を持ち、木の香りと硫黄の香りが混ざり合う大浴場のマキ風呂は、温泉ファンの憧れの存在だ。美熊野牛のしゃぶしゃぶや温泉粥も人気が高い。

住 田辺市本宮町湯峯122
TEL 0735-42-0012
交 **JR紀伊田辺駅**またはJR新宮駅からバスで**湯の峰温泉**下車、徒歩すぐ
料 1泊2食付1万5000円（税別）～
URL www.adumaya.co.jp

温泉街の中心、共同浴場や湯筒の目の前に建つ、趣深い純和風旅館。客室は全22室

和歌山県の歩き方

高野山・九度山
九度山
高野山
和歌山
和歌山市と周辺
有田
生石高原
湯浅
龍神温泉
御坊
熊野本宮大社
田辺
新宮
白浜
熊野那智大社
那智勝浦
田辺・白浜温泉
熊野エリア
串本

▶観光交流センター（JR和歌山駅前）
住 和歌山市美園町5-13-2
（わかちか広場内）
TEL 073-422-5831
開 8:30〜19:00（日曜・祝日〜17:15）
休 年末年始
URL www.wakayamakanko.com

▶和歌山市観光案内所（和歌山城）
住 和歌山市一番丁3
（わかやま歴史館1階）
TEL 073-435-1185
開 3〜11月9:00〜18:00
12〜2月9:00〜17:00
休 年末年始　交 和歌山城 P.631 の麓観光バス駐車場の西側

▶和歌山市観光案内
住 和歌山市屏風丁17
TEL 073-432-0010
開 9:00〜21:00　休 無休
交 南海**和歌山市駅**隣接の和歌山市民図書館1階

九度山駅でおむすび

九度山駅の上りホームで営業している「おむすびスタンドくど」。駅舎内に設けられた竈で炊いたご飯と、地元産の食材をふんだんに使ったおむすびが人気で、倉庫をリノベーションした飲食スペースも完備。鉄道利用客でなくても購入できる。9:00〜16:00、月・火曜不定休。

県産食材が詰まったおにぎり

▶高野山観光情報センター
住 伊都郡高野町大字高野山357
TEL 0736-56-2780
開 9:00〜17:00　休 12/29〜1/3
交 壇上伽藍 P.630 から徒歩約5分

和歌山市と周辺

市の玄関口、南海電鉄の和歌山市駅

旅の起点は、**JR線の和歌山駅**と**南海電鉄の和歌山市駅**。和歌山電鐵貴志川線は和歌山駅を発着し、**湯浅** P.634 などの県中部の見どころへは紀勢本線が便利。

また和歌山市駅は加太や**友ヶ島** P.631 へのアクセス線である加太線が発着するほか、**和歌山城** P.631 へは徒歩圏内となる。なお紀勢本線の和歌山駅〜和歌山市駅間は、本数があまり多くないので要注意。

鉄道利用が比較的便利な海沿いの見どころに対し、**あらぎ島** P.633 や**生石高原** P.633 などの山間部へは、現実的には車がないと厳しい。標高の高い地域は冬季は積雪することも珍しくないので、運転には注意が必要。一方で海岸沿いを走る国道42号線は、年間を通じて快適なドライブが楽しめる。

足を延ばせば

加太　人形供養の淡嶋神社をはじめ、豊かな海の幸で人気の港町。和歌山市駅〜加太駅間を結ぶ“加太さかな線”こと南海加太線には、鯛をイメージした観光列車“めでたいでんしゃ”も走る。

赤い車体が目を引く“めでたいでんしゃ”

高野山・九度山

高野山駅は国の登録有形文化財

高野山内の観光にはバスが便利。玄関駅である**高野山駅**を起点に、山内中心部を経由して**奥の院前**までを結んでいる。**九度山** P.634 は徒歩で回れるほか、九度山から町石道を約20km歩いて高野山まで登る人も多い。また車であれば、**高野龍神スカイライン** P.634 を走って**龍神温泉** P.635 へと抜けるのもいい。

便利情報

高野山にはホテルや旅館はなく、宿坊に泊まることになる。食事はもちろん、肉や魚を使わない精進料理。高野山名物の胡麻豆腐も味わえる。

精進料理はぜひいただきたい

info **和歌浦** P.633 からほど近い**紀三井寺**（きみいでら）は、西国三十三所観音霊場の第二番札所であり、桜の名所としても名高い。また第三番札所は、鎌倉時代初期の成立とされる国宝『粉河寺縁起絵巻』で知られる、紀の川市の**粉河寺**（こかわでら）である。

日本全国津々浦々〜道の駅巡り〜

太平洋が目の前に見え、ロケーションは抜群

すさみ

紀勢自動車道のすさみ南ICからすぐの好立地で、太平洋をのぞむレストラン「南紀すさみの恵み食堂　蒼海」や、鮮魚店「枯木灘鮮魚商会」などの施設が充実。「エビとカニの水族館」も隣接している。

田辺・白浜温泉

観光の拠点となるJR白浜駅

田辺市の市街地や近郊の見どころへは、**紀伊田辺駅**からバスで回れるほか、**熊野古道（中辺路**P.631）や**龍神温泉**P.635などへ向かうバスも発着している。**白浜温泉**P.632も**白浜駅**がバスの起点であり、白良浜や崎の湯、千畳敷などを経由して三段壁まで結んでいるほか、南紀白浜空港や**アドベンチャーワールド**P.630を経由する便もある。本数も比較的多く、回りやすい。

ブランド食材

クエ　体長1mを越えるハタ科の高級魚クエ。おもに日高町などで水揚げされ、脂ののった白身は鍋料理との相性がよく、フグよりうまいという人もいるほど。

冬の味覚の代表、クエ鍋

熊野エリア

白浜から**串本**P.632、新宮にいたる海岸線沿いを紀勢本線が結んでいるが、本数は少ないので、**特急くろしお**をうまく活用したい。それ以外の地域やエリア内での移動はバスに頼ることになるが、**熊野那智大社**P.629への便を除き、本数は多くない。効率よく回るなら、南紀白浜空港または拠点となる駅から、レンタカーを利用する方がいいだろう。

便利情報

JR那智駅には**熊野那智 世界遺産情報センター**や日帰り温泉**丹敷の湯**などが併設されているので、列車やバスの待ち時間に立ち寄れる。

社殿風の那智駅舎

▶道の駅 すさみ
住 西牟婁郡すさみ町江住808-1
TEL 0739-58-8888
開 9:00〜18:00　休 無休
交 JR**江住駅**から徒歩5分
URL www.michinoeki-susami.com

梅干し

和歌山県は全国の梅の約6割を生産し、最大の産地であるみなべ町の役場には"うめ課"があるほど。みなべ町発祥の南高梅は、種は小さめで実が大きく柔らかく、高級梅干しに加工されている。

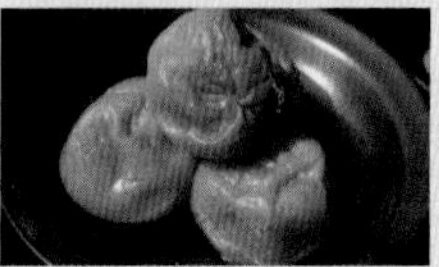
おみやげに買って帰ろう

▶南紀白浜空港
住 西牟婁郡白浜町才野1622-125
TEL 0739-43-0095
交 JR**白浜駅**からバスで20分
URL shirahama-airport.jp

▶田辺市観光センター
住 田辺市湊1-20
TEL 0739-34-5599
開 9:00〜18:00　休 無休
交 JR**紀伊田辺駅**からすぐ
URL www.city.tanabe.lg.jp/kanko-center/index.html

▶紀伊半島観光情報ステーション
住 西牟婁郡白浜町堅田1475（JR白浜駅構内）
TEL 0739-42-2900
開 9:30〜18:00　休 不定休
URL www.nankishirahama.jp

めはり寿司

塩漬けした高菜の葉で包まれた熊野地方の郷土料理。名前の由来には諸説あるが、目を見張るほどの大きさから名付けられたとする説が一般的。ただ現在では食べやすい大きさのことが多い。同じく熊野名産の「さんま寿司」とともに、ぜひ味わいたい一品だ。

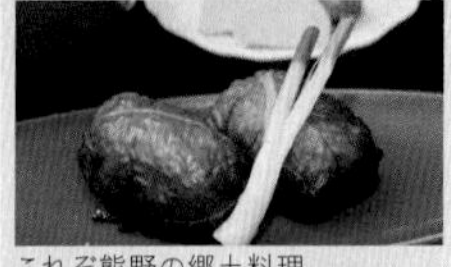
これぞ熊野の郷土料理

info **特急くろしお**には、アドベンチャーワールドとのコラボレーションによるラッピング列車**パンダくろしお**も走る。パンダ顔の外観だけでなく、車内も座席ヘッドカバーがパンダのデザインであり、乗客の気分を盛り上げてくれる。

和歌山県の見どころ

ZOOM UP!

熊野エリア

世界遺産 熊野古道を歩く

往古より、上皇・貴族から庶民にいたるまで幅広い信仰を集め、
現在も多くの参拝者が訪れる"熊野三山"。
熊野本宮大社、熊野速玉大社、熊野那智大社の三社の総称で、
それぞれ起源は異なるものの、主祭神を相互に祀ることで"熊野三所権現"として
一体の存在とされてきた。

見どころMAP

和歌山電鐵貴志川線 P.633
P.631 友ヶ島
根来寺 P.636
九度山 P.634
南海高野線 P.634
P.630 高野山
和歌浦 P.633
P.636 和歌山マリーナシティ
高野龍神スカイライン P.634
P.633 生石高原
あらぎ島 P.633
P.634 湯浅
龍神温泉 P.635
道成寺 P.636
P.636 アメリカ村
熊野本宮大社 P.629
湯の峰温泉 P.635
川湯温泉 P.635
P.631 中辺路
P.635 南部梅林
奇絶峡 P.637
P.632 天神崎
P.637 南方熊楠記念館
P.629 熊野速玉大社
白浜温泉 P.632
アドベンチャーワールド P.630
P.629 熊野那智大社
P.637 南紀勝浦温泉
太地町立
P.637 くじらの博物館
P.637 古座川
串本 P.632

和歌山市中心部

南海本線
和歌山市駅
0 1km
築地通り
城北通り
阪和線
市堀川
和歌山駅
和歌山市役所
和歌山城 P.631
和歌川
紀勢本線
和歌山県庁
和歌山県立博物館 P.636

那智滝を起源とする霊場

熊野那智大社（くまのなちたいしゃ）

落差日本一を誇る**那智滝**（なちのたき）への自然崇拝を起源とする熊野那智大社。朱塗りの社殿は標高約500mの那智山の中腹に鎮座し、主祭神は**熊野夫須美大神**（くまのふすみのおおかみ）。また社殿に隣接して、西国三十三所観音霊場の札所である**那智山青岸渡寺**（なちさんせいがんとじ）の本堂があるが、明治以前の神仏習合の時代まで熊野那智大社と一体であった。なお那智滝の正面には、別宮である**飛瀧神社**（ひろうじんじゃ）があり、御神体である那智滝を真正面に参拝することができる。

住 東牟婁郡那智勝浦町那智山1　TEL 0735-55-0321
開 7:30～16:30　休 無休　料 無料
交 JR**紀伊勝浦駅**またはJR**那智駅**からバスで**那智山**下車。476段の階段が続く参道を10分ほど歩くと境内に着く。大門坂バス停から熊野古道の大門坂を歩く場合は、40～50分ほどかかる。那智滝（飛瀧神社）へは**那智の滝前**下車　URL kumanonachitaisha.or.jp

日本三名瀑に数えられる那智滝と朱塗りの社殿。この奥に本殿がある

熊野古道を歩こう

霊場とともに世界遺産に登録されている参詣道。熊野本宮大社の神域の入口とされる「発心門王子（ほっしんもんおうじ）」から熊野本宮大社へ向かう約7kmのコースは勾配も少なく初心者向け。大門坂から熊野那智大社を経由して那智の滝まで行く1.8kmのコースも人気だ。苔むした石段と周囲の木々が織りなす幻想的な雰囲気に包まれている。

神秘的な空間が広がる大門坂

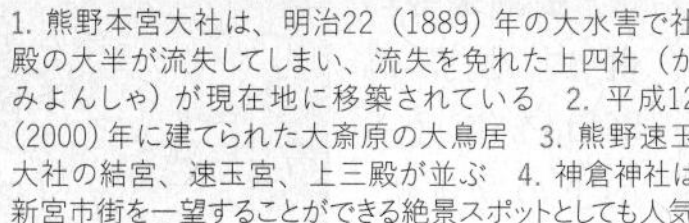

1. 熊野本宮大社は、明治22（1889）年の大水害で社殿の大半が流失してしまい、流失を免れた上四社（かみよんしゃ）が現在地に移築されている　2. 平成12（2000）年に建てられた大斎原の大鳥居　3. 熊野速玉大社の結宮、速玉宮、上三殿が並ぶ　4. 神倉神社は新宮市街を一望することができる絶景スポットとしても人気

全国のサッカーファンからも信仰される

熊野本宮大社（くまのほんぐうたいしゃ）

崇神天皇の時代に創建されたと伝えられ、主祭神は**家津美御子大神**（けつみみこのおおかみ）。この熊野の地から神武天皇を橿原に先導したとされる**八咫烏**（やたがらす）が、日本サッカー協会のシンボルとなっていることにちなみ、サッカーの必勝祈願に参拝する人が多い。

住 田辺市本宮町本宮　TEL 0735-42-0009
開 7:00～17:00　休 無休　料 無料
交 JR**紀伊田辺駅**またはJR**新宮駅**からバスで**本宮大社前**下車、徒歩すぐ　URL www.hongutaisha.jp

神倉山より遷された"新宮"

熊野速玉大社（くまのはやたまたいしゃ）

神倉山（かみくらやま）のゴトビキ岩に**熊野速玉大神**（くまのはやたまのおおかみ）と**熊野夫須美大神**（くまのふすみのおおかみ）が降り立ったのが創始で、景行天皇の時代に遷座したとされる。遷座後に神倉山に建立された神倉神社は、538段の石段を登った崖の上にある。

住 新宮市新宮1　TEL 0735-22-2533　開 8:00～17:00
休 無休　料 無料　交 JR**新宮駅**から徒歩15分。またはバスで**速玉大社前**下車。神倉神社へは熊野速玉大社から徒歩15分　URL kumanohayatama.jp

info **熊野速玉大社**の境内には、新宮出身の作家・**佐藤春夫**の東京の旧宅を移築した記念館がある。また同じく新宮出身で建築家・教育者の**西村伊作**が自ら設計した旧宅（国指定重要文化財）も市内にあり、記念館として公開されている。

日本一のパンダの楽園

田辺・白浜温泉

アドベンチャーワールド

昭和53(1978)年にオープンした、近畿地方最大規模のテーマパーク。一番人気はもちろん**ジャイアントパンダ**で、平成6(1994)年に始まった日中共同自然繁殖研究により、2頭のパンダが来園したのが始まり。以来、17頭の繁殖・育成に成功し、現在も7頭のパンダが2施設で飼育・公開されている。令和2(2020)年にはメスの"**楓浜**"が生まれたことでも話題になった。またパンダ以外にも、8種のペンギンなどが飼育されている**海獣館**や、イルカのライブが開催される**ビッグオーシャン**など、多彩な施設が揃う。**ケニア号**などの乗り物のほか、徒歩でも見学できる**サファリワールド**も人気。

パンダ見学は活動時間帯の午前中がおすすめ

▶アドベンチャーワールド
住 西牟婁郡白浜町堅田2399
TEL 0570-06-4481
開 10:00~17:00(季節による)
休 不定休　料 4800円
交 JR**白浜駅**からバスで**アドベンチャーワールド**下車、徒歩すぐ
URL www.aws-s.com

広々としたブリーディングセンター

サファリワールドを一周するケニア号

世界遺産に登録されている真言密教の聖地

高野山・九度山

高野山

弘法大師空海によって開かれた**真言宗**の総本山・**金剛峯寺**の境内地。標高800mを越える山上の盆地に、みやげ物店や飲食店、仏具店などが建ち並び、50を越える宿坊、高校や大学まである。このような下界と隔絶された**山上の宗教都市**は、日本では高野山以外に例を見ない。

見どころはたくさんあるが、真言密教の世界観を体現した**壇上伽藍**、真言宗の中心施設である**総本山金剛峯寺**、弘法大師が眠る御廟のある**奥之院**は必ず参拝したい。奥之院の参道には貴族や戦国武将の墓など、20万墓を越える墓碑や供養塔が並び、厳かな空気に包まれている。

色鮮やかな朱塗りの根本大塔が美しい壇上伽藍

▶高野山
住 伊都郡高野町高野山132
TEL 0736-56-2011
URL www.koyasan.or.jp

▶壇上伽藍
開 見学自由

▶金堂、根本大塔
開 8:30~17:00
休 無休　料 500円
交 南海**高野山駅**からバスで**金堂前**下車、徒歩すぐ

▶金剛峯寺
開 8:30~17:00
休 無休　料 1000円
交 南海**高野山駅**からバスで**金剛峯寺前**下車、徒歩すぐ

▶奥之院
開 5~10月8:00~17:00
11~4月8:30~16:30
休 無休　料 無料
交 南海**高野山駅**からバスで**奥之院前**下車、徒歩約10分

書院造の金剛峯寺の主殿

info 世界遺産「紀伊山地の霊場と参詣道」に登録されている**高野参詣道**は、**町石道**(慈尊院~大門口)、**黒河道**(定福寺~黒川口)、**三谷坂**(丹生酒殿神社~町石道)、**京大坂道不動坂**(極楽橋~不動坂口)、女人堂への巡礼道である**女人道**の5道。

紀州徳川家55万5000石の居城

和歌山市と周辺

和歌山城（わかやまじょう）

大天守と小天守が連結しているのが特徴

和歌山市中心部、標高50m弱の虎伏山に構築された平山城で、日本三大**連立式平山城**のひとつ。

昭和20(1945)年7月9日の和歌山大空襲により、城郭の大半が焼失したが、昭和33(1958)年に鉄筋コンクリートで再建された。また焼け残った一部の建造物のうち、**岡口門**（おかぐちもん）が国の重要文化財に指定されている。

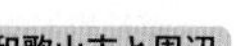

▶和歌山城
住 和歌山市一番丁3
TEL 073-435-1044
開 9:00～17:30（最終入場17:00）
休 12/29～12/31　料 410円
交 南海**和歌山市駅**から徒歩約10分
URL wakayamajo.jp

紅葉の名所、西之丸庭園

アニメファンに大人気の無人島

和歌山市と周辺

友ヶ島（ともがしま）

第3砲台跡

紀淡海峡（きたんかいきょう）に浮かぶ4つの島の総称で、古くは修験道の修業の場であったが、明治以降は陸軍の要塞が築かれ、巨大な大砲が設置されていた。第二次世界大戦後は海水浴やキャンプの島としてにぎわったが、近年は廃墟となった要塞跡が、まるでアニメの世界のようだと人気を呼んでいる。特に規模の大きい赤レンガ造の**第3砲台跡**は必見。

▶友ヶ島汽船（フェリー）
住 和歌山市加太
TEL 073-459-1333
開 加太港発9:00～16:00
　友ヶ島発9:30～16:30
休 水曜（祝日を除く）、1～2月の平日
料 往復2200円
交 南海**和歌山市駅**から南海加太線終点の**加太駅**下車、徒歩約20分の**加太港**から友ヶ島汽船のフェリーで約20分
URL tomogashimakisen.com

島は瀬戸内海国立公園内にある

最もポピュラーな熊野古道

田辺・白浜温泉

中辺路（なかへち）

よく整備されていて歩きやすい

吉野・高野・熊野の霊場を結ぶ参詣道として世界遺産に登録されている**熊野古道**のなかでも、古来より参詣者に最も歩かれてきた道が田辺から熊野三山へ通じる中辺路である。現在も田辺から熊野本宮大社までの区間は**国道311号線**がほぼ併走し、バスも運行されているので、体力や時間に合わせてルートを組みやすい。

▶中辺路
▶**熊野古道館**
住 田辺市中辺路町栗栖川1222-1
TEL 0739-64-1470
開 9:00～17:00　休 年末年始
料 無料
交 JR**紀伊田辺駅**からバスで**滝尻**下車、徒歩すぐ

とがの木茶屋では休憩可能

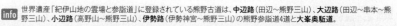

info 世界遺産「紀伊山地の霊場と参詣道」に登録されている熊野古道は、**中辺路**（田辺～熊野三山）、**大辺路**（田辺～串本～熊野三山）、**小辺路**（高野山～熊野三山）、**伊勢路**（伊勢神宮～熊野三山）の熊野参詣道4道と**大峯奥駈道**。

▶天神崎
住 田辺市天神崎
開 入場自由
交 JR**紀伊田辺駅**からバスで**明洋前**下車、徒歩15分
URL www.tanabe-kanko.jp

満潮時は磯に入れないので注意

▶白浜温泉
▶白浜温泉 崎の湯
住 西牟婁郡白浜町1668
TEL 0739-42-3016
開 4〜6・9月8:00〜18:00
7・8月7:00〜19:00
10〜3月8:00〜17:00
最終入場は30分前
休 無休 料 500円
交 JR**白浜駅**からバスで約15分の**湯崎**下車、徒歩5分
URL www.nankishirahama.jp

開放感あふれる崎の湯

▶串本
▶南紀串本観光協会
住 東牟婁郡串本町串本33
(JR串本駅構内)
TEL 0735-62-3171
開 8:30〜17:30 休 1/1
URL kankou-kushimoto.jp
▶潮岬灯台
開 9:00〜16:30
(3〜9月の土・日曜・祝日8:30〜17:00)
休 無休 料 無料
▶串本町内の交通
おもな見どころへは、串本駅から観光周遊バス「まぐトル号」または串本町コミュニティバスを利用

紀伊大島の景勝地、海金剛

これぞ日本の"ウユニ塩湖"

田辺・白浜温泉

天神崎(てんじんざき)

田辺湾の北側に突き出た岬で、日本のナショナル・トラスト運動の先駆けとして知られるが、近年はSNS映えする絶景として人気が高い。海岸が平坦な岩礁になっていて、干潮時は歩くことができ、条件が揃えば"**ウユニ塩湖**"のような景色が現れる。いつでも絶景が現れるわけではないので、天候や潮位など、訪れる前にチェックすること。

まさに"ウユニ塩湖"な写真が撮れる!

南紀観光の拠点となる大温泉地

田辺・白浜温泉

白浜温泉(しらはまおんせん)

古くは"**牟婁(むろ)の湯**"と呼ばれ、『日本書紀』にも登場する"**日本三古湯**"のひとつ。太平洋に突き出た半島部に、**円月島**や**三段壁**(さんだんべき)、アドベンチャーワールドなど多くの景勝地や観光スポットがあり、太平洋を望む露天岩風呂、**崎の湯**などの共同浴場も点在する。夏は白良浜を中心に海水浴客でにぎわう、近畿地方を代表する温泉地である。

白浜を代表する景勝地、円月島

南国ムードあふれる本州の最南端

熊野エリア

串本(くしもと)

紀伊半島の南端に位置する町であり、その最南端すなわち本州最南端の**潮岬灯台**(しおのみさき)からは雄大な太平洋が望める。大小40もの岩柱が連なってそそり立つ**橋杭岩**(はしぐいいわ)や、サンゴ礁を間近に観察できる**串本海中公園**など見どころが多い。また本州と橋で結ばれている紀伊大島にも、荒々しい岩礁が海岸線に連なる**海金剛**(うみこんごう)などの景勝地がある。

本州最南端の潮岬灯台。内部は一般公開されている

info **紀伊大島**には、寛政3(1791)年に日本初となるアメリカ船の来航・上陸の歴史を紹介する**日米修交記念館**や、明治23(1890)年に岩礁で遭難・沈没して大勢の乗組員が犠牲となったトルコ軍艦**エルトゥールル号**の慰霊碑、トルコ記念館などがある。

歌人に愛された万葉のふるさと　**和歌山市と周辺**

和歌浦

1851年に架けられた石造の不老橋

万葉歌人、**山辺赤人**の和歌で名高い景勝地。高度経済成長期には新婚旅行のメッカでもあった。美しい彫刻が見事な**不老橋**を中心に、和歌の神様を祀る玉津島神社や、紀州東照宮、和歌浦天満宮などの神社仏閣が多く、夏季は片男波海水浴場への行楽客でにぎわう。

▶和歌浦
住 和歌山市和歌浦
開 入場自由
交 南海**和歌山駅**からバスで**不老橋**下車、徒歩すぐ
URL www.wakayamakanko.com
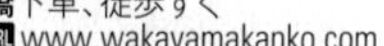

紀州東照宮から和歌浦を望む

ネコが駅長を務める観光路線　**和歌山市と周辺**

和歌山電鐵貴志川線

カフェやショップもある貴志駅
デザイン：水戸岡 鋭治

JR和歌山駅と貴志駅を結び、三毛猫のたま(**ニタマ、よんたま**)が駅長を務めることで知られる、全長14.3kmのミニ私鉄。令和3(2021)年12月にデビューした**たま電車ミュージアム号**などユニークな列車が走るほか、貴志駅にはたまカフェも入居する。

▶和歌山電鐵貴志川線
▶貴志駅
住 紀の川市貴志川町神戸
TEL 073-478-0110（伊太祈曽駅）
開 10:00～16:00（たまカフェ）
休 原則無休
交 JR**和歌山駅**から貴志川線で**貴志駅**下車
URL www.wakayama-dentetsu.co.jp

観光列車「たま電車」も走る
デザイン：水戸岡 鋭治

関西屈指のススキの大草原　**和歌山市と周辺**

生石高原

ススキの見頃は10月上旬から11月中旬

標高870mの**生石ケ峰**を中心に、有田川町と紀美野町にまたがって広がる高原。毎年10～11月には、約13ヘクタールもの広大なススキの大草原が広がり、天気のよい日は淡路島や遠く四国まで見渡せる。また秋以外の季節もハイキングやキャンプで人気が高い。

▶生石高原
住 有田郡有田川町生石、海草郡紀美野町中田
TEL 073-489-3586（山の家おいし）
開 入場自由
交 阪和自動車道**有田IC**、**有田南IC**から車で約50分

高原のシンボル、火上げ岩

Ω状の見事な棚田　**和歌山市と周辺**

あらぎ島

有田川対岸の展望所から眺めるあらぎ島

有田川の中流域、旧清水町（現有田川町）にある**棚田**。Ω状に流れる有田川の内側に54枚の水田が広がり、四季折々の美しさを見せてくれる。日本の棚田百選や国の重要文化的景観にも選ばれているが、近年はフォトジェニックな光景として特に人気が高まっている。

▶あらぎ島
住 有田郡有田川町清水
TEL 0737-22-7105（有田川町役場清水行政局産業振興室）
開 見学自由
交 JR**藤並駅**からバスで**三田発電所前**下車、徒歩15分。または阪和自動車道**有田IC**、**有田南IC**から車で約60分

田植えの季節には見事な水鏡となる

info 生石高原のある**紀美野町**は、おいしいカフェやパン屋が多いことで知られる。**森のぱん屋さん**、**薪焼き石窯パン 岳人**、**DOOSHEL**（ドーシェル）など、行列のできる有名なパン屋が山のなかに点在し、わざわざ遠方から通うファンも多い。

湯浅

▶湯浅

交 JR**湯浅駅**から重要伝統的建造物群保存地区（伝建地区）へは北西へ徒歩約15分

▶湯浅えき蔵観光交流センター

住 有田郡湯浅町湯浅1075-9

TEL 0737-63-4123

開 9:00～17:00　休 年末年始

交 JR**湯浅駅**から徒歩すぐ

URL www.yuasa-kankokyokai.com

麹屋だった津浦家の主屋は明治11（1878）年の築

醤油が生まれた地　**和歌山市と周辺**

湯浅（ゆあさ）

古くから熊野古道の宿場町として栄えた湯浅は、**醤油発祥の地**としても知られ、江戸時代には山田川の河口一帯に醤油蔵が建ち並んでいた。天保12(1841)年創業の老舗、**角長**（かどちょう）を中心に古い街並みが残され、国の重要伝統的建造物群保存地区に選定されている。

黒漆喰に虫籠窓が特徴的な加納家

九度山

▶九度山

▶九度山・真田ミュージアム

住 伊都郡九度山町九度山1452-4

TEL 0736-54-2727

開 9:00～17:00（最終入場16:30）

休 月・火曜（祝日の場合は翌平日）、年末年始　料 500円（企画展開催期間外は300円）

交 南海**九度山駅**から徒歩10分

URL www.kudoyama-kanko.jp

九度山・真田ミュージアム

六文銭たなびく真田ゆかりの地　**高野山・九度山**

九度山（くどやま）

関ヶ原の戦いで敗れた真田昌幸・幸村父子が流罪となった地として知られ、真田父子の屋敷跡に建立された**真田庵**や、**九度山・真田ミュージアム**などがある。また高野山への参詣道である**町石道**（ちょういしみち）の起点でもあり、世界遺産に登録されている慈尊院や丹生官省符神社（にうかんしょうぶじんじゃ）もある。

正式には「善名称院」という真田庵

南海高野線

▶南海高野線

住 橋本市古佐田1-4-51（橋本駅）

TEL 06-6643-1005（南海テレホンセンター）

交 **南海難波駅**から高野線で橋本駅下車。またはJR**和歌山駅**から和歌山線で**橋本駅**下車

URL www.nankai.co.jp

観光列車「こうや花鉄道 天空」の予約

TEL 0120-151519（9:00～17:00）

雄大な車窓が楽しめる

電車に揺られながら絶景を楽しむ　**高野山・九度山**

南海高野線（なんかいこうやせん）

大阪難波駅と高野山を結ぶ南海高野線の橋本駅～極楽橋駅間は、観光列車「**こうや花鉄道 天空**」が走る山岳路線。絶景車窓が堪能できるほか、開業以来の駅舎や橋梁などの施設が**高野山参詣関連遺産**として経済産業省による「**近代化産業遺産群**」に認定されている。

高野線を走る「こうや花鉄道 天空」

高野龍神スカイライン

▶高野龍神スカイライン

住 伊都郡高野町～田辺市龍神村

▶ごまさんスカイタワー

住 田辺市龍神村龍神1020-6

TEL 0739-79-0622

開 平日9:30～16:00（土・日曜・祝日9:00～16:00）

休 12～3月　料 展望塔300円

交 高野山中心部から車で約50分。または龍神温泉から車で約40分

URL gomasanskytower.com

天空のドライブウェイ　**高野山・九度山**

高野龍神スカイライン（こうやりゅうじんすかいらいん）

紀伊山地の標高1000mを越える尾根筋を走り、高野山の奥之院と龍神温泉を結ぶドライブウェイ。途中の護摩壇山（ごまだんざん）近くには**道の駅 田辺市龍神ごまさんスカイタワー**があり、護摩木をイメージした**ごまさんスカイタワー**から周囲の山並みや太平洋が一望できる。

快適なドライブが楽しめる

info 南海高野線の**紀伊清水駅**は、駅舎内に和歌山県の伝統的工芸品である、**紀伊へら竿**の製作体験ができる**匠工房**が入居している。紀州へら竿の試験研究池であり、ヘラブナ釣りのメッカとして人気の**隠れ谷池**へは、駅から徒歩10分。

「一目百万香り十里」と称される梅林　田辺・白浜温泉

南部梅林

太平洋も一望できる梅林

みなべ町は南高梅誕生の地であり、日本一の梅干しの産地。町内各地に梅林があり、2月の開花シーズンには一部の梅林が観光客向けに開放される。なかでも**南部梅林**は日本最大級の広さの梅林であり、約3～4kmのコースを散策しながら観梅を楽しめる。

近畿地方屈指の"美肌の湯"　田辺・白浜温泉

龍神温泉

風情ある趣の温泉街

修験道の開祖・**役行者**が発見したと伝わる名湯。泉質は美肌効果の高いナトリウム-炭酸水素塩泉で、**"日本三美人の湯"**のひとつにも数えられる。紀州藩主の湯治のために建てられた上御殿と下御殿は、現在も和歌山県を代表する名旅館である。

自分だけの露天風呂が作れる　熊野エリア

川湯温泉

熊野の冬の風物詩、仙人風呂

熊野川の支流である**大塔川**の川底から湯が湧く、全国でも珍しい温泉。夏は自分で川原を掘り、自分専用の露天風呂に浸かりながら川遊びも楽しめる。また冬には、川の一部をせき止めて作られた**"仙人風呂"**が登場、宿泊客以外でも無料で入浴できる。

世界遺産の地に湧く温泉　熊野エリア

湯の峰温泉

湯煙が立ちこめる静かな温泉街

熊野詣における湯垢離の場としての歴史を持つ古湯。湯の色が日によっては7回変化するといわれる貸切の岩風呂**"つぼ湯"**は、参詣道の一部として世界遺産に登録されている公衆浴場である。泉質は硫黄泉で、湯筒では温泉ゆで卵を作ることができる。

▶南部梅林

住 日高郡みなべ町晩稲地内
TEL 0739-74-3464(梅の里観梅協会／開園期間中のみ)
開 8:00～17:00
休 開園期間中無休
料 300円
交 阪和自動車道**みなべIC**から車で約5分
URL minabebairin.com

一番の見頃は2月中旬

▶龍神温泉

▶龍神温泉元湯
住 田辺市龍神村龍神37
TEL 0739-79-0726
開 7:00～21:00(最終受付20:40)
休 無休　料 800円
交 JR**紀伊田辺駅**からバスで**龍神温泉**下車、徒歩すぐ
URL www.motoyu-ryujin.com

源泉掛け流しの元湯露天風呂

▶川湯温泉

住 田辺市本宮町川湯
開 入場自由
交 JR**紀伊田辺駅**からバスで**川湯温泉**下車、徒歩すぐ
URL www.hongu.jp/onsen/kawayu

夏は川遊びと温泉が同時に楽しめる

▶湯の峰温泉

▶つぼ湯
住 田辺市本宮町湯峯110
TEL 0735-42-0074
開 6:00～21:00(30分交替制)
休 無休　料 800円
交 JR**紀伊田辺駅**からバスで**湯の峰温泉**下車、徒歩すぐ

貸切の共同湯"つぼ湯"

info **紀州漆器**の産地である海南市**黒江**は、細い路地にギザギザの"のこぎり歯状"に家が建ち並ぶ独特の景観で知られる。また漆器は紀州漆器伝統産業会館**うるわし館**で購入できる。古い町並みへは、JR紀勢線黒江駅から徒歩約20分。

和歌山県の歴史がわかる

和歌山市と周辺

和歌山県立博物館（わかやまけんりつはくぶつかん）

熊野信仰や紀州徳川家など、県の歴史や文化財を詳しく学べる。建物の設計者は**黒川紀章**。隣接する和歌山県立近代美術館とあわせて"日本の公共建築百選"に選ばれている。

和歌山城の南側にある歴史系総合博物館

▶和歌山県立博物館
住 和歌山市吹上1-4-14
TEL 073-436-8670
開 9:30～17:00（最終入場16:30）
休 月曜、年末年始、臨時休館日
料 280円
交 JR**和歌山駅**または南海**和歌山市駅**からバスで**県庁前**下車、徒歩2分
URL hakubutu.wakayama.jp

戦国期に一大勢力を誇った

和歌山市と周辺

根来寺（ねごろじ）

新義真言宗の総本山で、戦国期には"**根来衆**（ねごろしゅう）"を擁し、世界にその名を知られる一大勢力となった。その頃に建てられた日本最大の木造多宝塔である**大塔**は国宝。

国宝の大塔と大伝法堂

▶根来寺
住 岩出市根来2286
TEL 0736-62-1144
開 4～10月9:10～16:30
11～3月9:10～16:00
休 無休　料 500円
交 JR**岩出駅**からバスで**岩出図書館**下車、徒歩10分
URL www.negoroji.org

博覧会跡地がテーマパークに

和歌山市と周辺

和歌山マリーナシティ（わかやままりーなしてぃ）

平成6（1994）年に開催された世界リゾート博覧会の会場跡地の人工島にあり、地中海をイメージした**ポルトヨーロッパ**、マグロの解体ショーが人気の**黒潮市場**などの人気施設が揃っている。

テーマパーク「ポルトヨーロッパ」

▶和歌山マリーナシティ
住 和歌山市毛見1527
TEL 0570-064-358
交 JR**和歌山駅**または南海**和歌山市駅**からバスで**マリーナシティ**下車、徒歩すぐ
URL www.marinacity.com
▶ポルトヨーロッパ
開 平日11:00～16:00
土・日曜祝日10:00～17:00
（時期による）　休 不定休
料 スタンダードパス3800円
▶黒潮市場
開 10:00～17:00（時期により変動）
休 不定休　料 無料

カナダ風の文化が息づく町

和歌山市と周辺

アメリカ村（あめりかむら）

過去に多くのカナダ移民を送り出し、帰国者によってカナダ風の文化が根付いた"アメリカ村"こと美浜町三尾地区。歴史や文化を紹介する**カナダミュージアム**がある。

帰国者の建てた洋館が博物館に

▶アメリカ村
▶カナダミュージアム
住 日高郡美浜町三尾482
TEL 0738-20-6231
開 10:00～16:00
休 火曜、年末年始　料 150円
交 JR**御坊駅**から車で約20分
URL americamura.wakayama.jp/museum

絵巻を使う"絵解き説法"が聞ける

和歌山市と周辺

道成寺（どうじょうじ）

創建から1300年の歴史を誇る天台宗の古刹。能や歌舞伎の題材となった"安珍（あんちん）・清姫（きよひめ）伝説"の舞台として知られ、拝観の際には清姫伝説の"**絵解き説法**"が受けられる。

絵解き説法は日本ではここだけ

▶道成寺
住 日高郡日高川町鐘巻1738
TEL 0738-22-0543
開 9:00～17:00　休 無休
料 600円（境内は自由）
交 JR**道成寺駅**から徒歩7分
URL www.dojoji.com

info **紀の川市**は世界で初めて全身麻酔による外科手術に成功した江戸時代の医師であり、有吉佐和子作『**華岡青洲の妻**』で名高い**華岡青洲**の出身地。**道の駅「青洲の里」**には、青洲の診療所兼住居であった**春林軒**が保存されている。

和歌山有数の紅葉の名所

田辺・白浜温泉

奇絶峡

紅葉の季節は行楽客でにぎわう

田辺市を流れる会津川の上流域にある、大小さまざまな奇岩が点在する峡谷。堂本印象の原画をもとに、巨大な一枚岩に昭和41（1966）年に彫られた**磨崖三尊大石仏**は必見。

▶奇絶峡
住 田辺市秋津川
TEL 0739-26-9929（田辺観光協会）
開 入場自由
交 JR**紀伊田辺駅**からバスで**奇絶峡**下車、徒歩すぐ
URL www.tanabe-kanko.jp/view/sizen/kizekkyo

稀代の博物学者の業績を学ぶ

田辺・白浜温泉

南方熊楠記念館

熊楠の業績を紹介する常設展示

和歌山が生んだ博物学の巨人・南方熊楠（1867～1941年）の業績を紹介する博物館。田辺湾の南端の景勝地・**番所山**にあり、近くには京都大学白浜水族館もある。

▶南方熊楠記念館
住 西牟婁郡白浜町3601-1
TEL 0739-42-2872
開 9:00～17:00（最終入場16:30）
休 木曜(7/20～8/31は無休)、6/28～30、12/29～1/1
料 600円
交 JR**白浜駅**からバスで**臨海**下車、徒歩8分
URL www.minakatakumagusu-kinenkan.jp/

南紀熊野ジオパークにも認定

熊野エリア

古座川

幅500mにも及ぶ一枚岩

カヤックでの川下りなどのアクティビティが人気の、紀伊半島を代表する清流。火砕岩で作られた巨大な岩壁である**一枚岩**などの景勝地が点在し、川沿いのドライブも楽しい。

▶古座川
開 入場自由
交 一枚岩へはJR**古座駅**から車で20分
▶古座川観光協会
住 東牟婁郡古座川町池野山705-1
TEL 0735-70-1275
URL kozagawakanko.jp

クジラと触れあえる博物館

熊野エリア

太地町立くじらの博物館

カヤックアドベンチャー

古くから現在にいたるまで、**"捕鯨の町"**として知られる太地町の中心施設。捕鯨の歴史が学べるほか、クジラへの餌あげ体験やクジラのショーなどが楽しめる。

▶太地町立くじら博物館
住 東牟婁郡太地町大字太地2934-2
TEL 0735-59-2400
開 8:30～17:00　休 無休
料 1500円、餌あげ体験300円
交 JR**太地駅**からバスで**くじら館前**下車、徒歩すぐ
URL www.kujirakan.jp

人気の餌あげ体験

温泉とマグロの町

熊野エリア

南紀勝浦温泉

生まぐろがずらりと並ぶ市場

白浜温泉と並ぶ、和歌山県を代表する**大温泉地**。生まぐろの水揚げ（はえ縄漁法）で日本一を誇る港町でもあり、港周辺には新鮮な海の幸が味わえる食堂や旅館が建ち並んでいる。

▶南紀勝浦温泉
▶那智勝浦観光案内所
住 東牟婁郡那智勝浦町築地6-1-4
TEL 0735-52-5311
開 9:00～18:00　休 無休
交 JR**紀伊勝浦駅**から徒歩すぐ
URL nachikan.jp

info 日本で唯一の飛び地の自治体である、**北山村**の特産品**"じゃばら"**。昔から村に自生していたといわれる自然交雑種の柑橘系果物で、程よい苦味とうま味、そして豊富な栄養が特徴で、ジュースやジャムなどの加工品として人気が高い。

大阪府

OSAKA

大阪府

大阪市

人口
883.8万人（全国3位）
面積
1905km²（全国46位）
府庁所在地
大阪市
府花
さくらそう、うめ

もずやん
©2014 大阪府
もずやん#F0501

さくらそう
原生種が金剛山麓に自生する多年草

大阪市をはじめ43市町村で構成される、近畿地方の経済の中心地。旧河内(かわち)・和泉(いずみ)国の全域と摂津(せっつ)国の東部、いわゆる"摂河泉(せっかせん)"の3国を府域とする。面積は全国で2番目に小さいものの起伏に富み、淀川・大和川の2大河川の流域に広がる平野部を、北摂・金剛・葛城の各山系と大阪湾が取り囲んでいる。また府内の国宝指定件数は62件で、全国で4番目に多い。2025年には日本国際博覧会（大阪・関西万博）の開催を予定している。

旅の足がかり

大阪市

大阪府の中央部に位置する府庁所在地で、人口275万人を数える政令指定都市。古くは難波宮（なにわのみや）が置かれた都であり、また豊臣秀吉が天下人となった地でもある。近世以降は日本経済の中心地として発展、江戸時代には**天下の台所**、20世紀前半には**大大阪**と呼ばれ、江戸・東京をしのぐ栄華を誇った。現在では**食いだおれの町**として世界的に名高く、人情味あふれる庶民文化と豊かな食文化が、訪れる観光客を魅了してやまない。

堺市

大阪市の南に位置する政令指定都市で、人口82万人を擁する大阪第2の都市。古代は大和王権の中心地であり、戦国時代には自治を行う環濠都市として"東洋のベニス"と称された。包丁や線香などの伝統産業が今も受け継がれており、和菓子も有名。令和元（2019）年には**百舌鳥古墳群**P.648がユネスコの世界遺産に登録されている。

吹田(すいた)市

中核市に指定されている北摂地域の中心都市で、人口は約39万人。高度成長期以降、丘陵地に千里ニュータウンが造成されたことで、急激に都市化が進んだ。昭和45（1970）年には日本万国博覧会（大阪万博）の開催地となり、現在も会場跡地の**万博記念公園**P.650には太陽の塔やEXPO'70パビリオン、国立民族学博物館など、数多くの見どころがある。

地理と気候

瀬戸内海式気候なので一年を通じて温暖であり、降水量は比較的少なめだが、梅雨の季節は雨天の日が続く。周辺の山々は通年で登山が可能であり、夏には泉州の沿岸で多くの海水浴場がオープンする。

【夏】 近年は猛暑となることが多く、特に都市部はヒートアイランド現象により、夜も蒸し暑い日が続く。また雨量も他の季節よりは多く、台風の接近も年に数回程度ある。

【冬】 寒波の影響により気温が下がることはあっても降雪量は少なく、都市部で積もることは滅多にない。ただ周辺の山間部では最大20～30cm程度の積雪となることもある。

P.638～655 写真提供：大阪府　公益財団法人大阪観光局　堺市　岸和田市　万博記念公園マネジメント・パートナーズ
箕面公園管理事務所　大阪欄間工芸協同組合　堺刃物商工業協同組合連合会　南海電気鉄道　大阪水上バス

アクセス

東京から ▸▸▸		所要時間
飛行機	羽田空港▶伊丹空港	1時間10分
新幹線	東京駅▶新大阪駅（のぞみ）	2時間30分
高速バス	バスタ新宿▶大阪駅	9時間

福岡から ▸▸▸		所要時間
飛行機	福岡空港▶関西空港	1時間10分
新幹線	博多駅▶新大阪駅（のぞみ）	2時間28分
高速バス	HEARTSバスステーション博多▶大阪駅	10時間

府内移動

▶大阪市内から北・東大阪へ

茨木市や高槻市方面へは大阪駅からJR京都線（東海道本線）または大阪梅田駅から阪急京都線を利用する。また豊中市や池田市、箕面市方面へは阪急宝塚線系統が便利。そのほか四條畷市など北河内方面へは、JR学研都市線や近鉄奈良線などが結んでいる。

▶大阪市内から南大阪へ

堺市や岸和田市、河内長野市など南大阪方面へは、難波駅から南海本線または南海高野線、また天王寺駅からJR阪和線で行ける。藤井寺市や富田林市方面へは大阪阿部野橋駅から近鉄南大阪線が便利。山間部の寺や史跡、登山口などへは、各駅からバスが通じている。

交通路線図

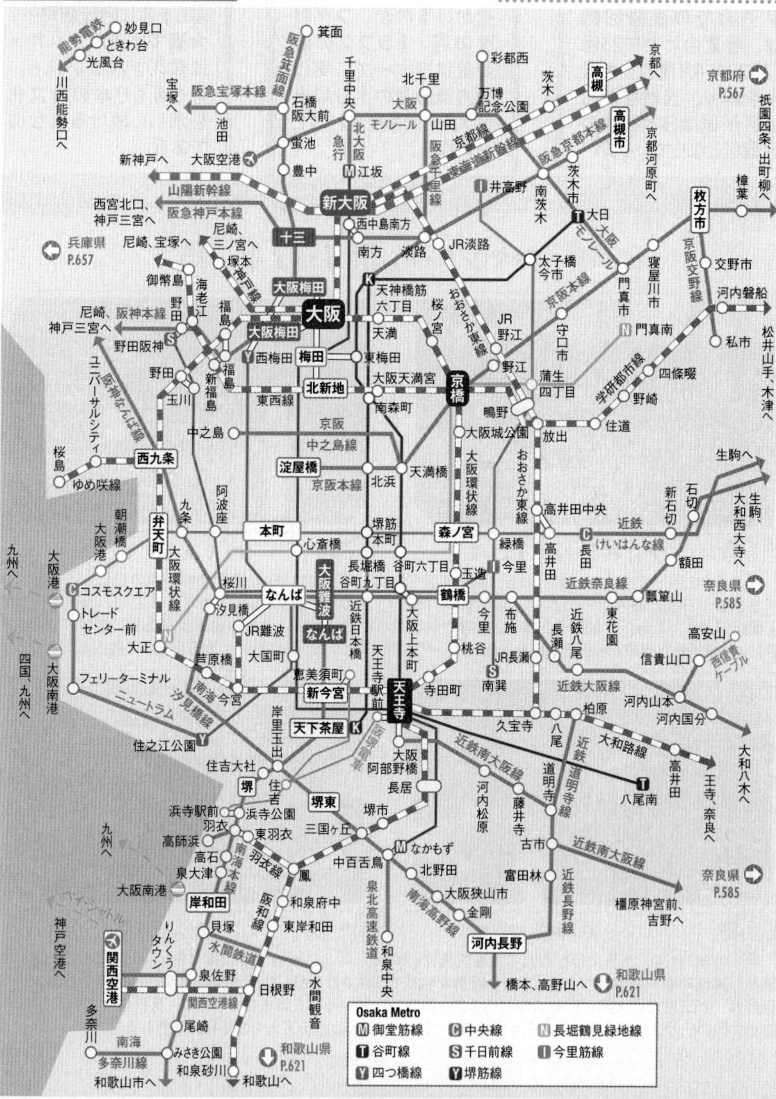

大阪府

うちの府はここがすごい

一 高校野球が強い！甲子園を最多の制覇

大阪には高校野球の強豪校がめじろ押し。甲子園での優勝回数は、春夏合わせて26回（2022年4月現在）と最多を誇り、当然ながら地区予選は日本有数の激戦区となっている。

二 さすが食いだおれの町 フグの消費量日本一

たこ焼きなどの粉もんの店とともに、大阪でよく見かけるのが、フグ料理の店。トラフグの消費量は日本一で、実に国内流通量の半分以上が大阪で消費されるといわれる。

三 こんなにたくさん！大阪発祥グルメの数々

オムライスに焼き肉、カレーにうどんすき、しゃぶしゃぶに回転寿司…。大阪で生まれたグルメは数えきれないほど。今も昔も日本の食文化を牽引し続ける町なのである。

イベント・お祭り・行事

① 今宮戎神社の十日戎

毎年1月9～11日に執り行われる、商売繁盛を祈念する十日戎。通称“えべっさん”。境内には「商売繁盛笹持ってこい」のお囃子が響き、参拝者は公募により選ばれた福娘から福笹を授与される。

② 四天王寺どやどや

1月14日の修正会の結願の日に、ふんどしを締めた男性たちが六時堂で牛王宝印の厄除護符を奪い合う奇祭。名前の由来は左義長の掛け声「とうどやとうど（ドヤドヤ）」から出たなど諸説ある。

③ 天神祭

毎年7月24、25日に行なわれる大阪天満宮の祭礼。鉾流神事や陸渡御などさまざまな行事が執り行われ、25日夜には大川に無数の船が行き交う船渡御でクライマックスを迎える。日本三大祭のひとつ。

写真提供:岸和田市

④ だんじり祭

泉州地域では毎年9～10月にだんじり祭が開催されるが、なかでも9月に岸和田市の中心部で行なわれる祭礼は規模が大きく、勇壮な“やりまわし”を見ようと数十万人もの見物客が訪れる。

必ず食べたい 名物グルメ

たこ焼き

一家に一台は必ずたこ焼き器があるといわれる大阪。たこ焼き屋の数も非常に多く、焼き加減も味わいも店によってさまざま。大阪に来たら、粉もんを食べずには帰れない。

串カツ

「ソース二度浸け厳禁」のルールであまりにも有名な、繁華街・新世界の名物グルメ。通天閣の周辺には数多くの串カツ専門店が軒を連ね、秘伝のソースの味を競っている。

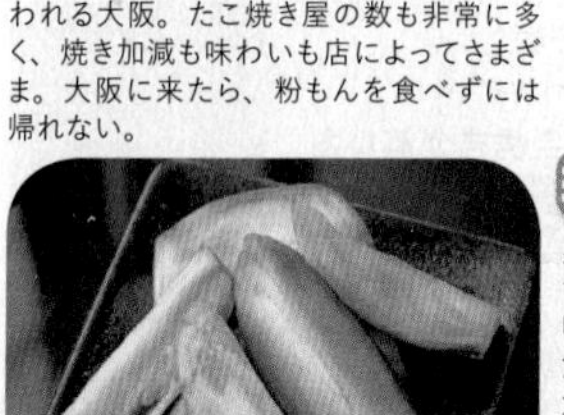

水ナス

泉州地方の特産品で、水分が多く甘味があり、糠漬けで食べるのが一般的。大阪にはほかにも、天王寺蕪や難波葱、守口大根など、たくさんの在来品種の伝統野菜がある。

がっちょ

泉州地方の漁港で水揚げされる、スズキ目ネズッポ科のネズミゴチ、ハタタテヌメリなどの魚を指す。唐揚げにして食べるととてもおいしいが、近年は漁獲量が減少傾向にある。

もらえば笑顔 定番みやげ

おこし

江戸時代から親しまれている大阪の代表的銘菓。米を粟状に砕き、ショウガやゴマなどを混ぜて固めた「粟おこし」と、さらに細かく砕いて堅く固めた「岩おこし」がある。

大阪ワイン

河内地方は昭和初期には日本一の栽培面積を誇ったブドウの産地で、大阪ワインの歴史も100年近い歴史を数える。現在は6軒のワイナリーが味を競う、大阪の隠れた特産品。

地元っ子愛用 ローカル味

551の豚まん

大阪市内の主要なターミナル駅なら必ず売られている、1日約17万個を売り上げる大阪グルメのド定番。豚肉と玉ねぎの絶妙な味わいは、一度食べると忘れられないおいしさ。

旭ポンズ

大阪でポン酢といえばこれ。昭和23(1948)年創業、**旭食品**の看板商品で、利尻昆布や徳島県産すだちなど素材にこだわり、その上質な味わいと香りは大阪人の心を捉えて離さない。

匠の技が光る 伝統工芸

大阪欄間

江戸時代初期に四天王寺などの社寺の建築で生まれたとされる。透かし彫りや彫刻などの高度な技術が、現在も大阪市内や吹田市、岸和田市などの職人に受け継がれている。

堺打刃物

一本ずつ職人の手作りで仕上げられる堺打刃物。熱した鋼を叩いて延ばす鍛造の技術で他の追随を許さず、とりわけ料理用の包丁はプロの間で圧倒的なシェアを誇る。

ワカルかな? 大阪のお国言葉

冷コーでええか？　フレッシュも入れるんやな？

Ans. アイスコーヒーでいい？　コーヒーミルクも入れるよね？

1泊2日で巡る 大阪府

梅田スカイビル
START 大阪駅
天神橋筋商店街
大阪天満宮
大阪城
四天王寺
鶴橋
GOAL
道頓堀
1日目
通天閣
海遊館
あべのハルカス
2日目
住吉大社
仁徳天皇陵古墳

大阪城に海遊館、仁徳天皇陵まで。大阪市内の中心部とベイエリア、堺の魅力をギュッと詰め込んだ、駆け足プランを紹介しよう。

1日目

9:00 JR大阪駅

鉄道 10分

9:10 JR弁天町駅

環太平洋の各地域を再現した水族館。世界最大の魚類・ジンベエザメや飼育例の少ないイトマキエイは必見。

地下鉄 5分 + 徒歩 10分

9:30 天保山ハーバービレッジで **海遊館**を見学 ▶P.649

ゆっくりと
見学してね

地下鉄 20分

海遊館近くには、近年まで日本で1番低かった山、天保山がある。標高なんと4.5m！

12:30 地下鉄なんば駅

徒歩 10分

12:50 大阪を代表する繁華街 **道頓堀**でランチ ▶P.649

ランチは有名店が軒を連ねる道頓堀で。たこ焼きの名店もたくさんあるので、ぜひお好みの味を見つけたい。

徒歩 10分

14:00 地下鉄 心斎橋駅

地下鉄 15分 + 徒歩 15分

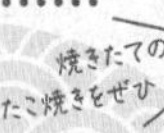
焼きたての
たこ焼きをぜひ！

15:00 地下鉄 大阪ビジネスパーク駅

豊臣秀吉が築いた **大阪城天守閣** ▶P.646

今も昔も大阪の不動のシンボル、大阪城。天守閣の高さは55mもあり、8階展望フロアからの眺めはすばらしい。

徒歩 15分

城内各所に残る石垣の巨石も見どころ。もっとも大きな蛸石は、重さ108トン、表面積は約36畳敷もある。

時間があれば、大阪城港から水上バスP.644に乗って、中之島エリアを船から見学してみよう。

17:15 JR大阪城公園駅

鉄道 10分

17:30 JR大阪駅

徒歩 15分

18:00 **梅田スカイビル**から 大阪の夕景を満喫 ▶P.651

地上173mの空中庭園展望台から望む、360°の大パノラマ。この絶景は他の展望スポットでは味わえない。

徒歩 15分

19:30 梅田駅周辺で宿泊

おすすめ！泊まるならココ

もと松坂屋大阪店の国指定重要文化財
髙島屋東別館内に313室を擁するレジデンスホテル

客室はモダンなデザインで心地よい

シタディーンなんば大阪（おおさか）

大阪を代表する名建築に宿泊できる

国指定重要文化財の名建築である髙島屋東別館内に、令和2（2020）年にオープンしたレジデンスホテル。文化財としての価値を保ちながらも、モダンにまとめられた館内は快適で、キッチン機能を備えたラウンジなど長期滞在向け設備も充実している。難波駅から徒歩圏内にありアクセスも申し分ない。

住 大阪市浪速区日本橋3-5-25
TEL 06-6695-7150
交 地下鉄なんば駅から徒歩10分
料 1泊素泊まり8712円～（税込）
URL www.discoverasr.com/ja/citadines/japan/citadines-namba-osaka

“花博”が開かれた公園

平成2（1990）年に開催された大阪での2度目の万博、「国際花と緑の博覧会（花博）」の会場となった鶴見緑地。展望塔「いのちの塔」や植物園「咲くやこの花館」など、花博当時の施設が今も残る、緑豊かな公園。地下鉄鶴見緑地駅から徒歩すぐ。

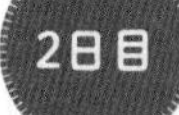

2日目

9:00 JR大阪駅

鉄道5分

9:10 JR天満駅

日本一長いアーケード商店街
天神橋筋商店街を歩く ▶P.651

直線で日本最長距離を誇る商店街。その長さ、実に2.6km。飲食店が多く、食べ歩きも楽しめる。

徒歩20分

天神祭で名高い学問の神様
大阪天満宮を参拝 ▶P.651

受験シーズンには合格祈願の“通り抜け神事”が行われ、多くの受験生が参拝に訪れる。

10:10 地下鉄南森町駅

地下鉄10分

10:30 地下鉄四天王寺前夕陽ヶ丘駅

聖徳太子ゆかりの古寺
四天王寺を参拝 ▶P.649

歴史の授業で習った、おもな堂宇が一直線に並ぶ「四天王寺式伽藍配置」をこの目で確認。

徒歩15分

12:00 **通天閣**から大阪市街を一望し、▶P.648
新世界名物、**串カツ**を味わう

徒歩5分

ソース2度漬けは絶対ダメ！

通天閣では屋外に突き出た、スリル満点の跳ね出し展望台も体験したい。ランチはもちろん、名物の串カツだ。

13:30 阪堺恵美須町電停

鉄道20分

14:00 阪堺住吉鳥居前電停

初詣参拝者数は大阪一
住吉大社を参拝 ▶P.652

阪堺電車を降りると、参道は目の前。日本最古の建築様式のひとつ、住吉造の本殿を参拝しよう。

徒歩10分

15:00 南海住吉東駅

鉄道20分

三国ヶ丘駅で南海高野線からJR阪和線に乗り換え。

15:30 JR百舌鳥駅

令和元（2019）年に世界遺産となった
仁徳天皇陵古墳を見学 ▶P.648

大きさは世界最大級。南側の拝所で参拝したあとは、もずく古墳群ビジターセンターのシアターで、百舌鳥古墳群のスケールと魅力を体感したい。

鉄道15分

17:30 JR天王寺駅

あべのハルカスから ▶P.651
高さ300mの夜景を眺める

日本一の超高層ビル、あべのハルカス58階の展望カフェから、大阪の夜景を一望。

鉄道5分

19:00 **鶴橋**の焼肉店街で締めのディナー ▶P.654

水の都に今も残る無料の渡し船
大阪の渡船

水の都・大阪のベイエリアには、天保山と桜島を結ぶ航路など、現在も8カ所で公営の渡船が運航されている。運賃は無料で、観光客でも乗船可能なので、気軽に船旅を楽しみたい。

おすすめ！泊まるならココ

マリオット・インターナショナルが手がける
日本初進出のラグジュアリーホテル

W大阪（おおさか）

令和3（2021）年に心斎橋にオープン。大阪出身の世界的建築家・安藤忠雄氏がデザイン監修を手がけ、真っ黒な外観とは対照的に、ホテル内は鮮やかな色彩と遊び心にあふれている。宿泊客の感性を揺さぶりつつ、最上級の快適性を満たしてくれる、新しいコンセプトのラグジュアリー・ライフスタイルホテルである。

住 中央区南船場4-1-3
TEL 06-6484-5355
交 地下鉄**心斎橋駅**から徒歩3分
料 1泊素泊まり2万8463円～（税・サービス料込み）
URL wosaka.jp

道頓堀のネオンや日本文化からインスパイアされた、ソーシャルハブ（ラウンジ）「LIVING ROOM」

大阪府の歩き方

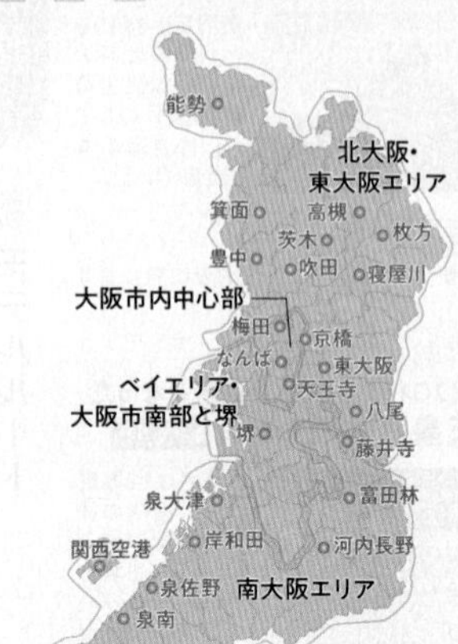

▶**Osaka Call Center**
TEL 06-6131-4550
開 9:00〜17:30　休 無休

▶**大阪観光案内所**
住 大阪市北区梅田3-1-1
（JR大阪駅１階中央コンコース）
開 9:00〜20:00　休 無休
URL osaka-info.jp

▶**新大阪観光案内所**
住 大阪市淀川区西中島5-16-1
（JR新大阪駅3階コンコーストラベルサービスセンター新大阪内）
開 9:00〜20:00　休 無休

▶**難波観光案内所**
住 大阪市中央区難波5-1-60
（南海なんば駅2階中央改札口すぐ、JTB大阪なんば店内）
開 9:00〜19:00　休 1/1・2

▶**大阪国際空港（伊丹空港）**
住 豊中市螢池西町3-555
TEL 06-6856-6781
開 6:30〜21:30（総合案内所）
休 無休
URL www.osaka-airport.co.jp

▶**関西国際空港**
住 泉佐野市泉州空港北1
TEL 072-455-2500
開 24時間　休 無休
URL www.kansai-airport.or.jp

▶**堺駅観光案内所**
住 堺市堺区戎島町3-22-1　南海堺駅ビル1F
TEL 072-232-0331
開 9:00〜18:00　休 12/29〜1/3
URL www.sakai-tcb.or.jp

大阪市内中心部

大阪キタの玄関口・JR大阪駅

大阪市内中心部のおもな見どころは、**大阪メトロ**（地下鉄）の各路線とJR**大阪環状線**でほぼ回れる。もっとも便利な路線は**御堂筋線**で、新大阪や梅田（JR大阪駅）、心斎橋、難波、天王寺などの主要駅を南北に結び、便数も多い。また大阪環状線は東京の山手線のような存在だが、他の路線からの乗り入れ列車や、快速運転をする列車などもあるので、乗車時は行き先と停車駅に注意すること。

▶大阪国際空港（伊丹空港）からのアクセス

市内の各ターミナルへは、リムジンバスが便利。空港〜梅田間は所要約30分。また**大阪モノレール**も空港へ乗り入れており、**万博記念公園**P.650や茨木市にダイレクトで行ける。

▶関西国際空港からのアクセス

南海電鉄の特急**ラピート**で難波駅まで約38分、またJRの特急**はるか**で天王寺まで約32分、新大阪まで約50分。そのほか急行や快速列車、またリムジンバスも多数運行されている。

ベイエリア・大阪市南部と堺

堺のシンボル、旧堺燈台

天保山などのベイエリアへは大阪メトロ中央線とニュートラムが、また**ユニバーサル・スタジオ・ジャパン**P.647のある桜島へはJRゆめ咲線が便利。

大阪市の南、堺市へは南海本線・高野線とJR阪和線のほか、路面電車の阪堺電車でも行ける。なお堺市内の中心部は、南海バス0系統「**堺シャトル**」が、南海本線堺駅〜阪堺大小路電停〜南海高野線堺東駅を結んでいて、本数も多く利用しやすい。

便利情報

中之島まで約40分で往復する

大阪水上バス　大阪城港を起点に大川（旧・淀川）をめぐるアクアライナーは、中之島エリアを船から見学する人気クルーズ。運賃は1600円。ほかにも季節運航の大阪城お花見クルーズなど、さまざまなコースがある。　URL suijo-bus.osaka

info 大阪駅北側の梅田貨物駅跡地、通称**"うめきた"**の再開発事業は、平成25（2013）年に複合施設**グランフロント大阪**が開業。残りのエリアも公園やホテルなどが計画され、令和5（2023）年には**JR大阪駅の地下ホーム**が開業予定である。

日本全国津々浦々～道の駅巡り～

大阪産野菜がずらりと並ぶ

愛彩ランド
JA直営の農産物直売所がある、地産地消の拠点。広い店内に地元産野菜がずらりと並び、水ナスや浪速野菜などの大阪在来種も売られている。レストラン「泉州やさいのビュッフェ&カフェ」も人気。

北大阪・東大阪エリア

緑豊かな山崎蒸溜所周辺

北大阪エリア　旧摂津(せっつ)国の北部、いわゆる**"北摂(ほくせつ)"**と呼ばれる北大阪エリアへは、大阪梅田駅を起点とする**阪急電車**が路線網をもち、ほとんどの見どころへ行くことができる。また京阪間ではJR京都線や京阪本線も利用できるほか、北大阪エリアを横断する大阪モノレールも利便性が高い。

東大阪エリア　旧河内(かわち)国の北中部にあたる東大阪エリアへは、近鉄奈良線や近鉄大阪線、JR学研都市線など、奈良方面に向かう鉄道路線が便利。

足を延ばせば

金剛山　金剛山地の主峰で標高1125m(山頂部は奈良県)。毎日のように登頂する人が非常に多い、関西屈指の人気の山である。また山麓には楠木正成が籠もったことで名高い千早城(ちはやじょう)址がある。

大阪で登山といえば、ここ

南大阪エリア

南大阪エリアのうち西側は旧和泉(いずみ)国、いわゆる**"泉州(せんしゅう)"**地域であり、南海本線およびJR阪和(はんわ)線が便利。また東部の旧河内(かわち)国南部へは、南海高野線と近鉄南大阪線・長野線で行くことができる。見どころの多い奥河内方面へは、河内長野駅あるいは富田林(とんだばやし)駅などからバスが運行されている。

グルメ

大阪に来たならホンマモンの食を。ドライカレーの「**自由軒**」、きつねうどんの「**道頓堀今井**」、オムライスの「**北極星**」、すき焼きの「**はり重**」など、誰もが知る老舗店、ルーツ店の味をぜひ堪能したい。

「自由軒」のドライカレー

▶道の駅 愛彩ランド
住 岸和田市岸の丘町3-6-18
TEL 072-444-8002
開 10:00～17:00　休 水曜
交 阪和自動車道**岸和田和泉IC**から車で約7分
URL www.city.kishiwada.osaka.jp/soshiki/48/michinoekiaisailand.html

▶阪急ツーリストセンター大阪・梅田
住 大阪市北区芝田1-1-2
(阪急大阪梅田駅1F)
開 8:00～17:00　休 無休
URL osaka-info.jp

▶JR高槻駅観光案内所
住 高槻市白梅町1-1
TEL 072-686-0711
開 10:00～17:00
休 月曜、12/29～1/3
URL www.takatsuki-kankou.org

大阪唯一のチンチン電車 阪堺電車
新世界にほど近い恵美須町や天王寺と、堺市の浜寺公園とを結ぶ阪堺電車。時間は少しかかるが、住吉大社や堺市内の観光スポットを訪れるのに便利で、下町情緒あふれる路面電車の旅が楽しめる。どれだけ乗っても運賃が230円で均一なのもうれしい。

大阪の下町をのんびり走る

▶藤井寺まちかど情報館 ゆめぷらざ
住 藤井寺市藤井寺1-3-11
TEL 072-959-2350
開 10:00～17:00
休 水曜、年末年始
交 近鉄**藤井寺駅**から徒歩2分
URL fujiidera-kanko.info

▶河内長野市観光案内所
住 河内長野市長野町5-1-114 ノバティながの南館1階
(南海河内長野駅前)
TEL 0721-55-0100
開 9:00～17:00　休 年末年始
URL kankou-kawachinagano.jp

▶岸和田駅前観光案内所
住 岸和田市宮本町1-12
(南海岸和田駅前)
TEL 072-493-2468
開 9:00～17:00　休 12/29～1/3
URL kishibura.jp

info 池田市は**箕面有馬電気軌道**(現・阪急電鉄)が初めて**住宅開発**を手がけ、創始者・**小林一三**が暮らした地。小林の旧邸は現在は**小林一三記念館**として公開され、小林の蒐集した美術品を展示する**逸翁美術館**も併設されている。

大阪府の見どころ

▶大阪城

▶大阪城天守閣

住 大阪市中央区大阪城1-1
TEL 06-6941-3044
開 9:00～17:00(最終入場16:30)
休 12/28～1/1　料 600円
交 **JR大阪城公園駅**、**森ノ宮駅**、**大阪城北詰駅**、地下鉄**大阪ビジネスパーク駅**、**谷町四丁目駅**、**天満橋駅**、**森ノ宮駅**から徒歩約15～20分
URL www.osakacastle.net

寛永5（1628）年築の大手門は国指定重要文化財

「ミライザ大阪城」は天守閣のすぐ近く

太閤・秀吉が築いた天下人の城　　大阪市内中心部

大阪城(おおさかじょう)

再建から90年を経た天守閣。国登録有形文化財でもある

豊臣秀吉によって築かれた天下の名城。織田信長と抗争を繰り広げた石山本願寺の跡地に築かれ、難攻不落を謳われたが、慶長20(1615)年の大坂夏の陣で落城する。その後は徳川幕府によって再建されるも、天守閣は寛文5（1665）年に焼失し、以後260年以上にわたり天守閣のない時代が続いた。現在の天守閣は昭和6(1931)年の築で、内部は歴史博物館。城跡全体が**大阪城公園**として整備され、桜の名所である西の丸庭園や、もと第四師団司令部の建物を活用した複合商業施設**ミライザ大阪城**などがある。また**大阪歴史博物館**や**難波宮跡公園**(なにわのみやあと)が城の南西側に隣接している。

info 現在の**大阪城**は、秀吉時代の城を埋めた上に築かれており、石垣や掘など構造物はすべて江戸時代のもの。また戊辰戦争や空襲などで幾度も被災しており、現存する江戸時代の建造物は大手門や乾櫓など一部のみである。

ハリウッドの世界を大阪で体験　ベイエリア・大阪市南部と堺

ユニバーサル・スタジオ・ジャパン

ハリウッドの街並みが再現されたハリウッド・エリア　Universal Studios Japan TM & ©Universal Studios. All rights reserved.

2021年3月にオープンしたスーパー・ニンテンドー・ワールド　©Nintendo

安治川河口にあった日立造船桜島工場などの跡地の再開発により、平成13（2001）年にオープン。ハリウッド映画の世界観が体験できる、大阪随一の人気観光スポット。**ジュラシック・パーク**などオープン以来の人気エリアに加え、平成24（2012）年には**ユニバーサル・ワンダーランド**が、平成26（2014）年には**ウィザーディング・ワールド・オブ・ハリー・ポッター**もオープン。令和3（2021）年には**スーパー・ニンテンドー・ワールド**がオープン、世代を問わず楽しめるテーマパークへと進化を続けている。

▶ユニバーサル・スタジオ・ジャパン
住 大阪市此花区桜島2-1-33
TEL 0570-20-0606
開 日によって異なる　休 無休
料 1デイ・スタジオ・パス8400円～（入場日、チケットの種類により価格が異なる）
交 JR**ユニバーサルシティ駅**から徒歩約3分
URL www.usj.co.jp

※パークでは衛生強化対策へのご協力をお願いします。事前に公式WEBサイトで「新しいパーク運営について」をご確認の上、ご来場ください。
※アトラクションやショーは、予告なく変更・中止する場合があります。開催日・時間は公式WEBサイトにてご確認ください。
※掲載されている価格・内容は予告なく変更する場合があります。
※ご来場前に、パークの公式WEBサイトをご確認ください。
※掲載情報は、2022年4月1日現在のものです。
画像提供：ユニバーサル・スタジオ・ジャパン

大阪の行政・文化・経済の中心　大阪市内中心部

中之島

緑豊かな中之島。春・秋はバラが見頃となる

大阪市内中心部を流れる堂島川と土佐堀川にはさまれた**中洲**。

江戸時代は蔵屋敷が建ち並び、明治以降も企業や官公庁、文化施設などが集中する大阪の行政・文化・経済の中心として発展した。現在では**大阪国際会議場**（グランキューブ大阪）や**国立国際美術館**など、コンベンション施設や美術館が多く立地し、令和4（2022）年には**大阪中之島美術館**も開館した。また**大阪市中央公会堂**や**大阪府立中之島図書館**、**淀屋橋**や**大江橋**など、国指定重要文化財の近代建築・構造物も多い。かつて"大大阪"と呼ばれた古きよき時代の雰囲気を、今も色濃く残すエリアである。

▶中之島
住 大阪市北区中之島
交 地下鉄**淀屋橋駅**、**北浜駅**、**肥後橋駅**、京阪**淀屋橋**、**北浜駅**、**中之島駅**、**渡辺橋駅**、**大江橋駅**、**なにわ橋駅**の各駅から徒歩
URL osaka-info.jp/spot/nakanoshima

中之島のシンボル、大阪市中央公会堂

国指定重要文化財の淀屋橋

info **中之島**は大阪随一のアートゾーン。近現代美術を紹介する**国立国際美術館**、**大阪中之島美術館**のほか、中国・朝鮮の陶磁を紹介する**大阪市立東洋陶磁美術館**、仏教美術や茶道具などを紹介する**中之島香雪美術館**などがある。

新世界に立つ浪速のシンボル

大阪市内中心部

通天閣

串カツで有名なミナミの繁華街、新世界の中心に立つ展望塔。

新世界とは、明治36(1903)年に開催された内国勧業博覧会跡地に誕生した新しい町の呼び名。現在の塔は昭和31(1956)年に竣工した2代目で、高さ108m、設計者は東京タワーなどを設計した鉄塔設計の第一人者・内藤多仲。市街を一望できる黄金の展望室には、幸福を呼ぶ神様である**ビリケンの像**が鎮座している。最上部に設けられた特別屋外展望台「**天望パラダイス**」や、3階の中間展望台からチューブ形状の滑り台で地上まで一気に滑り降りる**TOWER SLIDER**（タワースライダー）も人気。

夜は美しくライトアップされる

▶通天閣
住 大阪市浪速区恵美須東1-18-6
TEL 06-6641-9555
開 10:00～20:00（最終入場19:30）
休 無休　料 900円
交 地下鉄**恵美須町駅**から徒歩3分、**動物園前駅**から徒歩6分。または阪堺**恵美須町**電停から徒歩3分
URL www.tsutenkaku.co.jp
※最上部のネオンサインは天気予報を表している。白:晴、橙:曇、青:雨、ピンク:雪

▶特別屋外展望台「天望パラダイス」
開 10:00～19:50（最終入場19:30）
休 無休　料 一般展望台料金にプラス300円

▶TOWER SLIDER
開 10:00～19:30　休 無休
料 1000円（7歳～65歳まで、身長120cm以上、体重100kg以下）

周辺には串カツの店が並ぶ

大阪府内唯一の世界遺産

ベイエリア・大阪市南部と堺

百舌鳥・古市古墳群

4～5世紀に築造された日本最大の古墳群。堺市の百舌鳥古墳群には44基の古墳があり、なかでも**仁徳天皇陵古墳**（大仙陵古墳）は墳丘長486mと、日本最大の前方後円墳である。また**履中天皇陵古墳**（上石津ミサンザイ古墳）が墳丘長365mで3番目の大きさ。仁徳天皇陵古墳に隣接して**百舌鳥古墳群ビジターセンター**と**堺市博物館**があり、古墳文化について学ぶことができる。

一方の古市古墳群は羽曳野市と藤井寺市にまたがり、全国2位の大きさ（墳丘長425m）を誇る**応神天皇陵古墳**（誉田御廟山古墳）を筆頭に、45基の古墳が点在している。

世界最大級の墓である仁徳天皇陵古墳

▶百舌鳥・古市古墳群

▶百舌鳥古墳群ビジターセンター
住 堺市堺区百舌鳥夕雲町2-160
TEL 072-245-6682
開 9:00～18:00　休 年末年始
交 JR**百舌鳥駅**から徒歩約5分

▶大仙公園観光案内所
住 百舌鳥古墳群ビジターセンター内
TEL 072-245-6207
開 9:00～18:00　休 年末年始

▶応神天皇陵拝所
住 羽曳野市誉田6
開 見学自由
交 近鉄**土師ノ里駅**から徒歩約20分

履中天皇陵古墳はビュースポットから見学できる

info 堺市役所21階の**展望ロビー**からは、百舌鳥古墳群が一望できるほか、三国ヶ丘駅屋上庭園**みくにん広場**の**眺望デッキ**からも仁徳天皇陵古墳が眺められる。また履中天皇陵古墳北側にはビュースポットが設けられている。

大阪随一の繁華街

大阪市内中心部

道頓堀

ネオンサインが美しい夜の道頓堀

江戸時代初期に開削された堀川であり、私財を投じて掘削事業に取り組んだ商人・安井道頓にちなんで名付けられた。

一般的には戎橋周辺の繁華街一帯を指し、大阪ミナミを代表するエリアとして知られる。また川沿いには遊歩道**とんぼりリバーウォーク**があるほか、道頓堀筋には大阪を代表する有名店が軒を連ねている。

▶道頓堀
住 大阪市中央区道頓堀
開 見学自由(有料施設あり)
交 地下鉄**なんば駅**、**心斎橋駅**、南海**なんば駅**、近鉄**大阪難波駅**、**日本橋駅**から徒歩約5～10分
URL osaka-info.jp/spot/dotonbori

日本橋北詰交差点に立つ安井道頓の記念碑

聖徳太子が建立した日本最初の官寺

大阪市内中心部

四天王寺

講堂、金堂、五重塔がまっすぐ並ぶ中心伽藍

蘇我氏と物部氏の戦いの折、聖徳太子が崇仏派の蘇我氏の勝利を四天王に祈ったことから、推古元(593)年に創建された。

国宝『四天王寺縁起』『扇面法華経冊子』など多くの文化財を所蔵する。大阪大空襲で堂宇の大半が焼失するも、戦後に再建され、中門から講堂までまっすぐ並ぶ**"四天王寺式"**の美しい伽藍配置がよみがえっている。

▶四天王寺
住 大阪市天王寺区四天王寺1-11-18
TEL 06-6771-0066
開 お堂·中心伽藍·庭園
4～9月8:30～16:30
10～3月8:30～16:00
六時堂8:30～18:00
休 無休
料 中心伽藍300円、庭園300円
交 地下鉄**四天王寺前夕陽ヶ丘駅**から徒歩5分。またはJR**天王寺駅**から徒歩12分
URL www.shitennoji.or.jp

伽藍東側の池には亀がたくさんいる

日本屈指の規模を誇る水族館

ベイエリア·大阪市南部と堺

海遊館

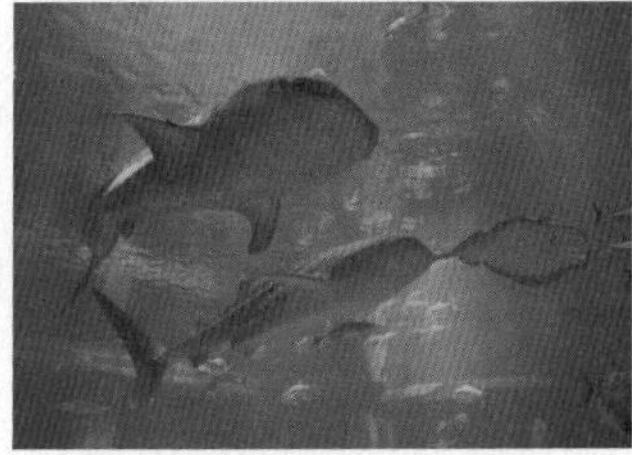
海遊館一の人気者、ジンベイザメ

約620種、30000点もの生き物を飼育する水族館であり、平成2(1990)年にオープンした**天保山ハーバービレッジ**の中心施設。太平洋を模した「**太平洋**」水槽を中心に、環太平洋の各地域の自然環境を大水槽で再現している。令和2(2020)年の開業30周年を機に水槽照明もリニューアルし、太陽の光が差し込む様子や雲が光を遮る様子も表現している。

▶海遊館
住 大阪市港区海岸通1-1-10
TEL 06-6576-5501
開 10:00～20:00(季節による)最終入場は1時間前
休 不定休　料 2400円
交 地下鉄**大阪港駅**から徒歩約5分
URL www.kaiyukan.com

建物のデザインも評価が高い

info **上町台地**にある谷町筋から松屋町筋方面に下る**天王寺七坂**。北から真言坂、源聖寺(げんしょうじ)坂、口縄坂、愛染(あいぜん)坂、清水坂、天神坂、逢坂(おうさか)の7坂で、どの坂も風情があり、神社仏閣や史跡も点在する、大阪の隠れた名所である。

見どころの多い府下最大級の公園

北大阪・東大阪エリア

万博記念公園

(ばんぱくきねんこうえん)

昭和45（1970）年に開催された日本万国博覧会（**大阪万博**）の会場跡地を整備した公園。園内には**国立民族学博物館**や**大阪日本民藝館**、**EXPO'70パビリオン**などの施設がある。

万博記念公園のシンボル「太陽の塔」

また大阪万博のテーマ館の一部として岡本太郎によって制作された**太陽の塔**は、現在は内部が再生・修復され、2018年より一般公開されている（オフィシャルサイトより予約が可能）。

▶万博記念公園

住 吹田市千里万博公園
TEL 0120-1970-89
開 9:30～17:00（最終入場16:30）
休 水曜（祝日の場合は翌日）
料 260円（自然文化園・日本庭園共通）
交 大阪モノレール**万博記念公園駅**から徒歩約5分
URL www.expo70-park.jp

▶太陽の塔

※内部見学は予約が可能（予約優先） 料 720円（入園料別途）
URL taiyounotou-expo70.jp

再生・修復された太陽の塔内部の生命の樹

北摂地方を代表する景勝地

北大阪・東大阪エリア

箕面大滝

(みのおおおたき)

日本の滝百選に選ばれている、落差33mの滝。一帯は府営公園として整備され、**明治の森箕面国定公園**にも指定されている。古くは修験道の行場であったが、明治43（1910）年に箕面有馬電気軌道（現・阪急電鉄）が開業したことで、観光地として人気を集めるようになった。**紅葉の名所**としても知られ、年間120万人ほどの観光客が訪れる。

紅葉の季節は特に美しい

▶箕面大滝

住 箕面市箕面公園
TEL 072-721-3014
開 入場自由
交 阪急**箕面駅**から徒歩約40分
URL www.mino-park.jp

新緑の季節の箕面大滝

だんじり祭りの舞台

南大阪エリア

岸和田城

(きしわだじょう)

岸和田藩主岡部家5万3千石の居城で、織豊(しょくほう)期には幾度も戦乱の舞台となった。蛸の大群が敵から城を守った"蛸地蔵"の伝説は有名。天守閣は昭和29（1954）年の再建で、本丸には国の名勝に指定されている**岸和田城庭園**（八陣の庭）がある。毎年9月の**岸和田だんじり祭**では、15台のだんじりが城内の岸城(きしき)神社に宮入りし、大勢の見物客が詰めかける。

1954年に再建された天守閣を持つ岸和田城

▶岸和田城

住 岸和田市岸城町9-1
TEL 072-431-3251
開 10:00～17:00（最終入場16:00）
休 月曜（祝日を除く）、12/29～1/3
料 300円
交 南海**岸和田駅**から徒歩13分。または南海**蛸地蔵駅**から徒歩7分
URL www.city.kishiwada.osaka.jp/kishiwadajyo

岸和田城庭園（八陣の庭）

info 忠岡町にある**正木美術館**は、小野道風（おののとうふう）筆**『三体白氏詩巻』**（国宝）をはじめ、実業家・正木孝之が収集した水墨画や墨跡、茶器などの貴重なコレクションを収蔵している。常設展示はなく、季節ごとの企画展が開催される。

日本一の超高層ビル　**大阪市内中心部**

あべのハルカス

圧倒的な存在感を放つ超高層ビル

平成26（2014）年に開業した、高さ300mを誇る日本一高いビル。大阪阿部野橋駅に直結し、最上部の58～60階が展望台**ハルカス300**、16階に**あべのハルカス美術館**がある。また**近鉄百貨店あべのハルカス近鉄本店、大阪マリオット都ホテル**も入居している。

絶景を眺めながら空中散歩　**大阪市内中心部**

梅田スカイビル

世界的に有名な梅田のランドマーク

ダイハツディーゼル大阪工場跡地などの再開発で平成5（1993）年に誕生した、**新梅田シティ**の中核施設。原広司氏が設計した地上173mの超高層ビルで、東西2つの棟を接続する最上部が**空中庭園展望台**となっている。地下1階にはレトロな食堂街**滝見小路**がある。

菅原道真を祀る"天満の天神さん"　**大阪市内中心部**

大阪天満宮

受験生の信仰を集める学問の神様

菅原道真が大宰府へと左遷される前に立ち寄り、参拝した大将軍社を起源とする。**天満**の地名の由来となった神社であり、広く信仰を集めたほか天満宮周辺は物資の集散地として、また繁華街として発展した。夏には日本三大祭に数えられる**天神祭**P.640が行われる。

日本一長いアーケード街　**大阪市内中心部**

天神橋筋商店街

約600もの店が連なる商店街

天神橋1丁目から6丁目まで約2.6km、地下鉄2区間分以上の長さを誇る、アーケード街としては直線距離で**日本一長い商店街**。古くから大阪天満宮の門前町として、また商業地としても栄えた歴史を持つ。さまざまな店が軒を連ね、昼夜を問わず活気にあふれている。

▶あべのハルカス

▶ハルカス300

住 大阪市阿倍野区阿倍野筋1-1-43
TEL 06-6621-0300（受付時間10:00～17:00）
開 9:00～22:00（最終入場21:30）
休 無休　料 1500円
交 近鉄**大阪阿部野橋駅**直結、JR·地下鉄**天王寺駅**などから徒歩すぐ
URL www.abenoharukas-300.jp/observatory/index.html

ハルカス300（展望台）

▶梅田スカイビル

▶空中庭園展望台

住 大阪市北区大淀中1-1-88
TEL 06-6440-3855
開 9:30～22:30（最終入場22:00）
休 無休　料 1500円
交 JR**大阪駅**、地下鉄**梅田駅**から徒歩約10分
URL www.skybldg.co.jp

360°の大パノラマが楽しめる

▶大阪天満宮

住 大阪市北区天神橋2-1-8
TEL 06-6353-0025
開 9:00～17:00
休 無休　料 無料
交 JR**大阪天満宮駅**、地下鉄**南森町駅**から徒歩約5分
URL osakatemmangu.or.jp

天満宮のシンボル、牛の像

▶天神橋筋商店街

住 大阪市北区天神橋1～6丁目
開 休 店舗による
交 JR**天満駅**、**大阪天満宮駅**ほか、地下鉄**扇町駅**、**南森町駅**、**天神橋筋六丁目駅**などから徒歩すぐ
URL www.tenjin123.com

大阪天満宮の参道でもある

info 地下鉄東梅田駅の東側、曽根崎にある**露天神社**は、近松門左衛門の代表作である人形浄瑠璃**『曽根崎心中』**の舞台。恋仲の徳兵衛と境内で心中した遊女お初の名前にちなみ**「お初天神」**と呼ばれ、境内にお初と徳兵衛の像が立つ。

吉本興業のホームグラウンド　大阪市内中心部

なんばグランド花月

明治45(1912)年に創業者・吉本せいが始めた寄席をルーツとし、昭和62(1987)年になんば花月に代わる劇場として新築開業した**"笑いの殿堂"**。客席数858の劇場では漫才、落語、コント、**吉本新喜劇**などの生のお笑いを365日お届け。

吉本新喜劇が生で見られる　©吉本興業

▶なんばグランド花月
住 大阪市中央区難波千日前11-6
TEL 06-6641-0888
開 料 公演内容による
交 地下鉄**なんば駅**3番出口（御堂筋線）から徒歩2分
URL www.yoshimoto.co.jp

難波の繁華街の中心にある
©吉本興業

多くの文化財を有する摂津一の宮　ベイエリア・大阪市南部と堺

住吉大社

神功皇后時代の創建と伝わり、古くから**航海の神様**として広く信仰を集めた、大阪を代表する神社。正月三が日の初詣参拝者数は200万人を越え、大阪府下では最多を誇る。**住吉造**と呼ばれる独特の建築様式で建てられた本殿は、4棟すべてが国宝に指定されている。

「住吉造」の本殿4棟はすべて国宝

▶住吉大社
住 大阪市住吉区住吉2-9-89
TEL 06-6672-0753
開 4～9月6:00～17:00
10～3月6:30～17:00
休 無休　料 無料
交 阪堺**住吉鳥居前駅**から徒歩すぐ。または南海**住吉大社駅**から徒歩3分。南海**住吉東駅**から徒歩5分
URL www.sumiyoshitaisha.net

反橋を歩いて渡り参拝する

堺が誇る偉人、利休と晶子を紹介　ベイエリア・大阪市南部と堺

さかい利晶の杜

堺出身の茶人・千利休の屋敷跡に隣接する文化観光施設。現存する利休作の唯一の茶室である妙喜庵・待庵の創建当初の姿を想定復元した**さかい待庵**、堺や利休の茶の湯を紹介する**千利休茶の湯館**、堺出身の歌人・与謝野晶子を紹介する**与謝野晶子記念館**などがある。

「千利休茶の湯館」の展示

▶さかい利晶の杜
住 堺市堺区宿院町西2-1-1
TEL 072-260-4386
開 9:00～18:00(最終入場17:30)
休 毎月第3火曜（祝日の場合は翌日）、年末年始　料 300円
交 阪堺**宿院駅**から徒歩1分
URL www.sakai-rishonomori.com

利休と晶子を通じて堺を体験できるミュージアム

日本のウイスキーのふるさと　北大阪・東大阪エリア

サントリー山崎蒸溜所

大正12(1923)年に鳥井信治郎によって創設され、初めて国産ウイスキーの製造に成功した蒸溜所。工場見学のほか、併設されている**山崎ウイスキー館**でウイスキーの歩みの展示や有料テイスティングも楽しめる。オンラインでのリモート蒸溜所ツアーも随時開催されている。

豊かな自然と良質の水に恵まれた蒸溜所

▶サントリー山崎蒸溜所
住 三島郡島本町山崎5-2-1
TEL 075-962-1423
開 10:00～17:00（最終入場16:30）
休 年末年始・工場休業日（臨時休業あり
料 無料（有料見学ツアーあり）
※来場は事前予約制
交 JR**山崎駅**から徒歩10分
URL www.suntory.co.jp/factory/yamazaki

info 京都府に近い**島本町**は史跡が多く、なかでも**水無瀬**（みなせ）は『伊勢物語』などの古典文学の舞台として名高い。後鳥羽院ゆかりの離宮のあった場所には**水無瀬神宮**があり、境内の湧水「**離宮の水**」は、大阪府下で唯一の「名水百選」である。

開運の神様として知られる　北大阪・東大阪エリア

能勢妙見山（のせみょうけんざん）

北辰妙見大菩薩を祀る開運殿

妙見山の山上にある日蓮宗の寺院であり、正式名称は無漏山眞如寺（むろさんしんにょじ）境外仏堂（けいがいぶつどう）能勢妙見山（のせみょうけんざん）。北極星を神格化した北辰妙見大菩薩（ほくしんみょうけんだいぼさつ）を祀り、宗派を問わず信仰されている。また境内には、北極星の守護神である北斗七星と輔星（そえぼし）の8つの星にちなんで**8頭の神馬の像**がある。

▶能勢妙見山
住 豊能郡能勢町野間中661
TEL 072-739-0991
開 9:00～16:30
休 無休　料 無料
交 能勢電鉄**妙見口駅**からバスで3分（徒歩20分）の**黒川駅**から妙見の森ケーブルおよび妙見の森リフトを乗り継ぎ**妙見山駅**下車、徒歩約20分
URL www.myoken.org

人気の開運馬みくじ

「ひらパー」の名前で親しまれる　北大阪・東大阪エリア

ひらかたパーク（ひらかたぱーく）

最高時速70㎞のレッドファルコン

明治43（1910）年に開園した香里（こうり）遊園地を前身とする、現在も営業を続ける施設では日本最古の歴史を誇る遊園地。かつては**菊人形展**の開催で知られていたが、近年は夏のプール**ザ・ブーン**や、11～4月に開催されるイルミネーション**光の遊園地**などの人気が高い。

▶ひらかたパーク
住 枚方市枚方公園町1-1
TEL 0570-016-855
開 10:00～17:00（季節、曜日による）
休 不定休
料 入園のみ1600円、フリーパス4600円
交 京阪**枚方公園駅**から徒歩約3分
URL www.hirakatapark.co.jp

子供から大人まで楽しめる

聖徳太子の墓所がある　南大阪エリア

叡福寺（えいふくじ）

聖徳太子御廟

聖徳太子の没後、太子の墓を守るお堂が建てられたのが寺の創始で、聖武天皇の時代に伽藍が整えられたとされる。境内には江戸時代前期に建てられた多宝塔および聖霊殿は国指定重要文化財。また境内北側に隣接する古墳が**聖徳太子の御廟**で、正面から参拝できる。

▶叡福寺
住 南河内郡太子町太子2146
TEL 0721-98-0019
開 8:00～17:00
休 無休　料 無料
交 近鉄**上ノ太子駅**からでバス8分（近鉄**喜志駅**からバスで10分）の**聖徳太子御廟前**下車、徒歩すぐ
URL eifukuji-taishi.jp

南朝ゆかりの奥河内の名刹　南大阪エリア

観心寺（かんしんじ）

如意輪観音坐像を安置する金堂

毎年4月17、18日のみ開扉される国宝の**如意輪観音坐像**（にょいりんかんのんざぞう）で名高い、南朝ゆかりの真言宗の寺院。境内には南朝方の後村上天皇の陵がある。国宝の**金堂**や、楠木正成が三重塔の造営に着手するも戦死により中断、一重の仏堂となった**建掛塔**（たてかけのとう）など、多くの寺宝を有する。

▶観心寺
住 河内長野市寺元475
TEL 0721-62-2134
開 9:00～17:00（最終入場16:30）
休 無休　料 300円
交 南海・近鉄**河内長野駅**からバスで約15分の**観心寺**下車、徒歩すぐ
URL kanshinji.com

建掛塔は国指定重要文化財

info 大阪府下で唯一、国の重要伝統的建造物群保存地区に選定されている**富田林**（とんだばやし）は、**興正寺別院**を中心に形成された寺内町。現在も往時の繁栄ぶりを偲ぶ古い町並みが残り、国指定重要文化財である**旧杉山家住宅**などの見どころがある。

適塾

多くの人材を輩出した蘭学塾

大阪市内中心部

蘭学者・緒方洪庵の私塾で、福沢諭吉や大村益次郎ら多くの人材を輩出したことで知られる。大阪大学のルーツであり、建物は国の重要文化財に指定されている。

建物は国指定重要文化財

▶適塾
住 大阪市中央区北浜3-3-8
TEL 06-6231-1970
開 10:00～16:00
休 月曜(祝日の場合は翌日)、12/28～1/4 料 270円
交 地下鉄·京阪**淀屋橋駅**から徒歩5分。または地下鉄·京阪**北浜駅**から徒歩5分
URL osaka-info.jp/spot/tekijuku

摧拓摧捂神社

不思議な力を秘めた神社

大阪市内中心部

祭神は天御中主大神、高皇霊産大神、神皇霊産大神の三神。**摧拓摧捂**とは災難消除、無病長寿の力をもつ言葉であり、願いがかなう神社として参拝者が絶えない。

霊験あらたかな境内

▶摧拓摧捂神社
住 大阪市西区立売堀2-5-26
TEL 06-6538-2251
開 9:00～17:00 休 無休
交 地下鉄**阿波座駅**から徒歩5分。または地下鉄**西大橋駅**から徒歩7分

アメリカ村

若者文化の発信地

大阪市内中心部

1970年代以降、アメリカから輸入した古着やレコードなどを売る店が増え、現在ではライブハウスやバーなども集まる若者文化・流行の発信地。**"アメ村"**とも呼ばれる。

黒田征太郎氏の壁画『PEACE ON EARTH』

▶アメリカ村
住 大阪市中央区西心斎橋1丁目～2丁目
開 休 店舗による
交 地下鉄**心斎橋駅**から徒歩3分
URL americamura.jp

アメリカ村の中心、御津(三角)公園

難波八阪神社

獅子の形の舞台で名高い

大阪市内中心部

古くより**"難波下の宮"**と呼ばれ信仰された歴史ある神社。有名な**獅子殿**は高さ12mもある巨大な舞台で、獅子の口が邪気を飲み込み、勝運を呼び込むとされ参拝者が多い。

獅子の口が舞台になっている獅子殿

▶難波八阪神社
住 大阪市浪速区元町2-9-19
TEL 06-6641-1149
開 9:00～17:00
休 無休 料 無料
交 地下鉄·南海**なんば駅**から徒歩6分。または地下鉄**大国町駅**から徒歩7分
URL nambayasaka.jp

難波八阪神社の本殿

鶴橋

韓国料理&焼肉のメッカ

大阪市内中心部

大阪を代表する**コリアタウン**。駅周辺は商店街が迷宮のように広がり、韓国料理が食べられる店も多い。また駅西側は焼肉店街であり、有名店が軒を連ねている。

焼肉店が軒を連ねる

▶鶴橋
住 大阪市天王寺区下味原町·東上町、東成区東小橋3丁目、生野区鶴橋1～2丁目
開 休 店舗による
交 地下鉄·JR·近鉄**鶴橋駅**から徒歩すぐ
URL osaka-info.jp/spot/osaka-tsuruhashi-market

info 参拝者が願いを込めて水をかけるため、びっしりと苔に覆われた**水掛不動**で知られる**法善寺**。境内には織田作之助の代表作『**夫婦善哉**』で名高いぜんざい店**夫婦善哉**が営業していて、2椀で1人前のぜんざいをいただくことができる。

食の都・大阪の台所　大阪市内中心部

黒門市場(くろもんいちば)

活気あふれる商店街

江戸時代後期に圓明寺(えんみょうじ)の黒い山門前に形成された市場を起源とする。鮮魚を中心に扱う**市場**であると同時に**商店街**でもあり、寿司や刺身、串焼きなどが味わえる店も多い。

▶黒門市場
住 大阪市中央区日本橋2-4-1
TEL 06-6631-0007
開 休 店舗による
交 地下鉄・近鉄**日本橋駅**から徒歩5分
URL kuromon.com

生息地の環境を可能なかぎり再現　大阪市内中心部

天王寺動物園(てんのうじどうぶつえん)

人気のホッキョクグマ

内国勧業博覧会跡地に大正4(1915)年に開園した、日本有数の歴史をもつ動物園。約180種1000点の動物が飼育され、夏には夜間に見学できるイベント**ナイトZOO**も開催される。

▶天王寺動物園
住 大阪市天王寺区茶臼山町1-108
TEL 06-6771-8401
開 9:30〜17:00(最終入場16:00)
休 月曜(祝日の場合は翌日)、12/29〜1/1　料 500円
交 地下鉄**動物園前駅**から徒歩約5分。またはJR・地下鉄**天王寺駅**から徒歩約10分
URL tennojizoo.jp

お百度参りで全国的に知られる　北大阪・東大阪エリア

石切劔箭神社(いしきりつるぎやじんじゃ)

石切劔箭神社の御本殿

「石切さん」「でんぼ(関西の言葉で腫れ物の意)の神さん」と呼ばれ親しまれる神社。お百度ひもを手に持ち、お百度石のあいだを100回まわって参拝する**"お百度参り"**で有名。

▶石切劔箭神社
住 東大阪市東石切町1-1-1
TEL 072-982-3621
開 8:00〜16:30(授与所)
休 無休　料 無料
交 近鉄**新石切駅**から徒歩約7分。または近鉄**石切駅**から徒歩約15分
URL ishikiri.or.jp

神門にあたる絵馬殿

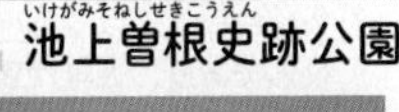

日本有数の環濠集落遺跡　南大阪エリア

池上曽根史跡公園(いけがみそねしせきこうえん)

復元された高床式の建物

弥生時代中期の大環壕集落(かんごうしゅうらく)遺跡。出土した柱の年輪年代法の測定により、弥生時代の実年代が判明した初めての遺跡として知られる。大阪府立弥生文化博物館も隣接する。

▶池上曽根史跡公園
▶池上曽根弥生情報館
住 和泉市池上町4-14-13
TEL 0725-45-5544
開 10:00〜17:00(最終入場16:30)
休 月曜(祝日の場合は翌日)、年末年始　料 無料
交 JR**信太山駅**から徒歩約12分
URL izbun.jp/ikegami_sone

実物のだんじりが展示されている　南大阪エリア

岸和田だんじり会館(きしわだだんじりかいかん)

祭り気分に浸れる

勇壮なだんじり祭の迫力を体感できる資料館。天保12(1841)年に製作され、平成2(1990)年まで実際に曳行されていた紙屋町の**先代だんじり**など、3台のだんじりが展示されている。

▶岸和田だんじり会館
住 岸和田市本町11-23
TEL 072-436-0914
開 10:00〜17:00(最終入場16:00)
休 月曜(祝日を除く)、12/29〜1/3
料 600円
交 南海**岸和田駅**から徒歩約15分。または南海**蛸地蔵駅**から徒歩約7分
URL kishibura.jp/danjiri

岸和田城のすぐそばにある

info **犬鳴山**(いぬなきやま)**温泉**は、修験道の霊場・犬鳴山七宝瀧寺(しっぽうりゅうじ)の門前に数軒の旅館が建ち並ぶ、大阪府内で唯一の温泉郷。泉質はナトリウム-炭酸水素塩泉で、日帰り温泉施設**山乃湯**では源泉かけ流しの湯が楽しめる。

兵庫県 HYOGO

人口
546.5万人（全国7位）
面積
$8401km^2$（全国12位）
県庁所在地
神戸市
県花
ノジギク

はばタン
兵庫県マスコット はばタン
元気な兵庫をアピールする、
チャレンジ精神旺盛なマスコット

ノジギク
兵庫県以西の
野山で自生する野菊

近畿地方最大の面積をもつ県で、神戸市をはじめ全41市町からなる。旧播磨（はりま）・淡路・但馬（たじま）国の全域と、摂津（せっつ）・丹波（たんば）国の西部、それに備前・美作国（みまさかのくに）の一部で構成され、近畿地方では瀬戸内海と日本海の両方に面する唯一の県。京阪神の都市圏の一角を形成する温暖な南部と、過疎地が多く冬は積雪に見舞われる北部では、文化や習慣、生活様式もまったく異なっている。当然ながら旅の目的や楽しみ方もエリアごとに異なり、そこが兵庫県の最大の魅力であるといえる。

旅の足がかり

神戸市

人口約151万人を数える政令指定都市で、兵庫県の県庁所在地。平清盛の時代の日宋貿易以来の歴史を誇る、日本有数の国際貿易港であると同時に、異国情緒あふれる観光地でもある。大阪湾と六甲山地に挟まれた東西に長い市街地をもち、**有馬温泉**P.666など六甲山の北側にも市域は広がっている。昭和31（1956）年には六甲山エリアが瀬戸内海国立公園の区域に追加指定された。平成7（1995）年に起きた阪神・淡路大震災では大きな被害を被ったが、見事復興を果たしている。

姫路市

播州地方の中心都市で、江戸期は姫路藩15万石の城下町として発展した、人口約53万人を誇る中核市。県西部の工業、経済の中心地であるばかりでなく、世界遺産・**姫路城**P.664をはじめ、**書写山圓教寺**P.670や**姫路セントラルパーク**P.670など、メジャーな観光地も多い。また北部は山岳地帯であり、標高915mの雪彦山はロッククライミングの名所。

豊岡市

人口7万8千人を数える但馬地方の中心地。平成17（2005）年の近隣自治体との合併により、面積は兵庫県の市区町村で最大となった。また**城崎温泉**P.668や**出石**P.668など、県北部の有名観光地の多くが市域に含まれている。地場産業として明治時代からカバンの生産が盛んであり、近年は豊岡鞄を地域ブランドとして積極的にアピールしている。

地理と気候

温暖な瀬戸内海式気候の南部や淡路島に対し、北部は日本海側気候であり、冬季は降雪量が多く山間部にはスキー場が点在する。中部でも冬は寒さの厳しい日が多く、山間部では豪雪となることもある。

【夏】 比較的雨が少なく、南部は近年では猛暑の年が多い。北部の日本海側もフェーン現象により暑くなる日が少なくないが、山間部の高地は夏でも比較的涼しい。

【冬】 北部は積雪のある日が多く、車を運転する場合は冬装備が必須。中部でも六甲山以北ではしばしば積雪する。一方で淡路島など南部での積雪は滅多にない。

P.656～673 写真提供：公益社団法人ひょうご観光本部　一般財団法人神戸観光局　公益社団法人姫路観光コンベンションビューロー　姫路市　赤穂市　丹波篠山市　朝来市　たつの市観光協会　宝塚市国際観光協会　NPO法人但馬國出石観光協会　湯村温泉観光協会　兵庫県立コウノトリの郷公園

アクセス

東京から ▶▶▶	所要時間
飛行機 羽田空港▶神戸空港	1時間10分
新幹線 東京駅▶新神戸駅(のぞみ)	2時間44分
高速バス バスタ新宿▶三宮バスターミナル	9時間

大阪から ▶▶▶	所要時間
新幹線 新大阪駅▶新神戸駅(のぞみ)	12分
JR線 大阪駅▶三ノ宮駅	22分
鉄道 大阪梅田駅▶神戸三宮駅(阪急)	27分
鉄道 大阪梅田駅▶宝塚駅(阪急)	33分
鉄道 大阪難波駅▶神戸三宮駅(阪神)	45分
高速バス 関西空港▶三宮バスターミナル	1時間5分

岡山から ▶▶▶	所要時間
新幹線 岡山駅▶新神戸駅(のぞみ)	31分
JR線 岡山駅▶姫路駅	1時間40分

徳島から ▶▶▶	所要時間
高速バス 徳島駅▶三宮バスターミナル	2時間

県内移動

▶三宮から淡路島へ

JR線新快速で明石駅まで約15分、山陽電鉄なら山陽明石駅まで約35分。そこから徒歩約10分の明石港からフェリーで約13分で淡路島の岩屋港に到着。

三宮バスターミナルから淡路島の洲本バスセンターまで約1時間30分。

▶姫路から三宮へ

JR線の新快速で約45分。山陽電鉄で1時間15分。山陽電鉄は阪神と直通運転をしており、大阪梅田駅まで乗り換えなしで行ける。

▶三宮から北中部へ

JR福知山線の特急**こうのとり**が便利。ただし起点が新大阪駅なので、乗車するには尼崎駅まで出る必要がある。尼崎駅から篠山口駅まで約50分、城崎温泉駅まで約2時間40分。また神戸、姫路を経て播但線経由で北部へ向かう特急**はまかぜ**も運行されているが、1日2～3往復と本数は多くない。

▶▶▶アクセス選びのコツ

神戸空港にはおもに羽田空港、新千歳空港、那覇空港などの便が発着。但馬空港は大阪伊丹空港との間に1日2往復。

大阪～神戸間はJR、阪急、阪神の各線が便利さを競い合っている。3線はいずれも三宮に発着するので、行き先によって利用する路線を選びたい。

四国方面からの高速バスは明石海峡大橋たもとの舞子(高速舞子)を経由し、三宮に到着。三宮の高速バス乗り場は数ヵ所に分かれている。

交通路線図

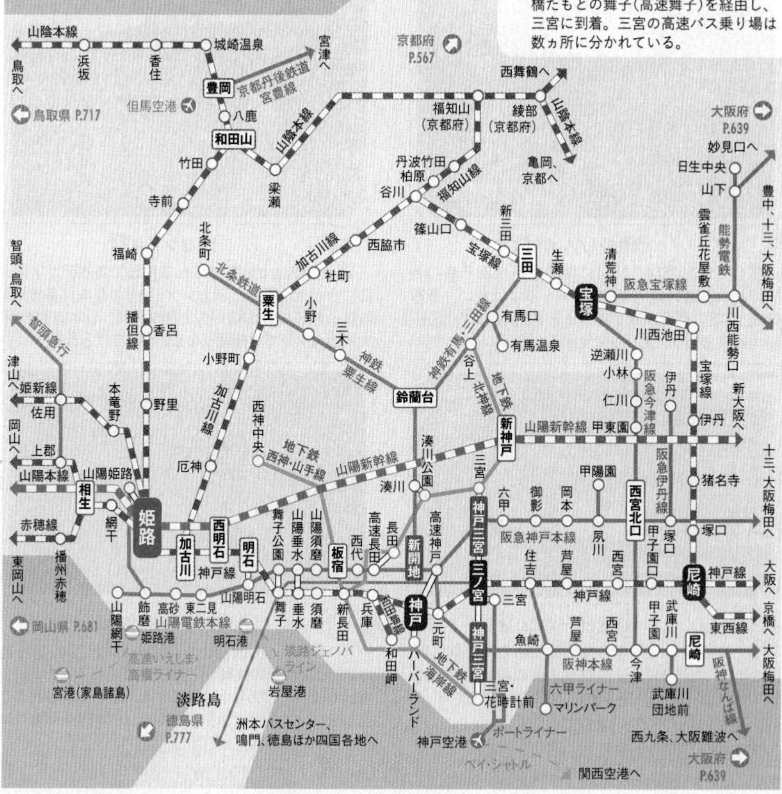

兵庫県

うちの県はここがすごい

一

国指定史跡のお城が国内最多

戦国時代には群雄が割拠し、いたるところに山城が築かれた兵庫県。世界遺産の姫路城から天空の城・竹田城跡まで、国指定史跡の城の数が22と、日本一を誇っている。

二

圧倒的シェアを誇る播州そろばん

羽柴秀吉の三木城攻略の折、近江国大津に避難した住民がそろばんの技術を身に付け、故郷に伝えたのが発祥とされる小野市の播州そろばん。現在も全国シェアの70%を占めている。

三

清酒の生産量が日本一

灘五郷を擁する兵庫県は清酒の生産量で日本一。また酒米の代表格・山田錦の生産量も全国シェアの6割近くを占める。兵庫県は日本一の日本酒王国なのである。

イベント・お祭り・行事

① 灘のけんか祭り

毎年10月14、15日に姫路市の松原八幡神社で行われる例大祭。3基の神輿をぶつけ合い、豪華絢爛な7基の屋台が練り合わせをする。播州の秋祭りの代表格であり、勇壮さで全国的に名高い。

② デカンショ祭

丹波篠山地方に伝わる民謡であるデカンショ節に合わせて踊る、デカンショ踊りの祭典。毎年8月に篠山城三の丸広場周辺で開催され、日本有数の巨大木造ヤグラでの総踊りなどが繰り広げられる。

③ 相生ペーロン祭

大正11(1922)年に播磨造船所の従業員によって始められたペーロン船(中国風の龍の装飾を施した木造和船)による競漕。毎年5月に相生湾で開催され、銅鑼と太鼓の音に合わせて各船が力漕する。

④ 神戸ルミナリエ

阪神・淡路大震災の記憶を後世に語り継ぎ、犠牲者の鎮魂と追悼、街の復興を祈念して開催される、神戸の希望を象徴する行事。1995年から毎年12月に旧居留地で開催されている。2022年の開催については神戸ルミナリエHPを参照のこと。

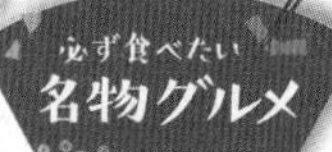

ぼたん鍋

猪の肉を味噌で煮込んで食べる、丹波篠山地方で生まれた郷土料理。市内には天然の猪肉を用いた約40軒の専門店があり、店ごとにだしにこだわるなど味を競っている。

明石焼

タコの水揚げで名高い明石の名物。地元では玉子焼と呼ばれる。鶏卵をたっぷり使った、たこ焼きの一種で、わずかに傾いた赤い板に載せて提供され、出汁に浸して食べる。

丹波栗

丹波篠山地方の代表的名産であり、千年以上も前から朝廷に献上されていた歴史あるブランド食材。現在のおもな品種は銀寄で、秋には篠山市街で焼き栗の食べ歩きが楽しめる。

出石そば

信州上田藩から出石に国替えとなった仙石氏が、蕎麦職人を連れて来たのがルーツとされる。出石焼の小皿に小分けされた独特のスタイルで、約40軒の蕎麦屋が味を競っている。

もらえば笑顔
定番みやげ

炭酸せんべい

有馬温泉や宝塚温泉などで湧く炭酸泉を原料に作られた、薄い円形のせんべい。基本的にはバターや卵、添加物などを使っておらず、素朴な味わい。缶に入って売られている。

丹波篠山黒豆

丹波地方で古くから栽培される黒大豆で、粒の大きさともっちりした触感、甘さが特徴。煮ても皮が破れにくく色つやもよく、おせち料理に欠かせない食材として重宝されている。丹波産食材の代名詞的存在だ。

地元っ子愛用
ローカル味

揖保乃糸

たつの市をはじめとする播磨地方で作られる手延べ素麺。**兵庫県手延素麺協同組合**の商標であり、関西ではどこのスーパーマーケットでも売られている定番の商品。

ニシカワパン

加古川駅前で昭和22(1947)年に創業、昔ながらの製法を守るご当地パン屋さん。看板商品「にしかわフラワー」などの主力商品は、今や兵庫県内のみならず関西全域で販売されている。

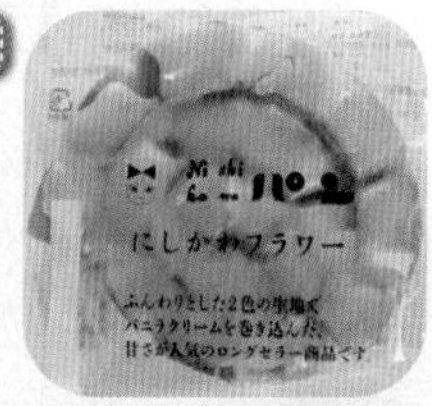

匠の技が光る
伝統工芸

丹波焼

丹波篠山市の旧今田町に伝わる陶器。立杭焼とも呼ばれ、六古窯に数えられる。灰が土の鉄分や釉薬と溶け合って反応する、"灰被り"と呼ばれる独特の模様や色合いが特徴。

赤穂緞通(あこうだんつう)

緞通とは手織りの屋内用敷物のことで、赤穂は堺や佐賀と並ぶ三大緞通の1つ。独自の製法で織られ、明治末期には御召列車の敷物にも採用された。県の伝統工芸品に指定されている。

ワカルかな?
兵庫のお国言葉

今日はさっちもない用事であつかましかった

Ans. 今日はつまらない用事で忙しかった

1泊2日で巡る 兵庫県

県南部を巡るプラン。1日目は神戸市内中心部から有馬・六甲を、2日目は明石・姫路を中心に山陽路を旅してみよう。

1日目

9:00 JR新神戸駅

徒歩15分

9:15 洋風建築が建ち並ぶ **北野異人館街**を散策 ▶P.665

神戸随一のおしゃれスポット。文化財の異人館を利用したスターバックスにはぜひ立ち寄りたい。

徒歩15分

11:30 縁結びの神様 **生田神社**を参拝 ▶P.672

鎮守の森が広がる都会のオアシス。「水みくじ」で占う、恋の行方は果たして?

徒歩10分

12:00 日本有数の中華街 **南京町**でランチ ▶P.666

中華料理店や中国の雑貨店などがひしめく。

点心やスイーツも人気!

徒歩10分

14:00 地下鉄三宮駅

鉄道40分

谷上駅と有馬口駅で乗り換え

14:40 神鉄有馬温泉駅

徒歩5分

鉄分豊富な褐色の「金の湯」で、体の芯まで温まろう。もう一種の「銀の湯」は炭酸泉。

14:45 関西の奥座敷**有馬温泉**で自慢の湯に浸かる ▶P.666

炭酸泉は飲むこともできる

徒歩20分

16:30 六甲有馬ロープウェー有馬温泉駅

2020年デビューのスイス製新ゴンドラで、12分の空中散歩。

ロープウェー12分

16:42 六甲山頂駅

徒歩3分

16:45 **六甲ガーデンテラス**でのんびり ▶P.665

本格的な食事が味わえる

レストランやみやげ物店などが揃う観光の拠点。展望が自慢の「グラニットカフェ」で、夕暮れを眺めつつディナーを味わたい。

徒歩3分+バス10分

19:00 昭和天皇も訪れた**六甲山天覧台**から**大阪湾の夜景**を一望

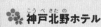

1日の締めくくりは、1000万ドルの夜景で決まり。心ゆくまで堪能したらケーブルカーで下山しよう。宿泊は神戸エリアで。

URL www.rokkosan.com/tenrandai

おすすめ! 泊まるならココ

名シェフ・山口浩氏の手による至高の料理が堪能できるルレ・エ・シャトー加盟ホテル

ロワゾー氏より山口浩に公式に贈られた"世界一の朝食"

神戸北野ホテル(こうべきたの)

北野の異人館街のトアロードに面して建つ都市型オーベルジュ。総支配人で総料理長もつとめるのは、フレンチの巨匠ベルナール・ロワゾーの薫陶を受けた山口浩氏。"世界一の朝食"と称えられたロワゾー直伝の朝食をいただくことができる、世界で唯一のホテル。

客室は英国貴族の邸宅のような雰囲気

住 神戸市中央区山本通3-3-20
TEL 078-271-3711
交 JRほか各線三宮駅またはJR新神戸駅から徒歩15分
料 1泊2食付4万6000円~(税、サービス料込)
URL www.kobe-kitanohotel.co.jp

廃線跡をハイキング

昭和61（1986）年に廃線となった福知山線の生瀬（なまぜ）～武田尾駅間の旧線区間が、遊歩道として（自己責任の原則のもと）開放されている。武庫川の渓谷美を楽しみながら、トンネルや鉄橋跡も歩ける人気のハイキングコースである。自然に癒やされたい人におすすめ。

2日目

9:00 JR三ノ宮駅

鉄道20分

9:20 明石海峡大橋を望む
舞子公園を散策 ▶P.672

世界最大級の大吊り橋「明石海峡大橋」と淡路島を、すぐ近くで眺めてみよう。「孫文記念館」などの展示施設もある。

明石海峡を眼下に見下ろせる回遊式遊歩道「舞子海上プロムナード」も人気。橋の大きさ、高さが実感できる。

鉄道5分

11:45 JR明石駅

徒歩3分

11:50 **魚の棚商店街**に立ち寄り
名物の**明石焼**を味わう ▶P.670

瀬戸内の海の幸を味わいたいならここ。名物のタコが入った明石焼の店も軒を連ねている。

本場のふわとろ明石焼をぜひ！

鉄道20分

13:00 兵庫県が誇る天下の名城
姫路城を見学 ▶P.664

県内唯一の世界遺産であり、天守閣だけでなく門や櫓なども大半が国宝。すべてが見逃せない。見学後は大手門前のバス停からバスで約25分の書写山ロープウェイへ。

バス＆ロープウエイ＆徒歩計60分

15:30 ロープウェイに乗って
書写山圓教寺 ▶P.670

ハリウッド映画『ラスト サムライ』のロケ地で有名な書写山圓教寺を参拝。

ロープウェイでらくらく参拝

徒歩＆ロープウエイ＆バス計60分

18:00 JR姫路駅

鉄道40分

19:00 夜の**神戸ハーバーランド**で
ディナーを楽しむ ▶P.669

港町・神戸は夜もロマンチック。神戸ハーバーランドで夜景を楽しみつつ、神戸ビーフなど神戸ならではのグルメを堪能したい。

美しい砂浜が自慢の山陰海岸の湊町

竹野

県北部の竹野はかつて北前船の寄港地としてにぎわった歴史をもち、今も風情あふれる町並みが残る。また海水浴場の竹野浜は「日本の渚百選」「快水浴場百選」にも選ばれている。

おすすめ！泊まるならココ

古民家再生による地域活性化を目指して誕生した城下町・篠山の小規模分散型ホテル

篠山城下町（ささやまじょうかまち）ホテルNIPPONIA

丹波篠山の城下町に点在する歴史的建造物をリノベーションした、小規模分散型ホテル。全国展開する「NIPPONIA（ニッポニア）」ブランドの第一号ホテルで、古い町並みに10棟が点在、城下町に暮らすような心地で滞在できる。食事は丹波栗や黒大豆、松茸など丹波産の食材をふんだんに使ったフレンチ。

住 丹波篠山市西町25 ONAE棟
TEL 0120-210-289（総合窓口）
交 JR篠山口駅からバスで篠山本町下車（篠山口駅より無料送迎バスあり）
料 1泊2食付23232円～（税込）
URL www.sasayamastay.jp

どの部屋も、古民家ならではの趣を損ねることなくリノベーションされている

兵庫県の歩き方

▶**神戸市総合インフォメーションセンター**
住 神戸市中央区雲井通8丁目（JR三ノ宮駅東口南側）
TEL 078-241-1050
開 9:00～18:00　休 12/31、1/1
URL hello-kobe.com/framepage1.htm

▶**新神戸駅観光案内所**
住 神戸市中央区加納町1-3-1
TEL 078-241-9550
開 9:00～17:00　休 12/31、1/1

▶**神戸空港**
住 神戸市中央区神戸空港
TEL 078-304-7777
URL www.kairport.co.jp

神戸港震災メモリアルパーク

阪神・淡路大震災の記憶と復興への歩みを後世に語り継ぐ記念公園。メリケンパークの岸壁の一部が現在も被災当時のまま保存されているほか、当時の写真や復興への歩みを記した年表などが展示されている。元町駅から徒歩15分。

被災した岸壁が保存されている

神戸市中心部

阪急電鉄の神戸三宮駅

神戸市内および阪神間は、JR線のほか阪急・阪神の2私鉄も路線網をもち、どこへ行くにも鉄道が便利。

神戸市の中心は**三宮**（JRは**三ノ宮駅**、阪神・阪急は**神戸三宮駅**）であり、新幹線が停車する新神戸駅からは地下鉄で1駅と近い。**北野異人館街**P.665や**旧居留地**P.666、**南京町**P.666は、三宮または元町駅を起点にほぼ徒歩で回れる。JR神戸駅は少し離れており、**神戸ハーバーランド**P.669への最寄り駅となる。

▶神戸空港から町の中心まで

神戸空港はポートアイランドの南にある海上空港で、三宮と**ポートライナー**で結ばれている。所要約18分。

ブランド食材

神戸牛（神戸ビーフ）　幕末以来の神戸の牛肉文化の伝統を受け継ぐ和牛ブランド。兵庫県産牛である但馬牛のなかでも、特に品質の良い牛肉だけが、「神戸ビーフ」を名乗ることを認められている。神戸に来たならぜひ味わいたい。

日本が誇る最高級の「霜降り肉」

六甲&阪神エリア

六甲山へは六甲ケーブルが便利

六甲山P.665へは六甲ケーブルがメインルートで、六甲山上バスが山上のおもな見どころを結んでいる。**有馬温泉**P.666へは地下鉄北神線と神戸電鉄有馬線を乗り継いで行けるが、六甲山上からもロープウェイでアクセスできる。また宝塚や西宮などの阪神エリアは、JR、阪急、阪神の各鉄道が便利。

便利情報

六甲ケーブル下駅から乗車

六甲ケーブル　昭和7（1932）年に開業し、オープンタイプの展望車が人気。六甲山上駅は昭和天皇も訪れた展望台「天覧台」に直結しており、単純にケーブルカーを往復するだけでも六甲山の魅力を堪能できる。
URL www.rokkosan.com/cable

info 開港以来の波止場である**メリケン波止場**周辺を造成して、昭和62（1987）年に誕生した**メリケンパーク**。**神戸ポートタワー**や**神戸海洋博物館**、ホテルなどが集まるベイエリアの中心であり、中突堤中央ターミナルも隣接している。

日本全国津々浦々～道の駅めぐり～

淡路島特産タマネギのモニュメントが目立つ

うずしお
うずしおで名高い鳴門海峡と大鳴門橋を眼前に望む道の駅。淡路島の海の幸が人気の「うずしおレストラン」のほか、特産のタマネギをふんだんに使ったご当地グルメ「あわじ島バーガー」も食べられる。

姫路と山陽地方&淡路島

姫路駅から姫路城方面を眺める

明石や姫路方面へは山陽新幹線のほかJR山陽本線の新快速も早くて便利。新快速の一部列車は播州赤穂(ばんしゅうあこう)まで直通運転を行っている。また併走する山陽電鉄も阪神電鉄と直通運転していて利便性は高い。**淡路島**P.667へは三宮や舞子(まいこ)などから高速バスが頻発しているほか、明石港～岩屋港間を淡路ジェノバラインの高速船が所要13分で結んでいる。

足を延ばせば

JRと山陽電鉄の車窓からも見える

五色塚古墳　4世紀後半の築造と推定される、県下最大の前方後円墳。築造当時の姿に復元されていて、墳丘の上からの眺望はすばらしい。山陽霞ヶ丘駅から徒歩約5分、JR垂水駅・山陽垂水駅から徒歩約10分。

県北中部と山陰地方

丹波篠山(たんばささやま)P.667や**城崎温泉**P.668など県北中部へは、新大阪～城崎温泉駅間を結ぶJR福知山線の特急**こうのとり**が便利だが、神戸市内は経由しない。大阪(伊丹)空港～コウノトリ但馬空港間に1日2往復が運航されているほか、三宮と城崎温泉や豊岡、**湯村温泉**P.671などを結ぶ高速バスも運行されている。

おみやげ

純白の磁器、出石焼

出石焼　出石そばでおなじみの白磁。江戸時代中期から生産が始まり、一度は衰退するも明治期に復興、純白の磁器として生まれ変わった。現在、出石町内に4軒の窯元があり、それぞれ直売店を構えている。

▶道の駅 うずしお
住 南あわじ市福良丙947-22
TEL 0799-52-1157
開 9:00～17:00　休 木曜
交 神戸淡路鳴門自動車道**淡路島南IC**から車で約5分
URL eki.uzunokuni.com

▶姫路市観光案内所(姫路観光なびポート)
住 姫路市駅前町210-2(JR姫路駅中央コンコース北西側)
TEL 079-287-0003
開 8:30～17:00
休 12/29·30、施設点検日
URL himeji-kanko.jp

▶あいおい情報ラウンジ観光案内所
住 相生市本郷町1-9(JR相生駅南口)
TEL 0791-23-7113
開 9:00～19:00　休 無休
URL aioi.in

▶洲本観光案内所
住 洲本市港2-43(洲本バスセンター内)
TEL 0799-25-5820
開 9:00～17:00　休 木曜
URL www.awajishima-kanko.jp

沼島(ぬしま)のべっぴん鱧
淡路島の南方に浮かぶ沼島は、鯛やアジなど豊かな海の幸で名高い。なかでも延縄で一匹ずつ釣り上げられるハモは有名で、夏季は名物のハモすき鍋などハモ料理を目当てに多くの観光客が訪れる。沼島へは土生港から連絡船で約10分。

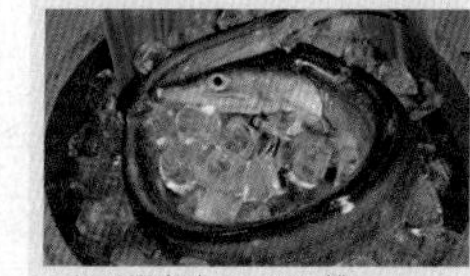
これが沼島産べっぴん鱧

▶篠山口駅観光案内所
住 丹波篠山市大沢165-1
TEL 079-590-2060
開 10:00～17:00　休 年末年始
URL www.burari-tambaji.com

▶コウノトリ但馬空港
住 豊岡市岩井字河谷1598-34
TEL 0796-26-1500
交 JR**豊岡駅**から空港連絡バスで所要約15分
URL www.tajima-airport.jp

info 養父(やぶ)市の北西部、標高1221mの**鉢伏山**(はちぶせやま)の中腹に広がる**ハチ高原**は、登山などのアウトドアのほか、林間学校で人気の高原リゾート。冬季は周辺も含め多くのスキー場がオープンし、関西最大級のスノーリゾートとしてにぎわう。

兵庫県の見どころ

▶姫路城
住 姫路市本町68
TEL 079-285-1146
開 9:00〜17:00（最終入場16:00）
休 12/29·30　料 1000円
交 JR**姫路駅**から徒歩約20分。またはバスで**大手門前**下車
URL www.city.himeji.lg.jp/castle

テレビ時代劇でおなじみ“将軍坂”

日本庭園「好古園」

“白鷺城”の異名を持つ名城

姫路城

世界遺産にも登録されている天下の名城。

江戸時代初期に**池田輝政**によって築かれ、大天守と3つの小天守が渡櫓で結ばれた連立式天守を有する平山城で、江戸時代以前に建造された現存する天守閣では最大規模を誇る。非常に防御力の高い城だが、これまでほとんど実戦を経験せず、空襲の際も被災を免れたため、今も原型をとどめている。

国宝に指定されている、5層6階地下1階構造の大天守

また天守閣への登城路には、姫路城を江戸城に見立てた時代劇によく登場する通称**“将軍坂”**があり、撮影スポットとして人気が高い。なお城の東側には、西御屋敷跡に整備された姫路城を借景とする庭園の**好古園**がある。

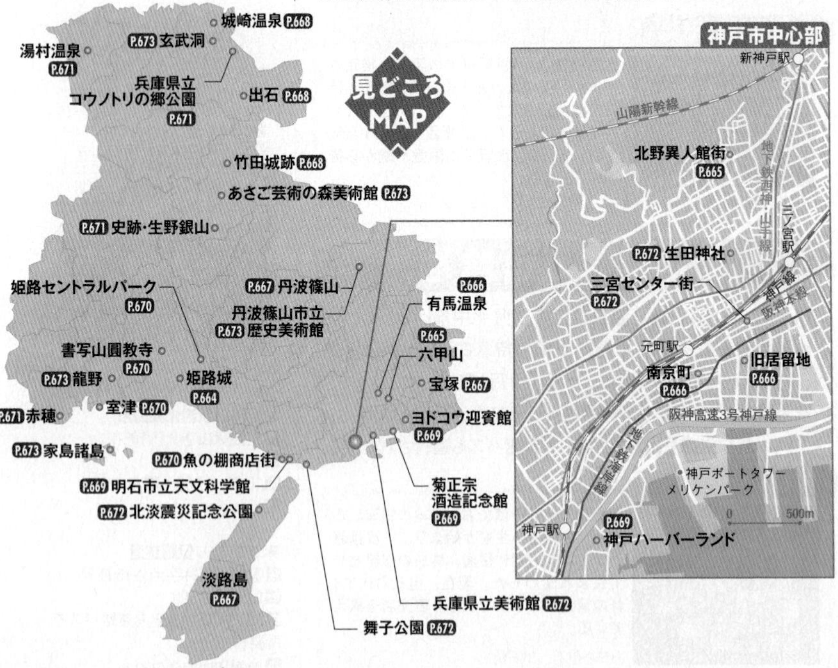

見どころMAP

城崎温泉 P.668
P.673 玄武洞
湯村温泉 P.671
兵庫県立コウノトリの郷公園 P.671
出石 P.668
竹田城跡 P.668
あさご芸術の森美術館 P.673
P.671 史跡・生野銀山
姫路セントラルパーク P.670
P.667 丹波篠山
丹波篠山市立歴史美術館 P.673
P.666 有馬温泉
P.665 六甲山
書写山圓教寺 P.670
P.673 龍野
姫路城 P.664
宝塚 P.667
室津 P.670
P.671 赤穂
ヨドコウ迎賓館 P.669
P.673 家島諸島
P.670 魚の棚商店街
P.669 明石市立天文科学館
P.672 北淡震災記念公園
菊正宗酒造記念館 P.669
淡路島 P.667
兵庫県立美術館 P.672
舞子公園 P.672

神戸市中心部
新神戸駅
山陽新幹線
北野異人館街 P.665
地下鉄西神・山手線
三ノ宮駅
P.672 生田神社
三宮センター街 P.672
神戸線
阪神本線
元町駅
南京町 P.666
旧居留地 P.666
阪神高速3号神戸線
地下鉄海岸線
神戸ポートタワー
メリケンパーク
0　500m
神戸駅
P.669 神戸ハーバーランド

info かつての姫路城は、三重に掘をめぐらせ、外堀が城下町を守る**“総構え”**の城であった。外堀は現在の姫路駅北側あたりに築かれており、姫路駅北駅前広場には外堀や城壁をモチーフにした、小川の流れる**キャッスルガーデン**がある。

おもしろいことがギッシリ

六甲＆阪神エリア

六甲山（ろっこうさん）

六甲ガーデンテラスは大阪湾を見渡す絶好のロケーション

水上アスレチックが人気のGREENIA

神戸市中央部に連なる山並みの総称で、最高峰は931m。瀬戸内海国立公園の区域に含まれ、明治以降はリゾート地として発展を続けてきた。

山上には**六甲ガーデンテラス**や**ROKKO森の音ミュージアム**、**六甲山アスレチックパークGREENIA**（グリーニア）など多くの観光スポットがあるほか、リゾートホテルや企業の保養所、別荘なども点在する。山上へは**六甲ケーブル**や表六甲ドライブウェイなどで気軽にアクセスでき、日本のロッククライミング発祥の地であるロックガーデンをはじめ登山道も整備されている。

エキゾチックな町並みが残る

神戸市中心部

北野異人館街（きたのいじんかんがい）

明治42（1909）年築で国指定重要文化財である風見鶏の館

洋風建築が数多く残る、神戸随一の観光スポットであり、国の重要伝統的建造物群保存地区に選定されている。

兵庫（神戸）港開港から10年ほど経った明治13（1880）年前後より、雑居地として認められていたこの地に外国人住宅が増え始め、異人館街が形成されていった。

国指定重要文化財の**風見鶏の館**（旧トーマス邸）や**萌黄（もえぎ）の館**（旧シャープ住宅）などが代表格で、第二次世界大戦時に空襲に遭わなかったこともあり、現在も多くの洋風建築が残されている。内部見学が可能な建物も多く、美術館やカフェ、ショップなどに活用されている建物もある。

▶六甲山
交 阪急**六甲駅**からバスで約15分の**六甲ケーブル下駅**下車。六甲ケーブルで**六甲山上駅**まで約10分
URL www.rokkosan.com

▶六甲ガーデンテラス
住 神戸市灘区六甲山町五介山1877-9
TEL 078-894-2281
開 休 店舗・季節による
交 六甲ケーブル**六甲山上駅**からバスで約10分。または六甲有馬ロープウェー**六甲山頂駅**から徒歩約3分
URL www.rokkosan.com/gt

▶ROKKO森の音ミュージアム
TEL 078-891-1284
開 10:00～17:00
休 木曜（7/21～11/17、2023/2/23を除く）、年末年始　料 1300円
URL www.rokkosan.com/museum

▶六甲山アスレチックパークGREENIA
TEL 078-891-0366
開 3月下旬～11月下旬10:00～17:00
休 木曜（祝日、夏休みを除く）
料 3000円
URL www.rokkosan.com/greenia

▶北野異人館街
住 神戸市中央区北野町
交 JR**三ノ宮駅**、阪急・阪神**神戸三宮駅**、JR・阪神**元町駅**、JR・地下鉄**新神戸駅**の各駅から徒歩約15分。または地下鉄**三宮駅**からシティーループバスで約15分
URL www.kobeijinkan.com

▶風見鶏の館
TEL 078-242-3223
開 9:00～18:00（最終入場17:45）
休 2・6月の第1火曜（祝日の場合は翌日）
料 500円（萌黄の館共通券650円）

▶萌黄の館
TEL 078-855-5221
開 9:00～18:00（最終入場17:45）
休 2月の第3水曜とその翌日
料 400円（風見鶏の館共通券650円）

美しい外壁が印象的な萌黄の館

info **能勢電鉄**の**平野駅**周辺は、古くは炭酸泉が湧く温泉地であった。明治17（1884）年にこの炭酸水を瓶詰めして**平野水**の名で販売したのが**三ツ矢サイダー**の始まりであり、三ツ矢サイダー発祥の地には**源泉地室**などの文化遺産が保存されている。

神戸のファッションの発信地

神戸市中心部

旧居留地（きゅうきょりゅうち）

神戸港開港に際して設けられた**外国人居留地**で、明治32（1899）年の居留地返還後はビジネス街として発展した。空襲の被害などにより、現存する旧居留地時代の建物は旧居留地十五番館のみだが、大正～昭和初期に建てられたレトロな近代建築が点在する。ブティックやレストランなども多く、流行とファッションの発信地となっている。

重厚な近代建築が建ち並ぶ

▶旧居留地
住 神戸市中央区海岸通・京町・明石町など
開 休 施設・店舗による
交 JR**三ノ宮駅**、阪急・阪神**神戸三宮駅**から徒歩5分。またはJR**元町駅**から徒歩5分
URL www.kobe-kyoryuchi.com

旧居留地十五番館は国指定重要文化財

日本有数のチャイナタウン

神戸市中心部

南京町（なんきんまち）

横浜の中華街や長崎新地中華街と並ぶ、日本を代表する**チャイナタウン**。

「南京町」はもともとは広く中華街のことを指す言葉であったが、今では神戸の中華街を指す呼称として定着した。元町商店街や旧居留地に隣接する路地の一角に、中華料理店や雑貨店、みやげ物店などが軒を連ね、一年を通して多くの観光客でにぎわっている。

中華料理店や雑貨店などが軒を連ねる

▶南京町
住 神戸市中央区元町通栄町通1～2
開 休 店舗による
交 JR・阪神**元町駅**から徒歩5分。または地下鉄**旧居留地・大丸前駅**から徒歩2分
URL www.nankinmachi.or.jp

西側の入口にあたる西安門

豊臣秀吉が愛した関西の名湯

六甲＆阪神エリア

有馬温泉（ありまおんせん）

六甲山の北麓に湧く京阪神の奥座敷。古くは『日本書紀』にも登場するなど、日本でもっとも古い温泉のひとつであり、豊臣秀吉が足繁く通ったことでも知られる。

泉質は鉄分を豊富に含んだ褐色の塩化物泉（金泉）と、無色透明の炭酸泉（銀泉）の2種類の湯が湧き、共同浴場の**金の湯**では金泉を、**銀の湯**では銀泉を楽しめる。

金泉に入浴できる共同浴場「金の湯」

▶有馬温泉
住 神戸市北区有馬町
TEL 078-904-0708（有馬温泉観光総合案内所）
交 神鉄**有馬温泉駅**から徒歩約5分。または**有馬温泉バスターミナル**から徒歩2分
URL www.arima-onsen.com

▶有馬本温泉 金の湯
住 神戸市北区有馬町833
TEL 078-904-0680
開 8:00～22:00（最終入場21:30）
休 毎月第2・4火曜（祝日の場合は翌日）、1/1　料 650円
URL arimaspa-kingin.jp/kin-01.htm

▶有馬本温泉 銀の湯
住 神戸市北区有馬町1039-1
TEL 078-904-0256
開 9:00～21:00（最終入場20:30）
休 毎月第1・3火曜（祝日の場合は翌日）、1/1　料 550円
URL arimaspa-kingin.jp/gin-01.htm

info 明治36（1903）年創業の**淡路屋**は、名物駅弁**ひっぱりだこ飯**で知られ、新神戸駅など主要駅に店舗を構える。また、明治21（1888）年創業の**まねき食品**は、駅弁のほか中華麺に和風だしの**えきそば**が有名で、姫路駅などで食べられる。

宝塚歌劇で名高い温泉と歌劇の町　**六甲＆阪神エリア**

たからづか
宝塚

歌劇の殿堂・宝塚大劇場

鎌倉時代の開湯と伝わる歴史ある温泉地。大正時代以降は箕面有馬電気軌道（現・阪急電鉄）により開発が進み、歌劇場や温泉施設、遊園地などが揃う一大観光地となった。ベッドタウン化が進んだ現在でも、宝塚歌劇団の本拠地である**宝塚大劇場**が大勢の観劇客を集めているほか、**宝塚市立手塚治虫記念館**の人気も高い。

花とグルメの楽園　**姫路と山陽地方＆淡路島**

あわじしま
淡路島

兵庫県随一の花の名所、あわじ花さじき

瀬戸内海最大の島で、かつて朝廷に食材を提供した**御食国**（みけつくに）のひとつであり、鯛や鱧などの海の幸に恵まれている。**洲本温泉**や**鳴門の渦潮**P.784などの観光スポットが点在し、特に**兵庫県立公園 あわじ花さじき**や**淡路島 国営明石海峡公園**など花の名所が多い。本州とは**明石海峡大橋**で結ばれているほか、明石港～岩屋港間には高速船も就航している。

関西随一の食材の宝庫　**県北中部と山陰地方**

たんばささやま
丹波篠山

河原町妻入商家群の町並み

篠山藩6万石の城下町で、2000年に**大書院**（おおしょいん）が再建された**篠山城跡**や、国の重要伝統的建造物群保存地区に選定されている**河原町妻入商家群**（かわらまちつまいり）など、見どころが多い。また、ブランド食材の宝庫でもあり、**二階町通り**（にかいまち）周辺には名物である**ぼたん鍋**の専門店や、**丹波篠山黒豆**や**丹波栗**などを売る店が軒を連ねる。秋には焼き栗も味わえる。

▶宝塚
交 JR**宝塚駅**または阪急**宝塚駅**
URL kanko-takarazuka.jp

▶宝塚歌劇の殿堂
住 宝塚市栄町1-1-57
TEL 0570-00-5100
開 1回公演時10:00～17:00
2回公演時9:30～17:00
休 宝塚大劇場休演日　料 500円
URL kageki.hankyu.co.jp

▶宝塚市立手塚治虫記念館
住 宝塚市武庫川町7-65
TEL 0797-81-2970
開 9:30～17:00（最終入場16:30）
休 水曜（祝日、春休み、夏休み期間を除く）、12/29～31　料 700円
URL www.city.takarazuka.hyogo.jp/tezuka

▶淡路島
交 **三宮バスターミナル**または**高速舞子**バス停から、島内各方面へ高速バスが運行されている
URL www.awajishima-kanko.jp

▶兵庫県立公園 あわじ花さじき
住 淡路市楠本2805-7
TEL 0799-74-6426
開 9:00～17:00（最終入場16:30）
休 年末年始　料 無料
交 **東浦バスターミナル**からタクシーで約10分
URL www.hyogo-park.or.jp/hanasajiki

▶淡路島 国営明石海峡公園
住 淡路市夢舞台8-10
TEL 0799-72-2000
開 4～6月・9・10月9:30～17:00
7・8月9:30～18:00
11～3月9:30～16:00
（最終入場は1時間前）
休 年末年始、2月の第2月～金曜
料 450円
URL awaji-kaikyopark.jp

▶丹波篠山
TEL 079-552-3380（篠山観光案内所）
URL tourism.sasayama.jp

▶篠山城大書院
住 丹波篠山市北新町2-3
TEL 079-552-4500
開 9:00～17:00（最終入場16:30）
休 月曜（祝日の場合は翌日）、年末年始　料 400円
交 JR**篠山口駅**から篠山営業所行きバスで**二階町**下車、徒歩5分
URL withsasayama.jp/osyoin

▶河原町妻入商家群
住 丹波篠山市河原町
開 休 施設による
交 JR**篠山口駅**からバスで**本篠山**下車、徒歩すぐ

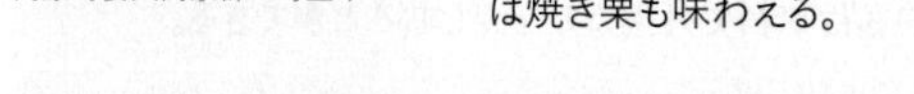
info 県北部の中心地・**豊岡**は日本一の**鞄の生産地**。江戸時代の柳行李以来の伝統を持ち、明治時代には「3本ベルト締め行李鞄」が豊岡産の鞄の代名詞となった。現在では、**豊岡鞄**が兵庫県鞄工業組合の登録商標として認定されている。

“天空の城”として名高い山城跡

県北中部と山陰地方

竹田城跡（たけだじょうせき）

標高353.7mの古城山の山頂に築かれた、日本を代表する山城跡。

雲海に包まれた幻想的な竹田城跡

建造物は現存しないものの、石垣がほぼ完全な姿で残されており、城跡からは眼下の風景が一望できる。また、地理的条件により秋から冬にかけて雲海が発生しやすく、**“天空の城”**としても人気が高い。黒澤明監督の映画『影武者』のロケ地となったことでも知られる。

▶竹田城跡
住 朝来市和田山町竹田
TEL 079-674-2120（情報館 天空の城）
開 3〜5月8:00〜18:00
6〜8月6:00〜18:00
9〜11月4:00〜17:00
最終入場は30分前
12月〜1/3 10:00〜14:00（最終入場13:00）
休 1/4〜2月 料 500円
交 JR**竹田駅**から徒歩40分
URL www.city.asago.hyogo.jp/takeda

石垣がそのまま残されている

蕎麦で名高い但馬の小京都

県北中部と山陰地方

出石（いずし）

旧但馬国（たじまのくに）出石藩の城下町で、国の重要伝統的建造物群保存地区に選定された古い町並みを残す小京都。

日本で2番目に古い時計台とされる**辰鼓楼**（しんころう）を中心に、武家屋敷や町屋、寺などが建ち並ぶ。

また白磁の**出石焼** P.663 の産地でもあり、白い出石焼の皿で食べる**出石そば** P.659 も有名。

有子山の麓に築かれ、石垣などが残る出石城跡

▶出石
TEL 0796-52-6045（いずし観光センター）
交 JR**豊岡駅**、**八鹿駅**からバスで約30分。またはJR**江原駅**からバス約20分の**出石**下車
URL www.izushi.co.jp
▶**辰鼓楼**
住 出石町内町
開 見学自由

城下町・出石のシンボル、辰鼓楼

豊臣秀吉が愛した関西の名湯

県北中部と山陰地方

城崎温泉（きのさきおんせん）

江戸時代の医師、香川修徳（しゅうとく）により**天下第一湯**と称えられ、志賀直哉など数多の文人墨客に愛された但馬の名湯。千数百年の歴史を誇り、柳並木の美しい**大谿川**（おおたにがわ）沿いに木造旅館が建ち並んでいる。泉質はナトリウム・カルシウム-塩化物・高温泉。外湯は**一の湯**、**まんだら湯**など7ヵ所あり、宿泊客は無料で外湯巡りを楽しむことができる。

大谿川に沿って美しい柳並木が続く

▶城崎温泉
TEL 0796-32-3663（城崎温泉観光センター）
URL kinosaki-spa.gr.jp
▶**一の湯**
住 豊岡市城崎町湯島415-1
TEL 0796-32-2229
開 7:00〜23:00
休 水曜 料 700円
交 JR**城崎温泉駅**から徒歩約9分
▶**まんだら湯**
住 豊岡市城崎町湯島565
TEL 0796-32-2194
開 15:00〜23:00
休 水曜 料 700円
交 JR**城崎温泉駅**から徒歩約15分

info **阪神間モダニズム**とは、大正〜昭和初期にかけて"阪神間"すなわち大阪〜神戸の間で花開いた芸術・文化のこと。元財閥や豪商、企業家らの邸宅など**近代建築**が数多く現存し、近年は観光資源としても注目されている。

エキゾチックなウオーターフロント　神戸市中心部

神戸ハーバーランド

高浜岸壁からメリケンパークを望む

旧湊川貨物駅跡地などを再開発して平成4（1992）年に誕生。神戸ポートタワーなどのある**メリケンパーク**の対岸にあり、複合商業施設**神戸ハーバーランドumie**や、19世紀末に建てられた倉庫をリノベーションした**神戸煉瓦倉庫**など、多くの観光スポットがある。

阪神間モダニズム建築の記念碑的作品　六甲＆阪神エリア

ヨドコウ迎賓館

大谷石の装飾が施されたアプローチ

灘の酒造**櫻正宗**の当主・山邑家の別邸として大正13（1924）年に建築された近代建築。設計は近代建築の巨匠**フランク・ロイド・ライト**で、現在は淀川製鋼所が所有し、ヨドコウ迎賓館として一般公開されている。国指定重要文化財であり、阪神間モダニズム建築の代表的存在。

灘五郷を代表する酒造のひとつ　六甲＆阪神エリア

菊正宗酒造記念館

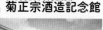

風格あるたたずまいの記念館

“**灘五郷**”の酒造のひとつ、万治2（1659）年創業の菊正宗酒造が運営する記念館。**灘の酒造用具**として国指定重要有形民俗文化財の貴重な酒造用具が展示され、酒造の歴史や文化を学ぶことができる。ショップや有料・無料の唎酒コーナーも併設されている。

天文や宇宙、時について学べる　姫路と山陽地方＆淡路島

明石市立天文科学館

展望台からは明石海峡大橋が目の前

明石は日本標準時の基準である東経135度子午線が通る“**子午線のまち**”であり、その子午線上に建設された天文科学館。日本で一番長寿のプラネタリウムがあり、建物は国の登録有形文化財に登録。なお時計塔の展望室からは360°の大パノラマが楽しめる。

▶神戸ハーバーランド
住 神戸市中央区東川崎町1丁目
TEL 078-360-3639
開 休 店舗・施設による
交 JR**神戸駅**、地下鉄**ハーバーランド駅**から徒歩すぐ
URL www.harborland.co.jp

エキゾチックな神戸煉瓦倉庫

▶ヨドコウ迎賓館
住 芦屋市山手町3-10
TEL 0797-38-1720
開 水・土・日曜・祝日10:00～16:00（最終入場15:30）
休 月・火・木・金曜（祝日を除く）
料 500円
交 阪急**芦屋川駅**から徒歩10分。またはJR**芦屋駅**から徒歩15分
URL www.yodoko-geihinkan.jp

幾何学的デザインが印象的な食堂

▶菊正宗酒造記念館
住 神戸市東灘区魚崎西町1-9-1
TEL 078-854-1029
開 9:30～16:30（最終入場16:00）
休 年末年始　料 無料
交 六甲ライナー**南魚崎駅**から徒歩2分。または阪神**魚崎駅**から徒歩10分
URL www.kikumasamune.co.jp/kinenkan

灘の酒造用具が展示されている

▶明石市立天文科学館
住 明石市人丸町2-6
TEL 078-919-5000
開 9:30～17:00（最終入場16:30）
休 月曜、毎月第2火曜、年末年始
料 700円
交 山陽電鉄**人丸前駅**から徒歩約3分。またはJR**明石駅**から徒歩約15分　URL www.am12.jp

建物は子午線の真上に建つ

info **灘五郷**には見学施設をもつ酒造が多く、**沢の鶴資料館**や**白鹿酒造記念博物館**、**白鶴酒造資料館**などが代表格。また神戸市東灘区にある**白鶴美術館**では、白鶴酒造の創業家が収集した仏教美術・東洋美術コレクションを公開している。

▶魚の棚商店街
住 明石市本町
開 休 店舗による
交 JR**明石駅**、山陽電鉄**山陽明石**駅から徒歩3分
▶魚の棚商店街事務所・魚の駅
住 明石市本町1丁目1-16
TEL 078-911-9666
開 10:00～17:30　休 正月
URL www.uonotana.or.jp

明石の海の幸がずらりと並ぶ

▶書写山圓教寺
住 姫路市書写2968
TEL 079-266-3327
開 春～秋期8:30～18:00
冬期8:30～17:00
休 無休　料 500円
交 JR**姫路駅**からバスで約30分の**書写山ロープウェイ**下車、ロープウエイで**山上駅**まで約4分。摩尼殿まで徒歩約20分
URL www.shosha.or.jp

▶姫路セントラルパーク
住 姫路市豊富町神谷1434
TEL 079-264-1611
開 夏期10:00～17:00
冬期10:00～16:00
最終入場は1時間前
休 不定休
料 3600円（夏期に料金変動あり、公式サイトを要確認）
交 JR**姫路駅**からバスで約30分の**姫路セントラルパーク**下車、徒歩すぐ
URL www.central-park.co.jp

本格的な遊園地もある

▶室津
交 山陽電鉄**山陽網干駅**からバスで約25分の**室津**下車、徒歩すぐ
URL tatsuno-tourism.jp
▶室津海駅館
住 たつの市御津町室津457
TEL 079-324-0595
開 9:30～17:00
休 月曜（祝日を除く）、祝日の翌日（土・日曜を除く）、年末年始
料 200円

海の幸が何でも食べられる　姫路と山陽地方＆淡路島

うおのたな(うおんたな)しょうてんがい
魚の棚商店街

年末年始には大漁旗が掲げられる

明石駅から歩いてすぐの商店街で、**明石浦漁港**で水揚げされたタコや鯛など、新鮮な海の幸がずらりと並ぶ。かつて魚商人が板の上に魚を並べ、鮮度を保つため水を流していたことが名前の由来。明石名物である**明石焼**（玉子焼）の店も軒を連ねている。

"西の比叡山"と呼ばれる天台宗の古刹　姫路と山陽地方＆淡路島

しょしゃざんえんぎょうじ
書写山圓教寺

西国三十三所観音霊場の27番札所

天禄元（966）年に**性空上人**（しょうくうしょうにん）に創建され、広く信仰を集めてきた**"西の比叡山"**。舞台造の摩尼殿や、大講堂と食堂、常行堂がコの字形に並んだ**"三之堂"**など、風格ある堂宇（どうう）が書写山の山上に建ち並んでいる。映画『ラスト サムライ』のロケ地としても知られる。

日本最大級のサファリリゾート　姫路と山陽地方＆淡路島

ひめじせんとらるぱーく
姫路セントラルパーク

自家用車でライオンが間近に見られる

"姫セン"の愛称で親しまれる、遊園地とサファリパークを中心とした複合テーマパーク。サファリパークは自家用車で入場できるほか、空からゴンドラで眺める**スカイサファリ**も人気。夏期はプール、冬期はスケートリンクもオープンし、一年を通じて楽しめる。

"室津千軒"と呼ばれた港　姫路と山陽地方＆淡路島

むろつ
室津

入江に漁船が並ぶ室津漁港

奈良時代に開かれた**"摂播**（せっぱん）**五泊**（ごはく）**"**のひとつ。江戸時代には宿場町として、また参勤交代の際の上陸港としてにぎわい、**"室津千軒"**といわれるほど繁栄した。現在も風情ある町並みが残り、**北前船**に関する文化財が**日本遺産**に認定された。近年はカキの養殖でも有名。

info **生野銀山**と**飾磨**（しかま）**港**（姫路港）を結び、明治9（1876）年に開通した**"銀の馬車道"**は、ヨーロッパの最新の土木技術を導入して整備された日本初の高速産業道路。近年は遺構の保存や整備が進み、観光資源としても注目されている。

赤穂浪士のふるさと　**姫路と山陽地方＆淡路島**

赤穂

赤穂城跡は門や櫓などが復元されている

『**忠臣蔵**』のモデルとなった**元禄赤穂事件**で知られ、赤穂城跡の周辺には、大石内蔵助の屋敷跡の**長屋門**や**大石神社**、**市立歴史博物館**などの見どころが点在している。また**赤穂温泉**の各旅館には、瀬戸内の絶景が眺められる露天風呂が完備され、ゆっくりと非日常を楽しめる。

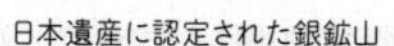

日本遺産に認定された銀鉱山　**県北中部と山陰地方**

史跡・生野銀山

総延長350kmに及んだ金香瀬坑道の入口

全盛期には石見銀山と並ぶ産出量を誇った銀山。昭和48(1973)年の閉山後は博物館として公開されている。また鉱山町である**口銀谷地区**には昔ながらの町並みが残り、鉱山とともに「生野鉱山及び鉱山町の文化的景観」として国の重要文化的景観に選ばれている。

天然記念物のコウノトリが見られる　**県北中部と山陰地方**

兵庫県立コウノトリの郷公園

コウノトリが間近で観察できる

国の特別天然記念物であるコウノトリの保護と増殖、野生復帰を目的とする公園で、観光客も間近に観察することができる。1970年代に一度は絶滅したコウノトリだが、外国から譲り受け人工飼育や繁殖を進めたことで、近年は野生のコウノトリも少しずつ増えている。

日本でも指折りの高熱温泉　**県北中部と山陰地方**

湯村温泉

春来川のほとりには足湯がある

昭和56(1981)年に放映されたドラマ『夢千代日記』の舞台として人気を博した山陰の名湯。嘉祥元(848)年に慈覚大師が発見したと伝わる。源泉温度が非常に高く、春来川のほとりの自噴泉、**荒湯**では98°Cもの高温の湯が湧き、温泉玉子の湯がき体験ができる。

▶赤穂
TEL 0791-42-2602(観光情報センター)
URL ako-kankou.jp
▶赤穂城跡(本丸・二之丸庭園)
住 赤穂市上仮屋1
開 9:00～16:30(最終入場16:00)
休 年末年始　料 無料
交 JR**播州赤穂駅**から徒歩約15分
URL www.ako-hyg.ed.jp/bunkazai/akojo
▶大石神社
住 赤穂市上仮屋131-7
開 8:30～17:00
休 無休　料 450円(境内は無料)
交 JR**播州赤穂駅**から徒歩約15分
URL www.ako-ooishijinjya.or.jp

▶史跡・生野銀山
住 朝来市生野町小野33-5
TEL 079-679-2010
開 4～10月9:10～17:20
11月9:10～16:50
12～2月9:40～16:20
3月9:40～16:50
休 12月～2月の火曜(祝日の場合は翌日)　料 1000円
交 JR**生野駅**からバスで約8分の**生野銀山口**下車、徒歩10分
URL www.ikuno-ginzan.co.jp

▶兵庫県立コウノトリの郷公園
住 豊岡市祥雲寺128
TEL 0796-23-5666
開 9:00～17:00
休 月曜(祝日の場合は翌日)、12/28～1/4　料 無料
交 JR**豊岡駅**からバスで**コウノトリの郷公園**下車、徒歩すぐ
URL www.stork.u-hyogo.ac.jp

繁殖ペアが暮らすドーム型ケージ

▶湯村温泉
住 美方郡新温泉町湯
TEL 0796-92-2000(湯村温泉観光協会)
開 休 料 施設による
交 JR**浜坂駅**からバスで約25分。または**三宮バスターミナル**から浜坂行き高速バスで3時間～3時間40分
URL www.yumura.gr.jp

info 丹波市内を流れる篠山川で平成18(2006)年に発見された、"**丹波竜**"ことティタノサウルス形類の新種の草食恐竜の化石。**丹波市立丹波竜化石工房 ちーたんの館**では、丹波竜の全身骨格模型や発掘現場の再現展示などを見ることができる。

縁結び、恋愛の神様

神戸市中心部

生田神社

約1800年の歴史を持ち、平安時代初期に任じられた44戸の神戸が神戸の地名のルーツとされる。境内北側の生田の森にある泉に浸すと文字が出る**水みくじ**が人気。

生田神社の楼門

日本最古の"センター街"

神戸市中心部

三宮センター街

終戦直後の昭和21(1946)年に誕生した、神戸を代表する**アーケード街**。JR三ノ宮駅前から隣の元町駅近くまでの約1駅間を結んでいる。全国各地にある"センター街"の元祖である。

三宮センター街1丁目

なぎさ公園に隣接して建つ

神戸市中心部

兵庫県立美術館

近現代の絵画や彫刻、兵庫県ゆかりの作家の作品など、約1万点を所蔵、公開している。建物の設計は**安藤忠雄**氏で、同氏の業績を紹介する**Ando Gallery**もある。

西日本最大級の美術館

明石海峡大橋をのぞむ

姫路と山陽地方＆淡路島

舞子公園

古くより白砂青松の砂浜で知られ、別荘地としてにぎわった歴史をもつ。園内には近隣より移築された**孫文記念館**（国指定重要文化財）や**旧武藤山治邸**などが建つ。

明石海峡大橋が目の前に

震災の痕跡が保存されている

姫路と山陽地方＆淡路島

北淡震災記念公園

阪神・淡路大震災の爪跡と防災の大切さを後世に語り継ぐために整備された記念公園。

野島断層保存館では震災後に露出した断層を140mにわたり保存、公開している。

断層が保存されている

▶生田神社

住 神戸市中央区下山手通1丁目2-1
TEL 078-321-3851
開 9:00～17:00
休 無休　料 無料
交 JR**三ノ宮駅**、阪急·阪神**神戸三宮駅**、地下鉄**三宮駅**から徒歩10分
URL ikutajinja.or.jp

水みくじの泉

▶三宮センター街

住 神戸市中央区三宮町1～3
TEL 078-393-3358（インフォメーション HATENA）
開 休 店舗による
交 JR**三ノ宮駅**、地下鉄**三宮駅**から徒歩5分。または阪急·阪神**神戸三宮駅**から徒歩3分
URL 3nomiya.com

▶兵庫県立美術館

住 神戸市中央区脇浜海岸通1-1-1
TEL 078-262-1011
開 10:00～18:00（最終入場17:30）
休 月曜（祝日の場合は翌日）、年末年始
料 500円（特別展は別途）
交 阪神**岩屋駅**から徒歩8分。またはJR**灘駅**から徒歩10分
URL www.artm.pref.hyogo.jp

▶舞子公園

住 神戸市垂水区東舞子町2051
TEL 078-785-5090（管理事務所）
交 JR**舞子駅**、山陽電鉄**舞子公園駅**から徒歩5分
URL hyogo-maikopark.jp

▶孫文記念館
開 10:00～17:00（最終入場16:30）
休 月曜（祝日の場合は翌日）、12/29～1/3　料 300円

▶旧武藤山治邸
開 10:00～17:00（最終入場16:30）
休 月曜（祝日の場合は翌日）、12/29～1/3　料 100円

▶北淡震災記念公園

住 淡路市小倉177
開 入場自由
交 **岩屋ポートターミナル**から「あわ神あわ姫バス」（反時計回り）で約23分の**北淡震災記念公園下**下車、徒歩すぐ

▶野島断層保存館
TEL 0799-82-3020
開 9:00～17:00
休 12月下旬　料 730円
URL www.nojima-danso.co.jp

info **えびす神社**の総本社である**西宮神社**は、**十日戎**の3日間で100万人を超える参拝者でにぎわう。また1月10日の開門と同時に、本殿めがけて大勢の参拝者が参道を猛然とダッシュし、その年の福男を選ぶ**"開門神事"**で名高い。

播磨の小京都　姫路と山陽地方＆淡路島

龍野

龍野の町並み

国の重要伝統的建造物群保存地区に選定されている、龍野藩5万3000石の城下町。名産である淡口醤油の資料館や、龍野出身で童謡「赤とんぼ」の作詞者、**三木露風**の生家などがある。

▶龍野
TEL 0791-64-3156（たつの市産業部観光振興課）
URL tatsuno-tourism.jp
▶たつの市三木露風生家
住 たつの市龍野町上霞城101-3
TEL 0791-62-0553
開 9:30〜16:30
休 月曜（祝日の場合は翌日）、12/29〜1/3　料 無料
交 JR**本竜野駅**から徒歩20分

海の幸の宝庫　姫路と山陽地方＆淡路島

家島諸島

港町の風情あふれる家島本島

瀬戸内海に浮かぶ大小44もの島々からなる。採石と漁業がおもな産業で、レトロな町並みが残る家島の**真浦地区**の散策や、豊かな海の幸目当てに訪れる観光客が多い。

▶家島諸島
住 姫路市家島町
TEL 079-325-8777（家島観光事業組合）
開 入場自由
交 JR**姫路駅**からバスで20分の**姫路港**下車。**姫路港**から高速船で約30分
URL h-ieshima.jp

篠山の豊かな文化に触れる　県北中部と山陰地方

丹波篠山市立歴史美術館

日本最古の木造の裁判所

篠山に伝わる武具や絵画、草創期の丹波焼の遺物や幻の陶磁器・王地山焼などを展示する美術館。明治24（1891）年に建てられた、もと篠山地方裁判所の建物を改装している。

▶丹波篠山市立歴史美術館
住 丹波篠山市呉服町53
TEL 079-552-0601
開 9:00〜17:00（最終入場16:30）
休 月曜（祝日の場合は翌日）、12/25〜1/1　料 300円
交 JR**篠山口駅**からバスで約14分の**春日神社前**下車、徒歩1分
URL withsasayama.jp/history-museum

森の中の芸術空間　県北中部と山陰地方

あさご芸術の森美術館

周囲の自然やダムを活かした建物

多々良木ダムの直下にあり、数多くの現代美術の屋外彫刻が展示されていることで知られる。また屋内では朝来市出身の彫刻家・淀井敏夫の作品が展示されている。

▶あさご芸術の森美術館
住 朝来市多々良木739-3
TEL 079-670-4111
開 10:00〜17:00（最終入場16:30）
休 水曜（祝日を除く）、祝日（土・日曜を除く）の翌日、12/25〜1/5、展示替え日　料 500円
交 JR**新井駅**から車で約8分
URL www.city.asago.hyogo.jp/category/2-7-1-0-0.html

玄武岩の名前の由来となった　県北中部と山陰地方

玄武洞

美しい柱状節理が見られる

約160万年前の噴火の際に溶岩が固まり、美しい**柱状節理**が形成された洞窟。明治時代に命名され、**玄武岩**の名前の由来ともなった。**玄武洞ミュージアム**も隣接する。

▶玄武洞
▶玄武洞公園
住 豊岡市赤石1347
開 9:00〜17:00（最終入場16:30）
休 無休　料 500円
交 JR**豊岡駅**または**城崎温泉駅**から車で約10分
▶玄武洞ミュージアム
TEL 0796-23-3821
開 9:00〜17:00
休 12/31、1/1　料 800円
URL genbudo-museum.jp

info **山陰海岸ジオパーク**として認定されている、県北部の日本海沿岸エリア。風光明媚なリアス海岸が続き、貴重な地形・地質遺産のほか**香美町立ジオパークと海の文化館**や**新温泉町山陰海岸ジオパーク館**などの施設も整備されている。

関西が舞台となった映画

『ちはやふる -上の句-』『ちはやふる -下の句-』

（滋賀県）

2016年公開　監督：小泉徳宏

末次由紀のコミックスを、二部作で実写映画化。かるた部を立ち上げ、全国大会を目指す高校生たちの熱い青春模様を描いた本作は、『-上の句-』16億円超、『-下の句-』12億円超の興行収入を記録する大ヒットとなった。

もともと原作の人気が高く、平成23（2011）年にテレビアニメ化されてから競技かるた人口が拡大。古くから競技かるたの聖地として知られる**近江神宮**P.615では、名人位戦、クイーン位戦、さらにはヒロインたちが目指す全国高等学校選手権が実際に行われていた。

そこで大津市は平成24（2012）年に「ちはやふる・大津」キャンペーン実行委員会を設立、マンガやアニメとタイアップした観光事業を展開してきた。実写化が決定した際には、映画のロケ地を誘致。劇中でも『-下の句-』ロケ地の中心となる近江神宮では、大会に出場する生徒たちが行き交う楼門はじめ、開会式、入場行進などのシーンが印象的だった境内、競技が行われる近江勧学館など、各所で撮影が行われた。

D級個人戦の会場には、実際の大会でも使われる、**よいこのもり保育園**を使用。100人以上のエキストラが参加し、大会本番さながらの雰囲気が再現された。さらに、ヒロインたちが宿泊する**琵琶湖グランドホテル**、瑞沢高校の特別教室の設定で**滋賀県立膳所高等学校**の視聴覚室が使用されている。

本作はロケ地となった大津市とともにロケーションジャパン大賞グランプリを受賞。さらに完結編『-結び-』も平成30（2018）年に公開され、前2作を超える17億円超の大ヒットとなった。

『ブラック・レイン』（大阪府）

1989年公開　監督：リドリー・スコット

『エイリアン』『ブレードランナー』などを手がけ、令和4（2022）年現在、84歳にして現役のリドリー・スコット監督が**大阪**の街を舞台に、日米の刑事たちの活躍を描いたポリス・アクション。撮影監督は、『ダイ・ハード』で一躍名を上げ、後に『スピード』で監督デビューしたヤン・デ・ボン。マイケル・ダグラス、アンディ・ガルシア、高倉健、内田裕也ら豪華俳優陣が揃い、強烈な個性を放った松田優作は公開1ヵ月後に急逝、本作が遺作となった。

ロケ地は**心斎橋**、**十三**（じゅうそう）**駅**付近、**大阪府庁舎**、京橋駅近くのパチンコ店、**あべの筋**、**旧阪急梅田駅コンコース**、**大阪市中央卸売市場**、**新日本製鐵堺製鐵所**など大阪各所で撮影されている。しかし、当時の日本は撮影許可をとるのが難しく、役所への事前申請も必要だったため、思った画（え）が撮れないなどトラブルが多発。コンコースでのバイクの撮影は夜間2～3時間しか行えず、その後ロサンゼルスで撮影された。それでも製鉄所での、自転車が大挙して作業所に向かうシーンや銃撃シーンの撮影は圧巻だった。

ロケ地を解説するサイトもあるが、建物が解体されているところも多いのが残念。現在の様子と合わせて紹介するサイトがファンを喜ばせている。

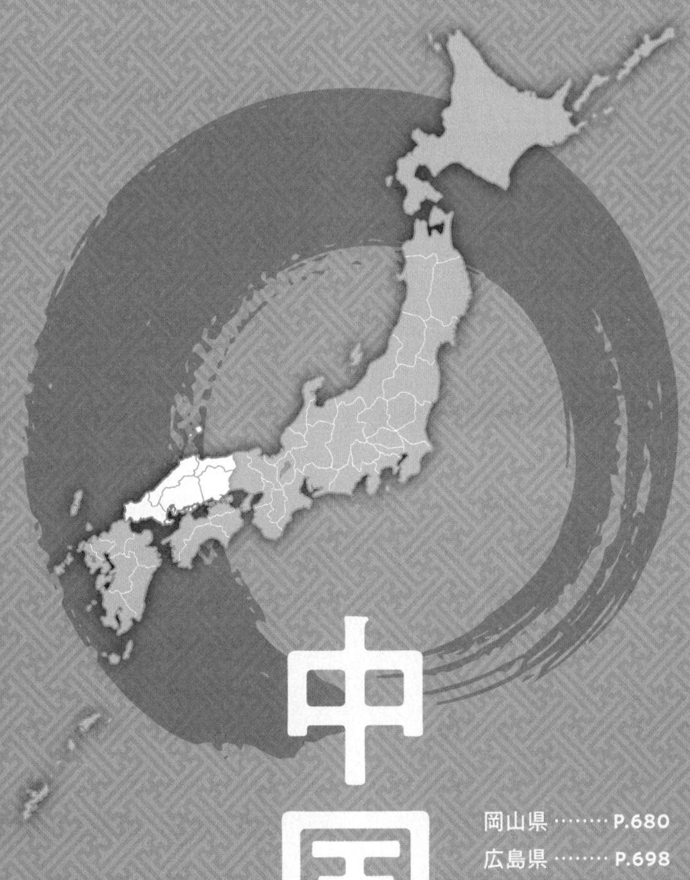

中国

春 夏 秋 冬

中国地方のココがいちばん！

どうせ行くなら、
魅力UPの時期がいい
シーズンと旅先を
Check!

神社や城をはじめ
歴史ある建造物が多い

人力車に乗って倉敷美観地区を巡る

おすすめ 春

赤いトンネル
みたいだニャ

山口県 元乃隅神社 ▶P.769

5月の元乃隅神社は雲ひとつない青空と海を借景に朱色の鳥居がずらりと並ぶ景観が広がる。潮風を感じながら鳥居をくぐろう。

岡山県 津山城 ▶P.694

津山城は何重にも連なる石垣の周辺に桜が植えられ、春になると薄桃色の雲海に浮かぶ城のように見える。

ボタンの池は
壮観だニャ

島根県 大根島 ▶P.748

ボタンの国内出荷量の大半を占める大根島。由志園ではGW期間限定で園内の池に3万輪のボタンが浮かべられる。

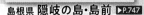

夏

広島県 原爆ドームと平和記念公園

▶P.708

8月6日に平和記念式典が挙行される公園。犠牲者の霊を慰め、世界の恒久平和を祈念するために毎年執り行われる。

鳥取県 鳥取砂丘 ▶P.724

年間を通して楽しめる鳥取砂丘。夏は照りつける太陽で砂が乾き、白さが増すことで、青空とのコントラストが強調される。

島根県 隠岐の島・島前 ▶P.747

西ノ島は、人よりも放牧されている馬と牛が多い島。ダイナミックな景観を楽しめる摩天崖遊歩道の散策がおすすめ。

秋

岡山県 奥津渓 ▶P.695

全長3kmにわたって続く渓谷に広がる紅葉の名所。八景から構成され、散策道からはまさに錦秋の風景を堪能できる。

山口県 SLやまぐち号 ▶P.763

もくもくと煙を上げながら進むSLやまぐち号。秋には車窓から鮮やかに染まった山裾や沿線に茂るススキを見ることができる。

島根県 宍道湖夕日スポット（とるぱ） ▶P.745

宍道湖に沈む夕日を楽しむために整備された「とるぱ」には、テラスなどが設けられている。空気が澄む秋がおすすめ。

冬

ぼくもコスプレしてみたいニャ

鳥取県 大山 ▶P.730

伯耆富士や出雲富士とも称される大山。日本海を見渡しながらのスキーやスノーシューツアーなどのアクティビティが大人気。

島根県 松江フォーゲルパーク

▶P.749

1日に2回行われるペンギンのお散歩は目玉のひとつ。季節によって衣装が替わり、クリスマスシーズンはサンタクロース。

広島県 嚴島神社 ▶P.707

瀬戸内海に浮かぶ宮島に雪が降るのは数年に一度ととても珍しい。社殿や大鳥居に雪が積もる光景は普段とは異なる神秘さ。

Pick Up 中国地方 テーマのある旅

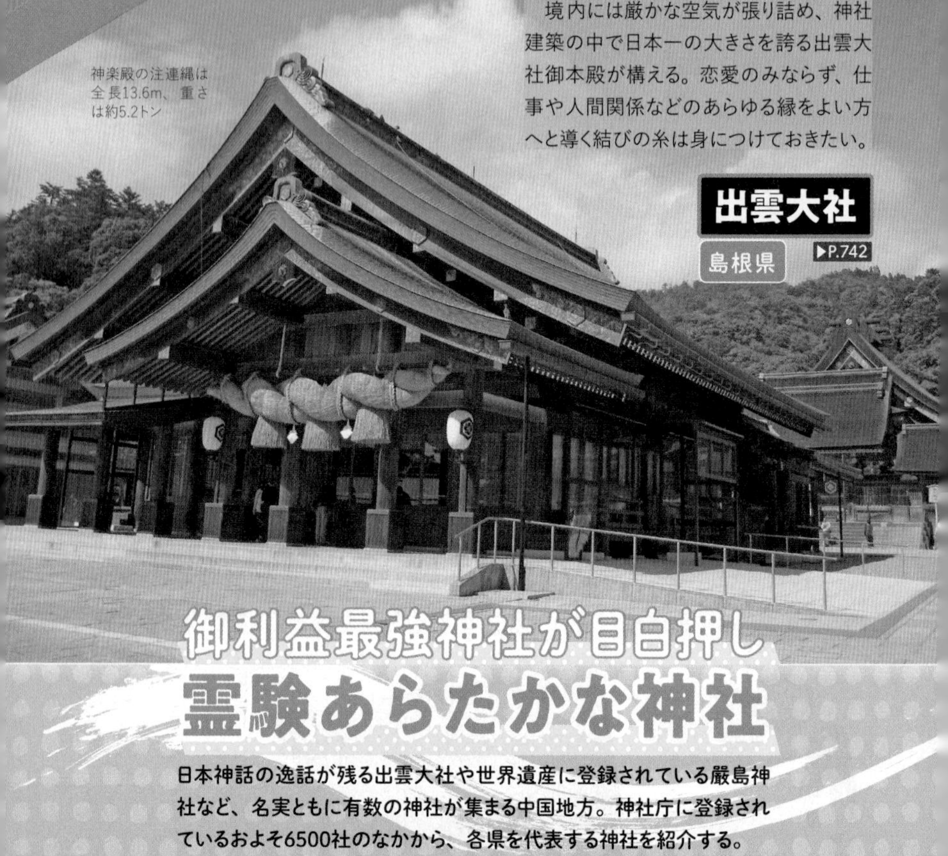

御利益最強神社が目白押し 霊験あらたかな神社

日本神話の逸話が残る出雲大社や世界遺産に登録されている厳島神社など、名実ともに有数の神社が集まる中国地方。神社庁に登録されているおよそ6500社のなかから、各県を代表する神社を紹介する。

縁結び

出雲大社

島根県 ▶P.742

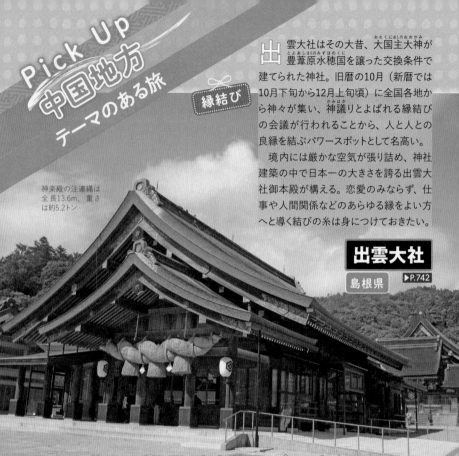

出雲大社はその大昔、大国主大神が豊葦原水穂国を譲った交換条件で建てられた神社。旧暦の10月（新暦では10月下旬から12月上旬頃）に全国各地から神々が集い、神議りとよばれる縁結びの会議が行われることから、人と人との良縁を結ぶパワースポットとして名高い。

境内には厳かな空気が張り詰め、神社建築の中で日本一の大きさを誇る出雲大社御本殿が構える。恋愛のみならず、仕事や人間関係などのあらゆる縁をよい方へと導く結びの糸は身につけておきたい。

神楽殿の注連縄は全長13.6m、重さは約5.2トン

病気平癒、安産

大神山神社

鳥取県 ▶P.732

安産の御利益をいただける神社としても知られる

大神山神社は中国地方の最高峰、大山を御神体とする大山信仰の中心地。麓に本社、山頂付近には奥宮が鎮座している。主祭神である大己貴命、大穴牟遅命はどちらも大国主命の別名。御神徳はさまざまにわたるが、特に安産と病気平癒でよく知られている。鳥居から奥宮までの参道は約700m続く石畳で、歩きながらの森林浴が心地よい。

info 一説によると平安時代の**出雲大社**の社殿は、今の2倍の高さ（約48m）を誇る巨大木造建造物だったという。**島根県立古代出雲歴史博物館**P.747では当時の様子を復元した模型が展示されている。

吉備津神社の社殿は比翼入母屋造と呼ばれる建築様式

吉備津神社

岡山県

▶P.690

勝ち運

昔話、桃太郎の起源は諸説あるが、岡山県は発祥の地の最有力候補。吉備津神社、吉備津彦神社2社ともに主祭神は大吉備津彦命（おおきびつひこのみこと）。この地域には昔話の元になったとされている大吉備津彦命による温羅（うら）退治の伝説が残っている。桃太郎ゆかりの勝ち運にあやかろう。

吉備津彦神社

▶P.690

大吉備津彦命の屋敷跡に建つとされる吉備津彦神社

松陰神社

山口県

▶P.761

学業成就

維新の立役者たちがこの地で松陰の教えを受けた

松陰神社は幕末に活躍した吉田松陰を祀る神社。祭神の才にあやかり、学業成就を願う参拝者が多い。本殿のすぐ隣にある末社、松門神社は、塾生、門下生をはじめとする53柱が祭神として祀られており、そのなかには高杉晋作や伊藤博文、山縣有朋なども含まれている。

嚴島神社の大鳥居。干潮時には近くまで歩いて行ける

海上安全

嚴島神社の回廊は波による倒壊を免れるために床板の隙間が広くなっている

宮島は嚴島神社の創建以前から、「神を斎き祀る島」と伝わる神域だった。祀られている神様は市杵島姫命（いちきしまひめのみこと）、田心姫命（たごりひめのみこと）、湍津姫命（たぎつひめのみこと）の三柱。国家鎮護や海上の守護神として身分を問わず多くの人々から崇敬を集めている。なかでも安芸国の国司を務めた平清盛は信仰熱心だったことで有名。海に浮かんでいるように見える社殿を増築したことで知られている。

嚴島神社

広島県

▶P.707

info 現代の**桃太郎**の話では、川から流れてくる桃から桃太郎が生まれた描写が一般的。一方江戸時代では、桃を食べて若返りを果たしたおじいさんとおばあさんとの間に桃太郎が誕生するエピソードが主流だったそうだ。

岡山県

OKAYAMA

岡山県

岡山市

人口
188.8万人（全国20位）
面積
7115km²（全国17位）
県庁所在地
岡山市
県花
モモ

ももっち・うらっち
桃太郎をイメージした「ももっち」と鬼をモチーフにした女の子「うらっち」の2人組
©岡山県「ももっち・うらっち」

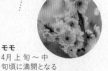

モモ
4月上旬～中旬頃に満開となる

中国地方南東部に位置し、南は瀬戸内海をこえて四国へ、北は山陰地方へと、中国・四国地方の交通の要所。北は中国山地、中央部は吉備(きび)高原、南部は岡山平野となっており、大和と並ぶ古代吉備文化発祥の地。奈良時代以前は備後国(びんごのくに)とともに吉備と称されており、桃太郎伝説のルーツをもつ。温暖な気候を生かし、平野部ではモモやブドウなどの果樹栽培が盛んで、ガラス温室で栽培されるマスカットは特によく知られている。

旅の足がかり

岡山市

岡山県南部に位置する県庁所在地で、平成21（2009）年には政令指定都市に移行した。古代から栄えたエリアで、平安時代初期には藤原氏の荘園が置かれた。戦国期には宇喜多氏が**岡山城**P.693を築城し、山陽道を貫通、城下町を完成させた。江戸時代に池田氏のもとで発展し、**岡山後楽園**P.689は、この時代を代表する大名庭園のひとつとして知られる。桃太郎伝説ゆかりの**吉備津彦神社**P.690や**吉備津神社**P.690のほか、日本有数の規模を誇る**造山古墳**P.696も残る。

倉敷市

瀬戸大橋P.691で四国と結ばれており、東瀬戸圏の拠点として発展、県内で岡山市に次ぐ人口を誇る。かつて代官所があった倉敷川の周辺は、往時の豪商の家や蔵が残り、**倉敷美観地区**P.688として人気の観光地になっている。明治21（1888）年に設立された倉敷紡績所が隆盛を極め、今もジーンズやユニフォームの生産拠点。南部には水島コンビナートもある。

高梁市

県中西部に位置し、西側は広島県との県境。市の大部分は吉備高原の丘陵で、中東部を高梁川が流れる。かつては高瀬舟で倉敷まで物資を運び、水運の拠点にもなっていた。備中国の中心地として栄えた名残が、**備中松山城**P.689や城下町に点在している。ベンガラの赤で統一された市北部の吹屋地区にも、銅採掘で栄えた往時の町並みが残る。

地理と気候

瀬戸内海側は温暖で晴れの日が多く、これが「晴れの国おかやま」と呼ばれる由縁。内陸部は気温が低めで降水量もやや多い。北部は気温が低めで、冬季は積雪もある。

【夏】 瀬戸内海式気候である県南部は、中国山地によって季節風が遮られ8月の降水量が特に少ないのが特徴。都市や内陸部の盆地では35°Cを超える日もある。

【冬】 南部は温暖で積雪は稀だが、北部は日本海側気候に属し、冬季には1mを超える積雪となり、-10°C以下まで冷え込むこともある。

 P.680～697 写真提供：岡山県観光連盟　（一社）高梁市観光協会

アクセス

東京から ▸▸▸	所要時間
飛行機 羽田空港▶岡山空港	1時間15分
新幹線 東京駅▶岡山駅（のぞみ）	3時間20分
JR線 東京駅▶岡山駅（特急サンライズ）	8時間40分
高速バス バスタ新宿▶岡山駅	10時間
大阪から ▸▸▸	**所要時間**
新幹線 新大阪駅▶岡山駅（のぞみ）	45分
高速バス 大阪駅▶岡山駅	3時間10分
広島から ▸▸▸	**所要時間**
新幹線 広島駅▶岡山駅（のぞみ）	35分
JR線 福山駅▶倉敷駅	41分
香川から ▸▸▸	**所要時間**
JR線 高松駅▶岡山駅	1時間
フェリー 土庄港（小豆島）▶宇野港	1時間30分
鳥取から ▸▸▸	**所要時間**
JR線 鳥取駅▶岡山駅（特急スーパーいなば）	2時間

県内移動

▶岡山駅から倉敷駅へ

山陽本線下りで約17分。

▶岡山から津山へ

津山線の快速**ことぶき**で所要約1時間20分。普通列車で約1時間30分。

岡山駅近くの天満屋バスセンターと津山駅を結ぶバスが1日4便程度運行。所要約2時間。

▸▸▸アクセス選びのコツ

岡山空港は羽田空港便がメインで、新千歳と那覇空港便が1日1便ずつ。

東京駅～出雲市駅／高松駅を結ぶ**サンライズ出雲・瀬戸**をはじめ、岡山駅～出雲市駅を結ぶ特急**いなば**、岡山駅～鳥取駅を結ぶスーパー**いなば**など、多くの在来線特急が運行されている。四国方面では松山駅とを結ぶ特急**しおかぜ**、高松、徳島行きの**うずしお**、高知方面とを結ぶ特急**南風**も岡山駅が起点。

両備バスや**中鉄バス**などが、西日本や四国の主要都市のほか、関東エリアとの間を結ぶ。岡山駅西口に高速バスのターミナルがある。路線により、倉敷や津山も経由する。

宇野港や日生港から小豆島へのフェリーが発着。両港ともに最寄りの鉄道駅から徒歩圏内とアクセスもいい。宇野港へは岡山駅からバスの便も多い。

交通路線図

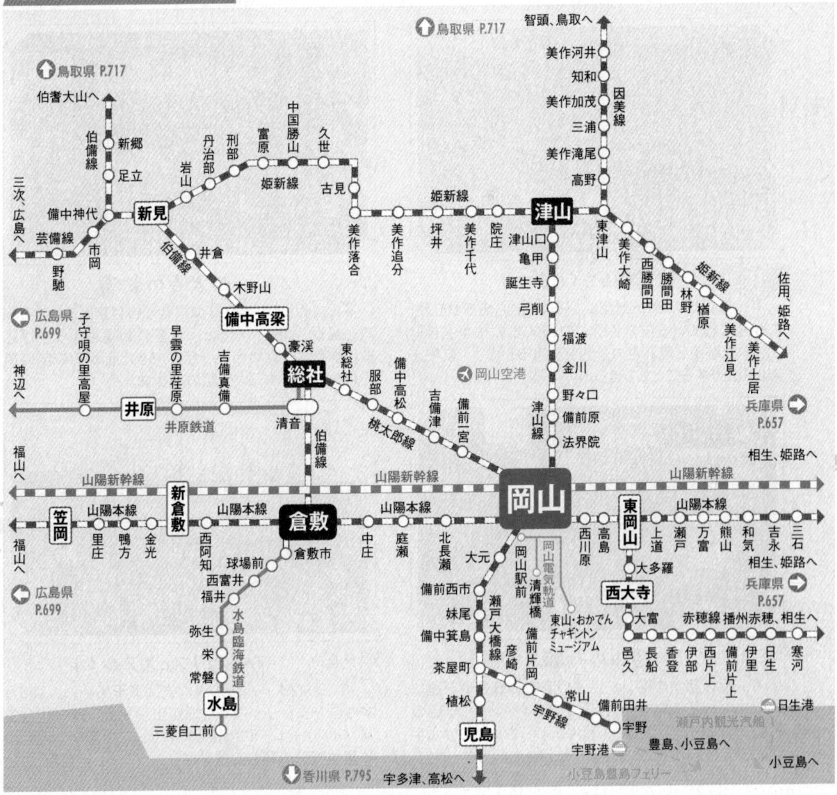

岡山県

うちの県はここがすごい

一 白桃の生産量日本一

「フルーツ王国おかやま」を代表する清水白桃の生産量は日本一。もうひとつ有名なマスカット・オブ・アレキサンドリアも90%を超えるシェアを誇り生産量日本一。

二 国産ジーンズ発祥の地

海外の高級ブランドが、この地の加工技術を使ってプレミアムジーンズを販売したことでも知られる。デニムの生産と縫製技術が発達した倉敷には、「児島ジーンズストリート」もある。

三 学生服生産量が日本一

繊維産業が盛んな倉敷市の児島周辺には、30社ほどの専門工場が集まり、全国の学生服の約70%を生産。足袋の生産をしていた実業家が、技術を生かして学生服を作ったのが始まり。

イベント・お祭り・行事

① 津山さくらまつり

津山城の鶴山公園は、「日本さくら名所100選」にも選ばれている桜の名所。約1000本の桜が咲き誇り、本丸跡から薄紅色の景色を見下ろしたり、夜桜を楽しんだりすることもできる。

② 西大寺の会陽

まわしをしめた裸の男衆が掛け声とともに寺院内を巡る。深夜になると、本堂の御福窓から投げ込まれる宝木を奪い合い、手にできた者がその年の福男になる。日本三大奇祭のひとつ。

③ 勝山のお雛まつり

桃の節句を祝い、民家や商家の軒先や部屋に飾られたお雛様を見て楽しむというイベント。早春の風物詩でもあるお祭りで、代々伝わる古いものから手作り雛までさまざまなお雛様が並ぶ。

④ ひまわりフェスティバル

9ヘクタールの広大な笠岡湾干拓地に、100万本ものひまわりが咲く花畑が出現する。道の駅「笠岡ベイファーム」に隣接しており、この時期は地元の特産品販売や屋台なども並ぶ。

必ず食べたい 名物グルメ

岡山ばらずし

瀬戸内海の海の幸と旬の野菜や山菜などを、彩り豊かに盛り付けたお寿司。祭りやお祝いで食べるものとして親しまれている。岡山は寿司処として知られ、ままかり寿司も有名。

おかやま果実

温暖で日照時間が長いことから、白桃、ピオーネ、桃太郎ぶどう、シャインマスカット、イチゴ、ナシなど、一年を通じておいしい果物を味わうことができる。品種改良も盛ん。

デミカツ丼

カツ丼の卵の代わりにデミグラスソースをかけたもの。カツの下にキャベツを敷いたものもある。昭和6(1931)年創業の老舗とんかつ店**味司 野村**がデミカツ丼発祥の店として知られる。

地元っ子愛用 ローカル味

もらえば笑顔 定番みやげ

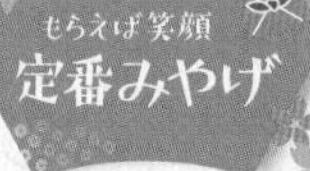

きびだんご

『桃太郎』に出てくるきびだんごは、岡山銘菓のひとつ。もっちりとして優しい甘さのオーソドックスなプレーン味のほか、きな粉やチョコなど種類も豊富。

大手まんぢゅう

甘酒を使った生地に、なめらかなこしあんを包んで蒸した備前名物の饅頭。ふんわりと甘酒の香りがする薄皮に、あんがぎっしり詰まっているが、甘すぎず食べやすい。

蒜山ジャージーヨーグルト

蒜山高原のジャージー牛から搾られる濃厚なミルクを使ったヨーグルト。表面を覆う濃厚で黄色のクリーム層と下部のさっぱりしたヨーグルト層の味わいが絶妙のコントラスト。

とら醤油のキントラ

「とらのマークはママのご自慢」として地元で愛されている醤油。とら醤油は、江戸末期創業、150年の歴史をもつ倉敷市の老舗醤油屋で、虎の顔のラベルもいい。

匠の技が光る 伝統工芸

備前焼

伊部周辺の粘土層を使った焼き物。絵付けをせず、釉薬も使わず焼いているため、土の味わいが残っている。強度が高く、酒やビールなどをおいしく飲むことができる。

倉敷はりこ

明治2(1869)年に生水多十郎氏によって生み出されたもので、すべて手作業で作られるはりこ。虎のはりこが代表的だが、お面や干支をモチーフにしたものなど多種多様。

ワカルかな? 岡山のお国言葉

おいでんせぇ、もんげーうめえ桃があるけん食べちって

Ans. いらっしゃい、すごくおいしい桃があるから食べてって

1泊2日で巡る 岡山県

見どころが集まっている岡山市と倉敷市、吉備路を巡る定番の観光コース。

津山
吉備津彦神社
START & GOAL
総社
岡山
倉敷
児島
鷲羽山

1日目

9:00 JR岡山駅

市電 20分

9:20 烏城と呼ばれる漆黒の**岡山城**へ ▶P.693

最上階からの眺望は抜群! 岡山後楽園の庭も見渡せる。

徒歩 5分

10:30 日本三名園のひとつ **岡山後楽園**を散策 ▶P.689

季節ごとの花々も楽しみ。
9～2月の月2回はタンチョウにも会える。

市電 15分

12:00 岡山駅周辺で**ランチ**

岡山のB級グルメ、デミカツ丼にトライしたい。

和洋混在のおいしさ!

バス 35分

13:40 桃太郎伝説ゆかりの **吉備津彦神社**で厄除け ▶P.690

魔除けの桃のお守りとおみくじもある。

鉄道 15分 or 徒歩 25分

14:40 神秘的な鳴釜神事も行われる **吉備津神社**を参拝 ▶P.690

国宝の本殿・拝殿と長く延びた廻廊が見どころ。

鉄道 40分

16:00 JR総社駅

麓にあるビジターセンターまでタクシーで30分。そこから鬼ノ城まで徒歩10分。

16:40 眺望抜群の**鬼ノ城**周辺をウオーキング ▶P.691

鬼（温羅）の根城だったという山城に登ってみたい。

タクシー 30分 + 徒歩 10分

18:30 JR総社駅

鉄道 10分

18:40 ライトアップされた **倉敷美観地区**を散策 ▶P.688

ロマンティック!

川面や格子、白壁がやわらかい光に包まれ、昼間とは違う光景に。宿泊は倉敷駅周辺で。

おすすめ! 泊まるならココ

瀬戸内らしい絶景を楽しむことができる

せとうち児島（こじま）ホテル

瀬戸大橋も望むことができる抜群の立地

瀬戸大橋近くの高台に建つホテル。最上階のレストランや展望浴場からも、瀬戸内海の雄大なパノラマを眺めることができる。フロアごとにデザインテーマが異なる91の客室がある。

児島のデニムをモチーフとした眺望のよい客室

夜の展望露天風呂

住 倉敷市下津井吹上303-53
TEL 086-473-7711
交 JR児島駅からバスで10分の**鷲羽山ハイランド遊園地前**下車、徒歩3分
料 1泊7865円（税サ込）～
URL www.setouchi-kojima-hotel.jp

吉備路の古代遺産を
自転車で巡ろう

桃太郎伝説ゆかりの地や古墳を巡ることができる、吉備路サイクリングルート。総社駅と備中一宮駅近くにレンタサイクル店があるのでトライしたい。
URL okayama-kanko.net/sightseeing/model_course.php?id=16

2日目

9:00 **大原美術館**で ▶P.692
アートに浸る

エル・グレコの『受胎告知』は必見。現代絵画も鑑賞しておきたい。

徒歩1分

11:00 見どころいっぱいの
倉敷美観地区を散策 ▶P.688

旧大原家住宅の見学、ランチにショッピングまで楽しめる。

風情ある倉敷川の川舟流し

徒歩5分

12:45 **阿智神社**の ▶P.694
高台から倉敷の町を見下ろす

標高43m、阿智神社の絵馬殿から倉敷の町を見渡してみよう。

徒歩1分

13:15 仕掛けが楽しい
桃太郎のからくり博物館 ▶P.697

桃太郎伝説について知りたいならぜひ訪れたい博物館。

徒歩3分

14:00 蔦の絡まる
倉敷アイビースクエアへ ▶P.696

絵になる撮影スポットがいっぱい！ ショップでおみやげ探しもできる。

バス1時間

16:00 **児島ジーンズストリート**で ▶P.697
ショッピング

個性的なショップで自分らしいジーンズを見つけたい。

タクシー15分

17:30 **鷲羽山展望台**から ▶P.692
雄大なパノラマを楽しもう

瀬戸大橋が架かり島々が浮かぶ瀬戸内の夕景で忘れられない旅に。

タクシー15分

18:20 JR児島駅

鉄道25分

18:45 JR岡山駅

山里にそびえる見事な巨木
醍醐桜

真庭市別所の高台にそびえる一本桜。樹高18m、枝張りが東西南北20mで、樹齢は700年とも1000年ともいわれる。後醍醐天皇が賞賛したという伝説から「醍醐桜」と名付けられ、花の咲く時期には多くの人が訪れる。

おすすめ！泊まるならココ

日本のエーゲ海ともいわれる、瀬戸内・牛窓
アクティビティ豊富なリゾートホテル

ホテル リマーニ

白亜の建物には、海に面したプール、瀬戸内の夕日に包まれながら入浴できる大浴場、牛窓の特産品などを買えるマリンショップがある。またクルージングツアーなどアクティビティも充実。海から船で利用することもできる「うしまど海の駅」なども。ホテル内の地中海レストランは、ギリシャ料理が中心。

住 瀬戸内市牛窓町牛窓3900
TEL 0869-34-5500
交 JR邑久駅から牛窓行きバスでオリーブ園入口下車、徒歩2分。JR邑久駅から無料送迎あり（3日前まで要予約）。
料 1泊8250円～（1室4名利用時のひとり分素泊まり料金）
URL www.limani.jp

エーゲ海のリゾートのような白亜の建物

ゆったりとした広い客室　黒島ヴィーナスロードへ

岡山県の歩き方

▶岡山市ももたろう観光センター
住 岡山市北区駅元町1-1
（岡山駅2階新幹線乗降口東側）
TEL 086-222-2912
開 9:00～20:00　休 無休
URL www.okayama-kanko.jp

▶岡山市内の路面電車
岡山駅から岡山城や後楽園などを巡ることができる。
料 1回券100～140円
1日券400円

▶岡山市内循環バス めぐりん
岡山駅を起点に2路線運行、100円エリアと250円エリアがある。
URL megurin-okayama.com

日生カキオコ

日生はカキの生産で知られる町。この町の漁師の奥さんたちが、商品にならないカキをお好み焼きにして食べたのが始まりといわれている。

プリッとしたカキが楽しめる

▶倉敷館（観光案内所）
住 倉敷市中央1-4-8
TEL 086-422-0542
開 9:00～18:00（12/29～31は時短）
休 無休
交 JR**倉敷駅**から徒歩約15分
URL www.kurashiki-tabi.jp

▶総社駅前観光案内所
住 総社市駅前1-1-1
TEL 0866-93-1470
開 4～9月9:00～18:00
10～3月9:00～17:00
休 年末年始
URL www.soja-kankou.com

岡山市と県南東部

岡山の玄関口、JR岡山駅

岡山市内を走る路面電車

岡山桃太郎空港

山陽新幹線が停まる**JR岡山駅**周辺は長距離バスも発着している。旅の拠点、岡山市内は、JR線のほか、岡山電軌の路面電車や市内バス、市内循環バス**めぐりん**など交通網が発達しており、**岡山城**P.693や**後楽園**P.689といった見どころへのアクセスはいい。北西部の吉備路へはJR**桃太郎線**（吉備線）、南西部へはJR**瀬戸大橋線**が運行。東部の備前や瀬戸内には、JR**山陽本線**や**赤穂線**で行くことができる。

▶岡山空港から町の中心まで

岡山桃太郎空港は岡山市の北部に位置している。空港から岡山駅までシャトルバスで30分。倉敷まではシャトルバスで35分。主要レンタカーオフィスも空港周辺にあり、山陽自動車道の岡山ICまでは10分ほど。

プチ雑学

夢二郷土美術館本館

竹久夢二　画家、詩人、デザイナーとして活躍し、日本のロートレックともいわれた竹久夢二は、岡山の邑久で生まれた。岡山後楽園の外苑には夢二の作品を集めた「夢二郷土美術館本館」、瀬戸内志邑久町に「夢二生家記念館・少年山荘」がある。

倉敷と県南西部

倉敷川沿いの倉敷美観地区

倉敷市と北側の**総社市**や**高梁市**などを含むエリア。岡山駅からこのエリアへは、東西を突っ切るJR山陽本線が倉敷をとおり、JR伯備線が**鬼ノ城**P.691に近い総社や**備中松山城**P.689がある備中高梁方面へのびている。瀬戸大橋方面の**児島**周辺へは、倉敷からバスで行くことができる。

info **卵かけご飯発祥の地**、美咲町では産みたての卵と町内で栽培した棚田米を使った**美咲流卵かけご飯**が食べられる。西日本最大級の養鶏所があることに加え、同町出身のジャーナリストが「卵かけご飯」を広めたという説もある。

足を延ばせば

コンビナートの夜景

水島コンビナート　倉敷市南部の湾岸沿いにある、総面積約2500ヘクタールの工業地帯。夜になると美しく光り、「夜景100選」と「日本夜景遺産」になっている。スカイラインの鷲羽山公園線・水島展望台がベストスポットだが、鷲羽山展望台P.692からも見ることができる。

津山と県北部

秋の神庭の滝

蒜山高原の冬

東側をJR**津山線**、西側はJR**伯備線**が、岡山駅から北へのびている。さらに美作、津山、真庭、新見といった北部の市を東西に貫くようにJR姫新線が通っており、**勝山町並み保存地区**P.692や**津山城**P.694、**井倉洞**P.697へは駅から徒歩で行くことができる。**蒜山高原**P.694や**奥津渓**P.695は、鉄道駅からバスでアクセスすることも可能だが、車での移動が便利。このエリアには、山々に囲まれた名所や観光スポットも多く、**神庭の滝**P.697、**大山展望台**P.695、**美作農園**P.695などは公共交通機関でのアクセスが難しい。

グルメ

鉄板の上で牛ホルモンとうどんが絶妙に絡む

津山ホルモンうどん　新鮮なホルモンとうどんを味噌や醤油味のタレで絡めて焼き上げたB級グルメ。この地域では畜産業が盛んだったため、手に入りやすいホルモンを使った焼うどんが生まれたという。津山市内では50以上の店で食べられる。

日本全国津々浦々～道の駅巡り～

高原にある道の駅

風の駅
県北西部、蒜山にある道の駅。名物の乳製品や特産品、おみやげのほか、朝取り野菜を買える「とれたて野菜市」も人気。夏にはひまわり畑、秋にはコスモス畑が満開になる。

タコ飯

倉敷名物で、ぶつ切りにしたタコを炊き込みご飯にしたもの。岡山はタコの漁獲量が全国でもトップクラスで、「下津井のタコ」で知られる。

瀬戸内の海の幸タコがおいしい

▶津山観光センター
住 津山市山下97-1
TEL 0868-22-3310
開 4～9月9:00～18:00
10～3月9:00～17:00
休 年末年始
交 JR**津山駅**から徒歩約15分
URL www.tsuyamakan.jp

▶真庭観光局
住 真庭市勝山654
TEL 0867-45-7111
開 8:30～17:30
休 土·日曜·祝日年末年始
交 JR**中国勝山駅**から徒歩約5分
URL www.maniwa.or.jp

ひるぜん焼そば

冬の保存食だった味噌にニンニクや玉ねぎ、リンゴなどを合わせた、独特の味噌だれを使った焼そば。具材はキャベツと親鶏が一般的。

秘伝の味噌ダレが味の決め手

▶道の駅 風の駅
住 真庭市蒜山上徳山1380-6
TEL 0867-66-4393
開 8:30～17:00(季節により変動あり)
休 冬期の水曜、年末年始
交 米子自動車道**蒜山IC**から車で約2分
URL mitinoeki-kazenoie.storeinfo.jp

info 県北、**新見市**の秋祭りのご馳走、**サバ寿司**は、サバに酢飯を詰めなじませたもの。海から遠い内陸地域のため塩漬けのサバを使い、保存食としても重宝されたという。若狭·山陰地方、京都や大阪の郷土料理でもある。

ノスタルジックな町並みとアートを堪能できる

倉敷美観地区（くらしきびかんちく）

江戸時代に物資の集散地として発展したエリアで、柳並木が続く**倉敷川**沿いには、往時の風情を残した**なまこ壁**の屋敷や蔵が並ぶ。この地の豪商であった大原家の**語らい座 大原本邸（旧大原家住宅）**、大原家別邸の**有隣荘（ゆうりんそう）**（非公開）のほか、**大原美術館**P.692や**倉敷アイビースクエア**P.696など、江戸時代から続く歴史ある町並みを散策できる。船頭さんの解説を聞きながら舟で巡る、**くらしき川舟流し**を楽しんだり、倉敷帆布やマスキングテープ、民芸品などのショップやカフェに立ち寄ったりするのもいい。夜には美観地区全体が優美に**ライトアップ**される。

語らい座 大原本邸（旧大原家住宅）

夜間景観照明

▶倉敷美観地区
開 入場自由
交 JR倉敷駅から徒歩10～15分

▶語らい座 大原本邸（旧大原家住宅）
住 倉敷市中央1-2-1
TEL 086-434-6277
開 9:00～17:00（最終入場16:30）
休 月曜（祝日を除く）、年末年始
料 500円
URL www.oharahontei.jp

▶くらしき川舟流し
開 9:30～17:00の30分おき
休 3～11月の第2月曜（祝日を除く）、12～2月の平日、年末年始
料 500円（倉敷館観光案内所で受付）

▶倉敷美観地区夜間景観照明
開 4～9月 日没～22:00
10～3月 日没～21:00

くらしき川舟流し

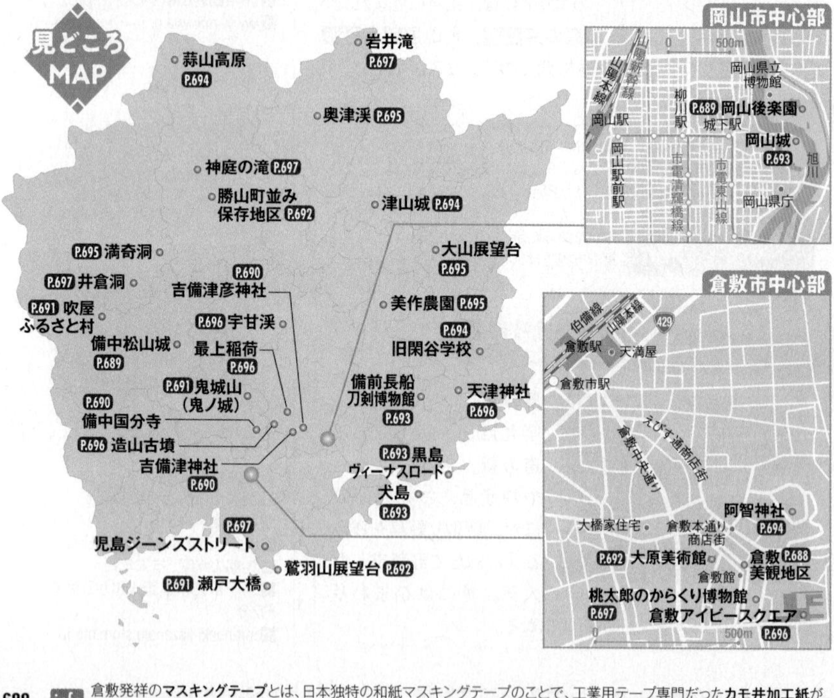

見どころMAP

蒜山高原 P.694
岩井滝 P.697
奥津渓 P.695
神庭の滝 P.697
勝山町並み保存地区 P.692
津山城 P.694
P.695 満奇洞
大山展望台 P.695
P.697 井倉洞
P.690 吉備津彦神社
P.691 吹屋ふるさと村
美作農園 P.695
P.696 宇甘渓
P.694 旧閑谷学校
備中松山城 P.689
最上稲荷 P.696
P.691 鬼城山（鬼ノ城）
備前長船刀剣博物館 P.693
天津神社 P.696
P.690 備中国分寺
P.696 造山古墳
吉備津神社 P.690
P.693 黒島ヴィーナスロード
犬島 P.693
P.697 児島ジーンズストリート
鷲羽山展望台 P.692
P.691 瀬戸大橋

岡山市中心部
0 500m
山陽新幹線　山陽本線　岡山駅　柳川駅　岡山駅前駅　市電清輝橋線　市電東山線
岡山県立博物館
P.689 岡山後楽園
城下駅
岡山城 P.693
旭川
岡山県庁

倉敷市中心部
伯備線　山陽本線　429
倉敷駅　天満屋　倉敷市駅
えびす通商店街　倉敷中央通り
阿智神社 P.694
大橋家住宅　倉敷本通り商店街
P.692 大原美術館
倉敷館
倉敷美観地区 P.688
桃太郎のからくり博物館 P.697
倉敷アイビースクエア P.696
0 500m

info 倉敷発祥の**マスキングテープ**とは、日本独特の和紙マスキングテープのことで、工業用テープ専門だった**カモ井加工紙**が文房具として発売したもの。元祖マスキングテープはアメリカ3M社が車体塗装用にクレープ紙で作ったテープ。

江戸時代の姿をとどめる、日本三名園のひとつ
岡山市と県南東部

岡山後楽園

唯心山（ゆいしんざん）からの眺め　画像：岡山後楽園（3点）

岡山藩主、池田綱政がやすらぎの場として作らせた大名庭園。昭和9（1934）年の室戸台風や戦災により甚大な被害を受けたが、江戸時代の絵図に基づき復元された。

藩主の居間として使われた**延養亭**は最も重要な建物で、園内の景色が一望できるように作られている。**流店**は藩主の庭廻りや休憩所として使われた建物で、中央に水路を通した珍しいもの。

鶴舎では**タンチョウ**を飼育しており、9～2月の月2回程度、園内を散策するタンチョウを間近に見ることができる。桜やサツキ、ハスや椿など季節ごとの花々も見応えがある。

▶岡山後楽園
住 岡山市北区後楽園1-5
TEL 086-272-1148
開 3/20～9月7:30～18:00
10月～3/19 8:00～17:00
最終入場は15分前
休 無休　料 410円
交 JR**岡山駅**から市内バスで15分の**後楽園前**下車、徒歩すぐ
URL okayama-korakuen.jp

延養亭とサツキ

タンチョウの園内散策

雲海に浮かぶ幻想的な難攻不落の名城
倉敷と県南西部

備中松山城

雲海に浮かぶ備中松山城

現存天守12城のうち、山城は備中松山城のみ。鎌倉～戦国時代には、山陽と山陰の要所として争奪が繰り返された。

大松山、天神の丸、小松山、前山という4つの峰からなる標高約480mの**臥牛山**の峰を中心に築かれていた。現在残っているのは、標高430mの小松山にある近世城郭部分で、中世の城を江戸時代に改築したもの。2層の天守をはじめ、二重櫓や土塀の一部が残っており、天守内部の籠城に備えた部屋や囲炉裏のある大広間などを見学できる。

秋から春にかけての早朝、気温差など条件が揃うと、雲海に浮かぶ城を見ることもできる。

▶備中松山城
住 高梁市内山下1
TEL 0866-21-0461（高梁市観光協会高梁支部）
開 4～9月9:00～17:30
10～3月9:00～16:30
最終入場は30分前
休 年末年始　料 500円
交 JR**備中高梁駅**から観光乗合タクシー（1日4便、ひとり片道800円）で8合目のふいご峠まで行き、天守まで徒歩20分
URL takahasikanko.or.jp/modules/spot/index.php?content_id=1

天守とともに二重櫓や土塀の一部も残る

info **備中松山城**には猫城主の**さんじゅーろー**がいる。西日本豪雨災害の後、備中松山城にたどり着き、そのまま居付いて、正式に猫城主に就任。だいたいお城にいるそうだが、10:00と14:00の城内見回りの時に出会える可能性大！

桃太郎伝説を伝える備前国の一宮

岡山市と県南東部

吉備津彦神社

奥宮磐座を有する御神体山・**吉備の中山**の東麓に鎮座する古社。御祭神は、**大吉備津彦命**。古くから吉備の国を守られた神様として崇敬され、昔話**『桃太郎』**のモデルといわれる。桃太郎伝説と神楽・備前刀のふるさとの**備前国一宮**として広く知られ、夏至の朝日が社殿内に差し込むよう建てられたといわれることから**朝日の宮**と称される。

一宮らしく厳かで美しい御社殿

▶吉備津彦神社
住 岡山市北区一宮1043
TEL 086-284-0031
開 6:00〜18:00(正月等は変更あり)
休 無休　料 無料
交 JR**備前一宮駅**から徒歩3分
URL www.kibitsuhiko.or.jp

災難除けの桃守りと桃太郎桃剣御守り

桃太郎伝説ゆかりの吉備国総氏神

岡山市と県南東部

吉備津神社

大吉備津彦命を主祭神とする備中国一宮。国宝に指定されている本殿と拝殿は直接接続しており、全国で唯一の**吉備津造**。過去2回の火事によって焼失したが、応永32(1425)年に再建された。全長360mに及ぶ、一直線につながる廻廊も見事。温羅が祀られた艮御崎宮や温羅退治にまつわる神事**鳴釜神事**も行われる。

「吉備津造」の本殿と拝殿

▶吉備津神社
住 岡山市北区吉備津931
TEL 086-287-4111
開 5:00〜18:00
休 無休　料 無料
交 JR**吉備津駅**から徒歩10分
URL www.kibitujinja.com

全長400mの廻廊

釜から出る音で占う鳴釜神事

吉備路の撮影スポットとしても知られる

倉敷と県南西部

備中国分寺

奈良時代、聖武天皇の発願によって創建された国分寺のひとつ。南北朝時代に焼失したと伝えられているが、当時は160m×178mの境内をもち、今も礎石の多くが残されている。現在の建物は江戸時代中期以降に再建されたもので、弘化元(1844)年頃に完成したとされる**五重塔**は、吉備路のシンボル的存在。

五重塔と桜

▶備中国分寺
住 総社市上林1046
TEL 0866-94-3155(国分寺観光案内所)
開 入場自由
交 JR**総社駅**からタクシーで約15分。またはレンタサイクルで約20分

備中国分寺の境内

info 童話の**『桃太郎』**発祥については諸説あるが、桃太郎が**吉備津彦命**、鬼は鬼ノ城を根城とした**温羅**をモデルにしたといわれる。鬼として描かれた温羅は、吉備国にさまざまな文化を伝えた渡来人で、**吉備冠者**とも呼ばれていた。

日本遺産にも認定された「赤い町並み」

倉敷と県南西部

吹屋ふるさと村

ふきやふるさとむら

ベンガラで彩られた格子のある家が並ぶ

標高500mの高原にたたずむ吹屋はかつては銅と**ベンガラ**の生産で繁栄した鉱山の町。江戸末期から明治にかけて、独特の町並みが築かれた。

赤茶色の石州瓦とベンガラで彩色された格子の町並みが残り、おしゃれなカフェやショップもある。吹屋案内所**下町ふらっと**では、ベンガラ染めや泥染め体験もできる。

古代に造られたミステリアスな山城

倉敷と県南西部

鬼城山(鬼ノ城)

きのじょうざん(きのじょう)

遠く岡山市街まで見渡すことができる

標高約400mの鬼城山の頂に鬼ノ城が築かれていた。建造年代は発掘調査から7世紀後半の可能性が高いとされる。山頂よりやや下側を2.8kmあまりの城壁が取り囲んでいる。4つの門と6つの水門があり、西門からの眺望は抜群。

鬼ノ城には、吉備津彦命(きびつひこのみこと)に退治された百済(くだら)の王子**温羅**(うら)が住んでいたとされ、温羅(鬼)伝説発祥の地でもある。

本州と四国を結ぶ世界最大級の橋

倉敷と県南西部

瀬戸大橋

せとおおはし

下津井瀬戸大橋
(画像:本州四国連絡高速道路㈱提供)

瀬戸中央自動車道の一部で、道路と鉄道のルートを併用した橋。1988年に開通し、海峡部9.4kmの橋梁が**瀬戸大橋**の愛称で親しまれている。本州の**鷲羽山**(わしゅうざん)から瀬戸内の島々を経由し、吊橋、斜張橋、トラス橋など、6つの世界最大級の橋梁が連なる。週末を中心にライトアップされ、海の上に橋が浮かび上がる様は壮観。

▶吹屋ふるさと村

住 高梁市成羽町吹屋838-2
TEL 0866-29-2205(高梁市観光協会吹屋支部)
開 見学自由(有料施設あり)
交 JR**備中高梁駅**から吹屋行きバスで1時間の終点下車、徒歩すぐ

▶吹屋案内所 下町ふらっと

住 高梁市成羽町吹屋890
TEL 090-8999-0477
開 10:30~16:00 休 不定休
料 ベンガラ染め体験880円~(要予約)

レトロなボンネットバスが運行することもある

▶鬼城山(鬼ノ城)

▶鬼城山ビジターセンター

住 総社市黒尾1101-2
TEL 0866-99-8566
開 9:00~17:00(最終入場16:30)
休 月曜(祝日の場合は翌日)、12/29~1/3 料 無料
交 JR**総社駅**からタクシーで30分、下車後徒歩10分。またはJR**服部駅**から徒歩約5km

城壁に取り囲まれた鬼ノ城

▶瀬戸大橋

住 倉敷市児島~香川県坂出市
TEL 078-291-1033(本四高速)
開 随時通行可
料 児島~坂出北1680円~(普通車)
交 特急、快速のほか、瀬戸大橋アンパンマントロッコなどの観光列車も**岡山駅**から瀬戸大橋を渡り、四国へと運行している
※瀬戸大橋アンパンマントロッコはおもに土・日曜・祝日に運行。全席グリーン車指定席。変更もあるので要確認
URL www.jb-honshi.co.jp

info 黄泉国の話で、雷神と黄泉軍に追い詰められた伊邪那岐命は桃を投げて助かった。そして桃の実に「人々が悲しみ苦しむ時に助けるように」と命じたことから、桃には魔を除く力があるとされ、**吉備津彦神社**では、**桃のお守り**と**おみくじ**を授与している。

瀬戸大橋が架かる雄大なパノラマを望む

倉敷と県南西部

鷲羽山展望台

わしゅうざんてんぼうだい

瀬戸内海国立公園の代表的な景勝地。瀬戸大橋を含む瀬戸内と四国までも見渡すことができるビュースポットで、山頂のほかにも、途中ふたつの展望台がある。第2展望台近くの**鷲羽山レストハウス**では、絶景を眺めながらの食事も可能。第1展望台の**鷲羽山ビジターセンター**では、周辺の植生や歴史などを知ることができる。

鷲羽山展望台から見た瀬戸大橋の夜景

▶鷲羽山展望台
住 倉敷市下津井田之浦
開 入場自由
交 JR**児島駅**から下津井循環バスで30分の**鷲羽山第二展望台**下車、第2展望台まで徒歩5分
▶**鷲羽山レストハウス**
TEL 086-479-9164
開 11:00～14:30
（土·日曜·祝日11:00～15:30）
ラストオーダー30分前
休 無休
URL washuzanresthouse.jp
▶**鷲羽山ビジターセンター**
TEL 086-479-8660
開 4～9月9:00～17:00
10～3月9:00～16:30
料 無料　休 12/29～1/3
URL wasyuzan-vc.jp

日本最初の西洋美術中心の私立美術館

倉敷と県南西部

大原美術館

おおはらびじゅつかん

倉敷紡績など、倉敷を基盤に広く活動した事業家、**大原孫三郎**が設立した美術館。孫三郎の進言によりヨーロッパに留学した画家・児島虎次郎が選んだ近代西洋美術を中核に、エル・グレコ、ゴーギャン、モネ、マティス、モディリアーニなどの作品が並ぶ。ほかに中国・エジプト美術、現代美術、日本の近現代美術なども収蔵している。

本館の展示室　（画像提供：大原美術館 2点とも）

▶大原美術館
住 倉敷市中央1-1-15
TEL 086-422-0005
開 9:00～17:00（最終入場16:30）
休 月曜（祝日を除く）、冬期に不定期で休館日あり
※状況により開館時間の変更や臨時休館する場合あり
料 1500円
交 JR**倉敷駅**から徒歩15分
URL www.ohara.or.jp

大原美術館本館

城下町のたたずまいを残す「のれん」の町

津山と県北部

勝山町並み保存地区

かつやままちなみほぞんちく

陸路の出雲街道や水運など交通の要所として栄えた美作勝山藩（みまさかかつやまはん）の城下町。往時をしのばせる白い壁に格子窓の商家やなまこ壁の蔵など、古い街並みが残り、昭和60（1985）年に岡山県で初めて**町並み保存地区**に指定された。昔ながらの酒蔵や旧家、武家屋敷のほか、古民家や蔵をリニューアルした工房やカフェ、ギャラリーなどもあり、散策も楽しい。

格子窓のある家が並ぶ勝山町

▶勝山町並み保存地区
住 真庭市勝山
TEL 0867-44-2120（勝山観光協会）
開 見学自由（有料施設あり）
交 JR**中国勝山駅**から徒歩約5分
URL www.maniwa.or.jp/katsuyama

のれんがかかり風情ある家並み

info 倉敷には名の知れた作家が数多くいる。古くは内田百閒に始まり、柴田錬三郎、吉行淳之介など。近年では、小川洋子、あさのあつこ、原田マハ、重松清、岩井志摩子ら。漫画家では、岸本斉史や一条ゆかり、いしいひさいちなど。

日本100名城®にも選ばれた漆黒の城　**岡山市と県南東部**

岡山城

1階が不等辺五角形をした岡山城

戦国大名の宇喜多秀家が築城、8年をかけ慶長2（1597）年に完成した。天守閣の壁には黒漆塗りの板が貼られており、その外観から**烏城**とも呼ばれる。天守閣は空襲により焼失したが、昭和41(1966)年に再建。内部は展示室になっており、市街地を見渡せる。

暮らしや歴史がアートと結びついた瀬戸内の島　**岡山市と県南東部**

犬島

犬島精錬所美術館
写真：阿野太一

岡山市の南東に位置する周囲3.6kmの小さな島で、かつて銅の製錬業と採石業などで栄えた。その遺構を活用した、**犬島精錬所美術館**をはじめ、さまざまなアーティストの作品を公開する**犬島「家プロジェクト」**など、アートと島の暮らしを自然に楽しめる。

職人が鋼を打つ姿を見ることもできる　**岡山市と県南東部**

備前長船刀剣博物館

博物館内の展示室
（画像提供：備前長船刀剣博物館）

備前刀を中心に、日本刀を展示する珍しい博物館。刀剣の歴史を映像やクイズでわかりやすく説明した**刀剣の世界**もある。敷地内には、刀匠が刀を作る様子を見学できる鍛刀場もあり、月に一度、1200℃の高熱で玉鋼を打つ**古式鍛錬**も行われる。

神秘的な海上の道を歩いて、島から島へと渡る　**岡山市と県南東部**

黒島ヴィーナスロード

3つの島が並ぶ

牛窓の沖合にある**前島**近くに浮かぶ黒島、中ノ小島、端ノ小島という3つの小さな島を結ぶ約800mの**砂の道**。潮がよく引く日の干潮前後にできる珍しいもので、現れてくる弓の形をした道は、なんとも神秘的でロマンティック。レンタサイクルやシーカヤックも楽しめる。

▶岡山城
※岡山城天守閣と烏城公園は大規模改修工事のため休館中。2022年11月（予定）のリニューアルオープン後は料金等変更の可能性あり
住 岡山市北区丸の内2-3-1
TEL 086-225-2096（岡山城事務所）
開 9:00〜17:30（最終入場17:00）
休 12/29〜31　料 320円
交 路面電車**城下**電停下車、徒歩10分。またはJR**岡山駅**からバスで10分の**県庁前**下車、徒歩10分
URL okayama-kanko.net/ujo

▶犬島
住 岡山市東区犬島
交 JR**西大寺駅**から宝伝港までタクシーで30分、またはバスで1時間30分の**西宝伝**下車。宝伝港から船で10分
▶犬島精錬所美術館
TEL 086-947-1112
開 3〜11月の月・金・土・日曜・祝日 9:00〜16:30（最終入場16:00）
休 3〜11月の火〜木曜（祝日を除く）、祝日の翌日、12〜2月の全日
料 2100円（犬島「家プロジェクト」、犬島 くらしの植物園と共通）
URL benesse-artsite.jp/art/seirensho.html

▶備前長船刀剣博物館
住 瀬戸内市長船町長船966
TEL 0869-66-7767
開 9:00〜17:00（最終入場16:30）
休 月曜（祝日の場合は翌日）、年末年始、祝日の翌日（土・日曜を除く）、展示替え時
料 500円
交 JR**長船駅**からタクシーで7分。または、JR**香登駅**から徒歩20分
URL www.city.setouchi.lg.jp/site/token
※刀剣の世界のクイズと一部映像コンテンツ、古式鍛錬などは休止中。要確認

▶黒島ヴィーナスロード
住 瀬戸内市牛窓町牛窓
TEL 0869-34-9500（瀬戸内市観光協会）
開 入場自由（ボートなどは有料）
交 本土から歩いて渡ることはできない。アクセスはホテルリマーニ P.685 からの送迎ボート、シーカヤック、またはチャーター船のいずれか。

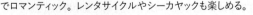

info 岡山出身の有名ミュージシャンといえば、B'zの**稲葉浩志**。稲葉浩志の出身地、**津山市**には、生家「**イナバ化粧品店**」、兄が社長を務める菓子店「**旬菓匠 くらや**」などがあり、「想い出ロードマップ」でゆかりの地を巡ることもできる。

世界最古の庶民のための公立学校

岡山市と県南東部

旧閑谷学校

寛文10(1670)年に岡山藩藩主**池田光政**によって開設された、庶民のための公立学校。国宝に指定されている講堂は赤茶色の備前焼瓦がのった大屋根と花頭窓が印象的。明治38(1905)年に建てられた校舎は資料館になっている。

備前焼の瓦が映えるどっしりとした外観の講堂

白壁が美しい美観地区内に鎮座する倉敷の鎮守

倉敷と県南西部

阿智神社

海の守り神で、交通や交易の安全を司る**宗像三女神**を主祭神とし、鶴形山の山頂に鎮座する。境内には、**盤座・盤境**と呼ばれる巨岩や奇岩が点在しているほか、樹齢300年とも500年ともいわれる古木、**阿知の藤**は4月下旬から5月上旬にかけて、淡いピンクの花を咲かせる。

絵馬殿とその眺望

雄大な大自然の中でゆっくり過ごしたい

津山と県北部

蒜山高原

鳥取県との県境、**大山連峰**の東に連なる3つの山、蒜山三座。その麓にある西日本を代表する高原リゾート地で、**ジャージー牛**が草を食む姿を見たり、蒜山高原自転車道をサイクリングすることも可能。ジャージー乳製品、ひるぜん焼そばなどのご当地グルメも楽しみ。

ジャージー牛に会える

桜の名所としても知られる、高い石垣をもつ平山城

津山と県北部

津山城

嘉吉元(1441)年に山名忠政が築いた**鶴山城**が応仁・文明の乱で廃城となった後に、織田信長の側近森蘭丸の弟、**森忠政**が、鶴山を津山と改め築城した日本三大平山城のひとつ。高さ10mに及ぶ見事な高石垣は築城当時のもの。復元された**備中櫓**も必見。

姫路城、松山城と並ぶ日本三大平山城

▶旧閑谷学校
住 備前市閑谷784
TEL 0869-67-1436(史跡受付)
開 9:00〜17:00
休 12/29〜31　料 400円
交 JR**吉永駅**からタクシーで10分。JR**備前片上駅**からタクシーで15分。または駅からバスで**閑谷学校**下車、徒歩5分
URL shizutani.jp

広々とした講堂内部

▶阿智神社
住 倉敷市本町12-1
TEL 086-425-4898
開 入場自由
交 JR**倉敷駅**から徒歩15分
URL achi.or.jp

雅楽の演奏を楽しむことができる「藤見の会」

▶蒜山高原
住 真庭市蒜山
TEL 0867-66-3220(蒜山観光協会)
開 入場自由
交 JR**中国勝山駅**から真庭市コミュニティバスで1時間20分
URL www.maniwa.or.jp/hiruzen

牧草地と蒜山三座

▶津山城
住 津山市山下135
TEL 0868-22-3310(津山市観光協会)
開 4〜9月8:40〜19:00
10〜3月8:40〜17:00
桜まつり期間中7:30〜22:00
休 12/29〜31　料 310円
交 JR**津山駅**から徒歩10分
URL www.tsuyamakan.jp

桜の名所として知られ、シーズン中はライトアップされる

info **蒜山高原**には、レストランやショップがある**ひるぜんジャージーランド**、ハーブやラベンダーなどを栽培する**蒜山ハーブガーデン ハービル**、ワイン醸造をする**ひるぜんワイナリー**などの観光スポットがある。

紅葉、新緑、樹氷など、四季折々の絶景を楽しめる

津山と県北部

奥津渓(おくつけい)

紅葉の奥津渓

紅葉の名所として知られ、シーズン中には多くの観光客が訪れる。奥津温泉の下流3kmにわたって流れる吉井川沿いの渓谷で、自然が創り出した**甌穴**(おうけつ)群は全国でも最大級の珍しいもの。奇岩の天狗岩、女窟の断崖など、**奥津八景**と呼ばれる名所もある。

▶奥津渓
住 苫田郡鏡野町奥津川西
TEL 0868-52-0711(鏡野町観光協会)
開 入場自由
交 JR**津山駅**から奥津温泉・石越線行きバスで1時間の**小畑**下車、徒歩3分
URL www.kagamino.holiday/spot/entry-84.html

変化に富んだ渓谷美が楽しめる

与謝野晶子も絶賛した鍾乳洞

津山と県北部

満奇洞(まきどう)

赤い照明が映える竜宮橋付近

江戸末期、狸を追っていた猟師が偶然見つけたといわれている鍾乳洞。歌人の与謝野鉄幹と晶子夫妻が「**奇に満ちた洞**」と絶賛したことが名前の由来。雄大な地底湖に赤い**竜宮橋**が架かる最奥の巨大なホールなど、神秘的な雰囲気を楽しめる。

▶満奇洞
住 新見市豊永赤馬2276-2
TEL 0867-74-3100(満奇洞管理事務所)
開 8:30～17:00(最終入場16:30)
休 無休　料 1000円
交 JR**井倉駅**からバスで40分の**満奇洞**下車、徒歩すぐ
URL www.city.niimi.okayama.jp/kanko/spot/spot_detail/index/77.html

旬の果物を思う存分楽しめる

津山と県北部

美作農園(みまさかのうえん)

たわわに実ったイチゴがおいしそう

秋はブドウ、冬から春までイチゴの収穫を楽しめる**観光農園**。イチゴ農園は岡山県で最大級の規模を誇り、果実が大きく濃厚な風味のイチゴが食べられる。40年の栽培経験があるというブドウは、人気の瀬戸ジャイアンツを始め、ピオーネやシャインマスカットなど。

▶美作農園
住 美作市奥585-1
TEL 0868-74-3887
開 ブドウ8月中旬～10月中旬
　イチゴ12月上旬～6月上旬
休 シーズン以外
料 ブドウ狩り1650円～、イチゴ狩り1000円～(時期やプランにより料金は異なる)
交 JR**林野駅**からタクシーで20分
URL mimaen.co.jp

雲海を見ることもできる絶景スポット

津山と県北部

大山展望台(おおやまてんぼうだい)

絶景の大山展望台

湯郷温泉(ゆのごう)の町並みや吉野川、岡山最高峰の後山(うしろやま)、那岐山(なぎさん)のほか、津山盆地の奥にそびえる山々まで見渡すことができる展望台。雲海を堪能できるスポットとしても知られており、10～2月の冷えて晴れた早朝、天候にもよるが、幻想的な風景を見ることができる。

▶大山展望台
住 美作市巨勢656-1
TEL 0868-72-6693(美作市観光政策課)
開 入場自由
交 JR**林野駅**からタクシーで10分
URL www.city.mimasaka.lg.jp/kanko/spot/sightseeing_facility/1466066122453.html

幻想的な雲海

info 美作市には、平安時代に発見されたという名湯、**湯郷温泉**があり、ここを拠点にして、**大山展望台**や**美作農園**を訪れるのもいい。温泉街には、美作農園のイチゴやブドウを使ったスイーツなどが楽しめる**農園カフェ湯郷**もある。URL spa-yunogo.or.jp

「日本の紅葉100選」にも選ばれた景勝地

岡山市と県南東部

宇甘渓（うかんけい）

岡山県中部を流れる**宇甘川**（うかいがわ）沿いの渓流には奇岩が点在し、春からの新緑、秋にはケヤキやカエデが赤や黄色の彩りを見せる。シンボルの**赤橋**周辺や**川柳の小径**を散策したい。

木々が生い茂る渓谷

▶宇甘渓
住 加賀郡吉備中央町下加茂
TEL 0866-54-1301（吉備中央町協働推進課）
開 入場自由
交 JR**金川駅**からタクシーで20分ほど
URL www.town.kibichuo.lg.jp/site/kanko/54.html

全国で4番目の規模をもつ前方後円墳

岡山市と県南東部

造山古墳（つくりやまこふん）

全長約350mの巨大な古墳で、5世紀前半に築造、**古代吉備王国**の首長の墓とされる。前方の円墳から鏡、砥石、鈴、鉄器などが出土しており、墳丘上まで上ることができる。

上空から見た造山古墳
画像：岡山市教育委員会

▶造山古墳
住 岡山市北区新庄下789
TEL 086-803-1332（岡山市観光振興課）
開 入場自由
交 JR**備中高松駅**からタクシーで10分。または、JR**岡山駅**からタクシーで約30分。レンタサイクルを利用するのもいい
▶造山古墳ビジターセンター
開 10:00～15:00
休 月曜、年末年始　料 無料
URL www.okayama-kanko.jp/spot/15325

悪縁を断ち、良縁を結ぶ、縁結びの御利益で知られる

岡山市と県南東部

最上稲荷（さいじょういなり）

日本三大稲荷のひとつ。神宮形式の本殿や大鳥居もある**神仏習合**の形が残る寺院。旧本殿西側の道から霊地の**八畳岩**まで登山道を登ると、備中高松城跡などを一望できる。

ご本尊の最上尊がまつられる本殿

▶最上稲荷
住 岡山市北区高松稲荷712
TEL 086-287-3700
開 入場自由（売店9:00～16:30）
交 JR**備中高松駅**からタクシーで約5分
URL inari.ne.jp

高さ27.5m、柱の直径4.6mの大鳥居

蔦の絡まる赤レンガの近代産業遺産

倉敷と県南西部

倉敷アイビースクエア（くらしきあいびーすくえあ）

倉敷紡績所の本社工場を改修したもの。**倉紡記念館**（くらぼう）やホテル、レストラン、ショップ、体験工房などがある。シンボルの蔦は昭和初期に植えられ、自然に内部温度の調節をしていた。

倉敷アイビースクエアの正面玄関

▶倉敷アイビースクエア
住 倉敷市本町7-2
TEL 086-422-0011
開 広場への入場は自由
交 JR**倉敷駅**から徒歩15分
URL www.ivysquare.co.jp
▶倉紡記念館
開 10:00～16:00（最終入場15:45）
休 無休　料 300円
URL www.kurabo.co.jp/museum

備前焼の郷ならではの神社

岡山市と県南東部

天津神社（あまつじんじゃ）

備前焼は別名**伊部焼**（いんべ）ともいわれ、神社が鎮座する備前市伊部が本場。備前焼の狛犬をはじめ、境内は数多くの備前焼の逸品で埋め尽くされており、備前焼の絵馬も手に入る。

備前焼の狛犬と鳥居

▶天津神社
住 備前市伊部629
TEL 0869-64-2738（宮司宅）
開 入場自由
交 JR**伊部駅**から徒歩10分

備前焼の絵馬

info **造山古墳**には、数多くの円筒埴輪や形象埴輪が立てて並べられていた。前方部墳頂にある**荒神社**の境内に置かれた古墳時代の石棺は、熊本県産の石で作られており、当時の九州と吉備との結びつきを示すと考えられている。

仕掛けも楽しい、桃太郎伝説の謎に迫る博物館　倉敷と県南西部

桃太郎のからくり博物館（ももたろうのからくりはくぶつかん）

桃太郎にまつわる資料などの展示

桃太郎伝説にまつわる錦絵や和本、絵本、玩具などを数多く展示。スリル満点の**鬼ヶ島洞窟探検**や目の錯覚などを利用した**からくりあそび**など、体験型アトラクションも楽しめる。

▶桃太郎のからくり博物館
住 倉敷市本町5-11
TEL 086-423-2008
開 10:00～17:00　休 無休
料 600円
交 JR**倉敷駅**から徒歩15分
URL momotaroukan3.wixsite.com/momo

鬼ヶ島洞窟探検の赤鬼

こだわりの国産ジーンズショップが集まるレトロ商店街　倉敷と県南西部

児島ジーンズストリート（こじまじーんずすとりーと）

ジーンズストリートらしい通りの装飾

明治期より繊維産業で栄えた児島でジーンズの生産が始まったのは1960年代。**味野商店街**の空き店舗に、40店以上のジーンズショップやカフェ、ギャラリーなどが軒を連ねている。

▶児島ジーンズストリート
住 倉敷市児島味野
TEL 086-472-4450(児島商工会議所)
開 休 店舗により異なる
交 JR**児島駅**から徒歩15分。またはバスで**児島文化センター前**、**大正橋**、**野﨑家旧宅前**で下車
URL jeans-street.com

裏側から流れ落ちる滝の流れを見られる　津山と県北部

岩井滝（いわいだき）

滝の裏側から

三国山の麓、標高830mに位置する、高さ10m、幅6mの滝。上部に大きな岩盤が出ており、裏側から滝を眺めることができるため、別名**裏見の滝**として人気を集めている。

▶岩井滝
住 苫田郡鏡野町上齋原中津河
TEL 0868-54-2987（鏡野町産業観光課）
開 入場自由
休 積雪のため冬期（12月下旬～4月上旬）は入場不可
交 JR**津山駅**から車で40km
URL www.kagamino.holiday/spot/entry-110.html

鍾乳石が織りなす自然芸術　津山と県北部

井倉洞（いくらどう）

自然の見事な造形「黄金殿堂」

高梁川（たかはしがわ）の上流にある全長1200m、高低差90mの鍾乳洞。**銀すだれ**、**水衣**、**くらげ岩**などの奇岩や怪岩のほか、高さ50mの滝もあり、探検気分で洞内を巡ることができる。

▶井倉洞
住 新見市井倉409
TEL 0867-75-2224
開 8:30～17:00（最終入場16:30）
休 無休　料 1000円
交 JR**井倉駅**から徒歩15分
URL www.ikurado.jp

洞内の「瀬戸の海」

断崖絶壁を流れ落ちる豪快な名瀑　津山と県北部

神庭の滝（かんばのたき）

紅葉の季節の神庭の滝

高さ110m、幅20m、中国地方随一の規模を誇り、下流には**玉垂（たまだれ）の滝**や**鬼の穴**と呼ばれる洞窟もある。付近に生息する野生のニホンザルに出合うことができるかも。

▶神庭の滝
住 真庭市神庭
TEL 0867-44-2701（神庭の滝自然公園管理事務所）
開 8:30～17:15
休 12/29～1/3　料 300円
交 JR**中国勝山駅**からタクシーで10分ほど
URL www.maniwa.or.jp/katsuyama

info **岩井滝**の100mほど手前に湧く**岩井**と呼ばれる水を21日間飲み続け、7月10日に子供を授かったという伝説があり、この水は**子宝の水**と呼ばれている。伝説にちなみ、毎年7月10日には**岩井滝まつり**が開催されている。

広島県
HIROSHIMA

広島市

人口	280万人（全国12位）
面積	8479km²（全国11位）
県庁所在地	広島市
県花	モミジ

ひろしま清盛
大河ドラマ「平清盛」広島県推進協議会が行うキャンペーンのシンボルとして誕生
広島県観光PRキャラクター「ひろしま清盛」R3-0685

モミジ
県木だが県民になじみが深いことから県の花になっている

中国・四国地方最大の都市である広島市は、世界で初めて核兵器が使われた場所として国際的にも知られる。かつての旧国制では、広島市を中心とする県西部が安芸、福山市を中心とする県東部が備後で、今も方言や文化が若干違う。瀬戸内海には大小あわせて約140の島があり、海と島が織りなす多島美を求めて訪れる人も多い。山地が全面積の4分の3を占め、海や山の自然に恵まれているため、野菜や果物の栽培、魚介類の養殖も盛ん。

旅の足がかり

広島市
安土桃山時代以降、山陽道沿線の行政の中心地として発展した。戦国大名の毛利氏は、**広島城**P.709の築城とともに太田川下流のデルタ地帯の開発に着手。今もこの平野部が市街地となっており、市の4分の1は標高100m以上の丘陵地や山地。1945年の原子爆弾投下により甚大な被害を受けたが、国際平和都市として復興・発展を遂げた。自動車産業や造船、カキやノリの養殖が盛んで、1980年には10番目の政令指定都市になった。市内を走る路面電車は、規模や乗車人数で日本一。

宮島
海の上に浮かぶような**嚴島神社**P.707で知られる**宮島**P.706は、広島市にも近く、日本有数の観光地。宮島に人が渡ることができるのは祭祀の時のみだったが、鎌倉末期から神職や僧侶、役人、庶民も住み始めた。戦国時代には日本三大奇襲戦のひとつ、嚴島合戦の舞台にもなり、その後も交易の中継地、文化の中心地として栄えた。

尾道市
県東南部に位置し、山が多く、平野は瀬戸内の尾道水道や川沿いの一部。自然の良港をもち、平安時代から港町・商都として繁栄したため、豪商たちの寄進造営によって多くの神社仏閣が建てられた。歴史ある町並みと海を望む階段や坂といった風情あふれる景観とともに、**瀬戸内しまなみ海道**P.708の開通により、新たな魅力も生まれている。

地理と気候

南部は比較的温暖で晴天が多い。県北部と西部は高地が多く、山間部を中心に冬季は寒く積雪も多い。中国山地と四国山地に挟まれ、降水量は比較的少ない。

【夏】 8月の平均気温は29℃くらいだが、35℃を超える日もある。台風の影響は少ないとされてきたが、近年は増加傾向。

【冬】 南部は比較的温暖。北部の中国山地沿いは寒さが厳しく、庄原市や三次市では市街地でも80cm以上の降雪がある。

 P.698～715 写真提供：広島県

アクセス

東京から ▸▸▸		所要時間
飛行機	羽田空港▶広島空港	1時間20分
新幹線	東京駅▶広島駅（のぞみ）	3時間50分
高速バス	バスタ新宿▶広島バスセンター	12時間30分

大阪から ▸▸▸		所要時間
新幹線	新大阪駅▶広島駅（のぞみ）	1時間
高速バス	大阪駅▶広島駅	5時間

山口から ▸▸▸		所要時間
新幹線	新山口駅▶広島駅（のぞみ、さくら）	31分
JR線	岩国駅▶広島駅	1時間

愛媛から ▸▸▸		所要時間
高速バス	今治駅▶福山駅	1時間40分
高速船	松山観光港▶広島港	1時間10分

県内移動

▶広島駅から宮島へ

JR山陽本線なら宮島口駅まで岩国方面で約30分。広電の場合は広電宮島口駅まで約1時間10分。宮島口からフェリーで宮島まで約10分。

広島港から宮島まで高速船で約30分。広島港へは市電5番線またはバスで広島駅から約30分。

▶広島から呉へ

JR呉線の快速**安芸路ライナー**で約30分。普通列車で約45分。

広島バスセンターから広電バスで呉駅まで約45分。ほぼ10分間隔と頻発。

▸▸▸アクセス選びのコツ

- 高速バスのターミナルは広島市中心部にある**広島バスセンター**。広島駅始発の便も多い。出雲や松江、米子、鳥取など山陰方面へのアクセスに便利。
- 広島空港は羽田空港便がメインだが仙台空港便も1日3便程度運航。
- 宮島と本土を結ぶ航路のほか、愛媛県の松山観光港と広島港を結ぶ高速船が1～2時間に1便運航している。

交通路線図

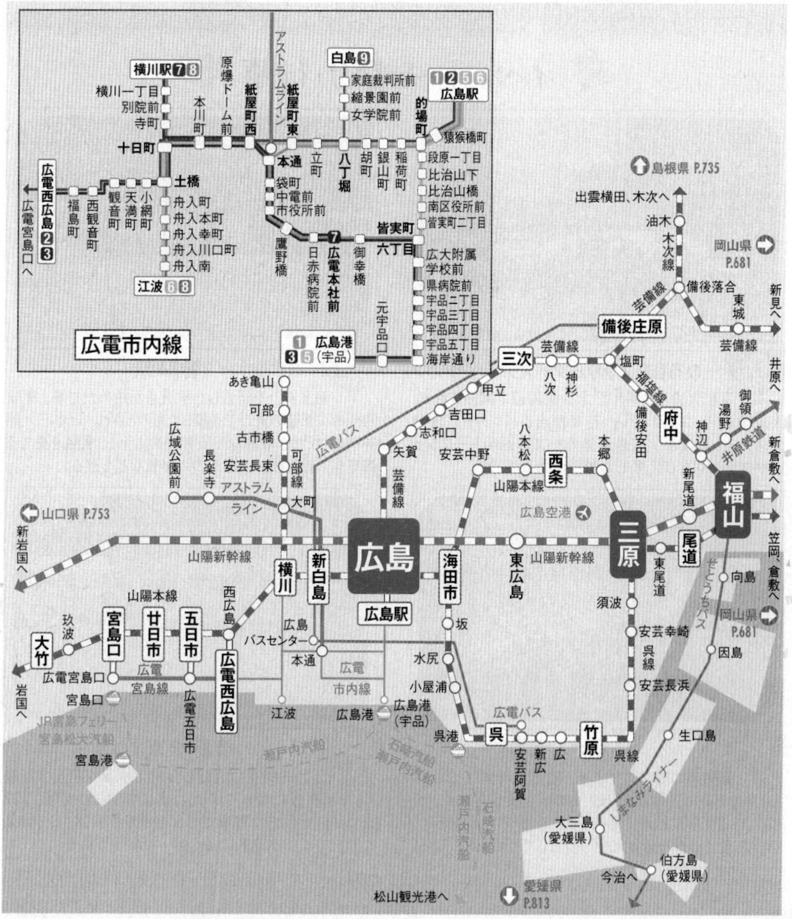

広電市内線

広島県 うちの県はここがすごい

一 はっさく発祥の地

1860年頃、因島（いんのしま）の田熊町にある浄土寺の住職が、偶然発見したとされ、寺には原木が祀られている。今では因島の特産品として、ゼリーやジャムなどが、おみやげになっている。

二 レモンの生産量日本一

全国の40%以上を占めている。瀬戸内沿岸産レモンは瀬戸内レモンと呼ばれ、7月からのハウスレモン、10〜11月のグリーンレモン、年末ごろからのイエローレモンと一年を通して出荷される。

三 カキの生産量日本一

大粒で肉厚、濃厚なうま味がたっぷりのカキは、日本一の生産量を誇る。カキの育成に適した広島湾での養殖は室町時代から400年以上続く。一年中おいしい品種など、新種の開発も盛ん。

イベント・お祭り・行事

① ひろしまフラワーフェスティバル

平和大通りや平和記念公園周辺で開催される、大規模なフェスティバル。花車が出るパレード、演舞コンテストのほか、広島東洋カープの選手トークショーやステージなど、多彩な催しがある。

② 管絃祭

厳島神社を造営した平清盛が始めた神事。平安時代の「管弦の遊び」を模したものとされ、日本三大船神事のひとつ。優雅な平安絵巻のように、管弦を奏でる御座船（管弦船）が瀬戸内の神社などを巡る。

③ とうかさん大祭

圓隆寺の総鎮守である「稲荷大明神（とうかさん）」の祭りで、毎年45万人もの人出でにぎわう。元和6（1620）年に始まったとされ、400年以上も続く大祭。別名「ゆかた着始め祭り」としても知られている。

④ 因島水軍まつり

因島を拠点に活躍した村上水軍を再現する祭り。3部構成になっており、「島まつり」で出陣、「火まつり」で鎧兜の武者たちが松明を練り回す。「海まつり」では、木造船によるレースが行われる。

必ず食べたい 名物グルメ

カキの土手鍋

土鍋の内側に味噌を塗り、カキ、焼き豆腐、こんにゃく、白菜、春菊などの野菜を入れて煮込む。土手のように味噌を塗ることから「土手鍋」の名前がついたといわれる。

あなご飯

温かなご飯の上に、特製タレでじっくり焼き上げたあなごをのせた人気グルメ。明治30（1897）年に旧宮島駅の駅売弁当として生まれ、現在では宮島名物になっている。

お好み焼き

生地に具材を混ぜて焼くのではなく、生地を薄くのばし、その上に具を順番に乗せて焼いていく。具はキャベツ、もやし、豚肉、焼きそば、卵など。

尾道ラーメン

鶏ガラだしと小魚のだしに醤油を合わせたスープで、背脂が浮いているのが特徴。平打ち中細麺を扱う店が多く、チャーシュー、ネギ、メンマといったシンプルな具が定番。

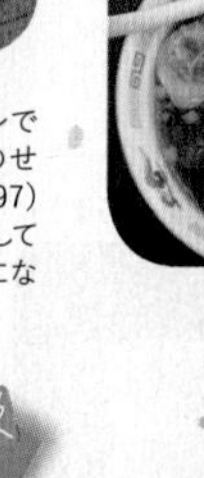

もらえば笑顔 定番みやげ

もみじ饅頭

小麦や卵を使ったふんわりと柔らかなカステラの中にこしあんが入った饅頭。広島の県木・県花でもあるもみじの形をしていることもあり、おみやげに大人気。

因島のはっさくマーマレード

因島発祥の果実、はっさくのマーマレード。新鮮な実を使った低糖度タイプのジャムで、はっさくの風味が生きている。ほろ苦い皮の部分は、砂糖とレモン果汁、洋酒を加えて仕上げている。

地元っ子愛用 ローカル味

ミツワ お好みソース

厳選された素材によるすっきりとした甘さが特徴のプロ御用達のお好みソース。スパイスを厳選して絞り込み、ほかの素材のよさを引き立てるように開発されたという。

アサムラサキ かき醤油

広島産カキのうま味エキスを本醸造醤油に加え、合わせだしで味を整えただし醤油。醤油代わりにも使える。有明海産のりを、かき醤油で味付けした「かき醤油味付のり」も人気。

匠の技が光る 伝統工芸

宮島杓子

1800年頃、弁財天の琵琶の形をヒントに作られ始めたもので、200年を超える歴史をもつ。「幸せをめしとる」という意味合いから縁起物のおみやげとして人気が高い。

熊野筆

江戸時代後半から続く伝統ある筆で、今も職人によって一本一本作られている。特に化粧筆の質の高さには定評があり、世界中のメイクアップアーティストも愛用する。

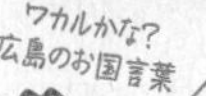

ワカルかな？
広島のお国言葉

小豆もろーたけー、あんびんつくろーや

Ans. 小豆をもらったから、あん入り餅をつくろうよ

1泊2日で巡る 広島県

西の広島市周辺と東の尾道周辺に、観光ポイントが分かれている。厳島神社は時間帯によって見え方が違うので、こだわる場合は潮位の確認を。

1日目

9:00 JR広島駅

鉄道30分

9:30 JR宮島口駅

フェリー20分

フェリーで宮島へ！

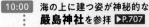

9:50 宮島桟橋

徒歩10分

10:00 海の上に建つ姿が神秘的な **厳島神社**を参拝 ▶P.707

千畳閣と五重の塔、多宝塔にも行ってみよう。

紅葉の時期の五重塔

徒歩2分

11:00 空海が修行の末に開いた **大聖院**へ ▶P.710

本堂の勅願堂やひとつだけ願いをかなえてくれる一願大師にもお参り。

徒歩8分

熱々ご飯に特製タレのあなごがのっておいしい！

12:00 宮島名物**あなご飯**のランチ ▶P.701

徒歩15分＋ロープウエイ15分＋徒歩40分

14:10 **弥山展望台**で瀬戸内を一望 ▶P.710

紅葉谷公園や大聖院に行くルートで、歩いて下山してもいい。

徒歩＆ロープウエイ70分

16:00 川の水音に癒やされる **紅葉谷公園**を散策 ▶P.710

紅葉の見頃は11月中旬～下旬。秋だけでなく、春は桜、夏は新緑も楽しめる。

徒歩20分

17:00 宮島桟橋

フェリー20分

17:30 JR宮島口駅

鉄道30分

18:00 広島市内で宿泊

創業1854年、江戸末期から宮島の歴史を見続けてきた宿

皇族方も利用されたという錦楓亭

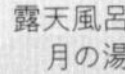

みやじまの宿 岩惣

国立紅葉谷公園内にあり、弥山山麓の自然に包まれた歴史ある宿。昭和天皇など皇族方のほか、山本五十六、伊藤博文など多くの著名人が宿泊してきた。大正から昭和にかけて建てられた1室1棟の平屋建ての「はなれ」のほか、一室ごとに部屋のしつらえが違う本館、紅葉谷と瀬戸内海を望む新館がある。

露天風呂 月の湯

住 廿日市市宮島町もみじ谷
TEL 0829-44-2233
交 宮島桟橋から徒歩15分。送迎バスあり
料 1泊2万3000円（税別）～
URL www.iwaso.com

2日目

9:00 JR広島駅

路面電車 20分

9:20 平和への願いをこめて
平和記念公園の**原爆ドーム**へ ▶P.708

平和の鐘や原爆死没者慰霊碑で祈りを。

徒歩 1分

9:30 **広島平和記念資料館**で
平和の大切さを知る ▶P.709

原爆の歴史や惨状を学び、核兵器がない世界の実現を願う。

バス 20分

10:20 桜や紅葉も楽しめる**広島城** ▶P.709

天守閣に登ると広島市内を一望できる。

徒歩 20分

11:00 **お好み村**で
早めのランチ ▶P.704

おいしいお好み焼きを堪能！

バス 15分

12:10 JR広島駅

新幹線 25分

12:35 JR福山駅

バス 35分

13:30 絶景の静かな港町
鞆の浦を巡る ▶P.711

遊覧船で尾道へ。便数が少ないので事前に確認を。

14:00発の遊覧船1時間

15:00 レトロな雰囲気の
尾道を散策 ▶P.709

レトロな商店街、坂、踏切。尾道らしさを味わったら千光寺山ロープウェイで千光寺公園へ。

徒歩 20分 ＋ ロープウエイ 5分

15:30 瀬戸内の多島美を望む
千光寺からの絶景 ▶P.712

ロープウェイを降りたら文学のこみちを歩いて千光寺へ。

徒歩 5分

16:00 福石猫を探して
猫の細道をお散歩 ▶P.715

招き猫美術館にも立ち寄って猫三昧。

個性的な福石猫

徒歩 20分

18:00 尾道駅周辺の
尾道ラーメンで締め ▶P.701

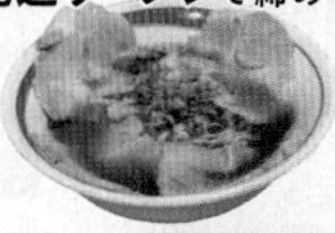

旅の思い出に浸りながら、いただきます！

+1日なら、レンタサイクルで
しまなみ海道へ

9:00に自転車を借りて出発！渡し船に乗り向島へ。因島水軍城、生口島あたりまで走って2時間ほど。ランチ後は多々羅大橋からの眺めを楽しみ瀬戸田港から高速船で尾道へ。16:00頃着。

因島公園からの眺め

おすすめ！泊まるならココ

リゾートの開放感もある趣ある空間で
ゆっくりとした時間を楽しみたい

汀邸 遠音近音（みぎわてい をちこち）

すべての客室がオーシャンビューで、鞆の浦温泉の露天風呂付き。ウッドデッキのベランダから、名勝「仙酔島」を眺めながらくつろぐことができる。鞆の浦名産の鯛を使った料理のほか、目の前に広がる瀬戸内で取れた海の幸を使った食事も楽しめる。

住 福山市鞆町鞆629
TEL 0570-025-577
交 JR福山駅からバスで30分。送迎バスあり（要予約）
料 1泊2万9700円～
URL www.ochikochi.co.jp

シーサイドデッキがあり、眺望抜群の客室。ウッドデッキには、いつでも楽しめる露天風呂もある

江戸時代に開業した宿、籠藤の木造本瓦葺べんがら塗りの建物を再生した正面玄関

広島県の歩き方

▶広島駅総合案内所
住 広島市南区松原町2-37
(JR広島駅新幹線口2階)
TEL 082-263-5120
開 6:00〜24:00　休 無休
URL hiroshima-navi.or.jp

▶ひろしま観光ループバス めいるーぷ
広島城、原爆ドームや平和記念公園など、市内の見どころを周遊するバスで、4つのルートがある。
料 1回券200円　1日券400円
URL www.chugoku-jrbus.co.jp

▶広島電鉄の広島たびパス
広島電鉄の電車全線、バス、宮島航路の船で使える。
料 1日券1000円　2日券1500円
3日券2000円
広島電鉄のみ乗り放題の1日券は700円、広島電鉄と宮島航路が乗り放題で、宮島ロープウエーが割引になる1日券は900円。

▶くれ観光情報プラザ
住 呉市宝町2-23-2
レクレ(呉駅南側共同住宅棟)
TEL 0823-23-7845
開 9:00〜19:00　休 12/29〜1/3

宮島SA(下り)
世界遺産の宮島を見下ろせるロケーションで人気。広島名物のカキ料理も充実、広島風お好み焼きが食べられるコーナーもある。

宮島SA（下り）内にある大鳥居の向こうに厳島が見える

広島市と周辺

広島市内を走る路面電車

広島城

旧海軍ドックのアレイからすこじま

広島市　新幹線が停車する広島駅から町の中心部へは、広島電鉄の路面電車やバスのほか、観光周遊バスの**めいるーぷ**などが走っており、**原爆ドーム**P.708や**広島城**P.709などの見どころへのアクセスもいい。高速バスは広島駅のほか、広島バスセンターから発着している。

宮島　**嚴島神社**P.707で知られる宮島へのフェリー乗場がある**宮島口駅**へは、広島市内からJRのほか路面電車でも行くことができる。

呉市と周辺　広島市の南東にある呉市は瀬戸内に面した中核都市で、かつては**東洋一の軍港**がある場所として知られていた。広島市内から呉方面へはJR呉線や広電バスが頻発。

▶広島空港から広島市の中心まで
空港から広島駅までは、リムジンバスで所要45〜50分、広島バスセンターまで55分。呉や尾道方面へ行くバスもある。

グルメ

お好み村が入るビル

お好み村　戦後、町の復興をかけて、50軒ほどのお好み焼き屋台が新天地広場に集まったのがはじまり。現在は高層ビルの2〜4階に20軒以上の店が入っており、店ごとの特長を生かしたお好み焼きを食べることができる。
住 広島市中区新天地5-13
URL www.okonomimura.jp

プチ雑学

飲み比べも楽しい

広島の地酒　40を超える蔵元がある広島県の酒は、芳醇でまろやかな味わい。酒造りに欠かせない、水と米、杜氏の技術、この3つが揃っており、中国山地からしみ出す名水を使った「軟水醸造法」で知られる。銘柄ごとの違いを楽しむのもいい。

info **平山郁夫**は、仏教やシルクロードなどを描き続けた現代日本画家。**尾道市**の**瀬戸田**で生まれ、広島市内で被爆。後遺症に苦しめられ、世界平和への祈りをこめた作品を残した。生口島の瀬戸田には**平山郁夫美術館**がある。

足を延ばせば

尾道水道クルーズ

瀬戸内海クルージング　瀬戸内しまなみ海道の島々を結ぶ航路や、尾道水道を巡るコース、尾道～鞆の浦間を走る高速船など、船の上から瀬戸内の多島美を体験できるクルーズがある。旅の日程に合わせて取り入れてみたい。
URL s-cruise.jp

尾道と瀬戸内

しまなみ海道の多々羅大橋

山陽本線の**尾道駅**と、山陽新幹線が停車する**福山駅**が、このエリアの拠点。**鞆の浦** P.711には福山駅からバスが出ている。**尾道** P.709へは、福山から山陽本線で行くか、新幹線の新尾道駅から市内バスで。**竹原町並み** P.714や**大久野島** P.711へ渡る忠海港へは、広島と三原をつなぐJR呉線で。

ブランド食材

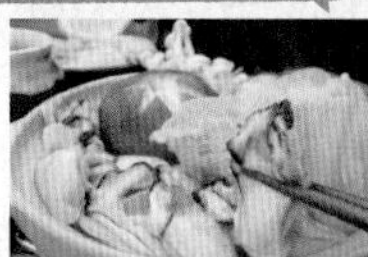
カキ鍋

かき小町　夏の産卵期で痩せ細ってしまう二倍体かきを品種改良し、産卵しないようにしたもので、身の大きさは通常の1.5倍。夏でも大ぶりでぷりぷり。

庄原・三次と県北部

険しい渓谷がある三段峡

JR**芸備線**が広島市から東北に走っている。この地帯の観光スポットは、自然豊かな森や山城が多いためレンタカーが便利。公共交通機関で行く場合には念入りに事前確認を。

三段峡 P.711や**帝釈峡** P.712は細長く距離がある渓谷なので、どこから入るかによってアクセスが異なる。

日本全国津々浦々～道の駅巡り～

高野町特産のリンゴをイメージ

たかの

中国やまなみ街道（尾道・松江線）の高野ICを降りてすぐに位置する道の駅。標高が高く、年間の平均気温は10.9℃。その冷涼な気候からリンゴ栽培が盛んで、「高野りんごのアップルパイ」は年間6万個を売り上げる超人気商品。

うずみ飯

ご飯の中に具が見えないように埋まっている福山の郷土料理。パッと見は、ただのご飯のようだが、中から鯛やエビ、里芋、椎茸などがだし汁と一緒に出てくる。

福山駅周辺に提供する店が点在

▶尾道駅観光案内所
住 尾道市東御所町1-1
TEL 0848-20-0005
開 9:00～18:00　休 12/29～31
URL www.ononavi.jp

▶福山市観光案内所
住 福山市三之丸町30-1（JR福山駅構内）
TEL 084-922-2869
開 9:00～18:30　休 無休
URL www.fukuyama-kanko.com

▶鞆の浦観光情報センター
住 福山市鞆町鞆416-1
TEL 084-982-3200
開 9:00～17:00　休 無休
交 JR**福山駅**からバス鞆線で**鞆の浦**下車、徒歩すぐ

▶三次市観光案内所
住 三次市十日市南1-2-23（JR三次駅前）
TEL 0824-63-9268
開 8:45～17:15
休 水曜、年末年始
URL miyoshi-kankou.jp

▶道の駅 たかの
住 庄原市高野町下門田49
TEL 0824-86-3131
開 9:00～18:00
休 毎月第2·第4水曜
交 JR**三次駅**、**庄原駅**からバスの便があるほか、広島～出雲を結ぶ高速バスも道の駅たかのを経由する便がある
URL www.takanoyama.jp

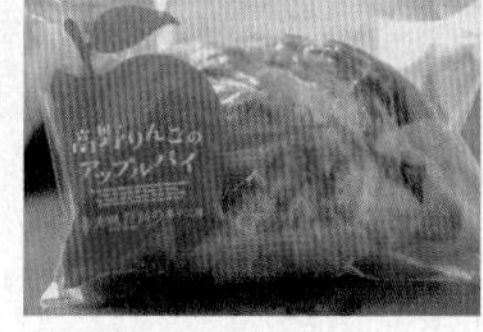

高野りんごのアップルパイ

info 尾道にある7つの寺を巡る**尾道七佛めぐり**は、御朱印などを集めながら大願成就を祈願するもの。初心者向けのルートは、石門がある**持光寺**を皮切りに、**天寧寺**→**千光寺**→**大山寺**→**西國寺**→**浄土寺**→**海龍寺**。URL shichibutsu.jp

広島県の見どころ

▶宮島

住 廿日市市宮島町
TEL 0829-44-2011（宮島観光協会）
開 入場自由
交 JR**宮島口駅**から徒歩5分の**宮島口桟橋**からフェリーで10分。または平和記念公園近くの**もとやす桟橋**から世界遺産航路で**宮島港**下船
URL www.miyajima.or.jp

宮島桟橋と厳島神社の間にある表参道商店街では、おみやげを買ったり食べ歩きをするのも楽しい

日本三景のひとつ、聖域と敬われてきた神の島

広島市と周辺

宮島（みやじま）

古代から**島全体が神**として崇められており、大鳥居がシンボルになっている**厳島神社**をはじめ、**大聖院**（だいしょういん）などの荘厳な神社仏閣がいくつも建っている。

宮島の鹿

原始林に覆われた標高535mの**弥山**（みせん）も山岳信仰の対象であり、平安時代に三（さん）鬼大権現（きだいごんげん）が祀られた後、弘法大師空海が開基してからは真言密教の修験場にもなった。弥山へは宮島ロープウエーもあるが、3つの登山コースが用意されており、大聖院コースを行けば弥山本堂や奥の院を巡ることもできる。

弥山の獅子岩展望台からの眺め

見どころMAP

P.712 帝釈峡
P.715 八天堂ビレッジ
P.715 三景園
P.715 郡山城跡
三段峡 P.711
世羅高原農場 P.715
P.711 西条酒蔵通り
P.709 尾道
神勝寺 P.714 禅と庭のミュージアム
P.713 三滝寺
アレイからすこじま P.714
P.714 竹原町並み
仙酔島 P.714
鞆の浦 P.711
大久野島 P.711
P.706 宮島
阿伏兎観音 P.712（磐台寺観音堂）
大和ミュージアム P.713
てつのくじら館 P.713
瀬戸内しまなみ海道 P.708

尾道市中心部
P.714 西國寺
P.715 猫の細道
千光寺 P.712
P.712 浄土寺
千光寺公園
おのみち歴史博物館
尾道市役所
招き猫美術館 P.715
山陽本線
海岸通り
尾道水道
500m
尾道駅

宮島
宮島口駅
山陽本線
豊国神社と P.707 五重塔
大鳥居
P.707 厳島神社
P.710 大本山 大聖院
P.710 宮島伝統産業会館（みやじまん工房）
紅葉谷公園 P.710
2km
宮島
P.710 ロープウエー
P.710 弥山展望台

広島市中心部
P.709 広島城
P.713 縮景園
縮景園前
山陽新幹線
京橋川
0 500m
城南通り
広島駅
P.708 原爆ドーム
県庁前
胡町
銀山町
稲荷町駅
駅前通り
山陽本線
広電市内線
平和記念公園 P.708
おりづるタワー P.713
広島平和記念資料館 P.709
MAZDA Zoom-Zoom スタジアム
平和大通り
駅前通り

info **宮島**には**野生の鹿**が生息している。厳島神社の神の使いともいわれるが、奈良のような神鹿伝説はない。市街地にも山にもいるため、数の増加による植物への被害が心配されており、**餌はやらないように**との看板も出ている。

海上に建つ神秘的な姿は唯一無二

広島市と周辺

嚴島神社（いつくしまじんじゃ）

干潮時には歩いて大鳥居に行くことができる

三柱の女神をご祭神とする、全国に約500社ある嚴島神社の本社。世界遺産にも登録されており、本殿、拝殿、回廊など6棟が国宝、14棟が重要文化財で、国宝の平家納経など、貴重な工芸品も納めている。

推古天皇元(593)年に佐伯鞍職（さえきのくらもと）が創建し、1168年頃、平清盛によって現在に近い社殿が完成したとされる。嚴島（宮島）は御神体として敬われていたため、島の土地や木を傷つけないよう、海上に建てられたという。元亀2(1571)年には、毛利元就が本殿の改築や大鳥居の再建など、大きな修復を行なった。

丘陵地に建つ、約1000畳もの広さの壮大な社

広島市と周辺

豊国神社と五重塔（ほうこくじんじゃとごじゅうのとう）

御神座の上以外、天井が張られていない

通称**千畳閣**（せんじょうかく）と呼ばれる豊国神社は、豊臣秀吉が天正15（1587）年に戦没者慰霊のために建立を命じた大経堂で、完成前に秀吉が亡くなったこともあり、内部は未完成。当初は仏堂だったが、神仏分離令以降、嚴島神社の末社となった。戦勝を祈って奉納された大きな杓子も内部に置かれている。

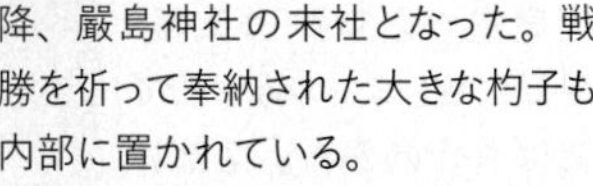

塔の高さは26.7m。内部見学はできない

五重塔　室町後期の応永14(1407)年に創建されたもので、檜皮葺（ひわだぶき）の屋根と朱塗りの柱とのコントラストが美しい塔。内部は豪華絢爛で、天井に龍や葡萄唐草（ぶどうからくさ）、壁の表裏には蓮池や白衣観音像などが極彩色で描かれている。

▶嚴島神社
住 廿日市市宮島町1-1
TEL 0829-44-2020
開 6:30～18:00（季節による）
休 無休
料 300円（宝物館共通券500円）
交 **宮島港**桟橋から徒歩約10分
URL www.itsukushimajinja.jp

▶宝物館
開 8:00～17:00
休 無休　料 300円

大鳥居の奥に社殿が建つ

宝物館近くの見晴らしがいい高台には、多宝塔も建つ

▶豊国神社と五重塔
住 廿日市市宮島町1-1
TEL 0829-44-2020
開 8:30～16:30（五重塔は見学自由）
休 無休　料 100円
交 **宮島港**桟橋から徒歩約15分
URL www.itsukushimajinja.jp

宮島の商店街でグルメとおみやげ

焼きたてのもみじ饅頭、もみじ饅頭を揚げた「揚げもみじ」、網焼きのカキなどなど、食べ歩きグルメが充実。おみやげには、よく知られた杓子のほか、土鈴や張り子もかわいい。

網焼きのカキを売る店

info **海の中に建つ嚴島神社**を見たいなら**潮位250cm以上**の時に訪れるのがベスト。水が引いた状態で歩いて大鳥居まで行く場合は潮位100cm以下。足元がよくないので靴には注意。（潮汐の確認 URL www.miyajima.or.jp/sio/sio02.html）

平和への祈りを世界へ訴える、広島のシンボル

広島市と周辺

原爆ドームと平和記念公園

げんばくどーむとへいわきねんこうえん

原爆ドームは平成8(1996)年に世界遺産に登録された

広島物産陳列館として1915年に建てられたもので、当時はチェコの建築家ヤン・レツル設計のモダンな建物として名所のひとつだったという。

昭和20(1945)年8月6日、人類史上初の原子爆弾が投下され、その凄まじい威力により建物は大破し全焼したが、本館中心部の一部が奇跡的に残った。いつしか**原爆ドーム**と呼ばれるようになり、核兵器の惨禍を訴える建物として世界遺産にも登録されている。原爆ドームが建つ**平和記念公園**には、**広島平和記念資料館**のほか、原爆死没者慰霊碑、平和の灯、原爆の子の像、平和の鐘などのモニュメントもある。

▶原爆ドームと平和記念公園
住 広島市中区大手町中島町1及び大手町1-10
TEL 082-247-6738(観光案内所)
開 入場自由(原爆ドーム内部への入場は不可)
交 JR**広島駅**から路面電車で15分の**原爆ドーム前**電停から徒歩すぐ。または循環バス「めいぷる～ぷ」で**原爆ドーム前**下車、徒歩すぐ
URL dive-hiroshima.com/feature/world-heritage-dome

平和の鐘

原爆死没者慰霊碑

橋で結ばれた、瀬戸内に浮かぶ島々を渡る

尾道と瀬戸内

瀬戸内しまなみ海道

せとうちしまなみかいどう

尾道から島を渡りながら愛媛県の今治へ抜けることができる、全長約60kmの道。サイクリングロードが整備されているため**サイクリストの聖地**ともいわれ、潮風に吹かれながら、絶景スポットを巡ることができる。

因島公園からの風景

尾道から新尾道大橋、尾道大橋、3つの渡し船で結ばれた**向島**(むかいしま)へ。南部には**国立公園高見山**があり、瀬戸内海を一望できる。**因島**(いんのしま)は因島村上氏の本拠地があった場所で、水軍資料館の**因島水軍城**も建つ。瀬戸田レモンなど、柑橘類の生産で知られるのが生口島(いくちじま)。**瀬戸田**(せとだ)**サンセットビーチ**からは、瀬戸内一ともいわれる夕景を堪能できる。

しまなみ海道をサイクリング

▶瀬戸内しまなみ海道
住 尾道～向島～因島～生口島
TEL 0848-38-9184(尾道観光課)
開 通行自由
料 歩行者無料、自転車500円、普通車4920円(各島で下車する場合は、それぞれ料金が変動する)
URL dive-hiroshima.com/feature/island-shimanami

▶因島水軍城
住 尾道市因島中庄町3228-2
TEL 0845-24-0936
開 9:30～17:00(最終入場16:30)
休 木曜(祝日を除く)、年末年始
料 330円
交 JR**尾道駅**から因島土生港行きバスで所要約37分の**要橋**で乗り換え。島内バス大浜行きで約8分の**水軍城入口**下車、徒歩約10分

因島水軍城

info **安芸灘とびしま海道**は、**呉市**の南から7つの島を渡り、愛媛県へ抜ける道。ドライブしながら、参勤交代の大名の寄港地だった下蒲刈島の**三之瀬地区**や江戸時代の家並みが残る大崎下島の**御手洗地区**にも立ち寄ってみたい。

別名「鯉城」とも呼ばれる五層の天守を持つ城　広島市と周辺

広島城（ひろしまじょう）

天守閣

天正17(1589)年、**毛利輝元**が城下町と一体化した城の必要性を感じ、築城を決めた。その後、城主が福島正則、浅野長晟（ながあきら）と変わり、浅野氏による250年の治世が続いた。往時は1km四方の広大な城だったが、原爆により壊滅。昭和33(1958)年に復興のシンボルとして復元された。内部は広島城の構造や城下町の様子などがわかる**歴史博物館**になっている。

世界の人々にノーモア・ヒロシマを訴え続ける　広島市と周辺

広島平和記念資料館（ひろしまへいわきねんしりょうかん）

遺品の数々（広島平和記念資料館提供）

核兵器の恐怖や非人道性を世界に訴えるために創設された資料館。8月6日の**原爆投下**の日、広島で何が起こっていたのか、写真や被害者の遺品の数々を見ることで、その惨状を知ることができる。被爆前後の広島の映像や核兵器の危険性についての展示のほか、被爆者による証言を自由に見ることができるビデオコーナーもある。

「瀬戸内の十字路」でもある風光明媚な港町　尾道と瀬戸内

尾道（おのみち）

天寧寺三重塔越しの尾道市街地

緑豊かな小高い丘には、ノスタルジックな雰囲気を残す家や坂道、神社仏閣が点在し、ロープウエイで丘を登れば、**尾道水道**と呼ばれる瀬戸内と町並みを一望できる。文学、映画の町としても知られ、尾道を舞台とした数々の作品が生み出されてきた。島々を渡る**瀬戸内しまなみ海道**P.708でのサイクリングも楽しみのひとつ。

▶広島城
住 広島市中区基町21-1
TEL 082-221-7512
開 3～11月9:00～17:30
12～2月9:00～16:30
休 年末ほか、臨時休館日あり
料 370円
交 路面電車**紙屋町東**電停、**紙屋町西**電停から徒歩15分。または循環バス「めいぷる～ぷ」で**広島城（護国神社前）**下車、徒歩すぐ
URL www.rijo-castle.jp

堀と二の丸

▶広島平和記念資料館
住 広島市中区中島町1-2
TEL 082-241-4004
開 3～7・9～11月8:30～18:00
8月8:30～19:00（8/5・6～20:00）
12～2月8:30～17:00
最終入場は30分前
休 12/30・31、展示入替による臨時休館あり
料 200円
交 路面電車**袋町**電停、または**原爆ドーム前**電停から徒歩10分。または循環バス「めいぷる～ぷ」で**平和公園前**下車、徒歩すぐ
URL hpmmuseum.jp

▶尾道
住 尾道市
TEL 0848-36-5495（尾道観光協会事務局）
開 見学自由（有料施設あり）
URL www.ononavi.jp

千光寺新道

info **映画のロケ地**にもよく登場する**尾道**の町。住吉神社の石灯籠、浄土寺などは、小津安二郎監督の映画**『東京物語』**のロケ地。尾道出身の大林宣彦監督は、**『転校生』『時をかける少女』『さびしんぼう』**の**尾道三部作**を撮影している。

大本山 大聖院

厳島神社とも深い関わりを持つ名刹

広島市と周辺

真言宗御室派の大本山で、弥山で修行した弘法大師空海が806年に開基。明治維新までは厳島神社の別当寺として祭祀を行なっていた。**観音堂**には、かつて厳島神社にあった行基作とされる十一面観音菩薩を納めており、本坊のほか、弥山にも6つのお堂を持つ。

観音堂

弥山と宮島ロープウエー

絶景の眺望を誇る神聖な山

広島市と周辺

標高535mの山頂には巨岩や奇岩が点在し、パワースポットとしても有名。**紅葉谷公園**から獅子岩までロープウエーで上がり、約25分歩くと絶景の**弥山展望台**に着く。展望台からは瀬戸内海、四国連山などを一望でき、周辺にあるお堂を巡るのもいい。

宮島ロープウエー

紅葉谷公園

700本もの紅葉が秋には燃えるような美しさになる

広島市と周辺

1945年の枕崎台風で壊滅的な被害を受けたが、巨石などを利用した**砂防庭園**として再建。イロハカエデ約560本、オオモミジ約100本などに覆われ、春から夏は新緑、秋には赤や黄色に染まる。弥山の麓にあり、宮島ロープウエーを利用する前後に立ち寄ってみたい。

秋の紅葉谷公園

宮島伝統産業会館(みやじまん工房)

200年の歴史を誇る宮島の伝統工芸品を見ることができる

広島市と周辺

厳島神社建設のために招かれた宮大工や指物師の技術が伝えられた**宮島細工**は経済産業大臣指定の伝統工芸品。ろくろ細工や宮島彫のほか、1790年頃に町のみやげ物として考案された**杓子**がある。もみじ饅頭の手焼きや杓子づくりも体験できる。

伝統工芸の数々が並ぶ

▶大本山 大聖院

住 廿日市市宮島町210
TEL 0829-44-0111(本坊)
開 8:00~17:00
休 無休　料 無料
交 **宮島港**桟橋から徒歩30分。またはタクシーで約10分
URL daisho-in.com

願いをひとつだけ唱えるとかなえてくれるという一願大師

▶弥山と宮島ロープウエー

▶宮島ロープウエー
住 廿日市市宮島町紅葉谷公園
TEL 0829-44-0316
開 3~10月9:00~17:00
11月8:00~17:00
12~2月9:00~16:30
休 無休
料 片道1010円　往復1840円
交 **宮島港**桟橋から徒歩25分、またはタクシーで約10分
URL miyajima-ropeway.info

展望台からの眺め

▶紅葉谷公園

住 廿日市市宮島町紅葉谷
TEL 0829-44-2011(宮島観光協会)
開 入場自由
交 **宮島港**桟橋から徒歩20分
URL www.miyajima.or.jp/sightseeing/ss_momiji.html

紅葉橋付近

▶宮島伝統産業会館(みやじまん工房)

住 廿日市市宮島町1165-9
TEL 0829-44-1758
開 8:30~17:00
休 月曜(祝日の場合は翌日)、年末年始　料 無料
交 **宮島港**桟橋から徒歩すぐ
URL miyajimazaiku.com

info 弥山山頂近くの**霊火堂**は、大同元(806)年に弘法大師が修業した際の火を今も守っている場所。**きえずの火**と呼ばれ、平和記念公園の**ともしびの火**の種火にもなった霊火で、この火で焚かれた霊水を飲むと万病に効くといわれる。

日本の銘醸地のひとつで酒蔵巡りを楽しみたい　**広島市と周辺**

西条酒蔵通り

赤い煙突と瓦屋根が特徴の酒蔵通り

西条駅からすぐの酒蔵通りには、今も**7軒の蔵元**が醸造を続けている。レトロな洋館や赤煉瓦の煙突と赤い瓦屋根が特徴の醸造元のほか、白い漆喰になまこ壁の酒蔵群、千本格子の町家なども並ぶ。酒の試飲や購入、酒の仕込み水の試飲ができる蔵元もある。

渡舟に乗って渓谷の絶景を堪能できる　**広島市と周辺**

三段峡

黒淵の渡舟

西中国山地国定公園内にある全長16kmにおよぶ長い峡谷。両岸が切り立った崖になっている**黒淵**と**猿飛**には有料の渡舟があり、秋には鮮やかな紅葉を楽しむことができる。散策ルートも、少し立ち寄るだけのものから周遊できるトレッキングコースまで用意されている。

たくさんのウサギが生息する、自然豊かな島　**尾道と瀬戸内**

大久野島

海水浴場と灯台

通称**ウサギ島**と呼ばれており、島内には600羽ものウサギがいるといわれている。周囲4kmほどの小さな島で、休暇村のほか、キャンプなどのレジャー施設も充実。島にはかつての毒ガス工場跡があり、**大久野島毒ガス資料館**では戦争の悲惨さなども伝えている。

江戸時代の屋敷が残る日本遺産の港町　**尾道と瀬戸内**

鞆の浦

土蔵なども並ぶ鞆の浦

江戸時代からの豪商の屋敷や町家、土蔵などが並ぶ港町。鞆港西側にある高さ5.5mの常夜燈は、安政6（1859）年に建てられた灯台で、鞆の浦のシンボル。港から徒歩5分ほどの高台にある、坂本龍馬ゆかりの福禅寺客殿、**対潮楼**の座敷からは、鞆の浦が一望できる。

▶西条酒蔵通り

住 東広島市西条本町
TEL 082-421-2511（西条酒蔵通り観光案内所）
開 休 料 酒蔵による
交 JR**西条駅**から徒歩すぐ
URL hh-kanko.ne.jp/ginjyo

仕込みの湯気が立ち上る

▶三段峡

住 山県郡安芸太田町
TEL 0826-28-1800（一般社団法人地域商社あきおおた）
開 入場自由
交 **広島バスセンター**からバスで2時間10分の**三段峡**下車、徒歩すぐ
URL cs-akiota.or.jp/sandankyo

▶黒淵渡舟

開 4月中旬～11月下旬9:00～16:00
休 12月～4月上旬
料 片道300円　往復500円

▶猿飛渡舟

開 4月中旬～11月下旬の土・日曜・祝日10:00～15:00
休 4月中旬～11月下旬の平日、12月～4月上旬
料 往復500円

▶大久野島

住 竹原市忠海町大久野島
TEL 0846-22-4331(竹原市観光協会)
交 JR**忠海駅**から忠海港まで徒歩7分。港から客船かフェリーで15分の**大久野島桟橋**下船

▶大久野島毒ガス資料館

TEL 0846-26-3036
開 9:00～16:00（最終入場15:40）
休 12/29～1/3　料 150円

ウサギに会える

▶鞆の浦

住 福山市鞆町鞆
TEL 084-928-1043（福山市観光課）
開 見学自由（有料施設あり）
交 JR**福山駅**からバスで30分の**鞆の浦**または**鞆港**下車、徒歩すぐ

▶福禅寺 対潮楼

住 福山市鞆町鞆2
TEL 084-982-2705
開 平日9:00～17:00
土・日曜・祝日8:00～17:00
休 無休（臨時休業あり）
料 200円

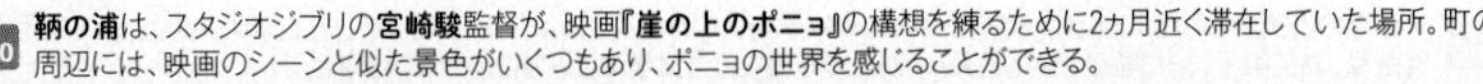
info **鞆の浦**は、スタジオジブリの**宮崎駿**監督が、映画『**崖の上のポニョ**』の構想を練るために2ヵ月近く滞在していた場所。町の周辺には、映画のシーンと似た景色がいくつもあり、ポニョの世界を感じることができる。

尾道の繁栄とともに歩み、人々が心を寄せた寺院　**尾道と瀬戸内エリア**

浄土寺

推古24(616)年、聖徳太子の創立と伝えられる真言宗泉涌寺派の大本山。境内地と本堂、多宝塔が国宝で、ご本尊は足利尊氏も参拝したという平安時代の秘仏**十一面観音菩薩立像**。聖徳太子三尊像なども拝観できる。月1～2回ほど、お守り作り体験も開催している。

浄土寺の阿弥陀堂と多宝塔

岬の突端に建つ朱塗りの美しい観音堂　**尾道と瀬戸内**

阿伏兎観音(磐台寺観音堂)

臨済宗の寺院で、985年に航海の安全を祈願して**十一面観音像**を祀ったのが起源。現在の建物は1570～73年に毛利輝元が建立したもので、眺望抜群。子授けや安産祈願に訪れる人も多い。安藤広重や川瀬巴水の浮世絵、志賀直哉の小説『暗夜行路』にも登場する。

岬の先にある阿伏兎観音

尾道の町や港を一望できる高台に建つ　**尾道と瀬戸内**

千光寺

大同元(806)年に弘法大師が開基したとされる。大宝山の中腹、標高140mにあり、**赤堂**と呼ばれる朱塗りの本堂からの眺望は抜群。千手観音菩薩は、33年に一度開帳される秘仏で、**火伏せの観音**と称されている。境内には、伝説の**玉の岩**など、奇岩も点在する。

千光寺の鐘楼と桜

国の名勝にも指定された見どころたっぷりの渓谷　**庄原・三次と県北部**

帝釈峡

帝釈川の谷に広がる国定公園で、全長18kmと南北に長細い渓谷。石灰岩の台地が侵食されてできたもので、北部の**上帝釈**と南部の**神龍湖**および**下帝釈**に分けられる。自然にできた巨大な**雄橋**や鍾乳洞窟**白雲洞**のほか、神龍湖を遊覧船やカヤックで巡ることもできる。

神龍湖の紅葉と遊覧船

▶浄土寺
住 尾道市東久保町20-28
TEL 0848-37-2361
開 9:00～16:00
休 無休　料 600円
交 JR**尾道駅**から徒歩25分。またはバスで6分の**浄土寺下**下車、徒歩3分
URL ermjp.com/j/temple

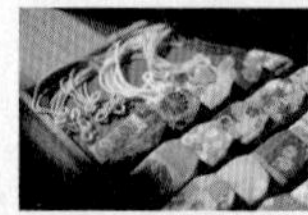
お守り作り体験の「しあわせ守り」

▶阿伏兎観音(磐台寺観音堂)
住 福山市沼隈町能登原
TEL 084-987-3862
開 8:00～17:00
休 無休　料 100円
交 JR**福山駅**、**松永駅**からバスで47分の**阿伏兎観音入口**下車、徒歩15分
URL www.numakuma-k.com/historu/abuto

▶あぶと瀬戸内クルージング
阿伏兎観音や鞆の浦の常夜燈など、瀬戸内らしい風景を船の上から楽しむクルーズ船もある。
URL www.abuto.com/honkan/cruise.html

▶千光寺
住 尾道市東土堂町15-1
TEL 0848-23-2310
開 9:00～17:00
休 無休　料 無料
交 JR**尾道駅**からバスで**長江口**下車、千光寺山ロープウエイに乗り換え**山頂駅**下車、徒歩5分
URL www.senkouji.jp

▶千光寺山ロープウエイ
TEL 0848-22-4900
開 9:00～17:15の15分毎　休 無休
料 片道500円　往復700円
URL mt-senkoji-rw.jp

▶帝釈峡
住 庄原市東城町ほか
TEL 0847-86-0611(帝釈峡観光協会)
開 入場自由
交 JR**東城駅**からタクシーで上帝釈峡まで20分、神龍湖エリアまで10分
URL taishakukyo.com

▶白雲洞
住 庄原市東城町帝釈未渡1940
TEL 08477-6-0062
開 10:00～17:00
休 3/6～7/10の木曜　料 300円

info **千光寺**の山頂から中腹にかけて、尾道ゆかりの作家や詩人の作品を刻んだ石碑が建っている。正岡子規、金田一京助、志賀直哉、林芙美子、山口誓子、松尾芭蕉ら、25名の石碑を巡る**文学のこみち**は静かな散歩道。

都会の喧騒を忘れさせてくれる自然豊かな庭園　広島市と周辺

縮景園（しゅっけいえん）

園内の跨虹橋（ここうきょう）

広島藩藩主、浅野長晟（ながあきら）が築いた大名庭園。園の中央に、島が浮かんだ大きな池があり、その周囲を巡る**回遊式庭園**。1年を通して梅、桜、桃、紅葉などを楽しめる。

▶縮景園
住 広島市中区上幟町2-11
TEL 082-221-3620
開 9:00～17:00(期間により延長あり)最終入場は30分前
休 12/29～31　料 260円
交 路面電車**縮景園前**電停から徒歩すぐ。または循環バス「めいぷる～ぷ」で**県立美術館前（縮景園前）**下車、徒歩すぐ
URL shukkeien.jp

祈りをこめた「おりづるの壁」をみんなで作る　広島市と周辺

おりづるタワー（おりづるたわー）

夜限定のルーフトップバー

原爆ドーム隣の複合商業施設。屋上展望台からは晴れた日には宮島の弥山まで見渡すことができる。タワー側面にある約50mの**おりづるの壁**に折り鶴を投入する体験も可能。

▶おりづるタワー
住 広島市中区大手町1-2-1
TEL 082-569-6803
開 10:00～19:00(7～9月～20:00)
休 12/31　料 1700円、おりづる投入料金100円
交 路面電車**原爆ドーム前**電停から徒歩すぐ
URL www.orizurutower.jp

桜や紅葉の名所としても知られる古刹　広島市と周辺

三瀧寺（みたきでら）

十六羅漢像

空海が809年に創建したとされる高野山真言宗の寺で、**みたき観音**として親しまれている。その名の通り境内には3つの滝があり、滝の水は平和記念式典において献水されている。

▶三瀧寺
住 広島市西区三滝山411
TEL 082-237-0811
開 夏期8:00～17:30
冬期8:00～17:00
休 無休　料 無料
交 JR**三滝駅**から徒歩15分
URL dive-hiroshima.com/explore/1128

戦艦大和の10分の1模型や小型潜水艦もある　広島市と周辺

大和ミュージアム（やまとみゅーじあむ）

写真：大和ミュージアム協力

かつては**戦艦「大和」**を建造した軍港で、戦後は世界最大のタンカーを造ってきた呉の歴史のほか、造船などの科学技術を紹介。科学技術を体感できる展示室もある。

▶大和ミュージアム
住 呉市宝町5-20
TEL 0823-25-3017
開 9:00～18:00(最終入場17:30)
休 火曜(祝日の場合は翌日)
GW、夏休み期間、年末年始は無休
料 500円
交 JR**呉駅**から徒歩5分
URL yamato-museum.com

陸揚げされた実物の巨大潜水艦にも乗れる　広島市と周辺

てつのくじら館（てつのくじらかん）

潜水艦内の発令所

海上自衛隊の歴史や呉市と海上自衛隊の関わりについて紹介する史料館。艦長室や士官室などが再現され、艦内での生活や潜水中の環境などを疑似体験することもできる。

▶てつのくじら館
住 呉市宝町5-32
TEL 0823-21-6111
開 10:00～18:00(最終入場17:30)
休 火曜(祝日の場合は翌日)、年末年始　料 無料
交 JR**呉駅**から徒歩5分
URL www.jmsdf-kure-museum.go.jp

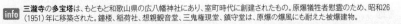

info **三瀧寺**の**多宝塔**は、もともと和歌山県の広八幡神社にあり、室町時代に創建されたもの。原爆犠牲者慰霊のため、昭和26(1951)年に移築された。鐘楼、稲荷社、想親観音堂、三鬼権現堂、鎮守堂は、原爆の爆風にも耐えた被爆建物。

本物の潜水艦や護衛艦を間近に見ることができる

広島市と周辺

アレイからすこじま

旧海軍工廠のレンガ建造物が並ぶレトロな雰囲気のエリアで、戦艦「大和」も近くのドックで極秘に建造された。世界でも珍しく、**潜水艦**を間近に見ることができる場所。

夕暮れに潜水艦のシルエットが映える

▶アレイからすこじま
住 呉市昭和町
TEL 0823-23-7845（くれ観光情報プラザ）
開 入場自由
交 JR**呉駅**からバスで11分の**潜水隊前**下車、徒歩すぐ
URL www.city.kure.lg.jp/soshiki/67/m000008.html

多様な時代と様式の家が立ち並ぶ町並み保存地区

尾道と瀬戸内

竹原町並み

製塩地として発展し、豊かな経済力をつけた町人たちによる江戸初期の家にはじまり、明治、大正、昭和と、それぞれの時代の多様な建造物が並ぶ。格子の意匠も見もの。

格子が続く昔ながらの家並み

▶竹原町並み
住 竹原市本町周辺
TEL 0846-22-7745（竹原市産業振興課）
開 見学自由
交 JR**竹原駅**から徒歩15分
URL www.takeharakankou.jp/spot/4305

散策をしながら静かな時を得られる禅体験の場

尾道と瀬戸内

神勝寺 禅と庭のミュージアム

広々とした敷地には堂宇や寺務所、茶室などが点在し、その間を禅庭が結ぶ。白隠禅師の禅画などを集めた荘厳堂やアートパビリオン**洸庭**もあり、禅体験もできる。

坐禅も体験できる

▶神勝寺 禅と庭のミュージアム
住 福山市沼隈町大字上山南91
TEL 084-988-1111（寺務所）
開 9:00～17:00（最終入場16:30）
休 不定休　料 1500円
交 JR**福山駅**からバスで30分の**天神山**下車、徒歩15分（土・日曜・祝日のみ**神勝寺**下車、徒歩すぐ）
URL szmg.jp

愛宕山の山腹に広がる尾道を代表する寺院

尾道と瀬戸内

西國寺

真言宗醍醐派の大本山で、行基菩薩創建とされる。長さ2m超の大わら草履が奉納された**仁王門**で知られ、**持佛堂**では上田桑鳩の書や釈迦如来立像などの文化財を拝観できる。

奥に桜並木がある仁王門

▶西國寺
住 尾道市西久保町29-27
TEL 0848-37-0321
開 8:00～17:00　休 無休
料 無料（持佛堂、庭園は有料）
交 JR**尾道駅**からバスで5分の**西国寺下**下車、徒歩5分
URL www.saikokuji.jp
▶持佛堂
開 9:00～16:30　休 無休
料 500円（お茶・茶菓子付き）
1000円（庭園拝観、お茶・茶菓子付き）

仙人も酔ってしまうほど美しい、浦島太郎伝説が残る島

尾道と瀬戸内

仙酔島

周囲6kmほどの無人島で、かつては厳島神社にある大鳥居建造の候補地にもなったという。神秘的な**五色岩**や海食洞のほか、瀬戸内海を一望できる展望台もある。

海岸沿いに続く五色岩

▶仙酔島
住 福山市鞆町後地
TEL 084-982-3200（鞆の浦観光情報センター）
開 入場自由
交 JR**福山駅**からバスで30分の**鞆港**下車、渡船で**仙酔島桟橋**下船
URL www.sensuijima.jp

info 広島ゆかりの**有名ミュージシャン**は多い。矢沢永吉、吉田拓郎、世良公則、原田真二、西城秀樹、奥居香、奥田民生、吉川晃司、浜田省吾、坂田明、デーモン閣下、ポルノグラフィティ、Perfume、加藤シゲアキなど。

猫づくしの散歩道　尾道と瀬戸内

猫の細道（ねこのほそみち）

猫の細道の福石猫

猫の細道は、艮神社（うしとらじんじゃ）の東から天寧寺の三重塔にかけて続く路地。園山春二作の**福石猫**が置かれ、数千もの猫コレクションが並ぶ**招き猫美術館**や小さな店が点在する。

広島空港前にある食のテーマパーク　尾道と瀬戸内

八天堂ビレッジ（はってんどうびれっじ）

さまざまな体験ができる八天堂ビレッジ

くりーむパンの八天堂が運営。「食べる」「見る」「体験する」施設が集まっており、カフェやショップ、パン作り体験のほか、パン工場見学も可能。BBQテラスでバーベキューも楽しめる。

広島の山・里・海の風景を感じられる日本庭園　尾道と瀬戸内

三景園（さんけいえん）

反り橋と秋の紅葉

広島空港の開港を記念して平成5（1993）年に造られた築山池泉回遊式の庭園。高低差14mの**三段の滝**のほか、モミジや梅林、池などを配し、数寄屋風水上建築の**潮見亭**もある。

西日本一の戦国大名、毛利元就が暮らした山城　庄原・三次と県北部

郡山城跡（こおりやまじょうあと）

郡山城跡の本丸周辺

中国地方最大の**山城**で、毛利元就の時代には郡山全山を城郭化していたとされる。関ヶ原の合戦後に廃城となり、現在は本丸跡地や元就の墓所などを巡ることができる。

四季折々の花が農場いっぱいに咲き誇る花園　庄原・三次と県北部

世羅高原農場（せらこうげんのうじょう）

4月半ば頃のチューリップ畑

春は桜や約75万本のチューリップ、夏には約110万本のひまわり、秋は約550種類7500株ものダリアとガーデンマムが畑を彩る。冬には**キャンドルナイト**も開催される。

▶猫の細道
▶招き猫美術館
住 尾道市東土堂町19-26
TEL 0848-25-2201
開 平日13:00～17:00
土・日曜・祝日10:00～17:00
休 木曜ほか不定休　料 300円
交 JR**尾道駅**から徒歩20分
URL ihatov.in

▶八天堂ビレッジ
住 三原市本郷町善入寺用倉山10064-190
TEL 0848-86-8622（八天堂本店）
開 平日10:00～16:00
土・日曜・祝日10:00～17:00
休 水曜、12/29～1/1
料 無料（パン作り体験や工場見学は有料）
交 **広島空港**ターミナルビルから徒歩10分
URL hattendo-village.jp

▶三景園
住 三原市本郷町善入寺64-24
TEL 0848-86-9200（三景園管理事務所）
開 4～9月9:00～18:00
10～3月9:00～17:00
休 12/29～31
料 270円（花まつり、もみじまつり期間中320円）
交 **広島空港**ターミナルビルから徒歩5分
URL www.chuo-shinrin-koen.or.jp/sankei/sankei.html

▶郡山城跡
住 安芸高田市吉田町吉田
TEL 0826-47-2550（安芸高田市観光協会）
開 入場自由
交 **広島バスセンター**からバスで1時間32分の**安芸高田市役所前**下車、郡山城跡入口まで徒歩5分。またはJR**向原駅**からタクシーで15分
URL akitakata-kankou.jp/main/motonari

▶世羅高原農場
住 世羅郡世羅町大字別迫1124-11
TEL 0847-24-0014
開 各花のイベント期間のみ9:00～18:00（時期により延長あり）
休 イベント期間外　料 1000円
交 JR**尾道駅**から車で約41km。イベント期間中の土・日曜・祝日は広島バスセンターから直通バスが運行
URL sera.ne.jp

info **郡山城跡**のガイドツアーは麓を中心にしたコースや本丸まで登るコースがあり、遺構を見るだけではわからない、さまざまなエピソードや解説を聞くことができる。料金など詳細は公式サイト（URL akitakata-kankou.jp/main/motonari）で確認を。

鳥取県
TOTTORI

トリピー
山陰・夢みなと博覧会のPRキャラクターとして誕生
鳥取県マスコットキャラクター「トリピー」

人口
55.3万人（全国47位）
面積
3507km²（全国41位）
県庁所在地
鳥取市
県花
二十世紀梨の花

二十世紀梨の花
4月中旬に白い花を咲かせる

中国地方の日本海側に位置し、東西に広がる鳥取県。面積は全国で7番目に小さく、人口は全国で一番少ないが、風光明媚な田園風景や日本海の絶景に加えて、日本百名山のひとつである大山**P.730****や、三朝温泉****P.729****などの名湯も多く観光客が多数訪れる。春夏は好天が多いが冬は雪が多く、特に大山一帯は山陰有数の豪雪地帯でスキー場も点在。また著名人や文化人も多く輩出し、特に境港市は『ゲゲゲの鬼太郎』の作者、水木しげる氏ゆかりの地として有名だ。**

旅の足がかり

鳥取市

鳥取県の東部に位置し、江戸時代に鳥取藩の城下町として発展。市内には鳥取城跡・久松公園や趣のある町屋が並ぶ鹿野城下の街並み、鳥取城跡の扇御殿跡に建てられた洋館・**仁風閣**P.728などのスポットがあり、歴史散策が楽しめる。また雄大な砂漠が広がる**鳥取砂丘**P.724をはじめ、神話『因幡の白うさぎ』の舞台となった**白兎海岸**P.728など自然スポットも豊富。市街地には気軽に鳥取温泉を楽しめる公衆浴場や旅館もある。鳥取県を旅するなら最初に訪れたい。

境港市

長さ約20kmの大砂州である弓浜半島の北端にあり、市街地の三方を白砂青松の海岸線に囲まれた境港市は、全国有数の漁港を有する町として有名。取れたての魚がずらりと並ぶ境漁港は、漁港見学ツアーや港町散策で魅力を満喫できる。市内には新鮮な魚料理が楽しめる店も充実。妖怪のブロンズ像が並ぶ**水木しげるロード**P.726も人気の観光名所だ。

©水木プロ

北栄町

鳥取県の中央に位置し、北は日本海、南は大山火山灰土の丘陵地帯が広がる町。鳥取県名産のらっきょうをはじめ、一年を通じて種類豊富な農産物を生産している。人気マンガ『名探偵コナン』の作者、青山剛昌氏の出身地として有名で、JR由良駅から**青山剛昌ふるさと館**P.726まではコナン通りと名付けられ、コナンのオブジェが点在する。

©青山剛昌／小学館

地理と気候

北は日本海に面し、南は山間部にあたる。海岸に広がる砂丘地帯ではらっきょうや長芋など地形を生かした作物栽培が盛んだ。ほぼ全域が日本海側気候であり、県全域が豪雪地帯に指定されている。

【夏】夏は短く、湿度が高く蒸し暑い日が多い。東西に長い鳥取県は東部に比べて西部の日照時間と降水量が多い。

【冬】山間部では11月上旬から気温が下がり始め、下旬からは雪が降り始める。特に1～2月は多いところで100cmを超える。

P.716～733 写真提供：鳥取県観光連盟

アクセス

東京から ▸▸▸		所要時間
飛行機	羽田空港▶鳥取空港	1時間15分
飛行機	羽田空港▶米子空港	1時間20分
高速バス	バスタ新宿▶米子駅前	11時間

大阪から ▸▸▸		所要時間
J R 線	大阪駅▶鳥取駅（特急スーパーはくと）	2時間30分
高速バス	梅田駅▶米子駅	3時間

兵庫から ▸▸▸		所要時間
J R 線	豊岡駅▶鳥取駅	2時間30分
高速バス	姫路駅▶鳥取駅	2時間10分

岡山から ▸▸▸		所要時間
J R 線	岡山駅▶鳥取駅（特急スーパーいなば）	1時間50分
J R 線	新見駅▶米子駅	1時間40分
高速バス	岡山駅▶米子駅	2時間30分

島根から ▸▸▸		所要時間
J R 線	松江駅▶米子駅（特急やくも）	25分
フェリー	隠岐・来居港▶境港	2時間25分

広島から ▸▸▸		所要時間
高速バス	広島駅▶米子駅	3時間40分

県内移動

▶鳥取県のJR路線

山陰本線が日本海沿岸部に並行するように運行している。県東は鳥取駅、県西は米子駅が中心。岡山県と南北に結ぶ路線がふたつあり、倉敷駅と伯耆大山駅を結ぶのが伯備線。東津山駅と鳥取駅を結ぶのが因美線。

▶鳥取県のバス

県内の主要都市間を結ぶバス路線はない。鳥取市以外は観光バスが充実しているとはいえない。また、運行本数も限られているので時間を気にせずに楽しむならレンタカーの利用が適している。

▶鳥取から米子へ

山陰本線が特急列車を含め1時間に2～3本運行しており、快速**とっとりライナー**は約1時間50分で結ぶ。

▸▸▸アクセス選びのコツ

鳥取、倉吉、米子から神戸、大阪、広島行きの便のほか東京方面の夜行バスの便がある。**日本交通**や**杉崎観光バス**などが運行している。

京都駅から智頭急行線と因美線経由で鳥取駅や倉吉駅を結ぶ**スーパーはくと**は1日に2便運行。兵庫県の上郡駅までの**スーパーいなば**も1日2便。岡山駅と島根県の出雲市駅を結ぶ特急**やくも**は鳥取県内では米子駅に停車する。

米子と鳥取に空港があり、どちらも国内線は羽田空港便のみ。

境港と西郷港（隠岐）を最短1時間20分で結ぶ隠岐汽船の高速船、**レインボージェット**が運航されている。

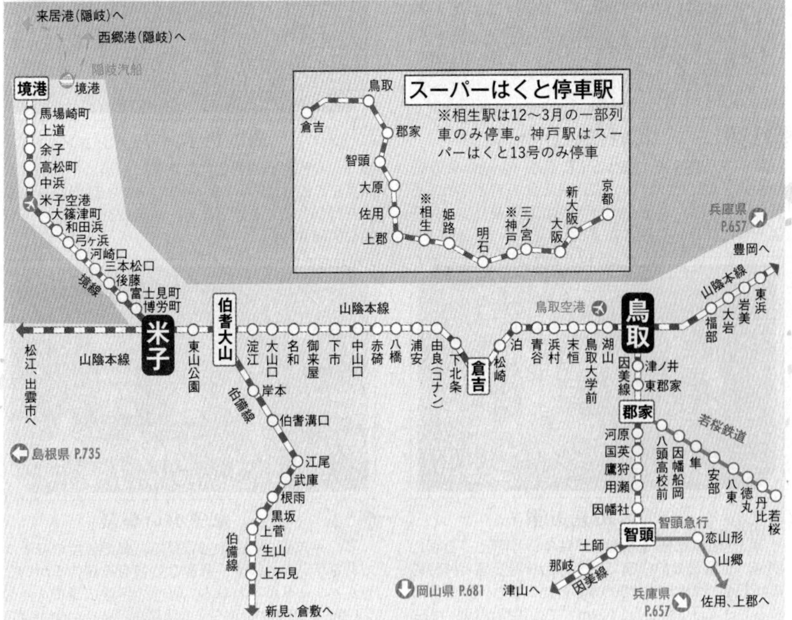

鳥取県

うちの県はここがすごい

一

特徴が盛りだくさん! 日本有数の砂丘

鳥取の代表的な観光地、鳥取砂丘P.724は砂が風で動くことによって作られる風紋や馬の背、起伏の激しい地形、砂丘の歴史がわかる火山灰層など「生きている砂丘」として知られる。

二

世界有数のラジウム含有量!

県の中央部にある三朝温泉P.729は、世界有数のラドン含有量を誇る名湯。浸かるのはもちろん、飲泉などで体の免疫力を高める効果も期待できる。風情ある温泉街散策も魅力のひとつ。

三

県民みんながカレー好き!?

鳥取市はカレールウ消費量が日本一だ。なぜ日本一なのかは諸説あるが、らっきょうの生産量が国内有数であることや、古くから米どころとして知られることなどが考えられる。

イベント・お祭り・行事

① 鳥取しゃんしゃん祭

鳥取県東部に伝わる伝統芸能「因幡の傘踊り」が由来。動くたびにしゃんしゃんと鈴の音が鳴る傘を持ち、約4000人もの踊り子たちが踊り練り歩く様子は壮麗だ。毎年8月中旬に開催。

② 鳥取砂丘イリュージョン

鳥取砂丘を舞台にした光の祭典。冬だけにしか見ることが出来ない幻想的でロマンティックな鳥取砂丘は訪れる者を魅了する。例年12月中旬から下旬頃に開催される。

③ 大山夏山開き

登山の安全を祈願し、毎年6月第1土・日曜に開催。土曜日の前夜祭では大神山神社奥宮と博労座の特設会場の間で約2000本ものたいまつ行列が行われる。日曜日は弥山（1709m）で山頂祭が行われる。

④ 米子がいな祭

毎年夏に行われる祭りで、郷土芸能のひとつであるがいな太鼓や、華麗な妙技を披露するがいな万灯パレードが行われる。駅前の特設広場でのイベントや、農産物のマルシェの開催など見どころも多数。

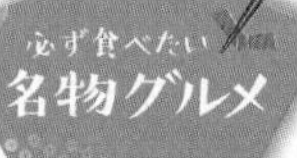

必ず食べたい 名物グルメ

カニすき

全国有数の漁獲量を誇り、11月上旬～3月まで鳥取港や境漁港などで水揚げされる松葉ガニ。身がぎっしりと詰まって甘みが強い。刺し身や焼きガニにしても美味。

二十世紀梨

鳥取県の特産品のひとつで、生産量は日本一。みずみずしく甘酸っぱい味わいで、熟れてくるほどに甘味も増す。8月下旬～9月下旬頃が旬で、県内の観光農園では梨狩りが楽しめる。

らっきょう漬け

冬の厳しい時期を乗り越えて、鳥取砂丘などの砂地で育つらっきょうは、色が白くシャキシャキとした食感が特徴。甘酢や塩、ピリ辛など味のバリエーションが豊かならっきょう漬けはおみやげにも人気だ。

牛骨ラーメン

戦後に誕生したラーメン。牛骨からだしを取ったスープに、もやしやメンマなどのシンプルな具材が入るのが特徴。ほんのり甘く牛のうま味が感じられる一杯は、鳥取県民のソウルフードだ。

もらえば笑顔 定番みやげ

打吹公園だんご

創業140年余を誇る**石谷精華堂**の銘菓。柔らかい生地に包まれた小豆あん、白あん、抹茶あんの3種類のあんは素材の味を生かした上品な味わい。小粒で食べやすいのもポイント

ふろしきまんじゅう

良質な小麦粉や阿波和三盆糖など厳選された素材を使用し、じっくりと蒸し上げている。**山本おたふく堂本店**では、タイミングが合えば蒸したてが味わえる。

地元っ子愛用 ローカル味

マイフライ・ラスク・サンドイッチ

老舗ベーカリー、**亀井堂**の3大商品。食パンの耳を使うサクサクのラスク、ピーナツバターなどをはさんだサンドイッチ、あんこを挟んで揚げたマイフライは世代を問わず人気。

白バラ牛乳

県内のすべての酪農家が一体となって生産。乳質の成績は、全国でもトップクラスの良質生乳を短時間で製品化するため、鮮度は抜群。ほんのりと甘く、すっきりとした後味だ。

匠の技が光る 伝統工芸

因州和紙

鳥取市青谷町と佐治町で製造される和紙のこと。書道用の半紙や工芸紙、染色紙などが生産され、最近ではランプシェードなども作られている。はがきやしおりなどは女性に好評。

弓浜絣

約250年前から西部の弓ヶ浜地方に伝わる工芸品。地元の伯州錦を使い、藍で染め分けをする絣は、素朴な柄と風合いが魅力。エプロンやコースター、洋服など暮らしに寄り添う商品が揃う。

ワカルかな？ 鳥取のお国言葉

だったも胃がしらしらする

Ans. いつも胃がムカムカする

1泊2日で巡る 鳥取県

1日目は鳥取砂丘をはじめ、倉吉白壁土蔵群など王道な名所巡りを。2日目は巨匠マンガ家の軌跡をたどり、旬の魚介を味わおう。

1日目

9:00 JR鳥取駅

バス 20分

10:00 **鳥取砂丘**は ▶P.724 絶対に外せない!

日本海側にある国内最大級の砂丘。ラクダ乗り体験など砂丘ならではのアクティビティも充実している。

徒歩 3分

ビジターセンターも必ずチェック

11:30 **鳥取砂丘 砂の美術館** ▶P.725 で砂の芸術を鑑賞

砂の美術館で見られる彫刻作品「砂像」は、毎回テーマを変えて展示している。

バス 20分

12:45 JR鳥取駅

鳥取駅周辺で **牛骨ラーメン**をすする ▶P.719

駅前サンロードをはじめ、地元でも人気のラーメン店が多数点在。

鉄道 30分

14:30 JR倉吉駅

バス 15分

15:00 往時の面影を残す **倉吉白壁土蔵群** ▶P.727

国の重要伝統的建造物群保存地区に指定。趣のある町並みが広がる。

バス 25分

18:00 **三朝温泉**で ▶P.729 1日の疲れを癒やそう

宿泊は「三朝館」で。

おすすめ! 泊まるならココ

1000坪もの日本庭園風呂が自慢! 源泉かけ流しの温泉宿

緑あふれる露天風呂

三朝館(みさざかん)

白壁に瓦屋根を配した城郭風の純和風旅館。建物は清流・三徳川に面していて、雄大な自然を借景にした四季折々の日本庭園の姿を堪能できる。館内には12の湯処があり、1000坪もの広さの日本庭園と露天風呂を融合させた、野趣あふれる「庭の湯」「滝の湯」が特に自慢だ。

客室からは美しい風景を季節ごとに楽しめる

住 東伯郡三朝町山田174
TEL 0858-43-0311
交 JR倉吉駅からバスで温泉入り口下車、徒歩すぐ
料 1万9800円～
URL www.misasakan.co.jp

2日目

9:15 JR倉吉駅

鉄道 15分

9:40 JR由良駅（コナン駅）

巨大なコナンくんが駅前でお出迎え

徒歩 17分

10:00 **名探偵コナン**に会える! **青山剛昌ふるさと館**へ ▶P.726

青山剛昌ふるさと館では、名探偵コナンの作品や青山氏の創作活動を紹介。

©青山剛昌／小学館

徒歩 17分

11:08 JR由良駅（コナン駅）

鉄道 55分

12:30 JR米子駅

鉄道 50分

13:17 JR境港駅

「鬼太郎駅」という愛称を持つ境港駅。境港線の終点駅だ。

タクシー 15分

13:50 **境港水産物直売センター**で 旬の魚を味わう ▶P.723

12の鮮魚店舗が集まり、旬の魚介を安く販売する直売センターでランチ。

徒歩 20分

15:00 **水木しげる記念館**で 妖怪の世界を満喫 ▶P.726

『ゲゲゲの鬼太郎』をはじめ、水木しげる氏の作品や歴史を紹介。

徒歩 すぐ

16:30 **水木しげるロード**を 散策しつつ境港駅へ ▶P.726

JR境港駅から水木しげる記念館まで続く水木しげるロードでは、たくさんの妖怪ブロンズ像に出会える。

©水木プロ

徒歩 10分

17:00 JR境港駅

もう1泊するなら この温泉

皆生温泉（かいけおんせん）

明治33（1900）年に漁師が海中から湧き出す温泉を発見したのが発祥。泉質はナトリウム・カルシウム塩化物泉で「塩の湯」とも呼ばれる。海に臨む絶好の立地も魅力で、オーシャンビューの客室を自慢にする宿が多い。

おすすめ! 泊まるならココ

雄大な日本海と秀峰大山を望む自家源泉が自慢の料理宿

客室は、ほぼ全室がオーシャンビュー

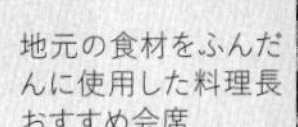

華水亭（かすいてい）

地元の食材をふんだんに使用した料理長おすすめ会席

皆生温泉内で唯一自家源泉をもち、大理石の浴槽や露天風呂から、日本海を眺めながらの湯浴みは格別。貸し切り風呂のほか、露天風呂付き客室も備えていて、家族やカップルでプライベート感たっぷりのひとときを過ごせる。昼は松林を吹き抜ける潮風を、夜は漁火灯る幻想的な夜景を楽しめる。

住 米子市皆生温泉4-19-10
TEL 0859-33-0001
交 JR米子駅からバス、タクシーで約15分
料 1泊2食付き2万8750円～
URL kaikeonsenkasuitei.jp

鳥取県の歩き方

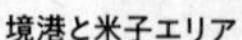

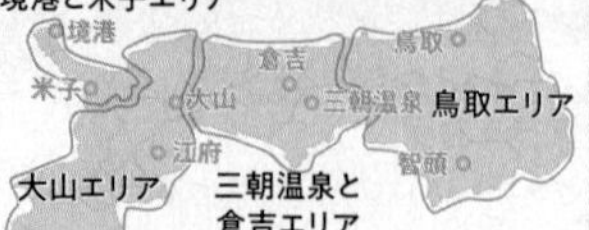

▶鳥取市観光案内所
住 鳥取市東品治町111-11
（JR鳥取駅構内）
TEL 0857-22-3318
開 8:30〜17:00　休 無休
URL www.torican.jp

▶ループ麒麟獅子バス
鳥取駅前から鳥取城跡や鳥取砂丘、鳥取港などの見どころを回る。土･日曜･祝日および8月に運行。
料 1回券300円　1日券600円

鳥取砂丘コナン空港＆米子鬼太郎空港

鳥取の2つの空の玄関口は地元出身作者の人気マンガがテーマ。鳥取砂丘コナン空港（写真上）はコナンたちのオブジェがあちこちに点在。米子鬼太郎空港（写真下）にも鬼太郎ら妖怪のオブジェなどがあり、フォトスポットとして人気。いずれも羽田空港からの発着便がある。

©青山剛昌／小学館

©水木プロダクション

▶米子市国際観光案内所
住 米子市弥生町12
（米子グルメプラザ1階）
TEL 0859-22-6317
開 9:00〜18:00
交 JR**米子駅**から徒歩3分
URL www.yonago-navi.jp

鳥取エリア

上空から見た県庁所在地の鳥取市

JR鳥取駅は倉吉、米子方面や郡家（こおげ）方面へ向かう鉄道の拠点となっている。鳥取エリアの移動はバスが基本。**鳥取砂丘**P.724など市内の主要観光地には**ループ麒麟獅子バス**や、**鳥取市100円循環バス**を活用しよう。また鳥取駅前バスターミナルや観光案内所では鳥取県内路線バスと若桜（わかさ）鉄道の郡家（こおげ）駅〜若桜（わかさ）駅が3日間乗り放題になる**鳥取藩乗放題手形**（1800円）を販売している。

▶鳥取空港から町の中心まで

空港から鳥取駅までは空港連絡バスで約20分。1日5便運行している。電車の場合はJR鳥取大学駅まで徒歩で移動し、鳥取方面行きのJR山陰線でJR鳥取駅まで約8分。

おみやげ

砂たまご　平飼いの有精卵を鳥取県の伝統工芸品である因州和紙で包み、砂丘の砂で蒸し焼きにしたみやげ物。柔らかい食感と玉子の濃厚な味わいが評判を呼ぶ。鳥取砂丘周辺のみやげ店で手に入る。

レトロなパッケージもかわいい

境港と米子エリア

境港は山陰屈指の港町

境港エリアへは、JR米子駅から路線バスに乗るのが便利。バスは約1時間〜1時間半に1本出ている。米子市内はレンタサイクル（4時間600円〜）での移動がおすすめ。米子鬼太郎空港へはJR米子駅からバスが出ている。

ブランド食材

松葉ガニ　境港周辺は海の幸をふんだんに盛り込んだ料理が味わえる市場が集まる。なかでもズワイガニのうち成長した雄ガニを「松葉ガニ」と呼び、冬の鳥取を代表するブランド食材として名高い。

売り場に陳列される松葉ガニ

info JR境線が発着する**米子駅の0番のりば**のプラットホームには鬼太郎やねずみ男のオブジェが並ぶ。記念撮影スポットとしても人気だ。

日本全国津々浦々～道の駅巡り～

海の目の前にある道の駅

神話の里白うさぎ
目の前には神話『因幡の白兎』で有名な白兎海岸P.728が広がる。白うさぎ関連のかわいいおみやげが充実しているほか、地元産のモサエビを使うハート型のもさバーガーも名物だ。

便利情報

活気のある施設内

境港水産物直売センター　その日に境港で水揚げされた魚介が並ぶ直売センターが2022年春にリニューアルオープン。境港観光の中心でもある水木しげる記念館からは、徒歩17分ほどの距離だ。施設内には活気ある魚屋が軒を連ねるほか、地物を扱う海鮮料理店もある。

三朝温泉と倉吉エリア

名湯として知られる三朝温泉

JR倉吉駅を起点に、**打吹公園**(うつぶき)などの観光施設や**はわい温泉**、市内各方面へは路線バスが出ている。ただ運行本数は少なく、1日に6本程度なので発車時刻は事前に調べておきたいところ。**三朝温泉**P.729へもJR倉吉駅から路線バスで移動できるが、ゆったりと観光名所を巡るならレンタカーが便利。

大山(だいせん)エリア

標高1729mの大山（剣ヶ峰）

大山エリアへはJR米子駅前バスターミナルから日本交通バスの本宮・大山線が出ているほか、期間限定で**大山るーぷバス**も運行。レンタカーを利用すれば、エリア内に点在する立ち寄りスポットにも気軽に立ち寄れるのでおすすめだ。

グルメ

大山そば　大山山麓のそば粉を使う大山そばは、そばの甘皮まで挽き込む独特の製法により黒い色と香り高い風味に仕上げている。店ごとにだしの味が違うので、食べ比べてみたい。

大山寺地区内の飲食店や宿泊施設などで提供

▶道の駅 神話の里白うさぎ
住 鳥取市白兎613
TEL 0857-59-6700
開 8:00～19:00
食事ぎんりん亭11:00～16:00
交 JR**鳥取駅**から鹿野行きで40分、**白兎神社前**下車、徒歩5分。または鳥取市中心部から車で約15分
URL sirousagi.com

▶境港水産物直売センター
住 境港市昭和町9-5
TEL 0859-30-3857
開 8:00～16:00頃　休 火曜
交 JR**境港駅**からタクシーで5分
URL www.sanmaki-direct.jp

鬼太郎列車

米子駅と境港駅を結ぶJR境線はラッピング列車の鬼太郎列車をはじめ6種類が運行。いずれも車内にはキャラクターが描かれ、鬼太郎ファンならずとも楽しめる。また路線上の各16の駅にはコロポックルやざしきわらしなど、全国各地に語り継がれる妖怪の名が愛称につけられている。

境港駅に停車中の車両
©水木プロ

▶JR倉吉駅内観光案内所
住 倉吉市上井195-12
TEL 0858-24-5370
開 9:00～17:00　休 1/1
URL www.kurayoshi-kankou.jp

鳥取の民藝運動家 吉田璋也

明治31（1898）年に鳥取市で生まれた吉田璋也は柳宗悦の民藝運動に参加。昭和6（1931）年に地元で医院を開業するとともに、陶芸や木工など多岐にわたる工人を指導し、デザインから生産、販売までの組織を確立。これらは新作民藝運動と呼ばれ、「民藝のプロデューサー」として活躍した。

多彩な一面を持つ吉田璋也

info **東郷湖**の西岸からは**はわい温泉**、南岸からは**東郷温泉**が湧出。"ハワイ"の伝統文化であるフラダンスをテーマにしたイベントも毎年盛り上がる。

鳥取県の見どころ

ZOOM UP!

異国情緒満点のおもしろ体験 鳥取エリア

鳥取砂丘でラクダに乗る!

見渡す限りの砂の山。
「馬の背」と呼ばれる丘は高さ約47mにおよび、
まさに圧巻だ。
風や雨、熱気によって変化する砂の表情は
まさに自然が織りなす芸術だ。
触ってみれば、もろく崩れ、熱さが伝わる。
さあ、美しい砂の世界を五感で楽しもう!

らくだライド体験で砂丘を遊覧しよう

▶鳥取砂丘
10万年以上の歳月をかけて堆積した日本最大級の砂丘。広さは東西に16km、南北に2.4kmで、「馬の背」と呼ばれる丘は高さ約47mにも及ぶ。サンドボードやパラグライダーなどさまざまなアクティビティが楽しめるのも魅力。日本海が織りなす圧倒的スケールの景観を見ながら、砂とともに遊んでみよう。
開 入場自由
交 JR**鳥取駅**からバスで20分の**鳥取砂丘**下車、徒歩すぐ

▶鳥取砂丘ビジターセンター
砂丘の成り立ちや自然、植生などを学べる情報発信拠点。標本や映像を用いた展示のほか、スタッフによる風紋実験の解説で砂丘を楽しく知ることができる。
住 鳥取市福部町湯山2164-971
TEL 0857-22-0021
開 9:00～17:00　休 無休
URL www.sakyu-vc.com

▶らくだや
らくだにまたがって撮影したりライド体験も可能。
住 鳥取市福部町湯山2164-806
TEL 0857-23-1735
開 3～11月9:30～16:00
　12～2月10:00～16:00　休 無休
URL rakudaya.info
料 らくだライド体験1500円～

砂が織りなす、儚くも繊細な世界

鳥取砂丘 砂の美術館

砂像を専門に展示する世界初の美術館。日本におけるパイオニア茶園勝彦氏がプロデュースし、各国から砂像彫刻家を招いて世界最高レベルの砂像を造作している。テーマは毎年変わり、会期が終わると砂像はすべて元の砂へ戻るため、期間内しか見られない。環境に配慮し、凝固剤などを一切使わず、鳥取砂丘の砂と水だけで細部まで模様が刻まれている。

屋内展示なので雨天時でもゆっくり見学できる

住 鳥取市福部町湯山2083-17　TEL 0857-20-2231
開 9:00～16:00（最終入場15:30）
休 期間外　料 800円　交 JR**鳥取駅**からバスで20分の**砂の美術館前**下車、徒歩すぐ
URL www.sand-museum.jp

砂丘と日本海を眺めながらひとっ風呂！

砂丘温泉ふれあい会館

鳥取砂丘すぐそばの日帰り天然温泉施設。砂丘の向こうに日本海を望むガラス張りの展望浴室で、雄大な景色や夕日を見ながら入浴できる。景観を見ながら、砂とともに遊んでみよう。

住 鳥取市福部町海士1013-1
TEL 0857-75-2316
開 4～9月10:00～21:00
（土・日曜・祝日9:00～21:00）
10～3月10:00～20:00（土・日曜・祝日9:00～20:00）　休 木曜　料 570円
交 JR**鳥取駅**から車で20分

日本海に落ちる夕日も見られる

▶ 水木しげる記念館
住 境港市本町5
TEL 0859-42-2171
開 9:30～17:00　休 無休
料 700円
交 JR**境港駅**から徒歩10分
URL mizuki.sakaiminato.net

水木しげる氏の仕事部屋を再現

迫力満点！ 等身大の漫画ワールド

©水木プロ

妖怪タウン・境港のメインスポット

境港と米子エリア

水木しげる記念館・水木しげるロード
（みずきしげるきねんかん・みずきしげるろーど）

JR境港駅前には妖怪マンガの第一人者、水木しげる氏にちなんだ800mの**水木しげるロード**がある。道の両サイドには177体もの妖怪ブロンズ像や妖怪をテーマにした施設・店舗が立ち並ぶ、妖怪尽くしの商店街だ。水木しげるロードの終点付近には、ミニテーマパーク、**ゲゲゲの妖怪楽園**や**水木しげる記念館**があり、鬼太郎や目玉おやじなどのおなじみのキャラクターが勢揃い。記念館には冒険旅行家でもあった水木氏の貴重な資料や写真のほか、仕事場の様子などをリアルに再現。独創的で多様な作品世界を700点以上の展示や映像などで楽しめる。

鬼太郎と目玉おやじの妖怪ブロンズ像

妖怪アパートをリアルに再現！

▶ 青山剛昌ふるさと館
住 東伯郡北栄町由良宿1414
TEL 0858-37-5389
開 9:30～17:30（最終入場17:00）
休 無休　料 700円
交 JR**由良駅**（コナン駅）から徒歩20分
URL www.gamf.jp

コナン通りにあるブロンズオブジェ

壁面にある描き下ろしイラスト

©青山剛昌／小学館

子供から大人までコナンワールドを満喫！

三朝温泉と倉吉エリア

青山剛昌ふるさと館
（あおやまごうしょうふるさとかん）

世界25カ国で発刊されている『名探偵コナン』の原作者・青山剛昌氏の記念館。「訪れてみたい日本のアニメ聖地88」にも選定された。

北栄町（ほくえいちょう）生まれである青山氏の子供時代から大学時代、マンガ家として活躍するまでの歴史のほか、青山剛昌作品のさまざまな資料を展示する。館内では代表作の『名探偵コナン』が誕生するまでのルーツがわかる展示や原画の数々、マンガ制作のプロセスや創作の秘密などを紹介。

青山剛昌氏の仕事場も再現されている

最寄りのJR由良（ゆら）駅は**コナン駅**とも呼ばれていて、ふるさと館までの約1.4kmは**コナン通り**と名付けられている。

info **水木しげるロード**は日没後、表情が一変する。**妖怪影絵**が投射され、妖怪ブロンズ像は**ライトアップ**され、妖しくも幻想的な空気に包まれる。点灯時間は22:00まで。日中とは違った魅力的な景色の中、妖怪たちの気配を感じたい。

断崖絶壁に立つ、神秘の国宝

三朝温泉と倉吉エリア

三徳山三佛寺投入堂

絶壁にそびえる名刹

天台宗の古刹・三佛寺の奥院として三徳山北側中腹の標高520mの断崖絶壁に張り付くように建造されたお堂。行者が法力で岩屋に投げ入れたという伝説が残されている。長い柱で床を支える**懸崖造り**で平安後期に造られたとされ、現存する神社仏閣建築として最古級だが、どのように建築されたのか解明されていない。入山する際には、服装や靴などの安全対策を整え、三徳山三佛寺本堂裏の登山事務所で受付をする。本堂から投入堂まで片道約1km、45分ほどかかり、険しい山道が続くので注意。体力に自信のない人のために、麓から投入堂を眺められる遥拝所もある。

統一された土蔵群の見事な景観

三朝温泉と倉吉エリア

倉吉白壁土蔵群

鮮やかな赤い石州瓦が特徴だ

江戸時代から大正時代にかけて建築された古い商家と土蔵が玉川沿いに並ぶ、国重要伝統的建造物群保存地区。室町時代に**打吹城**の城下町として栄え、江戸時代には陣屋を中心に武家屋敷が建てられた歴史あるエリアで、小京都とも呼ばれる美しい町並みが魅力だ。

建物の下半分は黒い焼杉板の腰壁、上半分は白い漆喰壁、屋根は赤い石州瓦で統一されていて、商家の母屋が並ぶ**本町通り**と土蔵が並ぶ**玉川沿い**からなる。白壁土蔵群の観光の要所となる**赤瓦**と呼ばれる館が15あり、みやげ物店やカフェ、工房などに利用されている。

▶三徳山三佛寺投入堂
住 東伯郡三朝町三徳1010
TEL 0858-43-2666(三徳山三佛寺)
開 4~11月8:00~15:00
休 12~3月、積雪時、荒天時
料 投入堂参拝1200円
交 JR**倉吉駅**からバスで**三徳**下車、徒歩10分
URL mitokusan.jp

三佛寺には宿坊もある

複雑な木の根を超えていく

▶倉吉白壁土蔵群
住 倉吉市新町1丁目、東仲町、魚町、研屋町周辺
TEL 0858-22-1200(倉吉白壁土蔵群観光案内所)
開 見学自由
交 JR**倉吉駅**からバスで**赤瓦・白壁土蔵**下車、徒歩5分
URL www.kurayoshi-kankou.jp

映画の撮影にも使用される

ピン灯篭で土蔵群を飾るイベント「光の回廊」

info **倉吉白壁土蔵群**周辺には、酒蔵や醤油蔵などの醸造所が多く、**かおり風景百選**や**美しい日本の歴史的風土100選**にも選定されている。商店街には昭和期の看板などが多く残り、レトロな魅力でいっぱいだ。

優雅な洋館と日本庭園のコラボレーション

鳥取エリア

仁風閣

明治40（1907）年に鳥取池田家第14代当主・**池田仲博**侯爵によって鳥取城跡の扇御殿跡に建てられた別邸。フランス・ルネッサンス様式を基調とした2階建ての瀟洒な洋館内部は当時の間取りを残していて、資料の展示室になっている。なかでも、ケヤキ材で造られた高さ4mの螺旋階段は必見。映画『るろうに剣心』のロケ地としても知られる。

優雅な白亜の洋館

▶仁風閣
住 鳥取市東町2-121
TEL 0857-26-3595
開 9:00～17:00（最終入場16:30）
休 月曜（祝日の場合は翌日）、年末年始　料 150円
交 JR**鳥取駅**からバスで**仁風閣・県立博物館**下車、徒歩すぐ
URL www.tbz.or.jp/jinpuukaku

大正天皇が皇太子の時、山陰行啓の宿舎として建てられた

神話の舞台でもある恋愛の聖地

鳥取エリア

白兎海岸

鳥取砂丘の西端に位置する、白い砂浜が弓なりに連なる海岸。夏には多くの海水浴客でにぎわう。神話、**『因幡の白兎』**の舞台として知られ、ウサギが住んでいたとされる淤岐ノ島から気多ノ前の間には神話の**ワニザメ**の背中に似た岩礁群がある。近隣には縁結びの神様・白兎神を祀る**白兎神社**があり、パワースポットになっている。

小さな岬とポケット状の砂丘が美しい

▶白兎海岸
住 鳥取市白兎
TEL 0857-22-3318（鳥取市観光案内所）
開 入場自由
交 JR**鳥取駅**から市内バスで**白兎神社前**下車、徒歩すぐ

淤岐ノ島にかかる夕日

名残を残す、情緒ある白壁土蔵群

鳥取エリア

若桜蔵通り

国の重要伝統的建造物群保存地区に選定されている、古建築の**白壁土蔵群**。かつての城下町の名残として約300mにわたって片側に寺院が、もう片側に20棟の商家の土蔵が妻側を向けて連なっている。明治時代の大火を受けて、寺を火災から守るために、蔵がまとまって建てられたためだ。妻入白壁、赤瓦、下見板張りの見事な景観が楽しめる。

古建築の白壁土蔵が連なる

▶若桜蔵通り
住 八頭郡若桜町若桜
TEL 0858-82-2237（若桜町観光協会）
開 散策自由
交 若桜鉄道**若桜駅**から徒歩すぐ
URL kanko.town.wakasa.tottori.jp

若桜鬼ヶ城の城下町として発展した

info 若桜蔵通りの**カリヤ通り**は、豪雪地帯であるこの地方ならではの、道路に突き出した1.2mほどの**カリヤ**と呼ばれるひさしが特徴。昭和初期までは800mほどのアーケードとして、雪や雨のときは傘をささずにカリヤの下を歩くことができたという。

ダイナミックな景観が魅力的

鳥取エリア

浦富海岸（うらどめかいがん）

大小の島々や奇岩を巡る遊覧クルーズもできる

ユネスコに認定された**山陰海岸ジオパーク**内にある、15kmのリアス海岸。洞門、洞窟、奇岩などが点在し、**山陰の松島**と呼ばれることも。

網代（あじろ）港発着の遊覧船も運航しており、海水の透明度は25mと高く、スノーケリングやシーカヤックなどのマリンスポーツも人気。東部は遠浅の砂浜が3ヵ所あり、夏季は海水浴客でにぎわいを見せる。

▶浦富海岸
住 岩美郡岩美町浦富
TEL 0857-72-3481（岩美町観光協会）
開 入場自由
交 JR**鳥取駅**から車で30分
URL www.iwamikanko.org

さまざまなアクティビティが可能

山陰随一の名城跡

境港と米子エリア

米子城跡（よなごじょうあと）

桜の名所としても知られる

山陰地方で最初に築かれた近世城郭。米子駅から西へ約1kmの場所にある標高90mの湊山の山頂にあり、**久米城**とも呼ばれる。

かつては大小ふたつの天守を持ち、**山陰随一の名城**とも称されたが、現在は石垣と礎石を残すのみ。平成18（2006）年に国史跡に指定された。天守から望む、さえぎるもののない四季折々の360°パノラマ眺望はまさに絶景。

▶米子城跡
住 米子市久米町
TEL 0859-22-6317（米子市国際観光案内所）
開 入場自由
交 JR**米子駅**から徒歩20分

名峰大山を望む

世界屈指のラドン温泉

三朝温泉と倉吉エリア

三朝温泉（みささおんせん）

昭和を感じさせる風情ある町並み

高濃度のラドンが含まれる、世界でも有数の放射能泉。**日本遺産第1号**に認定された古い温泉地で、「三晩宿泊して三回朝を迎えると、あらゆる病が治癒する」という言い伝えが名前の由来だ。三朝川（みささがわ）の両岸には情緒あふれる温泉宿の間に駄菓子屋や酒造店、喫茶店などが立ち並び、昔ながらの湯治場の雰囲気にどこか懐かしさを感じる。

▶三朝温泉
住 東伯郡三朝町三朝
TEL 0858-43-0431（三朝温泉観光協会）
開 見学自由（有料施設あり）
交 JR**倉吉駅**からバスで**三朝温泉観光商工センター前**下車、徒歩すぐ
URL misasaonsen.jp

飲泉場を備えた足湯もある

info **米子城跡**はウォーキングコースとしても人気で、麓から頂上までは約15分。**湊山公園**として整備されている山頂からは米子市街の向こうに国立公園大山、島根半島、中海が一望でき、晴れた日には隠岐島まで見えることも。

美しき中国地方の最高峰

大山エリア

大山（だいせん）

中国地方の最高峰、海抜1709mの複成火山。日本百名山や日本百景にも選定される、鳥取県のシンボル。一帯は、蒜山地域、隠岐島、島根半島、三瓶山地域を含む**大山隠岐国立公園**に指定されている。標高800mから1300mは西日本最大の**ブナ原生林**があり、トレッキングや登山が盛んだ。秋の紅葉や冬の雪姿も美しい。

頂上から雲海を望む

▶大山
住 西伯郡大山町大山
TEL 0859-52-2502（大山町観光案内所）
開 入場自由
交 JR**米子駅**から大山ナショナルパークセンターまでバスで60分
URL tottoridaisen.web.fc2.com

登山道も整備されている

「逆さ大山」も見事

大山エリア

植田正治写真美術館（うえだしょうじしゃしんびじゅつかん）

日本を代表する写真家・植田正治の作品約1万2000点を収蔵、展示する美術館。

自然を舞台に、被写体をオブジェのように配する大胆な空間構成の作品群のほか、総重量325kgもの超大型レンズや200インチの大型映像プログラム上映など、インパクトのある展示が並ぶ。建物のスリットからは、正面の大山と水面に映る**逆さ大山**が見られる。

大山そのものを建築意匠として取り入れている

▶植田正治写真美術館
住 西伯郡伯耆町須村353-3
TEL 0859-39-8000
開 10:00～17:00
休 火曜（祝の場合は翌日）、12～2月ほか、展示替期間中
料 1000円
交 JR**岸本駅**から車で5分
URL www.houki-town.jp/ueda

建物は、建築家・高松伸による設計

日本最大級のフラワーパーク

大山エリア

とっとり花回廊（とっとりはなかいろう）

大山を借景に、四季折々の花を楽しめる**日本最大級のフラワーパーク**。総面積50ヘクタールの広大な敷地内には、直径50mの巨大なガラス温室を中心に、一周1kmの屋根付き**展望回廊**や**ヨーロピアンガーデン**などを備える。ガラス温室では、ヤシの木などの熱帯・亜熱帯地域の植物をはじめ、年間通して約500株もの見事な洋ランが咲き誇る。

大山をバックに花畑が広がる

▶とっとり花回廊
住 西伯郡南部町鶴田110
TEL 0859-48-3030
開 9:00～17:00（季節による）最終入場は30分前
12～1月のイルミネーション期間は21:00まで営業
休 12～3·7·8月の火曜（祝日の場合は翌日）
料 季節により500～1000円
交 JR**米子駅**から無料シャトルバスで25分
URL www.tottorihanakairou.or.jp

四季を通して多彩な花が見られる

info 12～1月中旬に**とっとり花回廊**で開催される**フラワーイルミネーション**は中四国地方トップクラス。5～8月に開催される**ムーンライトフラワーガーデン**では月明かりをイメージした1万4000個の照明でライトアップされた幻想的な空間を演出。

多彩な地域の暮らしの道具が集結

鳥取エリア

鳥取民藝美術館

国の登録有形文化財に登録されている

昭和初期の民芸運動家・**吉田璋也**P.723が開設した美術館。鳥取に伝わる民芸品をはじめ日本、朝鮮、中国、西洋の民芸品を展示。

日本各地の民芸器で郷土料理を味わえる割烹、たくみ割烹店と鳥取県内の窯元の器を中心に販売する工芸店を併設。

鳥取民藝美術館
住 鳥取市栄町651
TEL 0857-26-2367
開 10:00～17:00
休 水曜（祝日の場合は翌日）
料 500円
交 JR**鳥取駅**から徒歩5分
URL mingei.exblog.jp

牛ノ戸焼の古作品や朝鮮茶碗が有名だ

刀剣・甲冑ファン必見の美術館

鳥取エリア

渡辺美術館

甲冑は約250領を収蔵している

鳥取の名医、渡辺元が昭和初期から60年にわたって個人収集した約3万点の古美術品を収蔵・展示。中近世の日本を中心に東洋の絵画、陶磁器、民芸品、仏教美術までジャンルは多岐にわたる。特に**甲冑**や**刀剣**は国内屈指の収蔵数で、愛好家の評価が高い。

渡辺美術館
住 鳥取市覚寺55
TEL 0857-24-1152
開 10:00～15:00
（土・日曜・祝日10:00～17:00）
最終入場は30分前
休 火曜（祝日の場合は翌平日）、年末年始（12/30～1/2）
料 900円
交 JR**鳥取駅**からバスで15分の**渡辺美術館前**下車、徒歩すぐ
URL watart.jp

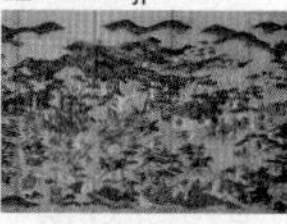
歴史的に貴重な資料も多数収蔵

因州和紙の伝統と文化を今に伝える

鳥取エリア

鳥取市あおや和紙工房

幻想的な作品が展示される企画展

約1300年もの歴史をもつ**因州和紙**の歴史と紙漉き体験が楽しめる施設。併設の体験工房では紙すき体験やLEDランプシェード作り体験ができるほか、季節のイベントとして万華鏡づくり、うちわ作り、切り絵体験などの和紙加工ワークショップを開催している。

鳥取市あおや和紙工房
住 鳥取市青谷町山根313
TEL 0857-86-6060
開 9:00～17:00
休 月曜（祝日の場合は翌平日）、12/29～1/3
料 無料（企画展300円）
紙漉き体験300円～
交 JR**青谷駅**からバスで15分の**和紙工房前**下車、徒歩すぐ
URL www.tbz.or.jp/aoya-washi

子供がアクティブに遊べるテーマパーク

鳥取エリア

チュウブ 鳥取砂丘こどもの国

大型アスレチック「ドリームキャッスル」

鳥取砂丘に隣接する施設。約19万㎡の広い園内には、城をイメージした**大型アスレチック**や、サイクルモノレール、レールトレイン、変形自転車など盛りだくさん。工作ができる木工工房や砂の工房、陶芸工房などで想像力を高めるものづくり体験も楽しめる。

チュウブ 鳥取砂丘こどもの国
住 鳥取市浜坂1157-1
TEL 0857-24-2811
開 9:00～17:00（最終入場16:30）
休 8月を除く毎月第2水曜（祝日の場合は翌日）、12/29～1/1
料 500円（各種乗り物は別途100～200円）
交 JR**鳥取駅**からバスで17分の**子供の国入口**下車、徒歩すぐ
URL kodomonokuni.tottori.jp

info **チュウブ 鳥取砂丘こどもの国**では夏に幼児用プールやウォータースライダーといった**水の遊び場**のほか、炊事棟とトイレ、シャワーも完備した**キャンプ場**も開設される。全天候型の空中回廊方式の遊具や図書コーナーもあり、雨の日でも遊べる。

世界のおもちゃと歌で遊ぶ

鳥取エリア

わらべ館

童謡、唱歌とおもちゃをテーマにした体験型ミュージアム。なつかしい雰囲気の**童謡の部屋**、乗り物やからくりなど世界の玩具約2000点を展示した**おもちゃの部屋**からなる。おもちゃづくり体験やコンサートなど、年間を通して様々なイベントも開催している。

約100年前の小学校の教室を再現

▶わらべ館
住 鳥取市西町3-202
TEL 0857-22-7070
開 9:00～17:00(最終入場16:30)
休 8月を除く毎月第3水曜、12/29～1/1 料 500円
交 JR**鳥取駅**から徒歩20分
URL warabe.or.jp

レトロなフィギュアは大人にも人気

風情ある街並みと中海の展望が楽しめるクルージング

境港と米子エリア

加茂川・中海遊覧船

天神橋付近から出発し、商人の街として栄えた米子の下町を巡り、中海へと抜ける観光遊覧船。川はゆったりと、海では風を切って爽快に進むメリハリある**約50分のクルージング**で、加茂川の橋の下を腰をかがめてくぐり抜ける箇所はアトラクションのように迫力満点!

予約制のサンセットクルージング

▶加茂川・中海遊覧船
住 米子市中町
TEL 090-6837-2731(船頭住田)
開 要事前予約
休 12～3月(天候がよい場合は予約にて運航可)
料 1500円
交 JR**米子駅**から循環バスで**天神橋**下車、徒歩すぐ

大山信仰の中心地

大山エリア

大神山神社

大山信仰の中心となった古社。由緒ある20の神社仏閣からなる**出雲國神仏霊場**の9番札所でもある。奥宮は国内最大級の権現造で、本殿、幣殿、拝殿は国指定の重要文化財。内部は神仏混交の様式を伝えていて、金箔に似せた白檀塗という特殊な技法で彩られている。

奥宮は全国最大級の壮大な権現造り

▶大神山神社
▶奥宮
住 西伯郡大山町大山
TEL 0859-52-2507 開 入場自由
交 JR**米子駅**からバスで**大山寺**下車、徒歩20分
URL www.oogamiyama.or.jp
▶本社
住 米子市尾高1025
TEL 0859-27-2345 開 入場自由
交 JR**米子駅**からバスで**尾高**下車、徒歩10分

自然林に囲まれた静かな参道

金運アップ間違いなし

大山エリア

金持神社

全国でもたったひとつしかない、縁起のよい名前で知られる神社。**開運伝説**があり、宝くじ愛好家や自営業者が数多く祈願に訪れる。金持神社札所(売店)には、万札入り扇子、開運財布などの縁起物が盛りだくさん。黄色いハンカチは特に人気の縁起物だ。

開運・金運を願い多くの参拝客が訪れる

▶金持神社
住 日野郡日野町金持74
TEL 0859-72-0481(金持神社札所)
開 入場自由
金持神社札所10:00～16:00
交 JR**根雨駅**から車で約10分
URL www.kamochijinja.jp

info **大神山神社**の本社から奥宮へは杉やブナの巨木の中を、自然石でできた約700mの**参道**が続く。寛政年間(1789～1800年)に原型ができたとされる、**日本最長の石畳**だ。

1800年前の弥生文化に触れる　大山エリア

鳥取県立むきばんだ史跡公園

丘の上からは日本海を望める

大山の麓に位置する国内最大級の弥生時代の村あと**妻木晩田遺跡**を保存。園内には2世紀の集落景観が整備され、弥生の森の散策や日本海の雄大な景色を楽しめる。

▶鳥取県立むきばんだ史跡公園
住 西伯郡大山町妻木1115-4
TEL 0859-37-4000
開 9:00〜17:00（最終入場16:30）
休 毎月第4月曜（祝日の場合は翌日）、12/29〜1/3
料 無料（一部体験コーナー有料）
交 JR**淀江駅**から車で5分
URL www.pref.tottori.lg.jp/mukibanda

ピンクとハートがテーマの駅　鳥取エリア

恋山形駅

ハート型の消印が押される恋ポスト

平成25(2013)年に行われたリニューアルにより、駅のあらゆる場所がピンク色に！　駅名標や乗り場案内もハート型。恋がかなう**パワースポット**として一躍有名になった。

▶恋山形駅
住 八頭郡智頭町大内159-3
TEL 0858-75-6600（智頭急行）
開 入場自由
交 JR**智頭駅**から**恋山形駅**まで智頭急行で6分
URL www.chizukyu.co.jp

緑の山々をバックにピンクが映える

高低差約45mの急勾配！　境港と米子エリア

江島大橋

最上部は高さ約45mに達する

鳥取と島根の県境に位置する全長1.7kmの橋。PCラーメン構造という工法で作られた橋では日本一。鳥取県側は5.1％、島根県側が6.1％の急勾配で通称**ベタ踏み坂**とも呼ばれる。

▶江島大橋
住 境港市渡町
TEL 0859-47-0121（境港観光案内所）
開 通行自由（歩道あり）
交 JR**境港駅**から車で10分

700種類4000点の剥製がずらり　境港と米子エリア

海とくらしの史料館

2.8mのマンボウ。もちろん本物の魚だ

2.8mのマンボウや3.8mのホホジロザメ、4.2mのリュウグウノツカイなど迫力満点の**大型はく製**などを展示。館内は撮影可能で、SNSで注目間違いなしの写真も多く撮れる。

▶海とくらしの史料館
住 境港市花町8-1
TEL 0859-44-2000
開 9:30〜17:00（最終入場16:30）
休 火曜（祝日の場合は翌日）、12/29〜1/3　料 410円
交 JR**境港駅**から「はまるーぷバス」で9分の**台場公園・海とくらしの史料館入口**下車、徒歩すぐ
URL umikura.com

日本最大級の本格的な中国庭園テーマパーク　三朝温泉と倉吉エリア

中国庭園 燕趙園

東郷湖の水姿を借景にした建物群

鳥取県と中国河北省の友好のシンボルとして建設された皇家園林方式の**中国庭園**で、総面積は1万㎡と広大。本場中国から来日した雑技団によるショーを毎日3回開催している。

▶中国庭園 燕趙園
住 東伯郡湯梨浜町引地565-1
TEL 0858-32-2180
開 9:00〜17:00（最終入場16:30）
休 1・2月の第4火曜（祝日の場合は翌日）　料 500円
交 JR**松崎駅**から徒歩10分
URL www.encho-en.com

美しい彩画が描かれた長廊

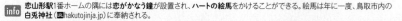

info 恋山形駅1番ホームの隅には**恋がかなう鐘**が設置され、**ハートの絵馬**をかけることができる。絵馬は年に一度、鳥取市内の**白兎神社**（URL hakutojinja.jp）に奉納される。

島根県 SHIMANE

人口	67.1万人（全国46位）
面積	6708km²（全国19位）
県庁所在地	松江市
県花	牡丹

しまねっこ
平成22（2010）年1月に誕生した島根県の観光キャラクター
島観連許諾第7033号

牡丹
中海の大根島（八束町）の牡丹園が有名

東西約200kmに及ぶ細長い県。日本海側に面した本州西部、山陰地方に位置する。1000～1300m級の山が連なる中国山地を背にし、北方40～80kmの海上には大小180もの島から成る隠岐諸島がある。宍道湖や国賀海岸、三瓶山P.751など、日本の原風景を思わせる風光明媚な自然も魅力だ。出雲大社P.742は八百万の神が集う神話の舞台であり、世界遺産の石見銀山P.744を有するなど文化的にも興味深い場所である。特産品はシジミ、しまね和牛、西条柿など。

旅の足がかり

松江市

中心部にある国宝・**松江城**P.743とその周辺は、現在まで江戸時代の風情を色濃く残すエリア。**塩見縄手**P.745の散策や**堀川めぐり**P.745を楽しむ観光客でにぎわっている。また、茶の湯文化が深く根付いた土地であり、ハイレベルな和菓子店が集まっていることでも有名。さらに、市の玄関口であるJR松江駅から車で15～30分の距離に、レイクビューのロケーションが見事な松江しんじ湖温泉、美肌の湯として名高い**玉造温泉**P.746などの名湯も湧き出る。

出雲市

島根県東部に位置し、宍道湖を挟んで松江市と隣接する。市の北部にあたる島根半島を中心としたエリアでは古くから神無月（10月）を神在月と呼び、**出雲大社**P.742をはじめとした国引き神話に縁のあるスポットが点在。神々が集まる場所、神話が息づく場所としても知られている。**出雲そば**P.737などのご当地グルメも人気。

大田（おおだ）市

島根県のほぼ中央にあり、出雲と石見を結ぶ中継点としての役割を担い発展。**石見銀山**P.744のほか、日本有数の鳴砂で知られる琴ヶ浜、島根・鳥取・岡山の三県にまたがる大山隠岐国立公園、湯治場として栄えた港町の**温泉津**P.751など、観光資源も多い。スケールの大きな自然と、人類の営みが絶妙なバランスで共存している。

地理と気候

東は鳥取県と、南は中国山地を境に広島県と隣接。北は日本海に面し、西は山口県と接している。4つの有人島を含む隠岐諸島も島根県の一部。年平均気温は12～15℃と比較的温暖な気候。

【夏】春～秋の温暖期は過ごしやすく、地域的な差も少ない。梅雨時期は山間部を中心に雨が多く、集中豪雨に注意が必要。

【冬】日本海からの気流により出雲平野に強い季節風が吹く。日照時間は短く、曇りが多い。豪雪地帯ではないが雪は降る。

アクセス

東京から ▸▸▸	所要時間
飛行機 羽田空港▶出雲空港	1時間30分
飛行機 羽田空港▶萩·石見空港	1時間30分
JR線 東京駅▶出雲市駅（特急サンライズ出雲）	12時間
高速バス バスタ新宿▶松江駅	12時間

大阪から ▸▸▸	所要時間
飛行機 伊丹空港▶出雲空港	45分
高速バス 大阪駅▶松江駅	4時間40分

鳥取から ▸▸▸	所要時間
JR線 米子駅▶松江駅（特急スーパーまつかぜ）	22分
路線バス 米子空港▶松江駅	45分

広島から ▸▸▸	所要時間
高速バス 広島駅▶松江駅	3時間15分
高速バス 広島駅▶出雲市駅	3時間
高速バス 広島駅▶浜田駅	2時間20分

山口から ▸▸▸	所要時間
JR線 新山口駅▶松江駅（特急スーパーおき）	3時間45分
JR線 東萩駅▶益田駅	1時間15分
高速バス 東萩駅▶津和野駅	1時間45分

岡山から ▸▸▸	所要時間
JR線 岡山駅▶出雲市駅（特急やくも）	3時間5分
高速バス 岡山駅▶出雲市駅	4時間

県内移動

▶松江から出雲へ

山陰本線で松江駅から出雲市駅まで約45分。松江しんじ湖温泉駅発の一畑電車なら、川跡駅乗り換えで出雲大社前駅まで1時間前後で行ける。

▶本土から隠岐諸島へ

七類港から島後の西郷港まで2時間25分。島前の来居まで2時間。それぞれ1日2往復。七類港へは松江駅から出発に合わせたバスが運行されている。

出雲空港から隠岐空港に1日1便。所要30分。

▸▸▸アクセス選びのコツ

サンライズ出雲　東京駅を21:50に出発し、出雲市駅に翌9:58に到着する寝台列車。島根県内では安来駅、松江駅、宍道駅に停車する。とても人気が高いので、早めに(乗車日の1ヵ月前から可)予約しておこう。

特急やくも　岡山駅と出雲市駅を約3時間で結び、ほぼ1時間に1便と便数が多くて便利。島根県内ではほかに安来駅、松江駅、玉造温泉駅、宍道駅に停車する。

山陰線特急　鳥取駅と新山口駅を約5時間10分で結ぶ**スーパーおき**は1日2便の運行。島根県内では安来駅、松江駅、出雲市駅、太田市駅、浜田駅、津和野駅などの主要駅に停車する。**スーパーまつかぜ**は鳥取駅と益田駅を結び、1日4便程度の運行。

出雲空港は羽田空港や伊丹空港とを結ぶ便がメインに発着。ほかに福岡空港や小牧空港の便もある。石見空港は羽田空港とを結ぶ便が1日2便のみ。また、鳥取県の米子空港は松江駅からバスで45分とアクセスもよい。

松江、出雲、浜田を起点におもに広島行きのバスが多く運行。大阪方面は昼行が多いが一部夜行もある。**一畑バス**や**石見交通**などが運行。

交通路線図

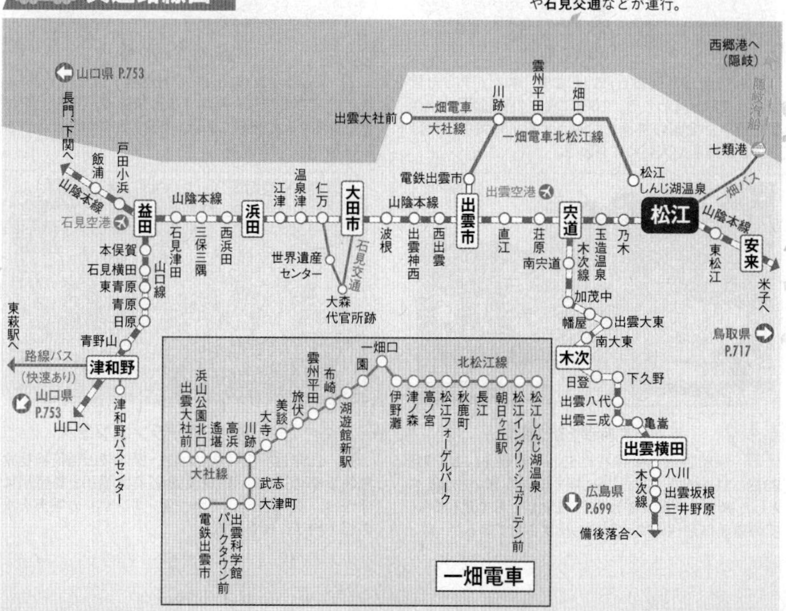

島根県

うちの県はここがすごい

一
神の存在を感じる雄大な絶景の宝庫!

視界全体をオレンジに染め上げる宍道湖の夕日は有名。ほかにも稲佐の浜P.750、波根海岸、隠岐のローソク島P.747など、見るものを圧倒するスケールの絶景が点在している。

二
1300年前から評判! 美肌の湯が集結

約60ヵ所もの温泉地を有する温泉大国。『出雲國風土記』に登場する玉造温泉P.746はしっとり潤う硫酸塩泉。ほかにも美肌効果の期待できる温泉が多数湧出している。

三
日本で唯一のたたらがある!

日本刀の材料・玉鋼は自然界に存在する鉱物ではなく、伝統技術である「たたら吹き」によって作られる。現在、日本で生産しているのは、奥出雲町にある「日刀保たたら」のみ。

イベント・お祭り・行事

① 神在祭

旧暦10月10日から17日まで、神々が集う出雲の各社で執り行われる。10日に稲佐の浜P.750で神迎祭を行い、全国の神々をお迎えする。期間中は良縁を祈る参拝客で大いににぎわう。

② 吉兆さんと番内

毎年1月3日に出雲大社P.742周辺で行われる、新年の慶びと繁栄を祈願する民間神事。鬼の面を付けた番内さんが先導し、「歳徳神」と書かれた大きなのぼりを持って練り歩く。

③ 津和野祇園祭

津和野町弥栄神社に伝わる鷺舞を、毎年7月20日に11ヵ所で、27日に9ヵ所で奉納。鷺の衣装をまとった踊り子が舞う姿は夏の風物詩として親しまれ、国の重要無形民俗文化財にも指定されている。

④ 松江ホーランエンヤ

10年に一度開催される、松江城山稲荷神社式年神幸祭の通称。約100隻の船を大橋川と意宇川に浮かべ、威勢のいい「ホーランエンヤ」の唄声を水の都・松江に響かせる。

必ず食べたい 名物グルメ

出雲そば

殻の付いた玄そばを使った挽きぐるみのそば。色が黒っぽく、風味と食感がいい。城下町である松江が発祥の冷たい割り子そば、出雲大社など神社周辺が発祥の温かい釜揚げそばが代表格。

箱寿司

石見銀山P.744が全盛のころ、江戸から伝来。大田地方では、祭りや祝い事に欠かせない料理として受け継がれている。見た目に美しく、食べるとどこか懐かしさを感じさせる。

出雲ぜんざい

ぜんざいのルーツは、神在祭P.736のときに振る舞われていた神在餅（じんざいもち）。じんざいが出雲弁でなまり、ずんざい、ぜんざいとなって京都に伝わったと言われている。

シジミ汁

シジミは海水と淡水が混ざった宍道湖に生息する7つの代表的な魚介、**宍道湖七珍**のひとつ。おもに取れるのはヤマトシジミで、旬は春。松江を代表する味覚として愛されている。

地元っ子愛用 ローカル味

バラパン

バラの花をモチーフにした菓子パン。昭和24(1949)年創業の**なんぼうパン**が製造し、出雲市内のスーパーなどでも販売している。フワフワのパンに甘さ控えめのクリームがマッチ。

赤天

東京など県外でもおなじみになった浜田市名物の練り物。唐辛子によるピリ辛味と、パン粉のサクサクとした食感がユニークだ。明治45（1912）年創業の**江木蒲鉾店**などがおもな製造元。

もらえば笑顔 定番みやげ

どじょう掬いまんじゅう

島根県が誇る、どじょうすくい踊りのひょっとこお面が饅頭に！白あんやこしあんのほか、安来産のイチゴや津和野産の栗など、各地の名産品とコラボレーションしている。

若草

明治7（1874）年創業の和菓子店**彩雲堂**の代表銘菓。不昧公P.740の歌から命名された。仁多地方のもち米から作る求肥に若草色の衣をまぶし、ふっくら柔らかな食感に仕上げる。

匠の技が光る 伝統工芸

出雲めのう細工

三種の神器のひとつ、八尺瓊勾玉（やさかにのまがたま）の発祥の地といわれる松江市玉湯町の伝統工芸品。職人が原石の切断から仕上げまで一貫して手作業で行い、ペンダントやネックレスに加工する。

広瀬絣

文政7(1824)年、長岡貞子が米子で学んだ染織法が始まり。県の無形文化財に指定されている。絵模様と幾何模様を組み合わせた大柄と、手織りで丹念に作られた素朴な風合いが特徴。

ワカルかな？
島根のお国言葉

足が走ってえらい

Ans. 足が痛くてつらい

1泊2日で巡る 島根県

益田
津和野

松江城、出雲大社、石見銀山を2日かけて巡る。松江市と出雲市を1日で回り、2日目は世界遺産の石見銀山をじっくりと観光しよう。

1日目

10:00 JR松江駅

バス 15分

10:20 国宝**松江城**から ▶P.743
殿様気分で町を一望

国内に現存する12天守のひとつ。最上階にある望楼から見る景色はまさに絶景だ。

徒歩 5分

11:30 **塩見縄手**で ▶P.745
散策&ショッピング

カフェやみやげ物店で休憩しながら、小泉八雲旧居などの見学スポットを巡る。

バス 10分

12:20 一畑電車松江しんじ湖温泉駅

鉄道 50分

13:10 一畑電車川跡駅

出雲大社前行きに乗り換え。

＼一畑電車に乗ってのんびり移動♪／

鉄道 15分

13:25 一畑電車出雲大社前駅

徒歩 すぐ

色が黒っぽく風味も強い出雲そば。割子そばまたは釜揚げそばで味わいたい。

13:30 **出雲そば**は ▶P.737
外せないご当地グルメ

徒歩 5分

14:30 島根旅のハイライト!
出雲大社で縁結び祈願 ▶P.742

縁結びで最も有名な神社。こちらでは二礼、四拍手、一礼してお参りする。

日本最大級のしめ縄

バス 25分

16:30 JR出雲市駅

鉄道 40分

17:40 JR乃木駅

バス 15分

18:00 **界 玉造**で
出雲の文化を満喫

松江の伝統文化や食文化を堪能できる温泉宿

界(かい) 玉造(たまつくり)

社をかたどった湯口が特徴的な大浴場

山陰の海の幸を味わう会席料理

玉造温泉内にある全室露天風呂付きの宿。純和風の客室は全24室で、ヒノキまたは信楽焼の露天風呂と次の間を備える。夜は、のどぐろやシジミ、松葉ガニなど山陰の魚介類をふんだんに使用した会席料理に舌鼓。朝食は出雲の郷土料理「うず煮」の和食膳を堪能できる。松江で盛んな茶の湯のほか、島根の伝統芸能舞「石見神楽」の上演など、さまざまな体験ができる。

住 松江市玉湯町玉造1237
TEL 0570-073-011
交 **JR玉造温泉駅**から車で5分。または山陰道**松江玉造IC**から車で15分
料 1泊2食付き3万8000円～
URL hoshinoresorts.com/ja/hotels/kaitamatsukuri

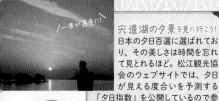

宍道湖の夕景を見に行こう!
日本の夕日百選に選ばれており、その美しさは時間を忘れて見とれるほど。松江観光協会のウェブサイトでは、夕日が見える度合いを予測する「夕日指数」を公開しているので参考にしよう。
URL www.kankou-matsue.jp

2日目

8:50 界 玉造から出発

徒歩10分

9:00 **玉作湯神社**で ▶P.748
縁結び祈願

バス7分

美肌の湯で名高い玉造温泉にある神社。パワーを授かってお守りを作ろう。

願い石からパワーを!

10:40 JR玉造温泉駅

鉄道70分

12:00 JR大田市駅

バス25分

12:30 世界遺産**石見銀山** ▶P.744
大森エリアを散策

徒歩20分

古い町並みに代官所跡などが並ぶ。町家を利用したカフェやショップも点在。

ランチもここで!

15:00 **石見銀山 銀山エリア**は ▶P.744
世界遺産見学の中心地区

坑道や製錬所跡などの史跡を見学する。広いのでレンタサイクルが便利。

江戸時代の坑道龍源寺間歩

バス25分

17:26 JR大田市駅

特急スーパーまつかぜが早くて便利

鉄道50分

18:17 JR松江駅
駅周辺で**郷土料理**を味わう

宍道湖七珍（P.737のシジミ汁を参照）など、郷土料理を味わえる店で、旅のしめくくり。

足を延ばして山陰の小京都
津和野へ
島根県西部にある、山間の隠れ里のような町。中心部にある殿町通りは城下町時代のたたずまいを残し、白壁の町並みや郡庁跡、津和野カトリック教会など歴史ある建物が集まっている。

殿町通りの鯉

おすすめ! 泊まるならココ

源泉かけ流しの湯が自慢の古民家宿
湯宿(ゆやど)・草菴(そうあん)

客室「庄屋」のアンティークレンガ製の半露天風呂

静かな里山地帯に江戸・天保時代の古民家をよみがえらせた風情ある温泉旅館。源泉かけ流しの広々とした半露天風呂に、ウッドデッキやプライベートガーデンを備えた「古民家離れの宿」、格子戸や御簾を調和よく配置した2階がある「紫雲閣」など全室が美しい庭園に面する。趣の異なる5つの貸切風呂があり、源泉かけ流しで15:00〜翌10:00までいつでも入浴できる。

出雲の食材を楽しめるコース料理の前菜

住 出雲市斐川町学頭1491
TEL 0853-72-0226
交 JR荘原駅から徒歩10分
料 1泊2食付き2万3800円〜
URL www.yuyado-souan.jp

島根県の歩き方

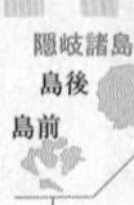

▶松江国際観光案内所
住 松江市朝日町665
(JR松江駅前)
TEL 0852-21-4034
開 8:30〜18:00 休 無休
URL www.kankou-matsue.jp

▶安来市観光案内所
住 安来市安来町2093-3
(JR安来駅前観光交流プラザ内)
TEL 0854-23-7667
開 8:30〜17:00 休 12/31、1/1
URL yasugi-kankou.com

ご縁電車しまねっこ号II
一畑電車を走る、ピンク色のラッピング電車。島根県観光キャラクターしまねっこをデザインしている。2021年3月にリニューアルし、1両目は初代をイメージしたピンクの内装、2両目はしまねっこの走る別荘をイメージした内装に。友好協定を結ぶ台湾モチーフの隠れイラストも要チェック。

見つけたら運気が上がるかも!?

▶出雲市駅観光案内所
住 出雲市駅北町11
TEL 0853-30-6015
開 9:00〜17:00 休 無休
URL www.izumo-kankou.gr.jp

▶一畑電車 1日フリー乗車券
松江しんじ湖温泉駅から出雲大社前駅までの全区間で自由に乗り降りができるお得な切符。主要駅構内で販売している。
料 1日券1600円
URL www.ichibata.co.jp/railway

松江エリア

宍道湖畔に広がる松江の市街地

松江市　市内バスが充実しており、市内の移動は路線バスが便利。主要観光スポットはもちろん、宍道湖(しんじこ)の夕日観賞スポットにも効率よく巡れる**ぐるっと松江レイクライン**が役立つ。

安来市(やすぎし)　どじょうすくい踊りの**安来節**で有名な安来市へは、松江駅からJR山陰線で移動できる。安来市内は**イエローバス**を利用するほか、人気スポットの**足立美術館**P.744へは無料シャトルバスも運行しているのでうまく活用しよう。

▶出雲空港（出雲縁結び空港）から町の中心まで

松江駅を経由して、松江しんじ湖温泉駅まで行ける空港連絡バスがある。所要時間は35〜45分。松江市は県境にあり、鳥取県の**米子空港**からも所要時間は同程度。

便利情報

観光案内のアナウンスも流れる

ぐるっと松江レイクライン　JR松江駅を起点に松江城や塩見縄手など主要な観光スポットを巡る周遊バス。松江城などの割引特典あり。日没時間に合わせて宍道湖東岸を回る夕日観賞コースも便利。20〜30分間隔で運行。1日乗車券は520円。
URL matsue-bus.jp/lakeline

出雲エリア

粟津稲荷神社と一畑電車

出雲縁結び空港から直接向かう場合は空港連絡バスで約30分。松江から向かう場合は鉄道で約40分〜1時間。宍道湖の南岸を進むJR山陰線と、北岸を進む**一畑電車**(いちばたでんしゃ)がある。のどかな湖景色や田園風景を見ながらのんびり進むのも旅の醍醐味だ。

足を延ばせば

菅谷たたら山内　日本で唯一、たたら製鉄の施設が保存されており、映画『もののけ姫』の舞台のモデルになったともいわれている場所。JR出雲市駅からバスとタクシーで約60分。

たたら職人の生活を今に伝える

info 松江藩中興の祖として知られる七代目藩主**松平治郷**(はるさと)は、今もなお松江では、**不昧公**(ふまいこう)、**不昧さん**と親しまれている。不昧とは隠居後に名乗った号であり、自ら**不昧流**という茶道を完成させ、松江に茶の湯文化を築いた。

日本全国津々浦々～道の駅巡り～

日本海に沈む夕日を鑑賞できる

ゆうひパーク浜田
日本海を見下ろす絶景が自慢。石見一の夕日が見られると評判で、敷地内にある「ゆうひ公園」や展望台からの眺めも美しい。売店では、浜田港に水揚げされた干物や、郷土芸能「石見神楽」のグッズを販売。

石見銀山エリア

最盛期は世界二大銀山といわれた

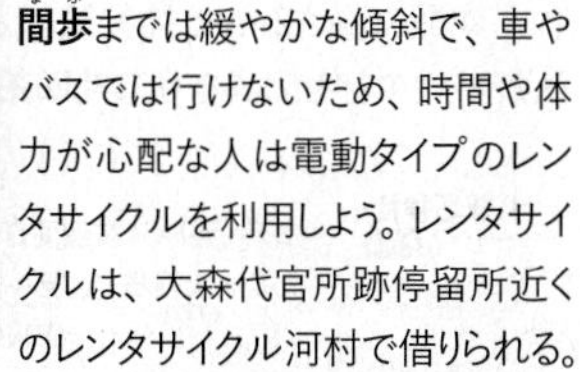
電動タイプのレンタサイクルがおすすめ

JR大田市駅から石見交通バスで、**大森エリア**の入口となる**大森代官所跡**停留所へ。所要時間は26分。大森エリアは平坦な街道が続き、20分ほどで歩いて回れる。**銀山エリア**最奥の**龍源寺間歩**までは緩やかな傾斜で、車やバスでは行けないため、時間や体力が心配な人は電動タイプのレンタサイクルを利用しよう。レンタサイクルは、大森代官所跡停留所近くのレンタサイクル河村で借りられる。レンタサイクルで一気に奥まで行き、戻りながら観光するのがおすすめだ。

津和野エリア

趣ある殿町通りを散策

山口県と隣接する島根県の西部で、拠点はJR**益田**駅。萩・石見空港から石見交通バスで益田までは約10分。島根県のほかのエリアからのアクセスはJR山陰本線の特急が便利。益田から鷺舞P.736で知られる**津和野**までは鉄道で約30分。隣県の山口県からは山陽新幹線の新山口駅から1時間40分。

おみやげ

源氏巻　カステラのような生地であんを包んだ津和野の銘菓。明治18（1885）年創業の「山田竹風軒」など、津和野町内9店舗の和菓子店で販売されている。
100年以上愛され続ける伝統の味

▶道の駅 ゆうひパーク浜田
住 浜田市原井町1203-1
TEL 0855-23-8000
開 9:00～18:00（飲食店の営業時間は店舗による）　休 無休
交 JR**浜田駅**からタクシーで10分
URL yuhipark-hamada.com

島根ワイナリー
地元産のブドウで作る島根ワインの醸造所。ワインの製造工程を無料で見学できるほか、約8種類のワインが試飲できるコーナーもある。日本ワインコンクールなどさまざまなコンクールで評価されている高品質なワインはおみやげにぴったりだ。ビストロやバルも併設。
住 出雲市大社町菱根264-2
TEL 0853-53-5577
URL www.shimane-winery.jp

島根の自然が育む上質なワイン

▶大田市駅観光案内所
住 大田市大田町大田イ664-1
TEL 0854-84-5430
開 3～11月8:30～16:30
12～2月10:00～15:00
休 1/1
URL www.ginzan-wm.jp

▶石見銀山大森観光案内所
住 大田市大森町イ824-3
TEL 0854-88-9950（大田市観光協会）
開 8:30～17:00　休 1/1
交 JR**大田市駅**からバスで28分の**大森**下車、徒歩10分
URL www.ginzan-wm.jp

▶はまだ観光案内所
住 浜田市浅井町777ー1（JR浜田駅構内）
TEL 0855-24-1085
開 9:00～18:00　休 12/29～1/3
URL www.kankou-hamada.org

▶益田市観光協会
住 益田市駅前町17-2
TEL 0856-22-7120
開 9:00～17:30　休 年末年始
URL masudashi.com

▶津和野町観光協会
住 鹿足郡津和野町後田イ71-2（JR津和野駅前）
TEL 0856-72-1771
開 9:00～17:00　休 無休
URL tsuwano-kanko.net
※2022年秋以降に移転の可能性あり

info 大田市**温泉津**（ゆのつ）は、かつて銀の積出港として栄えた町。温泉が湧出しており、日帰り入浴できる施設もある。石見銀山とともに世界遺産に登録された温泉地で癒やされたい。

島根県の見どころ

神話のふるさと・出雲の象徴

出雲エリア

出雲大社（いづもおおやしろ）

伊勢神宮に並ぶ古社で古事記や日本書紀にも登場する。主祭神は**大国主大神**（おおくにぬしのおおかみ）で、旧暦10月に全国から神々が集まることから、あらゆる縁を結ぶ神として親しまれている。

古伝新嘗祭などが行われる拝殿

参道には「日本の名松100選」に選定された**松並木**があり、樹齢400年を超えるものも。参道の鳥居は4つあり、拝殿に最も近い**四の鳥居**は、日本最古の銅鳥居だ。

境内は八雲山（やくもやま）を背にしていて、延享（えんきょう）元(1744)年に建立された本殿は高さ24mと神社建築として国内最大級。参拝方法が一般の神社と異なり**二礼四拍手一礼**で行うのが特徴だ。

▶出雲大社
住 出雲市大社町杵築東195
TEL 0853-53-3100
開 6:00～18:00
休 無休　料 無料
交 一畑電車**出雲大社前駅**から徒歩5分
URL izumooyashiro.or.jp

両手を広げて跪く大国主大神の石像

一般の神社とはしめ縄の向きが左右異なる

見どころMAP

P.749 松江フォーゲルパーク
P.750 木綿街道
P.750 荒神谷遺跡
八重垣神社 P.748
桂島 P.749
美保関灯台 P.747
大根島 P.748
足立美術館 P.744
安来節演芸館 P.749
月山富田城跡 P.749
P.747 島前
隠岐の島
島後 P.747
玉造温泉 P.746
P.748 玉作湯神社
菅谷たたら山内 P.750
P.744 石見銀山（大森エリア・銀山エリア）
P.751 仁摩サンドミュージアム
P.751 温泉津温泉
三瓶山 P.751
島根県立しまね海洋館アクアス P.751
太皷谷稲成神社 P.751
殿町通り・本町通り P.746

出雲市
出雲日御碕灯台 P.746
日御碕神社 P.750
日御碕ドライブイン
赤島
23
29
P.747 島根県立古代出雲歴史博物館
P.750 稲佐の浜
弁天島
出雲大社 P.742
ご縁横丁
出雲大社前駅
一畑電車
0　2km

松江市中心部
小泉八雲記念館 P.749
塩見縄手 P.745
ぐるっと松江堀川めぐり P.745
普門院 P.748
松江城 P.743
松江ホーランエンヤ伝承館 P.748
京橋川
松江しんじ湖温泉駅
松江大橋
大橋川
宍道湖大橋
宍道湖
松江駅
山陰本線
天神川
島根県立美術館 P.743
0　500m
宍道湖夕日スポット P.745（とるぱ）

info **木綿街道P.750**の最西端には**縁切り神社**として知られる**宇美神社**があり、病やトラブルなどの悪縁消除に御利益があるとされる。出雲大社で縁結び祈願をする前に訪れる人が多い。URL www.izumo-kankou.gr.jp/1561

雄々しい天守が見事な松江のシンボル

松江エリア

松江城（まつえじょう）

春は約200本の桜が咲き誇る

出雲・隠岐の大守である堀尾吉晴が慶長16(1611)年に築城した平山城。千鳥が羽を広げたような破風を持つことから**千鳥城**とも呼ばれ、2015年に国宝に指定されている。

城内は松江の歴史や松江城の資料の一部が展示されていて、1階の柱にはハートマークの木目があることで知られる。

天守閣最上階の**天狗の間**は展望台と司令塔の役割を担っていたため、壁がなく手すりのみ。松江市街や宍道湖が360°の大パノラマで一望できる。国内に現存する12天守のひとつでもあり、姫路城、松本城に次いで3番目の高さ。頂点のシャチホコは高さ2mで、木造のものとしては日本最大。

夕日の見える美術館

松江エリア

島根県立美術館（しまねけんりつびじゅつかん）

エントランスロビーを無料開放

夕日も自然のアート作品だ

宍道湖（しんじこ）の東岸に位置する山陰地方で最大規模の美術館で、2022年6月1日に改修を終えて再開館した。**「水との調和」をテーマとした美術館**で、コレクション展では水にちなんだ絵画や浮世絵、工芸、写真など幅広い分野の展示を行っている。なかでも常時展示されている世界有数の北斎コレクションは必見。開放感あふれる**ロビーは宍道湖の夕日絶景スポット**で、閉館時間は日没後30分に設定されている。

また、野外彫刻作品の**《宍道湖うさぎ》**が人気。宍道湖側から数えて2番目のうさぎに、西の方角を向いて優しく触ると幸せが訪れるという噂も。

▶松江城
住 松江市殿町1-5
TEL 0852-21-4030
交 JR**松江駅**からバスで約10分の**国宝松江城・県庁前**下車、徒歩10分
URL www.matsue-castle.jp
▶本丸
開 4～9月7:00～19:30
10～3月7:30～17:00
休 無休　料 無料
▶天守
開 4～9月8:30～18:30
10～3月8:30～17:00
最終入場は30分前
休 無休　料 680円

松江市街が見渡せる天狗の間

松江城のお濠は夜間ライトアップが行われることも

▶島根県立美術館
住 松江市袖師町1-5
TEL 0852-55-4700
開 3～9月10:00～日没の30分後
最終入場は日没時刻まで
10～2月10:00～18:30（最終入場18:00）
休 火曜、12/28～1/1
料 コレクション展300円（企画展は展示内容により料金が異なる）
交 JR**松江駅**からバスで約6分の**県立美術館前**下車、徒歩すぐ
URL www.shimane-art-museum.jp

大人気の野外彫刻・籔内佐斗司《宍道湖うさぎ》島根県立美術館蔵

info **松江城**では武者姿のガイドによる、**まつえ時代案内人城郭ツアー**があり、初心者から歴史ファンまで楽しめる。毎週土曜10:00と13:30の2回で所要1時間30分。参加費はひとり1600円（要予約）。URL matsue-musya.com

日本画のコレクションと日本一の庭園で注目を集める

松江エリア

足立美術館

安来市出身の実業家、足立全康によって設立。横山大観、竹内栖鳳、川合玉堂、上村松園、橋本関雪といった近・現代日本画を中心に北大路魯山人の陶芸、木彫など約2000点を所蔵展示している。特に横山大観の作品は120点を数え、**大観美術館**と呼ばれるほど。

白砂青松庭から大観の作品をイメージした亀鶴の滝を望む

日本庭園も見事であり、米国の日本庭園専門誌が実施するランキングで2003年から19年連続で日本一に輝く。美術館を取り囲むように、枯山水庭、苔庭、池庭などが配され、その規模は5万坪と広大。床の間の壁をくりぬき、庭園を一枚の掛け軸や絵画として鑑賞できる**生の掛軸**、**生の額絵**は必見。

世界遺産にも登録された銀の採掘所跡

石見銀山エリア

石見銀山(大森エリア・銀山エリア)

日本を代表する銀鉱山として国内外に知られ、2007年に世界遺産に登録された。

大森エリア　銀山運営を基にした政治経済の中心地で、代官所や武家屋敷などが並ぶ。銀により栄えたノスタルジックな町並みは散策が楽しい。**石見銀山資料館**や**石見銀山世界遺産センター**では石見銀山の歴史や暮らしを学べる。

武家や商家、社寺などが残る大森地区

銀山エリア　大正時代まで採掘から製錬までをすべて手作業で行っていた場所。かつては20万人もの人が暮らしていたとも。当時の採掘坑道である1000ヵ所にものぼる**間歩**や製錬所、坑夫の住所跡や寺社などが数多く残る。

銀山地区の坑道・龍源寺間歩

▶足立美術館
住 安来市古川町320
TEL 0854-28-7111
開 4～9月9:00～17:30
10～3月9:00～17:00
新館の最終入場は15分前
休 無休(新館のみ展示替えのため休館日あり)
料 2300円
交 JR**安来駅**から無料シャトルバスで約20分。1日17往復、先着順、予約不可
URL www.adachi-museum.or.jp

横山大観『紅葉』(1931) ※展示期間8/31～11/30

窓枠を額縁に見立てた「生の額絵」

▶石見銀山
TEL 0854-88-9950(大田市観光協会)

▶石見銀山資料館
住 大田市大森町ハ51-1
TEL 0854-89-0846
開 9:30～17:00
休 火・水曜、12/29～1/4
交 JR**大田市駅**からバスで約26分の**大森代官所跡**下車、徒歩2分
料 550円　URL igmuseum.jp

▶石見銀山世界遺産センター
住 大田市大森町イ1597-3
TEL 0854-89-0183
開 3～11月9:00～17:30
12～2月9:00～17:00
最終入場は30分前
休 毎月最終火曜、年末年始
料 310円
交 JR**大田市駅**からバスで約33分の**石見銀山世界遺産センター**下車、徒歩すぐ

▶龍源寺間歩
住 大田市大森町ニ183
TEL 0854-89-0117
開 3～11月9:00～17:00
12～2月9:00～16:00
最終入場は10分前
休 1/1　料 410円
交 JR**大田市駅**からバスで約28分の**大森**下車、徒歩約45分

info **石見銀山**への車の乗り入れは制限されているため、自家用車で訪れる場合は、石見銀山世界遺産センター駐車場に駐車してから路線バス(有料)で向かおう(**パーク&ライド**)。

雅な町並みと自然の景観を楽しめる観光船　松江エリア

ぐるっと松江堀川めぐり

季節や時間帯によって景観が変わる

松江城をぐるりと囲む約3.7kmの堀を、屋根付きの小船で巡る**観光遊覧船**。武家屋敷と石垣の景観が見事な歴史地区やにぎやかな市街地区、水辺の鳥たちを観察できる自然地区を約50分かけて巡る。橋のくぐり抜けが17ヵ所あり、スリリングな体験も。乗船場は「ふれあい広場」「カラコロ広場」「大手前広場」の3ヵ所あり、自由に乗り降りできる。

▶ぐるっと松江堀川めぐり
住 松江市黒田町507-1（ふれあい広場乗船所）
TEL 0852-27-0417
開 3月～10/10 9:00～17:00（7/1～8/15 9:00～18:00）10/11～2月9:00～16:00
休 無休　料 1500円
交 JR**松江駅**からふれあい広場乗船場まで車で10分
URL www.matsue-horikawameguri.jp

国宝・松江城を四方から眺められる

風情ある城下町を散策　松江エリア

塩見縄手

松並木と武家屋敷が並ぶ町並み

かつては中老格の藩士が住む武家屋敷が並んでいたとされる松江城の北堀沿いのエリア。藩士・塩見小兵衛にちなんで名付けられたといわれる。松江の茶の湯文化の歴史を伝え、茶道具のコレクションを収蔵展示する**田部美術館**や、当時の武士の暮らしぶりを再現した武家屋敷、松江に縁の深い**小泉八雲記念館**P.749もある。

▶塩見縄手
住 松江市北堀町
TEL 0582-27-5843（松江観光協会）
開 見学自由
交 JR**松江駅**からバスで約15分の**塩見縄手**下車、徒歩すぐ
URL www.matsue-bukeyashiki.jp/area

▶田部美術館
住 松江市北掘町310-5
TEL 0852-26-2211
開 9:00～17:00（最終入場16:30）
休 月曜（祝日を除く）、年末年始、ほか臨時休館あり
料 700円、抹茶500円（菓子付き）
URL www.tanabe-museum.or.jp

宍道湖の夕景を楽しめる絶景ポイント　松江エリア

宍道湖夕日スポット（とるぱ）

空と湖面が茜色に輝く幻想的な景色

「日本夕陽百選」に選定されている**宍道湖の夕日**を楽しむために、国道9号線沿いの東側の湖岸300mに整備された遊歩道で、テラスやステップベンチなどを備える。湖上に浮かぶ**嫁ヶ島**が目前にあり、岸公園との間の**袖師地蔵**のシルエットと合わせて写真に収めておきたい。日が落ちると、湖畔沿いの旅館やホテルの照明が輝く夜景スポットに。

▶宍道湖夕日スポット（とるぱ）
住 松江市袖師町
TEL 0582-27-5843（松江観光協会）
開 入場自由
交 JR**松江駅**からバスで約7分の**松江警察署前**下車、徒歩すぐ
URL www.kankou-matsue.jp/omoshiro/sunset/264

湖岸が階段状に整備されている

info **堀川めぐりの遊覧船**は、夏は涼やかな音を響かせる**風鈴船**、冬は豆炭を使った**やぐらこたつ船**など季節によって装いを変え、松江城周辺がライトアップされる10月の松江水燈路の時には**夜間運航**など、季節によってさまざまな趣向が楽しめる。

美肌の湯として知られる日本最古の温泉地

松江エリア

玉造温泉

『出雲国風土記』には「一度入浴すれば美しくなり、二度入浴すればどんな病も治癒する」と記され、清少納言が枕草子でその名湯ぶりを讃える美肌の湯として知られる。

温泉街の情緒漂う玉湯川

うるおいたっぷりの泉質が特徴。温泉内には足湯が3ヵ所あるほか、**湯薬師広場**では温泉水をボトルに入れて持って帰ることができる。

▶ 玉造温泉
住 松江市玉湯町玉造
TEL 0852-62-3300（松江観光協会玉造温泉支部）
開 休 料 施設による
交 JR**玉造温泉駅**から車で5分
URL tamayado.com

川辺の足湯スポット

日本一の高さを誇る白亜の灯台

出雲エリア

出雲日御碕灯台

島根県西端部の日御碕断崖に立ち、地面から塔頂までの高さ44m、海面から灯塔の灯火までは63mと石造灯台としては日本一の高さ。「**世界灯台100選**」「**日本の灯台50選**」にも選定された。163段のらせん階段を登ると展望台があり、日本海を一望できる。晴れた日は隠岐諸島まで見えることも。併設の灯台資料展示室では灯台の歴史や構造を学べる。

切り立った海蝕崖の上にそびえる

▶ 出雲日御碕灯台
住 出雲市大社町日御碕1478
TEL 0853-54-5341
開 9:00～16:30
休 無休　料 300円
交 JR**出雲市駅**からバスで約60分の**日御碕灯台**下車、徒歩すぐ
URL www.izumo-kankou.gr.jp/677

青空をバックに白亜の灯台が映える

歴史的建造物が立ち並ぶレトロな町並み

津和野エリア

殿町通り・本町通り

山陰の小京都とも呼ばれる、山間の町、**津和野**のメインストリート。掘割には300～500匹ほどの色鮮やかな鯉が泳いでいる。

上級藩士や森鴎外が学んだ藩校の**養老館跡**や津和野藩筆頭家老を務めた**多胡家の表門跡**、**カトリック教会**など歴史的建造物が多い。ほかに津和野町出身の画家、**安野光雅**氏の作品を展示する美術館や酒蔵など見どころが満載。

初夏はハナショウブが美しく咲き乱れる

▶ 殿町通り・本町通り
住 鹿足郡津和野町後田
TEL 0856-72-1771（津和野町観光協会）
交 JR**津和野駅**から徒歩10分
▶ 藩校養老館
住 鹿足郡津和野町後田ロ66
TEL 0856-72-0300(津和野町郷土館)
開 9:00～17:00　休 12/30～1/4
料 100円
▶ 安野光雅美術館
住 鹿足郡津和野町後田イ60-1
TEL 0856-72-4155
開 9:00～17:00（最終入場16:45）
休 木曜（祝日を除く）、12/29～31
料 800円
交 JR**津和野駅**から徒歩すぐ
URL www.all-iwami.com/spot/detail_1049.html

info **出雲日御碕灯台**付近は溶岩で形成され、海蝕によってできた荒々しい景観は見応え抜群。西海岸には**柏陵園**と呼ばれる松林に沿って遊歩道があり、テツホンダ、オオバスギなどの貴重な海岸植物が見られる。

国指定重要文化財の現役灯台　**松江エリア**

美保関灯台（みほのせきとうだい）

1898年より山陰の海運振興を支えた

島根半島東端の地蔵崎に位置する**山陰最古の石造灯台**。「世界灯台100選」「日本の灯台50選」にも選ばれている。隣接する石造りの建物はかつての職員官舎で、現在は日本海を一望できる**ビュッフェレストラン**として営業している。

▶美保関灯台
住 松江市美保関町美保関1338-17
交 JR**松江駅**からバスで約40分の**美保関ターミナル**下車。コミュニティバスに乗り換えて約20分の**美保関**下車、徒歩約30分
開 見学自由
URL www.mihonoseki-kankou.jp/see/see_toudai
▶灯台ビュッフェ
TEL 0852-73-0211
開 9:00～16:00
休 水・木曜、荒天時

古代出雲のロマンを感じる　**出雲エリア**

島根県立古代出雲歴史博物館（しまねけんりつこだいいずもれきしはくぶつかん）

銅剣、銅鐸、銅矛が並ぶ青銅器展示室

出雲大社に隣接する博物館で、古代出雲をさまざまな角度から紹介。「出雲大社と神々の国のまつり」「出雲国風土記の世界」「青銅器と金色の大刀」の3つテーマに分かれている。特に**荒神谷遺跡**（こうじんだに）P.750で発掘された国宝の青銅器380点の展示は圧巻。

▶島根県立古代出雲歴史博物館
住 出雲市大社町杵築東99-4
TEL 0853-53-8600
開 3～10月9:00～18:00
　11～2月9:00～17:00
最終入場は30分前
休 毎月第3火曜（祝日の場合は翌日）
料 620円（企画展は別途）
交 一畑電車**出雲大社前駅**から徒歩7分
URL www.izm.ed.jp

出雲大社より東へ徒歩5分の立地

大小の島や巨岩が点在　**隠岐諸島（離島）**

隠岐の島・島前（おきのしま・どうぜん）

3つの奇岩が並ぶ中ノ島の三郎岩

後醍醐天皇が遠流されたことで知られ、ダイナミックな自然景観が魅力の**西ノ島**、平野が多く豊富な海産物と美しい湧き水で知られる**中ノ島**、標高325mの赤土の展望地・赤ハゲ山のある**知夫里島**（ちぶりじま）からなり、3島を結ぶ内航船で行き来できる。観光船による遊覧も可。

▶隠岐の島・島前
交 **七類港**から知夫里島の**来居港**まで高速船で30分
URL www.e-oki.net
▶海士町観光協会
住 隠岐郡海士町福井1365-5
TEL 08514-2-0101
URL oki-ama.org
▶西ノ島観光協会
住 隠岐郡西ノ島町大字美田4386-3
TEL 08514-7-8888
URL nkk-oki.com/japan
▶知夫里島観光協会
住 隠岐郡知夫村1730-6
TEL 08514-8-2272
URL www.chibu.jp

自然豊かな日本海の秘境　**隠岐諸島（離島）**

隠岐の島・島後（おきのしま・どうご）

ローソク島の夕日

隠岐諸島最大の島。入江や岬の多い地形で、海面から約20mの突き出した奇岩**ローソク島**や、コブが垂れ下がった**岩倉の乳房杉**、風雨による浸食で形成された**トカゲ岩**など見どころが多い。日本最古の歴史を持つ闘牛・**牛突き**や**蓮華会舞**（れんげえまい）など個性的な伝統文化も。

▶隠岐の島・島後
交 **七類港**から**西郷港**まで高速船で60分
URL www.e-oki.net
▶隠岐の島町観光協会
住 隠岐郡隠岐の島町中町目貫の四61
TEL 08512-2-0787
URL oki-dougo.info

info 出雲の**稲佐の浜**P.750から**日御碕灯台**へ続く**日御碕街道**から眺めると、青い日本海と緑の松林の中に朱塗りの社殿が鮮やかに映え、**竜宮城**とも称されている。裏手にはウミネコの繁殖地として有名な**経島**（ふみしま）がある。

願望成就・縁結びのパワースポットとして人気の神社　**松江エリア**

玉作湯神社

境内へ続く赤い宮橋は**恋叶い橋**とも呼ばれ、鳥居を入れて写真を撮ると良縁に恵まれるという人気のスポット。境内奥には**願い石**があり、社務所で授かる**叶い石**を重ねて祈ると願いがかなうとされる。

鳥居をくぐった正面にある拝殿

▶玉作湯神社
住 松江市玉湯町玉造508
TEL 0852-62-0006
開 入場自由（社務所は17:30まで）
交 JR**玉造温泉駅**から車で5分
URL www.kankou-shimane.com/destination/20237

社務所で授かる叶い石と願い札、御守り袋のセット

茶室「観月庵」で知られる　**松江エリア**

普門院

松江城を鎮護する古刹。一角には三斎流茶道の茶室、**観月庵**があり、大名茶人・**松平不昧公**が松江城から船で通ったとされる。門前の橋は小泉八雲の怪談『あずきとぎ橋の怪』の舞台でもある。

小泉八雲も茶道の手ほどきを受けた

▶普門院
住 松江市北田町27
TEL 0852-21-1095
開 4～9月8:30～18:00
10～3月9:00～17:00
休 無休　料 無料
交 JR**松江駅**からバスで約14分の**裁判所前**下車、徒歩5分
URL matsue-fumon.jp
▶観月庵
開 9:00～16:00
休 火曜（1･2月は要予約）
料 300円（お抹茶付き900円）

全国一のボタンの生産地　**松江エリア**

大根島

中海に浮かぶ火山島。県花でもあるボタンを年間52万本生産。毎年4月～5月上旬は多くの観光客でにぎわう。2017年12月には**日本ジオパーク**にも認定され、晴れた日は中海や大山が一望できる。

日本のボタン生産量の8割を占める

▶大根島
住 松江市八束町
TEL 0852-61-5650（松江観光協会八束町支部）
開 入場自由
交 JR**松江駅**からバスで約50分の**八束町由志園入口**下車、徒歩すぐ
URL kankou-daikonshima.jp

神話史上初の夫婦神を祀る　**松江エリア**

八重垣神社

神話史上初の正式な結婚をした**素盞嗚尊**と**稲田姫**（櫛名田比売）を祀り、恋愛成就や夫婦和合に御利益があるとされる。宝物収蔵庫に収められている壁画は神社建築史上最古ともいわれる。

ヤマタノオロチ伝説のゆかりの地

▶八重垣神社
住 松江市佐草町227
TEL 0852-21-1148
開 9:00～17:00
交 JR**松江駅**からバスで約20分の**八重垣神社**下車、徒歩すぐ
URL yaegakijinja.or.jp

縁結び占いができる鏡の池

日本三大船神事を伝承　**松江エリア**

松江ホーランエンヤ伝承館

370年の歴史ある神事、**ホーランエンヤ** P.736 の情報発信施設。10年に1度、約100隻の船が豪華絢爛な大船行列を繰り広げる祭りの様子を映像や衣装、模型などで臨場感たっぷりに紹介。

一番船から五番船の擬宝珠（ぎぼし）

▶松江ホーランエンヤ伝承館
住 松江市殿町250
TEL 0852-32-1607（松江歴史館）
開 9:00～17:00（最終入場16:30）
休 月曜（祝日の場合は翌日）、12/29～1/1　料 200円
交 JR**松江駅**からバスで約10分の**北殿町**下車、徒歩3分
URL matsu-reki.jp/ho-ranenya

info 玉作湯神社の**恋叶い橋**の北側にある**湯閼伽（ゆあか）の井戸**は恋来井戸とも呼ばれ、恋叶の素と呼ばれる鯉の餌を投げ入れると恋愛成就するとか。ほかにも美肌祈願の像がある**姫神広場**など女性に人気のスポットが多い。

小泉八雲の生涯に迫る　松江エリア

小泉八雲記念館

愛用の衣類も展示されている

『**怪談**』などで知られる明治の作家・小泉八雲の記念館。愛用品や初版本、直筆原稿などを展示。八雲の怪談が聞けるスペースや、八雲の作品が揃ったライブラリーもある。

▶小泉八雲記念館
住 松江市奥谷町32
TEL 0852-21-2147
開 4〜9月8:30〜18:00
10〜3月8:30〜17:00
最終入場は20分前
休 無休　料 410円
交 JR**松江駅**からバスで約14分の**塩見縄手**下車、徒歩5分
URL www.hearn-museum-matsue.jp

色鮮やかな花と鳥の楽園　松江エリア

松江フォーゲルパーク

タカ、ハヤブサの飛行ショーも人気

総面積1万2000㎡の4つの展示温室と展望台が屋根付の回廊で結ばれた**花と鳥のテーマパーク**。園内各所に約90種類、400羽の鳥を飼育していて、ふれあい体験もできる。

▶松江フォーゲルパーク
住 松江市大垣町52
TEL 0852-88-9800
開 4〜9月9:00〜17:30
10〜3月9:00〜17:00
最終入場は45分前
休 無休　料 1500円
交 一畑電車**松江フォーゲルパーク駅**から徒歩すぐ
URL www.ichibata.co.jp/vogelpark

溶岩でできた小さな島　松江エリア

桂島

手つかずの自然が残っている

約1500万年前に海底に噴出した溶岩からなる、全周700mの小島。島内を一周できる遊歩道が整備されていて、**磯釣り**や**シーカヤック**なども盛んだ。夏は海水浴やキャンプ客でにぎわう。

▶桂島
住 松江市島根町加賀
TEL 0852-55-5720（松江観光協会島根町支部）
開 入場自由
交 JR**松江駅**からバスで**加賀築港前**下車徒歩5分。加賀港からは橋で連絡している
URL shimanechou.kankou-matsue.jp/spot/17

「どじょうすくい」を生で観られる演芸場　松江エリア

安来節演芸館

男踊りと女踊りがある

大正から昭和初期にかけて全国的な大ブームとなった**どじょうすくい**を毎日観られる演芸場。観客が衣装を着て振り付けを教えてもらう「ちょこっと体験コーナー」もある。

▶安来節演芸館
住 安来市古川町534
TEL 0854-28-9500
開 10:00〜17:00（公演は10:30、11:40、13:30、15:00から40分間）
休 水曜（祝日を除く）※5·10·11月は第1水曜のみ休館
料 800円
交 JR**安来駅**から車で15分
URL www.y-engeikan.com

にぎやかな桟敷席をイメージ

山陰・山陽十一州を手中に収めた戦国の覇者・尼子氏の居城　松江エリア

月山富田城跡

城跡はハイキングコースとしても人気

戦国大名・尼子氏の本城として知られる**難攻不落の山城**。一国一城令により、廃城となったが、現在も石垣や堀切などの遺構が残る。山頂まで約60分のハイキングコースが整備されている。

▶月山富田城跡
住 安来市広瀬町町帳752（安来市立歴史資料館）
TEL 0854-32-2767（安来市立歴史資料館）
開 入場自由
交 JR**安来駅**から車で20分
URL yasugi-kankou.com/see/676

info **安来節演芸館**には**安来どじょう**を味わえる食事処**どじょう亭**も併設。安来どじょう、地元の食材を使用した野菜たっぷりのあんかけ風の**安来丼**が人気だ。天丼や割子そば、うどんなど、どじょうの入っていないメニューもある。

全国の神様が一堂に会する

出雲エリア

稲佐の浜（いなさのはま）

『古事記』に記された**国譲り神話**の舞台で、年に一度、全国の八百万の神々をお迎えするとされる場所。浜には大きな丸い岩の**弁天島**があり、岩をシルエットにした夕景が特に美しい。

絶好の夕景スポットとして知られる

▶稲佐の浜
住 出雲市大社町杵築北
TEL 0853-31-9466（出雲観光協会）
開 入場自由
交 JR**出雲市駅**からバスで約30分の**稲佐浜**下車、徒歩すぐ
URL www.izumo-kankou.gr.jp/213

岩の頂上に豊玉毘古命（とよたまひめのみこと）が祀られている弁天島

伊勢神宮と対になる、日本の夜を守る神社

出雲エリア

日御碕神社（ひのみさきじんじゃ）

日御碕に鎮座する神社で正面に**日沉宮**（ひしずみのみや）、小高い場所に**神の宮**の2つの本社からなる。現在の社殿は徳川家光の命により築かれ、狩野派や土佐派の画匠たちによる見事な壁画が残る。

こけら葺きの楼門と手水舎

▶日御碕神社
住 出雲市大社町日御碕455
TEL 0853-54-5261
開 入場自由
交 JR**出雲市駅**からバスで約60分の**日御碕**下車、徒歩すぐ
URL www.izumo-kankou.gr.jp/678

運河沿いに栄えた情緒あふれる商人街

出雲エリア

木綿街道（もめんかいどう）

出雲市平田町は江戸末期から明治初期にかけて**雲州木綿**（うんしゅうもめん）で栄え、木綿街道と呼ばれるようになった。左桟瓦（ひだりざん）、なまこ壁、出雲格子の窓からなる切妻妻入（きりづまつまい）り塗屋（ぬりや）造りの町家が残る。

江戸時代の建物が多く残る新町エリア

▶木綿街道
住 出雲市平田町、片原町、新町、宮の町
TEL 0853-62-2631（木綿街道交流館）
開 見学自由（有料施設あり）
交 一畑電鉄**雲州平田駅**から徒歩10分
URL momen-kaidou.jp

国内最多の青銅器が出土した遺跡

出雲エリア

荒神谷遺跡（こうじんだにいせき）

弥生時代の銅剣358本、銅鐸、銅矛が出土した国指定史跡。出土品は国宝で、隣接する**荒神谷博物館**の特別展期間中に見ることができる。遺跡の前には古代ハスの池があり、見頃は6月末。

約2000年前の弥生時代に埋納

▶荒神谷遺跡
▶史跡公園
住 出雲市斐川町神庭873-8
開 3〜10月9:00〜18:00
11〜2月9:00〜17:00
休 12/29〜1/3　料 無料
交 JR**荘原駅**から車で5分
▶荒神谷博物館
TEL 0853-72-9044
開 9:00〜17:00
休 展示室のみ火曜（祝日の場合は翌日）、12/29〜1/3
料 205円（企画展示開催時は料金に変更あり）
URL www.kojindani.jp

現存する唯一のたたら製鉄所

出雲エリア

菅谷たたら山内（すがやたたらさんない）

日本古来の製鉄法**たたら**の製鉄炉と高殿が日本で唯一残る。大正10(1921)年まで使用されていた高殿を中心に、元小屋と呼ばれる事務所や米倉、長屋などを有する集落が保存されている。

数多くの遺構を残す、古い町並み

▶菅谷たたら山内
住 雲南市吉田町吉田1214
TEL 0854-74-0350
開 9:00〜17:00（最終入場16:00）
休 月曜（祝日の場合は翌日）
料 310円
交 JR**木次駅**から車で30分
URL www.tetsunorekishimura.or.jp/sugaya

info **木綿街道探訪帖ツアー**には14種類の体験コースがあり、まちあるきガイドツアーのほか、醤油蔵での醤油テイスティングや酒蔵での利き酒、紙作家によるオリジナルノートづくりなどさまざまな体験ができる。URL momen-kaidou.jp

世界最大の1年計砂時計「砂暦」がある砂の博物館 石見銀山エリア

仁摩（にまさんどみゅーじあむ）サンドミュージアム

総ガラス張りピラミッド型の建物

「砂」「時」「環境」をテーマにした博物館。砂のアート作品や国内外の砂を展示している。中央のタイムホールには地上8mの空間に世界最大の1年計砂時計「**砂暦**」が設置されている。

世界遺産、石見銀山の一角にある温泉街 石見銀山エリア

温泉津温泉（ゆのつおんせん）

江戸時代の町割りをそのまま残す

1300年の歴史がある**元湯**、日本温泉協会の審査でオール5の評価を受けた**薬師湯**のふたつの源泉を持つ。温泉街としては唯一、重要伝統的建造物群保存地区(伝建地区)に認定。

大自然の中で山遊びを満喫 石見銀山エリア

三瓶山（さんべさん）

西麓にある浮布池(うきぬののいけ)

大山隠岐（だいせんおき）国立公園内にある、6つの峰が環状に連なる活火山。登山道が多数あるほか、頂上まで10分の観光リフトもある。キャンプ場や自然博物館、温泉などの施設も点在。

シロイルカのパフォーマンスで人気の水族館 石見銀山エリア

島根県立しまね海洋館アクアス（しまねけんりつしまねかいようかんあくあす）

シロイルカの見事なパフォーマンス

シロイルカを飼育している西日本唯一の水族館で約400種1万点の海の生物を展示。口から泡を出す**幸せのバブルリング**®などの**シロイルカ**のパフォーマンスは必見。

日本五大稲荷神社の一つ 津和野エリア

太皷谷稲成神社（たいこだにいなりじんじゃ）

津和野城下を一望できる境内

津和野城の鬼門に位置する神社で、「稲荷」ではなく**稲成**と表記。「願望成就・大願成就」の御利益があるとされる。263段の石段、約1000基の朱色の鳥居が見事だ。

▶仁摩サンドミュージアム
住 大田市仁摩町天河内975
TEL 0854-88-3776
開 9:00〜17:00(最終入場16:30)
休 水曜(祝日の場合は翌平日)、年末年始(公式サイトを要確認)
料 730円
交 JR**仁万駅**から徒歩10分
URL www.sandmuseum.jp

▶温泉津温泉
住 大田市温泉津町温泉津
交 JR**温泉津駅**から車で5分
▶元湯
TEL 0855-65-2052
開 6:00〜20:00(最終入場19:30)
休 毎月第3月曜 料 450円
▶薬師湯
TEL 0855-65-4894
開 平日9:00〜21:00
土・日曜・祝日8:00〜21:00
料 500円、貸切湯(40分)800円
URL www.yunotsu.com

▶三瓶山
住 大田市三瓶町
TEL 0854-88-9950(大田市観光協会)
開 入場自由
交 JR**大田市駅**から三瓶山東の原登山口まで車で約40分
URL www.ginzan-wm.jp
▶三瓶観光リフト
TEL 0854-83-2020
開 4〜11月8:30〜16:30
休 火曜、12〜3月
料 片道470円 往復750円
▶島根県立三瓶自然館サヒメル
住 大田市三瓶町多根1121-8
TEL 0854-86-0500
開 9:30〜17:00(最終入場16:30)
休 火曜(祝日の場合は翌日)、年末年始、メンテナンス休業あり
料 400円(企画展開催時は600〜1200円)
URL www.nature-sanbe.jp/sahimel

▶島根県立しまね海洋館アクアス
住 浜田市久代町1117-2
TEL 0855-28-3900
開 9:00〜17:00(7/20〜8/31〜18:00)最終入場は1時間前
休 火曜(祝日の場合は翌日)
料 1550円
交 JR**波子駅**から徒歩12分
URL aquas.or.jp

▶太皷谷稲成神社
住 鹿足郡津和野町後田409
TEL 0856-72-0219
開 入場自由
交 JR**津和野駅**から車で4分。または徒歩30分
URL taikodani.jp

info **仁摩サンドミュージアム**はドラマ化、映画化された、**芦原妃名子**によるマンガ**『砂時計』**の舞台でもあり、特設コーナーでは出演者のメッセージやサイン、脚本なども展示している。

山口県
YAMAGUCHI

人口	134.2万人（全国27位）
面積	6113km²（全国23位）
県庁所在地	山口市
県花	夏みかんの花

ちょるる
頭は「山」、顔は「口」で山口を表現。山口弁の「ちょる」をアレンジした山口県PR本部長。特技は投げキッス！とダンス
©山口県 #4-15-19

夏みかんの花
夏みかんは長門市が原産

本州の最西端に位置する山口県。東には広島県と島根県、西には関門海峡を挟んで九州の福岡県と接している。源平の命運を決した壇ノ浦P.714**や、長州藩として薩摩藩とともに討幕運動の中心となり、明治維新から今日にいたるまで数多くの政治家を輩出してきたことでも有名だ。日本最大級のカルスト台地の秋吉台や神秘的な大鍾乳洞の秋芳洞**P.762**、エメラルドグリーンの海が美しい角島**P.763**など、雄大な自然を楽しむこともできる。**

旅の足がかり

山口市

県のほぼ中央に位置する県庁所在地。周防長門国の守護に任じられた武将、大内弘世（1325～1380年）が、1360年頃に政庁を山口市中心部に移した。それをきっかけに、京都に模した町づくりが行われ「西の京」として栄え、戦国時代には大内義興・義隆が市街を整備して栄華を極めた。その土壌に加え外国文化を受け入れた「大内文化」として独自の文化を隆盛。現在もその面影が色濃く残る。幕末には藩庁が萩から山口市に移ったため、明治維新の中心的役割を果たした場所でもあった。

下関市

本州最西端にあり、山口県で人口が一番多い市。本州と九州をつなぐ玄関口であり、古くから国内外の人や物が行き交う交流都市として栄えてきた。海も山もある下関市は、その立地もあり、「壇ノ浦の合戦」や「巌流島の決闘」「下関条約」など、さまざまな歴史の転換点の舞台にも。市内各地で日本の歴史に思いを馳せることができる。

萩市

県の北部に位置し、北側は日本海に面し、東側は島根県に隣接している。日本で唯一「江戸時代の地図がそのまま使える」といわれるほど、毛利藩政期に形成された城下町のたたずまいが都市遺産として現存。国指定名勝のすばらしい自然と「明治日本の産業革命遺産」などの歴史・文化遺産に恵まれ、町じゅうが博物館のようである。

地理と気候

中国山地を中心として、瀬戸内海沿岸地域、内陸山間地域、日本海岸地域の3つに分けられる。全体的には太平洋側気候で温暖だが、日本海側から内陸部にかけては日本海側気候となり冬は曇りが多い。

【夏】瀬戸内海沿岸地域は穏やかな風が吹き、雨が少なく、梅雨や台風の影響も比較的少ない。内陸山間地域と日本海岸地域は夏に雨が多い。

【冬】瀬戸内海沿岸地域は温暖で過ごしやすい。内陸と日本海岸地域は、低温になり最低気温が氷点下またはそれ近くまで下がる。積雪になることもあり、防寒具が必要。

P.752～769 写真提供：一般社団法人山口県観光連盟　美祢市観光協会　一般社団法人周防大島観光協会

アクセス

東京から ▸▸▸	所要時間
飛行機 羽田空港▶山口宇部空港	1時間45分
飛行機 羽田空港▶岩国錦帯橋空港	1時間45分
新幹線 東京駅▶新山口駅（のぞみ）	4時間20分
高速バス 東京駅▶萩バスセンター	14時間30分

大阪から ▸▸▸	所要時間
新幹線 新大阪駅▶新山口駅（のぞみ）	1時間53分
高速バス 大阪駅▶下関駅	8時間40分

広島から ▸▸▸	所要時間
新幹線 広島駅▶新下関駅（ひかり、さくら）	45分
高速バス 広島バスセンター▶徳山駅	1時間50分
高速バス 広島バスセンター▶岩国駅	1時間10分

福岡から ▸▸▸	所要時間
JR線 小倉駅▶下関駅	15分
高速バス 西鉄天神高速BT▶下関駅	1時間40分
連絡船 門司港▶下関（唐戸）	5分

BT:バスターミナル

県内移動

▶新岩国駅から岩国駅へ

新岩国駅を出て連絡通路を徒歩7分ほどのところにある、錦川鉄道の清流新岩国駅へ。3つ目の終点、岩国駅までは所要約15分。

▶新下関駅から下関駅へ

山陽本線の下関行きで約10分。1時間に2～4便程度。

サンデン交通の43番、43Cのバスが1時間に3便程度。終点の下関駅まで約30分かかるが、ふたつ手前の唐戸で下車すれば海響館や唐戸市場が近い。

▸▸▸アクセス選びのコツ

山口宇部空港、岩国飛行場（岩国錦帯橋空港）ともに羽田空港とを結ぶ便がほとんど。

徳山駅、新山口駅、厚狭駅、新下関駅と新幹線の駅が4つあるが、**のぞみ**が停車するのは徳山駅と新山口駅。下関駅へは福岡県の小倉駅まで**のぞみ**で行き、在来線で下関駅に戻る方が早い。新山口駅と米子駅を結ぶ特急**スーパーおき**は1日3便（うち1便は鳥取行き）運行。山口県内ではほかに湯田温泉駅、山口駅、三谷駅、徳佐駅に停車する。

広島～徳山、福岡（天神）～下関を結ぶ路線が便数が多い。新山口と萩を結ぶ**スーパーはぎ号**は1日4便。

観光に便利な関門連絡船はおおむね20分おきの運航。

交通路線図

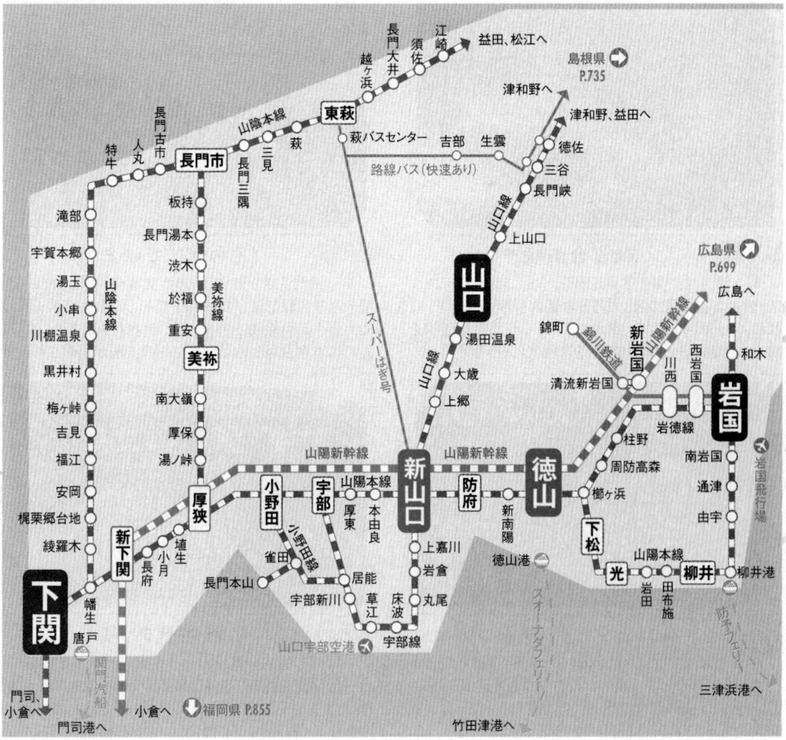

益田、松江へ
島根県 P.735
津和野へ
津和野、益田へ
江崎
須佐
長門大井
越ヶ浜
東萩
萩
三見
山陰本線
長門市
長門三隅
長門古市
人丸
特牛
萩バスセンター
吉部
生雲
路線バス（快速あり）
徳佐
三谷
長門峡
山口線
上山口
山口
湯田温泉
大歳
上郷
スーパーはぎ号
滝部
宇賀本郷
湯玉
小串
川棚温泉
黒井村
梅ヶ峠
吉見
福江
安岡
梶栗郷台地
綾羅木
山陰本線
板持
長門湯本
渋木
於福
重安
美祢線
美祢
南大嶺
厚保
湯ノ峠
厚狭
新下関
下関
幡生
唐戸
埴生
小月
長府
小野田
小野田線
雀田
長門本山
宇部
山陽本線
厚東
本由良
居能
宇部新川
草江
床波
丸尾
岩倉
上嘉川
宇部線
山口宇部空港
新山口
山陽新幹線
防府
新南陽
徳山
徳山港
スオーナダフェリー
竹田津港へ
櫛ヶ浜
周防高森
柱野
岩徳線
下松
光
岩田
田布施
柳井
柳井港
防予フェリー
三津浜港へ
広島県 P.699
広島へ
山陽新幹線
錦町
錦川鉄道
清流新岩国
新岩国
川西
西岩国
岩国
和木
南岩国
通津
由宇
岩国飛行場
関門汽船
門司、小倉へ
門司港へ
小倉へ
福岡県 P.855

山口県

うちの県はここがすごい

一 日本最大級のカルスト台地

山口県美祢市にある秋吉台は、360°の大パノラマが広がる日本最大級のカルスト台地。広い草原の上に石灰岩が点在する壮大な景色が広がる。地下には巨大鍾乳洞「秋芳洞」も。

二 内閣総理大臣を8人も輩出

初代総理大臣の伊藤博文、山県有朋、桂太郎、寺内正毅、田中義一、岸信介、佐藤栄作、安倍晋三の8人。県別にみると1位。明治維新で活躍した長州藩が政府を動かしたのがカギ。

三 日本最初の天満宮がある

防府市にある防府天満宮は延喜4(904)年に建てられた日本で最初の天満宮。菅原道真を祭神とする神社で、日本三天神のひとつ。学業成就とともに縁結びを祈願する人々が訪れる。

イベント・お祭り・行事

① 秋吉台山焼き

秋吉台に春を呼ぶ風物詩。約11.38㎢もあるカルスト台地が炎と煙に包まれる日本最大規模の野焼き。これにより、草原の維持、倒木などによる石灰岩の破損を防止し、天然記念物の秋吉台を次世代に引き継ぐ。

② しものせき海峡まつり

関門海峡が舞台となった史実をもとにしたお祭。壇ノ浦の合戦で滅びた平家一門をしのぶ先帝祭をはじめ、源平船合戦海上パレードや武者行列、また、巌流島では宮本武蔵と佐々木小次郎の決闘が再現される。

③ 山口七夕ちょうちんまつり

青森の「ねぶた」、秋田の「竿灯」と並んで日本三大火祭りのひとつ。数千本の竹につけた約10万個のちょうちんは夜の街を幻想的に赤く染める。当日は、御神輿やちょうちん山笠も練り歩き熱気で包まれる。

④ 萩時代まつり

萩市古来の奉納行列「萩大名行列」を中心に、金谷天満宮を目指し市内を練り歩く一大イベント。毛利歴代藩主や奇兵隊の萩時代パレードも行われ、江戸時代にタイムスリップしたような歴史絵巻が展開される。

必ず食べたい 名物グルメ

フグ料理

下関市は天然トラふぐの集積地。フグの刺身やフグ鍋（てっちり）など高品質のフグが食べられる。11～3月が食べ頃。最近では「福」につながると縁起をかつぎ「ふぐ」ではなく「ふく」と呼ばれることも。

みかん鍋

温州みかんの栽培が盛んな周防大島では、ミカンがプカプカと浮かぶみかん鍋が味わえる。シメはメレンゲ仕立ての雑炊をどうぞ。

岩国寿司

岩国名物の押し寿司。寿司飯、シイタケ、でんぶ、岩国レンコンの酢漬け、錦糸卵などを重ねて作られる。

地元っ子愛用 ローカル味

しそわかめ

細かく刻んだワカメにしそ、ゴマ、かつお風味で味付けした、しっとりやわらかい海藻ふりかけ。

甘露醤油

濃口醤油にもう一度麹を加え発酵させた再仕込み醤油。江戸時代の岩国藩主、吉川公に献上したところ「甘露（おいしい）」と賞賛されたのが名前の由来。

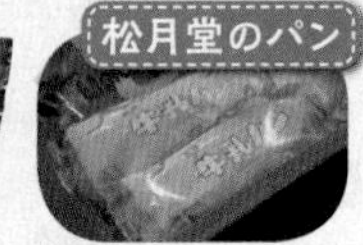

松月堂のパン

昭和9（1934）年創業のパン屋さん。山口県産の小麦と夏みかんを使用した「萩夏みかんメロン」や50年以上親しまれている「牛乳パン」など、懐かしさと新しさを感じるラインアップが人気。

もらえば笑顔 定番みやげ

嶺雪（かまぼこ）

老舗蒲鉾店**宇部かま**の人気商品。近海で取れた新鮮なエソを使用。もみの木の板の下からじっくり直火で炙り焼きする「焼き抜き」という山口県の伝統製法で作られている。

粒うに

ウニに塩を加え、アルコール漬けにしたもので、数社が製造・販売している。下関の六連島が発祥といわれ、その元祖レシピを受け継ぐのは**うに甚本舗**。

月でひろった卵

ふんわりカステラ生地のなかに、山口県産の牛乳、卵を使ったクリームと刻んだ和栗。敷地内で汲み上げられる名水「琴名水」を使用しており、まろやかでやさしい味。

獺祭（だっさい）

岩国市にある**旭酒造**のお酒。酒米の王様と呼ばれる「山田錦」だけで醸した純米大吟醸。オバマ元アメリカ大統領が日本に訪れた際に晩餐会で出されたとして一躍有名になった。

匠の技が光る 伝統工芸

萩焼

約400年の伝統を誇る代表的伝統工芸。やわらかで素朴、使っていくたびに色合いが変化していく「萩の七化け」など、あたたかみのある色合いが特徴。

金魚ちょうちん

柳井の民芸品。赤と白の胴体にパッチリと目を開いた顔のちょうちんは、割り竹の骨組みに和紙を貼り色づけされたもの。

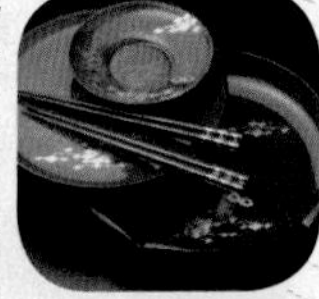

大内塗

室町時代に山口県で勢力を誇った大内氏のもとで誕生したことが名前の由来。天然木に大内朱と呼ばれる渋い朱色を塗り重ね、色漆で描いた秋草模様の金箔の大内菱をあしらったのが特徴。

赤間硯

宇部市で採石される「赤間石」という赤褐色の石材を用いて下関市と宇部市で作られている硯（すずり）。墨を細かく磨けて発色と伸びがよい墨汁ができると評されている。

ワカルかな？ 山口のお国言葉

また、じらくってから！

Ans. また、ふざけてね！

1泊2日で巡る 山口県

1日目

※公共交通機関は本数が限られるため、必ず事前確認を。以下はあくまでルートの参考にしてください

自然と歴史をたっぷり楽しむ1泊2日。山口県に行ったら絶対にハズせないスポットを巡る定番観光コース。

10:00 JR新山口駅

バス37分

11:00 **秋吉台国定公園(秋芳洞)**で自然の神秘を満喫 ▶P.762

日本最大級のカルスト台地や特別天然記念物の秋芳洞へ。

バス60分

13:00 萩バスセンター

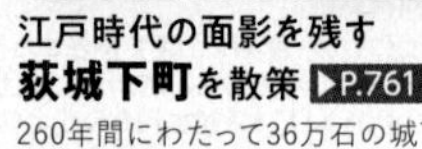

徒歩10分

13:10 江戸時代の面影を残す **萩城下町**を散策 ▶P.761

260年間にわたって36万石の城下町として栄えた町。こちらでランチ。

バス10分＋徒歩20分

萩バスセンターから防長線バスで東萩駅へ。歩いて萩反射炉へ。

15:00 明治時代の産業遺産 **萩反射炉**へ ▶P.765

西洋式の鉄製大砲鋳造を目指して実験が行われた。

徒歩30分

15:45 **松下村塾**(松陰神社)で明治維新に思いを馳せる ▶P.761

吉田松陰が主宰した私塾と松陰を祀った神社を巡る。

松下村塾の講義室

徒歩16分

16:15 JR東萩駅

鉄道40分

17:00 JR長門市駅

バス20分

18:00 山あいの温泉郷 **長門湯本温泉**でゆったり

約600年の歴史をもつ温泉街。小さな温泉郷の温泉宿に宿泊しよう。河川敷には足湯もある。宿泊は「界 長門」で。

大人の墨あそび を体験しよう

「星野リゾート界 長門」の宿泊者向けアクティビティ。山口県の伝統工芸である赤間硯で墨をすり、扇子型の和紙に絵や文字を綴る。

墨の香りに心も落ち着く

徒歩15分

おすすめ! 泊まるならココ

星野リゾートが展開する新しいスタイルの温泉旅館

界 長門(かい ながと)

美しい緑に囲まれ静かに流れる音信川に沿ってたたずむ温泉旅館。江戸時代の武家文化を体現した「藩主の御茶屋屋敷」がコンセプト。藩主が休む寝台のようにと一段高くなったベッドルームや地元伝統工芸の徳地和紙、萩焼、萩ガラス、大内塗りなどがあしらわれ、伝統を残しながらもモダンな装い。

格子状の囲いが高貴な雰囲気を演出するご当地部屋「長門五彩の間」

住 長門市深川湯本2229-1
TEL 0570-073-011
交 JR長門湯本駅から徒歩15分
料 1泊3万2000円～
URL hoshinoresorts.com

湯温が高い「あつ湯」と源泉かけ流しの「ぬる湯」がある内風呂がふたつと露天風呂がひとつ

2日目

8:00 JR長門湯本駅

長門湯本温泉の温泉宿を出発。長門湯本駅から美祢線で厚狭（あさ）駅へ。

鉄道 60分

9:00 JR厚狭駅

鉄道 35分

10:00 JR下関駅

山陽本線の下関方面に乗り、下関駅で下車。下関駅からサンデン交通バスで御裳川（みもすそがわ）下車。

バス 17分

11:00 源平合戦の舞台となった
壇ノ浦古戦場跡 ▶P.764

源義経と平知盛の像があり、当時の様子を感じられる。ここから関門橋を眺めて付近でランチを。

徒歩 13分

13:00 平家一門のお墓がある
赤間神宮へ ▶P.769

開運招福などさまざまな御利益がある神社。

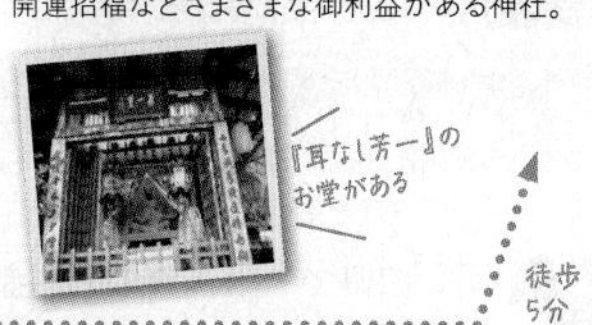

『耳なし芳一』のお堂がある

徒歩 5分

14:00 別名「関門海峡の台所」
唐戸市場へ ▶P.768

新鮮な魚介をつまんだり、買い物したり……。

徒歩 5分

15:00 下関市立しものせき水族館 ▶P.764
海響館で海の動物たちと触れあう

イルカやアシカのショーも楽しめる。山口らしいフグの展示も。

徒歩 20分

17:30 海峡ゆめタワーで ▶P.767
360°のパノラマビューを眺める

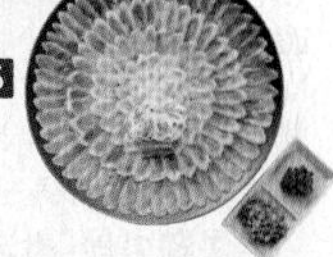

瀬戸内海、関門海峡をはじめ対岸の九州まで見渡せることも。

徒歩 10分

19:00 下関市内で
ふぐ料理 ▶P.755

刺身、唐揚げ、鍋など、ふぐの聖地で存分に味わいたい。

山口市の中心にある、別名「美肌の湯」

湯田温泉 ▶P.762

その昔、白狐が傷を癒やすため足をつけていた池から温泉が湧き出たという伝説をもつ温泉。泉質はアルカリ性単純温泉で、肌によくなじむやわらかい湯が特徴。別名「美肌の湯」とも呼ばれている。1日2000トンという豊富な湯量も魅力のひとつ。プランに組み込むのも◎。

URL www.yudaonsen.com/yudaonsen

おすすめ！泊まるならココ

創業340年の歴史を受け継ぐ維新志士ゆかりの宿

数寄屋造りの本館とリニューアルした新館がある

松田屋（まつだや）ホテル

創業延宝3（1675）年という湯田温泉の老舗旅館。長州藩や毛利家の湯治場としても知られる。坂本龍馬、西郷隆盛、大久保利通など維新の志士たちも頻繁に訪れ、入浴したといわれる歴史的文化財「維新の湯」や「蔵の湯」など風情ある大浴場や露天風呂などがあり、館内で湯巡りが楽しめる。

2019年に新設された「蔵の湯」

住 山口市湯田温泉3-6-7
TEL 083-922-0125
交 JR湯田温泉駅から徒歩10分
料 1泊2万4200円～
URL www.matsudayahotel.co.jp

山口県の歩き方

▶**新山口駅観光交流センター**
住 山口市小郡令和1-2-6
(JR新山口駅北口2階)
TEL 083-902-0037
開 9:00～18:00　休 無休
URL yamaguchi-city.jp

▶**山口観光案内所**
住 山口市惣太夫町2-1
(JR山口駅1階)
TEL 083-933-0090
開 9:00～18:00　休 無休

▶**下関観光案内所**
住 下関市竹崎町4-3-1
(JR下関駅構内)
TEL 083-933-0090
開 9:00～18:00　休 1/1
URL www.stca-kanko.or.jp

決闘の地「巌流島」

下関市の関門海峡に浮かぶ周囲約1.6kmの無人島で、正式名称は船島（ふなしま）。こちらは慶弔17（1612）年の宮本武蔵と佐々木小次郎の決闘の地として有名な「巌流島」だ。海沿いには2人の姿を捉えた像が設置され、決闘がよみがえるような景観が楽しめる。巌流島までは下関（唐戸）から遊覧船で10分。

展望広場にある「武蔵・小次郎像」

村上元三作『佐々木小次郎』の一説が刻まれた舟型の石碑

山口・防府

山口のシンボル、国宝瑠璃光寺五重塔

山口市　県の中央に位置する県庁所在地。**西の京**と呼ばれ、室町時代に大内弘世が本拠としたことで発展、現在も当時の大内文化の面影を色濃く残す歴史的建造物が多く残っている。

防府市　山口市の南東、瀬戸内海沿岸に位置する。飛鳥時代から奈良時代には**周防国**（すおうのくに）の国府が置かれ、九州への渡航のための要地としても栄えた。日本三天神のひとつ、**防府天満宮** P.767 や**周防国分寺** P.768、旧長州藩主毛利氏の邸宅だった**毛利庭園** P.763 などが歴史ある見どころ。

▶**山口宇部空港から町の中心まで**

新山口駅まで連絡バスで約30分。山口駅へは山口線の乗り換え。空港から徒歩7分の草江駅から宇部線で新山口駅まで約40分。

足を延ばせば

富海（とのみ）　防府市中心部から電車で6分。深い青が美しい海とのんびりノスタルジックな町並みで、現在はリゾート地としても人気。「灰汁発酵建て」と呼ばれる藍染め文化も残る。

ブドウなどの果物農園も人気

下関・美祢・秋吉台

下関市、唐戸市場の近くにある亀山八幡宮の「波乗りふくの像」

下関市　本州の最西端にあり、山口県で一番人口の多い都市。九州への玄関口で東アジアとも近いことから、古くから人や物が行き交う交流都市として栄えてきた。

美祢・秋吉台　日本最大級のカルスト台地、**秋吉台** P.762 など自然をはじめ産業文化財など観光スポットも多数ある。

グルメ

瓦そば　下関といえばフグが有名だが、山口県民のソウルフードともいえるのが瓦そば。熱した瓦の上に茶そばをのせ、その上に卵や肉をのせたもの。

豊浦町の旅館「たかせ」が考案したという

info 下関駅から車で約40分の**川棚温泉**は、下関と角島の間に位置する「下関の奥座敷」とも呼ばれる温泉郷。かつて大きな沼地だった川棚に棲んでいた青龍が亡くなったとき、地元住民が手厚く祀ったため温泉が湧いたという伝説が残る。

萩・長門

萩は長州藩士であり思想家でもあった吉田松陰生誕の地

萩市　県北部の日本海側にある。江戸時代に毛利氏が治める長州藩の本拠地となった城下町が残り、**松下村塾**P.761や**萩反射炉**P.765など歴史的な世界遺産もある。

長門市　萩市と下関市の間にあるのが長門市。豊かな海岸線が続く風光明媚な町で、市内には**長門湯本温泉**をはじめ5つの温泉地がある。

▶**萩市観光協会**
住 萩市椿3537-3
（JR萩駅隣接）
TEL 0838-25-1750
開 9:00～17:00　休 無休
URL www.hagishi.com

▶**長門市観光案内所YUKUTE**
住 長門市仙崎4297-1
センザキッチン ダイニング棟内
TEL 0837-26-0708
開 9:00～18:00　休 無休
交 JR**仙崎駅**から徒歩約5分
URL nanavi.jp

足を延ばせば

時を超え心に響く金子みすゞの詩に触れよう

金子みすゞ記念館　大正時代末期に活躍した童謡詩人、金子みすゞは大津郡仙崎村（現在の長門市仙崎）出身。生誕100年に当たる平成15（2003）年、幼少期を過ごした書店、金子文英堂の跡地に「金子みすゞ記念館」がオープンした。遺稿集や着物などの遺品を展示した常設展示室、詩の世界を音と光で体感できるみすゞギャラリーなど、彼女の生涯や生きてきた時代をしのぶことができる。

▶**金子みすゞ記念館**
住 長門市仙崎1308
TEL 0837-26-5155
開 9:00～17:00
休 無休　料 350円
交 JR**仙崎駅**から徒歩約5分
URL nanavi.jp/sightseeing/misuzukinenkan

日本全国津々浦々～道の駅巡り～

今までの「道の駅」のイメージとはまったく異なり、スタイリッシュでおしゃれな建物が印象的

センザキッチン　長門市の仙崎の海辺にある。バーベキューが楽しめるグリルハウスを含めた飲食店をはじめ、新鮮な魚介や鶏肉、野菜、パンなど山口県の名産がずらり。敷地内には、森と海と人をつなぐ体験型ミュージアム「長門おもちゃ美術館」も併設。地元の人々の憩いの場にもなっている。

▶**道の駅 センザキッチン**
住 長門市仙崎4297-1
TEL 0837-27-0300
開 9:00～18:00（店舗による）
休 毎月第2木曜（8月、祝日を除く）、1/1
交 JR**仙崎駅**から徒歩約5分
URL nanavi.jp/senzakitchen

岩国・柳井・周南

岩国を代表する名所、錦帯橋

岩国市　広島県との県境に接するのが岩国市。錦川とその支流に沿って豊かな自然が広がる場所で、**錦帯橋**P.766に象徴される城下町としての文化が大切にされている。

柳井市　室津（むろつ）半島のつけ根部分にある港町が柳井市。江戸時代は商都として栄え、町並みに今なおその面影が残る。

周南市　山口市と防府市に隣接し、北には中国山地、南には瀬戸内海が広がり、平野部には大規模なコンビナートが立地する工業地帯。新幹線が停車する**徳山駅**も周南市にある。

瀬戸内海にある「ハワイ」
山口県の南東部にあるのが、瀬戸内海で3番目に大きな島、周防大島。冬でも温暖な気候からミカンの栽培が盛んで「みかん鍋」が名物だ。明治時代、労働者を確保するために周防大島から4000人もの出稼ぎ労働者がハワイへ。そのつながりから昭和38（1963）年にはハワイ州カウアイ島と姉妹島関係になった。以降、活発な交流が行われている。山陽本線JR大島駅からバスで10分～。

島内で開催される夏の定番イベント、サタデーフラ

info 天文20（1551）年、守護大名の**大内義隆**は山口を訪れた**フランシスコ・ザビエル**にキリスト教の布教を許した。翌年開かれたクリスマスのミサは日本で初めてクリスマスが祝われた日と記録されている。

山口県の見どころ

ZOOM UP!

萩・長門

維新の志士ゆかりの町 萩城下町を歩く

高杉晋作や木戸孝允ゆかりの地を巡り、
歴史ドラマの世界を体感しよう。
それは総理大臣を多数輩出した地の
近代日本黎明期をたどる旅。

白壁が続く町並み。「江戸時代の地図がそのまま使える」といわれるほど江戸時代の町筋がそのまま残り、当時の風情が色濃く残る

見どころMAP

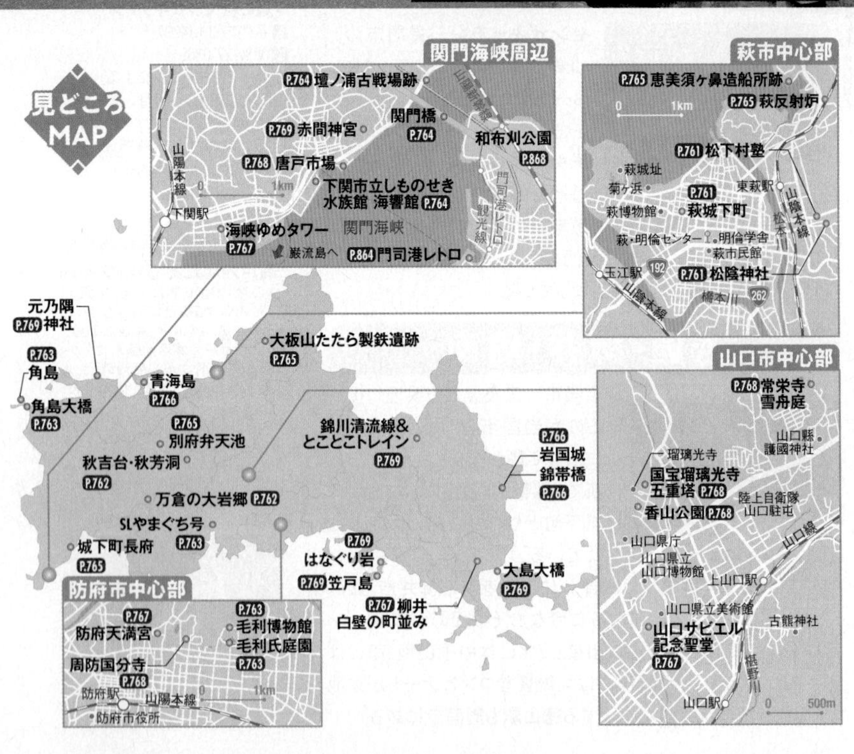

info **萩城下町**周辺には、**萩焼**を取り扱う店や古民家を改装した**カフェ**などがあり散策も楽しい。**着物レンタル店**などもあるので着物を着て城下町をそぞろ歩きするのもおすすめ。

1. 疎水に枝垂れ柳が風流
2. 木戸孝允の旧宅　3. 藁葺き屋根と板塀の伊藤博文の旧宅

大河ドラマ『花燃ゆ』の舞台、世界遺産にも登録された町

萩城下町（はぎじょうかまち）

慶長9（1604）年、毛利輝元が萩城を築いて以来、260年間にわたって36万石の城下町として栄えた町、萩。白壁やなまこ壁（土蔵などに用いられる日本伝統の壁塗りの様式）、黒板塀の美しい町並みは散策者の目を楽しませる。「城跡」「旧上級武家地」「旧町人地」の3地区は平成27(2015)年に世界遺産に登録された。

歴史ファン憧れの、毛利一門など萩藩重臣たちの屋敷や**高杉晋作**や**木戸孝允**の生家など見どころは満載。城下町の雰囲気を体感しながらその足跡を垣間見ることができる。高杉晋作誕生地の前の道は日本の道100選にも**萩市菊屋横丁**として選定されている。5月には夏みかんの花が咲き、甘酸っぱい香りに包まれる。白壁にオレンジ色の実が彩る風景は萩の風物詩。

吉田松陰と金子重輔の銅像

住 萩市南古萩町付近
TEL 0838-25-3139（萩市観光課）
開 入場自由
交 JR**東萩駅**から徒歩20分
URL www.hagishi.com

吉田松陰の志を継ぐ維新志士を輩出した塾

松下村塾（しょうかそんじゅく）

萩で生まれ育った**吉田松陰**（しょういん）が幕末に主宰した私塾。この周辺が松本村と呼ばれていたことから「松下村塾」と名付けられたという。

松陰は身分や階級に関係なく塾生を受け入れ、教えた期間はわずか1年余りだったが、久坂玄瑞（げんずい）、高杉晋作、伊藤博文、山県有朋、山田顕義（あきよし）、品川弥二郎など、明治維新と明治新政府で活躍した多くの逸材を輩出した。

建物は当時のまま保存された大変貴重なもの。木造瓦葺き平屋建ての小舎で、8畳を中心に増設した4畳半、3畳2室、土間1坪、中2階からなる。

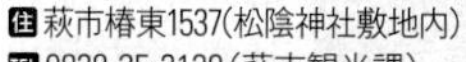

住 萩市椿東1537（松陰神社敷地内）
TEL 0838-25-3139（萩市観光課）
開 外観のみ見学自由
交 JR**東萩駅**から徒歩20分

1. 幕末当時のまま保存されている
2. 講義室だった8畳の部屋には松陰の像と肖像画が飾られている

学問の神様としても信仰が厚い

松陰神社（しょういんじんじゃ）

松陰は新しい国の形について意見することで江戸幕府に処刑されたが、その遺思を受け継いだ弟子たちが建立したのが松陰神社。境内には松陰の門下生ら53柱が祀られている。松陰神社には松陰の生家、松陰に関わる書簡や本などを展示した宝物殿**至誠館**や**吉田松陰歴史館**などがある。

1. 至誠館の展示
2. 学問の神様としても信仰が厚い

住 萩市椿東1537
TEL 0838-22-4643
開 入場自由
交 JR**東萩駅**から徒歩20分
URL showin-jinja.or.jp

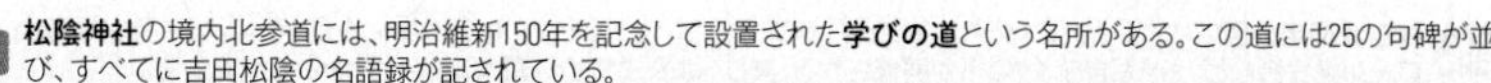

info **松陰神社**の境内北参道には、明治維新150年を記念して設置された**学びの道**という名所がある。この道には25の句碑が並び、すべてに吉田松陰の名語録が記されている。

日本最大級のカルスト台地

秋吉台・秋芳洞

石灰岩が織りなす不思議な造形美

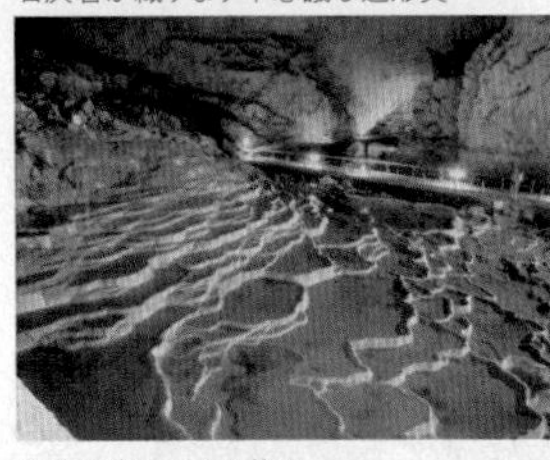
秋芳洞内にある百枚皿

美祢市に広がる日本最大級のカルスト台地が**秋吉台**。約3億年前のサンゴ礁が長い年月をかけ、プレートに乗って移動する間に石灰岩となり、地上に押し上げられて現在のような姿に。大草原の草の間から顔を出す白肌の石灰岩は圧巻。

秋芳洞　石灰岩台地に流れ込んだ地下水によって作り出された特別天然記念物の鍾乳洞。

戦に敗れた平家の武将が隠れ潜んでいたという特別天然記念物の**景清洞**など、450を超える鍾乳洞のほか、草原の中を通り抜ける**カルストロード**や台地一帯を見渡せる展望台などもあり、自然の神秘を存分に満喫できる。

▶秋吉台・秋芳洞
住 美祢市秋芳町秋吉3506-2
TEL 0837-62-0115（美祢市観光協会）
開 3～11月8:30～17:30
12～2月8:30～16:30
休 無休　料 1300円
交 JR**美祢駅**からバスで**秋芳洞**下車、徒歩7分
URL akiyoshidai-park.com

無数の鍾乳石が天井から下がる大空間、秋芳洞五月雨御殿

詩人、中原中也の生誕地 湯田温泉

秋吉台から車で30分ほどにある、県内最大級の宿泊拠点で各観光地へのアクセスも良好。気軽に利用できる無料の足湯が6ヵ所ある。

湯田温泉街の足湯

山中に突然現れる巨大な岩

万倉の大岩郷

その成り立ちからミステリースポットとしても人気

美祢市の奥万倉にある岩奥集落から南東約1km、金比羅山の南側斜面に突然現れるのが大岩郷。最大7mにも及ぶ丸みを帯びた巨大な岩石がゴロゴロと重なり合った奇勝で、**岩海**とも呼ばれている。形成時期は更新世から弥生時代後期と推定され、地殻変動による大地変動説や河川作用説など諸説あるがはっきりしていない。地質現象としては珍しく昭和10（1935）年には国の天然記念物に指定。

周辺には遊歩道があるが、岩の上を歩くこともできるので貴重な景観が楽しめる。また、岩の間にはコケ類や菌類が繁殖していることから、植物学的にも注目されている。

▶万倉の大岩郷
住 美祢市伊佐町奥万倉
開 入場自由
交 JR**美祢駅**からバスで**大岩郷入口**下車、徒歩10分
URL akiyoshidai-park.com

遊歩道が整備されており、大岩郷に沿って坂道を歩ける

info **秋吉台国定公園**では、サイクリングやセグウェイ、気球などのアクティビティも楽しめる。また、キャンプや星座観察会、ドローン講習会など、さまざまなイベントが開催される。詳しくは公式サイト（URL akiyoshidai-park.com）を参考に。

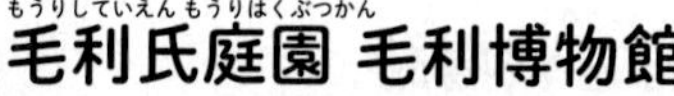

旧大名家本邸の風格を感じられる国指定名勝

山口・防府

毛利氏庭園 毛利博物館

もうりしていえん もうりはくぶつかん

公爵家となった旧長州藩主、毛利氏の旧本邸

明治維新後に公爵となった旧長州藩主、毛利家の旧本邸。壮大な館と回遊式庭園には明治・大正時代の造園技術の粋が尽くされ、**国の名勝**に指定されている。現在は邸宅の一部が博物館となっており、古文書、甲冑、刀剣、茶道具、漆器などの美術工芸品や絵画などを所蔵。雪舟筆『四季山水図』をはじめとする国宝や重要文化財も含まれる。

▶毛利氏庭園 毛利博物館

住 防府市多々良1-15-1
TEL 0835-22-0001
開 9:00～17:00（最終入場16:30）
休 12/22～31
料 庭園400円
博物館700円（特別展は別途）
庭園＋博物館共通券1000円
交 JR**防府駅**からバスで**毛利本邸入口**下車、徒歩6分
URL www.c-able.ne.jp/~mouri-m

国宝7点、重要文化財約9000点を収蔵する毛利博物館

新山口と津和野を結ぶ

山口・防府

SLやまぐち号

えすえるやまぐちごう

力強く山間を走るSLやまぐち号

鉄道の近代化にともない姿を消した蒸気機関車（SL）が昭和54（1979）年に山口線に復活。通称**デゴイチ**の愛称で親しまれている**D51 200号機**が臨時快速として現在運行中。詳細は公式ウエブサイトで。新山口駅を出発し、「山陰の小京都」と呼ばれる島根県の津和野駅までの62.9kmを約2時間、汽笛を響かせながらロマンあふれる旅へ誘ってくれる。

▶SLやまぐち号

TEL 0570-00-2486（JR西日本お客様センター）
開 おもに土・日曜・祝日に運行。乗車には乗車券のほか座席指定券もしくはグリーン券が必要
URL www.c571.jp

レトロムード満載の車内は旧型客車を復刻

本土から角島にかかる橋

下関・美祢・秋吉台

角島大橋と角島

つのしまおおはしとつのしま

海士ヶ瀬（あまがせ）公園から見る角島大橋と角島

角島大橋　離島にかかる橋のうち、無料で渡れる一般道路としては1780mと日本屈指の長さを誇る。海をまたぎ自然と調和した雄姿は北長門海岸地域随一の景勝地。

角島　山口県の北西、日本海にぽっかり浮かぶ人口700人あまりの小さな島。この周辺特有の澄んだ**コバルトブルー**の海が広がる**絶景ビーチ**もある。

▶角島大橋と角島

▶角島大橋
住 下関市豊北町神田～角島
開 通行自由
交 JR**特牛駅**からタクシーで11分

▶角島
住 下関市豊北町大字角島
開 入場自由
交 JR**特牛駅**からタクシーで18分

島の両端の岬が牛の角のように見えることから名付けられた島

info **毛利氏庭園**と**毛利博物館**は紅葉スポットとしても人気。毎年11月中旬から下旬頃に見頃を迎えるが、この時期に合わせて毛利博物館では雪舟筆「**四季山水図**」の展示をはじめとした特別展「国宝」が開かれる。

源平合戦の最後の舞台となった

下関・美祢・秋吉台

壇ノ浦古戦場跡

（だんのうらこせんじょうあと）

平安時代末期の寿永4（1185）年、**治承・寿永の乱（源平合戦）**の舞台となった場所。関門海峡の一番狭まった場所で潮の流れが速く、潮流の変化が激しい海の難所である。現在周辺は、みもすそ川公園として遊歩道が整備され、おだやかな雰囲気。園内には源義経と平知盛の像、安徳帝御入水之処碑があり、当時の様子に思いを馳せることができる。

関門橋のたもとで現在は公園となっている

▶壇ノ浦古戦場跡
住 下関市みもすそ川町21-1
開 見学自由
交 JR**下関駅**からバスで**御裳川**（みもすそがわ）下車、徒歩すぐ

戦の舞台となった関門海峡

本州と九州を結ぶ吊り橋

下関・美祢・秋吉台

関門橋

（かんもんきょう）

山口県下関市と福岡県北九州市の間、関門海峡にかけられた全長1068mの長い吊り橋。開通当時の昭和48（1973）年は東洋一の長さを誇っていた。海面から橋ゲタまでの高さは満潮時61mで、海峡を通過する大型船が余裕をもって航行できるようになっている。橋の下には仲哀9（200）年に創建された**和布刈神社**がある。

夜間は美しくライトアップされる

▶関門橋
住 下関市みもすそ川町21-1
開 見学自由
交 JR**下関駅**からバスで**御裳川**（みもすそがわ）下車、徒歩すぐ

多くの船隻が通行する海峡

65もの水槽に500種2万点の水族が展示

下関・美祢・秋吉台

下関市立しものせき水族館 海響館

（しものせきしりつしものせきすいぞくかん かいきょうかん）

唐戸ウオーターフロントにある水族館。世界でも数体しかいないシロナガスクジラの全身骨格標本をはじめ、下関ならではのフグの展示、ペンギン村などほかでは見ることのできない内容がめじろ押し。目の前に関門海峡が広がる**アクアシアター**ではイルカとアシカの共演によるパフォーマンスも楽しめる。館内のレストランも人気が高い。

「海のいのち、海といのち」がコンセプト

▶下関市立しものせき水族館 海響館
住 下関市あるかぽーと6番1号
TEL 083-228-1100
開 9:30～17:30（最終入場17:00）
休 無休　料 2090円
交 JR**下関駅**からバスで**海響館前**下車、徒歩3分
URL www.kaikyokan.com

クジラをモチーフにした建物

info 関門海峡には、自動車専用の**関門国道トンネル**に歩行者専用の**関門トンネル人道**があり、歩いて福岡県側に行くことができる。通行料は徒歩なら無料。片道約15分。県境をまたいで記念撮影をする人が多いとか。ちなみに車なら片道約4分。

都市景観大賞の受賞歴もある

下関・美祢・秋吉台

城下町長府（じょうかまちちょうふ）

長門国の国府が置かれたことから長府という名に

長府毛利藩5万石の城下町として栄え、維新発祥の地となった城下町長府。現在でも**長府藩侍屋敷長屋**、**古江小路**（ふるえしょうじ）など、藩政時代の面影を映す武家屋敷や通りが残り、その堂々とした風格が時代の重みを伝えてくれる。ほかにも、下関の歴史を紹介する**下関市立歴史博物館**や神社仏閣などが点在する風情のある町。

▶城下町長府
住 下関市長府
開 入場自由
交 JR**長府駅**からバスで**城下町長府**下車、徒歩すぐ

回遊式庭園の長府庭園

神秘的なコバルトブルーの泉

下関・美祢・秋吉台

別府弁天池（べっぷべんてんいけ）

湧き水を持ち帰るなら浄財箱にお金を納めて

別府厳島神社の境内にある周囲約40mの池。秋吉台カルスト台地の北端に流れる地下水が湧き出ているといわれ、昭和60（1985）年、環境庁の「**日本名水百選**」にも選定されている。水温約14°Cの清冷な水は、透き通ったコバルトブルーのグラデーションが美しく幻想的な雰囲気。水はマスの養殖にも使用されている。

▶別府弁天池
住 美祢市秋芳町別府
開 入場自由
交 JR**新山口駅**からタクシーで約1時間

カルスト台地の伏流水が太陽の光で美しく輝く

明治時代の近代産業遺産群

萩・長門

萩反射炉と世界遺産（はぎはんしゃろとせかいいさん）

安政5（1858）年に築かれたもの。高さ10.5mで2本の煙突に分かれている

江戸時代末期、西洋式の鉄製大砲鋳造を目指し試験的に操業・実験が行われた**萩反射炉**。ロシア人技術者とオランダ人技術者それぞれから2隻の西洋軍艦が作られた**恵美須ケ鼻**（えびすがはな）**造船所跡**。砂鉄と木炭を使って鉄を作っていた製鉄所跡、**大板山たたら製鉄遺跡**。この3つは産業技術史上でも貴重な遺構として2015年世界遺産に登録された。

▶萩反射炉と世界遺産

▶萩反射炉
住 萩市椿東4897-7
TEL 0838-25-3380（萩市世界文化遺産室） 開 入場自由
交 JR**東萩駅**から徒歩20分。または萩循環まぁーるバスで**萩しーまーと**下車、徒歩約5分

▶恵美須ヶ鼻造船所跡
住 萩市椿東5159-14
TEL 0838-25-3380（萩市世界文化遺産室） 開 入場自由
交 JR**東萩駅**からタクシーで15分

▶大板山たたら製鉄遺跡
住 萩市大字紫福10257-11
TEL 0838-25-3380（萩市世界文化遺産室） 開 入場自由
交 JR**東萩駅**からタクシーで40分
URL www.ohitayama-tatara.net

info 海響館にある**イルカの見えるレストラン**は、親子イルカが泳ぐ姿を眺めながら食事ができることで人気。瓦そばや長州どりの唐揚げ、ふくフライセットなど地元の名産が楽しめるメニューも豊富。

別名『海上アルプス』と呼ばれる

萩・長門

青海島（おおみじま）

北長門（きたながと）海岸国定公園の中心に位置する周囲約40kmの島。真っ青な海に自然が造りあげた断崖絶壁や洞門石柱、奇岩怪岩などダイナミックな景観が広がり、国の名勝および天然記念物に指定されている。スクーバダイビングのスポットとしても人気で、陸上を散策したり、青海島観光汽船に乗って海上から楽しむこともできる。

海上から楽しむのもおすすめ

▶青海島
住 長門市仙崎紫津浦
開 入場自由
交 JR**長門市駅**からバスで**静ヶ浦**下車、徒歩3分
▶青海島観光汽船
TEL 0837-26-0834
開 8:00～17:00（季節により4～6便運航） 休 無休 料 2200円
URL www.omijimakankoukisen.jp

春から夏の間は岩の間に沈む夕陽が眺められる

天守閣からは市内が一望できる

岩国・柳井・周南

岩国城（いわくにじょう）

初代岩国藩主吉川（きっかわ）広家（ひろいえ）によって慶長13（1608）年に建てられた**山城**。三層四階の桃山風南蛮造りだったが、わずか築城後7年で徳川幕府の一国一城令により取り壊された。現存するのは昭和37（1962）年に再建されたもの。天守閣内には、錦帯橋の模型や写真、武具や甲冑など当時の様子がわかる**展示コーナー**と市内を一望できる**展望台**がある。

錦帯橋からの眺めを考慮して現在の場所に再建

▶岩国城
住 岩国市横山3丁目
開 9:00～16:45（最終入場16:30）
休 岩国城ロープウエー点検日
料 270円
交 岩国城ロープウエーで**山頂駅**下車、徒歩8分
▶岩国城ロープウエー
開 9:00～17:00の15分おき
休 点検日
料 片道330円　往復560円

錦帯橋の模型の展示

四季折々で違う表情を見せてくれる

岩国・柳井・周南

錦帯橋（きんたいきょう）

延宝元（1673）年、第3代岩国藩主吉川広嘉（きっかわひろよし）により創建。洪水による流出で再建され現在は4代目。

長さ193.3m、幅5m。錦川の清流にかかる**5連のアーチ**を描いた木橋で、木を複雑に組み合わせた「木組みの技法」で造られている。精巧かつ独創的な反（そ）り橋（はし）は、現在の橋梁工学からみても非の打ちどころがないと高く評価されている。

300年ものあいだ受け継がれてきた木組みの技術

▶錦帯橋
住 岩国市岩国1丁目
TEL 0827-29-5107（岩国市錦帯橋課）
開 8:30～17:00（夏期延長あり）
休 無休　料 310円（夜間は料金箱に通行料を入れて渡る）
交 JR**岩国駅**からバスで**錦帯橋**下車、徒歩1分
URL kintaikyo.iwakuni-city.net

夜にはライトアップされ、昼間とは違う幻想的な姿を見ることができる

info 岩国のシンボルともいえる**錦帯橋**の沿革史と、架橋工事を行った江戸時代前期の周防国岩国藩の藩主、**吉川広嘉**（きっかわ ひろよし）についての略史をまとめた**『錦帯橋物語』**（伊藤正一著）という歴史物語の書籍もある。

日本で最初に創建された天神様

山口・防府

防府天満宮

すぐ北側には天神山公園がある

延喜4(904)年創建。学問の神様、菅原道真公を祀った日本で最初の天満宮。本殿は繊細優美な意匠が評価され、国の登録有形文化財になっている。歴史館には「**松崎天神縁起絵巻**」など、国の重要文化財に指定されている多くの宝物が所蔵されている。

▶防府天満宮
住 防府市松崎町14-1
TEL 0835-23-7700
開 6:00〜20:00 休 無休
料 無料、茶室「芳松庵」、歴史館は別途
交 JR**防府駅**から徒歩15分
URL www.hofutenmangu.com

ご先祖様に守られて運が開けるという、はにわみくじもある

礼拝堂には美しいステンドグラスも

山口・防府

山口サビエル記念聖堂

幾何学的なシルエットの教会

昭和27(1952)年、宣教師フランシスコ・ザビエルの来山400年を記念して建てられたカトリック教会。平成3(1991)年9月の火災により焼失したが、平成10(1998)年4月に再建。礼拝堂内部はたくさんの**ステンドグラス**が施され、**パイプオルガン**も設置されている。

▶山口サビエル記念聖堂
住 山口市亀山町4-1(亀山公園)
TEL 083-920-1549(教会事務所)
開 10:00〜16:00(クリスチャン記念館)
休 無休 料 200円
交 JR**山口駅**から徒歩15分
URL www.xavier.jp

ライトアップされた教会

360°の絶景が広がる

下関・美祢・秋吉台

海峡ゆめタワー

曜日により変化するライトアップ

関門海峡のランドマークとして誕生したタワー。日本有数の高さを誇る143mの展望室からは、瀬戸内海、関門海峡をはじめ巌流島、響灘、対岸の九州まで360°の雄大なパノラマビューが楽しめる。また、「**恋人の聖地**」に認定されており、28階の展望室には縁結び神社もある。

▶海峡ゆめタワー
住 下関市豊前田町3-3-1
TEL 083-231-5877
開 9:30〜21:30(最終入場21:00)
休 1月の第4土曜 料 600円
交 JR**下関駅**から徒歩10分
URL www.yumetower.jp

海峡メッセ下関や国際貿易ビルと隣接している

江戸時代の商家の家並みが続く

岩国・柳井・周南

柳井 白壁の町並み

白い和紙に塗られた朱色の金魚ちょうちんがそよぐ

柳井市の古市・金屋地区に多く残る江戸時代の土蔵造りの建物。藩政時代には**岩国藩のお納戸**と呼ばれ産物を積んだ大八車でにぎわった町筋で、重要伝統的建造物群保存地区にもなっている。幕末、柳井の商人が子供たちのために作ったという**金魚ちょうちん**P.755も有名で軒先にかわいい姿を見られる。

▶柳井 白壁の町並み
▶柳井市町並み資料館
住 柳井市柳井津442
TEL 0820-23-2137
開 10:00〜17:00
休 月・木曜、年末年始
料 無料
交 JR**柳井駅**から徒歩7分

国の重要文化財に指定されている、国森家住宅

info 天文18(1549)年、日本に初めてキリスト教を布教した**フランシスコ・ザビエル**。山口とゆかりが深いザビエルだが、山口では**サビエル**と言うのが一般的。本人が発した「シャビエル」を地元民が「サビエル」と聞いたという説がある。

日本三名塔のひとつ　**山口・防府**

国宝瑠璃光寺五重塔（こくほうるりこうじごじゅうのとう）

嘉吉2(1442)年、応永の乱で命を落とした大内義弘を弔うために弟の盛見が建立。桧皮葺（ひわだぶき）屋根の伸びやかな反りが美しく、**日本三名塔**のひとつに数えられている。

国宝に指定されている

▶国宝瑠璃光寺五重塔
住 山口市香山町7-1
開 入場自由（瑠璃光寺資料館は200円）
交 JR**山口駅**からコミュニティバスで**香山公園五重塔前**下車、徒歩すぐ

安らぎの日本庭園　**山口・防府**

香山公園（こうざんこうえん）

緑あふれる公園内には、国宝瑠璃光寺五重塔のほか、藩庁内にあった茶室の露山堂、西郷隆盛や大久保利通らが集まった建物を再現した**枕流亭**（ちんりゅうてい）などさまざまな史跡が点在する。

季節それぞれの景色を楽しめる

▶香山公園
住 山口市香山町7-1
開 入場自由
交 JR**山口駅**からコミュニティバスで**香山公園五重塔前**下車、徒歩すぐ

臨済宗東福寺派の寺院　**山口・防府**

常栄寺雪舟庭（じょうえいじせっしゅうてい）

常栄寺には、大内政弘が室町時代中頃に画聖**雪舟**（せっしゅう）に命じて築園したといわれる日本庭園が残る。禅宗の世界観あふれる日本庭園の代表として国の史跡および名勝に指定されている。

三山五嶽になぞらえられた庭石

▶常栄寺雪舟庭
住 山口市宮野下2001-1
TEL 083-922-2272
開 4～10月8:00～17:00
11～3月8:00～16:30
休 無休　料 300円
交 JR**山口駅**からタクシーで10分
URL sesshu.jp

創建当初の礎石を使って立て直された　**山口・防府**

周防国分寺（すおうこくぶんじ）

奈良時代に創建。当初の寺域をほぼ維持しているのは全国でもまれで、日本で唯一「国分寺旧境内」として**国の史跡**に指定。重要文化財の金堂には藤原時代初期の多くの仏像、宝物がある。

1200年の歴史と多くの文化財を有する

▶周防国分寺
住 防府市国分寺町2-67
TEL 0835-22-0996
開 9:00～16:00
休 月曜、年末年始　料 500円
交 JR**防府駅**から徒歩20分
URL www.suoukokubunji.jp

別名「関門海峡の台所」　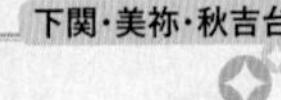
下関・美祢・秋吉台

唐戸市場（からといちば）

一般の人も買い物できる卸売市場。金・土・日曜と祝日には市場の1階が海鮮屋台街になるイベント、**活きいき馬関街**（ばかんがい）を開催。ふぐ刺をはじめ、新鮮な魚介類を使った食べ物が並ぶ。

実際のセリの様子も見学可能

▶唐戸市場
住 下関市唐戸町5-50
TEL 083-231-0001
開 5:00～15:00
休 無休　料 無料
交 JR**下関駅**からバスで**唐戸**下車、徒歩3分
URL www.karatoichiba.com
※2022年7月現在、活きいき馬関街は金・土・日曜・祝日に開催

info アート好きな人なら、宇部市も訪れてみて。2年に一度開催される**UBEビエンナーレ**（現代日本彫刻展）の会場である**彫刻の丘**があり、周辺の公園や市街地には200点以上もの屋外彫刻が設置されている。URL ubebiennale.com

白壁に朱塗の水天門が印象的　下関・美祢・秋吉台

赤間神宮

開運招福やなどさまざまな御利益あり

壇ノ浦の合戦で二位尼に抱かれて入水された幼帝、**安徳天皇**を祀った神社。境内には、平家一門の墓や怪談で有名な『耳なし芳一』の芳一堂など、貴重な資料を展示した宝物殿もある。

▶赤間神宮
住 下関市阿弥陀寺町4-1
TEL 083-231-4138
開 9:00〜17:00　休 無休
料 無料（宝物殿100円）
交 JR**下関駅**からバスで**赤間神宮**下車、徒歩すぐ
URL www.tiki.ne.jp/~akama-jingu

海を望む123基の鳥居が圧巻　萩・長門

元乃隅神社

10年かけて奉納された鳥居

商売繁盛、大漁、海上安全をはじめ良縁、子宝、開運厄除、交通安全、学業成就、願望成就などの大神。高さ6mの**大鳥居**の上部にお賽銭を入れられたら願いがかなうといわれている。

▶元乃隅神社
住 長門市油谷津黄498
TEL 0837-26-0708（長門市観光案内所YUKUTE）
開 5:30〜17:30
休 無休　料 無料
交 JR**長門古市駅**からタクシーで20分
URL motonosumi.com

岩国市の川西駅から走る鉄道　岩国・柳井・周南

錦川清流線&とことこトレイン

てんとう虫に見立てた、とことこトレイン

パステルカラーの車体で「清流と奏でる自然の風景」がテーマの錦川清流線。とことこトレインは錦川清流線錦町駅から雙津峡温泉までの約6kmを走る観光用の**トロッコ遊覧車**。

▶錦川清流線
TEL 0827-72-2002（錦川鉄道）
開 川西駅発7:06〜21:42の1〜2時間に1便程度。錦町駅まで約1時間
休 無休
料 川西駅〜錦町駅980円
URL nishikigawa.com
▶**とことこトレイン**
開 土・日曜・祝日、夏休み、春休み期間などに1日4便
料 錦町駅〜雙津峡温泉駅まで片道650円、往復1200円（錦川線利用で割引あり）

周防大島の玄関口　岩国・柳井・周南

大島大橋

5年の歳月と99億円が投じられた

周防大島と柳井市を結ぶ長さ1020mの橋。橋脚に受ける潮流抵抗を避けるため世界初、多柱式基礎の上の**連続トラス**で構成。橋の歩道からは大畠瀬戸の渦潮の激流を眼下に眺められる。

▶大島大橋
住 大島郡周防大島町〜柳井市
開 見学自由
交 JR**大畠駅**から徒歩10分

夕日の美しさに息をのむ　岩国・柳井・周南

笠戸島 はなぐり岩

水面が茜色に染まる冬場がおすすめ

瀬戸内海国立公園に位置する笠戸島は、西日本有数な夕日のスポット。島の夕日岬には海水の浸食によって穴が開いた**はなぐり岩**があり、この穴を通して見る夕焼けは絶景。

▶笠戸島 はなぐり岩
住 下松市笠戸島
開 見学自由
交 JR**下松駅**からタクシーで10分
※現在のはなぐり岩は、海水の浸食により開いた穴を、戦時中、陸軍が舟艇を隠すために広げたもの。

info 山口のパワスポとも言われる**元乃隅神社**。昭和30（1955）年、地域の網元だった岡村斉さんの枕元に真っ白な狐が現れ、「これまで漁をしてこられたのは誰のおかげか」「この地に鎮祭せよ」とお告げがあったことにより建立されたと伝えられている。

中国地方が舞台となった映画

『孤狼の血』『孤狼の血 LEVEL2』（広島県）

2018年、2021年公開　監督：白石和彌

広島を舞台にした任侠映画の代表格は、何といっても『仁義なき戦い』シリーズ。そのDNAを継ぐ作品として目される『孤狼の血』もまた広島の架空の町、呉原を舞台に、呉市でオールロケが行われた。その続編となる『～LEVEL2』はさらに広島市に範囲を広げ、暴力団組織間の抗争や、警察とヤクザの緊張感あふれる関係をバイオレンス描写たっぷりに描き出す。

本シリーズは柚月裕子の警察小説を実写映画化。第1作は役所広司演じるベテラン刑事、大上が自身の信念に従って法律無視の過激な捜査を進め、松坂桃李演じる新人刑事の日岡をも翻弄する。第2作は大上の跡を継ぎ、広島の裏社会を抑え込んできた日岡と、圧倒的な残虐性で組織を制圧した、鈴木亮平演じる上林との壮絶な戦いを描く。

2作に共通してたびたび登場する昭和の趣を持つ繁華街は、**呉市**に実在する歓楽街のひとつ。そのなかで異彩を放つ"黄ビル"には真木よう子演じる里佳子のクラブ「梨子」と、第2作で西野七瀬演じる真緒のスタンド「華」が同じフロアで営業している裏設定になっている。

ほか**旧水道局**や**旧消防署**を呉原東署・警察本部として、一般企業の広伸海運事務所と隣に位置する**松浦邸**を尾谷組の事務所として使用するなど、民官の協力を得て撮影が行われた。

呉観光協会は公開にあわせてロケ地マップを配布。第2作の公開時には、広島市内のロケ地をプラスしたバージョンも制作・配布された。

いずれも興行収入8億円前後のヒットを記録。その年の映画賞を多数受賞するなど、高評価を獲得している。

『とんび』（岡山県）

2022年公開　総監督：瀬々敬久

令和4（2022）年4月に公開された本作は、重松清のベストセラー小説を映画化した家族ドラマ。高度経済成長に活気づく昭和の時代を皮切りに、平成、令和と60年にわたる父と息子の絆を描く。

撮影が行われたのは**浅口市**、**笠岡市**、**瀬戸内市**、**倉敷市**、**美咲町**、**岡山市**、**玉野市**、**備前市**の岡山県8都市。なかでも、阿部寛演じる主人公ヤスが暮らす街は、ノスタルジックな雰囲気を残す浅口市**金光町大谷地区**に再現された。海雲和尚がヤス親子に「海になれ」と諭す重要なシーンは浅口市の**青佐鼻海岸**にて。北村匠海演じるアキラとヤスが長年暮らす家には笠岡市**金浦地区**にある川沿いの一軒家が使用され、この近くの商店街は昭和感漂う『とんび』の世界が広がる。

そのほか、お宮参りに訪れた倉敷市の**八幡神社**、ヤスの仕事場として登場する美咲町の**柵原ふれあい鉱山公園**など充実したロケ地マップを岡山県フィルムコミッション協議会が作成。作品の見どころ、撮影の裏話まで収録した冊子を無料配布している。さらに「Yahoo! MAP」では、映画作品初となるロケ地巡りをデジタル体験できるマップを公開した。

ちなみに、瀬々敬久監督作品では佐藤健、土屋太鳳主演作『8年越しの花嫁 奇跡の実話』も岡山県を舞台としている。

四国

春 夏 秋 冬

四国のココがいちばん!

どうせ行くなら、
魅力UPの時期がいい
シーズンと旅先を
Check!

四国にはあちこちに
絶景スポットが点在

JR下灘駅でフォトジェニックな一枚を

おすすめ

夏

徳島県 阿波おどり ▶P.778

盆踊りのなかでも、圧倒的な地名度と人気を誇るのが徳島県の阿波踊り。毎年100万人以上の観光客が訪れる。

夏に飲む
ミカンジュースは
最高だニャ

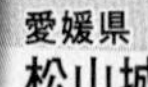

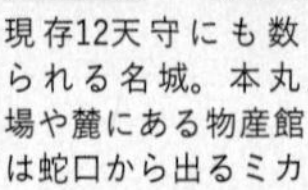

愛媛県 松山城 ▶P.821

現存12天守にも数えられる名城。本丸広場や麓にある物産館では蛇口から出るミカンジュースを楽しめる。

高知県 四万十川 ▶P.841

四万十川を訪れるなら夏が一番。セミの声と川のせせらぎが聞こえるこの場所はまさに日本の原風景そのものだ。

印象派の絵から
出て来たようだニャ

高知県
北川村「モネの庭」マルモッタン ▶P.845

モネが描いた絵画の世界を表現した庭園。春はスイレンが咲き始める時期だ。スイレンの花は朝に咲くので早い時間帯に鑑賞しよう。

愛媛県 瀬戸内しまなみ海道
▶P.827

サイクリストの聖地しまなみ海道。春のしまなみ海道は暑すぎず寒すぎずサイクリングにベストな時期だ。

香川県
金刀比羅宮
▶P.802

こんぴらさんの愛称で親しまれている金刀比羅宮は県内でも指折りの桜の名所。満開の季節には桜によるピンクのトンネルが出現する。

愛媛県
臥龍山荘
▶P.828

自然に溶け込むようにたたずむ臥龍山荘。四季折々で違った表情を見せるが、周囲が紅葉で色づく秋はとりわけ美しい。

香川県 寒霞渓 ▶P.806

寒霞渓は小豆島の最高峰、星ヶ城山と四方指(しほうざし)の間にある渓谷。ロープウエイから眺める紅葉に染まるパノラマは必見。

徳島県
祖谷のかずら橋
▶P.787

原始的な吊り橋はひとり渡っただけで揺れてスリル満点。足がすくんで紅葉狩りどころではなくなってしまうかも。

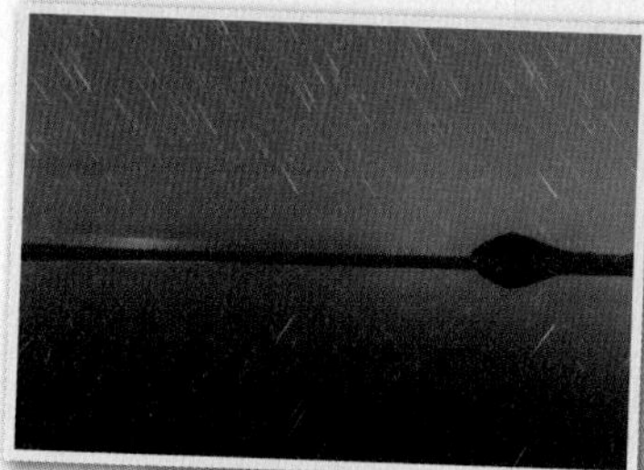

香川県 父母ヶ浜 ▶P.804

SNSで話題の父母ヶ浜。日の入りの時間が人気のシャッターチャンスだが、満天の星がまたたく夜景も美しい。

展望台からは足摺岬
灯台が見えるニャ

高知県 足摺岬
▶P.840

四国のほぼ南端に位置する足摺岬。断崖に力強く打ち付ける白波は冬ならではの光景。水平線から昇る日の出もすばらしい。

Pick Up 四国 テーマのある旅

第二十一番札所

太龍寺

徳島県

▶P.793

弘法大師が19歳のときに境内から600mほど南西にある舎心嶽の岩上で虚空蔵求聞持法（こくうぞうぐもんじほう）を修したとされる。岩の上には高野山のある東を向いた大師の座像も。

八十八箇所霊場を歩く
心安らぐ遍路の旅

お遍路とは四国八十八箇所霊場を巡礼する旅のこと。
四国を1周する全行程は約1400㎞に及ぶ。
年間のべ10万人もの巡拝者がさまざまな想いを胸に
寺から寺へと移動していく。
ここでは各県のページでも触れられている寺を紹介。

第一番札所

霊山寺

▶P.792

徳島県

弘仁6（815）年に弘法大師空海が訪れ、修行をした寺院。1番札所だけに、隣接する総合案内所ではお遍路に必要な持ち物をすべて揃えることができる。

第二十九番札所

国分寺

▶P.846

高知県

国分寺は聖武天皇の勅願によって天平13（741）年に行基が建立。空海が真言宗の寺として復興させた。『土佐日記』の作者紀貫之の赴任先としても知られている。

info お遍路の道すがらで地元の人たちからお茶やお菓子を振舞われることがある。これは「**お接待**」とよばれる風習で、原則断ってはならない。お接待を頂いたら合掌して感謝の意とともに自分の**納札を1枚渡す**のが礼儀。

第三十一番札所

竹林寺

高知県 ▶P.844

生い茂る木々と苔の緑が印象的な寺院。お遍路ビギナー向けに歴史をはじめ、巡拝方法や心構えを学べる遍路体験も行なっている（要予約）。

第四十五番札所

岩屋寺

愛媛県 ▶P.829

奇岩に囲まれた山岳霊場。参道入口から本堂までは坂道が徒歩20分程度と体力を要するが、途中には見どころも多い。本堂は巨岩に埋め込むように建てられている。

第六十六番札所

雲辺寺

▶P.808 徳島県

雲辺寺ロープウェイの山頂駅を出てすぐ。四国八十八箇所の最高所にあり、四国高野と呼ばれる。徳島県にあるが、香川県の第1番札所になっている。

第七十五番札所

善通寺

▶P.811 香川県

大同2（807）年の創建。弘法大師生誕とされる場所には御影堂が建っている。境内には宿坊もあり宿泊も可能。昼食限定で精進料理も提供される（要予約）。

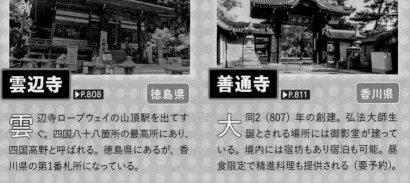

info お遍路中に酒色やギャンブルに耽溺することはタブー。そのほか生き物を殺してはいけないなど、守るべき「十善戒」というものがある。加えてトイレなど不浄なところには金剛杖や笠、数珠、輪袈裟などを持ち込んではいけない。

徳島県

TOKUSHIMA

徳島市

徳島県

人口	72万人(全国44位)
面積	4147km²(全国36位)
県庁所在地	徳島市
県花	すだちの花

すだちくん
平成5(1993)年の東四国国体のマスコットとして登場
承認番号:万第22-4号

すだちの花
5月頃に白い花を咲かせる

四国の東部に位置する徳島県。東は紀伊水道に面し、山地が多く全面積のおよそ8割を占める。祖谷のかずら橋**P.787****をはじめ、険しい山地ならではの風景も多く見られる。一方で南部の南阿波エリアは大海原の開放的な風景が印象的。文化面では藍づくりや和紙づくりなど伝統工芸が盛ん。大鳴門橋で兵庫県淡路島と結ばれており、関西方面からの四国の玄関口となっている。おもな特産品はすだちや半田そうめんなど。**

旅の足がかり

徳島市

徳島県東部に位置する県庁所在地。江戸時代には徳島藩の城下町として栄え、幕末には藍産業が盛んとなり国内で人口が上位10位に入るほど発展を遂げた。市内を川が多く流れており、徳島駅がある中心部はひょうたん島と呼ばれる中洲になっている。市の中央にはシンボルの**眉山**P.788がそびえ、風光明媚な景観を見せる。毎年盆の時期に開催される**阿波おどり**P.778には日本全国から多くの観光客が集まり、一年を通しても最高潮の盛り上がりを見せる。

鳴門市

四国の東端に位置し、神戸淡路鳴門自動車道の四国側玄関口となっている。ダイナミックな鳴門の**うず潮**P.784が有名で、観潮船や展望台から観察可能。そのほか**大塚国際美術館**P.786や**鳴門市ドイツ館**P.790など四国を代表する観光スポットも多く、一日中滞在して楽しめる。鳴門鯛や鳴門わかめなど、海の恵みを感じさせる名物やグルメも多数。

三好市

平成18(2006)年に三野町、池田町、山城町、井川町、東祖谷山村と西祖谷山村が合併して発足。四国のほぼ中央に位置しており、四国4県の市町村の中で最大の面積を誇る。**大歩危・小歩危**P.787、**祖谷のかずら橋**P.787など豊かな観光資源を有する。この地域一帯に平家落人伝説が伝承されており、まさに秘境といった趣の風景を多く見せる。

地理と気候

面積の小さな県だが、地形の影響で複雑かつ多様な気候となっている。年間の平均気温は南東の海岸部が最も温暖で、西の山間部に行くほど冷涼な気候。海岸部と山間部とでは約4°Cの気温差がある。

【夏】エリアによっても異なるが、総じて日照時間が長いのが特徴。紫外線対策を施しての観光や散策がマストだ。

【冬】冬は県内の山間部(剣山山頂は除く)と沿岸部の月平均気温の差が大きくなり、ときには7°Cにも達することもある。

アクセス

東京から ▸▸▸	所要時間
飛行機 羽田空港▶徳島空港	1時間15分
高速バス 東京駅▶徳島駅	9時間30分

大阪から ▸▸▸	所要時間
高速バス なんば駅▶徳島駅	3時間

兵庫から ▸▸▸	所要時間
高速バス 三宮駅▶徳島駅	1時間50分
高速バス 高速舞子▶高速鳴門	50分

香川から ▸▸▸	所要時間
JR線 高松駅▶徳島駅（特急うずしお）	1時間10分
高速バス 高松駅▶徳島駅	1時間30分

高知から ▸▸▸	所要時間
JR線 高知駅▶阿波池田駅（特急しまんと、南風）	1時間10分
高速バス 高知駅▶徳島駅	2時間50分

愛媛から ▸▸▸	所要時間
高速バス 松山駅▶徳島駅	3時間20分

県内移動

▶徳島から鳴門へ

高徳線の高松方面行きで池谷駅まで行き鳴門線に乗り換えて約35分。

徳島バスの「鳴門公園」「小鳴門橋」「ウチノ海総合公園」行きで鳴門駅前まで約35分。1時間に2便程度の運行。

▶阿波池田から祖谷方面へ

阿波池田バスターミナルから大歩危駅、かずら橋を経由して終点の久保を結ぶ四国交通バス祖谷線のバスは午前2便、午後2便の4便のみ。

▸▸▸アクセス選びのコツ

高徳線の特急**うずしお**は香川県の高松駅と徳島駅を1時間強で結ぶ。岡山発の便もある。土讃線の特急で高知駅と岡山駅を結ぶ**南風**、高知駅と高松駅を結ぶ**しまんと**は徳島県内では大歩危駅と阿波池田駅に停車する。

神戸、大阪など関西方面、高松、松山、高知など四国域内の主要都市への移動のメインは高速バス。**徳島バス**、**四国交通**などが運行。主要都市で乗車できるが、徳島県内で降車できないので県内移動には向かない。

徳島空港と羽田空港とを結ぶ便が1日10便程度。福岡空港とは1日2便程度。

徳島港と和歌山港を約2時間10分で結ぶフェリーが1日8便程度運航している。和歌山港で南海電車と接続しており、和歌山市駅乗り換えで大阪なんば駅まで行ける。

交通路線図

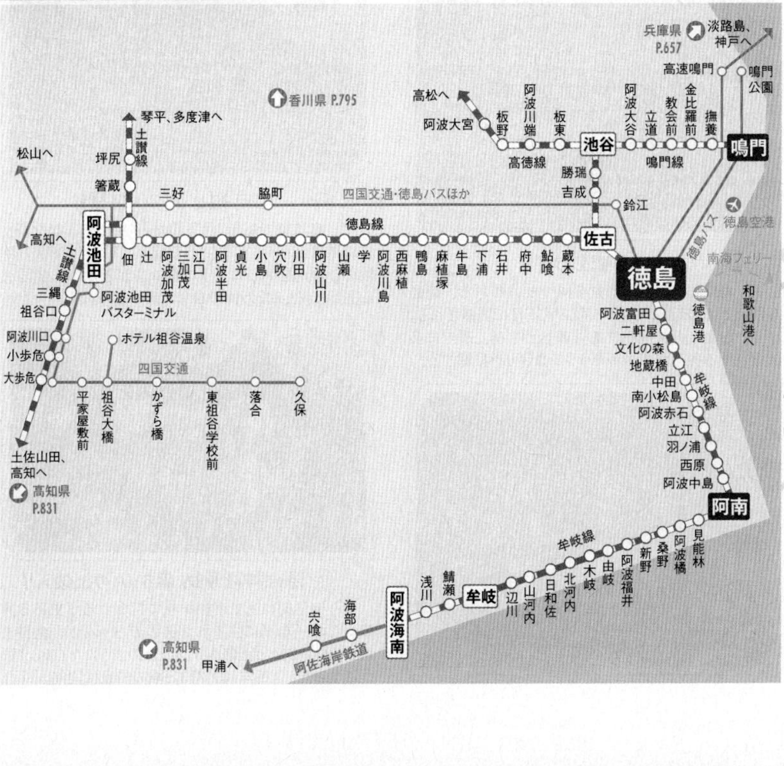

兵庫県 P.657　淡路島、神戸へ
香川県 P.795
高松へ　琴平、多度津へ　松山へ　高知へ
高徳線：阿波大宮、板野、阿波川端、板東、池谷、高速鳴門、鳴門公園
鳴門線：池谷、阿波大谷、立道、教会前、金比羅前、撫養、鳴門
勝瑞、吉成、佐古、鈴江
四国交通・徳島バスほか：三好、脇町
徳島線：佃、辻、阿波加茂、三加茂、江口、阿波半田、貞光、小島、穴吹、川田、阿波山川、山瀬、学、阿波川島、西麻植、鴨島、麻植塚、牛島、下浦、石井、府中、鮎喰、蔵本、佐古、徳島
土讃線：坪尻、箸蔵、阿波池田、三縄、祖谷口、阿波川口、小歩危、大歩危、土佐山田、高知へ
阿波池田バスターミナル　ホテル祖谷温泉
四国交通：大歩危、平家屋敷前、祖谷大橋、かずら橋、東祖谷学校前、落合、久保
高知県 P.831
徳島空港　徳島バス　南海フェリー　徳島港　和歌山港へ
牟岐線：徳島、阿波富田、二軒屋、文化の森、地蔵橋、中田、南小松島、阿波赤石、立江、羽ノ浦、西原、阿波中島、阿南、見能林、阿波橘、桑野、新野、阿波福井、由岐、木岐、北河内、日和佐、山河内、辺川、牟岐、鯖瀬、浅川、阿波海南
阿佐海岸鉄道：阿波海南、海部、宍喰、甲浦へ
高知県 P.831

徳島県

うちの県は ここがすごい

一 日本一低い自然の山がある

徳島市にある弁天山は標高6.1mと、天然自然の山では日本一低い山。国土地理院の地形図に記載され、山の名も書き込まれている。標高6.1mにちなんで6月1日には山開きも行われる。

二 生椎茸の生産量日本一

令和2（2020）年の農林水産省情報統計によると生椎茸の生産量は徳島県が日本一。全国シェアは13.7%にものぼる。生産量がすごいのは、実はすだちだけではないのだ！

三 LEDの先進地域

高輝度青色LEDを世界で初めて製品化しLED生産量で世界トップレベルを誇るLED素子メーカーをはじめ、LEDを用いたさまざまな応用製品を開発する150社以上が徳島県に集積している。

イベント・お祭り・行事

① 阿波おどり

400年を超える歴史を持つといわれる、徳島市が誇る伝統芸能。毎年8月12～15日に開催される。ひとつの踊りのグループを「連」と呼び、市内に多数存在する各連がエネルギッシュな踊りを披露する。

② 元祖ビッグひな祭り

勝浦町で毎年2月下旬から4月上旬、ひな祭りの時期に合わせて開催される行事。ピラミッド状の百段のひな壇を中心に大小のひな壇が置かれ、全国から寄せられた約3万体のひな人形が飾られる。

③ 湊柱神社奉納 赤ちゃんの土俵入り

海陽町にある湊柱神社で行われる歴史ある神事。この一年間に生まれた男の赤ちゃんが、化粧まわしを付け次々と土俵入り。力士のようにたくましく育つことを願う。毎年10月第3日曜の前日に開催。

フィッシュカツ

徳島近海で取れた太刀魚やエソなどの白身魚のすり身に、カレー粉などの調味料で味付けしパン粉をまぶして揚げたもの。「カツ」といえばフィッシュカツを指すほど定着している。

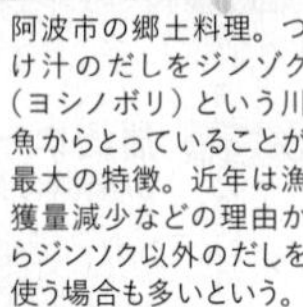

たらいうどん

阿波市の郷土料理。つけ汁のだしをジンゾク（ヨシノボリ）という川魚からとっていることが最大の特徴。近年は漁獲量減少などの理由からジンゾク以外のだしを使う場合も多いという。

鳴門鯛の造り

潮流の速い鳴門海峡でもまれたマダイは「鳴門鯛」と呼ばれ一級品とされている。身が引き締まり、歯ごたえがあるのが特徴。刺身のほか、煮付けや焼きで味わうのも美味だ。

地元っ子愛用
ローカル味

阿波の香りすだち酎

香り高い天然のすだち果汁を100%使用したお酒。すがすがしい香りとさわやかな酸味、ほのかな苦みを感じられる。ソーダ割りなど好みの飲み方で楽しもう。

半田手延めん

やや太めでコシが強いのが半田そうめんの特徴。製造元のひとつである**北室白扇**は昔ながらの手延べ麺づくりを継承し、素朴で実直なおいしさを届け続けている。

もらえば笑顔
定番みやげ

竹ちくわ

徳島のちくわは竹にささったまま販売されていることが多く、他県民からすると新鮮。**谷ちくわ商店**は天然の竹を用い、こんがりとちくわを焼き上げている。竹つきのままかじるのが最高！

元祖銘菓なると金時

徳島産のなると金時で作ったスイートポテトを黒糖生地で包んだ、なると金時にそっくりのまんじゅう。鳴門金時を出荷するダンボールを模したパッケージも楽しい。

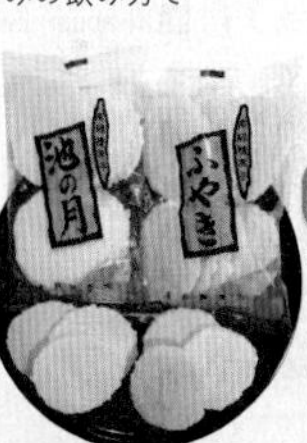

ふやき 池の月

徳島には嫁入りの際、実家や嫁ぎ先の近所の人々にふやきせんべいなど「花嫁菓子」を配る風習があったという。ふやきにくらべて薄く、丸い形をしている池の月も人気。

匠の技が光る
伝統工芸

阿波和紙

およそ1300年前、阿波忌部氏により始まったと伝えられる。水に強く、破れにくいのが特長。また、手漉きならではの独特の美しさから多くの人に愛用されてきた。

阿波藍

徳島県は、藍染めの元となる藍染料「蒅（すくも）」づくりの本場。現在もその伝統が継承されており、藍染めの青は「JAPAN BLUE」として海外にも名を轟かす。

Ans. ビールがあふれそう！

1泊2日で巡る 徳島県

1日目

初日は2大都市である徳島市&鳴門市の観光名所を巡る。2日目はレンタカーを借り、秘境感漂う大歩危・祖谷エリアへ。

9:00 JR徳島駅

徒歩10分

9:15 **眉山ロープウエイ** ▶P.788 山麓駅に到着

阿波おどり会館の5階からロープウエイが発車。眉山公園を目指す。

ロープウエイ6分

徳島市街を見渡せる

9:45 徳島市のシンボル **眉山山頂**に到着

眉山山頂は眉山公園として整備されており、市民憩いの場となっている。

ロープウエイ6分

10:45 ロープウエイを降りて **阿波おどり会館**を見学 ▶P.786

11:00からの阿波おどり公演を楽しむ（公演スケジュールは公式サイト URL awaodori-kaikan.jp で確認）。

徒歩10分

ライスによく合う濃厚スープがヤミツキ！

12:00 **徳島ラーメン**の ▶P.782 名店でランチ

徳島市内に点在する徳島ラーメンの店で昼食。生卵トッピングも忘れずに。

鉄道35分＋バス20分

14:30 大型観潮船 **わんだーなると**に乗船 ▶P.784

うず潮が目の前

わんだーなるとに乗り込み、鳴門のうず潮を間近に観察しよう。

バス or タクシー6分＋徒歩8分

16:30 **渦の道**から ▶P.785 鳴門海峡を見下ろす

鳴門海峡に架かる大鳴門橋の海上遊歩道から鳴門海峡を眼下に。

徒歩9分＋バス10分

17:45 アクティビティも満載の **アオアヲ ナルト リゾート**へ

おすすめ！泊まるならココ

一日中ステイしたい 体験メニュー満載のリゾートホテル

アオアヲ ナルト リゾート

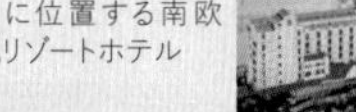

瀬戸内海国立公園内に位置する南欧風リゾートホテル

潮風の響きに癒やされる露天風呂「縹」〜はなだ〜

徳島の伝統工芸阿波藍染で彩る「阿波藍ルーム」

瀬戸内海国立公園内に位置するビーチフロントリゾート。夏はプライベートビーチでの海水浴、秋は鳴門金時芋掘りなど、季節ごとの遊びや体験が充実。天然温泉は、潮騒に癒やされる1階露天風呂「縹（はなだ）」と海を眺めてくつろげる8階展望露天風呂「瑠璃（るり）」がある。

- 住 鳴門市鳴門町土佐泊浦大毛字16-45
- TEL 088-687-2580
- 交 JR鳴門駅から無料送迎バスで約15分（要予約）
- 料 1万6150円（2名1室利用時）〜
- URL www.aoawo-naruto.com

2日目

9:00 レンタカーをピックアップ

鳴門駅周辺の支店でピックアップできなければ、鳴門駅からバスで15分ほどの徳島空港に多くあるレンタカーオフィスへ行くのも手。

車 60分

10:30 うだつが上がる
脇町の町並みを歩く ▶P.789

藍産業で栄えた地区で、現在もうだつが上がる伝統的建造物も多く見られる。

車 90分

13:00 観光前に
祖谷そばで腹ごしらえ ▶P.783

祖谷産のそば粉を使った郷土料理。つなぎは使わず通常のそばより麺が太い。

徒歩 すぐ

13:30 **祖谷のかずら橋**は ▶P.787
外せない観光名所

踏み板と踏み板のすき間からは祖谷川の急流が。勇気を振り絞って渡ろう。

スリル満点!

車20分

15:00 祖谷渓のシンボル
小便小僧に
会いに行こう
▶P.792

せり出した崖に建つ小便小僧はぜひ写真に収めたい。秋の紅葉も美しい。

車 30分

15:45 **道の駅 大歩危**で ▶P.791
渓谷美と妖怪屋敷を満喫

テラスからは大歩危峡を一望。妖怪屋敷と石の博物館を併設している。

世界妖怪協会 水木しげる会長も 怪遺産として認定

車 100分

19:00 徳島空港でレンタカーを返却

じっくり時間をかけて鑑賞したい ▶P.786

大塚国際美術館

約1000点の陶板名画を展示する。鑑賞ルートの全長はなんと約4kmにわたり、一つひとつ鑑賞していくとすぐに日が暮れてしまう。スケジュールが許すならば、もう1泊してゆっくり見学したい。

ゴッホ"7つのヒマワリ"展示室
※写真は大塚国際美術館の展示作品を撮影したものです。

おすすめ! 泊まるなら ココ

ケーブルカーでしかたどり着けない
静寂な谷底の露天風呂へ

和の宿 ホテル祖谷温泉

紅葉のなかをゆっくり進む専用のケーブルカー

祖谷川と一体になったかのような気分にさせてくれるせせらぎの湯

客室からも祖谷渓の壮大な眺めを一望できる

祖谷川のほとりにある露天風呂へは大パノラマを一望しながら断崖を下る専用ケーブルカーで。渓谷を眺望できるテラスからも大自然を満喫。山菜・蕎麦・雑穀など自然の恵みを感じられる夕食も楽しみ。

住 三好市池田町松尾松本367-28
TEL 0883-75-2311
交 JR大歩危駅から送迎車で約30分(要予約)
料 1泊2食付1万9950円~
URL www.iyaonsen.co.jp

徳島県の歩き方

▶**徳島市広域観光案内ステーション「とくしま旅づくりネット」**
住 徳島市元町1-24
(徳島駅前アミコビル地下1階)
TEL 088-635-9002
開 10:00〜19:00　休 1/1
URL kawanies.net

▶**和歌山港と徳島港を結ぶ南海フェリー**
和歌山港と徳島港を結ぶ航路で、中心都市である徳島市にダイレクトアクセス可能。長距離運転を避けることができ、ドライバーも楽だ。特に2019年に就航したばかりの「フェリーあい」は、リクライニングシートや快適なグリーン席など最新の設備を用意し快適な船旅ができる。
料 2200円(自動車航送運賃別)
URL nankai-ferry.co.jp

新造船のフェリーあい

▶**鳴門市うずしお観光協会**
住 鳴門市撫養町
南浜字東浜165-10
TEL 088-684-1731
開 9:00〜17:00　休 12/29〜1/3
交 JR鳴門駅から徒歩10分
URL www.naruto-kankou.jp

徳島エリア

「水都」として知られる徳島市

阿波おどり会館P.786やひょうたん島クルーズP.788の乗船場、**徳島市立徳島城博物館**P.789など市内のおもな観光名所のほとんどがJR徳島駅から徒歩圏内と、とてもコンパクト。**徳島県立阿波十郎兵衛屋敷**P.788へは徳島市営バスの利用が便利。県内の他エリアへの移動も徳島駅が拠点となる。徳島駅から鳴門公園行きの直通バスもあり、鳴門を観光する際はこちらの利用も検討したい。

▶徳島空港から町の中心まで

徳島阿波おどり空港は徳島市と鳴門市のほぼ中間に位置している。空港と徳島駅前を約30分で結ぶリムジンバスを運行。発着便に合わせたダイヤ設定になっている。

グルメ

徳島ラーメン　戦後1949年頃に徳島市の屋台から発祥したとされるご当地ラーメン。醤油豚骨の茶色のスープが特徴で、茶系・黄色系・白系の3つに大きく分類される。生卵をトッピングするのが定番。

徳島市内を中心に専門店が多数点在

鳴門(なると)エリア

鳴門公園が代表的な観光地

神戸淡路鳴門自動車道の四国側玄関口であり、神戸から淡路島を経由して、鳴門公園口でも下車できる徳島駅前行きのバスがある。関西や東海から四国へアクセスする際は便利だ。JR鳴門駅から観光の中心である鳴門公園まではバスで30分ほど。

グルメ

鳴ちゅるうどん　鳴門市のご当地うどん。麺が細くて柔らかく、不揃いな形をしているのが特徴だ。鳴門名物のわかめやちくわが入る場合も多い。

具はネギときざみ揚げが基本

info うず潮を観潮できる確率が高いのは1日2回。満潮時と干潮時の前後1〜2時間が狙い目だ。潮見表はわんだーなるとP.784や渦の道(URL www.uzunomichi.jp)のウェブサイトにも掲載されているので、事前に計画して訪れたい。

日本全国津々浦々〜道の駅巡り〜

第九の里

地場産品の販売やドイツにちなんだ食事を提供する

鳴門市ドイツ館 P.790に隣接する道の駅。物産館として使用されている建物は旧板東俘虜(ふりょ)収容所を移築したもので、国登録有形文化財。

軽食コーナーではドイツにちなんだ食事も提供する。

▶道の駅 第九の里
住 鳴門市大麻町桧東山田53
TEL 088-689-1119
開 9:00〜17:00
休 毎月第4月曜(祝日の場合は翌日)
交 JR**板東駅**から徒歩25分
URL www.daikunosato-bussankan.jp

大歩危(おおぼけ)・祖谷(いや)エリア

平家落人伝説が残る山深い地域

徳島県内でも最も山深いエリア。JR大歩危駅から**祖谷のかずら橋** P.787など、有名観光地へのバスが出ているものの本数は少ない。自由度高く観光するならレンタカーが無難だろう。**奥祖谷二重かずら橋** P.791など、奥祖谷にも足を延ばしたい。

グルメ

祖谷そば 昼と夜の寒暖差が激しくそばの栽培に適している祖谷地方。この地域で収穫されたそばで作られた祖谷そばは、つなぎは使わず太めなのが特徴。

祖谷のかずら橋周辺でも味わえる

山城の妖怪伝説

三好市山城町は児啼爺(こなきじじい)をはじめ、多くの妖怪たちのふるさと。険しい自然が残る環境において、子どもたちが危険な場所に近づかないようにするために妖怪伝説が継承されてきたと言われる。**道の駅 大歩危 妖怪屋敷と石の博物館** P.791では、そんな妖怪伝説の一端に触れられる。

妖怪屋敷と石の博物館は必見

▶大歩危駅観光案内所
住 三好市西祖谷山村徳善西6
TEL 0883-84-1301
開 9:00〜16:00
休 木曜、年末年始
URL miyoshi-tourism.jp

南阿波エリア

太龍寺へはロープウエイでアクセス

絶景が広がる**蒲生田岬** P.793をはじめ、「西の高野」とも称される**太龍寺** P.793など見どころが多彩なエリア。徳島駅から阿南駅まではおよそ30分に1本列車が運行されているが、それ以遠は本数が少なくなるので注意が必要。新交通システム**DMV**の運行が開始され、土・日曜・祝日は**阿佐海岸鉄道**の阿波海南文化村駅から高知県の**室戸岬** P.840まで乗り換えなしで行ける。

便利情報

「鉄道モード」と「バスモード」の2つで線路も道路も走行する「DMV」を運行開始。阿佐東線を幹線にし、阿波海南文化村と道の駅宍喰温泉間などを結ぶ。

DMVとはデュアル・モード・ビークルの略

天空の村 かかしの里

奥祖谷の名頃地区には民家やバス停などいたるところにかかしがたたずんでおり、その数なんと300体以上。農作業をしたり、井戸端会議をしたり、まどろんだり。生活感あふれるかかしたちの姿に思わず癒やされる。遠くから見ると本物の人と見間違えてしまうかかしもあり、思わずドキッとする。

縁側でくつろぐかかし

▶阿佐海岸鉄道
TEL 0884-76-3700
開 室戸岬方面は土・日曜・祝日の10:57阿波海南文化村駅発、12:24海の駅とろむ着。復路は海の駅とろむ13:35発、15:06阿波海南文化村駅着の1往復のみ運行
URL asatetu.com

info 2021年12月に阿佐海岸鉄道阿佐東線を幹線とするDMVが世界初の営業運行を開始した。道路と線路の間にはモードインターチェンジが設置され、およそ15秒でモードチェンジできる。アトラクション感覚で楽しめそうだ。

徳島県の見どころ

船から橋から展望台から うず潮を極める

ZOOM UP!

鳴門エリア

流れの早い鳴門海峡の名物は、なんといっても大迫力のうず潮だ。海底奥深く、吸い込まれそうな青い水流、美しい大鳴門橋とのコラボレーションも見事な景観を作り出す。

早い潮流のなかでも驚異のパワーを見せる大型船

大鳴門橋に一番近い展望台

千畳敷展望台（せんじょうじきてんぼうだい）

鳴門市と淡路島を結ぶ橋として1985年に開通した、橋長1629mの大鳴門橋が目前に迫る。橋をほぼ正面から眺めることができ、記念撮影スポットとしても人気。その日の満潮と干潮の目安時間を知らせる案内板も掲げられており、ここからうず潮を観察するのもおすすめだ。

住 鳴門市鳴門町鳴門公園内
TEL 088-684-1157
（鳴門市観光振興課）
開 入場自由
交 JR**鳴門駅**からバスで25分の**鳴門公園**下車、徒歩すぐ

迫力満点のうず潮を至近距離から観察!

大型観潮船 わんだーなると（おおがたかんちょうせん わんだーなると）

亀浦観光港から出航する定員395名の大型船。総トン数197トンの船に1基1000馬力のエンジンを2基搭載しており、パワーが自慢だ。鳴門海峡の早い潮流のなかでも力強く進んでいき、うず潮の真上まで安全に大接近してくれる。潮流最速時（ウェブサイトの潮見表を参照）の前後1.5時間くらいまでに乗船すると迫力あるうず潮を見られる可能性が高くなる。

住 鳴門市鳴門町土佐泊浦大毛264-1 亀浦観光港
TEL 088-687-0101（鳴門観光汽船）
開 9:00～16:20の40分毎に出港　休 荒天時　料 1800円、1等船室は＋1000円　交 JR**鳴門駅**からバスで20分の**鳴門観光港**下車、徒歩すぐ　URL www.uzusio.com/geton

見どころMAP

美馬市脇町
デ・レイケ公園 P.790
脇町劇場 オデオン座 P.790
川北街道
美馬警察署
脇町 うだつの町並み P.789
吉野川
徳島線　穴吹駅
193
0　1km

鳴門市
千畳敷展望台 P.784
大鳴門橋遊歩道 P.785 渦の道
大型観潮船 わんだーなると P.784
鳴門海峡
大塚国際美術館 P.786
鳴門北IC
神戸淡路鳴門自動車道
鳴門駅
0　1km

P.790 鳴門市ドイツ館
P.792 霊山寺
藍住町歴史館 P.792 藍の館
大歩危・小歩危 P.787
祖谷渓の小便小僧 P.792
阿波和紙 伝統産業会館 P.790
落合集落展望所 P.793
徳島県立 阿波十郎兵衛屋敷 P.788
奥祖谷 P.791 二重かずら橋
太龍寺 P.793
P.787 祖谷のかずら橋
剣山 P.792
琵琶の滝 P.792
蒲生田岬 P.793
日和佐 うみがめ博物館 P.793 カレッタ
P.793 轟の滝
出羽島 P.791

大歩危
小歩危へ
P.791 平家屋敷 民俗資料館
吉野川
P.791 道の駅大歩危 妖怪屋敷と石の博物館
32
土讃線
大歩危駅
四国まんなか 千年ものがたり P.789
0　500m

徳島市中心部
徳島市立 徳島城博物館 P.789
高徳線
徳島駅
新町川
P.786 阿波おどり会館
徳島市役所
牟岐線
眉山ロープウエイ P.788
ひょうたん島 クルーズ P.788
0　500m

高さ45mからうず潮を見下ろす

大鳴門橋遊歩道 渦の道（おおなるときょうゆうほどう うずのみち）

鳴門海峡に架かる大鳴門橋の橋桁内（車道の下）に造られた海上遊歩道。タイミング次第では、**海上45mのガラス床**からうず潮を観察できる。真上の角度からのぞき込むうず潮は迫力満点で、吸い込まれそうなドキドキ感を味わえる。遊歩道の左右両側は、橋本体への風圧の影響を軽減するため網構造になっており、潮風を感じられる。

住 鳴門市鳴門町（鳴門公園内）
TEL 088-683-6262
開 3～9月9:00～18:00
（GW、夏休み期間8:00～19:00）
10～2月9:00～17:00
休 3･6･9･12月の第2月曜
料 510円
交 JR**鳴門駅**からバスで20分の**鳴門公園下車**、徒歩5分
URL www.uzunomichi.jp

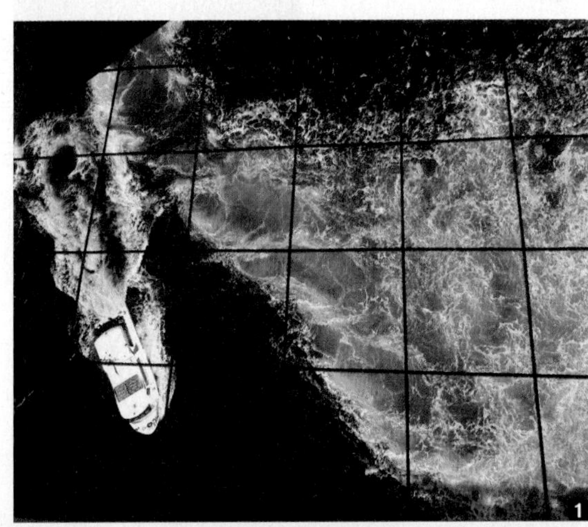

1. ガラス張りの床の上に立つと思わず足がすくむ 2. 中央展望室のガラス張りの床からは鳴門海峡を見下ろせる 3. 海の景色を楽しめる全長約450mの遊歩道

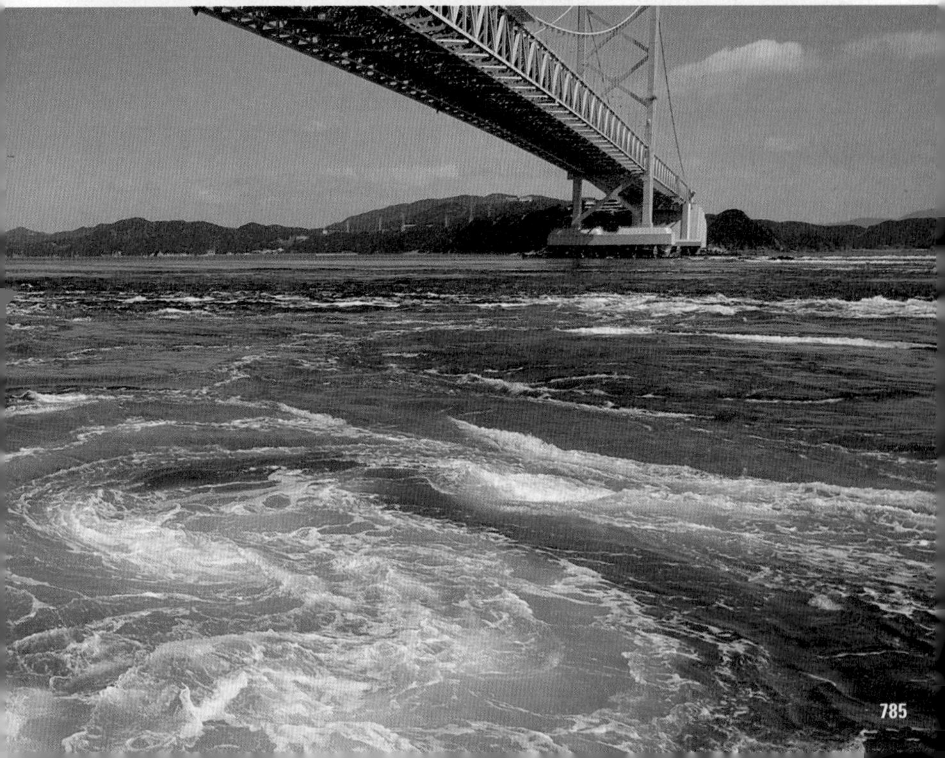

世界の名画を陶板で原寸大に再現

鳴門エリア

大塚国際美術館(おおつかこくさいびじゅつかん)

日本最大級の常設展示スペースを誇る**陶板(とうばん)名画美術館**。レオナルド・ダ・ヴィンチ作「モナ・リザ」「最後の晩餐」やヤン・フェルメール作「真珠の耳飾りの少女」など、教科書や美術書などで目にしたことのある西洋名画の数々を日本にいながらにして鑑賞できる。また、圧巻のスケールで再現されたミケランジェロ作「システィーナ礼拝堂天井画および壁画」は特に必見。また、退色劣化しない陶板の特性を活かしたモネの「大睡蓮」を自然光が降り注ぐ屋外で鑑賞できる。陶板名画はすべて記念撮影OK。カフェで休憩しながら、時間をかけて鑑賞したい。

ミケランジェロ作「システィーナ礼拝堂天井画および壁画」

世界の名画が一堂に会している

▶大塚国際美術館
住 鳴門市鳴門町 鳴門公園内
TEL 088-687-3737
開 9:30〜17:00
※入場券の販売は16:00まで
休 月曜（祝日の場合は翌日）、1月は連続休館あり、そのほか特別休館あり。8月は無休
料 3300円
交 JR**鳴門駅**からバス15分の**大塚国際美術館前**下車、徒歩すぐ
URL www.o-museum.or.jp
※写真は大塚国際美術館の展示作品を撮影したものです。

レオナルド・ダ・ヴィンチ作「モナ・リザ」

正面玄関。鑑賞ルート全長は約4kmにも及ぶ

阿波おどりの熱気に満ちた空間

徳島エリア

阿波おどり会館(あわおどりかいかん)

一年を通して**阿波おどり**P.778の熱気や魅力を感じられる徳島市のランドマーク的スポット。

2階のホールでは会館専属連（昼の公演）と有名連（夜の公演）による阿波おどりの実演を見ることができる。阿波おどりの基本的な踊り方をレクチャーしてくれるコーナーもあり、ホール一体となって盛り上がる。3階はミュージアムになっており、阿波おどりの歴史などを楽しく学べる。1階には徳島県の名産品を多く販売する「あるでよ徳島」がある。また、**眉山ロープウェイ**P.788もこの建物から発着。

連日阿波おどりの公演を開催しており、大いに盛り上がる

▶阿波おどり会館
住 徳島市新町橋2-20
TEL 088-611-1611
開 9:00〜21:00（要問い合わせ）
休 2･6･10月の第2水曜（祝日の場合は翌日） 料 無料
交 JR**徳島駅**から徒歩10分
URL awaodori-kaikan.jp
▶あわおどり公演
公演スケジュールは公式サイトで要確認
開 11:00、14:00、15:00、20:00より40分
料 昼公演800円、夜公演1000円

県内でも随一のみやげ物の品揃えを誇る「あるでよ徳島」

info **大塚国際美術館**で見られる**陶板名画**とは原画を撮影したポジフィルムを転写紙に印刷し、陶板に転写して焼成したもの。オリジナル作品に比べ退色劣化のリスクが少なく、文化財の記録保存の観点からも優れているという。

吉野川の急流が生んだ渓谷美

大歩危・祖谷エリア

大歩危・小歩危(おおぼけ・こぼけ)

およそ2億年の時を経て、四国山地を横切る**吉野川**の激流によって形成された約8kmにわたる渓谷。

名前の由来は、断崖を意味する古語「ほき(ほけ)」から付けられたという説と、「大股で歩くと危ないから大歩危」、「小股で歩いても危ないから小歩危」という説がある。大歩危峡は国指定の天然記念物・国指定名勝に指定されている。

両岸に1000m級の山地がそびえ、V字のようになっている

ラフティングやSUP(サップ)など、リバースポーツを楽しむ人も多い。吉野川の支流では、沢登りや滝すべりなどスリル満点の体験ができるシャワークライミングも盛ん。奇石や巨岩が目前に迫る渓谷美を気軽に楽しめる観光遊覧船も運航。

▶大歩危・小歩危
住 三好市山城町重実～上名
TEL 0883-70-5804(三好市観光協会)
開 入場自由
交 JR**大歩危駅**から車で5～20分
URL miyoshi-tourism.jp

紅葉シーズンは多くの観光客が訪れる

リバースポーツが盛ん

祖谷川に架かるワイルドな吊橋

大歩危・祖谷エリア

祖谷のかずら橋(いやのかずらばし)

重さ約6トンの**シラクチカズラ**を編み連ねて造られる、長さ45m・幅2m・水面上14mの吊橋。

踏み板と踏み板のすき間からは流れる川面や川岸がはっきりと見える上に足を踏み出すたびにゆらゆらと揺れ、なかなかのスリルだ。

かつては深山渓谷地帯で唯一の交通施設であり、この地域の住民にとってなくてはならない存在だったそうだ。昭和29(1954)年に国指定重要有形民俗文化財に指定されており、3年毎に架替えが行われる。

橋の14m下には祖谷川が流れる

毎日19:00～21:30にライトアップされ、闇夜のなかに照らされた**かずら橋**は幻想的(この時間帯は渡橋不可)。

▶祖谷のかずら橋
住 三好市西祖谷山村善徳162-2
TEL 0883-76-0877(三好市観光案内所)
開 8:00～18:00(季節により変動)
休 無休　料 550円
交 JR**大歩危駅**からバスで40分の**かずら橋**下車、徒歩2分
URL miyoshi-tourism.jp/spot/iyanokazurabashi

踏み板の間隔は思いのほか広くスリル満点

ライトアップも実施される

info 400年以上の歴史を有する**阿波おどり**。お盆前後に徳島県の各地で開催されるが、一番盛り上がりを見せるのは徳島市の阿波おどりだ。1年以上前から予約が入る宿もあるので、開催期間中に宿泊する場合は早めの予約がおすすめ。

徳島市街を一望できる山頂へ

徳島エリア

眉山ロープウエイ

眉に似たなだらかな形状からその名が付けられたという、標高290mの眉山。山頂一帯には**眉山公園**が広がっており、春は桜、秋は紅葉などが美しい市民憩いの場となっている。車でアクセスできるほか、眉山ロープウエイを使って空中散歩を楽しむのもおすすめ。山頂の公園からは徳島市街を一望することができ、特に夜景の美しさは見事。

2両編成のカラフルでかわいいゴンドラ

▶眉山ロープウエイ
住 徳島市新町橋2～眉山町
TEL 088-652-3617
開 4～10月9:00～21:00
　11～3月9:00～17:30
休 無休　料 1030円
交 JR**徳島駅**から眉山ロープウエイ**山麓駅**まで徒歩12分
URL awaodori-kaikan.jp/bizan-ropeway

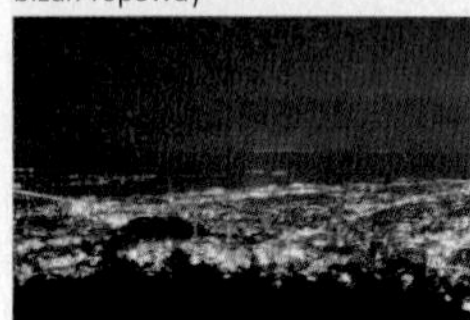

夜景百選にも選ばれている

「水都・徳島」の風景を水上から

徳島エリア

ひょうたん島クルーズ

新町川と助任川に囲まれた、**ひょうたん島**と呼ばれる中州を1周する遊覧船。美しく整備された川岸の公園やヨットハーバーなどを眺めることができ、徳島市が「水都」と呼ばれている所以がよくわかる。たくさんの橋を高さすれすれでくぐり抜けるのも楽しく、特に一番低い福島新橋をくぐり抜ける際は思わず身構えてしまう。

約30分かけて市街中心部をクルーズする

▶ひょうたん島クルーズ
住 徳島市南内町2
TEL 090-3783-2084(新町川を守る会)
開 11:00～15:40の40分毎に出航
休 無休(荒天時、増水時は欠航)
料 無料(保険料300円)
交 JR**徳島駅**から徒歩10分
URL www2.tcn.ne.jp/~nposhinmachigawa

いくつもの橋をくぐり抜ける

阿波人形浄瑠璃を毎日公演

徳島エリア

徳島県立阿波十郎兵衛屋敷

板東十郎兵衛の屋敷跡であり、**『傾城阿波の鳴門』**ゆかりの場所。国指定重要無形民俗文化財**「阿波人形浄瑠璃」**を毎日公演している。特に土・日曜・祝日は太夫や三味線奏者も出演し、臨場感抜群(平日はCD音源での演奏)。また、木偶や床本などの資料も豊富に展示。母屋の前には江戸時代から残る池泉鑑賞式庭園**「鶴亀の庭」**が残る。

「傾城阿波の鳴門　順礼歌の段」を定期上演

▶徳島県立阿波十郎兵衛屋敷
住 徳島市川内町宮島本浦184
TEL 088-665-2202
開 9:30～17:00
　(7・8月9:30～18:00)
休 無休　料 410円
交 JR**徳島駅**からバスで30分の**十郎兵衛屋敷**下車、徒歩すぐ
URL joruri.info/jurobe

人形の頭や衣装、三味線の道具などを展示

info 人形浄瑠璃「傾城(けいせい)阿波の鳴門」は、罪状も明らかにされぬまま藩の政策上の犠牲となって処刑された庄屋、**板東十郎兵衛**の名を借りてつくられたお家騒動の物語。**阿波十郎兵衛屋敷**は、板東十郎兵衛の屋敷跡だ。

城跡に建つ博物館で徳島の歴史を学ぼう 徳島エリア

徳島市立徳島城博物館

風格を感じる書院造り風の建築

徳島藩と藩主の蜂須賀家の関連資料を保存・展示する。常設展示室は藩政の変遷、大名のくらしと文化、城の構え、城下町のくらし、阿波水軍の活躍の5つのテーマで構成。歴史資料や美術工芸品や城の復元模型などを用いて、徳島の歴史をわかりやすく解説している。桃山様式の**旧徳島城表御殿庭園**もすばらしい。企画展も随時開催。

見事なうだつが上がる町並み 徳島エリア

脇町 うだつの町並み

藍商の集散地として栄えた美しい町並み

脇城の城下町として成り立ち、藍の集散地として栄えた地区。現在は明治時代頃のものを中心に江戸中期～昭和初期の伝統的建造物が建ち並んでいる。町家の両端に本瓦葺きで漆喰塗りの「**うだつ**」が多くみられるのが最大の特徴。豪商宅の内部を一般に公開する**藍商佐直・吉田家住宅**など、町内には見どころも多い。

渓谷美も堪能できる上質な観光列車 大歩危駅～多度津駅(香川県)ほか

四国まんなか千年ものがたり

大歩危・小歩危の渓谷美のなかを走る

美しい景色と地元食材を使った料理（食事は要予約）を楽しむことができる、「おとなの遊山」をコンセプトにした観光列車。古民家をモチーフにし、和の風情を感じさせるインテリアも印象的だ。吉野川に沿うように走行する区間もあり、**大歩危・小歩危** P.787 の渓谷美を眺めながらの鉄道旅。秘境駅として知られる坪尻駅ではスイッチバックも体験できる。

▶徳島市立徳島城博物館
住 徳島市徳島町1-8
TEL 088-656-2525
開 9:30～17:00
休 月曜（祝日の場合は翌日）
料 300円
交 JR**徳島駅**から徒歩7分
URL www.city.tokushima.tokushima.jp/johaku/index.html

藩主蜂須賀家旧蔵の美術工芸品も収蔵

▶脇町 うだつの町並み
住 美馬市脇町大字脇町
TEL 0883-53-8599（一般社団法人 美馬観光ビューロー）
TEL 0883-52-5610（美馬市観光交流課）
開 入場自由（一部有料施設あり）
交 JR**穴吹駅**から車で10分
URL www.city.mima.lg.jp/kankou/kankouannai/miru/0002.html

装飾性豊かなうだつが見られる

▶四国まんなか千年ものがたり
TEL 0570-00-4592（JR四国電話案内センター）
開 おもに土・日曜・祝日を中心に運行。運行日などの詳細はJR四国のウェブサイトを参照
料 多度津～大歩危4000円
善通寺琴平～大歩危3810円
（いずれも運賃、特急料金、グリーン料金を含む）
URL www.jr-shikoku.co.jp/sennenmonogatari

1号車「春萌の章」の内装

info **脇町**では多くの**うだつ**を見ることができる。うだつとは隣家との境に設けられた防火壁のこと。次第に装飾的な意味合いが強くなり、富や成功の象徴となった。「うだつが上がらない」の語源にもなっている。

伝統ある阿波和紙の魅力に触れる

徳島エリア

阿波和紙伝統産業会館

奈良時代に忌部氏が作った紙が朝廷に献上されたという記録があり、1300年以上伝統が受け継がれてきた**阿波和紙**。こちらでは手漉き実演や和紙アーティストの作品の見学、紙漉き体験ができる。2階ではさまざまなジャンルの講師を招いた体験教室なども随時開催。

阿波和紙の手漉き実演

▶阿波和紙伝統産業会館
住 吉野川市山川町川東141
TEL 0883-42-6120
開 9:00〜17:00
休 月曜（祝日の場合は翌日）
料 300円
交 JR**阿波山川駅**から徒歩15分
URL www.awagami.or.jp/hall/about/index.html

ショップなども併設している

本格的な舞台装置を備えた芝居小屋

徳島エリア

脇町劇場／オデオン座

西洋モダン風の外観ながら、回り舞台、奈落などを備えた本格的な**芝居小屋**。歌舞伎や歌謡ショー、映画上映などが行われ親しまれてきた。建物の老朽化などにより取り壊される予定だったが、山田洋次監督の映画作品のロケ舞台となったことを機に保存されることに。

現在も落語会などのイベントが行われる

▶脇町劇場／オデオン座
住 美馬市脇町大字猪尻字西分140-1
TEL 0883-52-3807
開 9:00〜17:00
休 火曜（祝日を除く）、イベント開催時は見学不可
料 200円
交 JR**穴吹駅**から車で10分
URL www.city.mima.lg.jp/kankou/kankouannai/miru/0001.html

オランダ人技師が築いた明治の防砂ダム

徳島エリア

デ・レイケ公園

明治政府に招かれた御雇い治水技術者であったオランダ人の**ヨハニス・デ・レイケ**の指導により、明治17(1884)年に築かれた砂防ダム。周囲はデ・レイケ公園として整備されており、オランダの象徴である風車が建てられている。4月には約1万5000本のチューリップが咲き誇る。

春にはデ・レイケ公園チューリップまつりが開催される

▶デ・レイケ公園
住 美馬市脇町大字脇町1391-2先
TEL 0883-52-5610（美馬市観光交流課）
開 入場自由
交 JR**穴吹駅**から車で10分
URL www.city.mima.lg.jp/kankou/kankouannai/miru/0007.html

徳島県に残る唯一のデ・レイケ指導による砂防ダム

ドイツ兵との友好の歴史

鳴門エリア

鳴門市ドイツ館

第一次世界大戦で捕虜となったドイツ兵の生活の様子を紹介した史料館で、ドイツ兵と地元民の交流を伝えている。ベートーベン作曲「交響曲第九番」日本初演の地としても知られており、館内の**第九シアター**ではドイツ兵の等身大ロボットによる第九の演奏も行われる。

1917年に建てられた板東俘虜収容所

▶鳴門市ドイツ館
住 鳴門市大麻町桧字東山田55-2
TEL 088-689-0099
開 9:30〜17:00（最終入場16:30）
休 毎月第4月曜（祝日の場合は翌日）
料 400円
交 JR**板東駅**から徒歩25分
URL doitsukan.com

演奏は10:00〜16:30の30分毎

info 第一次世界大戦時に日本軍の捕虜となったドイツ兵を収容した**板東俘虜（ふりょ）収容所**では、ドイツ兵の人権を尊重し、できるかぎりの自主的な生活を容認。ドイツ兵は住民とも交流し、打ち解けていた。

どこかユーモラスな妖怪たちに出会える　大歩危・祖谷エリア

道の駅 大歩危 妖怪屋敷と石の博物館

出没したとされる場所別に妖怪を展示

妖怪伝説が多く残る三好市山城町P.783にある**道の駅**で、妖怪屋敷と石の博物館を併設している。館内では少し怖くてどこかユーモラスな妖怪たちがお出迎え。石の博物館では、県の天然記念物に指定されている礫質片岩をはじめ、世界の珍しい石を展示。

▶道の駅 大歩危 妖怪屋敷と石の博物館
住 三好市山城町上名1553-1
TEL 0883-84-1489
開 9:00～17:00
休 12～2月の火曜（祝日の場合は翌日）　料 600円
交 JR**大歩危駅**から徒歩20分
URL wx07.wadax.ne.jp/~yamashiro-info-jp/cp-bin/wordpress

平家ゆかりの品々を収蔵する資料館　大歩危・祖谷エリア

平家屋敷民俗資料館

江戸時代の民家をそのまま保存

安徳天皇の御典医であった堀川内記の子孫代々の屋敷。内記は、平家滅亡の折に一族とともに入山し、薬草の豊富な祖谷の地で医業と神官を務めた人物だ。2021年9月に館内をリニューアル。医者・藍染・庄屋など約10のコーナーに分けられ、より理解が深まる展示となった。

▶平家屋敷民俗資料館
住 三好市西祖谷山村東西岡46
TEL 0883-84-1408
開 3～11月9:00～17:00
12～2月9:00～16:00
休 無休（臨時休館あり）
料 500円
交 JR**大歩危駅**から車で6分
URL r.goope.jp/heike-1408

往時の生活を伺い知れる展示内容

秘境ならではの絶景が広がる　大歩危・祖谷エリア

奥祖谷二重かずら橋

男橋と女橋があり夫婦橋とも呼ばれる

平家一族が剣山の**平家の馬場**に通うために架けたといわれる吊橋。高山に自生しているシラクチカズラを利用して造られている。

かずら橋が2本並んで架かっており、通称「男橋・女橋」、「夫婦橋」などとも呼ばれている。

▶奥祖谷二重かずら橋
住 三好市東祖谷菅生620
TEL 0883-76-0877（三好市観光案内所）
開 4～11月9:00～17:00
（7･8月8:00～18:00）
休 12～3月　料 550円
交 JR**大歩危駅**から車で1時間10分
URL miyoshi-tourism.jp/spot/okuiyanijukazurabashi

スローな空気が流れる小さな島　南阿波エリア

出羽島

遊歩道からは海の絶景を眺められる

牟岐港から定期船で約15分の沖合に浮かぶ、周囲約4kmの島。明治から昭和初期の建物が残る町並みなど、どこか懐かしい風景が残っている。遊歩道を散策すれば海をはさんで和歌山県、**室戸岬**P.840などが見られる。亜熱帯地区の豊かな自然も見どころ。

▶出羽島
住 牟岐町牟岐浦出羽島
TEL 0884-72-3420（牟岐町産業課）
交 **牟岐港**から連絡船で15分
URL tebajima.jp

島民約70人が暮らす静かな島

info 芝居小屋として建てられた**脇町劇場**。老朽化などにより取り壊される予定だったが、映画『虹をつかむ男』（西田敏行主演）のロケ地となり脚光を浴びた。劇中では**オデオン座**という名前で登場し、いつしか愛称となった。

阿波の伝統工芸・藍染にチャレンジ！

徳島エリア

藍住町歴史館 藍の館（あいずみちょうれきしかん あいのやかた）

大藍商であった奥村家の屋敷を利用し、**阿波藍**（あわあい）の歴史や製法などを詳しく展示する資料館。昔ながらの藍液を使った藍染体験もでき、約20分でハンカチなどを染め上げることができる。

ハンカチ染めに挑戦！

▶藍住町歴史館 藍の館

住 板野郡藍住町徳命字前須西172
TEL 088-692-6317
開 9:00〜17:00（藍染体験は16:00まで）
休 火曜（祝日の場合は翌日）
料 300円
交 JR**勝瑞駅**から車で10分
URL www.town.aizumi.lg.jp/ainoyakata

発願の寺から歩みをはじめる

鳴門エリア

霊山寺（りょうぜんじ）

天平年間（729〜749）に聖武天皇の勅願により、行基が開基した寺。弘法大師が密教の阿字五転の法則に従って、四国の東北の角・鳴門市を発心点としたため、**お遍路第1番札所**に定められた。

多数の灯篭が吊るされた本堂内部

▶霊山寺

住 鳴門市大麻町板東塚鼻126
TEL 088-689-1111
開 7:00〜17:00（納経印扱い時間）
休 無休　料 無料
交 JR**坂東駅**から徒歩10分

錦鯉が多く泳ぐ放生池

四国を代表する自然豊かな名峰

大歩危・祖谷エリア

剣山（つるぎさん）

標高1955mと西日本で2番目の高さを誇る。頂上付近まで登山リフトでアクセスできるため、初心者でもトレッキングを楽しめる。標高差約330mをおよそ15分かけてゆっくり登るリフトは快適。

高山植物の宝庫としても知られる

▶剣山

▶剣山観光登山リフト

住 三好市東祖谷菅生205-25
TEL 0883-62-2772
開 4月中旬〜11月9:00〜16:30
休 12月〜4月中旬
料 往復1900円　片道1050円
交 JR**貞光駅**から車で1時間20分
URL www.turugirift.com

絶壁に立つ祖谷渓のシンボル

大歩危・祖谷エリア

祖谷渓の小便小僧（いやけいのしょうべんこぞう）

祖谷街道でも難所といわれた七曲の岩の上に立つ小便小僧。谷底まで200mの高さがあり、見ているだけで足がすくんでしまう。像は1968年に徳島県の彫刻家、**河崎良行**氏が制作したもの。

昔、子どもたちが像のある岩のあたりで小便をして、度胸だめしをしたのだとか

▶祖谷渓の小便小僧

住 三好市池田町松尾
TEL 0883-76-0877（三好市観光案内所）
開 入場自由
交 JR**大歩危駅**から車で25分
URL www.awanavi.jp

平家の武将たちも愛でた優美な滝

大歩危・祖谷エリア

琵琶の滝（びわのたき）

この地に逃れた平家の落人が京の都をしのび琵琶を奏で、慰めあっていたことから名付けられたと伝えられる高さ40mの滝。奥に50m進むと**遊歩道**があり、そこから川辺に下りることができる。

祖谷のかずら橋からも近い

▶琵琶の滝

住 三好市西祖谷山村善徳
TEL 0883-76-0877（三好市観光案内所）
開 入場自由
交 JR**大歩危駅**からバスで40分の**かずら橋**下車、徒歩5分
URL www.awanavi.jp

info **お遍路**とは阿波（徳島県）、土佐（高知県）、伊予（愛媛県）、讃岐（香川県）に点在する、**弘法大師**ゆかりの**八十八ヶ所の霊場**を訪ねる巡拝の旅。一周の全長約1400kmにも及ぶ信仰の旅は、第1番札所の霊山寺からはじまる。

斜面に広がる奇跡の集落

大歩危・祖谷エリア

落合集落展望所

国選定の重要伝統的建造群保存地区

江戸中期から明治期にかけて造られた斜面に、民家や石垣、畑が広がる独特な景観。集落の起源は明らかになっていないが、平家の落人伝説や開拓伝承などが祖谷地方に伝わっている。

▶落合集落展望所
住 三好市東祖谷落合
TEL 0883-76-0877（三好市観光案内所）
開 入場自由
交 JR**大歩危駅**から車で40分
URL www.awanavi.jp

大海原を一望できる四国最東端の岬

南阿波エリア

蒲生田岬

アオウミガメの産卵地としても知られる

四国最東端に位置する岬。蒲生田岬灯台のたもとにある展望スペースに立てば、大海原の絶景が目の前に。岬の先端からは遊歩道が続き、荒々しい岩礁地帯を眺めながら散策できる。

▶蒲生田岬
住 阿南市椿町蒲生田
TEL 0884-22-3290（阿南市商工政策課）
開 入場自由
交 JR**阿南駅**から車で1時間10分
URL www.awanavi.jp

立派な伽藍が広がる「西の高野」

南阿波エリア

太龍寺

四国霊場第21番札所の名刹

標高約600mに建つ「西の高野」と呼ばれる厳かな雰囲気の名刹。かつては阿波三難所でも最大の難所とされていた。現在は西日本最長の**太龍寺ロープウェイ**で気軽に参拝できる。

▶太龍寺
住 阿南市加茂町龍山2
TEL 0884-62-2021
開 7:00～17:00
休 無休 料 無料
交 JR**桑野駅**から山麓駅までバスで20分の**那賀町和食東**下車、徒歩15分
▶太龍寺ロープウェイ
開 8:00～16:40（上り最終）
休 無休 料 往復2600円
URL www.shikoku-cable.co.jp/tairyuji

徳島県最大を誇る優美な滝

南阿波エリア

轟の滝

轟九十九滝は片道約1時間で巡れる

海部川の上流に水音を轟かせながら流れる約58mの滝で、日本の滝百選のひとつ。本滝の上流にはそれぞれ趣の異なる大小の滝が連続してあり、総称して**轟九十九滝**と呼ばれている。

▶轟の滝
住 海部郡海陽町平井字王余魚谷
TEL 0884-76-3050（海陽町観光協会）
開 入場自由
交 JR**阿波海南駅**からバスで53分の**轟神社**下車、徒歩15分
URL www.kaiyo-kankou.jp/index.php/play2t/todoroki

ウミガメを間近に観察できる

南阿波エリア

日和佐うみがめ博物館カレッタ

アカウミガメやアオウミガメを多数飼育

ウミガメの産卵地として知られる**大浜海岸**にあり、生きたウミガメを観察できる。小さな子ガメが元気に泳ぎ回る水槽や大きなカメを下から観察できる水槽など、趣向を凝らした展示も魅力。

▶日和佐うみがめ博物館カレッタ
住 海部郡美波町日和佐浦370-4
TEL 0884-77-1110
開 9:00～17:00
休 月曜（祝日の場合は翌日）
料 610円
交 JR**日和佐駅**から徒歩20分
URL caretta.town.minami.lg.jp

info **アカウミガメ**は春から夏にかけて上陸・産卵。美波町では例年5月20日から8月20日まで、ウミガメ保護のため監視員が巡回している。見学の際は監視員の指示に従い、静かに見守ろう。

香川県

KAGAWA

人口
95万人（全国39位）
面積
1877km²（全国47位）
県庁所在地
高松市
県花
オリーブの花

親切な青鬼くん
童話『泣いた赤鬼』に出てくる青鬼がモデル

オリーブの花
県花と県木の両方を兼ねる

四国の北東部に位置し、日本で初めて国立公園に指定された瀬戸内海国立公園が北側に広がる。瀬戸大橋で本州の岡山県と結ばれており、鉄道で四国へアクセスする際の玄関口。瀬戸内海に大小の島々が浮かぶ様は風光明媚だ。直島や豊島（てしま）などには島内に現代アート作品が散りばめられており、「アートの島」として世界中から注目を集めている。ほかにも栗林公園（りつりん）**P.805****や金刀比羅宮（ことひらぐう）****P.802****など観光資源が豊富。**

旅の足がかり

高松市

国の出先機関の多くや、大企業の四国支社や支店が集まる四国の中心都市のひとつ。四国内において2番目の人口規模を誇る。高松松平家が治める高松藩の城下町として、江戸時代から盛えた。市街地にはアーケードに覆われた**高松中央商店街**が広がるなど、活気にあふれている。源平合戦の舞台として知られる**屋島**は、瀬戸内海の美しい景色を眺められるドライブコースとして人気。都市としての機能のほか、自然豊かな側面も持ち合わせている。

琴平町

金刀比羅宮**P.802**があり、多くの参拝客が訪れる町。江戸時代に金毘羅参りが盛んになると琴平と各地を結ぶ**金毘羅街道**が整備された。ことでんの始発駅、琴電琴平駅と特急も停車するJR琴平駅が町内にあり、交通の便がよい。金刀比羅宮のお膝元は門前町としてにぎわいをみせており、みやげ物店や飲食店などが軒を連ねている。

小豆島町（しょうどしまちょう）

小豆郡に属する町で土庄（とのしょう）町とともに小豆島を形成。4つの港があり、高松市および兵庫県、岡山県とフェリーで結ばれている。日本におけるオリーブ栽培の発祥地。そうめん、醤油の生産も多い。また、**道の駅 小豆島オリーブ公園****P.805**や**寒霞渓****P.806**、**二十四の瞳映画村****P.806**など、小豆島を代表する観光名所の多くが同町にある。

地理と気候

南部には讃岐山脈が連なり、北部には多くのため池が点在する讃岐平野が広がる。瀬戸内式気候に属し温暖な気候が特徴で、年間日照時間も平均185日と晴れの日が非常に多い地域。

【夏】猛暑日や熱帯夜になる日も少なくない。降水量が少なく、毎年のように水不足が懸念されている。

【冬】積雪はひと冬に1・2回起こるかどうかという程度。大雪は極めて少ない。

アクセス

東京から ▸▸▸	所要時間
飛行機 羽田空港▶高松空港	1時間15分
JR線 東京駅▶高松駅（特急サンライズ瀬戸）	9時間30分
高速バス バスタ新宿▶高松駅	11時間

大阪から ▸▸▸	所要時間
高速バス 大阪駅▶高松駅	3時間30分

兵庫から ▸▸▸	所要時間
高速バス 三宮駅▶高松駅	2時間30分
フェリー 神戸港▶坂手港（小豆島）	3時間30分

岡山から ▸▸▸	所要時間
JR線 岡山駅▶高松駅（快速マリンライナー）	1時間
フェリー 宇野港▶宮浦港（直島）	15分
フェリー 日生港▶大部港（小豆島）	1時間10分

県内移動

▶高松から観音寺へ

愛媛県の松山行きの特急**いしづち**は坂出駅、丸亀駅、観音寺駅に停車。高松駅～観音寺駅は約45分。

▶高松から琴平へ

ことでん琴平線なら乗り換えなし。JRなら多度津駅で乗り換えるが、土讃線の便数が少ない。途中特急を使えるので、ことでんより早く着ける場合もある。

▸▸▸アクセス選びのコツ

- 東京駅21:50発の寝台特急**サンライズ瀬戸**は高松駅に7:27着。到着後、琴平駅まで延長運転する。愛媛県の松山駅と高松駅を結ぶ特急**いしづち**は香川県内では坂出駅、宇多津駅、丸亀駅、多度津駅、観音寺駅などの主要駅に停車する。
- 高松ほか、県内主要都市から淡路島経由で神戸、大阪方面への高速バスが頻発している。
- 高松空港はおもに羽田空港とを結ぶ。高松駅ほか県内各地へシャトルバスでアクセスできる。
- 高松港を起点に小豆島や豊島、直島への便が出ている。

交通路線図

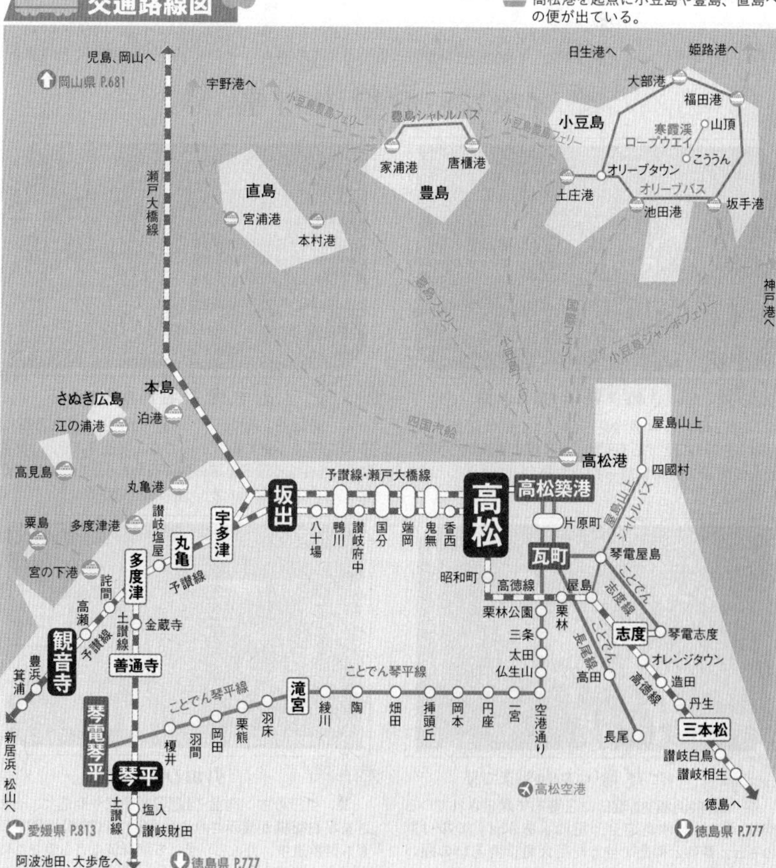

香川県

うちの県はここがすごい

一 世界一狭い海峡がある

小豆島本島と前島の間を流れる全長2.5kmの土渕海峡。その幅は最も狭いところで、9.93mしかない。「世界で最も狭い海峡」としてギネスブックの認定を受けている隠れた名所。

二 日本最大の灌漑用ため池

香川県仲多度郡にある満濃池は周囲約20km、貯水量1540万トンの日本最大の灌漑用ため池。降水量が少ないなどの事情から、香川県にはこのようなため池が多くある。

三 自他ともに認める「うどん県」

香川県と聞いてまっさきに「うどん」を思い浮かべる人は多いはず。人口1万人当たりの「そば・うどん店」事業所数は香川県が1位など、「うどん愛」はデータにも表れている。

イベント・お祭り・行事

① さぬき豊浜ちょうさ祭

五穀豊穣や豊漁を祈願して、毎年10月の第2日曜日を最終日とする3日間、観音寺市豊浜町で開催。金糸の刺繍で豪華に飾られた太鼓台（ちょうさ）がまちを練り歩く。

② むれ源平石あかりロード

庵治石（あじいし）の産地として知られる高松市牟礼町で、例年8月から9月頃に開催される。この地に多く点在する源平史跡の間に石あかりが設置され、史跡と史跡の間にあたたかい光の道ができる。

③ 仁尾竜（におりゅう）まつり

毎年8月第1土曜日に三豊市で開催されている祭り。「そーれ水あぶせ、竜に水あぶせ」の掛け声のもと、青竹と稲藁で作った巨大竜に雨乞いの願いをこめて観衆から勢いよく水がかけられる。

④ 引田ひなまつり

引田の古い町並みP.800の民家や商店に、さまざまなお雛様が展示される。周辺では市松行列やこども雛歌道中、だんじり子ども歌舞伎なども催されにぎやか。例年2月末から3月3日に開催。

必ず食べたい 名物グルメ

讃岐うどん

言わずと知れた香川県のソウルフード。瀬戸内産のいりこを使っただしやコシの強い麺など、こだわりは店によってさまざまだ。かけ、ぶっかけ、釜玉などの味わい方がある。

骨付鳥

鶏もも肉を1本まるごと、オーブン釜などでふっくら焼き上げた豪快なグルメ。ニンニクの効いた特製のスパイスで味付けされたものが主流。県内の居酒屋や骨付鳥専門店などで味わえる。

べぇすけ鍋

「べぇすけ」とは50cmを超える大穴子の俗称。大きく育った穴子はふわっとやさしい食感で、野菜と一緒に大鍋で煮て、卵にくぐらせてすき焼き風に味わうのがおいしい。

新漬けオリーブ

温暖な気候でオリーブの栽培が盛んな香川県。黄緑色の果実を収穫後に渋抜きをし、塩水に漬けこんだ新漬けオリーブは、シンプルで素材のおいしさがよく伝わってくる。小豆島オリーブ協会が決めた販売日から解禁となり、秋から冬にしか食べられない季節限定の品。

もらえば笑顔 定番みやげ

名物かまど

厳選した大手亡豆（白いんげん豆）と、県産地卵の黄味のみをふんだんに使って炊きあげた黄味のあんがおいしさの秘訣。そのあんを風味豊かな皮で包んだ大定番の讃岐銘菓だ。

手さげ 半生うどん

さぬき麺業が昭和45（1970）年に発売したロングセラー商品。熟練の職人が伝統の足ふみ製法で仕上げたソフトでコシのある讃岐うどんを、家庭でも味わえると評判だ。

地元っ子愛用 ローカル味

おいり

花嫁が結婚式の際に出席者らに配る餅菓子。口に入れるとフワッととけてしまう食感が魅力。丸亀市の**御菓子司 寳月堂**をはじめ、香川県西部の和菓子店で販売されている。

しょうゆ豆

煎ったそら豆を醤油や砂糖の入ったタレに漬け込んで味付けした郷土料理。**大西食品**は、その日の気温や湿度に応じて焙煎時間や漬け時間を調整し、おいしいしょうゆ豆を作り続けている。

匠の技が光る 伝統工芸

丸亀うちわ

江戸初期に金毘羅参りのみやげとして流行。「伊予竹に土佐紙貼りてあわ（阿波）ぐれば讃岐うちわで至極（四国）涼しい」と近隣の地区から材料がすべて調達できることも大きかった。

撮影：高橋章

香川漆芸

江戸時代に藩主の保護のもと漆芸が発展。彫りと豊かな色彩が特徴で、現在も人間国宝を輩出するなど芸術作品として注目を集めているほか、漆器や漆塗家具の生産も行われている。

ワカルかな？ 香川のお国言葉

お茶がまけてずぼになった

Ans. お茶がこぼれてびしょびしょになった

1泊2日で巡る 香川県

1日目

小豆島
START 屋島
高松
GOAL 丸亀
琴平

1日目は栗林公園を散策し、源平合戦の舞台としても知られる屋島へも足を延ばす。2日目は金刀比羅宮を参拝。最後は丸亀観光で締め。

9:15 JR高松駅

鉄道 6分

9:21 JR栗林公園北口駅

徒歩 5分

9:30 国の特別名勝 **栗林公園**を散策 ▶P.805

75ヘクタールと日本最大級の敷地を誇る日本庭園。

殿様気分で舟遊び

徒歩 5分

10:50 JR栗林公園北口駅

鉄道 6分

11:00 はしごもOK! **讃岐うどん** ▶P.797 を食べなきゃ始まらない!

釜玉うどん!

高松駅周辺で讃岐うどんを味わおう。時間とおなかが許せば、はしごするのもよし。

徒歩 3分

11:45 **シンボルタワー**で四国みやげをチェック ▶P.807

四国のおみやげを幅広く取り揃えるショップがあり、必ず立ち寄りたい。

徒歩 すぐ

12:50 JR高松駅

鉄道 15分

13:05 JR屋島駅

タクシー 10分

13:15 **獅子の霊巌展望台** ▶P.810 から屋島の景色を一望

元暦2（1185）年に源平合戦の舞台となった屋島を見渡す展望台。

徒歩 2分

13:30 山上にある**新屋島水族館** ▶P.807 で海の動物たちと触れ合う

日本では珍しいアメリカマナティのほか、200種類の生き物を見られる。

タクシー 10分

15:45 ことでん屋島駅

鉄道 15分

16:00 瓦町駅

小麦畑を進むことでん琴平線

鉄道 60分

17:00 ことでん琴平駅

徒歩 15分

おすすめ! 泊まるならココ

バラを浮かべた女湯限定「華風呂」が人気!
露天風呂付き和洋室など客室の種類も豊富

琴平グランドホテル 桜の抄

女性露天風呂にある「華風呂」

露天風呂付き客室の別邸初音プレミアム。「金刀比羅宮ビュー」と「讃岐富士ビュー」の2種類ある

金刀比羅宮の参道から近い場所に位置。金刀比羅宮参拝の疲れを癒やしてくれる温泉が魅力で「華風呂」（夜限定）が名物。露天風呂を備えた和洋室の「初音プレミアム」など、豊富な種類の客室を用意。

こんぴら歌舞伎に見立てたオープンキッチンが目を引く「ゐきり」では、眺望を眺めながら食事を楽しめる

住 仲多度郡琴平町977-1
TEL 0877-75-3218
交 ことでん**琴平駅**から徒歩約15分（送迎あり。要予約）
料 1泊2食付2万2700円～
URL www.sakuranosho.jp

早起きして奥社へ参拝

金刀比羅宮の御本宮までは785段の石段をのぼり、往復でおおよそ1時間30分ほどのコースとなる。多くの参拝客はここで引き返すが、厳魂神社（奥社）へもぜひ参拝したい。金刀比羅本教の教祖である厳魂彦命（いずたまひこのみこと）が祀られている。奥社の海抜は421m、表参道からの石段の数は全1368段。往復約3時間のコースとなるので、時間にゆとりを持ち気合いを入れて参拝しよう。

2日目

9:00 表参道入口

憧れの**金刀比羅宮** ▶P.802参拝にいざ!

785段の階段を一歩一歩前進!

徒歩80～100分

長い石段をのぼり、御本宮まで。参拝所要時間はおよそ80～100分。

11:00 参拝後は**表参道**でひと休み

参拝後はランチも兼ねて参道でひと休み。疲れた体にうれしい甘味も。

徒歩5分

12:45 役者になった気分で見学 ▶P.803

旧金毘羅大芝居（金丸座）

天保6（1835）年に建築された歌舞伎座で、廻り舞台などの装置も見られる。

徒歩15分

14:15 JR琴平駅

鉄道20分

14:35 JR丸亀駅

再び上り坂!

徒歩10分

14:45 石垣が見事な**丸亀城へ** ▶P.803

内堀から天守にかけて積み重ねられた石垣は日本随一の高さ約60mを誇る。

徒歩10分

17:00 旅の最後は**骨付鳥**とビールで ▶P.797

ビールで乾杯!

鶏もも肉をスパイシーに焼き上げた骨付鳥はここ丸亀が発祥。

醤油会席と湯でもてなすレトロモダンな宿

島宿真里（しまやどまり）

醤油蔵が連なる醤の郷P.811にたたずむ宿。古民家を利用した食事処や蔵を改装した客室など、モダンでありながらどこか懐かしく落ち着いた空間はなんとも味わい深い。全8室に源泉かけ流しの温泉が備わる。小豆島醤油と恵み豊かな瀬戸内の旬をふんだんに盛り込んだ「醤油会席」を目当てに宿泊する客も多い。

住 小豆郡小豆島町苗羽甲2011
TEL 0879-82-0086
交 **坂手港**から車で6分（坂手港、池田港から送迎あり。要予約）
料 1泊2食付き3万3150円～
URL www.mari.co.jp

離れの二階建ての特別室「おの間」

貸切風呂「里枝温泉」の内湯

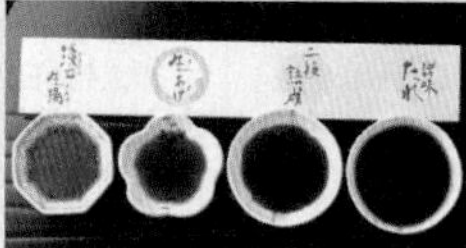

刺身や島野菜は四種の島醤油で味わうことができ、多様な味わいに驚かされる

香川県の歩き方

▶香川・高松ツーリスト インフォメーション
住 高松市浜ノ町1-20（JR高松駅1Fコンコース）
TEL 087-826-0170
開 9:00〜20:00　休 無休
URL www.my-kagawa.jp

▶ことでん電車全線 1日フリーきっぷ
料 1250円
ことでん全線が1日乗り放題に。高松築港駅からことでん琴平駅までは片道630円なので、往復するだけでお得になる場合もある。

玉藻公園前を走ることでん

うどんバス

複数の讃岐うどんの名店や金刀比羅宮などの観光名所を効率よく巡ってくれる、定期観光バス。車がなくても人気のうどん店の味を堪能できることで大人気だ。案内人がうどんの豆知識などを教えてくれるので、ちょっとツウになった気分にもなれる。
TEL 0877-22-9191（琴参バス丸亀営業所）
TEL 087-851-3155（琴参バス高松営業所）
URL www.kotosan.co.jp

香川県観光初心者も安心！

高松エリア

都会感あふれる高松市中心部

ターミナル駅の**JR高松駅**から、香川県観光の足となる**ことでん**の始発駅である**高松築港駅**までは徒歩約3分。ことでんは高松市の中心街に近い**瓦町**などにもアクセスでき、小回りがきく。さらには、高松市街から琴平エリアへ移動する際にも便利。また、JR高松駅から高松港は徒歩約5分で、直島へ向かう際の拠点にもなる。高松市の東側に位置する**屋島**エリアへはJR高徳線の利用が便利。

▶高松空港から町の中心まで

高松駅行きのバスが出ており、所要時間は約45分。途中、栗林公園前にも停車するので高松に到着後、最初に**栗林公園** P.805 を観光する予定ならこちらで下車を。

足を延ばせば

ベンガラ塗りの壁も目を引く

引田の古い町並みを散歩
瀬戸内海を航行する船の風待ち港として栄えた引田には醤油蔵などが残るノスタルジックな町並みが広がっている。引田ひなまつり P.796 でも有名。高松からは特急で45分、普通で90分ほど。

琴平・丸亀・観音寺エリア

鉄道道路併用橋の瀬戸大橋

瀬戸大橋で岡山県と結ばれた四国の玄関口となるエリアで、鉄道で本州・四国を往来できるのはこのルートが唯一。金刀比羅宮の最寄り駅は**JR琴平駅**と**ことでん琴平駅**のふたつがある。県外からならJR線、高松市街地からならことでんの利用がおすすめ。

便利情報

金刀比羅宮へ楽々参拝
参拝登山シャトルしあわせ号を利用すれば琴平町内から金刀比羅宮の参道の大門（石段の約半分）までショートカットできる（要予約）。時間にゆとりをもって参拝したい場合に利用したい。
URL www.kotobus.com/climbing

グループの人数によって送迎の車両は異なる

info 岡山駅から高松駅へのアクセスは、**快速マリンライナー**が便利。一部の編成を除き、グリーン指定席、普通車指定席を連結している。特に2階グリーン指定席から眺める瀬戸内海の眺望はすばらしい。

日本全国津々浦々～道の駅巡り～

恋人の聖地 うたづ臨海公園

芝生広場、遊具公園などがある瀬戸内海を臨む道の駅。江戸時代初期に開発され、およそ半世紀前まで存在した入浜式塩田が復元されており、昔ながらの塩づくりを体験することもできる（要予約）。

塩など宇多津町の特産品も販売

▶道の駅 恋人の聖地 うたづ臨海公園
住 綾歌郡宇多津町浜一番丁4
TEL 0877-49-0860
開 9:00～21:00
休 月曜（祝日の場合は翌日）
交 JR宇多津駅から徒歩15分
URL uplaza-utazu.jp/umihotaru

小豆島エリア

青空が澄み渡る小豆島へ

土庄港、池田港、大部港、坂手港、福田港の5つの港があり、岡山県、兵庫県そして香川県の高松港と結ばれている。高松港からは島南部の土庄港、池田港、坂手港へフェリーでのアクセスができる。島内は車での移動が主流で、レンタカーもある。

おみやげ

オリーブの実をペーストにして練り込んでいる

小豆島の2大名産品がひとつに
約400年の伝統を誇る小豆島手延素麺「島の光」に、オリーブの天然素材をふんだんに練り込んだ「オリーブ素麺」は小豆島らしさを感じさせる一品で、おみやげに最適。
URL www.shimanohikari.or.jp

直島・豊島エリア

草間彌生「赤かぼちゃ」2006年 直島・宮浦港緑地　写真／青地 大輔
※画像転載不可

高松港からは宮浦港（直島）、本村港（直島）、家浦港（豊島）など、瀬戸内海に浮かぶ島々へのフェリーが航行している。直島島内の移動は直島町営バスが基本。豊島島内では家浦港と甲生、唐櫃の2方向を結ぶシャトルバスを活用しよう。

便利情報

赤いドットが描かれた「なおしま」

アートの島へのアクセス　高松港から宮浦港(直島)へは四国汽船の便を利用。フェリーと旅客のみの高速旅客船の2種類がある。上記以外に宮浦港と岡山県の宇野港を結ぶ航路もある。

新発見の酵母を使ったオリーブ酵母清酒

2018年に香川県酒造組合と県産業技術センター発酵食品研究所の共同研究により新しい酵母が発見され、「さぬきオリーブ酵母」と名付けられた。オリーブの実から採取したこの酵母を用いた日本酒は、県内の4酒蔵から販売されている。

オリーブ酵母仕込みの各蔵の日本酒

蛇口からだし!? 高松空港

羽田、成田、那覇便が発着している高松空港。空港内にある「空の駅かがわ」にはなんとうどんのかけだしが出てくる蛇口が！いりこベースの素朴な味が特徴だ。もちろん、空港内には讃岐うどんを食べられる飲食店もある。

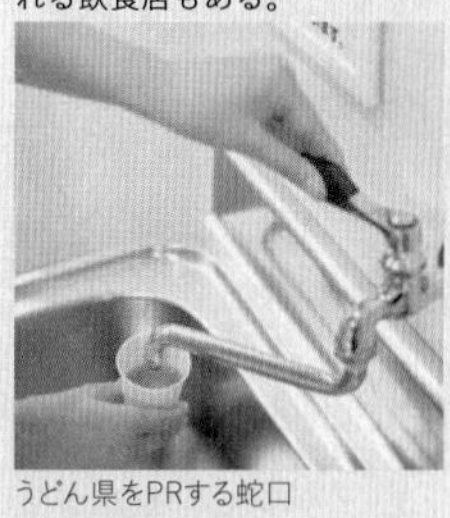
うどん県をPRする蛇口

▶豊島交流センター（観光案内所）
住 小豆郡土庄町豊島家浦3841-21（家浦港前）
TEL 0879-68-2150
開 9:00～18:00
休 火・水曜、12/29～1/3
URL teshima-navi.jp

info 高松港と女木島・男木島を結ぶフェリーを運航している**雌雄島海運**。2021年2月に同社として23年ぶりの新造船となる新船「**めおん**」の運航を開始した。船体に描かれた赤と白のしましま模様は、ひときわ目を引く。URL meon.co.jp

香川県の見どころ

▶金刀比羅宮

住 仲多度郡琴平町892-1
TEL 0877-75-2121（金刀比羅宮社務所）
開 6:00～18:00（有料施設9:00～17:00） 休 無休
料 無料（一部有料施設あり）
交 JR琴平駅から大門まで徒歩30分
URL www.konpira.or.jp

参道で杖をレンタルして、石段を登っていく人が多い

御本宮には展望台があり、讃岐平野や讃岐富士が望める

「こんぴらさん」の愛称で親しまれる

琴平・丸亀・観音寺エリア

金刀比羅宮（ことひらぐう）

象頭山（ぞうずさん）に建つ、**金刀比羅神社の総本山**。年間約400万人もの参拝客が訪れる。主祭神である大物主神（おおものぬしのかみ）は中世以前から海上交通の守り神として知られ、大化の改新以前の創建とされる御本宮に鎮座している。

海抜約251mの高台に鎮座している御本宮

門前町から御本宮までは、長い石段が続き、その数なんと785段！　一段一段に願いを込めてゆっくり登っていこう。途中、金刀比羅宮所蔵の文化財や美術品を鑑賞できるアートスポットやカフェ&レストランでひと休みするのもオススメ。お守りは、「幸福の黄色いお守り」などが人気だ。

見どころMAP

直島

家島
向島
P.809 本村港 ANDO MUSEUM
赤かぼちゃ 宮ノ浦港 P.811
地中美術館 P.809
ベネッセハウス ミュージアム P.809

P.805 道の駅 小豆島オリーブ公園
P.806 寒霞渓
P.809 豊島美術館
エンジェルロード P.808
醤の郷 P.811
男木島灯台 P.810
二十四の瞳映画村 P.806
P.808 香川県立東山魁夷せとうち美術館
鬼ヶ島大洞窟 P.810
新屋島水族館 P.807
P.804 四国水族館
獅子の霊巌展望台 P.810
丸亀城 P.803
飯野山 P.810
善通寺 P.811
P.804 父母ヶ浜
国営讃岐まんのう公園 P.811
高屋神社 P.808
琴弾公園 P.807
P.810 豊稔池堰堤
雲辺寺ロープウエイ P.808

高松市中心部

高松シンボルタワー P.807
北浜alley P.807
高松駅 高松築港駅
予讃線
瀬戸大橋通り
史跡高松城跡 玉藻公園 P.806
片原町駅
中央通り
高松北バイパス
琴電志度線
瓦町駅
観光通り
琴電長尾線
琴電琴平線
栗林公園北口駅
花園駅
栗林駅
高徳線
栗林公園 P.805
500m

琴平町

琴平駅
P.811 高灯籠
琴電琴平駅
土讃線
金倉川
P.803 旧金毘羅大芝居（金丸座）
金刀比羅神社
琴平海洋博物館
金刀比羅宮宝物館
琴平の石段
金刀比羅宮 P.802
500m

info 金刀比羅宮の参拝後には、門前町の参道で食べ歩きやショッピングを。新旧の店が立ち並び、古くから愛されている**灸まん**や**コロッケ**のほかにも、讃岐の食材を使った**ソフトクリーム**など写真映えするグルメもいっぱい。

現存する日本最古の芝居小屋

琴平・丸亀・観音寺エリア

旧金毘羅大芝居(金丸座)

きゅうこんぴらおおしばい(かなまるざ)

明治33（1900）年から「金丸座」の名に

天保6(1835)年に建築された歌舞伎座。こちらで上演されていた金毘羅大歌舞伎は"こんぴら詣"後の楽しみのひとつとして全国的に知られ、東西の千両役者がこぞって檜舞台を踏むほどの人気を誇っていたという。往時の姿をそのまま残し、舞台や観客席はもちろん、廻り舞台やすっぽんの装置、奈落などの舞台裏まで見学することができる。

今でも、毎年春に**四国こんぴら歌舞伎大芝居**が上演。舞台装置はすべて人力で動かすなど江戸時代さながらの雰囲気を感じられる貴重な機会に、全国から歌舞伎ファンが訪れる。

▶旧金毘羅大芝居(金丸座)
住 仲多度郡琴平町1241
TEL 0877-73-3846
開 9:00〜17:00 休 無休(催物開催日は見学不可)
料 500円
交 JR**琴平駅**から徒歩20分
URL www.konpirakabuki.jp

愛宕山の中腹にたたずむ

舞台の下にある奈落も見学できる

美しい石垣に鎮座する白亜の木造天守

琴平・丸亀・観音寺エリア

丸亀城

まるがめじょう

春には白亜の天守と桜の競演も楽しめる

400年の歴史をもつ丸亀のシンボル的存在。武将・生駒親正（いこまちかまさ）がその子である一正とともに5年がかりで築いた平山城だ。内堀から天守にかけて積み重ねられた石垣は日本随一の高さ約60mを誇り、その特徴的な曲線から**"扇の勾配"**と称されている。

また、天守は全国に12しかない木造天守のひとつで、国の重要文化財に指定。中を見学することもでき、特に最上階から見る瀬戸内海の風景は圧巻！　ほかに、**大手一の門**も内部を一般公開し、城を守るために造られた石落としの仕掛けを紹介している。天守のライトアップなど、季節ごとにユニークなイベントも開催されている。

▶丸亀城
住 丸亀市一番丁
TEL 0877-22-0331(丸亀市観光協会)
開 入場自由
交 JR**丸亀駅**から徒歩10分
URL www.marugame-castle.jp
▶丸亀城天守
開 9:00〜16:30(最終入場16:00)
休 無休 料 200円

四国に残る木造天守のなかで最も古い

ライトアップされて夜闇に浮かぶ天守も幻想的

info **旧金毘羅大芝居(金丸座)**は近代以降、娯楽の変化とともに興行が衰退して廃館。人々の熱心な保存運動の末に金丸座は国の重要文化財となり、昭和47(1972)年から4年の歳月をかけ、現在の場所に移築復元された。

SNSで大人気のフォトジェニックな絶景

琴平・丸亀・観音寺エリア

父母ヶ浜（ちちぶがはま）

1kmのロングビーチを誇る美しい海水浴場。潮が引くとあちこちに水たまりのような"潮だまり"が現れ、その穏やかな水面に人や空が映り込むことで、上下対称の幻想的な風景を生み出す。その様子が、世界的に有名な絶景、南米ボリビアにある**ウユニ塩湖の"天空の鏡"**のようだと話題になり、カメラを片手に全国から人々が訪れるように。シャッターチャンスは、干潮が夕方にある日の日没前から日没後30分ほど。三豊市観光交流局のウェブサイトで、絶景の見られる時間の予想が公開されているので事前にチェックしておこう。

SNSがきっかけで人気に火がついた

▶父母ヶ浜
住 三豊市仁尾町仁尾乙203-3
TEL 0875-56-5880（三豊市観光交流局）
開 入場自由
交 JR**詫間駅**から車で20分
URL www.mitoyo-kanko.com/chichibugahama

水面ギリギリの高さから撮影を

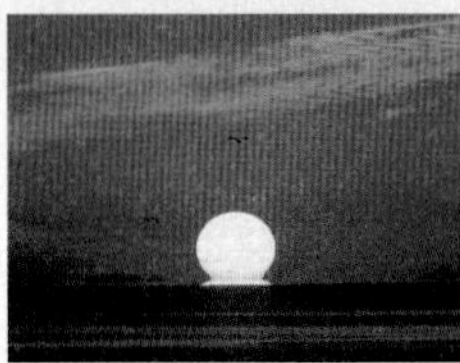
美しい夕日も魅力
写真提供：三豊市観光交流局

四国の次世代型水族館

琴平・丸亀・観音寺エリア

四国水族館（しこくすいぞくかん）

瀬戸内海を望む場所に、**"四国水景"**をテーマにした次世代型水族館が令和2(2020)年6月にオープンした。四方を海に囲まれた、四国ならではの豊かな水中世界を再現している。

瀬戸内海を望む開放的な海豚（イルカ）プール

大海原をイメージした巨大水槽や海の底から見上げるようなサメ水槽、荒々しい渦潮を体感できる水槽、ペンギンやカワウソのフィーディングタイムなど、見どころが盛りだくさん。時間帯や季節により変化する空間演出や四国の歴史や文化を感じられる展示も楽しめる。

また、瀬戸内海と一体化したような海豚（イルカ）プールもあり、躍動感あふれるマダライルカのジャンプが見られる。

▶四国水族館
住 綾歌郡宇多津町浜一番丁4
TEL 0877-49-4590
開 9:00～18:00（GW、夏休み期間中～21:00）
休 無休（メンテナンス休館あり）
料 2200円
交 JR**宇多津駅**から徒歩12分
URL shikoku-aquarium.jp

四国の玄関口、宇多津町に開業

鳴門の潮流をイメージした渦潮の景

info 海を司るとされる「龍宮」と「四国の地」の意外なつながりを、3名の女流アーティストによって表現された「**龍宮の景**」は**四国水族館**ならではの展示だ。

世界から称賛される大名庭園の傑作

高松エリア

栗林公園(りつりんこうえん)

飛来峰からの景色。栗林公園を代表する景観だ

高松市中心部にありながらも、75ヘクタールと日本最大級の敷地を誇る国の特別名勝。16世紀後半から100年以上かけて造園された大名庭園だ。一番のビュースポットは、**飛来峰**(ひらいほう)から見わたす南湖。背後にそびえる紫雲山の風景を庭の一部として取り入れた、奥行きのある景観で、どの方向から見ても違った美しさを堪能できる。また、国内で最も美しいと言われる**鶴亀松**(つるかめまつ)や、高松9代目藩主松平頼恕(よりひろ)が植えた根上り五葉松など名所も豊富。春は桜、夏は花菖蒲、秋は紅葉、冬は雪景色と、季節ごとに美景が迎えてくれるのも魅力。

▶栗林公園
住 高松市栗林町1-20-16
TEL 087-833-7411
開 7:00~17:00(季節により変動あり)
休 無休　料 410円
交 ことでん**栗林公園駅**から徒歩10分
URL www.my-kagawa.jp/ritsuringarden

歴代藩主が愛した大茶屋、掬月亭

ハート型の恋つつじは5月頃が見頃

瀬戸内海を望む風景がシンボルの公園

小豆島エリア

道の駅 小豆島オリーブ公園(みちのえき しょうどしまおりーぶこうえん)

風車の建つ小高い丘はフォトスポットとして人気

瀬戸内海を見下ろす小高い丘に広がる公園。約2000本のオリーブの木や130種類以上のハーブを栽培している。地中海の国、ギリシャを彷彿とさせる雰囲気で、フォトジェニックなスポットが満載!『魔女の宅急便』(実写版)や『ぼくとママの黄色い自転車』など、**映画のロケ地**にもなっている。

園内では、オリーブとハーブを使ったクラフト体験(要予約)ができるほか、島産オリーブオイルを使った料理が味わえるレストラン、『魔女の宅急便』のロケセットを利用した雑貨店、天然温泉が堪能できる入浴施設などもあり、さまざまな楽しみ方ができる。

▶道の駅 小豆島オリーブ公園
住 小豆郡小豆島町西村甲1941-1
TEL 0879-82-2200
開 8:30~17:00
休 無休　料 無料
交 **坂手港**から車で16分
URL www.olive-pk.jp

地中海ムード満点のふれあい広場

オリーブ記念館で知識を深めよう

info **栗林公園**の南湖を周遊できる**南湖周遊和船**もおすすめ。歴代の藩主が愛した掬月亭を水上から眺めることができるなど、徒歩での散策とは異なる趣を感じられる。乗船料は620円(入園料別途)。

堀がめぐらされた歴代藩主の居城跡

高松エリア

史跡高松城跡 玉藻公園

生駒家4代、松平家11代の居城だった高松城は、**日本三大水城**のひとつ。目の前の瀬戸内海から海水を引き込んだ珍しい設計の水城で、現在は公園として開放されている。内堀には和船が浮かび、天守台の石垣を間近に見られる城舟体験や鯛のエサやり体験ができる。

瀬戸内海を行き来する舟の動きを見るために作られた月見櫓（着見櫓）

▶史跡高松城跡 玉藻公園
住 高松市玉藻町2-1
TEL 087-851-1521
開 8:30～17:00（季節により変動）
休 12/29～31 料 200円
交 JR**高松駅**から徒歩3分
URL www.takamatsujyo.com

約30分の城舟体験。12～2月運休

空と海、渓谷の絶景を一度に楽しめる！

小豆島エリア

寒霞渓

日本三大渓谷美のひとつに数えられる、島屈指の絶景スポット。春は桜、夏は新緑、秋は紅葉と四季折々に変化する自然が楽しめる。寒霞渓ロープウェイで山頂まで登って、広い空と眼下に広がる雄大な渓谷、その先に広がる瀬戸内海まで一望しよう。山頂には展望台やレストランがあり、幸せ祈願のかわら投げもできる。

天気が良ければ四国の山並みも

▶寒霞渓ロープウェイ
住 小豆郡小豆島町神懸通乙327-1（こううん駅）
TEL 0879-82-2171
開 8:36～17:00（季節によって変動あり）
休 無休（荒天、メンテナンス工事による運休あり）
料 往復1890円
交 **坂手港**から山麓こううん駅まで車で25分、ロープウェイに乗り換え山頂駅まで5分
URL www.kankakei.co.jp

ロープウエイで約5分の空中散歩

懐かしい時が流れる、日本映画の世界

小豆島エリア

二十四の瞳映画村

映画『**二十四の瞳**』のロケ用オープンセットを改築して作られた映画村。木造校舎や男先生の家、漁師の家など、名場面が撮影された場所が残されている。村内にある映画館では『二十四の瞳』を常時上映。絣の着物をレンタルしたり、アルマイトの食器が懐かしい給食セットを味わったりとタイムトリップした気分で楽しむのがおすすめ。

瀬戸内海を見渡す海岸沿いにある

▶二十四の瞳映画村
住 小豆郡小豆島町田浦
TEL 0879-82-2455
開 9:00～17:00 休 無休
料 890円
交 **土庄港**から車で60分
URL www.24hitomi.or.jp

キネマの庵邦画ギャラリー

info **二十四の瞳映画村**にある、**ギャラリー松竹座映画館**は映画ファン必見。山田洋次や三國連太郎ら監督や俳優陣の味のあるコメントを展示している。映画全盛期の昭和30年代の映画館を再現した館内の雰囲気もすてき。

カフェや雑貨店が集まる倉庫街　高松エリア

北浜alley（きたはまありー）

昔からの港町・**北浜地区**にある昭和初期の穀物倉庫や空き家をリノベーションしたオシャレな複合施設。カフェやレストラン、雑貨店、書店、セレクトショップ、旅館など、個性豊かな21の店が並ぶ。潮風を感じながらノスタルジックな港を散歩するのもオススメだ。

瀬戸内海を望む場所に広がる倉庫街

▶北浜alley
住 高松市北浜町4-14
TEL 087-834-4335
開 休 店舗による
交 JR**高松駅**から徒歩15分
URL www.kitahama-alley.com

ゆるやかな空気が流れる場所

貴重なアメリカマナティに出会える　高松エリア

新屋島水族館（しんやしますいぞくかん）

屋島のてっぺんに建つ水族館。全国的にも珍しく、日本では6頭しか飼育されていないアメリカマナティのほか、200種類の生き物を見ることができる。イルカやアザラシのライブは毎日開催。土･日曜･祝日限定で行われる**イルカ劇ライブ**も必見だ。

かわいらしい海の生き物たちを間近に見られる

▶新屋島水族館
住 高松市屋島東町1785-1
TEL 087-841-2678
開 9:00～17:00
休 無休　料 1500円
交 ことでん**屋島駅**からシャトルバスで10分
URL r.goope.jp/new-yashima-aq

高松駅前のベイエリアにそびえる　高松エリア

高松シンボルタワー（たかまつしんぼるたわー）

ベイエリアを再開発した**サンポート高松**内に建つ、四国一の高さを誇るタワー型複合施設。名物を楽しめるレストランや、四国4県のみやげ物約2700点が並ぶ**四国ショップ88**などがある。30階にある展望スペースからは、高松市街と瀬戸内海を一望。

周辺にはレストランや親水公園も

▶高松シンボルタワー
住 高松市サンポート2-1
TEL 087-811-2111
開 休 施設による
交 JR**高松駅**から徒歩3分
URL www.symboltower.com

香川県の魅力はもちろん、四国全体の情報も発信している

「銭形砂絵」を見ると金運アップ!?　琴平・丸亀・観音寺エリア

琴弾公園（ことひきこうえん）

園内の砂浜に、江戸時代の通貨・寛永通宝をかたどった**銭形砂絵**が描かれていることで有名。ひと目見れば「健康で長生きし、お金に不自由しない」と伝えられている。ほかにも、園内には約5万本の黒松が生育。琴を神宝とする琴弾八幡宮もある。

砂の絵は東西122m、南北90m、周囲345mという巨大スケール!

▶琴弾公園
住 観音寺市有明町
TEL 0875-24-2150（観音寺市観光協会）
開 入場自由
交 JR**観音寺駅**から車で5分
URL www.city.kanonji.kagawa.jp/soshiki/21/1467.html

info **琴弾公園**の**銭形砂絵**は、日没から22:00までライトアップされる。通常はグリーンにライトアップされるが、期間限定でゴールドやブルーにライトアップされることも。

絶景を望む山頂の寺院を参拝

琴平・丸亀・観音寺エリア

雲辺寺(うんぺんじろーぷうぇい)ロープウェイ

香川県と徳島県の境にある標高927mの**雲辺寺山**。山頂には1200年以上の歴史をもつ四国霊場第66番札所**雲辺寺**がある。雲辺寺山頂公園には天空のブランコやコーヒースタンドなどがあり、絶景を心ゆくまで楽しめる。アジサイや紅葉の名所としても人気。

日本最大級の雲辺寺ロープウェイ。101人乗りのゴンドラで山頂へ!

▶雲辺寺ロープウェイ
住 観音寺市大野原町丸井1974-57(山麓駅)
TEL 0875-54-4968
開 7:20〜17:00(季節により変動)
休 無休　料 往復2200円
交 JR**観音寺駅**からロープウェイ山麓駅まで車で20分
URL www.shikoku-cable.co.jp/unpenji/index.html

ゆかりの地で作品と景観を堪能

琴平・丸亀・観音寺エリア

香川県立東山魁夷せとうち美術館(かがわけんりつひがしやまかいいせとうちびじゅつかん)

日本画の巨匠・東山魁夷の祖父の故郷を望む地に建つ、小さな美術館。**東山魁夷の版画作品**を中心に所蔵。年4回のテーマ作品展で鑑賞できる。春・秋の特別展開催時には、さまざまな日本画家の作品を展示。展示室の階段を降りると瀬戸大橋と青い海が目の前に広がり、眺めも最高!

東山魁夷の作品「道」を彷彿とさせるアプローチ

▶香川県立東山魁夷せとうち美術館
住 坂出市沙弥島南通224-13
TEL 0877-44-1333
開 9:00〜17:00
休 月曜(祝日の場合は翌日、GW・夏休み期間中は無休)、臨時休館あり
料 310円(特別展開催時は別料金)
交 JR**坂出駅**から車で15分
URL www.pref.kagawa.lg.jp/higasiyamakaii/higashiyama/index.html

空に浮かんで見える"天空の鳥居"が神秘的!

琴平・丸亀・観音寺エリア

高屋神社(たかやじんじゃ)

標高404mの稲積山(いなづみやま)にある神社で**稲積さん**とも呼ばれている。**天空の社**と称される本宮へは、鳥居をくぐり、さらに270段の石段を上がって山頂に。そこから眺める瀬戸内海や有明浜は、**四国八十八景**にも選出されるほど美しい。

"天空の鳥居"と称される本宮の鳥居

▶高屋神社
住 観音寺市高屋町2800(本宮)
TEL 0875-24-2150(観音寺市観光協会)
開 入場自由
交 JR**観音寺駅**から車で15分
※シャトルバス運行中は林道通行不可
URL www.city.kanonji.kagawa.jp/soshiki/21/13387.html

絶景のロマンチックロードを歩こう

小豆島エリア

エンジェルロード(えんじぇるろーど)

小豆島と中余島(なかよしま)の間にあり、1日に2回干潮時に海の中から現れる砂の道。「大切な人と手をつないで渡ると願いを叶えてくれる」という言い伝えがあり、恋人の聖地として知られている。近くにある**約束の丘展望台**からは、その全景を見渡すことができる。

中余島に渡るには、干潮時刻の前後2〜3時間が狙い目

▶エンジェルロード
住 小豆郡土庄町銀波浦
TEL 0879-82-1775(小豆島観光協会)
開 入場自由
交 **土庄港**から車で10分
URL www.town.tonosho.kagawa.jp/gyosei/soshiki/shoko/4/3/172.html

info 標高920mの場所にある**雲辺寺山頂公園**からは、観音寺市街と瀬戸内海を一望。まるで空を飛んでいるかのような気持ちになれる、爽快感抜群の**天空のブランコ**は2020年7月に公園内に完成した新名所だ。

美術、建築、環境がひとつとなった美術館

直島・豊島エリア

豊島美術館(てしまびじゅつかん)

豊島美術館　写真：鈴木研一

地元住民とともに再生した棚田の一角に据えられた、アーティスト・内藤礼と建築家・西沢立衛(りゅうえ)による美術館。天井にある2ヵ所の開口部から周囲の風・音・光を内部に直接取り込むなど、館内に居ながらにして季節の移り変わりや時間の流れを感じられる。

自然光が地下へと降り注ぐ

直島・豊島エリア

地中美術館(ちちゅうびじゅつかん)

地中美術館
写真：藤塚光政

瀬戸内の美しい景観を損なわないよう、建物の大半が地下に埋設された美術館。クロード・モネ、ウォルター・デ・マリア、ジェームズ・タレルの作品が安藤忠雄設計の建物に恒久設置されている。風景を一望できるカフェも利用したい。

アートと自然に包まれた特別な滞在

直島・豊島エリア

ベネッセハウスミュージアム(べねっせはうすみゅーじあむ)

ベネッセハウス ミュージアム
写真：A. D. McCormick

「自然・建築・アートの共生」をコンセプトに、美術館とホテルが一体となった施設。「ミュージアム」「オーバル」「パーク」「ビーチ」の4棟からなり、すべて安藤忠雄の設計によるもの。作品は施設周辺にも点在し、自然のなかでアートを鑑賞できる。

安藤建築の集大成とも言えるミュージアム

直島・豊島エリア

ANDO MUSEUM(あんどうみゅーじあむ)

ANDO MUSEUM　写真：浅田美浩

築およそ100年の民家の外観はそのままに、内部はコンクリートの空間が広がる。館内では、直島の歴史や設計者・安藤忠雄自身の活動などを写真、スケッチ、模型などを用い紹介。同氏が手がけてきた建築の要素を集約しており、建物自体もすばらしい作品だ。

▶豊島美術館
住 小豆郡土庄町豊島唐櫃607
TEL 0879-68-3555
開 夏期10:00～17:00
冬期10:00～16:00
最終入館は30分前（オンライン予約制）
休 3～11月の火曜、12～2月の火～木曜（いずれも祝日の場合翌日、月曜が祝日の場合は火曜開館、翌水曜休館）
料 1570円
交 **家浦港**からバスで14分の**豊島美術館前**下車、徒歩2分
URL benesse-artsite.jp/art/teshima-artmuseum.html

▶地中美術館
住 香川郡直島町3449-1
TEL 087-892-3755
開 3～9月10:00～18:00
10～2月10:00～17:00
最終入場は1時間前（オンライン予約制）
休 月曜（祝日の場合は翌日）、メンテナンス休館あり
料 2100円
交 **宮浦港**からバスで10分の**つつじ荘**下車、無料シャトルバスに乗り換え7分の**地中美術館**下車、徒歩すぐ
URL benesse-artsite.jp/art/chichu.html

▶ベネッセハウスミュージアム
住 香川郡直島町琴弾地
TEL 087-892-3223
開 8:00～21:00（最終入館20:00）
休 無休（メンテナンス休館あり）
料 1300円
交 **宮浦港**からバスで10分の**つつじ荘**下車、徒歩15分
URL benesse-artsite.jp/art/benessehouse-museum.html

▶ANDO MUSEUM
住 香川郡直島町本村736-2
TEL 087-892-3754(福武財団)
開 10:00～16:30（最終入館16:00）
休 月曜（祝日の場合は翌日）、メンテナンス休館あり
料 520円
交 **宮浦港**からバスで5分の**農協前**下車、徒歩5分
URL benesse-artsite.jp/art/ando-museum.html

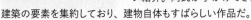

info 直島内の移動は**直島町営バス**が基本で、乗車1回100円。**つつじ荘**で下車し、ベネッセアートサイト直島の場内シャトルバス（無料）に乗り換えて、美術館を巡ることができる。そのほかレンタサイクルの利用も便利だ。

桃太郎伝説で有名な洞窟を探検！

高松エリア

鬼ヶ島大洞窟

この洞窟のある**女木島**は、「鬼ヶ島」として知られている。昭和6(1931)年に一般公開が始まった全長約400mの洞窟内には、桃太郎伝説にちなんだオブジェなどが展示されている。

天井に模様の付いた亀の甲天井

▶鬼ヶ島大洞窟
住 高松市女木町235
TEL 087-840-9055(鬼ヶ島観光協会)
開 8:30〜17:00(最終入場16:30)
休 無休　料 600円
交 **女木島港**から徒歩35分
URL www.onigasima.jp

125年の歴史を持つ石造りの灯台

高松エリア

男木島灯台

島の北端に建ち、現在でも沖を通る船に島の位置を知らせている。併設の資料館では、全国の灯台や島の歴史などを紹介。映画『喜びも悲しみも幾歳月』のロケ地にもなった。

国の登録有形文化財に登録されている

▶男木島灯台
住 高松市男木町1062-3
TEL 087-821-7012(高松海上保安部)
開 入場自由
交 **男木港**から徒歩40分
▶男木島灯台資料館
開 日・祝9:00〜16:30
(7・8月は毎日開館)
休 月〜土　料 無料

合戦の舞台を見下ろす展望台

高松エリア

獅子の霊巌展望台

元暦2(1185)年に、源平合戦の舞台となった屋島を見渡す展望台。瀬戸内海の島々や高松市街を見渡すことができ、夕焼けから夜景が連続的に見える「**夕夜景**」スポットとしても知られる。

源氏にゆかりのある「かわらけ投げ」が有名

▶獅子の霊巌展望台
住 高松市屋島東町
TEL 087-839-2416(高松市観光交流課)
開 入場自由
交 ことでん**屋島駅**からバスで10分の**屋島山上**下車、徒歩5分
URL www.yashima-navi.jp/jp/travel/entry-109.html

「讃岐富士」と称される美しい山

琴平・丸亀・観音寺エリア

飯野山

瀬戸内海国立公園にある標高約422mの山。山頂へは30分〜1時間ほどで登ることができる。頂上展望台からは讃岐平野の風景が見渡せ、春には麓に桃の花のじゅうたんが広がる。

「おじょも」と呼ばれる大男が作った山だという伝説が残る

▶飯野山
住 丸亀市〜坂出市
開 入場自由
交 JR**丸亀駅**から登山口まで車で25分
URL www.city.marugame.lg.jp/sightseeing/spot/inoyama

ヨーロッパの古城のようなたたずまい

琴平・丸亀・観音寺エリア

豊稔池堰堤

柞田川上流にある、コンクリート造溜池堰堤。完成した昭和4(1929)年当時は先駆的だった**マルチプルアーチ式**で造られた。現在でも、約500ヘクタールの農地の水がめとして活躍。

夏には不定期で放流が行われる

▶豊稔池堰堤
住 観音寺市大野原町田野々1050
TEL 0875-24-2150(観音寺市観光協会)
開 入場自由
交 JR**豊浜駅**から車で15分
URL www.my-kagawa.jp/point/67

info 香川県産などのオリーブの葉の粉末を添加したエサを与えて育てた養殖ハマチを、**オリーブハマチ**としてブランド化している。さっぱりとした味わいが魅力だ。

弘法大師空海が誕生した地 琴平・丸亀・観音寺エリア

善通寺（ぜんつうじ）

弘法大師信仰の聖地である御影堂

京都の東寺、和歌山の高野山と並ぶ**弘法大師三大霊跡**のひとつ。広大な境内には、弘法大師空海が生まれた**誕生院**や国宝を所蔵する**宝物館**などがある。

▶善通寺
住 善通寺市善通寺町3-3-1
TEL 0877-62-0111
開 7:00～17:00 休 無休
料 無料（戒壇めぐり、宝物館拝観は500円）
交 JR**善通寺駅**から徒歩20分
URL www.zentsuji.com

高さ日本一を誇る木造灯籠 琴平・丸亀・観音寺エリア

高灯籠（たかとうろう）

国の重要有形民俗文化財に指定

安政6(1859)年に建てられた、高さ約27.6mの**木造灯籠**。瀬戸内海を航海する船の指標として建立され、船上から「こんぴらさん」を拝む目標灯にもなっていた。夜には灯りがともり、趣が深まる。

▶高灯籠
住 仲多度郡琴平町361
TEL 0877-75-3500(琴平町観光協会)
開 見学自由
交 JR**琴平駅**から徒歩すぐ
URL www.kotohirakankou.jp/spot/entry-96.html

四国最大級のフラワーパーク 琴平・丸亀・観音寺エリア

国営讃岐まんのう公園（こくえいさぬきまんのうこうえん）

春はネモフィラ（写真）のほか、桜やチューリップも見ごろを迎える

名勝**満濃池**（まんのういけ）のほとりに広がる国営公園。年間を通して季節の花々が咲き誇り、冬にはイルミネーションが光り輝く。子供たちに人気の大型遊具や四国最大級のオートキャンプ場など施設も充実。

▶国営讃岐まんのう公園
住 仲多度郡まんのう町吉野4243-12
TEL 0877-79-1700
開 9:30～17:00（季節により変動）
休 火曜（季節により変動）、年末年始など
料 450円
交 JR**琴平駅**から車で15分
URL sanukimannopark.jp

芳ばしい醤油の香りに包まれて散策 小豆島エリア

醤の郷（ひしおのさと）

黒い板壁が続くノスタルジックな町並み

400年もの歴史を持つ小豆島の伝統産業、醤油造り。「醤の郷」には20軒以上の醤油蔵や佃煮工場が軒を連ね、蔵の見学や買い物などを楽しみながら散策ができる。

▶醤の郷
住 小豆郡小豆島町苗羽～馬木周辺
TEL 0879-82-1775(小豆島観光協会)
開 入場自由
交 **坂手港**から車で5分
URL shodoshima.or.jp/sightseeing/detail.php?id=270&c=2

直島の玄関口で来島者を迎える 直島・豊島エリア

赤かぼちゃ（あかかぼちゃ）

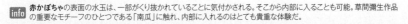

草間彌生「赤かぼちゃ」2006年 直島・宮浦港緑地 写真／青地 大輔 ※画像転載不可

現代アートの島として世界中の人々を魅了している直島。その玄関口の宮浦港で旅行者を出迎えるのが草間彌生作「赤かぼちゃ」。夜はライトアップされ、昼とは異なる魅力を感じられる。

▶赤かぼちゃ
住 香川郡直島町宮浦2249-49
TEL 087-892-2222(直島町役場 総務課)
開 見学自由
交 **宮浦港**から徒歩すぐ
URL setouchi-artfest.jp/artworks-artists/artworks/naoshima/338.html

info **赤かぼちゃ**の表面の水玉は、一部がくり抜かれていることに気付かされる。そこから内部に入ることも可能。草間彌生作品の重要なモチーフのひとつである「南瓜」に触れ、内部に入れるのはとても貴重な体験だ。

愛媛県

EHIME

人口
133.5万人（全国28位）
面積
5676km²（全国26位）
県庁所在地
松山市
県花
みかんの花

みきゃん
ハート形の鼻とみかんの花のしっぽの愛媛県のキャラクター
愛媛県イメージアップキャラクター
みきゃん#308014

みかんの花
県章のモチーフのひとつにもなっている

四国の北西に位置しており、瀬戸内海に面している。しまなみ海道P.827で本州と結ばれており、海をはさんで隣接する広島県との結びつきも強い。県庁所在地の松山市には道後温泉本館P.820など、文化的な観光名所が多い。一方、高知県との県境付近には四国カルストP.829が広がるなど大自然を感じられる名所も多数。鯛めしも松山風と宇和島風で大きく異なるほか、串打ちしないで焼く今治焼き鳥P.819などグルメも独特。

旅の足がかり

松山市

人口51万人を擁する県庁所在地で四国最大の都市。慶長8(1603)年に関ヶ原の戦いで活躍した加藤嘉明が、新しく勝山に築いた城に居を移し、初めて「松山」という名称が公にされた。**道後温泉本館P.820**は市のシンボルのひとつ。正岡子規や夏目漱石、司馬遼太郎など松山にゆかりのある文豪が多く、町全体に文化的な雰囲気が広がる。**松山市立子規記念博物館P.825**、**坂の上の雲ミュージアムP.822**など、文学をテーマにした施設も多数。

今治市

古くから瀬戸内海の海上交通の要所であり、現在はしまなみ海道で本州と結ばれる四国の玄関口のひとつ。大島、伯方島、大三島などの島々も同市に含んでいる。人口は松山市に次いで愛媛県下2位。また、日本一のタオル生産地であり国内の生産量のおよそ5割を占めている。**しまなみ海道**サイクリングは人気で、多くの愛好家が訪れる。

宇和島市

愛媛県の南部(南予エリア)の中心都市。黒潮の影響を受けた温暖な気候も特徴のひとつだ。真珠、ハマチ、マダイなどの養殖水産業が盛ん。鯛の刺身を醤油ベースのだし汁と卵に絡ませて味わう、宇和島鯛めしが代表格のご当地グルメだ。**宇和島城P.826**が町のシンボルで、**宇和島闘牛P.818**が開催されることでも名高い。

地理と気候

多島美を感じられる瀬戸内海や四国カルストなど自然豊か。気候は瀬戸内海側と宇和海に面した地域とで大きく異なる。瀬戸内海側は温暖少雨で、宇和海側は、台風の影響も受けやすく降水量が多い。

【夏】 真夏日の年間日数は松山・宇和島では60日を超え、盆地にある大洲では75日に達することもある。

【冬】 南国ではあるが雪もまれに降り、久万高原町など内陸部にはスキー場もある。沿岸部は比較的暖かい。

アクセス

東京から ▸▸▸	所要時間
飛行機 羽田空港▶松山空港	1時間35分
高速バス バスタ新宿▶松山市駅	12時間

大阪から ▸▸▸	所要時間
飛行機 伊丹空港▶松山空港	50分
高速バス 梅田阪急三番街▶松山市駅	5時間

香川から ▸▸▸	所要時間
JR線 高松駅▶松山駅（特急いしづち）	2時間30分
高速バス 高松駅前高速BT▶松山市駅	2時間40分

徳島から ▸▸▸	所要時間
高速バス 徳島駅▶松山市駅	3時間30分

BT:バスターミナル

県内移動

▶松山から今治へ

特急**いしづち**、**しおかぜ**で約40分。普通列車で1時間15分。

松山市駅から今治バスセンターまで1時間20分。

▶松山から宇和島へ

特急**宇和海**で1時間22分。普通列車なら約3時間30分。

松山市駅から宇和島駅まで約2時間。道後温泉始発の便も多い。

▸▸▸アクセス選びのコツ

松山駅と香川県の高松駅を結ぶ特急**いしづち**、岡山駅とを結ぶ特急**しおかぜ**は愛媛県内ではほかに伊予西条駅と今治駅に停車。松山駅と宇和島駅を結ぶ特急**宇和海**は伊予市駅、伊予大洲駅、八幡浜駅など主要駅に停車。いずれも1時間に1便程度運行しており、県内移動に便利。

交通路線図

▸▸▸アクセス選びのコツ

松山を起点とする**伊予鉄バス**、今治を起点とする**せとうちバス**、宇和島が起点の**宇和島バス**などが四国内の主要都市や関西方面の便を運行。

松山近郊の松山観光港からは広島港や福岡の小倉行きフェリーが出ているほか、三津浜港からは山口県の柳井港、八幡浜港からは大分方面へ運航。

愛媛県

うちの県はここがすごい

一 世界初の三連吊り橋

しまなみ海道（西瀬戸自動車道）に架かる、大島と四国を結ぶ来島海峡大橋は世界初の三連吊り橋として平成11（1999）年に完成。全長4105m。自転車歩行者道も設けられている。

二 蛇口からミカンジュース!?

ミカン王国である愛媛県。「蛇口からミカンジュースが出る」という都市伝説をしばしば耳にするが、観光物産館や空港のショップなど、実際にジュースの出る蛇口があるのは本当。

三 日本最長の細長い半島

全長約40km、最大幅は約6.2km、最小幅は約800mという日本一細長い半島の佐田岬半島。尾根を走る道路は「メロディーライン」と呼ばれ、絶好のドライブスポットになっている。

イベント・お祭り・行事

① 水軍レース大会

「小早船（こばやぶね）」と呼ばれる村上水軍の復元船に12人が乗り込み、スピードを競う勝ち抜き戦。県内外より約60チームが参加し、手に汗握る真剣勝負を繰り広げる。今治市で毎年7月に開催。

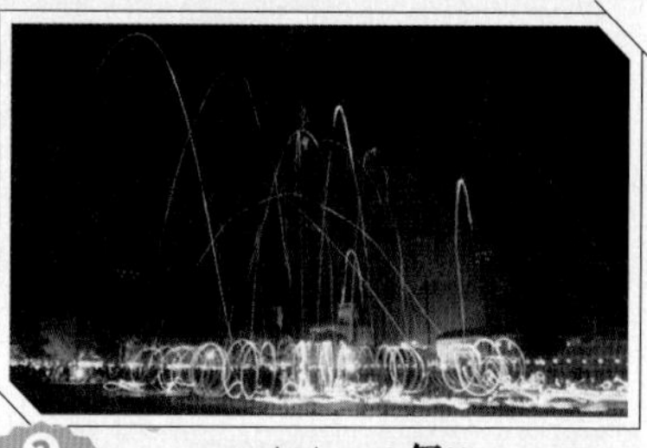

② 五反田柱祭り

毎年8月14日に八幡浜市で行われる火投げ行事。先端に漏斗状のものを取り付け、下から火の点いた松明を投げ上げて先端に点火する。非業の死を遂げた修験者の祟りを鎮めるために行われるという。

③ 西江寺えんままつり

宇和島市にある西江寺が所有する貴重な地獄極楽絵図、えんま大王図などを一般公開。毎年旧暦1月16日を含む3日間にわたり公開され、露店も多く立ち並ぶ。

④ うわじま牛鬼まつり

鬼のような顔に長い首、赤い布やシュロで覆われた牛の胴体、剣にも似た尻尾を持った全長5～6mの「牛鬼」が宇和島市内を練り歩く。例年7月22～24日頃に行われ、花火大会も催される。

必ず食べたい 名物グルメ

松山鯛めし

鯛と米を一緒に昆布だしで炊き上げる郷土料理で「北条風」とも呼ばれる。鯛のうま味もご飯に染み入っている上に、身のホクホクとした食感がたまらない。

宇和島鯛めし

薄く切った新鮮な鯛を醤油やみりん、生卵、ゴマ、だしなどにからめご飯にかけて味わう。松山鯛めしと異なり、「漁師めし」といったイメージ。南予風鯛めしとも呼ばれる。

鯛そうめん

鯛を一尾まるごと姿煮にしたものを、ゆでた素麺と一緒に大皿に盛りつけ、煮汁をつけ汁またはかけ汁として味わう。お祝い料理で、松山地域では五色素麺を用いることが多い。

出典:農林水産省Webサイト（https://www.maff.go.jp/j/keikaku/syokubunka/k_ryouri/search_menu/menu/tai_soumen_ehime.html）

伊予柑

現在、栽培されている伊予柑の多くは「宮内伊予柑」と呼ばれる品種で、愛媛県の生産シェアは全体の約9割にものぼる。甘みが強くて酸味は控えめなのが味の特徴。

地元っ子愛用 ローカル味

手押しじゃこ天

ほたるじゃこなど、宇和海近海でとれた小魚を原料とした愛媛名物。**田中蒲鉾本店**では一枚一枚手で押して揚げた昔ながらの味を大切にしており、揚げたては特に美味だ。

ポンジュース

昭和27（1952)年に製造が始まり,昭和44（1969）年には全国に先駆け、果汁100%に変更して発売。「こだわりは、まじめです。」を合言葉に、全国的な人気を誇るトップブランドだ。

もらえば笑顔 定番みやげ

一六タルト

愛媛県産のゆずと白双糖を加えたこしあんを、やわらかなスポンジで巻いた風味豊かな伝統の菓子。美しい「の」の字になるよう、熟練者が一本一本を手作業で巻いている。

山田屋まんじゅう

慶応3(1867）年創業の老舗が送る、ひと口サイズのまんじゅう。口どけのよいなめらかなこしあんと、繊細な薄皮の表皮が相まって美味。1個単位で販売しており、食べ歩きにもおすすめ。

匠の技が光る 伝統工芸

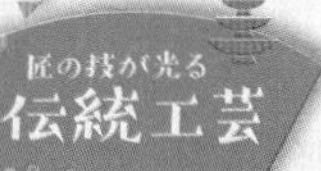

砥部焼

砥部（とべ)町を中心に作られる陶磁器で、国の伝統的工芸品。やや厚手の白磁に、「呉須」と呼ばれる薄い藍色の図案が手書きされたものが定番だ。

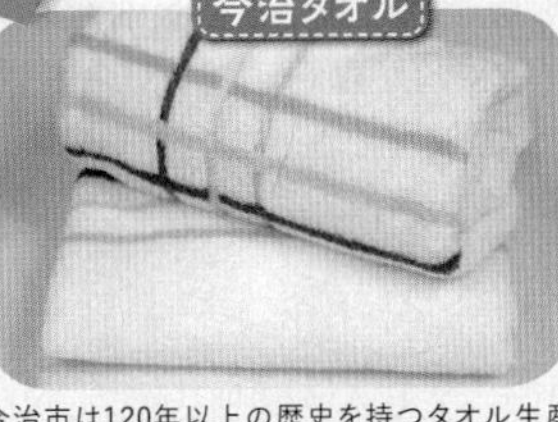

今治タオル

今治市は120年以上の歴史を持つタオル生産地で、200近いタオル関連工場が集まっている。高品質かつデザイン性豊かな今治タオルはおみやげにも最適。

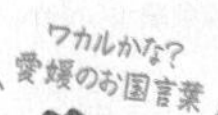

ワカルかな？
愛媛のお国言葉

さいさい言わんでよ

Ans. 何度も言わないでよ

1泊2日で巡る 愛媛県

初日は松山市内をゆっくり観光。2日目は坊っちゃん列車に乗って松山市の中心街へ。レンタカーで東予エリアをドライブ&サイクリングする。

サンライズ糸山 / 来島海峡大橋 / START & GOAL 松山 / マイントピア別子 / 伊予 / 八幡浜 / 宇和島

1日目

10:00 伊予鉄松山駅前電停

路面電車20分

10:30 国内現存12天守のひとつ
松山城に登城 ▶P.821

加藤嘉明が築き上げた城。隠門など城内に21もの重要文化財がある。

ロープウェイ or リフトで途中まで楽々

徒歩すぐ

12:00 ロープウェイ駅の近くで
鯛めしなど名物を味わう

ロープウェイ乗り場からすぐの松山ロープウェイ街には飲食店が多くある。

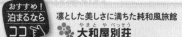

松山鯛めしなど名物をぺろり

徒歩5分

司馬遼太郎著『坂の上の雲』の世界観に浸れる、建築も美しいミュージアム。

13:00 松山ゆかりの偉人の資料を展示
坂の上の雲ミュージアム ▶P.822

徒歩すぐ

14:00 社交場として名士が集った
萬翠荘で大正ロマンに浸る ▶P.825

大正11（1922）年に旧松山藩主の子孫にあたる久松定謨が建設した洋館。

路面電車15分

伊予鉄道後温泉駅

15:30 **道後の温泉街**をそぞろ歩き♪

温泉街には食べ歩きグルメや飲食店、みやげ店が立ち並び、散策が楽しい！

どれもおいしそうで誘惑が多い

徒歩すぐ

16:30 1日目観光の締めに
道後温泉で入浴 ▶P.820

日本最古といわれる道後温泉のシンボル的な建築。名湯に癒やされる。
※2024年末ごろまで、保存修理工事を行いながら営業中。道後温泉別館 飛鳥乃湯泉P.821の利用もおすすめ。宿泊は「大和屋別荘」で。

徒歩5分

おすすめ！泊まるならココ

凛とした美しさに満ちた純和風旅館
大和屋別荘（やまとやべっそう）

数寄屋建築の名匠・山口修氏が手がけた客室

正岡子規や高浜虚子をはじめとする俳人の季節ごとの書画を多く所蔵する「文人達の作品と過ごせるお宿」。凛とした日本美に満ちあふれた空間で、特別なひとときを過ごせる。愛媛県の食材の豊かさを感じられる懐石を部屋食で味わえるのも魅力。庭園露天風呂、御影石を使用した大浴場も備える。

庭園露天風呂。湯上がりには生ビールのサービスも

- 住 松山市道後鷺谷町2-27
- TEL 089-931-7771
- 交 伊予鉄道道後温泉駅から徒歩5分
- 料 1泊3万3000円～
- URL yamatoyabesso.com

2日目

9:19 伊予鉄道後温泉駅

坊っちゃん列車で ▶P.822
松山市駅へ!!

おもに土・日曜・祝日に1日3便程度運行。運休日もあるので、スケジュールはURL www.iyotetsu.co.jp/botchanを参照。

路面電車 15分

9:40 JR松山駅 レンタカーをピックアップしてドライブ開始!

車 60分

10:40

マイントピア別子 ▶P.824
まずは端出場ゾーンへ

観光坑道があり、当時の鉱山の様子を楽しみながら知ることができる。

車 20分

12:20

東洋のマチュピチュ

東平ゾーンへも ▶P.824
足を延ばそう

マイントピア別子のもうひとつの見どころ。天空の産業遺産は必見だ。

車90分

14:00

サイクリングの拠点

サンライズ糸山へ ▶P.819

まずは腹ごしらえ!

サンライズ糸山内のレストランで絶景を眺めながら昼食。パエリアがおすすめ。

▶風のレストラン

TEL 0898-41-3324
開 7:00～10:00
11:00～15:00（ラストオーダー14:30）
17:00～20:00（ラストオーダー19:30）
休 無休（サンライズ糸山に準じる）

15:00 いよいよ**サイクリング**スタート!

来島海峡大橋を渡り終え、再びサンライズ糸山に戻るまで1時間～1時間30分ほど。

車 90分

18:00 JR松山駅でレンタカーを返却

+1日あれば

しまなみ海道ドライブをエンジョイ

次の日もそのままレンタカーを借りて、島巡りドライブへ。大島の今治市村上海賊ミュージアムP.827や大三島の大山祇神社P.827など見どころが多い。広島県側の島々もぜひじっくり観光したい。しまなみ海道を通り抜け、レンタカーは広島県側に乗り捨て返却する手もある。

四国最大級の客室を誇る
今治のランドマーク的ホテル

今治国際ホテル（いまばりこくさい）

展望ラウンジからの眺望も魅力

23階建ての本館は今治市内の至るところから見ることができ、町のランドマーク的な存在。しまなみ海道サイクリングの拠点としても便利で、客室に自転車を持ち込める。日本料理、中国料理、洋食料理に加え、最上階には展望ラウンジも。大浴場と天然温泉を使用した露天風呂、サウナも完備。

住 今治市旭町2-3-4
TEL 0898-36-1111
交 JR今治駅から徒歩5分
料 1泊1万2705円～
URL www.imabari-kokusai-hotel.co.jp

客室は全室27.7㎡以上と自転車の持ち込みも可能

愛媛県の歩き方

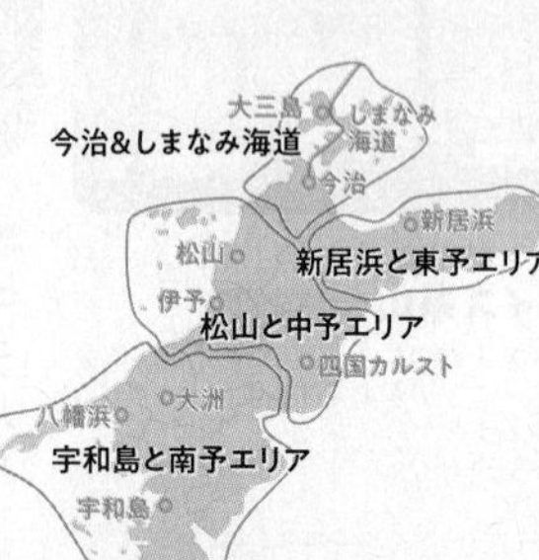

▶JR松山駅松山市観光案内所
住 松山市南江戸1-14-1 松山駅構内
TEL 089-931-3914
開 8:30〜20:30 休 無休
URL matsuyama-sightseeing.com

▶松山城らくトクセット券
坊っちゃん列車に1回乗車、松山城ロープウェイ・リフト往復、松山城天守観覧、二之丸史跡庭園入園の料金がセット。さらに、いよてつ髙島屋大観覧車「くるりん」の通常ゴンドラに無料で1回乗車できる。発売当日から2日間有効。
料 2200円

大白熱の宇和島闘牛

大正末期から昭和初期、宇和島近辺の村々の山あいには必ず小さい闘牛場があり、祭りの際などに闘牛が盛大に開催されていたという。現在は宇和島市和霊町にあるドーム型の闘牛場で年4回の定期大会が行われており、たくましい牛たちによる白熱した戦いが繰り広げられる。

角と角がぶつかる音が響く

▶宇和島市観光情報センター
住 宇和島市丸之内5-1-4
TEL 0895-49-5700
開 9:00〜18:00 休 12/31、1/1
交 宇和島城 P.826 の登城口横
URL www.uwajima.org

松山と中予エリア

新型LRT車両も走っている

道後温泉本館 P.820 をはじめ、松山市内のほとんどの主要観光地へは、路面電車でアクセス可能。料金は一律180円。伊予鉄道の**松山市駅**にはバスターミナルがあり、**愛媛県立とべ動物園** P.825 などへ出かける際の拠点となる。運行日やダイヤをチェックして**坊っちゃん列車** P.822 にもぜひ乗車を。**四国カルスト** P.829 エリアへ足を伸ばすなら、レンタカーがおすすめ。レンタカー店はJR松山駅周辺に多い。

▶松山空港から町の中心まで

松山空港からJR松山駅間を約15分、伊予鉄道松山市駅間を約25分で結ぶ、バスが運行されている。そのまま、中心街である大街道や道後温泉まで直通している便が多い。

グルメ

道後温泉街での一服のおともに

坊っちゃん団子　3色のお団子を串に刺した道後温泉名物。小説「坊っちゃん」の中で、この団子を2皿も食べる場面が登場することから名がついた。食べ歩き用に1本単位で販売する店もある。

宇和島と南予エリア

宇和島城から眺める宇和島市街

南予の主要駅、**宇和島駅**へは松山駅から特急で約1時間30分。同駅と高知県の窪川駅間を走る**しまんトロッコ** P.847 などを利用し、高知方面へ足を伸ばせる。**大洲城** P.823 や**八日市・護国の町並み** P.823 へはいずれも予讃線の利用が便利。

グルメ

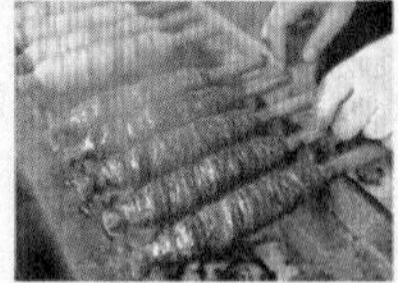

太刀魚巻　竹にタチウオをらせん状に巻き、各店秘伝のタレを何度か塗りながら炭火で焼く太刀魚巻。宇和島市の老舗の魚屋が昭和62（1987）年に考案したとされ、宇和島市内の吉田町には専門の店もある。

出典:農林水産省Webサイト(https://www.maff.go.jp/j/keikaku/syokubunka/k_ryouri/search_menu/menu/tachiuo_maki_ehime.html)

info JR**伊予長浜駅**近くの乗船場から出る定期船で35分ほどの場所に浮かぶ、**猫の島**として近年話題の**青島**。エサやりや乗船のルール・マナーを守って猫たちの住む島へ遊びに行こう。

日本全国津々浦々～道の駅巡り～

宇和島港近くにある観光交流拠点施設

宇和島きさいや広場
港町にある広大な道の駅。いりこやちりめんなどの海産物や宇和島の銘菓など特産物を多数販売。宇和島鯛めしなどを味わえるフードコートも人気。

▶**道の駅 宇和島きさいや広場**
住 宇和島市弁天町1-318-16
TEL 0895-22-3934
開 9:00～18:00　レストラン10:00～18:00（L.O.17:30）　休 無休
交 JR**宇和島駅**から徒歩15分
URL www.kisaiyahiroba.com

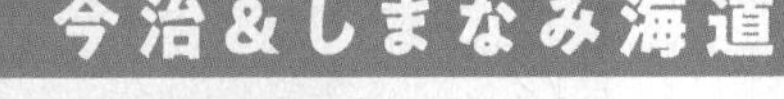

今治&しまなみ海道

サイクリストの聖地でもある

今治バスセンターまたは今治駅前より大島、伯方島、大三島行きのバスが出ているが、各島の観光名所を効率よく回るにはレンタカーがおすすめ。時間と体力があればレンタサイクルを利用し、海辺のサイクリングを楽しむのもいい。

便利情報

サンライズ糸山　瀬戸内海の美しい風景を眺めながらサイクリングを楽しめるしまなみ海道。約500台の自転車のレンタルを行い、愛媛側最大のサイクリング拠点。シャワールームや宿泊施設、レストランなども備えている。
住 今治市砂場町2-8-1　TEL 0898-41-3196
レンタサイクルの予約·問合せ TEL 0848-22-3911（しまなみレンタサイクル）
開 レンタサイクル8:00～20:00　休 無休　料 自転車レンタル2000円（別途保証料金が必要）　交 JR**今治駅**からバスで25分の**糸山展望台入口**下車　URL www.sunrise-itoyama.jp

▶**道の駅 しまなみの駅 御島**
住 今治市大三島町宮浦3260
TEL 0897-82-0002
開 8:30～17:00　休 無休
交 大山祇神社 P.827の隣
URL www.mishima-eki.jp
大三島町の観光案内所を併設。レンタサイクルあり。

串打ちしない今治焼き鳥
今治の焼き鳥は串を刺さず鉄板で焼くスタイルが主流。待つことが嫌いで、せっかちな人が多い今治気質から生まれたご当地グルメという説も。

厚いコテで鳥皮をパリパリに

新居浜と東予エリア

このエリア最大の観光名所の**マイントピア別子** P.824までは、JR新居浜駅からバスが出ている。新居浜駅までは松山駅から特急で1時間10分ほど。東平ゾーンと端出場ゾーンのふたつに分かれており、それぞれに見どころが多いので時間にはゆとりをもって観光を。JR伊予西条駅前には**鉄道歴史パーク in SAIJO** P.828もあり、鉄道旅なら立ち寄りたい。

おみやげ

別子飴　銅釜で水飴を炊き上げた懐かしく素朴な菓子。みかん、抹茶、ココアなど5つの味を楽しめる。レトロなパッケージもかわいらしい。
どこか懐かしい素朴な味わい

▶**ここくるにいはま**
住 新居浜市坂井町2-3-45（JR新居浜駅構内）
TEL 0897-32-4028
開 9:00～17:00（土·日曜·祝日10:00～16:00）
休 12/29～1/3
URL niihama.info

▶**西条市観光交流センター**
住 西条市大町798-1（JR伊予西条駅前）
TEL 0897-56-2605
開 観光案内所9:00～18:00
物産館9:00～17:00
休 無休
URL www.saijo-imadoki.jp

info 宇和島に来たらぜひ食べてほしいのが、**じゃこ天**。松山空港で売っているおみやげの中でも上位にランキングする人気商品なので、宇和島駅やみやげ物屋に寄って味わってみて！

愛媛県の見どころ

▶道後温泉本館
住 松山市道後湯之町5-6
TEL 089-921-5141(道後温泉事務所)
開 6:00〜23:00(最終入場22:30)
休 無休(12月に臨時休館日あり)
料 霊の湯入浴420円
交 伊予鉄**道後温泉駅**から徒歩5分
URL dogo.jp

保存修理工事中は皇室の随伴者用にあてられた霊の湯を利用できる

2022年1月から保存修理工事が完了したばかりの日本唯一の皇室専用浴室、又新殿の一般観覧が再開

松山と中予エリア

古湯・道後温泉のシンボル

道後温泉本館(どうごおんせんほんかん)

松山城の城大工棟梁の家系である坂本又八郎によって設計

『日本書紀』や『万葉集』にも記され、日本最古といわれる道後温泉のシンボル的な建築。平成6(1994)年に国の重要文化財に指定されながら、公衆浴場としてなお現役で営業を続けている。真っ赤なギヤマンが輝く**振鷺閣**(しんろかく)をはじめ、壮麗な**三層楼**(さんそうろう)の建築は圧巻。館内には大きく**神の湯**、**霊の湯**の2つの浴場がある。入浴コースによって利用できる浴場や休憩室が異なる。なお、道後温泉本館は2019年から2024年末頃まで、保存修理工事を行いながら営業を続けている。工事の時期によって入浴できる浴場や利用・見学できる施設が異なるため、事前にウェブサイトを確認しよう。

P.827 伯方の塩 大三島工場
瀬戸内しまなみ海道 P.827
大山祇神社 P.827
P.827 来島海峡急流観潮船
今治市村上海賊ミュージアム P.827
P.828 今治城
亀老山展望公園 P.828
P.826 タオル美術館
鉄道歴史パーク in SAIJO P.828
マイントピア別子 P.824
P.825 愛媛県立とべ動物園
P.826 砥部町陶芸創作館
P.829 石鎚山
P.829 面河渓
P.829 JR下灘駅
岩屋寺 P.829
P.823 八日市・護国の町並み
P.823 大洲城
臥龍山荘 P.828
姫鶴平・五段高原(四国カルスト) P.829
卯之町の町並み P.826
宇和島城 P.826
P.828 天赦園

info 温泉街のメインアーケード、**道後ハイカラ通り**やその周辺には、食べ歩きグルメが充実! 愛媛特産の柑橘類を使ったスイーツや、じゃこ天などのおつまみ系も揃っている。URL dogo-shoutengai.jp

飛鳥時代をイメージした道後温泉の新名所

松山と中予エリア

道後温泉別館 飛鳥乃湯泉（どうごおんせんべっかん あすかのゆ）

道後温泉本館のシンボルでもある塔屋を屋根に冠する

「太古の道後」をテーマに日本最古といわれる道後温泉にふさわしい、飛鳥時代の建築様式を取り入れているほか、砥部焼や桜井漆器、菊間瓦など愛媛の伝統工芸が随所にあしらわれており、美の世界に引き込まれる。

いくつかの入浴コースが設定されており、一番贅沢な**二階特別浴室**（家族風呂）コースは基本の大浴場に入浴できるほか、本館の皇室専用浴室、**又新殿**（ゆうしんでん）を再現した浴室と休憩室を楽しめ、セレブになった気分に。湯上がりには二階特別浴室専用の休憩室で、お茶と菓子が味わえる。

▶道後温泉別館 飛鳥乃湯泉
住 松山市道後湯之町19-22
TEL 089-932-1126
開 6:00～23:00（最終入場はコースにより異なる）
休 無休（12月に臨時休館日あり）
料 一般浴室入浴料610円
二階特別浴室1組2040円（ひとり1690円）
交 伊予鉄**道後温泉駅**から徒歩3分
URL dogo.jp

砥部焼の陶板壁画で、瀬戸内の風景を描いている（女子浴室）

特別浴室には昔の浴衣「湯帳」を着て入浴することもできる

国内現存12天守のひとつ

松山と中予エリア

松山城（まつやまじょう）

標高132mに築かれた連郭式平山城

袴姿のスタッフがアテンドしてくれる

加藤嘉明（かとうよしあき）が慶長7(1602)年から四半世紀かけて築き上げた城。天明4(1784)年元旦に落雷で焼失したものの安政元（1854）年に復興し、現在まで雄々しい姿を残している。

防衛に優れた難攻不落の城として名高く、築城の名手と言われた加藤嘉明の凄みが伝わってくる。天守のほかに**隠門**（かくれもん）、**戸無門**（となしもん）など城内に21もの重要文化財があり、見応え十分。城内に多く見られる狭間や石落などの仕掛けも見どころ。

8合目までは松山城ロープウェイまたはリフトで登ることができる。山上から眺める松山市街の風景も楽しみ。

▶松山城
住 松山市丸之内1
TEL 089-921-4873（松山城総合事務所）
▶本丸広場
開 4～10月5:00～21:00
11～3月5:30～21:00
休 無休　料 無料
▶松山城ロープウェイ・リフト
開 2～11月8:30～17:30（8月～18:00）
12・1月8:30～17:00
リフトは通年8:30～17:00
休 無休
料 片道270円　往復520円
▶松山城天守
開 2～11月9:00～17:00（8月～17:30）
12・1月9:00～16:30
最終入場は30分前
休 12月の第3水曜　料 520円
交 伊予鉄**大街道**電停からロープウェイのりばまで徒歩5分、天守まで徒歩20～30分
URL www.matsuyamajo.jp

info 道後温泉駅前の広場、**放生園**の**カラクリ時計**は、撮影スポットとしても人気。8:00～22:00の1時間毎（時間は要確認）に小説『坊っちゃん』の登場人物がカラクリ時計から現れる。

文学の町・松山を駆け抜ける

松山と中予エリア

坊っちゃん列車

ぼっちゃんれっしゃ

伊予鉄道の開業から間もない明治21(1888)年から、67年間にわたり松山市街を走った蒸気機関車を復元。夏目漱石の小説『**坊っちゃん**』に登場したことから名付けられた。レトロな列車が道後温泉街や松山城などを背景に走る光景は、とても画になる。

鎧戸付きの窓や座席が当時の雰囲気を伝える

坊っちゃん列車ミュージアム

松山市駅のすぐ近くにある。伊予鉄道1号機関車の原寸大レプリカが展示されている。カフェも併設されており、坊っちゃん列車の歴史に触れながらゆっくりとくつろげる。

坊っちゃん列車ミュージアムにも足を運ぼう

▶坊っちゃん列車

住 松山市駅・JR松山駅〜道後温泉駅間
TEL 089-948-3323(伊予鉄道鉄道部)
開 道後温泉駅〜松山市駅を3往復、道後温泉〜古町間(JR松山駅前経由)を1往復運行(詳細スケジュールはウェブサイトを参照)
料 1300円
URL www.iyotetsu.co.jp/botchan

▶坊っちゃん列車ミュージアム

住 松山市湊町4-4-1 伊予鉄グループ本社ビル1F
TEL 089-948-3290
開 7:00〜21:00 休 無休
料 無料
交 伊予鉄**松山市駅**から徒歩すぐ
URL www.iyotetsu.co.jp/museum

車両部品などファン必見の展示も

松山が生んだ偉人たちの足跡に触れる

松山と中予エリア

坂の上の雲ミュージアム

さかのうえのくもみゅーじあむ

司馬遼太郎著『**坂の上の雲**』の主人公であり、松山が生んだ偉人でもある**秋山兄弟**と俳人・**正岡子規**に関連する資料などを中心に展示する博物館。

日本が近代国家へと歩みを始めた明治という時代をさまざまな切り口から解説している。原作を読んでいない人でもわかりやすく学ぶことができるのも特長。産経新聞に連載された『坂の上の雲』すべての記事を展示した壁などもあり、ついつい読みふけってしまう。

2階は無料開放しており、ライブラリー・ラウンジから松山城の緑の景観を楽しめる。

世界的な建築家・安藤忠雄氏が設計

『坂の上の雲』のすべての記事が壁一面に

▶坂の上の雲ミュージアム

住 松山市一番町3-20
TEL 089-915-2600
開 9:00〜18:30(最終入場18:00)
休 月曜(祝日の場合は開館、ほか臨時開館あり) 料 400円
交 伊予鉄**大街道**電停から徒歩2分
URL www.sakanouenokumomuseum.jp

▶ミュージアムカフェ

開 10:00〜17:00(L.O.16:30)
休 月曜(祝日の場合は営業、ほか臨時営業あり)

最も負荷のかかる中間部分の支柱がない「空中階段」が目を引く

info 日清・日露戦争では騎兵部隊指揮官として活躍した**秋山好古**(よしふる)。その弟で日本海海戦において作戦参謀としてバルチック艦隊と戦った**秋山真之**(さねゆき)。松山市出身の**秋山兄弟**はともに日露戦争で日本の勝利に貢献した。

漆喰装飾が華やかな商家に目を奪われる

宇和島と南予エリア

八日市・護国の町並み

重要伝統的建造物群保存地区に指定

町家を生かしたカフェや資料館などが点在

旧街道沿いに江戸末期から明治、大正時代にかけて建てられた商家や土蔵、町家などの建物が立ち並ぶ。**本芳我家**、**大村家**、**上芳我家**（木蠟資料館上芳我邸）の3つが重要文化財に指定されている。昔の建物を利用した資料館が点在しており、じっくりと見学したい。

また、木造2階建ての芝居小屋、**内子座**も必見。大正5(1916)年に建てられた芝居小屋を修理復元したもので、花道や奈落などを見学できる。現在も芸術文化活動の拠点として活用されている。

市民の熱意により平成の世に蘇る

宇和島と南予エリア

大洲城

肱川のほとりに建つ4層4階の天守

元弘元（1331）年の鎌倉時代末期に築城されたと伝わり、その後、**藤堂高虎**らによって大規模に修築がなされた。明治21（1888）年に老朽化により、惜しくも天守は解体された。しかし、地元大洲の住民の熱意により平成16(2004) 年に復元された。

江戸期の木組み模型など豊富に資料が残っていたため、正確に当時の姿を復元できたことはとても意義深い。19.15mの高さは戦後復元された木造天守として日本一。使用された木材はすべて国産材で、城内部では城郭建築特有の木組みを見ることができる。江戸時代から残る**台所櫓**や**南隅櫓**など4棟の櫓は国の重要文化財に指定されている。

▶八日市・護国の町並み
住 喜多郡内子町内子
TEL 0893-44-5212（八日市・護国町並保存センター）
開 見学自由（有料施設あり）
交 JR**内子駅**から徒歩20～30分
URL www.iyokannet.jp/spot/613
▶重要文化財本芳我家住宅
開 9:00～16:30（庭園のみ公開）
▶大村家
開 外観のみ
▶木蠟資料館上芳我邸
TEL 0893-44-2771
開 9:00～17:00（最終入場16:30）
休 12/29～1/2　料 500円
▶内子座
TEL 0893-44-2840
開 9:00～16:30　休 12/29～1/2
料 400円　※イベントなどで使用される日は内部を見学できないため、事前にウェブサイトで確認

大正時代に建てられた内子座

▶大洲城
住 大洲市大洲903
TEL 0893-24-1146
開 9:00～17:00（最終入場16:30）
休 無休　料 550円
交 JR**伊予大洲駅**からバスで4分の**大洲城前**下車、徒歩9分
URL www.ozucastle.jp

国産の木を用い忠実に再現された

大洲城三の丸南隅櫓公園から見た天守

info **大洲城**の内部には築城の様子を再現したジオラマや、復元設計図を参考に作られた木組みの模型などが展示されており、とても興味深い。

時を経て美しさを放つ産業遺産群

新居浜と東予エリア

マイントピア別子

江戸から昭和にかけて、銅の採掘が行われていた**別子銅山**を整備して作られたテーマパーク。昭和5(1930)年から閉山の昭和48(1973)年まで最後の採鉱本部が設置されていた**端出場ゾーン**と、そこから車で30分ほどの**東平ゾーン**に分かれる。

端出場ゾーンの観光坑道入口までは鉱山列車で

端出場ゾーン　坑道ではリアルな人形などを使って当時の鉱山の様子を紹介。日帰り温泉や砂金採り体験パークもこちらのエリアにある。

「東洋のマチュピチュ」と称される東平ゾーン

東平ゾーン　産業遺産群と自然が調和した独特な風景が魅力で**東洋のマチュピチュ**と称されている。

2022年4月リニューアルデビュー

松山駅〜八幡浜駅ほか

伊予灘ものがたり

アテンダントのサービスや沿線の風景、愛媛県の食材を存分に使った食事などが魅力の観光列車が2022年4月にリニューアルデビュー。

海の絶景を眺めながら進んでいく伊予灘ものがたり

大洲編、双海編、八幡浜編、道後編の4つのコースがあり、コースごとに食事の内容も変わるため、何度でもリピートしたくなる。海が間近に迫るフォトジェニックな**JR下灘駅**P.829では、撮影タイムが設けられているのもうれしい。沿線の住民が手を振ったり看板を掲げたり、歓迎してくれるのも心に残る。新設された3号車「**陽華の章**」グリーン個室（**Fiore Suite**）は、定員8名の車両貸切という贅沢な空間で、ワンランク上のサービスとともに非日常を楽しめる。

新設されたグリーン個室（Fiore Suite）

▶マイントピア別子

TEL 0897-43-1801
URL besshi.com

▶端出場ゾーン

住 新居浜市立川町707-3
開 4〜11月9:00〜17:00
12〜3月10:00〜17:00
最終入場は1時間10分前
休 無休（2月に臨時休業あり）
料 鉱山観光1300円
交 JR**新居浜駅**からバスで20分の**マイントピア別子**下車、徒歩すぐ

▶東平歴史資料館（東平ゾーン）

住 新居浜市立川町654-3
TEL 0897-36-1300
開 10:00〜17:00
休 月曜（祝日の場合は翌日）、冬期は市道が通行止めになるため東平ゾーンの見学不可
料 無料　交 JR**新居浜駅**から車で20分。または端出場ゾーンのマイントピア別子・本館から11:00、13:00発の定期観光バスツアー（1350円）でも行ける

端出場ゾーンでは砂金採り体験も大人気

▶伊予灘ものがたり

TEL 0570-00-4592（JR四国電話案内センター）
開 おもに土・日曜・祝日などを中心に運行。運行日などの詳細はJR四国のウェブサイトを参照
料 松山〜八幡浜4000円
松山〜伊予大洲3670円
（いずれも運賃、特急料金、グリーン料金を含む）
※食事予約券は別途
URL iyonadamonogatari.com

愛媛県産の食材を使った食事も楽しみ（画像はイメージ）

info **マイントピア別子**の**端出場ゾーン**では、温泉も楽しめる。4階にある日帰り温泉施設**別子温泉〜天空の湯〜**は、ジェットバスやサウナなど設備も充実。（開 10:00〜22:00※最終受付21:00　料 500円　URL besshi.com/onsen）

大正ロマンを感じる瀟洒な洋館

松山と中予エリア

萬翠荘（ばんすいそう）

多くの名建築を手がけた木子七郎による設計

大正11(1922)年旧松山藩主の子孫にあたる**久松定謨**(ひさまつさだこと)が、別邸として建設したフランス風の洋館。当時最高の社交の場として各界の名士が集った。また、かつては敷地内に**愚陀佛庵**(ぐだぶつあん)（下記の松山市立子規記念博物館参照）があり、句会が行われていたという。現在も美術展やコンサートなどが不定期で開催されており、芸術活動の拠点にもなっている。

▶萬翠荘
住 松山市一番町3-3-7
TEL 089-921-3711
開 9:00～18:00
休 月曜（祝日を除く）
料 300円
交 伊予鉄**大街道**電停から徒歩5分
URL www.bansuisou.org

ライトアップされた萬翠荘はひときわ美しい

子規自筆の貴重な資料を展示

松山と中予エリア

松山市立子規記念博物館（まつやましりつしきかねんはくぶつかん）

子規と漱石が52日間を共に暮らした愚陀佛庵を再現

松山が生んだ俳人、**正岡子規**に関連する約7万点の資料を収蔵。幻と呼ばれた子規自筆の選句稿「なじみ集」や歌稿「竹乃里歌」(たけのさとうた)など、貴重な資料も多く含んでいる。常設展示室には子規と親友の夏目漱石が52日間をともに暮らした**愚陀佛庵**(ぐだぶつあん)の1階部分を復元。その座敷に座って子規や漱石に思いを馳せることができる。

▶松山市立子規記念博物館
住 松山市道後公園1-30
TEL 089-931-5566
開 5～10月9:00～18:00
11～4月9:00～17:00
最終入場は30分前
休 火曜（祝日の場合は翌日）
料 400円
交 伊予鉄**道後温泉駅**から徒歩5分
URL shiki-museum.com

常設展の入口では子規の句と写真が迎えてくれる

かわいい動物たちがのびのびと暮らす

松山と中予エリア

愛媛県立とべ動物園（えひめけんりつとべどうぶつえん）

ホッキョクグマのピースは一番の人気者

約150種700点の動物を飼育する西日本最大級の動物園。日本で初めて人工哺育に成功した**ホッキョクグマのピース**はみんなの人気者だ。

ほかにも親子3頭で仲良く暮らすアフリカゾウなど、会いに行きたい人気者がたくさん。悠々と泳ぐフンボルトペンギンをさまざまな角度から見学できるプールもフォトジェニックと話題。

▶愛媛県立とべ動物園
住 伊予郡砥部町上原町240
TEL 089-962-6000
開 9:00～17:00（最終入場16:30）
休 月曜（祝日の場合は翌日）
料 500円
交 伊予鉄**松山市駅**からバスで36分の**とべ動物園前**下車、徒歩5分
URL www.tobezoo.com

仲良く暮らすアフリカゾウの親子
写真提供：愛媛県立とべ動物園

info **野球**を愛した**正岡子規**は自らプレーを楽しみ、野球を題材とした俳句を数多く詠み残した。また、子規が日本語訳した「打者」「走者」「死球」「直球」「飛球」などの野球用語は現在も使われている。

焼き物の里で気軽に陶芸体験

松山と中予エリア

砥部町陶芸創作館

砥部町は約100の窯元を擁する国の伝統的工芸品・**砥部焼の里**。こちらの施設では気軽に陶芸体験ができる。絵付け体験のほか、土を摘んだり広げたりして器や置物を作る手びねり体験、電動ロクロを使用して器を作るロクロ体験の3つを用意。

好きな器をセレクトできる絵付け体験

タオルをテーマにした美術館

今治＆しまなみ海道

タオル美術館

タオルの製造工程や、タオルとアートを融合した作品などを展示する珍しい美術館。ハワイアンキルト、アメリカンキルトを中心に色彩豊かな作品を制作しているキャシー中島氏の作品などを見られる。入館料なしで利用できるショップもあり、充実の品揃え。

フォトスポットとして人気の糸巻

白壁が美しい装飾性豊かな天守

宇和島と南予エリア

宇和島城

国内に現存する12天守のひとつ。慶長6(1601)年に築城の名手と名高い**藤堂高虎**により築かれたのち、伊達家の居城となる。1666年頃に伊達家2代藩主により建て替えられた天守は独立式層塔型三重三階。破風などの御殿建築の特徴が随所に見られる。

標高約80mの丘陵に建つ3階3層の天守

宿場町の面影を残す美しい町並み

宇和島と南予エリア

卯之町の町並み

宇和島藩の在郷町・宿場町として栄えた頃の町並みが残る。白壁や格子窓など伝統的な建築様式が特徴の建物が軒を連ねている。**開明学校**をはじめ明治期の建築もあり、歴史の変遷を感じられる。現在も江戸や明治からの老舗旅館や造り酒屋などが営業を続ける。

着物での町並み散策も粋

▶砥部町陶芸創作館

住 伊予郡砥部町五本松82
TEL 089-962-6145
開 9:00～17:00
休 木曜(祝日の場合は翌日)、12/29～1/3
料 絵付け体験300円～
交 伊予鉄**松山市駅**からバスで46分の**砥部焼伝統産業会館前**下車、徒歩5分

手厚くサポートしてくれるので初心者でも気軽に参加OK

▶タオル美術館

住 今治市朝倉上甲2930
TEL 0898-56-1515
開 9:30～18:00(有料ギャラリー最終入場17:30)
休 無休(冬期に休館日あり)
料 有料ギャラリー入場800円
交 JR**壬生川駅**から車で15分
URL www.towelmuseum.com

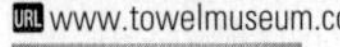

ショップを彩る40色のカラータオル

▶宇和島城

住 宇和島市丸之内
TEL 0895-22-2832
開 3～10月6:00～18:30
11～2月6:00～17:00
休 無休 料 無料
交 JR**宇和島駅**から城山下まで徒歩15分、天守まで35分
URL www.uwajima.org/spot/index7.html

▶宇和島城天守

開 開城時間
3～10月9:00～17:00
11～2月9:00～16:00
休 無休 料 200円

▶卯之町の町並み

住 西予市宇和町卯之町
TEL 0894-62-6700(宇和先哲記念館)
開 見学自由
交 JR**卯之町駅**から徒歩8分

▶開明学校

TEL 0894-62-4292
開 9:00～17:00(最終入場16:30)
休 月曜(祝日の場合は翌日)、年末年始 料 500円

info 明治27(1894)年、綿フランネル業者であった**阿部平助**が、綿フランネルの織機を改造してタオル織機をつくり、今治で最初のタオルづくりをはじめた。現在でも今治市は日本最大のタオル産地として全国的に知られている。

サイクリストたちの聖地　今治＆しまなみ海道

瀬戸内しまなみ海道

糸山公園からの来島海峡第三大橋

今治市と広島県尾道市を結ぶ、**西瀬戸自動車道**の愛称。自転車でも通行でき、サイクリストにとって憧れのロードでもある。**サンライズ糸山**P.819などレンタサイクルの拠点も多数。

▶瀬戸内しまなみ海道
住 今治市～広島県尾道市
TEL 0898-22-0909（今治地方観光協会）
開 通行自由
料 今治～尾道間通行料 自転車・原付・125cc以下の二輪車500円ほか（尾道水道の渡船代や尾道大橋の通行料は別途必要）。歩行者は無料

海を制した村上海賊の足跡に迫る　今治＆しまなみ海道

今治市村上海賊ミュージアム

船の復元模型など迫力満点の展示

14世紀中頃から瀬戸内海で活躍した一族である**村上海賊**について詳しく紹介。修復した武具や船の復元模型、出土品はとても見応えがある。展示室からは能島の海を眺めることもできる。

▶今治市村上海賊ミュージアム
住 今治市宮窪町宮窪1285
TEL 0897-74-1065
開 9:00～17:00（最終入場16:30）
休 月曜（祝日の場合は翌日）、12/29～1/3　料 310円
交 JR**今治駅**からバスで35分の**大島営業所（宮窪）**下車、徒歩20分
URL www.city.imabari.ehime.jp/museum/suigun

日本三大急潮流のひとつ、来島海峡の急流が間近に　今治＆しまなみ海道

来島海峡急流観潮船

来島海峡の急流が間近に迫る

瀬戸内の美景や来島海峡の急流を間近に見られる。**来島海峡大橋**をくぐり抜け、造船所群も湾内から見学可。村上海賊の居城跡も見られ、45分という短い船旅ながら見どころが続々！

▶来島海峡急流観潮船
住 今治市吉海町名4520-2 道の駅 よしうみいきいき館
TEL 0897-84-3710
開 9:00～16:00（出航時刻はウェブサイトで確認）
休 1/1、ほか冬期定休日あり（12～2月の平日は5名以上の事前予約のみ運航）
料 1500円
交 JR**今治駅**から車で20分
URL www.imabari-shimanami.jp/kurushima

塩の製造工程を楽しみながら見学　今治＆しまなみ海道

伯方の塩 大三島工場

塩の製造工程を映像や展示で紹介

伯方の塩ができるまでの製造工程を見学できる。また、濃い塩水を煮詰めてつくる、世界にひとつだけの**"My塩"つくり体験**（無料・要予約）も可能。自宅の塩と食べ比べてみよう。

▶伯方の塩 大三島工場
住 今治市大三島町台32
TEL 0897-82-0660
開 9:00～16:00（最終入場15:30）
休 水曜（祝日を除く）、年末年始、盆休み、秋祭り期間中ほか
料 無料
交 JR**今治駅**からバスで1時間の**宮浦港**下車、徒歩18分
URL www.hakatanoshio.co.jp/factory

貴重な武具を収蔵する宝物館も必見　今治＆しまなみ海道

大山祇神社

切妻造りの拝殿など重要文化財が多数

全国に1万社余りある山祇神社と三島神社の総本社といわれる古社。多くの武将より**戦勝祈願**や御礼として武具が奉納されてきたことから、国宝・重要文化財の甲冑類などを多く収蔵している。

▶大山祇神社
住 今治市大三島町宮浦3327
TEL 0897-82-0032
開 日の出頃～17:00
休 無休　料 無料
交 JR**今治駅**からバスで1時間の**大山祇神社前**下車、徒歩すぐ
URL oomishimagu.jp
▶宝物館
開 8:30～17:00（最終入場16:30）
休 無休
料 1000円（海事博物館と共通）

info **村上海賊**は能島・来島・因島に本拠をおいた三家から成る。海上機動力を背景に戦国時代には瀬戸内海の広い海域を支配。一方で海上に関所を構えて水先案内や海上警護などを行い、海の安全を守るという側面もあった。

しまなみ海道を代表する絶景

今治＆しまなみ海道

亀老山展望公園

大島の南端に位置する亀老山の頂上にあり、眺望はしまなみ海道随一。夕景や夜景も息をのむほど美しい。自然景観にも配慮して設計された展望台は、世界的な建築家・隈研吾氏によるもの。

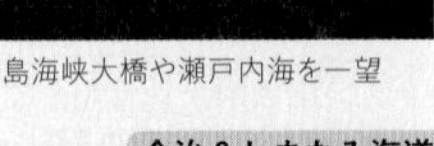

来島海峡大橋や瀬戸内海を一望

▶亀老山展望公園
住 今治市吉海町南浦487-4
TEL 0897-84-2111（今治市役所吉海支所）
開 入場自由
交 JR今治駅から車で30分
URL www.iyokannet.jp/spot/191

壮大なスケールの海城

今治＆しまなみ海道

今治城

海水が引かれた広大な堀や、城内の港として国内最大級の船入を備えた**日本屈指の海城**。天守の6階にある展望台からは、来島海峡大橋や石鎚連峰、今治の市街地などを一望できる。

藤堂高虎によって築城された城

▶今治城
住 今治市通町3-1-3
TEL 0898-31-9233
開 9:00〜17:00　休 12/29〜31
料 520円
交 JR**今治駅**からバスで9分の**今治城前**下車、徒歩すぐ
URL www.city.imabari.ehime.jp/museum/imabarijo

四季折々の風情を感じられる大名庭園

宇和島と南予エリア

天赦園

宇和島藩第7代藩主・伊達宗紀が、隠居場所として造った池泉廻遊式庭園。伊達家の家紋にちなみさまざまな種類の竹も多く植えられている。6月の上旬には花菖蒲が満開になり、より一層美しい。

四季折々の花が目を楽しませてくれる

▶天赦園
住 宇和島市御殿町9-9
TEL 0895-22-0056
開 4〜6月8:30〜17:00
7〜3月8:30〜16:30
休 12月の第2週〜2月の最終週までの月曜（祝日の場合は翌日）、年末年始（12/28〜1/1）
料 550円
交 JR**宇和島駅**からバスで8分の**天赦園前**下車、徒歩3分
URL www.uwajima.org/spot/index2.html

肱川随一の景勝地・臥龍淵に臨む別荘

宇和島と南予エリア

臥龍山荘

明治時代の豪商、河内寅次郎が建てた数寄屋造りの庵そのものを船に見立てて作られた**臥龍淵**の崖の上に建つ不老庵など、肱川を借景にした庭園と細部に至るまで匠の技を残した建築が美しい。

臥龍院から眺める美しい庭園

▶臥龍山荘
住 大洲市大洲411-2
TEL 0893-24-3759
開 9:00〜17:00（最終入場16:30）
休 無休　料 550円
交 JR**伊予大洲駅**から車で5分
URL www.garyusanso.jp/annai.html

数々の名車両と出会える

新居浜と東予エリア

鉄道歴史パーク in SAIJO

「新幹線の父」と呼ばれる第4代国鉄総裁、**十河信二**をの功績を称える十河信二記念館や、初代0系新幹線をはじめ、6両の貴重な車両を展示した四国鉄道文化館など、4つの施設がある。

車両の運転席に座ることができる

▶鉄道歴史パーク in SAIJO
住 西条市大町798-1
TEL 0897-47-3855（四国鉄道文化館）
交 JR**伊予西条駅**から徒歩すぐ
URL s-trp.jp/index.html
▶四国鉄道文化館
開 9:00〜17:00（最終入場16:30）
休 水曜（祝日の場合は翌日）
料 300円（北館・南館共通券）
▶十河信二記念館
開 9:00〜17:00（最終入場16:30）
休 水曜（祝日の場合は翌日）
料 無料

info 第2代西条市長を務めた**十河信二**（そごうしんじ）。その後第4代国鉄総裁として手腕を発揮し、東海道新幹線の建設を実現した**新幹線の生みの親**だ。

古くから山岳信仰の山として知られる

新居浜と東予エリア

石鎚山（いしづちさん）

日本七霊山のひとつ。山開きは7/1

標高1982mの西日本最高峰。西条市側から**石鎚登山ロープウェイ**とリフトを利用する表参道ルート、久万高原町側から**石鎚スカイライン**を利用する土小屋ルート。おもに2つの登山ルートがある。

伊予灘の絶景を眺められる美しい駅

松山と中予エリア

JR下灘駅（じぇいあーるしもなだえき）

海がオレンジに染まる光景は感動的

ホームから雄大な伊予灘を見下ろせる、ロケーションがすばらしい駅。数々の映画やドラマのロケ地として登場してきたほか、JRのポスターなどにもしばしば起用される。

「天空の楽園」を爽快にドライブ

松山と中予エリア

姫鶴平・五段高原（四国カルスト）（めづるだいら・ごだんこうげん（しこくかるすと））

牧草地でのんびり過ごす牛

愛媛と高知の県境に広がる**カルスト台地**。風力発電の風車や牛たちがくつろぐ姿が印象的な**姫鶴平**。カレンフェルトと呼ばれるカルスト特有の景色が見られる**五段高原**などが愛媛側の見どころ。

エメラルドグリーンの水面が美しい

松山と中予エリア

面河渓（おもごけい）

変化に富んだ渓谷美を満喫できる

石鎚山の麓に広がり、国指定の名勝地としても知られる渓谷。川の透明度が高く、遊歩道からでも川底が見えるほど。本流ルートと鉄砲ルート、ふたつの遊歩道が整備されている。

山全体を本尊とする山岳霊場

松山と中予エリア

岩屋寺（いわやじ）

大正9（1920）年建立の大師堂

四国八十八ヶ所霊場第45番札所に定められた、標高700mの山岳霊場。大正時代に建立した**大師堂**は、伝統的寺院建築を基調としながら西洋風の要素を多数取り入れた近代和風建築の代表だ。

▶石鎚山
住 西条市、上浮穴郡久万高原町
TEL 0897-56-2605（西条市観光物産協会）
▶石鎚登山ロープウェイ
開 8:40～17:00（季節により変動）
休 不定休　料 往復2000円
交 JR**伊予西条駅**からバスで**石鎚ロープウェイ前**下車、徒歩すぐ
URL www.ishizuchi.com
▶石鎚スカイライン
開 7:00～18:00（季節により変動）
休 12～3月通行止
URL kuma-kanko.com/spot/spot406

▶JR下灘駅
住 伊予市双海町
TEL 0570-00-4592（JR四国電話案内センター）
交 JR**松山駅**から予讃線で約50分
URL www.iyokannet.jp/spot/3580

一度は降りてみたい絶景の無人駅

▶姫鶴平・五段高原（四国カルスト）
住 上浮穴郡久万高原町
TEL 0892-21-1192（久万高原町観光協会）
開 入場自由
交 JR**松山駅**から車で2時間
URL www.iyokannet.jp/feature/karusuto/drive

E-BIKEでカルストを駆け抜ける体験も可能

▶面河渓
住 上浮穴郡久万高原町若山
TEL 0892-21-1192（久万高原町観光協会）
開 入場自由
交 JR**松山駅**から車で1時間40分
URL www.iyokannet.jp/spot/414

▶岩屋寺
住 上浮穴郡久万高原町七鳥1468
TEL 0892-57-0417
開 入場自由
交 JR松山駅からバスで1時間10分の**久万中学校前**下車。面河行きのバスに乗り換えて約16分の**岩屋寺**下車、徒歩20分
URL shikoku88-iwayaji.com

info 四国カルストをE-BIKE（スポーツ用の電動アシスト自転車）でサイクリングできる**四国カルストレンタサイクル**もぜひ体験したい。15分500円～。11月中旬から3月は休業。詳細はウェブサイト（URL event.kuma-kanko.com）を参照。

高知県

KOCHI

人口
69.2万人（全国45位）
面積
7103km²（全国18位）
県庁所在地
高知市
県花
ヤマモモ

くろしおくん
2002年のよさこい高知国体のマスコット
高知県イメージキャラクター「くろしおくん」

ヤマモモ
高知県人に愛されるご当地果実

四国の南部に位置する東西に長い県。海のイメージが強い一方で山地率は89%と全国1位。「日本最後の清流」といわれる四万十川P.841のほか仁淀川、物部川、安田川など四国山地に源を発する清流が多く流れる。ピーマンやナス、トマト、ショウガなど野菜の栽培も盛ん。ジョン万次郎、坂本龍馬、中岡慎太郎、板垣退助、岩崎彌太郎をはじめ、幕末から明治にかけて活躍した偉人の多くが高知県出身だ。

旅の足がかり

高知市

山内一豊（かつとよ）の入府以来、土佐藩の城下町として発展。**高知城**P.839をはじめ歴史的な見どころが多い。日曜市をはじめとする定期市が行われ、市内外から多くの人が訪れる。また、酒類の消費量が多い都市のひとつでもあり、**はりまや橋**P.844周辺に広がる繁華街の活気は四国の都市でも随一。**カツオのたたき**P.833など、さまざまな高知名物を味わえる**ひろめ市場**P.839も大いににぎわう。夏に開催される**よさこい祭り**P.832では、高知市民のパワーが爆発！

四万十市

県内第3位の人口を有する高知県西部の都市。中村市・幡多郡西土佐村が平成17（2005）年に合併して発足した。中心には**四万十川**P.841が流れるなど、自然豊かな景観が広がる。四万十川を象徴する風景である沈下橋もこの地域で多く見られる。天然ウナギや**ゴリ**P.833のほか、アユなど川の幸を楽しめる飲食店もあり、ご当地グルメも充実。

安芸市

室戸岬P.840やゆず栽培で有名な馬路村などがある高知県東部の中心都市。三菱グループの創始者である**岩崎彌太郎生家**P.844があり、阪神タイガースが安芸市営球場で毎年キャンプを行うことでも知られる。長い日照時間や温暖な気候を利用した施設園芸が盛んで、ビニールハウスが多く立ち並ぶ。**野良時計**P.846は市のシンボル的存在だ。

地理と気候

北は四国山地によって徳島・愛媛両県に接し、南は太平洋に面している。森林率は約84％を占めるなど自然豊か。面積は四国4県のなかで最大で、温暖な気候を活かした野菜の促成栽培が盛んだ。

【夏】黒潮上を渡る湿った気流が四国山地に吹きつけ、山間部では平年の年間降水量が3000mmを超える所も多い。

【冬】海岸地方は季節風が四国山地に遮られるのに加え、黒潮の影響も受けて温暖な気候。山間部は雪が降ることもある。

 P.830～847 写真提供：（公財）高知県観光コンベンション協会

アクセス

東京から ▶▶▶	所要時間
飛行機 羽田空港▶高知空港	1時間30分
高速バス 東京駅▶高知駅	12時間30分

大阪から ▶▶▶	所要時間
飛行機 大阪空港▶高知空港	50分
高速バス ハービス大阪▶高知駅	5時間

岡山から ▶▶▶	所要時間
JR線 岡山駅▶高知駅（特急南風）	2時間30分
高速バス 岡山駅▶高知駅	2時間30分

香川から ▶▶▶	所要時間
JR線 高松駅▶高知駅（特急しまんと）	2時間15分
高速バス 高松駅▶高知駅	2時間10分

愛媛から ▶▶▶	所要時間
JR線 宇和島駅▶窪川駅	2時間10分
高速バス 松山駅▶高知駅	2時間40分

県内移動

▶高知から中村・宿毛へ

土讃線から土佐くろしお鉄道に乗り入れて宿毛駅まで行く特急**あしずり**が運行。宿毛駅まで約2時間15分。

▶高知から安芸方面へ

土讃線で後免駅まで行き、土佐くろしお鉄道に乗り換え。日中は1時間に1便程度、土佐くろしお鉄道に乗り入れる奈半利行き快速列車も運行している。

▶▶▶アクセス選びのコツ

土讃線がメインラインだが本数は少ない。岡山駅行きの特急**南風**、高松駅行きの特急**しまんと**が便利。いずれも高知県内では高知駅のほか、後免駅、土佐山田駅に停車する。

とさでんバスが神戸、大阪方面のほか、高松、松山、徳島など四国域内を結ぶ高速バスを運行。高知駅前のバスターミナルが起点で、ほとんどの便がはりまや橋も経由する。夜行バスは大阪方面と東京行きがある。四万十エリアでは**高知南西交通**の高速バスも発着する。

高知空港にはおもに羽田空港、伊丹空港からの便が発着。ほかに名古屋（小牧）空港や福岡空港への便もある。

交通路線図

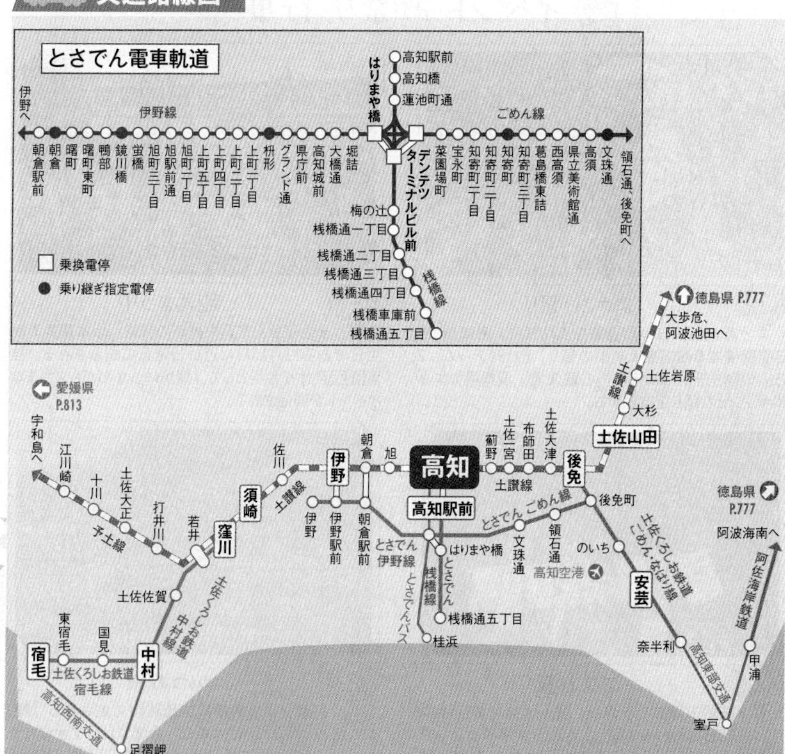

高知県

うちの県はここがすごい

一 野菜の栽培が盛んな園芸王国

温暖多雨多照の恵まれた気候から、高知県では昔から農業が盛ん。ナス、みょうが、ショウガ、ニラ、ししとう、柚子、ブンタンなど収穫量1位を挙げ出したらきりがないほど。

二 美しい河川が多く流れる

仁淀川と四万十川は国土交通省が発表する「水質が最も良好な河川」（2020年版）に選ばれるなど、美しく豊かな水源は自慢で貴重な観光資源でもあり、おいしい農作物を育んでくれる。

三 男女を問わず酒豪が多い!?

酒や郷土料理の皿鉢（さわち）料理が振る舞われる、「おきゃく」と呼ばれる宴席文化がある高知県。老若男女問わず酒好きが多く、一世帯あたり飲酒費用も他都道府県と比較し高い。

イベント・お祭り・行事

① よさこい祭り

毎年8月9日の前夜祭を皮切りに、高知市で4日間開催する四国最大規模の祭り。約190チーム、2万人の踊り子が高知市内の各競演場・演舞場でエネルギッシュな踊りを披露する。

② 龍馬まつり

土佐が生んだ幕末維新の英雄、坂本龍馬の誕生日である11月15日に近い日曜日に開催される。桂浜P.838全体を会場として、龍馬にちなんださまざまなイベントが開催される。

③ しなね祭

高知市にある土佐一ノ宮土佐神社で、毎年8月24・25日に行われる祭り。土佐三大祭のひとつで、神の恵みに感謝し、五穀豊穣や世の中の平穏無事を祈る。25日の15時より神輿の巡業も行う。

④ かつお祭

初ガツオの時期に中土佐町で催される「鰹」にこだわったユニークな祭り。会場ではカツオのたたき、カツオ飯などのカツオづくしの料理が並ぶほか、カツオの一本釣り競走などの競技で盛り上がる！

必ず食べたい
名物グルメ

カツオのたたき

高知県の県魚で、いわずと知れた高知県グルメの代表格。たたきは漁師が船上で食べていたまかないが一般に伝わったとされており、豪快に藁焼きして提供する店舗も多い。

ゴリの唐揚げ

ゴリはハゼに似た小さな魚で、唐揚げにすると特に美味。四万十川では「上り落としうえ」という古くからの漁法が用いられている。解禁時期は3～5月中頃。

ペラ焼き

薄くのばした生地の上にネギとじゃこ天、卵をのせて焼いたもので、土佐清水市のソウルフード的存在。スパイシーなソースが味の決め手で、ビールとも相性抜群。

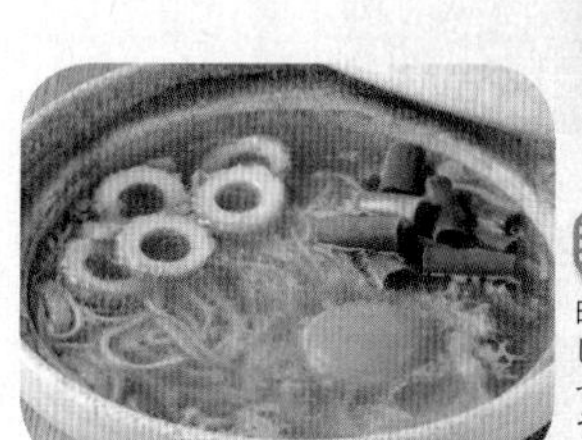
鍋焼きラーメン

昭和20年代に須崎市の路地裏で営業していた食堂が考案したことから始まったとされる、アツアツの土鍋で味わうラーメン。具にちくわが入っていることが多いのもユニークだ。

地元っ子愛用
ローカル味

ミレービスケット

野村煎豆加工店が製造する塩味が効いた、高知県民定番のおやつ。豆菓子を揚げた油をブレンドして揚げることで、豆のエキスが油ににじみでて味わい深いビスケットになるのだとか。

ぽん酢しょうゆ ゆずの村

ゆずの村・馬路村の農業協同組合が販売するロングセラーのぽん酢醤油。まろやかなカツオだしと柚子の風味のバランスが絶妙で、鍋物はもちろん、和風ドレッシングとしても使える。

清流四万十川 川のり 佃煮(醤油味)

清流・四万十川で育った青さのり（ひとえぐさ）を中心に、国産の上質な青さのりを厳選して独自の比率でブレンド。発売以来のロングセラー商品で、全国にファンを持つ。

もらえば笑顔
定番みやげ

揚げたて芋けんぴ

フレッシュな芋けんぴを製造販売する**芋屋金次郎**が店舗限定で販売する一品。当日揚がったばかりの芋けんぴは芋の風味がしっかり残り、衝撃的なおいしさ。

土佐銘菓かんざし

昭和37(1962)年に発売された「よさこい節」にちなんだお菓子で、高知みやげの定番。ほんのり甘ずっぱい柚子の香りと生地の食感が心地よいホイル焼き菓子だ。

匠の技が光る
伝統工芸

土佐打刃物

古くから林業が盛んな高知県で作られる刃物。切れ味がよく、耐久性があり比較的安価なことから業務用としても重宝され続けており、包丁は納品まで数ヶ月待ちの名品も多い。

ワカルかな？ 高知のお国言葉
いっちきち もんちきち
Ans. 行ってきて帰ってくる

1泊2日で巡る 高知県

1日目

見どころ満載の高知市内を1日かけてゆっくりと観光。2日目はレンタカーで足摺岬の絶景と四万十川流域を爽快にドライブする。

START 高知
桂浜
GOAL 中村駅
土佐清水
足摺岬

10:00 JR高知駅

路面電車 20分

10:30 土佐藩初代藩主が築いた
高知城をまずは見学 ▶P.839

山内一豊が築いた「南海道随一の名城」。250年前の姿を現在に残す。

徒歩 8分

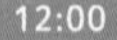

12:00 高知名物が揃う**ひろめ市場**へ ▶P.839

約50の店舗が集まる巨大な屋台村でランチ。カツオを藁焼きにする光景も見られる。

路面電車 5分

初日は電車&バス移動なので昼飲みもOK

14:00 純信とお馬の恋物語で知られる
はりまや橋を見学 ▶P.844

「坊さん、かんざし買うを見た」とよさこい節に歌われた名所。

バス 30分

15:00 **高知県立坂本龍馬記念館**で
龍馬の思いにふれる ▶P.842

とても貴重な龍馬直筆の手紙

高知県出身の幕末の志士・坂本龍馬の人となりに触れられる記念館。

徒歩 2分

16:30 夕日の**桂浜**へ ▶P.838
龍馬像ともご対面

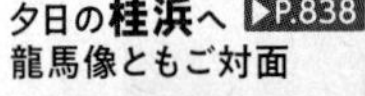

資料館を見学した後は龍馬像を見に行こう。桂浜の夕日も美しい。

バス 30分 + 路面電車 5分

17:30 **三翠園**でゆったり宿泊

高知城下で土佐の味と天然温泉に癒やされる

土佐の伝統皿鉢と季節を映す三翠会席（イメージ）

三翠園（さんすいえん）

高知城下の武士たちが住まいとした地域に構える、風格漂う宿。高知の市街地からのアクセスも抜群だ。料理長の技と心粋を感じられる皿鉢（さわち）料理や、季節感あふれる会席料理、それに合わせる土佐の地酒はなによりも楽しみだ。露天風呂、サウナのある本格的な温泉施設を備え、旅の疲れを癒やせる。和室、洋室などさまざまなタイプの客室を用意。

天然温泉の露天風呂も完備

住 高知市鷹匠町1-3-35
TEL 088-822-0131
交 とさでん**県庁前**電停から徒歩3分
料 1泊2食付き1万9800円～
URL www.sansuien.co.jp

早起きは三文の得!?
火曜市、木曜市など、街路市の文化が根強い高知市。朝6時頃から開催されている市も多いので、2日目の観光をはじめる前にのぞいてみるのもおすすめ。なかでも「お城下追手筋」にて毎週日曜の6:00から15:00頃に開催される「日曜市」は出店数約300という大規模。

2日目

8:00 高知市内でレンタカーをピックアップ

JR高知駅の周辺にレンタカー主要各社の支店が点在している。

駅前では三志像がお出迎え

車 3時間

11:00 太平洋の大パノラマを満喫できる**足摺岬** ▶P.840

高さ80mの断崖絶壁から太平洋を一望でき、「地球は丸い」ことを実感。

車20分

12:00 **土佐清水**で清水さばを堪能 ▶P.837

土佐清水が誇る脂の乗ったブランド鯖を味わえる飲食店が市内に多数。

鮮度抜群のサバをお刺身で♪

車 60分

14:30 清流・**四万十川**沿いをゆっくりドライブ ▶P.841

海の絶景の後は川の雄大な絶景を。時間のゆるす限りドライブを楽しもう。

沈下橋めぐりも楽しい〜

遊覧船など楽しみ満載!

車 30分

18:00 JR中村駅前でレンタカーを返却

おすすめ!泊まるならココ

オーシャンビューの露天風呂はまさに宿毛の特等席

宿毛(すくも)リゾート 椰子(やし)の湯(ゆ)

宿毛湾を一望できるリゾート感満点の宿。特に四国初の「大展望棚田状露天風呂」は宿の自慢。広々とした湯船から紺碧の海を望める「露天桧風呂」もすばらしい。藁焼きカツオを味わえる定食など日帰り客用にランチメニューも提供しており、ドライブの途中に立ち寄るのもおすすめ。

住 宿毛市大島17-27
TEL 0880-65-8185
交 土佐くろしお鉄道**宿毛駅**から車で7分
開 日帰り入浴は6:00～8:30、13:00～21:00(最終受付20:30)
料 日帰り入浴650円
1泊2食付き1万2650円～
URL yashinoyu.com

最前段のベッド状の寝湯でくつろげる「大展望棚田状露天風呂」

高知県の歩き方

高知・香美エリア

とさでんは高知市民の足

高知市内の移動は路面電車が基本。**はりまや橋** P.844から**高知城** P.839周辺あたりが中心市街地となっており、特にはりまや橋は路面電車4つの路線すべてが乗り入れ各方面のバスも発着する。**桂浜** P.838や**高知県立牧野植物園** P.842は郊外にあるので、高知駅やはりまや橋からMY遊バスを利用しよう。また、JR高知駅は県内の他エリアへ行く際の重要な拠点となる。

▶高知空港から町の中心まで

高知空港とJR高知駅を所要約25分で結ぶバスが便利。はりまや橋を経由するので、高知城や**ひろめ市場** P.839などを観光する場合はこちらでの下車がおすすめ。高知空港発のバスは原則航空便の到着時刻に合わせて発車する。

便利情報

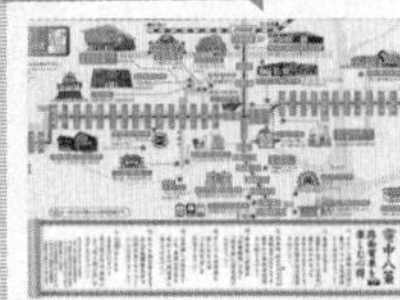

電車一日乗車券　高知市内観光なら路面電車が乗り降り自由となる**一日乗車券**が便利。全線1000円、市内均一区間500円の2種類があり、沿線にある観光施設などで割引を受けられる特典もある。

ミニ観光案内MAP付きで心強い

▶高知観光情報発信館 とさてらす
住 高知市北本町2-10-17
（JR高知駅南口前）
TEL 088-879-6400
開 8:30～18:00　休 無休
URL www.attaka.or.jp

▶MY遊バス
JR高知駅発着の周遊観光バスで牧野植物園、竹林寺、桂浜など、高知市の主要な観光地を巡る。運行は1時間1本程度で、各名所を1～2時間見学して後からの便に乗車するといった利用ができる。さらに路面電車（市内均一区間）が利用できるほか、桂浜～高知駅バスターミナルの片道運賃が無料に（五台山券を除く）。つまり、桂浜まではMY遊バスを利用し帰りは通常の路線バスを利用することも可。
料 桂浜券1000円
　五台山券600円

坂本龍馬の肖像が描かれている

安芸（あき）・室戸（むろと）エリア

ごめん・なはり線の安芸駅

JR高知駅からは土讃線で**後免**（ごめん）駅まで行き、**土佐くろしお鉄道ごめん・なはり線**に乗り換え。高知県東部の主要都市、**安芸**を経由して終点の奈半利駅まで行ける。**魚梁瀬**（やなせ）地区など山間部へはレンタカーで向かうのが効率的だ。

▶安芸観光情報センター
住 安芸市矢ノ丸1丁目4-32
TEL 0887-34-8344
開 8:30～17:30　休 年末年始
交 土佐くろしお鉄道**安芸駅**から徒歩5分
URL www.akikanko.or.jp

グルメ

安芸釜あげちりめん丼
安芸の特産品のちりめんじゃこを炊きたてのご飯にのせ、海苔、大根おろし、ゴマなどの薬味を加え、柚子酢をたっぷり使った特製タレをかけて味わうご当地丼は必食。
URL www.akikanko.or.jp/chirimen.html

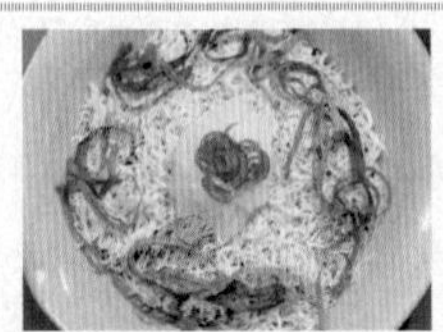

info 高知駅前に広がる**こうち旅広場**には、高知県の観光情報を一堂に集めた総合案内所**とさてらす**がある。手荷物を宿泊施設へ配送するサービスのほか、MY遊バスや路面電車等のチケット販売なども行う。まずは立ち寄ろう。

日本全国津々浦々～道の駅巡り～

併設の鯨館では古式捕鯨絵図をデジタルアート化した展示は必見

キラメッセ室戸

クジラ料理をはじめ、海のグルメも楽しめる。室戸とクジラの歴史を、VRやARなどの技術を駆使して紹介する体感型資料館「鯨館」も併設している。

四万十エリア

終日滞在して川遊びも楽しもう

土佐くろしお鉄道中村線・宿（すく）毛線（もせん）の**中村駅**がこのエリアの玄関口となる。四万十川流域を気ままに観光したいならレンタカーがおすすめだが、**四万十川バス**を有効に活用する手段もある。梼原（ゆすはら）など四国カルストエリアへはレンタカーを推奨。

便利情報

車がなくても四万十の自然を堪能

四万十川バス
中村駅、JR江川崎駅から発着し、四万十川を満喫できる観光バス。全4コースから選べる。電車との接続も考えられた行程がうれしい。
URL www.kochi-seinan.co.jp/tour

土佐清水エリア

マリンアクティビティも充実

足摺岬P.840など海の観光資源が豊富なエリア。土佐くろしお鉄道中村線・宿毛線（すくもせん）の中村駅から足摺岬行きのバスが出ているが、距離以上に所要時間を要してしまうため日帰りならやはりレンタカーが便利。四万十エリアと合わせて楽しむのもおすすめ。

ブランド食材

清水さば
黒潮が流れる足摺岬沖で一本釣りされる「清水さば」はこのエリアの名物。取れたてのサバを刺身や寿司で味わえるのは、ご当地を訪れた者の特権だ。
土佐清水の町や足摺岬の店で食べられる

▶道の駅 キラメッセ室戸
住 室戸市吉良川町丙890-11
開 施設による
休 月曜（祝日の場合は翌日）
交 土佐くろしお鉄道**奈半利駅**から車で25分
URL www.kiramesse-muroto.jp
レストラン
TEL 0887-25-3500
開 10:30～19:30
直売市場
TEL 0887-25-2918
開 9:00～17:00
鯨館
TEL 0887-25-3377
開 9:00～17:00（最終入場16:30）
料 500円

▶四万十市観光案内所
住 四万十市駅前町8-3
（土佐くろしお鉄道中村駅構内）
TEL 0880-35-4171
開 8:30～17:30 休 無休
URL www.shimanto-kankou.com

牧野富太郎博士の功績
高知県佐川町に生まれた植物学者の牧野富太郎氏は、新種や新品種など約1500種類以上の植物を命名し日本植物分類学の基礎を築いたひとり。現在でも植物愛好家必携の書とされる『**牧野日本植物図鑑**』を刊行。**高知県立牧野植物園**P.842にある記念館では、博士の業績を伝える資料が多く展示している。

牧野富太郎記念館の展示室

▶宿毛観光インフォメーションセンター
住 宿毛市駅前町1-703
（土佐くろしお鉄道宿毛駅構内）
TEL 0880-63-0801
開 8:30～13:00、14:00～17:30
休 水曜、年末年始
URL sukumo-darumayuhi.jp

足摺海洋館「SATOUMI」オープン
竜串湾の生き物をメインに、約350種、1万5000点の生物を展示。海が目前に広がる立地を存分に活かし、足摺の生態系をリアルに再現している。
住 土佐清水市三崎4032
TEL 0880-85-0635
開 9:00～17:00 休 無休
料 1200円 交 土佐くろしお鉄道**中村駅**、**宿毛駅**から車で約45分
URL kaiyoukan.jp

info 高知駅～岡山駅間を走る**土讃線アンパンマン列車**をはじめ、四国内ではアンパンマンのなかまたちが描かれたたくさんの**アンパンマン列車**が運行されている。URL www.jr-eki.com/aptrain/index.html

高知県の見どころ

▶桂浜
住 高知市浦戸
TEL 088-842-0081(桂浜観光案内所)
開 入場自由
交 JR**高知駅**からバスで約35分の**桂浜**下車、徒歩4分
URL welcome-kochi.jp

1928年に建造された坂本龍馬像

公園として整備され気持ちよく散策できる

龍馬も愛した風光明媚な海岸

高知・香美エリア

桂浜(かつらはま)

太平洋を一望できる高知県を代表する景勝地。**「月の名所は桂浜」**とよさこい節にも歌われ、「朝日100選」にも選ばれるなど、大自然を体感できる。

大海原を望む高知県きっての観光名所

幕末の英雄、**坂本龍馬**もこの風景をこよなく愛したとされ、龍頭岬には太平洋の向こうを見つめる坂本龍馬像が建てられている。この像は高知出身の彫刻家・本山白雲(はくうん)作で、像の高さは5.3m、台座を含めると13.5mに及ぶ巨大なもの。例年、4月上旬から約2ヵ月間と龍馬の誕生日である11月15日をはさんだ約2ヵ月間、像の横に特設展望台が設けられ、より龍馬像に近づけるイベントも開催されている。

info 天保6(1835)年に高知で生まれ、薩長同盟の斡旋など幕末期に活躍した**坂本龍馬**。同氏の誕生地である高知市上町周辺にも、歴史ファン必見の史跡などが多く残る。

国内に残る木造の12現存天守のひとつ

高知・香美エリア

高知城（こうちじょう）

関ヶ原の戦いの翌年に山内一豊が着工し築き上げた城

慶長6(1601)年に土佐藩初代藩主・山内一豊（やまのうちかつとよ）が着工し、慶長16(1611)年に全城郭が完成した。その後大火で焼失するも宝暦3(1753)年に創建当時の姿のまま再建され、**南海道随一の名城**と呼ばれる優美な姿を現在まで残している。

天守は望楼型（ぼうろうがた）天守の典型で、外観は4重、内部は3層6階建て。入母屋造（いりもやづく）りの屋根の上に望楼を載せている形となっている。天守からは高知市街を一望でき、藩主になったような気分を味わえる。一時期は山内一豊夫妻が住んだと伝わる本丸御殿や攻め手にとっては第一難関となった追手門など、貴重な遺構が多数残っている。

▶高知城
住 高知市丸ノ内1-2-1
TEL 088-824-5701（高知城管理事務所）
開 9:00～17:00（最終入場16:30）
休 天守・本丸御殿（懐徳館）のみ12/26～1/1　料 420円
交 とさでん**高知城前**電停から徒歩5分
URL kochipark.jp/kochijyo

天守と追手門を一枚の写真に収められる

桜の季節はとりわけ美しい

高知名物を1ヵ所で味わえる屋台街

高知・香美エリア

ひろめ市場（ひろめいちば）

たくさんの店が軒を連ねており、品定めも楽しい

高知城のお膝元にあり、飲食店46、物産店7ほどの店舗がところ狭しと並ぶ、活気あふれる**屋台村**。名前の由来は藩民から広く慕われた土佐藩の家老、深尾弘人蕃顕（ふかおひろめしげあき）。

豪快に藁焼きするカツオのたたきのほか、土佐赤牛料理、クジラ料理、軍鶏（しゃも）料理など、高知ならではの味覚に多く出会える。各店で料理を購入し、共有のフードコートに持ち寄って味わうのが主流の楽しみ方。混雑している時間帯は、まずは席を確保しよう。みやげ物店や地酒専門店などもあるので、おみやげを選ぶ際にもぜひ訪れたい。

▶ひろめ市場
住 高知市帯屋町2-3-1
TEL 088-822-5287
開 9:00～23:00（日曜7:00～）
※店舗により異なる
休 1/1ほか年6日程度（店舗ごとに休みあり）
料 入場無料
交 とさでん**大橋通**電停から徒歩約2分
URL hirome.co.jp

高知グルメの代表格、カツオのたたきはぜひ味わいたい

info 山内一豊の妻、**見性院**（けんしょういん）は嫁入りの際に持参金を使って良馬を買い与えるなど、夫の出世に貢献。この逸話が語源とされる**内助の功**は広く用いられている。

自然が織りなすダイナミックな風景

安芸・室戸エリア

室戸岬（むろとみさき）

四国東南端に突き出る岬。砂や泥が海底に積もってできた**タービダイト**という地層が見られる。この豪快な風景を眺めながら散策できる、全長約2.6kmの遊歩道も整備されている。アコウをはじめ珍しい亜熱帯性植物など、独特の生態系や自然がもつパワーを感じられる。岬のシンボルでもある**室戸岬灯台**も必見。レンズの直径は2.6mと国内最大級で、約49kmという光達距離は日本一だ。例年11月1日前後に開催される**灯台まつり**で内部を一般公開している。

日本最大級のレンズで海を照らし続ける室戸岬灯台

また、高知県北川村出身の幕末の志士、**中岡慎太郎**の像や、20歳頃の弘法大師を模した**室戸青年大師像**など文化的な見どころも多い。

▶室戸岬
住 室戸市室戸岬
TEL 0887-22-0574（室戸市観光協会）
開 入場自由
交 土佐くろしお鉄道**奈半利駅**からバスで60分の**室戸岬**下車、徒歩すぐ
URL www.muroto-kankou.com

タービダイトが織りなすダイナミックな光景

海岸から見上げる室戸岬灯台

「地球は丸い」を実感

土佐清水エリア

足摺岬（あしずりみさき）

高さ80mの断崖絶壁から太平洋を一望できる。特に**足摺岬展望台**からは270度のパノラマ絶景を楽しむことができ、圧巻の一言。元日には初日の出を拝むため多くの人が訪れる。大正3（1914）年建造の白亜の**足摺岬灯台**が崖上にそびえる風景もフォトジェニック。岬の周囲には日本最大級の海食洞（かいしょくどう）の**白山洞門**（はくさんどうもん）や奇岩が連なる**竜串海岸**（たつくし）など、波や風が悠久の年月をかけて造り上げた神秘的な風景を多く見られる。**足摺海底館**やグラスボートを利用して海の世界をのぞいてみるのも楽しい。

雄大な太平洋と断崖絶壁に建つ足摺岬灯台は、高知を代表する風景のひとつ

▶足摺岬
住 土佐清水市足摺岬
TEL 0880-82-3155（土佐清水市観光協会）
開 入場自由
交 土佐くろしお鉄道**中村駅**から車で1時間
URL www.shimizu-kankou.com/spot/ashizurimisak2

▶足摺海底館
住 土佐清水市三崎地崎
TEL 0880-85-0201
開 9:00～17:00（最終入場16:30）
休 無休　料 900円
URL www.a-sea.net

奇石を多く見られる竜串海岸

info 桂浜の**坂本龍馬像**は特に有名だが足摺岬には**ジョン万次郎像**、室戸岬には**中岡慎太郎像**が建てられておりこちらも必見。高知が生んだ偉人の多さに改めて気付かされる。

生息地に近い環境で動物が暮らす
高知・香美エリア

高知県立のいち動物公園

こうちけんりつのいちどうぶつこうえん

19.9万㎡にも及ぶ緑豊かな園内は、それぞれの動物たちの生息地に近い環境が整っており、約105種1400点もの動物が生き生きと暮らしている。

サバンナ大展示場では、キリンやシマウマが悠々と自然体で暮らしている
写真提供：高知県立のいち動物園（3点）

園内は5つのゾーンに分かれており、いずれも趣向を凝らした展示が魅力的。ビーバーが泳いだり、レッサーパンダが木登りする姿を見られる**温帯の森**のほか、**熱帯の森**ではチンパンジーの群れや洞窟の中を群れて飛び交うルーセットオオコウモリなどを見られる。中南米と東南アジアの動物を展示する**ジャングルミュージアム**は熱帯雨林さながらのスコールや霧を再現した仕掛けもあり、本物のジャングルに迷い込んだような体験ができる。

▶高知県立のいち動物公園
住 香南市野市町大谷738
TEL 0887-56-3500
開 9:30～17:00（最終入場16:00）
休 月曜（祝日の場合は翌日）
料 470円
交 土佐くろしお鉄道**のいち駅**から車で5分
URL noichizoo.or.jp

「動かない鳥」として有名になったハシビロコウも人気者

ハイエナロッジにあるドームから頭を出し、間近にブチハイエナを観察することができる

日本の原風景が残る「最後の清流」
四万十エリア

四万十川

しまんとがわ

高岡郡津野町（つのちょう）にある不入山（いらずやま）を源流とする、全長約196kmの四国最長の河川。澄み切った水と豊かな水量を保ち、**日本最後の清流**とも呼ばれている。

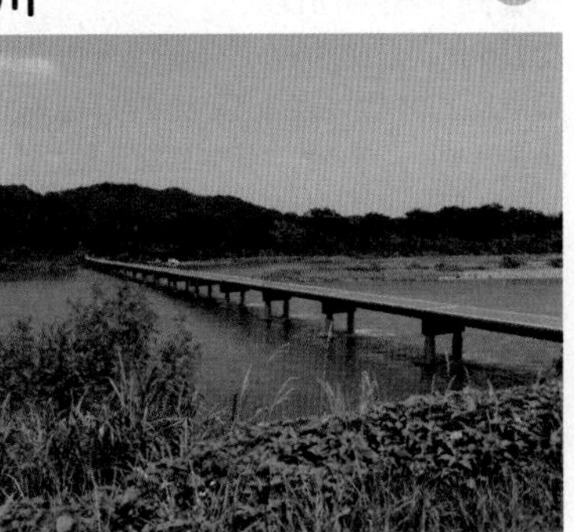
四万十川には多くの沈下橋が架けられているが、最も有名なのは佐田沈下橋。青い橋脚が特徴的

特に雄大な四万十川に**沈下橋**（ちんかばし）が架かる風景は象徴的。沈下橋とは増水時に橋が流されないように欄干を作らず、水中に沈むように設計された橋のこと。自然と共生しながら暮らし続けている人々の生活様式を垣間見られる。また、カヌーやリバーサップ、ラフティングなどウオーターアクティビティの宝庫としても知られる。

▶四万十川
住 四万十市～高岡郡津野町
TEL 0880-35-4171（四万十市観光協会）
TEL 0889-42-4001（奥四万十観光協議会）
開 見学自由
交 佐田の沈下橋まで土佐くろしお鉄道**中村駅**から車で15分
URL www.shimanto-kankou.com

勝間沈下橋を背景にカヌーを体験する人々

info 四万十川では天然ウナギやアユなどおいしい川魚も多く取れる。ハゼの仲間の**ゴリ**P.833など、他県ではあまり味わえない魚も多い。

貴重な資料から坂本龍馬の生涯と活躍を紹介

高知・香美エリア

高知県立坂本龍馬記念館(こうちけんりつさかもとりょうまきねんかん)

薩長同盟の斡旋や大政奉還実現への尽力など幕末に活躍した志士・坂本龍馬。ここでは龍馬の生涯や幕末の歴史について、映像などを通し楽しく学べる。手紙には新しい日本に対する思いを真剣に綴ったもの、友人や家族あてのユーモアあふれるものなど内容はさまざまで、その人となりが伝わってくる。

龍馬本人が綴った手紙など、貴重な資料を多く収蔵
写真提供:高知県立坂本龍馬記念館

▶高知県立坂本龍馬記念館
住 高知市浦戸城山830
TEL 088-841-0001
開 9:00～17:00　休 無休
料 500円(企画展開催時700円)
交 **高知駅バスターミナル**から桂浜行きバスで約34分の**龍馬記念館前**下車、徒歩すぐ
URL ryoma-kinenkan.jp

フォトスポットが多く、旅の記念になる
写真提供:高知県立坂本龍馬記念館

高知が生んだ偉大な植物学者を顕彰

高知・香美エリア

高知県立牧野植物園(こうちけんりつまきのしょくぶつえん)

高知が生んだ日本の植物分類学の父、**牧野富太郎博士** P.837 の業績をたたえるために開園された植物園。

山の起伏を活かした約8ヘクタールの園地では博士ゆかりの野生植物など、約3000種類以上の植物を見ることができ、四季折々に美しい。博士の生涯を紹介する**牧野富太郎記念館**も必見。

ジャングルのような臨場感抜群の温室
写真提供:高知県立牧野植物園

▶高知県立牧野植物園
住 高知市五台山4200-6
TEL 088-882-2601
開 9:00～17:00
休 12/27～1/1、メンテナンス休園日あり　料 730円
交 JR**高知駅**からMY遊バスで30分の**牧野植物園正門前**下車、徒歩すぐ
URL www.makino.or.jp

博士が愛したバイカオウレン
写真提供:高知県立牧野植物園

大人も子どもも楽しめるミュージアム

高知・香美エリア

香美市立やなせたかし記念館アンパンマンミュージアム(かみしりつやなせたかしきねんかん あんぱんまんみゅーじあむ)

アンパンマンの生みの親、やなせたかしさんの故郷にある美術館。地下1階から地上4階まである館内には原画やジオラマが多く展示されており、順路はなく自由に観覧できる。全長3mの**たたかうアンパンマン像**など屋外展示にも注目。『詩とメルヘン』の表紙イラストなどを展示する**詩とメルヘン絵本館**も必見。

絵画や絵本原画を展示する4階のギャラリー
©やなせたかし
©やなせたかし／フレーベル館・TMS・NTV

▶香美市立やなせたかし記念館 アンパンマンミュージアム
住 香美市香北町美良布1224-2
TEL 0887-59-2300
開 9:30～17:00
(7/20～8/31 9:00～17:00)
最終入場16:30
休 火曜(祝日の場合は翌日)
料 800円(やなせたかし記念館共通券)
交 JR**土佐山田駅**からバスで約25分の**美良布(アンパンマンミュージアム)**下車、徒歩5分
URL anpanman-museum.net

info **高知県立坂本龍馬記念館**の屋上に出れば海からの風を浴びながら、絶景を眺めることができる。太平洋を一望できる**海の見える・ぎゃらりい**でもさまざまな展示を開催。

光と音が創り出す幻想的な鍾乳洞

高知・香美エリア

龍河洞(りゅうがどう)

国の史跡・天然記念物にも指定されている巨大な鍾乳洞。令和元(2019)年にリニューアルされ、光と音による演出が加わるなどより魅力が増した。高さ11mの**記念の滝**や小さい鍾乳石が集まり花のように見える**石花殿**など、洞窟内には自然の神秘を感じさせるスポットがたくさん。五感で楽しもう。

サボテンのように見える石筍が立ち並ぶ「サボテンの丘」

▶龍河洞
住 香美市土佐山田町逆川1424
TEL 0887-53-2144
開 3～11月8:30～17:00
12～2月8:30～16:30
休 無休　料 1200円
交 JR**土佐山田駅**からバスで約20分の**龍河洞**下車、徒歩約2分
URL ryugadou.or.jp

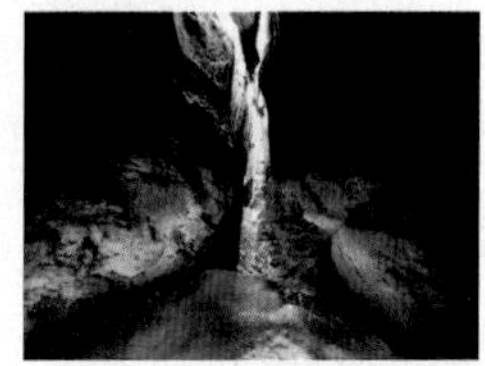
11mの高さを誇る洞窟内最大の滝「記念の滝」

温暖な高知で花とフルーツに囲まれる

高知・香美エリア

西島園芸団地(にしじまえんげいだんち)

花とフルーツの楽園として人気の観光農園。園内の天井一面に咲く日本一のブーゲンビリアを始め、世界各国の花々を約200種類を展示。

「フルーツ券」を購入すれば、花々が咲き誇る美しい景観のなか、一年中高品質なスイカやメロンを味わえる。ショップではオリジナル商品を多数取り扱う。

大小18のビニールハウスがあり、さまざまな果物を生産している

▶西島園芸団地
住 南国市廿枝600
TEL 088-863-3167
開 9:00～17:00
休 無休　料 無料
交 JR**後免駅**から車で5分
URL www.nishijima.or.jp

花々に囲まれながらリラックスして過ごせる

郷土の偉人の劇的すぎる生涯を紹介

土佐清水エリア

ジョン万次郎資料館(じょんまんじろうしりょうかん)

漁に出て遭難し、無人島生活を過ごしたのちアメリカの捕鯨船に助けられ、日本人として初めてアメリカ本土へ足を踏み入れたジョン万次郎。そんな波乱万丈な青年期を送り、晩年は日本の近代化にも大きく貢献した同氏の劇的な生涯を紹介する。海のトリックアートを背景に記念撮影ができるコーナーなど、楽しい仕掛けも満載。

捕鯨ボートに乗って、トリックアートを背景に記念撮影を!

▶ジョン万次郎資料館
住 土佐清水市養老303
TEL 0880-82-3155(土佐清水市観光協会)
開 8:30～17:00
休 無休　料 440円
交 土佐くろしお鉄道**中村駅**からバスで約60分の**養老**下車、徒歩5分
URL www.johnmung.info

ジョン万次郎の生涯をわかりやすく解説する資料館

info **西島園芸団地**では季節の花々に囲まれてリラックスできるカフェ&レストランもあり、のんびり過ごすのにも最適。また、1月～6月上旬は**イチゴ狩り**も実施している。

純信とお馬の悲恋に想いを馳せる

高知・香美エリア

はりまや橋

「土佐の高知のはりまや橋で、坊さんかんざし買うを見た」とよさこい節のフレーズにもなり、純信とお馬の恋物語でも有名。江戸時代に堀川を挟んで商売を行っていた**播磨屋**と**櫃屋**が両者の往来のため私設の橋を架けたことが由来とされる。

中心街に静かにたたずむ橋

▶はりまや橋
住 高知市はりまや町
TEL 088-823-9457（高知市観光振興課）
開 見学自由
交 JR**高知駅**から徒歩10分
URL welcome-kochi.jp

高知に根付くマンガ文化を紹介

高知・香美エリア

高知まんがBASE

「まんが王国・土佐」にゆかりのあるマンガ家によるサインや寄せ書きを多数展示。約1万2000冊のマンガ雑誌や単行本を無料で読むことができる。3階の**まんがルーム**では、プロのマンガ家も使う道具で作画体験も楽しめる。

ゆっくり漫画が読める読書ルーム

▶高知まんがBASE
住 高知市丸ノ内1-1-10
TEL 088-855-5390
開 12:00～18:00（土・日曜・祝日10:00～17:00）
休 火・木曜　料 無料
交 とさでん**高知城前**電停から徒歩9分
URL https://kochi-mangabase.jp

四国霊場第三十一番札所

高知・香美エリア

竹林寺

神亀元（724）年、聖武天皇の勅願を受けた僧・行基により唐の五台山になぞらえ開創された由緒ある寺院。

国重要文化財の本堂は寛永21（1644）年造営。鎌倉時代後期に作庭されたと伝えられる庭園もすばらしい。

本尊の文殊菩薩を祀る本堂

▶竹林寺
住 高知市五台山3577
TEL 088-882-3085
開 8:00～17:00
休 無休　料 400円
交 JR**高知駅**からMY遊バスで約29分の**竹林寺前**下車、徒歩すぐ
URL www.chikurinji.com

三菱グループのストーリーはここからはじまる

安芸・室戸エリア

岩崎彌太郎生家

武士から実業家に転身し、三菱グループを創始した岩崎彌太郎の生家。彌太郎の曽祖父・弥次右衛門によって寛政7（1795）年頃に建てられた。土蔵の鬼瓦に**三階菱**の岩崎家の紋がつけられており、三菱のマークの原型といわれている。

約30坪の茅葺き平屋

▶岩崎彌太郎生家
住 安芸市井ノ口甲1696
TEL 0887-34-8344（安芸観光情報センター）
開 8:00～17:00
休 無休 料 無料
交 土佐くろしお鉄道**安芸駅**から車で10分
URL www.city.aki.kochi.jp/life/dtl.php?hdnKey=45

info **岩崎彌太郎生家**の竹垣に囲まれた中庭には、石組が配置されているのに気づく。これは少年時代の彌太郎が天下雄飛の夢を託して、日本列島を模して自分で作ったものだといわれている。

中岡慎太郎の生き様に触れる　安芸・室戸エリア

中岡慎太郎館（なかおかしんたろうかん）

坂本龍馬とともに薩長同盟締結に尽力し維新の礎を築いた北川村出身の中岡慎太郎の生涯を、ドラマ仕立ての映像などを通して紹介。同氏ゆかりの品々など、貴重な史料も多く展示している。慎太郎裃（かみしも）を着て記念写真を撮れるコーナーも大人気だ。

映像と資料を中心に展示している

▶中岡慎太郎館
住 安芸郡北川村柏木140
TEL 0887-38-8600
開 9:00～16:30（最終入場16:00）
休 火曜（祝日の場合は翌日）、12/28～1/2　料 500円
交 土佐くろしお鉄道**奈半利駅**からバスで25分の**慎太郎館前（柏木）**下車、徒歩すぐ
URL www.nakaokashintarokan.jp

印象派の世界に迷い込む麗しの体験　安芸・室戸エリア

北川村「モネの庭」マルモッタン（きたがわむら「もねのにわ」まるもったん）

モネがこよなく愛したフランス、ジヴェルニーの庭をモデルに創られた庭園。モネ財団の指導を仰ぎながら忠実に再現しており、**モネの庭**の呼称を許されているのは世界でここだけだ。最大の見どころは色とりどりのスイレンが咲き誇る**水の庭**。

日本文化と西欧文化の融合した「水の庭」

▶北川村「モネの庭」マルモッタン
住 安芸郡北川村野友甲1100
TEL 0887-32-1233
開 9:00～17:00
休 6～10月の第1水曜、12月～2月末　料 1000円
交 土佐くろしお鉄道**奈半利駅**から北川村行きバスで約9分の**モネの庭**下車、徒歩すぐ
URL www.kjmonet.jp

漁師町風情を感じられる活気ある市場　四万十エリア

久礼大正町市場（くれたいしょうまちいちば）

古くからカツオ漁が盛んだった漁師町・久礼にある市場。場内には鮮魚店や食事処が軒を連ねており、観光客も気軽に買い物や食事が楽しめる。その日に取れた魚介類や地物野菜が並ぶため11時頃から品数が充実することが多い。

大漁旗がたなびくノスタルジックな雰囲気もすてき
写真提供：久礼大正町市場

▶久礼大正町市場
住 高岡郡中土佐町久礼6372-1
TEL 0889-59-1369
開 休 店舗によるが、食堂は10:00～14:00頃にオープン
交 JR**土佐久礼駅**から徒歩約5分
URL 久礼大正町市場.com

透明度が高い深緑色の海が広がる　土佐清水エリア

柏島（かしわじま）

高知県の南西端に位置する小さな島。透明度が高いエメラルドグリーンの海が広がる光景はまるで楽園のようと、ダイバーらの間で話題に。柏島のある大月町はマグロの町としても知られており、海鮮ランチも満喫したい。

大堂山展望台から眺めた柏島の全景

▶柏島
住 大月町柏島
TEL 0880-62-8133（大月町観光協会）
交 土佐くろしお鉄道**宿毛駅**から車で35分
URL www.town.otsuki.kochi.p/kanko/info/kashiwajima.php

info **高知の県魚・カツオ**。高知県はカツオの消費量も日本一を誇る。旬は2回あり、春から初夏にかけての**初ガツオ**は脂少なめでさっぱりした味わいが特徴。秋の**戻りガツオ**はエサをたっぷり食べていることから濃厚な味わい。

土佐日記ゆかりの花の寺

高知・香美エリア

国分寺

天平13(741)年、聖武天皇の勅願により行基が開創。土佐日記の作者、紀貫之が国司として4年間滞在した。四季折々の花が楽しめることでも知られ、特にボタンの時期は美しい。

四国第29番霊場である土佐日記ゆかりの寺

▶国分寺
住 南国市国分546
TEL 088-862-0055
開 納経時間7:00～17:00
金堂・収蔵庫の拝観9:00～16:00
休 無休(金堂・収蔵庫は臨時休業あり)
料 500円
交 JR**後免駅**から車で6分
URL www.tosakokubunji.org

田園風景のなかにたたずむ趣深い時計台

安芸・室戸エリア

野良時計

まだ時計が一般的に普及していなかった明治の中頃、地主であった畠中源馬氏が時計組み立ての技術を身につけ、歯車から分銅まで手づくりで作り上げた時計台。

野良時計をバックにしたヒマワリ畑はフォトジェニック

▶野良時計
住 安芸市土居638-4
TEL 0887-34-8344(安芸観光情報センター)
開 外観見学自由
※野良時計は個人の住居であり、内部の見学は不可。マナーを守り外観を見学しよう
交 土佐くろしお鉄道**安芸駅**からバスで16分の**野良時計前**下車、徒歩すぐ
URL www.akikanko.or.jp/kanko/noradokei.html

魚梁瀬杉の運搬に活躍した

安芸・室戸エリア

魚梁瀬森林鉄道

林業で栄えた高知県東部の中芸地域で活躍した運搬用の列車を復元。日曜・祝日を中心に**乗車体験**を行っている。春は桜、秋は紅葉が美しい400mのコースをゆっくり2周する。

昭和38(1963)年に廃線となった森林鉄道

▶魚梁瀬森林鉄道
住 安芸郡馬路村魚梁瀬 丸山公園内
TEL 0887-43-2055(集落活動センターやなせ)※平日のみ
開 日曜・祝日の10:00～12:00、13:00～15:30(8月は土曜も運行)
休 荒天時　料 400円
交 土佐くろしお鉄道**安田駅**からバスで約1時間15分の**丸山**下車、徒歩約2分
URL umajimura.jp/spot/yanase-railway

「仁淀ブルー」を代表する景観

四万十エリア

安居渓谷

仁淀川流域の青く美しい水質は**仁淀ブルー**として近年注目が集まっている。そのなかでも安居渓谷は滝や淵など変化に富んだ景観がすばらしく、秋は紅葉も美しい。

飛龍の滝や昇龍の滝など見どころが多い

▶安居渓谷
住 吾川郡仁淀川町大屋
TEL 0889-34-2114(仁淀川町池川総合支所地域振興課)
開 入場自由
交 JR**佐川駅**から車で45分
URL niyodoblue.jp/spot/detail.php?id=6

梼原町に点在する隈研吾建築群巡りの拠点に

四万十エリア

隈研吾の小さなミュージアム

隈研吾氏設計の**雲の上のホテル**横の雲の上のミュージアムは、現在建替工事中で外観のみ見学可。ミュージアムの展示物などは、2022年5月現在、梼原町内にある**初代役場庁舎**で見られる。

チケットは梼原町立歴史民俗資料館で購入できる

▶隈研吾の小さなミュージアム
住 高岡郡梼原町梼原1428-1(初代役場庁舎)
TEL 0889-65-1187
開 9:00～16:30
休 無休　料 200円
交 JR**須崎駅**からバスで約1時間10分の**梼原役場**下車、初代役場庁舎まで徒歩約2分
URL www.town.yusuhara.kochi.jp/kanko/kuma-kengo-museum

info **国分寺**は戦国時代の長宗我部(ちょうそかべ)氏、江戸時代には山内藩主より寺領が与えられるなど、厚い信仰を受けながら伽藍が今日まで維持されてきた。境内全域が国の史跡であり、金堂・梵鐘・木造薬師如来像2体が国の重要文化財。

木の温もりを感じながら読書に耽る　四万十エリア

ゆすはらちょうりつとしょかん(くものうえのとしょかん)

梼原町立図書館(雲の上の図書館)

梼原産の木材をふんだんに使用

世界的に有名な建築家・隈研吾氏設計の森をイメージした図書館。靴を脱いで入館する、指定のエリア以外は会話OKなど従来の図書館とはまったく異なるコンセプトの公共施設だ。

▶梼原町立図書館(雲の上の図書館)

住 高岡郡梼原町梼原1212-2
TEL 0889-65-1900
開 9:00〜20:00
休 火曜、毎月最終金曜
料 無料
交 JR**須崎駅**からバスで1時間17分の**梼原役場前**下車、徒歩5分
URL kumonoue-lib.jp

カルスト地形ならではの風景　四万十エリア

てんぐこうげん(しこくかるすと)

天狗高原(四国カルスト)

©藤川満／写真提供：(公財)高知県観光コンベンション協会

四国カルストの中で最も高い標高1485mの**天狗の森**の麓に広がる高原。遊歩道が整備されており、ハイキングも楽しめる。春は新緑、秋は紅葉など季節ごとに移り変わる景色もすばらしい。

▶天狗高原(四国カルスト)

住 高岡郡津野町芳生野乙
TEL 0889-55-2021(津野町産業課)
開 入場自由
交 JR**須崎駅**から車で1時間20分
URL town.kochi-tsuno.lg.jp/tsunobura

小学校を改装した楽しい空間　四万十エリア

かいようどう ほびーかんしまんと

海洋堂ホビー館四万十

企画展やイベントも随時開催している

世界屈指の**フィギュアメーカー**、海洋堂が手がけるミュージアム。廃校になった小学校を改装した空間に、海洋堂の歴史が詰まったフィギュアとコレクション約7000点を展示している。

▶海洋堂ホビー館四万十

住 高岡郡四万十町打井川1458-1
TEL 0880-29-3355
開 3〜10月10:00〜18:00
　11〜2月10:00〜17:00
最終入場は30分前
休 火曜(祝日の場合は翌日)
料 800円
交 JR**打井川駅**から車で10分(送迎あり※要問合せ)
URL ksmv.jp/hobbykan

土佐流のおもてなしを受けられる豪華列車　高知駅〜窪川駅

しこくとさ ときのよあけのものがたり

志国土佐 時代の夜明けのものがたり

太平洋や仁淀川など、沿線の風景も変化に富んでいる

雄大な太平洋やのどかな風景など、高知県らしい絶景を眺めながら優雅な旅を楽しめる**観光列車**。海の幸・山の幸をふんだんに取り入れた料理(食事は要予約)を車内で味わえるのも魅力。

▶志国土佐 時代の夜明けのものがたり

TEL 0570-00-4592(JR四国電話案内センター)
開 おもに土・日曜・祝日を中心に運行。運行日などの詳細はJR四国のウェブサイトを参照
料 高知駅〜窪川駅3970円(運賃、特急料金、グリーン料金を含む)
URL www.jr-shikoku.co.jp/yoakenomonogatari

四万十の風をダイレクトに感じる　窪川駅〜宇和島駅(愛媛県)

しまんとろっこ

しまんトロッコ

普通車両とトロッコ車両の2両編成

トロッコ乗車区間(土佐大正〜江川崎間)では爽快な風を浴びつつ、四万十川や広見川の風景を間近に眺められる。ボランティアガイドによる沿線案内など、ほかにも楽しみがいっぱい!

▶しまんトロッコ

TEL 0570-00-4592(JR四国電話案内センター)
開 おもに春・夏・秋の土・日曜・祝日を中心に運行。運行日などの詳細はJR四国のウェブサイトを参照
料 宇和島駅〜窪川駅2400円(運賃、座席指定料金<通常期>を含む)
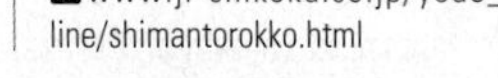
URL www.jr-shikoku.co.jp/yodo_line/shimantorokko.html

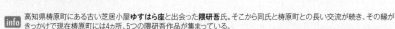

info 高知県梼原町にある古い芝居小屋**ゆすはら座**と出会った**隈研吾**氏。そこから同氏と梼原町との長い交流が続き、その縁がきっかけで現在梼原町には4カ所、5つの隈研吾作品が集まっている。

四国が舞台となった映画

『魔女の宅急便』（香川県）

実写：2014年公開　監督：清水崇

平成元（1989）年に宮崎駿監督によりアニメ映画化され、1990年代には蜷川幸雄演出でミュージカル化もされた、角野栄子の児童文学を実写映画化。一人前の魔女になるため修行の旅に出た、13歳の少女の冒険と成長を描く。

本作のロケ地となったのは、古くは木下惠介監督、高峰秀子主演『二十四の瞳』、近年では成島出監督、井上真央、永作博美主演『八日目の蟬』の舞台にもなった小豆島。小豆島観光協会では、これらの作品やテレビドラマ『Nのために』などのロケ地マップをホームページでも公開している。

小芝風花演じるキキがたどり着いた港町コリコで、居候することになったグーチョキパン屋は瀬戸内海を見渡せる小高い丘にあった**ダッチカフェ**。撮影に使われたセットはなくなっているが、平成26（2014）年に**道の駅 小豆島オリーブ公園**P.805にそのまま移築され、雑貨ハーブカフェ、コリコとしてオープンした。店内にはキキの箒が飾られ『魔女の宅急便』の雰囲気を残している。

約2000本のオリーブ畑が広がるこの公園では“魔法のほうき”を無料レンタルすることも可能で、インスタ映えする白いギリシャ風車などをバックに、撮影を楽しむファンの姿も多い。

そのほか、空を飛ぶことを夢見るとんぼと出会った**旧戸形小学校**はじめ、旅立ちをつないだジャンボフェリーが寄港する**坂手港**、**寒霞渓**P.806や**目島**からの絶景も、ロケ地巡りのスポットとして人気を集めている。

『竜とそばかすの姫』（高知県）

2021年公開　監督：細田守

『時をかける少女』『サマーウォーズ』『バケモノの子』などのヒット作を手掛けてきた細田守監督が、50億人以上の人々が集う仮想世界で、歌姫として人気者となった田舎の女子高生を主人公にして贈るファンタジー・アニメ。カンヌ国際映画祭でも上映された本作は興行収入66億円超と、細田作品最高のヒット作となった。

主人公すずが生まれ育った田舎町のモデルになったのは、高知県高岡郡**越知町**。**仁淀川**にかかる全長約121mの**浅尾沈下橋**は、すずが通学時に渡る橋になっている。観光名所でもある**安居渓谷水晶淵**や、日本一美しい**“仁淀ブルー”**P.846とも呼ばれる水中の様子も映され、その透明度が印象深い。

また、すずの友人ひろかと昼食を食べた**ふれあいの里柳野**、体育館で合唱の練習をした**能津小学校**、ルカちゃんの想いがカシミンに届いた**伊野駅**構内、すずの正体が幼なじみのしのぶにばれた伊野駅前のシーンなどは、実景とほぼ同じ光景が再現されている。

鎌居田簡易郵便局、**帯屋町商店街**、**高知駅**や、すずが通学するシーンに一瞬映るバス停、すずの通学路であり、カヌー部のカミシンが練習している鏡川の風景などは、ビルや電波塔まで細かく忠実に描かれ圧巻だ。

人気作品ゆかりの地域への観光客誘致を図るアニメツーリズム協会が発表した「訪れてみたい日本のアニメ聖地88」2022年版では、これらモデルになったロケ地を聖地に認定している。

九州

春
夏
秋
冬
九州の
ココが
いちばん!
どうせ行くなら、
魅力UPの時期がいい
シーズンと旅先を
Check!
秋の夜長に作品作り
窯元見学に来てね〜
有田焼、李荘製陶所の寺内さん
暑さが一段落して
気持ちのいい
季節だニャ
サイクリング
気持ちニョさそう!
おすすめ
秋

大分県 耶馬渓 ▶P.939

耶馬渓は日本三大奇勝、日本新三景にも選定されている。耶馬渓鉄道廃線跡を利用した自転車道が整備されており、紅葉を見ながらのサイクリングは格別。

佐賀県 御船山楽園 ▶P.884

御船山楽園は佐賀県有数の桜の名所だが、秋の紅葉も見事。燃えるような真紅の葉をまとう樹齢170年の大モミジやひょうたん池に映り込む紅葉を写真に収めよう。

熊本県 阿蘇山 ▶P.916

広大なカルデラに2万ヘクタール以上の草原が広がる阿蘇山。秋になるとあたり一面がススキ野原へと変わる。風に揺れながら金色に輝く幽玄な光景は印象的。

天神様こと菅原道真を祀った全国1万2000社を超える天満宮の総本宮。受験シーズンに合わせたかのように咲き誇る梅も名高く、神紋にもあしらわれている。4月の桜、6月初旬のハナショウブも見事。

福岡県 **太宰府天満宮** ▶P.862

春

熊本県 **熊本城** ▶P.918

熊本城にはソメイヨシノを中心に約800本もの桜が植えられ、毎年3月下旬から4月上旬にかけて花見客でにぎわいを見せる。

長崎県 **ハウステンボス** ▶P.900

春は華やぎが増し、フローラルな香りに包まれる。色鮮やかなチューリップも異国情緒いっぱい。

夏

佐賀県 **七ツ釜** ▶P.881

長い年月をかけて玄界灘の荒波によって削られた奇岩景勝地。洞窟の中に差し込む光で白い観音様が現れるそう。角度や水位などの条件が揃わないと見られないことから「幻の観音様」と崇められている。

宮崎県 **高千穂** ▶P.952

神話が宿る高千穂は夏がベストシーズン。両岸に迫る断崖と滝が織りなす光景は、音もなく静かに進む手漕ぎボートがよく似合う。

鹿児島県 **奄美群島** ▶P.970

燦々と輝く太陽と白い砂浜、透明度の高いコバルトブルーの海が広がるビーチリゾート。海中もまた美しいマリンブルー。ダイビングにも挑戦してみよう！

食べて飲んで
湯めぐり、ミニャ〜
たまらんわい

冬

長崎県 **長崎新地中華街** ▶P.906

長崎新地中華街では中国の旧正月の時期に合わせて「長崎ランタンフェスティバル」が開催される。夜間がオススメ。

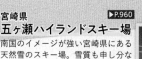

福岡県 **屋台** ▶P.860

豚骨ラーメン、おでん、焼き鳥などが楽しめる屋台。夏も気持ちよいが、寒い冬に「染みる」料理を味わうのもオツ。旅行者でも、隣の客と言葉を交わしたり乾杯したりとディープな夜を楽しめる。

宮崎県 ▶P.960

五ヶ瀬ハイランドスキー場

南国のイメージが強い宮崎県にある天然雪のスキー場。雪質も申し分なく、ファミリーから上級者まで幅広い支持を集める。条件がそろえば早朝に雲海が発生することも！

Pick Up 九州 テーマのある旅

3号車展望ラウンジ

ひときわ印象的な九州へ
観光列車で行こう！

九州には個性的な観光列車が多い。移動ではない、旅の目的になるすてきな列車。「SL人吉」「36ぷらす3」「ゆふいんの森」を紹介しよう。

SL人吉

熊本駅と人吉駅を結ぶ日本最古の現役蒸気機関車。肥薩線開業100周年を記念して2009年に運行を開始した。豪雨の影響で肥薩線での運行は見合わせており、2022年4月現在、熊本駅と鳥栖駅間で運行している。時折聞こえる力強い汽笛の音に耳を傾けながら車窓からのパノラマを楽しもう。

もくもくと煙を上げて進むSL

車内販売のあるビュッフェ

info 観光列車は一部を除いて**全席指定**。人気の路線は完売になってしまう場合もあるのでウェブサイトで予約をしておこう。
URL www.jrkyushu.co.jp/trains

笑顔で手を振ってくれる姿にほっこり

地元のシェフが季節折々の腕をふるう弁当

36ぷらす3

まるで外国のようなターコイズ色の日向灘を走行する列車

5日間かけて九州7県を反時計回りに周遊する豪華特急列車。1日毎の利用もできる。36という数字は、九州が世界で36番目に大きい島であることと、5日間の行程で九州をより楽しめる35のエピソードを紹介するとともに、利用者自身で「36番目のエピソード」を語ってほしいとの願いから。また3には「驚き、感動、幸せ」の意味を込めており、36+3=39で、感謝の心も表している。

停車駅では「おもてなし」があり、沿線の特産品や軽食を購入できる

熊本県八代産のイ草で作られた畳を使用した6号車

※36ぷらす3の月曜日ルートは2022年9月19日まで博多駅～長崎駅を運行するが、2022年10月3日より博多駅～佐世保駅間を運行。

ゆふいんの森

キハ72系5両編成、由布岳を背にした勇姿

博多駅と由布院駅を1日3往復（そのうち1本は別府駅まで延伸）する観光列車。シックなグリーンの車体はJR九州唯一のハイデッカータイプだ。座席からの目線も高く、車窓からは迫力ある風景を楽しめる。最前部と最後部の全面展望はとくに人気だ。

窓枠も天井も木のぬくもりがあるサロン

由布院駅

info 2022年9月23日から運行予定の**ふたつぼし4047**は武雄温泉駅と長崎駅間を時計回りに1周する路線。車窓からは有明海や大村湾など西九州の変化に富んだ海の車窓を楽しめる。URL www.jrkyushu.co.jp/train/futatsuboshi

写真提供：JR九州

福岡県
FUKUOKA

福岡県

人口
513.5万人（全国9位）
面積
4988km²（全国29位）
県庁所在地
福岡市
県花
梅

福岡市

エコトン
福岡県マスコットキャラクター「エコトン」

梅
太宰府天満宮の菅原道真公と飛梅の故事より、梅が県花に選ばれた

九州の北東部に位置し、本州をつなぐ交通の要衝。玄界灘に面し、古くから中国大陸や朝鮮半島との交流の拠点だった。都市と自然のバランスのよさは県の大きな魅力。県内は、県中心である福岡市を含む「福岡」、工業地帯で知られる「北九州」、豊かな自然と農林水産物に恵まれた「筑後」、石炭産業で栄えた「筑豊」の4つのエリアに分けられる。太宰府天満宮 P.862 や門司港、世界遺産に登録された宗像大社 P.863 など、見どころも充実。また、豚骨ラーメンや明太子などの名物グルメはハズせない。

旅の足がかり

福岡市

人口約162万人を擁する九州の中枢都市。新幹線や高速道路、空港、港など、あらゆる方面からの九州の玄関口であり、国際ネットワークの拠点となる施設も整備されている。都市のさまざまな機能がコンパクトにまとまり、常に"住みたい街"の全国ランキング上位にランクイン。機能的な都市の一面を持ちながら、博多湾を取り囲むように市街地が広がっているため、海が近く、緑にも恵まれ、街にいながら豊かな自然が身近に感じられるのも大きな魅力だ。

北九州市

九州の最北端に位置する国際産業貿易の中心。昭和38（1963）年に小倉、八幡、戸畑、若松、門司の5市が合併して九州初の政令指定都市として誕生した。日本の4大工業地帯のひとつとして近代化を支えてきた歴史をもち、世界に誇る環境や産業技術の研究に力を注いでいる。一方、長く美しい海岸線や緑豊かな山々などの自然にも恵まれている。

久留米市

福岡県の南西部に位置し、福岡市から約40kmの距離にある。県南部の中核都市で、高速道路のクロスポイントに近く、九州各県へ足を延ばす交通の拠点だ。筑紫平野が広がり、市の北東部から西部にかけて筑後川が流れ、筑後川に沿って南側に耳納（みのう）連山がそびえる。米に野菜、果物など、豊富な農作物が土壌の豊かさを物語っている。

地理と気候

日本海側の福岡や北九州は、冬は北東の季節風が吹きつける日本海型気候区、周囲を山に囲まれた筑後と筑豊は、最高気温が高く、最低気温が低い内陸型気候の特徴を持つ。近年、集中豪雨などの被害も出ている。

【夏】最高気温が31〜33°Cとなる真夏日が1ヵ月以上、熱帯夜も15日以上続くこともある。台風の影響を受けやすく湿度も高い。

【冬】日本海側の気候に近く、0°C以下になる日は少ないが、積雪が見られる日も。内陸部は寒暖差が激しい。

 P.854〜871 写真提供：福岡県観光連盟　福岡市　太宰府市　糸島市観光協会

アクセス

東京から ▶▶▶	所要時間
飛行機 羽田空港▶福岡空港	1時間30分
新幹線 東京駅▶博多駅（のぞみ）	5時間

大阪から ▶▶▶	所要時間
飛行機 伊丹空港▶福岡空港	1時間10分
新幹線 新大阪駅▶博多駅（のぞみ）	2時間30分

県内移動

▶福岡市中心部から太宰府へ

西鉄福岡（天神）駅から西鉄二日市駅へ行き、西鉄太宰府線に乗り換えて太宰府駅まで約25分。

西鉄バスの**太宰府ライナー**は博多バスターミナルから福岡空港を経由し、太宰府駅前のバス停まで40分。

▶博多から小倉へ

博多駅から小倉駅まで新幹線で約15分。鹿児島本線の快速で1時間10分。

博多バスターミナルから小倉駅まで約1時間30分。

交通路線図

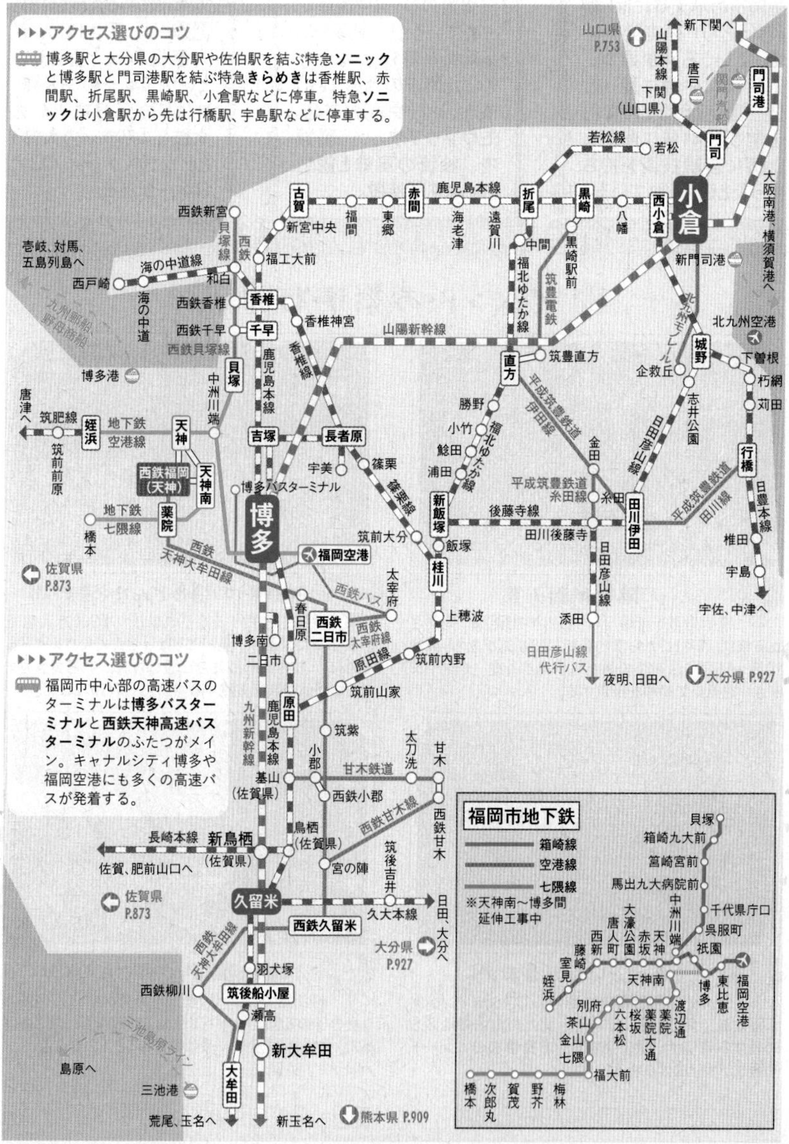

▶▶▶アクセス選びのコツ

博多駅と大分県の大分駅や佐伯駅を結ぶ特急**ソニック**と博多駅と門司港駅を結ぶ特急**きらめき**は香椎駅、赤間駅、折尾駅、黒崎駅、小倉駅などに停車。特急**ソニック**は小倉駅から先は行橋駅、宇島駅などに停車する。

▶▶▶アクセス選びのコツ

福岡市中心部の高速バスのターミナルは**博多バスターミナル**と**西鉄天神高速バスターミナル**のふたつがメイン。キャナルシティ博多や福岡空港にも多くの高速バスが発着する。

山口県 P.753
佐賀県 P.873
大分県 P.927
熊本県 P.909

福岡市地下鉄

箱崎線
空港線
七隈線

※天神南～博多間延伸工事中

福岡県

うちの県はここがすごい

一 うどんとそば発祥の地

福岡市の承天寺には「饂飩（うどん）蕎麦発祥の地」という石碑が建つ。宋時代に中国に渡った聖一国師が大陸の文化を学び1241年に帰国した際に製粉技術を持ち帰ったと伝えられている。

二 たけのこ生産量日本一

消費量の多くは中国産が占めているが、国産では福岡県が第1位。なかでも北九州市の合馬（おうま)や八女(やめ)が有名。モウソウチクという種類で、独特の風味と歯切れのよさが特徴。

三 日本一大きな注連縄(しめなわ)

福津市にある宮地嶽神社P.867には、長さ11m、最大直径2.6m、重さ3トンという「日本一の注連縄」をはじめ、「日本一の大太鼓」、「日本一の大鈴」とビッグスケールの3大日本一がある。

イベント・お祭り・行事

① 博多祇園山笠

疫病退散を祈願して、櫛田神社P.866に奉納される祭り。7月1日から市内各所に飾り山が立ち、7月10日～15日、法被姿の男たちが舁き山笠（かきやまかさ）を担いで街中を疾走する。

② 福岡市民の祭り 博多どんたく港まつり

博多を代表する祭りのひとつで200万人以上の人出でにぎわう。見どころは「どんたくパレード」、そのほか市内各所に舞台が設けられ、老若男女さまざまな団体が芸を披露する。5月3・4日の2日間。

③ わっしょい百万夏まつり

北九州市制25周年を記念してスタート。小倉祇園太鼓、戸畑祇園山笠など、北九州市内各地区を代表する祭りが一堂に会する。市民参加のパレードや踊りが繰り広げられる。

④ 柳川雛祭りさげもんめぐり

柳川市では、代々伝わるお雛様や江戸末期より女の子の初節句のお祝いとして作られていた「さげもん」などが展示・一般公開される。「おひな様水上パレード」も開催。

必ず食べたい 名物グルメ

豚骨ラーメン

白濁した濃厚な豚骨スープに醤油ダレを合わせたスープが自慢。細ストレート麺、替え玉制度などが特徴。発祥は久留米だとか。魚介と合わせたアレンジ系なども。

もつ鍋

今や博多の代表グルメとなったもつ鍋。牛モツにたっぷりのキャベツやニラが入って意外とヘルシー。醤油や味噌などスープで差をつける。

水炊き

古くからの郷土料理として知られる水炊き。澄んだスープと白濁スープに分かれる。まずはスープを、それから肉、野菜と食べる順番が決まっているのもユニーク。

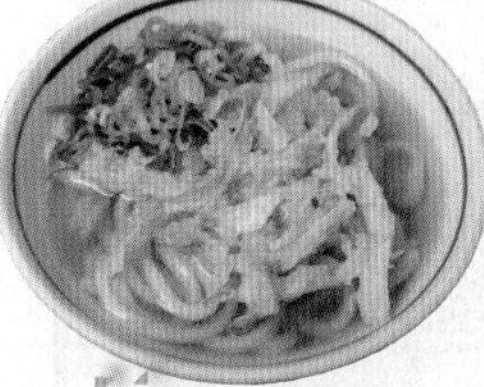

うどん

うどん発祥の地として、ラーメン同様に人気。讃岐うどんと比べて麺が軟らかいのが特徴。トッピングはごぼう天や丸天、かしわ飯かいなりと食べるのが博多流。

地元っ子愛用 ローカル味

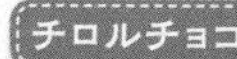

棒ラーメン

昭和34（1959）年の誕生以来、地元だけでなく全国で愛される**マルタイ**のインスタントラーメン。醤油味や九州ならではの豚骨味などを展開している。

チロルチョコ

今ではすっかり全国でおなじみのお菓子だが、実は福岡県田川市生まれ。田川市には「チロルチョコアウトレットショップ」がある。

もらえば笑顔 定番みやげ

明太子

福岡みやげの大本命「明太子」。スケトウダラの卵を、唐辛子を加えた調味ダレで味付けしたもの。昭和23（1948）年創業の**ふくや**が元祖だがメーカーは数知れず。

博多通りもん

モンドセレクション金賞を21年連続受賞した、博多みやげの定番。ミルク風味の皮で白あんを包んで焼いたまんじゅう。常時販売しているのは、福岡近郊のみ。

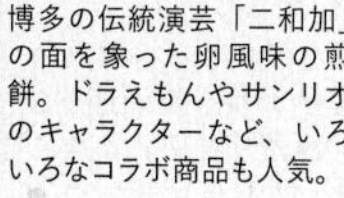

二〇加煎餅（にわかせんべい）

博多の伝統演芸「二和加」の面を象った卵風味の煎餅。ドラえもんやサンリオのキャラクターなど、いろいろなコラボ商品も人気。

匠の技が光る 伝統工芸

小石原焼

内陸部に位置する小石原P.868で焼かれる小石原焼は、「飛び鉋」や「刷毛目」と呼ばれる技法で知られる。温かみのある風合いで、現代の暮らしにもマッチする。

博多織

770年以上もの伝統をもち、和服や浴衣の帯として愛されてきた。初代福岡藩主が幕府への献上品にも選んだ特別なもの。「献上柄」と呼ばれる伝統的な柄が特徴だ。

ワカルかな？
福岡のお国言葉

しゃーしい

Ans. うるさい、面倒くさい、うっとうしい、わずらわしいなど

1泊2日で巡る 福岡県

1日目

海に山に見どころいっぱいの福岡県は、自然や歴史がテーマのスポットが充実している。観光の合間のグルメも、福岡県観光の最大の楽しみ。

9:00 西鉄福岡(天神)駅

鉄道30分+徒歩5分

最寄り駅の西鉄太宰府駅で下車。太宰府ライナーバス「旅人」なら博多バスターミナルから太宰府まで約40分。福岡空港から約25分。

9:45 菅原道真公を祀る
太宰府天満宮 ▶P.862

全国の天満宮の総本山であり、たくさんの参拝者が訪れる。県花である梅の時期は特に美しい。

徒歩5分

10:45 日本とアジアの文化交流史を学べる
九州国立博物館 ▶P.863

アジア史的観点から捉えた日本文化の形成をテーマに展示を行っている。

徒歩8分

12:30
太宰府天満宮参道でランチ&ショッピング

全長約400mの参道。大きな鳥居が3つ並び、その間に店が集まる。

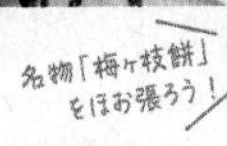

名物「梅ヶ枝餅」をほお張ろう!

徒歩すぐ

14:00 西鉄太宰府駅

鉄道30分

14:30 西鉄福岡(天神)駅

バス12分

国宝 漢委奴国王印

福岡市内からの出土品を中心に展示。金印や天下三名槍の「日本号」は必見。

14:45 国宝「金印」を所蔵する
福岡市博物館 ▶P.866

徒歩5分

16:30
福岡タワーに上って福岡の街を一望しよう ▶P.865

高さ234m、日本一の高さを誇る海浜タワー。3階の展望フロアからは360°の景色が楽しめる。

バス12分

18:00 博多の夜の定番!
天神や中洲の屋台で夕食 ▶P.860

福岡の夜の風物詩。初心者でも安心の屋台も多い。

ラーメン、焼き鳥、おでんが定番メニュー

20:00 福岡ナイトを存分に楽しんで
西鉄グランドホテルに宿泊

朝食では和洋ブッフェのほか九州の食材にこだわった「はかた和朝食膳」も味わえる

開放感あふれる景色でゆっくりくつろげる都心のホテル

西鉄(にしてつ)グランドホテル

1969年創業、福岡を代表する老舗

客室は市街地にあることを忘れるほど静寂に包まれており、シンプルでシックな印象

福岡を代表する格調高い老舗ホテル。明治通りと天神西通りが交わる角にあり、地下鉄天神駅へもアクセス抜群。レストランも和・洋・中・イタリアンとバラエティ豊かで、地元客にも愛されてきた名店が並ぶ。

住 福岡市中央区大名2-6-60
TEL 092-771-7171
交 地下鉄天神駅から徒歩約3分
料 1泊1万5730円～(税サ込) ※宿泊税別途
URL nnr-h.com/grandhotel

2日目

9:00 JR博多駅

鉄道30分＋バス9分

10:00 世界遺産に登録された由緒ある**宗像大社** ▶P.863

JR東郷駅で下車し、バスで移動。日本神話にも登場する古社。「辺津宮」のほか、離島にある「沖津宮」「中津宮」の3宮からなる。

バス9分

11:55 JR東郷駅

鉄道65分

13:00 レトロな**JR門司港駅** ▶P.864 でしっとりとランチ

大正時代の姿に復原されたJR門司港駅。構内には東京の有名シェフ監修のレストランがある。

徒歩15分

14:30 古きよき時代の面影を残す**門司港レトロ**を散策 ▶P.864

旧門司三井倶楽部、旧大阪商船、旧門司税関、など国際貿易港として栄えた当時の建物が残る。

旧門司三井倶楽部

徒歩10分

15:36 JR門司港駅

鉄道14分

15:50 JR小倉駅

徒歩10分

16:00 北九州の市民の台所**旦過市場**でつまみ食い ▶P.870

長さ約180mのアーケードに120軒ほどの店がひしめき合う。小倉名物のぬか炊きなどもある。

市場で買った食材を盛って作る「大学丼」

徒歩数分

17:00 グルメ充実**小倉タウン**も要チェック

小倉が発祥の焼うどんをはじめ、ラーメンやうどん、「小倉前」ともいわれる高級寿司などグルメ充実。

THE RAIL KITCHEN CHIKUGO

西鉄福岡（天神）駅から太宰府駅または大牟田駅を走る観光列車。本格的な窯を完備したキッチンがあり、沿線地域の景色と料理が楽しめる。

URL www.railkitchen.jp

ことこと列車（平成筑豊鉄道）

筑豊地方の里山をのんびりと走る観光列車。列車内では福岡の有名店のシェフによる地産地消のフランス料理がコースで楽しめる。

URL www.heichiku.net/cotocoto_train

おすすめ！泊まるならココ

300年以上の歴史を受け継ぐ藩主邸宅に泊まる

柳川藩主立花邸 御花（やながわはんしゅたちばなてい おはな）

2·3階の角部屋に位置する和洋室

江戸時代から柳川藩主立花家の歴史を受け継いできた料亭旅館。現在も立花家の末裔が運営しており、国指定名勝「松濤園」を眺められる客室などもあり、洗練された空間の中、ゆったりとくつろげる。宿の船着場から小舟に乗り、水郷柳川の美しい景色を楽しみながら朝食を楽しめるプランも人気。

柳川名物、うなぎのせいろ蒸しも楽しめる

住 柳川市新外町1
TEL 0944-73-2189
交 西鉄**柳川駅**から車で10分
料 1泊2食付き3万1460円～
※宿泊税別。2名利用の1人分料金
URL ohana.co.jp

福岡県の歩き方

福岡市と周辺

福岡の町を流れる那珂川と夜景

福岡市を中心に、**太宰府市**、**宗像市**、**糸島市**など、県の西側を占めるエリア。福岡市は大都市としての機能を果たしながら、身近な自然、恵まれた住環境があるため、常に住みたい街の上位にランクイン。**太宰府天満宮**P.862や**九州国立博物館**P.863、世界遺産に登録された「**神宿る島**」**宗像・沖ノ島と関連遺産群**など見どころも多い。また、福岡グルメのクオリティの高さも全国からの注目を集める。

▶福岡空港から町の中心まで

空港から町の中心まで近いのが福岡市の大きな魅力のひとつ。福岡市地下鉄で博多駅まで5分、町の中心、天神まで9分。九州各地への高速バスも空港から出ている。

プチ雑学

メニュー表に値段の記載があるかどうかを確認しよう

屋台の利用方法　福岡市の夜の名物「屋台」は、天神や中洲エリアに集まっている。屋台の定番メニューはラーメン、焼き鳥、おでん、餃子など。トイレは近くの公衆トイレを利用する。雨天時は営業しない屋台も多いので注意。

北九州市と周辺

本州の下関とを結ぶ関門橋

北九州市をはじめ、**行橋市**や**豊前市**など県東部で、本州と橋やトンネルでつながるエリア。九州の工業の中心であり、鉄鋼や化学に加え、自動車、先端半導体、ロボットなど「ものづくり技術」の分野は多岐にわたる。一方、豊かな海に恵まれ、新鮮な魚が取れることで知られる。

プチ雑学

地元の人たちとの交流も楽しい

角打ち　酒屋の店内で酒とつまみを楽しめる立ち飲み屋を「角打ち」と呼び、北九州が発祥の地といわれる。旦過市場P.870など、北九州市内には150軒近い角打ちがあるのでぜひ体験してみよう。

▶福岡市観光案内所（天神）
住 福岡市中央区天神2-1-1
西鉄福岡（天神）駅ソラリアターミナルビル1F（ライオン広場内）
TEL 092-751-6904
開 9:30～19:00　休 12/31～1/1
URL yokanavi.com

▶西鉄バス　スマ乗り放題
時間内ならエリア内何度でも乗れるデジタル乗車券。スマートフォンに表示して使う。
福岡市内
料 6時間券600円　24時間券900円
北九州市内
料 24時間券800円
48時間券1500円
URL www.nishitetsu.jp/bus/sumanori

▶福岡市地下鉄1日乗車券
利用日当日に限り有効。観光スポットなどでの割引特典あり
料 640円
URL subway.city.fukuoka.lg.jp

▶北九州市総合観光案内所
住 北九州市小倉北区浅野1-1-1
（JR小倉駅3F）
TEL 093-541-4189
開 9:00～19:00　休 無休
URL www.gururich-kitaq.com

▶門司港観光案内所
住 北九州市門司区西海岸1-5-31
（JR門司港駅1F）
TEL 093-321-4151（門司港レトロ総合インフォメーション）
開 9:00～18:00　休 無休
URL www.gururich-kitaq.com

info 福岡県には**明治日本の産業革命遺産**と「**神宿る島**」**宗像・沖ノ島の関連遺産群**のふたつの**世界遺産**がある。ほかにも博多祇園山笠行事、戸畑祇園山笠行事が**無形文化遺産**、山本作兵衛のコレクション」が**世界の記憶**に登録されている。

日本全国津々浦々～道の駅巡り～

県外から訪れる人も多く、行列もできる

道の駅むなかた
九州でもトップクラスの売り上げを誇る道の駅。タイやアジ、イカ、アナゴなど近隣の漁港から直送される魚介や朝取れ野菜、加工品など、ところ狭しと並んでいる。併設する店舗では、みやげものも豊富に揃う。食事処では鮮魚料理が味わえる。

久留米と筑後エリア

筑後平野を悠々と流れる筑後川がこの地に恵みをもたらす

久留米市、**柳川市**、**八女(やめ)市**、**大牟田(おおむた)市**など、見どころの多い県南側の地域。筑後平野、耳納(みのう)連山(れんざん)など、豊かな自然に恵まれ、農林水産業、地場産業、商工業など、多様な産業、文化に注目が集まるエリア。

おみやげ

久留米絣(くるめがすり)　久留米の伝統工芸品で日本三大絣のひとつ。江戸時代から受け継がれる歴史ある木綿の織物。着物のほか、もんぺなどで親しまれてきた。近頃は若い世代向けのアイテムも登場している。

実用性を重視した丈夫な綿織物

筑豊(ちくほう)エリア

三井田川鉱業所伊田坑跡

かつては**石炭産業**で栄えていたが、現在、その衰退から立ち直るべく、自動車産業などで大きな転換を図る県中央エリア。古き良き時代の炭鉱王の邸宅や炭鉱関連の資料館など、石炭産業に関する観光スポットも多い。また、さまざまな銘菓の発祥の地としても知られる。

おみやげ

名菓ひよ子　今や全国的に有名なこのお菓子は、実は福岡生まれ。大正元（1912）年に炭坑で栄えていた筑豊地方で産声を上げてから、100年以上愛されるお菓子に成長した。
▶ひよ子本舗吉野堂　URL www.hiyoko.co.jp

▶道の駅 むなかた
住 宗像市江口1172
TEL 0940-62-2715
開 9:00～17:00
休 毎月第4月曜（祝日の場合は翌日）、8/15～17、12/31～1/5
交 JR**東郷駅**から神湊波止場行きバスで**牟田尻**下車、徒歩10分
URL www.michinoekimunakata.co.jp

▶久留米市観光案内所
住 久留米市京町87-12
（JR久留米駅構内）
TEL 0942-33-4422
開 9:00～19:00　休 無休
URL welcome-kurume.com

▶八女観光物産館ときめき
住 八女市本町2-129
（八女市茶のくに観光案内所）
TEL 0943-22-6644
開 8:30～17:15　休 年末年始
交 西鉄**西鉄久留米駅**からバスで約35分の**福島**下車、徒歩15分
URL yame.travel

▶大牟田観光プラザ（大牟田観光案内所）
住 大牟田市不知火町1-144-4
（JR大牟田駅前）
TEL 0944-52-2212
開 9:30～18:00
休 月曜（祝日の場合は翌日）、年末年始
URL www.sekoia.org

久留米焼きめし

とんこつラーメン発祥の地として知られる久留米のもうひとつの名物。焼きめしを出すラーメン屋さんも多く、久留米の人にとっては、ラーメンと焼きめしは鉄板メニュー。焼きめしとラーメンスープのセットなどもある。

店によって味はさまざま

▶飯塚観光協会
住 飯塚市吉原町6-1あいタウン2F
TEL 0948-22-3511
開 9:00～17:00　休 年末年始
交 JR**新飯塚駅**から徒歩約15分
URL kankou-iizuka.jp

info 「月が出た出た～」の**炭坑節**は福岡県**田川市**が発祥と言われ、ここから全国に広がっていった民謡だ。今は盆踊りの曲で知られるが、もともとは**労働歌**。場所によって少しずつ歌詞が違っているのだとか。

▶太宰府天満宮

住 太宰府市宰府4-7-1
TEL 092-922-8225
開 6:30～18:30（季節により変動）
12/31～1/3は昼夜開門
社務所9:00～17:00
休 無休　料 無料
交 西鉄**太宰府駅**から徒歩5分
URL www.dazaifutenmangu.or.jp

参道で味わいたい名物、梅ヶ枝餅

推定樹齢1500年以上の大樟

菅原道真公を祀る全国天満宮の総本宮

福岡市と周辺

太宰府天満宮（だざいふてんまんぐう）

天才として知られ、この地で亡くなった菅原道真公を祀る。御墓所の上に祠廟（しびょう）が建てられた延喜5（905）年に始まり、その歴史は1100年以上。全国1万2000社の**天満宮の総本宮**であり、**学問・文化芸術の神様**として国内外から年間約1000万人の参拝者が訪れる聖地。

御本殿をはじめ、道真公を慕って京の都から一夜にして飛んできたといわれる御神木の**飛梅**（とびうめ）や、体と同じ部分を触るとそこがよくなると伝わる**御神牛像**（ごしんぎゅう）など見どころいっぱい。参道では名物の**梅ヶ枝餅**（うめがえもち）を味わおう。

国の重要文化財に指定されている御本殿

過去、現在、未来を表す3つの橋からなる太鼓橋

見どころMAP

P.867 小倉城
P.871 いのちのたび博物館
P.863 宗像大社
皿倉山 P.871
旦過市場 P.870
P.867 新原・奴山古墳群
宮地嶽神社 P.867
P.871 国定公園 平尾台
国営海の中道 P.865 海浜公園
旧伊藤伝右衛門邸 P.869
P.866 のこのしま アイランドパーク
南蔵院 P.870
田川市 P.869 石炭・歴史博物館
P.865 糸島
P.870 坂本八幡宮
P.868 小石原
秋月城跡 P.869
八女伝統工芸館 P.871
P.864 柳川川下り
柳川藩主立花邸 P.868 御花
大牟田市 石炭産業科学館 P.869

門司港周辺

壇ノ浦 古戦場跡 P.764
関門橋 P.764
和布刈 公園 P.868
和布刈神社
0　1km
関門海峡
北九州銀行 レトロライン
山陽新幹線
P.864 門司港レトロ
門司港駅
九州鉄道記念館 P.871
鹿児島本線

太宰府天満宮周辺

宝満宮竈門神社 P.870
0　500m
九州情報大学
宝満通り
35
太宰府天満宮 P.862
太宰府天満宮宝物殿
太宰府駅
九州国立博物館 P.863

福岡市中心部

0　2km
P.866 櫛田神社
福岡 PayPayドーム
福岡都市高速
P.870 福岡オープントップバス
中洲川端駅
地下鉄箱崎線
山陽新幹線
福岡タワー P.865
地下鉄空港線
天神駅
天神南駅
福岡市博物館 P.866
大濠公園
那珂川
博多駅
福岡城跡 P.868
西鉄天神大牟田線
地下鉄七隈線

info **太宰府天満宮**に隣接して**だざいふ遊園地**というレトロな遊園地がある。身長や年齢の制限がないものが多いので、幼児から大人まで楽しめる。開10:00～16:30（土・日曜・祝日～17:00）料600円 URL www.dazaifuyuuenchi.com

世界遺産に登録された由緒ある神社

福岡市と周辺

宗像大社

日本最古の神社のひとつで御祭神は**宗像三女神**。日本各地に約6000社ある宗像神社や厳島神社の総本宮。九州本土の**辺津宮**、大島の**中津宮**、沖ノ島にある**沖津宮**の3宮からなる。

辺津宮の本殿・拝殿

大島にある沖津宮遙拝所

辺津宮　国の重要文化財指定の本殿・拝殿をはじめ、パワースポットの**高宮祭場**のほか、伊勢神宮から下賜された古い社殿を持つ**第二宮・第三宮**、沖ノ島から出土した神具や工具、装飾具などを展示する**神宝館**などがおもな見どころ。

中津宮　中津宮のある大島には、沖ノ島を望む**沖津宮遙拝所**が置かれている。

▶宗像大社

▶辺津宮
住 宗像市田島2331
TEL 0940-62-1311
開 6:00～17:00
交 JR**東郷駅**からバスで**宗像大社前**下車、徒歩1分
URL munakata-taisha.or.jp

▶神宝館
開 9:00～16:30(最終入場16:00)
休 無休　料 800円

▶中津宮
住 宗像市大島1811
TEL 0940-72-2007
開 入場自由
交 **神湊港**の渡船場から船で15～25分

▶沖津宮
沖津宮のある沖ノ島への上陸は宗像大社の神職以外は禁じられているため参拝不可

海の正倉院とも称される神宝館は国宝も数多く収蔵する

東京、奈良、京都に次ぐ、国内4番目の国立博物館

福岡市と周辺

九州国立博物館

「日本文化の形成を、アジア史的観点から捉える」という独自のコンセプトを掲げ、平成17(2005)年に開館した全国4番目の国立博物館。メインとなるのは、4階に設けられた**文化交流展示室**で、日本とアジアやヨーロッパ諸国との文化交流の歴史を紹介。「海の道、アジアの路」をテーマに、旧石器時代から江戸時代までを5つの時代に分け、それぞれの文化交流を物語る作品を展示している。

文化交流展示室の展示

ワークショップも開催されるあじっぱ

いろいろな国の「いろ」「かたち」「もよう」「におい」を五感で楽しむ入場無料の体験型展示室、**あじっぱ**はファミリーに人気。

玄界灘に浮かぶ“猫島”相島(あいのしま)へ

福岡の東、新宮沖に浮かぶハート型の小さな島。新宮漁港から船で20分。島内にはたくさんの猫が自由に暮らしていることでも知られる。徒歩2時間ほどで島を1周できる。

人懐っこい猫がたくさん

▶九州国立博物館
住 太宰府市石坂4-7-2
TEL 050-5542-8600
開 9:30～17:00(最終入場16:30)
休 月曜(祝日の場合は翌日)、年末
料 700円(特別展は別途)
交 西鉄**太宰府駅**から徒歩10分
URL www.kyuhaku.jp

info 宗像大社の沖津宮のある**沖ノ島**は**島自体がご神体**であり、厳格な禁忌によって守られてきた。上陸できない沖ノ島を遥拝(遥か遠くから拝むこと)するため、大島の北側に**沖津宮遙拝所**が設けられている。

明治の古き良き時代にタイムスリップ

北九州市と周辺

門司港レトロ

もじこうれとろ

明治初期に開港し国際貿易港として栄えた門司港には、明治から昭和初期にかけて建築された趣ある建物が多く残り、歩きながら巡るのが楽しい。

旧大阪商船

玄関口の**JR門司港駅**は開業から105年経った平成31(2019)年に木造2階建ての大正時代の姿に復原された。みどりの窓口や観光案内所のほか、スターバックスコーヒーやレストランなどが入っている。また皇族がご行幸の際に利用した**旧貴賓室**なども見学できる。

旧門司税関（手前）とレトロハイマート31階にある門司港レトロ展望室

このほか、**旧門司三井倶楽部**、**旧大阪商船**、**旧門司税関**などがおもな見どころ。

どんこ舟に揺られながら、水郷の町を巡る

久留米と筑後エリア

柳川川下り

やながわかわくだり

水郷の町として知られる柳川市は江戸時代の掘割が網目のように張り巡らされている。

川下り舟で市内を回る川下りは船頭さんの説明や歌を聞きながら、四季折々の景色を眺めながら、ゆったりとした時間を楽しむことができる。約70分の川下りでは**水上売店**や赤れんがの**並倉**、白黒の格子が印象的な**なまこ壁**などを見学しながら、緑のしだれ柳や水路沿いに咲く花々に包まれて進んでいく。

どんこ舟の定員は10名前後

下船場そばには、柳川名物**うなぎのせいろ蒸し**が味わえる店が並ぶ。このほか、**柳川藩主立花邸 御花**P.868や**北原白秋生家・記念館**など、徒歩で回れる観光スポットも。

▶門司港レトロ

住 北九州市門司区港町ほか
TEL 093-321-4151(門司港レトロ総合インフォメーション)
URL www.mojiko.info

▶JR門司港駅旧貴賓室

開 9:30〜20:00
休 無休　料 無料

▶旧門司三井倶楽部

開 10:00〜17:00
休 無休　料 アインシュタインメモリアルルームと林芙美子記念室のみ150円

▶旧大阪商船

開 10:00〜17:00
休 無休　料 わたせせいぞうギャラリーのみ150円

▶旧門司税関

開 10:00〜17:00
休 無休　料 無料

▶門司港レトロ展望室

開 平日10:00〜22:00
土・日曜・祝日10:00〜17:00
最終入場は30分前
休 年4日不定休　料 300円

▶柳川川下り

川下り舟を運営しているのは4社。いずれも西鉄柳川駅から徒歩圏内に乗船場があり、そこから観光の中心部までどんこ舟で連れて行ってくれる。料金は会社によるがひとり1500〜1650円

▶柳川観光開発

住 柳川市三橋町高畑329
TEL 0944-72-6177
開 9:30〜16:00(最終受付)
URL www.yanagawakk.co.jp

▶大東エンタープライズ

住 柳川市城隅町18-9
TEL 0944-72-7900
開 9:00〜17:00(最終受付)
URL daitoenterprise.com

▶水郷柳川観光

住 柳川市三橋町下百町1-6
TEL 0944-73-4343
開 9:00〜16:00(最終受付)
URL kawakudari.com

▶城門観光

住 柳川市新外町4-25
TEL 0944-72-8647(※要事前予約)
開 9:00〜17:00
URL r.goope.jp/jyoumon

▶北原白秋生家・記念館

住 柳川市沖端町55-1
TEL 0944-72-6773
開 9:00〜17:00
休 12/29〜1/3　料 600円
URL www.hakushu.or.jp

info 北九州市は**日本新三大夜景都市**に認定されており、なかでも**門司港レトロ展望室**からの眺めは見事。さらに11月下旬〜3月中旬頃(年により変更あり)に、町中がライトアップされる**門司港レトロ浪漫灯彩**を開催。冬の港が幻想的な雰囲気に包まれる。

福岡市街からも近いリゾートで自然と山海の幸を堪能 **福岡市と周辺**

糸島(いとしま)

透明度の高い海が広がる糸島エリア

福岡空港や博多駅から車で約40分で到着する糸島は、福岡市民も愛するリゾートエリア。

おすすめのドライブコースは県道54号線沿い。櫻井神社の社地、**桜井二見ヶ浦**(ふたみがうら)は海の中に鳥居がある珍しい聖地で美しい夕景でも知られる。鳥居の向こうには大注連縄(しめなわ)で結ばれた**夫婦岩**がある。

▶糸島
TEL 092-322-2098(糸島市観光協会)
URL www.itoshima-kanko.net
▶桜井二見ヶ浦
住 糸島市志摩桜井
開 見学自由
交 JR**九大学研都市駅**からバスで**二見ヶ浦(夫婦岩前)**下車、徒歩すぐ

桜井二見ヶ浦では夏至の頃に夫婦岩の間に沈む夕陽を望める

季節の花や動物との触れ合い、サイクリングが楽しめる **福岡市と周辺**

国営海の中道海浜公園(こくえいうみのなかみちかいひんこうえん)

4月はネモフィラの花が楽しめる

福岡市東区にある国営公園。海に囲まれた約350ヘクタールもの広大な敷地内は自然豊かで、一年中季節の花が咲き乱れる。動物たちと触れ合える**動物の森**はファミリー層に人気。サイクリングセンターは園内に4ヵ所あり、種類や台数も豊富で気軽にサイクリングが楽しめる。夏期は6つのプールが揃った**サンシャインプール**がオープン。

▶国営海の中道海浜公園
住 福岡市東区西戸崎18-25
TEL 092-603-1111
開 3～10月9:30～17:30
11～2月9:30～17:00
最終入場は1時間前
休 12/31、1/1、2月の第1月曜とその翌日　料 450円
交 JR**海ノ中道駅**から徒歩すぐ
URL uminaka-park.jp

イルカ型の遊具「スカイドルフィン」

海浜タワーとして日本一の高さを誇るランドマーク **福岡市と周辺**

福岡タワー(ふくおかたわー)

VR 双眼鏡「SKY walk123」

平成元(1989)年に開催された**アジア太平洋博覧会**のモニュメントとして建設されたランドマーク。高さ234mを誇り、最上階の展望室からは福岡市街を一望できる。

2019年に開業30周年を記念してリニューアル。空を飛んでいるような気分が味わえる双眼鏡など、仮想現実(VR)や拡張現実(AR)を駆使し、エンターテインメント性もアップした。

▶福岡タワー
住 福岡市早良区百道浜2-3-26
TEL 092-823-0234
開 9:30～22:00(最終入場21:30)
休 6月の最終月曜・火曜
料 800円
交 JR**博多駅**からバスで**福岡タワー南口**下車、徒歩2分
URL www.fukuokatower.co.jp

福岡のご当地フィギュアが出てくる「天空ガチャ」。1回500円

info **糸島**を走る県道54号線沿いで、福岡市海釣り公園を過ぎると、魚料理で知られるレストラン、**ざうお糸島本店**の大きな看板が見えてくる。この店の前のビーチには**ヤシの木ブランコ**があり、SNS映えすると好評だ。

教科書で見た「漢委奴国王」の金印がここに

福岡市と周辺

福岡市博物館

地域の歴史と民俗を研究・展示する博物館として平成2（1990）年に開館。常設展示は11のコーナーに分かれており、そのいちばん最初に国宝金印**「漢委奴国王」**を展示している。11番目のテーマ、**博多祇園山笠**P.856では博物館のために特別につくられた舁き山、**軍師官兵衛之勲**も必見。

正面入口にはフランス近代彫刻の巨匠、エミール・アントワーヌ・ブールデルの作品も

▶福岡市博物館
住 福岡市早良区百道浜3-1-1
TEL 092-845-5011
開 9:30～17:30（最終入場17:00）
休 月曜（祝日の場合は翌平日）、12/28～1/4
※夏期は閉館時間、休館日の変更あり。詳細は公式サイト参照
料 200円（特別展は別途）
交 JR**博多駅**からバスで**博物館北口**下車、徒歩5分
URL museum.city.fukuoka.jp

金印が発見された志賀島

福岡の東側に位置し、本土と砂州によってつながる陸繋島。古くは大陸との海上貿易の拠点だった場所で、金印が発見された島として知られる。博多ふ頭から船で15分。

博多湾と玄界灘に接する島

「博多祇園山笠」が奉納される博多の総鎮守

福岡市と周辺

櫛田神社

奈良時代の創建と伝わる博多の総鎮守で、地元では**“お櫛田さん”**の愛称で呼ばれている。

毎年7月に行われ、博多の町に夏を告げる**博多祇園山笠**が奉納される神社で、境内では迫力ある**飾り山笠**を1年中（6月を除く）見学できる。敷地内にある**博多歴史館**では豊臣秀吉が残した朱印状など貴重な資料を展示している。

観光客のみならず、地元の参拝者も

▶櫛田神社
住 福岡市博多区上川端町1-41
TEL 092-291-2951
開 入場自由（本殿4:00～22:00）
交 地下鉄**祇園駅**から徒歩5分
URL yokanavi.com/spot/26906
▶博多歴史館
開 10:00～17:00（最終入場16:30）
休 月曜（祝日の場合は翌日）、年末年始　料 300円

海をバックにした花畑は絶景のリゾートアイランド

福岡市と周辺

のこのしまアイランドパーク

能古島は博多湾に浮かぶ周囲12kmの小さな島。春は菜の花、夏はヒマワリなど季節ごとに美しい風景が楽しめる花畑が広がり、花々の向こうには博多湾の青い海が望め、コントラストが美しい。

秋はコスモスが美しい

アスレチックやバーベキュー、陶芸体験などの施設があるほか、島内で作られる**能古うどん**を味わえる店もある。

▶のこのしまアイランドパーク
住 福岡市西区能古島
TEL 092-881-2494
開 9:00～17:30（日曜・祝日9:00～18:30）
休 無休　料 1200円
交 **姪浜渡船場**まで地下鉄**姪浜駅**からバスで**能古渡船場**下車すぐ。能古島へは船で10分。港からバスで約15分の**アイランドパーク**下車
URL nokonoshima.com

海の見えるブランコも人気

info **櫛田神社**の境内裏にある**櫛田茶屋**（開 11:00～17:00 休 月曜）では博多名物の**櫛田のやきもち**を味わうことができる。上品な甘さのあんを餅で包んであり、焼き立ての香ばしさは格別だ。

「3つの日本一」は必見！　九州屈指の由緒ある神社

福岡市と周辺

宮地嶽神社（みやじだけじんじゃ）

大注連縄のある拝殿

創建は約1700年前で、主祭神に**神功皇后**（じんぐう）を祀る。

境内には約300年前に出土した日本最大級の巨石古墳、**宮地嶽古墳**があり、黄金をあしらった出土品が多く見つかった。直径2.6m、長さ11m、重さ3トンの**大注連縄**（しめなわ）は日本一の大きさ。直径2.2mの日本一の**太鼓**の音色は数km先まで届くという。450kgある銅製の**大鈴**も日本一。

世界遺産のひとつである豪族の墳墓群

福岡市と周辺

新原・奴山古墳群（しんばる・ぬやまこふんぐん）

30号墓。全長54mの前方後円墳

12号墳。全長43mの前方後円墳

朝鮮半島と交流し、宗像三女神信仰を育んだ古代の豪族、宗像氏が5～6世紀頃に築いた墳墓群。

海を見渡せる東西800mの台地の中心部に、ヤマト王権のつながりの強い有力者の墓、その周辺に中小の円墳が点在。前方後円墳5基、円墳35基、方墳1基と、さまざまな形態の古墳が集中している珍しい遺跡。

県内唯一の天守閣をもつ城

北九州市と周辺

小倉城（こくらじょう）

ライトアップされる夜も美しい

17世紀初頭、細川忠興（ただおき）によって築城され、その後小笠原氏の居城となった。幕末の第二次長州征討で石垣を残して焼失したが、昭和34（1959）年に天守閣が再建された。

天守閣1階に大迫力のシアターがあり、小倉藩約400年の歴史を学べるほか、3階では巌流島（がんりゅうじま）の戦いをテーマにした展示が見られる。最上階からは小倉の街を一望できる。

▶宮地嶽神社
住 福津市宮司元町7-1
TEL 0940-52-0016
開 入場自由
交 JR**福間駅**からバスで**宮地嶽神社前**下車、徒歩すぐ
URL www.miyajidake.or.jp

宮地嶽神社と参道の光の道

神社と参道が一直線となった先に夕陽が沈み、光の道のように見える景色を見に多くの人が訪れる。この光景が見られるのは年に2回。2月20日と10月20日の前後2週間あたりで、気候条件が揃った時のみ、幻想的な光景を楽しめる。

航空会社のCMでも使われた

▶新原・奴山古墳群
住 福津市奴山1382周辺
TEL 0940-62-5093（福津市文化財課）
開 見学自由
交 JR**福間駅**からバスで25分の**奴山口**下車、徒歩15分
URL www.okinoshima-heritage.jp/know/shimbaru.html

▶小倉城
住 北九州市小倉北区城内2-1
TEL 093-561-1210
開 4～10月9:00～18:00
11～3月9:00～17:00
最終入場は30分前
休 無休　料 350円（小倉城庭園共通券560円）
交 JR**小倉駅**から徒歩15分
URL www.kokura-castle.jp

小倉城のマスコットキャラ「とらっちゃ」

info **小倉城**の周辺は公園として整備されており、春は桜の名所として多くの人が訪れる。大名庭園や武家の書院などを再現した**小倉城庭園**のほか、小倉出身の作家、**松本清張記念館**や、大型商業施設の**リバーウォーク北九州**など観光スポットが目白押し。

別名「舞鶴城」とも呼ばれる、福岡藩・黒田氏の居城　福岡市と周辺

福岡城跡（ふくおかじょうあと）

黒田孝高（よしたか）（官兵衛（かんべえ））・長政父子が慶長6(1601)年から7年をかけて築城。大中小の天守台と47の櫓があったとされ、城の規模としては九州最大級。

江戸時代から城内に残る多聞櫓

福岡城むかし探訪館では城の再現模型が見られるほか、平安時代の外交施設の史跡、**鴻臚館跡**（こうろかんあと）の展示館もある。

▶福岡城跡
住 福岡市中央区城内1
TEL 092-711-4784
開 入場自由
交 地下鉄**大濠公園駅**から徒歩10分
URL fukuokajyo.com
▶福岡城むかし探訪館
TEL 092-732-4801
開 9:00～17:00
休 12/29～1/3　料 無料
▶鴻臚館跡展示館
TEL 092-721-0282
開 9:00～17:00（最終入場16:30）
休 12/29～1/3　料 無料

関門海峡を一望。夜景もすばらしい絶好の展望地　北九州市と周辺

和布刈公園（めかりこうえん）

九州北端の瀬戸内海国立公園内に位置し、対岸に本州を望む面積約37ヘクタールの公園。展望台からは急流が渦巻く関門海峡や雄大な関門橋、行き交う船などを間近に眺められる。関門橋のライトアップと門司港レトロなど**日本夜景遺産認定**の夜景も見事。

和布刈第2展望台から見た門司港

▶和布刈公園
住 北九州市門司区門司・旧門司2
TEL 093-541-4151（北九州市観光協会）
開 入場自由
交 JR**門司港駅**からバスで**和布刈公園前**下車、徒歩すぐ。または観光トロッコ列車の北九州銀行レトロライン「潮風号」で**関門海峡めかり駅**から徒歩すぐ

長く愛用できる器を求めて福岡を代表する陶芸の郷へ　久留米と筑後エリア

小石原（こいしわら）

小石原焼は素朴なデザインと風合いが魅力の日常使いの器。約350年前から陶芸の郷として知られ、現在は約40軒の窯元があり、違った作風を楽しめる。かんなの刃先を使って規則的に削り目を入れる**飛び鉋**（とびがんな）、ろくろを回しながら白土に刷毛で模様を入れる**刷毛目**（はけめ）の技法などが小石原焼の特徴。

「飛び鉋」と「刷毛目」の技法でつくられた器

▶小石原
住 朝倉郡東峰村小石原
TEL 0946-72-2313（東峰村役場農林観光課）
開 休 店舗により異なる
交 JR**彦山駅**からタクシーで10分。または**博多バスターミナル**もしくは**西鉄天神高速**バスターミナルからバスで**杷木**下車、路線バスに乗り換えて**小石原**下車、徒歩すぐ

小石原焼伝統産業会館や各窯元で陶芸体験も開催

国名勝「松濤園」の美しさは圧巻！　久留米と筑後エリア

柳川藩主立花邸 御花（やながわはんしゅたちばなてい おはな）

江戸時代に柳川藩を治めていた立花家の別邸として築かれてから約300年の歴史がある**御花**。明治期に造られた名勝**松濤園**（しょうとうえん）や迎賓館の**西洋館**などが現存。本館の大広間や立花家史料館は見学可。また、名物うなぎのせいろ蒸しを楽しめる料亭もある。

クロマツに囲まれた優美な姿の松濤園

▶柳川藩主立花邸 御花
住 柳川市新外町1
TEL 0944-73-2189
開 10:00～16:00
休 無休　料 1000円
交 西鉄**柳川駅**からバスで**御花前**下車、徒歩3分
URL www.ohana.co.jp

松濤園に臨む100畳の大広間

info **福岡城**の外堀は**大濠公園**として整備されており、ランニングやウオーキングを楽しむ人々が集う。園内にはレストランやカフェもあり、濠ではボートも楽しめる。城周辺は桜の名所として知られており、年間を通じて季節の花や緑が美しい。

"筑前の小京都"と呼ばれる、風情たっぷりの城下町　久留米と筑後エリア

秋月城跡（あきづきじょうせき）

古き良き城下町の姿が残る

秋月藩は福岡藩の支藩として文和9(1623)年に成立。以降、秋月黒田家が12代にわたってこの地を治めた。

国の伝統的建造物群保存地区のひとつで、**"筑前の小京都"**と呼ばれる風情ある城下町の雰囲気が今も残る。桜と紅葉シーズンは多くの人が訪れる。

▶秋月城跡
住 朝倉市秋月野鳥
TEL 0946-24-6758(あさくら観光協会)
開 入場自由
交 西鉄**甘木駅**から甘木観光バスで**博物館前**下車、徒歩10分

秋月城の大手門だった「黒門」は紅葉が見事

日本の近代化の原動力となった三池炭鉱　久留米と筑後エリア

大牟田市石炭産業科学館（おおむたしせきたんさんぎょうかがくかん）

ダイナミックトンネル

大牟田は、三井三池炭鉱を中心に石炭産業で栄えた歴史をもつ町。ここでは、近代日本の発展を陰で支えてきた石炭産業の歴史を楽しく学ぶことができる。見どころは迫力満点の**ダイナミックトンネル**と呼ばれる模擬坑道。体験コーナーも充実している。

▶大牟田市石炭産業科学館
住 大牟田市岬町6-23
TEL 0944-53-2377
開 9:30～17:00
休 月曜(祝日の場合は翌日)、12/29～1/3　料 420円
交 西鉄**大牟田駅**からバスで**帝京大学福岡キャンパス**下車、徒歩3分
URL www.sekitan-omuta.jp

常設展示室

ユネスコ世界の記憶(世界記憶遺産)山本作兵衛氏の文書・記録画を収蔵　筑豊エリア

田川市石炭・歴史博物館（たがわしせきたん・れきしはくぶつかん）

手掘り採炭の様子を再現したジオラマ

かつて筑豊随一の規模を誇った三井田川鉱業所**伊田竪坑**(いたたてこう)の跡地に建てられた博物館。田川の歴史や文化、炭坑で実際に使用されていた道具や大型機械などを展示する。見どころは日本で初めて世界の記憶(世界記憶遺産)に登録された**山本作兵衛コレクション**。

▶田川市石炭・歴史博物館
住 田川市伊田2734-1
TEL 0947-44-5745
開 9:30～17:30(最終入場17:00)
休 月曜(祝日の場合は翌日)、12/29～1/3　料 400円
交 JR・平成筑豊鉄道**田川伊田駅**から徒歩8分
URL www.joho.tagawa.fukuoka.jp/list00784.html

日本建築の粋を集めた炭鉱王の邸宅　筑豊エリア

旧伊藤伝右衛門邸（きゅういとうでんえもんてい）

アールヌーヴォー調のマントルピースのある応接間

炭鉱王として知られる伊藤伝右衛門が50歳の時、歌人である**柳原白蓮**(当時25歳)を妻として迎え入れる際に明治44(1911)年に改築した邸宅。

約2300坪の広大な敷地内に、日本庭園に面した4つの棟、部屋数25という邸宅と3つの土蔵からなる。

▶旧伊藤伝右衛門邸
住 飯塚市幸袋300
TEL 0948-22-9700
開 9:30～17:00(最終入場16:30)
休 水曜(祝日を除く)、12/29～1/3
料 310円
交 JR**新飯塚駅**もしくは**飯塚バスターミナル**からバスで**幸袋・旧伊藤伝右衛門邸前**下車、徒歩2分
URL www.kankou-iizuka.jp/denemon

巨大な回遊式庭園に囲まれた邸宅

info **旧伊藤伝右衛門邸**2階の居室は、妻**白蓮**のために作られた日本庭園を一望する見晴らしのよい部屋。銀箔を張った襖や竹の節だけを残した欄間、蝶をあしらった天袋など、さまざまな意匠が凝らされた豪華絢爛な造りになっている。

元号「令和」ゆかりの八幡宮

福岡市と周辺

坂本八幡宮

大宰府の長官を務めていた**大友旅人**が730年正月に**梅花の宴**を開いた邸宅跡と伝えられている神社。このとき詠まれた和歌32首の序文に書かれた「**初春令月、気淑風和**」から元号**令和**が採用された。

境内には令和の石碑や歌碑がある

▶坂本八幡宮
住 太宰府市坂本3-14-23
TEL 092-928-3100
開 入場自由
交 西鉄**都府楼前駅**から徒歩15分

令和の石碑

『鬼滅の刃』ファンが集まる縁結びの神社

福岡市と周辺

宝満宮竈門神社

宝満山の麓に鎮座する緑豊かな神社。玉依姫命を祀っており古くから「縁結びの神」としてあつく信仰されてきた。

恋守りむすびの糸などお札やお守りなどがおしゃれ。

恋愛成就を祈願する「愛敬の岩」

▶宝満宮竈門神社
住 太宰府市内山883
TEL 092-922-4106
開 入場自由（授与所8:00～19:00）
交 西鉄**太宰府駅**からコミュニティバスで**内山**下車、徒歩すぐ
URL kamadojinja.or.jp

たくさんのお守りが並ぶ授与所

バスの2階から福岡の街を眺めよう

福岡市と周辺

福岡オープントップバス

バスアナウンサーの案内で市内の主要観光スポットを巡る観光バス。シーサイドももち、博多街なか、夜景など3つのコースがある。屋根がないので開放感抜群。旅行プラン作りにも役立つ。

ヒルトン福岡シーホーク前を通過

▶福岡オープントップバス
住 福岡市中央区天神1-8-1（福岡市役所内乗車券カウンター）
TEL 0120-489-939（九州高速バス予約センター）
交 西鉄**西鉄福岡（天神）駅**近くの福岡市役所前から出発
料 各コース1570円
URL fukuokaopentopbus.jp
▶シーサイドももちコース
開 10:00、14:30、16:30発
▶博多街なかコース
開 12:00発
▶福岡きらめきコース
開 18:30発

世界最大級の涅槃像は圧巻

福岡市と周辺

南蔵院

篠栗四国八十八箇所霊場の総本寺で、高野山真言宗の別格本山でもある。**釈迦涅槃像**が完成した年に住職が宝くじで1等前後賞に当選し、その御利益だと話題になった。

全長41m高さ11mの涅槃像

▶南蔵院
住 糟屋郡篠栗町篠栗1035
TEL 092-947-7195
開 7:00～16:30
休 無休　料 無料
交 JR**城戸南蔵院前駅**から徒歩3分
URL nanzoin.net

懐かしい雰囲気漂う市場でしばしタイムスリップ

北九州市と周辺

旦過市場

懐かしい雰囲気が漂い、活気あふれる北九州市民の台所。鮮魚や野菜はもちろん、総菜や加工品の店など、約120店舗が軒を連ねる。小倉名物として有名な**ぬかだき**の店も。

威勢のいい声が飛び交う

▶旦過市場
住 北九州市小倉北区魚町4-2-18
TEL 093-521-4140
開 店舗による
休 店舗による
交 JR**小倉駅**から徒歩10分
URL www.tangaichiba.jp

info **坂本八幡宮**では元号「**令和**」を記念する**お守り**や大友旅人が催した**梅花の宴**をモチーフにしたお守りなどが授与されている。元号が変わった日や翌年の年始には、この神社の御朱印を求めて長蛇の列ができたほど。

鉄道の歴史を楽しみながら学ぶ
北九州市と周辺

九州鉄道記念館(きゅうしゅうてつどうきねんかん)

中央ゲートの9600型蒸気機関車

旧九州鉄道本社だった明治時代の赤れんが造りの建物を活用した記念館。明治時代の客車が復元展示され、乗客や車掌などの人形や音響演出で当時の雰囲気が味わえる。

壮大なスケールの展示の自然史博物館
北九州市と周辺

いのちのたび博物館(いのちのたびはくぶつかん)

エンバイラマ館のジオラマ

全長約35mのディプロドクスなど大きさに圧倒される恐竜の骨格標本が並ぶ**アースモール**や、リアルに動く恐竜ロボットで中生代・白亜紀の北九州を再現した**エンバイラマ館**は必見。

ケーブルカーとスロープカーを乗り継いで行く夜景スポット
北九州市と周辺

皿倉山(さらくらやま)

新日本三大夜景に認定

標高622mの山頂にあり、北九州市街地が一望できるパノラマ展望台。**恋人の聖地**にも認定されており、デートスポットとしても人気が高い。ケーブルカーの車窓からの景色も見事。

石灰岩が散在するカルスト台地
北九州市と周辺

国定公園平尾台(こくていこうえんひらおだい)

羊の群れのような石灰岩

日本三大カルストのひとつ。写真やジオラマの展示がある**平尾台自然観察センター**を起点に回るのがおすすめ。地下には約200の鍾乳洞があり**千仏(せんぶつ)鍾乳洞**は長さ1000m以上の規模。

旧国鉄矢部線「筑後福島駅」の跡地に建設された
久留米と筑後エリア

八女伝統工芸館(やめでんとうこうげいかん)

販売コーナーもある

八女福島仏壇、八女提灯、八女手すき和紙、八女石灯ろう、久留米絣など、八女地方で受け継がれてきた工芸品を展示紹介。併設の**手すき和紙資料館**では手すき和紙の体験ができる。

▶九州鉄道記念館
住 北九州市門司区清滝2-3-29
TEL 093-322-1006
開 9:00～17:00(最終入場16:30)
休 8月を除く毎月第2水曜(祝日の場合は翌日)、7月の第2木曜
料 300円
交 JR**門司港駅**から徒歩3分
URL www.k-rhm.jp

▶いのちのたび博物館
住 北九州市八幡東区東田2-4-1
TEL 093-681-1011
開 9:00～17:00(最終入場16:30)入場はウェブサイトから要予約
休 6月下旬頃、年末年始
料 600円
交 JR**スペースワールド**駅から徒歩5分
URL www.kmnh.jp

▶皿倉山ケーブルカー
住 北九州市八幡東区大字尾倉1481-1
TEL 093-671-4761
開 4～10月10:00～21:20
11～3月10:00～19:20
休 火曜(祝日を除く)
料 ケーブルカー&スロープカー往復1230円
交 JR**八幡駅**から無料シャトルバス運行(平日は夕方のみ)
URL www.sarakurayama-cablecar.co.jp

▶国定公園平尾台
▶平尾台自然観察センター
住 北九州市小倉南区平尾台1-4-40
TEL 093-453-3737　開 9:00～17:00
休 月曜(祝日の場合は翌日)、年末年始　※夏休み期間は無休
料 無料
交 JR**石原町駅**からタクシーで約20分
URL www.hiraodai.jp
▶千仏鍾乳洞
住 北九州市小倉南区平尾台3-2-1
TEL 093-451-0368
開 9:00～17:00(土・日・祝～18:00)
休 無休　料 900円
交 JR**石原町駅**からタクシーで約20分
URL www.senbutsu-cave.com

▶八女伝統工芸館
住 八女市本町2-123-2
TEL 0943-22-3131
開 9:00～17:00
休 月曜(祝日を除く)、年末年始
料 無料(手すき和紙体験別途)
交 西鉄**西鉄久留米駅**からバスで**西唐人町**下車、徒歩9分
URL yamedentoukougeikan.jimdo.com

info **九州鉄道記念館**には、**ミニ鉄道公園**があり、「つばめ」や「かもめ」、「ソニック」などJR九州の路線で活躍している5つのミニ列車が走り、信号などを備えた本格的な線路上を運転体験できる。1台につき3名まで乗車可能で1回300円。

佐賀県

SAGA

佐賀県

佐賀市

人口
81.1万人（全国41位）
面積
2441km²（全国42位）
県庁所在地
佐賀市
県花
クスの花

観光PRキャラクター
壺侍（つぼざむらい）
ぴょこぴょこ揺れるちょんまげと、立派な有田焼の壺がチャームポイント

クスの花
5月に白やうす黄色の小さな花が咲く

九州の北西部にあり、絶景が広がる玄界灘と穏やかな有明海のふたつの海に面している佐賀県。北は脊振（せふり）山系がそびえ、南には広大な佐賀平野が広がっている。弥生時代の遺跡が残る吉野ヶ里歴史公園 P.884 **や、幕末や維新期の面影を残す佐賀城本丸歴史館** P.886 **など歴史ロマンを体験できるスポットが多数。また有田焼・伊万里焼・唐津焼など世界に誇る焼き物の里が点在している。海沿いや山間にも広がる、多彩な泉質を持つ名湯めぐりも楽しみたい。**

旅の足がかり

唐津市

佐賀を代表する風光明媚な観光スポット。まずは北西にある呼子で、日本三大朝市に数えられる**呼子朝市** P.883 をのぞいたり、名物・イカの活き造りに舌鼓を打とう。**七ツ釜** P.881 など景勝地を周遊する遊覧船に乗るのもおすすめ。そして呼子から車で約30分の唐津市街では、唐津焼や**唐津城** P.880 など、時代を超える美をめぐる散策を楽しめる。**旧唐津銀行** P.885 や**旧高取邸** P.883 など優美な建築物が残り、かつて石炭産業で栄えた当時をしのばせるエリア。

有田町

日本の磁器発祥の地として知られる焼き物の里。窯元や焼き物店が軒を連ねる、風情ある**有田内山地区** P.883 は、国の重要伝統的建造物群保存地区に選定されている。裏通りを歩くと登り窯の廃材を生かした有田ならではのトンバイ塀を見ることができる。江戸時代に佐賀藩の御用窯として栄えた伊万里や、1300年の歴史ある**武雄温泉** P.882 にも足をのばそう。

佐賀市

佐賀県の中東部にある県庁所在地で、空港もある交通の要所。中心部の各所に大隈重信など現在の日本に影響を与えた偉人の足跡が残る。また**佐賀城** P.886 の史跡や旧長崎街道沿いの武家屋敷などもあり、歴史スポットを散策できる。嘉瀬川河川敷では、**佐賀インターナショナルバルーンフェスタ** P.874 が開催され、多くの人でにぎわう。

地理と気候

平均気温は約16℃と年間を通して穏やかな気候。東部の脊振山（せふりさん／写真右）から西部の国見山にかけて雨が多く、1年間の降水量は2500mm以上。北部の玄界灘や南部の佐賀平野は雨が少ない。

【夏】 日本最古の水田跡がある佐賀県では、初夏になれば佐賀平野に広がる水田に水が張られ、涼しげな緑のじゅうたんが広がる。

【冬】 佐賀県は、九州の中でも日本海側に位置するため、年に2〜3日ほど雪が降る。

P.872〜889 写真提供：佐賀県観光連盟　唐津市　唐津観光協会　有田町観光協会

アクセス

東京から ▸▸▸	所要時間
飛行機 羽田空港▶佐賀空港	2時間5分

福岡から ▸▸▸	所要時間
新幹線 博多駅▶新鳥栖駅(つばめ)	12分
JR線 博多駅▶佐賀駅(特急かもめ)	40分
JR線 姪浜駅▶唐津駅(快速)	1時間
JR線 久留米駅▶鳥栖駅	7分
高速バス 西鉄天神高速BT▶佐賀駅	1時間20分
高速バス 博多バスターミナル▶唐津	1時間20分

長崎から ▸▸▸	所要時間
JR線 長崎駅▶佐賀駅(特急かもめ)	1時間20分
JR線 佐世保駅▶佐賀駅(特急みどり)	1時間10分
鉄道 佐世保駅▶伊万里駅(松浦鉄道)	2時間30分
フェリー 印通寺港(壱岐島)▶唐津港	1時間40分

BT:バスターミナル

県内移動

▶佐賀から唐津へ

唐津線で1時間10分

▶唐津から伊万里へ

唐津線から筑肥線に乗り入れる伊万里行きで約50分。佐賀行きの場合は山本駅で乗り換え。

唐津駅前の大手口から伊万里駅まで昭和バスで約1時間10分。

▸▸▸アクセス選びのコツ

特急かもめ　博多駅と長崎駅を結び、佐賀県内では、鳥栖駅、新鳥栖駅、佐賀駅、備前山口駅、備前鹿嶋駅に停車。1時間に1〜2本の運行。2022年秋の西九州新幹線開業後は博多駅〜武雄温泉駅を結ぶ**リレーかもめ**として運行予定。

特急みどり　博多駅と佐世保駅を結ぶ特急。佐賀県内では鳥栖駅、新鳥栖駅、佐賀駅、備前山口駅、武雄温泉駅、有田駅に停車する。1時間に1本程度。

唐津や佐賀と福岡(博多、天神)を結ぶ路線が多い。ほかの便は高速基山のパーキングエリアを経由する。

佐賀空港の国内線は羽田空港路線のみ。福岡空港からは佐賀駅までバスで約1時間15分でアクセス可能。地下鉄福岡空港駅から筑前前原経由で唐津駅までは1時間50分ほど。

交通路線図

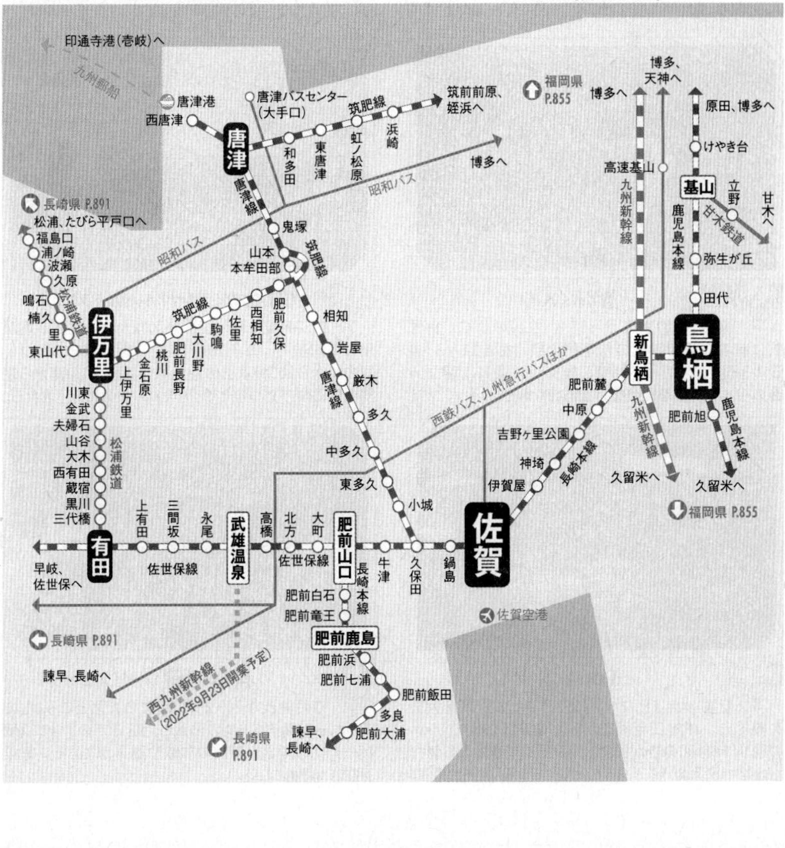

印通寺港(壱岐)へ
九州郵船
唐津港
西唐津
唐津
唐津バスセンター(大手口)
筑肥線
和多田
東唐津
虹ノ松原
浜崎
筑前前原、姪浜へ
博多へ
昭和バス
唐津線
鬼塚
山本
本牟田部
相知
岩屋
厳木
多久
中多久
東多久
小城
長崎県 P.891
松浦、たびら平戸口へ
福島口
浦ノ崎
波瀬
久原
鳴石
楠久
里
東山代
松浦鉄道
伊万里
上伊万里
金石原
桃川
肥前長野
大川野
駒鳴
佐里
西相知
肥前久保
川東
金武
夫婦石
山谷
大木
西有田
蔵宿
黒川
三代橋
有田
上有田
三間坂
永尾
武雄温泉
高橋
北方
大町
肥前山口
佐世保線
牛津
久保田
鍋島
佐賀
早岐、佐世保へ
長崎県 P.891
諫早、長崎へ
西九州新幹線(2022年9月23日開業予定)
長崎本線
肥前白石
肥前竜王
肥前鹿島
肥前浜
肥前七浦
肥前飯田
多良
肥前大浦
諫早、長崎へ
長崎県 P.891
佐賀空港
西鉄バス、九州急行バスほか
福岡県 P.855
博多へ
博多、天神へ
高速基山
九州新幹線
原田、博多へ
けやき台
基山
立野
甘木鉄道
甘木へ
鹿児島本線
弥生が丘
田代
新鳥栖
鳥栖
肥前麓
中原
吉野ヶ里公園
神埼
伊賀屋
長崎本線
肥前旭
久留米へ
久留米へ
福岡県 P.855

佐賀県

うちの県はここがすごい

一 ハウスみかん生産量日本一

甘みと酸味のバランスが絶妙な佐賀のハウスみかん。唐津や多良などで生産が盛んで、全国シェア30%を誇る。冬の間にミカンを成長させ、4月下旬から9月にかけて全国に出荷される。

二 日本茶樹栽培発祥の地

日本文化を象徴する日本茶の栽培は、実は佐賀県からはじまった。約800年前に栄西禅師が、中国から持ち帰ったお茶の種を吉野ヶ里町の霊仙寺にまいたことが起源と伝わる。

三 板海苔収穫量日本一

質、量ともに日本一と称される有明海産の佐賀海苔。多くの河川が流れ込み、栄養が豊富な干潟の海で育った海苔は、口どけがよく、風味豊かで甘みのある最高級品として有名だ。

イベント・お祭り・行事

① 唐津くんち

文政2(1819)年から続く、曳山の巡航が世界的に有名な唐津神社の秋季例大祭。毎年11月2～4日の3日間にわたって開催。極彩色の豪華絢爛な14台の曳山が通りを駆け抜ける勇壮な祭り。

② 佐賀インターナショナルバルーンフェスタ

アジア最大級の国際熱気球大会。佐賀市嘉瀬川の河川敷で、毎年10月下旬～11月上旬に開かれ、国内外から100機以上の熱気球が集結！ 川岸から佐賀平野に飛び立つ色とりどりのバルーンに魅了される。

③ 有田陶器市

全国の焼き物ファンに注目される日本最大級の陶器市。JR有田駅周辺から上有田駅までの約4kmの通りに約400の店が出店し、良質な焼き物をお値打ち価格で購入できる。GWの4月29日～5月5日に開催。

④ 鹿島酒蔵ツーリズム

江戸時代から水と米に恵まれた酒どころとして知られる鹿島市の6つの酒蔵と、嬉野市の3つの酒蔵が一斉に蔵開き。新酒の試飲や購入ができる。毎年3月末に開催される。

必ず食べたい 名物グルメ

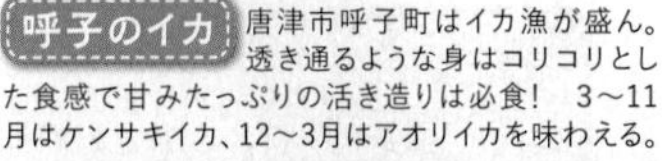

呼子のイカ 唐津市呼子町はイカ漁が盛ん。透き通るような身はコリコリとした食感で甘みたっぷりの活き造りは必食！ 3～11月はケンサキイカ、12～3月はアオリイカを味わえる。

竹崎カキ&カニ

有明海育ちの竹崎カキ&カニ。冬が旬のカキは、プリプリでボリューム満点！ カニは、夏はメス、冬はオスが旬を迎えるため、ほぼ一年中味わえる。

佐賀牛

艶さしと呼ばれるやわらかな赤身に、きめ細かな脂肪が入った美しい霜降りが特徴。5等級と4等級BMS*7以上のものだけを佐賀牛と名付けている。

※BMSとは、霜降り度合いのこと

シシリアンライス

佐賀市の喫茶店で誕生したご当地グルメ。ライスに甘辛く炒めた肉と生野菜をのせ、マヨネーズをかけた一品。佐賀牛やみつせ鶏を使うなど、店ごとのこだわりが光る。

もらえば笑顔 定番みやげ

嬉野茶 茶畑が広がる嬉野市。香ばしくさっぱりとした釜炒り製玉緑茶と、ふくいくとした香りが特徴の蒸製玉緑茶の2品種を楽しめる。

日本酒

焼酎どころで知られる九州。しかし日本有数の米どころで名水も豊富な佐賀は、日本酒づくりも盛ん。特に肥前鹿島は酒蔵が並ぶ「酒蔵通り」があり、個性豊かな酒が揃う。

小城羊羹

シュガーロードP.878（長崎街道）で運ばれてきた砂糖と小城の名水が生み出した羊羹。表面に砂糖が浸透して固まり、シャリッとした食感と甘みが特徴。伝統製法の切り羊羹は上品な味わい。

地元っ子愛用 ローカル味

ブラックモンブラン

50年以上愛され続ける**竹下製菓**のアイス。佐賀県はもちろん九州全域のスーパーやコンビニで販売。先代会長が「雪山にチョコをかけたらおいしかろう」と開発した、バニラアイスにチョコレート、クッキークランチをかけたザックザク食感が美味！

匠の技が光る 伝統工芸

有田焼

約400年前に陶工・李参平（りさんぺい）によって発展した有田焼は、かつて伊万里港から海外に広く出荷されていた。造形美と華やかな絵付けで有名だが、モダンな作風も増えている。

伊万里焼

1600年頃から焼き物づくりが始まり、延宝3(1675)年に佐賀藩の御用窯が有田から伊万里に移された。近世陶磁器の最高峰といわれる色鍋島や鍋島染付など独自の技法を受け継いでいる。

ワカルかな？ 佐賀のお国言葉

そいぎんた！

Ans. それじゃあまたね

1泊2日で巡る 佐賀県

1日目は呼子から唐津駅周辺へ。2日目は唐津から伊万里を経由し、有田で焼き物めぐり。最後は武雄温泉に浸かろう!

1日目

9:20 呼子バス発着所

徒歩3分

9:30 大迫力の**七ツ釜**クルージング ▶P.881

七ツ釜は国指定天然記念物の海蝕洞。船に乗って洞窟の中までクルーズしよう。

徒歩2分

11:00 名物**呼子イカ**をランチで味わう ▶P.875

透き通るような身は、新鮮で甘みたっぷり! 贅沢に活き造りを満喫して。

徒歩すぐ

12:25 呼子バス発着所

バス30分＋徒歩20分

13:30 唐津を象徴する名城 **唐津城**の天守閣へ ▶P.880

別名「舞鶴城」と称される城で天守閣に上り、唐津の海と街並みを一望しよう。

徒歩5分

14:10 宝当神社桟橋

連絡船10分

連絡船は便数が少ないので時間に気をつけて

14:20 高島港

徒歩3分

高島にある宝当神社は、宝くじの当選に御利益があると評判。船に乗って参拝に行こう。

14:25 **宝当神社**で金運アップを祈願 ▶P.888

徒歩3分

15:00 高島港

唐津湾に浮かぶ高島

連絡船10分

15:10 宝当神社桟橋

徒歩10分

15:20 炭鉱王の邸宅**旧高取邸**で当時の栄華をしのぶ ▶P.883

炭鉱で名を馳せた高取伊好の私邸。和風建築に洋の装飾を加えた豪華な邸宅は必見!

徒歩20分

16:10 唐津くんちの曳山がズラリ! **曳山展示場** ▶P.885

唐津を代表する祭り・唐津くんちで使われる曳山を展示。伝統美を堪能しよう。
(写真は移設前の様子)

タクシー10分

17:00 **唐津シーサイドホテル**で疲れを癒やして

美しい唐津湾の大パノラマが広がる絶景のホテルでスパやプールをとことん堪能!

ルーフトップサーマルバス

日本三代松原のひとつである「虹の松原」に隣接

唐津(からつ)シーサイドホテル

雄大な唐津湾が眼前に広がる眺望自慢のリゾートホテル。海を望む洋室、和洋室が139室と豊富な部屋数を誇る。展望露天風呂や水着着用で入浴するルーフトップサーマルバスなど天然温泉を満喫できる。和洋80品以上を楽しめるバイキングや唐津名物烏賊の活造り、佐賀牛を味わえる会席、鉄板焼きなど料理も充実。

住 唐津市東唐津4-182
TEL 0955-75-3300
交 JR東唐津駅から徒歩20分
料 1泊2食付き 1万7750円～
URL www.seaside.karatsu.saga.jp

美しい紅葉が彩る
環境芸術の森
唐津市の作礼山の斜面にある私有林。秋になると1万本を超えるモミジやカエデが森を染め上げる。5月は新緑も美しい。車アクセスが◎。
住 唐津市厳木町平之667
TEL 0955-63-2433 開 9:00～16:00
休 不定休（新緑シーズン4/16～6/30と紅葉シーズン11/1～30は無休）
料 700円 URL morisaga.com

2日目

10:30 唐津シーサイドホテル

タクシー10分

10:45 大手口バス停（唐津バスセンター）

バス50分

11:35 伊万里駅前バス停

伊万里牛のリッチなランチを

きめ細やかな肉質が自慢の伊万里牛をステーキやハンバーグで満喫！

徒歩数分

12:18 松浦鉄道伊万里駅

鉄道26分

12:44 JR有田駅

徒歩30分

13:15 焼き物の里**有田**でぶらり街歩き ▶P.883

窯元や焼き物店が並ぶ皿山通りや、焼き物の里ならではのトンバイ塀を見学。

徒歩すぐ

有田焼で作られた大鳥居は必見！ 磁器製のお守りもある

有田焼の神様を祀る

14:30 **陶山神社** ▶P.888

狛犬も有田焼！

徒歩15分

14:57 JR上有田駅

鉄道13分

15:10 JR武雄温泉駅

徒歩15分

新スタイルの図書館に夢中!

15:25 **武雄市図書館** ▶P.886

©Nacasa & Partners

蔦屋書店とカフェを併設した武雄市図書館。武雄の新しいシンボル的存在。

徒歩17分

1300年の歴史ある名湯

17:00 **武雄温泉**大浴場 ▶P.882

美人の湯として名高い、1300年の歴史をもつ武雄温泉。アルカリ単純泉でお肌もしっとり！

涼やかな夏の風物詩
伊万里大川内山風鈴まつり
伊万里焼の里・大川内山に、30の窯元が手がけた約1000個の風鈴が各店先に並ぶ。山に囲まれた秘窯の里に、磁器製風鈴の美しい音色が響き渡り、暑さを忘れさせてくれる。

武雄が誇る名園に抱かれた、進化し続ける老舗宿
御船山楽園ホテル（みふねやまらくえん）

別邸内庫所 特別室「老松の間」

50万m²の大庭園「御船山楽園」の一角に建つ湯宿。客室は本館と鍋島藩主の別邸として建てられた離れ「内庫所」からなる。大浴場「らかんの湯」をはじめ、自然を堪能できる開放感抜群の露天風呂や温泉水を使った水風呂、ドライサウナなどを備えている。また世界的アート集団「チームラボ」とコラボレーションしたロビーにも注目。

庭園を眺められる大浴場「らかんの湯」

住 武雄市武雄町武雄4100
TEL 0954-23-3131
交 JR**武雄温泉駅**からタクシーで5分
料 1泊2食付き1万7050円～
URL www.mifuneyama.co.jp

佐賀県の歩き方

▶呼子観光案内所
住 唐津市呼子町呼子4185-15
(呼子バス停前)
TEL 0955-82-3426
開 8:30～17:30 休 12/31～1/2
URL www.karatsu-kankou.jp

▶唐津駅総合観光案内所
住 唐津市新興町2935-1
(JR唐津駅内)
TEL 0955-72-4963
開 9:00～18:00 休 1/1
URL www.karatsu-kankou.jp

シュガーロード

江戸時代、外国との唯一の貿易港だった長崎の出島から入ってきた砂糖を、佐賀経由で福岡へ運んだ長崎街道の別名が"シュガーロード"。街道沿いには当時希少だった砂糖が手に入りやすく独自の菓子文化が花ひらいた。佐賀県内には、小城羊羹や丸ぼうろなど昔ながらの銘菓が今なお残る。
URL sugar-road.net

優しい甘さの丸ぼうろ

▶KILN ARITA観光案内所
住 西松浦郡有田町本町丙972-31
(JR有田駅前)
TEL 0955-42-4052
開 9:00～17:00 休 年末年始
URL www.arita.jp

▶伊万里市観光協会
住 伊万里市新天町622-13
(JR伊万里駅構内)
TEL 0955-23-3479
開 9:15～17:30 休 12/29～1/3
URL imari-kankou.com

呼子・唐津エリア

イカを天日干しする様子があちこちで見られる

呼子　海の幸と絶景が満載のシーサイドエリア。まずは港町情緒たっぷりのエリアで、玄界灘育ちのイカなどの海鮮を食べ歩きしたり、国の天然記念物に指定される**七ツ釜**P.881のクルージングを満喫。

唐津　歴史と文化が薫る唐津では、**唐津焼**の窯元やギャラリーを巡ったり、国の特別名勝で日本三大松原のひとつ、**虹の松原**P.885など、風光明媚な景色を堪能したい。

▶佐賀空港から唐津・呼子へ

佐賀空港からバスでJR佐賀駅へ。そこから長崎本線を乗り継いでJR唐津駅まで約1時間半。呼子へは、唐津駅からバスで約30分。

おみやげ

土の風合いが楽しめる陶器

唐津焼　1580年代頃に誕生し、朝鮮との交易で発展した陶器。唐津市内に約70の窯元が点在している。特に茶陶は「一井戸二楽三唐津」と称され、茶人に愛されてきた。ざっくりと粗い土を使った風合いで"土もの"と呼ばれ、素朴で力強い印象を与える。

有田・伊万里エリア

有田町、内山地区の町並み

400余年の歴史を持つ日本の磁器発祥地として知られる**有田**、そして佐賀藩の御用窯として繁栄した**伊万里**は、日本有数の焼き物の里。窯元巡りやろくろ、絵付け体験なども楽しめる。

グルメ

全店1500円で提供する

有田焼五膳　有田のご当地グルメ。玉手箱や宝石箱をイメージした有田焼の特別な器に、5つの調理法で味付けた 有田鶏を盛り付けている。目で見て、味わって楽しいお膳スタイルが魅力。有田町の4つの飲食店で、それぞれ店の個性を生かした自慢の味を提供している。
URL www.arita.jp/gourmet/post_22.html

info **有田町**では郷土料理**ごどうふ**も味わいたい。大豆に葛やデンプンを加えたツルンとした食感が魅力。ごまだれをかけておかずとして、黒蜜をかけてデザートとしても味わえる。町内の飲食店や豆腐店でチェックして。

嬉野・武雄・鹿島エリア

嬉野温泉のシンボル的存在の公衆温泉・シーボルトの湯

佐賀を代表する多彩な温泉を満喫できるエリア。日本三大美肌の湯に数えられる**嬉野温泉**P.882はツルツルすべすべの肌になれると評判。

透明で柔らかな湯で鍋島のお殿様に愛された**武雄温泉**P.882は全国的にも有名。

佐賀県最南端にある鹿島の太良町にも海沿いに温泉があり、カニやカキなどの海産も美味！

グルメ

優しい味わいで人気

嬉野温泉湯どうふ　嬉野産大豆のフクユタカを使った豆腐を、温泉水でコトコト煮込んだ名物料理。優しい味わいが人気でとろけるような食感が絶品！　嬉野には嬉野温泉湯どうふの専門店もあり、宿の朝食の定番でもある。

▶嬉野温泉観光協会案内所
住 嬉野市嬉野町下宿乙2202-55
（嬉野温泉バスセンター内）
TEL 0954-43-0137
開 9:00～18:00　休 木曜
URL spa-u.net

▶嬉野のレンタサイクル 茶輪（ちゃりん）
自転車店のシモムラサイクルズが運営するレンタサイクル。レンタル代に、茶葉と水、レンタルボトルがセットで付き、嬉野茶を飲みながら町巡りができる。
住 嬉野市嬉野町下宿938-1
開 11:30～18:00　休 水曜
料 1日レンタル800円～
URL www.ureshinocharin.com

▶武雄市観光協会
住 武雄市武雄町昭和805
TEL 0954-23-7766
開 9:00～17:30
休 12/31～1/2
交 JR**武雄温泉駅**から徒歩約15分
URL www.takeo-kk.net

▶鹿島市観光案内所
住 鹿島市大字高津原4078-1
（JR肥前鹿島駅前）
TEL 0954-62-3942
開 8:30～17:00
休 無休
URL saga-kashima-kankou.com

佐賀市と県東部

吉野ヶ里歴史公園

歴史ロマンを感じられるエリア。県庁所在地の**佐賀市**は、鍋島藩の城下町で、当時の面影を残す歴史的建造物が点在している。

緑豊かな吉野ヶ里に広がる**吉野ヶ里歴史公園**P.884では、弥生時代にタイムスリップした気分を味わえる体験や食が揃う。九州新幹線が停車する**新鳥栖駅**周辺は長崎街道の情緒を残す街並みや九州最大級のアウトレットモールがある。

グルメ

イソギンチャクなど種類豊富

有明海料理　広々とした干潟が出現する有明海。潮の満ち引きで、川の養分をたっぷり含んだ豊かな土壌は、ムツゴロウやクチゾコなど希少な生き物の宝庫！　見た目はちょっぴりグロテスクだが、食べてみるとそのおいしさに驚くはず！　特に佐賀市内の宿や飲食店で味わえることが多い。

足を延ばせば

シギ・チドリ類の渡来数日本一

東よか干潟　有明海の最奥部にある干潟は、ムツゴロウや絶滅危惧種の渡り鳥、秋には赤く色づき海の紅葉と呼ばれるシチメンソウなど、さまざまな生態系が残る豊かな海を象徴するスポット。2020年に干潟を一望できる施設「ひがさす」がオープン。JR佐賀駅から車で30分。

▶SAGA MADO 観光案内窓口
住 佐賀市駅前中央1-4-17
（コムボックス佐賀駅前1F）
TEL 0952-37-3654
開 9:00～18:00　休 1/1
URL sagamado.jp

▶新鳥栖駅観光案内所
住 鳥栖市原古賀町220-2
TEL 0942-85-8108
開 9:00～18:00
休 無休
URL www.tosu-kanko.jp

▶東よか干潟ビジターセンター ひがさす
住 佐賀市東与賀町大字田中2757-4
TEL 0952-37-0515
開 9:00～17:00
休 月曜（祝日の場合は翌日）、年末年始　料 無料
URL www.higasasu.city.saga.lg.jp

info 佐賀市の中心部から車で約30分の場所にある**川上峡**で毎年春に開催される**川上峡春まつり**（こいのぼりの吹流し）は、約300のこいのぼりが泳ぎ、幻想的な雰囲気を楽しめる。こいのぼりを真下から眺められる屋形船も運航！

別名・舞鶴城と呼ばれる唐津のシンボル

呼子・唐津エリア

唐津城（からつじょう）

▶唐津城
住 唐津市東城内8-1
TEL 0955-72-5697
開 9:00～17:00（最終入場16:40）季節により時間延長あり
休 12/29～31　料 500円
交 JR唐津駅から徒歩20分
URL www.karatsu-bunka.or.jp/shiro.html

場内橋と唐津城

城内の資料館

豊臣秀吉の家臣だった唐津藩初代藩主寺沢広高（てらざわひろたか）により、慶長7（1602）年から7年かけて完成。

春を彩る藤の花は樹齢100年を超えるともいわれる

城を要に、東西に延びる美しい松原が翼を広げた鶴のように見えることから、別名・**舞鶴城**と呼ばれている。3月下旬～4月は桜、4～5月は藤の花の名所としても知られている。

現在の天守閣は昭和41(1966)年に建てられた。平成29(2017)年にリニューアルされた内部では唐津の歴史や唐津焼に関する展示を見ることができる。最上階の展望所は唐津が誇る抜群のビュースポット。

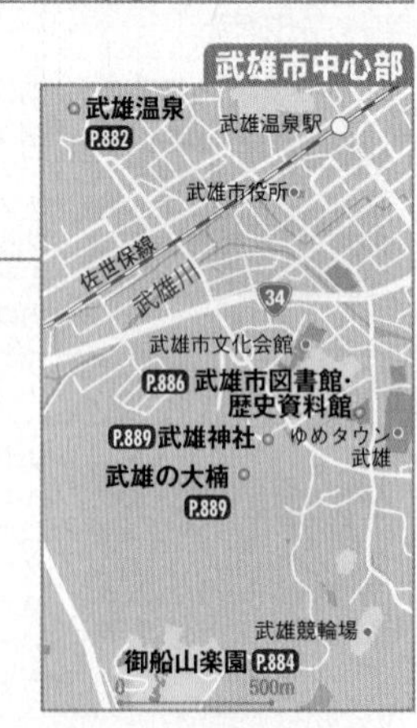

info **唐津城**で唐津城のアプリを利用すると展示資料の解説のほか、ARパノラマビューで観光スポットの情報が表示され、今いる唐津城からの所要時間などがわかる。

玄界灘の荒波に浸食されてできた景勝地
呼子・唐津エリア

七ツ釜(ななつがま)

白波が寄せる七ツ釜

海に突き出した玄武岩が長い年月をかけ、玄界灘の荒波に浸食されてできた、**7つの洞窟**。洞窟のなかで最大の穴は間口が3mで、奥行きが110mもある。

呼子港から1時間ごとに出港する遊覧船**イカ丸**に乗れば、自然の脅威的な力を体感できる場所まで近づくことができ、岩肌が柱のように規則正しく並ぶ**柱状節理**を間近に見ることができる。クルーズは約40分ほどで、呼子観光に欠かせないアクティビティのひとつ。福岡、長崎方面の風景も船上から楽しめる。

七ツ釜の上部は、草原となっていて展望台や遊歩道が整備されているので、天気がいい日はのんびり歩くのにぴったり。

美しい朱塗りで豪華絢爛なパワースポット
嬉野・武雄・鹿島エリア

祐徳稲荷神社(ゆうとくいなりじんじゃ)

緑に朱色が映える本殿

創建は貞享(じょうきょう)4(1687)年。伏見稲荷(京都府)と笠間稲荷(茨城県)とともに**日本三大稲荷**のひとつ(諸説あり)に数えられる神社で、地元では祐徳さんの名で親しまれている。

本殿をはじめ、楼門、神楽殿など主要な建物は、総漆塗りという華麗なたたずまいで、その美しさから**鎮西(ちんぜい)の日光**と称えられている。門からさらに石段を登って、山頂の**奥の院**にも参拝し、海まで見渡す眺望も満喫したい。境内には四季折々の花が咲く日本庭園や、神社の所蔵物品を展示する**祐徳博物館**などもある。参道の門前商店街では名物の**稲荷ようかん**を手に入れよう。

▶七ツ釜
住 唐津市屋形石
TEL 0955-74-3355(唐津観光協会)
交 JR**唐津駅**からバスで**七ツ釜入口**下車、徒歩20分
URL www.karatsu-kankou.jp/spots/detail/4

独特の岩肌を持つ七ツ釜

▶マリンパル呼子
住 唐津市呼子町呼子4185-27
TEL 0955-82-3001
開 七ツ釜遊覧船イカ丸は9:30～16:30の1時間毎に出航
休 無休(海上不良時は欠航の場合あり)　料 2000円
交 **唐津バスセンター**からバスで**呼子**下車、徒歩2分
URL www.marinepal-yobuko.co.jp

遊覧船イカ丸で洞窟の中へ

▶祐徳稲荷神社
住 鹿島市古枝乙1855
TEL 0954-62-2151
開 入場自由
交 JR**鹿島駅**からバスで**祐徳神社前**下車、徒歩5分。またはJR**肥前鹿島駅**からタクシーで約10分、レンタサイクルなら約25分
URL www.yutokusan.jp
▶祐徳博物館
開 9:00～16:30　休 無休
料 300円

楼門

info **嬉野温泉街**にある**豊玉姫神社**のご祭神は、竜宮城の乙姫様にあたる美肌の神様。豊玉姫の使いといわれる**白なまず様の像**に水をかけると美肌の願いを叶えてくれるかも!?

日本三大美肌の湯で湯巡りやグルメを満喫

嬉野・武雄・鹿島エリア

嬉野温泉（うれしのおんせん）

『肥前風土記』で、「東の辺に湯の泉ありて能く、人の病を癒す」と記されている"いで湯"の町。

斐乃上温泉（島根県）、喜連川温泉（栃木県）と並び、**日本三大美肌の湯**のひとつに数えられている。ぬめりのあるナトリウムを多く含む重曹泉は、皮脂や分泌物を乳化して洗い流し、一皮むけたようなツルツルの肌になれると評判。

嬉野の宿や入浴施設で良質な湯を堪能

湯宿広場で足湯と足蒸し湯を楽しもう

嬉野温泉のシンボル的存在なのが、公衆浴場**シーボルトの湯**。江戸時代は藩営だったという歴史をもち、ドイツ人医師・シーボルトも立ち寄ったという。大正ロマン風のゴシックな洋風建築も必見だ。

▶嬉野温泉
住 嬉野市嬉野町
TEL 0954-43-0137（嬉野温泉観光協会）
交 JR**武雄温泉駅**からバスで**嬉野温泉**下車、徒歩すぐ
URL spa-u.net

▶シーボルトの湯
住 嬉野市嬉野町大字下宿乙818-2
TEL 0954-43-1426
開 6:00～22:00（最終入場21:30）
休 毎月第3水曜（祝日の場合は翌日）
料 420円
URL www.city.ureshino.lg.jp/kanko/siebold.html

▶湯遊チケット
16カ所の入浴施設で使える12枚綴りのチケット。
料 1500円

公共温泉施設シーボルトの湯

柔らかい湯ざわりの由緒ある湯

嬉野・武雄・鹿島エリア

武雄温泉（たけおおんせん）

かつて神功（じんぐう）皇后が朝鮮出兵から帰る際に、矛の柄で突いて温泉を湧出させたことが起源とされ、約1300年の歴史を誇り、宮本武蔵やシーボルトなど数々の著名人が入ったという。

武雄温泉楼門

宿や立ち寄り湯が点在する温泉地のシンボルは、竜宮城を思わせる朱塗りの**武雄温泉楼門**だ。東京駅を設計した佐賀県唐津市出身の辰野金吾による設計で、大正4（1915）年に完成した。

鍋島藩主専用の風呂だった殿様湯

楼門の奥には、総大理石の**殿様湯**のほか、公衆浴場の**元湯**、**蓬莱湯**（ほうらい）がある。楼門亭旅館の浴場でもある**鷺乃湯**には露天風呂やサウナもある。

▶武雄温泉
住 武雄市武雄町大字武雄7425
TEL 0954-23-2001
交 JR**武雄温泉駅**から徒歩15分
URL www.takeo-kk.net/spa

▶殿様湯
開 10:00～23:00（最終入場22:00）
休 12月に1日ほか不定休
料 1室1時間3800円（平日3300円）

▶元湯
開 6:30～24:00（最終入場23:00）
休 12月に1日ほか不定休
料 450円

▶蓬莱湯
開 6:30～21:30（最終入場20:30）
休 12月に1日ほか不定休 料 450円

▶鷺乃湯
開 6:30～24:00（最終入場23:00）
休 12月に1日ほか不定休 料 680円

明治9（1876）年に建築された元湯

info かつて神功皇后が戦いの後、川に浸かった鶴が元気になる姿を見て、兵士を川に入れたところ、温泉が沸いており、兵士の傷を癒やした。それを見て皇后が「あな、うれしいの」と言われたことが**嬉野の地名の由来**となった。

露店から元気のいい呼び声が上がる活気ある朝市 呼子・唐津エリア

呼子朝市（よぶこあさいち）

露天のおばちゃんとの会話も楽しい

大正時代から100年以上続く歴史ある朝市で、石川県の輪島、岐阜県の高山と並ぶ**日本三大朝市**のひとつに数えられている。

呼子港すぐそばの約200mの朝市通りに、50軒近くの露店がズラリと並ぶ様子は圧巻。できたての**イカしゅうまい**やイカプレスせんべいなど食べ歩きが楽しい。買った海産物をその場で焼いて食べられる店もある。

▶呼子朝市
住 唐津市呼子町呼子
TEL 0955-82-3426(呼子観光案内所)
開 7:30～12:00 休 1/1
交 **唐津バスセンター**からバスで**呼子**下車、徒歩3分
URL www.karatsu-kankou.jp/spots/detail/52

手作りの干物も人気

明治時代の炭鉱王が残した華やかな近代和風建築 呼子・唐津エリア

旧高取邸（きゅうたかとりてい）

能を好んだ伊好が作らせた能舞台

杵島（きしま）炭鉱などを経営し、**肥前（ひぜん）の炭鉱王**と呼ばれた高取伊好（これよし）の邸宅。明治38(1905)年に、自宅兼迎賓館として建てられ、約2300坪の敷地に、大広間棟と居室棟の2棟の大きな建物が並ぶ。大広間にある板敷きの**能舞台**や京都の絵師が描いたという29種類72枚の**杉戸絵**は必見。動植物の欄間など細やかな意匠が散りばめられ、美術館のよう。

▶旧高取邸
住 唐津市北城内5-40
TEL 0955-75-0289
開 9:30～17:00(最終入場16:30)
休 月曜(祝日の場合は翌日)、12/29～1/3 料 520円
交 JR**唐津駅**から徒歩15分

栄華を極めた炭鉱王の暮らしに思いを馳せたい

有田焼の窯元やセレクトショップが並ぶ 有田・伊万里エリア

有田内山地区（ありたうちやまちく）

秋の有田陶磁器まつりは多くの人が訪れる

400年の歴史を誇る**有田焼の中心地**。漆喰塗りの町家や洋館など、江戸時代後期から昭和初期の建物が並び、窯元のショールームやセレクトショップで買い物を楽しめる。一本入った裏通りで見られるのが**トンバイ塀**。登り窯を作るために使用した耐火れんが(トンバイ)の廃材や使い捨ての窯道具を赤土で塗り固めた、有田ならではの塀だ。

▶有田内山地区
住 西松浦郡有田町
TEL 0955-43-2121(有田観光協会)
開 休 施設・店舗による
交 JR**上有田駅**から徒歩15分
URL www.arita.jp

有田ならではのトンバイ塀

info **東京駅**や**日本銀行本店**を設計した**辰野金吾**は、嘉永7(1854)年**唐津市**生まれ。明治時代に日本で初めて建築家という職業を確立した建築界の巨匠。佐賀県内では**武雄温泉楼門・新館**を手がけ、また**旧唐津銀行**の設計を監修している。

佐賀藩の“秘窯の里”

有田・伊万里エリア

伊万里(いまり) 大川内山(おおかわちやま)

延宝3(1675)年、佐賀藩の御用窯が置かれた伊万里焼の産地。朝廷や将軍家への献上品として作られた高級磁器の製陶技術が外にもれないように関所を設け、厳重に管理していた。**“秘窯(ひよう)の里”**として知られ、その一帯は鍋島藩窯(はんよう)公園になっている。山間の静かな里に30軒の窯元があり、石畳の道を散策しながら焼き物巡りを楽しめる。

陶板と陶片が彩る鍋島藩窯橋

▶伊万里 大川内山
住 伊万里市大川内町
TEL 0955-23-7293(伊万里鍋島焼会館)
開 見学自由
交 JR**伊万里駅**からバスで**大川内山**下車、徒歩すぐ
URL imari-ookawachiyama.com

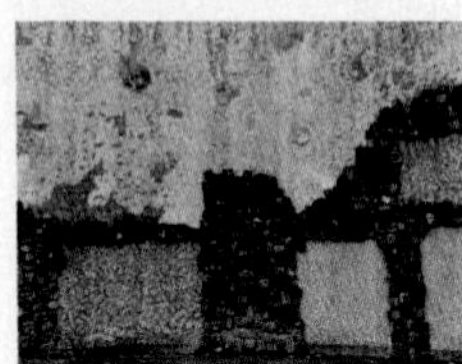
鍋島藩窯公園の大壁画

ツツジや桜など花々が咲き誇る大名庭園

嬉野・武雄・鹿島エリア

御船山楽園(みふねやまらくえん)

第28代武雄領主・鍋島茂義が3年の歳月をかけて弘化2(1845)年に築いた池泉回遊式庭園。武雄のシンボルである御船山の断崖を借景に数十万本の植物が植えられており、四季折々の花が咲き誇る名所として、多くの人でにぎわう。約2000本の桜が咲く春の夜には幻想的な風景を楽しめる九州最大級の**夜桜ライトアップ**も開催。

春はツツジが咲き乱れる

▶御船山楽園
住 武雄市武雄町武雄4100
TEL 0954-23-3131
開 8:00~17:00(季節により変動)
休 無休
料 400円(季節により変動)
交 JR**武雄温泉駅**からバスで**御船山楽園**下車、徒歩すぐ
URL www.mifuneyamarakuen.jp

樹齢170年の大藤

弥生時代の暮らしを体験

佐賀市と県東部

吉野ヶ里歴史公園(よしのがりれきしこうえん)

弥生時代の国内最大級の環壕(かんごう)集落跡・**吉野ヶ里遺跡**の保存・活用を目的に整備された公園。神埼(かんざき)市と吉野ヶ里町にまたがる広大な敷地に、巨大な墳丘墓や竪穴住居など約1800年前の姿を復元。弥生くらし館では勾玉づくりや鋳込みなどの体験ができるほか、レストランでは古代米の赤米を使ったグルメで古代の歴史ロマンを感じられる。

祭り事が行われた北内郭を復元

▶吉野ヶ里歴史公園
住 神埼郡吉野ケ里町田手1843
TEL 0952-55-9333
開 9:00~17:00
(6~8月9:00~18:00)
休 1月の第3月曜と翌日、12/31
料 460円(各種体験は別途)
交 JR**吉野ケ里公園駅**から徒歩17分
URL www.yoshinogari.jp

古代貝汁定食は1日限定30食

info **ちゃんぽん**といえばお隣の長崎県のイメージが強いが、実は佐賀県の**武雄**の**北方町**などにもちゃんぽんを味わえる飲食店が多い。長崎よりもさらに野菜がたっぷりと載っているのが特徴だ。(URL www.takeo-kk.net/enjoy/chanpon.html)

唐津くんちを年中体感できる

呼子・唐津エリア

唐津市曳山展示場

赤獅子、青獅子などが並ぶ

曳山は多様な造形美を誇る山車で、佐賀県の重要有形民俗文化財。唐津を代表する祭り、**唐津くんち**で町を巡行する曳山を14台常設展示している。令和3(2021)年より建て直しのため、仮の移設先の**唐津市ふるさと会館**の敷地内で展示中。写真は移設前の様子。

▶唐津市曳山展示場
住 唐津市新興町2881-1（ふるさと会館アルピノ旧多目的ホール）※仮の展示場。新施設は令和7（2025）年に完成予定
TEL 0955-73-4361
開 9:00～17:00（最終入場16:40）
休 12/29～31　料 310円
交 JR**唐津駅**から徒歩すぐ
URL www.karatsu-kankou.jp/spots/detail/188

クロマツが織りなす緑のトンネル

呼子・唐津エリア

虹の松原

鏡山展望台から見渡した虹の松原

三保の松原P.500（静岡県）、気比の松原（福井県）とともに日本三大松原のひとつ。17世紀のはじめに植林が始まり、現在では全長約4.5km、幅約500mにわたって約100万本のクロマツが群生。車で5分ほどの**鏡山展望台**からは緑の松原と青い海の絶景を堪能できる。

▶虹の松原
住 唐津市東唐津～浜玉町
開 入場自由
交 JR**虹ノ松原駅**から徒歩すぐ
URL www.karatsu-kankou.jp/spots/detail/1

▶鏡山展望台
住 唐津市鏡字大平6052-1ほか
開 入場自由
交 JR**虹ノ松原駅**から車で10分。または**唐津バスセンター**から宇木・半田行きバスで**鏡山入口**下車

天下を統一した豊臣秀吉が挑んだ、世界進出の拠点

呼子・唐津エリア

佐賀県立 名護屋城博物館

名護屋城の模型が見られる常設展示室

豊臣秀吉の大陸侵攻、**朝鮮出兵**（文禄・慶長の役）に際し、天正19(1591)年に築城が始まり、わずか数ヶ月で完成した**肥前名護屋城**。城跡に隣接する博物館では、城の概要や朝鮮半島との交流の歴史を資料やVR映像などの多彩な展示で学ぶことができる。

▶佐賀県立 名護屋城博物館
住 唐津市鎮西町名護屋1931-3
TEL 0955-82-4905
開 9:00～17:00
休 月曜（祝日の場合は翌日）、12/29～1/3
料 無料（特別企画展は有料）
交 JR**西唐津駅**から呼子方面のバスで**名護屋城博物館入口**下車、徒歩5分
URL saga-museum.jp/nagoya

名護屋城跡の大手口

辰野金吾監修の名建築

呼子・唐津エリア

旧唐津銀行

東京駅を設計した建築家・**辰野金吾**が、自身の故郷で監修した建物。設計は愛弟子・田中実が担当し明治45(1912)年に竣工。建物は平成9(1997)年まで使用された後、唐津市に寄贈された。現在は辰野金吾の資料展示施設や多目的ホールとなっている。

赤れんがと白い花崗岩の辰野式建築

▶旧唐津銀行
住 唐津市本町1513-15
TEL 0955-70-1717
開 9:00～18:00
休 12/29～31　料 無料
交 JR**唐津駅**から徒歩10分
URL karatsu-bank.jp

内部は資料館になっている

info **虹の松原**には**豊臣秀吉**がセミが鳴くので「騒々しい」と叱って以来、セミの鳴き声が途絶えた、高い松が邪魔で見渡せなかったため、「低くなれ」と一睨みしたところ、いつまでも背丈が伸びなくなった**睨み松**があるなど7つの不思議が残っている。

九州各地の陶磁器が一堂に揃う

有田・伊万里エリア

佐賀県立九州陶磁文化館

肥前地区を中心に、九州全域の陶磁器や現代作家による陶磁器などを幅広く収集・展示。2022年4月にリニューアルした展示室では、有田焼の歴史をわかりやすく展示。なかでもヨーロッパの王侯貴族に愛された海外向けの古伊万里を集めた**蒲原コレクション**は必見!

有田焼のからくりオルゴール時計も展示

日本酒ファンが続々と訪れる酒どころ

嬉野・武雄・鹿島エリア

肥前浜宿・酒蔵通り

鹿島市の肥前浜宿は、江戸時代から昭和時代にかけて酒や醤油などの醸造業で発展した地域。現在は4つの酒蔵が点在し、国の有形文化財に登録されている白壁の建物や酒蔵、武家屋敷などが立ち並ぶ約600mの通りは、**酒蔵通り**と呼ばれて親しまれている。

江戸時代から昭和初期の建物が残る

コーヒーを飲みながら読書ができる、新感覚図書館

嬉野・武雄・鹿島エリア

武雄市図書館・歴史資料館

本、雑誌、雑貨の購入ができる**蔦屋書店**やカフェを併設した、新しいスタイルの図書館。木の温もりあふれる広々とした館内は、2階の天井まで本が並ぶ圧巻の蔵書レイアウトと自然を生かした開放感のある空間が印象的。武雄の歴史を学べる資料館も併設。

25万冊の蔵書が並ぶ
©Nacasa & Partners

江戸時代の城にタイムスリップ!

佐賀市と県東部

佐賀城本丸歴史館

佐賀城跡に建つ歴史博物館。佐賀藩35万7千石の居城だった佐賀城本丸御殿を一部復元している。幕末・維新期の佐賀をテーマに、日本の近代化を先導した佐賀出身の偉人や佐賀藩の科学技術を紹介。長さ45mの畳敷きの廊下や320畳の大広間も見所のひとつ。

2500m²の規模を誇る

▶ 佐賀県立九州陶磁文化館

住 西松浦郡有田町戸杓乙3100-1
TEL 0955-43-3681
開 9:00～17:00(最終入場16:30)
休 月曜(祝日の場合は翌日)、12/29～1/3
料 無料(特別展は別途の場合あり)
交 JR**有田駅**から徒歩12分
URL saga-museum.jp/ceramic

九州最大規模の焼き物博物館

▶ 肥前浜宿・酒蔵通り

住 鹿島市浜町
TEL 0954-62-3942(鹿島市観光協会)
開 見学自由
交 JR**肥前浜駅**から徒歩6分
URL saga-kashima-kankou.com/spot/1114

日本酒の試飲ができる酒蔵や酒店もある

▶ 武雄市図書館・歴史資料館

住 武雄市武雄町武雄5304-1
TEL 0954-20-0222
開 9:00～21:00
休 無休
料 無料
交 JR**武雄温泉駅**から徒歩15分
URL takeo.city-library.jp

新しい本との出合いが期待できそう

▶ 佐賀城本丸歴史館

住 佐賀市城内2-18-1
TEL 0952-41-7550
開 9:30～18:00　休 12/29～1/1
料 無料
交 JR**佐賀駅**からバスで**博物館前**下車、徒歩すぐ
URL saga-museum.jp/sagajou

藩主の仕事部屋だった「御座間」

info 鹿島市の南に位置する**カキ小屋発祥**の町**太良町**(たらちょう)。今から約20数年前、太良町のある海産物直売所がドラム缶の網焼きで試食用のカキを焼いて提供したのが、全国に広がる牡蠣小屋の始まりといわれている。

熱気球やバルーンフェスタについて学べる　佐賀市と県東部

佐賀バルーンミュージアム
さがばるーんみゅーじあむ

バルーンの歴史や仕組みを展示

熱気球をテーマにした国内初の施設。大迫力のハイビジョンシアターや、佐賀平野上空をバルーン操縦できるフライトシミュレーターなど熱気球の仕組みや歴史を学べる展示がズラリ。秋の一大イベント・**佐賀インターナショナルバルーンフェスタ**についても学ぶことができる。

"見えない世界遺産"を模型や映像で体感　佐賀市と県東部

佐野常民と三重津海軍所跡の歴史館
さのつねたみとみえつかいぐんしょあとのれきしかん

歴史館の展示

世界遺産「明治日本の産業革命遺産」の構成資産のひとつである「三重津海軍所跡」のガイダンス施設。土の中にあり、見ることができない国内最古の**ドライドック**が原寸大模型で展示されているほか、日本赤十字社の創設者・**佐野常民**について紹介している。

馬やヤギなど動物と触れ合える広大な牧場　佐賀市と県東部

三瀬ルベール牧場 どんぐり村
みつせるべーるぼくじょう どんぐりむら

かわいいヤギはどんぐり村の人気者

標高約450mの三瀬高原に広がる、フランスの田舎をイメージした観光牧場。敷地内には、馬やヤギ、ウサギなどのたくさんの動物が暮らしており、レストラン、パン工房、ワイン館などが点在している。エサやり体験など動物との触れ合いが楽しめる。

ぬる湯として親しまれる　佐賀市と県東部

古湯・熊の川温泉郷
ふるゆ・くまのかわおんせんごう

古湯温泉の足湯

佐賀市の中心部から車で約30分。清流・嘉瀬川の上流に**古湯温泉**、川沿いに**熊の川温泉**が並ぶ温泉郷。どちらも約38℃のぬるめの泉温で、長時間じっくりと浸かって体を芯から温めることができる。とろみのある湯ざわりが特徴で**ぬる湯**と呼ばれ親しまれている。

▶佐賀バルーンミュージアム
住 佐賀市松原2-2-27
TEL 0952-40-7114
開 9:00～17:00（最終入場16:30）
休 月曜（祝日の場合は翌日）、12/31、1/1　料 500円
交 JR**佐賀駅**から徒歩17分
URL www.sagabai.com/balloon-museum

フライトシュミレーター

▶佐野常民と三重津海軍所跡の歴史館
住 佐賀市川副町早津江津446-1
TEL 0952-34-9455
開 9:00～17:00（最終入場16:30）
休 月曜（祝日の場合は翌平日）、年末年始　料 500円
交 JR**佐賀駅**からバスで**佐野・三重津歴史館入口**下車、徒歩5分
URL sano-mietsu-historymuseum.city.saga.lg.jp

遺構が土の中に埋まっている"見えない世界遺産"

▶三瀬ルベール牧場 どんぐり村
住 佐賀市三瀬村杠2234-67
TEL 0952-56-2141
開 平日10:00～16:00
　土・日曜・祝日10:00～17:00
最終入場は30分前
休 4～11月の火・水曜、12～3月中旬の月～金、年末年始ほか不定休
料 600円
交 JR**佐賀駅**からタクシーで35分
URL www.dongurimura.com

▶古湯・熊の川温泉郷
住 佐賀市富士町
開休料 施設による
▶富士町観光案内所
TEL 0952-51-8126
開 10:00～17:00
休 水曜、年末年始
URL www.fuji-spa.com
▶古湯温泉
交 JR**佐賀駅**からバスで**古湯温泉**下車、徒歩すぐ
▶熊の川温泉
交 JR**佐賀駅**からバスで**熊の川温泉**下車、徒歩すぐ

info 佐賀市内には、**商売繁盛の神様・恵比須さん**が街角や個人宅の軒先などいたるところに祀られている。その数はなんと830体以上とも言われている。街歩きしながら、御利益をいただけるかも!?

宝くじの高額当選や開運を祈願する　**呼子・唐津エリア**

宝当神社

唐津湾に浮かぶ高島にある神社。縁起の良い名前にあやかって開運祈願に訪れる人が増え、参拝者から宝くじの高額当選者が出たことから、**宝くじが当たる神社**として有名になった。

金運や開運のお守りもある

▶宝当神社
住 唐津市高島523
TEL 0955-74-3715
開 入場自由
交 JR**唐津駅**からタクシーで約5分の**宝当桟橋**から定期船（片道220円）、または海上タクシー（片道500円）で**高島港**下船、徒歩3分
URL houtoujinja.jp

立派な鳥居が目印

九州最北西端にある、風光明媚な岬　**呼子・唐津エリア**

波戸岬

玄海国定公園内にある東松浦半島に突き出た小さな岬。桟橋でつながる**玄海海中展望塔**に渡れば玄界灘の島々を見渡せる。駐車場には名物のサザエのつぼ焼を味わえる店が並ぶ。

玄海海中展望塔

▶波戸岬
住 唐津市鎮西町波戸1612-1
TEL 0955-51-1052（鎮西町観光案内所）
交 **唐津バスセンター**からバスで**波戸岬**下車、徒歩10分
URL www.karatsu-kankou.jp/spots/detail/49

▶玄海海中展望塔
TEL 090-3464-5337
開 4〜9月9:00〜18:00
10〜3月9:00〜17:00
休 無休（悪天候時に閉館あり）
料 560円
URL hadomisaki.jp

玄海町の一角、小さな入江に面した美しい棚田　**呼子・唐津エリア**

浜野浦の棚田

自然の描くカーブに沿って283枚の田んぼが幾重にも重なり、春は菜の花、秋は彼岸花、冬は雪景色など、季節によって異なる表情を見せる。特に田植えの時期の夕景は必見だ。

日中はもちろん、夕景も美しい

▶浜野浦の棚田
住 東松浦郡玄海町浜野浦
TEL 0955-52-2112（玄海町商工観光係）
開 見学自由
交 JR**唐津駅**からタクシーで30分
URL www.town.genkai.lg.jp/site/kankou/1288.html

日本の磁器発祥地　**有田・伊万里エリア**

泉山磁石場

有田焼400年の歴史を感じられる国指定史跡。有田焼の陶祖である**李参平**が17世紀初頭に発見した**陶石の採石場**で、ここが日本の磁器生産の始まりの場所である。

良質で大量の陶石が発見された

▶泉山磁石場
住 西松浦郡有田町泉山1-33
TEL 0955-43-2121（有田観光協会）
開 入場自由
交 JR**上有田駅**から徒歩15分
URL www.arita.jp/spot/post_16.html

有田焼の神様に参拝　**有田・伊万里エリア**

陶山神社

敷地内に**有田焼陶祖**の記念碑が建つ神社。境内には有田焼の大鳥居や狛犬、大水瓶、玉垣などが並び、窯業に携わる地元の人々の信仰心の厚さが感じられる。有田焼の御守も人気。

唐草文様を描いた磁器製の大鳥居

▶陶山神社
住 西松浦郡有田町大樽2-5-1
TEL 0955-42-3310
開 入場自由
交 JR**上有田駅**から徒歩20分
URL arita-toso.net

狛犬も磁器製

info **武雄の三樹**といわれるのが武雄神社の神木の**武雄の大楠**、川古の大楠公園にある**川古の大楠**、武雄市文化会館の北側にある**塚崎の大楠**。どれも樹齢3000年を超える大楠で、三樹をすべて巡ると長寿祈願ができると伝えられている。

生命力あふれる「武雄の大楠」からパワーをいただく　嬉野・武雄・鹿島エリア

武雄神社・武雄の大楠

神秘的な雰囲気をたたえる大楠

延命長寿や武運長久の神様、武内宿禰を祀る約1200年の歴史ある神社。季節によって変わる御朱印もかわいいと評判。神社裏手の竹林にある大楠は樹齢3000年の御神木。

▶武雄神社
住 武雄市武雄町武雄5327
TEL 0954-22-2976
開 入場自由
交 JR**武雄温泉駅**から徒歩20分
URL takeo-jinjya.jp

武雄神社の社殿

白壁の家々が並ぶ、長崎街道の宿場町　嬉野・武雄・鹿島エリア

塩田津

重要伝統的建造物群保存地区に選定

長崎街道の宿場町として栄え、有明海の干満の差を利用した川港でもあった塩田津。白い漆喰に覆われた大型の町家・**居蔵家**が建ち並び、趣のある雰囲気が漂う。

▶塩田津
住 嬉野市塩田町
TEL 0954-66-3550（塩田津町並み保存会 ※月曜休）
開 見学自由（要事前予約のガイドツアーは500円〜）
交 JR**肥前鹿島駅**からタクシーで8分。またはバスで**嬉野市役所前**下車、徒歩5分
URL peraichi.com/landing_pages/view/shiotatsu

海にたたずむ朱色のフォトジェニックな鳥居　嬉野・武雄・鹿島エリア

大魚神社の海中鳥居

満潮時の様子

満潮時には**3基の鳥居**が海に並ぶ、幻想的な雰囲気を楽しめるとSNSで話題を集めている。また、干潮時は、有明海の沖のほうへと続く海中道路を歩くことができる。

▶大魚神社の海中鳥居
住 藤津郡太良町多良1874-9先
TEL 0954-67-0065（太良町観光協会）
開 入場自由（春・秋の海苔漁期は車両を含む立ち入りを制限する場合あり）
交 JR**多良駅**から徒歩10分
URL tara-kankou.jp/spot/post-18.html

エレベーターのように上下する真っ赤な橋　佐賀市と県東部

筑後川昇開橋

青空に映える赤い橋

昭和10(1935)年に開通した旧国鉄佐賀線の**鉄道橋**。大型船が橋下を運行できるよう、中央部が23mの高さまで上昇可能。現在は**歩行者用**の橋となっており、9時から16時30分の間、昇降部が降りる。

▶筑後川昇開橋
住 佐賀市諸富町大字為重
住 福岡県大川市大字向島地先
TEL 0944-87-9919（公益財団法人筑後川昇開橋観光財団）
開 9:00〜17:00
ライトアップは日没〜22:00
休 遊歩道は月曜（祝日の場合は翌日）、12/29〜1/3
料 無料
交 JR**佐賀駅**からタクシーで25分。または早津江行きバスで25分の**昇開橋**下車、徒歩5分
URL www.shoukaikyou.com

壮麗な中国情緒が漂う、日本三大孔子廟　佐賀市と県東部

多久聖廟

紅葉に抱かれた多久聖廟

宝永5(1708)年、儒学を重んじた第4代多久領主、**多久茂文**によりに創建された、歴史ある孔子廟。春と秋に孔子とその弟子に感謝する**春季釈菜**は300年以上続く行事。

▶多久聖廟
住 多久市多久町1642
TEL 0952-75-5112（公益財団法人孔子の里）
開 入場自由
交 JR**多久駅**からバスで**本多久**下車、徒歩15分
URL ko-sinosato.com

info 5〜6月頃に開催される、干潟のオリンピック、**鹿島ガタリンピック**。有明海の干潟で、有明特有の漁具の**ガタスキー**を使ったユニークな競技が多数あり、大人も子供も泥まみれに!　有明海に生息するムツゴロウに会えるかも。URL www.gatalympic.com

長崎県

NAGASAKI

長崎県

長崎市

人口
131.2万人（全国30位）

面積
4131km²（全国37位）

県庁所在地
長崎市

県花
雲仙ツツジ

がんばくん
元気な長崎県づくりを応援するオシドリの少年
©長崎県

雲仙ツツジ
ミヤマキリシマの長崎県での別名

日本本土の最西端に位置し北は日本海、西と南は東シナ海に面しており、三方を海に囲まれ波佐見町を除くすべての市と町が海に面した13市8町からなり、離島数は日本一を誇る。陸地は平坦地が少なく斜面に住宅街が広がっているため、特に夜景がきれいなのが自慢。貿易の窓口として開かれ諸外国の文化や学術が入り、町なかには西洋や中国の文化が混在。潜伏キリシタンを伝える教会堂を含む長崎と天草（熊本県）の集落がユネスコの世界遺産に登録されるなど歴史深い街である。

旅の足がかり

長崎市

元亀2(1571)年、ポルトガル船が入港し、長崎港が開港。長い岬の先端に6つの町が作られた。鎖国時代、**出島** P.901のみが貿易の窓口となりさまざまなものが長崎から広まった。安政6 (1859)年には英国商人トーマス・B・グラバーが訪れ、長崎から明治維新を後押し。昭和20 (1945)年、原子爆弾により長崎の街は壊滅するも復興を遂げ平和の尊さを発信し続けている。町なかには洋風建築や神社、寺院などを見ることができ江戸時代から続く風景も。令和4(2022)年には西九州新幹線が開業予定。

佐世保市

長崎県北部に位置する港町。軍港として栄えた歴史とともに、**佐世保バーガー** P.896をはじめ、アメリカン文化が根付いている。豊かな自然が広がる西海国立公園の**九十九島** P.902や日本一広いテーマパークの**ハウステンボス** P.900、繊細な唐子模様が魅力の**三川内焼** P.893、潜伏キリシタンが多数移住した黒島など見どころ満載の観光都市。

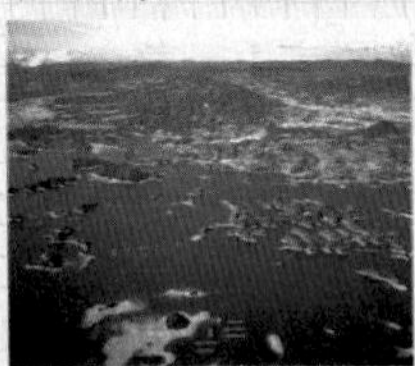

島原市

島原半島の東側に位置する湧水が豊富な「水の都」。市内には湧水地が約60カ所点在し、町なかの水路では錦鯉が泳ぐ姿を見られる。松平氏7万石の城下町として栄えた歴史があり、深い水堀に囲まれた**島原城** P.907や当時の生活がしのばれる武家屋敷が残る風情豊かな街。西には眉山があり、その背後に平成2(1990)年に噴火した雲仙普賢岳がある。

地理と気候

寒暖差の少ない海洋性気候だが季節風は強め。特に北部の冬は季節風が強く日本海側気候に近い。全般的に雨が多く、冬はやや温暖で夏は猛暑も少ない。平均気温は17〜18°C。

【夏】 7月中旬〜9月上旬は30°Cを上回る日が多く蒸し暑く感じる。夜は気温が高めで熱帯夜になる日も。最高気温は30〜34°C程度。

【冬】 冬の平均気温は4°C前後で雪が降ることは少ないが、東シナ海からの季節風により大雪になることもある。最低気温は-2〜-3°C程度。

P890-907 写真提供：一般社団法人長崎県観光連盟　教会の写真掲載に当たっては大司教区の許可取得済

アクセス

東京から ▸▸▸	所要時間
飛行機 羽田空港 ▶ 長崎空港	1時間30分

大阪から ▸▸▸	所要時間
飛行機 伊丹空港 ▶ 長崎空港	1時間5分
高速バス 大阪梅田 ▶ 佐世保駅	10時間30分

福岡から ▸▸▸	所要時間
JR線 博多駅 ▶ 長崎駅（特急かもめ）	1時間50分
JR線 博多駅 ▶ 佐世保駅（特急みどり）	2時間
高速バス 博多バスターミナル ▶ 長崎駅	2時間30分
フェリー 三池港 ▶ 島原港	50分

佐賀から ▸▸▸	所要時間
JR線 佐賀駅 ▶ 長崎駅（特急かもめ）	1時間20分
JR線 佐賀駅 ▶ 佐世保駅（特急みどり）	1時間10分

県内移動

▶長崎から佐世保へ

快速**シーサイドライナー**で所要1時間30分～2時間。

長崎駅から佐世保駅前の佐世保バスセンターまで約1時間30分。

▶長崎から島原へ

長崎駅から諫早駅まで特急で約20分、快速で約30分。島原鉄道に乗り換えて島原駅まで約1時間15分。

▸▸▸アクセス選びのコツ

博多駅～長崎駅を結ぶ特急**かもめ**は長崎県内では諫早駅、浦上駅に停車。2022年秋の西九州新幹線開業後は博多駅～武雄温泉駅を結ぶ**リレーかもめ**として運行予定。博多駅～佐世保駅を結ぶ特急**みどり**は佐世保駅のほかに早岐駅に停車する。

長崎駅や佐世保バスセンターと福岡の博多・天神を結ぶ便が多い。

羽田空港、伊丹空港のほか、五島列島からの便も発着。空港からは長崎、佐世保、諫早、島原方面へのバスが出ている。

長崎港と佐世保港から五島列島を結ぶ高速船やフェリーが出ている。

交通路線図

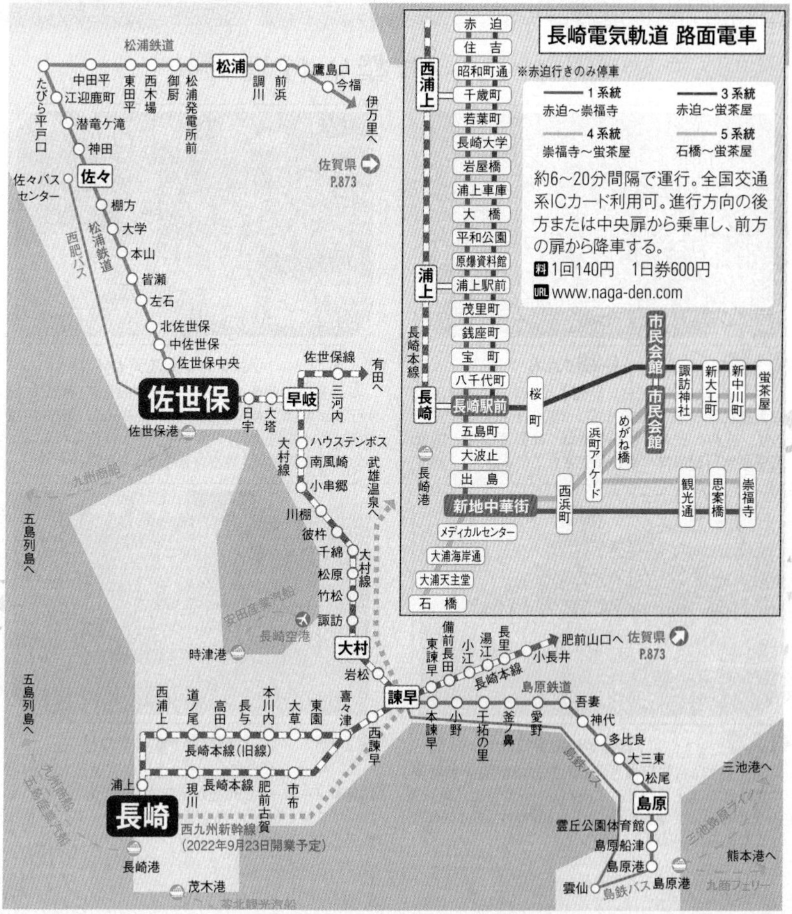

長崎電気軌道 路面電車

※赤迫行きのみ停車

1系統 赤迫～崇福寺
3系統 赤迫～蛍茶屋
4系統 崇福寺～蛍茶屋
5系統 石橋～蛍茶屋

約6～20分間隔で運行。全国交通系ICカード利用可。進行方向の後方または中央扉から乗車し、前方の扉から降車する。

料 1回140円　1日券600円

URL www.naga-den.com

赤迫、住吉、昭和町通、千歳町、若葉町、長崎大学、岩屋橋、浦上車庫、大橋、平和公園、原爆資料館、浦上駅前、茂里町、銭座町、宝町、八千代町、長崎駅前、五島町、大波止、出島、新地中華街、メディカルセンター、大浦海岸通、大浦天主堂、石橋、桜町、市民会館、諏訪神社、新大工町、新中川町、蛍茶屋、めがね橋、浜町アーケード、西浜町、観光通、思案橋、崇福寺、西浦上、浦上、長崎、長崎本線、長崎港

松浦鉄道：たびら平戸口、中田平、東田平、西木場、御厨、松浦発電所前、松浦、調川、前浜、鷹島口、今福、伊万里へ、江迎鹿町、潜竜ケ滝、神田、佐々、棚方、大学、本山、皆瀬、左石、北佐世保、中佐世保、佐世保中央、佐世保

佐々バスセンター、西肥バス、佐賀県 P.873

佐世保線：佐世保、日宇、大塔、早岐、三河内、有田へ

大村線：ハウステンボス、南風崎、小串郷、川棚、彼杵、千綿、松原、竹松、諏訪、大村、岩松、諫早

佐世保港、九州商船、五島列島へ、安田産業汽船、長崎空港、時津港、武雄温泉へ

長崎本線：東諫早、備前長田、小江、湯江、長里、小長井、肥前山口へ、佐賀県 P.873

長崎本線（旧線）：西浦上、道ノ尾、高田、長与、本川内、大草、東園、喜々津、西諫早

長崎本線：浦上、現川、肥前古賀、市布

島原鉄道：本諫早、小野、干拓の里、釜ノ鼻、愛野、吾妻、神代、多比良、大三東、松尾、島原、霊丘公園体育館、島原船津、島原港

島鉄バス、雲仙、三池港へ、三池島原ライン、熊本港へ、九商フェリー

長崎、西九州新幹線（2022年9月23日開業予定）、長崎港、茂木港、九州商船、五島産業汽船、安田産業汽船

長崎県

うちの県はここがすごい

一 魚種は日本一! 漁獲量は全国2位!

黒島海流が九州南西部で分岐して長崎沿岸へ。対馬海流となりその流れに乗っていろいろな魚が回遊するので魚種が豊富。三方を海に囲まれた立地もあり、漁場に恵まれている。

二 島の数は971島で日本一

全国の島数の14.2%におよぶ971もの島が長崎県にあり、島の数日本一を誇る。大小多くの島があるが、なかでも壱岐、対馬、五島列島などの離島は観光地として人気。

三 日本初、発祥の地がたくさん

西洋との貿易によってさまざまな歴史や文化が伝えられた長崎。西洋医学や活版印刷、ガラス製造。植物ではジャガイモやタマネギ、スポーツではボウリング、ビリヤードなどがある。

イベント・お祭り・行事

① 長崎くんち

毎年10月7～9日に開催される長崎の氏神・鎮西大社諏訪神社の秋の大祭。380年を超える歴史があり、神前へ披露される奉納踊りは豪華絢爛。国指定重要無形民俗文化財に指定されている。

② ランタンフェスティバル

長崎の華僑の人々が中国の旧正月(春節)を祝う行事が起源。長崎新地中華街を中心に1万5000個のランタン(中国提灯)や大小オブジェが飾られ町なかも幻想的な雰囲気。イベントや出店も満載。

③ 長崎帆船まつり

毎年4月に開催される国内外の帆船が長崎港に集う日本随一の祭り。入港パレードや、セイルドリルなど帆船にまつわるイベントや船内の内部公開などが楽しめる。夜はライトアップも。

④ 波佐見陶器まつり

やきもの公園をメイン会場に、波佐見町内の窯元やメーカー約150社が出店する焼き物の祭典。おしゃれで使い勝手の良い日常食器をリーズナブルに販売している。毎年ゴールデンウィーク中に開催。

必ず食べたい 名物グルメ

トルコライス

ピラフ、スパゲティ、ポークカツがワンプレートに盛り付けられた長崎名物。飲食店や喫茶店で食べることができ、店ごとに味付けや組み合わせが違うのもおもしろい。

卓袱(しっぽく)料理

日本、中国、オランダ、ポルトガル料理が融合した、料亭などでふるまわれるおもてなし料理。卓袱の「卓」はテーブル、「袱」はテーブルクロスを意味し、大皿に盛られた料理が並ぶ。

皿うどん

ちゃんぽん

ちゃんぽんは、新地中華街はもちろん飲食店でも手軽に食べられるので食べ比べもおすすめ。
皿うどんは2種類の麺がありパリパリ食感の細麺とちゃんぽん麺を使った太麺がある。

地元っ子愛用 ローカル味

金蝶ソース

長崎の醤油・味噌メーカーが製造販売するお酢と20種類以上のスパイスを配合し、スパイシーで酸味が効いたウスターソース。皿うどんのあんの味を引き立てる長崎県民愛用ソース。

すぼ巻き

アジやイワシ、アゴなどの魚のすり身を「藁すぼ」という中が空洞のもので巻いて蒸した平戸生まれのかまぼこ。現在はストローで巻いたものが主流で佐世保では「すぼ」と呼ばれる。

もらえば笑顔 定番みやげ

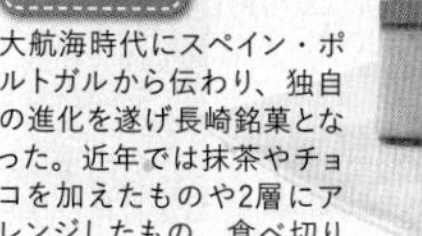

カステラ

大航海時代にスペイン・ポルトガルから伝わり、独自の進化を遂げ長崎銘菓となった。近年では抹茶やチョコを加えたものや2層にアレンジしたもの、食べ切りサイズなど多彩だ。

角煮まんじゅう

卓袱料理のコースの1品、東坡肉(とんぽうろう)をみやげ用にアレンジ。たれで煮込んだやわらかい豚バラ肉を饅頭で挟んだもので、とろける食感がクセになる。

匠の技が光る 伝統工芸

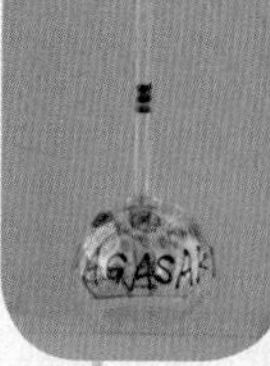

ビードロ

ポルトガル語でガラス製品のこと。溶かしたガラスを棹に取り、息を吹いて成型する吹きガラスが長崎工芸品として親しまれている。吹くと、ぺこんとかわいい音色がする「ぽっぺん」が有名。

三川内焼

400年以上の歴史を誇る、佐世保市三川内町の窯元で作られる磁器。透かし彫りや唐子の染付、卵の殻のように薄いエッグシェルなど繊細で巧みな技術が光る焼き物は国内外で愛されている。

ワカルかな? 長崎のお国言葉

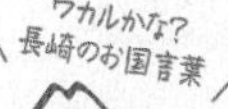

ここばとっとっと?

Ans. この場所を取っているの?

1泊2日で巡る 長崎県

1日目

平戸
佐世保
大村
START
長崎
GOAL
小浜温泉
島原
雲仙温泉

長崎市内は路面電車を使って効率良く回ろう。早めにチェックインして夜は夜景観賞へ。島原・雲仙は移動中の景色も楽しんで。

9:00 長崎駅前電停

路面電車13分＋徒歩7分

園内の石畳の中には触れると恋がかなうと噂のハートストーンがある。

9:20 **グラバー園**で洋風建築を鑑賞 ▶P.900

徒歩2分

アーチ状の美しいリブ・ヴォールド天井は必見。

10:30 信仰心に思いを馳せる **大浦天主堂** ▶P.901

徒歩5分＋路面電車9分

復元された当時と同じ出入り口「出島表門橋」を渡ろう。

11:10 鎖国時代、西洋人が暮らした**出島**へ ▶P.901

路面電車3分＋徒歩2分

かわいい中国雑貨や角煮まんなど食べ歩きグルメも充実。

12:30 **新地中華街**で ▶P.906 ちゃんぽん、皿うどんを食べる

徒歩2分＋路面電車7分

めがね橋電停から徒歩1分。眼鏡橋が架かる中島川沿いのカフェやみやげ店もチェック。

13:45 **眼鏡橋**を見ながら散策 ▶P.905

徒歩10分＋路面電車17分

平和公園電停から徒歩2分。平和祈念像の前で犠牲者に祈りを捧げよう。

14:30 平和の尊さを実感する **平和公園** ▶P.904

徒歩8分

15:00 核兵器の恐ろしさを知る **長崎原爆資料館** ▶P.904

当時の惨状を物語る1500点もの資料や遺品を展示している。

徒歩10分

16:30 山王神社の参道に残る **一本柱鳥居** ▶P.906

一本柱鳥居の奥には片方の鳥居も残されている。

タクシー10分

19:30 **稲佐山山頂展望台**で夜景観賞 ▶P.904

市内のホテルにチェックインしたらタクシーで稲佐山山頂展望台へ。世界新三大夜景のひとつに選ばれた長崎の夜景を堪能しよう。

美しい長崎港を見下ろすシティリゾートホテル

ガーデンテラス長崎ホテル&リゾート

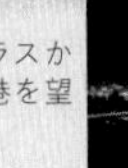

客室テラスから長崎港を望める

長崎港と市街地を見下ろす丘の上に立つ。長崎港から出航する定期船、夜は宝石のような夜景の幕が開き、いつまでも眺めていたい長崎の風景に出合える。全室オーシャンビューの客室はシンプルで上品な開放感ある空間。絶景を望みながら食事ができるレストランは、創作料理や鉄板焼ダイニングなど4つあり、いずれも長崎をはじめとする季節の食材をふんだんに使用。

世界的建築家・隈研吾氏が設計

住 長崎市秋月町2-3
TEL 095-864-7777
交 JR長崎駅から車で約10分。無料シャトルバス運行
料 ツイン2万7000円～
URL www.gt-nagasaki.jp

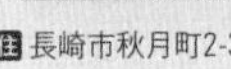

時間があれば足を延ばしたい
i+Land nagasaki
(アイランドナガサキ)

長崎市街地から車で約30分で往来できる伊王島にある、エンターテインメントリゾート。宿泊施設やレストランのほか、温泉、アクティビティなどが充実のリゾート施設があり、幅広い世代に人気。

2日目

9:20 JR長崎駅

鉄道19分 特急かもめで19分。快速シーサイドライナーなら30分。

9:40 JR諫早駅

鉄道74分 島原鉄道に乗り換え。

10:34 島原鉄道島原駅

徒歩10分

10:44 **島原城**から ▶P.907
島原市街地を眺めよう

島原城の天守閣内の貴重な展示物も見学。

徒歩7分

12:00 島原城周辺で
具雑煮ランチ

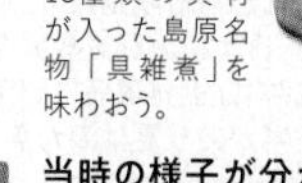

13種類の具材が入った島原名物「具雑煮」を味わおう。

徒歩10分

13:50 当時の様子が分かる
武家屋敷 ▶P.907

水路が流れる風情ある通りをゆっくり散策。

徒歩12分

14:45 島原鉄道島原駅

バス48分

15:35 白い噴煙に包まれた
雲仙地獄 ▶P.903

足蒸しや温泉たまごも楽しもう。

タクシー14分

16:45 自然の絶景を望む
仁田峠展望所 ▶P.907

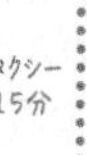

四季折々の豊かな自然を満喫。

タクシー15分

17:00 クラシカルな
雲仙観光ホテルを見学 ▶P.895

ノスタルジックな館内は見どころいっぱい。

海の近くにある
温泉街へも
小浜温泉

橘湾沿いにある小浜温泉は熱量、温度ともに全国1位を誇り、湯量も豊富。老舗旅館やリゾートホテルが並び、日帰り温泉も楽しめる。温泉から眺める夕日が絶景なので、もう1泊するのもおすすめ。

外国人避暑地として歴史ある
雲仙温泉に建つクラシックホテル

雲仙観光(うんぜんかんこう)ホテル

スイスシャレー様式を取り入れた山小屋風の外観

創業は昭和10(1935)年。外国人向けのホテルとして誕生し、スイスシャレー様式を取り入れた風格あるたたずまいが人気。外観は国の登録有形文化財に登録されている。館内は、気品に満ちたバーをはじめ、図書室、ビリヤード室、舞踏会も開かれていたダイニングホールなど、どこも絵になるホテルだ。

ウィリアムモリスの壁紙が採用された、プレミアムツインの客室

住 雲仙市小浜町雲仙320
TEL 0957-73-3263
交 島原鉄道**島原駅**からバスで**小地獄入口**下車、徒歩2分
料 1泊2食付3万8500円～
URL www.unzenkankohotel.com

長崎県の歩き方

▶長崎市総合観光案内所
住 長崎市尾上町1-60
（JR長崎駅構内）
TEL 095-823-3631
開 8:00～20:00　休 無休
URL www.at-nagasaki.jp

▶定期観光バス
長崎よかとこコース
長崎バス観光が毎日運行している定期観光バス。平和公園や出島、グラバー園などの観光名所をガイド付きで案内。所要4時間55分
開 1日2便10:10、12:10発
料 4290円（要予約）
URL nbtour.net

▶佐世保観光情報センター
住 佐世保市三浦町21-1
（JR佐世保駅構内）
TEL 0956-22-6630
開 9:00～18:00　休 無休
URL www.sasebo99.com

▶SASEBO軍港クルーズ
佐世保港内に残る軍港の歴史を感じるクルーズツアー。米海軍艦船や海上自衛隊艦船、佐世保重工業、海上保安庁などを巡る。所要約60分、要予約。
料 2000円
URL www.sasebo99.com/tour/100011

ガイドによる案内付き　©SASEBO

長崎市と周辺

移動の起点となるJR長崎駅

長崎市内の移動は長崎電気軌道の**路面電車**、路線バスの**長崎県営バス**と**長崎バス**がある。おもな観光スポットは路面電車と徒歩でほぼ巡ることができ、路面電車は**1日乗車券**（車内では購入不可。観光案内所や各営業所、ホテルなどで販売）を利用するのがおすすめ。市内は坂道や石畳が多いので歩きやすい靴で回るのがベスト。JR長崎駅のすぐ近くから長距離バスも発着している。

▶長崎空港から町の中心まで

長崎空港から長崎市街地まではバス（長崎県営バス・長崎バス）を利用。出島道路経由（所要45分）と浦上経由（所要55分）のルートがある。

足を延ばせば

日本最初の蒸気機関による竪坑

高島　長崎港から高速船を利用し約35分で着く離島。端島（軍艦島）とともに炭坑事業で栄え、日本初の蒸気機関を導入した「北渓井坑跡」は世界遺産に認定された。高島海水浴場があり夏は海が美しい。

佐世保と県北部

佐世保駅の松浦鉄道　©SASEBO

佐世保の市街地は**西肥**（さいひ）**バス**での移動がメイン。佐世保から平戸へはローカル鉄道の**松浦鉄道**（MR）が運行。佐世保駅から**たびら平戸口駅**まで約1時間30分、風光明媚な景色を望む列車旅が楽しめる。本数が少ないので時刻表は要チェック。

グルメ

袋の上から少し潰すと食べやすくなる　©SASEBO

佐世保バーガー　米海軍直伝のレシピをもとに作られたのが始まりで、味や形、サイズは店舗によりさまざま。各店趣向を凝らし、地元食材を使った手作りの逸品ばかり。佐世保市内の約30店舗で提供している。

info　ちゃんぽんという名の由来は「**御飯を食べる**」という意味の中国語「**シャポン**」からと伝わる。福建省出身の若き青年「陳平順」が、故郷の麺料理に長崎の海の幸・山の幸をたっぷり使い新しい麺料理を考案した。

雲仙と島原半島

島原の伝統甘味「かんざらし」

長崎県南部にあるエリア。**島原**へは諫早(いさはや)駅から有明海沿いを通る**島原鉄道**を利用しよう。**雲仙**へは島原駅から**島鉄バス**で約50分。雲仙からほど近い橘湾に面した温泉地、小浜温泉へ足を延ばすのもおすすめ。

グルメ

島原手延そうめん　南島原市の特産品で全国の手延そうめんの約30%を占めている。小麦の味と香り、コシのある歯ごたえが特徴で、伝統を受け継ぐ約300軒の製麺所が丹精込めて作っている。

みやげはもちろん、飲食店でも味わえる

五島列島と壱岐・対馬

高浜海水浴場

五島列島　北側を**上五島**(かみごとう)、南側を**下五島**(しもごとう)のふたつに分けられる。長崎港からジェットフォイルなどが運航し、福江港、奈良尾港などへ発着。五島福江空港があるので飛行機でのアクセスも可能。

壱岐　長崎空港から約30分で壱岐空港へ上陸できる。島内の移動はレンタカーのほか路線バスの壱岐交通も便利。1日フリーパス1000円(車内で販売)。

対馬　長崎空港から約35分で対馬空港へアクセス。島内は路線バスの対馬交通バスが運行し、フリーパス1040円(車内や対馬市交流センターで販売)の利用がおすすめ。

グルメ

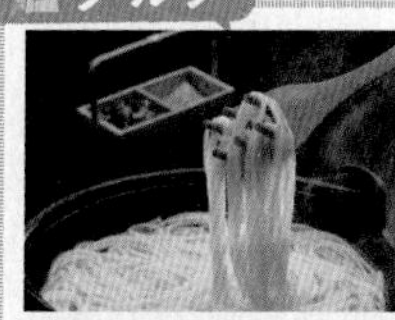

五島手延べうどん　幻のうどんと称され、遣唐使時代に伝わってきた逸品。五島産の椿油や天然塩を使っており、茹でた麺にアゴだしつゆや玉子につけて食べる「地獄炊き」は郷土料理。

麺は細丸形でコシが強くのど越しが良い

日本全国津々浦々～道の駅巡り～

夕陽の絶景スポットとしても人気

夕陽が丘そとめ

国道202号線沿いの角力(すもう)灘(なだ)を望む高台にある長崎市内唯一の道の駅。地元産の農産物はもちろん、ド・ロさまそうめんなど加工品も販売。

▶**島原駅観光案内所**
住 島原市方町586-1
(島原駅構内)
TEL 0957-63-6900
開 9:00～16:00　休 無休
URL www.shimabaraonsen.com

▶**雲仙温泉観光協会**
住 雲仙市小浜町雲仙320
TEL 0957-73-3434
開 9:00～17:00　休 無休
交 **雲仙**バス停から徒歩約6分
URL www.unzen.org

▶**五島市観光協会**
住 長崎県五島市東浜町2-3-1
(福江港ターミナル内)
TEL 0959-72-2963
開 8:30～17:00　休 1/1･2
URL www.gotokanko.jp

教会見学の事前連絡について

世界遺産エリア内の教会見学は**事前連絡が必要**。「長崎と天草地方の潜伏キリシタン関連遺産インフォメーションセンター」ウェブサイトからネット申請(2日前までに)、または電話連絡をすること。

教会は祈りの場のため、訪問する際は以下の見学マナーを守って静かに過ごすこと。

- 祭壇は神聖な場所なので絶対に立ち入らないこと。
- 堂内での撮影は禁止。
- 堂内では脱帽する。
- 飲食や喫煙は禁止。
- 大声で騒いだり走ったりしないこと。(子供は同伴者が注意して見学を)
- 堂内の物(聖書、祭礼品、装飾物)には手を触れないこと。
- トイレは信者さんのもの。できるだけ利用を控えること。
- ミサや冠婚葬祭時は見学不可。

▶**長崎と天草地方の潜伏キリシタン関連遺産インフォメーションセンター**
住 長崎市出島町1-1-205
出島ワーフ2階
TEL 095-823-7650
開 9:30～17:30　休 無休
URL kyoukaigun.jp

▶**道の駅 夕陽が丘そとめ**
住 長崎市東出津町149-2
TEL 0959-25-1430
開 4～9月9:00～19:00
10～3月9:00～18:00
休 1/1～3
交 JR**長崎駅**から車で約50分
URL www.yuhigaoka-sotome.com

info　長崎市宿町にある**長崎ペンギン水族館**は世界に生息する18種類のうち9種類約180羽のペンギンを飼育する**飼育種類日本一の水族館**。展示も特徴的で隣接するビーチで自由に泳ぐ姿が見られる自然展示は世界初。URL penguin-aqua.jp

長崎県の見どころ

キリシタンの文化を訪ねて 五島列島を歩く

五島列島と壱岐・対馬

長崎県の西、真っ青な海に浮かぶ五島列島は
江戸時代にキリシタンが移住し、
その後の迫害を耐えて信仰を継承してきた地。
和の感性と、キリスト教の荘厳さが融合した集落は
貴重な文化の証として世界遺産に登録されている。

キリシタン墓地と海が目の前に広がる五島ならではの風景

見どころMAP

P.905 平戸オランダ商館
平戸城 P.905
P.902 九十九島パールシーリゾート
ハウステンボス P.900
黒島 P.905
P.906 出津教会堂
ド・ロ神父記念館 P.907
稲佐山山頂展望台 P.904
P.902 軍艦島（端島）
P.907 島原城
武家屋敷 P.907
P.903 雲仙地獄
P.907 仁田峠展望所
P.907 原城跡

対馬 壱岐
P.903 対馬
壱岐 P.903

頭ヶ島天主堂 P.899
五島列島 久賀島
旧五輪教会堂 P.899
堂崎天主堂 P.899
福江島

長崎市中心部

平和公園 P.904
浦上天主堂 P.904
長崎原爆資料館 P.904
山王神社一本柱鳥居（二の鳥居） P.906
長崎本線
長崎電気軌道
浦上駅
浦上川
長崎ロープウエイ
P.906 聖福寺
長崎歴史文化博物館
長崎駅
長崎駅前
長崎県庁
長崎市役所
市民会館
P.905 眼鏡橋
めがね橋
長崎港ターミナル
長崎市亀山社中記念館 P.901
P.901 出島
長崎県美術館
長崎新地中華街 P.906
大浦天主堂 P.901
P.906 オランダ坂
グラバー園 P.900
長崎孔子廟 P.902
石橋

info 五島列島には古くから**ヤブツバキ**が自生し、変異種である**玉之浦ツバキ**は五島の名花として愛されている。身近な植物として親しまれ五島の教会堂のステンドグラスや装飾に**ツバキ**が用いられていることが多い。

1.2. 小さなドームを頂く教会。外壁の石には数字の跡がみられる頭ヶ島天主堂 3.4. 海辺に立つ旧五輪教会堂は移築の際に正面玄関がつけられた 5. 堂崎天主堂では現在も定期的に儀式が行われている

信者が石を切り出し積み上げて造った

頭ヶ島天主堂（かしらがしまてんしゅどう）

頭ヶ島は、江戸時代にキリシタンが移住し、1軒をのぞいて皆キリシタンだったところ。

鉄川与助の設計施工で建てられたこの天主堂は、信者らが近くの島から石を切り出して運び積み上げたもの。約10年かけて大正8（1919）年に完成した石造りの教会だ。重厚な外観に対し内部にはツバキモチーフの花柄模様が配され、華やかな造りが特徴となっている。

住 新上五島町友住郷頭ヶ島638
TEL 095-823-7650(長崎と天草地方の潜伏キリシタン関連遺産インフォメーションセンター)
開 見学は要事前連絡（P.897欄外参照）
休 無休 料 無料
交 **有川港**から車で12km
URL kyoukaigun.jp

和と洋が混在する、五島に現存する最古の木造教会建築

旧五輪教会堂（きゅうごりんきょうかいどう）

もとは、五島列島南部にある久賀島に、禁教令が解かれた後の明治14（1881）年に浜脇教会として建てられたもの。その後、教会堂を持たなかった五輪地区へ昭和6（1931）年に移築された。外観は素朴な木造の教会堂で民家のような懐かしい雰囲気。内部はリブ・ヴォールト天井で西洋の技術も生かされてる。

住 五島市蕨町993-11 TEL 095-823-7650(長崎と天草地方の潜伏キリシタン関連遺産インフォメーションセンター)
開 見学は要事前連絡(P.897欄外参照) 休 無休 料 無料
交 **江ノ浦港**から車で40分、さらに徒歩10分

海と緑に囲まれたレンガ造りの教会堂

堂崎天主堂（どうざきてんしゅどう）

明治13(1880)年にフランス人宣教師マルマン神父によって、五島で初めての教会堂として建てられた。明治41（1908）年に現在の赤レンガ造りの教会堂に改築。堂内には禁教時代から明治時代の信仰の歴史がわかる資料が展示されている。五島生まれの二十六聖人のひとり聖ヨハネ五島の遺骨も安置されている。

住 五島市奥浦町2019 TEL 0959-73-0705
開 9:00～17:00(冬期～16:00、夏休み期間～18:00)
休 無休 料 300円 交 **福江港**から車で約9km

足を延ばせば

鬼岳からは眼下に市街地、遠くに上五島が望める

鬼岳 標高315mの全面が芝生に覆われた火山で福江島のシンボル。駐車場から5分ほどの展望スポットからの眺めは抜群。

高浜海水浴場 国道384号線沿いにある五島の中でも随一の美しさを誇る天然の海水浴場。遠浅の澄んだエメラルドグリーンの海と白い砂浜が広がり夏は海水浴客でにぎわう。

透明度抜群、夏は桟敷や売店も開設される

info 福江島に古くから伝わる大凧、**バラモン凧**。バラモンとは五島の方言で**活発、元気がいい**という意味。鬼に立ち向かう武士の兜の後ろ姿が描かれた凧で、男の子の初節句の日に健やかな成長を願って揚げられる。

居留地時代の面影を感じる、レトロな洋風建築を満喫　長崎市と周辺

グラバー園（ぐらばーえん）

安政6（1859）年、国際貿易を目的に来日したスコットランド出身の**トーマス・ブレーク・グラバー**。長崎で**グラバー商会**を設立し輸出をはじめ造船や炭坑業などの開拓に尽力し、日本の近代化に多大な影響を与えている。

令和3（2021）年にリニューアルした旧グラバー住宅

木造洋風建築の**旧グラバー住宅**は平成27（2015）年に「明治日本の産業革命遺産」の構成資産のひとつとして世界遺産に登録。園内では旧グラバー住宅のほか国指定重要文化財**旧リンガー住宅**や**旧オルト住宅**のほか、移築・復元された洋風建築9棟を公開。レトロな喫茶室「旧自由亭」やオープンカフェ「グラバーカフェ」もある。

▶グラバー園
住 長崎市南山手町8-1
TEL 095-822-8223
開 8:00〜18:00（最終入場17:40）
休 無休　料 620円
交 路面電車**大浦天主堂**電停から徒歩7分
URL www.glover-garden.jp

両開のフランス扉を多用した造りの旧リンガー住宅

長崎港にあがる花火を間近で鑑賞できる

花と光の感動満載！ 日本一広いテーマパーク　佐世保と県北部

ハウステンボス（はうすてんぼす）

東京ドーム約33個分もある広大な敷地にヨーロッパの街並みを再現し、年中花と光に彩られるテーマパーク。

春は100万本ものチューリップが咲く

四季折々、100万本のチューリップやアジア最大級のバラなど多種多様な花が咲き誇り、夜は建物や運河がライトアップされ、冬は世界最大級のイルミネーションも楽しめる。

カラフルな傘が並ぶアンブレラストリート

場内は自然や音楽、アトラクションなどテーマに沿った7エリアの**パークゾーン**と、花火が間近で打ち上がる海や湖に面したホテルがある2エリアの**ハーバーゾーン**がある。アトラクションや本格歌劇、先端技術を駆使した施設などワクワクと感動がいっぱい。

▶ハウステンボス
住 佐世保市ハウステンボス町1-1
TEL 0570-064-110
開 9:00〜21:00（季節により変動）
休 無休
料 1DAYパスポート7000円ほか
交 JR**ハウステンボス駅**から徒歩7分
URL www.huistenbosch.co.jp

バラ祭中の「バラの運河」

1300万球がきらめく光の王国
©ハウステンボス/J-19924

info **日本初期のアスファルト道路**が**グラバー園**に保存されている。場所は旧リンガー住宅そば。晩年に心臓病を患っていたリンガーは、坂の下から住宅の前まで人力車が通れるようにとアスファルトで道路を舗装。その一部が残っている。

「信徒発見」の舞台として知られる現存する日本最古のカトリック教会

長崎市と周辺

大浦天主堂

2018年7月に世界遺産に登録された

元治元(1864)年、在留外国人のために建てられたゴシック様式の木骨れんが造教会。殉教した二十六聖人に捧げられた教会で、正式には**日本二十六聖殉教者聖堂**と言い殉教の地である西坂に向けて建てられている。禁教令から250年後の元治2(1865)年、潜伏キリシタンたちが聖堂にいた神父に信仰を打ち明けた「**信徒発見**」の舞台でもある。

▶大浦天主堂
住 長崎市南山手町5-3
TEL 095-823-2628
開 3～10月8:30～18:00
　11～2月8:30～17:30
最終入場は30分前
休 無休　料 1000円(博物館と共通)
交 路面電車**大浦天主堂**電停から徒歩5分
URL nagasaki-oura-church.jp

天主堂入口前の広場にある信徒発見の様子を描いたレリーフ

当時の町並みを忠実に復元した「出島」を散策

長崎市と周辺

出島

出島表門橋

出島は幕府がキリスト教の布教を阻止するために寛永13(1636)年、長崎の豪商25人の出資により海を埋め立てて築造した**人工の島**。

開国までの218年間、日本で唯一の貿易の窓口として開かれ、食文化や学問など西洋やアジアのさまざまな文化が持ち込まれた。幕末以降に埋め立てられたが、歴史的遺産を伝えるため復元整備が進められ19世紀初頭の出島を復元中。

▶出島
住 長崎市出島町6-1
TEL 095-821-7200(出島総合案内所)
開 8:00～21:00(最終入場20:40)
休 無休　料 520円
交 路面電車**出島**電停から徒歩4分
URL nagasakidejima.jp

オランダ商館員や東南アジアの人々が暮らしていた

龍馬らが活動した商社とゆかりの品々を展示

長崎市と周辺

長崎市亀山社中記念館

斜面の住宅地にひっそりとある記念館

薩摩藩や長崎商人の小曽根家の援助を受け、**坂本龍馬**とその同士が設立した**日本初の商社**と言われる「亀山社中」。その跡地に建つ記念館で当時の建物に限りなく近づけて復元されており、龍馬がもたれて座ったと伝えられる柱も忠実に再現している。館内には龍馬が愛用していたブーツやピストル、手紙のレプリカなどを展示。

▶長崎市亀山社中記念館
住 長崎市伊良林2-7-24
TEL 095-823-3400
開 9:00～17:00(最終入場16:45)
休 無休　料 310円
交 路面電車**新大工町**電停から徒歩15分
URL www.city.nagasaki.lg.jp/kameyama/index2.html

隠し部屋と推測される中2階の様子も見られる

info 鎖国時代、唯一西洋との窓口だった**出島**に、約130年ぶりに架けられた**出島表門橋**。国の史跡である出島側に荷重を載せない**シーソー構造**を用いた斬新なデザインで注目を浴び、2018年度グッドデザイン賞を受賞。

海底炭坑で栄え、日本の近代化を支えた産業遺産

長崎市と周辺

軍艦島（端島）

長崎港から南西の沖合18kmの場所にある炭坑によって栄えた半人工の島、**端島**は文化7（1810）年頃に石炭が発見された。島影が**戦艦土佐**に似ていることから**軍艦島**と呼ばれる。総面積約6.3ヘクタール程しかない島にピーク時には5000人を超える人々が暮らし、国内初の鉄筋コンクリートの集合住宅を建造。昭和49（1974）年に閉山し無人島になった。

日本最古の鉄筋コンクリート造りのアパートが並ぶ

▶軍艦島（端島）

軍艦島に上陸するにはツアー参加が必須。長崎港から下記の4社が催行。ツアー会社によって詳細が異なり、天候などで上陸できない場合もあるので事前に確認を。

▶やまさ海運
TEL 095-822-5002
URL www.gunkan-jima.net

▶軍艦島コンシェルジュ
TEL 095-895-9300
URL www.gunkanjima-concierge.com

▶シーマン商会
TEL 095-818-1105
URL www.gunkanjima-tour.jp

▶軍艦島クルーズ
TEL 095-827-2470
URL www.gunkanjima-cruise.jp

学問の神様・孔子を祀る色鮮やかな聖廟

長崎市と周辺

長崎孔子廟

中国の思想家・孔子を祀る日本で唯一の本格的中国様式の孔子廟。清国政府と在長崎華僑が協力して明治26（1893）年に建立したもので、壮麗な中国建築は圧巻。

聖廟の正式な内正門「儀門」

高さ2mもの孔子像が祀られており、孔子の弟子、**高弟72賢人像**は等身大で並んでいる。中国各地の博物館から貸与された美術品を展示する**中国歴代博物館**を併設。

▶長崎孔子廟
住 長崎市大浦町10-36
TEL 095-824-4022
開 9:30～18:00（最終入場17:30）
休 無休　料 660円（中国歴代博物館と共通）
交 路面電車**石橋**電停から徒歩3分
URL nagasaki-koushibyou.com

儀門の先に孔子像が鎮座する大成殿がある

島々の美しい景観と海の生きものたちに触れ合う

佐世保と県北部

九十九島パールシーリゾート

西海国立公園**九十九島**の雄大さを見て体感できるアクティビティ満載のリゾートパーク。島々を間近で楽しめる遊覧船や小型遊覧船でのクルージング、無人島上陸、シーカヤック体験などがある。リゾート内にある九十九島の海を再現した水族館「**九十九島水族館海きらら**」では、イルカやクラゲのほか多くの海の生きものたちを見ることができる。

優雅な白い船体が特徴の遊覧船パールクィーン

▶九十九島パールシーリゾート
住 佐世保市鹿子前町1008
TEL 0956-28-4187
開 料 施設による　休 無休
交 JR**佐世保駅**からバスで**パールシーリゾート・九十九島水族館**下車、徒歩すぐ
URL pearlsea.jp

▶九十九島水族館海きらら
TEL 0956-28-4187
開 3～10月9:00～18:00
11～2月9:00～17:00
最終入場は30分前
休 無休　料 1470円
URL umikirara.jp

info オランダ商館医として出島に入国したドイツ出身の医者**シーボルト**。西洋医学を学びたいという日本人のために出島の外で**鳴滝塾**（なるたきじゅく）を開き、自身も日本の自然や文化を詳細に研究し、著書にまとめて世界に日本を紹介した。

硫黄の匂いと吹き出す蒸気がまさに地獄のような光景 **雲仙と島原半島**

雲仙地獄（うんぜんじごく）

30分ほどで回れる遊歩道が整備されている

標高700mの山頂に広がる**雲仙温泉街**。その中心部にある雲仙地獄は温泉の噴気による白い噴煙と硫黄の匂いが漂い、**お糸地獄**や**清七地獄**など30ヵ所の地獄を見学できる。特に**大叫喚地獄**では最も激しい噴気が上がり地獄らしい雰囲気。温泉の地熱を利用した足蒸しスペースや温泉たまごを販売する**雲仙地獄工房**もある。

魏志倭人伝にも登場する離島 **五島列島と壱岐・対馬**

壱岐（いき）

一支国の王都と特定された原の辻遺跡

九州と対馬の間に位置する離島。『魏志倭人伝』に**一支国**（いきこく）として登場し、島内には280以上の遺跡や古墳が残る。なかでも**原の辻遺跡**からは貴重な品々が数多く出土しており国の特別史跡に指定。出土品は**一支国博物館**に展示され、島の歴史とともに楽しく学びを深められる。島内には150以上の神社がありパワースポットとして人気。

独特な歴史や文化、自然生態を持つ国境の島 **五島列島と壱岐・対馬**

対馬（つしま）

万関瀬戸に架かる対馬の上下の島を結ぶ万関橋

九州と韓国の間にある九州最北端の島で、対馬独特の歴史・文化・自然を有している。

大陸に近い位置にあり国防の最前線として戦った歴史がある。太古からの原生林が多く残り**ツシマヤマネコ**や**対州馬**（たいしゅうば）など独特な生態系も魅力的。美しいリアス海岸が織り成す**浅茅湾**（あそうわん）の景色や韓国・釜山の街並みを望める展望所など見どころ満載。

▶雲仙地獄
住 雲仙市小浜町雲仙320
TEL 0957-73-3434（雲仙温泉観光協会）
開 見学自由
交 島原鉄道**島原駅**からバスで**雲仙お山の情報館前**下車、徒歩3分
URL www.unzen.org

熱々の温泉たまごが食べられる

▶壱岐
TEL 0920-47-3700(壱岐市観光連盟)
交 **長崎空港**から壱岐空港まで飛行機で30分。または福岡の**博多港**から芦辺港までジェットフォイル（高速船）で1時間10分
URL www.ikikankou.com

▶一支国博物館
住 壱岐市芦辺町深江鶴亀触515-1
TEL 0920-45-2731
開 8:45～17:30（最終入場17:00）
休 月曜（祝日の場合は翌日）、12/29～31　料 410円
URL www.iki-haku.jp

猿の横顔に見える猿岩は壱岐のシンボル

▶対馬
住 対馬市厳原町、上対馬町ほか
TEL 0920-52-1566（対馬観光物産協会）
交 **長崎空港**から対馬空港まで飛行機で35分。1日4便程度
URL www.tsushima-net.org

気象条件が合えば韓国の釜山が望める韓国展望所

info 日本最古の歴史書『**古事記**』に、**国生み神話**がある。イザナキノミコトとイザナミノミコトの神が天の沼矛を使い、島を誕生させていくが、**壱岐**は5番目、**対馬**は6番目に誕生している。

戦争の悲劇を伝え、世界平和の尊さを願う祈りの空間　長崎市と周辺

平和公園（へいわこうえん）

昭和20（1945）年8月9日11時2分に原子爆弾が長崎市松山町上空で炸裂。多くの犠牲者の冥福を祈り、恒久平和を願う憩いの公園。**平和祈念像**を中心に各国から贈られたモニュメントや被爆者をしのぶ平和の泉のほか、近くには原爆落下中心地碑や浦上天主堂の遺壁を展示。

平和祈念式典が像の前で行われる

▶平和公園
住 長崎市松山町
TEL 095-829-1162（長崎市土木総務課）
開 入場自由
交 路面電車**平和公園**電停から徒歩2分
URL www.at-nagasaki.jp/spot/130

平和公園入口にエスカレーターと階段がある

被爆の惨状と平和を学ぶ資料や遺品を保存・展示する　長崎市と周辺

長崎原爆資料館（ながさきげんばくしりょうかん）

原爆投下までの経緯から投下直後、核兵器開発や平和についてわかりやすく紹介。常設展示室では投下直後の惨状の再現を行っており、実際に被爆した大型の被災資料や長崎型原爆**ファットマン**の模型、熱線による人的、物的被害の資料や写真を見て学べる。

原子爆弾「ファットマン」の模型

▶長崎原爆資料館
住 長崎市平野町7-8
TEL 095-844-1231
開 5～8月8:30～18:30
9～4月8:30～17:30
最終入場は30分前
休 12/29～31　料 200円
交 路面電車**原爆資料館**電停から徒歩5分
URL nabmuseum.jp

原爆投下の11時2分で止まった時計

被爆を乗り越え復元したれんが風の大聖堂　長崎市と周辺

浦上天主堂（うらかみてんしゅどう）

キリシタン弾圧に耐えた信徒たちが30年の歳月をかけ大正14（1925）年に完成させたれんが造りの大聖堂。爆心地から500mと近かったため全壊したが、昭和34（1959）年に再建、昭和56（1981）年にローマ教皇の訪日に合わせ、れんが風タイルの外壁に改装し復元した。

往時の姿に復元された浦上天主堂

▶浦上天主堂
住 長崎市本尾町1-79
TEL 095-844-1777
開 9:00～17:00
休 無休　料 無料
交 路面電車**平和公園**電停から徒歩10分
URL www1.odn.ne.jp/uracathe

長崎の町全体がきらめく夜景にうっとり　長崎市と周辺

稲佐山山頂展望台（いなさやまさんちょうてんぼうだい）

標高333mの稲佐山山頂にある展望台で、世界新三大夜景にも選ばれたビュースポット。市内全景を一望でき、晴れた日は雲仙や天草、五島列島も望める。展望台へは中腹駐車場にある中腹駅発のスロープカーや淵神社駅発の長崎ロープウエイもある。

1000万ドルの光が輝く夜景

▶稲佐山山頂展望台
住 長崎市稲佐町364
TEL 095-861-7742
開 入場自由
交 JR**長崎駅**からバスで**稲佐山**下車、スロープカーで8分
URL www.inasayama.com

山頂のINASA TOP SQUAREはレストランやカフェがある憩いのエリア

info 平成29（2017）年に**ノーベル文学賞**を受賞した作家**カズオ・イシグロ**氏は**長崎市**出身。幼少期を長崎市中川町で過ごしており、稲佐山や平和祈念像が登場する『**遠い山なみの光**』など、作品には長崎が舞台のものもある。

現存する日本最古級のアーチ型石橋　**長崎市と周辺**

眼鏡橋（めがねばし）

遊歩道から石段を下りて護岸を歩ける

寛永11(1634)年、興福寺の黙子如定禅師（もくすにょじょうぜんし）が架設したとされる長さ22mの石橋で、長崎市中心部を流れる中島川（なかしま）に架かる。川面に映る2つの丸い円の影が眼鏡のように見えることがその名の由来。護岸の石垣には**ハートストーン**がありフォトスポットとして人気。

▶眼鏡橋
住 長崎市魚の町～諏訪町
TEL 095-822-8888（長崎市あじさいコール）
開 見学自由
交 路面電車**めがね橋**電停から徒歩3分
URL www.at-nagasaki.jp/spot/95

中島川沿いはカフェやみやげ物店があり散策におすすめ

信仰が息づくキリシタンの島　**佐世保と県北部**

黒島（くろしま）

黒島の集落は世界遺産の構成資産

佐世保市の北松浦半島の南西沖合にある九十九島（くじゅうく）の中で最大の島。樹木が密生して海上から黒く見えることから黒島と言われるように。江戸時代後期に移住してきた潜伏キリシタンが、明治35(1902)年に**黒島天主堂**を建立し島のシンボルになっている。

▶黒島
住 佐世保市黒島町3333
TEL 0956-56-2311（黒島観光協会）
開 入場自由　※天主堂は要事前連絡（P.897欄外参照）
交 松浦鉄道**相浦駅**から徒歩約6分の**相浦港**から黒島港までフェリーで50分
URL kuroshimakanko.com

島内一のビュースポット蕨展望所

平戸の歴史と大航海時代の日蘭交流品を展示　**佐世保と県北部**

平戸オランダ商館（ひらどおらんだしょうかん）

砂岩切石を使用した外壁が印象的

慶長14(1609)年に幕府から貿易を許可された**東インド会社**の貿易拠点で、出島に移転するまでオランダの貿易港として活躍。平成23(2011)年、国の史跡に指定された場所で往時の姿に復元した。館内では日本の海外交流史や貿易品を紹介している。

▶平戸オランダ商館
住 平戸市大久保町2477
TEL 0950-26-0636
開 8:30～17:30
休 6月の第3火曜～木曜
料 310円
交 松浦鉄道**たびら平戸口**駅からバスで**平戸桟橋**下車、徒歩5分
URL hirado-shoukan.jp

絵画や書物、航海用具などを展示

令和にリニューアルした平戸のシンボル　**佐世保と県北部**

平戸城（ひらどじょう）

日本100名城®のひとつに選ばれている

享保3(1718)年、山鹿流（やまがりゅう）建築法で建てられた平戸藩主・松浦家の城。別名**亀岡城**と呼ばれ、平戸瀬戸に面して建つ。明治時代に廃城となったが昭和37(1962)年に復元され、令和3(2021)年4月にリニューアルし、デジタル映像などで平戸の歴史をわかりやすく展示。

▶平戸城
住 平戸市岩の上町1458
TEL 0950-22-2201
開 4～9月8:30～18:00
　10～3月8:30～17:00
休 12/30・31　料 520円
交 JR**佐世保駅**からバスで約1時間30分の**平戸市役所前**下車、徒歩10分。または松浦鉄道**たびら平戸口**駅からタクシーで10分
URL hirado-castle.jp

info 平戸市崎方町には全国でも珍しい、**うで湯**がある。ナトリウム炭酸水素塩泉の平戸温泉を利用したものでヌルヌルとした肌触り。すぐ横には**あし湯**もあり、観光客や地元の人たちに人気。利用無料。

日本3大中華街のひとつ

長崎市と周辺

長崎新地中華街

江戸時代、唐船専用の倉庫を建てるために埋め立てられた町(新地)。東西南北に伸びる**十字路ストリート**沿いに中華料理店や雑貨店など約40店が軒を連ねる。

四方には色鮮やかな中華門がある

▶長崎新地中華街
住 長崎市新地町10-13
TEL 095-822-6540(長崎新地中華街商店街振興組合)
開 休 店舗による
交 路面電車**新地中華街**電停から徒歩2分
URL www.nagasaki-chinatown.com

長崎らしい風情ある石畳の坂

長崎市と周辺

オランダ坂

長崎の人々は東洋人以外の外国人を**オランダさん**と呼んでいたため、外国人居留地にある坂道を「オランダ坂」と呼んでいたそう。近くには東山手洋風住宅群がある。

おもに活水学院下の坂、活水坂、誠孝院(じょうこういん)前の坂を指す

▶オランダ坂
住 長崎市東山手町
TEL 095-822-8888(長崎市あじさいコール)
開 入場自由
交 路面電車**メディカルセンター**電停から徒歩5分
URL www.at-nagasaki.jp/spot/105

原爆の脅威を今に伝える被爆遺構

長崎市と周辺

山王神社 一本柱鳥居(二の鳥居)

もともと4つの鳥居があったが、爆心地から約800mの所にあったため、原爆の爆風で吹き飛ばされ、二の鳥居は右側だけ残り今も同じ場所に立っている。境内には被爆した後に芽吹いた大楠が残っている。

倒壊した左側はそばに展示

▶山王神社
住 長崎市坂本2-6-56
TEL 095-844-1415
開 見学自由
交 路面電車**浦上駅前**電停から徒歩10分
URL sannou-jinjya.jp

隠元和尚の孫弟子が建立した黄檗宗の仏教寺院

長崎市と周辺

聖福寺

延宝5(1677)年、**隠元**和尚の孫弟子である鉄心が建立。随所に黄檗宗寺院の建築様式の特徴が見られる。興福寺、福済寺、崇福寺とともに**長崎四福寺**と呼ばれる。

県文化財の大雄宝殿

▶聖福寺
住 長崎市玉園町3-77
TEL 095-823-0282
開 入場自由
交 路面電車**桜町**電停から徒歩5分
URL www.at-nagasaki.jp/spot/121

丘の上に立つ白亜の教会

長崎市と周辺

出津教会堂

明治15(1882)年、**ド・ロ神父**が私財を投じ、信者のために設計・竣工した教会堂。周囲には海が広がっており海風にも耐えられるよう屋根は低く、漆喰の白い外壁が特徴的。

屋根に鐘楼が取り付けられている

©濱本政春

▶出津教会堂
住 長崎市西出津町2633
TEL 095-823-7650(長崎と天草地方の潜伏キリシタン関連遺産インフォメーションセンター)
開 見学は要事前連絡(P.897欄外参照)
休 無休(ミサ・冠婚葬祭時は堂内見学不可) 料 無料
交 JR**長崎駅**からバスで**出津文化村**下車、徒歩8分
URL kyoukaigun.jp

info 日本名水百選の**島原の湧水群**。雲仙山系の伏流水が湧き出ており1日の湧水量は20万トン以上! 湧水スポットで飲むこともできる。市民の生活用水として利用され共同の洗い場も現存。**鯉の泳ぐ町**の名で親しまれる水路では鯉が泳ぐ姿も見られる。

外海(そとめ)のために尽力した神父の軌跡　**長崎市と周辺**

ド・ロ神父記念館

国指定重要文化財に指定

明治12 (1879)年、外海地区に赴任した**マルク・マリー・ド・ロ神父**。外海の産業振興や教育文化などに尽くした品々を展示公開。建物は神父が鰯網工場として施工したもの。

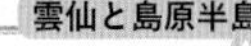

▶ド・ロ神父記念館
住 長崎市西出津町2633
TEL 0959-25-1081
開 9:00~17:00
休 12/29~1/3　料 310円
交 JR**長崎駅**からバスで**出津文化村**下車、徒歩5分
URL www.at-nagasaki.jp/spot/447

白い五層の美しい天守閣　**雲仙と島原半島**

島原城

島原七万石武将隊と記念撮影もできる

元和4(1618)年から約7年もの歳月をかけて松倉重政が築城。250年もの間、4氏19代の居城として島原藩政を担っていた。天守閣内にはキリシタン史料や郷土史料を展示。

▶島原城
住 島原市城内1-1183-1
TEL 0957-62-4766
開 9:00~17:30
休 無休　料 550円
交 島原鉄道**島原駅**から徒歩10分
URL shimabarajou.com

「島原・天草一揆」の舞台となった城跡　**雲仙と島原半島**

原城跡

原城本丸には天草四郎像がある(作:北村西望)

天草四朗時貞が中心となり、3万7千人が立て籠もった舞台として有名。平成30(2018)年に世界文化遺産に登録された「長崎と天草地方の潜伏キリシタン関連資産」の構成資産のひとつ。

▶原城跡
住 南島原市南有馬町乙
TEL 0957-65-6333(ひまわり観光協会)
開 入場自由
交 島原鉄道**島原駅**から車で約27km。またはバスで約1時間の**原城前**下車、徒歩13分
URL himawari-kankou.jp

藩政時代の面影を残す街並み　**雲仙と島原半島**

武家屋敷

生活用水として使われていた街路の湧水

島原城の西側に建てられた鉄砲隊の徒士(歩兵)部隊の屋敷群で、当時は約700戸が軒を連ねていた。現在、**山本邸**、**篠塚邸**、**鳥田邸**の3軒が一般に無料開放されている。

▶武家屋敷
住 島原市下の丁
TEL 0957-63-1111(島原市しまばら観光課)
開 見学自由(無料開放の武家屋敷3軒は9:00~17:00)
交 島原鉄道**島原駅**から徒歩15分
URL www.city.shimabara.lg.jp/page935.html

雲仙の自然を間近で堪能　**雲仙と島原半島**

仁田峠展望所

妙見山頂へはロープウエイも運行

春はミヤマキリシマ、夏は新緑、秋は紅葉、冬は霧氷など雲仙の四季折々の自然を満喫できる。標高1080mの第2展望所からは平成新山を間近に望める絶景ポイント。

▶仁田峠展望所
住 雲仙市小浜町雲仙551
TEL 0957-73-3434(雲仙温泉観光協会)
開 仁田峠循環道路の通行時間
4~10月8:00~18:00
11~3月8:00~17:00
休 悪天候時通行止
交 JR**長崎駅**または島原鉄道**島原駅**からバスで**雲仙**下車後、車で約7km
URL unzen.org

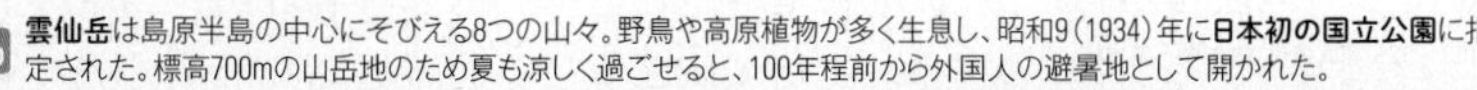
info **雲仙岳**は島原半島の中心にそびえる8つの山々。野鳥や高原植物が多く生息し、昭和9(1934)年に**日本初の国立公園**に指定された。標高700mの山岳地のため夏も涼しく過ごせると、100年程前から外国人の避暑地として開かれた。

熊本県

KUMAMOTO

熊本県

熊本市

くまモン
熊本県の営業部長兼しあわせ部長。全国や世界にも出張して、熊本のグルメや大自然を熱烈アピール中
©2010熊本県くまモン

人口
173.8万人(全国23位)
面積
7409km²(全国15位)
県庁所在地
熊本市
県花
リンドウ

リンドウ
阿蘇の草原に青や紫色の可憐な花を咲かせる

九州の中央に位置する熊本県は、世界的に有名なカルデラを有する阿蘇山や、美しい島々からなる天草などがあり、自然の魅力にあふれている。豊かな自然は草千里ヶ浜P.917、天草五橋P.923などの美しい景勝地とともに、デコポン、スイカ、あか牛、馬刺し、球磨焼酎など数々のおいしい名産品を生み出す。「火の国」のイメージでも知られるが、水資源も豊富で、県内に1000ヵ所以上の湧水地を有する「水の国」でもある。2016年の熊本地震、2020年の豪雨災害からの復興が進んでいる。

旅の足がかり

熊本市

かつては肥後国の城下町として栄えた、人口72万人の政令指定都市。市のシンボルである**熊本城**P.918は、城づくりの名手として知られた武将、加藤清正が慶長12(1607)年に築城。城の入口には彼の銅像が立ち、現在も「清正公(せいしょこ)さん」と呼ばれ親しまれている。寛永9(1632)年以降は細川氏が藩主となった。熊本城は熊本地震で大きな被害を受けたが令和3(2021)年に天守閣の復旧工事が完了。およそ20年をかけて城全体の再建を目指している。

阿蘇

熊本県と大分県にまたがる**阿蘇くじゅう国立公園**の大部分を占める阿蘇エリア。カルデラ内には阿蘇市、高森町、南阿蘇村がある。約27〜9万年前の大規模噴火で大量の火砕流が噴出したことにより地盤が崩落し、世界最大級のカルデラが誕生した。阿蘇山とは高岳、中岳、烏帽子岳、杵島岳(きしまだけ)、根子岳(ねこだけ)など火山群の総称。

天草

熊本県西に浮かぶ天草上島・下島を中心とした大小120あまりの島々からなり、美しい景色とおいしい魚介、温泉、イルカウオッチングなどの魅力にあふれる。「長崎と天草地方の潜伏キリシタン関連遺産」の構成資産のひとつとして平成30(2018)年にユネスコの世界文化遺産に登録された**﨑津教会**P.919は下島の南西部沿岸にある。

地理と気候

海と山に囲まれており、地域によって気候が異なる。熊本平野と人吉盆地は冬と夏で寒暑の差が激しい内陸的な気候。阿蘇地方は山地型の気候。天草地方は海洋性気候。

【夏】35℃を越す猛暑になることも少なくなく非常に蒸し暑い。一方、阿蘇地方などの山間部は比較的涼しく過ごしやすい。

【冬】冬の冷え込みが厳しい内陸的な気候。阿蘇地方などの山間部は氷点下まで温度が下がることもある。天草地方は比較的温暖。

P.908〜925 写真提供:熊本県 熊本市

アクセス

東京から ▸▸▸	所要時間
飛行機　羽田空港▶熊本空港	1時間55分

大阪から ▸▸▸	所要時間
飛行機　伊丹空港▶熊本空港	1時間10分

福岡から ▸▸▸	所要時間
新幹線　博多駅▶熊本駅（みずほ）	32分
JR線　大牟田駅▶熊本駅	48分
高速バス　博多BT▶熊本駅	2時間10分

鹿児島から ▸▸▸	所要時間
新幹線　鹿児島中央駅▶熊本駅（みずほ）	45分
鉄　道　川内駅▶八代駅（肥薩おれんじ鉄道）	2時間35分
高速バス　鹿児島中央駅▶熊本桜町BT	3時間15分

大分から ▸▸▸	所要時間
JR線　大分駅▶熊本駅（九州横断特急）	3時間
高速バス　大分駅▶熊本駅	4時間

BT:バスターミナル

県内移動

▶熊本から阿蘇へ

豊肥本線の普通列車で約1時間40分。特急列車で約1時間10分。

熊本駅から大分方面行きの高速バスで阿蘇駅まで約1時間50分。

▶熊本から天草へ

熊本駅から本渡バスセンターまで約2時間30分。

▸▸▸アクセス選びのコツ

別府駅～熊本駅を結ぶ**九州横断特急**が1日2便運行。熊本県内では宮地駅、阿蘇駅、肥後大津駅、水前寺駅、新水前寺駅などの主要駅に停車する。熊本駅～宮地駅間の特急**あそ**は1日1便。

熊本駅前のほか、市電の花畑町と辛島町の間にある**桜町バスターミナル**が熊本市のメインターミナル。県内各地のほか、県外では福岡（博多）とを結ぶ便が頻発している。周辺の県への便は1日3～4便程度。

熊本空港は、おもに羽田空港、伊丹空港、小牧（名古屋）の便が多い。天草空港へは天草エアラインが運航。熊本空港から1日1便。福岡空港から1日3便。

熊本港と島原（島原外港）を約30分で結ぶフェリーが運航されている。熊本港へは熊本駅からバスで約30分。

交通路線図

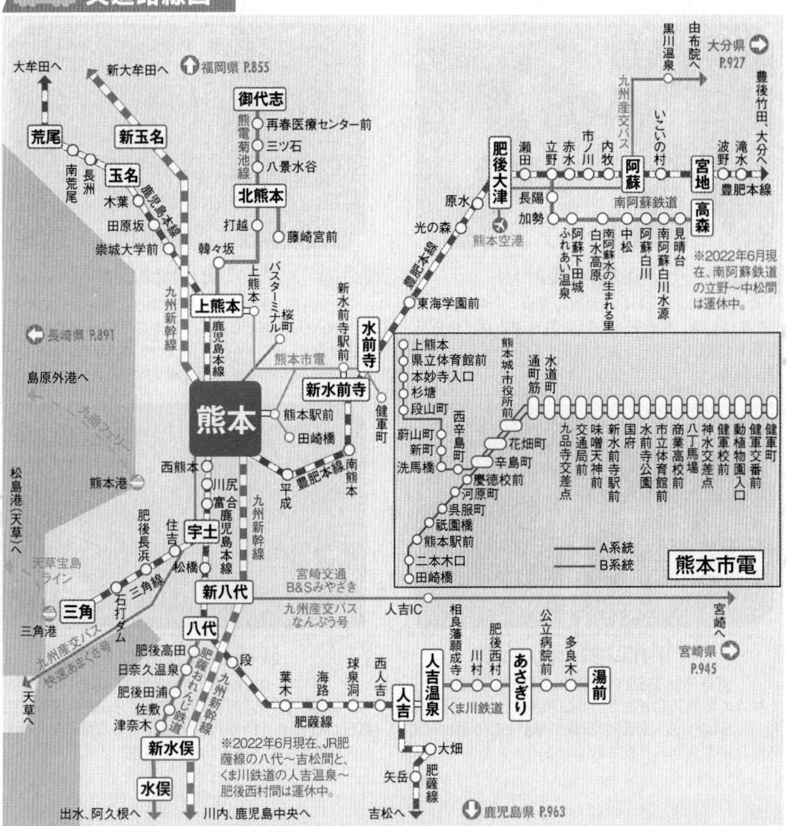

熊本県

うちの県はここがすごい

一 日本一水がきれい

環境省が選ぶ、「名水百選」に選ばれた名水が4ヵ所(菊池水源・轟水源・池山水源・白川水源)あり、1つの県として最多。さらに同省の「平成の名水百選」に4つの湧き水が選出された。

二 日本一の石段

下益城郡美里町にある3333段の石段P.923は、釈迦院の表参道の坂に8年かけて造られた階段で、日本一の段数を誇る。体力づくりのバロメーターとして定期的に上る人も。

三 ふりかけ発祥の地

熊本県で愛されているふりかけ「御飯の友」は、大正初期に、熊本の薬剤師、吉丸末吉がカルシウム不足を補うため、魚の骨を粉にしてご飯にかけて食べることを考え出したことがきっかけ。

イベント・お祭り・行事

① 山鹿灯籠まつり

8月15、16日に山鹿市で開催。「千人灯籠踊り」では、頭に金灯籠を掲げた浴衣姿の女性たちが、幾重もの輪になって「よへほ節」の調べにのせて優雅に踊る。

② 火の国まつり

8月第1金・土・日曜に開催。メインイベントの「おてもやん総おどり」は、熊本の民謡「おてもやん」と「サンバおてもやん」に合わせて5000人以上の人々が熊本市内の中心部を踊り歩く。

③ 阿蘇神社の御田祭

阿蘇神社P.922で7月28日に開催。神輿に乗った神々の行列に付き従う全身白装束の女性は「宇奈利」と呼ばれる。「阿蘇の農耕祭事」として国の重要無形民俗文化財に指定されている。

④ 藤崎八旛宮秋季例大祭

熊本市の総鎮守とされる藤崎八旛宮の例大祭で、毎年9月第3月曜を最終日とする5日間開催。最終日に行われる神幸行列では、大きな飾りを背負った飾り馬と大勢の勢子たちが町を練り歩く。

馬刺し

「桜肉」とも呼ばれる馬肉は、低脂肪&高タンパクのヘルシー食材。定番の刺身のほか、焼肉、しゃぶしゃぶ、寿司などさまざまな味わい方がある。

熊本ラーメン

揚げニンニクやマー油が入った香り高いとんこつスープは、鶏ガラもブレンドされていて、クセがなくすっきりとした味わい。麺は博多ラーメンより太めのストレート。

太平燕(タイピーエン)

鶏ガラベースの白湯スープに春雨が入る。トッピングは野菜や海鮮、揚げ卵など。中国福建省の郷土料理が発祥だが、今や熊本のソウルフード。中華料理店で食べることができる。

あか牛丼

阿蘇で放牧されるあか牛は、うまみ豊かな赤身肉。ミディアムレアに焼かれたステーキと半熟卵がのったあか牛丼は、阿蘇エリアのレストランや道の駅で食べられる。

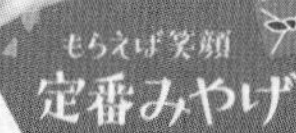

いきなり団子

1cmほどの厚さに輪切りにしたサツマイモと粒あんを皮で包んで蒸した、手のひらサイズの和菓子。蒸したてがおいしい。「いきなりだご」とも呼ばれる。

辛子蓮根

レンコンの穴に辛子味噌を詰め、黄色い衣をつけて揚げた郷土料理。ツーンとくる辛さがやみつきになる。病弱だった初代藩主、細川忠利に栄養をつけさせるために考案されたといわれる。

地元っ子愛用
ローカル味

フンドーダイのみそ

熊本の味噌は甘い味が特徴。スーパーなどでよく販売されているのは、地元の老舗メーカー、**フンドーダイ**のもの。近年同社で開発された透明醤油も話題となっている。

南関あげ

熊本県南関町に伝わる揚げ豆腐で、だしを吸いやすく、一般的な油揚げよりもちもちした食感。極力水分をなくして揚げるため、常温で3ヵ月もつ。味噌汁に入れてもおいしい。

匠の技が光る
伝統工芸

彦一こま

笠、頭、胴体、台に分解でき、それぞれがコマになるタヌキの置き物。八代地方に伝わる「彦一とんち話」をもとに作られた郷土玩具。

花手箱・きじ馬

球磨(くま)地方に逃れた平家の落人が作り始めたといわれる人吉の伝統工芸品。きじ馬は子供の成長を願う縁起物。花手箱はツバキの花が描かれている。

ワカルかな?
熊本のお国言葉

あとぜきせんね!

Ans. 開けた戸は閉めましょう

1泊2日で巡る 熊本県

1日目

1日目は阿蘇をドライブで大満喫し、黒川温泉に宿泊。2日目は熊本駅でレンタカーを返却し、熊本城など熊本市の主要な見どころを回る。

8:30 **レンタカーを借りる**

阿蘇くまもと空港または熊本市内でレンタカーを借りる。

ミルクロードを走って阿蘇へ

車 60分〜90分

10:00 阿蘇五岳を望む絶景展望台
大観峰 ▶P.917

眼下に阿蘇谷、その奥に阿蘇五岳の稜線が広がるパノラマを楽しもう。

車 45分

11:00 阿蘇のハイライト
草千里ヶ浜 ▶P.917

馬がのんびりと草を食む大草原は阿蘇を象徴する景観。

パノラマラインをドライブ!

車 1分

12:00 阿蘇のブランド牛**あか牛丼**のランチ

あか牛のステーキがのった絶品丼

車 6分

13:00 白い噴煙を上げる
阿蘇中岳火口 ▶P.917

今も火山活動を続ける中岳第1火口を近くで観察(火山活動の状況により立入規制の可能性あり)。

車 23分

13:30 **白川水源**の清流で心を癒やす ▶P.922

毎分60トンも湧き出る阿蘇の伏流水。飲み水として持ち帰ってもOK。

車 40分

14:30 肥後一之宮
阿蘇神社に参拝 ▶P.922

阿蘇を開拓したといわれる健磐龍命を祀る。地震からの復旧が進んでいる。

車 30分

15:30 **黒川温泉**で湯巡り散歩 ▶P.919

浴衣と雪駄が黒川スタイル

風情ある温泉街を歩きながら、露天風呂をはしご。宿泊は「黒川荘」で。

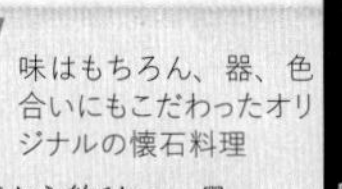

おすすめ! 泊まるならココ

自然に囲まれ癒やしの休日を過ごせる温泉宿

黒川荘(くろかわそう)

味はもちろん、器、色合いにもこだわったオリジナルの懐石料理

宿泊者限定の屏風岩露天風呂

黒川温泉の温泉街から約1km。母屋と離れからなり、客室は純和風でありながら、ところどころにモダンさも感じるおしゃれな雰囲気。宿の名物は、奇岩・屏風岩を見上げて入る露天風呂。源泉かけ流しで、やわらかな湯ざわりと美しいエメラルドグリーンの色が特徴。食事は地元の旬の食材を使用した和風創作懐石料理をいただける。

住 阿蘇郡南小国町満願寺6755-1
TEL 0967-44-0211
交 JR熊本駅、阿蘇くまもと空港からバスで黒川温泉下車、徒歩13分
料 1泊2食付き2万3500円〜
URL www.kurokawaso.com

早春の風物詩
阿蘇の野焼き

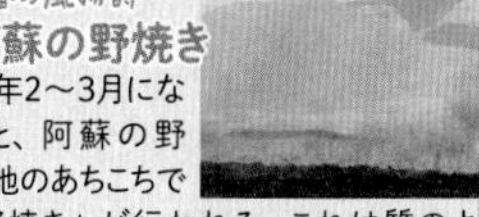

毎年2～3月になると、阿蘇の野草地のあちこちで「野焼き」が行われる。これは質のよい牧草を育てるためで、阿蘇はこの野焼きを経て初夏には一面に広がる大草原となる。

2日目

8:30 黒川温泉

車 110分

10:20 JR熊本駅

レンタカーを返却して熊本市電でスタート!

市電 17分

10:37 **熊本県伝統工芸館**で ▶P.921
おみやげ探し

1階の工芸ショップ「匠」には熊本県の伝統工芸品が勢揃い。

徒歩 7分

11:20 熊本のシンボル**熊本城** ▶P.918

被災前の姿を取り戻した不屈の名城。天守閣に上ってみよう。

徒歩 2分

11:45 **桜の馬場 城彩苑**でランチ ▶P.921

城下町を再現した通りにレストランやショップが集まっている。

徒歩 すぐ

13:30 **熊本城ミュージアム わくわく座**で楽しく学ぶ ▶P.921

熊本城について映像や体験コーナーで親しみやすく解説。

徒歩 5分

14:15 市電花畑町電停

市電 20分 + 徒歩 3分

14:40 国の名勝・史跡
水前寺成趣園を散策 ▶P.918

湧き水池や築山など風雅な景観を楽しめる回遊式庭園。

徒歩 3分 + 市電 13分

16:15 **くまモンスクエア**で ▶P.921
くまモングッズをチェック

市電の水道町電停から徒歩1分。熊本県の営業部長兼しあわせ部長、くまモンの活動拠点。

徒歩 6分

17:00 **熊本市現代美術館**で ▶P.921
サクッとアート鑑賞

鶴屋デパートの向かいにあり、気軽に現代アートを楽しめる。

徒歩 1分

18:00 熊本市随一の繁華街
上通り・下通りでディナー

熊本ラーメン、馬刺し、太平燕などチョイスはさまざま。熊本グルメを堪能しよう。

足を延ばして夕日の名所へ
御輿来海岸（おこしき）

宇土市にある御輿来海岸は、干潮と日没が重なると、干潟の独特な地形が夕日に照らし出された、幻想的な光景が出現する。シーズンは2～4月。

熊本城を目の前に望む絶好のロケーション

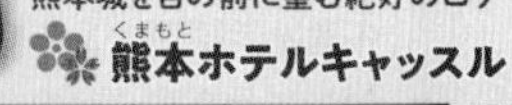

熊本（くまもと）ホテルキャッスル

客室の内装はフロアごとに異なる

昭和35（1960）年に昭和天皇皇后両陛下を迎える宿泊所として開業。数々の皇族がご宿泊され、高いホスピタリティーに定評がある。熊本市の中心市街地に位置し、観光や町歩きの拠点としても便利。熊本城側の客室からの眺めは格別で、夜はライトアップした勇壮な熊本城を目の前に見ることができる。ホテル内レストラン「中国四川料理 桃花源」は熊本を代表する名店。

皇族も宿泊する由緒あるホテル

住 熊本市中央区城東町4-2
TEL 096-326-3311
交 市電通町筋電停から徒歩3分
料 1泊1万1000円～
URL www.hotel-castle.co.jp

熊本県の歩き方

▶桜の馬場 城彩苑 P.921
総合観光案内所
住 熊本市中央区二の丸1番1-3
TEL 096-322-5060
開 9:00～17:30　休 年末年始
URL www.sakuranobaba-johsaien.jp

▶熊本駅総合観光案内所
住 熊本市西区春日3-15-30
(JR熊本駅構内)
TEL 096-327-9500
開 9:00～17:30　休 無休
URL kumamoto-guide.jp

▶熊本城周遊バス しろめぐりん
熊本城を中心とした市内の見どころを巡る。9:00～17:00に平日は30分に1本、土·日曜·祝日は20～30分に1本運行。
料 1回券160円　1日券400円
URL shiromegurin.com

▶わくわく1dayパス
適用範囲内の路線バス、市電、熊本電鉄線が1日乗り放題。提携施設の割引もある。
料 区間指定1(市中心部)700円
区間指定2(近郊まで)900円
県内2000円

▶阿蘇インフォメーションセンター
住 阿蘇市黒川1440-1(阿蘇駅構内)
TEL 0967-34-1600
開 9:00～18:00　休 無休
URL www.asocity-kanko.jp

▶南阿蘇観光案内所
住 阿蘇郡南阿蘇村久石2807
(道の駅 あそ望の郷くぎの内)
TEL 0967-67-2222
開 9:00～17:00　休 無休
交 熊本空港から車で約30分
URL minamiaso.info

熊本市と県北部

アーケードになっている上通、下通周辺が繁華街

熊本市は九州新幹線が通り、熊本各地へ向かうバスも発着する交通の拠点。**熊本城**P.918や**上通・下通**があるのは**桜町バスターミナル**周辺で、熊本駅からは市電で15～20分ほど。市内の観光は、2路線ある市電と、周遊バス**しろめぐりん**(左記欄外参照)の利用が便利。温泉地の**山鹿**、**菊池**へはバスで約1時間20分。**玉名**はJR鹿児島本線で約30分、**荒尾**へはJR鹿児島本線で50分。

2023年春に新旅客ターミナルが開業する熊本空港(阿蘇くまもと空港)

▶熊本空港(阿蘇くまもと空港)から各地へ

熊本市内をはじめ、阿蘇、黒川温泉、天草、八代へ行くバスが出ている。熊本市内へは空港リムジンバスで桜町バスターミナルまで所要50分、熊本駅まで所要1時間。

便利情報

交通、観光の拠点

桜町バスターミナル　商業施設SAKURA MACHI Kumamotoに併設する、県内路線および県外へのバスが発着する大型バスターミナル。出発前に熊本グルメの堪能やおみやげ探しもできる。5階のテラスには、毎日定刻になると階下に向かって手を振ってくれる大きなくまモンも。

阿蘇と黒川温泉

阿蘇北外輪山の最高峰、大観峰

阿蘇エリア　周囲130kmの広大なカルデラの中にある阿蘇。**草千里ヶ浜**P.917がある**阿蘇五岳**が中央にそびえ、その北側は阿蘇市街が広がる**阿蘇谷**、南側はのんびりとした風景が広がる**南郷谷**だ。眺めのいい**ミルクロード**や**阿蘇パノラマライン**を車で走るのが王道だが、現地ツアーに参加するのもよい。

黒川温泉　山里で露天風呂巡りを楽しめる人気の温泉地、**黒川温泉**P.919は阿蘇から北へ15kmほどの山中にあり、熊本市街、阿蘇くまもと空港から直通バスがある。

info JR熊本駅に隣接する商業施設、**アミュプラザ熊本**では、駅ナカにある**肥後よかモン市場**があり、熊本の名物グルメを味わったり、おみやげショッピングを楽しむことができる。URL www.jrkumamotocity.com

宇城と県央エリア

大迫力の放水が見られる通潤橋

有明海に面した**宇城地域**と内陸の**上益城地域**からなる。宇城地域は古くから交通の要衝であり、熊本市からはJR三角線、JR鹿児島本線、バスなどでアクセスできる。一方、緑豊かな上益城地域は放水が見事な**通潤橋** P.920など歴史ある美しい石橋が数多く残っている。このあたりは車でのアクセスがおすすめ。

天草エリア

天草五橋がかかる国道266号線は「天草パールライン」と呼ばれる

大小120の島々からなる天草。九州本土とは橋で結ばれていて、バスか車、船、飛行機でアクセスできる。交通の起点となるのは、最大の島、天草下島にある**本渡バスセンター**。宿泊施設は天草上島の松島温泉と天草下島の下田温泉に集まる。海沿いの絶景スポットが多く、ドライブしながら回るのがおすすめ。

便利情報

mio camino AMAKUSA（ミオ・カミーノ天草） 天草の前島港に隣接する観光施設。レンタカー、天草五橋クルーズ、イルカウオッチングなどの申し込みができる観光の拠点。隣にリゾート感たっぷりの人気観光施設「リゾラテラス天草」もある。

天草グルメを楽しめるフードコートもある

人吉と県南部

城下町の風情とダイナミックな自然、温泉が魅力の**人吉市**。町の中心は人吉駅で、温泉も観光スポットもその1km圏内に集まっている。レンタサイクルの利用が便利。

令和2（2020）年の豪雨災害の影響で、**JR肥薩線は長期運休中**。熊本駅前などからのアクセスは産交バスの宮崎行き**高速なんぷう号**（予約制）で**人吉IC**まで行き、人吉周遊バス**じゅぐりっと号**（1日乗車券500円）に乗り換えて人吉駅前で下車。

おみやげ

球磨焼酎 人吉球磨地方で作られる焼酎。ガラという酒器に入れて直火であたため、チョクという小さいおちょこで香りを楽しみながらストレートで飲むのが地元流。

コクがあり味わい深い米焼酎

▶JR三角駅観光案内所（宇城市）
住 宇城市三角町三角浦1159
TEL 0964-53-0010
開 9:30～16:30
休 月曜（祝日の場合は翌日）、年末年始
URL ukitrip.city.uki.kumamoto.jp

▶天草宝島観光協会
住 天草市中央新町15-7（天草宝島国際交流会館ポルト内1階）
TEL 0969-22-2243
開 9:00～18:00 休 年末年始
交 **本渡バスセンター**から徒歩約10分
URL www.t-island.jp

▶あまくさ乗り放題きっぷ
熊本駅～本渡バスターミナル間を結ぶ高速バス「快速あまくさ号」の往復乗車券と、天草島内の路線バス乗り放題がセットになったお得な切符。
料 2日間4280円 3日間5400円

▶天草宝島ライン
JR三角駅に到着する特急「A列車で行こう」と接続する定期観光船。三角港から前島（松島）港まで、天草五橋のクルージングも楽しめる。
料 1000円
URL www.seacruise.jp/teiki

▶天草ぐるっと周遊バス
天草の人気の観光スポットを巡るお得なツアーバス。イルカウォッチングコース（3時間）、﨑津集落コース（5時間）、南天草の食と文化を巡るコース（5時間）がある。2日前の15:00までに要予約。
料 1000～3700円
URL www.t-island.jp/bus

▶mio camino AMAKUSA
住 上天草市松島町合津6215-17
TEL 0969-33-9500
開 9:00～17:30 休 水曜
交 **JR熊本駅**からバスで**リゾラテラス天草**下車、徒歩すぐ
URL www.kyusanko.co.jp/miocaminoamakusa

▶人吉市観光案内所
住 人吉市中青井町326-1（JR人吉駅構内）
TEL 0966-22-2411
開 9:00～17:00 休 無休
URL hitoyoshionsen.net

▶レンタサイクル くまたび
住 人吉市中青井町265（JR人吉駅横）
TEL 0966-23-5011
開 9:30～17:00 休 無休
料 500円

info **天草エリア**は海の幸が豊富で、春～夏はウニ、秋は伊勢エビとアワビ、冬は車エビが旬。有明特産のタコは通年取れる。魚介たっぷりの**天草ちゃんぽん**は天草でしか食べられないご当地グルメ。

ZOOM UP!

阿蘇と黒川温泉

世界最大級のカルデラ 阿蘇山でドライブ&ハイキング

阿蘇山は、約9万年前の巨大噴火によりできたカルデラの中に、
阿蘇五岳などの火山が噴出した火山群の総称。
外輪山は広大で、カルデラの内側には鉄道が走り、
阿蘇市、高森町、南阿蘇村の3つの自治体に約5万人が生活する。
一面に広がる大草原も、荒々しい火口も阿蘇の魅力。
季節ごとの表情も楽しんでみたい。

見どころMAP

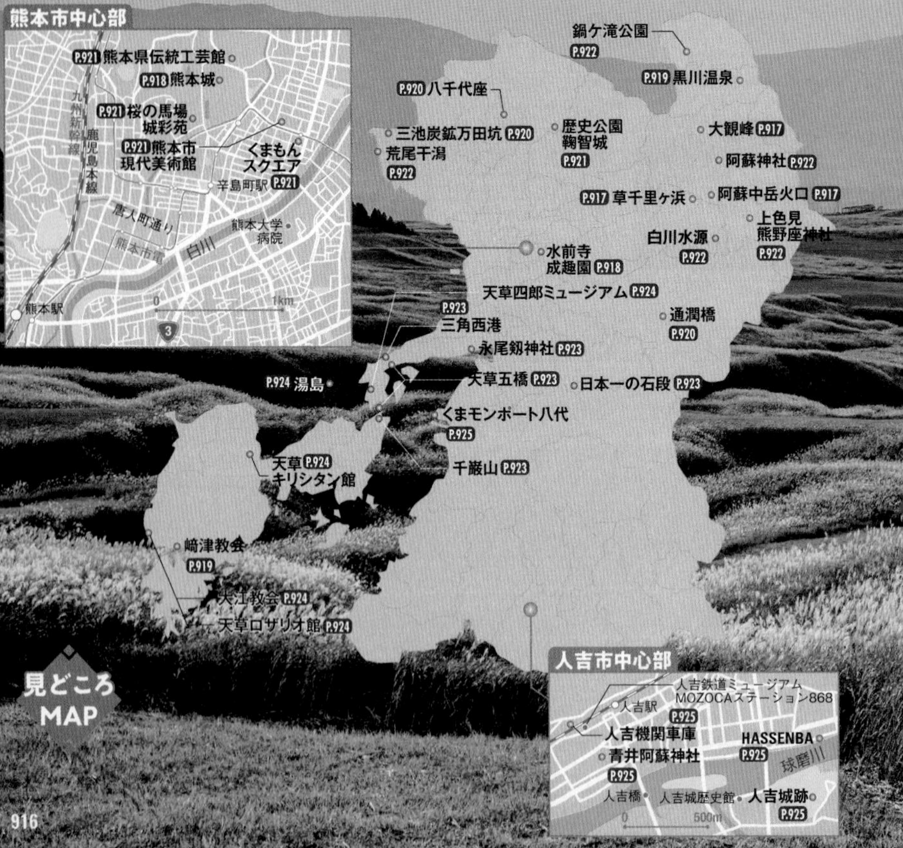

熊本市中心部

P.921 熊本県伝統工芸館
P.918 熊本城
P.921 桜の馬場 城彩苑
P.921 熊本市現代美術館
くまもんスクエア P.921
辛島町駅
唐人町通り
熊本市電
白川
熊本大学病院
九州新幹線
鹿児島本線
熊本駅
0 1km
3

鍋ケ滝公園 P.922
P.919 黒川温泉
P.920 八千代座
三池炭鉱万田坑 P.920
荒尾干潟 P.922
歴史公園鞠智城 P.921
大観峰 P.917
阿蘇神社 P.922
P.917 草千里ヶ浜
阿蘇中岳火口 P.917
上色見熊野座神社 P.922
白川水源 P.922
水前寺成趣園 P.918
天草四郎ミュージアム P.924
P.923 三角西港
通潤橋 P.920
永尾剱神社 P.923
P.924 湯島
天草五橋 P.923
日本一の石段 P.923
くまモンポート八代 P.925
天草 P.924 キリシタン館
千巌山 P.923
﨑津教会 P.919
大江教会 P.924
天草ロザリオ館 P.924

人吉市中心部

人吉鉄道ミュージアム MOZOCAステーション868
人吉駅
P.925 人吉機関車庫
HASSENBA P.925
青井阿蘇神社 P.925
球磨川
人吉橋
人吉城歴史館
人吉城跡 P.925
0 500m

心を空っぽにできる圧巻の緑

草千里ヶ浜（くさせんりがはま）

阿蘇五岳のひとつ、**烏帽子岳**の北麓に広がる大草原。古来多くの歌人や詩人に詠まれてきた阿蘇を代表する景観。標高約1140mの地にある約3万年前の火口跡で、直径約1kmになる草原が広がり、二重火口跡に水がたまったふたつの池がある。

住 阿蘇市赤水
TEL 0967-34-1600（阿蘇インフォメーションセンター）
開 入場自由
交 JR**阿蘇駅**からバスで26分の**草千里阿蘇火山博物館前**下車、徒歩すぐ
URL aso-san.com

▶**阿蘇火山博物館**
TEL 0967-34-2111
開 9:00～17:00（最終入場16:30）
休 無休　料 880円
URL www.asomuse.jp

阿蘇360°のパノラマが楽しめる

大観峰（だいかんぼう）

標高936mの高みから阿蘇カルデラの大規模な陥没地形を展望できる。田畑が広がる阿蘇の町の背後に連なるのは**阿蘇五岳**で、反対側には**くじゅう連峰**も。ここから望む阿蘇五岳はお釈迦様の寝姿に見えることから、**涅槃像**と呼ばれることもある。

住 阿蘇市山田端辺
TEL 0967-32-3856（大観峰茶店）
開 入場自由
交 JR**阿蘇駅**から車で30分
URL kumamoto.guide/spots/detail/211

地球の息吹が感じられる噴火口

阿蘇中岳火口（あそなかだけかこう）

阿蘇山の中央にある中岳（1506m）は現在も活発な活動を続ける火山。7つある火口のうち、第1火口は周囲約4kmの巨大な噴火口の近くまで行くことができる。

住 阿蘇市黒川
TEL 0967-34-0411（阿蘇山上ターミナル）
開 3/20～10月9:00～17:30
11月9:00～17:00
12月～3/19 9:00～16:30　休 無休
※火山活動の状況により立入規制の可能性あり
交 JR**阿蘇駅**からバスで35分の**阿蘇山上ターミナル**下車、阿蘇山火口シャトルバスに乗り換え。または阿蘇山公園道路利用
URL www.kyusanko.co.jp/aso

放牧が多かったミルクロード

ドライブコース

県道339、12、45号線を経由する約45kmの道は、**ミルクロード**と呼ばれる絶景コース。また、県道111、298号線の**阿蘇パノラマライン**は、阿蘇五岳へと駆け上がる総延長約37kmの登山道路だ。外輪山を望みながら大草原の中を駆け抜ける阿蘇らしいドライブが楽しめる。

▶熊本城
住 熊本市中央区本丸1-1
TEL 096-223-5011
開 9:00〜17:00（最終入場16:30）
休 2021年は12/29（年により異なる）　料 800円
交 JR**熊本駅**から熊本城周遊バスしろめぐりんで**熊本城・二の丸駐車場**下車、徒歩すぐ。または市電**熊本城・市役所前**電停から徒歩10分
URL castle.kumamoto-guide.jp

天守閣の最上階からは、熊本の市街を一望できる

本丸にある加藤神社は、清正を建築・土木の神として祀る

▶水前寺成趣園
住 熊本市中央区水前寺公園8-1
TEL 096-383-0074
開 8:30〜17:00（最終入場16:30）
休 無休　料 400円
交 JR**熊本駅**から市電**水前寺公園**電停から徒歩3分
URL www.suizenji.or.jp

桜のシーズンは多くの人が訪れる

築山、浮石などが配された庭園

復興が待ち遠しい清正公（せいしょこ）の名城　熊本市と県北部

熊本城

令和3（2021）年に天守閣の修復工事が完了

関ヶ原の戦いの後、築城の名手として知られる**加藤清正**により慶長12（1607）年頃に築城された、**日本三名城**のひとつ。

漆喰の白と下見板張りの黒のコントラストが美しく、勾配が上に行くにしたがって急になる**武者返し**と呼ばれる石垣も特徴で、美観と強固さを兼ね備えた名城。

西南戦争時の混乱で城の大部分を焼失したが、昭和35（1960）年から平成20（2008）年にかけ天守閣や櫓、塀などが再建された。平成28（2016）年の**熊本地震**で多くの建物や石垣が被害を受けたが、令和3（2021）年春に天守閣の復旧が完了し、復興のシンボルとして特別公開も行われている。

肥後細川家の趣深い庭園　熊本市と県北部

水前寺成趣園

富士山に見立てられた円錐形の築山

湧水を利用した回遊式庭園。熊本藩初代藩主**細川忠利**によって創設され、3代藩主綱利による大規模な作庭がなされた。成趣園の名の由来は中国の詩人、陶淵明の詩から。

園内には細川家を祀る**出水神社**や**能楽殿**、京都御所内から移築された**古今伝授の間**などが建ち、桜や松を配した庭木や池を飾る浮石、富士山に見立てられた築山などが江戸時代の情緒を今に伝えている。

中央の池は平成の名水百選に選ばれた湧き水

水前寺成趣園を含む地域は**平成の名水百選**にも選ばれ、出水神社境内に湧く**長寿の水**を目当てに訪れる人も多い。

info 剣豪、**宮本武蔵**は**細川忠利**の招きにより熊本市で晩年を過ごした。亡くなる直前までの2年間、熊本市近郊の金峰山の霊巌洞にこもり**五輪書**を執筆。雲巌禅寺には武蔵が所持していたと伝えられる木刀が保存されている。

熊本を代表する温泉地

阿蘇と黒川温泉

黒川温泉（くろかわおんせん）

冬〜春は幻想的なライトアップ「湯あかり」が温泉街を彩る

阿蘇の北の山間を流れる田の原川沿いに位置する温泉郷。

山里の立地を活かし、ひとつひとつの旅館が「離れ部屋」で通りは「渡り廊下」、温泉街全体をひとつの旅館とした**黒川温泉一旅館**をコンセプトに、自然な温泉街の雰囲気作りに成功している。また多くの旅館が野趣あふれる独特の露天風呂をもち、露天風呂巡りができる杉や檜の木で作られた**入湯手形**が人気を集めている。

湯治場としての歴史は古く、江戸時代には「御客屋（おきゃくや）」として藩の役人も利用した。開湯には、お地蔵様が温泉の場所を教えたという**首なし身代わり地蔵**の伝説が伝わっている。

▶黒川温泉

住 阿蘇郡南小国町満願寺周辺
TEL 967-44-0076（黒川温泉観光旅館協同組合）
開 休 施設による
料 露天風呂は1ヵ所につき500〜800円ほど
交 JR**熊本駅**から九州横断バスで2時間40分の**黒川温泉**下車、徒歩すぐ
URL www.kurokawaonsen.or.jp

1300円で黒川温泉の3ヵ所の露天風呂に入れる入湯手形

川沿いに温泉宿が並ぶ黒川温泉

信仰厚い漁村に建つ海の教会

天草エリア

﨑津教会（さきつきょうかい）

内部は畳敷きの、ゴシック様式の教会

世界文化遺産「長崎と天草地方の潜伏キリシタン関連遺跡」の構成資産である**﨑津集落**は、**潜伏キリシタン**の村として激動の時代をくぐり抜けた歴史をもつ。その中心にひときわ高く、ゴシック様式の塔を頂く教会。

明治6(1873)年に禁教令が解かれた後、明治21(1888)年に木造の﨑津教会が建設された。この教会が老朽化したため、昭和9(1934)年にフランス人宣教師ハルブ神父の時に現在の西洋式の重厚な教会が新築された。教会内部はステンドグラスが美しく、床は座席ではなく畳敷きになっているのが珍しい。港に臨むロケーションから**海の天主堂**とも呼ばれている。

▶﨑津教会

住 天草市河浦町﨑津539
TEL 0969-78-6000（天草市﨑津集落ガイダンスセンター）
開 9:00〜17:00（見学はウェブサイトの予約フォームから前日の15:00までに予約）
休 無休（教会の都合により休みになることがある） 料 無料
交 **本渡バスセンター**から牛深市民病院行きバスで57分の**運動公園前**で下車。下田温泉行きバスに乗り換えて12分の**﨑津教会入口**下車、徒歩すぐ
URL www.t-island.jp/spot/86

集落の高台には、禁教時代に潜伏キリシタンの密かな信仰の場であった﨑津諏訪神社が立つ

info **﨑津集落は駐車場が少ない。**車で訪れる場合、﨑津集落ガイダンスセンターの駐車場か、天草漁協﨑津支所周辺の観光駐車場を利用しよう。集落内の道幅は狭く歩道は設けられていないので、広がらず路側帯を歩こう。

江戸の雰囲気を伝える華やかな芝居小屋

熊本市と県北部

八千代座

菊池川沿いの通商の要地で、温泉地としても江戸時代からにぎわってきた**山鹿**。そんな山鹿の旦那衆が、明治43(1910)年に建てた大規模な**芝居小屋**。明治～大正にかけては興行で繁栄を極めた。昭和40年代に閉鎖されたが、平成13(2001)年に復活。公演のない日は見学ができ、舞台裏や奈落へ行って舞台装置を見ることができる。

江戸・明治時代の芝居見物を体感できる

▶八千代座
住 山鹿市山鹿1499
TEL 0968-44-4004
開 9:00～18:00(最終入場17:30)
休 毎月第2水曜、年末年始
料 530円、資料館夢小蔵220円、2館共通券730円
交 JR**熊本駅**からバスで1時間18分の**山鹿温泉(八千代座入口)**下車、徒歩5分
URL yamaga.site/?page_id=2

歌舞伎や落語などの上演の場となる

世界遺産に登録された大規模な炭鉱跡

熊本市と県北部

三池炭鉱万田坑

石炭の採掘は江戸時代から行われていたが、明治22(1889)年に三井組に払い下げられ、採掘が本格化。荒尾市と大牟田市内にまたがる**三池炭鉱**の主要な坑口のひとつで、第二竪坑櫓と第二竪坑巻揚機室が象徴的。隣接の資料館、**万田坑ステーション**では、現在では埋め立てられて見ることができない地下坑道をVRで視聴できる。

明治時代の炭鉱施設としては最大の規模

▶三池炭鉱万田坑
住 荒尾市原万田200-2
TEL 0968-57-9155
開 9:30～17:00(最終入場16:30)
休 月曜(祝日の場合は翌平日)、年末年始　料 410円(万田坑ステーションは無料)
交 JR**荒尾駅**から徒歩27分。またはバスセンター行きバスで8分の**万田坑前**下車、徒歩2分
URL www.city.arao.lg.jp/kurashi/shisetsu/mandakou

第二竪巻揚機室内部にほぼ当時の状態で残る巻揚機

15分間の豪快な放水が見もの

宇城と県央エリア

通潤橋

四方を峡谷に囲まれ、水不足に悩む白糸台地に農業用水を送るため、江戸末期の嘉永7(1854)年に建設された長さ約75.6m、高さ約20.2mの日本最大級の**石造りアーチ水路橋**。

放水は水路に詰まった泥や砂を取り除くため

4～5月上旬と7月下旬～11月の放水日は、橋の中央に開けられた穴から約15分間の放水がある。橋のそばにこの水路を作った布田保之助の像が立つ。

▶通潤橋
住 上益城郡山都町長原
TEL 0967-72-1115(山都町役場商工観光課)
開 放水は4～5月上旬、7月下旬～11月(ウェブサイトの放水カレンダー参照)
交 **桜町バスターミナル**から通潤山荘行きバスで1時間33分の**通潤橋前**下車、徒歩3分
URL tsujunbridge.jp

▶通潤橋史料館
住 上益城郡山都町下市182-2
TEL 0967-72-3360
開 10:00～16:00
休 火曜、年末年始　料 310円

info **灯籠まつり**で有名な**山鹿**は、豊後街道の宿場町。歴史ある商家の町並みが残り、訪れる人々を魅了する。温泉も湧き、堂々たる風格でたたずむ木造建築の**さくら湯**は江戸時代から市民に親しまれている公衆浴場。

熊本県の営業部長、兼しあわせ部長「くまモン」の活動拠点 熊本市と県北部

くまモンスクエア

くまモンの仕事部屋
©2010熊本県くまモン

熊本県のPRキャラクター、**くまモン**のオフィス。グッズ売り場には、ここでしか買えないオリジナルグッズをはじめ、くまモンの顔がアートされたくまモンラテなどを販売している。

アートと憩いの場が共存する都市型美術館 熊本市と県北部

熊本市現代美術館

美術書から漫画まで自由に閲覧できるホームギャラリー

気軽に立ち寄ってアートに触れられる美術館。まちなかの憩いの場所としても親しまれている。建築と一体となった国内外の有名なアーティストの作品を館内のさまざまな場所に設置。

熊本県の伝統工芸について知り、購入することができる 熊本市と県北部

熊本県伝統工芸館

くまモンとコラボした工芸品も

肥後象がん、小代焼、天草陶磁器、山鹿灯籠など熊本県の伝統工芸品について知識を深められる施設。1階の**工芸ショップ匠**では熊本県の工芸品を買うことができ、品揃えも豊富。

城下町を再現したストリートでグルメやショッピングを楽しむ 熊本市と県北部

桜の馬場 城彩苑

20軒以上のレストラン・ショップが集まる

江戸時代の城下町を再現した**桜の小路**では、いきなり団子や馬刺し、陣太鼓ソフトなど熊本グルメが楽しめる。**熊本城ミュージアムわくわく座**では熊本と熊本城の魅力を体験できる。

大和朝廷が築いた国指定史跡の城 熊本市と県北部

歴史公園鞠智城

高さ15.8 mの八角形鼓楼

約1350年前に築かれた周囲約3.5kmの古代朝鮮式山城。

天智2(663)年の**白村江の戦い**で敗れた大和朝廷が唐・新羅連合軍の追撃に対して太宰府を守るために築いた城のひとつ。

▶くまモンスクエア
住 熊本市中央区手取本町8-2 テトリアくまもとビル1階(鶴屋百貨店本館・東館1階)
TEL 096-327-9066
開 10:00～17:00
休 火曜、年末年始 料 無料
交 市電**水道町**電停から徒歩1分
URL www.kumamon-sq.jp
▶くまモンのステージ
くまモンの在室日であれば、平日は15:00、土・日・祝日は11:30と15:00に開催

▶熊本市現代美術館
住 熊本市中央区上通町2-3
TEL 096-278-7500
開 10:00～20:00(最終入場19:30)
休 火曜(祝日の場合は翌平日)、年末年始 料 展示による
交 市電**通町筋**電停から徒歩1分
URL www.camk.jp

びぷれす熊日会館の3階にあり、気軽に立ち寄れる

▶熊本県伝統工芸館
住 熊本市中央区千葉城町3-35
TEL 096-324-4930
開 9:30～17:30
休 月曜(祝日の場合は翌日)、年末年始
料 無料(企画展は210円)
交 市電**熊本城・市役所前**電停から徒歩7分
URL kumamoto-kougeikan.jp

建物は建築家の菊竹清訓氏による設計

▶桜の馬場 城彩苑
住 熊本市中央区二の丸1-1
TEL 096-288-5577
開 9:00～19:00(12～2月～18:00) レストラン11:00～19:00 休 無休
交 市電**熊本城・市役所前**電停から徒歩7分
URL ww.sakuranobaba-johsaien.jp
▶熊本城ミュージアム わくわく座
TEL 096-288-5600
開 9:00～17:30(最終入場17:00)
休 12/29～1/3 料 300円

▶歴史公園鞠智城
住 山鹿市菊鹿町米原443-1
TEL 0968-48-3178
開 9:30～17:15(最終入場16:45)
休 月曜(祝日の場合は翌日)、年末年始 料 無料
交 JR**熊本駅**からバスで1時間12分の**菊池プラザ**下車、タクシーで5分
URL kofunkan.pref.kumamoto.jp/kikuchijo

info **鶴屋デパート**の裏側に、『怪談』などの著作で知られるアイルランド出身の作家、**小泉八雲(ラフカディオ・ハーン)**が住んでいた家が**小泉八雲熊本旧居**として一般公開されている。URL kumamoto.guide/spots/detail/12283

ラムサール条約に登録されている、国内最大級の干潟　熊本市と県北部

荒尾干潟

砂や貝殻が堆積して形成された南北約9.1kmに及ぶ**国内最大規模の干潟**で、国際的に重要な渡り鳥の飛来地でもある。干潟に入って多種多様な生き物を観察できる。

県内有数の夕日の鑑賞スポット

火の国阿蘇を鎮める格式高い神社　阿蘇と黒川温泉

阿蘇神社

阿蘇開拓の神、**健磐龍命**を主神に、家族神12神を祀った神社でご神体は阿蘇山火口。現在の社殿群は嘉永3(1850)年の再建で2層の屋根をもつ楼門は**日本三大楼門**のひとつ。

一の神殿、二の神殿、三の神殿

神秘的な雰囲気漂うパワースポット　阿蘇と黒川温泉

上色見熊野座神社

杉林の中に続く苔むした参道のたたずまいが、**異世界への入口**のようだとSNSでも話題になった神社。境内には縁結びに御利益があるという木の**なぎ**や、合格や必勝の御利益がある穿戸磐などがある。

参道沿いに100基近くの石灯籠が並ぶ

こんこんと湧き出る名水百選の湧水　阿蘇と黒川温泉

白川水源

阿蘇カルデラの**伏流水**が湧き出る南阿蘇村湧水群のひとつ。水のまろやかさには定評があり、地酒や市販のミネラルウオーターの原水としても使われている。

清らかな水と豊かな緑を観賞できる

緑に囲まれた美しき水のカーテン　阿蘇と黒川温泉

鍋ケ滝公園

阿蘇カルデラを造った約9万年前の巨大噴火でできたという高さ約10m、幅約20mの滝。白糸のカーテンのような滝の姿はとても神秘的。四季折々の美しさで訪れる人を癒やしてくれる。

流れ落ちる水がまるで白い絹糸のよう

▶荒尾干潟
住 荒尾市蔵満地先（蔵満海岸）
TEL 0968-63-1386（荒尾市役所 環境保全課環境企画調査係）
開 入場自由（満潮時以外）
交 JR**南荒尾駅**から徒歩6分
▶荒尾干潟水鳥・湿地センター
住 荒尾市蔵満20-1
TEL 0968-57-7444
開 9:00～17:00
休 月曜（祝日の場合は翌日）、年末年始　料 無料
URL www.city.arao.lg.jp/kurashi/shisetsu/higata

▶阿蘇神社
住 阿蘇市一の宮町宮地3083-1
TEL 0967-22-0064
開 9:00～17:00
休 無休　料 無料
交 JR**宮地駅**から徒歩15分
URL asojinja.or.jp

日本三大楼門といわれていた楼門は復旧工事中（2023年12月まで）

▶上色見熊野座神社
住 阿蘇郡高森町上色見2619
TEL 0967-62-2913（高森町政策推進課）　開 入場自由
交 JR**熊本駅**からバスで2時間の**高森中央**で下車。天神行きバスに乗り換えて**大村（高森）**下車、徒歩4分
URL kumamoto.guide/spots/detail/12741

▶白川水源
住 阿蘇郡南阿蘇村白川2092-1
TEL 0967-67-1112（南阿蘇村産業観光課）
開 8:00～17:00
休 無休　料 100円
交 JR**立野駅**からバスで**白川水源入口**下車、徒歩約7分
URL kumamoto.guide/spots/detail/219

▶鍋ケ滝公園
住 阿蘇郡小国町黒渕
TEL 0967-46-2113（小国町役場情報課商工観光係）
開 9:00～17:00（最終入場16:30）
※ウェブサイトからの事前予約制
休 年末年始
料 300円
交 JR**阿蘇駅**から杖立て行きバスで1時間の**ゆうステーション**下車、タクシーで15分
URL ogunitown.info/nabegataki

info **熊本地震**に大きく影響した、阿蘇から宇土半島の先端まで伸びる**布田川断層帯**。益城（ましき）町の谷川地区、堂園地区、杉堂地区の地表に現れた断層は、地震の被害を後世に伝える災害遺構として天然記念物となっている。

潮が満ちると海中に立つ鳥居で知られる　宇城と県央エリア

永尾剱神社

夕日の時間帯は神々しい雰囲気

海童神を祀った八代海に臨む神社で和銅6(713)年の創建。巨大なエイが山を乗り越えようと上がってきたが果たせず、ここに鎮座したという神社創建の言い伝えがある。

「明治日本の産業革命遺産」として世界文化遺産に登録　宇城と県央エリア

三角西港

国産技術で作られた西洋式の港

三池炭鉱の石炭を輸出するため、明治20(1887)年に開港した港。**明治三大築港**のひとつで、約100年前の当時の姿を保つ唯一の港。港湾施設やレトロな町並みが保存・修復されている。

3333段を上ったあとの達成感がクセになる?　宇城と県央エリア

日本一の石段

2000段付近の様子

標高957mの大行寺山の山頂に鎮座する釈迦院へと続く**表参道**の階段が、3333段を数える日本一の石段だ。長い石段の途中には、トイレや休憩所なども設けられている。

真珠のネックレスのように島々を結ぶ絶景ドライブライン　天草エリア

天草五橋

大矢野島と天草上島の間にある島々の景観は「天草松島」と呼ばれる

九州本土の三角から天草諸島を北から結ぶ5つの橋。1号橋と5号橋の間の約12kmの区間は、真珠の養殖が盛んだったことから**天草パールライン**と呼ばれている。

天草五橋や有明海のパノラマを一望できる　天草エリア

千巌山

すばらしい眺望は国の名勝に指定

天草五橋の5号橋（松島橋）を渡り終えたところにある標高162mの山。山頂の展望台からは天草五橋の絶景を見渡せる。島原・天草一揆の際に天草四郎が出陣を祝った地でもある。

▶永尾剱神社
住 宇城市不知火町永尾615
TEL 0964-32-1111
開 入場自由
交 JR**松橋駅**からタクシーで10分
URL ukitrip.city.uki.kumamoto.jp/sashiyori/775

▶三角西港
住 宇城市三角町三角浦
TEL 0964-32-1111
開 入場自由
交 JR**三角駅**からバスで7分の**三角西港前**下車、徒歩すぐ
URL ukitrip.city.uki.kumamoto.jp/sashiyori/785

ハート型の二俣橋

日本一の石段から北へ10kmほどの所にある二俣橋は、橋のアーチのシルエットが光のハート型を作る、恋人たちの聖地として人気のスポット。二股に架かる重厚な石橋も趣がある。

ハートができるのは10〜2月の11:30〜12:00頃

▶日本一の石段
住 下益城郡美里町坂本
TEL 0964-47-1112　開 入場自由
交 JR**有佐駅**から車で30分
URL misato.town/spot.html?id=68

▶天草五橋
住 上天草市大矢野
TEL 0964-56-5602（天草四郎観光協会）
開 通行自由
交 JR**熊本駅**からバスで松島へ行く途中に通過
URL www.city.kamiamakusa.kumamoto.jp/q/aview/130/132.html

▶千巌山
住 上天草市松島町合津
TEL 0964-26-5512（上天草市観光おもてなし課）
開 入場自由
交 JR**熊本駅**から天草方面のバスで1時間33分の**遊覧船のりば前**下車、徒歩約25分
URL www.city.kamiamakusa.kumamoto.jp/q/aview/228/177.html

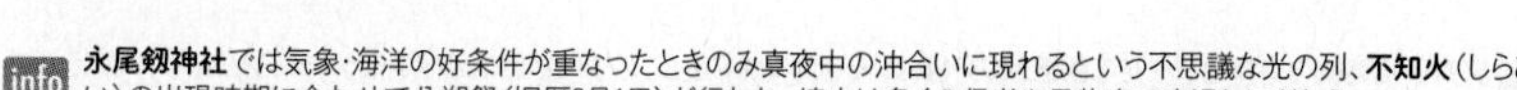
info **永尾剱神社**では気象・海洋の好条件が重なったときのみ真夜中の沖合いに現れるという不思議な光の列、**不知火**（しらぬい）の出現時期に合わせて八朔祭（旧暦8月1日）が行われ、境内は多くの信者や見物客で夜通しにぎわう。

信号もない、猫たちの天国の島

天草エリア

湯島（ゆしま）

周囲約4kmの離島。島民と同じくらいの猫がいることから**猫島**とも呼ばれる。有明海の入口を守る白亜の**湯島灯台**や、冬季のみ味わえる梨のように甘い大根、**湯島大根**でも知られる。

約200匹の猫たちがお出迎え

謎と伝説に包まれた天草四郎とその戦いを知る

天草エリア

天草四郎ミュージアム（あまくさしろうみゅーじあむ）

わずか16歳でキリシタンの人々を率いて**島原・天草一揆**を戦った天草四郎。博物館では彼を中心に、その歴史的背景と当時の人々の思いをわかりやすく伝えている。

大矢野島は天草四郎の生誕地

天草キリシタンの文化と歴史を知る

天草エリア

天草キリシタン館（あまくさきりしたんかん）

キリシタン弾圧に使われた踏み絵や潜伏キリシタンが守り通したマリア観音などの貴重な資料を展示。国指定重要文化財の**天草四郎陣中旗**も期間を限定して定期的に公開されている。

市街地を一望できる城山公園にある

丘の上に建つ天草キリシタンのシンボル

天草エリア

大江教会（おおえきょうかい）

フランス人宣教師**ガルニエ神父**らによる、昭和8(1933)年建造のロマネスク様式の教会。禁教令が解かれてから天草で最初に建てられた教会で、白亜の優美な姿で建っている。

クリスマスのイルミネーション

天草の人々の厚い信仰心に触れる

天草エリア

天草ロザリオ館（あまくさろざりおかん）

禁教期に信仰を保ち続けた潜伏キリシタンの歴史と生活を紹介。背中に十字架が描かれたマリア観音や復元された祈りのための隠れ部屋など、胸を打つ展示が多い。

潜伏キリシタンの生活について展示

▶湯島
住 上天草市大矢野町湯島
TEL 0964-26-5512（上天草市観光おもてなし課）
交 JR**熊本駅**からバスで1時間19分の**さんぱーる**下車。徒歩5分の**江樋戸港**から定期船で約30分
URL www.city.kamiamakusa.kumamoto.jp/q/aview/134/12873.html

▶天草四郎ミュージアム
住 上天草市大矢野町中977-1
TEL 0964-56-5311
開 9:00～17:00（最終入場16:20）
休 1・6月の第2水曜、年末年始
料 600円
交 JR**熊本駅**からバスで1時間19分の**さんぱーる**下車、徒歩3分
URL www.city.kamiamakusa.kumamoto.jp/q/list/464.html

▶天草キリシタン館
住 天草市船之尾町19-52
TEL 0969-22-3845
開 8:30～17:00（最終入場16:30）
休 火曜（祝日の場合は翌平日）、年末年始　料 300円
交 **本渡バスセンター**から富岡港行きバスで4分の**船の尾**下車、徒歩10分
URL hp.amakusa-web.jp/a0905/MyHp/Pub/

▶大江教会
住 天草市天草町大江1782
TEL 0969-22-2243（天草宝島観光協会）
開 9:00～17:00
休 無休　料 無料
交 **本渡バスセンター**から牛深市民病院行きバスで57分の**運動公園前**で下車。下田温泉行きバスに乗り換え25分の**大江天主堂入口**下車、徒歩8分
URL www.t-island.jp/spot/74

▶天草ロザリオ館
住 天草市天草町大江1749
TEL 0969-42-5259
開 8:30～17:00（最終入場16:30）
休 水曜（祝日の場合は翌平日）、年末年始　料 300円
交 **本渡バスセンター**から牛深市民病院行きバスで57分の**運動公園前**で下車。下田温泉行きバスに乗り換え25分の**大江天主堂入口**下車、徒歩すぐ
URL hp.amakusa-web.jp/a0784/MyHp/Pub/

info 天草下島西側の海岸沿いを走る**国道389号線**は、天草灘に沈む美しい夕陽が見られる**サンセットライン**と呼ばれるドライブルート。道中にある**十三仏公園**は、妙見浦から白鶴浜海水浴場までを一望できる夕日の名所として人気。

神話の世界を彷彿とさせる大同元(806)年創建の国宝神社　人吉と県南部

青井阿蘇神社（あおいあそじんじゃ）

本殿などが国宝に指定されている

阿蘇神社の12神のうち健磐龍命（たけいわたつのみこと）、阿蘇津媛命（あそつひめのみこと）、國造速甕玉命（くにのみやつこはやみかたまのみこと）の3神の分霊を祀る。境内には慶長15(1610)年建造の本殿や拝殿、幣殿、楼門など桃山式の華やかな建築が並ぶ。

▶青井阿蘇神社
住 人吉市上青井町118
TEL 0966-22-2274
開 入場自由
交 JR**人吉駅**から徒歩4分
URL aoisan.jp

6〜7月の中旬は蓮池のハスの花が見ごろを迎える

近代化を支えたレトロな石造り車庫　人吉と県南部

人吉機関車庫（ひとよしきかんしゃこ）

肥薩線の人吉駅に隣接

明治44(1911)年に建造された石造りの車両基地。**SL人吉**(2022年4月現在運休中)の運行日は、車庫脇にある転車台で方向転換する蒸気機関車を見ることができる。

▶人吉機関車庫
住 人吉市中青井町343
TEL 0966-22-4011(JR人吉駅)
開 見学自由
交 JR**人吉駅**から徒歩2分

別名"繊月城(せんげつじょう)"とも呼ばれた国定史跡の名城　人吉と県南部

人吉城跡（ひとよしじょうあと）

正門にあたる御下門跡

鎌倉時代からこの地を治めていた相良氏（さがら）の居城跡。球磨川（くま）と胸川（むねがわ）に挟まれた高台に築かれ、石垣や復元された多門櫓と角櫓などが人吉のシンボルとなる景観を作り出している。

▶人吉城跡
住 人吉市麓町
TEL 0966-22-2111(人吉市文化課)
開 入場自由(令和2年7月豪雨の被災で一部立入禁止)
交 JR**人吉駅**から徒歩25分。またはバスで4分の**五日町**下車、徒歩6分
URL www.city.hitoyoshi.lg.jp/q/aview/95/269.html

球磨川くだりやラフティングが楽しめる　人吉と県南部

HASSENBA（はっせんば）

雄大な自然を満喫できる球磨川くだり

人吉名物の**球磨川くだり**の出発点である**発船場**（はっせんば）がおしゃれにリニューアルされた施設。復興に向かう人吉の町を3時間かけて巡るサイクリングツアーなども実施している。

▶HASSENBA
住 人吉市下新町333-1
TEL 0966-22-5555
開 9:00〜17:00　休 水曜、12〜3月の火曜
料 無料(梅花の渡し2000円)
交 JR**人吉駅**から徒歩20分
URL hassenba.jp

84体のくまモンが待つ、くまモンづくしの公園　人吉と県南部

くまモンポート八代（くまもんぽーとやつしろ）

全長6mのビッグくまモンが待っている
©2010熊本県くまモン

クルーズ船の受入施設として整備されたくまモンパーク八代には全長6mの**ビッグくまモン**をはじめ、54体が扇状にずらりと並ぶ**くまモン合唱隊**などがあり、フォトスポットがいっぱい。

▶くまモンポート八代
住 八代市新港町1-25
TEL 0965-62-8246
開 9:00〜17:00
休 水曜(祝日の場合は翌平日)、年末年始　料 無料
交 JR**八代駅**から車で約25分
URL kumamonport8246.com

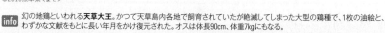

info 幻の地鶏といわれる**天草大王**。かつて天草島内各地で飼育されていたが絶滅してしまった大型の鶏種で、1枚の油絵と、わずかな文献をもとに長い年月をかけ復元された。オスは体長90cm、体重7kgにもなる。

大分県 

OITA

人口	112.4万人(全国34位)
面積	6341km²(全国22位)
県庁所在地	大分市
県花	豊後梅(ぶんごうめ)

豊後梅
大きな梅の実がなり、八重咲き

めじろん
大分県を県内外にPRし、元気でがんばる地域や県民の活動を応援する、大分県応援団"鳥"めじろん
大分県第1353号

別府温泉や由布院温泉に代表される源泉数・湧出量日本一の「おんせん県」。古くから国際色豊かでありながら、江戸時代は小藩に分立していたこともあり、多彩な地域文化を誇る。全国で信仰される八幡社の総本宮、宇佐神宮P.936や岩壁に掘られた磨崖仏P.937などパワースポットも多く、山間部の耶馬渓(やばけい)P.939、豊後(ぶんご)大野では自然が生んだダイナミックな景観を楽しめる。海の幸も充実しており、豊後水道で一本釣りされる関アジ、関サバは絶品。

旅の足がかり

別府市

世界一の湧出量を誇る温泉地で、別府、明礬(みょうばん)、鉄輪(かんなわ)、浜脇、亀川、観海寺、堀田、柴石の8つの温泉郷は**別府八湯**と呼ばれている。大正時代に別府観光の父といわれる油屋熊八により全国的な観光地として発展。別府駅前に立つ彼の像は別府のシンボルになっている。駅周辺は繁華街でホテルや飲食店が多く、夜の外出も楽しめる。地獄めぐりが楽しめるのは山の中腹にある鉄輪温泉周辺。さらに山上へ行くと湯の花小屋が立ち並ぶ明礬温泉がある。

大分市

別府湾に面した県庁所在地。古くは豊後府内と呼ばれ、戦国時代はキリシタン大名・大友宗麟(そうりん)のもとで世界に開かれた国内有数の貿易都市として発展した。大友氏が居住した屋敷跡は**大友氏館跡庭園**P.943としてさらなる発掘・整備が進んでいる。駅周辺に飲食店が多く、特に関アジ、関サバをはじめとする魚介が新鮮でおいしい。

由布市

憧れの温泉地として全国的に知られる**由布院温泉**P.936。湯の坪街道沿いには、おしゃれなカフェやショップが並び、山間の温泉リゾートといった趣。すてきな温泉旅館に泊まって自然を味わいながらのんびり過ごしたい。立ち寄り湯を利用して日帰りで訪れるのもよい。湯布院映画祭、ゆふいん音楽祭、牛喰い絶叫大会などのイベントも開催。

地理と気候

県の8割が山地で、西部にくじゅう連山、南部に祖母山・傾山が連なる。南部の日豊海岸にはリアス海岸が発達している。全体的に温暖な気候で、内陸部の高地は降水量が多い。

【夏】晴れて気温が高い日が多く、各地で猛暑日になる。前線の影響を受け猛烈な雨が降ることもある。西部の夏は雷雨が多い。

【冬】北部は曇りや雨の日が多く、南部の沿岸地域は晴れの日が多い。西部は秋から初冬にかけて霧が発生する。曇りがちで積雪もある。

 P.926～943 写真提供:ツーリズムおおいた

アクセス

東京から ▸▸▸	所要時間
飛行機 羽田空港▶大分空港	1時間30分

大阪から ▸▸▸	所要時間
飛行機 伊丹空港▶大分空港	1時間
フェリー 大阪南港▶別府港	12時間

福岡から ▸▸▸	所要時間
J R 線 博多駅▶大分駅（特急ソニック）	2時間20分
J R 線 博多駅▶由布院駅（特急ゆふいんの森）	2時間20分
高速バス 博多バスターミナル▶大分駅	2時間40分
高速バス 博多バスターミナル▶由布院駅	2時間10分

宮崎から ▸▸▸	所要時間
J R 線 宮崎駅▶大分駅（特急にちりん）	3時間20分

愛媛から ▸▸▸	所要時間
フェリー 八幡浜港▶別府港	2時間50分
フェリー 八幡浜港▶臼杵港	2時間25分

県内移動

▶大分駅から別府駅へ

日豊本線の普通列車で約12分。特急列車で7分。

▶別府駅から由布院へ

特急**ゆふ**、**ゆふいんの森**で約1時間。在来線なら大分駅で久大本線に乗り換え

観光快速バス「ゆふりん」で由布院駅前バスセンターまで約1時間15分

▸▸▸アクセス選びのコツ

福岡の博多駅、小倉駅と大分駅を結ぶ特急**ソニック**は大分県内では中津駅、東中津駅、柳ヶ浦駅、宇佐駅、杵築駅、日出駅、亀川駅、別府駅に停車する。さらに宮崎空港まで行く特急**にちりん**は大分駅の先は鶴崎駅、大在駅、臼杵駅、佐伯駅などに停車する。

大分駅前の要町と幹線道路沿いの大分新川が高速バスの主要バス停。別府は**北浜バスターミナル**、由布院は**由布院駅前バスセンター**に高速バスが発着。

愛媛県の八幡浜港、山口県の徳山港、大阪の大阪南港へのフェリーの便が運航されている。

大分空港からは羽田空港や伊丹空港とを結ぶ便が多い。ほかに中部空港や成田空港便もある。最寄りの杵築駅までバスで約40分。大分市中心部まで空港からバスで約1時間。由布院まで55分。

交通路線図

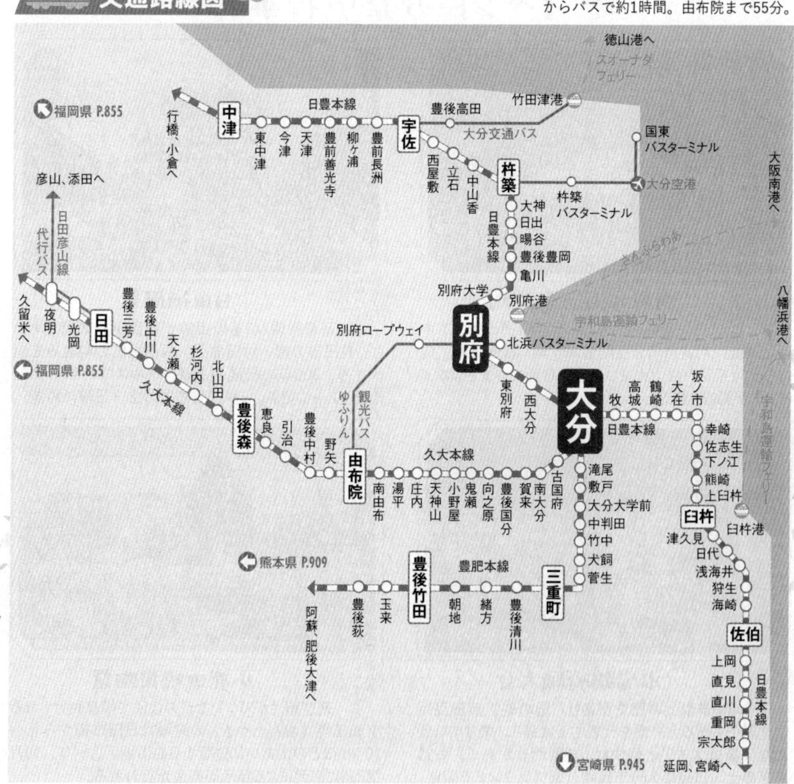

大分県

うちの県はここがすごい

一 日本一のおんせん県

温泉の源泉数、湧出量ともに日本一。温泉パワーはクリーンエネルギーとしても注目され、温泉熱を利用した地熱発電は全国における40%以上を占め、こちらも日本一。

二 トンネル数日本一

県の8割を山地が占める大分県は、道路トンネルの数が596本と日本一。距離にして約155kmとなる。耶馬渓にある「青の洞門」は江戸時代に30年かけて掘削された手彫りのトンネル。

三 かぼす愛日本一

かぼす生産量が日本一。大分県民はかぼすが大好きで、焼き魚、フライはもちろん、味噌汁にもかぼすを絞る。すだちより大きく酸味がまろやかで、素材の味を引き立たせる。

イベント・お祭り・行事

① 別府八湯温泉まつり

4月1日の温泉感謝の日と4月第1週の週末を中心に開催。別府市内の共同浴場が無料開放され、湯ぶっかけ祭りや扇山火まつりなど各所でさまざまなイベントが開催される。

② 日田祇園祭

豪華絢爛な9基の山鉾が祇園囃子の音色とともに日田市の隈・竹田地区、豆田地区の町並みを巡行する。300年の伝統があり、ユネスコの無形文化遺産リストに記載。7月20日過ぎの土・日曜に開催。

③ 本場鶴崎踊大会

400年以上の歴史があり、国の選択無形民俗文化財でもある大分県を代表する盆踊り。踊りには優雅な「猿丸太夫」と軽快な「左衛門」がある。お盆過ぎの土・日曜に大分市鶴崎公園グラウンドで開催。

④ 小鹿田焼民陶祭

飛び鉋（かんな）などの技法で模様付けされる小鹿田焼（おんたやき）の産地は日田市街から北へ10 kmほどの山あいに位置する皿山地区。例年、10月第2週に窯元による展示即売会が行われる。

とり天

サクサクに揚げた鶏肉の天ぷら。大分県では唐揚げと同じくらい日常的に食べられている。別府市にあるレストラン東洋軒が発祥とされている。

だんご汁

小麦粉をこねて帯状に引きのばした麺をカボチャ、ニンジン、サトイモなどの具材とともに味噌で煮込む。粉食文化が各地に根づく大分ならではの郷土料理。

りゅうきゅう

新鮮な魚の刺身を、醤油、酒、みりん、ゴマ、ショウガなどで作るタレに漬け込む、南部沿岸部の郷土料理。ご飯にのせて「りゅうきゅう丼」として提供されることも。

関サバ・関アジ

豊後水道で一本釣りされる大分のブランド魚。取れたてを活き造りや刺身で食べるのがベスト。弾力があり、コリコリとした歯ごたえ。

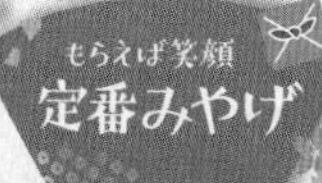

ざびえる

口の中いっぱいに広がる上質な甘さのあんとバターの香りのコンビネーションが絶妙な大分の代表銘菓。商品名は豊後府内に滞在したフランシスコ・ザビエルにちなむ。

黄身あんを淡雪で包んだ和生菓子。竹田の岡藩主に献上されていた「夜越の月」という菓子がもとになっている。淡雪はメレンゲに寒天を入れたもので、ふわっととろける繊細な食感。

地元っ子愛用

ローカル味

あまくちさしみ醤油

ブリやトロなど脂がのった魚の刺身によく合う甘めの醤油。大分を代表する醤油メーカー、**フンドーキン醤油**のものがスーパーなどでよく販売されている。

からあげの素

うすくち醤油をベースに、ニンニク、ショウガ、唐辛子などの風味をきかせた一品。大分風の唐揚げをこれ一本で再現できる便利な調味料。

かぼす果汁

大分特産のかぼすを100%ストレート果汁で手軽に味わえる。そのままかけても、醤油に加えて「かぼす醤油」にしてもおいしい。持ち帰りにも便利。

小鹿田（おんた）焼

300年以上前から日田市皿山地区で焼かれる陶器。飛び鉋、刷毛目、流しかけなどの模様が特徴的で、土づくりから窯出しまで全行程を手作業で行う。技術は一子相伝で受け継がれる。

姫だるま

竹田市特産の起き上がりこぼしで、家内安全、商売繁盛を招くといわれる縁起物。新しい年に福が舞いこむよう、1月2日の早朝に家々に配る風習がある。

ワカルかな？
大分のお国言葉

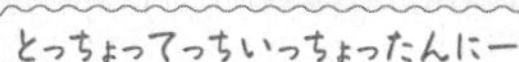

とっちょってっちいっちょったんにー

Ans. 取っておいてって言ってたのにー

1泊2日で巡る 大分県

1日目

1日目は別府を拠点に地獄&温泉巡りを楽しみ、2日目は足を延ばして宇佐神宮と杵築の城下町へ。食事はご当地グルメをチェック。

9:05 JR別府駅

バス 25分

9:30 鉄輪バスターミナル

徒歩 5分

9:35 別府観光の定番、**地獄めぐり** まずは**かまど地獄**へ ▶P.934

1〜6丁目の地獄と0〜4丁目の極楽ゾーンがあり、地獄グルメなども楽しめる。

血の池地獄は鉄輪バスターミナルからバスで6分

徒歩 5分

10:15 熱泥が噴き出す**鬼山坊主地獄**

灰色の熱い泥が沸騰する様子がまるで坊主頭のように見える。

徒歩 4分

11:10 足湯や温室などもある**海地獄**

コバルトブルーの美しい源泉からもうもうと湯気が上がる。

徒歩 13分

12:00 鉄輪温泉名物 **地獄蒸し**のランチ

温泉の熱で食材を蒸し上げる地獄蒸しは鉄輪温泉の名物グルメ。

徒歩1分の鉄輪バスターミナルからバス9分

13:10 湯の花小屋が立ち並ぶ **明礬温泉** ▶P.935

ミネラル豊富な硫黄泉が湧き、濃厚な泥湯を楽しめる温泉施設も。

硫黄の香り漂う白濁の湯

徒歩 3分

15:00 **地獄蒸しプリン**でブレイク

温泉の蒸気で蒸し上げる、明礬温泉・岡本屋売店名物のプリン。

URL jigoku-prin.com

別府を代表するスイーツ!

徒歩 すぐ

15:49 地蔵湯前バス停

バス 15分

16:14 JR別府駅西口バス停

徒歩 8分

16:22 **竹瓦温泉**(別府温泉)でひとっ風呂 ▶P.935

別府温泉を代表する、明治12(1879)年創業の昔ながらの共同浴場。

徒歩 8分

18:00 ノスタルジックでモダンな **山田別荘**にチェックイン

おすすめ! 泊まるならココ

隠れ家のようにくつろげる和洋折衷の別荘建築

山田別荘(やまだべっそう)

交流の場となっている擬洋風の応接室

別府の中心部でありながら閑静な環境にある山田別荘は、昭和5(1930)年に実業家の別荘として建てられた屋敷を戦後に旅館に転用。建物は当時流行した和洋折衷の建築。擬洋風の応接室には天井の漆喰装飾やランプなど、往時の面影が残る。温泉は源泉かけ流しで、野趣あふれる露天風呂とレトロなタイルがノスタルジックなふたつの内風呂がある。

露天風呂は貸し切り制でゆっくり入れる

住 別府市北浜3-2-18
TEL 0977-24-2121
交 JR別府駅から徒歩8分
料 1泊8000円〜
URL yamadabessou.jp

別府の絶景スポット
湯けむり展望台
鉄輪温泉バスターミナルから歩いて14分ほどの高台にある展望台。別府らしい鉄輪温泉の湯けむりが立ち上る景色のほか鶴見岳や扇山、重要文化的景観に選定された町並みを眺めることができる。

2日目

9:19 JR別府駅
鉄道30分

9:49 JR宇佐駅
タクシー7分

八幡社の総本宮
10:00 **宇佐神宮**に参拝 ▶P.936
本殿は国宝にも指定される、大分県を代表するパワースポット。
徒歩5分

11:30 ランチは神宮近くで **宇佐の唐揚げ**
唐揚げ専門店の発祥地である宇佐の唐揚げは必食。
サクサクジューシー！
タクシー6分

12:58 JR宇佐駅
鉄道14分

13:12 JR杵築駅
バス11分

13:23 杵築バスターミナル
徒歩5分

酢屋の坂をはじめ、着物で散策したくなる風情のある坂がいっぱい。

13:27 **杵築の城下町**を散策 ▶P.937
着物をレンタルして散策できる
徒歩5分

15:32 杵築バスターミナル
土・日曜・祝日は15:40発。
ここから大分空港までバスで約30分
バス11分

15:57 JR杵築駅
鉄道23分

16:20 JR別府大学駅
徒歩3分

16:30 **亀川温泉**の**砂湯**でデトックス ▶P.935
波の音を聞きながら体の芯まで温まろう。
バス15分

18:00 JR別府駅
駅周辺で**別府グルメ**のディナー
関サバ、関アジや豊後牛の焼肉に別府冷麺、とり天など、別府の食はバラエティー豊か。

豊後牛焼き肉
コシが強い麺と牛肉チャーシューが特徴の別府冷麺

2日目は
由布院にするのもアリ
山間の温泉リゾート、由布院温泉 P.936 は別府からバスで50〜60分。別府から路線バスまたは観光快速バス「ゆふりん号」P.932 を利用して日帰りで訪れるのもよい。由布岳を越えるルートで風景も楽しめる。

おすすめ！泊まるならココ

上質な時間を過ごせる憧れの宿
山荘 無量塔（さんそう むらた）

独自の美意識が貫かれた客室

「由布院 玉の湯」、「亀の井別荘」と並び由布院温泉の御三家といわれる高級旅館。12の離れの客室は、日本各地の古民家を移築し、独自に手を加えてモダンに再生。食事処「茶寮 柴扉洞」の個室で味わう料理は、大分の旬の食材を使用する山里料理。クラシックとジャズが心地よく流れるラウンジバー「Tan's bar」は上質な大人の時間を楽しめる。

温泉は各部屋専用の浴室で気兼ねなく楽しめる

住 由布市湯布院町川上1264-2
TEL 0977-84-5000
交 JR由布院駅から車で約10分
料 1泊5万5810円〜
URL www.sansou-murata.com

大分県の歩き方

▶別府駅案内所
住 別府市別府市駅前町12-13
（JR別府駅構内）
TEL 0977-24-2838
開 8:30～17:30　休 無休
URL kyokai.beppu-navi.jp

▶亀の井バスに乗り放題の MyべっぷFree
別府エリアの路線バスを運行する亀の井バスのフリー乗車券。別府市内で使えるミニフリー乗車券と、由布院方面、アフリカンサファリエリアでも使えるワイドフリー乗車券があり、それぞれ1日券、2日券がある。
料 ミニフリー乗車券
1日券1000円　2日券1600円
URL kamenoibus.com

▶観光路線バス ぐるすぱ
別府を1周する緑色の「ぐるっと」と、別府駅～鉄輪～明礬を往復する赤色の「すぱっと」がある。上記のMyべっぷFreeチケットで乗り放題になる。

▶ゆふりん号
亀の井バスが運行する、別府～由布院を片道所要1時間で往復する観光快速バス。
料 別府～由布院940円
URL kamenoibus.com

▶大分市観光案内所
住 大分市要町1-1
（JR大分駅構内）
TEL 097-532-0723
開 8:30～19:00
（12/31～1/2 8:30～17:00）
休 無休
URL www.oishiimati-oita.jp

別府と県北部

油屋熊八の像が出迎える別府駅

温泉を目当てに大勢の観光客が訪れる別府市は、JR**別府駅**前と駅から500mほど離れた**別府北浜**のバス停を拠点に市内バスが発達。地獄めぐりや温泉街がある**鉄輪**（かんなわ）とを結ぶ便も頻発している。別府から杵築、宇佐とのアクセスはJR日豊（にっぽう）本線の特急ソニックが便利。**両子寺** P.937や**熊野磨崖仏** P.937など**国東**（くにさき）**半島**にある見どころへは車でのアクセスとなる。

▶大分空港から町の中心まで

空港から別府市内（別府北浜）までは、空港特急バスの**エアライナー**で所要約45分。ほかの主要都市との間にもエアポートバスが走っている。

グルメ

別府は関サバ、関アジに代表される新鮮な海の幸はもちろん、豊後牛の焼き肉、別府冷麺などグルメの宝庫。宇佐は唐揚げ専門店の発祥地として知られ、「宇佐唐揚げ」が名物。

和風スープの別府冷麺

大分市と周辺

海岸沿いを走る日豊本線

大分は別府と並ぶ交通の起点。県内各地への鉄道とバスが発着する。別府駅へは日豊（にっぽう）本線で8～13分、由布院へは久大（きゅうだい）本線で1時間8分、豊後（ぶんご）竹田へはJR豊肥（ほうひ）本線で1時間12分、**臼杵**（うすき） P.941へは日豊本線で所要45分。市内は歩いて行ける見どころも多く、**大分県立美術館** P.938など文化施設が充実している。

便利情報

駅ビルの上の絶景風呂

CITY SPA てんくう　JR大分駅前の駅ビル「JRおおいたシティ」の19～21階には、別府湾を一望できる露天風呂を有するスパ施設がある。JR大分駅と隣接しているので、気軽に立ち寄れる。
TEL 097-513-2641
開 11:00～24:00　料 1600円～
URL www.cityspatenku.jp

info 別府八湯のひとつ**堀田温泉**は秘湯ムード漂う山間の温泉地。市営の公衆浴場、堀田温泉では庭園のように植栽された露天風呂を楽しめる。東九州自動車道の別府インターチェンジからすぐの所にある。

由布院と県西部

JR由布院駅

由布院温泉の玄関口となるのが由布院駅。JR久大本線が通っているが、空港や別府からバスでアクセスする人も多い。駅から**駅前・由布見通り**、**湯の坪街道**とその先にある**金鱗湖**(きんりんこ)まで徒歩圏内。自転車や名物の辻馬車で巡るのもよい。**耶馬渓**(やばけい)P.939、**九重"夢"大吊橋**P.940、**筋湯温泉**P.940などは山間の高地にあり車で行くのが現実的。

グルメ

中津の唐揚げ　中津は全国に知られる唐揚げの聖地。テイクアウトの専門店が多く、100g単位の量り売り。注文してから揚げるので、できたてを食べられる。味は店により異なるので食べ比べてみるのもオススメ。

店独自のタレに漬け込んで揚げる

竹田と県南西部

炭酸泉の共同浴場を併設する道の駅ながゆ温泉

くじゅう連山、九州山地に囲まれた内陸部に位置し**奥豊後**とも呼ばれるエリア。世界的にも珍しい炭酸泉の**長湯温泉**P.940、市全体がジオパークとなっている**豊後大野市**の**原尻の滝**P.942など過去の火山活動によって生み出された景勝地や温泉を楽しめる。竹田市の中心部以外は車の利用が便利。

臼杵と県南部

城下町の町並みが残る臼杵の二王座歴史の道

風光明媚な景色が広がる日豊海岸沿いの臼杵市、津久見市、佐伯(さいき)市は別府、大分から日豊本線でアクセスできる。大分駅から臼杵駅までは30～50分ほどで、車がなくても観光を楽しめる。**国宝臼杵石仏**P.941は臼杵駅からバスで20分。豊後水道で取れる新鮮な海の幸を味わえるのも県南部の魅力。

おみやげ

佐伯のごまだし　佐伯のご当地グルメ、ごまだしうどんに欠かせないペースト。焼いたエソなどの白身魚をゴマ、みりん、砂糖などと一緒にすりつぶし、醤油などを加えた調味料。瓶詰めのものが売られており、お茶漬けにするのもおすすめ。

ゴマの風味と魚のだしがきいている

▶由布市ツーリストインフォメーションセンターYUFUiNFO
住 由布市湯布院町川北8-5
(JR由布院駅隣)
TEL 0977-84-2446
開 9:00～17:30　休 無休
URL www.yufuinfo.jp

▶中津耶馬溪観光案内所
住 中津市島田219-2
(JR中津駅構内)
TEL 0979-23-4511
開 8:30～17:30
休 12/29～1/3
URL nakatsuyaba.com

▶日田市観光案内所
住 日田市元町11-3
(JR日田駅前)
TEL 0973-22-2036
開 9:00～17:30
休 1/1·2
URL www.oidehita.com

▶竹田市観光協会
住 竹田市会々2335-1
(JR豊後竹田駅前)
TEL 0974-63-2638
開 8:30～17:00
休 年末年始
URL taketa.guide

▶臼杵駅観光案内所
住 臼杵市大字海添2574
TEL 0972-63-2366
開 9:00～17:00
休 年末年始
URL www.usuki-kanko.com

▶佐伯市観光案内所
住 佐伯市駅前2-6-37
(JR佐伯駅構内)
TEL 0972-23-3400
開 9:00～18:00
休 年末年始
URL www.visit-saiki.jp

▶津久見市観光協会
住 津久見市中央町1-30
(JR津久見駅北口)
TEL 0972-82-9521
開 8:30～17:00
(土·日曜9:00～14:00)
休 年末年始
URL tsukumiryoku.com

info 臼杵市と佐伯市の間にある**津久見市**には、大友宗麟の墓がある**宗麟公園**やイルカと触れ合える**うみたま体験パーク「つくみイルカ島」**などの見どころがある。新鮮なマグロを使った**津久見ひゅうが丼**も名物。URL tsukumiryoku.com

大分県の見どころ

別府と県北部

ZOOM UP!

ここは地獄か極楽か 別府湯めぐり 至福のひととき

湧出量日本一として知られる別府温泉。
別府市の鉄輪地区と芝石地区には、地獄と呼ばれる温泉の噴出口が数多くあり、
それらを回る地獄めぐりは別府観光の目玉となっている。
ほかにも市内には個性あふれる名湯が目白押し！
お気に入りの湯を見つけて癒やされよう。

美容にもよい極楽ゾーンも設けられているかまど地獄

▶別府地獄めぐり
TEL 0977-66-1577（別府地獄組合）
開 8:00～17:00　休 無休　料 1カ所400円
7地獄共通券2000円（2日間有効）
URL www.beppu-jigoku.com

見どころMAP

別府市内

亀川温泉 P.935
亀川駅
十文字原展望台
P.935 柴石温泉
血の池地獄
別府地獄めぐり P.934
明礬温泉 P.935
鉄輪温泉 P.935
500
別府大学駅
645
218
10
P.935 観海寺温泉
別府IC
日豊本線
別府市役所
別府駅
別府ロープウエイ P.943
P.935 竹瓦温泉（別府温泉）
東九州自動車道
東別府駅
P.938 大分市高崎山自然動物園
高崎山城址
日豊本線
10
大分マリーンパレス水族館 P.938 うみたまご
0　2km

中津城 P.939
両子寺 P.937
宇佐神宮 P.936
耶馬渓 P.939
熊野磨崖仏 P.937
杵築の城下町 P.937
P.943 九州自然動物公園アフリカンサファリ
豆田町 P.939
P.936 由布院温泉
P.940 九重"夢"大吊橋
筋湯温泉 P.940
長者原ビジターセンター P.943
臼杵 P.941
長湯温泉 P.940
くじゅう花公園 P.941
P.941 瀧廉太郎記念館
原尻の滝 P.942
P.942 滞迫峡
P.942 出会橋・轟橋
稲積水中鍾乳洞 P.942

大分市内

大分川
P.938 大分県立美術館
西大分駅
府内城址
696
P.943 大分銀行赤レンガ館
大分駅
P.943 大友氏館跡庭園

info 地獄めぐりバスツアーは亀の井バスが昭和3（1928）年から運行する定期観光バスで、7つの地獄を約3時間で回る。バスガイドによる七五調の観光案内が名物。3900円のコース料金は地獄の入場料も込み。URL kamenoibus.com/sightseeing_jigoku

鉄輪(かんなわ)温泉(おんせん)

鉄輪の歴史は古く、鎌倉時代に一遍上人が**"地獄"**と恐れられていた高温の温泉蒸気を利用した**蒸し湯**を開いたことに始まる。その跡地である**むし湯広場**には、「一遍湯かけ上人」の像が立つ。開湯以降、湯治場として発展。大分を代表する温泉観光地となった。

あちこちから湯けむりが上る

▶鉄輪むし湯
住 別府市鉄輪上1組
TEL 0977-67-3880
開 6:30～20:00(最終入場19:30)
休 毎月第4木曜(祝日の場合は翌日)
料 700円
交 鉄輪バスターミナルから徒歩3分
URL jigokumushi.com

竹瓦温泉(たけがわらおんせん)(別府温泉(べっぷおんせん))

別府駅を中心とした別府の市街地はあちこちに温泉が湧き、いくつもの共同浴場や温泉宿があることから、一般的に別府温泉と呼ばれている。そのシンボル的存在が明治12(1879)年創業の**竹瓦温泉**。昔ながらの半地下式で風情がある。

竹瓦温泉の半地下式の浴室

▶竹瓦温泉
住 別府市元町16-23
TEL 0977-23-1585
開 6:30～22:30(砂湯最終入場21:30)
休 毎月第3水曜(祝日の場合は翌日)
料 300円
交 JR別府駅から徒歩10分
URL takegawaragroup.jp

明礬温泉(みょうばんおんせん)

江戸時代より温泉ガスを利用した**ミョウバン**製造がおこなわれており、その施設である**湯の花小屋**が、特徴的な景観。明治時代以降はその製造過程でき、入浴剤となる**湯の花**の製造が中心となった。**みょうばん湯の里**ではその製造過程を見学できる。

茅ぶきの湯の花小屋が並ぶ

▶みょうばん湯の里
住 別府市明礬温泉6組
TEL 0977-66-8166
開 10:00～20:00(最終入場19:00)
休 無休　料 600円
交 JR**別府駅**からバスで30分の**地蔵湯前**下車、徒歩約3分
URL yuno-hana.jp

観海寺温泉(かんかいじおんせん)

鶴見岳から別府湾に注ぐ朝見川上流の山の斜面に湧く、鎌倉時代から続く温泉地。別府市街とその奥に広がる別府湾を見晴らす大パノラマを観賞できるエリアで、絶景を楽しめる露天風呂を備えた多くの温泉宿がある。**ザ アクアガーデン**なども有する**別府温泉杉乃井ホテル**や仕出し屋として営業する**いちのいで会館**が絶景温泉の代表格。

大スケールの杉乃井ホテルの棚湯

▶別府温泉杉乃井ホテル
URL www.suginoi-hotel.com
▶いちのいで会館
URL ichinoide-kaikan.jimdofree.com

亀川温泉(かめがわおんせん)

別府湾沿いにあり、砂に埋もれて温まる**砂湯**で知られる。市営の**別府海浜砂場**では砂かけさんとよばれる係の人が頭を残して全身に砂をかけてくれる。10～15分ほど汗をかいたあと、浴場で砂と汗を流すと、すっきりとリフレッシュできる。

症状をに応じて砂をかける

▶別府海浜砂湯
住 別府市上人ケ浜
TEL 0977-66-5737(予約不可)
開 3～11月8:30～18:00
　12～2月9:00～17:00
最終入場は1時間前
休 毎月第4水曜(祝日の場合は翌日)
料 1500円
交 JR**別府大学駅**から徒歩約3分

柴石温泉(しばせきおんせん)

血の池地獄と**竜巻地獄**を有する柴石温泉は、国民保養温泉地にも指定された山間の自然豊かな温泉地。寛平7(895)年に醍醐天皇、長久5(1044)年に後冷泉(ごれいぜい)天皇が訪れた由緒もある。露天風呂の隣にある小屋では、床下に流れる温泉の熱を利用した**蒸し湯**を楽しめる。

別府は留学生が多く露天風呂も大人気

▶柴石温泉
住 別府市野田4　TEL 0977-67-4100
開 7:00～14:00、15:00～20:00(最終入場19:00)
休 毎月第2水曜(祝日の場合は翌日)
料 300円　交 JR**別府駅**からバスで31分の**柴石温泉入口**下車、徒歩約2分
URL www.gokuraku-jigoku-beppu.com

info 竜巻地獄の近くにある**長泉寺**は、1044年創設の後冷泉天皇にゆかりのあるお寺で、竜巻地獄からひいた**薬師の湯**がある。源泉かけ流しの酸性泉は泉質がよいと評判の隠れた名湯だ。住職の自宅で記帳とお賽銭を払って入浴する貸切風呂スタイル。

「東の軽井沢、西の由布院」と評される人気リゾート　由布院と県西部

由布院温泉

大分県のほぼ中央に位置する**由布岳**の麓にたたずむ温泉郷。大型ホテルはなくしっとりとした雰囲気の温泉旅館が多い。泉質はおもにアルカリ性単純温泉で、湯は柔らかく神経痛、冷え性、疲労回復などに効能がある。**湯の坪街道**には個性豊かなカフェやレストラン、ショップが並び、ショッピングを満喫できる。由布院のシンボル、由布岳の麓にある**金鱗湖**は、湖底から清水が湧き温泉が流れ込む珍しい湖。外気が下がる秋から冬にかけては湖面から霧が立ち上る幻想的な光景が見られる。

別府温泉に次ぐ全国第2位の湧出量を誇る

4kmのコースを1時間ほどかけて巡る観光辻馬車

▶由布院温泉
住 由布市湯布院町
開 休 料 施設による
交 JR**由布院駅**が最寄り駅。別府からバスでもアクセス可能
URL www.yufuin.gr.jp
▶**観光辻馬車**
TEL 0977-84-2446（由布市ツーリストインフォメーションセンター）
開 9:30～16:30
（12月9:30～14:30）
休 雨天時、1/1～3/1　料 2200円

およそ1kmの湯の坪街道。正面には由布岳がそびえる

八幡さまの総本宮で幸せを祈願　別府と県北部

宇佐神宮

神社のなかで最も多く、全国で4万社以上あるといわれる**八幡社の総本宮**。神亀2（725）年に創建し、伊勢神宮に次ぐ第2の宗廟として、皇室からも崇敬されている。

宇佐神宮勅使門

上宮には、宇佐神宮の顔ともいえる鮮やかな朱塗りの**勅使門**が立つ。国宝に指定されている本殿は、この門の内側にあり、応神天皇（八幡大神）や比売大神、神功皇后が祀られている。

柏手を4回打つ**二礼、四拍手、一礼**が古くからの習わしだ。宇佐神宮には年間150もの祭典があり、特に夏に行われる**流鏑馬神事**は圧巻である。

▶宇佐神宮
住 宇佐市南宇佐2859
TEL 0978-37-0001
開 4～9月5:30～19:00
10～3月6:00～19:00
休 無休　料 無料
交 JR**宇佐駅**からバスで7分の**宇佐八幡**下車、徒歩6分
URL www.usajinguu.com

大鳥居

御神幸祭（流鏑馬神事）

info 昭和30（1955）年に**由布院町**と**湯平村**が合併し、**湯布院町**が誕生。その後平成17（2005）年の大合併で**由布市**となった。どちらを使用しても間違いではないが、厳密には、旧湯平村を含むと**湯布院**、含まないと**由布院**とされる。

鬼が一晩で積んだという伝説が残る日本最大級の磨崖仏

別府と県北部

熊野磨崖仏

左側に不動明王像、右側に大日如来像

神仏習合の山岳信仰である**六郷満山文化**が花開いた国東半島は石材の宝庫でもあり、岩壁に掘られた磨崖仏をはじめとする石造文化財が各所に残されている。

なかでも平安時代中期～後期に造られたとされる熊野磨崖仏の**不動明王像**は8mを越える日本最大級のもので、国の重要文化財および史跡に指定されている。

▶熊野磨崖仏

住 豊後高田市田染平野 2546-3
TEL 0978-26-2070
開 4～10月8:00～17:00
11～3月8:00～16:30
休 無休　料 300円
交 JR**宇佐駅**から車で30分
URL www.showanomachi.com/spots/detail/136

高さ約6.7mの大日如来像は厳しげな表情

迫力満点の仁王像が守る山岳修行の寺

別府と県北部

両子寺

山門の入り口に立つ高さ2.3mの2体の仁王像

国東半島の中心にそびえる両子山の中腹にある天台宗の寺。養老2(718)年に仁聞菩薩により開かれたという六郷満山の総持院で、山岳修行の中心となっていた。

参道入口に立つのは傑作の誉れ高い2体の**仁王像**。足腰の健康を願って仁王像の足をさする参拝者も。**走水観音堂**に湧き出る水は霊水といわれ、パワースポットとしても話題。

▶両子寺

住 国東市安岐町両子1548
TEL 0978-65-0253
開 8:30～16:30
休 無休　料 300円
交 JR**杵築駅**、**宇佐駅**から車で30分
URL www.futagoji.jp

古くから子授けの祈願所としても信仰されている

江戸時代のような風情ある坂道を着物で歩こう

別府と県北部

杵築の城下町

城下町のシンボルとなっている酢屋の坂

江戸時代に松平氏が治めた杵築藩の城下町は武家屋敷が残る風情ある町並みで知られ、ドラマや映画のロケ地に選ばれることも多い。雰囲気のある坂道が多く、なかでも石畳の**酢屋の坂**とその向かいの**塩屋の坂**が代表的。近くにレンタル着物店もあり、着物姿で散策と記念撮影を楽しめる。大原邸、能見邸など見学できる武家屋敷も点在。

▶杵築の城下町

▶杵築市観光協会
住 杵築市大字杵築665-172（杵築ふるさと産業館内）
TEL 0978-63-0100
開 9:30～17:30　休 12/31～1/2
料 ボランティアガイドはガイド1名につき1時間1000円（前日15:00までに要予約）
交 JR**杵築駅**からバスで11分の**杵築バスターミナル**下車、徒歩5分
URL www.kit-suki.com

杵築の町並みを見渡せる杵築城

info **六郷満山文化**とは国東半島に古来から根付く山岳信仰に、**八幡信仰**や天台宗の**修験道**が融合した神仏習合の原点となる**山岳宗教文化**。六郷満山の寺の多くは、養老2(718)年に宇佐八幡神の化身である仁聞菩薩が開基したといわれる。

気軽に立ち寄れる「出会いと五感のミュージアム」

大分市と周辺

大分県立美術館

OPAM（オーパム）と呼ばれている

利用者が自宅のリビングと感じられるような開かれた美術館がコンセプト。東洋のロダンとよばれた彫刻家、**朝倉文夫**をはじめとする大分ゆかりの作家の作品展示や文化、伝統、現代美術、パフォーミングアーツなどさまざまな形態の芸術作品の企画展示を行う。大分ならではのメニューやアイテムがそろうカフェ、ミュージアムショップも魅力的。

▶大分県立美術館
住 大分市寿町2-1
TEL 097-533-4500
開 10:00～19:00（金・土曜～20:00）最終入場は30分前
休 無休
料 300円（企画展は別料金）
交 JR**大分駅**から徒歩15分。またはバスで**オアシスひろば前**下車、徒歩すぐ
URL www.opam.jp

著名な建築家・坂 茂（ばん しげる）氏によるフォトジェニックな設計

ファミリーで楽しめる触れ合い水族館

大分市と周辺

大分マリーンパレス水族館 うみたまご

迫力満点のイルカのパフォーマンス

「動物たちとなかよくなる水族館」がテーマで、イルカやセイウチなどの海獣とも身近に触れ合えるパフォーマンスが人気の水族館。別府湾に面した立地で、豊後水道の魚約90種、1500匹が泳ぐ世界初の潮流式回遊水槽を導入。白いサンゴ砂を敷いた遊べるプール、**あそびーち**では、イルカが近寄ってくることも。

▶大分マリーンパレス水族館うみたまご
住 大分市大字神崎字ウト3078-22
TEL 097-534-1010
開 9:00～17:00（時期により変動あり。最終入場は30分前）
休 無休（冬期にメンテナンス休業あり） 料 2600円
交 JR**別府駅**または**大分駅**からバスで**高崎山自然動物園前**下車、徒歩すぐ
URL www.umitamago.jp

セイウチとトレーナーの息のあった掛け合いに大爆笑

1000頭近い野生のサルを間近に観察

大分市と周辺

大分市高崎山自然動物園

子ザルを抱いたママザル

標高628mの高崎山の麓にあり、自然な状態の野生のサルを観察できる。B群、C群ふたつのニホンザルの群れがサル寄せ場に現れ、親子での毛づくろいや、冬には身を寄せ合って寒さをしのぐ「**さるだんご**」など、四季折々の姿で訪れた人を楽しませてくれる。スタッフによる猿紹介のマイクパフォーマンスもおもしろい。

▶大分市高崎山自然動物園
住 大分市神崎3098-1
TEL 097-532-5010
開 9:00～17:00（最終入場16:30）
休 不定休（年に数日） 料 520円
交 JR**別府駅**または**大分駅**からバスで**高崎山自然動物園前**下車、徒歩すぐ
URL www.takasakiyama.jp

入口と高台のサル寄せ場を結ぶさるっこレール（往復110円）

info 戦国時代に現在の大分県を統治していた**大友宗麟**は、キリスト教を信仰し、現在の大分市にあたる**府内**の町は国際色豊かな貿易都市だった。日本初のカボチャはポルトガルから大友宗麟へ献上されたものだといわれている。

海の要衝を押さえる九州最古の近代城郭

由布院と県西部

中津城

1588年に黒田官兵衛が築いた城　写真提供:中津城

今治城や高松城と並ぶ**日本三大水城**のひとつ。天正16(1588)年に黒田官兵衛が築城、その後藩主となった細川家が城を完成させた。小笠原家を経て享保2（1717)年に奥平昌成が入城し、以後明治維新まで奥平家が城主となった。西南戦争で焼失したが、昭和39（1964）年に天守閣が建てられ、**奥平家歴史資料館**として資料や家宝を展示している。

▶中津城
住 中津市二ノ丁本丸
TEL 0979-22-3651
開 9:00～17:00
休 無休　料 400円
交 JR**中津駅**から徒歩15分
URL www.nakatsujyo.jp

奥平家の名が世に知れ渡ることとなった、長篠の戦いの合戦図
中津城所蔵

山水画のように見事な絶景が広がる

由布院と県西部

耶馬渓

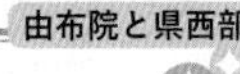

水墨画のような景観を作り出す、一目八景

溶岩台地が川に浸食されてできた耶馬渓は、中津市と玖珠町にまたがる奇岩の渓谷。**競秀峰**、**青の洞門**、**耶馬渓橋**などさまざまな見どころがあるが、なかでも中心地にある**一目八景**は、周囲を囲む八つの岩峰を一度に見ることができることからその名がついた、耶馬渓を代表する景観。そそり立つ断崖の360°の大パノラマは迫力満点。

▶耶馬渓
住 中津市耶馬溪町ほか
TEL 0979-64-6565（中津耶馬渓観光協会）
開 入場自由
交 JR**中津駅**から車で20～60分（一目八景までは40分）
URL yabakei-yuran.jp

山国川に架かる耶馬渓橋は「オランダ橋」とも呼ばれる

九州の小京都と呼ばれる、天領時代の町並み

由布院と県西部

豆田町

享保9（1724)年の町割りが現在も残っている

日田駅から歩いて15分ほどの所にある豆田町は、幕府の直轄地、“**天領**”として大いに栄えた商人町。

天領時代の御用達商人の家や土蔵の町並みが当時の区割りのまま残っており、国の重要伝統的建造物群保存地区に選定されている。家屋は工芸品を購入できるショップや、老舗の造り酒屋もあり、おみやげ探しもできる。

▶豆田町
住 日田市豆田町
TEL 0973-22-2036(日田市観光協会)
開 見学自由（有料施設あり）
交 JR**日田駅**から徒歩17分
URL www.oidehita.com

2月中旬～3月末日に開催される天領日田おひなまつり

info 中津は『**学問のすすめ**』の著者で一万円札に描かれている**福澤諭吉**の出身地。諭吉が住んでいた家は、**福澤諭吉旧居・福澤記念館**として一般開放されている。URL fukuzawakyukyo.com

マッサージ効果抜群の「日本一の打たせ湯」

筋湯温泉（すじゆおんせん）

くじゅう連山の北に点在する**九重"夢"温泉郷**のひとつ。**日本一の打たせ湯**を掲げ、多くのホテルや旅館が独自の打たせ湯を設けている。筋湯温泉の歴史は古く、開湯は天徳2(958)年、温泉地として開かれたのは江戸時代の明暦4(1658)年とされている。飯田高原への起点やくじゅう連山の登山基地としても人気で、登山客の利用も多い。

うたせ大浴場は高さ2mの打たせ湯が自慢

▶筋湯温泉
住 玖珠郡九重町筋湯温泉
TEL 0973-73-5505(九重町観光協会)
URL www.sujiyu-onsen.com
▶うたせ大浴場
開 6:00～21:30　休 無休
料 300円
交 JR**豊後中村駅**からコミュニティバスで**筋湯**下車、徒歩2分

共同浴場「薬師湯」はヒノキ造りの内湯

高さ173m、長さ390mのスリル満点の空中散歩

九重"夢"大吊橋（ここのえ"ゆめ"おおつりはし）

標高777mの**鳴子川渓谷**に架かる観光用の大きなつり橋。高さは、歩いて渡れるつり橋としては日本一の173mで、長さは390m。

橋の上からは、日本の滝100選にも選ばれた**震動の滝**の雄滝と雌滝を観賞することができる。橋の真ん中に**スリルスポット**があり、173m下の谷底をのぞいたり、写真を撮ったりできる。

風速65m、震度7の地震にも耐えられる造り

▶九重"夢"大吊橋
住 玖珠郡九重町大字田野1208
TEL 0973-73-3800
開 8:30～17:00
(9･10月8:30～18:00)
最終入場は30分前
休 無休　料 500円
交 JR**豊後中村駅**からコミュニティバス九重縦断線で**大吊橋中村口**下車、徒歩すぐ
URL www.yumeooturihashi.com

全国的にも珍しい炭酸泉でデトックス!

長湯温泉（ながゆおんせん）

「飲んで効き、長湯して利く長湯のお湯は、心臓胃腸に血の薬」と古くから歌われた温泉。源泉に含まれる炭酸ガス濃度、湧出量、温度を総合して**日本有数の炭酸泉**と評されている。

炭酸泉が自噴し飲泉もできる**ラムネ温泉館**、ドイツの療養施設を原型とした**クアパーク長湯**など立ち寄り湯が点在。

温泉宿が並ぶ芹川の河原に湧くガニ湯は無料で開放されている

▶長湯温泉
住 竹田市直入町長湯
TEL 0974-75-3111(長湯温泉観光案内所)
交 JR**大分駅**からコミュニティバス大分駅線で1時間45分(JR**豊後竹田駅**からコミュニティバス長湯線で50分)の**道の駅ながゆ温泉**などで下車
URL taketa.guide
▶ラムネ温泉館
住 竹田市直入町長湯7676-2
TEL 0974-75-2620
開 10:00～22:00
休 毎月第1(1･5月は第2)水曜
料 500円
交 上記バスで**山脇**下車、徒歩1分
▶クアパーク長湯
住 竹田市直入町長湯3041-1
TEL 0974-64-1444
開 10:00～21:30(最終入場21:00)
バーデゾーン最終入場20:00
休 毎月第1･3水･木曜　料 800円
交 上記バスで**クアパーク長湯**下車、徒歩すぐ
URL www.kur-nagayu.co.jp

info **長湯温泉**にある**道の駅 ながゆ温泉**は、竹田の岡藩主の浴場が前身という公共浴場温泉療養文化館 御前湯を併設。異なる3つの源泉があり、100%かけ流しの湯を楽しめる。ドイツ風の美しい建築も見どころ。

くじゅう連山を背景に花のじゅうたんが広がる

竹田と県南西部

くじゅう花公園

春に咲くネモフィラ

くじゅう連山と阿蘇五岳に囲まれた、**阿蘇くじゅう国立公園**内の久住高原に設けられた公園。敷地は約22万㎡と広大で、花のじゅうたんを楽しめる丘のほか、**ローズガーデン**、イギリスの庭をイメージした**久住ガーデン**、温室**アンティル**などがあり、いつ訪れてもさまざまな種類の花を見ることができる。こだわりのミルクジェラートや花のソフトクリームも人気。

▶くじゅう花公園
住 竹田市久住町大字久住4050
TEL 0974-76-1422
開 3～11月8:30～17:30(最終入場17:00)
休 12～2月　料 1300円
交 JR**豊後竹田駅**から車で20分
URL www.hanakoen.com

秋に咲くサルビア

早逝した作曲家の幼少時代を偲ぶ

竹田と県南西部

瀧廉太郎記念館

廉太郎の部屋　画像協力:瀧廉太郎記念館

『荒城の月』『花』『鳩ぽっぽ』などで知られる作曲家、瀧廉太郎(1879～1903年)が十代を過ごした屋敷を利用。館内には彼の写真や手紙、直筆の譜面などを展示。庭では幼少時の廉太郎も聞いたであろう飛び石と下駄の響きなどの音風景が再現されている。記念館近くには、中を通ると彼が作曲したメロディが流れる**廉太郎トンネル**がある。

▶瀧廉太郎記念館
住 竹田市竹田2120-1
TEL 0974-63-0559
開 9:00～17:00(最終入場16:30)
休 12/29～1/3　料 300円
交 JR**豊後竹田駅**から徒歩10分

廉太郎が『荒城の月』の構想を練ったといわれる岡城跡
画像協力:瀧廉太郎記念館

江戸情緒にあふれた臼杵藩の城下町

臼杵と県南部

臼杵

臼杵石仏を代表する古園石仏の大日如来像

臼杵石仏は平安時代後期から鎌倉時代に彫刻されたといわれる**磨崖仏**で、全61体が国宝に指定されている。臼杵市中心部には、戦国時代に大友宗麟により築かれた**臼杵城跡**があり、石垣や櫓など一部が残るほか、江戸時代の面影を色濃く残す城下町がある。特に武家屋敷や寺が並ぶ**二王座歴史の道**は臼杵を代表する景観のひとつ。

▶臼杵

▶臼杵市観光協会
住 臼杵市大字臼杵100-2
TEL 0972-64-7130
開 8:30～17:00　休 無休
交 JR**臼杵駅**から徒歩11分
URL www.usuki-kanko.com

▶二王座歴史の道
住 臼杵市二王座
開 入場自由
交 JR**臼杵駅**から徒歩12分

▶国宝臼杵石仏
住 臼杵市大字深田804-1
開 9:00～17:00(最終入場16:30)
休 無休　料 550円
交 JR**臼杵駅**からバスで20分の**臼杵石仏**下車、徒歩すぐ
URL sekibutsu.com

info 臼杵湾に面した臼杵は**フグ**が特産。その日捌いた新鮮なフグを贅沢に味わうことができる。ほかにも、エサにカボスを混ぜて養殖したかぼすブリなど、とにかく魚がおいしい。

田園地帯に突如出現する東洋のナイアガラ　竹田と県南西部

原尻の滝

高さ約20m、幅約120mというダイナミックな滝。約9万年前の阿蘇火山の巨大噴火による火砕流が冷え固まってできた岩が崩落したことにより誕生した。滝の上に**遊歩道**があり、岩の割れ目から水が噴き出していく様子をのぞき込むことができる。

平地にあり、滝を上から眺めるという珍しい体験ができる

高さ70mにおよぶ柱状節理の大絶壁　竹田と県南西部

滞迫峡

阿蘇火山の火砕流が固まってできた高さ70mを超す**柱状節理**の断崖絶壁が迫る峡谷で、その範囲は11kmにわたる。崖の上は木々が生い茂り、そのコントラストが見事な景観をつくりだしている。崖の下を流れるのは清流の奥岳川で、夏は川遊びが楽しめる。

柱状節理の絶壁が続く

火砕流でできた岩を用いて築かれたふたつの石橋　竹田と県南西部

出会橋・轟橋

奥岳川にかかるふたつの**アーチ式石橋**。石橋としてアーチの幅が日本で1位の轟橋と、2位の出会橋を同時に眺めることができる。轟橋は祖母傾の国有林から木材を運ぶための鉄道を通す橋として昭和9（1934）年に造られた。出会橋は大正13（1924）年の建設。

手前が轟橋、奥が出会橋

日本最長の水中鍾乳洞　竹田と県南西部

稲積水中鍾乳洞

3億年前の古生代に形成された鍾乳洞が、30万年前の阿蘇火山大噴火により水没したことによってできた世界的にも珍しい**水中鍾乳洞**。天井の岩が鐘のように削られた**ベルホール**、青くライトアップされ幻想的な**竜宮城**など自然の芸術を堪能できる。

神秘的なベルホール

▶原尻の滝
住 豊後大野市緒方町原尻936-1
TEL 0974-42-4140（道の駅原尻の滝）
開 入場自由
交 JR**緒方駅**から車で5分
URL www.ogatakanko.com

「日本の滝100選」、「大分県百景」にも選ばれる大分を代表する名瀑

▶滞迫峡
住 豊後大野市緒方町滞迫
TEL 0974-22-1001（おおいた豊後大野ジオパーク推進協議会）
開 入場自由
交 JR**緒方駅**から車で25分
URL www.bungo-ohno.com/geosaite

▶出会橋・轟橋
住 豊後大野市清川町平石
TEL 0974-22-1001
開 入場自由
交 JR**豊後清川駅**から車で20分
URL www.bungo-ohno.com/geosaite

▶稲積水中鍾乳洞
住 豊後大野市三重町中津留300
TEL 0974-26-2468
開 9:00～17:00（夏期延長あり）
休 無休　料 1300円
交 JR**三重町駅**から車で20分
URL www.inazumi.com

おおいた豊後大野ジオパーク

豊後大野市の地盤は、約9万年前に起こった阿蘇火山の巨大噴火による火砕流が冷え固まった溶結凝灰岩でできている。火砕流が冷え固まる際にできたひび割れ（柱状節理）は各所に絶壁や滝を生み、ひいては石橋や磨崖仏など独特な景観と文化を生み出した。豊後大野市全体が日本ジオパークに認定されている。

▶豊後大野市資料館
おおいた豊後ジオパークの拠点で、豊後大野の自然や歴史について詳しく知ることができる。
住 豊後大野市三重町内田881
TEL 0974-24-0040
開 9:00～17:00
休 月曜、祝日、年末年始　料 無料
交 JR**三重町駅**から徒歩15分

info おおいた豊後大野ジオパークガイド事務局（TEL 080-2708-7809）では、地元の地質や歴史に詳しい熟練した豊後大野ジオパークのガイド（有料）を紹介してくれる。

別府湾を見晴らす10分の空中散歩　**別府と県北部**

別府ロープウエイ（べっぷろーぷうえい）

別府湾のすばらしい眺望が広がる

鶴見岳山麓の別府高原駅と標高1300mの鶴見山上駅を約10分で結ぶ。窓から見えるのは別府湾一帯の絶景。桜と紅葉の名所でもあり、四季折々の美しさを楽しめる。

▶別府ロープウエイ
住 別府市大字南立石字寒原10-7
TEL 0977-22-2278
開 3/15〜11/14 9:00〜17:00
11/15〜3/14 9:00〜16:30
20分ごとに運行
休 無休
料 往復1600円
交 JR**別府駅**から湯布院行きバスで22分の**別府ロープウエイ**下車、徒歩すぐ
URL www.beppu-ropeway.co.jp

野生動物たちの生態環境を九州に再現　**別府と県北部**

九州自然動物公園アフリカンサファリ（きゅうしゅうしぜんどうぶつこうえんあふりかんさふぁり）

餌をあげながら移動するジャングルバス（所要50分、1100円）

約70種1400頭の動物が暮らしている、日本最大級のサファリパーク。6kmあるサファリロードの**動物ゾーン**と、動物と触れ合うことができる**ふれあいゾーン**からなっている。

▶九州自然動物公園アフリカンサファリ
住 宇佐市安心院町南畑2-1755-1
TEL 0978-48-2331
開 3〜10月9:00〜16:30
11〜2月10:00〜16:00
最終入場は30分前
休 無休　料 2600円
交 JR**別府駅**から亀の井バスサファリ線で46分の**アフリカンサファリ**下車、徒歩すぐ
URL www.africansafari.co.jp

国の登録有形文化財にも指定された近代建築遺産　**大分市と周辺**

大分銀行赤レンガ館（おおいたぎんこうあかれんがかん）

東京駅と同じ「辰野式」の建築

大分市内に唯一現存する明治時代の洋風建築。空襲で外壁の一部を残しほとんど焼失したが、創建時の姿に再建された。大分の特産品を販売するショップやカフェが入居している。

▶大分銀行赤レンガ館
住 大分市府内町2-2-1
開 11:00〜19:00
休 水曜　料 無料
交 JR**大分駅**から徒歩7分
URL www.oitabank.co.jp/atm/akarengakan

現代に蘇る大友宗麟の庭園　**大分市と周辺**

大友氏館跡庭園（おおともしやかたあとていえん）

作庭当時の姿に復元
写真提供:大分市教育委員会

豊後国（ぶんごのくに）の名門一族、大友氏が14世紀後半から16世紀後半まで拠点とした館の跡。1998年の発掘調査により大規模な庭園跡が見つかり、往時の姿で復元整備され公開されている。

▶大友氏館跡庭園
住 大分市顕徳町3-2-45
TEL 097-578-9191
開 9:00〜17:00（最終入場16:30）
休 月曜（毎月第1月曜、祝日の場合は翌日）、祝日の翌日（土･日曜を除く）、年末年始　料 無料
交 JR**大分駅**から徒歩15分
URL www.oishiimati-oita.jp/spots/detail/2603

くじゅうの自然をより深く知ろう！　**由布院と県西部**

長者原ビジターセンター（ちょうじゃばるびじたーせんたー）

センターの裏手に広がるタデ原湿原

くじゅう連山の登山口に位置し、くじゅうの歴史や自然などを紹介する**博物展示施設**。センターの裏側には広大なタデ原湿原が広がっており、散策ルートが設けられている。

▶長者原ビジターセンター
住 玖珠郡九重町大字田野255-33
TEL 0973-79-2154
開 4〜10月9:00〜17:00
11〜3月9:00〜16:00
休 年末年始　料 無料
交 JR**豊後中村駅**からコミュニティバスで50分の**くじゅう登山口**下車、徒歩すぐ
URL kujufanclub.com/chojabaru

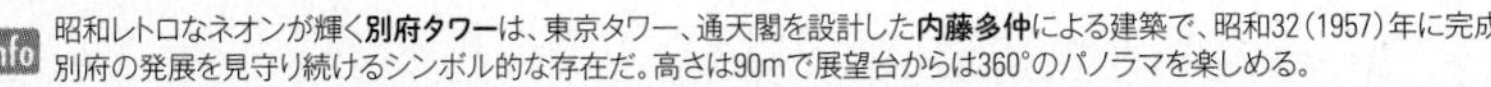
info 昭和レトロなネオンが輝く**別府タワー**は、東京タワー、通天閣を設計した**内藤多仲**による建築で、昭和32（1957）年に完成。別府の発展を見守り続けるシンボル的な存在だ。高さは90mで展望台からは360°のパノラマを楽しめる。

宮崎県

MIYAZAKI

宮崎市

人口
107万人（全国35位）
面積
7734km²（全国14位）
県庁所在地
宮崎市
県花
はまゆう

みやざき犬
宮崎の特産品やゆかりのかぶりもの（日向夏・フェニックス・地鶏）をかぶって宮崎のPRを頑張っている3匹のわんこ
宮崎県シンボルキャラクター「みやざき犬」#20210049

はまゆう
おもに温暖な海浜に自生するヒガンバナ科の多年草

太平洋を流れる暖流、黒潮のおかげで一年を通じて温暖な気候に恵まれている。その南国情緒が人々をひきつけ、1960年代には新婚旅行のメッカとなり、現在でもプロスポーツチームのキャンプ地として広く知られる。海岸沿いに宮崎平野が広がり、漁業や農業、畜産がおもな産業。野菜はキュウリ、ピーマンの生産が盛んで、畜産では牛・豚・鶏いずれも日本有数の生産高を誇る。県木はカナリア諸島原産の木、フェニックス。

旅の足がかり

宮崎市

県の南東部に位置する県庁所在地。人口は約40万人で中核市に指定されている。明治初期の廃藩置県において日向国（ひむかのくに）の土地はおおむね美々津（みみつ）県と都城（みやこのじょう）県に分かれたが、明治6（1873）年に美々津県と都城県東部が合併。以来宮崎市に県庁がおかれている。「物価の安さ」「通勤・通学にかかる時間の短さ」「快晴日数・日照時間」は国内トップクラス。宮崎ブーゲンビリア空港があり、宮崎県の空の玄関口となっている。

延岡市

県北部の中心都市で、県内有数の工業都市。戦前に工場が次々と建てられ、戦後になると財閥解体により旭化成が創業。いわゆる企業城下町として栄えてきたが、平成18～19（2006～2007）年にかけて北方町、北浦町、北川町と合併。商工農林漁業の各産業が均衡する人口約13万人の都市となった。大分県と接しており、大分からの方がアクセスがよいことも。

都城市（みやこのじょう）

県内第2位の人口16万人を擁する歴史ある都市。平安時代から島津荘（しまづのしょう）という荘園が置かれ、明治時代まで都城島津家が治めてきた。かつて薩摩藩領であったため、鹿児島弁に近い方言が使われている。廃藩置県で都城県が置かれたあとは、宮崎県の成立で県庁は宮崎市に移った。鹿児島からもアクセスがよい。

地理と気候

祖母山や霧島連山など山地が多く、平地は宮崎平野と都城盆地。気候は黒潮の影響で温暖である。平均気温は約17℃で、日照時間、快晴日数ともに長いが、台風が上陸することも多い。

【夏】 8月の最高気温は35℃前後で極端な高温にはなりにくい。日照時間は長く、日差しは強いので暑さ対策は必須。

【冬】 平均気温は全国に比べれば高めで、冬でも比較的過ごしやすいといえる。しかし山間部では氷点下を記録し雪が降ることもある。

アクセス

東京から ▸▸▸	所要時間
飛行機 羽田空港▶宮崎空港	1時間45分

大阪から ▸▸▸	所要時間
飛行機 関西空港▶宮崎空港	1時間

福岡から ▸▸▸	所要時間
飛行機 福岡空港▶宮崎空港	45分
高速バス 西鉄天神高速BT▶宮崎駅	4時間45分

大分から ▸▸▸	所要時間
JR線 大分駅▶宮崎駅（特急にちりん）	3時間20分

鹿児島から ▸▸▸	所要時間
JR線 鹿児島中央駅▶宮崎駅（特急きりしま）	2時間20分

熊本から ▸▸▸	所要時間
高速バス 新八代駅▶宮崎駅	2時間20分

BT:バスターミナル

交通路線図

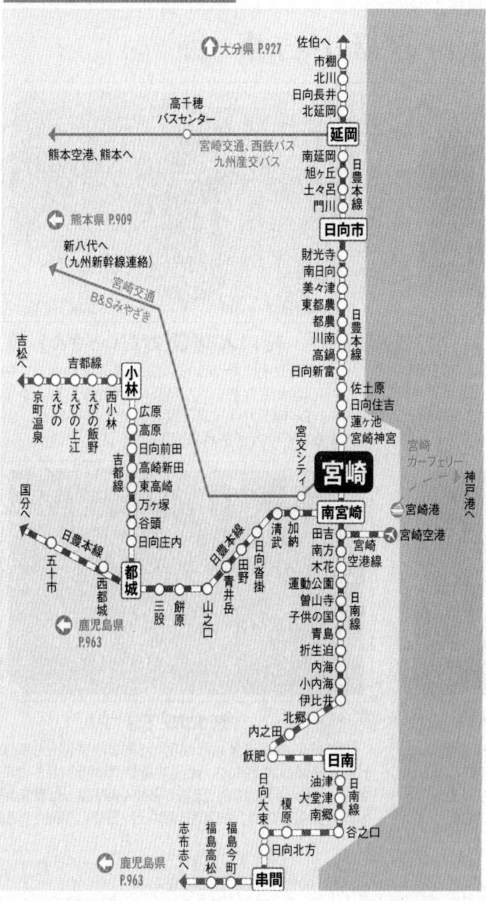

県内移動

▶宮崎駅から延岡駅へ

宮崎駅と延岡駅を約2時間10分で結ぶ特急**ひゅうが**は2時間に1便程度。

▶延岡から高千穂へ

延岡駅から高千穂バスセンターまで約1時間20分。1時間に1便程度の運行。

▶延岡から北へ

特急列車の**にちりん**や**ソニック**以外の普通列車は1日3便程度と少ない。

▶宮崎市内から日南、えびの方面へ

日南海岸沿いや、えびの高原などの観光地は車で行くほうが簡単。宮崎駅前や宮崎空港にはレンタカーの営業所が多い。

▸▸▸アクセス選びのコツ

- 鹿児島中央駅と宮崎駅を結ぶ特急**きりしま**は1～2時間に1便程度の運行。宮崎県内では西都城駅、都城駅、清武駅、南宮崎駅、宮崎駅に停車する。宮崎空港駅と大分駅または福岡県の小倉駅を結ぶ特急**にちりん**は宮崎駅、佐土原駅、日向市駅、延岡駅などに停車。博多駅まで直通の特急**にちりんシーガイア**は1日1便の運行。
- 高速バスは**宮崎交通**（宮交バス）がメイン。福岡～宮崎間は1日20往復以上と便数が多い。また宮崎駅と熊本県の新八代駅を結ぶ**B&Sみやざき**は九州新幹線と連絡しており、宮崎駅から博多駅までを約3時間30分で結んでいる。鹿児島と大分へは高速バスの便はない。
- 宮崎空港へは羽田、大阪（伊丹）、福岡からの便がメイン。高千穂へは熊本空港からもバスでアクセスできる。
- 宮崎カーフェリーが宮崎港と神戸港を結ぶ。

宮崎空港駅には特急にちりん、にちりんシーガイアも乗り入れる

宮崎駅前のロータリー

宮崎県

うちの県はここがすごい

一 日本神話の舞台

天孫降臨の地として知られる高千穂や伊弉諾命(いざなぎのみこと)が禊を行った地、神武天皇生誕の地など、宮崎には数々の神話の舞台とされている場所があり、今でも多くの人が訪れる。

二 焼酎出荷量日本一

県南にある都城市を中心に県全体で焼酎の生産が盛ん。霧島ファクトリーガーデンP.959では製造工程を見学できる。ちなみに焼酎の消費量は鹿児島県に次いで第2位。

三 ブロイラーの産出額日本一

宮崎といえば鶏肉で有名だが、ブロイラーの産出額、飼養羽数がともに日本一。地鶏も有名で「みやざき地頭鶏(じとっこ)」というブランド地鶏がある。

※産出額は平成30年、飼養羽数は平成31年2月のデータ

イベント・お祭り・行事

① 御神幸祭(ごしんこうさい)

神武天皇をお祀りする宮崎神宮の例祭で、10月に行われる。御獅子(獅子舞)や流鏑馬(やぶさめ)、稚児(ちご)行列などの御神幸行列と名物のミスシャンシャン馬などからなる神賑(しんしん)行列が町を練り歩く。

② 延岡大師祭(おだいっさん)

高野山金剛峰寺から弘法大師像を勧請して開かれた延岡大師の祭り。九州春の3大祭りのひとつでもあり、毎年4月中旬に3日間にわたって行われ、県内外から多くの人が訪れる。

③ 高千穂夜神楽(かぐら)

毎年11月中旬から2月上旬、町内20の集落で一晩かけて神楽が奉納される(例祭日は集落により異なる)。「高千穂の夜神楽」として昭和53(1978)年に国の重要無形民俗文化財に指定されている。

④ 飫肥城下まつり

日南市の代表的な祭り。九州の小京都とも呼ばれる飫肥城の城下町で、郷土芸能や武者行列などの市中パレードが行われる。元禄から続く泰平踊りは県指定の無形民俗文化財。10月第3週の土・日曜に開催される。

必ず食べたい
名物グルメ

チキン南蛮

宮崎を代表する料理。鶏肉に衣をつけ揚げたものを甘酢に浸し、タルタルソースをかけていただく。ご当地料理として食べられていたメニューが、日本全国に広がり、広く浸透するようになった。延岡市の洋食店が発祥とされている。

肉巻きおにぎり

ご当地B級グルメとして誕生した比較的新しい名物。醤油だれに漬け込んだ豚肉でおにぎりをまき、オーブンでじっくり焼く。宮崎市の店でまかないとして食べられていたものが起源。

宮崎牛

宮崎は全国屈指の黒毛和牛の生産県で、そのなかでも最上級のものだけが「宮崎牛」を名乗ることができる。その品質はお墨付きで、アメリカのアカデミー賞授賞式後のパーティメニューに採用されるほど。

冷や汁

だしと味噌で味付けされた冷たい汁に、キュウリや大葉、豆腐を入れたものを、ご飯にかけて食べる。宮崎を代表する郷土料理で、夏バテで食欲のない時などに最適。空港などで冷や汁のもとが売られている。

炭火焼地鶏

地鶏が有名な宮崎で絶対にはずせない逸品。居酒屋で食べる炭火焼が最高だが、パウチをおみやげに持ち帰る人も多い。真っ黒な見た目と独特の香ばしい香りに食欲が増進する。

地元っ子愛用
ローカル味

ヨーグルッペ

都城市に本社を置く**南日本酪農協同**が販売する乳酸菌飲料。昭和60（1985）年に販売をスタートしたロングセラー商品。3種類の乳酸菌が入り、淡褐色をしているのが特徴。

戸村のたれ

戸村精肉本店が肉の漬けだれとして開発したものから始まり、宮崎では焼き肉のたれといえば戸村といわれるほどに浸透。焼き肉のたれとして使うのはもちろん、野菜炒めなどにもよく利用される。

もらえば笑顔
定番みやげ

マンゴーラングドシャ

名産であるマンゴーを使った宮崎らしい銘菓。県産のマンゴーを使ったジャムを生地に練り込み、マンゴーパウダーを練り込んだチョコをサンドしている。

匠の技が光る
伝統工芸

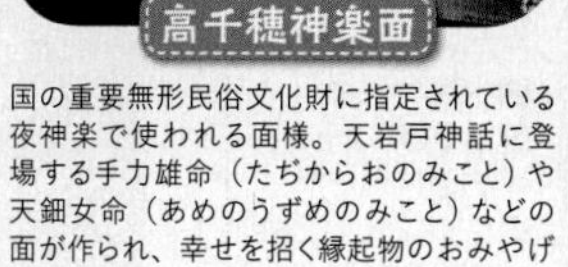

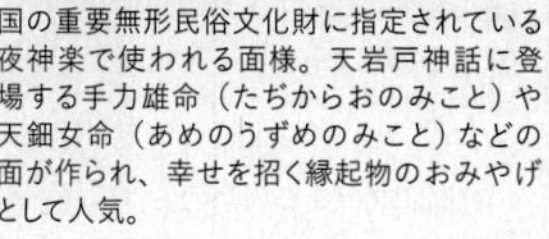

高千穂神楽面

国の重要無形民俗文化財に指定されている夜神楽で使われる面様。天岩戸神話に登場する手力雄命（たぢからおのみこと）や天鈿女命（あめのうずめのみこと）などの面が作られ、幸せを招く縁起物のおみやげとして人気。

佐土原人形

宮崎市の佐土原地区で伝統的に作られてきた土人形。素朴な味わいと温かい色使いが特徴だ。約400年前、安土桃山時代に高麗人から作り方を習って作られたのが起源とされている。

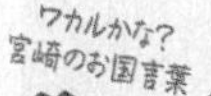

ワカルかな？
宮崎のお国言葉

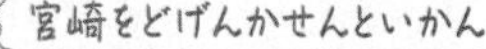

宮崎をどげんかせんといかん

Ans. 宮崎をどうにかしなければならない

1泊2日で巡る 宮崎県

1日目

高千穂 延岡 西都原 佐土原 宮崎 START & GOAL

日本神話の舞台として知られる宮崎県。パワースポットと絶景巡りで、心も体もリフレッシュできること間違いなし!!

8:40 JR宮崎駅

バス 2時間42分

11:22 高千穂バスセンター

徒歩 15分

11:40 高千穂がまだせ市場で高千穂牛ランチ

内閣総理大臣賞を受賞したこともある宮崎が誇るブランド牛「高千穂牛」に舌鼓。

URL www.town-takachiho.jp/top/sangyo/1975.html

徒歩 5分

13:00 天孫降臨の神々を祀る高千穂神社へ参拝 ▶P.953

神話の里・高千穂を代表する神社。天孫降臨に関わる神々を祀り、幅広い御利益があるとされている。

徒歩 15分

14:00 高千穂峡で峡谷美を堪能 ▶P.952

日本でも指折りのパワースポット。峡谷と滝が織りなす絶景をボートに乗って堪能しよう。

タクシー & バス 30分

15:30 神話の舞台へ 天岩戸神社&天安河原

天岩戸神話において、天照大神が隠れた洞窟をご神体として祀る神社。 ▶P.953

幻想的な空間が広がる天安河原

天安河原は天照大神を洞窟から出すために神々が集まって相談した場所。河原には石積みが見られとても神聖な雰囲気が漂う。

バス 15分

16:30 御神水の湧く天真名井(あまのまない)

神話にかかわるさまざまな伝説が残されている湧水。樹齢1300年のケヤキの木の下から水が湧き出し、御神水として大切にされている。

URL www.town-takachiho.jp/top/kanko_bunka/kanko_supotto/763.html

徒歩 5分

17:00 荒立神社で縁結び願い

天鈿女命(あめのうずめのみこと)と猿田彦命が結婚して暮らした場所と伝わる神社。高千穂には神々の神聖なパワーを感じるスポットが盛りだくさん！ 宿泊は高千穂バスセンター周辺で。

URL www.town-takachiho.jp/top/kanko_bunka/kanko_supotto/785.html

地元の食材をふんだんに使った料理とワインが自慢のオーベルジュ

欧風宿(おうふうやど)ぶどうの樹(き)

家族で経営しているわずか6室の小さな宿。中はどこか懐かしさを感じる欧風のインテリアで、スタッフのアットホームなサービスもあり、とても居心地がよい。特に地元でとれた旬の食材を使ったフランス風の料理や、厳選されたワインが評判なので、ぜひ食事付きで予約したい。

住 西臼杵郡高千穂町押方1222
TEL 0982-72-6595
交 **高千穂バスセンター**から車で10分
料 ワイドツイン1万6500円～(1室2名利用の1名の料金)
URL budounoki.jp

自然に囲まれた落ち着いた雰囲気の名宿

2日目

7:35 高千穂バスセンター

バス 1時間20分

9:45 JR延岡駅

鉄道 54分

11:00 JR佐土原駅

西都原古墳群の古墳内の石室

タクシー 25分

自転車レンタルもここで

11:30 西都原ガイダンスセンター
このはな館でランチ ▶P.955

西都原古墳群を巡る拠点となるガイダンスセンターで腹ごしらえ。

自転車 すぐ

12:30 自転車で
西都原古墳群を散策! ▶P.955

史跡公園は近年きれいに整備され、人気スポットのひとつになっている。自転車で豊かな自然を楽しみながら歴史を学ぼう。

自転車 5分

13:15 **西都原考古博物館**で ▶P.955
古代人の暮らしに触れる

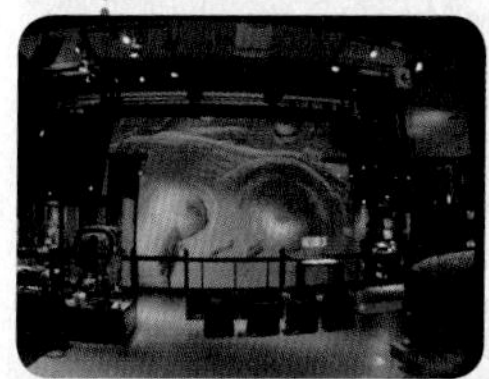

土器や石器などの出土物が、わかりやすい解説とともに展示され、大人も子供も楽しめる内容になっている。見学後、このはな館へ。自転車を返却。

自転車&徒歩 25分

14:30 木花開耶姫を祀る
都萬神社にお参り

絶世の美女で、縁結びと安産に御利益があるとされる木花開耶姫（このはなのさくやひめ）は天孫として降臨した瓊瓊杵尊（ににぎのみこと）の妻。

URL tsumajinja.webnode.jp

徒歩&バス 46分

15:46 JR佐土原駅

鉄道 25分

16:03 JR宮崎駅

アミュプラザの「宮崎銘品蔵」

徒歩 5分

16:08 **アミュプラザみやざき**で ▶P.950
おみやげ探し

令和2（2020）年にオープンした宮崎駅隣接の大型複合施設。ワンストップでおみやげが揃うのでとても便利。

もう1泊できるなら、南国シーサイドドライブへ

日南海岸 ▶P.954

もう1日あるなら宮崎の定番スポット、日南海岸がおすすめ。まず亜熱帯の植物に囲まれた青島神社P.954でお参りした後は、堀切峠P.954で南国の絶景を堪能。神話の舞台として有名な由緒ある鵜戸神宮P.957で運試しをしたら、野生の馬が生息する都井岬P.957まで海岸の風景を楽しみながらドライブしたい。

おすすめ！泊まるならココ

全客室東向きのオーシャンビュー
シェラトン・グランデ・オーシャンリゾート

ダイナミックなパノラマが広がる客室（デラックスツイン）

太平洋に面したフェニックス・シーガイア・リゾートは宮崎随一のリゾート地。シェラトン・グランデ・オーシャンリゾートは地上154mの高層ホテルで、太平洋の壮大な景色を楽しめる。世界のセレブに支持される「バンヤンツリー・スパ」のほか、松林に囲まれた露天風呂のある温泉施設「松泉宮」などの充実した施設でリラックスした時間を過ごしたい。

広大な黒松林に囲まれたフェニックス・シーガイア・リゾート

住 宮崎市山崎町浜山
TEL 0985-21-1113（総合予約センター）
交 JR宮崎駅からバスで25分
料 デラックスツイン1万3400円～（朝食付き、1名の料金）
URL seagaia.co.jp/hotel/sgor

▶高千穂町観光案内所
住 高千穂町大字三田井804
（高千穂バスセンター内）
TEL 0982-72-3031
開 8:30～17:00　休 無休
URL takachiho-kanko.info

▶延岡市観光案内所
住 延岡市幸町2-125
（延岡駅構内ココレッタ延岡2階）
TEL 0982-29-2155
開 8:30～17:30　休 土･日曜
URL nobekan.jp

旅の起点

九州以外から宮崎を訪れるなら飛行機が便利。高千穂などの県北部は熊本空港から、霧島や都城方面は鹿児島空港からの方がアクセスがよい。九州新幹線を利用するなら熊本県の新八代駅から宮崎まで高速バスが出ている。

▶宮崎市観光案内所
住 宮崎市錦町1-8
（JR宮崎駅構内）
TEL 0985-22-6469
開 10:00～19:00　休 無休
URL www.miyazaki-city.tourism.or.jp

▶アミュプラザ みやざき
住 宮崎市老松2-2-22
（アミュプラザ みやざき うみ館）
TEL 0985-44-5111
開 休 店舗･施設による
URL www.amu-miyazaki.com

高千穂と延岡周辺

高千穂町の農村風景

県を代表する観光地である**高千穂**と、県北部の拠点で工業都市でもある**延岡**を中心としたエリア。県境に位置しているため、このエリアは大分や熊本からアクセスしたほうが早い場合もある。ほかに自然が豊かでスキー場や温泉もある**五ヶ瀬町**（ごかせちょう）や、海岸線に見どころが点在する**日向**（ひゅうが）**市**、日向国一宮がある**都農町**（つのちょう）などがある。神話にまつわるスポットが多いのも特徴。

グルメ

日向灘の海の幸　黒潮の流れる日向灘（ひゅうがなだ）で取れた海の幸は、このエリアを訪れるなら絶対に味わいたい。市場付近に新鮮な魚介料理が食べられるレストランが多いのでチェックしてみよう。

日南海岸で取れる伊勢エビを使った料理

宮崎市と周辺

フェニックスが立ち並ぶ大淀川沿いの橘公園

県庁所在地で、宮崎きっての都会でもある**宮崎市**。市街地にはさまざまなショッピングスポットが揃っているので、おみやげ探しに便利。宮崎中のグルメも集まっている。観光スポットは海岸沿いの**一ッ葉**（ひとつば）に多く、県随一のリゾート施設である**フェニックス・シーガイア・リゾート**もこのエリアにある。ヤシの木やフェニックスも目立ち、南国らしい時間を過ごすことができる。

おみやげ

アミュプラザみやざき　令和2（2020）年秋に宮崎駅西口に開業した複合施設。選りすぐりのみやげ物を集めたショップもあり、おみやげ探しにとても便利。宮崎では有名な「お菓子の日高」も出店している。

約100店舗が入った大型複合施設

info 7世紀末、古代律令国家における今の宮崎県を含む南九州の地域を日向国（ひむかのくに）と呼んだ。そこから702年には薩摩国（さつまのくに）が独立し、さらに713年には大隅国（おおすみのくに）が分立。このとき今の宮崎県域にほぼ近い国域が確定した。

日南と県南部

さまざまな海洋風景が楽しめる

飫肥城の歴史資料館

かつて新婚旅行のメッカだった時代に多くの人が訪れた**日南海岸**。いまでも南国宮崎を象徴する地であり、絶対に訪れたいエリア。見どころは海岸に沿って点在しており、宮崎空港を拠点に風光明媚な景色を楽しみながらドライブをしたい。内陸部には伝統的な建物が並ぶ**飫肥城下町**P.957などの見どころもある。

ブランド食材

希少な完熟マンゴー

宮崎マンゴー　一年を通して温暖な気候を利用して生産されるマンゴーは宮崎県の特産品だ。なかでも「太陽のタマゴ」は宮崎経済連が定める厳格な基準を満たした最高級品で、トロピカルフルーツの女王の異名をもつ。初セリの際には2玉（約1kg）50万円で落札されることもあるほど。

都城と霧島エリア

都城の観光名所、関之尾の滝

薩摩藩主の島津家とのつながりが深く、明治時代初頭に独立したひとつの県だった**都城**。島津家発祥の地でもあり、町には島津家ゆかりのさまざまな史跡が残り、鹿児島県との県境もすぐだ。

霧島エリアには**えびの高原**P.958や**生駒高原**P.958など自然の見どころが多いので合わせて訪れたい。

足を延ばせば

鹿児島県霧島市にある霧島神宮

鹿児島県側の霧島エリア　霧島は宮崎と鹿児島の両県にまたがるエリア。坂本龍馬ゆかりの霧島山や霧島温泉郷P.975、南九州随一のパワースポットと呼ばれる霧島神宮P.975などは鹿児島県側にある。

▶日南市観光案内所
住 日南市材木町1-13
TEL 0987-31-1134
開 8:30～17:15　休 年末年始
交 JR**油津駅**から徒歩約10分
URL www.kankou-nichinan.jp

開運ドライブへ

日南海岸には海のパワースポットが多い。青島神社P.954が立つ青島は昔から縁結びの御利益があるといわれており、恋愛成就を願う若い女性の姿も。初代神武天皇の父が誕生した伝説が残る鵜戸神宮P.957も強い霊力をもつ場所で、さまざまな開運スポットがある。

鵜戸神宮は必ず訪れたい

神話の里

天孫降臨伝説（高千穂）の残る宮崎は神話の里として知られている。宮崎市内には伊弉諾尊（いざなぎのみこと）の禊から天照大神が生まれた江田神社P.960のみそぎ池、海幸彦と山幸彦の遊び場として知られる青島P.954、神武天皇の父が育った鵜戸神宮P.957など、枚挙にいとまがない。これらの聖地を巡る旅もぜひおすすめ。

高千穂には神話スポットが目白押し

▶都城観光協会 観光案内所
住 都城市栄町4553
（JR都城駅構内）
TEL 0986-23-2460
開 9:00～17:30　休 無休
URL miyakonojo.tv

▶小林市観光協会
住 小林市細野1829-16
（JR小林駅前KITTO小林1階）
TEL 0984-22-8684
開 9:00～17:30（土・日曜～17:00）
休 無休
URL kankou-kobayashi.jp

info 薩摩の地を治めた島津家の「島津」姓の発祥の地といわれているのが都城。鎌倉幕府を開いた源頼朝は実権を握ると、島津荘(しまづのしょう)の荘園の管理人として惟宗忠久(これむね ただひさ)を任命。惟宗はのちに島津を名乗るようになった。

高千穂と延岡周辺

水流に、岩に、木々の緑に神が宿る
高千穂で心を癒やすパワーを授かる

高千穂峡は、7kmに渡ってV字型に断崖絶壁が続く峡谷。
太古の昔、阿蘇山から噴出した火砕流が五ヶ瀬川に沿って帯状に流れ出し、急激に冷却されたため柱状節理などの断崖が創り出された。
山深い雰囲気は、いかにも霊験あらたかといった風情。
ボートで水面を漂い清らかな空気を堪能し、神社を訪れパワーをチャージしてみよう。

▶高千穂峡貸しボート
住 西臼杵郡高千穂町三田井御塩井 TEL 0982-73-1213
開 8:30〜17:00（最終入場16:30） 休 増水・荒天時
料 基本料金1艇3000円＋おとな1人につき1000円（3名まで、30分）
交 高千穂バスセンターから車で5分
URL takachiho-kanko.info/sightseeing/taka_boat.php

見どころMAP

五ヶ瀬ハイランドスキー場 P.960
P.961 愛宕山
P.955 願いが叶うクルスの海
P.955 大御神社
馬ヶ背 P.960
P.961 美々津
P.961 都農ワイナリー
P.959 都農神社
P.955 西都原古墳群
P.958 えびの高原
綾の照葉大吊橋 P.956
生駒高原 P.958
江田神社 P.960
フローランテ宮崎 P.956
高千穂牧場 P.961
東霧島神社 P.959
青島神社 P.954
P.959 焼酎の里 霧島ファクトリーガーデン
日南海岸 P.954
P.958 サンメッセ日南
都城島津邸 P.959
P.957 飫肥城下町
P.957 鵜戸神宮
P.961 油津商店街
都井岬 P.957

高千穂町

0 2km
天安河原
P.953 天岩戸神社
325
国見ヶ丘 P.953
P.960 あまてらす鉄道
五ヶ瀬川
岩戸川
高千穂バスセンター
218
高千穂神社 P.953
高千穂がまだせ市場
高千穂橋梁
高千穂峡
218

宮崎駅〜宮崎神宮

P.960 宮崎県総合博物館
P.956 宮崎神宮
宮崎神宮駅
宮崎県立美術館
JRA宮崎育成牧場
大島通り
北権現通り
放送局通り
和知川原通り
平和台線
黒迫通り
権現通り
新別府川
日豊本線
下原通り
西池通り
橘通り
錦通り
大島通り
一ツ葉通り
アミュプラザみやざき
山形屋
高千穂通り
宮崎駅
0 1km

info 高千穂の観光スポットはそれほど広い範囲に点在しているわけではないので、**自転車**でも十分回ることができる。観光案内所でレンタルが可能だ。**観光タクシー**もあり、3つのコースがあらかじめ決められていて、定額制で利用しやすい。

高千穂神社（たかちほじんじゃ）

高千穂郷八十八社の総社であり、本殿と**鉄造狛犬**は国の重要文化財に指定されている。

住 西臼杵郡高千穂町大字三田井1037　TEL 0982-72-2413
開 入場自由　交 **高千穂バスセンター**から徒歩15分

五間社流造の荘厳な社殿

毎日20時から行われる高千穂神楽

1 西本宮の[illegible]

天岩戸神社（あまのいわとじんじゃ）

天照大神が姿を隠した洞窟、天岩戸をご神体とする神社。川上へ歩いて10分のところには、**八百萬**（やおよろず）の神々が集まって知恵を出し合った**天安河原**（あまのやすかわら）がある。

住 西臼杵郡高千穂町岩戸1073-1
TEL 0982-74-8239
開 入場自由（授与所8:30～17:00）
交 **高千穂バスセンター**からバスで15分
URL amanoiwato-jinja.jp

国見ヶ丘（くにみがおか）

神武天皇の御孫である**建磐龍命**（たていわたつのみこと）が、九州統治の際に立ち寄って国見をしたという伝説が残る丘。標高は513m、秋には**雲海**の絶景が見られることで知られている。

住 西臼杵郡高千穂町大字押方
TEL 0982-73-1213（高千穂町観光協会）
開 入場自由
交 **高千穂バスセンター**から車で15分

9月中旬～11月下旬の早朝、[illegible]が高く、十分な放射冷却があると出現

info **天岩戸神話**とは、暴れん坊の**素戔嗚尊**（すさのおのみこと）に怒った**天照大神**（あまてらすおおみかみ）が洞窟に隠れ、世界が闇に包まれるが、八百万の神々の活躍で天照大神を外へ出し、世界が光を取り戻すというもの。

宮崎県の見どころ

フェニックスが立ち並ぶ風光明媚な海岸線

日南と県南部

日南海岸（にちなんかいがん）

宮崎市南部から串間市までの海岸線を一般的に日南海岸という。1960年代の**新婚旅行ブーム**で多くの人が訪れた場所で、現在でも魅力的な観光エリアのひとつだ。宮崎空港から南へ向かうと、まず見えてくるのが**青島**。日南海岸を代表する見どころだ。すばらしい日向灘の景観を楽しめる**堀切峠**を抜けると、モアイ像で知られる**サンメッセ日南**P.958、開運スポットの**鵜戸神宮**P.957、**油津商店街**P.961と立ち寄りたい観光地が点在し、さらに南下すると野生の馬が生息する**都井岬**P.957にいたる。ちなみに宮崎市南部から都井岬までの国道を**日南フェニックスロード**と呼ぶ。

日向灘とフェニックスの景観が日南海岸のイメージ

亜熱帯植物に囲まれた神の島

宮崎市と周辺

青島神社（あおしまじんじゃ）

周囲1.5kmの小さな島、**青島**に鎮座する神社。創建は1200年前とかなり古い。海幸彦（うみさちひこ）・山幸彦（やまさちひこ）の神話の舞台といわれ、御祭神としては山幸彦である**彦火火出見命**（ひこほほでみのみこと）、その妻・**豊玉姫命**（とよたまひめのみこと）を祀り、縁結びのパワースポットとして観光客に人気。ビロウジュをはじめとした亜熱帯性植物が島を覆っている。

ぐるりと取り囲む有名な波状岩「**鬼の洗濯板**」も見どころで、植物・岩石ともに国の天然記念物に指定されている。ビーチではシーカヤックやスタンドアップパドルなどのマリンアクティビティが楽しめる。

江戸時代中期までは一般人の入島が許されていなかった

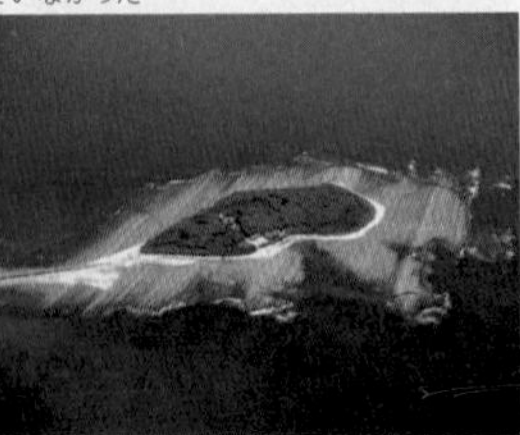
周囲を鬼の洗濯板に囲まれている青島

▶日南海岸

TEL 0987-31-1134（日南市観光案内所）

URL www.kankou-nichinan.jp

▶道の駅フェニックス

住 宮崎市内海381-1

TEL 0985-65-2773

開 9:00～17:00　休 無休

交 JR**宮崎駅**からバスで1時間の**道の駅フェニックス**下車、徒歩すぐ

URL michinoekiphoenix.jp

立ち寄りスポットとして人気の「道の駅 フェニックス」

宮交ボタニックガーデン青島

青島神社への参道の手前にある、熱帯・亜熱帯の植物を植栽している植物園。青島に自生するビロウをはじめ、フェニックス、女王ヤシ、ナツメヤシなど17種類のヤシ科の植物が植えられ、ブーゲンビリア、ハイビスカス、ジャカランダ、パラボラチョ、ピンクイペーなどの亜熱帯花木類もみられる。また、併設する果樹園ではパイナップル、パパイヤ、スターフルーツなどの熱帯果樹も観察できる。

住 宮崎市青島2-12-1

TEL 0985-65-1042

開 8:30 ～ 17:00

休 無休　料 無料

交 JR**青島駅**から徒歩5分

URL mppf.or.jp/aoshima

林立するヤシの木が印象的

▶青島神社

住 宮崎市青島2-13-1

TEL 0985-65-1262

開 6:00～日没

休 無休　料 無料

交 JR**青島駅**から徒歩10分

URL aoshima-jinja.jp

info **堀切峠**は、宮崎市街から国道220号線を南下し、県道377号線へ入り海岸沿いに出るところに位置する峠。フェニックスの並木と青い海が宮崎ならではの風景を造り出している。すぐ近くには**道の駅フェニックス**があり、休憩も可能。

日豊海岸に刻まれた十文字

高千穂と延岡周辺

願いが叶うクルスの海

周辺には馬ヶ背P.960、大御神社(下記参照)などもある

岩が波の侵食で東西200m、南北220mにわたって裂け、十文字に見えることからこう呼ばれている。また横の岩場と十字が合わさり、「叶」という文字に見える。展望台には恋願いを天に託すための**クルスの鐘**が置かれ、デートスポットとしても人気がある。コバルトブルーの日向灘と風変わりな海岸線は一見の価値あり。

▶願いが叶うクルスの海
住 日向市細島
TEL 0982-54-6177(馬ヶ背観光案内所)
開 入場自由
交 JR**日向市駅**からタクシーで15分
URL hyuga.or.jp

展望台に立つ「クルスの鐘」

日向のお伊勢さま

高千穂と延岡周辺

大御神社

神社の裏では柱状節理の岩が見られる

天照大御神を祀り**日向のお伊勢さま**と呼ばれ、国登録の有形文化財に指定されている。**柱状節理**(規則正しい柱のような割れ目)と呼ばれる断崖の上に位置し、日向灘に面して立つ独特の風景が特徴だ。平成23(2010)年には境内から**龍神の玉**と岩窟のシルエットが龍に見える**登り龍**など、5000年前の龍神信仰の痕跡が見つかった。

▶大御神社
住 日向市日知屋1
TEL 0982-52-3406
開 入場自由
交 JR**日向市駅**からバスで10分の**大御神社**下車、徒歩すぐ
URL oomijinja.com

大御神社の拝殿

花々が美しく咲き誇る日本有数の古墳群

宮崎市と周辺

西都原古墳群

東西2.6km、南北4.2kmのエリアに古墳が点在

3~7世紀に造られた300基以上の古墳が点在し、特別史跡公園に指定されている。瓊瓊杵尊(ににぎのみこと)と木花咲耶姫(このはなさくやひめ)の古墳という伝承の残る**男狭穂塚**(おさほづか)と**女狭穂塚**(めさほづか)、鬼の伝説が残る**鬼の窟**(いわや)、古事記や日本書紀の伝承地を散策できる。西都原ガイダンスセンターセンター**このはな館**や**西都原考古博物館**などもある。広いので自転車をレンタルして回りたい。

▶西都原古墳群
住 西都市大字三宅
TEL 0983-41-1557(西都市観光協会)
開 入場自由
交 JR**宮崎駅**から西都バスセンター行きのバスで1時間10分の終点下車後、タクシーで10分
URL www.saito-kanko.jp

▶西都原ガイダンスセンター このはな館
TEL 0983-43-6230
開 9:00~17:00
休 月曜(祝日の場合は翌日)
URL www.saito-kanko.jp/konohanakan
自転車のレンタルもできる

▶西都原考古博物館
TEL 0983-41-0041
開 9:30~17:30(最終入場17:00)
休 月曜(祝日を除く)、祝日の翌日
料 無料
URL saito-muse.pref.miyazaki.jp

info **飫肥**(おび)は明治期に外交官として多くの功績を残した**小村寿太郎**が生まれた場所。彼に関する資料が展示されている**小村記念館**や**小村寿太郎生家**も訪れたい見どころだ。これらの各スポットは有料で共通チケットも販売されている。

▶宮崎神宮
住 宮崎市神宮2-4-1
TEL 0985-27-4004
開 5~9月6:00~18:30
10~4月6:00~17:30
神符守札授与所
5~9月8:00~18:00
10~4月8:00~17:00
休 無休 料 無料
交 JR**宮崎神宮駅**から徒歩10分
URL miyazakijingu.or.jp

幻想的な雰囲気が漂う参道

▶綾の照葉大吊橋
住 東諸県郡綾町大字南俣大口5691-1
TEL 0985-77-2055
開 4~9月8:30~18:00
10~3月8:30~17:00 休 無休
料 350円(隣接する照葉樹文化館と共通)
交 東九州道**宮崎西IC**から30分
URL ayakanko.exblog.jp/20960766

文化館は吊橋の近くにある

▶フローランテ宮崎
住 宮崎市山崎町浜山414-16
TEL 0985-23-1510
開 9:00~17:00(イベント時は変更の可能性あり)
休 火曜(祝日の場合は翌日)、12/31、1/1
料 310円
交 JR**宮崎駅**からバスで25分の**フローランテ宮崎**下車、徒歩すぐ
URL www.florante.or.jp

秋はコスモスが美しい

かつて神武天皇宮と呼ばれていた神社

宮崎市と周辺

宮崎神宮(みやざきじんぐう)

初代神武天皇を祀り、地元では10月の大祭**御神幸祭**P.946とともに**神武さま**と呼ばれ親しまれている神社。

国の登録有形文化財に指定されている神門

神武天皇の孫にあたる**健磐龍命**(たけいわたつのみこと)が九州の長官に就任した際に鎮祭したのが始まりと伝わっている。神武天皇の御父君と御母君も一緒に祀られ、夫婦和合、安産、子宝、必勝祈願や合格祈願の御利益でよく知られている。

ユネスコエコパークの大自然を満喫

宮崎市と周辺

綾の照葉大吊橋(あやのてるはおおつりばし)

綾町は平成24(2012)年、ユネスコのエコパークに登録されている。大規模な**照葉樹林**が残されていることや日本固有種が多いこと、自然との共存に配慮した地域振興策が行われていることなどが登録の理由だ。**照葉大吊橋**は**九州中央山地国定公園**内にあり、歩くつり橋としては世界最大級。**綾川渓谷**の自然を体いっぱいで楽しむことができる。

つり橋を渡るのはスリル満点!

四季折々の花とイベントが楽しい

宮崎市と周辺

フローランテ宮崎(ふろーらんてみやざき)

年間を通してさまざまな植物を観賞することができる植物公園。四季折々の花や緑が美しい芝生広場、テーマ別のガーデニング見本園などがあり、子供からお年寄りまで楽しめる市民の憩いの場として親しまれている。鮮やかな花々が園内を彩る花の祭典**春のフローラル祭**などのイベントはたいへん人気がある。

市民の憩いの場として人気

info 綾町の自然豊かな照葉樹林だが、1960年代には伐採計画もあった。しかし綾町議会で反対決議がなされ、国に陳情して中止に。その後は町を挙げて保護する取り組みが行われ、その一環でモニュメントとしての**綾の照葉大吊橋**が建設された。

伊東家5万石の城下町として栄えた

日南と県南部

飫肥城下町

飫肥城の大手門は桜の名所

天正16（1588）年に九州平定の功により豊臣秀吉から城を与えられた伊東祐兵が整備し、廃藩置県までの280年間、5万1000石の城下町として栄えた。

飫肥城跡をはじめ、武家屋敷や古い蔵などが残され、国の重要伝統的建造物群保存地区に指定されている。魚のすり身を揚げた**おび天**、**厚焼き**（卵焼き）はぜひ食べておきたい名物。

▶飫肥城下町

▶飫肥城跡

住 日南市飫肥10-1
TEL 0987-25-1905（小村記念館）
開 9:30～17:00（最終入場16:30）
休 12/29～31　料 無料
交 JR**飫肥駅**から徒歩15分
URL obijyo.com

江戸時代から伝わる郷土舞踊「泰平踊（たいへいおどり）」

日南海岸ドライブで絶対に立ち寄りたいスポット

日南と県南部

鵜戸神宮

国の名勝にも指定されている

太平洋に突き出した鵜戸崎の突端の洞窟に本殿がある。この洞窟は、神武天皇の父で、この神宮の主祭神である**鸕鷀草葺不合尊**生誕の地と伝わっている。ほかに天照大神や神日本磐余彦尊（神武天皇）、天忍穂耳尊、彦火瓊瓊杵尊、彦火火出見尊などの神々が一緒に祀られ、縁結び、子授け、安産の御利益で知られる。

▶鵜戸神宮

住 日南市大字宮浦3232
TEL 0987-29-1001
開 6:00～18:00
休 無休　料 無料
交 **宮崎空港**からバスで1時間の**鵜戸神宮**下車、徒歩10分
URL www.udojingu.com

宮崎では結婚すると鵜戸神宮へ参拝する風習があった

野生の馬が生息する景勝地

日南と県南部

都井岬

周辺には南国植物が自生している

日向灘の南端に位置する岬。国の天然記念物に指定されている**御崎馬**が生息することで知られている。これは高鍋藩秋月家によって軍馬として放牧されていた馬が野生化したもので、現存する日本在来馬のひとつ。軽食コーナーや地場産品を販売するショップもある串間市都井岬交流館**PAKALAPAKA**があり、展示やガイドを担っている。

▶都井岬

住 串間市大字大納都井岬
TEL 0987-72-0479（串間市観光物産協会）
開 入場自由
料 野生保護協力金として普通車400円、2輪車100円
交 JR**串間駅**からバスで40分、**パカラパカ**下車、徒歩すぐ

▶串間市都井岬交流館 PAKALAPAKA

住 串間市大字大納42-3
TEL 0987-27-3477
開 9:00～17:00
休 火曜　料 無料
URL www.pakalapaka.jp

info **鵜戸神宮**の境内にはさまざまな開運スポットがあり、参拝客に人気。素焼きの**運玉**を、本殿下の磯にある霊石、**亀石**のくぼみに投げ、見事入れば願いが叶うといわれており、神社の名物として人々に愛されている。

イースター島公認の7体のモアイが立つ

日南と県南部

サンメッセ日南

日南海岸を望む傾斜地にあり、眺望のよい草原に**モアイ像**やアート作品などが点在している。モアイ像はイースター島の像の修復作業を行った日本のチームとの縁で、現地長老会の正式な許可を得てこの地に建てられたものだ。イースター本島を除く公認のモアイ像はここのみ。レストランや売店もあり、日南海岸ドライブの際に立ち拠りたい。

「アフ・アキビ」と呼ばれる7体のモアイ像

▶サンメッセ日南
住 日南市大字宮浦2650
TEL 0987-29-1900
開 9:30〜17:00
休 水曜
料 800円
交 JR**油津駅**からバスで27分の**サンメッセ日南**下車、徒歩5分
URL www.sun-messe.co.jp

センタープラザと太平洋の風景

宮崎を代表する山岳景勝地

都城と霧島エリア

えびの高原

霧島連山の最高峰、**韓国岳**（からくにだけ）のすそ野に広がる標高1200mの高原。

ツツジの一種で天然記念物の**ミヤマキリシマ**や、同じく天然記念物の**ノカイドウ**、ほかにススキ、紅葉など四季を通じて美しい自然が楽しめる。かつてはいたるところで噴出していた火山ガスの影響でススキが「えび色」に変わったことが地名の由来。

野生のシカもよく見られる

▶えびの高原
住 えびの市末永
TEL 0984-33-3002（自然公園財団えびの支部）
開 入場自由
交 九州自動車道**えびのIC**から車で30分。または**鹿児島空港IC**から車で約1時間
URL www.bes.or.jp/ebino

春から初夏に咲くミヤマキリシマ

コスモスの名所として名高い

都城と霧島エリア

生駒高原

霧島連山を背に九州山地を望む、標高550mの高原。

秋（10月上旬〜中旬）には**100万本のコスモス**が咲くことで有名で、その絶景を見に多くの人が訪れる。また、4月下旬から5月中旬には20万本のポピー、3月下旬から4月中旬には35万本の菜の花が咲く。ほかにサルスベリ、アメリカフヨウ、サルビアなど、四季折々の花が高原を彩る。

12種類のコスモスが咲く

▶生駒高原
住 小林市大字南西方8565
TEL 0984-27-1919（花の駅 生駒高原）
開 9:00〜17:00（最終入場16:30）
休 12〜2月の木曜ほか不定休
料 600円
交 JR**小林駅**からタクシーで15分
URL ikomakougen.com

info 宮崎の海岸線といえば、**日南海岸**P.954が有名だが、宮崎市から北へ延岡市まで続く**日豊**（にっぽう）**海岸**には**馬ヶ背**P.960や**願いが叶うクルスの海**P.955、**大御神社**P.955など、美しい海岸風景が広がっており、ドライブに最適だ。

神武天皇ゆかりの日向国一之宮
高千穂と延岡周辺

都農神社（つのじんじゃ）

カラフルな御朱印がSNS上で人気

日向国の一之宮（ひむかのくにのいちのみや）として古来より崇敬を集めた神社。神武天皇が東遷に発つ際に、国土平安、海上平穏、武運長久を祈念したことが起源と伝わっている。御祭神は病気平癒、商売繁盛、などの御利益がある**大己貴命**（おおなむちのみこと）。西郷隆盛や司馬遼太郎も参拝したという記録が残る。

▶都農神社
住 児湯郡都農町川北13,294
TEL 0983-25-3256
開 4～9月6:00～17:00
10～3月7:00～17:00
休 無休　料 無料
交 JR**都農駅**からタクシーで5分
URL tunojinjya6.webnode.jp

御利益のある「撫で大国」

島津家発祥の地、都城に残る邸宅
都城と霧島エリア

都城島津邸（みやこのじょうしまづてい）

都城はかつて独立した県だった

明治・昭和の風情を残す都城島津氏の本宅と博物館が一体となった施設。平安時代に島津荘（しまづのしょう）の管理人となった島津氏だが、南北朝時代に分家として都城島津氏が成立し、廃藩置県まで都城を治めた。本宅は、昭和48(1973)年に昭和天皇皇后両陛下も宿泊している。

▶都城島津邸
住 都城市早鈴町18-5
TEL 0986-23-2116
開 9:00～17:00(最終入場16:30)
休 月曜(祝日の場合は翌日)、年末年始
料 本宅110円
都城島津伝承館220円
交 JR**西都城駅**から徒歩15分
URL www.city.miyakonojo.miyazaki.jp/site/shimazu

数々の伝説が残る古社
都城と霧島エリア

東霧島神社（つまきりしまじんじゃ）

きれいに割れている神石

創建は第5代孝昭天皇の御世。霧島山周辺にある6つの神社、**霧島六社権現**（ろくしゃごんげん）のひとつで、島津家からも熱い崇敬を受けた。鬼が一夜で積んだといわれる999段の**鬼岩階段**や、伊弉諾尊（いざなぎのみこと）が十握の剣（とつかのつるぎ）で真っ二つに切ったという**神石**など、さまざまな逸話が残っている。

▶東霧島神社
住 都城市高崎町東霧島1560
TEL 0986-62-1713
開 入場自由
交 JR**東高崎駅**から徒歩10分
URL tsumakirishimajinjya.com

鬼の伝説が残る鬼岩階段

霧島酒造が直営する複合施設
都城と霧島エリア

焼酎の里 霧島ファクトリーガーデン（しょうちゅうのさと きりしまふぁくとりーがーでん）

焼酎の工場見学施設

本格芋焼酎、**黒霧島**で有名な霧島酒造が直営。1万6000m^{2}の敷地内に、レストラン、ショップ、ベーカリー、ミュージアム、醸造所などさまざまな施設があり、子供から大人まで楽しめる。工場では焼酎の製造過程の見学が可能。霧島焼酎神社もある。

▶焼酎の里 霧島ファクトリーガーデン
住 都城市志比田町5480
TEL 0986-21-8111
開 ショップ9:00～18:30
工場見学10:00、11:00、13:30、14:30、15:30発
休 無休(臨時休あり。ベーカリーは火曜休み)　料 無料
交 JR**都城駅**からタクシーで10分
URL www.kirishima-fg.jp

ショップではオリジナルグッズも販売

info 平安時代中期に編纂された延喜式『神名帳』に記載のある神社を延喜式内社といい、**都農神社**もそのひとつ。ほかに西都市にある**都萬神社**P.949、宮崎市の**江田神社**P.960、霧島神社がある。

国の天然記念物に指定されている　**高千穂と延岡周辺**

馬ヶ背

海から見た地形が馬の背のように見えることから名付けられた宮崎随一の**景勝地**。途中の展望台からは柱状節理の高さ70mにも及ぶ断崖絶壁を見ることができる。

馬ヶ背からの日向灘の景色

▶馬ヶ背
住 日向市細島1-1
TEL 0982-54-6177(馬ヶ背観光案内所)
開 入場自由
交 JR**日向市駅**からタクシーで15分

高千穂の自然を堪能するスーパーカート　**高千穂と延岡周辺**

あまてらす鉄道

平成20(2008)年に廃線となった高千穂鉄道の線路を活用した観光用のスーパーカート。高千穂駅から**高千穂橋梁**まで往復5.1kmを時速20kmで約30分かけて走る。1日10本運行。

大自然に囲まれた高千穂橋梁

▶あまてらす鉄道
住 西臼杵郡高千穂町三田井1425-1
TEL 0982-72-3216
開 9:40～15:40(臨時便を除く)
※事前予約は受け付けていない
休 第3木曜(雨天運休)
料 往復1500円+駅入場料100円
交 **高千穂バスセンター**から旧高千穂駅まで徒歩10分
URL amaterasu-railway.jp

日本最南端のスキー場　**高千穂と延岡周辺**

五ヶ瀬ハイランドスキー場

高千穂の南西にある五ヶ瀬町は、山々に囲まれ約9割が森林。標高1610mの向坂山には日本最南端の**天然雪**のスキー場があり、12月中旬から3月上旬までスキーを楽しめる。

温暖な宮崎にあるゲレンデ

▶五ヶ瀬ハイランドスキー場
住 西臼杵郡五ヶ瀬町大字鞍岡4647-171
TEL 0982-83-2144
開 8:00～16:30
休 3月上旬～12月上旬(スキーシーズン中は無休)
料 入場リフト券1000円
交 JR**延岡市駅**から車で1時間20分。またはJR**延岡市駅**からバスで約1時間30分の**五ヶ瀬役場前**下車。コミュニティバス鞍岡線に乗り換えて**本屋敷**下車
URL www.gokase.co.jp/ski

伊弉諾尊が禊を行ったと伝わる池がある　**宮崎市と周辺**

江田神社

『古事記』の舞台としても登場する神社。隣接する公園にある**みそぎ池**は、黄泉の国から戻った伊弉諾尊が禊を行った池と伝わり、現在でも残る阿波岐原という地名は祓詞にも出てくる。

パワースポットとしても知られる

▶江田神社
住 宮崎市阿波岐原町産母127
TEL 0985-39-3743
開 9:00～17:00
休 無休　料 無料
交 JR**宮崎駅**から宮崎市フェニックス自然動物園行きバスで約20分の**江田神社**下車、徒歩3分
URL eda-jinnja7.webnode.jp

歴史と自然、文化について学ぶ　**宮崎市と周辺**

宮崎県総合博物館

自然史、民俗、歴史などの展示室に分かれ、常設展は入場無料。屋外の民家園では150年から200年前に建てられた4棟の民家を見学することができる。建物は坂倉準三が設計したもの。

宮崎神宮の隣に位置する

▶宮崎県総合博物館
住 宮崎市神宮2-4-4
TEL 0985-24-2071
開 9:00～17:00(最終入場16:30)
休 火曜(祝日を除く)、祝日の翌日、年末年始ほか不定休
料 無料(企画展は別途)
交 **宮交シティ**からバスで21分の**博物館前**下車、徒歩3分
URL www.miyazaki-archive.jp/museum

info **あまてらす鉄道**では旧高千穂鉄道時代に運用されていたディーゼルカーを元高千穂鉄道運転士の指導のもとで**運転体験**ができる。開催は不定期(2カ月に1回程度)で、普通自動車免許か自動二輪(原付含む)の免許をもつ20歳以上が対象。

商店街再生のモデルケース　日南と県南部

油津商店街（あぶらつしょうてんがい）

おしゃれな外観のあぶらつ食堂

シャッター通りだった町を再生し、全国に知られるようになった商店街。平成25(2013)年から本格的な取り組みが始まり、平成28(2016)年には経済産業省の**はばたく商店街30選**に選出。

▶油津商店街
住 日南市岩崎3-10-6(油津応援団)
TEL 0985-39-3743
開 休 店舗·施設による
交 JR**油津駅**から徒歩すぐ
URL aburatsu-oendan.com

国の重要伝統的建造物群保存地区　日南と県南部

美々津（みみつ）

神武天皇東征の際に舟出した場所

廃藩置県で県庁が置かれた、かつての宮崎県の中心地。耳川（みみかわ）上流で産する木炭や材木の集積地として栄え、現在でも廻船問屋や商家として建てられた**伝統建造物**が残る。

▶美々津
住 日向市美々津町
TEL 0982-55-0235(日向市観光協会)
開 見学自由(有料施設あり)
交 JR**美々津駅**から徒歩25分
URL hyuga.or.jp/app/spots/view/31

室町時代から栄えた港町

鹿児島との県境にある高原の牧場　都城と霧島エリア

高千穂牧場（たかちほぼくじょう）

ヒマワリやコスモスなど花も美しい

霧島連山の麓にある観光牧場。ソフトクリームが名物で、これを目的に訪れるひとも。ほかにも羊や牛などの動物と触れ合ったり、乳製品を買ったり、さまざまな楽しみ方ができる。

▶高千穂牧場
住 都城市吉之元町5265-103
TEL 0986-33-2102
開 4～10月9:00～17:30
11～3月9:00～17:00
休 不定休　料 無料
交 JR**霧島神宮駅**からタクシーで10分
URL www.takachiho-bokujou.co.jp

神々の結婚伝説が残る恋人の聖地　高千穂と延岡周辺

愛宕山（あたごやま）

カップルに人気のハートのモニュメント

瓊瓊杵尊（ににぎのみこと）と木花咲耶姫（このはなさくやひめ）が出合って結婚したという伝説が残る山。ハートのモニュメントが設置されていて、恋人に人気。展望台からは延岡の町を一望できる。**日本夜景遺産**に認定されている。

▶愛宕山
▶愛宕山展望台
住 延岡市延岡愛宕町3
TEL 0982-22-7022(延岡市都市計画課)
開 入場自由
交 JR**延岡駅**からタクシーで15分

世界に認められたワインを製造　高千穂と延岡周辺

都農ワイナリー（つのわいなりー）

丘から海が見えるワイナリー

日向灘を望む丘の上にたたずむワイナリー。世界的な評価も高く、多くの賞を受賞している。食事のできる**都農ファームカフェ**も併設しているほか、ワイナリーツアーにも参加できる。

▶都農ワイナリー
住 児湯郡都農町大字川北14609-20
TEL 0983-25-5501
開 9:30～17:00
休 無休　料 無料
交 JR**都農駅**からタクシーで10分
URL tsunowine.com
▶都農ファームカフェ
TEL 0120-28-5501
開 11:00～16:00
休 月曜(祝日の場合は翌日)
URL tsunocafe1.exblog.jp

info **都農ワイナリー**ではワイナリーツアーを催行しており、醸造家自らブドウ園や醸造蔵を案内しているのでぜひ参加したい。時間は60分程度で、要予約。カフェではテイスティング(有料)や軽食も可能だ。

鹿児島県

KAGOSHIMA

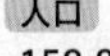

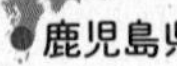

鹿児島市

人口
158.8万人（全国24位）
面積
9186km²（全国10位）
県庁所在地
鹿児島市
県花
ミヤマキリシマ

ミヤマキリシマ
えびの高原や高千穂河原が名所

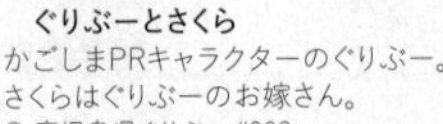

ぐりぶーとさくら
かごしまPRキャラクターのぐりぶー。さくらはぐりぶーのお嫁さん。
© 鹿児島県ぐりぶー #902

九州の南に位置し、本土は錦江湾で東西に分かれ、西が薩摩半島、東が大隅半島だ。本土の南には世界遺産の屋久島 P.972、奄美大島 P.971 をはじめ、605の離島が連なる。19市20町4村で構成され、平野は少なく、ほとんどの市町は周囲を山に囲まれている。桜島 P.974 をはじめ活火山が多く、温泉の源泉数も2700余を数える。また、鹿児島市内には世界遺産「明治日本の産業革命遺産」があり、薩摩の人々の日本の近代化への功績を伝えている。

旅の足がかり

鹿児島市

鹿児島県の県庁所在地で、南九州の経済・文化・交通の中心地。古くから薩摩藩の城下町として栄えた。第28代当主の島津斉彬(なりあきら)は日本の近代工業の発展に寄与し、また西郷隆盛や大久保利通をはじめ近代日本の礎となった明治維新の立役者を送り出した土地である。活火山、**桜島** P.974 を抱え、市内でもしばしば降灰する。市内の温泉源泉の総数は約270。銭湯のほとんどが温泉という温泉天国でもある。

指宿市

薩摩半島の南に位置し、砂に埋もれて汗を流す「砂むし」の**指宿温泉** P.976 で知られる。温泉の眼前には薩摩湾と東シナ海が広がる風光明媚な土地だ。その最南端には南国旅情あふれる風景が広がる**長崎鼻** P.978、その西側には約5500年前の火山活動で形成されたカルデラ湖の**池田湖** P.978、その南西には美しい稜線を描く開聞岳が立つ。

霧島市

天孫降臨伝説の地、霧島。その主人公である瓊瓊杵尊（ニニギノミコト）を祀る**霧島神宮** P.975、風情ある**霧島温泉郷** P.975 や妙見温泉があり、北側にはミヤマキリシマの群生地で知られるえびの高原、東側には生駒高原が広がる。市の南には鹿児島空港があり、また国道やJR日豊本線で宮崎とを結ぶ交通の要所でもある。

地理と気候

南北に長い鹿児島県は北と南で大きく異なる。温帯と亜熱帯にまたがっているものの、九州最高峰の山がそびえる屋久島には冷温帯があるのは世界的にも珍しい。

【夏】平均最高気温は31°C、最低気温は25°C。蒸し暑く、曇りの日が多い。真夏日も多く数え、全国で6番目に雨が多い。

【冬】平均最高気温は12°C、最低気温は4°C。風が強く晴れた日が多い。鹿児島市でも積雪が見られ、雪日数の平年値は5.5日。

 P.962〜979 写真提供：© K.P.V.B　屋久島町

アクセス

東京から ▸▸▸	所要時間
飛行機 羽田空港▶鹿児島空港	2時間
飛行機 羽田空港▶奄美空港	2時間20分
大阪から ▸▸▸	**所要時間**
飛行機 伊丹空港▶鹿児島空港	1時間20分
新幹線 新大阪駅▶鹿児島中央駅（みずほ）	3時間50分
フェリー 大阪南港▶志布志港	15時間
福岡から ▸▸▸	**所要時間**
新幹線 博多駅▶鹿児島中央駅（みずほ）	1時間16分
高速バス 博多バスターミナル▶鹿児島中央駅	4時間20分
沖縄から ▸▸▸	**所要時間**
飛行機 那覇空港▶鹿児島空港	1時間20分
フェリー 那覇港▶鹿児島新港	24時間30分

県内移動

▶鹿児島から指宿へ

鹿児島中央駅と指宿駅を結ぶ特急**指宿のたまて箱**が1日2〜3往復しており、所要55分。

▶鹿児島から屋久島へ

鹿児島空港から1日5便運行、所要35〜40分。

種子屋久高速船のトッピーとロケットが1日5〜7便運行。便により経由地が異なり、所要1時間30分〜2時間30分。鹿児島港の南埠頭から出発。

▸▸▸アクセス選びのコツ

県内の中距離路線と県外路線の高速バスはおもに**鹿児島交通**が運行。鹿児島空港や鹿児島中央駅から県内各地への便が発着する。

鹿児島空港へは羽田、成田、関西、大阪、中部など本州の主要空港のほか、奄美など島嶼部からの便が発着。

大阪や神戸など本州方面のフェリーは宮崎県に近い志布志港。奄美や沖縄方面は鹿児島港から出発する。高速船は種子島と屋久島行きの航路がある。

交通路線図

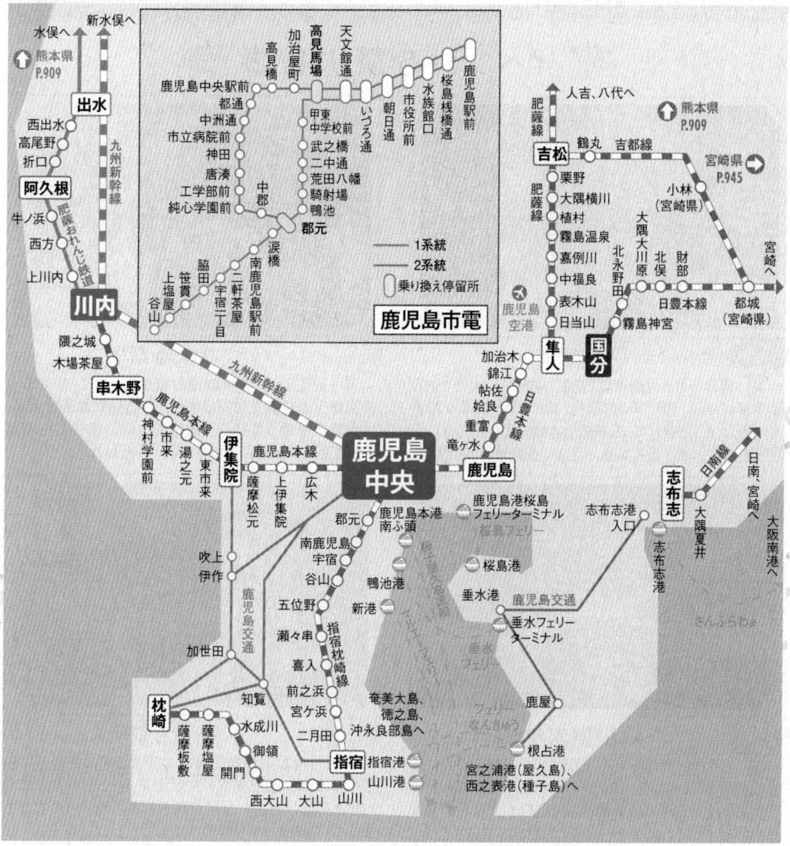

水俣へ
新水俣へ
熊本県 P.909
出水
西出水
高尾野
折口
阿久根
牛ノ浜
西方
上川内
肥薩おれんじ鉄道
九州新幹線
川内
隈之城
木場茶屋
串木野
鹿児島本線
神村学園前
市来
湯之元
東市来
伊集院
薩摩松元
上伊集院
広木
鹿児島中央
鹿児島
吹上
伊作
加世田
鹿児島交通
知覧
枕崎
薩摩板敷
薩摩塩屋
水成川
御領
開門
西大山
大山
山川
指宿
二月田
宮ケ浜
前之浜
喜入
瀬々串
五位野
谷山
宇宿
南鹿児島
郡元
指宿枕崎線
指宿港
山川港
鹿児島本港南ふ頭
鴨池港
新港
奄美大島、徳之島、沖永良部島へ
鹿児島港桜島フェリーターミナル
桜島フェリー
桜島港
垂水港
垂水フェリーターミナル
垂水フェリー
フェリーなんきゅう
鹿屋
根占港
宮之浦港（屋久島）、西之表港（種子島）へ
鹿児島交通
志布志港入口
志布志港
志布志
大隅夏井
日南線
日南、宮崎へ
大阪南港へ
さんふらわあ
竜ケ水
重富
姶良
帖佐
錦江
加治木
日豊本線
隼人
国分
霧島神宮
日当山
表木山
中福良
嘉例川
霧島温泉
植村
大隅横川
栗野
吉松
肥薩線
人吉、八代へ
鶴丸
吉都線
熊本県 P.909
宮崎県 P.945
小林（宮崎県）
北永野田
大隅大川原
北俣
財部
日豊本線
都城（宮崎県）
宮崎へ
鹿児島空港

鹿児島市電
鹿児島中央駅前
都通
中洲通
市立病院前
神田
唐湊
工学部前
純心学園前
中郡
高見橋
加治屋町
高見馬場
天文館通
いづろ通
朝日通
市役所前
水族館口
桜島桟橋通
鹿児島駅前
甲東中学校前
武之橋
二中通
荒田八幡
騎射場
鴨池
郡元
涙橋
南鹿児島駅前
二軒茶屋
宇宿一丁目
脇田
笹貫
上塩屋
谷山
1系統
2系統
乗り換え停留所

鹿児島県

うちの県はここがすごい

一 流しそうめん発祥の地

指宿市の唐船峡は回転式そうめん流し発祥の地。この地に流れる「唐船峡京田湧水」は環境省の「平成の名水百選」で、清涼な湧き水を利用して一年中「そうめん流し」が楽しめる。

二 ハネムーン発祥の地

霧島の塩浸(しおびたし)温泉は、寺田屋事件で九死に一生を得た坂本龍馬が妻のおりょうとともに逗留したとされ、これが日本初の新婚旅行と伝えられており、「龍馬資料館」や「新婚湯治碑」がある。

三 日本一の巨木

蒲生町の蒲生八幡神社の大クスの木P.979は1988年の環境庁調査により推定樹齢1600年と証明された。高さ30mで内部には約8畳の空洞がある。パワースポットとしても知られる。

イベント・お祭り・行事

① 初午祭

霧島市の鹿児島神宮で旧暦1月18日を過ぎた次の日曜日に行われる、約470年続く祭礼。鈴かけ馬約20頭が2000人の踊り連を引き連れて、三味線や太鼓に合わせて踊り、五穀豊穣、家内安全、畜産奨励、厄払い、商売繁盛を祈願する。

② お釈迦祭り

4月29日、お釈迦様の誕生を祝い、志布志市の宝満寺の花御堂に安置された釈迦像に甘茶を注ぎ、無病息災を願う祭り。花嫁を馬の背に乗せて花婿が手綱を引くシャンシャン馬の行列も行われる。

③ 六月燈(六月灯)

江戸時代に始まり、旧暦の6月(7月)に各地の寺社で行われる。鹿児島市内では城山の麓の照国神社が名高く、参道には奉納された色鮮やかな絵が描かれた灯篭が灯り、屋台が並び、大勢の人でにぎわう。

④ おはら祭り

11月2、3日鹿児島市の天文館通りを中心に約2万人の踊り連が連なり、鹿児島を代表する民謡の「鹿児島おはら節」などが踊られる。踊り連の衣装も美しく、まとまって練り踊る「総踊り」は圧巻だ。

必ず食べたい
名物グルメ

かごしま黒豚

約400年前に島津家第18代当主、家久により琉球から移入され、その後の品種改良で生まれた高品質の豚肉。とんかつ、しゃぶしゃぶ、せいろ蒸しなど、さまざまに料理される。

鹿児島地鶏

さつま地鶏、さつま若しゃも、黒さつま鶏の総称。溶岩焼きや鶏飯をはじめ、鶏刺し（たたき）を甘めの九州醤油でいただくのが鹿児島ならではの食べ方だ。

もらえば笑顔
定番みやげ

さつま揚げ（つけ揚げ）

スケソウダラなどの魚のすり身を揚げたもの。プレーンの「棒天」、丸ごとの卵入り、季節の野菜、チーズ入りなどがあり、やや甘めが鹿児島のさつま揚げの特徴だ。

軽羹（かるかん）

かるかん粉（米粉）、砂糖、自然薯で作った蒸し菓子で、白くてふんわり柔らかい。あずきあんなどを包んだ、かるかん饅頭も一般的。350年以上前に薩摩藩で誕生したと言われる。

鹿児島焼酎

県内に100以上の蔵元、2000以上の銘柄がある。県内産のサツマイモを原料とした薩摩焼酎、奄美群島だけで生産が許された黒糖焼酎がある。ひと晩前から焼酎と水をなじませて飲む「前割り」には黒じょかという薩摩焼の酒器を使う。

知覧茶

国内生産量第2位のお茶の産地。県内各地で10種類以上の品種が栽培され、特に有名なのが知覧茶で、透き通った色とさわやかな香りが特徴。

地元っ子愛用
ローカル味

黒酢

霧島市福山町で江戸時代から生産されている米酢で別名壺造り黒酢。蒸し米と米麹、地下水を直接壺に仕込んで畑に並べ、太陽熱のみで発酵・熟成される。健康食品としても注目。

ボンタンアメ

大正13(1924)年に生まれ、求肥に文旦などの柑橘類のエキスと果汁を加えオブラートで包んだキャラメル状の飴。モチモチしてさわやかな風味。ノスタルジックなパッケージも魅力だ。

匠の技が光る
伝統工芸

薩摩切子

無色のガラスに色ガラスを重ね、カットを施した物。島津斉彬の時代に製造が始まり、西南戦争の頃には途絶え、約120年後に復活。匠の技が集結した芸術的な工芸品。

薩摩焼き

16世紀末の朝鮮出兵に参加した島津義弘が帰途に連れ帰った陶工たちが、その始まり。華やかに装飾された白薩摩と厚手で庶民の生活道具として使われた黒薩摩がある。

ワカルかな？
鹿児島のお国言葉

こんた、うんめ！

Ans. これはおいしい

1泊2日で巡る鹿児島県

1日目は桜島の絶景を眺め、薩摩藩主島津家の別邸「仙厳園」へ。2日目は指宿で「砂むし風呂」に興じ、武家屋敷でタイムスリップ。

霧島温泉郷 霧島神宮
START & GOAL
鹿児島 桜島
知覧
指宿

1日目

9:00 JR鹿児島中央駅

市内のおもな観光スポットを周遊する観光バス「カゴシマシティビュー」P.968で出発。1日乗車券を買っておこう。スマホに表示して使うタイプも便利。
URL www.kotsu-city-kagoshima.jp/tourism/sakurajima-tabi

バス 14分

9:20 まずは「せごどん」にごあいさつ
西郷隆盛銅像 ▶P.973

「西郷銅像前」下車すぐ。西郷隆盛銅像は昭和12（1937）年に設置。高さ約8m、明治天皇随行の際の軍服を身に着けた凛々しい姿。

バス 25分

10:00 城山 ▶P.973

「城山」で下車し徒歩3分。桜島と市街を見下ろす絶景スポットへ。

バス 25分

11:00 島津家の美しい庭園
仙厳園 ▶P.973

薩摩藩主、島津家の美しい庭園。日本近代化の礎となった「集成館事業」の世界文化遺産も点在するエリア。

ランチなら園内の「桜華亭」で薩摩が誇る郷土料理を。お茶なら磯街道名物の「両棒餅（ぢゃんぼもち）」でひと息。

バス15分

フェリー 15分

写真協力：公益社団法人鹿児島県観光連盟

14:00 フェリーに乗って桜島へ ▶P.974

カゴシマシティビューで中心部に戻り、「かごしま水族館前」で下車。徒歩すぐの桜島桟橋からフェリーに乗って桜島港へ。だんだん大きくなる桜島に胸がドキドキ。

徒歩 10分

14:10 全長100mの足湯
溶岩なぎさ公園 ▶P.974

潮風を受け、山や海を眺めてひと休み

写真協力：公益社団法人鹿児島県観光連盟

周遊バスのサクラジマアイランドビューなら桜島1周約60分。観光スポットでは5～15分停車してくれるのも便利。バスは1時間に1便程度。
URL www.sakurajima.gr.jp/access/local-bus/000760.html

徒歩 10分

17:00 桜島港

フェリーに乗って対岸に着いたらカゴシマシティビューに乗り換えて「天文館」で下車。

フェリー 15分 ＋ バス 10分

18:00 九州屈指の繁華街天文館 ▶P.977

飲食店やショップが軒を並べる繁華街。今晩の食事処やおみやげ探しをかねてのそぞろ歩きが楽しい。

鹿児島市内のホテルにチェックイン

おすすめ！泊まるならココ

桜島や錦江湾を一望する高台に建つ
SHIROYAMA HOTEL kagoshima

フランス料理 ル シエル

鹿児島市街を見下ろす標高108mの高台に建つ

鹿児島を代表するホテルのひとつ。樹齢400年以上の木々が繁る緑豊かな「城山」の山頂に立ち、桜島と錦江湾を見晴らす絶景のロケーション。桜島を望む展望露天温泉や地場産の旬の幸を味わえる12ものレストランは評価が高い。

展望露天温泉 さつま乃湯

住 鹿児島市新照院町41-1
TEL 0570-07-4680
交 JR鹿児島中央駅から車で約10分。鹿児島中央駅、天文館を経由する無料シャトルバスあり
料 ツイン1室2万8600～
URL www.shiroyama-g.co.jp

浦島太郎気分の列車でGO!
特急「指宿のたまて箱」

指宿のたまて箱（通称いぶたま）は竜宮伝説をテーマにした列車で、浦島太郎のたまて箱にちなんで乗車時にシューっと白い霧がでたり、海側のカウンター席があったりと、まるで海の上を進んでいくよう。1日約2〜3往復なので、早めに予約しておこう。JR鹿児島中央駅9:56、11:56、13:56発

URL www.jrkyushu.co.jp/trains/ibusukinotamatebako

2日目

9:56 JR鹿児島中央駅

特急「指宿のたまて箱」で指宿へ

JR鹿児島中央駅から特急列車で指宿へ。車内販売では数量限定で「いぶたまプリン」や「いぶたまチョコパン」も販売。

鉄道 約50分

10:47 JR指宿駅

バス 5分

11:00

砂むし会館「砂楽」で砂むし体験 ▶P.976

砂むし体験後は併設の温泉で汗を流し、名物の「温たまらん丼」でランチ。

とろ〜り温玉のご当地丼

13:17 砂むし会館バス停

バスで知覧へ。武家屋敷行きバスに乗車。

バス約1時間

14:25

平和の尊さを思って
知覧特攻平和公園 ▶P.976

館内には特攻隊員の制服、遺影、遺書、戦闘機などを展示。特攻隊員の思いと平和を胸に刻もう。

バス 5分

15:30

江戸時代へタイムスリップ
知覧武家屋敷 ▶P.976

鹿児島独自の建築様式「二つ家民家」。武家屋敷群の一角にあり、無料で見学できる。

鹿児島行きのバスの時間(最終18:26頃)に合わせて行動。ゆったり派なら、知覧茶を味わったり、のんびり散策を。

バス 75分

19:45 JR鹿児島中央駅

鹿児島から日帰りで
霧島へ

JR鹿児島中央駅から日豊本線(都城方面行き)で約1時間で霧島神宮の最寄り駅へ到着する。土・日曜・祝日限定で日豊線の嘉例川駅前から霧島周遊観光バス「霧島山コース」が運行（要予約）。霧島神宮で65分など各所で下車して観光できる時間が設けられているのが便利。

▶霧島周遊観光バス(霧島山コース)

国分駅9:00発→隼人駅9:12発→鹿児島空港10:04発→嘉例川駅10:55発→霧島神宮14:45着→霧島神宮15:50発→鹿児島空港16:45発→隼人駅17:05発→国分駅17:17着

料 1100円（JR鹿児島中央駅、国分駅、隼人駅、鹿児島空港バス案内所などで霧島「のったりおりたりマイプラン」P.969を購入しておく）

URL www.city-kirishima.jp/kirikan/kanko/bus/syuyu.html

四季折々の山海の幸が楽しめる料理自慢の宿
いぶすき秀水園（しゅうすいえん）

焼酎蔵元「喜楽酒造」が創業した和風旅館

和室、和洋室、特別室など薩摩の心を織り込んだ客室

伝統と歴史が感じられ、四季折々の山海の幸が楽しめる料理自慢の宿。プロが選ぶ日本のホテル・旅館100選において、料理部門で38年連続1位を受賞している。源泉かけ流しの大浴場や露天風呂をはじめ、貸し切り風呂も人気。

錦江湾の碧い海をイメージした貸し切り風呂

住 指宿市湯の浜5-27-27
TEL 0993-23-4141
交 JR指宿駅からタクシーで約5分。指宿駅からの無料送迎バスあり（要予約）
料 1泊2万2000円〜
URL www.syusuien.co.jp

鹿児島県の歩き方

▶鹿児島空港観光総合案内所
住 霧島市溝辺町麓822
TEL 0995-58-4133
開 6:30～最終便到着　休 無休
URL www.koj-ab.co.jp

▶鹿児島中央駅総合観光案内所
住 鹿児島市中央町1-1
TEL 099-253-2500
開 8:00～19:00　休 無休

▶鹿児島市内周遊バス カゴシマシティビュー
天文館、城山、仙厳園、異人館、桜島桟橋など市内の見どころを周遊する。1日券は市電、市バスも乗り放題で、入館料などの割引になるパスポート付き。1周約80分、30分間隔の運行
料 1日券600円　1回券190円

▶指宿市総合観光案内所
住 指宿市湊1-1-1（指宿駅構内）
TEL 0993-22-4114
開 9:00～17:00　休 無休

鹿児島市と県北エリア

九州新幹線と鹿児島中央駅（後方）

九州新幹線が停車するJR鹿児島中央駅周辺からは観光スポットへのバスも運行している。市内は市電、バスが頻繁に運行しており、観光客向けに主要観光スポットを巡るバスの**カゴシマシティビュー**、**まち巡りバス**が巡回しているほか、桜島観光の船とバスがセットになった**キュート**などの共通乗車券が販売されている。また、県内各地へはJRやバス便も充実しており、日帰り旅行も可能。

▶鹿児島空港から町の中心まで

JR鹿児島中央駅までは鹿児島交通や南国交通バスで38～55分。1時間に3～6便。空港から指宿、霧島など県内各地へのバス便も運行している。

便利情報

鹿児島中央駅　ホテル、飲食店、みやげもの屋が集う便利なスポット。「さつまち」「アミュプラザ鹿児島」などがあり、さつま揚げや黒豚料理、ラーメンなど鹿児島のグルメや特産品が揃う。

大きなターミナル駅

指宿・知覧と県南エリア

薩摩半島のシンボル開聞岳。美しいシルエットは薩摩富士とも呼ばれる

JR鹿児島中央駅から指宿枕崎線が走る。指宿までの観光列車**特急「指宿のたまて箱」**は車窓から錦江湾の眺めが楽しめる。知覧へはJR鹿児島中央駅からバスで1時間20分、または指宿経由喜入駅よりバスが運行。

グルメ

天然の蒸しかまど「スメ」
指宿温泉の天然の蒸気を使ったカマド「スメ」で蒸しあげた卵や地元野菜など。1個50円くらいから味わえるB級グルメ。この温泉卵を黒豚や魚介類にのせたものが指宿名物の「温たまらん丼」だ。

B級グルメも旅の楽しみ

info 鹿児島市内のさまざまな交通機関に使えるチケットが**CUTE（キュート）**。カゴシマシティビュー、市電、市内バス、さらに桜島へのフェリーや観光船も乗り放題。見どころでの割引あり。1日乗車券1200円。2日乗車券1800円

大隅半島

九州最南端の佐多岬

大隅半島には鉄道はないのでバスやレンタカーを利用。鹿児島市内の鴨池港、指宿近くの山川港からフェリーを利用するのも便利。**桜島**P.974とは陸続きなので、車なら大隅半島を周遊した後、桜島を経て鹿児島市内へ戻ることもできる。

グルメ

養殖ウナギ　全国一の生産量を誇る鹿児島県。なかでも大隅半島の志布志市と北部の薩摩川内市が2大産地。シラス台地が生む良質な水と温暖な気候がおいしさの秘密。鹿児島では蒸さずにじっくり焼き上げる関西風が主流だ。

肉厚で旨味タップリ

霧島エリア

神宮行きのバスは要事前チェック

JR鹿児島中央駅から霧島神宮駅へは日豊（にっぽう）本線、霧島温泉駅へは肥薩（ひさつ）線が運行している。駅から見どころへは距離があるので、下車後はバス、タクシー、レンタカーを利用。鹿児島空港から**霧島神宮**P.975へは鹿児島交通の霧島いわさきホテル行きのバスで丸尾①のバス停（所要34分）で下車。徒歩で丸尾③のバス停へ移動し、国分（こくぶ）行きのバスに乗り換えて所要15分。

おみやげ

鹿児島焼酎
ミネラル分の多い霧島山系の水に恵まれ、霧島市内には7つの焼酎蔵元がある。蔵元では限定商品の購入、工場見学や試飲ができたりするので、時間があれば訪ねてみよう。

本格芋焼酎のカメ仕込み場

離島

奄美大島の大浜海浜公園

奄美大島P.971、**屋久島**P.972、**種子島**P.972など、県西部および県南から南北600kmに600を超える島が点在し、有人島は26。鹿児島空港から空路、また鹿児島港から航路(フェリーなら車両も可)で結ばれている。島内の移動にはレンタカーが便利で、各空港、港に事務所がある。

▶志布志市総合観光案内所
住 志布志市志布志町志布志2-28-11
(志布志駅構内)
TEL 0994-72-2224
開 9:00～17:00　休 1/1·2
URL www.sibusi-k-t.jp

▶フェリーなんきゅう
指宿市の山川港と大隅半島の根占港を約50分で結ぶ。8:00～16:00の平日4便、土·日曜·祝日に5便程度運航。
URL nankyu-ferry.com

のったりおりたりマイプラン
知覧～指宿、霧島など、鹿児島県の主要観光エリアを巡る観光バス。好きな場所で乗降して観光できる。1日5～6便の運行。チケットは鹿児島交通の窓口などで前もって購入しておこう。
指宿エリア　JR指宿駅から60分間隔で運行され、砂むし会館前などの市内主要観光地と長崎鼻、開聞岳登山口、唐船峡(そうめん流し)、池田湖などを巡る。2日券は指宿～知覧・武家屋敷、平和会館～知覧～鹿児島間の路線バスにも利用可。
霧島エリア　霧島神宮や妙見温泉などの路線のほか、土・日曜・祝日のみ運行する霧島周遊観光バスP.967もある。
料 1日券1100円
2日券2200円(指宿のみ)
URL www.iwasaki-corp.com

▶霧島市観光案内所
住 霧島市霧島町田口2459-6
(霧島神宮P.975参道入口)
TEL 0995-57-1588
開 4～9月9:00～18:00
10～3月9:00～17:00
休 12/30～1/2
URL kirishimakankou.com

▶霧島温泉観光案内所
住 霧島市牧園町高千穂3878-114
(霧島温泉市場P.975内)
TEL 0995-78-2115
開 9:00～17:00　休 年末年始

▶奄美大島観光案内所
住 奄美市名瀬末広町14-10
AiAiひろば1階
TEL 0997-57-6233
開 9:00～18:00　休 無休
交 **奄美空港**からバスで約45分の**末広通り**下車、徒歩すぐ
URL www.amami-tourism.org

info かごしまPRキャラクターは**ぐりぶー**P.962。西郷どんのような凛々しい顔と鹿児島黒豚の六白(鼻、尻尾、4本の足が白いこと)が特徴で、花と緑いっぱいの県を表して緑色。ちなみにお嫁さんは**さくら**で**まなぶー**など7人の子持ちとか。

鹿児島県の見どころ

ZOOM UP!

離島

固有種の動植物を探しに 奄美群島 亜熱帯の森へ!

奄美群島とは鹿児島の南、トカラ列島と沖縄諸島の間に連なる島々。
奄美大島、加計呂麻島、請島、与路島、喜界島、徳之島、沖永良部島、与論島の有人島がある。
約200万年前までにユーラシア大陸から離れた後、
島が形成される中で孤立した生き物が独自に進化したため、固有種が多い。
アマミノクロウサギなどの希少野生動物が生息し、亜熱帯の森や美しいサンゴ礁が広がる。
2021年には「奄美大島、徳之島、沖縄県北部及び西表島」として世界遺産に登録された。
ここでの楽しみは、なんといっても大自然との触れ合い。
さまざまなアクティビティが用意されている。

耳が短い原初のウサギの特徴をもつアマミノクロウサギは絶滅危惧種

闘牛は徳之島のくさみ館闘牛場で行われる

見どころMAP

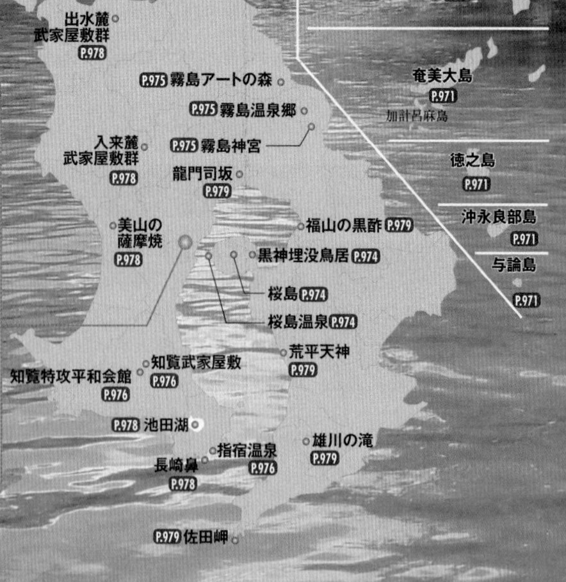

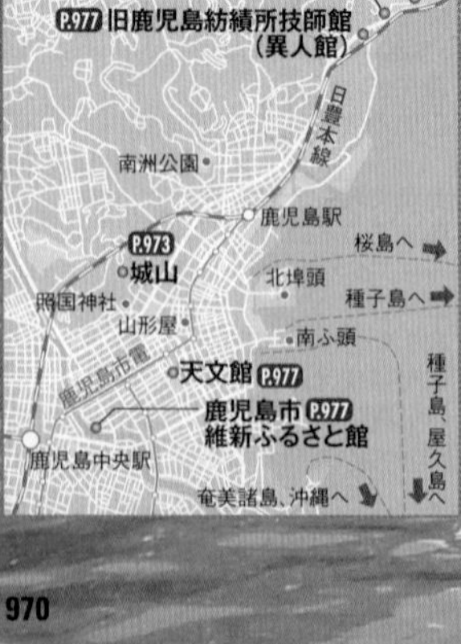

出水麓武家屋敷群 P.978
P.975 霧島アートの森
P.975 霧島温泉郷
入来麓武家屋敷群 P.978
P.975 霧島神宮
龍門司坂 P.979
美山の薩摩焼 P.978
福山の黒酢 P.979
黒神埋没鳥居 P.974
桜島 P.974
桜島温泉 P.974
荒平天神 P.979
知覧武家屋敷 P.976
知覧特攻平和会館 P.976
P.978 池田湖
雄川の滝 P.979
指宿温泉 P.976
長崎鼻 P.978
P.979 佐田岬
種子島 P.972
屋久島 P.972
奄美大島 P.971
加計呂麻島
徳之島 P.971
沖永良部島 P.971
与論島 P.971

鹿児島市

0 1km
P.973 仙巌園
P.977 尚古集成館
P.977 旧鹿児島紡績所技師館(異人館)
日豊本線
南洲公園
鹿児島駅
桜島へ
北埠頭
種子島へ
P.973 城山
照国神社
山形屋
南ふ頭
種子島、屋久島へ
鹿児島市電
天文館 P.977
鹿児島市 P.977 維新ふるさと館
鹿児島中央駅
奄美諸島、沖縄へ

サンゴ礁が広がる南の楽園

奄美大島

鹿児島の離島で最大の島。奄美空港や繁華街の名瀬（なせ）がある奄美市をはじめ、コバルトブルーの海と白い砂浜が広がる素朴な加計呂麻島がある瀬戸内町などからなる。

大浜海浜公園は、夕陽が美しいビーチ。ウミガメの産卵場としても知られ、公園内には海洋生物や伝統的漁法などを展示する**奄美海洋展示館**がある。住用町にある**黒潮の森マングローブパーク**はカヌー体験が人気。奄美の自然や文化を知るには**奄美パーク**が最適。加計呂麻島の**諸鈍のデイゴ並木**では海沿いに樹齢300年以上の木々が並び、5～6月に真っ赤な花を咲かせる。

奄美大島の大浜海浜公園

奄美大島・龍郷町のアオンのリーフ

▶奄美諸島へのアクセス

交フェリー　鹿児島新港からマルエーフェリーとマリックスラインが交互に運行。鹿児島新港へは鹿児島中央駅16:30発のポートライナーバスで所要約20分

URL www.aline-ferry.com

URL www.marixline.com

フェリーの運航ルート

鹿児島新港→名瀬港（奄美大島）→亀徳港（徳之島）→和泊港（沖永良部島）→与論港（与論島）→本部港（沖縄）→那覇港（沖縄）

▶奄美大島

交飛行機　鹿児島空港から1日9便程度、所要1時間。羽田空港から1日1便、所要2時間20分。伊丹空港から1日1便、所要1時間45分

交フェリー　鹿児島新港から名瀬港まで所要約11時間

▶徳之島

交飛行機　鹿児島空港から1日5便程度、所要1時間5分～1時間20分

交フェリー　鹿児島新港から所要約14時間30分

URL www.tokunoshima-kanko.com

▶沖永良部島

交飛行機　鹿児島空港から1日3便程度、所要1時間20分

交フェリー　鹿児島新港から所要約16時間

URL www.okinoerabujima.info

▶与論島

交飛行機　鹿児島空港から1日2便程度、所要1時間35分

交フェリー　鹿児島新港から所要約28時間。那覇港から約6時間

URL www.yorontou.info

徳之島

カルスト地形が発達した島で、西海岸の犬の門蓋では波や風の浸食による奇岩が約1km続き、ダイナミックな自然の景観が広がる。約500年の歴史を誇る闘牛も迫力満点。

島の西側にある犬の門蓋

沖永良部島

エラブユリをはじめ花々が1年中咲き、300もの鍾乳洞があることから花と鍾乳洞の島と呼ばれる。荒天時に潮水を10mも吹き上げる潮吹き洞窟、フーチャなども見どころだ。

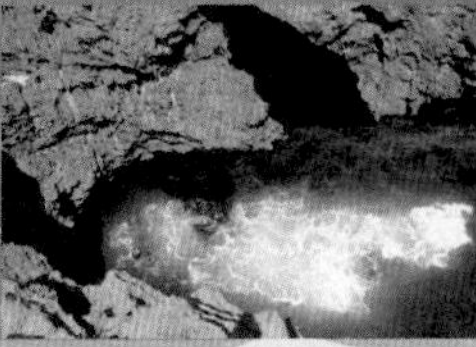

沖永良部島のフーチャ

与論島

島最大のビーチ、大金久海岸の沖合1.5kmにある百合ヶ浜は、干潮時だけ姿を現す純白の砂浜。歳の数だけ星砂を拾えば幸せになれるという伝説がある。

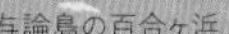

与論島の百合ヶ浜

悠久の地球時間を刻む島

離島

屋久島(やくしま)

九州最南端の佐多岬から南南西へ約60km。九州最高峰の**宮之浦岳**(みやのうらだけ)(1936m)をはじめ険しい山々が屹立する。樹齢数千年の屋久杉や多くの固有種を有することから1993年には日本初の世界自然遺産に登録された。

ヤクスギランドのハイキングコース

一番の見どころである**屋久杉の森**へのトレッキングには、本格的な登山の装備が必要だ。**白谷雲水峡**(しらたにうんすいきょう)内に整備された太鼓岩コースは往復約5.6km、樹齢7200年と言われる**縄文杉**へは往復約22km。手軽に屋久杉を見るなら所要30分から3時間30分まで5つのハイキングコースからある**ヤクスギランド**がおすすめ。白砂が続く**永田いなか浜**、落差88mの豪快な**大川の滝**なども訪れたい。

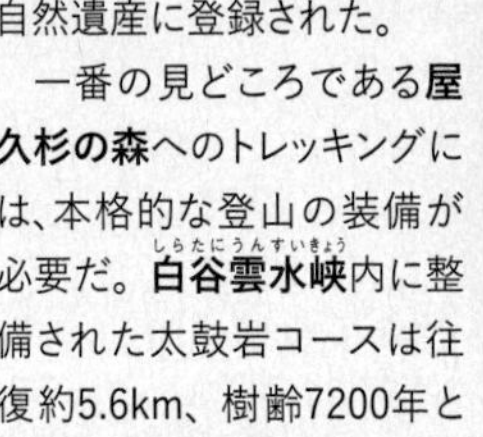

島の北西部にある永田いなか浜

キリスト教も鉄砲もここから

離島

種子島(たねがしま)

16世紀に中国船に乗ったポルトガル人が鉄砲を、その6年後にはキリスト教を布教すべくフランシスコ・ザビエルが鹿児島に上陸。鹿児島がヨーロッパ文化の窓口となった。鉄砲伝来の歴史を学ぶ**鉄砲館**(種子島開発総合センター)、海と白砂の浜に囲まれ、世界一美しいロケット発射台を望む**JAXA種子島宇宙センター**、波による浸食でできた洞窟・**千座の岩屋**(ちくらのいわや)(潮位により1日2時間程度しか入ることができない)などが見どころ。美しい海をシーカヤックで巡るツアーも人気。

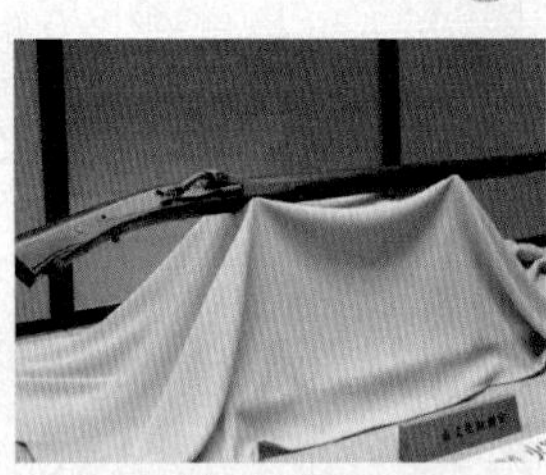
鉄砲館が収蔵する火縄銃

シーカヤックも楽しめる

▶屋久島

交 **飛行機**　鹿児島空港から1日5便、所要35～40分

交 **高速船**　トッピーとロケットが所要1時間30分～2時間30分で1日5～7便運航(便により指宿、種子島を経由し、到着港も便により宮之浦港、安房港と異なる)。鹿児島本港の種子･屋久高速船旅客ターミナルへはJR鹿児島中央駅から26番のバスで約20分

交 **フェリー**　屋久島2が1日2便運行。所要約4時間。鹿児島本港南埠頭旅客ターミナルから出発

URL www.yakukan.jp

▶安房(あんぼう)観光案内所

住 熊毛郡屋久島町安房187-1(屋久島町総合センター内)

TEL 0997-46-2333

開 8:30～18:00　休 無休

▶宮之浦観光案内所

住 熊毛郡屋久島町宮之浦823-1(屋久島環境文化村センター内)

TEL 0997-42-1019

開 9:00～17:00　休 月曜、12/28～1/1

▶屋久島レクリエーションの森

住 熊毛郡屋久島町宮之浦1593

TEL 0997-42-3508

開 随時　休 無休

料 白谷雲水峡500円、ヤクスギランド500円(ともに森林環境整備推進協力金)

URL y-rekumori.com

▶種子島

交 **飛行機**　鹿児島空港から1日3便、所要40分

交 **高速船**　トッピーとロケットが西之表港まで約1時間35分

交 **フェリー**　プリンセスわかさが1日1便運行。所要約3時間30分

URL tanekan.jp

▶種子島観光協会

住 西之表市西町49-1(西之表港ターミナル内)

TEL 0997-23-0111　開 8:00～17:00

休 12/30～1/2

▶鉄砲館

住 西之表市西之表7585

TEL 0997-23-3215

開 8:30～17:00(最終入場16:30)

休 毎月25日、12/30～1/2　料 440円

▶JAXA種子島宇宙センター

住 熊毛郡南種子町大字茎永字麻津

TEL 0997-26-9244

開 9:30～16:30

休 月曜(祝日の場合は翌日)、8月の第1･第5月曜、年末年始

料 無料

URL fanfun.jaxa.jp/visit/tanegashima

info 肝付町にある**内之浦宇宙空間観測所**は1962年に設立され、以降大小400機を超えるロケットや約30機の人工衛星や探査機を打ち上げ、日本の宇宙科学研究の中心地。日本初の人工衛星「おおすみ」も1970年2月11日にここで打ち上げられた。

鹿児島市で一番の展望スポット

鹿児島市と県北エリア

城山（しろやま）

西郷隆盛像

標高約107m、市内中央に位置する丘で**城山展望台**は市街や錦江湾、桜島を望む絶景スポット。西南戦争最後の激戦地であり、**西郷隆盛像**や西郷軍司令部が置かれた**西郷洞窟**、西郷隆盛終焉の地などの史跡が残る。

西郷洞窟は明治10（1877）年9月、政府軍に追われた西郷軍が立てこもり、西郷隆盛が自決前の5日間を過ごした

城山の麓の**照国（てるくに）神社**は西郷隆盛ともゆかりの深い島津家28代斉彬を祀る。お堀に囲まれて建つ**鹿児島県歴史美術センター黎明館**はかつての島津家の城跡で前庭には篤姫の像があり、内部では鹿児島の歴史・美術などを多岐にわたり展示している。令和2（2020）年には147年ぶりに鹿児島（鶴丸（つるまる））城の御楼門が再建された。

▶城山
住 鹿児島県鹿児島市城山
TEL 099-298-5111（観光交流センター）
開 入場自由
交 JR**鹿児島中央駅**からバスで25分の**城山**下車、徒歩すぐ
URL www.kagoshima-kankou.com/guide/10525

▶照国神社
住 鹿児島市照国町19-35
TEL 099-222-1820
開 社務所9:00〜16:30
休 無休　料 無料
URL terukunijinja.jp

▶鹿児島県歴史美術センター黎明館
住 鹿児島市城山町7-2
TEL 099-222-5100
開 9:00〜18:00
休 月曜（祝日の場合は翌日）、毎月25日（土・日曜を除く）、12/31〜1/2　料 400円
URL www.pref.kagoshima.jp/reimeikan

お殿様の暮らしと世界遺産を体感する

鹿児島市と県北エリア

仙巌園（せんがんえん）

桜島と仙巌園

二間続きの謁見の間

薩摩藩を治めた島津家の別邸として、万治元(1658)年に19代光久によって築かれた1万5000坪、5万㎡を誇る広大な屋敷と庭園。桜島を築山に錦江湾を池に見立てた雄大な風景が広がる。当主と世継ぎのみが通ることを許された**錫門（すずもん）**、殿様の暮らしぶりを伝える**御殿**をはじめ、富国強兵・殖産に着手した島津斉彬による大砲製造のための**反射炉跡**、ガス灯の実験を行ったと伝わる**鶴灯籠**、桜島を見渡す**望嶽楼（ぼうがくろう）**、さらに東側には**江南竹林**が広がる。平成27（2015）年に世界遺産に登録された。

▶仙巌園
住 鹿児島市吉野町9700-1
TEL 099-247-1551
開 9:00〜17:00
休 3月の第1日曜
料 1000円（尚古集成館と共通、御殿は別途料金が必要）
交 JR**鹿児島中央駅**からバスで**仙巌園前**下車、徒歩すぐ
URL www.senganen.jp

朱塗りの錫門。屋根は瓦ではなく鹿児島の特産である錫で葺かれている

info **犬好き**で知られる**西郷隆盛**。上野の銅像で一緒にいるのは薩摩犬の愛犬**ツン**。ウサギ狩りが得意で西郷どんとともに野山を駆け回った。明治維新後に暮らした武屋敷の敷地が広かったのはたくさんの犬を飼うためだったとか。

日本を代表する活火山で鹿児島のシンボル

鹿児島市と県北エリア

桜島(さくらじま)

面積約80km²、周囲約52km。高さ1117mの北岳と南岳からなる複合火山で、約2万6000年前に誕生し、大噴火を繰り返してきた。その成り立ちを知ることができるのが**桜島ビジターセンター**だ。**湯之平展望所**は海抜373m、一般人が立ち入ることができる最高地点。目の前に噴煙や荒々しい山肌が大迫力で迫る。

桜島とフェリー

大噴火の脅威を伝える

鹿児島市と県北エリア

黒神埋没鳥居(くろかみまいぼつとりい)

フェリーの到着する港のほぼ反対側に位置する。大正3(1914)年の**桜島大爆発**は1カ月続き30億トンの溶岩が流出し、桜島と大隅半島は陸続きとなった。その際に高さ3mもあった鳥居が笠木だけを残して埋没したもの。

今もその姿を残し、火山の脅威を伝えている。

火山を肌で感じて

鹿児島市と県北エリア

桜島温泉(さくらじまおんせん)

港から烏島展望所まで延びる**桜島溶岩なぎさ散歩道**の途中には全長100mの足湯が設けられており、火山桜島のパワーを手早く体感できる。

桜島温泉のほとんどは海岸近くの地下水がマグマの火山性ガスの影響を受けたことによる塩分を含む**塩化物泉**。自分で浜辺を掘って利用する**有村海岸天然足湯掘り**のほか、**桜島マグマ温泉**（国民宿舎 レインボー桜島）など、島内にあるホテルでも立ち寄り湯が楽しめる。

桜島溶岩なぎさ散歩道の足湯

▶桜島

交 **鹿児島港フェリーターミナル**から桜島フェリーで所要15分。フェリーターミナルへはJR**鹿児島駅**から徒歩7分。またはJR**鹿児島中央駅**から南埠頭シャトルバスで15分の**水族館前**下車、徒歩5分

▶桜島ビジターセンター

住 鹿児島市桜島横山町1722-29

TEL 099-293-2443

開 9:00～17:00　休 無休

交 **桜島港**から徒歩10分。またはバスで4分

URL www.sakurajima.gr.jp

▶湯之平展望所

住 鹿児島市桜島小池町1025

TEL 099-298-5111（観光交流センター）　開 見学自由

▶サクラジマアイランドビュー（循環バス）

桜島港→道の駅→ビジターセンター→烏島展望所→赤水展望広場→湯之平展望所を循環。桜島港発9:30～16:30に30分間隔の運行。1周約55分

料 1日券500円。CUTE（→P.968脚注info参照）のチケットも有効

▶黒神埋没鳥居

住 鹿児島市黒神町

TEL 099-298-5111（観光交流センター）

開 見学自由

交 **桜島港**から車で約30分。または市営バス（北側）で**黒神中学校前**下車、徒歩1分

▶桜島温泉

▶桜島溶岩なぎさ公園&足湯

住 鹿児島市桜島横山町1722-3

TEL 099-298-5111（観光交流センター）

開 入場自由（足湯は9:00～日没）

交 **桜島港**から循環バス「サクラジマアイランドビュー」で**ビジターセンター**下車、徒歩すぐ

▶桜島マグマ温泉

住 鹿児島市 桜島横山町1722-16

TEL 099-293-2323（国民宿舎 レインボー桜島）

開 10:00～22:00

休 水曜の午前　料 390円

交 **桜島港**から徒歩8分

URL www.qkamura-s.com/sakurajima/onsen

info 桜島の赤水展望広場の一角には、鹿児島出身のミュージシャン**長渕剛**さんが平成16(2004)年に桜島で行なったオールナイトコンサートを記念した**叫びの肖像**が立つ。桜島の溶岩で作られ、高さ3.4mの大きな像だ。

神々が舞い降りたパワースポット

霧島エリア

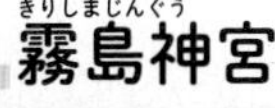

霧島神宮（きりしまじんぐう）

うるし塗りに極彩色が施された華麗な社殿

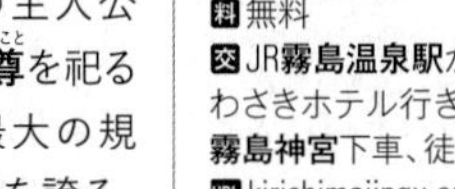

天孫降臨の主人公である**瓊瓊杵尊**（ににぎのみこと）を祀る神社で九州最大の規模と長い歴史を誇る。現在の社殿は第4代薩摩藩主(島津家第21代島津吉貴)によって正徳5(1715)年に復興された。本殿、幣殿、拝殿の前に勅使殿を配した様式は南九州独特のもの。いずれも朱塗りで豪華絢爛。うっそうとした緑のなか荘厳で神聖な雰囲気だ。本殿手前右に御神木、左には旧参道が続いている。令和4(2022)年に国宝に指定された。

風情ある山間の温泉地

霧島エリア

霧島温泉郷（きりしまおんせんきょう）

霧島温泉市場では温泉の蒸気で蒸し上げる卵や温泉まんじゅうなどが売られている

霧島山の中腹に点在する大小9つの温泉群の総称。山あいからたなびく湯煙が旅情を誘う。立ち寄り湯も多く、また、**霧島温泉市場**には観光案内所、飲食店、足湯があり、蒸し物コーナーでは温泉の蒸気で蒸した、饅頭、卵なども味わえる。

緑のなかで現代アートを体感

霧島エリア

鹿児島県霧島アートの森（かごしまけんきりしまあーとのもり）

チェ・ジョンファ「あなたこそアート」。霧島の大自然をバックにSNS映えするスポット

霧島山麓、栗野岳中腹にある現代アートの野外美術館。メインゲートの草間彌生による スケールの大きな**『シャングリラの華』**をはじめ、国内外のアーティストがこの地を訪れて豊かな自然や歴史・文化から想を得たオリジナルの作品が大自然のなか展示されている。

▶霧島神宮

住 霧島市霧島田口2608-5
TEL 0995-57-0001
開 社務所9:00～17:00　休 無休
料 無料
交 JR**霧島温泉駅**から、きりしまいわさきホテル行きバスで13分の**霧島神宮**下車、徒歩すぐ
URL kirishimajingu.or.jp

天孫降臨伝説とは

その昔、天照大神（アマテラスオオミカミ）の神勅を受けて、孫神の瓊瓊杵尊（ニニギノミコト）が3種の神器を手に猿田彦命（サルタヒコノミコト）の道案内で大勢の神々とともに地上に降り立ったのが高千穂峰。霧島神宮は、かの地に6世紀に創建されたものの、噴火による消失と再建を繰り返し、18世紀に現在の場所に移された。

紅葉の季節も美しい

▶霧島温泉郷

▶霧島温泉市場

住 霧島市牧園町高千穂3878-114
TEL 0995-78-4001
開 店舗8:30～18:00頃　休 無休
料 施設による
交 JR**霧島温泉駅**から、きりしまいわさきホテル行きバスで約25分の**丸尾**下車、徒歩すぐ
URL kirishima-marche.com

▶足湯

開 9:00～17:00
料 100円(貸しタオル付き)

▶鹿児島県霧島アートの森

住 姶良郡湧水町木場6340-220
TEL 0995-74-5945
開 9:00～17:00
(7/20～8/31 9:00～19:00)
最終入場は30分前
休 月曜(祝日の場合は翌日)、12/29～2月中旬
料 320円
交 JR**栗野駅**からバスまたはタクシーで約20分
URL www.open-air-museum.org

info 薩摩川内市入来町の**大宮神社**で奉納されている**入来神舞**(いりきかんまい)のひとつ「**十二人剣舞**(つるぎまい)」で朗詠される「君が代は千代に八千代にさざれ石の巌となりて苔のむすまで」が、日本国歌**『君が代』の発祥**とされている。

砂むし温泉で名高い

指宿・知覧と県南エリア

指宿温泉（いぶすきおんせん）

波打ち際での砂むしを体験するなら、事前に天候と潮の状況をチェックしよう

錦江湾に張り出し、開聞岳を望む指宿は豊富な湯量を誇り、世界的にも珍しい砂むし温泉で知られる。砂むし温泉とは山側の源泉が海に向かって流れて海岸で湧出、その熱で温められた砂浜に体を埋める仕組みだ。老廃物の排出を促し、血行促進に効果がある。天然と人工的に再現したものがあり、**砂むし会館「砂楽～さらく～」**や**山川砂むし温泉砂湯里**では天然の砂むしが楽しめる。

▶指宿温泉

▶砂むし会館「砂楽～さらく～」
住 指宿市湯の浜5-25-18
TEL 0993-23-3900
開 8:30～21:00（最終入場20:30）
※平日は12:00～13:00に昼休み
休 荒天時（7･12月に臨時休館あり）
料 1100円、バスタオルレンタル200円
交 JR**指宿駅**から徒歩20分。または池田湖行きバスで約4分の**砂むし会館前**下車、徒歩すぐ
URL sa-raku.sakura.ne.jp

▶山川砂むし温泉砂湯里
住 指宿市山川福元3339-3
TEL 0993-35-2669
開 9:00～17:30（最終入場16:30）
休 荒天時
料 830円（浴衣貸し出し込）、たまて箱温泉セット券1240円
交 JR**山川駅**からバスで10分の**ヘルシーランド入口**下車、徒歩15分
URL ppp.seika-spc.co.jp

母ヶ岳を背景に山水画の美しさ

指宿・知覧と県南エリア

知覧武家屋敷（ちらんぶけやしき）

枯山水、池泉式など屋敷ごとに個性ある庭園

知覧は**薩摩の小京都**と呼ばれ、約270年前の武家屋敷が連なる。かつて薩摩藩の外城だった地で、7つの国名勝の庭園が約700mの道沿いに点在する。イヌマキやサツキが整然と刈り込まれ、石組や遠く望む母ヶ岳を背景に美しい風景を作り出している。

▶知覧武家屋敷
住 南九州市知覧町郡13731-1
TEL 0993-58-7878
開 9:00～17:00
休 無休　料 530円
交 JR**鹿児島中央駅**から知覧行きバスで1時間15分の**武家屋敷入口**下車、徒歩すぐ。指宿～知覧エリアの観光は**のったりおりたりマイプラン**（P.969欄外参照）の利用も便利
URL www.chiran-bukeyashiki.com

戦争の悲惨さを伝える

指宿・知覧と県南エリア

知覧特攻平和会館（ちらんとっこうへいわかいかん）

慰霊のために植えられた桜並木

第二次大戦末期、特攻作戦により空に散った若者の歴史、戦争の悲惨さと平和の尊さを伝える場だ。特攻平和会館は**特攻隊員**1036名の遺品や遺影、遺書、特攻機「**疾風はやて**」などを展示。平和会館の横には出撃前に最後の数日を過ごした**三角兵舎**が再現されている。

▶知覧特攻平和会館
住 南九州市知覧町郡17881
TEL 0993-58-7878
開 9:00～17:00（最終入場16:30）
休 無休　料 500円
交 JR**鹿児島中央駅**から知覧行きバスで1時間20分の**特攻観音**下車、徒歩約5分
URL www.chiran-tokkou.jp

疾風はやての展示

info **指宿市**では語呂が似ていることから、人気**ポケモン**の**イーブイ**を**スポーツ・文化交流大使**に任命。JR指宿駅前や観光スポット近くの9ヵ所にイーブイの色鮮やかなマンホールを設置している。

薩摩藩主、島津家の歴史を伝える　鹿児島市と県北エリア

尚古集成館（しょうこしゅうせいかん）

大正12（1901）年に開館した歴史ある博物館

島津家の歴史や文化を紹介する博物館で、建物は日本最古の洋式石造工場建築物。幕末、島津斉彬が興した『**集成館事業**』に関する展示が豊富。

令和4（2022）年5月～令和6（2024）年10月まで本館休館のため、別館のみ開館予定。

▶尚古集成館
住 鹿児島市吉野町9698-1
TEL 099-247-1511
開 9:00～17:00　休 3月の第1日曜
料 1000円（仙巌園と共通）
交 JR**鹿児島中央駅**からバスで**仙巌園前**下車、徒歩すぐ
URL www.shuseikan.jp

反射炉の模型などが展示される

和洋折衷の明治時代の建築　鹿児島市と県北エリア

旧鹿児島紡績所技師館（異人館）（きゅうかごしまぼうせきじょぎしかん（いじんかん））

コロニアル様式のベランダが特徴

29代島津忠義が日本初の洋式紡績工場「**鹿児島紡績所**」を作った際に招いた**イギリス人技師の宿舎**。現在は同紡績所の歴史と世界遺産「明治日本の産業革命遺産」を知ることができる。和洋折衷の建築様式で当時を再現した部屋などが見学できる。

▶旧鹿児島紡績所技師館（異人館）
住 鹿児島市吉野町9685-15
TEL 099-247-3401
開 8:30～17:30
休 無休　料 200円
交 JR**鹿児島中央駅**からバスで15～33分の**仙巌園前**下車、徒歩2分

調度品も当時を再現

西郷どんの足跡を訪ねて　鹿児島市と県北エリア

鹿児島市維新ふるさと館（かごしましいしんふるさとかん）

「維新への道」は幕末の流れをロボットや映像などドラマ仕立てで紹介

明治維新の立役者となった薩摩の偉人や歴史を知る資料館。**維新への道**などのドラマも上映され、気軽に歴史を学べるのが楽しい。館を出ると**維新ふるさとの道**が続き、西郷隆盛の生誕地、大久保利通生い立ちの地などが点在する散策スポットとなっている。

▶鹿児島市維新ふるさと館
住 鹿児島市加治屋町23-1
TEL 099-239-7700
開 9:00～17:00（最終入場16:30）
休 無休　料 300円
交 観光バスのカゴシマシティビューで**維新ふるさと館**下車、徒歩すぐ。または市電**高見馬場**電停から徒歩2分
URL ishinfurusatokan.info

南九州を代表する繁華街　鹿児島市と県北エリア

天文館（てんもんかん）

天文館通りのアーケード街

天文館本通りのアーケード街を中心に広がる**繁華街**。電車通り北側はデパートやショップ、南側は夜ににぎわいを見せる飲食店が多い。第25代島津重豪（しげひで）が天文観測所「明時館」、別名「天文館」をここに建てたのが名前の由来で、天文館本通りの一角にその石碑がある。

▶天文館
住 鹿児島市山之口町、東千石町、中町、新町周辺
開 入場自由
交 市電**天文館**電停から徒歩すぐ

▶天文館ミリオネーション
天文館公園をメイン会場に、銀座通りなどが約100万球のLED電球で彩られる冬の祭典。メイン会場には毎年趣向を凝らしたイルミネーションが設営される。周辺の飲食店では豪華賞品が当たるグルメスタンプラリーも開催。
開 12月上旬～1月中旬18:00～22:00

info **尚古集成館**は仙巌園の一部とともに世界遺産「**明治日本の産業革命遺産**」に登録されている。島津斉彬によって生み出されたが、間もなく途絶え、1985年に復元された幻の**薩摩切子**の製造工程を間近で見られる**島津薩摩切子工場**も併設する。

薩摩焼400年の歴史を伝える

鹿児島市と県北エリア

美山の薩摩焼

薩摩焼の里として、12の窯元をはじめ、多くの工房がある。11月上旬の「美山窯元祭り」では、ろくろや手びねりの体験をはじめ薩摩焼にまつわる屋台も出店する。

白薩摩と黒薩摩

江戸時代へタイムスリップ

鹿児島市と県北エリア

出水麓武家屋敷群

県下最大級の武家屋敷群。約150戸が現存し、現在も住居として利用されている。そのうち**竹添邸**と**税所邸**が公開。武家屋敷の歴史と文化は**出水麓歴史館**で知ることができる。

土・日曜・祝日には観光牛車が運行

武家屋敷でサムライに変身

鹿児島市と県北エリア

入来麓武家屋敷群

薩摩藩随一の山城の清色城を中心に玉石垣が整然と続き、武家屋敷門、濠や広馬場、御仮屋跡などが点在。公開されているのは**旧増田家住宅**。サムライ変身体験などが人気。

旧増田家住宅

薩摩半島最南端の岬

指宿・知覧と県南エリア

長崎鼻

薩摩半島最南端の岬で、開聞岳を眺めるビュースポット。浦島太郎が竜宮へ旅立った岬との言い伝えがあり、岬の手前には乙姫様を祀った**龍宮神社**がある。

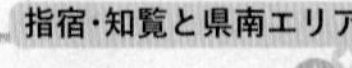
ウミガメの産卵地

九州最大のカルデラ湖

指宿・知覧と県南エリア

池田湖

周囲15km、水深233m、九州最大の**カルデラ湖**。体長2m胴回り50cmのウナギが生息し、四季折々の花が湖畔を彩る。湖の南西にそうめん流しで有名な**唐船峡公園**がある。

1月は菜の花が満開になる季節

▶美山の薩摩焼

▶沈壽官窯(ちんじゅかんがま)
薩摩焼きを代表する窯元。広い敷地が広がり、初代から15代までの作品を展示する収蔵庫や登り窯、作業風景が見られる。
住 日置市東市来町美山1715
TEL 099-274-2358　開 9:00~17:00
休 毎月第1・3月曜
料 無料(沈壽官家伝世品収蔵庫は500円)
交 **天文館**バス停から串木野または上川内方面行きバスで約1時間10分の**美山**下車、徒歩3分
URL www.chin-jukan.co.jp

▶出水麓武家屋敷群

▶出水麓歴史館
住 出水市麓町10-39
TEL 0996-68-1390
開 9:00~17:00
休 毎月第3水曜(祝日の場合は翌日)※公開武家屋敷は無休
料 510円(竹添邸、税所邸、出水麓歴史館共通)
交 JR**出水駅**からタクシーで5分
URL www.izumi-navi.jp

▶入来麓武家屋敷群

▶旧増田家住宅
住 薩摩川内市入来町浦之名77
TEL 0996-44-4111
開 9:00~17:00(最終入場16:30)
休 月曜(祝日の場合は翌日)、12/29~1/3　料 無料
交 JR**川内駅**からバスで40~50分の**入来支所前**下車、徒歩すぐ
URL www.satsumasendai.gr.jp

▶長崎鼻

住 指宿市山川岡児ヶ水長崎鼻
TEL 0993-22-2111(指宿市観光課)
開 入場自由
交 JR**山川駅**から開聞行きバスで約15分の**長崎鼻前**下車、徒歩約3分

▶池田湖

住 指宿市池田
TEL 0993-22-2111(指宿市観光課)
開 入場自由
交 JR**指宿駅**から「のったりおりたりマイプラン(→P.969欄外参照)」バスで**池田湖**下車、徒歩すぐ

流しそうめんのことを鹿児島ではそうめん流しという

info **知林ヶ島**(ちりんがしま)は錦江湾に浮かぶ周囲3kmの無人島。3~10月の大潮または中潮の干潮時には長さ800mの砂州が出現し、歩いて渡ることができる。陸と繋がっていることから、**縁結びの島**とも呼ばれる。

雄大なパノラマが広がる

佐多岬（さたみさき）

大隅半島

佐多岬灯台を望む

本州最南端の岬。**佐多岬公園**にある展望台からは日本最古の灯台のひとつ、佐多岬灯台を望む大パノラマが広がる。天気が良ければ種子島や屋久島まで見えることも。

エメラルドグリーンの神秘的な滝つぼ

雄川の滝（おがわのたき）

大隅半島

展望所から滝を一望にできる

落差46m、幅60m、苔むした柱状節理の断崖から繊細な滝が滝つぼに流れ落ちる神秘的な滝。駐車場から1.2kmの**遊歩道**があり、渓流の音に癒やされながら進もう。

海に突き出た鳥居が神秘的

荒平天神（あらひらてんじん）

大隅半島

県道68号線沿いにある

学問の神様、菅原道真を祀り、海に突き出た岩山に建つ神社。赤い鳥居は満潮時には海に浮かび、まるで**浮島**のよう。岩山の拝殿までは急な階段をロープを頼りに上がる。

江戸時代から続く黒酢の里

福山の黒酢（ふくやまのくろず）

霧島エリア

ずらりと並ぶ壺畑

温暖な気候と良質な地下水に恵まれた福山一帯は黒酢の生産地。江戸時代からの製法を守り、熟成のための広大な**壺畑**は圧巻の風景。「**壺畑」情報館**では歴史や製法を見学できる。

大自然に歴史を刻む

龍門司坂（たつもんじざか）

霧島エリア

約486mが当時の姿で残る

明治10（1877）年の西南の役で薩摩軍が通った石畳の坂道で、大河ドラマ『西郷どん』のロケ地。**蒲生八幡神社**（かもうはちまん）には根回り33.57m、高さ約30mの日本一の巨樹**大クス**がある。

▶佐多岬

▶佐多岬公園
住 肝属郡南大隅町佐多馬籠417
TEL 0994-27-3151
開 8:00～日没
休 無休　料 無料
交 **根占港**から車で約1時間。根占港行きのフェリーはP.969欄外のなんきゅうフェリー参照

▶雄川の滝
住 南大隅町根占
TEL 0994-24-3115（南大隅町商工観光課）
開 入場自由
交 **根占港**から車で約15分。根占港行きのフェリーはP.969欄外のなんきゅうフェリー参照

▶便利な周遊バス
3～11月に根占港9:00発の観光周遊バスが1日1便運行。2500円。佐多岬と雄川の滝を巡る。
URL www.town.minamiosumi.lg.jp/kanko/kanko_bus.html

▶荒平天神
住 鹿屋市天神町4014
TEL 0994-31-1121（鹿屋市ふるさとPR課）
開 入場自由
交 **垂水港**から車で20分

▶福山の黒酢

▶坂元のくろず「壺畑」情報館
住 霧島市福山町福山3075
TEL 0120-707-380
開 9:00～17:00　休 1/1、12/31
料 無料
交 JR**国分駅**からバスで20分の**小廻**下車、徒歩10分
URL www.tsubobatake.jp

▶龍門司坂
住 姶良市加治木町木田5088-1
TEL 0995-66-3111（姶良市商工観光課）　開 入場自由
交 JR**加治木駅**から徒歩20分

▶蒲生八幡神社
住 姶良市蒲生町上久徳2259-1
TEL 0995-52-8400
開 入場自由
交 JR**鹿児島中央駅**からバスで約1時間の**蒲生支所前**下車、徒歩3分
URL www.kamou80000.com

国の特別天然記念物の大クス

info 全長1533mの鹿児島一長い**甑大橋**（こしきおおはし）が令和2（2020）年8月に完成。**長目の浜**などを有する**上甑島**と断崖などで有名な**下甑島**を陸路で結ぶ。**鳥ノ巣山展望所**や**木の口展望所**からは海と緑の絶景が広がる。

九州が舞台となった映画

『母と暮せば』（長崎県）

2015年公開　監督：山田洋次

『男はつらいよ』シリーズで、主人公・寅次郎の恋愛模様を全国各地の美しい風景を背景に描いてきた山田洋次監督。そんな日本を代表する名匠が、作家・井上ひさしの晩年に構想していた広島・長崎・沖縄をテーマにした三部作の遺志を継ぎ、84歳にして手掛けた家族ドラマが本作だ。

長崎に落とされた原爆で死んだ二宮和也演じる息子と、吉永小百合演じる生き残った母が織りなす、切なくも感動的なファンタジー。舞台は被爆から3年後の長崎ということもあり、撮影時は当時の面影を残す場所や、被爆後の浦上天主堂をセットで建てられる場所などを探したという。

ロケ地となった長崎市外海地区にある**黒崎教会**では、母・伸子と息子の浩二が天に召される重要なシーンの撮影が行われた。続くエンディングで流れるシーンは、**長崎ブリックホール**に800人のエキストラが集められ、坂本龍一作曲の「鎮魂歌」を合唱。

ひっそりとした場所にたたずむ**善長谷教会**、岬のマリア像が印象的な**神ノ島教会**なども撮影に使われた。浩二が長崎医科大学に行くため、**石橋電停**から路面電車に飛び乗るシーンは長崎電気軌道の**浦上車庫**にて。コンクリートやガードレールなどがまったく見えないロケ地を探し、**小江町**の湾岸施設から撮影された長崎の海も美しかった。

松竹創立120周年記念作品として公開された本作は、約20億円の興行収入を上げる大ヒットとなった。

『なごり雪』（大分県ほか）

2002年公開　監督：大林宣彦

『転校生』『時をかける少女』『さびしんぼう』の尾道三部作などで知られる大林宣彦監督もまた、その町の伝統や歴史を題材にした“ふるさと映画”を製作。地方における映画製作の道筋を切り開いたと評価される名匠のひとりだ。

九州を舞台にした大林映画は、遡れば昭和58（1983）年に**福岡県柳川市**でオールロケを敢行した福永武彦原作の『廃市』がある。その後、伊勢正三作詞・作曲の『なごり雪』をモチーフにした本作を皮切りに、九州ほか新潟、北海道などで“ふるさと映画”に積極的に取り組んでいく。

28年ぶりに故郷に戻ってきた、三浦友和扮する祐作はじめ、50歳を迎えた中年男たちの青春の悔恨と惜別を描いた本作の舞台は大分県**臼杵市**。古い街並みが残る**二王座**P.941で「うすき竹宵」が市民総出で再現されたほか、**臼杵磨崖仏**P.941での石仏火祭り、国の重要文化財に指定、日本百名橋にも選定されている**虹澗橋**（こうかんきょう）、黒島など臼杵市各地でおもな撮影が行われた。

同じく伊勢正三の作詞・作曲の楽曲をモチーフにした『22才の別れ　Lycoris 葉見ず花見ず物語』も臼杵市で撮影が行われたほか、伊勢正三の出身地である**津久見市**、**大分市**などで行われている。

『この空の花－長岡花火物語』『野のなななのか』に続く戦争三部作の最終章『花筐/HANAGATAMI』は、佐賀県唐津市でオールロケが敢行。ロケ地は約40ヵ所にのぼり、のべ3000人のエキストラが参加した。

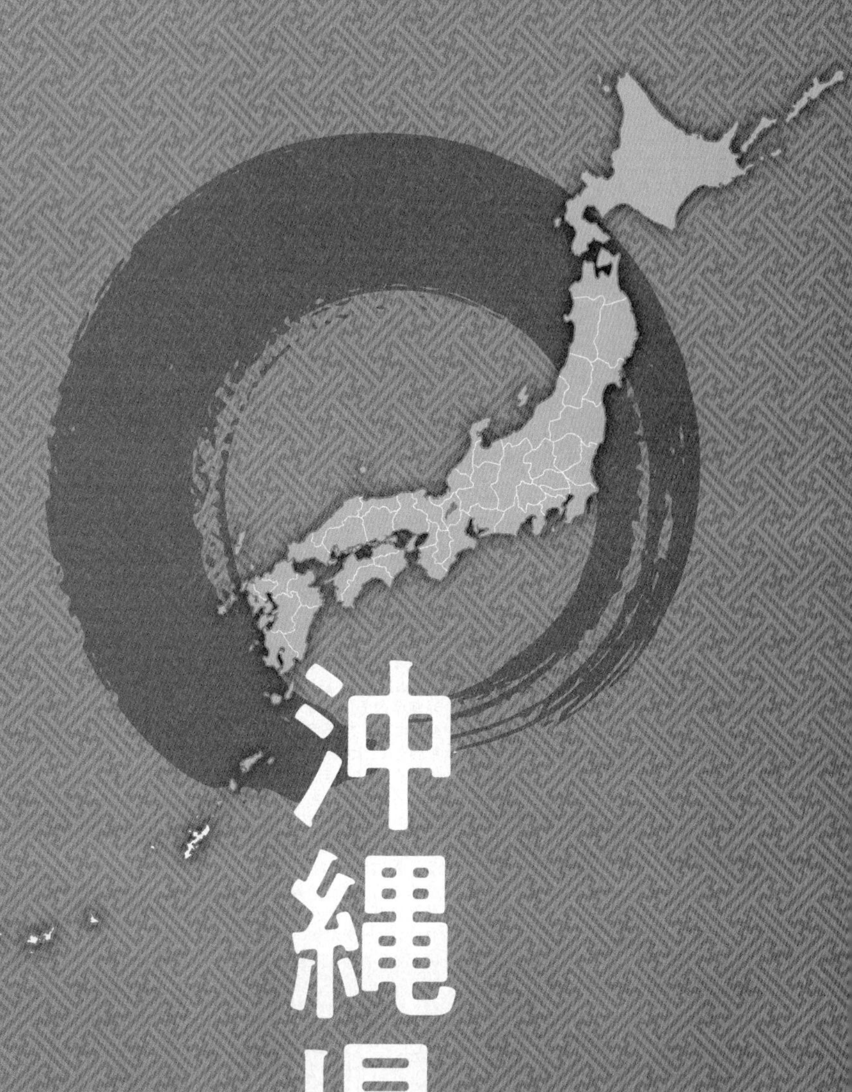

沖縄県

沖縄県

OKINAWA

沖縄県

那覇市

花笠マハエ
自称、4人目の"ミス沖縄"として、沖縄観光PRに日々奔走中!
© (一財)沖縄観光コンベンションビューロー

人口
146.7万人(全国25位)

面積
2282km²(全国44位)

県庁所在地
那覇市

県花
デイゴ

デイゴ
真っ赤な花びらを付ける。開花時期は3〜5月頃

日本の最南端にある沖縄県。沖縄本島、慶良間諸島、八重山諸島、宮古諸島など47の有人島からなり、無人島も含めるとその島の数は160もある。人口の9割が沖縄本島に集中し、県庁所在地の那覇市は都市として発展を続けている。かつては琉球王国として栄えたが、明治時代には沖縄県となった。第2次世界大戦後はアメリカ統治時代が続き、昭和47(1972)年5月15日に本土復帰を果たした。令和4(2022)年に復帰50年を迎える。

旅の足がかり

那覇市(沖縄本島)

那覇空港や、国内外からの貨物船や旅客船が停泊する那覇港などを要する中枢中核都市。離島行きのフェリーが発着する泊港は那覇港のふ頭のひとつだ。数多くの店が軒を連ねる**国際通り**P.993が中心で、シティホテルも集中している。国際通りの東、海を見渡す丘陵地に琉球王国時代の王城、**首里城**P.993がある。令和元(2019)年の10月に発生した火災により正殿が焼け落ちてしまったが、復旧が進められている。どちらも那覇空港からゆいレールで簡単に行くことができる。

石垣市(石垣島)

沖縄本島の南西約410km、八重山諸島の中心となる島で、沖縄県内では沖縄本島、西表島に次いで3番目に大きい。那覇をはじめ国内各地からのフライトがある新石垣空港を擁する。市街にある石垣港離島ターミナルから、西表島や**竹富島**P.995をはじめとする八重山諸島へのフェリーが多数運航。ビーチは島内の各所にあり、島の北部にきれいなビーチが多い。

宮古市(宮古島)

沖縄本島の南西約380km、宮古諸島最大の島。ほぼ三角形をしており、北端で池間島、南西端で来間島と橋で繋がっている。平成27(2015)年には西に浮かぶ伊良部島・下地島との間に**伊良部大橋**P.1002が開通し、これまで船でしか行き来できなかった両島へ車で行けるようになった。橋は全長3540mで、無料で渡れる橋としては日本で最長を誇る。

地理と気候

沖縄の島々は南北約400km、東西約1000kmの広大な海域に散らばっている。最西端は与那国島、最南端は波照間島で、どちらも日本の最西端、最南端。気候は亜熱帯海洋性気候に属する。

【夏】梅雨明けは6月頃で、ここから9月いっぱいが夏。9・10月は台風シーズン。海水浴は4〜10月頃まで楽しめる。

【冬】12〜2月が冬。真冬でも気温は10°C以下になることはほぼない。季節風の影響で、曇りや雨の日が多い。

沖縄本島へのアクセス

東京から ▸▸▸	所要時間
飛行機 羽田空港 ▶ 那覇空港	3時間

千葉から ▸▸▸	所要時間
飛行機 成田空港 ▶ 那覇空港	3時間40分

大阪から ▸▸▸	所要時間
飛行機 伊丹空港 ▶ 那覇空港	2時間20分
飛行機 関西空港 ▶ 那覇空港	2時間30分

愛知から ▸▸▸	所要時間
飛行機 中部空港 ▶ 那覇空港	2時間30分

福岡から ▸▸▸	所要時間
飛行機 福岡空港 ▶ 那覇空港	1時間50分

鹿児島から ▸▸▸	所要時間
飛行機 鹿児島空港 ▶ 那覇空港	1時間30分
フェリー 鹿児島新港 ▶ 那覇港	25時間

県内移動

▶那覇から沖縄美ら海水族館へ

那覇空港から那覇バスターミナルを経由し、沖縄美ら海水族館まで所要約2時間20分。1時間に1便程度の運行。

▶那覇から糸満へ

那覇バスターミナルから糸満バスターミナルまで約1時間。

▶那覇から読谷へ

那覇バスターミナルから読谷バスターミナルまで約1時間10分。

▸▸▸アクセス選びのコツ

- 那覇空港には本土の主要空港のほか、石垣島、宮古島、与那国島、久米島など離島からの便も発着する。
- **沖縄バス**、**琉球バス**、**那覇バス**と**東陽バス**の4社が大手バス会社で、多くの路線を運行する。4社の対象バス路線が乗り放題になる周遊パス（1日パス2500円〜）もあり、観光に便利。ゆいレールの旭橋駅と直結する**那覇バスターミナル**が起点。
- 那覇の**泊港（とまりん）**から渡嘉敷島、座間味島、粟国島、渡名喜島、久米島などの離島とを結ぶフェリーが発着する。泊港へはゆいレールの美栄橋駅から徒歩約10分。

沖縄本島の交通路線図

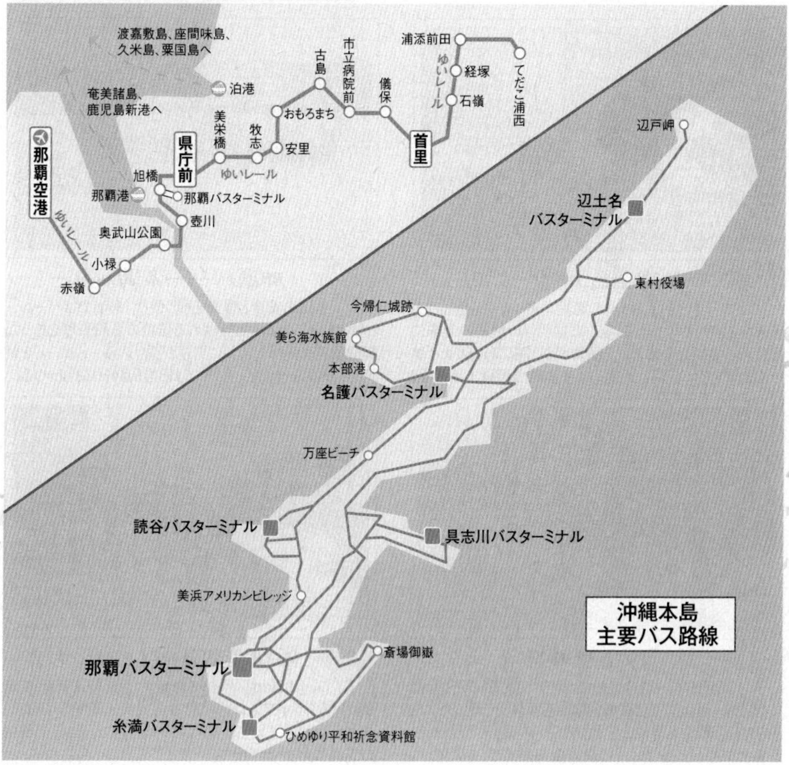

沖縄県

うちの県はここがすごい

一 世界に誇る美しいビーチが日本一たくさん

沖縄県は、国内随一の南国リゾート。本島はもちろん、離島にも数多くのビーチがあり、海はどこもエメラルドグリーンで美しい。海開きは毎年3月頃から各地で行われる。

二 マンゴー、ゴーヤー、シークヮーサーの生産量日本一

マンゴーは全国の収穫量の5割を占めるほか、ゴーヤー、シークヮーサー、さとうきび、パイナップルが収穫量日本一。これらを利用した加工品も多い。

三 日本最古の蒸留酒 泡盛発祥の地

おもにタイ米を原料にして、黒麹を使い蒸留して製造する泡盛。県内には47の酒造所があり、それぞれ個性豊かな泡盛を製造している。中には見学できる酒造所もある。

イベント・お祭り・行事

① 沖縄全島エイサーまつり

エイサーとは、旧盆の時期に帰ってくる祖先の霊を送迎するための伝統芸能。旧盆明けの最初の週末に行われ、各地から集まった団体が3日間にわたりエイサーを披露する。会場は沖縄市コザ運動公園陸上競技場。

② 那覇ハーリー・糸満ハーレー

航海の安全と豊漁を願う祭り。糸満ではハーレーと呼ばれる。サバニと呼ばれる伝統の漁船や龍を象った爬龍船（はりゅうせん）に男達が乗り込み、スピードを競う。那覇は毎年GW、糸満では旧暦5月4日に行われる。

③ 首里城祭

10月後半～11月上旬にかけて、首里城や国際通りで開催。琉球国王が国の安寧と五穀豊穣を願った「三ヶ寺参拝行幸」を再現した「古式行列」などが行われる。正殿の修復完成までは「首里城復興祭」として開催。

④ 全日本宮古島トライアスロン大会

スイム3km、バイク150km、ラン42.195kmを走り抜けるトライアスロンの宮古島大会。昭和60（1985）年から行われている。開催は毎年4月で、当日は島中の道路に応援者が出て、トライアスロン一色になる。

チャンプルー

沖縄の言葉で「ごちゃまぜ」を意味する、伝統料理。野菜や肉などさまざまな素材の炒めもの。有名なゴーヤーほかソーメン、パパイヤなどバリエーションも豊富。

タコライス

タコミートと呼ばれるスパイシーな挽肉とサルサソースをご飯にかけたタコライス。1980年代に沖縄県の金武町で誕生したと言われる。

沖縄そば

小麦粉を使った麺に、カツオ節や豚骨でとったスープを合わせた沖縄を代表する麺料理。八重山そば、宮古そばなど、島により特徴が異なる。

テビチ

豚足をそのまま煮込んだ料理。とろとろになるまで煮込んだ豚足はコラーゲンたっぷりで美肌に効果あり。沖縄そばや沖縄風おでんの具としても定番。

もらえば笑顔
定番みやげ

ちんすこう

琉球王国時代から続く、沖縄の伝統菓子。小麦粉と砂糖、ラードを使った焼き菓子で、現在では紅イモやチーズ、フルーツなどさまざまな味がある。

泡盛

沖縄伝統の泡盛は、おみやげにも大人気。スーパーやおみやげ店でも手に入るが、専門店なら試飲してお気に入りを選べる。なお3年以上寝かせて熟成させた泡盛を古酒（クース）という。

ルートビア

日本でも沖縄にしかないアメリカ生まれのファストフード、A&Wのオリジナル炭酸飲料。薬っぽい味わいは賛否両論（否が圧倒的）。

こーれーぐーす

小粒だがとっても辛い島トウガラシの泡盛漬け。沖縄そばに欠かせない薬味で、少しの量を入れるだけで味が劇的に変わる。

A1ソース

酸味が効いたステーキソースは、沖縄県民が愛してやまない万能ソース。アメリカ製かと思いきや、実はイギリス発祥。どのステーキハウスに行っても常備している。

琉球紅型（りゅうきゅうびんがた）

沖縄の伝統的な染色方法のひとつ。ビビッドな色合いと、ぼかして描くグラデーションが美しい。トートバッグや財布なら日常にも取り入れやすい。

やちむん

沖縄の言葉で「焼き物」。琉球王国からさらに古い時代から続くとされる。ぼってりと力強いフォルムに植物や魚の絵を描いたものが定番。

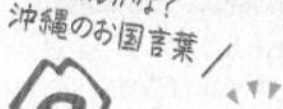

ゆたしくうにげーさびら

Ans. よろしくお願いします

2泊3日で巡る 沖縄県 本島コース

備瀬のフクギ並木
今帰仁城跡
古宇利島
沖縄美ら海水族館
2日目
道の駅「許田」やんばる物産センター
やちむんの里
START & GOAL
那覇空港
瀬長島
ウミカジテラス
那覇 1日目
斎場御嶽
平和祈念公園
道の駅いとまん
3日目

北部から南部まで、沖縄本島をぐるっと回るモデルルートはこちら。初日はゆいレールと徒歩で、2日目以降はレンタカーで回るプラン。

1日目

10:30 那覇空港

鉄道 27分

11:00 ゆいレール首里駅

徒歩 15分

11:30 首里そばで沖縄そばランチ

住 那覇市首里赤田町1-7 ギャラリーしろま内
TEL 098-884-0556
開 11:30～14:30（売り切れ次第終了）
休 木・日曜

手打ちの麺を使った、行列の絶えない人気店。豚肉とカツオ節からとったスープも絶品。

徒歩 1分

琉球王国時代の王城地区

12:00 首里城公園 ▶P.993

正殿は焼け落ちてしまったものの敷地内のほぼ全域が見学可能。

徒歩 10分

13:15 第二尚（しょうし）氏王統の陵墓玉陵 ▶P.993

かつての琉球王たちの陵墓。首里城と同じく世界遺産。

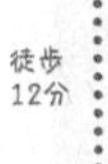
徒歩 12分

14:00 首里金城町石畳道を散策 ▶P.993

首里城周辺の石畳の道をぶらりと散策。琉球石灰岩を使った石垣と道は風情たっぷり。

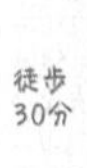
徒歩 30分

15:00 首里駅

ゆいレールで那覇市中心部へ

鉄道 12分

15:15 ゆいレール牧志駅

徒歩 5分

那覇のメインストリート

15:20 国際通り ▶P.993

おみやげやグルメなどなんでも揃う那覇のメインストリート。夕食もここで。

那覇市内のホテルへ

高級からリーズナブルまで、さまざまなシティホテルが揃う那覇。ビーチリゾートは読谷村や恩納村に多い。

2日目

8:00 那覇市内でレンタカーをピックアップ

車 120分

巨大なジンベエザメが目の前に!

10:00 沖縄美ら海水族館 ▶P.996

写真提供：国営沖縄記念公園（海洋博公園）・沖縄美ら海水族館

那覇ICから許田ICまでは高速を利用して約45分。許田ICから水族館へはさらに50分ほどかかる。沖縄本島の北部にある、沖縄美ら海水族館へ。ジンベエザメの泳ぐ大水槽など見どころが満載。約2時間ほど見学。

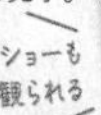
ショーも観られる

車 2分

12:00 備瀬のフクギ並木 ▶P.999

海岸沿いの備瀬地区にある、フクギ並木へ。かつての沖縄の原風景が残る癒やしスポット。

車 15分

世界遺産の城（グスク）

12:45 今帰仁城跡 ▶P.999

琉球王国時代の城（グスク）。石垣に囲まれた敷地内は公園となっており、そぞろ歩きが楽しい。

車 25分

絶景スポットをドライブ ▶P.999

13:40 古宇利大橋から古宇利島へ

橋を渡って古宇利島へ。コバルトブルーの海に架かる古宇利大橋は沖縄を代表する絶景スポット!

車 30分

ひと足のばして
やんばるエリアへ
令和3（2021）年にユネスコの世界遺産に登録された、沖縄本島北部の自然エリア。マングローブの森が続く慶佐次川（げさしがわ）でのカヌーやトレッキングなどさまざまなエコツアーに参加したい。

15:00
沖縄の味が集結する
道の駅「許田」やんばる物産センター
住 名護市許田17-1
TEL 0980-54-0880
開 8:30～19:00
休 不定休
URL www.yanbaru-b.co.jp

道の駅でおみやげ&テイクアウトフードを調達。お菓子から加工品まで沖縄の特産品がずらり。

車 40分

16:10
伝統の陶器をお買い物
やちむんの里 ▶P.996

伝統工芸品、やちむんの窯元が集まる。窯元や共同売店でお気に入りの作品を探そう。

車 60分

那覇市内のホテルへ

3日目

8:15

車 45分

9:00
琉球王国最大の聖地
斎場御嶽 ▶P.998

琉球開闢（かいびゃく）の伝説にもまつわる、沖縄県最高の聖地へ。神域なので、マナーを守って見学しよう。

車25分

10:00
沖縄戦について学べる
平和祈念公園へ ▶P.994

第二次世界大戦で行われた沖縄戦が終戦を迎えた地。資料館や祈念堂で、戦争や平和について学ぼう。

車 15分

12:30
海鮮ランチが楽しめる道の駅
道の駅 いとまん

住 糸満市西崎町4-20-4
TEL 098-987-1277
開 9:00～18:00（店舗による） 休 無休（ファーマーズマーケットは毎月第4水曜）

お魚センターでは、購入した魚介をその場で料理してもらって食べられる。

車 13分

14:00
帰る前に最後の買い物！
瀬長島ウミカジテラス ▶P.998

空港へと向かう前に、最後の寄り道！ 海を見渡す傾斜に沿ってショップやレストランが並ぶ。

車 10分

16:00 那覇空港 レンタカーを返却

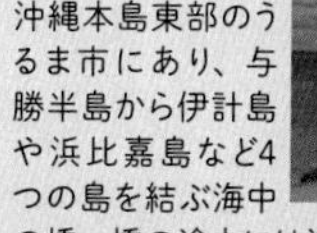

沖縄本島と4つの島を結ぶ
海中道路
沖縄本島東部のうるま市にあり、与勝半島から伊計島や浜比嘉島など4つの島を結ぶ海中の橋。橋の途中には海の駅あやはし館もある。もう1泊するならドライブルートに組み込むのも◎。

おすすめ！泊まるならココ

国際通り近くの絶好のロケーションに加え、インフィニティプールも備えた新感覚リゾート
ヒューイットリゾート那覇（なは）

広々としたスタンダードツインルーム

屋上にあるインフィニティプールでリラックス

2021年7月にオープンした、最新リゾート。スタイリッシュな内装と充実の設備が自慢で、那覇の町が一望できるレストランがあるほか、屋上にはインフィニティプールも備わっている。170種類以上のメニューが並ぶ朝食ビュッフェも人気。国際通りにもほど近く、利便性も高い。

住 那覇市安里2-5-16
TEL 098-943-8325
交 ゆいレール安里駅から徒歩3分
料 1泊2名利用1名あたり1万2000円～（朝食付き）
URL hewitt-resort.com/naha

2泊3日で巡る 沖縄県 離島コース（石垣島・西表島・竹富島）

平久保崎
新垣食堂
玉取崎展望台
1日目 START
川平湾
新石垣空港
GOAL
ユーグレナモール
石垣島
西表島
由布島
仲間川
大原港
石垣港離島ターミナル
START & GOAL
竹富島
2日目

石垣島を拠点に、西表島、竹富島の島々を回る欲張りルート。1日目と3日目はレンタカー、2日目は船でふたつの島をアイランドホッピング！

1日目

12:15 新石垣空港でレンタカーをピックアップ

車 20分

ハイビスカス咲く展望スポット

12:50 玉取崎展望台 ▶P.995

空港から向かうのは、島一番のビュースポット。赤瓦の展望台から、青い海を一望しよう。

車 5分

13:10 行列必至の新垣食堂でランチ

住 石垣市伊原間59
TEL 0980-89-2550
開 11:30〜14:00（売り切れ次第終了）
休 日曜

自社牧場の牛肉をたっぷり使った牛汁や牛そばが名物。食事時には行列必至の人気店。

車 20分

石垣島の北端にある

14:00 平久保崎

北の端にある平久保崎は、目の前に海が広がる景勝地。先端には平久保崎灯台が建つ。

車 60分

八重山諸島有数の景勝地

15:10 川平湾 ▶P.995

西部海岸線を走り石垣島の絶景スポットNo.1の川平湾へ。グラスボートも楽しめる。

車25分

おみやげ店が軒を連ねる

16:00 ユーグレナモール

町の中心にあるショッピングモール。周辺にはおみやげや飲食店、カフェが軒を連ねる。

石垣港離島ターミナル周辺のホテルへ

石垣港の周辺にシティタイプのホテルが多く、リゾートホテルは市街からやや離れた海岸線沿いに集中。

2日目

フェリーで西表島へ

8:30 石垣港離島ターミナル

船 40分

9:10 大原港（西表島）

徒歩 5分

マングローブを観察しよう

9:30 仲間川マングローブクルーズ

マングローブの森が茂る仲間川をクルーズ。サキシマスオウとマングローブ、2つのコースがある。
住 竹富町南風見201-109
TEL 0980-85-5304
開 受付9:00〜16:30
休 無休
料 サキシマスオウノキコース3000円、マングローブコース2000円
URL iriomote.com/top/onlycruize

車 20分

11:00 水牛車で海を渡り由布島へ

▶亜熱帯植物楽園由布島
住 竹富町古見689
TEL 0980-85-5470
開 9:30〜16:00 休 無休
料 水牛車+入園料1760円（徒歩での入園600円）
URL yubujima.com

水牛車に乗って由布島へ。島内は植物園となっていて、レストランがあるのでランチもここで。

車 20分

14:00 大原港（西表島）

船 75分

もう1～2泊あったら行きたい
波照間島（はてるまじま）

八重山諸島で最南端に位置する有人島。隆起サンゴ礁でできた島で、海の美しさは八重山でも指折り。日本の最南端でもあり、岬には最南端の碑も立っている。石垣島からはフェリーで約1時間。

沖縄の原風景が残る
15:15 **竹富島へ** ▶P.995
伝統的な町並みを、水牛車や自転車に乗って散策しよう。

船 10分

18:00 石垣港離島ターミナル

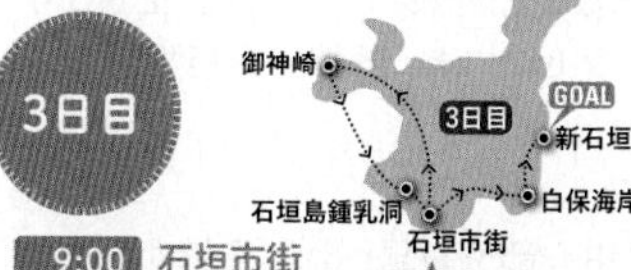

9:00 石垣市街

車 30分

9:30 石垣島の最西端 **御神崎（うがんざき）**

ドライブして御神崎へ。断崖の上に灯台が立ち、晴れた日には西表島まで見渡せる。

車 30分

幻想的なイルミネーションが美しい
10:50 **石垣島鍾乳洞**

サンゴ礁から生まれた鍾乳洞を見学。自然の作り上げた造形美に思わずうっとり。

住 石垣市石垣1666
TEL 0980-83-1550
開 9:00～18:30 休 無休
料 1200円
URL www.ishigaki-cave.com

車 8分

11:40 石垣市街で**ランチ**

市街に戻り、最後のランチタイム。八重山そばや石垣牛、沖縄料理まで選択肢は多彩。

ランチに石垣牛バーガーも

車 20分

集落に面した公共ビーチ
13:00 **白保海岸**

空港へ行く前に、ビーチを散策。白保海岸の沖はアオサンゴの群生地として有名。

車 7分

14:00 新石垣空港 レンタカーを返却

最大規模のプールエリアに興奮！
フサキビーチリゾート ホテル&ヴィラズ

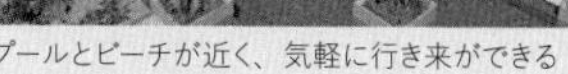
プールとビーチが近く、気軽に行き来ができる

石垣島の西海岸、天然のフサキビーチに面して立つリゾートホテル。客室はホテル棟とヴィラがあり、オーシャンビューの部屋からは絶景が見渡せる。島内最大級を誇るプール、バラエティに富んだマリンアクティビティ、ビーチサイドのバー、スパ、大浴場、ショップなど充実した設備。ビュッフェからコース料理までレストランも種類豊富に揃う。

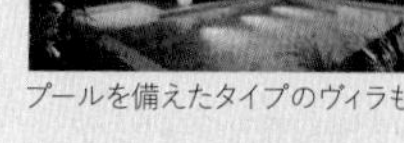
プールを備えたタイプのヴィラも

住 石垣市新川1625
TEL 0980-88-7000
交 **石垣空港**から車で35分
料 1泊2名1室あたり4万6000円～（朝食付き）
URL www.fusaki.com

沖縄県の歩き方

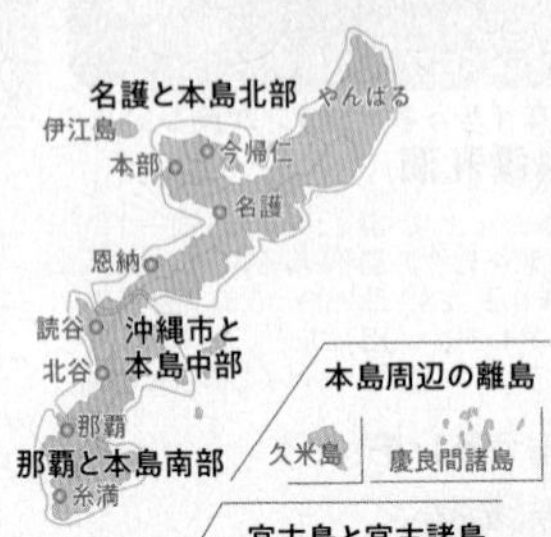

那覇と本島南部

メインストリートである国際通り

沖縄県の県庁所在地である那覇と、糸満、南城、豊見城などがあるエリア。那覇は**首里城**P.993や**国際通り**P.993がある沖縄の中心で、町歩きからグルメ、ショッピングと楽しみも多彩。糸満市は初夏に**ハーレー**という海神祭が行われる漁師町。市の南は南部戦跡エリアで、**ひめゆりの塔**P.995や**平和祈念公園**P.994など戦争と恒久の平和を伝えるスポットが点在。南城は**斎場御嶽**P.998や**久高島**P.1000など琉球王国時代の聖地が集中している。那覇のすぐ南にある豊見城は、複合施設や見どころなど近年さまざまな観光施設がオープン。空港から路線バスで15分ほどでアクセスでき、帰路の飛行機待ちの間に訪れるという人も多い。

▶那覇空港からのアクセス

国際通りのある那覇の中心部や首里へは、空港からゆいレールで直接アクセスが可能。所要時間は20〜30分ほど。

便利情報

ゆいレールの旭橋駅近くの那覇バスターミナル

ゆいレールを除いて鉄道がない沖縄を効率よく回るには、レンタカーが欠かせない。ただし人気の観光地には路線バスも走っている場合が多いので、うまく利用すればレンタカーなしで回ることも。

沖縄市と本島中部

美浜アメリカンビレッジ

かつてコザと呼ばれた沖縄市や**美浜アメリカンビレッジ**P.998のある北谷など、アメリカ文化が色濃く残る町が多い中部エリア。一方で琉球王国時代の史跡なども多く、チャンプルー（ごちゃまぜ）と呼ばれる沖縄の文化を最も感じることができる。西部海岸線にある読谷は、20程度の窯元が集まる**やちむんの里**P.996がある工芸の町。海岸沿いには大型のホテルが建ち、リゾートとしての一面も。本島中部から東に延びる半島は、勝連半島。半島の付け根の先端から4つの島へとわたす**海中道路**P.987が通っている。

▶那覇市観光案内所
住 那覇市牧志3-2-10
（てんぶす那覇1階）
TEL 098-868-4887
開 9:00〜19:00　休 無休
交 ゆいレール**牧志駅**から徒歩7分
URL www.naha-navi.or.jp

▶糸満市観光協会
住 糸満市西崎町4-20-4
（道の駅いとまん情報館）
TEL 098-840-3100
開 9:00〜18:00　休 無休
交 **那覇バスターミナル**からバスで**西崎二丁目**下車、徒歩5分
URL www.itoman-okinawa.jp

▶沖縄市観光物産振興協会
住 沖縄市上地1-1-1-106
（コザ・ミュージックタウン1階）
TEL 098-989-5566
開 8:30〜19:00
（土・日曜・祝日10:00〜18:00）
休 無休
交 **那覇バスターミナル**からバスで**ミュージックタウン**下車、徒歩2分
URL koza.ne.jp

▶北谷町観光情報センター
住 中頭郡北谷町美浜16-3
TEL 098-926-4455
開 10:00〜19:00　休 無休
交 **那覇バスターミナル**からバスで**北谷アメリカンビレッジ前**下車、徒歩2分
URL chatantourism.com

info **沖縄そば**は、沖縄本島および周辺離島のもの。八重山には**八重山そば**、宮古には**宮古そば**があり、スタイルも沖縄本島のそばとは微妙に異なる。

名護と本島北部

恩納村の海岸沿いにはリゾートホテルが連続する

リゾートとして知られる恩納村から、北部最大の町・名護、**沖縄美ら海水族館** P.996 を擁する本部、**今帰仁城跡** P.999 や古宇利島のある今帰仁など、沖縄を代表する見どころが満載。名護のさらに北は、令和3（2021）年に世界遺産に登録された**やんばる地方** P.987 が広がる。大宜味、東、国頭の3村はやんばる3村とも呼ばれ、比地大滝などの自然系の見どころの宝庫。最北は辺戸岬。

本島周辺の離島

慶良間諸島、座間味島の阿真ビーチ

沖縄本島の周辺には、いくつもの離島が散らばっている。なかでも人気の離島は、リゾートアイランドとして知られる**久米島** P.1000、美しい海が広がる**慶良間諸島** P.1000、琉球開闢の歴史が残る「神の島」こと**久高島** P.1000。久米島へはフェリーのほか飛行機、慶良間諸島と久高島へは船でアクセスできる。

石垣島と八重山諸島

水牛車に乗って集落を回るツアーが人気の竹富島

石垣島を中心に、世界自然遺産の西表島、沖縄の原風景と呼ばれる**竹富島** P.995 など、個性的な島々からなる諸島群。すべての島に石垣島から船でアクセスでき、4泊5日あれば4～5つの離島を回ることも可能。

宮古島と宮古諸島

宮古島と伊良部島に架けられた伊良部大橋。全長は3540m

沖縄のなかでも、海の美しさではピカイチ。メインとなる宮古島と池間島、来間島、伊良部島はそれぞれ橋で結ばれ、自由に行き来することができる。

平成27（2015）年には**伊良部大橋** P.1002 が開通したほか、平成31（2019）年のみやこ下地島空港の開港以来、リゾートとしての発展が続き、ここ数年はリゾートホテルのオープンラッシュを迎えている。

▶名護市観光協会
住 名護市大中1丁目19-24
TEL 0980-53-7755
開 8:30～17:30　休 1/1
交 **名護バスターミナル**からバスで**名護十字路**下車、徒歩2分
URL nagomun.or.jp

▶今帰仁村観光協会
住 国頭郡今帰仁村仲宗根230-2 今帰仁村コミュニティセンター1F
TEL 0980-56-1057
開 9:00～17:00　休 土・日曜・祝日
交 **名護バスターミナル**からバスで**今帰仁村役場前**下車、徒歩すぐ
URL www.nakijinson.jp

▶辺戸岬観光案内所
住 国頭郡国頭村辺戸973-5
TEL 0980-43-0977
開 10:00～17:00　休 無休
交 **辺土名バスターミナル**からバスで**辺戸岬**下車、徒歩すぐ
URL kunigami-kanko.com

▶石垣市観光交流協会
住 石垣市浜崎町1-1-4（石垣市商工会館1階）
TEL 0980-82-2809
開 8:30～17:30　休 土・日曜・祝日
交 **石垣港離島ターミナル**から徒歩8分
URL www.yaeyama.or.jp

▶与那国空港到着ロビー案内所
住 八重山郡与那国町与那国4350
TEL 0980-87-2402（与那国町観光協会）　開 9:00～19:00　休 無休
URL welcome-yonaguni.jp

▶宮古空港観光案内所
住 宮古島市平良下里1657-128
TEL 0980-73-1881（宮古島観光協会）
開 7:30～20:00　休 無休
URL miyako-guide.net

日本の最南端と最西端

八重山諸島には、日本の最南端と最西端のふたつが存在している。最南端は波照間島 P.1001、最西端は与那国島 P.1001 で、それぞれ碑が立っている。また、波照間島の町役場では、「日本最南端の証（500円）」がもらえる。

波照間島にある日本最南端の碑

info **石垣島**の名物といえば、黒毛和牛の**石垣牛**。市街地を中心にたくさんの焼肉店があるほか、ステーキやハンバーガー、牛汁、握り寿司などさまざまな調理法で楽しめる。美しくサシの入った石垣牛は、脂身が甘くて絶品。

沖縄県の見どころ

ZOOM UP!

琉球王国時代の古都 首里城と 沖縄の中心 那覇を巡る

那覇と本島南部

沖縄県の県庁所在地である那覇市。
東の丘陵部にある首里は琉球王国の首都として栄えた。
国際通りは、観光客のほとんどが立ち寄るメインストリート。
ゆいレールを使えば移動も楽々。
1日かけてゆっくりと回ってみて。

P.1000 慶良間諸島
久米島 P.1000
八重干瀬 P.1002
池間大橋 P.1002
伊良部島
砂山ビーチ P.1002
P.1002 伊良部大橋
宮古島
与那覇前浜 P.1002

備瀬のフクギ並木 P.999
沖縄美ら海水族館 P.996
伊江島
古宇利大橋 P.999
今帰仁城跡 P.999
瀬底島
慶佐次湾のヒルギ林 P.999
P.997 青の洞窟
万座毛 P.997
P.997 琉球村
やちむんの里 P.996
美らヤシパークオキナワ・東南植物園 P.998
美浜アメリカンビレッジ P.998
瀬長島ウミカジテラス P.998
P.998 斎場御嶽
久高島 P.1000
平和祈念公園 P.994
ひめゆりの塔・ひめゆり平和祈念資料館 P.995

波照間島 P.1001
与那国島 P.1001
浦内川遊覧船 P.1001
P.1001 ピナイサーラの滝
西表島
P.995 玉取崎展望台
P.995 川平湾
石垣島
竹富島 P.995

那覇市中心部
古島駅
座間味、久米島へ
沖縄県立博物館
市立病院前駅
ゆいレール
儀保駅
泊港
Tギャラリア沖縄
おもろまち駅
58
美栄橋駅
ゆいレール
首里そば
守礼門
P.993 玉陵
牧志駅
安里駅
首里城公園 P.993
首里駅
国際通り P.993
牧志公設市場
那覇市立壺屋焼物博物館
県庁前駅
壺屋やちむん通り P.993
首里金城町 P.993 石畳道
0 1km
沖縄県庁

info 首里城正殿の前にあった**大龍柱**は、令和元(2019)年の火災に遭いながらも焼失することがなかった。復興のシンボル的な存在で、現在は**大龍柱補修展示室**で補修作業が進められている。見学も可能。

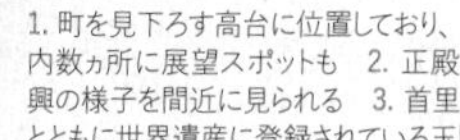

1. 町を見下ろす高台に位置しており、城内数ヵ所に展望スポットも　2. 正殿復興の様子を間近に見られる　3. 首里城とともに世界遺産に登録されている玉陵

琉球王国の王が住んだ城

首里城公園

1429～1879年まで沖縄全域を支配した琉球王国の首都。2019年に火災により正殿を失ったが、現在「見せる復興」をテーマに復元工事が進行中。工事中の姿を公開している。無料エリアと有料エリアに分かれ、城の中心である**御庭**（うなー）に向かう**守礼門**（しゅれいもん）や世界遺産の**園比屋武御嶽石門**（そのひゃんうたきいしもん）などは無料エリア。有料エリアの御庭には、正面に正殿、南に南殿・番所、北に北殿が配されていた。

住 那覇市首里金城町1-2　TEL 098-886-2020
開 8:30～18:00（有料エリア9:00～17:30）
休 7月の第1水曜とその翌日　料 400円　交 ゆいレール**首里駅**から徒歩15分　URL oki-park.jp/shurijo

琉球王国の王の墓

玉陵

琉球王国の第二尚氏王統の墓。1501年に尚真王（しょうしんおう）が父である尚円王の遺骨を改葬するために築いた。建物は首里城をイメージした巨大な石造り。大きく3つの墓室に分かれ、屋根には守護神である 3体の獅子（シーサー）が鎮座する 。

住 那覇市首里金城町1-3
TEL 098-885-2861（玉陵管理事務所）
開 9:00～18:00（最終入場17:30）
休 無休　料 300円
交 ゆいレール**首里駅**から徒歩20分
URL www.city.naha.okinawa.jp/kankou/bunkazai/tamaudun.html

歴史を感じる散歩道

首里金城町石畳道

16世紀に首里から那覇港や本島南部へ行く主要道路として造られた、琉球石灰岩の石畳道。道の両端に、赤瓦の古民家が並び、琉球王国時代の城下町の風情を感じられる。沿道の石垣は、グスクにも用いられる沖縄独自の相方積み。

住 那覇市首里金城町2,3
TEL 098-917-3501（那覇市文化財課）
開 見学自由
交 ゆいレール**首里駅**から徒歩20分

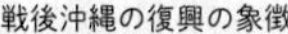

戦後沖縄の復興の象徴

国際通り

ゆいレールの県庁前駅から牧志駅まで続く、那覇市のメインストリート。約2kmの道の両脇にデパート、レストラン、カフェ、雑貨店、ギフトショップ、ホテルなど約600の観光客向けの店舗が並ぶ。毎週日曜の12:00～18:00は歩行者天国となる。

住 那覇市牧志
開 休 店舗・施設による
交 ゆいレール**県庁前駅**または**牧志駅**から徒歩すぐ

1. かつて通りにあったアーニーパイル国際劇場が名前の由来
2. 3. 窯元直営店やセレクトショップでお気に入りを探そう

道の両脇にやちむんの店がずらり

壺屋やちむん通り

「やちむん」とは、沖縄の方言で**焼き物**という意味。壺屋は300年以上の歴史を誇る窯場で、**壺屋焼**が生み出されてきた。約400m続く 石畳には、窯元や焼き物店が軒を連ねる。県内唯一の焼き物の博物館である**那覇市立壺屋焼物博物館**も必見。

住 那覇市壺屋　開 休 店舗による
交 ゆいレール**牧志駅**から徒歩9分
▶那覇市立壺屋焼物博物館
住 那覇市壺屋1-9-32　TEL 098-862-3761
開 10:00～18:00（最終入場17:30）
休 月曜（祝日を除く）　料 350円
交 ゆいレール**牧志駅**から徒歩10分

info **壺屋やちむん通り**にある壺屋焼窯元 **育陶園**（いくとうえん）では、やちむんの販売のほか、ろくろなどを使った製作体験（要予約）も行っている。URL www.ikutouen.com

ZOOM UP!

石垣島と八重山諸島

海から展望台、沖縄の原風景まで 離島を代表する絶景の地へ

沖縄の離島には、本島とはまた違う文化や風景がある。石垣島の絶景スポットと、フェリーでアクセスする竹富島でさらにディープな沖縄を感じよう。

ZOOM UP!

那覇と本島南部

沖縄戦終戦の地 南部戦跡で平和について考える

平和の礎がある「平和の広場」。広場の中央には平和の火のモニュメントが

戦没者を慰霊し平和を祈る

平和祈念公園（へいわきねんこうえん）

沖縄戦の終戦地である**摩文仁の丘**（まぶにのおか）に広がる公園。第2次世界大戦の戦没者を追悼するために造られた。園内は4つのエリアに分かれており、メインとなるのが平和ゾーン。沖縄戦で亡くなられたすべての人の氏名が刻まれた**平和の礎**や沖縄戦の写真や遺品などを展示する**平和祈念資料館**などがある。

住 糸満市摩文仁444　TEL 098-997-2765
開 8:00～22:00　休 無休　料 無料
交 **糸満バスターミナル**からバスで22分の**平和祈念堂入口**下車。または那覇空港自動車道**南風原南IC**から車で約20分　URL heiwa-irei-okinawa.jp

▶**沖縄県平和祈念資料館**
TEL 098-997-3844　開 9:00～17:00（最終入場16:30）
休 無休　料 300円

info **竹富島**には、メインビーチとなる**コンドイビーチ**や、星砂が見られる**カイジ浜**（遊泳禁止）などのビーチもある。島内はレンタサイクルを利用すれば半日で十分回れる。

南国の花咲く絶景展望台

玉取崎展望台（たまとりざきてんぼうだい）

3

2

石垣島の最北端に突き出た平久保半島を一望するビュースポット。高台から石垣島独特の「地形のくびれ」を見渡すことができる。半島の東に広がるのが太平洋、西が東シナ海。

住 石垣市伊原間
TEL 0980-83-3986（石垣市建設部施設管理課）
開 入場自由
交 **石垣空港**から車で20分

八重山随一の美景の地

川平湾（かびらわん）

石垣島の北西部にある、日本百景にも選ばれている景勝地。コバルトブルーの海に小島が浮かぶ様子は、島を代表する風景。一見穏やかに見えるが、実は潮の流れが速いため遊泳は禁止。

住 石垣市川平
TEL 0980-82-1535（石垣市観光文化課）
開 入場自由（遊泳禁止）
交 **石垣空港**から車で30分
▶川平湾のグラスボート
TEL 0980-88-2335（川平マリンサービス）
開 9:00～17:00の15分ごとに出航
料 1200円

1

4

5

1. 周辺には散策路が設けられている　2. 3.駐車場から展望台までは5分ほど歩く　4. 水牛車では、竹富島の民謡『安里屋ユンタ』などを聴かせてくれることも　5. 伝統的建造物群保存地区に指定されている竹富島の集落

赤瓦の古民家集落は沖縄の原風景

竹富島（たけとみじま）

サンゴの欠片を敷き詰めた道に赤瓦の琉球家屋が並ぶ町は、**沖縄の原風景**と呼ばれる。島は小さく、石垣島からは船で10分ほど。集落を回る**水牛車**は、竹富島の名物として知られる。

住 八重山郡竹富町竹富
料 300円（入島料／任意）
交 **石垣港離島ターミナル**から高速船が1日20便程度、所要10～15分。西表島（大原港）、小浜島を結ぶ航路もある（要予約）
▶水牛車
新田観光と竹富観光センターの2社が催行している
開 9:00～15:30の随時　料 1500～2000円

2022年は、沖縄が本土に復帰してから50年となる節目の年。
戦争の悲惨さを伝える戦跡が点在する本島南部を回って、
戦争と平和について学んでみよう。

ひめゆり学徒隊の戦争体験を伝える

ひめゆりの塔・ひめゆり平和祈念資料館（ひめゆりのとう・ひめゆりへいわきねんしりょうかん）

壕の跡に立つ慰霊碑

沖縄戦で亡くなったひめゆり学徒・教師の慰霊碑。米軍の攻撃により多数の犠牲者が出た、伊原第三外科壕のそばに建立された。**ひめゆり平和祈念資料館**では、生存者の証言映像やガマの実物大模型などを通してひめゆり学徒隊の戦争体験を伝えている。

住 糸満市伊原671-1
TEL 098-997-2100
開 9:00～17:25（最終入場17:00）
休 無休　料 450円
交 那覇空港自動車道**南風原南IC**から車で約20分
URL www.himeyuri.or.jp

info **ひめゆり学徒隊**とは、沖縄戦において看護要員として配属された**沖縄師範学校女子部**と**沖縄県立第一高等女学校**の教師・生徒のこと。最初は南風原（はえばる）の沖縄陸軍病院で活動し、首里の陥落後は南部へと撤退した。

沖縄の海の生き物たちが大集合!

名護と本島北部

沖縄美ら海水族館（おきなわちゅらうみすいぞくかん）

国営沖縄記念公園（海洋博公園）内にある水族館。沖縄の深海を再現した**深層の海**、ダイナミックな巨大水槽が見られる**黒潮の海**、大規模なサンゴを飼育する**サンゴの海**の3つのエリアからなる。深さ10m、幅35m、奥行き27mの巨大水槽では、全長8.8mの**ジンベエザメ**や世界初の繁殖に成功した**ナンヨウマンタ**など、約60種類もの海の生き物たちが優雅に泳ぐ姿を楽しめる。平成7（1995）年から飼育されいているジンベエザメのジンタは、世界最長飼育記録を更新中。

巨大な水槽は圧巻! 正面に観覧用のシートもある
写真提供：国営沖縄記念公園（海洋博公園）・沖縄美ら海水族館

水族館周辺には、イルカショーが行われる**オキちゃん劇場**や5種類のウミガメを飼育する**ウミガメ館**などの施設もある。

▶沖縄美ら海水族館
住 国頭郡本部町石川424
TEL 0980-48-3748
開 8:30～18:30（最終入場17:30）
※繁忙期については公式サイトを参照
休 公式サイトを参照
料 1880円（16:00以降は1310円）
※2022年10月1日以降料金改訂あり
交 沖縄自動車道**許田IC**から車で約50分
URL churaumi.okinawa

沖縄周辺のサンゴ礁を忠実に再現

入口でジンベエザメのモニュメントが出迎える

工房が集まるやちむんの聖地

沖縄市と本島中部

やちむんの里（やちむんのさと）

ぽってりとしたフォルムが特徴の沖縄の伝統的な焼き物、**やちむん**。琉球王国時代に窯元が那覇市壺屋（つぼや）に集められ発展してきたが、人口や住宅の増加により那覇で窯焼きすることが困難となり、昭和47（1972）年に陶工の**金城次郎**（きんじょうじろう）が読谷村（よみたんそん）に工房を構えたのをきっかけに、陶芸の村として栄えた。

やちむんの里のシンボル、読谷山共同窯

現在は3つの共同窯と20あまりの工房やギャラリーが集まる。なかでも、昭和55（1980）年に建てられた赤瓦の登り窯、**読谷山共同窯**（よみたんざん）は見事。各工房では伝統的な模様からモダンなデザインまで、さまざまな作品を販売している。自然豊かな敷地内を歩きながら、お気に入りのやちむんを見つけよう。

▶やちむんの里
住 中頭郡読谷村座喜味2653-1
開 休 工房により異なる
交 **那覇空港**から車で約1時間
URL www.tabi-yachimun.jp
▶北窯売店
住 読谷村座喜味2653-1
TEL 098-958-6488
開 9:30～13:00、14:00～17:30
北窯共同売店は9:30～13:00、14:00～17:30
休 不定休

伝統的な柄からモダンなデザインまで個性さまざま

info **読谷山焼**から枝分かれする形で誕生したのが**北窯**。松田米司（よねし）、共司（きょうし）兄弟に、與那原正守（よなはらまさもり）、宮城正享（みやぎまさたか）の4人の親方による共同窯で、各作品は売店のほかショップで購入できる。

自然が生み出す神秘の青を求めて　沖縄市と本島中部

青の洞窟（あおのどうくつ）

時間帯で青色の見え方が異なる

沖縄本島の中部、真栄田岬（まえだみさき）の崖の下にある**海中洞窟**。洞窟の内部に差し込む太陽光が反射して海面が青色に輝くことから、「青の洞窟」と呼ばれている。

奥行き約40m、最大幅約14mのトンネル状の洞窟は、スノーケリングやダイビングで入ることができる。沖縄本島屈指のスポットとして知られており、多くのツアーが行なわれている。

▶青の洞窟
住 国頭郡恩納村真栄田469
交 **那覇空港**から真栄田岬まで車で約1時間
▶マリンサービスむるぬーし
住 中頭郡読谷村高志保915
TEL 098-958-3332
開 8:00、9:30、13:00、14:30発　所要約3時間
料 スノーケリング4900円～、ダイビング1万2400円～（ガイド料、機材レンタル料、施設利用料、保険料込み）
URL www.murunu-shi.com

洞窟の周辺にはサンゴ礁が広がる

琉球国王からも賞賛されたベストビュー　名護と本島北部

万座毛（まんざもう）

象の鼻に似た奇岩が突き出している

標高約20mの琉球石灰岩からなる断崖。東シナ海に面しており、コバルトブルーの海を見渡すことができる沖縄屈指のビュースポット。18世紀前半、琉球国王の尚敬王（しょうけいおう）が恩納を訪れ、**万人を座するに足りる**と称賛したことから万座毛と名付けられたといわれている。展望デッキ、売店、フードコートなどが入った施設も併設されている。

▶万座毛
住 国頭郡恩納村恩納2767
TEL 098-966-8080
開 8:00～日没
休 無休　料 100円
交 沖縄自動車道**屋嘉IC**から車で約12分
URL www.manzamo.jp

夕日スポットとしても有名

昔ながらの沖縄を体験するならここ！　名護と本島北部

琉球村（りゅうきゅうむら）

明治24（1891）年築の一般民家、旧玉那覇家

沖縄の文化を学べるテーマパーク。敷地内には、19～20世紀初頭に建てられた赤瓦の古民家が移築されて建ち並んでいる。

広場では民謡や伝統芸能のパフォーマンスが行われ、懐かしい**沖縄の町並み**が再現されている。シーサー作りなどの工芸体験や琉球衣装の着付け体験ができる。食堂やギフトショップも併設している。

▶琉球村
住 国頭郡恩納村山田1130
TEL 098-965-1234
開 土・日曜10:00～16:00（最終入場15:00）
休 月～金曜　料 1500円
交 **那覇空港**から車で約1時間
URL www.ryukyumura.co.jp

1日2回開催されるエイサーの演舞

info **青の洞窟**のある**真栄田岬**のそばには、**ザネー浜**というSNS映えスポットがある。道はかなりわかりにくく、駐車場からは15分ほど歩く。

オーシャンビューが美しいアイランドリゾート　那覇と本島南部

瀬長島ウミカジテラス

沖縄本島と道路で結ばれた**小さな離島**に建つリゾート施設。小高い丘の傾斜地に真っ白な建物とヤシの木が建ち並び、島を取り囲む美しい海まで見渡せる。地元のグルメやスイーツが味わえるほか、クラフトショップや制作体験などの店舗が集まる。

海風を感じながらショッピング

▶瀬長島ウミカジテラス
住 豊見城市瀬長174-6
TEL 098-851-7446
開 店舗による　休 無休
交 **那覇空港**から車で約10分。またはバスで17分の**瀬長島ホテルウミカジテラス**下車、徒歩すぐ
URL www.umikajiterrace.com

どの店からも絶景が一望できる

神が宿る沖縄最高の聖地　那覇と本島南部

斎場御嶽

斎場は霊威の高い聖なる場所という意味で、**御嶽**とは南西諸島に分布する聖地の総称。琉球王国の創世神**アマミキヨ**が作ったといわれている。琉球王国の最高神女、**聞得大君**の就任儀礼である**御新下り**が行われた。現在は**東御廻り**の参拝地として多くの人が参拝に訪れる。

掲載許可：南城市教育委員会

自然に三角形の空洞が造られた三庫理（サングーイ）　※2022年6月現在内部立ち入り不可

▶斎場御嶽
住 南城市知念字久手堅地内
TEL 098-949-1899
開 3～10月9:00～18:00
11～2月9:00～17:30
最終入場は30分前
休 旧暦5月1日～3日と旧暦10月1日～3日（2022年は5/30～6/1と10/25～27）　料 300円（がんじゅう駅・南城で購入）
交 沖縄自動車道**南風原北IC**から車で約20分。または**那覇空港**から車で約40分
URL okinawa-nanjo.jp/sefa

まるで異国に来た気分が味わえる！　沖縄市と本島中部

美浜アメリカンビレッジ

沖縄とアメリカの町並みが融合した異国情緒あふれる**リゾートタウン**。欧米から直輸入した古着を取りそろえた巨大ショップやみやげ物店、ご当地グルメを味わえる飲食店などが並ぶ。また、4～10月まで楽しめるサンセットビーチ、映画館やホテルなどレジャー施設も充実している。

写真映えスポットが随所にある

▶美浜アメリカンビレッジ
住 中頭郡北谷町美浜16-3
TEL 098-926-4455（北谷町観光情報センター）
開 10:00～22:00（店舗による）
休 店舗による
交 **那覇空港**から車で約40分
URL www.okinawa-americanvillage.com
※サンセットビーチは2022年6月現在工事のためクローズ中

珍しい熱帯植物が見られるボタニカルパーク　沖縄市と本島中部

美らヤシパークオキナワ・東南植物楽園

約1300種類以上の熱帯・亜熱帯の植物を鑑賞できる、日本最大級の屋外植物園。**水上楽園**と**植物園**のふたつのエリアに分かれており、中でも、バオバブ、リュウケツジュ、ユスラヤシの並木通りが見どころ。カピバラやリスザルなどの動物とも触れ合える。

ここでしか見られない珍しい植物がずらり！

▶美らヤシパークオキナワ・東南植物楽園
住 沖縄市知花2146
TEL 098-939-2555
開 9:00～18:00（最終入場17:00）
※時期により変動あり
休 無休
料 1400円～
交 沖縄自動車道**沖縄北IC**から車で約5分
URL www.southeast-botanical.jp

info **美らヤシパークオキナワ・東南植物楽園**の植物園エリア最大の見どころが**ユスラヤシの並木通り**。日本最大級のヤシの木は高さ25mもある。

天然の緑のトンネルでヒーリング　名護と本島北部

備瀬のフクギ並木

歩いているだけで癒やされる

昔ながらの民家が多く残る備瀬集落。家の周りに**防風林**として植えられた約2万本のフクギが約1kmにわたって立ち並ぶ。樹齢300年の木や夫婦福木などのパワースポットをチェックしながら並木道を歩いてみよう。レンタサイクルや水牛車で観光するのもおすすめ。

沖縄屈指の絶景ドライブコース　名護と本島北部

古宇利大橋

徒歩で渡ることもできる

沖縄本島北部に位置する**古宇利島**と屋我地島を結ぶ橋。全長1960mの橋の両端には、エメラルドグリーンの海が広がりドライブコースとして人気。古宇利島は恋の島として有名で、昔から沖縄版の「アダムとイブ」のような言い伝えがあり、名前の語源が**恋島**といわれている。

中世の姿を残す神聖な名城　名護と本島北部

今帰仁城跡

最も高い石垣が築かれた大隅(ウーシミ)

14世紀の沖縄本島は、北部地域を**北山**、中部地域を**中山**、南部地域を**南山**がそれぞれ支配した**三山鼎立**時代で、今帰仁城は北山王の拠点だった。標高100mの高台に建ち、長さ約1.5kmの城壁が取り囲む。城の規模は首里城に次ぐ大きさ。世界遺産にも登録されている。

3種類のマングローブ植物を間近で観察！　名護と本島北部

慶佐次湾のヒルギ林

真水と海水が混じった汽水域に生息

慶佐次川の下流に広がる沖縄本島最大の**マングローブ林**。**オヒルギ、メヒルギ、ヤエヤマヒルギ**の3種類のマングローブ植物を見ることができる。遊歩道が整備されてるほか、**カヤックツアー**も行われており、ガイドの解説を聞きながらマングローブ林の自然と触れ合える。

▶備瀬のフクギ並木
住 本部町備瀬
開 入場自由
交 沖縄自動車道**許田IC**から車で約40分
URL www.motobu-ka.com/tourist_info/tourist_info-post-687

▶並木レンタサイクル
TEL 090-9789-6507
開 8:00~日没　休 無休
料 2時間300円、1日500円
URL namikir.web.fc2.com

▶ふく木水牛車
TEL 090-1941-9291
開 11:00~15:30
休 不定休（要事前確認）
料 2000円（所要約20分）
URL www.motobu-ka.com/activity/activity-post-319

▶古宇利大橋
住 国頭郡今帰仁村古宇利
開 通行自由
交 沖縄自動車道**許田IC**から車で約30分
URL kourijima.info

橋のすぐそばにある美しいビーチ

▶今帰仁城跡
住 国頭郡今帰仁村今泊5101
TEL 0980-56-4400
開 5~8月8:00~19:00
9~4月8:00~18:00
最終入場は30分前
休 無休　料 600円
交 沖縄自動車道**許田IC**から車で約40分
URL www.nakijinjoseki-osi.jp

▶慶佐次湾のヒルギ林
住 国頭郡東村慶佐次54-1
TEL 0980-51-2433
開 日の出~日没
交 沖縄自動車道**許田IC**から車で約40分
URL hirugipark.com

▶やんばるエコフィールド島風
TEL 080-9852-5562
料 マングローブカヤック2時間6000円
URL shimakazi.com

info **備瀬のフクギ並木**を抜けると、**備瀬崎**という岬に出る。干潮時になると潮だまりが出現し天然のプールとなる。潮だまりにはたくさんの熱帯魚が泳いでいる。

本島周辺の離島

白いサンゴ礁と青い海が織りなす楽園

慶良間諸島（けらましょとう）

慶良間諸島国立公園として指定されている、沖縄本島から西へ約40kmの場所に点在する大小20余りの島々。最大の魅力は、**ケラマブルー**と称される透明度の高い海。ダイビングやスノーケリング、海水浴、カヤックなどのマリンレジャーが楽しめる。海中ではサンゴ礁やザトウクジラ、ウミガメなど豊かな生態系が育まれている。

さまざまな形のサンゴが見られる

▶慶良間諸島
住 島尻郡座間味村ほか
TEL 098-987-2277（座間味村観光協会）
交 那覇の**泊港（とまりん）**からフェリーで渡嘉敷島まで約1時間10分、阿嘉島まで50分～1時間30分、座間味島まで40分～1時間10分
URL www.kerama-islands.com

座間味島にある人気の高い古座間味ビーチ

本島周辺の離島

沖縄が誕生した神の島

久高島（くだかじま）

沖縄本島の東南端に浮かぶ、周囲約8kmの島。琉球王国の創世神**アマミキヨ**が天から舞い降り、この島から沖縄が始まったといわれている。

琉球王国時代に神事が行われ、歴代の琉球国王が巡礼に訪れた聖なる島として人気。島内には、アマミキヨが降臨したとされる**ハビャーン**（カベール岬）などのパワースポットが点在する。

最北端にあるハビャーン（カベール岬）

▶久高島
住 南城市知念久高
料 300円（入島協力金）
交 那覇市内から車で約45分（バスなら**那覇バスターミナル**から約1時間の**安座真サンサンビーチ入口**下車、徒歩5分）の**安座真港**から久高島の徳仁港まで高速船で約15分、フェリーだと約25分
URL kudaka-island.com

島の祭事が行われる御殿庭（うどぅんみゃー）

本島周辺の離島

東洋一の砂浜と海の絶景に感動！

久米島（くめじま）

沖縄本島から西へ約100km。貿易が盛んだった琉球王国時代に寄港地として栄え、当時から琉球列島のなかで最も美しい島であったため**球美（くみ）の島**と呼ばれている。

島のいちばんの見どころは**ハテの浜**。約7kmの砂洲が細長く広がり、真っ白な砂浜とエメラルドグリーンの海とのコントラストは見事。

ハテの浜へはツアーに参加しよう

▶久米島
住 島尻郡久米島町
TEL 098-851-7973（久米島町観光協会）
交 **那覇空港**から飛行機で約30分。または那覇の**泊港（とまりん）**から久米島の**兼城港**までフェリーで3時間～3時間30分
URL www.kanko-kumejima.com

海中道路で繋がった奥武島（おうじま）の畳石

info 久高島と斎場御嶽P.998は、どちらも琉球王国における最も重要な聖地。同じものと混同している人もいるが、場所は別。ただし1日で両方を回ることは可能。

満天の星が降り注ぐ島　石垣島と八重山諸島

波照間島（はてるまじま）

波照間島で最も美しいニシ浜

「果てのうるま（サンゴ礁）」という意味から名づけられた、人口約500人の**日本最南端の有人島**。赤瓦の伝統的な民家やサトウキビ畑、**ハテルマブルー**と称される海が広がる。国内有数の天体観測地として人気が高く、12〜6月に**南十字星**がはっきりと観測できる。

▶波照間島
住 八重山郡竹富町波照間
交 **石垣島離島ターミナル**から波照間島までフェリーで1時間〜1時間20分
URL painusima.com/category/sima/haterumajima

天文台の星空観測タワー

独自の文化や自然が残る最南端の地　石垣島と八重山諸島

与那国島（よなぐにじま）

日本でいちばん最後に朝日が登る東崎

断崖絶壁に囲まれた国境の島。八重山諸島のなかでも、特に独特な文化や自然が根付いている。自生する植物などで染色した糸で織り上げる**与那国織**の織り体験、在来種の**与那国馬**の乗馬、ハンマーヘッドシャークや**海底遺跡**が見られるダイビングなどが楽しめる。

▶与那国島
住 八重山郡与那国町
TEL 0980-87-2402（与那国町観光協会）
交 **那覇空港**から飛行機で約1時間30分
URL welcome-yonaguni.jp

ダイバーに人気の昭和61（1986）年に発見された海底遺跡

聖なる滝でリフレッシュ　石垣島と八重山諸島

ピナイサーラの滝（ぴないさーらのたき）

滝までは最低でも半日必要

亜熱帯の原生林に覆われた**西表島**（いりおもてじま）の北部にある、落差約55mの滝。「ピナイ」は方言でひげ、「サーラ」は〜〜のようなという意味で、白く長い髭を表している島内屈指のパワースポット。特定観光資源地区内にあり、認定を受けたガイドの引率があれば訪れる事ができる。

▶ピナイサーラの滝
住 八重山郡竹富町上原
交 **石垣島離島ターミナル**から西表島の**大原港**まで高速船で約40分。上原港まで約50分
URL painusima.com/849
▶西表島サニーデイ
住 八重山郡竹富町上原870-116
TEL 090-6860-9533
開 8:30発、所要約7時間
休 無休　料 半日コース1万円　1日コース1万3000円
URL sunnyday-kayak.com

ジャングルを手軽に探検！　石垣島と八重山諸島

浦内川遊覧船（うらうちがわゆうらんせん）

クルーズ船で自然ウオッチング

土地の約90%が手付かずのジャングルを占めている**西表島**の自然を満喫するならガイド付きのクルーズがおすすめ。コースである浦内川は満潮時に8km上流まで海水が上がるため、海水、淡水、汽水域の動植物が混ざり合い、豊かな生態系を手軽に観察できる。

▶浦内川遊覧船
▶浦内川観光
住 八重山郡竹富町上原870-3
TEL 0980-85-6154
開 9:00〜15:30の1日6便、所要約1時間
休 無休　料 2200円
交 西表島の**上原港**から車で約10分。9:20に上原港発の無料送迎バスあり（上原便欠航時はなし）
URL www.urauchigawa.com/cruise.html

info **浦内川遊覧船**の終着点からは、**マリユドゥ**、**カンピレー**というふたつの**滝**へ行く**トレッキングルート**がある。最奥にあるカンピレーの滝までは往復約90分。

東洋一の美しさを誇る絶景

宮古島と宮古諸島

与那覇前浜

宮古島の南西にある、全長約7kmの日本屈指のビーチ。透き通った青い海のグラデーションが果てしなく続き、足元には雪のようにキメの細かい砂浜が広がる。遊泳期間は4～10月。

多彩なマリンスポーツが楽しめる

▶与那覇前浜
住 宮古島市下地与那覇
TEL 0980-73-2690（宮古島市観光商工課）
開 入場自由
交 **宮古空港**から車で約15分
URL mipama.jp

多彩なサンゴ礁と熱帯魚に大興奮！

宮古島と宮古諸島

八重干瀬

宮古島の北に位置する**池間島**にある、周囲約25km、大小100以上の環礁からなる日本最大級の**サンゴ礁**。多くの熱帯魚が集まり、ダイビングやスノーケリングスポットとして人気。

サンゴ礁に囲まれているため波は穏やか

▶八重干瀬
交 ダイビングやスノーケリングのツアーで行く
▶伊良部島観光ガイドゆうむつ
住 宮古島市伊良部島池間添47
TEL 090-4519-6998
開 7:00～20:00（前日予約に限り～22:00） 休 無休
料 伊良部島発！ 八重干瀬コーラルスノーケルツアー 1万1500円
※ツアーはスノーケリングのみ催行
URL yuumutsu.com

アーチ状の岩が魅せる造形美

宮古島と宮古諸島

砂山ビーチ

市街地から約4kmの場所にあるアクセスの良さが人気のビーチ。砂山を超えた先に、白浜と海の絶景を見渡せる。波の浸食によって形成された**アーチ状の岩**が特徴的。

年々塩害による劣化が進む岩

▶砂山ビーチ
住 宮古島市平良荷川取
開 入場自由
交 **宮古空港**から車で約20分
URL miyako-guide.net/spots/spots-804

砂山からはビーチのベストショットが撮影できる

海上を走る人気ドライブコース

宮古島と宮古諸島

池間大橋

宮古島と池間島を結ぶ全長1425mの橋。真っ直ぐ延びる橋の両側には、宮古ブルーのオーシャンビューがどこまでも続く。西平安名崎や大神島まで望むことができる。

船が通れるように一部がアーチ状になっている

▶池間大橋
住 宮古島市平良池間
開 通行自由
交 **宮古空港**から車で約12分
URL miyako-guide.net/spots/spots-893

撮影スポットとしても人気

宮古島と宮古諸島

伊良部大橋

宮古島と伊良部島を繋ぐ橋。長さは「サンゴの島」の語呂にかけて3540m。無料で渡れる橋では日本一の長さを誇る。緩やかなカーブやアップダウンのあるアーチが特徴。

10年の月日をかけて2015年に開通した

▶伊良部大橋
住 宮古島市平良久貝～伊良部池間添
開 通行自由
交 **宮古空港**から車で約10分
URL miyako-guide.net/spots/spots-840

info **宮古島**と**伊良部島**には、**宮古島まもる君**という交通安全のマスコット的キャラクターがいる。令和4（2022）年5月現在、22体の像が立ち、島の安全を守っている。

旅が豊かになる知識

日本の神話とその舞台

8世紀に編纂された歴史書の『古事記』と『日本書紀』には、いずれも神代の記述があり、日本の神話を今に伝えている。

国生み

天沼矛をかき回しておのころ島が生まれた

神話での日本列島の誕生は、国生み神話といわれている。男女の神であるイザナギとイザナミが天にある高天原から天沼矛で海をかき回して海を作り出す。かき回した矛先から滴が落ちると、固まっておのころ島ができた。おのころ島に降り立ったイザナギとイザナミは淡路島を最初に、日本の島々を次々と生んでいく。次いで神々を産んでいくが、火の神カグツチを生んだときにやけどを負い、イザナミは亡くなってしまう。

関連する場所

淡路島 ▶P.667、東霧島神社 ▶P.959 など

天岩戸

アマテラスが岩戸から出たことで世界に光が戻った

イザナミを連れ戻すために黄泉国に下りていったイザナギだが、連れ戻すことに失敗。地上に戻りみそぎをすると、目と鼻からアマテラス、スサノオ、ツクヨミの3柱の神が産まれる。イザナギはアマテラスを高天原、スサノオを海原、ツクヨミは夜の支配者とするが、イザナミに会いに黄泉国に行きたいスサノオはそれに従わない。黄泉国へ行く前に高天原を訪れたスサノオだが、その乱暴ぶりに激怒した姉のアマテラスは、天岩戸に閉じこもってしまう。太陽の神であるアマテラスが隠れたことで、世の中に日の光が差さなくなり困った神々は、一計を案じ、アマノウズメの踊りで神々を大笑いさせて、気になったアマテラスが岩戸を少し開けたすきに岩戸から引きずり出すことに成功したといわれる。

関連する場所

天岩戸神社 ▶P.953、戸隠神社 ▶P.396、江田神社 ▶P.960 など

ヤマタノオロチ

スサノオによるヤマタノオロチ退治

高天原を追放されたスサノオは、出雲国に降り立つ。その土地の神はヤマタノオロチに苦しめられており、クシナダヒメが生贄にされそうになっていた。ヤマタノオロチを退治したスサノオはクシナダヒメと結婚する。

関連する場所

八重垣神社 ▶P.748 など

オオクニヌシ（大国主）

オオクニヌシは、たくさんの兄弟神とヤカミヒメに求婚するため因幡国へ向かうが、途中皮を剥がされた白ウサギと出合い、治療法を教える。白ウサギはお礼に求婚がうまくいくことを予言し、その通りになった。オオクニヌシは、婚約を妬んだ兄弟神に2度にわたって殺されるが、そのたび母の力によって復活。兄弟神から逃れ、地底にある根の国を訪れるが、そこでスサノオの娘スセリビメと出会う。オオクニヌシはスセリビメと結婚し、スサノオが出すいくつもの試練を

info 10月を**神無月**（かんなづき）というが、これは10月に神々が出雲国に集まり、いなくなるからで、神の無い月という意味だといわれている。実際には、無（な）は現代でいう「の」の意味なので、**神の月**という意味。6月を水無月というのも同様だ。

乗り越える。その後スセリビメと地上に戻ると、兄弟神を平定し、国作りを行う。

関連する場所

白兎海岸 ▶P.728 など

国譲り

オオクニヌシに国譲りを迫るタケミカヅチ

アマテラスは、自分の子供アメノオシホミミに地上世界である葦原の中つ国を治めさせることを考え、タケミカヅチとフツヌシ（『古事記』ではアメノトリフネ）を地上に派遣した。タケミカヅチは伊耶佐の小浜に降りると、波の上に剣を立て、剣先の上であぐらをかいてオオクニヌシに国譲りを迫る。オオクニヌシは立派な宮殿を作ってもらう条件で神々に国を譲ることに同意。こうして作られた宮殿が出雲大社である。

関連する場所

稲佐の浜 ▶P.750、出雲大社 ▶P.742、鹿島神宮 ▶P.249、香取神宮 ▶P.321 など

天孫降臨

アマテラスは孫のニニギに八咫鏡、天叢雲剣（草薙剣）、八尺瓊勾玉の三種の神器を授け、葦原の中つ国を治めることを命じる。ニニギは高千穂峰に天下り、日向の地でコノハナサクヤビメと結婚。海幸彦（ホデリ）と山幸彦（ホオリ）、ホスセリをもうける。

関連する場所

高千穂 ▶P.952、霧島神宮 ▶P.975、愛宕山 ▶P.961、西都原古墳群 ▶P.955 など

海幸彦と山幸彦

海幸彦は海で漁を、山幸彦は山で狩りをして暮らしていた。ある日ふたりはお互いの道具を交換したが、山幸彦は海で釣り針をなくし、海幸彦に責められる。釣り針を探しに海神の国に訪れた山幸彦はそこで海神の娘、トヨタマヒメと結婚。3年後に地上に戻ると釣り針を返し、さらに海神からもらった霊力のある玉を使い、海幸彦を屈服させた。

山幸彦とトヨタマヒメとの間にはウガヤフキアエズが生まれるが、山幸彦は禁止されていたにもかかわらず出産中の妻の様子をのぞき見してしまう。トヨタマヒメは海の怪物ワニの姿になっており、姿を見られ恥じた彼女は、海の世界に戻り、帰り道も塞いでしまった。ウガヤフキアエズはトヨタマヒメの妹タマヨリビメに育てられるが、その後ふたりは結婚。ふたりの間に初代天皇となる神武天皇が生まれている。

関連する場所

青島神社 ▶P.954、鵜戸神宮 ▶P.957、鹿児島県霧島市の鹿児島神宮、長崎県対馬市の和多都美神社など

神武東征

ニニギの曾孫である神武天皇は、東征を行い、畝傍山の東南、橿原の地に都を開き初代天皇として即位した。紀元前660年のこととされている。

関連する場所

宮崎神宮 ▶P.956、橿原神宮 ▶P.600 など

ヤマトタケル（日本武尊）

九州と東国を平定した日本神話の英雄ヤマトタケル

第12代景行天皇の皇子ヤマトタケルは、九州のクマソを討伐、次いで蝦夷を服従させるため東征を行うが、その帰りに伊吹山の神の怒りに触れて病になり、途中で亡くなる。埋葬されたヤマトタケルの魂は白鳥となって大和へと飛んでいった。ヤマトタケルの息子は第14代仲哀天皇。仲哀天皇と神功皇后との間に生まれた応神天皇は、八幡神と同一視されている。

関連する場所

伊吹山 ▶P.617、滋賀県大津市の建部大社、大阪府堺市の大鳥大社、熱田神宮 ▶P.515 など

info 『古事記』には**地名の由来**が数多く書かれている。たとえば三重は、病に冒されたヤマトタケルが現在の四日市市周辺で、「私の足は三重に折れ曲がるほどで、非常に疲れた。」と言ったことに由来するとある。

かんたん日本史＆20の偉人

時代	時代	西暦	できごと	日本の偉人
先史	弥生時代	57	倭の奴国王、後漢に遣使。光武帝から「漢委奴国王」の金印（福岡市博物館▶P.866収蔵)を賜る	
		107	倭国王帥升、後漢に遣使	
		239	邪馬台国の女王 **卑弥呼**、魏に遣使。「親魏倭王」の金印、銅鏡100枚などを賜る	
		245	卑弥呼の使者の難升米、黄幢を賜る	
		266	倭の女王壹與、晋に遣使	
古代	古墳時代	372	百済王世子、倭国に七支刀を贈る	
		391	倭国、海を渡り、百済と新羅を攻める	
		400	高句麗、新羅を救援し、倭軍を撃退する	
		404	高句麗、帯方郡に侵入した倭軍を破る	
		413～502	倭の五王（讃・珍・済・興・武)、5世紀を通じて中国の南朝に使者を送るが、五王がどの天皇なのかは異説あり	
		527	筑紫の国造磐井が大和朝廷に対して反乱を起こすが制圧される(磐井の乱)	
		538	百済から仏教が伝わる	
		587	崇仏派の蘇我氏、排仏派の物部氏を滅ぼす(丁未の乱)	
		588	蘇我馬子、法興寺（のちの飛鳥寺)を建立	
	飛鳥時代	593	**聖徳太子** 摂政となる	
		603	冠位十二階の制定	
		604	十七条の憲法の制定	
		607	小野妹子を隋に派遣	
		607	法隆寺▶P.592の建立	
		643	蘇我入鹿が聖徳太子の息子、山背大兄王とその一族を滅ぼす	
		645	中大兄皇子、中臣鎌足らと図り、蘇我入鹿を暗殺（乙巳の変)。大化の改新始まる	
		646	薄葬令が発布される	
		658	阿倍比羅夫、蝦夷を討つ	
		663	倭軍、百済軍とともに、新羅・唐連合軍と白村江で戦い大敗する	
		667	天智天皇、近江大津宮に遷都	
		669	中臣鎌足、藤原姓を賜る	
		670	庚午年籍の作成	
		672	壬申の乱で大海人皇子が甥の大友皇子を破る。飛鳥浄御原宮へ遷都	
		673	大海人皇子、天皇として即位(**天武天皇**)	

❶卑弥呼（?～?)

3世紀前半の邪馬台国の女王。当時の倭は小国同士が互いに争う状態が続いていたが、彼女が共立の王となったことで治まったという。神のお告げを聞く巫女のような存在で、夫はおらず、弟が政治の手助けをしていた。景初3（239）年、魏に使者を派遣し冊封を受け、「親魏倭王」の金印と100枚の銅鏡を賜っている。邪馬台国の場所がどこにあったかは、九州説と近畿説があり、現在でも決着をみていない。

関連する見どころ

東京国立博物館▶P.343と島根県立古代出雲歴史博物館▶P.747は景初3（239）年の銘がある鏡を収蔵。魏志倭人伝にある景初3年に贈られた100枚の銅鏡という説がある。

❷聖徳太子（574～622年）

用明天皇と蘇我稲目の娘、穴穂部間人皇女との間に生まれた皇子。厩戸皇子、厩戸王とも呼ばれる。叔母にあたる推古天皇の摂政を務め、蘇我馬子と協力しながら天皇を中心とする国作りを推進した。遣隋使を派遣するなど、積極的に大陸から文化や制度を取り入れ、冠位十二階、十七条の憲法の制定を行っている。仏教の興隆に力を尽くし、法隆寺や四天王寺などを建立した。

関連する見どころ

法隆寺▶P.592、朝護孫子寺▶P.598、四天王寺▶P.649、叡福寺▶P.653

❸天武天皇（?～686年）

天智天皇の弟で、諱（いみな）は大海人（おおあま）。古代最大の戦乱、壬申の乱で天智天皇の息子である大友皇子を破り、翌年飛鳥浄御原宮で即位した。八色の姓を制定し、氏姓制度を再編するとともに、律令制の導入、史書の『古事記』『日本書紀』の編纂などに着手。天皇を中心とする中央集権国家の建設を進めた。生前には完成されなかったが、律令は701年に大宝律令として、『古事記』『日本書紀』も奈良時代になって完成した。

関連する見どころ　薬師寺▶P.598

info これまで日本の**紙幣の肖像**として最も多く登場しているのは**聖徳太子**で、その数は7回を数える。昭和33（1958）年～昭和38（1963）年は、1000円札、5000円札、1万円札の3つの紙幣が同時に聖徳太子を肖像としていた。

時代	時代	西暦	できごと	日本の偉人
古代	飛鳥時代	683頃	富本銭の鋳造	
		689	飛鳥浄御原令を施行	
		690	持統天皇即位	
		694	藤原京に遷都	
		701	**藤原不比等**、大宝律令の制定	
		708	和同開珎の鋳造	
	奈良時代	710	平城京（平城宮跡歴史公園 ▶P.597）に遷都	
		712	『古事記』の成立	
		720	『日本書紀』の成立	
		723	三世一身法	
		729	藤原四兄弟が長屋王の一族を滅ぼす（長屋王の変）	
		740	藤原広嗣が太宰府で挙兵するが失敗（藤原広嗣の乱）	
		743	墾田永年私財法	
		751	『懐風藻』の成立	
		752	大仏開眼供養（東大寺 ▶P.593）	
		753	鑑真来日	
		759	唐招提寺 ▶P.598 創建	
		759〜782頃	『万葉集』の成立	
		764	恵美押勝の乱	
		770	称徳天皇没、道鏡左遷される	
		784	**桓武天皇**、長岡京に遷都	
		788	**最澄**、比叡山延暦寺 ▶P.611 を創建	
	平安時代	794	平安京に遷都	
		801	坂上田村麻呂、征夷大将軍として蝦夷を討伐	
		804	最澄と空海、唐に渡る	
		805	最澄帰国。天台宗を開く	
		806	空海帰国。真言宗を開く	
		810	平城太上天皇が復位と平城京への遷都を図るも失敗（平城太上天皇の変）	
		822	最澄死去。比叡山延暦寺に戒壇の設立が認められる	
		858	藤原良房、皇族以外では初の摂政となる	
		887	藤原基経、初の関白となる	
		894	遣唐使廃止	
		901	菅原道真、大宰権帥に左遷される	
		905	初の勅撰和歌集、『古今和歌集』成立	
		927	『延喜式』の完成	
		931〜941	関東で平将門、瀬戸内海で藤原純友が反乱を起こす（承平天慶の乱）	
		974頃	藤原道綱母、『蜻蛉日記』成立	

❹藤原不比等（659〜720年）

天智天皇の側近だった藤原（中臣）鎌足の息子。壬申の乱に敗れた天智天皇側の人間だったが、幼少のため処罰は免れている。天武天皇の死後、持統天皇が即位すると頭角を現し、大宝律令の編纂に参画、平城京遷都を主導した。娘（藤原宮子）が文武天皇の夫人となり、のちの聖武天皇を産み、後妻（県犬養三千代）との間の娘が聖武天皇の夫人（光明皇后）になるなど、皇室との結び付きを強め、藤原氏の地位を盤石のものとした。

関連する見どころ　興福寺 ▶P.595

❺桓武天皇（737〜806年）

天武天皇系の皇統が絶えた後に即位した天智天皇系、光仁天皇の息子。母は百済の武寧王の子孫とされる高野新笠。44歳で即位し、平城京から長岡京、次いで平安京へ遷都を行う。その際寺院の移転や造営は認めず、南都の仏教勢力をおさえた。都の造営に加えて坂上田村麻呂を征夷大将軍に任命し、蝦夷征討に力を注いだが出費がかさみ、治世の末期には徳政相論の末、造都と軍事の二大事業を停止している。

❻最澄（767〜822年）

日本天台宗の開祖。比叡山を拠点に修行し、後に入唐し天台教学を学んだ。帰国後に天台宗を開くが、唐で密教を専門に学んだ空海が帰国すると、密教の書物を借り受け、弟子を唐に派遣し密教を学ばせるなど、顕教のみだった天台宗に密教（台密）の教えを取り入れている。天台学、密教、浄土教、禅などさまざまな教派が学べる比叡山は、仏教教学の中心地となり、後に鎌倉仏教を生み出す母体にもなった。

関連する見どころ　比叡山延暦寺 ▶P.611

info **藤原不比等**は、『竹取物語』でかぐや姫に求婚した5人のひとり、**車持皇子**（くらもちのみこ）のモデルといわれる。結婚の条件に「蓬莱の玉の枝」を取ってくるよう言われたが、職人に偽物を作らせて、かぐや姫を騙そうとするも失敗した。

時代	時代	西暦	できごと
古代	平安時代	985	源信、浄土信仰を説く『往生要集』を著す
		996	**藤原道長**、左大臣となる
		1008頃	**紫式部**『源氏物語』を執筆
		1028〜31	源頼信、平忠常が関東で起こした反乱を鎮圧（平忠常の乱）
		1051〜62	源頼義、陸奥国の豪族安倍氏を討伐（前九年の役）
		1053	藤原頼通、平等院鳳凰堂 ▶P.581 を建立
		1083〜87	源義家、出羽の豪族清原氏の内紛に介入（後三年の役）
		1086	白河天皇、上皇となり院政を始める
		1124	藤原清衡、中尊寺金色堂 ▶P.149 を建立
		1156	後白河天皇と崇徳上皇の争いに武家が参入（保元の乱）
		1159	**平清盛** が藤原信頼、源義朝を破る（平治の乱）
		1167	平清盛、太政大臣に就任
		1180	福原遷都。平重衡、南都焼き打ち
		1185	壇ノ浦の戦い ▶P.764 で平家滅亡
中世	鎌倉時代	1185	守護、地頭の設置
		1189	藤原泰衡が源義経を襲撃。**源頼朝**、奥州藤原氏を滅ぼす
		1192	源頼朝、征夷大将軍に就任
		1198	法然、浄土宗を説いた『選択本願念仏集』を著す
		1202	栄西、建仁寺を創建
		1205	北条義時、執権に就任する
		1219	第3代将軍、源実朝暗殺される
		1221	後鳥羽上皇が北条義時討伐の兵を挙げるが敗れる（承久の乱）
		1224	親鸞、浄土真宗を開く
		1227	道元、宋より帰国し、曹洞宗を開く
		1232	御成敗式目の制定
		1253	日蓮、日蓮宗を開く
		1274	文永の役
		1281	弘安の役
		1297	永仁の徳政令
		1333	鎌倉幕府滅亡
		1335	執権北条高時の遺児時行が、鎌倉幕府再興を企て挙兵（中先代の乱）
	南北朝時代	1336	湊川の戦いで楠木正成戦死、**後醍醐天皇** 吉野 ▶P.594 に移る（南北朝の分立）

日本の偉人

⑦藤原道長（966〜1028年）

平安中期、摂関政治の全盛期を築いた貴族。太政大臣、藤原兼家の息子だが、道隆、道兼という有能な兄がいたため当初は目立たない存在だった。兄の相次ぐ死去後、道隆の息子、伊周との権力争いに勝利し、内覧、左大臣を務める。一条天皇に彰子、三条天皇に妍子、後一条天皇に威子と3人の娘を入内させ、外戚として絶大な権力を握った。晩年には大寺院、法成寺を建立したが現存はしていない。息子頼通が建立した平等院鳳凰堂 ▶P.581 は、法成寺の建築の影響を受けているといわれる。

⑧紫式部（？〜？）

平安中期の女流作家。夫の死後に書き始めた『源氏物語』が評判になったことで、藤原道長に文才を見込まれる。道長の娘で、一条天皇の中宮彰子に仕えながら、『源氏物語』、『紫式部日記』を執筆。同じく中宮彰子に仕え『和泉式部日記』を書いた和泉式部や、中宮定子に仕え『枕草子』を書いた清少納言らとともに平安女流文学の最盛期を担った。

関連する見どころ　石山寺 ▶P.612、長谷寺 ▶P.599、貴船神社 ▶P.580

⑨平清盛（1118〜1181年）

伊勢平氏の棟梁、平忠盛の嫡男。保元の乱、平治の乱に相次いで勝利し、後白河天皇の信頼のもと、武士として初めて太政大臣にまで上り詰める。宋と積極的に貿易を行い、宋銭を日本で流通させるなど通貨経済を導入、経済活動を活発化させている。娘の徳子（建礼門院）を高倉天皇に入内させ、安徳天皇が生まれるなど、天皇の外戚としても権勢を振るうが、晩年には各地で反乱が勃発し、その最中に病没。4年後の壇ノ浦の戦いで平家は滅亡した。

関連する見どころ　厳島神社 ▶P.707

⑩源頼朝（1147〜1199年）

河内源氏の棟梁、源義朝の三男。平治の乱で平氏方に敗れたことで父と兄を失い、自身も伊豆に流された。約20年にわたる配流の末、妻政子の実家北条氏をはじめとする坂東武者たちを率いて挙兵し、鎌倉に本拠地を構える。関東をおさえると、弟たちを西に派遣し平家を滅亡させ、さらに東北の奥州藤原氏も滅ぼした。1192年に征夷大将軍に就任。鎌倉幕府を開き、約700年続く武士の世の中を築いた。

関連する見どころ　鶴岡八幡宮 ▶P.355、三嶋大社 ▶P.504

⑪後醍醐天皇（1288〜1339年）

第96代、大覚寺統の天皇。鎌倉幕府打倒の計画を立てるが、2度にわたり露見し、隠岐に流される。隠岐を脱出すると、幕府方だった足利尊氏、新田義貞の呼応によって、鎌倉幕府を滅亡させた。建武の新政を行うが、対立した足利尊氏によって京を奪われる。逃れた吉野で南朝を立て対抗するも、劣勢のまま吉野で崩御した。

関連する見どころ　西ノ島 ▶P.747、如意輪寺 ▶P.594、吉水神社 ▶P.594

かんたん日本史&20の偉人

時代	時代	西暦	できごと	日本の偉人
中世	南北朝時代	1338	足利尊氏、征夷大将軍に就任	
		1350～1352	足利尊氏と弟の直義対立（観応の擾乱）	
		1369	**足利義満**、征夷大将軍に就任	
		1378	足利義満、室町第（花の御所）に移る	
	室町時代	1392	南北朝の合体	
		1398	足利義満、北山山荘（金閣寺）▶P.575 造営	
		1400頃	世阿弥『風姿花伝』を著す	
		1404	勘合貿易開始	
		1429	尚巴志、琉球王国を建国する	
		1441	第6代将軍足利義教暗殺される（嘉吉の変）	
		1457	太田道灌、江戸城を築く	
	戦国時代	1467～1477	応仁・文明の乱	
		1482	足利義政、東山山荘（銀閣寺）▶P.576 造営開始	
		1485～1493	山城国一揆	
		1500頃	伊勢宗瑞（北条早雲）、小田原城 ▶P.359 を奪取	
		1526	今川氏親『今川仮名目録』を制定	
		1541	武田信玄、父信虎を追放する	
		1543	鉄砲伝来 ▶P.972	
		1549	イエズス会士フランシスコ・ザビエル、鹿児島に上陸	
		1560	**織田信長**、今川義元を桶狭間の戦い ▶P.521 ▶P.522 で破る	
		1561	長尾景虎（上杉謙信）、関東管領に就任	
		1571	織田信長、比叡山延暦寺 ▶P.611 を焼き討ち	
		1573	織田信長、足利義昭を追放し、室町幕府滅亡	
近世	安土・桃山時代	1576	織田信長、安土城 ▶P.617 を築城	
		1582	本能寺の変	
		1584	小牧長久手の戦い	
		1590	**豊臣秀吉**、小田原攻めを行い北条氏滅亡	
		1592～1593	文禄の役	
		1597～1598	慶長の役	

⑫足利義満
（1358～1408年）

室町幕府第3代将軍。11歳で将軍に就任し、成人後に親政を開始すると、有力守護大名を弱体化させ将軍権力を確立する。南北合同を実現させ、50年以上にわたる南北朝の争いに終止符を打った。将軍職を息子の義持に譲った後は、武士として平清盛以来の太政大臣に就任している。外交的には中国の明と国交を開き勘合貿易を行い、文化的には京都北山に後の金閣寺となる北山山荘を造営し、能を保護するなどしている。室町幕府の最盛期を築き上げた。

関連する見どころ　金閣寺 ▶P.575

⑬織田信長
（1534～1582年）

尾張の戦国大名、織田信秀の嫡男。家督争いを制し尾張の支配を固め、桶狭間の戦いで今川義元を討ち取る。足利義昭を奉じて入京を果たすが後に対立し、義昭を追放、室町幕府を滅ぼしている。近江に安土城を築き、天下統一事業に邁進するが、目前にして本能寺で家臣の明智光秀に襲われ自刃した。

関連する見どころ　清洲城 ▶P.519、桶狭間古戦場公園 ▶P.521、桶狭間古戦場伝説地 ▶P.522、小牧山城 ▶P.519、岐阜城 ▶P.534、安土城跡 ▶P.617

⑭豊臣秀吉
（1537～1598年）

織田信長の家臣として頭角を現す。本能寺の変で信長が横死した後、山崎の合戦で明智光秀を、賤ヶ岳の戦いで柴田勝家を破り、信長の天下統一事業を引き継いだ。小田原征伐で北条氏を平定し、天下を統一。さらに明を征服するために2度にわたり朝鮮に出兵するが、その最中に死去した。

関連する見どころ　墨俣一夜城 ▶P.539、賤ヶ岳 ▶P.617、古戦場公園 ▶P.522、小田原城 ▶P.359、大阪城 ▶P.646、佐賀県立 名護屋城博物館 ▶P.885

神として祀られる戦国大名

名を成した戦国大名は、祭神として神社に祀られていることが少なくない。なかでも最も有名なのは、徳川家康を祀った東照宮。久能山東照宮 ▶P.497 と日光東照宮 ▶P.263 は、ともに社殿が国宝に指定されている。そのほか、織田信長は建勲神社、武田信玄は武田神社 ▶P.384 、上杉謙信は上杉神社 ▶P.207 、伊達政宗は青葉神社にそれぞれ祀られている。東照宮とは異なり、これらの神社は江戸末期から大正の初めにかけて建立されたもの。豊臣秀吉は、死後に朝廷より豊国大明神の神号が与えられたが、豊臣家が滅びると、神号は一旦剥奪されている。現在京都市東山区に建つ豊国神社は、明治になってから再興されたものだ。

info **伊勢宗瑞**（**北条早雲**）の生年はかつては永享4（1432）年で知られ、出自も素浪人などとされていたが、近年は24年後の康正2（1456）年説が有力で、出自も室町幕府の名門である伊勢氏と、パブリックイメージが変化してきている。

時代	時代	西暦	できごと	日本の偉人
近世		1600	関ケ原の戦い ▶P.536	
	江戸時代	1603	**徳川家康**、征夷大将軍に就任	⑮徳川家康
		1603頃	出雲阿国、かぶき踊りを始める	
		1609	島津家久、琉球に出兵	
		1615	大坂夏の陣で豊臣氏滅亡	
		1615	武家諸法度	
		1637～1638	島原・天草一揆 ▶P.907	
		1639	ポルトガル船の入港禁止	
		1654	江戸、玉川上水の完成	
		1657	江戸、明暦の大火	
		1669	蝦夷地（北海道）で松前藩に対して、アイヌの首長シャクシャインが蜂起	
		1680	徳川綱吉、征夷大将軍に就任	
		1682	井原西鶴『好色一代男』刊行	
		1702	松尾芭蕉『おくのほそ道』刊行	
		1702	赤穂事件（忠臣蔵）▶P.671	
		1703	近松門左衛門『曽根崎心中』初演	
		1709	生類憐れみの令、廃止される	
		1716	徳川吉宗、征夷大将軍に就任。享保の改革を始める	
		1772	田沼意次、老中に就任	
		1774	『解体新書』完成	
		1787	老中松平定信、寛政の改革を始める	
		1790	**本居宣長**、『古事記伝』を刊行	⑯本居宣長
		1792	ロシアの使節アダム・ラクスマン、通商を求め根室に来航	
		1809	間宮林蔵、樺太を探検し、間宮海峡を発見	
		1821	伊能忠敬『大日本沿海輿地全図』を完成させる ▶P.317	
		1828	シーボルト事件	
		1833頃	葛飾北斎『富嶽三十六景』完結	
		1837	大塩平八郎の乱	
		1841	老中水野忠邦、天保の改革を始める	
		1842	曲亭馬琴『南総里見八犬伝』完結	
		1853	ペリー、浦賀に来航	
		1854	日米和親条約調印	
		1858	日米修好通商条約締結。安政の大獄始まる	
		1860	桜田門外の変	
		1863	薩英戦争	
		1864	禁門の変、第一次長州征討	
		1867	大政奉還、王政復古の大号令（**大久保利通**）	⑰大久保利通

⑮徳川家康
（1543～1616年）

三河の戦国武将、松平広忠の嫡男。今川家の人質として駿府で育つが、桶狭間の戦いで今川義元が討ち死にすると自立。織田信長と同盟関係を築きながら勢力を拡大させ、豊臣秀吉とは、小牧長久手の戦いで争った後に和睦している。小田原征伐で北条氏が滅びると、秀吉によって関東へ移封された。秀吉の死後に関ケ原の戦いで勝利し、1600年に江戸幕府を開く。1615年には大坂の陣で豊臣氏を滅ぼした。

関連する見どころ
岡崎城 ▶P.520、大樹寺 ▶P.520、浜松城 ▶P.503、古戦場公園 ▶P.522、皇居 ▶P.335、関ケ原古戦場 ▶P.536、二条城 ▶P.576、名古屋城 ▶P.514、駿府城公園 ▶P.502、久能山東照宮 ▶P.497、日光東照宮 ▶P.263、徳川美術館 ▶P.519

⑯本居宣長
（1730～1801年）

江戸時代の国学者。伊勢の松阪出身で、京都で儒学と医学を学んだ後、故郷で開業する。医者を続けながら古事記を研究し、その注釈書『古事記伝』を35年かけて完成させる。仏教や儒教が日本に影響を与える前の日本古来の美意識を探求し、平安文学に見られる「もののあはれ」を重視した。また、係り結びの法則を発見するなど、国語学の発展にも大きな足跡を残している。

関連する見どころ　本居宣長記念館 ▶P.556脚注

⑰大久保利通
（1830～1878年）

薩摩藩出身の明治維新の元勲。島津久光の側近として、公武合体策、次いで倒幕運動で活躍。維新政府樹立後には、木戸孝允らとともに版籍奉還、廃藩置県を断行した。岩倉遣外使節団の副使として欧米の視察を行い、帰国後に西郷隆盛ら征韓論者を辞職に追い込むと、内務卿として政府の実権を握った。地租改正や殖産興業の政策を行い、日本の近代化に取り組むが、西南戦争の翌年に暗殺された。

関連する見どころ
鹿児島市維新ふるさと館 ▶P.977

info 江戸の火事といえば、明暦3（1657）年の**明暦の大火**が有名。江戸の大半が焼け、5～10万人が亡くなったと考えられている。一方イギリスのロンドンでも9年後の1666年に大火災がおき、旧市街の4/5が焼かれたが、公式の死者は6人のみだった。

かんたん日本史&20の偉人

時代	時代	西暦	できごと
近代	明治時代	1868	鳥羽伏見の戦い、江戸城開城、明治改元
		1871	廃藩置県
		1872	福沢諭吉『学問のすゝめ』刊行
		1875	樺太千島交換条約締結
		1877	西南戦争 ▶P.973
		1879	沖縄県の設置(琉球処分)
		1889	大日本帝国憲法発布(伊藤博文)
		1894〜1895	日清戦争
		1902	日英同盟調印
		1904〜1905	日露戦争
		1910	韓国併合
	大正時代	1920	日本、国際連盟に加盟
		1921〜1922	ワシントン会議
	昭和時代	1931	満州事変勃発
		1932	満州国建国宣言。五・一五事件、犬養首相射殺される
		1936	ニ・ニ六事件
		1937	盧溝橋事件、日中戦争始まる
		1941	真珠湾攻撃、太平洋戦争始まる
		1945	広島と長崎に原爆投下、ソ連参戦、ポツダム宣言受諾
現代		1946	東京裁判開廷、日本国憲法公布
		1951	サンフランシスコ講和会議、日米安全保障条約調印(吉田茂)
		1953	テレビの本放送開始
		1954	防衛庁設置、自衛隊発足
		1956	日本、国際連合に加盟
		1964	東海道新幹線開通、東京オリンピック開催
		1970	大阪万博開催 ▶P.650
		1972	沖縄本土復帰
		1978	新東京国際空港(現成田国際空港)開港
		1988	青函トンネル、瀬戸大橋 ▶P.691 開通
	平成時代	1992	自衛隊のカンボジアPKO派遣
		1993	プロサッカーリーグ、Jリーグ開幕
		1995	阪神淡路大震災、地下鉄サリン事件
		1998	明石海峡大橋開通
		2002	FIFAワールドカップ、日韓共催
		2005	愛知万博開催
		2011	東日本大震災、福島第一原発事故
	令和時代	2020	新型コロナウイルス流行
		2021	東京オリンピック・パラリンピック開催 ▶P.342

日本の偉人

⑱福沢諭吉
(1835〜1901年)

明治時代の啓蒙思想家。豊前中津藩の下級武士の子として生まれ、大坂の蘭学者緒方洪庵の適塾で学ぶ。江戸で蘭学塾(のちの慶應義塾)を開く一方、英語を学び、幕府の遣米使節、遣欧使節に随行。欧米の制度や文化を視察し、『西洋事情』を著している。維新後は明治政府に出仕することなく在野で過ごし、人材育成と啓蒙活動に尽力。『学問のすゝめ』『文明論之概略』などを刊行した。

関連する見どころ 適塾▶P.654
福澤諭吉旧居・福澤記念館▶P.939脚注

⑲伊藤博文
(1841〜1909年)

明治期の日本の政治家、初代内閣総理大臣。吉田松陰の松下村塾に学び、攘夷論者として倒幕運動に身を投じるが、イギリス留学を機に開国論者となる。大久保利通亡き後、内務卿を引き継いで明治政府を主導。憲法の制定、国会開設に尽力し、太政官制から内閣制に移行すると初代内閣総理大臣に就任。その後4度にわたって総理大臣を務めた。日露戦争後には初代韓国統監を務めるが、辞任後にハルビンで暗殺された。

関連する見どころ 萩城下町▶P.761、松下村塾▶P.761、松陰神社▶P.761

⑳吉田茂(1878〜1967年)

戦後日本を代表する政治家。外務省に入省し、外交官としてキャリアを歩む。親英米派として戦時中に軍部と対立したが、戦後に復権。東久邇内閣、幣原内閣で外務大臣を務めた後、第一次吉田内閣を組閣した。新憲法下で初の選挙で敗北し辞職するが、翌年には首相に返り咲き、第5次内閣まで続く長期政権を作り上げる。任期中にはサンフランシスコ講和条約および日米安全保障条約の調印、警察予備隊(自衛隊の前身)の創設など、現在まで続く戦後日本政治の方向性を定めた。

info 明治に日本政府は欧米列強に野蛮と思われないように、**入れ墨を禁止**する法律を出したが、イギリス国王で、エリザベス2世の祖父**ジョージ5世**や最後のロシア皇帝**ニコライ2世**は、即位前に来日した際、**日本人彫師**による入れ墨を入れている。

日本の神社

神社とは、日本古来の神様をお祀りしている宗教施設。日本人は、あらゆるものに神が宿っていると考え、八百万神といわれるほど、多種多様な神々を信仰してきた。荘厳な山や岩などの自然の造形や、人の手ではどうにもならない天変地異を司る神、また、生前に大きな功績を残した偉人や、反対にこの世に恨みを残して亡くなった怨霊も神としてお祀りしている。

神社の数と種類

現在日本には8万もの神社があるが、すべてが異なる神様をお祀りしている訳ではなく、同じ神様をお祀りしている神社も多い。特に多いのが、太陽を司り、皇室の祖とされる天照大神を祀る神明社、五穀を司る宇迦之御魂神を祀る稲荷神社、武運の神様として知られる八幡大神を祀る八幡社、学問の神として知られる菅原道真を祀る天神社などだ。

複数ある同名の神社で、他社に神霊を分け与える元になった神社のことは総本社、総本宮と呼ばれている。神明社は伊勢神宮 ▶P.551、八幡社は宇佐神宮 ▶P.936、稲荷神社は伏見稲荷大社 ▶P.577 が総本社、総本宮となっている。天神社は北野天満宮と太宰府天満宮 ▶P.862 の二社が総本社といわれる。

神社、大社、神宮

神社の名前には、○○神社ではなく、○○大社や○○神宮と呼ばれるものもある。これらは神社のなかでも特に由緒のあるもの。神宮とは、もともと天照大神を祀っている伊勢神宮の名称のことで、現在でも伊勢神宮の正式名称は神宮だ。伊勢神宮のほかには、神武天皇を祀る橿原神宮 ▶P.600、明治天皇を祀る明治神宮 ▶P.338 など、基本的に皇室にゆかりのある神社に付けられるが、鹿島神宮 ▶P.249 は武甕槌大神、香取神宮 ▶P.321 は経津主大神、奈良県天理市の石上神宮は布都御魂大神と、例外もある。奈良時代に完成した『日本書紀』に掲載されている神宮は、神宮（伊勢神宮）、石上神宮、出雲大神宮（出雲大社）の3社。平安中期に編纂された『延喜式神名帳』に記載されている神宮は、神宮（伊勢神宮）、鹿島神宮、香取神宮の3社だ。

明治になって近代社格制度が制定されると、出雲大社のみが大社に列せられたこともあり、単に大社というと、出雲大社 ▶P.742 のことを指すことが多い。戦後になって近代社格制度が廃止されると、諏訪大社 ▶P.395、日吉大社 ▶P.613、住吉大社 ▶P.652 など、数多くの神社をもつ総本社が、全国にある同名の神社と区別するため大社に改称した例が多い。

主祭神と摂社、末社

神社がお祀りする神様は一柱というわけではなく、ひとつの神社で、複数の神様をお祀りすることも普通に見られる。各神社で特にお祀りしている神様は主祭神と呼ばれている。境内には、主祭神を祀る本殿以外にも、小さな祠などが建てられているが、これらは摂社、末社と呼ばれるもの。摂社は主祭神にゆかりある神様をお祀りし、末社は主祭神とは直接関係のない神様を祀っているという違いがある。

一ノ宮と総社

旧国内で最も格が高いとされる神社は一ノ宮と呼ばれ、中央から国司が赴任してきたときに、最初に参拝すべき神社だったといわれている。国によっては、二ノ宮、三ノ宮などもある。一ノ宮は、朝廷などの公権力によって定められたものでなく、自然に整っていったもの。そのため時代によって変化があったり、一国にふたつ以上の一ノ宮がある場合もある。

また、国司がたくさんの神社に参拝する手間を省くため、その国の神々が合祀された神社を総社という。総社はその性格上、国司が政務を行っていた国府の近くに建てられた。

info **神様の数え方**はひとり、ふたりではなく、**一柱**（ひとはしら）、**二柱**（ふたはしら）というように柱を単位として数えることになっている。

本殿と拝殿

参拝者が拝礼を行うのは拝殿の前で、主祭神や御神体が祀られている本殿は通常拝殿の奥に鎮座している。参拝者は通常本殿を正面から見ることはできない。

諏訪大社や奈良県桜井市の大神(おおみわ)神社など、山や滝といった自然を御神体とする神社には、本殿をもたないものもある。

式年遷宮

式年遷宮(しきねんせんぐう)とは、一定の期間をおいて社殿を建て替え、新しくした社殿に神様をお迎えすること。最も有名なものは伊勢神宮で、東西に同じ広さの敷地があり、20年ごとに社殿を建て替えている。解体された旧社殿の木材は、他の神社に譲渡されるなどして、再利用されている。

式年遷宮は、伊勢神宮以外にも、下鴨神社▶P.580、住吉大社、香取神宮、鹿島神宮などで行われているが、資金的な問題や、社殿が重要文化財や国宝などに指定され、保護の対象になっていることもあり、現在では建て替えではなく、修復が行われている。

また、木落しで知られる諏訪大社の御柱祭▶P.388は、正式名称を式年造営御柱大祭といい、式年遷宮が独自に発展したものと考えられている。山から御柱を運び、境内に立てるほか、宝殿を新たに作り直している。

仏教との関係

明治になって神仏分離が行われるまで、日本において神道と仏教は長らく密接な関係にあった。例えば、嚴島神社▶P.707が所蔵する『平家納経』も仏教の経典を神道の神社に奉納したものであり、ふたつの宗教がいかに近いものであったかがよくわかる。こうした神仏習合の考えは9世紀頃から始まったとされており、その思想的な背景には、日本の神々は、実は仏が姿を変えた姿であるという考え方があった。武門の神である八幡神が八幡大菩薩と呼ばれていたのも、こうした思想による。神社の中に寺があったり、寺のなかに神社があったりするのも同じ理由からだ。

御利益

神社の御利益は、祀られる神様によって異なっている。八幡社は、武運の神様なので、勝負事の勝ち運や出世。天神社は学問の神様にあやかり学業成就や受験合格。稲荷神社は五穀豊穣が転じて商売繁盛や出世。イザナギとイザナミという日本最古の夫婦神をお祀りする熊野神社は、縁結びの御利益で有名だ。特定の御利益を求めてお参りに行くなら、その神社の御利益を確認しておこう。

参拝の手順

神社の境内の前には鳥居が置かれている。鳥居は、聖域へ通じる門の役割を果たしているので、一礼してくぐろう。次いで手水舎の水で手や口を清めて拝殿へ。賽銭箱に賽銭を静かに投じたら、鈴があれば鈴を鳴らし、2回お辞儀をして、2回手を打つ。神様にお願いごとをしたら、もう1度お辞儀をする。参拝の作法は、2拝2拍手1拝を基本とするが、宇佐神宮や出雲大社では2拝4拍手1拝と、異なる作法を正式とする神社もある。

参拝の作法は2拝2拍手1拝が基本

授与品と御朱印

神社ではお守りや絵馬といった授与品を頒布しており、神社ごとに特色があっておもしろい。おみくじも神社の定番だ。

近年特に人気を集めているのが御朱印。もともと神社に書写した経典を奉納したときに受け取った証明書から変化したものだと考えられている。神社ごとに異なっているほか、月替わりや例祭のときのみいただける限定御朱印など、コレクター心が揺さぶられる。

info 諏訪大社の**御柱祭**は7年に一度行われるといわれるが、**数え年**での7年なので、周期としては6年間隔になる。寅年と申(さる)年に行われ、次回の開催は申年の令和10(2028)年春の予定。

日本の仏教

日本の仏教は宗派の数が多く、それぞれの宗派の違いなどは、信徒以外にはちょっとわかりづらい。仏教の歴史をめぐりながら、宗派の違いや、代表的な寺社を見ていこう。

仏教伝来

仏教は、紀元前5世紀頃に釈迦が創始した宗教。インドから中国、朝鮮半島経由で6世紀に日本に伝わった。伝来当初は、受け容れるかどうかで、崇仏派の蘇我氏と排仏派の物部氏が激しく争っている。日本最初の本格的仏教寺院は、蘇我馬子が建立した奈良県明日香村の飛鳥寺。聖徳太子が607年に建立した法隆寺▶P.592は、670年の火事で全焼したが再建され、現存最古の木造建築として知られている。聖徳太子は法隆寺を含め四天王寺▶P.649など、7つの寺の建立に関わっており、聖徳太子建立七大寺と呼ばれている。

南都六宗

その後、藤原氏の氏寺である興福寺▶P.595や、天武天皇が発願した薬師寺▶P.598など、歴代天皇や豪族は寺院をこぞって建てている。どちらも現在は奈良市にあるが、興福寺は京都の山科、薬師寺は藤原京に建立されたのがその起源。当時は遷都が頻繁に行われており、都が移ると、寺も移転されていた。

奈良時代に栄えた宗派は南都六宗といわれる。これらは現代的な宗派とは異なり、学派とでもいうべきもので、兼学も行われていた。南都六宗のうち、法相(ほっそう)宗、華厳宗、律宗が現在にも残っている。

天台宗と真言宗

794年には平城京から平安京への遷都が行われた。仏教勢力の政治への干渉を抑えたかった桓武天皇は、平城京にある寺院の平安京への移設を認めなかった。入唐して天台山で学んだ最澄は、帰国後に天台宗を開き、平安京の鬼門の方角（北東）に建てた比叡山延暦寺▶P.611は、その後仏教教学の中心地となる。後に新たな宗派の開祖となる良忍(りょうにん)、法然、親鸞、日蓮、栄西(ようさい)、道元は、いずれも延暦寺で学んでいる。

最澄と同時期に入唐し、密教を学んだ空海は真言宗を開き、高野山▶P.630を開創するとともに、平安京の東寺▶P.581を真言密教の道場とした。密教とは、公然と説かれる顕教に対して、加持、祈祷を重んじた神秘主義的な教えのこと。現世利益的側面が大きいこともあり、平安時代の日本で流行した。本来顕教であった天台宗も密教の教義が組み込まれており、真言宗の密教は東密、天台宗の密教は台密と呼ばれている。

浄土教と日蓮宗

永承7（1052）年は末法元年。釈尊入滅から2000年を過ぎると末法の世に入り、仏の教えが廃れ、悟りにいたる者がなくなるとされていた。こうした世の中で興隆したのが、すべての者を救う誓いを立てた阿弥陀仏の慈悲にすがり、極楽浄土へ生まれ変わること（往生）を願う浄土信仰。権勢を誇った藤原道長は、阿弥陀如来像の手と自身の手を糸で繋いで亡くなり、息子の藤原頼道は極楽浄土を模し、1052年に平等院▶P.581を造営している。奥州藤原氏が築いた中尊寺▶P.149もこうした浄土思想に基づいて建てられたものだ。

平安末期から鎌倉時代にかけては、高度な学識や修業を必要とせず、庶民や武士にも受容しやすい新たな宗派が登場する。念仏を唱えることで、往生できるとする浄土教では、1117年に良忍が融通念仏宗、1175年に法然は浄土宗を開き、親鸞は浄土真宗を、一遍は時宗を開いた。

一方、日蓮宗の開祖日蓮は、法華経の教えこそが唯一正しい釈迦の教えとし、「南無妙法蓮華経」と題目を唱えることで、法華経を読むことと同じ功徳が得られるとした。

info **空海**といえば、真言宗の開祖であるとともに能書家としても名高い人物。その空海が天台宗の開祖最澄に宛てて書かれた手紙が**『風信帖』**。書としても、歴史資料としても一級品で、国宝にも指定されている。東寺が収蔵している。

禅宗

禅宗は、座禅と問答によって悟りにいたるとする宗派。鎌倉時代に栄西が臨済(りんざい)宗を、道元が曹洞(そうとう)宗を開いた。江戸時代の1654年に中国から来日した隠元(いんげん)が黄檗(おうばく)宗を開いている。

また、飛鳥時代以来の仏教建築が日本化し和様と呼ばれるのに対し、鎌倉時代には宋から新たな建築技術が伝わっており、多くの禅寺がその様式で建てられたことから禅宗様と呼ばれる。鎌倉五山 ▶P.354 のひとつ円覚寺の舎利殿や山口県下関市の功山寺仏殿がその代表。和様、禅宗様のほかに大仏様もあるが、これは平家の南都焼き打ちによって焼失した東大寺大仏殿の再建に用いられた建築様式で、やはり宋から入ってきたもの。現在の東大寺大仏殿はその後さらに再建されたもので、大仏様の代表的建築としては東大寺 ▶P.593 の南大門、兵庫県小野市の浄土寺浄土堂などが挙げられる。

伝統13宗派

これまでに紹介してきた南都六宗の法相宗、華厳宗、律宗、平安仏教の天台宗と真言宗、浄土教の融通念仏宗、浄土宗、浄土真宗、時宗、鎌倉仏教の日蓮宗、禅宗の臨済宗、曹洞宗、黄檗宗は、伝統13宗派と呼ばれており、これら13宗がさらに53派に分かれており、「十三宗五十六派」と呼ばれている。

参拝の方法

門は一礼をしてからくぐる。手水舎の水で手と口を清めたら、本堂へ向かう。本堂の前に線香がある場合は、線香を焚き、次いで静かに賽銭箱にお賽銭を投じ、合掌して祈る。神社ではないので手を叩かないように。

修行体験、宿泊

寺のなかには、写経や座禅、念仏、法話といった修行体験ができる所が多く存在している。また、宿坊を一般に開放している寺もあり、上記の修行体験に加え、精進料理や朝の勤行など、日本の仏教文化により深く触れられる。

寺の建築物

門

山門または三門は、外部世界と境内とを分ける門で、神社の鳥居にあたる存在。門の両脇には、仁王像や四天王像など、仏教を守護する天部の像が置かれていることが多い。京都市の東福寺、南禅寺 ▶P.577、山梨県の久遠寺 ▶P.382 の三門は、日本三大門として知られている。

多層塔

仏陀の遺骨である仏舎利が収められた仏塔が中国や朝鮮半島を経て日本に伝わったもの。木造の三重塔や五重塔が一般的。仏舎利は塔の中ではなく先端の宝珠に収められている。

仏堂

仏像を安置する建物。特に本尊を安置する仏堂は本堂、金堂などと呼ばれ、寺院の中心的な建物になっている。

講堂

僧侶が仏典の研究や講義を受けたり、各種行事を行うための建物。

経蔵

経典を納めておくための蔵。唐招提寺 ▶P.598 の経蔵は、最古の校倉(あぜくら)造といわれる。

鐘楼

時刻を告げるための梵鐘が吊るされている建物。年末には除夜の鐘がつかれる。

仏像の種類

如来

如来とは、悟りを開いた最高位の仏で、釈迦如来や阿弥陀如来、大日如来などがある。

菩薩

如来より位は落ちるが、慈悲にあふれ人々を苦しみから救済してくれる仏。観音菩薩、弥勒菩薩、文殊菩薩、地蔵菩薩などがある。

明王

明王は密教の仏で、怒りに満ちた恐ろしい顔をしている。悪魔を降伏し、仏法を守護する存在。不動明王をはじめとする五大明王が有名。

天部

古代インドの神々が、仏教に取り入れられ、仏法の守護神となったもの。帝釈天などの四天王、阿修羅などの八部衆がこれにあたる。

info **東大寺の南大門**は、大仏様建築の代表として知られるほか、門内に立つ金剛力士像でも非常に有名。鎌倉時代を代表する仏師、運慶・快慶らによって作られており、国宝にも指定されている。

キリスト教とイスラム教

欧米に多くの信者を抱えるキリスト教と、おもに中近東、アフリカに広がったイスラム教は、仏教と並んで、世界3大宗教とよばれている。国際化が進んだことで、さまざまな文化や宗教の人々が日本で暮らすことで、キリスト教の教会やイスラム教のモスクは日本でも広く見られるようになってきた。

キリスト教とその宗派

キリスト教とは、1世紀にユダヤ教から派生した宗教で、ナザレのイエスを救世主、キリストであると考える。母体となったユダヤ教は、ユダヤ人の民族宗教だったが、キリスト教はユダヤ人以外の人々にも伝わり、世界宗教として発展した。成立当初はローマ帝国に弾圧されたが4世紀には公認され、その後ローマ帝国の国教になっている。教典はユダヤ教の教典でもある『旧約聖書』とイエスやその弟子の言行などをまとめた『新約聖書』のふたつ。中世にはローマ教皇を首長とし、西ヨーロッパに普及したカトリックと、東ヨーロッパに普及した正教会（オーソドックス）の二派に分かれ、1054年に両者は完全に分断した。西ヨーロッパではさらに16世紀になってカトリックから分離したプロテスタントが生まれている。カトリック、正教会、プロテスタントはキリスト教3大宗派として知られるが、厳密にいえばプロテスタントは宗派ではなくルター派、長老派、福音派など、諸教派の総称。教派によって教義が異なるが、ローマ・カトリックの権威を認めず、聖書を信仰の中心に据えていることでは共通している。イギリス国教会をはじめとする聖公会（アングリカン）は、一般的にプロテスタントに数えられるが、カトリック的な伝統も重視しており、両者の中間に位置する教会を自認している。

クリスマスのイルミネーション

また、キリスト教徒といえば、日曜に教会でミサを行うイメージがあるが、日曜の祭礼をミサと呼ぶのはカトリックだけ。プロテスタントでは一般的に聖餐式と呼び、正教会では、聖体礼儀と呼ぶなど違いがある。

各宗派と教会施設

カトリック

カトリック教会の内部はイエスや聖母マリア、聖人などの像や絵画、ステンドグラスなどで飾られていることが多く、奥に祭壇が設けられている。日本カトリック教会は全部で16の教区に分かれており、教区の長が司教で、司教座（司教の椅子）のある教会を司教座教会という。大聖堂、カテドラルとも呼ばれるが、名称に大聖堂をつけない司教座教会もある。

日本にある代表的な教会としては、東京カテドラル ▶P.56、北海道札幌市のカトリック北一条教会聖堂、新潟市のカトリック新潟教会、山形県鶴岡市のカトリック鶴岡教会、山口サビエル記念聖堂 ▶P.767、津和野町 ▶P.739 の津和野カトリック教会、浦上天主堂 ▶P.904 など。

プロテスタント

教派によって異なるが、プロテスタントは、聖書を信仰の中心に据えていることもあり、偶像崇拝につながる聖人像や聖人画が教会内を飾ることは基本的にない。そのためカトリック教会に比べると簡素な造りになっている。日本にある代表的な教会としては、日本基督教団札幌教会、日本キリスト教団弘前教会、横浜海岸教会、日本基督教団神戸教会など。

正教会

正教会は、東ヨーロッパを中心に発展し、教会施設はビザンツ建築の要素が色濃い。一般的にイエスや聖人の像が飾られることはなく、

info ユダヤ教では土曜日が安息日に定められているが、キリスト教では日曜が休日。磔刑に処せられたイエスは金曜に亡くなり、3日目の日曜に復活したとされるため日曜が休日となり、礼拝が行われるようになった。

聖人や聖書の場面を象徴的に描いたイコン（聖画）が飾られる。聖所と至聖所の間に置かれるイコノスタス（聖障）という衝立は、数多くのイコンで彩られており、見応えがある。日本にある代表的な教会としては、東京復活大聖堂（ニコライ堂）▶P.341、北海道函館市の主の復活聖堂、愛知県豊橋市の聖使徒福音記者マトフェイ聖堂、京都市の生神女（しょうしんじょ）福音大聖堂など。

潜伏キリシタン

日本におけるキリスト教（カトリック）の布教は16世紀に始まるが、豊臣政権、江戸幕府はキリスト教の信仰を禁止。1637〜38年の島原・天草一揆以降は、徹底的に弾圧され、棄教しなかった信者は、表面上は仏教徒を装いながら、密かに信仰を保持する潜伏キリシタンとなった。禁教が解かれたのは明治6（1873）年になってのこと。約250年にわたり司祭のない状態で潜伏したため、潜伏キリシタンの教義には仏教や神道など、他教の要素が混じり、禁教が解かれたときにはカトリックの教義とはかけ離れたものになっていた。そのため、多くの潜伏キリシタンが、禁教令が廃止されるとカトリック教会に復帰した一方で、先祖伝来の教えを保持するとして、カトリックに復帰しなかった信者も存在しており、独自の信仰を保持し続けている。潜伏キリシタンに関する史跡は、長崎と天草地方の潜伏キリシタン関連遺産▶P.1025として世界遺産に登録されている。

おもなキリスト教の祝日

クリスマス

聖書にイエスの誕生日に関する記載はないが、カトリックとプロテスタントは12月25日、正教会の多くの国は1月7日をイエスが降誕した日として祝う。クリスマスは英語で、キリストのミサの意味。降誕祭とも呼ばれる。その前夜をクリスマス・イヴと呼ぶが、イヴとはイヴニング、夜のことで前という意味はない。教会の伝統では、1日は日没から始まると考えられていた。

イースター

磔刑に処せられたイエスが3日目に復活したことを祝うキリスト教最大の祝日。イースターは英語で、復活祭、復活大祭などとも呼ばれる。春分とされる日を過ぎた、最初の満月の次の日曜日とされており、毎年日付が異なる。

イスラム教

イスラム教は、622年に預言者ムハンマドがアラビア半島で興した一神教で、『クルアーン（コーラン）』を聖典としている。イスラムの神はアッラーと呼ばれるが、これは「神」という意味のアラビア語で、名前ではない。例えばイランなどではアッラーよりもペルシア語で「神」を意味するホダーの方が頻繁に使われる。

イスラム教は大きくスンナ派とシーア派に分れているが、これはムハンマドの後継者についての見解の違いによるもので、教義自体の違いは少ない。イスラム教の宗教施設モスクも、宗派による違いなく利用できる。

モスク内には、キリスト教の教会のような椅子はなく、床は絨毯で覆われている。そのほかメッカの方向を示すミフラーブという聖龕（せいがん）、説教壇であるミンバルなどが置かれている。偶像崇拝が厳格に禁止されているので、聖像、聖画などはまったくないが、高度に発達した幾何学文や植物文、イスラム書道によって描かれたカリグラフィーによって装飾されている。日本にある代表的なモスクは、東京ジャーミイ▶P.341、神戸ムスリムモスク、福岡マスジドなど。ジャーミイ、マスジド、モスクと名称は異なるが、ジャーミイはトルコ語で、マスジドはアラビア語。モスクは英語で、アラビア語のマスジドがスペイン語のメスキータを経由して訛ったもの。

おもなイスラム教の祝日

イスラム教で用いられるヒジュラ暦は純粋太陰暦。12回の月の満ち欠けを1年としており、閏月はない。太陽暦の1年より約11日短いため、祝日も毎年ずれていく。

イード・アル・フィトル

イスラム教では断食月があり、ラマダーン月には日の出から日没までの間は何も食べてはいけない。イード・アル・フィトルは、断食月の終わりを祝う祝日。

イード・アル・アドハー

巡礼月であるズー・アル・ヒッジャ月の10日はメッカ巡礼の最後の日。この日に合わせて各家庭では、ヒツジなどの動物を神のために捧げ、その肉を家族や貧しい人に分け与える。

info イスラム教の**ヒジュラ暦**の元年は西暦では622年だが、1年が354〜355日なので、西暦に比べて毎年約11日ずつ短くなり、約33年で1年分短くなる。そのため1400年後の西暦2022年はヒジュラ暦では1442〜3年になる。

日本の伝統文化と娯楽

室町時代以来600年以上の歴史を誇る能楽や、最も洗練された人形劇ともいわれる文楽など、日本には世界の他の地域には見られない、独自の伝統文化と娯楽が受け継がれている。すばらしいのは、これらはただ保存されているのではなく、現在も多くの人々をひきつけ、息づいているということ。時代を超えて人々を楽しませる奥深い世界をのぞいてみよう。

大相撲

相撲の起源は神話にまで遡り、神事、宮廷行事として受け継がれてきた。江戸時代には、寺社の境内で相撲を取る勧請相撲が庶民の娯楽として定着している。明治に入ると相撲は一時衰退するが、明治17（1884）年の天覧相撲を機に人気が回復し、現在にも続く大相撲の姿が形作られていった。1場所15日制になったのは1949年、年6場所制は1958年からのこと。

見られる場所

大相撲は奇数月に行われる本場所と、その合間に行われる地方巡業からなっている。本場所の開催地は一、五、九月場所が、東京の両国国技館 ▶P.340 で、三月場所は大阪のエディオンアリーナ大阪（大阪府立体育館）、七月場所は名古屋のドルフィンズアリーナ（愛知県体育館）、十一月場所は福岡の福岡国際センターで開催される。

東京での本場所が行われる両国国技館

歌舞伎

歌舞伎は、慶長年間（1596～1615年）に出雲阿国が創始したかぶき踊を起源とする日本伝統の舞台芸能。元禄期（1688～1704年）に大きく発展し、江戸では、派手で豪快な荒事を初代市川團十郎が、大坂では、優美で繊細な和事を初代坂田藤十郎がそれぞれ演じ、人気を博した。演目は多岐にわたり、江戸時代以前を描いた時代物、江戸時代の生活を描いた世話物、踊りが中心の所作事、近代以降の新歌舞伎などがある。

見られる場所

東京、大阪、京都、福岡といった大都市では、定期的に公演が行われており、それ以外の都市でも巡業公演が行われる。東京では、歌舞伎座 ▶P.339 をはじめ、国立劇場、新橋演舞場が代表的な劇場。大阪では大阪松竹座、京都では南座 ▶P.579、福岡では博多座などで定期的に公演が行われる。

人形浄瑠璃文楽

人形浄瑠璃文楽は人形と三味線、太夫の語りが一体となって進められる伝統芸能。一体の人形を3人が操り、繊細かつ豊かな表現が可能になっている。江戸中期に近松門左衛門が『曽根崎心中』『国性爺合戦』『平家女護島』など数々の傑作を書き、高い人気を誇った。歌舞伎の演目はもともと文楽として書かれたものが少なくない。

見られる場所

大阪の国立文楽劇場と東京の国立劇場小劇場で定期公演が行われているほか、本公演のない時期に地方巡業が行われる。1日の公演は3部に分かれており、各部の上演時間は2時間30分～4時間30分。ひとつの演目を通しで上演すると朝から夜までかかるため、全段通しの上演は稀。人気のある段のみを抜き出して上演することが多い。

info 文楽と歌舞伎の傑作を数多く世に出した**近松門左衛門**。日本のシェイクスピアとも呼ばれる日本演劇史の巨星だ。活躍した時代はシェイクスピアが16世紀末～17世紀初め、近松が17世紀末～18世紀初めで、近松の方が100年ほど後になる。

能楽

能楽とは、田楽(でんがく)、猿楽(さるがく)をルーツとし、室町時代の観阿弥、世阿弥親子によって大成された伝統芸能。足利義満、豊臣秀吉、徳川綱吉など、時の権力者に愛されながら600年以上も受け継がれてきた。能と狂言からなっており、能は能面をつけ、謡と囃子に合わせて演じられる歌舞劇。狂言は、滑稽な会話が主体のせりふ劇で、面はつけずに演じられる。本舞台は約6m四方で、背景には老松の絵が描かれている。屋根があるのはもともと屋外で演じられていたため。

見られる場所

京都観世会館▶P.580など能舞台、能楽堂は全国各地にある。初夏から秋にかけては、夜に薪を焚いて野外で行われる薪能も。上演時間は能は1～2時間、狂言は15～45分程度。1～5番の能舞台と、その間に狂言を挟む五番立てが正式な上演形式だが、丸1日かかるため現在行われることは稀。国立能楽堂の公演では能と狂言それぞれ一番というのが一般的。

神への奉納のため、神社内にある能舞台も多い

アイヌ古式舞踊

アイヌ古式舞踊とは、日本列島北部、北海道とその周辺に居住する先住民、アイヌ民族伝統の踊り。イオマンテをはじめとする祭祀や家庭内の行事などで踊られてきたもので、自然と共生してきたアイヌ民族の生活に深く根ざしている。本来観客に見せることを目的とした舞台芸能ではないが、1997年にはアイヌ文化振興法が制定され、2009年にはユネスコの無形文化遺産に登録されるなど、アイヌ文化への関心の高まりとともに、舞台で披露される機会が増えている。

見られる場所

地域によって歌と踊りが異なり、各地の文化保存会が主体となって伝承されている。2020年に開業したウポポイ（民族共生象徴空間）▶P.111では、歌と踊り、楽器演奏などの伝統芸能を上演。また、日本初のアイヌ文化専用劇場である阿寒湖アイヌシアター「イコㇿ」でもアイヌ古式舞踊の上演が行われる。

ウポポイでは古式舞踊を見学できる
写真提供：（公財）アイヌ民族文化財団

組踊

組踊(くみおどり)は18世紀初頭に成立した沖縄伝統の歌舞劇。もともと中国からの使者、冊封使(さっぽうし)を歓待する目的で作られ、宮廷芸能として発展してきた。1879年に琉球王国が崩壊すると、組踊は庶民の娯楽へと形を変えることで継承されていった。せりふ（唱え）を中心とし、音楽と舞踊からなっており、音楽は琉球古典音楽、舞踊には琉球舞踊を用いる。衣装や小道具にも沖縄の伝統衣装、伝統工芸品が使われる沖縄文化の総合芸術。

見られる場所

国立劇場おきなわは、沖縄の古典芸能を上演する目的で2004年に開館した日本で5つめの国立劇場。定期的に組踊の公演が行われている。舞台の袖に字幕が表示されるので、組踊で使用される昔の沖縄言葉がわからなくても内容が理解できる。また、東京の国立劇場でも数年に1回程度琉球芸能公演として組踊が行われるほか、各地で特別鑑賞会が不定期に行われる。

info 歌舞伎や文楽などの公演が行われる東京都千代田区の**国立劇場**は、2023年11月から再整備のために取り壊し、建て替え工事が行われる。再開は2029年秋の予定。工事期間中の主催公演は他劇場で行われる。

文化財と自然公園

国宝、世界遺産といえば、とりあえずは見てみたいと思わせる圧倒的なネームバリューを誇る観光の目玉。だが、あらためてその定義や目的などを問われると、意外に答えるのが難しいのではないだろうか。ほかにも国内には国立公園や特別名勝、特別史跡といった立派な呼び名がついた見どころが存在している。それぞれの性格や違いについて整理しておこう。

国宝と重要文化財

国宝とは？

東京国立博物館が収蔵している国宝の埴輪 挂甲の武人
出 典：ColBase (https://colbase.nich.go.jp/)

日本には文化財を保存、活用するための法律、文化財保護法がある。この法律のもと、価値が高いとされる美術工芸品や建造物が重要文化財に指定されており、そのなかでさらに厳選されたものが国宝だ。令和4(2022)年現在、重要文化財は1万3360件あり、そのなかの1131件が国宝になっている。

重要文化財と国宝は、有形の文化財に対して指定されるもの。建造物、絵画、彫刻、工芸品、書跡、典籍、古文書、考古資料、歴史資料などがこれにあたり、建造物以外は美術工芸品と総称される。国宝1131件の内訳を見ると、建造物は229件、美術工芸品は902件。近年人気が高い刀剣類は、美術工芸品のなかの工芸品という項目に含まれており、工芸品に属する全254件の国宝のうちの約半分を占めている。

国宝が多い都道府県

国宝を都道府県別に見ると、最も多く所有しているのは、東京都で288件。次いで京都府の237件、奈良県の206件と続き、この3都府県で全国宝の6割以上を占めている。東京都に多いのは東京国立博物館▶P.343をはじめ、多くの博物館や美術館で美術工芸品を収蔵している点が大きいといえる。建造物に限ってみると、東京都では赤坂迎賓館と正福寺地蔵堂の2件しか指定されていない。一方の京都府と奈良県は、美術工芸品はもちろん建造物の数も多いのが特徴的。京都府には52件、奈良県は64件と、全部で229件ある国宝建造物の約半分がこの2府県にある計算となる。多い地域がある一方、徳島県と宮崎県には国宝はなく、北海道、秋田県、群馬県、新潟県、富山県、佐賀県、熊本県は1件のみとなっている。

皇室の所有品と国宝

皇室ゆかりの美術品は、宮内庁がしっかりと管理しているのでわざわざ保護する必要はないと、これまで重要文化財や国宝にはあえて指定されていなかった。ところが、観光振興の一環として、皇室ゆかりの美術品も積極的に公開、活用することが決められ、これまでの方針は変更されることになった。美術工芸品のもつ価値をわかりやすく示すために、令和3（2021）年に皇居▶P.335東御苑にある三の丸尚蔵館が収蔵している伊藤若冲の「絹本著色動植綵絵」や元寇を描いた「紙本著色蒙古襲来絵詞」などの5件が、皇室ゆかりの美術品として初めて国宝に指定されたのだ。三の丸尚蔵館は、平成元（1989）年に上皇陛下が国へ寄贈した皇室ゆかりの美術工芸品を保存、展示するために建てられた施設。これまではどちらかというと展示よりも収蔵が重視されており、展示スペースは限られていた。令和4(2022) 年6月現在建て替え工事をしており、新館は広大な展示スペースをもつ本格的な展示施設へと生まれ変わる。新施設のオープンは令和5（2023）年秋頃を予定している。

国宝の見学

美術工芸品の多くは、博物館、美術館のほか、寺社が保存しているものが多いが、収蔵している場所でいつでも展示されているというわけではない。例えば東京国立博物館では令和4

info **国宝**の数え方は通常**件数**になっているが、これは複数のものを**一括して登録**している物件もあるため。点数にすると、京都の**醍醐寺**にあるものだけで、**7万5000点**を超してしまう。

(2022) 年に開館150年を記念して、初めて収蔵している国宝89件すべてを含む特別展を予定しているが、逆にいえば、すべてを一度に公開することはこれまでなかったということ。また、秘仏といわれる普段非公開の仏像などは、1年に数日のみの公開はもちろん、12年に1回、21年に1回のみ特別に公開するものや、学術調査以外に一般に公開されたことがないものすら存在する。国宝建造物に関しても、常時見学できるのは外観のみで、内部は特別公開の時期だったりと、見学に関する時期や条件はまちまち。国宝があるからといってその場所に行っても、見られなくて残念な思いをする可能性が高いので、事前に公開情報を調べてから訪れる方がよい。

記念物と無形文化財

国は有形文化財以外にも、さまざまな文化財を保護している。遺跡や名勝地、動植物・鉱物は、記念物と総称されており、それぞれ優れた価値を認められたものが史跡、名勝、天然記念物として指定されている。なかでも特に重要なものは特別史跡、特別名勝、特別天然記念物に指定され、重要文化財と国宝の関係のように、2段階で保護されている。特別史跡は63件 ▶P.1022 、特別名勝は36件 ▶P.1024、特別天然記念物は75件といずれも稀少な存在だ。また、演劇，音楽，工芸技術など無形文化財のうち重要なものは重要無形文化財に指定されている。

文化財の検索

文化庁がネット上で公開している国指定文化財等データベース (URL kunishitei.bunka.go.jp) では、重要文化財、史跡、名勝、天然記念物といった文化財の情報が検索できるようになっている。検索方法は、文化財の分類や都道府県、時代などから選ぶことができる。

自然公園

文化財は文化庁によって保護されているが、自然公園は環境省によって保護、管理されている。自然公園にはいくつかのカテゴリーがあり、国立公園が最も高い。日本を代表する優れた自然の風景地とされ、国が直接管理している。それに次ぐ国定公園は、国が指定しているが、管理は各都道府県が行う公園で、都道府県立自然公園は、指定も管理も都道府県が行っている自然公園だ。このほか国営公園などもあるが、これは国土交通省が管轄する都市公園であって、自然公園とは別のもの。現在日本には34件の国立公園がある。大きさはまちまちで、最大の国立公園である北海道の大雪山国立公園は、東京都よりも面積が大きいほど。国立公園は複数の県にまたがるものが多く、見どころは広範囲にわたっており、複数のビジターセンターをもつ公園も少なくない。広大な国立公園を観光するなら、アクセス方法や観光スポット、楽しめるアクティビティなど下調べを重視したい。本書で紹介している見どころのなかには、羽黒山▶P.205、湯殿山▶P.205、月山▶P.208の出羽三山はすべて磐梯朝日国立公園内にあるなど、実は国立公園内にある見どころという場所も多い。

世界遺産 ▶P.1025

世界遺産とは人類が共有すべき顕著な普遍的価値観をもつ自然や文化遺産。国連の機関であるユネスコがリストを作成しており、各国が推薦した物件を、世界遺産委員会が決議して登録の可否を決定する。文化遺産と自然遺産、その両方を備える複合遺産がある。世界遺産に登録されるのは、基本的に不動産であるため、国宝とは違い美術品や工芸品などが登録されることはない。

無形文化遺産 ▶P.1026

無形文化遺産は有形である世界遺産に対して、芸能や行事、工芸技術といった形をもたない文化の保護を目的としたもの。世界遺産と同じく、ユネスコがリストを作成している。令和4 (2022) 年6月現在、日本の無形文化遺産の数は22件で、中国の42件、フランスの23件に次いで世界で3番目に多い。無形という性格上、技術など、観光とは直接結び付かない遺産もあるほか、年に1回のみ行われる儀式、芸能なども多い。

info **特別天然記念物**の動物は21種あるが、そのなかには40年以上目撃されておらず、すでに絶滅したと考えられている**ニホンカワウソ**も含まれている。

特別史跡

特別史跡は、文化財保護法で指定された史跡のなかでも特に価値が高いとされているもので、国宝や特別名勝と同様の価値があるとされる。令和4(2022)年現在、国内で1872件の史跡が登録されているが、そのうち特別史跡は63件のみ。小石川後楽園や鹿苑寺(金閣寺)庭園のように、特別名勝と特別史跡を兼ねている物件もある。

史跡名	所在地	時代	掲載ページ／URL
☑五稜郭跡	北海道函館市	近世	P.116
☑三内丸山遺跡	青森県青森市	先史	P.130
☑中尊寺境内	岩手県平泉町	古代	P.149
☑毛越寺境内 附 鎮守社跡	岩手県平泉町	古代	P.149
☑無量光院跡	岩手県平泉町	古代	P.149
☑多賀城跡附寺跡	宮城県多賀城市	古代	www.tagakan.jp
☑大湯環状列石	秋田県鹿角市	先史	P.193
☑旧弘道館	茨城県水戸市	近世	P.245
☑常陸国分寺跡	茨城県石岡市	古代	www.ishioka-kankou.com
☑常陸国分尼寺跡	茨城県石岡市	古代	www.ishioka-kankou.com
☑大谷磨崖仏	栃木県宇都宮市	古代	P.270
☑日光杉並木街道附並木寄進碑	栃木県日光市、鹿沼市	近世	www.tochigiji.or.jp
☑多胡碑	群馬県高崎市	古代	P.289脚注
☑山上碑及び古墳	群馬県高崎市	古代	P.289脚注
☑金井沢碑	群馬県高崎市	古代	P.289脚注
☑埼玉古墳群	埼玉県行田市	古代	P.51 P.305
☑加曽利貝塚	千葉県千葉市若葉区	先史	P.318
☑江戸城跡	東京都千代田区	近世	P.335
☑小石川後楽園	東京都文京区	近世	P.338
☑旧浜離宮庭園	東京都中央区	近世	www.tokyo-park.or.jp/park/format/index028.html
☑尖石石器時代遺跡	長野県茅野市	先史	P.399
☑一乗谷朝倉氏遺跡	福井県福井市	中世	P.474
☑登呂遺跡	静岡県静岡市駿河区	先史	P.505
☑新居関跡	静岡県湖西市	近世	P.500
☑遠江国分寺跡	静岡県磐田市	古代	www.city.iwata.shizuoka.jp
☑名古屋城跡	愛知県名古屋市中区	近世	P.514
☑本居宣長旧宅　同宅跡	三重県松阪市	近世	P.556脚注
☑鹿苑寺(金閣寺)庭園	京都府京都市北区	中世	P.575
☑慈照寺(銀閣寺)庭園	京都府京都市左京区	中世	P.576
☑醍醐寺三宝院庭園	京都府京都市伏見区	近世	www.daigoji.or.jp
☑平城宮跡	奈良県奈良市	古代	P.597

史跡名	所在地	時代	掲載ページ／URL
平城京 左京三条二坊宮跡 庭園	奈良県奈良市	古代	www.city.nara.lg.jp/site/bunkazai/9230.html
石舞台古墳	奈良県明日香村	古代	P.53 P.594
高松塚古墳	奈良県明日香村	古代	P.53 P.594
キトラ古墳	奈良県明日香村	古代	P.53 P.594
文殊院西古墳	奈良県桜井市	古代	sakurai-kankou.jimdo.com
山田寺跡	奈良県桜井市	古代	sakurai-kankou.jimdo.com
巣山古墳	奈良県広陵町	古代	www.town.koryo.nara.jp
藤原宮跡	奈良県橿原市	古代	kanko81.wixsite.com/kanko01
本薬師寺跡	奈良県橿原市	古代	kanko81.wixsite.com/kanko01
安土城跡	滋賀県近江八幡市、東近江市	近世	P.617
彦根城跡	滋賀県彦根市	近世	P.611
岩橋千塚古墳群	和歌山県和歌山市	古代	P.51
大坂城跡	大阪府大阪市中央区	近世	P.646
百済寺跡	大阪府枚方市	古代	kudaraojinja.jp
姫路城跡	兵庫県姫路市	近世	P.664
旧閑谷学校附椿山・石門・津田永忠宅跡及び黄葉亭	岡山県備前市	近世	P.694
厳島	広島県廿日市市	古代	P.706（宮島）
廉塾ならびに菅茶山旧宅	広島県福山市	近世	www.city.fukuyama.hiroshima.jp
斎尾廃寺跡	鳥取県琴浦町	古代	www.town.kotoura.tottori.jp
讃岐国分寺跡	香川県高松市	古代	www.city.takamatsu.kagawa.jp
王塚古墳	福岡県桂川町	古代	P.52
水城跡	福岡県太宰府市、大野城市、春日市	古代	www.city.dazaifu.lg.jp/site/kanko www.city.onojo.fukuoka.jp www.city.kasuga.fukuoka.jp
大宰府跡	福岡県太宰府市	古代	www.city.dazaifu.lg.jp/site/kanko
大野城跡	福岡県太宰府市、宇美町、大野城市	古代	www.city.dazaifu.lg.jp/site/kanko www.town.umi.lg.jp www.city.onojo.fukuoka.jp
基肄（椽）城跡	福岡県筑紫野市、佐賀県基山町	古代	www.city.chikushino.fukuoka.jp www.town.kiyama.lg.jp
名護屋城跡並陣跡	佐賀県唐津市、玄海町	近世	P.885
吉野ヶ里遺跡	佐賀県神埼市、吉野ヶ里町	先史	P.884
金田城跡	長崎県対馬市	古代	www.tsushima-net.org/tourism-history/yamashiro-kaneda-castle-ruins
原の辻遺跡	長崎県壱岐市	先史	P.903
熊本城跡	熊本県熊本市中央区	近世	P.918
臼杵磨崖仏附日吉塔 嘉応二年在銘五輪塔 承安二年在銘五輪塔	大分県臼杵市	古代	P.941
西都原古墳群	宮崎県西都市	古代	P.50 P.955

特別名勝

日本の文化財保護法では、優れた美観をもつ土地として名勝が427件が選定されており、そのなかでも特に優れた36件が特別名勝とされている。日本三景として知られる松島、天橋立、虹の松原はすべて特別名勝に含まれている。別名「庭の国宝」と呼ばれるように、庭園の登録物件数が多い。地域別に見ると近畿地方が17件と半分近くを占めている。

名勝名	所在地	掲載ページ／URL
☑十和田湖および奥入瀬渓流	青森県十和田市、秋田県小坂町	P.132
☑松島	宮城県塩竈市、七ヶ浜町、利府町、松島町、東松島町	P.163
☑毛越寺庭園	岩手県平泉町	P.149
☑小石川後楽園	東京都文京区	P.338
☑六義園	東京都文京区	P.340
☑旧浜離宮庭園	東京都中央区	www.tokyo-park.or.jp/park/format/index028.html
☑富士山	静岡県、山梨県	P.376 P.496
☑御嶽昇仙峡	山梨県甲府市、甲斐市	P.377
☑上高地	長野県松本市	P.399（明神池）
☑黒部峡谷附猿飛並びに奥鐘山	富山県黒部市、立山町	P.437
☑兼六園	石川県金沢市	P.454
☑一乗谷朝倉氏庭園	福井県福井市	P.474
☑二条城二之丸庭園	京都府京都市中京区	P.576
☑慈照寺（銀閣寺）庭園	京都府京都市左京区	P.576
☑金地院庭園	京都府京都市左京区	P.577（南禅寺）
☑鹿苑寺（金閣寺）庭園	京都府京都市北区	P.575
☑大仙院書院庭園	京都府京都市北区	daisen-in.net
☑大徳寺方丈庭園	京都府京都市北区	www.rinnou.net/cont_03/07daitoku/
☑龍安寺方丈庭園	京都府京都市右京区	www.ryoanji.jp/smph/
☑天龍寺庭園	京都府京都市右京区	www.tenryuji.com/index.html
☑法金剛院青女滝附五位山	京都府京都市右京区	houkongouin.com
☑本願寺大書院庭園	京都府京都市下京区	www.hongwanji.kyoto
☑西芳寺庭園	京都府京都市西京区	saihoji-kokedera.com/information.html
☑醍醐寺三宝院庭園	京都府京都市伏見区	www.daigoji.or.jp
☑天橋立	京都府宮津市	P.583
☑浄瑠璃寺庭園	京都府木津川市	www.0774.or.jp/temple/jyoruriji.html
☑平城宮東院庭園	奈良県奈良市	P.597
☑平城京左京三条二坊宮跡庭園	奈良県奈良市	www.city.nara.lg.jp/site/bunkazai/9230.html
☑瀞八丁	和歌山県新宮市、奈良県十津川村、三重県熊野市	totsukawa.info/joho/kanko/6doro-kyo_gorge.html
☑岡山後楽園	岡山県岡山市北区	P.689
☑厳島	広島県廿日市市	P.706（宮島）
☑三段峡	広島県安芸太田町、北広島町	P.711
☑栗林公園	香川県高松市	P.805
☑虹の松原	佐賀県唐津市	P.885
☑温泉岳	長崎県雲仙市、島原市、南島原市	P.903（雲仙地獄）
☑識名園	沖縄県那覇市	www.city.naha.okinawa.jp/kankou/bunkazai/shikinaen.html

ユネスコ世界遺産

世界遺産は、自然遺産、文化遺産を人類全体のために保存することを目的とした国際条約によって生まれた。令和4(2022)年現在、その数は1154件になっている。日本は平成4(1992)年に条約を締結しており、文化遺産20件、自然遺産5件の計25件が登録されている。

☑ **法隆寺地域の仏教建造物**（奈良県）
1993年登録　文化遺産
本書掲載物件 法隆寺P.592

☑ **姫路城** P.664（兵庫県）
1993年登録　文化遺産

☑ **屋久島** P.972（鹿児島県）
1993年登録　自然遺産

☑ **白神山地**（青森県、秋田県）
1993年登録　自然遺産
本書掲載物件
十二湖コースP.133／藤里コースP.187

☑ **古都京都の文化財（京都市、宇治市、大津市）**
1994年登録　文化遺産
本書掲載物件 金閣寺P.575／清水寺P.576／二条城P.576／銀閣寺P.576／下鴨神社P.580／平等院P.581／比叡山延暦寺P.611

☑ **白川郷・五箇山の合掌造り集落**（富山県、岐阜県）
1995年登録　文化遺産
相倉・菅沼合掌造り集落P.438
白川郷の合掌造り集落P.532

☑ **原爆ドーム** P.708（広島県）
1996年登録　文化遺産

☑ **厳島神社** P.707（広島県）
1996年登録　文化遺産

☑ **古都奈良の文化財**
1998年登録　文化遺産
本書掲載物件 東大寺P.593／興福寺P.595／春日大社P.597／平城宮跡歴史公園P.597／薬師寺P.598／唐招提寺P.598

☑ **日光の社寺** P.262（栃木県）
1999年登録　文化遺産

☑ **琉球王国のグスク及び関連遺産群**（沖縄県）
2000年登録　文化遺産
本書掲載物件
首里城公園P.993／今帰仁城跡P.999

☑ **紀伊山地の霊場と参詣道**（三重県、奈良県、和歌山県）
2004年登録　文化遺産
本書掲載物件 浜街道P.549／馬越峠P.554／鬼ヶ城P.554／吉野P.594／大峰山寺P.601／玉置神社P.601／熊野古道P.628／高野山P.630／中辺路P.631／湯の峰温泉P.635

☑ **知床** P.108（北海道）
2005年登録　自然遺産

☑ **石見銀山遺跡とその文化的景観**（島根県）
2007年登録　文化遺産
本書掲載物件 大森エリア・銀山エリアP.744

☑ **小笠原諸島** P.337（東京都）
2011年登録　自然遺産

☑ **平泉-仏国土（浄土）を表す建築・庭園及び考古学的遺跡群-** P.148（岩手県）
2011年登録　文化遺産

☑ **富士山-信仰の対象と芸術の源泉-**（山梨県、静岡県）
2013年登録　文化遺産
本書掲載物件 富士山P.376 P.496／河口湖P.377／忍野八海P.378／山中湖P.379／北口本宮冨士浅間神社P.384／白糸の滝P.499／三保松原P.500

☑ **富岡製糸場と絹産業遺産群**（群馬県）
2014年登録　文化遺産
本書掲載物件 富岡製糸場P.281

☑ **明治日本の産業革命遺産　製鉄・製鋼、造船、石炭産業**（岩手県、静岡県、山口県、福岡県、佐賀県、長崎県、熊本県、鹿児島県）
2015年登録　文化遺産
本書掲載物件 橋野鉄鉱山P.157／韮山反射炉P.504／萩城下町P.761／松下村塾P.761／萩反射炉と世界遺産P.765／佐野常民と三重津海軍所跡の歴史館P.887／グラバー園P.900／軍艦島（端島）P.902／三池炭鉱万田坑P.920／三角西港P.923／仙巌園P.973／尚古集成館P.977／旧鹿児島紡績所技士館（異人館）P.977

☑ **ル・コルビュジエの建築作品−近代建築運動への顕著な貢献−**（東京都）
2016年登録　文化遺産
本書掲載物件 国立西洋美術館P.59

☑ **「神宿る島」宗像・沖ノ島と関連遺産群**（福岡県）
2017年登録　文化遺産
本書掲載物件
宗像大社P.863／新原・奴山古墳群P.867

☑ **長崎と天草地方の潜伏キリシタン関連遺産**（長崎県、熊本県）
2018年登録　文化遺産
本書掲載物件 五島列島P.898／大浦天主堂P.901／黒島P.905／出津教会堂P.906／原城跡P.907／﨑津集落P.919

☑ **百舌鳥・古市古墳群-古代日本の墳墓群-**（大阪府）P.648
2019年登録　文化遺産

☑ **奄美大島、徳之島、沖縄島北部及び西表島**（鹿児島県、沖縄県）
2021年登録　自然遺産
本書掲載物件 奄美大島P.971／徳之島P.971／やんばるエリアP.987／ピナイサーラの滝P.1001

☑ **北海道・北東北の縄文遺跡群**（北海道、青森県、岩手県、秋田県）
2021年登録　文化遺産
本書掲載物件 三内丸山遺跡P.130／大湯環状列石P.193／伊勢堂岱遺跡P.193

ユネスコ無形文化遺産

無形遺産の保護を目的として誕生したユネスコ無形文化遺産。条約に基づいて作成された一覧には令和4(2022)年現在、630件が登録されている。日本は22件が登録されているが、「山・鉾・屋台行事」のなかには33の行事、「来訪神」には10の行事が登録されている。公開日は変更することがあるので、確認しておくこと。

遺産名	所在地	掲載ページ／公開日	ジャンル
能楽	日本	▶P.1019	芸能
人形浄瑠璃文楽	日本	▶P.1018	芸能
歌舞伎（伝統的な演技演出様式によって上演される歌舞伎）	日本	▶P.1018	芸能
雅楽	日本		芸能
和食;日本人の伝統的な食文化	日本		食
伝統建築工匠の技:木造建造物を受け継ぐための伝統技術	日本		建築技術
アイヌ古式舞踊	北海道	▶P.1019	芸能
早池峰神楽	岩手県花巻市	1/3、8/1、9月中旬など	神楽
秋保の田植踊	宮城県仙台市	4/29、4月第3日曜、5/5など	田楽
大日堂舞楽	秋田県鹿角市	1/2	舞台芸
結城紬	茨城県結城市、栃木県小山市など	▶P.239 ▶P.253	染織
チャッキラコ	神奈川県三浦市	1/15	芸能
小千谷縮・越後上布	新潟県小千谷市、南魚沼市		染織
奥能登のあえのこと	石川県奥能登地域	12/5頃、2/9頃	風俗慣習
題目立	奈良県奈良市	10/12	民俗芸能
那智の田楽	和歌山県那智勝浦町	7/14	田楽
壬生の花田植	広島県北広島町	6月第1日曜	風俗慣習
佐陀神能	島根県松江市	9/24～25	芸能
組踊	沖縄県	▶P.1019	芸能
和紙:日本の手漉和紙技術			手漉和紙
細川紙	埼玉県小川町、東秩父村	▶P.304	
本美濃紙	岐阜県美濃市	▶P.527	
石州半紙	島根県石見地方		
山・鉾・屋台行事			祭礼
八戸三社大祭の山車行事	青森県八戸市	▶P.124 7/31～8/4	
土崎神明社祭の曳山行事	秋田県秋田市	7/20～21	
角館祭りのやま行事	秋田県仙北市	9/7～9	
花輪祭の屋台行事	秋田県鹿角市	8/19～20	
新庄まつりの山車行事	山形県新庄市	▶P.196 8/24～26	
日立風流物	茨城県日立市	4月上旬	
烏山の山あげ行事	栃木県那須烏山市	▶P.256 7月下旬	

遺産名	所在地	掲載ページ／公開日	ジャンル
鹿沼今宮神社祭の屋台行事	栃木県鹿沼市	▶P.256 10月第2土・日曜	祭礼
秩父祭の屋台行事と神楽	埼玉県秩父市	▶P.292 12/2～3	
川越氷川祭の山車行事	埼玉県川越市	▶P.292 10月第3土・日曜	
佐原の山車行事	千葉県香取市	▶P.310 7月中旬、10月中旬	
高岡御車山祭の御車山行事	富山県高岡市	▶P.430 5/1	
魚津のタテモン行事	富山県魚津市	▶P.430 8月第1金・土曜	
城端神明宮祭の曳山行事	富山県南砺市	▶P.445 5/4～5	
青柏祭の曳山行事	石川県七尾市	▶P.448 5月上旬	
尾張津島天王祭の車楽舟行事	愛知県津島市	▶P.508 7月第4土曜とその翌日	
知立の山車文楽とからくり	愛知県知立市	5/2～3	
犬山祭の車山行事	愛知県犬山市	4月第1土・日曜	
亀崎潮干祭の山車行事	愛知県半田市	5/3～4	
須成祭の車楽船行事と神葭流し	愛知県蟹江町	8月第1土・日曜	
高山祭の屋台行事	岐阜県高山市	▶P.526 ▶P.538 4/14～15、10/9～10	
古川祭の起し太鼓・屋台行事	岐阜県飛騨市	▶P.526 4/19～20	
大垣祭の軕行事	岐阜県大垣市	5/15直前の土・日曜	
鳥出神社の鯨船行事	三重県四日市市	8/14～15	
上野天神祭のダンジリ行事	三重県伊賀市	▶P.544 8/25の直近の日曜と前日、前々日の金・土曜	
桑名石取祭の祭車行事	三重県桑名市	▶P.544 8月第1日曜と、前日の土曜	
京都祇園祭の山鉾行事	京都府京都市	▶P.568 7/17、7/24	
長浜曳山祭の曳山行事	滋賀県長浜市	▶P.604 4/9～17	
博多祇園山笠行事	福岡県福岡市	▶P.856 7/1～15	
戸畑祇園大山笠行事	福岡県北九州市	7月第4土曜をはさむ3日間	
唐津くんちの曳山行事	佐賀県唐津市	▶P.874 ▶P.885 11/2～4	
八代妙見祭の神幸行事	熊本県八代市	11/22～23	
日田祇園の曳山行事	大分県日田市	▶P.928 7月20日過ぎの土・日曜	
来訪神:仮面・仮装の神々			年中行事
吉浜のスネカ	岩手県大船渡市	1/15	
米川の水かぶり	宮城県登米市	2月の初午の日	
男鹿のナマハゲ	秋田県男鹿市	▶P.186 12/31	
遊佐の小正月行事	山形県遊佐町	1/1、1/3、1/6	
能登のアマメハギ	石川県能登町、輪島市	1/2、1/14、1/20、2/3	
見島のカセドリ	佐賀県佐賀市	2月第2土曜	
甑島のトシドン	鹿児島県薩摩川内市	12/31	
薩摩硫黄島のメンドン	鹿児島県三島村	旧暦8/1～2	
悪石島のボゼ	鹿児島県十島村	旧暦7/16	
宮古島のパーントゥ	沖縄県宮古島市	旧暦9月上旬、旧暦12月最後の丑の日	

国立の博物館と美術館

文化財や美術品、自然科学の資料などを見学するなら、博物館や美術館に足を運ぶとよい。なかでも国立の施設は、さすがというべき充実度を誇っている。

東京国立博物館　東京都　▶P.343
明治5(1872)年に開館した日本最古の博物館。質、量ともに国内最高峰のコレクションを誇る。

京都国立博物館　京都府　▶P.579
平安時代から江戸時代にかけての京都にまつわる文化財を中心に収蔵している。

奈良国立博物館　奈良県　▶P.600
仏教美術の名品を多数収蔵している。毎年10～11月頃に正倉院展を行うことでも知られる。

九州国立博物館　福岡県　▶P.863
2005年創立。「日本文化の形成をアジア史的観点から捉える」という視点に立った展示を行う。

国立歴史民俗博物館　千葉県　▶P.318
佐倉城跡に建つ博物館。常設展は6つの展示室で行われ、先史・古代、中世、近世、近代、現代、民俗に分かれている。

国立民族学博物館　大阪府
万博記念公園▶P.650にある博物館。世界を一周する形で各国の文化に触れることができる。日本文化についての展示も充実している。
住 吹田市千里万博公園10-1
TEL 06-6876-2151　開 10:00～17:00
休 水曜(祝日の場合は翌日)、12/28～1/4
料 常設展示580円
交 大阪モノレール**万博記念公園駅**から徒歩約15分
URL www.minpaku.ac.jp

国立アイヌ民族博物館　北海道
2020年に開業したウポポイ▶P.111内の博物館。1階はシアターで2階部分が展示施設。常設展はアイヌ文化を6つのテーマで紹介する。

国立科学博物館　東京都
上野恩賜公園▶P.336にある。自然史、科学技術史についての総合博物館。関連施設として茨城県つくば市の筑波実験植物園と東京都港区の自然教育園がある。
住 台東区上野公園7-20
TEL 050-5541-8600(ハローダイヤル)
開 9:00～17:00(金・土曜～20:00)
休 月曜(祝日の場合は翌日)、12/28～1/1
料 常設展示630円　交 JR**上野駅**公園口から徒歩5分
URL www.kahaku.go.jp

東京国立近代美術館　東京都
日本最初の国立美術館。19世紀末から今日にわたる日本美術と海外の美術作品を収蔵。
住 千代田区北の丸公園3-1
TEL 050-5541-8600(ハローダイヤル)
開 10:00～17:00(金・土曜～20:00)
休 月曜(祝日の場合は翌日)、展示替期間、年末年始
料 常設展示500円
交 地下鉄**竹橋駅**1b出口から徒歩約3分
URL www.momat.go.jp

国立西洋美術館　東京都　▶P.59
西洋の美術作品を広く人々が触れられるよう築かれた美術館。松方幸次郎がヨーロッパで収集した松方コレクションがもとになっている。

国立新美術館　東京都
平成19(2007)年創立の美術館。美術コレクションは保有しないが、12の展示室があり、広大なスペースを活かして常時複数の展示を行っている。
住 港区六本木7-22-2
TEL 050-5541-8600(ハローダイヤル)
開 展覧会によって開館時間が異なる
休 火曜(祝日の場合は翌日)、年末年始
料 展覧会による
交 地下鉄**乃木坂駅**6番出口直結　URL www.nact.jp

国立工芸館　石川県　▶P.457
明治から今日までの日本および外国の工芸品、デザイン作品を収集、展示している。もともと東京にあったが、2020年に金沢に移転した。

京都国立近代美術館　京都府
京都、関西にゆかりの作家の作品を多数収蔵している現代美術館。絵画のみならず、陶芸や染め織りなどの工芸品も充実している。
住 京都市左京区岡崎円勝寺町26-1
TEL 075-761-4111
開 10:00～18:00(金曜～20:00)
休 月曜(祝日の場合は翌日)、年末年始
料 コレクション・ギャラリー430円
交 地下鉄**東山駅**から徒歩約10分
URL www.momak.go.jp

国立国際美術館　大阪府
国内外の現代美術作品を展示する。万博公園にあったが、平成16(2004)年に中之島に移転した。
住 大阪市北区中之島4-2-55
TEL 06-6447-4680
開 10:00～17:00(金・土曜～20:00)
休 月曜(祝日の場合は翌日)、展示替期間、年末年始
料 常設展示430円
交 京阪**渡辺橋駅**から徒歩約5分　URL www.nmao.go.jp

info 東京国立博物館、京都国立博物館、奈良国立博物館、九州国立博物館の4つの国立博物館は国立文化財機構によって運営されている。4館すべての常設展示が何度でも観覧できる**国立博物館メンバーズパス**は1年間有効で2500円。

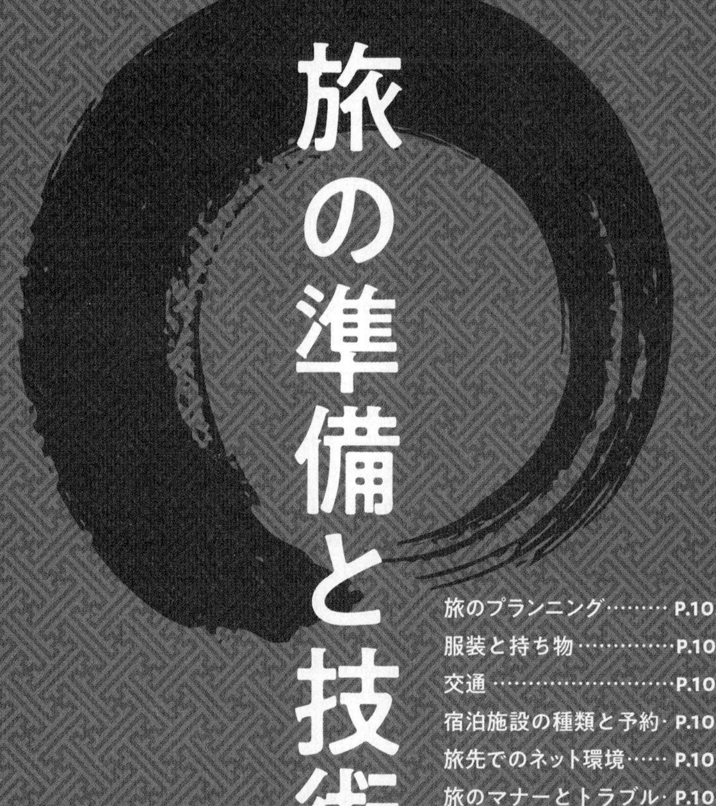

旅の準備と技術

旅のプランニング

旅の成功の半分はプランニングにかかっているといっても過言ではない。プランニングを始めるにあたって最初に考えるべきことはおおまかな目的地と日程、そして予算の3つ。次に個人旅行で回るか、パッケージツアーに参加するかを考えよう。

個人旅行

個人旅行のメリット　大勢の人と旅程を合わす必要がなく、好きな場所に好きなだけ滞在できること。疲れたら好きなだけ休めばよいし、行った場所が意に満たなかったら、時間を早めて次へ進むのも自由。レストランや料理も自分で好きな時間、好きなお店を選べる。

個人旅行のデメリット　自由な反面すべて自分で手配しなくてはならないこと。グループによる割引がないので、旅費が相対的に高額になることなど。

旅程にはゆとりをもって　交通渋滞やチケット購入の行列など、旅行中には思わぬことで時間を使ってしまうことが多い。旅程を立てるときは、あらかじめこうした時間のロスを想定しておき、あまり旅程を詰め込み過ぎないことが重要。訪問場所にはある程度優先順位を付けておき、時間が押している場合は、最悪行けなくても仕方がない場所なども決めておくと、フレキシブルな対応ができる。

パッケージツアー

パッケージツアーのメリット　プラン作りをプロに任せているので、その土地の必見ポイントや名物料理などをしっかり押さえており、これらを効率良く回ることができること。グループ割引が効いており、個人で同様の旅をするより価格が抑えられること。ツアーによっては、専門家が同行して詳細な説明をしてくれたり、普段見られない場所などに入れるようなものもある。

パッケージツアーのデメリット　途中で旅程を変更することができないこと、好きなときに好きなものが食べられないなど、他の旅行者と合わせなくてはならないこと。また、同行者によって旅の善し悪しは左右され、すばらしい出会いにつながることもあるが、その逆パターンという危険もある。

パッケージツアーの自由度はさまざま　ひと口にパッケージツアーといっても、添乗員とガイドが同行し、至れり尽くせりのものから、交通のチケットと宿泊ホテルだけ決められており、あとはすべて自由なフリープランまで、さまざまなタイプ

現地ツアーを組み込む

パッケージツアーに参加しなくても、個人旅行を楽しみながら、現地のツアーに参加することで、旅にメリハリを出すことができる。陶芸体験やソバ打ち体験、ホエールウオッチングにラフティングツアーなどなど、その土地ごとのアクティビティを組み込んでみよう。

ボランティアガイド

個人旅行だからといってすべて自分だけで観光しなくてはならないわけではない。訪れる見どころや地域によっては、近隣の住民がボランティアとして無料、もしくは廉価な料金で案内するボランティアガイドがおり、説明をしてくれるところがある。現地の人と触れ合う機会でもあるので、積極的に利用するとよい。

▶パッケージツアーを予約出来る旅行会社のウェブサイト

JTB
URL www.jtb.co.jp
近畿日本ツーリスト
URL www.knt.co.jp
H.I.S.
URL www.his-j.com
クラブツーリズム
URL www.club-t.com
日本旅行
URL www.nta.co.jp
読売旅行
URL www.yomiuri-ryokou.co.jp

info **飛行機**は利用する便の日時によって**料金が変動**することがよく知られているが、**鉄道**の運賃や**高速道路**の利用料なども変動制を導入することが検討され始めている。

がある。例えば1泊でテーマパークを訪れるときなどは、交通のチケット、テーマパークの入場料、宿泊ホテルをすべて別々に自分で手配するよりも、それらがセットになったパッケージのフリープランを購入する方が安上がりになり、現地での行動にまったく変わりはない。

手配のヒント

現在では旅行の手配はインターネットが主流。しかし、あまりにも旅行関係の予約サイトが多すぎるため、どのサイトをどのように利用するのがよいのか、初心者にはわかりづらくなっているのも事実。数ある予約サイトの特徴をつかみながら、自分にベストの旅を作りだそう。

個人旅行に必要なパーツ　手配が必要な旅行のパーツを分解してみると、交通、宿泊、現地観光プランの3つに分けることができる。旅行予約サイトは、これら3種類のうちのどれかを取り扱っているサイトのこと。交通予約と宿泊予約は専用サイトも多いが、同じサイト内で交通と宿泊の両方が予約できるものもある。こうした交通と宿泊の組み合わせを**ダイナミックパッケージ**といい、通常それぞれ単独で予約した場合よりも安くなる。

比較サイト　家電製品が販売店によって実売価格が異なるように、同じホテルの部屋を同じ日に宿泊する場合や、同じ時間の同じ車体の高速バスを利用する場合でも、予約サイトによって値段が異なることがある。比較サイトとは、複数ある旅行サイトを比較して、同じ条件のなかでどれが一番安いかわかるようになっている。比較サイトは、他の旅行サイトとの提携によって成り立っているので、提携先に入っていない旅行サイトは比較できない。そのため提携している旅行サイトの質と量が、比較サイト選びでは重要になってくる。

旅行の時期について

同じ内容の旅行をしても、訪れる時期によって旅費にはずいぶん違いが出る。**ゴールデンウィーク**や**お盆**などの**繁忙期**は当然旅費も高額だ。では極力人のいない時期に行けばよいのかといえば、必ずしもそうでもなく、オフシーズンの平日には閉まってしまう観光施設も少なくない。下調べをしておくことが肝要だ。

また、大きなスポーツイベントや人気アーティストの公演が地方都市で行われるときは、その地域全体のホテルが満室になることがある。イベントに参加するのであれば、早めに予約して宿を確保しておけばよいだけだが、そうとは知らずに運悪くそのときに訪問すると、宿が取れずに非常に苦労する。オフシーズンだと甘く見て予約をギリギリになるまでしないのは、リスクがあることを知っておこう。

▶旅行比較サイト
トラベルコ
URL www.tour.ne.jp
トリバゴ
URL www.trivago.jp
フォートラベル
URL 4travel.jp

▶航空券比較サイト
エアトリ
URL japantour.airtrip.jp
ソラハピ
URL www.sorahapi.jp

▶高速バス比較サイト
バス比較ナビ
URL www.bushikaku.net

緊急用メモを作っておこう

個人旅行の場合は、盗難、病気、自然災害などのトラブルに遭遇したときに、自分自身で解決しなくてはならない。あらかじめ緊急用のメモを作成しておくと、いざというときに慌てなくてすむ。クレジットやキャッシュカードを盗難されたときの連絡先、服用している薬名、滞在しているホテル名と電話番号などを紙に書いて保管しておこう。スマホにデータとして記録しておいてもよいが、スマホ自体が盗まれたり、バッテリー切れで見られなくなることもあり得るので、紙に書いておいた方が安心だ。

収蔵品と展示品の公開時期をチェック

博物館や美術館では収蔵品のすべてを展示している訳ではない。例えば東京国立博物館P.343は国宝89件を収蔵しているが、150年の歴史でそのすべてが公開されるのは、2022年10月から行われる特別展がはじめてのこと。奈良国立博物館P.600で正倉院の宝物が展示されるのは、毎年10～11月にかけて開かれる正倉院展のときだけだ。目当ての品がある場合は、事前にネットなどで展示されているか確認してから訪れた方がよい。

info **博物館、美術館**の多くは毎週月曜を**休館日**にしている所が多いが、さいたま市の鉄道博物館P.299は火曜、大阪府吹田市の国立民族学博物館P.1028は水曜が休館日となっている。行ってがっかりしないように、あらかじめ調べておこう。

服装と持ち物

足湯へはすぐに靴下を脱げるような服装で。ハンカチも必須

パッキングのコツ

スーツケースのパッキングでは、壊れやすいものは、中ほどに入れてタオルで包んだり、服で挟んだりしておくとよい。バックパックの場合は必要なものがすぐに取り出せるように、必要度が高いものほど上の方にしておこう。

▶ANA快速宅空便

手荷物を出発する空港のカウンターで預ける際、出発時刻の20分前までに申し込むことで、到着エリアの指定した場所まで届けてくれる。配送は翌日または翌日以降だが、到着空港が新千歳、羽田、中部、伊丹、関空、福岡、那覇で、11:00までの到着便であれば、当日配送サービスのスーパー宅空便も利用できる。配送区域には制限があるので、確認しておくこと。

料 当日配送2000円
翌日以後配送1000円

URL www.ana.co.jp/ja/jp/domestic/prepare/baggage/delivery

▶JAL手ぶらでおでかけサービス

出発空港のカウンターで手続きすることで、手荷物を到着空港で引き取ることなく、自宅や指定先まで届けてくれるサービス。配送は翌日または翌日以降。自宅から目的地まで手荷物を送ってくれるピックアップサービスもあり、こちらは集荷日前日の22時までに申し込まなくてはならない。離島を含む一部地域では利用できないので注意。

料 1050円。自宅からは1630円（沖縄本島は2040円）

URL www.jal.co.jp/jp/ja/dom/baggage/tebura

旅の服装

ハイキングなどのアクティビティか、都市観光かなど、旅のスタイルによって服装はずいぶんと異なる。しかし、たとえ市内観光であっても普段に比べると、意外と多く歩くもの。まずは動きやすさを優先した服装を心がけたほうがよいだろう。靴ははき慣れたスニーカーなど、長距離を歩くのに適したものを。服は気温の変化に対応できるよう、一枚羽織れる上着を用意しておくと重宝する。

温泉街で足湯を楽しむなら、更衣室があるとは限らないので、女性はタイツやストッキングは避けた方がよい。

持ち物

荷造りは旅の成功の第一歩

国内旅行では、たいていのものは現地で手に入るので、海外旅行のように忘れて決定的に困るものはほとんどない。しかし、無駄な出費を抑えるためにも持ち物は入念にチェックしよう。

最低限必要　飛行機や鉄道のチケット、財布（現金とクレジットカード、キャッシュカード、ETCカード）、運転免許証や健康保険証などの身分証明書、携帯電話、常備薬など。これ以外のほとんどのものは現地で購入可能だ。

必需品　携帯電話やカメラなどの充電器、洗面用具、生理用品、着替え、寝間着、タオル、雨具など。

あったら便利　携帯電話のモバイルバッテリー、アイマスク、耳栓、ホテル滞在時の部屋履き、サングラス、帽子、水着、水筒、チャック付ビニール袋、ガイドブック、虫除けなど。

手荷物の配送

1泊程度の旅行であれば、すべての荷物をかかえての観光もできなくないが、スーツケースが必要な中長期の旅行では、荷物の管理は旅の大きな悩みのひとつ。ラッシュ時の列車にスーツケースをもって乗るのは、わずらわしい上に周囲の迷惑にもなるし、ホテルにチェックインする前やチェックアウト後に観光をする場合、コインロッカーや荷物預かりを利用しなければならない。大都市、有名観光地では、空港や駅のカウンターで預けた手荷物をホテルまで配送してくれるサービスを行っているので、積極的に利用したい。

info **コインロッカー**のなかにはインターネットで空き状況を確認できるものもある。JR東日本のスマホ用アプリ**ToLocca**（トロッカ）では、首都圏のターミナル駅を中心に、コインロッカーの空き状況の確認のほか、予約も可能。

交通

中・長距離移動

国内の中・長距離移動は、飛行機、列車の新幹線と在来線、高速バス、自家用車、長距離フェリーなど、いくつもの選択肢があるが、基本原則は、同じ距離で移動時間が短いほど、料金は高くなるということ。ただし、近年は格安航空会社や高速バスで便による料金の変動が大きく、正規の料金はあってないようなもの。利用する時期や時間帯によってはびっくりするほど安く乗れることも多い。また、高速バスは、便によって設備、座席数による差が大きく、完全個室のシートなどもある。早く予約すれば、安くなる傾向があるが、安いチケットは日時の変更が困難だったりと、デメリットもある。

飛行機は単純な移動時間ではどの交通機関よりも速いが、空港までの移動時間と搭乗までの待ち時間などがよけいにかかる。そのため、町の中心部まで直接アクセスできる新幹線の方が、移動全体にかかる時間が短くなる場合もある。

夜に出発して翌朝に着く夜行の高速バスは、安い運賃に加えて、ホテル代の節約にもなるコスパ最強の移動手段。車内の快適度は、座席の種類に左右されるが、快適な座席ほど当然料金は高くなる。

長距離フェリー

フェリーではゆっくりと海を行く情緒豊かな船旅が楽しめる。東京～徳島～新門司間は、所要約35時間、名古屋～仙台～苫小牧間は所要約40時間と、便によっては船内で2泊するルートもあり、レストランや窓から大海原が眺められる大浴場、シアターを備えているものも。また、カーフェリーでは、車やオートバイが積み込めるので、到着地で自分の愛車とともに旅をしたい人にとってもありがたい存在だ。毎日出港するとは限らないので、出発する日を確認しておくこと。

▶おもな高速バス予約サイト

バス比較なび
URL www.bushikaku.net

ハイウェイバスドットコム
URL www.highwaybus.com

高速バスドットコム
URL www.kosokubus.com

発車オ～ライネット
URL secure.j-bus.co.jp

バスぷらざ
URL www.nta.co.jp/bus/

大手航空会社と格安航空会社（LCC）

航空会社は、JALやANAといった大手航空会社と、ジェットスター、ピーチなどの格安航空会社（LCC）に分かれる。大手航空会社は、機内での飲み物の提供や、受託手荷物、座席の指定などが料金に含まれているが、格安航空会社ではこれらは別料金になっており、その分低価格化を図っている。また、大手には子供料金があるのに対して、格安航空会社では2歳以上は大人と同料金になっている。格安航空会社は運賃が低く抑えられているのが最大のメリットだが、預け荷物が有料だったり、利用時に気をつけないと、追加料金がかさんで大手航空会社よりもかえって高額になることもありえる。どちらの利用が適しているか事前に検討して、賢い選択を心がけよう。

東京～大阪間の所要時間と料金比較（早い順）

飛行機	所要1時間10分	4500円～2万6000円　ビジネスクラス2万3000円～4万2000円
新幹線のぞみ	所要2時間30分	1万4720円　グリーン車1万9590円 ※指定席特急料金はシーズンにより異なる。上記は通常期のもの。
自家用車	所要6～8時間（高速道路利用）	1万5620円（高速料金1万1200円+ガソリン代4420円） ※ガソリン代は距離520kmで、燃費は1リットルで20km、1リットル170円で計算
寝台列車	所要6時間40分	1万2400円～2万5850円（通常期）　大阪発東京行きのみ
高速バス	8～9時間	3000円～1万8000円
在来線	9～10時間	8910円
自家用車	所要約12時間（一般道利用）	ガソリン代4420円 ※ガソリン代は距離520kmで、燃費は1リットルで20km、1リットル170円で計算

※2022年4月現在の料金目安

info **青春18きっぷ**はJRの普通、快速列車が1日乗り放題になる切符。5回分で1万2050円なので、1回だと2410円。春季用、夏季用、冬季用と利用期間が限られるが、長距離を極力安く移動したい人にとっての心強い味方だ。年齢制限はない。

交通系ICカード

このマークがついていれば相互利用可能

JR東日本のSuica(スイカ)やJR西日本のICOCA(イコカ)など、切符を買わずに公共交通機関に乗ることができる交通系ICカード。運行会社によってさまざまな種類があるが、相互利用が進んでおり、**全国相互利用サービス**に対応しているものであれば、基本的に会社が異なっていても問題なく利用できる。例えばJR九州のICカードSUGOCA(スゴカ)はJR北海道のICカードKitaca(キタカ)のエリアで使用することができ、もちろんその反対もOKだ。

地域連携ICカード　地域のバス事業社などが発行する交通系ICカード。Suica機能をもっているので、交通系ICカード全国相互利用サービスに対応しているエリアでも利用することができる。

対応していない駅、エリアに注意　Suicaは、JR東日本が発行している交通系ICカードだが、JR東日本のすべての駅がSuicaに対応している訳ではなく、使えるエリアは**首都圏エリア、仙台エリア、新潟エリア**のみ。非対応の駅も多い。他社も同様だ。サービスを導入していないエリアで下車するときは、事前に乗車券を購入しておくこと。もしそれが無人駅の場合は、次に乗るときに精算しなくてはならない。

交通系ICカードのエリアまたぎ　交通系ICカード全国相互利用サービスに対応しているカードはすべて、**エリアをまたいだ利用については対応していない**。例えば東京から静岡県の沼津へ行く場合は、前者はJR東日本(Suicaエリア)、後者はJR東海(TOICAエリア)なので、自動改札でひっかかってしまい、精算処理をしなくてはならない。

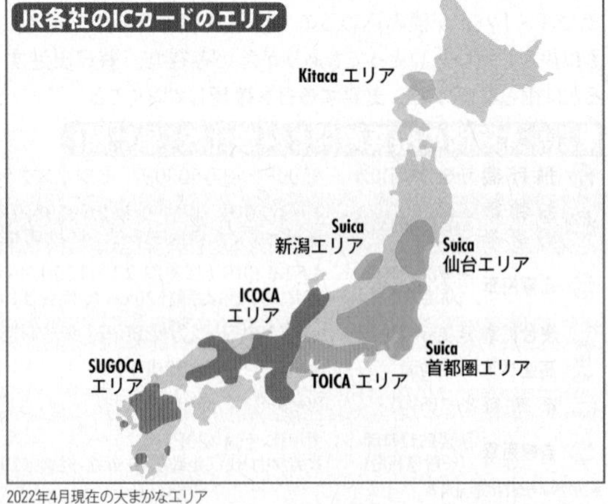

2022年4月現在の大まかなエリア

▶交通系ICカード全国相互利用サービスに対応しているICカード

Kitaca(JR北海道)
URL www.jrhokkaido.co.jp/kitaca
Suica(JR東日本)
URL www.jreast.co.jp/suica
TOICA(JR東海)
URL toica.jr-central.co.jp
ICOCA(JR西日本)
URL www.jr-odekake.net/icoca
SUGOCA(JR九州)
URL www.jrkyushu.co.jp/sugoca
PASMO(関東各社)
URL www.pasmo.co.jp
manaca(名古屋地区各社)
URL manaca.jp
PiTaPa(関西各社)
URL www.pitapa.com
はやかけん(福岡市地下鉄)
URL subway.city.fukuoka.lg.jp/hayakaken
nimoca(西鉄ほか)
URL www.nimoca.jp

▶Suica機能がある地域連携ICカード

青森県
AOPASS、ハチカ、Towada SkyBlue Pass
岩手県
Iwate Green Pass、iGUCA
秋田県
AKiCA、Shuhoku Orange Pass
山形県
yamako cherica、shoko cherica
群馬県
nolbé
栃木県
totra

スマートフォンを交通系ICカードとして利用

交通系ICカードの機能はスマートフォンの端末に搭載された決済機能と連結させることで、モバイル決済が可能に。2022年4月現在行われているサービスはモバイルSuicaとモバイルPASMOのふたつ。どちらもiPhoneとAndroidの両方に対応している。スマートフォンのICカード機能は電源が切れた状態では利用できないので注意が必要。いざというときにモバイルバッテリーを携帯しておくと心強い。

info 海外の公共交通では**タッチ決済**機能のクレジットカードをかざすことで利用できる自動改札が増えている。日本でも2021年4月から南海電鉄、2022年7月からはJR九州がVisaのタッチ決済を利用した改札を一部駅で導入。実証実験を行っている。

また、Suicaは首都圏エリア、仙台エリア、新潟エリアの3つに分かれており、東京から仙台に在来線で行く場合は異なるエリアとなるため自動改札でひっかかる。エリアをまたぐ場合には、事前に乗車券を購入すること。

交通系ICカードの境界駅　JR西日本とJR東海を在来線でまたぐ場合は**米原駅**（東海道本線）や**亀山駅**（関西本線）が境界になる。JR東海とJR東日本をまたぐ場合は**熱海駅**（東海道本線）のほか、**甲府駅**（身延線）、**塩尻駅**（中央本線）などがある。

相互利用できない交通系ICカード（片利用）　北海道の札幌地下鉄は、SAPICAという札幌市交通局が導入しているICカードのほか、KitacaやSuicaなど交通系ICカード全国相互利用サービスに対応しているカードでも利用可能。しかし、SAPICAは交通系ICカード全国相互利用サービスに対応していないので、KitacaやSuicaエリアでの利用はできない。

タクシー時間貸しVSレンタカー

交通の便が発達していない地域で郊外の見どころを回るときには、タクシーをチャーターするか、レンタカーを利用するのが現実的。チャーター料金は車両のタイプや町などによって異なるが、3時間で1万5000円前後、4時間で2万円前後がだいたいの目安。レンタカー利用の場合は、レンタル料が軽自動車・コンパクトカーで1日あたり2500円～8000円程度で、これにガソリン代が加わる。

市内交通

市内移動の中心は市内バスと近郊列車、地下鉄など。町によってはLRTやモノレールなどがあるところも。GoogleマップやYahoo!地図などスマホの地図アプリがあれば、現在地から目的地への行き方が検索できるので重宝する。

レンタルサイクル、シェアサイクル

ドコモ・バイクシェアの自転車

自転車を利用しての観光は徒歩よりも行動範囲が広がり、町に点在する見どころを効率良く回ることができる。

レンタサイクル　駅周辺などにある店舗や観光案内所、宿泊施設などで自転車を借り、同じ場所に返却するのが基本。

シェアサイクル　東京や大阪、京都などの大都市で普及しているサービス。利用には会員登録が必要で、スマホなどを使って利用する。町に点在するステーションで自転車を借り、別のステーションに返却できるので、必要なときだけ借りるスタイル。使わないときに返却しておけば料金が発生しない。

交通系ICカードで新幹線に乗車

新幹線は、えきねっとやスマートEXなどのアプリで予約し、予約情報を交通系ICカードに紐付けすることで、チケットレスで利用できる。

▶Anyca（エニカ）
個人オーナーやディーラーとのカーシェアリングサービス。Airbnb（エアビーアンドビー）の車レンタル版。条件によってはレンタカー会社よりも安いが、トラブルに巻き込まれる可能性も。
URL anyca.net

LRTとBRT

LRTは軽量鉄道輸送を意味するライト・レール・トランジット（Light Rail Transit）の略で、簡単にいえば路面電車の進化形。従来の路面電車に比べて床が低いので乗り降りがしやすい。環境にもやさしいことから近年導入する地域が増えている。
一方のBRTはバス高速輸送を意味するバス・ラピッド・トランジット（Bus Rapid Transit）で、バスの進化形。連結車両や専用道、優先的な交通システムなどを組み合わせることで、より多くの人を早く運び、運行の定時制にも優れている。

▶おもなシェアサイクル
ドコモ・バイクシェア
URL docomo-cycle.jp
HELLO CYCLING
URL www.hellocycling.jp

自転車を車内に持ち込む

列車に自転車を持ち込む場合、会社ごとに若干規定の違いがあるが、両輪を外して、3辺の合計は2.5m以内、重さ30kg以内、専用の袋にはみ出さないように収納することで無料で持ち込むことができる。折りたたみ自転車の場合は、両輪を外す必要はないが、折りたたんだ状態にして、専用の袋にはみ出さないように収納する。東海道、山陽、九州新幹線は、特大荷物スペースの予約が必要。高速バスは、持ち込み禁止の会社が多いが、予約し、追加料金を支払うことで認めている所もある。

info ロープウェイといえば、日本ではおもに山岳観光地やスキー場で用いられる交通手段だったが、世界的には都市旅客輸送としての導入事例が増えている。日本では横浜で**YOKOHAMA AIR CABIN**（ヨコハマ エア キャビン）が運行されている。

宿泊施設の種類と予約

▶日本ユースホステル協会
ユースホステル会員証は協会に加盟しているユースホステルならどこでも発行可能。スマホに表示して使うデジタル会員証もある
URL www.jyh.or.jp

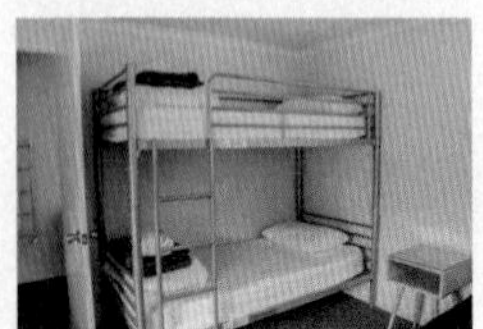
ホステルの宿泊はドミトリーの場合がほとんど

進化を続けるカプセルホテル

体験

荷物に注意
カプセルホテルでは、部屋に入れられる荷物に限りがあるので、スーツケースは専用エリアに置いていました。そのスーツケースの鍵をかけ忘れてしまい、盗難に。日本とはいえ油断は禁物ですね。

▶民泊予約サイト Airbnb
URL www.airbnb.jp

歯ブラシやシェーバーの持参がマナーに？
2022年4月より、プラスチック資源循環法を施行され、宿泊施設のアメニティに含まれる歯ブラシやカミソリ、くしなどのプラスチック類の削減が求められるようになった。これに対するホテルの対応は、代替素材を用いて無料提供を続ける所、有料にする所などさまざま。法律の趣旨から考えると、旅行者としては今後歯ブラシやシェーバーなどは持参することを習慣付けたい。

ホステル、ユースホステル

ドミトリーと呼ばれる**相部屋**が中心の宿泊施設で、リーズナブルに宿泊することができる。ホステルとユースホステルのおもな違いは、日本ユースホステル協会に加盟しているかどうか。ユースホステルだからといって宿泊に年齢制限があるわけではなく、ユースホステル会員でなくても、1泊600円の追加料金を払うことで宿泊可能だ。

ドミトリーは男女別が基本だが、ホステルによっては男女相部屋もあるので、気になる人は事前に確認しておくこと。ホステルによっては個室を備えているところもあるし、個室のみでドミトリーがないホステルも存在する。通常ラウンジなどの共用スペースがあり、他の旅行者との交流が楽しめる。

カプセルホテル

カプセル状の簡易ベッドを利用する宿泊施設で、大阪や東京など、大都市圏に多い。かつては終電を逃した学生やサラリーマンの宿泊場所というイメージだったが、近年は設備もおしゃれになり、女性専用のカプセルルームも増えている。大浴場やサウナなど、公共施設に力を入れている所も多く、ホステルとの境界が曖昧になってきている。

民泊

マンションの一室や、戸建て住宅の一部または一棟まるごとなど、**一般住宅**を借りる宿泊形態。通常AirbnbやBooking.comなどインターネットの仲介サイトを通じて予約する。宿泊料金の安さなどから近年飛躍的に数を増やしている一方で、トラブルの数も少なくない。

民宿、ペンション

民宿は和風、ペンションは洋風が基本

民宿、ペンションはどちらも**小中規模の宿泊施設**で、家族経営のところが多い。食事は朝食と夕食がついており、つかない場合は素泊まりと呼ばれる。民宿とペンションの違いは明確ではないが、民宿はおもに和室を用いて和食を提供するのに対し、ペンションは高原リゾートやスキーリゾートに多く、西洋風の建物で、食事も洋風料理が中心になっている。

info **ユースホステル**は、簡素な旅を通した青少年の健全育成を理念に誕生したもの。秩序と規律を重んじ、かつては全員参加の**ミーティング**が行われたり、アルコール類は禁止されていたが、現在ではこうしたルールはほとんどなくなっている。

旅館

和風の建物、設備を備えた宿泊施設。**日本の伝統的なおもてなし**を受けることができ、外国人客にも人気が高い。通常1泊2食付きで、郷土料理や地元の食材を用いるなど、食事に力を入れている所が多い。

純和風なたたずまいの温泉旅館

ビジネスホテル

簡素で清潔なビジネスホテルの客室

都市部にあってリーズナブルな価格のホテル。価格を抑えている分、客室は狭く、アメニティや共用施設などもビジネス客の要求を最低限満たす程度。**シングルルーム**が多いのも特徴。ホテルに宿泊以外のサービスを求める場合は物足りなく感じるが、安く個室で眠るという点では非常に優れている。

地方都市のビジネスホテルには大浴場付きのところも

シティホテル、リゾートホテル

単に宿泊するという以上に、プールやフィットネスセンター、エステサロンなど、滞在しながら楽しむための**設備が充実**したホテル。都市にあるのがシティホテル、リゾート地にあるのがリゾートホテルだが、その違いは曖昧。質の高いサービスを受けることができる。

海沿いに建つリゾートホテル

ホテルの格付けについて

海外ではホテルを星の数などで格付けしている国が多い。格付けは、各国の観光局やホテル協会などが実施しており、例えば5つ星のホテルは、ドアマンやコンシェルジュなどが常駐し、プールやフィットネスセンターを備えていなくてはならないなど、サービス、設備について明確な基準が設けられている。しかし、**日本にはこのような格付けをする機関はない**状態。ミシュランガイドやフォーブス・トラベルガイドなどの旅行ガイドや、インターネットのホテル予約サイトなどは、それぞれ独自の基準で格付けを行っているが、相互の格付けに関連性はない。

諸外国では一般的な星による格付けは日本では行われていない

宿泊予約

宿泊予約は、**予約サイト**を通じて行うのが効率がよい。希望の場所と日時、人数などを入力すれば、条件にあった宿がリストになって出てくる。予約サイトによっては、ロイヤリティプログラムをもっており、同じサイトで予約することで、さらなる割引を受けられるところも。ただし、ホテルの公式サイトからの予約の方がお得な場合もあるので要チェック。

▶おもなホテル予約サイト

じゃらん
URL www.jalan.net
一休
URL www.ikyu.com
楽天トラベル
URL travel.rakuten.co.jp
エクスペディア
URL www.expedia.co.jp
Booking.com
URL www.booking.com

info ホテルチェーンのなかには独自の**ロイヤリティプログラム**をもつものが少なくない。しかし、プログラムの特典は自社の公式サイトから申し込んだときのみ有効で、ホテル予約サイトを通じて申し込んだ場合は無効になる場合が多いので注意。

旅先でのネット環境

旅行中でも快適なネット環境を

テザリング
テザリングとは、モバイルデータ通信機能をもつスマホなどの親機と、もたないノートパソコンなどの子機を接続させ、親機のデータ通信を子機で行うこと。親機と子機の接続は、BluetoothやUSB、Wi-Fiなどを利用する。設定は親機と子機両方で必要。

モバイルWi-Fiルーター
モバイルデータ通信機能の送受信ができる機器。Wi-Fiを通じてタブレットやノートパソコンでインターネットが使用できるようになる。電波状況に左右されるが、旅先で高速に大容量のデータ通信を行うのに向いている。長期契約以外に、モバイルWi-Fiルータをレンタルしている業者もあり、空港や宅配で受け取ることができる。端末に貼ってあるシールにネットワーク名(SSID)とパスワードが表示されているので、それを入力することで利用できる。

▶モバイルバッテリーのレンタルサイト
ChargeSPOTではコンビニや駅、携帯ショップなど全国3万ヵ所以上でモバイルバッテリーを借りることができ、好きな場所に返却することができる。レンタルには専用アプリかスマホ決済アプリが必要。
URL chargespot.jp

旅先でネットを利用する方法

旅先で自身のデバイスを用いてインターネットを利用する場合、大きく**モバイルデータ通信**機能を用いる方法と、**Wi-Fi**を用いる2通りの方法がある。モバイルデータ通信は、自分が携帯事業社と契約したデータを利用するので有料になるが、データ通信の速度は安定している。一方Wi-Fiは、有料と無料のサービスがあり、無料のサービスはデータ通信の速度が場所によってさまざま。

モバイルデータ通信

▶スマホやタブレット（モバイルデータ通信機能付き）

スマホ　通信業者と契約したSIMカードをスマホ端末に挿入することで利用できる。圏外でない限り国内どこでも契約したサービスが利用可能。

タブレット　SIMカードのスロットがあるタブレットは、契約しているSIMカードを挿入することでスマホと同様にモバイルデータ通信を利用できる。

▶タブレットやノートパソコン（モバイルデータ通信機能なし）

Wi-Fiやテザリング、モバイルWi-Fiルーターを使えば、ノートパソコンなど、モバイルデータ通信機能をもたない機器でもインターネットを利用することができる。

Wi-Fi

宿泊施設やカフェ、コンビニなどのお店、列車やバスなど公共交通ではWi-Fiが使用できる所が多い。サービスは無料と有料があり、利用するには、ネットワーク名（**SSID**）と**パスワード**を聞いて、それを入力するか、ネットワークを指定すると、登録画面が表示されるので、画面に沿って登録作業を行う。

スマホ充電

旅先では検索や地図アプリを多用するので、スマホのバッテリーの減りは普段以上に早い。バッテリー切れに備えて**モバイルバッテリー**をもっておけば安心だ。旅先でバッテリーが切れそうなときは、街角でコンセントや充電スポットを探さなくてはならない。携帯のキャリアショップやコンビニでは、充電スタンドがある場合が多い。また、チェーン系のカフェ店やファミリーレストラン、ファストフード店などではワイヤレス式充電パッドのQiやコンセントを備えている店舗が多い。

info Japan Wi-Fi auto-connect／WiFiは公共交通機関や大手商業施設の無料Wi-Fiアクセスポイントに自動で接続してくれるアプリ。一度登録すればWi-Fiスポットでのログインなどの作業が不要になる。

旅のマナーとトラブル

写真撮影のマナー

旅先の飲食店や観光施設で撮った写真をSNSでアップすることが普通に行われている。しかし、何でも好きに撮ってアップしてよいものではない。知らないうちに**著作権を侵害**しているかもしれず、慰謝料、損害賠償を請求されないとも限らない。料理やカフェ、レストランの内装を撮るときは、マナーの点からもお店の人に許可をもらってから撮影するようにすること。他人が写り込んでいる写真も、**肖像権の侵害**になることもある。風景や鉄道の撮影で、よい場所を求めて私有地や立ち入り禁止区域に入ったりするようなマナー違反行為を耳にすることも。節度をもった撮影を心がけよう。

エスカレーターのマナー

エスカレーターは、関西では右側に立ち、左側を通行者のために空けておき、それ以外のほとんどの地域では左側に立ち、右側は通行者のために空けておくというのがマナーとされてきた。しかし、近年はエスカレーターでの歩行は危険で、かつ片側のみに負荷が集中することで故障の原因になるなど、**片側を空けないこと**が求められている。埼玉県では、エスカレーターは立ち止まった状態で利用しなければならないという条例が、2021年10月から施行されている。

車内のマナー

バスや列車内での乗車マナーは、短距離路線か長距離路線かによっても異なるが、**周囲の人が不快にならないように**することが大切。全般的に大声で騒いだり、携帯電話でしゃべったりは不可、携帯はマナーモードにしておこう。短距離路線ではできるだけ飲食は控え、混雑時は荷物が邪魔にならないようにすること。長距離路線では、リクライニングをするときは、後ろの席の人にひと声かけて行い、飲食については、たとえ禁止されていないとしても、匂いが強いものなどは避けたい。

服装について

一般的な旅行では、**特にドレスコードは気にせず**にOK。神社や寺、教会など、宗教施設を訪れる場合は、ノースリーブやミニスカート、半ズボンなど肌の露出が多い服装は避ける、高級なレストランやクラシックコンサートなどに行くのであれば、カジュアルすぎる服装は避けるといった程度。

観光施設内の撮影

観光施設内の撮影については、施設ごとにその対応はまちまち。撮影はOKでも、自撮り棒や三脚の使用、フラッシュはNGだったりすることもある。いずれにしてもスタッフから許可をとった上で撮影すること。また、海水浴場での撮影は、意図せずとも盗撮を疑われる可能性がある。

スーツケースをもっているときの注意

スーツケースをもってエスカレーターに乗る場合は、何かの拍子にスーツケースが転落しないように注意したい。上りのときには自分の前にスーツケースを先に載せ、下りのときはスーツケースの前に自分が乗るようにすれば、自分の体がストッパーになってスーツケースの落下を防ぐことができる。

体験

関東と関西で違う女性専用車両

関西在住ですが、東京で女性専用車両に乗ったところ、男性も普通に乗っていてびっくりしました。関西では終日女性専用車両になっていますが、関東では、ラッシュ時限定で女性専用車になるそうです。

地元への配慮とマナー

現地での行動が、地元の人の生活に迷惑になっていないかどうか、改めて考えた上で行動するとよいだろう。棚田や花畑などは私有地のことが多いので、勝手に立ち入ってはならない。芸者や舞子を見かけることはあっても、話かけたり、写真を撮ったりするのもマナー違反だ。

info **南西諸島**(沖縄県·鹿児島県の奄美群島)、**小笠原諸島**には、国内の他地域にはいない害虫が生息しており、一部の植物等は対象地域からの**持ち出しが規制**されているので、注意が必要。手荷物だけでなく、郵送での持ち出しも規制されている。

索引 INDEX

●おもに見どころ物件、ホテル、コラム(おもに観光施設、交通機関)などを検索できます
●コラム、巻頭特集などで重複する場合は、各県の物件紹介ページを優先しています
●飲食店、脚注infoで紹介されている物件は索引に掲載しておりません

か

き

つ

て

と

な

に

ぬ

ね

の

は

ひ

ふ

へ

ほ

ま

名物
食べに行こ！
日本全国
花見もいいね！

「地球の歩き方」公認

地球の歩き方

オンラインショップ

スーツケース・キャリーバッグはもちろん旅行用バッグやトラベル便利グッズ、デザイン雑貨などを豊富に取り揃え、あなたの「快適な旅」をサポートします。

環境に優しいサステナブルなブランド

SoBoVi

世界を感じられるオリジナルプリントを中心に、シチュエーションに対応した快適機能装備のバッグや小物を環境に配慮した素材で表現

Ambience

植物や民族衣装、建造物のディテールや現地で見かけた雑貨、インテリア。旅先で飛び込んでくる様々なモチーフをテキスタイルに落とし込み、日常の様々なシーンがワクワクするようなバッグやポーチ、PCケースをペットボトルをリサイクルしたサステナブル素材で仕上げたシリーズ。

Active

役目を終えて廃棄される漁網を回収し、新たに原材料として生まれ変わらせた再生ナイロン素材に水や汚れに強い撥水加工を施した街歩きなどアクティブなシーンに最適な軽量かつサステナブルなバッグシリーズ。キーチェーンやメッシュポケット、蓄光プリントなど普段使いのバッグとしても便利な機能を装備。

5,500円以上送料無料

平日12時までのご注文で当日発送可能

各種ブランド・メーカー正規販売店

当店だけのお得なイベントやセール情報も満載

楽天市場店

Yahoo!ショッピング店

地球の歩き方オンラインショップ　検索

<運 営> TTC株式会社

地球の歩き方 シリーズ一覧 2022年11月現在

＊地球の歩き方ガイドブックは、改訂時に価格が変わることがあります。＊表示価格は定価（税込）です。＊最新情報は、ホームページをご覧ください。www.arukikata.co.jp/guidebook/

地球の歩き方 ガイドブック

A ヨーロッパ

A01	ヨーロッパ	¥1870
A02	イギリス	¥1870
A03	ロンドン	¥1760
A04	湖水地方&スコットランド	¥1870
A05	アイルランド	¥1980
A06	フランス	¥1870
A07	パリ&近郊の町	¥1980
A08	南仏プロヴァンス コート・ダジュール&モナコ	¥1760
A09	イタリア	¥1870
A10	ローマ	¥1760
A11	ミラノ ヴェネツィアと湖水地方	¥1870
A12	フィレンツェとトスカーナ	¥1870
A13	南イタリアとシチリア	¥1870
A14	ドイツ	¥1980
A15	南ドイツ フランクフルト ミュンヘン ロマンチック街道 古城街道	¥1760
A16	ベルリンと北ドイツ ハンブルク ドレスデン ライプツィヒ	¥1870
A17	ウィーンとオーストリア	¥1870
A18	スイス	¥1870
A19	オランダ ベルギー ルクセンブルク	¥1870
A20	スペイン	¥1870
A21	マドリードとアンダルシア	¥1760
A22	バルセロナ&近郊の町 イビサ島／マヨルカ島	¥1760
A23	ポルトガル	¥1815
A24	ギリシアとエーゲ海の島々&キプロス	¥1870
A25	中欧	¥1980
A26	チェコ ポーランド スロヴァキア	¥1870
A27	ハンガリー	¥1870
A28	ブルガリア ルーマニア	¥1980
A29	北欧 デンマーク ノルウェー スウェーデン フィンランド	¥1870
A30	バルトの国々 エストニア ラトヴィア リトアニア	¥1870
A31	ロシア ベラルーシ ウクライナ モルドヴァ コーカサスの国々	¥2090
A32	極東ロシア シベリア サハリン	¥1980
A34	クロアチア スロヴェニア	¥1760

B 南北アメリカ

B01	アメリカ	¥2090
B02	アメリカ西海岸	¥1870
B03	ロスアンゼルス	¥1870
B04	サンフランシスコとシリコンバレー	¥1870
B05	シアトル ポートランド	¥1870
B06	ニューヨーク マンハッタン&ブルックリン	¥1980
B07	ボストン	¥1980
B08	ワシントンDC	¥1870
B09	ラスベガス セドナ&グランドキャニオンと大西部	¥1870
B10	フロリダ	¥1870
B11	シカゴ	¥1870
B12	アメリカ南部	¥1980
B13	アメリカの国立公園	¥2090
B14	ダラス ヒューストン デンバー グランドサークル フェニックス サンタフェ	¥1980
B15	アラスカ	¥1980
B16	カナダ	¥1870
B17	カナダ西部 カナディアン・ロッキーとバンクーバー	¥1760
B18	カナダ東部	¥1760
B19	メキシコ	¥1980
B20	中米	¥2090
B21	ブラジル ベネズエラ	¥2200
B22	アルゼンチン チリ パラグアイ ウルグアイ	¥2200
B23	ペルー ボリビア エクアドル コロンビア	¥2200
B24	キューバ バハマ ジャマイカ カリブの島々	¥2035
B25	アメリカ・ドライブ	¥1980

C 太平洋 / インド洋島々

C01	ハワイ1 オアフ島&ホノルル	¥1980
C02	ハワイ2 ハワイ島 マウイ島 カウアイ島 モロカイ島 ラナイ島	¥1760
C03	サイパン ロタ&テニアン	¥1540
C04	グアム	¥1980
C05	タヒチ イースター島	¥1870
C06	フィジー	¥1650
C07	ニューカレドニア	¥1650
C08	モルディブ	¥1870
C10	ニュージーランド	¥1870
C11	オーストラリア	¥2200
C12	ゴールドコースト&ケアンズ	¥1870
C13	シドニー&メルボルン	¥1760

D アジア

D01	中国	¥2090
D02	上海 杭州 蘇州	¥1870
D03	北京	¥1760
D04	大連 瀋陽 ハルビン 中国東北部の自然と文化	¥1980
D05	広州 アモイ 桂林 珠江デルタと華南地方	¥1980
D06	成都 重慶 九寨溝 麗江 四川 雲南	¥1980
D07	西安 敦煌 ウルムチ シルクロードと中国北西部	¥1980
D08	チベット	¥2090
D09	香港 マカオ 深セン	¥1870
D10	台湾	¥1870
D11	台北	¥1650
D13	台南 高雄 屏東&南台湾の町	¥1650
D14	モンゴル	¥2090
D15	中央アジア サマルカンドとシルクロードの国々	¥2090
D16	東南アジア	¥1870
D17	タイ	¥1870
D18	バンコク	¥1870
D19	マレーシア ブルネイ	¥1870
D20	シンガポール	¥1650
D21	ベトナム	¥2090
D22	アンコール・ワットとカンボジア	¥1870
D23	ラオス	¥2090
D24	ミャンマー（ビルマ）	¥2090
D25	インドネシア	¥1870
D26	バリ島	¥1870
D27	フィリピン マニラ セブ ボラカイ ボホール エルニド	¥1870
D28	インド	¥2090
D29	ネパールとヒマラヤトレッキング	¥2200
D30	スリランカ	¥1870
D31	ブータン	¥1980
D33	マカオ	¥1760
D34	釜山 慶州	¥1540
D35	バングラデシュ	¥2090
D37	韓国	¥1980
D38	ソウル	¥1650

E 中近東 アフリカ

E01	ドバイとアラビア半島の国々	¥2090
E02	エジプト	¥1980
E03	イスタンブールとトルコの大地	¥2090
E04	ペトラ遺跡とヨルダン レバノン	¥2090
E05	イスラエル	¥2090
E06	イラン ペルシアの旅	¥2200
E07	モロッコ	¥1980
E08	チュニジア	¥2090
E09	東アフリカ ウガンダ エチオピア ケニア タンザニア ルワンダ	¥2090
E10	南アフリカ	¥2200
E11	リビア	¥2200
E12	マダガスカル	¥1980

J 国内版

J00	日本	¥3300
J01	東京	¥2020
J02	東京 多摩地域	¥2020
J03	京都	¥2200
J04	沖縄	¥2200
J05	北海道	¥2200
J08	千葉	¥2200

地球の歩き方 aruco

●海外

1	パリ	¥1320
2	ソウル	¥1320
3	台北	¥1320
4	トルコ	¥1430
5	インド	¥1540
6	ロンドン	¥1320
7	香港	¥1320
9	ニューヨーク	¥1320
10	ホーチミン ダナン ホイアン	¥1430
11	ホノルル	¥1320
12	バリ島	¥1320
13	上海	¥1320
14	モロッコ	¥1540
15	チェコ	¥1320
16	ベルギー	¥1430
17	ウィーン ブダペスト	¥1320
18	イタリア	¥1320
19	スリランカ	¥1540
20	クロアチア スロヴェニア	¥1430
21	スペイン	¥1320
22	シンガポール	¥1320
23	バンコク	¥1430
24	グアム	¥1320
25	オーストラリア	¥1430
26	フィンランド エストニア	¥1430
27	アンコール・ワット	¥1430
28	ドイツ	¥1430
29	ハノイ	¥1430
30	台湾	¥1320
31	カナダ	¥1320
33	サイパン テニアン ロタ	¥1320
34	セブ ボホール エルニド	¥1320
35	ロスアンゼルス	¥1320
36	フランス	¥1430
37	ポルトガル	¥1650
38	ダナン ホイアン フエ	¥1430

●国内

東京	¥1540
東京で楽しむフランス	¥1430
東京で楽しむ韓国	¥1430
東京で楽しむ台湾	¥1430
東京の手みやげ	¥1430
東京おやつさんぽ	¥1430
東京のパン屋さん	¥1430
東京で楽しむ北欧	¥1430
東京のカフェめぐり	¥1480
東京で楽しむハワイ	¥1480
nyaruco 東京ねこさんぽ	¥1480
東京で楽しむイタリア&スペイン	¥1480
東京で楽しむアジアの国々	¥1480
東京ひとりさんぽ	¥1480
東京パワースポットさんぽ	¥1599
東京で楽しむ英国	¥1599

地球の歩き方 Plat

1	パリ	¥1320
2	ニューヨーク	¥1320
3	台北	¥1100
4	ロンドン	¥1320
6	ドイツ	¥1320
7	ホーチミン／ハノイ／ダナン／ホイアン	¥1320
8	スペイン	¥1320
10	シンガポール	¥1100
11	アイスランド	¥1540
14	マルタ	¥1540
15	フィンランド	¥1320
16	クアラルンプール／マラッカ	¥1100
17	ウラジオストク／ハバロフスク	¥1430
18	サンクトペテルブルク／モスクワ	¥1540
19	エジプト	¥1320
20	香港	¥1100
22	ブルネイ	¥1430
23	ウズベキスタン／サマルカンド／ブハラ／ヒヴァ／タシケント	¥1320
24	ドバイ	¥1320
25	サンフランシスコ	¥1320
26	パース／西オーストラリア	¥1320
27	ジョージア	¥1540

地球の歩き方 リゾートスタイル

R02	ハワイ島	¥1650
R03	マウイ島	¥1650
R04	カウアイ島	¥1870
R05	こどもと行くハワイ	¥1540
R06	ハワイ ドライブ・マップ	¥1980
R07	ハワイ バスの旅	¥1320
R08	グアム	¥1430
R09	こどもと行くグアム	¥1650
R10	パラオ	¥1650
R12	プーケット サムイ島 ピピ島	¥1650
R13	ペナン ランカウイ クアラルンプール	¥1650
R14	バリ島	¥1430
R15	セブ&ボラカイ ボホール シキホール	¥1650
R16	テーマパークｉｎオーランド	¥1870
R17	カンクン コスメル イスラ・ムヘーレス	¥1650
R20	ダナン ホイアン ホーチミン ハノイ	¥1650

地球の歩き方 御朱印

1	御朱印でめぐる鎌倉のお寺 三十三観音完全掲載 三訂版	¥1650
2	御朱印でめぐる京都のお寺 改訂版	¥1650
3	御朱印でめぐる奈良の古寺 改訂版	¥1650
4	御朱印でめぐる東京のお寺	¥1650
5	日本全国この御朱印が凄い！ 第壱集 増補改訂版	¥1650
6	日本全国この御朱印が凄い！ 第弐集 都道府県網羅版	¥1650
7	御朱印でめぐる全国の神社 開運さんぽ	¥1430
8	御朱印でめぐる高野山 改訂版	¥1650
9	御朱印でめぐる関東の神社 週末開運さんぽ	¥1430
10	御朱印でめぐる秩父の寺社 三十四観音完全掲載 改訂版	¥1650
11	御朱印でめぐる関東の百寺 坂東三十三観音と古寺	¥1650
12	御朱印でめぐる関西の神社 週末開運さんぽ	¥1430
13	御朱印でめぐる関西の百寺 西国三十三所と古寺	¥1650
14	御朱印でめぐる東京の神社週末開運さんぽ 改訂版	¥1540
15	御朱印でめぐる神奈川の神社 週末開運さんぽ	¥1430
16	御朱印でめぐる埼玉の神社 週末開運さんぽ	¥1430
17	御朱印でめぐる北海道の神社 週末開運さんぽ	¥1430
18	御朱印でめぐる九州の神社 週末開運さんぽ 改訂版	¥1540
19	御朱印でめぐる千葉の神社 週末開運さんぽ 改訂版	¥1540
20	御朱印でめぐる東海の神社 週末開運さんぽ	¥1430
21	御朱印でめぐる京都の神社 週末開運さんぽ 改訂版	¥1540
22	御朱印でめぐる神奈川のお寺	¥1650
23	御朱印でめぐる大阪 兵庫の神社 週末開運さんぽ	¥1430
24	御朱印でめぐる愛知の神社 週末開運さんぽ 改訂版	¥1540
25	御朱印でめぐる栃木 日光の神社 週末開運さんぽ	¥1430
26	御朱印でめぐる福岡の神社 週末開運さんぽ	¥1430
27	御朱印でめぐる広島 岡山の神社 週末開運さんぽ	¥1430
28	御朱印でめぐる山陰 山陽の神社 週末開運さんぽ	¥1430
29	御朱印でめぐる埼玉のお寺	¥1650
30	御朱印でめぐる千葉のお寺	¥1650
31	御朱印でめぐる東京の七福神	¥1540
32	御朱印でめぐる東北の神社 週末開運さんぽ 改訂版	¥1540
33	御朱印でめぐる全国の稲荷神社 週末開運さんぽ	¥1430
34	御朱印でめぐる新潟 佐渡の神社 週末開運さんぽ	¥1430
35	御朱印でめぐる静岡 富士 伊豆の神社 週末開運さんぽ	¥1430
36	御朱印でめぐる四国の神社 週末開運さんぽ	¥1430
37	御朱印でめぐる中央線沿線の寺社 週末開運さんぽ	¥1540
38	御朱印でめぐる東急線沿線の寺社 週末開運さんぽ	¥1540
39	御朱印でめぐる茨城の神社 週末開運さんぽ	¥1430
40	御朱印でめぐる関東の聖地 週末開運さんぽ	¥1430
41	御朱印でめぐる東海のお寺	¥1650
42	日本全国ねこの御朱印&お守りめぐり 週末開運にゃんさんぽ	¥1760
43	御朱印でめぐる信州 甲州の神社 週末開運さんぽ	¥1430
44	御朱印でめぐる全国の聖地 週末開運さんぽ	¥1430
45	御船印でめぐる全国の魅力的な船旅	¥1650
46	御朱印でめぐる茨城のお寺	¥1650
47	御朱印でめぐる全国のお寺 週末開運さんぽ	¥1540
48	日本全国 日本酒でめぐる 酒蔵&ちょこっと御朱印〈東日本編〉	¥1760
49	日本全国 日本酒でめぐる 酒蔵&ちょこっと御朱印〈西日本編〉	¥1760
50	関東版ねこの御朱印&お守りめぐり 週末開運にゃんさんぽ	¥1760
52	一生に一度は参りたい！ 御朱印でめぐる全国の絶景寺社図鑑	¥2479
D51	鉄印帳でめぐる全国の魅力的な鉄道40	¥1650
	御朱印はじめました 関東の神社 週末開運さんぽ	¥1210

地球の歩き方 島旅

1	五島列島 3訂版	¥1650
2	奄美大島～奄美群島1～ 3訂版	¥1650
3	与論島 沖永良部島 徳之島（奄美群島②）改訂版	¥1650
4	利尻 礼文	¥1650
5	天草	¥1650
6	壱岐 4訂版	¥1650
7	種子島 3訂版	¥1650
8	小笠原 父島 母島 3訂版	¥1650
9	隠岐	¥1650
10	佐渡 3訂版	¥1650
11	宮古島 伊良部島 下地島 来間島 池間島 多良間島 大神島 改訂版	¥1650
12	久米島 渡名喜島 改訂版	¥1650
13	小豆島～瀬戸内の島々1～ 改訂版	¥1650
14	直島 豊島 女木島 男木島 犬島～瀬戸内の島々2～	¥1650
15	伊豆大島 利島～伊豆諸島1～	¥1650
16	新島 式根島 神津島～伊豆諸島2～	¥1650
17	沖縄本島周辺15離島	¥1650
18	たけとみの島々 竹富島 西表島 波照間島 小浜島 黒島 鳩間島 新城島 由布島 加屋	¥1650
19	淡路島～瀬戸内の島々3～	¥1650
20	石垣島 竹富島 西表島 小浜島 由布島 新城島 波照間島	¥1650
22	島旅ねこ にゃんこの島の歩き方	¥1344

地球の歩き方 旅の図鑑

W01	世界244の国と地域	¥1760
W02	世界の指導者図鑑	¥1650
W03	世界の魅力的な奇岩と巨石139選	¥1760
W04	世界246の首都と主要都市	¥1760
W05	世界のすごい島300	¥1760
W06	地球の歩き方的！ 世界なんでもランキング	¥1760
W07	世界のグルメ図鑑 116の国と地域の名物料理を食の雑学とともに解説	¥1760
W08	世界のすごい巨像	¥1760
W09	世界のすごい城と宮殿333	¥1760
W10	世界197ヵ国のふしぎな聖地&パワースポット	¥1870
W11	世界の祝祭	¥1760
W12	世界のカレー図鑑	¥1980
W13	世界遺産 絶景でめぐる自然遺産 完全版	¥1980
W15	地球の果ての歩き方	¥1980
W16	世界の中華料理図鑑	¥1980
W17	世界の地元メシ図鑑	¥1980
W18	世界遺産の歩き方 学んで旅する！ すごい世界遺産190選	¥1980
W19	世界の魅力的なビーチと湖	¥1980
W20	世界のすごい駅	¥1980
W21	世界のおみやげ図鑑	¥1980
W22	いつか旅してみたい世界の美しい古都	¥1980
W23	世界のすごいホテル	¥1980
W24	日本の凄い神木	¥2200
W26	世界の麺図鑑	¥1980
W28	世界の魅力的な道	¥1980

地球の歩き方 旅の名言 & 絶景

ALOHAを感じるハワイのことばと絶景100	¥1650
自分らしく生きるフランスのことばと絶景100	¥1650
人生観が変わるインドのことばと絶景100	¥1650
生きる知恵を授かるアラブのことばと絶景100	¥1650
心に寄り添う台湾のことばと絶景100	¥1650
道しるべとなるドイツのことばと絶景100	¥1650
共感と勇気がわく韓国のことばと絶景100	¥1650
人生を楽しみ尽くすイタリアのことばと絶景100	¥1650
今すぐ旅に出たくなる！ 地球の歩き方のことばと絶景100	¥1650

地球の歩き方 旅と健康

地球のなぞり方 旅地図 アメリカ大陸編	¥1430
地球のなぞり方 旅地図 ヨーロッパ編	¥1430
地球のなぞり方 旅地図 アジア編	¥1430
地球のなぞり方 旅地図 日本編	¥1430
脳がどんどん強くなる！ すごい地球の歩き方	¥1650

地球の歩き方 gemstone

アフタヌーンティーで旅するイギリス	¥1650
キューバ 革命と情熱の島を旅する 増補改訂版	¥1760
スイス 歩いて楽しむアルプス絶景ルート 改訂新版	¥1760
とっておきのポーランド 増補改訂版	¥1760
ハノイから行ける ベトナム北部の少数民族紀行	¥1760
ポルトガル 奇跡の風景をめぐる旅	¥1650
ヨーロッパ鉄道の旅 はじめてでもよく分かる	¥1650
ラダック ザンスカール スピティ 北インドのリトル・チベット 増補改訂版	¥1925
新装改訂版 ベルリンガイドブック 歩いて見つけるベルリンとポツダム13エリア	¥1760

地球の歩き方 旅の読み物

今こそ学びたい日本のこと	¥1760
週末だけで70ヵ国159都市を旅したリーマントラベラーが教える自分の時間の作り方	¥1540

地球の歩き方 BOOKS

FAMILY TAIWAN TRIP #子連れ台湾	¥1518
GIRL'S GETAWAY TO LOS ANGELES	¥1760
HAWAII RISA'S FAVORITES 大人女子はハワイで美味しく美しく	¥1650
LOVELY GREEN NEW ZEALAND 未来の国を旅するガイドブック	¥1760
MAKI'S DEAREST HAWAII	¥1540
MY TRAVEL, MY LIFE Maki's Family Travel Book	¥1760
WORLD FORTUNE TRIP イヴルルド遙華の世界開運★旅案内	¥1650
いろはに北欧	¥1760
ヴィクトリア朝が教えてくれる英国の魅力	¥1320
ダナン&ホイアン PHOTO TRAVEL GUIDE	¥1650
とっておきのフィンランド	¥1760
フィンランドでかなえる100の夢	¥1760
マレーシア 地元で愛される名物食堂	¥1430
やり直し英語革命	¥1100
気軽に始める！大人の男海外ひとり旅	¥1100
気軽に出かける！ 大人の男アジアひとり旅	¥1100
香港 地元で愛される名物食堂	¥1540
最高のハワイの過ごし方	¥1540
子連れで沖縄 旅のアドレス&テクニック117	¥1100
純情ヨーロッパ 呑んで、祈って、脱いでみて	¥1408
食事作りに手間暇かけないドイツ人、手料理神話にこだわり続ける日本人	¥1100
親の介護をはじめる人へ 伝えておきたい10のこと	¥1000
人情ヨーロッパ 人生、ゆるして、ゆるされて	¥1518
総予算33万円・9日間から行く！ 世界一周	¥1100
台北 メトロさんぽ MRTを使って、おいしいとかわいいを巡る旅	¥1518
鳥居りんこ 親の介護をはじめたらお金の話で泣き見てばかり	¥1320
鳥居りんこの親の介護は知らなきゃバカ見ることだらけ	¥1320
北欧が好き！ フィンランド・スウェーデン・デンマーク・ノルウェーの素敵な町めぐり	¥1210
北欧が好き！2 建築&デザインでめぐるフィンランド・スウェーデン・デンマーク・ノルウェー	¥1210
地球の歩き方JAPAN ダムの歩き方 全国版 初めてのダム旅入門ガイド	¥1712
日本全国 開運神社 このお守りがすごい！	¥1522

地球の歩き方 スペシャルコラボ BOOK

地球の歩き方 ムー	¥2420
地球の歩き方 JOJO ジョジョの奇妙な冒険	¥2420

地球の歩き方 関連書籍のご案内

日本全国をめぐる旅へ「地球の歩き方」を持って出かけよう!

地球の歩き方 ガイドブック 国内版

J00 地球の歩き方 日本 2023~2024 ¥3300

J01 地球の歩き方 東京 2021~2022 ¥2020

J02 地球の歩き方 東京 多摩地域 ¥2020

J03 地球の歩き方 京都 2023~2024 ¥2200

J04 地球の歩き方 沖縄 2023~2024 ¥2200

J05 地球の歩き方 北海道 2023~2024 ¥2200

地球の歩き方 御朱印

05 日本全国この御朱印が凄い! 第壱集 増補改訂版 ¥1650

06 日本全国この御朱印が凄い! 第弐集 都道府県網羅版 ¥1650

07 御朱印でめぐる 全国の神社 ¥1430

33 御朱印でめぐる全国の稲荷神社 ¥1430

42 日本全国ねこの御朱印&お守りめぐり 週末開運にゃんさんぽ ¥1760

44 御朱印でめぐる全国の聖地 週末開運さんぽ ¥1430

45 御船印でめぐる全国の魅力的な船旅 ¥1650

47 御朱印でめぐる全国のお寺 週末開運さんぽ ¥1540

D51 鉄印帳でめぐる全国の魅力的な鉄道40 ¥1650

地球の歩き方 島旅

22 地球の歩き方JAPAN 島旅 ねこ ¥1344

地球の歩き方 旅の読み物

S01 今こそ学びたい日本のこと ¥1760

地球の歩き方 BOOKS

地球の歩き方JAPAN ダムの歩き方 全国版 ¥1712

日本全国 開運神社 このお守りがすごい! ¥1522

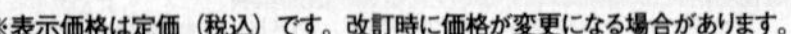

※表示価格は定価(税込)です。改訂時に価格が変更になる場合があります。

あなたの**旅の体験談**をお送りください

「地球の歩き方」は、たくさんの旅行者からご協力をいただいて、
改訂版や新刊を制作しています。
あなたの旅の体験や貴重な情報を、これから旅に出る人たちへ分けてあげてください。
なお、お送りいただいたご投稿がガイドブックに掲載された場合は、
初回掲載本を1冊プレゼントします！

ご投稿はインターネットから！

URL www.arukikata.co.jp/guidebook/toukou.html
画像も送れるカンタン「投稿フォーム」
※左記のQRコードをスマートフォンなどで読み取ってアクセス！

または「地球の歩き方　投稿」で検索してもすぐに見つかります

地球の歩き方　投稿  

▶投稿にあたってのお願い

★ご投稿は、次のような《テーマ》に分けてお書きください。

《新発見》――――ガイドブック未掲載のレストラン、ホテル、ショップなどの情報
《旅の提案》―――未掲載の町や見どころ、新しいルートや楽しみ方などの情報
《アドバイス》――旅先で工夫したこと、注意したこと、トラブル体験など
《訂正・反論》―――掲載されている記事・データの追加修正や更新、異論、反論など

※記入例「○○編20XX年度版△△ページ掲載の□□ホテルが移転していました……」

★データはできるだけ正確に。
ホテルやレストランなどの情報は、名称、住所、電話番号、アクセスなどを正確にお書きください。
ウェブサイトのURLや地図などは画像でご投稿いただくのもおすすめです。

★ご自身の体験をお寄せください。
雑誌やインターネット上の情報などの丸写しはせず、実際の体験に基づいた具体的な情報をお待ちしています。

▶ご確認ください

※採用されたご投稿は、必ずしも該当タイトルに掲載されるわけではありません。関連他タイトルへの掲載もありえます。
※例えば「新しい市内交通パスが発売されている」など、すでに編集部で取材・調査を終えているものと同内容のご投稿をいただいた場合は、ご投稿を採用したとはみなされず掲載本をプレゼントできないケースがあります。
※当社は個人情報を第三者へ提供いたしません。また、ご記入いただきましたご自身の情報については、ご投稿内容の確認や掲載本の送付などの用途以外には使用いたしません。
※ご投稿の採用の可否についてのお問い合わせはご遠慮ください。
※原稿は原文を尊重しますが、スペースなどの関係で編集部でリライトする場合があります。

あとがき

全国47都道府県のさまざまな魅力をギュッと詰め込みました。どこへ行こうかな？ とパラパラめくるもよし、都道府県を比べて新しい一面を発見するのもよし。日本の魅力を見出す「旅のヒント」にしていただけるとうれしいです！

STAFF

制作：清水裕里子、今井歩、斉藤麻理、保理江ゆり、新井邦弘、池田祐子、上原康仁、梅崎愛莉、勝政直樹、加藤咲美、金子久美、清水真理子、中村かれん、半田智志、日隈理絵、福井由香里、宮田崇、由良暁世
編集：有限会社どんぐり・はうす
デザイン：アトリエ タビト（滝澤しのぶ、三橋加奈子、房野聡子、近藤麻矢）
表紙：日出嶋昭男
地図：どんぐり・はうす
校正：三品秀徳

各県担当者：伊部綾子（岩手県） 井脇直希（宮崎県） 梅原トシカヅ（神奈川県、静岡県） カース（愛知県、岐阜県、三重県、岡山県、広島県） 金井千絵（茨城県） グルーポ ピコ（北海道、沖縄県） スタジオライズ（長崎県） 竹内あや（山梨県、長野県、富山県、石川県、福井県） 谷口佳恵（秋田県、福島県、埼玉県、熊本県、大分県） どんぐり・はうす（青森県、宮城県、山形県、京都府） 中西奈緒子（山口県） 野瀬奈津子（栃木県） 藤原浩（滋賀県、奈良県、和歌山県、大阪府、兵庫県） 編集七味（鳥取県、島根県、徳島県、香川県、愛媛県、高知県） オフィス・ポストイット（千葉県） 松岡宏大（新潟県） レ・グラツィエ（群馬県、鹿児島県） Travel Lab.（福岡県、佐賀県） WILLWAY WORKS（東京都）

執筆・監修：荒川正明（陶磁器）、石川理夫（温泉）、岡崎優子（映画の舞台）、サケオフィステラダ（酒）、森本勝哉（鉄道）
イラスト：一志敦子（P.16～19、P.68～73） 地形図：アトリエプラン（P.437）
撮影：豊島正直（P.20～21、P.60～65、P.74～79、P.82～83、P.86～87、P.94）
写真：各関係施設、PIXTA、©iStock
協力：各都道府県、関係諸機関、岡崎暢子、吉田惇士

本書についてのご意見・ご感想はこちらまで
読者投稿 〒141-8425 東京都品川区西五反田2-11-8
株式会社地球の歩き方
地球の歩き方サービスデスク「日本編」投稿係
https://www.arukikata.co.jp/guidebook/toukou.html
地球の歩き方ホームページ（海外・国内旅行の総合情報）
https://www.arukikata.co.jp/
ガイドブック『地球の歩き方』公式サイト
https://www.arukikata.co.jp/guidebook/

あなたの声をお聞かせください！
毎月3名様に読者プレゼント！

ウェブアンケートにお答えいただいた方のなかから毎月抽選で3名様に地球の歩き方オリジナル御朱印帳または地球の歩き方オリジナルクオカード(500円分)をプレゼントいたします。あなたの声が改訂版に掲載されるかも!?
（応募の締め切り：2024年8月31日）

https://www.arukikata.co.jp/guidebook/enq/japan23

※個人情報の取り扱いについての注意事項はウェブページをご覧ください。

地球の歩き方 J00
日本
2023-2024年版

2022年9月13日 初版第1刷発行
2024年3月20日 初版第6刷発行

Published by Arukikata. Co., Ltd.
2-11-8 Nishigotanda, Shinagawa-ku, Tokyo, 141-8425, Japan

著作編集 地球の歩き方編集室
発行人 新井 邦弘
編集人 由良 暁世
発行所 株式会社地球の歩き方
〒141-8425 東京都品川区西五反田2-11-8
発売元 株式会社Gakken
〒141-8416 東京都品川区西五反田2-11-8
印刷製本 開成堂印刷株式会社

※本書は基本的に2021年8月～2022年2月(一部は6月)の取材データに基づいて作られています。
発行後に料金、営業時間、定休日などが変更になる場合がありますのでご了承ください。
更新・訂正情報：https://book.arukikata.co.jp/support/

●この本に関する各種お問い合わせ先
・本の内容については、下記サイトのお問い合わせフォームよりお願いします。
URL ▶ https://www.arukikata.co.jp/guidebook/contact.html
・在庫については Tel 03-6431-1250（販売部）
・不良品（落丁、乱丁）については Tel 0570-000577
学研業務センター 〒354-0045 埼玉県入間郡三芳町上富279-1
・上記以外のお問い合わせは Tel 0570-056-710（学研グループ総合案内）

© Arukikata. Co., Ltd.
本書の無断転載、複製、複写（コピー）、翻訳を禁じます。
本書を代行業者等の第三者に依頼してスキャンやデジタル化することは、たとえ個人や家庭内の利用であっても、著作権法上、認められておりません。
All rights reserved. No part of this publication may be reproduced or used in any form or by any means, graphic, electronic or mechanical, including photocopying, without written permission of the publisher.

学研グループの書籍・雑誌についての新刊情報・詳細情報は、下記をご覧ください。
学研出版サイト https://hon.gakken.jp/